Peter Ulmer
Gesellschaft bürgerlichen Rechts
und
Partnerschaftsgesellschaft

Sonderausgabe
aus Band 5 (Schuldrecht · Besonderer Teil III)
des Münchener Kommentars zum Bürgerlichen Gesetzbuch

Gesellschaft bürgerlichen Rechts und Partnerschaftsgesellschaft

Systematischer Kommentar

von

Dr. Dr. h.c. mult. Peter Ulmer
em. Professor an der Universität Heidelberg

4. Auflage

Verlag C.H.Beck München 2004

Verlag C. H. Beck im Internet:
beck.de

ISBN 3 406 46483 1

Wilhelmstraße 9, 80801 München
Druck: fgb · freiburger graphische betriebe
Bebelstraße 11, 79108 Freiburg
Satz: Druckerei C. H. Beck Nördlingen

Gedruckt auf säurefreiem, alterungsbeständigem Papier
(hergestellt aus chlorfrei gebleichtem Zellstoff)

Vorwort

Seit Erscheinen der 3. Auflage dieses Werkes, einer Sonderausgabe der Kommentierung des Rechts der GbR und der PartG im Münchener Kommentar zum BGB, sind mehr als sechs Jahre vergangen. Nicht nur diese Zeitspanne, sondern vor allem auch die aktive Gesetzgebung im Personengesellschaftsrecht und der Erlass mehrerer bahnbrechender Urteile des Gesellschaftsrechtssenats des BGH zum Recht der GbR haben dafür gesorgt, dass sich Grundlagen und Rechtsverhältnisse der beiden hier erläuterten zivilrechtlichen Gesellschaftsformen teilweise wesentlich verändert haben. Die Änderungen haben eine durchgehende Überarbeitung des Werkes, verbunden mit der Neufassung nicht weniger Teile, erforderlich gemacht.

Für das Recht der GbR und sein Umfeld sind aus der Gesetzgebung der letzten Jahre einerseits das Minderjährigenhaftungsbegrenzungsgesetz und das Handelsrechtsreformgesetz, andererseits die Reform des Schuldvertragsrechts und des Insolvenzrechts zu nennen. Die damit verbundenen Neuregelungen haben teils direkt, teils indirekt nicht wenige Änderungen für die GbR bewirkt. Vor allem aber kam es zu einer ungewöhnlich großen Zahl von Grundsatzurteilen des BGH, betreffend in erster Linie die Anerkennung der Rechts- und Parteifähigkeit der (Außen-)GbR sowie der Übergang von der Doppelverpflichtungs- zur Akzessorietätstheorie, d.h. die grundsätzlich unbeschränkte Haftung der Gesellschafter für die Verbindlichkeiten der GbR. Sie haben im Anschluss an entsprechende Vorarbeiten im Schrifttum fast schon zu einer „Revolution" für das BGB-Gesellschaftsrecht rund 100 Jahre nach seinem Inkrafttreten geführt und machen eine Überprüfung vieler bisher anerkannter Rechtspositionen erforderlich, verbunden mit der Frage nach den Folgewirkungen in anderen Bereichen. Dazu will dieser „Systematische Kommentar" seinen Beitrag leisten.

Auch das Recht der PartG ist, obwohl der Erlass des PartGG nicht mehr als acht Jahre zurückliegt, von Gesetzesreformen nicht verschont geblieben. Insgesamt waren von 1998 bis 2001 nicht weniger als vier Änderungsgesetze zu verzeichnen. Unter ihnen kommt vor allem der Konzentration der Haftung für Bearbeitungsfehler auf die hieran persönlich beteiligten unter Privilegierung der anderen Partner erhebliche Bedeutung zu. Sie dürfte, ebenso wie die sonstigen Vorteile dieser im Vergleich zur GbR gesetzlich klarer verfassten Gesellschaftsform, dazu beitragen, dass ihre Attraktivität für die freiberufliche Zusammenarbeit weiter zunimmt.

Rechtsprechung und weiterführende Literatur zu den beiden Gesellschaftsformen und ihrem rechtlichen Umfeld sind bis Juni 2003 möglichst vollständig berücksichtigt. Der Verfasser möchte den Fachkollegen in Praxis und Wissenschaft diese voraussichtlich letzte Auflage aus seiner Feder zu einem ihm in 30-jähriger Arbeit besonders ans Herz gewachsenen Rechtsgebiet als eine Art Vermächtnis hinterlassen.

Heidelberg, im Juli 2003 — Peter Ulmer

Aus dem Vorwort zur 1. Auflage

Das Recht der Gesellschaft bürgerlichen Rechts war bisher nur selten Gegenstand vertiefter Behandlung. Das beruht einerseits auf der systematisch verfehlten, lückenhaften Regelung dieser Rechtsform als eines der besonderen „Schuldverhältnisse" des BGB. Sie hat zur Folge, daß die Kommentierung der einschlägigen Vorschriften zwar im Rahmen der BGB-Kommentare erfolgt, daß ihnen darin aber meist nur geringes Gewicht zugemessen wird. Was andererseits die eigentliche Gesellschaftsrechtsdiskussion angeht, so stehen bei ihr die Personenhandelsgesellschaften entsprechend ihrer größeren wirtschaftlichen Bedeutung im Mittelpunkt, während die GbR als die gesetzliche Grundform im allgemeinen nur ergänzende Erwähnung findet.

Herausgebern und Verlag des „Münchener Kommentar" gebührt daher Dank, daß sie durch großzügiges Zurverfügungstellen des erforderlichen Raumes im Gesamtkommentar und Einwilligung in die hier vorgelegte Sonderveröffentlichung der besonderen Rolle der Gesellschaft bürgerlichen Rechts Rechnung getragen haben. Die dadurch ermöglichte umfassende Kommentierung der §§ 705 bis 740 BGB verfolgt ein doppeltes Ziel. Sie soll zum einen den Erscheinungsformen dieser Gesellschaft und den damit verbundenen Rechtsfragen Rechnung tragen. Zum anderen ist sie unter Berücksichtigung auch der umfangreichen neueren Diskussion zu OHG und KG darum bemüht, die gemeinsamen dogmatischen Grundlagen der verschiedenen Personengesellschaften herauszuarbeiten und daraus allgemeine Folgerungen für das Verständnis der Gesellschaft als einer über ein bloßes Schuldverhältnis mit Gesamthandselementen hinausgehenden, mit besonderen Organen ausgestatteten Personenverbindung abzuleiten. Damit verbindet sich die Hoffnung, zur Überwindung des an § 124 HGB anknüpfenden Scheingegensatzes zwischen den verschiedenen Personengesellschaften beizutragen und zugleich auch die Diskussion des OHG- und KG-Rechts in den diesen Rechtsformen gemeinsamen Fragen weiterzuführen.

Heidelberg, im Juni 1980 Peter Ulmer

Inhaltsverzeichnis

Seite

Verzeichnis der Abkürzungen und der abgekürzt zitierten Literatur XV

Bürgerliches Gesetzbuch

Buch 2. Recht der Schuldverhältnisse

Abschnitt 8. Einzelne Schuldverhältnisse

Titel 16. Gesellschaft

Vorbemerkung zu § 705 3
A. Gesellschaft bürgerlichen Rechts – Begriff und systematische Stellung 5
I. Begriff und Wesen 5
II. Systematische Stellung 10
III. Reform 14
B. Formen und Arten der GbR 17
I. Erscheinungsformen 17
II. Einteilungskriterien 39
III. Die Unterbeteiligung 40
C. Abgrenzungsfragen 45
I. Gesellschafts- und Austauschverträge 45
II. Gesellschaft und Gemeinschaft 53
III. Gesellschaft und nichtrechtsfähiger Verein 57

§ 705 Inhalt des Gesellschaftsvertrags 58
A. Einführung 61
I. Entstehung der GbR 61
II. Rechtstatsachen 66
B. Der Gesellschaftsvertrag 66
I. Abschluss und Änderungen 66
II. Gesellschafter 81
III. Der Inhalt des Gesellschaftsvertrags 109
IV. Die Rechtsnatur des Gesellschaftsvertrags 118
V. Die Auslegung des Gesellschaftsvertrags 124
VI. Der Vorvertrag 127
C. Rechte und Pflichten der Gesellschafter 127
I. Grundlagen 127
II. Rechtsstellung gegenüber der Gesellschaft (Gesamthand) 133
III. Rechte und Pflichten gegenüber Mitgesellschaftern 141
IV. Treupflicht 142
V. Gleichmäßige Behandlung der Gesellschafter 152
D. Außen- und Innengesellschaft 155
I. Die Außengesellschaft 155
II. Die Innengesellschaft 163
E. Die (Außen-)Gesellschaft als rechtsfähiger Personenverband 169
I. Einführung 169
II. Die Rechtsfähigkeit der Außengesellschaft 175

Seite

III. Parteifähigkeit im Zivilprozess . . . 181
IV. Insolvenzfähigkeit . . . 183
F. Die fehlerhafte Gesellschaft . . . 183
I. Grundlagen . . . 183
II. Einzelfragen . . . 196

§ 706 Beiträge der Gesellschafter . . . 204
I. Normzweck . . . 204
II. Die Beitragsverpflichtung . . . 204
III. Die Beitragsleistung . . . 210

§ 707 Erhöhung des vereinbarten Beitrags . . . 213
I. Auslegung der Vorschrift . . . 214
II. Beitragserhöhungen durch Mehrheitsbeschluss . . . 215
III. Freiwillige Beitragserhöhungen . . . 216

§ 708 Haftung der Gesellschafter . . . 216
I. Grundsatzfragen . . . 217
II. Anwendungsbereich, Voraussetzungen . . . 218
III. Die eigenübliche Sorgfalt . . . 222
IV. Rechtsfolgen . . . 223

§ 709 Gemeinschaftliche Geschäftsführung . . . 224
A. Die Geschäftsführung . . . 225
I. Grundlagen . . . 225
II. Arten der Geschäftsführungsbefugnis . . . 229
III. Umfang der Geschäftsführungsbefugnis . . . 232
IV. Rechtsstellung des Geschäftsführers . . . 233
B. Gemeinschaftliche Geschäftsführung nach § 709 . . . 237
I. Der Grundsatz der Einstimmigkeit (Abs. 1) . . . 237
II. Die mehrheitliche Geschäftsführung (Abs. 2) . . . 239
C. Gesellschafterbeschlüsse . . . 240
I. Grundlagen . . . 240
II. Beschlussfassung . . . 247
III. Beschlusswirkungen . . . 258
IV. Mängel der Beschlussfassung . . . 259

§ 710 Übertragung der Geschäftsführung . . . 262
I. Normzweck . . . 262
II. Die Rechte der Geschäftsführer . . . 263
III. Die Rechte der von der Geschäftsführung ausgeschlossenen Gesellschafter 264

§ 711 Widerspruchsrecht . . . 264
I. Wesen und Funktion des Widerspruchsrechts . . . 264
II. Voraussetzungen . . . 266
III. Geltendmachung und Rechtsfolgen . . . 267

§ 712 Entziehung und Kündigung der Geschäftsführung . . . 269
A. Die Entziehung (Abs. 1) . . . 270
I. Anwendungsbereich . . . 270
II. Vorausetzungen . . . 272
III. Rechtsfolgen . . . 275
IV. Abweichende Vereinbarungen . . . 275

Seite

B. Die Kündigung (Abs. 2) 276
I. Anwendungsbereich und Voraussetzungen 276
II. Rechtsfolgen 277
III. Abweichende Vereinbarungen 277

§ 713 Rechte und Pflichten der geschäftsführenden Gesellschafter 278
I. Normzweck und Anwendungsbereich 278
II. Die entsprechend anwendbaren Auftragsvorschriften 279
III. Unanwendbare Auftragsvorschriften 282

§ 714 Vertretungsmacht 282
A. Einführung 283
I. Normzweck 283
II. Vertretung und Haftung in der Außen-GbR 284
III. Haftungsfragen in der Innen-GbR 286
B. Die Vertretung der (Außen-)Gesellschaft (§ 714) 287
I. Grundlagen 287
II. § 714 als Auslegungsregel 289
III. Umfang und Grenzen der Vertretungsmacht 290
C. Vertretung und Haftung der Gesellschafter 293
I. Grundlagen 293
II. Die Ausgestaltung der Gesellschafterhaftung 294
III. Folgen der akzessorischen Gesellschafterhaftung 299
IV. Möglichkeiten der Haftungsbeschränkung 302
V. Haftung beim Gesellschafterwechsel 307

§ 715 Entziehung der Vertretungsmacht 309

§ 716 Kontrollrecht der Gesellschafter 311
I. Grundlagen 311
II. Höchstpersönliche Natur 314
III. Abweichende Vereinbarungen 315

§ 717 Nichtübertragbarkeit der Gesellschafterrechte 316
I. Grundlagen 317
II. Verwaltungsrechte 322
III. Vermögensrechte 328
IV. Pfändung und Verpfändung 332

§ 718 Gesellschaftsvermögen 333
A. Normzweck 334
B. Das Gesellschaftsvermögen 334
I. Grundlagen 334
II. Entstehung und Wegfall des Gesamthandsvermögen 337
III. Erwerb von Gesamthandsvermögen 338
IV. Begründung von Gesamthandverbindlichkeiten 340
C. Die BGB-Gesellschaft in Zivilprozess und Zwangsvollstreckung 345
I. Überblick 345
II. Die Parteifähigkeit der Außen-GbR 347
III. Prozess- und Vollstreckungsfragen bei der nicht parteifähigen Gesamthands-GbR 349

Seite

§ 719 Gesamthänderische Bindung ... 356
A. Die Regelungen des § 719 ... 356
I. Normzweck ... 356
II. Die Verfügungsverbote des Abs. 1 ... 357
III. Der Ausschluss des Teilungsanspruchs ... 359
IV. Die Aufrechnung bei Gesellschaftsforderungen ... 360
B. Die Übertragung der Mitgliedschaft ... 361
I. Grundlagen ... 361
II. Die Anteilsübertragung ... 363
III. Rechtsstellung des Erwerbers ... 369
IV. Sonstige Verfügungen über den Anteil ... 371

§ 720 Schutz des gutgläubigen Schuldners ... 374

§ 721 Gewinn- und Verlustverteilung ... 376
I. Der gesetzliche Regelfall des Abs. 1 ... 376
II. Die jährliche Gewinnverteilung (Abs. 2) ... 377

§ 722 Anteile am Gewinn und Verlust ... 380
I. Inhalt der Vorschrift ... 380
II. Abweichende Vereinbarungen ... 381

Vorbemerkung zu § 723 ... 382
I. Die Regelungen der §§ 723 bis 740 ... 382
II. Auflösung und Beendigung ... 383
III. Auflösungsgründe ... 385
IV. Auflösungsfolgen ... 387
V. Streitigkeiten ... 388

§ 723 Kündigung durch Gesellschafter ... 388
I. Grundlagen ... 389
II. Die ordentliche Kündigung (Abs. 1 S. 1) ... 394
III. Die Kündigung aus wichtigem Grund (Abs. 1 S. 2 und 3) ... 395
IV. Kündigungsschranken ... 403
V. Schranken abweichender Vereinbarungen (Abs. 3) ... 406

§ 724 Kündigung bei Gesellschaft auf Lebenszeit oder fortgesetzter Gesellschaft ... 412
I. Grundlagen ... 412
II. Gesellschaft auf Lebenszeit (Satz 1) ... 413
III. Stillschweigende Fortsetzung (Satz 2) ... 415

§ 725 Kündigung durch Pfändungspfandgläubiger ... 415
I. Grundlagen ... 416
II. Die Pfändung ... 418
III. Die Kündigung (Abs. 1) ... 420
IV. Rechtsstellung des Pfandgläubigers (Abs. 2) ... 423
V. Rechtsstellung des Gesellschafter/Schuldners ... 423

§ 726 Auflösung wegen Erreichens oder Unmöglichwerdens des Zweckes 424
I. Normzweck und Anwendungsbereich ... 424
II. Voraussetzungen ... 424
III. Rechtsfolgen ... 425
IV. Abweichende Vereinbarungen ... 426

Seite

§ 727 Auflösung durch Tod eines Gesellschafters 426
A. Überblick 427
I. Einführung 427
II. Häufigkeit abweichender Vereinbarungen 428
B. Die Regelungen des § 727 428
I. Die Auflösung und ihre Folgen 428
II. Die Stellung der Erben in der Abwicklungsgesellschaft 430
III. Entsprechende Anwendung von Abs. 2 S. 1 bei Fortsetzung der Gesellschaft nach § 736 Abs. 1? 433
C. Abweichende Vereinbarungen 433
I. Überblick 433
II. Nachfolgeklauseln 434
III. Eintrittsklauseln 442
IV. Auslegungsfragen 445
V. Sonderfälle 446

§ 728 Auflösung durch Insolvenz der Gesellschaft oder eines Gesellschafters 449
I. Einführung 450
II. Gesellschaftsinsolvenz 451
III. Gesellschafterinsolvenz (Abs. 2) 458

§ 729 Fortdauer der Geschäftsführungsbefugnis 462
I. Grundlagen 462
II. Voraussetzungen 462
III. Rechtsfolgen 464

§ 730 Auseinandersetzung; Geschäftsführung 465
A. Die Auseinandersetzung unter Abwicklung der Gesellschaft nach §§ 730 bis 735 466
I. Grundlagen 466
II. Die Abwicklungsgesellschaft 472
III. Geschäftsführung und Vertretung 476
IV. Das Schicksal der Gesellschafteransprüche 477
V. Schlussabrechnung und Auseinandersetzungsguthaben 479
B. Andere Arten der Auseinandersetzung 481
I. Allgemeines 481
II. Übernahme durch einen Gesellschafter 481
III. Sonstige Fälle 486

§ 731 Verfahren bei Auseinandersetzung 488

§ 732 Rückgabe von Gegenständen 489
I. Der Rückgabeanspruch 489
II. Anwendung auf sonstige Einlagen 491

§ 733 Berichtigung der Gesellschaftsschulden; Erstattung der Einlagen . . . 492
I. Allgemeines 492
II. Schuldentilgung (Abs. 1) 493
III. Rückerstattung der Einlagen (Abs. 2) 495
IV. Begrenzte Umsetzung des Gesellschaftsvermögens (Abs. 3) 496

Seite

§ 734 Verteilung des Überschusses 497

§ 735 Nachschusspflicht bei Verlust 499

§ 736 Ausscheiden eines Gesellschafters, Nachtrag 500
I. Allgemeines 501
II. Die Fortsetzung nach § 736 Abs. 1 502
III. Sonstige Fortsetzungsvereinbarungen 505
IV. Wirkungen der Fortsetzungsklausel 505
V. Begrenzte Nachhaftung des ausgeschiedenen Gesellschafters (Abs. 2) 506
VI. Sonderverjährung der Gesellschafterhaftung im Auflösungsfall 508

§ 737 Ausschluss eines Gesellschafters 509
I. Allgemeines 510
II. Voraussetzungen des Ausschlusses 511
III. Ausschlussverfahren 513
IV. Abweichende Vereinbarungen 514

§ 738 Auseinandersetzung beim Ausscheiden 516
I. Der Regelungsinhalt der §§ 738 bis 740 517
II. Der Abfindungsanspruch 520
III. Vertragliche Abfindungsvereinbarungen 529
IV. Sonstige Ansprüche des Ausgeschiedenen 541

§ 739 Haftung für Fehlbetrag 543

§ 740 Beteiligung am Ergebnis schwebender Geschäfte 544
I. Allgemeines 544
II. Schwebende Geschäfte 545
III. Auskunft und Rechnungslegung (Abs. 2) 546
IV. Abweichende Vereinbarungen 546

Gesetz über Partnerschaftsgesellschaften Angehöriger Freier Berufe (Partnerschaftsgesellschaftsgesetz – PartGG) 548

Vorbemerkung
I. Entstehungsgeschichte 549
II. Die Partnerschaft im Vergleich zur GbR, OHG und GmbH 552
III. Rechtstatsachen 557

§ 1 Voraussetzungen der Partnerschaft 558
I. Normzweck 560
II. Die Partnerschaft (Abs. 1) 561
III. Der Kreis der freien Berufe (Abs. 2) 569
IV. Der Vorrang des Berufsrechts (Abs. 3) 585
V. Die subsidiäre Anwendung des BGB-Gesellschaftsrechts (Abs. 4) 588

§ 2 Name der Partnerschaft 588

§ 3 Partnerschaftsvertrag 596
I. Einführung 596
II. Die Schriftform (Abs. 1) 597
III. Die notwendigen Vertragsbestandteile (Abs. 2) 599
IV. Sonstige Vertragsbestandteile 602
V. Der Vorbehalt des Berufsrechts 603

Seite

§ 4 Anmeldung der Partnerschaft 603

§ 5 Inhalt der Eintragung; anzuwendende Vorschriften 603
I. Einführung 604
II. Die Anmeldung (§ 4) 605
III. Prüfung durch das Registergericht 606
IV. Die Eintragung (§ 5 Abs. 1) 608
V. Das Partnerschaftsregister 609
VI. Zum Vorbehalt des Berufsrechts 617

§ 6 Rechtsverhältnis der Partner untereinander 617
I. Normzweck 618
II. Bindung der Partner an das Berufsrecht (Abs. 1) 619
III. Grenzen des Ausschlusses von der Geschäftsführung (Abs. 2) 620
IV. Das Innenverhältnis der Partnerschaft im Übrigen (Abs. 3) 624

§ 7 Wirksamkeit im Verhältnis zu Dritten; rechtliche Selbständigkeit; Vertretung 630

§ 8 Haftung für Verbindlichkeiten der Partnerschaft 637
I. Einführung 638
II. Die gesamtschuldnerische Haftung der Partner (Abs. 1) 639
III. Die Haftungskonzentration nach Abs. 2 642
IV. Die Höchstbetragshaftung nach Abs. 3 647

§ 9 Ausscheiden eines Partners; Auflösung der Partnerschaft 649
I. Einführung 650
II. Die Verweisung auf die §§ 131 bis 144 HGB (Abs. 1) 650
III. Das Ausscheiden wegen Verlusts der Zulassung (Abs. 3) 653
IV. Die Anteilsvererbung (Abs. 4) 654
V. Die rechtsgeschäftliche Anteilsübertragung 656

§ 10 Liquidation der Partnerschaft; Nachhaftung 657
I. Normzweck 657
II. Die Liquidation der Partnerschaft (Abs. 1) 657
III. Haftung der Partner nach Auflösung oder Ausscheiden (Abs. 3) 661

§ 11 Übergangsvorschriften 662
I. Einführung 663
II. Reservierung des Partnerzusatzes für die PartG (Abs. 1 S. 1) 663
III. Bestandsschutz für Alt-Namen und -Firma (S. 2 und 3) 664
IV. Durchsetzungen der Änderung des Namenrechts 666
V. Übergangsregelungen für die erweiterte Eintragung im Partnerschaftsregister (Abs. 2) 666

Anhang: Handelsgesetzbuch §§ 105–177 a und 230–237 669

Sachverzeichnis 681

Verzeichnis der Abkürzungen und der abgekürzten zitierten Literatur

aA	anderer Ansicht
aaO	am angegebenen Ort
AcP	Archiv für die civilistische Praxis
aE	am Ende
AG	Die Aktiengesellschaft; Aktiengesellschaft
AGB	Allgemeine Geschäftsbedingungen
AGBG	Gesetz zur Regelung des Rechts der Allgemeinen Geschäftsbedingungen, zum 1. 1. 2002 abgelöst durch §§ 305 ff. BGB
AktG	Aktiengesetz v. 6. 9. 1965 (BGBl. I S. 1089)
aM	anderer Meinung
Anh.	Anhang
Anm.	Anmerkung
AnwBl.	Anwaltsblatt
AO	Abgabenordnung (AO 1977) idF v. 1. 10. 2002 (BGBl. 2003 I S. 63)
AP	Arbeitsrechtliche Praxis (Nachschlagewerk des Bundesarbeitsgerichts)
ApothG	Gesetz über das Apothekenwesen idF v. 15. 10. 1980 (BGBl. I S. 1993)
ArchBürgR	Archiv für Bürgerliches Recht
Arge	Arbeitsgemeinschaft
ArztR	Arztrecht (Zeitschrift)
BAG	Bundesarbeitsgericht
Bamberger/Roth	*Bamberger/Roth* (Hrsg.), BGB, 3 Bände, 2003
Baumbach/Hopt	*Baumbach/Hopt,* Handelsgesetzbuch, Kurzkommentar, 30. Aufl. 2000
Baur	*Baur/Stürner,* Lehrbuch des Sachenrechts, 17. Aufl. 1995
BayObLG	Bayerisches Oberstes Landesgericht
BayObLGSt	Amtliche Sammlung von Entscheidungen des Bayerischen Obersten Landesgerichts in Strafsachen
BayKammerG	Bayrisches Kammergesetz
BB	Der Betriebs-Berater
BFH	Bundesfinanzhof
BGB	Bürgerliches Gesetzbuch
BGBl.	Bundesgesetzblatt
BGH	Bundesgerichtshof
BGHZ	Entscheidungen des Bundesgerichtshofs in Zivilsachen
BNotO	Bundesnotarordnung v. 24. 2. 1961 (BGBl. I S. 98)
BPatGE	Entscheidungen des Bundespatentgerichts
BRAK	Bundesrechtsanwaltskammer
BRAO	Bundesrechtsanwaltsordnung v. 1. 8. 1959 (BGBl. I S. 565)
BT-Drucks.	Drucksache des Deutschen Bundestages
BVerfG	Bundesverfassungsgericht
BVerwG	Bundesverwaltungsgericht
BWNotZ	Mitteilungen aus der Praxis, Zeitschrift für das Notariat in Baden-Württemberg (früher WürttNotV)
DAR	Deutsches Autorecht
DAV	Deutscher Anwaltsverein
DB	Der Betrieb
DNotZ	Deutsche Notar-Zeitschrift
DR	Deutsches Recht
DRiZ	Deutsche Richterzeitung
DRZ	Deutsche Rechts-Zeitschrift
DStR	Deutsches Steuerrecht

Düringer/Hachenburg HGB	*Düringer/Hachenburg,* Das Handelsgesetzbuch, 3. Aufl. 1932ff.
DZWir	Deutsche Zeitschrift für Wirtschaftsrecht
einhM	einhellige Meinung
EKG	Einheitliches Gesetz über den internationalen Kauf beweglicher Sachen v. 17. 7. 1973 (BGBl. I S. 856)
Enneccerus/Nipperdey	*Enneccerus/Nipperdey,* Lehrbuch des Bürgerlichen Rechts, I. Bd. AT des Bürgerlichen Rechts, 1. Halbbd. 15. Aufl. 1959; 2. Halbbd. 15. Aufl. 1960
ERJuKoG	Gesetz über elektronische Register und Justizkosten der Telekommunikation v. 10. 12. 2001 (BGBl. I S. 3422)
Erman/Bearbeiter	*Erman* (und jeweiliger Bearbeiter) Handkommentar zum Bürgerlichen Gesetzbuch, 10. Aufl. 2000
Esser/Schmidt AT	*Esser,* Schuldrecht, Allgemeiner Teil 8. Aufl., bearbeitet von *Schmidt* 1995/2000
Esser/Weyers BT	*Esser,* Schuldrecht, Besonderer Teil, 8. Aufl., bearbeitet von *Weyers* 1998/2000
EStR	Einkommenssteuerrecht
e.V.	eingetragener Verein
EWiR	Entscheidungen zum Wirtschaftsrecht
FamRZ	Zeitschrift für das gesamte Familienrecht (früher Ehe und Familie im privaten und öffentlichen Recht)
Feddersen/Meyer-Landrut	*Feddersen/Meyer-Landrut,* Partnerschaftsgesellschaftsgesetz, 1995
Flume I/1	*Flume,* Allgemeiner Teil des Bürgerlichen Rechts Bd. I/1, Die Personengesellschaft, 1977
Fn.	Fußnote
FS	Festschrift
G.	Gesetz
Gail/Overlack	*Gail/Overlack,* Anwaltsgesellschaften, 2. Aufl. 1996
GBO	Grundbuchordnung idF v. 26. 5. 1994 (BGBl. I S. 1114)
GbR	Gesellschaft bürgerlichen Rechts
Gedächtnisschr.	Gedächtnisschrift
GenG	Gesetz betreffend die Erwerbs- und Wirtschaftsgenossenschaften
Gernhuber/Coester-Waltjen	*Gernhuber/Coester-Waltjen,* Lehrbuch des Familienrechts, 4. Aufl. 1994
GesRZ	Der Gesellschafter (Zeitschrift, 1. 1972ff.)
GewO	Gewerbeordnung idF v. 1. 1. 1978 (BGBl. I S. 97)
GG	Grundgesetz für die Bundesrepublik Deutschland
GmbH	Gesellschaft mit beschränkter Haftung
GmbHG	Gesetz betr. die Gesellschaften mit beschränkter Haftung idF v. 19. 8. 1994 (BGBl. I S. 2202)
GmbHR	GmbH-Rundschau
GoA	Geschäftsführung ohne Auftrag
Großkomm. AktG	Großkommentar zum Aktiengesetz, 3. Aufl. 1970ff.; 4. Aufl. 1992ff.
Großkomm. HGB	*Staub,* Großkommentar zum HGB, 3. Aufl. 1967ff.; 4. Aufl. 1983ff.
GRUR	Gewerblicher Rechtsschutz und Urheberrecht
GWB	Gesetz gegen Wettbewerbsbeschränkungen idF v. 20. 2. 1990 (BGBl. I S. 236)
Hachenburg/Bearbeiter	*Hachenburg* (und jeweilige Bearbeiter), Gesetz betreffend die Gesellschaften mit beschränkter Haftung (GmbHG), 8. Aufl. 1991ff.
HRefG	Gesetz zur Neuregelung des Kaufmanns- und Firmenrechts und zur Änderung anderer handelsrechtlicher und gesellschaftsrechtlicher Vorschriften v. 22. 6. 1998 (BGBl. I S. 1474)
HeilberufsG	Gesetz für die Heilberufe
HGB	Handelsgesetzbuch

hM	herrschende Meinung
HRR	Höchstrichterliche Rechtsprechung
Hueck OHG	*Alfred Hueck,* Das Recht der offenen Handelsgesellschaft, 4. Aufl. 1971
HRV	Handelsregisterverfügung
InsO	Insolvenzordnung v. 5. 10. 1994 (BGBl. I S. 2866)
JherJb.	Jherings Jahrbücher für die Dogmatik des bürgerlichen Rechts
JMBl.	Justizministerialblatt
JR	Juristische Rundschau
JuS	Juristische Schulung
JW	Juristische Wochenschrift
JZ	Juristenzeitung
Kaiser/Bellstedt	*Kaiser/Bellstedt,* Die Anwaltssozietät, 2. Aufl. 1996
KartRdSch.	Kartell-Rundschau, Monatsschrift für Kartell- und Konzernwesen
KartVO 1923	Verordnung gegen den Mißbrauch wirtschaftlicher Machtstellungen v. 2. 11. 1923 (RGBl. I S. 1067)
KG	Kammergericht; Kommanditgesellschaft
KGaA.	Kommanditgesellschaft auf Aktien
KGJ	Jahrbuch für Entscheidungen des Kammergerichts in Sachen der freiwilligen Gerichtsbarkeit, in Kosten-, Stempel- und Strafsachen (bis 1899: in Sachen der nichtstreitigen Gerichtsbarkeit)
KO	Konkursordnung
Kölner Komm. zum AktG	Kölner Kommentar zum Aktiengesetz, 2. Aufl. 1986 ff.
KTS	Zeitschrift für Konkurs-, Treuhand- und Schiedsgerichtswesen
KUG	Gesetz betreffend das Urheberrecht an Werken der bildenden Künste und der Photographie (Kunsturhebergesetz) v. 9. 1. 1907 (RGBl. S. 7), aufgehoben durch § 141 Nr. 5 des Urheberrechtsgesetzes v. 9. 9. 1965 (BGBl. I S. 1273), soweit es nicht den Schutz von Bildnissen betrifft.
KWG	Gesetz über das Kreditwesen idF v. 9. 9. 1998 (BGBl. I S. 2776)
Larenz I	*Larenz,* Lehrbuch des Schuldrechts Bd. 1, Allgemeiner Teil, 14. Aufl. 1987
Larenz II/1	*Larenz,* Lehrbuch des Schuldrechts Bd. 2, Besonderer Teil/1. Halbband, 13. Aufl. 1986
Larenz/Canaris II/2	*Larenz/Canaris,* Lehrbuch des Schuldrechts, Bd. II/2 Besonderer Teil 2. Halbband, 13. Aufl. 1994
Larenz/Wolf	*Larenz/Wolf,* Allgemeiner Teil des deutschen Bürgerlichen Rechts, 8. Aufl. 1997
LFZG	Lohnfortzahlungsgesetz v. 27. 7. 1969 (BGBl. I S. 946)
LM	*Lindenmaier/Möhring* (Nachschlagewerk des Bundesgerichtshofs)
LPartG	Gesetz zur Beendigung der Diskriminierung gleichgeschlechtlicher Gemeinschaften: Lebenspartnerschaften v. 16. 2. 2001 (BGBl. I S. 266)
LUG	Gesetz betr. das Urheberrecht an Werken der Literatur und der Tonkunst v. 19. 6. 1901 (RGBl. S. 227), aufgehoben durch § 141 Nr. 3 des Urheberrechtsgesetzes v. 9. 9. 1965 (BGBl. I S. 1273)
LZ	Leipziger Zeitschrift für Deutsches Recht
MBO-Ä	Musterberufsordnung für die deutschen Ärzte (Fassung 1997)
MDR	Monatsschrift für Deutsches Recht
Meilicke	*Meilicke/Graf v. Westphalen/Hoffmann/Lenz,* Partnerschaftsgesellschaftsgesetz, 1995 (abgek. M/W/H/L)
Michalski/Römermann	*Michalski/Römermann,* Kommentar zum Partnerschaftsgesellschaftsgesetz, 2. Aufl. 2000
Mot.	Motive zu dem Entwurf eines Bürgerlichen Gesetzbuches für das Deutsche Reich
MPhG	Masseur- und Physiotherapeutengesetz idF v. 26. 5. 1994 (BGBl. I S. 1084)

MünchHdb. GesR I.	*Riegger/Weipert* (Hrsg.), Münchener Handbuch des Gesellschaftsrechts, Band I, 1995
MuW	Markenschutz und Wettbewerb
NJW	Neue Juristische Wochenschrift
NJW-RR	Neue Juristische Wochenschrift – Rechtsprechungs-Report
NRW	Nordrhein-Westfalen
OGH	Oberster Gerichtshof für die Britische Zone
OGHZ	Entscheidung des Obersten Gerichtshofes für die Britische Zone in Zivilsachen
OHG	offene Handelsgesellschaft
OLG	Oberlandesgericht
OLGZ	Rechtsprechung der Oberlandesgerichte in Zivilsachen
Palandt/Bearbeiter	*Palandt* (und jeweiliger Bearbeiter), Bürgerliches Gesetzbuch, 62. Aufl. 2003
PartGG	Gesetz über Partnerschaftsgesellschaften Angehöriger freier Berufe idF v. 25. 7. 1994 (BGBl. I S. 1744)
PatAnwO	Patentanwaltsordnung idF v. 7. 9. 1966 (BGBl. I S. 557)
PatG	Patentgesetz idF v. 16. 12. 1980 (BGBl. 1981 I S. 2)
Prot.	Protokolle der Kommission für die zweite Lesung des Entwurfs des BGB
PRV	Verordnung über die Einrichtung und Führung des Partnerschaftsregisters v. 16. 6. 1995 (BGBl. I S. 808)
RdNr.	Randnummer(n)
Recht	Das Recht
RegE	Regierungsentwurf
RG	Reichsgericht
RGBl.	Reichsgesetzblatt
RGRK/*Bearbeiter*	Das Bürgerliche Gesetzbuch, Kommentar, herausgegeben von Mitgliedern des Bundesgerichtshofs, 12. Aufl. 1974 ff.
RGRK-HGB	Kommentar zum Handelsgesetzbuch, Begr. von *Herrmann Staub,* weitergef. von Mitgliedern des Reichsgerichts, 4. Aufl. 1983 ff.
RGZ	Entscheidungen des Reichsgerichts in Zivilsachen
Rpfleger	Der Deutsche Rechtspfleger
SächsHKaG	Sächsisches Heil- und Kammergesetz
Schlegelberger/ Bearbeiter	*Schlegelberger* (und jeweiliger Bearbeiter), Handelsgesetzbuch, 5. Aufl. 1973–1992
SchlHA	Schleswig-Holsteinische Anzeigen
Seibert	*Seibert,* Die Partnerschaft, 1994
SeuffA	Seufferts Archiv für Entscheidungen der obersten Gerichte in den deutschen Staaten
SJZ	Süddeutsche Juristenzeitung
Soergel/Bearbeiter	*Soergel* (und jeweiliger Bearbeiter), Kommentar zum BGB, 12. Aufl. 1987 ff.; 13. Aufl. 1997 ff.
Staudinger/Bearbeiter	*Staudinger* (und jeweiliger Bearbeiter), Kommentar zum BGB, 12. Aufl. 1978 ff.: §§ 705–740: 1979; 13. Aufl. 1993 ff.
str.	streitig
st. Rspr.	ständige Rechtsprechung
StVG	Straßenverkehrsgesetz idF v. 19. 12. 1952 (BGBl. I S. 837)
v. Tuhr	*v. Tuhr,* Der Allgemeine Teil des Deutschen Bürgerlichen Rechts, Bd. I 1910, Bd. II 1. Halbbd. 1914, 2. Halbbd. 1918
UFITA	Archiv für Urheber-, Film-, Funk- und Theaterrecht
UmwG	Umwandlungsgesetz v. 28. 10. 1994 (BGBl. I S. 3210)

UrhG	Gesetz über Urheberrecht und verwandte Schutzrechte (Urheberrechtsgesetz) v. 9. 9. 1965 (BGBl. I 1273)
UWG	Gesetz gegen den unlauteren Wettbewerb v. 7. 6. 1909 (RGBl. S. 499)
VerschG	Verschollenheitsgesetz v. 15. 1. 1951 (BGBl. I S. 63)
VersR	Versicherungsrecht, Juristische Rundschau für die Individualversicherung
VIZ	Zeitschrift für Vermögens- und Investitionsrecht
Vorb.	Vorbemerkung
VRS	Verkehrsrechts-Sammlung
WarnR	Rechtsprechung des Reichsgerichts, herausgegeben von Warneyer
WEG	Wohnungseigentumsgesetz
Westermann	*H. P. Westermann,* Handbuch der Personengesellschaften, Loseblattausgabe (Stand 2002)
WiB	Wirtschaftsrechtliche Beratung
Wiedemann GesR I.	*Wiedemann,* Gesellschaftsrecht, Bd. I, 1980
wistra	Zeitschrift für Wirtschaft, Steuer, Strafrecht
WM	Wertpapiermitteilungen
WPg.	Die Wirtschaftsprüfung
WPK-Mitt.	Wirtschaftsprüferkammer Mitteilungen (Zeitschrift)
WuB	Entscheidungssammlung zum Wirtschafts- und Bankrecht
WuW/E	Wirtschaft und Wettbewerb/Entscheidungssammlung
ZEV	Zeitschrift für Erbrecht und Vermögensnachfolge
ZgesGenW	Zeitschrift für das gesamte Genossenschaftswesen
ZGR	Zeitschrift für Unternehmens- und Gesellschaftsrecht
ZHG	Gesetz über die Ausübung der Zahnheilkunde idF v. 16. 4. 1987 (BGBl. I S. 1225)
ZHR	Zeitschrift für das gesamte Handelsrecht und Wirtschaftsrecht
ZMR	Zeitschrift für Miet- und Raumrecht
ZPO	Zivilprozessordnung
ZRP	Zeitschrift für Rechtspolitik
ZZP	Zeitschrift für Zivilprozeß

Bürgerliches Gesetzbuch

Vom 18. August 1896 (RGBl. S. 195)
in der Fassung der Bekanntmachung vom 2. Januar 2002
(BGBl. I S. 42, ber. S. 2909 und 2003 S. 738)
zuletzt geändert durch Gesetz vom 24. August 2002 (BGBl. I S. 3412)

Buch 2
Recht der Schuldverhältnisse

Abschnitt 8
Titel 16 bis 27
(§§ 705–853)

Titel 16. Gesellschaft

Vorbemerkung

Schrifttum: (abgekürzt zitiert, nicht im allg. Abkürzungsverzeichnis)

Kommentare: Großkommentar zum HGB, 4. Aufl. (seit 1983, im Erscheinen; zit. *Staub/Verf*); 3. Aufl., 2. Bd., 1. Halbband 1967 und 1973 (*Rob. Fischer* und *Ulmer*); MünchKommHGB, Bd. 1, 1996; Bd. 3, 2002; *Schlegelberger*, Handelsgesetzbuch, 5. Aufl., Bd. III/1 1992, Bd. III/2 1986; *Geiler* und *Flechtheim* in *Düringer/Hachenburg*, Das Handelsgesetzbuch, 3. Aufl., 2. Bd. 1932; *Baumbach/Hopt*, Handelsgesetzbuch, 30. Aufl. 2000; *Heymann*, Handelsgesetzbuch, 2. Aufl. 1995; *Koller/Roth/Morck*, Handelsgesetzbuch, 4. Aufl. 2003; *Baumbach/Hueck*, Kurzkommentar zum GmbH-Gesetz, 17. Aufl. 2000; *Hachenburg*, Gesetz betreffend die Gesellschaften mit beschränkter Haftung (GmbHG), 8. Aufl. 1992ff.; *Scholz*, Kommentar zum GmbH-Gesetz, 9. Aufl. 2000, 2002; Kölner Kommentar zum Aktiengesetz, 1970–1985, 2. Aufl. 1986ff.; *Immenga/Mestmäcker*, GWB, 3. Aufl. 2001.

Sonstige Gesamtdarstellungen und Lehrbücher: *Flume*, Allgemeiner Teil des Bürgerlichen Rechts 1. Bd. 1. Teil, Die Personengesellschaft, 1977; 2. Teil, Die juristische Person, 1983; *Grunewald*, Gesellschaftsrecht, 4. Aufl. 2000; *G. Hueck*, Gesellschaftsrecht, 19. Aufl. 1991; *Hüffer*, Gesellschaftsrecht, 5. Aufl. 1998; *Koenigs*, Die stille Gesellschaft, 1961; *Kraft/Kreutz*, Gesellschaftsrecht, 11. Aufl. 2000; *Kübler*, Gesellschaftsrecht, 5. Aufl. 1998; *Karsten Schmidt*, Gesellschaftsrecht, 4. Aufl. 2002; *ders.*, Handelsrecht, 5. Aufl. 1999; *Westermann*, Handbuch der Personengesellschaften, (Stand 2002); *Wieland*, Handelsrecht, Bd. 1, 1921; *Würdinger*, Gesellschaften, 1. Teil: Recht der Personengesellschaften, 1937.

Monografien: *Aderhold*, Das Schuldmodell der BGB-Gesellschaft, 1981; *Armbrüster*, Die treuhänderische Beteiligung an Gesellschaften, 2001; *Blaurock*, Unterbeteiligung und Treuhand an Gesellschaftsanteilen, 1981; *Breuninger*, Die BGB-Gesellschaft als Rechtssubjekt im Wirtschaftsverkehr, 1991; *Dauner-Lieb*, Unternehmen in Sondervermögen, 1998; *Fabricius*, Relativität der Rechtsfähigkeit, 1963; *Friehe*, Die Unterbeteiligung bei Personengesellschaften, 1974; *Göbel*, Mehrheitsentscheidungen in Personengesellschaften, 1992; *Göckeler*, Die Stellung der Gesellschaft bürgerlichen Rechts im Erkenntnis-, Vollstreckungs- und Konkursverfahren, 1992; *Habersack*, Die Mitgliedschaft – subjektives und „sonstiges" Recht, 1996; *Hadding*, Actio pro socio, 1966; *Heller*, Der Zivilprozeß der Gesellschaft bürgerlichen Rechts, 1989; *Hermanns*, Unverzichtbare Mitverwaltungsrechte des Personengesellschafters, 1993; *Ulrich Huber*, Vermögensanteil, Kapitalanteil und Gesellschaftsanteil von Personengesellschaften des Handelsrechts, 1970; *Ulrich Hübner*, Interessenkonflikt und Vertretungsmacht, 1977; *Götz Hueck*, Der Grundsatz der gleichmäßigen Behandlung im Privatrecht, 1958; *Hüttemann*, Leistungsstörungen bei Personengesellschaften, 1998; *Immenga*, Die personalistische Kapitalgesellschaft, 1970; *John*, Die organisierte Rechtsperson, 1977; *Leuthe*, Die gewerblich geprägte Gesellschaft bürgerlichen Rechts, 1991; *Lieb*, Die Ehegattenmitarbeit im Spannungsfeld zwischen Rechtsgeschäft, Bereicherungsausgleich und gesetzlichem Güterstand, 1970; *Michalski*, Gesellschaftsrechtliche Gestaltungsmöglichkeiten zur Perpetuierung von Unternehmen, 1980; *Hans-Friedrich Müller*, Der Verband in der Insolvenz, 2002; *Nicknig*, Die Haftung der Mitglieder einer BGB-Gesellschaft für Gesellschaftsschulden, 1972; *Nitschke*, Die körperschaftlich strukturierte Personengesellschaft, 1970; *Reiff*, Die Haftungsverfassung nichtrechtsfähiger unternehmenstragender Verbände, 1996; *Reuter*, Privatrechtliche Schranken der Perpetuierung von Unternehmen, 1973; *Rittner*, Die werdende juristische Person, 1973; *Röttger*, Die Kernbereichslehre im Recht der Personenhandelsgesellschaften, 1989; *Roitzsch*, Der Minderheitenschutz im Verbandsrecht, 1981; *Carsten Schäfer*, Die Lehre vom fehlerhaften Verband, 2002; *Karsten Schmidt*, Zur Stellung der OHG im System der Handelsgesellschaften, 1972; *Schünemann*, Grundprobleme der Gesamthandsgesellschaft, 1975; *Schulze-Osterloh*, Das Prinzip der gesamthänderischen Bindung, 1972; *ders.*, Der gemeinsame Zweck der Personengesellschaften, 1973; *Siegmann*, Personengesellschaftsanteil und Erbrecht, 1992; *Steckhan*, Die Innengesellschaft, 1966; *Steines*, Die faktisch aufgelöste offene Handelsgesellschaft, 1964; *Teichmann*, Gestaltungsfreiheit in Gesellschaftsverträgen, 1970; *Ulbrich*, Die Unterbeteiligungsgesellschaft an Personengesellschaftsanteilen, 1982; *Wagner*, Die Unterbeteiligung an einem OHG-Anteil, 1975; *Hansjörg Weber*, Zur Lehre von der fehlerhaften Gesellschaft, 1978; *Wertenbruch*, Gesellschaften und Gesellschaftsanteile in der Zwangsvollstreckung, 2000; *Harm Peter Westermann*, Vertragsfreiheit und Typengesetzlichkeit im Recht der Personengesellschaften, 1970; *Wiedemann*, Die Übertragung und Vererbung von Mitgliedschaftsrechten bei Handelsgesellschaften, 1965; *Wiesner*, Die Lehre von der fehlerhaften Gesellschaft, 1980; *M. Winter*, Mitgliedschaftliche Treubindungen im GmbH-Recht, 1988; *Zöllner*, Die Schranken mitgliedschaftlicher Stimmenrechtsmacht bei den privatrechtlichen Personenverbänden, 1963; *ders.*, Die Anpassung von Personengesellschaftsverträgen an veränderte Umstände, 1979.

Übersicht

	RdNr.
A. Gesellschaft bürgerlichen Rechts – Begriff und systematische Stellung	1–33
I. Begriff und Wesen	1–13
1. Enger und weiter Gesellschaftsbegriff	1–4
2. Wesensmerkmale der GbR	5–8
3. Rechtsfähigkeit der (Außen-)GbR	9–13
a) Rechtsentwicklung und Tragweite	9–11
b) Unterscheidung gegenüber der juristischen Person	12, 13
II. Systematische Stellung	14–25
1. Gesellschaft als Schuldverhältnis	14
2. Gesellschaft und Gemeinschaft	15
3. GbR und Handelsgesellschaften	16–18
4. Verwandte Gesellschaftsformen	19–22
a) Freiberufler-Partnerschaft	19, 20
b) EWIV	21, 22
5. Personen- und Kapitalgesellschaften	23
6. Die Vorgesellschaft	24, 25
III. Reform	26–33
1. Die unvollkommene Regelung im BGB	26
2. Reformansätze	27–29
3. Einzelne Neuregelungen	30–33
a) Überblick	30
b) Beschränkung der Minderjährigenhaftung	31
c) Nachhaftungsbegrenzung	32
d) Sonstige	33
B. Formen und Arten der GbR	34–103
I. Erscheinungsformen	34–84
1. Allgemeines	34, 35
2. Erwerbsgesellschaften	36–42
a) Freie Berufe	36–40
aa) Anwaltssozietäten	36–39
bb) Sonstige	40
b) Landwirtschaft	41
c) Kleingewerbetreibende	42
3. Arbeitsgemeinschaften	43–45
4. Vermögensverwaltung	46
5. Bauherrengemeinschaften	47–50
6. Konsortien	51–64
a) Allgemeines	51
b) Emissionskonsortien	52–57
aa) Erscheinungsformen	52, 53
bb) Konsortialvertrag	54, 55
cc) Übernahmevertrag mit dem Emittenten	56, 57
c) Kredit- und Finanzierungskonsortien	58–60
d) Anlagenbau-Konsortien	61–63
e) Sonstige	64
7. Kartell- und Konzernformen, Pools	65–71
a) Kartelle	65
b) Konzernformen; Gemeinschaftsunternehmen	66, 67
c) Beteiligungskonsortien, Stimmrechtspools	68, 69
d) Familiengesellschaften (Familienpools)	70
e) Sicherheitenpools; Sanierungsfonds	71
8. Metaverbindungen	72
9. Ehegattengesellschaften	73–80
a) Allgemeines	73
b) Gesellschaftsrechtliche Grundlagen	74, 75
c) Rechtsprechung und Kritik	76–78
d) Analoge Anwendung der gesellschaftsrechtlichen Ausgleichsordnung	79, 80
10. Lebensgemeinschaften	81–84
a) Nichteheliche	81–83
b) Eingetragene Lebenspartnerschaft	84
II. Einteilungskriterien	85–91
1. Überblick	85
2. Gelegenheits- und Dauergesellschaften	86–88
3. Erwerbsgesellschaften	89, 90
4. Außen- und Innengesellschaften	91
III. Die Unterbeteiligung	92–103
1. Begriff und Wesen	92–95
2. Rechtsverhältnisse in der Unterbeteiligungsgesellschaft	96–103
a) Gründung	96, 97
b) Die Rechte des Unterbeteiligten	98–101
aa) Regelfall	98–100
bb) Die offene (qualifizierte) Unterbeteiligung als Sonderfall	101
c) Auflösung und Auseinandersetzung	102, 103
C. Abgrenzungsfragen	104–135
I. Gesellschafts- und Austauschverträge	104–123
1. Allgemeines	104–106
a) Grundsatz	104, 105
b) Gesellschaftsähnliche Rechtsverhältnisse	106
2. Partiarische Rechtsverhältnisse	107–112
a) Begriff und Wesen	107
b) Partiarisches Darlehen	108–110
c) Partiarischer Dienstvertrag	111
d) Partiarische Miete oder Pacht	112
3. Gemischte Verträge	113–116
a) Allgemeines	113, 114
b) Einzelfragen	115, 116
4. Einzelfälle	117–123
II. Gesellschaft und Gemeinschaft	124–132
1. Grundsatz	124–126
2. Gesellschaftsähnliche Gemeinschaften	127
3. Miturhebergemeinschaft	128, 129
a) Schlichte Miturhebergemeinschaft	128
b) Miturhebergesellschaft	129

	RdNr.
4. Gemeinschaft der Wohnungseigentümer	130–132
a) Gesetzliche Regelung; Rechtsnatur	130
b) Stellungnahme	131, 132
III. Gesellschaft und nichtrechtsfähiger Verein	133–135
1. Grundlagen	133, 134
a) Unterschiedliche Typenmerkmale	133
b) Annäherung im Außenverhältnis	134
2. Mischtypen	135

A. Gesellschaft bürgerlichen Rechts – Begriff und systematische Stellung

I. Begriff und Wesen

1. Enger und weiter Gesellschaftsbegriff. Gesellschaft im **weiten** Sinne ist jeder rechtsgeschäftliche Zusammenschluss von zwei oder mehr Personen zur Förderung des vereinbarten gemeinsamen Zwecks.[1] In dieser weiten Fassung erstreckt sich die Definition auf alle rechtsgeschäftlich begründeten, der Erreichung des vereinbarten Zwecks dienenden Personengemeinschaften unabhängig von deren jeweiliger Rechtsform. Es fallen darunter nicht nur die *Personengesellschaften* des bürgerlichen und Handelsrechts (GbR, OHG und KG) und die Partnerschaft (RdNr. 19 f.), sondern auch die von zwei oder mehr Personen gegründeten *Kapitalgesellschaften* (AG und GmbH) und sonstige gemeinsamer Zweckverfolgung dienende *korporative Zusammenschlüsse* wie der Verein oder die Genossenschaft, dh. zur juristischen Person verfestigte Zusammenschlüsse, bei denen die Verbandsorganisation sich im Unterschied zu den Personengesellschaften infolge der Registereintragung von den als Mitglieder beteiligten Personen gelöst hat, auf einer gegenüber den Gründern verselbständigten Verfassung (der „Satzung“) beruht und daher selbst bei Rückgang der Mitgliederzahl auf eine Person („Einmanngesellschaft“), ja theoretisch sogar trotz Wegfalls aller Mitglieder fortbesteht.[2] 1

Für die **Gesellschaft bürgerlichen Rechts (GbR)** gilt demgegenüber ebenso wie für die anderen Personengesellschaften (OHG, KG, Partnerschaft) ein **engerer** Begriff der Gesellschaft, für den es zusätzlich auf die einzelnen *Gesellschafter* als vertraglich verbundene und in der Regel auch gesamthänderisch beteiligte, nicht beliebig auswechselbare Mitglieder ankommt. Diese Gesellschaften werden **typischerweise** durch die als Gesellschafter beteiligten Personen geprägt. Nicht nur Ein- und Austritt, sondern streng genommen auch die Übertragung der Mitgliedschaft führen zu einer Änderung des Gesellschaftsvertrags. Sie setzen daher die Zustimmung der Mitgesellschafter hierzu voraus, wobei diese freilich auch in genereller Form bereits im Gesellschaftsvertrag selbst erteilt werden kann.[3] 2

Von den typischen, als Außengesellschaften gegründeten und auf persönlicher Verbindung der Gründer oder ihrer Rechtsnachfolger beruhenden Personenverbindungen zu unterscheiden sind die Fälle einer **atypischen** Fortentwicklung, wie sie im Recht der Personengesellschaften unter Einschluss der GbR auf Grund der dort grundsätzlich geltenden *Vertragsgestaltungsfreiheit* in einer ganzen Reihe von Regelungsbereichen und Erscheinungsformen zu beobachten ist.[4] Als Beispiel derartiger Typenvermischung oder -dehnung sei etwa verwiesen auf die **Innengesellschaft,** darunter namentlich die stille GbR und die *Unterbeteiligung* (§ 705 RdNr. 286 ff. und Vor § 705 RdNr. 93 ff.) sowie auf den Sonderfall des 3

[1] Vgl. etwa *J. v. Gierke* ZHR 119 (1956), 141; *G. Hueck* GesR § 1; *Soergel/Hadding* RdNr. 1; *Wiedemann* GesR I S. 3 f.; *Erman/Westermann* RdNr. 2; der Sache nach auch *Karsten Schmidt* GesR §§ 1 I 1, 4 II 1.

[2] Zu den Strukturunterschieden zwischen Gesamthandsgemeinschaften und juristischen Personen als Organisationsformen für Gesellschaften und zu dem für juristische Personen maßgeblichen, die Selbstständigkeit der Organisation gegenüber den Mitgliedern betonenden „Trennungsprinzip“ vgl. etwa *Flume* I/2 § 8 I, S. 258 ff.; *Kübler* GesR § 4 IV 2 sowie *Wiedemann* GesR I §§ 2 I, 4 und 5; dazu auch RdNr. 12.

[3] Vgl. Näheres in § 719 RdNr. 27.

[4] Vgl. eingehend *Teichmann,* Gestaltungsfreiheit in Gesellschaftsverträgen und *H. P. Westermann,* Vertragsfreiheit und Typengesetzlichkeit im Recht der Personengesellschaften; ferner *Flume* I/1 § 13 I; *Soergel/Hadding* RdNr. 26 ff.

Emissionskonsortiums (RdNr. 52 ff.). Die Rechtsanwendung kann an derartigen Entwicklungen und an der Struktur der jeweiligen Gesellschaft nicht achtlos vorbeigehen, sondern muss ihnen über die ausdrücklich im Gesellschaftsvertrag vorgesehenen Abweichungen hinaus erforderlichenfalls durch ergänzende Vertragsauslegung unter Abweichung vom dispositiven Recht oder im Wege des Analogieschlusses zu anderen, der konkreten Gesellschaftsstruktur besser entsprechenden Vorschriften Rechnung tragen.[5]

4 Einen Sonderfall atypischer Gestaltungen bilden die Fälle der **Typenverbindung,** darunter auf Seiten der Personengesellschaften namentlich die – meist als *GmbH & Co. KG* organisierten – Verbindungen mit einer als Geschäftsführer eingesetzten Kapitalgesellschaft. Derartige Gestaltungen liegen vor allem auch den zahlreichen **Massen-** oder **Publikumsgesellschaften** zu Grunde, die trotz der (meist aus steuerlichen Gründen gewählten) Rechtsform der Personengesellschaft (KG oder GbR) dem Beitritt einer Vielzahl untereinander nicht persönlich verbundener Gesellschafter offen stehen. In der Rechtsprechung des BGH haben sie im Interesse von Gläubiger- und Minderheitenschutz zu Recht eine – deutlich am GmbH- und aktienrechtlichen Regelungsmodell orientierte – Sonderbeurteilung erfahren,[6] und das Schrifttum ist dem BGH darin ganz überwiegend gefolgt.[7] Derartigen Verbandsformen ist durch die Handelsrechtsreform von 1998 (§ 105 Abs. 2 nF HGB) der *Zugang zum Handelsrecht* auch dann eröffnet, wenn sie sich – als **Grundstücks-Fonds** oder sonstige Vermögensanlagegesellschaften – auf Vermögensverwaltung beschränken.[8] Bei Verzicht auf die Handelsregistereintragung verbleiben sie in der Rechtsform der **GbR.** Mit der Möglichkeit der – von der Struktur her nahe liegenden – Behandlung derartiger Verbindungen als nichtrechtsfähiger Verein hat sich die Rechtsprechung nicht auseinandergesetzt;[9] die Nähe zum Verein zeigt sich nicht zuletzt in der de facto Anerkennung der Fremdorganschaft bei derartigen Verbandsformen (vgl. § 709 RdNr. 6).

5 **2. Wesensmerkmale der GbR.** Erstes Kennzeichen der GbR ist die **vertragliche Dauerbeziehung** zwischen den Gesellschaftern. Sie trifft im Ansatz auch für die Gelegenheitsgesellschaft (RdNr. 87) zu. Die GbR erweist sich damit als ein Unterfall der im Allgemeinen Schuldrecht mit Ausnahme des § 314 nF nicht näher geregelten Kategorie der Dauerschuldverhältnisse. Deren Kennzeichen besteht darin, dass anders als etwa beim Kauf- oder Werkvertrag Rechte und Pflichten der Vertragspartner nicht auf die Erbringung einer oder mehrerer bestimmter Leistungen gerichtet sind, deren Erfüllung zur Beendigung des Schuldverhältnisses führt. Vielmehr schulden sich die Partner während der vertraglich festgelegten oder durch Kündigung gestaltbaren Vertragszeit eine dauernde Pflichtenanpassung, deren Grundlage, als vertragliches „Stammrecht", unabhängig von der Erfüllung der jeweils fälligen Einzelleistungen, während der ganzen Vertragsdauer fortbesteht.[10] Das Ausscheiden

[5] So zutr. BGH NJW 1979, 2305 für einen Grenzfall GbR/nichtrechtsfähiger Verein. Allg. vgl. hierzu etwa *Nitschke,* Die körperschaftlich strukturierte Personengesellschaft; *Immenga,* Die personalistische Kapitalgesellschaft; sowie *Reuter,* Privatrechtliche Schranken der Perpetuierung von Unternehmen (unter differezierender Behandlung von „Satzungs"- und „Vertrags"-GmbH). Vgl. auch RdNr. 134 und § 705 RdNr. 174.

[6] Vgl. etwa BGHZ 63, 338, 348 = NJW 1975, 1022; BGHZ 64, 238, 241 = NJW 1975, 1318; BGHZ 66, 82, 86 = NJW 1976, 958; BGHZ 104, 50, 53 ff. = NJW 1988, 1903; BGHZ 125, 74, 79 ff. = NJW 1994, 1156; weit. Nachw. insbes. bei *Krieger,* FS Stimpel, 1985, S. 307, 312 ff. Dazu namentlich auch *Stimpel,* FS Rob. Fischer, 1979, S. 771 ff.

[7] Vgl. nur *K. Schmidt* GesR § 57; *Kübler* GesR § 20 III; *U. H. Schneider* ZHR 142 (1978), 228 ff.; *Kellermann,* FS Stimpel, 1985, S. 259 ff.; *Krieger,* FS Stimpel, 1985, S. 307, 312 ff.; jew. m. weit. Nachw.; krit. vor allem *Kraft,* FS Rob. Fischer, 1979, S. 321 ff.

[8] Dazu *Baumbach/Hopt* HGB § 105 RdNr. 12 f.; *K. Schmidt* DB 1998, 61 f.; *Schön* DB 1998, 1169 ff.; *Habersack* in Bayer-Stiftung (Hrsg.), Die Reform des Handelsstands und der Personengesellschaften, 1999, S. 73, 78 ff.; *Schulze-Osterloh,* FS Baumann, 1999, S. 325 ff.; *Siems* NZG 2001, 738 ff.

[9] BGH LM § 709 Nr. 9 = NJW 1982, 877; LM § 712 Nr. 1 = NJW 1982, 2495; LM § 714 Nr. 7 = NJW 1983, 2498; zur Abgrenzung von Gesellschaft und Verein vgl. namentlich auch *Reuter* ZGR 1981, 364 ff. und GmbHR 1981, 129, 137 und RdNr. 134.

[10] Dazu insbes. *Beitzke,* Nichtigkeit, Auflösung und Umgestaltung von Dauerrechtsverhältnissen, 1948; *Oetker,* Das Dauerschuldverhältnis und seine Beendigung, 1994, S. 66 ff., 105 ff.; *Wiese,* FS Nipperdey, 1965, Bd. I, S. 837 ff.; Einl. zu Bd. 2 a RdNr. 96 ff.; § 314 RdNr. 5; *Ulmer,* Der Vertragshändler, 1969, S. 252 f.

oder der Wegfall aller bis auf einen Gesellschafter führt zur Beendigung der Dauerbeziehung und damit zugleich zum Ende der Gesellschaft.[11]

Ein zweites unverzichtbares Wesensmerkmal der GbR ist nach § 705 der **gemeinsame Zweck** (dazu § 705 RdNr. 142 f.) und die hierauf gerichtete, in erster Linie durch Beitragsleistung zu erfüllende **Förderungspflicht** (§ 705 RdNr. 153 f.). Beide Elemente dienen dazu, die Gesellschaft einerseits von sonstigen, auf Leistungsaustausch (Miete, Darlehen u. a.) oder Interessenwahrung (Auftrag und Geschäftsbesorgung) gerichteten Dauerschuldverhältnissen und andererseits von der Rechtsgemeinschaft (§ 741) zu unterscheiden (RdNr. 104, 124). 6

Dauerbeziehung und gemeinsamer Zweck bilden zugleich den Grund für ein drittes Wesensmerkmal der GbR: die **Treubindung** der Gesellschafter und den **persönlichen,** von der grundsätzlichen Unübertragbarkeit der Mitgliedschaft ausgehenden **Charakter des Zusammenschlusses** (intuitus personae). Beide Elemente können zwar je nach typischer oder atypischer Ausgestaltung der Gesellschaft (RdNr. 2 f.) unterschiedlich stark ausgeprägt sein. Im Ansatz sind sie jedoch unverzichtbar. Namentlich der Treupflicht kommt für die Beziehungen in der Gesellschaft und die Beurteilung der wechselseitigen Bindungen wesentliche Bedeutung zu (§ 705 RdNr. 221 ff.). 7

Zu den zwar typischen, nicht aber unverzichtbaren Wesensmerkmalen der GbR gehören demgegenüber die für die „Gesellschaftsorganisation“ kennzeichnenden Elemente **Organe** und **Gesamthandsvermögen,** die zur Fortentwicklung des Schuldverhältnisses des § 705 zur rechtsfähigen Gesamthand führen. Wie das Beispiel der Innengesellschaft, insbesondere der stillen GbR und der Unterbeteiligung zeigt, gibt es Gesellschaften, die in Abweichung von § 718 über kein gemeinsames Vermögen verfügen und sich daher, ohne Gesamthandsbeziehungen zwischen den Gesellschaftern, auf das Schuldverhältnis des § 705 beschränken (§ 705 RdNr. 285 ff.). Auch von „Organen“ iS von Personen (Geschäftsführern), die den Willen der Gesellschaft bilden und zur Ausführung bringen (§ 705 RdNr. 256), sollte man hier im Interesse klarer Begriffsbildung nicht sprechen. Da die Gesellschaft selbst, dh. das Schuldverhältnis zwischen den Gesellschaftern, weder dazu geeignet noch dazu bestimmt ist, nach außen hervorzutreten, der Vertrag sich vielmehr auf die Regelung der schuldrechtlichen Innenbeziehungen beschränkt, werden die für gemeinsame Rechnung Handelnden nicht als Gesellschaftsorgane, sondern in einer Art Treuhandfunktion tätig. 8

3. Rechtsfähigkeit der (Außen-)GbR. a) Rechtsentwicklung und Tragweite. Die GbR wurde, auch soweit sie über Gesamthandsvermögen verfügte, jahrzehntelang von der hM als **Schuldverhältnis** der Gesellschafter **mit** einem ihnen gemeinsam zugeordneten **Sondervermögen** angesehen.[12] Als Zuordnungssubjekt und Inhaber der zum Sondervermögen gehörenden Gegenstände gelten nach dieser „traditionellen“ bzw. „gesetzestreuen“ Lehre die Gesellschafter „in ihrer gesamthänderischen Verbundenheit“. Sie und nicht etwa die GbR als solche waren nach dieser Ansicht Berechtigte und Verpflichtete aus den namens der GbR geschlossenen Rechtsgeschäften. Soweit einzelnen Gesellschaftern im Gesellschaftsvertrag abweichend von §§ 709, 714 Geschäftsführungsbefugnis und Vertretungsmacht verliehen war, wurde deren Kompetenz zum Handeln namens der GbR in Einklang mit dem Wortlaut des § 714 dahin verstanden, dass sie berechtigt sind, (auch) „die anderen Gesellschafter Dritten gegenüber zu vertreten“. Die Forderungen aus den namens der GbR geschlossenen Rechtsgeschäften standen den Gesellschaftern danach zwar nicht je persönlich, sondern zur gesamten Hand zu; sie waren demgemäß mangels besonderer Vertretungsregelung von allen Gesellschaftern gemeinsam geltend zu machen. Dem- 9

[11] Zur str. Frage der Anerkennung einer Einpersonen-GbR vgl. (verneinend) § 705 RdNr. 61 f.

[12] So insbes. noch *G. Hueck* GesR § 3 II; *Kübler* GesR § 6 III 3 c; *Reinhardt/Schultz* GesR RdNr. 36 ff., 44; *Wiedemann* GesR I § 5 I 2 (anders dann aber *ders.* WM 1994 Sonderbeil. 4 S. 3 ff.); *Larenz* Allg. Teil (7. Aufl.) § 9 II 6 und SchuldR II (12. Aufl.) § 60 IV c. Vgl. auch die Nachw. in Fn. 13 und bei *G. Hueck,* FS Zöllner, 1998, S. 275, 277 Fn. 8 (umfassend).

gegenüber wurden die Verbindlichkeiten nicht als Gesamthands-, sondern als Gesamtschulden beurteilt, für die die Gesellschafter grundsätzlich je persönlich hafteten.[13] Dem trug auch die Vollstreckungsnorm des § 736 ZPO Rechnung, da sie die Vollstreckung in das Gesellschaftsvermögen davon abhängig machte, dass der Gläubiger über Titel gegen alle Gesellschafter verfügte.

10 Beginnend mit der Zeit nach 1970 wurde diese traditionelle Lehre zunehmend durch die erstmals von *Flume*[14] vertretene sog. „Gruppenlehre" in Frage gestellt. Anknüpfend an die Betrachtungen *Otto von Gierkes*[15] bei Schaffung des BGB, dass die gesellschaftsrechtliche Gesamthand über das Sondervermögen hinaus auch eigenständigen Charakter als „überindividuelle Wirkungseinheit" iS eines Personenverbands aufweise, bestand die über die traditionelle Lehre hinausführende wesentliche Erkenntnis der Gruppenlehre darin, mit dem Zusatz „in gesamthänderischer Verbundenheit" ernst zu machen und Gesellschaften bürgerlichen Rechts, die über Gesamthandsvermögen verfügen, als eigenständiges, von den Gesellschaftern zu unterscheidendes **Zuordnungssubjekt von Rechten und Verbindlichkeiten** anzusehen.[16] Träger des Gesellschaftsvermögens war danach die „(teil-)rechtsfähige" GbR als solche, unabhängig von der jeweiligen Zusammensetzung des Gesellschafterkreises. Dementsprechend richteten sich auch die Verbindlichkeiten – als Gesamt*hands*schulden – nach dieser Ansicht primär gegen die GbR als solche, während die persönliche Haftung der Gesellschafter von einem besonderen Verpflichtungsgrund auf ihrer Seite abhing. Darüber, ob dieser Grund in der vertraglichen Mitverpflichtung der Gesellschafter[17] auf Seiten der GbR oder in der akzessorischen Haftung analog § 128 HGB zu finden sei,[18] gingen die Ansichten auseinander. Bis zur Jahrtausendwende hatte sich die Gruppenlehre im gesellschaftsrechtlichen Schrifttum weitgehend durchgesetzt;[19] auch in der höchstrichterlichen Rechtsprechung war sie auf zunehmende Akzeptanz gestoßen.[20] Das hinderte die Vertreter der traditionellen Lehre freilich nicht, sich – unter Berufung auf den abweichenden Gesetzeswortlaut – nochmals nachhaltig zu Wort zu melden.[21]

11 Nachdem der moderne Gesetzgeber mit Vorschriften wie § 11 Abs. 2 InsO[22] oder § 14 Abs. 2 BGB[23] eine gesetzliche „Aufwertung" der GbR eingeleitet hatte, kam die **höchstrichterliche Rechtsprechung** zur grundsätzlich uneingeschränkten **Bejahung der Rechtsfähigkeit der (Außen-)GbR.** Mit seinem Urteil vom 29. 1. 2002[24] hat der II. Zivilsenat des BGH aller Voraussicht nach das Schlusswort in dieser jahrzehntelangen Ausei-

[13] Dazu näher (referierend) *Aderhold,* Das Schuldmodell der BGB-Gesellschaft, 1981, S. 23 ff., 74 ff.; *Dauner-Lieb,* Unternehmen in Sondervermögen, 1998, S. 522 f.

[14] ZHR 136 (1972), 177 ff. und in FS Westermann, 1974, S. 119 ff.; zusammenfassend in Allg. Teil I/1, §§ 4 und 5.

[15] Deutsches Privatrecht, Bd. 1, 1895, S. 660 ff.

[16] Vgl. dazu 3. Aufl. § 705 RdNr. 127 ff.; *K. Schmidt* GesR § 8 III; *Hüffer* GesR § 7; *Soergel/Hadding* Vor § 705 RdNr. 20 f. sowie die Nachw. in Fn. 19.

[17] So die früher herrschende, von der Rechtsprechung geteilte sog. Doppelverpflichtungstheorie, dazu vgl. 3. Aufl. § 714 RdNr. 26 m. Nachw. in Fn. 53, 54.

[18] So die von *Flume, K. Schmidt, Wiedemann* u. a. vertretene Akzessorietätstheorie, vgl. 3. Aufl. § 714 RdNr. 26 m. Nachw. in Fn. 55, 56.

[19] Vgl. eingehend *Ulmer* AcP 198 (1998), 113, 114 f., m. Nachw. in Fn. 6; weit. Nachw. bei *G. Hueck* (Fn. 12) S. 277 Fn. 9.

[20] Insbes. BGHZ 116, 86, 88 = NJW 1992, 499; BGHZ 136, 254, 257 = NJW 1997, 2754; BGH NJW 1998, 376; vgl. weiter BGH ZIP 1992, 695, 698 und die Urteile zur Verpflichtungsfähigkeit der GbR (BGHZ 72, 267, 271 = NJW 1979, 308; BGHZ 74, 240, 241 = NJW 1979, 1821; BGHZ 79, 374, 377 = NJW 1981, 1213). Offen lassend dann aber BGHZ 142, 315, 320 f. = NJW 1999, 3483.

[21] So insbes. *Zöllner,* FS Gernhuber, 1995, S. 563 ff.; *ders.,* FS Kraft, 1998, S. 701 ff.; *G. Hueck* (Fn. 12) S. 273, 279 ff.; im Ergebnis ebenso *Cordes* JZ 1998, 545 ff.; *Berndt/Boin* NJW 1998, 2854 ff.

[22] Die Vorschrift behandelt die GbR ebenso wie OHG, KG, Partnerschaftsgesellschaft u. a. als insolvenzfähige „Gesellschaft ohne Rechtspersönlichkeit", deren organschaftlichen Vertretern nach § 15 Abs. 1 InsO das Antragsrecht zur Verfahrenseröffnung zusteht.

[23] Die Vorschrift definiert die rechtsfähige Personengesellschaft als „Personengesellschaft, die mit der Fähigkeit ausgestattet ist, Rechte zu erwerben und Verbindlichkeiten einzugehen".

[24] BGHZ 146, 341 = NJW 2001, 1056 (Versäumnisurteil, der Sache nach bestätigt durch BGH NJW 2002, 1207).

nandersetzung gesprochen und für den endgültigen Durchbruch der Gruppenlehre gesorgt.[25] Nach dieser Rechtsprechung ist die (Außen-)GbR rechtsfähig und kann, soweit keine speziellen Vorschriften entgegenstehen, als solche am Rechtsverkehr teilnehmen, Rechte erwerben und Verbindlichkeiten eingehen, klagen und verklagt werden. Die Rechte der Gesellschafter beschränken sich auf ihre gesamthänderische Beteiligung am Gesellschaftsvermögen; für die Verbindlichkeiten der GbR haften sie grundsätzlich nach Maßgabe der Akzessorietätstheorie.[26] Zur Tragweite der Rechts- und Parteifähigkeit der GbR und zur Mithaftung der Gesellschafter persönlich vgl. näher § 705 RdNr. 303 ff., § 714 RdNr. 33 ff. und § 718 RdNr. 44 ff.

b) Unterscheidung gegenüber der juristischen Person. Die grundsätzliche Unter- 12
scheidung zwischen gesellschaftsrechtlicher Gesamthand und juristischer Person ist seit alters ein Strukturprinzip des deutschen Rechts der Personenverbände. Dementsprechend sind AG, GmbH, eGen und e. V. kraft Gesetzes Gesellschaften bzw. Verbände „mit eigener Rechtspersönlichkeit"; die Qualität juristischer Personen erlangen sie nach Maßgabe des Normativsystems[27] mit der vom Registergericht nach Prüfung der Eintragungsvoraussetzungen veranlassten Eintragung im jeweils zuständigen Register.[28] Demgegenüber sind die Personengesellschaften des Handelsrechts (OHG und KG) und die Partnerschaftsgesellschaft, deren Rechtsverhältnisse im Unterschied zur GbR eingehend im HGB bzw. im PartGG geregelt sind, trotz der ihnen in §§ 124 HGB, 7 Abs. 2 PartGG zuerkannten Rechts- und Parteifähigkeit als Gesamthandsgesellschaften strukturiert; das folgt aus der Verweisung in § 105 Abs. 3 HGB auf das subsidiär geltende Recht der GbR, darunter auch der für die Gesamthand kennzeichnenden Vorschriften der §§ 718 bis 720, 738 BGB. Die verschiedenen Regelungskomplexe lassen erkennen, dass der Gesetzgeber unabhängig von der Anerkennung der Rechtsfähigkeit auch der Personengesellschaften zwischen Gesellschaften bzw. Verbänden mit Rechtspersönlichkeit und solchen ohne diese unterscheidet.[29]

In Teilen der neueren Literatur wird diese Unterscheidung in Frage gestellt.[30] Gestützt auf 13
die Zulassung „formwechselnder" Umwandlung zwischen Personen- und Kapitalgesellschaften in §§ 190, 191 UmwG und unter Hinweis auf die verbreitet anzutreffende Typenvermischung zwischen ihnen nach Art der GmbH & Co. KG hat insbes. *Thomas Raiser*[31] die These aufgestellt, aus heutiger Sicht sei die Aufteilung zwischen juristischer Person und Gesamthand überholt; auch die Personengesellschaften unter Einschluss der GbR seien als juristische Person anzuerkennen. Für diese Ansicht lässt sich zwar anführen, dass die grundsätzliche Anerkennung der Rechtsfähigkeit von Personengesellschaften über die Sonderregelung des § 124 HGB hinaus die praktischen Unterschiede zwischen den beiden Arten von Personenverbänden relativiert hat. Die bestehenden **Strukturunterschiede** sind hiervon jedoch unberührt geblieben.[32] Neben der unterschiedlichen *Haftungsverfassung* und den besonderen Gläubigerschutzvorschriften nur bei juristischen Personen zeigen sie sich einerseits mit Blick auf das jeweilige *Innenverhältnis* der in Frage stehenden Verbände. So ist die

[25] So jedenfalls der in den Urteilsrezensionen klar vorherrschende Tenor; vgl. insbes. *Dauner-Lieb* DStR 2001, 356 ff.; *Habersack* BB 2001, 477 ff.; *K. Schmidt* NJW 2001, 993 ff.; *Ulmer* ZIP 2001, 585 ff.; *Westermann* NZG 2001, 289 ff.; *Wiedemann* JZ 2001, 661 ff.; Nachlese von *Hadding* ZGR 2001, 712 ff. Kritisch nur *Boin* GmbHR 2001, 513 ff.; *Heil* NZG 2001, 300 ff.; *Pfeifer* NZG 2001, 296 ff.

[26] So ausdrücklich BGHZ 146, 341, 358 = NJW 2001, 1056 unter Klärung der in BGHZ 142, 315, 318 = NJW 1999, 3483 offen gelassenen Haftungsgrundlage.

[27] Vgl. dazu *K. Schmidt* GesR § 8 II 5; *Rittner*, Die werdende juristische Person, 1973, S. 91 ff.

[28] Vgl. §§ 1 Abs. 1, 41 Abs. 1 S. 1 AktG, §§ 11 Abs. 1, 13 Abs. 1 GmbHG, §§ 13 Abs. 1, 17 Abs. 1 GenG, § 21 BGB.

[29] So namentlich in § 11 Abs. 1 und 2 InsO, ähnlich auch in § 14 Abs. 1 BGB; zu den terminologischen Konsequenzen – auch mit Blick auf § 54 S. 1 BGB – vgl. *Ulmer* ZIP 2001, 585, 588 f.

[30] So insbes. *Raiser* AcP 194 (1994), 495, 499 ff.; *ders.*, FS Zöllner, 1998, S. 469, 474 ff.; ebenso *Timm* NJW 1995, 3209, 3214 und ZGR 1996, 247, 251 f.; *Bälz*, FS Zöllner, 1998, S. 35, 47 ff.; *Hadding*, FS Kraft, 1998, S. 137, 142 ff.; tendenziell auch *K. Schmidt* GesR § 8 I 3; *Mülbert* AcP 199 (1999), 38, 62 ff.

[31] AaO (Fn. 30).

[32] Vgl. dazu näher *Ulmer* AcP 198 (1998), 113, 119 ff., und – aus der Sicht der höchstrichterlichen Anerkennung der Rechtsfähigkeit der GbR – *ders.* ZIP 2001, 585, 588.

grundsätzlich freie Übertragbarkeit der Anteile, die Geltung des Mehrheitsprinzips und die Zulassung der Fremdorganschaft auf Kapitalgesellschaften als juristische Personen beschränkt, während der persönliche Zusammenschluss als Kennzeichen der gesellschaftsrechtlichen Gesamthand in allen diesen Punkten zu einem abweichenden Regelungsprinzip führt. Andererseits unterstreicht auch die stärkere *Verselbständigung des als juristische Person organisierten Verbands* gegenüber den Mitgliedern die unterschiedliche Rechtsqualität von Kapital- und Personengesellschaften, da nur bei jenen die Vervielfachung der Beteiligung eines Mitglieds, der Erwerb eigener Anteile durch die Gesellschaft sowie die Anerkennung einer Einpersonengesellschaft denkbar ist, während für Personengesellschaften diese Möglichkeiten nach wie vor ausscheiden. Ein Erkenntnisgewinn lässt sich aus der Nivellierung des Unterschieds zwischen juristischer Person und Gesamthand nach allem nicht ableiten; an der gesetzlichen Zweiteilung ist trotz Anerkennung der Rechtsfähigkeit der Personengesellschaften festzuhalten.[33]

II. Systematische Stellung

14 **1. Gesellschaft als Schuldverhältnis.** Nach der systematischen Stellung des „Titel 16" (§§ 705 bis 740) im Besonderen Teil des Schuldrechts bildet die Gesellschaft ein – durch die Besonderheiten der Gesamthand (§§ 718 bis 720) modifiziertes – vertragliches Schuldverhältnis in der Form eines Dauerschuldverhältnisses. Dementsprechend gelten für die Rechtsbeziehungen zwischen den Gesellschaftern im Grundsatz nicht nur die Vorschriften des Allgemeinen Teils, sondern auch diejenigen des Allgemeinen Schuldrechts, soweit sie zur Anwendung auf Dauerschuldverhältnisse geeignet sind. Der Grundsatz erfährt mit Rücksicht auf die Besonderheiten der Gesellschaft allerdings eine Reihe wesentlicher Einschränkungen. Zu nennen sind vor allem die besonderen Auslegungsgrundsätze für Gesellschaftsverträge in Abweichung von §§ 125, 139, 154 (§ 705 RdNr. 171 ff.) sowie die Nichtanwendung der auf Austauschverträge bezogenen Vorschriften des Allgemeinen Schuldrechts, darunter insbesondere der §§ 320 bis 326 (str., vgl. § 705 RdNr. 161 ff.). Eine weitere Abweichung gilt für fehlerhafte Gesellschaftsverträge, nachdem sie in Vollzug gesetzt sind; bei ihnen können Anfechtungs- und Nichtigkeitsgründe grundsätzlich nur ex nunc, durch außerordentliche Kündigung des für die Vergangenheit wirksam bleibenden Gesellschaftsvertrags, geltend gemacht werden (§ 705 RdNr. 323 ff.).

15 **2. Gesellschaft und Gemeinschaft.** Die (Bruchteils-)Gemeinschaft, im BGB im Anschluss an das Recht der GbR in §§ 741 bis 758 geregelt, weist insofern eine gewisse Parallele zur GbR auf, als es auch bei ihr um die gemeinsame Berechtigung mehrerer Personen an einem Vermögensgegenstand geht und sich damit häufig gleichgerichtete, auf die Verwaltung und Nutzung des Gegenstands bezogene Interessen verbinden. Diese Ähnlichkeit ist freilich nur äußerlicher Natur. Sie vermag die schon in den Definitionen der §§ 705, 741 zum Ausdruck kommenden grundsätzlichen Strukturunterschiede beider Rechtsinstitute nicht zu verdecken. Diese bestehen nicht nur in der Zahl der Gegenstände, auf die sich die gemeinsame Berechtigung bezieht,[34] sondern vor allem in der jeweiligen **Art und** dem **Inhalt des Gemeinschaftsverhältnisses.** Im Fall der GbR unterliegt die gemeinsame Berechtigung gesamthänderischer Bindung mit Rücksicht auf die Pflicht der Gesellschafter zur Förderung des gemeinsamen Zwecks; dagegen bleibt im Fall der Gemeinschaft die Einzelverfügungsbefugnis jedes Gemeinschafters grundsätzlich unberührt (§ 747). Dem entspricht es, dass bei der GbR vertragliche Bindungen der Gesellschafter untereinander bestehen, während bei der Gemeinschaft ein vertragliches Schuldverhältnis zwischen den Gemeinschaftern regelmäßig fehlt und etwaige auf den gemeinsamen Gegenstand bezogene

[33] So auch die nach wie vor hM, vgl. nur *Erman/Westermann* Vor § 705 RdNr. 14 a; *Grunewald* GesR, 1. Aufl. 1999; *Kübler* GesR § 4 IV und V; *Zöllner,* FS Claussen, 1997, S. 430 f.

[34] So aber *Schulze-Osterloh,* Das Prinzip der gesamthänderischen Bindung, S. 131 f.; dagegen zu Recht *Blaurock* ZHR 137 (1973), 435; *Schünemann,* Grundprobleme der Gesamthandsgesellschaft, 1975, S. 80 ff.; so auch § 741 RdNr. 4 *(K. Schmidt).*

Beschlüsse der Gemeinschafter oder Vereinbarungen zwischen ihnen sich nach § 745 auf dessen Verwaltung und Benutzung beschränken. Zur Abgrenzung zwischen GbR und Gemeinschaft im Einzelnen vgl. RdNr. 124 ff. und § 741 RdNr. 4 f., zum Sonderfall einer GbR mit Bruchteilseigentum der Gesellschafter § 705 RdNr. 266 f.

3. GbR und Handelsgesellschaften. Das Verhältnis zwischen der GbR und den Personengesellschaften des Handelsrechts (OHG und KG) ist entgegen einer vor allem früher verbreiteten Annahme[35] nicht etwa durch grundsätzliche Strukturunterschiede gekennzeichnet. Das gilt ungeachtet der ausgeprägteren Organregelungen für die Handelsgesellschaften in §§ 114 ff., 125 ff. HGB sowie der zu Unrecht häufig[36] als „Annäherung an die juristische Person" verstandenen Vorschrift des § 124 HGB, die die OHG als Träger von Rechten und Pflichten und als selbständige Prozesspartei behandelt. Diese Vorschriften ändern nichts an der nach gesetzlicher Regel **allen Personengesellschaften gemeinsamen gesamthänderischen Grundstruktur** und der Anerkennung der Gesamthand oder Gruppe als selbständiges Zuordnungssubjekt von Rechten und Verbindlichkeiten (vgl. näher RdNr. 10; dazu auch § 705 RdNr. 298 ff. zur Deliktsfähigkeit der GbR). Die Funktion dieser die OHG und KG betreffenden Sondervorschriften des HGB besteht vielmehr darin, eine praktikable, im Interesse von Gesellschaftern und Dritten liegende gesetzliche Ausgestaltung der Art und Weise zu treffen, in der die Handelsgesellschaften trotz ihrer gesamthänderischen Struktur am Rechtsverkehr teilnehmen können. Für die GbR als – nach gesetzlicher Vorstellung – typische Gelegenheitsgesellschaft (RdNr. 87) ging der BGB-Gesetzgeber ursprünglich davon aus, dass ein entsprechendes Regelungsbedürfnis nicht bestehe; das hat sich als unzutreffend erwiesen und ist im Anschluss an entsprechende Vorarbeiten der Literatur durch höchstrichterliche Rechtsfortbildung korrigiert worden (RdNr. 11). 16

Die enge Verwandtschaft zwischen GbR einerseits, OHG und KG andererseits kommt indessen nicht nur darin zum Ausdruck, dass § 105 Abs. 3 HGB die subsidiäre Geltung der §§ 705 bis 740 für die Handelsgesellschaften anordnet. Sie zeigt sich vielmehr auch in der vereinfachten, ausschließlich vom jeweiligen Gesellschaftszweck abhängigen *Umwandlung zwischen den genannten Rechtsformen.* Für sie ist entscheidend, dass nach §§ 105 Abs. 1, 161 Abs. 1 HGB der auf den gemeinsamen Betrieb eines Handelsgewerbes (§ 1 Abs. 2 HGB) gerichtete Zweck von einer Gesamthand nur in der Rechtsform der OHG oder KG verfolgt werden kann, wobei dieser Zweck die Personengesellschaft zugleich stets zur Handelsgesellschaft macht (§ 705 RdNr. 3). Demgegenüber steht für alle sonstigen gesetzlich nicht verbotenen Zwecke vorbehaltlich der durch § 105 Abs. 2 HGB eröffneten Option die Rechtsform der GbR zur Verfügung. Daher hat jede für §§ 105, 161 HGB relevante, zur Begründung eines kaufmännischen Handelsgewerbes führende **Zweckänderung** unmittelbar einen entsprechenden **Rechtsformwechsel** zur Folge; bei Rückfall der gewerblichen Tätigkeit auf kannkaufmännische Dimensionen (§ 2 S. 1 HGB) gilt entsprechendes, wenn die Gesellschaft nicht im Handelsregister eingetragen ist.[37] Darauf, ob die Zweckänderung auf einem Gesellschafterbeschluss beruht oder auf sonstigen Umständen wie etwa Eintragung oder Löschung im Handelsregister (§§ 2 S. 2, 3 HGB) bzw. Ausweitung oder Rückgang der Geschäftstätigkeit (§ 2 S. 1 HGB), kommt es nicht an (vgl. auch § 705 RdNr. 11). 17

Ein besonderes Abgrenzungsproblem stellte sich bis zur Handelsrechtsreform 1998 für **Besitzgesellschaften** im Falle einer *Betriebsaufspaltung.* Sie wurden von der früher hM trotz Verpachtung des Geschäftsbetriebs an eine hierzu gegründete Betriebs-GmbH weiterhin als Handelsgesellschaften (meist KG) behandelt und im Handelsregister belassen, sofern nur der 18

[35] *Reinhardt* GesR (1. Aufl.) RdNr. 62, 110; *Rob. Fischer* in Großkomm. zum HGB (3. Aufl.) § 105 Anm. 7 f.; *Schlegelberger/Geßler* (4. Aufl.) § 105 HGB RdNr. 28; vgl. auch *G. Hueck* GesR §§ 12 II, 15 I. Wie hier *Flume* I/1 § 5, S. 69 f.

[36] BGH JZ 1975, 178, 179; *Hueck* OHG § 19, S. 271; *Schlegelberger/Geßler* (Fn. 35) § 124 RdNr. 1; *Larenz* SchuldR II § 60 IV c; zurückhaltend aber *Rob. Fischer* in Großkomm. zum HGB § 124 Anm. 2; wie hier *Flume* I/1 § 5, S. 69.

[37] Zu den Folgen einer derartigen Umwandlung für das Innenverhältnis der Gesellschafter vgl. § 705 RdNr. 14.

Umfang ihrer Tätigkeit kaufmännische Einrichtung erforderte.[38] Nachdem vor allem *Karsten Schmidt*[39] wiederholt Kritik an dieser Praxis angemeldet und auf den Wegfall der gewerblichen Tätigkeit bei der Besitzgesellschaft hingewiesen hatte, hat der Gesetzgeber im Zuge der Handelsrechtsreform 1998 Abhilfe geschaffen und durch § 105 Abs. 2 nF HGB vermögensverwaltenden Gesellschaften den Weg ins Handelsregister eröffnet. Für Fälle der Betriebsaufspaltung bedeutet das, dass die – schon bisher im Handelsregister eingetragene – Besitzgesellschaft als KG fortbesteht, wenn sich die Gesellschafter nicht zur Löschung der Eintragung entschließen.

19 **4. Verwandte Gesellschaftsformen. a) Freiberufler-Partnerschaft.** Durch Gesetz vom 25. 7. 1994[40] wurde die Partnerschaft(sgesellschaft) mit Wirkung zum 1. 7. 1995 neu eingeführt.[41] Als Rechtsform für den Zusammenschluss von **Angehörigen Freier Berufe** ist sie zur gemeinsamen Ausübung dieser Berufe unter Beachtung des jeweils einschlägigen Berufsrechts bestimmt. In ihrem auf Freiberufler bezogenen Anwendungsbereich tritt die Partnerschaft als Gesamthand alternativ neben die GbR, im Fall von Wirtschaftsprüfern und Steuerberatern als Freiberufler neben diejenige einer OHG oder KG. Die Entscheidung zwischen diesen Rechtsformen treffen die Beteiligten. Sehen sie nicht ausdrücklich eine Partnerschaft vor oder verzichten sie darauf, die Gesellschaft zum Partnerschaftsregister anzumelden (§ 4 Abs. 1 PartGG), so bewendet es vorbehaltlich der Wirtschaftsprüfer und Steuerberater bei der Rechtsform der GbR.

20 Systematisch gesehen bildet die Partnerschaft eine **Sonderform der GbR,** freilich einer solchen, die durch eine Reihe von gesetzlichen Verweisungen auf HGB-Vorschriften und durch die Notwendigkeit der Registereintragung weitgehend einer Handelsgesellschaft angenähert ist. Besonderheiten gegenüber der GbR zeigen sich im *Innenverhältnis* vor allem darin, dass die Partner nach § 6 PartGG nicht von der Geschäftsführung ausgeschlossen werden können, soweit es um die Ausübung des Freien Berufs unter gemeinsamem Namen geht. Im Verhältnis *nach außen* ist, abgesehen von der Registerpublizität der Partnerschaft, in erster Linie die Möglichkeit der Haftungsbeschränkung der Partner nach Maßgabe des § 8 Abs. 2 PartGG von Bedeutung. Die ursprünglich geringe Akzeptanz der Partnerschaft hat sich seit der Reform der Haftungsvorschrift des § 8 Abs. 2 PartGG deutlich verbessert (vgl. Vor § 1 PartGG RdNr. 26 ff.). Seither stellt sie unter Haftungsgesichtspunkten auch eine interessante Alternative zur Freiberufler-GmbH dar. Wegen der Rechtsverhältnisse der Partnerschaft im Einzelnen vgl. die Kommentierung des PartGG (nach § 740).

21 **b) EWIV.** Die **Europäische Wirtschaftliche Interessenvereinigung** (EWIV), geregelt durch VO der EG vom 25. 7. 1985[42] mit Inkrafttreten zum 1. 7. 1989 (Art. 43 Abs. 2 VO), ist die Erste auf *supranationalem* (europäischem) Recht beruhende Rechtsform einer inländischen Personenvereinigung. Ihrer Zweckbestimmung nach ist sie – ohne eigene Gewinnerzielungsabsicht – auf *Kooperation ihrer Mitglieder* gerichtet, die entweder unternehmerisch oder freiberuflich tätig und in mindestens zwei Mitgliedstaaten der EG ansässig sein müssen, dh. auf Förderung der grenzüberschreitenden wirtschaftlichen Zusammenarbeit (Art. 3 Abs. 1 VO). Ihre **Rechtsgrundlage** bildet neben der bewusst lückenhaft gehaltenen EG-VO das jeweilige nationale Ausführungsgesetz desjenigen Mitgliedstaats, in dem die EWIV ihren satzungsmäßigen Sitz hat. Für Vereinigungen mit Sitz in Deutschland ist danach das

[38] So noch OLG München NJW 1988, 1036, 1037; LG Heidelberg BB 1982, 142; *Baumbach/Hopt* (29. Aufl.) § 2 HGB RdNr. 2; *Staub/Hüffer* § 17 HGB RdNr. 20; *Brandmüller* BB 1976, 641 f. und BB 1979, 466; *Binz,* Die GmbH & Co., 8. Aufl. 1992, § 18 RdNr. 18; *Hopt* ZGR 1987, 171; *Sudhoff* DB 1979, 439.

[39] *K. Schmidt* GesR § 12 II 3 d; *Schlegelberger/K. Schmidt* § 105 HGB RdNr. 39; so auch schon *ders.* DB 1971, 2345, 2347; 1988, 897 f. und 1990, 93, 94 (für die doppelstöckige GmbH & Co. KG).

[40] Gesetz zur Schaffung von Partnerschaftsgesellschaften und zur Änderung anderer Gesetze, BGBl. 1994 I S. 1744.

[41] Vgl. näher *K. Schmidt* NJW 1995, 1 ff.; Kommentierung des PartGG im Anschluss an § 740; *Henssler,* PartGG, 1997; *Meilicke,* PartGG, 1995.

[42] Verordnung (EWG) Nr. 2137/85 des Rates vom 25. 7. 1985 über die Schaffung einer Europäischen Wirtschaftlichen Interessenvereinigung, ABl. EG Nr. L 199 S. 1 vom 31. 7. 1985.

EWIV-AusführungsG v. 14. 4. 1988[43] maßgebend, das sich seinerseits auf relativ wenige Regelungen beschränkt und im Übrigen (in § 1) die subsidiäre Geltung der §§ 105 ff. HGB anordnet. Diese Regelungstechnik führt somit zu drei verschiedenen Schichten des auf eine EWIV mit Sitz in Deutschland anwendbaren Rechts: in erster Linie das supranationale Recht der EWIV-VO, hinsichtlich der dort nicht geregelten Fragen das deutsche Recht des EWIV-AusfG und subsidiär schließlich das deutsche OHG-Recht einschließlich der über § 105 Abs. 2 HGB anwendbaren Teile des BGB-Gesellschaftsrechts.

Ihrer **Rechtsnatur** nach gilt die EWIV in Deutschland trotz ihres genossenschaftsartigen Zwecks als *Handelsgesellschaft* (§ 1 AusfG) und ist daher zur Eintragung in das Handelsregister anzumelden (§ 2 Abs. 1 AusfG). Sie ist rechtsfähige Gesamthandsgesellschaft entsprechend § 124 HGB. Ihre Gründung durch Abschluss eines EWIV-Vertrages setzt die Mitwirkung unternehmerisch oder freiberuflich tätiger Mitglieder, sei es als natürliche Personen oder als Gesellschaften, aus mindestens zwei Mitgliedstaaten voraus (Art. 4 Abs. 2 VO). Für das **Innenverhältnis** kennt das Recht der EWIV zwei Organe, die gemeinschaftlich handelnden Mitglieder und die Geschäftsführer (Art. 16 VO), wobei abweichend vom OHG-Recht auch Fremdorganschaft zulässig ist. Im Grundsatz gilt das Mehrheitsprinzip, jedoch können wesentliche, in Art. 17 Abs. 2 VO aufgelistete Beschlüsse nur einstimmig gefasst werden. Die Mitgliedschaft ist nach Art. 22 Abs. 1 VO übertragbar, allerdings nur mit Zustimmung der Mitgesellschafter. Im **Außenverhältnis** gilt der Grundsatz unbeschränkter und unbeschränkbarer Vertretungsmacht der Geschäftsführer (Art. 20 Abs. 1 VO). Neben der EWIV haften auch deren Mitglieder unbeschränkt für die Verbindlichkeiten der EWIV, freilich im Unterschied zu § 128 HGB nicht gleichrangig mit dieser, sondern subsidiär; im Verhältnis zwischen ihnen besteht gesamtschuldnerische Haftung (Art. 24 VO). Wegen der Einzelheiten wird auf die VO, das AusfG und die einschlägigen Kommentare verwiesen.[44] 22

5. Personen- und Kapitalgesellschaften. Die GbR bildet entsprechend den vorstehenden Erläuterungen den gesetzlichen Grundtyp der als Schuldverhältnis mit Gesamthandsvermögen konzipierten, auf vertraglicher Verbindung der Gesellschafter untereinander beruhenden Personengesellschaft. Als Gesellschaft im engeren Sinn (RdNr. 2) unterscheidet sie sich dadurch eindeutig von den Kapitalgesellschaften (AG, GmbH). Bei ihnen verselbständigt sich die vertragliche Grundlage gegenüber den Gründern als Mitgliedern der Vorgesellschaft (RdNr. 24) infolge der Handelsregistereintragung und der damit verbundenen Erlangung der Rechtsfähigkeit. Der Vertrag (bzw. – bei der Einmann-Gründung – die Errichtungsurkunde des Einmann) wird durch Eintragung zur Satzung oder „Verfassung" der juristischen Person (RdNr. 24). Eine Einschränkung gilt nur für den gesetzlichen Mischtyp der KGaA; er kennt trotz seiner grundsätzlichen Ausgestaltung als Kapitalgesellschaft und juristische Person auch vertragliche Rechtsbeziehungen der persönlich haftenden Gesellschafter untereinander und gegenüber der Gesamtheit der Kommanditaktionäre (§ 278 Abs. 2 AktG). Angesichts der für die Wahl der Rechtsform der KGaA aufgestellten klaren gesetzlichen Gründungsvoraussetzungen (§§ 279 ff. AktG) sind Abgrenzungsschwierigkeiten freilich auch insoweit ausgeschlossen. Zur Frage einer Gleichstellung von rechtsfähiger Gesamthand und juristischer Person vgl. RdNr. 12 f. 23

6. Die Vorgesellschaft. Die aus dem Recht der AG und GmbH bekannte, während des Gründungszeitraums zwischen Satzungsfeststellung (Vertragsschluss) und Entstehung der Kapitalgesellschaft durch Handelsregistereintragung (§§ 41 Abs. 1 AktG, 11 Abs. 1 GmbHG) bestehende (Kapital-)Vorgesellschaft ist entgegen früher verbreiteter Ansicht[45] **keine GbR.** Es 24

[43] Gesetz zur Ausführung der EWG-Verordnung über die Europäische Wirtschaftliche Interessenvereinigung (EWIV-Ausführungsgesetz), BGBl. 1988 I S. 514.

[44] *Ganske,* Das Recht der Europäischen wirtschaftlichen Interessenvereinigung, 1988; *von der Heydt/von Rechenberg* (Hrsg.), Die Europäische wirtschaftliche Interessenvereinigung, 1991; *K. Schmidt* GesR § 66; *Lentner,* Das Gesellschafsrecht der Europäischen wirtschaftlichen Interessenvereinigung, 1994; *Habersack,* Europ. GesR, 1999, RdNr. 353 ff.; *Schwarz,* Europ. GesR, 2000, RdNr. 963 ff.

[45] So noch das RG in st. Rspr. (RGZ 58, 55, 56; 151, 86, 91) und ein Teil der Lit., vgl. Nachw. in *Hachenburg/Ulmer* § 11 RdNr. 7.

handelt sich vielmehr um eine durch die angestrebte Rechtsform (AG oder GmbH) vorgeprägte **Gesellschaft eigener Art;** ihre Rechtsverhältnisse richten sich nach den im Gesetz oder im Gesellschaftsvertrag bestimmten Gründungsvorschriften sowie nach dem Recht der rechtsfähigen Gesellschaft, soweit es nicht die Eintragung voraussetzt.[46] Das ist heute im Grundsatz ganz hM, auch wenn die Rechtsverhältnisse innerhalb der Vorgesellschaft noch nicht abschließend geklärt sind. Anerkannt ist auch, dass die Vorgesellschaft als solche, handelnd durch ihre Geschäftsführer, schon vor Eintragung wirksam am Rechtsverkehr teilnehmen kann, sofern nur die Gründer sich mit dem Geschäftsbeginn einverstanden erklärt haben, und dass die Rechte und Pflichten aus diesen Geschäften ebenso wie die übrigen Rechtsverhältnisse der Vorgesellschaft im Wege der Gesamtrechtsnachfolge kraft Formwechsels auf die bei Eintragung entstehende Kapitalgesellschaft übergehen.[47] Die lange Zeit umstrittene Frage, ob die Gründer aus den Rechtsgeschäften der Vorgesellschaft bis zur Eintragung persönlich haften oder ob sich ihre durch die Höhe der übernommenen Stammeinlage und die anteilige „Vorbelastung" begrenzte Haftung auf das Innenverhältnis beschränkt,[48] wird inzwischen von den Gerichten einheitlich im Sinne einer zwar nicht auf die Stammeinlage begrenzten, aber grundsätzlich nur im Innenverhältnis eingreifenden Haftung entschieden.[49]

25 Von der Vorgesellschaft zu unterscheiden ist die auf Gründung einer (Kapital-)Gesellschaft gerichtete **Vorgründungsgesellschaft.** Sie entsteht durch rechtsgeschäftliche Bindung von zwei oder mehr Personen im Rahmen eines *Vorvertrags,* durch den diese sich in einer für den künftigen Vertragsschluss hinreichend konkretisierten Art und Weise[50] zum Abschluss eines Gesellschaftsvertrags verpflichten. Wegen des schon dem Vorvertrag eigentümlichen gemeinsamen Zwecks hat er regelmäßig die Rechtsnatur einer GbR, auch wenn die angestrebte Gesellschaft selbst in der Rechtsform einer *Kapitalgesellschaft* (AG, GmbH u. a.) gegründet werden soll.[51] Die Formvorschriften für die zu gründende Gesellschaft gelten auch für die Vorgründungsgesellschaft.[52] Bei **Personengesellschaften** sind die Grenzen zwischen Vorgründungsgesellschaft und zu gründender GbR, OHG oder KG wegen des dort möglichen konkludenten Vertragsschlusses (§ 705 RdNr. 25 ff.) fließend. Beginnen etwa die Partner des Vorvertrags einverständlich mit der beabsichtigten Geschäftstätigkeit, so liegt darin im Zweifel bereits die Gründung der angestrebten Gesellschaft,[53] wobei deren Rechtsform als GbR oder OHG sich mangels Haftungsbeschränkungsabrede für einen Teil der Gesellschafter nach dem Gesellschaftszweck bestimmt (RdNr. 17).

III. Reform

26 **1. Die unvollkommene Regelung im BGB.** Die Vorschriften der §§ 705 bis 740 haben seit ihrem Inkrafttreten im Jahr 1900 nur wenige Änderungen erfahren (vgl. Rd-

[46] So der BGH seit BGHZ 21, 242, 246 = NJW 1956, 1435 in st. Rspr. (BGHZ 45, 338, 347 = NJW 1966, 1311; BGHZ 51, 30, 32 = NJW 1969, 509) und die in der Lit. ganz hM; Nachw. bei *Hachenburg/Ulmer* § 11 RdNr. 8.

[47] Grdlg. BGHZ 80, 129, 133 ff. = NJW 1981, 1373; dazu *Fleck* GmbHR 1983, 5 ff.; *K. Schmidt* NJW 1981, 1345 ff.; *Ulmer* ZGR 1981, 593 ff. Vgl. zum Ganzen auch *Hachenburg/Ulmer* § 11 RdNr. 52 ff.

[48] Vgl. die durch die abweichende Entscheidung des BSG ZIP 1986, 645 veranlassten Vorlagebeschlüsse des BAG ZIP 1995, 1892, 1893 und das BGH NJW 1996, 1210, 1211 zu dieser Frage; dazu auch *K. Schmidt* ZIP 1996, 353 und 593; *Ulmer* ZIP 1996, 733; allg. zum Diskussionsstand vgl. *Hachenburg/Ulmer* § 11 RdNr. 60 ff.

[49] Beschlüsse des BAG NJW 1996, 3165 und des BSG NJW 1996, 3165, in denen diese Gerichte sich der Auffassung des BGH (NJW 1996, 1210 ff.) angeschlossen. Abschließend dann BGHZ 134, 333, 338 ff., 342 = NJW 1997, 1507.

[50] Zu den Mindestanforderungen an die inhaltliche Bestimmtheit des Vorgründungsvertrags vgl. BGH WM 1976, 180; BGH LM § 705 Nr. 3 = BB 1953, 97; RGZ 66, 116, 121; *Soergel/Hadding* § 705 RdNr. 15; *Hachenburg/Ulmer* § 2 RdNr. 48.

[51] BGHZ 91, 148, 151 = NJW 1984, 2164; *Soergel/Hadding* RdNr. 39; *Hachenburg/Ulmer* § 2 RdNr. 49.

[52] Ganz hM, vgl. *Soergel/Hadding* § 705 RdNr. 15; *Hachenburg/Ulmer* § 2 RdNr. 43 f.; *Priester* GmbHR 1995, 481, 483; aA *Flume,* FS Geßler, 1971, S. 3, 18 f. Allg. zur Form des Vorvertrags vgl. Vor § 145 RdNr. 38.

[53] BGHZ 11, 192 = NJW 1954, 757; BGH LM § 705 Nr. 11 = NJW 1962, 1008; LM GmbHG § 11 Nr. 30 = NJW 1982, 932; RGZ 103, 73; *Soergel/Schultze-v. Lasaulx* (10. Aufl.) RdNr. 83.

Nr. 30). Sie eignen sich zwar schon deshalb, weil sie auf **Gelegenheitsgesellschaften** ohne deutlich ausgeprägte Gesellschaftsorganisation zugeschnitten sind (vgl. etwa §§ 709 ff., 721, 723), nur begrenzt als Rechtsgrundlage für sog. Erwerbsgesellschaften (vgl. dazu RdNr. 89) und erfordern daher zahlreiche gesellschaftsvertragliche Abweichungen vom dispositiven Recht. Dem entspricht es, dass die Rechtsprechung beim Vorhandensein von Vertragslücken der ergänzenden Vertragsauslegung in den hierfür geeigneten Fällen den Vorrang einräumt vor der Heranziehung dispositiven Rechts (vgl. § 705 RdNr. 174). Diesen Mängeln des Gesetzes kann nicht durch Neufassung einzelner Vorschriften, sondern nur durch eine grundlegende Überarbeitung des Rechts der GbR abgeholfen werden, wobei sich eine stärkere Differenzierung nach den verschiedenen Arten der in der Rechtsform der GbR gegründeten Verbände anbietet. Das gilt insbes. für Überlegungen zur Einrichtung eines *GbR-Registers für rechtsfähige Außengesellschaften* (vgl. zu diesen § 705 RdNr. 303 ff.); es würde deren Auftreten im Rechtsverkehr (Eintragung als Grundstückseigentümer oder als Gesellschafter einer KG) wesentlich erleichtern.

2. Reformansätze. Im Rahmen der *Vorarbeiten für die Schuldrechtsreform* war ein **Reformentwurf** von *Karsten Schmidt* im Auftrag des Bundesministers der Justiz erstellt worden.[54] Er zielte auf die grundsätzliche Unterscheidung von drei Arten der GbR ab: der reinen Innengesellschaft sowie der Außengesellschaft entweder mit oder ohne unternehmerische Zielsetzung (Mitunternehmer-GbR/schlicht zivilistische GbR). Hinsichtlich der Außengesellschaften sprach er sich für die weitgehende Unterstellung der Mitunternehmer-GbR unter das Recht der OHG aus, während die verschiedenen Erscheinungsformen der schlicht zivilistischen GbR (darunter auch die Arbeitsgemeinschaften und die Besitzgesellschaften im Rahmen einer Betriebsaufspaltung) unter Aufgabe des Anwachsungsprinzips (§ 738) vermögensrechtlich stark der Bruchteilsgemeinschaft angenähert werden sollten. Der Reformentwurf knüpfte an Modellvorstellungen an, die den ersten Entwürfen des BGB-Gesellschaftsrechts zu Grunde lagen und erst im Zuge der Gesetzesberatungen zu Gunsten der im BGB gewählten Einheitslösung aufgegeben wurden.[55] Ob ein derartiger Weg „zurück zu den Quellen" angesichts des seither erreichten Standes des Rechts der GbR, aber auch angesichts der erheblichen damit verbundenen Abgrenzungsprobleme empfohlen werden könne, wurde freilich bezweifelt. Die gegen die Vorschläge des Gutachters sprechenden Bedenken sind an anderer Stelle dargelegt worden;[56] hierauf wird verwiesen. 27

Im Rahmen der **Schuldrechtsreform** 2001 hat der Gesetzgeber darauf verzichtet, Eingriffe in das Recht der GbR vorzunehmen oder es entsprechend den Vorschlägen des in RdNr. 27 erwähnten Reformentwurfs auf neue Füße zu stellen. Das allgemein auf Dauerschuldverhältnisse bezogene, in § 314 nF neu geregelte Kündigungsrecht aus wichtigem Grund ist findet auf das Recht der GbR angesichts der Spezialregelung in § 723 Abs. 1 S. 2 und 3 keine Anwendung (§ 723 RdNr. 5). 28

Mittelbare Bedeutung für das Recht der GbR hat freilich die Aufnahme eines neuen § 105 Abs. 2 HGB im Zuge der **Handelsrechtsreform 1998** erlangt. Indem sie den Gesellschaftern einer Personengesellschaft, deren Zweck auf den Betrieb eines kannkaufmännischen Gewerbes oder auf die Verwaltung eigenen Vermögens gerichtet ist, die *Option zum Handelsregister* einräumt und ihnen dadurch die Rechtswahl einer OHG oder KG eröffnet, überlässt sie es den Beteiligten, sich auf diesem Wege einer klarer konturierten Rechtsform zu bedienen und die Publizitätsvorteile des Handelsregisters in Anspruch nehmen zu können. Bedeutung hat diese Möglichkeit der Rechtswahl nicht zuletzt im Hinblick auf die Haftungsverfassung der Gesellschaft, da eine generelle gesellschaftsvertragliche Haftungsbeschränkung zu Gunsten eines Teils der Gesellschafter seit dem Übergang 29

[54] *K. Schmidt,* Gesellschaft bürgerlichen Rechts. Welche Änderungen sind im Recht der BGB-Gesellschaft geboten? in: Gutachten und Vorschläge zur Überarbeitung des Schuldrechts, hrsg. vom BMJ, Bd. 3, 1983, S. 413 ff.

[55] *K. Schmidt* Gutachten S. 492 f.

[56] *Ulmer* ZGR 1984, 313 ff.; vgl. auch *Hüffer* AcP 184 (1984), 584, 588 ff.

des BGH zur akzessorischen Gesellschafterhaftung in der GbR (§ 714 RdNr. 4) nur durch Wahl der KG-Rechtsform möglich ist. Freiberuflern bleibt der Weg zum Handelsregister freilich auch seither verschlossen; sie können stattdessen von den Möglichkeiten des PartGG (RdNr. 19) Gebrauch machen.

30 **3. Einzelne Neuregelungen. a) Überblick.** Nachdem die Vorschriften der §§ 705 bis 740 seit Inkrafttreten des BGB nahezu hundert Jahre lang unverändert geblieben waren, kam es seit 1994 aus unterschiedlichen Gründen zu Änderungen bei den §§ 723, 728 bis 730 und 736. Anlass hierfür war jeweils nicht GbR-spezifischer Reformbedarf, sondern die Angleichung des GbR-Rechts an übergreifende, auch auf die GbR ausstrahlende Rechtsänderungen.

31 **b) Beschränkung der Minderjährigenhaftung.** Die Neufassung des **§ 723 Abs. 1** in S. 3 bis 6 durch Einführung eines außerordentlichen Kündigungsrechts für Gesellschafter bei Vollendung des 18. Lebensjahrs war Teil des Minderjährigenhaftungsbeschränkungsgesetzes.[57] Das Gesetz hatte zum Ziel, die Rechtsfolgen aus der vom BVerfG[58] zwölf Jahre zuvor festgestellten Verfassungswidrigkeit der Überschuldung volljährig gewordener Minderjähriger infolge des Handelns ihrer gesetzlichen Vertreter zu ziehen.[59] Seine Zentralnorm findet sich in § 1629 a; sie beschränkt die Haftung des Minderjährigen kraft Gesetzes auf den Bestand seines bei Eintritt der Volljährigkeit vorhandenen Vermögens und schützt ihn dadurch vor einer ohne sein Zutun eingetretenen Überschuldung. Mit Blick auf Verpflichtungen aus einer GbR-Beteiligung hat der Gesetzgeber dem volljährig gewordenen Gesellschafter in § 723 Abs. 1 S. 3 Nr. 2 nF ein außerordentliches Kündigungsrecht eingeräumt. Macht der Gesellschafter von diesem Recht nicht innerhalb von drei Monaten Gebrauch, so erschwert ihm die Vermutungsregelung des § 1629 a Abs. 4 die Möglichkeit, sich Gesellschaftsgläubigern gegenüber auf die Haftungsbeschränkung nach § 1629 a Abs. 1 zu berufen. Zu Einzelheiten vgl. § 723 RdNr. 38 ff.

32 **c) Nachhaftungsbegrenzung.** Auch die Neuregelung des **§ 736 Abs. 2** durch das Nachhaftungsbegrenzungsgesetz[60] geht auf einen Anstoß aus der Rechtsprechung zurück. Auslöser war das Urteil des II. Zivilsenats des BGH vom 19. 5. 1983,[61] das in Bezug auf die Forthaftung ausgeschiedener OHG-Gesellschafter aus vor ihrem Ausscheiden begründeten Dauerschuldverhältnissen eine Gesetzeslücke festgestellt und im Wege richterlicher Rechtsfortbildung die Enthaftung des Ausgeschiedenen nach Ablauf von fünf Jahren eingeführt hatte. Der Gesetzgeber hat diesen Rechtssatz in § 160 HGB unter gleichzeitiger Ausdehnung auf alle Arten von Altverbindlichkeiten kodifiziert; durch die Verweisung in § 736 Abs. 2 hat er die Regelung auch für die aus einer GbR ausscheidenden Gesellschafter übernommen (vgl. näher § 736 RdNr. 21 ff.). Das ist inhaltlich sachgerecht, hat regelungstechnisch freilich die bemerkenswerte Folge, dass damit abweichend vom Regelungsmuster des § 105 Abs. 3 HGB erstmals vom GbR-Recht auf das OHG-Recht verwiesen wird.

33 **d) Sonstige.** Unter den sonstigen Änderungen ziehen die Neuregelung des **§ 728 Abs. 1** und die Erweiterung des **§ 730 Abs. 1** um einen letzten Halbsatz im Zuge der *Insolvenzrechtsreform 1994*[62] jeweils die Konsequenzen aus der in § 11 Abs. 2 Nr. 1 InsO neu begründeten Insolvenzfähigkeit der GbR, indem sie die Folgen der Insolvenzeröffnung über das Vermögen der GbR für deren Auflösung sowie für die Art der Auseinandersetzung regeln. Demgegenüber beruht die Neufassung des **§ 729** im Zuge der *Handelsrechtsreform 1998*[63] darauf, dass der Gesetzgeber die sachlich entsprechende Regelung des § 136 HGB angesichts ihrer nur noch geringen Bedeutung gestrichen und den Wortlaut des § 729 auf

[57] Gesetz v. 25. 8. 1998, BGBl. I S. 2487.

[58] BVerfGE 72, 155 = NJW 1986, 1859.

[59] Vgl. *Behnke* NJW 1998, 3078 ff.; *Habersack* FamRZ 1999, 1 ff.; *Grunewald* ZIP 1999, 597 ff.

[60] Gesetz v. 18. 3. 1994, BGBl. I S. 560.

[61] BGHZ 87, 286 = NJW 1983, 2254; vgl. dazu auch schon *Ulmer/Wiesner* ZHR 144 (1980), 393, und den Gesetzesvorschlag von *Ulmer* BB 1983, 1865 ff.

[62] EinführungsG zur InsO v. 5. 10. 1994, BGBl. I S. 2911.

[63] Gesetz v. 22. 6. 1998, BGBl. I S. 1474.

die gesetzlich begründete Geschäftsführungsbefugnis sowie auf andere als auflösungsbedingte Fälle von deren Wegfall ausgedehnt hat, um ihren Inhalt dem auf OHG und KG erweiterten Anwendungsbereich anzupassen.[64] Einzelheiten vgl. in § 729 RdNr. 2 ff.

B. Formen und Arten der GbR

I. Erscheinungsformen

34 **1. Allgemeines.** Entsprechend dem nur negativ – durch Ausschluss einerseits des Betriebs eines Handelsgewerbes, andererseits verbotswidriger Tätigkeiten – eingegrenzten Gesellschaftszweck (§ 705 RdNr. 144) und dem Verzicht auf bestimmte Mindesteinlagen sind Verwendungsmöglichkeiten und Erscheinungsformen der GbR **außerordentlich vielfältig.** Die Zusammenstellung in den folgenden Randnummern beschränkt sich auf die nach Zahl und Bedeutung wichtigsten Arten und Fälle. Daneben gibt es namentlich im *Grenzbereich zu den Gefälligkeitsverhältnissen* (§ 705 RdNr. 17 ff., 26) eine Vielzahl von Arten und Formen rechtsgeschäftlicher, als GbR zu qualifizierender Fälle der Zusammenarbeit zu gemeinsamem Zweck wie Reise- und Fahrgemeinschaften,[65] Jagd- und Bergsportgemeinschaften,[66] Wohngemeinschaften zwischen zwei oder mehr Mietern,[67] über das gemeinsame Wohnen hinausgehende, auf gemeinschaftliche Energieversorgung gerichtete Heizöl-[68] oder Zählergemeinschaften,[69] aber auch Gesellschaften zum gemeinsamen Erwerb und zur vertraglich geregelten Nutzung bestimmter Vermögensgegenstände.[70] Verbreitet anzutreffen sind auch *Lotto- und Tippgemeinschaften;*[71] sie bestehen meist als Innengesellschaften, für die einer der Partner nach außen im eigenen Namen in Erscheinung tritt, und haben die Gerichte nicht selten im Zusammenhang mit dem unterlassenen oder fehlerhaften Ausfüllen von Lottoscheinen u. a. beschäftigt.[72] Als GbR qualifiziert werden sogar Absprachen von Teilzeitarbeitnehmern untereinander über die Teilung eines Vollarbeitsplatzes, die gegenseitige Vertretung und andere Fragen von gemeinsamen Interesse;[73] ihre jeweiligen Arbeitsverhältnisse zum Arbeitgeber stehen derartigen Innenbeziehungen nicht entgegen.

35 Die vielgestaltigen Erscheinungsformen und Zwecke solcher **Gelegenheitsgesellschaften** haben sich einer systematischen Erfassung bisher entzogen.[74] Soweit sie dem Beitritt grundsätzlich beliebiger, an der gemeinsamen Zweckverfolgung interessierter Personen offen

[64] Vgl. die Begr. zum RefE HRefG, ZIP 1996, 1485, 1487 (unverändert in RegE übernommen).

[65] Vgl. etwa BGHZ 46, 313, 315 = NJW 1967, 558 (gemeinsame nächtliche Vergnügungsfahrt); BGH JZ 1979, 101 (Urlaubsfahrgemeinschaft als gesellschaftsähnliches Rechtsverhältnis); OLG Saarbrücken NJW 1985, 811 (Kegelclub mit gemeinsamer Reisekasse als GbR); dazu auch *Erman/Westermann* RdNr. 26.

[66] Zu Jagdgesellschaften vgl. OLG München SeuffBl. 78, 386; OLG Karlsruhe AgrarR 1982, 75; zu gemeinsamen Bergtouren (Seilschaften, alpine Führungstouren) *Galli,* Haftungsprobleme bei alpinen Tourengemeinschaften, 1995, S. 107 ff., 137 ff., 148 ff.; vgl. auch *Schünemann* VersR 1982, 825 ff. und 1130 ff.

[67] BGH ZIP 1998, 27, 30; OLG Düsseldorf ZIP 2000, 580, 581; OLG Hamm BB 1976, 529; LG München NJW-RR 1993, 334; näher *Erman/Westermann* RdNr. 49; *Sonnenschein* NJW 1984, 2121 ff.; einschränkend 3. Aufl. § 535 RdNr. 12 *(Voelskow).*

[68] LG Konstanz NJW 1987, 2521; dazu krit. *K. Schmidt* JuS 1988, 444.

[69] *Arnold* MDR 1948, 278.

[70] Vgl. BGH NJW 1982, 170 (Familienheim); BGH JZ 1972, 88 und WM 1962, 1086 (Sportflugzeug); dazu auch RdNr. 46.

[71] Vgl. dazu RdNr. 118 und § 762 RdNr. 32; *Soergel/Hadding* RdNr. 41; *Erman/Westermann* RdNr. 26.

[72] BGH NJW 1974, 1705 (keine Haftung für Fehler beim Ausfüllen), dazu *Kornblum* JuS 1976, 571; abl. *Plander* AcP 176 (1976), 425 ff. Vgl. auch BGH WM 1968, 376 (Anforderungen an Kündigung); BayObLG NJW 1971, 1664 (Untreue des Geschäftsführers); OLG Düsseldorf WM 1982, 969 (mangels Gesamthandsvermögens keine Liquidation gem. § 730); OLG Karlsruhe NJW-RR 1988, 1266 (Änderung der Gewinnbeteiligungsregelungen nur mit Zustimmung aller Gesellschafter); OLG München NJW-RR 1988, 1268 (Handeln des Organisators für die Tippgemeinschaft).

[73] Sog. Job-pairing, vgl. dazu *Schüren,* Jobsharing, 1983, RdNr. 212 ff.; *Breuninger,* Die BGB-Gesellschaft als Rechtssubjekt im Wirtschaftsverkehr, 1991, S. 152 ff.

[74] Vgl. dazu auch *Breuninger* (Fn. 73) S. 146 ff.; *Erman/Westermann* RdNr. 26 ff.; *K. Schmidt* GesR § 58 III.

stehen, kann auch ihre Abgrenzung zu nichtrechtsfähigen Vereinen Probleme bereiten.[75] Zu Poolvereinbarungen von Sicherungsnehmern in der Insolvenz des Sicherungsgebers vgl. RdNr. 71, zur Abgrenzung der GbR von gemischten Verträgen mit gesellschaftsrechtlichen Elementen vgl. RdNr. 114 ff., zur Bauherren- und zur Miturhebergemeinschaft RdNr. 47 ff.; 128 f.

36 **2. Erwerbsgesellschaften. a) Freie Berufe. aa) Anwaltssozietäten.** Unter den von Angehörigen Freier Berufe[76] betriebenen Gesellschaften haben Anwaltssozietäten[77] die weitaus stärkste Verbreitung. Das RechtsberatungsG steht weder ihrer Bildung als Außengesellschaften noch der Übernahme von Gemeinschaftsmandaten entgegen.[78] Schließen sich Rechtsanwälte zur gemeinsamen Berufsausübung in einer Sozietät zusammen, so führt das im Regelfall nicht nur zur Entstehung von Gesamthandsforderungen auf Grund des gemeinsamen Handelns,[79] sondern auch zur vertraglichen *Verpflichtung aller Sozien* gegenüber dem Mandanten[80] mit der Folge, dass sie gesamtschuldnerisch für den Schaden des Mandanten haften, den einer von ihnen durch eine Sorgfaltspflichtverletzung verursacht hat (zur abweich. Regelung in § 8 Abs. 2 PartGG vgl. daselbst RdNr. 14 ff.).[81] Wird nur der Anschein einer Sozietät erweckt oder aufrechterhalten, kann sich daraus eine Haftung nach Rechtsscheingrundsätzen ergeben.[82] Für die persönliche Haftung ausgeschiedener oder neu eingetretener Sozien gelten die allgemeinen Grundsätze.[83] Ein *Wettbewerbsverbot* für die Sozien folgt aus der Treupflicht nach Maßgabe der Regeln, die in einer GbR für geschäftsführende Gesellschafter gelten.[84] Nachvertragliche Wettbewerbsverbote sind auf Grund standesrechtlicher Regelungen – §§ 1, 3 Abs. 3 BRAO (freie Anwaltswahl) – nur in engen Grenzen zulässig.[85]

37 Von großer praktischer Bedeutung für die Wahl der Rechtsform sind Fragen der **Haftungsbeschränkung in der Anwaltssozietät.**[86] Der Ausschluss der persönlichen Haftung der nicht selbst für den Mandanten tätigen Sozien, aber auch eine Beschränkung der Haftung des handelnden Gesellschafters durch vertragliche Vereinbarung mit dem Mandanten sind seit 1994 nach näherer Maßgabe des § 51 a BRAO gesetzlich zugelassen und

[75] Vgl. dazu näher RdNr. 133 und für die Fälle der Publikums-GbR RdNr. 3.

[76] Dazu näher § 1 PartGG RdNr. 49 ff.; vgl. auch *Michalski,* Das Gesellschafts- und Kartellrecht der berufsrechtlich gebundenen freien Berufe, 1989.

[77] Vgl. zu dieser *Feuerich/Braun* BRAO, 6. Aufl. 2003, § 59 a RdNr. 1 ff.; *Kaiser/Bellstedt,* Die Anwaltssozietät, 2. Aufl. 1995, S. 31 ff.; *Breuninger* (Fn. 73) S. 207 ff.; *Donath* ZHR 156 (1992), 134 ff.; *Henssler* NJW 1993, 2137 ff.; *Steindorff,* FS Rob. Fischer, 1979, S. 747 ff.; ferner die Dissertationen von *Loukakos,* Die Mitunternehmer-BGB-Gesellschaft in der Rechtsprechung des RG und des BGH, 1989, insbes. S. 139 ff., und *Plass,* Der Haftungsstatus von Anwaltsgemeinschaften, 1991.

[78] BGHZ 56, 355, 359 = NJW 1971, 1801; *Klaus Müller* NJW 1969, 1416, 1417; *Loukakos* (Fn. 77) S. 149.

[79] Vgl. BGH WM 1996, 1632 zur Honorarforderung als Geamthandsforderung.

[80] Zu Ausnahmen BGHZ 56, 355, 361 = NJW 1971, 1801, 1803; BGHZ 124, 47, 49 f. = NJW 1994, 257; BGH NJW 2000, 1333, 1334; *Sieg* WM 2002, 1432, 1435 f.; allg. *Hartstang* Anwaltsrecht, 1991, S. 591; *Zugehör/Sieg,* Handbuch der Anwaltshaftung, 1999, RdNr. 345; *Vollkommer* Anwaltshaftungsrecht, 1989, S. 28 ff.; *Borgmann/Haug* Anwaltshaftung, 3. Aufl. 1995, S. 234 f. jew. m. Nachw.

[81] So jetzt ausdrücklich § 51 a Abs. 2 S. 1 BRAO; hM seit BGHZ 56, 355, 361 ff. = NJW 1971, 1801 (unter Abweichung von BGH NJW 1963, 1301); vgl. nur BGH VersR 1973, 232; NJW 1988, 1973; 1991, 49, 50; 1991, 1225; LM UWG § 1 Nr. 613 = NJW 1992, 3037, 3038; OLG Hamm NJW 1970, 1791, 1792; OLG Bamberg NJW-RR 1989, 223; *Kornblum* BB 1973, 225 ff. m. weit. Nachw.; *Steindorff* (Fn. 77) S. 751 ff.; *Odersky,* FS Merz, 1991, S. 439, 449 f.; *Henssler* NJW 1993, 2137, 2138.

[82] BGHZ 70, 247, 251 f. = NJW 1978, 996; BGH NJW 1991, 1225; WM 1999, 1846, 1847; NJW-RR 1988, 1299, 1300; OLG Karlsruhe NJW-RR 1987, 867, 868; für eine Steuerberatersozietät auch BGH NJW 1990, 827, 828; § 714 RdNr. 36 f.; *Odersky,* FS Merz, 1991, S. 450; *Henssler* NJW 1993, 2137, 2139.

[83] Vgl. näher § 714 RdNr. 70 ff., § 736 RdNr. 21 ff.

[84] § 705 RdNr. 235 ff.; *Michalski/Römermann* ZIP 1994, 433, 434 f.

[85] Vgl. dazu *Feuerich/Braun* (Fn. 77) § 2 RdNr. 39 f.; *Kleine-Cosack* BRAO, 3. Aufl. 1997, § 59 a RdNr. 70 ff.; *Bruckner,* Nachvertragliche Wettbewerbsverbote zwischen Rechtsanwälten, 1987, S. 108 ff.; *T. Becker,* Zulässigkeit und Wirksamkeit von Konkurrenzklauseln zwischen Rechtsanwälten, 1990, S. 118 ff., 129 ff.; allg. zu Mandantenschutzklauseln BGHZ 91, 1, 6 = NJW 1984, 2366; BGH NJW 1986, 2944 f.; 1991, 699 f.; *Hirte* ZHR 154 (1990), 443, 446 ff.

[86] Vgl. etwa *Arnold* BB 1996, 597 ff.; *Henssler* NJW 1993, 2137, 2138; *Heermann* BB 1994, 2421, 2429; *Sieg* WM 2002, 1432, 1438 f.

können auch in AGB vereinbart werden.[87] Allerdings wird die Vereinbarung einer Haftungsbeschränkung bei Abschluss des Vertrages mit dem einzelnen Mandanten nicht selten zur Belastung des Vertrauensverhältnisses führen. Daher besteht ein Bedürfnis auch für eine durch die Wahl des Gesellschaftsverhältnisses erreichbare Haftungsbeschränkung. Das gilt umso mehr, nachdem der BGH früheren Bestrebungen, durch einen „mbH"-Zusatz im Namen der RA-GbR zu einer einseitigen Haftungsbeschränkung zu gelangen,[88] eine klare Absage erteilt hat (vgl. § 714 RdNr. 59).

Was die Wahl einer haftungsbeschränkenden Rechtsform angeht, scheidet die den Gesell- **38**
schaftern einer GbR in § 105 Abs. 2 HGB eröffnete KG-Option wegen des freiberuflichen, mit der Anwendung von Handelsrecht unvereinbaren Zwecks aus. In erster Linie bietet sich vielmehr die seit dem 1. 3. 1999[89] gesetzlich zugelassene, schon zuvor in der Rechtsprechung[90] anerkannte **RA-GmbH** an (vgl. §§ 59c bis 59m BRAO). Sie führt nach § 13 Abs. 2 GmbHG zur Haftungskanalisation bei der GmbH unter Ausschluss der persönlichen Haftung der Gesellschafter aus sorgfaltswidriger Vertragserfüllung, macht freilich einen entsprechend erhöhten, in § 59j Abs. 2 BRAO definierten Mindestversicherungsschutz erforderlich.[91] Eine andere Alternative bietet die seit 1. 7. 1995 verfügbare, im PartGG geregelte **Freiberufler-Partnerschaft;**[92] sie bewirkt auf Grund der Neufassung des § 8 Abs. 2 PartGG im Jahr 1998[93] den Haftungsausschluss der nicht mit der Bearbeitung des Mandats befassten Sozien im Fall von Beratungsfehlern[94] und erweist sich dadurch als eine für Freie Berufe zunehmend attraktive, die wesentlichen Nachteile der GmbH-Rechtsform vermeidende Organisationsform. Insgesamt befindet sich die Entwicklung im Fluss, eindeutige Präferenzen für GmbH oder Partnerschaft sind noch nicht erkennbar.[95] Die Beurteilung wird durch die Zunahme ausländischer Rechtsformen für RA-Sozietäten im Zuge der Zulassung internationaler Zusammenschlüsse durch § 59 Abs. 3 Nr. 1 BRAO im Jahr 2000[96] weiter erschwert. Es ist jedoch davon auszugehen, dass die große Mehrzahl der Sozietäten nach wie vor in der Rechtsform der GbR organisiert ist.

Bei bloßer **Bürogemeinschaft** kommt es nicht zu gemeinschaftlicher Beauftragung, da **39**
die Anwälte ihren Beruf getrennt ausüben. Das schließt zwar die Errichtung einer (Außen-)Gesellschaft zwischen den Beteiligten nicht aus, wenn sie sich über die Verteilung der Bürounkosten hinaus vertraglich zur Anmietung eines Büros, zum Abschluss von Anstellungsverträgen mit dem Personal usw. verbunden haben.[97] Eine RA-Sozietät kommt dadurch jedoch nicht zustande.

bb) Sonstige. Weitere typische Fälle einer GbR zwischen Freiberuflern bilden inter- **40**
professionelle Sozietäten zwischen **Rechtsanwälten, Steuerberatern und/oder Wirtschaftsprüfern** sowie zwischen den zuletzt genannten untereinander. Die Zulässigkeit dieser Sozietäten ist inzwischen gesetzlich durch die Vorschriften der § 59a BRAO, § 56 StBerG, § 44b WPO geregelt. Sozietäten in der Rechtsform der GbR nach den Vorschriften § 56 StBerG und § 44b WPO sind zu unterscheiden von – als solchen anerkannten – Steuerberatergesellschaften gem. § 49 StBerG und Wirtschaftsprüfergesellschaften gem. § 27

[87] Im Einzelnen dazu *Arnold* BB 1996, 597ff.; *Feuerich/Braun* (Fn. 77) § 59a.

[88] Vgl. noch BGH NJW 1992, 3037, 3039; dazu *Henssler* NJW 1993, 2137, 2138; *Heermann* BB 1994, 2421, 2422; anders jetzt BGHZ 142, 315, 318ff. = NJW 1999, 3483.

[89] Gesetz v. 31. 8. 1998, BGBl. I S. 2600.

[90] So im Anschluss an BGHZ 124, 224, 225ff. = NJW 1994, 786 (Zahnarzt-GmbH) erstmals BayObLG NJW 1995, 199, 201; vgl. dazu *Ahlers*, FS Rowedder, 1994, S. 12; *Boin* NJW 1995, 371, 372; *Schlosser* JZ 1995, 345, 346ff.; *Dauner-Lieb* GmbHR 1995, 259ff.; *Henssler* DB 1995, 1549ff.; *Mayen* NJW 1995, 2317, 2320ff.

[91] Vgl. dazu *Kraus/Senft* Sozietätsrecht, 2000, § 15 RdNr. 38ff., 80ff.

[92] Dazu näher die Kommentierung des PartGG im Anschluss an § 740.

[93] Gesetz v. 22. 7. 1998, BGBl. I S. 1878.

[94] Vgl. näher § 8 PartGG RdNr. 14ff., 21ff.

[95] Zum 1. 1. 2002 waren 746 Partnerschaften und 122 RA-GmbHs im jeweiligen Register eingetragen (Schriftl. Auskunft des DAV an den Verf. v. 9. 10. 2002).

[96] Gesetz v. 9. 3. 2000, BGBl. I S. 182.

[97] Vgl. *Breuninger* (Fn. 73) S. 197, 199ff.; *Steindorff* (Fn. 77) S. 750, 755ff.; *Kornblum* AnwBl. 1973, 153, 154; *Loukakos* (Fn. 77) S. 145f.; *Feuerich/Braun* (Fn. 77) § 59a RdNr. 15.

WPO, die nur in der Rechtsform der AG, KGaA, GmbH und im Falle einer als Handelsgewerbe betriebenen Treuhandtätigkeit wahlweise auch als OHG oder KG errichtet werden können.[98] Sozietäten zwischen Wirtschaftsprüfern als natürlichen Personen und Berufsgesellschaften sind nach § 44 b WPO möglich. Ausgeschlossen sind nach der Neuregelung von § 59 a BRAO und § 56 StBerG dagegen Sozietäten zwischen Rechtsanwälten oder Steuerberatern mit Berufsgesellschaften.[99] Sozietäten zwischen Rechtsanwälten und Nur-Notaren sind nach § 9 Abs. 1 S. 1 BNotO unzulässig. Für **Anwaltsnotare** lässt § 59 a Abs. 1 S. 3 BRAO iVm. § 9 Abs. 2 und 3 BNotO die Eingehung einer Sozietät mit Rechtsanwälten bzw. Steuerberatern und Wirtschaftsprüfern zu, sofern sie sich auf die Anwaltstätigkeit beschränkt.[100] Sonstige häufiger anzutreffende Fälle von Sozietäten zwischen Freiberuflern bilden die **ärztliche Gemeinschaftspraxis**[101] und die **Architektengemeinschaft.**[102] – Die *Partnerschaftsgesellschaft* bietet den Freiberuflern seit 1995 eine systematisch zwischen GbR und OHG/KG angesiedelte Alternative für die gemeinsame Berufsausübung, soweit das jeweilige Berufsrecht nicht entgegensteht (vgl. RdNr. 19 f.).

41 **b) Landwirtschaft.** Der gemeinsame Betrieb der **Land- und Forstwirtschaft** kann in der Rechtsform der GbR seit der Änderung des § 3 HGB im Jahr 1976 *wahlweise* aber auch durch fakultative Eintragung im Handelsregister – als *Personenhandelsgesellschaft* erfolgen, sofern das Unternehmen nach Art oder Umfang die Dimensionen eines in kaufmännischer Weise eingerichteten Geschäftsbetriebs erreicht (vgl. § 3 Abs. 2 HGB).[103] Dadurch wurde die schon früher für land- und forstwirtschaftliche Nebenbetriebe geltende Wahlmöglichkeit auf alle land- und forstwirtschaftlichen Unternehmen ausgedehnt.[104] Mit der Herbeiführung der Handelsregistereintragung werden die Beteiligten in derartigen Fällen vor allem den Zweck verfolgen, die mit der Rechtsform der KG verbundene Haftungsbeschränkung für einen Teil von ihnen zu erlangen. Verzichten die Beteiligten auf die Handelsregistereintragung oder können sie hierüber keine Einigung erzielen, so bewendet es bei der Rechtsform der GbR für ihren Zusammenschluss.

42 **c) Kleingewerbetreibende.** Gesellschaften zwischen Kleingewerbetreibenden waren jahrzehntelang ein weiteres wichtiges Anwendungsgebiet der GbR.[105] Sie bildeten nach § 4 Abs. 2 aF HGB auch dann eine GbR, wenn der gemeinsame Zweck sich auf den Betrieb eines – minderkaufmännischen – Grundhandelsgewerbes iS von § 1 Abs. 2 HGB richtete. Seit der Handelsrechtsreform 1998 ist den Beteiligten in derartigen Fällen durch § 2 nF HGB die Option zum Handelsregister eröffnet mit der Folge, dass aus der GbR durch konstitutive Eintragung eine OHG oder KG wird (RdNr. 29). Machen sie hiervon keinen

[98] Vgl. zum Ganzen *K. Schmidt* GesR S. 1430 f.

[99] Überholt daher EGH Bad.-Württ. AnwBl. 1988, 245, 246 (Zulässigkeit einer Sozietät zwischen einem Rechtsanwalt und einer Steuerberater-AG) und BVerwG DB 1991, 2589 (Zulässigkeit einer Sozietät zwischen einem Steuerberater und einer Steuerberater-GmbH). Wie hier auch *Kaminski,* in: WP-Handbuch, 12. Aufl. 2000, S. 46 RdNr. 177.

[100] Dazu *Kunz* in: Sozietätsrecht, 2000, § 2 RdNr. 58 f. Zur Vorgeschichte dieser Regelung vgl. BGH NJW 1996, 392 f. (Verbot einer Sozietät zwischen Anwaltsnotar und Wirtschaftsprüfer), aufgehoben wegen Verstoßes gegen Art. 3 Abs. 1 GG durch BVerfGE 98, 49 = NJW 1998, 2269; krit. zur Entscheidung des BGH auch schon *Casper* ZIP 1996, 1501 ff. und *Budde/Steuber* ZIP 1997, 101 ff.

[101] §§ 23 ff. MBO, abgedruckt bei *Ratzel/Lippert,* Kommentar zur Musterberufsordnung der deutschen Ärzte (MBO), 2. Aufl. 1998. Dazu und zu davon zu unterscheidenden Gestaltungen wie Praxisgemeinschaft u. a. vgl. *Uhlenbruck/Schlund* in *Laufs/Uhlenbruck* (Hrsg.), Handbuch des Arztrechts, 3. Aufl. 2002, § 18 RdNr. 6 ff.; *Breuninger* (Fn. 73) S. 198 ff.; *Schirmer* MedR 1995, 341, 346 ff., 383 ff.; *Ehmann* MedR 1994, 141 ff.; *Taupitz* MedR 1993, 367 ff.; *Ahrens* MedR 1992, 141 ff.

[102] Vgl. dazu *Roth-Gaber/Hartmann,* Kommentar zum Vertragsrecht und zur Gebührenordnung für Architekten, 11. Aufl. 1974, S. 98 ff.

[103] Vgl. *Baumbach/Hopt* § 3 HGB RdNr. 2, 7, auch zu der Frage, ob bei kleingewerblichem Umfang eine Eintragung nach § 2 HGB in Betracht kommt.

[104] Rechtstatsachen zur Verwendung und Häufigkeit der GbR als Rechtsform zur Kooperation von Landwirten vgl. bei *Köbke* Agrarrecht 1975, 335, 337 und *Raisch* BB 1969, 1361, 1365 ff. Zum „Agrargesellschaftsrecht" als einem neuen Zweig des Agrarrechts vgl. *v. Lüpke* Agrarrecht 1975, 38 ff.; *Storm* JZ 1974, 568 ff. und *ders.* Agrarrecht 1976, 188 ff.

[105] Beispiele hierzu bei *Soergel/Hadding* RdNr. 43 f. Vgl. auch BVerwG NJW 1993, 1151 zum gemeinsamen Betrieb einer Fahrschule durch mehrere Inhaber von Fahrschulerlaubnissen.

Gebrauch, wird jedoch im Laufe der Geschäftstätigkeit der Zuschnitt eines kaufmännischen Geschäftsbetriebs (§ 1 Abs. 2 HGB) erreicht, so wandelt sich dadurch die Rechtsform der GbR automatisch in diejenige der OHG um (RdNr. 17), soweit die Parteien nicht für diesen Fall die Haftungsbeschränkung eines Teils der Gesellschafter vereinbart und dadurch die Grundlage für eine KG geschaffen haben. Zu den Rechtsfolgen derartiger Umwandlungen für die Innenbeziehungen der Gesellschafter vgl. § 705 RdNr. 14.

3. Arbeitsgemeinschaften. Unter Arbeitsgemeinschaften oder Arge versteht man Zusammenschlüsse von selbstständigen (Bau-)Unternehmern zur gemeinsamen Durchführung eines bestimmten Bauauftrags.[106] Sie sind meist als **Außengesellschaften auf Zeit** unter besonderem, auf das auszuführende Bauwerk oder den Ort des Baugeschehens Bezug nehmendem Namen organisiert und treten dem Besteller gegenüber als einheitlicher Vertragspartner auf.[107] Rechtsform der Arge ist regelmäßig die GbR.[108] Der Annahme einer OHG steht typischerweise das Fehlen einer auf *Dauer* angelegten Geschäftstätigkeit,[109] dh. der auf ein bestimmtes Bauvorhaben begrenzte Zweck entgegen;[110] daher scheidet regelmäßig auch das Wahlrecht des § 105 Abs. 2 HGB mangels Gewerbebetrieb aus. **43**

Die **Gründe** für den Zusammenschluss zu einer Arge können im organisatorischen, technischen oder wirtschaftlichen Bereich liegen. So können der Umfang des auszuführenden Werks oder dessen technische Schwierigkeiten die Kapazität oder Spezialerfahrung eines einzelnen Bauunternehmers übersteigen oder aber wegen des erheblichen Risikos die Durchführung durch einen Alleinunternehmer wirtschaftlich nicht sinnvoll erscheinen lassen.[111] Eine typische Abwandlung bildet die Los-Arge, bei der der einheitlich erteilte Auftrag im Innenverhältnis in einzelne Leistungsteile (Lose) aufgeteilt und diese an die einzelnen Arge-Mitglieder durch selbstständige Subunternehmerverträge vergeben werden.[112] **44**

Für die Regelung der **Innenbeziehungen** zwischen den Arge-Mitgliedern hat der Hauptverband der Deutschen Bauindustrie auf Grund von Vorläufern aus den 30er und 40er Jahren einen **Mustervertrag** entwickelt. Er liegt inzwischen in der Fassung 1995 vor[113] und trifft mit 27 Paragraphen Vorsorge für alle regelungsbedürftigen Einzelfragen. Entsprechend der wirtschaftlichen Bedeutung, die der Arge heute auf dem Bausektor zukommt, ist der Mustervertrag Gegenstand umfangreicher Kommentierungen.[114] Hierauf kann unter Verzicht auf eine Einzelerörterung der bei Argen auftretenden speziellen Rechtsfragen verwiesen werden. Wird seine Geltung – mit oder ohne Abweichungen – von den Parteien vereinbart, so sind doch die allgemeinen Regeln des Rechts der GbR ergänzend auf das Innenverhältnis der Arge anwendbar. Für *Organisation und Außenbeziehungen* der Arge und ihrer Mitglieder (Haftung, Gesamthandsvermögen, Vollstreckung u. a.) gelten die gesetzlichen Regeln der §§ 705 ff. und ihre Interpretation durch Rechtsprechung und Schrifttum ohnedies.[115] **45**

[106] Vgl. *Fahrenschon/Burchardt* ARGE-Kommentar, 2. Aufl. 1982, Exkurs RdNr. 1 ff.; *Kleine-Möller/Merl/Oelmaier,* Handbuch des privaten Baurechts, 2. Aufl. 1997, § 3 RdNr. 80 ff.; *Erman/Westermann* RdNr. 32; *Palandt/Sprau* § 705 RdNr. 37; *Soergel/Hadding* RdNr. 45; *K. Schmidt* (Fn. 54) S. 453 ff.

[107] *Hochstein/Jagenburg* Arge-Vertrag, 1974, Einl. RdNr. 24 ff.; *Kleine-Möller* (Fn. 106) § 3 RdNr. 80 f.

[108] St. Rspr., vgl. BGHZ 61, 338, 342 ff. = NJW 1974, 451; BGHZ 72, 267, 271 = NJW 1979, 308; BGHZ 86, 300, 307 = NJW 1986, 300; BGHZ 146, 341, 342 = NJW 2001, 1056; BGH NJW-RR 1993, 1443 f.; OLG Köln DB 1996, 2173; OLG Schleswig NZG 2001, 796, 797.

[109] Zu Sonderfällen vgl. *Joussen* BauR 1999, 1063, 1065.

[110] Zutr. *Röhricht/Graf v. Westphalen* § 1 HGB RdNr. 30; ebenso *Erman/Westermann* RdNr. 32; *Breuninger* (Fn. 73) S. 193; *K. Schmidt* DB 2003, 703, 705 f.; aA *Joussen* BauR 1999, 1063, 1065 ff. unter unzutr. Berufung auf die Handelsrechtsreform; für Fälle einer Arge mit kaufmännisch eingerichtetem Geschäftsbetrieb auch OLG Dresden DB 2003, 713, 714 (dagegen zutr. *K. Schmidt* aaO).

[111] *Hochstein/Jagenburg* (Fn. 107) Einl. RdNr. 14 ff.

[112] Vgl. *Palandt/Sprau* § 705 RdNr. 37; *Erman/Westermann* RdNr. 32; *Kleine-Möller* (Fn. 106) § 3 RdNr. 82.

[113] Vgl. die Wiedergabe bei *Fahrenschon/Burchardt* (Fn. 106) Ergänzungsband, 1987.

[114] Vgl. die in Fn. 106 genannten Erläuterungswerke.

[115] Zur grds. unbeschränkten Außenhaftung der Arge-Mitglieder für die Verbindlichkeiten der Arge vgl. nur BGHZ 146, 341, 358 = NJW 2001, 1056; dazu auch *Ulmer* ZIP 2003, 1113, 1119.

46 **4. Vermögensverwaltung.** Dass der gemeinsame Zweck einer GbR zulässiger Weise auch in der Verwaltung des von den Beteiligten zu gesamthänderischer Bindung eingebrachten Vermögens bestehen kann, entspricht zu Recht ganz hM; es hat inzwischen durch das HGB-Optionsrecht des § 105 Abs. 2 HGB für die vermögensverwaltende GbR auch gesetzliche Anerkennung erfahren. Diese Beurteilung ist in allen denjenigen Fällen unproblematisch, in denen es um einen *Inbegriff von Vermögensgegenständen* geht und die Beteiligten an dessen gemeinsamem Halten und Verwalten ein spezifisches Interesse haben, so bei der auf die Verpachtung des Betriebsvermögens gerichteten Tätigkeit einer Besitzgesellschaft nach erfolgter Betriebsaufspaltung (vgl. RdNr. 18), bei gemeinsamer Vermietung der mehreren Wohnungen eines im Gesamthandseigentum stehenden Hauses oder bei gemeinsamer Verwaltung mehrfachen Beteiligungsbesitzes durch eine Holding-GbR. Zulässig ist aber auch die Gründung einer GbR zum gemeinsamen Benutzen einzelner Vermögensgegenstände, etwa eines Kraftfahrzeugs oder einer Segelyacht. Das gilt selbst für die Gründung einer „Eigenheim-Gesellschaft" zum Halten und Verwalten des eingebrachten Familienheims; für eine Verweisung der Beteiligten auf die Begründung von Miteigentum gibt es angesichts der grundsätzlichen Beliebigkeit des gemeinsamen Zwecks keinen Rechtsgrund. Derartigen Gestaltungen wird zwar zu Recht die Gefahr entgegengehalten, auf diesem Wege die Publizitätsvorschriften des Grundstücksrechts (§§ 925, 873) durch Veräußerung der GbR-Anteile an Stelle der Grundstücksverfügung zu vermeiden.[116] Das reicht jedoch nicht aus, um zur Unzulässigkeit solcher Grundstücksgesellschaften zu gelangen.[117] Auch scheidet eine analoge Anwendung der §§ 925, 873 auf Fälle einer indirekten Übertragung des Grundeigentums durch Abtretung aller GbR-Anteile aus; in Betracht kommt allenfalls eine Analogie zur Formbedürftigkeit des Verpflichtungsgeschäfts nach § 311 b Abs. 1.[118] – Zu vermögensverwaltenden Familiengesellschaften als Ersatz vorweggenommener Erbfolge vgl. RdNr. 70.

47 **5. Bauherrengemeinschaften.** Bauherrengemeinschaften werden zwischen Personen vereinbart, die am Erwerb und an der damit verbundenen Bebauung eines Grundstücks als „Bauherren" mitwirken mit dem Ziel, Wohnungseigentum in dem Bauwerk zu erlangen und dabei möglichst Steuervorteile aus der Bautätigkeit in Anspruch zu nehmen.[119] Die Bauherrengemeinschaft kommt regelmäßig durch Abschluss eines – im Treuhandvertrag und der darin erteilten Vollmacht zusammengefassten – Bündels von Verträgen seitens der Beteiligten auf Betreiben des Initiators (Treuhänders) zustande.[120] Der **Erwerb** des Grundstücks erfolgt meist **zu Miteigentum** der Beteiligten; sie bilden insoweit eine Bruchteilsgemeinschaft.[121] Auch bei der Vergabe der Bauaufträge durch den für sämtliche Bauherren tätigen Treuhänder treten die Bauherren, vertreten durch den Treuhänder, nicht notwendig zur gesamten Hand auf, sondern werden je nach Vertragsgestaltung einzeln verpflichtet. Ihre Haftung kann auch beim Vorliegen einer Außen-GbR durch entsprechende, nach außen erkennbare Vertragsgestaltung auf den ihrem künftigen Wohnungseigentum entsprechenden Anteil der Baukosten beschränkt werden.[122]

[116] So nachdrücklich *K. Schmidt* AcP 182 (1982), 482 ff.; vgl. auch *dens.* GesR § 58 IV 3 b.

[117] Ganz hM, vgl. BGH NJW 1982, 170, 171; OLG Frankfurt NJW-RR 1996, 1123; *Flume* I/1 § 3 III; *Erman/Westermann* § 705 RdNr. 28; so auch *K. Schmidt* AcP 182 (1982), 506 und GesR § 59 I 3 a.

[118] Vgl. näher *Ulmer/Löbbe* DNotZ 1998, 711 ff.; weitergehend *K. Schmidt* AcP 182 (1982), 510 ff.; sehr restriktiv § 311 b RdNr. 14 *(Kanzleiter)* m. weit. Nachw.

[119] Vgl. dazu und zu den verschiedenen, in der Rechtswirklichkeit anzutreffenden Arten von Bauherrenmodellen *Goldbeck/Uhde,* Das Bauherrenmodell in Recht und Praxis, 1984; *Reithmann/Brych/Manhart,* Kauf vom Bauträger und Bauherrenmodelle, 5. Aufl. 1983; *Brych/Pause,* Bauträgerkauf und Baumodelle, 3. Aufl. 1999, RdNr. 800 ff.; *Weitnauer* Wohnungseigentumsgesetz, 8. Aufl. 1995, Anh. § 3; *Fleischmann* DB 1981 Beil. 9; *Lauer* WM 1980, 786 ff.; *Maser* NJW 1980, 961 ff. und *Reithmann* BB 1984, 681 ff.

[120] Zur Notwendigkeit notarieller Beurkundung (§ 311 b Abs. 1) vgl. BGH NJW 1985, 730; § 311 b RdNr. 56.

[121] Zutr. *Brych* in *Reithmann/Brych/Manhart* (Fn. 119) RdNr. 140 b; so auch BGH WM 1996, 1004; 1990, 1543, 1546; BayObLG DB 1982, 1211; *Goldbeck/Uhde* (Fn. 119) S. 143 f.; *Weitnauer* (Fn. 119) Anh. § 3 RdNr. 3; *Lauer* WM 1980, 787 f.; *Maser* NJW 1980, 962 f.

[122] So der BGH in langjähr. st. Rspr. auf Grund der interessengemäßen Auslegung der von den Bauherren erteilten Vollmachten und der auf ihrer Grundlage vom Treuhänder mit den Bauunterneh-

Abweichend von der Gestaltung der Außenbeziehungen sehen Bauherrenmodelle mit Rücksicht auf die zur Grunderwerbsteuer bei Bauherrenobjekten ergangene BFH-Rechtsprechung[123] nicht selten die Gründung einer **BGB-Innengesellschaft** zwischen den Bauherren vor.[124] Sie soll auch ohne direkte Kontakte zwischen den Bauherren sternförmig (§ 705 RdNr. 21) durch Abschluss gleich lautender Verträge mit dem Treuhänder als Vertreter der Bauherren zustande kommen[125] und Treupflichten zwischen den Bauherren begründen.[126] Als **gemeinsamer Zweck** der GbR wird die Errichtung des Bauwerks und die Bildung von Wohnungseigentum zu Gunsten der einzelnen Gesellschafter angesehen. Dessen Förderung soll erfolgen durch Abschluss der für die Errichtung notwendigen Verträge seitens der Bauherren, vertreten durch den Treuhänder, durch Aufbringung des Eigenkapitals und Aufnahme des erforderlichen Fremdkapitals sowie durch gemeinsame Beschlussfassung über die Bauausführung in einer Gesellschafterversammlung vor Baubeginn. 48

Der **Beurteilung** der Innenbeziehungen der Bauherren **als GbR** ist bei entsprechender Ausgestaltung des Vertragswerks trotz der daran früher geübten Kritik[127] **zuzustimmen.** Der steuerrechtliche Hintergrund der in RdNr. 48 aufgezeigten Konstruktion ist zwar unverkennbar. Gleichwohl sind die Rechtsbeziehungen einer GbR zwischen den Beteiligten ernsthaft gewollt.[128] Auch steht die tatsächliche Gestaltung damit nicht in Widerspruch. Insbesondere schließt der Erwerb des Grundstücks zu Miteigentum der Bauherren und der Abschluss der Bauverträge namens der einzelnen Bauherren die Annahme einer (Innen-)Gesellschaft zwischen ihnen nicht aus (zur Kombination einer BGB-*Außen*gesellschaft mit dem Miteigentum der Gesellschafter an den gemeinsamen Gegenständen vgl. § 705 RdNr. 266 f.). Gemeinsamer Zweck, Beitrags- sowie Förderungspflichten der Bauherren lassen sich angesichts der Zielsetzung der Bauherrengemeinschaft, angesichts der von den Beteiligten übernommenen Pflichten und angesichts der notwendigen Mitwirkung aller Bauherren zur Erreichung des Erfolgs nicht ernsthaft bestreiten.[129] Und schließlich erweist sich auch die meist fehlende Gesellschaftereigenschaft des Treuhänders nicht als Hindernis für die Annahme einer GbR, selbst wenn man ihn als (Fremd-)Geschäftsführer der Bauherrengemeinschaft ansieht.[130] Denn der Treuhänder ist gegenüber der Gesamtheit der Bauherren weisungsgebunden, so dass die oberste Geschäftsführung letztlich bei den Bauherren liegt und die Vorschrift des § 709 eingehalten ist.[131] Besteht danach eine (Innen-)Gesellschaft, so hat das auch zur Folge, dass jeder Bauherr die anderen Beteiligten nach den Grundsätzen der *actio pro socio* (§ 705 RdNr. 204 ff.) auf Erbringung der Beitragsleistungen in Anspruch 49

mern geschlossenen Verträge, vgl. BGHZ 75, 26, 30 = NJW 1979, 2101; BGH NJW 1959, 2160; 1977, 294, 295; 1979, 1821; 1980, 992; 1985, 619; zust. *Crezelius* JuS 1981, 498. Eine Haftungsbegrenzung der einzelnen Bauherren auch beim Außenhandeln der Bauherrengemeinschaft als GbR bejaht BGH WM 1985, 56, 57 sowie (im Fall eines Geschäftshauses) BGH WM 1989, 377; zur Fortgeltung dieser Rechtsprechung trotz grundsätzlicher Bejahung akzessorischer Gesellschafterhaftung vgl. BGHZ 150, 1, 6 = NJW 2002, 1642; dazu auch § 714 RdNr. 62, 66 und *Ulmer* ZIP 2003, 1113, 1119.

[123] BFH NJW 1977, 976 = BStBl. 1977 II S. 88; BB 1982, 665 und 1906; 1983, 45; vgl. dazu näher *Reithmann/Brych/Manhart* (Fn. 119) RdNr. 123; *Brych/Pause* (Fn. 119) RdNr. 809, 1156 ff.; *Fleischmann* DB 1981 Beil. 9 S. 2 f., 6.

[124] Vgl. das Vertragsmuster bei *Reithmann/Brych/Manhart* (Fn. 119) RdNr. 424 sowie *Brych/Pause* (Fn. 119) RdNr. 1016 ff., 1020.

[125] HM, vgl. BGH NJW-RR 1988, 220; WM 1979, 774; 1985, 56; 1988, 661; BayObLG DB 1982, 1211; *Crezelius* JuS 1981, 496 f.; *Goldbeck/Uhde* (Fn. 119) S. 144 f.; *Lauer* WM 1980, 787 f. und WM 1982, 1346; *Maser* NJW 1980, 962 f.; *Reithmann* in *Reithmann/Meichssner/von Heymann,* Kauf vom Bauträger, 7. Aufl. 1995, D 163; *Soergel/Stürner* § 3 WEG RdNr. 13; *Weitnauer* (Fn. 119) Anh. § 3 RdNr. 3; Gegenansichten vgl. in Fn. 127.

[126] BGH WM 1996, 1004 f.

[127] So namentlich *Brych* in *Reithmann/Brych/Manhart* (Fn. 119) RdNr. 140 b; vgl. auch *Kirchhof* DStR 1983, 279, 283 f.

[128] Der früher erhobene Einwand des Scheingeschäfts bei Bauherrenmodellen (vgl. Nachw. in Fn. 127) stößt daher zu Recht auf allg. Ablehnung, vgl. BGHZ 67, 334, 337 f. = NJW 1977, 294; BGHZ 76, 86, 89 f. = NJW 1980, 952; *Brych/Pause* (Fn. 119) RdNr. 1017; *Breuninger* (Fn. 73) S. 160 f.; *Crezelius* NJW 1978, 2158; *Wolfsteiner* DNotZ 1979, 579, 591.

[129] Ebenso *Brych/Pause* (Fn. 119) RdNr. 1017.

[130] So auch *Brych/Pause* (Fn. 119) RdNr. 1019.

[131] Vgl. zu dieser vom BGH auch bei BGB-Außengesellschaften mit einer Vielzahl von Gesellschaftern anerkannten Konstruktion § 709 RdNr. 6.

nehmen kann.[132] Die Gesellschaft *endet* mit endgültiger Fertigstellung des Wohnungseigentums und Erbringung der von den Gesellschaftern geschuldeten Leistungen (Zweckerreichung);[133] an ihre Stelle tritt die Gemeinschaft der Wohnungseigentümer nach dem WEG.

50 **Fehlt** es abweichend von den in RdNr. 33 f. behandelten Gestaltungen im Einzelfall an vertraglichen, auf den Abschluss einer GbR gerichteten Vereinbarungen zwischen den Bauherren und lassen sich solche auch nicht aus den inhaltlich übereinstimmenden Treuhandverträgen ableiten, so ist das Rechtsverhältnis zwischen ihnen von Anfang an als **werdende Wohnungseigentümergemeinschaft** zu beurteilen; es bestimmt sich schon vor der Aufteilung in Wohnungseigentum grundsätzlich nach § 10 WEG.[134]

51 **6. Konsortien. a) Allgemeines.** Unter Konsortien versteht man **Gelegenheitsgesellschaften mit** einem auf die Durchführung eines oder mehrerer Einzelgeschäfte **beschränkten wirtschaftlichen Zweck.** Entsprechend ihrer offenen, dem jeweiligen Gegenstand anzupassenden Struktur eignen sie sich für eine Vielzahl von Verwendungszwecken und Anwendungsbereichen. Vom Sonderfall der Beteiligungs- und Stimmrechtskonsortien (RdNr. 68) abgesehen, finden sich Konsortien vornehmlich einerseits im Verhältnis zwischen Kreditinstituten, sei es als Emissionskonsortien (RdNr. 52) oder als Kredit- bzw. Finanzierungskonsortien (RdNr. 58).[135] Andererseits ist auch der Typus des Anlagenbau-Konsortiums nicht selten anzutreffen, sei es im Industrieanlagenbau oder im Schiffbau (RdNr. 61). Ungeachtet der typischen Kaufmannseigenschaft der Konsorten und trotz sachlicher Zugehörigkeit der von ihnen im Rahmen des jeweiligen Konsortiums durchgeführten Geschäfte zum Bereich der Handelsgeschäfte sind die Konsortien in aller Regel als GbR zu qualifizieren, weil es wegen der Beschränkung des Gesellschaftszwecks auf bestimmte Einzelgeschäfte am Tatbestandsmerkmal des auf Dauer angelegten Handelsgewerbes fehlt.[136]

52 **b) Emissionskonsortien. aa) Erscheinungsformen.** Emissionskonsortien sind Zusammenschlüsse mehrerer Banken entweder zur Begebung oder zur Übernahme und Plazierung der von einem Emittenten (meist einer AG) ausgegebenen Wertpapiere (Aktien oder Schuldverschreibungen).[137] Das heute allenfalls noch vereinzelt anzutreffende **Begebungskonsortium** beschränkt sich darauf, als Geschäftsbesorger auf Rechnung des Emittenten, wenn auch meist im eigenen Namen, die Emission am Kapitalmarkt unterzubringen und den Erlös an den Emittenten abzuführen. Das wirtschaftliche Risiko der Emission verbleibt beim Emittenten, für den die Mitglieder des Konsortiums als Kommissionäre handeln.[138] Den Regelfall bildet demgegenüber das **Übernahmekonsortium.** Neben dem Zweck, die Wertpapiere des Emittenten auf eigene Rechnung zu übernehmen, dient es meist auch dazu, sie in Übereinstimmung mit den Vorstellungen und Wünschen des Emittenten zu platzieren, ihre Börseneinführung zu betreiben und für eine gewisse Kurspflege zu sorgen. Bei Aktienemissionen übernehmen die als Konsorten beteiligten Banken mit Rücksicht auf das Bezugsrecht der Aktionäre regelmäßig eine Bindung hinsichtlich der Weiterbegebung nach § 186 Abs. 5 AktG, soweit die Kapitalerhöhung nicht unter Ausschluss des Bezugsrechts durch-

[132] BGH WM 1986, 1001; 1987, 1515; 1988, 661.

[133] BGH WM 1988, 661; NJW-RR 1988, 220.

[134] Zur werdenden Wohnungseigentümergemeinschaft vgl. *Soergel/Stürner* § 3 WEG RdNr. 13, *Weitnauer* (Fn. 119) § 3 RdNr. 46 und Anh. § 10 m. weit. Nachw.

[135] Schrifttum: *Staudinger/Geiler,* 10. Aufl. 1943, Anh. zu §§ 705 ff. RdNr. 31 ff.; *Staudinger/Keßler* Vor § 705 RdNr. 153; *Delorme/Hoessrich,* Konsortial- und Emissionsgeschäft, 2. Aufl. 1971; *Norbert Horn,* Das Recht der internationalen Anleihen, 1972; *Scholze,* Das Konsortialgeschäft der deutschen Banken, 1973; *Canaris* Bankvertragsrecht RdNr. 2248, 2304 ff.; *Schaub,* Der Konsortialvertrag, 1991; *Kümpel,* Bank- und Kapitalmarktrecht, 1995, S. 969 ff.; *Claussen,* Bank- und Börsenrecht, 2. Aufl. 2000, § 9 RdNr. 295 ff.

[136] BGH WM 1992, 1225; *Erman/Westermann* RdNr. 42; allg. zum Begriff des Handelsgewerbes vgl. *K. Schmidt* HaR § 9 IV; *Baumbach/Hopt* § 1 RdNr. 1.

[137] Vgl. zum Emissionskonsortium insbes. *H. P. Westermann* AG 1967, 285 ff. sowie die Darstellungen bei *Canaris* (Fn. 135) und *Scholze* (Fn. 135) S. 285 ff.

[138] Vgl. *Scholze* (Fn. 135) S. 290; *Claussen* (Fn. 135), § 9 RdNr. 310; *Canaris* Bankvertragsrecht RdNr. 2243; allg. zum Begebungskonsortium vgl. *Scholze* (Fn. 135) S. 289.

geführt wird. Aber auch beim Fehlen von Bezugsrechten hat der Emittent doch regelmäßig ein erhebliches Interesse an der Art und Weise, in der die Wertpapiere auf dem Kapitalmarkt platziert werden.[139] Dem tragen gewöhnlich auch die – auf den Übernahmevertrag zugeschnittenen – Konsortialvereinbarungen zwischen den beteiligten Banken Rechnung.

In rechtlicher Hinsicht sind bei der Wertpapieremission durch ein Übernahmekonsortium 53 **drei verschiedene Rechtsverhältnisse** zu unterscheiden: der *Konsortialvertrag* zwischen den Banken zur Konstituierung des Konsortiums, der *Übernahme- und Plazierungsvertrag* zwischen Emittent und Konsortium sowie die einzelnen *Kaufverträge* zwischen den Mitgliedern des Konsortiums und dem Anlagepublikum bei Plazierung der auf sie jeweils entfallenden Quote.[140] Schwierigkeiten bereitet dabei namentlich die zutreffende Erfassung der beiden erstgenannten Rechtsverhältnisse, da die Trennungslinien zwischen den Gemeinschaftsaufgaben des Konsortiums und den Einzelrechten und -pflichten der beteiligten Banken in Bezug auf Übernahme und Plazierung aus tatsächlichen und rechtlichen Gründen nicht immer deutlich werden.

bb) Konsortialvertrag. Was zunächst das **Rechtsverhältnis zwischen den** als Kon- 54 sorten **beteiligten Banken** angeht, so handelt es sich um eine *Außengesellschaft* bürgerlichen Rechts. Der gemeinsame Zweck besteht in der Schaffung der Voraussetzungen für die Übernahme und Plazierung der Wertpapiere (RdNr. 56). Für den Abschluss des Übernahmevertrags (RdNr. 52) sind der Konsortialführerin regelmäßig Geschäftsführungsbefugnis und Vertretungsmacht eingeräumt.[141] Demgegenüber ist die Plazierung Sache der einzelnen Konsorten.[142] Ihre Beitragspflichten gehen dahin, im Rahmen der von der Konsortialführerin mit dem Emittenten ausgehandelten Übernahmebedingungen die auf sie jeweils entfallende Wertpapierquote zu übernehmen und zu platzieren. Das Risiko der Plazierung seiner Quote trägt jeder Konsorte selbst; ebenso findet eine Verteilung der Plazierungsgewinne im Regelfall nicht statt.[143] Die gesamtschuldnerische Außenhaftung für den auf die Quoten der anderen Konsorten entfallenden Übernahmepreis wird regelmäßig im Übernahmevertrag ausgeschlossen.[144] Wohl aber sind die Konsorten beim Wegfall eines von ihnen entsprechend § 735 intern verpflichtet, den dadurch entstehenden Ausfall zu tragen und dessen Quote anteilig mit zu übernehmen.[145]

Die Wertpapiere werden üblicherweise nicht Gesamthandseigentum des Konsortiums, 55 sondern den einzelnen Konsorten vom Emittenten entsprechend den darüber getroffenen Abreden (RdNr. 54) zu Alleineigentum übertragen.[146] Das schließt die Bildung von **Gesamthandsvermögen** beim Konsortium selbst allerdings nicht aus. Neben den „Sozialansprüchen" des Konsortiums gegen die Konsorten (§ 705 RdNr. 201) gehören hierzu im Zweifel auch dessen Ansprüche gegen den Emittenten aus dem Übernahmevertrag unabhängig davon, ob sie durch Leistung an das Konsortium oder an die einzelnen Konsorten zu erfüllen sind, sowie bis zur Ausstellung der Aktienurkunden die Rechte des Konsortiums im Rahmen des Jungscheingiroverkehrs oder der Ausstellung einer Globalurkunde.[147]

[139] Vgl. *Canaris* Bankvertragsrecht RdNr. 2255 f.; *Claussen* (Fn. 135) § 9 RdNr. 304 ff., 309.

[140] Zur Einordnung dieses letztgenannten Rechtsverhältnisses als Kaufvertrag vgl. *Canaris* Bankvertragsrecht RdNr. 2245.

[141] *H. P. Westermann* AG 1967, 290; *Canaris* Bankvertragsrecht RdNr. 2264, 2310; *Claussen* (Fn. 135) § 9 RdNr. 305.

[142] *H. P. Westermann* AG 1967, 289, 290; *Canaris* Bankvertragsrecht RdNr. 2311.

[143] Vgl. *Scholze* (Fn. 135) S. 20, 291 f.; *Canaris* Bankvertragsrecht RdNr. 2307; *H. P. Westermann* AG 1967, 289.

[144] *Canaris* Bankvertragsrecht RdNr. 2265; *Claussen* (Fn. 135) § 9 RdNr. 306. Vgl. jetzt aber BGHZ 142, 315, 323 = NJW 1999, 3483 zum Erfordernis eines *individualvertraglich* vereinbarten Haftungsausschlusses; dazu auch *Ulmer* ZIP 2003, 1113, 1120.

[145] So auch *Canaris* Bankvertragsrecht RdNr. 2308; *Scholze* (Fn. 135) S. 21; aA *Timm/Schöne* ZGR 1994, 113, 137 ff. (Teilschuld mit subsidiärer Außenhaftung).

[146] *Canaris* Bankvertragsrecht RdNr. 2316; *Claussen* (Fn. 135) § 9 RdNr. 305.

[147] *Canaris* Bankvertragsrecht RdNr. 2318 ff.; Einzelheiten zum Jungscheingiroverkehr und zur Globalurkunde bei *Scholze* (Fn. 135) S. 382, 523.

56 **cc) Übernahmevertrag mit dem Emittenten.**[148] Der Übernahmevertrag mit dem Emittenten wird von der Konsortialführerin nicht etwa als Vertreterin der je für sich handelnden Konsorten abgeschlossen,[149] sondern für das **Konsortium,** dh. die Gesamtheit der Konsorten, als Außengesellschaft. Hieran hat namentlich auch der Emittent selbst ein erhebliches Interesse. In Übereinstimmung mit dem Zweck des Konsortiums geht es ihm darum, die Übernahme und Plazierung der *gesamten* Emission sicherzustellen; er ist nicht etwa am Abschluss einer entsprechenden Zahl von isoliert nebeneinanderstehenden einzelnen Übernahmeverträgen interessiert. Auch die Haftung der einzelnen Konsorten lässt sich – vorbehaltlich individueller Haftungsbeschränkungsabreden – angesichts des Übergangs der höchstrichterlichen Rechtsprechung zur Akzessorietätstheorie (§ 714 RdNr. 4, 33 ff.) nicht mehr auf die Höhe ihrer jeweiligen Quote beschränken.[150] Im Fall einer Aktienemission ist eine solche Beschränkung zudem *aktienrechtlich* nur möglich, wenn die Konsorten selbst, nicht aber das Konsortium, als Zeichner iS von § 185 AktG auftreten. Ein Beitritt der GbR als Aktionär unter Beschränkung der Haftung auf die Quoten ist ausgeschlossen.[151] Zu unterscheiden sind somit einerseits die Ansprüche des Emittenten aus den Zeichnungserklärungen der einzelnen Konsorten sowie andererseits sein gegen die Gesamthand gerichteter Anspruch auf Zeichnung und Plazierung der gesamten Emission.[152] Auch wenn die Konsorten persönlich entsprechend den Bedingungen des Übernahmevertrags ihre Einstandspflicht gegenüber dem Emittenten ausgeschlossen haben, so kommt das Vorliegen einer Gesamthandsschuld doch in der internen Ausfallhaftung der Konsorten entsprechend § 735 zum Ausdruck (RdNr. 54).

57 Die **Rechtsnatur** des Übernahmevertrags ist bei *Aktienemissionen* als schuldrechtlicher Vertrag sui generis zu qualifizieren, der neben der Verpflichtung des Konsortiums zum Erwerb der Aktien im Hinblick auf den Plazierungsauftrag Elemente eines Geschäftsbesorgungsvertrages enthält.[153] Demgegenüber bildet der korporationsrechtliche Zeichnungsvertrag[154] ein selbstständiges, mit anderem Inhalt und anderen Parteien (den einzelnen Konsorten als Zeichnern) zustande kommendes Rechtsgeschäft. – Auch bei der festen Übernahme neuemittierter *Schuldverschreibungen* durch ein Konsortium handelt es sich weder um einen reinen Kaufvertrag mit dem Schuldner über die künftigen Forderungen,[155] zumal diese erst durch Begebung der Wertpapiere an die Konsortialmitglieder zur Entstehung kommen, noch um einen Darlehensvertrag, der alsbald durch Begründung der verbrieften Forderungen als Leistung an Erfüllungs Statt (§ 364 Abs. 1) erfüllt würde.[156] Beide Lösungen werden dem besonderen Charakter des Übernahmevertrags als eines einheitlichen, auf *Übernahme und Plazierung* der Wertpapiere im Finanzierungsinteresse des Emittenten gerichteten Schuldverhältnisses nicht gerecht. Auszugehen ist vielmehr auch hier von einem Vertrag eigener Art, der sowohl kaufrechtliche als auch Darlehens- und Geschäftsbesorgungselemente enthält.[157]

[148] Zu seinem typischen Regelungsgehalt vgl. *Technau* AG 1998, 445, 446 ff.

[149] So aber *Canaris* Bankvertragsrecht RdNr. 2263 f. und *Claussen* (Fn. 135) § 9 RdNr. 314, jeweils unter – überholter (RdNr. 11) – Bezugnahme auf die dem Konsortium fehlende Rechtsfähigkeit.

[150] Anders die früher hM, vgl. *H. P. Westermann* AG 1967, 287; *Scholze* (Fn. 135) S. 21; *Timm/Schöne* ZGR 1994, 113, 134 ff.; sowie die Nachw. in Fn. 144.

[151] Vgl. BGHZ 118, 83, 100 = NJW 1992, 2222; *Hüffer,* AktG, 5. Aufl. 2002, § 2 RdNr. 10; *Kraft* in Kölner Komm. zum AktG § 2 RdNr. 23; *Hohner* NJW 1975, 718, 720; diff. *Timm/Schöne* ZGR 1994, 113, 122 ff., 131 ff.; aA noch *Groß* AG 1993, 108, 116 ff.; *Grundmann,* FS Boujong, 1996, S. 159, 169 f.

[152] So auch *Technau* AG 1998, 446 f.

[153] So unter Unterscheidung von Zeichnungserklärung und Übernahmevertrag auch *Canaris* Bankvertragsrecht RdNr. 2244; wohl auch *Claussen* (Fn. 135) § 9 RdNr. 313 ff.; *Lutter* in Kölner Komm. zum AktG § 186 RdNr. 111; *H. P. Westermann* AG 1967, 286.

[154] Dazu iE *Lutter* (Fn. 153) § 185 AktG RdNr. 5 ff., 11 ff.

[155] So aber die früher hM, vgl. RGZ 28, 29, 30; 104, 119, 120; RG JW 1927, 1375; *Horn* (Fn. 135) S. 137 ff.

[156] So *Canaris* Bankvertragsrecht RdNr. 2243.

[157] Ebenso § 793 RdNr. 36; *Claussen* (Fn. 135) § 9 RdNr. 315; vgl. auch *Kümpel* (Fn. 135) S. 983; für den Fall einer vom Konsortium nicht fest übernommenen, sondern auf Rechnung des Emittenten zu platzierenden Emission ähnlich *Canaris* Bankvertragsrecht RdNr. 2243, 2255 (Kommission).

c) Kredit- und Finanzierungskonsortien. Eine weitere Erscheinungsform bilden Kredit- und Finanzierungskonsortien zwischen mehreren Banken. Der Zusammenschluss dient ihnen dazu, einen regelmäßig durch den Konsortialführer gewährten **Großkredit** (RdNr. 59) im Rahmen der Begrenzung durch § 13 KWG gemeinsam zu finanzieren und das Risiko quotenmäßig zu begrenzen.[158] Auch insoweit handelt es sich regelmäßig um eine GbR und zwar in Form der *Innengesellschaft*.[159] Terminologisch wird unterschieden zwischen einfachen Kreditkonsortien zur Gewährung eines einmaligen Kredites an ein bestimmtes Unternehmen und Finanzierungskonsortien zum Zwecke wiederholter Kreditgewährung an ein oder mehrere Unternehmen.[160] Besondere Bedeutung kommt dem Kreditkonsortium im Verhältnis zu einem kraft Rechtsform nicht emissionsfähigen Kreditnehmer zu.[161] Es kann aber auch Vorfinanzierungskredite einräumen, wenn ein Unternehmen zwar grundsätzlich emissionsfähig, kurzfristig aber nicht zur Begebung von Anleihen oder Aktien in der Lage ist.[162] 58

Die **Kreditgewährung** selbst kann zentral oder dezentral erfolgen: im Normalfall, beim „echten" Konsortialkredit stellt die Konsortialführerin dem Kreditnehmer den Gesamtbetrag zur Verfügung und verteilt im Innenverhältnis die beanspruchten und zurückbezahlten Beträge; beim „unechten" Konsortialkredit („Parallelkredit") räumt jede Konsortialbank entsprechend ihrem quotenmäßigen Anteil dem Kreditnehmer ein Darlehen ein und erhält unmittelbar die Zinsen und die Kreditprovision.[163] Die Aufgabe der Konsortialführerin beschränkt sich in diesem Fall darauf, den Abruf und die Rückzahlung der Parallelkredite hinsichtlich der Beachtung der Konsortialquoten zu kontrollieren. Für die **Sicherheitsleistung**[164] des Kreditnehmers ist im Regelfall des echten Konsortialkredites vorgesehen, dass die Sicherheiten durch die Konsortialführerin als Treuhänderin für alle Konsorten gehalten werden.[165] 59

Einen Spezialfall des Kreditkonsortiums bildet das **Stillhaltekonsortium,**[166] ein Zusammenschluss von Kreditgebern zu dem Zweck, die von ihnen einem Dritten gewährten fälligen Kredite bis zu einem bestimmten Zeitpunkt offenzuhalten bzw. sich mit ratenweiser Tilgung zu begnügen. Es kann in Fortsetzung eines Kreditkonsortiums, aber auch – durch Banken und andere Großgläubiger – eigens zum Zweck des Stillhaltens gebildet werden.[167] Die Konsortialquoten bestimmen sich hier regelmäßig nach dem Verhältnis der Forderungen, die die einzelnen Konsorten gegen den Kreditnehmer (Schuldner) haben. Ein **Sanierungskonsortium** liegt vor, wenn die Vereinbarungen außerdem einen Forderungsnachlass vorsehen.[168] Zum davon abweichenden, durch das Sicherungsinteresse der Beteiligten geprägten Fall des Sicherheitenpools vgl. RdNr. 71. 60

d) Anlagenbau-Konsortien.[169] Zu den typischen Erscheinungsformen von Konsortien gehört auch das Konsortium für den Bau von Industrieanlagen oder Schiffen durch Zusam- 61

[158] *Staudinger/Geiler* (Fn. 135) RdNr. 65; *Scholze* (Fn. 135) S. 100.

[159] *Erman/Westermann* RdNr. 44.

[160] *Staudinger/Geiler* (Fn. 135).

[161] Vgl. *Scholze* (Fn. 135) S. 100.

[162] *Scholze* (Fn. 135) S. 100 f.

[163] *Scholze* (Fn. 135) S. 104 f.

[164] Vgl. dazu *Staudinger/Geiler* (Fn. 135); *Scholze* (Fn. 135) S. 108 ff.

[165] *Erman/Westermann* RdNr. 44. Den Spezialfall eines „Poolvertrages" zur Zusammenfassung der an mehrere Kreditinstitute gegebenen Sicherheiten in einer Hand behandelt *Eberding* BB 1974, 1004 ff.

[166] *Scholze* (Fn. 135) S. 119 ff.

[167] Vgl. den Fall BGH NJW 1985, 2584 f., in dem die beteiligten Banken sich untereinander zur vorübergehenden Offenhaltung der Kreditlinien des späteren Gemeinschuldners verpflichteten und zwei Mitarbeiter mit der Überwachung des Stillhalteabkommens bei diesem beauftragten. Krit. zur Verneinung der Haftung der Konsorten gegenüber dem Kreditnehmer für die Handlungen der Überwachungsbeauftragten *Assmann* ZHR 152 (1988), 371 ff.

[168] *Scholze* (Fn. 135) S. 119. Zu davon zu unterscheidenden Fällen eines Sanierungskonsortiums, bestehend aus dem sanierungs-aktiven Teil der Kommanditisten einer Publikums-KG, vgl. BGH WM 1983, 555, 557; OLG Hamm NJW-RR 1988, 1119.

[169] Schrifttum: *Nicklisch,* Rechtsfragen des Subunternehmervertrags bei Bau- und Anlagenprojekten im In- und Auslandsgeschäft, NJW 1985, 2361 ff.; *Nicklisch* (Hrsg.), Konsortien und Joint Ventures bei Infrastrukturprojekten, 1998, mit Beiträgen von *Rosener* (S. 53 ff.); *Vetter* (S. 155 ff.) und *Nicklisch* (S. 187 ff.); *Schaub,* Der Konsortialvertrag unter besonderer Berücksichtigung des Industrieanlagenbaus, 1991; *Vetter,* Rechtsprobleme der Organisation des Konsortiums bei Großprojekten, ZIP 2000, 1041 ff.

menwirken der Konsorten. Der damit von den Beteiligten verfolgte gemeinsame Zweck richtet sich darauf, (1) für ein bestimmtes Bauprojekt auf Grund eines gemeinsamen Angebots den Zuschlag zu erhalten und (2) dieses Projekt sodann in der Weise zu realisieren, dass die Konsorten die im Konsortialvertrag jeweils näher festgelegten Leistungen erbringen und die hierfür zugesagte Vergütung erhalten. Im Einzelnen ist dabei zwischen *Außen- und Innenkonsortien* zu unterscheiden: Während bei jenen alle Konsorten als Mitglieder einer Außen-GbR gegenüber dem Besteller in Erscheinung treten und neben dieser die gesamtschuldnerische Haftung für die Erstellung des Werkes übernehmen, schließt beim **Innenkonsortium** der Konsortialführer den Anlagenbauvertrag mit dem Besteller im eigenen Namen ab; er handelt insoweit als mittelbarer Stellvertreter für die übrigen, vertraglich mit ihm verbundenen Konsorten, ohne sie aus dem Bauvertrag auch persönlich zu verpflichten.[170]

62 Beim Vorliegen eines **Außenkonsortiums** erbringen die Konsorten die von ihnen im Konsortialvertrag jeweils übernommenen Beiträge nicht als Einlagen an das Konsortium, sondern unmittelbar gegenüber dem Besteller als (Teil-)Leistungen im Rahmen des Werkvertrags des Konsortiums mit ihm. Dementsprechend haben sie regelmäßig auch Anspruch auf einen im Konsortialvertrag meist klar definierten Teil der Gegenleistung des Bestellers.[171] In dieser von der typischen Gestaltung einer GbR abweichenden Behandlung der jeweiligen Leistungen liegt zugleich die *Abgrenzung des Konsortiums von der Bau-Arge,* bei der sich die Mitglieder regelmäßig zur Erbringung ihrer Beiträge an die Arge, dh. zur gemeinsamen Ausführung des Bauwerks verpflichten, während der ihnen jeweils zustehende Anteil an der – der Arge zufließenden – Gegenleistung des Bestellers sich nach dem vertraglich festgelegten Gewinnverteilungsschlüssel berechnet (vgl. RdNr. 45). An die Stelle der – für das Konsortium typischen – Bündelung der einzelnen Leistungen und Gegenleistungen der Konsorten im Verhältnis zum Besteller tritt mit anderen Worten eine *Gesamtleistung* und -gegenleistung der Arge, verbunden mit der Notwendigkeit, diese nach Zweckerreichung aufzulösen und Gewinn oder Verlust auf ihre Mitglieder zu verteilen. Im Vergleich zum Konsortium ist die Arge also eine deutlich höherstufige, zu engerer Verbindung der Mitglieder und weitergehender Vergemeinschaftung ihrer Chancen und Risiken führende Vereinigung, auch wenn im Außenverhältnis zum Besteller angesichts des jeweils einheitlichen Bauvertrags und der gesamtschuldnerischen Haftung der Mitglieder dieser Unterschied nicht entscheidend ins Gewicht fällt.[172]

63 Für die **Ausgestaltung des Konsortialvertrags** im Anlagenbau gibt es eine Reihe von *Musterverträgen* mit im Wesentlichen übereinstimmenden, charakteristischen Elementen.[173] Neben der Notwendigkeit, den Konsortialvertrag nach Erteilung des Zuschlags an etwaige Modifikationen des ursprünglichen Vertragsangebots gegenüber dem Besteller anzupassen, gehören dazu vor allem die Bündelungsfunktion des Konsortialvertrags für das Verhältnis der Konsorten zum Besteller, das „risk splitting" zwischen den Konsorten sowie die enge Verzahnung zwischen Konsortialvertrag und Werkvertrag.[174] Unter *Bündelungsfunktion* ist die Zusammenfassung der von jedem Konsorten eigenverantwortlich zu erbringenden (Teil-)Leistung zu einem einheitlichen, auf die Erbringung des gesamten Bauwerks gerichteten Auftragswerk gegenüber dem Besteller sowie die entsprechende Festsetzung der Gegenleistung zu verstehen; diese setzt sich aus den von den Konsorten jeweils angemeldeten, untereinander abgestimmten Einzelpreisen zusammen, ggf. verbunden mit einem Zuschlag

[170] *Nicklisch* NJW 1985, 2364 f.; *Schaub* (Fn. 169) S. 46 f.; *Vetter* (Fn. 169) S. 156 ff.

[171] Ob es sich insoweit um Ansprüche im Innen- oder Außenverhältnis handelt, hängt von der Ausgestaltung des Werkvertrags mit dem Besteller ab (vgl. *Vetter,* FS Jagenburg, 2002, S. 913, 914 f.).

[172] Dazu *Nicklisch* NJW 1985, 2363 f.; *Schaub* (Fn. 169) S. 41, 43 f.; *Vetter* (Fn. 169) S. 159. Zur inneren Organisation eines Anlagen-Konsortiums vgl. eingehend *Vetter* ZIP 2000, 1041, 1045 ff.

[173] Vgl. die bei *Nicklisch* (Hrsg.) aaO (Fn. 169) S. 211 ff. abgedruckten Vertragsmuster, darunter insbes. diejenigen von *Rosener* (S. 223 ff.), des Organisme de Liaison des Industries Métalliques Européennes – ORGALIME (S. 248 ff.) und der Japan Machinery Exporters' Association – JMEA (S. 262 ff.).

[174] Vgl. näher *Nicklisch* NJW 1985, 2364; *Rosener* (Fn. 169) S. 60 ff.; *Schaub* (Fn. 169) S. 78 ff., 108 ff.; *Vetter* (Fn. 169) S. 161 f., 171 ff.

für unvorhergesehene Risiken u. a. des Konsortiums. Das Verhältnis der Einzelleistungen ist dabei nicht nur für die interne Aufteilung der vom Besteller zu erbringenden Gegenleistung maßgebend, sondern auch für die Festsetzung des für unvorhergesehene Fälle u. a. gebildeten „Konsortialschlüssels". Beim *risk splitting* geht es um die interne Aufteilung der von den Konsorten gesamtschuldnerisch übernommenen Haftung für Gewährleistungsmängel und Leistungsstörungen; sie richtet sich regelmäßig nach dem Verursachungsprinzip, im Übrigen nach dem Konsortialschlüssel. Die *Verzahnung* zwischen Konsortialvertrag und Werkvertrag schließlich zeigt sich darin, dass der Inhalt des Konsortialvertrags auf denjenigen des Werkvertrages bezogen sein muss, um die Realisierung des Bauwerks sicherzustellen und die planmäßige Verteilung der Chancen und Risiken zwischen den Konsorten zu gewährleisten. Dieser Zusammenhang ändert freilich nichts an der Rechtsnatur des Konsortiums als GbR iS eines Vertrags der Interessengemeinschaft im Unterschied zu dem auf Leistungsaustausch gerichteten Werkvertrag des Konsortiums mit dem Besteller.[175]

e) Sonstige. Gelegenheitsgesellschaften mit **wirtschaftlichem,** auf die Durchführung bestimmter Geschäfte beschränktem Zweck finden sich auch *außerhalb des Bankensektors und des Anlagenbaus.* Von den Fällen eines Sicherheitenpools zu vorübergehendem Zweck abgesehen, denen gegenüber eine scharfe Abgrenzung nicht möglich ist (vgl. RdNr. 71), ist etwa an Konsortien zur gemeinsamen Exploration oder Ausbeutung bestimmter Bodenschätze in solchen Fällen zu denken, in denen es um ein sachlich und zeitlich begrenztes Projekt geht.[176] Einen Spezialfall von Gelegenheitsgesellschaften mit wirtschaftlichem Zweck bilden auch die Arbeitsgemeinschaften (RdNr. 43 ff.). 64

7. Kartell- und Konzernformen, Pools. a) Kartelle. Unter Kartellen versteht man nach der Definition des § 1 nF GWB wettbewerbsbeschränkende Verträge zwischen miteinander in Wettbewerb stehenden Unternehmen oder Beschlüsse von Unternehmensvereinigungen. Wenn auch die Bezugnahme der Vorschrift auf „Verträge zu einem gemeinsamen Zweck" im Zuge der GWB-Novelle 1998 entfallen ist, handelt es sich bei der großen Mehrzahl der Verträge, die unter den Kartellbegriff des § 1 GWB fallen, doch nicht um Austausch- oder gemischte Verträge, sondern um gesellschaftsrechtliche oder kooperative Verbindungen. Als Organisationsformen kommen dabei – vorbehaltlich der Wirksamkeit des Zusammenschlusses nach Maßgabe der §§ 2 bis 8, 99 bis 103 GWB bzw. nach Art. 85 Abs. 3 EGV – neben der GmbH und dem Verein namentlich auch die Personengesellschaften in Betracht.[177] Da Kartelle sich zudem überwiegend darauf beschränken, das Marktverhalten ihrer Mitglieder zu koordinieren, nicht aber unter gemeinsamer Firma am Handelsverkehr teilnehmen, ist die **GbR** die typische Rechtsform jedenfalls der einfachen, nicht über eine besondere Organisation verfügenden Kartelle, während bei „qualifizierten" Kartellen nach Art der Syndikate die GmbH am stärksten verbreitet ist. Wegen der Einzelheiten sei auf das Schrifttum zum GWB verwiesen. 65

b) Konzernformen; Gemeinschaftsunternehmen. Auch für Unternehmensverbindungen, soweit sie nicht auf faktischer, sondern auf *vertraglicher* Grundlage beruhen, ist die GbR – in Gestalt einer *Innengesellschaft* – als Rechtsform vielseitig verwendbar. Das gilt zwar nicht für die beiden im Zentrum des Konzernvertragsrechts stehenden Typen vertikaler Unternehmensverträge, den Beherrschungs- und den Ergebnisabführungsvertrag (§ 291 Abs. 1 AktG). Bei ihnen handelt es sich um satzungsüberlagernde Organisationsverträge zwischen Ober- und Untergesellschaft, die inhaltlich nicht durch einen gemeinsamen Zweck, sondern durch Austauschelemente geprägt sind.[178] Wohl aber findet die GbR, auch 66

[175] So zutr. die ganz hM, vgl. nur *Schaub* (Fn. 169) S. 55 ff., 84 ff.; *Vetter* (Fn. 169) S. 161 ff.; *ders.* ZIP 2000, 1041, 1043 ff., jeweils mit weit. Nachw.; für gemischten, aus gesellschafts- und werkvertraglichen Elementen zusammengesetzten Vertrag früher *Nicklisch* NJW 1985, 2364 – anders jetzt *ders.* in *Nicklisch* (Hrsg.) aaO (Fn. 169) S. 195.

[176] Vgl. dazu näher *Kühne* ZgesGenW 32 (1982), 183 ff.

[177] Vgl. *Zimmer* in *Immenga/Mestmäcker* GWB, 3. Aufl. § 1 RdNr. 332 ff., 334.

[178] EinhM, vgl. nur MünchKommAktG/*Altmeppen* § 291 RdNr. 25, 35; *Hüffer* § 291 AktG RdNr. 17; *Hachenburg/Ulmer* § 53 GmbHG RdNr. 139.

abgesehen vom praktisch wichtigen Sonderfall der Gemeinschaftsunternehmen (RdNr. 67), im Falle *horizontaler* Unternehmensverträge Verwendung. Das gilt vor allem für vertragliche **Gewinngemeinschaften** (§ 292 Abs. 1 Nr. 1 AktG), bei denen der gemeinsame Zweck der Gewinnerzielung offenkundig ist,[179] aber auch für **Gleichordnungskonzerne** auf vertraglicher Grundlage iS von § 18 Abs. 2 AktG.[180] Zu Einzelheiten vgl. das konzernrechtliche Schrifttum.

67 Erhebliche Verbreitung kommt Konsortialverträgen in Form der Innen-GbR insbes. im Zusammenhang mit der Gründung oder der Führung eines sog. **Gemeinschaftsunternehmens** zu, dh. einer Gesellschaft, die sich in einem Abhängigkeitsverhältnis (§ 17 AktG) gegenüber zwei oder mehr an ihr beteiligten, untereinander gleichgerichtete Interessen verfolgenden Unternehmen befindet.[181] In Fällen dieser Art ist die Interessengleichrichtung der Gesellschafter meist nicht nur tatsächlicher Natur oder ergibt sich allein aus den mit dem Anteilsbesitz verbundenen gesellschaftsrechtlichen Beziehungen. Vielmehr treffen die Muttergesellschaften im Zusammenhang mit der gemeinsamen Gründung oder dem gemeinsamen Erwerb von Anteilen an der Tochtergesellschaft meist auch Absprachen über die Ausübung der Beteiligungsrechte im Rahmen einer sog. *Grundvereinbarung.*[182] Entsprechend dem damit verfolgten gemeinsamen Zweck handelt es sich dabei stets um eine Innengesellschaft bürgerlichen Rechts. Wegen der Überlagerung der Rechtsbeziehungen aus dem Anteilsbesitz durch die Grundvereinbarung kann man auch von einer Doppelgesellschaft sprechen.[183]

68 **c) Beteiligungskonsortien, Stimmrechtspools.** Zwischen Beteiligungs- und Stimmrechtskonsortien oder -pools in der Rechtsform der GbR ist wie folgt zu unterscheiden. Das **Beteiligungskonsortium**[184] dient zum gemeinsamen Erwerb oder Halten von Anteilen an einer Handels- (Personen- oder Kapital-)Gesellschaft. Es nimmt meist nicht selbst am Rechtsverkehr teil, sondern beschränkt sich auf Verwaltung und Kontrolle der Beteiligung.[185] Ob die Anteile im Gesamthandseigentum der Gesellschafter stehen oder ob sie treuhänderisch von der Konsortialführerin auf gemeinsame Rechnung gehalten werden, ist Frage des Einzelfalls. Demgegenüber stehen bei den **Stimmrechtspools** die Anteile am Beteiligungsunternehmen den Poolmitgliedern selbst zu.[186] Diese verpflichten sich aber im Rahmen eines Stimmbindungsvertrags, zum Zwecke gemeinsamer Herrschaftsausübung gegenüber dem Beteiligungsunternehmen ihr Stimmrecht einheitlich auf Grund entsprechender interner Willensbildung auszuüben.[187] Denkbar ist es auch, die Stimmrechtsausübung einem der Poolmitglieder zu übertragen, soweit sie nicht auf Grund der Organisati-

[179] So zutr. MünchKommAktG/*Altmeppen* § 292 RdNr. 12; *Hüffer* § 292 AktG RdNr. 2; vgl. auch BGHZ 24, 279, 293 ff. = NJW 1957, 1279 (Interessengemeinschaft zwischen zwei AGen mit Umtauschrecht der Aktionäre).

[180] Ganz hM, vgl. MünchKommAktG/*Bayer* § 18 RdNr. 52; MünchKommAktG/*Altmeppen* § 291 RdNr. 212; *Hüffer* AktG, § 18 RdNr. 20; *Emmerich/Habersack,* Aktien- und GmbH-Konzernrecht, 2. Aufl. 2001, § 291 RdNr. 73; so im Grundsatz auch *K. Schmidt* GesR § 31 II 3 c bb.

[181] Vgl. (mehrfache Abhängigkeit nach § 17 AktG bejahend) BGHZ 62, 193 ff. = NJW 1974, 855 – *Seitz,* sowie BGHZ 74, 359, 366 = NJW 1979, 2401 – *WAZ/Brost und Funke.*

[182] Näheres bei *Gansweid,* Gemeinsame Tochtergesellschaften, 1976, S. 53 ff., 63 ff. und *G. Wiedemann,* Gemeinschaftsunternehmen im deutschen Kartellrecht, 1981, S. 86 ff.

[183] Der Begriff „Doppelgesellschaft" wird allerdings überwiegend enger gesehen, vgl. dazu RGZ 151, 321, 323; *Naegeli,* Die Doppelgesellschaft, 1. Band, 1936, S. 1 ff., 9 und *Gansweid* (Fn. 182) S. 71.

[184] Dazu eingehend *Noack,* Gesellschaftervereinbarungen bei Kapitalgesellschaften, 1994, S. 191 ff.

[185] BGH WM 1969, 790; RGZ 111, 405; 161, 296; RG DNotZ 1936, 564; OLG Saarbrücken AG 1980, 26 f.; *Hastmann,* FS Werner, 1984, S. 217 ff.; *Janberg/Schlaus* AG 1967, 34; *Rasch,* Deutsches Konzernrecht, 5. Aufl. 1974, S. 71 f.

[186] Zu Stimmrechtspools vgl. RGZ 133, 90, 93; BGH WM 1970, 962; *Lübbert,* Abstimmungsvereinbarungen in den Aktien- und GmbH-Rechten der EWG-Staaten, der Schweiz und Großbritanniens, 1971, S. 81 ff.; *Scholz/K. Schmidt* § 47 GmbHG RdNr. 35 ff., 40; *Overrath,* Die Stimmrechtsbindung, 1973, S. 1 ff.; *Noack* (Fn. 184) S. 32 ff., 47 ff.; *Habersack* ZHR 164 (2000), 1 ff.; *Odersky,* FS Lutter, 2000, S. 557 ff.; *Zöllner,* FS P. Ulmer, 2003, S. 725 ff.

[187] Zu Stimmrechtskonsortien unter Aktionären vgl. Kölner KommAktG/*Zöllner* Einl. RdNr. 89 ff.; *Jan Schröder* ZGR 1978, 578 ff.; *Noack* (Fn. 184) S. 37 f. Zur fehlenden Unternehmensqualität derartiger Konsortien mit Blick auf die Abhängigkeitsbegründung nach § 17 AktG vgl. OLG Hamm ZIP 2000, 2302, 2305; LG Heidelberg ZIP 1997, 1787 f.

onsform des Beteiligungsunternehmens höchstpersönlicher Natur ist. Zu Voraussetzungen und Grenzen der Stimmbindung im Rahmen von Stimmrechtsverträgen vgl. § 717 RdNr. 20 ff.

Schutzgemeinschaftsverträge zwischen Familienmitgliedern oder einander aus sonstigen Gründen nahe stehenden Gesellschaftern dienen über die gemeinsame Stimmabgabe hinaus zur dauerhaften Sicherung des gemeinsamen Einflusses auf das Beteiligungsunternehmen.[188] Wie die Stimmrechtspools (RdNr. 68) sind sie meist als reine *Innengesellschaften,* dh. ohne Einbringung der Beteiligungsrechte in die Schutzgemeinschaft, ausgestaltet.[189] Neben der Sicherstellung der gemeinsamen Stimmrechtsausübung während der Vertragsdauer geht es bei ihnen auch um die dauerhafte *Erhaltung der Beteiligungsrechte in der Schutzgemeinschaft.* Sie ist in Fällen der Vererbung unproblematisch, da die Erben in die Rechtsposition des Erblassers eintreten und damit auch dessen Bindungen unterliegen. Im Übrigen kann der Gefahr einer Veräußerung der Beteiligungsrechte an Dritte durch Aufnahme eines *Vorkaufsrechts* o. Ä. in den Schutzgemeinschaftsvertrag vorgebeugt werden,[190] ggf. ergänzt durch Vinkulierung der Beteiligungsrechte in der Satzung des Beteiligungsunternehmens.[191] Eine **Kündigung** des Schutzgemeinschaftsvertrags durch einzelne Mitglieder kann freilich nicht wirksam ausgeschlossen werden, da es sich dabei um ein bei unbefristeten Gesellschaften unverzichtbares Mitgliedschaftsrecht handelt (§ 723 Abs. 3). Nach der Rechtsprechung des BGH[192] ist es in derartigen Fällen allerdings ohne Verstoß gegen § 723 Abs. 3 möglich, im Schutzgemeinschaftsvertrag eine entgeltliche Andienungspflicht des Kündigenden gegenüber den verbleibenden Mitgliedern vorzusehen. Sie stellt den durch Kündigung Ausscheidenden im Ergebnis ähnlich wie beim Ausscheiden aus einer Schutzgemeinschaft, in die die Beteiligungsrechte als Gesamthandsvermögen eingebracht worden waren. 69

d) Familiengesellschaften (Familienpools). Sie werden zu dem Zweck gegründet, Abkömmlinge noch zu Lebzeiten der Eltern an deren Vermögenswerten, insbesondere an Grundstücken, aber auch an Wertpapierbesitz, zu beteiligen. Gegenüber sonstigen Formen der *vorweggenommenen Erbfolge,* wie etwa der Vollübertragung oder der Übertragung von Miteigentum an Grundstücken, hat die Gründung einer Vermögensverwaltungsgesellschaft, an der Eltern und Abkömmlinge als Gesellschafter beteiligt sind, den Vorteil, dass die Verwaltungs- und Nutzungsrechte durch den Gesellschaftsvertrag im Rahmen der für die GbR anerkannten Vertretungs- und Haftungsregelungen den Bedürfnissen des jeweiligen Familienverbandes angepasst werden können. Die gesamthänderische Bindung erleichtert zusammen mit dem Anwachsungsprinzip und der gesellschaftsrechtlichen Sondererbfolge die Erhaltung des Grundstücks im Familienverband.[193] 70

e) Sicherheitenpools; Sanierungsfonds. Unter **Sicherheitenpools** versteht man Vereinbarungen zwischen Sicherungsnehmern (Banken und Lieferanten), durch die sie ihre Sicherungsrechte zum Zweck gemeinsamer Durchsetzung in einen Pool einbringen.[194] 71

[188] Vgl. dazu insbes. *Lübbert* (Fn. 186) und *Schrötter* NJW 1979, 2592 ff.; ferner *Baumann/Reiss* ZGR 1989, 157, 162 ff.; *Hopt* ZGR 1997, 1 ff.; *Erman/Westermann* RdNr. 40 aE; *Westermann,* FS Bezzenberger, 2000, S. 448 ff.; *Zutt* ZHR 155 (1991), 213 ff.

[189] *Lübbert* (Fn. 186) S. 83; *Hengeler/Blaum* in: Beck'sches Formularbuch zum Bürgerlichen, Handels- und Wirtschaftsrecht, 7. Aufl. 1998, S. 937; aus der Rspr. vgl. die Fälle BGHZ 126, 226, 234 f. = NJW 1994, 2536; BGH WM 1966, 511; 1970, 962; NJW 1987, 890.

[190] Zur Auslegung eines solchen Rechts in einem Aktienpoolvertrag vgl. BGH NJW 1987, 890 ff.; dazu *G. Müller,* FS Boujong, 1996, S. 375 ff.

[191] Vgl. *Lübbert* (Fn. 186) S. 103 ff.; *Schrötter* NJW 1979, 2592, 2593; *Baumann/Reiss* ZGR 1989, 157, 181 f.

[192] BGHZ 126, 226, 234 ff. = NJW 1994, 2536; vgl. dazu auch *Ulmer/Schäfer* ZGR 1995, 134, 144 ff. m. weit. Nachw.; *Westermann* ZGR 1996, 272 ff.

[193] *Langenfeld,* Die Gesellschaft bürgerlichen Rechts, 5. Aufl. 1999, S. 74 ff., 80; *ders.* NJW 1994, 2601, 2602 f.; *Schücking* in: Münchener Handbuch des Gesellschaftsrechts, Bd. I, 1995, § 4 RdNr. 109; *Spiegelberger,* Vermögensnachfolge, 1994, RdNr. 212.

[194] Vgl. *Jaeger/Henckel* KO, 9. Aufl. 1997, § 15 RdNr. 72 ff.; *Wenzel* in: Bankrecht und Bankpraxis, 2. Aufl. 2000, RdNr. 4/284 d; *Jauernig* ZIP 1980, 318 ff.; *Marx* NJW 1978, 246 ff.; *Obermüller,* Insolvenzrecht in der Bankpraxis, 6. Aufl. 2002, RdNr. 6122 ff.; *Peters* ZIP 2000, 2238, 2239; *Weitnauer,* FS F. Baur, 1981, S. 709 ff. (mit Wiedergabe des Inhalts eines Poolvertrags S. 711 f.); *Heß* Miteigentum der Vorbehaltslieferanten und Poolbildung, 1985; weitere Beispiele bei *Bohlen,* Der Sicherhei-

Rechtlich handelt es sich im Regelfall um eine Gesellschaft bürgerlichen Rechts.[195] Sie ist Außengesellschaft, wenn ihr die Sicherungsrechte von ihren Mitgliedern zu Gesamthandseigentum übertragen sind.[196] Die Geltendmachung der Sicherungsrechte erfolgt nach Maßgabe der vertraglichen Absprachen durch einen Gesellschafter als vertretungsbefugten Geschäftsführer oder durch einen Treuhänder im eigenen Namen. Der Erlös aus den realisierten Sicherheiten wird nach dem vereinbarten Schlüssel unter den Mitgliedern verteilt.[197] Der Zweck des Pools besteht regelmäßig darin, durch kollektive Geltendmachung der Sicherungsrechte und ihre Verwertung im gemeinsamen Interesse die rechtlichen und tatsächlichen Schwierigkeiten auszuräumen, die bei individueller Durchsetzung der Rechte wegen konkurrierender Rechte anderer Sicherungsnehmer zu erwarten wären. Die rechtliche Wirksamkeit der Sicherheitenpools steht heute außer Zweifel;[198] ursprünglich hiergegen erhobene Einwendungen wegen angeblicher Umgehung konkursrechtlicher Regelungen[199] sind seit langem überholt.[200] **Sanierungsfonds** in der Rechtsform einer GbR dienen der gemeinsamen Stützung eines insolvenzgefährdeten Zulieferers oder Abnehmers durch die an seinen Fortbestand interessierten Vertragspartner, wobei die Gesellschafter sich verpflichten, die zur Sanierung benötigte Liquidität nach dem vereinbarten Schlüssel für die voraussichtliche Sanierungsdauer zur Verfügung zu stellen.[201]

72 **8. Metaverbindungen.** Es handelt sich um Verbindungen zwischen zwei (oder mehreren) Personen zu dem Zweck, während der Vertragsdauer eine bestimmte oder unbestimmte Zahl von Umsatzgeschäften über Waren oder Wertpapiere im Namen des jeweils handelnden Metisten, aber **auf gemeinsame Rechnung** einzugehen und den Gewinn hieraus hälftig („à conto metà") zu teilen.[202] Metageschäfte sind häufig Termingeschäfte, müssen es aber nicht sein. Soweit es bei ihnen zur Eigentumsübertragung an den erworbenen Gegenständen kommt, erfolgt diese gegenüber dem jeweils handelnden Metisten; die Metaverbindung ist Innengesellschaft ohne Gesamthandsvermögen. Die Aufwendungen für die Beschaffung der Waren oder Wertpapiere sind gewöhnlich vorab aus dem Erlös der Weiterveräußerung zu erstatten, soweit die Parteien nichts Abweichendes vereinbart haben.[203]

73 **9. Ehegattengesellschaften. a) Allgemeines.** Besonderes Gewicht kommt nicht nur im familienrechtlichen Schrifttum,[204] sondern auch in der Rechtsprechung (RdNr. 76 ff.) und der gesellschaftsrechtlichen Diskussion[205] dem lange Zeit lebhaft umstrittenen Institut der „Ehegattengesellschaft" zu. Im Unterschied zu den in RdNr. 34 ff. behandelten Fällen

ten-Pool, 1984, S. 135 ff.; zum Sanierungspool *Wenzel* WM 1996, 561 ff. (mit Vertragsmuster).

[195] HM, vgl. *Bohlen* (Fn. 194) S. 10 f.; *Jaeger/Henckel* (Fn. 194) RdNr. 72; *Jauernig* ZIP 1980, 319; *Peters* ZIP 2000, 2239; *Weitnauer* (Fn. 194) S. 710; aA (schlichte Rechtsgemeinschaft) *Stürner* ZZP 94 (1981), 263, 275 f.; (je nach Fall GbR oder Bruchteilsgemeinschaft) *Kuhn/Uhlenbruck* (Fn. 140) § 43 RdNr. 44 c. Zur Abgrenzung zwischen Gesellschaft und Gemeinschaft bei Sicherheitenpools vgl. auch § 741 RdNr. 69.

[196] Von typischem Verzicht auf die dingliche Einbringung der Sicherheiten ausgehend *Wenzel* (Fn. 194) RdNr. 4/284 d, 293; *Peters* ZIP 2000, 2239.

[197] *Jaeger/Henckel* (Fn. 194) § 15 KO RdNr. 72.

[198] BGH WM 1988, 1784, 1785; NJW 1992, 1501; OLG Hamburg ZIP 1985, 740; OLG Frankfurt WM 1986, 27, 29.

[199] Vgl. die Nachw. in der 2. Aufl. Fn. 101, 102.

[200] So für Sicherheitenpools im Konzern auch BGHZ 138, 291, 297 ff., 304 = NJW 1998, 2592.

[201] Vgl. OLG München DB 2002, 2429 betr. den „Feuerwehrfonds" von Kfz-Herstellern zur Stützung eines insolvenzgefährdeten Zulieferers.

[202] BGH NJW 1990, 573; BB 1964, 12; WM 1982, 1403; *Soergel/Hadding* RdNr. 46, freilich jeweils auf eine unbestimmte Zahl von Geschäften abstellend.

[203] BGH BB 1964, 12. Für Beachtung von § 707 *Soergel/Hadding* RdNr. 46.

[204] *Lieb,* Die Ehegattenmitarbeit im Spannungsfeld zwischen Rechtsgeschäft, Bereicherungsausgleich und gesetzlichem Güterstand, 1970; *Fenn,* Die Mitarbeit in den Diensten Familienangehöriger, 1970; *Burckhardt,* Der Ausgleich für Mitarbeit eines Ehegatten im Beruf oder Geschäft des anderen (§ 1356 Abs. 2 BGB), 1971; *Hepting* Ehevereinbarungen, 1984, S. 126 ff.; *Soergel/Lange* § 1356 RdNr. 23 ff.; *Gernhuber/Coester-Waltjen* FamR § 20 III 6. Vgl. auch § 1356 RdNr. 26.

[205] *Rothemund,* Erklärungstatbestand und eherechtliche Schranken bei der Begründung einer Ehegatteninnengesellschaft, 1987; *Soergel/Hadding* RdNr. 54 ff.; *Staudinger/Keßler* RdNr. 99 ff.; *Erman/Westermann* RdNr. 46; *Palandt/Sprau* § 705 RdNr. 39; *Rob. Fischer* NJW 1960, 937; *Schönle* ZHR 121 (1958), 161, 164 ff.

geht es hier nicht um eine typische Erscheinungsform der GbR, sondern um die Frage, wie die über den engeren Bereich der Ehe (§ 1353 Abs. 1) hinausgehenden, durch geschäftliche oder berufliche Zusammenarbeit gekennzeichneten Beziehungen zwischen Ehegatten rechtlich qualifiziert und bei Auflösung der Ehe einem **angemessenen Vermögensausgleich** zugeführt werden können. Die Rechtsprechung des BGH war insoweit namentlich in den 50er und 60er Jahren von dem offensichtlichen Bestreben geleitet, die Voraussetzungen für die Annahme einer Gesellschaft großzügig zu beurteilen und auf den Willen der Ehegatten, ihre Beziehungen als gesellschaftsrechtliche zu qualifizieren, zu verzichten, um dadurch zur Anwendung der gesellschaftsrechtlichen Gewinnverteilungs- und Auseinandersetzungsgrundsätze zu kommen. Dem ist in der Literatur überwiegend heftig widersprochen worden (RdNr. 76).

b) Gesellschaftsrechtliche Grundlagen. Aus gesellschaftsrechtlicher Sicht ist zunächst festzuhalten, dass Gesellschaften zwischen Ehegatten im Grundsatz den *gleichen Beurteilungskriterien* unterliegen und ebenso gegründet werden können wie zwischen familienrechtlich nicht verbundenen Personen. Das bedarf für Ehegatten, die in Gütertrennung oder Zugewinngemeinschaft leben, keiner Begründung, gilt aber auch im Falle der Gütergemeinschaft (str., vgl. § 705 RdNr. 75). Auch der **Gesellschaftszweck** unterliegt insoweit keinen weitergehenden Beschränkungen als nach allgemeinen Grundsätzen (§ 705 RdNr. 144 ff.). Insbesondere sind Ehegatten auch dann nicht gehindert, ihre vermögensrechtlichen Beziehungen gesellschaftsrechtlich auszugestalten, wenn eine Verpflichtung zu geschäftlicher oder beruflicher Zusammenarbeit sich ausnahmsweise bereits aus familienrechtlichen Gründen (§§ 1353, 1360) ergeben sollte (RdNr. 75). Die vom BGH häufig verwendete Formel, ein über die Verwirklichung der ehelichen Lebensgemeinschaft nicht hinausgehender, sich auf die nach den jeweiligen Lebensumständen übliche Zusammenarbeit beschränkender Zweck sei für § 705 ohne Bedeutung,[206] trifft in Fällen geschäftlicher oder beruflicher Zusammenarbeit daher nicht uneingeschränkt zu. An ihr ist zwar richtig, dass ein Zweck, der iS von § 1353 Abs. 1 auf die Begründung einer ehelichen (oder eheähnlichen) Gemeinschaft gerichtet ist, wegen des insoweit aus dem Institut der Ehe folgenden Rechtsformzwangs nicht durch Gesellschaftsvertrag vereinbart werden kann;[207] ein hierauf gerichteter Vertrag zwischen unverheiratet zusammenlebenden Personen wäre daher nach § 134 nichtig.[208] Auch fehlt es bei einer geschäftlichen oder beruflichen Zusammenarbeit, die über den Rahmen des familienrechtlich Üblichen nicht hinausgeht, regelmäßig an Indizien für einen konkludenten Vertragsschluss (RdNr. 75). Den Ehegatten ist es jedoch nicht verwehrt, ihre Zusammenarbeit in beruflicher und vermögensrechtlicher Hinsicht gesellschaftsrechtlich auszugestalten und ihr dadurch eine gegenüber dem Familienrecht festere und klarer geregelte Grundlage zu geben. Auch das Ehegüterrecht steht solchen, auf die Verfolgung eines bestimmten gemeinsamen Zwecks gerichteten gesellschaftsrechtlichen Vereinbarungen nicht entgegen;[209] das gilt vor allem bei Vereinbarung von Gütertrennung. Zur Rechtslage bei der Zusammenarbeit im Rahmen einer eheähnlichen Partnerschaft vgl. RdNr. 84. 74

Schwierigkeiten bereitet demgegenüber die Frage nach den **Voraussetzungen** für die Annahme eines konkludenten Vertragsschlusses zwischen Ehegatten. Als Richtschnur ist auch insoweit auf allgemeine gesellschaftsrechtliche Grundsätze zurückzugreifen. Erste Voraussetzung ist danach, dass die tatsächliche Zusammenarbeit über ein Gefälligkeitsverhältnis 75

[206] Vgl. etwa BGHZ 31, 197, 201 = NJW 1960, 428; BGHZ 84, 361, 366 = NJW 1982, 2236, 2237; BGHZ 142, 137, 153 = NJW 1999, 2962; BGH FamRZ 1961, 431 und 519; BGH DB 1972, 2201; NJW 1974, 2045; FamRZ 1989, 147, 148; dazu auch *Blumenröhr,* FS Odersky, 1996, S. 517, 519.

[207] Vgl. zum Typenzwang im Recht der persönlichen Ehewirkungen *Lipp* AcP 180 (1980), 537, 569 f. m. Nachw.; ähnlich auch *Battes* ZHR 143 (1979), 385, 390; *Erman/Westermann* RdNr. 46.

[208] Für Nichtigkeit nach § 138 demgegenüber *Schwab* in *Landwehr,* Die nichteheliche Lebensgemeinschaft, 1978, S. 68; so bei „Förderung doppelseitigen Ehebruchs" auch BGH FamRZ 1970, 19; 1965, 368 f.; nicht eindeutig OLG Schleswig SchlHA 1969, 198; OLG Düsseldorf DNotZ 1974, 169.

[209] *Staudinger/Thiele* § 1408 RdNr. 26 f.; *Erman/Heckelmann* § 1356 RdNr. 26 f.; *Gernhuber/Coester-Waltjen* FamR § 20 III 5; einschränkend *Soergel/Gaul* Vor § 1408 RdNr. 28 f.

hinausgeht und nach Art oder Umfang den Rückschluss auf eine *rechtsgeschäftliche Bindung* zwischen den Beteiligten und die Übernahme entsprechender Förderungspflichten gestattet (§ 705 RdNr. 26, 153). Hinzukommen muss zweitens, dass die bestehende *familienrechtliche Verbindung* durch die Zusammenarbeit *überschritten* wird (§ 705 RdNr. 27) und die Parteien sich dessen bewusst sind, auch wenn sie die Rechtsnatur ihrer schuldrechtlichen Beziehungen nicht zutreffend einordnen.[210] Das Fehlen einer familienrechtlichen Mitarbeitsverpflichtung des intern mitwirkenden Ehegatten, wie sie vormals in § 1356 Abs. 2 aF verankert war und seit dem 1. EheRG[211] in beschränktem Umfang noch aus §§ 1353, 1360 abgeleitet werden kann,[212] reicht dafür für sich genommen nicht aus. Hinzukommen muss vielmehr der erkennbare *Wille* der Ehegatten, ihrer Zusammenarbeit über die Ehewirkungen hinaus einen dauerhaften, auch die *Vermögensfolgen* mit abdeckenden rechtlichen Rahmen zu geben; er kann auch in der Geschäftsverteilung oder in Abreden über die Ergebnisverwendung seinen Niederschlag finden.[213] Liegen diese Voraussetzungen vor, so kommt es im Regelfall zur Entstehung einer Innengesellschaft zwischen den Ehegatten. Anderes gilt, wenn besondere Umstände die Annahme gestatten, dass die Beteiligten auch nach außen gemeinsam am Rechtsverkehr teilnehmen und Gesamthandsvermögen bilden wollen.[214]

76 **c) Rechtsprechung und Kritik.** Der **Familienrechtssenat des BGH** hat sich vor allem **in den 50er und 60er Jahren** in einer Vielzahl von Entscheidungen mit Fragen der Ehegattengesellschaft befasst; er hat ihr Vorliegen in der überwiegenden Zahl der Fälle bejaht.[215] Die dabei wiederholt verwendete und für die Rechtsprechung repräsentative **Formel** lautete:[216] „Ein Gesellschaftsverhältnis zwischen Eheleuten ist unter Würdigung aller Umstände des Einzelfalles dann anzunehmen, wenn sich feststellen lässt, dass die Eheleute abredegemäß durch beiderseitige Leistungen einen über den typischen Rahmen der ehelichen Lebensgemeinschaft hinausgehenden Zweck verfolgten, indem sie etwa durch Einsatz von Vermögenswerten und Arbeitsleistungen gemeinsam ein Vermögen aufbauten oder eine berufliche oder gewerbliche Tätigkeit gemeinsam ausübten." Wörtlich genommen deckt sich die Formel mit der gesellschaftsrechtlichen Beurteilung (RdNr. 1) und verdient insofern Zustimmung. Die in der Literatur verbreitete, berechtigte **Kritik** richtet sich denn auch nicht hiergegen, sondern gegen die wiederholt auf reine Billigkeitserwägungen gestützte Bejahung des Zustandekommens einer Gesellschaft;[217] sie rückte die Annahme eines konkludenten Vertragsschlusses nicht selten in den Grenzbereich zur Fiktion.[218] Zwar

[210] So auch BGHZ 142, 137, 145 f. = NJW 1999, 2962 und schon BGHZ 31, 197, 201 = NJW 1960, 428; allg. zu den Anforderungen an den rechtsgeschäftlichen Willen der Ehegatten vgl. *Hepting* (Fn. 204) S. 137 f. und *Rothemund* (Fn. 205) S. 115 ff.

[211] Vom 14. 6. 1976 (BGBl. I S. 1421); dazu Einl. vor § 1297 RdNr. 97 ff.

[212] BGHZ 77, 157, 162 = NJW 1980, 2196; § 1356 RdNr. 20; *Soergel/Lange* § 1353 RdNr. 23, § 1360 RdNr. 16; *Erman/Heckelmann* § 1356 RdNr. 16; enger aber *Diederichsen* NJW 1977, 217, 220; *Gernhuber/Coester-Waltjen* FamR § 20 III 1. Allg. zum Verhältnis von § 1353 zu § 1356 Abs. 2 aF auch schon BGHZ 46, 385, 389 = NJW 1967, 1077 und die Nachw. in § 1356 RdNr. 21.

[213] Vgl. BGHZ 142, 137, 154 = NJW 1999, 2962, und *Blumenröhr* (Fn. 206) S. 519 f.

[214] BGH LM § 1353 Nr. 21 = NJW 1982, 170; BGH WM 1965, 1134.

[215] Vgl. Rechtsprechungsübersicht von *Maiberg* DB 1975, 385; *Henrich* FamRZ 1975, 533; *Kuhn* WM 1975, 718, 722 und WM 1968, 1114, 1118.

[216] Vgl. aus neuerer Zeit BGH WM 1990, 877 und 1463, 1464; FamRZ 1989, 147, 148; WM 1987, 843, 844 = NJW-RR 1988, 260, 261; NJW 1974, 1554, 2045 und 2278. So jetzt auch wieder BGHZ 142, 137, 143 = NJW 1999, 2962.

[217] Symptomatisch BGHZ 31, 197, 200 f. = NJW 1960, 428, die Annahme eines Gesellschaftsverhältnisses könne in derartigen Fällen zu sachgerechten und billigen Ergebnissen führen. Es könne deshalb (!) berechtigt sein, davon auszugehen, dass stillschweigend zwischen den Ehepartnern ein Gesellschaftsvertrag abgeschlossen worden sei. Vgl. auch BSG FamRZ 1983, 485, 486, das die Annahme einer Innengesellschaft zwischen Ehegatten bei Mitarbeit der Ehefrau im Geschäft des Mannes darauf gestützt hat, dass der Wille zum Ausschluss (!) der Innengesellschaft nicht erwiesen sei.

[218] So die verbreitete Kritik im Schrifttum, vgl. *Gernhuber/Coester-Waltjen* FamR § 20 III 6; *Beitzke/Lüderitz* FamR § 12 II 3 d und § 13 V 4; *Burckhardt* (Fn. 204) S. 255 ff. (266 ff., 281 f.); *Lieb* (Fn. 204) S. 40 f.; *Braga* FamRZ 1960, 456 f.; *Müller-Freienfels* in Eranion *Maridakis,* 1963, S. 357, 384 f.; *Rothemund* (Fn. 205) S. 132 f., 178 ff.; abwägend demgegenüber *Hepting* (Fn. 204) S. 126 ff.

erscheint die Aussage überspitzt, so gut wie alle in der Rechtsprechung bejahten konkludenten Gesellschaftsverträge zwischen Ehegatten seien zu deren eigener Überraschung „entdeckt" worden,[219] doch ist die methodische Schwäche dieser Rechtsprechung nicht zu verkennen. Denn bei ihrer auf Billigkeitsgesichtspunkte gestützten, vom rechtsgeschäftlichen Parteiwillen absehenden Lösung geht es letztlich nicht um die Prüfung der Voraussetzungen des § 705, sondern um einen Analogieschluss[220] ohne Offenlegung der zur Analogie berechtigenden Regelungslücke (vgl. dazu RdNr. 79).

Unter diesem Vorbehalt steht daher auch der folgende Überblick über die in der früheren Rechtsprechung entwickelten, nicht stets widerspruchsfrei verwendeten[221] **Abgrenzungskriterien.** Sie beschränken sich unter teilweise ausdrücklichem Absehen vom Parteiwillen[222] allein auf *objektive* Umstände, darunter neben der Üblichkeit der Mitarbeit entsprechend den konkreten Verhältnissen der jeweiligen Lebensgemeinschaft auf die Art der Mitarbeit und das Ausmaß der vom mitarbeitenden Ehegatten geleisteten, dem Unternehmen oder Beruf des anderen Teils dienenden Vermögensbeiträge. So wurde eine Gesellschaft in ständiger Rechtsprechung bejaht, wenn die über das nach § 1356 Abs. 2 aF Übliche hinausgehende *Mitarbeit selbständig und dem Partner gleichgeordnet* ausgestaltet war,[223] dh. sich nicht auf abhängige Tätigkeiten beschränkte,[224] auch wenn es an der Gleichwertigkeit der Beiträge fehlte.[225] Hielt sich die Mitarbeit umfangmäßig im üblichen Rahmen, so konnte doch der *Einsatz von erheblichen Vermögenswerten* zur Begründung oder zum Ausbau des gemeinsamen Tätigkeitsbereichs die Annahme einer Gesellschaft gestatten.[226] Ebenso wurde die gleichberechtigte Teilhabe an den Ergebnissen der Tätigkeit als Indiz für eine Gesellschaft gewertet.[227] Dass aus den Erträgen der gemeinsamen Tätigkeit nicht nur Vermögen gebildet, sondern *auch* der *Lebensunterhalt bestritten* wurde, sollte der Annahme einer Gesellschaft nicht entgegenstehen.[228] Dagegen sollte es grundsätzlich **nicht** ausreichen, wenn die Ehegatten nur bei der Beschaffung der Familienwohnung oder dem Erwerb und der Bebauung des hierfür bestimmten Grundstücks zusammenwirkten.[229] 77

Unter dem Eindruck der Kritik an dieser Rechtsprechung wurde der **BGH** bei der Verwendung des Instituts der „Ehegattengesellschaft" zwar **in neuerer Zeit zurückhaltender** und griff auf andere Rechtsbehelfe zurück, um zu einem billigen Ausgleich zu kommen.[230] So wurde als Rechtsgrund für die Rückforderung erheblicher, vom einen Ehegatten an den anderen erbrachter sog. ehebezogener Zuwendungen nach dem Scheitern der Ehe namentlich im Fall der Vereinbarung von *Gütertrennung* wiederholt auf die **Störung der Geschäftsgrundlage** abgestellt und auf diesem Wege ein billiger Ausgleich gesucht.[231] Demgegenüber wurde bei einer nach dem *gesetzlichen Güterstand* geschlossenen Ehe der **Vorrang der güterrechtlichen** vor der schuldrechtlichen **Ausgleichsordnung** betont und ein Rückgriff auf das Institut der Störung der Geschäftsgrundlage nur in denjenigen Aus- 78

[219] So *Gernhuber* FamRZ 1958, 243, 245; vgl. auch *Gernhuber/Coester-Waltjen* FamR § 20 III 6.

[220] So zutr. *Lieb* (Fn. 204) S. 185 ff.; *Henrich* FamRZ 1975, 533, 536; *Müller-Freienfels* (Fn. 218) S. 357, 397; für Annahme eines Gesellschaftsvertrags unter Auslegung des rechtsgeschäftlich relevanten Verhaltens der Beteiligten aber *Hepting* (Fn. 204) S. 137 f.

[221] Vgl. § 1356 RdNr. 26; *Henrich* FamRZ 1975, 533, 534; *Maiberg* DB 1975, 385; *Kuhn* WM 1975, 718.

[222] Vgl. BGHZ 31, 197, 200 f. = NJW 1960, 428 (dazu Fn. 217) sowie BGH FamRZ 1963, 279; 1961, 519, 520; 1954, 136, 137.

[223] So schon BGHZ 8, 249, 255 = NJW 1953, 418 und erneut BGHZ 142, 137, 145 = NJW 1999, 2962; ebenso BGH FamRZ 1961, 431 und 522; 1962, 110; DB 1967, 1579; 1972, 2201.

[224] ZB Tätigkeit als Sprechstundenhilfe (BGH DB 1974, 1957).

[225] BGH WM 1990, 877, 878; OLG Köln NJW-RR 1995, 930.

[226] BGHZ 47, 157, 163 = NJW 1967, 1275; BGH FamRZ 1962, 110; OLG Karlsruhe FamRZ 1973, 649, 650.

[227] BGH NJW 1974, 2278; FamRZ 1962, 110; BVerwG NJW 1959, 2277.

[228] BGHZ 142, 137, 145 = NJW 1999, 2962; BGH WM 1990, 877.

[229] Vgl. BGH DB 1976, 1956; WM 1969, 191; so jetzt namentlich auch BGHZ 84, 361, 366 = NJW 1982, 2236.

[230] Vgl. den Rspr.-Bericht von *Blumenröhr* (Fn. 206) S. 517 ff., 522.

[231] BGHZ 84, 361 (365, 368) = NJW 1982, 2236; BGH LM § 1356 Nr. 18 = NJW 1972, 580; LM § 1353 Nr. 16 = NJW 1974, 1554; zust. *Henrich* FamRZ 1975, 533, 537; *Diederichsen* NJW 1977, 217, 220; *Schulte* ZGR 1983, 437, 440 f.; wohl auch *Kühne* JZ 1976, 488.

nahmefällen zugelassen, in denen es um den – ehegüterrechtlich nicht durchsetzbaren – Anspruch auf Herausgabe der zugewandten Sache ging.[232] Im Falle *ehelicher Gütergemeinschaft* verneinte der BGH eine konkludent errichtete Innengesellschaft auch deshalb, weil das gemeinschaftlich betriebene Erwerbsgeschäft zum Gesamtgut gehörte und das eheliche Güterrecht einen sachgerechten und billigen Ausgleich gewährleistete.[233] Als mit der Annahme einer Innengesellschaft unvereinbar wurde es auch angesehen, dass die Parteien ausdrücklich abweichende Vereinbarungen getroffen hatten, etwa über die Mitarbeit des anderen Ehegatten im Rahmen eines ernstlich gewollten Dienstvertrags.[234] Demgegenüber nimmt neuerdings wieder die Tendenz zu, den Ausgleich bei Scheitern der Ehe über § 730 herbeizuführen, zumal die Lösung über § 313 nicht selten auf praktische Schwierigkeiten stoße.[235]

79 **d) Analoge Anwendung der gesellschaftsrechtlichen Ausgleichsordnung.** Wie im Schrifttum zu Recht betont worden ist,[236] geht es bei der erweiterten Anwendung des § 705 im Rahmen der Rechtsprechung zur „Ehegattengesellschaft" in Wahrheit nicht um die Schaffung eines neuen Gesellschaftstyps, sondern um ein **Analogieproblem.** Voraussetzung für eine derartige Analogie ist allerdings, dass eine *Regelungslücke* besteht, dh. dass weder das Familienrecht noch das Schuldrecht eine unmittelbar anwendbare, angemessene Ausgleichsordnung für die Vermögensinteressen mitarbeitender Ehegatten bei Auflösung der Ehe bereithält. Im Unterschied zur Mitarbeit eines Ehegatten fehlt es an dieser Voraussetzung bei klar abgrenzbaren *Vermögensleistungen* (Geld- und Sachbeiträge) während bestehender Ehe. Ihnen kann sowohl im Rahmen des Zugewinnausgleichs[237] als auch – zumal bei vereinbarter Gütertrennung – unter dem Gesichtspunkt der Störung der Geschäftsgrundlage Rechnung getragen werden.[238]

80 Anderes gilt für **sonstige Beitragsleistungen** während bestehender Ehe, darunter insbes. nicht besonders entgoltene **Mitarbeit eines Ehegatten.** Darüber, dass sie jedenfalls dann nicht ohne Entgelt bleiben sollte, wenn sie über das nach Familienrecht (§§ 1353, 1360) Gebotene deutlich hinausgeht, herrscht im Ergebnis Einigkeit.[239] Ebenso ist anerkannt, dass die Vorschriften über den Zugewinnausgleich (§§ 1371 ff.) diesem Sonderfall keine Rechnung tragen, sondern von einer auf das Übliche beschränkten Mitarbeit des nicht selbst erwerbstätigen Ehegatten ausgehen.[240] Der Vorschlag, die Lücke über einen auf § 1353 gestützten Ausgleichsanspruch zu schließen,[241] hat sich nicht durchgesetzt.[242] Auch Bereicherungsrecht[243] oder der Gesichtspunkt der Störung der Geschäftsgrundlage[244] führen hier regelmäßig nicht weiter. Am Vorliegen einer **Lücke** sollte daher beim Fehlen vertraglicher Vereinbarungen über die Mitarbeit des Ehegatten kein Zweifel bestehen, zumal das Bild der

[232] BGHZ 65, 320 (323, 325) = NJW 1976, 328; BGHZ 68, 299, 303 = NJW 1977, 1834; BGHZ 82, 227 (232 f., 235) = NJW 1982, 1093; abl. Vor § 1363 RdNr. 18 ff. *(Koch)*; *Gernhuber/Coester-Waltjen* § 34 I 10; *Kühne* JZ 1976, 487 und FamRZ 1978, 221.

[233] BGH WM 1994, 694, 697.

[234] BGH NJW 1995, 3383, 3384 f.; WM 1987, 843, 844; 1990, 1463, 1464; FamRZ 1983, 485.

[235] So nachdrücklich BGHZ 142, 137, 144 ff., 150 ff. = NJW 1999, 2962, im Anschluss an *Blumenröhr* (Fn. 206) S. 517, 525 ff.

[236] Vgl. Fn. 220. Der Sache nach auch BGH FamRZ 1973, 22, 25.

[237] BGHZ 65, 320, 323 = NJW 1976, 328; ebenso schon *Reinicke* NJW 1957, 934, 935; vgl. auch *Soergel/Lange* § 1356 RdNr. 28; *Beitzke/Lüderitz* FamR § 12 II 3 d und § 14 III.

[238] Vgl. dazu Nachw. in Fn. 231 und BGH DB 1974, 1957; kritisch aber *Blumenröhr* (Fn. 206) S. 525 ff. und, ihm folgend, BGHZ 142, 137, 150 f. = NJW 1999, 2962.

[239] BGHZ 46, 385, 390 f. = NJW 1967, 1077 in Auseinandersetzung mit weitergehenden, eine Entgeltpflicht auch für übliche Mitarbeit bejahenden Ansicht im Schrifttum. Vgl. dazu auch § 1356 RdNr. 23 ff.

[240] Vgl. statt aller *Lieb* (Fn. 204) S. 184; *Henrich* FamRZ 1975, 535; *Gernhuber/Coester-Waltjen* FamR § 20 III 7.

[241] So *Gernhuber* FamRZ 1958, 243, 246 f.; *Staudinger/Hübner* (12. Aufl.) § 1356 RdNr. 46; *Kropholler* FamRZ 1969, 244.

[242] Vgl. BGH LM § 1353 Nr. 17 = NJW 1974, 2045; § 1356 RdNr. 24 und *Soergel/Lange* § 1356 RdNr. 28. Abw. jetzt auch *Gernhuber/Coester-Waltjen* FamR § 20 III 7 (für Bejahung eines entgeltlichen „Kooperationsvertrags").

[243] Dagegen zutr. BGHZ 65, 320, 322 = NJW 1976, 328 und *Henrich* FamRZ 1975, 536 f. m. weit. Nachw. Vgl. weiter § 1356 RdNr. 24; *Canaris* BB 1967, 165; *Burckhardt* (Fn. 204) S. 399 ff.; *Lieb* (Fn. 204) S. 116 f., 121; aA aber *Joost* JZ 1985, 10 ff.

[244] Kritisch auch *Soergel/Lange* § 1356 RdNr. 30; *Blumenröhr* (Fn. 206) S. 517 ff.

im Regelfall unentgeltlich mitarbeitenden Ehefrau lange überholt ist.[245] Auch ist die Interessenlage bei zusammenarbeitenden Ehegatten im Fall der Scheidung derjenigen vergleichbar, die bei Auflösung einer als Gesellschaft strukturierten Tätigkeitsgemeinschaft besteht. Im Ergebnis ist in derartigen Fällen der Rechtsprechung des BGH daher zuzustimmen, soweit sie im Scheidungsfall zur Anwendung der für die Innengesellschaft geltenden Ausgleichsordnung kommt und auf diesem Wege Ansprüche des mitarbeitenden Partners begründet.[246]

10. Lebensgemeinschaften. a) Nichteheliche. Zurückhaltung gegenüber der Beja- 81
hung konkludenter rechtsgeschäftlicher Vereinbarungen ist namentlich auch veranlasst, soweit es um die Rechtslage in einer nichtehelichen Lebensgemeinschaft oder einer gleichgeschlechtlichen Partnerschaft[247] geht (vgl. zu jener näher Anhang nach § 1302, zu dieser RdNr. 84). Gegen die Behandlung solcher Beziehungen als GbR spricht der schon für Ehegattengesellschaften zu beachtende Typenzwang der Ehe; er führt zur Nichtigkeit von rechtsgeschäftlichen Vereinbarungen, die die Ehewirkungen statt durch Eingehung einer Ehe durch den Abschluss eines Schuldvertrages herbeiführen wollen.[248] Vor allem aber bringen die Beteiligten durch Ablehnung einer Eheschließung typischerweise zum Ausdruck, dass sie ihr Zusammenleben und dessen Folgen insgesamt keiner rechtlichen Ordnung unterwerfen, dh. auch die vermögensrechtlichen Aspekte des Zusammenlebens und einer etwaigen Trennung nicht regeln wollen.[249] Zu Recht haben es die Gerichte daher im Regelfall **abgelehnt,** für die jeweiligen Leistungen der Partner zur Deckung der Bedürfnisse der Lebensgemeinschaft, insbes. für den Unterhalt, aber auch für die Tilgung der laufenden Darlehensraten für das Familienheim oder für sonstige Anschaffungen während des Bestehens der Lebensgemeinschaft Ausgleichs- oder Rückforderungsansprüche zwischen den Partnern zu gewähren;[250] das schließt Ansprüche aus besonderem Rechtsgrund, darunter insbes. einen Aufwendungsersatzanspruch aus § 670 bei Vorliegen eines Auftrags- oder Geschäftsbesorgungsverhältnisses,[251] nicht aus.

Eine bedeutsame **Abweichung** von dieser Linie hat der fachlich zuständige II. Zivilsenat 82
des BGH in jahrzehntelanger ständiger Rechtsprechung allerdings für den Fall der durch Trennung oder Tod eines Partners eintretenden *Beendigung der Lebensgemeinschaft* entwickelt;[252] die anderen Zivilgerichte sind ihm darin gefolgt.[253] Dabei geht es um die vermögensrechtlichen Trennungsfolgen in solchen Fällen, in denen bei Beendigung der Lebensgemeinschaft erhebliche, über das Zusammenleben hinausreichende Vermögenswerte vorhanden sind, die gemeinschaftlich gebildet wurden; da die Rechtsordnung insoweit keine gesetzliche Regelung bereithält, hat der Senat sich dafür entschieden, die Regelungslücke im *Analogiewege* zu schließen. **Voraussetzung** für die Analogie ist, dass (1) während des Zusammenlebens, sei es durch Arbeitsleistung oder Vermögensbeiträge *beider* Partner, be-

[245] So zutr. schon BGHZ 8, 249, 251 f. = NJW 1953, 418 in Auseinandersetzung mit der abw. Rspr. des RG.

[246] So auch die für die Analogielösung eintretenden Autoren in Fn. 163. Gegen eine Verlustbeteiligung des geschiedenen Ehegatten auf diesem Wege zutr. aber *Gernhuber/Coester-Waltjen* FamR § 20 III 6 Fn. 15.

[247] Dazu KG NJW 1982, 1886.

[248] Vgl. dazu RdNr. 74. So namentlich auch *Lipp* und *Schwab* (Nachw. in Fn. 207, 208). Für Bejahung einer GbR unter geringeren Voraussetzungen als zwischen Ehegatten unter Anerkennung der „gemeinsamen Lebensführung" als gemeinsamer Zweck aber Anh. § 1302 RdNr. 18 ff. *(Wacke)*; *Battes,* Nichteheliches Zusammenleben im Zivilrecht, 1983, RdNr. 11 f.; *Schlüter,* Die nichteheliche Lebensgemeinschaft, 1981, S. 27 f.; abl. dann aber: *Schlüter/Belling* FamRZ 1986, 405 ff. (410).

[249] So zutr. BGHZ 77, 55, 58 = NJW 1980, 1520; BGH LM § 705 Nr. 42 = NJW 1983, 1055; BGH FamRZ 1983, 1213; NJW 1992, 906, 907; vgl. auch BGH NJW 1996, 2727 (gegen Rückgriff auf Wegfall der Geschäftsgrundlage bei Beendigung).

[250] BGHZ 77, 55, 58 = NJW 1980, 1520; BGH NJW 1981, 1502; 1983, 1055; 1992, 906, 907; 1996, 2727; OLG Oldenburg NJW 1980, 1817; aA *Battes* (Fn. 248) RdNr. 12, wohl auch *Roth/Stielow* JR 1978, 233 ff.: für rechtliche Anerkennung eines besonderen „Zusammenlebensvertrags" zwischen eheähnlich zusammenlebenden Personen unabhängig von konkreten Gemeinschaftsprojekten.

[251] BGH NJW 1981, 1502, 1504; OLG Frankfurt NJW 1985, 810.

[252] So erstmals BGH FamRZ 1965, 368; vgl. insbes. BGHZ 77, 55, 56 f. = NJW 1980, 1520; BGHZ 84, 388, 390 = NJW 1982, 2863; BGH NJW 1992, 906, 907; 1996, 2727; 1997, 3371; BGH WM 1997, 2259, 2260; 2000, 522.

[253] BGHZ 115, 261, 264 f. = NJW 1992, 427; BGHZ 142, 137, 146 = NJW 1999, 2962; OLG Hamm NJW 1980, 1530; OLG München FamRZ 1988, 58; LG Aachen FamRZ 1983, 81.

trächtliche das Zusammenleben überdauernde Vermögenswerte (Immobilien, Unternehmen u. a.) geschaffen wurden und (2) die Partner damit die Absicht verfolgten bzw. in der Vorstellung handelten, dass diese Werte ihnen gemeinsam zustehen sollten.[254] Die hiervon typischerweise abweichende „formal-dingliche" Lage, dh. das Alleineigentum des einen oder anderen Partners an den Vermögensgegenständen, steht der Analogie nicht entgegen.[255] Als **Rechtsfolge** wendet die Rechtsprechung die für die GbR geltenden *Abwicklungsvorschriften* der §§ 730 ff. analog an, was im Regelfall auf eine hälftige Teilung hinausläuft; ein anderer Verteilungsschlüssel soll dann gelten, wenn die Beiträge eines der Partner bei Schaffung der Vermögenswerte deutlich überwogen haben.[256]

83 Die Rechtsprechung verdient entgegen verbreiteter Literaturkritik[257] **Zustimmung.** Sie hat den doppelten Vorteil, für die Vermögensaufteilung bei Ende der Partnerschaft nicht auf die – häufig zufällige – dingliche Zuordnung abzustellen; zugleich vermeidet sie eine meist nur schwer nachvollziehbare Rückabwicklung nach Auftrags- oder Bereicherungsrecht oder nach den Grundsätzen über die Störung der Geschäftsgrundlage.[258] Auch lässt sich ihr nicht entgegensetzen, dass ihr der fehlende rechtsgeschäftliche Wille der Beteiligten entgegenstehe. Denn diese lehnen zwar mit ihrer Entscheidung für das „freie" Zusammenleben eine rechtliche Regelung ihrer Beziehungen während seiner Dauer konkludent ab; sie wollen damit aber Vermögensfolgen einer künftigen Trennung oder beim Tod eines der Partner typischerweise nicht ausschließen. Haben die Partner freilich für den Todesfall eines von ihnen testamentarisch über die Vermögensaufteilung unter sich verfügt, so kommt dieser Verfügung grundsätzlich der Vorrang vor einer Analogie zu §§ 736 ff. zu.

84 **b) Eingetragene Lebenspartnerschaft.** Sie ist für gleichgeschlechtliche Paare – als Ersatz für die ihnen verwehrte Eheschließung – seit 2001 im Lebenspartnerschaftsgesetz geregelt.[259] Ihre Begründung setzt übereinstimmende Erklärungen der Partner vor der nach Landesrecht zuständigen Behörde (meist dem Standesamt)[260] sowie eine Vereinbarung über den Vermögensstand der Partner voraus (§ 1 Abs. 1 LPartG); außerdem darf keiner der Partner verheiratet oder an einer anderen Lebenspartnerschaft beteiligt sein (§ 1 Abs. 2 Nr. 1 LPartG). Auch die Rechtsfolgen dieser Vereinigung, darunter die Unterhaltspflicht, das gesetzliche Erbrecht sowie die nach § 6 LPartG zu vereinbarende Vermögenszuordnung während ihres Bestehens und nach ihrer Beendigung, sind weitgehend dem Institut der Ehe nachgebildet;[261] wie bei dieser führt die Eingehung der Lebenspartnerschaft zur Änderung des Personenstands der Partner. Aus allen diesen Gründen ist die Lebenspartnerschaft als besondere, dem „klassischen" Familienrecht weitgehend angenäherte *personenrechtliche* Vereinigung anzusehen. Für ihre Unterstellung unter das Recht der GbR oder für die analoge Anwendung gesellschaftsrechtlicher Grundsätze ist kein Raum.

[254] Vgl. die Rspr.-Nachw. in Fn. 252; übermäßig restriktiv freilich BGH WM 1997, 2259, 2260 (dagegen zu Recht krit. *Liebs* JZ 1998, 408, 409.

[255] So klarstellend insbes. BGH NJW 1992, 906, 907; auch BGH NJW-RR 1993, 1475, 1476; anders noch BGHZ 77, 55, 57 = NJW 1980, 1520.

[256] BGHZ 84, 388, 391 f. = NJW 1982, 2863; BGH FamRZ 1990, 973, 974; vgl. auch *Blumenröhr* (Fn. 206) S. 520 f.

[257] Vgl. etwa *Derleder* NJW 1980, 545, 547; *Lipp* AcP 180 (1980), 537, 567 ff.; *Steinert* NJW 1986, 683, 686; *Lieb,* Gutachten A zum 57. DJT 1988, S. 69 f.; *Coester-Waltjen* NJW 1988, 2085, 2088 f.; *Schwab* (Fn. 208) S. 68 ff.; *Frank,* FS Müller-Freienfels, 1986, S. 131 ff.; *Gernhuber/Coester-Waltjen* FamR § 44 III 3; *Schlüter/Belling* FamRZ 1986, 405 f., 410; grds. zust. aber Anh. § 1302 RdNr. 20 *(Wacke)*; *Erman/Westermann* RdNr. 47 f.; *Hausmann,* Nichteheliche Lebensgemeinschaft und Vermögensausgleich, 1989, S. 564 ff., 587 ff.; *Hohloch* in *Hausmann/Hohloch,* Das Recht der nichteheliche Lebensgemeinschaft, 1999, S. 83 ff.; *K. Schmidt* GesR § 59 I 2 b bb; weitergehend (für konkludente Innen-GbR) *Battes* (Fn. 248) RdNr. 9 ff.; *ders.* ZHR 143 (1979), 385, 394 f.; *ders.* JZ 1988, 908, 911 f.; *Schwenzer,* Vom Status zur Realbeziehung, 1987, S. 192 ff.; *dies.* JZ 1988, 781, 784.

[258] Vgl. dazu *Battes* (Fn. 248) RdNr. 14 ff.; *Lipp* AcP 180 (1980), S. 537, 575 ff. m. weit. Nachw.; *Derleder* NJW 1980, 549 ff.; *Steinert* NJW 1986, 683, 685; *Maus,* Scheidung ohne Trauschein, 1984, S. 147 ff.; *Hausmann* (Fn. 257) S. 281 ff.; so in der Rspr. auch noch BGH NJW 1981, 1502; 1983, 1055; OLG Karlsruhe NJW 1994, 948; OLG Köln NJW 1995, 2232, 2233.

[259] Gesetz v. 16. 2. 2001, BGBl. I S. 266; Verfassungswidrigkeit verneint von BVerfG NJW 2002, 2543, 2547 ff.

[260] *Dethloff* NJW 2001, 2598, 2599 m. Nachw. in Fn. 8.

[261] Vgl. Übersicht von *Dethloff* NJW 2001, 2598, 2600; *Kaiser* JZ 2001, 617, 619 ff.

II. Einteilungskriterien

1. Überblick. Strukturunterschiede zwischen Personengesellschaften finden sich in verschiedener Hinsicht. Aus dem Recht der Personenhandelsgesellschaften (OHG und KG) kennt man namentlich einerseits die Einteilung in personalistisch und kapitalistisch strukturierte Gesellschaften, andererseits diejenige in Gesellschaften, die auf persönlicher Verbindung beruhen, und in Massen- oder Publikumsgesellschaften (RdNr. 4). Für das Recht der GbR stehen bisher andere rechtlich relevante Strukturunterschiede im Vordergrund, darunter solche nach der Art des Gesellschaftszwecks (Wahrnehmung einer Gelegenheit oder Zusammenarbeit auf Dauer), sowie solche zwischen Außen- und Innengesellschaften mit oder ohne Gesamthandsvermögen. Hierauf beschränkt sich, ohne Anspruch auf Vollständigkeit, daher auch die folgende Übersicht. 85

2. Gelegenheits- und Dauergesellschaften. Die GbR beruht zwar, ebenso wie die OHG und KG, auf einem **Dauerschuldverhältnis** in dem oben (RdNr. 14) gekennzeichneten, in seinem Bestand von der Erfüllung der Einzelverpflichtungen unabhängigen Sinn. Gleichwohl ist sie nach gesetzlicher Regel als ein, nicht auf langfristigen Bestand angelegtes, instabiles Institut ausgestaltet. Neben dem Fehlen besonderer Organe, die für die Gesamtheit handeln (§ 709), zeigt sich das insbesondere in der Vorschrift des § 721 Abs. 1, wonach Rechnungsabschluss und Gewinnverteilung im Regelfall erst nach Auflösung der GbR verlangt werden können, sowie in dem jederzeitigen und zudem fristlosen Kündigungsrecht bei unbefristeten Gesellschaften nach § 723 Abs. 1 S. 1. 86

Der instabilen, nicht auf lange Dauer bezogenen gesetzlichen Grundstruktur entspricht die Verwendung der GbR als Rechtsform für **Gelegenheitsgesellschaften.** Hierunter sind Zusammenschlüsse zu verstehen, die der Durchführung eines oder einer *begrenzten Anzahl* von Einzelgeschäften auf gemeinsame Rechnung dienen.[262] Neben den Spiel- und Fahrgemeinschaften und ähnlichen Verbindungen mit zeitlich begrenztem Zweck (RdNr. 34) sind hierzu von den oben (RdNr. 36 ff.) erwähnten Erscheinungsformen namentlich die Arbeitsgemeinschaft, das Emissions- oder Kreditkonsortium sowie die Metaverbindung zu rechnen. 87

Die Übersicht in RdNr. 36 ff. macht freilich zugleich deutlich, dass die GbR abweichend vom gesetzlichen Normalfall vielfach die Funktion einer **Dauergesellschaft** hat. Hierzu zählen insbesondere die Zusammenschlüsse zwischen Freiberuflern, Landwirten sowie Kleingewerbetreibenden in der Rechtsform der GbR, aber auch die Beteiligungs- und Stimmrechtskonsortien. Auch bei Ehegattengesellschaften handelt es sich, soweit sie nicht bloß fiktiven Charakter tragen (RdNr. 76), meist um langfristig eingegangene Verbindungen. Den Besonderheiten dieser Gesellschaften und dem Bestandsinteresse der Beteiligten wird in diesen Fällen meist bereits durch entsprechende Vertragsgestaltung unter Bestellung von Organen, Vereinbarungen über die periodische Gewinn- und Verlustverteilung, Erschwerung der Kündigung, sowie Fortsetzungs- bzw. Nachfolgeklauseln Rechnung getragen. Fehlen derartige Abreden, so kann es mit Rücksicht auf den Dauercharakter der Verbindung gleichwohl veranlasst sein, im Wege teleologischer Reduktion oder ergänzender Vertragsauslegung zu Abweichungen von den am Typus der Gelegenheitsgesellschaft orientierten gesetzlichen Regelungen zu kommen. 88

3. Erwerbsgesellschaften. Nach dem 1. Entwurf des BGB sollten Gesellschafter, die sich zum gemeinsamen Betrieb eines gewerbsmäßigen oder sonst auf Erwerb gerichteten Unternehmens zusammenschließen, die Anwendbarkeit von OHG-Recht auf ihre Verbindung vereinbaren können.[263] Grund für diese Regelung war die ursprünglich vorgesehene, 89

[262] Abw. hiervon wurde der Begriff der Gelegenheitsgesellschaft früher überwiegend auf die Verfolgung erwerbswirtschaftlicher Zwecke unter Ausklammerung altruistischer Vereinigungen bezogen; vgl. *Geiler* in *Düringer/Hachenburg,* HGB, II/1, Allg. Einl. Anm. 325; *Staudinger/Keßler* RdNr. 63 b. Ein sachlicher Grund für diese auf eine angeblich dahingehende Verkehrsanschauung gestützte Beschränkung ist jedoch nicht ersichtlich. Auf die Verfolgung eines „vorübergehenden" gemeinsamen Zwecks abstellend *Bick,* Die Gelegenheitsgesellschaft, 2. Aufl. 1968, S. 13.

[263] § 659, vgl. dazu Mot. II S. 632 ff.; *Raisch* BB 1969, 1361, 1365 f.; *K. Schmidt* (Fn. 54) S. 498 f. Eingehend hierzu und zur Entstehungsgeschichte der Regelungen über die Gesamthand im BGB jetzt

am Vorbild der römisch-rechtlichen *societas* orientierte Ausgestaltung der GbR als reines Schuldverhältnis unter den Gesellschaftern ohne organisationsrechtliche Elemente; sie hätte sich schwerlich als Rechtsform für Erwerbsgesellschaften geeignet. Dieses Bedenken erledigte sich zwar zunächst dadurch, dass das heute in den §§ 718 bis 720 und 738 verankerte *Gesamthandsprinzip* als generelles Regelungsmodell in den 2. Entwurf aufgenommen wurde; dementsprechend wurde die ursprünglich geplante Sonderregelung für Erwerbsgesellschaften gestrichen. Der besondere **Typus** der Erwerbsgesellschaft, der namentlich durch den Zusammenschluss von Angehörigen freier Berufe, Land- und Forstwirten oder Kleingewerbetreibenden (RdNr. 36 bis 42) repräsentiert wird, aber auch bei Arbeitsgemeinschaften (Arge, RdNr. 43 ff.) begegnet, und seine Unterscheidung gegenüber der Vielzahl sonstiger in der Rechtsform der GbR errichteter Vereinigungen sind dadurch jedoch nicht gegenstandslos geworden.[264]

90 Die Erwerbsgesellschaften sind durch ihr regelmäßiges und nachhaltiges Auftreten im Rechtsverkehr und durch eine Vielzahl namens der Gesellschaft mit Dritten eingegangener Rechtsgeschäfte gekennzeichnet. Dem wird die unflexible Regelung von Gesamtgeschäftsführung und -vertretung in den §§ 709, 714 nicht gerecht; sie wird daher häufig durch die vertragliche Einführung der flexibleren **Einzelgeschäftsführung** und **Einzelvertretung** ersetzt (vgl. etwa §§ 7.1, 7.2, 8.1, 8.2 des Muster-Arbeitsgemeinschaftsvertrags von 1995, dazu RdNr. 45). *Haftungsrechtlich* ist in der Literatur wiederholt die analoge Heranziehung der Vorschrift des § 128 HGB für Erwerbsgesellschaften vertreten worden (vgl. § 714 Fn. 6). Die Frage hat sich inzwischen dadurch erledigt, dass die höchstrichterliche Rechtsprechung sich seit dem Jahr 2001 generell für die analoge Anwendung des § 128 auf die Außen-GbR entschieden hat (§ 714 RdNr. 5 f.). Auch im *Innenverhältnis* ist den Besonderheiten der Erwerbsgesellschaften, soweit veranlasst, Rechnung zu tragen. Ein Beispiel bildet etwa das Wettbewerbsverbot trotz Fehlens ausdrücklicher Vereinbarungen (§ 705 RdNr. 235 f.).

91 **4. Außen- und Innengesellschaften.** Eine andere Grundeinteilung orientiert sich daran, ob die Gesellschafter nach den zwischen ihnen getroffenen Vereinbarungen im Rahmen einer Außengesellschaft als Gesamthand (Gruppe) am Rechtsverkehr teilzunehmen beabsichtigen oder ob die Verbindung zwischen ihnen sich grundsätzlich auf die Innenbeziehungen beschränken soll. Die Frage hat namentlich Bedeutung für die Vertretungsmacht des zum Geschäftsführer bestellten Gesellschafters (§ 705 RdNr. 275, 279). Dagegen bedeutet die Beschränkung auf Innenbeziehungen entgegen verbreiteter Ansicht nicht notwendig Verzicht auf ein Gesamthandsvermögen; vielmehr begegnen je nach Ausgestaltung im Einzelfall auch Innengesellschaften mit Gesamthandsvermögen. Vgl. Näheres hierzu in § 705 RdNr. 253 ff., 275 ff.

III. Die Unterbeteiligung[265]

92 **1. Begriff und Wesen.** Unterbeteiligung ist die vertraglich eingeräumte **Mitberechtigung** einer oder mehrerer Personen an den Vermögensrechten, insbesondere **am Gewinn** –

Wächter Die Aufnahme der Gesamthandsgemeinschaften in das BGB, 2002, insbes. S. 115 ff.

[264] So namentlich *K. Schmidt* (Fn. 54) S. 483; vgl. auch *Nicknig,* Die Haftung der Mitglieder einer BGB-Gesellschaft für Gesellschaftsschulden, 1972, S. 46 ff.; *H. P. Westermann* ZGR 1977, 552, 562 f. Vgl. dazu auch § 705 RdNr. 235 sowie o. RdNr. 16 zur (Wieder-)Eröffnung einer Wahlmöglichkeit zwischen GbR und Handelsgesellschaften durch § 105 Abs. 2 nF HGB.

[265] Vgl. dazu *Blaurock,* Unterbeteiligung und Treuhand an Gesellschaftsanteilen, 1981; *Friehe,* Die Unterbeteiligung bei Personengesellschaften, 1974; *Tebben* Unterbeteiligung und Treuhand an Gesellschaftsanteilen, 2000; *Ulbrich,* Die Unterbeteiligungsgesellschaft an Personengesellschaftsanteilen, 1982; *U. Wagner,* Die Unterbeteiligung an einem OHG-Anteil, 1975; *Flume* I/1 § 1 III, S. 8 ff.; *Armbrüster,* Die treuhänderische Beteiligung an Gesellschaften, 2001, S. 22 ff.; *Durchlaub,* Überlegungen zur Unterbeteiligung an Unternehmen, DB 1978, 873 ff.; *Esch,* Die Unterbeteiligung an Handelsgesellschaftsanteilen, NJW 1964, 902 ff.; *Paulick,* Die Unterbeteiligung in gesellschaftsrechtlicher und steuerrechtlicher Sicht, ZGR 1974, 253 ff.; *H. Schneider,* Über die Unterbeteiligung an Anteilen an einer Personengesellschaft als stille Gesellschaft, FS Möhring, 1965, S. 115 ff.; *Staudinger/Keßler* RdNr. 108 ff.; *Erman/Westermann* RdNr. 35 ff.; *Soergel/Hadding* RdNr. 33 ff.

gegebenenfalls auch am Verlust und Wertzuwachs (RdNr. 98) – des dem „Hauptbeteiligten" als Partner des Unterbeteiligungsvertrags zustehenden Anteils an einer Personen- oder Kapitalgesellschaft.[266] Es handelt sich nicht um eine stille Gesellschaft iS von § 230 HGB,[267] da selbst beim Betrieb eines Handelsgeschäfts durch die Gesellschaft die (Unter-)Beteiligung nicht unmittelbar an jenem besteht, sondern nur an einem Gesellschaftsanteil. Auf die statt dessen gegebene **Innengesellschaft bürgerlichen Rechts**[268] sind freilich, ähnlich wie bei der stillen GbR (§ 705 RdNr. 286 ff.), vorbehaltlich einer Einzelfallprüfung die Vorschriften der §§ 230 bis 236 HGB analog anzuwenden, verbunden mit teleologischer Reduktion abweichender Regelungen der §§ 705 ff.[269] Ist Gegenstand der „Unterbeteiligung" ausnahmsweise der ganze Anteil des Hauptbeteiligten, dient insbes. die Unterbeteiligung nur dazu, die Mitgliedschaft des Unterbeteiligten an der Hauptgesellschaft nicht publik werden zu lassen und stehen diesem umfassende Weisungsrechte gegenüber dem Hauptbeteiligten zu, so fehlt es am gemeinsamen Zweck in Bezug auf die Unterbeteiligung; daher handelt es sich idR nicht um eine GbR zwischen ihnen, sondern um ein Treuhandverhältnis mit dem Hauptbeteiligten als Treuhänder.[270]

Die **Gründe** für die nicht selten anzutreffende Vereinbarung von Unterbeteiligungen sind 93
vielfältiger Natur.[271] Es geht insbesondere um verdeckte Beteiligungen eines Dritten bei fehlender Zustimmung der Mitgesellschafter zur Anteilsübertragung, aber auch um die Beteiligung von im Rahmen qualifizierter Gesellschafternachfolge „weichenden Erben" am Erfolg des Unternehmens zwecks Vermeidung von Abfindungszahlungen des Nachfolger/Erben,[272] um Probleme der Kapitalbeschaffung sowie um das Interesse an Steuerersparnis.[273] Wirtschaftlich im Vordergrund stehen einerseits Unterbeteiligungen an OHG- und KG-Anteilen, andererseits solche an GmbH-Anteilen. Nicht ausgeschlossen ist die Unterbeteiligung auch am Anteil einer GbR als Hauptgesellschaft.[274] Die Struktur dieser Gesellschaftsform steht der Unterbeteiligung nicht etwa entgegen, wenn auch ein wirtschaftliches Bedürfnis hierfür weniger naheliegt.

Rechtliche Besonderheiten der Unterbeteiligung gegenüber sonstigen Innengesell- 94
schaften ergeben sich, abgesehen von der Frage einer analogen Anwendung der §§ 230 bis 236 HGB (RdNr. 92), vor allem in Hinblick auf die Existenz zweier sich teilweise überlagernder Gesellschaften und auf die **Stellung des Hauptbeteiligten** im Schnittpunkt beider Gesellschaften.[275] Zwar müssen beide Rechtsverhältnisse, soweit sie nicht ausnahmsweise auf aufeinander abgestimmten Vereinbarungen beruhen, im Grundsatz klar auseinandergehalten werden. Insbes. ist der Unterbeteiligte nicht Mitglied der Hauptgesellschaft

[266] Ähnlich *Soergel/Hadding* RdNr. 33; *Wagner* (Fn. 265) S. 13; *Armbrüster* (Fn. 265) S. 22; *Tebben* (Fn. 265) S. 36 f. Für Beschränkung auf Beteiligungen an Handelsgesellschaften aber *Paulick* ZGR 1974, 256, 258 f.

[267] So aber *Esch* NJW 1964, 902, 904, auch *Schneider*, FS Möhring, 1965, S. 115, 116; für Gesellschaft eigener Art zwischen GbR und stiller Gesellschaft *Ulbrich* (Fn. 265) S. 56 ff., 66 ff.

[268] HM, vgl. BGHZ 50, 316, 320 = NJW 1968, 2003; BGH LM § 705 Nr. 14 = BB 1965, 517; BGH NJW-RR 1995, 165; *Tebben* (Fn. 265) S. 44 f.; *Soergel/Hadding* RdNr. 34; *Staudinger/Keßler* RdNr. 109 f.; *Friehe* (Fn. 265) S. 22 ff., 29; *Paulick* ZGR 1974, 259 ff.

[269] Im Ergebnis heute ganz überwiegende Ansicht, vgl. *Blaurock* (Fn. 265) S. 113 f.; *K. Schmidt* GesR § 63 II 1; für grds. Vorrang der §§ 705 bis 740 aber *Tebben* (Fn. 265) passim; vgl. näher RdNr. 95.

[270] BGH NJW 1994, 2886, 2887 = LM § 662 Nr. 45 m. krit. Anm. *Roth*; OLG Hamm DB 1994, 1233; so auch *Staub/Ulmer* HGB § 105 RdNr. 110; *Armbrüster* (Fn. 265) S. 24; eingehend *Tebben* (Fn. 265) S. 67 ff., 76 f.; aA MünchKommHGB/*K. Schmidt* § 230 RdNr. 196, 202; *Wiedemann* Übertragung S. 387.

[271] Übersichten bei *Blaurock* (Fn. 265) S. 49 ff.; *Friehe* (Fn. 265) S. 5 ff.; *Paulick* ZGR 1974, 253 ff.; *Ulbrich* (Fn. 265) S. 14 ff.; zu den verschiedenen *Arten* einer Unterbeteiligung vgl. *Tebben* (Fn. 265) S. 27 ff.

[272] Vgl. BGHZ 50, 316 ff. = NJW 1968, 2003; BGH WM 1967, 685; *Rüthers* AcP 168 (1968), 263, 281 ff.

[273] Zu den steuerrechtlichen Fragen der Unterbeteiligung vgl. neben den einschlägigen Kommentaren auch *Haegele* BWNotZ 1974, 53 ff. und 74 ff., *Paulick* ZGR 1974, 253, 284 ff. und *Blaurock/Berninger* GmbHR 1990, 87 ff.

[274] Vgl. die Beispiele bei *Blaurock* (Fn. 265) S. 50 ff. und *Ulbrich* (Fn. 265) S. 6; aA anscheinend *Paulick* ZGR 1974, 256, 258 f. (ohne Begr.).

[275] So zutr. namentlich *Friehe* (Fn.) S. 44 ff., 51. Vgl. dazu eingehend auch *Tebben* (Fn. 265) S. 77 ff., 86 ff., 175 ff.

(§ 705 RdNr. 67). Für Rechte und Pflichten zwischen ihm und den anderen Mitgliedern der Hauptgesellschaft oder dieser selbst ist vorbehaltlich der „offenen" Unterbeteiligung (RdNr. 101) grundsätzlich kein Raum.[276] Anderes gilt demgegenüber für den Hauptgesellschafter als Mitglied beider Gesellschaften: bei ihnen sind Interessenkollisionen nicht ausgeschlossen. Auch können die jeweils getroffenen Vereinbarungen, namentlich solche über das Informations- und Mitspracherecht des Unterbeteiligten, miteinander in Widerspruch stehen.

95 Der für Kollisionsfälle verbreitet hervorgehobene **Vorrang der Hauptgesellschaft**[277] darf **nicht** dahin missverstanden werden, als ob die Wirksamkeit der Vereinbarungen über die Unterbeteiligung vom Inhalt des Hauptgesellschaftsvertrags abhinge.[278] Eine objektive Rangordnung dieser Art zwischen den beiden Vertragsverhältnissen lässt sich dem geltenden Recht nicht entnehmen. Für einen grundsätzlichen Vorrang der Hauptgesellschaft ist vielmehr nur Raum, wenn er entweder ausdrücklich im Unterbeteiligungsvertrag vorgesehen ist[279] oder wenn dessen Auslegung ergibt, dass die Parteien eine *hauptgesellschaftskonforme Ausgestaltung* angestrebt bzw. ihrer Vereinbarung zu Grunde gelegt haben. Für eine solche Annahme können Umstände wie die zeitliche Priorität der Hauptgesellschaft, die Abhängigkeit der Unterbeteiligung von deren Existenz sowie das vom Unterbeteiligten respektierte Interesse des Hauptgesellschafters sprechen, auf die Treupflicht gegenüber seinen Mitgesellschaftern Rücksicht zu nehmen.[280] Auch ist in geeigneten Fällen, so insbes. bei Unklarheit oder Lückenhaftigkeit des Unterbeteiligungsvertrags, an dessen ergänzende Auslegung unter Rückgriff auf den Hauptgesellschaftsvertrag zu denken.[281] Schließlich können besondere Umstände des Einzelfalls die Eingehung einer Unterbeteiligung als sittenwidrig oder rechtsmissbräuchlich erscheinen lassen und insoweit auch auf deren Wirksamkeit Einfluss nehmen.[282] Im Übrigen bleibt es jedoch dabei, dass Schuldverhältnisse jeweils nur inter partes wirken; das gilt auch für das Verhältnis zwischen verschiedenen Gesellschaftsverträgen, soweit nicht das Außenhandeln einer (Außen-)Gesellschaft gegenüber Dritten in Frage steht.

96 **2. Rechtsverhältnisse in der Unterbeteiligungsgesellschaft. a) Gründung.** Sie erfolgt durch **Abschluss eines Gesellschaftsvertrags** zwischen Haupt- und Unterbeteiligtem mit dem Ziel, zwischen ihnen eine gemeinsame obligatorische Berechtigung am Hauptgesellschaftsanteil zu begründen. Die Anordnung einer Unterbeteiligung im Testament des verstorbenen Gesellschafters kann den Vertrag nicht ersetzen; sie begründet jedoch im Zweifel einen Vermächtnisanspruch des Begünstigten gegen den Gesellschafter-Erben auf Vertragsschluss. Der Gesellschaftsvertrag ist grundsätzlich **formlos** wirksam, soweit er nicht im Einzelfall bei Abschluss oder für den Zeitpunkt der Auflösung Verpflichtungen eines der Beteiligten zur Übertragung von Grundstücken oder von GmbH-Anteilen begründet (§ 705 RdNr. 33). Soll die Unterbeteiligung unentgeltlich eingeräumt werden, bedarf es der Form des § 518 Abs. 1 S. 1, soweit die Zuwendung nicht zum Zwecke der Ausstattung erfolgt (§ 1624 Abs. 1).[283] Nicht zu folgen ist allerdings der Rechtsprechung, die eine

[276] Ganz hM, vgl. BGHZ 50, 316, 324 = NJW 1968, 2003; *Paulick* ZGR 1974, 257; *Soergel/Hadding* RdNr. 33.

[277] So die wohl nach wie vor überwM, vgl. mit iE unterschiedlicher Akzentsetzung etwa *Staudinger/Keßler* RdNr. 117; *Staub/Zutt* § 230 HGB RdNr. 115; *Rüthers* AcP 168 (1968), 263, 283; *Ulbrich* (Fn. 265) S. 112 f.; *Friehe* (Fn. 200) S. 44 ff., 46; für die GmbH *Roth/Thöni,* FS 100 Jahre GmbHG, 1992, S. 245, 257 ff.

[278] In diesem Sinne insbes. *Rüthers* AcP 168 (1968), 263, 283, sowie *Friehe* (Fn. 265) S. 46 f., letzterer unter Berufung auf § 717 S. 1 (dazu RdNr. 97). Zum Ganzen eingehend *Tebben* (Fn. 265) S. 179 ff.

[279] So zutr. insbes. *Tebben* (Fn. 265) S. 176 ff. unter Hinweis in Fn. 6 auf entspr. Fallgestaltungen der Praxis (BGHZ 76, 127, 128 = NJW 1980, 1163; BGH WM 1983, 598; OLG München WM 1984, 810, 811).

[280] Weitergehend – für grundsätzliche Hauptgesellschaftskonforme Auslegung des Unterbeteiligungsvertrags – aber *Friehe* (Fn. 265) S. 49 f.; ähnlich *Ulbrich* (Fn. 265) S. 114 f. Tendenziell wohl auch *K. Schmidt* GesR § 63 IV 1, der von „drittschützenden Treupflichten" des Unterbeteiligten spricht.

[281] So zutr. *Tebben* (Fn. 265) S. 177.

[282] Ähnlich *Tebben* (Fn. 265) S. 184 ff., 186 unter zutr. Ablehnung weitergehender, eine Sittenwidrigkeit des Unterbeteiligungsvertrags schon bei darin angelegter Pflichtenkollision des Hauptgesellschafters bejahender Ansichten (vgl. Nachw. dort in Fn. 45).

[283] BGH WM 1967, 685; *Billdorfer* NJW 1980, 2787.

Heilung des Formmangels durch Vollzug der Schenkung (§ 518 Abs. 2) in diesen wie in sonstigen Fällen der Innengesellschaft mangels einer Vermögensübertragung auf den Unterbeteiligten für ausgeschlossen hält (näher dazu § 705 RdNr. 44 f.).[284]

Einer **Mitwirkung der anderen Mitglieder der Hauptgesellschaft** oder deren Zustimmung zum Vertragsschluss bedarf es nicht.[285] Die Gründung der Unterbeteiligungsgesellschaft enthält nicht etwa eine Verfügung über die Rechte aus dem Hauptgesellschaftsanteil iS von § 717 S. 1, sondern die Schaffung einer bloß obligatorischen Mitberechtigung des Unterbeteiligten hieran.[286] Daher steht auch § 137 der Vereinbarung eines Verbots von Unterbeteiligungen im Vertrag der Hauptgesellschaft nicht entgegen. Das Verbot hindert vorbehaltlich des Arglisteinwands zwar nicht die Wirksamkeit der Unterbeteiligung. Wohl aber kann seine Verletzung einen wichtigen Grund zum Ausschluss des Hauptbeteiligten aus der Hauptgesellschaft darstellen und in dessen Folge dazu führen, der Unterbeteiligung die Grundlage zu entziehen.[287] Zum Sonderfall der offenen Unterbeteiligung vgl. RdNr. 101. 97

b) Die Rechte des Unterbeteiligten. aa) Regelfall. Ist die Unterbeteiligung entsprechend dem Regelfall (RdNr. 97) ohne Zustimmung der anderen Gesellschafter begründet worden, so richten sich die Rechte des Unterbeteiligten nicht gegen die Hauptgesellschaft selbst (zur „offenen" Unterbeteiligung vgl. RdNr. 101), sondern nur gegen den Hauptbeteiligten; dieser ist analog § 230 HGB auch ohne vertragliche Abweichung von § 709 zugleich Geschäftsführer der Unterbeteiligungsgesellschaft.[288] Inhaltlich bestimmen sie sich in erster Linie nach dem Unterbeteiligungsvertrag, im Übrigen nach dem Recht der GbR und dessen Modifikation durch die §§ 230 bis 236 HGB (RdNr. 92). Für die **Gewinnbeteiligung** gilt beim Fehlen vertraglicher Regelungen nicht § 722 Abs. 1, sondern § 231 Abs. 1 HGB.[289] Einbehaltene Gewinne und Aufstockungen des Kapitalkontos des Hauptbeteiligten stehen den Partnern der Unterbeteiligung im Zweifel anteilig zu und verändern nicht etwa das Beteiligungsverhältnis.[290] Ob die Berechtigung sich im Sinne einer atypischen Unterbeteiligung auch auf den (bei der Auseinandersetzung zu berücksichtigenden) **Wertzuwachs** am Anteil erstreckt[291] und ob der Unterbeteiligte abweichend vom Regelfall des § 232 Abs. 2 HGB auch an einem über die Verminderung des Anteilswerts hinausgehenden **Verlust** teilnimmt,[292] ist Frage der Vertragsauslegung.[293] Eine Außenhaftung des Unterbeteiligten scheidet beim Fehlen eines besonderen Verpflichtungsgrundes auch dann aus, wenn seine Verlustteilnahme vereinbart ist. 98

Die Rechte des Unterbeteiligten auf **Rechnungslegung, Information** und **Kontrolle** bestimmen sich nicht nach § 716 Abs. 1, sondern nach § 233 HGB.[294] Verpflichteter ist der 99

[284] BGHZ 7, 174, 179 = NJW 1952, 1412; BGHZ 7, 378, 379 ff. = NJW 1953, 138; BGH WM 1967, 685; BFH DB 1967, 1258; so auch *Blaurock* (Fn. 265) S. 156 f.; *Soergel/Hadding* § 705 RdNr. 12 jew. m. weit. Nachw.; aA *Friehe* (Fn. 265) S. 53 f.; *Ulbrich* (Fn. 265) S. 101 ff.; *Tebben* (Fn. 265) S. 225 ff.; diff. MünchKommHGB/*K. Schmidt* § 230 RdNr. 224.

[285] So auch *Blaurock* (Fn. 265) S. 153; *Erman/Westermann* RdNr. 36; *Tebben* (Fn. 265) S. 234 ff.; LG Bremen GmbHR 1991, 269 f. (betr. GmbH-Anteil).

[286] Ganz hM, vgl. nur *Tebben* (Fn. 265) S. 236 ff., 240 m. Nachw. in Fn. 90.

[287] *Friehe* (Fn. 265) S. 52; *Paulick* ZGR 1974, 269; *Ulbrich* (Fn. 265) S. 99.

[288] Näher zu den Geschäftsführungsproblemen bei der Unterbeteiligung vgl. namentlich *Wagner* (Fn. 265) S. 66 ff. sowie *Blaurock* (Fn. 265) S. 120 f.; *Friehe* (Fn. 265) S. 56 ff.; *Tebben* (Fn. 265) S. 258 ff.

[289] HM, vgl. *Paulick* ZGR 1974, 266; *Blaurock* (Fn. 265) S. 117; *Friehe* (Fn. 265) S. 66; *Wagner* (Fn. 265) S. 114; *Tebben* (Fn. 265) S. 280 sowie die bereits (Fn. 265) genannten Autoren.

[290] So zutr. *Blaurock* (Fn. 265) S. 117 f.; vgl. auch BGH WM 1966, 188 (Erhöhung der Einlage des Hauptbeteiligten in der Hauptgesellschaft ist dem Unterbeteiligten gegenüber unzulässig, wenn sich dadurch dessen Gewinnanteil verringert).

[291] Vgl. etwa die Auslegung im Fall BGH WM 1967, 685 sowie *Blaurock* (Fn. 265) S. 114 f.; *Paulick* ZGR 1974, 281.

[292] Vgl. dazu namentlich *Paulick* ZGR 1974, 266 f.; für grds. Verlustteilhabe *Tebben* (Fn. 265) S. 292.

[293] Zu den hierfür in Betracht kommenden Gestaltungen vgl. *Ulbrich* (Fn. 265) S. 131 ff. AA für die Teilhabe am Wertzuwachs *Tebben* (Fn. 265) S. 346 f. der mangels abw. Abreden von der Geltung des § 738 Abs 1 S. 2 ausgeht.

[294] HM, vgl. BGHZ 50, 316, 323 = NJW 1968, 2003; BGH NJW-RR 1995, 165, 166; *Paulick* ZGR 1974, 271; *Friehe* (Fn. 265) S. 60 f.; *Ulbrich* (Fn. 265) S. 125. AA *Wagner* (Fn. 265) S. 105 ff. mit der unzutreffenden Begründung, der Unterbeteiligte hafte unbegrenzt für Gesellschaftsschulden; ferner *Blaurock* (Fn. 265) S. 183 f. und *Tebben* (Fn. 265) S. 276 ff.

Hauptbeteiligte und nicht etwa die Hauptgesellschaft, zu der der Unterbeteiligte regelmäßig nicht in direkten Rechtsbeziehungen steht (RdNr. 98). Dementsprechend ist Gegenstand dieser Rechte auch nur die Rechnungslegung, Information und Kontrolle bezüglich der auf den **Anteil** an der Hauptgesellschaft entfallenden Erträge und deren Zusammensetzung (Gewinnanteil, Kapitalzinsen, Geschäftsführervergütungen u. a.).[295] Dagegen ist der Hauptbeteiligte mangels besonderer Absprachen nicht verpflichtet und mit Rücksicht auf seine Verschwiegenheitspflicht im Rahmen der Hauptgesellschaft regelmäßig auch nicht berechtigt, dem Unterbeteiligten die Bilanzen und die Gewinn- und Verlustrechnungen der Hauptgesellschaft mitzuteilen[296] oder ihm auf sonstige Weise Einblick in vertrauliche Unterlagen der Hauptgesellschaft zu gewähren. Das gilt im Zweifel selbst dann, wenn im Vertrag der Hauptgesellschaft Unterbeteiligungen ausdrücklich zugelassen sind und der Unterbeteiligte ein erhebliches Interesse an derartigen Informationen hat.[297] Gegenüber dem vorrangigen Interesse der Hauptgesellschafter tritt dieses Interesse im Regelfall auch deshalb zurück, weil der Unterbeteiligte ihnen gegenüber keinen vertraglichen Bindungen unterliegt und insbesondere auch nicht zu Gesellschaftstreue oder zur Unterlassung von Wettbewerb angehalten werden kann.[298] Zum Sonderfall der „offenen" Unterbeteiligung vgl. aber RdNr. 101.

100 Eine **Bindung des Hauptbeteiligten** gegenüber dem Unterbeteiligten **bei Abstimmungen** in der Hauptgesellschaft oder eine Pflicht zu einvernehmlicher Stimmabgabe ist mit Rücksicht auf den Vorrang der Hauptgesellschaft (RdNr. 95) im Regelfall zu verneinen. Soweit sie im Einzelfall besteht, führt sie doch nicht zur Unwirksamkeit abweichender Stimmabgaben in der Hauptgesellschaft; auch die Grundsätze über den Vollmachtsmissbrauch sind auf diesen Fall nicht anwendbar.[299] Wohl aber kann der Hauptbeteiligte sich dem Unterbeteiligten gegenüber schadensersatzpflichtig machen, wenn er sein Stimmrecht in der Hauptgesellschaft in einem für den Unterbeteiligten nachteiligen, nicht durch seine Treupflicht in der Hauptgesellschaft gebotenen Sinn ausübt.[300] Zu denken ist etwa an Fälle, in denen durch hohe Selbstfinanzierung und Bildung stiller Reserven die Ertragsbeteiligung des Unterbeteiligten ausgehöhlt wird.[301] Zur Problematik der Stimmbindungsverträge im Recht der GbR und zu ihren Grenzen auch im Fall der Unterbeteiligung vgl. § 717 RdNr. 20 ff., 26.

101 **bb) Die offene (qualifizierte) Unterbeteiligung als Sonderfall.** Entsprechend der im Gesellschaftsrecht herrschenden Privatautonomie ist es nicht ausgeschlossen, dass dem Unterbeteiligten im Einzelfall auch *unmittelbare Rechte gegen die Hauptgesellschaft* eingeräumt werden und er im weiteren Sinn in den Gesellschafterverband einbezogen wird.[302] Hierzu genügt allerdings nicht die Offenlegung der Unterbeteiligung oder deren generelle Zulassung im Hauptgesellschaftsvertrag. Vielmehr bedarf es der **Zustimmung der übrigen**

[295] Ganz hM, vgl. BGHZ 50, 316, 323 f. = NJW 1968, 2003; OLG Frankfurt GmbHR 1987, 57, 59; *Paulick* ZGR 1974, 271; *Blaurock* (Fn. 265) S. 183; *Ulbrich* (Fn. 265) S. 125 f.; *Wiedemann* Übertragung S. 313; *Esch* NJW 1964, 902, 905; *H. Schneider*, FS Möhring, 1965, S. 120; *Friehe* (Fn. 265) S. 60 ff.; *Soergel/Hadding* RdNr. 35; Gegenansichten s. in Fn. 296.

[296] So aber – unter Hinweis auf § 716 – *Tebben* (Fn. 265) S. 277 f. sowie früher *Herzfeld* AcP 137 (1933), 270, 307; *Janberg* DB 1953, 77, 79; *Staudinger/Geiler* (10. Aufl.) Anh. zu §§ 705 ff. RdNr. 77; anders die heute hM (vgl. Fn. 295).

[297] BGHZ 50, 316, 324 f. = NJW 1968, 2003; aA MünchKommHGB/*K. Schmidt* § 233 RdNr. 34.

[298] Anders LG Bremen GmbHR 1991, 269, 270, allerdings für die Unterbeteiligung an einem GmbH-Anteil unter zutr. Hinweis auf die GmbH-Publizität. Relativ auch *Tebben* (Fn. 265) S. 293.

[299] Str., wie hier BGH WM 1977, 525, 527 und schon BGH NJW 1968, 1471 (Treuhand); aA *Tebben* (Fn. 265) S. 192 ff., 202 m. weit. Nachw.

[300] BGH WM 1977, 525, 528 f.; ähnlich *Ulbrich* (Fn. 265) S. 117.

[301] Das gilt jedenfalls dann, wenn der Unterbeteiligte nicht auch an den so gebildeten Reserven beteiligt ist. Zur Unzulässigkeit, den Gewinnverteilungsschlüssel in der Unterbeteiligung einseitig durch Erhöhung der Einlage des Hauptbeteiligten in der Hauptgesellschaft zu ändern, vgl. BGH WM 1966, 188, 191.

[302] So grds. auch *Blaurock* (Fn. 265) S. 184 f.; vgl. auch *Ulbrich* (Fn. 265) S. 128 f. Missverständlich *Tebben* (Fn. 265) S. 104 ff. unter Ablehnung „dinglicher" (dh. gesellschaftsrechtlicher!) Wirkungen.

Gesellschafter zur Vereinbarung der Unterbeteiligung; sie kann auch – ähnlich wie bei der Anteilsübertragung (§ 719 RdNr. 27) – in antizipierter Form erfolgen. Liegen diese Voraussetzungen vor, so erlangt der Unterbeteiligte eine interne, quasi-dingliche Mitbeteiligung am Gesellschaftsanteil des Hauptbeteiligten.[303] Ihm können eigene Mitsprache- und Kontrollrechte in der Hauptgesellschaft eingeräumt werden, ohne dass das Abspaltungsverbot eingreift (zur entsprechenden Rechtslage bei offener Treuhand und Nießbrauch vgl. § 705 RdNr. 92 f. und 96). Entsprechend unterliegt er auch seinerseits der Treupflicht gegenüber der Hauptgesellschaft. Stimmbindungsvereinbarungen zwischen ihm und dem Hauptbeteiligten können ohne die für den Regelfall geltenden Einschränkungen (RdNr. 98) vereinbart und durchgesetzt werden (§ 717 RdNr. 26).

c) Auflösung und Auseinandersetzung. Die **Dauer** der Unterbeteiligung kann nicht 102
an diejenige der – unbefristeten – Hauptgesellschaft oder an die fortbestehende Mitgliedschaft des Hauptbeteiligten geknüpft werden.[304] Mangels Überschaubarkeit wäre eine derartige Bindung unvereinbar mit dem zwingenden Kündigungsrecht des § 723 Abs. 3, das auch für stille Beteiligungen gilt.[305] Für die **Kündigung** selbst, sei es durch einen der Vertragspartner oder durch einen Privatgläubiger, gelten abweichend von §§ 723 Abs. 1 S. 1, 725 die Fristen des § 234 Abs. 1 iVm. §§ 132, 135 HGB.[306] Der **Tod** des Unterbeteiligten hat entgegen § 727 Abs. 1 die Auflösung der Unterbeteiligung im Zweifel nicht zur Folge (§ 234 Abs. 2 HGB).[307] Gleiches wird unter Berufung auf den mutmaßlichen Parteiwillen mit guten Gründen auch für den Tod des Hauptbeteiligten vertreten;[308] Voraussetzung ist allerdings, dass der Anteil an der Hauptgesellschaft auf dessen Erben übergeht. Demgegenüber führt das Ausscheiden des Hauptbeteiligten aus der Hauptgesellschaft nach § 726 zur Auflösung der Unterbeteiligung wegen Unmöglichwerdens des Gesellschaftszwecks.[309]

Für die **Auseinandersetzung** gilt § 235 HGB.[310] Eine Liquidation des Hauptgesell- 103
schaftsanteils durch dessen Veräußerung oder durch Kündigung der Hauptgesellschaft kann der Unterbeteiligte nur verlangen, wenn die Parteien im Rahmen der Unterbeteiligung wirksam Entsprechendes vereinbart haben.

C. Abgrenzungsfragen

I. Gesellschafts- und Austauschverträge

1. Allgemeines. a) Grundsatz. Die Abgrenzung der Gesellschaftsverträge gegenüber 104
sonstigen vertraglichen Schuldverhältnissen, darunter insbesondere den Austausch-, aber auch den Interessenwahrungs-(Geschäftsbesorgungs-)verträgen, bestimmt sich nach § 705. Als konstitutive Elemente der Gesellschaft sind in dieser Vorschrift der **gemeinsame Zweck** und die hierauf gerichteten **Förderungspflichten** der Beteiligten genannt (vgl. näher § 705 RdNr. 142 ff., 153 f.). Liegen diese Merkmale vor und werden sie nicht nach

[303] Vgl. näher *Ulmer,* FS Odersky, 1996, S. 888 ff. (betr. Treuhand an GmbH-Anteilen).

[304] HM vgl. BGHZ 50, 316, 320 = NJW 1968, 2003; BGH NJW 1994, 2886, 2888 = LM § 622 Nr. 45; *Friehe* (Fn. 265) S. 71 f.; *Soergel/Hadding* RdNr. 36. AA noch *Herzfeld* AcP 137 (1933), 270, 317.

[305] BGHZ 23, 10, 15 = NJW 1957, 461 und 50, 316, 322 = NJW 1968, 2003 gegen RGZ 156, 129.

[306] HM, vgl. *Esch* NJW 1964, 906; *Paulick* ZGR 1974, 278; *Friehe* (Fn. 265) S. 69 f.; *Ulbrich* (Fn. 265) S. 147; *Wagner* (Fn. 265) S. 121, 123; aA *Blaurock* (Fn. 265) S. 163 f.; *Soergel/Hadding* RdNr. 36; *Tebben* (Fn. 265) S. 325 ff.; offen lassend BGHZ 50, 316, 321 = NJW 1968, 2003.

[307] *Paulick* ZGR 1974, 280; *Blaurock* (Fn. 265) S. 166; *Ulbrich* (Fn. 265) S. 153; *H. Westermann* RdNr. I 970. Für Vorrang ergänzender Vertragsauslegung in diesem Fall *Friehe* (Fn. 265) S. 74; ähnlich *Tebben* (Fn. 265) S. 340; für Anwendbarkeit von § 727 Abs. 1 *Wagner* (Fn. 265) S. 123 f.

[308] *Friehe* (Fn. 265) S. 73; aA *Paulick* ZGR 1974, 280; grds. auch *Blaurock* (Fn. 265) S. 165 f.; *Ulbrich* (Fn. 265) S. 152; *Tebben* (Fn. 265) S. 340; vgl. auch BGH NJW 1994, 2886, 2887 = LM § 662 Nr. 45.

[309] Vgl. dazu und zu sonstigen Fällen der Veränderung bei der Hauptgesellschaft näher *Blaurock* (Fn. 265) S. 166 ff.; *Tebben* (Fn. 265) S. 332 ff.

[310] *Esch* NJW 1964, 906; *Paulick* ZGR 1974, 280; *Ulbrich* (Fn. 265) S. 162; *Wagner* (Fn. 265) S. 137 ff., 142; diff. *Blaurock* (Fn. 265) S. 175 ff.

Art gemischter Verträge (RdNr. 113) von Austausch- oder Interessenwahrungselementen überlagert, so handelt es sich stets um eine Gesellschaft, und zwar unabhängig davon, wie eng die persönliche Bindung der Beteiligten ausgestaltet ist und welche Bezeichnung sie ihrem Rechtsverhältnis gegeben haben.

105 Die theoretisch einfache Unterscheidung kann freilich je nach Lage des Falles bei der Rechtsanwendung nicht geringe **Schwierigkeiten** bereiten, soweit die Beteiligten keine eindeutigen Regelungen getroffen haben oder soweit es an klar auf eine (Außen-)Gesellschaft hinweisenden Elementen wie Gesamtnamen, Bestellung von Geschäftsführern und Begründung von Gesamthandsvermögen fehlt. Die Schwierigkeiten beruhen im Wesentlichen auf zwei Gründen. Einerseits zeigen die Merkmale des gemeinsamen Zwecks und der Förderungspflicht wegen der nahezu unbeschränkten Verwendungsmöglichkeit der GbR (§ 705 RdNr. 144) eine große Spannweite. Die ihr entsprechende geringe Begriffsschärfe wird noch dadurch unterstrichen, dass die Differenzierung von gemeinsamem Zweck und außerhalb des Vertrages stehenden Motiven („Endzweck") der Parteien nicht leicht ist (§ 705 RdNr. 147). Zum anderen begegnen in der Rechtswirklichkeit aber auch eine Reihe von Vertragstypen, die Elemente sowohl des Gesellschafts- als auch eines Austausch- oder Interessenwahrungsvertrags enthalten (gemischte Verträge, vgl. RdNr. 113). Bei ihnen geht es nicht so sehr um eine Abgrenzung nach Maßgabe von § 705 als vielmehr darum, mit den für gemischte Verträge geltenden Methoden der Rechtsanwendung zu einer interessengerechten Lösung zu kommen (RdNr. 114).

106 **b) Gesellschaftsähnliche Rechtsverhältnisse.** Die genannten Schwierigkeiten haben vor allem die Rechtsprechung, aber auch einen Teil des Schrifttums dazu veranlasst, beim Auftreten von Einordnungsschwierigkeiten von „gesellschaftsähnlichen Rechtsverhältnissen" zu sprechen.[311] Vor der Verwendung dieses Begriffs ist indessen zu warnen.[312] Denn er ist in erster Linie beschreibender Natur, ohne dass sich an ihn bestimmte Rechtsfolgen knüpfen. Eine neben der Gesellschaft stehende, einen besonderen Schuldvertragstyp bildende Kategorie gesellschaftsähnlicher Rechtsverhältnisse gibt es nicht. Hinter der Bezeichnung verbergen sich vielmehr **zwei** deutlich zu unterscheidende **Fallgruppen,**[313] nämlich zum einen *atypische,* aber gleichwohl noch die Begriffsmerkmale des § 705 aufweisende und daher als Gesellschaften zu qualifizierende Verträge (vgl. dazu auch RdNr. 3), zum anderen *gemischte Verträge,* dh. solche, die Elemente sowohl der Gesellschaft als auch eines Austausch- oder Interessenwahrungsvertrags enthalten (RdNr. 113). Soweit es um die Anwendbarkeit der §§ 706 bis 740 auf einen Vertrag geht, der (auch) gesellschaftsrechtliche Elemente aufweist, ist mit dessen Klassifikation als „gesellschaftsähnlich" daher nichts gewonnen. Vielmehr ist weiter zu prüfen, ob die Definitionsmerkmale des § 705 vorliegen sowie inwieweit sie durch Elemente eines Austausch- oder Interessenwahrungsvertrags überlagert werden. – Zum Sonderfall gesellschaftsähnlicher Rechtsgemeinschaften, insbesondere der Miturhebergemeinschaft, vgl. RdNr. 128. Zum Kartellvertrag vgl. RdNr. 65.

107 **2. Partiarische Rechtsverhältnisse. a) Begriff und Wesen.** Unter partiarischen Rechtsverhältnissen versteht man Austauschverträge (Darlehen, Miete, Dienstvertrag u. a.), bei denen die *Vergütung* für die versprochene Leistung nicht betragsmäßig fixiert, sondern *erfolgsbezogen ausgestaltet* ist.[314] Der Darlehens- oder Mietzins oder die Tätigkeitsvergütung

[311] Vgl. etwa BGH LM § 305 Nr. 11 = NJW 1972, 1128, 1129; WM 1962, 1086; BGH LM § 723 Nr. 6 = DB 1959, 733; BGH NJW 1992, 967, 969; RGZ 142, 212, 214; OLG Celle NJW 1965, 339; KG ZIP 1980, 963, 964; OLG Köln JMbl. NRW 1962, 269; *Palandt/Sprau* § 705 RdNr. 9; *Staudinger/Keßler* RdNr. 160, 176; RGRK/*von Gamm* RdNr. 10 ff.; vgl. auch *Larenz/Canaris* II/2 § 63 III 2 a.

[312] So zu Recht *Soergel/Schultze-v. Lasaulx* (10. Aufl.) RdNr. 35; *Ballerstedt* JuS 1963, 253, 261; tendenziell auch *Erman/Westermann* RdNr. 6; aA *Schulze-Osterloh,* Der gemeinsame Zweck der Personengesellschaften, S. 60.

[313] So auch *Soergel/Hadding* RdNr. 19; *Erman/Westermann* RdNr. 6.

[314] Allg. zum Begriff der partiarischen Rechtsverhältnisse und zu deren Abgrenzung von der (stillen) Gesellschaft vgl. *Staudinger/Keßler* RdNr. 174 ff.; MünchKommHGB/*K. Schmidt* § 230 RdNr. 54 ff.; *Staub/Zutt* § 230 HGB RdNr. 21 ff.; *Düringer/Hachenburg/Flechtheim* § 335 HGB Anm. 10 f.; *Koenigs,* Die stille Gesellschaft, 1961, S. 28 ff.; *Schulze-Osterloh* (Fn. 312) S. 2 ff.

besteht in diesen Fällen somit nicht – oder nicht nur – in einem festen periodischen Betrag, sondern in einem Anteil an dem vom anderen Teil erwirtschafteten Umsatz oder Gewinn. Derartige Verträge weisen zumal im Fall partiarischer Darlehen eine deutliche Ähnlichkeit zur stillen Gesellschaft (§ 705 RdNr. 286) auf. Angesichts des Dauerschuldcharakters beider Arten von Verträgen sowie des auch für die stille Gesellschaft charakteristischen Fehlens einer Außenhaftung des Stillen und eines Gesamthandsvermögens sind die praktischen Unterschiede zwar begrenzter Natur. Gleichwohl bleibt die **Abgrenzung** von Bedeutung. Das gilt vor allem für das auf Austauschverträge beschränkte Recht der Leistungsstörungen (§§ 320 ff., vgl. § 705 RdNr. 163 ff.). Aber auch abgesehen hiervon finden sich im BGB für die einzelnen Vertragsarten unterschiedliche Regelungen. Unter ihnen fällt vor allem die zwar nicht bei den partiarischen Rechtsverhältnissen, wohl aber bei der stillen Gesellschaft nach dispositivem Recht (§ 231 Abs. 1 HGB) eingreifende Verlustbeteiligung ins Gewicht, soweit hierüber nicht konkrete Vereinbarungen zwischen den Parteien getroffen sind. Weitere Unterschiede – mit Blick auf partiarische Darlehen – finden sich in RdNr. 110. – Zur Behandlung gemischter, austausch- und gesellschaftsvertragliche Elemente umfassender partiarischer Rechtsverhältnisse vgl. RdNr. 114.

b) Partiarisches Darlehen. Abgrenzungsprobleme zur stillen Gesellschaft stellen sich 108
dann, wenn dem Geldgeber zwar eine Gewinnbeteiligung versprochen, über seine Verlustbeteiligung jedoch entweder keine Regelung getroffen oder diese ausdrücklich ausgeschlossen ist.[315] Ist eine Verlustteilnahme vereinbart, so handelt es sich notwendig um eine Gesellschaft; eine über das übliche Gläubigerrisiko hinausgehende Verlustteilnahme des Darlehensgebers ist dem geltenden Recht unbekannt.[316] Die Abgrenzung zwischen Darlehen und Gesellschaft hat – abgesehen von den Problemen der Währungsumstellung[317] – **Bedeutung** namentlich für die Kündigungsfristen bei unbefristeten Verträgen (vgl. § 488 Abs. 3 BGB, §§ 132, 234 Abs. 1 HGB, dazu auch § 705 RdNr. 288), aber auch für die Insolvenzanfechtung bei Rückzahlung des Kapitals innerhalb eines Jahres vor Stellung des Insolvenzantrags (§ 136 Abs. 1 InsO). Der Tod des Darlehensnehmers löst, anders als nach gesetzlicher Regel der Tod des tätigen Gesellschafters (§§ 727 Abs. 1 BGB, 234 Abs. 2 HGB), das Vertragsverhältnis nicht auf. Ein weiterer Unterschied ergibt sich nach hM daraus, dass die Grundsätze über die fehlerhafte Gesellschaft zwar nicht für das partiarische Darlehen, wohl aber für die stille Gesellschaft gelten sollen (str., vgl. dazu § 705 RdNr. 358 f.). Für das Eingreifen der Bereichsausnahme des § 310 Abs. 4 (den früheren § 23 Abs. 1 AGBG) ist die Abgrenzung nur dann von Bedeutung, wenn man die Ausnahme auch auf stille Gesellschaften erstreckt.[318] Dagegen ist die Differenzierung für die Kontroll- und Nachprüfungsrechte des Kapitalgebers nur noch von untergeordneter Bedeutung, nachdem die Auslegung des auf Urkunden bezogenen Einsichtsrechts nach § 810 zu einer weitgehenden Annäherung an die Vorschrift des § 233 HGB geführt hat.[319]

[315] AA *Schön* ZGR 1993, 210 ff., der sich in derartigen Fällen stets für eine stille Gesellschaft ausspricht, da es partiarische Darlehen nicht gebe; dagegen, wenn auch die Unterschiede zwischen beiden Rechtsverhältnissen stark relativierend, MünchKommHGB/*K. Schmidt* § 230 RdNr. 57 ff. Vgl. auch *Schulze-Osterloh* (Fn. 312) S. 25 ff., 37, der entgegen § 231 Abs. 2 HGB die Verlustbeteiligung als unverzichtbar für das Vorliegen einer Gesellschaft ansieht und bei deren Ausschluss daher notwendig zu einem partiarischen Rechtsverhältnis kommt. Nach *Erman/Westermann* RdNr. 9 ist der Ausschluss der Verlustbeteiligung ein Indiz für das partiarische Darlehen.

[316] BGHZ 127, 176, 181 = NJW 1995, 192; BGH WM 1965, 1052, 1053; *Soergel/Häuser* Vor § 607 RdNr. 47; *Larenz/Canaris* II/2 § 63 III 2 b; *Staub/Zutt* § 230 HGB RdNr. 23; MünchKommHGB/*K. Schmidt* § 230 RdNr. 60; *Düringer/Hachenburg/Flechtheim* § 335 HGB Anm. 11; im Ergebnis ebenso *Koenigs* (Fn. 314) S. 30.

[317] BGHZ 3, 75, 81 = NJW 1951, 710; RGZ 141, 143; *Soergel/Häuser* Vor § 607 RdNr. 47.

[318] So BGHZ 127, 176, 183 ff. = NJW 1995, 192; aA *Ulmer* in *Ulmer/Brandner/Hensen,* AGBG, 9. Aufl. 2001, § 23 RdNr. 24 a; *H. Schmidt* ZHR 159 (1995), 734, 742 ff.

[319] Ebenso *Schön* ZGR 1993, 211, 231 ff. Zur erweiternden Auslegung des Begriffs der Urkunde in § 810 vgl. § 810 RdNr. 3 und BGH WM 1963, 990; 1971, 238; RGZ 56, 112; 87, 10, 14; 117, 332, 333; *Soergel/Mühl* § 810 RdNr. 7. AA – für indizielle Wirkung der Einräumung von Kontrollrechten, jedoch nicht als gegenteiliges Indiz bei ihrem Fehlen MünchKommHGB/*K. Schmidt* § 230 RdNr. 64.

109 Das **Merkmal der Gewinnbeteiligung** ist, da es sowohl für die stille Gesellschaft (§ 231 Abs. 2 aE HGB) als auch für das partiarische Darlehen eine notwendige Voraussetzung bildet, als Abgrenzungskriterium **nicht** geeignet.[320] Es begründet daher, für sich genommen, auch keine Vermutung für das Vorliegen einer stillen Gesellschaft. Anderes gilt, wenn der Kapitalgeber die Mittel für einen bestimmten Verwendungszweck im Unternehmen oder Tätigkeitsbereich des anderen Teils zur Verfügung stellt. Je konkreter die hierüber getroffenen Vereinbarungen sind und je weiter das interne Mitspracherecht des Kapitalgebers reicht, desto näher liegt die Annahme, dass der Verwendungszweck zum Vertragsgegenstand und damit zum gemeinsamen, von beiden Seiten zu fördernden Zweck gemacht worden ist, dh. dass eine Gesellschaft vorliegt.[321]

110 Für die Abgrenzung im Einzelfall kommt es nach zutr. ständ. Rspr. auf eine *Gesamtwürdigung des Vertrages* und der ihm zu Grunde liegenden persönlichen oder geschäftlichen Beziehungen der Parteien an.[322] Abgesehen von den Fällen, in denen die Entscheidung zu Gunsten der Gesellschaft sich bereits aus der vertraglich vorgesehenen, dem Wesen des Darlehens widersprechenden Verlustbeteiligung ergibt (RdNr. 107), werden folgende **Indizien für das Vorliegen einer stillen Gesellschaft** genannt: Regelungen über den Ausschluss oder die Beschränkung der Abtretbarkeit vertraglicher Ansprüche des Kapitalgebers[323] oder über dessen interne Mitverwaltungs-, insbesondere Geschäftsführungsbefugnisse,[324] ferner Überwachungs- und Kontrollrechte in einem der Vorschrift des § 233 HGB zumindest entsprechenden Umfang,[325] Fortsetzung bereits bestehender persönlicher oder geschäftlicher Beziehungen[326] sowie Mitwirkung des Kapitalgebers schon bei der Finanzierung der Unternehmensgründung.[327] Auch der von den Parteien für das Rechtsverhältnis getroffenen Bezeichnung kann indizielle Bedeutung zukommen, wenn sie im beiderseitigen Bewusstsein des Unterschieds gewählt wurde.[328] Der Vereinbarung einer Mindestvergütung oder einer neben die erfolgsabhängige tretenden festen Verzinsung kommt demgegenüber keine Indizfunktion zu; sie schließt das Vorliegen einer stillen Gesellschaft aber auch nicht aus.[329] Gegen eine Gesellschaft und **für** ein **partiarisches Darlehen** sprechen der Ausschluss oder die weitgehende Beschränkung von Mitsprache- und Kontrollrechten des Kapitalgebers[330] sowie

[320] *Staub/Zutt* § 230 HGB RdNr. 23; MünchKommHGB/*K. Schmidt* § 230 RdNr. 58; *Düringer/Hachenburg/Flechtheim* § 335 HGB Anm. 11; *Leenen,* Typus und Rechtsfindung, 1971, S. 140; aA *Schön* ZGR 1993, 211 ff., 222 (stets stille Gesellschaft).

[321] So für die Abgrenzung zu einem partiarischen Pachtvertrag auch BGH NJW 1951, 308; vgl. auch BGHZ 127, 176, 179 f. = NJW 1995, 192 zum Zustimmungserfordernis bei Änderung des Unternehmensgegenstandes, Veräußerung des Unternehmens u. a.; tendenziell anders *Leenen* (Fn. 320) S. 140.

[322] BGHZ 127, 176, 178 ff. = NJW 1995, 192; BGH LM HGB § 335 Nr. 1 = BB 1951, 849 und Nr. 8 = BB 1967, 349; BGH LM HGB § 340 Nr. 4 = NJW 1966, 501; BFH WM 1978, 994 und WM 1984, 1207, 1208; so auch *Staub/Zutt* § 230 HGB RdNr. 23; *Leenen* (Fn. 320) S. 151 f.

[323] BGHZ 127, 176, 178 = NJW 1995, 192; MünchKommHGB/*K. Schmidt* § 230 RdNr. 65; *Düringer/Hachenburg/Flechtheim* § 335 HGB Anm. 11 aE; *Koenigs* (Fn. 314) S. 31.

[324] BGHZ 127, 176, 179 f. = NJW 1995, 192; BGH LM HGB § 230 Nr. 3 = NJW 1992, 2696; NJW 1990, 573, 574; *Koenigs* (Fn. 314) S. 31; MünchKommHGB/*K. Schmidt* § 230 RdNr. 64.

[325] BGHZ 127, 176, 178 = NJW 1995, 192; *Düringer/Hachenburg/Flechtheim* HGB § 335 Anm. 11; *Koenigs* (Fn. 314) S. 32; *Staub/Zutt* § 230 HGB RdNr. 23; MünchKommHGB/*K. Schmidt* § 230 RdNr. 64; *Staudinger/Keßler* RdNr. 175; s. auch *Soergel/Hadding* RdNr. 11; abw. BFH WM 1978, 994, 995 (auch bei gegenüber § 233 HGB eingeschränkten Kontrollrechten); aA BGH FamRZ 1987, 676, 678 (keine indizielle Bedeutung).

[326] BGH LM HGB § 335 Nr. 1 m. Anm. *Rob. Fischer* = BB 1951, 849; *Soergel/Hadding* RdNr. 11; vgl. auch BFH WM 1984, 1207, 1208.

[327] *Baumbach/Hopt* § 230 HGB RdNr. 4; *Erman/Westermann* RdNr. 8; für Indizwirkung der ungewöhnlichen Höhe der Geldeinlage im Verhältnis zum Haftungsfonds BFH WM 1978, 994.

[328] BGHZ 127, 176, 178 = NJW 1995, 192; OLG Frankfurt WM 1982, 198, 199; OLG Dresden NZG 2000, 302; MünchKommHGB/*K. Schmidt* § 230 RdNr. 61; *Soergel/Hadding* RdNr. 11; *Koenigs* (Fn. 314) S. 30; weitergehend noch BGH LM HGB § 335 Nr. 1 = BB 1951, 849; BFH WM 1978, 994, 995 und WM 1984, 1207, 1208; *Düringer/Hachenburg/Flechtheim* § 335 HGB Anm. 11.

[329] BGHZ 127, 176, 181 = NJW 1995, 192; BGH NJW 1990, 573, 574; *Düringer/Hachenburg/Flechtheim* § 335 HGB Anm. 11; *Staub/Zutt* § 230 HGB RdNr. 17, 23; MünchKommHGB/*K. Schmidt* § 230 RdNr. 63.

[330] So für partiarischen Pacht- und Dienstvertrag BGH NJW 1951, 308; *Soergel/Hadding* RdNr. 11; *Düringer/Hachenburg/Flechtheim* § 335 HGB Anm. 11 aE; *Koenigs* (Fn. 314) S. 32; aA MünchKommHGB/*K. Schmidt* § 230 RdNr. 64.

die Einräumung von Sicherheiten für die von ihm gewährten Mittel.[331] Auch das Recht zu jederzeitiger Rückforderung des Kapitals oder zu kurzfristiger Kündigung sind Indizien für den Darlehenscharakter,[332] während eine langfristige Bindung der Mittel insoweit keinen Umkehrschluss gestattet.

c) Partiarischer Dienstvertrag. Die Erbringung von Diensten kann entweder Austauschleistung des Dienstverpflichteten oder Förderungstätigkeit des Gesellschafters sein; das gilt auch bei Innengesellschaften (§ 705 RdNr. 284 f.). Die Erfolgsbeteiligung des Dienstleistenden gestattet, zumal wenn sie sich mit einer festen Vergütung verbindet, ebenso wenig wie diejenige des Kapitalgebers einen Rückschluss auf das Vorliegen einer Gesellschaft.[333] Vorrangige Bedeutung für die Abgrenzung kommt hier vielmehr der **Ausgestaltung des Innenverhältnisses** der Beteiligten zu.[334] Ist es durch Über- oder Unterordnung mit entsprechenden Weisungsbefugnissen des einen Vertragspartners gekennzeichnet, so spricht das für einen Dienstvertrag.[335] Dagegen liegt bei einem gleichberechtigten Zusammenwirken beider Teile[336] sowie bei der Einräumung eigener, auf eine Gleichstellung hindeutender Entscheidungs- oder Widerspruchsrechte an den Erbringer der Dienste die Annahme einer Gesellschaft nahe. Gleiches gilt bei der Vereinbarung einer längerfristigen festen Bindung. Zum Ganzen vgl. auch 3. Aufl. § 611 RdNr. 29. 111

d) Partiarische Miete oder Pacht. Auch die Gebrauchsüberlassung einer Sache kann gegen eine erfolgsabhängige an Stelle einer festen Vergütung vereinbart werden. Zumal bei einem Pachtvertrag sind derartige Vereinbarungen nicht selten (3. Aufl. Vor § 581 RdNr. 12). Gehen die Pflichten des einen Teils nicht über die Gebrauchsüberlassung hinaus und sind ihm auch keine nennenswerten internen Mitsprache- oder Kontrollrechte eingeräumt, so steht trotz der Erfolgsbeteiligung regelmäßig das Gebrauchsüberlassungselement im Vordergrund; die Annahme einer Gesellschaft scheidet im Zweifel aus.[337] Anderes gilt dann, wenn einem der Vertragspartner die Gutsverwaltung übertragen und dem anderen Teil nicht nur eine Erfolgsbeteiligung und die Garantie eines Mindestertrags, sondern auch ein Recht auf Entnahmen aus der auf gemeinsame Rechnung geführten Wirtschaftskasse eingeräumt wird.[338] Vgl. auch 3. Aufl. Vor § 581 RdNr. 12 sowie zum Sonderfall des Automatenaufstellvertrags unten RdNr. 119. 112

3. Gemischte Verträge. a) Allgemeines. Unter den gemischten, vielfach auch als „gesellschaftsähnlich" (RdNr. 106) bezeichneten Verträgen lassen sich theoretisch **zwei Kategorien** von Vertragsverhältnissen unterscheiden.[339] Zur einen Gruppe gehören diejenigen Verträge, die zwar nicht die beiden nach § 705 vorausgesetzten Merkmale des gemeinsamen Zwecks und der Förderungspflicht erfüllen, bei denen die Ähnlichkeit zur Gesellschaft sich aber daraus ergibt, dass die Parteien im Vertrauen aufeinander und auf Grund gleichgerichteter Interessen ihre Belange in bestimmter Weise und zu bestimmten Zwecken 113

[331] BGHZ 127, 176, 178 = NJW 1995, 192; MünchKommHGB/*K. Schmidt* § 230 RdNr. 68; einschr. *Staub/Zutt* § 230 HGB RdNr. 23.

[332] MünchKommHGB/*K. Schmidt* § 230 RdNr. 67; *Soergel/Häuser* Vor § 607 RdNr. 47; vgl. auch BFH WM 1978, 994 (Unkündbarkeit der Geldeinlage als Indiz für das Vorliegen einer stillen Gesellschaft).

[333] BFH BB 1988, 186, 188; MünchKommHGB/*K. Schmidt* § 230 RdNr. 55; *Erman/Westermann* RdNr. 7; s. dazu auch *Soergel/Kraft* Vor § 611 RdNr. 48; *Düringer/Hachenburg/Flechtheim* § 335 HGB Anm. 10.

[334] AA MünchKommHGB/*K. Schmidt* § 230 RdNr. 55, der für die Annahme einer stillen Gesellschaft das Vorhandensein einer Einlagegutschrift verlangt; dagegen zu Recht *Staub/Zutt* § 230 HGB RdNr. 24. Zur Abgrenzung zwischen Gesellschaft und Anstellungsverhältnis bei einem in der OHG tätigen, als „Gesellschafter" bezeichneten Prokuristen vgl. RGZ 142, 13, 17 f.

[335] *Soergel/Kraft* Vor § 611 RdNr. 48; *Soergel/Hadding* RdNr. 12; *Erman/Westermann* RdNr. 9.

[336] BGH NJW 1992, 2696; *Staub/Zutt* § 230 HGB RdNr. 24; *Erman/Westermann* RdNr. 10; so auch BGHZ 8, 249, 255 = NJW 1953, 418 für die rechtliche Beurteilung der Ehegattenmitarbeit (vgl. dazu RdNr. 80).

[337] BGH NJW 1951, 308; NJW-RR 1988, 417, 418; BFH BB 1988, 186, 188; im Ergebnis ebenso *Erman/Westermann* RdNr. 9; s. auch *Erman/Jendrek* Vor § 581 RdNr. 6; aA MünchKommHGB/*K. Schmidt* § 230 RdNr. 56 – Einlagekonto als Abgrenzungskriterium, vgl. dazu Fn. 334.

[338] RG DR 1942, 1161; *Erman/Westermann* RdNr. 9; *Soergel/Kummer* Vor § 581 RdNr. 11.

[339] So auch *Soergel/Hadding* RdNr. 17.

miteinander verknüpfen.[340] Daneben finden sich auch Verträge, die durch eine Kombination sowohl der Merkmale des § 705 als auch derjenigen eines Austausch- oder Interessenwahrungsvertrags gekennzeichnet sind und bei denen der Beurteilung als Gesellschaft somit die Überlagerung durch andersartige Vertragsteile entgegensteht.[341]

114 Ob der jeweilige gemischte Vertrag der einen oder der anderen Gruppe zuzurechnen ist, kann für die Rechtsanwendung freilich meist offen bleiben. Denn in beiden Fällen scheitert die unmittelbare Anwendung der §§ 706 bis 740 an dem von der Gesellschaftsdefinition des § 705 abweichenden Inhalt des Schuldverhältnisses und an der Notwendigkeit, den Besonderheiten des Vertragstyps Rechnung zu tragen. Den **methodischen Ansatz** für die Wahl des geeigneten Rechtsrahmens bieten die verschiedenen zur Behandlung gemischter Verträge aufgestellten Grundsätze.[342] Unter ihnen geht die *Absorptionstheorie* dahin, bei Vereinbarung von Elementen zweier oder mehr gesetzlich geregelter Vertragstypen den Hauptvertrag zu ermitteln und die Rechtsfolgen an den für ihn geltenden Normen auszurichten.[343] Die *Kombinationstheorie* bemüht sich, die einzelnen Teile eines gemischten Vertrags auf den ihnen jeweils entsprechenden gesetzlichen Vertragstyp zurückzuführen, und kommt auf diesem Wege zur Anwendung unterschiedlicher Normgruppen auf den gemischten Vertrag.[344] Einen dritten Weg bietet die analoge Heranziehung von Normen, die vergleichbare Interessenkonflikte für gesetzliche Vertragstypen lösen. Für gemischte Verträge empfiehlt sie sich namentlich dann, wenn es möglich ist, im Wege einer *Rechts- oder Gesamtanalogie* einen für die Lückenfüllung geeigneten allgemeinen, den verschiedenen Regelungen zu grunde liegenden Rechtsgrundsatz zu ermitteln.[345] Die verschiedenen Theorien schließen sich nicht etwa gegenseitig aus, sondern bieten den Gerichten neben der an § 157 orientierten ergänzenden Vertragsauslegung ein flexibles Instrumentarium an, um je nach Lage des Falles die interessengerechte, den Intentionen der Parteien am besten entsprechende Lösung zu finden.[346]

115 **b) Einzelfragen.** Strukturelle Voraussetzung für die Bejahung gesellschaftsrechtlicher Elemente in einem gemischten Vertrag ist zunächst dessen **Dauerschuldcharakter;** bei Schuldverhältnissen, deren Erfüllung durch einmaligen Leistungsaustausch bewirkt wird, scheidet eine Ähnlichkeit zur Gesellschaft von vornherein aus (vgl. auch RdNr. 5). Hinzutreten müssen freilich weitere Umstände, um die gesellschaftsähnlichen von sonstigen, reinen Austausch- oder Interessenwahrungscharakter tragenden Dauerschuldverhältnissen abzugrenzen. Zu nennen sind namentlich ein enges beiderseitiges **Vertrauensverhältnis** zwischen den Parteien,[347] die weitgehende Übereinstimmung der von ihnen jeweils verfolgten Interessen, die Existenz gewisser Kontrollrechte[348] und die erfolgsabhängig ausgestaltete Entgeltregelung.[349]

116 Materielle Bedeutung hat die Heranziehung gesellschaftsrechtlicher Normen zur Lückenfüllung nach den verschiedenen für gemischte Verträge entwickelten Methoden allerdings nur

[340] BGH LM § 723 Nr. 6 = DB 1959, 733; RGZ 142, 212, 214; RGRK/*von Gamm* RdNr. 10; *Soergel/Hadding* RdNr. 17; *Staudinger/Keßler* RdNr. 160.

[341] *Soergel/Hadding* RdNr. 17; vgl. auch *Leenen* (Fn. 320) S. 139 ff.

[342] Vgl. § 305 RdNr. 62 ff., 67; *Esser/Schmidt* AT § 12 II; *Larenz/Canaris* II/2 § 63 I; *Palandt/Heinrichs* Einf. v. § 305 RdNr. 24; RGRK/*Ballhaus* Vor § 305 RdNr. 35 ff.; *Staudinger/Löwisch* (1995) § 305 RdNr. 28 ff.

[343] Vgl. BGHZ 63, 333, 336 ff. = NJW 1975, 645; BGH LM AGBG § 9 (Ci) Nr. 14 = NJW 1989, 1673, 1674; BGH LM § 537 Nr. 10 = NJW 1963, 1449 f.; BAG AP § 611 Nr. 1 – Gemischter Vertrag – Bl. 2; *Larenz/Canaris* II/2 § 63 I 3 b m. weit. Rspr.-Nachw.; RGRK/*Ballhaus* Vor § 305 RdNr. 36.

[344] Vgl. BGHZ 60, 362, 364 = NJW 1973, 1235; BGHZ 63, 306, 309 ff. = NJW 1975, 305; RGZ 69, 127, 129 f.; BAG AP § 611 Nr. 1 – Gemischter Vertrag – Bl. 2; RGRK/*Ballhaus* Vor § 305 RdNr. 37; *Staudinger/Löwisch* (1995) § 305 RdNr. 29. – Zur Verwendung der Typenlehre für die Konkretisierung der auf einen Vertrag anwendbaren Normen vgl. *Schwark* Rechtstheorie 9 (1978), S. 73 ff.

[345] Für dieses Vorgehen namentlich *Raisch* BB 1968, 526, 529.

[346] So zutr. § 305 RdNr. 67; *Larenz/Canaris* II/2 § 63 I 3 d; *Staudinger/Löwisch* (1995) § 305 RdNr. 30 ff.; *Palandt/Heinrichs* Einf. v. § 305 RdNr. 25; vgl. auch BGHZ 101, 172, 184 = NJW 1988, 640; BGH LM § 459 Nr. 20 Bl. 1 = DB 1969, 346; BGHZ 60, 362, 364 = NJW 1973, 1235.

[347] RGZ 81, 233, 235; 142, 212, 214.

[348] BGH LM § 723 Nr. 6 = DB 1959, 733.

[349] RGZ 142, 212, 214; wohl auch BGHZ 51, 55, 56 = NJW 1969, 230.

insoweit, als nicht bereits die **allgemein für Dauerschuldverhältnisse geltenden Grundsätze** eine Lösung bieten.[350] Zu diesen gehört namentlich die Anerkennung von Gestaltungsrechten zur *einseitigen Vertragsbeendigung* bei unbefristeten Verträgen,[351] wobei freilich die Kündigungsfrist näherer, dem Einzelfall angemessener Bestimmung bedarf. Die in § 723 Abs. 1 S. 1 vorgesehene, grundsätzlich jederzeitige Kündigung einer unbefristeten GbR ohne Einhaltung einer Kündigungsfrist eignet sich schon deshalb wenig als gesetzliches Vorbild, weil sie vom Sonderfall jederzeit auflösbarer Verbindungen im Rahmen einer Gelegenheitsgesellschaft ausgeht und im Verhältnis zu den Kündigungsregelungen der sonstigen im BGB geregelten Typen von Dauerschuldverträgen einen systemwidrigen Fremdkörper darstellt.[352] Für die *Kündigung aus wichtigem Grund* hat die Schuldrechtsreform in **§ 314** erstmals eine allgemein für Dauerschuldverhältnisse geltende, gegenüber Sondervorschriften nach Art des § 723 freilich unanwendbare Regelung gebracht; inhaltlich beschränkt sie sich im Wesentlichen auf die Kodifizierung des schon bisher geltenden Rechts.[353]

4. Einzelfälle. Lotto-, Fußballtoto- und sonstige **Wettspielgemeinschaften** stellen regelmäßig Innengesellschaften dar.[354] Der gemeinsame Zweck ist bei ihnen auf die gemeinschaftliche Teilnahme am Wettspiel zur Erhöhung der Gewinnchancen bei gleich bleibenden Aufwendungen gerichtet. Ihn zu fördern sind die Mitglieder der Wettgemeinschaft in erster Linie durch regelmäßige Beiträge für die benötigten Wetteinsätze verpflichtet.[355] Die Bezeichnung solcher Wettgemeinschaften als „gesellschaftsähnliche Rechtsverhältnisse"[356] sollte wegen ihrer Rechtsnatur als Gesellschaften aufgegeben werden. Gleiches gilt für den Zusammenschluss von **Sicherungsnehmern in der Insolvenz** des Sicherungsgebers im Rahmen einer sog. Pool-Vereinbarung (vgl. RdNr. 71) und von Vergleichsgläubigern bei einem außergerichtlichen Vergleich.[357] 117

Als GbR ist die **Vereinbarung zwischen zwei** oder mehr **Urhebern verbundener Werke** (§ 9 UrhG) – beispielsweise von Musik und Text – über die gemeinsame Verwertung zu qualifizieren.[358] Dagegen bilden Miturheber eines Werkes (§ 8 Abs. 1 UrhG) und Miterfinder (§ 3 S. 2 PatG) nur dann eine GbR (Erfindergemeinschaft), wenn sie sich zur Erarbeitung oder Verwertung der geistigen Schöpfung oder Erfindung vertraglich zusammengeschlossen haben (vgl. RdNr. 129, zur Frage der Zuordnung der gemeinsamen Erfindung vgl. § 741 RdNr. 594 ff.). Ohne vertragliche Vereinbarung, zB bei Freigabe einer Arbeitnehmererfindung an mehrere angestellte Miterfinder, richtet sich das Verhältnis unter den Miterfindern nach den Vorschriften der §§ 741 ff.[359] Zum Sonderfall vertraglich nicht verbundener Miturheber vgl. RdNr. 128. 118

Der **Automatenaufstellvertrag** wird teilweise als „zumindest gesellschaftsähnlich"[360] oder als gemischter Vertrag „mit gesellschaftsrechtlichen Zügen"[361] angesehen. Seiner Ein- 119

[350] Vgl. dazu § 305 RdNr. 30 sowie *Beitzke,* Nichtigkeit, Auflösung und Umgestaltung von Dauerschuldverhältnissen, 1948; *Esser/Schmidt* AT § 15 II 4; *Larenz* I § 2 VI; *Ulmer,* Der Vertragshändler, 1969, S. 254 ff.

[351] BGH MDR 1978, 485; VersR 1960, 653, 654; RGZ 78, 421, 423 f.; 95, 166; *Beitzke* (Fn. 350) S. 21; *Ulmer* (Fn. 350) S. 257 ff.; *Esser/Schmidt* (Fn. 350); *Larenz* (Fn. 350).

[352] So zu Recht *Raisch* BB 1968, 530; zurückhaltend gegenüber der analogen Anwendung von § 723 Abs. 1 S. 1 auch BGH LM § 723 Nr. 6 = DB 1959, 733.

[353] Ebenso § 314 RdNr. 1; *Palandt/Heinrichs* § 314 RdNr. 7 ff.

[354] Vgl. die Nachw. in RdNr. 34 und Fn. 71.

[355] BayObLG NJW 1971, 1664; § 762 RdNr. 32.

[356] BayObLG NJW 1971, 1664, 1665.

[357] Anders für Absprachen mit einer Mehrheit von Vergleichsgläubigern wohl RGZ 153, 395, 398 und RG JW 1938, 178; vgl. auch BGH ZIP 1992, 191, 194; die Qualifikation als GbR oder gesellschaftsähnliches Rechtsverhältnis offen lassend OLG Celle NJW 1965, 399 und *Mühl* NJW 1956, 401, 403.

[358] BGH GRUR 1973, 328, 329 – „Musikverleger II"; BGH NJW 1982, 641; 1983, 1192, 1193; WM 1998, 1020, 1025; *von Gamm* UrhG 1968 § 9 RdNr. 8; *Schricker* Urheberrecht, 2. Aufl. 1999, § 9 RdNr. 9; *Fromm/Nordemann* Urheberrecht, 9. Aufl. 1998, § 9 RdNr. 4; zurückhaltender noch (für die Rechtslage vor der Neuregelung des § 9 UrhG) BGH GRUR 1964, 326, 327 – „Subverleger".

[359] *Benkard/Bruchhausen* PatG 9. Aufl. 1993, § 6 RdNr. 34; *Bernhardt/Kraßer,* Lehrbuch des Patentrechts, 4. Aufl. 1986, § 19 Va S. 199 ff.

[360] OLG Köln JMBl. NRW 1962, 269; OLG Hamburg OLGE 45, 168 f.

[361] LG Nürnberg-Fürth NJW 1971, 52; die Rechtsnatur bewusst offen lassend BGHZ 47, 202 = NJW 1967, 1414; BGHZ 51, 55, 56 = NJW 1969, 230.

ordnung in die Kategorie der „gesellschaftsähnlichen" (richtiger: gemischten, vgl. RdNr. 113) Rechtsverhältnisse ist zuzustimmen, sofern er dadurch vom Gesellschaftsvertrag unterschieden werden soll. Denn als typengemischter oder Austauschvertrag sui generis enthält er nicht nur gesellschaftsrechtliche Elemente, sondern auch Bestandteile eines Austauschvertrags. Streitige Fragen sind entsprechend den für gemischte Verträge geltenden Grundsätzen (RdNr. 114) nach den jeweils sachnächsten dispositiven Vorschriften zu entscheiden.[362] Das schließt nicht aus, dass das Rechtsverhältnis der Parteien im Einzelfall, wie etwa beim sog. Automatenanbringungsvertrag,[363] als reiner Mietvertrag zu qualifizieren ist.

120 Als „gesellschaftsähnlich" werden bei besonderer Ausgestaltung auch **Lizenzverträge** bezeichnet, durch die gewerbliche Schutzrechte,[364] nicht schutzrechtsfähige Geheimverfahren oder Know how[365] an den Lizenznehmer zur Nutzung überlassen werden. Ihrer Rechtsnatur nach handelt es sich um gemischte Verträge[366] oder Verträge sui generis,[367] deren rechtstatsächliche Erscheinungsformen außerordentlich vielfältig sind. Die Rechtsgrundsätze für den jeweils zur Entscheidung stehenden Lizenzvertrag entnimmt die Rechtsprechung daher „aus der Natur des Rechtsverhältnisses selbst".[368] Entsprechend den Grundsätzen für gemischte Verträge (RdNr. 114) stellt sie namentlich darauf ab, ob der Lizenzvertrag Merkmale aufweist, die die Anwendung einzelner für gesetzlich geregelte Vertragstypen geltender Vorschriften gestatten.[369] Dabei sind entsprechend dem Charakter der Lizenzverträge als Vereinbarungen zur entgeltlichen, auf Dauer angelegten Überlassung eines Nutzungsrechts die Vorschriften des Kauf-, Miet- und Pachtrechts, aber auch des Gesellschaftsrechts in Betracht zu ziehen.

121 Die **analoge Anwendung einzelner Vorschriften der §§ 706 ff.**, darunter diejenigen über Rechnungslegung nach § 713,[370] Büchereinsicht nach § 716[371] oder Kündigung nach § 723 Abs. 1 S. 2[372] auf **Lizenzverträge** wird in der Rechtsprechung dann bejaht, wenn die Verträge „gesellschaftsrechtlichen Charakter"[373] oder „Einschlag"[374] aufweisen, dh. wenn sie „gesellschaftsähnlich"[375] sind. Gesellschaftsähnlichkeit wird bejaht, wenn Lizenzgeber und Lizenznehmer ihre jeweiligen Interessen auf längere Dauer verknüpfen und wenn diese Verbindung in gemeinsamen Mitwirkungspflichten, enger Zusammenarbeit, gegenseitigen Kontrollrechten und intensivem Meinungsaustausch zum Ausdruck kommt.[376] Allerdings hat die Heranziehung gesellschaftsrechtlicher Normen für die Beurteilung von Lizenzver-

[362] OLG Hamburg MDR 1976, 577; OLG Celle BB 1968, 524; *Soergel/Schultze-v. Lasaulx* (10. Aufl.) RdNr. 93; *Raisch* BB 1968, 526, 530; *von Olshausen/K. Schmidt* Automatenrecht, 1972, RdNr. B 48. Vgl. auch 3. Aufl. Vor § 535 RdNr. 36 und *Gitter* Gebrauchsüberlassungsverträge, 1988, § 9 B IV 2 S. 234 ff.

[363] OLG München ZMR 1972, 210, 212; *Staudinger/Emmerich* (1995) Vor §§ 535, 536 RdNr. 131; *v. Olshausen/K. Schmidt* (Fn. 362) RdNr. B 38; *Raisch* BB 1968, 526, 531; *Gitter* (Fn. 362) § 9 B II 2 S. 222.

[364] RG GRUR 1935, 812; *Lüdecke* in *Lüdecke/Fischer* Lizenzverträge, 1957, S. 649 ff.; zurückhaltend *Stumpf/Groß*, Der Lizenzvertrag, 7. Aufl. 1998, RdNr. 459 ff.

[365] BGH GRUR 1976, 140 – „Polyurethan"; vgl. dazu auch *Martinek*, Moderne Vertragstypen Bd. II, 1992, Kap. V III 4 a S. 232.

[366] *Soergel/Hadding* RdNr. 18.

[367] BGHZ 2, 331, 335 = NJW 1951, 705; BGHZ 9, 262, 264 f. = NJW 1953, 1258; BGHZ 105, 374, 378 = NJW 1989, 456; *Benkard/Ullmann* (Fn. 359) § 15 PatG RdNr. 49.

[368] RGZ 75, 400, 405; RG GRUR 1932, 592, 594; vgl. auch *Preu* GRUR 1974, 623; krit. gegen die dadurch implizierte Rechtsunsicherheit und regelmäßig für Analogie zur Pacht *Stumpf/Groß* (Fn. 364) RdNr. 23 f.

[369] RG GRUR 1939, 700, 704; der Sache nach auch BGH NJW 1970, 1503; ebenso *Benkard/Ullmann* (Fn. 359) § 15 PatG RdNr. 49; vgl. auch *Bernhardt/Kraßer* (Fn. 359) § 41 S. 688 ff.

[370] RG JW 1926, 2529.

[371] Abl. BGH GRUR 1961, 466, 469.

[372] BGH GRUR 1955, 338, 339; vgl. jetzt aber § 314 nF.

[373] RG MuW 1930, 400, 401.

[374] BGHZ 28, 144, 153 = NJW 1959, 239; RG MuW 1930, 400; ebenso *Bernhardt/Kraßer* (Fn. 359) § 32 I S. 196.

[375] BGH GRUR 1971, 243, 245 – „Gewindeschneidevorrichtungen"; GRUR 1965, 135, 137 – „Vanal-Patent"; BPatGerE 2, 102 Leitsatz 2, S. 104 ff.

[376] BGH GRUR 1971, 243, 245 – „Gewindeschneidevorrichtungen"; BGHZ 26, 7, 8 = NJW 1958, 137; RGZ 142, 212, 214; RG GRUR 1939, 700, 704; BPatGerE 2, 102, 104 f.; *Soergel/Hadding* RdNr. 18; *Erman/Westermann* RdNr. 10; *Benkard/Bock/Bruchhausen* PatG, 6. Aufl. 1973, § 9 (aF) RdNr. 87; *Lüdecke* (Fn. 364) S. 494; zurückhaltend nun *Benkard/Ullmann* (Fn. 359) § 15 PatG RdNr. 49, 121 und *Stumpf/Groß* (Fn. 364) RdNr. 22, 459 ff.

trägen nur insoweit materielle Bedeutung, als sich nicht schon aus § 314 nF bzw. aus den sonstigen, allgemein für Dauerschuldverhältnisse entwickelten Regeln[377] eine entsprechende Lösung ableiten lässt. Auch die Pflicht zur Rechnungslegung ist keine spezifisch gesellschaftsrechtliche, sondern beruht auf einem ebenso in § 666 zum Ausdruck kommenden Grundsatz. Schon deshalb besteht auch für Lizenzverträge kein Anlass, an dem unscharfen Begriff der „gesellschaftsähnlichen" Verträge festzuhalten,[378] es bewendet vielmehr bei den allgemeinen Grundsätzen über gemischte Verträge.

Als gemischter Vertrag mit gesellschaftsrechtlichen Elementen ist weiter der **Verlagsvertrag** zu qualifizieren, sofern der Verfasser am Reingewinn des Verlegers beteiligt ist, insbesondere wenn dem Verleger bei Gewinnteilung auch die Verwertung sonstiger urheberrechtlicher Befugnisse überlassen wird.[379] Anderes gilt bei gewöhnlichen Verlagsverträgen,[380] aber auch bei Lizenzverträgen zwischen Verlag und Buchclub, die reine Austauschverträge sind.[381] Auch der **Bühnenaufführungsvertrag** ist ein gemischter Vertrag mit pacht-, werkvertrags- und gesellschaftsrechtlichen Elementen,[382] ebenso der **Filmherstellungs-** und **Filmverwertungs(lizenz-)vertrag,** der sowohl werkvertragliche wie gesellschaftsrechtliche Elemente enthält.[383] Eine GbR stellt hingegen regelmäßig die sog. Gemeinschaftsproduktion (Coproduktion) mehrerer Hersteller dar.[384] 122

Bei **Alleinvertriebs-(Vertragshändler-)verträgen** sind gesellschaftsrechtliche Elemente trotz der gelegentlich anzutreffenden Bezeichnung als „gesellschaftsähnliches" Rechtsverhältnis zu verneinen.[385] Zwar haben beide Parteien ein Interesse am Absatz der Vertragswaren, da ihr jeweiliger Geschäftserfolg hiervon abhängt. Dadurch wird dieses Interesse jedoch nicht zum gemeinsamen;[386] vielmehr herrscht der Interessenwahrungscharakter vor. Entsprechendes gilt für sonstige **Franchiseverträge**[387] sowie für die sog. **Tankstellenagenturverträge** zwischen Treibstoffgesellschaft und dem als Handelsvertreter tätigen Tankstellenverwalter.[388] Weder Gesellschafts- noch „gesellschaftsähnlicher" Vertrag ist auch der **Belegarztvertrag.**[389] Hier fehlt es an der Interessenparallelität von Arzt und Krankenhaus, da jede der Vertragsparteien eigene Interessen und Zwecke verfolgt. 123

II. Gesellschaft und Gemeinschaft

1. Grundsatz. Während die (Außen-)Gesellschaft durch die vertragliche Verbindung der Gesellschafter und die gesamthänderische Zuordnung des Gesellschaftsvermögens gekennzeichnet ist, beschränkt sich die **Rechts-(Bruchteils-)Gemeinschaft nach § 741** auf die gemeinsame Berechtigung von zwei oder mehr Personen an einer Sache oder einem sonstigen Vermögensgegenstand. Gemeinschaftliche Rechtsbeziehungen zwischen den Beteiligten sind hier nicht Folge einer gesellschaftsvertraglichen Verbindung, sondern der gemeinschaftlichen Rechtsstellung in Bezug auf die Sache. Zwar kann auch zwischen Gesellschaf- 124

[377] Vgl. dazu RdNr. 116 und die Nachw. in Fn. 350.

[378] Zutr. *Stumpf/Groß* (Fn. 364) RdNr. 463.

[379] RGZ 140, 264, 274 f.; 87, 215, 219; 81, 233, 235; *Soergel/Hadding* RdNr. 18; *Rehbinder,* Urheber- und Verlagsrecht, 11. Aufl. 2001, § 48 I 1 S. 263 f.; aA *Schricker* Verlagsrecht, 3. Aufl. 2001, § 1 RdNr. 54 f., § 22 RdNr. 12.

[380] *Schricker* (Fn. 379) § 1 RdNr. 11.

[381] BGH WM 1982, 588.

[382] BGHZ 13, 115, 119 = NJW 1954, 1081; *Rehbinder* (Fn. 379) § 53 S. 287 ff.

[383] BGHZ 2, 331, 335 = NJW 1951, 705; RGZ 161, 321, 323; *Staudinger/Keßler* RdNr. 177; *Rehbinder* (Fn. 379) § 54 III S. 294; *v. Hartlieb,* Handbuch des Film-, Fernseh- und Videorechts, 3. Aufl. 1991, S. 356 f.

[384] *v. Hartlieb* (Fn. 383) S. 251 f.

[385] *Ulmer* (Fn. 350) S. 321 ff.

[386] So auch BGH WM 1976, 1307, 1309 für einen „Eierpartnerschaftsvertrag".

[387] Vgl. dazu *Behr,* Der Franchisevertrag, 1976, insbes. S. 51 ff., 141; *Weber* JA 1983, 347, 351; *Martinek* Franchising, 1987, S. 184 ff.; zu Erscheinungsformen und Vorkommen des Franchising vgl. *Tietz/Mathieu,* Das Franchising als Kooperationsmodell für den mittelständischen Groß- und Einzelhandel, 1979.

[388] So auch BGHZ 52, 171, 174 f. = NJW 1969, 1662, 1663; *Staudinger/Emmerich* (1995) Vor §§ 535, 536 RdNr. 145; *Ulmer* (Fn. 350) S. 323 Fn. 14; *Gitter* § 10 B II 1 S. 265 ff.; aA (für gemeinsamen Zweck) OLG Stuttgart NJW 1964, 2255, 2257.

[389] BGH LM § 305 Nr. 11 = NJW 1972, 1128, 1129; *Erman/Westermann* RdNr. 10; *Palandt/Heinrichs* Einf. v. § 305 RdNr. 12; *Franzki/Hansen* NJW 1990, 737; aA – auch gesellschaftsvertragliche Elemente – OLG Hamm MedR 1989, 148, 150.

tern eine Bruchteilsgemeinschaft bestehen; das kommt namentlich dann in Betracht, wenn die Gesellschaft entweder auf rein schuldrechtliche Innenbeziehungen beschränkt ist oder die Beteiligten es versäumen, gemeinschaftlich gehaltene Sachen in das Gesamthandsvermögen zu übertragen (vgl. näher § 705 RdNr. 266 f.). Insoweit (nicht jedoch hinsichtlich des nur für die Gesellschaft kennzeichnenden Vertragsmerkmals, vgl. RdNr. 5) trifft die Aussage zu, dass der wahre Gegensatz nicht Gemeinschaft und Gesellschaft lautet, sondern Gemeinschaft und Gesellschaftsvermögen (§ 741 RdNr. 4). Im Regelfall (vgl. § 718) werden Gesellschaftsvertrag und Gesellschaftsvermögen jedoch zusammenfallen, so dass die Abgrenzung sich ähnlich derjenigen gegenüber Austauschverträgen (vgl. RdNr. 104 ff. und § 705 RdNr. 128) in erster Linie am Vorliegen oder Fehlen der beiden Wesensmerkmale der Gesellschaft orientieren muss, dem gemeinsamen Zweck und der hierauf gerichteten vertraglichen Förderungspflicht.

125 Abweichend von der Abgrenzung gegenüber den Austauschverträgen, bei der es um die Unterscheidung zwischen gemeinsamem Zweck und entgegengesetzten Interessen der Vertragspartner geht, steht bei der **Abgrenzung von Gesellschaft und Gemeinschaft** allerdings die Frage im Vordergrund, ob zwischen den Beteiligten, die allein schon wegen ihrer gemeinsamen Berechtigung an einem oder mehreren Vermögensgegenständen im Zweifel eine gewisse Interessenübereinstimmung aufweisen (RdNr. 124), vertragliche Verpflichtungen zur Förderung dieses gemeinsamen Interesses oder Zwecks begründet sind. Hauptunterscheidungsmerkmal gegenüber der Gemeinschaft ist also der **Abschluss eines** auf die Verfolgung eines gemeinsamen Zwecks gerichteten **Vertrages** sowie dessen Fortbestand trotz der zwischenzeitlich durchgeführten Förderungsmaßnahmen.[390] Dabei kann im Einzelfall namentlich die Abgrenzung gegenüber Verwaltungs- und Benutzungsregelungen hinsichtlich des gemeinsamen Gegenstandes (§ 745) Schwierigkeiten bereiten. – Zum Sonderfall der Gesellschaft mit Bruchteilsvermögen vgl. § 705 RdNr. 266 f.

126 **Andere** in der Diskussion genannte Unterscheidungskriterien sind demgegenüber für die Abgrenzung **nicht maßgebend;** auch als Indiz für die Annahme einer Gesellschaft oder Gemeinschaft sind sie untauglich. Das gilt einerseits für Ansichten, die in der Zahl der gemeinsamer Berechtigung unterliegenden Gegenstände den wesentlichen Unterschied zwischen Gesamthand und Gemeinschaft sehen und als Gesamthand alle diejenigen Fälle beurteilen, in denen mehr als ein Gegenstand zum gemeinsamen Vermögen gehört.[391] Untauglich ist aber auch der Versuch, nach der Art der gemeinsamen Interessen zu differenzieren. Auch das „Halten und Verwalten“ von beweglichen oder unbeweglichen Sachen kann als zulässiger Gesellschaftszweck vereinbart werden.[392]

127 **2. Gesellschaftsähnliche Gemeinschaften.** Auch wenn es an einem Gesellschaftsvertrag fehlt und die Bejahung einer Gesellschaft daher nicht in Betracht kommt, können die Interessenübereinstimmung zwischen den gemeinsam an einem Vermögensgegenstand Berechtigten sowie ihre persönliche Verbundenheit im Einzelfall doch sehr weit gehen. Das kann dazu führen, dass zusätzlich zu den für das Rechtsverhältnis der Gemeinschafter geltenden Vorschriften oder an ihrer Stelle in derartigen Fällen eine *analoge Anwendung von Gesellschaftsrecht* in Betracht zu ziehen ist (vgl. auch § 741 RdNr. 35). Zum Sonderfall der Miturhebergemeinschaft vgl. RdNr. 128, zur Gemeinschaft der Wohnungseigentümer vgl. RdNr. 130 ff., zur Bauherrengemeinschaft ohne gesellschaftsvertragliche Vereinbarung zwischen den Bauherren vgl. RdNr. 50.

128 **3. Miturhebergemeinschaft. a) Schlichte Miturhebergemeinschaft.** Haben mehrere Urheber ein Werk gemeinsam geschaffen, ohne dass sich ihre Anteile gesondert

[390] Ähnlich *Wiedemann* GesR I § 1 I 2 b aa. Für eine vermögensmäßig orientierte, auf den Unterschied zwischen Gesamthands- und Bruchteilsvermögen abstellende Abgrenzung vgl. demgegenüber § 741 RdNr. 4 – Zur Ersetzung einer Gesellschaft durch eine Gemeinschaft infolge Erreichung des gemeinsamen Zwecks vgl. das Beispiel von *Ballerstedt* JuS 1963, 253, 260 (Anschaffung und anschließende gemeinsame Nutzung eines Kraftfahrzeugs).

[391] Vgl. Nachw. in Fn. 34.

[392] Str., vgl. dazu näher § 705 RdNr. 145, § 741 RdNr. 5.

verwerten lassen, so sind sie nach § 8 Abs. 1 UrhG Miturheber des Werkes. Diese Miturheberschaft begründet zwischen den Urhebern eine Rechtsgemeinschaft, das Miturheberrecht. Nach § 8 Abs. 2 S. 1 UrhG steht den Miturhebern, abweichend von den bis 1965 geltenden Vorschriften der §§ 6 LUG, 8 KUG (Bruchteilsgemeinschaft), das Recht zur Veröffentlichung und zur Verwertung des Werkes *zur gesamten Hand* zu. Die darin zum Ausdruck kommende Miturhebergemeinschaft ist weder Gesellschaft[393] noch Bruchteilsgemeinschaft,[394] sondern eine **Gemeinschaft eigener Art.**[395] Ihre Rechtsverhältnisse richten sich in erster Linie nach urheberrechtlichen Grundsätzen, darunter insbesondere nach der Sonderregelung des § 8 Abs. 2 bis 4 UrhG.[396] Ob es daneben noch des Rückgriffs auf das Gemeinschaftsrecht (so § 741 RdNr. 64 f.) bedarf oder ob Raum für eine analoge Anwendung bestimmter Vorschriften der §§ 705 ff. ist,[397] erscheint zweifelhaft.

b) Miturhebergesellschaft. Im Verhältnis der Miturheber untereinander kann es zu 129
zusätzlichen vertraglichen Regelungen kommen, insbesondere über die Verteilung der Erträgnisse sowie die Art der Verwertung des Werkes.[398] Der damit verfolgte gemeinsame Zweck macht die Vereinbarung zur Grundlage einer Gesellschaft bürgerlichen Rechts, einer sog. Miturhebergesellschaft.[399] Die Gesellschaft kann eine Innengesellschaft oder, insbesondere wenn sich die Miturheber von Anfang an zum Zwecke gemeinsamer Verwertung zusammengeschlossen haben, auch eine Außengesellschaft sein, der von den Gesellschaftern entsprechende Nutzungsrechte zur gesamten Hand eingeräumt sind. Das Urheberrecht selbst kann freilich, da es nicht übertragbar ist (§ 29 S. 2 UrhG), auch nicht Gesellschaftsvermögen nach § 718 werden.[400]

4. Gemeinschaft der Wohnungseigentümer. a) Gesetzliche Regelung; Rechts- 130
natur. Das Wohnungseigentum besteht nach der Regelung des § 1 Abs. 2 WEG aus dem *Miteigentum* am Grundstück einschließlich der gemeinsam genutzten Teile, Anlagen und Einrichtungen des Gebäudes sowie dem *Sondereigentum* an den jeweiligen Wohnungen. Es handelt sich um eine gesetzgeberische **Zweckschöpfung** aus dem Jahr 1951, dazu bestimmt, zur Behebung der nachkriegsbedingten Wohnungsnot den Eigentumserwerb an einzelnen Wohnungen trotz deren Rechtsqualität als unselbstständiger Gebäudeteil zu ermöglichen. Das Konzept hat sich in der Praxis als sehr erfolgreich erwiesen, dies freilich um den Preis fortbestehender Unsicherheit hinsichtlich der **Rechtsnatur** des Wohnungseigentums und der dinglichen Einordnung seiner einzelnen Bestandteile. Während die hM auch heute noch davon ausgeht, es handele sich um eine besondere Art der Miteigentümergemeinschaft,[401] betonen beachtliche Stimmen abweichend hiervon die Nähe der Woh-

[393] So aber *Horst S. Werner* BB 1982, 280 f.; vgl. auch RGRK/*von Gamm* RdNr. 12, der von einem gesellschaftsähnlichen Verhältnis spricht.

[394] So im Grundsatz aber § 741 RdNr. 64 f. *(K. Schmidt)* sowie *Schulze-Osterloh* (Fn. 312) S. 33 ff., 133 ff.

[395] So zu Recht *E. Ulmer,* Urheber- und Verlagsrecht, 3. Aufl. 1980, § 34 III; im Ergebnis wohl auch *von Gamm* UrhG, 1968, § 8 RdNr. 13; *Schricker* Urheberrecht, 2. Aufl. 1999, § 8 RdNr. 10; *Rehbinder* (Fn. 379) § 20 III S. 115; *Samson* Urheberrecht, 1973, S. 109 („Urhebergesellschaft"); *Sontag,* Das Miturheberrecht, 1972, S. 15 ff.

[396] Einzelheiten vgl. bei *E. Ulmer* (Fn. 395) S. 191 ff.

[397] In diesem Sinne namentlich *Sontag* (Fn. 395), insbes. S. 36 ff.; so auch *von Gamm* (Fn. 395) § 8 RdNr. 13; *Schricker* (Fn. 395) § 8 RdNr. 10; *Rehbinder* (Fn. 379) § 20 III S. 115; *Möhring/Nicolini* UrhG, 2. Aufl. 2000, § 8 RdNr. 6 b.

[398] Vgl. BGH WM 1998, 1020, 1025 betr. eine Vereinbarung zwischen Miturhebern über die Erträgnisaufteilung zwischen ihnen abweichend von § 8 Abs. 3 UrhG (die Rechtsnatur offen lassend).

[399] Dazu vgl. *E. Ulmer* (Fn. 395) S. 193 f.; *Sontag* (Fn. 395) S. 73 f.; *Schricker* (Fn. 395) § 8 RdNr. 12; tendenziell auch *Erman/Westermann* RdNr. 10 („gesellschaftsvertragliche Elemente").

[400] So auch *E. Ulmer* (Fn. 395) S. 194; *Sontag* (Fn. 395) S. 74; *Schricker* (Fn. 395) § 8 RdNr. 12. Aus der Rspr. ebenso BGH WM 1998, 1020, 1025.

[401] Vgl. statt aller *Weitnauer* WEG, 8. Aufl. 1995, Vor § 1 RdNr. 25, 38 ff.; *Soergel/Stürner* § 1 WEG RdNr. 2 ff.; *Soergel/Hadding* § 741 RdNr. 4; *Staudinger/Langhein* (2002) § 741 RdNr. 78 ff.; *Palandt/Bassenge* WEG Vor § 1 RdNr. 5; *Paulick* AcP 152 (1952), 420 ff.; so grds. auch 3. Aufl. Vor § 1 WEG RdNr. 10 ff. *(Röll)*. Aus der Rspr. vgl. insbes. BGHZ 49, 250, 251 = NJW 1968, 499; BGHZ 50, 56, 60 = NJW 1968, 1230; BGHZ 91, 343, 345 = NJW 1984, 2409; BGHZ 141, 224, 228 = NJW 1999, 2108; BayObLGZ 1984, 198, 202.

nungseigentümergemeinschaft zu Gesellschaft und nichtrechtsfähigem Verein.[402] In Fortentwicklung dieser Stimmen ist die Wohnungseigentümerschaft neuerdings sogar als „dingliche Gesellschaft" qualifiziert worden, dh. als zweckorientierter Zusammenschluss der Wohnungseigentümer auf rechtsgeschäftlicher Grundlage, wobei die Gesellschaftsanteile in Bezug auf ihren Inhalt ebenso wie in ihrer Aufteilung die Funktion haben sollen, die dingliche Rechtszuständigkeit an einem Gebäude festzulegen.[403]

131 **b) Stellungnahme.** Zu einer eingehenden Behandlung der Rechtsnatur der Wohnungseigentümerschaft ist hier nicht der Ort (vgl. näher 3. Aufl. Vor § 1 WEG RdNr. 10 ff., 15). Aus der Sicht der BGB-Gesellschaft und ihrer Abgrenzung gegenüber dem WEG-Institut ist freilich mit der hM festzuhalten, dass die Gemeinschaft der Wohnungseigentümer vom Gesetzgeber eindeutig iS einer **besonderen Art der Gemeinschaft** (§§ 741 ff., 1008 ff.) ausgestaltet worden ist. Dafür spricht insbes. die Definition des § 1 Abs. 2 WEG, wonach das Wohnungseigentum „das Sondereigentum an einer Wohnung in Verbindung mit dem Miteigentumsanteil an dem gemeinschaftlichen Eigentum, zu dem es gehört", ist, aber auch die Verweisung in § 10 Abs. 1 WEG auf die subsidiär anzuwendenden Vorschriften des BGB über die Gemeinschaft. Auch die in § 6 WEG festgelegte Unselbstständigkeit des Sondereigentums gegenüber dem ihm zu Grunde liegenden Miteigentumsanteil, soweit es um dessen Veräußerung und um die Begründung sonstiger Rechte daran geht, weist eindeutig darauf hin, dass der Gesetzgeber mit der WEG-Regelung an das Recht der Gemeinschaft angeknüpft hat. An dieser normativen Grundentscheidung müssen alle Versuche scheitern, die Wohnungseigentümergemeinschaft als Gesellschaft zu qualifizieren.[404]

132 Die Gesetzeslage hindert indessen nicht daran, der Wohnungseigentümergemeinschaft eine **Nähe zur Gesellschaft** zu attestieren und diesen Aspekt bei der Rechtsanwendung zu berücksichtigen; insoweit ist den Vertretern der Mindermeinung Recht zu geben. Für diese Nähe spricht die in §§ 3, 8 WEG vorgeschriebene *rechtsgeschäftliche Begründung* der Gemeinschaft ebenso wie ihre durch die Versammlung der Wohnungseigentümer (§ 23 WEG) und die obligatorische Einsetzung eines Verwalters (§ 26 WEG) gekennzeichnete *Organstruktur.* Bedeutung kann diese Parallele etwa erlangen für die analoge Anwendung von Regelungen über die am Mehrheitsprinzip ausgerichtete Beschlussfassung in Verein und Kapitalgesellschaft.[405] Entsprechendes gilt für die Rechtsnatur des im WEG nicht besonders geregelten **Verwaltungsvermögens,** dh. die „gemeinschaftlichen Gelder" iS von § 27 Abs. 1 Nr. 4 WEG, die aus Bargeldbestand, Guthaben bei Kreditinstituten und fälligen Ansprüchen gegen Wohnungseigentümer bestehen können. Nach hM sollen sie den Gegenstand jeweils besonderer Bruchteilsgemeinschaften bilden; das hätte zur (unerwünschten) Folge, dass die Wohnungseigentümer hierüber unabhängig vom Wohnungseigentum verfügen könnten.[406] Dagegen spricht die *Zweckbindung* dieser Gelder (und etwaiger sonstiger nicht als Zubehör zum Miteigentum am Grundstück zu qualifizierender, gemeinsamer Gegenstände). Ihr lässt sich am besten dadurch Rechnung tragen, dass man die Gegenstände des Verwaltungsvermögens als – getrennter Verfügung nicht zugängliche – *Teile eines Gesamthandsvermögen* begreift und zugleich auch die getrennte Verfügung der Wohnungseigentümer über ihren Anteil an diesem Vermögen ausschließt.[407] Trotz solcher

[402] *Bärmann/Pick* WEG, 14. Aufl. 1998, Einl. RdNr. 8; *Bärmann,* Die Wohnungseigentümergemeinschaft als rechtliches Zuordnungsproblem, 1985, S. 27; *ders.* NJW 1989, 1057, 1060 ff.; *Merle,* Das Wohnungseigentum im System des bürgerlichen Rechts, 1979, S. 142 ff.; *Schulze-Osterloh,* Das Prinzip der gesamthänderischen Bindung, S. 154 ff.

[403] *M. Junker,* Die Gesellschaft nach dem Wohnungseigentumsgesetz, 1993, insbes. S. 75 ff., 84 ff.

[404] So zutr. insbes. *Weitnauer* (Fn. 401) Vor § 1 RdNr. 43 ff.; *ders.,* FS Seuss, 1987, S. 295, 302 ff.

[405] Vgl. eingehend *M. Junker* (Fn. 403) S. 207 ff., dort auch zur Frage nach den Grenzen des Mehrheitsprinzips. Hinweise auf das Gesellschafts- und Vereinsrecht finden sich auch bei *Bärmann/Pick* (Fn. 402) § 10 RdNr. 6; *Soergel/Stürner* WEG § 1 RdNr. 2 b u. a.

[406] Vgl. dazu näher *Weitnauer* (Fn. 401) § 1 RdNr. 9 ff., 12 m. weit. Nachw.

[407] So erstmals *Schulze-Osterloh* (Fn. 402) S. 155 ff., 160; ebenso aus seiner Sicht der „dinglichen Gesellschaft" jetzt *M. Junker* (Fn. 403) S. 97 ff.

sachlich gebotener Annäherungen bleibt es freilich dabei, dass die Rechtsnatur der Gemeinschaft der Wohnungseigentümer nicht als Gesellschaft zu bestimmen ist, sondern als besondere Art der Gemeinschaft.

III. Gesellschaft und nichtrechtsfähiger Verein

1. Grundlagen. a) Unterschiedliche Typenmerkmale. Vom *Typus* der GbR und des nichtrechtsfähigen Vereins her gesehen fällt die Unterscheidung zwischen §§ 54 und 705 nicht schwer (vgl. schon RdNr. 12). Die **GbR** beruht auf dem *höchstpersönlichen Zusammenschluss* einer beschränkten Zahl vertraglich untereinander verbundener Mitglieder. Sie dient der Verfolgung des ihnen gemeinsamen Zwecks, tritt unter dem Namen der Mitglieder, die nach gesetzlicher Regel gemeinsam zur Geschäftsführung berufen sind, oder unter einem davon abgeleiteten Gesamtnamen im Rechtsverkehr auf und wird grundsätzlich durch einen Wechsel im Mitgliederbestand aufgelöst. Demgegenüber wird der **nichtrechtsfähige Verein** durch seine *körperschaftliche Struktur* charakterisiert: trotz fehlender Rechtspersönlichkeit als juristische Person ist er in seiner Existenz von der jeweiligen Zahl und Zusammensetzung der Mitglieder unabhängig, beteiligt sich unter eigenem Namen und mit besonderen Organen (Vorstand) am Rechtsverkehr, hat ein von den Mitgliedern deutlich getrenntes, dem Zugriff ihrer Privatgläubiger entzogenes Vermögen und kennt als nichtwirtschaftlicher Verein regelmäßig auch keine gesamtschuldnerische Außenhaftung der Mitglieder.[408] Diese unverkennbaren Unterschiede waren denn auch der Grund für die Rechtsprechung, abweichend von der in § 54 S. 1 enthaltenen Verweisung auf das Recht der GbR die Rechtsbeziehungen sowohl innerhalb des nichtrechtsfähigen Vereins als auch gegenüber Dritten in erster Linie am Recht des eingetragenen Vereins (§§ 21 ff.) auszurichten.[409] 133

b) Annäherung im Außenverhältnis. Die sich in den letzten Jahrzehnten zunächst in der Literatur entwickelnde, Anfang 2001 von der höchstrichterlichen Rechtsprechung nachvollzogene *Aufwertung der (Außen)GbR zu einer rechts- und parteifähigen*, unter eigenem Namen handelnden *Organisation* (RdNr. 11) hat dazu geführt, die Unterschiede zwischen Gesellschaft und nichtrechtsfähigem Verein im Außenverhältnis zu relativieren. Die Verweisung in § 54 S. 1 auf das Recht der GbR hat dadurch – wenn auch aus anderen als vom Gesetzgeber verfolgten Motiven und mit anderem Inhalt – neue Bedeutung erlangt. Das gilt nicht nur für die Beteiligung der jeweiligen Organisation am Rechtsverkehr unter eigenem Namen und mit besonderen Organen, sondern auch für ihre – in § 50 Abs. 2 ZPO für die passive Parteifähigkeit des nichtrechtsfähigen Vereins seit alters anerkannte – Fähigkeit, als solche zu klagen und verklagt zu werden.[410] Dadurch hat sich auch die Abgrenzung zwischen den beiden Rechtsinstituten nach außen relativiert. Eine *Ausnahme* gilt freilich für die *Außenhaftung der jeweiligen Mitglieder,* nachdem die Rechtsprechung sich in Bezug auf die (Außen-)GbR für die grundsätzlich uneingeschränkte Mitgliederhaftung nach Maßgabe der Akzessorietätstheorie entschieden hat (vgl. § 714 RdNr. 5, 33 ff.), während beim Idealverein die Haftungsbeschränkung der Mitglieder „auf das Vereinsvermögen", verbunden mit der Handelndenhaftung nach § 54 S. 2, entgegen § 54 S. 1 seit alters anerkannt ist.[411] Es bleibt abzuwarten, ob es – wofür gute Gründe sprechen[412] – auch insoweit noch zu einer 134

[408] Vgl. dazu näher *Soergel/Hadding* (12. Aufl.) Vor § 21 RdNr. 44 ff., (11. Aufl.) Vor § 705 RdNr. 16; *G. Hueck* GesR § 2 II; *K. Schmidt* GesR § 25 I 2, III 2.

[409] Vgl. näher § 54 RdNr. 3 f., 38 ff., 46 ff.; *Erman/Westermann* § 54 RdNr. 1; *K. Schmidt* GesR § 25 II 2.

[410] Für Anerkennung der aktiven Parteifähigkeit des Idealvereins die inzwischen im Vereinsrecht schon hM, vgl. § 54 RdNr. 16 f. *(Reuter)*; *Staudinger/Weick* (1995) § 54 RdNr. 20 m. weit. Nachw.; *Erman/Westermann* § 54 RdNr. 9. Anders noch BGHZ 109, 15, 17 f. = NJW 1990, 186 (V. Zivilsenat); so auch BAG NZA 1990, 615, 616 f. (dazu mit Recht krit. *Lessner/Klebeck* ZIP 2002, 1385, 1389).

[411] Vgl. nur § 54 RdNr. 46 f. *(Reuter)*; *Staudinger/Weick* (1995) § 54 RdNr. 52 ff.; *Erman/Westermann* § 54 RdNr. 13.

[412] Vgl. dazu *Ulmer* ZIP 2001, 585, 598 f. und schon *ders.* ZGR 2000, 339, 343.

Annäherung in der Weise kommen wird, dass die Gerichte für die gemeinnützige GbR die Beschränkung bzw. den Ausschluss der Mitgliederhaftung entsprechend der Rechtslage beim Idealverein anerkennen.

135 **2. Mischtypen.** Trotz der im Grundsatz klaren Strukturunterschiede kann die Abgrenzung zwischen GbR und nichtrechtsfähigem Verein im Einzelfall erhebliche Schwierigkeiten bereiten.[413] Nach verschiedentlich anzutreffender Ansicht soll sie sogar überhaupt nicht[414] oder kaum[415] möglich sein. Daran ist richtig, dass nicht selten Vereinigungen anzutreffen sind, die sowohl körperschaftliche (= vereinstypische) als auch personalistische Elemente und entsprechend fließende Übergänge von mehr vereinsmäßigen zu mehr gesellschaftsähnlichen Formen aufweisen.[416] Das beruht auf dem sowohl das Vereins- als auch das Gesellschaftsrecht beherrschenden Grundsatz der Vertragsfreiheit (RdNr. 3). Diesem Befund lässt sich einerseits dadurch Rechnung tragen, dass die von den Gründern gewählte **vertragliche Qualifizierung** des Zusammenschlusses als Gesellschaft oder Verein, jedenfalls wenn sie bewusst und auf Grund rechtlicher Beratung vorgenommen wurde, im Rahmen des rechtlich Zulässigen für die Abgrenzung und die daraus abzuleitenden Rechtsfolgen maßgeblich ist.[417] Beim Fehlen einer vertraglichen Festlegung ist zum anderen die jeweilige **Struktur** des Zusammenschlusses für die Rechtsanwendung zu berücksichtigen, und zwar in der Weise, dass im Innenverhältnis je nach Art des Regelungsbereichs teils Normen des Vereinsrechts, teils solche des Gesellschaftsrechts entsprechend den Besonderheiten der Organisation und den schützenswerten Interessen ihrer Mitglieder herangezogen werden.[418] Die methodische Berechtigung für ein solches Vorgehen folgt aus der Verweisung des § 54 S. 1 auf das Gesellschaftsrecht und ihrer weitgehenden Abwandlung durch die Rechtsprechung.[419]

§ 705 Inhalt des Gesellschaftsvertrags

Durch den Gesellschaftsvertrag verpflichten sich die Gesellschafter gegenseitig, die Erreichung eines gemeinsamen Zweckes in der durch den Vertrag bestimmten Weise zu fördern, insbesondere die vereinbarten Beiträge zu leisten.

Übersicht

	RdNr.
A. Einführung	1–16
I. Entstehung der GbR	1–15
1. Regelmäßige Voraussetzungen	1–5
a) Vertragsschluss	1, 2
b) Kein Handelsgewerbe	3, 4
c) Keine Eintragung im Partnerschaftsregister	5
2. Entstehungszeitpunkt	6, 7
3. Entstehung durch Umwandlung	8–15
a) Umwandlung nach UmwG	8–10
b) Sonstige Fälle der Umwandlung	11–14
c) Fortsetzung einer nichtrechtsfähigen Personengemeinschaft als Personengesellschaft (GbR)	15
II. Rechtstatsachen	16
B. Der Gesellschaftsvertrag	17–178

[413] Vgl. schon RdNr. 3 (sog. Massengesellschaften). Aus der Rspr. vgl. insbes. BGH LM § 39 Nr. 11 = NJW 1979, 2304 (Werbegemeinschaft *Forum S*).

[414] So *Nitschke* (Fn. 5) S. 142; ihm folgend *Flume* I/1 § 7 I, S. 88 Fn. 5.

[415] So *Rittner,* Die werdende juristische Person, S. 260 ff., 266.

[416] Vgl. etwa BGH LM § 39 Nr. 11 = NJW 1979, 2304, 2305; so auch *Erman/Westermann* RdNr. 13.

[417] Vgl. dazu auch die Rechtsprechung zu Massen- oder Publikumsgesellschaften in der Rechtsform der GbR (RdNr. 4 Fn. 6). – AA noch 3. Aufl. § 54 RdNr. 6 *(Reuter)* und *ders.,* FS Semler, 1992, S. 931, 937 f. wegen des zwingenden Charakters des Sonderaußenrechts für nichtrechtsfähige Vereine, insbesondere § 54 S. 2.

[418] BGH LM § 39 Nr. 11 = NJW 1979, 2304, 2305; *Erman/Westermann* RdNr. 13; *Soergel/Hadding* § 54 RdNr. 5; *K. Schmidt* GesR § 25 II 2; wohl auch *Reuter* AcP 181 (1981), 1 (8, 13 f.). Vgl. auch RdNr. 3.

[419] Für Behandlung des nichtrechtsfähigen Idealvereins als „vereinsmäßig modifizierte Gesellschaft" unter Betonung der Gestaltungsfreiheit der Vereinssatzung an Stelle der richterlichen Rechtsfortbildung aber *Flume* ZHR 148 (1984), 503 ff.

	RdNr.
I. Abschluss und Änderungen	17–59
1. Vertragsschluss	17–31
a) Allgemeines	17–21
aa) Abgrenzung zu Gefälligkeitsverhältnissen	17–19
bb) Anwendbarkeit der §§ 145 ff.	20
cc) System von Sternverträgen	21
b) Unzutreffende Bezeichnung der Rechtsform; gemischte Verträge	22–24
c) Konkludenter Vertragsschluss	25–28
d) Unvollständiger Vertragsschluss	29, 30
e) Bedingter und befristeter Vertrag	31
2. Die Form des Gesellschaftsvertrags	32–51
a) Überblick	32–35
b) Vereinbarungen über Grundstücke	36–41
aa) Der Anwendungsbereich von § 311 b Abs. 1 S. 1	36
bb) Kasuistik	37–39
cc) Rechtsfolgen des Formmangels	40, 41
c) Unentgeltlich eingeräumte Beteiligung	42–48
aa) Unentgeltlichkeit	42, 43
bb) Schenkungsvollzug (§ 518 Abs. 2)	44–48
d) Gewillkürte Form	49–51
3. Folgen der Teilnichtigkeit	52–54
a) Objektive Teilnichtigkeit, § 139	52, 53
b) Subjektive Teilnichtigkeit	54
4. Vertragsänderungen	55–59
II. Gesellschafter	60–127
1. Allgemeines	60–67
a) Mindestzahl; Einmann-GbR?	60–65
b) Keine Höchstzahl	66
c) Unterbeteiligung	67
2. Natürliche Personen	68–75
a) Nicht voll geschäftsfähige Personen	69–72
b) Ehegatten	73–75
3. Juristische Personen und Personenvereinigungen	76–83
a) Juristische Personen und Vorgesellschaften	76, 77
b) Personengesellschaften	78, 79
c) Nichtrechtsfähiger Verein	80
d) Erbengemeinschaft	81
e) Eheliche Gütergemeinschaft	82
f) Bruchteilsgemeinschaft	83
4. Sonderfälle	84–127
a) Treuhand	84–93
aa) Begründung der Treuhand	86–88
bb) Gesellschafterstellung des Treuhänders	89, 90
cc) Rechtsbeziehungen des Treugebers zur Gesellschaft (einfache/qualifizierte Treuhand)	91–93
b) Nießbrauch	94–108
aa) Überblick	94, 95
bb) Nießbrauch am Gesellschaftsanteil	96–106
cc) Nießbrauch an den Vermögensrechten?	107, 108
c) Testamentsvollstreckung	109–124
aa) Überblick	109
bb) Grundlagen	110–112
cc) Haftungsschranken	113, 114
dd) Folgerungen für den GbR-Anteil	115–121
ee) Ersatzkonstruktionen	122–124
d) Insolvenz, Nachlassverwaltung	125–127
III. Der Inhalt des Gesellschaftsvertrags	128–154
1. Überblick	128–131
a) Notwendige Vertragsbestandteile	128, 129
b) Andere Vereinbarungen	130, 131
2. Vertragsfreiheit und Inhaltskontrolle	132–141
a) Schranken der Vertragsfreiheit	132–138
aa) Allgemeines	132, 133
bb) § 138 Abs. 1	134, 135
cc) Bewegliche Schranken	136, 137
dd) Grenzen atypischer Gestaltung?	138
b) Inhaltskontrolle	139–141
3. Der gemeinsame Zweck	142–152
a) Vorbemerkungen	142, 143
b) Arten des Zwecks	144–147
c) Vergemeinschaftung des Zwecks	148
d) Beteiligung am Gewinn?	149–151
e) Gemeinsame Organisation?	152
4. Die Förderungspflicht	153, 154
IV. Die Rechtsnatur des Gesellschaftsvertrags	155–170
1. Schuldvertrag	155–157
2. Organisationsvertrag	158, 159
3. Rechtsfähige Gesamthand	160
4. Der Gemeinschaftscharakter des Gesellschaftsvertrags	161–170
a) Unterschiede zum Austauschvertrag	161, 162
b) Folgerungen für Leistungsstörungen	163–170
aa) Grundsatz	163, 164
bb) Meinungsstand	165–167
cc) Folgerungen	168–170
V. Die Auslegung des Gesellschaftsvertrags	171–176
1. Auslegungsmaßstäbe	171–174
a) Grundsatz	171
b) Besonderheiten	172, 173
c) Ergänzende Vertragsauslegung	174
2. Publikums-Personengesellschaften	175
3. Nachprüfung in der Revisionsinstanz	176
VI. Der Vorvertrag	177, 178
C. Rechte und Pflichten der Gesellschafter	179–252
I. Grundlagen	179–196
1. Die Mitgliedschaft	179–184
a) Wesen	179
b) Rechtsnatur	180
c) Einheitlichkeit der Mitgliedschaft?	181–184
2. Mitgliedschaftsrechte und -pflichten	185–188
a) Überblick	185–187
b) Rechtsquelle und Einzelrechte	188

	RdNr.
3. Vermögensrechte und -pflichten	189–192
4. Verwaltungsrechte und -pflichten	193–196
a) Arten	193, 194
b) Besonderheiten	195, 196
II. Rechtsstellung gegenüber der Gesellschaft (Gesamthand)	197–214
1. Ansprüche des Gesellschafters gegen die Gesellschaft (Sozialverbindlichkeiten)	197–200
a) Vermögensrechte	197, 198
b) Verwaltungsrechte	199, 200
2. Verpflichtungen des Gesellschafters gegenüber der Gesellschaft (Sozialansprüche)	201
3. Rechte und Pflichten der Gesellschafter aus Drittgeschäften mit der Gesellschaft	202, 203
4. Die actio pro socio	204–214
a) Überblick	204–206
b) Mitgliedschaftsrecht (Prozessstandschaft)	207–209
c) Folgerungen	210–214
aa) Klagevoraussetzungen	210–212
bb) Prozessuale Wirkungen	213, 214
III. Rechte und Pflichten gegenüber Mitgesellschaftern	215–220
1. Ansprüche gegen Mitgesellschafter	215, 216
2. Haftung für Sozialverbindlichkeiten	217–219
3. Haftung für Drittgläubigerforderungen	220
IV. Treupflicht	221–243
1. Grundlagen	221–225
a) Rechtlicher Ansatz	221, 222
b) Zur Konkretisierung relevante Umstände	223–225
2. Gegenstände und Inhalt der Treupflicht	226–238
a) Treupflicht gegenüber der Gesellschaft	226–228
b) Treupflicht gegenüber Mitgesellschaftern	229, 230
c) Vertragsänderung und Treupflicht	231–234
d) Wettbewerbsverbot	235–238
3. Rechtsfolgen von Treupflichtverstößen	239–243
V. Gleichmäßige Behandlung der Gesellschafter	244–252
1. Grundlagen	244–247
2. Ausprägungen des Grundsatzes gleichmäßiger Behandlung	248–251
a) Ordnungsprinzip und Auslegungsgrundsatz	248–250
b) Minderheitenschutz	251
3. Rechtsfolgen eines Verstoßes	252
D. Außen- und Innengesellschaft	253–288
I. Die Außengesellschaft	253–274
1. Grundlagen	253, 254
a) Gesetzlicher Normaltypus	253
b) Charakteristische Merkmale der Außengesellschaft	254

	RdNr.
2. Gesellschaftsorgane	255–264
a) Wesen und Begriff	255, 256
b) Arten	257–259
aa) Geschäftsführer	257
bb) Gesellschafterversammlung	258
cc) Beirat	259
c) Haftung für Organverschulden	260–264
aa) Überblick	260
bb) § 831?	261
cc) Analogie zu § 31	262–264
3. Gesellschaftsvermögen	265–269
a) Gesamthänderische Bindung	265
b) Sondergestaltungen	266–269
4. Gesellschaftsname	270–274
a) Grundlagen	270, 271
b) Namensschutz	272, 273
c) Rechtsformhinweis	274
II. Die Innengesellschaft	275–288
1. Begriff und Erscheinungsformen	275–283
a) Typische Merkmale	275, 276
b) Begriffsbestimmung	277–282
aa) Grundlagen	277, 278
bb) Innengesellschaft iwS	279–281
cc) Innengesellschaft ieS	282
c) Erscheinungsformen	283
2. Rechtliche Besonderheiten der Innengesellschaften	284, 285
a) Innengesellschaft iwS	284
b) Innengesellschaft ieS	285
3. Insbesondere: die stille Gesellschaft des bürgerlichen Rechts	286–288
E. Die (Außen-)Gesellschaft als rechtsfähiger Personenverband	289–322
I. Einführung	289–302
1. Die BGB-Gesamthand als gebundenes Sondervermögen einer Personenmehrheit	289–295
a) Arten, Gemeinsamkeiten und Unterschiede der Gesamthand	289–292
b) Gesellschaftsrechtliche Gesamthand	293–295
2. Die GbR-Gesamthand: Vom Objekt zum Subjekt	296–302
a) Die traditionelle Lehre	296, 297
b) Die „Gruppen"-Lehre (Flume)	298
c) Entwicklung und Stand der Diskussion	299–301
d) Fazit	302
II. Die Rechtsfähigkeit der Außengesellschaft	303–317
1. Grundlagen	303–309
a) Rechtsfähige Personengesellschaft (Gesamthand)	303, 304
b) Abgrenzungskriterien	305, 306
c) Verbleibende Unterschiede zu juristischen Personen	307–309
2. Folgerungen	310–317
a) Vermögensfähigkeit	310, 311
b) Grundbuchfähigkeit	312–315
c) Mitgliedschaft in Personenverbänden	316, 317

RdNr.
III. Parteifähigkeit im Zivilprozess ... 318–321
1. Grundlagen ... 318–320
2. Folgerungen ... 321
IV. Insolvenzfähigkeit ... 322
F. Die fehlerhafte Gesellschaft ... 323–378
I. Grundlagen ... 323–356
1. Herkunft und Entwicklung ... 323–325
2. Voraussetzungen ... 326–341
a) Fehlerhafter Vertrag ... 327–330
b) Vollzug ... 331
c) Kein Vorrang sonstiger schutzwürdiger Interessen ... 332–341
aa) Verbotener oder sittenwidriger Gesellschaftszweck ... 333, 334
bb) Fehlerhafte Beteiligung nicht voll Geschäftsfähiger ... 335–339
cc) Sonstige Fälle schutzwürdiger Interessen? ... 340, 341
3. Rechtsfolgen ... 342–346
a) Überblick ... 342
b) Volle Wirksamkeit nach innen und außen ... 343, 344
c) Geltendmachung des Fehlers ... 345
d) Abwicklung ... 346
4. Dogmatische Begründung ... 347–356
RdNr.
a) Überblick ... 347, 348
b) Beschränkung der Nichtigkeitsfolgen ... 349, 350
c) „Gesetzestreue" Ansichten (Einschränkungen der Lehre) ... 351–353
d) Doppelnatur der Gesellschaft als Schuldverhältnis und Organisation; allgemeines verbandsrechtliches Prinzip ... 354–356
II. Einzelfragen ... 357–378
1. Fehlerbeseitigung durch Vollzug ... 357
2. Fehlerhafte Innengesellschaft (stille Gesellschaft) ... 358, 359
3. Fehlerhafte Vertragsänderungen ... 360–376
a) Allgemeines ... 360–364
b) Gesellschafterwechsel ... 365–376
aa) Fehlerhafter Beitritt ... 366–369
bb) Fehlerhaftes Ausscheiden ... 370–372
cc) Fehlerhafte Gesellschafternachfolge ... 373, 374
dd) Beteiligung Minderjähriger am Gesellschafterwechsel ... 375
ee) Fehlerhafte Gesellschafternachfolge im Todesfall ... 376
4. Scheingesellschaft ... 377, 378

A. Einführung

I. Entstehung der GbR

1. Regelmäßige Voraussetzungen. a) Vertragsschluss. Grundvoraussetzung für die Entstehung der Gesellschaft bürgerlichen Rechts (GbR) ist der **Abschluss eines Gesellschaftsvertrags** iS von § 705, dh. die vertragliche Verpflichtung von zwei oder mehr Gesellschaftern (RdNr. 60), einen gemeinsamen Zweck (RdNr. 142) durch Beitragsleistung oder in sonstiger, vertraglich vereinbarter Weise zu fördern (RdNr. 154). Der Vertragsschluss kann ausdrücklich oder stillschweigend (konkludent) erfolgen, sich etwa aus den Umständen ergeben (RdNr. 25). Zustandekommen oder Inhalt des Vertrages können an Mängeln leiden, ohne dass hieran – nach Vollzug – die rechtliche Anerkennung der Gesellschaft scheitern muss (fehlerhafte Gesellschaft, vgl. RdNr. 323 ff.). Ohne Vertragsschluss oder vergleichbares Rechtsgeschäft[1] kann eine GbR jedoch nicht entstehen. Das gilt auch für den Beitritt zu einer bestehenden Gesellschaft, sofern er nicht auf erbrechtlicher Nachfolge beruht.[2] Die in der Rechtsprechung des RG und in Teilen des früheren Schrifttums vertretene Lehre von der „faktischen Gesellschaft", die die Entstehung einer Gesellschaft auch ohne rechtsgeschäftliche Vereinbarung, allein auf Grund der Betätigung der Beteiligten als Gesellschafter nach außen und innen für möglich hielt, ist überholt.[3] 1

[1] Zum Sonderfall des Umwandlungsbeschlusses in der Haupt-(Gesellschafter-)Versammlung einer Kapitalgesellschaft als rechtsgeschäftliche Grundlage einer GbR vgl. RdNr. 9.

[2] Zum fehlerhaften Beitritt vgl. aber RdNr. 366 ff. AA – für fehlerhafte Gesellschaft auch mit einem Scheinerben, wenn dieser sich als Gesellschafter betätigt – *Konzen* ZHR 145 (1981), 29, 63.

[3] In diesem Sinne noch *Simitis,* Die faktischen Vertragsverhältnisse, 1957, S. 232 ff. Auch *Haupt,* Über faktische Vertragsverhältnisse, FS Siber, Bd. II 1943, S. 5 ff., knüpfte für seine Überlegungen im Ansatz allein an tatsächliche Vorgänge an (S. 8 f.), unabhängig von etwaigen Willenserklärungen, beschäftigte sich in seinen gesellschaftsrechtlichen Untersuchungen (S. 16 ff.) dann allerdings nur mit einem „Rechtsverhältnis zwischen Gesellschaftern, deren Gesellschaftsvertrag (!) sich später als von Anfang an nichtig erweist". Im letztgenannten Sinn sind auch die den Rechtsfolgen nichtiger oder anfecht-

2 **Nicht** zu den Entstehungsvoraussetzungen der GbR gehört die Leistung der versprochenen Beiträge oder die sonstige Bildung von **Gesamthandsvermögen.** Das folgt aus der gesetzessystematischen Behandlung der GbR als Schuldverhältnis (dazu näher RdNr. 155), aber auch aus der rechtlichen Anerkennung der sog. „Innengesellschaft" ohne nach außen in Erscheinung tretende Organisation, ohne besondere Gesellschaftsorgane und ohne Gesamthandsvermögen (RdNr. 282, 285). Aus diesem Grunde ist auch die Regelung in § 123 HGB über den Beginn der Wirksamkeit der OHG im Verhältnis zu Dritten, die an die Handelsregistereintragung oder die Teilnahme am Geschäftsverkehr anknüpft, für die Entstehung der GbR ohne Bedeutung. Auf den Vollzug der Gesellschaft wird nur im Rahmen der Lehre von der fehlerhaften Gesellschaft abgestellt (RdNr. 331).

3 **b) Kein Handelsgewerbe.** Neben dem Vertragsschluss ist zur Qualifikation der Personenvereinigung als GbR weiter erforderlich, dass der **Gesellschaftszweck** nicht auf ein Handelsgewerbe iS von § 1 HGB gerichtet ist. Andernfalls kommt es wegen des Rechtsformzwangs der §§ 105, 161 HGB zur Entstehung einer Handelsgesellschaft (OHG oder KG), und zwar unabhängig davon, ob die Parteien sich dieser Rechtsfolge bewusst waren oder ob sie irrtümlich eine GbR gründen wollten (RdNr. 22). Sofern die Qualifikation der beabsichtigten Tätigkeit als Handelsgewerbe von der Eintragung im Handelsregister abhängt (§§ 2, 3 Abs. 2 und 3 HGB), ist die Gesellschaft bis zur Eintragung GbR;[4] das gilt auch für eine als GmbH & Co. KG geplante Gesellschaft.[5] Auf eine abweichende Parteivereinbarung über die Rechtsform kommt es hier ebenso wenig an wie im umgekehrten Fall (vgl. RdNr. 22 und Fn. 43). Die Absicht, die Handelsregistereintragung herbeizuführen, reicht für das Eingreifen der §§ 105, 161 HGB nicht aus.

4 Die Rechtsverhältnisse innerhalb der Gesellschaft und ihre **internen Beziehungen** zu den Gesellschaftern bestimmen sich im Falle einer als Handelsgesellschaft geplanten Gesellschaftsgründung allerdings, soweit entsprechende vertragliche Regelungen fehlen, im Zweifel von Anfang an nach dem für die OHG oder KG maßgebenden dispositiven Handelsrecht, ohne dass es hierfür der vorherigen Eintragung bedarf.[6] Das folgt aus dem auf die Gründung einer Handelsgesellschaft gerichteten Parteiwillen; er richtet sich in derartigen Fällen regelmäßig auf die alsbaldige Geltung von OHG- oder KG-Recht. Eine Einschränkung ist nur insoweit zu machen, als bestimmte Vorschriften – wie namentlich die Gestaltungsklagerechte der §§ 117, 127, 133, 140, 142 HGB – zwingend das Bestehen einer Handelsgesellschaft voraussetzen.[7] Zur Umwandlung einer Handelsgesellschaft in eine GbR durch Wegfall des gewerblichen Zwecks oder Löschung im Handelsregister vgl. RdNr. 11.

barer Gesellschaftsverträge gewidmeten Untersuchungen von *Siebert* (Die faktische Gesellschaft, FS Hedemann, 1938, S. 266 ff.) zu verstehen. Schließlich verwendete auch das RG und – bis Anfang der 60er Jahre – der BGH zwar den Ausdruck „faktische Gesellschaft", stellte aber doch auf das Vorliegen eines, wenn auch fehlerhaften Gesellschaftsvertrags ab (vgl. näher RdNr. 327 ff.). Der sachliche Unterschied zwischen den Vertretern der Lehre von der „faktischen" und denjenigen von der „fehlerhaften" Gesellschaft war also weniger groß, als das früher verbreitet angenommen wurde. Näher zum Ganzen *Lambrecht,* Die Lehre vom faktischen Vertragsverhältnis, 1994, S. 70 ff., 125 ff.

[4] BGHZ 59, 179, 181 = NJW 1972, 1616 und BGH WM 1977, 841, 843 (jeweils für eine „Soll"-GmbH & Co. KG); vgl. auch *Baumbach/Hopt* HGB § 105 RdNr. 4 und *Staub/Ulmer* HGB § 105 RdNr. 24, 28, 50 betr. die Unterscheidung gegenüber dem Fall eines auf ein Handelsgewerbe angelegten Gesellschaftszwecks, bei dem die Gesellschaft auch dann schon die Rechtsform der OHG oder KG erlangt, wenn es zu Beginn noch am kaufmännischen Zuschnitt iS von § 1 Abs. 2 HGB fehlt (BGHZ 10, 91, 96 = NJW 1953, 1217; RGZ 112, 280, 281). AM für das Innenverhältnis (Bejahung einer OHG bzw. KG auch in den Fällen der §§ 2, 3 HGB schon vor Eintragung) noch *Hueck* OHG § 5 I 2; *Schlegelberger/Geßler* HGB, 4. Aufl., § 105 Anm. 47.

[5] So zutr. BayObLG NJW 1985, 982; *Schlegelberger/K. Schmidt* HGB § 105 RdNr. 10, 36. Zur Rechtsnatur der Soll- und der Vor-GmbH & Co. KG vgl. *Hachenburg/Ulmer* GmbHG § 11 RdNr. 134 f.

[6] *Staub/Ulmer* HGB § 105 RdNr. 50; *Schlegelberger/K. Schmidt* HGB § 123 RdNr. 15 ff.; für den Fall der Umwandlung einer OHG/KG in eine GbR (RdNr. 11) auch BGH NJW 1987, 3124, 3126. Ebenso im Ergebnis *Hueck* und *Schlegelberger/Geßler* (Fn. 4).

[7] So zutr. *Rob. Fischer* in Großkomm. zum HGB, 3. Aufl., § 105 Anm. 62 b gegen *Hueck* und *Schlegelberger/Geßler* (Fn. 4).

c) Keine Eintragung im Partnerschaftsregister. Für Gesellschaften, die zur Ausübung freiberuflicher Tätigkeiten geschlossen werden, bedarf es zusätzlich der **Abgrenzung zur Partnerschaft.** Entscheidend hierfür ist, anders als im Verhältnis zur OHG oder KG (RdNr. 3), der auf die Wahl der GbR oder der Partnerschaft als Organisationsform gerichtete Parteiwille sowie – bei Entscheidung der Beteiligten für die Partnerschaft – die Eintragung der Gesellschaft im Partnerschaftsregister. Wegen der konstitutiven Wirkung der Eintragung für die Rechtsform (vgl. § 7 Abs. 1 PartGG) ist daher eine Freiberufler-Gesellschaft stets GbR, solange sie nicht im Partnerschaftsregister eingetragen ist. Näheres vgl. in den Erläut. zu § 7 Abs. 1 PartGG. 5

2. Entstehungszeitpunkt. Er fällt nach den vorstehenden Ausführungen (RdNr. 1 f.) regelmäßig mit dem **Vertragsschluss** zusammen. Ausnahmen gelten dann, wenn das Wirksamwerden des Vertrages von weiteren Umständen abhängt, etwa von dem Eintritt einer aufschiebenden Bedingung (§ 158 Abs. 1, vgl. RdNr. 31) oder von der Genehmigung durch das Vormundschaftsgericht (§ 1822 Nr. 3, dazu RdNr. 70). In derartigen Fällen entsteht auch die GbR erst mit der Wirksamkeit des Vertrages, soweit sie nicht schon vorher in Vollzug gesetzt wird (RdNr. 331; zur Beteiligung nicht voll Geschäftsfähiger vgl. auch RdNr. 337). 6

Eine **rückwirkende** Entstehung der GbR ist ausgeschlossen. Wohl aber können die Gesellschafter vereinbaren, ihrem Zusammenschluss im Innenverhältnis Rückwirkung beizulegen, insbesondere die Geschäfte des eingebrachten Unternehmens oder die Aufwendungen und Erträge sonstiger eingebrachter Gegenstände von einem früheren Stichtag an als auf gemeinsame Rechnung laufend zu behandeln.[8] Ohne eine solche Vereinbarung stehen auch Erträge aus schwebenden, bei Entstehung der GbR bzw. Einbringung der geschuldeten Beiträge noch nicht vollständig abgewickelten Geschäften nicht der GbR zu, sondern dem jeweiligen Gesellschafter;[9] entsprechendes gilt im Zweifel für Aufwendungen oder Risiken aus solchen Geschäften.[10] Ertragsteuerrechtlich sind Vereinbarungen über die rückwirkende Gesellschaftsgründung wegen der damit verbundenen Gewinnverlagerungen grundsätzlich unbeachtlich.[11] 7

3. Entstehung durch Umwandlung. a) Umwandlung nach UmwG. Außer durch Abschluss eines Gesellschaftsvertrags kann eine GbR auch durch Umwandlung einer **AG, KGaA** oder **GmbH** entstehen, sofern der Unternehmensgegenstand der umzuwandelnden Kapitalgesellschaft nicht im Betrieb eines Handelsgewerbes besteht (RdNr. 3). Nach **altem Umwandlungsrecht** handelte es sich um eine *übertragende Umwandlung* unter Errichtung einer neuen Gesellschaft, der GbR. Das bedeutete zum einen, dass der Umwandlungsbeschluss und seine Eintragung im Handelsregister gleichzeitig die Auflösung der Kapitalgesellschaft und die Errichtung der GbR zur Folge hatten. Zum anderen ging das Vermögen der Kapitalgesellschaft im Zeitpunkt der Eintragung der Umwandlung im Handelsregister (Abteilung B) uno actu auf die GbR über, ohne dass es entsprechender Verfügungen der Organe der Kapitalgesellschaft bedurfte; es ging um einen Fall der Gesamtrechtsnachfolge.[12] 8

Abweichend von der früheren Rechtslage qualifiziert das **UmwG von 1994** in seinen §§ 190 ff. die Umwandlung einer Kapitalgesellschaft in eine Personengesellschaft (und umgekehrt) als identitätswahrenden **Formwechsel.**[13] Ausgehend von der Identität zwischen 9

[8] BGH LM HGB § 139 Nr. 9 = NJW 1978, 264, 266 f.; BGH WM 1976, 972, 974; *Soergel/Hadding* RdNr. 4; *Erman/Westermann* RdNr. 2; *U. H. Schneider* AcP 175 (1975), 279, 298 f.; vgl. auch OLG Koblenz WM 1979, 1435 (Sittenwidrigkeit einer Rückdatierung der Beitrittserklärung zwecks Steuerverkürzung).

[9] BGH LM Nr. 23 = NJW 1972, 101; BGH NJW-RR 1987, 1137, 1138 = WM 1987, 1073, jew. für die nach Sozietätsbeginn eingehenden, von einem der beteiligten Rechtsanwälte allein erarbeiteten Honorare; vgl. ferner BGH NJW 1988, 1473, wonach sich ein vor Gründung der Sozietät einem der beteiligten Anwälte erteiltes Mandat regelmäßig nicht auf die anderen Gesellschafter erstreckt.

[10] Vgl. den entspr. Rechtsgedanken in § 740 für den Fall des Ausscheidens eines Gesellschafters.

[11] Vgl. *Reiß* in *Kirchhof* (3. Aufl.) § 15 EStG RdNr. 381 (betr. Änderungen einer Gewinnverteilungsabrede).

[12] §§ 21 Abs. 2, 22 Abs. 2 iVm. § 5 UmwG 1969, näher dazu 2. Aufl. RdNr. 7 f.

[13] BayObLG DB 2002, 1649, 1650.

formwechselndem Rechtsträger und Rechtsträger neuer Rechtsform (s. § 202 Abs. 1 Nr. 1 UmwG) verzichtet es sowohl auf die Auflösung bzw. Errichtung dieser Gesellschaften als auch auf einen Übergang des Vermögens des formwechselnden Rechtsträgers im Wege der Gesamtrechtsnachfolge. Der Hinweis in den Materialien, diese Rechtslage entspreche einer „modernen Auffassung von der Natur der Personengesellschaft",[14] vermag freilich die auch auf der Grundlage der Gesamthandslehre (RdNr. 307 ff.) bestehenden Unterschiede zwischen Gesamthand und juristischer Person, darunter insbesondere die unterschiedliche Vermögenszuordnung (RdNr. 308, § 718 RdNr. 2), nicht zu nivellieren.[15] Deshalb ist die in §§ 190 ff. (§ 202 Abs. 1 Nr. 1) UmwG vorgesehene Identitätslösung als – zulässige – Fiktion anzusehen, die die grundsätzliche Zweiteilung der Verbände in Gesamthandsgesellschaften und juristische Personen nicht in Frage stellt.[16] Zur Umwandlung unter Beteiligung einer Partnerschaft vgl. § 1 PartGG RdNr. 25 f.

10 Die **Voraussetzungen** der formwechselnden Umwandlung einer Kapitalgesellschaft in eine GbR sind in §§ 190 ff., 226 ff. UmwG geregelt. Danach bedarf die Umwandlung eines einstimmigen Beschlusses sowie der Zustimmung der nicht zur Beschlussfassung erschienenen Mitglieder der Kapitalgesellschaft (§ 233 Abs. 1 UmwG). Gem. § 193 Abs. 3 S. 1 UmwG sind Beschluss und Zustimmung der nicht erschienenen Mitglieder des formwechselnden Rechtsträgers notariell zu beurkunden. Die grundsätzlich nach § 198 Abs. 1 UmwG erforderliche Eintragung der neuen Rechtsform im Handelsregister scheidet bei Umwandlung in eine GbR aus; an ihre Stelle tritt nach § 235 Abs. 1 S. 1 UmwG die Eintragung im Register der formwechselnden Kapitalgesellschaft.[17] Sie hat nach § 202 Abs. 1 UmwG den Fortbestand des formwechselnden Rechtsträger in der im Umwandlungsbeschluss bestimmten Rechtsform, die entsprechende Umgestaltung der Mitgliedschaften sowie die Heilung etwaiger Formmängel zur Folge.

11 **b) Sonstige Fälle der Umwandlung.** Von der im UmwG geregelten Umwandlung einer Kapitalgesellschaft strikt zu unterscheiden ist die formwechselnde Umwandlung einer **OHG oder KG in eine GbR.**[18] Sie beruht auf dem Rechtsformzwang des Personengesellschaftsrechts (RdNr. 3 und Vor § 705 RdNr. 16 f.). Eines Umwandlungsbeschlusses bedarf es hierfür nicht. Auch steht die abweichende Rechtsformwahl der Gesellschafter nicht entgegen (RdNr. 3). Entscheidend ist vielmehr, dass sich – sei es aus rechtlichen (Zweckänderung) oder tatsächlichen (Schrumpfung des Unternehmens) Gründen – der Zweck der Gesellschaft nicht mehr auf den Betrieb eines Handelsgewerbes richtet. Ändert die Gesellschaft ihren Zweck unter gleichzeitiger Einstellung ihres Gewerbebetriebs, so tritt allein schon dadurch die Umwandlung ein. Demgegenüber bedarf es beim Übergang zu einem Kleingewerbe im Hinblick auf § 5 HGB (Kaufmann kraft Eintragung) für die Umwandlung einer eingetragenen OHG oder KG in eine GbR noch der Löschung der Firma im Handelsregister.

12 Die **Gründe** für eine derartige formwechselnde Umwandlung von der OHG/KG in eine GbR sind vielfältig. Im Vordergrund dürfte weiterhin die aus steuerlichen und Haftungsgründen[19] verbreitete **Betriebsaufspaltung** der OHG oder KG in eine auf die Verpächter-

[14] *Ganske* Umwandlungsrecht, 2. Aufl. 1995, S. 209.

[15] Krit. auch *Zöllner,* FS Gernhuber, 1993, S. 563, 564 ff., freilich auf der Grundlage der älteren, heute überholten Gesamthandslehre (s. dazu RdNr. 296; für die Möglichkeit eines gleitenden Rechtsformwechsels iS der §§ 190 ff. UmwG aber bereits *Lutter* ZGR 1990, 392, 395 f.; *K. Schmidt* AcP 191 (1991), 421, 495, 506 ff., jew. zu den entspr. Entwürfen zum neuen UmwG. – Zu den steuerrechtlichen Folgen der Umwandlung einer Kapitalgesellschaft in eine Personengesellschaft s. *Schaumburg* in *Lutter* (2. Aufl.) Anh. § 304 UmwG RdNr. 13 ff.; *Moszka/Haritz* in *Semler/Stengel* Anh. § 325 UmwG RdNr. 671 ff.

[16] So – freilich zu Unrecht auch für den Formwechsel zwischen Kapitalgesellschaften und denjenigen zwischen Personengesellschaften – *Hennrichs* ZIP 1995, 794, 796 f.; aA die Vertreter einer Gleichsetzung von juristischer Person und Gesamthand (*Raiser, Timm, Hadding* u. a.), vgl. dazu RdNr. 307.

[17] Vgl. *Kallmeyer/Dirksen* UmwG 2. Aufl. § 235 RdNr. 3.

[18] Vgl. § 190 Abs. 2 UmwG und dazu *Lutter/Decher* UmwG 2. Aufl. 2000 § 190 RdNr. 14 ff.

[19] Zur Anwendbarkeit der §§ 32 a, 32 b GmbHG auf die (im Fall der Betriebsaufspaltung übliche) Nutzungsüberlassung s. aber BGH NJW 1994, 2349 und 2760; *Hachenburg/Ulmer* GmbHG §§ 32 a, b RdNr. 105 ff.; zur Frage der Konzernhaftung der Mitglieder der Besitzgesellschaft s. *Hachenburg/Ulmer* aaO Anh. § 77 RdNr. 155 m. weit. Nachw.

rolle beschränkte sog. Besitz-Personengesellschaft und eine meist als GmbH organisierte Betriebsgesellschaft stehen, die das gepachtete Unternehmen weiterführt.[20] Aber auch der Übergang zu reinen **Holdingfunktionen** oder die – nicht nur vorübergehende[21] – Stilllegung des Unternehmens unter Vermietung oder Verpachtung der Betriebsgrundstücke gehören hierher,[22] sofern nicht die Gesellschafter unter Hinweis auf § 105 Abs. 2 HGB an der Eintragung festhalten. Nicht um einen Fall der formwechselnden Umwandlung in eine GbR handelt es sich demgegenüber bei der Liquidation der Gesellschaft; in diesen Fällen besteht vielmehr grundsätzlich die OHG oder KG mit den sich aus dem Liquidationszweck ergebenden Besonderheiten (§§ 145 ff. HGB) bis zur vollständigen Verteilung des Gesellschaftsvermögens fort.

Rechtlich gesehen geht es bei der formwechselnden Umwandlung einer OHG oder KG 13
in eine GbR um eine **Änderung nur der Rechtsform, nicht aber der Identität** der Gesellschaft.[23] Sie hat daher weder Änderungen des Gesellschafterbestands noch des Gesellschaftsvermögens zur Folge. Auch eine Gesamtrechtsnachfolge der GbR in das Gesamthandsvermögen der OHG oder KG findet nicht statt, ohne dass es dazu einer besonderen Vorschrift nach Art des § 202 Abs. 1 Nr. 1 UmwG bedarf.[24] Gehören zum Gesamthandsvermögen Grundstücke, so macht die Rechtsformänderung der Gesellschaft nach bisher hM eine Änderung der Eigentumsangaben im Wege der Grundbuchberichtigung erforderlich:[25] an die Stelle der OHG oder KG sollen mangels eines grundbuchfähigen Gesamthandsnamens die Namen der Gesellschafter mit einem die gesamthänderische Verbindung anzeigenden Zusatz treten (str., vgl. näher RdNr. 312 ff.).

Schwierigkeiten bereitet die Frage, wie sich nach dem Rechtsformwechsel die **Rechts-** 14
verhältnisse der Gesellschafter **im Innenverhältnis** und **gegenüber Dritten** bestimmen, soweit nicht der Gesellschaftsvertrag hierfür Vorsorge trifft oder die Gesellschafter Entsprechendes beschließen. Probleme dieser Art treten vor allem bei der in eine GbR umgewandelten ehemaligen KG auf wegen der dort anzutreffenden, für die GbR aber untypischen Differenzierung in zwei Arten von Gesellschaftern. Die Rechtsprechung ging in derartigen Fällen bisher im Wege der ergänzenden Vertragsauslegung grundsätzlich vom Fortbestand der in der KG geltenden Funktionsverteilung zwischen – ehemaligen – Komplementären und Kommanditisten aus.[26] Dem ist auch aus heutiger Sicht, trotz Änderung der Haftungssituation der ehemaligen Kommanditisten als Folge der in der GbR geltenden Akzessorietätstheorie (§ 714 RdNr. 33 ff.) grundsätzlich zuzustimmen (vgl. § 709 RdNr. 19). Dem Risiko persönlicher Haftung für die ehemaligen Kommanditisten lässt sich bei fortbestehender Funktionsaufteilung zwischen den Gesellschaftern je nach Lage des Falles dadurch Rechnung tragen, dass ihnen ein Anspruch auf Haftungsfreistellung gegen die ehemaligen Komplementäre oder ein außerordentliches Kündigungsrecht zusteht.

[20] *Schlegelberger/K. Schmidt* HGB § 105 RdNr. 39; *Staub/Ulmer* HGB § 105 RdNr. 26, jew. mit weit. Nachw.; allg. zur Betriebsaufspaltung *Sudhoff/Liebscher* GmbH & Co. KG, 5. Aufl. 2000, § 2 RdNr. 48 ff.; *Knobbe-Keuk,* Bilanz- und Unternehmenssteuerrecht, 9. Aufl. 1993, § 22 X, S. 862 ff.; *Wittich,* Die Betriebsaufspaltung als Mitunternehmerschaft, 2002 (S. 94 ff., 137: für Innen-GbR zwischen Betriebs- und Besitzgesellschaft!). Vgl. auch die Nachw. in Fn. 19 zur Anwendbarkeit der §§ 32 a, 32 b GmbHG auf Nutzungsüberlassungsverträge.

[21] LG Köln DB 1980, 923.

[22] BGHZ 32, 307, 310 bis 312 = NJW 1960, 1664; BGH WM 1962, 10, 12; 1975, 99; RGZ 155, 75, 84; BayObLG NJW 1952, 28, 29; *Soergel/Hadding* RdNr. 3; *Staub/Ulmer* HGB § 105 RdNr. 26.

[23] AA *Kießling* WM 1999, 2391, 2394.

[24] BGH LM Nr. 17 = NJW 1967, 821; WM 1962, 10, 12; 1975, 99; *Soergel/Hadding* RdNr. 3; *Erman/Westermann* RdNr. 4.

[25] RGZ 155, 75, 85 f.; OLG Hamm DB 1984, 341; *Erman/Westermann* RdNr. 4; *Staub/Ulmer* HGB § 105 RdNr. 52. Dabei handelt es sich nicht um eine Berichtigung iS von §§ 894 BGB, 22 GBO, sondern um eine Richtigstellung tatsächlicher Angaben (BayObLG NJW 1952, 28, 29).

[26] BGH NJW 1987, 3124, 3126; LM § 709 Nr. 6 = NJW 1971, 1698: Fortbestand der Alleingeschäftsführung des (ehemaligen) Komplementärs unter Ausschluss der ehemaligen Kommanditisten. So auch BGH BB 1972, 61 für eine als KG geplante, jedoch als GbR entstandene Gesellschaft. Zum umgekehrten Fall einer als OHG oder KG geplanten, mangels Handelsregistereintragung als GbR bestehenden Gesellschaft vgl. RdNr. 3, 4.

15 **c) Fortsetzung einer nichtrechtsfähigen Personengemeinschaft als Personengesellschaft (GbR).** Sie bildet den dritten Fall einer Umwandlung in eine GbR. In Betracht kommt namentlich die Umwandlung einer sonstigen Gesamthandsgemeinschaft **(Erbengemeinschaft, eheliche Gütergemeinschaft)** in eine GbR,[27] aber auch die Gründung einer GbR durch die Mitglieder einer **Bruchteilsgemeinschaft.** Im Unterschied zu den Fällen der formwechselnden Umwandlung (RdNr. 9 bis 14) gelten für die Entstehung der GbR insoweit keine Besonderheiten. Es bedarf namentlich des Abschlusses eines Gesellschaftsvertrags zwischen den Gemeinschaftern, wobei wegen der bereits bestehenden Verbindung je nach Lage des Falles ein konkludenter Abschluss nahe liegen mag (RdNr. 27). Ebenso ist zur Einbringung der Beiträge eine jeweils gesonderte Rechtsübertragung erforderlich.[28] Das gilt auch für Gegenstände, an denen die Gesellschafter als Miterben oder Ehegatten in Gütergemeinschaft schon bisher gesamthänderisch beteiligt waren: sie sind von der einen auf die andere Gesamthand zu übertragen.[29] Für Grundstücke und grundstücksgleiche Rechte setzt das die Einhaltung der Erfordernisse der §§ 873, 925 voraus. Vgl. auch § 706 RdNr. 18.

II. Rechtstatsachen

16 Angesichts der Auffangfunktion, die der GbR als Personengesellschaft im Verhältnis zu OHG und KG beim Fehlen eines Handelsgewerbes als Gegenstand des gemeinsamen Zwecks und dem Verzicht der Gesellschafter auf eine Handelsregistereintragung nach § 105 Abs. 2 HGB zukommt, sind Erscheinungsformen und Verwendungsarten der GbR äußerst vielfältig. Vgl. dazu die ausführliche Übersicht in Vor § 705 RdNr. 36 ff.

B. Der Gesellschaftsvertrag

I. Abschluss und Änderungen

17 **1. Vertragsschluss. a) Allgemeines. aa) Abgrenzung zu Gefälligkeitsverhältnissen.** Das Vorliegen eines Gesellschaftsvertrages erfordert als erstes den Willen der Parteien, durch Rechtsgeschäft wechselseitige Leistungspflichten zur Förderung des gemeinsamen Zwecks zu begründen. Das wirft die – vor allem im Hinblick auf *Gelegenheitsgesellschaften* häufig nicht leicht zu beantwortende – Frage nach der Abgrenzung zwischen Schuldvertrag und Gefälligkeitsverhältnis auf.[30] Sie ist nach zutreffender neuerer Lehre nicht gleichbedeutend mit der generellen Frage nach dem Vorhandensein oder Fehlen von Schutzpflichten der Beteiligten: solche kommen auf Grund der zwischen ihnen bestehenden Sonderverbindung vielmehr auch dann in Betracht, wenn die Parteien rechtsgeschäftliche Leistungspflichten nicht begründen, sondern das Tätigwerden im gemeinsamen oder fremden Interesse ihrer jeweiligen freien Entschließung überlassen wollten.[31] Für die Bejahung eines Gesellschafts-

[27] Eingehend zur Frage einer Umwandlung eines von der Erbengemeinschaft betriebenen Handelsgeschäfts in eine Personengesellschaft *Dauner-Lieb,* Unternehmen in Sondervermögen, 1998, insbes. S. 477 ff., 506 ff.; dazu auch BGHZ 92, 259, 262 = NJW 1985, 136, und *Staub/Ulmer* HGB § 105 RdNr. 55 ff. m. weit. Nachw.

[28] So für den Fall der Einbringung eines bisher in Miteigentum stehenden Grundstücks in die von den Gemeinschaftern gebildete GbR ganz hM; vgl. RGZ 65, 227, 233; BayObLG Rpfleger 1981, 58; *Soergel/Hadding* RdNr. 3 und *Staudinger/Keßler* § 719 RdNr. 18 m. weit. Nachw.; ebenso bei Fortführung des von mehreren Erben ererbten Handelsgeschäfts als OHG oder KG vgl. BGHZ 92, 259, 263 = NJW 1985, 136; *Staub/Ulmer* HGB § 105 RdNr. 57 a.

[29] BGH (Fn. 28); OLG Hamm DNotZ 1958, 416, 418; KG DR 1940, 977; *Staub/Ulmer* HGB § 105 RdNr. 57; *Erman/Westermann* RdNr. 5; aM noch *Staudinger/Keßler* § 719 RdNr. 19 und *Gansmüller* DNotZ 1955, 172, 178, jeweils unter unzutreffender Berufung auf die schon bisher bestehende – aber anders strukturierte! – gesamthänderische Bindung.

[30] Vgl. dazu näher Einl. Bd. 2 a RdNr. 29 ff., 3. Aufl. § 662 RdNr. 61 ff. und die Nachw. in Fn. 31.

[31] So schon *Dölle* ZStW 103 (1943), 67 ff.; vgl. weiter Einl. Bd. 2 a RdNr. 35 ff.; *Flume* II § 7, 4; *Honsell* JuS 1976, 621, 626; *Schwerdtner* NJW 1971, 1673, 1675; im Ergebnis auch *Willoweit* JuS 1984, 909, 913 unter Abstellen auf einen durch Leistungserbringung zu Stande kommenden „Realvertrag".

vertrags genügt nicht eine irgendwie geartete, insbesondere auf die Anerkennung bloßer Neben- oder Schutzpflichten beschränkte Willensübereinstimmung; erforderlich ist vielmehr die wechselseitige Verpflichtung zur Förderung des gemeinsamen Zwecks (RdNr. 153).

Ob und unter welchen Voraussetzungen ein derartiger, auf die Begründung von Leis- **18**
tungspflichten gerichteter Wille der Parteien zu bejahen ist, lässt sich nicht unabhängig von den Umständen des **Einzelfalls** beantworten. Nach einer zur Abgrenzung von Gefälligkeit und *Auftrag* ergangenen, ganz überwiegend auf Zustimmung gestoßenen **Grundsatzentscheidung des BGH** sind für die Frage eines rechtsgeschäftlichen Bindungswillens die Art der relevanten Handlung, ihr Grund und Zweck, ihre wirtschaftliche und rechtliche Bedeutung für den anderen Teil, ferner die Umstände ihrer Erbringung sowie die dabei bestehende Interessenlage der Parteien zu berücksichtigen.[32] Bei Gefälligkeiten des täglichen Lebens und solchen, die im rein gesellschaftlichen Bereich wurzeln, soll regelmäßig davon auszugehen sein, dass sie sich außerhalb des rechtsgeschäftlichen Bereichs halten.[33]

Bezogen auf die Abgrenzung von Gefälligkeitsverhältnis und *Gesellschaft* ist danach in **19**
erster Linie von der Art des gemeinsamen Projekts sowie von dem primär gesellschaftlich-sozialen bzw. dem aus wirtschaftlichen oder sonstigen Gründen über den zwischenmenschlichen Bereich hinausgehenden Interesse der Beteiligten auszugehen.[34] Zumal dann, wenn es um die **Durchführung von Projekten** nicht nur untergeordneter Bedeutung **auf gemeinsame Rechnung** geht, liegt die Annahme einer von allen Beteiligten gewollten rechtsgeschäftlichen Bindung nahe. Beispiele bilden etwa die Verabredung zu einer gemeinsamen Ferienreise[35] unter Kostenteilung, die Bildung eines Kegelclubs mit gemeinsamer Kasse für Fernreisen[36] oder die Gründung einer Lottospielgemeinschaft mit regelmäßigen, von jedem der Beteiligten zugesagten Einsätzen.[37] Demgegenüber sollen durch eine Vereinbarung über die wechselseitige Beaufsichtigung der Kinder,[38] über einen gemeinsamen Ausflug oder Kinobesuch oä. im Zweifel allenfalls Schutz-, aber keine Leistungspflichten der Beteiligten begründet werden. – Das Vorliegen eines auf die Begründung gesellschaftsvertraglicher Bindungen gerichteten Willens kann schließlich auch deshalb zu verneinen sein, weil die Parteien bereits als Ehegatten, Miterben, Bruchteilseigentümer oder in einer ähnlichen Beziehung untereinander verbunden sind und das Zusammenwirken hierin seine Grundlage findet (RdNr. 27).

bb) Anwendbarkeit der §§ 145 ff. Ist von den Beteiligten eine rechtsgeschäftliche **20**
Bindung gewollt, so gelten die Vorschriften der §§ 145 ff. über den Vertragsschluss grundsätzlich auch für den Gesellschaftsvertrag. Allerdings machen dessen Besonderheiten eine Reihe von **Abweichungen** erforderlich (vgl. auch RdNr. 29 zur Nichtanwendung der Auslegungsregel des § 154). Eine dieser Abweichungen beruht auf der häufig vorgesehenen Beteiligung von *mehr als zwei Personen* an der geplanten Gesellschaft. In Fällen dieser Art lässt sich der Vertragsschluss nicht mehr auf „Antrag" und „Annahme" zurückführen. Der Vertrag kommt vielmehr grundsätzlich erst dann zu Stande, wenn die entsprechenden Beitrittserklärungen sämtlicher als Gesellschafter vorgesehenen Personen vorliegen (zum Fall subjektiver Teilnichtigkeit oder sonstiger Beitrittsmängel vgl. RdNr. 54). Die einzelnen

[32] BGHZ 21, 102, 106 f. = NJW 1956, 1313; so auch BGH LM § 832 Nr. 9 = NJW 1968, 1874; DB 1974, 1619, 1620; OLG Nürnberg OLGZ 1967, 139, 140 f.; zust. Einl. Bd. 2 a RdNr. 30 ff.; 3. Aufl. § 662 RdNr. 62; *Soergel/M. Wolf* Vor § 145 RdNr. 84 ff.; *Staudinger/Bork* (1996) Vor § 145 RdNr. 79 ff.; *Staudinger/J. Schmidt* (1995) Vor §§ 241 ff. RdNr. 229, 231 ff.; aA namentlich *Flume* II § 7, 7.

[33] BGHZ 21, 102, 107 = NJW 1956, 1313; 3. Aufl. § 662 RdNr. 62.

[34] Ebenso im Ansatz BGH LM § 762 Nr. 4 = NJW 1974, 1705, 1706 – Lottospielgemeinschaft, allerdings mit der (wohl fallbedingten) Einschränkung, die Übernahme der Pflichten müsse unter Berücksichtigung der Unentgeltlichkeit (?) den Beteiligten auch zumutbar sein.

[35] So auch OLG Saarbrücken NJW 1985, 811; *Erman/Westermann* RdNr. 7; für „gesellschaftsähnliches Rechtsverhältnis" BGH JZ 1979, 101.

[36] OLG Saarbrücken NJW 1985, 811 (Kenia-Reise).

[37] AA BGH LM § 762 Nr. 4 = NJW 1974, 1705, 1706; dazu kritisch *Kornblum* JuS 1976, 571 ff.; *Plander* AcP 176 (1976), 424 ff. Vgl. auch Vor § 705 RdNr. 117.

[38] BGH LM § 832 Nr. 9 = NJW 1968, 1874 f.

Beitrittserklärungen können auch nacheinander abgegeben werden.[39] Sie müssen grundsätzlich allen anderen Vertragspartnern zugehen (§ 130 Abs. 1), soweit diese nicht einen Zugangsbevollmächtigten bestellt oder auf den Zugang verzichtet haben (§ 151 S. 1 2. Fall). Zum konkludenten Vertragsschluss (§ 151 S. 1 1. Fall) vgl. RdNr. 25.

21 **cc) System von Sternverträgen.** Um einen – namentlich als Organisationsform von Syndikaten oder anderen horizontalen Wettbewerbsbeschränkungen[40] anzutreffenden – Sonderfall des Gesellschaftsvertrags handelt es sich, wenn die Beteiligten **inhaltlich übereinstimmende,** der Förderung eines ihnen gemeinsamen Zwecks dienende **zweiseitige Verträge** mit einer zentralen Stelle (Agentur, gemeinsame Vertriebsgesellschaft u. a.) schließen.[41] Bilden diese Verträge als sog. Sternverträge unselbstständige, aufeinander bezogene Teile eines einheitlichen Vertragssystems, so sind sie als rechtliche Einheit zu behandeln mit der Folge, dass sie eine GbR zwischen den Vertragspartnern der gleichen Marktseite begründen und zu entsprechenden Treupflichten zwischen ihnen auch ohne förmlichen Gesellschaftsvertrag führen. Anderes gilt bei Vertriebs-, Franchisesystemen u. a., bei denen Initiative und Schwerpunkt der Rechtsbeziehungen nicht aufseiten der in das Netz eingegliederten Vertriebsunternehmen liegen, sondern bei der zentralen Stelle (Hersteller/Lieferant, Franchisegeber u. a.). Hier scheidet die Annahme einer Gesellschaft zwischen den Netzmitgliedern wegen der dominierenden zweiseitigen Beziehung der jeweiligen Vertragspartner regelmäßig aus.[42]

22 **b) Unzutreffende Bezeichnung der Rechtsform; gemischte Verträge.** Der Abschluss eines Gesellschaftsvertrags iS von § 705 setzt **nicht** voraus, dass die Parteien sich ausdrücklich auf die **Rechtsform der GbR geeinigt** haben. Entscheidend für die Rechtsnatur sind vielmehr einerseits die in § 705 genannten Kriterien des gemeinsamen Zwecks und der Förderungspflicht, andererseits der Umstand, dass die Beteiligten weder ein Handelsgewerbe unter gemeinsamer Firma betreiben noch (bei freiberuflichem Unternehmensgegenstand) die Rechtsform der Partnerschaft wählen wollen. Sind sich die Parteien über die Rechtsnatur der Gesellschaft im Unklaren oder haben sie die Gesellschaft trotz fehlenden Handelsgewerbes und ohne Absicht der Handelsregistereintragung nach § 105 Abs. 2 HGB vertraglich unzutreffend als OHG oder KG qualifiziert, so wird sie gleichwohl als GbR wirksam.[43] Auf einen etwa abweichenden Parteiwillen kommt es für den Vertragsschluss insoweit nicht an. Die auf dem Rechtsformzwang (RdNr. 3) beruhende Einschränkung der Privatautonomie lässt der rechtsgeschäftlichen Gestaltung im Fall eines gemeinschaftlich betriebenen Handelsgewerbes keinen Raum; anderes gilt bei freiberuflichen Tätigkeiten mit Rücksicht auf das PartGG.

[39] RGZ 163, 385, 392; *Soergel/Hadding* RdNr. 4; *Erman/Westermann* RdNr. 6.

[40] Vgl. etwa BGHZ 65, 30, 34 f. = NJW 1975, 1837 – ZVN.

[41] Eingehend hierzu schon *Isay* Kart-Rdsch. 1927, 98, 106 f. (zur KartVO 1923); weit. Nachw. bei *Ulmer,* Der Vertragshändler, 1969, S. 322 f. Fn. 7 und 16; ferner *Martinek* Franchising, 1987, S. 544 ff.; *K. Schmidt,* Kartellverbot und sonstige Wettbewerbsbeschränkungen, 1978, S. 134 ff. und *Steindorff* BB 1979 Beilage 3 S. 5 f. („Gesamtvertrag").

[42] *Ulmer* (Fn. 41) S. 324 ff.; *Martinek* (Fn. 41) S. 544 ff. (549); *Blaurock,* FS Werner, 1984, S. 23, 27; *Behr,* Der Franchisevertrag, 1976, S. 51 ff., 141 f.; im Ergebnis auch BGH EWiR § 705 BGB 4/85, 665 *(Bunte);* offen lassend *Erman/Westermann* RdNr. 7.

[43] HM, vgl. BGHZ 10, 91, 97 = NJW 1953, 1217; BGHZ 22, 240, 244 = NJW 1957, 218; BGHZ 32, 307, 310 = NJW 1960, 1664; BGH WM 1962, 10, 11; BAG NJW 1994, 2973, 2974; *Soergel/Hadding* RdNr. 6; *Staub/Ulmer* HGB § 105 RdNr. 160; *Schlegelberger/K. Schmidt* HGB § 105 RdNr. 33; *ders.,* Zur Stellung der OHG im System der Handelsgesellschaften, 1972, S. 158 ff. (164, 169). AA aber *Lieb,* Die Ehegattenmitarbeit im Spannungsfeld zwischen Rechtsgeschäft, Bereicherungsausgleich und gesetzlichem Güterstand, 1970, S. 24 ff., 27 (für Nichtigkeit des Gesellschaftsvertrages wegen „juristischer Unmöglichkeit"); *Battes* AcP 174 (1974), 429, 434 f., 438 f. (für Eingreifen von § 134, ggf. mit Aufrechterhaltung der Gesellschaft entgegen § 139); im Ergebnis ähnlich (für Teilnichtigkeit betr. die Rechtsformwahl) *Jahnke* ZHR 146 (1982), 595, 609 f. trotz seiner der hM zustimmenden Ausgangsthese (S. 602 ff.). Von „Umdeutung" sprechen auch BGHZ 19, 269, 272 ff. = NJW 1956, 297 und RGRK/*von Gamm* RdNr. 2, freilich ohne auf Voraussetzungen und Grenzen von § 140 einzugehen (vgl. *K. Schmidt,* Stellung der OHG, S. 160 Fn. 5 m. weit. Nachw.).

Hinsichtlich der **Rechtsfolgen** der unzutreffenden rechtlichen Beurteilung der Gesellschaft ist zu unterscheiden. Soweit es sich nur um einen Bezeichnungsfehler iS einer falsa demonstratio handelt, können hieraus Anfechtungs- oder Auflösungsgründe nicht abgeleitet werden. Kam es einem der Beteiligten dagegen entscheidend darauf an, den Zusammenschluss in einer von der GbR abweichenden Rechtsform zu organisieren, etwa um die Haftungsbeschränkung des KG-Rechts in Anspruch nehmen zu können, und hat er diese Absicht durch die unzutreffende Bezeichnung erkennbar in seinen Geschäftswillen aufgenommen, so wird die Wirksamkeit des Gesellschaftsvertrags hiervon zwar nicht unmittelbar betroffen.[44] Wohl aber kann der dem Irrtum unterliegende Gesellschafter den Vertrag bis zur Geschäftsaufnahme nach § 119 Abs. 1 anfechten.[45] Nach diesem Zeitpunkt tritt an die Stelle der Anfechtung das Recht zur Kündigung aus wichtigem Grund (RdNr. 345). 23

Die Kriterien des § 705 können auch im Rahmen eines anderen Vertrages erfüllt sein oder dessen unselbstständigen Teil bilden;[46] dann liegt ein **gemischter oder kombinierter Vertrag** mit gesellschaftsrechtlichen Elementen vor (vgl. näher Vor § 705 RdNr. 113 ff.). 24

c) Konkludenter Vertragsschluss. Die besondere Struktur und der Gegenstand der GbR, aber auch das grundsätzliche Fehlen von Formvorschriften (RdNr. 32), bringen es mit sich, dass ein Vertragsschluss zwischen den Beteiligten bei Gründung einer Gesellschaft häufig weniger leicht feststellbar ist als bei typischen Austauschverträgen wie etwa dem Kauf oder der Miete. Während das Zustandekommen des Kaufs oder der Miete sich beim Fehlen schriftlicher Vereinbarungen im Austausch von Leistung und Gegenleistung bzw. im Bezug der Mietwohnung mit Einverständnis des Vermieters dokumentiert, fehlt es vielfach an einem ähnlich aussagekräftigen Umstand zu Beginn der GbR. Bei ihr gestaltet sich der Übergang von bloßen Vorbereitungshandlungen der Partner zum Zusammenwirken auf rechtsgeschäftlicher Grundlage nicht selten fließend (vgl. RdNr. 26). Bestehen zwischen den Partnern bereits andere Verbindungen wie etwa Erbengemeinschaft, Ehe, Bruchteilsgemeinschaft, die ebenfalls als Grundlage für rechtlich relevante Gemeinschaftsbeziehungen der fraglichen Art in Betracht kommen, so ist eine klare Abgrenzung beim Fehlen eines ausdrücklichen Vertragsschlusses häufig noch schwieriger (RdNr. 27). 25

Zum konkludenten Abschluss eines Gesellschaftsvertrags kann es namentlich bei den für die GbR typischen **Gelegenheitsgesellschaften** kommen. Das erklärt sich aus Charakter und Inhalt dieser Vereinbarungen. Sie dienen meist der gemeinsamen Herbeiführung eines einmaligen oder doch sachlich oder zeitlich begrenzten Erfolgs unter beider- bzw. allseitiger Teilnahme am Gewinn oder Nutzen (Metageschäft, gemeinsame Reise, Anschaffung u. a.). Schon aus diesem Grunde sind hier in der Regel keine detaillierten Absprachen über Beitragsleistungen, Geschäftsführung, Gewinnverteilung, Dauer u. a. erforderlich. Als maßgebliches Kriterium für die Frage, ob in diesen Fällen auf Grund des tatsächlichen Zusammenwirkens der Parteien die Gründung einer GbR anzunehmen ist oder ob das Zusammenwirken sich auf außerrechtsgeschäftlicher, rein freiwilliger Grundlage vollzieht, bietet sich hier ähnlich wie bei der Abgrenzung von Auftrags- und reinen Gefälligkeitsverhältnissen in erster Linie das wirtschaftliche Interesse der Beteiligten an der geplanten Transaktion an (RdNr. 19). Es gestattet jedenfalls in denjenigen Fällen einen Schluss auf ihren rechtlichen Bindungswillen, in denen es an sonstigen Gemeinschaftsbeziehungen fehlt (dazu vgl. RdNr. 27). Der einverständliche Beginn der Durchführung begründet sodann im Wege des 26

[44] AA *Battes* und *Lieb* (Fn. 43); im Ansatz auch *Jahnke* (Fn. 43) S. 609 ff., der Teilnichtigkeit bezüglich der Rechtsformwahl annimmt und das Schicksal des Restvertrages davon abhängig macht, ob die Parteien den Vertragsschluss trotz nichtiger Rechtsformbezeichnung gewollt haben.

[45] Beachtlicher Rechtsfolgenirrtum als Unterfall des Inhalts-(Geschäfts-)Irrtums, so auch *Soergel/Hadding* RdNr. 6; aM einerseits *K. Schmidt* (Fn. 43) S. 168 f. unter Berufung auf den (anders gelagerten) Fall RGZ 76, 439 (Irrtum über die Haftungsfolgen bei Eintritt in Einzelhandelsgeschäft) und auf *Flume* II § 23 4 d S. 466 f., andererseits – folgerichtig wegen § 139 – *Jahnke* (Fn. 43) S. 611 f. Allg. dazu vgl. RGZ 88, 278, 284; 89, 29, 33; 134, 195, 197 f.; § 119 RdNr. 80 ff.; *Palandt/Heinrichs* § 119 RdNr. 15; *Mayer-Maly* AcP 170 (1970), 133, 168, 170.

[46] Vgl. BGH DB 1972, 2201: Ehevertrag als schuldrechtliche Grundlage einer GbR.

Anscheinsbeweises die – widerlegbare – **Vermutung für einen Vertragsschluss.**[47] Die Rechtslage ist ähnlich derjenigen im Falle längerfristiger tatsächlicher Abweichung von einer Vertragsbestimmung ohne förmliche Vertragsänderung (RdNr. 56).

27 Weniger eindeutig liegen die Dinge bei dem auf einen gemeinsamen Zweck gerichteten **Zusammenwirken zwischen** bereits **anderweitig verbundenen Personen** (Ehegatten, Miterben, Bruchteilseigentümer), soweit es zwischen ihnen an einem ausdrücklichen Vertragsschluss fehlt. Die theoretische Abgrenzung ist zwar auch hier einfach: zur Einigung auf einen gemeinsamen Zweck muss eine rechtsgeschäftliche Förderpflicht iS von § 705 hinzukommen, wenn die schon bestehende Beziehung in eine GbR umgewandelt (RdNr. 15) oder durch sie überlagert werden soll. Die rechtsgeschäftliche Bindung kann hier aber – anders als zwischen Beteiligten ohne anderweitige Bindung – nicht allein aus der Tatsache des Zusammenwirkens und aus der Bedeutung des Projekts entnommen werden. Hinzukommen muss vielmehr die Begründung einer für die GbR kennzeichnenden, über die anderweitige Bindung hinausgehenden und sich von dieser unterscheidenden Beziehung. Das gilt entgegen einer teilweise großzügigeren, vor allem auf Gesichtspunkten des Interessenausgleichs beruhenden Rechtsprechung des BGH insbesondere für die Ehegattengesellschaft,[48] hat aber auch für den Übergang von der Erbengemeinschaft zur (Handels-)Gesellschaft Bedeutung (RdNr. 28). Zur Abgrenzung von GbR und Bruchteilsgemeinschaft vgl. Vor § 705 RdNr. 100 f.

28 Die **Abgrenzung zwischen Erbengemeinschaft und (Handels-)Gesellschaft** wird in erster Linie für diejenigen Fälle diskutiert, in denen ein zum Nachlass gehörendes *Handelsgeschäft* über die Dreimonatsfrist des § 27 HGB hinaus fortgeführt wird. Die Diskussion hat zu im Ansatz weit auseinander gehenden Ansichten über die Frage geführt, ob mangels ausdrücklichen Vertragsschlusses im Zweifel vom Fortbestand der Erbengemeinschaft auch hinsichtlich des Handelsgeschäfts auszugehen sei[49] oder ob es bei einverständlicher Fortführung der Geschäfte über die Frist des § 27 HGB hinaus zwingend zur Entstehung einer OHG komme.[50] Bei der GbR liegen die Dinge schon deshalb regelmäßig anders, weil der Weiterbetrieb eines zum Nachlass gehörenden Vorhabens meist weniger eindeutig aus dem typischen Aufgabenkreis der gemeinsamen Verwaltung des Nachlasses herausfällt als der Betrieb eines Handelsgewerbes. Es müssen also besondere Umstände hinzukommen, wie etwa eine über die gemeinsame Erbfolge hinausgehende enge persönliche Bindung der Beteiligten oder die einverständliche Einigung auf solche Projekte, die nicht bereits durch die Beschaffenheit der Nachlassgegenstände vorgegeben sind und daher nicht zur üblichen Verwaltungstätigkeit gehören, wenn ein konkludenter Vertragsschluss zwischen den Miterben unter teilweiser Erbauseinandersetzung angenommen werden soll.

29 **d) Unvollständiger Vertragsschluss.** Um eine in tatsächlicher Hinsicht dem konkludenten Vertragsschluss ähnliche, rechtlich jedoch Besonderheiten aufweisende Frage geht es in den Fällen, in denen die Parteien sich zwar darin einig sind, eine GbR gründen zu wollen,

[47] Vgl. im grundsätzlich gleichen Sinne die Urteile zum Vertragsschluss trotz unvollständiger Einigung (Fn. 51); für den Fall der Begründung eines unternehmerischen Risikos auch BFH BB 1980, 1835; *Soergel/Hadding* RdNr. 7; *Erman/Westermann* RdNr. 7. Weitergehend *K. Schmidt* (Fn. 43) S. 169 ff., der für Gesellschaften, die auf den Betrieb eines Unternehmens gerichtet sind, im Anschluss an die Lehre von der fehlerhaften Gesellschaft von einer generellen Verkürzung der Privatautonomie unter Vernachlässigung des Parteiwillens ausgeht.

[48] Näheres dazu vgl. in Vor § 705 RdNr. 73 ff.

[49] So eingehend BGHZ 92, 259, 264 f. = NJW 1985, 136 und *Dauner-Lieb* (Fn. 27). Vgl. auch schon BGHZ 17, 299, 301 f. = NJW 1955, 1227, wo der BGH das Zustandekommen einer OHG trotz siebzehnjähriger gemeinsamer Fortführung des Handelsgeschäfts durch die Miterben offen ließ und sich darauf beschränkte, Gesellschaftsrecht auf die Innenbeziehungen der Parteien entsprechend anzuwenden; dazu mit Recht krit. *Lehmann* NJW 1958, 1, 3. Weit. Nachw. zum Schrifttum s. in Fn. 50.

[50] So übermäßig rigoros *Rob. Fischer* in Großkomm. zum HGB, 3. Aufl., § 105 Anm. 65 a, 66 mit der Begründung, die – wegen § 27 HGB notwendig einverständliche – Fortführung des Handelsgeschäfts unter gemeinsamer Firma erfülle sämtliche Voraussetzungen des § 105 HGB und begründe dadurch zwangsläufig eine OHG; dazu eingehend *ders.* ZHR 144 (1980), 1, 10 ff. AA die hM, vgl. etwa *Hueck* OHG § 6 V 5; *Staub/Hüffer* HGB Vor § 22 RdNr. 71 ff., 73; *Staub/Ulmer* HGB § 105 RdNr. 57 ff.; *K. Schmidt* NJW 1985, 2785, 2787 f.; *M. Wolf* AcP 180 (1980), 480 ff.

aber entweder noch nicht über sämtliche als regelungsbedürftig angesehenen Punkte eine Verständigung erzielt oder die beabsichtigte Beurkundung des Vertrags noch nicht vorgenommen haben. Nach den Auslegungsregeln des § 154 Abs. 1 und 2 wäre in diesen Fällen der Vertrag im Zweifel nicht geschlossen. Demgegenüber hat die Rechtsprechung[51] mit Zustimmung der Literatur[52] wiederholt ausgesprochen, dass das *Invollzugsetzen* der Gesellschaft vor abschließender Klärung des Vertragsinhalts zu einer **Umkehrung der Auslegungsregeln des § 154** führe und dass es den Schluss auf den Willen der Parteien gestatte, zumindest einen vorläufigen (dh. also im Zweifel jederzeit kündbaren) Vertrag abzuschließen. Dem ist angesichts des im Vollzug dokumentierten Bindungswillens der Beteiligten grundsätzlich zuzustimmen. Die bestehenden Lücken sind beim Scheitern nachträglicher Einigung entsprechend § 157 im Wege *ergänzender Vertragsauslegung* zu füllen,[53] soweit nicht die Parteien die Bestimmung einem der Gesellschafter oder einem Dritten übertragen haben.[54] Darauf, dass der Gesellschaftsvertrag in allen wesentlichen Teilen bereits einen bestimmten Inhalt aufweist, kommt es nicht an.[55] Wohl aber muss eine Einigung über so zentrale Punkte wie den Gesellschaftszweck und die Förderpflicht der Beteiligten vorliegen, damit eine Vertragsergänzung überhaupt möglich ist.

Vom Fall eines auf offenem Einigungsmangel (§ 154 Abs. 1) beruhenden lückenhaften 30
Vertrags zu unterscheiden ist eine gesellschaftsvertragliche Einigung, die sich bewusst und gewollt auf *wenige* Abreden beschränkt und die Ausfüllung des Vertrags im Übrigen dem **dispositiven Recht** überlässt. Hier handelt es sich nicht um einen lückenhaften, sondern einen den gesetzlichen Regeln unterstellten Vertrag.[56] Für eine richterliche Vertragsergänzung abweichend vom dispositiven Recht ist daher im Zweifel kein Raum.

e) Bedingter und befristeter Vertrag. Der Gesellschaftsvertrag kann unter aufschie- 31
bender Bedingung oder Zeitbestimmung geschlossen werden.[57] In beiden Fällen wird – was zulässig ist – das Wirksamwerden des Vertrages zeitlich hinausgeschoben. Aber auch die Vereinbarung einer auflösenden Bedingung begegnet keinen grundsätzlichen Einwendungen, da sie – anders als etwa ein vertragliches Rücktrittsrecht – nicht zur rückwirkenden Vernichtung der Gesellschaft führt,[58] sondern nur zur Auflösung ex nunc (Vor § 723 RdNr. 7, 21). Der Sache nach handelt es sich um eine vertragliche Konkretisierung des in § 726 vorgesehenen, an die Erreichung oder das Unmöglichwerden des Gesellschaftszwecks geknüpften Auflösungsgrundes.[59] – Zur Rückdatierung der Entstehung der GbR vgl. RdNr. 7.

2. Die Form des Gesellschaftsvertrags. a) Überblick. Der Abschluss eines Gesell- 32
schaftsvertrags ist – von spezialgesetzlichen Ausnahmen abgesehen[60] – grundsätzlich **formlos**

[51] BGHZ 11, 190, 192 = NJW 1954, 231; BGH LM HGB § 105 Nr. 13 a = NJW 1960, 430; WM 1958, 1105; NJW 1982, 2816, 2817; RGZ 103, 73, 75.

[52] *Soergel/Hadding* RdNr. 5; *Erman/Westermann* RdNr. 6; *Staub/Ulmer* HGB § 105 RdNr. 162; *K. Schmidt,* Stellung der OHG, S. 170.

[53] Vgl. näher RdNr. 174 und Fn. 462. Allg. zum Verhältnis zwischen ergänzender Auslegung und Anwendung dispositiven Rechts vgl. auch § 157 RdNr. 35 ff., und *Soergel/M. Wolf* § 157 RdNr. 109 ff.

[54] §§ 315 bis 319; so auch BGH LM HGB § 105 Nr. 13 a = NJW 1960, 430; *Staub/Ulmer* HGB § 105 RdNr. 162; *Soergel/Hadding* RdNr. 5, jew. gegen RG JW 1935, 1783, 1784 (Bestimmung durch Schiedsgericht).

[55] So aber noch RGZ 95, 147, 149; *Soergel/Schultze-v. Lasaulx* BGB, 10. Aufl., RdNr. 2.

[56] Das dispositive Recht gilt hier kraft Gesetzes, nicht etwa kraft vertraglicher Verweisung (aM BGHZ 38, 306, 316 = NJW 1963, 646; wohl auch noch *Rob. Fischer* in Großkomm. zum HGB, 3. Aufl., § 105 Anm. 48).

[57] Ganz hM, vgl. RG JW 1936, 2065; *Soergel/Hadding* RdNr. 4; *Staub/Ulmer* HGB § 105 RdNr. 164 f.; *Schlegelberger/K. Schmidt* HGB § 105 RdNr. 110; *Baumbach/Hopt* HGB § 105 RdNr. 50. Für Zulässigkeit aufschiebend bedingten Beitritts zu einer Publikums-KG BGH WM 1979, 613 und NJW 1985, 1080; OLG Koblenz WM 1979, 1435, 1437, und OLG München WM 1984, 1335. Für grundsätzliche Beschränkung der Bedingungswirkung auf das Innenverhältnis der Beteiligten aber *Koller/Buchholz* DB 1982, 2171 ff.

[58] So aber *Rob. Fischer* in Großkomm. zum HGB, 3. Aufl., § 105 Anm. 50; für auflösend bedingten Beitritt zur Publikums-KG auch *Koller/Buchholz* DB 1982, 2173 f.

[59] Dazu näher *Ulmer* in Großkomm. zum HGB, 3. Aufl., § 131 Anm. 118.

[60] So bis 1998 für den Kartellvertrag (§ 34 GWB aF); vgl. auch die Beispiele in RdNr. 33.

wirksam. Das gilt nicht nur für die GbR, sondern auch für die stärker verselbstständigten Rechtsformen der OHG und KG; deren Anmeldung zum Handelsregister erstreckt sich nicht etwa auf die Einreichung eines Gesellschaftsvertrags (§ 106 Abs. 2 HGB). Eine Ausnahme gilt nur für den Partnerschaftsvertrag: er bedarf nach § 3 Abs. 1 PartGG der Schriftform.

33 **Gesetzliche Formerfordernisse** für den GbR-Vertrag können sich jedoch im Hinblick auf bestimmte, formbedürftige Verpflichtungen ergeben. Die beiden für Gesellschaftsverträge bedeutsamsten Vorschriften sind **§ 311 b Abs. 1** (Verpflichtung eines Gesellschafters gegenüber der GbR zur Veräußerung oder zum Erwerb eines Grundstücks, bisher § 313) und **§ 518** (Schenkungsversprechen auf unentgeltliche Beteiligung eines Gesellschafters); vgl. dazu unten RdNr. 36 ff., 42 ff. Daneben sind für bestimmte gesellschaftsvertragliche Beitragspflichten auch § 311 b Abs. 3 sowie § 15 GmbHG zu beachten. Nach **§ 311 b Abs. 3** (= § 311 aF) bedarf der Gesellschaftsvertrag der notariellen Form, wenn sich ein Gesellschafter darin verpflichtet, sein ganzes Vermögen oder einen Bruchteil desselben einzubringen oder in sonstiger Weise darüber zu Gunsten der Gesellschaft zu verfügen. Die Verpflichtung muss sich auf das Vermögen als solches beziehen; die Einbringung eines bestimmten Gegenstands, der de facto das einzige Vermögen des Gesellschafters darstellt, wird von dieser Vorschrift nicht erfasst.[61] **§ 15 Abs. 4 GmbHG** regelt die Verpflichtung zur Abtretung von GmbH-Geschäftsanteilen. Sie bedarf ebenso wie die Abtretung selbst notarieller Beurkundung. Der Formmangel der Verpflichtung wird durch die formgültig vollzogene Abtretung geheilt (§ 15 Abs. 4 S. 2 GmbHG). Zur Beurteilung sonstiger, nicht auf Rechtsübertragung gerichteter Einlagevereinbarungen (Gebrauchsüberlassung, Einbringung dem Werte nach u. a.) vgl. die Kasuistik zu § 311 b Abs. 1 (RdNr. 37 ff.); zur Frage der Formbedürftigkeit eines Gesellschaftsvertrags zwischen Ehegatten, die in Gütergemeinschaft leben, RdNr. 75 ff.

34 Greift auf Grund der von Gesellschaftern im Gesellschaftsvertrag übernommenen Verpflichtungen eine der in RdNr. 36, 42 genannten Formvorschriften ein, so erstreckt sich der **Umfang des Formerfordernisses** grundsätzlich auf den gesamten Vertrag, dh. auf alle Vereinbarungen, aus denen sich nach dem Willen der Vertragspartner das Rechtsgeschäft zusammensetzt.[62] Das ist zu § 311 b Abs. 1 S. 1 (= § 313 S. 1 aF) von der ganz hM anerkannt;[63] es führt zur Formbedürftigkeit des Gesellschaftsvertrags insgesamt einschließlich etwaiger, damit in unmittelbarem Zusammenhang stehender Zusatzabreden wie Liefer- oder Abnahmeverpflichtungen u. a.[64] Entsprechendes gilt nach überwM für die aus § 15 Abs. 4 GmbHG folgende Formbedürftigkeit der Verpflichtung zur Abtretung von GmbH-Anteilen;[65] im Falle der Veräußerung der Anteile an einer GmbH & Co. KG ist daher auch die Verpflichtung zur Abtretung der KG-Anteile formbedürftig.[66] Diese Grundsätze gelten entsprechend für die **Heilung** des Formmangels nach §§ 311 b Abs. 1 S. 2 BGB, 15 Abs. 4 S. 2 GmbHG; auch sie erstreckt sich auf den ganzen Vertrag. Spätere *Vertragsänderungen,* die nach Bewirken des formbedürftigen Versprechens vereinbart werden oder sich nicht unmittelbar auf die formbedürftigen Abreden beziehen, werden auch ohne Einhaltung der gesetzlichen Form wirksam (RdNr. 57).

35 Kommt es nicht zur Heilung und scheidet auch eine Umdeutung der formnichtigen in eine formfreie und daher wirksam vereinbarte Beitragsverpflichtung aus, so sollen sich die

[61] BGHZ 25, 1, 4 = NJW 1957, 1514; vgl. auch Bd. 2 § 311 RdNr. 5 f.; *Staudinger/Keßler* RdNr. 34.

[62] Vgl. § 125 RdNr. 30 f. m. Nachw.

[63] Vgl. Bd. 2 a § 311 b RdNr. 50 und *Staudinger/Wufka* (1995) § 313 RdNr. 139, jew. m. Rspr.-Nachw.

[64] Dazu näher *Wiesner* NJW 1984, 95 ff.; vgl. auch BGH LM § 313 Nr. 80 = NJW 1979, 915; NJW-RR 1990, 340 f.

[65] *Hachenburg/Zutt* GmbHG § 15 RdNr. 48 f.; *Scholz/Winter* GmbHG § 15 RdNr. 69; *Schlegelberger/K. Schmidt* HGB § 105 RdNr. 118, 121; *Petzoldt* GmbHR 1976, 83 f.; *Wiesner* NJW 1984, 97; einschr. BGH LM § 134 Nr. 106 = NJW 1983, 1843 (untrennbarer Teil); LM GmbHG § 2 Nr. 7 = NJW 1969, 2049 (wesentliche Abreden); WM 1989, 256, 260 (keine Formbedürftigkeit eines Schuldbeitritts aufseiten des Erwerbers der Anteile); aA *Schlüter,* FS Bartholomeyczik, 1973, S. 359 ff.; *Sigle/Maurer* NJW 1984, 2657, 2658 ff.

[66] So zutr. *Wiesner* NJW 1984, 97; *Binz/Mayer* NJW 2002, 3054, 3059 f.; im Grundsatz auch *Sudhoff/Ihrig,* GmbH & Co. KG, § 9 RdNr. 21.

Rechtsfolgen der Formnichtigkeit nach hM[67] auf die formbedürftige (Beitrags-)Verpflichtung als solche beschränken, während die Wirksamkeit des Restvertrages sich nach den Grundsätzen über die Teilunwirksamkeit bestimmen soll (RdNr. 40, 52 f.). Das ist unvereinbar mit der den ganzen Gesellschaftsvertrag erfassenden Geltung des Formerfordernisses.[68] Die Nichtbeachtung der Form führt in diesen Fällen daher zum Eingreifen der Grundsätze über die fehlerhafte Gesellschaft (vgl. auch RdNr. 40).

b) Vereinbarungen über Grundstücke. aa) Der Anwendungsbereich von § 311 b Abs. 1 S. 1. Die praktisch wichtigste Formvorschrift für Gesellschaftsverträge enthält § 311 b Abs. 1 (= § 313 aF). Danach bedarf nicht nur die Pflicht zur **Veräußerung** von Grundstücken, sondern – seit 1973 – auch diejenige zum **Erwerb** der notariellen Beurkundung (vgl. dazu RdNr. 38). Voraussetzung ist, dass die Veräußerungs- oder Erwerbspflicht den **Inhalt** des Vertrages bildet, im Fall von Gesellschaftsverträgen also zu den Beitragspflichten der einzelnen Gesellschafter gehört. Dem steht die Pflicht zum Erwerb eines Grundstücks beim Ausscheiden aus der Gesellschaft oder bei deren Auflösung gleich.[69] Tritt die Mitberechtigung an einem Grundstück dagegen nur als Folge des Vertragsabschlusses ein, so macht das den Vertrag nicht formbedürftig.[70] Daher ist die Verpflichtung, einer Gesellschaft beizutreten, zu deren Vermögen Grundstücke gehören, oder aus ihr auszuscheiden, nicht formgebunden; die – durch Anwachsung eintretende – dingliche Rechtsänderung ist hier nicht Gegenstand, sondern Folge des Beitritts oder Ausscheidens (§ 718 RdNr. 7 f.). Gleiches gilt für die Pflicht zur **Anteilsübertragung** an einer Grundstücksgesellschaft; vorbehaltlich der im Analogiewege zu lösenden Fälle einer Gesetzesumgehung[71] ist sie ebenso wie die Übertragung selbst, grundsätzlich formlos wirksam.[72] Keiner Form bedarf weiter die formwechselnde Umwandlung einer GbR in eine Personengesellschaft (OHG oder KG) oder umgekehrt; sie lässt die dingliche Zuordnung der zum Gesellschaftsvermögen gehörenden Grundstücke unberührt (RdNr. 13). Wohl aber ist wegen der hier notwendigen rechtsgeschäftlichen Übertragungsakte die Form des § 311 b Abs. 1 zu beachten, wenn Grundstücke von einer Personengesellschaft auf eine aus den gleichen Gesellschaftern bestehende andere Gesellschaft übertragen oder eine sonstige Personengemeinschaft mit Grundvermögen als GbR fortgesetzt werden sollen (RdNr. 15). 36

bb) Kasuistik. Soweit es um die Fälle der **Grundstücksveräußerung** geht, ist formbedürftig die Verpflichtung eines Gesellschafters, der GbR ein Grundstück zu Eigentum zu übertragen[73] oder es im Interesse der Gesellschaft an einen Dritten zu übereignen.[74] Gleiches gilt für die Einräumung eines Vorkaufsrechts am Grundstück eines Gesellschafters zu Gunsten der GbR.[75] **Keiner Form** bedarf dagegen die Abrede über die bloße Gebrauchsüberlassung des Grundstücks;[76] sie fällt auch nicht etwa unter § 550 (Schriftform eines längerfristigen Mietvertrags).[77] Ebenso kann die Einbringung des Grundstücks „dem Werte nach" 37

[67] BGHZ 45, 376, 377 = NJW 1966, 1747; BGH NJW 1981, 222; NJW 1983, 565; *Schlegelberger/K. Schmidt* HGB § 105 RdNr. 119; *Baumbach/Hopt* HGB § 105 RdNr. 57. Nachw. zur Gegenauffassung s. in Fn. 68.

[68] Das hebt *Wiesner* NJW 1984, 98 zu Recht hervor; für Gesamtunwirksamkeit daher auch schon *Hueck* OHG § 6 III 2, S. 61 unter Berufung auf RGZ 97, 219, 220. Vgl. auch RdNr. 40 und Fn. 89.

[69] BGH LM § 313 Nr. 76 = NJW 1978, 2505, 2506; *Erman/Westermann* § 313 RdNr. 10.

[70] HM, vgl. BGH ZIP 1996, 547; RGZ 82, 299, 302; 108, 60; RG JW 1935, 3529; Bd. 2 a § 311 b RdNr. 23; *Soergel/Hadding* RdNr. 9; *Staub/Ulmer* HGB § 105 RdNr. 173; zu Unrecht aA (unter Hinweis auf die von § 311 b Abs. 1 nicht erfassten Haftungsrisiken des beitretenden Gesellschafters) *Grunewald,* FS Hagen, 1999, S. 277, 286 ff.

[71] So bei der Verpflichtung zur Übertragung der Anteile einer Gesellschaft, deren Vermögen im Wesentlichen nur aus einem oder mehreren Grundstücken besteht; vgl. dazu näher *Ulmer/Löbbe* DNotZ 1998, 711, 718 ff. und § 719 RdNr. 35 f.

[72] Vgl. OLG Frankfurt DB 1996, 1177; dazu näher Bd. 2 a § 311 b RdNr. 14; § 719 RdNr. 33.

[73] BGH BB 1955, 203; WM 1977, 783; RGZ 68, 260, 252 (st. Rspr.).

[74] BGH NJW-RR 1991, 613, 614; WM 1977, 196, 197; RGZ 162, 78, 84; RG JW 1905, 73, 74.

[75] RGZ 110, 327, 333; 125, 261, 263; *Soergel/Hadding* RdNr. 9.

[76] RGZ 109, 380, 381 f.; *Soergel/Hadding* RdNr. 9; *Erman/Westermann* RdNr. 10.

[77] *Soergel/Hadding* § 706 RdNr. 24; *Hueck* OHG § 6 III 2, S. 61.

(quoad sortem, vgl. § 706 RdNr. 12) formlos vereinbart werden,[78] soweit der GbR nicht während deren Dauer oder im Rahmen der Liquidation ein Verwertungsrecht zustehen soll.[79] Unanwendbar ist § 311 b Abs. 1 auch auf Vereinbarungen über eine stille Gesellschaft, eine Unterbeteiligung oder eine sonstige Innengesellschaft, wenn sie nicht ausnahmsweise eine Pflicht des Stillen, Unterbeteiligten u. a. zur Grundstücksübertragung an den tätigen Gesellschafter begründen; die Gewinnbeteiligung am Unternehmen des tätigen Gesellschafters löst mangels einer auf dingliche Rechtsänderung an Grundstücken gerichteten Verpflichtung auch dann keine Formbedürftigkeit aus, wenn zum Vermögen des tätigen Gesellschafters Grundstücke gehören.[80] Keiner Form bedarf schließlich die Pflicht, das von einem Gesellschafter auf Rechnung der GbR erworbene Grundstück an diese zu übertragen, sie ist nicht Gegenstand, sondern bloße Folge des Gesellschaftsvertrags (§§ 713, 667).

38 **Erwerbspflichten über Grundstücke** sind seit 1973 ebenfalls der Formvorschrift des § 311 b Abs. 1 (= § 313 aF) unterstellt.[81] Danach bedarf ein Gesellschaftsvertrag notarieller Form, der zum Zwecke des gesamthänderischen Erwerbs eines *bestimmten* Grundstücks geschlossen wird.[82] Durch Auslegung des von allen Gesellschaftern für die GbR geschlossenen notariellen Kaufvertrags über den Erwerb des Grundstücks wird es freilich häufig möglich sein, darin auf Seiten der Käufer zugleich einen formgültigen Gesellschaftsvertrag zu sehen.[83] Formbedürftig ist des Weiteren ein Gesellschaftsvertrag, durch den sich ein Gesellschafter verpflichtet, ein Grundstück im eigenen Namen zu erwerben, um es sodann der Gesellschaft oder einem Dritten zu übereignen.[84]

39 Keiner notariellen Form bedarf der Gesellschaftsvertrag einer **Grundstücksgesellschaft,** wenn der gemeinsame Zweck sich *allgemein* auf den Erwerb (und die Veräußerung) von Grundstücken richtet.[85] Entsprechend der Funktion der Formvorschrift, die Vertragspartner vor übereilten Bindungen auf dem Grundstücksmarkt zu schützen, ist in derartigen Fällen für das Eingreifen von § 311 b Abs. 1 jedenfalls dann kein Raum, wenn Gesamtgeschäftsführung besteht und daher alle Partner am jeweiligen Erwerbsvorgang mitwirken müssen (§§ 709, 714). Aber auch wenn die Gesellschafter Einzelgeschäftsführung vereinbart haben, wobei bestimmte Gesellschafter von der Geschäftsführung ausgeschlossen sind und damit auch kein Widerspruchsrecht nach § 711 haben, ist § 311 b Abs. 1 S. 1 unanwendbar, weil sein Eingreifen allein auf die Schutzbedürftigkeit der *Gesellschaft* als Erwerber des Grundstücks gestützt werden könnte.[86] Ihr trägt jedoch aus der Sicht der neueren Gesamthandslehre das Eingreifen des Formerfordernisses für die einzelnen von der GbR künftig zu schließenden Grundstücksgeschäfte hinreichend Rechnung.[87]

[78] BGH WM 1965, 744, 745; 1967, 951, 952; RGZ 109, 380, 381 f.; 166, 160, 163.

[79] BGH WM 1967, 609, 610; RGZ 162, 78, 81 f.

[80] RGZ 109, 380, 381 f. Anders nur, wenn vereinbart wird, die dem tätigen Gesellschafter gehörenden Grundstücke bei Auflösung der Gesellschaft zu verwerten (RGZ 166, 160, 165); vgl. dazu § 730 RdNr. 13 und *Petzoldt* BB 1975, 905, 907.

[81] Näher zu den damit verbundenen Konsequenzen für Gesellschaftsverträge *Petzoldt* BB 1975, 905, 906 ff.; *Heckschen,* Die Formbedürftigkeit mittelbarer Grundstücksgeschäfte, 1987, S. 127 ff.; zur früheren Rechtslage vgl. *Soergel/Schultze-v. Lasaulx* BGB, 10. Aufl., RdNr. 5 aE.

[82] Vgl. BGH NJW-RR 1991, 613, 614; OLG Köln NZG 2000, 930; *Ulmer/Löbbe* DNotZ 1998, 711, 740; *Schlegelberger/K. Schmidt* HGB § 105 RdNr. 117; im Ergebnis auch *Grunewald,* FS Hagen, 1997, S. 277 (279, 285 f.).

[83] Zutr. *Petzoldt* BB 1975, 905, 908; nicht eindeutig *Erman/Westermann* RdNr. 10.

[84] Vgl. für die beabsichtigte Übereignung an die Gesellschaft BGHZ 85, 245, 248 f. = NJW 1983, 566; *Baumbach/Hopt* HGB § 105 RdNr. 55; für die Übereignung an Dritte s. die Nachw. in Fn. 74.

[85] Vgl. BGH NJW 1996, 1279, und die Nachw. in Fn. 87.

[86] Dazu näher *Ulmer/Löbbe* DNotZ 1998, 711, 735 ff.

[87] Ganz hM, s. BGH LM § 313 Nr. 76 = NJW 1978, 2505 f. sowie für Bau- oder Siedlungsgenossenschaften BGHZ 15, 177, 181 = NJW 1955, 178 und 31, 37, 38 = NJW 1959, 2211; *Soergel/Hadding* RdNr. 10; *Erman/Westermann* RdNr. 10; *Staub/Ulmer* HGB § 105 RdNr. 174; *Schlegelberger/K. Schmidt* HGB § 105 RdNr. 117; aA *Mock,* FS Bezzenberger, 2000, S. 529, 537; *Schwanecke* NJW 1984, 1585, 1588; *Petzoldt* BB 1975, 905, 907 bei Alleingeschäftsführungsbefugnis eines Gesellschafters; im Ergebnis auch *Staudinger/Wufka* (1995) § 313 RdNr. 57 und bei auf Veräußerung der Grundstücke gerichtetem Gesellschaftszweck *Heckschen* (Fn. 81) S. 135 ff. – Zur Formbedürftigkeit unwiderruflicher Vollmachten nach § 311 b Abs. 1 vgl. Bd. 2 a § 311 b RdNr. 45; *Erman/Battes* § 313 RdNr. 29; BGH NJW 1996, 1279.

cc) Rechtsfolgen des Formmangels. Die Nichteinhaltung der Formvorschriften führt vorbehaltlich der Heilung (RdNr. 41) zur Nichtigkeit der betroffenen Vereinbarung (§ 125 S. 1). Die **Fehlerhaftigkeit des Gesellschaftsvertrags** als solchen tritt nur dann ein, wenn nicht im Einzelfall eine Umdeutung nach § 140 möglich ist. Diese liegt bei formnichtigen Einlageversprechen über Grundstücke namentlich dann nahe, wenn einerseits die Erreichung des gemeinsamen Zwecks nicht speziell die Eigentumsverschaffung am Grundstück voraussetzt, andererseits die Einbringung zum Gebrauch oder dem Werte nach, gegebenenfalls auch unter Zuzahlung eines Geldbetrags durch den Inferenten, für alle Parteien zumutbar erscheint.[88] Scheidet eine Umdeutung nach Lage des Falles aus, so erfasst die Nichtigkeit nicht nur die Einlagepflicht, sondern den ganzen Vertrag (RdNr. 35); für die Anwendung der Grundsätze über die Teilunwirksamkeit ist kein Raum.[89] Zur Behandlung in Vollzug gesetzter, auf einem nach § 125 nichtigen Vertragsschluss beruhender Gesellschaften vgl. RdNr. 342 ff. 40

Die **Heilung** des Formmangels tritt in Fällen formnichtiger Veräußerungs- oder Erwerbspflichten eines beitretenden oder ausscheidenden Gesellschafters dann ein, wenn es zum wirksamen dinglichen Vollzug des Verpflichtungsgeschäfts kommt; es gelten §§ 311 b Abs. 1 S. 2 BGB, 15 Abs. 4 S. 2 GmbHG. Im Falle *analoger* Anwendung des § 311 b Abs. 1 S. 1 auf Verpflichtungsgeschäfte über Anteile an Gesellschaften mit grundstücksspezifischem Zweck (vgl. näher § 719 RdNr. 35 f.) hat die Anteilsübertragung als solche keine Heilungswirkung. Eine solche kommt jedoch analog § 311 b Abs. 1 S. 2 dann in Betracht, wenn der Gesellschafterwechsel im Berichtigungswege im Grundbuch vermerkt wird.[90] Eine Heilung nach oder analog § 15 Abs. 4 S. 2 GmbHG scheidet mangels notarieller Abtretung des zum Gesamthandsvermögen gehörenden GmbH-Anteils aus. 41

c) Unentgeltlich eingeräumte Beteiligung. aa) Unentgeltlichkeit. Ein Formproblem besonderer Art stellt sich, wenn bei der Gründung der GbR oder im späteren Verlauf ein Gesellschafter unentgeltlich beteiligt oder sein Gesellschaftsanteil zu Lasten von Mitgesellschaftern aufgestockt werden soll. In derartigen Fällen liegt nach § 516 Abs. 1 eine – grundsätzlich formbedürftige (§ 518 Abs. 1) – **Schenkung** dann vor, wenn die Aufnahme in die Gesellschaft oder die Aufstockung der Beteiligung zu einer Vermögensmehrung bei dem Begünstigten führt und beide Seiten über die Unentgeltlichkeit der Zuwendung einig sind (3. Aufl. § 516 RdNr. 71 f.). Von den nicht durch § 516 erfassten Fällen einer als Ausstattung (§ 1624) zugewendeten Beteiligung abgesehen, ist das bei Unentgeltlichkeit der Einräumung oder Aufstockung einer Beteiligung an einer **Innengesellschaft,** insbesondere einer stillen Beteiligung regelmäßig anzunehmen. 42

Bei der Aufnahme in eine **Außengesellschaft** soll nach *ständiger Rechtsprechung* Unentgeltlichkeit stets ausscheiden, sofern es um den Beitritt als persönlich haftender Gesellschafter zu einer OHG oder KG geht;[91] das müsste nach Durchsetzung der Akzessorietätstheorie (§ 714 RdNr. 5) auch für den Beitritt zu einer Außen-GbR gelten. Dieser Rechtsprechung ist indessen **nicht** zu folgen; vielmehr kommt es nach der im Schrifttum hM[92] darauf an, ob der Wert der Beteiligung die Belastungen des unentgeltlich aufgenommenen Gesellschafters aus persönlicher Haftung und etwaiger Tätigkeitspflicht übersteigt sowie ob mit der unentgeltlichen Aufnahme auch subjektiv eine Zuwendung (gemischte Schenkung) gewollt war 43

[88] BGH WM 1967, 951, 952; vgl. auch *Soergel/Hadding* § 706 RdNr. 23.

[89] So zutr. *Wiesner* NJW 1984, 98 sowie früher schon *Hueck* § 60 III, S. 61 unter Berufung auf RGZ 97, 219, 220. AA die hM, die hinsichtlich der Rechtsfolgen der Formnichtigkeit auf § 139 zurückgreift; vgl. die Nachw. in Fn. 65.

[90] So auch *K. Schmidt* AcP 182 (1982), 481, 512; vgl. aber auch RdNr. 312 zur Möglichkeit der Eintragung der GbR als solcher im Grundbuch.

[91] So unter Hinweis auf die persönliche Haftung des Beitretenden und die ihn regelmäßig treffende Geschäftsführungspflicht BGH NJW 1959, 1433; WM 1965, 355; 1977, 862, 864; NJW 1981, 1956; offen lassend BGHZ 112, 40, 44 = NJW 1990, 2616 (Kommanditanteil). Grds. zust. *Erman/Seiler* § 516 RdNr. 11; *Palandt/Putzo* § 516 RdNr. 9 a. Gegenansichten vgl. in Fn. 92.

[92] Vgl. nur 3. Aufl. § 516 RdNr. 71; *Staub/Ulmer* HGB § 105 RdNr. 11; *Erman/Westermann* RdNr. 11; *Baumbach/Hopt* HGB § 105 RdNr. 56; *K. Schmidt* BB 1990, 1992, 1994.

oder ob es den Mitgesellschaftern nur darum ging, der GbR den Rat und die Dienste des neuen Gesellschafters zu sichern.[93] Die Frage hat nicht nur Bedeutung für die Form der Vereinbarung, sondern auch für das Eingreifen der Vorschriften über den Widerruf wegen groben Undanks (§§ 530 ff.).[94] – Zur unentgeltlichen Anteilsübertragung vgl. § 719 RdNr. 34; zum Fall eines Zusammenschlusses, der dem Interesse nur eines Teils der Partner zu dienen bestimmt ist (societas leonina) und bei dem der fremdnützig handelnde Teil eine Zuwendungsabsicht verfolgt, vgl. RdNr. 151.

44 **bb) Schenkungsvollzug (§ 518 Abs. 2).** Ist nach dem Vorstehenden die unentgeltliche Beteiligung an der GbR oder die Aufstockung des Kapitalanteils als – gegebenenfalls gemischte[95] – Schenkung zu beurteilen, so führt die Nichteinhaltung der notariellen Form zu der Frage, unter welchen Voraussetzungen eine **Heilung** des Mangels **nach § 518 Abs. 2** wegen Vollzugs der Schenkung eintritt. Nach der *Rechtsprechung des BGH* lässt sich ein solcher Vollzug, dh. die „Bewirkung der versprochenen Leistung", zwar in der – zu Gesamthandseigentum und Außenhaftung des Beitretenden führenden – gesellschaftsvertraglich begründeten Beteiligung an einer *Außengesellschaft* sehen, *nicht* dagegen im Beitritt zu einer *Innengesellschaft.*[96] Im letzteren Fall werde nur eine formnichtige schuldrechtliche Forderung durch eine andere ersetzt, ohne dass es zu einer dinglichen Rechtseinräumung komme. Auch die handels- und steuerrechtliche Ein- oder Umbuchung der dem Begünstigten zugewendeten Beteiligung könne den Formmangel nicht heilen.[97]

45 **Stellungnahme.** Die pauschale Differenzierung der Rechtsprechung zwischen Außen- und Innengesellschaft ist auch im Hinblick auf den Schenkungsvollzug mit der in der Literatur überwiegenden Ansicht[98] **abzulehnen.** Ihr steht einerseits entgegen, dass die Beteiligung nicht nur an einer Außen-, sondern auch an einer Innengesellschaft typischerweise über die bloße Einräumung einer schuldrechtlichen Forderung auf Vermögensleistungen (Gewinn und Auseinandersetzungsguthaben) hinausgeht. Mit der Beteiligung verbinden sich außer den Vermögensrechten auch eine Reihe von im Gesellschaftsanteil (der Mitgliedschaft) zusammengefassten Verwaltungsrechten und -pflichten.[99] Zum anderen unterscheiden sich aber auch die „Vollzugsakte" einer unentgeltlichen Beteiligung an Außen- und Innengesellschaft nicht grundlegend voneinander.[100] In beiden Fällen geht es um Abschluss oder Änderung des Gesellschaftsvertrags unter Einschluss des Beitretenden, typischerweise

[93] Zu den denkbaren Fallgestaltungen und Motiven vgl. namentlich *Hueck* DB 1966, 1043, 1044, und *U. Huber,* Vermögensanteil, Kapitalanteil und Gesellschaftsanteil an Personalgesellschaften des Handelsrechts, 1970, S. 203 f. (jeweils für die OHG).

[94] Vgl. dazu BGHZ 112, 40, 46 ff. = NJW 1990, 2616 (betr. den Komanditanteil); *U. Huber* (Fn. 93) S. 205 ff.; *Hueck* DB 1966, 1043. Zur Wirksamkeit eines einseitigen Widerrufsvorbehalts ohne wichtigen Grund vgl. § 737 RdNr. 21 f.

[95] Zu ihrer Behandlung im Rahmen von § 518 vgl. § 516 RdNr. 32; *Erman/Seiler* § 516 RdNr. 16; *U. Huber* (Fn. 93) S. 297 m. weit. Nachw.

[96] BGHZ 7, 174, 179 = NJW 1952, 1412; 7, 378, 379 ff. = NJW 1953, 138; BGH WM 1967, 685; BFH DB 1979, 2160, 2161; so auch OLG Frankfurt DB 1996, 1177; *Rob. Fischer* LM Nr. 1 und JR 1962, 201, 202 f.; *Erman/Seiler* § 518 RdNr. 5; *U. Huber* (Fn. 93) S. 155 f.; *Bilsdorfer* NJW 1980, 2785, 2787; offen lassend BGHZ 112, 40, 46 = NJW 1990, 2616 sowie noch BFH BStBl. 1975 II S. 141 = BB 1975, 166 f. Gegenansichten vgl. in Fn. 98; zur steuerrechtlichen Beurteilung der Schenkung von Beteiligungen an Innengesellschaften s. *L. Schmidt* EStG, 20. Aufl. 2001, § 15 RdNr. 773; *Groh* BB 1987, 1505 ff.

[97] BGHZ 7, 174, 179 = NJW 1952, 1412 und 7, 378, 380 = NJW 1953, 138.

[98] Vgl. namentlich die Kritik an der BGH-Rechtsprechung von *Hueck* NJW 1953, 138, *Siebert* NJW 1953, 806 f. und *Würdinger* JZ 1953, 226. So auch § 518 RdNr. 27 *(Kollhosser)*; *Staudinger/Cremer* (1995) § 518 RdNr. 21; *Baumbach/Hopt* HGB § 230 RdNr. 10; *Paulick/Blaurock,* Handbuch der stillen Gesellschaft, 5. Aufl., § 6 II 2; *Blaurock,* Unterbeteiligung und Treuhand, 1981, S. 156; *Koenigs,* Stille Gesellschaft, 1961, S. 74 ff.; *Brandner/Bergmann,* FS Sigle, 2000, S. 327, 331 ff.; *Wiedemann/Heinemann* DB 1990, 1649, 1652. Nach der Art der stillen Beteiligung diff. MünchKommHGB/*K. Schmidt* § 230 RdNr. 100 ff.

[99] Kontroll- und Mitspracherechte, Treupflichten u. a., vgl. besonders *Hueck* NJW 1953, 138; *Coenen,* Formfreie Schenkung der Gesellschafterstellung in einer stillen Gesellschaft und einer Unterbeteiligung, 2002, S. 112 ff. Ähnlich spricht *Würdinger* JZ 1953, 226 von der Zuwendung eines „Wertanteils" (dagegen *U. Huber* (Fn. 93) S. 155 f.).

[100] Insoweit wie hier *Erman/Westermann* RdNr. 11.

verbunden mit der „Einbuchung“ seines Kapitalanteils zu Lasten eines oder mehrerer Altgesellschafter. Die im Regelfall zwar bei der Außengesellschaft, nicht aber bei der Innengesellschaft ieS (RdNr. 282) hinzukommende dingliche Mitberechtigung als Gesamthänder ist nicht etwa Gegenstand, sondern bloße Folge (Anwachsung) der Beitrittsvereinbarung. Ein besonderer, zum Abschluss des Gesellschaftsvertrags oder der Anteilsübertragung hinzutretender rechtsgeschäftlicher Vollzug fehlt daher auch bei der unentgeltlichen Beteiligung an einer Außengesellschaft, was der Wirksamkeit der Schenkung nach § 518 Abs. 2 bei Fehlen notarieller Form nach ganz hM nicht entgegensteht (RdNr. 44). Ein Grund zu generell abweichender Behandlung der Innengesellschaft ist daher nicht ersichtlich; auch bei dieser liegt die Rechtsverschaffung regelmäßig schon in der Begründung oder Übertragung der Mitgliedschaft.

Anderes gilt für die Fälle der **typischen stillen Gesellschaft,** da sich bei ihr die Rechte des Stillen ähnlich wie bei partiarischen Darlehen auf *obligatorische Ansprüche gegen den Inhaber* beschränken.[101] Die schenkweise begründete Forderung auf stille Beteiligung wird hier maW durch eine solche aus stiller Beteiligung ersetzt.[102] Hierzu bedarf es mit Rücksicht auf § 518 Abs. 1 S. 2 in der Tat der Einhaltung der notariellen Form. Die Auszahlung von Gewinnen oder von Kapital als Abfindung bedeutet Vollzug nur für die jeweiligen Auszahlungsbeträge; sie schließt insoweit Rückforderung nach Bereicherungsrecht aus. Die Ausnahme greift *nicht* ein, wenn die stille Beteiligung nicht am (Einzel-)Unternehmen des Schenkers, sondern an einer Personen- oder Kapitalgesellschaft begründet wird, an der er seinerseits beteiligt ist. Da die Rechte des Stillen sich in diesem Fall nicht gegen den Schenker, sondern gegen die jeweilige Gesellschaft richten, steht der Rechtsgedanke des § 518 Abs. 1 S. 2 der Anerkennung des Vertragsabschlusses als Vollzug der Schenkung nicht entgegen.[103] Entsprechendes gilt bei Schenkung einer schon bestehenden stillen Beteiligung; auch insoweit wird der Formmangel alsbald durch die Anteilsübertragung geheilt, ohne dass § 518 Abs. 1 S. 2 entgegensteht (§ 719 RdNr. 34). 46

Aus den in RdNr. 46 genannten Gründen entfällt regelmäßig auch die Formbedürftigkeit eines Gesellschaftsvertrags, wenn darin der Wert der Einlage oder der Gewinnanteil des beitretenden Gesellschafters in Zuwendungsabsicht ungewöhnlich hoch festgesetzt wird.[104] Lediglich bei der unentgeltlichen **Aufstockung einer** bereits **bestehenden Beteiligung** mag zweifelhaft sein, ob zum Vollzug nicht mehr hinzutreten muss als die entsprechende Vertragsänderung und die sie verlautbarenden, keinen eigenen Rechtsverschaffungscharakter tragenden Buchungsvorgänge. Aber auch hier ist eine Heilung des Formmangels nach § 518 Abs. 2 spätestens dann zu bejahen, wenn innerhalb der Gesellschaft nach der Änderung verfahren, insbesondere ein höheres Stimmrecht eingeräumt oder der erhöhte Gewinnanteil ausgezahlt wird. 47

Fälle, in denen die schenkweise Begründung oder Aufstockung der Beteiligung an einer GbR am **Formmangel** scheitert, werden sich nach allem auf **Ausnahmen** beschränken; anderes gilt nur für typische stille Beteiligungen (RdNr. 46 aE). Bewendet es danach im Einzelfall bei der Formnichtigkeit, so betrifft diese doch im Zweifel nur die unentgeltliche Beteiligung als solche und erfasst nicht etwa den ganzen Gesellschaftsvertrag (RdNr. 54). Zur Behandlung des fehlerhaften Beitritts vgl. RdNr. 366 ff.; zur Frage der Vereinbarkeit eines freien Schenkungswiderrufs mit den Schranken für den Ausschluss eines Gesellschafters ohne wichtigen Grund vgl. § 737 RdNr. 21 f. 48

[101] Vgl. allg. zu den Mitwirkungs- und Kontrollrechten des Stillen *Paulick/Blaurock* (Fn. 98) § 13 II; *Staub/Zutt* HGB § 230 RdNr. 85 ff.; MünchKommHGB/*K. Schmidt* § 230 RdNr. 57 ff., 64, § 233 RdNr. 5 ff. Zur Abgernzung gegenüber partiarischen Rechtsverhältnissen vgl. Vor § 705 RdNr. 107 ff.

[102] So in zutr. Differenzierung MünchKommHGB/*K. Schmidt* HGB § 230 RdNr. 103; *K. Schmidt* DB 2002, 829, 832; aA *Coenen* (Fn. 99) S. 161, 187 f.

[103] So zu Recht *K. Schmidt* DB 2002, 829, 833 f.

[104] Im Zweifel ist hier freilich schon der Schenkungscharakter zu verneinen, vgl. BGH LM § 516 Nr. 3 = NJW 1959, 1433; *Soergel/Hadding* RdNr. 11; *Staudinger/Keßler* RdNr. 41.

49 **d) Gewillkürte Form.** Nach **§ 125 S. 2** hat die Nichteinhaltung der durch Rechtsgeschäft bestimmten Form im Zweifel die Nichtigkeit der Vereinbarung zur Folge. Die Bestimmung ist vor allem für Vertragsänderungen bedeutsam; für den Fall des in schriftlicher Form beabsichtigten Vertragsschlusses tritt an ihre Stelle die funktionell übereinstimmende Auslegungsregel des § 154 Abs. 2 (RdNr. 29).[105] Die Formerfordernisse richten sich im Fall einer Schriftformklausel (RdNr. 50) mangels abweichender Vereinbarung nach §§ 126, 127; allerdings setzt die in § 126 Abs. 3 zugelassene Ersetzung der Schriftform durch die elektronische Form (§ 126 a) voraus, dass die Parteien sich hierauf verständigen.[106] Neu ist die in § 127 Abs. 2 S. 1 nF geregelte Ausweitung des Telegramms als im Zweifel ausreichendes Schriftformsurrogat auf alle Arten telekommunikativer Übermittlung, darunter neben Telefax auch Fernschreiben, Computerfax und Teletext;[107] gemeinsam ist diesen Surrogaten der jeweilige Verzicht auf das Erfordernis eigenhändiger Unterschrift. Bei sog. *Publikumsgesellschaften* genügt abweichend hiervon im Regelfall die Protokollierung des Beschlusses der Gesellschafterversammlung, soweit nicht die Erhöhung der Beiträge der einzelnen Gesellschafter in Frage steht.[108]

50 **Schriftformklauseln,** die für die Änderung oder Ergänzung des Vertrags schriftliche Form vorschreiben, sind in Gesellschaftsverträgen weit verbreitet.[109] Entgegen BGHZ 49, 364, 366 f. = NJW 1968, 1378 haben sie im Regelfall nicht nur Klarstellungsfunktion,[110] sondern sollen entsprechend § 125 S. 2 die Wirksamkeit des Rechtsgeschäfts von der Einhaltung der Form abhängig machen.[111] Das schließt es nicht aus, ihren Anwendungsbereich im Wege der **Auslegung** näher zu bestimmen, namentlich etwa die von den Gesellschaftern beschlossene einmalige oder begrenzte Durchbrechung einer grundsätzlich unverändert weitergeltenden Vereinbarung als nicht dem Schriftformerfordernis unterliegend anzusehen.[112]

51 Auch soweit die Schriftformklausel im Grundsatz eingreift, sind die Parteien als „Herren des Geschäfts" nicht gehindert, sie durch formlose Abrede bzw. durch entspr. Mehrheitsbeschluss außer Kraft zu setzen;[113] erforderlich ist freilich, dass die Parteien sich der Abweichung bewusst sind und sie auch auf die Schriftform erstrecken wollen.[114] Die **formlose Aufhebung der Schriftform** in Bezug auf den Änderungsbeschluss ist entsprechend der Auslegungsregel des § 125 S. 2 von demjenigen zu beweisen, der sich hierauf beruft.[115]

[105] Soweit sich die Schriftformklausel auf die Vollständigkeit des schriftlich Vereinbarten bezieht, erlangt sie freilich auch bereits bei Vertragsschluss Bedeutung (RGZ 97, 175, 176); allg. zur Vermutung der Vollständigkeit vgl. *Soergel/Hefermehl* § 125 RdNr. 24.

[106] Vgl. AnwK-BGB/*Noack* § 126 RdNr. 14; *Palandt/Heinrichs* § 126 RdNr. 12 a.

[107] AnwK-BGB/*Noack* § 127 RdNr. 10; für Ausdehnung auch auf E-Mail *Palandt/Heinrichs* § 127 RdNr. 2.

[108] BGHZ 66, 82, 86 f. = NJW 1976, 958; dem zust. § 127 RdNr. 6 *(Einsele).*

[109] Vgl. nur die übereinstimmend dahin gehenden Empfehlungen in Formularbüchern, etwa *Hengeler* in Beck'sches Formularbuch zum Bürgerlichen, Handels- und Wirtschaftsrecht, 5. Aufl. 1991, S. 853, 857; *Marsch-Barner* in Münchener Vertragshandbuch, Bd. 1, Gesellschaftsrecht, 3. Aufl. 1992, S. 17, 22; s. ferner die Nachweise bei *Hueck* DB 1968, 1207 Fn. 3.

[110] Dh. den Zweck, den Gesellschaftern, die sich auf die schriftliche Änderung berufen, den Beweis zu erleichtern (sog. deklaratorische Schriftformklausel, vgl. § 125 RdNr. 65). Nach *Hueck* DB 1968, 1207, 1208 folgt hieraus das Recht eines jeden Gesellschafters, die schriftliche Festlegung der formlos wirksamen Änderung zu Beweiszwecken zu verlangen.

[111] So entgegen BGHZ 49, 364 = NJW 1968, 1378 die hM auch in der neueren Lit., vgl. *Hueck* DB 1968, 1207 ff.; *Erman/Westermann* RdNr. 12 (anders für sonstige, nicht auf die Änderung des Gesellschaftsvertrags zielende Beschlüsse); *Soergel/Hefermehl* § 125 RdNr. 34 („bedenklich"); dem BGH zust. aber *Soergel/Hadding* RdNr. 14.

[112] Zutr. *Hueck* DB 1968, 1207, 1209 f. m. weit. Beispielen.

[113] So auch *Erman/Westermann* RdNr. 12; *Römermann* NZG 1998, 978, 980; aA Bd. 1 § 125 RdNr. 66 *(Einsele),* aber auch BGHZ 66, 378, 381 f. = NJW 1976, 1395 für einen Mietvertrag, in dem ausdrücklich auch der Verzicht auf das Formerfordernis an die Schriftform gebunden war; ebenso für eine Schriftformklausel im Gesellschaftsvertrag OLG Düsseldorf NJW 1977, 2216; offen gelassen von BGH NJW-RR 1991, 1289, 1290.

[114] So zutr. BGHZ 119, 283, 291 = NJW 1993, 64 (Bierlieferungsvertrag); *Erman/Westermann* RdNr. 12; *Römermann* NZG 1998, 980 f.; Bd. 1 § 125 RdNr. 66 *(Einsele).* Für Abstellen nur auf den materiellen Änderungswillen aber BGHZ 71, 162, 164 = NJW 1978, 1585; BGH WM 1982, 902.

[115] *Soergel/Hefermehl* § 125 RdNr. 32.

Anderes gilt dann, wenn die Parteien seit langem einvernehmlich eine vom Inhalt des schriftlichen Gesellschaftsvertrags abweichende Praxis verfolgen, etwa bei der Geschäftsführung oder der Gewinnverteilung: in solchen Fällen besteht eine zwar widerlegbare, jedoch die Darlegungs- und Beweislast umkehrende tatsächliche Vermutung dafür, dass es konkludent zu einer entsprechenden Vertragsänderung gekommen ist.[116] – Zur Möglichkeit der Vereinbarung der elektronischen Form oder der Textform s. § 127 Abs. 1 iVm. §§ 126 a, 126 b nF;[117] zur Rechtslage beim Vollzug einer fehlerhaften Vertragsänderung, insbesondere dem fehlerhaften Ausscheiden eines Gesellschafters, vgl. RdNr. 360 ff., 370.

3. Folgen der Teilnichtigkeit. a) Objektive Teilnichtigkeit, § 139. Soweit der Abschluss oder die Änderung eines Gesellschaftsvertrags an Mängeln leidet, die nicht von sich aus bereits den ganzen Vertrag erfassen („objektive Teilnichtigkeit"), fragt sich, welche Folgerungen sich hieraus für die übrigen Vertragsteile ergeben. Nach der Auslegungsregel des § 139 würde die Teilnichtigkeit regelmäßig zur Nichtigkeit des ganzen Vertrages führen; bei gleichwohl erfolgtem Vollzug griffen die Grundsätze über die fehlerhafte Gesellschaft ein (RdNr. 326 ff.). 52

Die undifferenzierte Anwendung von § 139 auf Personengesellschaftsverträge stößt allerdings zu Recht auf verbreitete Bedenken.[118] Sie stützen sich auf das grundsätzlich allen Gesellschaftern **gemeinsame Interesse am Bestand der Gesellschaft.** Es findet nicht selten seinen Ausdruck in einer Klausel, wonach die Nichtigkeit einzelner Vertragsbestimmungen die Gültigkeit des Vertrags im Übrigen nicht berührt (sog. *salvatorische Klausel*). Aber auch wenn der Vertrag nicht ausdrücklich eine solche Regelung enthält, was gerade bei den gewöhnlich weniger ausgefeilten Verträgen über die Gründung einer GbR nahe liegt, ist die durch Auslegung zu berücksichtigende Interessenlage doch meist keine andere.[119] Für eine Gesamtnichtigkeit des Vertrags ist daher grundsätzlich nur Raum, wenn entweder die nichtige Vereinbarung von zentraler Bedeutung für das Zusammenwirken der Gesellschafter ist[120] oder wenn die Nichtigkeit bereits kurz nach der Gründung festgestellt wird und der Gedanke des Bestandsschutzes daher mangels Vollzugs der Gesellschaft noch nicht zum Tragen kommt. Hiervon abgesehen lässt die Nichtigkeit einzelner Bestimmungen die Wirksamkeit des Restvertrages regelmäßig unberührt; die Auslegungsregel des **§ 139 ist unanwendbar.** Die bestehenden Vertragslücken sind grundsätzlich durch ergänzende Vertragsauslegung zu schließen (RdNr. 174). Zur Frage der Beachtung nichtiger Vertragsteile im Rahmen der Grundsätze über die fehlerhafte Gesellschaft vgl. RdNr. 344. 53

b) Subjektive Teilnichtigkeit. Von ihr spricht man, wenn die Beitrittserklärung eines Partners zu einer **mehrgliedrigen Gesellschaft** nichtig ist und der Vertrag deshalb an einem Mangel leidet. Anders als im Fall der in § 139 geregelten objektiven, den Vertragsinhalt betreffenden Teilnichtigkeit fehlt es jedenfalls dann, wenn im *Gründungsstadium* eine der Beitrittserklärungen nichtig ist, im Zweifel an einem Abschlusserfordernis, da nicht alle für den Vertragsschluss erforderlichen Willenserklärungen wirksam geworden sind (RdNr. 20); für die Anwendung von § 139 ist daher streng genommen kein Raum.[121] Ergibt freilich die 54

[116] BGH LM HGB § 105 Nr. 22 = NJW 1966, 826, 827 (Gewinnverteilung nach einem vom schriftlichen Vertrag abweichenden Schlüssel seit 20 Jahren); WM 1978, 300, 301 (fünfjährige einvernehmliche Abweichung von der Verzinsungsregelung des Gesellschaftsvertrags); *Soergel/Hefermehl* § 125 RdNr. 32.

[117] Dazu *Hähnchen* NJW 2001, 2831 ff.

[118] BGHZ 49, 364, 365 = NJW 1968, 1378; BGH DB 1955, 750; WM 1976, 1027, 1029; *Soergel/Hadding* RdNr. 40; *Staub/Ulmer* HGB § 105 RdNr. 185; *Schlegelberger/K. Schmidt* HGB § 105 RdNr. 136; *Heymann/Emmerich* HGB § 105 RdNr. 10; *Petzoldt* BB 1975, 905, 908; *Wiedemann* GesR I § 3 I 2 c, S. 153 f.

[119] So zutr. *Erman,* Personalgesellschaften auf mangelhafter Vertragsgrundlage, 1947, S. 29; vgl. auch BGHZ 47, 293, 301 = NJW 1967, 1961; BGH WM 1962, 462, 463; *Soergel/Hadding* RdNr. 40; *Staub/Ulmer* HGB § 105 RdNr. 185; *Wiedemann* (Fn. 118); *Wiesner,* Die Lehre von der fehlerhaften Gesellschaft, 1980, S. 106 f.

[120] In diesem Fall kann sich die Gesamtnichtigkeit sogar gegenüber einer salvatorischen Klausel durchsetzen (BGH DB 1976, 2106).

[121] So auch *Hueck* OHG § 7 I 2; *Soergel/Hadding* RdNr. 41; *Erman/Westermann* RdNr. 16; aM aber *Erman* (Fn. 119) S. 34; *Staudinger/Keßler* RdNr. 104.

Auslegung, dass die Parteien den Vertrag auch ohne den fehlerhaft Beigetretenen abgeschlossen hätten, dh. die Wirksamkeit ihrer Erklärungen nicht vom Vorliegen aller vorgesehenen Beitrittserklärungen abhängen lassen wollten, so ist die Gesellschaft trotz subjektiver Teilnichtigkeit gegründet; ein Indiz hierfür bildet die Aufnahme einer Fortsetzungsklausel (§ 736 Abs. 1) in den Gesellschaftsvertrag.[122] Setzen die übrigen Beteiligten den Gesellschaftsvertrag trotz Kenntnis von der Nichtigkeit einer Beitrittserklärung in Vollzug, so kann hierin auch der stillschweigende Abschluss eines neuen Vertrags auf der Grundlage des fehlgeschlagenen liegen.[123] Zu den Problemen fehlender vormundschaftsgerichtlicher Genehmigung vgl. RdNr. 70, zum fehlerhaften Beitritt zu einer bestehenden GbR RdNr. 366 ff.

55 **4. Vertragsänderungen.** Sie richten sich, auch wenn sie wie meist im Wege eines Gesellschafterbeschlusses[124] erfolgen, nach den gleichen Grundsätzen wie der Vertragsschluss selbst (vgl. RdNr. 20 ff.), soweit nicht der Gesellschaftsvertrag Abweichungen vorsieht. Daher setzt eine Vertragsänderung grundsätzlich die Zustimmung sämtlicher Gesellschafter voraus; die Gesellschaft selbst ist an der Änderung nicht beteiligt. Vertragsänderungen durch **Mehrheitsbeschlüsse** müssen im Gesellschaftsvertrag besonders zugelassen sein. Eine Aufzählung der Einzelnen von der Mehrheitsklausel erfassten Vertragsbestandteile nach Art des „Bestimmtheitsgrundsatzes" ist zwar nach zutr. neuerer Ansicht nicht (mehr) erforderlich. Eine allgemein gehaltene, Vertragsänderungen generell zulassende Mehrheitsklausel berechtigt jedoch nicht zu Eingriffen in den „Kernbereich" der jeweiligen Mitgliedschaftsrechte (vgl. dazu Näheres in § 709 RdNr. 90 ff.).

56 Eine **konkludente Abänderung** des Gesellschaftsvertrags ist im Grundsatz ebenso möglich wie der konkludente Vertragsschluss selbst (RdNr. 25). An die stillschweigende Änderung ausdrücklich geregelter Punkte durch tatsächliche Übung sind allerdings hohe Anforderungen zu stellen.[125] Eine einmalige oder nur vorübergehende Abweichung genügt in aller Regel nicht, wenn sich der übereinstimmende Änderungswille der Beteiligten nicht aus zusätzlichen Umständen ableiten lässt. Anderes gilt für eine langjährige, vom Vertrag abweichende Praxis; sie begründet die tatsächliche Vermutung für eine entsprechende Änderung.[126]

57 Ein *gesetzliches* **Formerfordernis** für den Vertragsabschluss (RdNr. 33) ist für Vertragsänderungen nur dann zu beachten, wenn der Grund für sein Eingreifen fortbesteht und durch die Änderung berührt wird. Ist also das als Einlage versprochene Grundstück (§ 311 b Abs. 1) inzwischen auf die Gesamthand übertragen oder das Schenkungsversprechen (§ 518 Abs. 1) vollzogen, oder sind die Änderungen für den formbedürftigen Teil ohne Belang, so kann der notariell beurkundete Vertrag formlos, dh. mündlich oder konkludent geändert werden. Zur Maßgeblichkeit der *gewillkürten* Schriftform für Vertragsänderungen und zur Möglichkeit formloser Aufhebung der Schriftformklausel vgl. RdNr. 49, 51.

58 Für vertragsändernde Beschlüsse gilt ebenso wie für den Vertragsschluss selbst das **Verbot des Selbstkontrahierens (§ 181).**[127] Bei Gesellschaftsverträgen, an denen neben den *noch nicht volljährigen Kindern* auch beide Eltern oder ein Elternteil (§§ 1629 Abs. 2, 1795) beteiligt sind, bedarf es zur Wirksamkeit der Vertragsänderung daher grundsätzlich der Mitwirkung je eines für jedes Kind vom Vormundschaftsgericht zu bestellenden Pflegers

[122] *Erman* (Fn. 119) S. 34; *Soergel/Hadding* RdNr. 41; *Wiedemann* (Fn. 118) S. 154; zu eng (nur bei Fortsetzungsklausel) *Hueck* OHG § 7 I 2; *Soergel/Hefermehl* § 139 RdNr. 29; zweifelnd *Erman/Westermann* RdNr. 16. Trotz Fortsetzungsklausel ist die Wirksamkeit der Gründung freilich dann zu verneinen, wenn es für die Errichtung der Gesellschaft speziell auf die Mitwirkung des fehlerhaft Beigetretenen ankam (*Soergel/Hadding, Erman/Westermann* und *Wiedemann* aaO).

[123] So zutr. *Hueck* OHG § 7 I 2 Fn. 14; ebenso *Soergel/Hadding* RdNr. 41.

[124] Zu ihrer Qualität als mehrseitiges Rechtsgeschäft vgl. § 709 RdNr. 51.

[125] BGH LM HGB § 105 Nr. 22 = NJW 1966, 826; BGH WM 1974, 177, 179; WM 1985, 1229; *Westermann* RdNr. I 151 a.

[126] Vgl. die Nachw. in Fn. 116; ferner BGHZ 70, 331, 332 = NJW 1978, 1001; *Soergel/Hadding* RdNr. 16 und *Wiedemann* GesR I § 3 II 2 b, S. 171 f.

[127] Vgl. § 709 RdNr. 69, 78 und Bd. 1 § 181 RdNr. 21; *Soergel/Leptien* § 181 RdNr. 20; *Palandt/Heinrichs* § 181 RdNr. 11 a, jeweils m. weit. Nachw. Eingehend dazu *Hübner,* Interessenkonflikt und Vertretungsmacht, 1978, S. 265 ff. und *Rob. Fischer,* FS Hauß, 1978, S. 61 ff.

(§ 1909);[128] anderes gilt nur, soweit die Beschlussfassung in Erfüllung einer Verbindlichkeit der Eltern oder Kinder geschieht oder wenn sie den Kindern nur rechtliche Vorteile bringt (§§ 181, 1795 Abs. 1 Nr. 1).[129] Die Genehmigung des Vormundschaftsgerichts ist dagegen nur zu solchen Änderungsbeschlüssen notwendig, die unter § 1822 Nr. 3 fallen (dazu vgl. RdNr. 70 f.).

Für die **Wirksamkeit von Vertragsänderungen** und für die Frage einer etwaigen Zustimmungspflicht der Gesellschafter beachte auch die Anforderungen und Schranken aus der Treupflicht und dem Gleichbehandlungsgrundsatz (RdNr. 221 ff., 244 ff. und § 709 RdNr. 100 f.). Allgemein zu Beschlussmängeln und ihren Folgen vgl. RdNr. 360 ff. und § 709 RdNr. 104 ff. 59

II. Gesellschafter

1. Allgemeines. a) Mindestzahl; Einmann-GbR? Entsprechend ihrer Rechtsnatur als Schuldverhältnis (§ 705) setzt die **Gründung** einer GbR stets die Beteiligung von mindestens **zwei Gesellschaftern** voraus. Die gesetzliche Zulassung der Einpersonengründung in §§ 2 AktG, 1 GmbHG ist auf juristische Personen beschränkt und mit der Struktur einer Personengesellschaft unvereinbar.[130] Ist die GbR als Zwei- oder Mehrpersonengesellschaft entstanden, so führt der spätere ersatzlose Wegfall des vorletzten Gesellschafters im Regelfall zur Beendigung der Gesellschaft.[131] Das gilt auch dann, wenn der Gesellschaftsvertrag eine Fortsetzungsklausel (§ 736) enthält (Vor § 723 RdNr. 9). Zur Umwandlung des Gesellschaftsvermögens in Alleineigentum des einzig verbliebenen Gesellschafters und zum vertraglichen Übernahmerecht vgl. § 730 RdNr. 11, 65 ff. 60

Abweichend von der früher einhelligen Ansicht, wonach die *mehrfache Mitgliedschaft* in einer Personengesellschaft und, darauf aufbauend, die *Einpersonen-Gesellschaft* unvereinbar ist mit der vertraglichen Grundlage der Personengesellschaften und ihrer Gesamthandsstruktur,[132] mehren sich in neuerer Zeit die Stimmen, die zwar nicht beim einseitigen, zur Anwachsung nach § 738 führenden Ausscheiden des vorletzten Gesellschafters, wohl aber bei dem auf rechtsgeschäftlichem oder erbrechtlichem Übergang beruhenden **Zusammentreffen sämtlicher Anteile** in der Hand des letzten verbleibenden Gesellschafters die **Möglichkeit mehrfacher Beteiligung** sowie ggf. des Fortbestands der Gesellschaft trotz Reduktion der Gesellschafterzahl auf eine Person anerkennen wollen.[133] Das soll einerseits 61

[128] BayObLG NJW 1959, 989 und FamRZ 1976, 168. So auch § 1629 RdNr. 42 f., 63; *Hübner* (Fn. 127) S. 278; *Palandt/Diederichsen* § 1629 RdNr. 20; *Soergel/Strätz* § 1629 RdNr. 32.

[129] Zur Beschlussfassung in Erfüllung einer Verbindlichkeit vgl. BGH BB 1961, 304 (durch Treupflicht gebotene Zustimmung zur Vertragsänderung). – Die Anwendung der Vorteilsregel des § 181 auch im Rahmen von § 1795 ist vom BGH zu Recht bejaht worden (BGH LM § 1795 Nr. 4 = NJW 1975, 1885; so auch § 1795 RdNr. 19; *Soergel/Strätz* § 1629 RdNr. 33 f. und *Palandt/Diederichsen* § 1795 RdNr. 11).

[130] Wohl nach wie vor einhM; selbst *Raiser* AcP 194 (1994), 495, 509 als profiliertester Vertreter der Gleichstellung von Gesamthand und juristischer Person beschränkt sich darauf, die Anerkennung einer *nachträglich* durch Vereinigung aller Anteile in einer Person entstehenden Einmann-Personengesellschaft zu fordern.

[131] Früher ganz hM, vgl. nur *Staub/Ulmer* HGB § 105 RdNr. 69; *Schlegelberger/K. Schmidt* HGB § 105 RdNr. 125; *Staudinger/Keßler* Vor § 705 RdNr. 36; *Flume* I/1 § 7 III 4; *Westermann* Hdb. RdNr. I 78. Rspr.-Nachw. vgl. in Fn. 132.

[132] So in st. Rspr. BGHZ 24, 106, 108 = NJW 1957, 1026, 1027; BGHZ 47, 293, 296 = NJW 1967, 1961, 1962; BGHZ 58, 316, 318 = NJW 1972, 1755; BGHZ 66, 98, 101 = NJW 1976, 848, 849; BGHZ 91, 132, 137 = NJW 1984, 2104, 2105; BGHZ 101, 123, 129 = NJW 1987, 3184, 3186; ebenso schon RGZ 163, 142, 149; anders dann (für das Innenverhältnis(?) zwischen Alleingesellschafter und Testamentsvollstrecker) BGHZ 98, 48, 57 = NJW 1986, 2431 (IV a-Senat); offen lassend BGHZ 108, 187, 199 = NJW 1989, 3152 (II. Senat). Im Sinn der bisher hM auch noch 3. Aufl. RdNr. 53 *(Ulmer)*; *Staudinger/Keßler* und *Flume* (aaO Fn. 131) sowie aus neuerer Zeit noch *Joussen* DB 1992, 1773 ff.; *Sieveking*, FS Schippel, 1996, S. 505, 511 f. und (trotz Anerkennung unterschiedlicher „Beteiligungen" eines Gesellschafters) *Bippus* AcP 195 (1995), 13, 24 ff.

[133] So – mit zT unterschiedlichen Voraussetzungen – namentlich MünchKommHGB/*Grunewald* § 161 RdNr. 4 f.; *Esch* BB 1993, 664 ff. und BB 1996, 1621 ff.; *Lüttge* NJW 1994, 5, 8; *Kanzleiter*, FS Weichler, 1997, S. 39 ff.; *Weimar* ZIP 1997, 1769, 1772 ff.; *W. Baumann* BB 1998, 225 ff.; *Priester* DB 1998, 55 ff. Für Vor- und Nacherbschaft auch schon

dann in Betracht kommen, wenn der hinzuerworbene Anteil sich von demjenigen des letztverbleibenden Gesellschafters dadurch unterscheidet, dass an ihm zugleich *Rechte Dritter* bestehen. In derartigen Fällen scheide eine Verschmelzung beider Anteile aus; der Grundsatz der Einheitlichkeit der Mitgliedschaft finde insoweit keine Anwendung.[134] Entsprechendes gelte im Fall bestimmter *erbrechtlicher Institute* wie Testamentsvollstreckung (§ 2197), Nachlassverwaltung und Nachlassinsolvenzverfahren (§ 1976), Vor- und Nacherbschaft (§§ 2139, 2143) sowie Anteilsvermächtnis (§ 2175), in denen eine Anerkennung des Fortbestands der Gesellschaft trotz Anteilsvereinigung in einer Hand geboten sei.[135] Von anderer Seite wird auf die *Privatautonomie* der Gesellschafter verwiesen, die es ihnen gestatte, an der Anteilstrennung trotz Zusammentreffens in einer Hand festzuhalten.[136]

62 **Stellungnahme.** Der Ansicht, die jedenfalls in besonderen Situationen Einpersonen-Gesellschaften anerkennt ist **nicht** zu folgen. Ihren Anhängern ist zwar einzuräumen, dass es eine Reihe von Gründen gibt, die dafür sprechen mögen, im Wege der Rechtsfortbildung den Weg zu einem derartigen, gesetzlich nicht vorgesehenen Rechtsinstitut zu öffnen.[137] Angesichts der Rechtsnatur auch der Außengesellschaft als vertragliches Schuldverhältnis (§ 705) und angesichts der in § 718 Abs. 1 geregelten Gesamthandsstruktur steht diese Gestaltungsmöglichkeit jedoch **nicht zur Disposition der Gesellschafter.**[138] Daran hat sich auch durch die zwischenzeitliche Rechtsentwicklung (Übertragbarkeit der Gesellschaftsanteile; Rechtsfähigkeit der Außen-GbR) nichts Grundlegendes geändert.[139] Die Anerkennung einer Einpersonen-Gesellschaft lässt sich auch nicht allein oder in erster Linie auf Praktikabilitätserwägungen stützen. Vielmehr ist für den Fortbestand einer GbR grundsätzlich am *Erfordernis von mindestens zwei Gesellschaftern* festzuhalten. Will der letztverbleibende Gesellschafter die Fortexistenz der Gesellschaft sichern, so kann er das unschwer dadurch erreichen, dass er entweder rechtzeitig eine ihm gehörende GmbH als Mitgesellschafterin aufnimmt oder den vorletzten Anteil von einem Treuhänder erwerben lässt; damit bleiben Vertragsgrundlage und Gesamthandsstruktur gewahrt. – Zur grundsätzlichen *Einheitlichkeit der Mitgliedschaft* und zu ihren Grenzen vgl. RdNr. 181 ff.

63 **Ausnahmen** vom Erfordernis einer Gesellschaftermehrheit sind allerdings dann anzuerkennen, wenn die Gesellschaftsanteile trotz ihres Zusammentreffens in einer Hand einer *unterschiedlichen Zuordnung* unterliegen; sie erhält die Trennung der Anteile aufrecht und führt zum Fortbestand der Gesellschaft. Das gilt in erster Linie beim Zusammentreffen eines unbelasteten und eines mit Rechten Dritter belasteten Anteils, so beim Bestehen eines **Nießbrauchs** (RdNr. 94 ff.) oder eines **Pfandrechts** (§ 719 RdNr. 51 ff.) zu Gunsten eines Dritten;[140] die quasi-dingliche Mitbeteiligung des Dritten nähert die Rechtslage hier derjenigen einer Zwei- oder Mehrpersonen-Gesellschaft an. Dem ist die qualifizierte (offene) **Treuhand** am Anteil (RdNr. 92) gleichzustellen, dh. die Stellung des einzig verbliebenen

Baur/Grunsky ZHR 133 (1970), 209 ff.; für weitere Sonderfälle (Nießbrauch, Testamentsvollstreckung u. a.) seither auch *Schlegelberger/K. Schmidt* HGB § 105 RdNr. 26, *Westermann* Hdb. RdNr. I 78, 78 b und *Wiedemann,* FS Zöllner, 1998, S. 635, 647 f.

134 So insbes. *Baumann* BB 1998, 230; *Kanzleiter* (Fn. 133) S. 46, 50; *Lüttge* NJW 1994, 8; aber auch *K. Schmidt* GesR § 45 I 2 b bb; *Wiedemann,* FS Zöllner, 1998, S. 635, 642 f.

135 So, bezogen auf Testamentsvollstreckung, Nachlassverwaltung und Vor- und Nacherbschaft, *Schlegelberger/K. Schmidt* HGB § 105 RdNr. 26; *Westermann* Hdb. RdNr. I 78 b; *Kanzleiter* (Fn. 133) S. 50; *Lüttge* NJW 1994, 8 f.; *Wiedemann* (Fn. 134) S. 647 f.

136 Vgl. die Nachw. in Fn. 133, darunter insbes. *W. Baumann, Kanzleiter, Priester* und *Weimar.*

137 Vgl. dazu die Nachw. in Fn. 133: ferner (mit Schwerpunkt bei der Mehrfachbeteiligung) *Lamprecht,* Die Zulässigkeit der mehrfachen Beteiligung an einer Personengesellschaft, 2002, insbes. S. 56 ff. (dazu krit. *Ulmer* ZHR 167 (2003), 103 ff.

138 AA *W. Baumann* BB 1998, 229 ff.; *Kanzleiter* (Fn. 133) S. 49 f.; *Priester* DB 1998, 60.

139 So aber – ohne Auseinandersetzung mit §§ 705, 718 Abs. 1 – *W. Baumann* BB 1998, 226 ff. und *Priester* DB 1998, 57 f. Wie hier unter Hinweis auf das Interesse des Rechtsverkehrs an standardisierten Mitgliedschaftsrechten *Wiedemann* (Fn. 133) S. 641 f.

140 Inzwischen in der Lit. wohl schon hM, vgl. *Schlegelberger/K. Schmidt* HGB § 105 RdNr. 26; *Westermann* Hdb. RdNr. I 78 a, 78 b; *Kanzleiter* (Fn. 133) S. 46, 50; *Lüttge* NJW 1994, 8; *Ulmer* ZHR 167 (2003), 103, 114 f.; *Wiedemann* (Fn. 133) S. 642 f., 647; beschränkt auf den Nießbrauch auch *Fett/Brand* NZG 1999, 52 f., 54.

Gesellschafters zugleich als Treuhänder für einen intern als Mitgesellschafter behandelten Treugeber.[141] In allen diesen Fällen besteht die GbR trotz Reduktion der Gesellschafterzahl auf nominell ein Mitglied fort, solange die Sonderzuordnung Bestand hat.

Der Rechtslage bei quasi-dinglicher Sonderzuordnung vergleichbar ist ferner das Bestehen von **Testamentsvollstreckung** an einem der Anteile und dessen daraus folgende Nachlasszuordnung (RdNr. 109 ff.). Es hindert den Eintritt der Anteilsvereinigung und lässt die Gesellschaft bis zu ihrem Ablauf oder der Anteilsfreigabe durch den Testamentsvollstrecker fortbestehen.[142] Fraglich ist demgegenüber, ob sich auch sonstige, auf Trennung des Nachlasses oder bestimmter Nachlassgegenstände vom Eigenvermögen des Erben gerichtete erbrechtliche Institute als Rechtsgrund für die – sei es auch nur vorübergehende – Anerkennung einer Einpersonen-GbR eignen. Das Vorliegen einer **Erbengemeinschaft** kommt hierfür schon deshalb nicht in Betracht, weil der Gesellschaftsanteil als solcher der Sondervererbung an die jeweiligen Gesellschafter-Erben persönlich unterliegt (§ 727 RdNr. 33). Geht er im Fall einer qualifizierten Nachfolgeklausel (§ 727 RdNr. 41) auf nur einen der Miterben über und ist dieser zugleich der Einzige überlebende Gesellschafter, so führt das grundsätzlich zur Anteilsvereinigung bei ihm; für einen Fortbestand der GbR ist kein Raum. 64

Diskutiert wird ein solcher Fortbestand jedoch für drei andere Fälle, darunter erstens für die Anordnung von **Nachlassverwaltung** oder die Eröffnung des **Nachlassinsolvenzverfahrens** über den Nachlass des verstorbenen vorletzten, vom letzten beerbten Gesellschafters unter Hinweis auf § 1976.[143] Indessen beschränkt sich § 1976 darauf, den Fortbestand der durch den Erbfall erloschenen Rechtsverhältnisse im Interesse der Nachlassgläubiger zu *fingieren.* Hierzu bedarf es im Fall der Anteilsvereinigung beim letztverbleibenden Gesellschafter nicht des – sei es auch fiktiven – Wiederauflebens der GbR; vielmehr genügt die Anerkennung eines vom Verwalter geltend zu machenden fiktiven Anspruchs des Nachlasses auf das Auseinandersetzungsguthaben (die Abfindung).[144] Im Ergebnis Gleiches gilt zweitens bei Anordnung von **Vor- und Nacherbschaft** in Bezug auf den einen Gesellschaftsanteil umfassenden Nachlass. Auch hier bedarf es, wenn alle Anteile in der Hand des Vorerben vereinigt sind, nicht des Fortbestands der Gesellschaft, um die Rechte des Nacherben zu schützen;[145] es genügt das aus §§ 2139, 2143 folgende Wiederaufleben der Gesellschaft bei Eintritt des Nacherbfalls.[146] Ist der auf den letztverbleibenden Gesellschafter im Erbwege übergehende Gesellschaftsanteil allerdings Gegenstand eines **Vermächtnisses** zu Gunsten eines Dritten, so erscheint es mit Blick auf die Sondervorschrift des § 2175 über das (fiktive) Nichteintreten von Konfusion und Konsolidation obligatorischer und dinglicher Rechte vertretbar, angesichts ihres Eingreifens schon im Zeitpunkt des Erbfalls und angesichts der regelmäßig kurzen Zeitdauer bis zur Erfüllung des Vermächtnisses für die Zwischenzeit vom vorübergehenden Fortbestand der Gesellschaft trotz Wegfalls des vorletzten Gesellschafters auszugehen.[147] 65

b) Keine Höchstzahl. Eine gesetzliche Höchstzahl für die an einer GbR beteiligten Gesellschafter gibt es nicht. Je größer deren Zahl ist, desto mehr löst sich freilich der Zusammenschluss von der Person der einzelnen Mitglieder. Sieht man von Familiengesell- 66

[141] So auch *K. Schmidt* GesR § 45 I 2 b bb; *Lüttge* NJW 1994, 7; unter Beschränkung auf das Innenverhältnis *Westermann* Handbuch RdNr. I 78 a.

[142] Vgl. Nachw. in Fn. 139; so grds. auch BGHZ 98, 48, 57 = NJW 1986, 2431 (IV a-Senat), wenn auch beschränkt auf das Innenverhältnis (?), dazu krit. *Ulmer* JuS 1986, 856, 858 f.; offen lassend BGHZ 108, 187, 199 (II. Senat).

[143] Dafür *Soergel/Stein* § 1976 RdNr. 2 (als Fiktion?); *Schlegelberger/K. Schmidt* HGB § 105 RdNr. 26; *Westermann* Hdb. RdNr. I 78 b; *Kanzleiter* (Fn. 133) S. 50; *Fett/Brand* NZG 1999, 52; offen lassend BGHZ 113, 132, 137 = NJW 1991, 844; aA § 1976 RdNr. 7 *(Siegmann)* und *Marotzke* ZHR 156 (1992), 17, 32 ff.

[144] So zutr. *Siegmann* und *Marotzke* (Fn. 143).

[145] So aber die wohl überwM, vgl. *K. Schmidt* GesR § 45 I 2 b bb; *Westermann* Hdb. RdNr. I 78 b; *Kanzleiter* (Fn. 143); *Lüttge* NJW 1994, 8 f.

[146] Vgl. dazu eingehend *Stimpel,* FS Rowedder, 1994, S. 477, 481 ff., und *Jan Timmann,* Vor- und Nacherbschaft innerhalb der zweigliedrigen OHG oder KG, 2000, insbes. S. 54 ff., 119 ff., 140 ff.; so auch *Fett/Brand* NZG 1999, 54.

[147] Ebenso *Schlegelberger/K. Schmidt* HGB § 105 RdNr. 26.

schaften mit von Generation zu Generation wachsenden Mitgliederzahlen ab, so nähern sich Gesellschaften mit vielen, untereinander nicht verbundenen Mitgliedern (sog. Publikumsgesellschaften, vgl. Vor § 705 RdNr. 4) zunehmend einer körperschaftlichen Vereinigung, dh. beim Fehlen der Entstehungsvoraussetzungen für eine juristische Person (e. V., AG u. a.) einer solchen in der Rechtsform des nichtrechtsfähigen Vereins an; die Abgrenzung kann je nach Lage des Falles fließend werden (vgl. Vor § 705 RdNr. 134 f.).

67 **c) Unterbeteiligung.** Von der Mitgliedschaft in der Gesellschaft strikt zu unterscheiden ist die Unterbeteiligung eines Dritten am Anteil eines Gesellschafters, des sog. Hauptbeteiligten. Sie begründet nach ganz hM im Regelfall keine unmittelbaren Rechtsbeziehungen zwischen dem Unterbeteiligten und den Mitgesellschaftern des Hauptbeteiligten, sondern nur zwischen den Partnern des Unterbeteiligungsvertrags.[148] Wegen der **Doppelstellung des Hauptbeteiligten** als Gesellschafter sowohl in der Hauptgesellschaft als auch in der Unterbeteiligungsgesellschaft sind freilich mittelbare Rückwirkungen der Unterbeteiligung auf die Hauptgesellschaft nicht ausgeschlossen (vgl. auch Vor § 705 RdNr. 96, 100). Ihnen kann durch ein – die Gesellschafter außerhalb der §§ 399, 717 S. 2 freilich nur obligatorisch bindendes – Unterbeteiligungsverbot im Vertrag der Hauptgesellschaft Rechnung getragen werden.[149] Die **Rechtsnatur** der Unterbeteiligung ist ebenfalls als GbR zu qualifizieren, freilich in der Form der Innengesellschaft (RdNr. 282 f.).[150] Verbreitet sind Unterbeteiligungsverhältnisse vor allem an OHG- und KG-Anteilen; rechtlich steht aber nichts im Wege, sie auch in Bezug auf die Beteiligung an einer GbR als Hauptgesellschaft zu begründen. Näher zur Unterbeteiligung vgl. Vor § 705 RdNr. 92 ff.

68 **2. Natürliche Personen.** Allgemeine Schranken für ihre Beteiligung an einer GbR bestehen nicht.[151] Im Rahmen der Vertragsfreiheit kann jeder Mensch über den Abschluss eines Gesellschaftsvertrags iS von § 705 sowie grundsätzlich auch über dessen inhaltliche Ausgestaltung frei entscheiden, soweit keine berufsrechtlichen Schranken entgegenstehen.[152] Die Beteiligung an einer Personengesellschaft (GbR, OHG oder KG) schließt diejenige an weiteren Gesellschaften, auch solchen zwischen denselben Personen, nicht aus, solange nur der Inhalt der Verträge nicht identisch ist und namentlich die jeweiligen Gesellschaftszwecke sich unterscheiden.

69 **a) Nicht voll geschäftsfähige Personen.** Der Abschluss eines Gesellschaftsvertrags setzt auf Seiten der Gesellschafter Rechtsfähigkeit voraus. Sie beginnt unabhängig von der Geschäftsfähigkeit mit der Vollendung der Geburt (§ 1). Daher können auch geschäftsunfähige (§ 104) und beschränkt geschäftsfähige Personen (§§ 106, 114) Gesellschafter einer GbR werden. Mit Ausnahme der durch Vererbung der Mitgliedschaft erlangten Gesellschafterstellung (§ 727 RdNr. 28 ff.) erfordert die Beteiligung freilich grundsätzlich die **Mitwirkung des gesetzlichen Vertreters** bzw. – wenn dieser oder sein Ehegatte selbst Gesellschafter ist (§§ 181, 1629 Abs. 2, 1795 Abs. 1 Nr. 1) – diejenige eines Pflegers (§ 1909, vgl. RdNr. 58). Nur beim Handeln beschränkt Geschäftsfähiger ist die Mitwirkung

[148] BGH WM 1959, 595, 596; *Soergel/Hadding* Vor § 705 RdNr. 33; *Erman/Westermann* Vor § 705 RdNr. 3 f.; *Flume* ZHR 136 (1972), 177, 183; *Paulick* ZGR 1974, 253, 256 f.

[149] Vgl. näher *Friehe,* Die Unterbeteiligung bei Personengesellschaften, 1974, S. 52; *Ulbrich,* Die Unterbeteiligungsgesellschaft an Personengesellschaftsanteilen, 1982, S. 99; im Grundsatz auch *Erman/Westermann* Vor § 705 RdNr. 36. Auch ohne eine solche Vereinbarung kann das Eingehen einer Unterbeteiligung gegen die Treupflicht verstoßen (*Herzfeld* AcP 137 [1933], 270, 291; *Friehe* aaO S. 52; *Ulbrich* aaO S. 99, 113 f.). Zur entspr. Lage bei der Begründung von Treuhandverhältnissen an Gesellschaftsanteilen sowie zur im Einzelfall möglichen Unwirksamkeitsfolge nach §§ 138, 826 vgl. RdNr. 88.

[150] BGH NJW 1994, 2886, 2887 (dort auch zur Abgrenzung gegenüber der Treuhand am Gesellschaftsanteil, s. dazu noch RdNr. 85); *Soergel/Hadding* Vor § 705 RdNr. 33; *Erman/Westermann* Vor § 705 RdNr. 35 f.

[151] Zum Eingreifen fremdenrechtlicher Schranken gegenüber der Erwerbstätigkeit von Ausländern im Rahmen inländischer Gesellschaften vgl. die Übersicht von *Hachenburg/Behrens* GmbHG Allg. Einl. RdNr. 189, 193 ff.

[152] Derartige Schranken finden sich zB in § 59 a BRAO für Rechtsanwaltssozietäten und in § 8 ApothG für Gesellschaften zum gemeinsamen Betrieb einer Apotheke.

ausnahmsweise entbehrlich, und zwar dann, wenn es sich entweder um den *unentgeltlichen* Erwerb eines Anteils an einer *Innengesellschaft* handelt, mit dem sich für den beschränkt Geschäftsfähigen gesellschaftsvertraglich keine Pflichten oder Risiken verbinden (§ 107), oder wenn die Beteiligung zu den Geschäften gehört, die ihm nach § 112 Abs. 1 mit Genehmigung des Vormundschaftsgerichts gestattet sind; für die entgeltliche Beteiligung an einer Erwerbsgesellschaft ist das ausgeschlossen (§ 112 Abs. 1 S. 2 iVm. § 1822 Nr. 3). Das nach § 109 dem anderen Teil eingeräumte Widerrufsrecht bis zur Genehmigung des nicht unter diese Ausnahmen fallenden, schwebend unwirksamen Beitritts eines Minderjährigen steht jedem der übrigen Gesellschafter zu.[153]

Neben der Mitwirkung des gesetzlichen Vertreters oder Pflegers bedarf die Beteiligung **70** eines nicht voll Geschäftsfähigen an der Gründung einer GbR oder dessen späterer Beitritt[154] zusätzlich auch der **Genehmigung des Familien- bzw. Vormundschaftsgerichts,** sofern der Zweck der Gesellschaft auf den *Betrieb eines Erwerbsgeschäfts* gerichtet ist (§§ 1643, 1822 Nr. 3). Ein Erwerbsgeschäft kann auch von einer GbR betrieben werden (Vor § 705 RdNr. 89); der Begriff geht über denjenigen des kaufmännischen Handelsgewerbes iS von §§ 1 bis 3 HGB deutlich hinaus und erfasst auch kleingewerbliche, handwerkliche, landwirtschaftliche, freiberufliche oder künstlerische, auf Erwerb gerichtete Tätigkeiten.[155] Fällt die Beteiligung wegen des ursprünglich andersartigen Gesellschaftszwecks zunächst nicht unter § 1822 Nr. 3, so ist der spätere Übergang zum Betrieb eines Erwerbsgeschäfts auf Seiten des nicht voll Geschäftsfähigen genehmigungspflichtig.[156] Die Beschränkung der Minderjährigenhaftung nach § 1629 a (vgl. dazu § 723 RdNr. 38 ff.) lässt das Genehmigungserfordernis unberührt. Zur Möglichkeit des Eingreifens anderer Genehmigungstatbestände der §§ 1821, 1822 bei Abschluss oder Änderung von Gesellschaftsverträgen vgl. *Winkler* ZGR 1973, 177 ff., 193 ff.; für *Verfügungen der Gesellschaft über Grundstücke* oder andere von § 1821 erfasste Gegenstände ist ein Genehmigungserfordernis auch dann abzulehnen, wenn der Zweck der GbR nicht auf den Betrieb eines Erwerbsgeschäfts, sondern auf Vermögensverwaltung gerichtet ist.[157]

Der Genehmigungspflicht nach § 1822 Nr. 3 unterliegt auch das **Ausscheiden** des nicht **71** voll Geschäftsfähigen aus einer Erwerbsgesellschaft,[158] nicht dagegen sonstige Vertragsänderungen wie der Ein- oder Austritt anderer Gesellschafter, die Erhöhung der Beiträge u. a., mögen sie für den nicht voll Geschäftsfähigen auch einschneidende Folgen haben.[159] Die

[153] *Soergel/Hadding* RdNr. 20; *Hueck* OHG § 7 I 2. Zu den Folgen des Widerrufs bei in Vollzug gesetzter Gesellschaft vgl. RdNr. 336.

[154] Zur Gleichstellung des Anteilserwerbs mit dem in § 1822 Nr. 3 genannten Erwerb eines Erwerbsgeschäfts vgl. BGHZ 17, 160, 162 ff. = NJW 1955, 1067; RGZ 122, 370, 372; § 1822 RdNr. 15 ff.; *Winkler* ZGR 1973, 177, 185 f.

[155] Vgl. § 1822 RdNr. 11; so auch BayObLG DB 1979, 2314; *Erman/Holzhauer* § 1822 RdNr. 7; *Erman/Palm* § 112 RdNr. 3.

[156] Hier fehlt es, im Unterschied zur Änderung des Vertrags einer von Anfang an auf den Betrieb eines Erwerbsgeschäfts gerichteten GbR (vgl. dazu Nachw. in Fn. 159), an der vorherigen Einschaltung des Vormundschaftsgerichts; die Beurteilung des Vorgangs nach der nur für den Vormund geltenden Sollvorschrift des § 1823 (Beginn eines Erwerbsgeschäfts des Mündels) wäre nicht angemessen (vgl. auch *Winkler* ZGR 1973, 177, 193 ff.); zust. *Soergel/Hadding* RdNr. 21; *Hilsmann,* Minderjährigenschutz durch das Vormundschaftsgericht bei der Änderung von Gesellschaftsverträgen, 1993, S. 93 f.

[157] AA die hM zu § 1821 Nr. 1, die diese Vorschrift auf Grundstücksgeschäfte einer Vermögensverwaltungsgesellschaft bei Beteiligung von Minderjährigen als Gesellschafter mit der (unzutreffenden) Begründung anwendet, es werde auch über den Anteil des Minderjährigen am gesamthänderisch gebundenen Grundstück verfügt; vgl. § 1821 RdNr. 7, 9 *(Wagenitz); Staudinger/Engler* (1999) § 1821 RdNr. 19; *Soergel/Zimmermann* Vor § 1821 RdNr. 7 f.; so auch OLG Koblenz NJW 2003, 1401, 1402 und schon OLG Hamburg FamRZ 1958, 333. Demgegenüber wird das Eingreifen des § 1821 Nr. 1 auf Verfügungen einer OHG, KG oder unternehmenstragenden GbR zutr. verneint (vgl. nur § 1821 RdNr. 9); *Winkler* ZGR 1973, 177, 211 f.

[158] Ganz hM, vgl. BGHZ 17, 160, 165 = NJW 1955, 1067; BGHZ 38, 26, 27 = NJW 1962, 2344; RGZ 115, 172; 122, 370, 373; OLG Karlsruhe NJW 1973, 1977; *Soergel/Zimmermann* § 1822 RdNr. 20; *Gernhuber/Coester-Waltjen,* 4. Aufl., § 60 VI 6 und Fn. 33; *Winkler* ZGR 1973, 177, 202 f. m. weit. Nachw.

[159] So zu Recht die auf die Notwendigkeit formaler Auslegung der Genehmigungstatbestände verweisende Rechtsprechung (BGHZ 17, 160, 163 = NJW 1955, 1067; BGHZ 38, 26, 28 = NJW 1962, 2344; BGH DB 1968, 932 u. a.) und die hM im Schrifttum (*Staudinger/Engler* (1999) § 1822 RdNr. 68; *Gernhuber/Coester-Waltjen* § 60 VI 6; *Soergel/Hadding* Rd-

Beteiligung an einer auf Teilhabe am Erwerbsgeschäft eines Gesellschafters ausgerichteten **Innengesellschaft,** namentlich einer stillen Gesellschaft oder einer Unterbeteiligung, fällt nach zutr. Ansicht[160] nur dann unter § 1822 Nr. 3, wenn der nicht voll Geschäftsfähige dadurch im Innenverhältnis ein der Beteiligung an einer Erwerbsgesellschaft entsprechendes Risiko übernimmt.[161] Zum Schicksal von Gesellschaftsverträgen, deren Fehlerhaftigkeit auf der unwirksamen Beteiligung nicht voll Geschäftsfähiger beruht, vgl. RdNr. 335 ff.

72 Für die Beschlüsse der Gesellschafter in **laufenden Angelegenheiten,** die nicht wie die Vertragsänderung oder der Gesellschafterwechsel die Grundlagen der Gesellschaft betreffen, sind die vorstehenden Grundsätze über Pflegerbestellung und Mitwirkung des Vormundschaftsgerichts im Falle der Beteiligung nicht voll geschäftsfähiger Personen *nicht anwendbar.* Wie der BGH[162] entgegen einer früher verbreiteten Ansicht[163] zu Recht seit langem klargestellt hat, steht § 181 der mehrfachen Stimmabgabe eines Gesellschafters im eigenen und fremden Namen im Regelfall nicht entgegen.[164] Zwar hat auch die Beschlussfassung in laufenden Angelegenheiten rechtsgeschäftlichen Charakter; eine besondere Kategorie des – nicht unter § 181 fallenden – „Sozialakts" gibt es nicht.[165] Wohl aber fehlt es bei einer der verbandsinternen Willensbildung dienenden, die Geschäftsführung betreffenden Beschlussfassung typischer Weise an dem in § 181 vorausgesetzten Interessengegensatz. Entsprechend der heute vorherrschenden, nicht rein formalen, sondern wertenden Auslegung von § 181[166] greift die Vorschrift in Fällen dieser Art daher nicht ein. – Genehmigungstatbestände iS von §§ 1821, 1822 werden durch die laufende Beschlussfassung ohnehin nicht berührt.[167]

73 **b) Ehegatten.** Die Beteiligung von Ehegatten an einer GbR unterliegt im Grundsatz keinen Besonderheiten. Jedoch enthält **§ 1365** eine Einschränkung für einen Ehegatten, der im gesetzlichen Güterstand der Zugewinngemeinschaft (§ 1363) lebt: er kann sich nur mit Einwilligung des anderen Ehegatten verpflichten, über sein **Vermögen im Ganzen** zu verfügen (Abs. 1 S. 1). Solange die Einwilligung nicht erteilt ist, erstreckt sich die Unwirksamkeit auch auf das Erfüllungsgeschäft (Abs. 1 S. 2). Nach heute hM greift § 1365 im Unterschied zu § 311 b Abs. 3 (RdNr. 33) nicht nur ein, wenn sich die Verpflichtung

Nr. 21; *Wiedemann,* Die Übertragung und Vererbung von Mitgliedschaftsrechten bei Handelsgesellschaften, 1965, S. 250 f.; *Schlegelberger/K. Schmidt* HGB § 105 RdNr. 138; *Heymann/Emmerich* HGB § 105 RdNr. 36; *Baumbach/Hopt* HGB § 105 RdNr. 26; *Hueck* OHG § 6 IV, S. 63 f.; *Winkler* ZGR 1973, 177, 193 ff.); aM § 1822 RdNr. 28 *(Wagenitz); Erman/Holzhauer* § 1822 RdNr. 20; *Soergel/Zimmermann* § 1822 RdNr. 26; *Beitzke* JR 1963, 182; *Knopp* BB 1962, 939, 942; *Hilsmann* (Fn. 156) S. 231, 257 ff.

[160] AA – für Genehmigungsbedürftigkeit der Gründung einer typischen stillen Gesellschaft jedenfalls bei Verlustbeteiligung des Stillen – LG München II NJW-RR 1999, 1018; MünchKommHGB/*K. Schmidt* § 230 RdNr. 106; § 1822 RdNr. 26 *(Wagenitz); Soergel/Zimmermann* § 1822 RdNr. 25; *Brüggemann* FamRZ 1990, 124, 127; *Hilsmann* (Fn. 156) S. 103 ff., 110; dagegen aber bereits BGH NJW 1957, 672; s. ferner BFH DB 1974, 365.

[161] Fall der atypischen stillen Gesellschaft; dafür auch OLG Hamm BB 1974, 294; *Palandt/Diederichsen* § 1822 RdNr. 9; *Erman/Holzhauer* § 1822 RdNr. 21; *Reinicke* DNotZ 1957, 510; *Winkler* ZGR 1973, 177, 184; gegen Genehmigungspflicht trotz Verlustbeteiligung im Falle schenkweise zugewendeter stiller Beteiligung aber *Erman/Westermann* RdNr. 18; *Klamroth* BB 1975, 525, 528.

[162] BGHZ 65, 93, 97 f. = NJW 1976, 49; BGHZ 112, 339, 341 = NJW 1991, 691.

[163] Vgl. etwa *Soergel/Schultze-v. Lasaulx* BGB, 10. Aufl., § 709 RdNr. 35 und die Meinungsübersicht bei *Klamroth* BB 1974, 160, 161 f.

[164] Heute hM, vgl. § 181 RdNr. 20; *Erman/Palm* § 181 RdNr. 13; *Soergel/Leptien* § 181 RdNr. 20; *Staudinger/Schilken* (2001) § 181 RdNr. 23 ff.

[165] So zutr. *Winkler* ZGR 1973, 177, 212 f. und *Hübner* (Fn. 127) S. 272 f. in Auseinandersetzung mit der früheren BGH-Rechtsprechung und Literatur; vgl. auch BGHZ 65, 93, 97 = NJW 1976, 49 und *Klamroth* BB 1975, 160, 161.

[166] BGHZ 64, 72, 76 = NJW 1975, 1117 m. weit. Nachw.; BGH LM § 1795 Nr. 4 = NJW 1975, 1885, 1886; § 181 RdNr. 9; *Erman/Palm* § 181 RdNr. 10 ff.; *Soergel/Leptien* § 181 RdNr. 6; *Staudinger/Schilken* (2001) § 181 RdNr. 5 ff. Grdlg. dazu *Hübner* (Fn. 127) S. 138 ff.

[167] Der Auflösungsbeschluss gehört nicht zu den laufenden Angelegenheiten, sondern enthält eine Vertragsänderung. Zur Frage seiner Genehmigungsbedürftigkeit nach § 1822 Nr. 3 bei Erwerbsgesellschaften vgl. *Ulmer* in Großkomm. zum HGB § 131 Anm. 31, 32 (verneinend) m. weit. Nachw.; so auch *Soergel/Zimmermann* § 1822 RdNr. 19. – Zur Genehmigungsbedürftigkeit des einvernehmlichen Ausscheidens des nicht voll Geschäftsfähigen s. *Staub/Ulmer* HGB § 105 RdNr. 85 m. weit. Nachw.

auf das Vermögen als solches bezieht. Es genügt vielmehr, dass der vertraglich übernommene Gegenstand der Einlageleistung das wesentliche Vermögen des Ehegatten ausmacht, soweit nur dem anderen Teil (hier also den Mitgesellschaftern) die Vermögensverhältnisse des sich verpflichtenden Ehegatten bekannt sind.[168] Zu den Folgen einer nach § 1365 Abs. 1 fehlerhaften Beitrittserklärung vgl. RdNr. 341, zur Ehegattengesellschaft Vor § 705 RdNr. 73 ff.

74 Haben die Ehegatten den gesetzlichen Güterstand durch *Ehevertrag* ausgeschlossen, so ist zu unterscheiden. Im Falle der **Gütertrennung** (§ 1414) greifen keine eherechtlichen Besonderheiten ein; Schranken der Vertragsfreiheit bestehen nicht. Anders im Fall der **Gütergemeinschaft** (§ 1415). Die vermögensrechtliche Selbstständigkeit jedes Ehegatten besteht hier zwar im Rahmen des *Vorbehaltsgutes* (§ 1418) fort; insoweit ist der jeweilige Ehegatte in der Verwaltung nicht beschränkt und kann namentlich auch durch Verfügungen eine Bestandsveränderung des Vorbehaltsguts herbeiführen (§ 1418 Abs. 3). Eine mit dessen Mitteln erworbene Gesellschaftsbeteiligung gehört daher auch ihrerseits zum Vorbehaltsgut (§ 1418 Abs. 2 Nr. 3); der Mitwirkung des anderen Ehegatten beim Beteiligungserwerb bedarf es nicht. Soll die Gesellschaftsbeteiligung dagegen mit Mitteln des *Gesamtguts* erworben werden, so sind die ehevertraglichen Vereinbarungen über dessen Verwaltung zu beachten. Mangels vertraglicher Regelung gilt gemeinschaftliche Verwaltung (§ 1421); Verfügungen über das Gesamtgut können also nur gemeinsam erfolgen. Der mit Mitteln des Gesamtguts erworbene Anteil wird freilich nicht nur dann, wenn er entsprechend gesetzlicher Regel unübertragbar ist, *Sondergut* desjenigen Ehegatten/Gesellschafter, in dessen Namen die Beteiligung erfolgt (§§ 1417 Abs. 2, 719);[169] er ist vom Ehegatten/Gesellschafter für Rechnung des Gesamtguts zu verwalten (§ 1417 Abs. 3). Vielmehr kann der Anteil auch deshalb nicht in das Gesamtgut fallen, weil eine Gesellschaftsbeteiligung der Gütergemeinschaft als solcher ausgeschlossen ist (str., RdNr. 82).

75 Besondere Probleme stellen sich bei der Gründung einer **Gesellschaft zwischen Ehegatten in Gütergemeinschaft.** Sie bereitet zwar keine Schwierigkeiten, wenn sie mit Mitteln des jeweiligen Vorbehaltsguts erfolgt (RdNr. 74). In diesem Fall führt sie zu einer zweiten, neben die Gütergemeinschaft tretenden und den spezifischen Grundsätzen des Gesellschaftsrechts unterliegenden Gesamthandsgemeinschaft der Ehegatten.[170] Das gleiche Ziel können die Ehegatten beim Fehlen entsprechenden Vorbehaltsguts auch dadurch erreichen, dass sie den Gesellschaftsvertrag mit einem notariell zu beurkundenden Ehevertrag verbinden, worin die Gesellschaftsanteile zu Vorbehaltsgut erklärt werden (§§ 1408, 1410, 1418 Abs. 2 Nr. 1).[171] Erfolgt die Gründung der Gesellschaft[172] dagegen **mit Mitteln des Gesamtguts** ohne entsprechende ehevertragliche Absicherung, so soll sie entgegen der früheren Rechtsprechung[173] nach Ansicht des BGH deshalb fehlschlagen, weil die Begründung von Sondergut auf rechtsgeschäftlichem Wege (hier: durch Abschluss des Gesellschaftsvertrags zwischen den Ehegatten) nicht möglich sei, die Zugehörigkeit der Anteile zum Gesamtgut aber unvermeidlich deren Vereinigung und damit das Erlöschen der Gesellschaft zur Folge haben müsse.[174] Dem ist in der Literatur zu Recht widersprochen

[168] Sog. subjektive Einzeltherorie; vgl. BGHZ 35, 135, 143 ff. = NJW 1961, 1301; BGHZ 43, 174, 177 = NJW 1965, 909; BGHZ 66, 217 = NJW 1976, 1398, 1400 (zu § 419); BGH WM 1972, 343, 344; NJW 1984, 609 f.; 1993, 2441; vgl. dazu auch § 1365 RdNr. 9 ff; 14 ff., 25 ff. m. Nachw. zum Meinungsstand in der Lit. und zur (an der Auslegung von § 419 orientierten) Abgrenzung gegenüber denjenigen Fällen, in denen der fragliche Vermögensgegenstand das wesentliche Vermögen des Ehegatten bildet.

[169] So aber §§ 1416 RdNr. 9, 1417 RdNr. 4 *(Kanzleiter)* m. weit. Nachw.

[170] Zum Verhältnis beider Vermögensmassen vgl. *Reuter/Kunath* JuS 1977, 376, 377 f.

[171] BGHZ 65, 79, 91 = NJW 1975, 1774.

[172] Zur Möglichkeit des gemeinsamen Betriebs eines Handelsgeschäfts in Gütergemeinschaft sowie zu der in diesem Fall gebotenen Firmierung s. BayObLG FamRZ 1992, 61 und § 1416 RdNr. 8 m. Nachw.

[173] BGH LM § 260 Nr. 1; BGHZ 57, 123, 128 = NJW 1972, 48; RGZ 145, 282, 283, jeweils für Entstehung von Sondergut im Falle der Beteiligung nur eines der Ehegatten an einer Personengesellschaft; die Beteiligung von zwei Ehegatten wie im Fall BGHZ 65, 79 = NJW 1975, 1774 führt zu keiner grds. abw. Beurteilung.

[174] So BGHZ 65, 79, 82 ff. = NJW 1975, 1774.

worden.[175] Der entscheidende Einwand bezieht sich darauf, dass der BGH das Verhältnis von Gesamt- und Sondergut in Bezug auf die Gesellschaftsbeteiligung verkannt hat. Die Zugehörigkeit der Anteile zum jeweiligen Sondergut der Ehegatten bedarf nicht etwa einer notariellen Vereinbarung zwischen ihnen, sondern sie folgt zwangsläufig aus der besonderen, vermögens- und personenrechtliche Elemente verkörpernden Rechtsnatur der Gesellschaft. Diese steht der Einbeziehung der Anteile in das Gesamtgut – und damit auch der Mitgliedschaft der Gütergemeinschaft in der GbR (vgl. RdNr. 82) – selbst dann entgegen, wenn die Anteile im Gesellschaftsvertrag ausnahmsweise übertragbar ausgestaltet sind (§ 719 RdNr. 27) und damit nicht bereits einer Umqualifizierung nach § 1417 Abs. 2 unterliegen.[176] Die Gründung einer GbR zwischen Eheleuten mit Mitteln des Gesamtguts schlägt daher nur dann fehl, wenn das Geschäft abweichend von § 1417 Abs. 3 S. 2 nicht für Rechnung des Gesamtguts betrieben werden soll, die Formvorschriften für die Schaffung von Vorbehaltsgut (§§ 1410, 1418 Abs. 2 Nr. 1) aber nicht eingehalten sind.[177]

76 **3. Juristische Personen und Personenvereinigungen. a) Juristische Personen und Vorgesellschaften.** Die Fähigkeit **juristischer Personen,** Gesellschafter von Personengesellschaften zu sein, ist seit langem außer Streit. Schon im Jahre 1922 verwarf das RG die Bedenken des Hamburger Registergerichts gegen die Eintragung einer GmbH als persönlich haftende Gesellschafterin einer KG und ebnete damit der GmbH & Co KG den Weg;[178] in einer Reihe von Vorschriften (§§ 130 a, 177 a HGB u. a.) hat diese Entwicklung seit Jahrzehnten ausdrückliche gesetzliche Anerkennung gefunden. Das gilt auch für im Inland als rechtsfähig anerkannte *ausländische* juristische Personen, soweit sie nach ihrem Heimatrecht fähig sind, sich an Gesellschaften nach Art der OHG oder KG zu beteiligen.[179] Gegenüber der Beteiligung an Personenhandelsgesellschaften (OHG und KG) weist diejenige an einer GbR keine Besonderheiten auf, die eine abweichende Beurteilung der Gesellschaftereigenschaft von juristischen Personen erforderlich machen könnten. Die Möglichkeit, sich an einer GbR zu beteiligen, beschränkt sich auch nicht auf juristische Personen des Privatrechts (AG, KGaA, GmbH, e. V., rechtsfähige Stiftung u. a.). Vielmehr können auch juristische Personen des öffentlichen Rechts Gesellschafter einer GbR werden.[180] Die Beteiligung juristischer Personen an einer GbR findet sich namentlich einerseits bei Gelegenheitsgesellschaften (Arbeitsgemeinschaften, Konsortien u. a., vgl. Vor § 705 RdNr. 43 ff., 51 ff.), andererseits als Instrument der Kartellierung und Konzernierung (Vor § 705 RdNr. 65 ff.). Unter den Letzteren stehen im Vordergrund Gesellschaften zwischen den Partnern eines Gemeinschaftsunternehmens, die der einheitlichen Leitung der gemeinsamen Tochter durch Vereinheitlichung von Stimmenmacht und Willensbildung dienen.[181]

77 Für die **Vor-GmbH** war die Fähigkeit, sich an einer Personengesellschaft zu beteiligen, früher umstritten;[182] die Frage stellte sich vor allem im Hinblick auf die Gründung einer GmbH & Co. KG mit einer noch nicht im Handelsregister eingetragenen (Vor-)GmbH als Komplementärin. Seit mehr als 20 Jahren hat der BGH die Komplementärfähigkeit der

[175] *Beitzke* FamRZ 1975, 575; *Tiedtke* FamRZ 1975, 676; *Reuter/Kunath* JuS 1977, 376; zust. aber *Schünemann* FamRZ 1976, 138.

[176] So zutr. namentlich *Reuter/Kunath* JuS 1977, 376, 378 ff.; im Ergebnis ebenso *Lutter* AcP 161 (1962), 170 ff.; *Beitzke* FamRZ 1975, 575; *Staudinger/B. Thiele* (2000) § 1416 RdNr. 12; *Soergel/Hadding* RdNr. 23, sowie zur Beteiligung an einer OHG *Soergel/Gaul* § 1416 RdNr. 6; *Erman/Heckelmann* § 1417 RdNr. 3; *Staub/Ulmer* HGB § 105 RdNr. 90; *Schlegelberger/K. Schmidt* HGB § 105 RdNr. 80; *Baumbach/Hopt* § 105 RdNr. 25; aA (für Zugehörigkeit der Anteile zum Gesamtgut) auch BFH BB 1969, 571, 572; § 1416 RdNr. 10 *(Kanzleiter)*; *Tiedtke* FamRZ 1975, 678; *Schlegelberger/Geßler* HGB § 105 RdNr. 55 d; *Gernhuber/Coester-Waltjen* § 38 II 6.

[177] BGHZ 65, 79, 81, 85 = NJW 1975, 1774; *Reuter/Kunath* JuS 1977, 376, 381.

[178] RGZ 105, 101, 102 ff.; zur Entwicklung der GmbH & Co. vgl. *Staub/Schilling* HGB § 161 RdNr. 29 f.; *K. Schmidt* GesR § 56 I 2.

[179] Vgl. BayObLG WM 1986, 968, 970; *Staub/Ulmer* HGB § 105 RdNr. 92 m. Nachw.

[180] RGZ 163, 142, 149; *Soergel/Hadding* RdNr. 27; *Erman/Westermann* RdNr. 17; s. ferner BAG NJW 1989, 3034.

[181] Vgl. dazu *Gansweid,* Gemeinsame Tochtergesellschaften im deutschen Konzern- und Wettbewerbsrecht, 1976, S. 53 f., 60 ff.; *G. Wiedemann,* Gemeinschaftsunternehmen im deutschen Kartellrecht, 1981, S. 52 ff., 85 f.

[182] Vgl. die Nachw. in der 1. Aufl. dieses Kommentars (RdNr. 55).

Vor-GmbH jedoch ausdrücklich anerkannt;[183] das entspricht der einhelligen Ansicht im neueren Schrifttum zum GmbH-Recht.[184] Damit sind auch die Bedenken gegen die Beteiligung einer Vor-GmbH an einer GbR entfallen;[185] Voraussetzung ist allerdings, dass die GmbH-Gründer den Geschäftsführern eine entsprechend erweiterte, über die zur GmbH-Gründung notwendigen Geschäfte hinausgehende Vertretungsmacht eingeräumt haben.[186] Kommt es zur Eintragung der Vor-GmbH, so erlangt sie dadurch die Rechtsnatur einer juristischen Person, ohne dass sich an ihrer Komplementärstellung etwas ändert. Entsprechendes gilt für die Vor-AG[187] und für andere in Entstehung begriffene juristische Personen vergleichbarer Struktur; allerdings dürfte der Frage für diese Rechtsformen kaum praktische Bedeutung zukommen.

b) Personengesellschaften. Die Fähigkeit von **OHG** und **KG,** Gesellschafter einer GbR zu sein, ist wegen deren weitgehender rechtlicher Verselbstständigung (§ 124 HGB) seit langem anerkannt.[188] Ihre Beteiligung an einer GbR kann zwar wegen der damit verbundenen Überlagerung der gesamthänderischen Zuordnung des Gesellschaftsvermögens bei GbR und beteiligter Gesellschaft sowie wegen des mehrstufigen Willensbildungsprozesses[189] zu einer Reihe praktischer Probleme führen. Auch relativiert sich der personelle Zusammenschluss der GbR, wenn die Mitgesellschafter keinen Einfluss auf die Zusammensetzung der an der GbR beteiligten OHG oder KG und deren Änderungen haben. Insoweit handelt es sich jedoch nicht um grundsätzliche, die Beteiligung als solche in Frage stellende Einwendungen. Den Nachteilen, die den Mitgesellschaftern daraus drohen, kann vielmehr durch entsprechende Vertragsgestaltung bei beteiligter und Beteiligungsgesellschaft Rechnung getragen werden. 78

Zu Recht erkennt die hM aber auch einer **Gesellschaft bürgerlichen Rechts** die Fähigkeit zu, Gesellschafter einer anderen GbR zu werden.[190] Zwar wurde die Beteiligung einer GbR an einer OHG oder KG von der früher hM als ausgeschlossen angesehen.[191] Diese in neuerer Zeit zunehmend in Frage gestellte,[192] inzwischen höchstrichterlich jedenfalls für die Beteiligung der GbR als Kommanditistin einer KG aufgegebene Ansicht[193] 79

[183] BGHZ 80, 129 (132 ff., 143) = NJW 1981, 1373.

[184] Vgl. *Lutter/Hommelhoff* GmbHG § 11 RdNr. 7; *Baumbach/Hueck/Fastrich* GmbHG § 11 RdNr. 15; *Scholz/K. Schmidt* § 11 RdNr. 162; *Hachenburg/Ulmer* GmbHG § 11 RdNr. 133; *Hüffer* JuS 1980, 487; *K. Schmidt* NJW 1981, 1347.

[185] So auch *Erman/Westermann* RdNr. 17; *Soergel/Hadding* RdNr. 27.

[186] Vgl. dazu näher *Ulmer* (Fn. 184) § 11 RdNr. 51, 54 ff., 133.

[187] Dazu *Hüffer* AktG § 41 RdNr. 4, 10 ff.; *Kraft* Kölner Komm. zum AktG, 2. Aufl., § 41 RdNr. 23 ff.

[188] Ganz hM, vgl. BGH WM 1959, 288; RGZ 142, 13, 21; *Soergel/Hadding* RdNr. 24; *Erman/Westermann* RdNr. 21; *Staudinger/Keßler* RdNr. 46. Zu der ebenso zulässigen Beteiligung einer OHG oder KG an einer anderen Personenhandelsgesellschaft vgl. namentlich *Staub/Ulmer* HGB § 105 RdNr. 94 f.; *Schlegelberger/K. Schmidt* HGB § 105 RdNr. 65; *Hueck* OHG § 2 I 3.

[189] Dazu *Schulze-Osterloh,* Willensbildung in verschachtelten Rechtsgemeinschaften, FS Westermann, 1974, S. 541 ff. Eingehend zum Konzernrecht der Personengesellschaften *Staub/Ulmer* HGB Anh. § 105; *Schlegelberger/Martens* HGB Anh. § 105; s. ferner *U. H. Schneider,* Die Personengesellschaft als verbundenes Unternehmen, ZGR 1975, 253 ff.

[190] BGH NJW 1998, 376. So der Sache nach auch schon RGZ 136, 236, 240; 142, 13, 21; *Soergel/Hadding* RdNr. 24; *Erman/Westermann* RdNr. 21; *Staudinger/Keßler* RdNr. 46; *Flume,* FS Raiser, 1974, S. 27, 36, und I/1 § 4 IV, S. 64; *Hohner* NJW 1975, 719. Verneinend noch BGHZ 46, 291, 296 = NJW 1967, 826 (obiter dictum). Vgl. auch RdNr. 303 zur Rechtsfähigkeit der (Außen-)GbR.

[191] So BGHZ 46, 291, 296 = NJW 1967, 826; BGH NJW-RR 1987, 416 = WM 1986, 1280; OLG Saarbrücken OLGZ 1982, 155 ff.; *Staub/Ulmer* HGB § 105 RdNr. 194; *Baumbach/Hopt* HGB § 105 RdNr. 29; *Hueck* OHG § 2 I 3 b; *Schlegelberger/Martens* HGB § 161 RdNr. 33 a; *Soergel/Hadding* RdNr. 24; *Staudinger/Keßler* RdNr. 46; *Flume* (Fn. 190) S. 36, und I/1 § 4 IV, S. 63 f.; *Hohner* NJW 1975, 718 f.; offen lassend BGH NJW-RR 1990, 798, 799 = WM 1990, 586.

[192] So *K. Schmidt* DB 1990, 93, 94 ff.; *Schlegelberger/K. Schmidt* HGB § 105 RdNr. 71; *Erman/Westermann* RdNr. 21; *Breuninger,* Die BGB-Gesellschaft als Rechtssubjekt im Wirtschaftsverkehr, 1991, S. 60 ff.; *Brodersen,* Die Beteiligung der BGB-Gesellschaft an den Personenhandelsgesellschaften, 1988, passim; *Schünemann,* Grundprobleme der Gesamthandsgesellschaft, 1975, S. 204; *Klamroth* BB 1983, 796, 799 ff.; für Zulassung der GbR als Kommanditistin *Hartmann,* FS Werner, 1984, S. 217, 219 ff.

[193] BGHZ 148, 291, 293 = NJW 2001, 3121 m. Anm. *Ulmer* (ZIP 2001, 1714 ff.); so auch schon BayObLG ZIP 2000, 2165, 2166 (jeweils für Beteiligung der GbR als Kommanditistin); weitergehend – für Beteiligung auch als Komplementärin – folgerichtig LG Berlin GmbHR 2003, 719, 720 f.

beruhte jedoch nicht etwa auf einer grundsätzlichen dogmatischen Differenzierung zwischen den verschiedenen Personengesellschaftsformen, sondern auf Gesichtspunkten der Rechtsklarheit und Praktikabilität. Gegen die Mitgliedschaft der GbR in einer Personenhandelsgesellschaft wurde namentlich eingewandt, bei dieser müsse der Gesellschafterbestand für den Rechtsverkehr aus dem Handelsregister ersichtlich sein; im Falle der Beteiligung von Personengesellschaften sei das zwar bei OHG und KG wegen deren jeweiliger Registrierung gewährleistet, nicht aber im Falle einer GbR.[194] Für die Mitglieder der ihrerseits nicht eintragungsfähigen GbR treffen diese – inzwischen in Bezug auf die Kommanditbeteiligung überholten (vgl. RdNr. 317) – Erwägungen nicht zu. Zumal bei einer BGB-**Innengesellschaft,** die nicht am Rechtsverkehr teilnimmt (RdNr. 275, 277), ist die Mitgliedschaft einer anderen GbR daher unbedenklich.[195] Aber auch bei **Außengesellschaften** sprechen trotz der nicht ohne weiteres auszuschließenden Rechtsunsicherheit für Dritte die besseren Gründe dafür, die Gesellschafterstellung einer GbR anzuerkennen. Die Klärung der Beteiligungsverhältnisse wird für den Rechtsverkehr nicht etwa unverhältnismäßig dadurch erschwert, dass er es nicht mit einer einfachen, sondern mit einer doppelstöckigen GbR zu tun hat. Und die gegen die Mitgliedschaft von Erbengemeinschaft und Gütergemeinschaft in einer GbR sprechenden Einwände, die auf der besonderen personenrechtlichen, als Tätigkeits- und Haftungsgemeinschaft ausgestalteten Verbindung der GbR beruhen (RdNr. 81 f.), greifen gegenüber einer GbR als Gesellschafterin nicht durch.

80 **c) Nichtrechtsfähiger Verein.** Auch er kann Gesellschafter einer GbR werden.[196] Aus strukturellen Gründen ist trotz typischer Vielzahl der Mitglieder die rechtliche Einheit des Vereins und sein Auftreten unter einem Vereinsnamen inzwischen in mindestens vergleichbarem Maße anerkannt wie bei Personenhandelsgesellschaften; die Verweisung in § 54 S. 1 auf das Recht der GbR steht nicht entgegen.[197] Praktische Schwierigkeiten registerrechtlicher Art, etwa bei der Eintragung eines zum Gesellschaftsvermögen gehörenden Grundstücks auf die Namen der Gesellschafter,[198] greifen gegenüber den für die Zulassung der Mitgliedschaft des Vereins sprechenden Gründen nicht durch, wenn sie sich nicht ohnedies durch Zusammenfassung der Vereinsmitglieder unter dem Vereinsnamen[199] oder durch Zwischenschaltung eines Treuhänders lösen lassen. Auch der von der Rechtsprechung anerkannte Haftungsausschluss der Vereinsmitglieder schließt die Beteiligung des Vereins an einer GbR nicht aus. Im Rahmen der gesamtschuldnerischen Gesellschafterhaftung (§ 714 RdNr. 35 ff.) haftet den Gläubigern der GbR jedenfalls das Vereinsvermögen und daneben auch der Vereinsvorstand, soweit er an der Geschäftsführung der GbR beteiligt ist (§ 54 S. 2).

81 **d) Erbengemeinschaft.** Sie unterscheidet sich trotz der auch hier bestehenden gesamthänderischen Vermögensbindung deutlich von den Personengesellschaften des bürgerlichen und Handelsrechts. Das beruht vor allem auf den Vorschriften der §§ 2033 Abs. 1, 2042 Abs. 2, die jedem Miterben das Recht geben, über seinen Anteil an der Erbengemeinschaft zu verfügen sowie jederzeit die Auflösung zu verlangen. Hinzu kommt bis zur Auflösung die in § 2059 Abs. 1 vorgesehene Haftungsbeschränkung der Miterben auf den Nachlass. Aus diesen Gründen besitzt die Erbengemeinschaft, anders als eine Personengesellschaft, keine

[194] Um Entkräftung dieser Einwendungen bemüht schon *Breuninger* (Fn. 192) S. 60 ff.; *Brodersen* (Fn. 192) S. 23 ff., 89 ff.; *Klamroth* BB 1983, 801 f.; ebenso – beschränkt auf die Kommanditbeteiligung – *Hartmann* (Fn. 192) S. 224 ff.

[195] Dementsprechend wird die Möglichkeit der Beteiligung einer GbR als „Stiller" im Rahmen einer stillen Gesellschaft allgemein anerkannt, vgl. *Staub/Zutt* HGB § 230 RdNr. 40; MünchKommHGB/*K. Schmidt* § 230 RdNr. 34; *Baumbach/Hopt* HGB § 230 RdNr. 6.

[196] So zu Recht *Soergel/Hadding* RdNr. 25; *Erman/Westermann* RdNr. 22; *Staudinger/Keßler* RdNr. 46; aM für die Mitgliedschaft an OHG und KG die hM, vgl. *Staub/Ulmer* HGB § 105 RdNr. 97; *Hueck* OHG § 2 I 3 b; *Westermann* RdNr. I 167; aber auch *Schlegelberger/K. Schmidt* HGB § 105 RdNr. 76.

[197] Vgl. näher § 54 RdNr. 14 ff.

[198] Zur Vermeidung dieser bisher ganz herrschenden Eintragungspraxis durch Anerkennung der „Grundbuchfähigkeit" der GbR, dh. der Eintragung des gesamthänderischen Grundvermögens auf ihren Namen vgl. RdNr. 314.

[199] *Soergel/Hadding* RdNr. 25.

Rechtsfähigkeit;[200] sie kann nach zutr., ganz hM nicht Gesellschafterin einer werbenden OHG oder KG sein.[201] Gleiches hat aber auch für die Beteiligung an einer GbR zu gelten; sie wäre mit der nicht personen-, sondern bloß vermögensrechtlichen, auf Auflösung zielenden Struktur der Erbengemeinschaft nicht vereinbar.[202]

e) Eheliche Gütergemeinschaft. Für die eheliche Gütergemeinschaft gilt zumindest im Ergebnis das Gleiche wie für die Erbengemeinschaft: auch sie kann nicht Gesellschafterin einer GbR werden. Auch wenn das Band zwischen den Partnern des Ehevertrags dauerhafter ist als dasjenige zwischen den Miterben, so steht doch auch bei der Gütergemeinschaft die vermögensrechtliche Struktur eindeutig im Vordergrund; sie verträgt sich nicht mit der Gesellschafterstellung.[203] Soweit in Gütergemeinschaft lebende Ehegatten sich aus Mitteln des Gesamtguts als Gesellschafter an einer GbR beteiligen, ist das zwar rechtlich zulässig; die Gesellschaftsanteile fallen jedoch aus Rechtsgründen nicht in das gemeinschaftliche Gesamtgut, sondern in das jedem Ehegatten persönlich zugeordnete, wenn auch für Rechnung des Gesamtguts verwaltete Sondergut (vgl. RdNr. 75).[204] 82

f) Bruchteilsgemeinschaft. Auch die Bruchteilsgemeinschaft kann nicht Mitglied einer GbR werden.[205] Zwar ist inzwischen die Übertragbarkeit der Mitgliedschaft in einer GbR anerkannt, wenn die Mitgesellschafter zustimmen (vgl. § 719 RdNr. 25 ff.). Es handelt sich somit um eine selbstständiger Verfügung fähige Rechtsposition (RdNr. 159), die nach § 741 grundsätzlich Gegenstand einer Bruchteilsgemeinschaft sein könnte. Als „Inbegriff aller Rechtsbeziehungen eines Gesellschafters zur Gesellschaft, zu deren Vermögen und zum Mitgesellschafter"[206] stellt sie aber – zumindest auch – ein Rechts*verhältnis* dar;[207] es kann als solches nicht Mehreren zu Bruchteilen zustehen.[208] – Davon zu unterscheiden ist die Möglichkeit, eine Bruchteilsgemeinschaft an einzelnen auf dem Rechtsverhältnis der GbR beruhenden Rechten zu bilden. So ist eine Bruchteilsgemeinschaft der Gesellschafter oder Dritter an den nach § 717 S. 2 übertragbaren, aus der Mitgliedschaft fließenden Vermögensrechten wie dem Anspruch auf das Auseinandersetzungsguthaben denkbar. Ebenso können die Gesellschafter Vermögensgegenstände, die der Verfolgung des Gesellschaftszwecks dienen, an Stelle der gesamthänderischen Bindung in Bruchteilseigentum halten; insoweit sind sie dann zugleich Mitglieder einer Bruchteilsgemeinschaft (RdNr. 267). 83

4. Sonderfälle. a) Treuhand. Treuhandverhältnisse – sei es in der Form der uneigennützigen oder Verwaltungstreuhand, sei es in derjenigen der eigennützigen oder Sicherungstreuhand[209] – sind dadurch gekennzeichnet, dass der **Treuhänder nach außen Vollrechtsinhaber** ist. Er hat damit eine weitergehende Rechtsstellung inne, als es seinen internen Abreden mit dem Treugeber und den diesem gegenüber übernommenen Bindungen ent- 84

[200] AA insbes. *Grunewald* AcP 197 (1997), 305 (306 ff., 315); dagegen *Ulmer* AcP 198 (1998), 113, 126 ff.; *Dauner-Lieb,* Unternehmen in Sondervermögen, 1998, S. 301 ff., 396 m. weit. Nachw. zum Meinungsstand.

[201] St. Rspr. seit RGZ 16, 40, 56; vgl. BGHZ 22, 186, 192 = NJW 1957, 180, entgegen einzelnen abw. Stimmen im Schrifttum (*Börner* AcP 166 [1966], 447 ff.; *Kruse,* FS Laufke, 1972, S. 184 ff.; *Stötter* DB 1970, 528 ff.) ausdrücklich bestätigt durch BGHZ 68, 225, 237 = NJW 1977, 1339, 1342; so auch die hM in der Lit., vgl. *Ulmer* in Großkomm. zum HGB § 139 Anm. 47 und *Schlegelberger/K. Schmidt* HGB § 105 RdNr. 78, § 139 RdNr. 18, jew. m. Nachw.

[202] *Soergel/Hadding* RdNr. 25; RGRK/*von Gamm* RdNr. 12; wohl auch *Erman/Westermann* RdNr. 22; aA *Flume* I/1 § 18 III; *Lange/Kuchinke* ErbR § 5 VI B 2 (Fn. 330). Vgl. auch § 727 RdNr. 33.

[203] So zutr. vor allem *Reuter/Kunath* JuS 1977, 376, 380; jetzt auch BayObLG ZIP 2003, 480 (betr. Beteiligung als Kommanditistin); dazu kritisch *Grziwotz* ZIP 2003, 848; *Kanzleiter* DNotZ 2003, 422, 425 ff.

[204] So auch *Soergel/Hadding* RdNr. 25 sowie die in Fn. 176 genannten, die Sondergutszuordnung des Gesellschaftsanteils bejahenden Autoren; aM BFH BB 1969, 571, 572, sowie *Tiedtke* und *Gernhuber/Coester-Waltjen* (Fn. 176); unklar BayObLG DB 1981, 519, 520.

[205] Vgl. § 741 RdNr. 14; *Soergel/Hadding* RdNr. 26; *Erman/Westermann* RdNr. 22; offen gelassen von RGZ 169, 232, 235.

[206] BGHZ 65, 79, 82 = NJW 1975, 1774.

[207] Vgl. *Flume* I/1 § 9, S. 127; *Wiedemann* Übertragung S. 39; ferner RdNr. 180.

[208] § 741 RdNr. 18; *Flume* I/1 § 8, S. 114.

[209] Hierzu und zu anderen Arten der Treuhand vgl. näher Vor § 164 RdNr. 28 ff. und *Coing,* Die Treuhand kraft privaten Rechtsgeschäfts, 1973, S. 88 ff.

spricht. Das rechtliche Können des Treugebers geht weiter als das rechtliche Dürfen.[210] Dieser Diskrepanz trägt namentlich das *Vollstreckungs- und Insolvenzrecht* Rechnung, indem es dem Treugeber bestimmte Vorzugsrechte am Treugut im Fall der Pfändung oder der Insolvenz beim Treuhänder einräumt.[211] Ob das Treuhandeigentum auch in sonstigen Beziehungen wegen der bestehenden fiduziarischen Bindungen als eine Art Eigentum minderen Rechts anzusehen ist, die dem Treugeber in bestimmten Fällen eine über bloße obligatorische Rechte hinausgehende Rechtsstellung einräumt, ist umstritten. Zumindest bei der *qualifizierten* (offenen) Treuhand (RdNr. 92) geht die Tendenz heute dahin, Treuhandbeziehungen in stärkerem Umfang, als dies der formalen Rechtslage entspricht, auch Drittwirkung gegenüber Gesellschaft und Mitgesellschaftern zu verleihen.[212] Hierauf ist für das Verhältnis des Treugebers zur Gesellschaft und zu den Mitgesellschaftern des Treuhänders zurückzukommen (RdNr. 91 ff.). Zur Nichthaftung des Treugebers für GbR-Verbindlichkeiten im Außenverhältnis vgl. § 714 RdNr. 42.

85 Im Gesellschaftsrecht sind Treuhandbeziehungen vielfach anzutreffen.[213] Soweit es um Anteile an Personengesellschaften geht, dürfte dabei die **Verwaltungstreuhand** im Vordergrund stehen.[214] Sie ermöglicht es etwa, die Verwaltung des Anteils eines von den Mitspracherechten in der OHG oder KG ausgeschlossenen Gesellschafters treuhänderisch einem Dritten zu übertragen, ohne den von der Mitsprache ausgeschlossenen Gesellschafter weiter der Außenhaftung auszusetzen,[215] oder sie vereinfacht durch Zusammenfassung zahlreicher Kommanditanteile einer Publikums-KG bei einem Treuhänder die Registereintragung.[216] Aber auch bei der GbR sind Treuhandverhältnisse an Gesellschaftsanteilen, darunter vor allem die Verwaltungstreuhand, aus einer Reihe von Gründen vorstellbar.[217] Derartige Gestaltungen können für den Treuhänder eine Pflichtenkollision auf Grund der divergierenden Interessen einerseits der Mitgesellschafter, andererseits des Treugebers zur Folge haben. Darin zeigt sich eine Parallele zu den Fällen der Unterbeteiligung (Vor § 705 RdNr. 96 ff.), auch wenn bei dieser das Eigeninteresse des Hauptbeteiligten an dem der Unterbeteiligung unterliegenden Anteil meist stärker ausgeprägt ist als dasjenige des Treuhänders.

86 **aa) Begründung der Treuhand.** Soweit die Treuhandbeziehung sich auf **übertragbare** Gesellschafterrechte (§ 717 S. 2) beschränkt, ist ihre Begründung unproblematisch. Das gilt

[210] Statt aller *Coing* (Fn. 209) insbes. S. 94 ff.; *Soergel/Leptien* Vor § 164 RdNr. 52, 59 f.

[211] Hierzu und zum umgekehrten Fall der Vollstreckung oder der Insolvenz beim Treugeber vgl. 3. Aufl. Anh. §§ 929–936 RdNr. 80 ff. und *Soergel/Leptien* Vor § 164 RdNr. 63 ff. m. weit. Nachw.

[212] Vgl. – mit iE unterschiedlichen Begründungen – die Nachw. bei *Coing* (Fn. 209) S. 94 ff. sowie die von ihm selbst (S. 51 ff., 95 f., 167 u. a.) im Anschluss an *Dölle* (FS Fritz Schulz, Bd. II, 1951, S. 268 ff.) betonte Parallele zwischen Treuhand und sonstigen durch Spaltung der rechtlichen Zuständigkeit gekennzeichneten „Verwaltungs"-Fällen (Testamentsvollstreckung, Nachlass-, Insolvenzverwaltung u. a.). Vgl. auch Fn. 226.

[213] Beispiele und Gründe für die Treuhand an Gesellschaftsanteilen bei *Armbrüster,* Die treuhänderische Beteiligung an Gesellschaften, 2001, S. 49 ff.; *Blaurock,* Unterbeteiligung und Treuhand an Gesellschaftsanteilen, 1981, S. 66 ff.; *Tebben,* Unterbeteiligung und Treuhand an Gesellschaftsanteilen, 2000, S. 33 f.; MünchKommHGB/*K. Schmidt* Vor § 230 RdNr. 38 ff.; *Wiesner,* FS P. Ulmer, 2003, S. 673 ff., sowie bei *Coing* (Fn. 209) S. 71 (für Anteile an Kapitalgesellschaften). Zur Treuhand im Gesellschaftsrecht vgl. auch *Eden,* Treuhandschaft an Unternehmen und Unternehmensanteilen, 2. Aufl. 1989; *Kümmerlein,* Erscheinungsformen und Probleme der Verwaltungstreuhand bei Personenhandelsgesellschaften, Diss. Münster 1971, sowie *Markwardt,* Rechtsgeschäftliche Treuhandverhältnisse bei Personenhandelsgesellschaften, Diss. Marburg 1973; zur Treuhand bei der Publikums-KG vgl. *Bälz* ZGR 1980, 1 ff.; *Gieseke* DB 1984, 970 ff.; *Maulbetsch,* Beirat und Treuhand in der Publikumspersonengesellschaft, 1984; *ders.* DB 1984, 2232 ff.; *Kapitza,* Die Rechtsstellung der Treugeber in geschlossenen Immobilienfonds, 1996.

[214] Zur Sicherungstreuhand an Gesellschaftsanteilen vgl. etwa BGHZ 77, 392 = NJW 1980, 2708; *Armbrüster* (Fn. 213) S. 42 ff.; *Hadding/Schneider/John,* Gesellschaftsanteile als Kreditsicherheit, 1979, S. 81 ff.; *Vossius* BB 1988, Beil 5, S. 12 f.

[215] So im Fall der Testamentsvollstreckung am OHG- oder KG-Anteil, dazu *Beuthien* ZGR 1974, 26, 34, sowie *Ulmer* in GroßKomm. zum HGB § 139 Anm. 78 m. Nachw.

[216] So namentlich bei der sog. „Publikums"-KG, vgl. etwa *Beuthien* ZGR 1974, 26, 35 f.; MünchKommHGB/*Grunewald* § 161 RdNr. 101, 103; *Staub/Schilling* HGB Anh. § 161 RdNr. 3 und die Nachw. in Fn. 213 aE.

[217] Vgl. BGH WM 1991, 1753; OLG Köln ZIP 1987, 1120; *Decher* ZIP 1987, 1097; *Erman/Westermann* RdNr. 23.

namentlich für Treuhandabreden über Ansprüche auf Gewinn oder auf das Auseinandersetzungsguthaben; sie bedürfen weder der Zustimmung der Mitgesellschafter, noch müssen sie diesen gegenüber offen gelegt werden.[218] Ebenso wird, wenn im Gesellschaftsvertrag die Anteilsübertragung zugelassen ist, hiervon meist auch die treuhänderische Übertragung mit erfasst sein.

Soll sich das Treuhandverhältnis dagegen – wie meist – auf einen ohne Zustimmung der Mitgesellschafter **unübertragbaren** Anteil beziehen, so ist zu unterscheiden. Die Einsetzung eines Dritten als **Treuhänder** bedarf – als formeller Gesellschafterwechsel – in jedem Fall der Zustimmung der Mitgesellschafter.[219] Wird diese ohne Einschränkung erteilt, so erstreckt sie sich regelmäßig zugleich auf die Rückübertragung vom Treuhänder auf den Treugeber.[220] 87

Will einer der bisherigen Gesellschafter seinen Anteil künftig treuhänderisch für einen dritten **Treugeber** halten, so ist damit äußerlich keine Rechtsänderung verbunden. Sofern es um die Begründung einer *verdeckten* (einfachen) Treuhand geht, werden dadurch im Regelfall die Interessen der Mitgesellschafter nicht unmittelbar berührt, so dass es deren Zustimmung nicht bedarf.[221] Der zum Treuhänder gewordene Gesellschafter kann seine Verwaltungs- und Treupflichten innerhalb der Gesellschaft freilich nicht wirksam den Bindungen gegenüber dem Treugeber unterordnen.[222] Ist allerdings nach Lage des Falles eine Interessenkollision als Folge der Treuhandbindung unschwer vorhersehbar, etwa wegen eines bestehenden Wettbewerbsverhältnisses zwischen Treugeber und Gesellschaft, so wird man bereits in der ohne Kenntnis und Zustimmung der Mitgesellschafter erfolgten Begründung der Treuhand einen Treupflichtverstoß sehen müssen.[223] Er ist geeignet, Schadensersatzansprüche der Mitgesellschafter gegen den Treuhänder zu begründen. Stimmbindungen, denen sich der Treuhänder gegenüber einem nicht zu den Gesellschaftern gehörenden Treugeber unterwirft, sind bei der verdeckten Treuhand nur in engen Grenzen zulässig (str., vgl. § 717 RdNr. 25 ff.). Eine Unwirksamkeit des Treuhandverhältnisses im Ganzen, etwa nach §§ 138, 826, kommt dagegen nur ausnahmsweise in Betracht. Handelt es sich demgegenüber um eine *qualifizierte* (offene) Treuhand, so soll sie meist zu entsprechenden unmittelbaren Rechtsbeziehungen des Treugebers zur Gesellschaft führen (RdNr. 92); sie bedarf schon deshalb der Zustimmung der Mitgesellschafter. Wird diese erteilt, so bestehen auch gegen eine Stimmbindung zu Gunsten des Treugebers keine grundsätzlichen Bedenken (§ 717 RdNr. 26). 88

bb) Gesellschafterstellung des Treuhänders. Der Treuhänder bleibt – oder er wird im Fall treuhänderischer Anteilsübertragung auf ihn (RdNr. 87) – **Gesellschafter** der GbR. Das gilt namentlich im Außenverhältnis der Gesellschaft, dh. gegenüber Gläubigern und sonstigen Dritten, aber grundsätzlich auch für die Beziehungen zu den Mitgesellschaftern.[224] 89

[218] *Soergel/Hadding* RdNr. 28.

[219] BGHZ 24, 106, 114 = NJW 1957, 1026; *Blaurock* (Fn. 213) S. 151 f.; *Armbrüster* (Fn. 213) S. 94 ff.; *Soergel/Hadding* RdNr. 28; *Erman/Westermann* RdNr. 24.

[220] BGHZ 77, 392, 396 f. = NJW 1980, 2708; so im Grundsatz auch *Blaurock* (Fn. 213) S. 152.

[221] So auch *Soergel/Hadding* RdNr. 28; *Armbrüster* (Fn. 213) 117 ff., 121; *Beuthien* ZGR 1974, 26, 39; *Markwardt* (Fn. 213) S. 46 f.; *Tebben* (Fn. 213) S. 236 ff., 241; aA MünchKommHGB/*K. Schmidt* Vor § 230 RdNr. 54; *Kümmerlein* (Fn. 213) S. 30 f.; wohl auch *Blaurock* (Fn. 213) S. 153 unter Hinweis auf die hM im GmbH-Recht, die bei Genehmigungsbedürftigkeit der Anteilsübertragung (§ 15 Abs. 5 GmbHG) auch die Begründung eines Treuhandverhältnisses zwischen Gesellschafter und Dritten der Genehmigung unterwirft (RGZ 159, 272, 281; RG JW 1931, 2967; *Hachenburg/Zutt* GmbHG Anh. § 15 RdNr. 53; *Wiedemann* (Fn. 159) S. 84 (m. weit. Nachw.); *Lutter/Grunewald* AG 1989, 109, 113 f.; offen lassend *Erman/Westermann* RdNr. 24.

[222] BGHZ 3, 354, 360 = NJW 1952, 178; *Armbrüster* (Fn. 213) S. 337 f.; *Beuthien* ZGR 1974, 26, 41 ff.; *Erman/Westermann* RdNr. 24; s. dazu auch *Staub/Ulmer* HGB § 105 RdNr. 103.

[223] Für Pflicht zur Offenlegung insoweit auch *Beuthien* ZGR 1974, 26, 46 f.; *Erman/Westermann* RdNr. 24 f.; weitergehend – für Zustimmungserfordernis in diesen Fällen – wohl *Soergel/Hadding* RdNr. 28; zurückhaltend (unter Umgehungsgesichtspunkten) *Armbrüster* (Fn. 213) S. 125 ff. Vgl. auch BGH WM 1982, 234, 235 zum Treupflichtverstoß durch Anteilsübertragung an einen Wettbewerber.

[224] Vgl. BGH WM 1991, 1753, 1754: Begründung eines Treuhandverhältnisses zwischen den beiden einzigen Gesellschaftern führt nicht zur Entstehung einer – grundsätzlich unzulässigen (RdNr. 62) – „Einmanngesellschaft des BGB".

Seine Stellung als Gesamthänder und seine gesellschaftsrechtlichen Pflichten werden durch das Treuhandverhältnis nicht eingeschränkt. Ohne Zustimmung der Mitgesellschafter oder Gestattung im Gesellschaftsvertrag ist ein Übergang oder eine Überlassung anderer als *Vermögensrechte* an den Treugeber ausgeschlossen. Ob und inwieweit Verwaltungsrechte des Gesellschafter/Treuhänders im Rahmen einer qualifizierten (offenen) Treuhand (RdNr. 92) auf den Treugeber übertragen oder von diesem ausgeübt werden können, richtet sich nach der hierüber mit den Mitgesellschaftern getroffenen Vereinbarung. Sind die Mitgesellschafter einverstanden, so steht freilich auch das *Abspaltungsverbot*[225] der Einräumung von Rechten an den Treugeber *nicht* entgegen (RdNr. 92). Ihre von der Art der Treuhandbeziehungen und den damit verfolgten Zwecken abhängige, im Einzelfall zu bestimmende Grenze findet die Rechtsübertragung nur in § 138. Die Gewährleistung eines unverzichtbaren Mindestbestands an gesellschaftsinternen Rechten ist beim Treuhänder im Unterschied zu einem nicht auf diese Rechtsstellung beschränkten Gesellschafter nicht veranlasst (vgl. RdNr. 91 ff.).

90 In der **Verfügung über den Anteil** oder über die daraus resultierenden Mitgliedschaftsrechte ist der Treuhänder als formeller Rechtsinhaber im Verhältnis zu Dritten grundsätzlich nicht stärker beschränkt als die Mitgesellschafter. Anderes gilt im Verhältnis zu solchen Anteilserwerbern, die den Missbrauch der Verfügungsmacht des Treuhänders kennen oder kennen müssen.[226] Jedoch haben die Mitgesellschafter im Falle qualifizierter (offener), mit ihrer Zustimmung vereinbarter Treuhand die dadurch zwischen ihnen und dem Treugeber begründeten Beziehungen (RdNr. 92) zu respektieren: der Treuhänder kann ihnen gegenüber nicht mit Wirksamkeit für den Treugeber gegen dessen Willen *Vertragsänderungen* zustimmen, die eine einseitige Verschlechterung von dessen Rechtsposition zur Folge haben.[227]

91 **cc) Rechtsbeziehungen des Treugebers zur Gesellschaft (einfache/qualifizierte Treuhand).** Bei der ohne Zustimmung der Mitgesellschafter eingegangenen, **einfachen** (verdeckten) **Treuhand** entspricht die Stellung des Treugebers gegenüber der Gesellschaft wegen der Unübertragbarkeit der meisten Gesellschaftsrechte (§ 717 S. 1) grundsätzlich derjenigen eines beliebigen Dritten. Auch mittelbare Mitspracherechte des Treugebers, etwa über einen Stimmbindungsvertrag, sind hier nur in engen Grenzen anzuerkennen.[228]

92 Anderes gilt bei der **qualifizierten** (offenen), mit Zustimmung der Mitgesellschafter eingegangenen **Treuhand.**[229] Über die vertragliche Bindung des Treuhänders gegenüber dem Treugeber hinaus eröffnet sie die Möglichkeit unmittelbarer Rechtsbeziehungen zwischen dem Treugeber und der Gesellschaft. Dem Treugeber können im Verhältnis zu den Mitgesellschaftern des Treuhänders sogar solche Rechte eingeräumt oder zur Ausübung überlassen werden, deren Einräumung an Dritte am Abspaltungsverbot scheitern würde.[230]

[225] Dazu BGHZ 3, 354, 357 = NJW 1952, 178; BGHZ 20, 363, 364 = NJW 1956, 1198; *Staub/Ulmer* HGB § 109 RdNr. 26; *K. Schmidt* GesR § 19 III 4, S. 455 ff.; *Reuter* ZGR 1978, 633, 634 ff. sowie unten § 717 RdNr. 7.

[226] So unter Berufung auf die Grundsätze zum Vollmachtsmissbrauch zu Recht *Coing* (Fn. 209) S. 167; *Kötz* NJW 1968, 1471 f.; *Erman/Westermann* RdNr. 25; MünchKommHGB/*K. Schmidt* Vor § 230 RdNr. 69; *Blaurock* (Fn. 213) S. 130 ff.; *Tebben* (Fn. 213) S. 188 ff., 202, jeweils unter Ablehnung des gegenteiligen, auf die Vollrechtsstellung des Treuhänders verweisenden Standpunkts des BGH (LM § 164 Nr. 30 = NJW 1968, 1471 und WM 1977, 525). Wie der BGH aber *Soergel/Hadding* RdNr. 29; *Beuthien* ZGR 1974, 26, 60 f.; *U. Huber* JZ 1968, 791 ff.; *Armbrüster* (Fn. 213) S. 162 f.

[227] Etwa einseitige Verminderung der Gesellschaftsbeteiligung (so der Fall in BGH LM § 164 Nr. 30 = NJW 1968, 1471, vgl. dazu *U. Huber* JZ 1968, 791), des Gewinnanteils oder des Abfindungsanspruchs.

[228] So im Grundsatz zutr. *Beuthien* ZGR 1974, 26, 43 f.; vgl. näher *Staub/Ulmer* HGB § 105 RdNr. 104, ferner § 717 RdNr. 25 ff.

[229] Zur Differenzierung zwischen einfacher (verdeckter) und qualifizierter (offener) Treuhand vgl. näher *Ulmer,* FS Odersky, 1996, S. 873, 888 ff.; so tendenziell auch *Erman/Westermann* RdNr. 24 f.; MünchKommHGB/*K. Schmidt* Vor § 230 RdNr. 42 f.; *Armbrüster* (Fn. 213) S. 20 f. (mit weitergeh. Unterteilung); *Tebben* (Fn. 213) S. 31, 104 ff. Eingehend jetzt *Tebben* ZGR 2001, 586 ff.

[230] So zutr. namentlich *Fleck,* FS Rob. Fischer, 1979, S. 107, 118 ff., 127 (für die GmbH); ferner MünchKommHGB/*K. Schmidt* Vor § 230 RdNr. 43, 78; *Soergel/Hadding* RdNr. 29; *Erman/Westermann* RdNr. 25; *Reuter* ZGR 1978, 633, 642;

Dementsprechend hat es der BGH für möglich gehalten, dem Treugeber im Fall der qualifizierten Treuhand unmittelbar *Kontrollrechte* und *Anweisungsbefugnisse* gegenüber der Gesellschaft zu gewähren oder im Innenverhältnis die Rechtsbeziehungen zwischen den Beteiligten sogar so zu gestalten, als ob der Treugeber unmittelbar Gesellschafter wäre.[231] Zwei im älteren Schrifttum[232] für den gegenteiligen Standpunkt angeführte BGH-Urteile,[233] in denen der Grundsatz der Sicherung der Gesellschafterrechte des Treuhänders und der Unzulässigkeit von deren Aushöhlung betont wurde, betrafen jeweils Fälle der einfachen (verdeckten) Treuhand.[234]

Der Grund für die Abweichung vom allgemeinen Abspaltungsverbot im Fall qualifizierter Treuhand liegt in der **Sonderstellung des Treugebers als des wirtschaftlichen Inhabers der Gesellschaftsbeteiligung.** Auch wenn man für das allgemeine Sachenrecht mit Rücksicht auf § 137 Bedenken haben sollte, dem oben (RdNr. 92) aufgezeigten, auf Relativierung der Eigentümerstellung des Treuhänders gerichteten Trend zu folgen, so gilt doch anderes für den auf vertraglichem Zusammenschluss beruhenden, der vertraglichen Gestaltungsfreiheit unterliegenden Gesellschaftsanteil. Stimmen die Mitgesellschafter einem Treuhandverhältnis zu, so ist darin im Zweifel die *vertragliche Einbeziehung des Treugebers in das Rechtsverhältnis der Gesellschafter* zu sehen. In diesem Fall teilt sich die Gesellschafterstellung gesellschaftsintern zwischen Treuhänder und Treugeber auf, wobei beide Teile – also auch der Treugeber – der gesellschaftsrechtlichen Treupflicht unterliegen.[235] Folge dieser Aufteilung im Rahmen der qualifizierten Treuhand ist es, dass auch beim Treugeber die Voraussetzungen für eine Gesellschaftsbeteiligung erfüllt sein müssen. Daher bedarf es einer *vormundschaftsgerichtlichen Genehmigung* auch dann, wenn zwar nicht beim Treuhänder, wohl aber beim Treugeber die Voraussetzungen des § 1822 Nr. 3 vorliegen.[236] Die *Übertragung* der Rechte des Treugebers auf einen Dritten ist nur mit Zustimmung der Mitgesellschafter möglich.[237] Und ebenso ist für den *Ausschluss* eines Gesellschafters aus wichtigem Grund nach Maßgabe von § 737 nicht nur auf die Verhältnisse beim Treuhänder abzustellen; ein 93

Armbrüster (Fn. 213) S. 276 ff., 281; *Tebben* ZGR 2001, 586, 612 f.; im Grundsatz auch *Blaurock* (Fn. 213) S. 181 f.

231 BGHZ 10, 44, 50 = NJW 1953, 1548 und BGH WM 1987, 811 (jew. für den Fall einer Treuhand an Kommanditanteilen); so auch die in Fn. 230 Genannten. Vgl. auch BGH WM 1976, 1247, 1249 f. zur Stimmrechtsabspaltung bei treuhänderisch gehaltenen GmbH-Anteilen; ebenso hält jetzt OLG Köln BB 1996, 2058 die Einräumung eines Anfechtungsrechts an den Treugeber im Gesellschaftsvertrag sowie dessen Stimmrechtsausübung für unbedenklich (Letztere trotz abw. Stimmabgabe des Treuhänders mit anderen Anteilen).

232 Vgl. etwa *Soergel/Schultze-v. Lasaulx* BGB, 10. Aufl., RdNr. 19; *Rob. Fischer* in Großkomm. zum HGB, 3. Aufl., § 105 Anm. 28 b; *Wiedemann* (Fn. 159) S. 277.

233 BGHZ 3, 354, 360 = NJW 1952, 178; BGHZ 32, 17, 29 = NJW 1960, 866.

234 AA – für einen Rspr.-Wandel durch BGHZ 10, 44, 50 – *Armbrüster* (Fn. 213) S. 278 f. unter Hinweis auf *Bälz* ZGR 1980, 1, 95 Fn. 283. Vgl. auch BGH WM 1962, 1353, wo es – obiter – heißt, Gesellschafter mit allen Rechten und Pflichten sei auch bei der offenen Treuhand allein der Treuhänder. Demgegenüber hatte der BGH bei Einsetzung eines gemeinsamen Kommanditistenvertreters im Rahmen einer KG trotz des Abspaltungsverbots keine Bedenken gegen die Ausübung der Kommanditistenrechte durch den Vertreter (BGHZ 46, 291, 296 = NJW 1967, 826).

235 So zutr. *Fleck* (Fn. 230) S. 118 ff.; s. ferner MünchKommHGB/*K. Schmidt* Vor § 230 RdNr. 78; *Erman/Westermann* RdNr. 25; *Soergel/Hadding* RdNr. 29; *Blaurock* (Fn. 213) S. 181 f.; *Ulmer* (Fn. 229) S. 873, 887 ff.; *Wiesner* (Fn. 213) S. 673, 678 ff.; im Ergebnis auch *Armbrüster* (Fn. 213) S. 340 ff. Zur ähnlichen Rechtslage beim Nießbrauch an Gesellschaftsanteilen, bei dem Nießbraucher und Nießbrauchsbesteller nach zutr. Ansicht gemeinsam am Anteil berechtigt und die Mitgliedschaftsrechte zwischen ihnen aufgeteilt sind, vgl. RdNr. 94 ff. – Zur Haftung des an einem GmbH-Anteil wirtschaftlich beteiligten Treugebers nach § 31 GmbHG beim Empfang verbotener Zahlungen vgl. *Hachenburg/Ulmer* GmbHG § 2 RdNr. 64 f.

236 So auch *Armbrüster* (Fn. 213) S. 124; *Beuthien* ZGR 1974, 26, 37 f.; MünchKommHGB/*K. Schmidt* Vor § 230 RdNr. 54; aM offenbar BGH LM § 164 Nr. 30 = NJW 1968, 1471 (insoweit nicht veröffentlicht, vgl. dazu *U. Huber* JZ 1968, 791, 792).

237 Vgl. BGH WM 1987, 811; MünchKommHGB/*K. Schmidt* Vor § 230 RdNr. 54, 85; für entspr. Beurteilung bei der Verfügung des Treugebers über seine Rechte am GmbH-Anteil BGH NJW 1965, 1376, 1377; RGZ 159, 272, 280 ff.; *Baumbach/Hueck* GmbHG § 15 RdNr. 57; *Scholz/Winter* GmbHG § 15 RdNr. 83; *Hachenburg/Zutt* GmbHG Anh. § 15 RdNr. 53, freilich jew. ohne Beschränkung auf die Fälle der qualifizierten Treuhand. AA aber *Armbrüster* (Fn. 213) S. 140 ff.

Ausschließungsbeschluss gegenüber dem Treuhänder als formellem Rechtsinhaber kann vielmehr auch darauf gestützt werden, dass das Verhalten des Treugebers eine Fortsetzung der Gesellschaft mit ihm unmöglich macht.[238] Der Treugeber kann sich auch seinerseits bei Vorliegen eines wichtigen Grundes in der Person des Treuhänders durch Kündigung des Treuhandverhältnisses von der Beteiligung lösen, wenn diese nur über den Treuhänder möglich ist.[239]

94 **b) Nießbrauch. aa) Überblick.** Der Nießbrauch an Gesellschaftsanteilen[240] findet sich in erster Linie bei Kapitalgesellschaften sowie bei OHG und KG, da die Anteile an diesen Handelsgesellschaften typischerweise stärker ertragsorientiert sind als diejenigen an Gesellschaften bürgerlichen Rechts. Die Rechtsfragen der Nießbrauchsbestellung an GbR-Anteilen und die daraus folgenden Rechtsbeziehungen zu Nießbrauchsbesteller, Mitgesellschaftern und Gesellschaft unterscheiden sich zudem nicht wesentlich von denjenigen bei OHG- oder KG-Anteilen. Daher kann die folgende Darstellung sich auf einen Überblick über den inzwischen erreichten Meinungsstand beschränken und im Übrigen auf die Literatur zu OHG und KG verweisen (vgl. auch 3. Aufl. § 1068 RdNr. 11 ff.).

95 Unter den **Gründen** für die Nießbrauchsbestellung standen ehemals die erbschaftsteuerlichen Vorteile (Abzug des kapitalisierten Nießbrauchswertes bei der Bewertung des vererbten Stammrechts) im Vordergrund; sie sind bereits seit der Erbschaftsteuerreform 1974 im Wesentlichen entfallen.[241] In steuerlicher Hinsicht bleibt der mit der Einräumung des Nießbrauchs als selbstständiger Einkommensquelle verbundene Vorteil, zu einer im Vergleich zum Nießbrauchsbesteller geringeren Einkommensteuerbelastung bei einem Nießbraucher zu kommen, der über kein ins Gewicht fallendes sonstiges Einkommen verfügt.[242] Vor allem aber sind es die durch den Nießbrauch eröffneten erb- und gesellschaftsrechtlichen Gestaltungsmöglichkeiten, darunter die teilweise Vorwegnahme der Anteilsvererbung sowie die bessere rechtliche Absicherung des durch einen Nießbrauch belasteten Erben im Vergleich zur bloßen Nacherbenstellung (§ 727 RdNr. 68 ff.) bei zeitlich befristeter Zuwendung des Anteilsertrags an den Nießbraucher, die für die Nießbrauchslösung sprechen.[243] Ihnen steht als Nachteil freilich nach wie vor die aus der Doppelzuordnung der Mitgliedschaft im Rahmen des Nießbrauchs folgende Rechtsunsicherheit betr. die Aufteilung der Mitgliedschaftsrechte zwischen Besteller und Nießbraucher gegenüber (RdNr. 99 ff.).

96 **bb) Nießbrauch am Gesellschaftsanteil. α) Zulässigkeit und Bestellung.** Nach heute zu Recht ganz hM ist der Nießbrauch am Anteil einer Personengesellschaft zulässig;[244]

[238] BGHZ 32, 17, 33 = NJW 1960, 866; vgl. dazu *Ulmer* in Großkomm. zum HGB § 140 Anm. 7.

[239] So BGHZ 73, 294, 300 = NJW 1979, 1503 für die mittelbare Beteiligung an einer Publikums-KG; näher zur Kündigung des Treuhandvertrags vgl. OLG Köln ZIP 1987, 1120 ff.; *Decher* ZIP 1987, 1097 ff.; MünchKommHGB/*K. Schmidt* Vor § 230 RdNr. 87, 89.

[240] Schrifttumsnachw. bis 1988 bei *Staub/Ulmer* HGB Vor § 105 RdNr. 114. Ferner: *Petzoldt* DStR 1992, 1171; *Haas,* FS L. Schmidt, 1993, S. 314; *Schön* ZHR 158 (1994), 229; *Reichert/Schlitt,* FS Flick, 1997, S. 217; *K. Schmidt* ZGR 1999, 601; *Lohr,* Nießbrauch an Unternehmen und Unternehmensanteilen, 1989; *Hepp-Schwab,* Die Mitgliedschaft des Personengesellschafters und der Nießbrauch an seinem Gesellschaftsanteil, 1998. Rechtstats. Feststellungen bei *Mentz,* Der Nießbrauch an OHG- und KG-Mitgliedschaftsrechten, Diss. Frankfurt 1972, S. 60 ff. Zum Nießbrauch an einem GbR-Anteil vgl. auch BGH NJW 1999, 571; OLG Hamm Rpfleger 1977, 136 f. und BFHE 119, 63 = NJW 1976, 1656.

[241] Dazu *Sudhoff* NJW 1974, 2205, 2206. Zur erneuten Änderung von § 25 ErbStG im Jahr 1980 und zu den Folgen für die erbschaftsteuerliche Behandlung des Übergangs eines nießbrauchsbelasteten Anteils vgl. *Knobbe-Keuk,* Bilanz- und Unternehmenssteuerrecht, 9. Aufl., § 27 I 7 a S. 994 f.

[242] Zur BFH-Rechtsprechung betr. den Nießbrauch an Personengesellschaftsanteilen vgl. *L. Schmidt,* FS v. Wallis, 1985, S. 359 ff.; *Haas,* FS L. Schmidt, 1993, S. 315, 321 ff.; *Petzold* GmbHR 1987, 433 ff.; *ders.* DStR 1992, 1171, 1175. Nicht anerkannt wird für das EStRecht namentlich der Nießbrauch am Gewinnstammrecht (vgl. RdNr. 108).

[243] *Staub/Ulmer* HGB § 105 RdNr. 11; *Blaurock* (Fn. 213) S. 76; *Mentz* (Fn. 240); *Reichert/Schlitt,* FS Flick, 1997, S. 217 (für GmbH-Anteile).

[244] So schon *Flume* I/1 § 17 VI, S. 359 ff.; *Kreifels,* Freundesgabe Hengeler, 1972, S. 158 ff.; *Rohlff* NJW 1971, 1337, 1339 ff.; ebenso MünchKommHGB/*K. Schmidt* Vor § 230 RdNr. 14; *Staub/Ulmer* HGB § 105 RdNr. 119; *ders.,* FS Fleck, 1988, S. 383, 385 ff.; *Westermann* Hdb. RdNr. I 675; *Schön* ZHR 158 (1994), 229, 236 ff.; so jetzt auch 3. Aufl. § 1068 RdNr. 16 *(Petzoldt).* Im Grundsatz ebenso, unmittelbare Mitspracherechte des Nießbrauchers

er richtet sich nach den für den Nießbrauch an Rechten geltenden Vorschriften der §§ 1068 ff. (vgl. näher zur Qualifizierung der Mitgliedschaft als subjektives Recht in RdNr. 180). Die Bestellung eines Nießbrauchs an einem GbR-Anteil verstößt insbes. nicht gegen das in § 717 S. 1 verankerte sog. **Abspaltungsverbot** (zu dessen Inhalt näher § 717 RdNr. 7 f.). Denn entsprechend der Rechtsnatur des Nießbrauchs als dingliches Recht sind Nießbraucher und Besteller gemeinsam an dem Gesellschaftsanteil berechtigt; der Nießbraucher wird für die Dauer des Nießbrauchs mit „dinglicher" Wirkung in den Gesellschaftsverband einbezogen, ohne dass der Besteller ausscheidet.[245] Überholt ist die früher verbreitete Ansicht,[246] nach der es für die Zwecke eines Nießbrauchs der Anteilsübertragung auf den Nießbraucher als Treuhänder und damit der Verschaffung einer über den Nießbrauch (§ 1030) hinausgehenden formalen Berechtigung für ihn bedürfe. Die Befugnisse des Nießbrauchers überlagern vielmehr die – entsprechend beschränkte, aber fortbestehende – Gesellschafterstellung des Bestellers (vgl. iE RdNr. 99 ff.); darin unterscheidet sich der Anteilsnießbrauch namentlich auch von dem sog. Ertragsnießbrauch (dazu RdNr. 107).

Die wirksame **Bestellung** eines Anteilsnießbrauchs erfordert die *Zustimmung aller Gesellschafter* (vgl. § 719 RdNr. 50). Sie kann bereits im Gesellschaftsvertrag erteilt werden; eine Klausel, die lediglich die Übertragbarkeit des Anteils als solche zulässt, genügt nicht.[247] Stehen Grundstücke im Eigentum der GbR und sind sie nach der bisher üblichen Praxis (vgl. RdNr. 312) auf die Namen der Gesellschafter eingetragen, so ist die Grundbucheintragung im Wege der Berichtigung (§ 22 GBO) durch einen Nießbrauchsvermerk zu ergänzen.[248] 97

Der **Nießbrauch endet** entweder durch Zeitablauf oder durch Tod des Nießbrauchers (§ 1061). Damit erlangt der Besteller wieder die uneingeschränkte Gesellschafterstellung, ohne dass es hierzu einer rechtsgeschäftlichen Verfügung oder der Zustimmung der Mitgesellschafter bedarf. Stirbt der Besteller, so kommt es für den Fortbestand des Nießbrauchs darauf an, ob der Gesellschaftsvertrag für den Fall des Todes eines Gesellschafters in Abweichung von § 727 Abs. 1 eine Fortsetzungsklausel nur unter den übrigen Gesellschaftern (§ 736 Abs. 1) oder aber mit den Erben vorsieht (sog. Nachfolgeklausel, vgl. näher § 727 RdNr. 28). Ist Letzteres der Fall, setzt sich der Nießbrauch am Anteil der Erben fort; andernfalls tritt das Abfindungsguthaben der Erben des verstorbenen Gesellschafters als Nießbrauchsgegenstand an die Stelle der Mitgliedschaft (str., vgl. RdNr. 105). 98

β) Verwaltungsrechte. Regelungen zur **Aufteilung des Stimmrechts** sowie des Rechts zur Geschäftsführung zwischen Nießbraucher und Besteller sind – von der Ausnahmevorschrift des § 1071 abgesehen – im Gesetz nicht enthalten. Insbesondere sind diese Rechte nicht als Gebrauchsvorteil des Anteils iS von § 100 zu qualifizieren, der nach §§ 1068, 1030 Abs. 1 allein dem Nießbraucher zustehen würde.[249] Immerhin lässt sich den Vorschriften der §§ 1036 Abs. 1, 1066 Abs. 1 der Grundsatz entnehmen, dass der *Nießbraucher* für die *laufenden Angelegenheiten* der Gesellschaft allein zuständig ist, während dem 99

gegenüber der Gesellschaft allerdings noch verneinend, OLG Koblenz NJW 1992, 2163, 2164 f.; *Staudinger/Frank* (2002) Anh. §§ 1068, 1069 RdNr. 57, 70; *Teichmann* ZGR 1972, 1, 10 f.; *Blaurock* (Fn. 213) S. 143 f.; *Huber* (Fn. 93) S. 414 f.; wohl auch *Erman/Michalski* § 1069 RdNr. 9. Für Zulässigkeit des Anteilsnießbrauchs auch BGHZ 58, 316 ff. = NJW 1972, 1755 und BGH BB 1975, 295. Zur Gegenansicht vgl. Nachw. in Fn. 246.

[245] So zutr. auch BGHZ 108, 187, 199 = NJW 1989, 3152. Vgl. näher zum Ganzen *Ulmer,* FS Fleck, 1988, S. 383, 385 ff.; *K. Schmidt* GesR § 19 III 4 b; *Wiedemann* (Fn. 159) S. 398, 411; *Westermann* Hdb. RdNr. I 674, 681; *Rohlff* NJW 1971, 1337, 1339; *Schön* ZHR 158 (1994), 229, 251 ff.; *Fleck* (Fn. 230) S. 125 f. (für den GmbH-Anteil).

[246] *Hueck* OHG § 27 II 8; *Rob. Fischer* in Großkomm. zum HGB, 3. Aufl., § 109 Anm. 20; *Staudinger/Keßler* § 717 RdNr. 27; *Soergel/Stürner* § 1068 RdNr. 7 f.; *Bunke* DNotZ 1968, 5, 6; *Sudhoff* NJW 1971, 481 ff.; so auch noch 2. Aufl. § 1068 RdNr. 11, 14 *(Petzoldt)*; *ders.* GmbHR 1987, 381, 382 ff.; anders dann *ders.* DStR 1992, 1171, 1172.

[247] *Wiedemann* (Fn. 159) S. 400; *Flume* I/1 § 17 VI, S. 366; *Lohr* (Fn. 240) S. 57; *Ulmer,* FS Fleck, 1988, S. 383, 390; *Staub/Ulmer* HGB § 105 RdNr. 119; *Petzoldt* DStR 1992, 1171 f.; aA MünchKommHGB/*K. Schmidt* Vor § 230 RdNr. 16; *Sudhoff* NJW 1971, 481; *Bunke* DNotZ 1968, 5, 7.

[248] OLG Hamm DB 1977, 579.

[249] Ebenso *Schön* ZHR 158 (1994), 229, 248 f. m. w. Nachw. auch zur Gegenansicht.

Besteller die Kompetenz für außergewöhnliche Maßnahmen und Grundlagenentscheidungen verbleibt.[250] Das gilt insbesondere für die Aufteilung des Stimmrechts; die gegenteilige, von der grundsätzlichen Alleinzuständigkeit des Bestellers ausgehende Ansicht[251] wird der „dinglichen" Wirkung des Nießbrauchs nicht gerecht. Der *Besteller* bleibt danach nur für solche (Grundlagen-)Beschlüsse zuständig, die seine Rechtsstellung innerhalb der Gesellschaft tangieren.[252] Zur letztgenannten Beschlusskategorie gehören vor allem *Eingriffe in den Kernbereich* der Mitgliedschaft, aber auch sonstige Änderungen des Gesellschaftsvertrags. Soweit schließlich unter Hinweis auf die andernfalls auftretenden Abgrenzungsschwierigkeiten eine Vergemeinschaftung des Stimmrechts von Nießbraucher und Besteller vorgeschlagen wird mit der Folge ruhenden Stimmrechts für den Fall von Divergenzen zwischen ihnen,[253] vermag auch dies nicht zu überzeugen.[254] Abgesehen davon, dass das Gesetz für eine Vergemeinschaftung der Befugnisse von Besteller und Nießbraucher keinen Hinweis bietet, lassen sich Unsicherheiten in der Aufteilung der Verwaltungsrechte schon dadurch vermeiden, dass diese entsprechend der Wertung der §§ 1036, 1066 im Zweifel dem Nießbraucher zugewiesen werden.[255]

100 Die **Zuweisung an den Nießbraucher** gilt regelmäßig auch für das Recht zur *Geschäftsführung.*[256] Auch *Informations- und Kontrollrechte* gegenüber der Gesellschaft in Bezug auf die laufenden Angelegenheiten stehen regelmäßig dem Nießbraucher zu;[257] dem Besteller verbleibt insoweit nur der nach § 717 Abs. 2 unverzichtbare Mindestbestand. Anderes gilt für den Fall, dass die Verwaltungsrechte vertraglich dem Besteller vorbehalten sind; in diesem Fall hat der Nießbraucher jedoch ein eigenes Auskunfts- und Kontrollrecht gegen die Gesellschaft hinsichtlich der auf ihn entfallenden Erträge.[258]

101 **Im Einzelnen** ist freilich vieles streitig. Das gilt nicht zuletzt für die im Grenzbereich wenig trennscharfe Aufteilung zwischen Beschlüssen in laufenden und in Grundlagenangelegenheiten.[259] Zu den laufenden Angelegenheiten gehören jedenfalls auch *außergewöhnliche Geschäftsführungsmaßnahmen* und deren Billigung durch die Gesellschafter, während die Überschreitung des Gesellschaftszwecks (Unternehmensgegenstands) als materielle Änderung des Gesellschaftsvertrags den Grundlagenbereich betrifft. Auch die für den Nießbraucher besonders wichtige Beschlussfassung über die jährliche *Rechnungslegung und Gewinnverwendung* wird man im Zweifel zu den laufenden Angelegenheiten zu rechnen haben;[260] allerdings muss der Nießbrauchers bei seiner Stimmabgabe auch auf das (Thesaurierungs-)Interesse von Gesellschaft und Mitgesellschaftern Rücksicht nehmen. Empfehlenswert ist in jedem Fall eine **vertragliche Regelung** zwischen Besteller und Nießbraucher

[250] So mit Unterschieden iE 3. Aufl. § 1068 RdNr. 17, 19; *Flume* I/1 § 17 VI S. 363, 366 f.; *Baumbach/Hopt* § 105 RdNr. 46; wohl auch BGH NJW 1999, 571, 572; für ein Stimmrecht des Nießbrauchers nur bei Gewinnfeststellung und Gewinnverwendung *Hepp-Schwab* (Fn. 240) S. 180 f.

[251] So auch neuerdings noch MünchKommHGB/*K. Schmidt* Vor § 230 RdNr. 21; *Westermann* Handbuch RdNr. I 681; *Wiedemann* (Fn. 159) S. 412; *Huber* (Fn. 93) S. 414; *Blaurock* (Fn. 213) S. 142 ff.; *Reichert/Schlitt* (Fn. 240) S. 227; dem folgend OLG Koblenz NJW 1992, 2163, 2164.

[252] So tendenziell BGHZ 108, 187, 199 = NJW 1989, 3 (obiter); *Staub/Ulmer* HGB Vor § 105 RdNr. 124; *ders.*, FS Fleck, 1988, S. 383, 394 f.; *Flume* I/1 § 17 VI, S. 366 f.; *Rohlff* NJW 1971, 1337, 1339 ff.

[253] So insbes. *Schön* ZHR 158 (1994), 229, 260 ff., im Anschluss an *Heck*, Sachenrecht, 1929, § 120, 11 und *Brodmann* GmbHR 1938, S. 11 ff.; für die AG wohl auch *Zöllner* in Kölner Komm. zum AktG, § 134 RdNr. 15; anders aber *ders.* in *Baumbach/Hueck* GmbHG § 47 RdNr. 26 (für die GmbH).

[254] So auch *Reichert/Schlitt* (Fn. 240) S. 225; *K. Schmidt* ZGR 1999, 608 f.

[255] Vgl. näher hierzu *Staub/Ulmer* HGB § 105 RdNr. 126; aA MünchKommHGB/*K. Schmidt* Vor § 230 RdNr. 21.

[256] *Flume* I/1 § 17 VI, S. 363; *Sudhoff* NJW 1971, 481, 482; für die GbR auch *Schön* ZHR 158 (1994), 229, 263; aA *Teichmann* ZGR 1972, 1, 9; *Staudinger/Frank* (2002) Anh. §§ 1068, 1969 RdNr. 70, 73.

[257] *Blaurock* (Fn. 213) S. 147 f.; MünchKommHGB/*K. Schmidt* Vor § 230 RdNr. 21; *Westermann* Hdb. RdNr. I 682; für die OHG auch *Staub/Ulmer* HGB § 105 RdNr. 127; aA *Schön* ZHR 158 (1994), 229, 263 f., der, wie auch beim Stimmrecht, für eine Vergemeinschaftung eintritt.

[258] S. für die OHG *Staub/Ulmer* HGB § 105 RdNr. 127; *Wiedemann* (Fn. 159) S. 419 f.; *Teichmann* ZGR 1972, 1, 9.

[259] So namentlich *Schön* ZHR 158 (1994), 229, 261 f.; dem zust. *K. Schmidt* ZGR 1999, 601, 608.

[260] Ebenso *K. Schmidt* ZGR 1999, 606, gegen BGH NJW 1999, 571, 572.

über die Aufteilung der Verwaltungsrechte, sei es im Zusammenhang mit der Nießbrauchsbestellung oder durch eine – im Unterschied zur Vereinbarung zwischen Besteller und Nießbraucher auch für die übrigen Gesellschafter bindende – Regelung im Gesellschaftsvertrag.[261]

Soweit es um Entscheidungen geht, die die Rechtsstellung des Bestellers betreffen und damit in dessen Zuständigkeitsbereich fallen, sorgt die Vorschrift des **§ 1071** für einen hinreichenden **Schutz des Nießbrauchers.**[262] Seine danach erforderliche Zustimmung führt allerdings nicht zu einer Verdoppelung des mit dem Anteil verbundenen Stimmrechts.[263] Auch schützt sie den Nießbraucher nicht davor, dass der Besteller von den anderen Gesellschaftern in vertraglich zulässiger Weise überstimmt wird; dem Nießbraucher steht mit anderen Worten keine weitergehende Position zu, als sie der Besteller hat.[264] Aber in diesen Grenzen kann er Änderungen des Gesellschaftsvertrags verhindern, die sich für ihn nachteilig auswirken. Auf den Nießbraucher erstrecken sich auch die **Pflichten aus der Gesellschafterstellung,** darunter insbes. die *Treupflicht* (dazu allg. RdNr. 221 f.).[265] Zur Kündigung des Anteils durch den Besteller vgl. § 723 RdNr. 7; zur Frage der Außenhaftung des Nießbrauchers vgl. RdNr. 106. 102

γ) Vermögensrechte. Wesentlicher Inhalt der Vermögensrechte des Nießbrauchers ist der auf den Anteil entfallende bestimmungsgemäße Ertrag. Er umfasst den gem. § 722 oder nach dem Gesellschaftsvertrag **entnahmefähigen Gewinn,** soweit er nicht als Geschäftsführervergütung dem Besteller zusteht.[266] Gewinnanteile, die von der Ausschüttung ausgeschlossen sind, kommen als Substanzmehrung dem Besteller zugute;[267] er hat seinerseits auch die auf den Anteil entfallenden Verluste allein zu tragen.[268] Gleiches gilt für außerordentliche Erträge, die den Rücklagen überwiesen werden.[269] Eine vereinzelt für den Nießbrauch am Anteil jedenfalls eines Mehrheitsgesellschafters vertretene, auf § 1049 Abs. 1 gestützte Ausgleichspflicht des Bestellers gegenüber dem Nießbraucher hinsichtlich etwaiger nicht entnahmefähiger Gewinne ist abzulehnen.[270] Gegen sie spricht, dass der Anteilsnießbrauch als Rechtsnießbrauch auf die bestimmungsgemäßen Erträge der belasteten Mitgliedschaft bezogen ist, nicht aber auf die Gesellschaft selbst und deren Gewinn.[271] Außerordentliche Erträge stehen daher grundsätzlich dem Besteller zu.[272] 103

[261] Vgl. hierzu eingehend *Reichert/Schlitt* (Fn. 240) S. 227 ff., bezogen auf das Stimmrecht in der GmbH.

[262] Näher dazu *Staub/Ulmer* HGB § 105 RdNr. 120, 125; MünchKommHGB/*K. Schmidt* Vor § 230 RdNr. 22.

[263] Vgl. näher hierzu *Staub/Ulmer* HGB § 105 RdNr. 120; *Schön* ZHR 158 (1994), 229, 266 ff.; *Flume* I/1 § 17 VI, S. 363 f.

[264] Allg. Ansicht, s. *Flume* I/1 § 17 VI, S. 364; *Schön* ZHR 158 (1994), 229, 269; *Staub/Ulmer* HGB § 105 RdNr. 125; *Wiedemann* (Fn. 159) S. 417.

[265] Dies folgt aus der Einbeziehung des Nießbrauchers in den Gesellschaftsverbund; aA *Teichmann* ZGR 1972, 1, 10.

[266] Vgl. für die GmbH RGZ 170, 358, 369; für die OHG *Staub/Ulmer* HGB § 105 RdNr. 121; so auch MünchKommHGB/*K. Schmidt* Vor § 230 RdNr. 18; *Wiedemann* (Fn. 159) S. 405; *Teichmann* ZGR 1972, 1, 9.

[267] BGHZ 58, 316, 320 = NJW 1972, 1755; BGH BB 1975, 295; NJW 1981, 1560; 3. Aufl. § 1068 RdNr. 21 *(Petzoldt)*; *Staudinger/Frank* (2002) Anh. §§ 1068, 1069 RdNr. 77 f., 87; MünchKommHGB/*K. Schmidt* Vor § 230 RdNr. 18; *Staub/Ulmer* HGB § 105 RdNr. 121; *Blaurock* (Fn. 213) S. 139 f.; *Bunke* DNotZ 1968, 5, 15; *Stimpel* ZGR 1973, 99; so für das Verhältnis zur Gesellschaft grundsätzlich auch *Schön* ZHR 158 (1994), 229, 241 ff.; aA – voller bilanzmäßiger Gewinn für den Nießbraucher – *Sudhoff* NJW 1971, 481, 483; wohl auch *Finger* DB 1977, 1033, 1036 ff.; *Haas* (Fn. 240) S. 320.

[268] MünchKommHGB/*K. Schmidt* Vor § 230 RdNr. 23 (mit zutr. Hinweis auf die Möglichkeit einer davon abw. Vereinbarung im Innenverhältnis zwischen Besteller und Nießbraucher); *Staub/Ulmer* HGB § 105 RdNr. 121; *Petzoldt* DStR 1992, 1171, 1176; *Teichmann* ZGR 1982, 1, 13 f.; *Staudinger/Frank* (2002) Anh. §§ 1068, 1069 RdNr. 86; *Bunke* DNotZ 1968, 5, 14; aA *Sudhoff* NJW 1971, 481, 483; *Biergans* DStR 1985, 327, 333; wohl auch *Schön* ZHR 158 (1994), 229, 247 f., für den Fall, dass der Nießbraucher eine Unternehmerposition inne hat.

[269] BGH BB 1975, 295, 296; vgl. ferner die in Fn. 267 Genannten.

[270] So aber *Schön* ZHR 158 (1994), 229, 241 ff.

[271] Vgl. BGHZ 58, 316, 320 = NJW 1972, 1755 im Anschluss an *Wiedemann* (Fn. 159) S. 404; ferner *Fleck* Anm. zu BGH LM § 109 HGB Nr. 10.

[272] So auch *Schön* ZHR 158 (1994), 229, 245; *Petzoldt* DStR 1992, 1171, 1175; aus steuerrechtlicher Sicht auch BFHE 167, 90 = DStR 1992, 711, unter zutreffender Hervorhebung der Tatsache, dass der Nießbraucher nur diejenigen Erträge zu versteuern habe, die ihm zivilrechtlich zustehen.

104 **Kapitalerhöhungen** gegen Einlagen sind vom Besteller zu bewirken, dem auch die daraus resultierenden Erträge zustehen.[273] Demgegenüber stehen die Erträge aus einer nominellen Kapitalerhöhung aus Gesellschaftsmitteln grundsätzlich dem Nießbraucher zu.[274] Abweichende Vereinbarungen im Rahmen der Nießbrauchsbestellung sind möglich. **Lasten,** die im Außenverhältnis auf den Nießbraucher entfallen, hat dieser nach §§ 1047, 1068 auch im Innenverhältnis vorbehaltlich einer abw. Vereinbarung zwischen ihm und dem Besteller zu tragen.[275]

105 Wird die **Gesellschaft liquidiert** oder scheidet der Besteller aus, setzt sich der Nießbrauch im Wege der *Surrogation* entsprechend §§ 1074, 1075 am Auseinandersetzungsguthaben des Bestellers fort. Der Nießbraucher kann dessen Verzinsung verlangen, während die Substanz des Guthabens beim Besteller verbleibt.[276]

106 **δ) Außenhaftung.** Ungeachtet der Bestellung eines Nießbrauchs haftet jedenfalls der Anteilsinhaber als Gesellschafter gesamtschuldnerisch für die Verbindlichkeiten der Gesellschaft (vgl. § 714 RdNr. 35 ff.). Ob daneben auch der Nießbraucher haftet, ist umstritten. Angesichts der Einbeziehung des Nießbrauchers in das mitgliedschaftliche Rechtsverhältnis und der damit verbundenen Zuständigkeit hinsichtlich der Verwaltungsrechte in laufenden Angelegenheiten (RdNr. 100) sprechen die besseren Gründe für die Annahme einer neben die Gesellschafterhaftung tretenden, gleichrangigen Haftung auch des Nießbrauchers.[277]

107 **cc) Nießbrauch an den Vermögensrechten?** Unproblematisch und ohne Zustimmung der Mitgesellschafter zulässig ist ein Nießbrauch an den nach § 717 S. 2 selbstständig übertragbaren **vermögensrechtlichen Ansprüchen.** Allerdings ist ein solches Recht am (künftigen) Anspruch auf das *Auseinandersetzungsguthaben* für den Nießbraucher wegen der fehlenden Realisierungsmöglichkeit meist ohne Interesse.[278] Der nicht selten empfohlene Nießbrauch an den *einzelnen Gewinnansprüchen*[279] setzt einerseits deren jeweilige Entstehung auf Grund des Bilanzfeststellungsbeschlusses (§ 721 RdNr. 8, 11) voraus und wird erst mit diesem Beschluss wirksam; eine dingliche Sicherung des Nießbrauchers ist auf diesem Weg in Bezug auf künftige Gewinnansprüche nicht möglich.[280] Andererseits und vor allem beschränkt sich das Nutzungsrecht des Nießbrauchers auf die *Verzinsung* der ausgeschütteten Gewinne, während er die Gewinne selbst oder deren Wert dem Besteller nach § 1067 herausgeben muss.[281] Soweit demgegenüber eingewandt wird, § 1067 sei abdingbar,[282] ist

[273] Näher dazu *Staub/Ulmer* HGB § 105 RdNr. 121.

[274] HM, vgl. MünchKommHGB/*K. Schmidt* Vor § 230 RdNr. 17, 20; *Westermann* Hdb. RdNr. I 679; *Reichert/Schlitt* (Fn. 240) S. 237 f.; *Staub/Ulmer* HGB § 105 RdNr. 121 m. weit. Nachw., auch zu Gegenans. Offen lassend BGHZ 58, 316, 319 = NJW 1972, 1755; nicht eindeutig 3. Aufl. § 1068 RdNr. 24 *(Petzoldt).*

[275] § 1047 ist gem. § 1068 auf den Nießbrauch an Rechten entsprechend anwendbar, vgl. OLG Karlsruhe BB 1988, 2128; 3. Aufl. § 1068 RdNr. 5; *Palandt/Bassenge* § 1068 RdNr. 2; einschränkend noch *Staub/Ulmer* HGB § 105 RdNr. 121 in Fn. 265. – Zur Frage, ob die Vermögensteuer eine Last iS des § 1047 ist, s. (zu Recht verneinend) OLG Karlsruhe BB 1988, 2128 f. m. w. Nachw.

[276] Die rechtliche Konstruktion ist umstritten: für eine Surrogation entsprechend §§ 1074, 1075 *Bunke* DNotZ 1968, 5, 13; *Staub/Ulmer* HGB § 105 RdNr. 123; wohl auch *Petzoldt* GmbHR 1987, 381, 385; für eine Surrogation entsprechend §§ 1077 ff. *Staudinger/Frank* (2002) Anh. §§ 1068, 1069 RdNr. 88; für die Notwendigkeit einer Neubegründung *Wiedemann* (Fn. 159) S. 403 f.; MünchKommHGB/*K. Schmidt* Vor § 230 RdNr. 19. Grundsätzlich aA – dem Nießbraucher steht der seit Nießbrauchsbestellung entstandene, nicht ausgeschüttete Überschuss iSd. § 734 sowie daneben die Nutzung der dem ausgeschiedenen Gesellschafter zufließenden Kapitaleinlage zu – *Schön* ZHR 158 (1994), 229, 246 f.

[277] So *Flume* I/1 § 17 VI, S. 364 f.; *Ulmer,* FS Fleck, 1988, S. 383, 396; *Staub/Ulmer* HGB § 105 RdNr. 128 (für die OHG); aA 3. Aufl. § 1068 RdNr. 26 *(Petzoldt); Staudinger/Frank* (2002) Anh. §§ 1068, 1069 RdNr. 91; MünchKommHGB/*K. Schmidt* Vor § 230 RdNr. 24; *Westermann* Hdb. I RdNr. 680; *Blaurock* (Fn. 213) S. 148 f.

[278] *Ulmer* in Großkomm. zum HGB § 139 Anm. 91 m. weit. Nachw.

[279] So noch 2. Aufl. § 1068 RdNr. 21, 24 ff. *(Petzoldt); Soergel/Hadding* § 717 RdNr. 18 f.; *Bunke* DNotZ 1968, 5 ff.; *Sudhoff* NJW 1971, 481, 484 f.

[280] Vgl. näher *Staub/Ulmer* HGB § 105 RdNr. 129.

[281] So zutr. *Finger* DB 1977, 1033; *Staudinger/Frank* (2002) Anh. §§ 1068, 1069 RdNr. 65; ähnlich schon *Wiedemann* (Fn. 159) S. 400.

[282] So insbes. *Soergel/Hadding* § 717 RdNr. 19; *Bunke* DNotZ 1968, 9 f.; *Sudhoff* NJW 1971, 481, 484; offen lassend DStR 1992, 1171, 1176 f.

eine entsprechende Gestaltung der Sache nach nicht auf Nießbrauchsbestellung, sondern auf Vorausabtretung künftiger Gewinnansprüche gerichtet; sie sollte schon aus Gründen begrifflicher Klarheit als solche bezeichnet werden.[283] Der „Nießbrauch" am Gewinnanspruch führt nach allem nicht weiter.

108 Abzulehnen ist auch die auf *Siebert*[284] zurückgehende Konstruktion eines Nießbrauchs am **Gewinnstammrecht.**[285] Ihr steht bereits die Rechtsnatur der Mitgliedschaft als ein *sämtliche* mitgliedschaftlichen Rechte und Pflichten zu einer einheitlichen Position bündelndes subjektives Recht entgegen; für eine selbstständige Belastung nur der mitgliedschaftlichen Vermögensstammrechte ist demzufolge kein Raum (näher dazu RdNr. 188). Hinzu kommt, dass mit Anerkennung des Anteilsnießbrauchs (RdNr. 96) ein praktisches Bedürfnis für die Einräumung eines Nießbrauchs am Gewinnstammrecht entfallen ist, zumal auch der Anteilsnießbrauch durch Abbedingung sämtlicher Verwaltungsrechte des Nießbrauchers der Sache nach auf einen Ertragsnießbrauch beschränkt werden kann (RdNr. 99 ff.) und damit im Ergebnis einem Nießbrauch am Gewinnstammrecht gleichkommt.

109 **c) Testamentsvollstreckung. aa) Überblick.** Ähnlich wie beim Nießbrauch wird auch die Diskussion über die Zulassung der Testamentsvollstreckung an Anteilen von Personengesellschaften seit vielen Jahren in erster Linie im Hinblick auf die Anteile an Personen*handels*gesellschaften geführt.[286] Wesentlich geprägt durch ein Grundsatzurteil des BGH aus dem Jahr 1989,[287] wird die Testamentsvollstreckung am *Kommanditanteil* seither von der ganz hM als zulässig angesehen, während hinsichtlich des Anteils eines persönlich haftenden Gesellschafters wegen dessen unbeschränkter Haftung für die Gesellschaftsschulden die Bedenken unverändert vorherrschen (RdNr. 113). Im vorliegenden Zusammenhang, bezogen auf den *Anteil an einer GbR,* stellt sich vor dem Hintergrund des Übergangs der höchstrichterlichen Rechtsprechung zur akzessorischen Gesellschafterhaftung (§ 714 RdNr. 5) die *Frage,* ob damit eine völlige Gleichstellung der Gesellschafterhaftung in OHG und GbR – mit der Folge unzulässiger Dauer-TV auch am vererbten GbR-Anteil – verbunden ist oder ob sich eine differenzierte Beurteilung anbietet, die es im Anschluss an die Entwicklungen zum Kommanditanteil gestattet, die Testamentsvollstreckung auch am GbR-Anteil zuzulassen (vgl. RdNr. 114).

110 **bb) Grundlagen.** In der **früheren Diskussion** wurden gegen die Möglichkeit einer letztwillig angeordneten Testamentsvollstreckung an Personengesellschaftsanteilen, soweit sie über die bloße Abwicklungsvollstreckung (§§ 2203, 2204) hinausgehen sollte, *gesellschafts-*

[283] Vgl. näher hierzu *Staub/Ulmer* HGB § 105 RdNr. 130; *ders.,* FS Fleck, 1988, S. 383, 397 f. m. w. Nachw.

[284] BB 1956, 1126 ff.; ihm folgend: *Sudhoff* NJW 1971, 481, 483 f.; *Soergel/Schultze-v. Lasaulx,* 10. Aufl., § 719 RdNr. 12; *Staudinger/Keßler* § 717 RdNr. 26.

[285] So die heute ganz überwiegende Ansicht, s. 3. Aufl. § 1068 RdNr. 29 *(Petzoldt)*; *Blaurock* (Fn. 213) S. 140; *Schön* ZHR 158 (1994), 229, 265 f.; MünchKommHGB/*K. Schmidt* Vor § 230 RdNr. 14; *Flume* I/1 § 17 VI, S. 360 f.; *Lohr* (Fn. 240) S. 75; *Hepp-Schwab* (Fn. 240) S. 170 f.; *Ulmer,* FS Fleck, 1988, S. 383, 399; *Staub/Ulmer* HGB § 105 RdNr. 132; früher bereits *Wiedemann* (Fn. 131) S. 400 f.; *Huber* (Fn. 93) S. 414 f.; *Teichmann* ZGR 1972, 1, 21; *Rohlff* NJW 1971, 1337, 1340 f.; *Staudinger/Frank* (2002) Anh. §§ 1068, 1069 RdNr. 66; aA noch *Staudinger/Keßler* § 717 RdNr. 26.

[286] Vgl. die Schrifttumsnachweise 3. Aufl. § 2205 vor RdNr. 14. Aus neuerer Zeit *Dörrie,* Die Testamentsvollstreckung im Recht der Personengesellschaften und der GmbH, 1994; *Faust* DB 2002, 189; *Flume* NJW 1988, 161; *Hehemann* BB 1995, 1301; *Hüfner,* Testamentsvollstreckung an Personengesellschaftsanteilen, 1990; *Kreppel* DStR 1996, 430; *Lorz,* FS Boujong, 1996, S. 319; *Marotzke* JZ 1986, 197; *ders.* AcP 187 (1987), 233; *Muscheler,* Die Haftungsordnung der Testamentsvollstreckung, 1994; *Quack* BB 1989, 2271; *Raddatz,* Die Nachlasszugehörigkeit vererbter Personengesellschaftsanteile, 1990; *Rowedder,* FS Goerdeler, 1987, S. 445; *Schmitz* ZGR 1988, 140; *Siegmann,* Personengesellschaftsanteil und Erbrecht, 1992; *Stimpel,* FS Brandner, 1996, S. 779; *Ulmer/Schäfer* ZHR 160 (1996), 413 ff., 439; *D. Weber,* FS Stiefel, 1987, S. 829; *Weidlich,* Testamentsvollstreckung im Recht der Personengesellschaften, 1993; *Wessels,* Testamentsvollstreckung an einem Kommanditanteil, 1989; *Winkler,* FS Schippel, 1996, S. 519. Vgl. auch die Schrifttumsnachweise in Fn. 287.

[287] BGHZ 108, 187 = NJW 1989, 3152. Vgl. dazu *Brandner,* FS Kellermann, 1991, S. 37; *Flume* ZHR 155 (1991), 501; *D. Mayer* ZIP 1990, 976; *Stodolkowitz,* FS Kellermann, 1991, S. 439; *Ulmer* NJW 1990, 73.

rechtlich vor allem *drei Einwendungen* geltend gemacht. Sie galt erstens beim Fehlen der Zustimmung der Mitgesellschafter als unvereinbar mit dem auf *persönlichem Zusammenschluss* beruhenden, durch die Zulassung der Anteilsvererbung nicht entscheidend in Frage gestellten Charakter der Personengesellschaft.[288] Zweitens wurde eingewandt, dass die Einräumung gesellschaftsrechtlicher Verwaltungsrechte an einen nicht zu den Gesellschaftern gehörenden Testamentsvollstrecker (TV) unvereinbar sei mit dem grundsätzlichen *Abspaltungsverbot* für die unübertragbaren Mitgliedschaftsrechte.[289] Eine Verwaltungsbefugnis des Testamentsvollstreckers sei daher nur hinsichtlich der selbstständig übertragbaren Vermögensrechte (§ 717 S. 2) anzuerkennen,[290] wobei freilich für das Gewinnrecht wegen dessen Zusammenhang mit Tätigkeit und Haftung des Gesellschafter/Erben zT weitere Vorbehalte gemacht wurden.[291] Drittens schließlich wurde es im Hinblick auf persönlich haftende Gesellschafter in OHG und KG als unzulässig angesehen, den Erben als Gesellschafter der *unbeschränkten persönlichen Haftung* auszusetzen, ohne ihm entsprechende eigene Mitspracherechte in der Gesellschaft zu gewähren.[292] Aus *erbrechtlichen* Gründen kam der auf die *Sondervererbung* von Personengesellschaftsanteilen gestützte Einwand hinzu, dass die Testamentsvollstreckung sich, sei es als Abwicklungs- oder als Dauervollstreckung, nach § 2205 S. 1 auf die Verwaltung des damit belasteten *Nachlasses* beschränke, während der vererbte Gesellschaftsanteil dem oder den Erben notwendig *persönlich zugeordnet* sei und daher einen Bestandteil zwar der Erbschaft, nicht aber des selbstständiger Verwaltung durch den Testamentsvollstrecker unterliegenden Sondervermögens Nachlass bilde.[293]

111 Von diesen früheren Einwänden sind die **gesellschaftsrechtlichen** aus *heutiger Sicht* überwiegend überholt. Gegenüber dem Charakter der Personengesellschaft als Zusammenschluss auf *persönlicher* Grundlage wird zu Recht darauf hingewiesen, dass ihm durch das Erfordernis der *Zustimmung* der Mitgesellschafter als Zulassungsvoraussetzung für die Testamentsvollstreckung ausreichend Rechnung getragen werde (vgl. näher RdNr. 115). Einigkeit besteht auch darüber, dass im Fall der Anerkennung der Testamentsvollstreckung am Personengesellschaftsanteil das *Abspaltungsverbot* schon deshalb nicht eingreift, weil die wesentlichen Gesellschafterrechte in diesem Fall beim Testamentsvollstrecker als Amtswalter liegen, ohne vom Anteil getrennt zu sein (dazu und zur Frage der Mitspracherechte des Gesellschafter/Erben bei Eingriffen in den Kernbereich der Mitgliedschaft vgl. RdNr. 119). Es bleibt der Einwand fehlender Verpflichtungsbefugnis des Testamentsvollstreckers gegenüber dem Erben persönlich (§ 2206 Abs. 1); ihm ist nach hM dadurch Rechnung zu tragen, dass die Testamentsvollstreckung auf Kommanditanteile beschränkt bleibt.[294] Wei-

[288] Charakteristisch *Rob. Fischer* in Großkomm. zum HGB, 3. Aufl., § 105 Anm. 28 c. Weitere Nachw. in 2. Aufl. RdNr. 87, Fn. 213.

[289] So namentlich *Rob. Fischer* in Großkomm. zum HGB, 3. Aufl., § 105 Anm. 28 d.

[290] *Schlegelberger/Geßler* HGB (4. Aufl.) § 105 Anm. 14 c; *Hueck* OHG § 28 II 5; *Wiedemann* (Fn. 159) S. 341; *Soergel/Hadding* § 727 RdNr. 48 (jeweils unter der Voraussetzung, dass der Erblasser eine Erstreckung der Testamentsvollstreckung auf diese Rechte ausdrücklich angeordnet hat); das ältere Schrifttum hatte überwiegend für die generelle Erfassung der Vermögensrechte plädiert, vgl. Nachweise bei *Ulmer* in Großkomm. zum HGB § 139 Anm. 71.

[291] So *Rob. Fischer* in Großkomm. zum HGB, 3. Aufl., § 105 Anm. 28 e, der darauf abstellt, ob der Erbe persönlich in der Gesellschaft tätig ist; zu der damit verbundenen Aufteilungsproblematik eingehend jetzt *Ulmer/Schäfer* ZHR 160 (1996), 413, 434 ff. Grundsätzlich gegen ein Verfügungsrecht des Testamentsvollstreckers über den Gewinn noch RGZ 170, 392, 395; 172, 199, 203; RG DR 1943, 1224, 1226.

[292] St. Rspr., vgl. BGHZ 108, 187, 195 = NJW 1989, 3152; BGHZ 68, 225, 239 = NJW 1977, 1339; BGHZ 24, 106, 113 = NJW 1957, 1026; BGH NJW 1981, 749, 750; BayObLG WM 1991, 131, 134; ebenso bereits RGZ 170, 392, 394. Nachw. zum älteren Schrifttum bei *Ulmer* in Großkomm. zum HGB § 139 Anm. 69. Aus der neueren Literatur vgl. *Stodolkowitz*, FS Kellermann, 1991, S. 439, 441 (bei Fn. 8); *Raddatz* (Fn. 286) S. 158.

[293] So noch *Ulmer* NJW 1984, 1496, 1497 f. u. a.; *Soergel/Hadding* § 727 RdNr. 44; *Koch* NJW 1983, 1763. Vgl. auch BGH NJW 1981, 749, 750 („Ausgliederung aus der Nachlassmasse") und BGHZ 91, 132, 135 = NJW 1984, 2104 (Anteil fällt getrennt vom übrigen Nachlass „unmittelbar und endgültig in das Privatvermögen des Gesellschafter-Erben"). Gegenansicht vgl. in Fn. 296.

[294] Dafür namentlich *Stimpel*, FS Brandner, 1996, S. 779 ff.; so auch 3. Aufl. § 2205 RdNr. 39 f. *(Brandner)*; *Weidlich* (Fn. 286) S. 121 ff.; *Bommert* BB 1984, 178, 183; im Ergebnis auch *Muscheler* (Fn. 286) S. 554, Fn. 88 (allerdings mit sachlich unzutr. Erst-Recht-Schluss von der Rechtslage in der OHG).

tergehende Ansichten, die auch die Anteile persönlich haftender Gesellschafter in die Testamentsvollstreckung einzubeziehen wollen, haben sich bisher nicht durchgesetzt (RdNr. 114). Insoweit sollen die Beteiligten vielmehr auf die Treuhand als Ersatzkonstruktion (RdNr. 124) angewiesen bleiben, falls der persönlich haftende Gesellschafter/Erbe sich nicht dazu entschließt, sein Verbleiben in der Gesellschaft nach § 139 Abs. 1 HGB von der Einräumung der Kommanditistenstellung abhängig zu machen, und die Mitgesellschafter hierauf eingehen.

Was zum anderen die **erbrechtlichen** Einwände gegen die Testamentsvollstreckung an 112
Personengesellschaftsanteilen angeht, so ist die Differenzierung zwischen der Erbschaft als Inbegriff aller der Vererbung unterliegenden Gegenstände und dem Nachlass als einem den Erben bei einer Erbenmehrheit nicht persönlich zugeordneten, gesamthänderischer Bindung unterliegenden (potenziellen) Sondervermögen überholt, nachdem der BGH in Übereinstimmung mit der hM in der neueren Erbrechtsliteratur[295] keine Bedenken hatte, auch Gegenstände der Sondervererbung dem Nachlass zuzurechnen.[296] Wohl aber bleiben im Hinblick auf die Kompetenzen des Testamentsvollstreckers *zwei erbrechtliche Schranken* zu berücksichtigen. Die eine folgt aus der fehlenden Befugnis des Testamentsvollstreckers, den Erben über den Nachlass hinaus auch persönlich zu verpflichten (§ 2206 Abs. 1), die andere aus dem ihm fehlenden Recht zu unentgeltlichen Verfügungen (§ 2205 S. 3). Beiden Schranken ist durch entsprechende Eingrenzung der Rechte des Testamentsvollstreckers Rechnung zu tragen (RdNr. 120).

cc) Haftungsschranken. Ein zentrales Problem in Bezug auf die Dauer-TV am GbR- 113
Anteil bildet die Frage unbeschränkter Haftung des Gesellschafter/Erben für die Gesellschaftsverbindlichkeiten. Wie aus den Regelungen der §§ 2206, 2207, 2208 folgt, kann der Testamentsvollstrecker durch sein rechtsgeschäftliches Handeln den Erben wirksam nur mit dem Nachlass, nicht aber mit dessen Privatvermögen verpflichten. Zu Recht ist daraus in ständ. höchstrichterlicher Rechtsprechung[297] unter Zustimmung der in der Literatur hM[298] gefolgert worden, dass diese TV-Schranke über die persönliche Verpflichtung des Erben hinaus auch der Einbeziehung des *OHG-Anteils* in den Machtbereich des Testamentsvollstreckers entgegensteht, weil der Erbe bei Zwischenschaltung des Testamentsvollstreckers anderenfalls zumindest mittelbar persönlich für die OHG-Verbindlichkeiten verpflichtet würde. Für einen Vorrang des § 128 HGB gegenüber § 2206[299] sind überzeugende Gründe nicht ersichtlich.[300] Auch der Hinweis einiger Autoren auf das Wahlrecht des Gesellschafter/Erben nach § 139 HGB[301] bzw. auf die Möglichkeit von dessen gesellschaftsvertraglicher Verlängerung über die Dreimonatsfrist hinaus,[302] um auf diesem Wege

[295] *Muscheler* (Fn. 286) S. 470 ff.; *Brandner* (Fn. 287) S. 40; *Dörrie* (Fn. 286) S. 25 ff.; *Schmitz* ZGR 1988, 140, 149 ff.; *Marotzke* JZ 1986, 457, 458 ff.; *ders.* AcP 187 (1987), 223, 229; *Raddatz* (Fn. 286) S. 39 ff., 141 ff.; *Siegmann* (Fn. 286) S. 153 f.; *Weidlich* (Fn. 286) S. 22 ff.; *Soergel/Damrau* § 2205 RdNr. 31; *Hehemann* BB 1995, 1301, 1303 f. Aus gesellschaftsrechtlicher Sicht auch *Flume* ZHR 155 (1991), 501, 504 ff., 510; *ders.* NJW 1988, 161 ff.; *K. Schmidt* GesR § 34 V 3 c.

[296] So zunächst BGHZ 98, 48 = NJW 1986, 2431 (IVa-Senat); ihm folgend BGHZ 108, 187 = NJW 1989, 3152 (II. Senat). Eingehend zur Entwicklung der Rspr. *Ulmer/Schäfer* ZHR 160 (1996), 413, 416 ff.

[297] Vgl. die Rspr.-Nachw. in Fn. 292. Anders dann zwar BGH NJW 1996, 1284, 1286 (IV. Senat) und BGH NJW 1998, 1313 = JZ 1998, 468 (II. Senat) m. krit. Anm. *Ulmer,* jedoch jeweils ohne Auseinandersetzung mit der gegenteiligen st. Rspr. und offenbar beschränkt auf eine nur die *Vermögensrechte* des Anteils umfassende Testamentsvollstreckung.

[298] Vgl. nur *Flume* I/1 § 14 V; *Heymann/Emmerich* HGB § 139 RdNr. 22; *Ulmer* in Großkomm. HGB § 139 RdNr. 68 m. weit. Nachw.; zweifelnd schon *Schlegelberger/K. Schmidt* HGB § 139 RdNr. 51; so auch *Stodolkowitz,* FS Kellermann, 1991, S. 441; *Raddatz* (Fn. 286) S. 157; aA sodann 3. Aufl. § 2205 RdNr. 31 *(Brandner)*; *Muscheler* (Fn. 286) S. 549 ff.

[299] So *Muscheler* (Fn. 286) S. 545 ff.; dem folgend 3. Aufl. § 2205 RdNr. 31 *(Brandner)*.

[300] HM, vgl. BGHZ 24, 106, 112 f. = NJW 1957, 1026; BGHZ 68, 225, 239 = NJW 1977, 1339; BGHZ 98, 48, 55 f. = NJW 1986, 2431; BGHZ 108, 187, 195 = NJW 1989, 3152; *Flume* NJW 1988, 161, 163; *Baumbach/Hopt* HGB § 139 RdNr. 21; *Heymann/Emmerich* HGB § 139 RdNr. 23 a; *Faust* DB 2002, 191.

[301] So *Marotzke* JZ 1986, 457, 461 f.; *Schlegelberger/K. Schmidt* HGB § 139 RdNr. 51.

[302] So *Faust* DB 2002, 192 f.

die Haftungsschranken des Testamentsvollstreckungsrechts zu überwinden, hat sich – zu Recht – nicht durchgesetzt.[303]

114 Soweit es um die **Dauer-TV am GbR-Anteil** geht, war unter der Geltung der Doppelverpflichtungslehre (§ 714 RdNr. 3) in der Literatur die Ansicht entwickelt worden, in derartigen Fällen beschränke sich die den Geschäftsführern vom Testamentsvollstrecker für den Gesellschafter/Erben zu erteilende Vollmacht gegenständlich auf die Haftung mit dem ihm gehörenden, ggf. der Testamentsvollstreckung unterliegenden Nachlass.[304] Dieser der Zulassung der Testamentsvollstreckung dienenden Lehre ist durch den Übergang der Rechtsprechung zur *Akzessorietätstheorie* (§ 714 RdNr. 5) die Grundlage entzogen worden. Nicht ausgeschlossen erscheint es jedoch, dass dem ihr zu Grunde liegenden Gedanken auch im Rahmen der neu entwickelten Haftungsverfassung der GbR Rechnung getragen wird: er geht bekanntlich dahin, dass das Sicherungsinteresse der GbR-Gläubiger im Falle der TV-Anordnung seitens des verstorbenen Gesellschafters schon dann gewahrt ist, wenn dessen bisherige Haftung sich in derjenigen seines Nachlasses fortsetzt, solange dieser unter Testamentsvollstreckung steht.[305] Da es für die GbR an einer gesetzlichen Haftungsregelung nach Art des § 128 HGB fehlt, ist die höchstrichterliche Rechtsfortbildung nicht gehindert, bei der Ausformung der Tragweite des neuen Haftungsrechts den berechtigten Interessen der Beteiligten und dem praktischen Bedürfnis an Zulassung der Dauer-TV unter Einschluss von GbR-Anteilen Rechnung zu tragen.[306] Demgegenüber reicht die Einräumung eines Wahlrechts des Gesellschafter/Erben analog § 139 HGB (vgl. dazu § 727 RdNr. 46 ff.) nicht aus, um darauf die Zulassung der Dauer-TV am GbR-Anteil zu stützen; ihr stehen die gleichen Bedenken wie im Fall des OHG-Anteils entgegen (vgl. RdNr. 113).

115 **dd) Folgerungen für den GbR-Anteil.** Vorbehaltlich der höchstrichterlichen Klärung der Haftungsproblematik (RdNr. 114) ist die Dauer-TV am GbR-Anteil grundsätzlich zulässig.[307] Notwendige Voraussetzung für die über die Vermögensrechte (RdNr. 116) hinausgehende, wirksame Anordnung ist freilich die **Zustimmung der Mitgesellschafter;**[308] für die GbR gelten insoweit keine Besonderheiten gegenüber der Rechtslage in der OHG oder KG. Die Zustimmung kann nach Eintritt des Erbfalls *ad hoc* erteilt werden; sie führt ggf. zur Wirksamkeit der zunächst schwebend unwirksamen Anordnung. Sie kann aber auch schon im *Gesellschaftsvertrag* selbst vorgesehen sein, sei es generell oder beschränkt auf bestimmte Gesellschaftsanteile oder bestimmte Personen als Testamentsvollstrecker.[309] Sind die Anteile im Gesellschaftsvertrag *generell* (auch unter Lebenden) *übertragbar* ausgestaltet, so spricht das angesichts des daraus ableitbaren Verzichts der Gesellschafter, die Gesellschaft als höchstpersönlichen Zusammenschluss zu behandeln, tendenziell dafür, dass sie im Zweifel auch mit der Anordnung der Testamentsvollstreckung einverstanden sind.[310] Dem steht auch die in diesem Fall denkbare Beschränkung der Haftung des Nachfolger/Erben auf den Nach-

[303] Dagegen zu Recht *Dörrie* (Fn. 286) S. 56; *Stimpel,* FS Brandner, S. 782; im Grundsatz auch schon *Emmerich* ZHR 132 (1969), 297 (309 f., 319 ff.).

[304] So insbes. *Stimpel,* FS Brandner, S. 787 ff.; zust. 3. Aufl. RdNr. 89 a und § 2205 RdNr. 39 *(Brandner).*

[305] Vgl. dazu *Stimpel,* FS Brandner, S. 788 f.

[306] Vgl. zur beschränkten Erbenhaftung bei Dauer-TV am GbR-Anteil § 714 RdNr. 41, zur Einschränkbarkeit der Gesellschafterhaftung für die GbR-Verbindlichkeiten in Fällen geschlossener Immobilienfonds und von Bauherrengemeinschaften vgl. BGH ZIP 2002, 851, 853; dazu näher § 714 RdNr. 62, 66.

[307] Vgl. Nachw. in Fn. 294.

[308] Vgl. BGHZ 98, 45, 55 = NJW 1986, 2431 (IVa-Senat); BGHZ 108, 187, 191 = NJW 1989, 3152; BGHZ 68, 225, 241 = NJW 1977, 1339; BGH NJW 1985, 1953, 1954 (jew. II. Senat); BayObLG BB 1983, 1751, 1752; OLG Hamburg ZIP 1984, 1226, 1227; OLG Hamm ZIP 1989, 505, 507; OLG Stuttgart ZIP 1988, 1335, 1336; *Muscheler* (Fn. 286) S. 474 ff.; *Marotzke* JZ 1986, 457, 460; *K. Schmidt* GesR § 45 V 7 b; *Ulmer* NJW 1990, 73, 75; 3. Aufl. § 2205 RdNr. 39 *(Brandner)*; zweifelnd für die KG aber *ders.* (Fn. 287) S. 37, 47 f.

[309] So auch 3. Aufl. § 2205 RdNr. 29 und 39 *(Brandner), Soergel/Hadding* § 727 RdNr. 44. Nachw. zur Rspr. in Fn. 308.

[310] So im Grundsatz bereits *Holch* DNotZ 1958, 282, 299: Vgl. näher *Ulmer* NJW 1990, 73, 76; zust. *Brandner* (Fn. 287) S. 37, 48; MünchKommHGB/*K. Schmidt* § 177 RdNr. 27; tendenziell auch BGHZ 68, 225, 241 = NJW 1977, 1339. AA OLG Hamburg ZIP 1984, 1226, 1228; *Faust* DB 2002, 194; *Muscheler* (Fn. 286) S. 475; Nachw. zum älteren Schrifttum in 2. Aufl. RdNr. 87 Fn. 213.

lass (vgl. RdNr. 112) nicht notwendig entgegen, weil sie aus Sicht der Mitgesellschafter die bisherigen Haftungsverhältnisse der Sache nach unverändert fortbestehen lässt.[311] Auch das Vorhandensein einer *einfachen,* für jedermann als Erben offenen Nachfolgeklausel lässt sich als Indiz für die Zustimmung werten.[312] Dass die Mitgesellschafter zwar jeden Dritten als Anteilserwerber akzeptieren, die mit der Testamentsvollstreckung verbundene Kompetenzaufteilung aber nicht ohne besondere Zustimmung hinnehmen wollen, ist nicht ohne weiteres zu vermuten; es kann sich freilich aus dem Regelungszusammenhang des Gesellschaftsvertrags ergeben.[313] Auf das Vorhandensein einer qualifizierten Nachfolgeklausel lässt sich eine derartige Vermutung jedoch nicht stützen.

Die mit dem Gesellschaftsanteil verbundenen **Vermögensrechte,** darunter insbes. das 116
Gewinnrecht des nicht selbst in der Gesellschaft tätigen Erben und das Recht auf das *Auseinandersetzungsguthaben,* unterfallen angesichts der Wertung in § 717 S. 2 in jedem Fall der Dispositionsbefugnis des Testamentsvollstreckers, auch wenn ihm der Zugriff auf die Verwaltung des Anteils mangels Zustimmung der Mitgesellschafter oder aus Haftungsgründen versagt bleibt. Für das *Entnahmerecht* gilt das mit Rücksicht auf die Begrenzung in § 2206 Abs. 1 nur insoweit, als die Entnahme nicht zum Aufleben der Haftung des Erben persönlich führt, sei es im Innenverhältnis gegenüber der GbR oder auch – wie bei §§ 171 Abs. 1, 172 Abs. 4 HGB – gegenüber den Gesellschaftsgläubigern. Über die mit dem Anteil verbundenen Vermögensrechte hinaus wird man – in den Grenzen der im Gesellschaftsvertrag eröffneten Dispositionsbefugnis der Gesellschafter – zu den Befugnissen des Testamentsvollstreckers auch die **Verfügung über den Anteil** als solchen, darunter insbes. dessen rechtsgeschäftliche Veräußerung, aber auch die Kündigung der Beteiligung oder das Betreiben der Auflösung der Gesellschaft, rechnen können, wenn der Testamentsvollstrecker hierauf zur Erfüllung seiner Aufgaben angewiesen ist.[314]

Im Grundsatz unbedenklich ist im Fall wirksamer, mit Zustimmung der Mitgesellschafter 117
angeordneter Testamentsvollstreckung auch der Übergang der mit dem Anteil verbundenen **Verwaltungsrechte** auf den Testamentsvollstrecker, darunter das Stimmrecht, das Recht auf Teilnahme an der Gesellschafterversammlung sowie das Informations- und Kontrollrecht. Das *Abspaltungsverbot* steht nach zutr., heute wohl schon hM angesichts der (Mit-)Berechtigung des Testamentsvollstreckers an dem zum Nachlass gehörenden Gesellschaftsanteil nicht entgegen.[315] Soweit dem Testamentsvollstrecker diese Rechte zugeordnet sind, ist der Gesellschafter/Erbe gehindert, sie konkurrierend mit ihm oder an seiner Stelle auszuüben, wenn der Testamentsvollstrecker ihn hierzu nicht besonders ermächtigt; eine Ausnahme ist nur für das unentziehbare Kontrollrecht nach § 716 Abs. 2 zu machen.[316] Den weitreichenden Befugnissen des Testamentsvollstreckers innerhalb der Gesellschaft entspricht es dann freilich auch, ihn hinsichtlich der *Treupflicht* einem Gesellschafter gleichzustellen.[317] Die Mitgesellschafter sind dadurch bei treuwidrigem Verhalten des Testamentsvollstreckers nicht auf ein Vorgehen gegen den Gesellschafter/Erben beschränkt, sondern können unmittelbar gegen den Testamentsvollstrecker klagen, sei es auf Zustimmung zu im Gesellschaftsinteresse

[311] AA tendenziell *Stimpel,* FS Brandner, 1996, S. 779, 781.

[312] So auch *Soegel/Damrau* § 2205 RdNr. 30; aA *Stimpel,* FS Brandner, 1996, S. 779, 781.

[313] Dem folgend 3. Aufl. § 2205 RdNr. 29 *(Brandner).*

[314] Vgl. näher *Ulmer* NJW 1990, 73, 79; *Muscheler* (Fn. 286) S. 504 ff.; *Dörrie* (Fn. 286) S. 132 ff., 134; ferner *Brandner* (Fn. 287) S. 37, 45; *K. Schmidt* GesR § 45 V 7 c; *D. Mayer* ZIP 1990, 976, 978; in diese Richtung wohl auch BGHZ 108, 187, 198 = NJW 1989, 3152 und BGHZ 98, 48, 57, wo allerdings jeweils nur davon die Rede ist, dass der Gesellschafter-Erbe nicht mehr über den Anteil verfügen kann; vgl. auch *Priester,* FS Stimpel, 1985, S. 463, 473 (für GmbH-Anteil).

[315] BGHZ 108, 187, 199 = NJW 1989, 3152; *Dörrie* (Fn. 286) S. 44 ff.; *Muscheler* (Fn. 286) S. 462; *Quack* BB 1989, 2271, 2274; *Raddatz* (Fn. 286) S. 170 ff.; *Rowedder,* FS Goerdeler, 1987, S. 445, 464; *Ulmer* NJW 1990, 73, 78; *Weidlich* (Fn. 286) S. 59 ff.

[316] So auch *Brandner* (Fn. 287) S. 37, 45; *Dörrie* (Fn. 286) S. 132 ff.; *Muscheler* (Fn. 286) S. 504 ff. Vgl. zum Vorbehalt betr. § 716 Abs. 2 auch *Stimpel,* FS Brandner, 1996, S. 779, 796.

[317] *Dörrie* (Fn. 286) S. 103 ff.; *D. Mayer* ZIP 1990, 976, 979; *Raddatz* (Fn. 286) S. 172; *Ulmer* NJW 1990, 73, 81; aA *Faust* DB 2002, 190 f.; *Muscheler* (Fn. 286) S. 527 ff. m. weit. Nachw.

dringend gebotenen Gesellschafterbeschlüssen oder auf Feststellung der Unbeachtlichkeit einer treuwidrigen Stimmabgabe.[318]

118 Nach wie vor *umstritten* ist die Frage, ob sich die Befugnis des Testamentsvollstreckers zur Wahrnehmung der mit dem Anteil verbundenen Verwaltungsrechte auch auf das Recht zur **Geschäftsführung und Vertretung der GbR** bezieht.[319] Soweit es um den Aspekt des Abspaltungsverbots geht, greifen die Bedenken gegen die Einbeziehung dieser Befugnis des Testamentsvollstreckers aus den in RdNr. 117 genannten Gründen nicht durch. Entsprechendes gilt aber auch mit Blick auf den Grundsatz der *Selbstorganschaft* (§ 709 RdNr. 5) und den ihm zu Grunde liegenden Gedanken der Einheit von Herrschaft und Haftung.[320] Auch wenn man ihn als allgemeines Rechtsprinzip anerkennt, hat er doch nicht das Gewicht, um darauf konkrete Rechtsfolgen wie die Unzulässigkeit der von allen Gesellschaftern akzeptierten Ausübung von Organrechten durch den Testamentsvollstrecker zu stützen, ganz abgesehen von den indirekt auch diesen treffenden Haftungsfolgen fehlerhaften Organhandelns.[321]

119 Umstritten ist auch, ob das Handeln des Testamentsvollstreckers seine Schranke am **Kernbereich** der Rechte des Gesellschafter/Erben findet.[322] Die besseren Gründe sprechen gegen diese Ansicht.[323] Denn der aus der Anerkennung eines mehrheitsfesten Kernbereichs resultierende Gesellschafterschutz ist der Sache nach ein Minderheitsrecht, das im Verhältnis zwischen Testamentsvollstrecker und Gesellschafter/Erben keine Entsprechung findet.[324] Auch wäre es widersprüchlich, dem Testamentsvollstrecker zwar – in den Grenzen des § 2205 S. 2 – das Recht zur Verfügung über den ganzen Anteil einzuräumen, ihn aber bei weniger weitreichenden Maßnahmen an die Zustimmung des Gesellschafter/Erben zu binden.[325]

120 **Grenzen** bei der Ausübung der Verwaltungsrechte durch den Testamentsvollstrecker ergeben sich allerdings aus **§ 2205 S. 3,** sofern unentgeltliche Verfügungen über den Anteil in Frage stehen. Das ist nicht nur beim Verschenken des Anteils oder beim einvernehmlichen *Ausscheiden* gegen ein nicht vollwertiges bzw. hinter der vertraglichen Abfindungsregelung zurückbleibendes Entgelt der Fall, sondern auch bei der Zustimmung zu *Vertragsänderungen,* die zur Verschlechterung der Rechtsstellung des Gesellschafter/Erben ohne vollwertige Kompensation führen. In derartigen Fällen bedarf es zur vollen Wirksamkeit der Mitwirkung des betroffenen Gesellschafter/Erben; andernfalls greifen bei Vollzug der Änderung die Grundsätze über fehlerhafte Vertragsänderungen ein (RdNr. 360 ff.).

121 Unter den in RdNr. 115 bezeichneten Voraussetzungen ist Testamentsvollstreckung auch dann zulässig, wenn der **Gesellschafter/Erbe schon vor dem Erbfall Gesellschafter** war. Der ererbte Anteil bleibt in diesem Fall trotz grundsätzlicher Einheitlichkeit der Mitgliedschaft als selbstständiger bestehen, solange die Testamentsvollstreckung andauert (RdNr. 64).

[318] Näher *Ulmer* NJW 1990, 73, 81.

[319] Dagegen *Dörrie* (Fn. 286) S. 43 (rechtsgeschäftlich erteilte Vollmacht erforderlich). Vgl. ferner *K. Schmidt* GesR § 45 V 7 b und *Hehemann* BB 1995, 1301, 1307, die daran offenbar die Testamentsvollstreckung insgesamt scheitern lassen wollen; aA (Selbstorganschaft steht der Wahrnehmung der Geschäftsführungsbefugnis nicht entgegen) zu Recht *Stimpel,* FS Brandner, 1996, S. 779, 783 f.; 3. Aufl. § 2205 RdNr. 32 *(Brandner)*; im Ergebnis auch *Weidlich* (Fn. 286) S. 124.

[320] Vgl. dazu etwa *Wiedemann* GesR I § 10 III 2.

[321] So zutr. auch *Faust* DB 2002, 194 f. m. weit. Nachw. zum Diskussionsstand.

[322] Dafür: *K. Schmidt* GesR § 45 V 7 c und *Schlegelberger/K. Schmidt* HGB § 139 RdNr. 51; *Hüffer* ZHR 151 (1987), 396, 403; *D. Mayer* ZIP 1990, 976, 978; *Quack* BB 1989, 2271, 2273; *Raddatz* (Fn. 286) S. 173 ff.; *Weidlich* (Fn. 286) S. 46 ff., 69 f.; für die GmbH auch *Priester,* FS Stimpel, 1985, S. 463, 482 ff.; offen lassend BGHZ 108, 187, 198 = BGH NJW 1989, 3152. Dagegen: *Muscheler* (Fn. 286) S. 506 f.; *Brandner,* FS Kellermann, 1991, S. 37, 45; *Lorz,* FS Boujong, 1996, S. 319, 325 ff.; *Rowedder,* FS Goerdeler, 1987, S. 445, 464 f.; *Siegmann* (Fn. 286) S. 240 f.; *Hehemann* BB 1995, 1301, 1309.

[323] An der gegenteiligen Ansicht (*Ulmer* NJW 1990, 73, 79) halte ich nicht fest.

[324] So zutr. insbes. *Muscheler* (Fn. 286) S. 506 f.; *Hehemann* BB 1995, 1301, 1309; *Lorz,* FS Boujong S. 330 f.

[325] Zutr. *Muscheler* (Fn. 286) S. 604 f. gegen *Priester,* FS Stimpel, 1985, S. 464 und *D. Mayer* ZIP 1990, 976, 978.

Er kann daher unabhängig vom Eigenanteil des Erben dem Sonderregime der Testamentsvollstreckung unterliegen (RdNr. 63).[326]

122 **ee) Ersatzkonstruktionen.** Scheitert die Testamentsvollstreckung am GbR-Anteil an der fehlenden Zustimmung von Mitgesellschaftern oder an haftungsrechtlichen Bedenken, so stellt sich die Frage nach Ersatzlösungen, um das vom Erblasser verfolgte Ziel einer Wahrnehmung der Gesellschafterrechte des Nachfolger/Erben durch den Testamentsvollstrecker auf anderem Wege zu erreichen. Genannt werden insbesondere die Treuhand- und die Vollmachtlösung. Sie sind in der Vergangenheit in der Literatur ausführlich behandelt worden.[327] Angesichts des inzwischen eingetretenen Meinungsumschwungs zu Gunsten der Zulässigkeit der Testamentsvollstreckung kommt ihnen heute nur noch eingeschränkte Bedeutung zu. Zudem setzen beide grundsätzlich eine Rechtseinräumung durch den Nachfolger/Erben gegenüber dem Testamentsvollstrecker voraus. Zwar kann der Erblasser hierauf durch Erbeinsetzung unter Auflage (§ 1940) oder Bedingung (§§ 2074, 2075) hinwirken. Jedoch erlangt eine solche letztwillige Anordnung mit Rücksicht auf die beschränkte Verpflichtungsbefugnis des Testamentsvollstreckers (§ 2206 Abs. 1) nur dann Wirksamkeit, wenn sie nicht zur unbeschränkten Haftung des Nachfolger/Erben mit seinem Privatvermögen führt.[328]

123 Die Schranke des § 2206 Abs. 1 hat Konsequenzen vor allem für die **Vollmachtlösung,** dh. die letztwillige Verpflichtung des in die Gesellschafterstellung nachrückenden Erben, dem Testamentsvollstrecker Vollmacht zur Wahrnehmung der mit dem Gesellschaftsanteil verbundenen Rechte zu erteilen. Sie hätte die persönliche Haftung des Nachfolger/Erben mit seinem Privatvermögen zur Folge, wenn der Testamentsvollstrecker nach außen als Vertreter des Erben auftritt, und würde überdies seine Haftung als Gesellschafter für die Verbindlichkeiten der GbR unberührt lassen. Eine erbrechtliche Verfügung, die den Erben zu einer solchen unbeschränkten Vollmacht anhalten soll,[329] ist daher unwirksam.[330] Bedenkt man überdies, dass die Vollmachtlösung auch nur mit entsprechender Zustimmung der Mitgesellschafter durchsetzbar wäre,[331] wird man sie insgesamt als überholt betrachten müssen, da in den Fällen, in denen die Testamentsvollstreckung an der fehlenden Zustimmung der Mitgesellschafter scheitert, auch die Vollmachtlösung keine Abhilfe bringt.

124 Anderes gilt im Ausgangspunkt für die **Vollrechts-Treuhand,** weil bei ihr die Gefahr einer persönlichen Haftung des Nachfolger/Erben nicht besteht. Da zu ihrer Realisierung der Anteil vom Nachfolger/Erben auf den Testamentsvollstrecker als Treuhänder zu übertragen ist,[332] erlangt dieser nach außen die volle Gesellschafterstellung mit der Folge, dass er seinerseits für die Gesellschaftsverbindlichkeiten mit seinem Privatvermögen haftet. Auch

[326] Ebenso BGHZ 98, 48, 57 = NJW 1986, 2431; BGH NJW 1996, 1284, 1286; *Schlegelberger/K. Schmidt* HGB § 105 RdNr. 26; *Bippus* AcP 195 (1995), 13, 27 f., 31; *Ulmer* ZHR 167 (2003), 103, 115; offen lassend BGHZ 108, 187, 199 = NJW 1989, 3152 (Gesellschaftsrechtssenat). AA noch BGHZ 24, 106, 113 = NJW 1957, 1026 (Gesellschaftsrechtssenat); *Ulmer* NJW 1990, 73, 76 f.; *Staub/Schilling* HGB § 177 RdNr. 21. In BGH NJW 1985, 1953, 1954 stellte sich die Frage für den BGH deshalb nicht in gleicher Weise, weil er aus der Sicht der Abspaltungsthese davon ausging, dass ausschließlich die mit dem Anteil verbundenen Vermögensrechte dem Testamentsvollstrecker zugeordnet seien.

[327] Vgl. 3. Aufl. § 2205 RdNr. 24 ff.; *Soergel/Damrau* § 2205 RdNr. 33 ff.; *Staudinger/Reimann* (1996) § 2205 RdNr. 80 ff.; *Ulmer* in Großkomm. zum HGB § 139 Anm. 76 ff. und ZHR 146 (1982), 555, 569 ff.; MünchKommHGB/*K. Schmidt* § 177 RdNr. 38 ff.

[328] Es gilt das Gleiche wie für die Testamentsvollstreckung, vgl. RdNr. 113 ff.

[329] Zu denken ist an Gestaltungen, die den Erben durch aufschiebend bedingte Erbeinsetzung oder durch Auflage entweder zur Erteilung einer unwiderruflichen Bevollmächtigung des Testamentsvollstreckers zwingen oder aber zu einer zwar widerruflichen Bevollmächtigung, wobei jedoch der Widerruf zur auflösenden Bedingung der Erbeinsetzung gemacht wird, vgl. dazu *Dörrie* (Fn. 286) S. 172 f.

[330] Ebenso *Dörrie* (Fn. 286) S. 175 ff. Vgl. auch *Stimpel,* FS Brandner, 1996, S. 779, 788 f.

[331] Vgl. 3. Aufl. § 2205 RdNr. 29; *Ulmer* ZHR 146 (1982), 555, 570; aA anscheinend *Schmitz* ZGR 1988, 140, 161. Zur Frage, ob eine Nachfolgeklausel im Gesellschaftsvertrag als Zustimmung gewertet werden kann, vgl. RdNr. 115.

[332] Zur Vollrechts-Treuhand eingehend *Dauner-Lieb,* Unternehmen in Sondervermögen, 1998, S. 282 ff.; zur Treuhand an Gesellschaftsanteilen vgl. auch *Soergel/Damrau* § 2205 RdNr. 34; *Schlegelberger/K. Schmidt* HGB § 139 RdNr. 52.

bedarf die Treuhandlösung der Zustimmung der Mitgesellschafter.[333] Schon deshalb steht diese Lösung unter erheblichen praktischen Vorbehalten, da ernsthaft wohl nur Personen, die ohnehin als persönlich haftende Gesellschafter beteiligt sind, zur Übernahme der Treuhänderstellung bereit sein werden.[334] Das Haftungsrisiko des Testamentvollstrecker/Treuhänders verschärft sich indessen weiter dadurch, dass er Gefahr läuft, nicht in vollem Umfang beim Erben Regress nehmen zu können. Geht man nämlich davon aus, dass im Verhältnis zwischen Erben/Treugeber und Testamentsvollstrecker/Treuhänder die §§ 2205 ff. (analog) gelten[335] und dass demgemäß der Regressanspruch des Treuhänders wegen persönlicher Inanspruchnahme auf §§ 2218, 670 beruht, so ist dieser Regressanspruch nach zutr. Ansicht als Nachlassverbindlichkeit einzustufen mit der Folge, dass der Erbe/Treugeber seine Haftung auch insoweit auf den Nachlass beschränken kann. Im Ergebnis bietet somit auch die Treuhandlösung keinen befriedigenden Ersatz für eine – aus sonstigen Gründen unzulässige – Testamentsvollstreckung. Im Übrigen müssten folgerichtig auch bei ihr für das Innenverhältnis zu den übrigen Gesellschaftern die gleichen Schranken anerkannt werden, wie sie bei der Testamentsvollstreckung gelten (RdNr. 115).

125 **d) Insolvenz, Nachlassverwaltung.** Die Eröffnung des **Insolvenzverfahrens** über das (Privat-)Vermögen eines **Gesellschafters** führt nach § 728 Abs. 2 zur Auflösung der Gesellschaft, sofern der Gesellschaftsvertrag keine Fortsetzungsklausel (§ 736 Abs. 1) enthält. Im Falle der *Auflösung* fällt der Anteil an der Liquidationsgesellschaft in die Insolvenzmasse (§ 35 InsO); die damit verbundenen Verwaltungs- und Vermögensrechte stehen grundsätzlich dem Insolvenzverwalter zu.[336] Kommt es dagegen nach § 736 Abs. 1 zur *Fortsetzung* der Gesellschaft unter Ausscheiden des Gemeinschuldners, so wird der Abfindungsanspruch (§ 738) Massegegenstand und ist vom Insolvenzverwalter einzuziehen.

126 Für **Nachlassverwaltung** und **Nachlassinsolvenz** (§ 1975) ist im Grundsatz an die Ausführungen über die Testamentsvollstreckung anzuknüpfen (RdNr. 115 ff.). Angesichts der Nachlasszugehörigkeit trotz Sondervererbung wird der Anteil auch durch die Anordnung von Nachlassverwaltung oder die Eröffnung des Nachlassinsolvenzverfahrens betroffen. Indessen führt das selbst im Fall der **Nachlassinsolvenz** nicht ohne weiteres dazu, dass die Gesellschaft aufgelöst wird oder der Gesellschafter/Erbe aus der Gesellschaft ausscheidet.[337] Die auf die Gesellschafterinsolvenz bezogenen Vorschriften der §§ 728, 736 Abs. 1 sind angesichts der fortbestehenden Zahlungsfähigkeit des Gesellschafter/Erben und der ihm dadurch zu Gebote stehenden Möglichkeit, den Gesellschaftsanteil durch Zahlung mit Mitteln seines Privatvermögens aus der Insolvenzmasse auszulösen, nicht einschlägig.[338]

127 Für die **Nachlassverwaltung** stellt sich die Frage der Auflösung ohnehin nicht, solange der Nachlassverwalter nicht von dem ihm analog § 725 zustehenden Kündigungsrecht (§ 725 RdNr. 4) Gebrauch macht. Allerdings beschränken sich die Befugnisse des Nachlass(insolvenz)verwalters jeweils auf die Wahrnehmung der mit dem Anteil verbundenen *Vermögensrechte* einschließlich des Kündigungsrechts entsprechend § 725. Die Verwaltungsrechte bleiben im Unterschied zum Fall der Testamentsvollstreckung (RdNr. 117 f.) seinem Zugriff schon deshalb entzogen, weil es insoweit in aller Regel an der Zustimmung der Mitgesellschafter fehlen wird und eine solche selbst bei Übertragbarkeit der Anteile nicht zu

[333] Vgl. die Nachw. in Fn. 331 sowie MünchKommHGB/*K. Schmidt* § 177 RdNr. 39.

[334] Vgl. *Dörrie* (Fn. 286) S. 183 mit Nachw. entsprechender Vorschläge.

[335] *Rob. Fischer* in Großkomm. zum HGB, 3. Aufl., § 105 Anm. 28 c; *Ulmer* in Großkomm. zum HGB § 139 Anm. 78; *Soergel/Damrau* § 2205 RdNr. 24; *Dörrie* (Fn. 286) S. 184; im Ergebnis auch 3. Aufl. § 2205 RdNr. 24 d *(Brandner)*; aA *Wiedemann* (Fn. 159) S. 343 f.

[336] § 728 RdNr. 38; für die OHG vgl. § 146 Abs. 3 HGB, dazu *Schilling* in Großkomm. zum HGB § 146 Anm. 7; *Ulmer* ebd. § 131 Anm. 97.

[337] So zutr. BGH DB 2002, 2526 sowie zuvor schon BGHZ 91, 132, 135 f., 138 = NJW 1984, 2104 (allerdings in erster Linie mit der Begründung, dass nur die Vermögensrechte in den Nachlass fallen); *Stodolkowitz,* FS Kellermann, 1991, S. 439, 454; *Flume* NJW 1988, 161, 162. So im Ergebnis schon *Ulmer,* FS Schilling, 1973, S. 79, 98 f.; aA *Schlegelberger/K. Schmidt* HGB § 131 RdNr. 40. Vgl. auch § 728 RdNr. 35 m. weit. Nachw.

[338] Ebenso BGHZ 91, 132, 138 f. = NJW 1984, 2104 und *Stodolkowitz,* FS Kellermann, 1991, S. 439, 454; vgl. auch die Nachw. in Fn. 337.

vermuten ist. Im Übrigen ist der Verwalter entsprechend seiner auf die Abwicklung des Nachlassvermögens im Gläubigerinteresse beschränkten Funktion auf die Verwaltungsrechte auch nicht angewiesen. Soweit es um die Wahrnehmung der Vermögensrechte durch den Nachlass(insolvenz)verwalter geht, ist diese, wie auch bei der Testamentsvollstreckung (RdNr. 116), ohne Zustimmung der Mitgesellschafter zulässig.

III. Der Inhalt des Gesellschaftsvertrags

1. Überblick. a) Notwendige Vertragsbestandteile. Der Vertrag über die Gründung einer GbR muss mindestens Regelungen über die beiden in § 705 genannten Tatbestandsmerkmale enthalten: den gemeinsamen Zweck und die Art seiner Verwirklichung, dh. den Gegenstand und Inhalt der vertraglichen Förderungspflicht der Parteien. Der **gemeinsame Zweck** (dazu RdNr. 142 ff.) verkörpert als das *gemeinschaftsrechtliche* Element das charakteristische Merkmal der Gesellschaft und grenzt sie von sonstigen vertraglichen Schuldverhältnissen, darunter namentlich Austauschverträgen, ab; die Einigung hierüber steht notwendig am Beginn jeder gesellschaftsrechtlichen Zusammenarbeit. Demgegenüber enthalten die Abreden über die **Förderungspflicht** der Parteien, insbesondere über die Leistung von Beiträgen (RdNr. 153 f.), in erster Linie das *obligatorische* Element, das die Gesellschaft von der Rechtsgemeinschaft (§ 741) unterscheidet. Zugleich ergänzen sie die Regelung über den gemeinsamen Zweck und konkretisieren die Art und Weise seiner Verwirklichung. Weist der Vertrag in diesem Punkt Lücken auf oder ist er teilunwirksam, so kann gegebenenfalls auch die ergänzende Vertragsauslegung (§ 157) eingreifen.[339] 128

Sonstige Mindestvoraussetzungen für den Gesellschaftsvertrag **bestehen nicht.** Insbesondere ist es nicht erforderlich, dass die Parteien ihr Rechtsverhältnis als Gesellschaft bezeichnen oder Vereinbarungen über dessen Rechtsnatur als GbR treffen (RdNr. 22). In Zweifelsfällen, so namentlich bei der Abgrenzung von Gesellschaft und partiarischen Rechtsverhältnissen, enthält die Bezeichnung als Gesellschaft, Darlehen, Miete oÄ allerdings zumindest dann einen Hinweis auf das tatsächlich Gewollte, wenn der Vertrag auf Grund rechtlicher Beratung erstellt wurde.[340] Eine unzutreffende rechtliche Bezeichnung ist jedoch unschädlich; die Möglichkeit der Irrtumsanfechtung begründet sie nur dann, wenn der Parteiwille speziell auf das im Vertrag genannte Rechtsverhältnis gerichtet war.[341] 129

b) Andere Vereinbarungen. Neben den beiden in RdNr. 128 genannten Bestandteilen finden sich in Gesellschaftsverträgen häufig eine Vielzahl weiterer Regelungen, so über Geschäftsführung und Vertretung, über Rechnungslegung und Gewinnverteilung, über Vertragsdauer und Vertragsänderungen, über Gesellschafterwechsel und Abfindungsansprüche.[342] Nötig sind derartige Vereinbarungen freilich nicht. Fehlen sie, so greifen die dispositiven Vorschriften der §§ 706 bis 740 ein, soweit die Vertragsauslegung nicht zu der Feststellung führt, dass die Parteien übereinstimmend von anderen Regelungsinhalten ausgegangen sind oder solche bei Kenntnis des dispositiven Rechts vereinbart hätten. Abweichungen vom dispositiven Recht, ja selbst von den vertraglich getroffenen Vereinbarungen, können sich auch aus einer entsprechenden, vom Willen aller Beteiligten getragenen tatsächlichen Übung ergeben (RdNr. 26, 56). 130

Die für das Recht der *Kapitalgesellschaften* wesentliche Frage, ob die für das Gesellschaftsverhältnis getroffenen Vereinbarungen vollständig in die Satzung der AG oder GmbH aufgenommen sind,[343] ist für das Personengesellschaftsrecht angesichts seiner schuldvertrag- 131

[339] Zur Unanwendbarkeit der Auslegungsregel des § 154 Abs. 1 beim Vollzug einer lückenhaften Einigung vgl. RdNr. 30, zur Behandlung formnichtiger Einlageversprechen RdNr. 40.

[340] Vgl. auch BGH WM 1966, 188, 190; *Soergel/Hadding* RdNr. 31.

[341] So etwa bei einer als KG geplanten GbR, vgl. RdNr. 21.

[342] Vgl. dazu näher die Vertragsmuster für die GbR, darunter *Hengeler/Blaum* in Beck'sches Formularbuch zum Bürgerlichen Handels- und Wirtschaftsrecht, 7. Aufl. 1998, S. 16 ff.; *Marsch-Barner* in Münchener Vertragshandbuch, Bd. 1, Gesellschaftsrecht, 5. Aufl. 2000, S. 921 ff.

[343] Näher hierzu *Hachenburg/Ulmer* GmbHG § 3 RdNr. 116 ff. m. weit. Nachw.

lichen Grundlage und angesichts des Fehlens bestimmter Formerfordernisse grundsätzlich ohne Bedeutung. So können einerseits **Teile des Gesellschaftsvertrags auf mündlicher oder konkludenter Abrede beruhen,** auch wenn der Vertrag im Übrigen schriftlich niedergelegt ist.[344] Die formlos vereinbarten Abreden binden die Gesellschafter und deren Rechtsnachfolger grundsätzlich in gleicher Weise wie die in die Vertragsurkunde aufgenommenen Vereinbarungen. Und ebenso ist es andererseits möglich, mit dem Gesellschaftsvertrag in derselben Urkunde den Abschluss eines sonstigen Vertrags zwischen denselben Parteien zu verbinden oder Elemente des Gesellschaftsvertrags und eines oder mehrerer sonstiger Vertragstypen zu mischen. Zur Behandlung derartiger kombinierter oder gemischter Verträge vgl. Vor § 705 RdNr. 113 ff.

132 **2. Vertragsfreiheit und Inhaltskontrolle. a) Schranken der Vertragsfreiheit. aa) Allgemeines.** Die Vertragsfreiheit bestimmt das Recht der GbR in besonders weitgehendem Maße. So enthalten die §§ 705 bis 740 für das **Außenverhältnis** im Unterschied zur OHG und KG keine zwingenden Schranken. Den Gesellschaftern ist sogar die Entscheidung darüber überlassen, ob sie überhaupt – dann freilich nach neuerer höchstrichterlicher Rechtsprechung regelmäßig mit Haftungsfolgen für alle Gesellschafter[345] – im Rechtsverkehr gemeinsam in Erscheinung treten oder aber sich auf eine bloße Innengesellschaft beschränken wollen (RdNr. 275 ff.). Unzulässig ist allerdings eine Verkürzung der Rechte von Gesellschaftsgläubigern durch vertraglichen Ausschluss oder einseitige Beschränkung des Abfindungsanspruchs im Fall der §§ 725, 728 (§ 738 RdNr. 47 f.).

133 Der Grundsatz der Vertragsfreiheit gilt weitgehend auch für das **Innenverhältnis.** Ausdrückliche **gesellschaftsrechtliche Schranken** finden sich insoweit nur einerseits in §§ 716 Abs. 2, 723 Abs. 3, 724. Sie betreffen die Einschränkung der Kontrollrechte sowie des Kündigungsrechts der Gesellschafter (vgl. § 716 RdNr. 18 f., § 723 RdNr. 50 ff.). Andererseits ist für die Vertragsgestaltung das auf § 717 S. 1 gestützte Abspaltungsverbot zu beachten. Es trägt dem auf persönlicher Grundlage beruhenden Zusammenschluss der Beteiligten zu einer GbR Rechnung und steht der Einräumung von unübertragbaren Verwaltungsrechten an Dritte entgegen.[346] Schließlich sind ungeschriebene gesellschaftsrechtliche Schranken der Vertragsfreiheit zu beachten, soweit es um die Vereinbarung unangemessener, die Kündigungsfreiheit wesentlich einschränkender Abfindungsklauseln geht oder um ein nicht an sachlich berechtigte Gründe geknüpftes, in den Kernbereich der Mitgliedschaft eingreifendes Ausschließungsrecht eines Teils der Gesellschafter gegenüber den Mitgesellschaftern.[347]

134 **bb) § 138 Abs. 1.** Unter den nach allgemeinem Vertragsrecht bestehenden Schranken ist namentlich diejenige des § 138 Abs. 1 zu beachten. Sittenwidrig kann danach zum einen der verfolgte **Gesellschaftszweck** sein; das gilt etwa bei Unvereinbarkeit mit dem im GG verankerten Wertesystem oder bei grundlegenden Verstößen gegen sonstige, der Rechtsordnung immanente rechtsethische Werte und Prinzipien.[348] Zum anderen kann der Vorwurf der Sittenwidrigkeit auch auf einer **groben Ungleichbehandlung der Gesellschaf-**

[344] Zur Wirksamkeit von *Vertragsänderungen* bei Nichteinhaltung gewillkürter Schriftform vgl. RdNr. 49 ff.

[345] Vgl. BGHZ 142, 315, 318 ff. = NJW 1999, 3483; BGHZ 146, 341, 358 = NJW 2001, 1056; näher dazu § 714 RdNr. 5, 35 ff.

[346] Zum Abspaltungsverbot vgl. § 717 RdNr. 7 f. Es greift nach zutr. neuerer Ansicht nur ein, wenn der begünstigte Dritte nicht in einer besonderen, im Einvernehmen der Mitgesellschafter begründeten Rechtsbeziehung (Treuhand, Nießbrauch, Testamentsvollstreckung) mit dem betroffenen Gesellschafter steht (RdNr. 91, 96, 117).

[347] Str., vgl. näher § 738 RdNr. 44 ff. (Grenzen zulässiger Abfindungsklauseln), § 737 RdNr. 17 ff. (Ausschließung ohne wichtigen Grund) m. Nachw.

[348] Die Rechtsprechung hält sich mit dem Sittenwidrigkeitsvorwurf gegenüber dem Gesellschaftszweck deutlich zurück und lässt dabei namentlich die Motive für die Eingehung der Gesellschaft und die konkrete Art und Weise der Zweckverwirklichung außer Betracht (vgl. nur BGH LM § 138 (Cd) Nr. 18 = NJW 1970, 1540, 1541; BGH WM 1974, 749, 750; 1976, 1027, 1028; NJW 1982, 877, 879). Grundsätzlich zum Wertmaßstab der Sittenwidrigkeit in § 138 Abs. 1 vgl. § 138 RdNr. 11 ff.; *Soergel/Hefermehl* § 138 RdNr. 2; *Palandt/Heinrichs* § 138 RdNr. 2 ff.

ter unter Ausnutzung der wirtschaftlichen Vormachtstellung des einen oder des Vertrauens und der Unerfahrenheit des anderen Teils beruhen, so bei grobem Missverhältnis zwischen dem tatsächlichen Wert der Einlagen und den hierfür vereinbarten Wertansätzen[349] oder bei entsprechend unterschiedlicher, durch keine Sachgründe bedingter Abrede über die Gewinnverteilung (zum Ausschluss der Gewinnbeteiligung eines Gesellschafters vgl. RdNr. 149 ff., zum – verzichtbaren – Gleichbehandlungsgrundsatz RdNr. 244 ff.). Einen dritten Bereich sittenwidriger Vereinbarungen bilden Klauseln, die einen Teil der Gesellschafter praktisch rechtlos stellen oder unvertretbaren, einer Knebelung gleichkommenden Bedingungen unterwerfen;[350] der danach zu respektierende Mindestbestand an Gesellschafterrechten wird meist mit dem Begriff des **unverzichtbaren Kernbereichs** umschrieben.[351]

Nicht unter diese durch § 138 garantierte Kernbereichsgrenze fallen **Mehrheitsklauseln** 135 zur Änderung des Gesellschaftsvertrags. Sie bedürfen freilich, wenn sie sich auf die Änderung zentraler Vertragsteile erstrecken sollen, als vorweggenommene Zustimmung einer hinreichenden Konkretisierung im Gesellschaftsvertrag (vgl. § 709 RdNr. 91 f.). Auch ist das Ergebnis solcher Mehrheitsbeschlüsse an § 138 zu messen, ganz abgesehen von den Schranken, die sich aus dem Gleichbehandlungsgebot und der Treupflicht für die Ausübung der Mehrheitsherrschaft ergeben (dazu RdNr. 137, 251). Die Sittenwidrigkeit einzelner Vertragsklauseln lässt entgegen § 139 die Wirksamkeit des Restvertrages meist unberührt (RdNr. 53). Zu weiteren Schranken der Vertragsfreiheit, darunter namentlich zur Nichtigkeit wegen Verstoßes gegen ein gesetzliches Verbot (§ 134), sowie zu den Rechtsfolgen fehlerhafter Verträge vgl. RdNr. 333 f., 342 ff.

cc) Bewegliche Schranken.[352] Von den vorstehenden, zur Nichtigkeit der Vereinbarun- 136 gen führenden festen Schranken der Vertragsfreiheit strikt zu unterscheiden sind die der *Rechtsausübung* gesetzten Grenzen der Gesellschaftsautonomie. Bei ihnen geht es um allgemeine gesellschaftsrechtliche Grundsätze, die der Mehrheitsherrschaft in der GbR zum Schutz der Minderheit oder einzelner Gesellschafter Schranken setzen.[353] Sie sind sowohl für die **Auslegung** des Vertrages als auch für die **Ausübung** der darin vorgesehenen, als solche grundsätzlich wirksamen *Rechte und Befugnisse* der Gesellschafter zu beachten.

Im Einzelnen gehört zu diesen beweglichen Schranken erstens der sog. Bestimmtheits- 137 grundsatz bzw. dessen Fortentwicklung im Rahmen der **Kernbereichslehre.** Entgegen der früheren Rechtsprechung ist er zwar nicht allgemein bei der Auslegung von auf Vertragsänderungen gerichteten Mehrheitsklauseln zu beachten, wohl aber insoweit, als es um die Änderung zentraler, den Kernbereich der Mitgliedschaft betreffender Vertragsbestandteile wie Gesellschaftsdauer, Beitragsleistung, Geschäftsführung, Gewinnverteilung und Zusammensetzung des Gesellschafterkreises geht; sie stehen grundsätzlich nur insoweit zur Disposition der Mehrheit, wie dies ausdrücklich und mit der für die Annahme einer antizipierten Zustimmung gebotenen Eindeutigkeit in der Klausel vorgesehen ist (§ 709 RdNr. 91 f.). Eine zweite bewegliche Schranke enthält der **Gleichbehandlungsgrundsatz** (RdNr. 244 ff.). Er ist ebenfalls vor allem bei Mehrheitsbeschlüssen zu beachten und steht der

[349] BGH WM 1975, 325 (grob einseitige Einlagebewertung durch einen Mitgesellschafter, der als Rechtsberater und Generalbevollmächtigter des Sacheinlegers mit der Ausgestaltung des Gesellschaftsvertrags betraut war); BGH WM 1998, 1020, 1023 ff. (in concreto verneinend); OLG Schleswig ZIP 2002, 1244, 1245 f. Vgl. auch *Kuhn* WM 1975, 718, 723, m. weit. Nachw.

[350] Vgl. namentlich BGHZ 44, 158, 161 = NJW 1965, 2147 (Ausschluss sämtlicher Verwaltungsrechte eines Gesellschafters der OHG trotz Fortbestands der persönlichen Haftung); BGH WM 1985, 772, 773 (Recht zum Ausschluss von Mitgesellschaftern nach freiem Ermessen); zu den Grenzen aus § 138 für Abfindungsbeschränkungen vgl. § 738 RdNr. 45 f.

[351] *Staub/Ulmer* HGB § 109 RdNr. 36 ff.; *Staub/Schilling* HGB § 163 RdNr. 6 f.; *K. Schmidt* GesR § 16 III 3 b; *Martens* DB 1973, 1413, 1417 m. weit. Nachw.

[352] Vgl. hierzu namentlich *Zöllner,* Die Schranken mitgliedschaftlicher Stimmrechtsmacht bei den privatrechtlichen Personenverbänden, 1963, S. 287 ff.; *H. P. Westermann* AcP 175 (1975), 375, 415 f., und *ders.,* Vertragsfreiheit und Typengesetzlichkeit im Recht der Personengesellschaften, 1970, insbes. S. 157 ff.; ferner *Wiedemann* GesR I § 8 II, S. 424 ff.; *K. Schmidt* GesR § 5 III, § 21 II 3; *Roitzsch,* Minderheitenschutz im Verbandsrecht, 1981, S. 40 ff., 173 ff.

[353] Vgl. näher *M. Winter,* Mitgliedschaftliche Treubindungen im GmbH-Recht, 1988, S. 135 ff.

einseitigen Veränderung, insbesondere der Verschlechterung der Rechtsposition einzelner Gesellschafter entgegen, soweit sie ohne deren Zustimmung beschlossen wird (RdNr. 252 f.). Die dritte und wichtigste Schranke bildet schließlich die gesellschaftsrechtliche **Treupflicht** (RdNr. 221 ff.). Sie macht die Wirksamkeit der Rechtsausübung im Einzelfall in wesentlich stärkerem Maß als bei Austauschverträgen oder sonstigen Dauerschuldverhältnissen davon abhängig, dass dabei auch die Interessen des oder der betroffenen Mitgesellschafter bedacht werden. Zwar sind die Gesellschafter außerhalb von Geschäftsführungsmaßnahmen im Grundsatz nicht gehindert, bei Wahrnehmung ihrer Gesellschafterrechte auch eigene Interessen zu verfolgen. Die Rechtsausübung steht aber umso stärker unter dem Vorbehalt der Treupflicht, je größer der daraus für Gesellschaft und Mitgesellschafter drohende Nachteil ist und je eher dem einzelnen Gesellschafter die Rücksichtnahme auf die Belange der Gesamtheit bei der Verfolgung seiner Interessen zuzumuten ist (RdNr. 231). Zur Ausübungskontrolle bei aus nachträglicher Sicht unangemessenen Abfindungsklauseln vgl. § 738 RdNr. 53 ff.

138 **dd) Grenzen atypischer Gestaltung?** Neben diesen teils festen, teils beweglichen Schranken der Vertragsfreiheit und Gesellschaftsautonomie haben die im Recht der OHG und KG namentlich in den 60er und 70er Jahren vielerörterten Grenzen atypischer Gestaltung[354] für die GbR **keine selbstständige Bedeutung.** Unabhängig davon, ob und welche rechtliche Relevanz der Typuslehre im Gesellschaftsrecht generell zuzuerkennen ist,[355] führt sie für die GbR doch schon wegen des Fehlens gesetzlich ausgeprägter Gesellschaftstypen nicht weiter. Wie die schwer überschaubare Vielfalt der tatsächlichen Erscheinungsformen der GbR zeigt (Vor § 705 RdNr. 36 ff.), kommt dieser Rechtsform gegenüber den entsprechenden handelsrechtlichen Sonderformen in erster Linie eine Auffangfunktion zu, die einer Typisierung nach Art der OHG und KG nicht in entsprechendem Maße zugänglich ist.

139 **b) Inhaltskontrolle.** Die in **§§ 307 bis 309** (die früheren §§ 9 bis 11 AGBG) geregelte Inhaltskontrolle einseitiger Vertragsbestimmungen erstreckt sich nach § 310 Abs. 4 auch dann **nicht** auf Gesellschaftsverträge, wenn diese ausnahmsweise für eine Vielzahl von Verträgen vorformuliert sein und dadurch die Voraussetzungen der AGB-Definition (§ 305 Abs. 1) erfüllen sollten. Der Grund für diese Sonderbehandlung liegt nicht etwa darin, dass die Gefahr von Missbräuchen der Vertragsfreiheit im Gesellschaftsrecht als grundsätzlich ausgeschlossen erscheint, sondern in den besonderen, durch das auf Austauschverträge zugeschnittene AGB-Recht nicht berücksichtigten Anforderungen an die Inhaltskontrolle von Gesellschaftsverträgen. Wo dieser Vorbehalt nicht zutrifft, so namentlich bei zweiseitigen Innengesellschaften im Grenzbereich zu partiarischen Rechtsverhältnissen, sollte man daher unter teleologischer Reduktion der Ausnahmevorschrift des § 310 Abs. 4 zur Einbeziehung typisierter Vertragsklauseln in die AGB-rechtliche Inhaltskontrolle kommen.[356]

140 Auch abgesehen von diesen Sonderfällen ist ein Bedürfnis nach **richterlicher Inhaltskontrolle einseitig vorformulierter Gesellschaftsverträge** nicht ohne weiteres zu ver-

[354] Vgl. namentlich *Paulick,* Die eingetragene Genossenschaft als Beispiel gesetzlicher Typenbeschränkung, 1954; *O. Kuhn,* Strohmanngründung bei Kapitalgesellschaften, 1964; *Ott,* Typenzwang und Typenfreiheit im Recht der Personengesellschaft, Diss. Tübingen 1966; *Koller,* Grundfragen einer Typuslehre im Gesellschaftsrecht, 1967. Tendenziell auch *Teichmann,* Gestaltungsfreiheit in Gesellschaftsverträgen, 1970, insbes. S. 127 ff. („Institutionalisierung") und *H. P. Westermann* Vertragsfreiheit (Fn. 352), insbes. S. 123 ff.

[355] Vgl. etwa die krit. Rezensionsabhandlungen von *Schultze-v. Lasaulx* ZGesGenW 21 (1971), 325 ff. und *Duden* ZGR 1973, 360 ff. zu den Monographien von *Teichmann* und *H. P. Westermann;* dazu auch *Flume* I/1 § 13 I, S. 189 ff.; *K. Schmidt* GesR § 5 III 2 m. umfassenden Literaturangaben.

[356] *Ulmer/Brandner/Hensen* AGB-Gesetz, 9. Aufl. 2001, § 23 RdNr. 24 a; so auch *H. Schmidt* ZHR 159 (1995), 734, 742 f.; diff. *Wolf/Horn/Lindacher* AGB-Gesetz, 4. Aufl. 1999, § 23 RdNr. 75; MünchKommHGB/*K. Schmidt* § 230 RdNr. 122 ff.; aA die ganz hM, vgl. BGHZ 127, 176, 182 ff. = NJW 1995, 192; OLG Köln ZIP 1982, 1424, 1428; LG Koblenz ZIP 1982, 165, 166; LG Mannheim ZIP 1982, 558, 559; *Löwe/von Westphalen/Trinkner* AGBG, 2. Aufl. 1983, § 23 Abs. 1 RdNr. 12; *Soergel/Stein* § 23 AGBG RdNr. 9; *Staudinger/Schlosser* (1998) § 23 AGBG RdNr. 6; *Erman/Werner* § 23 AGBG RdNr. 7; *Grunewald,* FS Semler, 1993, S. 179, 187 f.

neinen. Das gilt auch dann, wenn man die oben genannten Schranken der Vertragsfreiheit und der Rechtsausübung im Gesellschaftsrecht berücksichtigt. Denn während die festen, vor allem auf § 138 Abs. 1 gestützten Schranken nur in Extremfällen eingreifen und zur Nichtigkeit der fraglichen Klauseln führen, beschränkt sich die Bedeutung der beweglichen Ausübungsschranken auf den jeweiligen Einzelfall; darüber hinaus haben sie nur rechtsbegrenzende, nicht auch rechtsbegründende Wirkung. Der BGH[357] hat daher zu Recht und unter Zustimmung des Schrifttums[358] die Grundsätze seiner auf § 242 gestützten richterlichen Inhaltskontrolle auch in Fällen einer sog. **Publikums-KG** mit einer Vielzahl untereinander nicht verbundener Kommanditisten angewandt, deren Gesellschaftsvertrag von den Initiatoren zuvor einseitig und im eigenen Interesse festgelegt worden war. Mit dieser Begründung hat er Vertragsklauseln über eine weitgehende Haftungsbeschränkung von Aufsichtsratsmitgliedern und über die kurzfristige Verjährung der gegen sie gerichteten Schadensersatzansprüche für unwirksam erklärt. An diesen Grundsätzen hat sich durch die AGB-rechtliche Inhaltskontrolle nichts geändert;[359] sie sind für die Publikums-KG in einer Reihe von Urteilen fortgeführt und zu einer ständigen Rechtsprechung entwickelt worden.[360] Diese greift gegenüber einseitig vorformulierten Verträgen ein, die die Grundlage bilden für den Beitritt zu einer auf eine Vielzahl von Mitgliedern angelegten GbR (vgl. dazu Vor § 705 RdNr. 4).

Über diese Fälle hinaus wird vereinzelt gefordert, auch Verträge von typischen Personen- 141
gesellschaften schon dann einer richterlichen Inhaltskontrolle zu unterwerfen, wenn sie (als „Adhäsionsverträge") nicht auf individuell-konkretem Aushandeln der gegenwärtigen Gesellschafter beruhen, sondern auf der **Unterwerfung des** durch rechtsgeschäftlichen Anteilserwerb, Aufnahmevertrag oder erbrechtliche Gesellschafternachfolge zum Mitglied gewordenen **Gesellschafters** unter die schon bestehende Vertragsordnung.[361] Gegenüber einer derartigen Verallgemeinerung ist indes *Vorsicht geboten.* So fehlt es selbst dann, wenn die jetzige Gesellschaftergeneration nicht an der Vertragsgestaltung beteiligt war, bei derartigen Familiengesellschaften regelmäßig an der für den Kontrollbedarf typischen Vorformulierung durch eine der Parteien; der Vertrag war vielmehr zumindest anfänglich meist das *Produkt individuellen Aushandelns* aller Beteiligten. Hinzu kommt das rechtsdogmatische Bedenken, dass dem Rechtsnachfolger grundsätzlich keine weitergehenden Rechte aus der auf ihn übergegangenen Mitgliedschaft erwachsen können, als sie bereits dem Veräußerer oder Erblasser zustanden. Soweit aber Verträge dieser Art im Einzelfall wirklich bewusst zum Nachteil nicht der gegenwärtigen Vertragspartner, sondern später beitretender Gesellschafter ausgestaltet worden sein sollten, liegt die Annahme der Sittenwidrigkeit nach § 138 nahe. Daneben greifen zum Schutz der Gesellschafter auch die sonstigen festen und beweglichen

[357] BGHZ 64, 238, 241 = NJW 1975, 1318; vgl. dazu die umfass. Zusammenstellung der BGH-Rspr. bei *A. Krieger,* FS Stimpel, 1985, S. 307, 311 ff. Grundlegend zur eingeschränkten Dispositionsfreiheit bei Gesellschaften auf vorformulierter Vertragsgrundlage („Satzungsgesellschaften") *Reuter,* Privatrechtliche Schranken der Perpetuierung von Unternehmen, 1973, insbes. S. 59 f.

[358] *H. P. Westermann* AcP 175 (1975), 375, 408 ff.; *Martens* JZ 1976, 511 ff.; *Schulte* ZGR 1976, 97 ff.; *U. H. Schneider* ZGR 1978, 1, 6 ff.; *Wiedemann* GesR I § 9 III 2, S. 502 f.; aus neuerer Zeit *Fastrich,* Richterliche Inhaltskontrolle im Privatrecht, 1992, S. 124 ff.; *Schlegelberger/Martens* HGB § 161 RdNr. 138 ff. Vgl. auch § 23 AGBG RdNr. 10 *(Basedow)* sowie die Kommentierungen zum AGBG von *Ulmer/Brandner/Hensen* (Fn. 356) § 23 RdNr. 28 f.; *Staudinger/Schlosser* (1998) § 23 AGBG RdNr. 12; *Wolf/Horn/Lindacher* (Fn. 356) § 23 AGBG RdNr. 81 ff. Kritisch aber *Kraft,* FS Rob. Fischer, 1979, S. 321 ff.; *Lieb* DNotZ 1989, 274, 281; *Zöllner,* FS 100 Jahre GmbHG, 1992, S. 97 ff., 102 ff.; *Hille,* Die Inhaltskontrolle der Gesellschaftsverträge von Publikumsgesellschaften, 1986, S. 40 ff., 65 ff., 103 ff.

[359] *Löwe/von Westphalen/Trinkner* (Fn. 356) § 23 Abs. 1 RdNr. 17; *Ulmer/Brandner/Hensen* (Fn. 356) § 23 RdNr. 28 f.; *Wolf/Horn/Lindacher* (Fn. 356) § 23 RdNr. 81.

[360] Vgl. BGHZ 84, 11, 14 = NJW 1982, 2303; BGHZ 102, 172 = NJW 1988, 969; BGHZ 104, 50 = NJW 1988, 1903; BGH LM § 276 (Ci) Nr. 31 = NJW 1977, 2311; LM AktG § 116 Nr. 2 = NJW 1978, 425; BGH WM 1983, 1407.

[361] *Martens* DB 1973, 413, 419; *Wiedemann,* FS Westermann, 1974, S. 585, 589 f. und *ders.* GesR I § 3 II 3 a, S. 173 f.; Anklänge auch bei *Teichmann* (Fn. 354) S. 112 ff. und *Wolf/Horn/Lindacher* (Fn. 356) § 23 AGBG RdNr. 86 (unter Hinweis auf die Rspr. zur Hinauskündigung sowie zur Abfindungsbeschränkung, dazu § 737 RdNr. 17 ff.; § 738 RdNr. 44 ff.).

Schranken für Vertragsgestaltung und Mehrheitsherrschaft ein (RdNr. 136 f.). Vorbehaltlich dieser gegen typisch unangemessene Regelungen gerichteten Schranken sollte sich die richterliche Inhaltskontrolle daher auch künftig auf einseitig vorformulierte, dem Beitritt einer Vielzahl von Gesellschaftern offen stehende Gesellschaftsverträge beschränken.[362]

142 **3. Der gemeinsame Zweck. a) Vorbemerkungen.** Gemeinsamer Zweck und Förderungspflicht als die beiden nach § 705 konstitutiven Merkmale des Gesellschaftsvertrags hängen untrennbar zusammen (vgl. schon RdNr. 128).[363] Die Vergemeinschaftung des Zwecks kommt einerseits darin zum Ausdruck, dass die Gesellschafter als Vertragspartner eine Einigung über bestimmte, gemeinsam zu verfolgende Interessen herbeiführen, um dadurch gemeinsam einen bestimmten Erfolg zu erzielen.[364] Andererseits und vor allem übernehmen sie damit die Verpflichtung, ihr Handeln an diesem Zweck auszurichten und seine Verwirklichung zu fördern. Die getrennte Behandlung der beiden Gesellschaftsmerkmale in der folgenden Darstellung dient ihrer genaueren Analyse, darf über diesen Zusammenhang jedoch nicht hinwegtäuschen.

143 Der gemeinsame Zweck war bis zur GWB-Novelle 1999 konstitutives Merkmal nicht nur des Gesellschaftsvertrags, sondern nach § 1 aF GWB auch des **Kartellvertrags.** Dementsprechend war die Gleichsetzung der beiden Begriffe früher verbreitet; es herrschte die Ansicht vor, der Kartellvertrag sei ein durch seine Marktwirkungen qualifizierter Unterfall des Gesellschaftsvertrags.[365] Nachdem im Kartellrecht zunächst schon durch Ausdehnung des § 1 aF GWB auf das „gesellschaftsähnliche Verhältnis" eine gewisse Lockerung eingetreten war[366] und der BGH zu Recht klargestellt hatte, dass der Begriff des „gemeinsamen Zwecks" iS von § 1 aF GWB *eigenständig* unter Berücksichtigung der Zielsetzung des GWB auszulegen sei,[367] hat der Gesetzgeber durch Neufassung des § 1 GWB die gebotenen Konsequenzen gezogen und das Merkmal des Vertrags „zu einem gemeinsamen Zweck" durch dasjenige der Vereinbarungen „zwischen miteinander in Wettbewerb stehenden Unternehmen" ersetzt.[368] Damit entfällt auch die Möglichkeit, aus der Praxis zum Kartellverbot Rückschlüsse auf die Auslegung von § 705 zu ziehen.

144 **b) Arten des Zwecks.** Grundsätzlich kann **jeder erlaubte Zweck** Gegenstand der GbR sein.[369] In Betracht kommen wirtschaftliche, auf den Betrieb eines (nichtkaufmännischen) Erwerbsgeschäfts oder Unternehmens gerichtete sowie vermögensverwaltende Zwecke, aber auch ideelle Zwecke, seien sie wissenschaftlicher, kultureller, politischer oder religiöser Art. Der Zweck kann auf einen materiellen (körperlichen) Erfolg gerichtet sein, etwa auf den Erwerb oder die Herstellung einer Sache; er kann aber auch der gemeinsamen Ausübung einer (frei-)beruflichen Tätigkeit oder der Herbeiführung eines immateriellen Erfolgs wie einer gemeinsamen Reise oder Theateraufführung dienen.[370] Der verfolgte

[362] So neben den in Fn. 358 angeführten Gegnern der BGH-Rspr. zur Publikums-KG auch *K. Schmidt* GesR § 5 III 4; wohl auch *H. P. Westermann* AcP 175 (1975), 410 ff. AA (für Einbeziehung aller Arten von Gesellschaftsverträgen) *Schulte,* FS Westermann, 1974, S. 525, 535 sowie die Nachw. in Fn. 361.

[363] Näher dazu *U. Lenz,* Personenverbände – Verbandspersonen – Kartellverträge, 1987, S. 51 ff., 61 ff., 71 ff.

[364] Das Erfolgsziel als Teil des gemeinsamen Zwecks betont zutr. *Böhmer* JZ 1994, 982, 984.

[365] BGHZ 31, 105, 110 = NJW 1960, 145 – Gasglühkörper; *Müller-Henneberg,* Gemeinschaftskomm. zum GWB, 3. Aufl. 1972, § 1 RdNr. 35. So auch bereits die hM zu § 1 KartVO 1923, vgl. Nachw. bei *Müller-Henneberg* aaO Vor § 1 GWB RdNr. 1. Weit. Nachw. bei *Fikentscher,* FS Westermann, 1974, S. 87, 96 ff.

[366] BGH WuW/E 810, 814 – Zimcofot; OLG Düsseldorf WuW/E OLG 1479 – Schnittblumen-Transport; vgl. auch *Müller-Henneberg* (Fn. 365), 4. Aufl. 1980, § 1 RdNr. 33 m. Nachw.

[367] BGHZ 68, 6 – Fertigbeton = NJW 1977, 806 m. Anm. *Ulmer*; vgl. dazu und zur nicht ganz einheitlichen seitherigen Rspr. namentlich *Immenga/Mestmäcker* GWB, 2. Aufl., § 1 RdNr. 148 ff., 152 ff., und *K. Schmidt* ZHR 149 (1985), 1, 14 ff. m. weit. Nachw.

[368] Vgl. dazu näher *Zimmer* in *Immenga/Mestmäcker* GWB, 3. Aufl., § 1 RdNr. 164 ff.

[369] Ganz hM; vgl. hierzu und zum Folgenden vor allem *Ballerstedt,* Der gemeinsame Zweck als Grundbegriff des Rechts der Personengesellschaften, JuS 1963, 253 ff. So auch *Soergel/Hadding* RdNr. 35; *Erman/Westermann* RdNr. 28; *Böhmer* JZ 1994, 983 f.

[370] Sofern es sich um eine Zweckverfolgung auf rechtsgeschäftlicher Grundlage handelt und nicht lediglich um freund- oder gesellschaftliche Beziehungen außerrechtsgeschäftlicher Art (RdNr. 17 ff.).

Zweck kann schließlich ein einmaliger sein wie die Errichtung eines Bauwerks durch eine Arbeitsgemeinschaft,[371] die Wertpapieremission durch ein Konsortium, die Produktion und der Vertrieb eines Verlagswerkes[372] oder das Führen eines Prozesses. Er kann aber auch auf Dauer angelegt sein und sein Ende nicht durch Zweckerreichung, sondern durch Zeitablauf oder Kündigung finden (vgl. Vor § 705 RdNr. 87 f.).

Einen zulässigen Gesellschaftszweck bildet auch das **Halten und Verwalten** von beweg- 145
lichen und unbeweglichen Sachen. Die abweichende, zu Recht auf allgemeinen Widerspruch gestoßene Auffassung des OLG Düsseldorf[373] ist seit langem überholt.[374] Dass es sich insoweit um Aufgaben handelt, die zu den regelmäßigen Eigentümerfunktionen gehören und daher auch im Rahmen der schlichten Rechtsgemeinschaft an einer Sache anfallen können, steht nicht entgegen. Den gemeinschaftlich an einer Sache Beteiligten bleibt es vielmehr unbenommen, ihre Beziehung gesellschaftsvertraglich zu einem persönlichen Zusammenschluss mit weitergehenden wechselseitigen Bindungen zu verdichten und sich gegenseitig auf ein dauerhaftes, keinem personellen Wechsel unterworfenes und unter besondere Rechtspflichten gestelltes Zusammenwirken bei Nutzung der Sache festzulegen. Zur Abgrenzung von Gesellschaft und Gemeinschaft, vgl. Vor § 705 RdNr. 124 f.

Ihre **Grenze** findet die Autonomie der Gesellschafter bei Bestimmung des gemeinsamen 146
Zwecks einerseits insoweit, als es um die Vereinbarung gesetz- oder sittenwidriger Zwecke geht (RdNr. 134, 333). Andererseits sind die Schranken zu beachten, die sich aus dem Rechtsformzwang für den gemeinsamen Betrieb eines Handelsgewerbes (RdNr. 3) ergeben. Sie schließen es aus, als Zweck der GbR eine kaufmännische Tätigkeit zu vereinbaren. Ein Rechtsformzwang besteht mit Rücksicht auf das Rechtsinstitut der Ehe schließlich auch für den ausschließlich auf Begründung einer eheähnlichen Lebensgemeinschaft (§ 1353 Abs. 1) gerichteten Zweck (Vor § 705 RdNr. 81).

Von dem Zweck der Gesellschaft iS des gemeinsamen Zwecks der Gesellschafter zu 147
unterscheiden sind die häufig als „Endzweck" bezeichneten, nicht zum Gegenstand der Zweckvereinbarung (RdNr. 148) gemachten **Motive der Parteien** für ihre Beteiligung an der Gesellschaft.[375] Sie werden nicht selten mit dem gemeinsamen Zweck vermengt. Auch das Begriffspaar der eigennützigen oder uneigennützigen Gesellschaftsbeteiligung umschreibt nicht etwa den gemeinsamen Zweck,[376] sondern den – damit freilich im Regelfall übereinstimmenden – Beweggrund der Beteiligten für die Errichtung der Gesellschaft. Der Zweck eines Zusammenschlusses zur Finanzierung und zum Bau eines Museums, eines

Rechtsgeschäftliche Förderungspflichten bei einer Lotto- und Tipppgemeinschaft verneinend BGH LM § 762 Nr. 4 = NJW 1974, 1705; BayObLGSt. 1971, 69. Das Vorliegen einer GbR bejaht *Weimar* MDR 1973, 907 für das Verhältnis zwischen den Mitgliedern einer Wohn-Kommune. Zur Rechtsnatur von Theaterbesuchervereinigungen (Idealverein oder Genossenschaft?) vgl. *Marx/Probst* UFITA 72 (1975), 147.

[371] Zur Abgrenzung gegenüber einem Austauschvertrag bei Vereinbarung betr. die Erstellung eines Wohngebäudes mit mehreren Wohneinheiten s. BGH NJW-RR 1991, 1186; dazu noch RdNr. 153.

[372] BGH LM § 276 (Hb) Nr. 33 = NJW 1983, 1188.

[373] DNotZ 1973, 91 und BB 1973, 1325. Abl. namentlich *Flume* DB 1973, 2470, *ders.* I/1 § 3 III, S. 45 ff., und *Petzoldt* BB 1973, 1332 unter Hinweis auf die in der Gesellschaftsgründung zum Ausdruck kommende Absicht der Parteien, sich weitergehenden wechselseitigen Bindungen zu unterwerfen als im Rahmen einer Bruchteilsgemeinschaft. So im Ergebnis auch *Staudinger/Langhein* § 741 RdNr. 214 ff., 130; *Soergel/Hadding* RdNr. 35; *Staudinger/Keßler* Vor § 705 RdNr. 147; *K. Schmidt* AcP 182 (1982), 482 ff., 506 f.

[374] Vgl. etwa BGH LM § 1353 Nr. 21 = NJW 1982, 170, 171 (Ehegattengesellschaft zum Erwerb und Halten eines Familienheims); BGH NJW-RR 1991, 422 (Verwalten und Bewohnen des einem der Vertragspartner gehörenden Hauses durch mehrere Verwandte). Für Fortbestand der Gesellschaft (als GbR) trotz Verpachtung des Handelsgeschäfts auch BGH BB 1962, 349. Eine Gesellschaft zur Verwaltung von GmbH-Anteilen bejaht BGH WM 1969, 790. Vgl. auch die Nachw. bei *Petzoldt* BB 1975, 905, 908 Fn. 58 zu der von der Ansicht des OLG Düsseldorf abweichenden Praxis anderer Instanzgerichte.

[375] BGH NJW 1951, 308; BB 1960, 15; *Ballerstedt* JuS 1963, 253, 254 f.; *Fikentscher* (Fn. 365) S. 94 f.; *Westermann* RdNr. I 37; *H. P. Westermann* ZHR 144 (1980), 232, 238; *Soergel/Hadding* RdNr. 36; *Wiedemann* GesR I § 1 I 1 b, S. 9 f.

[376] So aber *Ballerstedt* JuS 1963, 253, 254. Zum Nichtausreichen des abstrakten gemeinsamen Gewinninteresses für die Annahme einer Gesellschaft vgl. auch schon RGZ 73, 286, 287; 95, 147, 149.

Krankenhauses u. a. erschöpft sich in dieser durch die vertraglichen Förderungspflichten näher umschriebenen Tätigkeit. Die damit von den Beteiligten verfolgte, meist gemeinnützige Absicht verbleibt im Bereich der außervertraglichen Motive.[377] Dass einer der Beteiligten, etwa als Bauunternehmer, mit dem Bau zugleich eigene Interessen verfolgt, steht der Anerkennung des Zusammenschlusses als Gesellschaft daher nicht entgegen.[378] Entsprechendes gilt umgekehrt für das Betreiben eines Unternehmens in Gewinnerzielungsabsicht. Auch hier beschränkt sich der gemeinsame Zweck auf das – erwerbswirtschaftliche – Betreiben des Unternehmens. Die Teilnahme an dem dabei erwirtschafteten Ergebnis ist Motiv für die Gesellschaftsbeteiligung, aber nicht Gegenstand des gemeinsamen Zwecks. Daher schließt auch die altruistische, anderen Gesellschaften zugute kommende Motivation eines der Beteiligten die Annahme einer Gesellschaft mit ihm nicht grundsätzlich aus (vgl. auch RdNr. 150 f.).

148 c) **Vergemeinschaftung des Zwecks.** Sie wird durch die vertragliche Festlegung auf die Förderung des mit dem Zusammenschluss verfolgten Zwecks bewirkt und unterscheidet ihn dadurch von bloß gleichgerichteten, nicht zum Gegenstand rechtsgeschäftlicher Bindungen gemachten Interessen der Beteiligten. Dieser vertraglichen **Verschmelzung der Interessen** zum gemeinsamen Zweck der GbR kommt zentrale Bedeutung zu. Sie macht nicht nur, wie die in § 726 vorgesehene Auflösung bei Zweckerreichung oder deren Unmöglichkeit zeigt, den Bestand des Vertrages vom Schicksal des gemeinsamen Zwecks abhängig. Vielmehr stellt sie auch die Verwendung der Beiträge und die sonstigen Handlungspflichten der Gesellschafter in seinen Dienst. Durch die Einigung auf den gemeinsamen Zweck werden die gemeinsamen Vorstellungen der Parteien über Grundlage und Ziel des Vertrags, die bei Austauschverträgen zur Geschäftsgrundlage gehören, zum Vertragsinhalt erhoben.[379] Er bildet die *causa* für die von den Gesellschaftern übernommenen Förderungspflichten.[380] Dadurch unterscheidet sich die GbR namentlich von den partiarischen Rechtsverhältnissen, auch wenn die Abgrenzung im Einzelfall Schwierigkeiten bereitet (Vor § 705 RdNr. 107 ff.). Dagegen ist das gemeinsame Tragen des mit der Zweckgemeinschaft verbundenen Risikos, insbesondere die Verlustbeteiligung im Rahmen eines gemeinsam betriebenen Erwerbsgeschäfts, ebenso wenig wie die Beteiligung am Gewinn (RdNr. 149 f.) ein Wesensmerkmal der Gemeinsamkeit des Zwecks und damit der Gesellschaft.[381]

149 d) **Beteiligung am Gewinn?** Sie wurde früher als entscheidend angesehen für das Vorliegen eines gemeinsamen Zwecks, sei es in Form gleichmäßiger oder doch zumindest eingeschränkter Gewinnbeteiligung.[382] Demgegenüber hängt nach der heute im Schrifttum hM[383] die Anerkennung eines gemeinsamen Zwecks **nicht** von der Gewinnbeteiligung ab;

[377] Zutr. *Rob. Fischer* in Großkomm. zum HGB, 3. Aufl., § 105 Anm. 9, 9 a; vgl. ferner *Soergel/Hadding* RdNr. 36.

[378] *Böhmer* JZ 1994, 989.

[379] Das zeigt sich namentlich beim Vergleich zwischen partiarischem Rechtsverhältnis, für das die Ausübung einer auf Gewinn gerichteten Tätigkeit durch einen Vertragspartner Geschäftsgrundlage bleibt, und stiller Gesellschaft; vgl. dazu auch Vor § 705 RdNr. 107 ff.

[380] *Ballerstedt* JuS 1963, 253, 254.

[381] AA *Schulze-Osterloh,* Der gemeinsame Zweck der Personengesellschaften, 1973, S. 25 f., der die Verlustbeteiligung als ausschlaggebend für die Abgrenzung zwischen Gesellschaft und partiarischen Rechtsverhältnissen ansieht. Dem ist jedoch schon wegen § 231 Abs. 2 HGB nicht zu folgen.

[382] Vgl. etwa RGZ 95, 149; RG JW 1930, 2655. Im Schrifttum wurde diese Meinung im Hinblick auf das Merkmal des Gewerbebetriebs früher vor allem für OHG und KG vertreten, vgl. *Wieland,* Handelsrecht I, 1921, S. 462 f.; *Staub/Pinner* HGB, 14. Aufl. 1932/33, § 105 Anm. 4; *Weipert* in RGRK/HGB, 2. Aufl. 1950, § 105 Anm. 9, § 121 Anm. 12; so auch in neuerer Zeit noch *Ballerstedt* JuS 1963, 253, 255; *Schulze-Osterloh* (Fn. 381) S. 25, 66 sowie die Meinungsübersicht bei *Müller-Gugenberger,* Gedächtnisschrift für Rödig, 1978, S. 274, 277 f. Für zumindest festen Gewinnbetrag als Gesellschaftsvoraussetzung auch *Düringer/Hachenburg/Flechtheim* HGB § 105 Anm. 2.

[383] *Soergel/Hadding* RdNr. 36 f.; *Erman/Westermann* RdNr. 30; *Staub/Ulmer* HGB § 105 RdNr. 22; *Schlegelberger/K. Schmidt* HGB § 105 RdNr. 29; *Heymann/Emmerich* HGB § 105 RdNr. 28; *Westermann* RdNr. I 38; *Flume* I/1 § 3 II, S. 44; *Hueck* OHG § 1 I 1 b; *G. Hueck* GesR § 5 I 3; *U. Huber* (Fn. 93) S. 296 bis 299; *Teichmann* (Fn. 354) S. 146 f.

dem hat sich inzwischen auch der BGH angeschlossen.[384] Der Annahme einer Gesellschaft steht danach nicht entgegen, dass sich einige Gesellschafter aus eigennützigen, andere aus uneigennützigen Motiven an ihrer Gründung beteiligen. Verwiesen sei insbesondere auf Fälle, in denen ein Gesellschafter – etwa der Vater oder die Mutter – auf eine Beteiligung am Gewinn des gemeinsam betriebenen Unternehmens verzichtet, um den Kindern als Mitgesellschaftern den Aufbau einer Existenz zu ermöglichen.[385]

Stellungnahme. Der von der hM vertretenen Unterscheidung zwischen gemeinsamem Zweck und Gewinnbeteiligung ist aus den in RdNr. 149 genannten Gründen zuzustimmen. Die allseitige **Gewinnbeteiligung** enthält auch dann **kein Wesensmerkmal** der Gesellschaft, wenn der gemeinsame Zweck auf eine erwerbswirtschaftliche Tätigkeit gerichtet ist. Die Grenze zwischen Gesellschaft und Schenkung oder Garantieversprechen wird damit nicht etwa verwischt.[386] Vielmehr verbleibt es auch für den uneigennützig Beteiligten bei der im Gesellschaftsvertrag übernommenen Förderungspflicht; die mit der Beteiligung verfolgte Zuwendungsabsicht kann demgegenüber den Gegenstand eines von der Beteiligung an der Gesellschaft zu unterscheidenden Schenkungsversprechens zwischen ihm und den begünstigten Gesellschaftern bilden. Soll sich die Mitwirkung des uneigennützig Beteiligten dagegen auf eine einmalige Einlageleistung bei Gründung der Gesellschaft beschränken, so ist für die Annahme seiner Mitgliedschaft in der Gesellschaft regelmäßig kein Raum. 150

Nach diesen Grundsätzen ist auch die sog. **societas leonina** zu beurteilen, bei der ein Teil der Gesellschafter von der Teilnahme am Gewinn ausgeschlossen oder auf einen geringen Gewinnanteil beschränkt ist.[387] Wenn derartige Gestaltungen auch außergewöhnlich sind und schon mit Rücksicht auf den Gleichbehandlungsgrundsatz (RdNr. 244 ff.) auf Bedenken stoßen, so scheitert die Annahme einer Gesellschaft doch nicht etwa am gemeinsamen Zweck, soweit nur alle Beteiligten entsprechende Förderungspflichten (RdNr. 153 f.) übernommen haben.[388] Die Eigen- oder Fremdnützigkeit der Beteiligung ist nicht Bestand des gemeinsamen Zwecks, sondern bildet das jeweilige Motiv der Beteiligung (RdNr. 147). Wohl aber kann im Einzelfall fraglich sein, ob der Gesellschaftsvertrag nicht wegen einseitiger Ausgestaltung gegen § 138 Abs. 1 verstößt.[389] 151

e) Gemeinsame Organisation? Kein Wesensmerkmal des gemeinsamen Zwecks oder der Gesellschaft bildet schließlich die in Rechtsprechung und Literatur wiederholt genannte gemeinsame Organisation.[390] Das gilt jedenfalls dann, wenn darunter das Vorhandensein von Gesellschaftsorganen und eines Gesellschaftsvermögens verstanden wird. Derartige Merkmale finden sich zwar bei der typischen Außengesellschaft,[391] nicht aber bei der – von der ganz hM ebenfalls als GbR anerkannten – Innengesellschaft ieS (vgl. RdNr. 282). Die Rechtsprechung scheint den Begriff der gemeinsamen Organisation denn auch nur im Sinne des Vorhandenseins von Kontroll- und Überwachungsrechten der Mitgesellschafter zu verstehen.[392] Insofern ist er aber zumindest missverständlich und bezeichnet im Übrigen nicht etwa eine Voraussetzung, sondern eine Rechtsfolge (§ 716) der GbR. Er sollte daher nicht weiter als GbR-Voraussetzung erwähnt werden. 152

4. Die Förderungspflicht. Die Pflicht der Gesellschafter zur Förderung des gemeinsamen Zwecks beruht auf der mit der Beteiligung an einer GbR begründeten **rechtsgeschäftlichen Bindung.** Keine Gesellschaft liegt daher vor, wenn die Beteiligten entwe- 153

[384] BGH NJW 1987, 3124, 3125 (Geschäftsführervergütung genügt als Erfolgsbeteiligung).

[385] Vgl. das Beispiel bei *Ballerstedt* JuS 1963, 253, 255; so auch *Böhmer* JZ 1994, 990.

[386] Das befürchtet anscheinend *Ballerstedt* JuS 1963, 253, 255.

[387] Vgl. dazu auch *Böhmer* JZ 1994, 989.

[388] So auch *Hueck* OHG § 1 I 1 b; *Soergel/Hadding* RdNr. 36; *Erman/Westermann* RdNr. 30; *Flume* I/1 § 3 V, S. 48 ff.; aM *Ballerstedt* JuS 1963, 253, 255; *Staudinger/Keßler* Vor § 705 RdNr. 179.

[389] Zu den danach zu beachtenden Schranken vgl. RdNr. 134; zu einer grob einseitigen, gegen § 138 Abs. 1 verstoßenden Einlagenbewertung BGH WM 1975, 325.

[390] So aber BGH NJW 1951, 308; OLG München NJW 1968, 1384, 1386; RGRK/*von Gamm* Vor § 705 RdNr. 1.

[391] So auch *Wiedemann* ZGR 1996, 286, 288 ff. unter Differenzierung zwischen „organisierten" und „vertraglichen" Gesellschaften.

[392] So BGH NJW 1951, 308; OLG München NJW 1968, 1384, 1386.

der keine Förderungspflichten übernommen haben[393] oder wenn die in Frage stehenden Pflichten sich bereits aus anderen, unabhängig vom Gesellschaftsvertrag zwischen ihnen bestehenden Bindungen ergeben:[394] in diesen Fällen fehlt es an den für die Annahme eines rechtsgeschäftlichen Zusammenschlusses wesentlichen Rechtswirkungen.[395] Die Förderungspflicht muss wegen des Charakters des Gesellschaftsvertrags als Dauerschuldverhältnis[396] grundsätzlich eine **dauernde** sein; erschöpft sich die Bindung für einzelne Beteiligte in einer einmaligen Beitragspflicht, so spricht das gegen eine Gesellschaft und für ein Schenkungs- oder Austauschverhältnis.[397]

154 Als **Gegenstand** der Förderungspflicht kommen alle Arten von Handlungen in Betracht; auch vertraglich geschuldete Unterlassungen wie etwa die Übernahme eines Wettbewerbsverbots fallen darunter.[398] Neben der Pflicht zur Leistung von gegenständlichen Beiträgen (dazu § 706 RdNr. 3, 10 ff.) sind vor allem Tätigkeitspflichten im Rahmen der Gesellschaft zu nennen.[399] Aber auch die gesellschaftsrechtliche Treupflicht ist nicht etwa nur eine auf § 242 gestützte, der Unterlassung vertragswidriger Handlungen dienende Nebenpflicht, sondern bildet einen Teil der vertraglich geschuldeten, je nach Lage des Falles selbstständig durchsetzbaren Hauptpflichten (vgl. näher RdNr. 221 ff.). Zur Frage beitragsfreier Beteiligungen vgl. § 706 RdNr. 17.

IV. Die Rechtsnatur des Gesellschaftsvertrags

155 **1. Schuldvertrag.** Grundlage der GbR und zentrale Entstehungsvoraussetzung (RdNr. 1) ist der Gesellschaftsvertrag zwischen zwei oder mehr Personen als Gründern und künftigen Mitgliedern der Gesellschaft. Nach *Aufbau und System des BGB* wird er als schuldrechtlicher Vertrag behandelt; die Vorschriften der §§ 705 bis 740 bilden einen Titel des Abschnitts „Einzelne Schuldverhältnisse". Vorbehaltlich der organisationsrechtlichen Elemente (RdNr. 158 ff.) zeigt sich in dieser Einteilung der römischrechtliche Ursprung der GbR: die societas war ein reines Schuldverhältnis zwischen den Gesellschaftern ohne jede Außenwirkung.[400] In Form der Innengesellschaft ohne Gesamthandsvermögen (RdNr. 275 ff., 282) lebt sie im Wesentlichen unverändert auch heute noch fort.[401]

156 Entsprechend der gesetzlichen Systematik sind neben den Bestimmungen der §§ 705 bis 740 grundsätzlich auch die **Vorschriften des allgemeinen Schuldrechts** auf Gesellschaftsverträge anwendbar, soweit nicht die Besonderheiten des Gesellschaftsrechts entgegenstehen.[402] So gelten die Vorschriften der §§ 311 b, 311 c über Inhalt, Form und Umfang bestimmter vertraglicher Leistungsversprechen auch für Einlagevereinbarungen in Gesell-

[393] So etwa bei Gefälligkeitsverhältnissen ohne Leistungspflichten (RdNr. 17 ff.).

[394] So namentlich im Verhältnis zwischen Ehegatten oder Miterben; vgl. dazu auch RdNr. 27 f. und Vor § 705 RdNr. 53 ff.; ferner BGH WM 1972, 1122, 1123 (Hausgemeinschaft zwischen Mutter und Sohn).

[395] Dazu grdlg. *von Tuhr* II 1 S. 161 ff.

[396] Dazu und zu der dafür vorausgesetzten dauernden, nicht durch einmalige Leistung zu erfüllenden Pflichtenanspannung vgl. Näheres bei *Ulmer,* Der Vertragshändler, 1969, S. 252 f. m. weit. Nachw.; *Oetker,* Das Dauerschuldverhältnis und seine Beendigung, 1994, S. 105 ff.; dazu auch § 314 nF RdNr. 5 f.

[397] RGZ 77, 223, 227 f. Vgl. auch BGH NJW-RR 1991, 1186, 1187 (Verpflichtung nur eines der Beteiligten zur Bebauung des einem anderen Beteiligten gehörenden und von diesem an den Bauherrn veräußerten Grundstücks); ähnlich OLG München NJW 1968, 1384, 1385 (einseitige Verpflichtung zur Bebauung des gemeinsam zu erwerbenden Grundstücks).

[398] Zutr. *Ballerstedt* JuS 1963, 253.

[399] *Ballerstedt* JuS 1963, 253, 256.

[400] *Kaser,* Das römische Privatrecht, Bd. I, 2. Aufl. 1971, § 133.3 II, S. 574. Zum Einfluss von societas und Gesamthand auf die Ausgestaltung der §§ 705 bis 740 und zum Gang des Gesetzgebungsverfahrens vgl. *Flume* ZHR 136 (1972), 177 ff., und I/1 § 1 II, S. 2 ff.; *Wächter,* Die Aufnahme der Gesamthandsgemeinschaften in das BGB, 2002, insbes. S. 115 ff.

[401] Vgl. nur *Flume* ZHR 136 (1972), 177, 180, und I/1 § 1 III, S. 4 ff.

[402] Grundsätzlich abw. *Bälz,* FS Zöllner, 1998, S. 35 (39, 41, 56 u. a.), der im Ansatz klar zwischen Schuld- und Organisationsvertrag trennt, wobei er für *Außengesellschaften* vom Vorliegen nur eines Organisationsvertrags ohne Gesamthandsstruktur ausgeht, auf den neben OHG-Recht nur die Vorschriften der §§ 705 bis 707 anwendbar sein sollen, während es für *Innengesellschaften* bei einem Schuldvertrag ohne organisatorische Elemente bewende.

schaftsverträgen.[403] Vereinbarungen über noch zu bestimmende Einlageleistungen können nach Maßgabe der §§ 315, 317 im Gesellschaftsvertrag getroffen werden.[404] Die Vorschriften der §§ 241 ff. greifen mangels abweichender Vereinbarungen im Gesellschaftsvertrag jedenfalls insoweit ein, als es um die Art (Gegenstand, Ort, Zeit) der Erbringung der Einlageleistung geht.

Die Anwendbarkeit des allgemeinen Schuldrechts auf Gesellschaftsverträge erfährt freilich eine Reihe von **Einschränkungen.** So ist der Verschuldensmaßstab des § 276 nach Maßgabe von § 708 eingeschränkt. Zur Problematik der Rechtsfolgen bei Verzug, Unmöglichkeit und Schlechterfüllung und zur grundsätzlichen Unanwendbarkeit der Vorschriften der §§ 320 bis 326 über den gegenseitigen Vertrag auf Gesellschaftsverträge vgl. RdNr. 163 ff. Gesellschaftsverträge zu Gunsten Dritter (§ 328), die Dritten ohne deren Zutun eine Gesellschafterstellung verschaffen sollen, scheitern im Regelfall daran, dass daraus neben Rechten auch mit der Mitgliedschaft verbundene Pflichten erwachsen;[405] derartigen Vereinbarungen steht das Verbot von Verträgen zu Lasten Dritter ohne entsprechende Ermächtigung durch den Dritten entgegen.[406] Soweit die Regelungen über das Erlöschen der Schuldverhältnisse (§§ 362 bis 397) in Frage stehen, ist deren Anwendung unvereinbar mit dem Dauerschuldcharakter des Gesellschaftsvertrags (vgl. auch § 314). Gleiches gilt nach Vollzug der Gesellschaft für das Rücktrittsrecht (§§ 346 ff.); an seine Stelle tritt die Kündigung (§ 723). Zur Anwendbarkeit der Vorschriften über Rechtsgeschäfte aus dem Allgemeinen Teil des BGB vgl. RdNr. 20 ff. 157

2. Organisationsvertrag. Die GbR begründet nach gesetzlicher Regel (§§ 718, 719) nicht nur ein Schuldverhältnis, sondern – deutschrechtlichen Einflüssen folgend[407] – zugleich eine Gesamthand zwischen den Gesellschaftern (RdNr. 160, 289), soweit sie als Außengesellschaft mit Gesamthandsvermögen und Gesellschaftsorganen ausgestaltet ist. Dementsprechend beschränkt sich der Gesellschaftsvertrag nicht auf die Begründung schuldrechtlicher Beziehungen zwischen den Gesellschaftern, das sog. Innenverhältnis, sondern bildet zugleich die **Grundlage für den Personenverband,** dh. die aus den Gesellschaftern bestehende, als rechtsfähige Personengesellschaft (§ 14 Abs. 2) durch ihre Organe (RdNr. 255 ff.) handlungsfähige Gruppe.[408] In dieser Besonderheit liegt der Grund für die verbreitete Bezeichnung des Gesellschaftsvertrags als Organisationsvertrag,[409] gemeinschaftsbegründender Vertrag[410] oder personenrechtliches Verhältnis.[411] Dabei handelt es sich freilich nicht um einen Gegensatz zum Schuldvertrag[412] oder gar um ein zweites, neben dem Schuldvertrag als reinem Gründungsakt stehendes Rechtsverhältnis;[413] die Einheitlichkeit 158

[403] Vgl. nur RdNr. 36 zu den Formvorschriften des § 311 b.

[404] *Soergel/Hadding* RdNr. 42; vgl. auch BGH LM HGB § 109 Nr. 6 = NJW 1960, 963, 964 zur Übertragung von Entscheidungsbefugnissen in Gesellschaftsangelegenheiten an Dritte entsprechend § 317.

[405] Daher haben sich rechtsgeschäftliche Nachfolgeklauseln zu Gunsten Dritter, die ohne deren Mitwirkung Rechtswirkungen entfalten sollen, zu Recht nicht durchgesetzt, vgl. BGHZ 68, 225, 231 f. = NJW 1977, 1339, 1341, gegen *Säcker,* Gesellschaftsvertragliche und erbrechtliche Nachfolge in Gesamthandsmitgliedschaften, 1970, S. 43 ff. Dazu auch § 727 RdNr. 49 f.; *Schlegelberger/K. Schmidt* HGB § 139 RdNr. 26 f., und *Ulmer* in Großkomm. zum HGB § 139 Anm. 12 bis 14.

[406] Statt aller *Palandt/Heinrichs* Einf. vor § 328 RdNr. 10.

[407] *Wächter* (Fn. 400) S. 43 ff.; vgl. auch *Flume* I/1 § 1 II.

[408] AA *Bälz* (Fn. 402): Außengesellschaft als rechtsfähige Organisation ohne schuldrechtliche Beziehungen zwischen den Gesellschaftern und ohne Gesamthandsvermögen.

[409] *Würdinger,* Gesellschaften, Teil I, 1937, § 8 II 3; *K. Schmidt* GesR § 59 I 2 c; *Soergel/Hadding* RdNr. 43; *Wiedemann* GesR I § 3 II 1; *ders.* ZGR 1996, 286 ff.

[410] *Westermann* Hdb. RdNr. I 33.

[411] So im Anschluss an *O. von Gierke* (Deutsches Privatrecht, Bd. I, S. 660 ff.) etwa *Staudinger/Keßler* Vor § 705 RdNr. 21, 23; *Weipert* in RGRK HGB, 2. Aufl., § 105 Anm. 31. Gegenüber dem Aussagewert dieser Bezeichnung mit Recht zweifelnd *Hueck* OHG § 6 II 2.

[412] Nicht frei von Missverständnissen daher die ursprüngl. Gegenüberstellung der beiden Begriffe bei *Flume* ZGR 136 (1972), 177, 179, 182. Klärend dann *Flume* I/1 § 2 II, S. 12 f.

[413] So aber *Staudinger/Keßler* RdNr. 5, der zwischen „Gründungsvertrag" und „Normierungsvertrag" (bezüglich der Ausgestaltung der Gesellschaftsbeziehungen) unterscheidet. Ähnlich *ders.* Vor § 705 RdNr. 20 f.: Doppelstruktur aus rechtlich organisierter Personengemeinschaft und Schuldverhältnis.

des Gesellschaftsvertrags steht außer Frage. Wohl aber enthält der Vertrag Elemente, die über ein bloßes Schuldverhältnis der Gesellschafter untereinander hinausgehen, wenn er auf Verfolgung des gemeinsamen Zwecks im Rahmen einer Außengesellschaft mit eigenem, gesamthänderisch gebundenem Vermögen gerichtet ist.[414]

159 Folge dieser – im BGB selbst angelegten – Fortentwicklung des Gesellschaftsvertrags vom bloßen Schuldverhältnis zur Organisation mit Außenwirkung ist einerseits seine größere **Bestandskraft** nach Maßgabe der Lehre von der fehlerhaften Gesellschaft (RdNr. 326 ff., 354 ff.). Andererseits findet die auf dem Organisationselement des Gesellschaftsvertrags beruhende Fortentwicklung der schuldrechtlichen Beziehung zum Personenverband ihre Anerkennung auch darin, dass die Mitgliedschaft in der Gesellschaft, der **Gesellschaftsanteil,** nach ganz hM ein eigenständiges, gesonderter Übertragung fähiges Rechtsobjekt bildet.[415] Über die bloße Vertragsposition und die sich damit verbindenden Rechte und Pflichten gegenüber den Vertragspartnern hinaus verkörpert er die Mitgliedschaftsrechte und -pflichten des Gesellschafters gegenüber der Gesamthand sowie die mit dem Anteil untrennbar verbundene, nicht selbstständig übertragbare Beteiligung am Gesellschaftsvermögen (näher dazu RdNr. 179 ff.).[416]

160 **3. Rechtsfähige Gesamthand.** Als gesamthänderisch strukturierter Personenverband auf vertraglicher Grundlage verfügt die GbR als *Außengesellschaft* (RdNr. 253 f.) nach heute ganz hM über eigene Rechts- und Parteifähigkeit. Sie ist keine einheitliche juristische Person, sondern eine aus zwei oder mehr Gesellschaftern bestehende rechtsfähige Personenverbindung (§ 14 Abs. 1). Die ursprüngliche Qualifikation der gesellschaftsrechtlichen Gesamthand als *Objekt* (Sondervermögen) im BGB ist kraft Rechtsfortbildung zum *Subjekt* geworden. Näheres zu den Voraussetzungen und Rechtsfolgen dieser Fortentwicklung vgl. in RdNr. 296 ff.

161 **4. Der Gemeinschaftscharakter des Gesellschaftsvertrags. a) Unterschiede zum Austauschvertrag.** Nach § 705 verpflichten sich die Gesellschafter durch den Gesellschaftsvertrag „gegenseitig", zur Förderung des gemeinsamen Zwecks bestimmte Leistungen zu erbringen. Diese Aussage ist zutreffend, soweit sie den Gesellschaftsvertrag von den einseitig verpflichtenden[417] und den unvollkommen zweiseitigen Verträgen[418] abgrenzt. Die Gesellschaft ist ein Schuldverhältnis gegenseitiger, richtiger **wechselseitiger Verpflichtung** der Vertragspartner in dem Sinne, dass alle Gesellschafter gleichrangig und vorbehaltlich abweichender Vereinbarungen auch gleichmäßig zur Förderung des gemeinsamen Zwecks beizutragen haben.

162 Die Wechselseitigkeit der Vertragspflichten begründet freilich kein typisches Gegenseitigkeitsverhältnis zwischen diesen, **kein Synallagma** wie etwa der Kauf, die Miete oder der Werkvertrag. Die jeweiligen Leistungen werden nicht um der von den Mitgesellschaftern zugesagten Leistungen willen versprochen, sondern zur Förderung des vereinbarten gemeinsamen Zwecks. Dieser grundsätzliche Unterschied zwischen Austausch- und Gemeinschaftsverträgen[419] wird auch durch die Wechselseitigkeit der übernommenen Verpflichtungen

[414] Eingehend zum Strukturwandel der GbR vom Vertrags- zum Organisationsmodell vgl. AK-BGB/*Teubner* RdNr. 1 ff. und Vor § 705 RdNr. 1 ff., 11 ff.

[415] St. Rspr. seit RG DNotZ 1944, 195; vgl. BGHZ 13, 179, 184 = NJW 1954, 1155; BGHZ 24, 106, 114 = NJW 1957, 1026; BGHZ 45, 221, 222 = NJW 1966, 1307; BGHZ 81, 82, 84 = NJW 1981, 2747; BGH NJW-RR 1987, 286, 287 = WM 1986, 1314; dazu *Flume* I/1 § 9, S. 125 ff.; *K. Schmidt* GesR § 45 III 2, und unten § 719 RdNr. 25 f.

[416] Im Einzelnen hierzu *U. Huber* (Fn. 93) S. 16 ff., 369 ff.; AK-BGB/*Teubner* Vor § 705 RdNr. 25 f.; *Lutter* AcP 180 (1980), 84, 97 ff.; *K. Schmidt* JZ 1991, 157 f., aber auch *Hadding,* FS Steindorff, 1990, S. 31 ff.

[417] Schenkungsversprechen, §§ 516, 518.

[418] Leihe (§ 595), Auftrag (§ 662) u. a., auch „zweiseitig verpflichtende" Schuldverhältnisse genannt, vgl. dazu *Larenz* SchuldR I § 2 I.

[419] Vgl. insbes. AK-BGB/*Teubner* Vor § 705 RdNr. 25; so zB auch *Esser/Schmidt* AT § 12 III 3; *Larenz* II, 12. Aufl., § 60 I b; aA mit beachtlichen Gründen aus der Entstehungsgeschichte des BGB insbes. *Hüttemann,* Leistungsstörungen bei Personengesellschaften, 1998, S. 19 ff., 48 ff., der freilich ebenfalls die unmittelbare Anwendbarkeit der §§ 320 ff. wegen der bei Gesellschaftsverträgen bestehenden Besonderheiten ausschließt (vgl. RdNr. 167).

nicht berührt. Das gilt jedenfalls für das Verhältnis der Beitragsleistungen untereinander, im Ansatz aber auch für den Zusammenhang zwischen Beitragsleistung und Gewinnanspruch.[420] Auch insoweit fehlt es am Synallagma; der Gewinn ist nicht etwa die Gegenleistung der Gesellschaft für die Beiträge der Gesellschafter, sondern Ausdruck der im Gemeinschaftsverhältnis begründeten Erfolgsbeteiligung.[421] Die Interessenverbindung trägt, wie *Esser/Schmidt*[422] zutreffend formulieren, genossenschaftsähnliche Züge.

b) Folgerungen für Leistungsstörungen. aa) Grundsatz. Mit der Verpflichtung zur Förderung des gemeinsamen Zwecks ist es im Grundsatz unvereinbar, die eigene Einlageleistung nach Maßgabe der für gegenseitige Verträge geltenden Vorschriften der §§ 320 bis 322 von dem Erbringen der anderen Beiträge abhängig zu machen; an die Stelle dieser Vorschriften tritt die Berufung auf den Gleichbehandlungsgrundsatz (vgl. RdNr. 244 ff.). Unanwendbar sind im Grundsatz auch die Rechtsfolgen, die die §§ 323 bis 326 für den Fall der Pflichtverletzung des Schuldners hinsichtlich einer der im Gegenseitigkeitsverhältnis stehenden Leistungen vorsehen. Sie beruhen auf der synallagmatischen Verknüpfung dieser Leistungen, die ihren Sinn und Zweck in der jeweiligen Gegenleistung finden, während im Mittelpunkt der Gesellschaft die Verpflichtung aller Vertragspartner auf den gemeinsamen Zweck steht. Die Vorschriften der **§§ 320 bis 326** über die Folgen von Leistungsstörungen in gegenseitigen Verträgen sind daher auf Gesellschaftsverträge **grundsätzlich unanwendbar.**[423] Eine *Ausnahme* kommt im Analogiewege für solche Gesellschaften in Betracht, bei denen – wie bei auf das Innenverhältnis beschränkten Zweipersonengesellschaften, darunter insbes. der typischen stillen Gesellschaft – das zweiseitige Schuldverhältnis im Vordergrund steht (vgl. näher RdNr. 169). 163

Soweit Leistungshindernisse der in § 323 ff. genannten Art im Rahmen der Gesellschaft auftreten, ist ihnen vielmehr mit den Mitteln des nicht auf synallagmatische Leistungspflichten abstellenden **allgemeinen Schuldrechts** sowie mit den spezifischen **Rechtsinstituten des Gesellschaftsrechts** Rechnung zu tragen. Unter den Letztgenannten bieten sich in schwerwiegenden Fällen die Vorschriften über die Kündigung aus wichtigem Grund (§ 723 Abs. 1 S. 2), über die Auflösung der Gesellschaft bei Zweckverfehlung (§ 726) sowie über die Ausschließung eines Gesellschafters nach Maßgabe von § 737 an; bei ihrer Anwendung können je nach Lage des Falles auch die in §§ 323 ff. zum Ausdruck gekommenen Wertungen berücksichtigt werden.[424] Geht es dagegen um Leistungsstörungen, die die Grundlagen der Gesellschaft unberührt lassen, so kann ihnen durch Vertragsanpassung im Rahmen der Treupflicht Rechnung getragen werden. Für die Leistungs- und Schadensersatzpflicht des Gesellschafters, bei dem das Leistungshindernis auftritt, bewendet es bei den allgemeinen Vorschriften der §§ 275 ff. (vgl. näher § 706 RdNr. 24 ff.). 164

bb) Meinungsstand. Abweichend von dem vorstehend (RdNr. 163) aufgestellten Grundsatz war der Meinungsstand zur Anwendung aller oder einzelner der Vorschriften der §§ 320 bis 327 aF auf die Gesellschaft in der Zeit bis zur Schuldrechtsreform 2002 uneinheitlich; Stimmen zum neuen Recht liegen bisher nur vereinzelt vor.[425] Während das Reichsgericht in st. Rspr. die Gesellschaft als gegenseitigen Vertrag beurteilt und dementsprechend grundsätzlich die Anwendbarkeit dieser Normen bejaht hatte,[426] ließ der **Bundesgerichtshof** die Grundsatzfrage offen;[427] in den wenigen einschlägigen Fällen kam er 165

[420] AA *Hüttemann* (Fn. 419) S. 137 ff., 486 f.; ihm jetzt im Ansatz folgend *Westermann* Hdb. RdNr. I 136.

[421] So zu Recht die hM, vgl. *Soergel/Hadding* RdNr. 44; *Erman/Westermann* RdNr. 41; *Staub/Ulmer* HGB § 105 RdNr. 149; *Esser/Schmidt* AT § 12 III 3.

[422] SchuldR AT § 12 III 3.

[423] Str., im Grundsatz aA insbes. *K. Schmidt* und *Hüttemann* (vgl. RdNr. 166 f.).

[424] Insoweit ist *Hüttemann* (Fn. 419) S. 234 ff., 488 f. zu folgen.

[425] Vgl. Vor § 320 RdNr. 24 (Anwendung tendenziell verneint).

[426] RGZ 76, 276, 279; 78, 303, 305; 81, 303, 305; 100, 1, 3; 147, 340, 342; 163, 385, 388.

[427] Vgl. BGH LM HGB § 105 Nr. 11 = BB 1954, 92; LM § 276 (Hb) Nr. 33 = NJW 1983, 1188, 1189; WM 1959, 53, 54 f.; dazu auch die Rspr.-Analyse von *Wertenbruch* NZG 2001, 306 f. In BGH NJW 1951, 308 wird der Gesellschaftsvertrag zwar (obiter) als gegenseitiger Vertrag bezeichnet, dabei aber ausdrücklich der Unterschied zum Austauschvertrag hervorgehoben.

jeweils zur Verneinung ihres Eingreifens.[428] Das **Schrifttum** ging früher davon aus, die Gesellschaft sei ein gegenseitiger Vertrag „im weiteren Sinne", auf den die Vorschriften der §§ 320 ff. insoweit anwendbar seien, als sich das mit den Besonderheiten der Gesellschaft vereinbaren lasse.[429] Demgegenüber stand die *neuere Lehre* der Anwendbarkeit jedenfalls der §§ 320 bis 322 ablehnend gegenüber;[430] nur für Zweipersonengesellschaften wurde sie überwiegend bejaht.[431] Auch hinsichtlich der §§ 323 bis 327 aF überwogen diejenigen Stimmen, die sich unter Hinweis auf die besondere Rechtsnatur des Gesellschaftsvertrags gegen die Anwendbarkeit dieser Vorschriften aussprechen.[432] Das lag auf der Linie des in RdNr. 163 aufgestellten Grundsatzes.

166 Abweichend von der in Fn. 430 angeführten neueren Lehre, die sich für die grundsätzliche Nichtanwendung der §§ 320 bis 327 aF auf Beitragsleistungen in der GbR aussprach, betonen zwei neuere Ansichten den Gegenseitigkeitscharakter der Rechtsbeziehungen in der Gesellschaft; sie verdienen daher besondere Erwähnung. Die erste dieser Ansichten stammt von *Karsten Schmidt*.[433] Mit der von ihm entwickelten **Differenzierungs-These** wendet er sich nachdrücklich gegen die auch hier (RdNr. 163) vertretene Ansicht, der Anwendbarkeit dieser Vorschriften stehe der fehlende Austauschcharakter des typischen Gesellschaftsvertrags entgegen. Geboten sei vielmehr die systematische Unterscheidung zwischen dem gestörten *Beitragsverhältnis* und dem *Organisationsverhältnis* im Ganzen. Zwar beruhten beide Beziehungen auf dem Gesellschaftsvertrag als einheitlichem Rechtsverhältnis; die Unterscheidung gestatte es jedoch, den für sie jeweils geltenden unterschiedlichen Rechtsfolgen angemessen Rechnung zu tragen.[434] Wie die nähere Betrachtung lehrt, bringt diese differenzierende Betrachtung freilich nichts wirklich Neues; sie führt über die Ergebnisse der neueren Lehre nicht eigentlich hinaus. Denn es entspricht allgemeiner Ansicht, dass das Schicksal der jeweils gestörten Hauptleistung des Schuldners (dem „Beitragsverhältnis" iS von *K. Schmidt*) sich nach den Vorschriften der §§ 275 ff. richtet; das gilt selbstverständlich auch für die gesellschaftsvertraglichen Beitragspflichten. Die mit Blick auf die Rechtsnatur umstrittene Frage betrifft vielmehr das Schicksal der Gegenleistung bzw. des Gesamtvertrages (das „Organisationsverhältnis") und das Eingreifen der §§ 320 ff. Da sich auch *Karsten Schmidt* für das „Organisationsverhältnis" gegen das Eingreifen der Rücktrittsvorschriften der §§ 323 ff. ausspricht und die Mitgesellschafter stattdessen auf die gesellschaftsrechtliche Sonderregelung des § 723 verweist,[435] reduziert sich der Unterschied aus seiner Sicht auf die Anwendung der §§ 320, 322 betr. die Leistung Zug-um-Zug. Und auch insoweit räumt der Verf. ein, dass für diese Vorschriften bei „organisierten Verbänden" mit besonderen, zur Geltendmachung von Sozialansprüchen berufenen Organen kein Raum sei. An die Stelle des § 320 trete bei ihnen vielmehr der Gleichbehandlungsgrundsatz, auf den sich die Beitragsschuldner ggf. berufen könnten.[436]

[428] Vgl. neben den drei erstgenannten Urteilen in Fn. 427 auch BGHZ 10, 44, 51 = NJW 1953, 1548 (Wegfall der Geschäftsgrundlage) und BGH WM 1967, 419, 420; so auch OLG München ZIP 2000, 2255, 2256 f. (außerordentliche Kündigung statt Berufung auf § 326 aF).

[429] Vgl. namentlich *A. Hueck* OHG § 6 II 3; näher dazu 2. Aufl. RdNr. 141 m. weit. Nachw.; aus dem neueren Schrifttum noch *Heymann/Emmerich* HGB § 105 RdNr. 5.

[430] *Soergel/Hadding* RdNr. 44; *Staudinger/Keßler* RdNr. 11 ff.; *Baumbach/Hopt* HGB § 105 RdNr. 48; *Larenz* II, 12. Aufl., § 60 I b; ungeachtet ihres die Anwendbarkeit der §§ 320 ff. grundsätzlich bejahenden Ansatzes auch *Heymann/Emmerich* HGB § 105 RdNr. 6; mit Einschränkungen auch *Erman/Westermann* RdNr. 41 („nicht gänzlich unpassend"); *Flume* I/1 § 2 IV, S. 29 ff.

[431] So insbes. *Hadding, Emmerich,* jew. aaO (Fn. 430); für Anwendbarkeit des § 273 *Staudinger/Keßler* (Fn. 430) RdNr. 15; aA *Baumbach/Hopt* HGB § 105 RdNr. 48 („uU § 242").

[432] *Erman/Westermann* RdNr. 43; *Soergel/Hadding* RdNr. 44 f.; *Staudinger/Keßler* RdNr. 11 ff.; *Larenz* II, 12. Aufl., § 60 I b; aA noch *Soergel/Schultze-v. Lasaulx* BGB, 10. Aufl., § 705 RdNr. 35 ff.; vorbehaltlich gesellschaftsrechtlicher Besonderheiten auch *A. Hueck* OHG § 6 II 3, S. 52 ff.; *Flume* I/1 § 2 IV, S. 29 ff.; für Zulässigkeit privatautonom vereinbarter Geltung des § 326 aF an Stelle von § 723 *Wertenbruch* NZG 2001, 306, 307 f.

[433] GesR § 20 III.

[434] *K. Schmidt* GesR § 20 III 1 a und b; damit anscheinend sympathisierend *Westermann* Hdb. RdNr. I 136 aE.

[435] GesR § 20 III 5.

[436] *K. Schmidt* GesR § 20 III 2 b aa.

Anderes gelte (nur) bei Gesellschaften ohne besondere Organisation wie insbes. rein schuldrechtlichen Innengesellschaften;[437] auch das entspricht indessen dem Ergebnis der hM (vgl. RdNr. 165).

Im Ansatz grundlegender und von dogmatisch größerer Tragweite sind demgegenüber die im Jahr 1998 veröffentlichten Untersuchungen von *Hüttemann*[438] zur **modifizierten Anwendung der §§ 320 ff. aF** auf Gesellschaftsverträge. Unter Rückgriff auf das gemeine Recht und die BGB-Motive unternimmt er den Nachweis, dass der Gesetzgeber den Gesellschaftsvertrag als gegenseitigen Vertrag ansah und daher von der grundsätzlichen Anwendbarkeit der hierauf bezogenen BGB-Vorschriften ausging.[439] Freilich räumt auch *Hüttemann*[440] ein, dass die Anwendung der §§ 320 ff. (1) nicht pauschal erfolgen dürfe, sondern eine Prüfung der jeweiligen Einzelregelung und des dort enthaltenen allgemeinen Rechtsgedankens auf seine Eignung für Gesellschaftsverträge erforderlich mache, dass sie (2) unter Berücksichtigung der anders ausgestalteten Leistungsrichtung der jeweiligen Vertragspflichten in der Gesellschaft (Gegenseitigkeit zwischen Beitragspflichten und Teilhabe am Gesellschaftsergebnis) zu erfolgen habe und dass (3) eine Abstimmung zwischen den Rechtsfolgen der §§ 323 ff. aF und den gesellschaftsrechtlichen Sonderregelungen der §§ 723, 737 erforderlich sei, so insbes. bei in Vollzug gesetzten Gesellschaften. Diesen Vorbehalten wäre, wollte man mit Rücksicht auf die Entstehungsgeschichte des BGB dem Ansatz von *Hüttemann* im Grundsatz folgen, uneingeschränkt zuzustimmen. Freilich reduzieren sich damit auch die Unterschiede seiner Ansicht gegenüber den Ergebnissen der hM wesentlich: während diese vom Gesellschaftsrecht unter Einschluss der nicht auf gegenseitige Verträge bezogenen Vorschriften des allgemeinen Schuldrechts ausgeht, dabei aber den analogen Rückgriff auf die §§ 320 ff. in geeigneten Fällen nicht ausschließt, kommt *Hüttemann* ungeachtet seines umgekehrten Ausgangspunkts zu überwiegend ähnlichen Schlussfolgerungen.[441] Dann aber besteht kein Anlass, abweichend von der inzwischen weitgehend akzeptierten Differenzierung zwischen gegenseitigen und Gesellschaftsverträgen zur ursprünglichen Beurteilung durch Motive und RG-Rechtsprechung zurückzukehren. 167

cc) Folgerungen. α) §§ 320 bis 322. Was die **Einrede des nichterfüllten Vertrags** und die Verurteilung Zug um Zug angeht, so steht der Berufung des Beitragsschuldners auf die Vorschriften der §§ 320, 322 typischerweise das Fehlen eines Synallagmas zwischen den Einlageleistungen der verschiedenen Gesellschafter entgegen.[442] Der einzelne Beitrag wird nicht als Gegenleistung für diejenigen der Mitgesellschafter geschuldet, sondern zur Förderung des gemeinsamen Zwecks und mit Blick auf den aus der Gesellschaftsbeteiligung erwarteten Gewinn.[443] Wohl aber kann sich der Beitragsschuldner gegenüber der Einforderung des Beitrags durch die Gesellschaftsorgane auf den *Gleichbehandlungsgrundsatz* (RdNr. 244 ff.) berufen, sofern er nach dem Gesellschaftsvertrag nicht vorleistungspflichtig ist.[444] Mit dieser Begründung kann er entsprechend § 273 die Leistung der Einlage verweigern, wenn und solange die Einlagen der Mitgesellschafter weder eingefordert noch geleistet sind; die pflichtwidrige Nichtleistung durch einzelne, ebenfalls säumige Mitgesellschafter reicht für diese Einrede freilich nicht aus. Für *laufende* Verpflichtungen der Gesell- 168

[437] AaO § 20 III 2 b bb.

[438] AaO (Fn. 419).

[439] *Hüttemann* (Fn. 419) S. 37 ff., 48 ff.

[440] Passim; vgl. zusammenfassend S. 485 f.

[441] So insbes. für die Ersetzung des § 320 durch den Gleichbehandlungsgrundsatz in mehrseitigen Gesellschaftsverhältnissen (aaO S. 87 ff, 487) sowie für den Rückgriff auf §§ 723, 737 im Fall von Leistungsstörungen bei in Vollzug gesetzten Gesellschaften (aaO S. 234 ff., 381 ff., 488 f, 491 u. a.). Abweichend von der hM will *Hüttemann* (S. 455 ff., 492) zwar uneingeschränkt die rückwirkende „Aufhebung des Beteiligungsverhältnisses" im Fall der Wandlung wegen mangelhafter Beitragsleistung nach §§ 493, 462 aF zulassen; dabei übergeht er jedoch die Problematik der in Vollzug gesetzten Gesellschaft.

[442] Ebenso *Soergel/Hadding* RdNr. 45; *Staudinger/Keßler* RdNr. 12; *Erman/Westermann* RdNr. 42; im Ergebnis auch *K. Schmidt* GesR § 20 III 2 b und *Hüttemann* (Fn. 419) S. 87 ff., 486 f.

[443] Die Einrede der Gesellschaft aus § 320 gegenüber dem *Gewinnanspruch* des säumigen Beitragsschuldners daher zu Recht zulassend *Hüttemann* (Fn. 419) S. 137 ff., 145.

[444] HM, vgl. die Nachw. in Fn. 430.

schafter (Beiträge iwS) wie etwa die Übernahme von Geschäftsführungsfunktionen scheidet die Berufung auf die §§ 320, 322 ohnehin aus.[445]

169 Eine zum Eingreifen der §§ 320, 322 führende **Ausnahme** von diesem Grundsatz ist für *Zweipersonengesellschaften* anzuerkennen.[446] Hier nähern sich die wechselseitigen Beitragspflichten angesichts der besonderen Konstellation des Gesellschaftsverhältnisses denjenigen in einem Austauschverhältnis so weitgehend an, dass der entsprechenden Anwendung der §§ 320, 322 keine Bedenken entgegenstehen.[447] Der Erfüllung verlangende Mitgesellschafter, dessen Beitrag ebenfalls noch aussteht, kann also nur Verurteilung des säumigen Gesellschafters auf Leistung gleichzeitig mit der Erbringung des eigenen Beitrags in das Gesellschaftsvermögen verlangen. Ob diese Ausnahme auch auf Mehrpersonengesellschaften ohne besondere Organverfassung zu erstrecken ist,[448] lässt sich nicht generell beantworten, sondern hängt von der Vergleichbarkeit der jeweiligen Konstellation mit den von §§ 320, 322 erfassten Schuldverhältnissen ab. Der Einwand der **Vermögensverschlechterung** eines Teils der oder aller Mitgesellschafter kann in vollem Umfang im Rahmen der §§ 723 Abs. 1, 726, 737 berücksichtigt werden. Das entspricht den Besonderheiten der Gesellschaft besser als das Leistungsverweigerungsrecht des § 321.[449]

170 **β) Leistungsstörungen.** Zur Beurteilung von Leistungsstörungen (Unmöglichkeit, Schlechterfüllung, Verzug) in Bezug auf die Beitragsleistungen der Gesellschafter und deren Rechtsfolgen wie Anpassung des Gesellschaftsvertrags, Kündigung der Gesellschaft oder Ausschließung des betroffenen Gesellschafters vgl. die Erläuterungen zu § 706. Die *Schuldrechtsreform* hat insoweit – durch Zusammenfassung der verschiedenen Tatbestände des allgemeinen Schuldrechts zur Kategorie der Pflichtverletzung (§ 280) und durch Gleichstellung der Rechtsfolgen kaufrechtlicher Sach- und Rechtsmängel in § 437 – eine Modernisierung gebracht, die auch für die Rechtslage des betroffenen Gesellschafters Berücksichtigung verdient. Einzelheiten vgl. in § 706 RdNr. 21 ff.

V. Die Auslegung des Gesellschaftsvertrags

171 **1. Auslegungsmaßstäbe. a) Grundsatz.** Die Auslegung des Gesellschaftsvertrags einer GbR richtet sich – anders als diejenige der Satzung einer Kapitalgesellschaft[450] – grundsätzlich nach den in **§§ 133, 157** festgelegten, für die Auslegung von Rechtsgeschäften geltenden Maßstäben.[451] Ausgehend vom Vertragswortlaut sind daneben Entstehungsgeschichte und Systematik, Sinn und Zweck des Vertrags sowie die Art seiner Durchführung

[445] Vgl. *Soergel/Hadding* RdNr. 44; *Hueck* OHG § 6 II 3 b; näher *Hüttemann* (Fn. 419) S. 118 ff. unter Hinweis auf die typische Vorleistungspflicht des Geschäftsführers gegenüber den Mitgesellschaftern. Vgl. auch BGH LM HGB § 105 Nr. 11 = BB 1954, 92 sowie BGH WM 1959, 54 zur Frage, ob ein auf Einlageleistung verklagter Gesellschafter dem namens der Gesellschaft klagenden Geschäftsführer die „Einrede gemäß § 320" mit der Begründung entgegensetzen kann, dass er von diesem zu Unrecht an der Geschäftsführung gehindert werde (vom BGH zutr. verneint).

[446] Im Erg. ganz hM, vgl. die Nachw. in Fn. 431; so auch RGRK/*von Gamm* RdNr. 9; *Hueck* OHG § 6 II 3 b; wohl auch *Flume* I/1 § 2 IV S. 30.

[447] Die Anwendung des § 320 in derartigen Fällen dokumentiert also nicht die „Konzeptionslosigkeit" der hM (so aber *K. Schmidt* GesR § 20 III 2 a), sondern beruht auf einem Analogieschluss.

[448] Dafür *K. Schmidt* GesR § 20 III 2 b bb.

[449] Zust. *Soergel/Hadding* RdNr. 45; *Erman/Westermann* RdNr. 42; für Eingreifen des § 321 im Falle einer Vermögensverschlechterung bei allen Mitgesellschaftern aber noch RGRK/*von Gamm* RdNr. 9; *Rob. Fischer* in Großkomm. zum HGB, 3. Aufl., § 105 Anm. 47 c; *Hueck* OHG § 6 II 3 c; diff. *Hüttemann* (Fn. 419) S. 128 ff. – Für Berufung auf § 610 aF (= § 490) gegenüber dem auf Kapitalbeschaffung gerichteten Beitragsanspruch der Gesellschaft bei wesentlicher Verschlechterung von deren Vermögensverhältnissen BGH WM 1968, 876.

[450] Zu deren rein objektiver, nach Art der Gesetzesauslegung am Sinngehalt der Satzungsregelungen anknüpfender Auslegung vgl. näher *Hachenburg/Ulmer* GmbHG § 2 RdNr. 142 ff.

[451] Ganz hM, vgl. *Erman/Westermann* RdNr. 32; *Soergel/Hadding* RdNr. 38; *Coing* ZGR 1978, 659 ff.; aus der Rspr. vgl. etwa BGH WM 1957, 512 f.; 1975, 662; RGZ 159, 272, 278; 165, 68, 73. Allgemein zur Auslegung von Gesellschaftsverträgen vgl. auch *Wiedemann* GesR I § 3 II 2, S. 165 ff. und *ders.* WM 1990 Beilage 8 S. 14 f.; *Grunewald* ZGR 1995, 68 ff.; ferner *K. Schmidt* GesR § 5 I 4, der zwischen Satzungsregelungen im materiellen Sinne und nicht kooperativen Vereinbarungen differenziert und allein letztere den allg. Grundsätzen über die Auslegung von Rechtsgeschäften unterstellt.

zu berücksichtigen, um den übereinstimmenden oder für alle Beteiligten erkennbaren, zum Vertragsgegenstand gemachten **wirklichen Willen** der Parteien zu erforschen.[452] Das gilt jedenfalls für Gesellschaften mit einem geschlossenen Kreis von wenigen Gesellschaftern, der sich seit der Gründung oder der Neufassung des Gesellschaftsvertrags nicht nennenswert verändert hat. Besonderheiten sind demgegenüber einerseits für Publikums-Gesellschaften zu beachten (RdNr. 175), andererseits für sonstige auf einen Gesellschafterwechsel angelegte oder von einem solchen betroffene Gesellschaften (RdNr. 172 f.).[453] Die Verteilung der Darlegungs- und Beweislast ist für die Vertragsauslegung als Akt der Rechtsanwendung grundsätzlich ohne Belang. Sie kann aber Bedeutung erlangen, soweit es um für die Auslegung erhebliche Tatsachen geht.[454]

b) Besonderheiten. Auch wenn die Auslegung von Gesellschaftsverträgen sich im Grundsatz nach den allgemeinen rechtsgeschäftlichen Auslegungsgrundsätzen richtet, sind insbesondere bei schon länger zurückliegendem Vertragsschluss, bei einem größeren Gesellschafterkreis oder bei zwischenzeitlich eingetretenem Gesellschafterwechsel einige Besonderheiten zu beachten.[455] Sie beruhen einerseits auf dem Eigenleben, das die Gesellschaft im Laufe ihres Bestehens entfaltet, andererseits auf der gegenüber sonstigen Rechtsgeschäften stärkeren, auch für die Auslegung zu beachtenden Bedeutung des Vertragszwecks und der Treupflicht der Gesellschafter. So verliert der individuelle Wille der Gründer, zumal wenn er im Vertragswortlaut nicht hinreichend zum Ausdruck gekommen ist, als Auslegungsmaxime im Laufe der Vertragsdauer zunehmend an Gewicht. Auch gestattet die **einverständliche tatsächliche Handhabung** des Vertrags nicht selten den Schluss auf einen gegenüber dem Vertragsabschluss geänderten Parteiwillen. Selbst wenn sie vom ursprünglich maßgeblichen Vertragswortlaut abweicht, kann sie doch für die Auslegung nach den Grundsätzen über die *konkludente Vertragsänderung* (RdNr. 56) Bedeutung erlangen. 172

Im Einzelnen sind danach von Bedeutung für die Auslegung zum einen das Vorhandensein einer umfangreichen Organisation und erheblicher gemeinsam geschaffener Werte; sie sprechen für eine im Zweifel von allen Beteiligten gewollte größere **Bestandskraft** der Gesellschaft und unterscheiden den Gesellschaftsvertrag dadurch deutlich von gewöhnlichen Rechtsgeschäften. Dieser Umstand verdient namentlich in Krisensituationen Beachtung. Er kann etwa dazu führen, abweichend vom dispositiven Recht auch ohne ausdrückliche Fortsetzungsklausel einen Fortsetzungswillen der Beteiligten beim Ausscheiden eines Partners zu bejahen.[456] Zum anderen legt die **Treupflicht** bei mehrdeutigem Wortlaut eine Auslegung nahe, die den sachlich berechtigten Belangen der Gesellschaftergesamtheit am besten Rechnung trägt.[457] Schließlich ist namentlich bei Familiengesellschaften auch die **Grundtendenz des Vertrages,** etwa die gleichberechtigte Beteiligung der einzelnen Stämme oder die Aufteilung der Geschäftsführungsbefugnisse auf verschiedene Gesellschaftergruppen zu beachten.[458] Die Rechtsprechung berücksichtigt diese Umstände auf Grund der „allgemeinen Lebenserfahrung“.[459] Damit sind rechtliche Gesichtspunkte allgemeiner Art gemeint, die nach der Lebenserfahrung für bestimmte, häufig wiederkehrende gesellschaftsvertragliche Bestimmungen von Bedeutung sind.[460] 173

[452] Vgl. nur BGH NJW 1995, 3313, 3314; zum Ganzen näher *Wiedemann,* Die Auslegung von Satzungen und Gesellschaftsverträgen, DNotZ 1977 (Sonderheft), S. 99 ff.; *Grunewald* ZGR 1995, 68 f.

[453] Vgl. dazu näher *Grunewald* ZGR 1995, 68 f.

[454] BGHZ 20, 109, 110 = NJW 1956, 665; BGH WM 1973, 285, 286; *Wiedemann* (Fn. 452) S. 109.

[455] Allgemein zur Notwendigkeit modifizierter Anwendung der Auslegungsregeln der §§ 125, 139, 154 vgl. RdNr. 29, 50, 53.

[456] Vgl. etwa BGHZ 68, 225, 229 = NJW 1977, 1339, 1341 zur Auslegung von Vereinbarungen über die Rechtsfolgen des Todes eines Gesellschafters iS der für den Fortbestand der Gesellschaft günstigeren Nachfolgeklausel. Ferner BGH BB 1973, 166 (Fortsetzungsklausel) und *Rob. Fischer* LM HGB § 138 Nr. 3.

[457] Recht weitgehend freilich BGH BB 1977, 1271, wo durch „Auslegung“ eine Pflicht der Mitgesellschafter bejaht wurde, einer angemessenen Erhöhung der Geschäftsführerbezüge zuzustimmen.

[458] *Wiedemann* (Fn. 452) S. 104.

[459] BGHZ 23, 17, 29 = NJW 1957, 591.

[460] So *Rob. Fischer* in Anm. zu diesem Urteil (LM HGB § 138 Nr. 3). Hierzu und zur Kritik an der herrschenden Auslegung von Gesellschaftsverträgen vgl. auch *Teichmann* (Fn. 354) S. 129 ff., 132.

174 **c) Ergänzende Vertragsauslegung.** Von der eigentlichen Auslegung zu unterscheiden ist die sog. „ergänzende Vertragsauslegung", dh. die richterliche Vertragsergänzung nach Maßgabe des hypothetischen Parteiwillens. Sie greift nicht nur ein, wenn der Gesellschaftsvertrag sich auf Grund der Auslegung nach den in RdNr. 171 genannten Auslegungsmethoden als lückenhaft erweist, sondern auch bei aus späterer Sicht unvollständigem oder teilnichtigem Vertragsschluss (vgl. RdNr. 29, 53).[461] Ihre Bedeutung erlangt die Vertragsergänzung namentlich in denjenigen Fällen, in denen mangels wirksamer abweichender Vereinbarung die Anwendung dispositiven Rechts in Frage steht, das Gesamtsystem des Vertrages aber die Annahme nahelegt, dass die Parteien eine andere Lösung getroffen hätten, wenn ihnen die Vertragslücke bzw. die im dispositiven Recht angelegte Rechtsfolge bewusst gewesen wäre. Das ist bei Gesellschaftsverträgen angesichts des inhaltlich weitgehend überholten dispositiven Rechts meist anzunehmen.[462] Zur Vertragsergänzung bei unwirksamen Abfindungsklauseln vgl. § 738 RdNr. 72 ff.

175 **2. Publikums-Personengesellschaften.** Für die Auslegung der Verträge von sog. Publikums-Personengesellschaften gelten nach allgM in mehrfacher Hinsicht Besonderheiten.[463] Sie beruhen darauf, dass derartige Verträge typischer Weise von einem mit den Gesellschaftern nicht oder nur zu kleinen Teilen identischen Kreis von Personen, den sog. Initiatoren, erstellt werden und zum Beitritt für eine meist große Zahl über den Kapitalmarkt geworbener, untereinander nicht verbundener Anleger offen stehen. Daher richtet sich die Auslegung dieser Verträge grundsätzlich nach *objektiven,* an Wortlaut, Systematik und (auch steuerrechtlicher) Zielsetzung orientierten Kriterien;[464] davon abweichende subjektive Vorstellungen der Initiatoren oder Gründer sind nur ausnahmsweise und zwar dann zu berücksichtigen, wenn sie sich *zu Gunsten* der Anleger auswirken und insbes. ihnen gegenüber bei der Werbung zum Beitritt hervorgehoben wurden. Mehrjährige tatsächliche Abweichungen der Gesellschaftspraxis vom Vertragswortlaut reichen anders als im Fall der Normal-GbR (RdNr. 56) regelmäßig nicht aus, um daraus auf eine konkludente, vom Willen auch der Anleger getragene Vertragsänderung zu schließen.[465] Bei der ergänzenden Vertragsauslegung bietet es sich ebenso wie bei der Inhaltskontrolle derartiger Verträge[466] an, auch die im Aktienrecht getroffenen Regelungen für den entsprechenden Fragenkomplex zu berücksichtigen.[467] – Die vorstehenden Grundsätze gelten auch für Treuhandkonstruktionen, bei denen die Anleger nicht unmittelbar, sondern unter Zwischenschaltung eines gemeinsamen Treuhänders an der Publikums-GbR beteiligt sind.[468]

176 **3. Nachprüfung in der Revisionsinstanz.** Die Auslegung von Gesellschaftsverträgen ist ebenso wie diejenige sonstiger Rechtsgeschäfte in der Revisionsinstanz grundsätzlich nur darauf nachprüfbar, ob entweder allgemein anerkannte Auslegungsregeln, Denk- und Erfahrungssätze verletzt oder wesentliche Tatsachen unberücksichtigt geblieben sind.[469] Die für

[461] Vgl. dazu *Chr. Hey,* Ergänzende Vertragsauslegung und Geschäftsgrundlagen-Störung im Gesellschaftsrecht, 1990.

[462] Für grundsätzlichen Vorrang ergänzender Auslegung vor der Anwendung dispositiven Gesellschaftsrechts daher zu Recht die ganz hM, vgl. BGH LM § 157 (D) Nr. 33 = NJW 1979, 1705; LM § 722 Nr. 1 = NJW 1982, 2816; BGH NJW 1985, 192, 193; 1993, 3193; so auch § 157 RdNr. 35 f. *(Mayer-Maly/Busche); Erman/Westermann* RdNr. 34; *Soergel/Hadding* RdNr. 38; *Wiedemann* GesR § 3 II 2 b S. 170 f.; *Grunewald* ZGR 1995, 70 f.

[463] Vgl. zu diesen vor allem für die Publikums-KG entwickelten Grundsätzen BGH WM 1978, 87 f.; NJW 1979, 2102; 1982, 877, 878; 1985, 195; 1989, 786; *Staub/Ulmer* HGB § 105 RdNr. 21; *Erman/Westermann* RdNr. 36; *Coing* ZGR 1978, 659, 661; *Grunewald* ZGR 1995, 72 f.; *Wiedemann* DNotZ 1977 Sonderheft S. 99, 105.

[464] BGH NJW 1990, 2684, 2685; WM 1989, 786, 788; NJW 1979, 2102; *Schlegelberger/Martens* HGB § 161 RdNr. 148; *Baumbach/Hopt* HGB Anh. § 177 a RdNr. 67.

[465] BGH NJW 1990, 2684, 2685; *Grunewald* ZGR 1995, 72 f.

[466] Dazu RdNr. 140 m. Nachw. in Fn. 357, 358, 360.

[467] Dazu sowie zu den damit verbundenen Schwierigkeiten *Stimpel,* FS R. Fischer, 1979, S. 771, 775 ff.

[468] BGH NJW-RR 1989, 993, 994; *Baumbach/Hopt* HGB Anh. § 177 a RdNr. 67; *Grunewald* ZGR 1995, 73.

[469] BGH ZIP 2001, 1414; WM 2000, 1195; 1995, 1545; NJW 1994, 2228; so auch *Erman/Westermann* RdNr. 35; *Staub/Ulmer* HGB § 105 RdNr. 204.

Satzungen juristischer Personen anerkannte unbeschränkte Nachprüfung im Interesse objektiver, einheitlicher Auslegung[470] findet für *Personengesellschaftsverträge* mit Ausnahme der Publikums-Gesellschaften (RdNr. 175) keine Entsprechung. Auch für sie ist jedoch die Tendenz des BGH unverkennbar, in weitergehendem Maße eine eigene Auslegungskompetenz in Anspruch zu nehmen als bei gewöhnlichen zweiseitigen Rechtsgeschäften. Den Einstieg hierzu eröffnet die Formel von der bei der Auslegung zu berücksichtigenden Lebenserfahrung (RdNr. 174). Dieser Tendenz ist zuzustimmen.[471] Sie gestattet es, einerseits den Besonderheiten des jeweiligen Gesellschaftsvertrags möglichst weitgehend Rechnung zu tragen, zugleich aber eine einheitliche Rechtsentwicklung unabhängig von der im Einzelfall gewählten, häufig zufälligen Formulierung sicherzustellen.[472]

VI. Der Vorvertrag

Vom Gesellschaftsvertrag, auch dem unvollständig abgeschlossenen (RdNr. 29 f.), ist der **Vorvertrag** zu unterscheiden. Er enthält nicht selbst die für § 705 kennzeichnende verbindliche Festlegung der Beteiligten auf einen gemeinsamen Zweck und dessen wechselseitige Förderung, sondern beschränkt sich auf die Verpflichtung der Parteien, unter den im Vorvertrag näher genannten Voraussetzungen den Abschluss eines solchen Vertrags zu vereinbaren. 177

Zur notwendigen **inhaltlichen Bestimmtheit** des Vorvertrags (Vor § 145 RdNr. 46) bedarf es der Vereinbarung der wesentlichen Grundlagen für den künftigen Gesellschaftsvertrag, darunter namentlich des gemeinsamen Zwecks und der Beitragspflichten;[473] anstelle der Bestimmtheit genügt auch die Bestimmbarkeit nach Maßgabe der §§ 315, 317. Sofern der Gesellschaftsvertrag wegen der Art der Einlageverpflichtungen oder wegen des Gesellschaftszwecks (§ 311 b Abs. 1) formbedürftig ist (RdNr. 33), gilt das grundsätzlich auch für den auf seinen Abschluss gerichteten Vorvertrag.[474] Die gerichtliche **Durchsetzung** des vorvertraglichen Anspruchs auf Gründung der Gesellschaft erfolgt gegebenenfalls nach § 894 ZPO (Vor § 145 RdNr. 49). Dabei unterliegen im Vorvertrag nicht geregelte Punkte, ähnlich wie beim unvollständigen Vertragsschluss, der richterlichen Vertragsergänzung.[475] Der Vorvertrag kann aus wichtigem Grund gekündigt werden.[476] Er endet mit dem Abschluss des Hauptvertrags. 178

C. Rechte und Pflichten der Gesellschafter

I. Grundlagen

1. Die Mitgliedschaft. a) Wesen. Die Mitgliedschaft in einer Personengesellschaft, der „Gesellschaftsanteil" (RdNr. 159), verkörpert die aus dem Gesellschaftsvertrag resultierenden Rechte und Pflichten der einzelnen Gesellschafter. Ihre Ausgestaltung im Einzelnen ist gesetzlich nicht vorgegeben, sondern richtet sich nach dem Inhalt des jeweiligen Vertrages. 179

[470] St. Rspr., vgl. BGHZ 9, 279, 281 = NJW 1953, 1021; BGHZ 36, 296, 314 = NJW 1962, 864; RGZ 86, 283, 284; 170, 358, 366; weit. Nachw. bei *Hachenburg/Ulmer* GmbHG § 2 RdNr. 150.

[471] So auch *Erman/Westermann* RdNr. 35.

[472] Für Zurückhaltung bei Heranziehung von Erfahrungsgrundsätzen für die Auslegung aber *Wiedemann* (Fn. 452) S. 111. Sein Hinweis, Verträge von Personengesellschaften seien typische Individualverträge, unterschätzt freilich die Rolle der Kautelarjurisprudenz bei der Vertragsformulierung.

[473] BGH LM Nr. 3 = BB 1953, 97; RGZ 66, 116, 121; 156, 129, 138; *Staudinger/Keßler* Vor § 705 RdNr. 118; *Soergel/Hadding* RdNr. 15; *Staub/Ulmer* HGB § 105 RdNr. 206.

[474] Jedenfalls wenn die Formvorschriften, wie im Fall der §§ 311 b, 518, die Beteiligten vor übereilten Beschlüssen schützen sollen. Zum Eingreifen der Formvorschriften auch für den Vorvertrag in diesen Fällen vgl. *Henrich,* Vorvertrag, Optionsvertrag, Vorrechtsvertrag, 1965, S. 147 f., und Vor § 145 RdNr. 38, jeweils m. Rspr.-Nachw.

[475] Für Ergänzung nach § 287 ZPO aber BGH LM Nr. 3 = BB 1953, 97; RG JW 1938, 2740, 2743.

[476] BGH DB 1958, 955; *Staub/Ulmer* HGB § 105 RdNr. 207, dort auch zum Einwand, das Eingehen einer GbR sei unzumutbar; allg. dazu auch Vor § 145 RdNr. 48 m. weit. Nachw.

Das gilt vor allem für die GbR, da bei ihr wegen der hier besonders weitgehenden Dispositionsfreiheit der Gesellschafter (RdNr. 132), aber auch wegen der Vielfalt der in Betracht kommenden Gesellschaftszwecke, die Variationsbreite in der Gestaltung ihrer Rechte und Pflichten sehr groß ist. Sogar der Ausschluss von der Erfolgsbeteiligung im Rahmen der sog. societas leonina ist nicht ohne weiteres unzulässig (RdNr. 151). Die vertragliche Grundlage der Mitgliedschaftsrechte und -pflichten macht es zugleich notwendig, bei Auslegung und Anwendung der fraglichen Vereinbarungen auf die das Gesellschaftsverhältnis beherrschenden Grundsätze der Treupflicht (RdNr. 221 ff.) und der Gleichbehandlung (RdNr. 244 ff.) Rücksicht zu nehmen.

180 **b) Rechtsnatur.** Für die Rechtsnatur der Mitgliedschaft in der GbR[477] hat sich, entsprechend der zunehmenden Anerkennung der Rechtsfähigkeit der *Außengesellschaft* und ihrer Eigenständigkeit gegenüber den Mitgliedern (RdNr. 303 ff.), die Ansicht durchgesetzt, dass die Mitgliedschaft nicht nur die Stellung der Gesellschafter als Beteiligte des mitgliedschaftlichen Rechtsverhältnisses verkörpert, sondern zugleich als **subjektives Recht** zu qualifizieren ist.[478] Dem entspricht es, dass die Gesellschafter in der Lage sind, die Mitgliedschaft als solche (den Gesellschaftsanteil) zum Gegenstand rechtsgeschäftlicher Verfügungen zu machen. Die Übertragung der Mitgliedschaft oder die Begründung eines beschränkten dinglichen Rechts (Nießbrauch, Pfandrecht) an ihr führt zur Einbeziehung des Erwerbers in das mitgliedschaftliche Rechtsverhältnis, wobei freilich die Wirksamkeit der Verfügung davon abhängt, dass der Gesellschaftsvertrag die Verfügung zulässt oder die Gesellschafter ihr zustimmen (s. für die Anteilsübertragung § 719 RdNr. 27, für sonstige Verfügungen § 719 RdNr. 48 ff.). Den **Inhalt** des subjektiven Rechts bilden die verschiedenen aus der Gesellschafterstellung entspringenden Mitsprache-, Kontroll- und Vermögensrechte (näher dazu vgl. RdNr. 188). Das Bestehen korrespondierender mitgliedschaftlicher Verpflichtungen steht der Qualifizierung als subjektives Recht nicht entgegen, wie die Beispiele der Aktie und des GmbH-Geschäftsanteils als nahezu allgemein anerkannte Gegenstände subjektiver Rechte zeigen.[479] Als Herrschaftsrecht[480] ist die Mitgliedschaft **„sonstiges Recht" iS des § 823 Abs. 1;** daher genießt sie bei Eingriffen in die Substanz des Rechts – nicht dagegen bei Beeinträchtigung ihres Wertes, insbes. im Fall der Schädigung der Gesellschaft – Schutz sowohl gegenüber außenstehenden Dritten[481] als auch innerhalb des Verbands.[482]

181 **c) Einheitlichkeit der Mitgliedschaft?** Der Grundsatz, dass die Mitgliedschaft jedes Gesellschafters in einer Personengesellschaft nur eine einheitliche, dh. nicht auf zwei oder mehr Anteile verteilt sein kann, gehörte viele Jahrzehnte lang zum **gesicherten Bestand des Personengesellschaftsrechts;**[483] er wurde bis zur 3. Aufl.[484] uneingeschränkt auch in

[477] Für die Mitgliedschaft in OHG und KG s. *Staub/Ulmer* HGB § 105 RdNr. 208 ff. m. weit. Nachw.

[478] Vgl. namentlich *Flume* I/1 § 9, S. 125 ff.; *Habersack,* Die Mitgliedschaft – subjektives und sonstiges Recht, 1996, S. 62 ff., 98 ff.; *Huber* Vermögensanteil S. 164; *Lutter* AcP 180 (1980), 84, 97 ff.; *K. Schmidt* GesR § 19 I 3, § 19 IV; *Wiedemann* Übertragung S. 39 f.; aA *Soergel/Hadding* RdNr. 46; *Hadding,* FS Reinhardt, 1972, S. 249 ff.; *ders.,* FS Steindorff, 1990, S. 31 ff.; *Lamprecht,* Die Zulässigkeit der mehrfachen Beteiligung an einer Personengesellschaft, 2002, S. 116 ff., 125 f.

[479] So zutr. *Lutter* AcP 180 (1980), 84, 101 f.; näher dazu *Habersack* (Fn. 478).

[480] So zu Recht *K. Schmidt* JZ 1991, 157, 158; *Habersack* (Fn. 478) S. 142 ff.; ähnlich bereits *Wiedemann* Übertragung S. 39; *Lutter* AcP 180 (1980), 84, 102.

[481] So insbes. *K. Schmidt* GesR § 19 I 3 a, § 21 V 4; *Lutter* AcP 180 (1980), 84, 130 f.; *Habersack* (Fn. 478) S. 152 ff.; aA *Reuter,* FS Lange, 1992, S. 707, 712 f.; *Hadding,* FS Kellermann, 1991, S. 91, 102 ff.

[482] So für die Mitgliedschaft in einem Verein BGHZ 110, 323, 327 f., 334 = NJW 1990, 2877; dem BGH zust. *K. Schmidt* JZ 1991, 157, 158 f.; *Habersack* (Fn. 478) S. 187 ff. m. weit. Nachw.; abl. *Reuter* und *Hadding,* jew. aaO (Fn. 481).

[483] St. Rspr. vgl. BGHZ 24, 106, 108 f. = NJW 1957, 1026; BGHZ 101, 123, 129 = NJW 1987, 3184; KG AG 1992, 64, 67 m. weit. Nachw.; so auch die früher ganz hM in der Literatur, vgl. *Schlegelberger/Martens* HGB § 161 RdNr. 41; *Staub/Schilling* HGB § 161 RdNr. 38; *Staub/Ulmer* HGB § 105 RdNr. 71; *K. Schmidt* GesR § 45 I 2 b. Weit. Nachw. vgl. in Fn. 132 betr. die – mit dem Einheitlichkeitsgrundsatz eng zusammenhängende – Nichtanerkennung einer Einmann-Personengesellschaft.

[484] § 705 RdNr. 152, 152 a *(Ulmer).*

dieser Kommentierung vertreten. Für ihn sprach der unmittelbare Zusammenhang der Mitgliedschaft mit der Stellung des Mitglieds als *Vertragspartner* des Gesellschaftsvertrags (§ 705). Ebenso wie diese Stellung sich auf die Einzelnen am jeweiligen Vertrag beteiligten natürlichen und juristischen Personen sowie rechtsfähigen Gesamthandsgesellschaften als solche beschränkt, während die Mehrfachbeteiligung einer Person an ein und demselben Vertragsverhältnis ausscheidet, schien auch die Anerkennung unterschiedlicher Mitgliedschaften in der Hand desselben Gesellschafters ausgeschlossen. Das abweichende Strukturprinzip bei Kapitalgesellschaften, an denen als gegenüber dem Gründungsvertrag und seinen Beteiligten verselbstständigte juristische Personen mehrere Anteile entweder von Anfang an in beliebiger Zahl (§§ 8, 23 Abs. 1 Nr. 2 AktG) oder jedenfalls bei späterem Hinzuerwerb (§§ 5 Abs. 2, 15 Abs. 2 GmbHG) erworben werden können, lässt sich auf die davon zu unterscheidende, auf Gesellschaftsvertrag und Gesamthandsorganisation beruhende Grundstruktur der Personengesellschaft nicht übertragen, und zwar unabhängig davon, ob diese in der Rechtsform der GbR, der OHG oder der KG organisiert ist. Deswegen ist auch die Gründung einer Einpersonen-GbR nach zutreffender hM ausgeschlossen (RdNr. 60); selbst für den Fortbestand einer ursprünglich aus zwei oder mehr Gesellschaftern bestehenden GbR ist, wenn alle Anteile auf einen einzigen Gesellschafter übergehen, im Grundsatz kein Raum (zu Ausnahmen vgl. RdNr. 63 ff.).

Der Einheitlichkeitsgrundsatz bedarf allerdings – darin ist den neueren Ansichten[485] 182
zuzustimmen – der **Einschränkung** mit Blick auf bestimmte Sonderkonstellationen der Mitgliedschaft. Die wichtigste Ausnahme betrifft das Zusammentreffen von zwei oder mehr Gesellschaftsanteilen in der Hand eines Gesellschafters, sofern an einem dieser Anteile **Rechte Dritter** bestehen. Das gilt in erster Linie für die dingliche Belastung eines Anteils mit einem *Nießbrauch* oder einem *Pfandrecht*.[486] Es ist aber auch für einen der *Testamentsvollstreckung* unterliegenden, als Nachlassbestandteil vom persönlichen Anteil des Erben separierten und der Verwaltungsbefugnis des Testamentsvollstreckers unterstellten Gesellschaftsanteil anzunehmen[487] (vgl. RdNr. 64). Geht es demgegenüber um die Folgen einer anteilsbezogenen letztwilligen Verfügung, so erscheint zwar das *Anteilsvermächtnis* geeignet, zur vorübergehenden Aufrechterhaltung des vererbten Anteils als solchen in der Hand des Gesellschafter/Erben zu führen (vgl. § 2175, dazu RdNr. 65). Demgegenüber reichen die Anordnung von Vor- und Nacherbschaft, aber auch diejenige der Nachlassverwaltung oder die Eröffnung des Nachlassinsolvenzverfahrens, nicht aus, um die Einheitlichkeit der Mitgliedschaft des Gesellschafter/Erben zu durchbrechen und den Fortbestand einer allein aus ihm bestehenden Gesellschaft zu ermöglichen (str., vgl. näher RdNr. 65).

Keinen Ausnahmegrund bildet – entgegen neueren Ansichten[488] – die Ausstattung der 183
ursprünglich getrennten Anteile mit *unterschiedlichen Mitgliedschaftsrechten* wie Gewinn- oder Stimmrecht, Sonderrecht auf Geschäftsführung, auf einseitigen Austritt oder auf Hinauskündigung von Mitgesellschaftern. Zwar gehen diese unterschiedlichen Rechte durch das Zusammentreffen der Anteile in einer Hand im Zweifel nicht unter, sondern bestehen in der Person des jeweiligen Anteilserwerbers fort;[489] sie können durch Weiterverfügung über den hinzuerworbenen, mit Zustimmung der Mitgesellschafter wieder zu verselbstständigenden Anteil erneut separiert werden. Die Existenz mehrfacher Mitgliedschaften in der Hand einer Person und ein daraus resultierender Fortbestand des ehemaligen Verbands als eine Außenwirkungen entfaltende Einpersonen-Gesellschaft lässt sich auf die unterschiedliche

[485] Vgl. Nachw. in Fn. 133.

[486] Heute in der Lit. wohl schon hM, vgl. die Nachw. in Fn. 140.

[487] So – wenn auch auf das Innenverhältnis(?) beschränkt – erstmals BGHZ 98, 48, 57 = NJW 1986, 2431 (IVa-Senat); offen lassend BGHZ 108, 187, 199 = NJW 1989, 3152, und BGHZ 113, 132, 137 = NJW 1991, 844 (II. Senat). Ebenso die neuere Lit., vgl. Nachw. in Fn. 135.

[488] So – unter Hinweis auf die Privatautonomie der Gesellschafter, wenn auch nicht durchweg deutlich zwischen Innen- und Außenverhältnis unterscheidend – *Esch* BB 1996, 1625 f.; *Baumann* BB 1998, 229 f.; *Kanzleiter*, FS Weichler, 1997, S. 49 f.; *Priester* DB 1998, 55, 60.

[489] *Ulmer* ZHR 167 (2003), 103, 115 f.

Rechtsausstattung von ursprünglich getrennten Anteilen jedoch nicht stützen.[490] Daran ändert auch der Hinweis auf die den Gesellschaftern zustehende *Privatautonomie* bei Ausgestaltung des Gesellschaftsverhältnisses nichts.[491] Da sie nur innerhalb der strukturellen Grenzen des Personengesellschaftsrechts besteht, ist sie nicht geeignet, entgegen den gesetzlichen Vorgaben die Einmann-Gründung einer Personengesellschaft zu ermöglichen oder den Gründern bzw. ihren Rechtsnachfolgern eine mehrfache Mitgliedschaft zu verschaffen. Auch der persönlich haftende Gesellschafter einer Mehrpersonen-KG erlangt durch Hinzuerwerb eines Kommanditanteils nicht etwa eine doppelte Gesellschafterstellung, sondern bleibt – vorbehaltlich der Umwandlung seiner (Gesamt-)Beteiligung in diejenige eines Kommanditisten durch Vereinbarung mit den übrigen Gesellschaftern oder Ausübung eines Gestaltungsrechts – Komplementär, wenn auch mit entsprechend erhöhtem Kapitalanteil.[492]

184 Demgegenüber sind die Gesellschafter in der **Ausgestaltung des Innenverhältnisses** ihrer Verbindung grundsätzlich frei; sie können einzelnen von ihnen daher eine Rechtsstellung einräumen, die derjenigen im Fall mehrfacher Beteiligung gleichkommt. Allerdings bedarf es für eine derart ungewöhnliche Gestaltung eindeutiger Vereinbarungen der Beteiligten. Will daher ein Gesellschafter, nachdem er seine Mitgliedschaft wirksam gekündigt hat, von einem Mitgesellschafter einen ungekündigten Anteil erwerben, so erlangt der Erwerb auch dann, wenn die Anteile unter Gesellschaftern nach dem Gesellschaftsvertrag frei handelbar sind, in der Regel Wirksamkeit nur mit Zustimmung der Mitgesellschafter.[493] Denn der Sache nach läuft ein solcher Erwerb entweder auf eine Teilkündigung unter fortbestehender Mitgliedschaft mit dem hinzuerworbenen Anteil oder auf Verkürzung der vertraglichen Kündigungsfrist für diesen hinaus.

185 **2. Mitgliedschaftsrechte und -pflichten. a) Überblick.** Die Mitgliedschaftsrechte und -pflichten in einer Personengesellschaft lassen sich in zweifacher Hinsicht unterscheiden. Die erste Unterscheidung knüpft an den **Gegenstand der Rechte und Pflichten** an. Insoweit hat sich die Differenzierung zwischen Vermögens- und Verwaltungsrechten bzw. -pflichten durchgesetzt (RdNr. 189 ff.). Sie ist von Bedeutung zum einen für die Frage, ob und inwieweit die Mitgliedschaftsrechte abtretbar (§ 717) und zum anderen, ob die Pflichten auf vertretbare Leistung gerichtet oder aber höchstpersönlicher Natur sind.

186 Eine zweite Unterscheidung bezieht sich auf die jeweilige **Gläubiger- und Schuldnerbeziehung.** Insoweit sind in der Personengesellschaft trotz der einheitlichen Vertragsgrundlage zwei Ebenen streng zu trennen: die Beziehung zwischen Gesellschafter und *Gesellschaft* (Sozialsphäre, RdNr. 197 ff.) und diejenige des Gesellschafters zu den jeweiligen *Mitgesellschaftern* (Individualsphäre, RdNr. 215 ff.). Die Art der Rechtsbeziehung entscheidet auch über die Zuständigkeit von Gesellschaft oder Gesellschaftern zur gerichtlichen Geltendmachung der Ansprüche[494] sowie über das für den Haftungszugriff in Betracht kommende Vollstreckungsobjekt.

187 Von den auf dem Gesellschaftsvertrag beruhenden Mitgliedschaftsrechten und -pflichten *strikt zu trennen* sind schließlich diejenigen Rechtsverhältnisse, die sich aus den *laufenden*

[490] Vgl. näher *Ulmer* (Fn. 489); so auch *Wiedemann,* FS Zöllner, 1998, S. 635, 643 ff. Ähnlich – wenn auch unter problematischer Unterscheidung zwischen einheitlicher Mitgliedschaft und mehrfacher „Beteiligung“ – *Bippus* AcP 195 (1995), 13, 22 ff.; wohl auch *Steinbeck* DB 1995, 761, 763 ff.

[491] So aber die in Fn. 138 genannten Autoren.

[492] Vgl. etwa BGHZ 66, 98, 101 = NJW 1976, 848; BGHZ 101, 123, 129 = NJW 1987, 3184; BGH WM 1963, 989; NJW 1984, 362, 363; OLG Hamm NJW 1982, 835; OLG Hamburg ZIP 1984, 1226; BayObLG DB 2003, 762, 763; *Westermann* Hdb. RdNr. I 78, 78 a; *Wiedemann* (Fn. 490) S. 645 (unter zutr. Hinweis auch auf die notwendig einheitliche Eintragung der Mitgliedschaft im Handelsregister). AA MünchKommHGB/*Grunewald* § 161 RdNr. 4 f.; *Esch* BB 1993, 664, 666 ff. und BB 1996, 1626; *Baumann* BB 1998, 229; *Priester* DB 1998, 59 f.

[493] So im Ergebnis auch BGH WM 1989, 1221, 1224 *(Röchling)*; vgl. dazu auch *Wiedemann* (Fn. 490) S. 644 (entgegen dem BGH für vorübergehende (?) Verlängerung der Mitgliedschaft); *Lamprecht* (Fn. 478) S. 241.

[494] Individualansprüche können die Gesellschafter uneingeschränkt selbst geltend machen, Gesellschafts- (Sozial-)Ansprüche dagegen nur im Rahmen der actio pro socio (RdNr. 204 ff.), soweit ihnen nicht Vertretungsmacht für die Gesellschaft zusteht.

Rechtsgeschäften der Gesellschaft ergeben, namentlich aus Austauschverträgen (Kauf, Miete, Dienst- und Werkvertrag u. a.) zur Verwirklichung des Gesellschaftszwecks. Derartige **Drittgeschäfte** kann die Gesellschaft nicht nur mit dritten Personen, sondern auch mit einzelnen Gesellschaftern schließen. Jedoch werden Sozialansprüche oder -verbindlichkeiten hierdurch nicht begründet, da die daraus resultierenden Rechte und Pflichten ihre Grundlage nicht im Gesellschaftsvertrag finden, sondern in den jeweiligen von der Gesellschaft abgeschlossenen Rechtsgeschäften. Dementsprechend stehen auch die jeweiligen Gesellschafter der Gesellschaft insoweit grundsätzlich wie ein Dritter gegenüber. Sie können ihre Ansprüche hieraus wie ein Drittgläubiger durchsetzen, ohne den gesellschaftsvertraglichen, das Innenverhältnis bestimmenden Schranken unterworfen zu sein (RdNr. 203).

b) Rechtsquelle und Einzelrechte. Für sämtliche Mitgliedschaftsrechte ist zwischen 188
der gesellschaftsvertraglichen Rechtsquelle und der Durchsetzung des Rechts im konkreten Fall bzw. – im Fall von Vermögensrechten – dem einzelnen vermögensrechtlichen Anspruch iS von § 717 S. 2 zu unterscheiden.[495] Von Bedeutung ist die Unterscheidung namentlich im Hinblick auf die Übertragbarkeit des Rechts. Für die jeweilige *Rechtsquelle* gilt nämlich, dass sie als unselbstständiger Teil der Mitgliedschaft trotz Zustimmung der Mitgesellschafter nicht von der Mitgliedschaft abgespalten werden kann (allg. zum Abspaltungsverbot vgl. § 717 RdNr. 7 f.). Das gilt auch für den – gelegentlich als Vermögensstammrecht[496] bzw. Vermögenswert der Beteiligung[497] bezeichneten – Inbegriff der dem Gesellschafter auf Grund des Gesellschaftsvertrags zustehenden Vermögensrechte (§ 717 RdNr. 15 f.); für seine Anerkennung als disponible Rechtsposition besteht zudem vor dem Hintergrund der Mitgliedschaft als subjektives und daher (mit Zustimmung der Mitgesellschafter) übertragbares und belastbares Recht kein Bedürfnis. Die *vermögensrechtlichen Ansprüche* iS des § 717 S. 2 (dazu iE § 717 RdNr. 34 ff.) verselbständigen sich gegenüber der Mitgliedschaft vielmehr erst mit ihrer Entstehung und können sodann im Wege der Abtretung gem. § 398 übertragen sowie gem. §§ 1279 ff. verpfändet und gem. § 1070 mit einem Nießbrauch belastet werden. Demgegenüber können das mitgliedschaftliche *Stimmrecht* sowie die sonstigen mitgliedschaftlichen *Teilhabe- und Kontrollrechte* zwar nicht von der Mitgliedschaft abgespalten werden, auch soweit es um ihre Ausübung im konkreten Einzelfall geht; doch können sie im Einvernehmen mit den Mitgesellschaftern Dritten zur Ausübung überlassen werden (§ 717 RdNr. 9 f.).

3. Vermögensrechte und -pflichten. Unter den nach § 717 S. 2 selbstständig über- 189
tragbaren Vermögensrechten der Gesellschafter steht der **Gewinnanspruch** im Vordergrund. Seine anteilige Höhe ist regelmäßig im Gesellschaftsvertrag bestimmt; anderenfalls gilt nach § 722 Abs. 1 Gewinnverteilung nach Köpfen, soweit nicht die ergänzende Vertragsauslegung als vorrangige Rechtsquelle (RdNr. 174) zu einem abweichenden Ergebnis führt. Ist die Gesellschaft auf längere Dauer angelegt, wird der Gewinn im Zweifel nicht erst nach ihrer Auflösung, sondern periodisch zum Geschäftsjahresende verteilt (§ 721 Abs. 2). Insoweit ist wie bei den Handelsgesellschaften zwischen dem Recht auf Rechnungslegung und den einzelnen, auf das jeweilige Geschäftsjahr bezogenen und im Anschluss an die Gewinnverteilung realisierbaren Gewinnansprüchen zu unterscheiden (vgl. § 721 RdNr. 8, 11). Ein besonderes, neben den jährlichen Gewinnanspruch tretendes oder dessen Geltendmachung beschränkendes *Entnahmerecht* ist der GbR nach gesetzlicher Regel unbekannt. Im Gesellschaftsvertrag kann es freilich vereinbart werden (§ 721 RdNr. 13).

[495] Näher dazu *Wiedemann* WM 1992, Sonderbeil. 7, S. 23 ff., 29 ff.

[496] Vgl. etwa *Staudinger/Keßler* § 717 RdNr. 26; *Soergel/Schultze-v. Lasaulx* § 717 RdNr. 12; *Siebert* BB 1956, 1126; *Sudhoff* NJW 1971, 483 f.; so auch noch die 2. Aufl. RdNr. 83 *(Ulmer)* und *Staub/Ulmer* § 139 RdNr. 88; aA zu Recht *Flume* I/1 § 17 VI; *Habersack* Mitgliedschaft S. 86 ff., 88; *Huber* Vermögensanteil S. 414 f.; *Wiedemann,* Übertragung und Vererbung, S. 400 f.; MünchKommHGB/*K. Schmidt* Vor § 230 RdNr. 14 (ganz hM).

[497] Vgl. dazu (im Ergebnis ein eigenes „Wertrecht" zu Recht ablehnend) *Huber* Vermögensanteil S. 145 ff., 165 ff.; gegen Anerkennung des „Vermögenswerts der Beteiligung" als eigenes abspaltbares Mitgliedschaftsrecht insbes. auch *Habersack* Mitgliedschaft S. 89 ff. in Auseinandersetzung mit der 2. Aufl. dieses Kommentars.

190 Neben den Gewinnanspruch tritt als weiteres zentrales Vermögensrecht der **Anspruch auf das Auseinandersetzungsguthaben** (§ 717 S. 2), dh. auf Rückerstattung der Einlagen und Verteilung des aus der Liquidation resultierenden Überschusses (§§ 733, 734). Er bildet zunächst einen künftigen Anspruch, der sich mit Auflösung der Gesellschaft realisiert; fällig wird er regelmäßig erst mit der Schlussabrechnung (§ 730 RdNr. 61). Scheidet ein Gesellschafter aus, während die Gesellschaft im Übrigen fortbesteht, so steht ihm anstelle des Auseinandersetzungsguthabens ein *Abfindungsanspruch* in grundsätzlich entsprechender Höhe zu (§§ 738, 740). Er richtet sich ebenso wie der Anspruch auf das Auseinandersetzungsguthaben gegen die Gesellschaft (§ 738 RdNr. 217).

191 Ein weiteres aus der Mitgliedschaft fließendes Vermögensrecht bildet der Anspruch auf **Aufwendungsersatz** (§ 713 RdNr. 15). Er bezieht sich einerseits auf den Ausgleich derjenigen Leistungen, die der einzelne Gesellschafter auf Grund seiner gesamtschuldnerischen Haftung für die Gesellschaftsschulden an Dritte erbracht hat, andererseits auf den Ersatz der im Rahmen der Geschäftsführung für die Gesellschaft getätigten, nach §§ 713, 670 ersatzfähigen Aufwendungen. Der Anspruch richtet sich gegen die Gesellschaft. Zur Frage des gesamtschuldnerischen Ausgleichs zwischen den Mitgesellschaftern vgl. RdNr. 217.

192 Zu den auf der Mitgliedschaft beruhenden **Vermögenspflichten** gehört in erster Linie die **Beitragspflicht** (§ 706), soweit sie nicht ausnahmsweise in Tätigkeitspflichten besteht oder sich auf Beiträge ohne Vermögenswert bezieht (§ 706 RdNr. 14, 17). Sie ist regelmäßig nicht höchstpersönlicher Natur, sondern kann auch von Mitgesellschaftern oder Dritten für den Beitragsschuldner erfüllt werden (vgl. aber RdNr. 195). Daneben ist die vom Liquidationsergebnis abhängige **Nachschusspflicht** nach § 735 zu nennen. Sie richtet sich anteilig gegen alle am Verlust beteiligten Gesellschafter und setzt voraus, dass die Liquidation zu einer Unterbilanz führt. Beim Ausscheiden eines Gesellschafters aus der unter den übrigen fortbestehenden Gesellschaft entspricht ihr die Haftung auf den in der Abfindungsbilanz ermittelten anteiligen Fehlbetrag (§ 739).

193 **4. Verwaltungsrechte und -pflichten. a) Arten.** Zu den **Verwaltungsrechten** gehören je nach vertraglicher Ausgestaltung das Recht auf Geschäftsführung und Vertretung (§§ 709, 714), das Widerspruchsrecht gegen Geschäftsführungsmaßnahmen von Mitgesellschaftern (§ 711), das Stimmrecht (§ 709 RdNr. 60 ff.), das Informations- und Kontrollrecht (§ 716), das Recht auf Rechnungslegung (§ 721), das Kündigungsrecht (§ 723), das Recht auf Mitwirkung bei der Liquidation (§ 730 RdNr. 40) sowie die außerordentlichen Entziehungs- und Ausschließungsrechte der §§ 712, 715, 737. Wegen der Einzelheiten dieser Rechte vgl. die Erläuterungen zu den jeweiligen Vorschriften.

194 Den Verwaltungsrechten entsprechen bestimmte vertraglich übernommene oder aus der Treupflicht folgende **Pflichten,** darunter namentlich die Pflicht zur Geschäftsführung und Vertretung, die Pflicht zur Rechnungslegung sowie die Pflicht, diejenigen Rechte auszuüben, deren Wahrnehmung im Interesse der Gesellschaft geboten ist. Die *Treupflicht* kann je nach Lage des Falles auch die Ausübung der eigennützigen Verwaltungsrechte beeinflussen (RdNr. 196) und sogar zur Bejahung einer Verpflichtung führen, bestimmten Vertragsänderungen zuzustimmen oder an der Entziehung der Geschäftsführung bzw. an der Ausschließung eines Gesellschafters mitzuwirken (RdNr. 231 ff.).

195 **b) Besonderheiten.** Eine erste Besonderheit der Verwaltungs- oder Mitspracherechte in der Gesellschaft besteht in ihrer **höchstpersönlichen,** mit der Mitgliedschaft untrennbar verbundenen **Natur.** Daher können die Verwaltungsrechte an Nichtgesellschafter weder abgetreten noch ihnen ohne Zustimmung der Mitgesellschafter zur Ausübung überlassen werden (sog. Abspaltungsverbot, vgl. § 717 RdNr. 7 f.). Auch die Verwaltungspflichten einschließlich der auf Dienstleistung gerichteten Beitragspflichten (§ 706 Abs. 3) sind grundsätzlich höchstpersönlich zu erfüllen.

196 Von besonderer Bedeutung für die Verwaltungsrechte ist weiter der **Einfluss der Treupflicht** auf ihre Ausübung. Insoweit ist strikt zwischen eigennützigen, den Gesellschaftern im eigenen Interesse verliehenen Verwaltungsrechten und uneigennützigen, im Interesse der

Gesellschaft auszuübenden Rechten zu unterscheiden. Zu den **eigennützigen** Rechten gehören namentlich das Stimmrecht in anderen als Geschäftsführungsfragen, das Informations- und Kontrollrecht und das Kündigungsrecht. Insoweit beschränkt sich der Einfluss der Treupflicht grundsätzlich darauf, bei Ausübung dieser Rechte auf die Belange der Gesellschaft und der Mitgesellschafter Rücksicht zu nehmen und das schonendste Mittel zu wählen. Das Zurückstellen der eigenen Interessen kann nur ausnahmsweise, unter der doppelten Voraussetzung verlangt werden, dass es wegen überragender Interessen der Gesellschaft geboten und dem betroffenen Gesellschafter zumutbar ist (RdNr. 227, 229). Anderes gilt bei den **uneigennützigen** Rechten, darunter in erster Linie dem Recht (und der Pflicht) zur Geschäftsführung und Vertretung, daneben aber auch dem Widerspruchsrecht bei Einzelgeschäftsführung (§ 711). Insoweit handelt es sich um mitgliedschaftliche Aufgaben im Interesse der Gesellschaft. Bei deren Wahrnehmung sind die Gesellschafter der Gesellschaft verpflichtet und müssen namentlich auch die eigenen Interessen dem gemeinsamen Zweck und seiner Förderung unterordnen (RdNr. 226).

II. Rechtsstellung gegenüber der Gesellschaft (Gesamthand)

1. Ansprüche des Gesellschafters gegen die Gesellschaft (Sozialverbindlichkeiten). a) Vermögensrechte. Die aus der Mitgliedschaft der einzelnen Gesellschafter fließenden Vermögensrechte (RdNr. 189 ff.) richten sich nur **gegen die Gesellschaft** und nicht auch gegen die Mitgesellschafter.[498] So müssen Gewinnanspruch, Anspruch auf Geschäftsführervergütung (§ 709 RdNr. 32 ff.) und auf Aufwendungsersatz gegen die parteifähige GbR,[499] ansonsten gegen die übrigen Gesellschafter als Gesamthänder geltend gemacht werden; diese sind sodann notwendige Streitgenossen auf der Passivseite.[500] In diesem Fall kann abweichend von § 736 ZPO mit einem nur gegen die übrigen Gesellschafter gerichteten Titel in das Gesellschaftsvermögen vollstreckt werden; der Gesellschafter braucht sich nicht selbst zu verklagen (§ 718 RdNr. 56). Eine *Haftung der Mitgesellschafter* mit ihrem Privatvermögen für die Sozialverbindlichkeiten wird – abgesehen vom Abfindungsanspruch ausgeschiedener Gesellschafter (RdNr. 218) – von der ganz hM im Grundsatz zu Recht abgelehnt;[501] bei unzureichendem Gesellschaftsvermögen soll in derartigen Fällen allerdings eine pro-rata-Haftung eingreifen (vgl. näher RdNr. 217). 197

Bei **Schadensersatzansprüchen einzelner Gesellschafter** wegen eines ihnen persönlich durch Vertrags- oder Treupflichtverletzung von Mitgesellschaftern entstandenen Schadens, etwa wegen Behinderung in der Ausübung von Gesellschaftsrechten oder wegen Beschädigung einer zum Gebrauch eingebrachten Sache, ist zu unterscheiden. Ansprüche gegen die *Gesellschaft* (Sozialverbindlichkeiten) werden dadurch nur dann begründet, wenn der Schaden auf Geschäftsführungshandlungen von Mitgesellschaftern beruht; diese muss die Gesellschaft sich nach § 278 zurechnen lassen (hierzu und zum Nichteingreifen von § 31 in diesen Fällen vgl. § 718 RdNr. 30). In sonstigen Fällen, so insbes. wegen Vorgängen auf der 198

[498] Vgl. dazu näher *Wiedemann* WM 1992, Sonderbeil. 7, S. 36 f.; *Walter* JuS 1982, 81, 82 ff. jew. m. Nachw.

[499] Vgl. dazu BGHZ 146, 341, 348 ff. = NJW 2001, 1056 sowie eingehend unten RdNr. 318 ff.

[500] So – in der Zeit vor Anerkennung der Parteifähigkeit der (Außen-)GbR – die überwM, vgl. BGH NJW-RR 1990, 967 = WM 1990, 1113; *Stein/Jonas/Bork* § 62 ZPO RdNr. 20 a; *Heller,* Der Zivilprozess der GbR, 1989, S. 74 ff.; *Erman/Westermann* § 718 RdNr. 14; *Kornblum* BB 1970, 1445, 1448; *K. Schmidt* GesR § 60 IV 1 b (betr. die schlicht zivilistische Gesamthand); aA – notwendige Streitgenossenschaft nur in Fällen der eine unteilbare Leistung betreffenden „echten Gesamthandsschuld" – *Rosenberg/Schwab/Gottwald* Zivilprozessrecht § 49 III 1 b (1), S. 253; MünchKommZPO/*Schilken* § 62 RdNr. 32; wohl auch *Thomas/Putzo,* 24. Aufl., § 62 ZPO RdNr. 14. Notwendige Streitgenossenschaft der beklagten Gesellschafter generell abl. aber *Staudinger/Keßler* § 714 RdNr. 20; gegen diese Ansichten spricht, dass Prozess- (und Vollstreckungs-)ziel in diesen Fällen ausschließlich der Zugriff auf die Gesamthand und das gesamthänderisch gebundene Vermögen ist (vgl. näher § 718 RdNr. 51).

[501] BGHZ 37, 299, 301 f. = NJW 1962, 1863; BGH WM 1967, 275 (Sonderfall unmittelbaren Zugriffs im Zuge der Abwicklung); BGH ZIP 1989, 852; *Soergel/Hadding* RdNr. 52; *Erman/Westermann* RdNr. 52; jeweils m. Nachw. auch zur Rspr. des RG.

Gesellschafterebene,[502] steht dem geschädigten Gesellschafter nur ein Anspruch gegen den oder die schädigenden *Mitgesellschafter* zu, sofern die Verschuldensvoraussetzungen des § 708 erfüllt sind; er unterliegt der regelmäßigen Verjährungsfrist der §§ 195, 199. – Zur Geltendmachung eines Schadensersatzanspruchs der *Gesellschaft* gegen Mitgesellschafter sind die nicht geschäftsführungsbefugten Gesellschafter nur im Rahmen der actio pro socio befugt (RdNr. 204 ff.).

199 **b) Verwaltungsrechte.** Auch sie richten sich in erster Linie **gegen die Gesellschaft,** vertreten durch die Geschäftsführer. Das gilt etwa für die Befugnis zur Geschäftsführung, die Ausübung des Stimmrechts, das Recht auf Rechnungslegung sowie die Informations- und Kontrollrechte (RdNr. 193). Immerhin lässt die hM insoweit die unmittelbare Geltendmachung *auch gegen widersprechende Mitgesellschafter* zu.[503] Dem ist zuzustimmen. Denn einerseits kann der klagende Gesellschafter die Respektierung dieser aus dem Gesellschaftsvertrag fließenden Rechte auch von den Mitgesellschaftern als seinen Vertragspartnern verlangen. Und zum anderen geht es hier nicht um die Erbringung von Vermögensleistungen, so dass sich die für die Geltendmachung mitgliedschaftlicher Vermögensrechte erhebliche Frage, ob durch Vollstreckung in das Privatvermögen der Mitgesellschafter deren Beitragspflichten entgegen § 707 vermehrt werden (RdNr. 217), nicht stellt. Anderes gilt zwar für die Prozesskosten, die dem beklagten Mitgesellschafter zur Last fallen; jedoch kann er sie von der Gesellschaft ersetzt verlangen, wenn er die Prozessführung im Interesse der Gesellschaft für erforderlich halten durfte (§§ 713, 670).[504] – Der Gesellschaftsvertrag kann vorsehen, dass der Klageerhebung bei gesellschaftsrechtlichen Streitigkeiten ein gesellschaftsinterner *Schlichtungsversuch* durch ein Gesellschaftsorgan (Beirat) vorauszugehen hat; die Anrufung der Gerichte darf hierdurch jedoch nicht unangemessen erschwert werden.[505]

200 Soweit demgegenüber die **Vertragsgrundlage** als solche, dh. die Auslegung und Änderung des Gesellschaftsvertrags, den Gegenstand des Rechtsstreits bildet, ist die Gesellschaft selbst (die Sozialsphäre) nicht die richtige Partei; ihr steht die Dispositionsbefugnis hierüber nicht zu. Derartige Auseinandersetzungen betreffen vielmehr ausschließlich die **Rechtsbeziehungen zwischen den** einzelnen **Gesellschaftern.** Dementsprechend sind Streitigkeiten über die personelle Zusammensetzung der Gesellschaft im Wege der Feststellungsklage zwischen den hierüber streitenden Gesellschaftern auszutragen;[506] anderes gilt nur dann, wenn das Bestehen der Mitgliedschaft eine bloße Vorfrage in einem Rechtsstreit über die Geltendmachung von Sozialansprüchen oder -verbindlichkeiten bildet, oder wenn die Gesellschaft im Gesellschaftsvertrag zur Prozessführung ermächtigt worden ist.[507] Zwischen mehreren an der Feststellungsklage auf der Aktiv- oder Passivseite beteiligten Gesellschaftern besteht keine notwendige Streitgenossenschaft.[508] Ist freilich das Bestehen oder Nichtbestehen der Mitgliedschaft zwischen sämtlichen Gesellschaftern rechtskräftig festgestellt, so ist diese Entscheidung auch bindend im Verhältnis zwischen Gesellschafter und Gesellschaft, soweit die Geltendmachung von Rechten aus der Mitgliedschaft in Frage steht.[509] Zu den

[502] Vgl. OLG Düsseldorf WM 1983, 1320, 1321 (treuwidrige Mitwirkung an einem unberechtigten Ausschließungsbeschluss). S. dazu auch *Soergel/Hadding* RdNr. 54.

[503] BGH WM 1955, 1585, 1586; 1970, 1223, 1224; 1992, 57, 58; RG DR 1944, 245, 246; *Erman/Westermann* RdNr. 54; *Staub/Ulmer* HGB § 105 RdNr. 214; einschr. (subsidiär) *Wiedemann,* FS Kellermann, 1991, S. 529, 535 f.; aA *W. Lüke* ZGR 1994, 266, 277.

[504] Zust. *Erman/Westermann* RdNr. 54.

[505] BGH WM 1977, 997.

[506] BGHZ 48, 175, 176 f. = NJW 1967, 2159 m. weit. Nachw.; *Erman/Westermann* RdNr. 54; *Wiedemann* GesR I § 5 III 1, S. 267.

[507] Dazu für OHG und KG BGH WM 1990, 309 und 675; OLG München NZG 2001, 762; *Bork* ZGR 1991, 125 ff.

[508] BGHZ 30, 195, 198 = NJW 1959, 1683; *Soergel/Hadding* RdNr. 46; *Erman/Westermann* RdNr. 54; aA wohl *Rosenberg/Schwab/Gottwald* Zivilprozessrecht § 49 III 1 b (2), S. 254 m. weit. Nachw.

[509] BGHZ 48, 175, 177 = NJW 1967, 2159 unter Offenlassen der Begründung (materielle Folge des Gesellschaftsverhältnisses und des Missbrauchseinwands oder Rechtskrafterstreckung); dem BGH zust. *Soergel/Hadding* RdNr. 46; krit. aber *Erman/Westermann* RdNr. 54.

Ansprüchen auf treupflichtbedingte Mitwirkung bei Vertragsänderung u. a., die ebenfalls die Individualsphäre zwischen den einzelnen Gesellschaftern betreffen, vgl. RdNr. 221 ff.

2. Verpflichtungen des Gesellschafters gegenüber der Gesellschaft (Sozialansprüche). Den Mitgliedschaftsrechten gegen die Gesellschaft („Sozialverbindlichkeiten“) stehen die aus dem Gesellschaftsvertrag folgenden Rechte der Gesamthand gegen die einzelnen Mitglieder („Sozialansprüche“) gegenüber. Unter ihnen sind die wichtigsten die Beitragspflicht einschließlich der Nachschusspflicht, die Pflicht zur Geschäftsführung, die Treupflicht sowie die Schadensersatzpflicht bei Vertragsverletzungen mit Schadensfolge für die Gesellschaft.[510] Die Sozialansprüche bilden, soweit sie auf vermögenswerte Leistungen gerichtet sind, einen **Teil des Gesamthandsvermögens.**[511] Sie sind für die parteifähige GbR von den geschäftsführenden Gesellschaftern, bei Gesamtgeschäftsführung aller Gesellschafter (§ 709) von den übrigen Gesellschaftern gegen den Verpflichteten geltend zu machen. Zur Möglichkeit auch nicht geschäftsführungsbefugter Gesellschafter, von Mitgesellschaftern die Erfüllung derartiger Sozialansprüche gegenüber der Gesamthand zu verlangen (actio pro socio), vgl. RdNr. 204 ff. 201

3. Rechte und Pflichten der Gesellschafter aus Drittgeschäften mit der Gesellschaft. Die einzelnen Gesellschafter können auch als „Dritte“, dh. außerhalb des Gesellschaftsvertrags, mit der Gesellschaft in Rechtsbeziehungen treten, Forderungen gegen sie erwerben und Verbindlichkeiten eingehen (RdNr. 187). Voraussetzung hierfür ist freilich, dass sie zum Abschluss derartiger Verträge oder zur Erbringung der Leistungen **nicht in ihrer Eigenschaft als Gesellschafter** verpflichtet sind. So liegt etwa ein Mietvertrag zwischen Gesellschafter und Gesellschaft nur vor, wenn die Gebrauchsüberlassung der Sache nicht als Beitrag geschuldet, sondern zwischen den Parteien frei ausgehandelt wird. Aber auch wenn die Leistung, wie etwa die darlehensweise Hingabe von Geld, auf Grund eines besonderen Rechtsgeschäfts erbracht wird, wird dadurch eine echte Drittgläubigerforderung doch nur begründet, wenn der Gesellschafter sich nicht im Gesellschaftsvertrag zur Darlehensgewährung verpflichtet hatte (vgl. auch § 706 RdNr. 5). 202

Auch wenn sich die Ansprüche und Verbindlichkeiten von Gesellschaftern aus Drittgeschäften entsprechend der unterschiedlichen Rechtsgrundlage deutlich von den im Gesellschaftsvertrag begründeten Sozialverbindlichkeiten und -ansprüchen unterscheiden, kann die Geltendmachung derartiger Drittgläubigerforderungen doch *nicht isoliert von der Gesellschafterstellung* des Berechtigten beurteilt werden. Vielmehr **überlagert** die Gesellschaftsbeziehung auch diese außergesellschaftsrechtlichen Rechtsverhältnisse. So kann der Gesellschafter eine Drittgläubigerforderung zwar grundsätzlich auch außerhalb der Liquidation unmittelbar gegen Mitgesellschafter geltend machen (zur Lage in der Abwicklungsgesellschaft vgl. § 730 RdNr. 53). Diese haften ihm wie einem Dritten als Gesamtschuldner;[512] sie können ihn nicht etwa auf die vorrangige Inanspruchnahme der Gesellschaft verweisen.[513] Wohl aber muss er sich im Verhältnis zu den Mitgesellschaftern den im Innenver- 203

[510] Vgl. statt aller *Soergel/Hadding* RdNr. 47; *Erman/Westermann* RdNr. 51; *Staudinger/Keßler* RdNr. 56 bis 58.

[511] EinhM, vgl. BGH WM 1961, 426, 427; RGZ 76, 276, 278; 111, 77, 83; *Soergel/Hadding* RdNr. 47; *Erman/Westermann* RdNr. 51; *Staudinger/Keßler* RdNr. 56. Eine Ausnahme gilt nur für die reine Innengesellschaft ohne Gesamthandsvermögen (RdNr. 282).

[512] Schon vor Durchsetzung der Akzessorietätstheorie (§ 714 RdNr. 5, 33 f.) ganz hM, vgl. statt aller BGH LM Nr. 30 = NJW 1983, 749; BGH WM 1970, 280 (KG); *Soergel/Hadding* RdNr. 57; *Erman/Westermann* RdNr. 59; *Staub/Habersack* HGB § 128 RdNr. 13, jeweils m. weit. Nachw., auch zur Rspr. des RG; für pro rata-Haftung aber *Walter* JuS 1982, 86 und JZ 1983, 261. – Zur Durchsetzbarkeit des Anspruchs im Abwicklungsstadium vgl. § 730 RdNr. 53 (str.); zur abw. Beurteilung (pro rata-Haftung) beim Regress eines Gesellschafters wegen Inanspruchnahme aus Gesellschaftsschulden vgl. RdNr. 217.

[513] RGZ 85, 157, 162; 153, 305, 311 f.; *Soergel/Hadding* RdNr. 57; *Erman/Westermann* RdNr. 59; weitergehend – für Subsidiarität der Gesellschafterhaftung – *Staudinger/Keßler* RdNr. 83, *Walter* JuS 1982, 85 f. und das Schrifttum zum OHG-Recht (*Staub/Habersack* HGB § 128 RdNr. 13, 26; *Hueck* OHG § 21 V 1; *Schlegelberger/K. Schmidt* HGB § 128 RdNr. 20); *Baumbach/Hopt* HGB § 128 RdNr. 24); offen lassend BGH LM Nr. 30 = NJW 1983, 749.

hältnis auf ihn entfallenden *Verlustanteil* anrechnen lassen;[514] der Geltendmachung des vollen Anspruchs stünde der Arglisteinwand entgegen. Darüber hinaus ist die Geltendmachung auch dieser Ansprüche nicht ganz ohne Rücksicht auf die **Treupflicht** möglich. Sie kann es je nach Lage des Falles gebieten, bei der Durchsetzung des Anspruchs im Rahmen des Zumutbaren auf überragende Belange vor allem von Mitgesellschaftern, ggf. auch der Gesellschaft selbst Rücksicht zu nehmen.[515] Zusätzliche Beitragspflichten des Gesellschafters als Drittgläubiger abweichend von § 707 lassen sich hierdurch freilich nicht begründen. – Aus dem Gesellschaftsverhältnis resultierende Einwendungen gegen die Drittgläubigerforderung können nach § 404 auch einem dritten Zessionar entgegengesetzt werden.[516]

204 **4. Die actio pro socio. a) Überblick.** Unter actio pro socio versteht man abweichend von dem gleichnamigen römischrechtlichen Institut[517] das Recht jedes Gesellschafters, von Mitgesellschaftern Erfüllung ihrer Verpflichtungen gegenüber der Gesellschaft zu verlangen und **im eigenen Namen Klage auf Leistung an die Gesellschaft** zu erheben.[518] Die Befugnis bezieht sich ausschließlich auf **Sozialansprüche,** dh. auf Verpflichtungen von Gesellschaftern, die ihre Grundlage unmittelbar oder mittelbar im Gesellschaftsvertrag haben (RdNr. 201). Praktische Bedeutung hat sie in erster Linie für *Beitragspflichten sowie für Schadensersatzpflichten* gegenüber der Gesellschaft aus der Verletzung des Gesellschaftsvertrags oder der in ihm begründeten Geschäftsführungspflichten. Die Klage kann grundsätzlich auch im Liquidationsstadium erhoben werden; insoweit ist es im Einzelfall auch zulässig, auf Leistung an sich selbst zu klagen.[519] – Unterlassungsansprüche gegen Geschäftsführer in Bezug auf Maßnahmen der Geschäftsführung können mit ihr nicht durchgesetzt werden, da ein solches Vorgehen auf einen Eingriff in das Geschäftsführungsrecht hinausliefe;[520] anderes gilt nur bei gesellschaftswidrigem Zusammenwirken zwischen klagebefugtem Geschäftsführer und Gesellschaftsschuldner.[521]

205 Die grundsätzliche Anerkennung der actio pro socio als „eigenes Klagerecht" jedes Gesellschafters zur Durchsetzung von Sozialansprüchen (RdNr. 201) und ihre Qualifizierung als fester Bestandteil der Gesellschaftsrechtsordnung[522] dürfen nicht darüber hinwegtäuschen, dass eine Reihe von **Rechtsfragen** im Zusammenhang mit der actio pro socio, darunter ihre Zulässigkeitsvoraussetzungen, ihre prozessualen Wirkungen, aber auch ihre Rechtsgrundlagen, nach wie vor **umstritten** sind. Unter ihnen kommt praktische Bedeutung vor allem der Frage zu, ob die actio pro socio nur subsidiär eingreift und ihre Geltendmachung daher besonderer Rechtfertigung bedarf oder ob sie grundsätzlich gleichrangig neben der Klagebefugnis der Geschäftsführer steht (vgl. RdNr. 210), sowie welche prozessualen Folgen die actio pro socio für das Rechtsverhältnis zwischen Gesellschaft und verklagtem Gesellschafter hat (RdNr. 213 f.). In grundsätzlicher Hinsicht geht die Auseinan-

[514] Ganz hM, vgl. BGH LM Nr. 30 = NJW 1983, 749; *Soergel/Hadding* RdNr. 57; *Staudinger/Keßler* RdNr. 83; *Staub/Habersack* HGB § 128 RdNr. 13, 25; *Baumbach*/Hopt HGB § 128 RdNr. 24; stärker einschr. (pro rata-Haftung) aber *Walter* (Fn. 512).

[515] Vgl. *Soergel/Hadding* RdNr. 57; *Erman/Westermann* RdNr. 59; *Staub/Habersack* HGB § 128 RdNr. 13, 26; *Walter* JZ 1983, 261 m. weit. Nachw.

[516] BGH LM Nr. 30 = NJW 1983, 749; *Staub/Habersack* HGB § 128 RdNr. 25; *Baumbach/Hopt* HGB § 128 RdNr. 24; einschr. – nur bezügl. der Anrechnung des Verlustanteils – *Walter* JZ 1983, 261; *Schlegelberger/K. Schmidt* HGB § 128 RdNr. 20; *A. Hueck* OHG § 21 V 2, S. 330.

[517] Dazu *Hadding,* Actio pro socio. Die Einzelklagebefugnis des Gesellschafters bei Gesamthandsansprüchen aus dem Gesellschaftsverhältnis, 1966, S. 17 ff. m. weit. Nachw.; *Diederichsen* ZHR 132 (1969), 290, 291 f. Vgl. aber auch *Schanbacher* AG 1999, 21, 26 f., der entgegen der heute vorherrsch. Ansicht die Zusammenhänge zwischen römischrechtlicher und heutiger actio pro socio betont.

[518] Vgl. nur *Soergel/Hadding* RdNr. 48 ff.; *Erman/Westermann* RdNr. 55 ff.; *K. Schmidt* GesR § 21 IV 1. Eingehend demnächst *M. Schwab,* Das Prozessrecht gesellschaftsinterner Streitigkeiten, 2003, § 2.

[519] Vgl. BGH WM 1967, 275 und § 730 RdNr. 35.

[520] BGHZ 76, 160, 168 = NJW 1980, 1463 (KG); *Erman/Westermann* RdNr. 55; *Schlegelberger/Martens* § 161 RdNr. 68; im Ergebnis ebenso *Zöllner* ZGR 1988, 392, 431; aA *Grunewald,* Die Gesellschafterklage in der Personengesellschaft und der GmbH, 1990, S. 30 f. (bei offensichtlich unvertretbaren Maßnahmen); noch weitergehend *Raiser* ZHR 153 (1989), 1, 27, 33 und *Bork/Oepen* ZGR 2001, 515, 537 f. (auch Klage auf Erzwingung von bestimmten Maßnahmen).

[521] Vgl. dazu die Nachw. in RdNr. 206.

[522] So *Wiedemann* GesR I § 5 III 2 b, S. 272.

dersetzung darum, ob der Gesellschafter mit der actio pro socio ein eigenes materielles Recht geltend macht oder ob er in Prozessstandschaft für die Gesellschaft handelt, dh. ein dieser zustehendes Recht im eigenen Namen einklagt (RdNr. 207 f.).

Keinen Gegenstand der actio pro socio als mitgliedschaftliche Klagebefugnis bilden sonstige **Ansprüche der Gesellschaft gegen Gesellschafter oder Dritte als Schuldner,** die nicht auf dem Gesellschaftsvertrag beruhen, sondern auf Rechtsgeschäften der Gesellschaft mit dem Schuldner. Die Rechtsprechung lässt die gerichtliche Durchsetzung auch derartiger Ansprüche durch nicht geschäftsführungs- und vertretungsbefugte Gesellschafter unter bestimmten Voraussetzungen zwar ausnahmsweise zu, wenn die Klage im eigenen Namen auf Leistung an die Gesellschaft erhoben wird.[523] *Voraussetzungen* für die Erste dieser Fallgruppen sind (1) das berechtigte Interesse des Gesellschafters an der Geltendmachung des Anspruchs, (2) die gesellschaftswidrige Untätigkeit der vertretungsbefugten Geschäftsführer sowie (3) das Zusammenwirken des Dritten als Schuldner mit dem gesellschaftswidrig Handelnden.[524] Für die zweite Fallgruppe stellt die Rechtsprechung analog § 744 Abs. 2 darauf ab, dass die Einzelklage – als Notkompetenz – angesichts der pflichtwidrigen Untätigkeit des Geschäftsführers zur Durchsetzung der geltendgemachten Forderung im vorrangigen Interesse der Gesellschaft oder gar zur Rettung der Gesellschaft insgesamt erforderlich ist.[525] Eine *Gleichsetzung* dieser Fälle einer quasi-gesetzlichen Prozessstandschaft[526] mit der actio pro socio[527] ist *nicht* veranlasst;[528] ihr stehen nicht nur die unterschiedlichen Klagevoraussetzungen entgegen, sondern auch und vor allem der fehlende Zusammenhang dieser beiden Klagebefugnisse mit der für die actio pro socio kennzeichnenden Mitgliedschaftssphäre. 206

b) Mitgliedschaftsrecht (Prozessstandschaft). Darüber, dass es sich bei der actio pro socio um ein aus der Mitgliedschaft fließendes Recht des Gesellschafters handelt, besteht heute im Wesentlichen Einigkeit.[529] Zu Recht wird in der neueren Diskussion namentlich auch seine Funktion als *Minderheitsrecht* betont.[530] Daraus ergibt sich jedoch noch keine Antwort auf die Frage, wer Inhaber des mit der Klage geltend gemachten materiellrechtlichen Anspruchs ist. Die **früher überwM** ging insoweit trotz unstreitiger Zugehörigkeit der Sozialansprüche zum Gesamthandsvermögen (RdNr. 201) von der Geltendmachung eines **eigenen Rechts** durch den klagenden Gesellschafter aus; es handle sich um Ansprüche aus dem Gesellschaftsvertrag, deren Erfüllung sich die Gesellschafter bei Vertragsschluss *wechselseitig zugesagt* hätten.[531] Soweit man sich um eine dogmatische Absicherung dieser 207

523 Dazu näher *Bork/Oepen* ZGR 2001, 515, 543 ff.; vgl. auch *Kort* DStR 2001, 2164 f.

524 Grdlg. BGHZ 39, 14, 16 ff. = NJW 1963, 641; so auch BGHZ 102, 152, 154 f. = NJW 1988, 558; BGH NJW 2000, 734; OLG Dresden NZG 2000, 248, 249; OLG Düsseldorf NZG 2000, 475; vgl. dazu § 719 RdNr. 11.

525 BGHZ 17, 181, 187 = NJW 1955, 1027; BGH NJW 2000, 3272; BayObLGZ 1990, 260, 263; OLG Dresden NZG 2000, 248, 250; vgl. dazu § 709 RdNr. 21.

526 Ebenso *Kort* DStR 2001, 2162, 2163 f.; aA – für gewillkürte Prozessstandschaft – *Bork/Oepen* ZGR 2001, 515, 549 ff.

527 Für diese Gleichsetzung *Bork/Oepen* und *Kort* (Fn. 523).

528 Sie lässt sich weder auf die Rechtsprechung zu den beiden Fallgruppen noch auf die hM zur actio pro socio stützen, die sich ausdrücklich auf *Sozialansprüche* beschränkt (vgl. RdNr. 204).

529 Diesen Aspekt betonen namentlich BGH NJW 1992, 1890, 1892, *Flume* I/2 § 8 V 1, S. 301 (anders noch I/1 § 10 IV, S. 142); *Lutter* AcP 180 (1980), 84, 133 f.; *Teichmann* AcP 179 (1979), 475, 485; *Wiedemann* GesR I § 5 III 2 b, S. 273 f., § 8 IV 1 c, S. 459 ff.

530 So schon *Hueck* OHG § 18 II 3, S. 266, Fn. 21; ebenso *Flume* I/1 § 10 IV, S. 144; *Staudinger/Keßler* RdNr. 67; *Rob. Fischer* ZGR 1979, 251, 260 f. und die in Fn. 529 genannten Autoren. Unter diesen hebt *Wiedemann* GesR I § 5 III 2 b, S. 274, § 8 IV 1 c, S. 459 besonders die Kontrollfunktion der actio pro socio hervor. Nach *K. Schmidt* GesR §§ 16 III 2 b, 21 IV 1 c, handelt es sich zwar nicht um ein Minderheitsrecht, wohl aber um ein „Minderheitsschutzinstrument".

531 So BGHZ 25, 47, 49 = NJW 1957, 1358; BGH LM HGB § 105 Nr. 31 = NJW 1973, 2198; BGH WM 1956, 88, 89; 1960, 399, 400; *Staudinger/Keßler* RdNr. 64; *Rob. Fischer* in Großkomm. zum HGB § 124 Anm. 11; *Flume* I/1 § 10 IV, S. 142 (anders jetzt aber *ders.* I/2 § 8 V 1, S. 301); *Hueck* OHG § 18 II 3, S. 261 ff.; *Nitschke* ZHR 128 (1966), 48, 87 ff.; in neuerer Zeit noch *Reuter* GmbHR 1981, 138; *Raiser* ZHR 153 (1989), 1, 11; *Schanbacher* AG 1999, 21, 27; wohl auch *Lutter* AcP 180 (1980), 133 f. trotz seines Hinweises auf den Charakter der actio pro socio als Mitgliedschaftsrecht. Gegenansichten vgl. in Fn. 535, 536.

Ansicht bemühte, die auf die Annahme zweier im Ansatz zu unterscheidender Ansprüche hinauslief, wurde auf die ähnliche Rechtslage beim berechtigenden Vertrag zu Gunsten Dritter (§§ 328, 335) verwiesen; wie dort sei der Anspruch der Gesellschaft (als begünstigter Dritter) auf Erfüllung, derjenige der Mitgesellschafter (als Versprechensempfänger) auf Leistung an die Gesellschaft gerichtet.[532] Trotz dieser Aufspaltung in zwei Ansprüche wurde freilich einhellig betont, dass verfügungsbefugt über den (?) Anspruch grundsätzlich nur die Gesellschaftergesamtheit sei.[533] Das trifft jedenfalls dann zu, wenn es bei der Verfügung um eine Vertragsänderung geht:[534] diese bedarf regelmäßig der Zustimmung aller Gesellschafter.

208 Der Lehre von der actio pro socio als Verfolgung eines *eigenen* Rechts des klagenden Gesellschafters ist **nicht zu folgen.**[535] Sie verträgt sich nur schwer mit dem Charakter des Gesellschaftsvertrags als eines nicht auf Austausch, sondern auf Begründung einer Zweckgemeinschaft gerichteten Rechtsverhältnisses (RdNr. 161 f.). Auch führt sie im Hinblick auf die Anspruchsverdoppelung und das Verhältnis zwischen gesamthänderisch gebundenem Sozialanspruch und individuellen Gesellschafteransprüchen zu unnötigen Schwierigkeiten. Wie nicht zuletzt das Beispiel der §§ 309 Abs. 4 S. 1 und 2, 317 Abs. 4 AktG zeigt, setzt die Anerkennung eines aus der Mitgliedschaft folgenden Rechts von Gesellschaftern zur prozessualen Geltendmachung von Gesellschaftsforderungen *nicht* voraus, dass dieses sich auf die Durchsetzung eines *eigenen* Anspruchs des Klägers richtet. Bei der actio pro socio handelt es sich vielmehr um einen Fall der **Prozessstandschaft.**[536] Dieser Sicht scheint sich neuerdings auch die höchstrichterliche Rechtsprechung anzuschließen.[537]

209 **Umstritten** ist unter den Vertretern der Prozessstandschaft, ob es sich um eine **gewillkürte**[538] oder eine **gesetzliche Befugnis**[539] handelt. Zugunsten *gewillkürter* Prozessstandschaft wird vorgebracht, dass es insoweit an einer ausdrücklichen gesetzlichen Regelung fehle. Die Befugnis soll sich vielmehr, da die Gesellschaftsverträge durchweg keine entsprechende Regelung enthalten, kraft ergänzender Vertragsauslegung (!) ergeben; ihr Ausschluss (?) könnte in Verbindung mit weiteren Einschränkungen des Minderheitenschutzes gegen § 138 Abs. 1 oder § 242 verstoßen.[540] Diese Ansicht ist für den Regelfall[541] nicht nur

[532] So *Ganssmüller* DB 1954, 860; *U. Huber* Vermögensanteil S. 24 ff.; aA *Hadding* (Fn. 517) S. 43 ff.; *Nitschke* ZHR 128 (1966), 48, 88 f. Allgemein zur Unterscheidung des Leistungsanspruchs des Dritten von dem in § 335 geregelten Erfüllungsanspruch des Versprechensempfängers vgl. § 335 RdNr. 1; *Palandt/Heinrichs* § 335 RdNr. 1; *Erman/Westermann* § 335 RdNr. 3; aM auch insoweit *Hadding* AcP 171 (1971), 403, 413 ff.

[533] Nahezu einhM, vgl. BGHZ 25, 47, 50 = NJW 1957, 1358; BGH NJW 1985, 2830, 2831; *Hueck* OHG § 18 II 3, S. 263; *Wiedemann* GesR I § 5 III 2 b, S. 274; § 8 IV 1 c, S. 460; *Staudinger/Keßler* RdNr. 68; *Hadding* (Fn. 517) S. 97 f.; anders aber *Raiser* ZHR 153 (1989), 1, 23.

[534] Ebenso BGH NJW 1985, 2830, 2831; *Grunewald* (Fn. 520) S. 37 f.; *Hadding* (Fn. 517) S. 93 ff.; *Hueck* (Fn. 533) S. 265.

[535] So zutr. *Teichmann* AcP 179 (1979), 475, 485 in Auseinandersetzung mit der gegenteiligen Ansicht von *Flume* I/1 § 10 IV, S. 142 ff., noch dazu vor dem Hintergrund von dessen Lehre betr. die GbR als teilrechtsfähige Gruppe; ähnlich auch *Rob. Fischer* ZGR 1979, 261; *Häsemeyer* ZHR 144 (1980), 265, 282. Vgl. auch die Nachw. in Fn. 536.

[536] So schon *Heinsheimer,* Über die Teilhaberschaft, 1930, S. 46 und *Staudinger/Geiler* (10. Aufl.) § 705 Anm. 41; in neuerer Zeit namentlich *Soergel/Hadding* RdNr. 50; *Erman/Westermann* RdNr. 55; *Baumbach/Hopt* HGB § 107 RdNr. 32; *Berger,* Die subjektiven Grenzen der Rechtskraft bei der Prozessstandschaft, 1992, S. 275 f.; *Grunewald* (Fn. 520) S. 13 f.; *Hadding* (Fn. 517) S. 58 f., 65, 101 und JZ 1975, 164; *Reinhardt* GesR RdNr. 167; *Bork/Oepen* ZGR 2001, 520 ff.; *Teichmann* AcP 179 (1979), 475, 485; *Wiedemann* GesR I § 8 IV 1 c, S. 461; tendenziell auch *Flume* I/2 § 8 V 1, S. 301; *Lutter* AcP 180 (1980), 134; nach der Struktur der GbR diff. *K. Schmidt* GesR § 21 IV 3 und 4.

[537] Vgl. BGH NJW 2000, 505, 506 (Ablehnung eines Zurückbehaltungsrechts des Bekl. nach § 273 wegen Nichterfüllung auch der Verpflichtung des aus actio pro socio vorgehenden Klägers); offen lassend noch BGH NJW 1985, 2830, 2831; 1992, 1890, 1891.

[538] So *Grunewald* (Fn. 520) S. 12 ff.; *Soergel/Hadding* RdNr. 50; *Erman/Westermann* RdNr. 55; *Bork/Oepen* ZGR 2001, 526 f.

[539] So *Hüffer* GesR (5. Aufl.) S. 87; *Berger,* Die subjektiven Grenzen der Rechtskraft bei der Prozessstandschaft, 1990, S. 277; *Becker,* Verwaltungskontrolle durch Gesellschafterrechte, 1997, S. 543; *Kort* DStR 2001, 2163; *Weipert* in MünchHdb. GesR I, 1995, § 6 RdNr. 45.

[540] So *Grunewald* (Fn. 520) S. 36; *Bork/Oepen* ZGR 2001, 527.

[541] Gewillkürte Prozessstandschaft liegt allerdings dann vor, wenn die vertretungsberechtigten Gesellschafter der Klage im Namen des nicht vertretungsberechtigten Gesellschafters zustimmen (dazu BGH NJW 1988, 1585, 1586 f., OLG Düsseldorf ZIP 1985, 1000).

methodisch unhaltbar, sondern verkennt auch die historischen Wurzeln der actio pro socio in der Lehre von der societas.[542] Vielmehr handelt es sich um eine *quasigesetzliche* Befugnis kraft ungeschriebenen (Gewohnheits-)Rechts.[543] In ihren Wirkungen entspricht sie einer gesetzlichen Prozessstandschaft (vgl. RdNr. 213 f.). Als Minderheitsrecht kann sie im Gesellschaftsvertrag zwar eingeschränkt, insbes. von erschwerenden Voraussetzungen abhängig gemacht, aber nicht völlig abbedungen werden;[544] als Grenze der Privatautonomie bietet sich der Maßstab des § 716 Abs. 2 an.[545]

c) Folgerungen. aa) Klagevoraussetzungen. Die **Zulässigkeit** der actio pro socio hängt einerseits ab von der *Gesellschafterstellung des Klägers.* Fehlt sie oder entfällt sie ohne Rechtsnachfolge während des Rechtsstreits, so ist die Klage als unzulässig abzuweisen;[546] die auf den Übergang der Sachlegitimation abstellende Vorschrift des § 265 ZPO greift insoweit nicht ein.[547] Darüber hinaus bedarf es entgegen der hM[548] der *Darlegung der Gründe für die Notwendigkeit der Klageerhebung* durch den Kläger.[549] Die damit verbundene Einschränkung der Klagebefugnis beruht freilich nicht auf deren Rechtsnatur als Prozessstandschaft, sondern auf ihrem Charakter als Minderheitsrecht und der mit dessen Ausübung verbundenen Durchbrechung der gesellschaftsrechtlichen Zuständigkeitsordnung für die Geltendmachung von Sozialansprüchen.[550] Die Klage ist daher nicht erst dann unzulässig, wenn das Vorgehen des Klägers sich nach Lage des Falles als treuwidrig erweist.[551] Vielmehr muss der Kläger als Zulässigkeitsvoraussetzung seinerseits die Gründe vortragen, aus denen sich die Erforderlichkeit der Klage durch ihn ergibt. 210

An die **Darlegung der Zulässigkeitsvoraussetzungen** sind keine zu hohen Anforderungen zu stellen, wenn das Minderheitsrecht nicht leerlaufen soll.[552] Schon gar nicht kommt es auf die Zustimmung der Mitgesellschafter zur Klageerhebung an;[553] in einer 211

542 Vgl. dazu *Schanbacher* AG 1999, 21, 26 f.

543 Der Einwand der Gegner (quasi-)gesetzlicher Prozessstandschaft, der Streit um Voraussetzungen und Rechtsfolgen der actio pw socio stehe der Anerkennung als Gewohnheitsrecht entgegen (so *Bork/Oepen* ZGR 2001, 526), verkennt, dass umstritten nur die Details der Ausgestaltung der Rechtsfigur sind, während die grundsätzliche Anerkennung der actio pro socio allgemeiner Rechtsüberzeugung und tatsächlicher Übung entspricht.

544 So mit unterschiedlicher Grenzziehung zutr. *U. Huber* Vermögensanteil S. 28 f.; *Rob. Fischer* ZGR 1979, 261; *Flume* I/1 § 10 IV, S. 144; *Lutter* AcP 180 (1980), 84, 132; *Grunewald* (Fn. 520) S. 34 ff.; *Wiedemann* GesR I § 5 III 2 b S. 274; *Martens,* Mehrheits- und Konzernherrschaft, 1970, S. 96; aA – für Abdingbarkeit – noch *Soergel/Schultze-v. Lasaulx* 10. Aufl. RdNr. 59; *Hueck* OHG § 18 II 3, S. 267; *Hadding* (Fn. 517) S. 65; offen lassend BGH WM 1973, 1291, 1292 und BGH NJW 1985, 2830, 2831.

545 Ebenso *Wiedemann* GesR I § 5 III 2 b, S. 274.

546 OLG Karlsruhe NJW 1995, 1296; *Früchtl* NJW 1996, 1327 f.; aA *Hörstel* NJW 1995, 1271; nach Art des Ausscheidens diff. *Bork/Oepen* ZGR 2001, 529 f.

547 Insoweit aA BGH LM ZPO § 265 Nr. 7 = NJW 1960, 964, aber auch *Hadding* (Fn. 517) S. 102; wie hier *Wiedemann* GesR I § 8 IV 1 c, S. 46; *Erman/Westermann* RdNr. 57.

548 Sie beschränkt sich darauf, die aus der Treupflicht folgende Grenze der actio pro socio zu betonen (vgl. Nachw. in Fn. 551), und kommt insoweit zur Darlegungs- und Beweislast des sich auf den Treupflichtverstoß berufenden Beklagten.

549 Ebenso zu Recht *Erman/Westermann* RdNr. 57 und *Grunewald* (Fn. 520) S. 14 f., 21, im Ansatz auch *Hadding* (Fn. 517) S. 59 ff.; *Nitschke* ZHR 128, (1966), 484 ff., und – ihnen folgend – *Lutter* AcP 180 (1980), 84, 134, allerdings unter zu starker Betonung der Subsidiaritätsschranke auf Kosten der Minderheitsschutzfunktion der actio pro socio; zu weitgehend auch RGZ 171, 51, 54 f. (dagegen zu Recht BGHZ 25, 47, 50 = NJW 1957, 1358 und die ganz hM im Schrifttum, vgl. Nachw. in Fn. 551). Auf den Charakter der actio pro socio als bloßes „Hilfsrecht" hinweisend BGH LM HGB § 115 Nr. 3 = NJW 1974, 1555; für „organisierte" Personengesellschaften auch *K. Schmidt* GesR § 21 IV 4.

550 Darauf haben vor allem *Hadding* (Fn. 517) S. 53 ff. und *Nitschke* ZHR 128 (1966), 48, 86 zu Recht hingewiesen.

551 So aber BGHZ 25, 47, 50 = NJW 1957, 1358; 3. Aufl. RdNr. 149; *Staudinger/Keßler* RdNr. 68; *Hueck* OHG § 18 II 3, S. 266 f.; *Flume* I/1 § 10 IV, S. 143; *Rob. Fischer* ZGR 1979, 261; *Raiser* ZHR 153, (1989), 1, 23; wohl auch *Wiedemann* GesR I § 5 III 2 b, S. 274, § 8 IV 1 c, S. 460. AM einerseits *U. Huber* Vermögensanteil S. 27, der eine Einschränkung unter dem Gesichtspunkt der Treupflicht ganz ablehnt, andererseits (Zulassung der Klage nur in Notfällen) die in Fn. 549 genannten Autoren.

552 Zu weitgehend daher *Hadding, Nitschke* (Fn. 549) und ihnen folgend *Windel,* Der Interventionsgrund des § 66 Abs. 1 ZPO als Prozessführungsbefugnis, 1992, S. 169, aber auch *Bork/Oepen* ZGR 2001, 534.

553 So aber RGZ 171, 51, 54 und jetzt auch *Bork/Oepen* ZGR 2001, 535 f.; dagegen zu Recht BGHZ 25, 47, 50 = NJW 1957, 1358 und die ganz hM im Schrifttum (vgl. schon *Hueck* OHG § 18 II 3, S. 265).

solchen Zustimmung läge vielmehr die Übertragung gewillkürter Prozessstandschaft an den klagenden Gesellschafter.[554] Stattdessen genügt der schlüssige Vortrag, dass der Gesellschaft ein durchsetzbarer Sozialanspruch gegen den oder die verklagten Mitgesellschafter zusteht und dass die Aufforderung an die Geschäftsführer, den Anspruch geltend zu machen, entweder erfolglos oder – wegen deren eigener Betroffenheit – nicht Erfolg versprechend war.[555] Im Übrigen ist zu verlangen, dass der klagebereite Gesellschafter die *Interessen der Gesellschaft* berücksichtigt und sich nicht vorrangig vom eigenen Interesse leiten lässt. Das gilt namentlich bei der Geltendmachung von Schadensersatzansprüchen;[556] der Verzicht hierauf ist ihm umso eher zuzumuten, je geringer Tragweite und Auswirkungen der Vertragsverletzung sind und je größere Nachteile sich aus dem einseitigen Vorgehen für den Gesellschaftsfrieden ergeben können. Daher wird das Gericht bei Schadensersatzklagen gegen Mitgesellschafter auch darüber zu befinden haben, ob nicht der Widerspruch eines an der Pflichtverletzung unbeteiligten Geschäftsführers gem. § 711 der Klageerhebung entgegensteht.[557] Demgegenüber ist ein Widerspruch gegen die Klage auf Beitragszahlung in aller Regel als unsachlich zurückzuweisen, weil sich die Beitragspflicht unmittelbar und ausreichend bestimmt aus dem Gesellschaftsvertrag ergibt.[558]

212 Für die **Begründetheit** der im Wege der actio pro socio erhobenen Klage sind der materiellrechtliche Bestand und die Durchsetzbarkeit des Sozialanspruchs maßgebend. Schreibt etwa der Gesellschaftsvertrag für die Einziehung der Beiträge einen entsprechenden Gesellschafterbeschluss vor, so kann sich der Beitragsschuldner hierauf auch der actio pro socio gegenüber berufen. Gleiches gilt, wenn die Mitgesellschafter auf Grund eines vertraglich zugelassenen Mehrheitsbeschlusses wirksam auf den Sozialanspruch verzichtet oder ihn gestundet haben: durch einen solchen Beschluss wird auch der mit der actio pro socio geltend gemachte Erfüllungsanspruch entsprechend umgestaltet.[559] Der Minderheitsgesellschafter ist ausreichend dadurch geschützt, dass er gegen den Beschluss selbst vorgehen und ggf. die Wirksamkeit der darin liegenden Vertragsänderung angreifen kann.[560]

213 **bb) Prozessuale Wirkungen.** Die Klage begründet ein Prozessrechtsverhältnis des im *eigenen* Namen klagenden Gesellschafters zum Beklagten; er kann freilich nur solche Prozesshandlungen vornehmen, die nicht (wie der Vergleich) zugleich eine materiellrechtliche Verfügung über den Anspruch enthalten. Der Kläger und nicht die Gesellschaft ist Kostenschuldner;[561] im Fall der Klageabweisung hat er regelmäßig auch keinen Aufwendungsersatzanspruch gegen die Gesellschaft.

214 **Umstritten** ist, ob gegenüber einer Klage der GbR der *Einwand der Rechtshängigkeit* mit Rücksicht auf eine anhängige actio pro socio eingreift und inwieweit sich *Rechtskraftwirkungen* aus einem im Verfahren der actio pro socio erstrittenen Urteil für oder gegen die Gesellschaft ergeben können.[562] Wendet man die für die gesetzliche Prozessstandschaft

[554] BGH NJW 1988, 1585, 1586 f., OLG Düsseldorf ZIP 1985, 100; vgl. auch BGH NJW 1987, 3121, 3122: Umdeutung einer unwirksamen Abtretung der Schadensersatzforderung in die Einräumung der Prozessführungsbefugnis.

[555] AA *Hadding* (Fn. 517) S. 59 ff., der die actio pro socio nur für zulässig hält, wenn entweder eine Gesamtwillensbildung in der Gesellschaft wegen der geringen Gesellschafterzahl nicht möglich oder die Ablehnung der Anspruchsdurchsetzung durch die Mehrheit treuwidrig ist oder schließlich der Anspruch sich gegen den einzigen vertretungsbefugten Gesellschafter richtet; ähnlich auch *Bork/Oepen* ZGR 2001, 532 ff.

[556] Vgl. auch *Hadding* JZ 1975, 160 zur damit verbundenen Gefährdung des Vertrauensverhältnisses.

[557] *Grunewald* (Fn. 520) S. 22; zum pflichtwidrigen Widerspruch vgl. § 711 RdNr. 11 f.

[558] *Grunewald* (Fn. 520) S. 22.

[559] BGHZ 25, 47, 50 = NJW 1957, 1358, *Staudinger/Keßler* RdNr. 68; *Hueck* OHG § 18 II 3, S. 263.

[560] Vgl. dazu BGH NJW 1985, 2830, 2831; *Grunewald* (Fn. 520) S. 37 ff.

[561] EinhM, vgl. *Ganssmüller* DB 1954, 860, 862; *Hueck* JZ 1957, 626, 627; *Hadding* (Fn. 517) S. 106.

[562] Für Rechtskraftwirkung des die actio pro socio abweisenden Urteils gegenüber der Gesellschaft *Berger* (Fn. 536) S. 277 ff., *Hadding* (Fn. 517) S. 104 ff.; *Wiedemann* GesR I § 8 IV 1 c, S. 461 und *Bork/Oepen* ZGR 2001, 540 entgegen der hM (vgl. *Hueck* OHG § 18 II 3, S. 264; *Staudinger/Keßler* RdNr. 69; *Raiser* ZHR 153 (1989), 1, 23 f.); ebenso für Einwand der Rechtshängigkeit gegenüber einer nachträglich von der Gesellschaft erhobenen Klage *Hadding* S. 101 f.; *Wiedemann* aaO; wohl auch *Bork/Oepen* ZGR 2001, 540 f.

geltenden, nicht abschließend geklärten Grundsätze[563] auf die actio pro socio an, so sind beide Fragen im Grundsatz zu verneinen.[564] Daher kann die Gesellschaft ungeachtet der actio pro socio den Anspruch selbst klageweise geltend machen. Für die actio pro socio hat dieses Vorgehen freilich zur Folge, dass dadurch im Regelfall die Notwendigkeit der Gesellschafterklage als Prozessvoraussetzung entfällt und sie als unzulässig abzuweisen ist.[565] Der Frage der *Rechtskraft* kommt meist nur im Hinblick auf ein *klageabweisendes* Urteil im Rahmen der actio pro socio Bedeutung zu, da die Gesellschaft bei erfolgreicher Klage diese genehmigen und dadurch Rechtskrafterstreckung erreichen kann;[566] die Klageabweisung hindert die spätere eigene Rechtsverfolgung durch die Gesellschaft nicht. Wird andererseits der von der *Gesellschaft* geltendgemachte Sozialanspruch dieser gegenüber rechtskräftig aberkannt, so ist das auch für die actio pro socio von Bedeutung, da der Schuldner insoweit alle Einwendungen erheben kann, die ihm gegen die Gesellschaft zustehen, einschließlich des Einwands der Rechtskraft des Abweisungsurteils.[567] Der Einwand kann vom beklagten Gesellschafter auch im Wege der Vollstreckungsgegenklage nach § 767 ZPO geltend gemacht werden.[568]

III. Rechte und Pflichten gegenüber Mitgesellschaftern

1. Ansprüche gegen Mitgesellschafter. Leistungsansprüche von Gesellschaftern **aus dem Gesellschaftsvertrag** bestehen im Regelfall nur gegen die Gesellschaft (Sozialverbindlichkeiten, RdNr. 197 ff.), aber nicht gegen die Mitgesellschafter. Abweichungen sind möglich, so etwa im Rahmen einer Innengesellschaft, namentlich einer stillen Gesellschaft, bei der sich der „Stille" zur Beitragsleistung an den Geschäftsinhaber verpflichtet (§ 230 Abs. 1 HGB, vgl. auch RdNr. 282). – Zur ausnahmsweisen Geltendmachung von gegen die Gesellschaft gerichteten Ansprüchen (Sozialverbindlichkeiten) gegenüber Mitgesellschaftern vgl. RdNr. 217 ff., zur Durchsetzung von gesellschaftsvertraglichen Sozial-(Gesamthands-)ansprüchen gegen Mitgesellschafter im Wege der Prozessstandschaft (actio pro socio) RdNr. 204 ff. 215

Der Umstand, dass unmittelbare vertragliche Leistungsansprüche zwischen Gesellschaftern regelmäßig fehlen, darf nicht dahin missverstanden werden, es gebe zwischen ihnen keine vertraglichen Verpflichtungen. Diese Ansicht wäre unvereinbar mit der schuldvertraglichen Grundlage der Gesellschaft (RdNr. 155) und würde die hieraus resultierenden **wechselseitigen Bindungen** außer Acht lassen. So sind die Geschäftsführer auch den Mitgesellschaftern zu sorgfältiger Geschäftsführung verpflichtet. Aus der auch zwischen Mitgesellschaftern bestehenden Treupflicht können sich nicht nur Unterlassungs-, sondern je nach Lage des Falles auch Handlungspflichten einzelner Gesellschafter ergeben (RdNr. 229 f.). Die Verletzung einer dieser Pflichten begründet, soweit sie zu einem Schaden nicht bei der Gesellschaft, sondern bei Mitgesellschaftern führt, *persönliche Schadensersatzansprüche* für diese gegen den Schädiger (RdNr. 198). 216

2. Haftung für Sozialverbindlichkeiten. Eine Haftung der Mitgesellschafter für **vermögensrechtliche Ansprüche,** die einem Gesellschafter aus dem Gesellschaftsvertrag gegen die Gesellschaft zustehen, ist *grundsätzlich ausgeschlossen.*[569] Ihr steht die Beschränkung der vertraglichen Leistungspflichten auf die vereinbarten Beiträge (§ 707) entgegen. Ausgenommen ist vor allem der Fall der Liquidation, soweit ein Ausgleich zwischen den 217

[563] Vgl. dazu näher *Zöller/Vollkommer* ZPO, 23. Aufl., Vor § 50 RdNr. 21 ff., 33 ff. und *Berger* (Fn. 536).

[564] HM, vgl. BGHZ 78, 1, 7 = NJW 1980, 2463; BGHZ 79, 245, 247 f. = NJW 1981, 1097, m. weit. Nachw. Krit. dazu im Hinblick auf den unzureichenden Schutz des beklagten Schuldners *Zöller/Vollkommer* (Fn. 563) Vor § 50 ZPO RdNr. 39; aA *Häsemeyer* ZZP 101 (1988), 404 f.; *Berger* (Fn. 536) S. 277 ff.

[565] AA – für Nebenintervention der Gesellschaft im Prozess des Gesellschafters – *Hadding* (Fn. 517) S. 102 und *Bork/Oepen* ZGR 2001, 541 f.; wieder anders *Windel* (Fn. 552) S. 168 f.: § 64 ZPO analog.

[566] *Zöller/Vollkommer* (Fn. 563) Vor § 50 ZPO RdNr. 38.

[567] Eingehend *Berger* (Fn. 536) S. 280 ff.

[568] Ebenso *Flume* I/1 § 10 IV, S. 145.

[569] Vgl. Nachw. in Fn. 501.

Gesellschaftern nach Maßgabe von § 735 zu erfolgen hat (dazu § 735 RdNr. 4 ff.). Über diesen Sonderfall hinaus lässt die hM eine *eng begrenzte Ausnahme* zu für die Geltendmachung von **Regressansprüchen** aus der Inanspruchnahme durch Gesellschaftsgläubiger (RdNr. 191). Sie ist unter den im Folgenden genannten Voraussetzungen schon während des Bestehens der Gesellschaft und außerhalb der in § 735 begründeten Nachschusspflicht möglich;[570] das folgt aus der Stellung der Gesellschafter als Gesamtschuldner (§ 426) sowie aus dem Umstand, dass das Risiko der Inanspruchnahme insoweit grundsätzlich jeden Gesellschafter in gleicher Weise trifft und seine Realisierung beim einen oder anderen Gesellschafter häufig auf Zufall beruht. Die Ausnahme greift ein, wenn der vom Gesellschaftsgläubiger gegen den zahlenden Gesellschafter geltend gemachte Anspruch zu Recht bestand, eine Erstattung aus dem Gesamthandsvermögen aber nicht möglich ist. Die Mitgesellschafter haften sodann gemäß § 426 **pro rata** entsprechend ihrer Verlustbeteiligung. Ein Ausfall bei zahlungsunfähigen Gesellschaftern ist in entsprechender Weise auf den Erstattungsgläubiger und die zahlungskräftigen Mitgesellschafter umzulegen.[571]

218 Nach hM zulässig ist auch die Durchsetzung von **Abfindungsansprüchen** ausgeschiedener Gesellschafter gegen ihre ehemaligen Mitgesellschafter.[572] Dem ist abweichend von der Vorauflage (§ 738 RdNr. 12) zuzustimmen, nachdem das Hindernis eines in deren Person fehlenden Haftungsgrundes infolge der höchstrichterlichen Anerkennung akzessorischer Gesellschafterhaftung (§ 714 RdNr. 5, 39) entfallen ist. § 707 steht wegen der erloschenen Mitgliedschaft des Ausgeschiedenen nicht entgegen; dieser ist auch nicht auf ein Vorgehen pro rata der jeweiligen Verlustbeteiligung beschränkt. Zur Relevanz einer Haftungsbeschränkung im Gesellschaftsvertrag vgl. § 738 RdNr. 17, zur Rechtslage nach Auflösung der Gesellschaft s. § 730 RdNr. 62.

219 Soweit es um die Durchsetzung von **Verwaltungsrechten** einzelner Gesellschafter geht, können diese ohne Einschränkung auch unmittelbar gegenüber den hierfür nach der internen Geschäftsverteilung zuständigen oder das Recht bestreitenden Mitgesellschaftern geltend gemacht werden. Das gilt etwa für das Recht auf Geschäftsführung, auf Information und Einsicht in die Geschäftsunterlagen sowie auf Rechnungslegung und Aufstellung der Abfindungsbilanz. Die Schranke des § 707 steht hier nicht entgegen. Vgl. dazu auch RdNr. 199.

220 **3. Haftung für Drittgläubigerforderungen.** Ansprüche von Gesellschaftern aus Rechtsgeschäften mit der Gesellschaft, die nicht auf dem Gesellschaftsvertrag beruhen („Drittgläubigerforderungen"), können anders als die Sozialverbindlichkeiten grundsätzlich **auch gegen Mitgesellschafter** durchgesetzt werden, sofern diese als Gesamtschuldner haften (§ 714 RdNr. 39). Der Gesellschafter/Gläubiger ist nicht verpflichtet, sich primär an die Gesellschaft zu halten. Für den seiner Verlustbeteiligung entsprechenden Forderungsanteil kann er freilich Zahlung von den Mitgesellschaftern nicht verlangen. Im Übrigen sind dem Vorgehen gegen die Mitgesellschafter Schranken nur im Hinblick auf die gesellschaftsrechtliche Treupflicht gesetzt. Näheres vgl. in RdNr. 203.

IV. Treupflicht

221 **1. Grundlagen. a) Rechtlicher Ansatz.** Die gesellschaftsrechtliche Treupflicht ist ein **zentraler Rechtssatz** des Gesellschaftsrechts. Seine Anerkennung findet sich bereits in der

[570] BGHZ 37, 299, 302 = NJW 1962, 1853; BGHZ 103, 72, 76 = NJW 1988, 1375; BGH NJW 1980, 339, 340; *Soergel/Hadding* RdNr. 52; *Erman/Westermann* § 714 RdNr. 15; *Staudinger/Keßler* RdNr. 77; *Schlegelberger/K. Schmidt* HGB § 128 RdNr. 34; *Staub/Habersack* HGB § 128 RdNr. 12, 48 f.; eingehend vor allem auch *Hadding/Häuser* WM 1988, 1585, 1588 f. und *Walter* JuS 1982, 83 f. Vgl. auch § 714 RdNr. 56.

[571] BGHZ 37, 299, 302 = NJW 1962, 1863; *Staub/Habersack* HGB § 128 RdNr. 49.

[572] So für das Ausscheiden aus einer OHG oder KG BGH WM 1971, 1454; *Staub/Habersack* HGB § 128 RdNr. 12; *Schlegelberger/K. Schmidt* HGB § 138 RdNr. 43; *Heymann/Emmerich* HGB § 138 RdNr. 20. Für die GbR jetzt auch BGHZ 148, 201, 206 = NJW 2001, 2718.

Rechtsprechung des Reichsgerichts vor dem 1. Weltkrieg.[573] Nach zeitbedingter Übersteigerung des Treuegedankens während des NS-Regimes hat der BGH den Grundsatz der Treupflicht auf seinen sachgerechten Kern zurückgeführt und sich in einer Vielzahl von Entscheidungen darum bemüht, ihm schärfere Konturen zu verleihen. Im Schrifttum hat sich als einer der ersten Autoren *Alfred Hueck* um die Herausarbeitung des Treuegedankens im Gesellschaftsrecht verdient gemacht;[574] seine Überlegungen haben die Rechtsprechung des BGH maßgeblich beeinflusst.

Die **Grundlage** der gesellschaftsrechtlichen Treupflicht bildet der **Gesellschaftsvertrag** 222
(zur nachvertraglichen Treupflicht vgl. § 738 RdNr. 4); sie besteht daher auch während der *Liquidationsphase* fort.[575] Auf die in der Literatur umstrittene Frage, ob die Treupflicht sich als gesellschaftsrechtliche Verdichtung des allgemein für Schuldverhältnisse geltenden Grundsatzes von Treu und Glauben (§ 242) erweist[576] oder ob sie einen selbstständigen Inhalt des Schuldverhältnisses bildet,[577] kommt es angesichts der Übereinstimmung über ihre vertragliche Wurzel nicht an.[578] Insbesondere kann auch der Grundsatz von Treu und Glauben nicht isoliert vom jeweiligen Schuldverhältnis gesehen werden; er beschränkt sich nicht etwa darauf, die Art und Weise der Leistungsbewirkung zu bestimmen.[579] Zu eng wäre es allerdings, die Treupflicht lediglich als Teil der im Gesellschaftsvertrag übernommenen Verpflichtung zur Förderung des Gesellschaftszwecks zu sehen.[580] Durch ein solches Verständnis würde weder die Pflicht zur Rücksichtnahme auf die Belange der Mitgesellschafter noch auch die in Sonderfällen eingreifende Zustimmungspflicht zu Änderungen der Vertragsgrundslage erfasst, die beide nach heute hM in den Bereich der Treupflicht fallen (RdNr. 229, 231 ff.).

b) Zur Konkretisierung relevante Umstände. Der Anwendungsbereich der Treu- 223
pflicht beschränkt sich nicht auf das Verhältnis des Gesellschafters zur Gesellschaft, sondern umfasst entsprechend der Vertragsgrundlage auch dasjenige zu den Mitgesellschaftern (RdNr. 229 f.). Inhaltlich kann die Treupflicht je nach Lage des Falles zu **Unterlassungs-,** aber auch zu **Handlungspflichten** der Gesellschafter führen. Letztere sind vor allem insoweit zu bejahen, als es um die vertraglich vereinbarte Förderung des gemeinsamen Zwecks geht, also um Angelegenheiten der *Geschäftsführung* einschließlich der Ausübung des Widerspruchsrechts (§ 711) und der Beschlussfassung über Geschäftsführungsmaßnahmen: hier kommt dem Gesellschaftsinteresse grundsätzlich der Vorrang zu vor den Einzelinteressen der Gesellschafter (RdNr. 226). Auch ein Wettbewerbsverbot zu Lasten der Gesellschafter im Tätigkeitsbereich der Gesellschaft wird sich häufig aus der Treupflicht ergeben (RdNr. 235).

[573] Nachw. bei *Rob. Fischer* in Großkomm. zum HGB, 3. Aufl., § 105 Anm. 31 a.

[574] *A. Hueck,* Der Treuegedanke im Recht der Offenen Handelsgesellschaft, FS Hübner, 1935, S. 72 f.; *ders.,* Der Treuegedanke im modernen Privatrecht, 1947; eingehend auch *Zöllner,* Die Schranken mitgliedschaftlicher Stimmrechtsmacht bei den privatrechtlichen Personenverbänden, 1963, S. 335 bis 356, und *M. Winter,* Mitgliedschaftliche Treubindungen im GmbH-Recht, 1988. Speziell zur Treupflicht des herrschenden Gesellschafters und dem daraus folgenden Minderheitenschutz vgl. *Wiedemann* GesR I § 8 II 3, S. 431 ff.

[575] Zur treupflichtbedingten Pflicht, die Mitgesellschafter mit Blick auf die Auseinandersetzungsrechnung über Umstände zu informieren, die die mitgliedschaftlichen Vermögensinteressen berühren, vgl. BGH ZIP 2003, 73, 74.

[576] So etwa § 242 RdNr. 153 *(Roth)*; *Erman/Westermann* RdNr. 47; *Staudinger/Keßler* Vor § 705 RdNr. 42; *Larenz* II § 60 II a; für die Ausübung eigennütziger Rechte sowie für die Treupflicht gegenüber den Mitgesellschaftern auch *M. Winter* (Fn. 574) S. 12 ff. m. weit. Nachw. zum Streitstand; näher zum Ganzen *Staub/Ulmer* HGB § 105 RdNr. 232 ff.; *Hüffer,* FS Steindorff, 1990, S. 56, 64 ff., 70 ff., jew. m. weit. Nachw.

[577] So *Hueck,* Der Treuegedanke im modernen Privatrecht, 1947, S. 18 f.; *Rob. Fischer* in Großkomm. zum HGB, 3. Aufl., § 105 Anm. 31 a; *Soergel/Hadding* RdNr. 58.

[578] Zutr. *Zöllner* (Fn. 574) S. 336 f.

[579] So aber *Rob. Fischer* in Großkomm. zum HGB, 3. Aufl., § 105 Anm. 31 a; *Soergel/Hadding* RdNr. 58; vgl. dagegen nur § 242 RdNr. 144, 153.

[580] So namentlich *Lutter* AcP 180 (1980), 84, 102 ff. (freilich unter Differenzierung gegenüber einer daneben bestehenden „Rücksichtspflicht" im Verhältnis zu den Mitgesellschaftern, S. 120 ff.) und neuerdings *Lettl* AcP 202 (2002), 3, 13 ff., 17; vgl. auch RG JW 1935, 1773 (Nr. 6); *Soergel/Hadding* RdNr. 58; *Larenz* II § 60 II a; dagegen zu Recht schon *Rob. Fischer* in Großkomm. zum HGB, 3. Aufl., § 105 Anm. 31 a; *M. Winter* (Fn. 574) S. 13; *Hüffer* (Fn. 576) S. 70 ff.

Soweit demgegenüber die Ausübung eigennütziger, den Gesellschaftern im eigenen Interesse verliehener Gesellschafterrechte in Frage steht, hat die Treupflicht in erster Linie Schrankenfunktion; sie verpflichtet den Gesellschafter zur Wahl des schonendsten Mittels bei Verfolgung seiner Interessen und kann bei rücksichtslosem Vorgehen zum Eingreifen des Missbrauchseinwands führen (RdNr. 229 f.). Schließlich kann sich unter dem Gesichtspunkt der Treupflicht ausnahmsweise eine Pflicht zur Mitwirkung bei Vertragsänderungen ergeben; hieran sind freilich im Grundsatz hohe Anforderungen zu stellen (RdNr. 231 ff.).

224 Der Umfang und die **Intensität der Treupflicht** differieren je nach dem Gegenstand der Rechtsausübung und der Art des Gemeinschaftsverhältnisses. Eine erste, besonders wichtige Unterscheidung stellt darauf ab, ob es um die Ausübung **uneigennütziger,** zur Förderung des gemeinsamen Zwecks verliehener Befugnisse geht oder um den Gebrauch **eigennütziger** Mitgliedschaftsrechte (RdNr. 226 bis 228). Im ersten Fall haben die Interessen der Gesamthand unbedingten Vorrang; eigene Interessen können nur insoweit verfolgt werden, als Gesellschaftsbelange nicht entgegenstehen.[581] Dagegen ist der Gesellschafter bei den eigennützigen Rechten grundsätzlich nicht gehindert, das eigene Interesse trotz abweichender Interessen der Gesellschaft oder der Mitgesellschafter zu verfolgen. Wohl aber verbietet es die Treupflicht, von eigennützigen Rechten im Widerspruch zu dem mit ihrer Einräumung verbundenen Zweck Gebrauch zu machen.[582] Auch muss der Gesellschafter auf die Belange der anderen Beteiligten bei der Rechtsausübung im Rahmen des Zumutbaren Rücksicht nehmen; er darf sich nicht willkürlich oder grundlos über anerkennenswerte Interessen der Gemeinschaft oder der Partner hinwegsetzen. Das gilt umso mehr, je einschneidender die Folgen dieser Rechtsausübung für Gesellschaft oder Mitgesellschafter sind.[583] Dementsprechend ist der Einfluss der Treupflicht etwa stärker bei der Beschlussfassung über die Entziehung der Geschäftsführungs- und Vertretungsbefugnis eines Mitgesellschafters als bei der Ausübung von Informations- und Kontrollrechten. Auch für die Kündigung oder die Ausübung eines vertraglichen Übernahmerechts können Schranken der Treupflicht je nach Lage des Falles relevant werden; dass sie der gemeinsamen Zweckverfolgung ein Ende setzen, steht nicht entgegen.[584]

225 Was andererseits die **Art des Gesellschaftsverhältnisses** angeht, so hat der Treupflichtgrundsatz umso größere Bedeutung, je enger der persönliche Zusammenschluss ausgestaltet ist[585] und über je weitergehende Mitspracherechte der einzelne Gesellschafter verfügt. Zwar besteht, soweit die gesetzliche Regel der Einstimmigkeit reicht, regelmäßig kein Anlass, je nach dem Ausmaß der Beteiligung und dem Stimmgewicht der einzelnen Gesellschafter zu differenzieren. Anderes gilt jedoch bei Vereinbarung des **Mehrheitsprinzips** im Hinblick auf die Einflussmöglichkeiten, die der Mehrheit dadurch im Verhältnis zur Minderheit zustehen; sie erfordern namentlich bei Vertragsänderungen besondere Rücksichtnahme auf die Interessen der überstimmten Minderheit (vgl. näher § 709 RdNr. 100). Diesem Aspekt kommt auch in einer **Publikumsgesellschaft,** trotz der dort regelmäßig fehlenden persönlichen Beziehungen zwischen den Gesellschaftern, Bedeutung zu.[586] In derartigen Ge-

[581] Ganz hM, vgl. *Soergel/Hadding* RdNr. 59; *Erman/Westermann* RdNr. 47; *Staudinger/Keßler* Vor § 705 RdNr. 49; *Hueck* OHG § 13 I 1; näher dazu und m. weit. Nachw. *Staub/Ulmer* HGB § 105 RdNr. 237, 239 ff.; die Unterscheidung zwischen uneigennützigen und eigennützigen Rechten findet sich schon bei *Hachenburg* LZ 1907 Sp. 460, 466.

[582] Dazu *M. Winter* (Fn. 574) S. 29 m. weit. Nachw.

[583] Diesen Aspekt betont zu Recht *Zöllner* (Fn. 574) S. 337 ff., 343; dazu auch *M. Winter* (Fn. 574) S. 27 f., 121 ff.

[584] So aber – jedenfalls gegenüber der Gesellschaft – *Zöllner* (Fn. 575) S. 344; tendenziell auch BGHZ 76, 352, 353 = NJW 1980, 1278 (GmbH). Wie hier *Ulmer,* FS Möhring, 1975, S. 295 ff.; vgl. auch BGH WM 1968, 874 (Anstreben der Insolvenz einer Personengesellschaft ist dann nicht treuwidrig, wenn die Lage der Gesellschaft aussichtslos ist und eine schnelle Liquidation objektiv im Interesse aller Berechtigten liegt). Zum Ganzen vgl. näher § 723 RdNr. 57 ff.

[585] Zu dem hierfür maßgebenden Grund: den gesteigerten Einwirkungsmöglichkeiten der einzelnen Gesellschafter auf Gesellschaft und Mitgesellschafter, s. grdlg. *Zöllner* (Fn. 574) S. 340 ff.; *Soergel/Hadding* RdNr. 59; *Lutter* AcP 180 (1980), 84, 105 ff., 128 f.; für die GmbH auch *M. Winter* (Fn. 574) S. 186 ff.

[586] BGHZ 71, 53, 59 = NJW 1978, 1382; vgl. auch die Rspr.-Nachw. in Fn. 587 und dazu näher *M. Winter* (Fn. 574) S. 18 f.; ferner zur Treupflicht

sellschaften ist die Treupflicht jedenfalls insoweit zu beachten, als es um das Verhältnis der Gesellschafter zur Gesellschaft geht; sie kann je nach Lage des Falles auch der Durchsetzung gesellschaftsvertraglicher Ansprüche entgegenstehen, wenn andernfalls die Lebensfähigkeit der Gesellschaft ernsthaft gefährdet würde.[587]

2. Gegenstände und Inhalt der Treupflicht. a) Treupflicht gegenüber der Gesellschaft. Den Schwerpunkt für das Eingreifen der Treupflicht bildet das Verhältnis des Gesellschafters zur Gesellschaft bzw. der *Gesamtheit der Gesellschafter,* darunter insbesondere der Bereich der **uneigennützigen** oder **Pflicht-Rechte.** Hierzu zählen in erster Linie das Geschäftsführungsrecht (§ 709) einschließlich des Rechts zur Durchführung der Liquidation (§ 730 Abs. 2), ferner das Zustimmungs- und Widerspruchsrecht in Geschäftsführungsangelegenheiten (§§ 709, 711)[588] sowie sonstige Arten der Einflussnahme auf die Geschäftsführung.[589] Aber auch das Recht zur Entziehung der Geschäftsführungs- und Vertretungsbefugnis aus wichtigem Grunde (§§ 712, 715) ist – trotz seiner vertragsändernden Wirkung – im Interesse der Gesellschaftergesamtheit auszuüben (vgl. auch RdNr. 234). Kennzeichen dieser Rechte ist es, dass sie dem Gesellschafter nicht im eigenen Interesse, sondern zur Förderung des gemeinsamen Zwecks verliehen sind. Den durch den Gesellschaftsvertrag definierten **gemeinsamen Interessen** kommt daher hier der **absolute Vorrang** zu; für die Verfolgung eigener Interessen ist nur Raum, soweit dadurch die Belange der Gesellschaft nicht tangiert werden.[590] Im Gesellschaftsvertrag können zwar gewisse Einschränkungen gegenüber diesem Grundsatz vereinbart werden, etwa durch ausdrücklichen Verzicht auf das aus der Treupflicht folgende Wettbewerbsverbot des Geschäftsführers (RdNr. 235). Entsprechendes gilt für die Begründung eines eigennützigen Liefer- oder Bezugsrechts gegenüber der Gesellschaft für einen oder bestimmte Gesellschafter; soweit daraus Befugnisse der betreffenden Gesellschafter resultieren, können sie auch die Grundlage für eine *wechselseitige Treupflicht* zwischen ihnen und der GbR bilden. Die genannten Einschränkungen dürfen jedoch nicht so weit gehen, dass sie die für die Annahme einer Gesellschaft wesentliche Pflicht aller Vertragspartner zur Förderung des gemeinsamen Zwecks (RdNr. 142 ff.) aufheben oder ernsthaft in Frage stellen. 226

Von vergleichsweise geringer Bedeutung ist die Treupflicht gegenüber der Gesamtheit dagegen bei **eigennützigen,** dem Gesellschafter im eigenen Interesse verliehenen **Mitgliedschaftsrechten.** Hierzu gehören einerseits die Vermögensrechte (Gewinnrecht, Recht 227

des Aktionärs BGHZ 103, 184, 194 f. = NJW 1988, 1579; BGH NJW 1995, 1739, 1741 f. AA *Reuter* GmbHR 1981, 129 (130, 137) und o. § 34 RdNr. 22 f. (in Auseinandersetzung mit *Lutter* AcP 180 (1980), 84, 105 ff. und *Wiedemann* GesR I § 8 II 3, S. 432 ff.).

[587] So BGH NJW 1985, 974 f. (Verzicht auf Verzinsung des eingesetzten Kapitals zur Erhaltung des Unternehmens); vgl. auch BGH NJW 1985, 972 f. (wirkame Ermächtigung an den Beirat einer Publikums-KG, solche in die Rechtsstellung der Gesellschafter eingreifende Vertragsänderungen – hier: Stundung von Zinsen – zu beschließen, denen diese kraft Treupflicht zustimmen müssten).

[588] RGZ 158, 302, 310; 163, 35, 38; *A. Hueck* ZGR 1972, 237, 240 bis 244; RGRK/*von Gamm* RdNr. 17.

[589] BGH HGB LM § 105 Nr. 31 = NJW 1973, 2198 (Veranlassung des KG-Geschäftsführers durch einen Kommanditisten zu pflichtwidrigem Handeln).

[590] Dazu aus der Rechtsprechung: BGHZ 37, 381, 384 = NJW 1962, 1811 (der Verpflichtung eines Gesellschafters, seine Arbeitskraft für die Gesellschaft einzusetzen, steht dessen Nebentätigkeit im eigenen Interesse nicht entgegen, soweit hierdurch keine Gesellschaftsinteressen berührt werden); BGH NJW 1986, 584, 585 (treuwidriges Handeln eines Geschäftsführers, der ein notwendiges Betriebsgrundstück nicht durch die Gesellschaft, sondern durch seine Ehefrau erwerben lässt und es von dieser gegen erhöhten Mietzins anmietet); BGH NJW 1986, 844 (Widerspruch gegen die vom Mitgeschäftsführer beabsichtigten Gehaltserhöhungen für Mitarbeiter der Gesellschaft nicht deshalb unbeachtlich, weil der Widersprechende damit auch sein Interesse an einem höheren Gesellschaftsgewinn verfolgt); BGH NJW 1989, 2687 f. (treuwidriger Erwerb eines notwendigen Betriebsgrundstücks durch Kommanditisten für eigene Zwecke); OLG Nürnberg WM 1962, 731, 732 (Treuwidrigkeit – auch gegenüber den Mitgesellschaftern – eines Verhaltens, das diesen die Kontrolle und Verfügungsbefugnis über Vermögenswerte der Gesellschaft entzieht, selbst wenn die Gesellschaft hierdurch keinen Nachteil erleidet). Ferner KG OLGZ 1969, 311 (treuwidrige Nutzung einer Wohnung in dem der GbR gehörenden Mietshaus für eigene Zwecke des Geschäftsführers).

auf Aufwendungsersatz und auf Auseinandersetzungsguthaben), andererseits die nicht auf die Geschäftsführung bezogenen Verwaltungs- und Kontrollrechte wie das Stimmrecht, das Recht auf Information und Einsicht in die Geschäftsunterlagen (§ 716) und das Recht auf Rechnungslegung (§ 721). Ein Vorrang des Gesellschaftsinteresses bei Ausübung dieser Rechte besteht nicht. Wohl aber hat die Treupflicht zur Folge, dass der Gesellschafter diese Rechte, soweit sie Nachteile für die Gesellschaft zur Folge haben können, *nicht willkürlich* und ohne Rücksicht auf die Interessen der Gesellschaft gebrauchen darf, dass er sich des aus der Sicht der Gesellschaft *schonendsten Mittels* bedienen und dass er den Grundsatz der Verhältnismäßigkeit beachten muss.[591] Die Treupflicht hat insoweit daher in erster Linie **Schrankenfunktion.**[592] Sie setzt der Durchsetzung des Gewinnanspruchs ohne Rücksichtnahme auf die finanzielle Lage der Gesellschaft Grenzen[593] und steht der Geltendmachung des Informations- und Einsichtsrechts in einer die Geschäftsführung erschwerenden Art und Weise oder zur gesellschaftsfremden Verwertung der Informationen entgegen.[594]

228 Auch die **Kündigung** der Gesellschaft darf nicht zur Unzeit geschehen (§ 723 Abs. 2) oder sich wegen des damit verfolgten Zwecks oder der Begleitumstände als treuwidriges, die berechtigten Interessen der Gesamtheit schädigendes Verhalten darstellen (vgl. dazu näher § 723 RdNr. 50 ff.). Das Festhalten an vertraglich eingeräumten **Sonderrechten** ist zwar grundsätzlich nicht zu beanstanden;[595] anderes gilt jedoch dann, wenn der Anlass für das Sonderrecht entfallen ist und die weitere Berufung hierauf sich als unvereinbar mit der gebotenen Rücksicht auf Gesellschaft und Mitgesellschafter erweist. – Zum Einfluss der Treupflicht bei der Durchsetzung von Drittgläubigerforderungen gegenüber GbR oder Mitgesellschaftern vgl. RdNr. 203.

229 **b) Treupflicht gegenüber Mitgesellschaftern.** Die Treupflicht gegenüber den einzelnen Mitgesellschaftern beschränkt sich auf den vom Gesellschaftsvertrag erfassten, durch den Gesellschaftszweck definierten **mitgliedschaftlichen Bereich;** der private Bereich wird allenfalls mittelbar, im Hinblick darauf erfasst, dass sich private Auseinandersetzungen in einer das gegenseitige Vertrauen gefährdenden Weise auf die Gesellschaft auswirken können.[596] Eigenständige Bedeutung gegenüber der Treupflicht zur Gesellschaft hat diejenige gegenüber Mitgesellschaftern nur dann, wenn nicht gleichzeitig die Interessen der Gesellschaft bzw. aller Mitgesellschafter berührt sind. Das kommt namentlich im Rahmen der Liquidation sowie bei der Ausübung von Ausschluss- und Übernahmerechten in Betracht, ferner bei Zulässigkeit mehrheitlicher Vertragsänderungen (§ 709 RdNr. 84 ff.) sowie in sonstigen Fällen, in denen besonders schutzwürdige Belange einzelner Gesellschafter in der werbenden Gesellschaft in Frage stehen. Inhaltlich gebietet die den Mitgesellschaftern geschuldete Treupflicht zwar nicht, deren Interessen zu fördern oder deren persönliche Ziele zu unterstützen. Wohl aber begründet sie die *Pflicht zur Rücksichtnahme* auf die Belange der Mitgesellschafter bei der Verfolgung eigener Interessen.[597]

[591] Dazu namentlich *Zöllner* (Fn. 574) S. 349 ff.; vgl. auch *Soergel/Hadding* RdNr. 60; *Erman/Westermann* RdNr. 47; *Staub/Ulmer* HGB § 105 RdNr. 240.

[592] *Staudinger/Keßler* Vor § 705 RdNr. 42; allg. dazu *Zöllner* (Fn. 574) S. 97 ff., 287 ff.; *Wiedemann* GesR § 8 II 3, S. 431 ff.

[593] Vgl. BGH NJW 1985, 972 f. und 974 f., OLG Koblenz WM 1984, 1051 (durch Treupflicht gebotener Verzicht auf Verzinsung von Gesellschafterdarlehen in der Publikums-KG).

[594] So auch § 51 a Abs. 2 GmbHG als gesetzliche Verkörperung der treupflichtbedingten Schranken des Informationsrechts.

[595] BGHZ 14, 25, 38 = NJW 1954, 1401 (Stimmausübung zur Erhaltung der Sperrminorität in einer GmbH).

[596] Zutr. *Zöllner* (Fn. 574) S. 349; vgl. auch *Soergel/Hadding* RdNr. 60; *Staub/Ulmer* HGB § 105 RdNr. 243; *Lutter* AcP 180 (1980), 84, 128 f.; *Lindacher* NJW 1973, 1169 (hM); für das Aktienrecht BGH NJW 1992, 3167, 3171; s. ferner § 723 RdNr. 31.

[597] Vgl. namentlich *Zöllner* (Fn. 574) S. 349 ff.; so auch OLG Nürnberg WM 1962, 731; BGH WM 1966, 511, 512 (für die Partner eines Poolvertrags); *Soergel/Hadding* RdNr. 60; *Erman/Westermann* RdNr. 50; allg. für das Verbandsrecht *Roitzsch* Minderheitenschutz S. 183 ff. Zurückhaltender (für Treupflicht „in besonderen Fällen", im Hinblick auf die bisherige Zusammenarbeit und den Erfolg der gemeinsamen Arbeit) noch BGHZ 34, 80, 83 = NJW 1961, 504; RGRK/*von Gamm* RdNr. 17; *Rob. Fischer* in Großkomm. zum HGB, 3. Aufl., § 105 Anm. 31 e; noch enger OGHZ 4, 66, 73. Vgl. iÜ die Nachw. in RdNr. 221.

Dementsprechend sind die Gesellschafter nicht nur gegenüber der Gesellschaft, sondern auch im Verhältnis zu ihren Mitgesellschaftern gehalten, deren willkürliche Schädigung zu unterlassen und bei der Rechtsausübung das schonendste Mittel zu wählen. Treuwidrig ist es namentlich, ein Mitgliedschaftsrecht funktionswidrig und nur zu dem Zweck auszuüben, um sich dadurch einen Sondervorteil gegenüber Mitgesellschaftern zu verschaffen.[598]

Im Einzelnen wurde es in der **Rechtsprechung** als treuwidrig angesehen, von einem **230** vertraglich eingeräumten *Übernahmerecht* nicht zur Fortführung des Unternehmens, sondern nur deshalb Gebrauch zu machen, um den zu erwartenden Liquidationsgewinn ungeteilt zu erlangen.[599] Als treuwidrig beurteilt wurde auch die *Berufung auf das kündigungsbedingte Ausscheiden* eines Gesellschafters oder auf ein Übernahmerecht, wenn deren Voraussetzungen zuvor von dem derart vorgehenden Gesellschafter treuwidrig herbeigeführt worden waren;[600] ferner die *Eingliederung* des Unternehmens der Gesellschaft in dasjenige des herrschenden Gesellschafters ohne Absicherung der Minderheit.[601] Ein *Widerspruch gegen die Auflösung* einer Gesellschaft ist wegen Treupflichtverstoßes unbeachtlich, wenn deren dauernde Unrentabilität feststeht und die Fortführung sich zum Nachteil der Mitgesellschafter auswirkt.[602] Zur Pflicht der Gesellschafter, im Einzelfall auch einer Erhöhung der Geschäftsführervergütung eines Mitgesellschafters entsprechend der Änderung der wirtschaftlichen Verhältnisse zuzustimmen, vgl. RdNr. 234, zur Treupflicht im Rahmen des Abwicklungsverfahrens vgl. § 730 RdNr. 29, zum Ausgleichsanspruch kraft Treupflicht wegen Vermögensvorteilen, die nur einem der Gesellschafter im Zuge der Liquidation zugute kommen, vgl. § 734 RdNr. 9.

c) Vertragsänderung und Treupflicht. Die Auswirkungen der Treupflicht beschränken **231** sich nicht auf die Rechtsausübung im Rahmen und auf der Grundlage des bestehenden Gesellschaftsvertrags sowie auf die Kontrolle mehrheitlicher Vertragsänderungen (§ 709 RdNr. 100). Vielmehr kann in besonders gelagerten Fällen auf Grund der Treupflicht auch eine Änderung des Gesellschaftsvertrags durchgesetzt werden.[603] Bedeutung kommt einem solchen Vorgehen vor allem bei *Geltung des Einstimmigkeitsprinzips* zu, wenn eine im Interesse der Gesamtheit gebotene und allen Beteiligten zumutbare Änderung am Widerspruch einzelner Gesellschafter zu scheitern droht.[604] Aber auch im Geltungsbereich von Mehrheitsklauseln sind Fälle denkbar, in denen sich eine qualifizierte Minderheit oder gar eine Mehrheit treuwidrig gegen die im gemeinsamen Interesse gebotenen Beschlüsse sperrt. Der Rückgriff auf die Lehre von der Geschäftsgrundlage (§ 313 nF) hilft in derartigen Fällen schon wegen ihres außergewöhnlichen, an hohe Voraussetzungen gebundenen Charakters meist nicht weiter; ihm kommt nach zutr. Ansicht nur bei Störungen in der Sphäre einzelner Gesellschafter Bedeutung zu.[605]

[598] So für die Ausübung eines Übernahmerechts zur Erlangung eines besonderen Liquidationsvorteils BGH LM HGB § 142 Nr. 10 = NJW 1959, 432 (LS). Vgl. weiter BGH LM HGB § 156 Nr. 2 = NJW 1971, 802, und LM HGB § 145 Nr. 6 = NJW 1980, 1628, dazu auch § 734 RdNr. 9.

[599] BGH LM HGB § 142 Nr. 10 = NJW 1959, 432 (LS); für die AG BGHZ 103, 184, 194 f. = NJW 1988, 1579.

[600] BGHZ 30, 195, 201 f. = NJW 1959, 1683 (Berufung auf Fortsetzungsklausel im Fall einer durch Mitgesellschafter veranlassten Kündigung seitens eines zwischenzeitlich befriedigten Privatgläubigers); RGZ 162, 388, 394 (Übernahme nach einer durch Treuwidrigkeit ausgelösten Kündigung). – Zur Frage eines Fortsetzungsanspruchs bei Befriedigung des kündigenden Privatgläubigers vor dem Ausscheiden des betroffenen Gesellschafters vgl. § 725 RdNr. 22 f.

[601] BGH LM HGB § 135 Nr. 46 = NJW 1980, 231 (Gervais).

[602] BGH LM HGB § 161 Nr. 13 = NJW 1960, 434 (Widerspruch eines Kommanditisten gegen den Verkauf des Unternehmens).

[603] Ganz hM (vgl. Nachw. in Fn. 607 und 608). AA einerseits (grds. abl.) *Kollhosser,* FS Westermann, 1974, S. 275 ff.; *ders.,* FS Bärmann, 1975, S. 533 ff.; *ders.* NJW 1976, 144, sowie *Konzen* AcP 172 (1972), 317, 339.

[604] Hierauf weisen zutr. besonders *A. Hueck* ZGR 1972, 237, 239 f. und *Zöllner* (Fn. 574) S. 353 hin. Weitere Gründe bei *Zöllner,* Anpassung von Personengesellschaftsverträgen an veränderte Umstände, 1979, S. 14 ff.

[605] So mit guten Gründen *Lettl* AcP 202 (2002), 23, 39; aA *Konzen* AcP 172 (1972), 317, 339.

232 Eine aus der Treupflicht fließende Pflicht, Vertragsänderungen zuzustimmen, ist nur **mit Zurückhaltung** und in besonders gelagerten Fällen anzuerkennen, wenn der richterlichen Vertragsgestaltung nicht ein zu weiter Spielraum eröffnet werden soll.[606] Die von der Rechtsprechung[607] geprägte Formel, die Änderung müsse nicht nur dem widersprechenden Gesellschafter **zumutbar,** sondern auch mit Rücksicht auf das bestehende Gesellschaftsverhältnis, etwa zur Erhaltung wesentlicher gemeinsam geschaffener Werte oder zur Vermeidung wesentlicher Verluste, **erforderlich** sein, enthält insoweit eine zutreffende Richtschnur.[608] Derartige Pflichten sind bisher vor allem bejaht worden, wenn es um die *Zustimmung zum Ausscheiden* eines für die Gesellschaft nicht mehr tragbaren Gesellschafters[609] bzw. um die Mitwirkung bei einer *Ausschlussklage*[610] ging. Hierher gehört auch die Pflicht, einem Beschluss zuzustimmen, der auf *Auflösung* einer auf Dauer unrentablen Gesellschaft[611] oder darauf gerichtet ist, mit Rücksicht auf das Bestandsinteresse der Gesellschaft den Gesellschaftszweck an die veränderten Umstände anzupassen.[612] In einem Sonderfall hat der BGH einen Gesellschafter sogar für verpflichtet gehalten, der vorübergehenden Aufnahme eines geschäftsführenden Gesellschafters (Komplementär-GmbH) unter Verschlechterung seiner eigenen Rechtsstellung zuzustimmen, um die Fortsetzung der Gesellschaft zu ermöglichen.[613]

233 Eine Bejahung von Änderungspflichten scheidet grundsätzlich aus, soweit die Änderung eine **Vermehrung der Pflichten** des widersprechenden Gesellschafters zur Folge hat. So hat der BGH zutreffend die Pflicht eines Mitgesellschafters verneint, anstelle des vertraglich vorgesehenen, wegen Konzessionsentzugs ausgefallenen Geschäftsführer/Gesellschafters die Geschäftsführung selbst zu übernehmen.[614] Ebenso wird man die Weigerung eines Gesellschafters, einer im Interesse der Gesellschaft liegenden Erhöhung seiner Beitragspflicht oder einer Vertragsverlängerung zuzustimmen, nur in ganz seltenen Fällen als treuwidrig ansehen können.[615]

234 **Erleichterte Voraussetzungen** für eine Zustimmungspflicht zur Vertragsänderung sind als Ausnahme unter zwei Gesichtspunkten denkbar. Einmal kann es sich um Änderungen handeln, die sich inhaltlich auf die **Geschäftsführung** beziehen, ohne dem widersprechenden Gesellschafter zusätzliche Pflichten aufzuerlegen, so bei der Entziehung von Geschäftsführungs- und Vertretungsbefugnis aus wichtigem Grund (vgl. dazu § 712 RdNr. 9 ff.). Hier

[606] Zu Recht zurückhaltend daher OLG Hamm NZG 2000, 252, 253; OLG München NZG 2001, 793, 794.

[607] BGH LM HGB § 105 Nr. 8 = BB 1954, 456; LM HGB § 138 Nr. 8 = NJW 1961, 724; BGH NJW 1970, 706; 1975, 1410, 1411; WM 1985, 256, 257; NJW 1987, 952, 953, für die GmbH BGHZ 98, 276, 279 ff. = NJW 1987, 189; BGH WM 1994, 2244, 2246; vgl. auch die Nachw. in Fn. 610, 611.

[608] Zust. auch *Soergel/Hadding* RdNr. 63; *Erman/Westermann* RdNr. 35 f.; *Staub/Ulmer* HGB § 105 RdNr. 244 ff.; *Heymann/Emmerich* HGB § 119 RdNr. 18 f.; *Schlegelberger/Martens* HGB § 119 RdNr. 45 f.; *M. Winter* (Fn. 575) S. 31 ff.; für großzügigere Anpassungspraxis *Zöllner* Anpassung (Fn. 604) S. 25 ff.; wohl auch *H. P. Westermann,* FS Hefermehl, 1976, S. 229 ff.; zurückhaltend (nur bei „ganz überwiegenden Interessen" aller oder der Mehrheit der Mitgesellschafter) *A. Hueck* ZGR 1972, 237, 244 ff.; für Anpassung nur im Rahmen der Zweckförderungspflicht *Lettl* AcP 202 (2002), 3, 16 f.

[609] BGH LM HGB § 138 Nr. 8 = NJW 1961, 724; vgl. auch BGH NJW-RR 1986, 256: Pflicht zum Ausscheiden aus aufgelöster Gesellschaft, falls beachtliche Gründe gegen deren Abwicklung sprechen und durch das Ausscheiden kein schutzwürdiges Interesse des Gesellschafters berührt wird.

[610] BGHZ 64, 253, 257 f. = NJW 1975, 1410; BGHZ 68, 81, 84 = NJW 1977, 1013 (zu § 140 HGB). Abl. *Hueck* OHG § 29 I 2 c, S. 443 und ZGR 1972, 237, 247.

[611] BGH LM HGB § 161 Nr. 13 = NJW 1960, 434.

[612] So *Lettl* AcP 202 (2002), 3, 16 ff. unter Hinweis auf die vertragliche Förderpflicht als Rechtsgrundlage.

[613] BGH LM HGB § 105 Nr. 47 = WM 1979, 1058; vgl. auch BGH NJW 1987, 952, 953: Pflicht, der Übertragung der Geschäftsführerstellung vom Vater auf den hierfür geeigneten Sohn in vorweggenommener Gesellschafternachfolge zuzustimmen.

[614] BGH LM HGB § 105 Nr. 8 = BB 1954, 456; zust. *Lettl* AcP 202 (2002), 21.

[615] So auch BGH WM 1973, 990, 991 f. (grundsätzlich keine Pflicht, einer Vertragsverlängerung zuzustimmen); vgl. ferner BGHZ 98, 276, 280 ff. = NJW 1987, 189: Keine Pflicht des GmbH-Gesellschafters zur Übernahme neuer Anteile; Pflicht zur Zustimmung zu einer Kapitalerhöhung nur unter der Voraussetzung, dass die Rechtsstellung des betr. Gesellschafters durch die Kapitalerhöhung nicht beeinträchtigt wird.

kommt dem Gesellschaftsinteresse grundsätzlich der Vorrang zu, auch wenn den Gesellschaftern bei dessen Konkretisierung ein weiter Beurteilungsspielraum verbleibt.[616] Eine zweite Ausnahme bilden diejenigen Fälle, in denen es darum geht, eine nachträglich aufgetretene, nicht durch ergänzende Vertragsauslegung zu behebende **Vertragslücke** zu schließen.[617] Unter diesem Gesichtspunkt kann namentlich auch die Anpassung einer unangemessen niedrigen Geschäftsführervergütung an die geänderten Verhältnisse verlangt werden;[618] die entgegenstehende Entscheidung BGHZ 44, 40 = NJW 1965, 1960, in der eine derartige Anpassung auf wenige Ausnahmefälle beschränkt worden war, erscheint heute als überholt.

d) Wettbewerbsverbot. Ein Wettbewerbsverbot ist abweichend von § 112 HGB für die Gesellschafter einer GbR gesetzlich nicht vorgesehen. Von Bedeutung ist es namentlich bei sog. Erwerbsgesellschaften (Vor § 705 RdNr. 89). Auch ohne ausdrückliche vertragliche Verankerung ergibt es sich für die **geschäftsführenden Gesellschafter** schon allein aus dem Inhalt ihrer Treupflicht, im Bereich der uneigennützigen Mitgliedschaftsrechte die eigenen Interessen hinter denjenigen der Gesellschaft zurückzustellen (RdNr. 226). Damit wäre es unvereinbar, wollten die Geschäftsführer Geschäfte, die vom Gesellschaftszweck erfasst werden, auf eigene Rechnung tätigen und dadurch in Wettbewerb zur Gesellschaft treten.[619] 235

Für die **von der Geschäftsführung ausgeschlossenen Gesellschafter** ist die Lage weniger eindeutig. Zwar ist es als treuwidrig anzusehen, wenn sie die auf Grund ihrer Mitgliedstellung, namentlich durch Ausübung ihrer Informations- und Einsichtsrechte erlangten Kenntnisse zum Schaden der Gesellschaft einsetzen.[620] Indessen ist das Betreiben einer Konkurrenztätigkeit nicht notwendig mit der Verwertung von Geschäftsgeheimnissen der Gesellschaft verbunden. Namentlich in den Fällen, in denen die Informations- und Kontrollrechte der von der Geschäftsführung ausgeschlossenen Gesellschafter vertraglich auf das nach § 716 Abs. 2 zulässige Mindestmaß beschränkt sind, ist für die Annahme eines aus der Treupflicht fließenden Wettbewerbsverbots daher regelmäßig kein Raum.[621] 236

Ein **nachvertragliches Wettbewerbsverbot** lässt sich auf die Treupflicht schon deshalb nicht stützen, weil diese sich grundsätzlich – vorbehaltlich einer nachvertraglichen Treupflicht (§ 738 RdNr. 7) – auf die Dauer der Zugehörigkeit zur Gesellschaft beschränkt und mit dem Ausscheiden erlischt.[622] Zulässig ist allerdings die *Vereinbarung* eines solchen Verbots, wenn es sich in zeitlicher, räumlicher und gegenständlicher Hinsicht darauf bezieht, den Mitgesellschaftern die gemeinsam geschaffenen Werte zu erhalten, ohne den Ausgeschiedenen in sittenwidriger (§ 138 Abs. 1) oder gegen § 1 GWB verstoßender Weise in seiner Entfaltungsfreiheit zu beschränken.[623] Derartige Abreden begegnen vor allem beim Aus- 237

[616] *Zöllner* (Fn. 574) S. 345 ff.; eine Mitwirkungspflicht abl. aber *Hueck* OHG § 10 VII 4, S. 148 und ZGR 1972, 237, 247 (für die OHG). Vgl. auch RdNr. 226.

[617] OLG Bremen NJW 1972, 1952 (bestätigt durch BGH LM § 242 Nr. 72 = NJW 1974, 1656); vgl. *H. P. Westermann,* FS Hefermehl, S. 236 ff.; *Zöllner* Anpassung (Fn. 604) S. 53 f.; *Lettl* AcP 202 (2002), 16 ff.

[618] So auch BGH BB 1977, 1271 für den Fall, dass einer von mehreren Erben die Stellung als persönlich haftender, geschäftsführender Gesellschafter der KG übernommen hatte, ohne im Übrigen kapital- oder gewinnmäßig bevorzugt zu werden. Der BGH begründete den Anspruch auf eine „angemessene" Vergütung allerdings nicht mit der Treupflicht, sondern – methodisch problematisch – mit ergänzender Vertragsauslegung, wohl um von der (einen Erhöhungsanspruch ablehnenden) Entscheidung BGHZ 44, 40, 41 f. = NJW 1965, 1960 nicht offen abzuweichen. Anders wieder BGH WM 1978, 1230, 1231 und 1232, 1233 (Treupflicht als maßgebender Gesichtspunkt). Für Anpassung namentlich auch *Zöllner* (Fn. 604) S. 17, 57 f. sowie im Grundsatz *H. P. Westermann,* FS Hefermehl, S. 230.

[619] *Soergel/Hadding* RdNr. 62; *Staudinger/Keßler* Vor § 705 RdNr. 51 (unter c); *Erman/Westermann* RdNr. 48.

[620] Vgl. Fn. 594.

[621] So auch *Soergel/Hadding* und *Erman/Westermann* (Fn. 619).

[622] So zu § 112 HGB auch *Baumbach/Hopt* HGB § 112 RdNr. 14, § 131 RdNr. 37; *Staub/Ulmer* HGB § 112 RdNr. 13; *Schlegelberger/K. Schmidt* HGB § 112 RdNr. 7, 36.

[623] Vgl. näher BGH NJW 1991, 699; WM 1997, 1707, jew. mit umfassenden Rspr.-Nachw. Die Vereinbarkeit des im Gesellschaftsvertrag einer Ärztesozietät vorgesehenen Verzichts eines während der Probezeit ausscheidenden Arztes auf seine Kassenarztzulassung mit § 138 Abs. 1 bejaht BGH NJW 2002, 3536 f.

scheiden von Freiberuflern, wenn ihnen anstelle der Mitnahme ihrer Mandanten eine finanzielle, am Wert der Sozietät ausgerichtete *Abfindung* zusteht (vgl. dazu § 738 RdNr. 7). Sie können sich in dem sachlich notwendigen Ausmaß je nach Lage des Falles auch konkludent aus einer derartigen Abfindungsvereinbarung ergeben. Schließlich kommt ein nachvertragliches Wettbewerbsverbot auch auf Grund von § 249 Abs. 1 in Betracht, wenn der Ausgeschiedene sein Ausscheiden schuldhaft, insbes. durch treuwidrigen Wettbewerb, herbeigeführt hat und zur *Schadensbeseitigung* auch der Verzicht auf die Fortsetzung dieses Wettbewerbs für eine Übergangszeit gehört.[624]

238 Die im Recht der OHG früher vieldiskutierte Frage, inwieweit dem Wettbewerbsverbot des § 112 HGB das **Kartellverbot** des § 1 nF GWB entgegensteht,[625] ist für die Gesellschafter einer GbR schon deshalb von geringerem Gewicht, weil wegen des typischerweise nichtkaufmännischen Zwecks von Gesellschaften in dieser Rechtsform die Gefahr eines Eingreifens der GWB-Vorschriften weniger naheliegt. Soweit jedoch die Voraussetzungen des § 1 GWB im Einzelfall zu bejahen sind, tritt die Vorschrift nach den in der Rechtsprechung[626] entwickelten Grundsätzen doch immer dann hinter ein aus dem Gesellschaftsvertrag folgendes oder ausdrücklich darin verankertes Wettbewerbsverbot zurück, wenn das Verbot sich in denjenigen Grenzen hält, deren Beachtung allein schon durch die Treupflicht geboten und damit gesellschaftsimmanent ist (RdNr. 235). Nicht zu verwechseln mit dieser Frage, die sich allein auf das Wettbewerbsverbot im Rahmen einer ansonsten kartellrechtsneutralen Gesellschaft bezieht, ist die Beurteilung eines aus Wettbewerbsgründen abgeschlossenen Gesellschaftsvertrags unter kartellrechtlichen Aspekten. Dient der Vertrag der kartellrechtswidrigen Kooperation zwischen selbstständig bleibenden Unternehmen, so bietet auch die Rechtsform der GbR keinen Grund, ihn dem Geltungsbereich des GWB zu entziehen.[627]

239 **3. Rechtsfolgen von Treupflichtverstößen.** Die Nichtbeachtung der Treupflicht kann eine Reihe unterschiedlicher, sich überlagernder oder ergänzender Rechtsfolgen auslösen. Im Rahmen der – verschuldensunabhängigen – Schrankenfunktion (RdNr. 227) besteht die primäre Rechtsfolge in der **Unbeachtlichkeit der** gegen die Treupflicht verstoßenden **Rechtsausübung.**[628] Danach ist ein treuwidriger Widerspruch gegen Geschäftsführungsmaßnahmen unwirksam, eine treuwidrige Übernahmeerklärung löst keine Gestaltungswirkung aus. Soweit die Treupflicht eine Zustimmungspflicht des Gesellschafters begründet, steht der Gesellschaft oder den Mitgesellschaftern ein **Erfüllungsanspruch** zu, der im Wege der Leistungsklage über § 894 ZPO durchgesetzt werden kann; das gilt namentlich für die Pflicht, einer Vertragsänderung zuzustimmen oder an einer Ausschluss- oder Entziehungsklage mitzuwirken.[629]

240 Nach wie vor *umstritten* ist die Frage, ob und unter welchen Voraussetzungen auf eine Zustimmungsklage verzichtet und die **treuwidrig verweigerte Zustimmung** als erteilt

[624] Vgl. eingehend *Paefgen* ZIP 1990, 839 ff.; so auch *Kandaras,* Das Wettbewerbsverbot in Personengesellschaften, 1968, S. 45 f.; *Schlegelberger/K. Schmidt* HGB § 112 RdNr. 7; aA OLG Düsseldorf ZIP 1990, 861 f.

[625] Vgl. zum Diskussionsstand *Zimmer* in *Immenga/Mestmäcker* GWB, 3. Aufl. 2001, § 1 RdNr. 282 ff. m. weit. Nachw.

[626] BGHZ 38, 306, 311 ff. = NJW 1963, 646 – Kino; BGHZ 70, 331, 335 f. = NJW 1978, 1001 – Gabelstapler; BGHZ 89, 162 = NJW 1984, 1351 – Werbeagentur; BGH BB 1993, 1899 – Taxigenossenschaft II; vgl. auch BGH NJW 1994, 384 (betr. Wettbewerbsverbot zu Lasten eines ausscheidenden Gesellschafters). Dazu auch *Kellermann,* FS Rob. Fischer, 1979, S. 307 ff. und *Zimmer* (Fn. 625).

[627] Einhellige, wenn auch meist nicht besonders betonte (weil selbstverständliche) Ansicht. Im Gegenteil wurde früher überwiegend die Meinung vertreten, für das Eingreifen von § 1 aF GWB müsse eine Gesellschaft oder ein gesellschaftsähnliches Verhältnis vorliegen (vgl. nur *Müller-Henneberg* in Gemeinschaftskomm. zum GWB, 4. Aufl. 1980, § 1 RdNr. 34; anders sodann BGHZ 68, 6 – Fertigbeton = NJW 1977, 804 m. Anm. *Ulmer,* dazu RdNr. 143).

[628] HM, vgl. schon RGZ 158, 302, 310; *Soergel/Hadding* RdNr. 64; *Schlegelberger/K. Schmidt* HGB § 105 RdNr. 167; *M. Winter* (Fn. 575) S. 36 f.; grdlg. dazu *Zöllner* (Fn. 575) S. 366 ff.; enger – nur bei evidenter Treuwidrigkeit – *Flume* I/1 § 15 II 3, S. 268 f.; *Wiedemann,* FS Heinsius, 1991, S. 949, 957.

[629] BGH (Fn. 610); RGZ 163, 35, 38; *Zöllner* (Fn. 604) S. 32 ff. Vgl. auch RdNr. 231 ff.

unterstellt werden kann.[630] Die *Rechtsprechung* ist zur Fiktion der Zustimmung unabhängig vom Beschlussgegenstand grundsätzlich nur bereit, wenn der umstrittene Beschluss und seine rasche Umsetzung für die Gesellschaft von existenzieller Bedeutung sind;[631] großzügiger urteilt sie nur im Hinblick auf Vertragsänderungsbeschlüsse in einer dem Mehrheitsprinzip unterstehenden Publikumsgesellschaft.[632] In der *Literatur* reichen die Ansichten vom grundsätzlichen Erfordernis der Zustimmungsklage[633] über die Differenzierung danach, ob dem Beschluss Außenwirkung zukommt,[634] bis zur Unterscheidung zwischen Geschäftsführungs- und Vertragsänderungs-(Grundlagen-)beschlüssen unter Beschränkung des Erfordernisses einer – ggf. über § 894 ZPO durchzusetzenden – Zustimmungserklärung auf die letzteren.[635]

241 **Stellungnahme.** Der Unterscheidung zwischen Geschäftsführungs- und Grundlagenbeschlüssen ist – entgegen der Vorauflage[636] – zuzustimmen. Sie bietet einen relativ klaren Abgrenzungsmaßstab und verteilt die Klagelast zwischen der die Änderung betreibenden Mehrheit und der widersprechenden Minderheit im Regelfall angemessen. Bei **Grundlagenbeschlüssen,** insbes. Vertragsänderungen bedarf es danach regelmäßig einer Leistungsklage der an der Änderung interessierten Gesellschafter gegen den Widersprechenden. In Fällen besonderer, mit Existenzgefährdung für die Gesellschaft verbundener Dringlichkeit kann die Mehrheit eine kurzfristige (Vor-)Entscheidung über § 940 ZPO herbeiführen.[637] Soweit demgegenüber **Geschäftsführungsmaßnahmen** in Frage stehen, kann von einer Leistungsklage abgesehen und alsbald – wenn auch auf das Risiko der die Maßnahmen vollziehenden Gesellschafter[638] – entsprechend der angestrebten Änderung verfahren werden.[639] Sache des widersprechenden Gesellschafters ist es dann, sich gegen das eigenmächtige Vorgehen der Mitgesellschafter zur Wehr zu setzen. Dessen Klage ist wegen des „dolo petit"-Einwands (dazu § 242 RdNr. 373) als missbräuchlich zurückzuweisen, wenn der Kläger kraft Treupflicht zur Zustimmung verpflichtet ist und durch seine Klage eine Widerklage auf Zustimmung auslösen würde.

242 War das treuwidrige Verhalten *schuldhaft* (§ 708) und hat es zu einem Schaden bei Gesellschaft oder Mitgesellschaftern geführt, so begründet es eine **Schadensersatzpflicht** des Gesellschafters (RdNr. 198). Bei fortgesetzten oder besonders schwerwiegenden Verstößen kann schließlich auch ein wichtiger Grund zur **Entziehung** von Geschäftsführungs- und Vertretungsbefugnis oder zum **Ausschluss** aus der Gesellschaft gegeben sein.

243 Hinsichtlich der **Klagebefugnis** zur Durchsetzung des Anspruchs auf Schadensersatz oder auf Zustimmung ist zu unterscheiden. Soweit das Verhältnis zur Gesellschaft betroffen ist, handelt es sich um einen *Sozialanspruch,* der von ihr selbst, im Rahmen der actio pro socio (RdNr. 204 ff.) auch von einzelnen Mitgesellschaftern geltend gemacht werden kann. Dem-

[630] Näher zum Folgenden *Staub/Ulmer* HGB § 105 RdNr. 250. Vgl. aber auch *Sester,* Treupflichtverletzung bei Widerspruch und Zustimmungsverweigerung im Recht der Personenhandelsgesellschaften, 1996, S. 41 ff., 107 ff.

[631] So BGH WM 1979, 1058 (vorübergehende Aufnahme einer Komplementär-GmbH zur Fortsetzung der KG als werbende); ähnlich sodann auch BGH WM 1986, 1556, 1557 und WM 1988, 23, 25 (freilich jeweils in concreto verneint). Weitergehend noch BGH NJW 1960, 434 (treupflichtwidriger und daher unbeachtlicher Widerspruch gegen die faktische Auflösung einer KG).

[632] So BGH NJW 1985, 974; WM 1985, 195, 196; 1988, 23, 25 f. Vgl. aber auch BGH NJW 1995, 194, 195 (Einschränkung des Informationsrechts eines Kommanditisten in einer Normal-KG trotz Kernbereichs-Relevanz dann auf Grund einer Mehrheitsklausel ohne seine Zustimmung möglich, wenn er kraft Treupflicht zur Duldung verpflichtet ist, dazu auch § 709 RdNr. 112).

[633] So *Korehnke,* Treuwidrige Stimmen im Personengesellschafts- und GmbH-Recht, 1997, S. 188 ff. (mit Ausnahme von Publikumsgesellschaften); grundsätzlich auch *Wiedemann,* FS Heinsius, 1991, S. 949, 957 (außer wenn Treuwidrigkeit offenkundig).

[634] So 3. Aufl. RdNr. 197 a *(Ulmer).*

[635] So *Schlegelberger/Martens* HGB § 119 RdNr. 48; *Heymann/Emmerich* HGB § 119 RdNr. 50; *M. Winter* (Fn. 575) S. 37; eingehend *Sester* (Fn. 630) S. 134 ff.

[636] Vgl. Nachw. in Fn. 634.

[637] Ebenso *Wiedemann,* FS Heinsius, 1991, S. 949, 957; *Lettl* AcP 202 (2002), 37.

[638] Zur Haftung bei Überschreitung der Geschäftsführungsbefugnis und zur Bedeutung des Sorgfaltsmaßstabs des § 708 in derartigen Fällen vgl. § 708 RdNr. 8 ff.

[639] So wohl auch *Hueck* OHG § 11 III 3, S. 175; enger *Sester* (Fn. 630) S. 141 f., 168 f.; aA BGH WM 1986, 1556, 1557 (dazu Fn. 631).

gegenüber sind bei Zustimmungspflichten zu *Grundlagengeschäften,* insbes. Vertragsänderungen, nur die Mitgesellschafter – und zwar jeder für sich – aktivlegitimiert und klagebefugt. Klagt ein Gesellschafter, der treuwidrig die Zustimmung zu einem Grundlagenbeschluss verweigert hat, auf Feststellung von dessen Unwirksamkeit, so kann ihm je nach Lage des Falles der dolo petit-Einwand entgegengesetzt werden.

V. Gleichmäßige Behandlung der Gesellschafter

244 **1. Grundlagen.** Wie die Treupflicht (RdNr. 221 ff.), so gehört auch der Grundsatz der gleichmäßigen Behandlung der Gesellschafter zu den **zentralen Rechtssätzen des Gesellschaftsrechts;**[640] in § 53 a AktG ist er ausdrücklich normiert. Für das Recht der GbR hat er in einer Reihe dispositiver Normen seinen gesetzlichen Niederschlag gefunden (vgl. §§ 706 Abs. 1, 709 Abs. 1 und 2, 711, 722 Abs. 1, 734, 735).[641] Sein Anwendungsbereich beschränkt sich jedoch nicht auf diese Fälle, sondern erfasst die mitgliedschaftliche Stellung der einzelnen Gesellschafter und deren daraus resultierende Rechte und Pflichten grundsätzlich in jeder Beziehung, sowohl hinsichtlich des Inhalts des Gesellschaftsvertrags als auch hinsichtlich seiner Durchführung. Die Frage, ob und inwieweit der Gleichbehandlungsgrundsatz als ein überpositiver, unmittelbar aus der Gerechtigkeitsidee zu entwickelnder Rechtssatz[642] im Privatrecht allgemein oder doch für alle Gemeinschaftsverhältnisse[643] Geltung beanspruchen kann, kann hier dahinstehen (zur Gleichbehandlung in der Bruchteilsgemeinschaft vgl. § 741 RdNr. 36). Für den Bereich der Gesellschaft folgt seine **Geltung** allein schon daraus, dass die Gesellschafter sich im Gesellschaftsvertrag als *gleichrangige Partner* zu einer Zweckgemeinschaft zusammengeschlossen haben.[644] Der Gleichbehandlungsgrundsatz lässt sich somit ebenso wie die gesellschaftsrechtliche Treupflicht auf die *Vertragsgrundlage* des Personenverbands zurückführen; er ist der Treupflicht auch inhaltlich nahe verwandt.[645] Einer genaueren Abgrenzung zwischen beiden bedarf es auch deshalb nicht, weil die Rechtsfolgen im Wesentlichen übereinstimmen.

245 **Inhaltlich** ist der Grundsatz der gleichmäßigen Behandlung nicht etwa auf schematische oder formale Gleichstellung der Gesellschafter gerichtet.[646] Er schließt vielmehr nur die sachlich nicht gerechtfertigte, **willkürliche Ungleichbehandlung** aus.[647] Demgegenüber ist die Beachtung solcher Unterschiede bei dem jeweiligen Zusammenschluss, die aus der Sicht des gemeinsamen Zwecks entweder in Bezug auf die Person der Gesellschafter oder auf die Art ihrer Beteiligung bestehen, nicht nur zulässig, sondern entspricht der üblichen Vertragspraxis und kann angesichts des Gerechtigkeitsgehalts des Gleichbehandlungsgrundsatzes im Einzelfall sogar geboten sein. Dementsprechend wird anstelle der in § 722 Abs. 1

[640] Vgl. näher *Wiedemann* GesR I § 8 II 2 S. 427 ff. Allg. zum Grundsatz gleichmäßiger Behandlung im Privatrecht vgl. *L. Raiser,* Der Gleichheitsgrundsatz im Privatrecht, ZHR 111 (1948), 75 ff.; *Götz Hueck,* Der Grundsatz der gleichmäßigen Behandlung im Privatrecht, 1958 (S. 35 ff., 278 ff. zur Anwendung im Gesellschaftsrecht).

[641] Vgl. dazu *Soergel/Hadding* RdNr. 65 ff.; *Erman/Westermann* RdNr. 37 ff.; *Staudinger/Keßler* Vor § 705 RdNr. 58 f.; *Hueck* OHG § 9 III.

[642] So *L. Raiser* ZHR 111 (1948), 75 (81 ff., 83 f., 90); ähnlich *G. Hueck* (Fn. 640) S. 169.

[643] Dazu namentlich *G. Hueck* (Fn. 640) S. 128 ff., 153, 169.

[644] Ähnlich *Hueck* OHG § 9 III (freiwilliger Zusammenschluss), *G. Hueck* (Fn. 640) S. 152 f. (Gemeinschaftsbindung), *Staudinger/Keßler* Vor § 705 RdNr. 59 (Vertrauensverhältnis). Teilweise wird der Grundsatz auch nach Art einer Rechtsanalogie aus seiner Kodifizierung in § 706 Abs. 1 und anderen Normen abgeleitet (vgl. *Soergel/Hadding* RdNr. 65 und *Erman/Westermann* RdNr. 37, die unter Hinweis auf § 53 a AktG von einem allg. Prinzip des Gesellschaftsrechts ausgehen). Für Ableitung aus der Gestaltungsmacht des Verbands oder der ihn bestimmenden Personen *Wiedemann* GesR I § 8 II 2 a, S. 428 f.; *K. Schmidt* GesR § 16 II 4 b.

[645] So auch *G. Hueck* (Fn. 640) S. 107 ff., 112 f., 171; für methodischen Vorrang des Gleichbehandlungsgrundsatzes *L. Raiser* ZHR 111 (1948), 75, 83 f. Vgl. auch OGHZ 4, 66, 74 (kein Anspruch aus Treupflicht, soweit dessen Durchsetzung die Gleichbehandlung der Gesellschafter gefährdet).

[646] EinhM, vgl. BGH WM 1965, 1284, 1286; *G. Hueck* (Fn. 640) S. 278 f.; *Soergel/Hadding* RdNr. 65; *Staudinger/Keßler* Vor § 705 RdNr. 59; *Wiedemann* GesR I § 8 II 2, S. 427; *K. Schmidt* GesR § 16 II 4 b.

[647] So namentlich *G. Hueck* (Fn. 640) S. 179 ff., 182 ff., in Abgrenzung zum positiven Gebot gleicher bzw. gleichmäßiger Behandlung; ebenso *Erman/Westermann* RdNr. 37; *Soergel/Hadding* RdNr. 65.

vorgesehenen Gewinnverteilung nach Köpfen meist eine Ergebnisbeteiligung entsprechend der Beitragsleistung der einzelnen Gesellschafter vereinbart. Auch die internen Mitspracherechte sind häufig danach abgestuft, welche Bedeutung der Mitwirkung der verschiedenen Beteiligten und ihrem Beitrag zur Förderung des gemeinsamen Zwecks jeweils zukommt. Beachtlich sind insoweit neben unterschiedlichem Kapitaleinsatz namentlich die jeweilige Tätigkeit der Gesellschafter in der Gesellschaft einschließlich deren Bedeutung für die Gesamtheit, ferner Alter und Erfahrung, Verdienste um die Gesellschaftsgründung sowie unterschiedliches Haftungspotenzial.[648]

Sind Unterschiede der in RdNr. 245 genannten Art vorhanden, so begründet zwar der Grundsatz gleichmäßiger Behandlung nicht ohne weiteres einen Anspruch auf Differenzierung, sondern überlässt es grundsätzlich den Gesellschaftern, ihnen im Rahmen der Vertragsgestaltung Rechnung zu tragen.[649] Wohl aber schafft er die **Legitimation für abgestufte Mitgliedschaftsrechte** auch in denjenigen Fällen, in denen diese nicht einstimmig mit Einverständnis aller Beteiligten, sondern durch vertraglich zugelassenen Mehrheitsbeschluss begründet oder modifiziert werden (vgl. auch RdNr. 251). Fällt der Grund für die im Gesellschaftsvertrag vereinbarte Differenzierung später weg, stellt etwa der mit einem Gewinnvorzug bedachte Geschäftsführer seine Tätigkeit für die Gesellschaft aus Alters- oder Gesundheitsgründen nicht nur vorübergehend ein, so können die Mitgesellschafter von ihm die **Zustimmung zur Vertragsanpassung** entsprechend den eingetretenen Änderungen verlangen.[650] 246

Der Grundsatz gleichmäßiger Behandlung ist **dispositiver Natur,**[651] soweit nicht die Schranke des § 138 eingreift (RdNr. 134). Die einzelnen Gesellschafter sind also nicht gehindert, in eine sachlich nicht gebotene Vorzugsstellung eines Mitgesellschafters oder eine relative Verschlechterung ihrer eigenen Position einzuwilligen, solange der unverzichtbare Kernbereich ihrer Mitwirkungsrechte dadurch nicht berührt wird. Die Einwilligung kann durch Zustimmung zur konkreten Vertragsgestaltung erteilt werden. Denkbar ist aber auch eine Mehrheitsklausel im Gesellschaftsvertrag, die der Mehrheit das Recht gibt, Vertragsänderungen in Abweichung vom Gleichbehandlungsgrundsatz zu beschließen. Solche Vereinbarungen sind freilich durchaus ungewöhnlich und setzen zu ihrer Wirksamkeit nicht nur die eindeutige Einbeziehung der fraglichen Regelungsgegenstände in ihren Anwendungsbereich voraus, sondern auch die vertragliche Bestimmung der **Grenzen,** innerhalb derer sich die Ungleichbehandlung durch Mehrheitsbeschluss halten muss, wenn sie Wirksamkeit erlangen soll (RdNr. 251). 247

2. Ausprägungen des Grundsatzes gleichmäßiger Behandlung. a) Ordnungsprinzip und Auslegungsgrundsatz. Der Gleichbehandlungsgrundsatz enthält ein rechtserhebliches Ordnungsprinzip[652] für die Ausgestaltung der Mitgliedschaftsrechte und -pflichten und deren Durchsetzung während der Dauer der Gesellschaft (RdNr. 244). Er wirkt sich einerseits im Bereich der dispositiven Normen aus, beim Fehlen abweichender Vertragsgestaltung sowie bei der *Ausfüllung von Vertragslücken.* Zum anderen und vor allem erlangt er Bedeutung, soweit die *Auslegung des Gesellschaftsvertrags* und die Konkretisierung der Rechtsstellung der Gesellschafter in Frage steht.[653] Dementsprechend bestimmen sich die Mitsprache- (Stimm-) und Vermögensrechte der Gesellschafter in denjenigen Fällen, in denen der Vertrag mit Rücksicht auf die unterschiedlichen Beiträge erkennbar von abgestuften Betei- 248

[648] Vgl. dazu auch *Soergel/Hadding* RdNr. 65; zu den Maßstäben für die Gleichbehandlung auch *G. Hueck* (Fn. 640) S. 198 ff., 323 ff.

[649] Vorbehaltlich einer Pflicht zur Vertragsänderung unter dem Gesichtspunkt der Treupflicht (RdNr. 231 ff.).

[650] Vgl. einerseits OLG München NZG 2001, 558, 560 (gleiches „Entgelt" für gleiche Beiträge), andererseits OLG München NZG 2001, 793, 794 (kein Verzicht auf Vorabvergütung durch invaliden Komplementär, wenn sie auch Entgelt für Haftungsrisiko enthält).

[651] BGH WM 1965, 1284, 1286; RGZ 151, 321, 326; *Soergel/Hadding* RdNr. 65; *Erman/Westermann* RdNr. 38 m. weit. Nachw.

[652] *G. Hueck* (Fn. 640) S. 278 ff.; *Staudinger/Keßler* Vor § 705 RdNr. 58.

[653] So neben den in Fn. 652 Genannten auch *Soergel/Hadding* RdNr. 66; *Erman/Westermann* RdNr. 37.

ligungsrechten ausgeht, im Zweifel jeweils nach diesem Maßstab; dem Gewinnverteilungsschlüssel entspricht im Zweifel auch die Verlustbeteiligung. Andererseits ist für die Anerkennung von Sonderrechten, die einem Gesellschafter wegen seiner persönlichen Verdienste um die Gesellschaft eingeräumt worden waren, gegenüber seinen Rechtsnachfolgern im Zweifel kein Raum.

249 **Im Einzelnen** wirkt sich der Grundsatz gleichmäßiger Behandlung vor allem in drei Bereichen aus: bei den Beiträgen, den Geschäftsführungs- und Stimmrechten sowie bei der Gewinn- und Verlustverteilung. Hinsichtlich der **Beitragsleistung** kann jeder Gesellschafter sich unter Berufung auf den Gleichbehandlungsgrundsatz weigern, früher oder in stärkerem Maß als die Mitgesellschafter auf Erfüllung in Anspruch genommen zu werden, wenn weder ein sachlich gerechtfertigter Grund für dieses Vorgehen vorliegt noch die Ungleichbehandlung im Gesellschaftsvertrag vorgesehen ist.[654] Auch Mehrheitsbeschlüsse über einseitige Beitragserhöhungen u. a. sind im Zweifel ausgeschlossen (RdNr. 251). Im Bereich der **Geschäftsführung** wird die Gleichbehandlung vor allem durch das Widerspruchsrecht des § 711 gesichert, soweit nicht alle Gesellschafter gemeinschaftlich geschäftsführungsbefugt sind. Es greift im Zweifel auch dann ein, wenn die Geschäftsführer die Leitung der Gesellschaft unter sich nach Sachgebieten aufgeteilt und einzelne Geschäftsführungsbereiche bestimmten Gesellschaftern allein zugewiesen haben (§ 709 RdNr. 16).

250 Für die **Gewinnverteilung** hat die Gleichbehandlung einmal dann Bedeutung, wenn die Gesellschafter in ungleichem Maße zur Erbringung der vereinbarten Beiträge herangezogen worden sind: das kann zu einer Abweichung vom vertraglich vereinbarten Schlüssel solange Anlass geben, bis das Ungleichgewicht durch Erbringung auch der noch ausstehenden Beiträge beseitigt ist. Mit der gebotenen Gleichbehandlung unvereinbar ist es aber auch, von der **Benutzung von Gesellschaftseinrichtungen** ohne sachlichen Grund einen Teil der Gesellschafter auszunehmen, von ihnen unterschiedliche Nutzungsentgelte zu verlangen oder ihnen die Vorteile der Nutzung vorzuenthalten.[655] Ebenso sind die Liefer- oder Bezugsquoten in einem nicht dem Verbot unterfallenden Kartell grundsätzlich gleichmäßig aufzuteilen.[656] Schließlich kann auch eine vertragliche **Entnahmeregelung** Gestaltungsprobleme aus der Sicht des Gleichbehandlungsgrundsatzes jedenfalls dann mit sich bringen, wenn die Gesellschafter in unterschiedlichem Maße der Steuerprogression unterliegen. In Fällen dieser Art ist es ohne Verstoß gegen den Gleichbehandlungsgrundsatz jedenfalls dann zulässig, das Entnahmerecht der einzelnen Gesellschafter an der jeweiligen Höhe ihrer auf die Gesellschaftsbeteiligung entfallenden Steuern auszurichten, wenn der nichtentnahmefähige Teil des Gewinns auf Darlehnskonten angemessen verzinst wird.[657]

251 **b) Minderheitenschutz.** Besondere Bedeutung gewinnt der Gleichbehandlungsgrundsatz im Hinblick auf den Minderheitenschutz **gegenüber Mehrheitsbeschlüssen.** Auch wenn sie im Gesellschaftsvertrag abweichend vom Einstimmigkeitsprinzip grundsätzlich vereinbart werden können und die jeweilige Minderheit damit in Kauf nimmt, Änderungen des Gesellschaftsvertrags hinnehmen zu müssen (§ 709 RdNr. 84 ff.), darf die Beschlussfassung doch jedenfalls nicht zur willkürlichen oder sachlich nicht gerechtfertigten Schlechterstellung der Minderheit führen, soweit die Mehrheitsklausel nicht im Einzelfall mit der erforderlichen Bestimmtheit eine Abweichung auch vom Gleichbehandlungsgrundsatz deckt.[658] Nach diesen Grundsätzen ist zumal bei mehrheitlichen Vertragsände-

[654] *Heymann/Emmerich* HGB § 109 RdNr. 13; *G. Hueck* (Fn. 640) S. 40 f.; OLG München NZG 2001, 558, 560. Vgl. auch § 706 RdNr. 20.

[655] BGH LM GenG § 18 Nr. 2 = NJW 1960, 2142, 2143 (Genossenschaft); BGH LM § 39 Nr. 2 = NJW 1954, 953 (LS) (Verein); BGH LM GmbHG § 29 Nr. 2 = WM 1972, 931 (GmbH); OLG Saarbrücken NJW 1985, 811 (GbR); *Soergel/Hadding* RdNr. 66.

[656] BGHZ 16, 59, 70 = NJW 1955, 384.

[657] BGH WM 1977, 1022.

[658] RGZ 151, 321, 327; *G. Hueck* (Fn. 640) S. 41 Fn. 4 (Nachw.), 305 ff., 307; *Soergel/Hadding* RdNr. 66; an der Effektivität des Gleichbehandlungsgrundsatzes als Mittel des Minderheitenschutzes zweifelnd *Wiedemann* GesR I § 8 II 2, S. 427 ff., 429 f. und *Roitzsch* Minderheitenschutz S. 33 ff.

rungen, die die Rechtsstellung einzelner Gesellschafter unterschiedlich betreffen,[659] Vorsicht geboten. Lässt etwa der Gesellschaftsvertrag eine Kapitalerhöhung durch Mehrheitsbeschluss zu, so muss – wenn nicht eine allgemeine Beitragserhöhung in Frage steht – grundsätzlich sichergestellt werden, dass jeder Gesellschafter die Möglichkeit erhält, sich in gleicher Weise und unter gleichen Bedingungen an der Kapitalerhöhung zu beteiligen.[660]

3. Rechtsfolgen eines Verstoßes. Soweit die Gefahr eines Verstoßes gegen den Gleichbehandlungsgrundsatz nicht durch Auslegung (RdNr. 248) beseitigt werden kann, sind Vereinbarungen und Beschlüsse, die zu einer willkürlichen oder sachlich nicht gerechtfertigten Ungleichbehandlung der Gesellschafter führen, ohne Zustimmung der benachteiligten Gesellschafter **unwirksam.**[661] Die Unwirksamkeit kann durch Zustimmung der betroffenen Gesellschafter oder durch Behebung des Verstoßes geheilt werden.[662] Sozialansprüche (Beitragseinforderungen), deren Geltendmachung eine Ungleichbehandlung bewirkt, sind nicht durchsetzbar. Hat eine Ungleichbehandlung zu einem Schaden des benachteiligten Gesellschafters geführt, so kann er diesen von der Gesellschaft und den am Verstoß beteiligten Mitgesellschaftern ersetzt verlangen. Ein Anspruch darauf, einen einzelnen Gesellschaftern gewährten Vorzug auf alle Beteiligten auszudehnen, besteht dagegen grundsätzlich nicht. Es ist Sache der Gesamthand, auf welche Weise sie den Verstoß gegen den Gleichbehandlungsgrundsatz beseitigen will; sie kann stattdessen auch Rückgewähr von den begünstigten Gesellschaftern verlangen.[663] Anderes gilt dann, wenn einzelne Gesellschafter von einer allgemein gewährten Vergünstigung willkürlich ausgeschlossen werden.[664] – Zur Möglichkeit, unter Berufung auf den Gleichbehandlungsgrundsatz eine Vertragsänderung zu verlangen, vgl. auch RdNr. 246. 252

D. Außen- und Innengesellschaft

I. Die Außengesellschaft

1. Grundlagen. a) Gesetzlicher Normaltypus. Das BGB geht in den §§ 705 bis 740 von der Außengesellschaft als Regeltyp aus.[665] Nach heute ganz hM handelt es sich dabei um eine **rechtsfähige Personenvereinigung (Gesamthand),** die sich nicht auf interne Beziehungen zwischen den Vertragspartnern betreffend Förderung des gemeinsamen Zwecks, Tätigkeit auf gemeinsame Rechnung und Ergebnisbeteiligung beschränkt,[666] sondern *als solche über organschaftliche Vertreter am Rechtsverkehr teilnimmt* (RdNr. 254, 279). Hierfür sieht § 709 Abs. 1 gemeinschaftliche Geschäftsführungsbefugnis aller Gesellschafter vor, und § 714 stellt im Auslegungswege klar, dass die Geschäftsfüh- 253

[659] Zur Frage der Aufhebung von Sonderrechten abweichend von § 35 durch Mehrheitsbeschluss vgl. § 709 RdNr. 99.

[660] BGH WM 1974, 1151, 1153; *Hueck* OHG § 9 III, *G. Hueck* (Fn. 640) S. 345 ff. Vgl. auch § 186 Abs. 1, 3 AktG (Bezugsrecht), dazu statt aller *Hüffer* AktG (5. Aufl.) § 186 RdNr. 4 ff., 25 ff., 39 a ff.; *Lutter* ZGR 1979, 401 ff. – Zur Erhöhung von Mitgliedschaftspflichten durch Mehrheitsbeschluss vgl. § 707 RdNr. 6.

[661] *Soergel/Hadding* RdNr. 67; *Erman/Westermann* RdNr. 39; *Heymann/Emmerich* HGB § 109 RdNr. 16.

[662] Dazu und zu den Möglichkeiten der Heilung näher *G. Hueck* (Fn. 640) S. 319.

[663] Zutr. *Tries,* Verdeckte Gewinnausschüttungen im GmbH-Recht, 1991, S. 228 f.

[664] Ebenso *G. Hueck* (Fn. 640) S. 302 ff.; *Soergel/Hadding* RdNr. 67; *M. Winter* ZHR 148 (1984), 579, 600; ähnlich auch BGH LM GmbHG § 29 Nr. 2 = WM 1972, 931 (GmbH); OLG Saarbrücken NJW 1985, 811 (GbR).

[665] So auch *Soergel/Hadding* Vor § 705 RdNr. 28 ff.; *Erman/Westermann* RdNr. 62; *Staudinger/Keßler* Vor § 705 RdNr. 62 ff. Eine gesetzliche Vermutung für das Vorliegen einer Außengesellschaft lässt sich hieraus freilich nicht ableiten; wer sich auf den Außencharakter beruft, ist beweispflichtig (BGHZ 12, 308, 315 = NJW 1954, 1159; BGH LM Nr. 11 = NJW 1960, 1851; vgl. aber auch RdNr. 279 zur Auslegungsregel des § 714).

[666] Zur Innengesellschaft vgl. näher RdNr. 275 ff. – Die Berechtigung der allgemein üblichen Unterscheidung zwischen Außen- und Innengesellschaft wird grundsätzlich bestritten von *Steckhan,* Die Innengesellschaft, 1966, insbes. S. 54 ff., 129 f. Vgl. demgegenüber aber RdNr. 284 f. zu den rechtlichen Besonderheiten von Innengesellschaften.

rungsbefugnis für die Gesellschaft sich im Zweifel mit einer entsprechenden Vertretungsmacht verbindet. § 718 begründet die gesamthänderische Bindung nicht nur für die Beiträge der Gesellschafter, sondern auch für diejenigen Gegenstände des Gesellschaftsvermögens, die im Rahmen der Geschäftsführung „für die Gesellschaft", dh. also durch Rechtsgeschäft in deren Namen (§ 718 RdNr. 25), erworben werden. § 725 behandelt in Übereinstimmung mit § 736 ZPO das Gesellschaftsvermögen als ein dem unmittelbaren Zugriff von Privatgläubigern einzelner Gesellschafter entzogenes, besonderes Vollstreckungsobjekt. Auch die Regelungen über die Auflösung der Gesellschaft (§§ 730 bis 733) gehen von der Vorstellung aus, dass die Gesellschaft durch Teilnahme am Rechtsverkehr Gesamthandsvermögen gebildet und Gesellschaftsverbindlichkeiten begründet hat. Beim einseitigen Ausscheiden (§ 738 Abs. 1) schließlich ist davon die Rede, dass der Gesellschafter von der Haftung für die „gemeinschaftlichen", dh. im Namen der Gesellschaft eingegangenen Schulden zu befreien ist.

254 **b) Charakteristische Merkmale der Außengesellschaft.** Die Außengesellschaft wird im Regelfall durch eine Reihe typischer Merkmale gekennzeichnet (zur Abgrenzung gegenüber der Innengesellschaft im Einzelnen vgl. RdNr. 279 bis 282). Zu ihnen gehören die über die Gesellschaft als bloßes Schuldverhältnis hinausgehende, zum Auftreten nach außen erforderliche **Organisation** (RdNr. 152), darunter namentlich das Vorhandensein von Gesellschaftsorganen (RdNr. 255 ff.), ferner die Bildung von **Gesamthandsvermögen** sowie schließlich die Begründung von Gesellschaftsverbindlichkeiten als besonderen, von der persönlichen Haftung der Gesellschafter als Gesamtschuldner zu unterscheidenden Verpflichtungen der GbR (§ 718 RdNr. 24 ff.). Begriffsnotwendig für die Außengesellschaft ist unter diesen Merkmalen nur das Auftreten nach außen und die hierfür erforderliche Organisation, während Gesamthandsvermögen und Gesellschaftsschulden abbedungen werden können (vgl. RdNr. 266 ff.). Soweit die Gesellschaft sich mit eigener Identitätsausstattung (RdNr. 306) am Rechtsverkehr beteiligt, kommt ihr Rechtsfähigkeit zu (RdNr. 303 ff.). Von wenigen Ausnahmen abgesehen kann sie auch unter einem besonderen Namen handeln. Zur Namensfähigkeit der Gesamthand vgl. RdNr. 270, zur Haftung für Organverschulden (§ 31) vgl. RdNr. 260 ff.

255 **2. Gesellschaftsorgane. a) Wesen und Begriff.** Als von den einzelnen Mitgliedern zu unterscheidende Personenvereinigung ist die als Außengesellschaft strukturierte GbR fähig, am Rechtsverkehr teilzunehmen und im eigenen Namen Rechte und Verbindlichkeiten zu begründen (RdNr. 303, 310 f.). Da sie ebenso wie juristische Personen oder sonstige rechtsfähige Personenvereinigungen (OHG, KG) nicht selbst handlungsfähig ist, bedarf sie wie diese der Mitwirkung natürlicher Personen als für sie handelnde „Organe". Diese unterscheiden sich, auch soweit sie im Namen der Gesellschaft am Rechtsverkehr teilnehmen, deutlich von Bevollmächtigten; sie haben eine den **gesetzlichen Vertretern verwandte Stellung** (vgl. Vor § 164 RdNr. 5 ff., 7). Für Personengesellschaften kommen als Organmitglieder nach dem hier geltenden Grundsatz der *Selbstorganschaft* (§ 709 RdNr. 5) nur Gesellschafter in Betracht. Zu den möglichen Arten von Organen einer GbR vgl. RdNr. 257 ff.

256 Der **Organbegriff** hat in der gesellschafts- und verbandsrechtlichen Diskussion noch keine abschließende Klärung erfahren.[667] Teilweise wird er in Zusammenhang mit der „Organhaftung" des Verbands aus § 31 gebracht und dahin umschrieben, es müsse sich um Personen (-gruppen) handeln, die für den Verband *nach außen wirksam handeln* können (vgl. etwa § 31 RdNr. 19 ff., 24). Für eine derartige Verengung auf vertretungsbefugte Organe ist

[667] Vgl. etwa die Definitionen bei *Flume* I/1 § 11 I; *Wiedemann* GesR I § 4 II 3 a; *K. Schmidt* GesR § 14 II 1; dazu auch *Ulmer,* FS Wiedemann, 2002, S. 1297, 1304 ff. In BGHZ 16, 17, 25 = NJW 1955, 499 wurde der Abschlussprüfer einer AG im Hinblick auf die ihm gesetzlich übertragenen Aufgaben (übermäßig weit) als „Organ" der AG qualifiziert, dem mit Rücksicht auf seine Treupflicht eine Warnfunktion gegenüber der AG zukomme, wenn er bei der Abschlussprüfung schwerwiegende Bedenken gegen die Geschäftsführung, die Rentabilität oder Liquidität der Gesellschaft bekäme.

indes kein Anlass, wenn man sich darauf besinnt, dass die Organstellung Ausdruck der fehlenden eigenen Handlungsfähigkeit des Verbandes ist (vgl. RdNr. 255). Zu Recht versteht die vorherrschende Ansicht unter Organen nicht nur juristischer Personen, sondern auch rechtsfähiger Personengesellschaften daher diejenigen Personen, die als einzelne oder gemeinsam nach der Verbandsverfassung befugt sind, den *Willen* einer als (teil-)rechtsfähig anerkannten Einheit oder Gruppe *zu bilden oder in die Tat umzusetzen.*[668] Dementsprechend werden bei der AG als notwendige Organe Vorstand, Aufsichtsrat und Hauptversammlung angesehen;[669] bei der GmbH gilt Entsprechendes für Geschäftsführer und Gesellschafterversammlung.[670]

b) Arten. aa) Geschäftsführer. Geborenes Organ der GbR ist nach gesetzlicher Regel (§ 709) die *Gesamtheit der Gesellschafter* als Gesamtgeschäftsführer. Ist nach dem Gesellschaftsvertrag nur ein Teil der Gesellschafter geschäftsführungsbefugt oder sieht der Vertrag Einzelgeschäftsführung vor, so modifiziert sich auch die Organstellung entsprechend; entscheidend ist die gesellschaftsvertragliche Ausgestaltung der Mitspracherechte in der Geschäftsführung (§ 709 RdNr. 13 ff.). Organqualität kommt weiter den gesetzlich (§ 714) oder gesellschaftsvertraglich berufenen **Vertretern** der GbR zu (§ 714 RdNr. 13 ff.). Das gilt auch dann, wenn Geschäftsführungsbefugnis und Vertretungsmacht abweichend von § 714 im Einzelfall auseinanderfallen. 257

bb) Gesellschafterversammlung. Im Unterschied zu AG und GmbH ist die Gesellschafterversammlung in der GbR und in den Personenhandelsgesellschaften *kein geborenes Organ;* ihr sind nach gesetzlicher Regel keine Kompetenzen zugewiesen (vgl. § 709 RdNr. 71). Zwar können sämtliche Gesellschafter durch einstimmigen Beschluss grundsätzlich jederzeit den Gesellschaftsvertrag ändern (RdNr. 55 ff.); insoweit handeln sie jedoch nicht als Organ der GbR, sondern modifizieren als Partner des Gesellschaftsvertrags und „Herren der Gesellschaft" deren Grundlagen.[671] Sieht der **Gesellschaftsvertrag** die Einberufung einer Gesellschafterversammlung vor und weist er dieser bestimmte, über Geschäftsführungsfragen hinausgehende Aufgaben in Gesellschaftsangelegenheiten zu (Bilanzfeststellung, Gewinnverteilung, Entnahmeregelung, Kontrollaufgaben, Wahlen u. a.), so begründet er damit zugleich die Organstellung der Gesellschafterversammlung. 258

cc) Beirat. Weiteres mögliches Gesellschaftsorgan ist je nach gesellschaftsvertraglicher Regelung ein Beirat (Verwaltungsrat, Gesellschafterausschuss u. a.). Er findet sich nicht selten bei Personenhandelsgesellschaften[672] und solchen Gesellschaften mbH, die nicht kraft Gesetzes einen Aufsichtsrat bilden müssen.[673] Demgegenüber besteht bei BGB-Gesellschaften wegen ihrer insgesamt meist weniger verfestigten Struktur seltener ein Bedürfnis zur Einsetzung eines Beirats. Organqualität kommt dem Beirat nur zu, wenn er im Gesellschaftsvertrag oder durch einen mit vertragsändernder Mehrheit gefassten Beschluss eingesetzt ist und **eigenständige,** nicht von der Gesellschafterversammlung abgeleitete oder auf Beratung und 259

[668] So tendenziell übereinstimmend *Staudinger/Weick* (1995) Vor § 21 RdNr. 50; *Soergel/Hadding* § 26 RdNr. 3; *Baltzer,* Der Beschluss als rechtstechnisches Mittel organschaftlicher Funktion im Privatrecht, 1965, S. 29 ff.; *Nitschke,* Die körperschaftlich strukturierte Personengesellschaft, 1970, S. 94; *Lewerenz,* Leistungsklagen zwischen Organen und Organmitgliedern der AG, 1977, S. 63 f.; s. dazu sowie zur Unterscheidung zwischen den Organen und den an der Ausübung der Organfunktionen beteiligten Organwaltern *Staub/Ulmer* HGB § 109 RdNr. 46 und *Ulmer* (Fn. 667) S. 1307.

[669] *K. Schmidt* GesR § 26 IV 2; *Th. Raiser,* Recht der Kapitalgesellschaften, 3. Aufl. 2001, § 13 RdNr. 7 ff.

[670] *K. Schmidt* GesR § 36 I 1 und *Th. Raiser* (Fn. 669) § 31 RdNr. 1 ff., jew. auch zum obligatorischen Aufsichtsrat der mitbestimmten GmbH.

[671] AA *Kießling* WM 1999, 2391, 2400 unter – sachlich nicht weiterführendem – Hinweis auf die Notwendigkeit von Gesellschafterbeschlüssen. Zu Recht offener *Wiedemann* ZGR 1996, 286, 292, der von der „Gesellschaftergesamtheit" als oberstem Organ bei fehlender Regelung im Gesellschaftsvertrag spricht. Nicht eindeutig *K. Schmidt* GesR § 14 III 1 a.

[672] Vgl. dazu näher *Staub/Ulmer* HGB § 109 RdNr. 51 ff.; *Voormann,* Der Beirat im Gesellschaftsrecht, 2. Aufl. 1990, S. 12 ff.; *Wiedemann,* FS Schilling, 1973, S. 105 ff.; zu Haftungsfragen vgl. auch *Hüffer* ZGR 1981, 348 ff.

[673] Vgl. *Scholz/U. H. Schneider* GmbHG, 9. Aufl., § 52 RdNr. 2 ff.; *Voormann* (Fn. 672) S. 20 ff.; *Hölters,* Der Beirat der GmbH und GmbH & Co. KG, 1979; *ders.* BB 1977, 105 ff.; *Reuter,* FS 100 Jahre GmbH, 1992, S. 631 ff.

Kontrolle der Geschäftsführung beschränkte **Mitspracherechte** besitzt.[674] In diesem Fall sind für seine Zusammensetzung die Grundsätze der Selbstorganschaft und der Verbandssouveränität zu beachten; die Mitgliedschaft gesellschaftsfremder Personen in Beiräten ist grundsätzlich ausgeschlossen, soweit diesen eigene Entscheidungsbefugnisse hinsichtlich der Geschäftsführung oder etwaiger Änderungen des Gesellschaftsvertrags zustehen sollen.[675]

260 **c) Haftung für Organverschulden. aa) Überblick.** Soweit die Schadensersatzhaftung der GbR wegen Erfüllungsmängeln bei Schuldverhältnissen in Frage steht, greift auch gegenüber der GbR als Schuldner die Zurechnungsvorschrift des § 278 über das Einstehen für das Verschulden gesetzlicher Vertreter und Erfüllungsgehilfen ein (§ 718 RdNr. 30); es bewendet bei den allgemeinen Grundsätzen. Anderes gilt in Bezug auf die Begründung einer Haftung der Gesellschaft für solches Handeln ihrer Organe und Verrichtungsgehilfen, das zu einer *deliktischen* Schädigung Dritter führt. Ein Bedürfnis hierfür besteht trotz der denkbaren Eigenhaftung des Schädigers auf Grund eines der Haftungstatbestände der §§ 823 ff. jedenfalls dann, wenn dieser im Interesse der GbR bzw. in Ausführung der ihm in der Gesellschaft übertragenen Aufgaben tätig geworden und sein Handeln daher der Gesellschaftssphäre zuzurechnen ist. Als Haftungsgrundlage kommt insoweit zwar nicht § 831, wohl aber § 31 analog in Betracht (RdNr. 261 ff.).

261 **bb) § 831?** Die in § 831 geregelte Haftung des Geschäftsherrn für widerrechtliche, in Ausführung der Verrichtung begangene Schädigungen Dritter durch einen Verrichtungsgehilfen lässt sich bei deliktischem Handeln von Geschäftsführern der GbR nach verbreiteter Ansicht deshalb nicht auf die GbR übertragen, weil die Geschäftsführer im Regelfall nicht weisungsgebunden sind und daher die an einen Verrichtungsgehilfen zu stellenden Anforderungen (§ 831 RdNr. 10) nicht erfüllen.[676] Das ist im Ansatz zwar zutreffend; es lässt aber außer Betracht, dass § 831 keine (reine) Zurechnungsnorm enthält, sondern eine *Haftung für vermutetes eigenes Verschulden* des Geschäftsherrn bei Auswahl oder Überwachung des Verrichtungsgehilfen begründet (§ 831 RdNr. 7, 27). Da die GbR als nicht selbst handlungsfähiger Personenverband nicht schuldfähig ist, scheidet ihre Haftung nach § 831 schlechthin aus, und dies selbst dann, wenn entweder die handelnden Geschäftsführer ausnahmsweise weisungsabhängig sind, oder wenn die widerrechtliche Schädigung von einem Angestellten der GbR begangen wurde. Ob insoweit die *Außen*haftung des nach *interner* Kompetenzverteilung für die Verrichtung verantwortlichen Geschäftsführers nach § 831 in Betracht kommt, wenn er den Nachweis sorgfältiger Auswahl und Überwachung des Verrichtungsgehilfen nicht führen kann, ist angesichts des Fehlens seiner Qualifikation als Geschäftsherr zweifelhaft.[677] Die GbR haftet ggf. nach § 31 iVm. § 831 (§ 718 RdNr. 31).

262 **cc) Analogie zu § 31.** Der *Normzweck* der in § 31 geregelten „Organhaftung" des Vereins für schädigende Handlungen seines Vorstands oder anderer verfassungsmäßig berufener Vertreter gegenüber Dritten geht dahin, den Verein für deren schädigendes Außenhandeln ebenso einstehen zu lassen wie eine natürliche Person für ihr eigenes Handeln (§ 31 RdNr. 2). Über die Verallgemeinerungsfähigkeit dieses Rechtssatzes und die Notwendigkeit

[674] Näher dazu *Staub/Ulmer* HGB § 109 RdNr. 53. – Einen Fall abgeleiteter, unter dem Vorbehalt der Rücknahme durch die Gesellschafterversammlung stehender Befugnisse des Beirats einer Publikums-KG behandelt etwa BGH NJW 1985, 972 f.

[675] Vgl. näher *Staub/Ulmer* HGB § 109 RdNr. 54 ff.; ferner mit zT unterschiedlicher Akzentsetzung *Nitschke* (Fn. 668) S. 289 ff.; *Voormann* (Fn. 672) S. 110 ff.; *Wiedemann,* FS Schilling, 1973, S. 105, 109 ff. m. weit. Nachw.

[676] BGHZ 45, 311, 313 = NJW 1966, 1807; § 31 RdNr. 14 *(Reuter); Soergel/Hadding* § 714 RdNr. 40; *Staudinger/Keßler* § 713 RdNr. 17, RGRK/*von Gamm* § 714 RdNr. 9; zweifelnd *Jauernig/Stürner* §§ 714, 715 RdNr. 7; vorbehaltlich der unten (§ 709 RdNr. 6) genannten Einschränkungen des Grundsatzes der Selbstorganschaft auch *Erman/Westermann* RdNr. 64; einschränkend auch *Martinek,* Repräsentantenhaftung, 1979, S. 66. Zur Frage der Weisungsbindung von Geschäftsführern, vgl. § 713 RdNr. 7.

[677] Dafür BGH NJW 1975, 533, 534 f.; *Soergel/Hadding* § 714 RdNr. 40; *Erman/Westermann* RdNr. 64; grdlg. aA *Kleindiek,* Deliktshaftung und juristische Person, 1997, S. 238 ff., der § 31 in derartigen Fällen auch ohne deliktisches, die Eigenhaftung gegenüber dem geschädigten Dritten begründendes Organhandeln eingreifen lässt.

seiner analogen Anwendung auf **andere Verbände** besteht heute im Wesentlichen Einigkeit. Nach ganz hM greift er über das Vereinsrecht hinaus nicht nur bei juristischen Personen des privaten und öffentlichen Rechts[678] ein, sondern auch bei Personenhandelsgesellschaften[679] und nichtrechtsfähigen Vereinen.[680] Denn auch diese Vereinigungen verfügen über handlungsfähige Organe, durch die sie ihren Willen bilden und umsetzen; sie haben daher entsprechend § 31 für deren deliktisches Verhalten im Rahmen der Organtätigkeit einzustehen.

Im Unterschied zu den in RdNr. 262 erwähnten Verbänden verneinte die früher hM für die **Gesellschaft bürgerlichen Rechts** eine Analogie zu § 31.[681] Das beruhte auf der Annahme, diese Gesellschaftsform lasse sich in ihrem Außenhandeln nicht hinreichend deutlich von ihren Mitgliedern unterscheiden. Sie sei, wie der BGH noch in einer Grundsatzentscheidung aus dem Jahr 1966 formulierte, „zu wenig körperschaftlich organisiert, als dass man die für sie handelnden Gesellschafter als „Organe" bezeichnen könnte".[682] Demgegenüber ist nach zutreffender neuerer Ansicht die analoge Anwendung von § 31 grundsätzlich auch gegenüber der GbR geboten.[683] Soweit sie als Außengesellschaft über ein verselbstständigtes Sondervermögen und eine den Personenhandelsgesellschaften vergleichbare, der Teilnahme am Rechtsverkehr dienende Organstruktur verfügt (dazu RdNr. 264), liegt auch bei ihr eine die Analogie zu § 31 rechtfertigende Regelungslücke vor. Das gilt jedenfalls für die „organisierte" Außen-GbR als teilrechtsfähigen Personenverband (RdNr. 305 f.) Nachdem inzwischen auch der BGH die Rechtsfähigkeit der Außen-GbR anerkannt hatte,[684] war es nur folgerichtig, dass er auch die Haftung analog § 31 unter Aufgabe von BGHZ 45, 311 bejahte.[685] 263

Nach den in RdNr. 263 aufgestellten Grundsätzen bedarf es zur analogen Anwendung von § 31 somit einer den Personenhandelsgesellschaften vergleichbaren Struktur der Außen-GbR, dh. einer gewissen **Verselbstständigung des Gesellschaftsvermögens** und der für die Gesellschaft **handelnden Organe** gegenüber den Verbandsmitgliedern. Diese Voraussetzung ist jedenfalls dann gegeben, wenn die GbR über eine bloße Gelegenheitsgesellschaft hinaus auf gewisse Dauer angelegt ist und wenn abweichend von § 709 nicht alle Gesellschafter gemeinschaftlich (mit der deliktischen Rechtsfolge der §§ 830, 840) für die Gesellschaft tätig werden, sondern die Geschäftsführung entweder als Einzelbefugnis ausgestaltet oder einem Teil der Gesellschafter anvertraut ist.[686] In Fällen dieser Art ist die Stellung der Geschäftsführer derjenigen der in § 31 genannten Organe im Hinblick auf den Regelungszweck dieser Vorschrift voll vergleichbar. Daraus folgt die deliktische Haftung einerseits der GbR, anderseits aber auch der Mitgesellschafter persönlich als Folge der Akzessorietät ihrer 264

[678] Zur Anwendung auf diese Einheiten vgl. § 89 Abs. 1 und dazu § 89 RdNr. 6 ff.; *Soergel/Hadding* § 89 RdNr. 3 ff., 34 ff.

[679] BGH LM HGB § 126 Nr. 1 = NJW 1952, 537, 538; *Schlegelberger/K. Schmidt* HGB § 124 RdNr. 21; *Staub/Habersack* § 124 RdNr. 16; *Baumbach/Hopt* HGB § 124 RdNr. 25; *Hueck* OHG § 19 III, jew. m. weit. Nachw.

[680] BGHZ 50, 325, 329 = NJW 1968, 1830; *Soergel/Hadding* § 54 RdNr. 22; *Erman/Westermann* § 54 RdNr. 14.

[681] BGHZ 45, 311, 312 = NJW 1966, 1807; so auch noch *Staudinger/Keßler* § 713 RdNr. 17; RGRK/*von Gamm* § 714 RdNr. 9; *Palandt/Thomas* (56. Aufl. 1997) § 714 RdNr. 5; *John* Rechtsperson S. 154. Gegenansichten vgl. in Fn. 683.

[682] BGHZ 45, 311, 312 = NJW 1966, 1807.

[683] So erstmals wohl *Fabricius,* Gedächtnisschrift für Rudolf Schmidt, 1966, S. 171, 194; heute ganz hM, vgl. *Beuthien* DB 1975, 773, 775; *Flume* I/1 § 16 IV 2, S. 322 f.; *Grunewald* GesR RdNr. 1 A 110; *Habersack* JuS 1993, 1, 3; *Hadding,* FS Rittner, 1991, S. 133, 143; *Hueck* GesR, 19. Aufl., § 9 IV 3 b; *Hüffer* GesR S. 100 f.; *Kornblum,* Die Haftung der Gesellschafter für Verbindlichkeiten von Personengesellschaften, 1972, S. 44 ff.; *Kübler* GesR § 6 III 4 b bb; *Martinek* (Fn. 676) S. 113 ff.; *Nicknig,* Die Haftung der Mitglieder einer BGB-Gesellschaft für Gesellschaftsschulden, 1972, S. 34 ff., 43 f.; *Palandt/Sprau* § 714 RdNr. 6; *K. Schmidt* GesR § 60 II 4; *Sellert* AcP 175 (1975), 77 (98 ff., 106 f.); *Staudinger/Weick* (1995) § 31 RdNr. 45; *Erman/Westermann* RdNr. 64; *Wiedemann* GesR I § 5 II 3 a; *ders.,* FS Kellermann, 1991, S. 529, 543; *Zöllner,* FS Gernhuber, 1995, S. 563, 575; *Larenz* II § 60 IV; so auch § 31 RdNr. 15 *(Reuter).*

[684] Näher dazu RdNr. 300 f. m. Nachw. in Fn. 788.

[685] BGH NJW 2003, 1445, 1446; so auch schon *Erman/Westermann, Palandt/Sprau* u. a. (Fn. 683).

[686] Ähnlich diff. *Kübler, Wiedemann* in FS Kellermann und *Zöllner* aaO (Fn. 683); weitergehend *Fabricius* (Fn. 683) S. 187 f.

Haftung (§ 714 RdNr. 38). Wegen der Einzelheiten der Organhaftung[687] vgl. die Erläuterungen zu § 31.

265 **3. Gesellschaftsvermögen. a) Gesamthänderische Bindung.** Entsprechend seiner Bestimmung, der Verfolgung des gemeinsamen Zwecks zu dienen, unterliegt das Gesellschaftsvermögen als Sondervermögen gesamthänderischer Bindung („Gesamthandsvermögen"). Das gilt sowohl für die geleisteten *Beiträge* einschließlich der ihnen zu Grunde liegenden, im Gesellschaftsvertrag begründeten Sozialansprüche (§ 718 RdNr. 16f.), als auch für *rechtsgeschäftlich namens der Gesellschaft begründete Forderungen* und die hierauf bewirkten Leistungen. Die gesamthänderische Zuordnung wird bei neuen Forderungen und sonstigen Rechten dadurch bewirkt, dass sie im Namen der Gesellschaft bzw. für diese begründet werden,[688] im Übrigen durch *Verfügung an die Gesamthand.* Einer besonderen, zur Forderungsbegründung oder Leistungsbewirkung hinzutretenden Vereinbarung der Gesellschafter bedarf es nicht, um diese Gegenstände dem Gesamthandsvermögen zuzuweisen. Vielmehr muss umgekehrt die Regelung des § 718 Abs. 1 abbedungen werden, wenn die Gesellschafter die Begründung von Gesamthandsvermögen verhindern wollen (RdNr. 267ff.).

266 **b) Sondergestaltungen.** Nach **ganz hM** bildet das Gesamthandsvermögen kein notwendiges Merkmal der Außengesellschaft.[689] Es soll vielmehr auch möglich sein, das Gesellschaftsvermögen seitens der Gesellschafter als Bruchteilseigentum zu halten, es einem der Gesellschafter als – gegebenenfalls treuhänderisch gebundenes – Alleineigentum zuzuweisen oder schließlich auf Gesellschaftsvermögen ganz zu verzichten.[690]

267 **Stellungnahme.** An dieser Ansicht ist richtig, dass **§ 718 nachgiebiges Recht** enthält; hiervon abweichende Regelungen können auch für die Außengesellschaft wirksam getroffen werden (vgl. auch § 741 RdNr. 4). Vom Sonderfall der Beitragsansprüche abgesehen (vgl. dazu RdNr. 269) reicht freilich eine entsprechende Vereinbarung im Gesellschaftsvertrag hierzu nicht aus. Vielmehr muss die von § 718 Abs. 1 abweichende Zuordnung des Gesellschaftsvermögens auch in den jeweiligen, namens der (Außen-)Gesellschaft mit Dritten geschlossenen Rechtsgeschäften zum Ausdruck kommen, wenn sie dingliche Wirkung haben soll.[691] So muss die Übereignung einer der Gesellschaft geschuldeten Sache im Falle einer abweichend von § 718 Abs. 1 gewollten Zuordnung eindeutig an die einzelnen Gesellschafter *als Bruchteilseigentümer* erfolgen; es bedarf so vieler Verfügungen über die Sache, wie auf der Erwerberseite Gesellschafter beteiligt sind. Entsprechendes gilt bei Übereignung zu Alleineigentum eines Gesellschafters.[692] Aber auch der Erfüllungsanspruch aus einem namens der Gesellschaft geschlossenen Vertrag steht den Gesellschaftern nur dann nicht als Gesamthandsforderung, sondern nach Bruchteilen zu, wenn eine dahingehende Vereinbarung im Kausalgeschäft getroffen ist; der Sache nach handelt es sich dabei um eine Art Abrede zu Gunsten Dritter (der Gesellschafter persönlich).

268 Zweifelhaft ist die Rechtslage demgegenüber im Falle der **Beiträge.** Insoweit steht zwar außer Streit, dass die Gesellschafter Vereinbarungen über die *Art der Beitragsleistung* treffen können; die Begründung von Gesamthandseigentum an den Einlagen ist keine notwendige Voraussetzung für eine Gesellschaft iS von § 705. Insbes. gibt es auch die Möglichkeit, die geschuldeten Gegenstände nur zum Gebrauch oder dem Werte nach in die Gesellschaft einzubringen, während das Eigentum entweder beim Gesellschafter verbleibt (§ 706 Rd-

[687] Dazu vgl. namentlich auch die Überlegungen zum OHG-Recht (Art der Organtätigkeit; Kreis der Personen, für die die Haftung nach § 31 eingreift) bei *Staub/Habersack* § 124 RdNr. 14 und *Hueck* OHG § 19 III.

[688] Zur Rechtsfähigkeit der GbR als Teilnehmerin am Rechtsverkehr vgl. RdNr. 303ff.

[689] RGZ 80, 268, 271; 92, 341, 342; 142, 13, 20f. (st. Rspr.); so auch OLG München NJW 1968, 1384, 1385; *Düringer/Hachenburg/Geiler* HGB Bd. II 1 Anm. 53, 307; *Soergel/Hadding* Vor § 705 RdNr. 28, § 718 RdNr. 9; *Erman/Westermann* Vor § 705 RdNr. 24; *Staudinger/Keßler* Vor § 705 RdNr. 85ff.; aA aber *K. Schmidt* JuS 1988, 444f.; *ders.* GesR § 58 II 2.

[690] Vgl. dazu iE *Geiler, Soergel/Hadding* und *Staudinger/Keßler* (Fn. 689).

[691] So zutr. *Flume* ZHR 136 (1972), 177, 184; *ders.* I/1 § 1 IV. AA etwa *Larenz* II § 60 Va, wohl auch die in Fn. 690 genannten Autoren.

[692] Dazu § 718 RdNr. 18; *Staudinger/Keßler* Vor § 705 RdNr. 86.

Nr. 12 f.) oder aber auf einen Mitgesellschafter übertragen wird. Ebenso ist denkbar, einen für die Verfolgung des gemeinsamen Zwecks bestimmten Vermögensgegenstand entweder im – bisher schon bestehenden – Bruchteilseigentum der Gesellschafter zu belassen oder auf diese nach Bruchteilen zu übertragen;[693] zu denken ist namentlich an die Behandlung von Grundstücken (zur Abgrenzung derartiger Fälle gegenüber der reinen Bruchteilsgemeinschaft vgl. Vor § 705 RdNr. 124 ff. und § 741 RdNr. 4 ff.).

Von der Art der Beitragsleistung zu unterscheiden ist jedoch die **Begründung der Sozialansprüche** im Gesellschaftsvertrag, darunter namentlich derjenigen auf Beitragsleistung (RdNr. 201). Sie stehen per definitionem der (Außen-)Gesellschaft als solcher zu und bilden damit notwendig Gesamthandsvermögen, wenn sie nicht entsprechend § 328 ausnahmsweise für einen oder bestimmte Gesellschafter persönlich begründet werden. Demgegenüber vermag der Einwand, die Leistung von Beiträgen und dementsprechend die vertragliche Begründung von gesamthänderisch gebundenen Sozialansprüchen sei für die Gesellschaft nicht begriffsnotwendig,[694] nicht durchzudringen. Denn er setzt stillschweigend Beitrags*forderungen* und als Einlage *erbrachte* Vermögensgegenstände gleich; auch bleiben dabei sonstige, für die Förderungspflicht des § 705 in Betracht kommende vermögenswerte Verpflichtungen aus dem Gesellschaftsvertrag, wie insbesondere die Einbringung der Arbeitskraft, der Kenntnisse oder Geschäftsverbindungen eines Gesellschafters außer Betracht, obwohl auch die diesen Verpflichtungen gegenüberstehenden Sozialansprüche, soweit sie einen Vermögenswert haben, Gegenstand gesamthänderischer Bindung sind. Große praktische Bedeutung kommt dieser Unterscheidung zwar nicht zu. Immerhin zeigt sie aber, dass Vorsicht geboten ist gegenüber der verbreiteten Aussage, es gebe (Außen-)Gesellschaften ohne jedes Gesamthandsvermögen. Derartige Gestaltungen sind allenfalls in seltenen Ausnahmefällen denkbar. 269

4. Gesellschaftsname. a) Grundlagen. Die Gesamthand als rechtsfähige Personengesellschaft (RdNr. 303) kann sich als solche am Rechtsverkehr beteiligen. Dazu bedarf sie einer unterscheidungskräftigen Bezeichnung. Der Gebrauch einer Firma kommt nicht in Betracht, da das Recht zur Firmenführung ausschließlich Kaufleuten zusteht (§§ 1, 17 ff. HGB) und der Zweck der GbR kraft Rechtsformzwang (RdNr. 3) nicht auf den Betrieb eines Handelsgewerbes gerichtet sein kann; auch eine entsprechende Heranziehung des Firmenrechts scheidet im Unterschied zur Partnerschaftsgesellschaft (vgl. § 2 Abs. 2 PartGG) aus. Der Gesetzgeber hat davon abgesehen, für die Bezeichnung der GbR im Rechtsverkehr Regelungen zu treffen. Er ging ersichtlich davon aus, dass die Gesellschaft bei Bedarf durch die Namen sämtlicher Gesellschafter identifiziert werden sollte – eine Lösung, die insbes. im Grundbuchrecht und im Prozessrecht lange Zeit dominierte.[695] Außerhalb derartiger Sondergebiete, in denen die formellen Anforderungen an Klarheit und Eindeutigkeit der Personenbezeichnung besonders hoch sind, war es den Gesellschaftern jedoch schon bisher unbenommen, sich unter einem unterscheidungskräftigen, schlagwortartigen **Gesamtnamen** am Rechtsverkehr zu beteiligen, solange dadurch weder Rechte Dritter verletzt wurden noch Verwirrung im Handelsverkehr zu befürchten war. Die ursprünglich gegen die Zulässigkeit eines besonderen Gesellschaftsnamens erhobenen Bedenken[696] waren schon lange Zeit vor Anerkennung der Rechtsfähigkeit der Außen-GbR überholt.[697] 270

[693] *Westermann* Hdb. RdNr. I 44; *Erman/Westermann* § 718 RdNr. 2; *Staudinger/Keßler* Vor § 705 RdNr. 85.

[694] So *Geiler* (Fn. 689) Anm. 307 sowie die Rspr.-Nachw. in Fn. 689. Zu Recht zweifelnd unter Hinweis auf die gesamthänderisch gebundenen Sozialansprüche aber *Flume* ZHR 136 (1972), 177, 181; *Westermann* Hdb. RdNr. I 45; *Soergel/Hadding* Vor § 705 RdNr. 28.

[695] Vgl. RdNr. 312 ff., 318 ff.

[696] So noch *Lehmann/Dietz* GesR, 3. Aufl. 1970, S. 109 und *Wessel* BB 1978, 1084. Weit. Nachw. zum älteren Schrifttum, in dem diese Ansicht freilich meist ohne Begründung vertreten wurde, bei *Holstein,* Der Name der BGB-Gesellschaft, Diss. Münster 1968, S. 2.

[697] So schon RG JW 1906, 452, 453 und die heute ganz hM, vgl. OLG Karlsruhe BB 1978, 519, 520; OLG München NJW-RR 1993, 621; *Soergel/Heinrich* § 12 RdNr. 31, 137; *Soergel/Hadding* RdNr. 68; *Erman/Westermann* RdNr. 67; *Staudinger/Weick/Habermann* (1995) § 12 RdNr. 196; *Staub/Hüffer* HGB § 17 RdNr. 13; *K. Schmidt* DB 1987, 1181 ff.; *Westermann* Hdb. RdNr. I 229 f.; *Holstein* (Fn. 696) und

271 Die **Auswahl** des Gesamtnamens kann entweder im Gesellschaftsvertrag selbst oder durch späteren Gesellschafterbeschluss getroffen werden. Sie unterliegt keinen positiven Regeln oder Mindestvoraussetzungen.[698] Im Interesse der Namensfunktion und der Schutzfähigkeit des Namens (RdNr. 272 f.) sollten sich die Gesellschafter freilich um die Wahl einer unterscheidungskräftigen Bezeichnung bemühen. In negativer Hinsicht wird die Wahlfreiheit in erster Linie durch das handelsrechtliche Firmenrecht und die dem Registergericht gegen einen unzulässigen Firmengebrauch zustehenden Befugnisse (§ 37 Abs. 1 HGB) eingeschränkt; sie richten sich auch dagegen, andere Bezeichnungen nach Art einer Firma zu gebrauchen.[699] Weiter sind auch Rechte Dritter nach Maßgabe von §§ 12 BGB, 5, 15 MarkenG zu beachten. *Unbedenklich* dürften danach regelmäßig solche Bezeichnungen sein, die sich aus dem Namen eines oder mehrerer Gesellschafter zusammensetzen und einen deutlichen, auf die Rechtsform als GbR hinweisenden Zusatz enthalten (vgl. RdNr. 274). Aber auch die Aufnahme eines Sachbestandteils in den Gesellschaftsnamen[700] erscheint jedenfalls dann zulässig, wenn durch entsprechende Zusätze („Arbeitsgemeinschaft", „Konsortium" oÄ) der Gefahr der Verkehrsverwirrung vorgebeugt wird.

272 **b) Namensschutz.** Als Grundlage eines Schutzes des Gesellschaftsnamens bietet sich in erster Linie die **Vorschrift des § 12** an. Über Wortlaut und systematische Stellung hinaus erstreckt sie sich nach heute hM auch auf die Namen von Personengesellschaften.[701] Auf die Verkehrsgeltung des Gesellschaftsnamens kommt es für den Schutz gegen Eingriffe Dritter nicht an;[702] für eine derartige Verschärfung der Schutzvoraussetzungen gegenüber dem gesetzlichen Anwendungsbereich des § 12 besteht kein Anlass, sofern die Bezeichnung nur Namensfunktion entfaltet.[703] Wohl aber setzt die Berufung auf § 12 die individuelle Unterscheidungskraft der fraglichen Bezeichnung voraus sowie ihre Verwendung zur *Identifizierung der Gesellschaft als Namensträger* in deren durch den gemeinsamen Zweck geprägtem Wirkungskreis.[704] Auch räumlich wird der Namensschutz durch den Wirkungsbereich der Gesellschaft begrenzt; ein grundsätzlich unbeschränkter Schutz ist anders als bei natürlichen Personen nicht veranlasst.[705]

273 Wird der Name der GbR **im geschäftlichen Verkehr** benutzt, so genießt er als Unternehmenskennzeichnen iS des § 5 Abs. 2 MarkenG Schutz gem. **§ 15 MarkenG.**[706] Dieser ist an die Stelle des durch Art. 25 Nr. 2 MarkenrechtsreformG[707] aufgehobenen § 16 UWG getreten. Nach § 15 Abs. 4 und 5 MarkenG können Dritte insbes. bei Verwendung einer verwechslungsfähigen, prioritätsjüngeren Bezeichnung auf Unterlassung (Abs. 4) und Schadensersatz (Abs. 5) in Anspruch genommen werden. Die Ansprüche aus § 15 MarkenG stehen der GbR gem. § 5 Abs. 2 MarkenG nicht nur bezüglich ihres etwaigen Gesamt-

die dort auf S. 3 angeführten Stimmen. Zur entspr. Beurteilung beim Namen nichtrechtsfähiger Vereine vgl. *Soergel/Heinrich* § 12 RdNr. 31 und *Baumbach/Hefermehl* Wettbewerbsrecht, 18. Aufl. 1995, UWG § 16 RdNr. 21, jeweils m. weit. Nachw.

[698] So auch *Soergel/Heinrich* § 12 RdNr. 138; *Westermann* Hdb. RdNr. I 230; zur Bildung des Namens einer RA-Sozietät *Wellkamp* NJW 1993, 2715 ff. AA *Wessel* BB 1978, 1084, der unter Berufung auf § 15 b GewO stets die Angabe der Namen sämtlicher Gesellschafter im Geschäftsverkehr fordert; einschr. auch *Zwernemann* BB 1987, 774, 778.

[699] BayObLG BB 1960, 996; OLG Frankfurt BB 1975, 247, 248; OLG Karlsruhe BB 1978, 519; *Staub/Hüffer* HGB § 37 RdNr. 8, 10; *Baumbach/Hopt* HGB § 37 RdNr. 2.

[700] Rechenzentrum, vgl. OLG Karlsruhe BB 1978, 519.

[701] Vgl. § 12 RdNr. 51 ff.; *Soergel/Heinrich* § 12 RdNr. 31; *Soergel/Hadding* RdNr. 69; *Erman/Westermann* RdNr. 68; *Baumbach/Hefermehl* (Fn. 697) RdNr. 18 ff.; *Fezer* GRUR 1976, 313.

[702] So aber noch *Soergel/Schultze-v. Lasaulx*, 10. Aufl., RdNr. 79; tendenziell auch *Holstein* (Fn. 696) S. 113 f., 133, offenbar in der – rechtstatsächlich nicht belegten – Annahme, nur bei Verkehrsgeltung könne der Gesamtname Namensfunktion für die GbR entfalten.

[703] So auch *Soergel/Hadding* RdNr. 69; *Erman/Westermann* RdNr. 68; für ein Vereinsemblem auch BGH GRUR 1976, 644, 646 – Kyffhäuser.

[704] Zu Unterscheidungskraft und Namensfunktion der Bezeichnung als Voraussetzung für das Eingreifen von § 12 vgl. statt aller *Soergel/Heinrich* § 12 RdNr. 145 f., 157 ff.; *Baumbach/Hefermehl* (Fn. 697) RdNr. 28 ff.

[705] *Baumbach/Hefermehl* (Fn. 697) RdNr. 35.

[706] Näher hierzu *Ingerl/Rohnke* NJW 1994, 1247, 1255; *Starck* WRP 1994, 698, 700 f. Vgl. auch *Fezer*, Markenrecht, 2. Aufl. 1999, MarkenG § 15 RdNr. 122, 139.

[707] Gesetz v. 25. 10. 1994 (BGBl. I S. 3082).

namens, sondern auch dann zu, wenn sie zur Unterscheidung ihres Geschäfts von anderen Unternehmen im geschäftlichen Verkehr ein Unternehmenskennzeichen verwendet.

c) Rechtsformhinweis. Im Unterschied zu den Personenhandels- und Kapitalgesellschaften kennt das Recht der BGB-Gesellschaft keinen „amtlichen" oder allgemein im Verkehr durchgesetzten Rechtsformzusatz. Hierfür bestand bisher auch kein Bedürfnis, weil es keine Pflicht zur Aufnahme eines solchen Zusatzes in den Namen der BGB-Gesellschaft gab; auch lässt sich ein Ausschluss der persönlichen Haftung der Gesellschafter hierauf nicht stützen.[708] Inzwischen ist allerdings durch **§ 11 S. 3 PartGG** mittelbar eine Änderung eingetreten. Denn nach dieser Vorschrift darf der Zusatz „Partnerschaft" oder „und Partner", wenn er schon vor dem 1. 7. 1995 im Namen einer BGB-Gesellschaft verwendet wurde, über den 30. 6. 1997 hinaus dann weitergeführt werden, wenn dem Namen ein Hinweis auf die von der Partnerschaftsgesellschaft abweichende, andere Rechtsform des Namensträgers beigefügt wird. Angesichts der Verbreitung des Partner-Zusatzes speziell bei Freiberufler-Sozietäten in der Rechtsform der GbR kommt dieser Vorschrift besonders für diese Bedeutung zu. Dabei reicht neben der ausdrücklichen Rechtsformbezeichnung „BGB-Gesellschaft" oder „Gesellschaft bürgerlichen Rechts" angesichts der zwischenzeitlich erreichten Verkehrsdurchsetzung auch die Abkürzung „GbR" als Rechtsformhinweis aus. Irreführend und daher entsprechend § 18 Abs. 2 nF HGB unzulässig ist freilich die Aufnahme des weiteren Zusatzes „mit beschränkter Haftung" oder „mbH".[709] 274

II. Die Innengesellschaft

1. Begriff und Erscheinungsformen. a) Typische Merkmale. Als typische Merkmale einer Innengesellschaft, die geeignet sind, sie vom gesetzlichen Normaltyp der Außengesellschaft (RdNr. 253) zu unterscheiden, werden in Rechtsprechung[710] und Literatur[711] zwei Negativ-Umstände genannt: einerseits die *Nichtteilnahme der Gesellschaft am Rechtsverkehr* und dementsprechend das Fehlen von Vertretungsregelungen im Gesellschaftsvertrag, zum anderen der *Verzicht auf die Bildung von Gesamthandsvermögen.*[712] Beide Merkmale hängen deshalb zusammen, weil die Begründung von Gesamthandsvermögen – von den Sonderfällen der Sozialansprüche (RdNr. 269) und der Surrogation (§ 718 Abs. 2) abgesehen – Rechtsgeschäfte mit der Gesellschaft bzw. Verfügungen an diese voraussetzt (§ 718 Abs. 1, vgl. RdNr. 265). 275

In derartigen Fällen verfügt die (Innen-)Gesellschaft in der Regel über **keine** besondere, die schuldrechtlichen Beziehungen der Gesellschafter überlagernde **Organisation.** Ein organisationsrechtliches Element der Gesellschaft (RdNr. 158) ist allenfalls in rudimentärer Form vorhanden; daher ist entgegen der hM auch eine Anwendung der Grundsätze über die fehlerhafte Gesellschaft auf die Innengesellschaft ohne Gesamthandsvermögen abzulehnen (RdNr. 359). Zum anderen kommt es gewöhnlich auch nicht zur Entstehung von Gesellschaftsverbindlichkeiten, da für Rechtsgeschäfte im Namen der GbR bei Innengesellschaften schon mangels Teilnahme am Rechtsverkehr kein Raum ist oder sie, sollten sie doch vorkommen, jedenfalls nicht von einer entsprechenden Vertretungsmacht der Gesellschafter 276

[708] Ebenso *Soergel/Hadding* RdNr. 68; *Westermann* Hdb. RdNr. I 230; tendenziell auch LG Berlin BB 1985, 1691.

[709] So zutr. BayObLG NJW 1999, 297, 298 (der Sache nach bestätigt durch BGHZ 142, 315, 318 ff. = NJW 1999, 3483); ebenso OLG München DB 1998, 2012; offen lassend noch OLG Jena ZIP 1998, 1797, 1798.

[710] BGHZ 12, 308, 314 f. = NJW 1954, 1159; BGHZ 126, 226, 234 ff. = NJW 1994, 2536; BGH LM Nr. 11 = NJW 1960, 1851, 1852; WM 1965, 793; 1973, 296, 297; RGZ 166, 160, 163; OLG Frankfurt BB 1969, 1411.

[711] So jedenfalls im Grundsatz *Düringer/Hachenburg/Geiler* HGB Bd. II 1 Anm. 315 bis 317; *Soergel/Hadding* Vor § 705 RdNr. 28; *Staudinger/Keßler* Vor § 705 RdNr. 91 f.; *Erman/Westermann* Vor § 705 RdNr. 24; *K. Schmidt* GesR § 43 II 3 b; *Westermann,* Vertragsfreiheit und Typengesetzlichkeit im Recht der Personengesellschaften, 1970, S. 186 ff.; *Blaurock,* Unterbeteiligung und Treuhand an Gesellschaftsanteilen, 1981, S. 89 ff.

[712] Grundsätzlich aM und die Berechtigung der Unterscheidung zwischen Außen- und Innengesellschaft bestreitend aber *Steckhan* (Fn. 666) passim.

gedeckt sind.[713] Auf weitere charakteristische Merkmale kommt es daneben nicht an. Insbesondere ist für die Innengesellschaft nicht etwa entscheidend, dass die Gesellschafter die Existenz der Gesellschaft gegenüber Dritten geheim halten.[714]

277 **b) Begriffsbestimmung. aa) Grundlagen.** Besteht über die typischen Merkmale der Innengesellschaft im Wesentlichen Einigkeit, so ist doch der **Begriff der Innengesellschaft umstritten.** Meist wird er dahin bestimmt, die Innengesellschaft trete nicht nach außen in Erscheinung bzw. es fehle an der gemeinsamen Vertretung.[715] Überwiegend stellt man zusätzlich auf das Nichtvorhandensein von Gesamthandsvermögen ab[716] bzw. darauf, ob die Beziehungen zwischen den Beteiligten sich auf ein reines Schuldverhältnis beschränken.[717] Die Gegner dieser Definitionsversuche halten dem entgegen, der Charakter der GbR als Innen- oder Außengesellschaft könne nicht von dem häufig zufälligen Umstand abhängen, ob die Gesellschaft – trotz grundsätzlicher Beschränkung auf das Innenverhältnis – im einen oder anderen Fall nach außen hervortrete.[718] Auch gebe es keinen notwendigen Zusammenhang zwischen Beschränkung auf das Innenverhältnis und Fehlen von Gesamthandsvermögen.[719] *Umstritten* ist indessen nicht nur die Begriffsbestimmung, sondern schon die Vorfrage, ob über die Typusumschreibung hinaus eine *Begriffsbestimmung* der Innengesellschaft überhaupt *erforderlich* ist.[720] Das Gesetz selbst differenziert bekanntlich nicht zwischen Innen- und Außengesellschaft, auch wenn es von der Außengesellschaft als Normaltyp ausgeht (RdNr. 253). Gesetzliche Regelungsunterschiede sind mit der begrifflichen Einteilung als solcher daher nicht verbunden, sieht man ab vom Sonderfall der stillen Gesellschaft (RdNr. 286 ff.).

278 Der Charakter als Innen- oder Außengesellschaft ist für eine Reihe von Fragen gleichwohl von **praktischer Bedeutung.** Das gilt etwa für die Vertretungsmacht der Geschäftsführer und in Verbindung damit für die Haftung der Mitgesellschafter.[721] Relevant werden kann der Unterschied auch in Bezug auf die Bildung von Gesamthandsvermögen. Sie interessiert sowohl im Hinblick auf die Verfügungsbefugnis der Gesellschafter als auch mit Rücksicht auf die Möglichkeit der Zwangsvollstreckung; auch können sich bei Innen- und Außengesellschaft unterschiedliche Auflösungsfolgen ergeben (§ 730 RdNr. 10, 12). Schließlich ist der Charakter als Innengesellschaft nach zutr. Ansicht auch für das Recht der fehlerhaften Gesellschaft von Bedeutung (str., vgl. RdNr. 358 f.). Alle diese Umstände sprechen zumindest aus Gründen der terminologischen Vereinfachung dafür, eine begriffliche Abgrenzung vorzunehmen. Allerdings geht es dabei nicht um einen einheitlichen Begriff der Innengesell-

[713] Zum Sonderfall einer Haftung der Innengesellschaft iwS kraft objektiver Zurechnung vgl. RdNr. 281 (bei Fn. 729).

[714] BGH LM Nr. 11 = NJW 1960, 1851, 1852; *Soergel/Hadding* RdNr. 29; *Steckhan* (Fn. 666) S. 96.

[715] Vgl. die Nachw. in Fn. 710 und 711 mit Ausnahme von *H. P. Westermann,* der in dem fehlenden Auftreten nach außen (und ebenso im Verzicht auf Gesamthandsvermögen) nur typusbestimmende Merkmale sieht (Fn. 711 S. 187). Grundsätzlich aM sind *Steckhan* (Fn. 666), insbes. S. 20 ff., der Differenzierung zwischen Innen- und Außengesellschaft überhaupt ablehnt, sowie *Flume* ZHR 136 (1972), 177, 10 ff. und I/1 § 1 III, S. 6 f., der die Unterscheidung danach vornimmt, ob die Gesellschafter nach außen als „Gruppe" (Gesamthand) auftreten oder sich auf schuldrechtliche Beziehungen beschränken.

[716] So ausdrücklich BGH WM 1973, 296, 297; RGZ 166, 160 163; wohl auch BGHZ 126, 226, 234 f. = NJW 1994, 2536; aus dem Schrifttum insbes. *Ballerstedt* JuS 1963, 253, 255; *Flume* I/1 § 1 III, S. 6; *Larenz* II § 60 V b; sowie *Geiler, Soergel/Hadding, Staudinger/Keßler* und *Blaurock* (Fn. 711); Gegenansichten in Fn. 719. Weit. Nachw. zum Meinungsstand über die vor allem früher umstrittene Frage, ob eine Innengesellschaft Gesamthandsvermögen bilden kann, bei *Soergel/Hadding* Vor § 705 RdNr. 28 und *Steckhan* (Fn. 666) S. 74 Fn. 2.

[717] So *Flume* ZHR 136 (1972), 177, 180 ff. und I/1 § 1 III, S. 6 f. in Abweichung von der hM.

[718] *Koenigs,* Die stille Gesellschaft, 1961, S. 339, *Steckhan* (Fn. 666) S. 20 ff., *H. P. Westermann* (Fn. 711) S. 187 f.

[719] So gegen *Düringer/Hachenburg/Geiler* HGB Bd. II 1 Anm. 316 vor allem *Steckhan* (Fn. 666) S. 74 ff.; ebenso *Koenigs* (Fn. 718) S. 337 f.; *H. P. Westermann* (Fn. 711) S. 188, 201 ff.; *Erman/Westermann* RdNr. 65; *ders.* § 718 RdNr. 2; *Soergel/Hadding* Vor § 705 RdNr. 28; aA – gegen ein Gesamthandsvermögen der Innengesellschaft – namentlich *K. Schmidt* GesR § 43 II 3 b und *ders.* JuS 1988, 444 f.; aus früherer Zeit vgl. die Nachw. bei *Steckhan* (Fn. 666) S. 74 Fn. 2.

[720] Abl. *Steckhan* (Fn. 666) und *H. P. Westermann* (Fn. 718).

[721] Vgl. etwa BGH WM 1966, 31, 32.

schaft. Vielmehr ist zwischen Innengesellschaften iwS und solchen ieS zu unterscheiden (vgl. RdNr. 279, 282).

bb) Innengesellschaft iwS. Ihre Definition hat anzusetzen bei dem für die Innengesellschaft im Vordergrund stehenden Merkmal, dem **fehlenden Auftreten der Gesellschaft nach außen.** Im Hinblick auf die Haftungs- und Vermögensfolgen handelt es sich hierbei um ein zentrales Strukturelement der Gesellschaft. Für den Begriff der Innengesellschaft kommt es insoweit nicht auf die objektive Lage, das tatsächliche Verhalten der geschäftsführenden Gesellschafter an,[722] sondern darauf, welche *Vereinbarungen* hierüber *im Gesellschaftsvertrag* getroffen worden sind.[723] Sollte die Gesellschaft nach dem Vertragsinhalt nicht selbst am Rechtsverkehr teilnehmen, sollten die Geschäfte vielmehr vom geschäftsführenden Gesellschafter zwar auf Rechnung der Gesellschaft, aber im eigenen Namen getätigt werden, so handelt es sich um eine Innengesellschaft, und zwar grundsätzlich um eine solche *im weiteren Sinn* (im Unterschied zur Innengesellschaft ohne Gesamthandsvermögen, dazu RdNr. 282). Das gilt unabhängig davon, ob die Beteiligten abweichend vom Vertragsinhalt entweder einem Gesellschafter im Einzelfall Vollmacht zum Handeln für sie gemeinsam erteilen oder ob alle Gesellschafter gemeinsam rechtsgeschäftlich tätig werden, solange sich damit keine Änderung des Gesellschaftsvertrags und des daraus resultierenden Charakters der Gesellschaft verbindet. Eine gesetzliche Vermutung gegen das Vorliegen einer Innengesellschaft besteht nicht; wer sich – etwa aus Haftungsgründen – darauf beruft, es handele sich um eine Außengesellschaft, hat dieses zu *beweisen.*[724] Ist freilich im Gesellschaftsvertrag einem oder bestimmten Gesellschaftern Geschäftsführungsbefugnis übertragen, ohne dass zugleich ausdrücklich oder konkludent die Vertretungsmacht ausgeschlossen ist, so greift die Auslegungsregel des § 714 ein; die Gesellschaft hat im Zweifel den Charakter einer Außengesellschaft. 279

Das **Fehlen von Gesamthandsvermögen** ist – darin ist den Kritikern[725] Recht zu geben – *kein begriffsnotwendiges Merkmal* für den Charakter als Innengesellschaft iwS. Auch abgesehen von der Gesamthandsnatur der Sozialansprüche (RdNr. 269) kann es bei ihr trotz vertraglichen Verzichts auf das Auftreten nach außen zur Entstehung von Gesamthandsvermögen kommen.[726] Zu denken ist etwa an Fälle, in denen die Gesellschafter ihre Einlagen an die Gesellschaft übereignen oder in denen sie auf Rechnung der Gesellschaft erworbene Gegenstände in das Gesellschaftsvermögen einbringen. *Der Charakter als Innengesellschaft* in dem vorgenannten, durch gesellschaftsvertraglichen Verzicht auf Außengeschäfte sowie auf die Bestellung von organschaftlichen Vertretern gekennzeichneten Sinn *wird hierdurch nicht tangiert.* Insbesondere führt auch der Erwerb von Grundeigentum durch die Gesellschaft nicht etwa zur Änderung ihres Rechtscharakters oder setzt gar die Bestellung organschaftlicher Vertreter voraus.[727] Auf die Frage, ob die Innengesellschaft geheim gehalten wird oder nach außen in Erscheinung tritt, kommt es ohnehin nicht an (RdNr. 276 aE). 280

Nicht zu verkennen sind zwar die **Risiken für Vertragspartner** der nach außen unter ihrem Namen auftretenden Gesellschafter hinsichtlich der Durchsetzbarkeit der Forderungen und des Vollstreckungszugriffs auf die geleisteten Vermögensgegenstände, die sich dadurch ergeben können, dass diese von den Gesellschaftern an die (Innen-)Gesellschaft zu Gesamthandseigentum weiterübertragen werden. Indessen lässt sich auch hierauf ein generelles Verbot von Innengesellschaften mit Gesamthandsvermögen nicht stützen.[728] Einem Teil 281

[722] So aber *Blaurock* (Fn. 711) S. 91 f.

[723] So zutr. BGH WM 1966, 31, 32. Daher geht die Kritik an diesem Merkmal (Text bei Fn. 718) fehl.

[724] BGHZ 12, 308, 315 = NJW 1954, 1159; BGH LM Nr. 11 = NJW 1960, 1851. Vgl. aber auch OLG Köln DB 1973, 1065 (gemeinsames Auftreten der Gesellschafter in Gesellschaftsangelegenheiten lässt rechtsgeschäftliches Handeln im Namen der Gesellschaft vermuten).

[725] Vgl. Nachw. in Fn. 719.

[726] Abw. wohl *Bälz,* FS Zöllner, 1998, S. 35, 44 f., der in derartigen Fällen von einer schlichten Rechtsgemeinschaft zwischen den Beteiligten auszugehen und das Eingreifen der §§ 718, 719 Abs. 1 abzulehnen scheint.

[727] So zutr. *Koenigs* (Fn. 718) S. 339; *Steckhan* (Fn. 660) S. 95 bis 97; *H. P. Westermann* (Fn. 653) S. 207.

[728] AA *Blaurock* (Fn. 711) S. 98 ff., 100, freilich ohne hinreichend deutlich zu machen, worin die Sanktionen gegenüber einer Innengesellschaft mit Gesamthandsvermögen bestehen sollen.

dieser Fälle lässt sich durch Anerkennung von *Gesellschaftsverbindlichkeiten kraft objektiver Zurechnung* Rechnung tragen[729] mit der Folge, dass die Vollstreckung in das Gesamthandsvermögen erhalten bleibt. Im Übrigen ist zu bedenken, dass weder § 718 noch auch § 736 ZPO Schutzgesetze für die Gesellschaftsgläubiger sind und dass sie sich daher auch nicht dazu eignen, die Gestaltungsfreiheit der Gesellschafter bei der Regelung ihrer Innenbeziehungen einzuschränken.[730] Auch ist nicht ausgeschlossen, dass entweder die Begründung von Gesamthandseigentum in einer Innengesellschaft, soweit sie zur Gläubigerbenachteiligung führt, der Gläubiger- oder Insolvenzanfechtung unterliegt oder dass die Berufung der Gesellschafter auf § 771 ZPO sich im Einzelfall als missbräuchlich erweist. Grundsätzliche Einwendungen gegen die Anerkennung von Gesamthandsvermögen im Rahmen einer Innengesellschaft sind nach allem nicht begründet.

282 **cc) Innengesellschaft ieS.** Ist somit das Fehlen von Gesamthandsvermögen kein geeignetes Definitionsmerkmal für die durch gesellschaftsvertraglichen Verzicht auf Außenbeziehungen gekennzeichnete Innengesellschaft, so steht doch außer Zweifel, dass es **Innengesellschaften ohne Gesamthandsvermögen** gibt und dass ihnen eigenständige Bedeutung zukommen kann.[731] Zu erinnern ist nur einerseits an die Vollstreckungsproblematik sowie an die Auflösungsfragen (§ 730 RdNr. 12), andererseits an die Lehre von der fehlerhaften Gesellschaft (RdNr. 323 ff.). Daher empfiehlt es sich, neben dem oben (RdNr. 279) umschriebenen Begriff der Innengesellschaft im weiteren Sinn einen engeren, auf das Fehlen nicht nur von Außenbeziehungen, sondern auch von Gesamthandsvermögen abstellenden Begriff zu verwenden. Einen Sonderfall dieser Innengesellschaft im engeren Sinn bildet die *stille Gesellschaft* (§ 230 HGB), bei der es ausschließlich zu schuldrechtlichen Beziehungen zwischen Geschäftsinhaber und Stillem kommt, wobei der Stille die Einlage in das Vermögen des Inhabers zu leisten hat und besondere Sozialansprüche daneben nicht bestehen. Vereinbarungen dieser Art können auch mit Nichtkaufleuten als Geschäftsinhabern getroffen werden; die Vorschriften der §§ 230 ff. HGB greifen insoweit nicht unmittelbar ein.[732] Aber auch abgesehen hiervon sind Innengesellschaften ieS denkbar, wenn die Gesellschafter einerseits vertraglich von der Bildung von Gesamthandsvermögen einschließlich vermögensrechtlicher Sozialansprüche absehen und andererseits die Einlagen entweder nur zur Nutzung oder dem Wert nach einbringen oder hierfür Bruchteilseigentum bzw. Alleineigentum eines Mitgesellschafters begründen (vgl. dazu auch RdNr. 267 f.).

283 **c) Erscheinungsformen.** Innengesellschaften begegnen in einer Vielzahl von Arten und Formen.[733] Es sprechen sogar gute Gründe dafür, dass sie in der Rechtswirklichkeit häufiger anzutreffen sind als die den gesetzlichen Normaltyp verkörpernde Außengesellschaft.[734] Neben der bereits in RdNr. 282 erwähnten *stillen Gesellschaft* als Sonderfall einer Innengesellschaft ieS und ihrer Variante, der GbR zwischen einem nichtkaufmännischen Geschäftsinhaber und einem stillen Kapitalgeber, sind hier namentlich die *Konsortien* und *Metaverbindungen* zu nennen (vgl. dazu Vor § 705 RdNr. 68 ff.). Weitere Beispiele bilden die *Poolverträge*[735] einschließlich der dem Interessenausgleich zwischen den Müttern eines Gemeinschaftsunternehmens dienenden GbR („Doppelgesellschaft"),[736] ferner nicht nach au-

[729] Vgl. dazu näher *Brehm* KTS 1983, 21, 25 f., *M. Winter* KTS 1983, 349, 356 f., und unten § 718 RdNr. 29.

[730] So zutr. *Koenigs* (Fn. 718) S. 337 bis 339; *Steckhan* (Fn. 666) S. 100 ff.; *H. P. Westermann* (Fn. 711) S. 207 f. insbes. gegen *Geiler* (Fn. 719) Anm. 316 und die dort begründete Position der früher hM.

[731] Ebenso namentlich *Flume* (Fn. 715), der überhaupt nur diese Fälle als Innengesellschaften behandeln will.

[732] Näheres hierzu und zur Analogiefähigkeit der einzelnen Vorschriften der §§ 230 ff. HGB vgl. RdNr. 286 ff.

[733] Vgl. dazu *Steckhan* (Fn. 666) S. 38 f.; *H. P. Westermann* (Fn. 711) S. 189 f.; *Staudinger/Keßler* Vor § 705 RdNr. 103 ff.

[734] So mit Recht *Steckhan* (Fn. 666) S. 36.

[735] Vgl. dazu *Fikentscher,* Die Interessengemeinschaft, 1966, S. 15 f., 19 f.; *Geiler* (Fn. 719) Anm. 445; *Soergel/Hadding* Vor § 705 RdNr. 49; *Erman/Westermann* Vor § 705 RdNr. 38, 40. Zur Zulässigkeit von Stimmbindungsvereinbarungen vgl. auch § 717 RdNr. 20 ff.

[736] Vor § 705 RdNr. 65 ff.; dazu auch RGZ 151, 321, 325 ff.; *Ganssweid* (Fn. 181) S. 60 ff., 71 ff. m. weit. Nachw.; *Erman/Westermann* Vor § 705 RdNr. 38.

ßen hervortretende, in der Rechtsform der GbR organisierte und vom Kartellverbot des § 1 nF freigestellte *Kartelle* („Interessengemeinschaften") sowie die verschiedenen Arten von *Unterbeteiligungen.*[737] Schließlich gehören zu den Innengesellschaften regelmäßig auch die *Ehegattengesellschaften* (Vor § 705 RdNr. 73 ff.) sowie eine Vielzahl unterschiedlicher Gelegenheitsgesellschaften an der Grenze zum Gefälligkeitsverhältnis (RdNr. 26). In der Mehrzahl der genannten Fälle dürfte es sich um Innengesellschaften ieS handeln; das gilt neben der stillen Gesellschaft namentlich für Metaverbindungen, Kartelle und Unterbeteiligungen. Jedoch ist die Bildung von Gesamthandsvermögen bei ihnen nicht etwa begriffsnotwendig ausgeschlossen (RdNr. 280). – Die gelegentlich[738] ebenfalls als Beispiel der Innengesellschaft erwähnten Arbeitsgemeinschaften treten dagegen heute typischerweise unter eigenen Namen nach außen hervor und gehören daher im Regelfall zur Kategorie der Außengesellschaften (Vor § 705 RdNr. 43 ff.).

2. Rechtliche Besonderheiten der Innengesellschaften. a) Innengesellschaft iwS. 284
Sie hat zwar keine vertretungsbefugten Organe und beteiligt sich regelmäßig auch nicht am Rechtsverkehr mit Dritten, kennt jedoch ein gesamthänderisch gebundenes Gesellschaftsvermögen (RdNr. 279 f.) und entspricht insofern dem gesetzlichen Normaltyp. Besonderheiten ihm gegenüber weist sie vor allem dadurch auf, dass bei ihr wegen der fehlenden Außenbeziehungen eine **Außenhaftung der Gesamthand** und der nicht an der Geschäftsführung beteiligten Gesellschafter persönlich im Regelfall **ausscheidet.** Gleiches gilt für diejenigen Gesellschafter, die nicht im eigenen Namen, sondern als Bevollmächtigte des allein nach außen hervortretenden „Hauptgesellschafters" für diesen Verträge schließen; sie verpflichten grundsätzlich nur den Hauptgesellschafter. Handeln Gesellschafter ohne entsprechende Ermächtigung der Mitgesellschafter im Namen der Gesellschaft, so richten sich die Rechtsfolgen grundsätzlich nach den Regeln über die Vertretung ohne Vertretungsmacht (§§ 177 bis 179); im Einzelfall können freilich die Grundsätze über die Duldungs- oder Anscheinsvollmacht eingreifen.[739] Im Innenverhältnis bleiben die Vorschriften über die Geschäftsführung (§§ 709 bis 713) anwendbar, soweit der Vertrag nicht ausdrücklich oder konkludent Abweichungen enthält.[740] Die vertragliche Beschränkung des Außenhandelns auf den Hauptgesellschafter hat nicht etwa notwendig oder im Regelfall den Ausschluss der Mitgesellschafter von der Geschäftsführung zur Folge. Auch soweit die tatsächliche Geschäftsführung in erster Linie beim Hauptgesellschafter liegt, steht ihnen doch grundsätzlich das Zustimmungsrecht des § 709 Abs. 1 zu. Die Vorschriften der §§ 714, 715 über die Vertretung finden allerdings keine Anwendung.[741] Ebenso ist für eine Haftung der Gesellschaft für Organverschulden entsprechend § 31 regelmäßig kein Raum (RdNr. 263).

b) Innengesellschaft ieS. Weitergehende Abweichungen vom gesetzlichen Normaltyp 285
zeigen sich bei diesem durch das zusätzliche Fehlen von Gesamthandsvermögen gekennzeichneten Unterfall der Innengesellschaft (RdNr. 282). Bei ihm entfallen nicht nur die Außenbeziehungen der Gesellschaft; vielmehr sind auch die **Innenbeziehungen** im Regelfall **rein schuldrechtlicher Art,** es fehlt an einer sie überlagernden organisationsrechtlichen Komponente. Soweit von den Mitgesellschaftern Vermögensgegenstände als Beiträge zu leisten sind, sind diese im Regelfall in das Alleineigentum des Hauptgesellschafters zu über-

[737] Dazu RdNr. 67 und Vor § 705 RdNr. 92 ff. Vgl. auch *Blaurock* (Fn. 711) S. 151 ff.; *Friehe,* Die Unterbeteiligung bei Personengesellschaften, 1974; *Paulick* ZGR 1974, 253 ff.; *Ulbrich,* Die Unterbeteiligungsgesellschaft an Personengesellschaftsanteilen, 1982; *Soergel/Hadding* Vor § 705 RdNr. 33 bis 36; *Erman/Westermann* Vor § 705 RdNr. 35 bis 37; *Staudinger/Keßler* Vor § 705 RdNr. 108 ff.; MünchKommHGB/*K. Schmidt* Vor § 230 RdNr. 97 ff.

[738] *Steckhan* (Fn. 666) S. 39.

[739] *Steckhan* (Fn. 666) S. 69 bis 71. Allgemein zur Rechtsscheinhaftung im bürgerlichen Recht vgl. § 167 RdNr. 46 ff., 54 ff.

[740] BGH WM 1966, 31, 32; vgl. auch *Steckhan* (Fn. 666) S. 45 ff.; *Soergel/Hadding* Vor § 705 RdNr. 30; *Staudinger/Keßler* Vor § 705 RdNr. 96, jeweils unter Hinweis auf abweichende Gestaltungsmöglichkeiten sowie auf die Notwendigkeit, den Gesellschaftsvertrag insoweit unter Berücksichtigung der Eigentumsverhältnisse und der dem Hauptgesellschafter insgesamt zustehenden Kompetenzen auszulegen.

[741] Vgl. *Erman/Westermann* RdNr. 66; MünchKommHGB/*K. Schmidt* § 230 RdNr. 10.

tragen. Er hat notwendig Geschäftsführungsbefugnis; eine Entziehung derselben kommt nicht in Betracht (§ 712 RdNr. 8). Bei Auflösung der Gesellschaft greifen im Zweifel nicht die Rechtsfolgen der §§ 730 ff. ein; vielmehr ist es Sache des Hauptgesellschafters, darüber zu entscheiden, ob er das Unternehmen liquidieren oder aber es fortführen und die Mitgesellschafter abfinden will (§ 730 RdNr. 12 f.). Auch für die Anwendung der Grundsätze über die actio pro socio[742] sowie derjenigen über die fehlerhafte Gesellschaft ist in Fällen dieser Art kein Raum (RdNr. 359). Zur Frage der Formbedürftigkeit von Verträgen über Innengesellschaften ieS unter dem Gesichtspunkt der §§ 311 b, 518 vgl. RdNr. 37, 44 f., zur analogen Anwendung der §§ 230 ff. HGB auf die stille Gesellschaft bürgerlichen Rechts RdNr. 287 f., zur Unterbeteiligung an einem Gesellschaftsanteil vgl. Vor § 705 RdNr. 92 ff.

286 **3. Insbesondere: die stille Gesellschaft des bürgerlichen Rechts.** Um eine solche handelt es sich bei denjenigen zweiseitigen[743] Verträgen zu gemeinsamem Zweck, in denen einer der Partner, der „Stille", gegen Gewinnbeteiligung die Leistung seiner Einlage in das Vermögen des Hauptgesellschafters verspricht. Ihre Besonderheit gegenüber der stillen Gesellschaft des Handelsrechts (§ 230 HGB) liegt darin, dass der Hauptgesellschafter kein Handelsgeschäft, sondern ein **nichtkaufmännisches Unternehmen** (Landwirtschaft u. a.) betreibt **oder einen freien Beruf** ausübt. Im Übrigen zeigen sich aber weitgehende Parallelen: beide Typen stiller Gesellschaften kennen als Innengesellschaften ieS (RdNr. 282) kein Gesamthandsvermögen, bei beiden entfällt mangels Vertretungsmacht des Hauptgesellschafters eine Außenhaftung des Stillen, und für beide gilt als Regelfall, dass der Stille nicht an der Geschäftsführung teilnimmt.[744] Daher ist für die Anwendung der §§ 709, 711, 712, 714, 715, 718 bis 720 hier regelmäßig kein Raum.

287 Aber auch hinsichtlich der sonstigen Vorschriften der §§ 705 bis 740 ist mangels abweichender Gestaltung im Gesellschaftsvertrag davon auszugehen, dass sie im Wege teleologischer Reduktion insoweit zurücktreten, als die **analog** anwendbaren Vorschriften über die **stille Gesellschaft des Handelsrechts** (§§ 230 ff. HGB) Spezialnormen enthalten.[745] Das gilt zunächst für die Gewinn- und Verlustbeteiligung des Stillen: §§ 231 Abs. 1, 232 Abs. 2 HGB enthalten mit dem flexiblen Maßstab des „angemessenen Anteils" und der Beschränkung der Verlustbeteiligung auf die Höhe der Einlage des Stillen eine geeignetere, der Ergebnisbeteiligung auch der Kommanditisten (§§ 167 Abs. 3, 168 Abs. 2 HGB) entsprechende Verteilungsregelung als die starre Vorschrift des § 722. Bei den sonstigen Regelungen der §§ 231, 232 HGB zeigen sich keine materiellen Unterschiede gegenüber dem Recht der GbR;[746] die Analogiefrage stellt sich daher nicht. Für die Mitverwaltungsrechte des Stillen bewendet es – auch hier in Parallele zur Rechtsstellung von Kommanditisten (§ 166 HGB) – bei dem in § 233 Abs. 1 HGB geregelten jährlichen Informations- und Einsichtsrecht; die Einräumung der weitergehenden Kontrollrechte des § 716 Abs. 1 ist angesichts der Gesellschaftsstruktur nicht veranlasst.[747] Anstelle der nach § 716 Abs. 2 unentziehbaren Mindestkontrollrechte gilt das außerordentliche Informationsrecht des § 233

[742] BGH NJW 1995, 1353, 1355; wohl auch *Bälz,* FS Zöllner, S. 43.

[743] Zur mehrgliedrigen stillen Gesellschaft, bei der die Stillen ggf. untereinander eine GbR bilden, s. BGHZ 125, 74, 77 = NJW 1994, 1156; BGH ZIP 1995, 738, 742 f.; *Staub/Zutt* HGB § 230 RdNr. 44 ff., jew. m. weit. Nachw.; weitergehend MünchKommHGB/*K. Schmidt* HGB § 230 RdNr. 84, der im Fall koordinierter stiller Beteiligungen neben dem zweiseitigen, für jeden Stillen begründeten stillen Gesellschaftsverhältnis oder an dessen Stelle eine verbandsmäßige Organisation der stillen Gesellschaft bejaht; so jetzt auch BGH NJW 1998, 1946, 1948 für den Fall einer als Publikumsgesellschaft organisieren atypischen stillen Gesellschaft mit mehr als 150 Mitgliedern.

[744] So auch *Erman/Westermann* RdNr. 66.

[745] So im Grundsatz auch *Staub/Zutt* HGB § 230 RdNr. 11; *Erman/Westermann* RdNr. 66; im Ergebnis auch MünchKommHGB/*K. Schmidt* HGB § 230 RdNr. 25, 196 ff. AA entspr. seinem grundsätzlich abw. Verständnis von der Innengesellschaft *Steckhan* (Fn. 666) S. 44 ff. Nach *Koenigs* (Fn. 718) S. 335, 349 soll die Frage der analogen Anwendung der §§ 230 ff. HGB von deren zwingender oder dispositiver Natur abhängen; die Unterscheidung leuchtet methodisch nicht ein.

[746] § 231 Abs. 2 HGB entspricht § 722 Abs. 2; die Regelung des § 232 Abs. 3 HGB lässt sich auch aus § 707 ableiten.

[747] Ebenso wohl *Westermann* und *Zutt* (Fn. 745); im Ergebnis auch MünchKommHGB/*K. Schmidt* § 233 RdNr. 13 f., 25 f.

Abs. 3 HGB einschließlich des dort geregelten gerichtlichen Verfahrens. Die Entziehung der Geschäftsführungsbefugnis des Hauptgesellschafters durch den Stillen scheidet aus (§ 712 RdNr. 8).

Unter den **Auflösungsgründen** wird die in § 234 Abs. 1 S. 1 HGB vorgesehene Befristung der ordentlichen Kündigung dem Bestandsschutzinteresse des Hauptgesellschafters besser gerecht als die jederzeitige Kündigungsmöglichkeit des § 723 Abs. 1 S. 1; sie ist auch für den Stillen und dessen Privatgläubiger zumutbar.[748] Hinsichtlich der außerordentlichen Kündigung besteht kein Regelungsunterschied zwischen bürgerlichem und Handelsrecht (§ 234 Abs. 1 S. 2 HGB). Der Tod des Stillen bildet ebenso wenig wie derjenige eines Kommanditisten (§ 177 HGB) einen sachgerechten Auflösungsgrund; vielmehr geht § 234 Abs. 2 HGB der Vorschrift des § 727 Abs. 1 vor. Für eine **Liquidation** des im Eigentum des Hauptgesellschafters stehenden Unternehmens ist abweichend von §§ 730 ff. regelmäßig kein Raum. Für die Auseinandersetzung empfiehlt sich vielmehr eine Analogie zu § 235 HGB, dh. die Auszahlung des dem Stillen nach Abwicklung der schwebenden Geschäfte zustehenden, grundsätzlich ohne Berücksichtigung eingetretener Wertsteigerungen zu berechnenden Abfindungsguthabens.[749] Anwendbar auf die stille Gesellschaft bürgerlichen Rechts ist auch § 236 HGB betr. die Geltendmachung der Einlageforderung bzw. die Zahlungspflicht des Stillen im Insolvenzverfahren über das Vermögen des Hauptgesellschafters.[750] 288

E. Die (Außen-)Gesellschaft als rechtsfähiger Personenverband

I. Einführung

1. Die BGB-Gesamthand als gebundenes Sondervermögen einer Personenmehrheit. a) Arten, Gemeinsamkeiten und Unterschiede der Gesamthand. Die Rechtsfigur der Gesamthand wurde bei Erlass des BGB – als *Zweckschöpfung* seiner Verfasser – für je ein Rechtsinstitut aus den Bereichen des Schuldrechts (Gesellschaft bürgerlichen Rechts), des Familienrechts (eheliche Gütergemeinschaft) und des Erbrechts (Erbengemeinschaft) gesetzlich geregelt. Terminologisch knüpfte das BGB damit zwar an die deutsch-rechtliche Tradition an; wie neuere rechtswissenschaftliche Forschungen bestätigt haben, gab es jedoch keine feststehende oder allgemein akzeptierte Rechtsfigur der Gesamthand in der Zeit vor 1900, auf die man hätte zurückgreifen können.[751] Dementsprechend war der BGB-Gesetzgeber frei in deren rechtlicher Ausgestaltung. Er hat von dieser Möglichkeit unter Berücksichtigung der Besonderheiten der jeweiligen Rechtsinstitute Gebrauch gemacht;[752] *eine einheitliche Rechtsfigur der BGB-Gesamthand gibt es nicht.* 289

Gemeinsames Kennzeichen der verschiedenen Arten der Gesamthand und der mit ihr verfolgten Zwecke ist die Zusammenfassung der Vermögensgegenstände, die der jeweiligen Personenmehrheit als solcher zugeordnet sind, zu einem *einheitlichen Sondervermögen,* um 290

[748] Für analoge Anwendung wohl auch *Koenigs* (Fn. 718) S. 343. Zur zwingenden Natur des Kündigungsrechts auch im Recht der stillen Gesellschaft entspr. § 723 Abs. 3 vgl. BGHZ 23, 10, 12 = NJW 1957, 461; BGH LM HGB § 132 Nr. 2 = NJW 1954, 106; allg. für die Innengesellschaft BGHZ 126, 226, 230 ff. = NJW 1994, 2536.

[749] Vgl. BGH WM 1968, 278 und *Karsten Schmidt* ZHR 140 (1976), 475, 483. Zur Unanwendbarkeit der Liquidationsvorschriften der §§ 730 ff. auch bei einer atypischen, durch Beteiligung des Stillen an der Wertsteigerung des Unternehmens gekennzeichneten stillen Gesellschaft vgl. BGH WM 1961, 574; MünchKommHGB/*K. Schmidt* HGB § 235 RdNr. 55 ff.; *Staub/Zutt* HGB § 235 RdNr. 24.

[750] Vgl. zu § 236 Abs. 1 HGB und zur fehlenden Außenhaftung des Stillen als Regelungsgrund dieser Vorschrift BGHZ 51, 350, 352 = NJW 1969, 1211; die Kreditfunktion der Einlage des Stillen als Regelungsgrund des § 236 Abs. 1 und 2 HGB betont *K. Schmidt* (Fn. 749) S. 482. Gegen eine analoge Anwendung von § 236 Abs. 2 HGB aber *Koenigs* (Fn. 718) S. 345.

[751] Eingehend *Wächter,* Die Aufnahme der Gesamthandsgemeinschaften in das Bürgerliche Gesetzbuch, 2002, insbes. S. 37 ff., 205 ff.

[752] Vgl. *Wächter* (Fn. 751) S. 243 ff., 258 ff., 267 ff.

dessen Bestand für die spezifische Funktion der betreffenden Personenmehrheit zu sichern und ihn vor eigenmächtigen Verfügungen der einzelnen Gesamthänder zu schützen.[753] So ist in allen drei Fällen das Recht der Gesamthänder, über ihren „Anteil" an den einzelnen zum Gesamthandsvermögen gehörenden Gegenständen zu verfügen, gesetzlich ausgeschlossen (§§ 719 Abs. 1, 1419 Abs. 1, 2033 Abs. 2). Der Sache nach besagt diese Regelung, dass es einen derartigen Anteil an den einzelnen Gegenständen nicht gibt; sie ist daher zwingend (vgl. näher § 719 RdNr. 4). Die dingliche Position der Gesamthänder beschränkt sich vielmehr auf den Anteil an der Gesamthand als solcher, dh. als Inbegriff der gebundenen Vermögensgegenstände, also den Anteil am Gesellschaftsvermögen (§ 718), am Gesamtgut (§ 1416) oder am Nachlass (§ 2032). Soweit es um die Verfügung über die einzelnen Vermögensgegenstände geht, setzt sie entweder das Zusammenwirken aller Gesamthänder (so insbes. bei der Erbengemeinschaft, vgl. § 2040 Abs. 1) oder das Tätigwerden der für sie handelnden Vertreter (so im Fall der §§ 714, 1422) voraus.

291 Demgegenüber überwiegen die **Unterschiede** zwischen den verschiedenen Arten von Gesamthandsgemeinschaften. Sie bestehen einerseits darin, dass den Gesamthändern die *Verfügung über ihren Anteil am Gesamtgut* nur bei der Erbengemeinschaft freisteht (§ 2632 Abs. 1 S. 1), während sie im Fall der GbR – als untrennbarer Teil der Verfügung über die Mitgliedschaft als solche – von der Zulassung im Gesellschaftsvertrag bzw. der Zustimmung der Mitgesellschafter abhängt (§ 719 RdNr. 27). Im Fall der Gütergemeinschaft ist sie gänzlich ausgeschlossen; vorbehaltlich der Fortsetzung der Gütergemeinschaft mit den Erben (§ 1483) bedarf es zur Beendigung dieser Gesamthand vielmehr stets der Auseinandersetzung des Gesamtguts nach den Regeln der §§ 1471 ff. Weitere charakteristische Unterschiede zwischen den drei Gesamthandsgemeinschaften finden sich vor allem darin, dass zwar die Gütergemeinschaft und typischerweise auch die (Außen-)GbR auf *Dauer* angelegt ist und es für beide einer *Vertragsgrundlage* bedarf, während die Erbengemeinschaft nach gesetzlicher Regel der geregelten Auseinandersetzung des Nachlasses zwischen den Miterben dient und ihre Entstehung deren gemeinsamer Stellung als gesetzliche oder testamentarische Erben verdankt.

292 Entsprechend den Unterschieden in Struktur und Funktion der verschiedenen Gesamthandsgemeinschaften lässt sich auch die Frage ihrer Einstufung als **Sondervermögen (Objekt) oder rechtsfähiger Personenverband (Subjekt)** nicht einheitlich beantworten. Aus heutiger Sicht entspricht es zwar ganz hM, dass der *(Außen-)GbR* jedenfalls dann die Qualität als rechtsfähiger Personenverband zukommt, wenn sie über einen Namen, über für sie handelnde Organe und über Gesellschaftsvermögen (Haftungsmasse) verfügt, dh. für den Rechtsverkehr identifizierbar ist (vgl. näher RdNr. 303 ff., 306). Demgegenüber haben sich Bestrebungen, auch die Erbengemeinschaft[754] oder sogar die Gütergemeinschaft[755] als rechtsfähig zu qualifizieren, bisher zu Recht nicht durchgesetzt. Mangels einer einheitlichen Rechtsfigur der Gesamthand und angesichts der unverkennbaren Unterschiede zwischen der typischen (Außen-)GbR als auf Teilnahme am Rechtsverkehr ausgerichteter Personenmehrheit (Gruppe) und den funktional davon klar zu unterscheidenden Sondervermögen des gemeinschaftlichen Nachlasses bzw. des ehelichen Gesamtguts fehlt es aber auch an einem Bedürfnis des Rechtsverkehrs, für diese Arten der Gesamthand zur Fortbildung des Sondervermögens zu einem Personenverband zu kommen. – Zu den fortbestehenden Unterschieden zwischen rechtsfähigem Personenverband (GbR, aber auch OHG und KG) und juristischer Person (AG, GmbH) vgl. RdNr. 307 ff.

[753] *Wächter* (Fn. 751) S. 284 ff., 307 f.

[754] So *Grunewald* AcP 197 (1997), 305 ff.; *Ann,* Die Erbengemeinschaft, 2001, S. 397 ff.; *Eberl* ZEV 2002, 125 (127 ff., 132); für Teilrechtsfähigkeit zuvor schon *Jaschke,* Gesamthand und Grundbuchrecht, 1991, S. 27 ff.; zweifelnd *K. Schmidt* GesR § 8 III 3 (für die unternehmenstragende Erbengemeinschaft bejahend *ders.* NJW 1985, 2785, 2788 ff.); aA BGH NJW 1989, 2133, 2134; DB 2002, 2527 f.; *Ulmer* AcP 198 (1998), 113, 124 ff.; *Lange/Kuchinke,* Erbrecht, 4. Aufl. 1995, § 42 I 4 b Fn. 39; *Schlüter,* Erbrecht, 14. Aufl. 2000, § 30 RdNr. 642; eingehend dazu *Dauner-Lieb,* Unternehmen in Sondervermögen, 1998, S. 391 ff., 396.

[755] So *Fabricius,* Relativität der Rechtsfähigkeit, 1963, S. 152 ff.; *Schünemann* FamRZ 1976, 137 f.; aA *Gernhuber/Coester-Waltjen,* Familienrecht, 4. Aufl. 1994, § 38 II; *Schulze-Osterloh,* Das Prinzip der gesamthänderischen Bindung, 1972, S. 8 ff., 13 ff., 26.

b) Gesellschaftsrechtliche Gesamthand. Die für die gesellschaftsrechtliche Gesamthand kennzeichnenden Vorschriften, darunter in erster Linie diejenigen der §§ 718 bis 720 über das Gesellschaftsvermögen und dessen gesamthänderische Bindung sowie des § 738 Abs. 1 S. 1 über die Anwachsung des Anteils eines ausscheidenden Gesellschafters bei denjenigen der übrigen Gesellschafter, wurden bekanntlich erst seitens der 2. Kommission in den Entwurf des BGB aufgenommen.[756] Zugleich wurde die im 1. Entwurf als bloßes Schuldverhältnis *(societas)*, ggf. verbunden mit Bruchteilseigentum der Gesellschafter, ausgestaltete Rechtsform der GbR[757] zur Gesamthandsgemeinschaft erweitert.[758] Nach den Vorstellungen der Gesetzesverfasser sollten die Änderungen dazu dienen, mit der Rechtsfigur der Gesamthand die Grundlage für ein der Verfolgung des gemeinsamen Zwecks dienendes *Sondervermögen* zu schaffen und dessen Bestand gegenüber dem Zugriff einzelner Gesellschafter und ihrer Privatgläubiger abzusichern. Diesem vermögensrechtlichen Zweck trug neben dem Ausschluss von Verfügungen der Gesellschafter über ihren „Anteil" an den einzelnen Vermögensgegenständen (RdNr. 290) einerseits die Vorschrift des § 736 ZPO über das Erfordernis eines Titels gegen alle Gesellschafter zur Vollstreckung in das Gesellschaftsvermögen Rechnung, andererseits die Regelung der §§ 730 ff. über die Auseinandersetzung des Gesellschaftsvermögens nach Auflösung der Gesellschaft unter vorrangiger Berichtigung der gemeinschaftlichen Schulden. Auch die Vorschrift des § 714 über die Vertretungsmacht der geschäftsführenden Gesellschafter war ersichtlich nicht im Sinne einer Organstellung für den Personenverband der Gesellschafter als solchen (die Gruppe) konzipiert, sondern als Befugnis, „die anderen Gesellschafter Dritten gegenüber zu vertreten". 293

Aufgrund der Verweisung in §§ 105 Abs. 3 (Abs. 2 aF), 161 Abs. 2 HGB wurde die Gesamthandsstruktur im Grundsatz auch für die **Personenhandelsgesellschaften** übernommen. Dies geschah zwar mit der Maßgabe, dass deren Behandlung als am Rechtsverkehr unter eigener Firma und mit eigenen Organen teilnehmender *Personenverband* in den §§ 124 bis 127 HGB abweichend vom GbR-Recht ausdrücklich geregelt wurde. An der Gesamthandsstruktur auch von OHG und KG als den handelsrechtlichen Sonderformen der Personengesellschaft bestand jedoch kein Zweifel. 294

Entgegen der Differenzierung des Jahres 1900 zwischen GbR einerseits, OHG und KG andererseits haben die **neueren Entwicklungen im GbR-Recht** dazu geführt, die Rechts- und Parteifähigkeit auch der Außen-GbR anzuerkennen und sie damit insoweit den Personenhandelsgesellschaften gleichzustellen (vgl. näher RdNr. 303 ff.). Die Sondervorschrift des **§ 124 HGB** hat sich damit zu einer auch für die Außen-GbR maßgeblichen, das Wesen der personenrechtlichen Gesamthand definierenden **Grundlagennorm** entwickelt. *Unverändert* geblieben ist demgegenüber der Charakter der (Außen-)GbR als Schuldverhältnis der Gesellschafter mit gesamthänderisch strukturierter Organisation; Gleiches gilt für die Personengesellschaften des Handelsrechts (OHG und KG). Ihre Qualifizierung als juristische Person ist abzulehnen (RdNr. 308 f.). Dementsprechend sind die Vorschriften der §§ 718 bis 720 nach wie vor maßgebend für das Gesellschaftsvermögen und dessen gesamthänderische Bindung (vgl. die Erläut. daselbst). Und ebenso bleibt es bei dem in § 738 Abs. 1 S. 1 verankerten Prinzip der An- und Abwachsung beim Ausscheiden oder Neueintritt eines Gesellschafters. Für eine isolierte Verfügung von Gesellschaftern über ihren „Anteil am Gesellschaftsvermögen" (§ 719 Abs. 1) ohne gleichzeitige Übertragung der Mitgliedschaft als solcher ist kein Raum. 295

2. Die GbR-Gesamthand: Vom Objekt zum Subjekt. a) Die traditionelle Lehre. 296
Die traditionelle, seit Inkrafttreten des BGB bis in die Mitte der 80er Jahre herrschende Lehre zur Rechtsnatur der GbR knüpfte an den *Normenbefund des Jahres 1900* an. Entsprechend der Funktion der Rechtsfigur der Gesamthand, das gemeinschaftliche Vermögen der

[756] *Wächter* (Fn. 751) S. 243 ff.; vgl. auch schon *Flume* ZHR 136 (1972), 177 ff. und *dens.* I/1 § 1 II m. Nachw.

[757] Vgl. näher *Wächter* (Fn. 751) S. 115 ff.; *Flume* I/1 § 1 II.

[758] Eingehend *Wächter* (Fn. 751) S. 243 ff.; dazu auch *Flume* I/1 § 1 II.

Gesellschafter als **Sondervermögen** für die Zwecke der GbR zu binden und vor dem Zugriff einzelner Gesellschafter und ihrer Privatgläubiger zu bewahren, beurteilte sie die Außen-GbR als ein auf vertraglicher Grundlage beruhendes Schuldverhältnis der Gesellschafter, denen im Rahmen des organisatorischen Elements das Gesellschaftsvermögen als **Objekt** zur gesamten Hand zustehe.[759] Dementsprechend sah man in den für die GbR tätigen Geschäftsführern die Vertreter aller Gesellschafter (§ 714) und ordnete diesen das Gesellschaftsvermögen als gemeinschaftliches Vermögen zu (§ 718 Abs. 1). Das rechtsgeschäftliche Handeln für die GbR sollte nach §§ 421, 427 grundsätzlich die gesamtschuldnerische Haftung der Gesellschafter begründen, und zwar sowohl mit ihrem Privatvermögen als auch mit dem Gesellschaftsvermögen.[760] Für eine deliktische Organhaftung der GbR analog § 31 war aus dieser Sicht kein Raum.[761] Ansprüche der Gläubiger gegen die GbR waren gegen die Gesellschafter als Beklagte einzuklagen mit der Vollstreckungsmöglichkeit nach § 736 ZPO. Bestätigt sah sich die traditionelle („gesetzestreue") Lehre durch die Vorschrift des § 124 HGB, da diese im Umkehrschluss die fehlende Rechts- und Parteifähigkeit der (Außen-)GbR unterstrich.

297 Auf **Bedenken** stieß die traditionelle Lehre aus neuerer Sicht (vgl. RdNr. 298) einerseits wegen ihres rein objektiven Gesamthandsverständnisses, andererseits und vor allem wegen ihrer unbefriedigenden Rechtsfolgen mit Blick auf die Teilnahme der GbR am Rechtsverkehr.[762] Schwierigkeiten bereitete allein schon der auf dem Rechtsformzwang des § 105 HGB beruhende, sich nach Art und Umfang der Geschäftstätigkeit der Gesellschaft richtende und von der Handelsregistereintragung weitgehend unabhängige *Rechtsformwechsel* von der GbR zur OHG und umgekehrt. Er hatte zur Folge, dass die Rechtsfähigkeit der Gesellschaft von der jeweiligen faktischen Situation abhing und zumal im Rahmen von Dauerschuldverhältnissen sachfremden Schwankungen unterlag – man denke nur an die nur für Rechtssubjekte mögliche Mitgliedschaft in anderen Personenverbänden (vgl. RdNr. 316 f.). Auch ein *Gesellschafterwechsel* wirkte sich aus traditioneller Sicht nachteilig auf bestehende Rechtsverhältnisse der GbR mit Dritten und insbes. auf deren Gläubigerstellung aus. Denn neu beitretende Gesellschafter unterlagen nur im Falle eines (nicht zu vermutenden) Schuldbeitritts der Außenhaftung für Altverbindlichkeiten; ohne einen Schuldtitel gegen sie war jedoch die Vollstreckung in das Gesellschaftsvermögen nach § 736 ZPO ausgeschlossen.[763] Weitere Probleme verursachte der Gesellschafterwechsel in Bezug auf die Reichweite der Vertretungsmacht der Geschäftsführer und auf die Zuständigkeit zur Genehmigung durch die Vertretenen nach § 177.[764] Insgesamt wurde zunehmend deutlich, dass die Vorstellung von der gesellschaftsrechtlichen Gesamthand als bloßes Objekt (Sondervermögen) zu kurz griff, da sie nicht in der Lage war, den vielgestaltigen Erscheinungsformen der GbR und deren nicht seltener Teilnahme unter eigenem Namen am Rechtsverkehr angemessen Rechnung zu tragen.

298 **b) Die „Gruppen"-Lehre (Flume).** Das Gegenkonzept zur traditionellen Lehre von der gesellschaftsrechtlichen Gesamthand als bloßes Zuordnungsobjekt wurde zu Beginn der

[759] Vgl. aus neuerer Zeit insbes. *Zöllner,* FS Gernhuber, 1993, S. 563 ff. und *Hueck,* FS Zöllner, 1998, S. 275 ff., jew. mit umfassenden Lit.-Nachw. zur traditionellen Lehre auf S. 563 Fn. 1 bzw. S. 277 Fn. 8; so auch noch *Huber,* Vermögensanteil, 1970, S. 61 ff., 102 ff. (anders jetzt *ders.,* FS Lutter, 2001, S. 107, 122 ff., 139) und *Wiedemann* GesR § 5 I 2 (anders dann *ders.,* FS Kellermann, 1991, S. 529 ff. und WM 1994 Sonderbeil. 4 S. 4 ff.); *Kraft/Kreutz* GesR, 11. Aufl., C I 1 d; wohl auch *Kübler* GesR 11. Aufl., § 4 III, § 6 III 3 c.

[760] Dazu eingehend *Aderhold,* Das Schuldmodell der BGB-Gesellschaft, 1981, S. 74 ff., 192 ff., mit umfassenden Nachw.; ihm folgend *Dauner-Lieb* (Fn. 754) S. 522 ff. Vgl. auch BGHZ 142, 315, 320 = NJW 1999, 3483 zur unbeschränkten Gesellschafterhaftung auf der Grundlage der traditionellen Lehre.

[761] BGHZ 45, 311, 312 = NJW 1966, 1807.

[762] Vgl. dazu näher *Ulmer* AcP 198 (1998), 134 ff.; aA aber *Zöllner,* FS Kraft, 1998, S. 710 ff. („heiße Luft") und zuvor schon *ders.,* FS Gernhuber, 1993, S. 572 f.

[763] Konstruktiv unbehelfliche Versuche zur Lösung dieses Dilemmas auf dem Boden der traditionellen Lehre bei *Zöllner,* FS Gernhuber, 1993, S. 575 f. und in FS Kraft, 1998, S. 701, 714 f.

[764] Vgl. nur BGHZ 79, 374, 379 = NJW 1981, 1213; dazu *Ulmer* AcP 198 (1998), 141 f.

70er Jahre von *Flume* präsentiert.[765] Er knüpfte damit an eine von *Otto von Gierke* schon vor Inkrafttreten des BGB entwickelte, damals jedoch nicht auf Zustimmung gestoßene Ansicht an, wonach die gesamthänderische Gesellschaft bürgerlichen Rechts sich als eine auf personenrechtlicher Verbundenheit beruhende Personenmehrheit darstelle, die durch das Gesamthandsprinzip zu einer *Personeneinheit* werde.[766] Vor diesem Hintergrund zeigte Flume auf, dass nicht nur OHG und KG, sondern auch die gesamthänderisch strukturierte GbR in Gestalt der gesellschaftsvertraglich zu einer „Gruppe" verbundenen Gesellschafter als **Rechtssubjekt** anzusehen sei, das hinsichtlich seiner Rechtsfähigkeit den Regeln des § 124 HGB unterliege.[767] Das Gesamthandsprinzip erschöpfe sich maW nicht in der Bündelung der gemeinsamen Vermögensgegenstände zu einem Sondervermögen, sondern eröffne der Gesamthand als solcher in Gestalt ihrer Gesellschafter oder der für sie handelnden Geschäftsführer zugleich auch die Teilnahme am Rechtsverkehr. *Zuordnungssubjekt* für das Gesamthandsvermögen und Haftungsschuldner waren aus dieser Sicht nicht die Gesellschafter „in ihrer gesamthänderischen Verbundenheit", sondern die Gesamthand (Gruppe) als solche, dh. als Personenverband unabhängig von seiner jeweiligen Zusammensetzung. Die neue (Gruppen-)Lehre erwies sich damit zugleich als geeignet, die gegen die traditionelle Lehre bestehenden praktischen Bedenken (RdNr. 297) zu überwinden, da sowohl der Rechtsformwechsel von der GbR zur OHG/KG oder umgekehrt als auch der Gesellschafterwechsel Bestand und Rechtsfähigkeit der Personengesellschaft unberührt ließ.[768]

c) Entwicklung und Stand der Diskussion. Im *gesellschaftsrechtlichen Schrifttum* setzte **299**
sich die Gruppenlehre, beginnend mit der 1. Auflage dieses Kommentars,[769] in den letzten fünfundzwanzig Jahren zunehmend durch.[770] Trotz einiger an der traditionellen Lehre festhaltender Stimmen[771] konnte sie schon im Jahr 1997 als inzwischen ganz herrschende Meinung bezeichnet werden,[772] während im *bürgerlich-rechtlichen* Schrifttum der Meinungsumschwung zunächst nur vereinzelt zur Kenntnis genommen wurde.[773] Ein Aufruf Ende der 90er Jahre an die Gegner der Gruppenlehre, die Kontroverse zu beenden und sich der auch in der Rechtsprechung zunehmend rezipierten neuen Lehre anzuschließen,[774] hatte freilich zunächst den gegenteiligen Effekt und wurde von den Adressaten als Herausforderung verstanden.[775] Erst dem Grundsatzurteil des BGH vom 29. 1. 2001 (RdNr. 301) ist es voraussichtlich gelungen, dieses Ziel zu erreichen.

Die höchstrichterliche **Rechtsprechung** hat es zwar lange Zeit vermieden, ausdrücklich **300**
für oder gegen die Gruppenlehre Stellung zu beziehen. Insbesondere die Urteile des fachlich zuständigen II. Zivilsenats des BGH ließen jedoch seit Ende der 70er Jahre mit zunehmender Deutlichkeit erkennen, dass der Senat der Anerkennung der (Teil-)Rechtsfähigkeit der Außen-GbR zuneigte. Das gilt für die in zahlreichen Urteilen[776] akzeptierte Doppelver-

[765] *Flume* ZHR 136 (1972), 177 ff. und sodann *ders.* I/1 § 4 II; vgl. zuvor auch schon *Fabricius* (Fn. 755) S. 158 ff.

[766] *O. v. Gierke,* Deutsches Privatrecht I, 1895 (Nachdruck 1936) S. 671 ff.

[767] *Flume* ZHR 136 (1972), 177, 187 ff. und *ders.* I/1 § 4 I und II.

[768] So zutr. resümierend auch BGHZ 146, 341, 344 ff. = NJW 2001, 1056.

[769] MünchKommBGB *(Ulmer),* 1980, § 705 RdNr. 130 ff.; vgl. zuvor schon *Schünemann,* Grundprobleme der Gesamthandsgesellschaft, 1975, S. 110 ff., 148 ff.

[770] Vgl. nur *Soergel/Hadding* Vor § 705 RdNr. 20 f.; *K. Schmidt* GesR §§ 8 III, 58 IV; *Westermann* Hdb. RdNr. I 561; *Wiedemann* WM 1994 Sonderbeil. 4 S. 4 ff.; so jetzt auch *Palandt/Sprau* § 705 RdNr. 24. Weit. Nachw. bei *Ulmer* AcP 198 (1998), 114 Fn. 6 und *Hueck,* FS Zöllner, S. 277 Fn. 9.

[771] So insbes. noch *Hueck, Zöllner* und *Kübler,* vgl. Nachw. bei *Ulmer* AcP 198 (1998), 114 Fn. 6; seither auch *Berndt/Boin* NJW 1998, 2854 ff. und *Cordes* JZ 1998, 545 ff.

[772] *Ulmer* AcP 198 (1998), 114.

[773] So von *Larenz* SchuldR II, 12. Aufl., Bd. 2 § 60 IV c S. 392 ff.; vgl. demgegenüber die Nachw. bei *Ulmer* AcP 198 (1998), 115 Fn. 13 und 14 zu den an der traditionellen Lehre festhaltenden Autoren.

[774] *Ulmer* AcP 198 (1998), 113, 151.

[775] Insbes. von *Zöllner,* FS Kraft, 1998, S. 701 ff.; vgl. auch *Hueck,* FS Zöllner, 1998, S. 275 ff.; *Kraft/Kreutz* (Fn. 759).

[776] Vgl. nur BGHZ 74, 240, 242 = NJW 1979, 1821; BGHZ 79, 374, 377 = NJW 1981, 1213; BGHZ 117, 168, 176 = NJW 1992, 1615; BGHZ 136, 254, 257 f. = NJW 1997, 2754; BGH NJW 1998, 2904, 2905.

pflichtungstheorie zu § 714, die bekanntlich zwischen der GbR und den Gesellschaftern als je selbstständigen Haftungsschuldnern unterscheidet,[777] und für die Zuweisung der Genehmigungskompetenz nach § 177 Abs. 1 an den *nach* schwebend unwirksamem Vertragsschluss eingetretenen Rechtsnachfolger eines nicht wirksam vertretenen Gesellschafters,[778] aber auch für die Anerkennung der Mitgliedschaft der GbR als solcher in GmbH,[779] AG,[780] eGen[781] und anderer GbR.[782] In die gleiche Richtung weist auch die Bejahung der Scheckfähigkeit der GbR durch den XI. Zivilsenat,[783] während die Verneinung der Markenfähigkeit und der WEG-Verwalterfähigkeit der GbR durch zwei andere Zivilsenate des BGH[784] noch auf der traditionellen Lehre beruhte. Sogar der II. Zivilsenat selbst ließ, als er in einem „Grundsatzurteil" vom 27. 9. 1999[785] dem Ausschluss der persönlichen Haftung der Gesellschafter unter Berufung auf den „mbH"-Zusatz im Gesellschaftsnamen eine Absage erteilte, abweichend von seiner früheren Rechtsprechung die dogmatische Begründung dieses Ergebnisses zum Erstaunen der Fachwelt[786] ausdrücklich offen;[787] er schien damit die Möglichkeit einer Abkehr der Rechtsprechung von der Gruppenlehre zu signalisieren.

301 Die durch das Urteil vom 27. 9. 1999 ausgelöste Diskussion dürfte mit dazu beigetragen haben, dass der Senat sich im **Grundsatzurteil vom 29. 1. 2001**[788] kraft richterlicher Rechtsfortbildung ausdrücklich für die *Rechts- und Parteifähigkeit der Außen-GbR* ausgesprochen und damit die traditionelle Lehre wohl endgültig verabschiedet hat. Mit Recht wurde das Urteil im Schrifttum ganz überwiegend positiv aufgenommen[789] und als Meilen-,[790] Mark-[791] oder Schlussstein[792] bezeichnet. Dass es sich um ein Versäumnisurteil handelte, gegen das die Beklagten erfolgreich Einspruch einlegten, und dass das Verfahren wegen zwischenzeitlicher Erledigung der Hauptsache mit einer Kostenentscheidung endete,[793] tut der rechtlichen Tragweite der Urteilsgründe keinen Abbruch.[794] Dies umso mehr, weil das Nachverfahren dem Senat die Gelegenheit verschaffte, die zunächst unterlassene Abstimmung mit früher divergierenden BGH-Senaten nachzuholen,[795] während er auf eine Anrufung des Gemeinsamen Senats der obersten Gerichtshöfe des Bundes wegen fehlender Divergenzen verzichtete.[796] Auch das *BVerfG* hat das Grundsatzurteil inzwischen zustimmend zur Kenntnis genommen und sich zugleich für die *Grundrechtsfähigkeit* der GbR ausgesprochen.[797]

302 **d) Fazit.** Als Ergebnis der sich über ein Jahrhundert hinziehenden Diskussion zur Rechtsnatur der GbR-Gesamthand ist nach allem festzuhalten, dass aus heutiger Sicht an der

[777] Vgl. dazu näher *Ulmer* ZIP 1999, 509, 510 f. und § 714 RdNr. 3.

[778] BGHZ 79, 374, 379 = NJW 1981, 1213.

[779] BGHZ 78, 311, 313 = NJW 1981, 682.

[780] BGHZ 118, 89, 99 = NJW 1992, 2222.

[781] BGHZ 116, 86, 88 ff. = NJW 1992, 499.

[782] BGH NJW 1998, 376.

[783] BGHZ 136, 254, 257 = NJW 1997, 2754.

[784] BGH GRUR 2000, 1028, 1030 – Ballermann (I. ZS); BGHZ 107, 268, 271 = NJW 1989, 2059 (V. ZS).

[785] BGHZ 142, 315 = NJW 1999, 3483.

[786] Vgl. die krit. Urteilsrez. von *Altmeppen* ZIP 1999, 1758, 1759 f., und *Ulmer* ZGR 2000, 339, 343 ff.; so tendenziell auch *Dauner-Lieb* DStR 1999, 1992, 1996.

[787] So BGHZ 142, 315, 319 ff. = NJW 1999, 3483.

[788] BGHZ 146, 341, 344 ff. = NJW 2001, 1056 – ARGE Weißes Ross; ebenso dann BGH NJW 2002, 1207 (Folgeentscheidung); ZIP 2002, 3539, 3540.

[789] Vgl. insbes. *Dauner-Lieb* DStR 2001, 356 ff.; *Derleder* BB 2001, 2485 ff.; *Hadding* ZGR 2001, 712 ff.; *Habersack* BB 2001, 477 ff.; *K. Schmidt* NJW 2001, 993 ff.; *Ulmer* ZIP 2001, 585 ff.; *Westermann* NZG 2001, 289 ff.; *Wiedemann* JZ 2001, 513 ff.; *Heil* NZG 2001, 300 ff.; *Peifer* NZG 2001, 296 ff.

[790] *K. Schmidt* NJW 2001, 993, 995.

[791] *Ulmer* ZIP 2001, 585.

[792] *Hadding* ZGR 2001, 712, 714.

[793] BGH NJW 2002, 1207; krit. zu diesem Verfahrensablauf *Jauernig* NJW 2001, 2231 f.

[794] Der Senat betont selbst ausdrücklich (aaO Fn. 793), dass er an seinen Ausführungen in BGHZ 146, 341 = NJW 2001, 1056 unter Abstellen auf die Begründung von Rechten und Pflichten der (Außen-)GbR „durch Teilnahme am Rechtsverkehr" festhalte; zust. auch *Hadding* ZGR 2001, 715 f.

[795] Vgl. dazu BGH NJW 2002, 1207 f.; *Kellermann,* FS Wiedemann, 2002, S. 1069, 1071; krit. zu dem vom Senat hierfür praktizierten informellen Verfahren *Prütting,* FS Wiedemann, 2002, S. 1177, 1181 f.

[796] BGH NJW 2002, 1208 (vorbehaltlich einer informellen Anfrage beim BFH); *Kellermann* (Fn. 795) S. 1071; krit. *Prütting* (Fn. 795) S. 1182.

[797] BVerfG NJW 2002, 3533, bezogen auf die Eigentumsgarantie und die Verfahrensgrundrechte der Art. 101 Abs. 1 S. 2, 103 Abs. 1 GG; krit. dazu *Stürner* JZ 2003, 44 f.

grundsätzlichen Rechts- und Parteifähigkeit der Außen-GbR nicht länger gezweifelt werden kann. Die Gruppen-Lehre hat sich voll durchgesetzt; die traditionelle Lehre ist trotz ihres „gesetzestreuen" Ansatzes überwunden. Auf die Frage, ob die Qualität als Rechtssubjekt sämtlichen oder aber nur den „höherstufigen", über eine eigene Identitätsausstattung verfügenden Außengesellschaften zusteht, ist zurückzukommen (RdNr. 305 f.). Ebenso bleibt zu prüfen, wie weit die Rechtsfähigkeit der GbR trägt und ob Vorbehalte in Bezug auf bestimmte Rechtspositionen wegen der wenig ausgeprägten Verfassung der GbR oder wegen der fehlenden Registereintragung veranlasst sind (vgl. RdNr. 312 ff., 317). Hiervon abgesehen unterliegt die Rechtsfähigkeit der GbR aus heutiger Sicht jedoch keinen weiteren Schranken. § 124 HGB findet analoge Anwendung. Eine Gleichsetzung der GbR mit Kapitalgesellschaften als juristische Personen ist abzulehnen (RdNr. 307 ff.).

II. Die Rechtsfähigkeit der Außengesellschaft

1. Grundlagen. a) Rechtsfähige Personengesellschaft (Gesamthand). Zur Entwicklung und zum Stand der Lehre von der Rechtsfähigkeit der Außen-GbR als gesamthänderische Personenverbindung (Gruppe), dh. als Zuordnungssubjekt des Gesellschaftsvermögens und der Gesellschaftsverbindlichkeiten, vgl. RdNr. 299 ff. Die Rechtsfähigkeit ist von der inzwischen **ganz hM** in der *Literatur* anerkannt (RdNr. 299) und durch die höchstrichterliche *Rechtsprechung* in einem Grundsatzurteil von 2001 bestätigt worden (RdNr. 301). Sie ist damit geltendes Recht. 303

Auch in der **Gesetzgebung** hat diese Entwicklung seit 1994 ihren Niederschlag gefunden. So unterscheidet die im Jahr 2000 in das BGB aufgenommene Vorschrift des § 14 Abs. 1 für den Begriff des Unternehmens zwischen natürlichen Personen, juristischen Personen und rechtsfähigen Personengesellschaften; eine entsprechende Differenzierung zwischen den beiden letztgenannten Rechtssubjekten findet sich seit 1996 auch bereits in § 1059 a Abs. 2 betr. die Übertragbarkeit des Nießbrauchs. Die Vorschrift des § 191 Abs. 2 UmwG 1994 rechnet zu den aus einem Formwechsel hervorgehenden „Rechtsträgern neuer Rechtsform" auch die GbR. Nach § 7 Nr. 3 MarkenG 1994 können Inhaber eingetragener Marken auch rechtsfähige Personengesellschaften sein. Schließlich bestimmt § 11 Abs. 2 InsO 1994, dass ein Insolvenzverfahren auch über das Vermögen einer „Gesellschaft ohne Rechtspersönlichkeit", darunter neben OHG und KG auch dasjenige einer GbR, eröffnet werden kann. Auch wenn die Terminologie ersichtlich noch schwankt, ist doch unverkennbar, dass die (Außen-)GbR vom Gesetzgeber seit 1994 zunehmend als Rechtssubjekt angesehen wird und bereits mehrfach Adressat gesetzlicher Regelungen geworden ist. 304

b) Abgrenzungskriterien. Zum Begriff der *Außengesellschaft* und deren Abgrenzung von Innengesellschaften vgl. schon RdNr. 253 f., 277 ff. Nach zutr. hM ist entscheidende Voraussetzung das Auftreten nach außen, dh. die **Teilnahme der GbR am Rechtsverkehr** durch ihre für sie als Gesamthand (Gruppe) handelnden Organe (vgl. näher RdNr. 253 f., 279). Das bloße Vorhandensein von Gesamthandsvermögen bei einer im Übrigen auf das Innenverhältnis beschränkten GbR reicht dagegen nicht aus, um sie als rechtsfähig zu qualifizieren. Man denke an eine Ehegatten-Grundstücksgesellschaft, in deren Rahmen sich die Ehegatten auf das Halten und Verwalten der gemeinsam genutzten Immobilie beschränken, oder an eine Wettgemeinschaft mit regelmäßigen Beitragspflichten bzw. eine Urlaubsreise mehrerer Personen mit gemeinsamer Reisekasse. In diesen Fällen kommt es zwar entsprechend den vertraglichen Abreden zur Bildung von Gesamthandsvermögen (vgl. § 718 RdNr. 16 f.). Es fehlt jedoch an der gemeinsamen Teilnahme der Gruppe am Rechtsverkehr. Schon deshalb besteht auch kein Bedürfnis dafür, derartige Personenverbindungen als rechtsfähige Einheit anzuerkennen. Das Gesamthandsvermögen bleibt gemeinsames Rechtsobjekt der Beteiligten. 305

Auch wenn die Teilnahme der GbR am Rechtsverkehr somit eine notwendige Bedingung für die Anerkennung der Rechtsfähigkeit der GbR bildet, ist sie hierfür doch nicht 306 ohne weiteres hinreichend. Das zeigen insbes. Gelegenheitsgesellschaften, bei denen die Beteiligten nicht planmäßig und zielgerichtet, sondern fallweise und ohne für Dritte erkennbare Organisation gemeinsam nach außen in Erscheinung treten. In derartigen Fällen geht der Rechtsverkehr typischerweise vom gemeinsamen Handeln einer vertraglich nicht koordinierten Personenmehrheit aus und rechnet mit der Begründung von Gesamtschulden durch deren gemeinsames Handeln nach §§ 421, 427. Die Anerkennung der Rechts- und insbes. auch diejenige der Parteifähigkeit der GbR verlangt jedoch wegen ihrer prozessualen Tragweite nach klaren Abgrenzungskriterien. Deswegen empfiehlt es sich, sie auf die Fälle höherstufiger oder „organisierter“,[798] durch eine eigene **Identitätsausstattung** gekennzeichneter Außengesellschaften zu beschränken.[799] Sache der Gesellschafter ist es sodann, bei Ausgestaltung ihrer Kooperation für das Vorliegen dieses Merkmals Sorge zu tragen. Sie werden hierzu regelmäßig schon im *Gesellschaftsvertrag* selbst, durch Einigung auf einen Namen[800] und Sitz der Gesellschaft, durch Bestellung von Geschäftsführern als Gesellschaftsorganen und durch Schaffung einer Haftungsgrundlage in Gestalt der Beiträge, Sorge tragen. Insbesondere bei gewerblich oder unternehmerisch tätigen, auf Gewinnerzielung ausgerichteten Außengesellschaften zum gemeinsamen Betrieb eines Kleingewerbes oder eines freien Berufs, aber auch bei der gemeinsamen Vermietung oder Verpachtung von Gesellschaftsvermögen im Rahmen eines Geschäftsbetriebs, liegen diese Voraussetzungen einer organisierten, über eigene Rechts- und Parteifähigkeit verfügenden GbR in aller Regel vor. Entsprechendes gilt für Bau-Arbeitsgemeinschaften.

307 **c) Verbleibende Unterschiede zu juristischen Personen.** In der *Rechtslehre* hat es seit der sich abzeichnenden Anerkennung der Außen-GbR als rechtsfähige Einheit nicht an Bemühungen gefehlt, Personengesellschaften **als juristische Personen zu qualifizieren**[801] oder ihnen doch weitgehend gleichzustellen.[802] Unter Berufung auf die in der Praxis verbreitete Typenvermischung in Fällen der GmbH & Co. KG sowie auf gesetzliche Mischtypen nach Art der KGaA,[803] aber auch unter Hinweis auf die Gleichstellung der Personengesellschaften mit Kapitalgesellschaften als „personnes morales“ im romanischen Rechtskreis,[804] wird gelehrt, die Differenzierung zwischen gesellschaftsrechtlichen Gesamthandsgemeinschaften und juristischen Personen sei überholt; entscheidend sei das Kriterium der Rechtsfähigkeit der Personenverbände.

308 Diesen Ansichten ist **nicht** zu folgen.[805] Gegen sie spricht schon das unverkennbare Bemühen des Gesetzgebers, terminologisch eindeutig zwischen juristischen Personen und rechtsfähigen Personengesellschaften zu unterscheiden (vgl. RdNr. 304). Vor allem aber sind es die *unterschiedlichen Strukturen von Personen- und Kapitalgesellschaften,* die ihrer einheitlichen Behandlung als juristische Personen entgegenstehen. So ist für die **Kapitalgesellschaften**

[798] So treffend *Wiedemann* ZGR 1996, 286 (291, 298 f.).

[799] So im Anschluss an die von *John,* Die organisierte Rechtsperson, 1977, S. 72 ff., entwickelte Lehre von den „organisierten Rechtspersonen“ näher *Ulmer* AcP 198 (1998), 113, 126 ff. und ZIP 2001, 585, 593 f.; ähnlich *Wiedemann* WM 1994 Beilage 4 S. 4 und ZGR 1996, 286, 290 ff.; *Derleder* BB 2001, 2485 ff.; für Begrenzung der Rechtsfähigkeit auf die „unternehmenstragende“ GbR seit langem schon *K. Schmidt* (zuletzt GesR §§ 58 V 1, 60 I 1 und NJW 2001, 993, 1002); aA (gegen Begrenzung) *Habersack* BB 2001, 477, 478 f.; *Pohlmann* WM 2002, 1421, 1423; wohl auch *Hadding* ZGR 2001, 716 f. (für Notwendigkeit der „Individualisierung“ dann aber *ders.* aaO S. 721).

[800] Das kann auch der Name aller Gesellschafter als Gesamtname sein, vgl. dazu RdNr. 270 f.

[801] So wiederholt insbes. *Raiser,* vgl. AcP 194 (1994), 495 (503 ff., 510), AcP 199 (1999), 104, 107 f. und FS Zöllner, 1998, S. 469, 474 ff.; ähnlich auch *Timm* NJW 1995, 3209, 3214 und ZGR 1996, 247, 251 f.; *Hadding,* FS Kraft, 1998, S. 137 ff., und ZGR 2001, 718 f.

[802] So *K. Schmidt* GesR § 8 I 2; vgl. auch schon *dens.* AcP 191 (1991), 495, 505 ff., 509; ferner *Mülbert* AcP 199 (1999), 38, 66 f.

[803] *Raiser* AcP 194 (1994), 508 f.

[804] Vgl. *Raiser* AcP 194 (1994), 499 f., 511.

[805] So auch *Flume* I/1 § 7 I, III, *Grunewald* GesR 1. A.99 und 3.12; *Huber,* FS Lutter, 2000, S. 107, 113 f. und unter zutr. Differenzierung gegenüber der Rechtsfähigkeit der Außen-GbR BGHZ 149, 80, 84 = NJW 2002, 368; im Ergebnis auch *Mülbert/Gramse* WM 2002, 2085, 2093 f.; ebenso vom traditionellen Standpunkt aus *Kübler* GesR § 4 III, IV und *Zöllner,* FS Gernhuber, 1993, S. 563, 567 f.

die klare Trennung zwischen Gesellschaft und Gesellschaftern als Folge ihrer mit der Eintragung im Handelsregister erlangten Rechtsfähigkeit als juristische Person kennzeichnend. Der Gesellschaftsvertrag verselbstständigt sich dadurch zur Satzung. Er ist autonom auszulegen und kann durch qualifizierten Mehrheitsbeschluss geändert werden. Die Anteile sind grundsätzlich frei übertragbar; sie können auch von der Gesellschaft selbst erworben werden. Der Rückgang der Gesellschafterzahl auf eine Person lässt die Existenz der Gesellschaft unberührt; sie kann sogar als Einmann-Gesellschaft gegründet werden. Auch die Zulassung der Drittorganschaft zeigt die für Kapitalgesellschaften als juristische Personen typische strikte Trennung von Gesellschafts- und Gesellschafterebene.

In allen vorgenannten Punkten weist die **Personengesellschaft** deutliche Unterschiede 309 auf. Ihre Existenz setzt grundsätzlich den Fortbestand des Gesellschaftsvertrags, dh. das Vorhandensein von mindestens zwei Gesellschaftern voraus.[806] Es gelten Einstimmigkeitsgrundsatz (dispositiv) und Selbstorganschaft (zwingend). Der Erwerb eigener Anteile ist schlechthin ausgeschlossen, eine Anteilsübertragung nur mit Zustimmung der Mitgesellschafter möglich. Gemeinsames Kennzeichen aller Personengesellschaften ist ferner die persönliche Verbindung zwischen den Gesellschaftern; sie kann (insbes. bei sog. Publikumsgesellschaften) zwar gelockert, aber nicht beseitigt werden. Auch die Regelung des § 124 HGB bestätigt, dass die Anerkennung der Rechtsfähigkeit der Personengesellschaft diese Besonderheiten ihrer Organisationsstruktur unberührt lässt. An der hergebrachten Differenzierung zwischen Personen- und Kapitalgesellschaften bzw. zwischen Gesamthand und juristischer Person führt nach allem kein Weg vorbei, solange auch der Gesetzgeber hieran festhält.

2. Folgerungen. a) Vermögensfähigkeit. Nach ganz hM unterliegt die Vermögens- 310 fähigkeit der (Außen-)GbR aus heutiger Sicht keinen rechtlichen Beschränkungen; der vorsichtige „Soweit"-Zusatz im ersten Leitsatz des Grundsatzurteils BGHZ 146, 341 steht nicht entgegen.[807] Die GbR kann **Eigentum** an beweglichen und unbeweglichen Sachen erwerben (zur davon zu unterscheidenden Grundbuchfähigkeit vgl. RdNr. 312 ff.), Schuldverträge abschließen und die daraus resultierenden **Gläubigerrechte** als Gesamthandsforderungen begründen, sie kann eine Bankverbindung eingehen und Bankkonten eröffnen,[808] als Vermieterin auftreten,[809] Dienstverträge abschließen und die Stellung eines Arbeitgebers erlangen.[810] Auch die Bedenken anderer BGH-Senate gegen die *Markenfähigkeit* der GbR oder gegen ihr Tätigwerden als *WEG-Verwalter* (Fn. 784) sind entfallen.[811] In allen diesen Fällen gehören die aus diesen Rechtsverhältnissen resultierenden Rechte nach § 718 Abs. 1 zum Gesamthandsvermögen, soweit die für die GbR handelnden Geschäftsführer nicht im Rahmen ihrer Vertretungsmacht anderweitig disponieren, dh. die Gegenstände als Bruchteilseigentum der Gesellschafter erwerben (vgl. RdNr. 221 f.). Auch für die Entstehung **gesetzlicher Ansprüche** (§§ 812, 823 u. a.) zu Gunsten der Gesamthand bestehen keine Besonderheiten. Zur Gesamthand als *Besitzer* vgl. § 718 RdNr. 35 ff.

Die vorstehenden Grundsätze gelten entsprechend für die Begründung von **Gesamt-** 311 **handsverbindlichkeiten.** Auch sie unterliegt keinen rechtlichen Beschränkungen, wobei die Verbindlichkeiten der GbR im Ansatz klar von der ihnen korrespondierenden akzessori-

[806] Nach wie vor ganz hM unter Hinweis auf § 705, vgl. näher RdNr. 60 ff.

[807] Er dürfte sich nicht zuletzt aus der Rücksicht auf mögliche Einschränkungen seitens anderer Oberster Bundesgerichte in ihrem Zuständigkeitsbereich erklären (vgl. BGH NJW 2002, 1207, 1208 und dazu *Kellermann* aaO Fn. 795 S. 1073); vermögensrechtlich soll die Teilnahme am Rechtsverkehr nach Ansicht des Senats wohl keinen Beschränkungen mehr unterliegen, vgl. BGHZ 146, 341, 343 = NJW 2001, 1056.

[808] So zutr. *Hadding* ZGR 2001, 722 f.

[809] So zu Recht *Weitemeier,* Gedächtnisschrift Sonnenschein, 2003, S. 431 ff., 451, in Auseinandersetzung mit BGHZ 138, 82, 85 = NJW 1998, 1220, der unzutreffend von der Anwendbarkeit des § 566 (= § 571 aF) beim Gesellschafterwechsel auf Vermieterseite ausging.

[810] Str., vgl. dazu näher *Lessner/Klebeck* ZIP 2002, 1385 ff. unter Hinweis auf die abw. bisherige Rspr. des BAG (BAG NJW 1989, 3034, 3035); offen lassend BGH NJW 2002, 1207, 1208.

[811] So BGH NJW 2002, 1207; *Fezer,* FS P. Ulmer, 2003, S. 119, 124 m. weit. Nachw.

schen Haftung der Gesellschafter analog §§ 128, 129 HGB zu unterscheiden sind (vgl. näher § 714 RdNr. 31 f., § 718 RdNr. 25 ff.). Die Verpflichtungsfähigkeit ist höchstrichterlich für die *Scheck- und Wechselfähigkeit* der GbR ausdrücklich anerkannt;[812] sie gilt aber auch hinsichtlich aller sonstigen vertraglichen und gesetzlichen Schuldverhältnisse. Auch in dieser Beziehung hat der „Soweit"-Vorbehalt im ersten Leitsatz von BGHZ 146, 341 keine praktische Bedeutung.

312 **b) Grundbuchfähigkeit.** Die Grundbuchfähigkeit der GbR richtet sich nicht nach materiellem Recht, sondern nach der **GBO** als dem für Grundbucheintragungen maßgebenden formellen Recht. Ihre Beurteilung ist klar zu unterscheiden von der aus heutiger Sicht unbestreitbaren Fähigkeit der GbR, Rechte an Immobilien als Gesamthandsvermögen zu erwerben.[813] Sie beschränkt sich auf das *Wie* des Rechtserwerbs, dh. die Art und Weise der Eintragung der zum Gesamthandsvermögen gehörenden Liegenschaftsrechte im Grundbuch. Nach früher ganz hM und einhelliger Praxis der Grundbuchämter richtete sich die Eintragung gesamthänderischen Grundeigentums der GbR nach der für *gemeinschaftliche Rechte* geltenden Vorschrift des § 47 GBO: als Berechtigte eingetragen wurden die **Gesellschafter** mit dem Zusatz „als Gesellschafter bürgerlichen Rechts".[814] Das war solange zutreffend, als die gesellschaftsrechtliche Gesamthand nicht selbst als rechtsfähig anerkannt war, die hierzu gehörenden Liegenschaftsrechte maW als gemeinschaftliches Eigentum der Gesellschafter angesehen wurden. Diese Praxis hatte den Vorteil, dass jedenfalls in Bezug auf den *Eintragungszeitpunkt* der Gesellschafterbestand unmittelbar aus dem Grundbuch erkennbar war. Als nachteilig wirkte sich aus, dass jeder Gesellschafterwechsel eine entsprechende Grundbuchberichtigung erforderlich machte.

313 Mit der Anerkennung der Rechtsfähigkeit der GbR ist die **Grundlage für** die bisherige, auf **§ 47 lit. b GBO** gestützte Eintragungspraxis **entfallen.**[815] Auch auf § 15 Abs. 3 S. 1 GBV[816] lässt sich deren unveränderte Beibehaltung nicht stützen, da es sich insoweit um gegenüber der GBO nachrangiges Verfahrensrecht handelt. Das dort unterstellte Eingreifen des § 47 GBO in Bezug auf gesamthänderisch gehaltene Immobilienrechte hat, wie erwähnt, durch die Anerkennung der GbR als rechtsfähige Personengesellschaft seine Berechtigung verloren. Andererseits ist es auch nicht möglich, sich zu Gunsten der Grundbuchfähigkeit der GbR auf § 15 Abs. 1 lit. b GBV[817] zu berufen, da die dort in Bezug genommenen Personengesellschaften im Unterschied zur GbR sämtlich über eine Registerpublizität verfügen, auf die das Grundbuchverfahren sich stützen kann (vgl. § 32 Abs. 2 GBO).[818] Nach allem erweist sich die GBO auf Grund der eingetretenen materiellrechtlichen Rechtsfortbildung als *lückenhaft,* soweit es um die Eintragung von Liegenschaftsrechten einer Außen-GbR geht, und es fragt sich, ob anstelle der Eintragung der GbR als Rechtsinhaberin die Beibehaltung der bisherigen Praxis in *Analogie zu § 47 GBO* geboten ist. Vor dem Hintergrund der eingetretenen Rechtsfortbildung könnte dafür insbes. die

[812] BGHZ 136, 254, 257 = NJW 1997, 2754; BGHZ 146, 341, 358 = NJW 2001, 1056.

[813] Zu Unrecht aA offenbar BayObLG (2. ZS) ZIP 2002, 2175, 2176 f. in ausdrücklicher Abweichung von BayObLG (3. ZS) Rpfleger 2002, 536, das in der Eintragung der Gesellschafter mit dem Gesamthands-Zusatz zutr. diejenige der GbR als Eigentümerin sah.

[814] Vgl. nur *Demharter,* GBO, 23. Aufl., § 19 RdNr. 108; *Meikel/Böhringer,* Grundbuchrecht, 8. Aufl., § 47 RdNr 179; *Schöner/Stöber,* Grundbuchrecht, 12. Aufl., RdNr. 241; *Eickmann* Rpfleger 1985, 85, 88; aus der Rspr. vgl. BGHZ 45, 338, 348 = NJW 1966, 1311; BayObLG DB 1985, 2140 und BB 1991, 2106; OLG Düsseldorf NJW 1997, 1991; OLG Frankfurt Rpfleger 1975, 177 und 1982, 469.

[815] Vgl. näher *Ulmer/Steffek* NJW 2002, 330, 331; so der Sache nach auch die in Fn. 821 genannten Autoren; offen lassend *K. Schmidt* GesR § 60 II 1.

[816] Er lautet: „Steht das Eigentum oder ein beschränktes dingliches Recht nach dem Inhalt des Grundbuchs den Mitgliedern einer Gesellschaft bürgerlichen Rechts zur gesamten Hand zu und wird diese Gesellschaft bürgerlichen Rechts eine Handels- oder Partnerschaftsgesellschaft, so ist das Grundbuch auf Antrag zu berichtigen, indem die Handelsgesellschaft oder die Partnerschaft als Eigentümerin oder Inhaberin des Rechts eingetragen wird."

[817] Er lautet: „Zur Bezeichnung des Berechtigten im Grundbuch sind anzugeben: a) ... b) bei juristischen Personen, Handels- und Partnerschaftsgesellschaften der Name oder die Firma und der Sitz."

[818] So zutr. statt aller BayObLG ZIP 2002, 2175, 2176.

Publizitätsfunktion des Grundbuchs[819] und das Fehlen eines GbR-Registers im Unterschied zum Handels- und Partnerschaftsregister[820] sprechen.

314 Den *Vorzug* verdient gleichwohl – entgegen BayObLG ZIP 2003, 2175, 2176 – die Anerkennung der **Grundbuchfähigkeit der GbR,** dh. der Gleichklang von materiellem und Verfahrensrecht auch in Bezug auf die Grundbucheintragung.[821] Für sie spricht nicht zuletzt die Entlastung der Grundbuchämter von nicht selten erheblichem, mit der Eintragung der Namen aller Gesellschafter und deren Berichtigung beim Gesellschafterwechsel verbundenen Arbeitsaufwand.[822] Die Publizitätsfunktion des Grundbuchs wird dadurch nicht wesentlich beeinträchtigt. So war schon bisher die Grundbuchfähigkeit einiger Personenverbände unabhängig von ihrer Registerpublizität anerkannt, darunter neben der Vor-GmbH auch diejenige der Vor-OHG und der Vor-KG, ohne dass sich daraus spürbare Nachteile für den Rechtsverkehr ergeben haben.[823] Vor allem aber kann dem Bedürfnis des Rechtsverkehrs nach Kenntnis von Gesellschafterkreis und Vertretungsverhältnissen der GbR im Grundbuchverfahren auch dadurch Rechnung getragen werden, dass die Grundbuchämter zum Zwecke der Identifizierung der GbR die Grundbucheintragung von der Vorlage einer der Form des § 29 Abs. 1 S. 1 GBO genügenden *Gesellschafterliste* abhängig machen und darüber hinaus einen *Nachweis der Vertretungsverhältnisse* in dieser Form verlangen. Der Rechtsverkehr kann auf diese in den Grundbuchakten enthaltenen Informationen mittels des Einsichtsrechts gem. § 12 Abs. 1 S. 1 GBO zugreifen; es erstreckt sich gem. § 46 GBV auf den gesamten *Bestand der Grundbuchakten.* Auf diese Weise wird zugleich dem (ungeschriebenen) Bestimmtheitsgrundsatz des Grundbuchrechts Rechnung getragen,[824] wonach Verwechslungen der im Grundbuch eingetragenen Berechtigten ausgeschlossen und deren sofortige Bestimmtheit im Unterschied zur bloßen späteren Bestimmbarkeit gewährleistet sein müssen.[825] Auch die materiellrechtlichen Eintragungswirkungen und die Reichweite des aus § 892 folgenden Gutglaubensschutzes werden durch die Grundbuchfähigkeit der rechtsfähigen GbR nicht nachteilig beeinflusst.[826]

315 Den Befürwortern eines Festhaltens an der bisherigen Praxis ist zwar zuzugeben, dass die Grundbucheintragung der GbR unter dem **Fehlen der komplementären Registereintragung** leidet.[827] Dieser Mangel beruht aber nicht auf der Anerkennung ihrer Grundbuchfähigkeit, sondern ist Ausfluss der Entscheidung des Gesetzgebers gegen ein GbR-Register. Dass er bereits der hergebrachten Eintragungsart anhaftete, zeigt sich am Beispiel späterer Veränderungen im Gesellschafterbestand. Denn weder nach der traditionellen, noch nach der hier vertretenen, neuen Eintragungsmethode besteht insoweit eine gesetzliche Anmeldungspflicht; in Betracht kommt nur eine Richtigstellung außerhalb des Verfahrens nach § 22 GBO.[828] Ähnliches gilt mit Blick auf den Bestand der Gesellschaft und ihre Vertretungsverhältnisse. Für deren Nachweis sollte die Form notarieller Beglaubigung gem. § 29

[819] Dazu näher *Demharter* (Fn. 814) Einl. RdNr. 1 und Anh. § 13 m. Rspr.-Nachw.; *Kuntze/Ertl/Herrmann/Eickmann,* Grundbuchrecht, 5. Aufl., Einl. RdNr. A 7; *Schöner/Stöber* (Fn. 814) RdNr. 2 und 356; *Ulmer/Steffek* NJW 2002, 333 f.

[820] So insbes. BayObLG ZIP 2002, 2175, 2176; im Ansatz auch *K. Schmidt* GesR § 60 II 1.

[821] Eingehend *Ulmer/Steffek* NJW 2002, 330, 334 ff.; so im Grundbuchrecht auch *Demuth* BB 2002, 1555, 1556; *Dümig* Rpfleger 2002, 53, 59; *Eickmann* ZfIR 2001, 433, 435 ff.; ebenso aus gesellschaftsrechtlicher Sicht *Hadding* ZGR 2001, 712, 724 f.; *Kirberger,* FS Leser, 1999, S. 219, 233 f.; *Pohlmann* WM 2002, 1421, 1430; *Ott* NJW 2003, 1223; zuvor auch schon *Breuninger,* Die BGB-Gesellschaft als Rechtssubjekt im Wirtschaftsverkehr, 1991, S. 84 f.; *Timm* NJW 1995, 3209, 3214.

[822] Vgl. nur LG Stuttgart NJW-RR 1999, 743; dazu *Ulmer/Steffek* NJW 2002, 330 f.

[823] Ausführlich dazu (m. Nachw.) *Ulmer/Steffek* NJW 2002, 334 f.

[824] *Meikel/Ebeling* (Fn. 814) Vorb. GBV RdNr. 40; BGH NJW 1981, 176, 177.

[825] S. dazu BGH NJW 1981, 176, 177; BayObLGZ 1981, 391, 393; *Meikel/Ebeling* (Fn. 814) § 15 GBV RdNr. 1; *Schöner/Stöber* (Fn. 814) RdNr. 229; *Stöber* MDR 2001, 544, 545.

[826] Näher ausgeführt von *Ulmer/Steffek* NJW 2002, 330, 337 f.

[827] An der hergebrachten Eintragung gem. § 47 GBO wollen – mit unterschiedlicher Begründung – weiter festhalten *Demharter* Rpfleger 2001, 329; *Stöber* MDR 2001, 544; *Münch* DNotZ 2001, 535; *Heil* NJW 2002, 2158; *Schöpflin* NZG 2003, 117.

[828] Dazu *Schöner/Stöber* (Fn. 814) RdNr. 290 f.; *Demharter* (Fn. 814) § 22 RdNr. 22 f.

Abs. 1 S. 1 GBO genügen;[829] anderenfalls würde man jede über Grundbesitz verfügende GbR dem Zwang notarieller Beurkundung des Gesellschaftsvertrags und seiner Änderungen unterwerfen.[830] Eine ins Gewicht fallende Verschlechterung der Publizitätsfunktion des Grundbuchs ist durch Anerkennung der Grundbuchfähigkeit der GbR nach allem nicht zu befürchten. Für diese Art der Eintragung spricht auch, dass sie in Fällen der „Massen-GbR" mit bis zu vierstelliger Mitgliederzahl eine gesteigerte Übersichtlichkeit der Grundbucheintragungen bewirkt und dass sie die Ressourcen der Grundbuchämter weniger bindet.[831]

316 **c) Mitgliedschaft in Personenverbänden.** Die Fähigkeit der Außen-GbR, Mitglied in **Kapitalgesellschaften** zu werden und an deren Gründung mitzuwirken, ist in der höchstrichterlichen Rechtsprechung schon seit zwei Jahrzehnten anerkannt. Die erste einschlägige Entscheidung aus dem Jahr 1980 betraf die Mitwirkung einer GbR an der Gründung einer *GmbH.*[832] Der BGH ließ sie zu, allerdings noch unter Hinweis auf § 18 Abs. 2 GmbHG und mit Urteilsgründen, die darauf schließen ließen, dass er letztlich doch die Gesellschafter selbst, wenn auch in ihrer gesamthänderischen Verbundenheit, als Gründer ansah.[833] Auf dieser Linie lag auch noch ein Urteil von 1992 über die Zeichnung und Übernahme von *Aktien* durch ein Konsortium in der Rechtsform der GbR.[834] Erstmals klar betont wurde die Mitgliedstellung der GbR als solcher demgegenüber in einem den Beitritt zu einer *Genossenschaft* betreffenden Beschluss von 1991;[835] zu Recht betonte der BGH, dass der GbR unabhängig von ihrer Mitgliederzahl nur *eine* Stimme in der Genossenschaft zusteht und dass die Voraussetzungen zum Erwerb der Mitgliedschaft, darunter insbes. der Betrieb des genossenschaftlich zu fördernden Unternehmens, bei der GbR und nicht etwa bei ihren Gesellschaftern vorliegen müssen.

317 Die Fähigkeit einer Außen-GbR zur Beteiligung an einer **Personengesellschaft** bejahte der BGH erstmals 1997 in Bezug auf eine *andere GbR;*[836] zu Recht sah er insoweit keine Publizitätsprobleme. Die Frage fehlender Registerpublizität der GbR stellte sich dann allerdings im Jahr 2001, als der BGH auf Vorlage des BayObLG[837] über die *Kommanditisten-Fähigkeit* einer Außen-GbR zu entscheiden hatte. Abweichend von seiner früheren Rechtsprechung[838] bejahte er sie im Einklang mit einer deutlich im Vordringen befindlichen Ansicht der Literatur,[839] wobei er davon ausging, dass die auf der fehlenden GbR-Registrierung beruhende Publizitätslücke durch analoge Anwendung der nach §§ 106 Abs. 2, 162 Abs. 1 HGB für Kommanditisten bestehenden Eintragungspflicht auf die GbR-Gesellschafter zu schließen sei;[840] dem ist der Gesetzgeber inzwischen durch § 162 Abs. 1 S. 2 nF HGB gefolgt.[841] Noch nicht höchstrichterlich entschieden ist über die Fähigkeit der GbR, *persönlich haftende Gesellschafterin* einer OHG oder KG zu werden.[842] Gegen ihre Bejahung spricht zwar nicht die damit verbundene unbeschränkte Haftung auch der GbR-Gesell-

[829] Dafür überzeugend *Dümig* Rpfleger 2002, 53, 56.

[830] So aber *Demharter* Rpfleger 2001, 329, 330.

[831] LG Stuttgart NJW-RR 1999, 743 = Rpfleger 1999, 272.

[832] Vgl. Nachw. in Fn. 779.

[833] BGHZ 78, 311, 313 = NJW 1981, 682; dazu krit. *Ulmer* AcP 198 (1998), 113, 146 f.; ebenso schon *U. Koch* ZHR 146 (1982), 130.

[834] BGHZ 118, 89, 99 = NJW 1992, 2222.

[835] BGHZ 116, 86, 88 ff. = NJW 1992, 499.

[836] BGH NJW 1998, 376; vgl. dazu schon RdNr. 79, 300.

[837] BayObLG ZIP 2000, 2165.

[838] BGHZ 46, 291, 296 = NJW 1967, 826; BGH WM 1966, 188, 190; 1986, 1280; 1990, 586, 587; offen lassend BFH (Großer Senat) DB 1991, 889, 891 ff., 894.

[839] So *Schlegelberger/K. Schmidt* HGB § 105 RdNr. 71; *Soergel/Hadding* § 718 RdNr. 6; *Breuninger* (Fn. 821) S. 64 ff., 71; *Brodersen,* Die Beteiligung der BGB-Gesellschaft an den Handelsgesellschaften, 1988, S. 15 ff., 109 ff.; *Klamroth* BB 1983, 796 ff.; *K. Schmidt* DB 1990, 94 f.; aA noch *Baumbach/Hopt* HGB § 161 RdNr. 4 iVm. § 105 RdNr. 29; *Staub/Ulmer* HGB § 105 RdNr. 96; *Hohner* NJW 1975, 718 f.; offen lassend *Westermann* Hdb. RdNr. I 166.

[840] BGHZ 148, 291, 293 ff. = NJW 2001, 3121; dazu *Baumann* JZ 2002, 402 ff.; *Ulmer* ZIP 2001, 1714 ff.

[841] Eingefügt (auch für die Fachwelt überraschend) durch Art. 1 ERJuKoG v. 10. 12. 2001, BGBl. I S. 3422.

[842] Dafür *Schlegelberger/K. Schmidt* HGB § 105 RdNr. 71; *Erman/Westermann* RdNr. 21; *Brodersen* (Fn. 839) S. 98 ff.; *Steinbeck* DStR 2001, 1162, 1164 f.; *Weipert,* FS Bezzenberger, 2000, S. 439 ff.; aA die bisher hM, vgl. *Staub/Ulmer* HGB § 105 RdNr. 97 m. weit. Nachw.

schafter persönlich (zu ihrer höchstrichterlichen Anerkennung vgl. § 714 RdNr. 4 ff., 33 f.), wohl aber das durch die Anmeldepflicht nach §§ 106 Abs. 2 Nr. 4, 107 HGB abgesicherte vorrangige Interesse des Rechtsverkehrs an Klarheit über die Vertretungsverhältnisse in einer OHG oder KG; ein Analogieschluss wie im Fall der Beteiligung der GbR als Kommanditistin ist zwar nicht ausgeschlossen,[843] führt aber zur Gefahr von Unklarheiten für den Rechtsverkehr.

III. Parteifähigkeit im Zivilprozess

1. Grundlagen. Die aktive und passive Parteifähigkeit der Außen-GbR im Zivilprozess 318 bejahte der BGH – unter Berufung auf § 50 Abs. 1 ZPO als aus seiner Sicht logische Folge der Anerkennung ihrer Rechtsfähigkeit[844] – ebenfalls im **Grundsatzurteil vom 29. 1. 2001.**[845] Auch wenn für den Schluss von der Rechtsfähigkeit auf die Parteifähigkeit gute Gründe sprechen (vgl. RdNr. 319), ist die damit verbundene *Rechtsfortbildung* doch ungleich gewichtiger als diejenige bei Anerkennung ihrer Rechtsfähigkeit. Sie setzt sich nicht nur über die Sondervorschrift des § 50 Abs. 2 ZPO betreffend die (nur) passive Parteifähigkeit des nichtrechtsfähigen Vereins und über den sich insoweit aufdrängenden Umkehrschluss mit Blick auf die GbR hinweg, sondern auch über die von der fehlenden Parteifähigkeit der GbR ausgehende Vollstreckungsvorschrift des § 736 ZPO.[846] Ob sie noch als *praeter* legem oder doch schon als *contra* legem zu qualifizieren ist, erscheint zweifelhaft.[847] Dementsprechend hatte sich in der gesellschaftsrechtlichen Literatur vor dem Grundsatzurteil von 2001 auch nur eine Minderheit für die Parteifähigkeit der GbR ausgesprochen.[848] Das galt erst recht für das prozessrechtliche Schrifttum, das die Parteifähigkeit der GbR nahezu durchweg ablehnte,[849] während sich nur vereinzelte Stimmen zu Gunsten dieser Ansicht fanden.[850]

Gleichwohl ist auch diese Rechtsfortbildung in den Rezensionen des Urteils von 2001 319 ganz überwiegend auf *Zustimmung* gestoßen.[851] Für sie sprechen die erheblichen **Vorteile,** die die Anerkennung der Parteifähigkeit der GbR im Vergleich zum bisher für Gesamthandsprozesse praktizierten Streitgenossenschaftsmodell[852] für die forensische Praxis mit sich bringt.[853] Das gilt vor allem in Bezug auf die Kompetenz der geschäftsführenden Gesellschafter, die Außen-GbR in Aktiv- und Passivprozessen zu vertreten und dadurch für ein einheitliches, den Organstrukturen der GbR entsprechendes prozessuales Vorgehen zu sorgen, während nach bisherigem Recht die einzelnen Gesellschafter als Kläger oder Beklagte trotz der zwischen ihnen bestehenden notwendigen Streitgenossenschaft nicht gehindert waren, in Bezug auf Prozesshandlungen, Parteivortrag und Rechtsmittel je eigenständig zu

[843] So im Grundsatz zutr. LG Berlin GmbHR 2003, 719, 721.

[844] BGHZ 146, 341, 347 f. = NJW 2001, 1056; dazu krit. unter zutr. Hinweis auf die abw. Bedeutung des Begriffs „rechtsfähig" in § 50 Abs. 1 ZPO *Prütting,* FS Wiedemann, 2002, S. 1177, 1187 f.

[845] BGHZ 146, 341, 348 bis 357; so dann auch BGHZ 151, 204 = NJW 2002, 3539; BGH NJW 2002, 1207 (jew. II. ZS); 2003, 1043, 1044 (XII. ZS); OLG Karlsruhe NJW 2001, 1072; aA noch BGHZ 80, 222, 227 = NJW 1981, 9153, 1954; BGH ZIP 1990, 715, 716; NJW 1997, 1236; 2000, 291, 292.

[846] So zutr. insbes. *Prütting* (Fn. 844) S. 1187 ff.

[847] Vgl. *Ulmer* ZIP 2001, 585, 591; eine Rechtsfortbildung contra legem nimmt *Prütting* (Fn. 844) S. 1193, 1195 an; aA *Kellermann* (Fn. 795) S. 1077 und schon *Hüffer,* FS Stimpel, 1985, S. 165, 177.

[848] So *Soergel/Hadding* § 714 RdNr. 52; *Breuninger* (Fn. 821) S. 85; *Hüffer,* FS Stimpel, 1985, S. 177 ff.; *Schünemann* (Fn. 769) S. 212; *Wiedemann* WM 1994 Beil. 4 S. 9; für die unternehmenstragende GbR auch *K. Schmidt* GesR, 3. Aufl., § 60 IV 1 c; aA die bisher hM, vgl. 3. Aufl. § 718 RdNr. 42 f. m. Nachw. in Fn. 67.

[849] Vgl. insbes. *Heller,* Der Zivilprozess der Gesellschaft bürgerlichen Rechts, 1992, S. 84 ff.; *Lücke* ZGR 1994, 266 ff.; sowie die umfassenden Nachw. bei *Prütting* (Fn. 844) S. 1192 Fn. 40.

[850] So MünchKommZPO/*Lindacher* (2. Aufl.) § 50 RdNr. 26; *Musielak/Weth,* ZPO, 2. Aufl., § 50 RdNr. 22.

[851] Vgl. nur *Dauner-Lieb* DStR 2001, 356, 358; *Derleder* BB 2001, 2485, 2487 f.; *Habersack* B 2001, 477, 480; *Hadding* ZGR 2001, 712, 729 ff.; *Pohlmann* WM 2002, 1421 ff.; *K. Schmidt* NJW 2001, 993, 999 f.; *Ulmer* ZIP 2001, 585, 590 f.; *Westermann* NZG 2001, 289, 292 f.; *Wiedemann* JZ 2001, 661 f.

[852] Vgl. dazu 3. Aufl. § 718 RdNr. 45 ff. sowie die Nachw. zur früheren BGH-Rspr. in Fn. 845.

[853] Dazu eingehend BGHZ 146, 348 ff. = NJW 2001, 1056.

disponieren.[854] Auch die im Rahmen der Streitgenossenschaftslösung bestehende Notwendigkeit, als Kläger bzw. Beklagte grundsätzlich sämtliche Gesellschafter anzuführen, und die sich hieraus mangels Registerpublizität der GbR für Gesellschaftsgläubiger ergebenden Schwierigkeiten sind infolge der Parteifähigkeit der unter eigenem Namen auftretenden GbR entfallen.[855] Schließlich erledigen sich dank der Rechtsfortbildung auch die bisher mit einem Gesellschafterwechsel bei der GbR während des Vollstreckungsverfahrens verbundenen Probleme: die Rolle der GbR als Prozesspartei oder Vollstreckungsgläubiger bzw. -schuldner bleibt von derartigen Veränderungen unberührt, ohne dass es hierzu des Rückgriffs auf §§ 239, 241, 246 ZPO bzw. §§ 265, 325, 727 ZPO bedarf.[856]

320 Die herausgehobene prozessuale Stellung, die der Außen-GbR als Prozesspartei und Vollstreckungsbeteiligte zukommt, macht freilich die **Abgrenzung der rechts- und parteifähigen GbR** gegenüber sonstigen, nicht über die erforderlichen Identifizierungsmerkmale verfügenden GbR-Gesamthandsgemeinschaften umso dringlicher.[857] Das sieht wohl auch der BGH, wenn er auf die Schwierigkeit hinweist, eine GbR im Prozess so klar zu bezeichnen, dass dem Prozessgericht die ihm kraft Amtes (§ 56 Abs. 1 ZPO) obliegende eindeutige Identifizierung möglich ist,[858] freilich ohne auf die insoweit zu fordernden Kriterien näher einzugehen. Orientiert man sich aus den oben (RdNr. 306) genannten Gründen an dem Erfordernis einer eigenen *Identitätsausstattung* (Name und Sitz, Handlungsorganisation und Haftungsverfassung) der Außen-GbR für die Anerkennung ihrer Rechts- und vor allem ihrer Parteifähigkeit, so lassen sich die insoweit mangels Registerpublizität zu erwartenden praktischen Schwierigkeiten zumindest reduzieren. Fehlt es an dieser Identitätsausstattung oder ist sie für die Gesellschaftsgläubiger nicht erkennbar, so bleibt im Fall von Gesellschaften mit Gesamthandsvermögen immer noch der Rückgriff auf den Gesamthandsschuldprozess gegen alle Gesellschafter als notwendige Streitgenossen; einem begründeten Hinweis der Beklagten auf die Parteifähigkeit ihrer GbR kann durch *Parteiwechsel* iS einer sachdienlichen Klageänderung (§ 263 ZPO) Rechnung getragen werden.[859]

321 **2. Folgerungen.** Liegen die Voraussetzungen für die Parteifähigkeit der Außen-GbR vor, so ist sie, vertreten durch ihre Geschäftsführer, die richtige Klägerin oder Beklagte in Bezug auf die gesamthänderischen Rechte und Verbindlichkeiten.[860] Eine Klage aller oder gegen alle Gesellschafter, sei es auch als notwendige Streitgenossen, ist als unbegründet abzuweisen, sofern dem Mangel nicht durch Parteiwechsel (RdNr. 320) abgeholfen wird. Gläubiger der GbR sind freilich nicht gehindert, unter Berufung auf die akzessorische Haftung der Gesellschafter (§ 714 RdNr. 33 f.) zugleich gegen diese persönlich vorzugehen, um in deren Privatvermögen vollstrecken zu können;[861] die Vollstreckung gegen sie persönlich aus einem gegen die GbR gerichteten Schuldtitel scheidet analog § 129 Abs. 4 HGB aus. Umgekehrt ist im Fall der Parteifähigkeit der GbR auch eine Vollstreckung in das Gesellschaftsvermögen auf Grund von Schuldtiteln gegen die Gesellschafter persönlich abzulehnen; das folgt aus analoger Anwendung des § 124 Abs. 2 HGB.[862] Die Vorschrift des § 736 ZPO ist auf Grund der eingetretenen Rechtsfortbildung auf diejenigen Fälle zu

[854] BGHZ 146, 348 f.

[855] So zutr. BGHZ 146, 350 f.

[856] BGHZ 146, 351 ff.

[857] So zu Recht *Prütting* (Fn. 844) S. 1184, 1191, im Anschluss an *Schemmann*, Parteifähigkeit im Zivilprozess, 2002, S. 27 ff., 31 ff., unter Betonung der „eigenständigen Funktionalität" der Parteifähigkeit im Zivilprozess; ebenso der Sache nach schon *Ulmer* ZIP 2001, 585, 591; tendenziell auch *Hadding* ZGR 2001, 712, 721.

[858] BGHZ 146, 341, 356. Der sich anschließende Rat (aaO S. 357), in Passivprozessen der GbR auch die Gesellschafter *persönlich* zu verklagen, hilft freilich nicht weiter, soweit es um den Gesamthandsschuldprozess, dh. die Beklagtenstellung der GbR, geht.

[859] Vgl. dazu nur *Zöller/Stephan* § 263 ZPO RdNr. 6; so jetzt auch BGH NJW 2002, 3536, 3538 (II. ZS); für bloße Berichtigung des Rubrums BGH BB 2003, 438 (XII. ZS); OLG Köln NZG 2003, 326.

[860] Zu den prozessrechtlichen Folgen von BGHZ 146, 341 eingehend *Derleder* BB 2001, 2485 ff.; *Pohlmann* WM 2002, 1421 ff.; für Parteifähigkeit der GbR auch bei Einklagung von Sozialansprüchen zu Recht *K. Schmidt* DB 2003, 703 f.

[861] Insoweit zutr. BGHZ 146, 341, 357 = NJW 2001, 1056; vgl. dazu § 718 RdNr. 40 aE.

[862] AA anscheinend (wenig folgerichtig) BGHZ 146, 341, 356 = NJW 2001, 1056.

reduzieren, in denen Gesellschaftsgläubiger im Wege der Gesamthandsschuldklage einen Titel gegen alle Gesellschafter als notwendige Streitgenossen erstritten haben.[863] Dieser Weg kommt aus den vorstehend genannten Gründen künftig nur noch bei fehlender Parteifähigkeit einer mit Gesamthandsvermögen ausgestatteten GbR in Betracht.

IV. Insolvenzfähigkeit

Die Insolvenzfähigkeit einer GbR steht angesichts ihrer ausdrücklichen gesetzlichen 322 Anerkennung in **§ 11 Abs. 2 Nr. 1 InsO** außer Zweifel. Ihre Ablehnung durch die hM unter der Geltung der KO ist infolge der Neuregelung überholt. Entscheidend für die Möglichkeit, ein Insolvenzverfahren für die GbR zu eröffnen, ist im Unterschied zur Anerkennung der Rechts- und Parteifähigkeit nicht das Vorhandensein einer besonderen, zur Teilnahme am Rechtsverkehr geeigneten Identitätsausstattung der GbR (vgl. dazu RdNr. 306), sondern das Vorhandensein eines *Gesamthandsvermögens.* Das folgt aus der Regelung des § 11 Abs. 2 Nr. 2 InsO, die ein Insolvenzverfahren auch für Gesamthandsvermögen ohne Rechtsfähigkeit (Gesamtgut, Nachlass) nach näherer Maßgabe der §§ 315 ff. InsO zulässt. Zu den mit der GbR-Insolvenz verbundenen Rechtsfolgen und Verfahrensfragen ist auf die InsO-Kommentare und auf das einschlägige sonstige Schrifttum zu verweisen.[864]

F. Die fehlerhafte Gesellschaft

I. Grundlagen

1. Herkunft und Entwicklung. Die Rechtsfigur der fehlerhaften, auf einem nichtigen 323 oder anfechtbaren Gesellschaftsvertrag beruhenden Gesellschaft ist in der Rechtsprechung des Reichsgerichts ursprünglich für das Recht der **Kapitalgesellschaften** entwickelt worden.[865] Sie sollte dazu dienen, den Bestand und die Kapitalgrundlage der durch Eintragung ins Leben getretenen juristischen Person trotz fehlerhafter Gründungs- oder Beitrittsvereinbarungen im Interesse des Rechtsverkehrs zu sichern. In den entsprechenden Nichtigkeitsvorschriften (§§ 275 bis 277 AktG, 75 bis 77 GmbHG) hat sie dort auch ihren ausdrücklichen gesetzlichen Niederschlag gefunden. Nach zutreffender Ansicht[866] sind auch die auf Bestandsschutz eingetragener Verschmelzungen zielende Norm des **§ 20 Abs. 2 UmwG** 1994 und die Vorläuferbestimmung des § 352 a AktG Ausdruck dieser Rechtsfigur. Sie enthalten ebenfalls eine Kodifizierung der Lehre von der fehlerhaften Gesellschaft, die zudem über den engeren Bereich des Kapitalgesellschaftsrechts hinausgeht (vgl. § 3 Abs. 1 UmwG).

Für das Recht der **Personengesellschaften** beschränkte sich das **Reichsgericht** ur- 324 sprünglich darauf, die *rückwirkende Geltendmachung* von Gründungs- oder Beitrittsmängeln mit Wirkung für das Außenverhältnis auszuschließen.[867] Ausschlaggebend waren dabei in erster Linie Rechtsscheingrundsätze; das zeigt die entweder an die Handelsregistereintragung des fehlerhaft Beigetretenen[868] oder an sein Auftreten im Geschäftsverkehr als Gesellschafter[869] anknüpfende Rechtsprechung.[870] Erst in den letzten Jahren seines Bestehens ging das

[863] Ebenso *Hadding* ZGR 2001, 712, 731; *Pohlmann* WM 2002, 1421, 1427; *K. Schmidt* NJW 2001, 993, 1000 f.; *Wertenbruch* NJW 2002, 324, 328 f.; *Westermann* NZG 2001, 289, 293 entgegen der bisher hM; vgl. dazu auch § 718 RdNr. 44, 57 ff.

[864] Dazu jetzt insbes. *Hans-Fr. Müller,* Der Verband in der Insolvenz, 2002, S. 48 ff., 322 ff., 392 ff.; vgl. auch *Häsemeyer* InsR, 3. Aufl., RdNr. 31.70 ff.; *K. Schmidt* ZGR 1998, 633 ff.; *Wellkamp* KTS 2000, 331 ff.

[865] Nachw. und Übersicht bei *Wiedemann* GesR I § 3 I 2 a, S. 148 f.

[866] So eingehend *C. Schäfer,* Die Lehre vom fehlerhaften Verband, 2002, S. 182 ff., m. Nachw. zum Meinungsstand.

[867] *Staub/Ulmer* HGB § 105 RdNr. 332 m. Nachw.

[868] So als Haftungsgrund analog § 28 HGB für Altschulden.

[869] So mit Haftungsfolge entsprechend §§ 123 Abs. 2, 128 HGB.

[870] St. Rspr., vgl. RGZ 51, 33, 36 f.; 76, 439, 441; 89, 97, 98; 93, 227, 229; 142, 98, 107. Dazu krit. *Canaris,* Die Vertrauenshaftung im deutschen Privatrecht, 1971, S. 175 ff.

Reichsgericht generell dazu über, den fehlerhaft zu Stande gekommenen Gesellschaftsvertrag nach dessen Invollzugsetzung grundsätzlich nach außen und innen als wirksam zu behandeln und Gesellschafter, die sich auf den Mangel beriefen, auf den Weg der einseitigen Auflösung (§§ 723 Abs. 1 S. 2 BGB, 133 HGB) zu verweisen.[871] Dadurch sollte neben dem Verkehrsschutz zu Gunsten Dritter dem ebenfalls als rechtserheblich angesehenen Bestandsschutzinteresse der Gesellschafter Rechnung getragen und die rückwirkende Abwicklung fehlerhafter Gesellschaften vermieden werden. Etwa gleichzeitig kam es in der *Literatur* zu einem ersten, heute überholten Begründungsversuch, der sich auf die Theorie der „faktischen Vertragsverhältnisse" stützte.[872]

325 Der **Bundesgerichtshof** hat diese Rechtsprechung mit gewissen Modifikationen[873] und Verfeinerungen[874] in einer Vielzahl von Entscheidungen fortgeführt und weiter ausgebaut.[875] Nach verschiedentlich vertretener Ansicht[876] soll sie in ihrem Kernbestand inzwischen bereits den Rang von Gewohnheitsrecht erlangt haben. Das schließt freilich nicht aus, dass sowohl über eine Reihe von Einzelfragen als auch und vor allem über die dogmatische Begründung der Lehre von der fehlerhaften Gesellschaft bis heute nicht unerhebliche Meinungsunterschiede fortbestehen.[877]

326 **2. Voraussetzungen.** Die Anwendung der Grundsätze über die fehlerhafte Gesellschaft hängt für den Fall von **Gründungsmängeln** von zwei positiven und einer negativen Voraussetzung ab, dh. einem fehlerhaften Vertragsschluss, dessen Vollzug sowie dem Fehlen besonders schutzwürdiger Interessen (RdNr. 327 ff.). Umstritten ist, ob die gleichen Grundsätze auch für fehlerhafte Vertragsänderungen einschließlich des Gesellschafterwechsels (Beitritt und Ausscheiden) Geltung beanspruchen können, oder ob es insoweit gewisser Modifikationen bedarf (RdNr. 360 ff.).

327 **a) Fehlerhafter Vertrag.** Erste und grundlegende Voraussetzung ist der von den Beteiligten angestrebte **Abschluss eines Gesellschaftsvertrags** auf Grund entsprechender, ihnen zurechenbarer – wenn auch fehlerhafter – Willenserklärungen.[878] Die Lehre von der „faktischen" Gesellschaft, die die Anerkennung der Gesellschaft allein an die Tatsache des

[871] So die Grundsatzentscheidung RGZ 165, 193, 204 f.; vgl. zuvor schon RG JW 1935, 2617 zur Abfindung des fehlerhaft Beigetretenen nach § 738. Vgl. näher zur RG-Rspr. *Ronke,* FS Laufke, 1971, S. 217 ff.

[872] Vgl. die Nachw. in Fn. 3 *(Haupt, Siebert, Simitis).* Dagegen statt aller *Staub/Ulmer* HGB § 105 RdNr. 333 a; *Hueck* OHG § 7 Fn. 6; *Soergel/Hadding* RdNr. 70, 85; *K. Schmidt* AcP 186 (1986), 421, 422 f. Einschränkend später auch *Siebert,* Faktische Vertragsverhältnisse, 1958, S. 56 ff.

[873] Zusammenstellung bei *Rob. Fischer* in Großkomm. zum HGB, 3. Aufl., § 105 Anm. 73.

[874] So namentlich durch terminologischen Übergang von der „faktischen" zur „fehlerhaften" Gesellschaft seit BGH LM HGB § 105 Nr. 19 = BB 1964, 619.

[875] Vgl. namentlich BGHZ 3, 285 = NJW 1952, 97 (Auflösung einer fehlerhaften Gesellschaft); BGHZ 8, 157 = NJW 1953, 818 m. Anm. *Siebert* (Anwendung der Lehre auf die atypische stille Gesellschaft); BGHZ 11, 190 = NJW 1954, 231 (Erfordernis eines wenn auch fehlerhaften Gesellschaftsvertrags); BGHZ 17, 160 = NJW 1955, 1067 (fehlerhafter Beitritt eines Minderjährigen); BGHZ 26, 330 = NJW 1958, 668 (Einlageverpflichtung des fehlerhaft Beigetretenen); BGHZ 44, 235 = NJW 1966, 107 (Haftung des fehlerhaft Beigetretenen für Altschulden trotz zwischenzeitlichen Ausscheidens); BGHZ 55, 5 = NJW 1971, 375 (Anwendung auf die typische stille Gesellschaft); BGHZ 62, 20 = NJW 1974, 498 (fehlerhafte Vertragsänderung); BGHZ 62, 234 = NJW 1974, 1201 (Nichtanwendung bei verbotenem Gesellschaftszweck, § 134 BGB). – Zu den Besonderheiten bei der Publikums-KG, auf die hier nicht einzugehen ist, vgl. BGHZ 63, 338, 344 f. = NJW 1975, 1022, BGH LM HGB § 132 Nr. 4 = NJW 1975, 1700 und NJW 1976, 894 (jeweils Anerkennung eines außerordentlichen Kündigungsrechts des durch arglistige Täuschung zum Beitritt veranlassten Anlegers). Zusammenfassende Rspr.-Übersicht bei *Goette* DStR 1996, 266 ff.

[876] *Gursky,* Das fehlerhafte Ausscheiden eines Gesellschafters aus einer Personalgesellschaft, Diss. Köln 1969, S. 10 ff.; *Lieberich,* Fehlerhafte Abänderungen des Gesellschaftsvertrages bei Personenhandelsgesellschaften, Diss. Bonn 1972, S. 34 ff.; *Hartmann,* FS Schiedermair, 1976, S. 257, 259.

[877] Vgl. dazu umfassend *C. Schäfer* (Fn. 866) S. 137 ff.; *Kort,* Bestandsschutz fehlerhafter Strukturänderungen im Kapitalgesellschaftsrecht, 1998, S. 5 ff.; näher RdNr. 347 ff.

[878] Heute einhM, vgl. BGHZ 11, 190, 191 = NJW 1954, 231; *Soergel/Hadding* RdNr. 72; *Staudinger/Keßler* RdNr. 87; *Staub/Ulmer* HGB § 105 RdNr. 340; *Flume* I/1 § 2 III; *Hueck* OHG § 7, S. 72 f. Zur Ansicht der Vertreter der Lehre von der „faktischen" Gesellschaft vgl. Fn. 3, zur Problematik der fehlerhaften Fortsetzung der Gesellschaft mit einem Scheinerben vgl. RdNr. 376.

Zusammenwirkens nach Art von Gesellschaftern knüpfen wollte, ist seit langem überholt. Daher kommt durch eine *Scheingründung* eine fehlerhafte Gesellschaft auch dann nicht zur Entstehung, wenn die Beteiligten nach außen gemeinsam auftreten und ihre „Gesellschaft" zum Schein in Vollzug setzen.[879] Auch das Handeln eines *Vertreters ohne Vertretungsmacht* reicht mangels Zurechenbarkeit gegenüber dem Vertretenen für die Bejahung einer fehlerhaften Gesellschaft mit diesem nicht aus;[880] die Mitgesellschafter haben nach § 179 Abs. 1 die Wahl, den Vertreter an seiner in fremdem Namen abgegebenen Beitrittserklärung festzuhalten oder ihn auf Schadensersatz in Anspruch zu nehmen und entweder die Gesellschaft unter sich als werbende fortzusetzen oder sie unter Berufung auf den Beitrittsmangel zur Auflösung zu bringen.

Der Vertragsabschluss muss zweitens an Mängeln leiden, die seinem Wirksamwerden nach allgemeinen Rechtsgeschäftsgrundsätzen entgegenstehen.[881] Diese **Vertragsmängel** lassen sich im Grundsatz in *drei Gruppen* einteilen. Die **erste** und praktisch wichtigste Kategorie bilden die *Anfechtungstatbestände der §§ 119, 123*, dh. die Fälle des auf Irrtum, Täuschung oder Drohung beruhenden, nach allgemeinen Grundsätzen (§ 142) rückwirkend vernichtbaren Vertragsschlusses. In eine **zweite** Gruppe sind die Fälle ursprünglich unwirksamen (nichtigen) Vertragsschlusses zusammenzufassen, darunter *Formnichtigkeit* (§ 125), *Dissens* (§§ 154, 155)[882] oder sonstige dem wirksamen Zustandekommen des Vertrags entgegenstehende Gründe.[883] Die praktische Bedeutung dieser Gruppe ist freilich gering, weil in den Fällen der §§ 125, 154, 155 die Bewirkung der formnichtig versprochenen Einlageleistung oder der sonstige, in Kenntnis des Mangels erfolgende Vertragsvollzug nicht selten zur Heilung des Formmangels oder zur Bestätigung des Rechtsgeschäfts führt,[884] während bei einer durch den verbots- oder sittenwidrigen Gesellschaftszweck bedingten Nichtigkeit (§§ 134, 138) die rechtliche Anerkennung der Gesellschaft nach verbreiteter Ansicht an übergeordneten Interessen der Allgemeinheit scheitert (RdNr. 334). In die **dritte** Gruppe schließlich fallen Gründungen unter *fehlerhafter Mitwirkung einzelner, besonders schutzwürdiger Personen* (insbes. Geschäftsunfähige und beschränkt Geschäftsfähige, vgl. Näheres in RdNr. 335 ff.). Dem gesetzlichen Schutz dieser Personen kommt zwar grundsätzlich Vorrang vor der Rechtsfigur der fehlerhaften Gesellschaft zu mit der Folge, dass für den fehlerhaft Beigetretenen vertragliche Bindungen nicht zur Entstehung kommen (RdNr. 337 f.). Für das Verhältnis zwischen den Mitgesellschaftern greifen die Grundsätze über die fehlerhafte Gesellschaft jedoch gleichwohl ein, wenn der Restvertrag sich im Auslegungswege nicht sogar als vollgültig erweisen sollte (RdNr. 339). 328

Zweifelhaft ist die Rechtslage in Fällen, in denen ein Verbraucher in einer **Haustürsituation** zum Gesellschaftsbeitritt veranlasst wurde. Stellt man Gesellschaftsverträge trotz ihrer abweichenden Struktur *Verträgen über eine entgeltliche Leistung* iS von § 312 Abs. 1 S. 1 gleich,[885] so steht ihre Wirksamkeit in derartigen Fällen unter dem Vorbehalt fristgerechten Widerrufs (§ 355 Abs. 1 S. 1). Das hat freilich zur Folge, dass der Widerruf zur Rück- 329

[879] Zur Scheingesellschaft vgl. RdNr. 377. Sie verwandelt sich freilich dann in eine vollwirksame Gesellschaft, wenn die Geschäftsaufnahme als rechtsgeschäftliche Bestätigung der ursprünglich zum Schein eingegangenen Gesellschaft zu verstehen ist (*Flume* I/1 § 2 III, S. 20).

[880] So zutr. *C. Schäfer* (Fn. 866) S. 208 ff., 211.

[881] Vgl. dazu eingehend *C. Schäfer* (Fn. 866) S. 213 ff.; *Wiesner,* Die Lehre von der fehlerhaften Gesellschaft, 1980, S. 103 ff.

[882] Insofern ist für die Lehre von der fehlerhaften Gesellschaft freilich nur Raum, falls nicht im Vollzug des nach § 154 lückenhaften Vertrags ein einvernehmliches Ingeltungsetzen liegt bzw. falls die Wertung des § 155 ausnahmsweise ein Wirksamkeitsdefizit begründet; dazu näher *C. Schäfer* (Fn. 866) S. 215 f.

[883] Zum Sonderfall des – nach Genehmigungsverweigerung endgültig unwirksamen – Vertragsschlusses unter Mitwirkung eines Vertreters ohne Vertretungsmacht (§ 177), bei dem die Anwendung der Lehre von der fehlerhaften Gesellschaft auf den Vertretenen an der fehlenden Zurechenbarkeit des Vertreterhandelns scheitert, vgl. RdNr. 327 aE.

[884] Vgl. RdNr. 29, 41, 357 u. a.; zur Heilung des Formmangels (§§ 311 b Abs. 1 BGB, 15 GmbHG) namentlich auch *Wiesner* NJW 1984, 95 ff.

[885] So für den Beitritt zu einer Publikums-Gesellschaft BGHZ 148, 201, 203 = NJW 2001, 2718; OLG Köln WM 1989, 1601, 1604; OLG Dresden ZIP 2002, 1293, 1295; OLG Rostock ZIP 2001, 1009, 1010; vgl. dazu näher § 312 RdNr. 25 Fn. 40 m. weit. Nachw.

abwicklung des Beitritts (§ 355 RdNr. 33) und ggf. auch zur Fehlerhaftigkeit des Gesellschaftsvertrags insgesamt (vgl. dazu RdNr. 339) führt. Damit ist grundsätzlich Raum für die Anwendung der Lehre von der fehlerhaften Gesellschaft, dh. für das Recht des an der Haustüre geworbenen Gesellschafters, seine Beteiligung fristlos zu kündigen (RdNr. 345); ein Vorrang des Verbraucherschutzes erscheint nicht veranlasst.[886] Das hat freilich zugleich zur Folge, dass der Kündigende anstelle der Rückgewähr seiner Einlage (§§ 357 Abs. 1 iVm. § 346 Abs. 1) nur die Abfindung nach Maßgabe von § 738 verlangen kann.[887] Diese von § 355 abweichende Rechtsfolge zeigt, dass mit der Erstreckung des § 312 Abs. 1 auf den haustürinitiierten Gesellschaftsbeitritt der Sache nach wenig gewonnen ist. Näher liegt es daher, die Beitrittswerbung in einer Haustürsituation vor dem Wertungshintergrund des § 312 Abs. 1 als wichtigen Grund zu beurteilen, der den Geworbenen innerhalb angemessener Frist zur *fristlosen Kündigung* seiner Beteiligung nach § 723 Abs. 1 S. 2 berechtigt. Entsprechendes gilt bei Widerruf eines Verbraucherkreditvertrags mit Blick auf den damit *finanzierten Beitritt zu einem Immobilienfonds,* wenn der Beitritt mit dem Kreditvertrag eine wirtschaftliche Einheit nach Maßgabe von § 358 Abs. 3 S. 3 bildet (vgl. dazu § 358 RdNr. 14, 50 ff.).

330 **Kein** grundlegender, zur künftigen Auflösung der in Vollzug gesetzten Gesellschaft auf Verlangen auch nur eines Gesellschafters führender **Vertragsmangel** ist demgegenüber in denjenigen Fällen gegeben, in denen nur *einzelne Vertragsteile* unwirksam sind, denen für die Verfolgung des Gesellschaftszwecks keine entscheidende Bedeutung zukommt. Das gilt namentlich bei Unvereinbarkeit einzelner Vertragsbestimmungen mit geschriebenem oder ungeschriebenem zwingendem Gesellschaftsrecht[888] oder bei Fehlerhaftigkeit einzelner, für die Gesellschaftsgründung nicht grundlegender Beitrittserklärungen oder Einlageverpflichtungen.[889] Von der **Wirksamkeit des Restvertrags** ist insbesondere in denjenigen Fällen auszugehen, in denen der jeweils betroffene Gesellschaftsvertrag eine *salvatorische Klausel* über die Anpassung fehlerhafter Bestimmungen enthält. Aber auch beim Fehlen einer derartigen Klausel wird die Vertragsauslegung abweichend von der Auslegungsregel des § 139 doch meist zum Vorrang des Bestandsinteresses der Gesellschafter führen (RdNr. 52 f.). Die Vertragslücke ist sodann im Wege ergänzender Vertragsauslegung,[890] hilfsweise durch Rückgriff auf dispositives Recht zu schließen. Sollte im Einzelfall einem Gesellschafter das Festhalten an dem solcherart ergänzten Vertrag trotz der Orientierung der Entscheidung am hypothetischen Parteiwillen ausnahmsweise unzumutbar sein, so hat er auch ohne Rückgriff auf die Rechtsfigur der fehlerhaften Gesellschaft einen wichtigen Grund zur außerordentlichen Kündigung.[891]

331 **b) Vollzug.** Die zweite Voraussetzung dafür, der Gesellschaft trotz der bestehenden Gründungsmängel Wirksamkeit zuzuerkennen, bildet nach ganz hM das Invollzugsetzen der Gesellschaft, dh. der Beginn der Vertragsdurchführung.[892] Vollzug liegt jedenfalls dann vor, wenn die Gesellschaft mit Zustimmung der Gesellschafter[893] ihre **Tätigkeit nach außen**

[886] So im Grundsatz zutr. BGHZ 148, 201, 207 = NJW 2001, 2718, 2720; ebenso OLG Dresden ZIP 2002, 1293, 1296; OLG Stuttgart ZIP 2002, 1885; *C. Schäfer* (Fn. 866) S. 280 f.; vgl. auch schon *Krohn/Schäfer* WM 2000, 112, 116 ff.; zu § 9 VerbrKrG auch BGH ZIP 2000, 1430, 1432 und 1483, 1485 (XI. Senat); OLG Karlsruhe ZIP 2003, 202, 204; aA noch (ohne Begr.) BGH NJW 1997, 1069, 1070; so auch OLG Rostock ZIP 2001, 1009, 1011; OLG Stuttgart ZIP 2001, 322, 326.

[887] Vgl. Nachw. in Fn. 886.

[888] Zur Lückenfüllung bei Verstößen gegen zwingendes Recht unter Vermeidung der Fehlerhaftigkeit des Gesellschaftsvertrags als solchen vgl. eingehend *C. Schäfer* (Fn. 866) S. 217 ff.

[889] Vgl. etwa OLG Rostock NZG 2000, 930, 931 sowie RdNr. 41 zur Formnichtigkeit von Einlageversprechen und RdNr. 357 zur Abgrenzung gültiger und fehlerhafter Verträge.

[890] Zu ihrer Bedeutung für die Auslegung von Gesellschaftsverträgen vgl. RdNr. 174 und Fn. 462.

[891] *Ulmer,* FS Flume, 1978, S. 301 ff.

[892] Abw. *Wiesner* (Fn. 881) S. 117 ff. mit der im Ansatz zutreffenden Überlegung, entscheidend für die fehlerhafte Gesellschaft sei die Bildung von Gesamthandsvermögen (vgl. RdNr. 354, 356), und dieses entstehe in Form der Beitragsansprüche schon mit dem Vertragsschluss. Indessen ist in Fällen, in denen der Mangel alsbald nach Vertragsschluss bemerkt wird, schon aus Praktikabilitätsgründen die Rückabwicklung vorzuziehen.

[893] Auf dieses – aus Gründen der Zurechenbarkeit unverzichtbare – Erfordernis zutr. hinweisend *C. Schäfer* (Fn. 866) S. 252 ff.

aufgenommen hat, sei es auch nur im Rahmen von Vorbereitungsgeschäften.[894] Darauf, ob auch bereits die Handelsregistereintragung als solche ausreicht,[895] kommt es bei der GbR nicht an. Entsprechend dem Grundgedanken der Lehre von der fehlerhaften Gesellschaft, einer über das bloße Schuldverhältnis hinaus zur Organisation fortgebildeten Personenverbindung trotz der ihr anhaftenden Vertragsmängel Wirksamkeit zuzuerkennen (str., vgl. RdNr. 347 ff.), kann es für den Vollzug entgegen der hM aber schon ausreichen, wenn mit der Vertragsdurchführung lediglich **intern,** durch *Einlageleistung,* begonnen und dadurch liquidationsbedürftiges *Gesamthandsvermögen* angesammelt worden ist.[896] Wird der Mangel in Fällen dieser Art ausnahmsweise schon vor Geschäftsaufnahme bemerkt und als Auflösungsgrund geltendgemacht, so können die (Sach-)Einlagen, sofern sie in diesem Zeitpunkt noch unverändert vorhanden sind, den Gründern trotz grundsätzlichen Eingreifens der Lehre von der fehlerhaften Gesellschaft in natura zurückerstattet werden.[897] Zur möglichen Heilungswirkung des Vollzugs vgl. RdNr. 357.

c) Kein Vorrang sonstiger schutzwürdiger Interessen. Die Anerkennung voller Wirksamkeit der fehlerhaft zu Stande gekommenen Gesellschaft für die Zeit bis zur Geltendmachung des Mangels setzt drittens voraus, dass ihr nicht höherrangige rechtlich geschützte Interessen der Allgemeinheit oder besonders schutzwürdiger Personen entgegenstehen. Die Lehre von der fehlerhaften Gesellschaft findet ihre Grenze daher nach ganz hM im Fall einer Gesamtnichtigkeit des Gesellschaftsvertrags nach §§ 134, 138 sowie beim Eingreifen von Schutzvorschriften zu Gunsten nicht voll Geschäftsfähiger. Zum Sonderfall des § 1365 vgl. RdNr. 341. 332

aa) Verbotener oder sittenwidriger Gesellschaftszweck. Die Unvereinbarkeit **einzelner,** nicht unmittelbar den Gesellschaftszweck selbst betreffender **Klauseln** mit §§ 134, 138 steht der rechtlichen Anerkennung der Gesellschaft als solcher nicht entgegen.[898] Sie lässt die Wirksamkeit des Restvertrags im Regelfall unberührt und führt lediglich dazu, dass die jeweilige vom Mangel betroffene Klausel – die verbotswidrige Einlageverpflichtung, der sittenwidrige Gewinnverteilungsschlüssel u. a.[899] – unanwendbar ist und die Lücke durch ergänzende Vertragsauslegung oder dispositives Recht geschlossen wird (RdNr. 330). Anderes gilt zwar, wenn der Mangel wegen des ihm nach dem Regelungsplan der Beteiligten zukommenden Gewichts ausnahmsweise die *Fehlerhaftigkeit des ganzen Vertrags* zur Folge hat; jedoch greift in diesem Fall die Lehre von der fehlerhaften Gesellschaft bezüglich der nicht selbst gesetz- oder sittenwidrigen Vertragsteile ein und sorgt für deren Fortgeltung bis zur Geltendmachung des Mangels. 333

Eine andere Beurteilung ist dann veranlasst, wenn der **Gesellschaftszweck** selbst mit Gesetz oder guten Sitten unvereinbar ist.[900] Die wichtigsten Fälle dieser Art sind dadurch 334

[894] Ganz hM, vgl. BGHZ 3, 285, 288 = NJW 1952, 97; RGZ 165, 193, 205; RG DR 1941, 1943, 1944; 1943, 1221; *Soergel/Hadding* RdNr. 75; *Erman/Westermann* RdNr. 74; *Staudinger/Keßler* RdNr. 93, 123; *C. Schäfer* (Fn. 866) S. 157 ff., 160 f. weitergehend wohl *K. Schmidt* AcP 186 (1986), 441, und GesR § 6 III 1 b, der auf das „Ingangsetzen einer verfassten Organisation" abstellt, damit jedoch kein klareres Abgrenzungskriterium bietet.

[895] So *Hueck* OHG § 7 III 6, S. 98; dagegen aber *Westermann* Hdb. RdNr. I 186; *Staub/Ulmer* HGB § 105 RdNr. 343; *C. Schäfer* (Fn. 866) S. 159.

[896] So auch BGHZ 13, 320, 321 = NJW 1954, 1562 und RGZ 166, 51, 59 (für die Vor-GmbH), ferner *Flume* I/1 § 2 III, S. 17 f., *Ulmer* (Fn. 891) S. 311 sowie im Grundsatz *Schlegelberger/Schmidt* HGB § 105 RdNr. 209. AA *Staudinger/Keßler* RdNr. 123; *Rob. Fischer* in Großkomm. zum HGB, 3. Aufl., § 105 Anm. 85; *Hueck* OHG § 7 III 6; *Soergel/Hadding* RdNr. 75; *C. Schäfer* (Fn. 866) S. 157 ff.

[897] Für Sacheinlagen lässt sich dieses Ergebnis abweichend von § 733 Abs. 2 S. 2 auch bereits durch ergänzende Vertragsauslegung erreichen, ohne dass es deshalb einer Durchbrechung der Grundsätze über die fehlerhafte Gesellschaft bedarf.

[898] Ganz hM, vgl. BGH LM § 138 (Cd) Nr. 18 = NJW 1970, 1540; WM 1973, 900, 901; DB 1976, 2106; NJW 1982, 877, 879; *Soergel/Hadding* RdNr. 81; *Erman/Westermann* RdNr. 71; *Staub/Ulmer* HGB § 105 RdNr. 341, 355; *Hueck* OHG § 7 III 4 a; *Westermann* Hdb. RdNr. I 175; *K. Schmidt* AcP 186 (1986) 447. AA jetzt aber OLG Schleswig BKR 2002, 1004, 1008 f.; dazu mit Recht krit. *C. Schäfer* ebd. S. 1011 f.

[899] Kasuistik zu § 138 vgl. RdNr. 134.

[900] HM, vgl. BGHZ 62, 234, 241 = NJW 1974, 1201; BGHZ 75, 214, 217 = NJW 1980, 638; *Staub/Ulmer* HGB § 105 RdNr. 355; *Hueck* OHG § 7 III 4 a; *Wiesner* (Fn. 881) S. 130; *Paschke* ZHR 155 (1991) 1, 19; *Goette* DStR 1996, 266, 270; grds. aA *C. Schäfer* (Fn. 866) S. 260 ff. und die in Fn. 903 für die Gegenansicht angeführten Autoren. Enger

gekennzeichnet, dass die Gesellschaft ein an besondere, im gegebenen Fall *nicht erfüllte gesetzliche Voraussetzungen* des Inhabers (Sachkunde, Konzession u. a.) geknüpftes Unternehmen betreibt[901] oder dass der Hauptzweck der Gesellschaft auf Steuerhinterziehung oÄ gerichtet ist.[902] Entsprechendes gilt bei einem Gesellschaftsvertrag, der insgesamt gegen eines der *Kartellverbote des* § 1 GWB oder Art. 81 EG verstößt.[903] Eine rechtliche Anerkennung der Gesellschaft als Unternehmensträgerin kommt hier nicht in Frage, will die Rechtsordnung sich nicht mit sich selbst in Widerspruch setzen.[904] Das gilt unabhängig davon, ob den Parteien der Gesetzes- oder Sittenverstoß bewusst war; auf subjektive Kriterien kommt es nicht an.[905] Im Innenverhältnis ist die Gesellschaft nach Bereicherungsrecht abzuwickeln,[906] wobei namentlich auch § 817 zu beachten ist. Nach außen können die Beteiligten sich gutgläubigen Dritten gegenüber freilich nicht auf die Nichtigkeit berufen, sondern haften ihnen nach Rechtsscheingrundsätzen.

335 **bb) Fehlerhafte Beteiligung nicht voll Geschäftsfähiger. α) Grundlagen.** Beteiligen sich nicht voll Geschäftsfähige ohne Mitwirkung ihres gesetzlichen Vertreters (Vormunds) an einer Gesellschaft, so ist die Beitrittserklärung bei Geschäftsunfähigkeit nichtig (§ 105 Abs. 1), bei beschränkter Geschäftsfähigkeit schwebend unwirksam (§ 108 Abs. 1). Schwebende Unwirksamkeit tritt bei der Beteiligung an einer auf Erwerb gerichteten Gesellschaft auch dann ein, wenn die Beitrittserklärung zwar vom gesetzlichen Vertreter oder mit dessen Einwilligung abgegeben wird, es aber an der erforderlichen Genehmigung des Vormundschaftsgerichts (§§ 1643 Abs. 1, 1822 Nr. 3) fehlt (vgl. auch RdNr. 70 f.).

336 Die Einwilligung des gesetzlichen Vertreters oder die Genehmigung des Vormundschaftsgerichts können **bei schwebend unwirksamer Beteiligung** auch *nachträglich* erteilt werden; sie heilen den Beitrittsmangel und führen zur rückwirkenden Wirksamkeit des Gesellschaftsvertrags auch im Verhältnis zum fehlerhaft Beigetretenen (§ 184). Eine Frist für die nachträgliche Genehmigung läuft nur dann, wenn einer der Mitgesellschafter den gesetzlichen Vertreter zur Erklärung über das Vorliegen der Genehmigung auffordert; sie beträgt nach §§ 108 Abs. 2, 1829 Abs. 2 einheitlich zwei Wochen, berechnet vom Zugang der Aufforderung ab. Solange die Genehmigung des gesetzlichen Vertreters nicht erteilt ist, steht jedem der Mitgesellschafter, der den Mangel bei Vertragsabschluss nicht kannte, nach § 109 Abs. 1 ein *Widerrufsrecht* zu (vgl. § 109 RdNr. 6 f.). Dessen Ausübung führt zur endgültigen Unwirksamkeit der Beteiligung des Minderjährigen, lässt die Wirksamkeit der in Vollzug

auch *Soergel/Hadding* RdNr. 81, die für § 134 darauf abstellen wollen, ob auch die Anwendung der Grundsätze über die fehlerhafte Gesellschaft gegen Sinn und Zweck des Verbotsgesetzes verstoßen würde. Die Differenzierung überzeugt nicht: nach außen bedarf es ihrer nicht wegen der Rechtsscheinhaftung und im Innenverhältnis wäre die Zuerkennung von Erfüllungs- oder Schadensersatzansprüchen gegen Mitgesellschafter mit § 134 unvereinbar.

[901] Vgl. etwa BGHZ 62, 234, 241 = NJW 1974, 1201 und NJW 2003, 1252, 1254 (Verstoß gegen das RechtsberatungsG); BGH WM 1967, 229 (Güterfernverkehr ohne Konzession); BGHZ 75, 214, 217 f. = NJW 1980, 638 (stille Beteiligung an Apotheke, die den Apotheker als Erlaubnisinhaber entgegen dem ApothG in persönliche und wirtschaftliche Abhängigkeit bringt); BGHZ 97, 243, 250 = NJW 1987, 65 (Verstoß gegen NRW-BerufsO für öffentlich bestellte Vermessungsingenieure); BGH NJW-RR 1988, 1379 (Bordellbetrieb); OLG Hamm NZG 2001, 747, 748 (Spielhallenbetrieb ohne Konzession).

[902] BGH WM 1973, 156; OLG Koblenz WM 1979, 1436.

[903] So zutr. OLG Hamm WuW/E OLG 3748 = NJW-RR 1986, 1487 und WUW/E OLG 4033 = WRP 1988, 48; OLG Frankfurt WRP 1989, 396, 398; aA OLG Stuttgart WuW/E OLG 1083/1090 (Fahrschulverkauf); OLG Düsseldorf WuW DE-R 344, 348 (Innengesellschaft ohne Verbandsstruktur); krit. auch *K. Schmidt* AcP 186 (1986), 421, 446, 448; *ders.*, FS Mestmäcker, 1996, S. 763, 767 ff.; *C. Schäfer* (Fn. 866) S. 264 ff.; *Schwintowski* NJW 1988, 937, 939; *Wertenbruch* FIW-Heft 138, 1990, S. 59 ff.; zum Ganzen *Barth,* Öffentliche Interessen, insbes. kartellrechtliche Interessen, als Grenze der Anerkennung fehlerhafter Gesellschaften, 1994, S. 59 ff.

[904] Zust. *Paschke* ZHR 155 (1991), 1, 19 ff.; aA *K. Schmidt, C. Schäfer, Schwintowski* und *Wertenbruch* (Fn. 903).

[905] AA BGH LM HGB § 105 Nr. 8 = BB 1954, 456 (Geschäftsaufnahme in entschuldbarer Unkenntnis über das Erfordernis einer Konzession); dagegen zu Recht krit. *Siebert* (Fn. 872) S. 63, wohl auch *Hueck* OHG § 7 III 4 a Fn. 66; *Schwintowski* NJW 1988, 937, 939; nicht eindeutig *Soergel/Hadding* RdNr. 81.

[906] Einschränkend auch hier *Soergel/Hadding* RdNr. 81, die eine Liquidation nach Gesellschaftsrecht bei Fehlerhaftigkeit nach § 134 nur dann ausschließen, wenn Sinn und Zweck des Verbotsgesetzes durch die Abwicklung berührt würden.

gesetzten Gesellschaft zwischen den übrigen Gesellschaftern bis zur Auflösung aber unberührt (RdNr. 339). Fehlt die Genehmigung des Vormundschaftsgerichts, so richtet sich das Widerrufsrecht nach § 1830.

β) Rechtsstellung des nicht voll Geschäftsfähigen. In dieser Beziehung ist zu unter- 337
scheiden. Die Mitwirkung des *Geschäftsunfähigen* an der Gründung oder die spätere Beitrittserklärung ist von Anfang an **nichtig** (§ 105); die Lehre von der fehlerhaften Gesellschaft greift nicht ein. Der gesetzliche Vertreter kann von der Gesamthand Herausgabe erbrachter *Einlageleistungen* nach Maßgabe der §§ 812, 818, 985 ff. verlangen. Eine Teilnahme des Geschäftsunfähigen an Gewinn oder Verlust entfällt. Das ist für die Verlustbeteiligung ganz überwiegend anerkannt und ergibt sich eindeutig aus dem Vorrang des Schutzes nicht voll Geschäftsfähiger;[907] auch die Einfügung der §§ 1629 a, 723 Abs. 1 S. 3 bis 5 durch das MBhG von 1998 hat hieran nichts geändert.[908] Demgegenüber wurde die *Gewinnbeteiligung* des nicht wirksam Beigetretenen von einer früher verbreiteten Ansicht für die Zeit bis zur Geltendmachung des Mangels bejaht, da ihr der Schutzzweck des § 105 nicht entgegenstehe.[909] Dagegen spricht jedoch, dass dem Gesellschaftsrecht die Stellung eines „hinkenden", nur berechtigten aber nicht zugleich verpflichteten Gesellschafters unbekannt ist.[910] Haben die Mitgesellschafter aus den Einlagen des Geschäftsunfähigen Nutzen gezogen, so haben sie diesen nach Maßgabe der §§ 818 Abs. 1, 987 ff. herauszugeben. Auch eine Außenhaftung kommt nicht in Betracht; der Schutz Geschäftsunfähiger geht der Rechtsscheinhaftung vor.[911]

Geht es um die Beteiligung eines *beschränkt Geschäftsfähigen,* die zunächst **schwebend** 338
unwirksam war, und ist sie später durch Verweigerung der Genehmigung oder durch Widerruf der anderen Beteiligten endgültig gescheitert, so gelten die vorstehenden Grundsätze entsprechend; auch insoweit hat das MBhG keine Änderung bewirkt. Im Unterschied zum nichtigen Beitritt haben es der gesetzliche Vertreter und das Vormundschaftsgericht hier jedoch während des Schwebezustands in der Hand, die Interessen des Minderjährigen an einer ertragreichen Beteiligung durch rückwirkende Erteilung der Genehmigung zu wahren.[912] Eine *Außenhaftung* des fehlerhaft beigetretenen Minderjährigen wird erst begründet, nachdem die erforderlichen Genehmigungen erteilt sind.

γ) Rechtsverhältnis zwischen den übrigen Gesellschaftern. Für dieses ist bei ge- 339
scheiterter Beteiligung eines nicht voll Geschäftsfähigen an der Gründung zunächst zu prüfen, ob der Gesellschaftsvertrag unter den verbliebenen Gesellschaftern nicht trotz des Mangels Bestand haben soll (RdNr. 330). Dafür spricht namentlich das Vorhandensein einer gesellschaftsvertraglichen Fortsetzungsklausel,[913] doch kann sich der Wille zum Festhalten an dem (subjektiv unvollständigen) Vertragsschluss auch aus anderen Umständen ergeben (vgl. Näheres RdNr. 54). Nur wenn der Beitrittsmangel sich auf den ganzen Vertrag erstreckt, gelten die Grundsätze der fehlerhaften Gesellschaft: der Zusammenschluss ist trotz Ausfalls

[907] Vgl. Vor § 104 RdNr. 7; so zutr. auch *Soergel/Hadding* RdNr. 80; *Erman/Westermann* RdNr. 72; *Heymann/Emmerich* HGB § 105 RdNr. 87 a; *Baumbach/Hopt* HGB § 105 RdNr. 84; *Westermann* Hdb. RdNr. I 177. AA nur *Flume* II § 13 7, S. 208; offen lassend aber dann *ders.* I/1 § 2 III, S. 19 f.

[908] Das folgt allein schon aus der Beibehaltung des Genehmigungserfordernisses des § 1822 Nr. 3 sowie aus dem Umstand, dass das MBhG sich darauf beschränkt, den Minderjährigen vor der Überschuldung bei Eintritt der Volljährigkeit zu schützen, während der Schutzzweck der §§ 105 ff., 1643, 1822 Nr. 3 u. a. deutlich weiter reicht (vgl. auch § 723 RdNr. 38 ff., 45). Dezidiert aA aber *C. Schäfer* (Fn. 866) S. 271 ff.; so auch schon *Habersack/Schneider* FamRZ 1997, 649, 655.

[909] *Ganssmüller* DB 1955, 257, 260 und NJW 1958, 1067; *Hueck* OHG § 7 III 4 c, S. 95; so auch *Staudinger/Keßler* RdNr. 134; *Schlegelberger/Geßler* HGB, 3. Aufl., § 105 RdNr. 62 k; *Flume* II § 13 7, S. 207 f.

[910] Zutr. *Rob. Fischer* in Großkomm. zum HGB, 3. Aufl., § 105 Anm. 100 unter Aufgabe seiner früheren abw. Ansicht NJW 1955, 851; so auch *Soergel/Hadding* RdNr. 82; *Erman/Westermann* RdNr. 72.

[911] So im Ergebnis auch *K. Schmidt* JuS 1990, 521 f. und *Schlegelberger/K. Schmidt* HGB § 105 RdNr. 211 trotz Bejahung der Beteiligung des nicht voll Geschäftsfähigen an der fehlerhaften Gesellschaft unter Beschränkung des rückwirkenden Ausscheidens auf das Innenverhältnis.

[912] *Staub/Ulmer* HGB § 105 RdNr. 349.

[913] HM, vgl. *Staub/Ulmer* HGB § 105 RdNr. 350; *Hueck* OHG § 7 I 2, S. 77; *Staudinger/Keßler* RdNr. 104; *Larenz* § 60 VII; *C. Schäfer* (Fn. 866) S. 241 ff.

eines Vertragspartners zwar wirksam, sobald mit dem Vollzug begonnen ist, kann aber ex nunc aufgelöst werden. Für die Anerkennung einer (voll wirksamen oder fehlerhaften) *Gesellschaft* ist allerdings dann kein Raum, wenn an der Gesellschaftsgründung außer dem nicht voll Geschäftsfähigen nur noch eine weitere Person beteiligt war;[914] insoweit fehlt es beim Scheitern der Beteiligung des nicht voll Geschäftsfähigen an der erforderlichen Mindestzahl von zwei Gesellschaftern.

340 **cc) Sonstige Fälle schutzwürdiger Interessen?** Nach einem in *früheren* BGH-Urteilen wiederholt anzutreffenden obiter dictum soll die Rechtsfigur der fehlerhaften Gesellschaft auch unanwendbar sein gegenüber solchen Personen, die durch besonders schwere Fälle arglistiger **Täuschung** oder widerrechtlicher **Drohung** zur Mitwirkung an der Gründung oder zum späteren Beitritt veranlasst wurden.[915] Dem ist im *Schrifttum zu Recht widersprochen* worden.[916] Vorbehaltlich der Fälle der vis absoluta fehlt es insoweit nicht an zurechenbaren Willenserklärungen, an die für die Lehre von der fehlerhaften Gesellschaft angeknüpft werden kann. Entsprechendes gilt bei sittenwidriger Übervorteilung einzelner Gesellschafter unter Verstoß gegen § 138; sie führt zur Nichtigkeit nur der sittenwidrigen Klauseln und hat die Fehlerhaftigkeit der Gesellschaft als solcher nur dann zur Folge, wenn der Mangel auf den ganzen Vertrag ausstrahlt (vgl. RdNr. 334). Den berechtigten Belangen der getäuschten, bedrohten oder sittenwidrig übervorteilten Gesellschafter kann auch auf andere Weise (§ 826, culpa in contrahendo, Vertragsanpassung u. a.) Rechnung getragen werden. Eine Ausnahme von den allgemein für fehlerhafte Gesellschaften anerkannten Grundsätzen ist nicht veranlasst.

341 Eine weitere Ausnahme gegenüber der Lehre von der fehlerhaften Gesellschaft wird teilweise für den Fall angenommen, dass ein im gesetzlichen Güterstand lebender Vertragspartner sich **ohne die nach § 1365 erforderliche Zustimmung** seines Ehegatten mit seinem ganzen Vermögen an einer Gesellschaft beteiligt; insofern soll der mit § 1365 bezweckte Schutz der wirtschaftlichen Grundlage der Familie Vorrang genießen.[917] Auch abgesehen von der geringen praktischen Bedeutung derartiger Fälle[918] ist dieser Einschränkung indessen **nicht** zu folgen.[919] Sie lässt sich mit den dogmatischen Grundlagen der Lehre nur schwer in Einklang bringen[920] und geht angesichts des mit dem Beitritt verbundenen Erwerbs der Gesellschaftsbeteiligung durch den Ehegatten auch sachlich weiter, als es der Schutzzweck des § 1365 erfordert. Die Lösung ist vielmehr in der grundsätzlichen *Unwirksamkeit der Einlageverpflichtung* zu finden.[921] Im Falle einer gleichwohl erbrachten Einlageleistung scheitert die Wirksamkeit der Verfügung an § 1365 Abs. 1 S. 2; der übergangene Ehegatte hat einen Anspruch auf Rückgewähr nach §§ 985, 1368.[922] Die Beantwortung der Frage, ob der danach lückenhafte Gesellschaftsvertrag durch richterliche Vertragsergänzung heilbar ist oder ob die Geschäftsgrundlage für den Beitritt des den Beschränkungen des § 1365 unterliegenden Ehegatten entfallen und die Gesellschaft zwischen den übrigen

[914] AA *K. Schmidt* (Fn. 911).

[915] Vgl. etwa BGHZ 13, 320, 323 = NJW 1954, 1562; BGHZ 26, 330, 335 = NJW 1958, 668; BGHZ 55, 5, 9 = NJW 1971, 375. Anders aber dann BGHZ 63, 338, 345 f. = NJW 1975, 1022; BGH NJW 1976, 894; 1979, 1604; 2001, 2718, 2720; OLG Rostock NZG 2000, 930, 931.

[916] *Flume* I/1 § 2 III, S. 24; *Hueck* OHG § 7 III, 4 d S. 95 f.; *Westermann* Hdb. RdNr. I 178; *Wiesner* (Fn. 881) S. 134 f.; *Soergel/Hadding* RdNr. 83; *K. Schmidt* AcP 186 (1986), 421, 445 f.; *C. Schäfer* (Fn. 866) S. 279 ff.

[917] *Rob. Fischer* in Großkomm. zum HGB, 3. Aufl., § 105 Anm. 102 a; *Soergel/Lange* § 1365 RdNr. 52 f.; *Tubbesing* BB 1966, 829, 832; Gegenansichten vgl. in Fn. 919.

[918] Das liegt neben dem in Fällen dieser Art häufig anzutreffenden Ausschluss des gesetzlichen Güterstands (§ 1365 RdNr. 70) auch daran, dass eine das Vermögen als solches betreffende Einlagepflicht kaum vorkommen dürfte und die Anwendung von § 1365 auf die Einbringung von einzelnen Gegenständen, die das wesentliche Vermögen des Gesellschafters bilden, nach der herrschenden subjektiven Theorie (§ 1365 RdNr. 27 ff.) nur in engen Grenzen in Betracht kommt.

[919] So auch *Soergel/Hadding* RdNr. 84; *Schlegelberger/K. Schmidt* HGB § 105 RdNr. 213; *Wiedemann* (Fn. 159) S. 260 f.; *Sandrock,* FS Duden, 1977, S. 524 f.; *Erman/Westermann* RdNr. 73.

[920] *Ulmer* (Fn. 891) S. 316 Fn. 76.

[921] Vgl. zur entspr. Rechtslage bei formnichtigen Einlageversprechen RdNr. 40.

[922] AA anscheinend aber *Wiedemann* (Fn. 159) S. 261.

Beteiligten dadurch fehlerhaft geworden ist, richtet sich nach allgemeinen Grundsätzen (RdNr. 330, 339). Im Fall der Fehlerhaftigkeit steht jedem Gesellschafter ein außerordentliches Kündigungsrecht zu; es kann nach § 1368 auch von dem übergangenen Ehegatten ausgeübt werden.

3. Rechtsfolgen. a) Überblick. Liegen die Voraussetzungen eines fehlerhaften, in Vollzug gesetzten Gesellschaftsvertrags vor, und stehen der Anerkennung der fehlerhaften Gesellschaft nicht ausnahmsweise höherrangige schutzwürdige Interessen entgegen, so ist sie für die Zeit bis zur Geltendmachung des Fehlers vorbehaltlich der Anpassung einzelner Klauseln (RdNr. 330) als wirksam zu behandeln. Die Geltendmachung des Fehlers erfolgt bei der GbR durch Kündigung (RdNr. 345); diese führt zur Abwicklung der Gesellschaft nach allgemeinen Grundsätzen (RdNr. 346). – **Vor Invollzugsetzung** (RdNr. 331) sind die Gesellschafter im rückwirkenden Geltendmachen von Vertragsmängeln dagegen nicht beschränkt. Jeder Gesellschafter kann den Gesellschaftsvertrag anfechten oder sich auf dessen Nichtigkeit berufen und mit dieser Begründung das Erbringen der Einlage verweigern. Die Anfechtung muss gegenüber allen Mitgesellschaftern erklärt werden.[923] 342

b) Volle Wirksamkeit nach innen und außen. Bis zur Geltendmachung des Fehlers ist die in Vollzug gesetzte Gesellschaft grundsätzlich voll wirksam.[924] Im *Innenverhältnis* gelten die Vereinbarungen über Geschäftsführung und Vertretung. Die Rechte und Pflichten der Gesellschafter richten sich nach dem Gesellschaftsvertrag; auch die Treupflicht ist zu beachten. Gesellschafter, die sich vertragswidrig verhalten, können auf Schadensersatz in Anspruch genommen werden. Gesamthandsvermögen wird durch Einlageleistung begründet. Die Wirksamkeit der Gesellschaft beschränkt sich auch nicht etwa auf das Innenverhältnis,[925] sondern gilt in gleicher Weise *nach außen,* gegenüber Dritten. Dazu bedarf es weder eines „Erst-recht-Schlusses" vom Innen- auf das Außenverhältnis[926] noch des Rückgriffs auf Rechtsscheingesichtspunkte. Vielmehr beruht die Anerkennung der Wirksamkeit auch im Außenverhältnis darauf, dass die in Vollzug gesetzte, über Gesamthandsvermögen verfügende Gesellschaft als rechtsfähiger Personenverband (RdNr. 303 ff.) nach innen und außen eine Einheit bildet, die sich nicht in voneinander getrennte, unterschiedliche Rechtswirkungen entfaltende Teile aufspalten lässt.[927] 343

Der Grundsatz der vollen Wirksamkeit der fehlerhaften Gesellschaft bis zur Geltendmachung des Mangels erfährt eine **Einschränkung** allerdings insoweit, als es um bestimmte, für sich genommen *fehlerhafte Klauseln* geht, wenn deren nach allgemeinen Grundsätzen eintretende Unwirksamkeit bejaht werden kann, ohne dass dadurch der Bestand der Gesellschaft als solcher in Frage gestellt wird (vgl. auch schon RdNr. 330 zur Teilunwirksamkeit). Das gilt etwa für Vereinbarungen mit rein schuldrechtlicher Wirkung,[928] aber auch für formnichtige oder aus sonstigen Gründen unwirksame, noch nicht erfüllte Einlageverpflichtungen.[929] Ebenso kann sich ein Gesellschafter nicht auf eine ihn besonders begünstigende, durch Täuschung oder sittenwidrige Übervorteilung erreichte Gewinnverteilungsabrede[930] berufen;[931] insofern greift auch der Arglisteinwand durch. Auch fehlerhafte, einen Teil der Gesellschafter unangemessen benachteiligende Abwicklungsklauseln oder die übermäßige Beschränkung von Gesellschafterrechten können keine Geltung beanspruchen. Voraussét- 344

[923] BGH BB 1976, 528, 529; *Hueck* OHG § 7 I 3, S. 78.

[924] HM, vgl. etwa *Soergel/Hadding* RdNr. 76; *Erman*/Westermann RdNr. 76 f.; *Palandt/Sprau* RdNr. 18; *Staub/Ulmer* HGB § 105 RdNr. 328, 357; einschränkend aber *Hueck* OHG § 7 III, 2 S. 88 ff. sowie die in Fn. 925 genannten Autoren.

[925] So entgegen der hM aber *Canaris* (Fn. 870) S. 121 ff., 175 ff.; ihm teilweise folgend *Möschel,* FS Hefermehl, 1976, S. 171 ff.

[926] So etwa *Staudinger/Keßler* RdNr. 112; *Hueck* OHG § 7 II, S. 79; dagegen zu Recht krit. *Canaris* (Fn. 870) S. 120 f.

[927] Dazu näher *Ulmer* (Fn. 891) S. 314 ff.

[928] So zutr. BGH LM HGB § 138 Nr. 11 = NJW 1969, 1483, und *Flume* I/1 § 2 III, S. 26; vgl. dazu auch RdNr. 362.

[929] Vgl. etwa BGH WM 1977, 783 (Mangel der nach § 313 aF vorgeschriebenen Form). Zur Haftungsproblematik nach § 176 HGB in derartigen Fällen vgl. *Riegger* BB 1979, 1380, 1382.

[930] Vgl. Rspr.-Beispiele in RdNr. 134 (Fn. 349).

[931] *Rob. Fischer* NJW 1958, 971; *Staub/Ulmer* HGB § 105 RdNr. 360; *Soergel/Hadding* RdNr. 83; *Hueck* OHG § 7 III 2 a.

zung ist jeweils, dass es sich um Vereinbarungen handelt, die entweder nur die Innenbeziehungen der Gesellschafter regeln oder aber sich noch nicht auf die durch Vollzug zur Entstehung gekommene, das gesellschaftsvertragliche Schuldverhältnis überlagernde und dessen rückwirkende Nichtigkeit ausschließende gesellschaftlichen Organisation ausgewirkt haben.[932] Infolge der Unwirksamkeit einzelner Klauseln eintretende Vertragslücken, sind für die Vergangenheit im Wege ergänzender Vertragsauslegung zu schließen.[933]

345 **c) Geltendmachung des Fehlers.** Die für das Recht der Handelsgesellschaften vieldiskutierte, durch die Notwendigkeit einer Auflösungs- oder Ausschlussklage (§§ 133, 140 HGB) komplizierte Frage nach den Voraussetzungen der Geltendmachung des Vertragsmangels ist für die GbR im Grundsatz unproblematisch. Die Anwendung der allgemeinen Auflösungsgrundsätze bedeutet hier, dass der sich auf den Mangel berufende Gesellschafter nach § 723 Abs. 1 S. 2 durch Erklärung gegenüber den Mitgesellschaftern von seinem Recht zur **außerordentlichen Kündigung** Gebrauch macht.[934] Eines besonderen wichtigen Grundes bedarf es hierfür nicht; es genügt der Nachweis des – noch fortbestehenden (RdNr. 357) – Vertragsmangels,[935] soweit die Berufung hierauf sich nicht ausnahmsweise als treuwidrig erweisen sollte.[936] Ist im Gesellschaftsvertrag ein Ausschluss- oder Übernahmerecht (§ 737) vorgesehen, so kann auch dieses unter Berufung auf den Vertragsmangel ausgeübt werden, sofern er seinen Grund in der fehlerhaften Beteiligung eines Mitgesellschafters hat (zum Sonderfall des fehlerhaften Beitritts vgl. RdNr. 366 ff.).

346 **d) Abwicklung.** Für die Abwicklung der wegen eines Vertragsmangels aufgelösten Gesellschaft gelten die Liquidationsvorschriften der §§ 730 bis 735, soweit der Gesellschaftsvertrag hierfür keine abweichenden Regelungen enthält.[937] Sind die Einlagen noch im Wesentlichen unverändert vorhanden, so kommt abweichend von § 733 Abs. 2 S. 2 auch deren Rückgabe in natura in Betracht (RdNr. 331). Ein Rückgriff auf die allgemeinen Rechtsfolgen gescheiterter Vertragsbeziehungen, insbesondere auf die Vorschriften der §§ 812 ff., ist nur dann veranlasst, wenn die Grundsätze über die fehlerhafte Gesellschaft ausnahmsweise nicht zum Zuge kommen (vgl. auch RdNr. 359). Auch insoweit bedarf es freilich meist keiner **Rück**abwicklung. Vielmehr ist das Gesellschaftsvermögen nach Maßgabe des § 818 Abs. 1 bis 3 unter Berücksichtigung des allgemein für Dauerschuldverhältnisse geltenden, in § 346 Abs. 2 zum Ausdruck gekommenen Prinzips, die Vergangenheit bei Rückabwicklungsschwierigkeiten unberührt zu lassen, unter den Beteiligten entsprechend deren Kapitalanteilen aufzuteilen.[938]

347 **4. Dogmatische Begründung. a) Überblick.** Die Entwicklung der Lehre von der fehlerhaften Gesellschaft ist in erster Linie das Verdienst der höchstrichterlichen **Rechtsprechung.**[939] Im Vordergrund standen dabei Argumente der Interessenabwägung, darunter neben dem – teilweise schon durch Rechtsscheingesichtspunkte zu gewährleistenden – *Verkehrsschutz* vor allem der auf das Innenverhältnis der Gesellschafter bezogene, der Vermeidung einer unerwünschten Rückabwicklung dienende Gedanke des *Bestandsschutzes* für

[932] *Flume* I/1 § 2 III, S. 26; *Ulmer* (Fn. 891) S. 312; vgl. auch RdNr. 354 f. zur dogmatischen Begründung der Lehre von der fehlerhaften Gesellschaft.

[933] Dazu RdNr. 174.

[934] So zutr. auch *C. Schäfer* (Fn. 866) S. 173 ff. in Auseinandersetzung mit denjenigen Ansichten, die im Falle fehlerhafter Dauerschuldverhältnisse für Geltendmachung des Fehlers durch *Anfechtung ex nunc* plädieren.

[935] St. Rspr. und hM seit BGHZ 3, 285, 290 = NJW 1952, 97; *Soergel/Hadding* RdNr. 78; *Staub/Ulmer* HGB § 105 RdNr. 361; *Hueck* OHG § 7 III 1 b; aA *Flume* I/1 § 2 III, S. 21 f. sowie früher das RG (RG DR 1943, 1221, 1223; dazu *Rob. Fischer* in Großkomm. zum HGB, 3. Aufl., § 105 Anm. 73).

[936] *Soergel/Hadding* RdNr. 78; *Hueck* OHG § 7 III 1 b, S. 85 f.; *Erman/Westermann* RdNr. 78.

[937] Ganz hM, vgl. BGHZ 3, 285, 289 = NJW 1952, 97; *Soergel/Hadding* RdNr. 78; *Staudinger/Keßler* RdNr. 126; *Hueck* OHG § 7 III 3, S. 92; *Wiesner* (Fn. 881) S. 128 f.

[938] Vgl. dazu näher *Rödig,* Bereicherung ohne Rechtfertigung durch Gesellschaftsvertrag, 1972, S. 43 f., 59 ff. sowie *H. Weber,* Zur Lehre von der fehlerhaften Gesellschaft, 1978, S. 94 ff., 174 ff.; auf § 346 S. 2 aF weist auch schon *Siebert* (Fn. 872) S. 54 hin.

[939] Vgl. die Nachw. Fn. 870 sowie die Rechtsprechungsberichte von *Ronke,* FS Laufke, 1971, S. 217 f. (RG) und FS Paulick, 1973, S. 55 ff. (BGH).

die Vergangenheit. Der Nachteil dieses in erster Linie pragmatischen Vorgehens bestand darin, dass es der Rechtsprechung nicht immer gelang, auch in Randbereichen der Lehre zu systematisch überzeugenden, klare Abgrenzungen gestattenden Lösungen zu kommen. Das gilt namentlich für die Behandlung fehlerhafter Innengesellschaften (RdNr. 358) sowie für die Anwendung der Grundsätze über die fehlerhafte Gesellschaft auf fehlerhafte Vertragsänderungen (RdNr. 360 ff.).

Im **Schrifttum** stand ursprünglich das Konzept der „faktischen", unabhängig vom Vertragsschluss allein an die Tatsache des Vollzugs anknüpfenden Gesellschaft im Vordergrund.[940] Es ist der Sache nach seit langem überholt, auch wenn die Diskussion den faktischen Bezug noch nicht völlig überwunden hat.[941] Hiervon abgesehen lassen sich im Wesentlichen drei Gruppen von Ansichten unterscheiden: die auf eine Beschränkung der Nichtigkeits- oder Abwicklungsfolgen abzielende Ansicht, die die Zeit bis zur Geltendmachung des Mangels in der Schwebe lässt (RdNr. 349 f.); die „gesetzestreue", von den allgemeinen Grundsätzen nur im Rahmen des Unvermeidbaren abweichende Meinung (RdNr. 351 f.), sowie die auf die Besonderheiten in Vollzug gesetzter Gesellschaften gestützte, an deren Doppelnatur als Schuldverhältnis und Organisation anknüpfende Lehre (RdNr. 354) und ihre Fortentwicklung zu einem allgemeinen verbandsrechtlichen Prinzip (RdNr. 355). 348

b) Beschränkung der Nichtigkeitsfolgen. Die im Schrifttum lange Zeit vorherrschende, als „Lehre von der Beschränkung der Nichtigkeitsfolgen" bekannte Ansicht[942] begründet die Lehre von der fehlerhaften Gesellschaft mit der mangelnden Eignung der Rechtsfolgen der Nichtigkeit oder Anfechtung von Verträgen zur Anwendung auf in Vollzug gesetzte Gesellschaftsverträge. An ihrer Stelle sei es im Interesse der Rechtssicherheit geboten, den Vertragsmangel grundsätzlich im Wege der Auflösung der Gesellschaft (durch außerordentliche Kündigung oder – bei Handelsgesellschaften – durch Auflösungsklage) geltend zu machen. Die Abwicklung richte sich nicht nach dem dafür ungeeigneten Bereicherungsrecht, sondern nach den entsprechend anwendbaren Liquidationsvorschriften des Gesellschaftsrechts. Eine besondere Variante dieser Lehre vertritt *Larenz*:[943] er will grundsätzlich nur die Abwicklung anstelle des hierfür ungeeigneten Bereicherungsrechts dem Gesellschaftsrecht unterstellen, während es im Übrigen offenbar bei den allgemeinen Grundsätzen bleiben soll.[944] 349

Stellungnahme. Die methodische Grundlage dieser Ansichten (teleologische Reduktion und Analogie) ist zwar deutlich.[945] Ihre Schwäche liegt jedoch darin, dass sie eine klare Antwort auf die Frage schuldig bleiben, wie sich die Rechtslage zwischen Vollzug des fehlerhaften Vertrags und erfolgreicher Geltendmachung des Mangels gestaltet und ob die Gesellschaft in dieser Zeit grundsätzlich als voll wirksam zu behandeln ist oder nicht. Zwar bejaht die Mehrheit der Autoren in Übereinstimmung mit der Rechtsprechung die volle Wirksamkeit des fehlerhaften Vertrags jedenfalls im Innenverhältnis bis zur Auflösung;[946] ihr auf Auflösung und Abwicklung an Stelle rückwirkender Nichtigkeit beschränkter *methodischer Ansatz vermag diese Rechtsfolge jedoch nicht zu begründen.*[947] Auch an dem bei den Anhängern dieser Lehre verbreitet anzutreffenden „Erst-recht-Schluss" von der Gültigkeit des Innen- auf das Außenverhältnis ist aus methodischer Sicht berechtigte Kritik angemeldet 350

[940] Vgl. RdNr. 324 und Fn. 872.

[941] Das hebt vor allem *Canaris* (Fn. 870) S. 121 hervor. So im Grundsatz auch *Esser* AcP 157 (1958/59), 86 ff., 93; *Hueck* OHG § 7, S. 74 Fn. 6; *Larenz* II § 60 VII.

[942] Vgl. etwa *Staudinger/Keßler* RdNr. 115 (anders aber RdNr. 117); *Rob. Fischer* in Großkomm. zum HGB, 3. Aufl., § 105 Anm. 78; *Hueck* OHG § 7 III, S. 81 f.; *Erman/Westermann* RdNr. 70; so auch Einl. Bd. 2 a RdNr. 68 ff.

[943] *Larenz* II § 60 VII.

[944] Vgl. jedoch auch *Larenz* Methodenlehre, 6. Aufl. 1991, S. 379 f., wo die analoge Anwendung der Auflösungsvorschriften des Gesellschaftsrechts auf die fehlerhafte Gesellschaft als Beispiel einer Rechtsfortbildung durch Rechtsprechung und Lehre angeführt wird.

[945] So ausdrücklich *Larenz* (Fn. 944) S. 380.

[946] Vgl. die Nachw. in Fn. 942.

[947] Dazu treffend *Siebert* (Fn. 872) S. 59; vgl. auch *Flume* I/1 § 2 II, S. 17 Fn. 18; die Kritik relativierend aber *C. Schäfer* (Fn. 866) S. 127 f.

worden.[948] Dem methodischen Ansatz der Lehre von der Beschränkung der Nichtigkeitsfolgen ist daher nicht zu folgen.

351 **c) „Gesetzestreue" Ansichten (Einschränkungen der Lehre).** Zu einer zweiten Gruppe seien diejenigen Ansichten zusammengefasst, die – wenn auch mit unterschiedlicher Begründung – die Notwendigkeit in Frage stellen, für fehlerhafte Gesellschaften zu weitgehenden Abweichungen von den allgemein für Dauerschuldverhältnisse geltenden Grundsätzen zu kommen, und die dementsprechend auf eine **Korrektur der Rechtsprechung** zur fehlerhaften Gesellschaft hinzielen.

352 Die Kritik dieser Autoren bezieht sich zum Teil auf das **Innenverhältnis** der fehlerhaften Gesellschaft. Insoweit wird geltend gemacht, Gesamthandsvermögen könne auch ohne Gesellschaftsvertrag begründet werden.[949] Auch sei das Bereicherungsrecht mit seinen flexiblen Regelungen in § 818 Abs. 1 bis 3 durchaus in der Lage, eine geeignete Grundlage für die Auseinandersetzung zwischen den Beteiligten zu bilden.[950] Demgegenüber wird von anderer Seite[951] bezweifelt, ob die Anerkennung der fehlerhaften Gesellschaft mit Wirksamkeit auch für das **Außenverhältnis** veranlasst sei. Eine solche Rechtsfolge sei weder methodisch begründbar noch durch die berechtigten Interessen des Verkehrs und der auf die Wirksamkeit der Gesellschaft vertrauenden Gläubiger geboten; hierfür genüge vielmehr die allgemeine Rechtsschein- und Vertrauenshaftung.[952]

353 **Stellungnahme.** Den Kritikern ist zuzugeben, dass die Beschränkung der Nichtigkeitsfolgen als dogmatische Begründung für die fehlerhafte Gesellschaft nicht ausreicht (RdNr. 350). Auch mag es sein, dass – vorbehaltlich der Gesamthandsproblematik und der beim Fehlen von Gesamthandsbeziehungen eintretenden Übereignungsprobleme – die Ausgleichsordnung der §§ 812, 818 in der Lage ist, eine angemessene Auseinandersetzung zwischen den an der fehlerhaften Gesellschaft Beteiligten ohne Rückabwicklung der Gesellschaft zu ermöglichen. *Nicht* gefolgt werden kann den Vertretern dieser Richtung jedoch darin, dass gesellschaftsrechtliches *Gesamthandsvermögen* unabhängig vom Zustandekommen eines – sei es auch fehlerhaften – Gesellschaftsvertrags gebildet werden kann. Eine solche These ist unvereinbar mit der gesetzlichen Gesamthandsordnung der §§ 718 bis 720, 738; sie führt zu einer unzutreffenden Angleichung von Gesamthand und Bruchteilsgemeinschaft.[953] Berücksichtigt man zudem, dass die gesellschaftsrechtliche Gesamthand sowohl für das Innen- wie für das Außenverhältnis der Gesellschaft von zentraler Bedeutung ist, indem sie nach innen – als Teil der „Organisation" – die vermögensrechtliche Grundlage für die gemeinsame Zweckverfolgung durch die gesamthänderisch verbundene Personenmehrheit (Gruppe) bildet und nach außen den Gesellschaftsgläubigern den vorrangigen Zugriff auf das Gesellschaftsvermögen sichert, so erweist sich die Kritik an der Anerkennung der Rechtsfigur der fehlerhaften Gesellschaft als unhaltbar.[954] Aus demselben Grunde muss auch der Versuch fehlschlagen, die Rechtswirkungen der fehlerhaften Gesellschaft auf das *Innenverhältnis* zu beschränken. Eine derartige Aufspaltung ist bei Gesamthandsgemeinschaften wegen des engen Wirkungszusammenhangs zwischen Innen- und Außenverhältnis ausgeschlossen.[955]

[948] Vgl. RdNr. 343 und Fn. 925 *(Canaris, Möschel)*.

[949] So mit im Einzelnen unterschiedlichen Gründen *Schulze-Osterloh*, Das Prinzip der gesamthänderischen Bindung, 1972, S. 237 ff., 242 ff., 258 f., *Rödig* (Fn. 938) S. 54 ff., *H. Weber* (Fn. 938) S. 86 ff.; wohl auch *Canaris* (Fn. 870) S. 523 f. Vgl. dagegen näher *Ulmer* (Fn. 891) S. 306 ff.; *C. Schäfer* (Fn. 866) S. 131 ff.

[950] *Rödig* (Fn. 938) S. 43 f., 59 ff.; *H. Weber* (Fn. 938) S. 94 ff., 174 ff.

[951] *Canaris* (Fn. 870) S. 121 ff.; ihm insoweit folgend *Möschel* (Fn. 925) S. 171 ff., und *H. Weber* (Fn. 938) S. 172 ff.

[952] *Canaris* (Fn. 870) S. 121 ff., 175 ff.; *H. Weber* (Fn. 938) S. 171 f.; für die Haftung fehlerhaft beigetretener Gesellschafter einer OHG oder KG gegenüber Altgläubigern aus §§ 28, 130, 173 HGB nach dem Zweck dieser Vorschriften diff. *Möschel* (Fn. 925) S. 176 ff.

[953] So gegen *Schulze-Osterloh* (Fn. 949) zutr. auch *Blaurock* ZHR 137 (1973), 435 und *Schünemann*, Grundprobleme der Gesamthandsgemeinschaft, 1975, S. 80 f. Vgl. iE *Ulmer* (Fn. 891) S. 306 f.; *C. Schäfer* (Fn. 866) S. 133 f.

[954] *Ulmer* (Fn. 891) S. 308; *C. Schäfer* (Fn. 866) S. 132 f.

[955] Vgl. auch RdNr. 343 und Fn. 927.

d) Doppelnatur der Gesellschaft als Schuldverhältnis und Organisation; allgemeines verbandsrechtliches Prinzip. Die im Vordringen befindliche dritte Ansicht begründet die volle Wirksamkeit der in Vollzug gesetzten fehlerhaften Gesellschaft mit der einverständlichen Schaffung von Gesamthandsvermögen. Da sie zur Überlagerung des bis dahin uneingeschränkt den Nichtigkeits- und Anfechtungsregeln unterliegenden Schuldverhältnisses durch die gesellschaftliche „Organisation" führe, mache sie dessen Auflösung ex nunc erforderlich.[956] Durch den Vollzug hätten die Gesellschafter die unbeschränkte Dispositionsbefugnis über ihre das Innenverhältnis überschreitenden Beziehungen verloren; sie müssten sich für die Zeit bis zur Geltendmachung des Mangels grundsätzlich an der Existenz der Gesamthandsgemeinschaft sowie deren Vertragsgrundlage festhalten lassen. Eine Änderung ihres Gesellschaftsverhältnisses sei abweichend von den allgemeinen Grundsätzen (Anfechtung, Rücktritt u. a.) nur für die Zukunft möglich. Entsprechendes gelte bei anfänglich nichtigem, in Vollzug gesetztem Gesellschaftsvertrag. Insoweit habe das als einvernehmlich gewollte Zusammenwirken der Gesellschafter vorbehaltlich der Ausnahmetatbestände (RdNr. 332 ff.) zumindest die Wirkung, die Berufung auf die Nichtigkeit für die Zeit bis zur Geltendmachung des Mangels auszuschließen,[957] wenn es nicht – wie häufig – sogar zur Heilung des Mangels durch konkludente Bestätigung des ursprünglich fehlgeschlagenen Vertragsschlusses führe (RdNr. 357). 354

Zumindest *im Ergebnis* trifft sich die Lehre von der Doppelnatur mit denjenigen neueren Ansichten, die in der rechtlichen Anerkennung der fehlerhaften Gesellschaft den Ausdruck eines **allgemeinen verbandsrechtlichen Prinzips** sehen.[958] Es wird dahin umschrieben, dass als *rechtsfähig* gegründete, wenn auch fehlerhafte Verbände nur mit Wirkung für die Zukunft aufgelöst werden können.[959] Das deckt sich der Sache nach mit dem Abstellen der Doppelnatur-Vertreter auf das Vorhandensein einer besonderen Handlungsorganisation.[960] 355

Stellungnahme. Die Doppelnatur der Gesellschaft als Schuldverhältnis und Gesamthand (Organisation) betont zu haben, ist das Verdienst von *Flume.*[961] Wie schon erwähnt (RdNr. 298), hat er mit seiner Lehre von der Gesamthand als „Gruppe" Gedanken *Otto von Gierkes* aufgegriffen und weitergeführt.[962] Diese Sicht der Dinge bringt die Besonderheit der (Außen-)Gesellschaft gegenüber anderen Dauerschuldverhältnissen zutreffend zum Ausdruck. Sie bietet eine *tragfähige systematische Grundlage* auch für die Rechtsfigur der fehlerhaften Gesellschaft[963] und eignet sich nicht zuletzt als Baustein für die Entwicklung eines allgemeinen, auch die Kapitalgesellschaften umfassenden verbandsrechtlichen Prinzips der fehlerhaften Gesellschaft (RdNr. 355). Zugleich eröffnet es die Möglichkeit, in *Grenzfällen* zu einer kongruenten, am System der Personengesellschaft orientierten Präzisierung der Grundsätze über die fehlerhafte Gesellschaft zu kommen. Das gilt insbes. für die Beurteilung fehlerhafter Innengesellschaften und fehlerhafter Vertragsänderungen; insoweit erweist sich aus dieser Sicht eine Anpassung der bisherigen Rechtsprechung als notwendig (RdNr. 358 f., 360 ff.). 356

[956] *Flume* I/1 § 2 III; *Ulmer* (Fn. 891) S. 310 ff., *Wiesner* (Fn. 881) S. 81 ff., 110 ff. Ähnlich *Soergel/Hadding* RdNr. 88; *K. Schmidt* AcP 186 (1986), 421, 425 f.; *ders.* GesR § 6 I 3; AK-BGB/*Teubner* RdNr. 11.

[957] Zur dogmatischen Begründung – Verwahrung (protestatio facto contraria) oder Folge rechtsgeschäftlichen, wenn auch fehlerhaften Zusammenwirkens – vgl. *Ulmer* (Fn. 891) S. 314.

[958] So insbes. *K. Schmidt* AcP 186 (1986), 421, 424 ff. und *ders.* GesR § 6 I 3 und III 1; ihm folgend *C. Schäfer* (Fn. 866) S. 129 f., 137 ff.

[959] Vgl. *K. Schmidt* und *C. Schäfer* (Fn. 958).

[960] So zutr. *C. Schäfer* (Fn. 866) S. 126, 137, 147 f.

[961] Vgl. nach einer Reihe von Aufsätzen die zusammenfassende Darstellung bei *Flume* I/1 §§ 2, 4 und 5.

[962] Dazu näher *Flume* I/1 § 4 II, S. 55 f. unter Bezugnahme auch auf *Buchda* und *v. Tuhr* (vgl. auch *K. Schmidt* AcP 186 (1986), 421, 425). Auch *Larenz* II § 60 I e hebt zutr. diese Besonderheit des Gesellschaftsvertrags hervor, freilich ohne daraus entsprechende Folgerungen für die Behandlung fehlerhafter Gesellschaften zu ziehen.

[963] Dazu näher *Flume* I/1 § 2 III und *Ulmer* (Fn. 891) S. 308 ff.

II. Einzelfragen

357 **1. Fehlerbeseitigung durch Vollzug.** Voraussetzung für die Rechtsfigur der fehlerhaften Gesellschaft ist ein fortdauernder, durch Kündigung geltend zu machender Vertragsmangel (RdNr. 328). Zu dessen Beseitigung durch Neuvornahme oder Bestätigung des fehlerhaften Rechtsgeschäfts sind die Gesellschafter einander zwar grundsätzlich nicht verpflichtet.[964] Wohl aber kann je nach Lage des Falles das einverständliche **Invollzugsetzen der Gesellschaft in Kenntnis des Mangels** als wirksame rechtsgeschäftliche Bestätigung des ursprünglich nichtigen oder anfechtbaren Vertrags verstanden werden. Eine solche Heilung ist entgegen der Auslegungsregel des § 154 Abs. 1 namentlich dann anzunehmen, wenn die Gesellschafter mit der gemeinsamen Zweckverfolgung beginnen, ehe sie sich über alle offenen Punkte geeinigt oder den Vertrag wie beabsichtigt schriftlich niedergelegt haben.[965] Aus den gleichen Gründen wird sich regelmäßig der Mangel der gewillkürten Form (§ 125 S. 2) durch den Vollzug erledigen (RdNr. 50 f.). In derartigen Fällen besteht der Vertragsmangel nicht fort; die Gesellschaft ist voll wirksam. – Zur Heilung von Formmängeln durch Bewirken der Einlageleistung vgl. RdNr. 41, zur Aufrechterhaltung des Vertrags trotz einzelner fehlerhafter Klauseln in Abweichung von § 139 und zur Schließung der Lücke durch ergänzende Vertragsauslegung vgl. RdNr. 330.

358 **2. Fehlerhafte Innengesellschaft (stille Gesellschaft).** Nach der **Rechtsprechung** des BGH sollen die Grundsätze über die fehlerhafte Gesellschaft auch auf Innengesellschaften ohne Gesamthandsvermögen anwendbar sein. Das wurde zunächst für eine *atypische* stille Gesellschaft bejaht, bei der die Innenbeziehungen (Tätigkeitspflicht des Stillen und Teilhabe an den Wertsteigerungen des Geschäftsvermögens) abweichend von den §§ 230 ff. HGB ausgestaltet waren.[966] Später hat der BGH diese Rechtsprechung auch auf *typische* stille Gesellschaften ausgedehnt, um dadurch zu möglichst einheitlicher Beurteilung der verschiedenen Arten von Innengesellschaften zu kommen und Abgrenzungsschwierigkeiten zu vermeiden.[967] In neuerer Zeit hat er freilich Zweifel hieran anklingen lassen.[968] Im **Schrifttum** überwiegt die Differenzierung zwischen typischer und atypischer stiller Gesellschaft;[969] neuere Stimmen schließen sich aber zunehmend der von der Rechtsprechung vertretenen Einheitsbehandlung an.[970] Zum Teil wird auch darauf abgestellt, ob die Innengesellschaft eine lediglich schuldrechtliche (dann nein) oder eine zugleich verbandsrechtliche Struktur (dann ja) aufweist.[971]

359 **Stellungnahme.** Geht man aus von der zutreffenden dogmatischen Begründung der Lehre von der fehlerhaften Gesellschaft, die an die Doppelnatur der Gesellschaft als Schuld-

[964] So zutr. *Soergel/Hadding* RdNr. 72.

[965] BGHZ 11, 190, 191 = NJW 1954, 231; BGH LM HGB § 105 Nr. 13 a = NJW 1960, 430; BGH WM 1958, 1105; vgl. auch RdNr. 29.

[966] BGHZ 8, 157, 167 = NJW 1953, 818; so zuletzt auch OLG Dresden BB 2002, 1776, 1777 und OLG Hamm BB 2003, 653, 654.

[967] BGHZ 55, 5, 8 = NJW 1971, 375; BGHZ 62, 234, 237 = NJW 1974, 498; BGH WM 1973, 900, 901; 1977, 196, 197; 1980, 12, 14.

[968] So BGH WM 1990, 1543, 1546 (betr. als GbR ohne Gesamthandsvermögen organisierte Bauherrengemeinschaft); anders dann wieder BGH NJW-RR 1991, 613. Vgl. jetzt aber auch *Goette* DStR 1996, 269; OLG Schleswig ZIP 2002, 1244, 1247 f.; 2003, 74, 77 f.

[969] So mit im Einzelnen unterschiedlicher Abgrenzung *Soergel/Hadding* RdNr. 92; *Rob. Fischer* JR 1962, 203, *Brox* BB 1964, 523, 527, *Schlegelberger/Geßler* HGB, 3. Aufl., § 335 RdNr. 56; ähnlich auch der Standpunkt der in Fn. 971 zit. Autoren; generell gegen die Anwendung der Lehre von der fehlerhaften Gesellschaft auf stille Gesellschaften aber *Koenigs,* Die stille Gesellschaft, 1961, S. 90 ff., 111 ff., sowie *Wiesner* (Fn. 881) S. 165 ff., der S. 177 ff. zu Recht darauf hinweist, dass die stattdessen eingreifenden Grundsätze über die Vertrauenshaftung nicht selten zu ähnlichen Ergebnissen führen.

[970] So schon vor BGHZ 55, 5 = NJW 1971, 375: *Schilling* in Großkomm. zum HGB § 335 Anm. 42 und *Steckhan,* Die Innengesellschaft, 1966, S. 112 ff., 128; seither auch *Staudinger/Keßler* RdNr. 139 bis 141; *Palandt/Sprau* RdNr. 19; *Paulick/Blaurock,* Handbuch der stillen Gesellschaft, 4. Aufl. 1988, § 12 II, S. 181 f.; *Stimpel* ZGR 1973, 73, 101; tendenziell auch *Erman/Westermann* RdNr. 83 und *Westermann* Hdb. RdNr. I 181 aE.

[971] So *K. Schmidt* AcP 186 (1986), 421, 432 f. und MünchKommHGB/*K. Schmidt* § 230 RdNr. 133 f.; ähnlich auch *Röwer,* FS Weichler, 1997, S. 115, 127 f.; zweifelnd *Erman/Westermann* RdNr. 83; *Heymann/Horn* HGB § 230 RdNr. 28 bezieht darüber hinaus den Fall der Dienstleistung durch den Stillen mit ein.

verhältnis und Organisation (Gesamthand) anknüpft (RdNr. 354), so erweist sich die **Einbeziehung der Innengesellschaften** jedenfalls dann als **unzutreffend,** wenn sie als Innengesellschaften ieS (RdNr. 282) über kein Gesamthandsvermögen verfügen; dies gilt unabhängig von der typischen oder atypischen Ausgestaltung des Innenverhältnisses. Ein über rein pragmatische Erwägungen hinausgehender, rechtfertigender Grund zur abweichenden Behandlung der Innengesellschaft im Vergleich zu anderen, insbesondere partiarischen Dauerschuldverhältnissen ist nicht ersichtlich.[972] Hinzu kommt, dass die Differenzierung der Rechtsprechung zu unerwünschten Abgrenzungsproblemen zwischen stillen Gesellschaften und partiarischen Rechtsverhältnissen führt, während mit dem Merkmal des *Gesamthandsvermögens* ein eindeutiges Abgrenzungskriterium zur Verfügung steht. Auch aus Gründen des Verkehrsschutzes besteht für eine Anerkennung fehlerhafter Innengesellschaften ieS kein Anlass. Schließlich sind auch die Auseinandersetzungsprobleme bei der Innengesellschaft nicht so schwerwiegend, dass sie die Anwendung von Gesellschaftsrecht erforderlich machen würden. Vielmehr kann dem erforderlichen Ausgleich im Innenverhältnis auch durch die flexiblen Wertmaßstäbe des § 818 Abs. 1 bis 3 Rechnung getragen werden, ohne dass es hierzu einer Rückabwicklung der Innenbeziehungen bedarf.[973] *Innengesellschaften ohne Gesamthandsvermögen sollten daher aus dem Anwendungsbereich der Lehre von der fehlerhaften Gesellschaft schlechthin ausgeklammert werden.*[974]

3. Fehlerhafte Vertragsänderungen. a) Allgemeines. Hinsichtlich der **Gründe** für die Fehlerhaftigkeit von Vertragsänderungen kann auf die Feststellungen in RdNr. 328 ff. verwiesen werden; es gilt Entsprechendes wie für den Vertragsschluss. Eine fehlerhafte Vertragsänderung liegt auch dann vor, wenn der Mangel auf dem Fehlen oder der Unwirksamkeit der für die Änderung erforderlichen Zustimmung einzelner Gesellschafter beruht, der Änderungsbeschluss jedoch scheinbar den gesellschaftsvertraglichen Anforderungen entspricht; an dem Erfordernis einer (mangelhaften) vertraglichen Einigung fehlt es hier ebenso wenig wie beim Dissens oder bei der Unwirksamkeit der Beitrittserklärung einzelner Gesellschafter.[975] Anderes gilt dann, wenn die für die Änderung stimmenden Gesellschafter trotz des Fehlens der für die Wirksamkeit der Änderung notwendigen Zustimmung von Mitgesellschaftern und gegen deren alsbald erhobenen Widerspruch nach der Änderung verfahren; insoweit fehlt es auch am Erfordernis übereinstimmenden Vollzugs. 360

Was die **rechtliche Behandlung** fehlerhafter Vertragsänderungen angeht, so wird im Unterschied zur fehlerhaften Gründung teilweise die Ansicht vertreten, die Grundsätze über die fehlerhafte Gesellschaft seien hier nur mit **Zurückhaltung** anwendbar;[976] anderes soll nur für den Gesellschafterwechsel gelten (vgl. dazu RdNr. 365 ff.). Dementsprechend hat auch der BGH eine wegen Wegfalls der Geschäftsgrundlage fehlerhaft geänderte Nachfolgeklausel als rückwirkend unwirksam beurteilt, obwohl inzwischen ein Nachfolgefall eingetreten und der Nachfolger im Hinblick auf die Änderung in der Kommanditistenstellung verblieben war, statt entsprechend der ursprünglichen Regelung Stellung und Rechte eines Komplementärs 361

[972] Das gilt auch für den Einwand von *Larenz* II § 60 VII gegen die Anwendung von Bereicherungsrecht auf fehlerhafte Gesellschaftsverträge, bei der Gesellschaft fehle es an Leistungen zwischen den Gesellschaftern, durch die der eine auf Kosten eines anderen bereichert würde: er trifft nicht die Rechtsverhältnisse in der Innengesellschaft, bei der die Einlagen nicht an die Gesamthand, sondern in das Vermögen eines der Gesellschafter geleistet werden. – Zur Unanwendbarkeit der Grundsätze der fehlerhaften Gesellschaft auf einen „Eierpartnerschaftsvertrag“ als partiarisches Rechtsverhältnis vgl. BGH WM 1976, 1307, 1309.

[973] So auch *Koenigs* (Fn. 969) S. 107 f. sowie allg. *Rödig* (Fn. 938) S. 59 ff.; *H. Weber* (Fn. 938) S. 102 ff., 174 ff.; vgl. dazu auch *Ulmer* (Fn. 891) S. 318.

[974] So auch *Koenigs* und *Wiesner* (vgl. Nachw. in Fn. 969 aE); *C. Schäfer* (Fn. 866) S. 143 ff.; *ders.* BKR 2002, 1004. Ähnlich *K. Schmidt* (Fn. 971).

[975] BGH NJW 1988, 1321, 1323; weitergehend C. Schäfer (Fn. 866) S. 368 ff., der es für das (fehlerhafte) Rechtsgeschäft schon genügen lässt, wenn nur *ein* Gesellschafter für die Änderung gestimmt hat; aA *Wiesner* (Fn. 881) S. 143 ff.

[976] Vgl. etwa *Rob. Fischer* in Großkomm. zum HGB, 3. Aufl., § 105 Anm. 84; *Hueck* OHG § 7 III 7 c, S. 100 f.; im Ergebnis auch *Soergel/Hadding* RdNr. 91; aA namentlich *Schlegelberger/K. Schmidt* HGB § 105 RdNr. 224; *Erman/Westermann* RdNr. 79; *Wiesner* (Fn. 861) S. 138 ff.; *C. Schäfer* (Fn. 866) S. 289 ff.; im Grundsatz auch *Flume* I/1 § 2 III, S. 28.

einzunehmen.[977] Fehlerhafte Vertragsänderungen sollen nur dann wirksam sein, wenn sie den „Status“ der Gesellschaft betreffen.[978] Dagegen soll der fehlerhaften Änderung der Beziehungen der Gesellschafter untereinander keine Bestandskraft zukommen.[979]

362 Diese Differenzierung vermag **nicht zu überzeugen.** Auch abgesehen von der Unschärfe des „Status“-Kriteriums[980] gibt es keinen Rechtsgrund dafür, dass Mängel bei der Vertragsänderung, die sich durch Vollzug der Änderung über den rein schuldrechtlichen Bereich hinaus auf die Gesellschaftsorganisation ausgewirkt haben, zu einer grundsätzlich anderen Beurteilung als Gründungsmängel führen sollten. Vielmehr kommt es auch für den Fall fehlerhafter Änderungen darauf an, ob der Mangel, wie bei der Änderung der Gewinnverteilung u. a., lediglich die schuldrechtlichen Beziehungen der Gesellschafter untereinander betrifft oder ob er zu **Folgen für die Organisation** geführt, insbesondere in der Geschäftsführung, der Vertretung, dem Gesamthandsvermögen (Beiträge) oder dem Haftungsumfang seinen Niederschlag gefunden hat.[981] Im letztgenannten Fall greifen die Grundsätze über die fehlerhafte Gesellschaft ein, soweit der Mangel nicht zwischenzeitlich geheilt ist (RdNr. 357). Die rückwirkende Berufung auf den Mangel scheidet aus; das Recht auf Anpassung des Gesellschaftsvertrags oder – bei grundlegenden, sich auf den Gesamtvertrag auswirkenden Mängeln – ein einseitiges Auflösungsrecht greift vielmehr nur für die Zukunft ein. Fehlt es an derartigen Organisationsfolgen, so gilt mangels Heilung der Gesellschaftsvertrag in seiner ursprünglichen Fassung fort.

363 **Im Einzelnen** gelten die Grundsätze über die fehlerhafte Gesellschaft danach für folgende fehlerhaft zustande gekommene Änderungsbeschlüsse:[982] die Aufnahme, das Ausscheiden oder die Ausschließung von Gesellschaftern sowie die Änderung ihrer Rechtsstellung; Maßnahmen der Kapitalerhöhung und Kapitalherabsetzung;[983] Änderungen der Rechtsform der Gesellschaft; Änderungen der Organstruktur und der Organkompetenzen;[984] Änderungen der mit der Mitgliedschaft verbundenen Verwaltungsrechte, darunter insbes. des Geschäftsführungs- und des Stimmrechts.[985] **Nicht** erfasst werden demgegenüber Änderungen der Vermögensrechte, darunter insbes. des Gewinnverteilungsschlüssels, da deren rückwirkende Korrektur problemlos möglich ist und die Organisation der Gesellschaft unberührt lässt;[986] entsprechendes gilt für „klassische“ Vermögensübertragungen außerhalb des UmwG.[987] *Zweifelhaft* ist die Beurteilung im Blick auf Änderungen des Gesellschaftszwecks und des Unternehmensgegenstands; vorbehaltlich der Auflösung (RdNr. 364) sprechen die besseren Gründe insoweit gegen ihre Einbeziehung in den Anwendungsbereich der Lehre von der fehlerhaften Gesellschaft.[988]

364 Die Grundsätze über die fehlerhafte Gesellschaft gelten auch für den Fall **fehlerhafter Auflösung** infolge Nichtigkeit oder Anfechtbarkeit des Auflösungsbeschlusses oder Unwirksamkeit der Kündigung. Ist hier mit der Abwicklung begonnen, dh. wurde die fehlerhafte Auflösung in Vollzug gesetzt, so entfällt grundsätzlich die Möglichkeit, sich rückwirkend auf den Auflösungsmangel zu berufen.[989] Auch ein einseitiges Gestaltungsrecht

[977] BGHZ 62, 20, 27 = NJW 1974, 498, freilich ohne im Ergebnis zu einer rückwirkenden Anpassung zu kommen. Dazu krit. auch *Finger* ZGR 1976, 240, 243 ff., 248.

[978] BGHZ 62, 20, 29 = NJW 1974, 498; BGH DB 1956, 65; LM HGB § 138 Nr. 11 = NJW 1969, 1483.

[979] So auch *Flume* I/1 § 2 III, S. 29; *Müller-Laube* JuS 1985, 885, 887.

[980] So schon *Ganssmüller* NJW 1956, 698; *Hueck* OHG § 7 III 7 c, S. 100; ebenso *Schlegelberger/K. Schmidt* HGB § 105 RdNr. 224 c; *Staub/Ulmer* HGB § 105 RdNr. 366; *C. Schäfer* (Fn. 866) S. 301 f., 361.

[981] So im Ansatz auch *Soergel/Hadding* RdNr. 91. Vgl. iE *Ulmer* (Fn. 891) S. 319 f. und RdNr. 354 ff.; *C. Schäfer* (Fn. 866) S. 357 ff.

[982] Vgl. zum Folgenden die Positiv- und die Negativliste bei *C. Schäfer* (Fn. 866) S. 357 ff.

[983] *C. Schäfer* (Fn. 866) S. 452 ff., 454.

[984] *C. Schäfer* (Fn. 866) S. 473 ff., 477 f.

[985] *C. Schäfer* (Fn. 866) S. 483 ff., 488.

[986] So zutr. *C. Schäfer* (Fn. 866) S. 487 f.

[987] *C. Schäfer* (Fn. 866) S. 359 f.

[988] So – allerdings unter Einbeziehung auch des fehlerhaften Auflösungsbeschlusses – auch *C. Schäfer* (Fn. 866) S. 418 ff.

[989] So im Anschluss an *Steines,* Die faktisch aufgelöste offene Handelsgesellschaft, 1964, die heute hM, vgl. *Soergel/Hadding* RdNr. 91; *Hueck* OHG § 7 III 8, S. 101; *Staub/Ulmer* HGB § 105 RdNr. 367; *Erman/Westermann* RdNr. 80; weitergehend *Wiesner* (Fn. 881) S. 156. Zur früher überwiegenden Gegenansicht vgl. *Ulmer* in Großkomm.

jedes Gesellschafters zur Rückumwandlung der Gesellschaft in eine werbende ist nicht anzuerkennen; die Verhältnisse bei der fehlerhaften Auflösung unterscheiden sich so wesentlich von denjenigen bei Geltendmachung von Gründungs- oder Änderungsmängeln, dass sich das Gestaltungsrecht des § 723 Abs. 1 S. 2 nicht ohne weiteres auf diesen Fall übertragen lässt.[990] Wohl aber steht jedem Gesellschafter, der sich auf den Auflösungsmangel beruft, ein durch Leistungsklage gegen die Mitgesellschafter geltend zu machender Anspruch auf Fortsetzung der Gesellschaft zu, wenn nicht die Abwicklung schon weit fortgeschritten und dadurch die Grundlage für die gemeinsame Fortsetzung der Gesellschaft entfallen ist.[991]

b) Gesellschafterwechsel. Einen Sonderfall der Vertragsänderung stellt – vorbehaltlich der Anteilsübertragung (RdNr. 374) – der Beitritt oder das Ausscheiden eines Gesellschafters durch *Vereinbarung mit den Mitgesellschaftern* dar. Anders als bei Inhaltsänderungen handelt es sich hier streng genommen nicht um eine Änderung des bestehenden, sondern um den Abschluss eines neuen Vertrags zwischen einem veränderten Kreis von Vertragspartnern. Das mag einer der Gründe dafür sein, warum die hM hier – im Unterschied zu sonstigen Vertragsänderungen – keine Bedenken hat, die Grundsätze der fehlerhaften Gesellschaft uneingeschränkt zur Anwendung zu bringen.[992] Im Einzelnen ist wie folgt zu unterscheiden. 365

aa) Fehlerhafter Beitritt. Der fehlerhafte Beitritt zu einer fehlerfreien Gesellschaft[993] wird meist auf entsprechenden Gründen beruhen wie die fehlerhafte Beteiligung an der Gründung.[994] Neben Irrtum, Täuschung[995] und Drohung (sei es auf Seiten des Beitretenden oder der bisherigen Gesellschafter) sowie neben der Nichteinhaltung von Formvorschriften für die Übernahme bestimmter Vertragspflichten (§ 311 b Abs. 1 u. a., vgl. RdNr. 32 ff.) ist vor allem an den fehlerhaften Beitritt nicht voll Geschäftsfähiger zu denken (RdNr. 335 ff.). Erforderlich ist auch hier jeweils, dass dem Beitritt ein – wenn auch fehlerhaftes – **rechtsgeschäftliches Handeln** auf Seiten der bisherigen Gesellschafter und des Beitretenden als der für die Vertragsänderung zuständigen Personen zu Grunde liegt. Die fehlende Mitwirkung eines Teils der bisherigen Gesellschafter macht den Beitrittsvertrag fehlerhaft, schließt dessen Vorliegen als solches jedoch nicht aus, sofern nur mindestens einer von ihnen am Vertragsschluss beteiligt war; sie steht der Anwendung der Grundsätze über die fehlerhafte Gesellschaft nach Vollzug des Beitritts nicht entgegen.[996] Entsprechendes gilt a fortiori beim Beitritt zu einer *Publikumsgesellschaft* durch fehlerhaften Vertragsschluss zwischen Beitretendem und Geschäftsführung der Gesellschaft, wenn diese – wie üblich – im Gesellschafts- 366

zum HGB, 3. Aufl., § 131 Anm. 120; so auch neuerdings *C. Schäfer* (Fn. 866) S. 402 ff.

[990] Die Rechtslage bei der GbR ist insoweit auch nicht mit derjenigen bei der OHG vergleichbar, bei der gute Gründe für die Zulassung einer Gestaltungsklage analog § 133 HGB (so *Steines* (Fn. 989) S. 33 ff.) sprechen.

[991] Hierzu und zu weiteren Problemen fehlerhaft aufgelöster Gesellschaften vgl. *Ulmer* in Großkomm. zum HGB, 3. Aufl., § 131 Anm. 122 ff.

[992] So insbes. für den fehlerhaften Beitritt BGHZ 26, 330, 335 = NJW 1958, 668; BGHZ 44, 235, 237 = NJW 1966, 107; BGHZ 63, 338, 340 = NJW 1975, 1022; BGH NJW 1973, 1604; 1977, 1820, 1821; 1988, 1321, 1323 und 1324, 1325; 1992, 1501, 1502; NZG 2003, 277, 278 f.; OHGZ 4, 241, 245; *Soergel/Hadding* RdNr. 89 f.; *Erman/Westermann* RdNr. 80; *Staudinger/Keßler* RdNr. 128; *Rob. Fischer* in Großkomm. zum HGB, 3. Aufl., § 105 Anm. 84; *Hueck* OHG § 7 III 7 a bb; *Schlegelberger/K. Schmidt* HGB § 105 RdNr. 220 f.; *K. Schmidt* AcP 186 (1986), 421, 435 ff.; *Wiedemann* WM 1990, Beil. 8, S. 29; *Wiesner* (Fn. 881) S. 148 ff. Eingehend jetzt *C. Schäfer* (Fn. 866) S. 302 ff., 310 f., 321 ff.

[993] Im Unterschied zum fehlerfreien Beitritt zu einer fehlerhaften Gesellschaft, bei dem sich der Beitretende auf den Vertragsmangel nur dann berufen kann, wenn dieser auch seinen Beitritt tangiert, vgl. *Hueck* OHG § 7 III 7 a aa, S. 99.

[994] Einen Fall fehlerhaften Beitritts wegen (angeblichen) Verstoßes gegen § 138 behandelt OLG Koblenz WM 1979, 1435.

[995] Sie hat namentlich in der Rechtsprechung zu den Publikumsgesellschaften Bedeutung erlangt, vgl. neben BGHZ 26, 330 = NJW 1958, 668 insbes. BGHZ 63, 338 = NJW 1975, 1022; BGH LM HGB § 132 Nr. 4 = NJW 1975, 1700; BGH NJW 1976, 894; dazu *U. H. Schneider* ZHR 142 (1978), 228 ff.

[996] So zutr. *C. Schäfer* (Fn. 866) S. 324 f. und schon BGH NJW 1988, 1321, 1323; aA noch BGH WM 1962, 1353, 1354; *Schlegelberger/K. Schmidt* HGB § 105 RdNr. 220; *Wiesner* (Fn. 881) S. 149.

vertrag zur Aufnahme neuer Gesellschafter ermächtigt wurde.[997] Die fehlende oder fehlerhafte Ermächtigung betrifft hier nicht die Vertragsgrundlage, sondern ist lediglich Wirksamkeitsvoraussetzung.[998]

367 **Vollzogen** ist der Beitritt bei **nichtigem** oder schwebend unwirksamem Vertragsschluss erst mit der Leistung der Einlage durch den Beitretenden oder mit dessen Teilnahme an Geschäftsführungsmaßnahmen (vgl. allgemein schon RdNr. 331);[999] erst dadurch wird das anfängliche Fehlen eines – sei es auch vernichtbaren – Vertragsschlusses ihm gegenüber überwunden. Dagegen führen **anfechtbare** Beitrittserklärungen wegen ihrer vorläufigen Wirksamkeit schon vom Beitrittszeitpunkt an zur Gesamthänderstellung des fehlerhaft Beigetretenen und haben damit über die rein schuldrechtlichen Beziehungen hinaus sofortige Auswirkungen auf die Gesellschaftsorganisation; dem darin liegenden Vollzugselement ist durch die Lehre von der fehlerhaften Gesellschaft Rechnung zu tragen.[1000]

368 Die **Rechtsfolgen** des vollzogenen fehlerhaften Beitritts bestehen vorbehaltlich des Schutzes nicht voll Geschäftsfähiger (RdNr. 335 ff.) im rückwirkend nicht vernichtbaren Erwerb der Mitgliedschaft mit den entsprechenden Rechten und Pflichten nach innen und außen.[1001] Der Fehler ist, solange er nicht geheilt ist (RdNr. 357), von den dadurch betroffenen Gesellschaftern grundsätzlich durch fristlose Kündigung geltend zu machen.[1002] Beruht er auf dem Verhalten oder der Person des Beitretenden, so haben die Mitgesellschafter ein Ausschlussrecht entsprechend § 737. Darauf, ob der Gesellschaftsvertrag eine Fortsetzungsklausel enthält, kommt es in diesem Fall nicht an; die durch den fehlerhaften Beitritt betroffenen Mitgesellschafter sind unabhängig davon berechtigt, die Gesellschaft in der ursprünglichen Zusammensetzung fortzusetzen.

369 Gegen die Einlageforderung der Gesellschaft kann dem fehlerhaft Beigetretenen im Einzelfall ein **Leistungsverweigerungsrecht** zustehen, so wenn er durch Täuschung oder Drohung zum Beitritt veranlasst wurde und die Erfüllung der Einlageverpflichtung im Wesentlichen dem oder den Täuschenden selbst zugute käme.[1003] Anderes gilt mit Rücksicht auf den Gleichbehandlungsgrundsatz, wenn die Täuschung von einzelnen Gesellschaftern ausgegangen ist und hiervon die Mehrzahl der oder sämtliche übrigen Gesellschafter gleichmäßig betroffen sind.[1004] Im Übrigen führt das kündigungsbedingte Wiederausscheiden des fehlerhaft Beigetretenen zwar zur Umgestaltung seines Rechtsverhältnisses zur Gesamthand in ein Abwicklungsverhältnis. Die noch nicht erfüllte Einlageforderung entfällt dadurch

[997] Näher *C. Schäfer* (Fn. 866) S. 326 f., 330. Zur grundsätzlichen Ermächtigung der Geschäftsführer einer Publikums-KG, weitere Kommanditisten aufzunehmen, vgl. BGH NJW 1978, 1000; auch schon BGH LM HGB § 132 Nr. 3 = NJW 1973, 1604 (Unanwendbarkeit von § 278 auf die Gesellschafter einer Publikums-KG, wenn der für sie handelnde Geschäftsführer weitere Kommanditisten durch Täuschung zum Beitritt veranlasst); BGHZ 63, 338, 345 = NJW 1975, 1022.

[998] Vgl. *C. Schäfer* (Fn. 866) S. 327.

[999] AA *Staudinger/Keßler* RdNr. 128; *Schlegelberger/K. Schmidt* HGB § 130 RdNr. 6, und *C. Schäfer* (Fn. 866) S. 311, 332 f. die es unabhängig von der Art des Beitrittsmangels als ausreichend ansehen, dass die fehlerhafte Gesellschaft selbst – sei es auch vor dem Beitritt – in Vollzug gesetzt war.

[1000] So im Ergebnis auch *Staudinger/Keßler* und *Schlegelberger/K. Schmidt* (Fn. 999), freilich ohne zwischen den verschiedenen Fehlerarten zu differenzieren; aA BGH NJW 1992, 1502, der für den Vollzug des Beitritts generell darauf abstellt, dass der Beitretende Beiträge geleistet und Gesellschafterrechte ausgeübt hat, und *C. Schäfer* (Fn. 866) S. 332 ff., der auch für diesen Fall den Vollzug der Gesellschaft als solcher genügen lässt.

[1001] AA für das Außenverhältnis *Canaris* und *Möschel*, vgl. oben RdNr. 352 mit Nachw.

[1002] Das ist für die GbR im Hinlick auf § 723 Abs. 1 S. 2 unproblematisch (vgl. auch *Soergel/Hadding* RdNr. 89). Für OHG und KG ist dagegen umstritten, ob dem Beitretenden im Falle der Täuschung nicht abweichend von § 133 HGB ein einseitiges Kündigungs- oder Austrittsrecht einzuräumen ist (so für den auf Täuschung beruhenden Beitritt zu einer Publikums-KG die st. Rspr., vgl. die Nachw. in Fn. 995 aE; für Zuerkennung eines Übernahmerechts gegenüber einem Mitgesellschafter, der seinerseits durch Täuschung seine Aufnahme erreicht hat, BGHZ 47, 293, 301 f. = NJW 1967, 1961; zum Meinungsstand im Schriftum vgl. *Lieberich* (Fn. 876) S. 61 ff.).

[1003] BGHZ 26, 330, 335 = NJW 1958, 668; *Rob. Fischer* NJW 1955, 851; *Erman/Westermann* RdNr. 80; *Liebrich* (Fn. 876) S. 57; weitergehend *Hueck* OHG § 7 III 2 a, S. 88.

[1004] BGHZ 26, 330, 334 f. = NJW 1958, 668; OLG Köln BB 1970, 1460; *Lieberich* (Fn. 876) S. 58.

jedoch nicht ersatzlos, sondern geht – zumal bei negativem Geschäftsergebnis – nach Maßgabe der Auseinandersetzungsbilanz im Anspruch der Gesamthand gegen den fehlerhaft Beigetretenen auf Zahlung des sich etwa ergebenden Fehlbetrags auf.[1005] Zur Rechtslage bei haustürinitiiertem Beitritt vgl. RdNr. 329.

bb) Fehlerhaftes Ausscheiden. Ebenso wie der Beitritt kann auch das auf **Vereinbarung** beruhende Ausscheiden oder der einstimmige Ausschließungsbeschluss der übrigen Gesellschafter (§ 737 RdNr. 13) fehlerhaft (nichtig oder anfechtbar) sein.[1006] Für das Eingreifen der Grundsätze über die fehlerhafte Gesellschaft kommt es auch in diesem Fall darauf an, ob der Fehler die Gesellschaftsorganisation betrifft oder ob er sich nur auf die schuldrechtlichen Beziehungen zwischen den Beteiligten auswirkt (RdNr. 362 f.). Letzteres ist namentlich bei fehlerhaften Abfindungsvereinbarungen der Fall,[1007] soweit nicht der Mangel nach den gesellschaftsrechtlichen Auslegungsgrundsätzen (RdNr. 53) auch die Abrede über das Ausscheiden selbst erfasst. Betrifft der Mangel das fehlerhafte Ausscheiden eines *nicht voll Geschäftsfähigen,* wie namentlich bei fehlender Genehmigung des Vormundschaftsgerichts im Fall von Erwerbsgesellschaften (RdNr. 70), so ist das Ausscheiden entgegen den allgemein für die Rechtsposition Minderjähriger in der fehlerhaften Gesellschaft geltenden Grundsätzen (RdNr. 335 ff.) gleichwohl vorläufig wirksam, da diese Rechtsfolge seinem Schutzbedürfnis besser entspricht;[1008] im Übrigen kann dem berechtigten Interesse des Minderjährigen problemlos durch dessen Anspruch Wiederaufnahme Rechnung getragen werden (RdNr. 372). 370

Hinsichtlich des **Vollzugs** ist wie beim Beitritt (RdNr. 367) zu unterscheiden.[1009] Bei anfechtbarer Austrittsvereinbarung genügt deren Zustandekommen, um die organisationsrechtlichen Folgen des Ausscheidens und der Anwachsung (§ 738 Abs. 1 S. 1) herbeizuführen. Dagegen bedarf es bei nichtiger oder schwebend unwirksamer Austrittsvereinbarung besonderer Vollzugsmaßnahmen wie der Weiterführung der Restgesellschaft ohne den fehlerhaft Ausgeschiedenen oder dessen Abfindung, um das Ausscheiden trotz des ihm anhaftenden Fehlers wirksam werden zu lassen. 371

Die **Rechtsfolge** des vollzogenen fehlerhaften Ausscheidens besteht in dessen Wirksamkeit unter Anwachsung des Gesamthandsanteils des Ausgeschiedenen bei den Mitgesellschaftern und Entstehung des Abfindungsanspruchs.[1010] Der fehlerhaft Ausgeschiedene kann jedoch, wenn der Fehler nicht ihm zur Last fällt, seine **Wiederaufnahme** in die Gesellschaft verlangen.[1011] Dabei ist ihm hinsichtlich der Verwaltungsrechte grundsätzlich die alte Rechtsstellung einzuräumen. Zwischenzeitliche, nicht durch sein Ausscheiden veranlasste Vertragsänderungen muss er freilich hinnehmen.[1012] Zu welchen Bedingungen seine Wiederaufnahme zu erfolgen hat und welche Bedeutung zwischenzeitlichen Gewinnen und 372

[1005] BGH LM HGB § 132 Nr. 3 = NJW 1973, 1604; Näheres dazu vgl. § 735 RdNr. 3, § 738 RdNr. 38.

[1006] Vgl dazu neben *Hueck* OHG § 7 III 7 b, S. 99 namentlich auch *Däubler* BB 1966, 1292 ff., *Gursky,* Das fehlerhafte Ausscheiden eines Gesellschafters aus einer Personalgesellschaft, Diss. Köln 1969, *Lieberich* (Fn. 876) S. 85 ff., und *Hartmann,* FS Schiedermair, 1976, S. 257 ff.; aus der Rspr. vgl. BGH LM HGB § 138 Nr. 11 = NJW 1969, 1483; BGH NJW 1988, 1324; 1992, 1503, 1504; WM 1975, 512, 514; NZG 2003, 276.

[1007] BGH LM HGB § 138 Nr. 11 = NJW 1969, 1483; LM § 738 Nr. 8 = NJW 1979, 104.

[1008] Für die vorläufige Wirksamkeit des fehlerhaften Austritts Minderjähriger daher auch *Däubler* BB 1966, 1294, und *Hartmann* (Fn. 1006) S. 264 ff.; aA BGH NJW 1992, 1503, 1504; *Baumbach/Hopt* HGB § 105 RdNr. 95.

[1009] AA wohl *Staudinger/Keßler* RdNr. 129; *Gursky* (Fn. 876) S. 117 ff., 120, und *Lieberich* (Fn. 876) S. 115 f., die ohne Differenzierung jeweils auf das Ausscheiden selbst bzw. dessen Wirksamkeit (?) abstellen.

[1010] Ganz hM; insoweit zust. auch *Möschel* (Fn. 925) S. 184.

[1011] BGH LM HGB § 138 Nr. 11 = NJW 1969, 1483; WM 1975, 512, 515; BGH NJW 1988, 1324, 1325; *Hueck* OHG § 7 III 7 b, S. 99 f., *Ulmer* in Großkomm. zum HGB, 3. Aufl., § 138 Anm. 9: aA *Hartmann* (Fn. 1006) S. 267 ff. Zu der nur für die Personenhandelsgesellschaften relevanten Frage, ob die Wiederaufnahme nur durch Aufnahmevertrag oder auch analog § 133 HGB durch Gestaltungsklage durchgesetzt werden kann, vgl. *Wiedemann* Übertragung S. 70 f.; *Däubler* BB 1966, 1292, 1293 f.; *Gursky* (Fn. 876) S. 106 ff.; *Lieberich* (Fn. 876) S. 133 ff.; *Steines* (Fn. 989) S. 36 f.; dazu auch RdNr. 345.

[1012] *Däubler* BB 1966, 1294; *Wiesner* (Fn. 881) S. 154.

Verlusten, Wertsteigerungen oder -minderungen des Gesellschaftsvermögens zukommt, hängt von den Umständen des Einzelfalls ab.[1013]

373 **cc) Fehlerhafte Gesellschafternachfolge.** Die vorstehenden Grundsätze gelten auch dann, wenn es durch sachlich und zeitlich zusammenhängende **Vereinbarungen** des Ausscheidenden und des Beitretenden **mit den übrigen Gesellschaftern** (Doppelvertrag, vgl. § 719 RdNr. 17) zur Gesellschafternachfolge kommt. Unabhängig von Art und Zahl der Vertragsurkunden liegt hier sowohl eine Ausscheidens- als auch eine Beitrittsvereinbarung vor, wobei die Fehlerhaftigkeit der einen Vereinbarung nicht notwendig diejenige der anderen zur Folge haben muss.[1014]

374 Nach bisher hM sollte Entsprechendes im Fall der **Anteilsübertragung** (§ 719 RdNr. 25) gelten, auch wenn diese nicht durch Vereinbarung aller Gesellschafter (RdNr. 365), sondern durch – fehlerhaften – Vertrag zwischen Ausscheidendem und Beitretendem unter Zustimmung der Mitgesellschafter erfolgt. Das wurde damit begründet, dass erst die Erteilung der Zustimmung die Verfügung über den Anteil wirksam mache und dementsprechend die Zusammensetzung der Gesellschafter und die gesamthänderische Berechtigung am Gesellschaftsvermögen ändere; diese Änderung könne nicht rückwirkend beseitigt werden.[1015] Der fehlerhaft Ausgeschiedene könne jedoch seine Wiederaufnahme durch Rückübertragung des Anteils verlangen.[1016] Dieser Ansicht ist in neuerer Zeit mit Recht widersprochen worden, weil sie nicht hinreichend zwischen dem – ggf. von der Zustimmung der Mitgesellschafter abhängigen – zweiseitigen Veräußerungsvertrag über den Anteil und dem davon zu unterscheidenden, von der Anteilsveräußerung nicht berührten Gesellschaftsvertrag als Bezugspunkt der Lehre von der fehlerhaften Gesellschaft unterscheidet.[1017] Der Kritik ist unter Aufgabe der gegenteiligen Ansicht der Vorauflage (RdNr. 290) zuzustimmen. Gesellschaft und Mitgesellschaftern werden durch die Unwirksamkeit der Anteilsübertragung in ihrem Interesse an Rechtssicherheit nicht substanziell berührt, weil ihnen gegenüber Rechtshandlungen von und gegenüber dem Schein-Nachfolger gleichwohl Wirksamkeit erlangen. Das folgt, will man sich nicht zu analoger Anwendung des § 16 Abs. 1 GmbHG[1018] entschließen, aus einer erweiternden Anwendung der für Rechtsübertragungen geltenden allgemeinen Schutzvorschriften der §§ 413, 409, 407.[1019] Angesichts dieser Fortentwicklung ist zugleich auch das Bedürfnis für eine abweichende Beurteilung der Anteilsübertragung in einer Publikums-Gesellschaft[1020] entfallen.

375 **dd) Beteiligung Minderjähriger am Gesellschafterwechsel.** Besondere Probleme können im Fall fehlerhaften Gesellschafterwechsels dann auftreten, wenn an ihm als Ausscheidender oder Beitretender ein **Minderjähriger** beteiligt ist mit der Folge, dass für ihn die besonderen Minderjährigenschutzgrundsätze (RdNr. 69 ff.) Beachtung finden müssen. Für die Beurteilung ist zwischen Fehlern beim Ausscheiden und solchen beim Beitritt des Minderjährigen zu differenzieren. Das fehlerhafte *Ausscheiden* erlangt grundsätzlich auch im Fall Minderjähriger zunächst Wirksamkeit; er kann jedoch seine Wiederaufnahme verlangen (vgl. RdNr. 370). Für den fehlerhaften *Beitritt* gilt der Vorrang des Minderjährigenschutzes,

[1013] So zutr. *Hueck* OHG § 7 III 7 b, S. 100; für grundsätzliche Wiedereinräumung des bisherigen Kapitalanteils gegen Rückzahlung der Abfindungssumme aber *Däubler* BB 1966, 1294.

[1014] Näheres dazu bei *Däubler* BB 1966, 1294 f., und *Lieberich* (Fn. 876) S. 197 ff.; ebenso *Wiesner* (Fn. 881) S. 155; vgl. auch *U. Huber* Vermögensanteil S. 409, 412. Aus der Rspr. vgl. (ohne Begründung) BGH WM 1968, 892.

[1015] So auch BGH WM 1968, 892; NJW 1988, 1324, 1325; 3. Aufl. RdNr. 290; *Wiesner* (Fn. 881) S. 155; *Müller-Laube* JuS 1985, 887; aA *K. Schmidt* AcP 186 (1986), 421, 438 f. und *ders.* BB 1988, 1053, 1059 f.

[1016] BGH NJW 1988, 1324, 1325 (vgl. auch RdNr. 372).

[1017] So zutr. erstmals *K. Schmidt* AcP 186 (1986), 421, 438 f. und *ders.* BB 1988, 1053, 1059 f.; eingehend jetzt auch *C. Schäfer* (Fn. 866) S. 312 ff., 320.

[1018] Für dessen Anwendung auf die fehlerhafte Abtretung eines GmbH-Anteils zu Recht BGH NJW 1990, 1915, 1916, bestätigt durch BGH NJW-RR 1995, 1182, 1183.

[1019] Ebenso *K. Schmidt* BB 1988, 1051, 1060; *C. Schäfer* (Fn. 866) S. 318 f.; vgl. auch schon *Huber* Vermögensanteil S. 411; für Orientierung an § 16 GmbHG *Wiedemann* WM 1990 Beil. 8 S. 30.

[1020] Vgl. dazu näher (mit Nachw.) 3. Aufl. RdNr. 290.

falls der Mangel nicht nachträglich geheilt wird (RdNr. 335 ff.). Demgegenüber finden auf die fehlerhafte *Anteilsübertragung* unter Beteiligung eines Minderjährigen die allgemeinen Vorschriften über Verträge mit nicht voll Geschäftsfähigen Anwendung; die Lehre von der fehlerhaften Gesellschaft greift insoweit nicht ein (vgl. RdNr. 374).

ee) Fehlerhafte Gesellschafternachfolge im Todesfall. Zur fehlerhaften Gesellschafternachfolge im Todesfall kann es im Rahmen einer gesellschaftsvertraglichen **Nachfolgeklausel** dadurch kommen, dass an Stelle des wahren der *vermeintliche Erbe* von den Mitgesellschaftern als Berechtigter behandelt wird und die Mitgliedschaftsrechte ausübt. Soweit in diesen Fällen nicht besondere rechtsgeschäftliche Vereinbarungen zwischen den Beteiligten über die Mitgliedschaft des vermeintlichen Erben getroffen werden, fehlt es an einem (fehlerhaften) Vertragsschluss als Voraussetzung für die rechtliche Anerkennung der fehlerhaften Beteiligung (RdNr. 327). Der bloße Vollzug der Nachfolgeregelung reicht hierfür nicht aus. Gesellschafter ist der wahre Erbe. Die Auseinandersetzung zwischen den Beteiligten richtet sich nach allgemeinen Grundsätzen, wobei der Gesellschaft bei Vorliegen eines Erbscheins der Schutz des § 2367 zugute kommt.[1021] Anderes gilt im Falle einer den Erben zum Beitritt berechtigenden gesellschaftsvertraglichen **Eintrittsklausel,** zu deren Vollzug es einer rechtsgeschäftlichen Beitrittsvereinbarung mit den Mitgesellschaftern bedarf (vgl. § 727 RdNr. 57). Wird sie mit dem vermeintlichen Erben getroffen, so ist sie wirksam und kann nach Vollzug des Beitritts (RdNr. 367) trotz Fehlerhaftigkeit des Beitrittsvertrags (Anfechtbarkeit nach §§ 119, 123 u. a.) nur durch fristlose Kündigung bzw. Ausschluss (vgl. RdNr. 368) korrigiert werden. 376

4. Scheingesellschaft. Wird eine Gesellschaft nur zum **Schein** gegründet (§ 117) und lässt sich nach Lage des Falles ein konkludenter Vertragsschluss auch nicht darin finden, dass die Geschäfte sodann im Einvernehmen der Beteiligten aufgenommen werden,[1022] so fehlt es an einem rechtsgeschäftlichen Zusammenwirken der Beteiligten und einem – wenn auch fehlerhaften – Vertragsschluss. Der Nichtigkeitstatbestand des § 117 unterscheidet sich insoweit deutlich von den sonstigen – ohne oder gegen den Willen der Beteiligten eintretenden – Nichtigkeitsfällen.[1023] Die **Grundsätze über die fehlerhafte Gesellschaft** sind daher nach zutr. hM **unanwendbar.**[1024] Es entsteht kein Gesamthandseigentum (RdNr. 353). Die vermögensrechtlichen Beziehungen der Beteiligten sind, soweit diese trotz der Scheingründung Beiträge geleistet haben, nach Bereicherungsrecht abzuwickeln. Im Außenverhältnis bewendet es bei den Grundsätzen der Rechtsscheinhaftung.[1025] 377

Entscheidend für das **Vorliegen eines Scheingeschäfts** (§ 117 Abs. 1) ist, dass die Parteien darin übereinstimmen, ihre Beziehungen nicht nach gesellschaftsrechtlichen Gesichtspunkten zu regeln und ihr Auftreten nach außen nicht für ihr Verhältnis zueinander als maßgeblich gelten zu lassen.[1026] Vorbehaltlich der rechtlich irrelevanten protestatio facto contraria kann das etwa dann der Fall sein, wenn die Wahl der Gesellschaftsform nur dazu dient, ein anderes Geschäft zu verdecken.[1027] Dagegen macht die Einschaltung eines Treuhänders oder Strohmanns in die Gesellschaftsgründung diese nicht etwa zu einem Scheingeschäft, solange die Parteien bereit sind, die gesellschaftsrechtlichen Folgen ihres Verhaltens für ihre Rechtsbeziehungen zu akzeptieren.[1028] 378

[1021] Ebenso *K. Schmidt* AcP 186 (1986), 421, 437 f.; *C. Schäfer* (Fn. 866) S. 317 f.; aA – für weitgehende Anwendung der Grundsätze über fehlerhafte Gesellschaften – *Konzen* ZHR 145 (1981), 29, 61 ff. Näheres vgl. in § 727 RdNr. 67.

[1022] Vgl. dazu Fn. 879.

[1023] So zu Recht *Rob. Fischer* in Großkomm. zum HGB, 3. Aufl., § 105 Anm. 108; aA wegen der mit der Scheingründung typischerweise verbundenen Drittwirkung *C. Schäfer* (Fn. 866) S. 206.

[1024] Ganz hM, vgl. BGH LM HGB § 105 Nr. 5 = NJW 1954, 231; *Staub/Ulmer* HGB § 105 RdNr. 381; *Hueck* OHG § 7 III 4 b, S. 94 f.; *Schlegelberger/K. Schmidt* HGB § 105 RdNr. 228; grds. aA jetzt *C. Schäfer* (Fn. 866) S. 204 ff.

[1025] Vgl. dazu näher *Staub/Ulmer* HGB § 105 RdNr. 386 für die Schein-OHG.

[1026] BGH LM HGB § 105 Nr. 4 = NJW 1953, 1220; *Staub/Ulmer* HGB § 105 RdNr. 381.

[1027] Vgl. BGH DB 1976, 2057 zum Fall einer Grundstücksübertragung in Gesellschaftsform (Scheingesellschaft verneint); für steuerliche Nichtanerkennung BFH WM 1980, 939.

[1028] Zur entspr. Problematik bei der GmbH vgl. *Hachenburg/Ulmer* GmbHG § 2 RdNr. 60, 125.

§ 706 Beiträge der Gesellschafter

(1) Die Gesellschafter haben in Ermangelung einer anderen Vereinbarung gleiche Beiträge zu leisten.

(2) [1] Sind vertretbare oder verbrauchbare Sachen beizutragen, so ist im Zweifel anzunehmen, dass sie gemeinschaftliches Eigentum der Gesellschafter werden sollen. [2] Das Gleiche gilt von nicht vertretbaren und nicht verbrauchbaren Sachen, wenn sie nach einer Schätzung beizutragen sind, die nicht bloß für die Gewinnverteilung bestimmt ist.

(3) Der Beitrag eines Gesellschafters kann auch in der Leistung von Diensten bestehen.

Übersicht

	RdNr.
I. Normzweck	1
II. Die Beitragsverpflichtung	2–17
1. Beitrag, Einlage	2–6
a) Begriffe	2–4
b) Abgrenzung von sonstigen Leistungen der Gesellschafter	5, 6
2. Festsetzung im Gesellschaftsvertrag	7–9
a) Allgemeines	7, 8
b) Die Auslegungsregeln in Abs. 2	9
3. Inhalt der Beitragspflicht	10–14
a) Überblick	10
b) Art der Einbringung	11–13
c) Leistung von Diensten (Abs. 3)	14
4. Beitragshöhe	15, 16
5. Beitragsfreie Beteiligungen?	17
III. Die Beitragsleistung	18–29
1. Die Erfüllung der Beitragspflicht	18–20
2. Leistungsstörungen	21–29
a) Meinungsstand zum alten Recht	21, 22
b) Schuldrechtsreform	23
c) Stellungnahme	24–29

I. Normzweck

1 § 706 enthält die zentrale – über §§ 105 Abs. 2, 161 Abs. 2 HGB auch auf das Recht der OHG und KG anwendbare – Regelung des Personengesellschaftsrechts für die Gesellschafterbeiträge. Sein Regelungsgehalt ist allerdings begrenzt. Eine Beitragsverpflichtung wird durch § 706 nicht begründet; sie muss vielmehr im Gesellschaftsvertrag selbst vereinbart sein (vgl. § 705 und unten RdNr. 7). Auch allgemeine Rechtsgrundsätze für die Beitragsleistung werden in § 706 nicht geregelt, sondern gelten kraft ungeschriebenen Rechts. Die Vorschrift beschränkt sich vielmehr darauf, in **Abs. 1** dem gesellschaftsrechtlichen Gleichbehandlungsgrundsatz durch eine Auslegungsregel Rechnung zu tragen, wonach die Gesellschafter beim Fehlen besonderer Vereinbarungen *gleiche Beiträge* zu leisten haben (RdNr. 15). Auch **Abs. 2** enthält eine Auslegungsregel, und zwar des Inhalts, dass vertretbare, verbrauchbare sowie nach einer Schätzung einzubringende sonstige Beitragsleistungen in das *Eigentum der Gesellschaft* übergehen sollen (RdNr. 9). **Abs. 3** schließlich stellt klar, dass auch *Dienstleistungen* einen tauglichen Beitragsgegenstand in der GbR bilden (RdNr. 14); das entspricht dem großen Gestaltungsspielraum, der den Gesellschaftern bei Festlegung der Beiträge offensteht.

II. Die Beitragsverpflichtung

2 **1. Beitrag, Einlage. a) Begriffe.** Zu den **Beiträgen iwS** gehören alle Arten von *Leistungen,* die die Gesellschafter *zur Förderung des gemeinsamen Zwecks* im Gesellschaftsvertrag versprechen.[1] Die Leistungen können materieller oder immaterieller, realer oder ideeller Art sein (RdNr. 10). Darauf, ob und welchen Geldwert die versprochene Leistung hat, kommt

[1] Die Differenzierung zwischen Beiträgen iwS und ieS wird besonders von *Hueck* OHG § 14 I betont. In diesem Sinne auch *Soergel/Hadding* RdNr. 1; *Erman/Westermann* RdNr. 1; *U. Huber* Vermögensanteil S. 293 f. *K. Schmidt* GesR § 59 III 1 a, S. 1461 hält die Unterscheidung für überflüssig, weil für den Beitragsbegriff der Vermögenswert unerheblich sei.

es abweichend vom Kapitalgesellschaftsrecht[2] für die Beiträge in der GbR nicht an, da diese Rechtsform keinen Mindesthaftungsfonds kennt und die – nach außen nicht offengelegte – Beitragsvereinbarung nur Bedeutung für das Innenverhältnis hat. Beiträge iwS können daher auch der Gegenstand von sog. *Einbringungsvereinbarungen* sein, durch die sich Gesellschafter zur Erbringung entgeltlicher Leistungen gegenüber der Gesellschaft verpflichten.[3] Zur Frage beitragsfreier Beteiligungen vgl. RdNr. 17.

§ 706 Abs. 2 und 3 nennen als Hauptfälle von Beiträgen die Einbringung von Sachen und die Leistungen von Diensten (vgl. RdNr. 11 ff.). Bei ihnen handelt es sich um wichtige Arten *vermögenswerter Leistungen,* die dem Gesellschaftsvermögen zufließen sollen. Sie lassen sich als **Beiträge ieS** von dem weiten Beitragsbegriff (RdNr. 2) unterscheiden.[4] Dieser enge Begriff, der alle als Beitrag geschuldeten, das Gesellschaftsvermögen vermehrenden vermögenswerten Leistungen der Gesellschafter umfasst, liegt der Regelung der §§ 705 bis 707 zu Grunde. Das folgt neben den in § 706 genannten Beispielen auch aus der Differenzierung in § 705 zwischen der vertraglichen Förderungspflicht und der Beitragsleistung als ihrem wichtigsten, aber nicht einzigen Fall. Nicht zu den Beiträgen ieS gehören daher etwa die aus der Treuepflicht (§ 705 RdNr. 226 f.) entspringenden Förderungspflichten wie das Wettbewerbsverbot, aber auch sonstige Gesellschafterpflichten (Sozialansprüche, § 705 RdNr. 201) rein ideeller Natur ohne eigenen Vermögenswert. Die Unterscheidung ist vor allem für die in § 707 geregelte Beitragserhöhung von Bedeutung. Sie gestattet eine Beschränkung des Anwendungsbereichs dieser Vorschrift auf diejenigen Beiträge (ieS), gegen deren einseitige Vermehrung ein Schutzbedürfnis der Gesellschafter anzuerkennen ist. 3

Neben dem Begriff des Beitrags verwendet das BGB denjenigen der **Einlage** (vgl. §§ 707, 733 bis 735, 739). Hierunter werden die an die Gesellschaft *geleisteten Beiträge ieS* verstanden.[5] Demgegenüber bezieht sich der Begriff des Beitrags auf den Gegenstand der Beitragsverpflichtung.[6] 4

b) Abgrenzung von sonstigen Leistungen der Gesellschafter. Die Rechtsbeziehungen der Gesellschafter zur Gesamthand sowie die von ihnen an die Gesamthand zu erbringenden Leistungen müssen nicht ausschließlich gesellschaftsrechtlicher Natur sein. Vielmehr können zwischen Gesellschaftern und Gesellschaft auch sog. **Drittgeschäfte** zustande kommen, in denen sich die Parteien im Grundsatz wie Dritte gegenüberstehen (§ 705 RdNr. 202). Das gilt auch insoweit, als die Erbringung von Vermögensgegenständen oder sonstigen Leistungen an die Gesellschaft durch einen Gesellschafter in Frage steht. Die Abgrenzung zwischen Beiträgen und Leistungen im Rahmen von Drittgeschäften richtet sich in erster Linie nach den hierüber getroffenen Vereinbarungen. Fehlt eine entsprechende Festlegung, so besteht jedenfalls für alle im **Gesellschaftsvertrag** enthaltenen Leistungspflichten die Vermutung für ihren gesellschaftsrechtlichen Charakter, dh. für ihre Behandlung als Beitrag.[7] Das gilt auch dann, wenn für die im Gesellschaftsvertrag vereinbarten 5

[2] Zu dem dort geltenden Verbot der Unterpari-Emission vgl. § 9 Abs. 1 AktG, §§ 9 Abs. 1, 9 c GmbHG; dazu *Hachenburg/Ulmer* GmbHG, 8. Aufl., § 5 RdNr. 67, 157 ff.

[3] Vgl. etwa OLG München NZG 2000, 1124 betr. die entgeltliche Einbringung eines Grundstücks als Beitragsverpflichtung iwS; dazu auch *Wertenbruch* NZG 2001, 306, 307.

[4] So auch *Hueck* (Fn. 1); *Erman/Westermann* RdNr. 1, sowie die Kommentierungen zu § 706, die überwiegend nur auf diesen Beitragsbegriff abstellen (RGRK/*von Gamm* RdNr. 2; *Palandt/Sprau* RdNr. 4; nicht eindeutig *Staudinger/Keßler* RdNr. 2).

[5] HM, vgl. BGH WM 1980, 402, 403; RGZ 76, 278; RGRK/*von Gamm* RdNr. 1; *Soergel/Hadding* RdNr. 5; *Palandt/Sprau* RdNr. 1; *Erman/Westermann* RdNr. 1. Kritisch *Huber* Vermögensanteil S. 191; *K. Schmidt* GesR § 20 II 1 a, S. 462; *ders.* ZHR 154 (1990), 237, 240; *Bork* ZHR 154 (1990), 205, 206; *Wiedemann* WM 1992, Sonderbeil. 7, S. 14: Danach ist der Beitragsbegriff in dem Sinne Oberbegriff, dass unter „Einlage" nur solche Beiträge zu verstehen sind, welche die Haftungsmasse vermehren. Für die BGB-Gesellschaft ist diese Unterscheidung ohne Belang.

[6] Für „Beitrag" als Oberbegriff auch gegenüber „Einlage" daher *Soergel/Hadding* RdNr. 5. In anderem Sinne aber die in Fn. 4 aE Genannten.

[7] So auch BGHZ 70, 61, 63 = NJW 1978, 376 und BGHZ 93, 159, 161 ff. = NJW 1985, 1468 für die im Vertrag einer Massen-KG enthaltene Pflicht der Kommanditisten zur Gewährung von Darlehen, deren Höhe sich nach der jeweiligen Kommanditeinlage bestimmt. Ebenso *Erman/Westermann* RdNr. 2. Vgl. auch *Westermann,* FS Fleck, 1988, S. 423, 430 ff.

Leistungen eine Gegenleistung der Gesellschaft vorgesehen ist (sog. Einbringungsvereinbarung, vgl. RdNr. 2). Hier wird es zwar für die Ausführung der gesellschaftsvertraglichen Verpflichtung idR zum Abschluss eines besonderen Rechtsgeschäfts (Darlehen, Kaufvertrag, Miete u. a.) zwischen Gesellschafter und Gesellschaft kommen. Von einem gewöhnlichen Drittgeschäft unterscheidet es sich jedoch dadurch, dass es seinen Rechtsgrund im Gesellschaftsvertrag findet. Es kann daher auch nicht ohne Rücksicht auf dessen Fortbestand beendet werden und tritt in der Insolvenz hinter andere Drittgeschäfte zurück.[8]

6 **Aufwendungen,** die ein Gesellschafter im Interesse der Gesellschaft tätigt, sowie sonstige nicht im Gesellschaftsvertrag vorgesehene Leistungen zugunsten der Gesellschaft sind mangels abweichender Vereinbarungen der Gesellschafter *keine Beiträge.*[9] Sie verändern daher auch nicht die für Gewinnbeteiligung und Auseinandersetzungsguthaben des Gesellschafters maßgebende Einlage, den sog. Kapitalanteil. Soweit es sich nicht um vertraglich geschuldete Nachschüsse oder um unentgeltliche Zuwendungen handelt, steht dem Gesellschafter in diesen Fällen vielmehr ein Ersatzanspruch gegen die Gesamthand nach §§ 713, 670 zu. Gegen die Mitgesellschafter kann der Anspruch grundsätzlich erst nach Auflösung der Gesellschaft durchgesetzt werden, sofern die Gesellschaft noch zahlungsfähig ist (§ 705 RdNr. 217). Keine Beiträge sind auch die nach Maßgabe von § 735 geschuldeten, erst nach Liquidation des Gesellschaftsvermögens zu erbringenden **Nachschüsse** zum Ausgleich eines während der Gesellschaftsdauer entstandenen Fehlbetrags (§ 735 RdNr. 1).[10] Für sie gilt daher auch nicht die Begrenzung aus § 707.

7 **2. Festsetzung im Gesellschaftsvertrag. a) Allgemeines.** Die Beitragsverpflichtung ist die zentrale vertragliche Förderungspflicht im Rahmen der Gesellschaft. Vom Sonderfall der Geschäftsführungspflicht (§ 709) abgesehen, bedarf sie daher der Regelung im Gesellschaftsvertrag. Das gilt auch für spätere Änderungen (vgl. auch § 707). **Zuständig** hierfür ist die Gesamtheit der **Gesellschafter.** Die Vertretungsmacht der Geschäftsführer (§ 714) erstreckt sich nicht auf die Festsetzung oder Änderung von Beiträgen (§ 714 RdNr. 25). Wohl aber kann ihnen ausdrücklich oder stillschweigend die Befugnis übertragen sein, über die Einforderung der Beiträge zu entscheiden und dadurch deren Fälligkeit herbeizuführen (RdNr. 19).

8 Beitragsvereinbarungen sind ebenso wie die sonstigen Teile des Gesellschaftsvertrags grundsätzlich **nicht formgebunden;** Ausnahmen ergeben sich namentlich aus den Formerfordernissen der §§ 311 b Abs. 1, 518 (vgl. näher § 705 RdNr. 36 ff., 42 f.). In der Festsetzung der Beiträge nach Art und Höhe und in deren – nur für das Innenverhältnis erheblicher (RdNr. 2) – Bewertung haben die Gesellschafter weitgehende **Gestaltungsfreiheit;** Schranken bestehen nur nach Maßgabe der allgemeinen Grundsätze.[11] Eine Änderung der Beitragsfestsetzung, insbesondere die Beitragserhöhung, bedarf der Zustimmung des betroffenen Gesellschafters; in der Entscheidung hierüber ist er grundsätzlich frei (§ 707 RdNr. 1).

9 **b) Die Auslegungsregeln in Abs. 2.** Absatz 2 stellt für die Vereinbarung von **Sachen** als Beiträge zwei Auslegungsregeln auf.[12] Sie beziehen sich auf die verschiedenen Arten ihrer Einbringung (zu Eigentum, dem Werte nach, zum Gebrauch, vgl. RdNr. 11 ff.). Nach **Satz 1** geht bei vertretbaren und verbrauchbaren Sachen (§§ 91, 92) die – widerlegliche –

[8] BGHZ 70, 61 = NJW 1978, 376; BGHZ 93, 159, 161 = NJW 1985, 1468; so auch schon RGZ 153, 305, 310 f. Ebenso *Soergel/Hadding* RdNr. 3; *Erman/Westermann* RdNr. 2. Zur Behandlung von „Darlehenskonten" im Zuge der Auseinandersetzung vgl. BGH DB 1978, 877 und unten § 730 RdNr. 49 ff.; zum „Mitarbeitervertrag" des Kommanditisten mit seiner KG und dessen Kündigung vgl. BAG NJW 1979, 999, 1000.

[9] BGH WM 1975, 196; *Erman/Westermann* RdNr. 2; *Soergel/Hadding* RdNr. 4.

[10] So auch RGRK/*von Gamm* RdNr. 1.

[11] Zur Sittenwidrigkeit einer grob einseitigen Einlagebewertung vgl. BGH WM 1975, 325 und *Kuhn* WM 1975, 718, 723; zum Einfluss des Gleichbehandlungsgrundsatzes RdNr. 15, 19.

[12] Vgl. *Soergel/Hadding* RdNr. 13; *Erman/Westermann* RdNr. 6; RGRK/*von Gamm* RdNr. 3; vgl. auch RGZ 109, 380, 381 zur Auslegung einer Vereinbarung über die Einbringung eines Grundstücks.

Vermutung dahin, dass ihre Einbringung zu **Eigentum der Gesellschaft (quoad dominium)** erfolgen soll. Ein entsprechender voller Rechtsübergang auf die Gesellschaft ist im Zweifel auch für diejenigen sonstigen Beitragsgegenstände (Forderungen und sonstigen Rechte) gewollt, die wie vertretbare und verbrauchbare Sachen den Charakter von Umlaufvermögen haben. Auf **sonstige,** dh. nicht vertretbare oder verbrauchbare Sachen (Grundstücke u. a.) dehnt **Satz 2** die Vermutung einer Übereignungspflicht unter der eng begrenzten Voraussetzung aus, dass die Einbringung nach einer – nicht nur zum Zwecke der Gewinnverteilung angeordneten – Schätzung erfolgen soll. Liegen die Vermutungsvoraussetzungen des Abs. 2 nicht vor, so bewendet es bei den allgemeinen Auslegungsgrundsätzen. Ein Umkehrschluss gegen die Einbringung zu Eigentum und für die Vereinbarung einer der sonstigen Einbringungsarten ist nicht veranlasst.[13]

3. Inhalt der Beitragspflicht. a) Überblick. Die Beiträge sind zur Förderung des gemeinsamen Zwecks bestimmt (§ 705, vgl. dazu RdNr. 2). Da die GbR die Rechtsform zur Verfolgung grundsätzlich beliebiger, insbesondere auch ideeller Zwecke ist und da den Gesellschaftern nach § 705 ein entsprechend großer Gestaltungsspielraum offensteht (§ 705 RdNr. 128, 132), kommen die **verschiedensten Arten von Beiträgen** in Betracht.[14] Ihre Auswahl und Festlegung erfolgt im Gesellschaftsvertrag (RdNr. 7). Es kann sich um einmalige oder um wiederkehrende Leistungen handeln. In Betracht kommen neben übertragbaren Vermögenswerten wie Geld, Sachen und Sachgesamtheiten (Unternehmen) sowie Rechten (Forderungen,[15] Immaterialgüterrechten u. a.) auch das Zurverfügungstellen von Diensten (RdNr. 14), Werkleistungen,[16] Kenntnissen und Erfahrungen (Know How,[17] Kundschaft oder sonstige Absatz- und Bezugsquellen,[18] good will). Aber auch die durch den Beitritt eines Gesellschafters erwartete Stärkung des Rufs oder der Kreditfähigkeit der Gesellschaft bilden mögliche, der Förderung des gemeinsamen Zwecks dienende Beitragsgegenstände.[19] 10

b) Art der Einbringung. Die Einbringung von Sachen oder sonstigen Gegenständen kann grundsätzlich auf drei verschiedene Arten erfolgen. Ihre Auswahl und Festlegung richtet sich nach dem Gesellschaftsvertrag; bei seinem Schweigen gibt Abs. 2 eine – freilich begrenzte – Auslegungsregel (RdNr. 9). Den wesentlichsten und häufigsten Fall bildet die Einbringung **zu Eigentum (quoad dominium)** der Gesellschaft. Sie erfordert eine Übertragung an die Gesamthand nach Maßgabe der allgemeinen Vorschriften (RdNr. 18). Ein Rückforderungsrecht des einbringenden Gesellschafters nach Auflösung der Gesellschaft oder nach seinem Ausscheiden ist gesetzlich nicht vorgesehen; an dessen Stelle besteht ein Geldanspruch (§§ 733 Abs. 2 S. 2, 738 Abs. 1). Entsprechend liegt auch die Gefahr für den zufälligen Untergang der Sache bei der Gesellschaft (§ 733 RdNr. 13).[20] 11

Der Einbringung zu Eigentum kommt im Ergebnis die Einbringung **dem Werte nach (quoad sortem)** nahe. Sie zielt darauf ab, der Gesellschaft ohne formelle Rechtsänderung den wirtschaftlichen Wert der Sache zur Verfügung zu stellen.[21] Für die Wahl dieser Art der 12

[13] Ebenso *Soergel/Hadding* RdNr. 15 und *Erman/Westermann* RdNr. 6 unter Berufung auf RGZ 109, 381.

[14] EinhM; vgl. *Soergel/Hadding* RdNr. 7; *K. Schmidt* GesR § 20 II 2, S. 463 ff., jew. m. weit. Nachw.

[15] Zur Umwandlung einer Darlehensforderung in eine Kapitalbeteiligung vgl. BGH WM 1963, 1230; dazu auch *K. Schmidt* GesR § 20 II 2 e, S. 466; *Wiedemann* WM 1992, Sonderbeil. 7, S. 15.

[16] BGH WM 1980, 402, 403.

[17] Dazu *Barz,* Know How als Einbringungsgegenstand, FS W. Schmidt, 1959, S. 157.

[18] Dazu RGZ 95, 147, 150.

[19] So auch *Soergel/Hadding* RdNr. 6; *Hueck* OHG § 14 I.

[20] Die für den Versendungskauf geltende Vorverlegung des Gefahrübergangs (§ 447) greift dabei nicht ein (*Soergel/Hadding* RdNr. 22; *Staudinger/Keßler* RdNr. 28; RGRK/*von Gamm* RdNr. 6; aA *Palandt/Sprau* RdNr. 5; diff. auch nach dem Ort der Versendung *Hueck* OHG § 14 II). Allgemein zur Unabwendbarkeit von Kaufrecht auf Mängel bei der Erfüllung gesellschaftsrechtlicher Beitragsverpflichtungen vgl. RdNr. 21, 24.

[21] BGH WM 1965, 746; RGZ 109, 380, 382; 54, 278, 280; *Soergel/Hadding* RdNr. 23; *Erman/Westermann* RdNr. 8; *Staudinger/Keßler* RdNr. 29. Näher zu dieser Einbringungsart *Berninger,* Die Societas Quoad Sortem, 1994, passim.

Einbringung kommen unterschiedliche Gründe in Betracht, darunter neben der Ersparung von Notarkosten (s. u.) oder der Vermeidung von Übertragungshindernissen vor allem das Interesse des einbringenden Gesellschafters, seine formale Eigentümerposition zu wahren und sein Mitspracherecht bei Verfügungen über den Gegenstand zu erhalten, während Steuervorteile für ihn idR nicht eintreten.[22] Im Innenverhältnis wird die Sache als Teil des Gesellschaftsvermögens behandelt; der Gesellschaft steht ein (obligatorisches) Wertrecht am eingebrachten Gegenstand zu.[23] Die *Wertberechnung* gegenüber dem Gesellschafter richtet sich im Zweifel nach den Verhältnissen bei Vertragsschluss.[24] Nutzungen und Wertsteigerungen fließen dem Gesellschaftsvermögen zu; dieses trägt auch die Lasten und die Sachgefahr. Im Zuge der Liquidation oder beim Ausscheiden des einbringenden Gesellschafters ist die dem Wert nach eingebrachte Sache analog § 732 S. 1 dem Gesellschafter zurückzugeben (str. vgl. § 732 RdNr. 8 ff.). Auch vor der Rückgabe bewendet es nach außen, gegenüber Gesellschaftsgläubigern und sonstigen Dritten, während der Gesellschaftsdauer beim Alleineigentum des Gesellschafters.[25] Daher bedarf der Gesellschaftsvertrag bei Einbringung eines Grundstücks quoad sortem auch nicht der Form des § 311 b Abs. 1 S. 1, sofern nicht der Gesellschaft auch die Verfügungsbefugnis über das Grundstück zustehen soll.[26] Bei fehlender Beurkundung kommt die Umdeutung einer als Einbringung quoad dominium gewollten formbedürftigen Beitragsleistung in eine solche quoad sortem in Betracht,[27] solange der Mangel nicht nach § 311 b Abs. 1 S. 2 oÄ geheilt ist. Von der *bilanziellen Behandlung* des Einlagegegenstands in der Steuerbilanz der Gesellschaft ist eine Auslegungshilfe für die Art der vereinbarten Beitragsleistung nicht zu erwarten.[28]

13 Eine dritte Art der Einbringung bildet die **Gebrauchsüberlassung** (Einbringung **quoad usum**). Sie soll der Gesellschaft nicht die Substanz oder den Wert der Sache oder des Rechts verschaffen, sondern nur deren Gebrauch ermöglichen, wobei der Umfang der Nutzungsbefugnis durch den Gesellschaftszweck begrenzt wird;[29] insofern hat sie mietähnlichen Charakter. Den Rechtsgrund für die Überlassung bildet unmittelbar der Gesellschaftsvertrag. Ein besonderer Mietvertrag kommt daneben nicht zustande; auch die Formvorschrift des § 550 greift nicht ein.[30] Der Gesellschafter hat keinen Anspruch auf Mietzins, sondern auf Gewinnbeteiligung. Im Gesellschaftsvertrag oder durch dessen Auslegung ist zu bestimmen, wer die Unterhaltungskosten und sonstigen laufenden Lasten der Sache trägt.[31] § 535 Abs. 1 S. 2 (= § 536 aF) ist nicht anwendbar.[32] Im Zuge der Liquidation oder beim Ausscheiden kann der Gesellschafter die Rückgabe der Sache verlangen. Im Unterschied zur Einbringung quoad sortem behält er nicht nur die Sachgefahr (§ 732 RdNr. 5) und bleibt nach außen veräußerungsbefugt, sondern wird im Zweifel auch obligatorisch, im Innenverhältnis, als Inhaber der Sache oder des Rechts respektiert. Im Fall der Veräußerung steht der Gesellschaft gegen den Erwerber der Einwand aus § 986 Abs. 1 oder 2 zu.[33]

[22] Vgl. näher *Berninger* (Fn. 21) S. 42 ff., 48 f., 115.

[23] *Berninger* (Fn. 21) S. 93 f.; *Huber* Vermögensanteil S. 165 ff.; *Gädcke,* Dem Werte nach eingebrachte Grundstücke im Gesellschaftsvermögen, 1987, S. 20.

[24] *Berninger* (Fn. 21) S. 118.

[25] Gegen Vollstreckungsmaßnahmen durch einen Privatgläubiger des Gesellschafters kann die Gesellschaft sich nicht auf § 771 ZPO berufen (vgl. *Berninger* Fn. 21, S. 180 ff.).

[26] Vgl. Näheres in § 705 RdNr. 37 m. Nachw. in Fn. 79.

[27] BGH WM 1967, 951; 1965, 746; *Soergel/Hadding* RdNr. 23.

[28] BGH WM 1965, 746; 1986, 1109; *Soergel/Hadding* RdNr. 20; aA *Berninger* (Fn. 21) S. 98 ff.; *Wiedemann* WM 1992, Sonderbeil 7, S. 14. Vgl. zur Behandlung von dem Werte nach eingebrachten Gegenständen in der Handelsbilanz der Gesellschaft und zur Vollstreckung aus einem Titel gegen die Gesamthand (§ 718 RdNr. 44, 55) in diese Gegenstände auch *Ullrich* NJW 1974, 1486, 1489 ff., *Reinhardt* DStR 1991, 588.

[29] *Soergel/Hadding* RdNr. 25; *Staudinger/Keßler* RdNr. 34.

[30] *Soergel/Hadding* RdNr. 24; *Staudinger/Keßler* RdNr. 37.

[31] Ebenso BGH WM 1986, 1109 f.

[32] *Staudinger/Keßler* RdNr. 35; *Soergel/Hadding* RdNr. 29.

[33] So auch *Soergel/Hadding* RdNr. 26; *Staudinger/Keßler* RdNr. 36. Die Bezugnahme *Keßlers* auf § 566 (= § 571 aF) passt (auch abgesehen von den grundsätzlichen Bedenken gegen eine analoge Anwendung von Mietrecht, vgl. unten RdNr. 22, 26) schon deshalb nicht, weil der Erwerber nicht in die Gesellschafterstellung des Veräußerers eintritt.

c) Leistung von Diensten (Abs. 3). Absatz 3 stellt klar, dass der Beitrag (ieS, vgl. RdNr. 3) auch im Leisten von Diensten bestehen kann.[34] Wichtigster, wenn auch nicht einziger Anwendungsfall ist die **Verpflichtung zur Geschäftsführung.** Dass sie mangels abweichender Vereinbarung nach § 709 jeden Gesellschafter trifft, steht ihrer Qualifikation als Beitrag nicht entgegen. Für ein besonderes, die Dienstleistung betreffendes Anstellungsverhältnis zur Gesellschaft ist nur insoweit Raum, als sich die Tätigkeitspflicht nicht bereits aus dem Gesellschaftsverhältnis ergibt.[35] Ist vertraglich eine Geschäftsführervergütung vereinbart, so handelt es sich rechtlich gesehen nicht um ein Entgelt, sondern um einen Gewinnvoraus (§ 709 RdNr. 33).[36] Die verbreitet anzutreffende Ansicht, auf die Dienstleistung durch einen Gesellschafter seien die Dienstvertragsvorschriften unter dem Vorbehalt gesellschaftsrechtlicher Besonderheiten analog anwendbar,[37] ist schon im Ansatz verfehlt; auch kommt – zumal unter Berücksichtigung des § 713 sowie der für das Innenverhältnis der Gesellschafter geltenden Vorschriften und Grundsätze – das Vorliegen einer Lücke als Analogievoraussetzung nur ausnahmsweise in Betracht. Zur Möglichkeit, die Geschäftsführervergütung bei Dienstunfähigkeit des Geschäftsführers zu verweigern, vgl. § 709 RdNr. 34. Macht ein Gesellschafter im Rahmen seiner – gesellschaftsvertraglich geschuldeten – Tätigkeit für die GbR eine Erfindung, so stehen die Rechte hieraus grundsätzlich ihm selbst zu; das Gesetz über Arbeitnehmererfindungen greift nicht ein.[38] Frage der Auslegung ist freilich, ob die Gesellschaft nicht von dem für sie tätigen Erfinder die Überlassung dieser Rechte verlangen kann oder ob sie ihr im Gesellschaftsvertrag bereits vorausabgetreten sind.[39] 14

4. Beitragshöhe. Ebenso wie der Inhalt der Beitragsverpflichtung wird auch deren Höhe regelmäßig im Gesellschaftsvertrag selbst festgelegt. Auf die in **Abs. 1** enthaltene Auslegungsregel, die *Ausdruck des Gleichbehandlungsgrundsatzes* (§ 705 RdNr. 244 ff.) ist, kommt es daher nur an, soweit der Vertrag weder ausdrückliche Regelungen hierüber enthält noch konkludent abweichende Vereinbarungen auf Grund sonstiger Anhaltspunkte feststellbar sind.[40] Das Eingreifen des Abs. 1 setzt überdies voraus, dass es sich bei den vertraglich vereinbarten Beiträgen um vertretbare Sachen (namentlich Geld) oder sonst mit einem Geldwert anzusetzende Leistungen handelt.[41] Sind den Gesellschaftern unterschiedliche Rechte eingeräumt und lässt sich daraus auf entsprechend unterschiedliche Beteiligungsquoten (Kapitalanteile) schließen, so ist dem auch durch Abweichung von Abs. 1 Rechnung zu tragen.[42] Eine schematische rechnerische Gleichbemessung der Beiträge lässt sich nicht auf den Gleichbehandlungsgrundsatz stützen und folgt daher nicht aus der Auslegungsregel des Abs. 1. 15

Ebenso wie der Gleichbehandlungsgrundsatz generell steht auch das Prinzip gleicher Beitragsleistung zur **Disposition der Gesellschafter** (zur Frage beitragsfreier Beteiligungen vgl. RdNr. 17). Seine Einhaltung kann mit Zustimmung der dadurch benachteiligten Gesellschafter abbedungen werden (§ 705 RdNr. 247). Ist im Gesellschaftsvertrag allerdings eine Kapitalerhöhung wirksam durch **Mehrheitsbeschluss** zugelassen (vgl. dazu § 707 RdNr. 6 f., § 709 RdNr. 92), so kann die Mehrheit von dieser Ermächtigung grundsätzlich 16

[34] Vgl. etwa BGH LM § 276 (Hb) Nr. 33 = NJW 1983, 1188 (Pflicht zum Vertrieb eines Verlagsprodukts). Zur bilanzrechtlichen Behandlung von Dienstleistungen als Gesellschaftereinlagen in Handelsgesellschaften vgl. *Sudhoff* NJW 1964, 1249 ff.

[35] Vgl. auch BAG NJW 1979, 999; *Soergel/Hadding* RdNr. 30.

[36] Vgl. dazu *K. Schmidt* GesR § 20 II 2 b, S. 464; *Erman/Westermann* RdNr. 9.

[37] Dafür mit iE unterschiedlicher Akzentsetzung etwa *Soergel/Hadding* RdNr. 30 ff. („hinsichtlich einer analogen Anwendung zurückhaltend vorzugehen"); *Staudinger/Keßler* RdNr. 39 („nur mit entsprechenden Abwandlungen"); RGRK/*von Gamm* RdNr. 8 („nur eingeschränkt"); *Erman/Westermann* RdNr. 9 („nur in Ausnahmefällen").

[38] BGH LM PatG § 3 Nr. 1 = NJW 1955, 541 m. Anm. *Vollmer* NJW 1955, 789; *Reimer/Schade/Schippel*, Recht der Arbeitnehmererfindung, 7. Aufl. 2000, § 1 RdNr. 4; *Bartenbach/Volz*, Arbeitnehmererfindergesetz, 4. Aufl. 2002, § 1 RdNr. 70; so auch *Soergel/Hadding* RdNr. 33.

[39] BGH (Fn. 38); RGRK/*von Gamm* RdNr. 8; *Soergel/Hadding* RdNr. 33.

[40] RGRK/*von Gamm* RdNr. 4.

[41] RGRK/*von Gamm* RdNr. 4.

[42] *Soergel/Hadding* RdNr. 9; vgl. auch RGZ 151, 321, 329.

nur unter Beachtung des Gleichbehandlungsgrundsatzes Gebrauch machen (§ 705 RdNr. 244 ff., 251).

17 **5. Beitragsfreie Beteiligungen?** Die Frage, ob einzelne Gesellschafter generell von der Beitragspflicht ausgenommen werden könnten, war früher lebhaft umstritten;[43] die höchstrichterliche Rechtsprechung ließ keine einheitliche Linie erkennen.[44] Inzwischen geht die überwiegende Ansicht zu Recht dahin, dass der Frage zumindest praktisch keine Bedeutung zukommt.[45] Denn auch abgesehen von den hier nicht relevanten Fällen, in denen die Beitragspflicht zwar besteht, die Leistung zugunsten des Gesellschafters aber von einem Dritten bewirkt wird (schenkweise zugewandte Beteiligungen u. a.),[46] ergeben sich aus der Mitgliedschaft auch ohne Vereinbarung einer Pflicht zu Beiträgen ieS doch zumindest die aus der Gesellschafterstellung fließenden Förderungspflichten (§ 705), dh. also Beitragspflichten iwS (RdNr. 2). Eine *pflichtenlose Gesellschaftsbeteiligung ist mit dem Schuldvertragscharakter der GbR unvereinbar.* Schon deshalb bedarf der Beitritt eines Minderjährigen zu einer Erwerbsgesellschaft stets auch der Genehmigung des Vormundschaftsgerichts (§ 1822 Nr. 3, vgl. § 705 RdNr. 70).

III. Die Beitragsleistung

18 **1. Die Erfüllung der Beitragspflicht.** Sie bestimmt sich nach dem jeweiligen Gegenstand der geschuldeten Beiträge (RdNr. 10 ff.). Besteht die Verpflichtung in der Einbringung *zu Eigentum,* so sind die Gegenstände (Sachen oder Rechte) nach Maßgabe der **allgemeinen Vorschriften** (§§ 873, 925; 929 ff.; 398 ff. u. a.) an die Gesellschaft zu übertragen;[47] sie werden Gesamthandsvermögen der Gesellschafter (§ 718 Abs. 1). Zur Notwendigkeit rechtsgeschäftlicher Einbringung von Gegenständen, die den Gesellschaftern bisher schon aus anderem Grunde gemeinsam zustanden, vgl. § 705 RdNr. 15. – Bei Einbringung *dem Werte nach oder zum Gebrauch* genügt Einräumung des Besitzes oder Erfüllung der sonstigen je nach Lage des Falles bestehenden Erfordernisse, um der Gesellschaft den Besitz bzw. die sonstige Möglichkeit der Nutzung der Gegenstände zu verschaffen. Des Abschlusses eines besonderen Miet- oder sonstigen Nutzungsvertrags bedarf es angesichts der gesellschaftsvertraglichen Rechtsgrundlage nicht. Bei der Entgegennahme der Beiträge wird die Gesellschaft durch ihre Geschäftsführer vertreten. Soweit der leistende Gesellschafter zugleich Geschäftsführer ist und daher auf beiden Seiten handelt, steht das Verbot des Selbstkontrahierens wegen der auf die Erfüllung einer Verbindlichkeit bezogenen Ausnahme in § 181 aE nicht entgegen.

19 Die Beitragsverpflichtungen sind **im Zweifel sofort** mit Wirksamwerden des Gesellschaftsvertrages oder des Beitritts **fällig** (§ 271 Abs. 1). Die Gesellschafter können Abweichendes vereinbaren. Sie können auch unterschiedliche Fälligkeitstermine für die jeweiligen Beiträge vorsehen; beim Fehlen ausdrücklicher Abreden sind solche Abweichungen vom Gleichbehandlungsgrundsatz (§ 706 Abs. 1) von demjenigen zu beweisen, der sich darauf beruft. Auch aus den Umständen kann sich ein späterer Fälligkeitstermin für die Leistungspflicht ergeben, so wenn der Geschäftsbeginn auf einen wesentlich späteren Zeitpunkt festgesetzt wird oder es aus sonstigen Gründen ersichtlich ist, dass alle oder bestimmte Beiträge erst zu einem Zeitpunkt eingefordert werden sollen, in dem sie benötigt werden. Hängt der für die Fälligkeit maßgebende Zeitpunkt von objektiv bestimmbaren Umständen ab oder soll er sich an Beginn oder Ausweitung der Geschäftstätigkeit orientieren, so bedarf

[43] Nachw. bei *Staudinger/Keßler* RdNr. 3.

[44] Für beitragsfreie Beteiligung etwa RGZ 80, 268, 271; abw. (bezogen auf Beiträge iwS) RGZ 95, 147, 149. BGH WM 1987, 689, 690 lässt jedenfalls die Geschäftsführungspflicht des Gesellschafters als Beitrag genügen.

[45] *Soergel/Hadding* RdNr. 6; *U. Huber* Vermögensanteil S. 293 f.; *Erman/Westermann* RdNr. 3; aA – für Notwendigkeit von Beiträgen ieS als Voraussetzung einer Gesellschaft – *Herrmann* ZHR 147 (1983), 313, 317.

[46] Vgl. zur Beitragsleistung durch einen Mitgesellschafter als Dritten und zu ihrer Erfüllungswirkung etwa BGH NJW 1984, 2290; zur Anwendbarkeit von § 516 Abs. 1 auf schenkweise zugewandte Beteiligungen vgl. § 705 RdNr. 42 ff. sowie BGH WM 1990, 1379, 1380 ff. (Kommanditanteile).

[47] Kasuistik bei *Staudinger/Keßler* RdNr. 12 ff.

es im Zweifel keines besonderen Gesellschafterbeschlusses zur Herbeiführung der Fälligkeit. Die Entscheidung über die Einforderung der Einlagen ist in diesem Fall vielmehr Sache der Geschäftsführer. – Zur Geltendmachung von Leistungsverweigerungsrechten durch einen Gesellschafter gegenüber der Beitragsforderung der GbR, insbes. der Einrede des nichterfüllten Vertrages, vgl. RdNr. 20, zur Durchsetzbarkeit der Beitragsverpflichtungen nach Auflösung der Gesellschaft vgl. § 730 RdNr. 30 f.

Für die **Einrede des nichterfüllten Vertrags (§ 320)** und die Berufung auf §§ 321, 322 ist wegen des fehlenden Synallagmas zwischen den jeweiligen Beitragspflichten der Gesellschafter im Regelfall kein Raum; an ihre Stelle tritt der Gleichbehandlungsgrundsatz, der je nach Lage des Falles auch einredeweise geltendgemacht werden kann (vgl. näher § 705 RdNr. 161 ff., 168). Der Rückgriff auf §§ 320 bis 322 kommt nur ausnahmsweise – im Analogiewege – in Betracht, wenn das zu beurteilende Rechtsverhältnis einem Austauschvertrag vergleichbar ist; zu denken ist insbes. an zweigliedrige Innengesellschaften (§ 705 RdNr. 169). 20

2. Leistungsstörungen. a) Meinungsstand zum alten Recht. Die in den §§ 705 bis 740 nicht ausdrücklich geregelte Frage, welche Rechtsfolgen sich im Falle von Leistungsstörungen bei Erbringung der Beiträge (Unmöglichkeit, Verzug, Schlechterfüllung) ergeben, hat *vor der Schuldrechtsreform* in der Literatur zu einer lebhaften Diskussion geführt, während die höchstrichterliche Rechtsprechung zumal des BGH – offenbar mangels einschlägiger Fälle – hierzu wenig beitrug.[48] So lehnte die Literatur für den Fall der **Unmöglichkeit,** des **Verzugs** und der **pVV** in neuerer Zeit zwar die unmittelbare Anwendung der §§ 323 bis 327 aF überwiegend ab; sie verwies stattdessen auf die besonderen Vorschriften der §§ 723, 737 für diejenigen Fälle, in denen die Fortsetzung der Gesellschaft mit dem Beitragsschuldner unzumutbar war (vgl. die Übersicht in § 705 RdNr. 165, dort – RdNr. 166 f. – auch zu neueren Gegenstimmen). 21

Demgegenüber wurde unter Berufung auf §§ 445, 493 aF für **Rechts- oder Sachmängel** der zu Eigentum der Gesellschaft einzubringenden Gegenstände gelehrt, dass sich deren Rechtsfolgen nach *Kaufrecht* richten.[49] Für die Einbringung von Sachen zum Gebrauch wurde grundsätzlich auf die Mängelvorschriften des Mietrechts (§§ 537 ff. aF) verwiesen,[50] für Leistungsstörungen bei den als Beiträge geschuldeten Dienstleistungen auf die analoge Heranziehung von Vorschriften des Dienstvertragsrechts.[51] Allerdings sollten die Rechtsfolgen der Wandelung und Minderung bzw. der entsprechenden mietrechtlichen Mängelvorschriften (§ 536 = §§ 537, 541 aF) nicht in der Minderung oder dem Wegfall der – bei der GbR meist fehlenden – vertraglichen Gegenleistung bestehen, sondern in entsprechenden zusätzlichen Leistungspflichten des Gesellschafters, der die mangelhafte Sache eingebracht hat.[52] Diese Lösungen vermochten aus dogmatischer Sicht schon nach bisherigem Recht *nicht zu überzeugen* (vgl. schon § 705 RdNr. 161 ff.). Sie trugen den Besonderheiten der Gesellschaft als einem von Austauschverträgen (Kauf, Miete) klar zu unterscheidenden Verhältnis der Interessengemeinschaft nicht hinreichend Rechnung.[53] Darüber hinaus ließen sie auch das Bemühen vermissen, die Lösung der jeweiligen Fragen zunächst aus den für 22

[48] Vgl. die Nachw. in § 705 RdNr. 165 und die Rspr.-Analyse von *Wertenbruch* NZG 2001, 306 f.

[49] Vgl. *Soergel/Hadding* RdNr. 19 ff.; *Staudinger/Keßler* RdNr. 19 ff.; RGRK/*von Gamm* RdNr. 6; *Hueck* OHG § 14 II 1; *G. Hueck* GesR § 7 I 1 a; so auch *Hüttemann,* Leistungsstörungen bei Personengesellschaften, 1998, S. 442 ff. Stark einschränkend aber *Erman/Westermann* RdNr. 10. Vgl. auch die umfangreichen Nachw. bei *K. Schmidt* GesR § 20 III 3 d Fn. 91, der auf Grund seines abweichenden Ansatzes eine (analoge) Anwendung der Kaufrechtsvorschriften insgesamt ablehnt.

[50] *Soergel/Hadding* RdNr. 27; *Staudinger/Keßler* RdNr. 33; RGRK/*von Gamm* RdNr. 7; *Hüttemann* (Fn. 49) S. 476 ff.; einschränkend aber *Hueck* OHG § 14 II 2.

[51] Vgl. Nachw. in Fn. 37; eingehend (zu § 616) jetzt *Hüttemann* (Fn. 49) S. 344 ff.

[52] Vgl. *Soergel/Hadding* RdNr. 21, 27; *Staudinger/Keßler* RdNr. 22 f., 33; RGRK/*von Gamm* RdNr. 6 f.

[53] Das gilt auch für die These von *K. Schmidt* (Fn. 49), es sei zwischen Beitrags- und Gesellschaftsverhältnis zu unterscheiden und auf jenes seien die §§ 320 ff. aF (modifiziert) anwendbar (vgl. dazu § 705 RdNr. 166).

Gesellschaftsverträge geltenden Regelungen des allgemeinen und besonderen Schuldrechts abzuleiten und auf die analoge Anwendung sonstiger Regelungen allenfalls insoweit zurückzugreifen, als die Analogievoraussetzungen (Regelungslücke, vergleichbares Regelungsproblem) zweifelsfrei vorliegen (vgl. dazu RdNr. 24 bis 28).

23 **b) Schuldrechtsreform.** Sie hat – durch Modernisierung des Rechts der Leistungsstörungen – die Fragestellung zwar vereinfacht. Denn seither kommt es nicht mehr prinzipiell auf den Unterschied zwischen anfänglicher objektiver Unmöglichkeit und sonstigen Fällen anfänglicher oder nachträglicher Leistungsstörungen an; auch wurde die Differenzierung zwischen den verschiedenen Arten von Leistungsstörungen durch die einheitlich für *Pflichtverletzungen* aller Art geltende Regelung des § 280 nF, wenn auch mit zT unterschiedlichen Rechtsfolgen, ersetzt. Schließlich hat auch das Kaufmängelrecht eine entsprechende Fortschreibung erfahren; insbesondere wurden in § 437 nF die Rechtsfolgen für Sach- und Rechtsmängel einheitlich ausgestaltet. Die Grundfrage, ob sich das an Austauschverträgen orientierte Leistungsstörungs- oder Kaufmängelrecht für die Anwendung auf die Nicht- oder Schlechterfüllung von Beitragspflichten eignet oder welche gesellschaftsrechtlichen Besonderheiten insoweit geboten sind, hat sich damit jedoch nicht erledigt. Sie ist – mutatis mutandis – für das neue Schuldrecht nicht anders zu beantworten als für das bisherige Recht (vgl. dazu 3. Aufl. RdNr. 21 ff.).

24 **c) Stellungnahme.** Die Frage, ob die anfängliche Unmöglichkeit einer Beitragsverpflichtung zur Nichtigkeit des Gesellschaftsvertrags oder der betroffenen Beitrittserklärung führen kann, hat sich durch Aufhebung der Nichtigkeitsvorschrift des § 306 aF erledigt. Demgegenüber bleiben die **unterschiedlichen Rechtsfolgen** einer Nicht- oder Schlechterfüllung der Beitragspflicht eines Gesellschafters zu bedenken; insoweit ist trotz grundsätzlicher Vereinheitlichung zwischen den verschiedenen Arten von Erfüllungsmängeln zu differenzieren.

25 Für die – anfängliche oder nachträgliche – **Unmöglichkeit** der Beitragsleistung gelten grundsätzlich die Vorschriften der §§ 275, 280, 281, 283 bis 285. Hat der Gesellschafter nach Maßgabe von § 708 die Unmöglichkeit zu vertreten, so haftet er auf *Schadensersatz* (§ 283 Abs. 1). Einen seinerseits erlangten Ersatz hat er der Gesellschaft nach § 285 herauszugeben. Fur die Anwendung der auf gegenseitige Verträge bezogenen Rücktrittsvorschriften der §§ 323 bis 326 nF ist ebenso wenig Raum wie nach bisherigem Recht (vgl. RdNr. 21 und schon § 705 RdNr. 163).[54] Wohl aber haben die Mitgesellschafter bei ersatzlosem Ausfall der vereinbarten Beitragsleistung[55] einen Anspruch auf Vertragsanpassung insbesondere hinsichtlich der Kapital- und Gewinnbeteiligung des Beitragsschuldners; maßgebend hierfür sind nicht die Grundsätze über die Störung der Geschäftsgrundlage (§ 313 nF),[56] sondern diejenigen über die treupflichtbedingte Zustimmungspflicht zu Vertragsänderungen.[57] Je nach Lage des Falles kann stattdessen auch entweder die Auflösung der Gesellschaft nach § 726 wegen Unmöglichkeit der Zweckerreichung in Betracht kommen, oder

[54] Zutr. OLG München ZIP 2000, 2255, 2256 f.; so im Ergebnis auch *K. Schmidt* GesR § 20 III 2, 3, freilich auf Grund seines abweichenden Ansatzes. Zu diesem vgl. bereits § 705 RdNr. 166.

[55] Zur Geltendmachung von Schadensersatzansprüchen eines in der Gesellschaft tätigen Gesellschafters gegen einen Dritten wegen des ihm persönlich durch den Ausfall seiner Arbeitskraft entstandenen Schadens als Gesellschafter vgl. BGH VersR 1963, 433, 434 und 585, 586; DB 1972, 2201, 2202: dort akzeptierte der BGH im Wege der hypothetischen Schadensberechnung die Geltendmachung der (fiktiven) Aufwendungen für eine Ersatzkraft. Ebenso OLG Karlsruhe FamRZ 1975, 341, 343 (Kosten einer Ersatzkraft, selbst einer nicht eingestellten, als liquidationsfähiger Schaden des Gesellschafters) m. krit. Anm. *Fenn* aaO. Vgl. dazu auch § 709 RdNr. 35.

[56] So aber BGH DB 1972, 2201, 2202, vorbehaltlich einer im Wege ergänzender Vertragsauslegung zu erzielenden Lösung (hier: Geldersatz für den unfallbedingten Arbeitsausfall?). Zur Anpassung der Geschäftsführervergütung bei nicht nur vorübergehender Verhinderung des Geschäftsführers vgl. § 709 RdNr. 34.

[57] So zutr. *Lettl* AcP 202 (2002), 3 (16 f., 23, 39) unter Differenzierung zwischen Störungen bei Verfolgung des Gesellschaftszwecks als Gegenstand treupflichtbedingter Vertragsanpassung und nachteiligen Änderungen in der Sphäre einzelner Gesellschafter als Gegenstand des § 313 (vgl. näher § 705 RdNr. 231); für Vertragsanpassung auch OLG München NZG 2001, 558, 560.

die Mitgesellschafter können ein Kündigungs- oder Ausschlussrecht nach §§ 723, 737 erlangen, wenn ihnen die Fortsetzung der Gesellschaft mit dem Schuldner wegen des Ausfalls von dessen Beitragsleistung nicht zumutbar ist (vgl. näher § 705 RdNr. 164). Der **Verzug** des Beitragsschuldners und seine Folgen regeln sich nach §§ 286 bis 290. Auch hier kommt bei Unzumutbarkeit der Fortsetzung mit dem Beitragsschuldner eine einseitige Lösungsmöglichkeit der Mitgesellschafter nach §§ 723, 737 in Betracht.

Bei **Sach- oder Rechtsmängeln** der in das **Eigentum** der Gesellschaft geleisteten 26 Einlage fragt sich zunächst, ob die Leistung überhaupt Erfüllungswirkung hat. Das ist bei Rechtsmängeln, die zur Undurchsetzbarkeit einer einzubringenden Forderung oder eines sonstigen Rechts führen, idR zu verneinen; insoweit geht es nicht um einen Fall der Schlechterfüllung, sondern der Nichterfüllung der Beitragsleistung, auf den die für die Unmöglichkeit geltenden Grundsätze (RdNr. 25) anwendbar sind. Gleiches ist bei solchen *Sachmängeln* anzunehmen, die die Einlage für den im Gesellschaftsvertrag bestimmten Zweck untauglich machen.

Auch für die verbleibenden **Fälle bloßer Schlechterfüllung** ist nicht bei den – auf 27 Austauschverträge bezogenen – kaufrechtlichen Vorschriften, sondern bei den §§ 275 ff. anzusetzen. Eine Schadensersatzhaftung des Sacheinlegers setzt danach voraus, dass er den Mangel zu vertreten hat. Andernfalls bleibt nur der Weg der treupflichtbedingten Vertragsanpassung oder der Kündigung bzw. des Ausschlusses wegen Unzumutbarkeit unveränderter Fortsetzung der Gesellschaft. Demgegenüber führte die Lösung der bisher hM, die den Beitragsschuldner unter Berufung auf §§ 459, 462 aF auch bei nicht zu vertretenden Mängeln stets entweder auf Zahlung der Wertdifferenz oder – im Fall der Rückgabe der Sache („Wandelung") – des vollen Geldwerts in Anspruch nehmen wollte,[58] nicht selten zu für den Schuldner unzumutbaren Lösungen. Diese ließen sich nicht auf die im Sachmängelrecht vorgesehenen Rechtsfolgen (Minderung oder Wegfall des Anspruchs auf die Gegenleistung) stützen. Auch nach neuem Recht ist dieser nur scheinbar auf kaufrechtliche Grundsätze gestützten Ansicht daher nicht zu folgen.[59] Den Beteiligten ist es allerdings nicht verwehrt, nach dem Grundgedanken des § 439 nF in erster Linie mangelfreie (Nach-)Erfüllung zu verlangen oder anzubieten.

Die in RdNr. 26, 27 dargelegten Grundsätze finden auch Anwendung bei Mängeln einer 28 Sache oder eines Rechts, die der Gesellschaft **dem Werte nach** oder **zum Gebrauch überlassen** werden sollen. Sind die Mängel vom Beitragsschuldner zu vertreten, so bedarf es eines Rückgriffs auf § 536 a (= § 538 aF) schon deshalb nicht, weil die Schadensersatzfolge sich bereits aus §§ 280, 281 ergibt. Ist der Mangel dagegen nicht zu vertreten, so kann der von der hM befürworteten Umgestaltung der Rechtsfolgen des § 536 so wenig zugestimmt werden wie im Fall der §§ 459, 462 aF (RdNr. 27).[60] Auch hier bleiben vielmehr nur Vertragsanpassung oder Gebrauchmachen von den Lösungsmöglichkeiten der §§ 723, 737.

Entsprechendes gilt schließlich für Störungen bei der Erbringung von **Dienstleistungen.** 29 Sie führen bei zu vertretender Schlechterfüllung zu Schadensersatzansprüchen wegen Pflichtverletzung nach §§ 280, 281.[61] Zu den Folgen einer Verhinderung des Geschäftsführers für das Gesellschaftsverhältnis vgl. § 709 RdNr. 31.

§ 707 Erhöhung des vereinbarten Beitrags

Zur Erhöhung des vereinbarten Beitrags oder zur Ergänzung der durch Verlust verminderten Einlage ist ein Gesellschafter nicht verpflichtet.

[58] Vgl. Nachw. in Fn. 52.

[59] Im Ergebnis wie hier auch *K. Schmidt* GesR § 20 III 3 d und *Hüttemann* (Fn. 49) S. 455 ff. Zur ähnlichen Problematik bei Leistungsstörungen betreffend Sacheinlagen im GmbH-Recht vgl. *Hachenburg/Ulmer* GmbHG, 8. Aufl., § 5 RdNr. 92 ff.

[60] Für § 537 aF von der hM abw. auch *Hueck* OHG § 14 II 2, zweifelnd auch *Erman/Westermann* RdNr. 11.

[61] Vgl. BGH LM § 276 (Hb) Nr. 33 = NJW 1983, 1188, 1189 (mangelhafter Vertrieb eines Verlagswerks durch den hierzu verpflichteten Gesellschafter).

I. Auslegung der Vorschrift

1 **1. Normzweck und Inhalt.** § 707 bezieht sich auf die Beiträge ieS, dh. die im Gesellschaftsvertrag übernommenen Verpflichtungen der Gesellschafter, zur Förderung des gemeinsamen Zwecks vermögenswerte Beiträge zu leisten (vgl. § 706 RdNr. 3; zum Begriff der Einlage § 706 RdNr. 4). Beitragserhöhungen setzen somit eine *Vertragsänderung* voraus. Diese erfordert bei der GbR im Grundsatz ohnedies einen einstimmigen Beschluss (§ 709 RdNr. 53). Dass die Vorschrift des § 707 diesen Grundsatz für den Fall der Beitragserhöhung gleichwohl besonders hervorhebt, erklärt sich aus dem besonderen Gewicht, das dem **Schutz der Gesellschafter vor einer unfreiwilligen Vermehrung ihrer Beitragspflichten** beigemessen wird.[1] Es handelt sich um ein mitgliedschaftliches „Grundrecht“,[2] das auch bei Auslegung des Gesellschaftsvertrags und bei Prüfung der Wirksamkeit vertraglicher Mehrheitsklauseln (RdNr. 6) zu beachten ist. Eine aus der Treuepflicht abgeleitete, die Beitragserhöhung betreffende Pflicht zur Vertragsänderung (§ 705 RdNr. 233) wird durch § 707 zwar nicht schlechthin ausgeschlossen. An die Bejahung einer solchen Pflicht sind aber besonders hohe Anforderungen zu stellen.[3] Die Tatsache, dass das Unternehmen sanierungsbedürftig ist, reicht hierfür nicht aus;[4] das gilt selbst dann, wenn die Gesellschafter zur Finanzierung der Sanierungsaktion unschwer in der Lage wären. Davon zu unterscheiden ist die Frage, ob Gesellschafter kraft Treupflicht gehalten sein können, im Sanierungsfall einer Beitragserhöhung seitens der hierzu bereiten Mitgesellschafter zuzustimmen (vgl. dazu RdNr. 8).

2 **2. Geltungsbereich.** § 707 greift nur ein, soweit es um eine Erhöhung der im Vertrag festgelegten Beiträge geht und die Gesellschafter hierfür nicht wirksam eine Mehrheitsklausel vereinbart haben (RdNr. 6). **Keine** spätere **Erhöhung** liegt vor, wenn die Höhe der Beiträge im Vertrag zwar nicht ziffernmäßig fixiert, wohl aber in objektiv bestimmbarer, künftigen Entwicklungsmöglichkeiten Rechnung tragender Weise ausgestaltet ist. Zu denken ist etwa an die Vereinbarung aufschiebend bedingter Nachschusspflichten schon bei Gesellschaftsgründung oder an die Ausrichtung der Beitragshöhe an objektivierbaren Daten des Geschäftsumfangs oder entsprechenden Veränderungen des Gesellschaftszwecks.[5] Allerdings muss sich die *Verpflichtung eindeutig aus dem Gesellschaftsvertrag* ergeben; aus einer Vertragsbestimmung, dass Gewinne und Verluste „auf Privatkonto verbucht“ werden, lässt sich eine Pflicht zum Verlustausgleich vor Auflösung der Gesellschaft (§ 735) nicht ableiten.[6]

3 Sind die Beitragspflichten im Gesellschaftsvertrag nach Art und Höhe klar fixiert, so bedarf ihre **Geltendmachung** im Zweifel keines weiteren Gesellschafterbeschlusses, sondern ist Sache der Geschäftsführer (§ 706 RdNr. 19). Mit dem Schutzzweck des § 707 wäre es jedoch unvereinbar und hielte sich nicht mehr in den Grenzen privatautonomer Gestaltung, wollte man eine nicht an objektivierbare Kriterien gebundene Beitragsfestsetzung oder -erhöhung der einseitigen Bestimmung der Geschäftsführer oder eines Dritten überlassen.[7]

[1] EinhM, vgl. RGZ 68, 93, 96; 151, 321, 326; 163, 385, 391; BGHZ 20, 363, 369 f. = NJW 1956, 1198 (st. Rspr.); *Staudinger/Keßler* RdNr. 1; *Wiedemann* GesR § 7 IV 1 a.

[2] So treffend *Wiedemann* (Fn. 1).

[3] Vgl. etwa BGH LM HGB § 105 Nr. 8 (keine Pflicht, an Stelle des krankheitshalber ausfallenden Mitgesellschafters die Geschäftsführung zu übernehmen). So im Grundsatz auch *K. Schmidt* BMJ-Gutachten S. 525; *ders.* GesR § 5 IV 5 b; *Erman/Westermann* RdNr. 1.

[4] RG JW 1938, 1522; *Staudinger/Keßler* RdNr. 1; RGRK/*von Gamm* RdNr. 1; *K. Schmidt* BMJ-Gutachten S. 525; *ders.* GesR § 5 IV 5 b.

[5] Ähnlich *Erman/Westermann* RdNr. 1; weitergehend offenbar BGH WM 1961, 32; *Soergel/Hadding* RdNr. 1; RGRK/*von Gamm* RdNr. 1, die es genügen lassen wollen, dass die Beitragshöhe sich aus dem sachlich und wirtschaftlich begrenzten Gesellschaftszweck ergibt. Einschränkend aber *Kaligin* DB 1981, 1172 ff. für Nachschussklauseln in einer Publikums-Gesellschaft unter Hinweis auf den früheren § 3 AGBG.

[6] BGH LM Nr. 3 = NJW 1983, 164.

[7] Vgl. KG DB 1978, 1922 und *Barfuß* DB 1977, 571, 573 f. betr. die Unwirksamkeit einer Klausel im Gesellschaftsvertrag einer Publikums-KG, wonach eine Erhöhung der Kommanditeinlagen um bis zu 20% auch ohne Gesellschafterbeschluss verlangt werden kann, wenn ein Kreditinstitut es verlangt. Für restriktive Auslegung der Pflicht der Gesellschafter einer Publikums-KG, auf Anforderung der Geschäftsführung die Beiträge zu erhöhen oder „Auflagen“ von Kreditinstituten bei Finanzierung der

4 Der Grundsatz freier Entscheidung der Gesellschafter über Beitragserhöhung und Verlustausgleich gilt *während der Gesellschaftsdauer.* Er erfasst in gleicher Weise **Beiträge, Nachschüsse** und sonstige vertraglicher Festsetzung bedürftige Sozialansprüche der Gesellschaft gegen die Gesellschafter (zur Verlustdeckung nach § 735 vgl. RdNr. 5). Während dieser Zeit schließt er grundsätzlich auch die Haftung der Mitgesellschafter aus gegen die Gesellschaft gerichteten, auf dem Gesellschaftsvertrag beruhenden Ansprüchen eines Gesellschafters aus.[8] Eine **Ausnahme** wird von der hM zu Recht dann zugelassen, wenn ein Gesellschafter von einem Gesellschaftsgläubiger auf Zahlung einer Gesellschaftsschuld in Anspruch genommen worden ist und bei der Gesellschaft keinen Ersatz erlangen kann; hier kann er seinen *Regressanspruch* gegen die Mitgesellschafter pro rata bereits während der Gesellschaftsdauer verfolgen.[9] Gleiches hat bei Vermögenslosigkeit der Gesellschaft für Aufwendungsersatzansprüche von Geschäftsführern zu gelten (vgl. § 713 RdNr. 15). Demgegenüber steht § 707 der Geltendmachung von Drittgläubigerforderungen eines Gesellschafters gegen seine Mitgesellschafter nicht entgegen.[10]

5 **3. Grenzen.** § 707 schließt Beitragserhöhungen ohne Zustimmung der Gesellschafter nur während der Gesellschaftsdauer aus. Die Pflicht zur *Verlustdeckung* im Zuge der **Liquidation** oder des **Ausscheidens** (§§ 735, 739) wird dadurch nicht berührt. Ebenso kann § 707 nicht Gesellschaftsgläubigern entgegengesetzt werden, da ihnen neben der GbR auch die Gesellschafter persönlich haften (§ 714 RdNr. 33 ff.). Die für Kommanditisten bestehende Möglichkeit, ihre Haftung auf die Hafteinlage zu beschränken (§ 171 Abs. 1 HGB), ist im Recht der GbR nicht vorgesehen.

II. Beitragserhöhungen durch Mehrheitsbeschluss

6 **1. Voraussetzungen.** Nach einhM enthält § 707 dispositives Recht. Im Gesellschaftsvertrag kann daher die Beschlussfassung über Beitragserhöhungen abweichend ausgestaltet, insbesondere einem Mehrheitsbeschluss vorbehalten werden. Die **Wirksamkeit** der der Mehrheit erteilten Ermächtigung zur Vertragsänderung wird allerdings ganz überwiegend von *strengen Voraussetzungen* abhängig gemacht: dem ist mit Rücksicht auf den Schutzzweck von § 707 (RdNr. 1) und den mit der mehrheitlichen Beitragserhöhung verbundenen Eingriff in den Kernbereich der Mitgliedschaft (§ 709 RdNr. 91 f.) zuzustimmen. Eine nur allgemein auf Vertragsänderungen bezogene Mehrheitsklausel reicht für eine mehrheitliche Beitragserhöhung nicht aus; vielmehr muss die gesellschaftsvertragliche Mehrheitsklausel das *antizipierte Einverständnis* der einzelnen Gesellschafter mit der Beitragserhöhung enthalten. Hierzu bedarf es neben der eindeutigen Einbeziehung der Beitragserhöhung in den Anwendungsbereich der Mehrheitsklausel[11] zusätzlich der *Angabe einer Obergrenze* oder sonstiger Kriterien, die der Eingrenzung der Erhöhungsrisiken für mehrheitlich zu beschließende Kapitalerhöhungen dienen.[12] Eine Ausnahme hiervon hat der

Gesellschaft zu erfüllen, auch BGH WM 1978, 1399, 1400 und KG DB 1978, 1025 unter Bezugnahme auf Auslegungsgrundsätze des AGB-Rechts. Vgl. auch *Erman/Westermann* RdNr. 1 aE, der im Falle vertraglich zugelassener Beitragsbestimmung durch ein Gesellschaftsorgan eine Inhalts- und Angemessenheitskontrolle verlangt. Im Grundsatz abw. *Götz Hueck,* Gleichmäßige Behandlung, S. 347.

[8] EinhM; vgl. RGZ 80, 268, 272; BGH ZIP 1989, 852 f. (auch während des Liquidationsstadiums); *Soergel/Hadding* RdNr. 1; *Erman/Westermann* RdNr. 3; RGRK/*von Gamm* RdNr. 1.

[9] BGHZ 37, 299, 302 = NJW 1962, 1863; BGH NJW 1980, 339, 340; WM 1974, 749, 751; 1988, 446, 448; *Soergel/Hadding* RdNr. 1; *Erman/Westermann* RdNr. 3; *Hueck* OHG § 18 III 2; vgl. auch *Staub/Ulmer* § 110 RdNr. 32.

[10] RGRK/*von Gamm* RdNr. 2.

[11] BGHZ 66, 82, 85 = NJW 1976, 958; BGHZ 8, 35, 39 = NJW 1953, 102; RGZ 163, 385, 391; 151, 321, 327; 91, 166, 168; OLG Stuttgart NZG 2000, 835 (mehrheitliche Begründung einer Nachschusspflicht setzt antizipierte Zustimmung der Minderheit im Gesellschaftsvertrag voraus); den Bestimmtheitsgrundsatz stark relativierend, aber die Frage offen lassend jetzt BGH NJW 1995, 194 f. und BGHZ 132, 263, 268 = NJW 1996, 1678. Näher zum „Bestimmtheitsgrundsatz" bei Mehrheitsklauseln vgl. § 709 RdNr. 84 ff., zu den Anforderungen an mehrheitliche Eingriffe in den Kernbereich der Mitgliedschaft § 709 RdNr. 91 f.

[12] Vgl. Rspr.-Nachw. in Fn. 11 sowie *Barfuß* DB 1977, 571, 572, *Wiedemann* ZGR 1977, 690, 692, *Leenen,* FS Larenz, 1983, S. 371, 386; *K. Schmidt* GesR § 16 III 3 b dd und die Kommentierungen zu § 707; aA nur *Teichmann* Gestaltungsfreiheit S. 174.

BGH[13] für den Fall einer Publikums-KG zugelassen, bei der die Kommanditisten zwar berechtigt, nicht aber verpflichtet sein sollten, unter Anpassung ihres Kapitalanteils an der Kapitalerhöhung teilzunehmen. Dem ist wegen der starken Ähnlichkeit zur Lage bei der AG zuzustimmen. Rückschlüsse auf Mehrheitsklauseln bei typischen Personengesellschaften lassen sich hieraus wegen der bei diesen im Vordergrund stehenden persönlichen Bindung und wegen des berechtigten Interesses der einzelnen Gesellschafter an der Aufrechterhaltung ihres Beteiligungsanteils nicht ohne weiteres ziehen.[14] Näher dazu vgl. § 709 RdNr. 91 f. betr. die Anforderungen an gesellschaftsvertragliche Mehrheitsklauseln mit Kernbereichsrelevanz.

7 **2. Wirksamkeitsschranken.** Auch wenn die in RdNr. 6 genannten Voraussetzungen für Mehrheitsbeschlüsse erfüllt sind, kann die Mehrheit von den ihr danach zustehenden Befugnissen doch nicht beliebigen Gebrauch machen. Schranken der Wirksamkeit von Erhöhungsbeschlüssen können sich namentlich im Hinblick auf Treupflicht und Gleichbehandlungsgrundsatz ergeben. So steht die **Treupflicht** Erhöhungsbeschlüssen entgegen, die nicht durch einen entsprechenden Kapitalbedarf der Gesellschaft veranlasst sind, sondern als Mittel zur Zurückdrängung der finanzschwachen Minderheit dienen. Aber auch wenn die Beitragserhöhung im Gesellschaftsinteresse liegt, setzt ihre Rechtmäßigkeit doch weiter voraus, dass der damit verbundene Eingriff in die Rechte der Minderheit dem Grundsatz der Erforderlichkeit und Verhältnismäßigkeit genügt (näher § 709 RdNr. 100 f.). Und mit dem **Gleichbehandlungsgrundsatz** sind Beschlüsse unvereinbar, die rechtlich oder faktisch (durch die Art der Beiträge) der Minderheit nicht die gleiche Chance auf Teilnahme an der Erhöhung einräumen.[15]

III. Freiwillige Beitragserhöhungen

8 Einseitige Änderungen, insbesondere auch Erhöhungen der im Gesellschaftsvertrag vereinbarten Beiträge einzelner Gesellschafter sind ohne **Zustimmung der Mitgesellschafter** wegen ihrer Rückwirkungen auf die Beteiligungsverhältnisse grundsätzlich ausgeschlossen.[16] Wohl aber kann sich aus der Treupflicht im Einzelfall eine *Pflicht* der Mitgesellschafter ergeben, der von einem Gesellschafter angebotenen Beitragserhöhung zuzustimmen, so wenn die Gesellschaft dringend auf weiteres Kapital angewiesen ist, die Mitgesellschafter aber nicht bereit oder in der Lage sind, an der im Gesellschaftsinteresse gebotenen Kapitalerhöhung teilzunehmen.[17]

§ 708 Haftung der Gesellschafter

Ein Gesellschafter hat bei der Erfüllung der ihm obliegenden Verpflichtungen nur für diejenige Sorgfalt einzustehen, welche er in eigenen Angelegenheiten anzuwenden pflegt.

Übersicht

	RdNr.
I. Grundsatzfragen	1–4
1. Normzweck und Kritik	1, 2
2. Systematische Stellung	3, 4
II. Anwendungsbereich, Voraussetzungen	5–15
1. Personengesellschaften	5

[13] BGHZ 66, 82, 85 = NJW 1976, 958, dazu *Barfuß* DB 1977, 571 f., *Wiedemann* ZGR 1977, 690 ff.

[14] So auch *Barfuß* DB 1977, 573; *Wiedemann* ZGR 1977, 694. Zur Wirksamkeit von Mehrheitsklauseln über die Aufnahme weiterer Gesellschafter in eine typische Personengesellschaft vgl. § 709 RdNr. 93.

[15] BGH WM 1974, 1151; OLG München NZG 2001, 558, 560; *Soergel/Hadding* RdNr. 3.

[16] EinhM, vgl. *Soergel/Hadding* RdNr. 4; *Erman/Westermann* RdNr. 4; *Staudinger/Keßler* RdNr. 7.

[17] Vgl. *Hueck* OHG § 14 IV und die Nachw. in Fn. 16.

	RdNr.
2. Gesellschafterhandeln in Erfüllung gesellschaftsvertraglicher Obliegenheiten	6–15
a) Allgemeines	6, 7
b) Überschreitung der Geschäftsführungsbefugnis	8–11
aa) Meinungsstand	8
bb) Stellungnahme	9–11
c) Handeln im Straßenverkehr	12–15
III. Die eigenübliche Sorgfalt	16–20
1. Sorgfaltsmaßstab	16–18
2. Beweisfragen	19, 20
IV. Rechtsfolgen	21–23

I. Grundsatzfragen

1 **1. Normzweck und Kritik.** Die aus dem römischen Recht stammende Haftungsbeschränkung auf Verletzung der in eigenen Angelegenheiten üblichen Sorgfalt (diligentia quam in suis rebus) bezieht sich auf das *Innenverhältnis* der Gesellschafter. In den Protokollen[1] heißt es zum **Normzweck,** es müsse angenommen werden, „dass Parteien, die miteinander einen Gesellschaftsvertrag einzugehen beabsichtigen, *sich gegenseitig so nehmen wollten, wie sie einmal seien,* dass jeder Teil von vornherein die Individualität des anderen ins Auge fasse und daher nur verlange, dass er in den gemeinschaftlichen Angelegenheiten dieselbe Sorgfalt wie in den eigenen Angelegenheiten übe". Dieser Gedanke ist trotz der an ihm seit langem geübten Kritik (RdNr. 2) jedenfalls im Ansatz zutreffend. Er schöpft die für die Haftungsbeschränkung sprechenden Gründe indessen nicht voll aus.[2] Zu berücksichtigen ist nämlich weiter der dem Gesamthandsprinzip entsprechende Umstand, dass Gesellschaftsangelegenheiten stets zugleich auch *eigene Angelegenheiten der beteiligten Gesellschafter* sind und dass zudem jeder von ihnen nach der Regel des § 709 an der Führung der gemeinsamen Geschäfte auch persönlich beteiligt ist.[3] Jeder Gesellschafter ist somit – wenn auch nicht allein oder ausschließlich – „Herr des Geschäfts". Er sollte daher auch den Mitgesellschaftern nicht zu einem höheren Maß an Sorgfalt verpflichtet sein, als er sie in seinem eigenen Bereich anwendet.

2 Trotz dieser an den Besonderheiten der Gesellschaft orientierten, zutreffenden Grundgedanken ist die **rechtspolitische Kritik** an der Regelung des § 708 verbreitet.[4] Neben der – zu Recht beanstandeten – Unangemessenheit in Bezug auf diejenigen Gesellschaften, bei denen die in § 708 vorausgesetzte persönliche Verbundenheit schlechthin fehlt (dazu RdNr. 5), wird namentlich geltend gemacht, die Haftungsbeschränkung möge zwar für Gelegenheitsgesellschaften an der Grenze zu Gefälligkeitsverhältnissen geeignet sein, sie vertrage sich aber nicht mit den Grundsätzen eines arbeitsteiligen, auf sorgfältige Erfüllung der übernommenen Aufgaben angelegten Geschäftsverkehrs. Wenn etwa von Rechtsanwälten im Rahmen des Anwaltsvertrags eine gewissenhafte Erledigung der übertragenen Aufgaben erwartet werde, gehe es nicht an, ihnen im Innenverhältnis, gegenüber den anderen Mitgliedern der Sozietät, einen großzügigeren Sorgfaltsmaßstab zuzugestehen. Auf entsprechenden Überlegungen beruht die auf eine Art teleologischer Reduktion gestützte Nichtanwendung von § 708 auf Sorgfaltsverletzungen im Straßenverkehr (dazu RdNr. 12). Dogmatisch gesehen erklären sich diese Ansichten aus einer unhaltbaren Vermengung von Außen- und Innenverhältnis. Sie könnte selbst dann nicht überzeugen, wenn man der rechtspolitischen Kritik im Ansatz zustimmen wollte (RdNr. 13). Für grundsätzliche Beibehaltung der Vor-

[1] *Mugdan* II S. 985; vgl. zur Entstehungsgeschichte auch *Ballerstedt* JuS 1963, 253, 258.

[2] Zur Frage weiterer Aspekte des Normzwecks vgl. *Müller-Graff* AcP 191 (1991), 475, 480 ff. (dazu Fn. 3).

[3] Gegen die Maßgeblichkeit dieses Aspekts aber *Müller-Graff* AcP 191 (1991), 475, 482 f.: allein entscheidend sei vielmehr, dass Personengesellschafter durch ihre Verbindung die Bereitschaft dokumentieren, auch das „Risiko des individualüblichen Verhaltens des Mitgesellschafters" einzugehen.

[4] Vgl. nur *Soergel/Hadding* RdNr. 1; *K. Schmidt* GesR § 59 III 2 a; *Hueck* OHG § 9 Fn. 10; *Hauss,* FS Möhring, 1965, S. 345, 361; *Rother,* Haftungsbeschränkung im Schadensrecht, 1965, S. 192. Diff. *Ballerstedt* JuS 1963, 253, 258. De lege ferenda für Streichung von § 708 auch *K. Schmidt,* Gutachten und Vorschläge zur Überarbeitung des Schuldrechts, Bd. III, 1981, S. 526 f.; *Schlechtriem* ebd., Bd. II, S. 1622.

schrift spricht auch der Umstand, dass die Rechtsprechung sonst unausweichlich Zuflucht bei stillschweigenden (fiktiven) Haftungsbeschränkungsabreden sucht, soweit es um die Haftung im Rahmen von Gelegenheitsgesellschaften geht.[5]

3 **2. Systematische Stellung.** § 708 enthält als Regelung des Innenverhältnisses der Gesellschafter **nachgiebiges Recht.**[6] Den Parteien steht es nicht nur frei, die Haftung zwischen sich generell auf Vorsatz zu beschränken. Sie können vielmehr auch auf die Entlastungsmöglichkeit des § 708 verzichten und sich zur Einhaltung der im Verkehr erforderlichen Sorgfalt (§ 276 Abs. 1 S. 2) auch für das Innenverhältnis verpflichten. Den methodisch unhaltbaren Versuchen, unter Berufung auf die rechtspolitische Kritik an § 708 zur Annahme einer stillschweigend vereinbarten Haftungsverschärfung zu kommen,[7] ist freilich zu Recht eine Absage erteilt worden.[8]

4 Die Vorschrift des § 708 bezieht sich auf **vertragliche** Schadensersatzansprüche von Gesellschaft und Mitgesellschaftern. Im Rahmen ihres Anwendungsbereichs schließt sie jedoch auch die Geltendmachung **deliktischer** Ansprüche wegen derselben schädigenden Handlung aus.[9] Andernfalls würde das Haftungsprivileg auf dem Umweg über § 823 praktisch weitgehend außer Kraft gesetzt.[10] – Zur Frage des Eingreifens des § 708 oder der §§ 677 ff. im Fall der Überschreitung der Geschäftsführungsbefugnis vgl. RdNr. 8 ff.

II. Anwendungsbereich, Voraussetzungen

5 **1. Personengesellschaften.** § 708 beruht auf der engen persönlichen Verbundenheit der Gesellschafter und dem besonderen Vertrauensverhältnis im Rahmen einer Personengesellschaft. Er gilt nicht nur zwischen den Gesellschaftern einer **GbR,** sondern kraft der Verweisung der §§ 105 Abs. 3, 161 Abs. 2 HGB auch zwischen denjenigen einer personalistisch strukturierten **OHG** und **KG.** Auf das Innenverhältnis des nichtrechtsfähigen Vereins wird er wegen dessen andersartiger Struktur trotz der pauschalen Verweisung auf das Recht der GbR in § 54 S. 1 zu Recht nicht angewandt.[11] Gleiches hat für die strukturell dem Verein vergleichbaren Verhältnisse in einer **Publikums-Gesellschaft** zu gelten; zu Recht hat daher der BGH die Anwendung des § 708 auf eine Publikums-KG im Wege teleologischer Reduktion verneint.[12] Aber auch bei sonstigen *kapitalistisch strukturierten,* nicht auf engen persönlichen Bindungen der Gesellschafter und gegenseitigem Vertrauen beruhenden Personengesellschaften ist mit Rücksicht auf den Normzweck (RdNr. 1) Zurückhaltung gegenüber dem Eingreifen der Haftungsbeschränkung veranlasst.[13] An diesen Grundsätzen hat sich auch der Sorgfaltsmaßstab für die Gesellschafter/Geschäftsführer einer **GmbH & Co. KG** zu orientieren.[14] Es geht nicht um den Vorrang von § 708 oder § 43 GmbHG; das Eingreifen von § 708 richtet sich vielmehr nach der personalistischen oder kapitalistischen

[5] Vgl. nur BGH JZ 1979, 101 (Fn. 37) und die weiteren Beispiele bei *K. Schmidt,* Gutachten (Fn. 4) S. 526 f. Im Ergebnis wie hier *Müller-Graff* AcP 191 (1991), 475, 483 und *Erman/Westermann* RdNr. 1 aE gegen *K. Schmidt* GesR § 59 III 2 c, der für einschränkende Interpretation des § 708 als Auslegungsregel plädiert.

[6] EinhM; vgl. *Soergel/Hadding* RdNr. 2; *Staudinger/Keßler* RdNr. 13; *Müller-Graff* AcP 191 (1991), 475, 494.

[7] Vgl. etwa RGZ 143, 212, 215 (für den nichtrechtsfähigen Verein).

[8] BGHZ 46, 313, 317 = NJW 1967, 558; *Hueck* OHG § 9 Fn. 10; vgl. auch *Müller-Graff* AcP 191 (1991), 475, 478 f.

[9] St. Rspr., vgl. BGHZ 46, 313, 316 = NJW 1967, 558; BGH VersR 1960, 802 und LM § 252 Nr. 2 = NJW 1954, 145; RGZ 66, 363 und 88, 317; vgl. zur Konkurrenzproblematik näher Vor § 823 RdNr. 66.

[10] BGHZ 46, 313, 316 f. = NJW 1967, 558; 93, 23, 29 = NJW 1985, 794; *Soergel/Hadding* RdNr. 7 aE. Zur im Ergebnis abw. Beurteilungin den Straßenverkehrsfällen vgl. RdNr. 11; einschränkend *Erman/Westermann* RdNr. 5.

[11] EinhM; vgl. RGZ 143, 212, 215; RGRK/*von Gamm* RdNr. 3; *Soergel/Hadding* RdNr. 2; *Erman/Westermann* RdNr. 3.

[12] BGHZ 69, 207, 209 f. = NJW 1977, 2311; BGHZ 75, 321, 327 f. = NJW 1980, 589; BGH NJW 1995, 1353, 1354; zust. *Hüffer* ZGR 1981, 348, 361 f.; *Grunewald,* FS Kropff, 1997, S. 91 ff.; *Erman/Westermann* RdNr. 3; *Soergel/Hadding* RdNr. 2.

[13] So auch *K. Schmidt* Gutachten (Fn. 4) S. 526; vgl. auch *dens.* GesR § 59 III 2 a.

[14] AA *Krebs,* Geschäftsführerhaftung in der GmbH & Co. KG, 1991, S. 68 ff., 72.

Struktur der Gesellschaft. In einer Familien-GmbH & Co. KG können sich daher auch die GmbH-Gesellschafter/Geschäftsführer gegenüber Ansprüchen aus § 43 GmbHG auf das zwischen KG und GmbH geltende, inhaltlich durch die eigenübliche Sorgfalt der GmbH-Organe ausgefüllte Haftungsprivileg berufen.[15]

2. Gesellschafterhandeln in Erfüllung gesellschaftsvertraglicher Obliegenheiten. a) Allgemeines. Die Anwendung von § 708 beschränkt sich nicht auf Geschäftsführer. Die Haftungsbeschränkung kommt vielmehr auch sonstigen Gesellschaftern zugute, soweit diese auf Grund des Gesellschaftsvertrags und nicht etwa kraft eines davon zu unterscheidenden Anstellungsverhältnisses für die Gesellschaft tätig werden[16] oder soweit sie auf sonstige Weise als Gesellschafter mit ihr in Verbindung treten und dabei einen Schaden verursachen. Ob die Tätigkeit unentgeltlich oder entgeltlich (Gewinnvoraus) erbracht wird sowie ob die Gesellschaft ideelle oder wirtschaftliche Zwecke verfolgt, ist für das Eingreifen von § 708 ohne Bedeutung.[17] Die Vorschrift greift auch ein, soweit es um Leistungsstörungen bei der Erfüllung der Beitragspflichten geht (vgl. § 706 RdNr. 25). 6

§ 708 knüpft das Eingreifen der Haftungsbeschränkung daran, dass die schadensverursachende Handlung **bei** der **Erfüllung der** dem Gesellschafter obliegenden, **durch den Gesellschaftsvertrag begründeten Verpflichtungen** begangen wurde. Diese in ähnlicher Weise in §§ 31, 831 angelegte Begrenzung klammert zunächst solche Schadensverursachungen aus, die lediglich bei Gelegenheit eines Gesellschafterhandelns eingetreten sind, mit ihm aber in keinem unmittelbaren inneren Zusammenhang stehen.[18] Ebenso gilt § 708 nicht für Sorgfaltsverletzungen von Gesellschaftern als Partner eines Unternehmensvertrags[19] oder für solche im Rahmen sog. Drittgeschäfte, die Gesellschafter nicht kraft gesellschaftsvertraglicher Verpflichtung, sondern wie Dritte mit der Gesellschaft schließen (§ 705 RdNr. 202). Dagegen ist eine Ausnahme von § 708 für Schäden aus der Verletzung bloßer **Neben- oder Schutzpflichten** nicht veranlasst.[20] Auch deren Erfüllung gehört zu den aus dem Gesellschaftsvertrag folgenden, den Mitgesellschaftern gegenüber bestehenden Obliegenheiten. Zudem würde es wenig einleuchten, dass die Gesellschafter für die Verletzung von Nebenpflichten schärfer haften sollen als für diejenige von Hauptpflichten. 7

b) Überschreitung der Geschäftsführungsbefugnis. aa) Meinungsstand. Die Behandlung der Fälle einer Schadensverursachung durch Handlungen von Geschäftsführern außerhalb der ihnen eingeräumten Geschäftsführungsbefugnis (§ 709 RdNr. 25) oder trotz des Widerspruchs hierzu berechtigter Mitgesellschafter ist seit Jahrzehnten Gegenstand von Auseinandersetzungen. Das **Reichsgericht** bejahte in diesen Fällen ursprünglich eine verschuldensunabhängige Haftung des Handelnden,[21] ohne die Anspruchsgrundlage zu nennen.[22] Später schränkte es diese Rechtsprechung dahin ein, dass eine Haftung auf der 8

[15] Ebenso *Hüffer* ZGR 1981, 362 f. Für Nichtanwendung von § 708 auf Gesellschaften, an denen juristische Personen beteiligt sind, aber *Ballerstedt* JuS 1963, 258 f. (dagegen zu Recht *Erman/Westermann* RdNr. 3).

[16] RGZ 89, 99, 102; *Soergel/Hadding* RdNr. 4; *Erman/Westermann* RdNr. 4; *Staudinger/Keßler* RdNr. 5; RGRK/*von Gamm* RdNr. 2.

[17] So zutr. *Rob. Fischer* in Großkomm. zum HGB § 116 Anm. 18; einschränkend *Erman/Westermann* RdNr. 4 (zehrt Geschäftsführervergütung erheblichen Teil des Überschusses auf, liegt konkludenter Ausschluss des § 708 nahe).

[18] Vgl. Näheres dazu in § 31 RdNr. 32 f. und § 831 RdNr. 19 ff.

[19] BGH LM HGB § 105 Nr. 46 = NJW 1980, 231, 232.

[20] So aber für die Verletzung von Schutzpflichten *Schwerdtner* NJW 1971, 1673, 1675 und *Larenz,* FS Westermann, 1974, S. 299, 302 f. mit der Begründung, dass die Herausbildung derartiger Vertragspflichten durch die Rechtsprechung anderenfalls zu einer Verschlechterung der Rechtslage des Geschädigten führe, da dieser seine ursprünglich rein deliktischen Ansprüche früher ohne Rücksicht auf vertragliche Haftungsbeschränkungen durchsetzen konnte. Dagegen zu Recht auch *K. Schmidt* GesR § 59 III 2 b; *Soergel/Hadding* RdNr. 4; *Müller-Graff* AcP 191 (1991), 475, 488 f.; kritisch auch *Erman/Westermann* RdNr. 5.

[21] RG LZ 1914, 580 Nr. 9; JW 1930, 705, 706; weit. Nachw. bei *Hueck* OHG § 10 VI 5 Fn. 76 und bei *Häuser,* FS Kraft, 1998, S. 147, 152 f.

[22] So zutr. *Häuser* (Fn. 21) entgegen dem in der Lit. vorherrschenden Verständnis, das RG habe die Haftung auf § 678 gestützt. Vgl. dann aber RGZ 158, 302, 312 f.

Grundlage des GoA-Rechts nach § 678 die schuldhafte Überschreitung der Geschäftsführungsbefugnis voraussetze.[23] Von *Hueck*[24] wurden diese Grundsätze unter weitgehender Zustimmung der späteren Literatur[25] dahin präzisiert und verfeinert, dass die Prüfung des Verschuldens hinsichtlich der *Überschreitung der Geschäftsführungsbefugnis* nicht nach § 276, sondern auf der Basis von § 708 erfolgen müsse. Nur wenn die Überschreitung nach diesem Maßstab vorwerfbar sei, komme das GoA-Recht mit seiner in § 678 geregelten strikten Haftung bei erkennbarem Handeln gegen den wirklichen oder mutmaßlichen Willen des Geschäftsherrn (der Gesamtheit der Gesellschafter) zum Zuge. Habe der Geschäftsführer demgegenüber bei Prüfung seiner Handlungsbefugnis die eigenübliche Sorgfalt beachtet, so finde Gesellschaftsrecht auf die Geschäftsführung Anwendung; für einen der Gesellschaft bei *Durchführung* der Maßnahme verursachten Schaden müsse der Geschäftsführer nur in den Grenzen des § 708 einstehen. Noch weitergehend lehnte der **Bundesgerichtshof**[26] im Anschluss an *Robert Fischer*[27] das Eingreifen von GoA-Recht in Fällen dieser Art generell ab, da die Vorschriften der §§ 677 ff. das Fehlen einer vertraglichen Bindung zwischen Geschäftsführer und Geschäftsherrn voraussetzten und für diesen Fall eine außervertragliche Haftung begründeten. Demgegenüber gehe es bei der Überschreitung von Geschäftsführungsbefugnissen um – ggf. fehlerhaftes – Geschäftsführerhandeln, das zur Schadensersatzpflicht im Fall eines nach § 708 vorwerfbaren Übernahmeverschuldens führe, ohne dass es zusätzlich auf ein Ausführungsverschulden ankomme.[28] Den im Ergebnis entgegengesetzten Standpunkt vertritt *Wiedemann*.[29] Auch er hält zwar den Weg über die GoA-Regeln für nicht gangbar, will aber § 708 auf Geschäftsführerhandeln überhaupt nicht anwenden, soweit nicht alle Gesellschafter an der Geschäftsführung beteiligt sind, sondern diese nach § 710 einzelnen Gesellschaftern übertragen ist.

9 **bb) Stellungnahme.** Den Kritikern des RG ist mit der in der Literatur hM darin zuzustimmen, dass der Sorgfaltsmaßstab des § 708 auch dann eingreift, wenn es um die Prüfung der Frage geht, ob dem Gesellschafter die Verletzung der Geschäftsführungsbefugnis vorwerfbar ist. Denn an der Zugehörigkeit der Handlung zum Bereich der (sei es auch unbefugten) **Geschäftsführung** kann, wenn es sich um eine Tätigkeit für die Gesellschaft handelt, kein Zweifel bestehen. Und ebenso steht außer Frage, dass die Prüfung seiner Handlungsbefugnis zu den dem Geschäftsführer obliegenden Verpflichtungen gehört. Nicht zu folgen ist demgegenüber dem Einwand von *Wiedemann*,[30] wonach § 708 in Fällen der nach § 710 auf einzelne Gesellschafter übertragenen Geschäftsführung generell keine Anwendung findet; für eine derartige Restriktion des § 708 gibt es keine überzeugenden Sachgründe.

10 Was andererseits die Auseinandersetzung zwischen *Hueck* und *Robert Fischer* über die **Haftung nach GoA-Recht** im Falle einer nach § 708 *schuldhaften* Überschreitung der Geschäftsführungsbefugnis angeht,[31] so beschränkt sich ihre Bedeutung im Ergebnis darauf, ob der Geschäftsführer sich auch wegen *zusätzlicher* Fehler, die er bei Durchführung der seine Kompetenz überschreitenden Handlung begeht und die auch ihrerseits schadensverursachend wirken, auf § 708 berufen kann (so *Robert Fischer*) oder ob insoweit der allgemeine, im Rahmen des § 678 sogar verschärfte Haftungsmaßstab eingreift (so *Hueck*). Gegen die Lösung von *Robert Fischer* lässt sich zwar nicht einwenden, dass der Geschäftsführer für bewusst eigenmächtiges Handeln stets einzustehen habe und sich zur Rechtfertigung nicht auf Interesse und mutmaß-

[23] RGZ 158, 302, 313; dem folgend RGRK/*von Gamm* RdNr. 2.

[24] OHG § 10 VI 5, S. 142 bis 144.

[25] *Soergel/Hadding* RdNr. 5; *Erman/Westermann* RdNr. 7; *Staudinger/Keßler* RdNr. 10; *Müller-Graff* AcP 191 (1991), 475, 487 f. Im Ergebnis ähnlich – trotz prinzipieller Ablehnung unter Berufung auf BGH WM 1988, 968, 970 – *Schlegelberger/Martens* HGB § 114 RdNr. 37. Vgl. auch *dens.* ZHR 147 (1983), 377, 397 ff.

[26] BGH NJW 1997, 314 (OHG) und schon WM 1988, 968, 970. Vgl. auch BGH WM 1989, 1335, 1339 (Nichtanwendung der GoA-Regeln auf angemaßte Eigengeschäftsführung in der GmbH).

[27] In Großkomm. zum HGB, 3. Aufl., § 116 Anm. 29.

[28] BGH NJW 1997, 314 (für OHG); zust. *Häuser* (Fn. 21) S. 163 ff.

[29] WM 1992, Sonderbeil. 7, S. 16.

[30] AaO (Fn. 29).

[31] AaO (Fn. 24, 27).

lichen Willen der Mitgesellschafter (§ 677) berufen könne.[32] Denn der Gedanke der Notgeschäftsführung, der der Regelung des § 677 zu Grunde liegt, lässt sich auch auf das Geschäftsführungsrecht in der GbR übertragen (vgl. auch § 709 RdNr. 21). Wohl aber überzeugt der Einwand von *Hueck,*[33] dass die Mitgesellschafter das in § 708 zum Ausdruck kommende besondere Vertrauen in die Tätigkeit des Geschäftsführers auf den Kreis der ihm im Gesellschaftsvertrag übertragenen Geschäfte beschränkt und ihm nicht etwa einen generellen Freibrief in den Grenzen des § 708 ausgestellt haben.[34] Dementsprechend kommt auch der BGH neuerdings zur Haftung des Geschäftsführers für den Schaden, der der Gesellschaft durch nach § 708 pflichtwidrige Überschreitung der Geschäftsführungsbefugnis entstanden ist, ohne zusätzlich auf ein Ausführungsverschulden in Bezug auf die Schadensverursachung zu fragen.[35]

Dieser zur verschärften Geschäftsführerhaftung führenden Ansicht des BGH ist für den Regelfall zu folgen.[36] Beruht der Schaden allerdings nicht auf der Überschreitung der Geschäftsführungsbefugnis, sondern auf einer davon unabhängigen, erneuten **Schadensverursachung bei späteren Geschäftsführungshandlungen** bezüglich desselben Vermögensgegenstands, so kommt es für die Haftung des Geschäftsführers erneut darauf an, ob er insoweit die eigenübliche Sorgfalt verletzt hat; man denke an den sorgfaltswidrig unterlassenen Versicherungsschutz für eine außerhalb der Geschäftsführungsbefugnis zum Gesamthandsvermögen erworbene, später durch Zufall untergegangene Sache. 11

c) Handeln im Straßenverkehr. Eine zumal für Gelegenheitsgesellschaften zur gemeinsamen Benutzung eines Kraftfahrzeugs erhebliche **Einschränkung** des Anwendungsbereichs von § 708 wird vom **Bundesgerichtshof** seit Mitte der 60er Jahre für solche Schäden an Körper und Eigentum von Mitgesellschaftern gemacht, die durch fehlerhaftes Verhalten des als Geschäftsführer tätigen Gesellschafters im Straßenverkehr verursacht wurden; insoweit soll § 708 nicht eingreifen.[37] Ob die Ausnahme auch auf Schädigungen im Luftverkehr zu erstrecken ist, hat er offen gelassen.[38] Die Rechtsprechung ist in Teilen der Literatur begrüßt worden.[39] Angesichts ihrer zwischenzeitlichen Fortführung und Bestätigung im Rahmen von § 1359 BGB für die ähnlich gelagerte Ehegattenhaftung[40] muss sie als gesicherter Bestand der Auslegung von § 708 angesehen werden. 12

Die verschiedenen für diese Einschränkung von § 708 angeführten **Gründe** vermögen aus gesellschaftsrechtlicher Sicht freilich **nicht zu überzeugen.** Sieht man ab von dem verbreiteten Unbehagen an der Sonderregelung des § 708 (RdNr. 2), das sich auch in der Straßenverkehrsrechtsprechung des BGH manifestiert, ohne dazu einen besonderen Sachbezug aufzuweisen, so finden sich zu ihrer Begründung im Wesentlichen drei Argumente. Nach einer ersten, vom BGH inzwischen wieder aufgegebenen Ansicht soll § 708 sich nur auf Vermögens- und nicht auf Körperschäden beziehen.[41] Wäre das richtig, so bestünde kein Anlass 13

[32] So aber *Hueck* OHG § 10 VI 5 Fn. 83 a; wohl auch *Schlegelberger/Martens* HGB § 114 RdNr. 37.

[33] AaO (Fn. 32).

[34] Im Fall BGH WM 1988, 968, 970 kam der BGH denn auch nicht zur Anwendung des § 708 auf das Geschäftsführerhandeln, freilich ohne dass der Grund hierfür aus den Urteilsgründen ersichtlich ist. Klarstellend sodann BGH NJW 1997, 314.

[35] BGH NJW 1997, 314 (betr. OHG).

[36] Vgl. schon *Staub/Ulmer* HGB § 114 RdNr. 58 a in Abweichung von der 3. Aufl. (§ 708 RdNr. 10).

[37] BGHZ 46, 313, 317 f. = NJW 1967, 558; ebenso BGHZ 54, 352, 355 = NJW 1970, 1271 zu § 1359; anders noch BGH VersR 1960, 802. Für Haftungseinschränkung zwischen mehreren an einer gemeinschaftlichen Urlaubsreise Beteiligten im Wege ergänzender Vertragsauslegung (dh. letztlich aber für Wiederherstellung der Rechtsfolge von § 708) dann aber BGH JZ 1979, 101.

[38] BGH JZ 1972, 88; dazu *Brandenburg* JuS 1974, 16.

[39] *Soergel/Hadding* RdNr. 3; *Böhmer* NJW 1969, 595 und JR 1969, 178; *Larenz* (Fn. 20) S. 306 f.; so zuvor schon *Böhmer* VersR 1960, 943; *Stoll* JZ 1964, 61 und *Hauss* (Fn. 4) S. 345, 361 f. Krit. demgegenüber *Hoffmann* NJW 1967, 1207; *Deutsch* JuS 1967, 496, 497; *Schütz* VersR 1968, 633; *Döpp* JR 1969, 14 und NJW 1969, 1472; *Medicus,* 18. Aufl., RdNr. 930; *Müller-Graff* AcP 191 (1991), 475, 489 ff.; tendenziell auch *Erman/Westermann* RdNr. 6.

[40] BGHZ 53, 352, 355 = NJW 1970, 1271; BGHZ 61, 101, 105 = NJW 1973, 1654; BGHZ 63, 51, 57 = NJW 1974, 2124; dazu § 1359 RdNr. 17 ff. und die Nachw. zum Meinungsstand im Familienrecht daselbst (Fn. 49).

[41] So BGHZ 46, 313, 318 = NJW 1967, 558 im Anschluss an *Hauss* (Fn. 4) S. 361 f.; anders dann BGHZ 53, 352, 354 = NJW 1970, 1271 und BGH JZ 1972, 88.

für eine Sonderbehandlung der im *Straßenverkehr* verursachten Körperschäden. Eine zweite Begründung geht dahin, mit Rücksicht auf die besonderen Gefahren im Straßenverkehr sei eine eingehende Normierung gerade des Verhaltens im Straßenverkehr und seiner Haftungsfolgen getroffen worden; sie beanspruche Geltung auch für die Innenbeziehungen der Gesellschafter.[42] Dem ihr zu Grunde liegenden Schluss von der Außenhaftung der Gesellschafter gegenüber geschädigten Dritten auf das Verhältnis zwischen den Gesellschaftern steht allerdings nicht nur dessen Systemwidrigkeit entgegen. Vielmehr sind auch keine überzeugenden Gründe ersichtlich, einem derartigen normativen Sorgfaltsmaßstab zwar im Bereich des Straßenverkehrs den Vorrang vor § 708 zu geben, nicht aber in anderen Fällen der Verletzung deliktischer oder vertraglich (gegenüber Dritten) geschuldeter Sorgfaltspflichten.[43]

14 Als eigentlicher Kern für die Sonderbeurteilung von im öffentlichen Straßenverkehr verursachten Schäden von Mitgesellschaftern bleibt der Grundsatz der **haftungsrechtlichen Gleichbehandlung aller Verkehrsteilnehmer** unter Wahrung des Schadensausgleichs entsprechend den Verantwortungsanteilen (§ 17 StVG);[44] er hat inzwischen auch zur Nichtanwendung des Verweisungsprivilegs des § 839 Abs. 1 S. 2 auf Schäden im Straßenverkehr geführt.[45] Auch wenn dieser Grundsatz Anerkennung verdient, folgt daraus doch nicht die Unanwendbarkeit von § 708 im *Innenverhältnis* zwischen schädigendem und geschädigtem Gesellschafter, sondern nur die Verpflichtung des nicht selbst haftpflichtigen Schädigers zum anteiligen Schadensausgleich gegenüber einem dritten Mitschädiger, soweit nicht die Haftung auch des Dritten entsprechend gemindert wird.[46]

15 Eine *Haftungsverschärfung* gegenüber der durch § 708 eingeschränkten allgemeinen Vertrags- und Deliktshaftung im Innenverhältnis der Gesellschafter ließe sich nach allem nur mit dem Gesichtspunkt der **besonderen Gefahr** im Straßenverkehr[47] und der dem Haftungsmaßstab zukommenden Präventivwirkung begründen.[48] Dann aber müsste die Verschärfung folgerichtig auch auf sonstige typische Gefahrenbereiche, insbesondere solche mit gesetzlicher Gefährdungshaftung, ausgedehnt werden. Ein isoliertes Eingreifen nur für Schäden im Straßenverkehr ist abzulehnen.

III. Die eigenübliche Sorgfalt

16 **1. Sorgfaltsmaßstab.** Die Vorschrift des § 708 schränkt die Haftung der Gesellschafter für vertragswidriges Verhalten ein, indem sie an die Stelle der nach § 276 Abs. 2 maßgebenden verkehrserforderlichen Sorgfalt den Maßstab der Sorgfalt **in eigenen Angelegenheiten** setzt (vgl. dazu § 277 RdNr. 2f.). Die Untergrenze der danach geschuldeten Sorgfalt ist durch § 277 bestimmt: gegenüber *grobfahrlässigem* Verhalten versagt die Berufung auf die eigenübliche Sorgfalt. Andererseits hat § 708 keine Ausweitung der Haftung über § 276 hinaus zur Folge.[49] Auch ein in eigenen Angelegenheiten ungewöhnlich sorgfältiger Gesellschafter kann nur dann auf Schadensersatz in Anspruch genommen werden, wenn sein Verhalten gemessen am Sorgfaltsmaßstab des § 276 pflichtwidrig war. Zur Bedeutung der Einwilligung der Mitgesellschafter vgl. RdNr. 23.

[42] BGHZ 46, 313, 317f. = NJW 1967, 588; ebenso *Stoll* JZ 1964, 61, 62; *Larenz* (Fn. 20) S. 305; *Brandenburg* JuS 1974, 16, 19.

[43] Vgl. die oben (RdNr. 4) angeführten allgemeinen Grundsätze über die Auswirkung von § 708 auch auf deliktische Ansprüche.

[44] Vgl. hierzu sowie allg. zum Regressproblem § 840 RdNr. 34 sowie *Deutsch* JuS 1967, 496, 497; *Hanau* VersR 1967, 516; *Hoffmann* (Fn. 39) und *J. Prölss* JuS 1966, 400.

[45] BGHZ 68, 217 (220f., 224) = NJW 1977, 1238; vgl. auch § 839 RdNr. 313.

[46] Zust. *Müller-Graff* AcP 191 (1991), 475, 491. Allg. zu diesem Ausgleichsproblem vgl. § 426 RdNr. 62ff., 66.

[47] Seine Nichtberücksichtigung bei Entstehung von § 708 betonen zur Begründung der teleologischen Reduktion der Vorschrift BGHZ 46, 313, 318 = NJW 1967, 558 und *Larenz* (Fn. 20) S. 305f. (vgl. dazu auch § 1359 RdNr. 19 und *Deutsch* JuS 1967, 498).

[48] Auf die Präventivwirkung abstellend etwa BGHZ 53, 352, 356 = NJW 1970, 1271 m. Nachw.; ebenso *Böhmer* JR 1969, 178, 179; dies freilich jeweils ohne auf die danach nahe liegende Frage einer Ausdehnung der Grundsätze über den Straßenverkehrsbereich hinaus einzugehen.

[49] EinhM; vgl. *Erman/Battes* § 277 RdNr. 2; *Soergel/Hadding* RdNr. 7; *Staudinger/Keßler* RdNr. 5.

17 Die Beschränkung des § 708 gilt auch insoweit, als eine **Haftung** des Gesellschafters **für Verschulden Dritter** in Frage steht. So kann er für ein Fehlverhalten von *Erfüllungsgehilfen* (§ 278) nicht weitergehend in Anspruch genommen werden, als wenn er selbst tätig geworden wäre und die Schadensursache gesetzt hätte.[50] Zu beachten ist freilich, dass ihn für Angestellte der Gesellschaft, zu deren Einstellung er befugt war, im Innenverhältnis keine Haftung aus § 278 trifft. Im Unterschied zu privat von ihm bestellten Gehilfen sind sie nicht Erfüllungsgehilfen des Geschäftsführers, sondern Angestellte der Gesamthand. Insoweit haftet er dieser gegenüber daher nur für eigenes Verschulden bei Auswahl, Anleitung und Überwachung.[51]

18 Zu den Fällen **typischen Fehlverhaltens** eines Geschäftsführers gehören insbesondere Verstöße gegen das aus der Treupflicht folgende Gebot uneigennütziger Geschäftsführung (§ 705 RdNr. 226), darunter die Vornahme von Geschäften aus der Gesellschaftssphäre auf eigene Rechnung[52] sowie die Verwendung von Gesellschaftsvermögen im eigenen Interesse.[53] Außerhalb der Geschäftsführung kann die Haftung vor allem im Zusammenhang mit zu vertretender Unmöglichkeit der Schlechterfüllung von Beitragspflichten (§ 706 RdNr. 25 ff.) oder beim Verstoß gegen ein Wettbewerbsverbot praktisch werden.

19 **2. Beweisfragen.** Die **Beweislast** für den Nachweis der Schadensverursachung durch den Gesellschafter, der Schadenshöhe sowie des **Fehlverhaltens iS von § 276 Abs. 1** trifft grundsätzlich die Geschädigten, im Regelfall also die *Gesellschaft* (RdNr. 21). Soweit es um Verstöße der als Geschäftsführer tätigen Gesellschafter in dem ihnen übertragenen Pflichtenkreis geht, greifen als Ausnahme allerdings die ursprünglich in der Rechtsprechung zur Haftung von Organmitgliedern entwickelten, sodann in §§ 93 Abs. 2, 116 AktG verankerten besonderen Beweislastregeln ein.[54] Danach braucht die Gesellschaft nur den Schadenseintritt und dessen Verursachung durch ein Handeln oder Unterlassen des Geschäftsführers nachzuweisen. Mit Rücksicht auf die Rechenschaftspflicht des Geschäftsführers ist es sodann dessen Sache, darzutun und zu beweisen, dass er seine Sorgfaltspflicht erfüllt hat.

20 Die Darlegungs- und Beweislast für die gegenüber dem objektiven Sorgfaltsmaßstab des § 276 Abs. 1 geringere **eigenübliche Sorgfalt** ist stets Sache des in Anspruch genommenen *Gesellschafters,* nachdem die Gegenseite die klagebegründenden Tatsachen dargetan hat. An den Nachweis sind strenge Anforderungen zu stellen.[55] Der Umstand, dass der Gesellschafter sich durch die schadensbegründende Handlung zugleich selbst geschädigt hat, reicht zum Nachweis der nicht auf den konkreten Schädigungsfall, sondern auf das generelle Verhalten des Schädigers in dem entsprechenden Pflichtenkreis abstellenden Entlastungsvoraussetzungen des § 708 nicht aus.[56]

IV. Rechtsfolgen

21 Schadensersatzansprüche gegen Gesellschafter wegen Verletzung der von diesen im Rahmen des § 708 geschuldeten Sorgfaltspflicht stehen der **Gesamthand** zu, soweit sich – wie meist – der Schaden auf das Gesamthandsvermögen ausgewirkt hat. Schadensberechtigung

[50] § 278 RdNr. 49; *Soergel/Hadding* § 713 RdNr. 5; *Hueck* OHG § 10 V 2.

[51] Vgl. *Staub/Ulmer* HGB § 114 RdNr. 36, 52; zur Frage der Haftung des Geschäftsführers aus § 831 vgl. auch § 705 RdNr. 261.

[52] RGZ 89, 99; BGH NJW 1986, 584; 1989, 2687; zu dem letztgenannten Urteil und zur sog. Geschäftschancenlehre allgemein *Kübler/Waltermann* ZGR 1991, 162 ff. Vgl. auch *Staub/Ulmer* HGB § 114 RdNr. 46; *Erman/Westermann* § 709 RdNr. 17; *K. Schmidt* GesR § 47 II 2.

[53] RGZ 82, 10; weitere Beispiele bei *Soergel/Hadding* RdNr. 7.

[54] RG JW 1931, 40; 1936, 2313; 1938, 2019 u. a.; dazu und zum Eingreifen dieser Grundsätze bei der Haftung von Geschäftsführern einer Personengesellschaft vgl. *Staub/Ulmer* HGB § 114 RdNr. 63; *Schlegelberger/Martens* HGB § 114 RdNr. 38; *Soergel/Hadding* § 713 RdNr. 4.

[55] BGH NJW 1990, 573, 575; wohl auch *Soergel/Hadding* RdNr. 8.

[56] So zutr. *Soergel/Hadding* RdNr. 8 in Auseinandersetzung mit abweichender älterer RG-Rspr.; jetzt auch BGH NJW 1990, 573, 575.

und -höhe sowie Durchsetzbarkeit bestimmen sich nach den allgemein für Vertragsverstöße geltenden Haftungsgrundsätzen. Zur Geltendmachung des Anspruchs sind nicht nur die vertretungsberechtigten Geschäftsführer befugt, sondern (im Rahmen der actio pro socio, vgl. § 705 RdNr. 204 ff.) auch jeder der übrigen Gesellschafter. Die Klage richtet sich auf Leistung an die Gesellschaft.

22 Ist über den der Gesamthand entstandenen Schaden hinaus oder an dessen Stelle einem oder mehreren **Mitgesellschaftern** unmittelbar ein Schaden aus dem pflichtwidrigen Handeln entstanden, so haben sie insoweit auch persönliche Schadensersatzansprüche gegen den Schädiger (§ 705 RdNr. 198, 216). Wurde der Schaden von einem der Geschäftsführer im Rahmen der ihm übertragenen Aufgaben verursacht, so kann der Geschädigte nach § 278 auch von der Gesellschaft Ersatz verlangen (§ 705 RdNr. 198).

23 Beruht die schadensverursachende Handlung auf einem wirksamen **Beschluss der Gesellschafter** oder haben ihr alle Gesellschafter, sei es auch nachträglich, in Kenntnis der Risiken zugestimmt, so ist trotz eines etwa sorgfaltswidrigen Handelns des Geschäftsführers für Schadensersatzansprüche von Gesamthand oder Mitgesellschaftern abweichend von RdNr. 21 f grundsätzlich kein Raum. Die Anerkennung eines vom Willen aller Gesellschafter abweichenden, rechtlich geschützten Eigeninteresses der Gesamthand ist bei der GbR abzulehnen. Der Handelnde haftet jedoch, wenn ihm wegen der Herbeiführung des Beschlusses ein Vorwurf zu machen ist, er es namentlich versäumt hat, die Mitgesellschafter ausreichend zu informieren und auf die mit der Maßnahme voraussichtlich verbundenen Risiken hinzuweisen.[57]

§ 709 Gemeinschaftliche Geschäftsführung

(1) Die Führung der Geschäfte der Gesellschaft steht den Gesellschaftern gemeinschaftlich zu; für jedes Geschäft ist die Zustimmung aller Gesellschafter erforderlich.

(2) Hat nach dem Gesellschaftsvertrag die Mehrheit der Stimmen zu entscheiden, so ist die Mehrheit im Zweifel nach der Zahl der Gesellschafter zu berechnen.

Übersicht

	RdNr.
A. Die Geschäftsführung	1–37
I. Grundlagen	1–12
1. Regelung der §§ 709 bis 715	1–6
a) Überblick und Normzweck	1, 2
b) Systematik	3, 4
c) Selbstorganschaft	5, 6
2. Geschäftsführung	7–11
a) Begriff	7, 8
b) Verhältnis zur Vertretung	9
c) Abgrenzung zu Grundlagengeschäften	10, 11
3. Gegenstände der Geschäftsführung	12
II. Arten der Geschäftsführungsbefugnis	13–22
1. Die gesetzlichen Regeltypen	13–15
a) Gesamtgeschäftsführung (§ 709)	13
b) Einzelgeschäftsführung aller oder mehrerer Gesellschafter (§ 711)	14
c) Übertragung der Geschäftsführung (§ 710)	15
2. Abweichende Gestaltungen	16–20
a) Allgemeines	16
b) Funktionell beschränkte Einzelgeschäftsführung	17
c) Geschäftsführung in ehemaliger OHG oder KG	18, 19
d) Ausschließung aller Gesellschafter von der Geschäftsführung?	20
3. Sonderfälle	21, 22
III. Umfang der Geschäftsführungsbefugnis	23–25
1. Maßgeblichkeit des Gesellschaftszwecks	23, 24
2. Überschreitung	25
IV. Rechtsstellung des Geschäftsführers	26–37
1. Allgemeines	26, 27
2. Recht auf Geschäftsführung	28
3. Pflicht zur Geschäftsführung	29–31

[57] *Staub/Ulmer* HGB § 114 RdNr. 51; *Hueck* OHG § 10 VI 4; *Erman/Westermann* RdNr. 9.

	RdNr.
4. Vergütung	32–36
5. Sonderaufträge	37
B. Gemeinschaftliche Geschäftsführung nach § 709	38–49
I. Der Grundsatz der Einstimmigkeit (Abs. 1)	38–44
1. Allgemeines	38–41
2. Zustimmungspflicht?	42–44
II. Die mehrheitliche Geschäftsführung (Abs. 2)	45–49
C. Gesellschafterbeschlüsse	50–114
I. Grundlagen	50–70
1. Willensbildung durch Beschluss	50
2. Rechtsnatur des Beschlusses	51, 52
3. Beschlussgegenstände	53–59
a) Arten	53–55
b) Rechtliche Besonderheiten	56–59
4. Stimmrecht	60–64
a) Allgemeines	60–62
b) Vereinbarter Stimmrechtsausschluss	63, 64
5. Stimmrechtsausschluss bei Interessenkollision	65–70
a) Geltungsgrund und Anwendungsbereich	65, 66
b) Bei Rechtsgeschäften mit einem Gesellschafter	67–70
aa) Meinungsstand	67
bb) Abgrenzung von § 181	68, 69
cc) Stellungnahme	70
II. Beschlussfassung	71–101
1. Allgemeines	71–73
2. Stimmabgabe	74–80
a) Willenserklärung	74–76
b) Bevollmächtigte	77, 78
c) Vertreterklauseln	79, 80
3. Mehrheitsklauseln	81–95
a) Allgemeines	81, 82
b) Geschäftsführungsbeschlüsse	83
c) Vertragsänderungen	84–94
aa) Bestimmtheitsgrundsatz	84–86
bb) Kritik am Bestimmtheitsgrundsatz	87–89
cc) Folgerungen: Kernbereichslehre	90–93
dd) Besonderheiten für Publikumsgesellschaften	94
d) Sonstige Gesellschafterbeschlüsse	95
4. Berechnung der Mehrheit	96, 97
5. Grenzen der Mehrheitsherrschaft	98–101
a) Kernbereich der Mitgliedschaft	98
b) Sonderrechte	99
c) Bewegliche Schranken	100, 101
III. Beschlusswirkungen	102, 103
IV. Mängel der Beschlussfassung	104–114
1. Grundlagen	104
2. Beschlussmängel	105–110
a) Grundlagen	105
b) Verfahrensfehler	106, 107
c) Inhaltsmängel	108
d) Einschränkungen der Nichtigkeit	109
e) Heilung	110
3. Mängel der Stimmabgabe	111, 112
4. Gerichtliche Geltendmachung	113, 114

A. Die Geschäftsführung

I. Grundlagen

1. Regelung der §§ 709 bis 715. a) Überblick und Normzweck. Die Rechtsfragen der Geschäftsführung und Vertretung in der GbR sind in den Vorschriften der §§ 709 bis 715 geregelt. Die dispositive, insgesamt knapp gefasste Regelung ist angesichts der neueren Entwicklungen und Erkenntnisse betreffend die gesellschaftsrechtliche Gesamthand teilweise überholt. Der Begriff der Geschäftsführung (RdNr. 7) wird nicht besonders definiert. Die Vertretungsmacht ist nach § 714 auf die Vertretung der Mitgesellschafter – statt auf diejenige der Gesamthand (Gesellschaft) – bezogen. Ungenau ist schließlich auch die Verknüpfung der mehrheitlichen Geschäftsführung in § 709 Abs. 2 mit den allgemeinen Beschlussgrundsätzen im Recht der GbR (vgl. demgegenüber die Trennung zwischen §§ 114, 115 und § 119 HGB im Recht der OHG). Der Unterschied hat namentlich in denjenigen Fällen Bedeutung, in denen nicht Geschäftsführungsbeschlüsse, sondern sonstige Akte der internen Willensbildung der GbR in Frage stehen (vgl. dazu näher RdNr. 53 ff.). 1

Im Einzelnen beschränken sich die *Geschäftsführungsvorschriften* der **§§ 709 bis 711** auf die Regelung typischer Ausgestaltungen der Geschäftsführungsbefugnis und ihrer Folgen für die Mitspracherechte der Gesellschafter in Geschäftsführungsangelegenheiten; entsprechend ihrem dispositiven Charakter lassen sie die Privatautonomie im Grundsatz unberührt (RdNr. 16). **§ 712** ermöglicht die Entziehung oder Niederlegung der Geschäftsführungsbefugnis aus wichtigem Grund. **§ 713** schließlich bringt eine Verweisung auf das Auftragsrecht, 2 soweit es um die Rechtsstellung des Geschäftsführers und um dessen Beziehungen zur Gesamthand geht. Die Verweisung erfasst freilich nur einen Teil der Auftragsregelungen. Sie hat überdies subsidiären Charakter und darf nicht etwa dahin mißverstanden werden, dass die Rechtsstellung des Geschäftsführers derjenigen eines Beauftragten im Grundsatz vergleichbar sei (vgl. Näheres bei § 713).

3 **b) Systematik.** Zur **Geschäftsführung** sind nach der Regel des § 709 alle Gesellschafter berufen. Die Geschäftsführung ist *Ausfluss der Gesellschafterstellung* und beruht auch dann, wenn sie einem oder bestimmten Gesellschaftern übertragen ist (§ 710), nicht auf einem Anstellungsverhältnis, sondern unmittelbar auf dem Gesellschaftsvertrag (RdNr. 26). Dementsprechend führen auch Umgestaltungen der Geschäftsführungsbefugnis jeweils zugleich zu Änderungen des Gesellschaftsvertrags; das gilt auch für einseitige Änderungen iS von § 712. Inhaltlich umfasst die Geschäftsführerstellung grundsätzlich nicht nur das Recht auf, sondern auch die Pflicht zur Geschäftsführung (RdNr. 29). Es handelt sich um eine **Tätigkeitspflicht zur Förderung des gemeinsamen Zwecks** und damit um eine Beitragspflicht iS von §§ 705, 706 (§ 706 RdNr. 14). Haben Gesellschafter im Gesellschaftsvertrag die Übernahme der Geschäftsführung für sich ausgeschlossen oder haben sich die Beteiligten aus sonstigen Gründen darauf geeinigt, die Geschäftsführung einem oder bestimmten Gesellschaftern zu übertragen, so sind die übrigen grundsätzlich auch später nicht verpflichtet, in deren Übernahme einzuwilligen (§ 707 RdNr. 1).

4 Ausgeübt wird die Geschäftsführung nicht für die Mitgesellschafter je persönlich, sondern für alle Gesellschafter in ihrer gesamthänderischen Verbundenheit, dh. also für die personenrechtliche **Gesamthand („Gruppe")** als – bei Außengesellschaften grundsätzlich rechtsfähigen – Personenverband.[1] Rechte und Pflichten aus der Geschäftsführung betreffen nach § 718 Abs. 1 das Gesamthandsvermögen. Die Vorschrift des § 714, wonach ein Gesellschafter im Umfang der Geschäftsführungsbefugnis im Zweifel auch ermächtigt ist, „die anderen Gesellschafter" Dritten gegenüber zu vertreten, steht nicht entgegen. Aus heutiger Sicht ist sie vielmehr missverständlich formuliert, da sie die notwendige Unterscheidung zwischen der Vertretung der Gesellschaft und derjenigen der Gesellschafter persönlich nicht erkennen lässt (hierzu und zur Haftung der Gesellschafter für Gesamthandsverbindlichkeiten vgl. § 714 RdNr. 13, 35 ff.).

5 **c) Selbstorganschaft.** Als Ausfluss der Mitgliedschaft ist die *Geschäftsführerstellung* notwendig den *Gesellschaftern vorbehalten.* Im Unterschied zu den Kapitalgesellschaften gilt für die GbR ebenso wie für OHG und KG der **Grundsatz der Selbstorganschaft.**[2] Er schließt es zwar nicht aus, dass *Dritten* im Rahmen eines Anstellungs- oder Auftragsverhältnisses Geschäftsführungsaufgaben übertragen werden. Das kann im Sinne einer „Generalvollmacht" auch in sehr weitgehendem Umfang mit der Folge geschehen, dass sämtliche in der GbR anfallenden Aufgaben erfasst werden. Immer bleibt die Befugnis des Dritten jedoch *abgeleiteter* Natur. Sie steht ihm anders als dem Gesellschafter nicht kraft eigenen Rechts zu und kann ihm daher auch ohne sein Zutun wieder entzogen werden.[3] Mit der Geschäfts-

[1] Das betont zutr. *Flume* I/1 § 10 I in Auseinandersetzung mit der verbreiteten Gegenansicht (Nachw. vgl. aaO S. 129 Fn. 1). Allgemein zur (Außen-)Gesellschaft als rechtsfähiger Personenverband und Zuordnungssubjekt des Gesamthandsvermögens nicht nur bei den Personenhandelsgesellschaften, sondern auch im Recht der GbR vgl. § 705 RdNr. 303 ff.

[2] Ganz hM, vgl. BGHZ 33, 105, 106 ff. = NJW 1960, 1997; BGHZ 146, 341, 360 = NJW 2001, 1056; BGH WM 1994, 237, 238; für einen Sonderfall relativierend BGH NJW 1982, 1817 (Holiday Inn). Aus der Lit. iS der hM *Soergel/Hadding* RdNr. 22 und § 712 RdNr. 1; *Flume* I/1 § 14 VIII; *Wiedemann* GesR § 6 IV 1; *Staub/Ulmer* HGB § 109 RdNr. 34 f., § 114 RdNr. 9 f.; vgl. auch *Heidemann,* Der zwingende und dispositive Charakter des Prinzips der Selbstorganschaft bei Personengesellschaften, 1999; *Werra,* Zum Stand der Diskussion um die Selbstorganschaft, 1991, S. 109 f. m. Nachw. zur Gegenansicht; zweifelnd *K. Schmidt* GesR § 14 II 2; *ders.,* Gedächtnisschrift *Knobbe-Keuk,* 1997, S. 307 ff.; einschränkend auch *Erman/Westermann* RdNr. 4 (für Abdingbarkeit) und *Grunewald* GesR RdNr. 1. A. 41 ff. Grundlegend aA in jüngerer Zeit besonders *Beuthien* ZIP 1993, 1589, 1595 ff.

[3] BGHZ 36, 292, 294 = NJW 1962, 738; BGH NJW 1982, 1817; WM 1994, 237; für Publikumsgesellschaften in der Rechtsform der GbR vgl. Nachw. in Fn. 7, 8.

führerstellung iS der §§ 709 bis 711 ist die Befugnis des Dritten nicht vergleichbar; §§ 712, 713 finden auf ihn keine Anwendung (vgl. auch RdNr. 20). Die vor allem für OHG und KG lebhaft diskutierte Frage, ob und unter welchen Voraussetzungen vom Grundsatz der Selbstorganschaft ausnahmsweise abgewichen werden kann,[4] ist jedenfalls für das Recht der GbR zu verneinen.[5] Allerdings kann auch in die GbR eine *geschäftsführende GmbH* aufgenommen und dadurch mittelbar Fremdorganschaft ermöglicht werden. Zum Sonderfall der Geschäftsführung im Abwicklungsstadium vgl. § 730 RdNr. 47.

6 Eine faktische **Einschränkung** des Grundsatzes der Selbstorganschaft hat der BGH für **Publikumsgesellschaften** in der Rechtsform der *GbR* zugelassen (vgl. dazu auch Vor § 705 RdNr. 4).[6] Dort liegt die Geschäftsführung nach dem Gesellschaftsvertrag üblicherweise in den Händen von Personen, die zum Kreis der Initiatoren gehören, jedoch nicht selbst Gesellschafter sind. Trotz der Nähe derartiger Vereinigungen zum körperschaftlich strukturierten Verein hat der BGH die gewählte Rechtsform der GbR nicht beanstandet. Mit Rücksicht auf den Grundsatz der Selbstorganschaft hat er vielmehr die Gesamtheit der Gesellschafter als oberstes Geschäftsführungsorgan angesehen, gegen die Ausübung der Geschäftsführung durch den oder die im Gesellschaftsvertrag benannten Dritten jedoch keine Bedenken erhoben.[7] Darüber hinaus hat er sogar den Ausschluss des Widerrufs der Vollmacht des Drittgeschäftsführers für die Dauer des Anstellungsvertrags zugelassen, zugleich aber das Recht der Gesellschafter zum Widerruf der Vollmacht aus wichtigem Grund durch einfachen Mehrheitsbeschluss sowie zur außerordentlichen Kündigung des Anstellungsvertrags hervorgehoben.[8]

7 **2. Geschäftsführung. a) Begriff.** Als **Geschäftsführung** ist jede zur Förderung des Gesellschaftszwecks bestimmte, für die Gesamthand wahrgenommene Tätigkeit zu verstehen, mit Ausnahme solcher Maßnahmen, die die Grundlagen der Gesellschaft betreffen (vgl. dazu RdNr. 10 f.).[9] Darauf, ob es um Handlungen tatsächlicher oder rechtsgeschäftlicher Natur geht, ob die Tätigkeit sich auf das Innenverhältnis beschränkt oder ob sie Außenwirkungen hat, namentlich in der Vertretung der Gesellschaft Dritten gegenüber besteht (RdNr. 9), kommt es für ihre Zugehörigkeit zur Geschäftsführung nicht an. Demgegenüber ist die *Beitragsleistung* zwar ebenfalls zur Förderung des Gesellschaftszwecks bestimmt, von der Geschäftsführungstätigkeit für die Gesellschaft jedoch im Grundsatz dadurch zu unterscheiden, dass es bei ihr um die Erfüllung einer persönlichen Verpflichtung des Beitragsschuldners gegenüber der GbR geht. Soweit freilich ein Geschäftsführer mit seiner Tätigkeit für die Gesellschaft zugleich seiner entsprechenden Beitragspflicht genügt, fallen Beitragsleistung und Geschäftsführung de facto zusammen; das hat insbesondere für Sozietäten von *Freiberuflern* Bedeutung.[10] Zur Vereinbarkeit der Behandlung der Freiberufler-Tätigkeit als Geschäftsführung mit dem in § 6 Abs. 2 PartGG verankerten Prinzip unabhängiger Ausübung eines Freien Berufs vgl. § 6 PartGG RdNr. 13 ff.

8 Von der Geschäftsführung als einer Tätigkeit im Interesse der Gesellschaft zu unterscheiden ist die **Geschäftsführungsbefugnis,** dh. das Recht des Gesellschafters zum Handeln für die Gesamthand (sein „rechtliches Dürfen"). Ihre Ausgestaltung und ihr Umfang richten

[4] So namentlich *Teichmann* Gestaltungsfreiheit S. 116 ff.; *H. P. Westermann* Vertragsfreiheit S. 153 ff., 445 ff.; *Reinhardt/Schultz* GesR RdNr. 167 ff. Vgl. auch *Erman/Westermann* RdNr. 3 sowie *Heidemann* (Fn. 2) S. 106 ff. und *Werra* (Fn. 2) S. 101 ff.

[5] So offenbar auch BGHZ 33, 105, 107 = NJW 1960, 1997; aA für die Dauer eines Rechtsstreits über den Entzug der Geschäftsführungs- und Vertretungsbefugnis des Alleingeschäftsführers *Flume* I/1 § 14 VIII S. 242 f. Zum Ganzen vgl. auch RdNr. 20.

[6] Abw. *Erman/Westermann* RdNr. 4, der hieraus die Abdingbarkeit des Grundsatzes ableitet; für Zulassung der Fremdorganschaft in derartigen Fällen auch *Arlt* NZG 2002, 407, 409 ff.

[7] Vgl. BGH LM Nr. 9 = NJW 1982, 877; BGH LM § 712 Nr. 1 = NJW 1982, 2495.

[8] BGH LM § 712 Nr. 1 = NJW 1982, 2495 f.

[9] Ähnlich die Definition bei *Soergel/Hadding* RdNr. 3; *Erman/Westermann* RdNr. 5; *Hueck* OHG § 10 I 1. Sachliche Unterschiede kommen den Formulierungsabweichungen nicht zu.

[10] So für die Freiberufler-GbR zutr. *Michalski,* Das Gesellschafts- und Kartellrecht der berufsrechtlich gebundenen freien Berufe, 1989, S. 202; *Steindorff,* FS Robert Fischer, 1979, S. 747, 750; der Sache nach auch BGHZ 56, 355, 358 = NJW 1971, 1801. Für strikte Trennung zwischen Berufsausübung (= Beitragsleistung) in der Anwalts-GbR und Geschäftsführung aber *Gail/Overlack,* Anwaltsgesellschaften, 2. Aufl. 1996, S. 41 f.

sich nach gesellschaftsvertraglicher Vereinbarung, bei deren Fehlen nach Gesellschaftszweck und gesetzlicher Regel (§ 709). Um Geschäftsführung handelt es sich grundsätzlich auch dann, wenn Geschäftsführer bei ihrer Tätigkeit die Grenzen ihrer *Befugnisse überschreiten* (RdNr. 25). Kannten sie die Überschreitung oder hätten sie sie nach Maßgabe von § 708 erkennen müssen, so bestimmen sich die Rechtsfolgen ihres Handelns gegenüber der Gesellschaft nach den Vorschriften über die Geschäftsführung ohne Auftrag.[11]

9 **b) Verhältnis zur Vertretung.** Die Vertretung der Gesamthand gegenüber Dritten ist keine qualitativ von der Geschäftsführung zu unterscheidende Tätigkeit, sondern derjenige **Teilbereich der Geschäftsführung,** der das *rechtsgeschäftliche Außenhandeln* der Geschäftsführer umfasst. Die verbreitet anzutreffende Gegenüberstellung von Geschäftsführung als Handeln im Innenverhältnis und Vertretung als Außenhandeln ist daher unzutreffend.[12] Wohl aber ist – ähnlich wie zwischen Auftrag und Vollmacht – zwischen Geschäftsführungsbefugnis und Vertretungsmacht zu unterscheiden. Jene bestimmt das „rechtliche Dürfen", diese das „rechtliche Können". Zwar richtet sich bei der GbR, anders als bei OHG und KG (§ 126 Abs. 2 HGB), der *Umfang* der Vertretungsmacht im Zweifel nach demjenigen der Geschäftsführungsbefugnis (§ 714). Dieser Zusammenhang bezieht sich aber nur auf deren generelle Ausgestaltung. Er geht nicht so weit, die Vertretungsmacht schon dann zu verneinen, wenn einzelne, an sich vom Gesellschaftszweck gedeckte Geschäftsführungsmaßnahmen sich wegen der Besonderheiten des Einzelfalls (Widerspruch von Mitgesellschaftern, Sorgfaltspflichtverletzung u. a.) als Überschreitung der Geschäftsführungsbefugnis erweisen (vgl. § 714 RdNr. 25, 28).

10 **c) Abgrenzung zu Grundlagengeschäften.** Nicht zur Geschäftsführung gehören schließlich alle diejenigen Maßnahmen, die die Grundlagen der Gesellschaft, insbesondere deren Struktur und Organisation betreffen.[13] Darauf, ob sie sich in einer (formellen) Vertragsänderung manifestieren oder bloß faktisch in die bestehende Struktur oder Organisation der Gesellschaft eingreifen, kommt es nicht an; die Unterscheidung dient vielmehr dem Schutz der Mitgesellschafter vor der Umgestaltung der Gesellschaftsgrundlagen durch Handlungen der hierzu nicht berufenen Geschäftsführer. Bei den Grundlagengeschäften geht es um Angelegenheiten, die der Gestaltung durch die **Gesamtheit der Gesellschafter** im Rahmen des Gesellschaftsvertrags vorbehalten sind.[14] Dessen jeweilige Ausgestaltung bildet die Basis der Geschäftsführung. Sie steht nicht zur Disposition der Geschäftsführer, soweit ihnen nicht ausnahmsweise im Gesellschaftsvertrag eine entsprechende Ermächtigung eingeräumt ist.[15]

11 **Beispiele.** Zu den grundsätzlich der Regelung im Gesellschaftsvertrag vorbehaltenen **Grundlagengeschäften** gehören die Bestimmungen über Art, Umfang und Aufteilung der Geschäftsführungsbefugnis, über die Feststellung des Jahresabschlusses,[16] über Gegenstand und Änderungen des Gesellschaftszwecks sowie über Veräußerung des wesentlichen Gesellschaftsvermögens, über Beitragserhöhungen, über Änderungen der Rechtsform sowie über Auflösung und deren Folgen.[17] Soweit sich Organisationsmaßnahmen demgegenüber im Rahmen des Gesellschaftsvertrags und des darin festgelegten gemeinsamen Zwecks halten, sind sie grundsätzlich[18] der **Geschäftsführungsebene** zuzurechnen, unabhängig von ihrem gewöhnlichen oder ungewöhnlichen Charakter.[19] Literaturansichten, die auf eine darüber hinausge-

[11] Vgl. § 708 RdNr. 8 ff., 10.

[12] So zu Recht namentlich *Hueck* OHG § 10 I 2.

[13] EinhM; vgl. statt aller *Soergel/Hadding* RdNr. 11 f. m. weit. Nachw.

[14] Dazu *Wiedemann* ZGR 1996, 286, 292 f.

[15] Zur Ermächtigung der Komplementäre einer Publikums-KG, weitere Kommanditisten aufzunehmen, vgl. etwa BGH LM HGB § 132 Nr. 3 = NJW 1973, 1604; BGH LM § 404 Nr. 13 = NJW 1975, 1022; BGH LM HGB § 105 Nr. 43 = NJW 1978, 1000. Die Aufnahme erfolgt nicht namens der KG, sondern namens aller Gesellschafter (so zutr. BGH LM Nr. 9 = NJW 1982, 877). Zu Möglichkeiten und Grenzen einer Ermächtigung der Geschäftsführer, eine Beitragserhöhung vorzunehmen, vgl. § 707 RdNr. 2.

[16] BGH NJW 1999, 571, 572.

[17] Vgl. näher *Staub/Ulmer* HGB § 114 RdNr. 15 f.; dazu auch *Wiedemann* ZGR 1996, 293.

[18] Vorbehaltlich abweichender Vereinbarung im Gesellschaftsvertrag, vgl. BGH NJW 1999, 571, 572.

[19] Zur fehlenden Differenzierung zwischen gewöhnlichen und ungewöhnlichen Geschäften (§ 116 Abs. 1, 2 HGB) im Recht der GbR vgl. RdNr. 24;

hende Einschränkung des Geschäftsführungsbereichs unter genereller Ausklammerung organisatorischer Maßnahmen schließen lassen,[20] mögen auf einer Vermengung von Geschäftsführungstätigkeit und -befugnis beruhen. Auf das der Gesellschaftergesamtheit vorbehaltene Recht der (formellen oder faktischen) Vertragsänderung lassen sie sich jedenfalls nicht stützen.

3. Gegenstände der Geschäftsführung. Sie sind nach dem zuvor Gesagten (RdNr. 7, 12
9) außerordentlich vielfältig und entziehen sich daher einer abschließenden oder auch nur repräsentativen Aufzählung. Für die Zugehörigkeit zur Geschäftsführung maßgebend sind vielmehr Funktion und Zweckbestimmung der jeweiligen Tätigkeit (RdNr. 7). Im Einzelnen fallen hierunter einerseits **tatsächliche Handlungen** für die Gesellschaft, seien sie organisatorischer, betriebsleitender oder ausführender Art (Buchführung und Rechnungslegung, Schriftwechsel, Planung und Gestaltung der Geschäftsabläufe und des Personaleinsatzes), andererseits **Rechtsgeschäfte** namens der Gesellschaft wie die Einstellung von Personal oder der Abschluss von Verträgen mit Dritten sowie schließlich die **Prozessführung** im Interesse der Gesellschaft. Zur Geschäftsführung gehört auch die Geltendmachung von Sozialansprüchen (§ 705 RdNr. 201) gegenüber Gesellschaftern, darunter die Einziehung von Beiträgen oder die Durchsetzung von Schadensersatzansprüchen. Soweit Mitgesellschafter im Rahmen der actio pro socio (§ 705 RdNr. 204) derartige Ansprüche geltend machen, nehmen auch sie der Sache nach Funktionen der Geschäftsführung wahr. Aus der Qualifizierung einer Maßnahme als Geschäftsführungstätigkeit folgt allerdings nicht schon die Befugnis des Gesellschafters, die Maßnahme zu treffen (RdNr. 8).

II. Arten der Geschäftsführungsbefugnis

1. Die gesetzlichen Regeltypen. a) Gesamtgeschäftsführung (§ 709). Sie gilt beim 13
Fehlen abweichender Vereinbarungen im Gesellschaftsvertrag. Dabei bedarf es nach § 709 Abs. 1 grundsätzlich der **Einstimmigkeit** aller Gesellschafter, dh. entweder ihres gemeinsamen Handelns oder der Zustimmung der Mitgesellschafter zum Tätigwerden eines von ihnen. Abweichend hiervon kann nach § 709 Abs. 2 die Gesamtgeschäftsführung im Gesellschaftsvertrag auch dem **Mehrheitsprinzip** unterstellt werden. In diesem Fall ist das jeweilige Tätigwerden eines oder mehrerer Gesellschafter zur Förderung des Gesellschaftszwecks bereits dann zulässig, wenn die Mehrheit sich für die betreffende Maßnahme ausgesprochen hat; ein Widerspruchsrecht der Minderheit besteht nicht. Wegen der Einzelheiten vgl. RdNr. 38 ff.

b) Einzelgeschäftsführung aller oder mehrerer Gesellschafter (§ 711). Sie kann 14
– auch stillschweigend[21] – im Gesellschaftsvertrag vereinbart werden; eine Notwendigkeit hierfür kann sich bei Freiberufler-Sozietäten aus berufsrechtlichen Gründen ergeben (vgl. § 6 RdNr. 16 ff.). Das Gewollte ist durch Auslegung zu ermitteln. Wer sich auf Einzelgeschäftsführung beruft, trägt hierfür wegen des Abweichens von der Grundnorm des § 709 Abs. 1 die Darlegungs- und Beweislast. Die Regelung des § 711 entspricht dem für OHG und KG geltenden Grundmodell des § 115 Abs. 1 HGB. Funktionell ist die Einzelgeschäftsführung der Gesamtgeschäftsführung deshalb verwandt, weil den ebenfalls geschäftsführungsbefugten Mitgesellschaftern durch das Recht zum Widerspruch auch hier ein – freilich eingeschränktes – Mitspracherecht zusteht und sie dadurch die Möglichkeit haben, von ihnen nicht gebilligte Maßnahmen zu verhindern. Näheres vgl. bei § 711.

c) Übertragung der Geschäftsführung (§ 710). Sie setzt voraus, dass im Gesellschafts- 15
vertrag entweder bestimmte Gesellschafter mit der Geschäftsführung betraut oder andere davon ausgeschlossen werden. Entscheidend ist die *Beschränkung* der Geschäftsführungs-

für Behandlung des Eingehens einer stillen Beteiligung als Geschäftsführungsmaßnahme zutr. RGZ 153, 371, 373.

[20] Vgl. etwa RGRK/*von Gamm* RdNr. 2 („Maßnahmen, die die Grundlagen der Gesellschaft und die Gestaltung ihrer Organisation betreffen", sowie solche, „die die Rechtsbeziehungen der Gesellschafter zueinander zum Gegenstand haben"); *Staudinger/Keßler* Vorb. RdNr. 7 („alle Fragen organisatorischer Art").

[21] BGHZ 16, 394, 396 f. = NJW 1955, 825.

befugnis *auf einen* **Teil der Gesellschafter.** Ob diese als Gesamt- oder als Einzelgeschäftsführer handeln sollen, bestimmt sich ebenfalls nach dem Gesellschaftsvertrag. Schweigt er zu diesem Punkt und ist sein Schweigen auch nicht durch Auslegung zu beheben, so gilt nach § 709 Gesamtgeschäftsführung der zu Geschäftsführern bestellten Gesellschafter. Vgl. Näheres bei § 710.

16 **2. Abweichende Gestaltungen. a) Allgemeines.** Die Regelungen der §§ 709 bis 711 sind vorbehaltlich des Grundsatzes der Selbstorganschaft (RdNr. 5) in vollem Umfang *dispositiver Natur.* Ob und welche von der Grundnorm des § 709 Abs. 1 abweichende Geschäftsführungsgestaltung die Beteiligten getroffen haben, ist nach den allgemein für Gesellschaftsverträge geltenden Auslegungsgrundsätzen zu ermitteln (§ 705 RdNr. 171 ff.) Ebenso wie im Fall der §§ 710, 711 (RdNr. 14, 15) bedarf es auch für die Wahl sonstiger Gestaltungen nicht einer ausdrücklichen Regelung oder der Einhaltung einer bestimmten Form. Wohl aber muss der auf eine Abweichung von § 709 gerichtete übereinstimmende Wille der Parteien unzweideutig erkennbar sein, sei es im **Gesellschaftsvertrag** selbst, sei es auf Grund entsprechender **Beschlussfassung** oder im Einverständnis aller Gesellschafter praktizierter **langjähriger Übung** (§ 705 RdNr. 56). Hierfür reicht es freilich nicht aus, dass die Geschäftsführer untereinander, ohne Billigung durch nicht an der Geschäftsführung beteiligte Mitgesellschafter, nach einer bestimmten Geschäftsaufteilung verfahren, indem sie sich etwa gegenseitig ermächtigen, im kaufmännischen oder im technischen Bereich, im Ein- oder Verkauf je allein tätig zu werden. Derartige Absprachen können die zu den Gesellschaftsgrundlagen gehörende Ausgestaltung der Geschäftsführung als solche (RdNr. 10) und die ihr entsprechende, grundsätzlich gemeinsame Verantwortung aller Geschäftsführer nicht modifizieren.[22] Sie sind vielmehr als *Maßnahmen interner Arbeitsteilung* zu verstehen, die im Sinne einer generell erteilten Zustimmung der übrigen Geschäftsführer (§ 709 Abs. 1) zu einer bestimmten Art von Geschäften das Alleinhandeln des jeweiligen Gesamtgeschäftsführers ermöglichen sollen. Auch insoweit sind sie freilich nur dann beachtlich, wenn nicht der Gesellschaftsvertrag ein solches Vorgehen in Abweichung von echter Gemeinschaftstätigkeit ausschließt.

17 **b) Funktionell beschränkte Einzelgeschäftsführung.** Sie ist die am häufigsten anzutreffende Abweichung von den Regelungsmodellen der §§ 709 bis 711. Inhaltlich zielt sie darauf ab, an Stelle gemeinschaftlicher Verantwortung und entsprechender Mitsprache aller Geschäftsführer eine funktionelle, nach **Tätigkeitsbereichen** unterschiedliche Aufteilung der Geschäftsführung zu begründen.[23] Sind im Gesellschaftsvertrag oder durch Gesellschafterbeschluss etwa Produktion, Vertrieb, Verwaltung u. a. je einem oder bestimmten Gesellschaftern zur Wahrnehmung zugewiesen, so ist im Zweifel davon auszugehen, dass es sich um eine je *ausschließliche Zuweisung* dieser Gebiete handelt mit der Maßgabe, dass den für andere Ressorts zuständigen Mitgeschäftsführern insoweit kein Widerspruchsrecht zusteht, sie aber auch keine Mitverantwortung tragen. Gehen einzelne Maßnahmen oder Rechtsgeschäfte über die Zuständigkeit eines Ressorts hinaus oder ist die Ressortzuständigkeit im Gesellschaftsvertrag auf Vorgänge geringerer Bedeutung begrenzt, so gilt im Übrigen mangels abweichender Vertragsgestaltung gemeinsame Geschäftsführungsbefugnis der mehreren beteiligten bzw. sämtlicher Geschäftsführer (§ 709).

18 **c) Geschäftsführung in ehemaliger OHG oder KG.** Kommt es infolge Änderung des Gesellschaftszwecks oder Schrumpfung des unter gemeinsamer Firma betriebenen Gewerbes zur Umwandlung einer OHG oder KG in eine GbR (vgl. dazu § 705 RdNr. 11), so soll sich nach Ansicht des **BGH** dadurch die bisher geltende **Geschäftsführungsregelung nicht ändern.**[24] Ebenso soll die nach Gesellschaftsvertrag und angestrebter Rechtsform

[22] So zutr. *Hueck* OHG § 10 II 2, S. 120; ebenso *Erman/Westermann* RdNr. 8.

[23] Dazu *Schwamberger* BB 1963, 279; *Soergel/Hadding* RdNr. 21; *Staudinger/Keßler* Vorb. RdNr. 12 sowie die Nachw. in Fn. 22.

[24] BGH LM Nr. 6 = NJW 1971, 1968 (Zweckänderung); vgl. dazu auch *Stimpel* ZGR 1973, 73, 80 ff., sowie allg. zur Fortgeltung von OHG-Recht bei Umwandlung einer OHG in eine GbR schon BGH NJW 1960, 1664, 1666.

vorgesehene Geschäftsführungsbefugnis auch dann maßgebend sein, wenn die Eintragung einer als KG beabsichtigten Gesellschaft im Handelsregister an deren nicht unter § 105 Abs. 2 HGB fallendem Geschäftsbetrieb scheitert.[25] Dem einzigen als Komplementär vorgesehenen Gesellschafter soll in der GbR abweichend von § 709 somit Alleingeschäftsführungsbefugnis auch dann zustehen, wenn der Gesellschaftsvertrag für diesen Fall – wie meist – keine Vorsorge getroffen hat.

Der Ansicht des BGH ist trotz der an ihr in Teilen der Literatur geübten Kritik[26] **im Grundsatz zu folgen.**[27] Zwar trifft angesichts des Durchbruchs der Akzessorietätstheorie (§ 714 RdNr. 33 f.) der Einwand der Kritiker zu, durch Verlust der Kommanditistenstellung infolge der Umwandlung vergrößere sich das aus der Alleingeschäftsführung folgende Haftungsrisiko der Mitgesellschafter erheblich. Die Kritiker unterstellen jedoch zu Unrecht Fähigkeit und Bereitschaft der ehemaligen oder potentiellen Kommanditisten, an der Geschäftsführung mitzuwirken. Auch für eine schematische Differenzierung der Umwandlungsfälle danach, ob sie auf einer Schrumpfung des Geschäftsbetriebs oder einer Zweckänderung der Gesellschaft beruhen, und für eine Beschränkung der BGH-Lösung auf den ersten Fall[28] ist kein Raum. In beiden Fällen geht es der Sache nach um ein Problem der *ergänzenden Vertragsauslegung,* sofern es an einer ausdrücklichen oder stillschweigenden Geschäftsführungsregelung der Parteien für den Fall der Umwandlung fehlt. Dabei sprechen die besseren Gründe im Zweifel dafür, die Geschäftsführungsvereinbarungen trotz Änderung der Rechtsform fortgelten zu lassen. Sollte sich für von der Geschäftsführung ausgeschlossene Gesellschafter das Haftungsrisiko im Einzelfall gleichwohl als unzumutbar erweisen, so bleibt ihnen das Recht zur Kündigung aus wichtigem Grund, wenn die Mitgesellschafter nicht bereit sind, ihrem Verlangen nach Vertragsänderung Rechnung zu tragen.[29] 19

d) Ausschließung aller Gesellschafter von der Geschäftsführung? Sie ist entgegen einer namentlich früher verbreiteten Ansicht[30] **unzulässig.**[31] Die Übertragung der Geschäftsführung im Gesellschaftsvertrag an einen Dritten wäre unvereinbar mit dem Grundsatz der Selbstorganschaft (RdNr. 5). Wird ein *Dritter* zum Geschäftsführer bestellt, so handelt es sich rechtlich gesehen um eine – dem einseitigen Widerruf unterliegende – *Beauftragung des Dritten* im Rahmen eines Anstellungsverhältnisses (RdNr. 5). Die Geschäftsführung selbst liegt demgegenüber – als Gesamtgeschäftsführung (§ 709) – in den Händen der Gesellschafter, die im Fall entsprechender Willensübereinstimmung entweder selbst handeln oder dem Dritten Weisungen erteilen können.[32] Damit stimmen im Ergebnis auch die Vertreter der Gegenansicht überein, freilich mit der unzutreffenden Begründung, in einem solchen einvernehmlichen Vorgehen der Gesellschafter liege eine konkludente Änderung der Vereinbarung über den Ausschluss der Gesellschafter von der Geschäftsführung.[33] 20

3. Sonderfälle. Außerhalb der gesetzlich bzw. vertraglich geregelten Geschäftsführungsbefugnis kann in Einzelfällen eine Befugnis zur **Notgeschäftsführung** analog § 744 Abs. 2 gegeben sein (§ 705 RdNr. 206).[34] Über den Wortlaut dieser Vorschrift hinaus ist sie nicht nur dann anzuerkennen, wenn die fraglichen Maßnahmen zur Erhaltung eines bestimmten Gegenstandes des Gesamthandsvermögens notwendig sind. Vielmehr greift sie auch dann ein, wenn der *Gesellschaft* selbst eine akute *Gefahr droht* und zu ihrer Abwendung rasches 21

[25] BGH WM 1972, 21, 22.

[26] Vgl. namentlich *Beyerle* NJW 1972, 229 und BB 1973, 1376; *Kornblum* BB 1972, 1032.

[27] Vgl. § 705 RdNr. 14; so für den Fall der „Schrumpfung" des Geschäftsbetriebs auch *K. Schmidt* BB 1973, 1612, 1613.

[28] *K. Schmidt* (Fn. 7) und DB 1971, 2345.

[29] Ebenso *Soergel/Hadding* RdNr. 20.

[30] Vgl. *Hueck* OHG § 10 II 2 S. 119 sowie die Nachw. bei *Soergel/Hadding* RdNr. 25.

[31] Vgl. näher *Staub/Ulmer* HGB § 114 RdNr. 9, 36 und *Staub/Habersack* HGB § 125 RdNr. 5 f.; ebenso *Soergel/Hadding* RdNr. 22; *Staudinger/Keßler* Vorb. RdNr. 19; im Ergebnis ebenso – trotz gegenteiligen Ausgangspunktes – *Schlegelberger/Martens* HGB § 115 RdNr. 54. Ausführliche Nachw. bei *Werra* (Fn. 2) S. 95 f.

[32] BGH LM Nr. 9 = NJW 1982, 877; vgl. dazu auch RdNr. 6.

[33] So etwa *Hueck* OHG § 10 II 2 S. 120.

[34] HM; vgl. BGHZ 17, 181, 183 = NJW 1955, 1027; BayObLG 1990, 2468, 2469 (in concreto verneinend); LG Bonn WM 1992, 22, 24; *Erman/Westermann* RdNr. 8; *Hueck* OHG § 10 II 7; *Flume* I/1 § 15 II 1 Fn. 17. Vgl. aber auch die einschränkende Tendenz in §§ 744, 745 RdNr. 50.

Handeln erforderlich ist.[35] Auf § 744 Abs. 2 kann sich jeder Gesellschafter berufen, auch der von der Geschäftsführung ausgeschlossene. Die Notgeschäftsführungsbefugnis umfasst auch das Recht des Gesellschafters, ein Recht der Gesellschaft im eigenen Namen geltend zu machen; Vertretungsmacht für die Gesellschaft ist damit nicht verbunden.[36] – *Weitere Fälle* eines zulässigen Geschäftsführungshandelns außerhalb der gesetzlich oder vertraglich eingeräumten Geschäftsführungsbefugnis bilden die actio pro socio (§ 705 RdNr. 204) und die nach § 677 zulässige Geschäftsführung ohne Auftrag. Zur grundsätzlichen Unanwendbarkeit von § 432 auf die Einziehung von Gesamthandsforderungen vgl. § 719 RdNr. 11.

22 Eine die Geschäftsführung im **Liquidationsstadium** betreffende Sonderregelung findet sich schließlich in § 730 Abs. 2. Danach ist die Liquidation unabhängig von der Ausgestaltung der laufenden Geschäftsführung grundsätzlich Sache aller Gesellschafter, auch der bisher von der Geschäftsführung ausgeschlossenen (vgl. näher § 730 RdNr. 40).

III. Umfang der Geschäftsführungsbefugnis

23 **1. Maßgeblichkeit des Gesellschaftszwecks.** Von der Qualifikation einer Handlung als Maßnahme der Geschäftsführung (RdNr. 7) sowie von den Arten der Geschäftsführungsbefugnis (RdNr. 13 ff.) zu unterscheiden ist der **sachliche Umfang** der Geschäftsführungs*befugnis.* Er gibt Antwort auf die Frage, ob die betreffende, nicht der Grundlagen-, sondern der Geschäftsführungsebene zugehörende Handlung des oder der Geschäftsführer von der durch den Gesellschaftsvertrag erteilten Ermächtigung erfasst ist. Soweit der Vertrag hierüber keine besonderen Absprachen enthält, indem er etwa wichtige Geschäfte an die Zustimmung der Mitgesellschafter bindet, richtet sich der Umfang der Geschäftsführungsbefugnis nach dem **Gesellschaftszweck.** Da die Geschäftsführung der Förderung dieses Zwecks zu dienen hat (RdNr. 13), begrenzt er auch die den Geschäftsführern zustehende Befugnis zum Handeln für die Gesellschaft.[37] Zur Überschreitung vgl. RdNr. 25.

24 Eine Differenzierung zwischen **gewöhnlichen** und **außergewöhnlichen Geschäften,** wie sie der Vorschrift des § 116 Abs. 2 HGB zu Grunde liegt, ist im dispositiven Recht der GbR nicht vorgesehen.[38] Soweit nicht der Gesellschaftsvertrag derartige Beschränkungen enthält, erstreckt sich die Geschäftsführungsbefugnis daher auch auf ungewöhnliche Handlungen. Dies freilich nur dann, wenn die fraglichen Maßnahmen sich im Rahmen der Förderung des Gesellschaftszwecks halten und nicht zu einer Veränderung der Vertragsgrundlagen führen (RdNr. 10). *Nicht* mehr durch die Geschäftsführungsbefugnis gedeckt sind daher etwa Änderungen im Mitgliederbestand sowie solche Handlungen, die wie der Verkauf des gesamten Gesellschaftsvermögens oder der für die Zweckverfolgung wesentlichen Aktiva zur **stillen Liquidation der Gesellschaft** führen. Demgegenüber gibt es keine allgemeinen Schranken nach Art von § 116 Abs. 3 HGB hinsichtlich der Vollmachtserteilung für das Personal. Auch über deren Zulässigkeit entscheidet mangels abweichender Vertragsgestaltung das Kriterium der Förderung des Gesellschaftszwecks.

25 **2. Überschreitung.** Zur Überschreitung der Geschäftsführungsbefugnis kann es einerseits dann kommen, wenn die Maßnahme nicht mehr durch die Förderungspflicht gedeckt ist oder wenn sie die Gesellschaftsgrundlagen berührt (RdNr. 23). Daneben kommt eine Verletzung der Geschäftsführungsbefugnis aber auch im Hinblick auf das Verhalten der Mitgesellschafter in Betracht, so wenn deren nach §§ 709, 710 S. 2 erforderliche Zustimmung fehlt oder wenn einer von ihnen nach § 711 einer geplanten Maßnahme rechtzeitig und wirksam widersprochen hat.[39] – Zu den Folgen der Überschreitung für die Verantwort-

[35] Vgl. die Nachw. in Fn. 34. Offen lassend noch RGZ 158, 302, 311.

[36] BayObLG ZIP 1980, 904.

[37] *Staudinger/Keßler* Vorb. RdNr. 22.

[38] EinhM, vgl. *Soergel/Hadding* RdNr. 14; *Erman/Westermann* RdNr. 5; *Staudinger/Keßler* Vorb. RdNr. 22.

[39] Näheres hierzu vgl. bei *Glasenapp,* Verletzung der Geschäftsführungsbefugnisse eines Gesellschafters der Personengesellschaft, Diss. München 1970, S. 23 ff. Dazu auch *Soergel/Hadding* RdNr. 14.

lichkeit des Geschäftsführers vgl. § 708 RdNr. 8 ff., zur Frage der Vertretungsmacht bei fehlender Geschäftsführungsbefugnis § 714 RdNr. 24, 28.

IV. Rechtsstellung des Geschäftsführers

1. Allgemeines. Als Ausfluss der Mitgliedschaft (RdNr. 3) ist die Geschäftsführerstellung von derjenigen eines Angestellten klar zu unterscheiden.[40] Die mit ihr verbundenen Rechte und Pflichten sind **gesellschaftsrechtlicher Art;** eine vertraglich vereinbarte Geschäftsführervergütung ist nach zutr. Ansicht kein Entgelt, sondern Gewinnvoraus (RdNr. 32). Soweit der Gesellschaftsvertrag keine abweichenden Vereinbarungen enthält, bestimmen sich die Rechtsbeziehungen des Geschäftsführers zur Gesamthand nach dispositivem Gesellschaftsrecht. Seine Haftung ist nach § 708 auf Verletzung der eigenüblichen Sorgfalt beschränkt. Für Rechnungslegung, Aufwendungsersatz u. a. gilt das nach § 713 subsidiär anwendbare Auftragsrecht. Bei dessen Heranziehung ist freilich auf die gesellschaftsrechtlichen Besonderheiten Rücksicht zu nehmen (§ 713 RdNr. 2, 7 ff.). Zur Möglichkeit eines Gesellschafters, sich nicht als Geschäftsführer, sondern im Rahmen eines Drittgeschäfts mit der Gesellschaft zur Erbringung von Dienstleistungen zu verpflichten, vgl. RdNr. 37. 26

Als Geschäftsführer einer GbR kommt grundsätzlich auch ein **Minderjähriger** in Betracht.[41] Zu denken ist namentlich an Fälle, in denen abweichend von § 727 Abs. 1 Anteile, mit denen sich nach dem Gesellschaftsvertrag Geschäftsführungsbefugnis verbindet, vererblich gestellt sind und beim Tod von Gesellschaftern auf noch nicht volljährige Erben übergehen. Problematisch ist hier nicht die Erlangung der Geschäftsführungsbefugnis, sondern die Entscheidung der Frage, ob der Minderjährige selbst als Geschäftsführer handeln kann oder ob er hierfür seines gesetzlichen Vertreters bedarf, wobei dieser bei fehlender Gesellschafterstellung freilich nur mit Zustimmung der Mitgesellschafter in Angelegenheiten der GbR tätig werden könnte.[42] Ihre Beantwortung richtet sich für **tatsächliche Handlungen** nach der Reife und Einsichtsfähigkeit des Minderjährigen.[43] Für **Rechtsgeschäfte** namens der Gesamthand kommt es wegen deren auch den Minderjährigen selbst betreffenden Haftungsfolgen darauf an, ob ihm entsprechend § 112 Abs. 1 vom gesetzlichen Vertreter mit Genehmigung des Vormundschaftsgerichts eine Ermächtigung zum selbstständigen Handeln für die GbR generell erteilt ist[44] oder ob der gesetzliche Vertreter im jeweiligen Einzelfall seine Einwilligung bzw. Genehmigung zu dem fraglichen Rechtsgeschäft nach Maßgabe von §§ 107, 108 gegeben hat. 27

2. Recht auf Geschäftsführung. Das Recht auf Geschäftsführung folgt nach § 709 grundsätzlich aus der Gesellschafterstellung (vgl. RdNr. 3). Zu seiner Begründung bedarf es daher abweichend vom Kapitalgesellschaftsrecht keiner besonderen Bestellung der Gesellschafter als Geschäftsführer. Auch kann die Geschäftsführungsbefugnis – vom Sonderfall des § 712 abgesehen – nicht einseitig entzogen werden, soweit der Gesellschaftsvertrag nicht derartige Gestaltungsrechte für die Mitgesellschafter vorsieht (zu den Anforderungen an die Konkretisierung der Eingriffsvoraussetzungen vgl. RdNr. 92 und § 712 RdNr. 22). Mit dem Recht auf Geschäftsführung wäre es namentlich **unvereinbar,** aus § 713 iVm. § 665 auf ein grundsätzliches **Weisungsrecht** der Mitgesellschafter oder der Gesellschafterversammlung gegenüber den Geschäftsführern zu schließen (§ 713 RdNr. 7). Diese können zwar auf Grund der verweigerten Zustimmung oder des Widerspruchs von Mitgeschäfts- 28

[40] RGZ 142, 13, 18.

[41] *Soergel/Hadding* RdNr. 7; *Erman/Westermann* RdNr. 12.

[42] *Gogos,* Die Geschäftsführung der offenen Handelsgesellschaft, 1953, S. 70 ff.; aA *Hueck* OHG § 20 V 1 a, S. 307, der beim Fehlen gesellschaftsvertraglicher Regelungen für diesen Fall ein Recht des gesetzlichen Vertreters zum Tätigwerden bejaht (so auch *Erman/Westermann* RdNr. 12). Zuzustimmen ist *Hueck* allerdings insoweit, als er (S. 307 bis 309) einerseits eine *Pflicht* des gesetzlichen Vertreters zum Tätigwerden grundsätzlich verneint, andererseits die gesellschaftsrechtliche Treupflicht im Fall von dessen Tätigwerden auch auf den Vertreter erstreckt.

[43] *Soergel/Hadding* RdNr. 7; *Erman/Westermann* RdNr. 12.

[44] Zur Anwendbarkeit von § 112 auch auf Geschäftsführungstätigkeiten von Minderjährigen in einer Personenhandelsgesellschaft vgl. *Hueck* OHG § 20 V 1 a, S. 306.

führern nach Maßgabe der §§ 709 bis 711 an der Vornahme bestimmter Handlungen gehindert, nicht aber zu einem bestimmten Tätigwerden gezwungen werden. Ein *Vorbehalt* gilt neben der Vereinbarung von *Mehrheitsbeschlüssen* in Geschäftsführungsangelegenheiten nach § 709 Abs. 2 (dazu RdNr. 45 ff.) nur für diejenigen Fälle, in denen die *Treupflicht* ein Einschreiten des Geschäftsführers im Gesellschaftsinteresse erfordert (§ 705 RdNr. 226). – Zum Sonderfall des minderjährigen Geschäftsführers, der nur mit Hilfe seines gesetzlichen Vertreters handeln kann, vgl. RdNr. 27.

29 **3. Pflicht zur Geschäftsführung.** Dem Recht auf Geschäftsführung entspricht grundsätzlich eine Pflicht zum Tätigwerden für die Gesellschaft einschließlich der Ausübung eines Zustimmungs- oder Widerspruchsrechts, soweit der Gesellschaftsvertrag nicht im Einzelfall Abweichendes bestimmt.[45] Der Geschäftsführer ist zwar nicht gehindert, im Rahmen des durch den Gesellschaftszweck Gebotenen Mitarbeiter einzustellen und sich ihrer zur Durchführung der laufenden Geschäfte zu bedienen. Eine Übertragung von Geschäftsführerstellung oder -aufgaben auf einen Dritten iS einer Substitution nach § 664 Abs. 1 S. 2 ist aber ausgeschlossen.[46] Das folgt nicht nur aus der Verweisung auf § 664 Abs. 1 S. 1 in § 713, sondern auch aus dem Grundsatz der Selbstorganschaft und der dem Gesellschaftsvertrag vorbehaltenen Regelungskompetenz für die Ausgestaltung der Geschäftsführung (RdNr. 5, 8). Die Leitung der Gesellschaft und die damit verbundene Verantwortung bleiben daher auch in denjenigen Fällen den Geschäftsführern vorbehalten, in denen sie die laufenden Aufgaben durch Angestellte ausführen lassen.

30 Von der Pflicht zur Geschäftsführung zu unterscheiden ist die Konkretisierung der **Anforderungen an die Geschäftsführungstätigkeit.**[47] Insoweit steht zunächst außer Zweifel, dass die Geschäftsführer zwar auf Grund der Treupflicht zur *uneigennützigen Tätigkeit* verpflichtet sind; sie müssen ihre eigenen Interessen dem gemeinsamen Zweck grundsätzlich unterordnen (§ 705 RdNr. 226). Im Übrigen liegt die Entscheidung der Geschäftsführer über die Art und Weise, wie sie den gemeinsamen Zweck fördern, innerhalb der ihnen durch die Pflicht zu sorgfältiger Geschäftsführung gesetzten Grenzen (vgl. § 708 RdNr. 18, 21 ff.) jedoch grundsätzlich in ihrem *Ermessen.* Sowenig sie hierbei Weisungen von Mitgesellschaftern unterliegen (RdNr. 28), sowenig ist es grundsätzlich auch Sache der Gerichte, bei Uneinigkeit zwischen zwei oder mehr Geschäftsführern eine Entscheidung über die Vornahme bestimmter Maßnahmen zu treffen, auch wenn diese objektiv zur Förderung des gemeinsamen Zwecks geeignet sind.[48] Ein gerichtliches Einschreiten im Rahmen einer Klage auf Zustimmung zu einer Geschäftsführungsmaßnahme bzw. auf Feststellung der Pflichtwidrigkeit des Widerspruchs kommt nur bei Ermessensmissbrauch in Betracht (vgl. RdNr. 42 f. und § 711 RdNr. 11). Zur Möglichkeit der Entziehung der Geschäftsführungsbefugnis im Falle ihres dauernd oder schwerwiegend missbräuchlichen Gebrauchs vgl. § 712 RdNr. 10.

31 Die Pflicht zur Geschäftsführung findet ihre **Grenze** in denjenigen Fällen, in denen der Gesellschafter durch *Krankheit* oder andere *unverschuldete Umstände* an der Führung der Geschäfte verhindert ist.[49] Zu solchen die gesellschaftsrechtliche Pflicht einschränkenden Umständen gehört mit Rücksicht auf Art. 48 Abs. 2 S. 1 GG auch die Ausübung eines Abgeordnetenmandats.[50] Die nicht zu vertretende Verhinderung begründet weder eine Schadensersatzpflicht des Gesellschafters wegen Nichterfüllung, noch gibt sie – vorbehaltlich

[45] EinhM; vgl. RGZ 142, 13, 18; *Soergel/Hadding* RdNr. 8; *Erman/Westermann* RdNr. 16; *Hueck* OHG § 10 V 1.

[46] OGH SJZ 1948, 751, 754; *Soergel/Hadding* RdNr. 8; *Hueck* OHG § 10 V 2; *Gogos* (Fn. 42) S. 22 ff.

[47] So zu Recht *Flume* I/1 § 15 II 1 S. 263: „Die Pflicht zur Entscheidung ist nicht gleichzusetzen mit der Verpflichtung zu einem bestimmten Inhalt der Entscheidung.“.

[48] BGH LM Nr. 7 = NJW 1972, 862; *Soergel/Hadding* RdNr. 8. Den Gesichtspunkt der Privatautonomie der Gesellschafter in Geschäftsführungsangelegenheiten betont besonders nachdrücklich *Flume* I/1 § 15 II.

[49] BGHZ 43, 384, 387 = NJW 1965, 1958.

[50] BGH (Fn. 49). Vgl. dazu auch *Bettermann* BB 1967, 270; *Flume* I/1 § 10 II S. 134; *Hueck* OHG § 10 IV 2, Fn. 59 a; *Erman/Westermann* RdNr. 16; krit. *Konzen* AcP 172 (1972), 317.

abweichender Vertragsabreden – der Gesellschaft einen Anspruch auf Ersatzleistung (§ 706 RdNr. 25, 29). Wohl aber kann sie Folgen für die vereinbarte Geschäftsführervergütung als Teil der Gewinnverteilung haben (RdNr. 34). Ist die Verhinderung nicht nur vorübergehender Art, so kann je nach Lage des Falles auch die Entziehung der Geschäftsführungsbefugnis (§ 712 Abs. 1), der Ausschluss des Gesellschafters (§ 737) oder die Auflösung der Gesellschaft (§§ 723 Abs. 1 S. 2, 726) in Betracht kommen. Auch der betroffene Gesellschafter kann nach Maßgabe von § 712 Abs. 2 die Geschäftsführung kündigen, wenn ihm die Beibehaltung der Geschäftsführerstellung und die Erfüllung der damit verbundenen Pflichten unzumutbar geworden ist (§ 712 RdNr. 25).

4. Vergütung. Die Geschäftsführertätigkeit ist als Ausfluss der Gesellschafterstellung keine entgeltliche Dienstleistung. Ein Anspruch auf Vergütung nach § 612 Abs. 1 scheidet daher aus. Ebenso ist für eine Vergütung unter dem Gesichtspunkt des Aufwendungsersatzes (§§ 713, 670) meist kein Raum. Wohl aber kann eine Geschäftsführervergütung **im Gesellschaftsvertrag** vereinbart werden.[51] Bedeutung kommt ihr insbesondere in den Fällen zu, in denen nicht alle Gesellschafter gleichmäßig an der Geschäftsführung beteiligt sind und die Tätigkeitspflicht auch nicht etwa ein Äquivalent für das von anderen Gesellschaftern zur Verfügung gestellte Kapital bildet. Rechtlich handelt es sich bei der Vergütungsregelung nicht um die Vereinbarung eines Entgelts für die Leistung von Diensten, sondern um eine *Gewinnverteilungsabrede.*[52] Deren Vereinbarung ist auch stillschweigend möglich. Nach der Rechtsprechung[53] soll das schon dann anzunehmen sein, wenn die einem Gesellschafter übertragenen Dienste über das Maß des Üblichen hinausgehen. Als nicht ausreichend wurde es hingegen angesehen, dass von mehreren Gesellschaftern nur einige Geschäftsführer sind.[54] 32

Inhaltlich kann die Vergütung entweder in einer entsprechenden *Erhöhung des prozentualen Gewinnanteils* des oder der Geschäftsführer bestehen oder aber – wie namentlich bei Personenhandelsgesellschaften, aber auch bei Freiberufler-Sozietäten – in einem festen oder erfolgsabhängigen, als *Gewinnvoraus* des oder der Geschäftsführer zu behandelnden, periodisch zu zahlenden Geldbetrag.[55] Frage der Vertragsauslegung ist es, ob die Vergütung auch in den Jahren zu zahlen ist, in denen entweder der von der Gesellschaft erzielte Gewinn hinter der Höhe der Vergütung zurückbleibt oder die Gesellschaft sogar Verluste erwirtschaftet. Für die Bejahung spricht namentlich die Vereinbarung einer festen, in regelmäßigen Teilbeträgen zu zahlenden Vergütung.[56] Sie wirkt sich im Innenverhältnis dahin aus, dass auf die nicht an der Geschäftsführung beteiligten Mitgesellschafter rechnerisch ein höherer Verlustbetrag entfällt, als es ihrem Anteil am (negativen) Geschäftserfolg ohne Berücksichtigung der Vergütung entsprechen würde. 33

Ist der Gesellschafter nicht nur kurzfristig an der Wahrnehmung seiner Geschäftsführerpflichten **verhindert,** so fragt sich, ob und in welchem Umfang ein *Vergütungsanspruch,* der ihm mit Rücksicht auf die Pflicht zur Geschäftsführung vertraglich eingeräumt wurde, *durchsetzbar* bleibt. In Rechtsprechung und Literatur wird insoweit teilweise auf § 616 Abs. 1 34

[51] Vgl. dazu BGHZ 44, 40, 41 f. = NJW 1965, 1960; OLG Koblenz WM 1986, 590, 591; *Soergel/Hadding* § 713 RdNr. 12.

[52] Das wird nicht immer klar gesehen; wie hier *Riegger* DB 1983, 1909, 1910; *Schlegelberger/Martens* HGB § 114 RdNr. 23; OLG Koblenz WM 1986, 590, 591. Vgl. aber auch BGH LM § 249 (Cb) Nr. 11 = NJW 1963, 1051, 1052 (Vergütungsabrede im Gesellschaftsvertrag als Vereinbarung dienstvertragsähnlicher Art) sowie *Soergel/Hadding* § 713 RdNr. 13; *Erman/Westermann* RdNr. 14 (Gewinnvoraus könne nicht ohne weiteres angenommen werden); *K. Schmidt* GesR § 59 III 3 a (sowohl dienstvertragliche Gehaltsvereinbarung als auch Gewinnverteilungsregelung möglich). – Für Pfändbarkeit einer erfolgsunabhängigen Tätigkeitsvergütung nach den für Arbeitseinkommen geltenden Grundsätzen OLG Düsseldorf MDR 1970, 934.

[53] BGHZ 17, 299, 301 = NJW 1955, 1277; RGZ 170, 392, 396.

[54] OLG Koblenz WM 1986, 590, 591.

[55] Zu Ausgestaltung und Inhalt von Vergütungsansprüchen vgl. BGH WM 1986, 1556, 1557; *Ganssmüller,* Die Tätigkeitsvergütung geschäftsführender Gesellschafter der OHG und KG, 1961, insbes. S. 4 ff.; *Staub/Ulmer* HGB § 114 RdNr. 47 f.; *Hueck* OHG § 17 II 3.

[56] Für Qualifizierung einer auch in Verlustjahren zu zahlenden Vergütung als gesellschaftsrechtlicher Ausgleichsanspruch analog §§ 713, 670 BGB, § 110 HGB: *Bork* AcP 184 (1984), 465, 478. Vgl. auch *Schlegelberger/Martens* HGB § 114 RdNr. 24.

verwiesen;[57] jedoch stehen die von einem Dienstvertragsentgelt deutlich zu unterscheidende Rechtsnatur der Tätigkeitsvergütung und die Besonderheiten der Geschäftsführerstellung nicht nur der unmittelbaren, sondern auch einer analogen Anwendung dieser Vorschrift entgegen.[58] Soweit bestimmte, feste oder erfolgsabhängige Zahlungen im Gesellschaftsvertrag als Tätigkeitsvergütung für die Geschäftsführer vorgesehen sind, wird meist schon die *Vertragsauslegung* dazu führen, dass sie nur so lange zu gewähren sind, als auch die den Zahlungsgrund bildende Geschäftsführung von dem Gesellschafter wahrgenommen wird[59] oder dieser bei nur vorübergehender Verhinderung für die erforderliche Ersatzkraft sorgt.[60] Lässt sich im Auslegungswege keine Lösung finden, so bleibt die Vertragsanpassung wegen Änderung der Geschäftsgrundlage (RdNr. 36).

35 Ist die Verhinderung des Geschäftsführers durch einen **Dritten** verursacht und haftet dieser auf **Schadensersatz,** so ist nach den allgemein für die Begrenzung einer Vorteilsausgleichung geltenden Grundsätzen[61] seine Ersatzpflicht gegenüber dem geschädigten Gesellschafter nicht dadurch ausgeschlossen oder gemindert, dass die Geschäftsführervergütung an diesen weitergezahlt wird. Der geschädigte Gesellschafter kann vom Dritten als eigenen Schaden auch denjenigen Teil des der Gesellschaft durch den Ausfall seiner Arbeitskraft entstehenden Schadens ersetzt verlangen, der ihn durch anteilige Gewinnminderung, Wegfall der Geschäftsführervergütung oder vertragliche Pflicht zur Stellung einer Ersatzkraft unmittelbar betrifft.[62] Der Gesellschaft selbst steht für den weitergehenden Schaden ein unmittelbarer Ersatzanspruch gegen den Dritten nicht zu, soweit nicht ausnahmsweise die Voraussetzungen eines Eingriffs in den Gewerbebetrieb (§ 823 RdNr. 179 ff.) gegeben sind; bei Weiterzahlung der Geschäftsführervergütung kann sie aber vom Geschäftsführer verlangen, dass er ihr seine Ansprüche gegen den Dritten abtritt.[63]

36 Die Regelungen über die Geschäftsführervergütung unterliegen in besonderem Maß der Gefahr, durch eine *Änderung der Geschäftsgrundlage* anpassungsbedürftig zu werden, soweit nicht bereits im Gesellschaftsvertrag selbst für den jeweiligen Fall Vorsorge getroffen ist. Auch abgesehen vom Sonderfall der nicht nur kurzfristigen Verhinderung des Geschäftsführers

[57] BGH (VI. ZS) LM § 249 (Cb) Nr. 11 = NJW 1963, 1051, 1052; *Ganssmüller* NJW 1965, 1948, 1949; *Hüttemann,* Leistungsstörungen bei Personengesellschaften, 1998, S. 358 ff.; im Grundsatz wohl auch *Soergel/Hadding* § 713 RdNr. 14.

[58] Dazu näher *Staub/Ulmer* HGB § 114 RdNr. 49; so auch OLG Koblenz DB 1980, 247, 248; *Erman/Westermann* RdNr. 15; *Schlegelberger/Martens* HGB § 114 RdNr. 27.

[59] BGHZ 10, 44, 53 = NJW 1953, 1548; *Staub/Ulmer* HGB § 114 RdNr. 49; *Soergel/Hadding* § 713 RdNr. 14; einschränkend wohl OLG Koblenz DB 1980, 247, 249.

[60] BGH DB 1972, 2201, 2202.

[61] Vgl. dazu § 249 RdNr. 222 ff. und *Staudinger/Schiemann* (1998) § 249 RdNr. 132 ff. Die hM leitet dieses Ergebnis aus den zur Lohnfortzahlung nach § 616 entwickelten Grundsätzen ab (BGH LM § 249 (Cb) Nr. 11 = NJW 1963, 1051, 1052; BGH WM 1964, 1271, 1272; *Ganssmüller* (Fn. 55) S. 23, 25 f. und NJW 1965, 1948, 1949; *Soergel/Hadding* § 713 RdNr. 14). Einer analogen Heranziehung dieser Grundsätze für den Schadensersatzanspruch des Geschäftsführers bedarf es indessen schon deshalb nicht, weil auch sie nur eine Ausprägung der Lehre von der Vorteilsausgleichung bilden (so auch *Staudinger/Schiemann* (1998) § 249 RdNr. 153). Allgemein zur Nichtberücksichtigung der Lohnfortzahlung aus Gründen der Vorteilsausgleichung vgl. BGHZ 7, 30, 49 = NJW 1952, 1249; BGHZ 10, 107, 108 = NJW 1953, 1346; BGHZ 107, 325, 328 = NJW 1989, 2062; § 249 RdNr. 250 ff.; *Erman/Kuckuk* Vor § 249 RdNr. 102 f., 116; *Staudinger/Schiemann* (1998) § 249 RdNr. 152; speziell zum Schadensersatzanspruch des geschäftsführenden Komplementärs einer KG trotz Fortzahlung der erfolgsunabhängigen Vergütung BGH LM § 249 (Cb) Nr. 11 = NJW 1963, 1051, sowie für den GmbH-Geschäftsführer BGH LM § 249 (D) Nr. 15 = NJW 1977, 1283.

[62] So im Ergebnis auch BGH VersR 1963, 433, 434 und 585, 586, DB 1972, 2201 f., allerdings unter problematischer Zugrundelegung einer Pflicht des verletzten Geschäftsführers zur Stellung einer Ersatzkraft auch ohne ausdrückliche gesellschaftsvertragliche Regelung; weitergehend OLG Karlsruhe FamRZ 1975, 341, 343 m. abl. Anm. *Fenn,* das dem Geschädigten neben dem Anspruch auf Ersatz der anteiligen Gewinnminderung kumulativ die Erstattung der Kosten für eine fiktive Ersatzkraft zuspricht. Vgl. auch § 706 RdNr. 25 Fn. 55.

[63] So für den Schadensersatzanspruch des Gesellschafter-Geschäftsführers einer GmbH BGH LM § 823 (Eb) Nr. 18 = NJW 1970, 95, 96. Als Rechtsgrundlage für das Abtretungsverlangen wurde in den Lohnfortzahlungsfällen § 255 genannt (BGHZ 21, 112, 119 = NJW 1956, 1473; BGHZ 107, 325, 329 = NJW 1989, 2062; *Palandt/Heinrichs* Vor § 249 RdNr. 136, § 255 RdNr. 3); in § 6 EFZG ist für Ansprüche von Arbeitnehmern ein gesetzlicher Forderungsübergang angeordnet.

(RdNr. 34) kann sich die Notwendigkeit einer **Anpassung** aus einer Reihe von Gründen ergeben. So kann der dauernde Rückzug eines der Gesellschafter aus der ursprünglich von allen gemeinsam übernommenen Geschäftsführung Anlass dazu geben, zu einer Differenzierung bei der Gewinnverteilung zu kommen.[64] Ist im Gesellschaftsvertrag ein monatlicher oder jährlicher Festbetrag als Vergütung vorgesehen, so kann sich für ihn mit Rücksicht auf wesentliche Änderungen von Kaufkraft, Gehaltsniveau oder Tätigkeitsumfang längerfristig ein Anpassungsbedarf ergeben.[65] Soweit in derartigen Fällen eine Lösung nicht ausnahmsweise durch Vertragsauslegung gefunden werden kann, sind *Ansprüche auf Vertragsanpassung* unter dem Gesichtspunkt der Treupflicht im Klageweg durchsetzbar (§ 705 RdNr. 234).

5. Sonderaufträge. Die vorstehenden Grundsätze gelten für den Fall, dass Gesellschafter 37 auf Grund dispositiver (§ 709) oder gesellschaftsvertraglicher Regelung zur Geschäftsführung berufen sind. Nicht ausgeschlossen wird dadurch zwar die Vereinbarung besonderer Tätigkeitspflichten eines Gesellschafters im Wege eines **Drittgeschäfts** (§ 705 RdNr. 202), seien sie entgeltlicher (§ 611) oder unentgeltlicher (§ 622) Natur.[66] Derartige – entgeltliche oder unentgeltliche – Sonderaufträge bilden jedoch schon deshalb die *Ausnahme,* weil die GbR im Unterschied zur KG nach gesetzlicher Regel keine von der Geschäftsführung ausgeschlossenen Gesellschafter kennt. Insbesondere bei Tätigkeitspflichten für Gesellschafter, die im Gesellschaftsvertrag selbst begründet sind, handelt es sich in aller Regel um Geschäftsführungspflichten gesellschaftsrechtlicher Art und nicht etwa um davon zu unterscheidende Dienstleistungspflichten auf der Grundlage entgeltlicher oder unentgeltlicher Drittgeschäfte.

B. Gemeinschaftliche Geschäftsführung nach § 709

I. Der Grundsatz der Einstimmigkeit (Abs. 1)

1. Allgemeines. Zu Begriff und Gegenständen der Geschäftsführung, zu Umfang der 38 Befugnis und Rechtsstellung der Geschäftsführer vgl. zunächst RdNr. 7 ff. Die Vorschrift des § 709 Abs. 1 sieht als gesetzlichen **Regelfall** der Geschäftsführung in der GbR die *gemeinschaftliche Befugnis aller Gesellschafter* vor (RdNr. 13). Sie greift dann ein, wenn die Gesellschafter nicht ausdrücklich oder stillschweigend[67] im Gesellschaftsvertrag Abweichendes vereinbaren. Eine *zwischen den Geschäftsführern vereinbarte Arbeitsteilung* führt nur dann zu einer Abweichung von § 709 Abs. 1, wenn sie auf Grund der Mitwirkung aller Gesellschafter oder der Billigung seitens der Mitgesellschafter als Vertragsänderung zu werten ist; anderenfalls handelt es sich nur um eine geschäftsführungsinterne Ressortaufteilung kraft generell erteilter gegenseitiger Zustimmung (RdNr. 16).

Auf Grund des in § 709 Abs. 1 verankerten **Einstimmigkeitsprinzips** bedarf es grund- 39 sätzlich der Zustimmung aller Gesellschafter zu jeder Geschäftsführungsmaßnahme; anderes gilt nur im Falle eines Stimmrechtsausschlusses wegen Interessenkollision (RdNr. 65, 69). Gemeinsames Handeln bei Durchführung der Maßnahme ist dagegen zumindest im Innenverhältnis nicht erforderlich (zur Vertretung vgl. § 714 RdNr. 19). **Stimmenthaltung** kommt einer Ablehnung gleich (§ 709 Abs. 1 aE).

Ist ein Handeln im Interesse der Gesellschaft dringend geboten, die erforderliche Zustim- 40 mung der Mitgesellschafter aber nicht rechtzeitig zu erlangen, so ist ausnahmsweise eine **Notgeschäftsführung** nach § 677 oder entsprechend § 744 Abs. 2 möglich (RdNr. 21).

[64] *Rob. Fischer* NJW 1959, 1063; *Hueck* OHG § 10 VII 10, S. 156.

[65] So jetzt auch BGH BB 1977, 1271 unter Bejahung eines Anspruchs auf Anpassung der Geschäftsführervergütung an die veränderten Verhältnisse nach billigem Ermessen, sofern die Gewinnbeteiligung des Geschäftsführers sich im Übrigen nicht von derjenigen der Nichtgeschäftsführer unterscheidet; ebenso *Soergel/Hadding* § 713 RdNr. 15. Grundsätzlich abl. noch BGHZ 44, 40, 41 f. = NJW 1965, 1960 sowie *Rob. Fischer* in Großkomm. zum HGB § 114 Anm. 15.

[66] *Soergel/Hadding* RdNr. 13.

[67] BGHZ 16, 394, 396 f. = NJW 1955, 825. Vgl. schon RdNr. 14.

41 Eine Einschränkung der Gesamtgeschäftsführung unter Berufung auf § 432 scheidet grundsätzlich aus (§ 719 RdNr. 11). Auch soweit es um die **Einziehung von Gesellschaftsforderungen** geht, hat die dispositive oder vertragliche Ausgestaltung der Geschäftsführungsbefugnis Vorrang gegenüber den Vorschriften über die Gläubigermehrheit.[68] Auszunehmen sind *Fälle kollusiven Zusammenwirkens* zwischen Mitgesellschafter und Schuldner.[69] Darüber noch hinausgehend lässt der BGH es zu, dass einzelne Gesellschafter unabhängig von § 432 eine Gesellschaftsforderung auch dann einklagen können, wenn sie ein berechtigtes Interesse an der Geltendmachung haben, weil die anderen Gesellschafter dies aus gesellschaftswidrigen Gründen verweigern und der verklagte Schuldner an diesem gesellschaftswidrigen Verhalten auch selbst beteiligt ist.[70]

42 **2. Zustimmungspflicht?** In der Entscheidung darüber, ob sie der von einem oder mehreren Mitgesellschaftern vorgeschlagenen Maßnahme zustimmen wollen, sind die Gesellschafter **grundsätzlich frei.** Bei Uneinigkeit muss die Maßnahme unterbleiben. *Differenzen über die Zweckmäßigkeit* von Geschäftsführungshandlungen *unterliegen nicht gerichtlicher Entscheidung.*[71] **Anderes** gilt mit Rücksicht auf die Pflicht der Gesellschafter zu sorgfältiger Geschäftsführung dann, wenn die fragliche Maßnahme im Interesse der Gesellschaft geboten ist und den Geschäftsführern kein Entscheidungsspielraum zusteht, so namentlich bei der Erfüllung von Gesellschaftsverbindlichkeiten, deren Durchsetzbarkeit nicht ernsthaft in Frage gestellt werden kann. In Fällen dieser Art ist die Verweigerung der Zustimmung *pflichtwidrig*[72] und daher unbeachtlich (§ 705 RdNr. 240 f.); auch kann sie Schadensersatzansprüche auslösen. Der pflichtwidrig Handelnde kann sich gegenüber den Mitgesellschaftern daher auch nicht auf seine fehlende Zustimmung berufen und hieraus ihnen gegenüber den Vorwurf einer Überschreitung der Geschäftsführungsbefugnis ableiten.[73]

43 Mit der Pflicht zur Geschäftsführung (RdNr. 30) unvereinbar und pflichtwidrig ist namentlich auch die durch sachfremde Gründe veranlasste **beharrliche Weigerung** eines Gesellschafters, sich an der Geschäftsführung zu beteiligen oder den von den Mitgesellschaftern geplanten Maßnahmen zuzustimmen. Der BGH hat in einem derartigen Fall die Möglichkeit eines Verlusts des Zustimmungsrechts unter dem Gesichtspunkt der Verwirkung bejaht.[74] Methodisch richtiger erscheint es demgegenüber, die Mitgesellschafter auf das Recht zur *Entziehung* der Geschäftsführungsbefugnis zu verweisen und ihnen dieses Recht in extensiver Auslegung von § 712 Abs. 1 auch dann einzuräumen, wenn die Geschäftsführung ursprünglich allen Gesellschaftern gemeinsam zustand (vgl. § 712 RdNr. 6).

44 *Streitig* ist, ob der die Zustimmung verweigernde oder einer Geschäftsführungsmaßnahme widersprechende Gesellschafter die *Gründe für sein Verhalten offenlegen* muss.[75] Zur Entscheidung der Frage bedarf es der Berücksichtigung der Umstände des jeweiligen Falles. Dabei ist

[68] BGHZ 12, 308 = NJW 1954, 1149; BGHZ 17, 340, 346 = NJW 1955, 1393; BGHZ 102, 153, 154 = NJW 1988, 558; BGH WM 1979, 366; *Flume* I/1 § 15 II 4, S. 272; *Erman/Westermann* RdNr. 9.

[69] BGHZ 39, 14, 20 = NJW 1963, 641; LG Bonn WM 1992, 22, 24.

[70] BGHZ 102, 153, 155 = NJW 1988, 558. Kritisch dazu *K. Schmidt* GesR § 21 IV 3.

[71] Vgl. BGH LM Nr. 7 = NJW 1972, 862; BGH NJW 1986, 844.

[72] BGH LM Nr. 7 = NJW 1972, 862. Für Zustimmungspflicht zu einer durch gemeinsamen Zweck und Gesellschaftsinteresse gebotenen Geschäftsführungsmaßnahme schon RGZ 97, 329, 331; 162, 78, 83. So auch *Soergel/Hadding* RdNr. 16; *Erman/Westermann* RdNr. 9; *Staudinger/Keßler* RdNr. 12, 28. Krit. aber *Flume* I/1 § 15 II, S. 263 f.

[73] Zu den Voraussetzungen der Unbeachtlichkeit pflichtwidriger Zustimmungsverweigerung vgl. *Sester,* Treupflichtverletzung bei Widerspruch oder Zustimmungsverweigerung im Recht der Pesonenhandelsgesellschaften, 1996, S. 77 ff.; 168.

[74] LM Nr. 7 = NJW 1972, 862, 864. Dem folgend *Soergel/Hadding* RdNr. 16; wohl auch *Erman/Westermann* RdNr. 9.

[75] Die Frage wird überwiegend im Hinblick auf den Widerspruch nach § 115 Abs. 1 HGB erörtert. Grundsätzlich für Begründungszwang *Rob. Fischer* in Großkomm. zum HGB, 3. Aufl., § 115 Anm. 11 und *Schlegelberger/Martens* HGB § 115 RdNr. 11; mit Einschränkungen auch *Staub/Ulmer* § 115 RdNr. 18; *Hueck* OHG § 10 III 4, S. 128 und *Erman/Westermann* RdNr. 10; generell abl. aber *Flume* I/1 § 15 II 2, S. 267. Für „regelmäßige" Pflicht zur Begründung der Zustimmungsverweigerung anscheinend BGH LM Nr. 7 = NJW 1972, 862, 863 (obiter dictum).

mit Rücksicht auf die Geschäftsführungs- und Treupflicht des Gesellschafters eine **Begründungspflicht** umso eher zu bejahen, je mehr sein Verhalten den Anschein erweckt, von sachfremden Erwägungen beeinflusst zu sein, namentlich also bei grundsätzlicher, nicht auf bestimmte Einzelfälle beschränkter Verweigerung der Zustimmung oder Erhebung des Widerspruchs. Die Ablehnung einer Begründung legt in derartigen Fällen den Schluss auf die Pflichtwidrigkeit und daher Unbeachtlichkeit der Zustimmungsverweigerung oder des Widerspruchs nahe; sie erlaubt es den Mitgesellschaftern, gegen den Willen des Ablehnenden zu handeln.[76] Ein *allgemeiner Begründungszwang* lässt sich aus § 709 jedoch *nicht* ableiten; er würde auf eine bedenkliche Einschränkung des privatautonomen Entscheidungsspielraums der Geschäftsführer hinauslaufen.[77] Einer besonderen Begründung bedarf es insbesondere dann nicht, wenn die Gründe bereits aus etwaigen Gegenvorschlägen des die Zustimmung verweigernden Gesellschafters erkennbar sind.

II. Die mehrheitliche Geschäftsführung (Abs. 2)

Die Regel der Gesamtgeschäftsführung kann im **Gesellschaftsvertrag** oder durch dessen spätere Änderung dahin modifiziert sein, dass die Geschäftsführungsbefugnis zwar sämtlichen Gesellschaftern zusteht, ein Handeln für die Gesellschaft aber schon dann gestattet ist, wenn sich die Mehrheit hierauf verständigt hat. 45

Die Mehrheitsklausel erstreckt sich, soweit der Vertrag keine Sonderregelung enthält, auf **gewöhnliche** und **außergewöhnliche** Geschäftsführungsmaßnahmen; Ausnahmen gelten entsprechend § 35 für solche Maßnahmen, auf deren Vornahme einem Gesellschafter ein Sonderrecht zusteht (vgl. auch RdNr. 99). 46

Hinsichtlich der Anforderungen an die Mehrheit kommt es grundsätzlich auf die **absolute** Mehrheit der stimmberechtigten Mitglieder an, soweit nicht im Einzelfall die relative Mehrheit als maßgebend vereinbart oder ein Gesellschafter wegen Interessenkollision an der Mitwirkung verhindert ist (RdNr. 65 ff.). Wegen der Erfordernisse der absoluten Mehrheit wirken *Stimmenthaltungen* wie eine Ablehnung; Gleiches gilt bei Nichtbeteiligung an der Abstimmung.[78] 47

Für die **Berechnung der Mehrheit** steht nach der Auslegungsregel des Abs. 2 *jedem Gesellschafter im Zweifel eine Stimme* zu (Mehrheit nach Köpfen). Der Gesellschaftsvertrag kann aber auch insoweit ausdrücklich oder stillschweigend Abweichendes vorsehen, insbes. auf die Höhe der Einlagen oder der Kapitalanteile abstellen.[79] Sind die sonstigen Gesellschafterrechte, darunter namentlich das Stimmrecht in der Gesellschafterversammlung, aber auch die Gewinnansprüche, am Einlagen- oder Kapitalschlüssel ausgerichtet, so spricht das dafür, dass dieser Schlüssel abweichend von Abs. 2 auch für die Beschlussfassung in Geschäftsführungsfragen Geltung haben soll. 48

Die **Wirkung des Mehrheitsbeschlusses** besteht einerseits darin, dass er die Geschäftsführungsmaßnahme legitimiert. Andererseits verpflichtet er die überstimmte Mehrheit, an der Durchführung der Maßnahme mitzuwirken, soweit es ihrer Mitwirkung – wie namentlich im Fall der Gesamtvertretung aller Gesellschafter – bedarf.[80] Insoweit kommt nach §§ 713, 665 ausnahmsweise auch eine Weisungsbindung der Minderheit in Betracht. Voraussetzung ist freilich jeweils, dass die umstrittene Maßnahme sich noch im Rahmen des für den Umfang der Geschäftsführungsbefugnis maßgebenden Gesellschaftszwecks hält (RdNr. 23). Eine mehrheitliche Ausdehnung dieses Umfangs liefe auf eine Vertragsänderung hinaus; sie ist weder durch die auf Geschäftsführungsmaßnahmen bezogene Mehrheitsklausel noch im Zweifel durch ein der Mehrheit vorbehaltenes, generelles Recht zur Vertragsänderung gedeckt (vgl. auch RdNr. 84, 90 ff.). 49

[76] *Staub/Ulmer* HGB § 115 RdNr. 21; vgl. auch *Hueck* OHG § 10 Fn. 38.

[77] So für den Widerspruch zutr. *Flume* I/1 § 15 II 2, S. 267.

[78] *Soergel/Hadding* RdNr. 38.

[79] Vgl. auch *Soergel/Hadding* RdNr. 17; zur Möglichkeit stillschweigender Abweichungen vgl. BGHZ 16, 394, 396 = NJW 1955, 825.

[80] *Soergel/Hadding* RdNr. 17; RGRK/*von Gamm* RdNr. 7.

C. Gesellschafterbeschlüsse

I. Grundlagen

50 **1. Willensbildung durch Beschluss.** Nicht nur hinsichtlich der Geschäftsführungsmaßnahmen, sondern auch in den anderen Angelegenheiten der Gesellschaft (Änderungen des Gesellschaftsvertrags, sonstige gemeinschaftliche Angelegenheiten, vgl. RdNr. 53, 55) erfolgt die Willensbildung grundsätzlich durch Beschluss aller oder der jeweils zuständigen Gesellschafter. Die Vorschrift des **§ 709** bildet dadurch, dass sie in Abs. 1 und 2 Grundsätze über das Zustandekommen der Gesellschafterbeschlüsse aufstellt, über die Grundnorm für die Geschäftsführung hinaus zugleich die **Grundlage für das Beschlussrecht in der GbR** (vgl. schon RdNr. 1). Insgesamt ist dieser Regelungsgegenstand allerdings sehr rudimentär ausgestaltet. Insbesondere *verzichtet das BGB* (ebenso wie das HGB in Bezug auf OHG und KG) darauf, die *Gesellschafterversammlung* als Gesellschaftsorgan vorzusehen und Vorschriften für deren Zuständigkeit und Verfahren zu treffen (vgl. § 705 RdNr. 258). Beim Fehlen gesellschaftsvertraglicher Regelungen für diese Fragen erweist sich daher die analoge Heranziehung vereins- und gmbH-rechtlicher Vorschriften über die Willensbildung der Gesellschafter durch Beschlussfassung (§§ 34, 35 BGB, § 47 Abs. 4 GmbHG, vgl. RdNr. 67 ff.) jedenfalls dann als erforderlich, wenn der Gesellschaftsvertrag die Einsetzung der Gesellschafterversammlung als Beschlussorgan vorsieht (RdNr. 71 f.).

51 **2. Rechtsnatur des Beschlusses.** Nach heute wohl einhM ist der Beschluss ein **mehrseitiges Rechtsgeschäft;**[81] es setzt sich aus den für sein Zustandekommen erforderlichen Stimmabgaben iS von empfangsbedürftigen Willenserklärungen (RdNr. 74) zusammen.[82] *Vertragsqualität* hat der Beschluss nicht nur insoweit, als Änderungen des Gesellschaftsvertrags in Frage stehen (RdNr. 53), sondern auch soweit über sonstige das Verhältnis der Gesellschafter untereinander betreffende Gegenstände wie die Bilanzfeststellung (§ 721 RdNr. 8) zu beschließen ist.[83] In den *übrigen Fällen,* darunter namentlich bei Geschäftsführungsbeschlüssen, geht es um die interne *Willensbildung der Gesamthand;* bei ihr kommt der jeweiligen Stimmabgabe ebenfalls die Qualität einer Willenserklärung zu, auch wenn sie nicht auf Vertragsabschluss gerichtet ist (RdNr. 74). Sie löst Rechtsfolgen für das Organhandeln oder die Durchsetzung von Sozialansprüchen gegen Mitgesellschafter (§ 705 RdNr. 201) aus. Eine besondere Kategorie von **Sozialakten,** die von gesellschaftsinternen Rechtsgeschäften zu unterscheiden wäre und nicht den allgemeinen Rechtsgeschäftsgrundsätzen unterstünde, ist jedenfalls im Personengesellschaftsrecht nicht anzuerkennen.[84] Die BGH-Rechtsprechung, die diesen Begriff im GmbH-Recht verwendet hatte, um die betreffenden Gesellschafterbeschlüsse dem Anwendungsbereich des § 181 zu entziehen,[85]

[81] So wohl auch *Mülbert/Gramse* WM 2002, 2085, 2086 ungeachtet der von ihnen für Beschlüsse in rechtsfähigen Personengesellschaften propagierten, nicht ohne weiteres einsichtigen Unterscheidung zwischen „Vertragsmodell" und „Beschlussmodell" (aaO S. 2086 f.).

[82] Vgl. statt aller *Larenz* AT § 18 II 3 a, S. 320; *Soergel/Hadding* RdNr. 24; *Staudinger/Keßler* RdNr. 27; *Erman/Westermann* RdNr. 19; *Wiedemann* GesR I § 3 III 1 b, S. 178 ff.; *K. Schmidt* GesR § 15 I 2; eingehend schon *Bartholomeyczik* ZHR 105 (1938), 293 ff., 300 f. m. Nachw. zur früheren Diskussion.

[83] Näher dazu *Ulmer,* FS Niederländer, 1991, S. 424 ff. Anders aber die hM (Nachw. ebd. in Fn. 52 f.). Vgl. auch RdNr. 74.

[84] Gegen diesen Begriff und seine Anerkennung als besondere Rechtsgeschäftskategorie mit Recht die im Schrifttum hM in Auseinandersetzung mit der früheren Rechtsprechung des BGH (Fn. 85); vgl. namentlich *Wiedemann* JZ 1970, 291; *Winkler* ZGR 1973, 177, 212; *Schilling,* FS Ballerstedt, 1975, S. 259 ff., 261. Dem folgend auch *Rob. Fischer,* FS Hauß, 1978, S. 61, 75 ff.; *Soergel/Hadding* RdNr. 24; *Erman/Westermann* RdNr. 19.

[85] BGHZ 33, 189, 191 = NJW 1960, 2285 (Satzungsänderung); BGHZ 48, 163, 167 = NJW 1967, 1963 (Abtretungsgenehmigung); BGHZ 51, 209, 217 = NJW 1969, 841 (Organbestellung); BGHZ 52, 316, 318 = NJW 1970, 33 (Auflösungsbeschluss). Anders BGH LM HGB § 138 Nr. 8 = NJW 1961, 724 (Ausscheiden eines Gesellschafters aus der OHG).

ist durch die zutr., wertende Auslegung des Selbstkontrahierungsverbots seit langem überholt.[86]

Aus der Rechtsgeschäftsqualität der Beschlüsse folgt die **Anwendbarkeit der** allgemeinen Rechtgeschäftsgrundsätze der **§§ 104 ff.** für das Zustandekommen und die Wirksamkeit von Beschlüssen; gleiches gilt für die Behandlung der Stimmabgaben nach den Vorschriften über Willenserklärungen (dazu RdNr. 74). Soweit es um **Vertragsänderungen** geht, sind dabei die für Gesellschaftsverträge geltenden Besonderheiten zu beachten, darunter neben der Bedeutung und Häufigkeit konkludenter Vereinbarungen (§ 705 RdNr. 56) und den Auslegungsmaßstäben für Gesellschaftsverträge (§ 705 RdNr. 172) namentlich die Grundsätze über die fehlerhafte Gesellschaft. Neben sonstigen Vertragsänderungen (§ 705 RdNr. 360 ff.) können sie auch für die Fälle eines fehlerhaften Gesellschafterwechsels (§ 705 RdNr. 365 ff.) Bedeutung erlangen (RdNr. 109). 52

3. Beschlussgegenstände. a) Arten. Die Gesellschafterbeschlüsse lassen sich nach ihrem jeweiligen Gegenstand in drei Arten unterteilen.[87] Den wichtigsten Beschlussgegenstand bilden die **Änderungen der Gesellschaftsgrundlagen, insbes. des Gesellschaftsvertrags** (RdNr. 10). Hierfür sind ausschließlich die Gesellschafter zuständig, soweit das Gesetz nicht ausnahmsweise wie in § 725 einem Dritten ein entsprechendes Gestaltungsrecht einräumt.[88] Zu den durch Gesellschafterbeschluss zu bewirkenden Vertragsänderungen gehören neben den Inhaltsänderungen auch sonstige auf mehrseitigem Rechtsgeschäft beruhende *Grundlagenänderungen* wie die Aufnahme oder das Ausscheiden eines Gesellschafters sowie die Auflösung der Gesellschaft (Vor § 723 RdNr. 18). Durch Mehrheitsbeschluss sind Vertragsänderungen dann möglich, wenn der Gesellschaftsvertrag in wirksamer Weise Entsprechendes vorsieht (RdNr. 73, 90 ff.). Das Gesetz selbst lässt – in den Fällen der §§ 712 Abs. 1, 715, 737 – Mehrheitsentscheidungen mit vertragsänderndNer Wirkung nur aus wichtigem Grund und mit der Maßgabe zu, dass es eines übereinstimmenden Beschlusses der übrigen, von der Entziehung oder dem Ausschluss nicht betroffenen Gesellschafter bedarf. 53

Einen zweiten Beschlussgegenstand bilden **Geschäftsführungsangelegenheiten.** Für sie gilt nach gesetzlicher Regel der Grundsatz der einstimmigen Gesamtgeschäftsführung (§ 709 Abs. 1). Mangels abweichender Vertragsgestaltung erfordert daher jede Geschäftsführungsmaßnahme eine entsprechende Beschlussfassung (RdNr. 39); die Geschäftsführer können sich freilich im Wege interner Arbeitsteilung zur Vornahme bestimmter Geschäftsarten gegenseitig durch generell erteilte Zustimmung ermächtigen (RdNr. 16). Aber auch wenn die Gesellschafter Gesamtgeschäftsführung nach Mehrheitsprinzip vereinbart haben (§ 709 Abs. 2, dazu RdNr. 45 f.), bedarf es zur Feststellung des Mehrheitswillens doch regelmäßig der Beschlussfassung. Nur im Falle von *Einzelgeschäftsführung* (RdNr. 14 f.) ist für Gesellschafterbeschlüsse in Geschäftsführungsfragen mangels abweichender Vertragsgestaltung kein Raum. Erhebt ein Mitgeschäftsführer nach § 711 *Widerspruch* gegen eine geplante Maßnahme, so muss diese unterbleiben. Der Widerspruch kann nicht etwa durch Beschluss der übrigen Gesellschafter entkräftet werden. Anscheinend in Abweichung von dieser Ansicht lässt ein Teil des Schrifttums allgemein Beschlussfassung in Geschäftsführungsangelegenheiten mit der Begründung zu, die Gesellschafter seien „Herren der Gesellschaft" und könnten daher auch über deren Geschäftsführung beschließen.[89] Das trifft nur insoweit zu, als die Beschlussfassung sich auf Fragen der Ausgestaltung der Geschäftsführung bezieht; insoweit 54

[86] BGHZ 65, 93, 96 f. = NJW 1976, 49, offenbar unter Aufgabe des Begriffs „Sozialakt"; ferner BGHZ 112, 339, 341 f. = NJW 1991, 691; vgl. auch RdNr. 57, 59.

[87] BGHZ 65, 93, 96 = NJW 1976, 49. Zur rechtlichen Bedeutung der Unterscheidung vgl. RdNr. 56 ff.

[88] Zu vertraglichen Möglichkeiten und Grenzen, die Befugnis zu Vertragsänderungen einem Gesellschafterausschuss oder Dritten zu überlassen, vgl. näher *Barfuß* DB 1977, 571, 573 f.; *Teichmann* Gestaltungsfreiheit S. 217 ff.; *Wiedemann,* FS Schilling, 1973, S. 105, 119 f. und *Voormann,* Der Beirat im Gesellschaftsrecht, 2. Aufl. 1989, S. 82 ff. Vgl. auch § 717 RdNr. 7 f. zum sog. Abspaltungsverbot sowie § 717 RdNr. 9 f. zu den Schranken der Begründung von Rechten Dritter im Gesellschaftsvertrag.

[89] Vgl. etwa *Soergel/Hadding* RdNr. 27, 29; *Rob. Fischer* in Großkomm. zum HGB, 3. Aufl., § 119 Anm. 2; *Hueck* OHG § 11 I 1.

handelt es sich dann aber um eine generelle oder auf den Einzelfall bezogene, grundsätzlich nur einstimmig mögliche Vertragsänderung. In der Ausübung ihrer Befugnisse unterliegen die geschäftsführenden Gesellschafter dagegen anders als bei der GmbH grundsätzlich keinen Weisungen der Gesellschafterversammlung (§ 713 RdNr. 7). Auch kommt es für die Ausübung der Einzelgeschäftsführung nicht auf die Zustimmung der Mitgesellschafter an.

55 Als dritter Beschlussgegenstand kommen schließlich **sonstige,** nicht zu den Vertragsgrundlagen oder zur Geschäftsführung gehörende **gemeinsame Gesellschaftsangelegenheiten** in Betracht.[90] Dabei handelt es sich um eine recht heterogene Gruppe von Gegenständen. Von Geschäftsführungsangelegenheiten unterscheiden sie sich dadurch, dass sie nicht das Handeln der Gesamthand zur Förderung des gemeinsamen Zwecks betreffen, sondern sich auf die Organisation der Gesellschaft sowie auf das Verhältnis der Gesellschafter untereinander oder gegenüber der Gesamthand beziehen. *Im Einzelnen* fallen hierunter einerseits Beschlüsse über Bilanzfeststellung und Gewinnverwendung, die zu den Grundlagengeschäften gehören; für sie gelten hinsichtlich der rechtlichen Qualifizierung des Beschlusses keine Besonderheiten (RdNr. 51 f.). Davon zu unterscheiden sind andererseits Beschlüsse über Gegenstände innergesellschaftlicher Willensbildung, bei denen die Gesellschafter nicht als Vertragspartner, sondern als oberstes Gesellschaftsorgan abstimmen.[91] Für sie ist daher ausnahmsweise die Vertragsnatur des Beschlusses zu verneinen (vgl. RdNr. 75). Hierzu zählen die Entlastung der Geschäftsführer, ferner die Geltendmachung des gemeinsamen Auskunftsrechts (§ 713 RdNr. 8) sowie die Entscheidung über außergewöhnliche, nicht von der Geschäftsführungsbefugnis gedeckte Geschäfte. Der Gesellschaftsvertrag kann den Gesellschaftern weitere Gegenstände zur Beschlussfassung übertragen wie etwa die Einforderung von Beiträgen, die Wahl eines Beirats oder eines Abschlussprüfers u. a.

56 **b) Rechtliche Besonderheiten.** Trotz Übereinstimmung in zahlreichen Einzelfragen der Beschlussfassung (Stimmrecht und Stimmabgabe, Förmlichkeiten und Wirksamwerden der Beschlüsse, Mehrheitsberechnung u. a.) unterliegen die verschiedenartigen Beschlussgegenstände in einer Reihe von Punkten unterschiedlicher rechtlicher Beurteilung; das gilt insbesondere für die Intensität der Treupflicht, aber auch für das Eingreifen des § 181 und des Stimmverbots wegen Interessenkollision sowie für die Beurteilung von Mehrheitsklauseln (vgl. RdNr. 57 ff.). Bei Prüfung von Einzelfragen ist daher immer auch die Art des in Frage stehenden Beschlussgegenstandes zu berücksichtigen.

57 So ist für **Geschäftsführungsfragen** anerkannt, dass die Ausübung der entsprechenden Mitgliedschaftsrechte sich am *Interesse der Gesellschaft* zu orientieren hat (§ 705 RdNr. 226) und dass die Gesellschafter insoweit grundsätzlich eine Stimmpflicht trifft. Daraus kann sich im Einzelfall die Pflicht ergeben, einer vorgeschlagenen Geschäftsführungsmaßnahme zuzustimmen oder die Ablehnung zu begründen (RdNr. 42 ff.). Eine Stimmrechtsausübung in offensichtlicher Verletzung des Gesellschaftsinteresses ist unwirksam[92] und braucht von den Mitgesellschaftern nicht beachtet zu werden. Durch das Verbot des § 181 wird der Vertreter eines Gesellschafters nicht gehindert, zugleich im eigenen Namen oder als Vertreter weiterer Gesellschafter an der Abstimmung teilzunehmen.[93] In Fällen typischer Interessenkollision wie insbesondere bei der Beschlussfassung über ein Rechtsgeschäft zwischen der Gesamthand und einem Gesellschafter hat dieser kein Stimmrecht (RdNr. 65, 70). Mehrheitsklauseln bezogen auf Geschäftsführungsentscheidungen sind nichts Ungewöhnliches (vgl. § 709 Abs. 2).

58 Demgegenüber steht bei **Vertragsänderungen** das *Eigeninteresse der Gesellschafter* im Vordergrund. Eine Zustimmungspflicht zu Änderungsvorschlägen von Mitgesellschaftern kommt nur in seltenen Ausnahmefällen in Betracht (§ 705 RdNr. 231 ff.). Das Verbot des Selbstkontrahierens steht der Abstimmung sowohl im eigenen als auch in fremdem Namen

[90] BGHZ 65, 93, 96 = NJW 1976, 49; vgl. auch *Staudinger/Keßler* RdNr. 20.

[91] Vgl. *Ulmer,* FS Niederländer, 1991, S. 415, 428.

[92] Vgl. § 705 RdNr. 239 und § 711 RdNr. 11, dazu auch Nachw. in Fn. 73.

[93] BGHZ 65, 93, 96 f. = NJW 1976, 49, dazu RdNr. 59.

oder der gleichzeitigen Vertretung von zwei oder mehr Mitgesellschaftern entgegen, soweit nicht einer der in § 181 genannten Ausnahmefälle eingreift.[94] Ein Stimmverbot wegen Interessenkollision ist gesetzlich nur im Rahmen der §§ 712 Abs. 1, 715, 737 vorgesehen (zur Möglichkeit einer Rechtsanalogie vgl. RdNr. 65 f.). An Mehrheitsklauseln im Gesellschaftsvertrag sind hohe Anforderungen hinsichtlich ihrer inhaltlichen Konkretisierung zu stellen, soweit es um Eingriffe in zentrale Mitgliedschaftsrechte oder um die Begründung weiterer Pflichten geht (vgl. RdNr. 91); im Anwendungsbereich der Mehrheitsklauseln ist dem Schutz überstimmter Gesellschafter durch Prüfung der Erforderlichkeit und Verhältnismäßigkeit des Mehrheitsbeschlusses Rechnung zu tragen (RdNr. 100).

59 Für Beschlüsse über **sonstige gemeinsame Gesellschaftsangelegenheiten** ist die Herausarbeitung der für sie geltenden Besonderheiten nicht ohne Berücksichtigung des jeweiligen Beschlussgegenstands und der Einzelfallumstände möglich. So steht etwa bei der Ausübung gemeinsamer Befugnisse wie des Auskunftsrechts oder der Geschäftsführerentlastung das Gesellschaftsinteresse im Vordergrund, während die Gesellschafter sich bei der Wahl eines Beirats, bei der Beschlussfassung über die Gewinnverwendung sowie namentlich über Geschäfte außerhalb des eigentlichen Gesellschaftszwecks auch, wenn nicht sogar in erster Linie, vom Eigeninteresse leiten lassen dürfen. Dementsprechend ist auch für das Eingreifen von § 181 beim Handeln von Vertretern in Übereinstimmung mit der in der neueren Rechtsprechung im Vordergrund stehenden wertenden Betrachtung[95] danach zu differenzieren, ob nach der Art des Beschlussgegenstandes typischerweise mit einem Interessenwiderstreit gerechnet werden muss oder ob, wie bei der Entscheidung über Geschäftsführungsmaßnahmen, das gemeinsame Interesse im Vordergrund steht (vgl. RdNr. 68, 78, dazu auch § 705 RdNr. 72). Ein Stimmrechtsausschluss wegen Interessenkollision kommt nach den hierfür maßgeblichen Rechtsgrundlagen (RdNr. 65 ff.) nur in Fällen typischer Interessenkollision in Betracht. Wohl aber kann die Stimmabgabe im Einzelfall wegen Treupflichtverletzung unbeachtlich sein (RdNr. 112). Mehrheitsklauseln, die sich auf laufende Gesellschaftsangelegenheiten beziehen, gelten im Zweifel nicht nur für Geschäftsführungsfragen, sondern auch für diejenigen sonstigen gemeinsamen Angelegenheiten, über die nach Gesetz oder Gesellschaftsvertrag in regelmäßigen Abständen Beschluss zu fassen ist.[96]

60 **4. Stimmrecht. a) Allgemeines.** Als Mitgliedschaftsrecht ist das Stimmrecht *höchstpersönlicher Natur.* Es steht grundsätzlich jedem Gesellschafter in gleichem Umfang zu (RdNr. 97). Einem Dritten kann es – selbst mit Zustimmung der Mitgesellschafter – weder übertragen noch auf Dauer zur Ausübung überlassen werden (§ 717 RdNr. 7, 9). Stimmbindungsverträge gegenüber Mitgesellschaftern sind grundsätzlich wirksam; gegenüber Dritten bestehen weitergehende Schranken (vgl. Näheres in § 717 RdNr. 20 ff.). Zur Zulässigkeit gesellschaftsvertraglicher *Vertreterklauseln* vgl. RdNr. 79 f. Das Stimmrecht nicht voll Geschäftsfähiger wird vom *gesetzlichen Vertreter* ausgeübt.[97]

61 Stimmabgabe durch **Bevollmächtigte** ist grundsätzlich nur mit Zustimmung der Mitgesellschafter zulässig (vgl. näher RdNr. 77). Unerfahrene Gesellschafter können in schwie-

[94] Vgl. Näheres in § 705 RdNr. 58 m. Nachw. Zur stillschweigenden Befreiung vom Verbot des § 181 bei Vollmachterteilung an einen Mitgesellschafter vgl. BGHZ 66, 82, 86 = NJW 1976, 958 (Publikums-KG).

[95] BGHZ 65, 93, 97 = NJW 1976, 49 m. Nachw.; wohl auch BGHZ 112, 339, 341 f. = NJW 1991, 691. Allg. zum Stand der Diskussion vgl. § 181 RdNr. 4 ff., *U. Hübner* Interessenkonflikt S. 138 ff., 265 ff. und *Bernstein/A. Schultze-v. Lasaulx* ZGR 1976, 33, 41 ff.

[96] So auch *Soergel/Hadding* RdNr. 25; enger noch BGH WM 1961, 303, 304, der eine nicht näher konkretisierte Mehrheitsklausel nur auf Geschäftsführungsfragen bezogen wissen wollte (zutreffend in diesem Sinne allerdings RGZ 114, 393, 395 bei einer auf „geschäftliche Fragen" bezogenen Mehrheitsklausel). Vgl. auch BGH WM 1973, 100, 101 (mehrheitliche Abberufung eines Beiratsmitglieds von Mehrheitsklausel gedeckt). Allgemein zur Auflockerung des Bestimmtheitsgrundsatzes in der neueren Diskussion vgl. RdNr. 86 ff.

[97] EinhM, vgl. BGHZ 44, 98, 100 f. = NJW 1965, 1961; *Soergel/Hadding* RdNr. 28; *Erman/Westermann* RdNr. 20. Zur Pflegerbestellung als Voraussetzung für Vertragsänderungen bei eigener Gesellschafterstellung der Eltern als gesetzliche Vertreter minderjähriger Gesellschafter vgl. § 705 RdNr. 58.

rigen Fragen die *Zulassung eines* vertrauenswürdigen, der Verschwiegenheitspflicht unterliegenden *Beistands* verlangen.[98]

62 Die **Funktion** des Stimmrechts besteht – abgesehen von der Beschlussfassung über Vertragsänderungen und über sonstige Rechtsbeziehungen zwischen den Gesellschaftern (RdNr. 53, 55) – darin, an der Willensbildung auf der Gesellschaftsebene mitzuwirken.[99] Soweit das Stimmrecht sich auf Geschäftsführungsfragen bezieht (RdNr. 54), werden die stimmberechtigten Gesellschafter daher als Organe der Gesellschaft tätig (zur Wirkung des Mehrheitsbeschlusses in diesen Fällen vgl. RdNr. 49). Zum Stimmrechtsausschluss wegen Interessenkollision vgl. RdNr. 58 f., 65, zur Frage einer Stimmpflicht RdNr. 57 f., zur Stimmabgabe und zu den Mehrheitserfordernissen RdNr. 74 ff.

63 **b) Vereinbarter Stimmrechtsausschluss.** Der vertragliche Ausschluss einzelner Gesellschafter vom Stimmrecht ist mit ihrem Einverständnis **im Grundsatz zulässig.** Für Geschäftsführungsfragen folgt das allein schon aus den gesetzlich vorgesehenen Gestaltungsmöglichkeiten der §§ 710, 711. Es gilt aber auch für Vertragsänderungen[100] und sonstige gemeinsame Gesellschaftsangelegenheiten (RdNr. 55). Zwingende **Schranken** für den Stimmrechtsausschluss gelten freilich insoweit, als die Beschlussfassung sich auf unmittelbare Eingriffe in die Rechtsstellung der stimmrechtslosen Gesellschafter richtet. Zur Wirksamkeit derartiger Mehrheitsbeschlüsse bedarf es, auch wenn der Vertrag eine entsprechende Mehrheitsklausel enthält, zusätzlich der *Zustimmung* der betroffenen Gesellschafter;[101] diese ist von der Stimmabgabe bei der Abstimmung zu unterscheiden.[102] Allerdings kann der Vertrag auch insoweit eine Mehrheitsentscheidung zulassen, wenn die Mehrheitsklausel auf die antizipierte Zustimmung der Minderheit schließen lässt (RdNr. 92); doch muss den stimmrechtslosen Gesellschaftern auch in derartigen Fällen jedenfalls die Mitwirkung an der Beratung (RdNr. 64) und damit die Möglichkeit der indirekten Einflussnahme auf das Ergebnis offen bleiben.[103] Sonderrechte können grundsätzlich nur mit Zustimmung des Betroffenen entzogen oder eingeschränkt werden (RdNr. 99).

64 Soweit nach dem Vorstehenden ein Stimmrechtsausschluss wirksam vereinbart ist, verbleiben dem Gesellschafter doch die Informations- und Kontrollrechte sowie die Befugnis zur **Anwesenheit und Mitsprache in Gesellschafterversammlungen.**[104] Kommt es zu einer für den stimmrechtslosen Gesellschafter verbindlichen Beschlussfassung, so steht diesem doch das Recht zu, im Klagewege eine richterliche Inhaltskontrolle auf Verstöße gegen die beweglichen Schranken der Stimmrechtsmacht, insbesondere gegen die Treupflicht herbeizuführen (RdNr. 100).

[98] LG Köln BB 1975, 342; *Soergel/Hadding* RdNr. 28; *Kirberger* BB 1978, 1390 ff.; vgl. auch *Saenger* NJW 1992, 348.

[99] Vgl. nur *Zöllner,* Schranken mitgliedschaftlicher Stimmrechtsmacht, S. 11.

[100] HM, vgl. BGHZ 20, 363, 368 = NJW 1956, 1198 (für einen Kommanditisten); BGH NJW 1993, 2100; *Soergel/Hadding* RdNr. 30; *Erman/Westermann* RdNr. 24; RGRK/*von Gamm* RdNr. 12; aA *Wiedemann* GesR I § 7 II 1 a, S. 368 f. und WM 1992 Sonderbeil. 7, S. 28 für Grundlagenentscheidungen im Fall persönlich haftender Gesellschafter. Allgemein zum Stimmrechtsausschluss vgl. *Teichmann* (Fn. 4) S. 208 f. m. weit. Nachw.

[101] BGH NJW 1985, 972 u. 974 in Fortführung von BGHZ 20, 363, 369 = NJW 1956, 1198, das noch von einem zwingenden Stimmrecht ausging; vgl. auch BGH NJW 1995, 194, 195. Ebenso die ganz hM im Schrifttum, vgl. *Hadding* ZHR 151 (1987) 396, 402; *K. Schmidt* GesR § 16 III 3 b und c; *Röttger,* Die Kernbereichslehre im Recht der Personengesellschaften, 1989, S. 126 ff., 148; *Hermanns,* Unverzichtbare Mitverwaltungsrechte des Personengesellschafters, 1993, S. 118 f.; *Mecke* BB 1988, 2258, 2263; *M. Winter* GesRZ 1986, 74, 83, jew. m. weit. Nachw. auch zu Gegenansichten.

[102] Zur notwendigen Unterscheidung zwischen Stimmrecht und Zustimmungsrecht vgl. näher *C. Schäfer,* Der stimmrechtslose GmbH-Geschäftsanteil, 1997, S. 35 ff.

[103] Ebenso *Löffler* NJW 1989, 2656, 2260. Von vornherein gegen die Möglichkeit antizipierter Zustimmung im Kernbereich aber *Immenga* ZGR 1974, 385, 425; *Göbel,* Mehrheitsentscheidungen in Personengesellschaften, 1992, S. 184; wohl auch *Martens* DB 1972, 413, 418 und *Röttger,* Die Kernbereichslehre im Recht der Personengesellschaften, 1989, S. 171 f. (Kernbereich gegenüber Mehrheitsentscheidungen unüberwindbar). Vgl. auch die Nachw. in Fn. 182.

[104] So zutr. BGHZ 14, 264, 270 f. = NJW 1954, 1563 (für einen stimmrechtslosen GmbH-Anteil); *C. Schäfer* (Fn. 102) S. 277 f., 288 ff.; *Teichmann* (Fn. 4) S. 209 f.

5. Stimmrechtsausschluss bei Interessenkollision. a) Geltungsgrund und Anwendungsbereich. Ausdrückliche Regelungen über einen Stimmrechtsausschluss des betroffenen Gesellschafters enthält das BGB nur in **§§ 712, 715, 737 S. 2.** Über diese Vorschriften hinaus ist anerkannt, dass ein Stimmrechtsausschluss wegen Interessenkollision jedenfalls in denjenigen Fällen eingreift, in denen es um die Beschlussfassung über die *Entlastung* eines Gesellschafters, über seine *Befreiung von einer Verbindlichkeit* oder über die *Einleitung eines Rechtsstreits* gegen ihn geht;[105] das folgt aus einer **Rechtsanalogie** zu den gemeinsamen Grundlagen der verschiedenen gesetzlichen Stimmrechtsausschlusstatbestände im Verbandsrecht (§ 34 BGB, § 47 Abs. 4 GmbHG, § 136 Abs. 1 AktG, § 43 Abs. 6 GenG). Zur umstrittenen Frage des Stimmrechtsausschlusses des interessierten Gesellschafters bei der Beschlussfassung über ein Rechtsgeschäft mit ihm vgl. RdNr. 67, 69. 65

Bei **sonstigen Gesellschafterbeschlüssen,** namentlich solchen über die *Änderung des Gesellschaftsvertrags,* aber auch über Fragen der innergesellschaftlichen Organisation (RdNr. 53, 55) oder über *Wahlen* zu den Gesellschaftsorganen, greift das Stimmverbot wegen Interessenkollision nach einhM *nicht* ein.[106] 66

b) Bei Rechtsgeschäften mit einem Gesellschafter. aa) Meinungsstand. Nach früher hM sollte der Stimmrechtsausschluss wegen Interessenkollision außer für die in RdNr. 65 erwähnten Fälle auch für Beschlüsse über den Abschluss eines Rechtsgeschäfts mit dem interessierten Gesellschafter gelten.[107] Demgegenüber mehrten sich im Anschluss an die Reduktion von § 136 Abs. 1 AktG 1965 und § 43 Abs. 6 nF GenG auf die Fälle der Entlastung eines Gesellschafters, seiner Befreiung von einer Verbindlichkeit und der Geltendmachung eines Anspruchs gegen ihn diejenigen Stimmen, die auch bei Personengesellschaften den Abschluss von Rechtsgeschäften mit einem Gesellschafter aus dem generellen Stimmverbot *ausnehmen* und Begrenzungen insoweit nur im Einzelfall, wegen treuwidriger Stimmrechtsausübung, anerkennen wollen.[108] Im Rahmen der GbR hat die Frage namentlich *Bedeutung bei Geltung des Mehrheitsprinzips* nach § 709 Abs. 2: ihre Beantwortung entscheidet darüber, ob die Stimme des am Rechtsgeschäft interessierten Gesellschafters bei der Berechnung der Mehrheit mitgezählt wird. Unerheblich ist der Streit demgegenüber meist in denjenigen Fällen, in denen die Geschäftsführung sich nach dem Einstimmigkeitsprinzip (§ 709 Abs. 1) richtet, da hier jeder Mitgesellschafter die Vornahme des Rechtsgeschäfts verhindern kann. In diesen Fällen sowie bei Einzelgeschäftsführung mit Widerspruchsrecht kann die Frage freilich dann Bedeutung gewinnen, wenn es um die Kündigung eines Vertrages zwischen der Gesellschaft und dem interessierten Gesellschafter geht (vgl. § 711 RdNr. 2). 67

bb) Abgrenzung von § 181. Begründung und Umfang eines Stimmverbots wegen Interessenkollision bei Rechtsgeschäften mit dem interessierten Gesellschafter sind zumindest im Ansatz von dem grundsätzlichen Verbot von Insichgeschäften nach § 181 zu unterscheiden.[109] Denn auch wenn beide Verbote auf den gleichen, an die Gefahr der 68

[105] Insoweit einhM, vgl. neben den in Fn. 106 Genannten auch *Schlegelberger/Martens* HGB § 119 RdNr. 39; *Staub/Ulmer* HGB § 119 RdNr. 66f.; *Hueck* OHG § 11 III 2; für Einleitung eines Rechtsstreites auch BGH WM 1974, 834, 835; 1983, 60 und RGRK/*von Gamm* RdNr. 13.

[106] Vgl. nur *Spengler,* FS Möhring, 1965, S. 165, 169; *Hueck* OHG § 11 III 2, S. 172 und die Nachw. in Fn. 105.

[107] RGZ 136, 236, 245 (offen lassend aber RGZ 162, 370, 373 und BGHZ 48, 251, 256 = NJW 1967, 2157); *Staudinger/Keßler* RdNr. 9; RGRK/*Weipert* HGB, 2. Aufl., § 119 Anm. 6; *Herzfelder,* Stimmrecht und Interessenkollision bei den Personenverbänden des deutschen Reichsprivatrechts, 1927, S. 60f. So auch in neuerer Zeit *Baumbach/Hopt* HGB § 119 RdNr. 8; *Flume* I/1 § 14 IX, S. 248; *Soergel/Hadding* RdNr. 29; *Erman/Westermann* RdNr. 26; *Zöllner* (Fn. 99) S. 184, 193f. (m. weit. Nachw. zum älteren Schrifttum, aaO S. 190 Fn. 8).

[108] *Hueck* OHG § 11 III 2, S. 170 unter Berufung auf RGZ 162, 370, 373; ihm folgend *Rob. Fischer* in Großkomm. zum HGB, 3. Aufl., § 119 Anm. 22; *Schlegelberger/Geßler* HGB § 119 RdNr. 3; RGRK/*von Gamm* RdNr. 13.

[109] HM, vgl. Nachw. in Fn. 113; aA *Flume* I/1 § 14 IX, S. 248 und *Wilhelm,* Rechtsform und Haftung bei der juristischen Person, 1981, S. 66ff.; *ders.* JZ 1976, 674ff.; NJW 1983, 912f. (Stimmverbote als verbandsrechtliche Ergänzung des § 181; Stimmrechtsverbot des § 34 daher als im Hinblick auf die Zuständigkeit der Mitgliederversammlung abgewandeltes Verbot des Insichgeschäfts, also mit diesem

Interessenkollision anknüpfenden Rechtsgrundsätzen beruhen,[110] so haben sie doch einen **unterschiedlichen Schutzzweck.** Während es bei den verbandsrechtlichen Stimmverboten um den Schutz der *verbandsinternen Willensbildung* vor schädlichen, durch Interessenkollision geprägten Einflüssen geht, richtet sich § 181 auf den Schutz der Interessen des *Vertretenen;* er ist bei der Beschlussfassung über Geschäftsführungsangelegenheiten nicht unmittelbar tangiert.[111]

69 Dem unterschiedlichen Schutzzweck entsprechend unterscheidet sich auch der **Anwendungsbereich** beider Stimmrechtseinschränkungen. Derjenige des § 181 beschränkt sich auf die Vertretung beim Abschluss von Rechtsgeschäften und diesen vergleichbaren Rechtsakten (vgl. RdNr. 78). Hierunter fällt nach zutreffender Ansicht zwar nicht nur die rechtsgeschäftliche, sondern auch die organschaftliche – für die GbR durch ihre Geschäftsführer wahrgenommene – Vertretung.[112] Nicht um Insichgeschäfte iS von § 181 handelt es sich jedoch insoweit, als die gesellschaftsinterne Willensbildung über eine Geschäftsführungsmaßnahme und nicht etwa deren Umsetzung durch Vertragsschluss mit dem Gesellschafter in Frage steht.[113] In diesen Fällen kann ein Ausschluss des Stimmrechts nicht auf § 181, sondern nur auf die Schranken bei Interessenkollision gestützt werden.

70 **cc) Stellungnahme.** Ungeachtet der Notwendigkeit der Differenzierung iS von RdNr. 68 f. ist der früher hM darin zuzustimmen, dass der **Stimmrechtsausschluss** wegen Interessenkollision sich auf *Beschlüsse über Rechtsgeschäfte des betreffenden Gesellschafters mit der Gesellschaft* erstreckt;[114] die Stimmverbote der §§ 34 BGB, 47 Abs. 4 GmbHG sind unter Berücksichtigung auch der Wertung des § 181 analog auf die GbR anzuwenden. Der Umstand, dass der Gesetzgeber die Beschlussfassung über Rechtsgeschäfte mit einem Gesellschafter aus den jüngeren Vorschriften der §§ 136 Abs. 1 AktG, 43 Abs. 6 GenG eliminiert hat, steht schon deshalb nicht entgegen, weil die Kompetenzverteilung in Geschäftsführungsfragen bei AG und Genossenschaft wesentlich von derjenigen bei der GbR abweicht: bei ihnen ist die Mitgliederversammlung an derartigen Entscheidungen regelmäßig nicht beteiligt. Auch hat der Gesetzgeber der GmbH-Novelle 1980 die im Zuge der großen GmbH-Reform vorgesehene entsprechende Reduktion der Stimmverbotsregelung nicht vorgenommen, sondern die bisherige Regelung des § 47 Abs. 4 GmbHG unverändert beibehalten.[115] Eine generelle Tendenz zur Beseitigung des auf den Abschluss von Rechtsgeschäften mit einem Gesellschafter bezogenen Stimmverbots lässt sich daher nicht feststellen. Schließlich reicht auch die Verweisung auf die Treupflicht nicht aus, um Gesellschaft und Mitgesellschaftern den nötigen Schutz gegen die Gefahren einer Mitwirkung des interessierten Gesellschafters an der Willensbildung über Rechtsgeschäfte mit ihm zu gewähren, zumal Argumentations- und Beweislast insoweit bei denjenigen liegen würden, die sich auf die Unwirksamkeit der Stimmrechtsausübung des interessierten Gesellschafters berufen wollten.[116] Sollte ausnahmsweise der Abschluss eines bestimmten Rechtsgeschäfts mit einem Gesellschafter im Interesse der Gesellschaft dringend geboten sein, so könnte der interessierte Gesellschafter von den übrigen die Vornahme der Handlung nach den allgemeinen Grundsätzen verlangen (RdNr. 30, 42).

identisch). So im Ergebnis wohl auch *U. Hübner* (Fn. 95) S. 282 ff., der von der grundsätzlichen Überlagerung von Stimmverboten und § 181 ausgeht.

[110] Insoweit zutr. *Wilhelm* JZ 1976, 674 ff.

[111] So zutr. *U. Hübner* (Fn. 95) S. 277, 282.

[112] *U. Hübner* (Fn. 95) S. 265 ff., 284 ff. m. weit. Nachw.

[113] BGHZ 65, 93, 96 = NJW 1976, 49; vgl. auch BGHZ 112, 339, 341 = NJW 1991, 691 (betr. die Vertretung anderer Gesellschafter, zu der der handelnde Gesellschafter bevollmächtigt war, dazu noch RdNr. 77). *Rob. Fischer* (Fn. 84) S. 78; *Schilling,* FS Ballerstedt, 1975, S. 257 (264, 271); *Wiedemann* GesR I § 3 III 2 a aa, S. 181 f. Gegen Begründung des Stimmverbots mit § 181 auch *Soergel/Hadding* RdNr. 29; *Erman/Westermann* RdNr. 26; *Schlegelberger/Martens* § 119 RdNr. 4; *Baumbach/Hopt* § 119 RdNr. 8. Gegenansichten vgl. in Fn. 109.

[114] So namentlich auch *Flume* und *Zöllner* (vgl. die Nachw. in Fn. 107) sowie *Baumbach/Hopt* HGB § 119 RdNr. 8; *Soergel/Hadding* RdNr. 29; *Erman/Westermann* RdNr. 26; *Schlegelberger/Martens* § 119 RdNr. 40; vgl. auch § 34 RdNr. 4 ff., 10.

[115] § 82 Abs. 3 RegE GmbHG (BT-Drucks. 6/3088), der eine Anpassung an § 136 Abs. 1 AktG bringen sollte, ist in die GmbH-Novelle (BT-Drucks. 8/1374) nicht übernommen worden.

[116] So zu Recht *Flume* I/1 § 14 IX, S. 248.

II. Beschlussfassung

71 **1. Allgemeines.** Vorbehaltlich gesellschaftsvertraglicher Regelungen über die Beschlussfassung (RdNr. 73) kommen **Gesellschafterbeschlüsse** dadurch zustande, dass sich sämtliche Gesellschafter oder – soweit der Gesellschaftsvertrag Mehrheitsentscheidungen zulässt – die erforderliche Mehrheit für den betreffenden Vorschlag aussprechen (zu Stimmabgabe und Zugang vgl. RdNr. 74). Eine **Gesellschafterversammlung** als Gesellschaftsorgan wie bei der AG und GmbH kennt das Personengesellschaftsrecht nach gesetzlicher Regel **nicht** (vgl. § 705 RdNr. 258). Auch die Einhaltung bestimmter Förmlichkeiten bei der Beschlussfassung ist im dispositiven Recht der GbR nicht vorgeschrieben.[117] Die Vorschrift des § 32 über die Mitgliederversammlung des Vereins findet keine entsprechende Anwendung.[118]

72 Die zur Beschlussfassung erforderliche **Stimmabgabe** kann grundsätzlich **jederzeit** und auf **beliebige Weise** erfolgen, sei es schriftlich oder mündlich, gleichzeitig oder nacheinander.[119] Voraussetzung für eine nachträgliche Zustimmung ist freilich, dass die Mitgesellschafter noch an ihrer Stimmabgabe festhalten.[120] An Stelle ausdrücklicher Beschlüsse genügt die **konkludente** Willensübereinstimmung der Gesellschafter. Zum Nachweis für eine Vertragsänderung kann auf eine entsprechende tatsächliche Handhabung verwiesen werden, soweit diese nicht nur einmaliger oder vorübergehender Natur oder durch außergewöhnliche Umstände veranlasst ist (vgl. Näheres § 705 RdNr. 25 ff., 50 f., 56).

73 Der **Gesellschaftsvertrag** kann *Abweichendes* regeln. Er kann Bestimmungen über Beschlussfassung und Gesellschafterversammlung enthalten und die bei der Einberufung zu beobachtenden Förmlichkeiten (Ladungsfrist, Mitteilung der Tagesordnung u. a.) festsetzen (vgl. auch RdNr. 106).[121] Ein Bedürfnis hierfür besteht namentlich bei Zulassung von *Mehrheitsbeschlüssen,* da hier neben der Feststellung der Mehrheit auch das Mitspracherecht der Minderheit gewährleistet sein muss, wenn der Beschluss Wirksamkeit erlangen soll.[122] Zur Bedeutung vertraglicher Formvorschriften für die Änderung des Gesellschaftsvertrags vgl. § 705 RdNr. 50 f.

74 **2. Stimmabgabe. a) Willenserklärung.** Die Teilnahme der Gesellschafter an der Beschlussfassung vollzieht sich in Gestalt von Willenserklärungen.[123] Dies gilt unabhängig davon, ob die Stimmabgabe inhaltlich auf Zustimmung, Ablehnung oder Stimmenthaltung gerichtet ist.[124] Als *Rechtsgeschäft* ist allerdings nur der nach seinem Gegenstand hierfür geeignete Beschluss als solcher, nicht bereits die jeweils abgegebene Stimme zu qualifizieren (RdNr. 51). Der Unterscheidung zwischen Stimmabgabe und Beschluss kommt selbst dann

[117] EinhM; vgl. *Soergel/Hadding* RdNr. 38; *Erman/Westermann* RdNr. 28; RGRK/*von Gamm* RdNr. 10; so auch für die Personenhandelsgesellschaften *Schlegelberger/Martens* HGB RdNr. 5; *Staub/Ulmer* HGB § 119 RdNr. 5, 17; *Hueck* OHG § 11 II 2.

[118] BGH ZIP 1994, 1523, 1525 (gegen entspr. Anwendung von § 32 Abs. 1 S. 2 jedenfalls bei Geltung des Einstimmigkeitsprinzips); *Schlegelberger/Martens* HGB § 119 RdNr. 5; *Staub/Ulmer* HGB § 119 RdNr. 5; *Baumbach/Hopt* HGB § 119 RdNr. 27 (ganz hM).

[119] RGZ 128, 172, 177; 163, 385, 392 f.; BGH-NJW-RR 1990, 798, 799; *Soergel/Hadding* RdNr. 38; *Schlegelberger/Martens* HGB § 119 RdNr. 5; *Staub/Ulmer* HGB § 119 RdNr. 5; *Hueck* OHG § 11 II 2.

[120] RGZ 128, 172, 176 f.; offen lassend RGZ 163, 385, 392 f. (jedenfalls so lange, als alle an der Einigung festhalten) und BGH NJW-RR 1990, 798, 799. Ausführliche Nachweise bei *Ulmer,* FS Niederländer, 1991, S. 417. Zur Bindung an die Stimmabgabe näher RdNr. 75.

[121] Beispiele bei *Staub/Ulmer* HGB § 119 RdNr. 6. Zum Selbsteinberufungsrecht der Gesellschafter einer Publikumsgesellschaft vgl. BGHZ 102, 172, 175 = NJW 1988, 558 und dazu *Reichert/Winter* BB 1988, 981, 985 f. Zur Bedeutung einer im Gesellschaftsvertrag begründeten Pflicht zur Protokollierung von Gesellschafterbeschlüssen vgl. *Rutenfranz* BB 1965, 601 und unten RdNr. 107.

[122] RG HRR 1937 Nr. 1220; vgl. auch BGH ZIP 1994, 1523, 1525 (Anforderungen an Einberufung einer Gesellschafterversammlung aus Gründen des Minderheitenschutzes); *Soergel/Hadding* RdNr. 38; *Staub/Ulmer* HGB § 119 RdNr. 6; *U. H. Schneider* AG 1979, 57, 68.

[123] BGHZ 65, 93, 96 f. = NJW 1976, 49; *Soergel/Hadding* RdNr. 32; *K. Schmidt* GesR § 15 I 2 b. So auch für die Stimmabgabe in der GmbH BGHZ 14, 264, 267 = NJW 1954, 1563 und 48, 163, 173 = NJW 1967, 1963. Umfassende Schrifttumsnachw. bei *Zöllner* (Fn. 99) S. 10 Fn. 29 und *Hueck* OHG § 11 V 1 Fn. 52.

[124] Eingehend *Ulmer* (Fn. 120) S. 418 f.

Bedeutung zu, wenn bereits die Stimmabgabe nur eines Gesellschafters den Beschluss herbeiführt.[125] Es gelten die Vorschriften der §§ 116 ff. Auf Irrtum oder Täuschung beruhende Stimmabgaben können angefochten werden, soweit nicht die Lehre von der fehlerhaften Gesellschaft entgegensteht (RdNr. 109). Erfolgt die Stimmabgabe nicht in einer Gesellschafterversammlung oder sonst in Anwesenheit aller Gesellschafter oder ihrer Vertreter, so wird sie mangels abweichender Vertragsgestaltung oder Einsetzung des Versammlungsleiters als Empfangsvertreter erst mit dem *Zugang gegenüber Abwesenden* wirksam (§ 130).[126] Im Falle einer Mehrheit von Empfängern kommt es auf den Zugang beim ersten von ihnen an.[127] Die vorstehenden Grundsätze gelten auch in den Fällen zugelassener Mehrheitsentscheidungen sowie beim gesetzlichen Ausschluss einzelner Gesellschafter vom Stimmrecht (§§ 712 Abs. 1, 715, 737).

75 Die **Bindung an die Stimmabgabe** richtet sich nach §§ 145 ff., soweit es um *Vertragsänderungen* und um ihnen hinsichtlich der Vertragsqualität gleichzustellende Grundlagenbeschlüsse geht.[128] Abweichend von § 147 Abs. 1 ist den Mitgesellschaftern bei wichtigen Beschlussvorschlägen für die Zustimmung eine Bedenkzeit einzuräumen; während deren Dauer bleibt der Antragsteller an seinen Vorschlag gebunden. Demgegenüber ist für Beschlüsse in Geschäftsführungsfragen von einer Bindung an die abgegebene Stimme nur bis zur Beendigung des laufenden Abstimmungsprozesses auszugehen.[129] Auf das von der hM befürwortete Recht zum Widerruf aus wichtigem Grund kommt es daher nur an, soweit die Bindung an die Stimmabgabe nach den §§ 130, 146 ff. fortbesteht; ist das der Fall, so ist aus Gründen der Treupflicht ein ungeschriebenes *Widerrufsrecht aus wichtigem Grund* anzuerkennen. Es greift in erster Linie bei Beschlüssen in Geschäftsführungsfragen ein, wenn geänderte Verhältnisse oder nachträglich erlangte Informationen ein Abrücken von der Stimmabgabe im Geschäftsinteresse erforderlich machen. Bei Beschlüssen in Grundlagenfragen kommt es demgegenüber nur ausnahmsweise in Betracht.[130]

76 Ein **Widerruf** aus wichtigem Grund ist auch noch **nach Zustandekommen des Beschlusses** zuzulassen. Er berührt dessen Bestand jedoch nur, wenn die widerrufene Stimme für den Beschluss kausal war. Ist der Beschluss vollzogen, kommt allerdings nur ein Anspruch aus Treupflicht auf Wiederherstellung des status quo ante in Frage.[131] – Zur Frage der Stimmpflicht und zum Anwendungsbereich von § 181 bei Gesellschafterbeschlüssen vgl. RdNr. 56 ff., zur Bedeutung treuwidriger oder aus sonstigen Gründen fehlerhafter Stimmabgaben für die Gültigkeit des Beschlusses RdNr. 111 f.

77 **b) Bevollmächtigte.** Die Ausübung des Stimmrechts durch Dritte als Bevollmächtigte kann entweder **im Gesellschaftsvertrag oder durch ad hoc-Zustimmung** seitens der Mitgesellschafter zugelassen werden, soweit es sich nicht um eine sog. verdrängende Vollmacht als Ersatz unzulässiger Stimmrechtsübertragung handelt (§ 717 RdNr. 16). Die Zustimmung muss nicht ausdrücklich erklärt werden, sondern kann auch im Nichtwiderspruch gegen die Stimmabgabe durch einen Bevollmächtigten liegen.[132] Ein Anspruch des Vollmachtgebers

[125] Vgl. *Ulmer* (Fn. 120) S. 420 f. Anders anscheinend *Messer,* FS Fleck, 1988, S. 226.

[126] RGZ 163, 385, 393 f.; *Soergel/Hadding* RdNr. 32, 38; *Erman/Westermann* RdNr. 28; *Hueck* OHG § 11 II 3. AA anscheinend *Schilling,* FS Ballerstedt, 1975, S. 257, 263, unter Hinweis darauf, dass es einer Verkündung des Beschlusses im Personengesellschaftsrecht nicht bedarf; das ist richtig, besagt aber nichts über die Voraussetzungen wirksamer Stimmabgabe.

[127] *Ulmer* (Fn. 120) S. 421.

[128] Eingehend *Ulmer* (Fn. 120) S. 424 ff. Für uneingeschränkte Bindung nach Zugang aber *Messer* (Fn. 125) S. 224 ff., 228; *Bartholomeyczik* ZHR 105 (1938), 327 f.; für Widerruflichkeit aus wichtigem Grunde *Staudinger/Keßler* RdNr. 26; *Soergel/Hadding* RdNr. 32; *Erman/Westermann* RdNr. 28; *Schlegelberger/Martens* HGB § 119 RdNr. 5; für uneingeschränkte Widerruflichkeit wohl RGZ 128, 172, 177 und RGZ 163, 385, 393 f. Offenlassend BGH NJW-RR 1990, 798, 799 f. (wegen konkludent vereinbarter Bindung an die Stimmabgabe).

[129] Näher dazu *Ulmer* (Fn. 120) S. 424 ff.; dort auch Nachw. zur abw. hM (Fn. 46 f.), die die Vertragsnatur von Beschlüssen generell verneint. Gegen die hier vertretene Differenzierung ausdrücklich auch *Wiedemann* WM 1992, Sonderbeil. 7, S. 26 f.

[130] *Ulmer* (Fn. 120) S. 421 ff., 432 f. Grundsätzlich zust. *Schlegelberger/Martens* HGB § 119 RdNr. 5; im Ergebnis auch die hM, vgl. Nachw. in Fn. 128. AA *Wiedemann* WM 1992, Sonderbeil. 7, S. 27.

[131] *Ulmer* (Fn. 120) S. 432 f. mit Nachw. AA *Wiedemann* WM 1992 Sonderbeil. 7, S. 26 f.

[132] RGZ 123, 289, 300.

gegen die Mitgesellschafter auf Zustimmung ist wegen der höchstpersönlichen Natur des Stimmrechts als Mitverwaltungsrecht (RdNr. 60) im Regelfall ausgeschlossen. Anderes gilt mit Rücksicht auf die *Treupflicht* dann, wenn der Gesellschafter an der persönlichen Stimmabgabe gehindert und die Bevollmächtigung eines Mitgesellschafters ihm wegen des potentiellen Interessenwiderstreits oder aus sonstigen Gründen nicht zumutbar ist.[133] Bei der Auswahl des Bevollmächtigten muss er freilich auf die Mitgesellschafter Rücksicht nehmen.

Hat der vertretene Gesellschafter wegen **Interessenkollision** kein Stimmrecht (vgl. dazu RdNr. 65 ff.), so kann es auch nicht von einem Vertreter ausgeübt werden. Wird ein Gesellschafter zugleich als Vertreter eines Mitgesellschafters tätig, so greift **§ 181** nur ein, wenn es bei der Beschlussfassung nicht um Maßnahmen der Geschäftsführung geht, sondern um Grundlagenbeschlüsse oder ihnen gleichstehende Rechtsakte auf Gesellschafterebene wie die Bestellung eines Geschäftsführers.[134] – Zur Stimmabgabe durch gesetzliche Vertreter und zur Zuziehung eines Beistands vgl. RdNr. 60 f. 78

c) Vertreterklauseln. Von der Bevollmächtigung von Mitgesellschaftern oder Dritten zur Stimmabgabe für den Vollmachtgeber zu unterscheiden sind gesellschaftsvertragliche Regelungen, durch die bestimmte Gesellschafter(-gruppen) auf die gemeinsame Stimmrechtsausübung über ein entweder im Gesellschaftsvertrag benanntes oder von den betroffenen Gesellschaftern mehrheitlich bestelltes Mitglied als **gemeinsamer Vertreter** festgelegt werden.[135] Derartige Vertragsgestaltungen finden sich insbes. in Kommanditgesellschaften mit entsprechend großer, durch Anteilsvererbung angewachsener Mitgliederzahl;[136] sie kommen aber auch bei sonstigen Personengesellschaften mit zahlreichen Mitgliedern (GbR, OHG) in Betracht.[137] Die typische Funktion solcher Vertreterklauseln besteht darin, die Willensbildung in der Gesellschaft trotz der Vielzahl der Gesellschafter überschaubar zu halten und hierzu die **gebündelte,** inhaltlich übereinstimmende Abgabe der Stimmen der jeweils betroffenen Mitglieder durch den gemeinsamen Vertreter vorzuschreiben. Dadurch unterscheiden sie sich nicht nur von Regelungen über stimmrechtslose Anteile (RdNr. 63), sondern auch von Mehrheitsklauseln in Bezug auf die Beschlussfassung auf Gesellschaftsebene unter unmttelbarer Beteiligung der Gesellschafter (RdNr. 81 ff.). 79

Die grundsätzliche **Zulässigkeit** solcher Klauseln ist heute anerkannt.[138] Dabei wird freilich vorausgesetzt, dass der gemeinsame Vertreter selbst Mitglied der betroffenen Gesellschaftergruppe ist und dass die übrigen Mitglieder das Recht haben, ihn aus wichtigem Grund durch ein anderes Mitglied der Gruppe zu ersetzen.[139] Ihre Grenze findet die Vertreterklausel bei Abstimmungen, die in den Kernbereich der Gesellschafterrechte der gebundenen Mitglieder eingreifen.[140] Ein solcher Eingriff bedarf ihrer jeweiligen persönlichen Zustimmung (RdNr. 91); diese kann nicht durch die Stimmenmehrheit in der Gruppe ersetzt werden. Zu den Anforderungen an die Willensbildung innerhalb der Gesellschaftergruppe vgl. das einschlägige Schrifttum.[141] 80

[133] BGH LM HGB § 109 Nr. 8 = NJW 1970, 706; *Hueck* OHG § 11 II 3; *Soergel/Hadding* RdNr. 28; *Erman/Westermann* RdNr. 23; *Wiedemann* Übertragung S. 350; vgl. auch § 716 RdNr. 15 zur Ausübung von Kontrollrechten durch Bevollmächtigte.

[134] BGHZ 112, 339, 341 = NJW 1991, 691; vgl. auch BGHZ 51, 209, 217 = NJW 1969, 841 (Geschäftsführerbestellung in GmbH). Dazu auch *Schlegelberger/Martens* HGB § 119 RdNr. 41 f.; *Erman/Westermann* RdNr. 23.

[135] Vgl. dazu *Schlegelberger/Martens* HGB § 161 RdNr. 79 ff.; *Staub/Schilling* HGB § 163 RdNr. 15 ff.; *K. Schmidt* ZHR 146 (1982), 525 ff.; *Westermann* Hdb. RdNr. I 537 ff. Aus der Rspr. vgl. nur BGHZ 46, 291 = NJW 1967, 826.

[136] Vgl. Nachw. in Fn. 135.

[137] Zur OHG vgl. *Staub/Ulmer* HGB § 119 RdNr. 63; einschränk. *Westermann* Hdb. RdNr. I 540.

[138] *Schlegelberger/Martens* HGB § 161 RdNr. 80; *Staub/Schilling* HGB § 163 RdNr. 15 f.; *Staub/Ulmer* HGB § 119 RdNr. 64.

[139] *Schlegelberger/Martens* HGB § 161 RdNr. 84, 86 f.; *Staub/Schilling* HGB § 163 RdNr. 17; *Staub/Ulmer* HGB § 119 RdNr. 64; *K. Schmidt* ZHR 146 (1982), 525 (547, 551); *Westermann* Hdb. RdNr. I 543 f.

[140] BGHZ 119, 346, 354 f. = NJW 1993, 1267; *Westermann* Hdb. RdNr. I 541.

[141] Dazu *Schlegelberger/Martens* HGB § 161 RdNr. 88; *Staub/Schilling* HGB § 163 RdNr. 17; *Staub/Ulmer* HGB § 119 RdNr. 65; *Westermann* Hdb RdNr. I 545; *K. Schmidt* ZHR 146 (1982), 525, 545 ff. Vgl. auch BGHZ 119, 346, 353 = NJW 1993, 1267 und BGHZ 121, 137, 150 = NJW 1993, 2114 (jew. Kartellsenat).

81 **3. Mehrheitsklauseln. a) Allgemeines.** Für Gesellschafterbeschlüsse in der GbR gilt nach gesetzlicher Regelung das **Einstimmigkeitsprinzip;** erforderlich ist danach die *Zustimmung aller stimmberechtigten Gesellschafter* zu dem Beschlussvorschlag.[142] Das folgt auch ohne generelle Regelung nach Art des § 119 Abs. 1 HGB aus der Struktur der GbR als persönlicher Zusammenschluss der Gesellschafter auf vertraglicher Grundlage ohne Verselbstständigung der Gesellschaft zur juristischen Person. Für Geschäftsführungsmaßnahmen ist es in § 709 Abs. 1 ausdrücklich geregelt.

82 Der Gesellschaftsvertrag kann durch sog. **Mehrheitsklauseln** vom Grundsatz der Einstimmigkeit abweichen. An die Vereinbarung derartiger Abweichungen werden je nach Art des Beschlussgegenstands unterschiedlich hohe Anforderungen gestellt (RdNr. 83 f., 95). Insbesondere für mehrheitliche *Vertragsänderungen* wird auch heute noch verbreitet gefordert, dass der der Mehrheitsentscheidung unterliegende Beschlussgegenstand sich eindeutig aus der Mehrheitsklausel ergibt (sog. Bestimmtheitsgrundsatz, vgl. dazu näher RdNr. 84 f.). Sieht der Gesellschaftsvertrag bei grundsätzlicher Geltung des Mehrheitsprinzips für einzelne Beschlussgegenstände Einstimmigkeit oder höhere Mehrheiten vor, so setzt auch die Abänderung derartiger Sonderregelungen die Einhaltung des betreffenden höheren Quorums voraus.[143] – Zur Berechnung der Mehrheiten vgl. RdNr. 96 f., zum Ausschluss mehrheitlichen Eingriffs in Sonderrechte einzelner Gesellschafter und zu den sonstigen generellen Schranken der Mehrheitsherrschaft vgl. RdNr. 99 ff.

83 **b) Geschäftsführungsbeschlüsse.** In Geschäftsführungsfragen richtet sich die Art der Willensbildung nach der jeweiligen Ausgestaltung der Geschäftsführung in der GbR (RdNr. 13 ff.). Mehrheitsbeschlüsse finden sich namentlich in den Fällen, in denen mehrheitliche Gesamtgeschäftsführung nach Art von § 709 Abs. 2 gilt (RdNr. 45 ff.). Nach dem Prinzip der Einzelgeschäftsführung (§ 711) kann auf eine Beschlussfassung aber auch ganz verzichtet und die Mitsprache der anderen Geschäftsführer auf ein Widerspruchsrecht beschränkt werden. Für die Feststellung, welche Geschäftsführungsregelung der Gesellschaftsvertrag enthält, gelten die allgemeinen Auslegungsgrundsätze (§ 705 RdNr. 171 f.). Die generelle Zulassung von Mehrheitsbeschlüssen im Gesellschaftsvertrag ohne nähere Angabe der Art der Beschlussgegenstände lässt auf mehrheitliche Gesamtgeschäftsführung schließen.[144] Auch konkludente Abweichungen vom Regelfall einstimmiger Gesamtgeschäftsführung sind möglich.[145]

84 **c) Vertragsänderungen. aa) Bestimmtheitsgrundsatz.** Soweit es um die Zulassung von Vertragsänderungen durch Mehrheitsbeschluss geht, soll es für Wirksamkeit und Anwendungsbereich der Klausel nach früher verbreiteter Ansicht nicht allein darauf ankommen, dass sie nach allgemeinen Auslegungsgrundsätzen auch *Änderungen des Gesellschaftsvertrages* umfasst. Erforderlich sei vielmehr außerdem, dass sich aus der Mehrheitsklausel auch die Erstreckung auf den jeweils in Frage stehenden Gegenstand der Vertragsänderung mit Bestimmtheit ergibt, sog. Bestimmtheitsgrundsatz.[146] Hierfür wird zwar nicht die ausdrück-

[142] EinhM; vgl. nur RGZ 114, 392, 395; BGHZ 8, 35, 41 = NJW 1953, 102; aus dem Schrifttum statt aller *Soergel/Hadding* RdNr. 16; *Staudinger/Keßler* RdNr. 1; *K. Schmidt* GesR § 16 II 2 a.

[143] So für die AG BGHZ 76, 191, 196 = NJW 1980, 1465; vgl. auch BGH NJW 1988, 411, 412 (Anwendung des Bestimmtheitsgrundsatzes auf Beschluss über die Herabsetzung des Quorums); ebenso *Leenen,* FS Larenz, 1983, S. 371, 386. Anders aber OLG Hamm ZIP 2001, 1915, 1917: Erfordernis einstimm. Zustimmung zur Veräußerung von GmbH-Anteilen kann grds. mit qualifizierter Mehrheit geändert werden.

[144] Vgl. Nachw. Fn. 96.

[145] BGHZ 16, 394, 396 f. = NJW 1955, 825; RGZ 151, 321, 326 f.; vgl. auch RdNr. 13 ff.

[146] BGHZ 8, 35, 41 f. = NJW 1953, 102 (obiter); *Soergel/Hadding* RdNr. 38; *Erman/Westermann* RdNr. 30; *Staudinger/Keßler* RdNr. 23; *Schlegelberger/Martens* HGB § 119 RdNr. 17 ff.; *Baumbach/Hopt* HGB § 119 RdNr. 37 ff.; *Heymann/Emmerich* HGB § 119 RdNr. 30 ff.; *Marburger* NJW 1984, 2252, 2257; *Wiedemann* GesR § 8 I 2 a, S. 410 f.; *K. Schmidt* GesR § 16 II 2; *ders.* ZHR 158 (1994), 205, 218 ff.; *Westermann* Hdb. RdNr. I 521; *Röttger,* Die Kernbereichslehre im Recht der Personengesellschaften, 1989, S. 151 ff.; *Göbel,* Mehrheitsentscheidungen in Personengesellschaften, 1992, S. 131 ff., 167 f.; *Kübler* GesR § 7 II 5, S. 68; zu Recht enger (nur für ungewöhnliche Beschlüsse) aber *Hueck* OHG § 11 IV 3; *U. H. Schneider* ZGR 1972, 371. Für Anwendbarkeit nur bei Änderungen ‚korporativer' Vertragsbestandteile *Flume* I/1 § 14 III S. 220 mit Ergänzung in FS Rittner, 1991, S. 119, 120 ff. Rspr.-Nachw. vgl. in Fn. 149 bis 158.

liche Aufzählung der Einzelnen in Betracht kommenden Beschlussgegenstände gefordert, wohl aber die **eindeutige,** für jeden Gesellschafter unverkennbare Einbeziehung des in Frage stehenden Gegenstands der Vertragsänderung. Die Anforderungen an die Konkretheit der Mehrheitsklausel seien umso höher, je schwerer der potentielle Eingriff des Mehrheitsbeschlusses in die Gesellschafterstellung wiege.[147] Die Kautelarpraxis bemüht sich, dem durch möglichst umfassende Angabe der in Betracht kommenden Beschlussgegenstände Rechnung zu tragen.[148]

Die **Rechtsprechung** hat den Bestimmtheitsgrundsatz am Beispiel mehrheitlich in Abweichung von § 707 zu beschließender *Beitragserhöhungen* entwickelt[149] und ihn in der Folgezeit auch auf sonstige ungewöhnliche, die Rechtsstellung einzelner Mitgesellschafter wesentlich berührende **Beschlussgegenstände** ausgedehnt.[150] Angewendet wurde er auf die Änderung des Gewinnverteilungsschlüssels,[151] die Vertragsverlängerung,[152] die Änderung der Kündigungs-[153] oder Liquidationsfolgen,[154] die Umwandlung der Stellung eines persönlich haftenden Gesellschafters in diejenige eines Kommanditisten unter gleichzeitiger Umwandlung der KG in eine GmbH & Co. KG,[155] die Einschränkung der actio pro socio,[156] Gestattung nicht vorgesehener Entnahmen[157] oder die Herabsetzung eines für Vertragsänderungen vorgesehenen Quorums.[158] 85

In neuerer Zeit hat der **Bundesgerichtshof** – nicht zuletzt wohl unter dem Eindruck der zunehmenden Kritik am Bestimmtheitsgrundsatz (RdNr. 87 f.) – eine Reihe von **Einschränkungen** gegenüber dem Anwendungsbereich des Bestimmtheitsgrundsatzes entwickelt und hat zudem obiter die Frage der *Abdingbarkeit* des Bestimmtheitsgrundsatzes aufgeworfen.[159] Die Einschränkungen betreffen in erster Linie den Bereich der sog. *Publikumsgesellschaften* (vgl. RdNr. 94), aber auch sonstige *große* Personengesellschaften, die durch Mitgliederzahl und „körperschaftliche Verfassung" vom gesetzlichen Leitbild abweichen und bei denen die Erzielung einstimmiger Beschlüsse daher auf besondere Schwierigkeiten stößt. In derartigen Fällen hat der BGH die Wirksamkeit von Klauseln über mehrheitliche Vertragsänderungen einschließlich solcher über sonstige zentrale Fragen wie die Wirksamkeit einer mehrheitlichen Umwandlungsbefugnis bejaht, ohne eine nähere Bezeichnung der unter die Mehrheitsklausel fallenden Beschlussgegenstände zu verlangen.[160] Aber auch für die *dem gesetzlichen Leitbild entsprechende Personengesellschaft* hat er wiederholt Zweifel am Bestimmtheitsgrundsatz angedeutet und die Frage aufgeworfen, ob an ihm festzuhalten sei oder ob er unter stärkerer Berücksichtigung der gesellschaftlichen Treupflicht aufgelockert bzw. durch die Kernbereichslehre ersetzt werden sollte.[161] 86

[147] So ausdr. *Westermann* Hdb. RdNr. I 519.

[148] Vgl. *K. Schmidt* ZHR 158 (1994), 205, 206, der (S. 218 ff.) dieser Entwicklung entgegentritt, weil sie vom Bestimmtheitsgrundsatz nicht gefordert sei. Zu Formulierungsvorschlägen für die Praxis vgl. Münchener Vertragshandbuch, Bd. 1, Gesellschaftsrecht, 5. Aufl. 2000, Form III 10, § 27 Abs. 1 *(Riegger),* sowie die Nachw. in Fn. 163.

[149] RGZ 91, 166, 168; 151, 321, 327; 163, 385, 391. Vgl. dazu näher § 707 RdNr. 6.

[150] Überblick über die Rspr.-Entwicklung bei *Goette,* FS Sigle, 2000, S. 145, 149 ff.

[151] BGH BB 1976, 948; WM 1986, 1556, 1557; OLG Hamm BB 1978, 120, 121; vgl. auch BGH WM 1973, 100, 101 f. und WM 1975, 662, 663 (Beschlüsse mit Auswirkungen auf die Gewinnverteilung grds. nur einstimmig).

[152] BGH LM § 723 Nr. 11 = NJW 1973, 1602; OLG Düsseldorf NJW 1977, 2216, 2217.

[153] BGHZ 48, 251, 253 f. = NJW 1967, 2157; anders BGHZ 8, 35, 44 = NJW 1953, 102 für die Rückumwandlung einer durch Tod des einzigen Komplementärs aufgelösten KG in eine werbende Gesellschaft wegen einer das Bestandsinteresse der Gesellschaft betonenden Mehrheitsklausel.

[154] BGH WM 1966, 876; RGZ 114, 393, 395.

[155] OLG Düsseldorf OLGZ 1983, 191 ff. = BB 1983, 459.

[156] BGH NJW 1985, 2830, 2831.

[157] BGH WM 1986, 1109.

[158] BGH NJW 1988, 411, 412; vgl. auch Nachw. in Fn. 131.

[159] BGH NJW 1988, 411, 412. Insoweit aus methodischen Gründen zu Recht kritisch *Marburger* ZGR 1989, 146, 153; *K. Schmidt* ZHR 158 (1994), 205, 219 f.; abl. auch *Westermann* Hdb. RdNr. I 523; für Abdingbarkeit aber *Brändel,* FS Stimpel, 1985, S. 95, 104.

[160] BGHZ 85, 350, 355 ff. = NJW 1983, 1056.

[161] BGHZ 71, 53, 57 f. = NJW 1978, 1382; BGHZ 85, 350, 356 = NJW 1983, 1056; BGHZ 132, 263, 268 = NJW 1996, 1678; BGH NJW 1995, 194 f.

87 **bb) Kritik am Bestimmtheitsgrundsatz.** In der neueren Literatur ist der Bestimmtheitsgrundsatz zu Recht auf *verbreitete Kritik* gestoßen.[162] Gegen ihn wird eingewandt, dass er seine Minderheitenschutzfunktion schon deshalb nicht erfüllen kann, weil die Kautelarjurisprudenz zunehmend dazu übergegangen ist, in den Gesellschaftsverträgen die in Frage kommenden Änderungsgegenstände katalogmäßig aufzulisten.[163] Auf Grund dieser Entwicklung ist die ihm zugedachte **Warnfunktion** weitgehend **entfallen.**[164] Auch ist es nicht selten eine Frage des Zufalls oder der detaillierten Vertragsgestaltung, ob die fraglichen Beschlussgegenstände in der Mehrheitsklausel besonders erwähnt sind. Fehlt es hieran, so besteht die Gefahr, dass im Interesse der Gesellschaft gebotene, von der qualifizierten Mehrheit gewünschte Vertragsänderungen unter Berufung auf den Bestimmtheitsgrundsatz blockiert werden,[165] zumal die Rechtsprechung eine Zustimmungspflicht zu Vertragsänderungen kraft Treupflicht nur in engen Grenzen anerkennt (vgl. § 705 RdNr. 231 ff.). Auch wird eine sachgerechte inhaltliche Beschlusskontrolle durch den Bestimmtheitsgrundsatz eher verhindert.[166]

88 Zu Recht *kritisiert* werden aber auch die **dogmatischen Begründungen,** die für die Geltung des Bestimmtheitsgrundsatzes in seiner bisherigen Form vorgebracht worden sind. Sollte die Maßgeblichkeit des Mehrheitsbeschlusses für sämtliche Gesellschafter sich aus deren *antizipiert erklärter* Zustimmung zu dem später gefassten Beschluss ergeben,[167] so wäre folgerichtig nicht nur die Aufzählung der Beschlussgegenstände, sondern zumindest auch eine grobe Skizzierung des zulässigen Beschlussinhalts zu verlangen.[168] Erst dann ließe sich nicht nur fiktiv von einem vorweggenommenen Einverständnis mit der konkreten Vertragsänderung sprechen. Ist die Mehrheitsklausel dagegen als grundsätzlich wirksame Einräumung eines *Gestaltungsrechts* an die Gesellschafterversammlung zu mehrheitlicher Vertragsänderung zu verstehen,[169] so lässt sich der Schutz der überstimmten Minderheit effektiv nur durch offene Ausübungskontrolle anhand der beweglichen Schranken der Mehrheitsherr-

[162] Vgl. schon *Rob. Fischer,* FS Barz, 1974, S. 32, 41 ff.; *Hadding* ZGR 1979, 636, 646; *U. H. Schneider* AG 1979, 57, 60; *Leenen* (Fn. 143) S. 381 ff.; *Hennerkes/Binz* BB 1983, 713, 715 ff.; *Autenrieth* DB 1983, 1034 f.; *Brändel,* FS Stimpel, 1985, S. 95 ff., 102; *M. Winter* GesRZ 1986, 74, 78 ff.; *Hüffer* ZHR 151 (1987), 396, 406 f.; *Mecke* BB 1988, 2258, 2261 ff.; tendenziell auch *Wiedemann* GesR I § 8 I 2 a, S. 409 ff., 412; *ders.* ZGR 1977, 690, 694 und JZ 1983, 559 f. Für grds. Beibehaltung des Bestimmtheitsgrundsatzes aber *Marburger* NJW 1984, 2252 ff.; *ders.* ZGR 1989, 146, 150 f.; *K. Schmidt* ZHR 158 (1994), 205, 218 ff.; *ders.* GesR § 16 II 2 c, d aa; *Röttger* und *Göbel* (jew. wie Fn. 146); *Flume,* FS Rittner, 1991, S. 119, 124 ff.; ferner *Erman/Westermann* RdNr. 30; *Soergel/Hadding* RdNr. 40; *Schlegelberger/Martens* HGB § 119 RdNr. 19 ff.; *Baumbach/Hopt* HGB § 119 RdNr. 39; *Heymann/Emmerich* HGB § 119 RdNr. 35; *Westermann* Hdb. RdNr. I 521; für personalistische Personengesellschaften („Vertragsgesellschaften") auch *Reuter* ZGR 1981, 364, 372; *ders.* GmbHR 1981, 129 ff.

[163] Vgl. auch die Hinweise zur Vertragsgestaltung bei *Sudhoff,* Personengesellschaften, 7. Aufl., 2. Teil H RdNr. 30 f. (deutlicher noch die 6. Aufl., S. 227 f., 684 f.). Hiergegen kritisch *K. Schmidt* ZHR 158 (1994), 205, 208 f., 218 ff., nach dessen Auffassung der Bestimmtheitsgrundsatz das Katalogprinzip nicht verlangt.

[164] So schon *Rob. Fischer* (Fn. 162) S. 33, 41 f.; ebenso *Leenen* (Fn. 143) S. 387, 389; *Hennerkes/Binz* BB 1983, 714; *Wiedemann* ZGR 1977, 694; *ders.* JZ 1983, 560; *U. H. Schneider* AG 1979, 57, 60.

[165] Vgl. dazu *Leenen* (Fn. 143) S. 382 ff.

[166] Vgl. in diesem Zusammenhang *Leenen* (Fn. 143) S. 389 f.; *Hennerkes/Binz* BB 1983, 714 f.; *Mecke* BB 1988, 2258, 2262. Anders aber *K. Schmidt* ZHR 158 (1994), 205, 215 f.

[167] So namentlich *Martens,* Mehrheits- und Konzernherrschaft in der personalistischen GmbH, 1970, S. 64 ff.; *ders.* DB 1973, 415; ähnlich *Immenga* ZGR 1974, 419.

[168] So mit Recht *Leenen* (Fn. 143) S. 376; ihm folgend *Schiemann* AcP 185 (1985), 73, 75. Ebenso auch *Hüffer* ZHR 151 (1987), 396, 407; *K. Schmidt* ZHR 158 (1994), 205, 212 f. (als zweite Schranke neben dem Bestimmtheitsgrundsatz).

[169] So *Bötticher,* Gestaltungsrecht und Unterwerfung im Privatrecht, 1964, S. 28 ff.; *Thiele,* Die Zustimmungen in der Lehre vom Rechtsgeschäft, 1966, S. 48; *Menk,* Das Verhältnis des Bestimmtheitsgrundsatzes zur Kernbereichslehre im Recht der offenen Handelsgesellschaft, Diss. Hamburg 1975, S. 62 ff.; *Marburger* NJW 1984, 2254; *M. Winter* GesRZ 1986, 74, 79; ähnlich *Röttger* (Fn. 146) S. 141 f.; kritisch *Leenen* (Fn. 143) S. 377 ff., dessen Deutung der Mehrheitsklausel als Verfahrensregel (S. 379 ff., zust. *Schiemann* AcP 185 [1985], 75) freilich ebenfalls eine überzeugende dogmatische Begründung der Mehrheitskompetenz vermissen lässt. Den Aspekt der Verfahrensregel modifiziert *K. Schmidt* ZHR 158 (1994), 205, 214 f., zur formalen Begrenzung (?) der Mehrheitskompetenz.

schaft (§ 705 RdNr. 136 f.) sicherstellen.[170] Demgegenüber läuft die Berufung auf den Bestimmtheitsgrundsatz und den danach ggf. fehlenden „Unterwerfungswillen" der überstimmten Minderheit nicht selten auf eine *verdeckte Inhaltskontrolle* hinaus, ohne dass die entscheidenden Wertungsgrundlagen offengelegt werden.[171] Auch würde es im Falle einer eindeutig abgefassten, wenn auch nicht katalogartig ausgestalteten Mehrheitsklausel in Bezug auf Vertragsänderungen besonderer Gründe bedürfen, um gleichwohl die Notwendigkeit einer vom klaren Wortlaut abweichenden, restriktiven Auslegung zu rechtfertigen.

Zur „Rettung" des Bestimmtheitsgrundsatzes ist vor rd. zehn Jahren von *Karsten Schmidt* 89
die These entwickelt worden, er beziehe sich auf die *formelle Voraussetzung wirksamer Mehrheitsermächtigung,* also auf die **Legitimation** der Gesellschafter, mit der vertraglich vorgesehenen Mehrheit über Vertragsänderungen zu beschließen. Davon zu unterscheiden seien die – ebenfalls erforderlichen – *materiellen* Voraussetzungen wirksamer Mehrheitsbeschlüsse, sei es im Sinne der Kernbereichslehre oder der Respektierung ungeschriebener Inhaltsschranken nach Art der Treupflicht oder des Gleichbehandlungsgrundsatzes.[172] Von anderen wird bezweifelt, ob und worin die von den Kritikern postulierte Kernbereichslehre sich vom Bestimmtheitsgrundsatz – verstanden als Erfordernis des Einverständnisses aller Gesellschafter mit der mehrheitlichen Beschlussfassung über kernbereichsrelevante Gegenstände – unterscheide, dh. ob es nicht letztlich nur um *Unterschiede sprachlicher Art* zwischen beiden Ansichten geht.[173] Beiden Ansätzen ist nicht zu folgen (vgl. RdNr. 90).

cc) Folgerungen: Kernbereichslehre. α) Aufgabe des Bestimmtheitsgrundsatzes. 90
Die berechtigte Kritik am Bestimmtheitsgrundsatz steht seiner Beibehaltung in der bisherigen Form entgegen; er ist **inhaltlich überholt.**[174] Das gilt auch unter Berücksichtigung der neuerdings unternommenen, auf Einführung eines zweistufigen Schutzsystems aus formellen und materiellen Komponenten gerichteten Rettungsversuche (vgl. RdNr. 89). Denn die Vertreter dieser Ansicht bleiben die Erklärung dafür schuldig, warum es zur Legitimation der Mehrheit, über Vertragsänderungen zu beschließen, abweichend von den allgemein für Gesellschaftsverträge geltenden Auslegungskriterien (§ 705 RdNr. 171) besonderer, auf *restriktive* Auslegung eindeutig abgefasster Vertragsklauseln abzielender Grundsätze bedarf, wenn damit keine (verkappte) Inhaltskontrolle bezweckt ist, und worin die Funktion eines derartigen zweistufigen Schutzsystems liegen sollte. So wenig allein schon die katalogartige Aufzählung aller der Mehrheitsherrschaft unterworfenen Beschlussgegenstände eine materielle Rechtfertigung für die auf ihrer Grundlage mit qualifizierter Mehrheit beschlossenen Vertragsänderungen enthält, so wenig sollten andererseits mehrheitliche Vertragsänderungen an der formalen Schranke scheitern, dass der fragliche Beschlussgegenstand zwar klar und deutlich, jedoch nicht in einer den besonderen Anforderungen restriktiver Auslegung standhaltenden Art und Weise von der auf Vertragsänderungen bezogenen Mehrheitsklausel gedeckt ist.[175] Es geht mit anderen Worten um den Übergang von der Betonung formeller,

[170] So denn auch *Westermann* Hdb. RdNr. I 521, 524, 528 f. trotz grds. Festhaltens am Bestimmtheitsgrundsatz.

[171] Ein Beispiel hierfür bietet BGH BB 1976, 948, das die mehrheitliche Rücklagenbildung unter Durchbrechung der gesellschaftsvertraglichen Regelung als von der Mehrheitsklausel gedeckt, eine mehrheitliche Änderung des Gewinnverteilungsschlüssels dagegen als unzulässig ansah, ohne dass sich aus der Mehrheitsklausel Anhaltspunkte für diese Differenzierung ergaben. Zur Kritik an der Begründung der Entscheidung vgl. *Ulmer* BB 1976, 950; *Wiedemann* ZGR 1977, 694. Wieder anders dann BGHZ 132, 263, 268 = NJW 1996, 1678 (mehrheitliche Bilanzfeststellung erfordert besondere Legitimation).

[172] *K. Schmidt* GesR § 16 II 2 c, d aa und schon *ders.* ZHR 158 (1994), 205, 215 ff.; dem folgend *Goette* (Fn. 150) S. 157 f.; *Hermanns* ZGR 1996, 103, 105 f.

[173] So *Goette* (Fn. 150) S. 149, 153; *Lockowandt,* Stimmrechtsbeschränkungen im Recht der Personengesellschaften, Kernbereichslehre und Stimmrechtsausschluss, 1996; tendenziell auch *Westermann* Hdb. RdNr. I 519.

[174] AA auch neuerdings noch insbes. *K. Schmidt* ZHR 158 (1994), 205, 214 ff.; ähnlich *Westermann* Hdb. RdNr. I 521.

[175] So der Sache nach auch *Brändel* (Fn. 159) S. 103 f.; *Hadding* ZGR 1979, 636, 642; *Mecke* BB 1988, 2258, 2261 ff. Zu Gegenansichten vgl. Fn. 174; enger auch *Flume* I/1 § 14 III, S. 216 ff., der Mehrheitsbeschlüsse nur insoweit zulassen will, als sie den „Status der Gesellschaft" (Auflösung und Umwandlung, Gesellschafterwechsel), nicht aber die Rechts-

auf besondere Auslegungsgrundsätze gestützter Schranken zu materiellen Anforderungen an die Wirksamkeit von Mehrheitsbeschlüssen, wie sie durch das Erfordernis antizipierten Einverständnisses mit der mehrheitlichen Vertragsänderung für die Kernbereichslehre kennzeichnend sind (vgl. RdNr. 92). Um weitere Missverständnisse zu vermeiden, sollte vom „Bestimmtheitsgrundsatz" definitiv Abschied genommen werden.[176] Davon unberührt bleibt das *Erfordernis einer Mehrheitsklausel,* die nach *allgemeinen* Auslegungsgrundsätzen als Legitimation zur mehrheitlichen Änderung des Gesellschaftsvertrags zu verstehen ist.

91 **β) Ersetzung durch die Kernbereichslehre.** Eine Einschränkung des Geltungsbereichs der Mehrheitsklausel ist allerdings bei solchen Vertragsänderungen veranlasst, die in den **Kernbereich der Mitgliedschaft** des einzelnen Gesellschafters eingreifen. Die Kernbereichslehre war ursprünglich zur Abgrenzung derjenigen Beschlussgegenstände entwickelt worden, bei denen das Stimmrecht des Gesellschafters als unverzichtbar angesehen wurde.[177] Demgegenüber wird der überwiegende Teil der zum Kernbereich zählenden Rechte heute als *nur mit Zustimmung des betroffenen Gesellschafters entziehbar* angesehen.[178] Aus der „Mehrheitsfestigkeit" dieser Rechte und dem Erfordernis, dass der betroffene Gesellschafter sich mit deren Beeinträchtigung einverstanden erklären muss, folgt allerdings nicht, dass in den Kernbereich eingreifende Mehrheitsbeschlüsse von vornherein unzulässig sind. Das Einverständnis mit der Rechtsbeeinträchtigung kann vielmehr auch im Voraus erteilt werden (RdNr. 92).

92 Um eine gesellschaftsvertragliche Mehrheitsklausel als *antizipiertes Einverständnis* mit einem Eingriff in derartige „relativ unentziehbare" Rechte ansehen zu können, muss sie besonderen Anforderungen genügen.[179] Sie muss sich zwar nicht ausdrücklich, wohl aber **eindeutig** auf mehrheitliche Eingriffe in die zum Kernbereich gehörenden Rechte beziehen und sie muss **Art und Ausmaß** des zulässigen Eingriffs erkennen lassen.[180] Insbesondere bei Beitragserhöhungen ist für die Wirksamkeit der Klausel die Angabe einer Obergrenze unabdingbar.[181] Eine generelle Unterwerfung der einzelnen Gesellschafter unter den Mehrheitswillen bezüglich derartiger zum Kernbereich der Mitgliedschaft gehöriger Rechte genügt danach ebenso wenig[182] wie eine pauschale Zulassung mehrheitlicher Eingriffe in den Kernbereich durch katalogmäßige Auflistung im Gesellschaftsvertrag. Soweit es um den Eingriff in den Kernbereich der Mitgliedschaft geht, behält somit das Erfordernis eines antizipierten Einverständnisses und die daraus resultierende Forderung seine Bedeutung, die Auslegung

stellung der einzelnen Gesellschafter ändern; vgl. auch *dens.,* FS Rittner, 1991, S. 126 f. unter Betonung der Parallele zum Kernbereichsschutz. Deutlich weitergehend *U. H. Schneider* AG 1979, 57, 62, der unter Berufung auf §§ 117, 127, 133, 140 HGB Mehrheitsentscheidungen sogar ohne entsprechende vertragliche Regelung zulassen will, wenn sie im Interesse der Gesellschaft erforderlich und dem dissentierenden Gesellschafter zumutbar sind; dagegen mit Recht *Wiedemann* GesR I § 8 I 2 a S. 411.

[176] AA *K. Schmidt* und *Westermann* (Fn. 174).

[177] BGHZ 20, 363, 368 = NJW 1956, 1198; vgl. auch RdNr. 63.

[178] Vgl. BGH NJW 1985, 974; 1995, 194, 195 (dort allerdings mit der zweifelhaften Aussage, dass die Pflicht zur Zustimmung selbst dann ausreichen kann, wenn es nicht um eine Publikumsgesellschaft geht, vgl. RdNr. 94 aE); OLG Hamm DB 1989, 815; *K. Schmidt* ZHR 158 (1994), 205, 227; *Mecke* BB 1989, 2258, 2263; *M. Winter* GesRZ 1986, 74, 83; *Hüffer* ZHR 187 (1987), 396, 402; *Röttger* (Fn. 146) S. 148 ff.; *Hermanns,* Mitverwaltungsrecht des Personengesellschafters, 1993, S. 118 f.; *Löffler* NJW 1989, 2656, 2666; *Göbel* (Fn. 146) S. 183 ff.; *Erman/Westermann* RdNr. 25; *Schlegelberger/Martens* HGB § 119 RdNr. 24; *Baumbach/Hopt* HGB § 119 RdNr. 36; *Wiedemann* GesR I § 7 I 1 b, S. 362 m. weit. Nachw.

[179] Zur Zulässigkeit einer „antizipierten Zustimmung" (Einwilligung) und zu den hieran zu stellenden Anforderungen vgl. näher *M. Winter,* GesRZ 1986, 74, 83; *Schilling/M. Winter,* FS Stiefel, 1987, S. 670 f.; *C. Schäfer* (Fn. 102) S. 256 ff.; einschränkend *Löffler* NJW 1989, 2656, 2661; aA (nur ad hoc-Zustimmung relevant) *Immenga* ZGR 1974, 385, 425; *Göbel* (Fn. 146) S. 184 f.

[180] Vgl. BGH NJW 1995, 194, 195 (mehrheitliche Einschränkung des Informationsrechts).

[181] Vgl. § 707 RdNr. 6; so auch *Leenen* (Fn. 143) S. 386 und *M. Winter* GesRZ 1986, 74, 83 m. weit. Nachw.

[182] Ebenso *Hüffer* ZHR 151 (1987), 396, 408; *Mecke* BB 1988, 2263; *K. Schmidt* ZHR 158 (1994), 205, 227 f.; der Sache nach auch OLG Hamm DB 1989, 815 f. mit zu Unrecht krit. Anm. *Tiedtke* DB 1989, 813. AA *Erman/Westermann* RdNr. 31 (unter Hinweis auf „Obstruktionsmöglichkeiten" der Minderheit); vgl. auch zur Leistungsvermehrung durch Satzungsänderung bei der GmbH *Hachenburg/Ulmer* GmbHG § 53 RdNr. 74 ff.

der Vertragsklausel müsse mit hinreichender Deutlichkeit eine entsprechende Eingriffsbefugnis der Mehrheit ergeben.

Die Frage, **welche Rechte** zum **Kernbereich** der Mitgliedschaft zu zählen sind, ist bisher nicht abschließend geklärt; sie lässt sich auch nicht stets ohne Kenntnis von den Besonderheiten der jeweiligen Gesellschaft beantworten.[183] Der vorherigen Zustimmung der betroffenen Gesellschafter bedürfen bei der typischen Personengesellschaft jedenfalls Beitragserhöhungen (vgl. § 707 und § 53 Abs. 3 GmbHG), unmittelbare Eingriffe in das Stimmrecht, eine Änderung des Gewinnverteilungsschlüssels und der Liquidationsfolgen, ferner Zweckänderungen einschließlich der Auflösung der Gesellschaft (Vor § 723 RdNr. 11), Änderungen bei der Ausgestaltung der Geschäftsführung sowie Vertragsverlängerungen.[184] Der BGH hat mittlerweile neben dem Stimm- und Gewinnrecht, dem Geschäftsführungsrecht sowie dem Recht auf Beteiligung am Liquidationserlös auch das gesellschaftsvertragliche Informationsrecht in den Kernbereich einbezogen.[185] Soweit es um Änderungen im Bestand und in der Zusammensetzung der Mitglieder geht, betreffen sie jedenfalls dann den Kernbereich der Mitgliedschaft, wenn die Gesellschaft entsprechend dem gesetzlichen Leitbild als personenbezogene Arbeits- und Haftungsgemeinschaft ausgestaltet ist. Indizien hierfür bilden etwa die Einschränkung der Vererblichkeit der Anteile oder die Beschränkung der Gesellschafternachfolge auf bestimmte Personen (zur sog. qualifizierten Nachfolgeklausel vgl. § 727 RdNr. 41 ff.). Sind dagegen die Anteile im Gesellschaftsvertrag generell übertragbar gestellt, so kann auch die Aufnahme neuer ohne gleichzeitiges Ausscheiden bisheriger Gesellschafter trotz der damit verbundenen Verschiebung der Beteiligungsverhältnisse auf Grund einer vertraglichen Mehrheitsklausel (RdNr. 90 aE) erfolgen.[186] Den Schutz der Minderheit gewährleistet in diesen Fällen die Inhaltskontrolle des Mehrheitsbeschlusses (RdNr. 100 f.). 93

dd) Besonderheiten für Publikumsgesellschaften. Bei Publikumsgesellschaften, die sich aus einer Vielzahl untereinander nicht persönlich verbundener, ja nicht selten anonymer Gesellschafter zusammensetzen, hat die Rechtsprechung schon seit langem die **Anwendung des Bestimmtheitsgrundsatzes abgelehnt.**[187] Den einschlägigen Urteilen ist sogar die Tendenz zu entnehmen, in derartigen Fällen mehrheitliche Vertragsänderungen ohne besondere Mehrheitsklausel zuzulassen.[188] Diese Sonderbeurteilung verdient schon deshalb Zustimmung, weil Mehrheitsbeschlüsse in derartigen Fällen nicht selten das effizienteste Mittel sind, um den als Kapitalanleger beteiligten Gesellschaftern die Möglichkeit zu eröffnen, auf die Geschicke der Gesellschaft Einfluss zu nehmen und die im Interesse des Anlegerschutzes gebotenen Vertragsänderungen durchzusetzen.[189] Selbst ein Schutz des „Kernbereichs" der Mitgliedschaft unter Reduzierung des Anwendungsbereichs des Bestimmtheitsgrundsatzes hierauf (vgl. RdNr. 91) ist bei Publikumsgesellschaften regelmäßig nicht veranlasst.[190] Dem- 94

[183] Vgl. dazu näher *Staub/Ulmer* HGB § 119 RdNr. 40 ff.; ähnlich *K. Schmidt* GesR § 16 III 3 b; *Baumbach/Hopt* HGB § 119 RdNr. 36; *Westermann* Hdb. RdNr. I 525.

[184] Vgl. *M. Winter* GesRZ 1986, 74, 84 und die Nachw. in Fn. 183. Ähnliche Abgrenzungen auch bei *Hennerkes/Binz* BB 1983, 716; *Löffler* NJW 1989, 2656, 2657 ff. (wenn auch im Einzelfall zu weitgehend).

[185] BGH NJW 1995, 194, 195 m. Anm. *Flume* ZIP 1995, 651 und *K. Schmidt* JZ 1995, 313.

[186] So wohl auch *Hennerkes/Binz* BB 1983, 717.

[187] BGHZ 66, 82, 85 f. = NJW 1976, 958; BGHZ 69, 160 ff. = NJW 1977, 2160; BGHZ 71, 53, 58 = NJW 1978, 1382; zust. auch die Befürworter des Bestimmtheitsgrundsatzes, vgl. *Soergel/Hadding* RdNr. 41; *Flume* I/1 § 14 III, S. 219; *Westermann* Hdb. RdNr. I 519; *Barfuß* DB 1977, 572; *Wiedemann* ZGR 1977, 690 f.; *K. Schmidt* ZHR 158 (1994), 205, 220 ff.; *Goette* (Fn. 150) S. 146; *Röttger* (Fn. 146) S. 154 f.; *Göbel* (Fn. 146) S. 150 ff.

[188] Vgl. etwa BGHZ 71, 53, 58 f. = NJW 1978, 1382; dazu *Stimpel,* FS Rob. Fischer, 1979, S. 771, 779 f.; ferner OLG Köln BB 1994, 455 (keine Bedenken gegen Mehrheitsbeschluss in PublikumsGbR zur Ausschließung insolventer Gesellschafter trotz unspezifischer Mehrheitsklausel).

[189] Grdlg. *Stimpel* (Fn. 188) S. 778 f.; vgl. auch BGH LM § 712 Nr. 1 = NJW 1982, 2495 und WM 1983, 1407: Unwirksamkeit einer gesellschaftsvertraglichen Regelung, durch die den Initiatoren eine Sperrminorität bei Abberufung und Bestellung des Geschäftsführers gesichert werden sollte. Dazu auch RdNr. 6.

[190] So auch *Erman/Westermann* RdNr. 31, 33 aE. Vgl. auch OLG Köln BB 1994, 455 f. (Ausschluss insolventer Gesellschafter trotz Erhöhung der anteiligen Außenhaftung der übrigen Gesellschafter durch einfachen Mehrheitsbeschluss möglich).

gemäß hält der BGH eine Leistungsklage auf Zustimmung selbst bei Eingriffen in den Kernbereich für überflüssig, sofern der Gesellschafter kraft Treupflicht zuzustimmen hat.[191] Vorbehaltlich der Begründung zusätzlicher Beitragspflichten durch Mehrheitsbeschluss[192] und der Kontrolle der Mehrheitsherrschaft im Hinblick auf mehrheitsfeste Sonderrechte und bewegliche Schranken (RdNr. 99 ff.) lässt sich dem Schutz überstimmter Gesellschafter in derartigen Fällen am besten durch ein außerordentliches Kündigungsrecht Rechnung tragen.

95 **d) Sonstige Gesellschafterbeschlüsse.** Soweit es um Beschlüsse der Gesellschafter in sonstigen, nicht zu den Vertragsänderungen gehörenden gemeinsamen Angelegenheiten geht (RdNr. 55), ist der Bestimmtheitsgrundsatz schon bisher im Regelfall nicht angewandt worden. Die *Auslegung der Mehrheitsklausel* führt bei ihnen im Zweifel dazu, dass sie sich auf **alle derartigen Angelegenheiten** erstreckt.[193] Einer Aufzählung der möglichen Beschlussgegenstände bedarf es nicht. Sie würde schon an deren Vielzahl scheitern und überdies einen allenfalls begrenzten Minderheitenschutz bewirken. Aber auch auf die sachliche Notwendigkeit des jeweiligen Mehrheitsbeschlusses[194] kann es für den Anwendungsbereich der Klausel nicht ankommen. Dieser Gesichtspunkt ist vielmehr im Rahmen der Inhaltskontrolle des Beschlusses auf Verstöße gegen die „beweglichen", auf der Treupflicht oder dem Gleichbehandlungsgrundsatz beruhenden Schranken (vgl. RdNr. 100) zu beachten.

96 **4. Berechnung der Mehrheit.** Soweit der Gesellschaftsvertrag Mehrheitsbeschlüsse zulässt, kommt es im Zweifel auf die Mehrheit der **stimmberechtigten Mitglieder** an und nicht etwa auf diejenige der erschienenen oder der an der Abstimmung teilnehmenden Gesellschafter (RdNr. 47). Vom Sonderfall der Publikumsgesellschaften[195] abgesehen, scheidet eine analoge Anwendung von § 32 Abs. 1 S. 3 aus. Stimmenthaltungen stehen danach Gegenstimmen gleich. Vom Stimmrechtsausschluss betroffene Gesellschafter (RdNr. 63, 65 ff.) werden bei der Mehrheitsberechnung nicht mitgezählt. Der *Gesellschaftsvertrag* kann Abweichendes vorsehen. Die Einhaltung bestimmter Mindesterfordernisse für Beschlussmehrheiten, etwa soweit es um Vertragsänderungen geht, ist gesetzlich nicht vorgeschrieben.

97 Für die Mehrheitsberechnung gilt nach dem gesellschaftsrechtlichen Gleichbehandlungsgrundsatz im Zweifel **Mehrheit nach Köpfen.**[196] Abweichend hiervon finden sich namentlich bei Personenhandelsgesellschaften im Falle ungleicher Beitrags- oder Beteiligungsverhältnisse verbreitet besondere Stimmrechtsregelungen, die das Stimmrecht nach Kapitalanteilen oÄ staffeln (RdNr. 48). Zulässig ist in den Grenzen des § 138 auch die einvernehmliche Gewährung eines **mehrfachen Stimmrechts** an bestimmte Gesellschafter. Soweit gegenüber dem Stimmrechtsausschluss Schranken zu beachten sind (vgl. dazu RdNr. 63), stehen diese ungleichen Stimmrechten oder Mehrheitsklauseln nicht entgegen.[197]

[191] BGH NJW 1985, 972, 973 und 974; diese Grundsätze scheint der BGH inzwischen sogar auf die personalistische Personengesellschaft zu übertragen, freilich ohne dies näher zu begründen, BGH NJW 1995, 194, 195.

[192] BGHZ 66, 82, 85 f. = NJW 1978, 958: Zulässigkeit eines Mehrheitsbeschlusses betr. die Erhöhung der Kapitalbeteiligungen, sofern er nur das Recht, nicht aber die Pflicht der Kommanditisten zur Beteiligung begründet; vgl. auch BGH NJW 1985, 974: Beschluss zur Aufhebung einer gesellschaftsvertraglich vorgesehenen Einlagenverzinsung grundsätzlich nur mit Zustimmung aller Gesellschafter wirksam.

[193] *Staub/Ulmer* HGB § 119 RdNr. 48; wohl auch schon RGRK/*von Gamm* RdNr. 15; *Rob. Fischer* in Großkomm. zum HGB, 3. Aufl., § 119 Anm. 12; *Hueck* OHG § 11 IV 3; abw. *Soergel/Hadding* RdNr. 39 (nur Geschäftsführungsangelegenheiten).

[194] So anscheinend aber BGH BB 1976, 948, 949 zur Zulässigkeit eines Gewinnverwendungsbeschlusses (Rücklagenzuweisung). Dazu krit. *Ulmer* BB 1976, 950; *Wiedemann* ZGR 1977, 694.

[195] Bei ihnen richtet sich die Mehrheitsberechnung nach der Zahl der an der Abstimmung *teilnehmenden* Gesellschafter, vgl. BGH WM 1998, 1028, 1031 unter Hinweis auf die Berechnung im Kapitalgesellschaftsrecht (RGZ 106, 258, 263; BGHZ 104, 66, 74 f. = NJW 1988, 1844).

[196] *Soergel/Hadding* RdNr. 38 unter zutr. Hinweis auf den in § 119 Abs. 2 HGB zum Ausdruck kommenden, allgemein für Personengesellschaften geltenden Grundsatz. Ebenso *Erman/Westermann* RdNr. 32.

[197] Vgl. zur grds. Zulässigkeit von Mehrstimmrechten BGHZ 20, 363, 370 = NJW 1956, 1198; *K. Schmidt* GesR § 21 II 1 e; *Schlegelberger/Martens* HGB § 119 RdNr. 38; s. auch § 32 RdNr. 28 *(Reuter).* Zu den Schranken für Mehrheitsklauseln vgl. RdNr. 82 ff.

5. Grenzen der Mehrheitsherrschaft. a) Kernbereich der Mitgliedschaft. Eingriffe in den sog. Kernbereich der Mitgliedschaft des überstimmten Gesellschafters, dh. die Verkürzung der individuellen Gesellschafterrechte (Stimmrecht, Gewinnrecht, Geschäftsführungsrecht u. a.) oder die Vermehrung der Beitragspflichten, sind der Mehrheit grundsätzlich verwehrt (RdNr. 91 f.). Soll im Gesellschaftsvertrag der Mehrheit die Befugnis zu derartigen Beschlüssen eingeräumt werden, so muss die entsprechende Ermächtigung nach Art und Ausmaß eindeutig umschrieben sein, um den Anforderungen an die antizipierte Zustimmung der betroffenen Gesellschafter zu dem von der Mehrheit beschlossenen Eingriff zu genügen (RdNr. 92). Eine Ausnahme kommt nur bei Gesellschaftsverträgen einer Publikumsgesellschaft in Betracht (RdNr. 94). 98

b) Sonderrechte. Die Beantwortung der Frage, ob entsprechend § 35 eine Beeinträchtigung von Sonderrechten einzelner Gesellschafter in jedem Fall die konkrete Zustimmung des Betroffenen voraussetzt oder ob auch insoweit Mehrheitsbeschlüsse vorgesehen werden können, hängt von der **Definition** des „Sonderrechts" ab.[198] Versteht man darunter mit der hM nur solche mitgliedschaftlichen Vorrechte, die nach dem *Gesellschaftsvertrag* nicht ohne Zustimmung des Begünstigten entzogen werden können, dh. mehrheitsfest sein sollen,[199] so folgt die Unentziehbarkeit schon aus der Natur des Sonderrechts. Die Fragestellung verlagert sich also dahin, ob die betreffende Rechtsposition im Gesellschaftsvertrag als Sonderrecht ausgestaltet worden ist. Legt man demgegenüber einen weiteren, auf den *Inhalt* der Befugnis als **Vorzugsrecht** abstellenden Begriff zu Grunde (vgl. Beispiele in § 35 RdNr. 4 f.), so ist damit über die Möglichkeit einseitiger Beeinträchtigung durch Mehrheitsbeschluss noch nichts gesagt. Insoweit gelten die gleichen Auslegungsgrundsätze wie für die Erstreckung der Mehrheitsklausel auf Beschlüsse über zentrale, den Kernbereich der Mitgliedschaft betreffende Vertragsteile (RdNr. 91). Ist danach im Einzelfall die Geltung des Mehrheitsprinzips ausnahmsweise auch gegenüber Vorzugsrechten einzelner Mitgesellschafter zu bejahen, so findet die Mehrheitsherrschaft ihre Grenze doch in der Beachtung der sog. beweglichen Schranken (insbes. Gleichbehandlungsgrundsatz und Treupflicht, vgl. RdNr. 100). 99

c) Bewegliche Schranken. Die Erweiterung der Mehrheitsherrschaft auf Grund entsprechender Mehrheitsklauseln erfordert zum Ausgleich eine inhaltliche Verstärkung des Minderheitenschutzes, auch soweit es um die nicht zum Kernbereich gehörenden Beschlussgegenstände geht. Sie ist durch **Kontrolle des Inhalts des Mehrheitsbeschlusses** auf Verstöße gegen die sog. „beweglichen Schranken" der Mehrheitsherrschaft zu bewirken.[200] Hierzu gehören in erster Linie der Gleichbehandlungsgrundsatz und die Treupflicht (§ 705 RdNr. 221 ff., 244 ff.; vgl. auch unten RdNr. 108). Darüber hinaus kann die vom BGH für den Bezugsrechtsausschluss im Aktienrecht entwickelte,[201] für Beschlüsse über Strukturänderungen in der GmbH übernommene[202] Lehre vom Erfordernis sachlicher Rechtfertigung auf Mehrheitsbeschlüsse in Personengesellschaften übertragen werden, soweit sie die Rechtsstellung der überstimmten Gesellschafter beeinträchtigen. 100

[198] So zutr. *Hueck* OHG § 11 IV 3 und Fn. 51; vgl. auch *Staudinger/Keßler* RdNr. 24. Nicht eindeutig *Spengler* (Fn. 106) S. 179, der offenbar Vorrechte generell als Sonderrechte wertet, wenn ihre Entziehung durch Mehrheitsbeschluss nicht ausdrücklich im Gesellschaftsvertrag festgelegt ist; zur Terminologie und zur historischen Entwicklung der Sonderrechtsdiskussion vgl. *Wiedemann* GesR I § 7 I 1 a, S. 358 ff.

[199] Vgl. § 35 RdNr. 5 aE und *Wiedemann* GesR I § 7 I 1 a, S. 358 f.

[200] Ebenso *Westermann* Hdb. RdNr. I 524, 528 f.; *M. Winter* GesRZ 1986, 74, 84 f.; im Grundsatz auch *Schlegelberger/Martens* HGB § 119 RdNr. 30 f.; *K. Schmidt* GesR § 21 II 3. Für Beschlusskontrolle unter Rückgriff auf § 138 aber *Hadding* ZGR 1979, 636, 647 und *Soergel/Hadding* RdNr. 41.

[201] BGHZ 71, 40 ff. = NJW 1978, 1316; BGHZ 83, 319 ff. = NJW 1982, 2444; BGHZ 120, 141, 145 f. = NJW 1993, 400; aus der Literatur insb. *Lutter* ZGR 1979, 401 ff. und *M. Winter,* Mitgliedschaftliche Treuebindungen im GmbH-Recht, 1988, S. 262 ff. Kritisch zur neuerlichen Relativierung des Bezugsrechts insbes. *Zöllner* AG 2002, 585 ff.

[202] BGHZ 80, 69, 73 ff. = NJW 1981, 1512. Vgl. auch *Hachenburg/Ulmer* GmbHG § 53 RdNr. 62 f., § 55 RdNr. 46 f.; *M. Winter* (Fn. 201) S. 141 ff.

101 Die **Überprüfung** des Mehrheitsbeschlusses erfolgt danach grundsätzlich **in drei Stufen.**[203] Die mehrheitliche Vertragsänderung muss erstens im *Gesellschaftsinteresse* liegen,[204] wobei der Mehrheit bei dessen Konkretisierung ein Ermessensspielraum verbleibt.[205] Der Eingriff in die Rechte der Minderheit muss zweitens *erforderlich* sein zur Erreichung des angestrebten Ziels; es darf kein die Minderheit weniger belastendes Mittel zur Verfügung stehen. Schließlich müssen die für die Gesellschaft angestrebten Vorteile *in einem angemessenen Verhältnis* zu den Eingriffen in die Rechte der überstimmten Minderheit stehen; dabei sind die Anforderungen an die sachliche Rechtfertigung umso strenger, je weitergehend durch den Beschluss in die Rechte der Minderheit eingegriffen wird.[206] Führt etwa die Befreiung des Mehrheitsgesellschafters von einem gesellschaftsvertraglichen Wettbewerbsverbot dazu, dass die Gesellschaft zu einem abhängigen Unternehmen wird, ist der Beschluss angesichts der mit der Konzernierung für die abhängige Gesellschaft verbundenen Gefahren nur wirksam, wenn andernfalls der Bestand der Gesellschaft ernsthaft gefährdet wäre.[207]

III. Beschlusswirkungen

102 Im **Innenverhältnis** entfalten Gesellschafterbeschlüsse bereits unmittelbar mit ihrem Zustandekommen (RdNr. 71) Rechtswirkungen. Besonderer Umsetzungsmaßnahmen bedarf es nicht. Das gilt sowohl für Vertragsänderungen einschließlich der Entziehungs- und Ausschließungsbeschlüsse der §§ 712 Abs. 1, 715, 737, als auch für Beschlüsse in Geschäftsführungs- oder sonstigen gemeinsamen Angelegenheiten. Da die für das Zustandekommen des jeweiligen Beschlusses erforderlichen Stimmabgaben empfangsbedürftige Willenserklärungen und als solche allen Mitgesellschaftern gegenüber abzugeben sind (RdNr. 74), ist gewährleistet, dass Änderungen der Rechtslage nicht ohne entsprechende Information der Gesellschafter zustande kommen. – Zur Bindung an Gesellschafterbeschlüsse bis zu ihrer einvernehmlichen Aufhebung vgl. RdNr. 75.

103 Unmittelbare **Außenwirkung** kann Gesellschafterbeschlüssen zwar in den Fällen zukommen, in denen es um die Einsetzung oder Abberufung vertretungsberechtigter Gesellschaftsorgane geht; im letztgenannten Fall bleibt die Notwendigkeit der Zerstörung des Rechtsscheins fortbestehender Vertretungsmacht (§ 714 RdNr. 28) hiervon unberührt. Im Übrigen bedarf es aber einer Umsetzung der Gesellschafterbeschlüsse gegenüber den hiervon betroffenen Dritten. So setzt die Aufnahme neuer Gesellschafter einen Vertragsschluss zwischen diesen und den Mitgesellschaftern voraus, soweit es sich nicht um den Sonderfall einer Anteilsübertragung handelt (§ 719 RdNr. 17, 20 ff.). Geschäftsführungsbeschlüsse führen erst dann zu Rechtsbeziehungen der Gesellschaft gegenüber Dritten, wenn die vertretungsberechtigten Gesellschafter das entsprechende Rechtsgeschäft für die Gesellschaft abschließen.

[203] So zutr. MünchKommAktG/*Hüffer* § 243 RdNr. 47 ff., 57 und *ders.* AktG, 5. Aufl. 2002, § 243 RdNr. 24. Grundlegend zur Übertragung der für hoheitliche Eingriffe entwickelten Schranken der Erforderlichkeit und Verhältnismäßigkeit des Eingriffs auf die Beschlusskontrolle in privatrechtlichen Verbänden schon *Zöllner* (Fn. 99) S. 352; *ders.* Kölner Komm. zum AktG § 243 RdNr. 202.

[204] BGHZ 71, 40, 44 = NJW 1978, 1316; BGHZ 80, 69, 74 f. = NJW 1981, 1512; BGHZ 120, 141, 146 = NJW 1993, 400; vgl. aber auch BGHZ 76, 352 ff. = NJW 1980, 1278 zum Auflösungsbeschluss nach § 60 Abs. 1 Nr. 2 GmbHG; dazu *Lutter* ZGR 1981, 171 ff.; *Timm* JZ 1980, 665 ff.

[205] BGHZ 71, 40, 49 f. = NJW 1978, 1316.

[206] BGHZ 80, 69, 74 = NJW 1981, 1512; dazu auch *Staub/Ulmer* Anh. zu § 105 HGB (Konzernrecht) RdNr. 43 f., und *Hachenburg/Ulmer* GmbHG § 55 RdNr. 46, 47 f.

[207] BGHZ 80, 69, 74 f. = NJW 1981, 1512; allg. zur Personengesellschaft als abhängiges Unternehmen *Staub/Ulmer* Anh. zu § 105 HGB (Konzernrecht) RdNr. 23 ff.; MünchKommHGB/*Mülbert* KonzernR RdNr. 114 ff.; *Reuter* ZHR 146 (1982) 1 ff.; *Raiser* ZGR 1980, 558 ff.; *U. H. Schneider* ZGR 1980, 511 ff. und *Emmerich,* FS Stimpel, 1985, S. 743 ff.

IV. Mängel der Beschlussfassung

1. Grundlagen. Der Beschluss als Rechtsgeschäft (RdNr. 51) setzt sich aus der nach Gesetz oder Gesellschaftsvertrag erforderlichen Zahl von Willenserklärungen der Gesellschafter in der Gestalt von Stimmabgaben zusammen (RdNr. 71, 74). Dementsprechend ist auch bei Mängeln danach zu unterscheiden, ob sie sich auf den Beschluss als solchen oder auf einzelne der ihm zu Grunde liegenden Willenserklärungen beziehen.[208] Während der Beschluss im ersten Fall grundsätzlich nichtig ist (RdNr. 105 ff.), ist das im zweiten Fall (bei Mangelhaftigkeit einzelner Stimmabgaben) nur dann anzunehmen, wenn die fehlerhafte Stimme für das Zustandekommen des Beschlusses erforderlich war und ihre Unwirksamkeit es nicht etwa gestattet, den Beschluss gleichwohl, ggf. auch mit anderem Inhalt, aufrechtzuhalten (vgl. näher RdNr. 111). 104

2. Beschlussmängel. a) Allgemeines. Die Mängel können sowohl das Zustandekommen als auch den Inhalt des Beschlusses betreffen und führen nach hM grundsätzlich zur **Nichtigkeit** des Beschlusses[209] (Ausnahmen vgl. in RdNr. 109). Eine Analogie zum aktienrechtlichen Beschlussmängelrecht der §§ 241 ff. AktG ist abzulehnen.[210] Als *Fehlergründe* kommen Verfahrensmängel und Ordnungsverstöße sowie Verstöße gegen allgemeine Inhaltsschranken (RdNr. 108) oder gegen den Gesellschaftsvertrag in Betracht. 105

b) Verfahrensfehler. Sie bilden einen Nichtigkeitsgrund nur dann, wenn nicht ausgeschlossen werden kann, dass das *Zustandekommen* des Beschlusses durch den Fehler beeinflusst ist, so bei Fehlern in der Feststellung des Beschlussergebnisses, Mitzählen von wegen Interessenkollision ausgeschlossenen Stimmen, Nichtmitwirkung fehlerhaft nicht geladener Gesellschafter u. a. *Ladungsmängel,* also Verstöße gegen gesellschaftsvertragliche Regelungen über Form, Frist und Inhalt der Einberufung einer Gesellschafterversammlung, führen nach der Rechtsprechung dann zur Unwirksamkeit, wenn hierdurch die Teilnahme eines Gesellschafters oder die Vorbereitung auf die Tagesordnungspunkte vereitelt oder erschwert wird.[211] Demgegenüber bleibt der Beschluss trotz des Mangels gültig, wenn die fehlerhaft mitgezählte Stimme für das Zustandekommen des Beschlusses ohne Bedeutung ist oder der versehentlich nicht geladene Gesellschafter gleichwohl an der Beschlussfassung mitwirkt.[212] 106

Die Wirksamkeit des Beschlusses soll nach verbreiteter Ansicht auch dann zu bejahen sein, wenn der Mangel auf der **Nichtbeachtung bloßer Ordnungsvorschriften** beruht, wobei als Beispiel das Fehlen einer im Gesellschaftsvertrag vorgesehenen Protokollierung des Gesellschafterbeschlusses genannt wird.[213] Gegenüber dieser Kategorie ist indessen Vorsicht 107

[208] Diese besonders von *Zöllner* (Fn. 99) S. 359 ff., 373 f. zutr. betonte Unterscheidung hat sich inzwischen allgemein durchgesetzt; vgl. *Soergel/Hadding* RdNr. 45; *Erman/Westermann* RdNr. 37 f.; *Staub/Ulmer* HGB § 119 RdNr. 76 f., 82 ff.; *Hueck* OHG § 11 V.

[209] *Soergel/Hadding* RdNr. 44; *Erman/Westermann* RdNr. 38; *Schlegelberger/Martens* HGB § 119 RdNr. 31 f.; *Timm,* FS Fleck, 1988, S. 365, 372; offen gelassen von BGH WM 1990, 675, 676 (eher iS der hM aber BGH BB 1966, 1169).

[210] Ganz hM, vgl. MünchKommAktG/*Hüffer* § 241 RdNr. 100; *ders.* ZGR 2001, 833, 839; *Casper* ZHR 163 (1999), 54, 72 ff. Einschränkend *K. Schmidt,* FS Stimpel, 1985, S. 217 ff. und *Scholz/K. Schmidt* GmbHG Anh. § 45 RdNr. 48 ff., 52; *ders.* GesR § 15 II 3 (Bindung der Mangelgeltendmachung an Klage nach dem Vorbild der §§ 243, 246 AktG); abw. auch *Noack,* Fehlerhafte Beschlüsse in Gesellschaften und Vereinen, 1989, S. 49 ff., 170 ff. (Unterscheidung zwischen genereller und interner Nichtigkeit, von der nur letztere zur Disposition der Mitglieder steht).

[211] BGHZ WM 1995, 701, 706; KG GmbHR 1995, 524; OLG Dresden NZG 2000, 782, 783 f. Vgl. zu den Anforderungen an die Ladung zur Gesellschafterversammlung weiter BGH WM 1994, 1925, 1927; zur Kausalität bei Ladungsfehlern BGH WM 1983, 1407, 1408; NJW 1988, 1262, 1263; zur Beweislastverteilung in diesen Fällen auch BGH NJW 1987, 1262, 1263; WM 1987, 927, 928.

[212] HM vgl. *Zöllner* (Fn. 99) S. 374 f.; *Soergel/Hadding* RdNr. 43; *Hueck* OHG § 11 V 2 a. Vgl. auch BGHZ 59, 369, 373 = NJW 1973, 235 (Verein). Zur Heilung von Ladungsmängeln durch Anwesenheit s. auch BGHZ 100, 264, 269 f. = NJW 1987, 2580 (zu § 51 Abs. 3 GmbHG); RGZ 104, 413, 415; 122, 367, 369; *Soergel/Hadding* RdNr. 45; *Schlegelberger/Martens* HGB § 119 RdNr. 11; *Heymann/Emmerich* § 119 RdNr. 10; *Hueck* OHG § 11 V 2 a.

[213] RGZ 104, 413, 415; 122, 367, 369; *Soergel/Hadding* RdNr. 45; *Schlegelberger/Martens* HGB § 119 RdNr. 11; *Hueck* OHG § 11 V 2 a. Vgl. dazu auch *Rutenfranz* BB 1965, 601.

geboten, zumal die Grenzen zwischen Ordnungs- und sonstigen Verfahrensvorschriften fließend sind. Die Entscheidung über die Folgen des Beschlussmangels richtet sich vielmehr wie bei der Nichteinhaltung der gewillkürten Schriftform für Vertragsänderungen (§ 705 RdNr. 50) danach, welche Bedeutung der Ordnungsvorschrift nach allgemeinen Auslegungsgrundsätzen zukommt sowie ob die Beteiligten sich bei der Beschlussfassung bewusst und mit der hierfür erforderlichen Mehrheit über die Vertragsbestimmung hinweggesetzt haben.[214]

108 **c) Inhaltsmängel.** Nichtigkeit wegen inhaltlicher Mängel ist namentlich dann zu bejahen, wenn der Beschlussinhalt entweder gegen Gesetz und gute Sitten oder gegen vorrangige Vereinbarungen im Gesellschaftsvertrag verstößt. Beispiele für einen *Gesetzesverstoß* bilden die Verletzung des Gleichbehandlungsgrundsatzes[215] oder der Treupflicht[216] durch Mehrheitsbeschluss, der mehrheitliche Eingriff in unentziehbare Sonderrechte oder der Verstoß gegen das Kartellverbot.[217] Der Nichtigkeit wegen *Sittenverstoßes* durch Machtmissbrauch der Mehrheit gegenüber der Minderheit kommt angesichts der Anerkennung der Treupflicht als – im Vorfeld greifende – inhaltliche Schranke der Mehrheitsmacht nur geringe Bedeutung zu.[218]

109 **d) Einschränkungen der Nichtigkeit.** Eine Einschränkung gegenüber der Nichtigkeit fehlerhafter Gesellschafterbeschlüsse folgt aus den Grundsätzen über die **fehlerhafte Gesellschaft.** Diese gelten nicht nur für den Abschluss des Gesellschaftsvertrags, sondern auch für dessen Änderungen einschließlich des Gesellschafterwechsels (§ 705 RdNr. 360 ff.). Voraussetzung für ihr Eingreifen ist, dass **Änderungen des Gesellschaftsvertrags** in Frage stehen, die sich nicht auf die schuldrechtlichen Beziehungen der Gesellschafter untereinander beschränken, sondern auch Bedeutung für die Gesellschaftsorganisation haben (§ 705 RdNr. 362), und dass die Änderungen in Vollzug gesetzt sind. Sieht der Gesellschaftsvertrag mehrheitliche Vertragsänderungen vor, so greifen die Grundsätze der Lehre von der fehlerhaften Gesellschaft bei Vorliegen der sonstigen Voraussetzungen auch dann ein, wenn die Beteiligten wegen eines Berechnungsfehlers zu Unrecht davon ausgegangen sind, der Beschluss habe die erforderliche Mehrheit erreicht.[219]

110 **e) Heilung.** Eine Heilung nichtiger Beschlüsse ist einerseits durch deren ausdrückliche oder konkludente Bestätigung unter Beseitigung des Mangels möglich.[220] So wie die Gesellschafter nicht gehindert sind, jederzeit einen neuen, mangelfreien Beschluss zu fassen, können sie die Wirksamkeit des Beschlusses auch durch unwidersprochenen Vollzug in Kenntnis des Mangels herbeiführen, soweit es nicht um Verstöße gegen §§ 134, 138 geht. Aber auch das längere Nichtgeltendmachen eines allen Beteiligten bekannten Mangels kann im Ergebnis zu dessen Heilung führen. Zwar gibt es im Unterschied zum Aktienrecht **keine** gesetzlichen **Klagefristen** bei mangelhaften Beschlüssen von Personengesellschaften. Auch wenn der

[214] So im Grundsatz auch KG GmbHR 1995, 524 (förmliche Mitteilung der Tagesordnung ist Wirksamkeitsvoraussetzung; kein Verzicht auf Einhaltung der Formvorschriften ohne Gelegenheit zur Aussprache über wichtigen Beschlussgegenstand und Abgabe einer Gegenstimme).

[215] BGHZ 20, 363, 369 = NJW 1956, 1198; *Spengler* (Fn. 106) S. 181.

[216] Zum GmbH-Recht vgl. BGHZ 65, 15 = NJW 1976, 191 (Anm. *Ulmer*); dazu auch *E. Rehbinder* ZGR 1976, 386 ff.; zur rechtsbegrenzenden Funktion der Treupflicht unter Mitgesellschaftern eingehend *M. Winter,* Mitgliedschaftliche Treubindungen im GmbH-Recht, 1988, S. 23 ff., 135 ff. Allgemein zum Minderheitenschutz im Personengesellschaftsrecht vgl. *Rob. Fischer,* FS Barz, 1974, S. 32, 41 ff.; *U. H. Schneider* ZGR 1972, 357 ff.; *ders.* ZGR 1975, 253 ff.; *ders.,* FS Bärmann, 1975, S. 873 ff.; *K. Schmidt* GesR § 16 II 4 c, § 20 IV 3; *Schlegelberger/Martens* HGB § 119 RdNr. 12; dazu näher RdNr. 100.

[217] Vgl. dazu *K. Schmidt,* FS Rob. Fischer, 1979, S. 693 ff. Zum Verstoß des Gesellschaftszwecks gegen § 1 GWB vgl. § 705 RdNr. 334.

[218] Auf die Sittenwidrigkeit des Mehrheitsbeschlusses abstellend aber noch *Hueck* OHG § 11 V 2 b; *Spengler* (Fn. 106) S. 179 f.; in neuerer Zeit auch wieder *Hadding* ZGR 1979, 647 und *Soergel/Hadding* RdNr. 43.

[219] AA *Wiesner,* Die Lehre von der fehlerhaften Gesellschaft, 1980, S. 145 f. (vorbehaltlich des fehlerhaften Beitritts, S. 149 f.).

[220] RG Recht 1921 Nr. 72; *Soergel/Hadding* RdNr. 45; *Staub/Ulmer* HGB § 119 RdNr. 92; *Hueck* § 11 V 2 a Fn. 60 a.

Gesellschaftsvertrag keine materiellen Ausschlussfristen bestimmt,[221] sind die Gesellschafter jedoch schon mit Rücksicht auf die Treupflicht gehalten, sich in angemessener Zeit auf den Mangel zu berufen, wenn sie sich nicht dem Verwirkungseinwand aussetzen wollen.[222]

3. Mängel der Stimmabgabe. Sie beschränken sich im Unterschied zu den Beschluss- 111
mängeln auf die jeweiligen der Beschlussfassung zu Grunde liegenden Willenserklärungen von Gesellschaftern. Auf die Wirksamkeit des Beschlusses haben sie nur Einfluss, wenn – wie namentlich bei Geltung des Einstimmigkeitsprinzips (RdNr. 81) – das für den Beschluss erforderliche Quorum ohne sie nicht erreicht wird. Ansonsten lässt die fehlerhaft abgegebene Stimme im Falle ihrer Nichtberücksichtigung die Wirksamkeit des Beschlusses unberührt; sie kann aber je nach dem Verhältnis der verbleibenden Stimmen ein anderes Beschlussergebnis zur Folge haben.[223] Ist die Beschlussfassung noch nicht abgeschlossen, so kann die Stimmabgabe grundsätzlich wiederholt werden;[224] andernfalls gilt sie als Enthaltung.[225] Dem fehlerhaft abstimmenden Gesellschafter kann aber im Einzelfall, aus Gründen der Treupflicht, auch ein Anspruch auf Wiederholung der Abstimmung zustehen.[226]

Die möglichen **Gründe** für eine wegen Fehlerhaftigkeit nichtige oder unbeachtliche 112
Stimmabgabe sind vielfältig.[227] Neben einer auf Irrtum, Täuschung oder Drohung gestützten Anfechtung kommen auch fehlende Geschäftsfähigkeit des Abstimmenden oder die Tatbestände der §§ 116 bis 118 in Betracht. Weitere Gründe bilden die Nichtbeachtung eines Stimmrechtsausschlusses wegen Interessenkollision oder die Stimmabgabe durch einen Vertreter unter Verletzung von § 181. Schließlich kann auch ein in der Stimmabgabe liegender **Treupflichtverstoß** zur Nichtigkeit der Stimmabgabe wegen unzulässiger Rechtsausübung führen.[228] Hier wird freilich häufig der Treupflichtverstoß auf den Beschlussinhalt durchschlagen und die Nichtigkeit des Beschlusses zur Folge haben (RdNr. 108).

4. Gerichtliche Geltendmachung. Ein besonderes Verfahren zur Geltendmachung von 113
Beschlussmängeln ist im Personengesellschaftsrecht abweichend vom Aktienrecht nicht vorgesehen.[229] Wer sich auf die Nichtigkeit des Beschlusses oder die Unrichtigkeit des fest-

[221] Vgl. zu derartigen Vereinbarungen BGHZ 68, 212, 216 = NJW 1977, 1292; BGHZ 112, 339, 344 = NJW 1991, 691; BGH NJW 1988, 411, 413; dort auch zur Anwendung des § 270 Abs. 3 (§ 167 nF) ZPO auf diese Fristen.

[222] Im Schrifttum werden hier zT recht enge zeitliche Grenzen aufgestellt (vgl. namentlich *Hueck* OHG § 11 V 1 d und 2 a, der unverzüglichen Widerspruch verlangt, aber auch *Westermann* Hdb. RdNr. I 554: Monatsfrist). Vgl. ferner *Noack* (Fn. 210) S. 72 ff., 174, der nur bei von ihm sog. interner Nichtigkeit die Erhebung eines Widerspruchs innerhalb angemessener Zeit fordert. In BGH WM 1973, 100, 101 wurde die Geltendmachung der Nichtigkeit einer Änderung des Gewinnverteilungsschlüssels nach vier Jahren als verspätet zurückgewiesen, wobei zugunsten der Beklagten besonders die Unklarheit der Rechtslage betont wurde. Nach BGH WM 1991, 509, 510 tritt eine „Heilung" durch Fristablauf jedenfalls nicht bereits nach sechs Monaten ein. Auch für die Anfechtungsklage im GmbH-Recht lässt der BGH Klageerhebung innerhalb „angemessener" Frist genügen (BGHZ 111, 224, 225 = NJW 1990, 2625; BGHZ 80, 212, 216 f. = NJW 1981, 2225, 2227; *Scholz/K. Schmidt* GmbHG § 45 RdNr. 142 f.), während einer Nichtigkeitsklage gegen eingetragene GmbH-Beschlüsse die Dreijahresfrist des § 242 Abs. 2 S. 1 AktG entgegenstehen soll (BGH aaO und WM 1984, 473). Dazu *Scholz/K. Schmidt* GmbHG § 45 RdNr. 89.

[223] Vgl. Rspr.-Nachw. in Fn. 228; so für die GmbH auch schon BGHZ 76, 154, 158 = NJW 1980, 1527 (Stimmabgabe unter Verstoß gegen § 47 Abs. 4 S. 2 GmbHG); BGHZ 88, 320, 329 f. = NJW 1983, 489 (treuwidrige Stimmabgabe). Grdlg. *Zöllner* (Fn. 99) S. 359 ff., 373 f., gegen die früher hM. Ihm folgend *Soergel/Hadding* RdNr. 45; *Erman/Westermann* RdNr. 37; *Staub/Ulmer* HGB § 119 RdNr. 72; *Hueck* OHG § 11 V 1 c; so auch § 32 RdNr. 44 aE *(Reuter)*.

[224] *Hueck* OHG § 11 V 1 b. Vgl. auch Nachw. in Fn. 119, 120.

[225] HM, vgl. *Zöllner* (Fn. 99) S. 359; *Soergel/Hadding* RdNr. 45; *Hueck* OHG § 11 V 1 b.

[226] *Hueck* OHG § 11 V 1 b Fn. 58.

[227] Dazu näher *Zöllner* (Fn. 99) S. 360 ff.

[228] BGHZ 65, 93, 98 = NJW 1976, 49 (Verletzung des Gesellschaftsinteresses aus Selbstsucht); BGH LM HGB § 105 Nr. 47 = WM 1979, 1060; BGHZ 102, 172, 176 = NJW 1988, 969; BGH ZIP 1991, 23, 24; OLG Hamburg WM 1992, 272, 273; aus der Lit. vgl. *Spengler* (Fn. 106) S. 181; *Zöllner* (Fn. 99) S. 366.

[229] AA – für Unterscheidung zwischen nichtigen und anfechtbaren Beschlüssen auch im Personengesellschaftsrecht und für Anerkennung eines Anfechtungsverfahrens nach dem Vorbild der §§ 241 ff., AktG – *K. Schmidt,* FS Stimpel, 1985, S. 217 ff. und GesR § 15 II 3; vgl. auch schon *dens.* AG 1977, 243, 251 f. Abw. auch *Noack* (Fn. 210) S. 85 ff., 174, der das Konzept von *K. Schmidt* zwar ablehnt, aber gleichwohl für eine Beschlussmängelklage gegen den Verband plädiert.

gestellten Beschlussergebnisses beruft, kann hierzu **Feststellungsklage** erheben.[230] Die Klage richtet sich gegen diejenigen Gesellschafter, die der beantragten Feststellung widersprechen. Die Gesellschaft ist ggf. verpflichtet, dem Klagewilligen die Namen und Anschriften der Mitgesellschafter bekannt zu geben.[231] Notwendige Streitgenossenschaft besteht weder auf der Aktiv- noch auf der Passivseite.[232] Im Interesse der gewünschten Klärung ist es freilich zweckmäßig, die Feststellungsklage zugleich gegen sämtliche widersprechenden Gesellschafter zu erheben.

114 Der **Gesellschaftsvertrag** kann – auch konkludent[233] – vorsehen, dass die Geltendmachung der Mangelhaftigkeit von Beschlüssen gegenüber der Gesellschaft erfolgen muss.[234] Er kann hierfür auch Anfechtungsfristen statuieren. Bei fehlender Parteifähigkeit der (Innen-)GbR (vgl. § 705 RdNr. 320) ist eine solche Klausel dahin auszulegen, dass die Klage gegen die übrigen Gesellschafter als notwendige Streitgenossen zu richten ist. – Zur Klagefrist vgl. RdNr. 110.

§ 710 Übertragung der Geschäftsführung

[1] Ist in dem Gesellschaftsvertrag die Führung der Geschäfte einem Gesellschafter oder mehreren Gesellschaftern übertragen, so sind die übrigen Gesellschafter von der Geschäftsführung ausgeschlossen. [2] Ist die Geschäftsführung mehreren Gesellschaftern übertragen, so findet die Vorschrift des § 709 entsprechende Anwendung.

I. Normzweck

1 **1. Auslegungsregel (S. 1).** Ähnlich wie § 709 Abs. 2 enthält auch § 710 – abgesehen von der Verweisung in Satz 2 – eine Auslegungsregel. Sie setzt die gesellschaftsvertragliche Übertragung der Geschäftsführung abweichend von § 709 Abs. 1 auf bestimmte Gesellschafter dadurch voraus und stellt für diesen Fall klar, dass die übrigen Gesellschafter von der Geschäftsführung ausgeschlossen sind. Das hat Bedeutung namentlich für das Widerspruchsrecht nach § 711 (RdNr. 7).

2 **2. Voraussetzungen.** Die Geschäftsführung muss im Gesellschaftsvertrag abweichend von § 709 Abs. 1 in der Weise geregelt sein, dass die Befugnis hierzu nur einem Teil der Gesellschafter zusteht (§ 709 RdNr. 15). Das kann entweder dadurch geschehen, dass sie – ausdrücklich oder stillschweigend[1] – auf die als Geschäftsführer vorgesehenen Gesellschafter **übertragen** wird, **oder** dadurch, dass bestimmte Gesellschafter von der Geschäftsführung **ausgeschlossen** werden. Um eine Übertragung iS von § 710 S. 1 handelt es sich auch dann, wenn sie sich auf einen *Teilbereich* beschränkt, sei es in gegenständlicher (technische Leitung, Kassenführung u. a.) oder in qualitativer Hinsicht (gewöhnliche Geschäfte). Ein Ausschluss der Mitgesellschafter von der Geschäftsführung tritt in diesen Fällen nicht generell, sondern nur insoweit ein, als die Übertragung reicht.[2] Von der Übertragung zu unterscheiden sind Maßnahmen bloß interner Arbeitsteilung (§ 709 RdNr. 16). – Zur Unzulässigkeit des Ausschlusses sämtlicher Gesellschafter von der Geschäftsführung bzw. deren Übertragung auf einen *Dritten* vgl. § 709 RdNr. 20.

[230] HM; vgl. BGH NJW 1999, 3113, 3115; *Soergel/Hadding* RdNr. 44; *Erman/Westermann* RdNr. 39; *Staub/Ulmer* HGB § 119 RdNr. 94; *Hueck* OHG § 11 V 2d; *Hüffer* ZGR 2001, 833, 839.

[231] So zutr. BGH NJW 1988, 411, 413.

[232] So BGHZ 30, 195, 197 = NJW 1959, 1683 und die Nachw. in Fn. 230 gegen die im Schrifttum früher hM (dazu näher *Rob. Fischer* in Großkomm. zum HGB, 3. Aufl., § 119 Anm. 18 m. Nachw.); aA *K. Schmidt,* FS Stimpel, 1985, S. 220, 236f.: die kassatorische Anfechtungsklage sei bei den parteifähigen Personenhandelsgesellschaften gegen diese, bei der GbR gegen sämtliche Mitgesellschafter als notwendige Streitgenossen zu erheben. Ebenso im Ergebnis *Noack* (Fn. 210) S. 174f.

[233] BGH NJW 1999, 3113, 3115.

[234] Zur Zulässigkeit einer solchen Klausel bei den Personenhandelsgesellschaften vgl. BGHZ 85, 350, 353 = NJW 1983, 1056; BGH WM 1966, 1036.

[1] BGHZ 16, 394, 396f. = NJW 1955, 825.

[2] *Soergel/Hadding* RdNr. 2; *Erman/Westermann* RdNr. 1; RGRK/*von Gamm* RdNr. 2.

Sachlich ist die „Übertragung“ sowohl von der bei Kapitalgesellschaften erforderlichen Bestellung zum Mitglied des Geschäftsführungsorgans als auch von der rechtsgeschäftlichen Beauftragung klar zu unterscheiden. Unabhängig davon, ob der Gesellschaftsvertrag den Weg der Übertragung auf bestimmte Gesellschafter wählt oder denjenigen des Ausschlusses der anderen von der Geschäftsführung, geht es jeweils darum, die nach gesetzlicher Regel allen Gesellschaftern zustehende **Geschäftsführungsbefugnis auf einen Teil der Gesellschafter zu konzentrieren.** Der abweichende Wortlaut der Vorschrift erklärt sich aus der überholten Vorstellung, dass die typische GbR keine für sie handelnden Organe habe, vielmehr alle Gesellschafter gemeinschaftlich für die Förderung des gemeinsamen Zwecks tätig würden. Aus dieser Sicht schien die „Übertragung“ der Geschäftsführung in der Tat einer Beauftragung nahezukommen (vgl. auch § 713). Besinnt man sich demgegenüber auf die in § 718 angelegte, inzwischen höchstrichterlich anerkannte Qualität der (Außen-)Gesellschaft als rechtsfähiger Personenverband und Zuordnungssubjekt des Gesamthandsvermögens (§ 705 RdNr. 303 ff.) und auf die bei jeder Außengesellschaft anzutreffenden Organisationselemente (§ 705 RdNr. 158 f.), so zeigt sich die dogmatische Ungenauigkeit des Begriffs der Übertragung. Vielmehr ist die in § 710 geregelte Gestaltungsmöglichkeit als ein Fall der *Beschränkung der Geschäftsführungsbefugnis* anzusehen. Die Frage hat nach bisher ganz überwiegender, freilich unzutr. Ansicht Bedeutung vor allem für den Anwendungsbereich des § 712 (vgl. § 712 RdNr. 1, 4 ff.). 3

II. Die Rechte der Geschäftsführer

Allgemein zur Rechtsstellung der Geschäftsführer vgl. § 709 RdNr. 26 ff. Die dortigen Feststellungen gelten auch für die Fälle „übertragener“, dh. auf einen Teil der Gesellschafter beschränkter Geschäftsführungsbefugnis (RdNr. 3). Die Frage, ob die als Geschäftsführer ausgewählten Gesellschafter **Gesamt-** oder **Einzelgeschäftsführungsbefugnis** haben, richtet sich nach dem Gesellschaftsvertrag, bei seinem Schweigen nach § 709 Abs. 1 (§ 710 S. 2). Bei Auslegung des Gesellschaftsvertrags ist auch auf etwaige, den Partnern bekannte *berufsrechtliche Anforderungen* an die Ausgestaltung der Geschäftsführungsbefugnis (vgl. dazu § 6 PartGG RdNr. 16 ff.) Rücksicht zu nehmen. Ist im Gesellschaftsvertrag die Geschäftsführung zwar einem Teil der Gesellschafter vorbehalten, über die Art ihres Tätigwerdens aber nichts gesagt, so gilt nach § 709 Abs. 1 *Gesamtgeschäftsführung* der betreffenden Gesellschafter in dem Sinne, dass es zu jeder Maßnahme grundsätzlich der *Zustimmung aller Geschäftsführer* bedarf (vgl. dazu näher § 709 RdNr. 38 ff.). 4

Ist von zwei Gesamtgeschäftsführern einer **auf Dauer verhindert** oder erlischt seine Geschäftsführungsbefugnis durch Tod, Ausscheiden u. a., so erstarkt die Befugnis des anderen im Zweifel nicht zur Einzelgeschäftsführung; vielmehr greift der gesetzliche Regelfall des § 709 Abs. 1 ein.[3] Gleiches gilt bei Wegfall des einzigen zur Geschäftsführung berufenen Gesellschafters. 5

Abweichende Gestaltungen sind einerseits in der Weise möglich, dass *Gesamtgeschäftsführung,* verbunden mit *Mehrheitsprinzip,* vorgesehen wird (§ 709 Abs. 2, vgl. dazu § 709 RdNr. 45 ff.). Das setzt regelmäßig die Beteiligung von mehr als zwei Gesellschaftern an der Geschäftsführung voraus. Daneben kommt auch die Einräumung von *Einzelgeschäftsführungsbefugnis* für zwei oder mehr Geschäftsführer in Betracht. In diesem Fall steht jedem von ihnen nach § 711 ein Widerspruchsrecht gegen die Maßnahmen der Mitgeschäftsführer zu. Beschränkt sich die Geschäftsführungsbefugnis schließlich auf *einen* Gesellschafter, so entscheidet er allein über Geschäftsführungsfragen. Der Gesellschaftsvertrag kann freilich auch in diesem Fall ungewöhnliche Geschäfte an die Zustimmung der Mitgesellschafter binden. – Zu den Möglichkeiten sonstiger Ausgestaltung der Geschäftsführung vgl. die Erläuterungen in § 709 RdNr. 16 ff. 6

[3] So für den Wegfall eines von zwei Gesamtvertretern BGHZ 41, 367, 368 f. = NJW 1964, 1624; wie hier auch *Soergel/Hadding* RdNr. 6.

III. Die Rechte der von der Geschäftsführung ausgeschlossenen Gesellschafter

7 Die Beschränkung der Geschäftsführungsbefugnis auf einen Teil der Gesellschafter hat zur Folge, dass die übrigen von der Geschäftsführung ausgeschlossen sind (RdNr. 1). Sie dürfen nicht selbst in Angelegenheiten der Gesellschaft tätig werden. Auch haben sie **kein Widerspruchsrecht** gegen Maßnahmen eines Geschäftsführers;[4] dieses ist nach § 711 den Mitgeschäftsführern vorbehalten.

8 Die sonstigen **Gesellschafterrechte,** darunter neben den Vermögensrechten (§ 705 RdNr. 197 f.) auch das *Kontrollrecht* (§ 716), das Recht auf *Rechnungslegung* (§ 721) und das *Stimmrecht,* stehen den von der Geschäftsführung ausgeschlossenen Gesellschaftern demgegenüber uneingeschränkt zu. Bei Vorliegen eines wichtigen Grundes können die Mitgesellschafter dem oder den Geschäftsführern auch die Geschäftsführungsbefugnis entziehen (§ 712). Bei der Liquidation der Gesellschaft geht nach § 730 Abs. 2 S. 2 die Geschäftsführungsbefugnis nach gesetzlicher Regel auf alle Gesellschafter, auch die davon bis zur Auflösung ausgeschlossenen, gemeinschaftlich über.

§ 711 Widerspruchsrecht

[1] Steht nach dem Gesellschaftsvertrag die Führung der Geschäfte allen oder mehreren Gesellschaftern in der Art zu, dass jeder allein zu handeln berechtigt ist, so kann jeder der Vornahme eines Geschäfts durch den anderen widersprechen. [2] Im Falle des Widerspruchs muss das Geschäft unterbleiben.

Übersicht

	RdNr.
I. Wesen und Funktion des Widerspruchsrechts	1–5
1. Normzweck und Systematik	1, 2
2. Unterrichtungspflicht	3
3. Dispositive Natur	4, 5
II. Voraussetzungen	6–8
1. Einzelgeschäftsführung	6
2. Gesamtgeschäftsführung	7
3. Notgeschäftsführung entsprechend § 744 Abs. 2	8
III. Geltendmachung und Rechtsfolgen	9–16
1. Die Ausübung des Widerspruchsrechts	9, 10
2. Der pflichtwidrige Widerspruch	11, 12
3. Wirkungen des Widerspruchs	13–15
4. Verspäteter Widerspruch	16

I. Wesen und Funktion des Widerspruchsrechts

1 **1. Normzweck und Systematik.** Das Widerspruchsrecht ist nach § 711 den geschäftsführenden Gesellschaftern vorbehalten. Es handelt sich um ein **Geschäftsführungsrecht,** das ähnlich wie das Zustimmungsrecht bei Gesamtgeschäftsführung dazu bestimmt ist, Mitsprache und gleichberechtigten Einfluss der Geschäftsführer auf die Leitung der Gesellschaft zu sichern.[1] Der Unterschied zur Gesamtgeschäftsführung liegt darin, dass das Modell der Einzelgeschäftsführung mit Widerspruchsrecht eine schnellere und **flexiblere Handlungsfähigkeit** der Geschäftsführung ermöglicht. Abweichend von § 709 ist dieses Modell daher für OHG und KG in § 115 HGB als gesetzliche Regel gewählt worden. Auf die meist ausführliche Kommentierung dieser Vorschrift[2] kann auch für das Widerspruchsrecht in der GbR verwiesen werden.

2 Aus dem Geschäftsführungscharakter des Widerspruchsrechts ergeben sich eine Reihe von **Folgerungen.** So gelten für die Ausübung des Widerspruchs die gleichen Anforderun-

[4] EinhM; vgl. RGZ 102, 410, 412; *Soergel/Hadding* RdNr. 5; *Erman/Westermann* RdNr. 1; RGRK/*von Gamm* RdNr. 2.

[1] So zutr. namentlich *Schmidt/Rimpler,* FS Knur, 1972, S. 235, 244.

[2] Vgl. insbes. *Schlegelberger/Martens* HGB § 115; *Staub/Ulmer* HGB § 115; *Hueck* OHG § 10 III.

gen aus der gesellschaftsrechtlichen Sorgfalts- und Treupflicht wie für sonstige Geschäftsführungsmaßnahmen.[3] Pflichtwidrig kann sowohl der willkürliche Widerspruch sein (RdNr. 11) als auch der Nichtwiderspruch gegen gesellschaftsschädigende Handlungen eines Mitgesellschafters (RdNr. 10). Soweit ein Gesellschafter wegen *Interessenkollision* von der Entscheidung über bestimmte Geschäftsführungsmaßnahmen ausgeschlossen ist (§ 709 RdNr. 65, 70), steht ihm auch kein Widerspruchsrecht zu. Er kann daher der Erhebung einer gegen ihn gerichteten Klage der Gesamthand nicht widersprechen.[4] Gleiches gilt für die Kündigung einer zwischen der Gesellschaft und ihm bestehenden Geschäftsverbindung;[5] sie darf freilich, um Wirksamkeit zu erlangen, weder ein ihm etwa eingeräumtes Sonderrecht verletzen noch sich aus sonstigen Gründen ihm gegenüber als treuwidrig erweisen. – Schließlich richtet sich das Widerspruchsrecht auch nur gegen *Geschäftsführungshandlungen* von Mitgesellschaftern.[6] Gegen deren Ausübung sonstiger Gesellschafterrechte wie namentlich der Informations- und Kontrollrechte (§ 716), aber auch der actio pro socio (§ 705 RdNr. 204), ist der Widerspruch nicht gegeben. Das Widerspruchsrecht kann aus wichtigem Grund entzogen werden (RdNr. 5).

2. Unterrichtungspflicht. Damit die grundsätzliche Mitsprachemöglichkeit der Mitgeschäftsführer im Rahmen des Widerspruchsrechts nicht nur auf dem Papier steht, ist der zum Handeln bereite Geschäftsführer verpflichtet, die Mitgeschäftsführer jedenfalls in solchen Fällen vorher zu unterrichten, in denen wegen der grundsätzlichen Bedeutung oder außergewöhnlichen Natur des betreffenden Geschäfts oder wegen des dem Handelnden bekannten Vorhandenseins unterschiedlicher Auffassungen in der Geschäftsführung über die Zweckmäßigkeit der Maßnahme damit zu rechnen ist, dass Mitgeschäftsführer von ihrem Widerspruchsrecht nach § 711 Gebrauch machen wollen.[7] Die Ausgestaltung der Geschäftsführung als Einzelbefugnis mit Widerspruchsrecht darf *nicht* zur *Überrumpelung der Mitgeschäftsführer* missbraucht werden.[8] Handelt ein Geschäftsführer unter Verletzung dieser Informationspflicht und ist der Widerspruch der anderen deshalb verspätet, so können sie nach § 249 im Rahmen des tatsächlich und rechtlich Möglichen **Rückgängigmachung** des betreffenden Geschäfts verlangen oder selbst die entsprechenden Gegenmaßnahmen treffen,[9] ohne dass der vorschnell Handelnde seinerseits hiergegen Widerspruch einlegen könnte (vgl. auch RdNr. 16). 3

3. Dispositive Natur. Die Regelung des § 711 ist insgesamt dispositiver Natur.[10] Ebenso wie die Gesellschafter frei sind, sich anstelle der Einzelgeschäftsführung für die Gesamtgeschäftsführung des § 709 zu entscheiden oder eine sonstige Ausgestaltung der Geschäftsführung zu vereinbaren (§ 709 RdNr. 16 ff.), können sie **Einzelgeschäftsführung** für zwei oder mehr Gesellschafter auch **ohne Widerspruchsrecht** vorsehen. Der Sache nach wird eine solche Regelung meist auf eine funktionell beschränkte Einzelgeschäftsführung (§ 709 4

[3] *Staub/Ulmer* HGB § 115 RdNr. 5 ff.; *Erman/Westermann* RdNr. 2; *Hueck* OHG § 10 III 5; *Gogos,* Die Geschäftsführung der OHG, 1953, S. 39; einschränkend unter Betonung der Privatautononmie der Gesellschafter; *Flume* I/1 § 15 II 2, S. 265 f. Für familienrechtliche Aspekte im Rahmen der Ausübungskontrolle *Weygand* AcP 158 (1959/60), 150, 163 ff.

[4] BGH NJW 1974, 1555, 1556.

[5] Vgl. *Staub/Ulmer* HGB § 115 RdNr. 11; ebenso *Schlegelberger/Martens* HGB § 115 RdNr. 10. AA anscheinend RGZ 81, 92, 94, das den Gesichtspunkt der Interessenkollision nicht erwähnt; so auch *Rob. Fischer* in Großkomm. zum HGB, 3. Aufl., § 115 Anm. 4 a aE.

[6] EinhM; vgl. *Soergel/Hadding* RdNr. 1; *Erman/Westermann* RdNr. 3; *Gogos* (Fn. 3) S. 43 f.

[7] So auch BGH WM 1971, 819 für Maßnahmen, „bei denen nach ihrer Bedeutung anzunehmen ist, dass der Mitgeschäftsführer auf eine vorherige Unterrichtung Wert legt". Die Unterrichtungspflicht betonen auch *Weidenbaum* ZHR 99 (1934), S. 35 ff.; *Staudinger/Keßler* RdNr. 1; *Erman/Westermann* RdNr. 2; *Soergel/Hadding* RdNr. 2; *Staub/Ulmer* HGB § 115 RdNr. 15; *Schlegelberger/Martens* HGB § 115 RdNr. 10; *Heymann/Emmerich* HGB § 115 RdNr. 8; *Hueck* OHG § 12, 1 (ganz hM); aA noch *Düringer/Hachenburg/Flechtheim* HGB § 115 Anm. 4; *Gogos* (Fn. 3). S. 45.

[8] Zu der auf entspr. Erwägungen beruhenden Behandlung des Widerspruchsrechts der Kommanditisten nach § 164 HGB als Zustimmungsrecht vgl. RGZ 158, 302, 307 und *Staub/Schilling* HGB § 164 RdNr. 2 m. weit. Nachw.

[9] BGH WM 1971, 819.

[10] EinhM; vgl. *Soergel/Hadding* RdNr. 9; *Erman/Westermann* RdNr. 1; *Staudinger/Keßler* RdNr. 15.

RdNr. 17) hinauslaufen. Möglich ist ferner eine Regelung im Gesellschaftsvertrag, wonach die Mitgeschäftsführer einen Widerspruch durch Mehrheitsbeschluss für unbeachtlich erklären können.[11] Denkbar, wenn auch nicht empfehlenswert, ist schließlich auch eine konkurrierende, auf eine Ressortabgrenzung verzichtende Einzelgeschäftsführung von zwei oder mehr Gesellschaftern ohne Widerspruchsrecht.

5 **Ausgeschlossen** ist wegen des Grundsatzes der Selbstorganschaft (§ 709 RdNr. 5, 20) die Übertragung des Widerspruchsrechts auf einen *Nichtgesellschafter.*[12] – Wird im Gesellschaftsvertrag ein Widerspruchsrecht für bestimmte – etwa *ungewöhnliche* – Geschäfte auch für solche Gesellschafter begründet, die von der laufenden Geschäftsführung ausgeschlossen sind, so wird es dadurch nicht etwa zum Individualrecht. Vielmehr liegt in dieser Vereinbarung die Einräumung einer, wenn auch auf bestimmte Geschäfte und auf ein bloßes **Vetorecht** beschränkten Geschäftsführungsbefugnis an diese Gesellschafter. Die allgemeinen Schranken für die Ausübung des Widerspruchs (RdNr. 2) gelten daher auch in diesem Fall. Als Geschäftsführungsrecht kann auch ein solches auf die Vetofunktion beschränktes Widerspruchsrecht nach § 712 Abs. 1 entzogen werden (§ 712 RdNr. 2).

II. Voraussetzungen

6 **1. Einzelgeschäftsführung.** Nach § 711 S. 1 setzt das Widerspruchsrecht voraus, dass **zwei oder mehr** Gesellschaftern je *Einzelgeschäftsführungsbefugnis* eingeräumt ist. In diesem Fall ist jeder Mitgeschäftsführer zum Widerspruch gegen die von einem der anderen beabsichtigten Geschäftsführungsmaßnahmen berechtigt. **Abweichendes** gilt dann, wenn die Einzelgeschäftsführung im Gesellschaftsvertrag als *Ressortaufteilung* zwischen den Geschäftsführern ausgestaltet (§ 709 RdNr. 17) oder das Widerspruchsrecht der Mitgeschäftsführer aus sonstigen Gründen ausdrücklich ausgeschlossen ist (RdNr. 4). Beschränkt sich die Einzelbefugnis auf einen bloßen *Teilbereich* der Geschäftsführung (§ 710 RdNr. 2), so besteht auch das Widerspruchsrecht nur in diesem Umfang.[13]

7 **2. Gesamtgeschäftsführung.** Über den Wortlaut des § 711 S. 1 hinaus kann ein Widerspruchsrecht grundsätzlich auch dann vereinbart werden, wenn die Geschäftsführung nach dem Gesellschaftsvertrag je zwei oder mehr Gesellschaftern gemeinschaftlich übertragen ist. Voraussetzung hierfür ist entsprechend der dem Zustimmungsvorbehalt vergleichbaren Funktion des Widerspruchs (RdNr. 1), dass die Geschäftsführung auf **zwei oder mehr Gruppen** von Geschäftsführern aufgeteilt ist, die je für sich handeln dürfen, sei es jeweils als Gesamtgeschäftsführungsgruppen, sei es in einem Mischsystem von Einzel- und Gesamtgeschäftsführung. Soweit das Widerspruchsrecht von Gesamtgeschäftsführern ausgeübt wird, setzt das ebenso wie bei sonstigen Geschäftsführungsmaßnahmen die Zustimmung aller zur Gesamtgeschäftsführung befugten Gesellschafter nach Maßgabe von § 709 voraus.[14] Die früher anzutreffenden abweichenden Ansichten,[15] die das Widerspruchsrecht jedem Gesamtgeschäftsführer persönlich geben wollten, sind heute überholt.

8 **3. Notgeschäftsführung entsprechend § 744 Abs. 2.** Zu ihren Voraussetzungen vgl. § 709 RdNr. 21. Das Recht hierzu besteht nach Maßgabe von § 744 Abs. 2 für *jeden Gesellschafter,* unabhängig davon, ob und inwieweit ihm Geschäftsführungsbefugnis eingeräumt ist. Es ist Folge seiner Gesellschafterstellung und berechtigt ihn, zur Abwendung akuter Gefahren tätig zu werden. Dementsprechend wird gegen Maßnahmen, die sich im

[11] Vgl. den Fall BGH WM 1988, 968, 969.

[12] So auch *Soergel/Hadding* RdNr. 1; *Erman/Westermann* RdNr. 1; *Staub/Ulmer* HGB § 115 RdNr. 26; aA BGH LM HGB § 109 Nr. 6 = NJW 1960, 936 f. = JZ 1960, 490 m. zust. Anm. *Hueck; Schlegelberger/Martens* HGB § 115 RdNr. 30; *Rob. Fischer* in Großkomm. zum HGB, 3. Aufl., § 115 Anm. 16; dazu vgl. auch § 717 RdNr. 7.

[13] *Hueck* OHG § 10 III 3, S. 127; *Schlegelberger/Martens* HGB § 115 RdNr. 3; *Staub/Ulmer* HGB § 115 RdNr. 25.

[14] *Soergel/Hadding* RdNr. 2; *Erman/Westermann* RdNr. 3; *Staub/Ulmer* HGB § 115 RdNr. 9; *Schlegelberger/Martens* HGB § 115 RdNr. 6; *Hueck* OHG § 10 III 3.

[15] *Düringer/Hachenburg/Flechtheim* HGB § 115 Anm. 3 und 9; RGRK/*Weipert* HGB, 2. Aufl., § 115 Anm. 4.

Rahmen von § 744 Abs. 2 halten, zu Recht **kein Widerspruchsrecht** der (Mit-)Geschäftsführer anerkannt.[16]

III. Geltendmachung und Rechtsfolgen

1. Die Ausübung des Widerspruchsrechts. Die Einlegung des Widerspruchs ist empfangsbedürftige, gegenüber dem handlungswilligen Geschäftsführer abzugebende **Willenserklärung.** Einer besonderen Form bedarf er nicht. Er kann sich auch konkludent aus einem entsprechenden, die Ablehnung erkennen lassenden Verhalten des Mitgeschäftsführers ergeben. Inhaltlich muss sich der Widerspruch gegen *bestimmte* Maßnahmen eines Geschäftsführers richten. Er kann eine *einzelne Handlung* betreffen, aber auch bestimmte *Pläne* oder bestimmte *Gattungen* von sich *wiederholenden Handlungen.*[17] Dieses weite Verständnis des Rechtsinstituts ist mit Rücksicht auf die vorbeugende Natur des Widerspruchsrechts und seine Funktion als Zustimmungsäquivalent erforderlich. Seine Grenze findet es, abgesehen vom willkürlichen und daher pflichtwidrigen Widerspruch (RdNr. 11), in einem Vorgehen, das auf den Entzug der Geschäftsführungsbefugnis nach § 712 Abs. 1 hinausläuft. Der Widerspruch darf daher weder so weit gehen, die Geschäftsführungstätigkeit eines Mitgeschäftsführers zu blockieren, noch darf er in seiner Wirkung einer – dem Beschluss aller Mitgesellschafter vorbehaltenen – Entziehung der Geschäftsführungsbefugnis aus wichtigem Grund gleichkommen.[18] Zur Frage einer Begründungspflicht für den Widerspruch vgl. § 709 RdNr. 44 und unten RdNr. 12. Ein Widerspruch gegen den Widerspruch ist mit Rücksicht auf dessen Vetofunktion ausgeschlossen.[19] 9

Als Geschäftsführungsrecht (RdNr. 1) gelten für die Ausübung des Widerspruchsrechts die gleichen Grundsätze wie für sonstige Geschäftsführungsmaßnahmen. Der Widersprechende muss sich, wenn er von dem Recht Gebrauch macht, von den **Interessen der Gesellschaft** leiten lassen, wobei ihm freilich ein weiter Ermessensspielraum verbleibt.[20] Die Orientierung am Gesellschaftsinteresse gilt nicht nur für die Frage, unter welchen Voraussetzungen ein Widerspruch *pflichtwidrig* und daher unbeachtlich ist (RdNr. 11). Vielmehr kann das Interesse der Gesellschaft im Einzelfall auch eine *Pflicht zum Widerspruch* begründen,[21] wenn etwa der Gesellschafter von einer bevorstehenden, für die Gesellschaft offensichtlich nachteiligen Maßnahme eines Mitgeschäftsführers erfährt oder von diesem hierüber unterrichtet wird. Der Sorgfaltsmaßstab des Widerspruchsberechtigten richtet sich ebenso wie bei sonstigen Geschäftsführungshandlungen nach § 708. 10

2. Der pflichtwidrige Widerspruch. Dass der Widerspruch im Einzelfall pflichtwidrig sein kann, folgt bereits aus dem allgemeinen, in der GbR angesichts der gesellschaftsrechtlichen Treupflicht verstärkt zu beachtenden Missbrauchsvorbehalt des § 242. Schwierig ist allerdings die Grenzziehung zwischen einem noch zulässigen und dem die Treupflicht verletzenden Widerspruch. Mit der Rechtsprechung[22] wird man einen Widerspruch jedenfalls dann als unbeachtlich anzusehen haben, wenn er **willkürlich und unter offensichtlichem Verstoß gegen die Treupflicht** erklärt wird. Zwar ist es grundsätzlich nicht Sache der Gerichte, die Zweckmäßigkeit des Widerspruchs nachzuprüfen[23] und auf diesem Wege 11

[16] *Hueck* OHG § 10 III 6; *Gogos* (Fn. 3) S. 10 ff., 39 ff.; *Schmidt/Rimpler* (Fn. 1) S. 246; *Soergel/Hadding* RdNr. 3; *Staub/Ulmer* HGB § 115 RdNr. 38; zweifelnd *Erman/Westermann* RdNr. 3.

[17] Vgl. dazu namentlich *Staudinger/Keßler* RdNr. 8; *Soergel/Hadding* RdNr. 3; *Staub/Ulmer* HGB § 115 RdNr. 13; *Hueck* OHG § 10 III 2; zu weitgehend RGZ 84, 136, 139, wonach erst der praktische Ausschluss der Geschäftsführungsbefugnis die Grenze des zulässigen Widerspruchs bildet. AA *Schlegelberger/Martens* HGB § 115 RdNr. 7 (kein Widerspruch gegen Gattung von Handlungen, weil diese situationsgebunden beurteilt werden müssten).

[18] Vgl. RGZ 84, 136, 139.

[19] So auch *Staudinger/Keßler* RdNr. 7; *Soergel/Hadding* RdNr. 3.

[20] BGH NJW 1986, 844; WM 1988, 968, 970; *Soergel/Hadding* RdNr. 7; *Staub/Ulmer* HGB § 115 RdNr. 6. Vgl. auch RdNr. 2 sowie § 709 RdNr. 42.

[21] *Soergel/Hadding* RdNr. 8; *Staudinger/Keßler* RdNr. 13; *Staub/Ulmer* HGB § 115 RdNr. 7 ff.

[22] BGH NJW 1986, 844; WM 1988, 968, 970; vgl. auch schon RGZ 158, 302, 310 und 163, 35, 39 (jeweils obiter).

[23] BGH (Fn. 22); RGZ 109, 56, 59; *Flume* I/1 § 15 II 2, S. 267.

eine Entscheidung in umstrittenen Sachfragen der Geschäftsführung zu treffen; die Anerkennung eines Ermessensspielraums auch für den Widersprechenden wird vom BGH zu Recht betont.[24] Anderes gilt jedoch für den Vorwurf, der Widerspruch diene nicht dem Gesellschaftsinteresse, sondern der Wahrung individueller Belange.[25] Da der Widerspruch eine Geschäftsführungsmaßnahme ist, darf der Widersprechende eigene Interessen damit nur verfolgen, wenn dadurch die Belange der Gesellschaft nicht tangiert werden (§ 705 RdNr. 226); anderenfalls kann er sich nicht auf sein Geschäftsführungsermessen berufen. Für die *Prüfung der Pflichtwidrigkeit* ist namentlich auch von Bedeutung, ob der Widerspruch mit sonstigen im Rahmen der Mitgliedschaft zu beachtenden Grundsätzen in Konflikt gerät, etwa mit dem Wettbewerbsverbot zu Lasten des Widersprechenden oder mit dem Gleichbehandlungsgrundsatz. Pflichtwidrig und damit unbeachtlich ist der Widerspruch auch in den Fällen, in denen der dissentierende Gesellschafter bei Gesamtgeschäftsführungsbefugnis zur Zustimmung verpflichtet wäre.[26]

12 Die **Vermutung für** einen willkürlichen oder offensichtlich **sachfremden Widerspruch** ist umso stärker, je häufiger oder wahlloser ein Mitgeschäftsführer von seinem Widerspruchsrecht Gebrauch macht.[27] Ein Missbrauch liegt namentlich vor, wenn ein Geschäftsführer sein Widerspruchsrecht bei Streit zwischen den Gesellschaftern dazu benutzt, die Geschäftsführungstätigkeit zu blockieren oder auf diesem Wege sachfremde eigene Interessen, etwa das Verlangen nach einer Vertragsänderung, durchzusetzen. Erweckt das Vorgehen eines Gesellschafters den Anschein eines solchen willkürlichen oder sachfremden Widerspruchs und lehnt der Widersprechende es auch ab, Sachgründe für die jeweilige Ablehnung der Maßnahmen von Mitgeschäftsführern anzuführen, so kann diesen, wenn sie sich über den Widerspruch hinwegsetzen, selbst dann kein Vorwurf gemacht werden, wenn sich in einem späteren Rechtsstreit die Berechtigung des Widerspruchs herausstellen sollte.[28]

13 **3. Wirkungen des Widerspruchs.** Im **Innenverhältnis** hat der Widerspruch nach § 711 S. 2 zur Folge, dass das beabsichtigte Geschäft unterbleiben muss. Die grundsätzlich bestehende Einzelgeschäftsführungsbefugnis des Handlungswilligen wird also für die betreffende Einzelmaßnahme oder Art von Geschäften (RdNr. 9) durch den Widerspruch ausgeschlossen. Setzt der Mitgeschäftsführer sich unter Verletzung der eigenüblichen Sorgfalt (§ 708 RdNr. 8 ff.) über den Widerspruch hinweg und kann er sich auch nicht auf § 744 Abs. 2 berufen (RdNr. 8), so haftet er als Geschäftsführer ohne Auftrag nach § 678. Anderes gilt bei Pflichtwidrigkeit des Widerspruchs (RdNr. 11).

14 *Umstritten* sind die **Außenwirkungen** des Widerspruchs, dh. dessen Bedeutung für den Umfang der – nach § 714 im Zweifel der Geschäftsführungsbefugnis entsprechenden – Vertretungsmacht. Nach hM wird die *Vertretungsmacht* durch den wirksam erklärten Widerspruch *nicht berührt.*[29] Dritten könne der Widerspruch nur nach den Grundsätzen über den Vollmachtsmissbrauch[30] entgegengesetzt werden.

15 **Stellungnahme.** Den Kritikern der in RdNr. 14 dargelegten überwiegenden Ansicht[31] ist einzuräumen, dass die Verweisung des BGH auf die in §§ 712, 715 geregelten, besonde-

[24] BGH NJW 1986, 844; WM 1988, 968, 970 (Treuwidrigkeit jew. verneint): der Widerspruch sei erst dann unbeachtlich, wenn der Gesellschafter wegen seines Handelns aus eigennützigen Motiven gegen das Gesellschaftsinteresse verstoße.

[25] So BGH LM HGB § 105 Nr. 11 = BB 1956, 92 und die Nachw. in Fn. 24. Vgl. auch *Staub/Ulmer* HGB § 115 RdNr. 7.

[26] Dazu vgl. § 709 RdNr. 42 ff.; zum funktionellen Zusammenhang zwischen Gesamtgeschäftsführung und Widerspruchsrecht bei Einzelgeschäftsführung vgl. auch RdNr. 1.

[27] Anhaltende Streitigkeiten unter den Geschäftsführern reichen als solche nach BGH NJW 1986, 844 allerdings nicht aus, um darauf die Vermutung zu stützen.

[28] Zur Anwendung des § 708 bei Überschreitung der Geschäftsführungsbefugnis vgl. auch § 708 RdNr. 8 ff.; zur Begründungspflicht des Widersprechenden § 709 RdNr. 44.

[29] So BGHZ 16, 394, 398 f. = NJW 1955, 825; *Soergel/Hadding* RdNr. 6; *Staudinger/Keßler* RdNr. 4; *Erman/Westermann* RdNr. 5; *Palandt/Sprau* RdNr. 1. Für den Widerspruch nach § 115 HGB folgt das bereits aus § 126 Abs. 2; vgl. *Staub/Ulmer* HGB § 115 RdNr. 22, *Schlegelberger/Martens* HGB § 115 RdNr. 21.

[30] Dazu vgl. näher § 164 RdNr. 106 ff.

[31] *Baur* JZ 1955, 609; *Schmidt/Rimpler* (Fn. 1) insbes. S. 247 ff.; *Flume* I/1 § 15 II 4, S. 270 ff.

ren Entziehungsvoraussetzungen als Begründung für die fehlende Außenwirkung nicht trägt. Denn diese Vorschriften schließen es nicht aus, dass bezüglich *einzelner* Maßnahmen die Geschäftsführungsbefugnis abweichend von § 712 Abs. 1 durch bloßen Widerspruch eines Mitgeschäftsführers beseitigt werden kann.[32] Gleichwohl ist der überwiegenden Meinung im Ergebnis zu folgen. Der Dritte muss sich auf die aus Gesetz (§ 714) oder Gesellschaftsvertrag ersichtliche Vertretungsmacht verlassen können. Auf Auseinandersetzungen zwischen den Gesellschaftern über die Durchführung bestimmter Maßnahmen sowie über die in Fällen dieser Art meist umstrittene Beachtlichkeit des Widerspruchs braucht er grundsätzlich selbst dann keine Rücksicht zu nehmen, wenn sie ihm zur Kenntnis kommen. Daher scheidet auch eine Anwendung von § 173[33] aus; ihr stünde auch entgegen, dass die organschaftliche Vertretungsmacht in der GbR anders als die rechtsgeschäftliche Vollmacht (§ 168) nicht zur beliebigen Disposition der Mitgeschäftsführer steht. Der Geschäftsführer bleibt daher trotz des Widerspruchs vertretungsberechtigt; Schranken findet sein Außenhandeln nur nach den Grundsätzen über den Vollmachtsmissbrauch.

4. Verspäteter Widerspruch. Er ist **grundsätzlich unbeachtlich** und gibt dem Wi- 16
dersprechenden namentlich nicht das Recht, vom Mitgeschäftsführer das Rückgängigmachen der Maßnahme zu verlangen.[34] Auch die Vornahme des Gegengeschäfts durch den Widersprechenden selbst würde regelmäßig eine Verletzung von dessen Geschäftsführungsbefugnis darstellen, da ihm die ablehnende Haltung des zuerst Handelnden bekannt ist und er sich deshalb nicht auf das Fehlen eines ausdrücklichen Widerspruchs berufen könnte. Eine **Ausnahme** von der Unbeachtlichkeit des verspäteten Widerspruchs gilt in den Fällen, in denen die Verspätung darauf beruht, dass der Handelnde seiner Unterrichtungspflicht nicht genügt hat: hier kommt neben dem Verlangen nach Rückgängigmachen auch ein darauf gerichtetes eigenes Handeln des Widersprechenden in Betracht (RdNr. 3).

§ 712 Entziehung und Kündigung der Geschäftsführung

(1) Die einem Gesellschafter durch den Gesellschaftsvertrag übertragene Befugnis zur Geschäftsführung kann ihm durch einstimmigen Beschluss oder, falls nach dem Gesellschaftsvertrag die Mehrheit der Stimmen entscheidet, durch Mehrheitsbeschluss der übrigen Gesellschafter entzogen werden, wenn ein wichtiger Grund vorliegt; ein solcher Grund ist insbesondere grobe Pflichtverletzung oder Unfähigkeit zur ordnungsmäßigen Geschäftsführung.

(2) Der Gesellschafter kann auch seinerseits die Geschäftsführung kündigen, wenn ein wichtiger Grund vorliegt; die für den Auftrag geltende Vorschrift des § 671 Abs. 2, 3 findet entsprechende Anwendung.

Übersicht

	RdNr.
A. Die Entziehung (Abs. 1)	1–23
I. Anwendungsbereich	1–8
1. Übertragene Geschäftsführung	1–3
2. Gesamtgeschäftsführung nach § 709	4–6
3. Innengesellschaft	7, 8
II. Voraussetzungen	9–18
1. Wichtiger Grund	9–11
2. Beschluss der Mitgesellschafter	12–15
3. Gegenstand des Entziehungsbeschlusses	16, 17
4. Gerichtliche Nachprüfung	18
III. Rechtsfolgen	19–21
IV. Abweichende Vereinbarungen	22, 23
B. Die Kündigung (Abs. 2)	24–30

[32] So zu Recht namentlich *Schmidt/Rimpler* (Fn. 1) S. 241 ff.

[33] So aber *Flume* (Fn. 31); im Ergebnis auch RGZ 81, 92, 94. Wie hier *Soergel/Hadding* RdNr. 6; *Schlegelberger/Martens* HGB § 115 RdNr. 21.

[34] *Soergel/Hadding* RdNr. 2; *Erman/Westermann* RdNr. 5; *Staub/Ulmer* HGB § 115 RdNr. 19; *Hueck* OHG § 10 III 4, S. 129 f.; aA noch *Düringer/Hachenburg/Flechtheim* HGB § 115 Anm. 4; *Weidenbaum* ZHR 99 (1934), 35, 41 f.

	RdNr.
I. Anwendungsbereich und Voraussetzungen	24–28
1. Allgemeines	24, 25
2. Kündigung der Gesamtgeschäftsführungsbefugnis nach § 709?	26, 27
3. Kündigungserklärung und -frist	28
II. Rechtsfolgen	29
III. Abweichende Vereinbarungen	30

A. Die Entziehung (Abs. 1)

I. Anwendungsbereich

1 **1. Übertragene Geschäftsführung.** Die Vorschrift des § 712 Abs. 1 beschränkt ihrem Wortlaut nach die Entziehungsmöglichkeit auf diejenigen Fälle, in denen die Befugnis zur Geschäftsführung dem betroffenen Gesellschafter durch den Gesellschaftsvertrag „übertragen" worden ist. Voraussetzung für die Entziehung ist nach dem Wortlaut der Norm somit, dass die Geschäftsführungsbefugnis im Gesellschaftsvertrag abweichend von § 709 ausgestaltet ist.[1] Hierunter fällt nicht nur die ausdrückliche Übertragung auf bestimmte Gesellschafter, sondern auch der Ausschluss eines Teils der Gesellschafter von der Geschäftsführung (vgl. § 710 RdNr. 3) sowie die Einräumung von Einzelgeschäftsführung nach § 711, sei es an alle oder einen Teil der Gesellschafter. – Zur Möglichkeit der Entziehung der Gesamtgeschäftsführungsbefugnis iS von § 709 Abs. 1 vgl. RdNr. 4 ff.

2 Auf **Art** und **Inhalt der Geschäftsführungsbefugnis** kommt es für die Anwendbarkeit von § 712 Abs. 1 nicht an. Die Entziehungsmöglichkeit besteht bei Übertragung sowohl von Gesamt- wie von Einzelgeschäftsführungsbefugnis. Sie erstreckt sich auch auf Fälle eingeschränkter Geschäftsführung bis hin zum bloßen Widerspruchsrecht.[2] Wohl aber sind Art und Inhalt der Geschäftsführungsbefugnis bei *Prüfung des wichtigen Grundes* zu berücksichtigen. Je eingeschränkter die Befugnis ausgestaltet ist und je geringere Gefahren der Gesellschaft von ihrer unsachgemäßen Ausübung drohen, desto höhere Anforderungen sind an die Bejahung des wichtigen Grundes zu stellen (vgl. auch RdNr. 10).

3 **Unanwendbar** ist § 712 Abs. 1 in denjenigen Fällen, in denen die Geschäftsführung einem *Nichtgesellschafter* „übertragen", dh. zur Ausübung überlassen ist.[3] Die Ausgestaltung des Entziehungsrechts in § 712 Abs. 1 entspricht der mitgliedschaftlichen Natur der Geschäftsführungsbefugnis (§ 709 RdNr. 3) und der mit ihrer Entziehung verbundenen Vertragsänderung. Diese Merkmale liegen bei der Betrauung eines Dritten mit Geschäftsführungsaufgaben nicht vor. Unabhängig von der Auflösbarkeit des Dienst- oder Auftragsverhältnisses mit dem Dritten bleiben die Gesellschafter als Geschäftsherren jederzeit berechtigt, die Geschäftsführungsbefugnis wieder an sich zu ziehen, soweit nicht Besonderheiten der Gesellschaftsstruktur wie bei der Publikums-GbR entgegenstehen (vgl. dazu § 709 RdNr. 6). Für den Widerruf der Vertretungsmacht des Dritten gilt § 168.

4 **2. Gesamtgeschäftsführung nach § 709.** In Übereinstimmung mit dem Wortlaut der Vorschrift (RdNr. 1) soll die *Entziehungsbefugnis* des **§ 712 Abs. 1** nach früher hM **nicht eingreifen,** wenn die einem Gesellschafter „gesetzlich" zustehende Gesamtgeschäftsführungsbefugnis in Frage steht.[4] Dem entspricht das von der überwiegenden Meinung befürwortete „Wiederaufleben" der Gesamtgeschäftsführungsbefugnis aller – auch der von der Entziehung betroffenen – Gesellschafter (§ 709) als Rechtsfolge jeder wirksamen Entziehung übertragener Geschäftsführung (vgl. näher RdNr. 20). Konsequenz dieser Ansicht ist es, dass störendem, für die Mitgesellschafter unzumutbarem Verhalten (etwa: grundsätzliche

[1] Darauf abstellend *Staudinger/Keßler* RdNr. 2; RGRK/*von Gamm* RdNr. 1; *Rob. Fischer* in Großkomm. zum HGB § 117 Anm. 2; tendenziell auch *Erman/Westermann* RdNr. 1; Gegenansichten vgl. in Fn. 6.

[2] *Hueck* OHG § 10 VII 2 S. 146; *Erman/Westermann* RdNr. 1; vgl. auch § 711 RdNr. 2.

[3] BGHZ 36, 292, 294 = NJW 1962, 738; *Hueck* OHG § 10 VII 2; *Soergel/Hadding* RdNr. 1; vgl. auch § 709 RdNr. 5 f., 20.

[4] Vgl. Nachw. in Fn. 1.

Verweigerung der Zustimmung) eines Gesamtgeschäftsführers nicht mit dem milderen Mittel der Entziehung[5] begegnet werden kann, sondern nur mit demjenigen der *Kündigung der Gesellschaft* aus wichtigem Grunde *oder* – falls der Gesellschaftsvertrag eine Fortsetzungsklausel enthält – mit der **Ausschließung** des störenden Gesellschafters (§ 737).

Stellungnahme. Die **wenig sachgerechten Folgen,** zu denen die Verneinung der Entziehungsmöglichkeit gegenüber der Gesamtgeschäftsführungsbefugnis nach § 709 Abs. 1 durch die hM führt, geben Anlass, nach den Gründen für die im Anschluss an Wortlaut und Entstehungsgeschichte des § 712 Abs. 1 vertretene Differenzierung zwischen „übertragener" und „gesetzlicher" Geschäftsführungsbefugnis zu fragen. Wie nicht zuletzt der Vergleich mit der abweichenden Gestaltung in §§ 115, 117 HGB zeigt, ging der Gesetzgeber bei Ausgestaltung des Rechts der GbR von einem wenig gefestigten, dem Typus der Gelegenheitsgesellschaft (Vor § 705 RdNr. 86) entsprechenden Zusammenschluss mit gemeinsamem Tätigwerden aller Gesellschafter aus. Aus der Sicht dieses „Leitbilds" mag die regelmäßige Auflösung der Gesellschaft als Folge schwerwiegender Störungen im Zusammenwirken aller Beteiligten als die geeignete Rechtsfolge erschienen sein. Sie ist es aber nicht mehr, wenn man die Fortentwicklung zu einer weitgehend verselbständigten, über eine dauerhafte Organisation verfügenden Einheit oder „Gruppe" berücksichtigt, die die GbR sowohl in rechtstatsächlicher Hinsicht als auch in der rechtlichen Beurteilung (§ 705 RdNr. 155 ff.) seither erfahren hat. Diese Fortentwicklung hat dazu geführt, dass die (Außen-)GbR heute rechtlich weitgehend den Personenhandelsgesellschaften angenähert ist. Sie wird wie diese als rechtsfähig angesehen (§ 705 RdNr. 303 ff.). Ebenso wie im Handelsrecht haben auch die Geschäftsführer der GbR die Stellung von Organen, und zwar sowohl im Fall übertragener Geschäftsführung als auch bei gemeinschaftlicher Befugnis nach § 709 Abs. 1 (§ 705 RdNr. 257, § 709 RdNr. 4 f., § 714 RdNr. 16 f.). 5

Angesichts dieser Entwicklung erweist sich die Beschränkung der Entziehungsbefugnis in § 712 Abs. 1 auf die übertragene im Unterschied zur „gesetzlichen" (freilich gleichwohl auf vertraglicher Grundlage beruhenden) Geschäftsführung als **überholt.** Sachliche Gesichtspunkte für die in § 712 Abs. 1 abweichend von § 117 HGB getroffene Differenzierung sind nicht ersichtlich. Vielmehr bedarf es, um im Falle von Gesamtgeschäftsführung die unerwünschte Folge vorzeitiger Auflösung der Gesellschaft oder einer den störenden Geschäftsführer ungleich härter treffenden Ausschließung nach Maßgabe von § 737 zu vermeiden, einer erweiternden Anwendung von § 712. Über den Wortlaut von Abs. 1 hinaus ist die *Entziehungsmöglichkeit bei Vorliegen eines wichtigen Grundes daher auch gegenüber einem Gesellschafter mit Gesamtgeschäftsführungsbefugnis nach § 709 Abs. 1 zuzulassen.*[6] Sie ist auch sachgerechter als die von anderer Seite[7] für derartige Fälle empfohlene Klage gegen widersprechende Gesellschafter auf treupflichtbedingte Zustimmung zur Vertragsänderung. 6

3. Innengesellschaft. Bei Innengesellschaften **iwS,** die durch das Vorhandensein von Gesamthandsvermögen und gesellschaftlicher Organisation bei gesellschaftsvertraglichem Verzicht auf eine Beteiligung am Rechtsverkehr mit Dritten gekennzeichnet sind (§ 705 RdNr. 279 f., 284), bestehen gegen die Anwendbarkeit von § 712 Abs. 1 keine Bedenken. Abgesehen von der fehlenden Vertretungsmacht der Geschäftsführer unterscheiden sie sich nicht grundlegend von der Außengesellschaft als gesetzlichem Regeltyp der GbR. Es bewendet daher bei den Vorschriften der §§ 709 bis 713, soweit der Vertrag keine Abweichungen enthält.[8] 7

[5] Zum Verhältnis zwischen Entziehung, Ausschluss und Auflösung vgl. *Ulmer* in Großkomm. zum HGB, 3. Aufl., § 133 Anm. 41, § 140 Anm. 18 m. weit. Nachw. Zur Situation in der Publikumsgesellschaft vgl. *Reichert/Winter* BB 1988, 981, 987.

[6] So jetzt auch *Baumbach/Hopt* HGB § 117 RdNr. 3; *Schlegelberger/Martens* HGB § 117 RdNr. 1; tendenziell auch *Soergel/Hadding* RdNr. 1; aA aber wieder *Link,* Die Amtsniederlegung durch Gesellschaftsorgane, 2003, S. 99 f.

[7] *Erman/Westermann* RdNr. 2.

[8] So zutr. *Düringer/Hachenburg/Geiler* HGB II/1 Allg. Einl. Anm. 320; *H. P. Westermann* Vertragsfreiheit S. 197, 199 und *Steckhan* Innengesellschaft S. 69 bis 71. Vgl. auch § 705 RdNr. 284. Nicht eindeutig wegen fehlender Unterscheidung nach der Art der Innengesellschaft *Soergel/Hadding* Vor § 705 RdNr. 30 und *Staudinger/Keßler* Vor § 705 RdNr. 96.

8 **Anderes** gilt bei der auf rein schuldrechtliche Innenbeziehungen reduzierten, durch das Fehlen von Gesamthandsvermögen gekennzeichneten **Innengesellschaft ieS** (§ 705 RdNr. 285). Wie das Beispiel der *stillen Gesellschaft* als wichtigster Fall der Innengesellschaft ieS zeigt, wird hier gewöhnlich nur einer der Beteiligten, der Hauptgesellschafter, nach außen tätig; er ist regelmäßig auch Inhaber des der gemeinsamen Zweckverfolgung dienenden Vermögens. Für eine Entziehung seiner Geschäftsführungsbefugnis ist hier schon deshalb kein Raum, weil dadurch die Grundstruktur des vertraglichen Zusammenschlusses verändert würde.[9] Den Mitgesellschaftern bleibt nur die Möglichkeit der Kündigung der Gesellschaft, wenn die Belassung der Geschäftsführung beim Hauptgesellschafter für sie unzumutbar geworden ist.

II. Voraussetzungen

9 **1. Wichtiger Grund.** Materiellrechtlich entscheidende Voraussetzung für die Entziehung der Geschäftsführungsbefugnis ist das Vorliegen eines wichtigen Grundes, dh. von Umständen, die die Belassung der Geschäftsführungsbefugnis und der damit verbundenen **Mitspracherechte des Störers** für die Mitgesellschafter **unzumutbar** machen.[10] Da die Geschäftsführungsbefugnis als Pflichtrecht der Förderung des gemeinsamen Zwecks zu dienen hat (§ 709 RdNr. 3), beurteilt sich auch das Gewicht der jeweils in Frage stehenden Umstände danach, welche Bedeutung ihnen für die Verfolgung dieses Zwecks zukommt. Die beiden in Abs. 1 aE genannten Fälle, grobe Pflichtverletzung oder Unfähigkeit zur ordnungsmäßigen Geschäftsführung, enthalten Hauptbeispiele eines wichtigen Grundes. Das zuletzt genannte Beispiel macht zugleich deutlich, dass je nach Lage des Falles ein **Verschulden** des Geschäftsführers **keine notwendige Voraussetzung** der Entziehung ist. Die grobe Pflichtverletzung muss zwar grds. verschuldet sein, um die Entziehung zu rechtfertigen.[11] In sonstigen Fällen genügt es, das Verschulden des Störers bei der Gewichtung des Grundes zu beachten.[12]

10 Das Vorliegen eines wichtigen Grundes lässt sich nur auf Grund einer **Gesamtbetrachtung** aller Umstände des Einzelfalls beurteilen. Das gilt auch für die ihrerseits ausfüllungsbedürftigen Beispiele eines wichtigen Grundes in § 712 Abs. 1[13] sowie für das sittenwidrige oder arglistige Verhalten eines Geschäftsführers.[14] Neben den in RdNr. 9 genannten Gesichtspunkten sind dabei namentlich auch Art und Inhalt der zu entziehenden Geschäftsführungsbefugnis zu berücksichtigen (RdNr. 2). Mit dieser Maßgabe kann auch die Rechtsprechung zu §§ 117, 127 HGB herangezogen werden, soweit es um die Ausfüllung des unbestimmten Rechtsbegriffs wichtiger Grund in § 712 Abs. 1 geht.[15] Blockiert ein Gesellschafter durch nachhaltige Verweigerung der Zustimmung oder dauernden Widerspruch die Tätigkeit der Mitgeschäftsführer aus offensichtlich sachfremden Motiven, so ist ein wichtiger Grund im Zweifel zu bejahen.[16] Das Gleiche gilt für das hartnäckige Ignorieren der Mitwirkungsrechte anderer Gesellschafter.[17] Dagegen reicht Vertrauensentzug seitens der Mitgesellschafter nicht ohne weiteres aus;[18] hier sind weiter

[9] HM, vgl. *H. P. Westermann* Vertragsfreiheit S. 196 ff. und *Erman/Westermann* RdNr. 2 sowie für die stille Gesellschaft *Staudinger/Keßler* RdNr. 14; *Staub/Zutt* HGB § 230 RdNr. 93; *Koenigs,* Die stille Gesellschaft, S. 154 (anders zutr. *ders.* S. 158 für die Entziehung einer dem Stillen übertragenen Geschäftsführung; dem folgend auch *Staub/Zutt* HGB § 230 RdNr. 95).

[10] Vgl. etwa *Soergel/Hadding* RdNr. 2; *Staudinger/Keßler* RdNr. 3, jew. mit Hinweisen zur Kasuistik; Beispiele zur Publikums-Gesellschaft bei *Reichert/Winter* BB 1988, 981, 988.

[11] BGH NJW 1984, 173 (grds. keine Entziehung bei entschuldbarem Irrtum); *Soergel/Hadding* RdNr. 2; *Schlegelberger/Martens* HGB § 117 RdNr. 17.

[12] BGH LM HGB § 140 Nr. 2 = BB 1952, 649; *Ulmer* in Großkomm. zum HGB, 3. Aufl., § 140 Anm. 9; *Erman/Westermann* RdNr. 3.

[13] Vgl. *Staub/Ulmer* HGB § 117 RdNr. 32 f., 36; *Schlegelberger/Martens* HGB § 117 RdNr. 20; *Soergel/Hadding* RdNr. 2; aA *Staudinger/Keßler* RdNr. 3.

[14] AA RG JW 1935, 696 und RGRK/*von Gamm* RdNr. 1.

[15] Vgl. dazu *Staub/Ulmer* HGB § 117 RdNr. 31 ff. und *Schlegelberger/Martens* HGB § 117 RdNr. 15 ff. m. weit. Nachw.; einschränkend aber *Staudinger/Keßler* RdNr. 3 und RGRK/*von Gamm* RdNr. 2.

[16] BGH LM § 709 Nr. 7 = NJW 1972, 862.

[17] BGH NJW 1984, 173.

[18] *Staudinger/Keßler* RdNr. 3. Anders jedoch bei Publikumsgesellschaften, so zutr. *Reichert/Winter* BB 1988, 981, 988.

die Art der Geschäftsführungsbefugnis und die Gründe für den Vertrauensentzug zu berücksichtigen.

Geht es – wie namentlich bei Spannungen in Zweipersonengesellschaften – um **beiderseits veranlasste Unverträglichkeiten** in der Geschäftsführung, so ist es nicht sachgerecht, die Entziehung davon abhängig zu machen, welcher der beiden Gesellschafter sich gegenüber dem anderen Teil als erster auf § 712 Abs. 1 beruft (RdNr. 13) oder eine entsprechende Feststellungsklage erhebt. Vielmehr sind die Gesellschafter in derartigen Fällen auf den Weg der Kündigung aus wichtigem Grund zu verweisen, soweit nicht das störende Verhalten eines der Geschäftsführer deutlich überwiegt. 11

2. Beschluss der Mitgesellschafter. Neben dem wichtigen Grund setzt die Entziehung weiter einen Beschluss der Mitgesellschafter voraus. Er hat nicht nur formale Bedeutung, sondern sorgt mit Rücksicht auf die vertragsändernde Natur der Entziehung (§ 709 RdNr. 3) und die sich aus der Entziehung ergebenden Folgerungen für die Ausgestaltung der Geschäftsführung (RdNr. 20) für das **Einverständnis der Mitgesellschafter** mit dieser Änderung. Eine Aberkennung der Geschäftsführungsbefugnis im Wege der Verwirkung und ohne Einverständniserklärung der Mitgesellschafter[19] ist mit dieser Funktion des Beschlusses nicht vereinbar. 12

Der Beschluss bedarf grundsätzlich der **Einstimmigkeit** der Mitgesellschafter. Anderes gilt dann, wenn der Gesellschaftsvertrag entweder hierfür oder allgemein für Vertragsänderungen **Mehrheitsentscheidungen** zulässt (§ 709 RdNr. 81 f., 84 ff.). Bei Publikumsgesellschaften ist die Kompetenz der Mehrheit zur Entscheidung über die Entziehung sogar zwingend.[20] Die vertragliche Organisation der Geschäftsführung nach dem Mehrheitsprinzip iS von § 709 Abs. 2 reicht als Grundlage für eine Mehrheitsentscheidung nicht aus, da sie sich nicht auf Vertragsänderungen bezieht.[21] Der betroffene Gesellschafter selbst hat nach ausdrücklicher Vorschrift des Abs. 1 mit Rücksicht auf die Interessenkollision kein Stimmrecht. Erklärt er sich seinerseits mit der Maßnahme einverstanden, so handelt es sich nicht um eine (einseitige) Entziehung, sondern um einen der Parteidisposition überlassenen, nicht von besonderen Voraussetzungen abhängigen Fall einvernehmlicher Vertragsänderung. 13

In der **Zweipersonengesellschaft** tritt an die Stelle der Beschlussfassung die einseitige *Erklärung des Mitgesellschafters.*[22] Sie wird ebenso wie der Beschluss in der mehrgliedrigen Gesellschaft erst wirksam, wenn sie dem betroffenen Gesellschafter zugeht. 14

Gesellschafter, die an der Entziehung nicht mitwirken wollen, können von den übrigen **auf Zustimmung verklagt** werden.[23] Zur Verurteilung genügt freilich nicht der Nachweis eines wichtigen Grundes für die Entziehung. Vielmehr muss dem Beklagten die Mitwirkung auch *zumutbar* sein.[24] Dabei ist neben engen Beziehungen zu dem von der Entziehung bedrohten Gesellschafter vor allem auch zu berücksichtigen, welche Folgen sich aus der Entziehung für die eigene Geschäftsführertätigkeit der Beklagten ergeben (RdNr. 20). Die *Anforderungen* an die Zustimmungspflicht sind im Fall von § 712 Abs. 1 freilich regelmäßig weniger hoch anzusetzen als bei sonstigen Vertragsänderungen. Mit Rücksicht auf den Inhalt der begehrten Änderung hat sich die Entscheidung primär am 15

[19] So BGH LM § 709 Nr. 7 = NJW 1972, 862, 864; vgl. dazu auch § 709 RdNr. 43.

[20] BGHZ 102, 172, 178 f. = NJW 1988, 969. Dazu näher *Reichert/Winter* BB 1988, 981, 986.

[21] Ebenso *Erman/Westermann* RdNr. 4; *Soergel/Hadding* RdNr. 3. AA zu Unrecht *Staudinger/Keßler* RdNr. 4, aber auch *Flume* I/1 § 15 III, S. 273 f. (vgl. dazu Fn. 25).

[22] RGZ 162, 78, 83; *Soergel/Hadding* RdNr. 3; *Staudinger/Keßler* RdNr. 4.

[23] Vgl. BGHZ 64, 253, 257 f. = NJW 1975, 1410 und 68, 81, 82 = NJW 1977, 1013 (für die Mitwirkung an einer Ausschließungsklage nach § 140 HGB); speziell zur Zustimmungspflicht im Rahmen von § 712 Abs. 1: RGZ 162, 388, 397; BGH NJW 1984, 173, 174; *Soergel/Hadding* RdNr. 3; *Erman/Westermann* RdNr. 4; *Schlegelberger/Martens* HGB § 117 RdNr. 25 f.; *Flume* I/1 § 15 III, S. 273 ff. sowie § 705 RdNr. 226, 234.

[24] Vgl. zu diesem Merkmal und seiner Bedeutung bei Klagen auf Zustimmung zu Vertragsänderungen § 705 RdNr. 232 sowie *Ulmer* in Großkomm. zum HGB, 3. Aufl., § 140 Anm. 34 (für die Ausschließungsklage). Auf die Zweckverfolgungspflicht der Gesellschafter abstellend *Zöllner,* Anpassung von Personengesellschaftsverträgen, S. 42.

Gesellschaftsinteresse zu orientieren und nicht am Individualinteresse der einzelnen Gesellschafter.[25]

16 **3. Gegenstand des Entziehungsbeschlusses.** Der Beschluss nach § 712 Abs. 1 betrifft die Entziehung der **Geschäftsführungsbefugnis.** Hiervon unterscheidet das Gesetz die in § 715 geregelte, von entsprechenden Voraussetzungen abhängige Entziehung der **Vertretungsmacht.** Letztere ist nach § 715 nur zusammen mit der gleichzeitigen Entziehung der dem betroffenen Gesellschafter zustehenden Geschäftsführungsbefugnis zulässig. Demgegenüber kann nach § 712 Abs. 1 die Geschäftsführungsbefugnis auch isoliert entzogen und die Vertretungsmacht gleichwohl belassen werden.[26] Dem steht auch § 714 nicht entgegen, da er nur eine Auslegungsregel enthält. Zu vermuten ist ein solches auf die Geschäftsführung beschränktes Vorgehen freilich schon deshalb nicht, weil die Beteiligten am Fortbestehen einer isolierten Vertretungsmacht des betroffenen Gesellschafters nur selten interessiert sein dürften. Auch soweit der Beschluss nur auf Entziehung der Geschäftsführungsbefugnis lautet, ist er daher im Zweifel dahin auszulegen, dass er sich *auch auf die Vertretungsmacht erstrecken* soll.

17 Eine **Beschränkung der Geschäftsführungsbefugnis** an Stelle ihrer Entziehung *ist im Rahmen von § 712 Abs. 1 nicht möglich,* soweit der Gesellschaftsvertrag nicht Abweichendes bestimmt.[27] Für das Gestaltungsurteil nach § 117 HGB wird die Möglichkeit einer Teilentziehung (Beschränkung) heute ganz überwiegend anerkannt.[28] Auf den Entziehungsbeschluss lässt sich diese Ansicht nicht übertragen, weil den Mitgesellschaftern anderenfalls die Möglichkeit einseitiger Vertragsgestaltung über die in § 712 Abs. 1 vorgesehene Rechtsfolge hinaus eröffnet würde. Das aber würde dem für Vertragsänderungen geltenden Einstimmigkeitsgrundsatz widersprechen. Eine Ausnahme kommt nur dann in Betracht, wenn der Gesellschaftsvertrag dem betroffenen Gesellschafter verschiedenartige, je selbstständig für sich bestehende Arten der Geschäftsführungsbefugnis eingeräumt hat (etwa Einzelgeschäftsführung in bestimmten laufenden Angelegenheiten, Widerspruchsrecht bei außergewöhnlichen Geschäften) und der wichtige Grund nur für einen Teil dieser Befugnisse zu bejahen ist.[29] Dem von der Entziehung bedrohten Gesellschafter bleibt es freilich unbenommen, von sich aus in eine für die Mitgesellschafter akzeptable Beschränkung einzuwilligen, um dem völligen Ausschluss von der Geschäftsführung zuvorzukommen. Die gegen eine Teilentziehung bestehenden Bedenken stehen einer *befristeten* Entziehung in Einschränkung von § 712 Abs. 1 nicht entgegen.

18 **4. Gerichtliche Nachprüfung.** Der Entziehungsbeschluss unterliegt wie jede Streitigkeit zwischen Gesellschaftern gerichtlicher Kontrolle. Anders als bei den Handelsgesellschaften (§§ 117, 127 HGB) erfolgt sie nicht im Wege der Gestaltungs-, sondern der **Feststellungsklage.** Klagebefugt ist nach Maßgabe von § 256 ZPO jeder Gesellschafter, auch der von der Entziehung betroffene. Die Darlegungs- und Beweislast für das Vorliegen des wichtigen Grundes und für das Zustandekommen des Gesellschafterbeschlusses trägt derjenige, der sich auf die Wirksamkeit der Entziehung beruft.

[25] Vgl. § 705 RdNr. 226, 234. Zu weit geht allerdings die Ansicht von *Flume* (Fn. 21), der aus dem Inhalt des Beschlusses unzutreffend auf dessen Rechtsnatur als „außerordentliche" Geschäftsführungsmaßnahme schließt.

[26] So auch *Soergel/Hadding* RdNr. 4. AA *Staudinger/Keßler* § 715 RdNr. 3; RGRK/*von Gamm* § 715 RdNr. 1, jeweils unter Berufung auf einen Umkehrschluss zu § 715, obwohl dieser zum gegenteiligen Ergebnis führt.

[27] RG WarnR 1913 Nr. 51; *Soergel/Hadding* RdNr. 4; RGRK/*von Gamm* RdNr. 3. Abw. *Erman/Westermann* RdNr. 7 (Pflicht zur Vertragsänderung bei wichtigem Grund).

[28] Vgl. *Staub/Ulmer* HGB § 117 RdNr. 15ff.; *Schlegelberger/Martens* HGB § 117 RdNr. 9; *Baumbach/Hopt* § 117 RdNr. 5; so auch BGHZ 51, 198, 203 = NJW 1969, 507; BGH WM 1977, 500, 502; NJW 1984, 173f.; auch schon RG JW 1935, 696; OGHZ 1, 33, 39; aA aber *Rob. Fischer* in Großkomm. zum HGB, 3. Aufl., § 117 Anm. 26; *Lukes* JR 1960, 41ff.

[29] Vgl. die zutr. Differenzierung bei *Lukes* JR 1960, 41.

III. Rechtsfolgen

Die Rechtsfolgen der Entziehung treten, sofern die Voraussetzungen des § 712 Abs. 1 gegeben sind, mit der **Bekanntgabe des Beschlusses** an den betroffenen Gesellschafter ein. Ist dieser bei der Beschlussfassung nicht anwesend, so gilt § 130. Eine gerichtliche Entscheidung (RdNr. 18) hat nur feststellende Wirkung. 19

Inhaltlich geht die Rechtsfolge entgegen der wohl überwiegenden Meinung[30] *nicht ohne weiteres* auf Ersetzung der vertraglichen Regelung durch die *Gesamtgeschäftsführung nach § 709 Abs. 1.* Zum Eingreifen von § 709 kommt es im Falle **übertragener Geschäftsführung** (RdNr. 1) vielmehr nur dann, wenn infolge der Entziehung die Vertragsgestaltung außer Kraft gesetzt ist, also beim Entzug gegenüber dem einzigen Geschäftsführer[31] oder gegenüber einem von zwei Gesamtgeschäftsführern.[32] Ist im Gesellschaftsvertrag demgegenüber die Geschäftsführung auch anderen Gesellschaftern übertragen, ohne dass diese an die Mitwirkung des Betroffenen gebunden sind, so bleibt deren Befugnis mangels abweichender Vereinbarung unberührt; für ein Eingreifen der dispositiven Gesamtgeschäftsführung nach § 709 ist kein Raum.[33] Ist Gegenstand der Entziehung andererseits die **Gesamtgeschäftsführungsbefugnis** eines der Beteiligten nach § 709 (RdNr. 5), so führt das notwendig zu deren Beschränkung auf die übrigen Gesellschafter. Die Rechtslage entspricht hier dem Fall, dass der Betroffene nach § 710 von der Geschäftsführung ausgeschlossen worden ist. 20

Ist im Gesellschaftsvertrag eine besondere **Geschäftsführervergütung** vorgesehen, so entfällt sie für die Zeit nach dem Wirksamwerden des Entziehungsbeschlusses.[34] Fehlt eine derartige Vereinbarung, etwa weil zunächst alle Gesellschafter an der Geschäftsführung beteiligt waren, so kann sich infolge der Entziehung die Notwendigkeit ergeben, zu einer Anpassung der Gewinnverteilungsabrede zu kommen. Vgl. Näheres in § 709 RdNr. 34, 36. 21

IV. Abweichende Vereinbarungen

Die Vorschrift des § 712 Abs. 1 enthält in vollem Umfang **dispositives Recht.**[35] Der Gesellschaftsvertrag kann die Entziehung *erleichtern,* indem er etwa bestimmte Umstände ohne Rücksicht auf ihr Gewicht als wichtigen Grund bezeichnet oder auf das Erfordernis eines wichtigen Grundes ganz verzichtet.[36] Im letztgenannten Fall sind im Hinblick auf den mit der Entziehung der Geschäftsführungsbefugnis verbundenen Eingriff in den Kernbereich der Mitgliedschaft die besonderen Anforderungen an die vertragliche Konkretisierung der Eingriffsbefugnis zu beachten (§ 709 RdNr. 91). Der Gesellschaftsvertrag kann auch Regelungen über die Beschlussmehrheiten und das Verfahren bei der Entziehung treffen. Ebenso kann er andererseits die Entziehung *erschweren,* indem er nur bestimmte, besonders schwerwiegende Umstände als wichtigen Grund gelten lässt. 22

[30] OLG München DRZ 1950, 280; *Soergel/Hadding* RdNr. 4; *Staudinger/Keßler* RdNr. 5; RGRK/*von Gamm* RdNr. 4; *Palandt/Sprau* RdNr. 2. Gegenansichten vgl. in Fn. 33.

[31] RGZ 162, 78, 83; *Flume* I/1 § 10 II S. 135.

[32] BGHZ 33, 105, 108 = NJW 1960, 1997; BGHZ 41, 367, 368 = NJW 1964, 1624 (abw. jedoch bezüglich der Vertretungsmacht des einzigen von der Entziehung nicht betroffenen Komplementärs einer KG); BGHZ 51, 198, 201 = NJW 1969, 507; *Staudinger/Keßler* RdNr. 5; *Flume* (Fn. 31); *Link* (Fn. 6) S. 109; *Hueck* OHG § 10 VII 9 S. 154 m. weit. Nachw. zu § 117 HGB.

[33] Ebenso *Erman/Westermann* RdNr. 8; *Link* (Fn. 6) S. 109; wohl auch *Flume* I/1 § 10 II.

[34] So auch *Erman/Westermann* RdNr. 8.

[35] Str., wie hier *Soergel/Hadding* RdNr. 5; *Erman/Westermann* RdNr. 9; anders etwa *Staudinger/Keßler* RdNr. 6 (grundsätzlich zwingendes Recht). Vgl. auch die Nachw. in Fn. 37, 38.

[36] So auch BGH LM HGB § 119 Nr. 9 = NJW 1973, 651 für die einseitige „Herabstufung" eines Komplementärs zum Kommanditisten; *Schlegelberger/Martens* HGB § 117 RdNr. 53. Zu Recht einschränkend (nur bei Vorliegen ganz besonderer Umstände) für den – anders gelagerten – Fall eines Ausschließungsrechts ohne wichtigen Grund BGHZ 68, 212, 215 = NJW 1977, 1292; BGHZ 81, 263, 266 ff. = NJW 1981, 2565; BGHZ 105, 213, 217 = NJW 1989, 834; BGHZ 107, 351, 356 = NJW 1989, 2681; vgl. dazu näher § 737 RdNr. 17 ff.

23 Entgegen einer namentlich früher verbreiteten Ansicht[37] ist auch der **Ausschluss des Entziehungsrechts** zulässig. Die Mitgesellschafter werden dadurch nicht der Willkür des oder der Geschäftsführer ausgeliefert, da ihnen in jedem Fall das Recht zur Kündigung aus wichtigem Grund, im Rahmen von § 737 auch das Ausschließungsrecht verbleibt.[38]

B. Die Kündigung (Abs. 2)

I. Anwendungsbereich und Voraussetzungen

24 **1. Allgemeines.** Der mit der Geschäftsführungsbefugnis verbundenen **Tätigkeitspflicht** (§ 709 RdNr. 29) entspricht das Recht der einzelnen Gesellschafter, die Pflicht zur Geschäftsführung auch ihrerseits aus wichtigem Grund zu kündigen.[39] Der Geschäftsführer wird dadurch vor der Notwendigkeit bewahrt, bei Unzumutbarkeit weiterer Tätigkeit in der Gesellschaft diese selbst nach § 723 kündigen und dadurch zur Auflösung bringen zu müssen. Insofern unterscheidet sich das Kündigungsrecht des § 712 Abs. 2 namentlich auch von den Regelungen über die Kündigung von Dienst- und Geschäftsbesorgungsverträgen aus wichtigem Grund in § 626 BGB oder in § 89 a HGB, die jeweils zur Beendigung des Vertragsverhältnisses führen. Folge der Kündigung der Geschäftsführung kann es freilich sein, dass nunmehr ein Mitgesellschafter von sich aus den Gesellschaftsvertrag aus wichtigem Grund kündigt, wenn sich etwa die Folgen der Niederlegung der Geschäftsführung durch den Kündigenden (RdNr. 29) für ihn als unzumutbar erweisen.

25 Voraussetzung für die Kündigung ist das Vorliegen eines **wichtigen Grundes** aufseiten des Kündigenden, dh. von Umständen, die die Fortführung der Geschäfte in der vereinbarten Art *für ihn unzumutbar* machen. Welche Anforderungen an den wichtigen Grund zu stellen sind, hängt ebenso wie im Fall der Entziehung (RdNr. 9) von einer Gesamtbeurteilung aller Umstände des Einzelfalls ab. Darauf, dass der Kündigende aus von ihm nicht zu vertretenden Umständen verhindert ist, die Geschäfte zu führen, kommt es nicht an, da in einem derartigen Fall die Geschäftsführungspflicht auch ohne Kündigung ruht (§ 709 RdNr. 31).

26 **2. Kündigung der Gesamtgeschäftsführungsbefugnis nach § 709?** Ebenso wie die Entziehung (RdNr. 1) wurde auch das Recht zur Kündigung von der früher **hM** auf die **übertragene Geschäftsführungsbefugnis** beschränkt.[40] § 712 Abs. 2 stellt im Unterschied zu Abs. 1 hierauf zwar nicht ausdrücklich ab, doch entspricht die Gleichbehandlung beider Fälle dem systematischen Zusammenhang der Regelungen in § 712. Demgegenüber lässt die hM im Recht der OHG eine Kündigung auch der „gesetzlichen" Geschäftsführerstellung zu, da es sich hier abweichend von § 709 um Einzelgeschäftsführung handele, die meist mit erheblichen Belastungen für die Geschäftsführer verbunden sei.[41]

27 Aus den oben (RdNr. 5 f.) genannten Gründen ist der früher hM auch im Rahmen von § 712 Abs. 2 hinsichtlich der **Differenzierung** zwischen übertragener und dispositiver

[37] RG JW 1935, 696; *Staudinger/Keßler* RdNr. 6; RGRK/*von Gamm* RdNr. 1.

[38] Ebenso *Soergel/Hadding* RdNr. 6; *Erman/Westermann* RdNr. 9; für den Ausschluss von § 117 HGB *Staub/Ulmer* HGB § 117 RdNr. 10; *Schlegelberger/Martens* HGB § 117 RdNr. 51; *Hueck* OHG § 10 VII 11 a, S. 157; *Gogos,* Die Geschäftsführung der OHG, 1953, S. 67.

[39] Ebenso *K. Schmidt* DB 1988, 2241, 2243 unter zutr. Betonung des Umstands, dass die Kündigung den Sinn hat, den Gesellschafter von der *Verpflichtung* zur Geschäftsführung zu befreien. Wegen deren Charakter als Pflichtrecht erstreckt sie sich entgegen *K. Schmidt* aaO freilich auch auf die Geschäftsführungs*befugnis;* wie hier auch *Link* (Fn. 6) S. 103.

[40] *Soergel/Hadding* RdNr. 7; *Erman/Westermann* RdNr. 10; *Staudinger/Keßler* RdNr. 8; RGRK/*von Gamm* RdNr. 5.

[41] *Staub/Ulmer* HGB § 117 RdNr. 81; *Hueck* OHG § 10 VII 12, S. 159; *Schlegelberger/Martens* HGB § 117 RdNr. 57; *Baumbach/Hopt* HGB § 114 RdNr. 19; *Gogos* (Fn. 38) S. 69 f.

Geschäftsführung in der GbR **nicht zu folgen.**[42] Der Umstand, dass die übertragene Geschäftsführung in der GbR oder die Einzelgeschäftsführung in der OHG häufig belastender sein wird als die Gesamtgeschäftsführung nach § 709, steht nicht entgegen. Ihm ist vielmehr bei Prüfung des wichtigen Grundes (RdNr. 25) Rechnung zu tragen. Das mag dazu führen, dass die Voraussetzungen des § 712 Abs. 2 bei Gesamtgeschäftsführung nach § 709 nur selten vorliegen. Es ist jedoch kein Grund, die vom Gesetzgeber eröffnete Möglichkeit, sich an Stelle einer Kündigung der Gesellschaft auf die Kündigung der Geschäftsführung zu beschränken, bei Vorliegen eines wichtigen Grundes nicht auch einem Gesamtgeschäftsführer iS von § 709 zugute kommen zu lassen.

3. Kündigungserklärung und -frist. Die Kündigung ist als empfangsbedürftige, auf Änderung des Gesellschaftsvertrags gerichtete Willenserklärung **allen Mitgesellschaftern gegenüber** zu erklären.[43] Sie bedarf zu ihrer Wirksamkeit zwar nicht der Einhaltung einer Kündigungsfrist. Wohl aber muss der Kündigende nach § 712 Abs. 2 iVm. § 671 Abs. 2 den Mitgesellschaftern Gelegenheit geben, sich rechtzeitig auf die veränderten Umstände einzustellen. Eine **Kündigung zur Unzeit** ist wirksam;[44] jedoch hat der Kündigende der Gesellschaft den ihr hieraus entstehenden Schaden zu ersetzen (§ 671 Abs. 2 S. 2). Anderes gilt nach § 671 Abs. 2 S. 1 aE nur dann, wenn auch das fristlose, zur Unzeit erfolgende Vorgehen durch den wichtigen Grund gedeckt ist. 28

II. Rechtsfolgen

Es gelten uneingeschränkt die oben (RdNr. 20 f.) für den **Fall der Entziehung** genannten Rechtsfolgen.[45] Gesamtgeschäftsführung nach § 709 als Folge der Kündigung tritt nur dann ein, wenn die vertragliche Regelung der Geschäftsführung durch die Kündigung hinfällig geworden ist. Anderes gilt, wenn die übertragene Geschäftsführung bei anderen Gesellschaftern fortbesteht oder wenn die Kündigung von einem der Gesamtgeschäftsführer iS von § 709 erklärt wird. Wird infolge der Kündigung Gesamtgeschäftsführung auch für Gesellschafter begründet, die bisher von der Geschäftsführung freigestellt waren, so können diese sich bei Unzumutbarkeit ihrerseits entweder auf § 712 Abs. 2 berufen oder die Gesellschaft aus wichtigem Grund kündigen. Zu den Folgen für Geschäftsführervergütung und Gewinnverteilung vgl. RdNr. 21. 29

III. Abweichende Vereinbarungen

Auch § 712 Abs. 2 ist im Grundsatz **dispositiv;** insbesondere kann die Kündigung unter erleichterten Bedingungen zugelassen werden (RdNr. 22). Eine **Grenze** für die Vertragsgestaltung ergibt sich jedoch aus der Verweisung auf **§ 671 Abs. 3.** Danach kann im Voraus auf das Recht zur Kündigung aus wichtigem Grund nicht wirksam verzichtet werden (vgl. 3. Aufl. § 671 RdNr. 14). 30

§ 713 Rechte und Pflichten der geschäftsführenden Gesellschafter

Die Rechte und Verpflichtungen der geschäftsführenden Gesellschafter bestimmen sich nach den für den Auftrag geltenden Vorschriften der §§ 664 bis 670, soweit sich nicht aus dem Gesellschaftsverhältnis ein anderes ergibt.

[42] So jetzt auch *K. Schmidt* DB 1988, 2241, 2243; *Schlegelberger/Martens* HGB § 117 RdNr. 57; *Baumbach/Hopt* HGB § 114 RdNr. 19; aA *Link* (Fn. 6) S. 99 f.

[43] *Staudinger/Keßler* RdNr. 10; *Soergel/Hadding* RdNr. 7; *Erman/Westermann* RdNr. 12; *Hueck* OHG § 10 VII 12, S. 160.

[44] HM, vgl. 3. Aufl. § 671 RdNr. 13 *(Seiler)* m. Nachw.; aA *Baumbach/Hopt* HGB § 114 RdNr. 19; *Link* (Fn. 6) S. 105 ff.; *van Venrooy* JZ 1981, 53, 57.

[45] AA *K. Schmidt* DB 1988, 2241, 2243 f., der das Erlöschen der Geschäftsführungsbefugnis zwar als regelmäßige, nicht aber als zwingende Folge einer Kündigung der Geschäftsführungspflicht ansieht.

Übersicht

	RdNr.
I. Normzweck und Anwendungsbereich	1–5
1. Die Rechtsstellung der Geschäftsführer	1–4
a) Grundlagen	1, 2
b) Folgerungen	3, 4
2. Auftragstätigkeit von Gesellschaftern	5
II. Die entsprechend anwendbaren Auftragsvorschriften	6–17
1. Ausschluss der Substitution (§ 664)	6
2. Weisungsbindung (§ 665)?	7
3. Auskunfts- und Rechenschaftspflicht (§ 666)	8–11
a) Sozialanspruch	8
b) Auskunft	9
c) Rechenschaft	10, 11
4. Herausgabepflicht (§§ 667, 668)	12–14
5. Aufwendungsersatz und Vorschuss (§§ 669, 670)	15–17
III. Unanwendbare Auftragsvorschriften	18, 19

I. Normzweck und Anwendungsbereich

1 **1. Die Rechtsstellung der Geschäftsführer. a) Grundlagen.** Die Geschäftsführungsbefugnis der Gesellschafter ist **Ausfluss ihrer Mitgliedschaft** (§ 709 RdNr. 3). Sie unterscheidet sich dadurch grundsätzlich von der Stellung eines durch zweiseitige schuldrechtliche Abrede (§ 662) beauftragten Dritten. Das gilt auch im Falle „übertragener", dh. auf einen Teil der Gesellschafter beschränkter Geschäftsführungsbefugnis (§ 710 RdNr. 3) sowie im Falle sonstigen befugten Tätigwerdens von Gesellschaftern in Gesellschaftsangelegenheiten; der Begriff „geschäftsführender Gesellschafter" in § 713 ist in einem weiten Sinn zu verstehen.[1]

2 Eine unmittelbare Anwendung von Auftragsrecht auf das Verhältnis zwischen Geschäftsführer und Gesamthand ist aus den in RdNr. 1 genannten Gründen ausgeschlossen. Demgegenüber ordnet § 713 zwar die **entsprechende Anwendung der §§ 664 bis 670** an, stellt sie aber unter den steht unter dem *Vorbehalt,* dass sich nicht aus dem *Gesellschaftsverhältnis* ein anderes ergibt. Solche Abweichungen kommen einerseits kraft ausdrücklicher oder stillschweigender Vereinbarung im Gesellschaftsvertrag in Betracht; wie die übrigen Geschäftsführungsvorschriften ist auch § 713 dispositiver Natur. Andererseits steht auch die mitgliedschaftliche Struktur des Geschäftsführungsrechts der Anwendung bestimmter Auftragsgrundsätze entgegen (zur Weisungsbindung vgl. etwa RdNr. 7).

3 **b) Folgerungen.** Wegen der Einzelheiten der Rechtsstellung der Gesellschafter-Geschäftsführer vgl. namentlich § 709 RdNr. 26 ff. (Recht auf und Pflicht zur Geschäftsführung, Geschäftsführervergütung u. a.). Die dort genannten Grundsätze gehen dem Auftragsrecht vor. Das gilt auch für die in § 708 geregelte, auf die Verletzung der Sorgfalt in eigenen Angelegenheiten beschränkte Haftung der Geschäftsführer anstelle des für Beauftragte geltenden Sorgfaltsmaßstabs des § 276. Zur Rechtslage eines Geschäftsführers bei Überschreitung seiner Befugnis vgl. § 708 RdNr. 8 ff.

4 Ist die Geschäftsführung einem **Nichtgesellschafter** zur Ausübung überlassen (§ 709 RdNr. 20), so handelt es sich regelmäßig um ein Geschäftsbesorgungsverhältnis. Insoweit greift Auftragsrecht uneingeschränkt bereits nach § 675 ein. Die Verweisungsvorschrift des § 713 findet keine Anwendung.

5 **2. Auftragstätigkeit von Gesellschaftern.** Denkbar ist, dass Gesellschafter sich im Einzelfall nicht auf Grund ihrer Mitgliedstellung, sondern *im Rahmen eines Drittgeschäfts* mit der Gesellschaft (Sonderauftrag, § 709 RdNr. 37) dazu verpflichten, für diese bestimmte Geschäfte zu führen oder in deren Interesse tätig zu werden. Insoweit handelt es sich um eine von der Geschäftsführung zu unterscheidende Geschäftsbesorgungstätigkeit, für die wie bei Nichtgesellschaftern Auftragsrecht nach §§ 662 ff., 675 grundsätzlich uneingeschränkt zum Zuge kommt. Das Haftungsprivileg des § 708 greift in derartigen Fällen nur ein, wenn

[1] Vgl. dazu *Staub/Ulmer* HGB § 110 RdNr. 34.

sich dessen Ausdehnung auf diese Tätigkeit abweichend von der gesetzlichen Regel kraft Vertragsauslegung ergibt (vgl. § 708 RdNr. 6).[2]

II. Die entsprechend anwendbaren Auftragsvorschriften

1. Ausschluss der Substitution (§ 664). Die **Unübertragbarkeit** der Geschäftsführungsbefugnis folgt unabhängig von §§ 713, 664 bereits aus ihrer mitgliedschaftlichen Natur (§ 709 RdNr. 29). Bedeutung hat die Verweisung auf § 664 daher nur, soweit es darum geht, im Falle einer nach dem Gesellschaftsvertrag gestatteten Überlassung der Geschäftsführung zur Ausübung durch einen Dritten die Haftung des Geschäftsführers auf **Auswahlverschulden** zu beschränken.[3] In Fällen schuldhaft unerlaubter Substitution haftet der Geschäftsführer demgegenüber nach Maßgabe von § 708 für den vom Substituten verursachten Schaden. Hiervon abgesehen kommt eine Haftung der Geschäftsführer wegen Verschuldens von **Erfüllungsgehilfen** nur in denjenigen Fällen in Betracht, in denen diese nicht als Angestellte der Gesellschaft (Gesamthand) tätig werden, sondern Aufgaben erfüllen, deren Wahrnehmung nach dem Gesellschaftsvertrag den Geschäftsführern selbst vorbehalten sein sollte (§ 708 RdNr. 17). 6

2. Weisungsbindung (§ 665)? Die Vorschrift des § 665 beruht auf der regelmäßigen Weisungsbindung des Beauftragten.[4] Auf den Geschäftsführer ist sie grundsätzlich **unanwendbar,** weil sie sich nicht mit dessen eigenverantwortlicher, auf der Mitgliedschaft beruhender Stellung verträgt.[5] **Ausnahmen** bestehen nur insoweit, als entweder infolge der Gestaltung der Geschäftsführung nach dem Mehrheitsprinzip (§ 709 Abs. 2) überstimmte Gesellschafter an die Mehrheitsentscheidung gebunden und je nach Lage des Falles zu deren Ausführung verpflichtet sind (§ 709 RdNr. 49) oder der Gesellschaftsvertrag in den Grenzen von § 138 Geschäftsführer den Weisungen der Gesellschafterversammlung unterwirft.[6] Ist in derartigen Fällen eine Weisungsbindung ausnahmsweise gegeben, so richten sich die *Grenzen der Weisungsbindung* und die Verhaltenspflichten des Geschäftsführers im Falle ihrer Nichtbefolgung nach § 665. 7

3. Auskunfts- und Rechenschaftspflicht (§ 666). a) Sozialanspruch. Die Informationsrechte der **einzelnen** Gesellschafter und ihr Anspruch auf Rechenschaft nach Auflösung der Gesellschaft oder Geschäftsjahresende sind abweichend von § 713 in §§ 716, 721 geregelt. Demgegenüber steht der in §§ 713, 666 gewährte Auskunfts- und Rechenschaftsanspruch gegenüber den Geschäftsführern als kollektives Recht der **Gesamtheit** der übrigen Gesellschafter zu.[7] Da er sich von den Rechten aus §§ 716, 721 auch in sachlichen Voraussetzungen und Umfang unterscheidet, hat er ihnen gegenüber selbstständige Bedeutung.[8] Folgerichtig kann der Anspruch aus § 666 daher grundsätzlich auch im Rahmen der *actio pro socio* (§ 705 RdNr. 204) von einzelnen Gesellschaftern zu Gunsten der Gesamthand geltend gemacht werden.[9] Allerdings kommt dem Subsidiaritätseinwand (§ 705 RdNr. 210) inso- 8

[2] Generell bejahend wegen des Zusammenhangs mit dem Gesellschaftsverhältnis aber *Staudinger/Keßler* RdNr. 1.

[3] *Soergel/Hadding* RdNr. 5; *Erman/Westermann* RdNr. 2; vgl. auch § 709 RdNr. 29.

[4] Dazu 3. Aufl. § 665 RdNr. 14 und *Erman/Ehmann* § 665 RdNr. 11 f.

[5] Ganz hM; vgl. *Soergel/Hadding* RdNr. 6; *Erman/Westermann* RdNr. 2; *Palandt/Sprau* RdNr. 3; *Staub/Ulmer* HGB § 114 RdNr. 19; *Hueck* OHG § 10 V 3, S. 138 f.; *U. Huber* ZGR 1982, 544 f.; *Schlegelberger/Martens* HGB § 114 RdNr. 18; *Baumbach/Hopt* § 114 RdNr. 9.

[6] Der teilweise (RGRK/*von Gamm* RdNr. 2) weiter erwähnte Ausnahmefall, dass Weisungen bei Übertragung der Geschäftsführung erteilt werden, hat daneben keine selbständige Bedeutung, da eine nicht schon im Gesellschaftsvertrag geregelte „Übertragung" dessen nachträgliche Änderung voraussetzt, soweit sie sich nicht auf eine rein intern wirkende Geschäftsaufteilung beschränkt (§ 709 RdNr. 16).

[7] Dazu näher *K. Schmidt,* Informationsrechte in Gesellschaften und Verbänden, 1984, S. 18 f., 28 f.; so auch *Soergel/Hadding* RdNr. 7; *Erman/Westermann* RdNr. 3; relativierend mit Blick auf die actio pro socio *U. Huber* ZGR 1982, 539, 546 ff.

[8] RGZ 148, 278, 279; *Soergel/Hadding* RdNr. 7; *Erman/Westermann* RdNr. 3; *Staudinger/Keßler* RdNr. 8. Anders für das OHG-Recht *Hueck* OHG § 12, 5.

[9] RGZ 91, 34, 36; *Staudinger/Keßler* RdNr. 8; *Erman/Westermann* RdNr. 3. *U. Huber* ZGR 1982, 539, 546 ff.; BGH NJW 1992, 1890, 1892 mit der unzutr. Begründung, auf diesem Wege könnten nur

weit besondere Bedeutung zu. Es kann nicht Zweck der Berufung auf § 666 sein, sich ohne Sachgrund über die aus §§ 716, 721 folgenden Schranken der Informationsrechte hinwegzusetzen.[10]

9 **b) Auskunft.** Die Auskunftspflicht der Geschäftsführer besteht während der ganzen Dauer der Geschäftsführungstätigkeit und nicht nur zu bestimmten Stichtagen. Im Unterschied zu § 716 beschränkt sie sich nicht darauf, den Mitgesellschaftern Einsicht in die Geschäftsunterlagen zu ermöglichen, sondern verpflichtet die Geschäftsführer zu eigener Informationstätigkeit. Im Einzelnen unterscheidet § 666 dabei zwischen der nicht von einer entsprechenden Anfrage abhängigen Pflicht, die erforderlichen *Nachrichten* zu erteilen, und der nur auf Verlangen zu erteilenden *Information über den Stand des Geschäfts.*[11] Adressat der zu erteilenden Nachrichten und Auskünfte ist die Gesellschaftergesamtheit. Ihr kann die Information entweder auf schriftlichem Wege oder im Rahmen einer Gesellschafterversammlung erteilt werden. Für die in § 260 vorgesehene Pflicht, bei Auskünften über einen Inbegriff von Gegenständen ein Bestandsverzeichnis vorzulegen, besteht wegen der Rechnungslegungspflicht nach § 721 allerdings im Zweifel kein Bedürfnis. Auch im Übrigen darf das Auskunftsverlangen, zumal wenn es von einzelnen Gesellschaftern ausgeht, nicht überspannt werden. Primäres Informationsmittel der nicht an der Geschäftsführung beteiligten Gesellschafter sind die individuellen Einsichts- und Kontrollrechte des § 716.

10 **c) Rechenschaft.** Zur Rechenschaft ist der Beauftragte nach § 666 erst verpflichtet, nachdem der Auftrag durchgeführt ist. Übertragen auf die Geschäftsführer der GbR bedeutet das, dass entweder die Gesellschaft aufgelöst oder die Geschäftsführungstätigkeit einzelner Gesellschafter aus sonstigen Gründen beendet sein muss.[12] Da sich die Pflicht zur Rechnungslegung im erstgenannten Fall schon aus §§ 721 Abs. 1, 730 ergibt, hat § 666 insoweit vor allem für das vorzeitige Ausscheiden von Gesellschaftern aus der Geschäftsführung Bedeutung. Wenn die Mitgesellschafter in derartigen Fällen ein auf § 666 gestütztes Verlangen nach umfassender Rechnungslegung entsprechend § 259 verweigern, kann daraus das Recht überstimmter Gesellschafter folgen, den Anspruch im Wege der actio pro socio geltend zu machen.[13] Ein genereller vertraglicher Ausschluss der Rechenschaftspflicht aus § 666 verstößt zumindest bei Gesellschaften mit erheblichem Vermögenswert gegen § 138.[14] Der Rechenschaftspflicht der Geschäftsführer bei Beendigung ihrer Tätigkeit entspricht ein *Anspruch auf Entlastung.*[15]

11 **Inhaltlich** bestimmt sich die Rechenschaftspflicht grundsätzlich nach **§ 259.** Die dort vorgeschriebene Pflicht, eine die geordnete Zusammenstellung der Einnahmen und Ausgaben enthaltende Rechnung mitzuteilen, macht es regelmäßig erforderlich, dass die Geschäftsführer schon während der Dauer ihrer Tätigkeit *Geschäftsbücher führen;* Ausnahmen kommen nur bei leicht überschaubaren Verhältnissen, insbesondere bei Gelegenheitsgesellschaften ohne erwerbswirtschaftliche Ziele in Betracht.[16] Eine von den Geschäftsführern zu beachtende Buchführungspflicht ist außerhalb von § 141 AO für die GbR gesetzlich zwar nicht statuiert. Dass der Gesetzgeber von einer Pflicht zur Buchführung auch bei der GbR

Rechte geltend gemacht werden, die sich aus dem jeweiligen Mitgliedschaftsrecht ableiten ließen.

[10] So im Ergebnis zutr. BGH NJW 1992, 1890, 1892 betr. die Geltendmachung der dem Verwaltungsrat einer KG eingeräumten weitergehenden Informationsrechte durch einen Kommanditisten.

[11] Vgl. näher 3. Aufl. § 666 RdNr. 6 und *Erman/Ehmann* § 666 RdNr. 20, 24.

[12] *Soergel/Hadding* RdNr. 8; *Erman/Westermann* RdNr. 3.

[13] So im Ergebnis auch RG JW 1927, 368 (für die OHG); ähnlich *Soergel/Hadding* RdNr. 8 mit Rspr.-Nachw.; *Erman/Westermann* RdNr. 3; für grundsätzliche Beschränkung der Rechenschaftspflicht auf die Vorlegung der Bücher entspr. § 716 aber RGRK/*von Gamm* RdNr. 3; *Staudinger/Keßler* RdNr. 9.

[14] BGH WM 1965, 709, 710.

[15] Ebenso *Soergel/Hadding* RdNr. 8; RGRK/*von Gamm* RdNr. 3 aE; *Staudinger/Keßler* RdNr. 9.

[16] Wie hier für grundsätzliche Buchführungspflicht in der GbR RGRK/*von Gamm* § 716 RdNr. 4; *Staudinger/Keßler* § 716 RdNr. 4; enger RGZ 103, 71, 72, wonach eine Buchführungspflicht bei solchen Geschäften entfällt, die weder kaufmännischen Charakter noch erheblichen Umfang haben; so auch *Soergel/Hadding* RdNr. 8; *Erman/Westermann* RdNr. 3.

ausgeht, zeigen jedoch schon die Vorschriften der §§ 716, 721, die das Vorhandensein entsprechender Unterlagen voraussetzen.

4. Herausgabepflicht (§§ 667, 668). Sie besteht nach **§ 667** für alle aus der Geschäftsbesorgung erlangten Gegenstände. Die Bedeutung der Vorschrift ist bei *Außengesellschaften* im Regelfall gering, da die Leistungen Dritter beim Handeln des Geschäftsführers namens der GbR schon nach § 718 Abs. 1 unmittelbar in das Gesamthandsvermögen übergehen (§ 718 RdNr. 18). Anderes gilt beim **Auftreten des Geschäftsführers im eigenen Namen,** das bei Innengesellschaften iwS trotz Vorhandensein eines Gesamthandsvermögens die Regel darstellt (§ 705 RdNr. 279, 284). Hier richtet sich seine Herausgabepflicht schon während der Gesellschaftsdauer grundsätzlich nach § 667. Demgegenüber verbleibt im Falle einer Innengesellschaft ieS (§ 705 RdNr. 282) das zur Förderung des gemeinsamen Zwecks bestimmte Vermögen während der Vertragsdauer beim Hauptgesellschafter; § 667 greift nicht ein. 12

Nach der zu § 667 ergangenen ständigen Rechtsprechung[17] kann die Gesamthand vom Geschäftsführer auch die **Vorteile** (Sonderprovisionen, Schmiergelder u. a.) herausverlangen, die ihm in Zusammenhang mit der Geschäftsführertätigkeit von Dritten zugeflossen sind. – Gegenüber dem Herausgabeanspruch aus § 667 kann der Geschäftsführer mit Aufwendungsersatzansprüchen (§ 670) aufrechnen bzw. ein Zurückbehaltungsrecht geltend machen. 13

Nach **§ 668** hat der Geschäftsführer Geld zu **verzinsen,** das er entgegen seiner Geschäftsführungspflicht für eigene Zwecke verwendet hat. Ein weitergehender vertraglicher oder deliktischer Schadensersatzanspruch der Gesamthand wird dadurch nicht berührt. 14

5. Aufwendungsersatz und Vorschuss (§§ 669, 670). Der Geschäftsführer kann nach **§ 670** *Aufwendungsersatz* verlangen und sich nach Maßgabe von **§ 669** einen *Vorschuss* hierauf zahlen lassen. Demgegenüber scheidet ein Befreiungsanspruch nach § 257 aus; er wäre unvereinbar mit der Haftungsstruktur der GbR.[18] Die Ansprüche richten sich, auch soweit es um den Regress des Gesellschafters wegen Inanspruchnahme analog § 128 HGB geht, gegen die Gesellschaft.[19] Eine anteilige Haftung der Mitgesellschafter hierfür ist mit Rücksicht auf § 707 vor der Auseinandersetzung grundsätzlich ausgeschlossen. Anderes gilt in den Fällen, in denen entweder aus dem Gesellschaftsvermögen kein Ersatz zu erlangen ist[20] oder der Gesellschaftsvertrag ausdrücklich oder konkludent[21] Abweichendes bestimmt.[22] 15

Zu den Aufwendungen gehören nach heute hM auch die **Verluste,** dh. Vermögensnachteile auf Grund von Körper-, Sachschäden u. a., die der Geschäftsführer als *notwendige Folge der Geschäftsführung* und in unmittelbarem Zusammenhang mit ihr erlitten hat. Dieser in § 110 HGB für OHG- oder KG-Geschäftsführer ausdrücklich geregelte Rechtsgedanke hat sich inzwischen auch im Rahmen von § 670 durchgesetzt.[23] Da es sich in beiden Fällen um das gleiche Regelungsanliegen handelt,[24] sollten auch Voraussetzungen und Umfang der Verlustübernahme im Auftrags- und Gesellschaftsrecht nicht differieren.[25] 16

[17] Vgl. 3. Aufl. § 667 RdNr. 17 und *Erman/Ehmann* § 667 RdNr. 4, 16 ff.

[18] Vgl. § 714 RdNr. 55.

[19] BGH NJW 1980, 339, 340.

[20] Vgl. § 705 RdNr. 217; so auch RGZ 153, 305, 314; *Staub/Ulmer* HGB § 110 RdNr. 31; *Schlegelberger/Martens* HGB § 110 RdNr. 9; aA BGHZ 37, 299, 301 = NJW 1962, 1863; BGH ZIP 1989, 852 = NJW-RR 1989, 966 und die im Schrifttum hM (vgl. *Soergel/Hadding* RdNr. 10; *RGRK/von Gamm* § 705 RdNr. 24; *Erman/Westermann* RdNr. 5; *Rob. Fischer* in Großkomm. zum HGB § 110 Anm. 20; *Hueck* OHG § 18 III 2; *Walter* JZ 1983, 260; *ders.* JuS 1982, 82 f.), die unter Berufung auf § 707 Ansprüche gegen Mitgesellschafter vor beendeter Abwicklung der Gesellschaft nur dann zulassen wollen, wenn der Gesellschaftsvertrag Entsprechendes vorsieht.

[21] RGZ 151, 321, 328; BGH NJW 1980, 339, 340.

[22] So zutr. KG NZG 2001, 556, 557. Vgl. auch § 707 RdNr. 4, § 714 RdNr. 56 zum entspr. vorzeitigen Ausgleichsanspruch eines Gesellschafters, der auf Zahlung einer Gesellschaftsschuld in Anspruch genommen wird, bei der Gesellschaft aber keinen Ersatz erlangen kann.

[23] Vgl. 3. Aufl. § 670 RdNr. 14, 17 und *Erman/Ehmann* § 670 RdNr. 12 ff. AA (kein Verlustausgleich in Gelegenheitsgesellschaft) *Fitz,* Risikozurechnung bei Tätigkeit im fremden Interesse, 1985, S. 140 ff.

[24] So zutr. *Genius* AcP 173 (1973), 481, 512; ihm folgend *Erman/Ehmann* § 670 RdNr. 17.

[25] AA *Fitz* (Fn. 23), der im Anschluss an *Steindorff,* FS Dölle, 1963, S. 288 f. bei Gelegenheitsgesellschaften eine Verlustübernahme, wie sie § 110 HGB ermöglicht, für nicht sachgerecht hält.

Dann besteht aber auch keine Notwendigkeit, einer Analogie zu § 110 HGB insoweit den Vorrang vor § 670 einzuräumen.[26] Wegen der Einzelheiten vgl. die Kasuistik zu § 110 HGB.[27]

17 Die Geltendmachung einer **Geschäftsführervergütung** als Aufwendungsersatz ist mit Rücksicht auf die mitgliedschaftliche Geschäftsführungspflicht *grundsätzlich ausgeschlossen.*[28] Die Geschäftsführungstätigkeit ist vielmehr als Beitragsleistung im Rahmen der Gewinnverteilung zu berücksichtigen (§ 709 RdNr. 32). Eine *Ausnahme* kommt nach den Grundsätzen in RdNr. 16 allenfalls dann in Betracht, wenn der Geschäftsführer durch eine übermäßige Inanspruchnahme für die Gesellschaftsangelegenheiten in einem bei Vertragsschluss nicht vorhersehbaren Ausmaß gehindert wird, seine Arbeitskraft anderweitig zu verwenden, und dadurch *Vermögensnachteile* in unmittelbarem Zusammenhang mit der Geschäftsführertätigkeit erleidet.[29]

III. Unanwendbare Auftragsvorschriften

18 Von der Verweisung ausgenommen sind einerseits §§ 662, 663. Der Vorschrift des **§ 662** über die Unentgeltlichkeit des Auftrags steht allein schon die vom Auftrag als zweiseitigem Rechtsgeschäft zu unterscheidende Struktur des Gesellschaftsvertrags als Gemeinschaftsverhältnis (§ 705 RdNr. 162) entgegen. Für die Annahme von Leistung und Gegenleistung ist hier kein Raum. Eine etwa vereinbarte Geschäftsführervergütung hat den Charakter eines Gewinnvoraus (§ 709 RdNr. 32 f.). Für **§ 663** fehlt es an einem entsprechenden auf die Besorgung gewisser Geschäfte gerichteten Angebot der Geschäftsführer.

19 Was andererseits die Vorschrift des **§ 671** über Widerruf und Kündigung des Auftrags angeht, so wird sie grundsätzlich durch die Sonderregelung in § 712 über Entziehung oder Kündigung der Geschäftsführungsbefugnis verdrängt. Allerdings verweist § 712 Abs. 2 für das Kündigungsrecht in beschränktem Umfang auf § 671 Abs. 2 und 3. Mit Blick auf die Vorschriften der **§§ 672 bis 674** über den Tod eines der Beteiligten und die fiktiv fortbestehende Geschäftsführungsbefugnis, finden sich die für die GbR vorrangigen Vorschriften in §§ 727, 729.

§ 714 Vertretungsmacht

Soweit einem Gesellschafter nach dem Gesellschaftsvertrag die Befugnis zur Geschäftsführung zusteht, ist er im Zweifel auch ermächtigt, die anderen Gesellschafter Dritten gegenüber zu vertreten.

Übersicht

	RdNr.
A. Einführung	1–11
I. Normzweck	1
II. Vertretung und Haftung in der Außen-GbR	2–7
1. Rechtsentwicklung	2–6
2. Aufbau der Kommentierung	7
III. Haftungsfragen in der Innen-GbR	8–11
1. Keine Haftung der GbR	8
2. Haftung der Gesellschafter	9–11
B. Die Vertretung der (Außen-)Gesellschaft (§ 714)	12–30
I. Grundlagen	12–17
1. Vertretungsbefugnis als Mitgliedschaftsrecht	12
2. Vertretung der Gesellschaft	13–15

[26] So noch *Soergel/Schultze-v. Lasaulx,* 10. Aufl., RdNr. 12; aA RGRK/*von Gamm* RdNr. 6; *Staudinger/Keßler* RdNr. 13; *Soergel/Hadding* RdNr. 11.

[27] Dazu *Staub/Ulmer* HGB § 110 RdNr. 24 f.

[28] HM, vgl. *Soergel/Hadding* RdNr. 12; *Erman/Westermann* RdNr. 5; *Staub/Ulmer* HGB § 110 RdNr. 3, § 114 RdNr. 47; *Köhler* JZ 1985, 359, 361; so auch OLG Koblenz WM 1986, 589, 590. Vgl. auch § 709 RdNr. 32 f.

[29] So für das Auftragsrecht *Erman/Ehmann* § 670 RdNr. 6; wie hier auch *Erman/Westermann* RdNr. 5; vgl. auch *Staub/Ulmer* HGB § 110 RdNr. 15; *Schlegelberger/Martens* HGB § 110 RdNr. 17; großzügiger wohl *Soergel/Hadding* RdNr. 12.

	RdNr.
3. Organschaftliche Vertretung	16, 17
II. § 714 als Auslegungsregel	18–23
1. Regelungsinhalt	18–20
2. Von der Geschäftsführungsbefugnis abweichende Vertretungsregelung	21, 22
3. Innengesellschaft	23
III. Umfang und Grenzen der Vertretungsmacht	24–30
1. Die Geschäftsführungsbefugnis als Maßstab	24, 25
2. Ergänzende Anwendung des allgemeinen Vertretungsrechts	26–30
a) Allgemeines; Gesamtvertretung	26, 27
b) Überschreitung der Vertretungsmacht	28
c) Verbot des Selbstkontrahierens (§ 181)	29, 30
C. Akzessorische Haftung der Gesellschafter	31–75
I. Grundlagen	31–34
1. Unterscheidung gegenüber der Haftung der Gesellschaft	31, 32
2. Akzessorische Gesellschafterhaftung	33, 34
II. Die Ausgestaltung der Gesellschafterhaftung	35–45
1. Rechtsgrund	35–42
a) Grundlagen	35, 36
b) Sachliche Reichweite	37–39
aa) Grundsatz	37
bb) Ausnahme für deliktische Verbindlichkeiten?	38
cc) Nicht: Sozialverbindlichkeiten.	39
c) Persönliche Reichweite	40–42
2. Haftungsinhalt	43, 44
3. Geltendmachung in der Insolvenz der GbR	45
III. Folgen der akzessorischen Gesellschafterhaftung	46–57
1. Akzessorietät in Bezug auf Haftungsumfang und Gläubigerstellung	46–48
a) Maßgeblichkeit des jeweiligen Bestands der Gesellschaftsverbindlichkeit	46
b) Unanwendbarkeit der §§ 422 bis 425	47
c) Gläubigerstellung	48
2. Einwendungen und Einreden des Gesellschafters	49–53
a) Persönliche	49
b) Aus abgeleitetem Recht (§ 129 Abs. 1 bis 3 HGB analog)	50, 51
c) Keine Zwangsvollstreckung aus Schuldtiteln gegen die Gesellschaft (§ 129 Abs. 4 HGB)	52, 53
3. Regress- und Freistellungsanspruch gegen die Gesellschaft	54, 55
4. Ausgleichsansprüche gegen Mitgesellschafter	56, 57
IV. Möglichkeiten der Haftungsbeschränkung	58–69
1. Fragestellung	58–61
a) Der Übergang zur akzessorischen Gesellschafterhaftung als Paradigmenwechsel	58, 59
b) Die Vielgestaltigkeit der GbR-Erscheinungsformen als Problem	60
c) Gründe für Ausschluss oder Beschränkung der Gesellschafterhaftung	61
2. Wege zur Haftungsbeschränkung	62–69
a) Reduktion der Analogie zu § 128 HGB?	62
b) Vertraglicher Haftungsausschluss	63–67
aa) Grundlagen	63
bb) Erfordernis der Individualabrede?	64
cc) Stellungnahme	65–67
c) Beschränkung der Vertretungsmacht der Geschäftsführer?	68, 69
V. Haftung beim Gesellschafterwechsel	70–75
1. Haftung des Ausgeschiedenen	70, 71
2. Haftung des Eintretenden für Altverbindlichkeiten?	72–75

A. Einführung

I. Normzweck

Die Vorschrift befasst sich mit der **Vertretung** der Gesellschafter (aus heutiger Sicht richtiger: der *Gesellschaft*) im Rechtsverkehr durch die für die (Außen-)GbR handelnden Geschäftsführer. Sie enthält eine **Auslegungsregel** des Inhalts, dass Geschäftsführungsbefugnis und Vertretungsmacht im Zweifel nach Art und Umfang übereinstimmen. Relevant wird diese Regel in den Fällen, in denen abweichend von § 709 die Geschäftsführungsbefugnis im Gesellschaftsvertrag einem Teil der Gesellschafter vorbehalten oder einzelnen von ihnen übertragen ist, sei es als Gesamt- oder Alleinbefugnis. Entsprechendes ist mangels abweichender vertraglicher Regelung sodann auch für die Vertretungsmacht anzunehmen. 1

II. Vertretung und Haftung in der Außen-GbR

2 **1. Rechtsentwicklung.** Die Rechtsfragen und dogmatischen Zusammenhänge der **Vertretung und Haftung** im Recht der GbR gehörten lange Zeit zu den viel diskutierten und **lebhaft umstrittenen Bereichen** des Personengesellschaftsrechts.[1] Die Auseinandersetzungen bezogen sich in *erster* Linie auf das Verhältnis und die Entstehungsvoraussetzungen von Gesamthands-(Gesellschafts-)schuld und Gesellschafterschuld bei rechtsgeschäftlichen und gesetzlichen Gesellschaftsverbindlichkeiten. Aus der Sicht der modernen, von der Rechtsfähigkeit der (Außen-)GbR ausgehenden Gesamthandslehre (RdNr. 14) spitzte sich die Frage darauf zu, ob die Doppelverpflichtungstheorie oder die am OHG-Modell des § 128 HGB orientierte Akzessorietätstheorie den Vorzug verdient.

3 In der Rechtsprechung herrschte lange die auch in der Literatur[2] überwiegend befürwortete **Doppelverpflichtungstheorie** vor.[3] Sie ging für *rechtsgeschäftliche* Verbindlichkeiten davon aus, dass der oder die für die (Außen-)GbR handelnden Geschäftsführer diese typischerweise durch gleichzeitiges Handeln als Vertreter sowohl für die GbR wie auch die Mitgesellschafter als Verpflichtete begründeten.[4] Schwierigkeiten hatte diese Theorie jedoch damit, zu einer Haftung der Gesellschafter persönlich auch für *gesetzliche* Verbindlichkeiten der GbR zu kommen.[5] Demgegenüber bejahten die Anhänger der **Akzessorietätstheorie**[6]

[1] Vgl. aus den letzten Jahrzehnten (vor der Trendwende der BGH-Rechtsprechung) *Aderhold,* Das Schuldmodell der BGB-Gesellschaft, 1981; *Alberts,* Die Gesellschaft bürgerlichen Rechts im Umbruch, 1994, S. 95 ff.; *M. Beck,* Die Haftung der Gesellschafter bei der BGB-Gesellschaft, 1999; *Beuthien,* Die Haftung von Personengesellschaftern, DB 1975, 725 und 773; *Breuninger,* Die BGB-Gesellschaft als Rechtssubjekt im Wirtschaftsverkehr, 1991, S. 18 ff.; *Dauner-Lieb,* Unternehmen in Sondervermögen, 1998, 520 ff.; *dies.,* Die BGB-Gesellschaft mit beschränkter Haftung – Phantom oder zulässige Spielart der GbR?, DStR 1998, 2014; *Flume,* Schuld und Haftung bei der Gesellschaft des bürgerlichen Rechts, FS Westermann, 1974, S. 119; *ders.* I/1 § 16 IV S. 314 ff.; *Gummert,* Haftung und Haftungsbeschränkung in der BGB-Außengesellschaft, 1991; *ders.,* Zur Zulässigkeit einseitiger Haftungsbeschränkung auf das Vermögen der BGB-Außengesellschaft, ZIP 1993, 1063; *Habersack,* Die Haftungsverfassung der Gesellschaft bürgerlichen Rechts, JuS 1993, 1; *Hadding,* Haftungsbeschränkung in der unternehmerisch tätigen Gesellschaft bürgerlichen Rechts, FS Rittner, 1991, S. 133; *Heckelmann,* Die GbRmbH als (neue) Gesellschaftsform?, FS Quack, 1991, S. 243; *Heermann,* Haftungsbeschränkungen in der BGB-Außengesellschaft, BB 1994, 2421; *Kindl,* Der Streit um die Rechtsnatur der GbR und seine Auswirkungen auf die Haftung der Gesellschafter für rechtsgeschäftlich begründete Gesellschaftsverbindlichkeiten, NZG 1999, 517; *Kornblum,* Die Haftung der Gesellschafter für Verbindlichkeiten von Personengesellschaften, 1972; *Leuthe,* Die gewerblich geprägte Gesellschaft bürgerlichen Rechts, 1993, S. 74 ff.; *Lieb,* Die Haftung für Altschulden beim „Eintritt" eines Gesellschafters in ein nicht- oder minderkaufmännisches Einzelunternehmen, FS Westermann, 1974, S. 309; *Nicknig,* Die Haftung der Mitglieder einer BGB-Gesellschaft für Gesellschaftsschulden, 1972; *Plambeck,* Die Vereinbarung der Haftungsbeschränkung in der Gesellschaft bürgerlichen Rechts, 1993; *Reiff,* Die Haftungsverfassungen nichtrechtsfähiger unternehmenstragende Verbände, 1996; *ders.,* Wider die unternehmenstragende GbR ohne Gesellschafterhaftung, ZIP 1999, 517; *K. Schmidt* GesR §§ 8 III, 60 II, III; *ders.,* Zum Haftungsstatus unternehmenstragender BGB-Gesellschaften, FS Fleck, 1988, S. 271; *ders.,* Die Gesellschafterhaftung bei der GbR als gesetzliches Schuldverhältnis, NJW 2003, 1897; *Schwark,* Voraussetzungen und Grenzen der persönlichen Gesellschafterhaftung, FS Heinsius, 1991, S. 753; *Ulmer,* Wege zum Ausschluss der persönlichen Gesellschafterhaftung in der GbR, ZIP 1999, 509; *ders.,* Gesellschafterhaftung in der GbR: Durchbruch der Akzessorietätstheorie?, ZIP 1999, 554; *ders.,* Die Haftungsverfassung der BGB-Gesellschaft, ZIP 2003, 1113; *Wackerbarth,* Zur Rechtsscheinhaftung der Gesellschafter bürgerlichen Rechts am Beispiel einer Wechselverpflichtung, ZGR 1999, 365; *Wiedemann,* Juristische Person und Gesamthand als Sondervermögen, WM 1975 Sonderbeilage 4, S. 41 ff.; *ders.,* Rechtsverhältnisse der BGB-Gesellschaft zu Dritten, WM 1994 Sonderbeilage 4, S. 10 ff.; *ders.* GesR I § 5 IV, S. 277 ff.; *Wolf,* Vertragliche Haftungsbeschränkungen der Gesellschafter bürgerlichen Rechts, 1991.

[2] So *Beuthien, Brandner, Grunewald, Habersack, Hadding, Heckelmann, Heermann, Henssler, Hommelhoff, Hüffer, Kirberger, Kübler, Ulmer, H. P. Westermann* u. a., vgl. Nachw. in 3. Aufl. RdNr. 26 Fn. 53 und bei *Ulmer* ZIP 1999, 511 Fn. 22.

[3] BGHZ 74, 240, 242 = NJW 1979, 1281; BGHZ 79, 374, 377 = NJW 1981, 1213; BGHZ 117, 168, 176 = NJW 1992, 1615; BGH NJW 1987, 3124, 3125; 1998, 2904, 2905; WM 1989, 377, 379; 1990, 1035, 1037.

[4] Vgl. *Soergel/Hadding* RdNr. 10, 29; *Erman/Westermann* RdNr. 10; 3. Aufl. RdNr. 26, 31 f.

[5] Vgl. statt aller 3. Aufl. RdNr. 53 ff. m. weit. Nachw.

[6] So *Bälz, Flume, Mülbert, Schwark, Timm* u. a.; für die „unternehmenstragende" GbR auch *Dauner-Lieb, Reiff, G. H. Roth, K. Schmidt, Schünemann, Wiedemann,* vgl. Nachw. in 3. Aufl. RdNr. 26 Fn. 55, 56 und bei *Ulmer* ZIP 1999, 512 Fn. 25.

die grundsätzlich uneingeschränkte akzessorische Mithaftung der Gesellschafter für die Gesellschaftsverbindlichkeiten analog § 128 HGB unabhängig von deren rechtsgeschäftlicher oder gesetzlicher Grundlage; dies freilich um den Preis einer nicht selten als übermäßig rigide empfundenen, der Vielgestaltigkeit der GbR nicht hinreichend Rechnung tragenden Haftungsverfassung der GbR.[7] Die dritte, am Wortlaut des § 714 orientierte, sog. **traditionelle oder gesetzestreue Theorie**[8] sah als Schuldner nur die Gesellschafter an; das Gesellschaftsvermögen stufte sie als diesen zur gesamten Hand zugeordnetes, dem Gläubigerzugriff nach Maßgabe des § 736 ZPO unterliegendes Sondervermögen ohne eigene Rechtsfähigkeit ein. Im gesellschaftsrechtlichen Schrifttum der letzten Jahrzehnte war diese Theorie deutlich rückläufig; sie wird heute nur noch selten vertreten.[9]

Durch **zwei Grundsatzurteile des BGH** aus den Jahren 1999 und 2001[10] ist die Rechtsentwicklung in eine *neue Phase* getreten. Im **ersten** dieser Urteile, das sich mit der – im Ergebnis verneinten – Möglichkeit befasste, die persönliche Haftung der Gesellschafter für Gesellschaftsverbindlichkeiten durch einen entsprechenden Namenszusatz (GbR mit beschränkter Haftung oÄ) auszuschließen oder zu beschränken,[11] erteilte der 2. Zivilsenat des BGH zwar der **Doppelverpflichtungstheorie** eine **Absage,** ließ aber die Entscheidung zwischen der Akzessorietätstheorie und der traditionellen Lehre mit der Begründung (scheinbar) offen, dass beide zum selben Ergebnis (der von Gesetzes wegen unbeschränkten Gesellschafterhaftung) führten.[12] Dass damit zugleich die in vielen vorangegangenen Urteilen akzeptierte (Teil-)Rechtsfähigkeit der (Außen-)GbR in Frage gestellt war,[13] schien den Senat nicht zu stören. 4

Umso begrüßenswerter war dann der anderthalb Jahre später im **zweiten** Grundsatzurteil erfolgte „Durchbruch" zur Anerkennung der Rechtsfähigkeit der Außen-GbR und, in Verbindung damit, zur Akzessorietätstheorie unter gleichzeitiger Verabschiedung der traditionellen Lehre;[14] das Urteil wurde zu Recht verbreitet als „Meilen"- oder „Markstein" gewertet.[15] Zur Begründung bezog sich der Senat zwar nicht unmittelbar auf die nahe liegende Analogie zu § 128 HGB, sondern formulierte vorsichtig, *soweit* der Gesellschafter für Verbindlichkeiten der Gesellschaft persönlich hafte, entspreche das Verhältnis zwischen Gesellschafts- und Gesellschafterhaftung der in der OHG geltenden Rechtslage akzessorischer Gesellschafterhaftung.[16] Das deckte sich im Ergebnis mit der Bezugnahme im ersten Urteil auf einen (angeblichen[17]) allgemeinen Grundsatz des bürgerlichen Rechts und des Handelsrechts, dass derjenige, der in Gemeinschaft mit anderen Geschäfte betreibt, für die daraus entstehenden Verpflichtungen mit seinem ganzen Vermögen haftet.[18] Inhaltlich kann aber kein Zweifel daran bestehen, dass der Senat mit der Entscheidung zu Gunsten einer *akzessorischen Haftung* der Gesellschafter für die Gesellschaftsverbindlichkeiten das **Regelungsmodell des § 128 HGB** im Blick 5

[7] Die Akzessorietätstheorie deshalb vor 1999 in st. Rspr. abl. BGHZ 74, 240, 243 = NJW 1979, 1281; BGHZ 117, 168, 176 = NJW 1992, 1615; BGH NJW 1998, 2904, 2905.

[8] So noch *Hueck,* GesR, 19. Aufl. 1991, § 9 IV 1; *ders.,* FS Zöllner, 1998, S. 275, 286 ff.; *Larenz* SchuldR II, 12. Aufl. 1981, § 60 IV c; *Zöllner,* FS Gernhuber, 1993, S. 563, 573; *ders.,* FS Kraft, 1998, S. 701, 704 ff.

[9] Vgl. aber *Cordes* JZ 1998, 545; *Berndt/Boin* NJW 1998, 2854; so neuerdings auch *Kraft/Kreutz,* GesR, 11. Aufl. 2000, Tz. C I 1 d.

[10] BGHZ 142, 315 = NJW 1999, 3483; BGHZ 146, 341 = NJW 2001, 1056.

[11] BGHZ 142, 315 = NJW 1999, 3483 (27. 9. 1999).

[12] AaO S. 320 ff.

[13] Kritisch dazu *Ulmer* ZGR 2000, 339, 343; so tendenziell auch *Dauner-Lieb* DStR 1999, 1992, 1996; *Hadding* WuB II J. § 705 BGB 1.00.

[14] BGHZ 146, 341, 343 ff., 358 = NJW 2001, 1056 (29. 1. 2001); der Sache nach bestätigt durch BGH NJW 2002, 1207 (Kostenbeschluss als abschließende Entscheidung nach Einspruch der Bekl. gegen das Versäumnisurteil v. 29. 1. 2001 und anschließender Erledigungserklärung der Hauptsache durch die Parteien).

[15] So *K. Schmidt* NJW 2001, 993, 995; *Ulmer* ZIP 2001, 585; ähnlich *Dauner-Lieb* DStR 2001, 356 ff.; *Habersack* BB 2001, 477 ff.; *Hadding* ZGR 2001, 712 ff.; *Westermann* NZG 2001, 289 ff.; *Wiedemann* JZ 2001, 661 ff.

[16] BGHZ 146, 341, 358 und Leitsatz c).

[17] Krit. dazu *Ulmer* ZIP 1999, 555 f. und ZGR 2000, 339, 346 f. unter Hinweis auf die Gegenbeispiele des nichtrechtsfähigen Vereins mit unternehmerischem Nebenzweck und der Fortführung eines Handelsgeschäfts durch eine Erbengemeinschaft.

[18] BGHZ 142, 315, 319.

hatte.[19] Die Frage, welche Folgerungen sich aus dieser Perspektive für die Einzelausgestaltung der Gesellschafterhaftung ergeben[20] und auf welchem Wege insbes. eine Haftungsbeschränkung der Beteiligten in hierfür geeigneten Fällen zu erreichen ist,[21] bedarf noch weiterer Klärung (vgl. näher RdNr. 35 ff., 62 ff.).

6 Angesichts der mit diesen Grundsatzurteilen erreichten, seither vom 2. Zivilsenat in zwei weiteren Entscheidungen[22] bestätigten Rechtsfortbildung ist es geboten, für die Neukommentierung des § 714 von der **Geltung der Akzessorietätstheorie** in Analogie zu § 128 HGB in Bezug auf die Gesellschafterhaftung in der (Außen-)GbR auszugehen. Soweit es um die Beurteilung der Rechtsfragen nach Maßgabe der Doppelverpflichtungstheorie geht, kann auf die Erläuterungen in der 3. Aufl. verwiesen werden. Aus heutiger Sicht sind sie überholt.

7 **2. Aufbau der Kommentierung.** Eine übersichtliche, systemkonforme Behandlung der Haftungsprobleme in der (Außen-)GbR ist nur möglich, wenn klar zwischen der **Haftung der Gesellschaft** (Gesamthand) und der **Haftung der einzelnen Gesellschafter** unterschieden wird. Daher werden im Folgenden zunächst (unter B) die Vertretung der (Außen-)Gesellschaft und die damit verbundenen Auslegungsfragen zu § 714 behandelt. Daran schließt sich (unter C) die Problematik der Gesellschafterhaftung nach Rechtsgrund, Inhalt und Beschränkungsmöglichkeiten an. Die unterschiedlichen Entstehungsgründe für die Haftung der Gesellschaft werden in § 718 RdNr. 25 ff., die verfahrens- und vollstreckungsrechtlichen Konsequenzen der Trennung von Gesamthands- und Gesellschafterschuld in § 718 RdNr. 44 f., 50 ff. erörtert.

III. Haftungsfragen in der Innen-GbR

8 **1. Keine Haftung der GbR.** Kennzeichen der Innen-GbR und Unterscheidungskriterium gegenüber der Außen-GbR ist die **fehlende Teilnahme als GbR am Rechtsverkehr,** sei es durch alle Gesellschafter oder durch vertretungsbefugte Organe.[23] Aus diesem Grunde scheidet die Möglichkeit aus, kraft Rechtsgeschäfts Gesellschaftsverbindlichkeiten zu begründen. Entsprechendes gilt regelmäßig auch für gesetzliche Verbindlichkeiten. Dies schon deshalb, weil die Innen-GbR, auch wenn sie (als Innen-GbR iwS) über Gesamthandsvermögen verfügt, nach außen nicht in Erscheinung tritt; sie kommt daher nicht als Zurechnungssubjekt für gesetzliche Handlungs- oder Unterlassungspflichten in Betracht. Auch für die Frage ihrer (Teil-)Rechtsfähigkeit und ihrer Anerkennung als Haftungsschuldner ist kein Raum.

9 **2. Haftung der Gesellschafter.** Soweit es um die Haftungsfolgen des – persönlichen – Handelns der Gesellschafter einer Innen-GbR geht, ist danach zu unterscheiden, ob sie *gemeinschaftlich* oder *individuell* nach außen hervortreten, Verträge schließen, deliktisch handeln oder in sonstiger Weise (GoA oÄ) einen gesetzlichen Haftungsgrund auslösen.

10 **Gemeinschaftliche Teilnahme am Rechtsverkehr,** wenn auch ohne Offenlegung der bestehenden Personenvereinigung als Geschäftsherr, führt nach § 427 bei teilbarer Leistungsverpflichtung im Zweifel zur *gesamtschuldnerischen* Haftung der Beteiligten. Zugleich werden sie *Gesamtgläubiger* der Gegenleistung nach Maßgabe von § 428; für die Begründung einer Gesamthandsforderung (§ 718 RdNr. 18) ist mangels Offenlegung des Gesellschaftsverhältnisses grundsätzlich kein Raum; ein Vorbehalt gilt nur für den Sonderfall von Geschäften, „wen es angeht".[24] Bei unteilbarer Leistungsverpflichtung der Gesellschafter folgt ihre Stellung als Gesamtschuldner aus § 431. Gemeinschaftliches deliktisches Handeln begründet ihre gesamtschuldnerische Haftung nach §§ 830, 840.

[19] Vgl. nur den Hinweis in BGHZ 146, 341, 358, das Verhältnis zwischen Gesellschafts- und Gesellschafterhaftung entspreche „damit" der Rechtslage in den Fällen der akzessorischen Gesellschafterhaftung gemäß §§ 128 f. HGB bei der OHG.

[20] Vgl. näher RdNr. 35 ff.

[21] Dazu vgl. RdNr. 58 ff., 65 f.

[22] BGH NJW 2002, 1207 (Kostenbeschluss, vgl. Fn. 14); BGHZ 150, 1 = NJW 2002, 1642.

[23] Vgl. näher § 705 RdNr. 275.

[24] Vgl. dazu § 164 RdNr. 47 ff.

Demgegenüber treffen die Haftungsfolgen bei **individuellem Auftreten** einzelner Gesellschafter nach außen im eigenen Namen nur den jeweils Handelnden. Er wird Vertragspartner bzw. Deliktsschuldner. Für eine deliktische Haftung auch der nicht selbst beteiligten Mitgesellschafter fehlt es regelmäßig an einer Zurechnungsnorm. Die Regressmöglichkeiten des Haftenden gegen die Mitgesellschafter richten sich nach §§ 713, 670 (vgl. § 713 RdNr. 15). 11

B. Die Vertretung der (Außen-)Gesellschaft (§ 714)

I. Grundlagen

1. Vertretungsbefugnis als Mitgliedschaftsrecht. Ebenso wie die Geschäftsführungsbefugnis (vgl. § 709 RdNr. 5) ist auch die *organschaftliche* Vertretungsmacht der Geschäftsführer der GbR als mitgliedschaftliche ausgestaltet und dementsprechend **nicht auf Dritte übertragbar.**[25] Das wird auch ohne ausdrückliche Regelung nach Art der §§ 125 Abs. 1, 170 HGB durch die enge Verbindung bestätigt, die das BGB zwischen den beiden Befugnissen herstellt. So richtet sich die Ausgestaltung der Vertretungsmacht in der GbR auf Grund der Auslegungsregel des § 714 im Zweifel danach, welche gesellschaftsvertraglichen Vereinbarungen die Gesellschafter über die Geschäftsführung getroffen haben. Und nach § 715 kann beim Fehlen abweichender Vereinbarungen die gesellschaftsvertragliche Vertretungsmacht ebenso wie nach § 712 Abs. 1 die Geschäftsführungsbefugnis nur aus wichtigem Grund, dazu nur zusammen mit dieser entzogen werden. Demgegenüber bewendet es auch in der GbR bei der grundsätzlich freien Widerruflichkeit der *gewillkürten* Vertretungsmacht nach § 168, wenn diese entweder – nach Art einer Generalvollmacht – einem Nichtgesellschafter erteilt oder außerhalb des Gesellschaftsvertrags, insbesondere durch Delegation seitens vertretungsbefugter Geschäftsführer, einem Mitgesellschafter eingeräumt ist (RdNr. 22). 12

2. Vertretung der Gesellschaft. Die Vorschrift des § 714 bezeichnet die Vertretungsmacht in der Gesellschaft als die Ermächtigung, „die anderen Gesellschafter Dritten gegenüber zu vertreten“. Der **Wortlaut** deutet auf eine *Vertretungsbefugnis gegenüber den nichtgeschäftsführenden Mitgesellschaftern* persönlich hin. Von der aus heutiger Sicht in erster Linie interessierenden Befugnis des Geschäftsführers als *Gesellschaftsorgan,* namens der Gesellschaft mit Wirkung für diese handeln zu können, ist in § 714 *nicht* die Rede. Das geht zurück auf die dem ersten Entwurf des BGB zugrunde gelegte, am Vorbild der römisch-rechtlichen societas orientierte rein schuldvertragliche Behandlung der GbR (§ 705 RdNr. 293).[26] Sie erfuhr zwar eine Modifikation im zweiten Entwurf durch Aufnahme des Gesamthandsprinzips (§ 718). Auf eine Anpassung des § 714 an diese Änderung glaubte man aber deshalb verzichten zu können, weil das **Gesamthandsvermögen** zunächst nur als besonderes **Haftungsobjekt** der gemeinschaftlich – sei es persönlich (§ 709) oder über Vertreter (§ 714) – handelnden Gesellschafter angesehen wurde. In Übereinstimmung mit dieser rein vermögensrechtlichen Betrachtung wurde auch der Gläubigerzugriff hierauf nach § 736 ZPO von einem gegen alle Gesellschafter gerichteten Titel abhängig gemacht. 13

Die Gründe für die *Unrichtigkeit dieser rein vermögensbezogenen Betrachtung* (vgl. § 705 RdNr. 296 ff.) wurden schon bald nach Inkrafttreten des BGB erkannt.[27] In den Jahren nach 1970 hat vor allem *Flume*[28] unter Hinweis auf *Otto von Gierke*[29] zutreffend herausgearbeitet, 14

[25] HM; vgl. *Soergel/Hadding* RdNr. 8; *Erman/Westermann* RdNr. 3; *Staudinger/Keßler* RdNr. 5; dazu allg. § 717 RdNr. 16 f.

[26] Mot. II S. 591; Prot. II S. 428; Denkschrift zum BGB S. 86 ff.; vgl. auch *Flume* I/1 § 1 II, S. 2 ff. und *K. Schmidt* BMJ-Gutachten S. 472 ff.

[27] So *O. v. Gierke* ArchBürgR 19 (1901), 114, 115 ff. und schon *ders.* in: Die Genossenschaftstheorie und die Deutsche Rechtsprechung, 1887, S. 353 ff.; aA noch *Joerges* ZHR 49 (1900), 140, 172 ff., der entgegen *v. Gierke* von „gebundenem Miteigentum“ spricht.

[28] I/1 § 5, S. 68 ff. und ZHR 136 (1972), 177, 184 f.

[29] Vgl. Nachw. in Fn. 27.

dass die gesellschaftsrechtliche Gesamthand nicht nur im Fall der OHG und KG, sondern auch bei der GbR kein bloßes Sondervermögen ist. Die von ihm begründete „Gruppenlehre", die die **(Außen-)Gesellschaft** als **Zuordnungssubjekt** der durch die gemeinsame Tätigkeit begründeten Rechte und Verbindlichkeiten ansieht und ihr eigene **Rechtsfähigkeit** zuerkennt, wurde im Schrifttum weitgehend übernommen; sie hat sich inzwischen dank höchstrichterlicher Rechtsfortbildung allgemein durchgesetzt (vgl. näher § 705 RdNr. 303 ff.). Danach nehmen die für die GbR handelnden Gesellschafter nicht etwa je persönlich, sondern als Organe der Gesellschaft (Gruppe) am Geschäftsverkehr teil. Die Gesellschaft kann unter eigenem Namen handeln (§ 705 RdNr. 270), haftet entsprechend § 31 für deliktisches Verhalten ihrer Organe (§ 705 RdNr. 263 f.) und wird infolge des Anwachsungsprinzips in ihrer Position als Rechtsinhaberin durch das Ausscheiden oder den Eintritt von Mitgliedern nicht berührt.[30]

15 **Praktisch bedeutsam** ist diese Rechtsfortbildung vor allem insoweit, als es um die Haftung für *gesetzliche* Gesamthandsverbindlichkeiten geht (RdNr. 37 f.). Aber auch die Durchsetzung von Ansprüchen gegen die Gesellschaft als solche wird aus dieser neueren Sicht erleichtert (zur Parteifähigkeit der Außen-GbR vgl. § 705 RdNr. 318 ff.). Das hat Bedeutung nicht zuletzt in Fällen eines Gesellschafterwechsels (§ 718 RdNr. 45). Soweit die mitgliedschaftliche Vertretungsbefugnis der Geschäftsführer (§ 714) in Frage steht, ist damit entgegen der früher hM[31] die *organschaftliche Vertretung der Gesamthand* gemeint, dh. nicht der Gesellschafter persönlich, sondern in ihrer gesamthänderischen Verbundenheit.

16 **3. Organschaftliche Vertretung.** Die Vertretungsmacht der Geschäftsführer gegenüber der Gesamthand ist bei der als Außengesellschaft auftretenden GbR ebenso wie im Fall der OHG und KG nicht rechtsgeschäftlicher (§ 166), sondern organschaftlicher Natur. Das wurde von der *früher* überwiegenden Meinung[32] *bestritten,* obwohl sie das Vorhandensein von Organisationselementen bei der Außengesellschaft nicht in Frage stellte (vgl. § 705 RdNr. 158 und Vor § 705 RdNr. 8). Diese Ansicht beruhte darauf, dass die Gesamthand meist nur in ihren vermögensrechtlichen Aspekten, nicht aber als eigenständiges Zuordnungssubjekt beurteilt wurde.[33] Sie ist spätestens seit Anerkennung der Rechtsfähigkeit der Außen-GbR überholt.[34]

17 **Organschaftlich** handeln Personen, die den Willen einer im Rechtsverkehr als rechtsfähig anerkannten Organisation (eines Verbands) bilden und in die Tat umsetzen.[35] Von dieser Definition ausgehend kann mit Blick auf die (Außen-)Gesellschaft als rechtsfähiges Zuordnungssubjekt des Gesellschaftsvermögens nicht zweifelhaft sein, dass die vertretungsberechtigten Geschäftsführer *Organqualität* haben (vgl. § 705 RdNr. 255, 257).[36] Dem entspricht nicht nur die heute anerkannte analoge Anwendung des § 31 auf die GbR (§ 705 RdNr. 263 f.), sondern auch die in § 715 zum Ausdruck kommende Sonderstellung der mitgliedschaftlichen im Vergleich zur gewillkürten Vertretungsmacht. Demgegenüber sind die Regelungen der §§ 164 ff. in erster Linie auf rechtsgeschäftlich erteilte Vollmachten

[30] So auch BGHZ 79, 374, 379 = NJW 1981, 1213 m. Anm. *Brandes* LM § 177 Nr. 14.

[31] Vgl. nur *Soergel/Schultze-v. Lasaulx,* 10. Aufl., RdNr. 1; RGRK/*von Gamm* RdNr. 1; *Staudinger/Keßler* RdNr. 3; *Nicknig* (Fn. 1) S. 8 und neuerdings *Alberts* (Fn. 1) S. 107 ff.; *Breuninger* (Fn. 1) S. 18 ff.; wie hier aber *Flume* I/1 § 10 I, S. 129 ff.; *Soergel/Hadding* RdNr. 3; *Erman/Westermann* RdNr. 3; *K. Schmidt* GesR § 8 III; *Wiedemann* GesR I S. 279 ff.

[32] *Soergel/Schultze-v. Lasaulx,* 10. Aufl., RdNr. 1; RGRK/*von Gamm* RdNr. 1; *Staudinger/Keßler* RdNr. 5; *Düringer/Hachenburg/Geiler* Allg. Einl. RdNr. 136; so auch noch BGHZ 45, 311, 312 = NJW 1966, 1807; BGH LM § 709 Nr. 6 = NJW 1971, 1698. Gegenmeinungen vgl. in Fn. 36.

[33] Vgl. § 705 RdNr. 293, 296, und vorstehend RdNr. 13.

[34] Vgl. eingehend § 705 RdNr. 303 ff.

[35] Näher dazu § 705 RdNr. 256 m. Nachw.

[36] So allgemein auch *Flume* I/1 § 10 I, S. 131; *K. Schmidt* GesR § 60 II 2 b; *Soergel/Hadding* RdNr. 7; *Erman/Westermann* RdNr. 3; *Wiedemann* GesR I S. 262, 281 f.; *Beuthien* DB 1975, 725, 729 f.; *Fabricius,* Gedächtnisschrift für R. Schmidt, 1966, S. 171, 188 und 196; *Nitschke,* Die körperschaftlich strukturierte Personengesellschaft, 1970, S. 100; für Organqualität iS von § 31 auch *Nicknig* (Fn. 1) S. 43. Vgl. auch Vor § 164 RdNr. 8.

bezogen. Auf die Vertretung der GbR durch ihren Geschäftsführer finden sie daher nur ergänzende Anwendung (vgl. RdNr. 26).

II. § 714 als Auslegungsregel

18 **1. Regelungsinhalt.** Anders als § 125 Abs. 1 HGB enthält die Vorschrift des § 714 *keine gesetzliche,* mangels abweichender Vertragsgestaltung gültige *Regelung der Vertretungsmacht* in der GbR. Sie beschränkt sich vielmehr auf eine an die Geschäftsführungsbefugnis anknüpfende **Auslegungsregel** und sorgt dadurch für regelmäßige Übereinstimmung in der Ausgestaltung beider Befugnisse. Für sie spricht, dass die Tätigkeiten als Geschäftsführer und Vertreter regelmäßig zusammenfallen, soweit es um das Außenhandeln für die Gesellschaft geht (§ 709 RdNr. 9). Mangels besonderer Vereinbarung wird es daher in aller Regel dem Willen der Gesellschafter einer **Außengesellschaft** entsprechen, dass die jeweilige Ausgestaltung der Geschäftsführungsbefugnis auch für die Vertretungsmacht maßgebend ist (zum Sonderfall der Innengesellschaft vgl. RdNr. 23). Ein Rückschluss von der Vertretungsmacht auf die Geschäftsführungsbefugnis ist durch § 714 freilich nicht gedeckt.[37] – Die *Notgeschäftsführung* entsprechend § 744 Abs. 2 (§ 709 RdNr. 21) setzt keine Vertretungsbefugnis voraus; auch die Auslegungsregel des § 714 greift insoweit nicht ein.[38]

19 Zu den unterschiedlichen Möglichkeiten der **Ausgestaltung** der Geschäftsführungsbefugnis vgl. § 709 RdNr. 13 ff. Die dort getroffenen Feststellungen gelten nach § 714 im Zweifel auch für die *Vertretung* der Gesellschaft. Insbesondere ist bei der Vertretung ebenso wie bei der Geschäftsführung (§ 709 RdNr. 16 aE) zwischen der Regelung im Gesellschaftsvertrag und einer bloß internen, der Arbeitsteilung zwischen den Geschäftsführern dienenden ein- oder gegenseitigen Ermächtigung nach Art des § 125 Abs. 2 S. 2 HGB zu unterscheiden. Bei **mehrheitlicher Gesamtgeschäftsführung** (§ 709 Abs. 2) reicht im Zweifel auch zur Vertretung die Mitwirkung der Mehrheit aus.[39] Bestimmt sich die Geschäftsführung – als **Gesamtgeschäftsführung aller Gesellschafter** – nach der dispositiven Vorschrift des § 709 Abs. 1, so wurde früher das Vorliegen einer „Vertretung" angesichts des Gesamthandelns aller Beteiligten teilweise verneint.[40] Aus heutiger Sicht ist diese Ansicht schon deshalb überholt, weil es in § 714 um die Vertretung der – selbst nicht handlungsfähigen – Gesellschaft geht. – Sollte die Gesellschaft nach der Vorstellung der Gründer als *KG* zur Entstehung kommen oder handelt es sich bei der GbR um eine *ehemalige KG,* so bestimmen sich Geschäftsführungsbefugnis und Vertretungsmacht im Zweifel nach derjenigen Regelung, die die Gesellschafter für die KG vorgesehen hatten (§ 709 RdNr. 18 f.). Der *Wegfall eines von zwei Gesamtvertretern* führt im Zweifel nicht zur Einzelvertretung, sondern zur Gesamtbefugnis der verbleibenden Gesellschafter.[41]

20 Lebhaft umstritten ist die Frage, ob der **Widerspruch** gegen eine Geschäftsführungsmaßnahme (§ 711) Auswirkungen auf die Vertretungsmacht des handlungswilligen Geschäftsführers hat.[42] Aus den in § 711 RdNr. 14 f. genannten Gründen ist der Rechtsprechung[43] jedenfalls im Ergebnis darin zu folgen, dass der Widerspruch die *Vertretungsmacht unberührt* lässt, auch soweit es um die konkret davon betroffene Maßnahme geht. Angesichts der auf dem Gesellschaftsvertrag beruhenden und nur unter den erschwerten Voraussetzungen des § 715 entziehbaren Befugnis brauchen Dritte von gesellschaftsinternen Auseinandersetzungen über die Durchführung einer Maßnahme keine Kenntnis zu nehmen. Grenzen

[37] RGRK/*von Gamm* RdNr. 2.

[38] BGHZ 17, 181, 184 = NJW 1955, 1027; BayObLG ZIP 1980, 904; *Erman/Westermann* RdNr. 5; vgl. auch LG Berlin WM 1992, 22, 24 f. (Prozessführungsbefugnis betr. GbR-Forderung des unter Bezugnahme auf § 744 Abs. 2 handelnden Gesellschafters).

[39] *Erman/Westermann* RdNr. 5; *Soergel/Hadding* RdNr. 15; RGRK/*von Gamm* RdNr. 2.

[40] Vgl. etwa *Soergel/Schultze-v. Lasaulx,* 10. Aufl., RdNr. 1; *Staudinger/Keßler* RdNr. 3.

[41] BGHZ 41, 367, 368 f. = NJW 1964, 1624; *Soergel/Hadding* RdNr. 19. Zur entsprechenden Lage bei der Gesamtgeschäftsführung vgl. § 710 RdNr. 5, zum Sonderfall eines wegen Interessenkollision im Einzelfall nach § 181 verhinderten Gesamtvertreters s. RdNr. 30.

[42] Vgl. die Nachw. in § 711 Fn. 28, 30.

[43] BGHZ 16, 394, 398 f. = NJW 1955, 825.

der Wirksamkeit eines trotz des Widerspruchs eines Mitgeschäftsführers abgeschlossenen Rechtsgeschäfts ergeben sich nur unter dem Gesichtspunkt des Missbrauchs der Vertretungsmacht. Gleiches gilt – vorbehaltlich der Überschreitung der durch den Gesellschaftszweck begrenzten Handlungsbefugnis (RdNr. 25) – für sonstige Fälle pflichtwidrigen Geschäftsführungshandelns; auch sie lassen die Vertretungsmacht grundsätzlich unberührt.

21 **2. Von der Geschäftsführungsbefugnis abweichende Vertretungsregelung.** Wie die Auslegungsregel des § 714 zeigt, sind die Gesellschafter nicht gehindert, Geschäftsführung und organschaftliche Vertretung der GbR in verschiedene Hände zu legen. Auch abgesehen vom Sonderfall der Innengesellschaft (RdNr. 23) kann es für eine unterschiedliche Behandlung *Sachgründe* geben. So mag ein geschäftsführungsbefugter Gesellschafter nur an einer internen Tätigkeit für die Gesellschaft oder daran interessiert sein, das mit der Geschäftsführung nach § 711 verbundene Widerspruchsrecht zu erlangen, ohne für die Gesellschaft nach außen handeln zu wollen. Gesamt- und Einzelvertretung können auch in der Weise kombiniert werden, dass dem B nur Gesamtvertretung mit A, diesem aber zugleich Einzelvertretung eingeräumt wird.[44] – Lagen Geschäftsführungsbefugnis und Vertretungsmacht ursprünglich in einer Hand, so kann die Vertretungsmacht nach § 715 nur zusammen mit jener entzogen werden; anderes gilt für den umgekehrten Fall (§ 712 RdNr. 16).

22 Nicht um eine von § 714 abweichende Vertretungsregelung handelt es sich, wenn Gesellschaftern oder Dritten außerhalb des Gesellschaftsvertrags **Vollmacht** eingeräumt wird.[45] Insoweit geht es nicht um die Begründung organschaftlicher, sondern um gewillkürte Vertretungsmacht iS von §§ 164 ff. Hierzu gehören auch diejenigen Fälle, in denen zwei oder mehr Gesamtvertreter einen von ihnen bevollmächtigen, die Gesellschaft allein zu vertreten.[46] Unabhängig davon, ob eine solche Vollmacht einmalig oder im Rahmen entsprechender Geschäftsverteilung auf Dauer erteilt wurde, kann sie nach § 168 grundsätzlich jederzeit widerrufen werden.

23 **3. Innengesellschaft.** Das gemeinsame Kennzeichen der verschiedenen Arten von Innengesellschaften besteht darin, dass sie nach gesellschaftsvertraglicher Ausgestaltung nicht als solche am Rechtsverkehr mit Dritten teilnehmen (RdNr. 8). *Daher greift,* wenn Gesellschafter sich zu einer Innengesellschaft mit oder ohne Gesamthandsvermögen zusammenschließen, *die Auslegungsregel des § 714 nicht ein.* Auch wenn die Vertretungsmacht des oder der Geschäftsführer nicht ausdrücklich ausgeschlossen ist, ergibt sich der entsprechende Wille der Gesellschafter doch konkludent daraus, dass sie ihren Zusammenschluss vertraglich auf die Innenbeziehungen beschränken.[47] Ein gelegentliches gemeinsames Außenhandeln der Beteiligten ändert an dieser Grundausrichtung nichts (§ 705 RdNr. 279). Zur Frage einer Haftung der Gesamthand kraft objektiver Zurechnung auch ohne rechtsgeschäftliches Handeln im Namen der GbR, wenn die Gegenleistung in das Gesellschaftsvermögen geflossen ist, vgl. § 718 RdNr. 29.

III. Umfang und Grenzen der Vertretungsmacht

24 **1. Die Geschäftsführungsbefugnis als Maßstab.** Eine unbeschränkte und unbeschränkbare Vertretungsmacht entsprechend **§ 126 HGB** wird durch den Zusammenschluss zu einer GbR **nicht** begründet.[48] Der *Umfang* der Vertretungsmacht richtet sich vielmehr

[44] So zutreffend RGZ 90, 21, 22, unter Hervorhebung der eigenständigen Bedeutung auch einzelner Gesamtvertreter.

[45] EinhM; vgl. statt aller *Soergel/Hadding* RdNr. 8.

[46] BGHZ 16, 394, 396 f. = NJW 1955, 825; *Staudinger/Keßler* RdNr. 6; zur entsprechenden Lage bei der internen Aufteilung der Geschäftsführung vgl. § 709 RdNr. 16.

[47] Vgl. BGHZ 12, 308, 314 = NJW 1954, 1159; BGH WM 1966, 31, 33; RGRK/*von Gamm* RdNr. 8; *Soergel/Hadding* RdNr. 18; *Erman/Westermann* RdNr. 5.

[48] St. Rspr., vgl. BGHZ 38, 26, 34 = NJW 1962, 2344; BGHZ 61, 59, 67 = NJW 1973, 1691; BGHZ 142, 315, 321 = NJW 1999, 3483; BGH NJW 1971, 1698; WM 1972, 21; aA *Gummert* in MünchHdbGesR, Bd. 1, 1995, § 12 RdNr. 46; *Hasselbach* MDR 1998, 1200, 1203. Vgl. auch die Nachw. in Fn. 163, 164.

ebenso wie die Ausgestaltung (RdNr. 19) im Zweifel nach demjenigen der Geschäftsführungsbefugnis. Das folgt aus der Verwendung des Wortes „soweit" in § 714. Maßgebend ist die Ausgestaltung der Geschäftsführungsbefugnis im **Gesellschaftsvertrag.** Demgegenüber lässt der Widerspruch eines Mitgesellschafters oder die Pflichtwidrigkeit der Handlung des Geschäftsführers die Vertretungsmacht unberührt (RdNr. 20). Ein Missbrauch der Geschäftsführungsbefugnis wirkt sich nur dann auf die Vertretungsmacht aus, wenn es zu einem kollusiven Handeln des Geschäftsführers mit dem Vertragspartner der GbR kommt.[49]

Zum *Umfang der Geschäftsführungsbefugnis* und zu den auch für die Vertretungsmacht relevanten Möglichkeiten ihrer unterschiedlichen Ausgestaltung vgl. im Einzelnen § 709 RdNr. 7, 23 ff. Auch soweit der Gesellschaftsvertrag keine besonderen Beschränkungen enthält, folgt aus dem Zusammenhang mit der Geschäftsführungsbefugnis doch einerseits, dass die Vertretungsmacht sich **nicht** auf Rechtshandlungen erstreckt, die die **Grundlagen der Gesellschaft** betreffen.[50] Neben der Änderung des Gesellschaftsvertrags, der Erhöhung der Beiträge oder der Aufnahme neuer Gesellschafter gehören dazu auch Rechtsgeschäfte namens der Gesellschaft, die wie der Verkauf des gemeinsamen Unternehmens oder die Veräußerung des gesamten Vermögens faktisch den Gesellschaftszweck ändern.[51] Aber auch **Geschäfte außerhalb des Gesellschaftszwecks** überschreiten nicht nur die Geschäftsführungsbefugnis, sondern sind mit Rücksicht auf § 714 auch von der Vertretungsmacht im Regelfall nicht gedeckt.[52] Verbindlichkeit für die GbR können sie allerdings nach Rechtsscheingrundsätzen erlangen.[53] 25

2. Ergänzende Anwendung des allgemeinen Vertretungsrechts. a) Allgemeines; Gesamtvertretung. Die Vorschriften der §§ 164 ff. finden auf die organschaftliche Vertretungsmacht nur Anwendung, soweit für diese keine Sonderregelungen gelten.[54] Im Unterschied zu der gesetzlich stärker verfestigten organschaftlichen Vertretung bei Handelsgesellschaften kommt dem Rückgriff auf das Recht der Vollmacht bei der GbR allerdings erhöhte Bedeutung zu. So wird eine Verpflichtung der Gesellschaft nach **§ 164 Abs. 1 iVm. Abs. 2** grundsätzlich nur begründet, wenn für den Dritten erkennbar ist, dass der Geschäftsführer namens der GbR handelt.[55] Ein von einem Organvertreter einem Dritten gegenüber vorgenommenes einseitiges Rechtsgeschäft kann von diesem entsprechend **§ 174 S. 1** unverzüglich zurückgewiesen werden.[56] 26

Auch Ausgestaltung, Befugnisse und Wirkungen der **Gesamtvertretung** richten sich nach allgemeinem Vertretungsrecht. Danach bedarf es zur wirksamen Verpflichtung der Gesellschaft zwar grundsätzlich des gemeinsamen Handelns aller Gesamtvertreter, soweit diese sich nicht im Rahmen des Zulässigen gegenseitig zum Alleinhandeln ermächtigen.[57] 27

[49] Vgl. dazu BGH WM 1985, 997, 998; allg. zu Fällen des kollusiven Zusammenwirkens vgl. § 164 RdNr. 107 ff.

[50] HM, vgl. *Soergel/Hadding* RdNr. 16; RGRK/*von Gamm* RdNr. 6; *Schlegelberger/K. Schmidt* HGB § 126 RdNr. 10; tendenziell abw. aber *Erman/Westermann* RdNr. 8; zum Ganzen näher *Schlüter,* Die Vertretungsmacht des Gesellschafters und die Grundlagen der Gesellschaft, 1965, unter Aufgliederung nach den verschiedenen in Betracht kommenden Fallgruppen.

[51] So auch für § 126 HGB, trotz des mit dieser Vorschrift bezweckten besonderen Verkehrsschutzes, *Schlegelberger/K. Schmidt* HGB § 126 RdNr. 10; *Staub/Habersack* HGB § 126 RdNr. 12 ff.; *Hueck* OHG § 20 III 1 c, S. 294; für Sonderfälle auch BGH LM HGB § 161 Nr. 13 = NJW 1960, 434; RGZ 162, 370, 375 f.; aA die früher hM (*Schlegelberger/Geßler* HGB, 4. Aufl., § 126 RdNr. 9; *Düringer/Hachenburg/Flechtheim* HGB § 126 Anm. 3); so auch noch *Schlüter* (Fn. 50) S. 50 f., 90.

[52] RGRK/*von Gamm* RdNr. 6; im Grundsatz auch *Soergel/Hadding* RdNr. 17; aA namentlich *K. Schmidt* GesR § 8 V 2.

[53] Der Frage kommt vor allem in der Liquidationsphase Bedeutung zu, wenn für den Vertragspartner nicht erkennbar ist, dass das Geschäft nicht vom Liquidationszweck gedeckt ist (vgl. BGH NJW 1984, 982; *K. Schmidt* GesR § 8 V 2).

[54] Vgl. *Hefermehl* in *Geßler/Hefermehl/Eckardt/Kropff* AktG § 78 RdNr. 66; so auch *Soergel/Hadding* RdNr. 18; *Erman/Westermann* RdNr. 6.

[55] *Soergel/Hadding* RdNr. 19; *Erman/Westermann* RdNr. 6; vgl. auch OLG München NJW-RR 1988, 1268. Zum Sonderfall des Handelns im Namen eines Unternehmens, das auch ohne besonderen Hinweis dem Geschäftsinhaber zugerechnet wird, vgl. § 164 RdNr. 23 f. und § 718 RdNr. 18.

[56] BGH NJW 2002, 1194, 1195; zust. *Wertenbruch* DB 2003, 1099, 1100 f.

[57] § 164 RdNr. 85 ff.; vgl. auch schon Fn. 46.

Doch ist jeder der Gesamtvertreter allein zur Entgegennahme empfangsbedürftiger Willenserklärungen befugt.[58] Auch reicht bereits die Kenntnis rechtserheblicher Tatsachen bei einem der Gesamtvertreter aus, um sie allen Vertretern mit der Folge des § 166 Abs. 1 zuzurechnen.[59]

28 **b) Überschreitung der Vertretungsmacht.** Zu ihr kann es schon deshalb kommen, weil das Recht der GbR keine unbeschränkbare Vertretungsmacht nach Art des § 126 HGB kennt (RdNr. 24). Es greifen die Rechtsfolgen der §§ 177 bis 179 ein, falls sich die Verpflichtung der Gesellschaft nicht auf die Grundsätze der **Duldungs- oder Anscheinsvollmacht** stützen lässt.[60] Eine Anscheinsvollmacht kommt insbesondere in den Fällen in Betracht, in denen die Gesellschaft durch die Art ihres Auftretens im Rechtsverkehr, durch die Verwendung eines firmenähnlichen Namens, den *Anschein einer Handelsgesellschaft* erweckt.[61] Wegen der bei Handelsgesellschaften fehlenden Beschränkungsmöglichkeit kann sich auch die GbR in derartigen Fällen auf eine Überschreitung des Umfangs der Vertretungsmacht nicht berufen.[62] Die Mithaftung der anderen Gesellschafter folgt unabhängig davon, ob der Rechtsschein auch ihnen persönlich zuzurechnen ist, aus der analogen Anwendung des § 128 HGB (RdNr. 36).

29 **c) Verbot des Selbstkontrahierens (§ 181).** Das Selbstkontrahierungsverbot gilt auch für Geschäftsführer der GbR, soweit sie namens der Gesellschaft mit sich im eigenen Namen oder als Vertreter Dritter rechtsgeschäftlich handeln und soweit keine der in § 181 vorgesehenen oder in Ergänzung hierzu von der Rechtsprechung anerkannten Ausnahmen[63] eingreift. Das Verbot ist nicht zu verwechseln mit der die interne Beschlussfassung betreffenden Frage, wann ein Gesellschafter wegen Interessenkollision gehindert ist, an der Entscheidung über eine Geschäftsführungsmaßnahme mitzuwirken (§ 709 RdNr. 65 ff.). Der Gesellschaftsvertrag kann Ausnahmen vom Verbot des Selbstkontrahierens zulassen.[64]

30 Ist von **mehreren Gesamtvertretern einer** nach § 181 an der Vertretung der Gesellschaft **gehindert,** so sollten nach der früher im Schrifttum hM auch die verbleibenden Vertreter nicht handeln können; vielmehr sollte Gesamtvertretung sämtlicher übrigen Gesellschafter gelten.[65] Das Reichsgericht, auf das sich diese Ansicht stützte, hatte sich demgegenüber auf die Feststellung beschränkt, bei Verhinderung eines von zwei Gesamtvertretern erstarke die Vertretungsmacht des anderen nicht zur Einzelvertretung.[66] Für zulässig hatte es demgegenüber auch in diesem Fall die (formal von § 181 nicht erfasste) Bestellung eines Unterbevollmächtigten durch die Gesamtvertreter und dessen Einschaltung in den Vertragsschluss gehalten;[67] das ist als Umgehung von § 181 mit Recht allgemein auf Ablehnung gestoßen.[68] Folgt man mit der neueren Rechtsprechung der *teleologischen,* formale Interessenkonflikte ausklammernden *Auslegung von § 181* (§ 181 RdNr. 8 f., 20), so sollten im Interesse der Praktikabilität keine Bedenken dagegen bestehen, bei Verhinderung eines von zwei Gesamtvertretern *den verbleibenden allein* mit Wirksamkeit für die Gesellschaft

[58] RGZ 53, 227, 230 f.; BGHZ 62, 166, 173 = NJW 1974, 1194; *Erman/Palm* § 166 RdNr. 37; *Erman/Westermann* RdNr. 7.

[59] BGHZ 140, 54, 61 f. = NJW 1999, 284; *Staub/Habersack* HGB § 125 RdNr. 24; vgl. auch § 166 RdNr. 17 und 23.

[60] EinhM; vgl. statt aller *Soergel/Hadding* RdNr. 20; dazu näher § 167 RdNr. 46 ff., 54 ff.

[61] Zurückhaltend zur Lehre vom Scheinkaufmann beim Führen einer „Firma" aber *K. Schmidt* HandelsR, 5. Aufl., § 10 VIII 3 a, § 12 I 2 b.

[62] So zutr. RGRK/*von Gamm* RdNr. 9.

[63] Näher hierzu § 181 RdNr. 15 ff.; *Hübner,* Interessenkonflikt und Vertretungsmacht, 1977, S. 142 f., 261 f.; *Schubert* WM 1978, 290 ff., jeweils mit Rspr.-Nachw.

[64] Dazu und zur Möglichkeit der Gestaltung im Einzelfall vgl. *Hübner* (Fn. 63) S. 108 ff.

[65] *Soergel/Schultze-v. Lasaulx,* 10. Aufl., § 164 RdNr. 21; RGRK/*von Gamm* RdNr. 1; *Staudinger/Keßler* RdNr. 9.

[66] RGZ 103, 417; 116, 116, 117; so auch BGH LM § 709 Nr. 2/3 = NJW 1960, 91; einschränkend jetzt aber BGH NJW-RR 1991, 1441 für den Fall einer zweigliedrigen Gesellschaft, in der der verhinderte Gesellschafter seinen Anteil treuhänderisch für den verbliebenen Gesellschafter hält.

[67] RGZ 103, 417, 418; 108, 405, 406 ff.; 157, 24, 31.

[68] Vgl. BGHZ 64, 72, 74 = NJW 1975, 1117; BGHZ 91, 334, 336 = NJW 1984, 2085; BGH NJW 1991, 692; so auch § 181 RdNr. 24; *Erman/Westermann* RdNr. 6; *Hübner* (Fn. 63) S. 236 f.

handeln zu lassen.[69] Dem Interesse der Mitgesellschafter am Schutz gegen eine einseitige Interessenwahrnehmung durch den auf beiden Seiten beteiligten Gesellschafter ist regelmäßig bereits durch das Handeln eines verantwortlichen, nicht selbst von der Interessenkollision betroffenen Geschäftsführers aufseiten der Gesellschaft genüge getan.[70]

C. Akzessorische Haftung der Gesellschafter

I. Grundlagen

1. Unterscheidung gegenüber der Haftung der Gesellschaft. Aus traditioneller („gesetzestreuer") Sicht war **lange Zeit zweifelhaft,** ob und inwieweit in einer Außen-GbR für die Unterscheidung zwischen Gesamthands-(Gesellschafts-)verbindlichkeiten und Gesellschafterhaftung Raum sei. **Gegen** sie sprach die Qualifizierung der Gesamthand als *Sondervermögen,* das im Unterschied zur Rechtslage in OHG oder KG (vgl. § 124 Abs. 1 HGB) nicht selbst Verbindlichkeiten eingehen könne. Haftungsschuldner seien vielmehr die jeweiligen Gesellschafter im Zeitpunkt der Haftungsbegründung; sie hafteten grundsätzlich sowohl mit ihrem Privatvermögen als auch mit dem gesamthänderisch gebundenen Gesellschaftsvermögen.[71] **Für** die Notwendigkeit einer Unterscheidung wurden demgegenüber eine *Reihe teils rechtlicher, teils praktischer Gründe* vorgebracht, darunter das in § 719 Abs. 2 geregelte Verbot des GbR-Schuldners, mit einer ihm gegen einen Gesellschafter zustehenden Forderung aufzurechnen, die Haftungssituation bei Eintritt und Ausscheiden von Gesellschaftern, die den Zugriff der Gläubiger auf das Gesamthandsvermögen unberührt lassen muss, ferner die Beschränkung der Geltendmachung von Aufwendungsersatz- oder Regressansprüchen einzelner Gesellschafter auf das Gesamthandsvermögen unter grundsätzlicher Verneinung einer persönlichen Haftung der Mitgesellschafter vor Liquidation der Gesellschaft, sowie schließlich die in § 733 Abs. 1 getroffene Anordnung, bei Liquidation des Gesamthandsvermögens zunächst die „gemeinschaftlichen Schulden" zu berichtigen.[72] Diese Gründe führten zur Anerkennung einer besonderen „Gesamthandsschuld" der Gesellschafter neben ihrer persönlichen Haftung gewissermaßen als Vorstufe zur Behandlung der GbR als rechtsfähiger und daher auch verpflichtungsfähiger Personenverband. 31

Spätestens mit der Durchsetzung der (Gruppen-)Lehre von der *Rechtsfähigkeit der Außen-GbR* (§ 705 RdNr. 298) und – daraus folgend – der Fortentwicklung der gesellschaftsrechtlichen Gesamthand vom Sondervermögen (Objekt) zum Subjekt von Rechten und Verbindlichkeiten hat sich diese Streitfrage erledigt. Seither kann an der **Notwendigkeit der Unterscheidung** zwischen Gesellschaftsverbindlichkeiten und Gesellschafterhaftung kein Zweifel mehr bestehen. Sie sorgt für klare Separierung des Gesellschaftsvermögens zu Gunsten der Gesellschaftsgläubiger unter Verweisung der Privatgläubiger auf die Kündigungsmöglichkeit nach § 725, stellt die Forthaftung der Gesellschaft unabhängig vom jeweiligen Gesellschafterbestand sicher und gestattet den Gesellschaftsgläubigern, unmittelbar auf Befriedigung aus dem Gesamthandsvermögen zu klagen.[73] Zugleich begründet sie die Not- 32

[69] So im Ergebnis auch BGHZ 64, 72, 76 f. = NJW 1975, 1117, wenn auch unter problematischem Hinweis auf eine (wirksame?) Ermächtigung des verhinderten an den anderen Gesamtvertreter zum Alleinhandeln. Krit. zu diesem Urteil *Klamroth* BB 1975, 851; *Plander* BB 1975, 1493, 1496; *Hübner* (Fn. 63) S. 273 f.

[70] So auch *Soergel/Hadding* RdNr. 27; im Ergebnis ähnlich *Hübner* (Fn. 63) S. 186 ff., 238 f., der die Gültigkeit des Rechtsgeschäfts freilich zusätzlich von dem Nachweis des allein handelnden Gesamtvertreters abhängig machen will, dass das betreffende Geschäft ordnungsgemäß war und dem Interesse der Gesellschaft entsprach.

[71] Vgl. dazu die Darstellung des Meinungsstands bei *Aderhold* (Fn. 1) S. 74 ff., 111 ff., und bei *Dauner-Lieb,* Unternehmen in Sondervermögen, 1998, S. 522 ff.

[72] Vgl. näher 3. Aufl. RdNr. 23 a m. Nachw.; tendenziell in diesem Sinn (trotz grds. Festhaltens am traditionellen Ansatz) auch *Zöllner,* FS Kraft S. 701, 710 ff.

[73] Das galt schon vor Anerkennung der Parteifähigkeit der Außen-GbR (§ 705 RdNr. 318) auf Grund der Rechtsfigur der sog. Gesamthandsschuldklage (vgl. dazu § 718 RdNr. 53).

wendigkeit eines besonderen Haftungsgrunds auf Seiten der Gesellschafter, um sie wegen der Gesellschaftsschuld auch persönlich in Anspruch nehmen zu können (RdNr. 36), eröffnet die Möglichkeit, zwischen dem Inhalt von Gesellschaftsschuld und Gesellschafterhaftung zu unterscheiden (RdNr. 43 f.) und ermöglicht eine Haftungsbeschränkung auf das Gesellschaftsvermögen unter Ausschluss der persönlichen Haftung der Gesellschafter (vgl. näher RdNr. 62 ff.).

33 **2. Akzessorische Gesellschafterhaftung.** Der Rechtsgrund der Gesellschafterhaftung war **lange Zeit umstritten.** Wie bereits in RdNr. 3 aufgezeigt, standen sich aus der Sicht der modernen (Gruppen-)Lehre von der Rechtsfähigkeit der Außen-GbR mit der Doppelverpflichtungs- und der Akzessorietätstheorie zwei sowohl im Ansatz als auch in den Haftungsfolgen wesentlich differierende Ansichten gegenüber, ganz abgesehen von der traditionellen, primär auf die Gesellschafterhaftung abstellenden Ansicht derjenigen Autoren, die an der Beurteilung der gesellschaftsrechtlichen Gesamthand als bloßes Haftungsobjekt (Sondervermögen) festhielten.

34 Aus heutiger Sicht hat sich dank höchstrichterlicher Rechtsfortbildung (RdNr. 4 f.) die **Akzessorietätstheorie** durchgesetzt. Die gegen sie bestehenden Bedenken, darunter vor allem die mit der Vielfalt der GbR-Zwecke nicht ohne weiteres vereinbaren, der Rechtslage in der OHG entsprechenden scharfen Haftungsfolgen für die Gesellschafter,[74] sind durch die erweiterten Möglichkeiten haftungsgünstiger Rechtsformenwahl für Personengesellschafter, darunter einerseits derjenigen der KG über § 105 Abs. 2 nF, 161 HGB, andererseits (für Freiberufler) derjenigen der PartG, deutlich relativiert worden.[75] Auch bleibt trotz Geltung der Akezssorietätstheorie die Möglichkeit bestehen, im Hinblick auf bestimmte (haftungsprivilegierte) Gesellschaftszwecke zu einem vertraglichen Ausschluss oder einer Beschränkung der persönlichen Gesellschafterhaftung zu kommen (vgl. näher RdNr. 63 ff., 66). Aus diesen Gründen ist – abweichend von den der Doppelverpflichtungstheorie folgenden Vorauflagen – die Akzessorietätstheorie auch der folgenden Kommentierung zugrundezulegen. Damit verbinden sich eine Reihe nicht unerheblicher *Rechtsänderungen,* soweit die *Gesellschafterhaftung* in Frage steht, darunter vor allem deren Bejahung auch für gesetzliche Gesamthandsverbindlichkeiten sowie gegenüber neu eintretenden Gesellschaftern mit Blick auf Altschulden der GbR, aber auch die strikte Bejahung des Akzessorietätsprinzips für Bestand und Umfang der jeweiligen Gesellschafterhaftung sowie die Notwendigkeit eines neuen Ansatzes, um zum Ausschluss oder zur Beschränkung der Gesellschafterhaftung zu kommen.

II. Die Ausgestaltung der Gesellschafterhaftung

35 **1. Rechtsgrund. a) Grundlagen.** Als Anspruchsgrundlage für die akzessorische Gesellschafterhaftung wurden in der bisherigen Diskussion *unterschiedliche Begründungen* genannt. Während *Flume* als Vater der Gruppenlehre auf das „Wenn der Gesamthand" abstellte,[76] verwiesen die meisten Anhänger der Akzessorietätstheorie, teils freilich beschränkt auf die „unternehmenstragende" GbR, auf eine Analogie zu § 128 HGB als der Grundnorm für die akzessorische Gesellschafterhaftung im Handelsrecht.[77] Der BGH schließlich bezog sich im ersten, den Übergang zur Akzessorietätstheorie signalisierenden Grundsatzurteil von 1999 auf ein „allgemeines Rechtsprinzip", wonach derjenige, der allein oder zusammen mit anderen Geschäfte betreibe, auch mit seinem persönlichen Vermögen hafte, sofern er sich nicht auf eine vertraglich vereinbarte oder gesetzlich vorgesehene Haftungsbeschränkung berufen könne.[78] Hieran hat er offenbar auch im zweiten Grundsatzurteil von 2001 festgehalten.[79]

[74] Vgl. die hierauf gestützten langjährigen Bedenken des BGH gegen die Akzessorietätstheorie (Nachw. in Fn. 7).

[75] Das war auch der Grund für den Verf., noch vor dem Rspr.-Wandel durch BGHZ 142, 315 von der Doppelverpflichtungs- zur Akzessorietätstheorie überzugehen, *Ulmer* ZIP 1999, 554, 559 ff.

[76] *Flume* I/1 § 16 IV 3, S. 326 f.

[77] Vgl. die Nachw. in Fn. 6.

[78] BGHZ 142, 315, 319 = NJW 1999, 3483.

[79] BGHZ 146, 341, 358 = NJW 2001, 1056; BGH NJW 2002, 1642; dazu mit Recht krit. *Casper* JZ 2002, 1112.

Stellungnahme. Unter den drei in RdNr. 35 genannten Ansätzen verdient die **Analogie zu § 128 HGB** aus mehreren Gründen den Vorzug. Für sie spricht vor allem, dass damit eine aus dem OHG-Recht bekannte, für die akzessorische Gesellschafterhaftung geschaffene Rechtsfigur zur Verfügung steht, auf die grundsätzlich auch für die Haftungsverhältnisse in der GbR zurückgegriffen werden kann. Die Analogievoraussetzungen – Regelungslücke und vergleichbarer Regelungsgegenstand – folgen daraus, dass die Vorschriften der §§ 705 ff. wegen ihres die Gesamthand als Sondervermögen behandelnden, heute überholten Ansatzes auf eine die Mithaftung der Gesellschafter betreffende Regelung verzichtet haben, das Fehlen besonderer Gläubigerschutznormen aber die grundsätzliche Mithaftung der Gesellschafter persönlich vergleichbar dem OHG-Recht erforderlich erscheinen lässt. Demgegenüber trägt die Berufung auf das „Wesen der Gesamthand" zu weit, bedenkt man die andersartige, für eine akzessorische Haftung aller Beteiligten ungeeignete Rechtslage bei der Erben- und der Gütergemeinschaft als sonstigen Gesamthandsgemeinschaften, aber auch diejenige in der Innen-GbR iwS, dh. mit Gesamthandsvermögen, aber ohne gemeinsames Außenhandeln (vgl. RdNr. 8). Bei dem vom BGH bemühten „allgemeinen Rechtsprinzip" fragt sich schließlich, ob es ein solches in der umfassenden Umschreibung durch den Senat überhaupt gibt;[80] bezieht man es aber auf die Tätigkeit mehrerer unter gemeinsamer Firma oder gemeinsamem Namen, so hat es seinen gesetzlichen Niederschlag unzweifelhaft in § 128 HGB gefunden. Hierauf und nicht auf ein schwer greifbares allgemeines Prinzip sollte sich die Analogie daher auch beziehen.[81] Damit sind zugleich die Weichen gestellt für die analoge Anwendung der auf die Einwendungen der Gesellschaft bezogenen, eine wesentliche Ausprägung der Haftungsakzessorietät enthaltenden Vorschrift des § 129 HGB (RdNr. 50 ff.) sowie für die – noch umstrittene – Analogie zu § 130 HGB (vgl. RdNr. 72 ff.). 36

b) Sachliche Reichweite. aa) Grundsatz. Die akzessorische Gesellschafterhaftung erstreckt sich auf grundsätzlich **alle Gesellschaftsverbindlichkeiten,** unabhängig von deren Rechtsgrund. Die für die Doppelverpflichtungstheorie charakteristische Differenzierung zwischen **rechtsgeschäftlich begründeten und gesetzlichen** Verbindlichkeiten der GbR unter Beschränkung der Gesellschafterhaftung auf die erstgenannten (3. Aufl. RdNr. 34 ff., 53 ff.) ist damit überholt.[82] Die Gesellschafter haben danach auch für Ansprüche gegen die GbR aus culpa in contrahendo, aus ungerechtfertigter Bereicherung und aus Produkt- oder Gefährdungshaftung einzustehen (zur Haftung für deliktische Verbindlichkeiten der GbR vgl. RdNr. 38). Entsprechendes gilt für Steuerschulden der GbR, ohne dass es hierzu auf eine steuerrechtliche Haftungserstreckung ankommt.[83] Erfasst werden auch Ansprüche gegen die GbR, die aus einer Sachgründung unter Einbringung eines (Handels-)Geschäfts nach oder analog § 28 HGB (vgl. dazu RdNr. 74) oder aus dem Formwechsel eines Rechtsträgers sonstiger Rechtsform in eine GbR resultieren (§§ 191 Abs. 2 Nr. 1, 202 Abs. 1 Nr. 1 UmwG).[84] Mit der *Umwandlung einer KG in eine GbR* entfällt für die bisherigen Kommanditisten die Möglichkeit, sich nach § 171 HGB auf ihre Haftungsbeschränkung zu berufen; auch für eine Fortdauer dieser Haftungsbeschränkung kraft Rechtsscheins[85] ist kein Raum. 37

bb) Ausnahme für deliktische Verbindlichkeiten? Die vorstehenden Grundsätze (RdNr. 37) gelten auch für aus der Zurechnungsnorm des § 31 resultierende deliktische 38

[80] Vgl. dazu Fn. 17.

[81] So zutr. *Casper* JZ 2002, 1112 f.

[82] So jetzt ausdrücklich auch BGH ZIP 2003, 664, 666.

[83] Diese sah der BFH in st. Rspr. vor allem in § 191 AO iVm. §§ 421, 427, vgl. dazu 3. Aufl. RdNr. 57 m. Nachw. und *Nacke,* Die Haftung für Steuerschulden, 1999 (insbes. S. 70 ff.).

[84] Vgl. *Heidinger* GmbHR 1996, 890 ff. für den Fall des Formwechsels einer GmbH in die Rechtsform der GbR.

[85] So noch BGH LM § 709 Nr. 6 = NJW 1971, 1698, freilich unter gleichzeitiger Betonung einer aus dem Gesellschaftsvertrag folgenden Pflicht der Geschäftsführer, die Haftungsbeschränkung in dem durch den Verkehrsschutz gebotenen Maß erkennbar zu machen. Abl. *Flume* I/1 § 16 IV 5, S. 338. Eingehend zur Haftungsproblematik der „bürgerlichrechtlichen KG" namentlich *K. Schmidt* DB 1973, 653 ff. und 703 ff. und *Plambeck* (Fn. 1) S. 127 ff.

Verbindlichkeiten der GbR (vgl. dazu § 705 RdNr. 263 f.). Diese Frage ist im Anwendungsbereich des § 128 HGB zwar nach wie vor *umstritten;*[86] eine Mindermeinung[87] lehnt die Haftung mit dem systematischen Argument ab, es gebe außerhalb von § 31 keine persönliche Haftung Dritter für deliktisches Handeln. Der Ansatzpunkt der Mindermeinung ist indessen unzutreffend: es geht im Rahmen des § 128 HGB und dessen analoger Anwendung auf die GbR-Verbindlichkeiten gerade *nicht* um die Zurechnung deliktischen Handelns gegenüber Dritten bzw. die ihr entsprechende Ausdehnung deliktischer Haftung auf Dritte; diese Frage ist durch § 31 mit Blick auf die GbR beantwortet. Entscheidend ist vielmehr die Tragweite der durch oder analog § 128 HGB begründeten gesamtschuldnerischen Haftung der Gesellschafter für die Gesellschaftsverbindlichkeiten als Ersatz für einen gesetzlich gesicherten, bei Personengesellschaften fehlenden Haftungsfonds zu Gunsten der Gläubiger. Aus dieser Sicht erweist sich eine **Ausnahme** für deliktische Verbindlichkeiten aber als **systemfremd** und mit Blick auf das Schutzbedürfnis deliktischer Gläubiger, die sich ihren Schuldner nicht aussuchen können, auch aus teleologischer Sicht nicht veranlasst. Sie ist daher abzulehnen.[88]

39 **cc) Nicht: Sozialverbindlichkeiten.** *Unanwendbar* ist § 128 HGB – und ebenso auch die Analogie – auf sog. Sozialverbindlichkeiten der GbR, dh. aus dem Gesellschaftsverhältnis entspringende Verbindlichkeiten gegenüber Mitgesellschaftern.[89] Einer solchen Haftung steht die in § 707 geregelte *Begrenzung der Beitragspflichten* auf die im Gesellschaftsvertrag vereinbarte Höhe entgegen; sie würde durchbrochen, wenn Gesellschafter sich wegen ihrer Ansprüche gegen die Gesellschaft, sei es auf Anwendungsersatz, Geschäftsführervergütung, Gewinn oÄ anteilig auch an die Mitgesellschafter halten könnten. Derartige Ansprüche bilden vielmehr grundsätzlich einen im Zuge der Auseinandersetzung zu berücksichtigenden Rechnungsposten (§ 730 RdNr. 49 ff.). Eine begrenzte Ausnahme kommt nur insoweit in Betracht, als es um den Gesamtschuldnerausgleich zwischen den Gesellschaftern nach Inanspruchnahme eines von ihnen für eine Gesellschaftsverbindlichkeit geht und der Leistende keinen Ersatz von der GbR erlangen kann. Der Haftungsausschluss gilt *nicht* für *Drittgläubigerforderungen* eines Gesellschafters gegen die GbR; dieser muss sich bei der Inanspruchnahme der Mitgesellschafter lediglich seine Haftungsquote anrechnen lassen (vgl. § 705 RdNr. 220). Auch gegenüber dem *Abfindungsanspruch* eines ausgeschiedenen Gesellschafters können die Mitgesellschafter sich nicht auf den aus § 707 resultierenden Einwand berufen (vgl. § 705 RdNr. 218).

40 **c) Persönliche Reichweite.** Die Haftung nach oder analog § 128 HGB erfasst grundsätzlich **alle Gesellschafter** der GbR, darunter auch die *ausgeschiedenen* für die während ihrer Mitgliedschaft begründeten Gesellschaftsschulden (RdNr. 70 f.; zur Haftung Beitretender für Altverbindlichkeiten vgl. RdNr. 72 f., zum Wahlrecht der Gesellschafter/Erben analog § 139 HGB vgl. RdNr. 74). Sie gilt nach Rechtsscheingrundsätzen auch für *Scheingesellschafter* oder Mitarbeiter einer *Scheinsozietät,* etwa auf dem Briefkopf oder dem Praxisschild einer Freiberufler-Sozietät als Sozien aufgeführte Angestellte.[90] Selbst für *geschäftsunfähige und beschränkt geschäftsfähige Gesellschafter* sieht das Gesetz keine Ausnahme vor, sofern sie wirksam Gesellschafter geworden sind (§ 705 RdNr. 69 f.). Das zum 1. 1. 1999 in Kraft

[86] Für Eingreifen der akzessorischen Gesellschafterhaftung auch insoweit die hM, vgl. *Staub/Habersack* HGB § 128 RdNr. 10; *Schlegelberger/K. Schmidt* HGB § 128 RdNr. 11; *Baumbach/Hopt* HGB § 128 RdNr. 2; *Beuthien* DB 1975, 725, 726; *Schwark,* FS Heinsius, 1991, S. 753, 764; für die Haftung der GbR-Gesellschafter jetzt auch BGH NJW 2003, 1445, 1446. Gegenansicht vgl. in Fn. 87.

[87] *Flume* I/1 § 16 IV 6; *ders.,* FS H. Westermann, 1974, S. 119, 143; *Altmeppen* NJW 1996, 1017, 1021 ff.; *H. Baumann* JZ 2001, 895, 900 f.; *C. Schäfer* ZIP 2003, 1225, 1227 f.; dagegen zutr. *K. Schmidt* NJW 2003, 1897, 1898 f.

[88] So jetzt auch BGH NJW 2003, 1445, 1446; zust. *K. Schmidt* NJW 2003, 1897, 1898 ff.; *Ulmer* ZIP 2003, 1113, 1114 f.; aA erneut *Flume* DB 2003, 1775 ff. (Umkehrschluss aus § 831).

[89] Vgl. nur *Schlegelberger/K. Schmidt* HGB § 128 RdNr. 12; *Staub/Habersack* HGB § 128 RdNr. 12.

[90] Vgl. zur Scheinsozietät BGHZ 70, 247, 249 = NJW 1978, 996; BGHZ 148, 97, 103 f. = NJW 2001, 2462; BGH NJW 1971, 1801, 1802; 1990, 827, 828 f.; 1991, 1225; 1999, 3040, 3041; 2001, 165, 166; *Odersky,* FS Merz, 1992, S. 439, 448 ff.; *Kamps/Alvermann* NJW 2001, 2121 ff.; *Grunewald,* FS P. Ulmer, 2003, S. 141, 144 ff.

getretene Gesetz zur Beschränkung der Haftung Minderjähriger (MHbeG)[91] gibt dem volljährig gewordenen Minderjährigen zwar nach § 1629 a Abs. 1 im Grundsatz das Recht, seine Haftung für vor Eintritt der Volljährigkeit begründete Gesellschaftsverbindlichkeiten auf den Bestand seines Vermögens zu diesem Zeitpunkt zu beschränken und ggf. die Gesellschaft nach § 723 Abs. 1 S. 3 Nr. 2 fristlos zu kündigen (vgl. näher § 723 RdNr. 38 ff.). Eine Ausnahme von der aus § 128 HGB oder dessen analoger Anwendung folgenden Haftung für Gesellschaftsverbindlichkeiten ist mit dieser gegenständlichen Haftungsbeschränkung jedoch nicht verbunden. – Zur Möglichkeit einer Beschränkung oder des Ausschlusses der Gesellschafterhaftung durch Vertrag der GbR mit dem jeweiligen Gläubiger vgl. RdNr. 63 ff.

Eine **Einschränkung** gegenüber der gesamtschuldnerischen Gesellschafterhaftung hat der BGH zu Gunsten der Mitglieder von als Außen-GbR organisierten *Bauherrengemeinschaften* getroffen (RdNr. 62): sie sollen auch „weiterhin grundsätzlich nur anteilig nach den bisherigen Rechtsprechungsgrundsätzen" haften.[92] Dem ist zwar im Ergebnis (vgl. RdNr. 66), nicht aber in der – mit der Akzessorietätstheorie schwer vereinbaren – Begründung zu folgen.[93] Geboten erscheint allerdings eine Reduktion der Analogie zu § 128 HGB in Fällen der *Dauertestamentsvollstreckung* über GbR-Anteile, und zwar in der Weise, dass die Haftung für Gesellschaftsverbindlichkeiten während des Bestehens der TV nur den Nachlass und nicht auch die Gesellschafter/Erben persönlich trifft. Begründen lässt sich diese Modifikation der Akzessorietätstheorie mit der Berücksichtigung des Interesses der Beteiligten. Denn die Gesellschaftsgläubiger sind durch ihr fortbestehendes vorrangiges Zugriffsrecht auf den Nachlass in aller Regel hinreichend gesichert, während den Gesellschaftern/Erben die persönliche Haftung angesichts der ihrer Verwaltung entzogenen GbR-Beteiligung nicht zugemutet werden kann (vgl. näher § 705 RdNr. 114). Auf rechtsgeschäftlichem Wege ließe sich eine derart umfassende, sachlich gebotene Haftungsbeschränkung auf den Nachlass nicht erreichen (vgl. RdNr. 63). 41

Eine **Erweiterung** der Haftung analog § 128 HGB über den Kreis der Gesellschafter hinaus ist demgegenüber geboten, soweit es um den *Nießbrauch* am Gesellschaftsanteil geht. Da der Nießbraucher kraft seiner „dinglichen" Berechtigung (§§ 1068, 1069) nicht nur nach innen, sondern auch nach außen in den Gesellschafterverband eintritt, ist es nur folgerichtig, ihn auch in die Außenhaftung der Gesellschafter einzubeziehen (vgl. § 705 RdNr. 106). Anderes gilt dagegen für sonstige, mittelbar am Anteil Beteiligte wie *Treugeber* oder *Unterbeteiligte.* Sie erlangen selbst bei qualifizierter (offener) Treuhand oder Unterbeteiligung nur interne Rechte und Pflichten (vgl. näher § 705 RdNr. 93, Vor § 705 RdNr. 101); eine analoge Anwendung des § 128 HGB ihnen gegenüber ist daher nicht begründbar.[94] Auch der *Testamentsvollstrecker* am GbR-Anteil kommt – als Partei kraft Amtes – nicht selbst in die Gesellschafterhaftung analog § 128 HGB, sofern er der Gesellschaft nicht als Treuhänder beitritt; zum Ausschluss der persönlichen Haftung der Gesellschafter/Erben vgl. RdNr. 41. 42

2. Haftungsinhalt. Im **Recht der OHG und KG** ist – unter den Stichworten „Haftungs- oder Erfüllungstheorie" – lebhaft umstritten, welchen Inhalt die in §§ 128, 171 HGB angeordnete Gesellschafterhaftung hat, dh. ob der Gläubiger von den Gesellschaftern persönlich nur ein Einstehen für fremde Schuld verlangen oder sie unmittelbar 43

[91] Gesetz zur Beschränkung der Haftung Minderjähriger v. 25. 8. 1998, BGBl. I S. 2487; vgl. dazu § 1629 a RdNr. 6 ff., 31 ff.; *Habersack* FamRZ 1999, 1 ff.

[92] BGHZ 150, 1, 6 = NJW 2002, 1642; zur früheren Rspr. vgl. 3. Aufl. RdNr. 43.

[93] So zu Recht *Casper* JZ 2002, 1112, 1113 f.; krit. auch *Hadding* WuB II J. § 705 BGB 4.02 S. 865, 868.

[94] Zum KG-Recht (bei Zwischenschaltung eines Treuhand-Kommanditisten) hM, vgl. OLG Düsseldorf DB 1991, 1274; MünchKommHGB/*K. Schmidt* Vor § 230 RdNr. 60; *Armbrüster,* Die treuhänderische Beteiligung an Personengesellschaften, 2001, S. 420; *Tebben* ZGR 2001, 586, 612; *Wiesner,* FS P. Ulmer, 2003, S. 673, 681; **aA** *Baumbach/Hopt* HGB § 105 RdNr. 34; *Schiemann,* FS Zöllner, 1998, S. 503, 511; so auch noch *Staub/Ulmer* HGB § 106 RdNr. 17 (aus heutiger Sicht überholt).

auf Erfüllung in Anspruch nehmen kann. Nach **Ansicht des BGH** besteht ein Erfüllungsanspruch gegen die Gesellschafter persönlich auch bei anderen als Geldschulden jedenfalls dann, wenn ihnen die Erfüllung zumutbar ist, sie diese namentlich durch Geldeinsatz bewirken können.[95] In der **Literatur** bejahte die *früher* überwiegende Meinung einen Erfüllungsanspruch gegenüber den Gesellschaftern bei anderen als Geldschulden nur, sofern der Gesellschafter sich der Gesellschaft gegenüber seinerseits zu der geschuldeten Leistung verpflichtet hatte; im Übrigen sollte sich die Haftung der Gesellschafter auf eine primäre – also nicht von einer vorherigen Inanspruchnahme der Gesellschaft abhängige – Einstandspflicht für die Erfüllung durch die Gesellschaft beschränken, im Zweifel also auf Geld gerichtet sein.[96] Demgegenüber wird *in neuerer Zeit* die Differenzierung des Inhalts von Gesellschafts- und Gesellschafterschuld überwiegend abgelehnt; grundsätzlich sollen danach auch die Gesellschafter persönlich auf Erfüllung in Anspruch genommen werden können.[97] Anderes soll nur bei personenbezogenen, ihrer Art oder ihrem Inhalt nach nur von der Gesamthand oder ihren Organen zu erfüllenden Verbindlichkeiten gelten wie etwa bei einem Wettbewerbsverbot der Gesellschaft oder der Erbringung unvertretbarer Leistungen; in derartigen Fällen soll sich die Haftung der Gesellschafter auch dann auf eine bloße Einstandspflicht beschränken, wenn sie im Innenverhältnis zur Erbringung der entsprechenden Leistungen für die Gesamthand verpflichtet sind.[98]

44 Für eine grundsätzliche Stellungnahme zu diesen Fragen besteht **aus GbR-Sicht** derzeit kein Anlass; es kann vielmehr auf die Diskussion zum OHG-Recht verwiesen werden (RdNr. 43). Allerdings gibt die *Vielfalt der GbR-Zwecke* und die entsprechende Unterschiedlichkeit des jeweiligen Zusammenwirkens der Gesellschafter Anlass, diesen dem Rechtsverkehr meist bekannten Umständen auch mit Blick auf den Inhalt der Gesellschafterhaftung stärkere Bedeutung zu verleihen, als das für den Bereich der Handelsgesellschaften anerkannt ist. So berechtigen *berufsspezifische Leistungspflichten,* die Freiberufler-Sozietäten im Rahmen von Mandatsverträgen übernehmen, die Mandanten regelmäßig dazu, Erfüllung durch jeden der der jeweiligen Berufsgruppe angehörenden Gesellschafter zu verlangen und diesen Anspruch auch unmittelbar gegen die fraglichen Personen durchzusetzen, während es im Falle *interprofessioneller* Sozietäten für die Angehörigen *anderer* Berufsgruppen bei der Einstandspflicht in Geld bleibt.[99] Bei *Bau-Arbeitsgemeinschaften* beschränkt sich die Erfüllungspflicht der einzelnen Partner analog § 128 HGB entsprechend dem vereinbarten Zusammenwirken der Partner im Zweifel auf die von ihnen jeweils auch intern übernommenen

[95] BGH NJW 1981, 1095, 1096; aA *Hadding/Häuser* WM 1988, 1585, 1590 (weiterhin Subsidiarität).

[96] So mit iE unterschiedlicher Begründung namentlich *Rob. Fischer* in Großkomm. zum HGB § 128 Anm. 11 f.; *Hueck* OHG § 21 II 5, S. 315 ff.; *Heymann/Emmerich* HGB, 2. Aufl., § 128 RdNr. 21, 22; *Wiedemann* GesR I S. 288; *Kornblum* BB 1971, 1434, 1439 f.; *Lindacher* JuS 1982, 352 ff.; sowie für einen Einzelfall BGHZ 23, 302, 306 = NJW 1957, 871. AA einerseits *Hadding* ZGR 1981, 581 f. (dezidiert gegen eine Berücksichtigung des Innenverhältnisses für die Bestimmung des Haftungsinhalts); andererseits *John,* Die organisierte Rechtsperson, 1977, S. 250 ff., insbes. S. 267 ff. (primäre Erfüllungsansprüche gegen die Gesellschafter generell ablehnend). Vgl. auch Nachw. in Fn. 97, 98.

[97] So namentlich *Flume* I/1 § 16 III 2 bis 4, S. 303 f., 305, 306 f.; *Staub/Habersack* HGB § 128 RdNr. 27 ff.; *Schlegelberger/K. Schmidt* HGB § 128 RdNr. 24; *ders.* GesR § 49 III 1; *Baumbach/Hopt* HGB § 128 RdNr. 8 f. Weitergehend (generell für Erfüllungshaftung) *Hadding* (Fn. 96).

[98] *Flume* I/1 § 16 III 5, S. 312 f. unter Hinweis darauf, dass unmittelbare Ansprüche gegen Gesellschaftsorgane auf Erfüllung von Gesellschaftsschulden auch sonst nicht gewährt werden (vgl. demgegenüber für die Durchsetzung mitgliedschaftlicher Verwaltungsrechte aber § 705 RdNr. 199); ähnlich *Staub/Habersack* HGB § 128 RdNr. 36; *Schlegelberger/K. Schmidt* HGB § 128 RdNr. 29; *ders.* GesR § 49 III 2 c.

[99] Vgl. etwa BGH WM 1982, 743, 744; 1993, 1677, 1681; dazu auch *Grunewald,* FS Peltzer, 2001, S. 129, 132 f.; *Sieg* WM 2002, 1432, 1436. Zu eng BHG NJW 2000, 1333, 1334 (Verneinung der Haftung von Steuerberatern und Wirtschaftsprüfern einer interprofessionellen Sozietät für Veruntreuung von Mandantengeldern durch einen der Sozietät angehörenden Rechtsanwalt, da der Rechtsberatungsvertrag nur mit diesem zu Stande gekommen sei); dazu mit Recht kritisch *Grunewald* aaO S. 131 ff.; *Damm/Micklitz* JZ 2001, 76; *A. Schmidt* NJW 2001, 1911 f.; relativierend *Sieg* WM 2002, 1432, 1435 f.

Beitrags-(Werk-)Leistungen.[100] Entsprechendes ist auf Grund des Inhalts der mit Dritten abgeschlossenen Geschäftsbesorgungsverträge auch bei *Emissions-, Kredit- und Finanzierungskonsortien* anzunehmen. Soweit es schließlich um die – typischerweise auf Geld gerichteten – Pflichten einer als GbR organisierten *Bauherrengemeinschaft* geht, modifiziert sich die Haftung der einzelnen Bauherren typischerweise zusätzlich dadurch, dass jeder von ihnen nur auf den ihn anteilig treffenden Betrag der Bausumme oder des Finanzierungsdarlehens in Anspruch genommen werden kann (vgl. RdNr. 62, 66).

3. Geltendmachung in der Insolvenz der GbR. Wird das Insolvenzverfahren über das Vermögen einer Außen-GbR eröffnet, so geht die Befugnis zur Geltendmachung der Gläubigeransprüche gegen die Gesellschafter auf den Insolvenzverwalter über. Das folgt aus der auf persönlich haftende Gesellschafter einer OHG oder KG bezogenen Vorschrift des **§ 93 InsO;** sie gilt infolge der Durchsetzung der Akzessorietätstheorie auch für die Gesellschafter einer Außen-GbR.[101] Prozesse von Gesellschaftsgläubigern gegen Gesellschafter zur Durchsetzung ihrer akzessorischen Haftung werden durch Eröffnung des GbR-Insolvenzverfahrens unterbrochen.[102] 45

III. Folgen der akzessorischen Gesellschafterhaftung

1. Akzessorietät in Bezug auf Haftungsumfang und Gläubigerstellung. a) Maßgeblichkeit des jeweiligen Bestands der Gesellschaftsverbindlichkeit. Die Analogie zu § 128 hat zur Folge, dass sich die Gesellschafterhaftung nicht nur in Bezug auf die Entstehung, sondern ebenso auf den **Fortbestand** nach derjenigen der Gesellschaft richtet.[103] Die *Tilgung* seitens der Gesellschaft führt zum Wegfall auch der Gesellschafterhaftung, diejenige seitens eines Mitgesellschafters zum Übergang der Gläubigerforderung auf ihn kraft cessio legis (RdNr. 54). Entsprechendes wie für die Tilgung gilt für einen *Forderungserlass* im Verhältnis zwischen Gläubiger und Gesellschaft;[104] der gegenteiligen Rechtsprechung des BGH[105] ist nicht zu folgen. Demgegenüber lässt der Erlass gegenüber einem Mitgesellschafter den Bestand der Forderung gegen Gesellschaft und übrige Gesellschafter regelmäßig unberührt (vgl. § 423).[106] 46

b) Unanwendbarkeit der §§ 422 bis 425. Zwischen Gesellschaft und Gesellschaftern besteht *kein Gesamtschuldverhältnis,* da es insoweit an der Gleichstufigkeit zwischen Gesellschaftshaftung und akzessorischer Gesellschafterhaftung fehlt;[107] der Hinweis „als Gesamtschuldner“ in § 128 S. 1 bezieht sich nur auf das (Gesamtschuld-)Verhältnis zwischen den Gesellschaftern (RdNr. 56). Die Haftung der Gesellschafter ist vielmehr, was ihre Akzessorietät gegenüber der Gesellschaftsschuld angeht, dem Verhältnis zwischen (selbstschuldnerischer) Bürgenhaftung und Hauptschuld nachgebildet.[108] Daraus folgt die Unanwend- 47

[100] Im Ansatz **aA** die zu § 128 HGB herrschende Erfüllungstheorie (vgl. Fn. 97 und BGHZ 73, 217, 221 = NJW 1979, 1361), die eine Leistungspflicht der Gesellschafter im Fall *vertretbarer* Handlungen im Grundsatz bejaht, über §§ 280, 281 bzw. – bei Verurteilung zur Erfüllung – über §§ 787, 788 ZPO dann aber ebenfalls zu einem Zahlungsanspruch des Gläubigers gelangt.

[101] BGH NJW 2003, 590; OLG Jena NZG 2002, 172, 173; OLG Stuttgart DB 2002, 1929; vgl. näher § 728 RdNr. 21.

[102] Im Ergebnis einhM, vgl. BGH NJW 2003, 590, 591 unter analoger Anwendung von § 17 Abs. 1 S. 1 AnfG entgegen der überwM in der Literatur, die die Unterbrechung auf unmittelbare oder analoge Anwendung des § 240 ZPO stützt (Nachw. bei BGH aaO).

[103] So aus Sicht der Doppelverpflichtungstheorie auch schon die bisher überwM unter Hinweis auf eine rechtsgeschäftlich begründete Akzessorietät zwischen Gesellschaftsschuld und Gesellschafterhaftung (so *Habersack* JuS 1993, 1, 5 ff.; *ders.* AcP 198 (1998), 152, 166 ff.; ähnlich schon *Soergel/Hadding* RdNr. 37) bzw. auf das Vorliegen einer „unechten“ Gesamtschuld (so 3. Aufl. RdNr. 45; ähnlich *Erman/Westermann* RdNr. 14).

[104] Vgl. statt aller *Schlegelberger/K. Schmidt* HGB § 128 RdNr. 17; *Staub/Habersack* HGB § 128 RdNr. 21.

[105] BGHZ 47, 376, 378 = NJW 1967, 2155; BGH WM 1975, 974.

[106] *Schlegelberger/K. Schmidt* HGB § 128 RdNr. 18; *Staub/Habersack* HGB § 128 RdNr. 24.

[107] Ganz hM, vgl. *Schlegelberger/K. Schmidt* HGB § 128 RdNr. 16 f.; *Staub/Habersack* HGB § 128 RdNr. 23.

[108] So zutr. *Habersack* AcP 198 (1998), 152, 159 ff.

barkeit der §§ 422 ff. im Verhältnis zwischen Gesellschaft und Gesellschaftern: Erfüllung (§ 422), Erlass (§ 423), Stundung sowie der in § 425 verankerte Grundsatz der Einzelwirkung von Pflichtverletzungen u. a. auf Seiten der Gesellschaft und sonstige Modifikationen des Schuldverhältnisses haben unmittelbare Auswirkungen auf die akzessorische Gesellschafterhaftung. Vorbehaltlich abweichender Abreden zwischen Gläubiger und Gesellschafter hängt die Haftung in Entwicklung, Fortbestand und Durchsetzbarkeit voll von der jeweiligen Rechtslage zwischen Gläubiger und Gesellschaft ab.[109] Zum Recht der Gesellschafter, sich gegenüber den Gläubigern auf Einreden der Gesellschaft zu berufen, vgl. RdNr. 50 f.

48 **c) Gläubigerstellung.** Auch insoweit ist die Akzessorietät der Gesellschafterhaftung zu beachten. Nach §§ 398, 412 iVm. § 401 stellt sie sicher, dass die Forderung des Gesellschaftsgläubigers aus oder analog § 128 HGB kein selbstständiger Verfügungsgegenstand ist, sondern der jeweiligen Zuständigkeit für die fragliche Hauptforderung entspricht. Das gilt sowohl für den Fall rechtsgeschäftlichen wie auch gesetzlichen Übergangs der Forderung gegen die Gesellschaft; die Gläubigeridentität ist zwingender Natur.[110] Einer Änderung auf der Schuldnerseite, sei es kraft Schuldübernahme oder kraft Gesellschafterwechsels (RdNr. 70 ff.), steht die Akzessorietät demgegenüber nicht entgegen.[111]

49 **2. Einwendungen und Einreden des Gesellschafters. a) Persönliche.** Das Recht des Gesellschafters, ihm persönlich gegen den Gesellschaftsgläubiger zustehende Einwendungen und Einreden geltendzumachen, richtet sich nach *allgemeinem Schuldrecht.*[112] Maßgebend ist das jeweilige Rechtsverhältnis zwischen dem (analog § 128 HGB haftenden) Gesellschafter und dem Gesellschaftsgläubiger, insbes. die hierauf bezogenen Abreden zwischen ihnen bzw. zwischen Gesellschaft und Gläubiger iS eines Vertrags zu Gunsten Dritter (vgl. dazu RdNr. 63). Hierunter fallen etwa die Berufung des Gesellschafters auf einen Erlass oder die Stundung der Gläubigerforderung ihm gegenüber, die Aufrechnung mit einer Gegenforderung gegen den Gläubiger sowie die Berufung auf ein mögliches Zurückbehaltungsrecht, aber auch diejenige auf den Eintritt der *Verjährung;* sofern sie sich auf die persönliche Haftung des Gesellschafters bezieht, wird sie durch Unterbrechungshandlungen des Gläubigers gegenüber der Gesellschaft nicht tangiert.[113] Zu den dem Gesellschafter aus abgeleitetem Recht zustehenden persönlichen Einreden der Anfechtbarkeit und der Aufrechenbarkeit (§ 129 Abs. 2 und 3 HGB analog) vgl. RdNr. 51.

50 **b) Aus abgeleitetem Recht (§ 129 Abs. 1 bis 3 HGB analog).** Die akzessorische Gesellschafterhaftung analog § 128 HGB hat notwendig zur Folge, dass zu Gunsten des Gesellschafters auch eine Analogie zu § 129 Abs. 1 bis 3 HGB eingreift.[114] Soweit es um rechtshindernde *Einwendungen* der Gesellschaft geht (Nichtigkeit, erfolgreiche Anfechtung u. a.), folgt das Recht des Gesellschafters, sich darauf zu berufen, schon aus dem Akzessorietätsprinzip selbst, da es in derartigen Fällen an einer wirksamen Gesellschaftsverbindlichkeit fehlt.[115] Entsprechendes gilt für rechtsvernichtende Einwendungen (Erfüllung, Aufrechnung, Erlass u. a.). Bedeutung erlangt die **Analogie zu § 129 Abs. 1 HGB** hingegen für *Einreden* der Gesellschaft wie Stundung, Zurückbehaltungsrecht, Verjährung, rechtskräftige Klageabweisung. Auf sie kann sich der Gesellschafter auch seinerseits berufen, solange sie

[109] So im Fall von Freiberufler-Sozietäten in Bezug auf die Nichtanwendung des § 425 seit RGZ 85, 306 st. Rspr.; vgl. BGHZ 56, 355, 361 f. = NJW 1971, 1801; BGHZ 70, 247, 251 f. = NJW 1978, 996; BGHZ 83, 328, 329 ff. = NJW 1982, 1866; BGHZ 97, 273, 276 ff. = NJW 1986, 2364; *Steindorff,* FS Rob. Fischer, 1979, S. 751, 756 f.; *Grunewald,* FS Peltzer, 2001, S. 129 ff. Aus der Sicht der Akzessorietätstheorie vgl. die Nachw. in Fn. 107, 108; zur Beurteilung aus Sicht der Doppelverpflichtungstheorie vgl. 3. Aufl. RdNr. 49.

[110] Vgl. nur *Staub/Habersack* HGB § 128 RdNr. 22.

[111] *Staub/Habersack* HGB § 128 RdNr. 22.

[112] *Schlegelberger/K. Schmidt* HGB § 129 RdNr. 2; *Staub/Habersack* HGB § 129 RdNr. 2, 17 ff.

[113] Str., vgl. *Staub/Habersack* HGB § 129 RdNr. 6 f.; aA *Schlegelberger/K. Schmidt* HGB § 129 RdNr. 7 f.

[114] So der (nicht näher begründete) Hinweis in BGHZ 146, 341, 358 auf die Parallele der Gesellschafterhaftung zu „§§ 128 f. HGB“; wohl auch *Hadding* ZGR 2001, 712, 741 f.

[115] Vgl. nur *Staub/Habersack* HGB § 129 RdNr. 4.

von der Gesellschaft erhoben werden können (vgl. § 129 Abs. 1 aE HGB). Wegen der Einzelheiten wird auf die Kommentierungen zu § 129 Abs. 1 HGB verwiesen.

Nicht von § 129 Abs. 1 HGB erfasst werden die der Gesellschaft zustehenden rechtshindernden oder -vernichtenden **Gestaltungsrechte,** solange sie hiervon noch keinen Gebrauch gemacht hat. Dieser Problematik tragen **§ 129 Abs. 2 und 3 HGB** Rechnung, indem sie dem haftenden Gesellschafter eine aus derartigen Anfechtungs- bzw. Aufrechnungsbefugnissen der Gesellschaft abgeleitete *persönliche Einrede* gewähren.[116] Auch insoweit ist infolge der akzessorischen Gesellschafterhaftung eine analoge Anwendung auf das Recht der GbR geboten.[117] Die Gesellschafter können danach die Einrede der Anfechtbarkeit oder der Aufrechenbarkeit solange erheben und den Gläubiger an der Durchsetzung seines Anspruchs hindern, als der Gesellschaft das fragliche Gestaltungsrecht zusteht. 51

c) Keine Zwangsvollstreckung aus Schuldtiteln gegen die Gesellschaft (§ 129 Abs. 4 HGB). Die Vorschrift des § 129 Abs. 4 HGB zieht die im Grundsatz selbstverständliche Konsequenz aus der Parteifähigkeit der Personenhandelsgesellschaften und dem Erfordernis eines besonderen, gegen sie gerichteten Schuldtitels zur Vollstreckung in das Gesellschaftsvermögen (§ 124 Abs. 1 und 2 HGB); ihre rechtliche Bedeutung beschränkt sich darauf, eine Titelumschreibung nach § 727 ZPO ohne Gesamtrechtsnachfolge des Gesellschafters auszuschließen.[118] Für das Recht der GbR stellte sich die Frage ihrer Anwendbarkeit solange nicht, als die Gesellschaft selbst weder als rechts- noch als parteifähig angesehen und die Vollstreckung in das Gesellschaftsvermögen nach § 736 ZPO von entsprechenden Titeln gegen alle Gesellschafter abhängig gemacht wurde; diese berechtigten aus traditioneller Sicht selbstverständlich auch zur Vollstreckung in das Privatvermögen der Gesellschafter.[119] Die Rechtslage änderte sich schon dadurch, dass es mit Rücksicht auf die besonderen Haftungsverhältnisse im GbR-Recht zur Herausbildung einer *Gesamthandsschuldklage* gegen die jeweiligen Gesellschafter kam; sie unterscheidet sich von der gegen einzelne oder alle Gesellschafter je persönlich gerichteten Gesamtschuldklage dadurch, dass sie – nur – auf Vollstreckung in das Gesamthandsvermögen gerichtet ist.[120] 52

Seit Anerkennung der **Parteifähigkeit der Außen-GbR** (§ 705 RdNr. 318) bedarf es dieses Umwegs nicht mehr. Vielmehr lassen sich die unterschiedlichen Beklagten seither schon aus dem jeweiligen Rubrum des Urteils erkennen. Damit erledigt sich auch die früher nicht ohne weiteres auszuschließende Gefahr mangelnder Differenzierung zwischen Gesamthands- und Gesamtschuldtitel. Eine Vollstreckung in das persönliche Vermögen von Gesellschaftern ist schon nach allgemeinem Vollstreckungsrecht nur auf Grund eines gegen sie persönlich gerichteten Schuldtitels möglich, ohne dass es hierfür einer Analogie zu § 129 Abs. 4 HGB bedarf. 53

3. Regress- und Freistellungsanspruch gegen die Gesellschaft. Erfüllt ein vom Gesellschaftsgläubiger in Anspruch genommener Gesellschafter dessen durchsetzbare, analog § 128 HGB ihm gegenüber bestehende Forderung, so tätigt er eine Aufwendung im Interesse der Gesellschaft als Primärschuldnerin und kann von dieser nach **§§ 713, 670** Regress verlangen.[121] Streitig ist, ob sich mit der Leistung zugleich ein Übergang der gegen die Gesellschaft gerichteten Forderung auf den Leistenden im Wege der cessio legis verbindet.[122] Die Frage ist entgegen der überwM zu bejahen, wobei als Rechtsgrund freilich § 426 Abs. 2 mangels (echten) Gesamtschuldverhältnisses zwischen Gesellschafter und Gesellschaft ausscheidet. Der **Forderungsübergang** beruht vielmehr auf einem aus §§ 774 Abs. 1, 1143 Abs. 1, 1225 abzuleitenden, für akzessorische Verbindlichkeiten kennzeichnenden *allgemeinen Prinzip,* wonach die Hauptforderung auf den akzessorisch Haftenden übergeht, soweit 54

[116] Vgl. dazu statt aller *Schlegelberger/K. Schmidt* HGB § 129 RdNr. 16 ff.; *Staub/Habersack* HGB § 129 RdNr. 20 ff.

[117] Ebenso *Habersack* BB 2001, 477, 483.

[118] So zutr. *Schlegelberger/K. Schmidt* HGB § 129 RdNr. 24; *Staub/Habersack* HGB § 129 RdNr. 26.

[119] Vgl. dazu 3. Aufl. § 718 RdNr. 51 ff.

[120] Näher dazu § 718 RdNr. 53.

[121] Vgl. § 705 RdNr. 191, § 713 RdNr. 15.

[122] Dagegen die bisher hM, vgl. BGHZ 39, 219, 323 f. = NJW 1963, 1873; *Hueck* OHG § 21 II 7; *Baumbach/Hopt* HGB § 128 RdNr. 25; dafür *Flume* I/1 § 16 II 2 c; *Schlegelberger/K. Schmidt* HGB § 128 RdNr. 31; *Staub/Habersack* HGB § 128 RdNr. 43.

dieser den Gläubiger befriedigt.[123] Bedeutung hat dieser Übergang nach §§ 412, 401 vor allem für etwaige akzessorische Sicherheiten und Vorzugsrechte, die sich mit der Hauptforderung verbinden.

55 **Freistellung** von der akzessorischen Haftung können die Gesellschafter im Regelfall nur verlangen, wenn und soweit ihnen die Inanspruchnahme durch den Gesellschaftsgläubiger droht. Das folgt aus §§ 713, 669 (§ 713 RdNr. 15). Wie auch zu § 128 HGB anerkannt ist,[124] wäre ein weitergehender, schon durch die Fälligkeit oder gar die Begründung der akzessorischen Haftung ausgelöster Freistellungsanspruch mit der Haftungsstruktur der Personengesellschaft und der Pflicht der Gesellschafter zur Förderung des Gesellschaftszwecks unvereinbar. Zum Freistellungsanspruch ausscheidender Gesellschafter vgl. § 738 Abs. 1 S. 2 (§ 738 RdNr. 77 f.), zur besonderen Situation bei ausdrücklich oder konkludent im Gesellschaftsvertrag vereinbartem Anspruch von Gesellschaftern auf Ausschluss oder Beschränkung der akzessorischen Gesellschafterhaftung vgl. RdNr. 57, 69.

56 **4. Ausgleichsansprüche gegen Mitgesellschafter.** Werden die Gesellschafter erfolgreich auf Erfüllung in Anspruch genommen, so können sie bis zur Liquidation zwar von der Gesellschaft (RdNr. 54), im Regelfall jedoch *nicht* von ihren Mitgesellschaftern Ausgleich verlangen. Das folgt aus der Vorschrift des § 707, wonach Gesellschafter nicht zur Erhöhung ihrer Beiträge verpflichtet werden können; sie geht dem in § 426 Abs. 1 vorgesehenen, zwischen den Gesellschaftern als (echten) Gesamtschuldnern grundsätzlich eingreifenden Ausgleichsanspruch vor (§ 705 RdNr. 217). Hat die Gesellschaft allerdings keine zur Bezahlung frei verfügbaren Mittel, so kann der zahlende Gesellschafter seinen Ausgleichsanspruch nach § 426 in anteiliger Höhe *alsbald* gegen die Mitgesellschafter geltend machen.[125] Die Höhe der Ausgleichspflicht bestimmt sich nach der jeweiligen Verlustbeteiligung. Ein *ausgeschiedener* Gesellschafter haftet als Gesamtschuldner einer vor seinem Ausscheiden begründeten Verbindlichkeit nur dann anteilig für den Regressanspruch, wenn der den Gläubiger befriedigende Gesellschafter aus dem verbliebenen Gesellschaftsvermögen keine Befriedigung zu erlangen vermag.[126] Anderes gilt, wenn der zahlende Gesellschafter seinerseits aus der Gesellschaft ausscheidet: er kann von den Mitgesellschaftern alsbald anteiligen Ausgleich verlangen, ohne sich auf die vorrangige Inanspruchnahme des Gesamthandsvermögens verweisen lassen zu müssen.[127] Zur Haftung der Mitgesellschafter für Drittgläubigerforderungen eines Gesellschafters vgl. RdNr. 39.

57 Von der Ausgleichshaftung zu unterscheiden ist die Frage eines **Schadensersatzanspruchs** des in Anspruch genommenen Gesellschafters gegen den handelnden Geschäftsführer, wenn dieser die Durchsetzung einer Haftungsbeschränkung zu seinen Gunsten unterlässt. Er kommt nur dann in Betracht, wenn sich eine Pflicht zur Durchsetzung von Haftungsbeschränkungen aus dem Innenverhältnis ergibt und diese schuldhaft verletzt wurde.

IV. Möglichkeiten der Haftungsbeschränkung

58 **1. Fragestellung. a) Der Übergang zur akzessorischen Gesellschafterhaftung als Paradigmenwechsel.** Unter der Geltung der Doppelverpflichtungstheorie, dh. vor dem Rechtsprechungswandel seit 1999 (RdNr. 3 ff.), bereitete die Beschränkung der Haftung in der GbR auf das Gesellschaftsvermögen konstruktiv keine Schwierigkeiten. Da nicht die Gesellschaftsschuld, sondern die gesamtschuldnerische Haftung der Gesellschafter persönlich

[123] So zutr. *Habersack* AcP 198 (1998), 152, 159 ff.

[124] *Staub/Ulmer* HGB § 110 RdNr. 40; *Staub/Habersack* HGB § 128 RdNr. 41; LG Hagen BB 1976, 763; weitergehend *Schlegelberger/K. Schmidt* HGB § 128 RdNr. 35 (Grenze nur bei fehlendem Rechtsschutzinteresse).

[125] BGH NJW 1980, 339, 340; ZIP 2002, 394, 396; zust. *Erman/Westermann* RdNr. 15; *Baumbach/Hopt* HGB § 128 RdNr. 27; *Hadding/Häuser* WM 1988, 1585, 1588; weit. Nachw. bei § 705 Fn. 570.

[126] BGH LM § 426 Nr. 54 = NJW 1981, 1095; BGHZ 103, 72, 76 f. = NJW 1988, 1375.

[127] BGH NJW 1981, 1095, 1096; *Baumbach/Hopt* HGB § 128 RdNr. 36 m. weit. Nachw.; aA *Hadding/Häuser* WM 1988, 1585, 1590 (weiterhin Subsidiarität).

einer besonderen Begründung (in Gestalt der „Doppelverpflichtung" für rechtsgeschäftliche Verbindlichkeiten) bedurfte, ließ sich die Beschränkung schon dadurch herbeiführen, dass die Geschäftsführer beim rechtsgeschäftlichen Handeln für die GbR klar erkennen ließen, nicht gleichzeitig namens der Gesellschafter persönlich zu handeln;[128] im Fall gesetzlicher Verbindlichkeiten der GbR entsprach die Nichthaftung der Gesellschafter persönlich ohnehin dem Regelfall.[129]

Die Rechtslage änderte sich grundlegend, seit der BGH der Möglichkeit der Gesell- 59
schafter einen Riegel vorschob, durch einen bloßen **Haftungsbeschränkungszusatz** zum GbR-Namen („mit beschränkter Haftung" oÄ) zum Ausschluss der persönlichen Haftung zu kommen.[130] Spätestens durch den offenen Übergang zur Akzessorietätstheorie im Jahr 2001[131] hat sich die Darlegungslast umgekehrt: Die Mithaftung der Gesellschafter entspricht seither der Regel; Abweichungen hiervon bedürfen besonderer, vom BGH bisher nur in engen Grenzen zugelassener Gründe, und zwar unabhängig davon, ob es um rechtsgeschäftliche oder gesetzliche Verbindlichkeiten geht.

b) Die Vielgestaltigkeit der GbR-Erscheinungsformen als Problem. Die Proble- 60
matik dieses jedenfalls im theoretischen Ansatz radikalen Umschwungs ergibt sich aus der – vom BGH[132] früher wiederholt zur Ablehnung der Akzessorietätstheorie angeführten – Vielgestaltigkeit der Erscheinungsformen der GbR in einem breiten Spektrum zwischen unternehmerischer (kleingewerblicher oder freiberuflicher) und ideeller Zweckverfolgung. Vor diesem Hintergrund wirft die am OHG-Modell orientierte, mangels KG-Alternative sogar noch verschärfte neue Haftungsverfassung der Außen-GbR die Frage auf, ob die höchstrichterliche Rechtsfortbildung nicht über das Ziel des angemessenen Gläubigerschutzes hinausschießt und die künftige Verwendung der GbR-Rechtsform in „haftungssensiblen" Bereichen übermäßig erschwert. Die Problematik zeigt sich nicht zuletzt mit Blick auf den – im Grenzbereich zur GbR mit einer Vielzahl von Mitgliedern angesiedelten – nichtrechtsfähigen Verein,[133] da bei ihm die Haftungsbeschränkung auf das Vereinsvermögen, verbunden mit der Handelndenhaftung nach § 54 S. 2, seit jeher anerkannt ist (§ 54 RdNr. 46). Durch Öffnung des Zugangs zu OHG und KG für kleingewerbliche und vermögensverwaltende Gesellschaften im Zuge der Handelsrechtsreform 1998 (§ 105 Abs. 2 nF HGB) sowie durch Schaffung des Haftungsprivilegs des § 8 Abs. 2 PartGG für Freiberufler-Sozietäten, die die Rechtsform der Partnerschaftsgesellschaft wählen, hat sich die Frage zwar teilweise entschärft. Die Notwendigkeit, auch bei Verwendung der GbR-Rechtsform Wege zur Beschränkung oder zum Ausschluss der Gesellschafterhaftung für rechtsgeschäftliche Verbindlichkeiten der GbR in den hierfür nach der Interessenlage der Beteiligten in Betracht kommenden Fällen zu eröffnen, ist dadurch jedoch nicht entfallen.

c) Gründe für Ausschluss oder Beschränkung der Gesellschafterhaftung. Was das 61
Bedürfnis für eine derartige Haftungsbeschränkung entweder allein auf das Gesellschaftsvermögen oder zusätzlich auf die anteilige Gesellschafterhaftung angeht, liegt es nahe, sich an den insoweit unter der Geltung der Doppelverpflichtungstheorie anerkannten, auch aus heutiger Sicht sachgerechten **Sonderkonstellationen „privilegierungsbedürftiger" Gesellschaften** zu orientieren.[134] Danach erscheint ein *Verzicht* auf die persönliche Gesellschafterhaftung jedenfalls bei der Verfolgung gemeinnütziger und sonstiger ideeller (nichtwirtschaftlicher) Zielsetzungen im Grenzbereich zum nichtrechtsfähigen Verein sachgerecht;[135] er sollte von

[128] Vgl. 3. Aufl. RdNr. 41, 44.

[129] 3. Aufl. RdNr. 53.

[130] BGHZ 142, 315, 318 ff. = NJW 1999, 3483.

[131] BGHZ 146, 341, 358 = NJW 2001, 1056; vgl. dazu RdNr. 5.

[132] Vgl. Nachw. in Fn. 7.

[133] Zu den insoweit bestehenden Abgrenzungsproblemen vgl. Vor § 705 RdNr. 133 ff.

[134] Dazu 3. Aufl. RdNr. 42 f. und unten RdNr. 66; so im Ansatz (ausgehend von der „traditionellen" Haftungsverfassung) auch *H. Baumann* JZ 2001, 895, 903 f.

[135] Vgl. OLG Breslau OLGE 32, 362, 363 (Breslauer Brunnen) als Musterbeispiel; dem Ausschluss der Gesellschafterhaftung in derartigen Fällen zust. *Soergel/Hadding* RdNr. 31; *Flume* I/1 § 16 IV 5; *Westermann* Hdb. RdNr. I 904; aA *Nicknig* (Fn. 1) S. 19; wohl auch *Schwark,* FS Heinsius, 1991, S. 753, 756.

der Rechtsprechung respektiert werden. Eine Beschränkung der Gesellschafterhaftung liegt insbes. im Bereich der Vermögensverwaltung mit voller Zugriffsmöglichkeit der Gläubiger auf das gemeinsame Vermögen nahe, wie der BGH neuerdings für geschlossene Immobilienfonds und als Außen-GbR organisierte Bauherrengemeinschaften auch selbst anerkannt hat.[136] Soweit es andererseits um die gemeinsame Verfolgung erwerbswirtschaftlicher Ziele geht, erscheint es im Interesse der Gesellschaftsgläubiger grundsätzlich[137] angemessen, die Beteiligten an der persönlichen Außenhaftung analog § 128 HGB festzuhalten, wenn sie darauf verzichten, von der ihnen offen stehenden Wahl der KG oder der PartG als im Vergleich zur GbR haftungsprivilegierten Rechtsformen Gebrauch zu machen.[138]

62 **2. Wege zur Haftungsbeschränkung. a) Reduktion der Analogie zu § 128 HGB?** Diesen Weg ist der BGH – abgesehen von der sachlich nahe liegenden Nichtanwendung der Analogie auf *Altfälle* aus der Zeit vor September 1999[139] – in Bezug auf *Bauherrengemeinschaften* in der Rechtsform der Außen-GbR gegangen; insoweit hat der Senat an der jeweils anteiligen Haftung der Bauherren in Anknüpfung an die frühere Rechtsprechung[140] festgehalten.[141] Dem ist aus methodischen Gründen nicht zu folgen. Denn ein solches Vorgehen läuft der Sache nach auf eine ergebnisorientierte, für die Analogievoraussetzungen auf den Einzelfall abstellende Rechtsprechung hinaus; das zeigt schon die sachlich schwer nachvollziehbare Differenzierung zwischen der Haftungssituation in Bauherrengemeinschaften einerseits, geschlossenen Immobilienfonds andererseits.[142] Methodisch vertretbar wäre es zwar, entsprechend dem gesetzlichen Anwendungsbereich des § 128 HGB die Analogie auf solche BGB-Gesellschaften zu beschränken, die ähnlich wie Handelsgesellschaften erwerbswirtschaftlichen Zwecken dienen.[143] Lehnt man diesen Ansatz jedoch mit dem BGH[144] ab, so ist nicht ersichtlich, auf welchen methodisch gangbaren Weg man zu sonstigen Differenzierungen im Rahmen des Analogieschlusses kommen könnte. – Zum erbrechtlich geprägten Sonderfall der Haftungsbeschränkung auf den Nachlass bei Gesellschaftsanteilen unter Testamentsvollstreckung vgl. RdNr. 41; zur Frage einer Haftungskonzentration analog § 8 Abs. 2 PartGG für die Gesellschafter einer Freiberufler-GbR vgl. RdNr. 67 aE.

63 **b) Vertraglicher Haftungsausschluss. aa) Grundlagen.** Im rechtlichen Ansatz unproblematisch ist der rechtsgeschäftliche Ausschluss der persönlichen Gesellschafterhaftung. Wie aus § 128 S. 2 HGB folgt, genügt hierfür freilich nicht eine entsprechende Vereinbarung im Gesellschaftsvertrag; eine solche kann Dritten auch dann nicht entgegengesetzt werden, wenn sie nach außen erkennbar ist.[145] Es bedarf vielmehr einer **Freistellungsabrede** oder eines **Erlassvertrages** mit dem jeweiligen Gesellschaftsgläubiger, sei es als Vertrag zu Gunsten der Gesellschafter (§ 328) zwischen GbR und Gläubiger, sei es unmittelbar zwischen Gläubiger und Haftungsschuldner.[146] Im Übrigen ist auch *zwischen rechtsgeschäftlichen und gesetzlichen GbR-Verbindlichkeiten zu differenzieren.* Während bei jenen ein Ausschluss oder eine Beschränkung der Gesellschafterhaftung schon im Zuge des Vertragsschlusses mit der

[136] BGHZ 150, 1, 4 ff. = NJW 2002, 1642, vgl. auch schon OLG Bamberg NZG 2000, 364, 365.

[137] Unter Vorbehalt auch sonstiger erwerbswirtschaftlich tätiger Publikumsgesellschaften (neben Immobilienfonds), für die schon nach bisherigem Recht ein Haftungsausschluss zu Gunsten der Gesellschafter anerkannt wurde, vgl. BGH NJW 1979, 2304, 2306; ähnlich auch BGHZ 113, 216, 219 = NJW 1991, 922 (für die Gesellschafter einer Schein-KG).

[138] So jetzt eingeh. *Reiff* ZGR 2003, 550, 565 ff. Zur Frage analoger Anwendung des Haftungsprivilegs des § 8 Abs. 2 PartGG auf Freiberuflersozietäten vgl. immerhin *H. Baumann* JZ 2001, 895, 901; *Sieg* WM 2002, 1432, 1434 f.

[139] So mit Blick auf geschlossene Immobilienfonds BGHZ 150, 1, 4 ff. = NJW 2002, 1642, unter Hinweis auf BGH NJW-RR 1990, 867.

[140] Vgl. nur BGHZ 75, 26, 28 f. = NJW 1979, 2101; BGH NJW 1980, 992, 994 (insoweit in BGHZ 76, 86 nicht abgedruckt); weit. Nachw. bei *Leuthe* (Fn. 1) S. 104 in Fn. 220; vgl. auch *Breuninger* (Fn. 1) S. 159 ff.

[141] BGHZ 150, 1, 6 = NJW 2002, 1642.

[142] So zutr. auch *Casper* JZ 2002, 1112, 1114; ähnlich *Hadding* (Fn. 93) S. 868; dem BGH aus teleologischen, am WEG orientierten Gründen zust. aber *Reiff* ZGR 2003, 550, 558 ff.

[143] So *K. Schmidt, Wiedemann, Reiff, Dauner-Lieb* u. a., vgl. Nachw. in Fn. 6.

[144] BGHZ 142, 315, 321 = NJW 1999, 3483.

[145] *Schlegelberger/K. Schmidt* HGB § 128 RdNr. 13, 15; *Staub/Habersack* HGB § 128 RdNr. 15.

[146] Vgl. *Schlegelberger/K. Schmidt* HGB § 128 RdNr. 14; *Staub/Habersack* HGB § 128 RdNr. 16.

GbR vereinbart werden kann, kommt bei diesen nur ein nachträglicher Erlassvertrag in Betracht. Will man auch für gesetzliche Verbindlichkeiten „privilegierungsbedürftiger" Gesellschaften (RdNr. 61) zu einer Haftungsbeschränkung auf das Gesellschaftsvermögen gelangen, so ist das nur unter Beschränkung des Anwendungsbereichs der Akzessorietätstheorie auf die sog. „unternehmenstragende" GbR erreichbar (vgl. dazu RdNr. 35).

bb) Erfordernis der Individualabrede? Im ersten der beiden Grundsatzurteile zur Neuordnung der Gesellschafterhaftung in der GbR hat der BGH apodiktisch ohne jede Begründung erklärt, eine Haftungsbeschränkung auf das Gesellschaftsvermögen sei nur dann wirksam, wenn die Parteien sie durch eine **individuelle Absprache** vereinbarten.[147] Träfe diese Feststellung zu, so wären die vertretungsbefugten Geschäftsführer einer GbR angesichts der Weite der AGB-Definition in § 305 Abs. 1 S. 1[148] gehindert, auf die Einbeziehung einer derartigen Haftungsbeschränkung regelmäßig oder doch in wiederkehrenden Fällen hinzuwirken, sofern diese nicht zum Gegenstand jeweils individuellen Aushandelns iS von § 305 Abs. 1 S. 3 gemacht würde. Die Aussage mag verständlich sein vor dem Hintergrund des zur Entscheidung stehenden Falles: der Relevanz eines Haftungsbeschränkungszusatzes zum GbR-Namen;[149] der Senat wollte damit anscheinend der Gefahr begegnen, dass aus einem solchen Zusatz auf eine entsprechende konkludente Beschränkungsabrede in den Verträgen der GbR mit Dritten geschlossen werden könnte. In einem neueren Urteil hat der BGH denn auch, ohne zur Kritik an der Grundaussage Stellung zu beziehen, eine erste Ausnahme für *Gesellschafter geschlossener Immobilienfonds* konzediert (RdNr. 66). 64

cc) Stellungnahme. Der Grundaussage des BGH über die **absolute Unwirksamkeit** vorformulierter, die AGB-Voraussetzungen erfüllender Haftungsbeschränkungen auf das GbR-Vermögen ist **nicht** zu folgen.[150] Selbst im Verhältnis gegenüber Verbrauchern als Vertragspartnern geht sie zu weit und lässt sich nicht auf den in § 309 enthaltenen Katalog absolut unwirksamer Klauseln stützen.[151] Auch bei den Klauselverboten mit Wertungsmöglichkeit (§ 308) findet sie keinen Anhalt. Im Übrigen hat der Gesetzgeber selbst Haftungsbeschränkungen durch vorformulierte Vertragsbedingungen in hierfür geeigneten Fällen wiederholt ausdrücklich zugelassen;[152] er hat sie dadurch zugleich dem Anwendungsbereich der Generalklauseln des § 307 Abs. 1 und 2 betr. die AGB-Inhaltskontrolle entzogen. An diesen gesetzlichen Befund ist auch die höchstrichterliche Rechtsprechung gebunden; die Entwicklung absoluter Klauselverbote außerhalb des Anwendungsbereichs des § 309 ist ihr verwehrt. Einschlägig ist vielmehr die spezielle Generalklausel des **§ 307 Abs. 2 Nr. 1,** wenn man – wofür gute Gründe sprechen – die akzessorische Haftung der Gesellschafter zu den Grundgedanken der (quasi-)gesetzlichen Regelung des GbR-Rechts rechnet. Daraus folgt zwar eine gesetzliche Vermutung („im Zweifel") für die Unangemessenheit der abweichenden Vereinbarung.[153] Liegen jedoch Sachgründe für den Ausschluss oder die Beschränkung der persönlichen Gesellschafterhaftung vor, so sind die Beteiligten nicht gehindert, diese auch in AGB-Gestalt zu vereinbaren, sofern die Einbeziehung in den Einzelvertrag nicht am Überraschungseinwand des § 305 c Abs. 1 scheitert. 65

Soweit es um die Beurteilung der **Angemessenheitsvoraussetzungen einer vorformulierten Haftungsbeschränkung** geht, kann an die Feststellungen zum Bedürfnis für 66

[147] BGHZ 142, 315, 323 = NJW 1999, 3483; vgl. dazu auch die authentische Interpretation durch zwei Senatsmitglieder (*Goette* DStR 1999, 1797; *Henze* BB 1999, 2262), es sei um die vorsorgliche Abwehr möglicher vorformulierter Haftungsausschlussklauseln gegangen. Ebenso OLG Stuttgart NZG 2002, 84, 85; kritisch dazu *Ulmer* ZGR 2000, 339, 347 f.

[148] Sie erfasst alle einseitig vorformulierten Klauseln, die nicht für einen Einzelfall, sondern für die künftige Verwendung in unbestimmter Zahl oder in mindestens drei bis fünf Fällen aufgestellt worden sind, vgl. *Ulmer* in *Ulmer/Brandner/Hensen,* AGB-Gesetz, 9. Aufl. 2001, § 1 RdNr. 23 ff.

[149] Vgl. *Goette* und *Henze* (Fn. 147).

[150] Näher *Ulmer* ZGR 2000, 347 f.; aA *Reiff* ZGR 2003, 550, 566 ff.

[151] Zum Nichteingreifen von § 309 Nr. 7 (= § 11 Nr. 7 AGBG) gegenüber derartigen Absprachen vgl. *Ulmer* ZIP 1999, 562 m. weit. Nachw.

[152] Vgl. die Nachw. in RdNr. 67.

[153] Dazu *Brandner* in *Ulmer/Brandner/Hensen* (Fn. 148) § 9 RdNr. 129, 132; eingehend jetzt *Canaris,* FS P. Ulmer, 2003, S. 1073, 1075 ff., 1081.

eine derartige Abrede in *Sonderkonstellationen nicht erwerbswirtschaflicher Zweckverfolgung* durch die GbR (RdNr. 61) angeknüpft werden. In derartigen Fällen führt die im Rahmen von § 307 gebotene Interessenabwägung regelmäßig zur Widerlegung der Unwirksamkeitsvermutung des § 307 Abs. 2 Nr. 1. Das hat der BGH inzwischen, wenn auch ohne Bezugnahme auf diese Generalklausel, für den formularmäßigen Ausschluss der Gesellschafterhaftung bei *geschlossenen Immobilienfonds* ausdrücklich anerkannt; zu Recht hat er darin im Regelfall, wegen der Eigenart dieser Fonds als reine Kapitalanlagegesellschaft, keine unangemessene Benachteiligung der Vertragspartner der GbR gesehen.[154] Entsprechendes gilt für die Gesellschafterhaftung bei sonstigen *Publikums-Gesellschaften;* die Interessenlage der Beteiligten unterscheidet sich nicht wesentlich dadurch, dass diese unternehmerisch tätig werden.[155] Unbedenklich ist aus den schon genannten Gründen (RdNr. 61) auch die Vereinbarung anteiliger, ihrer jeweiligen Beteiligung am Gesamtinvestment der *Bauherrengemeinschaft* entsprechender persönlicher Haftung der Bauherren für die Verbindlichkeiten der GbR;[156] eines Abrückens von der Akzessorietätstheorie[157] bedarf es hierfür selbst in den Fällen nicht, in denen die Bauherrengemeinschaft – als Außen-GbR – als solche am Rechtsverkehr teilnimmt (vgl. dazu Vor § 705 RdNr. 47 f.). Schließlich und vor allem erscheint ein Ausschluss der persönlichen Gesellschafterhaftung regelmäßig auch in denjenigen Fällen gerechtfertigt, in denen die Beteiligten mit der GbR *ideelle Zwecke* verfolgen, selbst wenn die Verbandsstruktur im Übrigen nicht derjenigen eines nichtrechtsfähigen Vereins angenähert sein sollte.[158]

67 Schon **kraft Gesetzes zugelassen** sind vorformulierte Haftungsbeschränkungen zu Gunsten von Angehörigen rechts- und wirtschaftsberatender Berufe. Das gilt einerseits für die höhenmäßige Haftungsbeschränkung auf das Vierfache der Mindestversicherungssumme in Verträgen zwischen bestimmten Freiberuflern und ihren Mandanten (§§ 51 a Abs. 1 Nr. 2 BRAO, 67 a Abs. 1 Nr. 2 StBerG, 54 a Abs. 1 Nr. 2 WPO), andererseits für die an § 8 Abs. 2 PartGG orientierte, formularmäßige Haftungskonzentration bei Schadensersatzansprüchen des Mandanten auf diejenigen Mitglieder der Freiberufler-Sozietät, die mit dem Mandat persönlich befasst waren (§§ 51 a Abs. 2 S. 2 BRAO, 67 a Abs. 2 S. 1 StBerG, 54 a Abs. 2 WPO). In derartigen Fällen ist für eine Inhaltskontrolle auf Grund einer der Generalklauseln des § 307 oder gar für die vom BGH postulierte absolute Unwirksamkeit von Haftungsbeschränkungsklauseln von vornherein kein Raum. Demgegenüber scheidet eine Analogie zur gesetzlichen Haftungskonzentration des § 8 Abs. 2 PartGG aus;[159] angesichts dieses speziell für die PartG geschaffenen Haftungsprivilegs und angesichts der vorgenannten Sondervorschriften für rechts- und wirtschaftsberatende Berufe fehlt es an der für die Analogie erforderlichen Gesetzeslücke.

68 **c) Beschränkung der Vertretungsmacht der Geschäftsführer?** Wie schon dargelegt (RdNr. 24), sind die Gesellschafter einer GbR grundsätzlich nicht gehindert, den Umfang der Vertretungsmacht der Geschäftsführer privatautonom festzulegen; eine Analogie zu dem für Handelsgesellschaften geltenden Rechtsprinzip unbeschränkter und unbeschränkbarer Vertretungsmacht der Gesellschaftsorgane[160] wird in ständiger Rechtsprechung zu Recht abgelehnt (vgl. Nachw. in Fn. 48). Dementsprechend kann die Vertretungsmacht der GbR-Organe grundsätzlich in der Weise eingeschränkt werden, dass sie sich nur auf solche Verträge bezieht, in denen die persönliche Haftung der Gesellschafter ausgeschlossen oder beschränkt wird.[161] Vorbehaltlich der Fälle einer – weitergehenden – Duldungs- oder Anscheinsvertretungsmacht[162] müssen auch die Vertragspartner der GbR eine derartige Beschränkung hinnehmen, wenn diese entweder allgemein deutlich erkennbar oder ihnen gegenüber unmissverständlich offengelegt ist.

[154] BGHZ 150, 1, 6 = NJW 2002, 1642.
[155] Vgl. die Nachw. in Fn. 137.
[156] So schon die bisherige Rspr., vgl. Nachw. in Fn. 140.
[157] So aber BGHZ 150, 1, 6 = NJW 2002, 1642.
[158] Vgl. die Angaben in Fn. 135.
[159] Offen lassend aber BGH NJW 2003, 1803, 1805.
[160] So §§ 126 HGB, 82 Abs. 1 AktG, 37 Abs. 2 GmbHG.
[161] *Ulmer* ZIP 1999, 564 und ZGR 2000, 345 f.
[162] Dazu RdNr. 28.

Trifft diese Prämisse zu, so folgt daraus zugleich, dass die GbR-Geschäftsführer im Rahmen ihrer Vertretungsmacht nur dann wirksam für die GbR handeln können, wenn sie den genannten Beschränkungen durch **Vereinbarung von Haftungsbeschränkungsklauseln** zu Gunsten der Gesellschafter Rechnung tragen. Andernfalls setzen sie sich der persönlichen Haftung nach Maßgabe des § 179 aus. Rechtsprechung und Teile der Literatur sind zwar bisher nicht bereit, diese Konsequenz zu akzeptieren;[163] das Anführen von Gegengründen bleiben sie jedoch meist schuldig.[164] Auch die Berufung auf die Unwirksamkeit formularmäßiger Haftungsbeschränkungen führt insoweit nicht weiter, da sie am Tatbestand fehlender Vertretungsmacht für die uneingeschränkte, die Haftungsfolgen des § 128 HGB auslösende Verpflichtung der GbR nichts ändert. Verzichten die Geschäftsführer im Interesse des Vertragsschlusses auf die Durchsetzung derartiger Haftungsbeschränkungsklauseln und nehmen die Mitgesellschafter das hin, so lässt sich darin die konkludente Erweiterung der Vertretungsmacht oder ein auf Rechtsscheingründe gestützter Vertragsschluss sehen; auch mag je nach Lage des Falles die Rechtsfigur der protestatio facto contraria (dazu Vor § 116 RdNr. 40) eingreifen. Berücksichtigt man diese Vorbehalte, so erweist sich aber auch der Weg über die Beschränkung der Vertretungsmacht als grundsätzlich geeignet, um zum Haftungsausschluss zu Gunsten der GbR-Gesellschafter zu kommen. 69

V. Haftung beim Gesellschafterwechsel

1. Haftung des Ausgeschiedenen. Die Forthaftung ausscheidender Gesellschafter für sog. Altschulden, dh. während ihrer GbR-Mitgliedschaft begründeter Gesellschafterverbindlichkeiten, richtete sich auf Grund der im Jahr 1994 eingeführten **Verweisungsnorm des § 736 Abs. 2** schon bisher nach OHG-Recht (§ 160 HGB). Hieran hat sich durch den Übergang zur akzessorischen Gesellschafterhaftung in der GbR nichts geändert; eines Analogieschlusses bedarf es insoweit nicht. Der Sache nach wird der Ausgeschiedene mit dem Ablauf von fünf Jahren seit seinem Ausscheiden bzw. dessen Kundbarmachung gegenüber den Gläubigern *enthaftet* (vgl. § 736 RdNr. 26 f.), sofern er den jeweiligen Anspruch nicht zuvor schriftlich anerkannt hat oder dieser ihm gegenüber gerichtlich geltendgemacht wurde. Der Ablauf einer kürzeren Verjährungsfrist bleibt hiervon unberührt. Wegen der Einzelheiten dieser Haftungsbegrenzung ist auf die Erläuterungen zu § 736 Abs. 2 zu verweisen. 70

Vom Ausschluss der Außenhaftung mit Ablauf der Fünfjahresfrist des § 736 Abs. 2 iVm. § 160 Abs. 1 HGB zu unterscheiden ist der in § 738 Abs. 1 S. 2 geregelte **interne Anspruch** des Ausgeschiedenen gegen die GbR **auf Befreiung** von der akzessorischen Gesellschafterhaftung. Er wird schon wegen der mit seiner Erfüllung verbundenen Schwierigkeiten für die GbR regelmäßig vertraglich ausgeschlossen (§ 738 RdNr. 77); dem Ausgeschiedenen bleibt dann nur der Regressanspruch gegen GbR und Gesellschafter im Fall seiner Inanspruchnahme durch einen Gesellschaftsgläubiger (RdNr. 56). Den Gläubigern kann der Befreiungsanspruch in keinem Fall entgegengesetzt werden. 71

2. Haftung des Eintretenden für Altverbindlichkeiten? Lebhaft umstritten war bis vor kurzem die Haftung des einer Außen-GbR beitretenden Gesellschafters für die vor seinem Eintritt begründeten GbR-Verbindlichkeiten. Im OHG-Recht folgt sie nicht ohne weiteres bereits aus § 128 HGB, sondern aus der ergänzenden Vorschrift des **§ 130 HGB.** Auch wenn es schon aus systematischen Gründen nahelag, die mit dem Übergang zur Akzessorietätstheorie verbundene Analogie zu §§ 128, 129 HGB auf § 130 HGB zu erstre- 72

[163] So BGHZ 142, 315, 321 = NJW 1999, 3483; dem zust. *Dauner-Lieb* DStR 1999, 1995 f.; *Kindl* WM 2002, 697, 702 f.; wie hier aber *Altmeppen* ZIP 1999, 1795; *Nagel* NZG 2001, 202, 203 ff.; *Petersen/Rothenfuser* GmbHR 2000, 757, 760 f., 803 f.; *Westermann* Hdb. RdNr. I 901 f.

[164] Eine Ausnahme gilt einerseits für *Dauner-Lieb,* Gesellschaftsrechtl. Vereinigung, Band 5, 2002, S. 117, 126 ff. und ihre engagierte, freilich erkennbar ergebnisbezogene Auseinandersetzung mit *Petersen/Rothenfuser* (Fn. 163), andererseits für *C. Schäfer* ZIP 2003, 1225, 1233.

cken, ließ der BGH diese Frage doch zunächst offen.[165] In der Literatur hielten sich Befürworter der Analogie zu § 130 HGB[166] und deren Gegner[167] bisher etwa die Waage. Gegen die Analogie wurde insbes. eingewandt, sie sei weder die notwendige Folge der analogen Anwendung des § 128 HGB noch lasse sie sich auf den – wenig klaren – Normzweck des § 130 HGB stützen.[168] Auch führe sie zu einer deutlichen Haftungsverschärfung zu Lasten neu eintretender Gesellschafter, wie sich insbes. bei freiberuflichen Sozietäten mit uU erheblichen, beim Eintritt nicht ohne weiteres erkennbaren Haftungsrisiken gegenüber Mandanten aus früherer Zeit zeige; ein solcher Schritt müsse dem Gesetzgeber vorbehalten bleiben.[169] Mit seinem jüngsten Urteil vom 7. 4. 2003 (BGH NJW 2003, 1803) hat der BGH sich – vorbehaltlich des Vertrauensschutzes für bisher beigetretene Gesellschafter – *für* die analoge Anwendung des § 130 HGB ausgesprochen und damit ein wesentliches Datum für den weiteren Gang der Diskussion gesetzt.

73 **Stellungnahme.** Den Gegnern einer Analogie zu § 130 HGB ist einzuräumen, dass der Normzweck dieser Vorschrift nicht eindeutig ist und dass ihre analoge Anwendung auf die Außen-GbR aus bisheriger Sicht zu einem „überraschenden Geschenk" für diejenigen GbR-Gläubiger führen konnte, die bei Anspruchsbegründung mit der Haftung künftig beitretender Gesellschafter nicht rechneten.[170] Auch lassen sich Beweisschwierigkeiten für Gläubiger in Bezug auf das jeweilige Beitrittsdatum der Gesellschafter, die aus dem Fehlen eines GbR-Registers resultieren,[171] durch Verlagerung der Beweislast auf den sachlich näherstehenden Gesellschafter ausräumen.[172] Es bleibt freilich das grundsätzliche Bedenken, dass eine Haftungsdifferenzierung in Bezug auf die akzessorische Gesellschafterhaftung nur schwer mit dem Wesen der (Außen-)GbR als **Haftungsgemeinschaft** und der gemeinschaftlichen Verantwortung aller jeweiligen Gesellschafter für die ordnungsmäßige Erfüllung der von der GbR übernommenen Aufgaben zu vereinbaren wäre. Berücksichtigt man weiter, dass einerseits die Beitragshöhe für den Beitretenden sich typischerweise am anteiligen Gesellschaftswert orientiert und dass in die Ermittlung jedenfalls des Substanzwerts neben den Aktiven auch die Passiven der Gesellschaft eingehen, während der Neueintretende auch die Tilgung der Altverbindlichkeiten aus dem Gesellschaftsvermögen hinnehmen muss, und bedenkt man andererseits die Tragweite des Begriffs der Altverbindlichkeiten zumal mit Blick auf Dauerschuldverhältnisse für die Haftungsverfassung der GbR,[173] so sprechen auch diese Umstände dafür, den neu Eintretenden in gleicher Weise wie die bisherigen Gesellschafter für die Altschulden haften zu lassen.[174] Der BGH hat daher zu Recht die analoge Anwendung des § 130 HGB auf die Außen-GbR im Grundsatz bejaht und einen Vorbehalt nur einerseits für Altfälle, andererseits im Hinblick auf den Eintritt in eine Freiberufler-GbR gemacht (BGH NJW 2003, 1803, 1805). Von der Außenhaftung

[165] So jedenfalls wurde der Hinweis auf die Parallele zu §§ 128*f.* (nicht: ff.) HGB in BGHZ 146, 341, 358 = NJW 2001, 1056 verstanden, vgl. nur *Hadding* ZGR 2001, 740.

[166] *Habersack* BB 2001, 477, 482; *K. Schmidt* NJW 2001, 993, 999; *Ulmer* ZIP 2001, 585, 598; *Derleder* BB 2001, 2485, 2492; *Hasenkamp* DB 2002, 2632, 2635 f.; *Scholz* NZG 2002, 153, 162; so tendenziell auch *Bruns* ZIP 2002, 1602; *Hadding* ZGR 2001, 712, 740; *Peifer* NZG 2001, 296, 299; aus der Rspr. OLG Hamm ZIP 2002, 527, 529 sowie zuvor schon OLG München NZG 2000, 736, 737 und BGHZ 124, 47, 49 f. = NJW 1994, 257 (für den Eintritt in eine Anwaltssozietät).

[167] *Wiedemann* JZ 2001, 661, 664; *H. Baumann* JZ 2001, 895, 900 f.; *H. Baumann/Rößler* NZG 2002, 793 ff.; *Dauner-Lieb,* FS P. Ulmer, 2003, S. 73, 79 ff.; *Lange* NZG 2002, 401, 403 ff.; *Wertenbruch,* Die Haftung von Gesellschaften und Gesellschaftsanteilen in der Zwangsvollstreckung, 2000, S. 182, 223; wohl auch *Westermann* NZG 2001, 289, 294 f.; aus der Rspr. OLG Düsseldorf ZIP 2002, 616, 618 f.; aus Sicht der Doppelverpflichtungstheorie folgerichtig auch noch BGHZ 74, 240, 242 f. = NJW 1979, 1281.

[168] *Dauner-Lieb* (Fn. 167) S. 78, 85.

[169] *Dauner-Lieb* (Fn. 167) S. 85.

[170] So *Dauner-Lieb* (Fn. 167) S. 76.

[171] So OLG Hamm ZIP 2002, 529 unter Hinweis auf *Habersack* BB 2001, 477, 481.

[172] Zutr. *Dauner-Lieb* (Fn. 167) S. 76.

[173] Vgl. näher *C. Schäfer* ZIP 2003, 1225, 1230 f. im Anschluss an *Staub/Habersack* HGB § 128 RdNr. 63 ff.; dort (S. 1230) auch zur Kompensation des internen Einflusses durch die Außenhaftung.

[174] Auf den Normzweck des § 130 HGB, die interne Abrechnung zwischen den Gesellschaftern zu vereinfachen, weisen – freilich mit gegenteiliger Schlussfolgerung – auch hin *Wertenbruch* (Fn. 167) S. 56 und 182; *Baumann/Rößler* NZG 2002, 793, 795; *Lange* NZG 2002, 401, 405.

unberührt bleiben interne Ausgleichs- oder Schadensersatzansprüche des Eintretenden gegen die Mitgesellschafter beim nachträglichen Auftreten unbekannter oder unerwarteter Altverbindlichkeiten der GbR.

Beruht der Eintritt eines Gesellschafters auf **Vererbung** des Gesellschaftsanteils (§ 727 RdNr. 28 ff.), so führt die analoge Anwendung des § 130 HGB dazu, dass er nicht nur kraft Erbrechts mit den entsprechenden Beschränkungsmöglichkeiten (§§ 1967, 1975 ff., 2058 f.), sondern auch persönlich und unbeschränkt auf Grund seiner Gesellschafterstellung der Haftung für Altverbindlichkeiten unterliegt. Dieser mit den Besonderheiten der beschränkten Erbenhaftung schwer vereinbaren Rechtsfolge trägt bei persönlich haftenden Gesellschaftern einer OHG oder KG das *Wahlrecht des § 139 HGB* Rechnung; es soll den Nachfolger/Erben vor der Zwangslage schützen, entweder die Erbschaft auszuschlagen oder für die Verbindlichkeiten der Gesellschaft mit seinem Privatvermögen haften zu müssen.[175] Die *ratio* dieser Vorschrift trifft angesichts der analogen Anwendung der §§ 128, 130 HGB auf die Gesellschafterhaftung in der GbR nunmehr auch auf diese zu. Daher ist eine **Analogie zu § 139 HGB** in der Weise zu bejahen, dass der Nachfolger/Erbe – soweit nach §§ 105 Abs. 2, 161 HGB möglich – die Umwandlung der GbR in eine KG unter Einräumung der Kommanditistenstellung beantragen kann und bei Scheitern seines Antrags das Recht hat, innerhalb von drei Monaten nach Kenntnis vom Erbfall ohne persönliche Haftungsfolgen aus der Gesellschaft auszuscheiden (vgl. § 727 RdNr. 46 ff.). 74

Einen **Sonderfall** bilden schließlich diejenigen Konstellationen, in denen einer der Beteiligten in das Unternehmen eines anderen eintritt und es dadurch zur Gründung einer GbR kommt. Nach der insoweit für den „Eintritt in das Geschäft eines Einzelkaufmanns" geltenden Vorschrift des § 28 HGB haftet die neugegründete *Gesellschaft* mangels abweichender Handelsregistereintragung für die im Betrieb des Geschäfts entstandenen Verbindlichkeiten des Einzelkaufmanns. Als *Folge dieser Haftung* kommt es sodann auch zur Haftung des eintretenden Gesellschafters. Die vergleichbare Lage beim Eintritt in ein nichtkaufmännisches Unternehmen legt – trotz fehlender Handelsregistereintragung – eine **Analogie zu § 28 Abs. 1 HGB** nahe.[176] Bejaht man sie, so folgt die akzessorische Haftung des zum Zwecke der GbR-Gründung eintretenden Mitgesellschafters bereits aus der analogen Anwendung des § 128 HGB, da es sich – aus der nunmehr maßgebenden Sicht der GbR – um Neuverbindlichkeiten handelt. Der Beitretende käme somit auch dann in die akzessorische Außenhaftung, wenn man eine Analogie zu § 130 HGB entgegen der höchstrichterlichen Rechtsprechung (RdNr. 72 f.) ablehnen wollte. 75

§ 715 Entziehung der Vertretungsmacht

Ist im Gesellschaftsvertrag ein Gesellschafter ermächtigt, die anderen Gesellschafter Dritten gegenüber zu vertreten, so kann die Vertretungsmacht nur nach Maßgabe des § 712 Abs. 1 und, wenn sie in Verbindung mit der Befugnis zur Geschäftsführung erteilt worden ist, nur mit dieser entzogen werden.

1. Normzweck. Die – regelmäßig mit der Geschäftsführungsbefugnis zusammenfallende (§ 714) – organschaftliche Vertretungsmacht der Gesellschafter ist ein ihnen kraft gesellschaftsvertraglicher Regelung zustehendes Mitgliedschaftsrecht. Ihre Entziehung erfordert eine *Vertragsänderung;* sie ist wegen des damit verbundenen Eingriffs in den Kernbereich 1

[175] Vgl. nur *Ulmer* in Großkomm. zum HGB, 3. Aufl., § 139 RdNr. 1.

[176] Dafür *K. Schmidt* Handelsrecht § 8 III 1 b bb; *ders.* DB 1973, 653, 703 ff.; *ders.* ZHR 145 (1981), 2, 19 f., 22 f.; *ders.* NJW 2003, 1897, 1903; *Staub/Hüffer* HGB § 28 RdNr. 28; *Lieb,* FS H. Westermann, 1974, S. 309, 320 ff.; *Möschel,* FS Hefermehl, 1976, S. 171, 182 f.; *Waskönig,* Rechtsgrund und Tragweite der §§ 25, 28 HGB, 1979, S. 186 ff.; aA BGHZ 31, 397, 400 f. = NJW 1960, 624; BGHZ 143, 314, 317 f. = NJW 2000, 1193; BGH NJW 1966, 1917; WM 1972, 20, 21; OLG Düsseldorf ZIP 2002, 616, 619; *Baumbach/Hopt* HGB § 28 RdNr. 2; *Schlegelberger/Hildebrandt* HGB § 28 RdNr. 3; *Canaris* Handelsrecht § 7 RdNr. 80 ff., 88; *Roth* in *Koller/Roth/Morck* HGB § 28 RdNr. 4; *Römermann* BB 2003, 1084, 1086; grds. auch *Heymann/Emmerich* HGB § 28 RdNr. 14.

der Mitgliedschaft des betroffenen Gesellschafters grundsätzlich nur mit dessen Zustimmung möglich, auch wenn der Gesellschaftsvertrag eine Mehrheitsklausel enthält (§ 709 RdNr. 93). Liegt ein *wichtiger Grund* in der Person des vertretungsbefugten Gesellschafters vor, der den Fortbestand der Vertretungsmacht für die übrigen Gesellschafter unzumutbar macht, so gewährt § 715 ihnen ein durch einstimmigen Beschluss auszuübendes **Gestaltungsrecht;** sein Inhalt richtet sich auf Änderung des Gesellschaftsvertrags durch Entziehung der Vertretungsmacht sowie der damit ggf. verbundenen Geschäftsführungsbefugnis des betroffenen Gesellschafters.

2 **2. Anwendungsbereich.** Das in § 715 geregelte Entziehungsrecht aus wichtigem Grund betrifft nur die mitgliedschaftliche Vertretungsmacht der Gesellschafter. Dabei geht es entgegen dem missverständlichen Wortlaut nicht um die Befugnis zur Vertretung der Gesellschafter persönlich, sondern um die **organschaftliche** Befugnis zum Außenhandeln **für die Gesellschaft** (§ 714 RdNr. 12 ff.). Abweichend vom allgemeinen Vertretungsrecht (§ 168) ist ein einseitiger Widerruf insoweit grundsätzlich ausgeschlossen (RdNr. 1). Anderes gilt für außerhalb des Gesellschaftsvertrags von den Gesellschaftsorganen an Gesellschafter oder Dritte erteilte Vollmachten; sie unterstehen voll den Vorschriften der §§ 164 ff.[1] Die unter der Geltung der Doppelverpflichtungstheorie[2] relevante Frage gleichzeitiger Entziehung der von den Gesellschaftern *persönlich* erteilten Vertretungsmacht (3. Aufl. RdNr. 2) stellt sich infolge der Durchsetzung der Akzessorietätstheorie[3] nicht mehr. Die Haftung der Gesellschafter für die GbR-Verbindlichkeiten folgt seither aus einer Analogie zu § 128 HGB (vgl. § 714 RdNr. 33 f.). Einer Vertretungsbefugnis der Geschäftsführer ihnen gegenüber bedarf es nicht.

3 Die Vorschrift des § 715 erfasst aus den zu § 712 Abs. 1 genannten Gründen (§ 712 RdNr. 5 f.) nicht nur diejenigen Fälle, in denen die organschaftliche Vertretungsmacht, sei es als **Einzel- oder Gesamtvertretung,** auf einen Teil der Gesellschafter beschränkt ist.[4] Ebenso wie hinsichtlich der Geschäftsführungsbefugnis kann auch im Falle der *Gesamtvertretung nach §§ 709, 714* ein Bedürfnis bestehen, einen der Gesamtvertreter aus wichtigem Grund abzuberufen. § 715 kann darüber hinaus auch eingreifen, soweit es darum geht, aus wichtigem Grund den **Umfang** der organschaftlichen Vertretungsmacht zu reduzieren.[5] Allerdings scheiden beliebige Reduzierungen wegen der grundsätzlich nur einstimmig möglichen Vertragsänderung aus; es gilt das zu § 712 (RdNr. 17) Ausgeführte. *Für* die Ausdehnung von § 715 auf Fälle dieser Art spricht der Verhältnismäßigkeitsgrundsatz; er räumt einem milderen Mittel Vorrang vor dem weitergehenden Eingriff der völligen Entziehung ein.[6]

4 **3. Voraussetzungen und Rechtswirkungen.** Die **Voraussetzungen** des § 715 entsprechen im Grundsatz den in § 712 Abs. 1 genannten. Die Entziehung der Vertretungsmacht erfordert das Vorliegen eines wichtigen Grundes und einen Beschluss der übrigen Gesellschafter. Wegen der Einzelheiten vgl. § 712 RdNr. 9 ff. Der Begriff des wichtigen Grundes und die Maßstäbe hierfür stimmen in beiden Vorschriften in aller Regel überein. Ein Beschluss über die Entziehung der Geschäftsführungsbefugnis erstreckt sich im Zweifel, wenn auch nicht notwendig,[7] auf die Vertretungsmacht (§ 712 RdNr. 16). Demgegenüber kann die Vertretungsmacht, wenn sie mit der Geschäftsführungsbefugnis verbunden ist, nach ausdrücklicher Vorschrift des § 715 nur zusammen mit dieser entzogen werden.[8] Zur Abdingbarkeit des Entziehungsrechts vgl. § 712 RdNr. 23.

[1] *Soergel/Hadding* RdNr. 2; *Palandt/Sprau* RdNr. 1; *Staudinger/Keßler* RdNr. 1; diff. *Erman/Westermann* RdNr. 1 aE. Vgl. auch § 714 RdNr. 22.

[2] Vgl. dazu § 714 RdNr. 3.

[3] Näher § 714 RdNr. 5 f.

[4] So aber *Staudinger/Keßler* RdNr. 1 und die hM zu § 712 Abs. 1 (vgl. § 712 RdNr. 4); wie hier *Soergel/Hadding* RdNr. 4; *Erman/Westermann* RdNr. 2.

[5] *Erman/Westermann* RdNr. 2; aA *Soergel/Hadding* RdNr. 1.

[6] Vgl. näher zum Verhältnismäßigkeitsgrundsatz § 709 RdNr. 101 und *Erman/Westermann* § 712 RdNr. 7.

[7] *Erman/Westermann* RdNr. 3; *Soergel/Hadding* RdNr. 4; aA *Staudinger/Keßler* RdNr. 3; im Grundsatz auch RGRK/*von Gamm* RdNr. 1.

[8] *Soergel/Hadding* RdNr. 4; *Erman/Westermann* RdNr. 3.

Die **Wirkungen** der Entziehung der Vertretungsmacht entsprechen denjenigen im Fall von § 712 Abs. 1: der Gesellschafterbeschluss führt zur Änderung des Gesellschaftsvertrags in Bezug auf die Vertretungsregelung. Gesamtvertretung nach §§ 709, 714 greift nur ein, wenn infolge der Entziehung die vertragliche Ausgestaltung der Vertretung insgesamt außer Kraft gesetzt ist (§ 712 RdNr. 20). 5

4. Keine Kündigung der Vertretungsmacht. Für ein Kündigungsrecht des organschaftlichen Vertreters aus wichtigem Grund entsprechend § 712 Abs. 2 ist kein Raum.[9] Im Unterschied zur Geschäftsführungsbefugnis als Pflichtrecht (§ 709 RdNr. 29) begründet die Vertretungsbefugnis eines Gesellschafters keine Tätigkeitspflichten, deren Fortbestehen für ihn unzumutbar werden könnte. Sofern ein Gesellschafter nach § 712 Abs. 2 seine Geschäftsführungsbefugnis kündigt, erlischt damit freilich nach § 714 im Zweifel auch seine Vertretungsmacht.[10] 6

§ 716 Kontrollrecht der Gesellschafter

(1) Ein Gesellschafter kann, auch wenn er von der Geschäftsführung ausgeschlossen ist, sich von den Angelegenheiten der Gesellschaft persönlich unterrichten, die Geschäftsbücher und die Papiere der Gesellschaft einsehen und sich aus ihnen eine Übersicht über den Stand des Gesellschaftsvermögens anfertigen.

(2) Eine dieses Recht ausschließende oder beschränkende Vereinbarung steht der Geltendmachung des Rechts nicht entgegen, wenn Grund zu der Annahme unredlicher Geschäftsführung besteht.

Übersicht

	RdNr.
I. Grundlagen	1–12
1. Gegenstand; Abgrenzung gegenüber sonstigen Informationsrechten	1, 2
2. Anwendungsbereich	3–5
3. Inhalt des Rechts	6–12
a) Allgemeines	6, 7
b) Unterrichtung und Einsicht	8–10
c) Anfertigung von Auszügen	11
d) Auskunftsrecht?	12
II. Höchstpersönliche Natur	13–16
1. Das Kontrollrecht als Gesellschafterrecht	13, 14
2. Bevollmächtigte, Sachverständige	15, 16
III. Abweichende Vereinbarungen	17–19
1. Allgemeines	17
2. Der zwingende Mindestbestand (Abs. 2)	18, 19

I. Grundlagen

1. Gegenstand; Abgrenzung gegenüber sonstigen Informationsrechten. § 716 Abs. 1 gewährt den einzelnen Gesellschaftern ein **höchstpersönliches** (RdNr. 13) **Recht,** sich durch Einsicht in die Bücher und Papiere der Gesellschaft über deren Angelegenheiten zu unterrichten. Es richtet sich grundsätzlich gegen die *Gesamthand* (zur Anwendung auf Innengesellschaften vgl. RdNr. 3), kann aber auch unmittelbar gegen die für die Einsichtsgewährung zuständigen *Geschäftsführer* durchgesetzt werden.[1] In den Grenzen des § 716 Abs. 2 ist es zwingender Natur (RdNr. 18 f.). 1

Vom **Anspruch auf Rechnungslegung (§ 721)** unterscheidet sich das Kontrollrecht des § 716 durch seinen primär auf Duldung gerichteten Inhalt, seinen weiterreichenden gegen- 2

[9] So auch *Soergel/Hadding* RdNr. 6; RGRK/*von Gamm* RdNr. 2; aA *Staudinger/Keßler* RdNr. 2.

[10] Ebenso *Soergel/Hadding* RdNr. 6; *Erman/Westermann* RdNr. 5; weitergehend die früher hM, die diese Folge als zwingend ansah und sich hierzu trotz des bei Kündigung der Geschäftsführungsbefugnis fortbestehenden Gesellschaftsvertrags auf § 168 S. 1 berief (RGRK/*von Gamm* RdNr. 2; *Staudinger/Keßler* RdNr. 3; wohl auch *Palandt/Sprau* RdNr. 1).

[1] BGH BB 1962, 899; RG DR 1944, 246; OLG Saarbrücken NZG 2002, 669. Ebenso *K. Schmidt,* Informationsrechte in Gesellschaften und Verbänden, 1984, S. 65; *Soergel/Hadding* RdNr. 1; *Erman/Westermann* RdNr. 1; vgl. auch § 705 RdNr. 199 und Fn. 503.

ständlichen Anwendungsbereich und durch die während der ganzen Gesellschaftsdauer einschließlich des Liquidationsstadiums[2] bestehende, vom Rechnungsabschluss unabhängige Möglichkeit seiner Geltendmachung. Die Abgrenzung gegenüber dem **auf §§ 713, 666 beruhenden Auskunftsrecht der Gesellschaft,** das sich gegen die Geschäftsführer persönlich richtet (vgl. dazu § 713 RdNr. 8 ff.) folgt daraus, dass das Kontrollrecht des § 716 nicht der Gesellschaft als solcher zusteht, sondern als Mitgliedschaftsrecht jedes einzelnen Gesellschafters ausgestaltet ist.

3 **2. Anwendungsbereich.** § 716 findet grundsätzlich auf **alle Arten von GbR** Anwendung, einschließlich solcher ohne Gesamthandsvermögen (Innengesellschaften ieS, dazu vgl. § 705 RdNr. 282, 285).[3] Eine **Ausnahme** gilt – abgesehen von der Unterbeteiligung (RdNr. 4) – für *typische stille Gesellschaften* des bürgerlichen Rechts, bei denen sich der Stille auf die Leistung einer Einlage in das Vermögen des ein nichtkaufmännisches Unternehmen betreibenden Hauptgesellschafters gegen Einräumung einer Gewinnbeteiligung beschränkt. Angesichts der Strukturgleichheit zur stillen Gesellschaft des Handelsrechts steht dem Stillen bei solchen Gesellschaften lediglich ein jährliches Informations- und Einsichtsrecht analog § 233 Abs. 1 HGB zu (vgl. § 705 RdNr. 287).[4] Für andere Innengesellschaften ist eine teleologische Reduktion der weitergehenden Kontrollrechte des § 716 dagegen schon mangels handelsrechtlicher Spezialvorschriften nicht veranlasst.[5]

4 Dem **Unterbeteiligten** stehen keine Rechte aus § 716 gegen die Hauptgesellschaft zu. Er kann Rechnungslegung entsprechend § 233 HGB nur von dem mit ihm verbundenen Hauptgesellschafter verlangen (Vor § 705 RdNr. 99).

5 Entsprechendes gilt, wenn die **Gesellschaft an anderen Unternehmen beteiligt** ist. Auch in derartigen Fällen hat der Gesellschafter grundsätzlich weder ein eigenes Einsichtsrecht gegenüber den Beteiligungsgesellschaften noch kann er die Rechte seiner Gesellschaft gegenüber der Beteiligungsgesellschaft geltend machen; ein solcher Anspruch ist nur dann zu bejahen, wenn sich die Anteile des Beteiligungsunternehmens zu 100% in der Hand der Gesellschaft befinden.[6] Der Gesellschafter kann jedoch von der Gesellschaft bzw. deren Geschäftsführern Auskunft über Vorgänge in den Beteiligungsgesellschaften verlangen, soweit nicht berechtigte Interessen dieser Gesellschaften entgegenstehen.[7]

6 **3. Inhalt des Rechts. a) Allgemeines.** Das Recht auf Unterrichtung umfasst die **Einsicht** in die Unterlagen und die **Anfertigung einer Übersicht** (RdNr. 8 ff.). Zur Erteilung von Auskünften sind die Geschäftsführer nach § 716 nur ausnahmsweise verpflichtet (RdNr. 12). Der *Nachweis eines besonderen Interesses ist nicht erforderlich,* wenn ein Gesellschafter sich nach § 716 Abs. 1 vom Stand der Geschäfte unterrichten will.[8] Vom Einsichtsrecht darf freilich *nicht missbräuchlich* oder in treuwidriger Weise Gebrauch gemacht werden. Ein Missbrauch liegt namentlich in der Ausübung des Rechts zur Störung des Geschäftsablaufs oder zur Beschaffung von Informationen für vertragswidriges Handeln,[9] aber auch in der Ausübung zur Unzeit.[10]

7 Ist ein Gesellschafter als **Konkurrent** tätig und besteht der begründete Verdacht, dass er die durch Einsicht erlangten Kenntnisse im eigenen Interesse verwerten will, so kann ihm der persönliche Einblick verwehrt und er statt dessen die Möglichkeit verwiesen werden, die

[2] BGH BB 1970, 187; RGZ 148, 278, 280; *Soergel/Hadding* RdNr. 1; *Wohlleben,* Informationsrechte der Gesellschafter, 1989, S. 64; vgl. auch BayObLG BB 1987, 2184 (zu § 166 HGB).

[3] BGH WM 1982, 1403 f.

[4] AA *Erman/Westermann* RdNr. 4.

[5] AA offenbar *Staudinger/Keßler* RdNr. 12.

[6] BGHZ 25, 115, 118 = NJW 1957, 1555; vgl. näher *Staub/Ulmer* HGB Anh. § 105 RdNr. 85.

[7] BGH BB 1984, 1271, 1272; OLG Karlsruhe BB 1984, 2016.

[8] *Erman/Westermann* RdNr. 1; *Soergel/Hadding* RdNr. 1; *Staudinger/Keßler* RdNr. 1; vgl. auch RGZ 148, 278, 279 zur Möglichkeit, trotz Erfüllung der Geschäftsführerpflichten aus §§ 713, 666 und Bilanzfeststellung durch die Gesellschaftergesamtheit die Kontrollrechte aus § 716 geltend zu machen; aA *K. Schmidt* (Fn. 1) S. 63.

[9] RGZ 148, 278, 280; *Soergel/Hadding* RdNr. 11; *Schlegelberger/Martens* HGB § 118 RdNr. 19; vgl. auch § 51 a Abs. 2 GmbHG.

[10] *Soergel/Hadding* RdNr. 11; *Staudinger/Keßler* RdNr. 3; die Einhaltung der Geschäftsstunden kann allerdings nicht ohne weiteres verlangt werden (*Staub/Ulmer* HGB § 118 RdNr. 39; *Soergel/Hadding* aaO).

Kontrollrechte durch einen neutralen Buchsachverständigen auszuüben.[11] Eine **Entziehung** des Kontrollrechts analog § 712 Abs. 1 kommt angesichts von dessen eigennütziger, mit der Geschäftsführungsbefugnis nicht vergleichbarer Natur selbst bei Konkurrenztätigkeit des Gesellschafters nur als äußerstes Mittel in Betracht;[12] wohl aber kann seine Durchsetzung je nach Lage des Falles am Missbrauchseinwand scheitern.[13]

b) Unterrichtung und Einsicht. Das Einsichtsrecht erstreckt sich grundsätzlich auf *alle* **Bücher und Papiere der Gesellschaft,** soweit sie über deren Angelegenheiten und insbesondere die Geschäftsvorgänge Aufschluss geben.[14] Hierzu zählen auch in Datenverarbeitungsanlagen gespeicherte Informationen. Insoweit kann ein Ausdruck oder die Darstellung auf einem Bildschirm verlangt werden; ein Anspruch auf ständigen Zugriff durch ein eigenes EDV-Gerät des Gesellschafters besteht nicht.[15] In seiner Reichweite entspricht das Einsichtsrecht voll dem Informationsrecht der Gesellschafter einer OHG nach § 118 Abs. 1 HGB. Eine Beschränkung auf die Kontrolle des Rechnungsabschlusses, wie sie § 166 Abs. 1 HGB für Kommanditisten vorsieht, ist in § 716 nicht vorgesehen. Grundsätzlich kann auch Einsicht in Papiere verlangt werden, die die Rechtsbeziehungen der Gesellschaft zu Beteiligungsunternehmen betreffen (BGH BB 1984, 1271 f. und 1273 f.). Eigene Kontrollrechte gegenüber den Beteiligungsgesellschaften stehen dem Gesellschafter dagegen grundsätzlich nicht zu (RdNr. 5). 8

Voraussetzung für die effektive Ausübung des Einsichtsrechts ist eine entsprechende **Buchführung** durch die Geschäftsführer. Die Pflicht hierzu ergibt sich zwar nicht aus § 716, wohl aber im Regelfall aus §§ 713, 666 (vgl. § 713 RdNr. 11). Fehlt es gleichwohl an entsprechenden Unterlagen, so kommt ausnahmsweise ein Auskunftsanspruch aus § 716 in Betracht (RdNr. 12). Die Tatsache, dass der Geschäftsführer geschäftliche und persönliche Aufzeichnungen nicht getrennt hat, berechtigt ihn nicht zur Verweigerung der Einsicht.[16] 9

Die Einsicht hat in der Regel in den **Geschäftsräumen** stattzufinden. Erschwert jedoch die Gesellschaft die Ausübung des Einsichtsrechts in unzumutbarer Weise, so kann der Gesellschafter ausnahmsweise auch vorübergehende Überlassung der Unterlagen verlangen.[17] Zur Hinzuziehung von Sachverständigen vgl. RdNr. 16. 10

c) Anfertigung von Auszügen. Zur Anfertigung einer **Übersicht über den Vermögensstand** darf der Gesellschafter grundsätzlich auch Abschriften und Auszüge aus den Unterlagen anfertigen. Darunter fällt auch das Recht, Kopien der Unterlagen auf eigene Kosten zu fertigen. Die Gesellschaft darf ihn daran nur hindern, wenn entweder die betreffenden Unterlagen für die Vermögensübersicht ohne Aussagekraft sind oder wenn die Gesellschaft ein anerkennenswertes Geheimhaltungsinteresse daran hat.[18] 11

d) Auskunftsrecht? Auskunft oder laufende Berichterstattung können die einzelnen Gesellschafter nach § 716 Abs. 1 **grundsätzlich nicht** verlangen. Ein solcher Anspruch steht vielmehr nur der Gesamthand selbst gegen die Geschäftsführer in den Grenzen der §§ 713, 666 zu.[19] Anderes gilt jedoch dann, wenn der Zweck des Kontrollrechts, dem 12

[11] BGH BB 1970, 187; 1979, 1315, 1316 (zur KG); WM 1982, 1403 f.; RGZ 103, 71, 73; *Schlegelberger/Martens* HGB § 118 RdNr. 19 m. weit. Nachw.; *Palandt/Sprau* RdNr. 1.

[12] BGH NJW 1995, 194, 195 m. weit. Nachw. (zu § 166 HGB); weitergehend OGHZ 1, 33, 39 im Anschluss an RGRK/*Weipert* HGB, 2. Aufl., § 117 Anm. 2, der § 117 HGB grundsätzlich in diesen Fällen analog auf das Informationsrecht eines Kommanditisten anwenden wollte; aA – gegen jegliche Analogie zu § 117 HGB – *Rob. Fischer* NJW 1959, 1057, 1058; *Peters* NJW 1965, 1212 f.; *Soergel/Hadding* RdNr. 14; *Erman/Westermann* RdNr. 6.

[13] BGH NJW 1995, 194, 196; *Rob. Fischer* NJW 1959, 1057, 1058; *Peters* NJW 1965, 1212, 1214; *Erman/Westermann* RdNr. 6.

[14] Vgl. näher *Akerman,* Der Kernbereich des Informationsrechts im Recht der Personengesellschaften, 2002, S. 25 ff.

[15] *Schlegelberger/Martens* HGB § 118 RdNr. 10; *Wohlleben* (Fn. 2) S. 116 f. m. weit. Nachw.

[16] BGH BB 1970, 187; RGZ 103, 71, 73; *Schlegelberger/Martens* HGB § 118 RdNr. 11; *Wohlleben* (Fn. 2) S. 119 f.

[17] *Soergel/Hadding* RdNr. 11; RGRK/*von Gamm* RdNr. 3; *Staub/Ulmer* HGB § 118 RdNr. 36; *Schlegelberger/Martens* HGB § 118 RdNr. 29.

[18] OLG Köln ZIP 1985, 800, 802; *Staub/Ulmer* HGB § 118 RdNr. 22; *Schlegelberger/Martens* HGB § 118 RdNr. 13; *Wohlleben* (Fn. 2) S. 126 f.

[19] Vgl. § 713 RdNr. 9; so auch *K. Schmidt* GesR § 47 V 3; aA *U. Huber* ZGR 1982, 546 ff.

Gesellschafter die Möglichkeit persönlicher Unterrichtung über die Angelegenheiten der Gesellschaft zu verschaffen, durch die Einsicht nicht erreicht werden kann. Ein Auskunftsrecht ist daher auch im Rahmen von § 716 Abs. 1 **ausnahmsweise anzuerkennen,** wenn entweder Bücher und Geschäftspapiere nicht vorhanden sind oder diese wegen Lückenhaftigkeit, Widersprüchlichkeit oder aus sonstigen Gründen keine geeignete Grundlage für die Beschaffung der Information bilden;[20] es richtet sich gegen die Gesamthand, kann aber auch unmittelbar gegen die Geschäftsführer geltend gemacht werden (RdNr. 1). Entsprechendes gilt, wenn sich die Auskunft auf wesentliche Vorgänge in Tochtergesellschaften beziehen soll.[21] Im Einzelfall kann der Auskunftsanspruch daher auch in eine Informationsbeschaffungspflicht des Geschäftsführers umschlagen.[22] Der fehlende Sachverstand eines Gesellschafters reicht zur Begründung eines Auskunftsrechts freilich nicht aus; wohl aber kann sich grundsätzlich jeder Gesellschafter auf seine Kosten eines Buchsachverständigen bedienen (RdNr. 16).

II. Höchstpersönliche Natur

13 **1. Das Kontrollrecht als Gesellschafterrecht.** Die Rechte aus § 716 Abs. 1 sind als Mitverwaltungsrechte höchstpersönlicher Natur und **nicht übertragbar.**[23] Sie stehen den jeweiligen Gesellschaftern bis zu ihrem Ausscheiden oder bis zur Beendigung der Gesellschaft zu. **Ausgeschiedene** Gesellschafter haben ein Einsichtsrecht nicht aus § 716, wohl aber im Rahmen von § 810.[24] Gleiches gilt für abfindungsberechtigte *Erben* eines Gesellschafters bei Fortsetzung der Gesellschaft unter den Überlebenden.[25] Geht der Gesellschaftsanteil dagegen auf den oder die Erben über (§ 727 RdNr. 31 ff.), so steht ihnen als Gesellschaftern auch das Einsichtsrecht zu. Auch ein Testamentsvollstrecker kann das Kontrollrecht des Gesellschafters ausüben (vgl. näher zur Ausübung der Verwaltungsrechte durch den Testamentsvollstrecker § 705 RdNr. 117).

14 Haben Gesellschafter einen **gesetzlichen Vertreter,** so ist dieser auch befugt, für sie die Kontrollrechte aus § 716 wahrzunehmen. Das Interesse der Gesellschafter, unter sich zu bleiben, tritt hier gegenüber dem Schutzinteresse des Vertretenen zurück.[26] Da der gesetzliche Vertreter aber nicht als solcher der gesellschaftsrechtlichen Treuepflicht unterliegt, muss er sich zuvor zur Verschwiegenheit verpflichten.[27] Gleiches gilt im Falle der Anordnung einer **Pflegschaft;**[28] einer etwaigen Unvereinbarkeit zwischen Gesellschaftsinteresse und Person des Pflegers ist durch Antrag auf Bestellung eines anderen Pflegers Rechnung zu tragen.[29]

[20] HM, vgl. BGH BB 1972, 1245; 1984, 1271, 1272; OLG Saarbrücken NZG 2002, 669, 670; *Soergel/Hadding* RdNr. 8; *Erman/Westermann* RdNr. 1; *Staudinger/Keßler* RdNr. 2; *Palandt/Sprau* RdNr. 1; *Staub/Ulmer* HGB § 118 RdNr. 25; ausführlich *Wohlleben* (Fn. 2) S. 82 ff.; vgl. auch BGHZ 14, 53, 59 = NJW 1954, 1564 (für die GmbH); weitergehend *Schlegelberger/Martens* HGB § 118 RdNr. 14 f.; *Goerdeler,* FS Stimpel, 1985, S. 125, 132 ff.; *Akerman* (Fn. 14) S. 55 ff.; aA RGRK/*von Gamm* RdNr. 3 (gar keine Auskunft).

[21] BGH BB 1984, 1271, 1272; *Staub/Ulmer* HGB § 118 RdNr. 14; enger *Wohlleben* (Fn. 2) S. 102 ff. Vgl. auch RdNr. 6.

[22] Ähnlich OLG Hamm NJW 1986, 1693, 1694 (zu §§ 166 HGB, 51 a GmbHG); *Wohlleben* (Fn. 2) S. 134 ff., der diese als Teil des Informationsanspruchs qualifiziert; *Schlegelberger/Martens* HGB § 118 RdNr. 16.

[23] EinhM, vgl. BGHZ 25, 115, 122 f. = NJW 1957, 1555; *Soergel/Hadding* RdNr. 10; *Erman/Westermann* RdNr. 3; *Staudinger/Keßler* RdNr. 1.

[24] HM, vgl. näher BGH WM 1994, 1925, 1928; 1989, 878, 879 (zu § 166 HGB); 1988, 1447, 1448 (zu § 51 a GmbHG); OLG Frankfurt BB 1982, 143; *Soergel/Hadding* RdNr. 2; *Erman/Westermann* RdNr. 4; *Wohlleben* (Fn. 2) S. 63; *Staudinger/Keßler* RdNr. 7; *Staub/Ulmer* HGB § 118 RdNr. 8; so für den aus einer stillen Gesellschaft Ausgeschiedenen auch BGHZ 50, 316, 324 = NJW 1968, 2003; aA unter Außerachtlassung von § 810 OLG Hamburg MDR 1961, 325 und OLG Hamm OLGZ 1970, 388, 393; *Heymann/Emmerich* HGB § 118 RdNr. 4 – Zum Inhalt des Einsichtsrechts nach § 810 vgl. § 810 RdNr. 13.

[25] OGHZ 1, 33, 39; *Schlegelberger/Martens* HGB § 118 RdNr. 5; *Staub/Ulmer* HGB § 118 RdNr. 8; *Soergel/Hadding* RdNr. 2; aA *Heymann/Emmerich* HGB § 118 RdNr. 4.

[26] BGHZ 44, 98 (100 f., 103) = NJW 1965, 1961.

[27] Ebenso *Schlegelberger/Martens* HGB § 118 RdNr. 22; *Staub/Ulmer* HGB § 118 RdNr. 32; *Goerdeler,* FS Stimpel, 1985, S. 125, 135 f.

[28] BGH (Fn. 26).

[29] BGHZ 44, 98, 102 f. = NJW 1965, 1961.

15 **2. Bevollmächtigte, Sachverständige.** Ebenso wie die Übertragung des Kontrollrechts (RdNr. 13) scheidet auch dessen Überlassung an einen **Bevollmächtigten** ohne Einverständnis der Mitgesellschafter grundsätzlich aus.[30] Eine Ausnahme gilt namentlich dann, wenn ein Gesellschafter für längere Zeit durch Abwesenheit, Krankheit u. a. gehindert ist, das Kontrollrecht selbst wahrzunehmen. Hier können die Mitgesellschafter der Bevollmächtigung eines Dritten nicht widersprechen, soweit nicht in dessen Person besondere Hinderungsgründe gegeben sind.[31]

16 Eine grundsätzlich andere Beurteilung gilt nach hM für die Hinzuziehung von freiberuflichen **Sachverständigen,** namentlich von Wirtschaftsprüfern und Steuerberatern.[32] Sie soll den Gesellschaftern unbenommen sein, wenn der betreffende Sachverständige für die Aufgabe geeignet und zur Verschwiegenheit verpflichtet ist, gegen ihn aus Gesellschaftssicht keine besonderen Ablehnungsgründe bestehen[33] und die Verantwortung für die Büchereinsicht einschließlich der Verhandlungen hierüber mit der Gesellschaft beim Gesellschafter verbleibt.[34] Dem ist zwar im Ergebnis zuzustimmen. *Die Grenzziehung zwischen Bevollmächtigtem und Sachverständigem sollte allerdings nicht überspitzt werden.* Insbesondere kann es nicht darauf ankommen, ob der Gesellschafter bei der Einsicht durch den Sachverständigen persönlich zugegen ist und ob er für die „Leitung der Büchereinsicht" die Verantwortung trägt.[35] Entscheidend ist vielmehr die **Funktion** der Hilfsperson als Sachverständiger, dh. der Umstand, dass er das Einsichtsrecht nicht selbstständig, sondern im Einvernehmen mit dem Gesellschafter und nach dessen mit der Gesellschaft abgestimmten Weisungen wahrzunehmen hat. Ist der einsichtsberechtigte *Gesellschafter potenzieller Wettbewerber* der Gesellschaft, kann das zur Folge haben, dass er sein Einsichtsrecht *nur* durch einen zur Berufsverschwiegenheit verpflichteten Sachverständigen ausüben lassen darf, sofern die Gefahr besteht, dass er die erlangten Informationen zu Wettbewerbszwecken verwenden würde.[36]

III. Abweichende Vereinbarungen

17 **1. Allgemeines.** Die Vorschrift des § 716 Abs. 1 ist vorbehaltlich der Schranken aus Abs. 2 (RdNr. 18) dispositiver Natur. Der Gesellschaftsvertrag kann die Informationsrechte **erweitern,** etwa durch Einführung laufender Berichts- oder Auskunftspflichten der Geschäftsführer oder durch Gewährung der Kontrollrechte des § 716 auch an Unterbeteiligte, ausgeschiedene Gesellschafter und sonstige an den Gesellschaftsergebnissen interessierte Personen. Er kann die Befugnisse aus § 716 Abs. 1 aber auch **beschränken,** indem er ihre Geltendmachung an bestimmte Termine bindet oder vorschreibt, dass das Einsichtsrecht nur von Repräsentanten der Gesellschafter oder von neutralen Sachverständigen, namentlich Wirtschaftsprüfern, ausgeübt werden darf.[37] Zulässig ist sogar ein Ausschluss der ordentli-

[30] HM, vgl. BGHZ 25, 115, 122 f. = NJW 1957, 1555; BGH BB 1962, 899; RG DR 1944, 245; *Soergel/Hadding* RdNr. 10; *Schlegelberger/Martens* HGB § 118 RdNr. 23; *Staub/Ulmer* HGB § 118 RdNr. 33.

[31] BGHZ 25, 115, 122 f. = NJW 1957, 1555; *Soergel/Hadding* RdNr. 10; *Staudinger/Keßler* RdNr. 6; *Staub/Ulmer* HGB § 118 RdNr. 33; *Schlegelberger/Martens* HGB § 118 RdNr. 23.

[32] BGHZ 25, 115, 123 = NJW 1957, 1555; BGH BB 1984, 1274 f.; 1962, 899, 900; RGZ 170, 392, 395; RG DR 1942, 279; *Soergel/Hadding* RdNr. 10; *Palandt/Sprau* RdNr. 1; *Staudinger/Keßler* RdNr. 6; *Hueck* OHG § 12, 3; *Schlegelberger/Martens* HGB § 118 RdNr. 24; *Staub/Ulmer* HGB § 118 RdNr. 31; *Hirte* BB 1985, 2208, 2209 f.; abw. *Saenger* NJW 1992, 348, 351 f. (Interessenabwägung).

[33] BGH BB 1962, 899, 900.

[34] BGHZ 25, 115, 123 = NJW 1957, 1555; *Wohlleben* (Fn. 2) S. 60 f.; kritisch *Goerdeler,* FS Stimpel, 1985, S. 125, 127 f.

[35] So aber BGHZ 25, 115, 123 = NJW 1957, 1555; *Wohlleben* (Fn. 2) S. 62; wie hier *Staub/Ulmer* HGB § 118 RdNr. 31; *Goerdeler,* FS Stimpel, 1985, S. 124, 128 f.

[36] BGH NJW 1995, 194, 195 (zu § 166 HGB); WM 1982, 1403 f; BB 1979, 1315 f.; zust. *Schlegelberger/Martens* HGB § 118 RdNr. 26; *Wohlleben* (Fn. 2) S. 62 f.; *Goerdeler* (Fn. 35) S. 129; *Hirte* BB 1985, 2208, 2209 f.

[37] BGH WM 1984, 807, 808 (zu § 338 HGB aF); *Soergel/Hadding* RdNr. 12; *Schlegelberger/Martens* HGB § 118 RdNr. 31; eingehend *Staub/Ulmer* HGB § 118 RdNr. 43 f.; *Akerman* (Fn. 14) S. 88 ff., 171 ff.; tendenziell kritischer BGH WM 1988, 1447 f. im Hinblick auf § 51 a GmbHG, vgl. dazu auch *Martens* aaO RdNr. 32; *Grunewald* ZGR 1989, 545, 549 ff.

chen Kontrollrechte insoweit, als kein Verdacht unredlicher Geschäftsführung besteht.[38] Ob die Beschränkung oder der Ausschluss sich auch auf das gesamthänderische Auskunftsrecht der übrigen Gesellschafter gegen die Geschäftsführer aus §§ 713, 666 (vgl. dazu § 713 RdNr. 8) erstrecken oder jedenfalls dessen Geltendmachung im Wege der actio pro socio verhindern soll, ist Frage der Vertragsauslegung.[39]

18 **2. Der zwingende Mindestbestand (Abs. 2).** Eine Einschränkung erleidet die Dispositionsfreiheit durch die zwingende Gewährung der Kontrollrechte bei *Verdacht unredlicher Geschäftsführung.* Abs. 2 steht nicht nur dem gänzlichen **Ausschluss** der Kontrollrechte im Gesellschaftsvertrag entgegen, sondern auch dem einseitigen **Verzicht** des berechtigten Gesellschafters. Auch die Berufung auf den Missbrauchseinwand (RdNr. 6) scheidet bei Vorliegen der Voraussetzungen von Abs. 2 in aller Regel aus.

19 Die **Anforderungen** an das Eingreifen von Abs. 2 dürfen nicht überspannt werden, wenn die Vorschrift nicht leerlaufen soll. Auf einen Nachweis des unredlichen Verhaltens kann es nicht ankommen, zumal die Feststellungen hierzu regelmäßig erst durch Ausübung des Kontrollrechts getroffen werden können.[40] Andererseits reicht eine unsubstantiierte Vermutung nicht aus. Erforderlich, aber auch genügend ist vielmehr ein durch Tatsachenbehauptungen **glaubhaft vorgetragener** und von der Gegenseite **nicht ausgeräumter Verdacht,** dass Gesellschaft oder Mitgesellschafter durch das Verhalten von Geschäftsführern pflichtwidrig geschädigt werden.[41] Auf ein strafrechtliches Verhalten oder eine Schädigungsabsicht der Geschäftsführer iS des § 826 kommt es für das Eingreifen des Abs. 2 nicht an. Es genügt die fehlerhafte Führung der Geschäftsunterlagen oder die grundlose Verweigerung der Ausübung des Kontrollrechts.[42]

§ 717 Nichtübertragbarkeit der Gesellschafterrechte

[1] Die Ansprüche, die den Gesellschaftern aus dem Gesellschaftsverhältnis gegeneinander zustehen, sind nicht übertragbar. [2] Ausgenommen sind die einem Gesellschafter aus seiner Geschäftsführung zustehenden Ansprüche, soweit deren Befriedigung vor der Auseinandersetzung verlangt werden kann, sowie die Ansprüche auf einen Gewinnanteil oder auf dasjenige, was dem Gesellschafter bei der Auseinandersetzung zukommt.

Übersicht

	RdNr.
I. Grundlagen	1–15
1. Die Vorschriften der §§ 717 bis 719	1–4
2. Normzweck des § 717	5, 6
3. Zwingende Geltung von Satz 1	7, 8
4. Grenzen des Abspaltungsverbots	9–15
a) Überlassung zur Ausübung	9, 10
b) Treuhand, Nießbrauch, Testamentsvollstreckung	11–13
c) Abtretbarkeit von Vermögensrechten (Satz 2)	14, 15
II. Verwaltungsrechte	16–29
1. Überblick	16, 17
2. Stimmbindungsverträge	18–29
a) Wesen und Arten	18, 19
b) Zulässigkeit	20–27
aa) Allgemeines	20–22

[38] Zweifelnd BGH WM 1988, 1447 f. im Hinblick auf § 51 a Abs. 3 GmbHG.

[39] Zur Frage der Abdingbarkeit der actio pro socio im Gesellschaftsvertrag vgl. § 705 RdNr. 209.

[40] EinhM, vgl. BGH WM 1984, 807, 808; *Erman/Westermann* RdNr. 5; *Soergel/Hadding* RdNr. 13; *Staudinger/Keßler* RdNr. 9; *Staub/Ulmer* HGB § 118 RdNr. 45; *Hueck* OHG § 12, 4; *Wiedemann* GesR I § 7 II 2 a S. 376.

[41] So auch BGH WM 1984, 807, 808; *Staub/Ulmer* HGB § 118 RdNr. 45; *Baumbach/Hopt* HGB § 118 RdNr. 18; *Erman/Westermann* RdNr. 5; *Schlegelberger/Martens* HGB § 118 RdNr. 33; im Ergebnis auch *Soergel/Hadding* RdNr. 13; enger *Staudinger/Keßler* RdNr. 9 und *Hueck* OHG § 12, 4, die einen „durch Tatsachen unterstützten Verdacht" fordern und insoweit wohl den Nachweis der Tatsachen voraussetzen.

[42] *Schlegelberger/Martens* HGB § 118 RdNr. 34; *Staub/Ulmer* HGB § 118 RdNr. 46; *Soergel/Hadding* RdNr. 13.

	RdNr.
bb) Stimmbindung gegenüber Mitgesellschaftern	23, 24
cc) Stimmbindung gegenüber Dritten	25–27
c) Durchsetzbarkeit von Stimmbindungsverträgen	28, 29
III. Vermögensrechte	30–41
1. Allgemeines	30–33
a) Grundlagen	30
b) Künftige Ansprüche	31, 32
c) Sonstige Vermögensrechte	33
2. Die einzelnen Vermögensrechte nach Satz 2	34–39
a) Aufwendungsersatz	34
b) Gewinn	35, 36
c) Auseinandersetzungsguthaben	37–39
3. Rechtsstellung des Zessionars	40, 41
IV. Pfändung und Verpfändung	42–45
1. Pfändung	42–44
2. Verpfändung	45

I. Grundlagen

1. Die Vorschriften der §§ 717 bis 719. Sie enthalten zentrale Regelungen zur Rechtsstellung der Gesellschafter als Mitglieder der Gesellschaft, zur Bildung des Gesamthandsvermögens sowie zu den Möglichkeiten und Grenzen einer Verfügung über den Anteil am Gesellschaftsvermögen und über Rechte aus der Mitgliedschaft. Die Übergänge zwischen den drei Vorschriften scheinen auf den ersten Blick fließend. Das gilt vor allem für das Verhältnis der §§ 717, 719, die sich beide mit Verfügungsmöglichkeiten der Gesellschafter beschäftigen. Bei näherer Prüfung zeigt sich jedoch, dass jeder der drei Paragraphen seinen eigenständigen und unverwechselbaren Regelungsbereich hat (RdNr. 2 bis 4). 1

Als grundlegende Vorschrift ist zunächst **§ 719** zu nennen: sie dient dem **Schutz des Gesamthandsvermögens** in seinem Bestand gegen Verfügungen nichtberechtigter Gesellschafter. Die Regelung bezieht sich entgegen früher verbreiteter Ansicht nicht auf die Verfügung über den Gesellschaftsanteil als Inbegriff der Mitgliedschaftsrechte; diese ist gesetzlich nicht geregelt und nach heute ganz hM mit Zustimmung der Mitgesellschafter zulässig (§ 719 RdNr. 21 ff., 27 ff.). Vielmehr schließt § 719 in **Abs. 1** die isolierte Verfügung über die Gesamthandsbeteiligung des Gesellschafters sowie über den Anteil an den einzelnen Gesamthandsgegenständen aus. Das Verbot beruht auf dem Wesen der gesellschaftsrechtlichen Gesamthand und ist zwingender Natur. Denn die Gesamthänderstellung als solche kann nicht von der Mitgliedschaft getrennt werden, während es einen Anteil der Gesellschafter an den einzelnen Gesamthandsgegenständen als möglicher Gegenstand selbstständiger Rechte im Unterschied zur Bruchteilsgemeinschaft nicht gibt (§ 719 RdNr. 4, 8). Wohl aber kann die Gesellschaft selbst durch ihre Organe über die zum Gesamthandsvermögen gehörenden Gegenstände ganz oder teilweise verfügen. Das weiter in Abs. 1 genannte, den Bestand des Gesamthandsvermögens bedrohende Teilungsverlangen ist nur während der Dauer der „werbenden" Gesellschaft ausgeschlossen; nach der Auflösung gelten die Vorschriften der §§ 730 ff. – Auch das in § 719 **Abs. 2** enthaltene Aufrechnungsverbot für Gesellschaftsschuldner ist Ausdruck der Gesamthandszugehörigkeit der betreffenden Forderung. Angesichts der mangelnden Gegenseitigkeit von Gesellschaftsforderung und Forderung des Schuldners gegen einen Gesellschafter folgt es bereits aus dem Fehlen der Aufrechnungsvoraussetzungen des § 387. 2

Im Unterschied zu § 719 Abs. 1 bezieht sich die Vorschrift des **§ 717** nicht auf das Vermögen der Gesellschaft, sondern auf die **einzelnen aus der Mitgliedschaft fließenden Rechte,** dh. die individuellen Verwaltungs- und Vermögensrechte der Gesellschafter (§ 705 RdNr. 189 ff.). Sie stellt in **Satz 1** den Grundsatz der Unübertragbarkeit dieser Rechte auf; insoweit ist sie im Wesentlichen zwingender Natur (RdNr. 7). Die in **Satz 2** zugelassenen Ausnahmen für bestimmte Vermögensrechte beruhen auf der Vorstellung des Gesetzgebers, bei ihnen handele es sich trotz des gesellschaftsvertraglichen Ursprungs um von der Mitgliedschaft trennbare Ansprüche, deren Abtretung aus der Sicht der Mitgesellschafter im Grundsatz unbedenklich sei.[1] Dementsprechend erwirbt der Zessionar mit der Abtretung 3

[1] Mot. II S. 613 ff. (zu § 644 E I); vgl. dazu auch RGZ 67, 17 ff.

derartiger Ansprüche nicht auch die auf ihre Geltendmachung gerichteten oder diese erleichternden Verwaltungs- und Kontrollrechte; er kann sich insoweit vielmehr nur an den Zedenten halten (RdNr. 40).

4 Die Vorschrift des **§ 718** schließlich enthält die erst im zweiten Entwurf[2] in das BGB aufgenommene gesetzliche **Grundlage der gesellschaftsrechtlichen Gesamthand.** Sie regelt die Zugehörigkeit bestimmter Gegenstände (Beiträge, rechtsgeschäftlicher Erwerb namens der Gesellschaft, Surrogate) zum Gesamthandsvermögen. Dementsprechend sind auch Gesamthandsverbindlichkeiten, ohne dass das in § 718 besonders erwähnt wird, als besondere, von der Gesellschafterhaftung zu unterscheidende Verpflichtungen anzuerkennen (§ 714 RdNr. 31 f.). Von § 717 unterscheidet sich die Vorschrift des § 718 deutlich dadurch, dass jene nicht von den Gesamthandsbefugnissen, sondern von den individuellen Mitgliedschaftsrechten handelt. Demgegenüber besteht ein unmittelbarer Zusammenhang von § 718 mit § 719, da auch bei diesem die Gesamthandszugehörigkeit des Gesellschaftsvermögens betont und daraus der Ausschluss der Verfügung über Anteile an den dazu gehörenden Gegenständen sowie das Verbot der Aufrechnung zwischen Gesamthandsforderungen und Gesellschafterschulden abgeleitet wird.

5 **2. Normzweck des § 717.** Die Vorschrift bezieht sich auf *sämtliche aus der Mitgliedschaft fließenden Rechte.* Sie stellt mit Ausnahme von Satz 2 den **Grundsatz der Unübertragbarkeit** auf. Der Begriff „Ansprüche" in Satz 1 ist missverständlich, da er den Bereich der Mitgliedschaftsrechte nur unzureichend erfasst. Nach ganz hM[3] gehören hierzu nicht nur die mitgliedschaftlichen Individualansprüche gegen die Gesellschaft (Sozialverbindlichkeiten, § 705 RdNr. 197 ff.), sondern auch die sonstigen Verwaltungsrechte der Gesellschafter wie Geschäftsführung, Vertretung, Stimmrecht u. a. (RdNr. 16).

6 **Nicht** unter § 717 fallen demgegenüber sonstige Ansprüche, die Gesellschaftern unabhängig von ihrer Mitgliedstellung gegen Gesamthand und Mitgesellschafter zustehen, darunter namentlich **Drittgläubigerforderungen.** Sie bleiben auch dann übertragbar, wenn im Gesellschaftsvertrag die Abtretung der in Satz 2 genannten Vermögensansprüche ausgeschlossen ist. Nicht erfasst werden von § 717 auch die **Sozialansprüche** wie Beitragsforderungen u. a. (§ 705 RdNr. 201); sie stehen nicht den Mitgliedern persönlich zu, sondern der Gesellschaft, und unterliegen als Teil des Gesamthandsvermögens nach § 718 der Verfügung nur durch die vertretungsbefugten Gesellschafter.[4]

7 **3. Zwingende Geltung von Satz 1.** Die in § 717 angeordnete grundsätzliche Unübertragbarkeit der Mitgliedschaftsrechte ist, soweit es die **Verwaltungsrechte** angeht, zwingender Natur; sie führt zur Nichtigkeit dagegen verstoßender Vereinbarungen. Das wird nicht nur vom BGH unter Hinweis auf das Wesen der Gesamthandsgemeinschaft und die mit der Gesellschafterstellung unvereinbare Abspaltung von Mitgliedschaftsrechten in st. Rspr. betont,[5] sondern es entspricht auch der einhM in der neueren Literatur.[6] Die früher verbreitete Ansicht, bei dem Abtretungsverbot handele es sich um ein relatives Verbot iS von § 135, auf das die Gesellschafter verzichten könnten,[7] wird heute nicht mehr vertreten. Auch die in

[2] Prot. II S. 426 ff.; vgl. auch *Flume* I/1 § 1 II, S. 2 ff.

[3] Anders nur *U. Huber* Vermögensanteil S. 352, der § 717 S. 1 auf Ansprüche ieS beschränkt.

[4] *Soergel/Hadding* RdNr. 2; *Erman/Westermann* RdNr. 2; RGRK/*von Gamm* RdNr. 2; vgl. auch RGZ 76, 276, 280 (Pfändung einer Beitragsforderung nur nach § 736 ZPO).

[5] BGHZ 3, 354, 357 = NJW 1952, 178; BGHZ 20, 363, 365 = NJW 1956, 1198; BGHZ 36, 292, 293 ff. = NJW 1962, 738; BGH LM HGB § 105 Nr. 6 = BB 1953, 926; BGH NJW 1987, 780 (zu § 134 AktG); BayObLG GmbHR 1986, 87; einschränkend nur BGHZ 33, 105, 108 ff. = NJW 1960, 1997 für den Sonderfall der Einsetzung eines Dritten als Geschäftsführer der OHG während der Dauer des Ausschließungsprozesses gegen den einzigen geschäftsführungs- und vertretungsberechtigten Gesellschafter.

[6] Statt aller RGRK/*von Gamm* RdNr. 10; *Staudinger/Keßler* RdNr. 22; *Soergel/Hadding* RdNr. 20; *Erman/Westermann* RdNr. 3; *Staub/Ulmer* HGB § 109 RdNr. 26; *Ulmer,* FS Fleck, 1988, S. 383, 384 ff.

[7] So namentlich RG JW 1919, 933 und LZ 1921, 617; seither noch *Soergel/Schultze-v. Lasaulx,* 10. Aufl., RdNr. 1 (unter unzutr. Berufung auf Urteile zu § 719 Abs. 1) und *Erman/Schultze-Wenck,* 7. Aufl., RdNr. 3.

neuerer Zeit verschiedentlich anzutreffenden Versuche, zu einer Durchbrechung des Grundsatzes der Selbstorganschaft,[8] dh. also zur Übertragbarkeit der Geschäftsführungs- und der Vertretungsbefugnis als zwei der wichtigsten Mitgliedschaftsrechte auf Dritte zu kommen,[9] haben sich nicht durchgesetzt. Wenn auch die Begründungen für das Abspaltungsverbot differieren,[10] so steht doch im Ergebnis außer Streit, dass die Unübertragbarkeit der Mitgliedschaftsrechte nicht nur dem Schutz der Mitgesellschafter gegen eine Mitsprache Dritter in Gesellschaftsangelegenheiten Rechnung trägt, sondern dass sie die *unselbstständige,* von der Mitgliedschaft als Stammrecht nicht trennbare *Natur der einzelnen Mitgliedschaftsrechte* zum Ausdruck bringt. Daher steht es den Gesellschaftern auch nicht frei, im Gesellschaftsvertrag oder durch Einzelvereinbarung Ausnahmen vom Abspaltungsverbot zuzulassen. Zu den Grenzen des Abspaltungsverbots vgl. RdNr. 9 ff.

Dispositiv ist die in **Satz 2** zugelassene Ausnahme vom Abspaltungsverbot für bestimmte Vermögensrechte. Daher ist es den Gesellschaftern unbenommen, nach § 399 deren Unübertragbarkeit im Gesellschaftsvertrag festzulegen.[11] 8

4. Grenzen des Abspaltungsverbots. a) Überlassung zur Ausübung. Das Abspaltungsverbot hindert die Gesellschafter nicht, *im allseitigen Einvernehmen* einzelne Mitgliedschaftsrechte *Dritten zur Ausübung* zu überlassen. Das ist namentlich für Geschäftsführung und Vertretung anerkannt; sie können einem Dritten im Rahmen eines Auftrags mit Generalvollmacht übertragen werden.[12] Es gilt aber auch für sonstige Mitgliedschaftsrechte wie etwa die Kontrollrechte des § 716, das Recht auf Rechnungslegung sowie das Stimmrecht. Der Unterschied ist nicht rein formaler Natur, sondern zeigt sich darin, dass die Rechte dem Dritten *nicht auf Dauer* zur Ausübung überlassen, sondern ihm ohne sein Zutun wieder entzogen werden können und dass die **Gesellschafter als Rechtsinhaber** frei bleiben in der Entscheidung darüber, ob sie unter Ausschluss des Dritten wieder selbst tätig werden wollen. Die Überlassung von Mitgliedschaftsrechten zur Ausübung an Dritte lässt das Abspaltungsverbot somit unberührt. Eine gegen § 717 S. 1 verstoßende und daher nichtige Übertragung von Mitgliedschaftsrechten kann nach Maßgabe von § 140 in eine Überlassung zur Ausübung *umgedeutet* werden.[13] – Zur Wahrnehmung der Mitgliedschaftsrechte nicht voll Geschäftsfähiger durch ihre *gesetzlichen Vertreter* vgl. § 709 RdNr. 60, § 716 RdNr. 14; zur Möglichkeit verhinderter Gesellschafter, sich zur Rechtsausübung eines *Bevollmächtigten* zu bedienen, § 709 RdNr. 77, § 716 RdNr. 15. 9

Nach einer (vereinzelt gebliebenen) Entscheidung des 7. Zivilsenats des BGH soll das Abspaltungsverbot einer gesellschaftsvertraglichen **Einräumung originärer,** nicht von bestehenden Mitgliedschaften abgespaltener **Stimm-** und **Kontrollrechte an Nichtgesellschafter** nicht entgegenstehen. Da die Mitgliedschaftsrechte der Gesellschafter hiervon nicht betroffen seien, sei die Einheit von Mitgliedschaft und Verwaltungsrechten gewahrt.[14] 10

[8] Vgl. dazu näher § 709 RdNr. 5.

[9] *Teichmann* Gestaltungsfreiheit S. 116 ff.; *H. P. Westermann* Vertragsfreiheit S. 153 ff., 445 ff.; *Reinhardt/Schultz* GesR RdNr. 167 ff.; aus der Rechtsprechung vgl. den Sonderfall BGHZ 33, 105, 108 (Fn. 5).

[10] Eingehend hierzu *Wiedemann* Übertragung S. 276 ff.; *K. Schmidt,* Gedächtnisschrift Knobbe-Keuk, 1997, S. 307 ff.; *Westermann,* FS Lutter, 2000, S. 955 ff.; vgl. auch *K. Schmidt* GesR § 14 II 2 e; *Reuter* ZGR 1978, 633 ff.; *ders.,* FS Steindorff, 1990, S. 229, 232 ff.

[11] BGH WM 1978, 514, 515 (auch zur Auslegung gesellschaftsvertraglicher Abtretungsverbote); RGRK/*von Gamm* RdNr. 9; *Staudinger/Keßler* RdNr. 8; *Soergel/Hadding* RdNr. 7.

[12] BGHZ 36, 292, 295 = NJW 1962, 738; vgl. dazu § 709 RdNr. 5.

[13] BGHZ 20, 363, 366 = NJW 1956, 1198; *Soergel/Hadding* RdNr. 22; vgl. auch OLG Koblenz ZIP 1992, 844, 846 (Umdeutung der Stimmrechtsübertragung an einen Nießbraucher in eine widerrufliche Stimmrechtsvollmacht); OLG Hamm NZG 1999, 995 (Umdeutung unwirksamer Stimmrechtsabspaltung in Treuhand am Gesellschaftsanteil); OLG Hamburg NJW 1987, 1865, 1867 und ZIP 1989, 298, 300 (zur GmbH).

[14] BGH LM HGB § 109 Nr. 6 = NJW 1960, 936 f. = JZ 1960, 490 m. zust. Anm. *A. Hueck*; dem BGH folgend *Staudinger/Keßler* § 709 RdNr. 10; *Soergel/Schultze-v. Lasaulx,* 10. Aufl., § 709 RdNr. 41, *Rob. Fischer* in Großkomm. zum HGB § 119 RdNr. 24; Gegenansichten in Fn. 15. Abw. wohl auch BGH LM § 709 Nr. 9 = NJW 1982, 877, 878 (sub I 2): Vereinbarung im Gesellschaftsvertrag einer Publikums-GbR, wonach ein Dritter mit Geschäfts-

Diese Ansicht ist in der Literatur zu Recht verbreitet auf **Kritik** gestoßen.[15] Zwar ist angesichts der Doppelnatur des Vertrags einer Personengesellschaft als Schuld- und Organisationsvertrag (§ 705 RdNr. 158) die Begründung von Rechten für Nichtgesellschafter im Wege einer Vereinbarung zu Gunsten Dritter nach § 328 nicht per se ausgeschlossen.[16] Ihre Unzulässigkeit wegen Verstoßes gegen das Abspaltungsverbot folgt jedoch aus der unselbstständigen, von der Mitgliedschaft abgeleiteten Natur der Verwaltungsrechte (RdNr. 7) und der legitimierenden Funktion insbesondere des Stimmrechts als Instrument der innergesellschaftlichen Willensbildung.[17] Soweit der Gesellschaftsvertrag Mitwirkungsrechte Dritter in Gesellschaftsangelegenheiten vorsieht, kann es sich deshalb nur um zur Ausübung überlassene, *keine eigenen Rechte begründende Befugnisse* handeln; sie können den Dritten von den Gesellschaften grundsätzlich jederzeit wieder entzogen werden.[18] Die vertragliche Einräumung eines „Sonderrechts" für Nichtgesellschafter ist nicht möglich.[19]

11 **b) Treuhand, Nießbrauch, Testamentsvollstreckung.** Besonderheiten gegenüber dem Abspaltungsverbot gelten für bestimmte auf die Mitgliedschaft als solche einwirkende Rechtsverhältnisse. Ist der Gesellschaftsanteil Gegenstand einer **Treuhand,** so steht die formelle Rechtsstellung als Gesellschafter und damit auch die Ausübung der Mitgliedschaftsrechte grundsätzlich dem *Treuhänder* zu (vgl. dazu näher § 705 RdNr. 84 ff., 89 ff.). Der Treugeber hat bei *einfacher* (verdeckter) Treuhand keine unmittelbaren Beziehungen zur Gesellschaft, sondern steht ihr wie ein beliebiger Dritter gegenüber. Handelt es sich dagegen um eine *qualifizierte* (offene), mit Zustimmung der Mitgesellschafter eingegangene Treuhand, so können sich damit nicht nur unmittelbare, auf entsprechender Vereinbarung beruhende Rechtsbeziehungen zwischen Treugeber und Mitgesellschaftern verbinden. Vielmehr kann es mit Einverständnis der Mitgesellschafter in Fällen dieser Art auch zu einer internen Aufteilung der Rechte aus dem Gesellschaftsanteil zwischen Treuhänder und Treugeber kommen, ohne dass das Abspaltungsverbot eingreift (§ 705 RdNr. 91 ff.). – Zur ähnlichen Rechtslage bei der *Unterbeteiligung* vgl. Vor § 705 RdNr. 92 ff., 96 ff.

12 Eine Aufteilung der Mitgliedschaft ist auch beim **Nießbrauch** anzunehmen, wenn dieser mit Zustimmung der Mitgesellschafter den ganzen Anteil erfasst und sich nicht auf den Gewinn beschränkt (§ 705 RdNr. 96 ff.). Da der Nießbrauch nach § 1030 eine dingliche Berechtigung an den damit belasteten Gegenständen verleiht, ist die Stellung des Nießbrauchers am Anteil nach zutreffender, wenn auch bestrittener Ansicht (§ 705 RdNr. 96 f.) **mitgliedschaftlicher** Art. Der Nießbraucher ist neben dem Besteller in den Gesellschafterverband einbezogen; er kann mangels abweichender Vereinbarungen die auf *laufende* Angelegenheiten bezogenen Verwaltungsbefugnisse (Stimmrecht, Kontrollrechte u. a.) an Stelle des Bestellers kraft eigenen Rechts ausüben. Das Abspaltungsverbot greift auch hier nicht ein.

13 Im Fall einer mit Zustimmung der Mitgesellschafter angeordneten **Testamentsvollstreckung** am Gesellschaftsanteil kommt es demgegenüber grundsätzlich nicht zu einer Auftei-

führungsangelegenheiten betraut werden soll, begründet als solche keine Rechte des am Gesellschaftsvertrag nicht beteiligten Dritten; hierfür bedarf es eines gesonderten Anstellungs- bzw. Geschäftsbesorgungsvertrags mit diesem.

[15] Abl. *Flume* I/1 § 14 VII, S. 235 ff.; *Nitschke,* Die kapitalistisch strukturierte Personengesellschaft, 1970, S. 286 ff.; *Priester,* FS Werner, 1984, S. 657, 664; *Teichmann* Gestaltungsfreiheit S. 218 ff.; *Schlegelberger/Martens* HGB § 109 RdNr. 14. Allg. zum Abspaltungsverbot vgl. auch *K. Schmidt* GesR §§ 14 II 2 b, 19 III 4.

[16] Vgl. zur gesellschaftsvertraglichen Eintrittsklausel beim Tod eines Gesellschafters § 727 RdNr. 53 ff. Zur abw. Rechtslage bei der GmbH im Hinblick auf die Rechtsnatur der Satzung als körperschaftlicher Organisationsvertrag *Ulmer,* FS Werner, 1984, S. 911 ff. und FS Wiedemann, 2002, S. 1297, 1309 ff.; vgl. auch *Hachenburg/Ulmer* GmbHG, 8. Aufl., § 3 RdNr. 56 f.

[17] So zutr. *Scholz/K. Schmidt* GmbHG § 47 RdNr. 19 für die GmbH.

[18] So mit Recht *Flume* I/1 § 14 VII, S. 238 f.; aA *Staudinger/Keßler; Soergel/Schultze-v. Lasaulx,* und *Rob. Fischer* (aaO Fn. 14), die einen Widerruf des dem Dritten eingeräumten Stimmrechts nur aus wichtigem Grund zulassen.

[19] Vgl. BGH LM HGB § 109 Nr. 8 = WM 1970, 246 (in NJW 1970, 706 insoweit nicht abgedruckt).

lung der Mitgliedschaft. Vielmehr ist der Testamentsvollstrecker an dem zum Nachlass gehörenden Gesellschaftsanteil kraft Amtes mitberechtigt und übt in dieser Eigenschaft alle wesentlichen, mit dem Anteil verbundenen Vermögens- und Verwaltungsrechte unter Ausschluss der Gesellschafter/Erben aus (vgl. § 705 RdNr. 116 f.). Soweit er bestimmte Verwaltungsrechte wie die Geschäftsführung und die Vertretung der GbR nicht selbst ausüben kann (vgl. aber § 705 RdNr. 118), ruhen diese und stehen nicht etwa dem Gesellschafter/Erben zu. Da es an einer Aufteilung der Mitgliedschaft fehlt, scheidet ein Verstoß gegen das Abspaltungsverbot bei der Testamentsvollstreckung am Gesellschaftsanteil von vornherein aus (vgl. auch § 705 RdNr. 111, 117). Dies gilt auch in Fällen, in denen ausnahmsweise der Gesellschafter/Erbe persönlich unentziehbare Rechte wie das nach § 716 Abs. 2 unentziehbare Kontrollrecht als Notbefugnis neben dem Testamentsvollstrecker ausüben kann (vgl. dazu § 705 RdNr. 117).

c) Abtretbarkeit von Vermögensrechten (Satz 2). Eine ausdrückliche Ausnahme 14
vom Abspaltungsverbot lässt **§ 717 Satz 2** für bestimmte Vermögensrechte zu. Ihr gemeinsames Kennzeichen besteht darin, dass es sich jeweils um obligatorische Ansprüche gegen die Gesamthand handelt, die sich nach ihrer Entstehung von der Mitgliedschaft gelöst haben und vorbehaltlich etwaiger auf ihrer gesellschaftsvertraglichen Herkunft beruhenden Durchsetzungsschranken zu selbstständigen Gläubigerrechten geworden sind (RdNr. 3, 30). Schutzwürdige Belange der Mitgesellschafter oder Besonderheiten der Mitgliedschaft als Inbegriff unübertragbarer Rechte stehen ihrer Abtretung daher nicht entgegen. Zur Frage der Abtretbarkeit künftiger Ansprüche vgl. RdNr. 31 f.

Über die in Satz 2 genannten Ansprüche hinaus erscheint es im Unterschied zu den 15
ihrer Art nach höchstpersönlichen Verwaltungsrechten zulässig, mit Einverständnis aller Gesellschafter auch einen gesellschaftsvertraglich eingeräumten **Anspruch auf gewinnunabhängige Entnahmen** (RdNr. 36) abzutreten. Anderes gilt dagegen für den vereinzelt als besonderes Vermögensrecht angesehenen, den Inbegriff der dem Gesellschafter auf Grund des Gesellschaftsvertrags zustehenden Vermögensrechte repräsentierenden *Vermögenswert der Beteiligung* (gegen seine rechtliche Anerkennung vgl. aber § 705 RdNr. 188)[20] sowie für sonstige angebliche Vermögensstammrechte, darunter insbes. das *Gewinnstammrecht* (§ 705 RdNr. 108). Auch wenn man von den konstruktiven Bedenken absieht, die allgemein gegen die Figur eines – zudem auf ein Gesamtvermögen bezogenen – Wertrechts sprechen,[21] haben sich mit der Verselbstständigung der Mitgliedschaft und ihrer Anerkennung als übertragbares und belastbares subjektives Recht (§ 705 RdNr. 180) Ersatzkonstruktionen nach Art der Anerkennung eines besonderen Gewinnstammrechts oder auch des Vermögenswerts der Beteiligung erübrigt. Gegen sie spricht auch, dass die Übertragung des Vermögenswerts der Beteiligung zu Mitspracherechten des Zessionars in Vermögensangelegenheiten führen würde, die sich als unvereinbar mit dem Abspaltungsverbot des § 717 S. 1 erweisen.[22] Soweit es darum geht, das Risiko des Zessionars aus einer Vorausabtretung des Anspruchs auf das Auseinandersetzungsguthaben (RdNr. 32) zu vermeiden, lässt sich das mittels *Verpfändung der Mitgliedschaft* an den Zessionar und unter Einbeziehung des Pfandgläubigers in den Gesellschafterverband erreichen.[23]

[20] Zu Recht gegen Übertragbarkeit dieser Vermögenspositionen *Flume* I/1 § 11 IV, S. 164; *Huber* Vermögensanteil S. 150, 156 f., 365; *Wiedemann* Übertragung S. 54; *ders.* WM 1992, Sonderbeil. 7 S. 23; wohl auch BGHZ 97, 392, 394 = NJW 1986, 1991; aA noch 3. Aufl. RdNr. 5; wohl auch BGH ZIP 1987, 1042, 1043 („ohne Zustimmung der Mitgesellschafter von der Mitgliedschaft nicht zu trennender Anteil am Gesellschaftsvermögen“).

[21] Dazu *Wiedemann* WM 1975, Sonderbeil. 4 S. 33; s. ferner bereits *Ehrenberg,* Festgabe für Regelsberger, 1901, S. 1, 39 ff., in Auseinandersetzung mit der Wertrechtslehre *J. Kohlers* AcP 91 (1901), 155 ff.

[22] Vgl. näher *Habersack,* Die Mitgliedschaft, 1996, S. 82 ff. insbes. S. 89 ff.; die bis zur 2. Aufl. (§ 717 RdNr. 36) vertretene gegenteilige Ansicht wurde daher aufgegeben.

[23] Vgl. für den rechtsähnlichen Fall der Nießbrauchsbestellung *Ulmer,* FS Fleck, 1988, S. 383, 393 ff.; *Flume* I/1 § 17 VI, S. 362 f.; näher dazu § 705 RdNr. 99 ff.

II. Verwaltungsrechte

16 **1. Überblick.** Nicht von der Mitgliedschaft abspaltbar und daher **unübertragbar** sind nach § 717 S. 1 sämtliche Verwaltungsrechte (§ 705 RdNr. 193), darunter namentlich das Geschäftsführungsrecht einschließlich des Widerspruchsrechts, das Stimmrecht, das Informations- und Kontrollrecht, das Kündigungsrecht, die actio pro socio und das Recht auf Mitwirkung bei der Liquidation.[24] Zur zwingenden Geltung des auf die Verwaltungsrechte bezogenen Abspaltungsverbots vgl. RdNr. 7, zur Möglichkeit, Verwaltungsrechte Dritten zur Ausübung zu überlassen, sowie zum nicht vom Abspaltungsverbot erfassten Sonderfall von Treuhand, Nießbrauch und Testamentsvollstreckung RdNr. 9 f., 11 ff. Die Einräumung einer auch den Gesellschafter selbst von der Ausübung des betreffenden Verwaltungsrechts ausschließenden, *verdrängenden Vollmacht* steht der verbotenen Abspaltung gleich und ist daher wie diese grundsätzlich unwirksam.[25]

17 Das Abspaltungsverbot beschränkt sich entsprechend dem Wortlaut von § 717 S. 1 darauf, die Übertragung von Verwaltungsrechten an *Nichtgesellschafter* auszuschließen. Davon scharf zu unterscheiden und von dem Verbot *nicht erfasst* sind Vereinbarungen über eine vom dispositiven Recht abweichende, insbesondere auch **unterschiedliche Ausgestaltung der Mitgliedschaftsrechte** von Gesellschaftern. Sie sind in den allgemein für Gesellschaftsverträge geltenden Grenzen der Vertragsfreiheit (§ 705 RdNr. 132) zulässig. So kann insbesondere die Geschäftsführungs- und Vertretungsbefugnis auf einen Teil der Gesellschafter beschränkt sein (§§ 710, 714). Es kann das Stimmrecht einzelner Gesellschafter ausgeschlossen werden, soweit nicht unmittelbare Eingriffe in die Rechtsstellung des stimmrechtslosen Gesellschafters in Frage stehen (§ 709 RdNr. 63 f.). Auf das Informations- und Kontrollrecht kann in den Grenzen des § 716 Abs. 2 verzichtet werden. Der unverzichtbare Mindestbestand an Gesellschafterrechten („Kernbereich") wird nicht durch § 717 S. 1, sondern durch § 138 garantiert (§ 705 RdNr. 134). Aus den gleichen Gründen fällt auch das einem Gesellschafter eingeräumte erhöhte Stimmrecht (§ 709 RdNr. 97) nicht unter das Abspaltungsverbot. Selbst wenn ihm eine entsprechende Verminderung oder ein Ausschluss des Stimmrechts bei einem Mitgesellschafter gegenübersteht, ist darin doch keine verbotene Stimmrechtsübertragung iS von § 717 S. 1 zu sehen.[26]

18 **2. Stimmbindungsverträge. a) Wesen und Arten.** Besondere Beachtung in der Diskussion um das Abspaltungsverbot und seine Grenzen haben sog. Stimmbindungsverträge erlangt.[27] Dabei handelt es sich nicht um eine Stimmrechtsabspaltung, sondern um **schuld-**

[24] Vgl. auch *Soergel/Hadding* RdNr. 5; *Erman/Westermann* RdNr. 3; RGRK/*von Gamm* RdNr. 2.

[25] St. Rspr., vgl. BGHZ 3, 354, 359 = NJW 1952, 178; 20, 363, 365 = NJW 1956, 1198; BGH LM HGB § 105 Nr. 27 = NJW 1970, 468; so auch *Soergel/Hadding* RdNr. 22; RGRK/*von Gamm* RdNr. 11; *Staub/Ulmer* HGB § 119 RdNr. 71; *Hueck* OHG § 11 II 3 S. 166 f.; dies gilt auch für eine verdrängende Vollmacht des Erben an den Testamentsvollstrecker in Bezug auf den vererbten Gesellschaftsanteil, vgl. § 705 RdNr. 123.

[26] So zu Recht *Flume* I/1 § 14 IV S. 221 gegen BGHZ 20, 363 (365, 367) = NJW 1956, 1198; vgl. auch *Staub/Ulmer* HGB § 119 RdNr. 72; *C. Schäfer,* Der stimmrechtslose GmbH-Anteil, 1997, S. 83 ff.; aA *Lockowandt,* Stimmrechtsbeschränkungen im Recht der Personengesellschaften, 1996, S. 231 ff.

[27] Vgl. dazu *Behrens,* Stimmrecht und Stimmbindung, FS 100 Jahre GmbHG, 1992, S. 539; *Beuthien,* Treuhand an Gesellschaftsanteilen, ZGR 1974, 26 ff.; *Busse,* Zur Problematik von Stimmbindungsverträgen bei Personengesellschaften, BB 1961, 261 ff.; *Rob. Fischer,* Zulässigkeit und Wirkung von Abstimmungsvereinbarungen, GmbHR 1953, 65 ff.; *ders.,* Zur Methode revisionsrichterlicher Rechtsprechung auf dem Gebiet des Gesellschaftsrechts, dargestellt an Hand der Rechtsprechung zu den Stimmbindungsverträgen, FS Kunze, 1969, S. 95, 98 ff.; *Fleck,* Stimmrechtsabspaltung in der GmbH?, FS Rob. Fischer, 1979, S. 107 ff.; *Flume* I/1 § 14 VI, S. 229 ff.; *Habersack,* Grenzen der Mehrheitsherrschaft in Stimmrechtskonsortien, ZHR 164 (2000), 1 ff.; *Herfs,* Einwirkung Dritter auf den Willensbildungsprozess der GmbH, 1994, S. 166 ff.; *A. Hueck,* Stimmbindungsverträge bei Personenhandelsgesellschaften, FS Nipperdey, 1965, Bd. I, S. 401 ff.; *H. Lübbert,* Abstimmungsvereinbarungen in den Aktien- und GmbH-Rechten der EWG-Staaten, der Schweiz und Großbritanniens, 1971, S. 95 ff.; *Mühlhäuser,* Stimmrechtsbindung in der Personengesellschaft und Nachlassplanung, 1999; *Noack,* Gesellschaftervereinbarungen bei Kapitalgesellschaften, 1994, S. 133 ff., 144 ff.; *Odersky,* Stimmbindungen im Pool und Unterpool, FS Lutter, 2000, S. 557 ff.; *Overrath,* Die Stimmrechtsbindung, 1973; *Priester,* Drittbindung des Stimmrechts und Satzungsautono-

rechtlich bindende Verträge darüber, in welcher Weise der gebundene Gesellschafter von dem rechtlich nach wie vor nur ihm zustehenden Stimmrecht Gebrauch zu machen hat. Allerdings hat der BGH[28] wiederholt die Vollstreckbarkeit derartiger Vereinbarungen nach § 894 ZPO im Grundsatz anerkannt und ihnen dadurch eine Art mittelbarer Außenwirkung verliehen (RdNr. 28).

Stimmbindungsverträge sind **rechtstatsächlich** verbreitet anzutreffen. Sie dienen in erster Linie dazu, den an der Vereinbarung beteiligten *Gesellschaftern* durch übereinstimmende Stimmabgabe vermehrten Einfluss auf die Willensbildung der Gesellschaft zu verschaffen. Dementsprechend kommen Stimmbindungsverträge (ähnlich der Bestellung eines gemeinsamen Vertreters mehrerer Kommanditisten[29]) namentlich zwischen den Angehörigen eines Gesellschafterstamms in Familiengesellschaften vor. Es finden sich aber auch Stimmbindungsverträge zwischen Gesellschaftern und **Dritten,** die diesen Einflussmöglichkeiten auf bestimmte oder alle Gesellschaftsangelegenheiten verschaffen sollen. Hintergrund derartiger Vereinbarungen ist häufig ein Interessenwahrungs-, namentlich Treuhandverhältnis,[30] doch sind auch sonstige Fälle denkbar.[31] – Zum Sonderfall der **Stimmrechtspools** (Stimmbindungs- und Beteiligungskonsortien) in der Rechtsform der (Innen-)GbR, deren Gesellschaftsvertrag die Stimmbindung der Beteiligten begründet, um ihre vereinigte Stimmenmacht in einer *anderen Gesellschaft* (vielfach einer AG oder GmbH) zur Geltung zu bringen, vgl. Vor § 705 RdNr. 68 ff. 19

b) Zulässigkeit. aa) Allgemeines. Hinsichtlich der Zulässigkeit von Stimmbindungsverträgen ist im Grundsatz danach zu unterscheiden, ob der Gesellschafter sich gegenüber Mitgesellschaftern (RdNr. 23 f.) oder aber gegenüber außenstehenden Dritten (RdNr. 25 ff.) gebunden hat. Im letzteren Fall bestehen gegen die Wirksamkeit eines umfassenden Stimmbindungsvertrags entgegen der hM grundlegende Bedenken, außer wenn der Dritte der Gesellschaft im Rahmen eines offenen Treuhandverhältnisses u. a. nahesteht und entsprechenden Treupflichten unterliegt (RdNr. 26). Von dieser Unterscheidung abgesehen ergeben sich **generelle Schranken** für die Zulässigkeit von Stimmbindungsverträgen aus **§ 138,** soweit die Verträge im Einzelfall auf sittenwidrige Schädigung von Gesellschaft oder Mitgesellschaftern gerichtet sind oder soweit sie eine solche Schädigung angesichts der Interessenlage (Stimmbindung zu Gunsten eines Konkurrenten der Gesellschaft) mit Wahrscheinlichkeit erwarten lassen.[32] Schranken im Hinblick auf die gesellschaftsvertragliche *Treupflicht* können sich für die Wirksamkeit von Stimmbindungsverträgen dann ergeben, wenn *beide* Vertragspartner durch *Eingehung der Stimmbindung* gegen die Treupflicht verstoßen.[33] Das setzt einen Stimmbindungsvertrag zwischen Gesellschaftern oder 20

mie, FS Werner, 1984, S. 657 ff.; *Rodemann,* Stimmbindungsvereinbarungen in den Aktien- und GmbH-Rechten Deutschlands, Englands, Frankreichs und Belgiens, 1998, S. 24 ff.; *K. Schmidt* GesR § 21 II 4; *Scholz/K. Schmidt* GmbHG § 47 RdNr. 35 ff.; *Teichmann* (Fn. 9) S. 226 ff.; *Christoph Weber,* Privatautonomie und Außeneinfluss im Gesellschaftsrecht, 2000, S. 92 ff., 338 ff.; *Wiedemann,* Verbandssouveränität und Außeneinfluss, FS Schilling, 1973, S. 105, 115 ff.; *Zluhan,* Abstimmungsvereinbarungen des privaten Gesellschaftsrechts, AcP 128 (1928), 62 ff., 257 ff.; *Zöllner,* Zu Schranken und Wirkung von Stimmbindungsverträgen, ZHR 155 (1991), 168 ff.; *Zutt,* Einstweiliger Rechtsschutz bei Stimmbindungen, ZHR 155 (1991), 190 ff.

[28] BGHZ 48, 163, 169 ff. = NJW 1967, 1963 betreffend die Stimmbindung eines GmbH-Gesellschafters; so auch BGH ZIP 1989, 1261; dazu und zur Entwicklung der Rspr. vgl. *Rob. Fischer,* FS Kunze, S. 98 ff.; *Zöllner* ZHR 155 (1991), 168, 186 f.

[29] BGHZ 46, 291 = NJW 1967, 826; BGH LM § 723 Nr. 11 = NJW 1973, 702; *Schlegelberger/Martens* HGB § 161 RdNr. 79 ff.; *Heymann/Horn* HGB § 164 RdNr. 16 ff.; *Flume* I/1 § 14 V; *K. Schmidt* ZHR 146 (1982), 525 ff. Vgl. dazu für das Recht der GbR auch § 709 RdNr. 79 f.

[30] Vgl. namentlich *Beuthien* ZGR 1974, 26, 43 ff. und *Zutt* (Fn. 27) S. 214; zum Vorkommen von Stimmbindungen vgl. insbes. *Mühlhäuser* (Fn. 27) S. 125 ff. und *Zutt* (Fn. 27) S. 213 ff.; allg. zur Treuhand an Gesellschaftsanteilen vgl. § 705 RdNr. 84 ff.

[31] Vgl. die Beispiele bei *Zutt* (Fn. 27) S. 213 f.

[32] Das RG hat Stimmbindungsverträge nur in seltenen Ausnahmefällen (RGZ 69, 134, 137; 88, 220, 222) für sittenwidrig gehalten und das Eingreifen von § 138 meist abgelehnt (RGZ 80, 385, 390 f.; 107, 67, 70 f.; 133, 90 (94, 96); 160, 257, 264 f.; RG DR 1940, 244, 245). Einschlägige BGH-Urteile sind nicht bekannt.

[33] So für die Stimmbindung zwischen Gesellschaftern zutr. *A. Hueck* (Fn. 27) S. 409 ff.; zust. *Soergel/Hadding* § 709 RdNr. 35; *Habersack* ZHR 164 (2000), 1, 8 f.: im Ergebnis auch *Noack* (Fn. 27) S. 146 ff.; stark einschränkend aber *Mühlhäuser*

mit der Gesellschaft nahe stehenden Dritten (RdNr. 26) voraus und erfordert darüberhinaus, dass der Vertrag einen treuwidrigen Inhalt hat; zumindest an dem zuletzt genannten Erfordernis wird es meist fehlen.

21 Bedeutsamer sind **Treupflichtschranken für die inhaltliche Weisungsbindung des Gesellschafters** aus einer an sich wirksamen Stimmbindung. Sie werden von der hM in weitem Umfang anerkannt, wenn die Weisung des Mitgesellschafters oder Dritten auf eine treuwidrige Stimmabgabe durch den Gebundenen gerichtet ist.[34] Dem ist zuzustimmen, soweit es um die Stimmbindung des Gesellschafters gegenüber *Mitgesellschaftern* oder anderen ebenfalls der gesellschaftsrechtlichen Treupflicht unterliegenden Personen (Treugeber bei qualifizierter Treuhand u. a.) geht.[35] Dagegen führt ein *einseitiger* Treupflichtverstoß nur des aus einem Vertrag mit *Dritten* gebundenen Gesellschafters entgegen der hM weder zur Unwirksamkeit einer an sich zulässigen Stimmbindung noch zur Unbeachtlichkeit der auf treuwidrige Stimmabgabe gerichteten Weisung;[36] die Verletzung der Interessen Nichtbeteiligter (hier: der Gesellschaft) hat nur dann die Sittenwidrigkeit der Vereinbarung zur Folge, wenn sie beiden Parteien vorwerfbar ist.[37] Die Befolgung treuwidriger Weisungen eines Nichtgesellschafters kann der Gebundene jenem gegenüber deshalb nur dann verweigern, wenn die Auslegung des Stimmbindungsvertrags ergibt, dass der Gebundene sich zur Weisungsbefolgung nur in den durch seine Treupflicht gezogenen Grenzen verpflichten wollte.[38] Diese Rechtsfolge ist angesichts der sich daraus für die Gesellschaft ergebenden Risiken bei der Beurteilung der Zulässigkeit von Stimmbindungsverträgen mit Dritten zu berücksichtigen (RdNr. 25). Zwar befreit die Stimmbindung den gebundenen Gesellschafter nicht von seiner Treupflicht gegenüber der Gesellschaft; eine treuwidrige Stimmabgabe ist dementsprechend unwirksam (§ 709 RdNr. 112). Dennoch eröffnet die Stimmbindung gegenüber Außenstehenden diesen faktisch einen erheblichen, mit der Verbandsautonomie häufig nur schwer vereinbaren Einfluss auf die Entscheidungen in der Gesellschaft.

22 Einem **Stimmrechtsausschluss wegen Interessenkollision** (§ 709 RdNr. 65 ff.) kommt im Fall von Stimmbindungsverträgen auch dann Bedeutung zu, wenn die Interessenkollision nicht beim gebundenen Gesellschafter besteht, sondern beim weisungsbefugten Vertragspartner. So kann ein *Gesellschafter* in den vom Stimmrechtsausschluss erfassten Fällen (§ 709 RdNr. 65, 70) nicht nur nicht selbst abstimmen, sondern ist auch gehindert, ein ihm im Grundsatz wirksam eingeräumtes Weisungsrecht gegenüber einem Mitgesellschafter durchzusetzen. Gleiches gilt für einen *Dritten* in Angelegenheiten, in denen er als Gesellschafter nicht mitstimmen könnte, namentlich bei dem Beschluss über die Vornahme eines Rechtsgeschäfts zwischen der Gesellschaft und ihm.[39] Der gebundene, nicht selbst von der Interessenkollision betroffene Gesellschafter behält in derartigen Fällen zwar das Stimmrecht; er ist bei dessen Ausübung jedoch weisungsfrei. Geht es dagegen wie im Fall einer von der Zustimmung der Mitgesellschafter abhängigen Anteilsübertragung darum, Ansprüche des

(Fn. 27) S. 166 ff., 181 f.; zur Auswirkung von Treupflichtverstößen auf Stimmbindungsverträge mit Dritten vgl. Nachw. in Fn. 34, 36.

[34] *Rob. Fischer* in Großkomm. zum HGB § 119 Anm. 33 f.; *ders.* GmbHR 1953, 65, 66 f.; *A. Hueck* (Fn. 27) S. 407, 409 ff., 419 f.; *Fleck* (Fn. 27) S. 107, 115 f.; *Rodemann* (Fn. 27) S. 28 ff., 36; für das GmbH-Recht ebenso *Hachenburg/Hüffer* GmbHG § 47 RdNr. 75; *Scholz/K. Schmidt* GmbHG § 47 RdNr. 50; für das Aktienrecht *Zöllner* Kölner Komm. zum AktG § 136 RdNr. 90 f. (zu Recht zweifelnd aber *ders.* ZHR 155 (1991), 168, 172 ff.); noch weitergehend *Overrath* (Fn. 27) S. 76 ff., der den Verpflichteten von seiner Bindung schon dann frei werden lässt, wenn er vertretbare Gründe dafür hat, anders als vereinbart zu stimmen; grds. aA *Mühlhäuser* (Fn. 27) S. 166 ff. (nur „relative" Wirkung der Treupflicht).

[35] Ebenso BGH WM 1970, 904 f.; *Flume* I/1 § 14 VI, S. 231; speziell für Weisungsbindung in Geschäftsführungsangelegenheiten auch *Staub/Ulmer* HGB § 119 RdNr. 74; *Mühlhäuser* (Fn. 27) S. 159 ff.

[36] So zutr. *Flume* I/1 § 14 VI, S. 231; im Grundsatz auch *Zöllner* ZHR 155 (1991), 172 ff.

[37] Vgl. BGH NJW 1990, 567, 568 (in BGHZ 109, 314 insoweit nicht abgedruckt); BGH NJW 1995, 2284; *Palandt/Heinrichs* § 138 RdNr. 40; *Erman/Palm* § 138 RdNr. 47.

[38] Nach *A. Hueck* (Fn. 27) S. 411, 419 soll die Auslegung regelmäßig zu diesem Ergebnis führen; ähnlich *Zöllner* ZHR 155 (1991), 176 f.

[39] *Flume* I/1 § 14 VI S. 234; so auch *Overrath* (Fn. 27) S. 40 f.; *Scholz/K. Schmidt* GmbHG § 47 RdNr. 47; *Rowedder/Koppensteiner* GmbHG § 47 RdNr. 28, 57.

Bindenden gegen den Gebundenen mit Hilfe eines Gesellschafterbeschlusses durchzusetzen, so unterliegt die Weisungserteilung unter dem Gesichtspunkt des Stimmrechtsausschlusses wegen Interessenkollision keinen Schranken.[40]

bb) Stimmbindung gegenüber Mitgesellschaftern. Sie ist **grundsätzlich zulässig,** auch wenn sie sich nicht auf einzelne Gegenstände beschränkt, sondern alle Arten von Abstimmungen erfasst. Der Zustimmung der Mitgesellschafter bedarf es hierfür nicht,[41] falls der Gesellschaftsvertrag ein solches Erfordernis nicht ausdrücklich oder stillschweigend aufstellt. Auch lässt sich eine ungeschriebene Pflicht zur Offenlegung von Stimmbindungen nicht generell, sondern nur im Einzelfall, insbesondere bei einem besonders ausgeprägten Vertrauensverhältnis zwischen den Gesellschaftern, bejahen. 23

Schranken für innergesellschaftliche Stimmbindungen bestehen, abgesehen von dem nach Lage des Falles denkbaren Treupflichtverstoß (RdNr. 20), einerseits dann, wenn ein geschäftsführungsbefugter Gesellschafter sein Verhalten in **Geschäftsführungsfragen** den Weisungen eines Mitgesellschafters unterstellt.[42] Eine solche Bindung verstößt, zumal wenn sie gegenüber einem Nichtgeschäftsführer eingegangen ist, gegen die im Gesellschaftsvertrag übernommene Pflicht zu eigenverantwortlicher und uneigennütziger Geschäftsführung (§ 709 RdNr. 3) und ist daher unwirksam. Mit Rücksicht auf den unverzichtbaren **Kernbereich** von Mitgliedschaftsrechten ist eine Stimmbindung andererseits auch in Bezug auf solche unmittelbar in die Rechtsstellung des gebundenen Gesellschafters eingreifende Beschlüsse unwirksam, die nicht ohne dessen Zustimmung gefasst werden können.[43] Anderes gilt freilich dann, wenn die Bindung sich auf einen *konkreten* Beschluss bezieht und die Vereinbarung hierüber daher als vorweggenommenes Einverständnis des Gebundenen mit dem Beschlussinhalt zu werten ist (§ 709 RdNr. 91 f.). – Steht infolge der Stimmbindung mehreren Gesellschaftern gemeinsam die **Stimmenmehrheit** zu, so unterliegen sie bei der Stimmrechtsausübung den gleichen Schranken, die gegenüber dem Machtmissbrauch durch einen Mehrheitsgesellschafter eingreifen (§ 709 RdNr. 100, 105). 24

cc) Stimmbindung gegenüber Dritten. Auch sie wird nach der Rechtsprechung des **BGH** grundsätzlich **zugelassen** und soll nach § 894 ZPO vollstreckbar sein.[44] Dem hat sich die überwiegende Literatur trotz zT gewichtiger, auf den mittelbaren Einfluss der Nichtgesellschafter ohne entsprechende vermögensmäßige Risiken aus der Gesellschafterstellung gestützter Bedenken angeschlossen.[45] Ein Vorbehalt wird zwar zu Recht insoweit gemacht, als die Stimmbindung als uneingeschränkte ausgestaltet ist und dem Dritten ein umfassendes Weisungsrecht gegenüber dem Stimmverhalten des Gebundenen ein- 25

[40] Vgl. den Fall BGHZ 48, 163 = NJW 1967, 1963 betr. die Verpflichtung des gebundenen Gesellschafters, der Übertragung seines Gesellschaftsanteils an den Dritten zuzustimmen.

[41] So wohl auch – allerdings meist ohne besondere Hervorhebung – die hM, vgl. etwa *Soergel/Hadding* § 709 RdNr. 35; *Scholz/K. Schmidt* GmbHG § 47 RdNr. 40; *Mühlhäuser* (Fn. 27) S. 136 ff., 146; aA aber *Flume* I/1 § 14 VI, S. 232; *Herfs* (Fn. 27) S. 364 ff.

[42] Für Differenzierung zwischen Geschäftsführungsangelegenheiten und sonstigen die Gesellschaftsgrundlagen betreffenden Beschlüssen als Gegenstand der Bindung mit guten Gründen *A. Hueck* (Fn. 27) S. 410; zust. *Soergel/Hadding* § 709 RdNr. 35; *Erman/Westermann* § 709 RdNr. 22; *Schlegelberger/Martens* HGB § 119 RdNr. 49; *Staub/Ulmer* HGB § 119 RdNr. 74; *Mühlhäuser* (Fn. 27) S. 159 ff.; aA *Flume* I/1 § 14 VI, S. 233; *K. Schmidt* GesR § 21 II 4 a; OLG Köln WM 1988, 974, 976 ff. (für eine KG); im Ergebnis auch *Wiedemann,* FS Schilling, 1973, S. 105, 115 ff., 118.

[43] *Flume* I/1 § 14 VI, S. 232; *Erman/Westermann* § 709 RdNr. 22; *Soergel/Hadding* § 709 RdNr. 35; *Hachenburg/Hüffer* GmbHG § 47 RdNr. 78; *Mühlhäuser* (Fn. 27) S. 165 f.; zu den Grenzen eines vereinbarten Stimmrechtsausschlusses vgl. § 709 RdNr. 63.

[44] BGHZ 48, 163 ff. = NJW 1967, 1963 (dazu vgl. *Rob. Fischer,* FS Kunze, 1969, S. 95, 98 ff.); BGH NJW 1983, 1910, 1911; 1987, 1890, 1892; OLG Köln WM 1988, 974, 976; OLG Koblenz NJW 1986, 1692.

[45] Vgl. *Staudinger/Keßler* § 709 RdNr. 43; *Soergel/Schultze-v. Lasaulx,* 10. Aufl., § 709 RdNr. 39; *Zöllner* ZHR 155 (1991), 168, 180 f.; *Schlegelberger/Martens* HGB § 119 RdNr. 49 f.; *Herfs* (Fn. 27) S. 177; einschränkend *Scholz/K. Schmidt* GmbHG § 47 RdNr. 42 (keine dauernde und umfass. Bindung); für grundsätzliche Unzulässigkeit *Mühlhäuser* (Fn. 27) S. 197 ff.; Bedenken auch bei *Erman/Westermann* § 709 RdNr. 22 und *Rowedder/Koppensteiner* GmbHG § 47 RdNr. 24, 29.

räumt;[46] hier folgt die Unwirksamkeit bereits aus den Grenzen, die § 138 der Selbstentmündigung eines Gesellschafters zieht.[47] Entgegen der herrschenden Meinung unterliegt die nicht konkret eingegrenzte bzw. als vertragliche Nebenpflicht begründete Stimmbindung gegenüber Dritten aber schon grundsätzlich Bedenken und zwar *mit Rücksicht auf das Abspaltungsverbot.* Denn nachdem der BGH die Durchsetzung wirksamer Stimmbindungen im Vollstreckungswege zugelassen hat (RdNr. 28), ist deren funktionale Vergleichbarkeit mit einer Abspaltung von Gesellschafterrechten unverkennbar.[48] Eine vollstreckbare Stimmbindung stellt tendenziell die Unselbständigkeit des Stimmrechts als Teil der Mitgliedschaft in Frage und eröffnet Dritten einen unzulässigen Einfluss auf die Entscheidungen in der Gesellschaft. Das gilt sowohl für den Bereich der Geschäftsführung, in dem die Stimmbindung zudem in Konflikt mit dem zwingenden Grundsatz der Selbstorganschaft gerät, als auch für Vertragsänderungen, die grundsätzlich in die Alleinentscheidungskompetenz der Gesellschafter fallen.[49] Der Hinweis darauf, dass die Zwangsvollstreckung ein rechtskräftiges Urteil voraussetzt (zur Unzulässigkeit einer einstweiligen Verfügung vgl. RdNr. 29), mag zwar wegen des damit verbundenen Zeitaufwands die praktischen Probleme entschärfen; er ist jedoch nicht geeignet, die gegen die Stimmbindung gerichteten grundsätzlichen Bedenken zu entkräften. Sie verstärken sich weiter dadurch, dass ein drohender Verstoß gegen die immanenten Schranken des Stimmrechts auf einen Stimmbindungsvertrag mit Dritten im Allgemeinen nicht durchschlägt (RdNr. 20 f.). **Stimmbindungsverträge mit Nichtgesellschaftern** sind deshalb grundsätzlich wegen Verstoßes gegen das Abspaltungsverbot **nichtig.**[50]

26 **Ausnahmen** von dem in RdNr. 25 aufgestellten Grundsatz sind insoweit anzuerkennen, als der Dritte zumindest partiell die wirtschaftliche Stellung eines Gesellschafters innehat.[51] Dies gilt einmal für den Fall der **qualifizierten** (offenen), mit Zustimmung der Mitgesellschafter eingeräumten **Treuhand.**[52] Hier ist eine Stimmbindung zwischen Treuhänder und Treugeber zulässig, sofern es nicht ohnehin mit Zustimmung der Mitgesellschafter zu einer Aufteilung der Rechte aus dem Gesellschaftsanteil kommt (RdNr. 11, § 705 RdNr. 92). Entsprechendes gilt bei einer mit Zustimmung der Mitgesellschafter eingeräumten **qualifizierten (offenen)** Unterbeteiligung für die Stimmbindung des Hauptgesellschafters gegenüber dem Unterbeteiligten.[53] Aufgrund der in diesem Fall regelmäßig bestehenden unmittelbaren Rechtsbeziehungen zwischen Unterbeteiligtem und Mitgesellschaftern (vgl. Vor § 705 RdNr. 91) gelten die gesellschaftsimmanenten Stimmrechtsschranken auch für den Unterbeteiligten bei Ausübung seiner Rechte aus dem Stimmbindungsvertrag. Verstößt seine Weisung an den Hauptgesellschafter etwa gegen die Treupflicht, ist dieser zur Befolgung nicht verpflichtet. Wird die Unterbeteiligung dagegen ohne Zustimmung der Mit-

[46] *Flume* I/1 § 14 VI, S. 230; *Beuthien* ZGR 1974, 26, 45; *Habersack* ZHR 164 (2000), 1, 11; *Overrath* (Fn. 27) S. 35 f., 48 ff.; *K. Schmidt* GesR § 21 II 4 a cc und *Scholz/K. Schmidt* GmbHG § 47 RdNr. 42, 48; *Chr. Weber* (Fn. 27) S. 338 ff.; *Wiedemann* (Fn. 42) S. 115; für weitergehende Zulassung wohl *A. Hueck* (Fn. 27) S. 417 f.

[47] So zutr. *Flume* I/1 § 14 VI, S. 230; *Zöllner* ZHR 155 (1991), 176 f.; *Rodemann* (Fn. 27) S. 30 f.; *Mühlhäuser* (Fn. 27) S. 147 f.; im Ergebnis auch *Chr. Weber* (Fn. 27) S. 338 ff., 362. Vgl. auch BGHZ 44, 158, 161 = NJW 1965, 2147 zur Sittenwidrigkeit einer Vereinbarung, durch die die Verwaltungsrechte des Gesellschafters einer OHG einem Treuhänder überlassen werden sollten, auf dessen Auswahl und Abberufung der Gesellschafter keinen Einfluss hatte.

[48] So zutr. *Fleck* (Fn. 27) S. 116; *Priester* (Fn. 27) S. 667 ff.; *Mühlhäuser* (Fn. 27) S. 198 ff.; *Hachenburg/Hüffer* GmbHG § 47 RdNr. 75.

[49] So mit Recht *Priester* (Fn. 27) S. 671 f.; aA *Zöllner* ZHR 155 (1991), 181 f.

[50] So grds. auch *Soergel/Hadding* § 709 RdNr. 36; *Hachenburg/Hüffer* GmbHG § 47 RdNr. 75; *Flume* I/1 § 14 IV, S. 220 f.; *Staub/Ulmer* HGB § 119 RdNr. 75; *Baumbach/Hopt* HGB § 119 RdNr. 18; *Mühlhäuser* (Fn. 27) S. 197 ff.

[51] Ebenso *Priester* (Fn. 27) S. 672 ff.; ähnlich *Hachenburg/Hüffer* GmbHG § 47 RdNr. 78; *Scholz/K. Schmidt* GmbHG § 47 RdNr. 42; vgl. auch *Fleck* (Fn. 27) S. 127 (für eine begrenzte Ausnahme vom Abspaltungsverbot); *Mühlhäuser* (Fn. 27) S. 223 ff.

[52] So auch *Flume* I/1 § 14 IV, S. 232; *Soergel/Hadding* § 709 RdNr. 36; *Hachenburg/Hüffer* GmbHG § 47 RdNr. 78; *Baumbach/Hopt* HGB § 119 RdNr. 18; *Beuthien* ZGR 1974, 43, 45; weitergehend (für grundsätzliche Zulässigkeit von Stimmbindungsverträgen auch bei einfacher Treuhand) *Blaurock,* Unterbeteiligung und Treuhand an Gesellschaftsanteilen, 1981, S. 189 ff.

[53] Vgl. BGH WM 1977, 525, 528.

gesellschafter eingeräumt, ist eine Stimmbindung des Hauptgesellschafters gegenüber dem Unterbeteiligten ebenso wie gegenüber einem Dritten wegen Verstoßes gegen das Abspaltungsverbot unwirksam.[54] Für den **Nießbrauch** gilt Entsprechendes wie im Fall der qualifizierten Treuhand, soweit das Stimmrecht kraft interner Vereinbarung zwar beim Besteller verblieben ist, er sich jedoch einer Stimmbindung gegenüber dem Nießbraucher unterworfen hat.[55]

Eine *weitere Ausnahme* von der grundsätzlichen Unzulässigkeit von Stimmbindungen mit Dritten ist schließlich für den Fall anzuerkennen, dass sich die Stimmpflicht als Nebenpflicht aus einem Austauschvertrag zwischen Gesellschafter und Drittem ergibt und sich auf bestimmte, damit in sachlichem Zusammenhang stehende **Einzelpunkte** der Beschlussfassung beschränkt. Unbedenklich ist etwa die Pflicht des seinen Anteil veräußernden Gesellschafters gegenüber dem Anteilserwerber, in der Gesellschafterversammlung für die Zustimmung zur Anteilsübertragung zu stimmen, sofern hierüber nach dem Gesellschaftsvertrag mit Mehrheit zu entscheiden ist.[56] 27

c) Durchsetzbarkeit von Stimmbindungsverträgen. Soweit Verpflichtungen aus Stimmbindungsverträgen von der Rechtsordnung als wirksam anerkannt werden, können sie durch Leistungsklage gegen den Gebundenen mit Wirkung für die Gesellschaft **gerichtlich durchgesetzt** werden. Das wird seit der Grundsatzentscheidung BGHZ 48, 163 = NJW 1967, 1963 in der neueren Literatur[57] ganz überwiegend bejaht.[58] Die praktische Bedeutung der Frage wird freilich dadurch relativiert, dass Klage und Urteil auf Erfüllung eines Stimmbindungsvertrages fast immer zu spät kommen werden[59] und die Durchsetzung der Stimmbindung meist auf anderem Wege, etwa durch Stimmrechtsvollmachten,[60] Treuhänderbestellung[61] oder Vertragsstrafen, gesichert wird.[62] Die **Vollstreckung** des Urteils auf Stimmabgabe richtet sich nach **§ 894 ZPO.** Wegen des Zugangserfordernisses bei Stimmabgaben (§ 709 RdNr. 74) ist zusätzlich die Mitteilung des rechtskräftigen Urteils an die Mitgesellschafter oder einen von ihnen Bevollmächtigten erforderlich.[63] Das rechtskräftige Urteil ersetzt nur die Stimmabgabe, führt jedoch noch nicht den Beschluss herbei.[64] Davon zu unterscheiden ist das Urteil auf Unterlassung der Stimmabgabe. Bei 28

[54] Zur Frage des „Vorrangs der Hauptgesellschaft" vgl. Vor § 705 RdNr. 95.

[55] Zur regelmäßigen Einräumung des Stimmrechts in laufenden Angelegenheiten an den Nießbraucher vgl. § 705 RdNr. 99.

[56] Vgl. den Fall BGHZ 48, 163 ff. = NJW 1967, 1963; ebenso *Scholz/K. Schmidt* GmbHG § 47 RdNr. 42; *Hüffer* (Fn. 48); *Hopt* (Fn. 50); *Mühlhäuser* (Fn. 27) S. 221 f.; stark einschränkend aber *Zöllner* Kölner Komm. zum AktG § 136 RdNr. 94. Vgl. auch BGH WM 1983, 1279, 1280: Verpflichtung des Zedenten der Gewinnansprüche gegenüber dem Zessionar, bei der Bilanzfeststellung dafür einzutreten, dass entstandene Gewinne als solche ausgewiesen werden.

[57] So im Anschluss an die Rechtsprechung *Soergel/Hadding* § 709 RdNr. 37; *Schlegelberger/Martens* HGB § 119 RdNr. 51; *Westermann* Hdb. RdNr. I 506; *Scholz/K. Schmidt* GmbHG § 47 RdNr. 55; *Rowedder/Koppensteiner* GmbHG § 47 RdNr. 35.

[58] Anders noch das RG in st. Rspr., vgl. RGZ 112, 273, 279; 119, 386, 389 f.; 133, 90, 95 f.; RG JW 1927, 2993. So auch Teile der älteren Literatur, vgl. zB *Max Wolff* JW 1929, 2116 f.; aus neuerer Zeit noch *Overrath* (Fn. 27) S. 101 ff.; *Hachenburg/Hüffer* GmbHG § 47 RdNr. 80; *Eckardt* in *Geßler/Hefermehl/Eckardt/Kropff* AktG § 136 RdNr. 56 für das Aktienrecht; Bedenken äußert auch *Zöllner* Kölner Komm. zum AktG § 136 RdNr. 112 und *ders.* ZHR 155 (1991), 186 f.; weit. Nachw. bei *H. Lübbert* (Fn. 27) S. 176 f. Fn. 355 ff.

[59] So zutr. *Hueck* (Fn. 27) S. 407; *K. Schmidt* GesR § 21 II 4 a; *Hachenburg/Hüffer* GmbHG § 47 RdNr. 80; *Zutt* ZHR 155 (1991), 190, 192. Dem vom BGH (Fn. 56) entschiedenen Fall lag insoweit ein atypischer Sachverhalt zugrunde (vgl. auch RdNr. 27).

[60] *Scholze,* Das Konsortialgeschäft der deutschen Banken, 1973, S. 670.

[61] Dazu *Hueck* (Fn. 27) S. 407; *Janberg/Schlaus* AG 1967, 33 ff., 34; *Beuthien* ZGR 1974, 43 ff. Zu weiteren Sicherungsmitteln *H. Lübbert* (Fn. 27) S. 97.

[62] So auch *Schlegelberger/Martens* HGB § 119 RdNr. 51; *Hachenburg/Hüffer* GmbHG § 47 RdNr. 81; H. *Lübbert* (Fn. 27) S. 127.

[63] HM, vgl. BGHZ 48, 174 = NJW 1967, 1963; BGH ZIP 1989, 1261; *Soergel/Hadding* § 709 RdNr. 37; *Scholz/K. Schmidt* GmbHG § 47 RdNr. 56; *Hachenburg/Hüffer* GmbHG § 47 RdNr. 81; *Zluhan* (Fn. 27) S. 297; *Rob. Fischer* (Fn. 27) S. 107; *H. Lübbert* (Fn. 27) S. 190; *Overrath* (Fn. 27) S. 128. AA *Peters* AcP 156 (1957), 311, 326 ff. (für § 887 ZPO); *Max Wolff* JW 1929, 2116 (für § 888 Abs. 1 ZPO); *Zutt* ZHR 155 (1991), 190, 197 f. (für Konkurrenz von § 894 und § 888 ZPO).

[64] BGH ZIP 1989, 1261.

ihm richtet sich die Vollstreckung nach § 890 ZPO;[65] eine abweichende Stimmabgabe bleibt also wirksam.

29 Eine **einstweilige Verfügung** mit dem Gebot, in dem vereinbarten Sinn zu stimmen, wurde nach früher überwiegender Ansicht als unzulässig angesehen.[66] Dasselbe galt hinsichtlich des Verbots abredewidriger Stimmrechtsausübung.[67] Demgegenüber mehren sich in neuerer Zeit zwar die Stimmen, die eine einstweilige Verfügung zulassen wollen.[68] Gegen diese Ansicht spricht jedoch das *Verbot der Vorwegnahme der Hauptsache.* Soweit davon vor allem im Unterhaltsrecht Ausnahmen bei sog. Leistungsverfügungen anerkannt werden, lassen sie sich nicht ohne weiteres auf die Durchsetzung von Stimmbindungsverträgen übertragen. Die Tatsache, dass ein Hauptsacheverfahren idR zu spät kommt, reicht für die Vergleichbarkeit nicht aus. Vielmehr ist es grundsätzlich Sache des Gläubigers der Stimmbindung, die Realisierung seines Anspruchs durch eine Vertragsstrafe oder ähnliche Maßnahmen bis zum Eintritt der Rechtskraft zu sichern.[69] Im Übrigen wäre auch die Vollstreckung einer derartigen einstweiligen Verfügung ausgeschlossen. Zwar wird von der Rechtsprechung und von Teilen des prozessrechtlichen Schrifttums eine einstweilige Verfügung mit Blick auf § 894 ZPO dann für möglich erachtet, wenn die Willenserklärung nur auf eine vorläufige Regelung oder Sicherung abzielt.[70] Selbst wenn man dem zustimmen wollte, scheidet die Parallele für die Stimmpflicht aus, da die Stimmabgabe den Beschluss herbeiführen soll und somit auf eine endgültige Regelung gerichtet ist.[71]

III. Vermögensrechte

30 **1. Allgemeines. a) Grundlagen.** Die nach § 717 Satz 2 übertragbaren Ansprüche (RdNr. 14) sind solche, die sich mit ihrer Entstehung von dem ihnen zugrunde liegenden Gesellschaftsverhältnis lösen und die Qualität selbstständiger Geldforderungen annehmen (RdNr. 3). Jedoch kann die gesellschaftsvertragliche Grundlage der Ansprüche sich auf ihre Durchsetzbarkeit auswirken und die Gesellschafter als Gläubiger aus Gründen der Treupflicht zur Rücksichtnahme auf das Gesellschaftsinteresse verpflichten (§ 705 RdNr. 227). Stehen der Gesellschaft hieraus im Einzelfall Einwendungen gegen einen dieser Ansprüche zu, so können sie nach § 404 auch dem Zessionar entgegengesetzt werden; das gilt namentlich für Entnahmebeschränkungen bei Gewinnansprüchen. Auch eine **Sicherungsabtretung** der in Satz 2 genannten Vermögensrechte ist möglich.[72] Soweit es sich dabei um künftige Ansprüche handelt, hängt die Rechtsstellung des Sicherungsnehmers als Zessionar und die Möglichkeit seines Zugriffs auf das Sicherungsgut im Zeitpunkt der Anspruchsentstehung davon ab, dass der Sicherungsgeber nicht zwischenzeitlich über den Anteil verfügt (vgl.

[65] Einh. Ansicht, *Scholz/K. Schmidt* GmbHG § 47 RdNr. 56; *Hachenburg/Hüffer* GmbHG § 47 RdNr. 81; *Zutt* ZHR 155, (1991) 190, 198; *Max Wolff* JW 1929, 2116; *Rob. Fischer* GmbHR 1953, 70; *Peters* AcP 156 (1957), 311, 341 f.; *Overrath* (Fn. 27) S. 114.

[66] *A. Hueck* (Fn. 27) S. 407; *H. Lübbert* (Fn. 27) S. 193; *Overrath* (Fn. 27) S. 140 f. m. weit. Nachw.

[67] *A. Hueck* (Fn. 27) S. 407; *Overrath* (Fn. 27) S. 142.

[68] Grdlg. *v. Gerkan* ZGR 1985, 179 ff.; *Damm* ZHR 154 (1990), 413 ff.; *Zutt* ZHR 155 (191), 190, 199 ff.; vgl. ferner *Lutter/Hommelhoff* GmbHG § 47 RdNr. 6; *Westermann* Hdb. RdNr. I 508; im Einzelfall auch *Scholz/K. Schmidt* GmbHG § 47 RdNr. 59; *Herfs* (Fn. 27) S. 171 ff.; aus der Rspr. OLG Koblenz ZIP 1986, 563 f. (zumindest bei Geboten); einschränkend aber OLG Koblenz NJW 1991, 1119, 1120; OLG Hamburg NJW 1992, 186, 187; OLG Stuttgart NJW 1987, 2449; OLG Frankfurt NJW-RR 1992, 934.

[69] So zutr. *Hachenburg/Hüffer* GmbHG § 47 RdNr. 82; *Rowedder/Koppensteiner* GmbHG § 47 RdNr. 36.

[70] So OLG Frankfurt MDR 1954, 686; OLG Stuttgart NJW 1973, 908; LG Braunschweig NJW 1975, 782, 783; weitergehend (auch endgültige Willenserklärungen könnten auf Grund einer einstweiligen Verfügung nach § 894 ZPO vollstreckt werden) aber OLG Köln NJW-RR 1997, 59, 60; dagegen aber OLG Hamburg NJW-RR 1991, 382. Aus der Lit. für grundsätzliche Zulässigkeit *Thomas/Putzo* ZPO (24. Aufl.) § 894 ZPO RdNr. 2; *Zöller/Vollkommer* (23. Aufl.) § 938 ZPO RdNr. 5.

[71] So auch *Mühlhäuser* (Fn. 27) S. 252 ff.; aA *v. Gerkan* ZGR 1985, 179, 188 ff.; *Zutt* ZHR 155 (1991), 190, 202 f.

[72] Dazu näher *Serick,* Eigentumsvorbehalt und Sicherungsübereignung II, 1965, S. 483 ff.; *Riegger* BB 1972, 115; zust. *Soergel/Hadding* RdNr. 8; *Erman/Westermann* RdNr. 7.

RdNr. 31 f., 38, 40). – Zur Möglichkeit, die Übertragbarkeit der in Satz 2 genannten Vermögensrechte im Gesellschaftsvertrag auszuschließen, vgl. RdNr. 8.

b) Künftige Ansprüche. Die Übertragbarkeit nach Satz 2 erstreckt sich nach einhM nicht nur auf schon entstandene (einschließlich bedingter), sondern auch auf **künftige Ansprüche.** Bei ihnen hängt die *Wirksamkeit der Abtretung* jedoch davon ab, dass der Zedent *im Zeitpunkt der Anspruchsentstehung* seinen Anteil noch nicht weiterveräußert hat.[73] Das gilt namentlich für die vorweggenommene Abtretung von **Gewinnansprüchen;** diese stehen demjenigen zu, der im Zeitpunkt des Beschlusses über die Gewinnverteilung (§ 721 RdNr. 7) Anteilsinhaber ist. Hat der Zedent vor diesem Zeitpunkt wirksam über den Anteil verfügt oder ist der Anteil zwischenzeitlich gepfändet worden, so kommt der jeweilige Gewinnanspruch nicht mehr in seiner Person zur Entstehung, sondern in derjenigen des neuen Anteilsinhabers, oder er unterliegt dem Pfandrecht.[74] Die Vorausabtretung des Gewinnanspruchs erweist sich in diesen Fällen aus der auf den Entstehungszeitpunkt bezogenen Sicht als Verfügung eines Nichtberechtigten; der Zessionar hat ihn nicht erworben. Dieses Ergebnis wird bestätigt durch die Regelung des § 566 b, auch wenn man sie nicht analog anwendet.[75] Aus dieser Vorschrift ergibt sich, dass periodisch wiederkehrende künftige Ansprüche grundsätzlich demjenigen zustehen, der im Zeitpunkt der Anspruchsentstehung aus dem Vertragsverhältnis selbst berechtigt ist, und dass Vorausverfügungen seines Rechtsvorgängers ihm gegenüber keine Wirkung haben. 31

Hinsichtlich des Anspruchs auf das **Auseinandersetzungsguthaben**[76] bzw. auf die Abfindung im Fall vorzeitigen Ausscheidens war früher zweifelhaft, ob es sich um einen aufschiebend bedingt entstandenen oder um einen künftigen, den in RdNr. 31 genannten Abtretungsschranken unterliegenden Anspruch handelt. Die Rechtsprechung zu dieser Frage war lange Zeit uneinheitlich;[77] inzwischen geht der BGH jedoch von einem *künftigen Anspruch* aus.[78] Dieser auch in der neueren Literatur vorherrschenden Ansicht[79] ist zu folgen; für sie spricht aus teleologischer Sicht, dass das auf Vorausverfügung, insbes. Sicherungszession, beruhende Auseinanderfallen von Mitgliedschaft und Anspruch auf das Auseinandersetzungsguthaben für Gesellschaft und Mitgesellschafter unerwünscht ist und zu erheblichen Problemen bei der späteren Auseinandersetzung oder dem Ausscheiden des betroffenen Gesellschafters führen kann.[80] Die Wirksamkeit der Vorausverfügung über den Anspruch auf das Auseinandersetzungsguthaben hängt somit davon ab, dass der Zedent im 32

[73] *Soergel/Hadding* RdNr. 8; eingehend *G. Müller* ZIP 1994, 342, 351 ff.; offen lassend *Erman/Westermann* RdNr. 7. Zum Schicksal mit dem Anteil verbundener, nach § 717 Satz 2 aber selbstständig abtretbarer, bereits entstandener Ansprüche im Fall der Anteilsübertragung vgl. § 719 RdNr. 43.

[74] BGHZ 88, 205, 207 = NJW 1984, 492 und BGHZ 104, 351, 353 f. = NJW 1989, 458 (betr. Abfindungsanspruch beim Ausscheiden aus einer GmbH); BGH JZ 1987, 880 m. Anm. *Ulmer*; *Flume* I/1 § 11 III, S. 160 und § 17 III, S. 354; *Hueck* OHG § 17 IV 2 S. 254; im Ergebnis auch *Wiedemann* Übertragung S. 299 ff., 301; *Armbrüster* NJW 1991, 606, 607 f.; *G. Müller* ZIP 1994, 342, 351 ff.; ebenso für den Gewinnanspruch in der GmbH RGZ 98, 318, 320; einschränkend aber *Rob. Fischer* ZHR 130 (1968), 359, 363 f. und *Marotzke* ZIP 1988, 1509, 1514 ff., die für eine Analogie zu § 566 b (= § 573 aF) eintreten; aA wohl noch RGZ 60, 126, 130. Allgemein zur Vorausabtretung künftiger Forderungen, deren Rechtsgrund im Zeitpunkt der Zession bereits gelegt ist, vgl. *Serick,* Eigentumsvorbehalt und Sicherungsübereignung IV, 1976, S. 260 f., 330 ff., der ein Anwartschaftsrecht des Zessionars an der künftigen Forderung bejaht und die Abtretung daher wohl trotz zwischenzeitlicher Verfügung über das Stammrecht für wirksam hält.

[75] Vgl. BGHZ 88, 205, 207 = NJW 1984, 492 (zur GmbH); *Soergel/Hadding* RdNr. 8; für Analogie aber *Rob. Fischer* und *Marotzke* (Fn. 74).

[76] Dazu näher in RdNr. 37.

[77] Für aufschiebend bedingt entstandenen Anspruch noch BGHZ 58, 327, 330 = NJW 1972, 1193 (zur eG); so wohl auch die Rspr. des RG, vgl. RGZ 60, 126, 130; 90, 19, 20; 91, 428, 431; 95, 231, 234 f.

[78] So – ohne Auseinandersetzung mit den in Fn. 77 zitierten Urteilen – BGH NJW 1997, 3370, 3371; ebenso schon BGHZ 88, 205, 207 = NJW 1984, 492; BGHZ 104, 351, 353 = NJW 1989, 458 (jeweils für den Abfindungsanspruch beim Ausscheiden aus einer GmbH); zust. *Fleischer* WuB II H § 235 HGB 1.98.

[79] *Flume* und *Wiedemann* (Fn. 74); so auch *Soergel/Hadding* RdNr. 11; *D. Weber,* FS Stiefel, 1987, S. 829, 856 ff.; *Konzen* ZHR 145 (1981), 44 f.; *Bommert* BB 1984, 181.

[80] *Wiedemann* Übertragung S. 301; *D. Weber* (Fn. 79) S. 858 f.

Zeitpunkt der Auflösung der Gesellschaft noch Gesellschafter ist, dh. nicht anderweitig über seinen Anteil verfügt hat (RdNr. 31, 39).

33 **c) Sonstige Vermögensrechte.** Über die nach Satz 2 abtretbaren Ansprüche (dazu näher RdNr. 34 ff.) hinaus ist aus den in RdNr. 15 genannten Gründen mit Zustimmung aller Gesellschafter auch eine Verfügung über sonstige Vermögensrechte zuzulassen, darunter namentlich ein vom jeweiligen Gewinnanspruch unabhängiges *vertragliches Entnahmerecht.*[81] Ihr wird außerhalb von Nießbrauch und Sicherungsabtretung freilich meist nur geringe Bedeutung zukommen.

34 **2. Die einzelnen Vermögensrechte nach Satz 2. a) Aufwendungsersatz.** Abtretbar ist der Aufwendungsersatzanspruch des Geschäftsführers nach §§ 713, 670 (vgl. näher § 713 RdNr. 15). Anderes gilt für den Anspruch auf Vorschuss nach §§ 713, 669, da er sich im Unterschied zum Aufwendungsersatzanspruch nicht von der Geschäftsführungsmaßnahme, für die der Vorschuss zweckbestimmt ist, trennen lässt,[82] sowie für den Freistellungsanspruch nach §§ 713, 670, 257 (§ 713 RdNr. 15); dieser kann nur von demjenigen Gläubiger gepfändet werden, dem gegenüber die Freistellung zu erfolgen hat.[83] Dem Aufwendungsersatzanspruch gleichzustellen ist der **gesamtschuldnerische Ausgleichsanspruch** des von einem Gesellschaftsgläubiger auf Zahlung in Anspruch genommenen Gesellschafters gegen Mitgesellschafter (§ 714 RdNr. 56);[84] auch bei ihm handelt es sich um ein verselbständigtes Gläubigerrecht (RdNr. 3). Nicht zu den Ansprüchen aus der Geschäftsführung, sondern zum Gewinn gehören die Ansprüche auf Geschäftsführervergütung, auch soweit sie im Innenverhältnis gewinnunabhängig ausgestaltet sind.[85] Beschränkt sich die Abtretung auf die „Ansprüche aus der Geschäftsführung", so wird die Auslegung freilich meist zu dem Ergebnis führen, dass hiervon auch die Geschäftsführervergütung erfasst sein soll.

35 **b) Gewinn.** Zum Gewinnanspruch, seiner Entstehung und Fälligkeit vgl. § 721 RdNr. 11. Die Wirksamkeit seiner **Vorausabtretung** hängt nach den in RdNr. 31 getroffenen Feststellungen davon ab, dass der Zedent noch im Zeitpunkt der Anspruchsentstehung Gesellschafter ist. Andernfalls kommt der Gewinnanspruch beim Rechtsnachfolger zur Entstehung; der Zedent hat hierüber als Nichtberechtigter verfügt. Zum Fehlen eines Rechts des Zessionars gegenüber der Gesamthand auf Gewinnfeststellung und Kontrolle vgl. RdNr. 40.

36 Der **Zessionar erwirbt** den Gewinnanspruch mit dem Inhalt, wie er auch dem Zedenten zustand (§ 404). Vertragliche Entnahmebeschränkungen können daher auch ihm entgegengesetzt werden. Auch ist er nicht dagegen geschützt, dass die Gesellschafter einvernehmlich die Gewinnbeteiligung des Zedenten oder die Entnahmeregelung **ändern,** solange der vorausabgetretene Gewinnanspruch noch nicht entstanden ist;[86] anderes gilt bei Verstoß gegen § 826. Gewinnunabhängige **Ansprüche auf Entnahme** (§ 721 RdNr. 13) stehen dem Zessionar des Gewinnanspruchs nicht zu. Sie unterfallen nicht der Ausnahmeregelung

[81] Die bisher hM beschränkt sich insoweit auf die Feststellung, dass ein Anspruch auf Entnahmen nicht nach § 717 S. 2 abtretbar ist, soweit diese nicht durch entsprechende Gewinne gedeckt sind; vgl. RGZ 67, 13, 17 ff.; *Soergel/Hadding* RdNr. 10; *Staudinger/Keßler* RdNr. 12; *Wiedemann* Übertragung S. 294 ff.; zu § 122 HGB auch *Schlegelberger/Martens* HGB § 122 RdNr. 13. Demgegenüber lässt eine neuere Auffassung die selbstständige Abtretbarkeit des Entnahmerechts generell zu, vgl. *Ganßmüller* DB 1967, 1531, 1534; *Muth* DB 1986, 1761, 1762 m. weit. Nachw. in Fn. 13; *Winnefeld* DB 1977, 897 ff.; einschränkend (nur bei vertraglichem Entnahmerecht) *Baumbach/Hopt* HGB § 122 RdNr. 4. Wie hier – für Abtretbarkeit bei Zustimmung der Gesellschafter – *Teichmann* Gestaltungsfreiheit S. 156; *Staub/Ulmer* HGB § 122 RdNr. 15. Vgl. auch RdNr. 36.

[82] *Soergel/Hadding* RdNr. 9; *Palandt/Sprau* RdNr. 5.

[83] Vgl. *Stein/Jonas/Brehm* (21. Aufl.) § 851 ZPO RdNr. 38; MünchKommZPO/*Smid* (2. Aufl.) § 851 RdNr. 8.

[84] *Staudinger/Keßler* RdNr. 20; *Soergel/Hadding* RdNr. 9.

[85] Vgl. § 709 RdNr. 32. Für ihre Behandlung als Ansprüche, die aus der Geschäftsführung herrühren, aber *Staudinger/Keßler* RdNr. 10; *Soergel/Hadding* RdNr. 9; wohl auch *Erman/Westermann* RdNr. 6.

[86] Heute hM, vgl. BGH WM 1985, 1343, 1344; *Soergel/Hadding* RdNr. 14; *Erman/Westermann* RdNr. 7; *Schlegelberger/Martens* HGB § 122 RdNr. 15; *Staub/Ulmer* HGB § 121 RdNr. 6; *Hueck* OHG § 17 IV 2, S. 256; anders *Staudinger/Keßler* RdNr. 13; RGRK/*von Gamm* RdNr. 7.

des Satzes 2 und können nur mit Zustimmung aller Gesellschafter abgetreten werden (RdNr. 33). Abweichendes kommt nach dem Regelungszweck des Satzes 2 (RdNr. 3) freilich dann in Betracht, wenn das Entnahmerecht im Gesellschaftsvertrag nach Art einer festen *Vorausdividende* oder eines Zinsanspruchs konkretisiert ist und zur Entstehung selbständiger, nicht von der Geltendmachung durch den Gesellschafter abhängiger periodischer Ansprüche gegen die Gesellschaft führt.[87]

c) Auseinandersetzungsguthaben. Der Anspruch auf dasjenige, was dem Gesellschafter bei der Auseinandersetzung zukommt, umfasst je nach Lage des Falles die Rückerstattung der Einlagen (§ 733 Abs. 2), den anteiligen Liquidationserlös (§ 734) sowie etwaige Ausgleichsansprüche gegen Mitgesellschafter nach § 735. Im Falle des Ausscheidens des Zedenten aus der fortbestehenden Gesellschaft tritt an seine Stelle der Anspruch auf das Abfindungsguthaben (§§ 738 bis 740). Ob im Zusammenhang mit der Abtretung dieser Ansprüche auch das beim Gesellschafter verbliebene Eigentum an den der Gesellschaft zur Benutzung überlassenen, nach § 732 bei Vertragsende zurückzugebenden Gegenständen auf den Zessionar übergehen soll, ist Frage der Vertragsauslegung, soweit es hierfür nicht besonderer formgebundener Übertragungsakte (§§ 925, 873) bedarf. Zur *Entstehung und Fälligkeit des* Anspruchs auf das Auseinandersetzungsguthaben oder die Abfindung vgl. § 730 RdNr. 61, § 738 RdNr. 19 ff., zu den fehlenden Rechten des Zessionars auf Mitwirkung bei der Auseinandersetzung oder der Festsetzung der Abfindung RdNr. 40. 37

Für **Änderungen** des Anspruchs auf das Auseinandersetzungsguthaben gilt Entsprechendes wie beim Gewinnanspruch (RdNr. 36). Sie sind trotz Vorausabtretung des Anspruchs solange möglich, als dieser noch nicht entstanden ist. Die Gesellschafter können daher mit Wirkung gegenüber dem Zessionar einvernehmlich eine vom Gesetz oder Gesellschaftsvertrag abweichende Art der Auseinandersetzung beschließen oder Beschränkungen des Abfindungsanspruchs für den Fall vorzeitigen Ausscheidens vorsehen.[88] Auch ist die Abtretung der genannten Ansprüche **wirkungslos,** wenn der Zedent den Gesellschaftsanteil vor ihrer Entstehung wirksam an einen Dritten veräußert hat.[89] Eine zwischenzeitliche Pfändung des Anteils am Gesellschaftsvermögen nach § 859 Abs. 1 ZPO geht der Abtretung vor.[90] Anderes gilt bei einer Pfändung des künftigen Anspruchs auf das Auseinandersetzungsguthaben; sie geht ins Leere, wenn der Gesellschafter den Anspruch im Voraus an einen Dritten abgetreten hat.[91] 38

Will der Zessionar sich gegen die in RdNr. 38 genannten Gefahren schützen, so muss er sich außer der Vorausabtretung des Anspruchs auf das Auseinandersetzungsguthaben auch den Gesellschaftsanteil selbst verpfänden lassen. Nur bei einem solchen Vorgehen ist er sowohl **gegen einseitige Veränderungen** des ihm abgetretenen künftigen Rechts als auch dagegen **geschützt,** dass die Abtretung infolge zwischenzeitlicher Verfügung des Zedenten über den Anteil oder infolge einer Anteilspfändung durch dessen Privatgläubiger ins Leere geht bzw. zu einer nachrangigen Berechtigung des Zessionars führt. Die Rechtsstellung der Mitgesellschafter wird dadurch nicht unzulässig beeinträchtigt, weil die Verpfändung der Mitgliedschaft abweichend von § 717 S. 2 nur mit ihrer Zustimmung möglich ist, sofern sie oder die Anteilsabtretung nicht bereits im Gesellschaftsvertrag zugelassen wurde (vgl. näher § 719 RdNr. 27, 52). 39

[87] BGH WM 1985, 1343, 1344; *Soergel/Hadding* RdNr. 10; *Erman/Westermann* RdNr. 6. Für Veräußerlichkeit des für das laufende Geschäftsjahr geltend gemachten (?) Entnahmeanspruchs entsprechend § 717 Satz 2 *Wiedemann* Übertragung S. 296.

[88] Vgl. Nachw. in Fn. 86 sowie *Riegger* BB 1972, 116; aA noch RGZ 90, 19, 20 (eingeschränkt in RGZ 91, 428, 431).

[89] BGH (Fn. 74); so auch BGH NJW 1997, 3370, 3371 (vorbehaltlich der Fälle zwischenzeitlicher Anteilsvererbung). Ebenso *Flume* I/1 § 11 IV, S. 162 und § 17 III, S. 356; *Soergel/Hadding* RdNr. 15; im Ergebnis auch *U. Huber* Vermögensanteil S. 396; aA wohl RGZ 60, 126, 130; vgl. auch RdNr. 31 f. und Fn. 77 ff.

[90] BGHZ 104, 351, 353 ff. = NJW 1989, 458 (Pfändung eines GmbH-Anteils); *Flume* I/1 § 17 III, S. 355; *Soergel/Hadding* RdNr. 16; aA RGZ 95, 231, 234 f.; *Staudinger/Keßler* § 725 RdNr. 18; offen lassend BGH WM 1981, 648, 649.

[91] Vgl. BGH WM 1981, 648, 649; *Ulmer* in Großkomm. zum HGB § 135 Anm. 9.

40 **3. Rechtsstellung des Zessionars.** Durch die Abtretung der Rechte nach § 717 S. 2 erwirbt der Zessionar nur die Forderung als solche, **nicht** aber die zu ihrer Geltendmachung und Kontrolle erforderlichen **Verwaltungsrechte.**[92] Diese verbleiben als unübertragbare Mitgliedschaftsrechte beim Zedenten; nur ihre Ausübung kann mit Einverständnis der Mitgesellschafter dem Zessionar überlassen werden (RdNr. 9, 16). Die Abtretung künftiger Gewinnansprüche gibt dem Zessionar also nicht das Recht, nach § 721 Rechnungslegung und Gewinnverteilung zu verlangen.[93] Entsprechendes gilt für die Abtretung des künftigen Anspruchs auf das Auseinandersetzungsguthaben oder die Abfindung: auch hier stehen dem Zessionar keine Möglichkeiten zu, die Gesellschaft aufzulösen oder an der Aufstellung der Auseinandersetzungs- oder Abschichtungsbilanz mitzuwirken.[94] In beiden Fällen ist jedoch eine **Mitteilungspflicht** der Gesamthand gegenüber dem Zessionar über die Höhe des festgestellten Anspruchs zu bejahen.[95]

41 Das außerordentliche **Kündigungsrecht des § 725 Abs. 1** kann nur von demjenigen geltend gemacht werden, der nach § 859 Abs. 1 ZPO eine Anteilspfändung erwirkt hat. Eine analoge Anwendung auf den Zessionar ist ausgeschlossen.[96] Er kann sich vielmehr grundsätzlich nur an den Zedenten halten und ihn auf Schadensersatz in Anspruch nehmen, wenn dieser den vertraglich übernommenen Pflichten zur Herbeiführung der Fälligkeit der abgetretenen Ansprüche unter Wahrung der Interessen des Zessionars nicht nachkommt.

IV. Pfändung und Verpfändung

42 **1. Pfändung.** Die Pfändbarkeit von **Forderungen** hängt nach § 851 ZPO grundsätzlich von ihrer Abtretbarkeit ab; ein in Abweichung von § 717 S. 2 vereinbarter Abtretungsausschluss steht der Pfändung allerdings nicht entgegen (§ 851 Abs. 2 ZPO iVm. § 399 BGB). Die Pfändung in Gesellschafterrechte setzt einen in das Privatvermögen des Gesellschafters vollstreckbaren Titel voraus (§ 718 RdNr. 54). Sie erstreckt sich auch auf künftige und bedingte Forderungen.

43 Im Einzelnen wird auf die Ausführungen zu den nach § 717 Satz 2 übertragbaren Ansprüchen verwiesen (RdNr. 30 ff.). Sie gelten entsprechend für deren Pfändung.[97] Auch der Pfändungsgläubiger einer **künftigen Forderung** ist gegen zwischenzeitliche Verfügungen des Schuldners über den Anteil vor Entstehung der Forderung nicht geschützt.[98] Die Pfändung des Anspruchs auf das künftige Auseinandersetzungsguthaben, die nach § 717 Satz 2 iVm. § 851 Abs. 1 ZPO möglich ist, stellt ihn also nicht besser als den Zessionar des Anspruchs (RdNr. 38) und gibt ihm ebenso wenig wie diesem einen Realisierungsanspruch.[99] Den wesentlich zweckmäßigeren und Erfolg versprechenderen Weg eröffnet daher die **Pfändung des Gesellschaftsanteils** nach § 859 Abs. 1 ZPO in Verbindung mit dem außerordentlichen Kündigungsrecht des Pfändungsgläubigers nach § 725 Abs. 1. Zum Sonderfall der Pfändung und Verwertung eines im Gesellschaftsvertrag übertragbar gestellten Gesellschaftsanteils (der Mitgliedschaft) als Vermögensrecht nach § 857 ZPO vgl. § 725 RdNr. 8 ff.

44 **Sonstige Vermögensrechte,** deren Übertragung ausgeschlossen ist, sind nach § 857 Abs. 3 ZPO insoweit der Pfändung unterworfen, als ihre Ausübung einem Dritten über-

[92] BGH WM 1983, 1279, 1280; 1981, 648, 649.

[93] HM, vgl. *Soergel/Hadding* RdNr. 14; *Hueck* OHG § 17 IV 2 S. 254; *Staudinger/Keßler* RdNr. 15. Vgl. auch die Nachw. in Fn. 92.

[94] RGZ 90, 19, 20; *Riegger* BB 1972, 117 m. weit. Nachw. in Fn. 18. Zur abweichenden Rechtslage für den Fall der Anteilspfändung und Kündigung, wonach dem Pfandgläubiger ein Anspruch gegen die Gesellschafter auf Durchführung der Auseinandersetzung zugebilligt wird, vgl. § 725 RdNr. 20 f.

[95] BGH BB 1976, 11; vgl. auch schon RGZ 52, 35, 37 f.

[96] So auch *Erman/Westermann* RdNr. 7; *Soergel/Hadding* RdNr. 15.

[97] Ebenso *Soergel/Hadding* RdNr. 16; aA *Marotzke* ZIP 1988, 1509, 1519 betr. § 566 b (= § 573 aF). Zur Pfändbarkeit von auf dem Entnahmerecht beruhenden, zu selbstständigen Forderungen gewordenen Ansprüchen vgl. RdNr. 36 und Fn. 87.

[98] AA RGZ 60, 126, 130; vgl. auch Nachw. Fn. 74.

[99] Vgl. Nachw. in Fn. 94.

lassen werden kann. Angesichts der höchstpersönlichen Natur der nicht unter § 717 Satz 2 fallenden Mitgliedschaftsrechte scheidet diese Möglichkeit regelmäßig aus, soweit nicht der Gesellschaftsvertrag im Einzelfall Abweichendes vorsieht. Eine Zwangsvollstreckung wegen einer Geldforderung in **Verwaltungsrechte** des Schuldners ist in jedem Fall ausgeschlossen[100] (zu der davon zu unterscheidenden Vollstreckung aus einem Stimmbindungsvertrag vgl. RdNr. 28).

2. Verpfändung. Für die Verpfändung von Forderungen gelten die Ausführungen über deren Übertragbarkeit in vollem Umfang entsprechend (§§ 1273, 1274 Abs. 2, 1280). Der Gesellschaftsanteil selbst kann verpfändet werden, wenn er im Gesellschaftsvertrag übertragbar gestellt ist oder wenn sämtliche Mitgesellschafter zustimmen. Näheres vgl. in § 719 RdNr. 51 ff.

§ 718 Gesellschaftsvermögen

(1) Die Beiträge der Gesellschafter und die durch die Geschäftsführung für die Gesellschaft erworbenen Gegenstände werden gemeinschaftliches Vermögen der Gesellschafter (Gesellschaftsvermögen).

(2) Zu dem Gesellschaftsvermögen gehört auch, was auf Grund eines zu dem Gesellschaftsvermögen gehörenden Rechts oder als Ersatz für die Zerstörung, Beschädigung oder Entziehung eines zu dem Gesellschaftsvermögen gehörenden Gegenstands erworben wird.

Übersicht

	RdNr.
A. Normzweck	1
B. Das Gesellschaftsvermögen	2–38
I. Grundlagen	2–11
1. Wesen und Funktion der Gesamthand	2–5
a) Rechtlicher Ansatz	2, 3
b) Gesetzliche Ausgestaltung	4, 5
2. Gesellschafterstellung und Gesamthandsberechtigung	6–9
3. Gesellschaften ohne Gesamthandsvermögen	10, 11
II. Entstehung und Wegfall des Gesamthandsvermögens	12–15
1. Allgemeines	12, 13
2. Umwandlungsfälle	14, 15
III. Erwerb von Gesamthandsvermögen	16–23
1. Beiträge	16, 17
2. Rechtsgeschäftlicher Erwerb	18, 19
3. Erwerb durch Surrogation (Abs. 2)	20, 21
4. Sonstige Erwerbstatbestände	22, 23
IV. Begründung von Gesamthandsverbindlichkeiten	24–34
1. Überblick	24
2. Entstehungsgründe	25–29
a) Rechtsgeschäft	25
b) Gesellschaftsvertrag	26
c) Gesetz	27
d) Gesamtrechtsnachfolge	28
e) Haftung kraft objektiver Zurechnung?	29
3. Haftung aus §§ 278, 831	30, 31
4. Keine Haftung für Privatschulden der Gesellschafter	32–34
V. Die Gesamthand als Besitzer	35–38
1. Grundsatz	35–37
2. Rechtsfolgen	38
C. Die BGB-Gesellschaft in Zivilprozess und Zwangsvollstreckung	39–66
I. Überblick	39–43
1. Ausgangslage im Jahr 1900	39
2. Rechtsentwicklung bis 2001	40–42
3. Gang der Kommentierung	43
II. Die Parteifähigkeit der Außen-GbR	44–48
1. Grundlagen	44, 45
2. Schranken der persönlichen Reichweite	46–48
a) Außen-GbR ohne Identitätsausstattung	46, 47
b) Innen-GbR mit Gesamthandsvermögen	48
III. Prozess- und Vollstreckungsfragen bei der nicht parteifähigen Gesamthands-GbR	49–66
1. Verbleibender Anwendungsbereich	49
2. Rechtlicher Ansatz	50–52

[100] So auch *Soergel/Hadding* RdNr. 16.

	RdNr.
a) Parteistellung auf Seiten der Gesamthand	50, 51
b) Vollstreckung (§ 736 ZPO)	52
3. Die Gesamthandsschuldklage	53, 54
a) Grundsatz	53
b) Keine Vollstreckung ins Privatvermögen	54
4. Die Vollstreckung in das Gesellschaftsvermögen	55–59
a) Vollstreckungstitel	55–58
aa) Grundsatz	55, 56
bb) Vollstreckung aus Gesamtschuldtiteln?	57, 58
b) Gewahrsam	59
5. Gesellschafterwechsel	60–64
a) Während der Rechtshängigkeit	60–63
aa) Ausscheiden eines Gesellschafters	60
bb) Neueintritt	61, 62
cc) Gesellschafterwechsel	63
b) Im Vollstreckungsverfahren	64
6. Rechtsformwechsel der Gesamthand	65, 66

A. Normzweck

1 Die Vorschrift des § 718 enthält die **gesetzliche Anerkennung des** für die gesellschaftsrechtliche Gesamthand kennzeichnenden, vom Privatvermögen der Gesellschafter abgesonderten **Gesellschaftsvermögens** als Regelfall der Vermögensorganisation der GbR. Abs. 1 regelt die Begründung dieses Vermögens durch die Beiträge der Gesellschafter – genauer: durch die vertraglichen Beitragsansprüche (RdNr. 16) – sowie durch rechtsgeschäftlichen Erwerb namens der Gesellschaft. Abs. 2 stellt die Geltung des Surrogationsprinzips für das Gesellschaftsvermögen klar. – Zum Verhältnis von § 718 gegenüber den Regelungen der §§ 717, 719 vgl. § 717 RdNr. 4; zur Anerkennung von Gesamthandsverbindlichkeiten als einer besonderen, der Vermögensfähigkeit der Gesamthand entsprechenden und neben die Gesellschafterhaftung tretenden Kategorie von Gesellschaftsschulden vgl. § 714 RdNr. 31 f.

B. Das Gesellschaftsvermögen

I. Grundlagen

2 **1. Wesen und Funktion der Gesamthand. a) Rechtlicher Ansatz.** Die Regelung über das gesellschaftsrechtliche Gesamthandsvermögen (§ 718) wurde erst von der 2. Kommission in das ursprünglich ganz an der *societas* des römischen Rechts ausgerichtete Recht der GbR eingeführt (vgl. § 705 RdNr. 293). Es dient der Zusammenfassung der zur Förderung des Gesellschaftszwecks bestimmten, in § 718 bezeichneten Gegenstände zu einem Sondervermögen (dem „Gesellschaftsvermögen") und ihrer dinglichen Zuordnung zur Gesellschaft. Inhaber des Gesamthandsvermögens sind die Gesellschafter in ihrer gesamthänderischen Verbundenheit, dh. als eine von den einzelnen Mitgliedern zu unterscheidende, aus heutiger Sicht rechtsfähige Personenverbindung (vgl. Näheres in § 705 RdNr. 289 ff.). Das Gesamthandsvermögen erweist sich somit als die **vermögensrechtliche (dingliche) Komponente** des gesellschaftsrechtlichen Zentralbegriffs Gesamthand. Dessen personenrechtliches Element besteht in der Verbindung (Gruppe) der Gesellschafter, dh. einer rechtsfähigen Organisation in Gestalt der *Außen-GbR,* die auch ohne ausdrückliche Gesetzesregelung inzwischen als rechtsfähiger Teilnehmer am Rechtsverkehr anerkannt ist (§ 705 RdNr. 303 ff.).

3 Der Zusammenhang zwischen personen- und vermögensrechtlichen Elementen der Gesamthand ist für das Verständnis des **Rechts der GbR als** eines über bloß schuldvertragliche Beziehungen der Beteiligten hinausgehenden **Organisationsrechts** von entscheidender Bedeutung. Er findet seinen Niederschlag in einer Reihe von Rechtsgrundsätzen wie der Rechtsfähigkeit der Außen-GbR (§ 705 RdNr. 310 ff.), der Stellung der Geschäftsführer als Organe der Gesamthand (§ 705 RdNr. 257, § 714 RdNr. 10 f., 16), der Lehre von der fehlerhaften Gesellschaft (§ 705 RdNr. 323 ff., 354), dem Prinzip der An- und Abwachsung bei Veränderungen im Gesellschafterbestand (RdNr. 5) und der selbstständigen Übertragbarkeit der Gesellschaftsanteile bei Zustimmung der Mitgesellschafter (§ 719 RdNr. 25 ff.).

b) Gesetzliche Ausgestaltung. Der Gesetzgeber hat sich im Wesentlichen auf die Regelung der **sachenrechtlichen Aspekte der Gesamthand** iS der Vermögensverfassung der GbR beschränkt. Er hat damit das Ziel verfolgt, die dem gemeinsamen Zweck gewidmeten Beiträge und die rechtsgeschäftlich für die Gesamthand erworbenen Gegenstände einschließlich deren Surrogate zu einem *Sondervermögen* zusammenzufassen, dieses gegen Verfügungen einzelner nicht vertretungsbefugter Gesellschafter und gegen den Zugriff von Privatgläubigern zu sichern sowie den sachenrechtlichen Bestand des Gesellschaftsvermögens von der jeweiligen personellen Zusammensetzung der Gesellschaft unabhängig zu machen.[1] 4

Im Einzelnen dienen diesem Ziel neben den Liquidationsvorschriften der §§ 731 ff. vor allem die drei das Gesamthandsprinzip kennzeichnenden **„Basisregeln"** der §§ 718, 719 und 738 Abs. 1.[2] Unter ihnen legt **§ 718** *Bestand und Umfang des Gesamthandsvermögens* fest und grenzt dieses Sondervermögen gegenüber dem jeweiligen Privatvermögen der Gesellschafter ab (zu Entstehungsgeschichte und systematischer Stellung der Norm vgl. § 717 RdNr. 4). **§ 719** stellt klar, dass die *Verfügung über Gegenstände des Gesamthandsvermögens* den Gesellschaftsorganen vorbehalten ist, während die Gesellschafter je persönlich insoweit keine Verfügungsmacht haben und auch nicht etwa Inhaber von Anteilen an den einzelnen Gegenständen des Gesamthandsvermögens sind. In Übereinstimmung damit behalten auch die vollstreckungsrechtlichen Vorschriften der §§ 736, 859 Abs. 1 ZPO den Zugriff auf das Gesamthandsvermögen den gemeinsamen Gläubigern vor und verweisen die Privatgläubiger der Gesellschafter auf den Weg der Anteilspfändung mit anschließender Verwertungsmöglichkeit nach § 725 BGB (vgl. auch RdNr. 32). Den Schlussstein bildet das in **§ 738 Abs. 1 S. 1** nur unvollkommen zum Ausdruck kommende *Prinzip der An- und Abwachsung.* Es gewährleistet die Übereinstimmung zwischen der sachenrechtlichen Zuordnung des Gesellschaftsvermögens und dem jeweiligen Gesellschafterbestand. Ebenso wie das Ausscheiden eines Gesellschafters automatisch zum Verlust der gesamthänderischen Mitberechtigung des Ausscheidenden am Gesellschaftsvermögen führt und damit zu deren „Anwachsung" bei den übrigen Gesellschaftern (RdNr. 7), hat umgekehrt der Eintritt eines neuen Gesellschafters beim Vorhandensein von Gesamthandsvermögen zwangsläufig dessen Mitberechtigung hieran im Wege der „Abwachsung" zur Folge (RdNr. 8). Zu Gesellschaften ohne Gesamthandsvermögen vgl. RdNr. 10 f. 5

2. Gesellschafterstellung und Gesamthandsberechtigung. Für das Verständnis der Gesamthand und namentlich für dasjenige der in § 738 Abs. 1 gesetzlich verankerten An- und Abwachsung (RdNr. 5) ist von entscheidender Bedeutung, dass klar zwischen der **Gesamthandsberechtigung** als dinglicher Zuordnung und der jeweiligen **wertmäßigen Beteiligung** der Gesellschafter in Gestalt der Mitgliedschaft unterschieden wird. Das Gesamthandsvermögen als Sondervermögen steht sachenrechtlich der aus den jeweiligen Gesellschaftern gebildeten Personengruppe (Gesamthand) zu. Auf die jeweilige Höhe der versprochenen oder geleisteten Einlage kommt es zwar für den jeweiligen Vermögenswert der Beteiligung und seine Berücksichtigung bei der Auseinandersetzung oder Abfindung an, nicht aber für die dingliche Mitberechtigung der einzelnen Gesamthänder am Gesamthandsvermögen (RdNr. 7). Auch wenn ein Gesellschafter ohne vermögenswerte Einlage aufgenommen worden ist (§ 706 RdNr. 17) oder wenn er die versprochene Einlage noch nicht geleistet hat, ist er gleichwohl als Mitglied der Personenverbindung automatisch auch Mitinhaber des Gesamthandsvermögens. An dieser Zuordnung ändert sich auch dann nichts, wenn die Gesellschaft aufgelöst wird. Es bedarf vielmehr zusätzlich der Liquidation des bis dahin fortbestehenden Sondervermögens unter Verteilung des Überschusses an die Gesellschafter. 6

Das **Ausscheiden** eines Gesellschafters führt wegen des Wegfalls der Mitgliedstellung zwangsläufig zum Verlust der Gesamthandsberechtigung des Ausscheidenden. Diese *wächst* 7

[1] So zutr. namentlich *U. Huber* Vermögensanteil S. 102 ff. (103); vgl. auch *Wiedemann* GesR I § 5 I 2, S. 248 ff.; *Erman/Westermann* RdNr. 3.

[2] *Wiedemann* GesR I § 5 I 2 a, S. 249.

den übrigen Gesellschaftern *an,* ohne dass es hierzu rechtsgeschäftlicher Verfügungsakte bedarf (zum Sonderfall des Ausscheidens des vorletzten Gesellschafters vgl. Vor § 723 RdNr. 9). Darin bestätigt sich, dass das Anwachsungsprinzip nichts anderes ist als der Ausdruck der sachenrechtlichen Zuordnung des Gesellschaftsvermögens zum jeweiligen Gesellschafterkreis.[3] Da der Ausgeschiedene nicht mehr Gesellschafter ist, hat er auch seine Mitberechtigung am Gesamthandsvermögen verloren. Der vermögensrechtliche Ausgleich vollzieht sich unabhängig hiervon über den nach §§ 738 bis 740 zu berechnenden Abfindungsanspruch.

8 Das in RdNr. 7 Ausgeführte gilt mit umgekehrten Vorzeichen entsprechend für den **Neueintritt** eines Gesellschafters durch Aufnahmevertrag (§ 719 RdNr. 17 f.; zur abweichenden Rechtslage bei Anteilsübertragung vgl. § 719 RdNr. 21 ff.). Der neue Gesellschafter wird mit dem Tage seines Eintritts als Mitglied der Gesellschaft automatisch – durch „*Abwachsung*" bei den Mitgesellschaftern – Mitberechtigter am Gesamthandsvermögen. Davon zu unterscheiden sind die vermögensrechtlichen Beziehungen zwischen ihm und der Gesamthand, für die es unabhängig hiervon auf die Vereinbarungen über seine Beitragsleistung und deren Erfüllung ankommt. Voraussetzung für die gesamthänderische Mitberechtigung im Wege der „Ab- und Anwachsung" ist freilich, dass im Zeitpunkt des Eintritts bereits eine Gesellschaft mit Gesamthandsvermögen besteht. Beim „Eintritt" in ein Einzelunternehmen durch Gründung einer Gesellschaft bedarf es demgegenüber der Einbringung der vereinbarten Einlagen beider Gesellschafter in das neu entstehende Gesellschaftsvermögen durch rechtsgeschäftliche Übertragungsakte (§ 706 RdNr. 18).

9 Die Konsequenzen der An- und Abwachsung lassen sich am besten verdeutlichen am **Beispiel eines zum Gesamthandsvermögen gehörenden Grundstücks.** Insoweit ist im Falle des Ausscheidens oder Neueintritts der Grundbucheintrag hinsichtlich der gesamthänderischen Eigentümer jeweils nur zu berichtigen, sofern man nicht die GbR selbst für unter ihrem Namen grundbuchfähig hält.[4] Dagegen bedarf es der Auflassung und Umschreibung, wenn entweder der Ausgeschiedene Rückgabe eines von ihm eingebrachten Grundstücks verlangen kann oder der Neueingetretene sich seinerseits zur Einbringung eines Grundstücks verpflichtet hat. Zum Sonderfall der Anteilsveräußerung im Fall einer GbR, deren Gesellschaftszweck sich auf das Halten und Verwalten von Grundstücken beschränkt, vgl. § 719 RdNr. 33, 35 f.

10 **3. Gesellschaften ohne Gesamthandsvermögen.** Sie sind nicht etwa ausgeschlossen; vielmehr ist § 718 abweichender Parteivereinbarung zugänglich. Die wichtigste Ausnahme vom Gesamthandsprinzip bilden die **Innengesellschaften ieS,** bei denen die Beteiligten im Gesellschaftsvertrag nicht nur auf Außenbeziehungen verzichten, sondern auch auf die Bildung gemeinsamen Vermögens (§ 705 RdNr. 282, 285). Prototyp dieser Gesellschaftsart ist die stille Gesellschaft (§ 705 RdNr. 286 ff.). Demgegenüber steht der bloße Verzicht auf Außenbeziehungen als Kennzeichen der Innengesellschaften iwS (§ 705 RdNr. 279) der Bildung von Gesamthandsvermögen nicht entgegen. Das zeigt allein schon die Gesamthandsnatur der Sozialansprüche, darunter namentlich der Ansprüche der Gesellschaft auf die Beiträge (§ 705 RdNr. 269, 280).

11 Aber auch bei **Außengesellschaften** können die dem gemeinsamen Zweck dienenden Gegenstände abweichend von der gesetzlichen Regel als **Bruchteilseigentum** gehalten werden (Vor § 705 RdNr. 124), so etwa beim vertraglichen Zusammenschluss von Miteigentümern eines Grundstücks zu dessen gemeinsamer Bewirtschaftung ohne Begründung von Gesamthandseigentum an diesem. Soll auch der rechtsgeschäftliche Erwerb aus einem Handeln namens der Gesellschaft (RdNr. 18) nicht der gesamthänderischen Bindung unterfallen, sondern unmittelbar den Mitgliedern nach Bruchteilen zustehen, so reicht hierfür eine entsprechende innergesellschaftliche Abrede in Abweichung von § 718 Abs. 1 freilich

[3] So zu Recht *Flume* I/1 § 17 VIII, S. 370; *K. Schmidt* BMJ-Gutachten S. 473.

[4] Vgl. zu dieser umstr. Frage näher § 705 RdNr. 312 ff., 314. Zur Unanwendbarkeit des § 311 b Abs. 1 auf Vereinbarungen über den Gesellschafterwechsel bei Zugehörigkeit eines Grundstücks zum Gesamthandsvermögen vgl. § 719 RdNr. 33 ff.

nicht aus. Hinzukommen muss vielmehr grundsätzlich[5] eine dahingehende Vereinbarung in den jeweiligen, namens der Gesellschaft mit Dritten geschlossenen dinglichen Rechtsgeschäften, da nur auf diesem Wege die rechtsgeschäftliche Begründung von Bruchteilseigentum abweichend von § 718 Abs. 1 mit dinglicher Wirkung möglich ist (§ 705 RdNr. 267). Fehlt es an einer entsprechenden Vereinbarung mit dem Dritten und erwirbt die Gesellschaft als Verfügungsempfänger daher zunächst Gesamthandseigentum, so setzt die Begründung von Miteigentum die Weiterverfügung durch die vertretungsberechtigten Gesellschafter im Namen der Gesamthand zu Miteigentum der Gesellschafter persönlich voraus.[6]

II. Entstehung und Wegfall des Gesamthandsvermögens

1. Allgemeines. Als dingliche Komponente des Gesamthandsprinzips (RdNr. 2) richtet 12 sich das Gesamthandsvermögen in Entstehung und Bestand nach der Existenz der **Personenvereinigung als Zuordnungssubjekt.** Daher kommt Gesamthandsvermögen (in Form von Sozialansprüchen) regelmäßig bereits mit dem Abschluss des Gesellschaftsvertrags, also schon vor Aufnahme der Geschäftstätigkeit oder Erbringung der Beiträge, zur Entstehung (§ 705 RdNr. 201, 269). Die anschließende, durch Rechtsgeschäfte mit der Gesamthand zu bewirkende Leistung der Einlagen dient der Erfüllung der gesamthänderischen Ansprüche. Es besteht solange fort, als noch mindestens zwei Gesellschafter vorhanden sind und das Gesellschaftsvermögen nicht vollständig verteilt ist. Die Auflösung der Gesellschaft hat auf den Bestand des Gesamthandsvermögens grundsätzlich keinen Einfluss; zu seiner Aufhebung bedarf es vielmehr der Liquidation. Zur Wirkung eines Gesellschafterwechsels vgl. RdNr. 7 f.

Anderes gilt, wenn die **Gesellschaft** mit der Auflösung zugleich **beendet** wird, sei es 13 durch Ausscheiden des vorletzten Gesellschafters oder durch Ausübung eines vertraglichen Übernahmerechts (Vor § 723 RdNr. 8 f.). Die Beendigung der Gesellschaft führt dazu, dass auch für das ihr zugeordnete Gesamthandsvermögen die Grundlage entfällt. Es tritt Anwachsung bei dem allein verbleibenden Gesamthänder ein mit der Besonderheit, dass die Gesamthandsberechtigung sich zu Alleineigentum in seiner Person umwandelt. Der Sache nach handelt es sich dabei um einen Fall der **Rechtsnachfolge** (zu den Haftungsfolgen vgl. RdNr. 28).

2. Umwandlungsfälle. Im Rahmen der Umwandlung durch **Formwechsel** (§§ 1 14 Abs. 1, 190 ff. UmwG, dazu § 705 RdNr. 8 f.) kann Gesamthandsvermögen dadurch neu zur Entstehung kommen, dass eine Kapitalgesellschaft (AG, KGaA oder GmbH) oder eine sonstige privatrechtliche Körperschaft nach den Vorschriften des UmwG in eine GbR umgewandelt wird. Mit der Eintragung des Umwandlungsbeschlusses in das für die betroffene Kapitalgesellschaft zuständige Handelsregister (Abteilung B) entsteht die GbR (§§ 228, 235 Abs. 1 iVm. §§ 198 Abs. 1, 202 UmwG). Das bisher der Kapitalgesellschaft zustehende Vermögen wandelt sich in Gesamthandsvermögen der GbR um. Ein Wegfall des Gesamthandsvermögens einer GbR kommt auf diesem Wege dagegen nicht in Betracht, da eine übertragende Umwandlung aus der Rechtsform der GbR in diejenige einer Kapitalgesellschaft auch im neuen UmwG nicht vorgesehen ist.[7] Um einen Fall der formwechselnden Umwandlung handelt es sich auch, wenn die Gesellschafter einer KG sämtliche Anteile als Einlagen in eine GbR einbringen. Die GbR geht dadurch in der KG auf, ihr Vermögen verschmilzt mit dem KG-Vermögen zu einer Einheit.[8]

[5] Zum Sonderfall des „Geschäfts, wen es angeht", bei dem die Person des Verfügungsempfängers für den Geschäftspartner ausnahmsweise ohne Interesse ist und ihm gegenüber daher auch nicht offengelegt werden muss, vgl. näher § 164 RdNr. 47 ff. m. Nachw.

[6] So auch *Soergel/Hadding* RdNr. 9.

[7] Folge der abschließenden Aufzählung in § 191 Abs. 1 UmwG; vgl. näher zur Umwandlung durch Formwechsel nach neuem Recht § 705 RdNr. 8 ff. Zur davon abweichenden Möglichkeit der Übertragung sämtlicher Anteile einer GbR auf eine Kapitalgesellschaft vgl. § 719 RdNr. 26.

[8] Vgl. BGH NJW-RR 1990, 798, 799.

15 Vom Formwechsel iS des UmwG zu unterscheiden ist die außerhalb des UmwG eintretende **Änderung der Rechtsform von Personengesellschaften** (GbR, PartG, OHG oder KG, dazu § 705 RdNr. 11 ff.). Sie richtet sich in erster Linie nach der Art des gemeinsamen Zwecks (§ 705 RdNr. 3), im Verhältnis zwischen OHG und KG auch nach dem Hinzutritt beschränkt haftender Gesellschafter. Auf Bestand und Rechtsnatur des Gesellschaftsvermögens sind diese Fälle einer Umwandlung ohne Auswirkung.[9] Das Vermögen ist sowohl bei der GbR oder der PartG als auch bei OHG oder KG den Gesellschaftern in ihrer gesamthänderischen Verbundenheit zugeordnet. Die in § 124 HGB zum Ausdruck kommende weitgehende Verselbstständigung von OHG und KG dient der Vereinfachung des Rechtsverkehrs, indem sie das Auftreten der Gesamthand unter gemeinsamer Firma gestattet und dieser aktive und passive Parteifähigkeit im Prozess einräumt. Für Struktur und Funktion des Gesamthandsvermögens und für seine Zuordnung zur Gesamtheit der Mitglieder sind diese Besonderheiten jedoch ohne Bedeutung; das gilt auch abgesehen von der inzwischen erreichten Gleichstellung der Außen-GbR als rechts- und parteifähiger Personenverband mit der Regelung des § 124 HGB (§ 705 RdNr. 310 ff., 318 ff.). – Zur anders gelagerten „Umwandlung" einer sonstigen Gesamthandsgemeinschaft (Güter-, Erbengemeinschaft) in eine GbR vgl. demgegenüber § 705 RdNr. 15.

III. Erwerb von Gesamthandsvermögen

16 **1. Beiträge.** Sie bilden nach § 718 Abs. 1 1. Fall die Basis des Gesamthandsvermögens. Gesamthänderisch gebunden sind nicht nur die Einlagen, dh. die durch Verfügung an die Gesamthand (§ 706 RdNr. 18) geleisteten Beiträge, sondern auch schon die Ansprüche auf die von den Gesellschaftern vertraglich zugesagten Beiträge. Auch sie stehen als **Sozialansprüche** der Gesamthand zu (§ 705 RdNr. 269) und gehören daher, soweit sie einen Vermögenswert haben (§ 706 RdNr. 3), zum Gesamthandsvermögen.[10] Dementsprechend können Gesellschaftsgläubiger mit einem Titel gegen die (Außen-)Gesellschaft (RdNr. 44) oder gegen alle Gesellschafter (§ 736 ZPO, vgl. dazu RdNr. 52, 55 ff.) auch bereits die Beitragsforderungen pfänden und sich zur Einziehung überweisen lassen.

17 Wegen der **Einzelheiten** der Beitragsverpflichtungen, insbesondere ihrer Arten und Gegenstände, ihrer Abgrenzung von sonstigen Gesellschafterleistungen, ihrer Fälligkeit und Erfüllung sowie wegen der Rechtsfolgen von Leistungsstörungen vgl. die Erläuterungen zu § 706. Zum Gesamthandsvermögen gehören nicht nur die von den Gesellschaftern in das Eigentum der Gesellschaft geleisteten Einlagen, sondern auch die der Gesellschaft dem Werte nach oder zum Gebrauch überlassenen Einlagen (§ 706 RdNr. 12 f.). In den beiden letztgenannten Fällen verbleibt das Eigentum zwar beim einbringenden Gesellschafter; der Gesamthand steht jedoch das Nutzungsrecht an den Gegenständen sowie gegebenenfalls das Recht auf die Wertsteigerungen zu.

18 **2. Rechtsgeschäftlicher Erwerb.** Die Zugehörigkeit rechtsgeschäftlich erworbener Gegenstände zum Gesamthandsvermögen setzt nach § 718 Abs. 1 2. Fall voraus, dass der Erwerb „durch die Geschäftsführung für die Gesellschaft" erfolgt ist. Erforderlich ist ein **Handeln namens der Gesellschaft.**[11] Tritt ein vertretungsbefugter Gesellschafter nach außen im eigenen Namen auf oder lässt er das Handeln für die Gesamthand nicht erkennen (§ 164 Abs. 2), so wird grundsätzlich nur er selbst aus den von ihm geschlossenen Rechtsgeschäften berechtigt und verpflichtet; eine Ausnahme gilt nur im Rahmen der

[9] BGH LM § 705 Nr. 17 = NJW 1967, 821; so grundsätzlich auch BGH WM 1975, 99 zum Fortbestand eines Mietvertrags im Fall eines Gesellschafterwechsels auf Seiten der Gesamthand.

[10] *Erman/Westermann* RdNr. 5; *Soergel/Hadding* RdNr. 10; *Staudinger/Keßler* § 705 RdNr. 56.

[11] Ganz hM, vgl. RGZ 54, 103, 106; *Staudinger/Keßler* RdNr. 3; *Soergel/Hadding* RdNr. 11; *Erman/Westermann* RdNr. 5; *Habersack* JuS 1990, 179, 184. Weitergehend *K. Schmidt* BMJ-Gutachten S. 534, der für den Erwerb in das Gesellschaftsvermögen auch einen Erwerb im Namen der Gesellschafter ohne Hervorhebung des Gesellschaftsverhältnisses genügen lässt.

Lehre von den „Geschäften, wen es angeht" (vgl. Fn. 5). Nach §§ 713, 667 ist er im Innenverhältnis gehalten, das Erlangte an die Gesamthand zu übertragen (§ 713 RdNr. 12); Surrogationserwerb nach § 718 Abs. 2 greift nicht ein (RdNr. 20). Die gleiche rechtliche Beurteilung ist aber auch dann veranlasst, wenn **sämtliche Gesellschafter** auf Seiten der Gesellschaft am Rechtsgeschäft beteiligt sind. Auch insoweit bedarf es einer Offenlegung ihres Organhandelns (§ 714 RdNr. 24 f.) bzw. der zwischen ihnen bestehenden gesamthänderischen Verbindung, wenn der Gegenstand des rechtsgeschäftlichen Erwerbs ihnen nicht als Gesamtgläubigern (§ 428) zustehen oder nach Bruchteilen übertragen werden, sondern in das Gesamthandsvermögen übergehen soll. Das gilt entgegen der früheren höchstrichterlichen Rechtsprechung auch für Honorarforderungen von Freiberufler-Sozietäten.[12]

Hinsichtlich der **Gegenstände des rechtsgeschäftlichen Erwerbs** sind der GbR als 19
Berechtigter grundsätzlich keine Grenzen gesetzt. Es kann sich um Sachen, Wertpapiere, Forderungen, immaterielle Rechte oder sonstige Vermögensgegenstände handeln; eine Ausnahme gilt nur für die Beteiligung der GbR an einer OHG (str., vgl. § 705 RdNr. 317). Für die Rechtsübertragung an die Gesamthand gelten die allgemeinen Grundsätze. Bei beweglichen Sachen muss zur Einigung die Besitzverschaffung an die Gesamthand (RdNr. 36 f.) hinzukommen, bei Liegenschaftsrechten die Eintragung der Gesellschaft im Grundbuch, sei es im eigenen Namen oder unter dem Namen sämtlicher Gesellschafter mit Gesamthandszusatz (str., vgl. näher § 705 RdNr. 312 ff.).

3. Erwerb durch Surrogation (Abs. 2). Die Vorschrift des § 718 Abs. 2 kennt zwei 20
Tatbestände dinglicher Surrogation. Im ersten Fall geht es um Gesamthandserwerb **auf Grund eines zum Gesellschaftsvermögen gehörenden Rechts.** Hierzu rechnen alle Arten von *Sach- und Rechtsfrüchten* (§ 99), darunter die der Gesamthand nach §§ 953 ff. gebührenden Erzeugnisse von Sachen, aber auch die ihr als Nießbraucher u. a. zustehenden Rechtsfrüchte wie Miet- und Pachtzinsen usw.[13] **Nicht** unter diese Alternative fallen die auf *rechtsgeschäftlichem Erwerb* beruhenden Gegenstände;[14] ihre Zugehörigkeit zum Gesamthandsvermögen ist abschließend bereits in § 718 Abs. 1 geregelt (RdNr. 18). Daher bildet die Kaufpreisforderung für eine aus dem Gesellschaftsvermögen veräußerte Sache nur dann einen Gesamthandsbestandteil, wenn die Veräußerung namens der Gesellschaft erfolgt ist; als rechtsgeschäftliche Gegenleistung für die veräußerte Sache ist sie kein Surrogat iS von Abs. 2.

Als zweiten Surrogationstatbestand nennt § 718 Abs. 2 den Gesamthandserwerb als **Ersatz für** die **Zerstörung, Beschädigung** oder **Entziehung** eines Gesamthandsgegen- 21
stands. Insoweit handelt es sich um Surrogate, wie sie als „stellvertretendes commodum" auch in § 285 Abs. 1 erfasst sind, wobei sich der Erwerb ohne besonderen Übertragungsakt unmittelbar mit Wirkung für die Gesamthand vollzieht. Im Einzelnen gehören hierzu Ansprüche auf Schadensersatz und sonstige Entschädigung, ferner Versicherungs- und Bereicherungsansprüche einschließlich der zu ihrer Erfüllung erbrachten Leistungen, soweit diese nicht schon nach Abs. 1 Gesamthandsvermögen werden.

4. Sonstige Erwerbstatbestände. Die Vorschrift des § 718 ist nicht abschließender 22
Natur, sondern umschreibt nur die wichtigsten Fälle gesamthänderischen Erwerbs. Entsprechend der Qualität der Außen-GbR als rechtsfähige Personenvereinigung kann sie im Rechtsverkehr auch auf sonstige Weise Vermögen erwerben, soweit nicht strukturelle Besonderheiten entgegenstehen. Derartige Schranken wurden von der früher hM[15] gegen-

[12] So zutr. BGH NJW 1996, 2859. Anders noch BGH NJW 1963, 1301, 1302, und NJW 1980, 2407 (für Gesamtgläubigerschaft der Sozien auch bei Vertrag mit der Sozietät).

[13] KG SeuffA 68 Nr. 8; *Soergel/Hadding* RdNr. 12; vgl. näher die Erl. zu § 99.

[14] EinhM, vgl. *Soergel/Hadding* RdNr. 12; *Erman/Westermann* RdNr. 6; *Staudinger/Keßler* RdNr. 5.

[15] So generell für Personengesellschaften *Flume* I/1 § 7 III 6, S. 107 f.; für die GbR auch noch 2. Aufl. RdNr. 18; *Soergel/Schultze-v. Lasaulx,* 10. Aufl., RdNr. 5; RGRK/*von Gamm* RdNr. 7; *Staudinger/Keßler* RdNr. 6; aus dem erbrechtlichen Schrifttum 3. Aufl. § 1923 RdNr. 32 *(Leipold)*; *Soergel/Stein* (2002) § 1923 RdNr. 8; *Lange/Kuchinke* Erbrecht, 4. Aufl., § 4 III 1 S. 75.

über einer *Erbeinsetzung der Gesellschaft* betont, weil nach geltendem Erbrecht bei Einsetzung mehrerer Personen zwingend eine Erbengemeinschaft entstehe und mit den hierauf bezogenen erbrechtlichen Vorschriften die Anerkennung der Erbfähigkeit einer Personengruppe unvereinbar sei. Demgegenüber wird neuerdings zu Recht die **Erbfähigkeit** nicht nur der OHG oder KG, sondern auch diejenige der GbR anerkannt.[16] Sie entspricht der Rechtsfähigkeit der GbR und führt im Erbrecht dazu, dass die GbR als solche je nach dem Inhalt der letztwilligen Verfügung des Erblassers entweder Alleinerbin oder Mitglied einer aus mehreren Erben bestehenden Erbengemeinschaft werden kann, ohne dass sich eine Unvereinbarkeit zwischen Gesellschaftsrecht und Erbrecht ergibt. Der von *Flume*[17] vorgeschlagenen Ersatzkonstruktion, die Gesellschafter persönlich als Erben einzusetzen verbunden mit der Auflage, die Erbschaft der Gesellschaft zuzuwenden, bedarf es nicht. Unproblematisch ist es auch, für die Gesellschaft letztwillig ein *Vermächtnis* anzuordnen; die Anordnung hat zur Folge, dass der Vermächtnisanspruch unmittelbar mit dem Erbfall zum Gesamthandsvermögen gehört.[18] Entsprechendes gilt beim Abschluss eines echten (begünstigenden) Vertrags zugunsten der Gesellschaft, **§ 328 Abs. 1.**[19] Eine schenkweise Zuwendung fällt dagegen als rechtsgeschäftlicher Erwerb schon unter Abs. 1.

23 Weitere denkbare Erwerbstatbestände bilden **Verbindung** und **Vermischung** (§§ 946 bis 948) sowie **Verarbeitung** für die Gesellschaft (§ 950). Bei ihnen handelt es sich weder um Erwerb kraft Rechtsgeschäft noch kraft Surrogation. Auch ein besonderer Geschäftswert kann durch die Tätigkeit für die Gesellschaft als Aktivum des Gesellschaftsvermögens zur Entstehung kommen.[20] Macht ein Geschäftsführer im Rahmen seiner Tätigkeit als Gesellschaftsorgan eine **Erfindung,** so stehen die Rechte hieran nach § 6 S. 1 PatG allerdings nicht der Gesamthand zu, sondern dem Erfinder persönlich,[21] auch wenn die Gesamthand einen Anspruch auf die Erfindung hat (vgl. dazu § 706 RdNr. 14). Zur Rechtsverschaffung bedarf es daher eines besonderen Übertragungsaktes, soweit der Gesellschaftsvertrag nicht schon eine entsprechende Vorausverfügung enthält.

IV. Begründung von Gesamthandsverbindlichkeiten

24 **1. Überblick.** Der gesetzlichen Begründung eines eigenständigen, vom Privatvermögen der Gesellschafter zu unterscheidenden Gesamthandsvermögens in § 718 entspricht die **Anerkennung von Gesellschaftsschulden** als einer besonderen, von der gesamtschuldnerischen Gesellschafterhaftung zu unterscheidenden, die unmittelbare Vollstreckung in das Gesamthandsvermögen ermöglichenden Kategorie von Verbindlichkeiten.[22] Dass solche Gesamthandsschulden nicht nur bei OHG und KG, sondern auch im Recht der GbR anzuerkennen sind und dass sie scharf zu unterscheiden sind von der regelmäßig daneben bestehenden *Gesellschafterhaftung,* ist heute im Wesentlichen außer Streit (§ 714 RdNr. 32). Auch hat sich kraft höchstrichterlicher Rechtsfortbildung inzwischen die *Akzessorietätstheorie* in der Außen-GbR durchgesetzt (§ 714 RdNr. 4 ff.): sie führt zur – grundsätzlich unbeschränkten – Gesellschafterhaftung für Gesellschaftsverbindlichkeiten analog § 128 HGB (vgl. näher § 714 RdNr. 33 ff.). Daraus folgt die zentrale Bedeutung der Entstehung von Gesellschaftsschulden für die Haftungsverhältnisse in der GbR.

25 **2. Entstehungsgründe. a) Rechtsgeschäft.** Die Gesellschaft nimmt, vertreten durch ihre Geschäftsführer als Organe (§ 705 RdNr. 257), als Personenverbindung oder Gruppe

[16] So zutr. *Soergel/Hadding* RdNr. 5, 13; *Habersack* JuS 1990, 179, 184; *Hadding* ZGR 2001, 712, 725; *Mülbert* AcP 199 (1999), 38, 74; wohl auch *Erman/Westermann* RdNr. 7. Näher dazu *Ulmer* ZIP 2001, 585, 596.

[17] I/1 § 7 III 6, S. 107, in Fn. 61.

[18] *Soergel/Hadding* RdNr. 5; *Erman/Westermann* RdNr. 7; *Staudinger/Keßler* RdNr. 6.

[19] AA *Soergel/Hadding* RdNr. 13 (Fall des Abs. 1).

[20] Vgl. BGH BB 1967, 95 (Anwaltssozietät); *Soergel/Hadding* RdNr. 13.

[21] Bei gemeinschaftlichen Erfindungen steht das Patentrecht nach § 6 S. 2 PatG den mehreren Erfindern zwar gemeinschaftlich zu, nicht aber der Gesellschaft. Zu derartigen Fällen vgl. *B. Homma,* Der Erwerb des Miterfinderrechts, 1998.

[22] So in der Rspr. erstmals wohl BGHZ 72, 267, 271 f. = NJW 1979, 308; weit Nachw. vgl. in § 714 Fn. 3.

am Rechtsverkehr teil. Sie wird aus den **in ihrem Namen** geschlossenen Rechtsgeschäften innerhalb der organschaftlichen Vertretungsmacht (§ 714 RdNr. 18 ff.) nicht nur berechtigt (RdNr. 18), sondern auch verpflichtet. Entsprechendes gilt auch ohne ausdrückliches Handeln namens der Gesamthand nach den Grundsätzen des *betriebsbezogenen Geschäfts,*[23] wenn die Gesellschaft als Erwerbsgesellschaft über eigene Geschäftsräume verfügt und unter einem auf Geschäftsbriefen, Bestellformularen, Rechnungen etc. erscheinenden Gesamtnamen auftritt. Die Wirkungen des rechtsgeschäftlichen Handelns der Gesellschaftsorgane treffen das Gesellschaftsvermögen somit sowohl in positiver Hinsicht, durch Erwerb weiterer Aktiva, als auch in negativer, durch Begründung entsprechender Verbindlichkeiten.

b) Gesellschaftsvertrag. Er bildet eine zweite wesentliche Quelle für Gesellschaftsver- 26
bindlichkeiten, die sog. **Sozialverbindlichkeiten** (§ 705 RdNr. 197). Bei ihnen geht es um Forderungen, die den einzelnen Gesellschaftern im Rahmen ihrer Mitgliedschaftsrechte gegen die Gesamthand zustehen; sie sind das Äquivalent für deren Handeln zugunsten der Gesellschaft und die dem Gesellschaftsvermögen zugeflossenen Beiträge. Im Einzelnen handelt es sich um die Ansprüche auf Gewinn einschließlich einer Geschäftsführervergütung (§ 721 RdNr. 11) sowie auf das Auseinandersetzungsguthaben (§ 730 RdNr. 61) oder die Abfindung (§ 738 RdNr. 14). Hierzu gehören aber auch die Forderungen auf Ersatz von Aufwendungen aus der Geschäftsführung (§ 713 RdNr. 15) sowie auf gesamtschuldnerischen Ausgleich für Zahlungen an Gesellschaftsgläubiger (§ 714 RdNr. 54).

c) Gesetz. Gesetzliche Gesamthandsverbindlichkeiten können sich aus einer Reihe von 27
Verpflichtungsgründen ergeben (vgl. auch § 714 RdNr. 37 f.). Zu nennen sind neben §§ 683, 670 und 812 ff. vor allem die Haftung für Organverschulden entsprechend § 31 (§ 705 RdNr. 262 ff.), ferner Verbindlichkeiten der Gesamthand aus §§ 278, 831 (RdNr. 30 f.) sowie aus dem Gesichtspunkt der Halterhaftung (§§ 833 ff.). Die frühere Haftung wegen Vermögensübernahme (§ 419 aF) ist zum 31. 12. 1998 aufgehoben worden (vgl. dazu näher 3. Aufl. RdNr. 24 f.).

d) Gesamtrechtsnachfolge. Einen weiteren Haftungsgrund für die GbR bildet ihre 28
Gesamtrechtsnachfolge in das Vermögen (und die Verbindlichkeiten) einer anderen Gesellschaft oder eines Einzelunternehmers. Zu unterscheiden sind im Wesentlichen zwei Fälle: (1) der Formwechsel einer Kapitalgesellschaft in die Rechtsform einer GbR nach §§ 190 ff. UmwG (vgl. RdNr. 14) und (2) die Übertragung aller Anteile an einer Personengesellschaft auf die GbR mit Anwachsungsfolge bei dieser. Ihnen steht im Ergebnis gleich die Einbringung des Geschäfts eines Einzelunternehmers in eine von ihm gemeinsam mit einem Dritten neu gegründete GbR, da sie mangels abweichender Vereinbarungen zur Mithaftung der neuen GbR für die Verbindlichkeiten des Einzelunternehmers analog § 28 HGB führt (§ 714 RdNr. 74). Nicht zu diesen Haftungsgründen zählen die Fälle eines Formwechsels von der OHG, KG oder PartG in die Rechtsform einer GbR; sie lassen die Gesamthandsstruktur der betroffenen Personengesellschaft und die Zusammensetzung der Aktiva und Passiva ihres Gesellschaftsvermögens unberührt (RdNr. 15). Zum früheren Haftungstatbestand der Vermögensübernahme (§ 419 aF) vgl. RdNr. 27 aE.

e) Haftung kraft objektiver Zurechnung? Fehlt es an den Voraussetzungen für die 29
Haftungsbegründung der Gesamthand aus einem der vorgenannten Gründe (RdNr. 25 ff.), so scheidet die Möglichkeit einer Zwangsvollstreckung in das Gesellschaftsvermögen grundsätzlich aus (vgl. näher RdNr. 32 f., 57 f.). Das gilt auch dann, wenn die *Gegenleistung* des Gläubigers *in das Gesamthandsvermögen gelangt* ist, dieser aber mangels Auftretens der Gesellschafter namens der Gesamthand rechtsgeschäftliche Ansprüche nur gegen die Gesellschafter persönlich erlangt hat. Dieser Befund und die daraus resultierende Gläubigergefährdung[24]

[23] Dazu vgl. § 164 RdNr. 19, 23 f. und *K. Schmidt* Handelsrecht § 5 III 16; aus der Rspr. vgl. BGHZ 62, 216, 218 ff. = NJW 1974, 1191; BGHZ 64, 11, 14 ff. = NJW 1975, 1166; BGHZ 91, 148, 152 = NJW 1984, 2164; BGHZ 92, 259, 268 = NJW 1985, 136; BGH LM § 164 Nr. 47 = NJW 1983, 1844 f.; BGH NJW 1990, 2678; 1992, 1380 f.

[24] Auf sie weist zu Recht *Brehm* KTS 1983, 21, 25 hin.

rechtfertigen es zwar nicht, die Haftung des Gesamthandsvermögens auf diejenigen Verbindlichkeiten der Gesellschafter auszudehnen, für die sie dem betroffenen Gläubiger gegenüber gesamtschuldnerisch haften.[25] Dadurch würde die Unterscheidung zwischen Gesellschafts- und Gesellschafterschulden letztlich wieder aufgehoben; auch würde nur ein Teil der problematischen Fälle – nämlich das gemeinsame Handeln *aller* Gesellschafter in Verfolgung des Gesellschaftszwecks – erfasst.[26] Zu erwägen ist aber, in Anlehnung an die für das Erbrecht entwickelten Grundsätze der sog. Nachlasseigenschulden[27] die Entstehung von Gesellschaftsverbindlichkeiten im Wege objektiver Zurechnung zu bejahen, sofern ein oder mehrere Gesellschafter ohne Offenlegung des Gesellschaftsverhältnisses, aber *in Verfolgung des Gesellschaftszwecks* persönliche Verbindlichkeiten eingehen.[28]

30 **3. Haftung aus §§ 278, 831.** Die Gesellschaft als Haftungsschuldnerin (RdNr. 25 ff.) hat den Gläubigern gegenüber nach **§ 278** für das **Verschulden ihrer Erfüllungsgehilfen** einzustehen (zur Haftung analog § 31 vgl. § 705 RdNr. 262 ff.). Zu diesen zählen nicht nur die Angestellten der Gesellschaft, sondern auch ihre Organe; für das Eingreifen von § 278 kommt es anders als bei § 831 auf eine Weisungsabhängigkeit des Erfüllungsgehilfen nicht an.[29] Die im Vereinsrecht umstrittene Frage, ob die Organhaftung nach § 31 zur Unanwendbarkeit der Zurechnungsnorm des § 278 für Organhandeln führt,[30] stellt sich für das Recht der GbR schon deshalb nicht, weil die analoge Heranziehung von § 31 nur möglich ist, soweit eine Regelungslücke besteht (§ 705 RdNr. 263). Eine solche ist im Hinblick auf § 278 für das Handeln von Organen als Erfüllungsgehilfen aber zu verneinen.[31]

31 Die in **§ 831** begründete Haftung des Geschäftsherrn für rechtswidriges Verhalten von Verrichtungsgehilfen ist im Unterschied zu § 278 als Haftung für *vermutetes eigenes Verschulden* bei Auswahl und Überwachung des Verrichtungsgehilfen ausgestaltet. Da die Gesellschaft selbst – als Geschäftsherrin – nicht schuldfähig ist, scheidet § 831 als selbstständige Anspruchsgrundlage ihr gegenüber aus (§ 705 RdNr. 261). Wohl aber kann sich eine Haftung der *Gesellschaft* für Verrichtungsgehilfen auf dem Weg über die – insoweit wegen der Regelungslücke gebotene – **analoge Anwendung von § 31** (§ 705 RdNr. 263 f.) ergeben. Voraussetzung hierfür ist, dass die Geschäftsführer oder sonstigen Repräsentanten (§ 30) der Gesellschaft innerhalb ihres organschaftlichen Zuständigkeitsbereichs bei der Auswahl oder Überwachung der Verrichtungshilfen unsorgfältig handeln; das ist der Gesellschaft entsprechend § 31 zuzurechnen.[32] Dagegen scheidet eine unmittelbare deliktische Haftung von *Gesellschaftern* oder Geschäftsführern für rechtswidriges Verhalten von Mitgeschäftsführern regelmäßig schon deshalb aus, weil diese ihnen gegenüber nicht weisungsgebunden und damit nicht abhängig iS von § 831 sind (zur akzessorischen Haftung vgl. § 714 RdNr. 38).[33] Soweit Geschäftsführer im Rahmen ihrer Tätigkeit für die Gesellschaft persönlich eine zum Schadensersatz verpflichtende Handlung begehen, folgt die Haftung der Gesamthand unabhängig von § 831 aus der analogen Anwendung von § 31.

32 **4. Keine Haftung für Privatschulden der Gesellschafter.** Nach früher verbreiteter Ansicht sollte das Gesellschaftsvermögen auch solchen (Privat-)Gläubigern sämtlicher Gesellschafter haften, deren Forderungen ihre Grundlage nicht in einer Gesamthandsverbindlichkeit haben, sondern in beliebigen sonstigen Verpflichtungen der Gesellschafter persön-

[25] So aber *Brehm* KTS 1983, 26 f., 29 ff.

[26] So auch *M. Winter* KTS 1983, 349, 352 f., 356.

[27] Neue Nachlassverbindlichkeiten, vgl. grdlg. RGZ 90, 91 ff.; dazu 3. Aufl. § 1967 RdNr. 26 ff. und *Staudinger/Marotzke* (2002) § 1967 RdNr. 39 ff., 50 mit Rspr.-Nachw.; eingehend dazu *Dauner-Lieb,* Unternehmen als Sondervermögen, 1998, S. 120 ff., 142 ff.

[28] So zutr. *M. Winter* KTS 1983, 356 ff.

[29] Vgl. § 278 RdNr. 44 sowie BGHZ 62, 119, 121 ff. = NJW 1974, 692.

[30] So *Soergel/Hadding* § 31 RdNr. 4; *Erman/Westermann* § 31 RdNr. 10; *K. Schmidt* GesR § 10 IV 3; zu Recht abl. aber *Flume* I/1 § 16 IV 2, S. 321; *Medicus* AT RdNr. 1135; *Staudinger/Weick* (1995) § 31 RdNr. 3; nicht eindeutig § 31 RdNr. 29 f. *(Reuter).*

[31] *Flume* (Fn. 30); *Erman/Westermann* RdNr. 9; *Nicknig* Haftung S. 12 f.; aA *Beuthien* DB 1975, 725, 729; *Soergel/Hadding* RdNr. 22; *Wiedemann* GesR § 5 II 3 a, S. 263 f.

[32] Vgl. dazu näher *Kleindiek,* Deliktshaftung und juristische Person, 1997, insbes. S. 256 ff., 273 ff., 286 ff.

[33] BGHZ 45, 311, 313 = NJW 1966, 1807; vgl. dazu auch § 705 RdNr. 261.

lich.[34] Die Ansicht beruhte auf der Gleichsetzung von Gesellschafts- und Gesellschafterschulden. Sie konnte sich überdies auf den Wortlaut von **§ 736 ZPO** berufen, wonach zur Vollstreckung in das Gesellschaftsvermögen ein gegen alle Gesellschafter ergangenes Urteil erforderlich (und genügend) ist.

Stellungnahme. Aus heutiger Sicht, vor dem Hintergrund klarer Differenzierung zwischen Gesellschafts- und Gesellschafterverbindlichkeiten, ist die in RdNr. 32 wiedergegebene Ansicht **überholt.**[35] Sie kann sich auch nicht auf § 736 ZPO berufen. Denn diese Vorschrift regelt lediglich die formelle Vollstreckungsbefugnis, die mit der materiellen Haftung nicht notwendig kongruent ist.[36] Zudem trägt sie den Besonderheiten der gesellschaftsrechtlichen Gesamthand und der Notwendigkeit, im Rahmen von § 718 das *Gesamthandsvermögen den Gesellschaftsgläubigern zu reservieren,* nicht hinreichend Rechnung.[37] Der früher überwM zu § 736 ZPO kann daher nicht gefolgt werden. Auch wenn die Vollstreckung in das Gesellschaftsvermögen auf Grund eines Titels gegen alle Gesellschafter nach § 736 ZPO formell rechtmäßig ist (RdNr. 57), können die Geschäftsführer doch durch *Drittwiderspruchsklage* analog § 771 ZPO diesem Vorgehen entgegentreten und die ausschließliche Haftung des Gesellschaftsvermögens für Gesamthandsschulden vollstreckungsrechtlich gegenüber denjenigen Privatgläubigern sicherstellen, die ohne entsprechende Rechtsbeziehungen zur Gesellschaft über Schuldtitel gegen sämtliche Gesellschafter verfügen (vgl. RdNr. 58). 33

Für die **Erbengemeinschaft** hat der BGH zwar entschieden, dass der Zugriff auf den gesamthänderisch gebundenen Nachlass vor Anordnung von Nachlassverwaltung und -konkurs auch Privatgläubigern der Erben offensteht, denen diese gesamtschuldnerisch haften.[38] Diese Rechtsprechung steht der Beschränkung der Haftung des Gesellschaftsvermögens auf Gesamthandsschulden jedoch nicht entgegen. Vielmehr rechtfertigen die bestehenden *Strukturunterschiede zwischen Erbengemeinschaft und GbR* sowie die unterschiedlichen Zugriffsmöglichkeiten von Nachlass- und Gesellschaftsgläubigern auf das jeweilige Privatvermögen der Beteiligten die Ungleichbehandlung.[39] 34

V. Die Gesamthand als Besitzer

1. Grundsatz. Der **Besitz** als tatsächliche Sachherrschaft sollte nach früher hM jedenfalls bei der GbR[40] nicht der Gesamthand als solcher zustehen, sondern *dem oder den die Sachherr-* 35

[34] Vgl. etwa RGRK/*von Gamm* RdNr. 10; *Staudinger/Keßler* RdNr. 10; *Soergel/Schultze-v. Lasaulx,* 10. Aufl., RdNr. 8; so auch noch *Stein/Jonas/Münzberg* ZPO (21. Aufl.) § 736 ZPO RdNr. 5; *Thomas/Putzo* (19. Aufl.) § 736 ZPO RdNr. 2; MünchKommZPO/*Heßler* (2. Aufl.) § 736 RdNr. 28 ff., 31; *Noack* MDR 1974, 811, 812; im Ergebnis auch *Brehm* KTS 1983, 26 f., 29 ff. und aus neuerer Zeit (mit eingehender Begründung aus der Entstehungsgeschichte) *Wertenbruch,* Die Haftung von Gesellschaften und Gesellschaftsanteilen in der Zwangsvollstreckung, 2001, S. 141 ff., 149 f. Gegenansichten vgl. in Fn. 35.

[35] Ebenso namentlich *Wiedemann* GesR I § 5 I 2 a, S. 250; *Soergel/Hadding* § 714 RdNr. 56; *Erman/Westermann* RdNr. 11; *Nicknig* Haftung S. 130 f.; *Schünemann* Grundprobleme S. 232 f.; *M. Winter* KTS 1983, 352 ff.; *K. Schmidt* GesR § 60 IV 2 b; so im Ergebnis auch bereits *Staudinger/Geiler* (9. Aufl.) § 718 Anm. III 1 b; aus der prozessrechtlichen Literatur ebenfalls *Heller,* Der Zivilprozess der Gesellschaft bürgerlichen Rechts, 1989, S. 232; *Göckeler,* Die Stellung der Gesellschaft bürgerlichen Rechts im Erkenntnis-, Vollstreckungs- und Konkursverfahren, 1992, S. 201 ff.; *Neumann,* Der Konkurs der BGB-Gesellschaft, 1986, S. 83 f.; jetzt wohl auch *Stein/Jonas/Münzberg* (22. Aufl.) § 736 ZPO RdNr. 7; *Thomas/Putzo* (24. Aufl.) § 736 ZPO RdNr. 2. Die Frage war in der zweiten BGB-Kommission umstritten und wurde dort mehrheitlich entgegen der hier vertretenen Auffassung entschieden (Prot. II S. 434 ff. = Mugdan II S. 993 f.; vgl. dazu *Wertenbruch* aaO Fn. 34 S. 141 f.).

[36] Zutr. *Brehm* KTS 1983, 34; *K. Schmidt* GesR § 60 IV 2 a; *Neumann* (Fn. 35) S. 83; vgl. auch RdNr. 57 f. und *Göckeler* (Fn. 35) S. 202 f.

[37] So auch *Erman/Westermann* RdNr. 11; *Soergel/Hadding* § 714 RdNr. 56; aA *Wertenbruch* (Fn. 34) S. 146 ff.

[38] BGHZ 53, 110, 113 ff. = NJW 1970, 473; zust. *Dauner-Lieb* (Fn. 27) S. 336.

[39] So zutr. *M. Winter* KTS 1983, 353 ff.; aA *Wertenbruch* (Fn. 34) S. 139, 145 ff.

[40] Anders überwiegend für die OHG, vgl. BGH JZ 1968, 69 (offen lassend aber BGHZ 57, 166 = NJW 1972, 43); OLG Celle NJW 1957, 27; *Flume* I/1 § 6 II, S. 79; *Hueck* OHG § 19 II, S. 272; *K. Schmidt* GesR § 10 III 3; *Staub/Ulmer* HGB § 105 RdNr. 296; *Klett,* Die Besitzverhältnisse bei der Personengesellschaft, 1989, S. 48 ff.; im Ergebnis auch *Steindorff* JZ 1968, 70.

schaft ausübenden Gesellschaftern.[41] Die für juristische Personen anerkannte Zurechnung des von Angestellten als Besitzdiener oder von Organen ausgeübten Besitzes[42] scheide bei der GbR wegen ihrer von juristischen Personen deutlich abweichenden Struktur und wegen des Fehlens besonderer Organe aus.[43] Als Regelfall nahm die früher hM in der GbR schlichten Mitbesitz aller Gesellschafter (§ 866) an,[44] wobei teilweise weiter zwischen unmittelbarem Mitbesitz der Geschäftsführer und mittelbarem Mitbesitz der übrigen Gesellschafter unterschieden wurde.[45] Mit dieser Fragestellung nicht zu verwechseln ist der im Anschluss an *Martin Wolff*[46] auch heute noch verbreitet anzutreffende Begriff des „gesamthänderischen Mitbesitzes"; er setzt kein rechtliches Gesamthandsverhältnis voraus, sondern ist iS von Mitverschluss mehrerer Mitbesitzer bzw. iS von deren gemeinsamer Herrschaftsausübung gegenüber einem Besitzdiener zu verstehen.[47]

36 **Stellungnahme.** Aus der Sicht der heute herrschenden, die gesellschaftsrechtliche Gesamthand als rechtsfähige Personengruppe mit eigenen Organen behandelnden Gesamthandslehre (§ 705 RdNr. 296, § 714 RdNr. 16 f.) ist der früher hM nicht zu folgen.[48] Wie *Flume*[49] im Einzelnen zutreffend dargelegt hat, lässt die Gegenüberstellung der Besitzposition von juristischer Person und Gesamthand unter Beschränkung der Besitzzurechnung auf die juristische Person nicht nur in ihren Voraussetzungen zahlreiche Fragen offen. Vielmehr erweisen sich auch die Rechtsfolgen der Anerkennung der Gesellschaft als Besitzer denjenigen gegenüber als überlegen, zu denen die Annahme schlichten Mitbesitzes der Gesellschafter führen müsste (RdNr. 38).

37 Soweit es um die **Zurechnung des Besitzes,** den Geschäftsführer oder Angestellte der GbR ausüben, **gegenüber der Gesellschaft** geht, kommt es demnach ebenso wie bei juristischen Personen auf zwei Momente an, nämlich einmal auf die *Willensrichtung* der natürlichen Person, die die tatsächliche Herrschaft für die Gesellschaft ausübt, und zweitens auf die Zugehörigkeit der die Sachherrschaft ausübenden natürlichen Person und der Sache zum *Organisationskreis* der Gesellschaft.[50] Die Gesellschaft kann, muss aber nicht Besitzer sein.[51] Ändert die natürliche Person ihren Willen nach außen erkennbar dahin, nunmehr für sich selbst besitzen zu wollen, oder behält sie die Sachherrschaft auch nach ihrem Ausscheiden aus dem Herrschaftsbereich der Gesellschaft bei, so begeht sie dieser gegenüber verbotene Eigenmacht (§ 858), soweit nicht die zum Besitzverlust der Gesellschaft führende Änderung mit Einverständnis ihrer Geschäftsführer vorgenommen wurde, und ist den Besitzschutzansprüchen der Gesellschaft ausgesetzt.[52]

[41] BGHZ 86, 300, 307 = NJW 1983, 1114; BGHZ 86, 340, 344 = NJW 1983, 1123; *U. Huber* Vermögensanteil S. 113; *Ballerstedt* JuS 1965, 272, 276 f.; *Festge/Seibert* BB 1983, 1819, 1821; *Baur/Stürner* § 7 RdNr. 80; *Staudinger/Bund* (2000) § 866 RdNr. 16; *Erman/O. Werner* § 854 RdNr. 6; *Klett* (Fn. 40) S. 86 ff.; aA aber schon BGH WM 1963, 560, 561 und 1964, 788; WM 1985, 997, 999 und 1433, 1434. Neuere Gegenansicht in der Lit. vgl. in Fn. 48.

[42] Vgl. dazu BGHZ 57, 166, 167 = NJW 1972, 43; BGH WM 1971, 589, 592; 3. Aufl. § 854 RdNr. 32; *Wolff/Raiser* § 5 I, S. 24; *Palandt/Bassenge* § 854 RdNr. 13; *Erman/O. Werner* § 854 RdNr. 6.

[43] So ausdrücklich etwa *Steindorff,* FS Kronstein, 1967, S. 151, 153.

[44] *Erman/O. Werner* § 854 RdNr. 6; *Staudinger/Bund* (2000) § 866 RdNr. 16; *Palandt/Bassenge* § 854 RdNr. 14; *Klett* (Fn. 40) S. 98 f.; im Grundsatz auch *Steindorff* (Fn. 43) S. 151, 155.

[45] So *Ballerstedt* JuS 1965, 272, 276; *U. Huber* Vermögensanteil S. 113; *Baur/Stürner* § 7 RdNr. 80; *Staudinger/Bund* (2000) § 866 RdNr. 16; *Klett* (Fn. 40) S. 99 f. Noch anders *Kuchinke,* FS Paulick, 1973, S. 45, 53 f. (Mitbesitz aller Gesellschafter zur gesamten Hand).

[46] JherJb. 44 (1902), 143, 159 ff.

[47] Vgl. dazu *Flume* I/1 § 6 I, S. 76; *Baur/Stürner* § 7 RdNr. 79; *Staudinger/Bund* (2000) § 866 RdNr. 16.

[48] So namentlich auch *Flume* I/1 § 6 II, S. 79 ff.; *K. Schmidt* GesR § 60 II 3; *Soergel/Hadding* RdNr. 18; *Hadding* ZGR 2001, 712, 723; *Habersack* BB 2001, 477, 479; so jetzt auch *Soergel/Stadler* § 854 RdNr. 15; *Palandt/Bassenge* § 854 RdNr. 14; im Ergebnis auch schon *Steindorff* (Fn. 43) S. 169 f. und die in Fn. 41 unter aA zitierte BGH-Rspr.

[49] Fn. 48.

[50] *Flume* I/1 § 6 II, S. 81; *Soergel/Hadding* RdNr. 18.

[51] So zutr. *K. Schmidt* GesR § 60 II 3.

[52] *Flume* I/1 § 6 III, S. 82; *Soergel/Hadding* RdNr. 19; aA *U. Huber* Vermögensanteil S. 113, der die Besitzschutzansprüche den Geschäftsführern persönlich als unmittelbaren Besitzern geben will und dementsprechend wohl auch die Möglichkeit verbotener Eigenmacht durch sie verneint.

2. Rechtsfolgen. Die Ansicht, dass nicht diejenigen Gesellschafter Besitzer sind, die die Sachherrschaft für die Gesellschaft tatsächlich ausüben, sondern dass deren Sachherrschaft der Gesellschaft als Besitz zuzurechnen ist, erweist sich der früher hM auch in den Rechtsfolgen als überlegen.[53] So lässt sich damit etwa die zum Eigentumsübergang an beweglichen Sachen erforderliche Besitzverschaffung für die Gesamthand (§ 929) unschwer begründen, während aus der Sicht der früher hM streng genommen Einigung und Besitzverschaffung auseinanderfielen.[54] Die Gesellschaft ist gegen gutgläubigen Erwerb Dritter bei Verfügungen durch andere als die Organmitglieder oder in ihrem Auftrag handelnde Personen geschützt (§ 935); das gilt auch für Verfügungen nichtberechtigter Gesellschafter.[55] Sie hat Besitzschutzansprüche gegen ehemalige Gesellschafter/Geschäftsführer, die trotz ihres Ausscheidens die Sachherrschaft über Gesamthandsgegenstände behalten haben und sie jetzt im eigenen Interesse ausüben.[56] Die Rechtsfolgen der §§ 937, 955, 1006 kommen der Gesellschaft zugute und nicht etwa den geschäftsführenden Gesellschaftern.[57] Gleiches gilt für den deliktischen Besitzschutz nach § 823 Abs. 1 und das Geltendmachen der Rechte aus §§ 1007, 987 ff.[58] Herausgabeansprüche nach § 985 wegen Gegenständen im Herrschaftsbereich der Gesellschaft führen zu Gesellschaftsschulden und sind daher gegen diese zu richten, nicht aber gegen die jeweiligen Geschäftsführer persönlich.[59] Schließlich geht auch beim Tod eines Gesellschafters der (Mit-)Besitz nicht auf dessen Erben über (§ 857), sondern verbleibt unverändert bei der Gesellschaft.[60] Beim Eintritt eines neuen Gesellschafters erlangt dieser eine gesamthänderische Mitbeteiligung an der Besitzstellung der Gesellschaft, ohne dass es darauf ankommt, ob und inwieweit ihm die tatsächliche Sachherrschaft zusteht. 38

C. Die BGB-Gesellschaft in Zivilprozess und Zwangsvollstreckung

I. Überblick

1. Ausgangslage im Jahr 1900. Der BGB-Gesetzgeber ging bei der Regelung des Gesellschaftsrechts bekanntlich davon aus, dass die Gesellschaft ein zwar **um Gesamthandselemente** (Sondervermögen) **angereichertes Schuldverhältnis** sei, dass ihr aber weder eigene Rechtsfähigkeit zukomme noch dass sie eine gegenüber den Gesellschaftern verselbstständigte, handlungsfähige Organisation bilde. Dementsprechend beschränkte er sich auf einige das Gesamthandsvermögen betreffende Grundvorschriften (§§ 718 bis 720, 738) in Ergänzung des Schuldrechtstitels „Gesellschaft", verzichtete jedoch im Unterschied zum OHG-Recht (§ 124 Abs. 1; §§ 115, 125 HGB) darauf, die Rechts- und Parteifähigkeit der Gesellschaft (und sei es auch nur durch fiktive Annäherung im Außenverhältnis an eine juristische Person[61]) zu normieren und Regelungen über besondere Gesellschaftsorgane zu treffen. Folgerichtig sah er abweichend von § 124 Abs. 2 HGB auch davon ab, die Zwangs- 39

[53] Dazu iE *Flume* I/1 § 6 III, S. 81 ff. und *Soergel/Hadding* RdNr. 19.

[54] Anders freilich *U. Huber* Vermögensanteil, unter Berufung auf die zu § 929 entwickelte Lehre von der „Geheißperson"; wie hier *Soergel/Hadding* RdNr. 19.

[55] So auch *K. Schmidt* GesR § 10 III 3 (für die OHG). Nach BGHZ 57, 166, 168 = NJW 1972, 43 und *Flume* I/1 § 6 III, S. 83 soll sich die Frage des Abhandenkommens nach der Vertretungsmacht des handelnden Gesellschafters beantworten; so wohl auch *Soergel/Hadding* RdNr. 19.

[56] Vgl. Fn. 52.

[57] *Flume* I/1 § 6 III, S. 83; *Soergel/Hadding* RdNr. 19.

[58] *Flume* I/1 § 6 III, S. 83; *Soergel/Hadding* RdNr. 19.

[59] *Flume* I/1 § 6 III, S. 84; *Soergel/Hadding* RdNr. 19. Zur prozessualen Bedeutung dieses Unterschieds selbst bei fehlender Parteifähigkeit der GbR vgl. RdNr. 51.

[60] *Flume* I/1 § 6 III, S. 81 f.; *Steindorff* (Fn. 43) S. 167 f.; *Soergel/Hadding* RdNr. 19; aA *U. Huber* Vermögensanteil S. 113.

[61] Vgl. in diesem Sinne das früher vorherrschende, die Berechtigung der Gesellschafter als gesamthänderische Inhaber des Gesamthandsvermögens betonende Verständnis von der Rechtsnatur der OHG und KG angesichts der Regelungen des § 124 HGB, dazu *Düringer/Hachenburg/Flechtheim* (3. Aufl.) § 124 HGB Anm. 1; *Staub/Pinner* (12./13. Aufl.) § 105 HGB Anm. 8; zum Ganzen näher *U. Huber* Vermögensanteil S. 90 ff., 101 f.

vollstreckung in das Gesellschaftsvermögen von einem Schuldtitel gegen die Gesellschaft abhängig zu machen. Stattdessen stellte die einschlägige Vollstreckungsnorm des § 736 ZPO auf ein „gegen alle Gesellschafter ergangenes Urteil" ab; die Gesellschafter – und nicht die GbR als solche – waren aus dieser Sicht die maßgebenden, für den Zugriff auf das Gesamthandsvermögen zuständigen Rechtspersonen.

40 **2. Rechtsentwicklung bis 2001.** Die im BGB geregelte Behandlung der gesellschaftsrechtlichen Gesamthand als *Rechtsobjekt,* dh. als gesamthänderisch gebundenes Sondervermögen der Gesellschafter, bestimmte viele Jahrzehnte lang die Diskussion zum Recht der GbR (§ 705 RdNr. 297 f.). Eine grundlegende Neubesinnung setzte bekanntlich erst in den 70er Jahren des 20. Jahrhunderts ein, ausgelöst durch die von *Flume* im Anschluss an *Otto von Gierke* entwickelte Lehre von der Gesamthand als *Gruppe,* dh. als zwar aus den Gesellschaftern zusammengesetzte, aber von ihnen gleichwohl zu unterscheidende Personenverbindung im Sinne eines eigenständigen Rechtssubjekts (vgl. § 705 RdNr. 298). Mit Blick auf den **Zivilprozess** entsprach dieser materiellrechtlichen Entwicklung die prozessuale Differenzierung zwischen der *Gesamthands(schuld)klage* seitens der oder gegen die unter sich eine notwendige Streitgenossenschaft bildende Gesellschaftergesamtheit, vertreten durch die Geschäftsführer, und einer *Gesamt(schuld)klage,* an der auf der Aktiv- bzw. Passivseite alle oder mehrere Gesellschafter als je einfache Streitgenossen beteiligt sind.[62] Der Unterschied zwischen Gesamthands- und Gesamtschuldklage beruhte darauf, dass bei jener der Antrag des Klägers auf Leistung aus dem Gesamthandsvermögen abzielte, während es dem Kläger bei der Gesamtschuldklage um die Geltendmachung der persönlichen Gesellschafterhaftung ging. Dementsprechend sollte aus dieser neueren Sicht ein gegen alle Gesellschafter erzielter Titel zur **Vollstreckung** in das Gesamthandsvermögen nach § 736 ZPO auch nur dann ausreichen, wenn er das Ergebnis einer Gesamthandsschuldklage war. Anderes sollte bei Titeln gegen die einzelnen Gesellschafter gelten, die auf je persönlichen Haftungsgründen beruhten; insoweit wurde der Gesamthand das Recht zugebilligt, sich gegen die Vollstreckung nach § 771 ZPO zur Wehr zu setzen.[63] Selbstverständlich stand nichts entgegen und entsprach auch verbreiteter Praxis, Gesamthands- und Gesamtschuldklage im Wege der **Klagehäufung** ebenso zu verbinden, wie das im OHG- und KG-Recht bei gleichzeitigen Klagen gegen Gesellschaft und persönlich haftende Gesellschafter der Fall ist.[64] Daran hat sich auch durch die Anerkennung der Parteifähigkeit der Außen-GbR (RdNr. 41) nichts geändert.

41 Über diese aus der Sicht des Prozessrechts komplizierten, keine vollwertige Alternative zur Parteifähigkeit der Gesellschaft bildenden *Ersatzkonstruktionen*[65] ist der BGH mit seinem rechtsfortbildenden Grundsatzurteil **BGHZ 146, 341** in zweierlei Hinsicht deutlich hinausgegangen. Einerseits hat er – unter nicht unproblematischer Berufung auf § 50 Abs. 1 ZPO[66] und ohne sich mit dem nahe liegenden Umkehrschluss aus § 50 Abs. 2 ZPO auseinanderzusetzen – aus der Anerkennung der Rechtsfähigkeit der (Außen-)GbR auf diejenige ihrer **Parteifähigkeit** geschlossen und die Gesellschaft auch insoweit der nach § 124 Abs. 1 HGB parteifähigen OHG und KG gleichgestellt.[67] Und andererseits hat er das in § 736 ZPO enthaltene Erfordernis von Vollstreckungstiteln gegen alle Gesellschafter dahin relativiert, deren bedürfe es nur dann, wenn der Vollstreckungsgläubiger keinen **Titel gegen die GbR** als solche besitze.[68]

[62] So etwa *Soergel/Hadding* § 714 RdNr. 54; *K. Schmidt* GesR § 60 IV 1 b; aus der Rspr. erstmals BGH WM 1990, 1113, 1114; zum Ganzen näher 3. Aufl. RdNr. 49 f.

[63] Dazu vgl. näher RdNr. 57, 58.

[64] 3. Aufl. RdNr. 49; für Klagen von GbR-Gläubigern ebenso schon BGH WM 1990, 1113, 1114; *K. Schmidt* GesR § 60 IV 1 b; aus neuer Sicht auch BGHZ 146, 341, 357 = NJW 2001, 1056.

[65] So zutr. BGHZ 146, 341, 348 ff. unter Hinweis auf eine ganze Reihe verbleibender Probleme aus der Sicht der Gesamthandsschuldklage.

[66] Dazu mit Recht kritisch *Prütting,* FS Wiedemann, 2002, S. 1177, 1187 f.

[67] BGHZ 146, 341, 347 f.; ebenso dann BGHZ 151, 204 = NJW 2002, 3539 und BGH NJW 2002, 1207.

[68] BGHZ 146, 341, 353 ff. im Anschluss an *Wertenbruch* (Fn. 34) S. 122 ff., 135 (für Gleichstellung eines Titels gegen die GbR mit einem solchen gegen „alle Gesellschafter" auf Grund der Entstehungsgeschichte des § 736 ZPO); dagegen aber *Prütting* (Fn. 66) S. 1183 f.

42 Diese **Rechtsfortbildung** seitens des II. Zivilsenats des BGH hat auch insoweit, als es um die Parteifähigkeit der (Außen-)GbR und die Vollstreckungsfolgen geht, in der Literatur verbreitete **Zustimmung** gefunden;[69] andere Gerichte sind ihr **alsbald** gefolgt.[70] Die neue Sichtweise liegt abweichend von der bisherigen Kommentierung[71] auch den Erläuterungen des GbR-Rechts für die vierte Auflage dieses Kommentars zu Grunde. Allerdings bleibt ihr persönlicher Anwendungsbereich mit Blick auf solche Gesellschaften zu prüfen, die zwar über Gesamthandsvermögen verfügen, jedoch entweder keine für Rechtspersonen kennzeichnende, eigene Identitätsausstattung aufweisen oder – als Innengesellschaften iwS[72] – von den Beteiligten selbst nicht zur Teilnahme am Rechtsverkehr bestimmt sind (vgl. RdNr. 47 f.).

43 **3. Gang der Kommentierung.** Abweichend von der Vorauflage folgt die Kommentierung des § 718 aus den in RdNr. 42 genannten Erwägungen im Grundsatz der neuen, durch Anerkennung der Parteifähigkeit der GbR gekennzeichneten Rechtslage (vgl. RdNr. 44 f.). Mit Rücksicht auf die bisher nicht eindeutige Abgrenzung des persönlichen Anwendungsbereichs mit Blick auf Fälle unzureichend organisierter, keine eigene Identitätsausstattung aufweisender Außen-GbR und mit Rücksicht auf die Existenz von Innen-GbR mit Gesamthandsvermögen, für die die neue Rechtslage sich als nicht geeignet erweist, geht sie allerdings *ergänzend* auf die bisherige Beurteilung der gesellschaftsrechtlichen Gesamthand nach Prozess- und Vollstreckungsrecht ein (vgl. RdNr. 49 ff.).

II. Die Parteifähigkeit der Außen-GbR

44 **1. Grundlagen.** Die Gründe, die für die Maßgeblichkeit der mit BGHZ 146, 341 erreichten Anerkennung der Parteifähigkeit der Außen-GbR sprechen, und die sich daran anknüpfenden Rechtsfolgen sind bereits in § 705 RdNr. 318 ff. dargestellt; hierauf wird verwiesen. Die Parteifähigkeit ist unabhängig davon zu bejahen, ob es sich um Rechtsstreitigkeiten der GbR mit Dritten oder solche mit Gesellschaftern handelt; anderes gilt für Streitigkeiten zwischen Gesellschaftern, bei denen die GbR (nach wie vor) nur Objekt ist.[73] Sie erstreckt sich nicht nur auf das Erkenntnis-, sondern auch auf das Vollstreckungsverfahren. Für ein Vorgehen von Vollstreckungsgläubigern gegen die parteifähige Außen-GbR nach § 736 ZPO ist daher kein Raum; ein aus einer Gesamthandsschuldklage resultierender, gegen alle Gesellschafter gerichteter Vollstreckungstitel ist ggf. nach § 727 ZPO auf die Außen-GbR als Vollstreckungsschuldnerin umzuschreiben.[74] Im Rahmen eines von allen Gesellschaftern als Kläger oder Beklagte in notwendiger Streitgenossenschaft geführten, auf Gegenstände oder Verbindlichkeiten des Gesamthandsvermögens bezogenen Prozesses ist dem begründeten Einwand des Prozessgegners, die Außen-GbR selbst sei die richtige Partei, durch *Parteiwechsel* iS einer sachdienlichen Klageänderung Rechnung zu tragen (§ 705 RdNr. 320);[75] die Notwendigkeit hierzu kann sich insbes. während der durch BGHZ 146, 341 eingeleiteten Übergangszeit ergeben.

45 Wegen der **einzelnen Rechtsfolgen** aus der Anerkennung der Parteifähigkeit der Außen-GbR kann auf die für OHG und KG anerkannten Grundsätze zu § 124 Abs. 1 HGB verwiesen werden.[76] Die Gesellschaft selbst ist *nicht prozessfähig,* sondern handelt analog § 51 Abs. 1 ZPO durch die Geschäftsführer als organschaftliche Vertreter nach

[69] Vgl. Nachw. in § 705 Fn. 851.

[70] So BGH BB 2003, 438 (XII. Senat); OLG Karlsruhe NJW 2001, 1072; zur abw. früheren Rspr. vgl. die Nachw. in § 705 Fn. 845.

[71] 3. Aufl. RdNr. 45 ff.

[72] Vgl. § 705 RdNr. 279 f.

[73] Vgl. dazu *Ulmer* ZIP 2001, 585, 591 f.; ebenso *K. Schmidt* NJW 2001, 993, 1000.

[74] Anders – aus der Sicht der Parteifähigkeit der Außen-GbR wenig folgerichtig – BGHZ 146, 341, 356; so auch (als Übergangsfrage) *K. Schmidt* NJW 2001, 993, 1000 f.; *Westermann* NZG 2001, 289, 293; *Wertenbruch* NJW 2002, 324, 328 f.; aA – wie hier – *Habersack* BB 2001, 477, 481; *Hadding* ZGR 2001, 712, 734; *Pohlmann* WM 2002, 1421, 1426 f.; *Scholz* NZG 2002, 153, 163.

[75] BGH NJW 2002, 3536, 3538 (II. ZS); für bloße Berichtigung des Rubrums BGH BB 2003, 438 (XII. ZS).

[76] Vgl. dazu näher *Schlegelberger/K. Schmidt* HGB § 124 RdNr. 25; *Staub/Habersack* HGB § 124 RdNr. 23 ff.

Maßgabe von deren Vertretungsmacht.[77] Diese haben – im Unterschied zu den übrigen Gesellschaftern – im Prozess die *Stellung als Partei* und können daher nicht als Zeugen vernommen werden.[78] Ein *Gesellschafterwechsel* während des Prozesses hat auf die Parteistellung der GbR und grundsätzlich auch auf die Vertretungsbefugnis keinen Einfluss. *Allgemeiner Gerichtsstand* für Passivprozesse der Außen-GbR ist nach § 17 Abs. 1 ZPO ihr Sitz. Als solcher ist, wenn der Gesellschaftsvertrag hierüber keine Regelung enthält, der tatsächliche Sitz bzw. der Ort anzusehen, von dem aus sie die Geschäfte betreibt.[79] Dieser Gerichtsstand ist nach § 22 ZPO auch maßgebend für Klagen der GbR gegen ihre Gesellschafter bzw. für solche zwischen Gesellschaftern.[80] Die *Parteibezeichnung* (§ 253 Abs. 2 Nr. 1 ZPO) richtet sich nach dem Namen der Gesellschaft (vgl. dazu § 705 RdNr. 270); ohne einen solchen Namen fehlt es im Zweifel an der für die Anerkennung der Parteifähigkeit erforderlichen Identitätsausstattung der GbR (vgl. RdNr. 46 f.). Die *Rechtskraft* eines im Gesellschaftsprozess ergehenden Urteils beschränkt sich auf das Verhältnis zwischen Gesellschaft und Prozessgegner; jedoch wirkt das Urteil analog § 129 Abs. 1 HGB auch für und gegen die Gesellschafter persönlich, soweit es um ihre Haftung analog § 128 HGB geht.[81]

46 **2. Schranken der persönlichen Reichweite. a) Außen-GbR ohne Identitätsausstattung.** Nach Ansicht des BGH[82] und der überwM im Schrifttum[83] steht die Rechtsfähigkeit und damit auch die Parteifähigkeit *jeder* Außen-GbR zu; auf die Möglichkeit ihrer eindeutigen Identifizierung soll es nicht ankommen.[84] Zu *Aktivprozessen* der Gesellschaft sei es Sache der für sie handelnden Organe, die Gesellschaft „identifizierbar zu beschreiben"; gelinge das nicht, sei die Klage mit Kostenfolge abzuweisen.[85] In *Passivprozessen* sei es „praktisch immer ratsam", neben der Gesellschaft auch die Gesellschafter persönlich zu verklagen; auch wenn die Klage gegen die Gesellschaft mangels Existenz einer Außen-GbR mit Gesamthandsvermögen abzuweisen sei, blieben dem Gläubiger sodann immer noch die Titel gegen die gesamtschuldnerisch nach § 427 haftenden Gesellschafter.[86]

47 **Stellungnahme.** Dieser – überraschend großzügigen – Beurteilung des BGH ist **nicht zu folgen.** Sie läuft angesichts die Vielgestaltigkeit der GbR-Erscheinungen und angesichts des nicht selten fließenden Übergangs von Innen- und Außen-GbR mit Gesamthandsvermögen Gefahr, die Anerkennung nicht nur der Rechts-, sondern vor allem auch der Parteifähigkeit der (Außen-)GbR ad absurdum zu führen und *unerwünschte Rechtsunsicherheit* in das durch Formenstrenge gekennzeichnete Prozess- und Vollstreckungsrecht hineinzutragen. Gegen sie spricht insbes. auch das aus § 56 Abs. 1 ZPO folgende Erfordernis, die als Klägerin oder Beklagte fungierende GbR in der Klageschrift so klar zu bezeichnen, dass dem Prozessgericht die ihm kraft Amtes obliegende Identifizierung der Parteien mit der gebotenen Eindeutigkeit möglich ist.[87] Das gilt umso mehr angesichts der fehlenden Registerpublizität der GbR. Aus diesem Grund erscheint es unverzichtbar, an dem **Erforder-**

[77] *Staub/Habersack* HGB § 124 RdNr. 27 (für die OHG).

[78] *Staub/Habersack* HGB § 124 RdNr. 33 (für die OHG).

[79] Ähnlich *Pohlmann* WM 2002, 1421, 1423 (hilfsweise Wohnsitz des geschäftsführenden Organs).

[80] AA (vor BGHZ 146, 341) BayObLG DB 1996, 1819 für eine Klage zwischen Gesellschaftern einer GbR (Gerichtsstand am Wohnsitz des Schuldners; Sitz der GbR bedeutungslos).

[81] *Staub/Habersack* HGB § 124 RdNr. 36 (für die OHG); zur analogen Anwendung von § 129 Abs. 1 HGB gegenüber der rechtsfähigen Außen-GbR vgl. § 714 RdNr. 50.

[82] Vgl. den Hinweis auf mögliche Identifizierungsprobleme in BGHZ 146, 341, 356 f.

[83] *Habersack* BB 2001, 477, 478 f.; *Hadding* ZGR 2001, 712, 716 f. (einschränkend aber S. 721 f.); *Pohlmann* WM 2002, 1421, 1423; ähnlich wie hier aber schon *Wiedemann* WM 1994 Beil. 4 S. 4; für Abstellen auf den Gesellschafterwillen (Wahl einer Kollektivbezeichnung zur Identifikation der GbR) *Derleder* BB 2001, 2485, 2489 f. Vgl. zum Ganzen näher *Ulmer* ZIP 2001, 585, 593 f. und *ders.* AcP 198 (1998), 113, 126 ff. im Anschluss an *John,* Die organisierte Rechtsperson, 1977, S. 72 ff.

[84] Dazu aus prozessrechtlicher Sicht zu Recht kritisch *Prütting* (Fn. 66) S. 1184, 1191 unter Hinweis auf *Schemmann,* Parteifähigkeit im Zivilprozess, 2002, S. 27 ff., 31 ff.

[85] BGHZ 146, 341, 356 f.

[86] BGHZ 146, 341, 357.

[87] So zutr. *Prütting* unter Berufung auf *Schemmann* (jew. Fn. 84).

nis eigener Identitätsausstattung der Außen-GbR (Name und Sitz, Handlungsorganisation und Haftungsverfassung) festzuhalten (vgl. § 705 RdNr. 306, 320). Fehlt es hieran, so ist die Klage vorbehaltlich des Übergangs des Klägers auf die Gesamthands(schuld)klage im Wege der Klageänderung (§ 705 RdNr. 320) abzuweisen.

b) Innen-GbR mit Gesamthandsvermögen. Zu Begriff und Vorkommen der Innen-GbR iwS vgl. § 705 RdNr. 279 ff., 284. Für sie ist kennzeichnend, dass die Gesellschafter zwar, sei es durch Einlagen oder gemeinsamen Erwerb, Gesamthandsvermögen geschaffen haben, dass sie aber auf eine Teilnahme der GbR am Rechtsverkehr bewusst verzichten und aus diesem Grund auch keine Gesellschaftsorgane eingesetzt haben. Derartige Gestaltungen finden sich nicht selten in Fällen, in denen der Gesellschaftszweck sich, wie bei typischen Ehegattengesellschaften, auf das gemeinsame Halten und Verwalten einzelner Immobilien oder sonstiger Vermögensgegenstände beschränkt (Vor § 705 RdNr. 46). Eine Bejahung der Rechts- und Parteifähigkeit solcher Verbindungen scheidet schon nach den eigenen Vorstellungen der Beteiligten aus; ihrer GbR fehlt es nicht nur an der Identitätsausstattung, sondern auch an dem erforderlichen Minimum einer über die gemeinsame Vermögensverwaltung hinausgehenden Organisation. Für Rechtsstreitigkeiten für oder gegen die Innen-GbR und für die Vollstreckung in das Gesamthandsvermögen bleibt daher, sofern ausnahmsweise die Geltendmachung von Gesamthandsforderungen oder -verbindlichkeiten in Frage steht, nur der „klassische" Weg der Gesamthands(schuld)klage (vgl. dazu näher RdNr. 49 ff.). 48

III. Prozess- und Vollstreckungsfragen bei der nicht parteifähigen Gesamthands-GbR

1. Verbleibender Anwendungsbereich. Die folgenden, aus der Vorauflage (RdNr. 42 ff.) übernommenen und fortgeführten Feststellungen knüpfen an den Diskussionsstand vor BGHZ 146, 341 an. Sie beziehen sich auf diejenigen *BGB-Gesellschaften mit Gesamthandsvermögen,* für die die Anerkennung der Parteifähigkeit der GbR wegen der besonderen Struktur der jeweiligen Personenverbindung ausscheidet. Das gilt nach den getroffenen Feststellungen (RdNr. 48) in erster Linie für die **Innen-GbR mit Gesamthandsvermögen.** Bei ihr fehlt nicht nur eine nach außen in Erscheinung tretende Gesellschaftsorganisation (Name, GbR-Organe); vielmehr ist regelmäßig auch der Wille der Beteiligten darauf gerichtet, die GbR nicht als solche am Rechtsverkehr mit Dritten teilnehmen zu lassen. Für die Anerkennung ihrer Rechts- und Parteifähigkeit ist daher schon *mangels* der von BGHZ 146, 341 vorausgesetzten *Außen-GbR* kein Raum. Entsprechend ist aber auch – unter Reduktion von BGHZ 146, 341 – in Fällen einer **Außen-GbR ohne eigene Identitätsausstattung** zu entscheiden, da sie nicht über die Mindesterfordernisse für ihre Behandlung als eigenständiges Rechtssubjekt in Zivilprozess und Zwangsvollstreckung verfügt (RdNr. 47). 49

2. Rechtlicher Ansatz. a) Parteistellung auf Seiten der Gesamthand. Mangels Parteifähigkeit der Innen-GbR iwS und der Außen-GbR ohne Identitätsausstattung verbleibt es in derartigen Fällen für Gesamt*hands*prozesse bei der Parteistellung der *Gesellschafter,* und zwar *in notwendiger Streitgenossenschaft.* Das entspricht für **Aktivprozesse** der Gesamthand, dh. die prozessuale Geltendmachung gesamthänderisch gebundener Rechte, der schon bisher hM[88] (zur Ausnahme für diejenigen Fälle, in denen ein Gesellschafter von der actio pro socio Gebrauch macht, vgl. § 705 RdNr. 204 ff. und 3. Aufl. RdNr. 45). *Vertreten* werden die Gesellschafter nach Maßgabe des Gesellschaftsvertrags durch die vertretungsbefugten **Geschäftsführer;** sind solche nicht vorgesehen, handeln alle Gesellschafter gemeinsam nach § 714. Zu einer Beschränkung der Vertretungsmacht auf rechtsgeschäftliches 50

[88] BGHZ 30, 195, 197 = NJW 1959, 1683; *Stein/Jonas/Bork* (21. Aufl.) § 62 ZPO RdNr. 18, 20 a; *Baumbach/Lauterbach/Albers/Hartmann* § 62 ZPO RdNr. 11; *Thomas/Putzo* § 62 ZPO RdNr. 13; *Erman/Westermann* RdNr. 14; *Staudinger/Keßler* § 714 RdNr. 20; *Heller* (Fn. 35) S. 60 ff.

Handeln unter Ausklammerung der Prozessführung[89] besteht kein Anlass. Dementsprechend sind Prozesshandlungen mit Wirkung für die Gesamthand von bzw. gegenüber den Geschäftsführern vorzunehmen;[90] ein nichtgeschäftsführungs- und vertretungsberechtigter Gesellschafter kann ihrer Vornahme nicht widersprechen. Ein die Vollstreckung in das Gesamthandsvermögen ermöglichendes Versäumnisurteil gegen alle Gesellschafter kann auch dann ergehen, wenn nicht vertretungsberechtigte Gesellschafter zum Termin erschienen sind.[91] – Aus der Parteistellung aller Gesellschafter folgt, dass sie im Gesamthandsprozess auch dann nicht als Zeugen, sondern nur als Partei vernommen werden können, wenn sie nicht geschäftsführungs- und vertretungsberechtigt sind.[92]

51 Entsprechendes wie in RdNr. 50 gilt auch für **Passivprozesse** der Gesamthand, dh. für sog. *Gesamthandsschuldklagen.* Sofern sich das Klageziel auf *Leistung aus dem bzw. Vollstreckung in das Gesellschaftsvermögen* richtet, ist die Rechtsverteidigung durch die als Gesamthänder betroffenen Gesellschafter eine notwendig gemeinsame iS von § 62 Abs. 1 2. Alt. ZPO;[93] auch insoweit greift die gesellschaftsvertragliche Vertretungsregelung (wenn vorhanden) ein (RdNr. 50). Ebenso ist für *Feststellungsklagen* gegen die Gesamthand aus Rechtsbeziehungen mit Dritten zu entscheiden; eine notwendige Streitgenossenschaft liegt auch hier vor, weil eine einheitliche Sachentscheidung erforderlich ist (§ 62 Abs. 1 1. Alt. ZPO). Für das Feststellungsinteresse reicht das Bestreiten durch einen geschäftsführungsbefugten Gesellschafter aus.[94] – Zur Unterscheidung der Gesamthands(schuld)klagen von den *Gesamt(schuld)klagen,* bei denen es um Rechte oder Verbindlichkeiten der einzelnen Gesellschafter geht und an denen diese als einfache Streitgenossen beteiligt sind, vgl. RdNr. 40.

52 **b) Vollstreckung.** Für die Zwangsvollstreckung in das Gesellschaftsvermögen verbleibt es in den hier erörterten Fällen (RdNr. 49) bei der Regelung des **§ 736 ZPO.** Sie behält bei fehlender Parteifähigkeit der (Außen-)GbR schon deshalb ihrem gesetzlich bestimmten Anwendungsbereich, weil ein Urteil gegen die Gesellschaft als solche in derartigen Fällen nicht ergehen kann. Wegen der Einzelheiten vgl. RdNr. 55 ff.

53 **3. Die Gesamthandsschuldklage. a) Grundsatz.** Die Klage richtet sich gegen die Gesamthänder als Gruppe, vertreten durch ihre Geschäftsführer, hilfsweise durch alle Gesellschafter. Sämtliche Gesamthänder bilden eine notwendige Streitgenossenschaft auf der Passivseite (RdNr. 51). Klageziel ist die Erfüllung des eingeklagten Anspruchs aus dem Gesamthandsvermögen, Klagegrund das Bestehen einer Gesamthandsverbindlichkeit (RdNr. 24 ff.). Auf Einwendungen, die nicht der Gesellschaft, sondern den Gesellschaftern als Gesamtschuldner persönlich zustehen, können sich die Streitgenossen nicht berufen. Der korrekte **Urteilstenor** hat entsprechend dem Klageantrag auf *Leistung aus dem Gesamthandsvermögen* zu lauten.[95] Die Beschränkung kann im Rahmen von § 321 ZPO auch noch nachträglich

[89] So unter Hinweis auf § 63 ZPO, jedoch ohne Auseinandersetzung mit der Organstellung der geschäftsführenden Gesellschafter, anscheinend BGHZ 146, 341, 348 f.; ebenso *Heller* (Fn. 35) S. 144 f. Wie hier schon RGZ 57, 90, 92 f. (für den nichtrechtsfähigen Verein); BGH NJW 1997, 1236; zust. *Erman/Westermann* RdNr. 13.

[90] RGZ 57, 90, 92; *Soergel/Schultze-v. Lasaulx* (10. Aufl.) § 714 RdNr. 15; aA *Heller* (Fn. 35) S. 159 f.; *Göckeler* (Fn. 35) S. 121 ff.; allg. zur Vornahme von Prozesshandlungen durch die nach materiellem Recht Verfügungsbefugten in den Fällen notwendiger Streitgenossenschaft *Baumbach/Lauterbach/Albers/Hartmann* § 62 ZPO RdNr. 18 ff.; *Stein/Jonas/Bork* (21. Aufl.) § 62 ZPO RdNr. 39 f.; *Zöller/Vollkommer* (23. Aufl.) § 62 ZPO RdNr. 24 ff.

[91] So zutr. *Lindacher* JuS 1982, 594 f.; aA *Heller* (Fn. 35) S. 171 f. und *Göckeler* (Fn. 35) S. 134.

[92] So trotz Bejahung der Parteifähigkeit der GbR auch *Hüffer,* FS Stimpel, 1985, S. 165, 182; im Ergebnis auch *Göckeler* (Fn. 35) S. 130 f.; *Heller* (Fn. 35) S. 166.

[93] Str., wie hier *Erman/Westermann* RdNr. 14; *H. Westermann* FS Baur, 1981, S. 723, 731; RGRK/*von Gamm* § 714 RdNr. 10; *Stein/Jonas/Bork* (21. Aufl.) § 62 ZPO RdNr. 20 a; *Kornblum* BB 1970, 1449 ff., 1454; *ders.* Haftung S. 61; *Heller* (Fn. 35) S. 76 f.; *K. Schmidt* GesR § 60 IV 1 b; *Göckeler* (Fn. 35) S. 65 ff.; offen gelassen in BGH ZIP 1990, 715, 716; aA RGZ 68, 221, 223; *Staudinger/Keßler* § 714 RdNr. 20; wohl auch *Stein/Jonas/Münzberg* (22. Aufl.) § 736 ZPO RdNr. 3.

[94] *Stein/Jonas/Bork* (21. Aufl.) § 62 ZPO RdNr. 23; *Göckeler* (Fn. 35) S. 67 f.; *Heller* (Fn. 35) S. 82 f.

[95] *Staudinger/Keßler* § 714 RdNr. 20; *Erman/Westermann* RdNr. 14; RGRK/*von Gamm* § 714 RdNr. 10. Vgl. auch § 728 RdNr. 41 und *Oehlerking* KTS 1980, 17 f. zur Zulässigkeit der auf Leistung aus dem Gesamthandsvermögen gerichteten Klage ge-

durch Urteilsergänzung in den Tenor aufgenommen werden. Dagegen ist für die von einem Teil der Literatur[96] entsprechend §§ 780, 786 ZPO bejahte Möglichkeit, das Urteil auf Antrag der Beklagten unter Vorbehalt ihrer Haftungsbeschränkung auf das Gesamthandsvermögen ergehen zu lassen und über die Berechtigung der Haftungsbeschränkung nach §§ 785, 767 ZPO im Rahmen einer Vollstreckungsabwehrklage zu befinden, schon deshalb kein Raum, weil der Kläger mit der Gesamthandsschuldklage nur Leistung aus dem Gesamthandsvermögen begehrt (RdNr. 51). Aus dem gleichen Grunde scheidet auch die Vollstreckung aus einem Gesamthandsschuldtitel in das Privatvermögen der Gesellschafter aus (RdNr. 54). – Zu den Auswirkungen eines Gesellschafterwechsels auf den Gesamthandsprozess und die Vollstreckung in das Gesellschaftsvermögen vgl. RdNr. 60 ff., 64.

b) Keine Vollstreckung ins Privatvermögen. Ist im Urteilstenor eine ausdrückliche 54
Anordnung der Haftungsbeschränkung auf das Gesamthandsvermögen unterblieben, ergibt sich jedoch durch Auslegung des Urteils auf Grund der Entscheidungsgründe, dass die Verurteilung der Gesamthänder nur im Rahmen der Gesamthandsschuldklage erfolgt und die Vollstreckung daher auf das Gesamthandsvermögen zu beschränken ist, so können sich die Gesellschafter gegen Vollstreckungsmaßnahmen in ihr Privatvermögen mit der *Drittwiderspruchsklage* nach § 771 ZPO zur Wehr setzen. „Dritter" iS dieser Vorschrift kann auch der Vollstreckungsschuldner selbst sein, wenn entweder seine Haftung auf einen bestimmten Vermögenskomplex beschränkt oder ein solcher von der Haftung ausgenommen ist.[97] Daneben kommt auch ein Vorgehen nach § 766 iVm. § 750 ZPO in Betracht,[98] sofern zwischen den Parteien Streit über die (andere) Frage besteht, ob der Titel auch zur Vollstreckung in das Privatvermögen der Gesellschafter berechtigt.

4. Die Vollstreckung in das Gesellschaftsvermögen. a) Vollstreckungstitel. 55
aa) Grundsatz. Die Vorschrift des § 736 ZPO trägt der fehlenden Parteifähigkeit der nicht von der Rechtsfortbildung durch BGHZ 146, 341 erfassten GbR dadurch Rechnung, dass sie zur Zwangsvollstreckung in das Gesellschaftsvermögen ein gegen alle Gesellschafter ergangenes Urteil erfordert (RdNr. 52). Mit der hM ist die Vorschrift nicht im strikten Wortsinn („*ein* Urteil") zu verstehen, sondern dahin auszulegen, dass hierfür *auch mehrere* in getrennten Verfahren gegen jeden einzelnen Gesellschafter erstrittene *Urteile* ausreichen.[99] Einer Klage gegen alle Gesamthänder gemeinsam als notwendige Streitgenossen (Gesamthandsschuldklage, vgl. RdNr. 53) bedarf es nicht (RdNr. 57). Die Zwangsvollstreckung in das Gesamthandsvermögen auf Grund von Gesamtschuldtiteln gegen alle Gesellschafter ist *formell* auch dann möglich, wenn eine Gesamthandsschuld daneben nicht besteht und das Gesellschaftsvermögen dem Gläubiger deshalb materiell nicht haftet. Die Gesellschaft kann jedoch einer Vollstreckung in das Gesellschaftsvermögen durch einen Privatgläubiger nach § 771 ZPO entgegentreten (RdNr. 58), wenn dieser auf Grund von Ansprüchen, die mit der Gesellschaftssphäre in keinem Zusammenhang stehen, Titel gegen sämtliche Gesellschafter erlangt hat. Zur Vollstreckung aus Gesamtschuldtiteln vgl. RdNr. 57 f.

gen einen Gesellschafter-Gemeinschuldner trotz der Sperrwirkung des § 87 InsO.

[96] *Kornblum* BB 1970, 1452; *Nicknig* Haftung S. 134 ff.; *Noack* MDR 1974, 813 f.; *Hennecke,* Das Sondervermögen der Gesamthand, 1976, S. 134; *Fehl,* FS Trinkner, 1995, S. 135, 147 ff.

[97] *Stein/Jonas/Münzberg* (22. Aufl.) § 771 ZPO RdNr. 45; MünchKommZPO/*K. Schmidt* § 771 RdNr. 18; *Thomas/Putzo* § 771 ZPO RdNr. 9, 20; *Erman/Westermann* RdNr. 15.

[98] *Stein/Jonas/Münzberg* (22. Aufl.) § 766 ZPO RdNr. 21, 34; MünchKommZPO/*K. Schmidt* § 766 RdNr. 5, 27; *Ullrich* NJW 1974, 1490.

[99] BGHZ 53, 110, 113 = NJW 1970, 473; RGZ 68, 221, 223 (jew. zu § 747 ZPO); RGRK/*von Gamm* § 714 RdNr. 10; *Hüffer* (Fn. 92) S. 165, 184 f.; *Kornblum* BB 1970, 1450 f.; so auch die hM im Vollstreckungsrecht, vgl. MünchKommZPO/*Heßler* § 736 RdNr. 9; *Stein/Jonas/Münzberg* (22. Aufl.) § 736 ZPO RdNr. 5 und Vor § 735 ZPO RdNr. 6; *Zöller/Stöber* (23. Aufl.) § 736 ZPO RdNr. 3; *Thomas/Putzo* § 736 ZPO RdNr. 2; *Baumbach/Lauterbach/Albers/Hartmann* § 736 ZPO RdNr. 2; aA (einheitlicher Titel über die Gesamthandsschuld erforderlich) *Soergel/Hadding* § 714 RdNr. 54; *Göckeler* (Fn. 35) S. 201 ff.; *Heller* (Fn. 35) S. 230 und 232; *Nicknig* S. 133; *Aderhold* S. 165; *Schünemann* S. 228; im Ergebnis auch *Lindacher* JuS 1982, 592, 595 sowie offenbar – von seinem die Gruppenlehre ablehnenden Ausgangspunkt schwer nachvollziehbar – *Staudinger/Keßler* § 714 RdNr. 20 (anders aber *ders.* § 718 RdNr. 10).

56 Machen **Gesellschafter selbst** Ansprüche gegen die Gesellschaft geltend, sei es im Sinne von Sozialverbindlichkeiten (§ 705 RdNr. 197) oder von Drittgläubigerforderungen (§ 705 RdNr. 202 f.), so genügt für die Vollstreckung in das Gesamthandsvermögen abweichend von § 736 ZPO ein *Titel gegen die übrigen Gesellschafter.*[100] Da die Gesellschafter am Gesamthandsprozess der GbR als Partei beteiligt sind (RdNr. 51), müssten sie sich andernfalls selbst verklagen.[101]

57 **bb) Vollstreckung aus Gesamtschuldtiteln?** Fraglich ist, ob *Titel gegen sämtliche Gesellschafter,* die im Wege der Gesamtschuldklage erstritten wurden, zur Vollstreckung in das Gesamthandsvermögen berechtigen.[102] Die Frage ist mit der ganz überwiegenden Meinung in *formeller* Hinsicht zu bejahen, und zwar auch dann, wenn neben den titulierten Gesamtschulden der Gesellschafter materiell eine Gesamthandsschuld nicht vorliegt, der Titel vielmehr reine Privatverbindlichkeiten der Gesellschafter betrifft (RdNr. 55). Dass das Gesellschaftsvermögen für diese Verbindlichkeiten materiellrechtlich nicht haftet, lässt die **formelle Rechtmäßigkeit der Zwangsvollstreckung** unberührt. Eine restriktive Auslegung des § 736 ZPO in dem Sinne, dass eine Vollstreckung unzulässig ist, wenn dem Gesamtschuldtitel reine Privatverbindlichkeiten der Gesellschafter zu Grunde liegen, würde dem Vollstreckungsorgan die von ihm nicht zu leistende Prüfung des Rechtsgrundes der titulierten Verbindlichkeit auferlegen und die Frage der materiellen Haftung systemwidrig in das Erinnerungsverfahren nach § 766 ZPO verlagern.[103] In den Fällen der Zwangsvollstreckung in das Gesellschaftsvermögen auf Grund von Gesamtschuldtiteln führt § 736 ZPO daher zu einer Erstreckung der Vollstreckbarkeit gegen Dritte (die Gesamthand), wie sie auch für andere im systematischen Zusammenhang mit § 736 ZPO stehende Vorschriften – etwa § 741 ZPO – allgemein anerkannt ist.[104] Das Fehlen einer materiellen Gesamthandsschuld berechtigt die Gesamthand allerdings zur Erhebung der *Drittwiderspruchsklage* analog § 771 ZPO (vgl. RdNr. 58). – Der Unterschied zwischen Gesamtschuld- und Gesamthandsschuldklage bleibt für § 736 ZPO auch abgesehen von § 771 ZPO deshalb bedeutsam, weil eine Umschreibung des Titels nach § 727 ZPO beim Eintritt neuer Gesellschafter nur möglich ist, soweit der Titel auf einer Gesamthandsschuldklage beruht (RdNr. 64).

58 Erfolgt die Zwangsvollstreckung in das Gesamthandsvermögen auf Grund von Gesamtschuldtiteln, kann die Gesamthand analog § 771 ZPO die materielle Nichthaftung im Wege der **Drittwiderspruchsklage** geltend machen.[105] Begründet ist eine solche Klage freilich nur, wenn neben der titulierten Gesamtschuld, die die Grundlage der Vollstreckung bildet, nicht zugleich eine entsprechende Gesamthandsschuld besteht. Andernfalls kann der Vollstreckungsgläubiger dem Widerspruchskläger den *Einwand der materiellen Mithaft* entgegenhalten. Dass die Forderung gegen den Widerspruchskläger nicht tituliert ist, steht der Geltendmachung des Einwands im Verfahren nach § 771 ZPO nicht entgegen.[106] Das Bestehen einer Gesamthandsschuld führt somit zur Abweisung der Widerspruchsklage. Nur wenn die Gesamtschuldtitel auf reinen Privatschulden der Gesellschafter beruhen, hat das Gericht die Zwangsvollstreckung in das Gesellschaftsvermögen für unzulässig zu erklären.[107]

[100] *Erman/Westermann* RdNr. 15; *Staudinger/Keßler* § 705 RdNr. 78; aA *Schünemann* Grundprobleme S. 254 f.

[101] Ganz hM für die auf Haftung des Nachlasses gerichtete sog. Gesamthandsklage eines Miterben, vgl. 3. Aufl. § 2059 RdNr. 25; *Stein/Jonas/Münzberg* (22. Aufl.) § 747 ZPO RdNr. 2; MünchKomm-ZPO/*Heßler* § 747 RdNr. 14.

[102] Vgl. die Nachw. in Fn. 99.

[103] So zutr. *Brehm* KTS 1983, 33 f.; *M. Winter* KTS 1983, 365 f.; zust. *Erman/Westermann* RdNr. 12 und *Hüffer* (Fn. 92) S. 184 f. trotz Bejahung der Parteifähigkeit der GbR; dagegen *Göckeler* (Fn. 35) S. 204 ff.

[104] Vgl. nur *Stein/Jonas/Münzberg* (22. Aufl.) Vor § 735 ZPO RdNr. 2 f.; MünchKommZPO/*Heßler* § 741 RdNr. 4, *Zöller/Stöber* (23. Aufl.) § 741 ZPO RdNr. 1.

[105] Zust. *Erman/Westermann* RdNr. 12; trotz Bejahung der Parteifähigkeit der GbR auch *Hüffer* (Fn. 92) S. 184 f.; im Grundsatz auch *Fehl* (Fn. 96) S. 143, der jedoch auch den Gesellschaftsgläubigern eine Klagebefugnis zuerkennt; aA *Wertenbruch* (Fn. 34) S. 148 f.

[106] St. Rspr., vgl. zuletzt BGHZ 80, 296, 302 f. = NJW 1981, 1835; ebenso für § 774 ZPO *Stein/Jonas/Münzberg* (22. Aufl.) § 771 ZPO RdNr. 59; krit. dazu MünchKommZPO/*K. Schmidt* § 771 RdNr. 49.

[107] Ebenso *M. Winter* KTS 1983, 367 f.; *Hüffer* (Fn. 92) S. 184 f.; *Erman/Westermann* RdNr. 12; aA *Wertenbruch* (Fn. 105).

b) Gewahrsam. Die Zwangsvollstreckung in bewegliche Sachen setzt grundsätzlich voraus, dass diese sich im Gewahrsam des Vollstreckungsschuldners befinden (§§ 808, 883 ZPO). Unter Gewahrsam wird die tatsächliche Herrschaft über die Sache verstanden; der Gewahrsamsbegriff entspricht damit dem sachenrechtlichen Begriff des unmittelbaren Besitzes.[108] Da der Besitz in der GbR der Gesamthand als solcher zuzurechnen ist und nicht etwa den die Sachherrschaft für sie ausübenden Gesellschaftern persönlich (RdNr. 35 f.), ist auch die **Gewahrsamsfähigkeit der Gesellschaft** zu bejahen.[109] Des problematischen Rückgriffs auf den Gewahrsam der Gesellschafter als im Titel genannter Vollstreckungsschuldner[110] bedarf es daher nicht. Erfolgt die Vollstreckung auf Grund eines Gesamtschuldtitels (RdNr. 57), steht der Gewahrsam der Gesamthand der formellen Rechtmäßigkeit der Zwangsvollstreckung nicht entgegen.[111] Die Erweiterung der Vollstreckungsbefugnis durch § 736 ZPO deckt auch den Eingriff in den Gewahrsam der Gesellschaft. 59

5. Gesellschafterwechsel. a) Während der Rechtshängigkeit. aa) Ausscheiden eines Gesellschafters. Das ersatzlose Ausscheiden eines Gesamthänders aus der Gesellschaft führt entgegen der hM,[112] die § 265 Abs. 2 ZPO anwendet, zu einer *gesetzlichen Parteiänderung;* die auf der Mitgliedschaft in der Gesamthand beruhende aktive oder passive Parteistellung (RdNr. 50 f.) des Ausscheidenden entfällt.[113] Die Vorschrift des § 265 Abs. 2 ZPO passt auch bei weiter Auslegung[114] nicht, da sie eine Änderung der Sachlegitimation voraussetzt. Demgegenüber bleibt die materiellrechtliche Berechtigung oder Verpflichtung der Gesamthand durch den Mitgliederwechsel unberührt; lediglich die auf der Mitgliedschaft beruhende Parteistellung ändert sich.[115] Für eine Unterbrechung des Verfahrens entsprechend §§ 239 ff. ZPO ist im Fall des ersatzlosen Ausscheidens eines Gesellschafters im Allgemeinen kein Anlass, da die verbliebenen Gesellschafter, denen der Anteil des Ausgeschiedenen am Gesamthandsvermögen anwächst, wegen der fortbestehenden Vertretungsbefugnis der Gesellschaftsorgane (RdNr. 50 f.) keines Schutzes bedürfen;[116] eine Ausnahme gilt beim Ausscheiden des einzigen geschäftsführungs- und vertretungsberechtigten Gesellschafters.[117] Ebenso besteht kein Anlass, mit Rücksicht auf die Prozesskosten im Austritt des Gesellschafters eine teilweise Erledigung der Hauptsache iS von § 91 a ZPO zu sehen.[118] Haftungsmasse für Kostenerstattungsansprüche ist bei Gesamthandsprozessen trotz der Parteistellung der Gesellschafter nur das Gesamthandsvermögen.[119] 60

[108] MünchKommZPO/*Schilken* § 808 RdNr. 5; *Stein/Jonas/Münzberg* (22. Aufl.) § 808 ZPO RdNr. 7; *Baumbach/Lauterbach/Albers/Hartmann* § 808 ZPO RdNr. 10; *Jauernig,* Zwangsvollstreckungs- und Insolvenzrecht, 21. Aufl., § 17 II.

[109] KG NJW 1977, 1160 (zur KG); *Schünemann* Grundprobleme S. 264 ff.; vgl. auch – zum Besitz – *Flume* I/1 § 6 II S. 79 ff. Zur bisher überwiegend abw. Meinung für den Besitz in der GbR vgl. Nachw. in Fn. 41. Noch anders *Göckeler* (Fn. 35) S. 195, der die Frage offen lässt, da der Gesellschafter zumindestens nicht Dritter iS des § 809 ZPO sei.

[110] So MünchKommZPO/*Heßler* § 736 RdNr. 39 und noch *Stein/Jonas/Münzberg* (21. Aufl.) § 736 ZPO RdNr. 7 (anders dann 22. Aufl. RdNr. 9).

[111] AA offenbar *Brehm* KTS 1983, 33.

[112] RGZ 78, 101, 105; BGH WM 1963, 729, 730; *Staudinger/Keßler* § 738 RdNr. 19; *Stein/Jonas/Schumann* (21. Aufl.) § 265 ZPO RdNr. 21; *Göckeler* (Fn. 35) S. 165 ff.

[113] So im Ergebnis auch *Heller* (Fn. 35) S. 196 f. und die Befürworter der Parteifähigkeit der GbR, vgl. MünchKommZPO/*Lüke* § 265 RdNr. 47.

[114] Dazu *Stein/Jonas/Schumann* (21. Aufl.) § 265 ZPO RdNr. 19; *Baumbach/Lauterbach/Albers/Hartmann* § 265 ZPO RdNr. 3.

[115] Die Unanwendbarkeit des § 265 ZPO im Fall einer Änderung der Prozessführungsbefugnis ist in der Rspr. anerkannt; vgl. zum Erlöschen der Prozessführungsbefugnis des Testamentsvollstreckers RGZ 155, 350, 353; zum früheren ehelichen Güterrecht BGHZ 1, 65, 67 f. = NJW 1951, 311. Vgl. auch *Rosenberg/Schwab/Gottwald* Zivilprozessrecht § 46 IV 3, S. 240 m. weit. Nachw.

[116] So im Ergebnis auch *Riegger,* Die Rechtsfolgen des Ausscheidens eines Gesellschafters aus einer zweigliedrigen Personalgesellschaft, 1969, S. 65 f., und *Heller* (Fn. 35) S. 196 f.

[117] In diesem Fall tritt Gesamtgeschäftsführungs- und Vertretungsbefugnis sämtlicher übrigen Gesellschafter ein (§ 710 RdNr. 5); die prozessualen Folgen bestimmen sich nach §§ 241, 246 ZPO (vgl. näher RdNr. 61).

[118] So *Riegger* (Fn. 116) S. 68 ff.

[119] Vgl. zur Kostentragung des verwalteten Sondervermögens im Falle der Prozessführung durch den Verwalter als Partei kraft Amtes *Stein/Jonas/Bork* (21. Aufl.) Vor § 91 ZPO RdNr. 23 m. weit. Nachw. sowie zum Testamentsvollstrecker 3. Aufl. § 2212 RdNr. 13.

61 **bb) Neueintritt.** Auch die Erweiterung der GbR durch Neueintritt eines weiteren Gesamthänders führt entsprechend der materiellrechtlichen An- und Abwachsung und ihrer Folgen für die Prozessführungsbefugnis zu einer *gesetzlichen Parteiänderung.* Einer Anwendung des § 265 Abs. 2 ZPO steht auch hier die unveränderte Sachlegitimation der Gesamthand entgegen.[120] Die prozessualen Folgen ergeben sich vielmehr aus der entsprechenden Anwendung der §§ 241, 246 ZPO.[121] Im Regelfall, in dem die am Gesamthandsprozess beteiligten Gesellschafter durch einen von den Geschäftführern bestellten Prozessbevollmächtigten vertreten werden, wird der Prozess nicht kraft Gesetzes unterbrochen; es besteht nur die Möglichkeit der antragsweisen **Aussetzung des Verfahrens** gemäß § 246 ZPO.[122] Entsprechendes gilt, wenn die Gesamthänder zwar nicht anwaltlich vertreten sind, aber ein oder mehrere Geschäftsführer der GbR den Prozess im Namen der Gesellschafter führen. Nur falls kein Anwalt bestellt war und in der betroffenen GbR mangels gesellschaftsvertraglicher Vertretungsregelung der Prozess von allen Gesellschaftern geführt wird, tritt bis zur Aufnahme des Prozesses durch den Neuen entsprechend § 241 ZPO eine Unterbrechung des Verfahrens ein. Während der Dauer der Unterbrechung sind Entscheidungen des Gerichts vorbehaltlich § 249 Abs. 3 ZPO unzulässig.[123]

62 Wird in den Fällen des § 246 ZPO **kein Aussetzungsantrag** gestellt, hat der Neueintritt auf die Fortsetzung des Rechtsstreits keinen Einfluss. Wird dem Gericht der Neueintritt des Gesellschafters mitgeteilt, so ist die *Parteibezeichnung* auf Antrag zu *berichtigen.*[124] Bleibt der Eintritt des neuen Gesellschafters dem Gericht unbekannt und erscheint dessen Name deshalb nicht im Rubrum des Urteils, wird die Wirkung des Urteils auch für und gegen den neueingetretenen Gesellschafter dadurch nicht berührt.[125] Die unrichtige Parteibezeichnung kann dadurch berichtigt werden, dass das Urteil analog § 727 ZPO auf den Neueingetretenen umgeschrieben wird (vgl. näher RdNr. 64); dass die Rechtsänderung bereits vor Urteilserlass eingetreten war, steht nicht entgegen.[126]

63 **cc) Gesellschafterwechsel.** Das Vorstehende gilt entsprechend im Fall des Gesellschafterwechsels, und zwar unabhängig davon, ob dieser auf einem Rechtsgeschäft mit den Mitgesellschaftern über Ausscheiden und Eintritt beruht (dazu § 719 RdNr. 17 f.) oder auf einer Anteilsübertragung zwischen bisherigem und neuem Gesellschafter (dazu § 719 RdNr. 20 ff.).[127] Auch die gleichzeitige Auswechslung sämtlicher Gesellschafter lässt die Identität der Gesamthand und ihre Sachlegitimation unberührt (vgl. auch § 719 RdNr. 26). Eine Anwendung des § 265 ZPO scheidet daher auch in diesem Fall aus.[128]

64 **b) Im Vollstreckungsverfahren.** Tritt die Änderung in der Zusammensetzung des Mitgliederkreises erst nach Erlass eines vollstreckbaren Urteils im *Gesamthandsprozess* ein, so hat das keine Auswirkungen auf die Vollstreckung in das Gesamthandsvermögen. Das *Ausscheiden* eines im Urteil genannten Gesellschafters ist ohnedies unschädlich. Entsprechendes gilt aber auch für den *Eintritt* eines neuen Gesellschafters im Hinblick auf die damit verbundene, durch

[120] AA *Göckeler* (Fn. 35) S. 169.

[121] Zust. *Heller* (Fn. 35) S. 200 f.; aA *Reichert,* Die BGB-Gesellschaft im Zivilprozess, 1988, S. 66 (gewillkürter Parteiwechsel analog § 264 ZPO). Zur entspr. Anwendung des § 241 ZPO in den Fällen des Verlusts der Prozessführungsbefugnis durch eine Partei kraft Amtes vgl. *Stein/Jonas/Roth* (21. Aufl.) § 241 ZPO RdNr. 9; *Zöller/Greger* (21. Aufl.) § 241 ZPO RdNr. 1 und *Rosenberg/Schwab/Gottwald* Zivilprozessrecht § 40 III 2 b und § 46 III 3, S. 203, 240, die auch eine analoge Anwendung von § 239 ZPO erwägen.

[122] So auch *Heller* (Fn. 35) S. 200. Zum Zweck des § 246 ZPO s. *Stein/Jonas/Roth* (21. Aufl.) § 246 ZPO RdNr. 1 f. und MünchKommZPO/*Feiber* § 246 RdNr. 1 f.

[123] Vgl. statt aller *Stein/Jonas/Roth* (21. Aufl.) § 249 ZPO RdNr. 23 f., 26 ff.; *Thomas/Putzo* § 249 ZPO RdNr. 8; MünchKommZPO/*Feiber* § 249 RdNr. 21 ff.

[124] BGH ZIP 1990, 715, 716; NJW 1997, 1236; 2000, 291, 292; allg. zur Berichtigung der Parteibezeichnung im Falle des gesetzlichen Parteiwechsels vgl. *Stein/Jonas/Roth* (21. Aufl.) § 246 ZPO RdNr. 11.

[125] Vgl. *Stein/Jonas/Roth* (21. Aufl.) § 246 ZPO RdNr. 2.

[126] *Stein/Jonas/Münzberg* (22. Aufl.) § 727 ZPO RdNr. 12; MünchKommZPO/*Wolfsteiner* § 727 RdNr. 9.

[127] *Heller* (Fn. 35) S. 201.

[128] Zweifelnd *Heller* (Fn. 35) S. 201 Fn. 48; aA *Göckeler* (Fn. 35) S. 169 f.

Ab- und Anwachsung eintretende Rechtsänderung (RdNr. 61).[129] Das gegen die Gesamthand ergangene Urteil bindet auch den neueingetretenen Gesellschafter als Mitglied der Gesamthand. Der **Vollstreckungstitel ist entsprechend § 727 ZPO umzuschreiben,**[130] und zwar unter Beschränkung auf das Gesellschaftsvermögen.[131] Dass der Gesellschafterwechsel nicht unter §§ 265, 325 ZPO fällt (RdNr. 60 ff.), steht der Anwendung des § 727 ZPO schon deshalb nicht entgegen, weil die Anwendungsbereiche der Vorschriften sich nicht notwendig decken.[132] – Kann der Gläubiger den Neueintritt nicht in der in § 727 ZPO vorgesehenen Weise nachweisen, muss er Klage gemäß § 731 ZPO erheben.

6. Rechtsformwechsel der Gesamthand. Die Änderung der Rechtsform einer GbR in eine Personenhandelsgesellschaft (OHG oder KG) oder eine Partnerschaft hat ebenso wie der umgekehrte Vorgang auf die materiellrechtliche Identität der Gesamthand keinen Einfluss; Gesellschafterbestand und Zuordnung des Gesamthandsvermögens bleiben von dem Rechtsformwechsel unberührt (vgl. Näheres in § 705 RdNr. 11 ff., 13). Im Prozess um Rechte und Verbindlichkeiten einer nicht selbst parteifähigen GbR kommt es dagegen wegen der nach § 124 Abs. 1 HGB iVm. § 7 Abs. 2 PartGG für OHG, KG und PartG zu bejahenden Parteifähigkeit zu einem **gesetzlichen Parteiwechsel.**[133] Dem ist durch *Berichtigung der Parteibezeichnung* (des Rubrums) Rechnung zu tragen.[134] Die fehlende Parteifähigkeit der GbR ohne Identitätsausstattung steht der Bezeichnungsänderung für die Fälle der Gesamthandsprozesse (RdNr. 50 f., 53) nicht entgegen.[135] Auf Klagen gegen die Gesellschafter persönlich (Gesamtschuldklagen) ist der Rechtsformwechsel der Gesamthand ohnedies ohne Einfluss; insoweit bedarf es daher auch keiner Anpassung der Parteibezeichnung. 65

Darüber, ob und wie der mit dem Rechtsformwechsel verbundene gesetzliche Parteiwechsel, wenn er im Prozess unbeachtet blieb oder erst nach Prozessende eintrat, für das **Vollstreckungsverfahren** berücksichtigt werden kann, gehen die Ansichten auseinander. Während der BGH in einem Sonderfall für die Wirksamkeit der Pfändung die bloße Auslegung des Vollstreckungstitels ausreichen ließ,[136] wird in Teilen der Literatur[137] die Umstellung des Titels in Form einer „Klarstellungsklausel" befürwortet, da die Voraussetzungen für eine Berichtigung des Urteils oder eine Umschreibung des Titels nach §§ 319, 727 ZPO regelmäßig nicht vorlägen. Ein Bedürfnis für einen derartigen außergesetzlichen Rechtsbehelf ist jedoch nicht ersichtlich. Dem Kläger bleibt es vielmehr unbenommen, eine *Urteilsberichtigung nach § 319 ZPO* zu betreiben, wenn während des Rechtsstreits ein Rechtsformwechsel eingetreten war und dieser von den Parteien vorgetragen wurde.[138] Unstreitig erfasst nämlich § 319 ZPO auch die Berichtigung von Parteibezeichnungen[139] und ist insoweit im Interesse der Prozessökonomie weit auszulegen.[140] Etwas anderes gilt, wenn die 66

[129] *Bettermann,* Die Vollstreckung des Zivilurteils in den Grenzen seiner Rechtskraft, 1948, S. 197 (betr. OHG); *Bruns/Peters,* Zwangsvollstreckungsrecht, 3. Aufl. 1987, S. 57.

[130] BGHZ 120, 387, 392 = NJW 1993, 1396; BGHZ 146, 341, 352 = NJW 2001, 1056; *Stein/Jonas/Münzberg* (22. Aufl.) § 736 ZPO RdNr. 4; *Göckeler* (Fn. 35) S. 170 f.; *Heller* (Fn. 35) S. 202 f. So für die Begründung oder Beendigung der Stellung als Partei kraft Amtes auch § 727 RdNr. 27, 30.

[131] So auch MünchKommZPO/*Heßler* § 736 RdNr. 20 f.; *Wieczorek* (2. Aufl.) § 736 ZPO Anm. A II; *Zöller/Stöber* (23. Aufl.) § 736 ZPO RdNr. 5.

[132] *Stein/Jonas/Münzberg* (22. Aufl.) § 727 ZPO RdNr. 4; *Baumgärtl* DB 1990, 1905; teilweise aA *Bettermann* (Fn. 130) S. 44 ff. und MünchKommZPO/*Wolfsteiner* § 727 RdNr. 2.

[133] So auch *Heller* (Fn. 35) S. 223; *Göckeler* (Fn. 35) S. 174 ff.; anders – für gewillkürten Parteiwechsel – *Reichert* (Fn. 121) S. 68 f.

[134] So für den Übergang von der Gesamthandsschuldklage zur Klage gegen die GbR auch BGH BB 2003, 438; offen lassend BGH NJW 2002, 3536, 3538; zur davon zu unterscheidenden irrtümlichen Verklagung einer parteifähigen GbR als Gesamthand der Gesellschafter (Parteiwechsel iS sachdienlicher Klageänderung) vgl. § 705 RdNr. 320 aE.

[135] Anders im Fall der Klage namens einer schon vor Klageerhebung in eine GbR umgewandelten ehemaligen KG, vgl. LG Regensburg WM 1979, 594.

[136] BGH LM § 705 Nr. 17 = NJW 1967, 821, 822.

[137] *Eickmann* Rpfleger 1970, 113, 115; *Noack* JR 1971, 225; *Schünemann* Grundprobleme S. 248 f.; wohl auch *Lindacher* ZZP 96 (1983), 497 f.

[138] Zust. *Heller* (Fn. 35) S. 221 f.; *Göckeler* (Fn. 35) S. 175 f.

[139] *Stein/Jonas/Leipold* (21. Aufl.) § 319 ZPO RdNr. 9; *Baumbach/Lauterbach/Albers/Hartmann* § 319 ZPO RdNr. 18. *Eickmann* (Fn. 137) verneint allerdings eine Unrichtigkeit des Urteilstenors; dies ist angesichts der falschen Rechtsformangabe unzutreffend.

[140] In diesem Sinne zB BGH JZ 1964, 591; NJW 1985, 742; *Thomas/Putzo* § 319 ZPO RdNr. 2;

Entscheidung mangels entsprechenden Parteivortrags „richtig" ergangen ist. Diesen Fällen kann indessen ebenso wie einer Umwandlung der Gesellschaft nach Erlass des Urteils durch *Umschreibung des Titels entsprechend § 727 ZPO* Rechnung getragen werden, soweit nicht bereits die Auslegung des Titels zur Feststellung des richtigen Vollstreckungsschuldners führt.[141]

§ 719 Gesamthänderische Bindung

(1) Ein Gesellschafter kann nicht über seinen Anteil an dem Gesellschaftsvermögen und an den einzelnen dazu gehörenden Gegenständen verfügen; er ist nicht berechtigt, Teilung zu verlangen.

(2) Gegen eine Forderung, die zum Gesellschaftsvermögen gehört, kann der Schuldner nicht eine ihm gegen einen einzelnen Gesellschafter zustehende Forderung aufrechnen.

Übersicht

	RdNr.
A. Die Regelungen des § 719	1–16
I. Normzweck	1–3
II. Die Verfügungsverbote des Abs. 1	4–11
1. Anteil am Gesellschaftsvermögen	4–7
2. Anteil an den einzelnen Vermögensgegenständen	8–11
III. Der Ausschluss des Teilungsanspruchs	12
IV. Die Aufrechnung bei Gesellschaftsforderungen	13–16
1. Der Aufrechnungsausschluss (Abs. 2)	13, 14
2. Unberührte Aufrechnungsbefugnisse	15, 16
B. Die Übertragung der Mitgliedschaft	17–60
I. Grundlagen	17–24
1. Ausscheiden und Eintritt	17–20
2. Verfügung über den Gesellschaftsanteil	21–23
3. Gang der Darstellung	24
II. Die Anteilsübertragung	25–39
1. Wesen	25, 26
2. Voraussetzungen	27–32
a) Zustimmung der Mitgesellschafter	27, 28
b) Einzelheiten	29–31
c) Sonstige Erfordernisse	32
3. Form	33–37
a) Grundsatz	33, 34
b) Ausnahmen	35–37
4. Vollzug und Wirkungen	38, 39
III. Rechtsstellung des Erwerbers	40–47
1. Grundsatz; Verwaltungsrechte	40, 41
2. Vermögensrechte und -pflichten	42–47
a) Überblick	42
b) Ansprüche des Veräußerers	43
c) Verbindlichkeiten	44–47
IV. Sonstige Verfügungen über den Anteil	48–60
1. Teilübertragung	48, 49
2. Nießbrauch	50
3. Verpfändung	51–58
a) Gegenstände	51
b) Voraussetzungen	52
c) Rechtsstellung des Pfandgläubigers	53–56
d) Verwertung des Gesellschaftsanteils	57, 58
4. Pfändung	59, 60

A. Die Regelungen des § 719

I. Normzweck

1 Die Verfügungsverbote des § 719 **Abs. 1** gehörten lange Zeit zu den umstrittensten Regelungen des Rechts nicht nur der GbR, sondern (über die Verweisung in § 105 Abs. 3 HGB) auch der Personenhandelsgesellschaften. Anlass des Streits war die Frage, ob und

Baumbach/Lauterbach/Albers/Hartmann § 319 ZPO RdNr. 12; einschränkend *Stein/Jonas/Leipold* (21. Aufl.) § 319 ZPO RdNr. 2.

[141] *Heller* (Fn. 35) S. 222 f. Anders für den Fall der Vollbeendigung der Gesellschaft, da die Titelumschreibung auf die (ehemaligen) Gesellschafter dazu führen würde, ihnen die persönlichen Einwendungen gegen den Gläubiger zu entziehen (OLG Hamm NJW 1979, 51).

inwieweit die Verbote auch die Übertragung des Gesellschaftsanteils erfassten und ob es vertretbar sei, von der ersten der beiden Verbotsalternativen Abweichungen zu gestatten, obwohl die zweite – wie allgemein anerkannt – zwingend ausgestaltet ist.[1] Demgegenüber wurde in dem Aufrechnungsverbot des **Abs. 2** angesichts der fehlenden Gegenseitigkeit der Forderungen zu Recht nur eine Klarstellung gesehen.

Inzwischen ist dank einiger grundlegender Untersuchungen,[2] die ihren Niederschlag in der höchstrichterlichen Rechtsprechung gefunden haben,[3] auch für Abs. 1 eine weitgehende Klärung eingetreten. So steht heute fest, dass die Verfügungsverbote des § 719 Abs. 1 sich entsprechend seinem Wortlaut darauf beschränken, im *1. Fall* den **unauflöslichen Zusammenhang zwischen Gesellschafterstellung und Gesamthandsberechtigung** zu betonen und im *2. Fall,* im Interesse der **Erhaltung des Gesellschaftsvermögens,** Eingriffen durch nicht verfügungsbefugte Gesellschafter vorzubeugen. Die Vorschrift dient damit der Absicherung des in § 718 gesetzlich verankerten Gesamthandsprinzips und spiegelt die *gemeinsame* Berechtigung aller Gesellschafter am Gesellschaftsvermögen wider (§ 718 RdNr. 2). Dadurch unterscheidet sie sich zugleich deutlich von dem auf die Mitgliedschaftsrechte der einzelnen Gesellschafter bezogenen grundsätzlichen Abtretungsverbot des § 717 S. 1 (§ 717 RdNr. 3). 2

Anerkannt ist heute auch, dass der **Gesellschafterwechsel durch Verfügung über die Mitgliedschaft** im Ganzen nicht unter § 719 Abs. 1 fällt, sondern sich mangels besonderer Regelung nach allgemeinen Grundsätzen richtet (RdNr. 21). Dabei ist im Einzelnen scharf zu unterscheiden zwischen den auf einer Vereinbarung mit den übrigen Gesellschaftern beruhenden, sich durch Ausscheiden und Eintritt vollziehenden Änderungen des Mitgliederkreises (RdNr. 17 ff.) und der Übertragung der Mitgliedschaft durch zweiseitigen Vertrag zwischen Veräußerer und Erwerber auf Grund genereller oder für den Einzelfall erteilter Zustimmung der Mitgesellschafter (RdNr. 21 ff.). 3

II. Die Verfügungsverbote des Abs. 1

1. Anteil am Gesellschaftsvermögen. Das Verbot, über den Anteil am Gesellschaftsvermögen iS von § 719 Abs. 1 1. Fall zu verfügen, bezieht sich nicht auf die Vermögensstellung des Gesellschafters, sondern auf seine **Gesamthandsbeteiligung.**[4] Diese steht ihm in seiner Eigenschaft *als Mitglied der Personenverbindung* unabhängig davon zu, wie hoch die kapital- oder stimmenmäßige Beteiligung des einzelnen Gesellschafters am Gesellschaftsvermögen ist, dh. welche Anteilsquote auf ihn entfällt (§ 718 RdNr. 6 f.). Dementsprechend ist auch eine Rechtsänderung hinsichtlich der Gesamthandsberechtigung der einzelnen Gesellschafter nicht möglicher Gegenstand von Rechtsgeschäften zwischen ihnen oder mit Dritten. Sie tritt vielmehr als notwendige *Folge eines Gesellschafterwechsels,* dh. im Wege der An- oder Abwachsung ein (§ 718 RdNr. 5). Aus diesem Grund, dh. wegen der untrennbaren Verbindung zwischen Mitgliedschaft und Gesamthandsbeteiligung (= Mitberechtigung an der Gesamtheit der der Gesellschaft zugeordneten Gegenstände),[5] kann der „Anteil am Gesellschaftsvermögen" nicht Gegenstand selbstständiger Verfügung sein (zu der davon scharf zu unterscheidenden Verfügung über den *Gesellschaftsanteil* vgl. RdNr. 21 ff.). 4

[1] Vgl. die Kritik an der früher hM bei *Wiedemann* Übertragung S. 31 f. und *U. Huber* Vermögensanteil S. 360.

[2] *Wiedemann* Übertragung S. 58 ff.; *U. Huber* Vermögensanteil S. 349 ff.; *Flume* I/1 § 17.

[3] So erstmals deutlich in BGHZ 44, 229, 231 = NJW 1966, 499; vgl. auch BGH NJW 1975, 166; noch auf den Gedanken einer Abweichung von § 719 Abs. 1 gestützt BGHZ 13, 179, 183 = NJW 1954, 1155.

[4] So zu Recht die heute hM, vgl. *Soergel/Hadding* RdNr. 2; *Flume* I/1 § 17 II S. 350 f.; *U. Huber* Vermögensanteil S. 360; *Wiedemann* Übertragung S. 31 f. und GesR I S. 256 f.; anders früher BGHZ 13, 179, 183 = NJW 1954, 1155; RGRK/*von Gamm* RdNr. 1; *Hueck* OHG § 27 II 2, S. 395 f.; auch in neuerer Zeit noch *Staudinger/Keßler* RdNr. 4 und *Weber-Grellet* AcP 182 (1982), 316, 325 f., 331 f.

[5] Krit. zu dieser Definition *Soergel/Hadding* RdNr. 5, der sie dahin missversteht, sie würde bei Forderungen zu einer Gläubigermehrheit von Gesellschaft und Gesellschaftern führen.

5 Das Verbot der Verfügung über die Gesamthandsberechtigung ist aus den in RdNr. 4 genannten Gründen **zwingender Natur.** Die früher[6] vielfach zum Beweis des Gegenteils angeführte Vorschrift des § 2033 Abs. 1, die die Verfügung über den Miterbenanteil gestattet, steht wegen der grundsätzlich anderen Struktur der Miterbengemeinschaft als einer reinen Vermögensgemeinschaft nicht entgegen. Sie beruht darauf, dass die Miterbengemeinschaft ohne vertragliche Grundlage entsteht und von Anfang an auf Auseinandersetzung angelegt ist.[7]

6 Die **Umdeutung** einer nichtigen Verfügung über den Anteil am Gesellschaftsvermögen in eine solche über die nach § 717 S. 2 selbstständig abtretbaren Rechte, gegebenenfalls auch in die Einräumung einer Unterbeteiligung am Gesellschaftsanteil (Vor § 705 RdNr. 92 ff.), ist möglich.[8] Demgegenüber kann von einer beabsichtigten Verfügung über den Vermögensanteil (die Vermögensrechte) im Allgemeinen nicht auf den Willen der Beteiligten geschlossen werden, die Mitgliedschaft im ganzen zu übertragen.[9]

7 Mit der Verfügung über den Anteil am Gesellschaftsvermögen iS der Gesamthandsberechtigung nicht zu verwechseln und vom Verbot des § 719 Abs. 1 (1. Fall) nicht erfasst ist die Verfügung über **einzelne Vermögensrechte.** Sie ist hinsichtlich des Anspruchs auf den Gewinn und das Auseinandersetzungsguthaben in § 717 S. 2 auch ohne Zustimmung der Mitgesellschafter zugelassen (näher dazu § 717 RdNr. 30 ff.). Demgegenüber sind der vereinzelt als besonderes Vermögensrecht behandelte *Vermögenswert der Beteiligung* (vgl. dazu § 705 RdNr. 188) sowie das sog. *Gewinnstammrecht* nicht von der Mitgliedschaft abspaltbar und damit als solche keiner Verfügung bzw. Pfändung zugänglich (§ 717 RdNr. 15). Vgl. auch § 705 RdNr. 107 f. betr. den Nießbrauch am Gesellschaftsanteil sowie § 725 RdNr. 8 ff. zur Pfändung der Mitgliedschaft.

8 **2. Anteil an den einzelnen Vermögensgegenständen.** Auch dieses in § 719 Abs. 1 2. Fall geregelte Verfügungsverbot ist **zwingender** Natur.[10] Das folgt nach zutreffender Ansicht[11] schon daraus, dass es derartige Einzelberechtigungen der Gesellschafter an den zum Gesamthandsvermögen gehörenden Gegenständen weder gibt noch geben kann. Im Unterschied zum Bruchteilseigentum, das ideelle Bruchteile der Teilhaber an dem ihnen gemeinschaftlich zustehenden Recht kennt und den Teilhabern nach § 747 die getrennte Verfügung hierüber gestattet, beruht das Gesamthandseigentum auf dem Prinzip der Zusammenfassung der in § 718 genannten Gegenstände zu einem *einheitlichen Sondervermögen* und seiner umfassenden Zuordnung zur Mitgliedergesamtheit oder Gruppe der Gesamthänder (§ 705 RdNr. 265). Für die Annahme von Anteilen der Gesamthänder an den einzelnen Gegenständen des Sondervermögens ist daher entgegen der missverständlichen Formulierung in §§ 719 Abs. 1 BGB, 859 Abs. 1 S. 2 ZPO kein Raum.[12] Dementsprechend ist es auch ausgeschlossen, den „Anteil" eines Gesellschafters an einem Gesellschaftsgrundstück mit einem Grundpfandrecht zu belasten[13] oder eine Gesamthandsforderung in Höhe des der jeweiligen Gesellschaftsbeteiligung entsprechenden Teils zum Gegenstand der Verfügung des Gesellschafters zu machen oder dem Vollstreckungszugriff seines Privatgläubigers zu unterwerfen.[14] Derartige

[6] Vgl. etwa BGHZ 13, 179, 183 = NJW 1954, 1155; RGRK/*von Gamm* RdNr. 1; so auch noch *Staudinger/Keßler* RdNr. 4.

[7] So zu Recht *U. Huber* Vermögensanteil S. 361; *Soergel/Hadding* RdNr. 3; vgl. auch *Wiedemann* Übertragung S. 58.

[8] So im Grundsatz auch *Staudinger/Keßler* RdNr. 7; RGRK/*von Gamm* RdNr. 5; *Hueck* OHG § 27 II 1; im Ergebnis auch *Soergel/Hadding* RdNr. 7, der dieses Ergebnis allerdings im Wege der Auslegung erzielen will.

[9] So aber offenbar *Hueck* OHG § 27 II 2, S. 395 f.

[10] Ganz hM, vgl. *Jauernig/Stürner* RdNr. 4; *Staudinger/Keßler* RdNr. 9; RGRK/*von Gamm* RdNr. 6; *Flume* I/1 § 17 II S. 351; *Wiedemann* GesR I S. 257; *K. Schmidt* GesR § 59 IV 2 a; im Ergebnis auch *Soergel/Hadding* RdNr. 7, der die Verfügungsbefugnis kraft Gesetzes für ausgeschlossen hält; aA *Weber-Grellet* AcP 182 (1982), 316, 331 auf Grund unzutr. Bejahung der Existenz von Anteilen der Gesellschafter an einzelnen Gegenständen des Gesamthandsvermögens.

[11] *Flume* I/1 § 17 II S. 351; vgl. auch die Nachw. in Fn. 12.

[12] *Soergel/Hadding* RdNr. 6; *Erman/Westermann* RdNr. 2; *K. Schmidt* GesR § 58 IV 2 a S. 1436; aA *Weber-Grellet* AcP 182 (1982), 316, 331.

[13] KGJ 24 (1902) Nr. 36 S. A 126 f.

[14] KG SeuffA 68 (1913) Nr. 8 (Pfändung des Anteils an einer Mietforderung); so auch *Staudinger/Keßler* RdNr. 9.

Verfügungen sind – wie für die Pfändung in § 859 Abs. 1 S. 2 ZPO ausdrücklich klargestellt ist – mangels Verfügungsobjekt rechtlich wirkungslos.

Nicht von § 719 Abs. 1 erfasst werden **Verfügungen über Gesamthandsgegenstände,** die *namens der Gesamthand* durch die hierfür zuständigen Organe (§ 714 RdNr. 13, 16) oder in deren Auftrag vorgenommen werden. Sie unterliegen als Rechtsgeschäfte der rechtsfähigen (Außen-)GbR den allgemeinen Grundsätzen; für eine vormundschaftsgerichtliche Genehmigung nach § 1821 ist auch dann kein Raum, wenn an der Gesellschaft Minderjährige beteiligt sind (str., vgl. § 705 RdNr. 70 aE). Die GbR kann insoweit auch einzelne Gegenstände des Gesamthandsvermögens entweder an die Gesellschafter oder auch an Dritte zu *Bruchteilen* übertragen mit diesen hieran eine Bruchteilsgemeinschaft bilden. Im letzten Fall gehört der auf die GbR entfallende Bruchteil wiederum zum Gesamthandsvermögen. – Von der Geschäftsverteilung in der GbR unberührt bleibt die Möglichkeit einer Verfügung des nichtberechtigten Gesellschafters über Gegenstände des Gesamthandsvermögens, die nach § 185 oder den Vorschriften über den gutgläubigen Erwerb Wirksamkeit erlangen kann. 9

Eine **Verfügungsberechtigung einzelner,** nicht selbst vertretungsberechtigter **Gesellschafter** über Gesamthandsgegenstände ist nur *ausnahmsweise* anzuerkennen, und zwar im Rahmen der *actio pro socio* (§ 705 RdNr. 204). Danach ist jeder Gesellschafter berechtigt, Sozialansprüche gegen Mitgesellschafter im eigenen Namen geltend zu machen. Er kann freilich Leistung nicht an sich, sondern nur an die Gesellschaft verlangen. 10

Die **Anwendbarkeit von § 432** mit ihrer weitergehenden Befugnis für die einzelnen Gesamtgläubiger wird für das Recht der GbR von der hM zu Recht **verneint,** weil insoweit den in der Gesamthand geltenden Geschäftsführungsregelungen Vorrang zukommt.[15] Eine Ausnahme lässt die BGH-Rechtsprechung für die GbR nur in denjenigen Sonderfällen zu, in denen ein nicht (allein) geschäftsführungsbefugter Gesellschafter wegen der besonderen Umstände des Falles ein überragendes Interesse an unmittelbarem Vorgehen gegen den Gesellschaftsschuldner hat, so entweder bei bewusstem gesellschaftswidrigem Zusammenwirken zwischen Geschäftsführer und Gesellschaftsschuldner,[16] oder wenn der Dritte von dem gesellschaftswidrigen Verhalten des Geschäftsführers wusste oder wissen musste.[17] 11

III. Der Ausschluss des Teilungsanspruchs

§ 719 Abs. 1 *3. Fall* schließt ausdrücklich das Recht des Gesellschafters aus, Teilung zu verlangen. Die Vorschrift beschränkt sich auf eine **Klarstellung** dahingehend, dass das für die Bruchteilsgemeinschaft in § 749 bzw. für die Miterbengemeinschaft in § 2042 zugelassene Recht jedes Teilhabers/Miterben, jederzeit die Aufhebung der Gemeinschaft verlangen zu können, für die Gesellschaft nicht gilt. Ein Anspruch auf Verteilung des Gesamthandsvermögens ist nur im Rahmen der Auseinandersetzung nach §§ 730 ff. vorgesehen. Er setzt die vorherige **Auflösung** der Gesellschaft voraus; sie kann im Rahmen des Kündigungsrechts nach § 723 Abs. 1 auch von den einzelnen Gesellschaftern herbeigeführt werden. Der Anwendungsbereich des § 719 Abs. 1 3. Fall beschränkt sich somit auf die *werbende* Gesellschaft. Auch insoweit steht er freilich einer einvernehmlichen Teilauseinandersetzung trotz Fortführung der Gesellschaft nicht entgegen, da die GbR im Unterschied zu den Kapitalge- 12

[15] St. Rspr., vgl. BGHZ 12, 308, 311 = NJW 1954, 1159 (m. Nachw. zur abw. RG-Praxis); BGHZ 17, 340, 346 = NJW 1955, 1393; BGHZ 39, 14, 15 = NJW 1963, 641; BGH WM 1979, 366; so auch *Wiedemann* GesR I S. 459; dazu auch § 432 RdNr. 7 und *Erman/Westermann* Vor § 420 RdNr. 10, jew. m. Lit.-Nachw.; aA *K. Schmidt* GesR § 21 IV 3 für Gesellschaften, in denen keine selbstständige, von den §§ 709, 714 abweichende Vertretungsorganisation besteht.

[16] BGHZ 17, 340, 347 = NJW 1955, 1393; BGHZ 39, 14, 20 = NJW 1963, 641; für generelle Unanwendbarkeit von § 432 bei *Personenhandelsgesellschaften* BGH LM HGB § 105 Nr. 31 = NJW 1973, 2198, 2199.

[17] BGHZ 102, 152, 155 = NJW 1988, 558; zust. *Grunewald* Gesellschafterklage S. 40 ff.; vgl. zu diesen Fällen näher § 705 RdNr. 206.

sellschaften keine zwingenden Vorschriften über die Kapitalerhaltung im Gläubigerinteresse kennt.[18]

IV. Die Aufrechnung bei Gesellschaftsforderungen

13 **1. Der Aufrechnungsausschluss (Abs. 2).** Nach § 719 Abs. 2 ausgeschlossen ist das Recht eines **Gesellschaftsschuldners,** gegen die Gesamthandsforderung mit einer ihm gegen einen Gesellschafter persönlich zustehenden Forderung aufzurechnen.[19] Das folgt wegen der notwendigen Unterscheidung zwischen Gesamthands- und Privatvermögen der Gesellschafter (§ 718 RdNr. 32 f.) bereits aus dem *Fehlen der* in § 387 als Aufrechnungsvoraussetzung genannten *Gegenseitigkeit* von Forderung und Schuld; die Vorschrift erklärt sich aus der Konzeption des ersten Entwurfs des BGB, in dem ein Gesamthandsvermögen der GbR noch nicht vorgesehen war. Auch § 719 Abs. 2 hat daher nur klarstellende Bedeutung. Der Aufrechnungsausschluss greift mangels Gegenseitigkeit selbst dann ein, wenn sich die Gegenforderung des Gesellschaftsschuldners zwar nicht gegen die Gesellschaft, wohl aber gegen *alle* Gesellschafter richtet.[20]

14 Auch der **Gesellschafter** selbst kann gegen eine persönliche Verbindlichkeit nicht mit einer der Gesellschaft zustehenden Forderung aufrechnen. Das ergibt sich unabhängig von der Frage seiner Verfügungsbefugnis über Gesamthandsgegenstände ebenfalls bereits aus § 387; es gilt daher auch für einen vertretungsberechtigten Gesellschafter.[21] Wohl aber kann ein Gesellschafter sich analog § 129 Abs. 3 HGB auf eine der Gesellschaft wegen einer Gegenforderung zustehende Aufrechnungsbefugnis berufen, wenn er von einem Gesellschaftsgläubiger im Rahmen seiner akzessorischen Haftung[22] auf Zahlung in Anspruch genommen wird.[23]

15 **2. Unberührte Aufrechnungsbefugnisse.** Durch § 719 Abs. 2 unberührt ist einerseits die Aufrechnungsbefugnis der **Gesellschaft** mit der gegen einen Gesellschaftsgläubiger gerichteten Gegenforderung. Auf eine Privatforderung eines Gesellschafters gegen den Gesellschaftsgläubiger kann sie sich allerdings trotz der akzessorischen Gesellschafterhaftung nicht berufen. Auch die Einrede der Aufrechenbarkeit ist ihr verwehrt; der Rechtsgedanke der §§ 129 Abs. 3 HGB, 770 Abs. 2 BGB kommt ihr nicht zugute, da Gesellschafter gegenüber der Gesellschaft zur Befriedigung des Gesellschaftsgläubigers nicht verpflichtet sind.

16 Der einzelne **Gesellschafter,** der von einem Gesellschaftsgläubiger im Rahmen seiner akzessorischen Mithaftung in Anspruch genommen wird, kann seinerseits die Aufrechnung mit einer gegen diesen gerichteten Privatforderung erklären.[24] Gleiches gilt umgekehrt für die Aufrechnung eines **Gesellschaftsgläubigers** gegenüber der Privatforderung eines Gesellschafters, da das Merkmal der Gegenseitigkeit angesichts der akzessorischen Gesellschafterhaftung regelmäßig erfüllt ist. § 719 Abs. 2 steht dieser Aufrechnung schon deshalb nicht entgegen, weil das Gesamthandsvermögen hierdurch nicht berührt wird; nach § 426 Abs. 2 tritt vielmehr nur ein Gläubigerwechsel ein.

[18] EinhM, vgl. nur *Erman/Westermann* RdNr. 5; *Soergel/Hadding* RdNr. 8.

[19] Für Verjährungsunterbrechung (heute: -hemmung) der im Prozess erklärten Aufrechnung nach § 209 Abs. 2 Nr. 3 aF (= § 204 Abs. 1 Nr. 3 n. F.) trotz des Aufrechnungshindernisses fehlender Gegenseitigkeit BGHZ 80, 222, 227 = NJW 1981, 1953; abl. *Tiedtke* BB 1981, 1920, 1923 f.

[20] So auch *Soergel/Hadding* RdNr. 9; aA RGRK/*von Gamm* RdNr. 11; nicht eindeutig *Staudinger/Keßler* RdNr. 12.

[21] *Soergel/Hadding* RdNr. 9; *Erman/Westermann* RdNr. 6; RGRK/*von Gamm* RdNr. 10 m. Rspr.-Nachw.

[22] Vgl. dazu § 714 RdNr. 33 f.

[23] So schon bisher hM, vgl. BGHZ 38, 122, 127 f. = NJW 1963, 244 (zur Erbengemeinschaft); *Soergel/Hadding* RdNr. 10; *Erman/Westermann* RdNr. 6; *Staudinger/Keßler* RdNr. 11. Zur analogen Anwendung von § 129 Abs. 3 HGB als Folge der Akzessorietätstheorie vgl. § 714 RdNr. 51.

[24] So schon bisher BGHZ 26, 241, 243 = NJW 1958, 666; RGRK/*von Gamm* RdNr. 11; *Soergel/Hadding* RdNr. 10; *Erman/Westermann* RdNr. 6.

B. Die Übertragung der Mitgliedschaft

I. Grundlagen

17 **1. Ausscheiden und Eintritt.** Ein Gesellschafterwechsel kann einerseits dadurch zustande kommen, dass ausscheidender und neueintretender Gesellschafter nacheinander oder gleichzeitig jeweils entsprechende **Vereinbarungen mit den übrigen Gesellschaftern** treffen (Theorie des *Doppelvertrags*).[25] Die Gesellschafter als „Herren der Gesellschaft" sind in der Entscheidung über Änderungen des Gesellschaftsvertrags grundsätzlich frei. Das gilt auch für die Ausgestaltung der personellen Zusammensetzung der Gesellschaft. Ob Ausscheiden und Neuaufnahme in einer einheitlichen Vertragsurkunde oder in zwei getrennten Verträgen vereinbart werden, ist ohne Belang. In jedem Fall handelt es sich sachlich um zwei zu unterscheidende Rechtsgeschäfte, die zwar grundsätzlich jeweils der Zustimmung aller verbleibenden Gesellschafter bedürfen (zur Möglichkeit von Mehrheitsklauseln vgl. § 709 RdNr. 93), nicht aber der Mitwirkung des jeweils anderen wirtschaftlich am Gesellschafterwechsel beteiligten, bisherigen bzw. künftigen Gesellschafters. Der „Übergang" der gesamthänderischen Berechtigung auf den Neueintretenden vollzieht sich im Wege der Anwachsung mit anschließender Abwachsung bei den Mitgesellschaftern (§ 718 RdNr. 5, 7 f.).

18 Zwischen dem ausscheidenden und dem neueintretenden Gesellschafter bestehen bei dieser Art des Gesellschafterwechsels im Regelfall **keine unmittelbaren gesellschaftsrechtlichen Beziehungen.** Auch soweit es zwischen ihnen zu unmittelbaren Vereinbarungen kommt, etwa über die Frage der Verrechnung von Abfindungsanspruch und Beitragsverpflichtung, sind diese doch nicht gesellschaftsvertraglicher Art. Der Abfindungsanspruch des Ausgeschiedenen richtet sich nur gegen die Gesellschaft und die übrigen Gesellschafter (vgl. § 738 RdNr. 16 f.); eine Haftung des Neueintretenden folgt allerdings aus analoger Anwendung des § 130 HGB.[26]

19 Aus dem Fehlen von Gesellschaftsbeziehungen zwischen Ausscheidendem und Neueintretendem folgt zugleich, dass ein Gesellschafterwechsel der hier genannten Art nur im Rahmen einer mehrgliedrigen Gesellschaft möglich ist. In einer **Zweipersonengesellschaft** führt er demgegenüber zumindest für eine logische Sekunde zum Verbleib nur eines Gesellschafters und damit zur Beendigung der Gesellschaft.[27] Dadurch verwandelt sich zugleich das Gesamthandseigentum in Alleineigentum des letzten Gesellschafters und muss auf rechtsgeschäftlichem Wege neu begründet werden (§ 718 RdNr. 7, 13). Um diese meist unerwünschte Folge zu vermeiden, bietet sich entweder der Weg der rechtsgeschäftlichen Anteilsübertragung an (RdNr. 21) oder derjenige der Aufnahme des Neueintretenden vor dem Zeitpunkt des Ausscheidens des nicht fortsetzungsbereiten Gesellschafters.

20 Einen insbes. bei *Publikums-Personengesellschaften* begegnenden Sonderfall des Neueintritts zusätzlicher Gesellschafter (ohne in sachlichem und/oder zeitlichem Zusammenhang damit stehendem Ausscheiden anderer) bildet die **Aufnahme durch Vertrag mit der GbR** (bzw. OHG oder KG), vertreten durch ihre Geschäftsführer. Sie ist in der höchstrichterlichen Rechtsprechung seit langem zugelassen worden, wenn der Gesellschaftsvertrag eine entsprechende Regelung enthält.[28] Die *Rechtsfolgen* einer derartigen „organisationsrechtlichen Ge-

[25] EinhM, vgl. BGHZ 44, 229, 231 = NJW 1966, 499; BGH NJW 1975, 166, 167; *Soergel/Hadding* RdNr. 11; dazu eingehend *U. Huber* Vermögensanteil S. 354 ff. m. weit. Nachw.

[26] Vgl. dazu § 714 RdNr. 72 f.

[27] *Soergel/Hadding* RdNr. 11; *Staub/Habersack* HGB § 130 RdNr. 6; *Staub/Ulmer* HGB § 105 RdNr. 303. Zu den Grunderwerbsteuerfolgen der vorübergehenden Beendigung vgl. BFH NJW 1979, 1000.

[28] Vgl. BGHZ 63, 338, 345 = NJW 1975, 1022, 1024; BGH WM 1976, 15, 16; 1983, 118, 120; 1985, 125, 126; BayObLG ZIP 2001, 1812, 1813 (jew. Publikums-KG); zust. MünchKommHGB/*Grunewald* § 161 RdNr. 132; *Staub/Schilling* HGB Anh. § 161 RdNr. 10; *Baumbach/Hopt* HGB Anh. § 177 a RdNr. 57; *Wiedemann* ZGR 1996, 286, 296 (einhM).

staltung des Neueintritts"[29] für die neuentstehende Mitgliedschaft entsprechen im Ergebnis denjenigen eines Aufnahmevertrags mit den schon vorhandenen Gesellschaftern. Der Eintretende erwirbt einen Gesellschaftsanteil in Höhe der vereinbarten Beteiligungsquote, er wird Vertragspartner der Mitgesellschafter und tritt im Wege der An- und Abwachsung in die Gesamthänderstellung ein. Als Minderjähriger bedarf er der Genehmigung des Vormundschaftsgerichts (§§ 1643, 1822 Nr. 3). Verpflichtet er sich zur Einbringung von Grundbesitz oder GmbH-Anteilen, ist der Aufnahmevertrag formbedürftig nach § 311 b Abs. 1 BGB oder § 15 Abs. 4 GmbHG. Demgegenüber zeigen sich *Unterschiede* mit Rücksicht auf die organisationsrechtliche Gestaltung darin, dass die an den Verhandlungen unbeteiligten Mitgesellschafter – vorbehaltlich der ggf. abdingbaren (§ 714 RdNr. 62, 67) akzessorischen Gesellschafterhaftung – nicht nach § 278 für Verschulden der Geschäftsführer bei den Vertragsverhandlungen haften[30] und dass eine auf Änderungen des Gesellschaftsvertrags bezogene Schriftformklausel sich nicht ohne weiteres auf den Aufnahmevertrag erstreckt.[31]

21 **2. Verfügung über den Gesellschaftsanteil.** Eine zweite, vom jeweils getrennten rechtsgeschäftlichen Ausscheiden und Eintritt (RdNr. 17) scharf zu unterscheidende Art des Gesellschafterwechsels vollzieht sich in der Form der **Anteilsübertragung** zwischen ausscheidendem und neueintretendem Gesellschafter.[32] Ihre Zulässigkeit bei Zustimmung der Mitgesellschafter steht heute außer Streit. Auch wird die früher verbreitete Ansicht, es handele sich um eine zulässige Abweichung von dem als dispositiv verstandenen Verbot des § 719 Abs. 1 (1. Fall), über den Anteil am Gesellschaftsvermögen zu verfügen, aus heutiger Sicht nicht mehr vertreten.[33]

22 Ausgehend vom klassischen Verständnis der GbR als eines um Organisationselemente erweiterten Schuldvertrags schien es nahe liegend, die mit Zustimmung der Mitgesellschafter zwischen Veräußerer und Erwerber vereinbarte Anteilsübertragung einzuordnen als Verfügung über eine *Vertragsposition,* dh. über den Inbegriff der aus der Stellung des Mitglieds als Vertragspartner fließenden Rechte und Pflichten.[34] Eine solche Betrachtung würde freilich der heute jedenfalls bei rechtsfähigen Außengesellschaften eingetretenen Verselbständigung der Gesellschaft gegenüber ihren Mitgliedern (§ 705 RdNr. 296 ff., 303 ff.) und der Anerkennung der Mitgliedschaft als subjektives Recht (§ 705 RdNr. 180) nicht gerecht. Vielmehr ist die Veräußerung des Gesellschaftsanteils als **Rechtsgeschäft über ein selbständiger Verfügung fähiges Recht** zu beurteilen.[35] Der Gesellschaftsanteil der Personengesellschaften nähert sich bei dieser Betrachtung dem Geschäftsanteil der GmbH, ohne dass es für die rechtliche Zulassung der Anteilsübertragung einer Analogie zu § 15 GmbHG bedarf.[36]

[29] So treffend *Wiedemann* ZGR 1996, 296 f.

[30] St. Rspr. seit BGH NJW 1973, 1604; vgl. BGHZ 71, 284, 286 = NJW 1978, 1625; BGH WM 1984, 1529, 1530; NJW 1985, 380; ZIP 1987, 912, 913; *Wiedemann* ZGR 1996, 297 f.; einschr. MünchKommHGB/*Grunewald* § 161 RdNr. 135 f.

[31] So zutr. *Wiedemann* ZGR 1996, 298.

[32] So in der Rspr. erstmals RG DNotZ 1944, 195 = WM 1964, 1130 für den Übergang einer Kommanditbeteiligung unter Vermeidung der Haftungsfolgen aus § 172 Abs. 4 HGB. Ebenso die heute ganz hM (vgl. Nachw. in Fn. 35).

[33] Anders noch die in Fn. 4 zitierten Gegenstimmen.

[34] Dazu allg. *Pieper,* Vertragsübernahme und Vertragsbeitritt, 1963, insbes. S. 210 ff.; speziell für den Gesellschafterwechsel *U. Huber* Vermögensanteil S. 363 ff.; vgl. auch § 398 RdNr. 4 ff.

[35] So auch die heute ganz hM, vgl. BGHZ 81, 82, 84 = NJW 1981, 2747; BGHZ 71, 296, 299 = NJW 1978, 1525; BGHZ 44, 229, 231 = NJW 1966, 499; *Wiedemann* Übertragung S. 58 ff. und GesR I S. 257; *U. Huber* Vermögensanteil S. 358 ff., 369 ff., *Flume* I/1 § 17 II S. 349 ff.; *Jauernig/Stürner* RdNr. 7; *Erman/Westermann* RdNr. 7; *Staub/Ulmer* HGB § 105 RdNr. 302; *Lutter* AcP 180 (1980), 84, 98 f.; nicht eindeutig *Hueck* OHG § 27 II S. 395 f., 398; einschr. noch *Soergel/Hadding* RdNr. 14 und *Hadding,* FS Reinhardt, 1972, S. 249, 257, der die Mitgliedschaft nicht als verfügungsfähiges subjektives Recht anerkennt und stattdessen von der Globalübertragung eines Inbegriffs von Rechten ausgeht.

[36] So zu Recht *Flume* I/1 § 17 II S. 351 gegen *U. Huber* Vermögensanteil S. 369 ff., 387. Für eine von der jeweiligen Verbands- oder Gesellschaftsart unabhängige, einheitliche rechtliche Struktur der Mitgliedschaft und deren Übertragbarkeit *Lutter* AcP 180 (1980), 84, 101, 155.

Die *Unterscheidung zwischen Doppelvertrag und Anteilsübertragung* als zwei rechtlich unterschiedlichen Formen des Gesellschafterwechsels ist nicht nur theoretischer Natur, sondern hat eine Reihe **praktischer Auswirkungen.**[37] So ist die von der heute ganz hM anerkannte gleichzeitige Auswechslung sämtlicher Gesellschafter unter Aufrechterhaltung der Gesellschaftsidentität[38] nur auf der Basis der Anteilsübertragung möglich (RdNr. 26), nicht dagegen auf Grund eines Doppelvertrags mit Ausscheidendem und Eintretendem; Gleiches gilt für den Gesellschafterwechsel im Rahmen einer Zweipersonengesellschaft (RdNr. 19). Auch sind die Bestellung eines Nießbrauchs am Gesellschaftsanteil (§ 705 RdNr. 94 ff.) oder dessen Verpfändung (RdNr. 51 ff.) nur möglich, wenn der Anteil ein übertragbares Recht bildet (§§ 1069 Abs. 2, 1274 Abs. 2). 23

3. Gang der Darstellung. Im Folgenden (RdNr. 25 ff.) ist vor allem auf **Voraussetzungen und Rechtsfolgen der Anteilsübertragung** als eines gesetzlich nicht besonders geregelten, *zahlreiche Rechtsfragen* aufwerfenden Instituts einzugehen. Demgegenüber geht es im Fall eines Gesellschafterwechsels, der durch Doppelvertrag mit Ausscheidendem und Neueintretendem zustande kommt, in erster Linie um Fragen der Vertragsauslegung. Insoweit kann auf die allgemeinen Grundsätze verwiesen werden. 24

II. Die Anteilsübertragung

1. Wesen. Der Gesellschafterwechsel durch Anteilsübertragung unterscheidet sich vom Ausscheiden und Neueintritt kraft Doppelvertrag dadurch, dass er auf einer unmittelbaren Rechtsbeziehung zwischen Anteilsveräußerer und -erwerber beruht, ohne den Anteil als solchen zu verändern (RdNr. 21 f.); auch tritt in diesen Fällen *keine An- oder Abwachsung* ein. Die Verfügung bedarf zwar der Zustimmung der Mitgesellschafter (RdNr. 27 ff.), doch werden diese dadurch nicht Partner des Veräußerungsvertrags. Wohl aber besteht die Wirkung der Verfügung darin, dass der Erwerber anstelle des Veräußerers seinerseits in den im Übrigen grundsätzlich unverändert fortbestehenden Gesellschaftsvertrag eintritt. Daher unterscheidet sich auch die *Rechtsstellung des Erwerbers* regelmäßig nicht von derjenigen des Veräußerers (RdNr. 40), während beim Gesellschafterwechsel durch Doppelvertrag hierüber nicht selten abweichende Vereinbarungen mit dem Neueintretenden getroffen werden. Ein *Abfindungsanspruch* des Anteilsveräußerers kommt abweichend von §§ 738 bis 740 wegen der Rechtsnachfolge des Erwerbers in den Anteil nicht zur Entstehung (§ 738 RdNr. 14). 25

Die mit der Anteilsübertragung erreichte weitgehende Verselbständigung der Mitgliedschaft gegenüber der Stellung des Gesellschafters als Partner des Gesellschaftsvertrags ermöglicht sogar die vollständige und **gleichzeitige Auswechslung aller Mitglieder** unter Wahrung der Identität der Personengesellschaft und unter Aufrechterhaltung des ihr zugeordneten Gesamthandsvermögens. Sie ist höchstrichterlich zu Recht anerkannt worden.[39] In der Konsequenz dieser Rechtsprechung liegt es, auch die gleichzeitige **Übertragung aller Anteile auf einen Erwerber**[40] sowie diejenige von einem Mitgesellschafter auf den anderen zuzulassen, auch wenn der Erwerber der Letzte verbleibende Gesellschafter ist.[41] In beiden Fällen wird die *Gesellschaft infolge der Anteilsvereinigung ohne Liquidation beendet,* das Gesamthandseigentum wird durch Anwachsung zu Alleineigentum des Anteilserwerbers, ohne dass es dazu einer Verfügung über die einzelnen Vermögensgegenstände bedarf.[42] Übertragen alle Gesellschafter einer KG ihre Anteile auf eine personenidentische GbR, so führt das zur 26

[37] Vgl. auch *Flume* I/1 § 17 V S. 358; *Wiedemann* Übertragung S. 52.

[38] BGHZ 44, 229, 231 = NJW 1966, 499; *Staub/Ulmer* HGB § 105 RdNr. 303; weit. Nachw. in Fn. 39.

[39] BGHZ 44, 229, 231 = NJW 1966, 499; zust. *Soergel/Hadding* RdNr. 11; *Staudinger/Keßler* RdNr. 4; *RGRK/von Gamm* RdNr. 2; *Flume* I/1 § 17 V S. 358; *Hueck* OHG § 27 II 5 S. 399; vgl. auch *Müller-Laube,* FS E. Wolf, 1985, S. 501, 513 ff.

[40] *U. Huber* Vermögensanteil S. 406 f.; *Soergel/Hadding* RdNr. 11; *Staub/Ulmer* HGB § 105 RdNr. 303. So für KG-Anteile und ihre Übertragung auf eine GmbH auch BGHZ 71, 296, 299 = NJW 1978, 1525; bestätigt durch BGH WM 1979, 249 f. (Übertragung auf eine KG).

[41] *Flume* I/1 § 17 VIII S. 373 f.; *Staub/Ulmer* HGB § 105 RdNr. 303; *Soergel/Hadding* RdNr. 11.

[42] BGHZ 71, 296, 297 = NJW 1978, 1525; BGH WM 1979, 249 f.; OLG Düsseldorf Rpfleger 1999,

Verschmelzung von GbR- und KG-Vermögen. Zugleich wandelt sich die GbR in eine Handelsgesellschaft um; zur Umwandlung in eine KG unter Vermeidung der OHG bedarf es allerdings einer wirksamen Haftungsbeschränkung bei einem Teil der bisherigen GbR-Gesellschafter gem. §§ 172, 176 HGB auf Grund entsprechender Vereinbarung im Gesellschaftsvertrag.[43] – Die Übertragung von mindestens 95% der Anteile an einer Gesellschaft mit Grundbesitz sowie die Verpflichtung hierzu sowie die Vereinigung von mindestens 95% der Anteile in einer Hand machen den Vorgang nach § 1 Abs. 3 GrEStG *grunderwerbsteuerpflichtig.*[44]

27 **2. Voraussetzungen. a) Zustimmung der Mitgesellschafter.** Wichtigste Voraussetzung für die Wirksamkeit der Anteilsübertragung ist die *Zustimmung aller Mitgesellschafter* zum Verfügungsgeschäft zwischen Veräußerer und Erwerber.[45] Das folgt entgegen der früher hM nicht aus dem Verfügungsverbot des § 719 Abs. 1 (RdNr. 3), sondern aus dem höchstpersönlichen Charakter des Zusammenschlusses der Mitglieder einer Personengesellschaft.[46] Das Zustimmungserfordernis bezieht sich nur auf das Verfügungsgeschäft, nicht dagegen auf die Verpflichtung des bisherigen Gesellschafters zur Anteilsveräußerung.[47] Die Zustimmung kann in genereller Form schon im *Gesellschaftsvertrag* selbst erteilt sein;[48] sie kann – als Genehmigung (§ 184) – auch nachträglich *ad hoc* erklärt werden.[49]

28 **Mehrheitsklauseln** betr. die Zustimmung zur Anteilsübertragung sind grundsätzlich zulässig. Sie bedürfen aber angesichts der damit verbundenen Abweichung vom Charakter des höchstpersönlichen Zusammenschlusses im Regelfall einer eindeutig auch auf den Mitgliederwechsel bezogenen Ermächtigung der Mehrheit im Gesellschaftsvertrag.[50] Eine nähere Eingrenzung des potentiellen Erwerberkreises ist, vorbehaltlich der Fälle, in denen die Anteilsübertragung ausnahmsweise einen Kernbereichseingriff darstellt (vgl. dazu näher § 709 RdNr. 93), nicht erforderlich.

29 **b) Einzelheiten.** Bis zur Erteilung der Zustimmung ist die Anteilsübertragung *schwebend unwirksam;*[51] wird sie auch nur von einem Mitgesellschafter definitiv verweigert, tritt endgültige Unwirksamkeit ein.[52] Die Geschäftsführer sind für die Erteilung der Zustimmung nur zuständig, wenn sie hierzu im Gesellschaftsvertrag oder durch Gesellschafterbeschluss ermächtigt worden sind.[53] Der *Gesellschaftsvertrag* kann anstelle genereller oder auf bestimmte Erwerber beschränkter Zulassung der Übertragbarkeit dem Veräußerer auch einen Anspruch auf Zustimmung gewähren oder die generell erteilte Zustimmung unter den Vorbehalt des Widerrufs aus wichtigem Grund stellen.[54] Die Zustimmung zur Anteilsübertragung kann sich auch ohne ausdrückliche Erklärung aus den Umständen ergeben. Mangels abweichender Bestimmung erstreckt sich die *Zustimmung zur sicherungsbedingten Anteilsübertragung* auch

70; zust. *Soergel/Hadding* RdNr. 11; aA noch OLG Zweibrücken OLGZ 1975, 405.

[43] BGH NJW-RR 1990, 798, 799.

[44] So § 1 Abs. 3 GrEStG (Fassung 2000; vgl. dazu den gleich lautenden Länder-Erlass NJW 2000, 2005 f.); vgl. zur ähnlichen Rechtslage schon seit 1997 näher *Ulmer/Löbbe* DNotZ 1998, 711, 722 ff.

[45] EinhM, vgl. *Soergel/Hadding* RdNr. 14; *Erman/Westermann* RdNr. 8; *K. Schmidt* GesR § 45 III 2 d; *Staudinger/Keßler* RdNr. 4; dazu eingehend schon *Wiedemann* Übertragung S. 58, 61 f.; *U. Huber* Vermögensanteil S. 353, 369 f., 388 f.

[46] So zu Recht *Flume* I/1 § 17 II S. 352; vgl. auch schon *Wiedemann* Übertragung S. 58; *U. Huber* Vermögensanteil S. 388; aA *Soergel/Hadding* RdNr. 14, der dies aus den Voraussetzungen für eine Vertragsübernahme ableitet.

[47] BGH BB 1958, 57; WM 1961, 303, 304.

[48] EinhM, vgl. BGHZ 13, 179, 184 = NJW 1954, 1155; *Erman/Westermann* RdNr. 8; *Soergel/Hadding* RdNr. 14; *K. Schmidt* GesR § 45 III 2 d; *Staudinger/Keßler* RdNr. 4 und § 736 RdNr. 14 m. Nachw.

[49] AA – keine Rückwirkung der Genehmigung nach § 184 – *Soergel/Hadding* RdNr. 14.

[50] So wohl auch BGH WM 1961, 303, 304; *Jauernig/Stürner* RdNr. 8; *Schlegelberger/K. Schmidt* HGB § 105 RdNr. 194.

[51] BGHZ 13, 179, 185 f. = NJW 1954, 1155 unter Aufgabe der abw., relative Unwirksamkeit iS von § 135 bejahenden Praxis des RG (RGZ 92, 398, 400; 93, 292, 294); zust. *Soergel/Hadding* RdNr. 15; *Erman/Westermann* RdNr. 9.

[52] BGHZ 13, 179, 187 = NJW 1954, 1155; BGH WM 1964, 878, 879; *Soergel/Hadding* RdNr. 15; *Erman/Westermann* RdNr. 9; *Schlegelberger/K. Schmidt* HGB § 105 RdNr. 193.

[53] So auch *Erman/Westermann* RdNr. 9; *Soergel/Hadding* RdNr. 15; vgl. auch *Wiedemann* ZGR 1996, 297 f. (Neueintritt).

[54] BGH WM 1968, 303, 305; 1961, 303, 304; vgl. auch RGRK/*von Gamm* RdNr. 2; *Wiedemann* Übertragung S. 61 ff.; *Erman/Westermann* RdNr. 8.

auf die Rückübertragung des Anteils an den Sicherungsgeber nach Erreichung des Sicherungszwecks; insoweit ist sie mit Rücksicht auf den treuhänderischen, nur vorübergehenden Charakter der Sicherungsabtretung des Anteils unwiderruflich, wenn die Mitgesellschafter ihre Zustimmung zur Sicherungsübertragung nicht entsprechend einschränken.[55]

Die Übertragung des Anteils ist **unwirksam,** wenn die im Voraus erteilte Zustimmung der Mitgesellschafter vor der Übertragung wirksam **widerrufen** worden ist.[56] Ohne Widerrufsvorbehalt sind die einzelnen Gesellschafter an ihre Zustimmungserklärung so lange gebunden, als der Zustimmungsbeschluss noch wirksam gefasst werden kann.[57] Im Übrigen muss der Anteilsveräußerer die allgemeinen gesellschaftsrechtlichen Schranken der Rechtsausübung, darunter namentlich die **Treupflicht,** beachten. Eine Anteilsübertragung ist daher auch dann unwirksam, wenn die Mitgliedschaft des Erwerbers den Mitgesellschaftern unzumutbar ist.[58] Das ist im Regelfall anzunehmen, wenn beim Erwerber ein wichtiger Grund zum Ausschluss nach § 737 gegeben ist.[59] Ist nach dem Gesellschaftsvertrag der Anteil an Mitgesellschafter ohne Zustimmung übertragbar, so ist die Übertragung auch dann unwirksam, wenn der Erwerber bereits Gesellschafter war und seinen bisherigen Anteil gekündigt hatte. Andernfalls würden die Kündigungsfristen umgangen, da eine Aufspaltung des neuen, einheitlichen Anteils in einen gekündigten und einen nichtgekündigten Anteil ausscheidet.[60] 30

Ist eine **andere Gesellschaft** (Personen- oder Kapitalgesellschaft) **Gesellschafterin einer GbR,** so bedarf die *Übertragung der Anteile jener Gesellschaft* im Zweifel nicht der Zustimmung der GbR-Mitgesellschafter. Gesellschafterin der GbR bleibt in diesen Fällen die andere Gesellschaft; ihre Mitgliedstellung in der GbR wird durch Veränderungen in ihrem Gesellschafterkreis formell nicht berührt. Werden allerdings sämtliche Anteile oder die Anteilsmehrheit der anderen Gesellschaft übertragen und tritt dadurch mittelbar ein Gesellschafterwechsel bei der GbR ein, so kann dieser Umstand den übrigen Gesellschaftern ein Recht zur Ausschließung der anderen Gesellschaft nach § 737 oder zur Kündigung aus wichtigem Grund geben (vgl. auch *Liebscher* ZIP 2003, 825 ff. Zur Umgehung von Vinkulierungsklauseln im GmbH-Recht). Beschränkt sich der Zweck der anderen Gesellschaft im Wesentlichen auf das Halten der GbR-Beteiligung, so kommt ausnahmsweise auch eine Bindung der Übertragung der an ihr bestehenden Anteile im Durchgriffswege an die Zustimmung der GbR-Gesellschafter in Betracht. 31

c) Sonstige Erfordernisse. Sonstige generelle Wirksamkeitsvoraussetzungen bestehen nicht. Versteht man die Anteilsübertragung als Verfügung über eine Vertragsposition (RdNr. 22), so ist es auch nicht notwendig, auf das Vorliegen eines Gesamthandsvermögens abzustellen;[61] mit Zustimmung der Mitgesellschafter können vielmehr auch *Beteiligungen an Innengesellschaften ieS* (§ 705 RdNr. 282) übertragen werden, darunter auch stille Beteiligungen.[62] Wohl aber kann sich im Einzelfall entsprechend den allgemein für die Beteiligung an einer GbR geltenden Grundsätzen die Notwendigkeit ergeben, nach **§§ 1643, 1822 Nr. 3** die Genehmigung des Vormundschaftsgerichts zum Beitritt oder Ausscheiden nicht voll Geschäftsfähiger bzw. nach **§ 1365** die Einwilligung des anderen Ehegatten zum Beitritt 32

[55] BGHZ 77, 392, 395 ff. = NJW 1980, 2708; zur Frage eines Rechts zum Widerruf aus wichtigem Grund bei unwiderruflich erteilter Zustimmung vgl. BGH (aaO) S. 397 ff. (in concreto aus Vertrauensschutzgründen verneinend).

[56] BGHZ 77, 392, 396 = NJW 1980, 2708; zust. *Erman/Westermann* RdNr. 9.

[57] BGH NJW-RR 1990, 798, 799 f.; vgl. auch § 709 RdNr. 75.

[58] So BGH ZIP 1982, 309, 310 betr. die Anteilsübertragung auf einen Wettbewerber der Gesellschaft trotz eines gesellschaftsvertraglichen Wettbewerbsverbots; *Soergel/Hadding* RdNr. 15; *Erman/Westermann* RdNr. 9.

[59] BGH ZIP 1982, 309, 310; *Soergel/Hadding* RdNr. 15; so wohl auch *Wiedemann* Übertragung S. 58. Für geringere Anforderungen an das Vorliegen des wichtigen Grundes in den Fällen einer Zustimmung mit Widerrufsvorbehalt BGH WM 1961, 303, 305.

[60] BGH NJW-RR 1989, 1259, 1260; zust. *Erman/Westermann* RdNr. 8; zur grds. Einheitlichkeit der Beteiligung an einer Personengesellschaft vgl. § 705 RdNr. 181 ff.

[61] So aber *U. Huber* Vermögensanteil S. 387 f.; dagegen zu Recht *Flume* I/1 § 17 II S. 351.

[62] *Flume* (Fn. 61); *Blaurock,* Handbuch der stillen Gesellschaft, 5. Aufl. 1998, RdNr. 519 ff.

oder Ausscheiden eines im gesetzlichen Güterstand lebenden, über sein gesamtes Vermögen verfügenden Ehegatten einzuholen (§ 705 RdNr. 70, 73).

33 **3. Form. a) Grundsatz.** Eine besondere Form für die **Anteilsübertragung** als Verfügungsgeschäft iS von § 413[63] oder für das Verpflichtungsgeschäft hierzu ist *nicht* erforderlich.[64] Das gilt grundsätzlich auch dann, wenn zum Gesellschaftsvermögen Gegenstände gehören, bei denen die Übertragung oder die hierauf gerichtete Verpflichtung, wie bei *Grundstücken oder GmbH-Anteilen* (§§ 311 b Abs. 1 S. 1, 925 BGB, §§ 15 Abs. 3, 4 S. 1 GmbHG), für sich genommen formbedürftig ist. Denn Gegenstand der Veräußerung ist nicht eine Beteiligung des veräußernden Gesellschafters an Gegenständen des Gesamthandsvermögens, sondern die Mitgliedschaft als solche (vgl. auch § 705 RdNr. 36). Dementsprechend richtet sich auch das der Anteilsübertragung zu Grunde liegende Verpflichtungsgeschäft nicht auf die Übertragung von Gegenständen des Gesamthandsvermögens; die Änderung in der gesamthänderischen Mitberechtigung am Gesellschaftsvermögen tritt ohne weiteres als gesetzliche *Folge* der Anteilsübertragung ein.[65] Die **Formfreiheit** ist grundsätzlich unabhängig von der Zahl der übertragenen Anteile und ihrer Erwerber; sie besteht im Regelfall auch dann, wenn sämtliche Anteile auf mehrere oder auch nur auf einen Erwerber übertragen werden sollen.[66] Dass in derartigen Fällen bei Sachmängeln an Gegenständen des Gesellschaftsvermögens kaufrechtliche Gewährleistungsvorschriften auf die Anteilsveräußerung Anwendung finden,[67] steht dieser Beurteilung wegen des unterschiedlichen Regelungszwecks der genannten Vorschriften nicht entgegen.

34 Ist die Anteilsübertragung Gegenstand einer **Schenkung,** dh. der in Zuwendungsabsicht zu bewirkenden *unentgeltlichen Verfügung* eines Gesellschafters über seinen Gesellschaftsanteil oder über Teile davon zugunsten eines Mitgesellschafters oder Dritten,[68] so stellt sich die Frage nach dem Formerfordernis des iS von **§ 518 Abs. 1 S. 1** für das Schenkungsversprechen. Da insoweit Schenkungsabrede und Anteilsübertragung typischerweise zusammenfallen, dh. es alsbald zum *Schenkungsvollzug* kommt, so wird der Mangel der notariellen Form nach § 518 Abs. 2 in aller Regel alsbald geheilt; die Einhaltung der Form wird dadurch gegenstandslos.[69] Das gilt jedenfalls dann, wenn die Anteilsübertragung entweder im Gesellschaftsvertrag zugelassen ist oder die Mitgesellschafter ihr zugestimmt haben, da sie andernfalls schwebend unwirksam, dh. noch nicht vollzogen ist. Für eine Unterscheidung zwischen Außen- und Innengesellschaft ist im Hinblick auf § 518 Abs. 2 kein Anlass. Selbst wenn Gegenstand der Schenkung eine – schon bestehende – stille Beteiligung ist, greift § 518 Abs. 2 ein.[70] Zur abweichenden Beurteilung bei unentgeltlicher *Begründung einer typischen stillen Beteiligung* am Unternehmen des Schenkers durch Abschluss eines Gesellschaftsvertrags vgl. § 705 RdNr. 46.

35 **b) Ausnahmen.** Eine eng begrenzte Ausnahme von dem in RdNr. 33 angeführten Grundsatz der Formfreiheit ist dann geboten, wenn die Änderungen im Gesellschafterkreis bei wirtschaftlicher Betrachtung darauf gerichtet sind, unter Vermeidung der für das *Verpflichtungsgeschäft* geltenden Formvorschriften den Rechtsgrund für die Verfügung über das

[63] So zutr. *Schlegelberger/K. Schmidt* HGB § 105 RdNr. 188; *K. Schmidt* GesR § 45 III 3 a.

[64] EinhM, vgl. § 311 b RdNr. 14; *Soergel/Hadding* RdNr. 15; *Erman/Westermann* RdNr. 10; *Schlegelberger/K. Schmidt* HGB § 105 RdNr. 190; *Heckschen,* Die Formbedürftigkeit mittelbarer Grundstücksgeschäfte, 1987, S. 147 ff.

[65] BGHZ 86, 367, 369 f. = NJW 1983, 1110; OLG Frankfurt DB 1996, 1177; so auch *Soergel/Hadding* RdNr. 15; *Erman/Westermann* RdNr. 10; *Schlegelberger/K. Schmidt* HGB § 105 RdNr. 190.

[66] So zutr. BGHZ 86, 367, 370 = NJW 1983, 1110; § 311 b RdNr. 14 *(Kanzleiter); Petzoldt* BB 1975, 905, 907 f.; *Schlegelberger/K. Schmidt* HGB § 105 RdNr. 190; *Erman/Westermann* RdNr. 10.

[67] Vgl. näher 3. Aufl. § 459 RdNr. 49; *Heckschen* (Fn. 64) S. 151 f. Nachw. zur Grunderwerbsteuerpflicht bei Übertragung bzw. Vereinigung von mindestens 95% der Anteile vgl. in Fn. 44.

[68] Zu den denkbaren Fallgestaltungen und Motiven derartiger Verfügungen vgl. eingehend *U. Huber* Vermögensanteil S. 203 f.

[69] Vgl. nur *K. Schmidt* BB 1990, 1992, 1993 f. unter Hinweis auf BGHZ 112, 40, 44 ff. = NJW 1990, 2616; so auch OLG Frankfurt DB 1996, 1177.

[70] Dazu näher *K. Schmidt* DB 2002, 829, 830 und in MünchKommHGB § 230 RdNr. 98 ff., 101.

Eigentum an Grundstücken oder GmbH-Anteilen zu schaffen. Für diese Ausnahme spricht das aus der Formfreiheit der Verpflichtung zur Anteilsveräußerung resultierende potentielle *Defizit* des mit den Formvorschriften bezweckten Schutzes der Beteiligten vor Übereilung; es beruht bei Gesellschaften mit Grund- oder Anteilsvermögen darauf, dass formeller Gegenstand des Verpflichtungsgeschäfts nicht die Rechtsänderung betreffend Grundstücke oder GmbH-Anteile ist, sondern der Erwerb (oder die Aufgabe) eines Gesellschaftsanteils.[71] Berücksichtigt man zudem, dass sich der Zweck einer GbR nach ganz hM auch auf das bloße Halten und Verwalten von Grundstücken oder sonstigen Vermögensgegenständen richten kann (§ 705 RdNr. 145) und dass hieran nicht zuletzt wegen der anders kaum befriedigend lösbaren Abgrenzungsschwierigkeiten festzuhalten ist,[72] so kann sich in derartigen Fällen ein Bedürfnis für die **analoge Anwendung der §§ 311 b Abs. 1 BGB, 15 Abs. 4 GmbHG auf das Verpflichtungsgeschäft** ergeben (vgl. RdNr. 36). Dadurch wird nicht nur dem Schutzzweck der Formvorschriften Rechnung getragen, sondern auch der Gefahr entgegengewirkt, dass der Anteilsinhaber durch die Anteilsveräußerung zu Lasten seiner Gläubiger erhebliche Vermögenswerte in intransparenter Weise der Einzelzwangsvollstreckung oder dem Insolvenzbeschlag entzieht.[73] Das gilt selbst unter Beachtung der grundsätzlich begrenzten Analogiefähigkeit von Formvorschriften und des Erfordernisses ihrer strikten Auslegung und Anwendung.[74] Auf eine Umgehungsabsicht kommt es nicht an;[75] entscheidend ist, ob objektive Umstände unter Berücksichtigung des Normzwecks der §§ 311 b Abs. 1 BGB, 15 Abs. 4 GmbHG ihre analoge Anwendung rechtfertigen (vgl. RdNr. 36).[76] Dagegen scheidet eine Analogie zu den Formvorschriften für die entsprechenden **Verfügungstatbestände** (§§ 925, 873 BGB, 15 Abs. 3 GmbHG) in jedem Fall aus; sie wäre mit der Anwachsungsfolge der Anteilsübertragung oder des Beitritts bzw. Ausscheidens nicht vereinbar.[77]

Die **Analogievoraussetzungen** sind unter Berücksichtigung des Umgehungsaspekts vor 36
allem dann zu bejahen, wenn sich der tatsächliche Gesellschaftszweck auf das *Halten und Verwalten von Grundstücken oder GmbH-Anteilen* beschränkt.[78] Die deutliche Nähe derartiger Fälle zur Bruchteilsgemeinschaft, die sich funktional in der Rolle der GbR als „Trägerin modifizierten Miteigentums" widerspiegelt,[79] rechtfertigt es, die im Fall unmittelbarer Veräußerung von Gegenständen des Gesellschaftsvermögens für das *Verpflichtungsgeschäft* geltenden Formvorschriften auch bei der ihr wirtschaftlich entsprechenden Verpflichtung zur Anteilsveräußerung bzw. zu sonstigem vertraglichem Gesellschafterwechsel heranzuziehen.

[71] *K. Schmidt* AcP 182 (1982), 481, 491, 498 f., und *ders.* BMJ-Gutachten S. 413, 490.

[72] So zutr. *K. Schmidt* AcP 182 (1982), 481, 507 im Anschluss an *Staudinger/Langhein* § 741 RdNr. 218 f.

[73] Über ein unveröffentlichtes Rspr.-Beispiel berichtet *K. Schmidt* BMJ-Gutachten S. 413, 490; vgl. auch *dens.* BB 1983, 1697, 1701 f.

[74] Vgl. statt aller *Häsemeyer,* Die gesetzliche Form der Rechtsgeschäfte, 1971, S. 204 ff.

[75] Vgl. nur *Teichmann,* Die Gesetzesumgehung, 1962, S. 69 f.; *Sieker* Umgehungsgeschäfte, 2001, S. 39 ff.; *Soergel/Hefermehl* § 134 RdNr. 40; *Heckschen* (Fn. 64) S. 157 f.; aA BGHZ 86, 367, 371 = NJW 1983, 1110; BGH WM 1997, 2220, 2222; OLG Frankfurt NJW-RR 1996, 1123; § 134 RdNr. 18 *(Mayer-Maly/Armbrüster).*

[76] Zust. *Heckschen* (Fn. 64) S. 147 ff., insbes. 157 f. Die Anwendung von § 313 aF nicht grds. abl. auch BGHZ 86, 367, 371 = NJW 1983, 1110; *Erman/Westermann* RdNr. 10; aA wohl *Soergel/Hadding* RdNr. 15.

[77] Vgl. zur Anteilsübertragung an Gesellschaften mit Grundvermögen näher *Ulmer/Löbbe* DNotZ 1998, 711, 729 ff.; so im Ergebnis auch *K. Schmidt* AcP 182 (1982), 481, 511 f.; *Soergel/Hadding* RdNr. 15; für Anwendbarkeit von § 15 Abs. 3 GmbHG aber *K. Schmidt* BB 1983, 1697, 1702; dagegen *Soergel/Hadding* RdNr. 15.

[78] So im Ansatz zutr. *K. Schmidt* AcP 182 (1982), 481, 511 und BB 1983, 1698, 1702; *Heckschen* (Fn. 64) S. 157; eingehend *Ulmer/Löbbe* DNotZ 1998, 724 ff. (betr. Grundstücksgesellschaften); zust. *Staudinger/Wufka* (2001) § 313 RdNr. 124; enger wohl BGHZ 86, 367, 371 = NJW 1983, 1110, § 311 b RdNr. 14 *(Kanzleiter)* und *Erman/Westermann* RdNr. 10, die auf die Gesellschaftsgründung zum Zweck der erleichterten Verlagerung von Grundeigentum abstellen. Vgl. auch BFH WM 1981, 274, 275 = BStBl. 1980 II S. 598: Bejahung der Grunderwerbsteuerpflicht unter dem Gesichtspunkt der Steuerumgehung bei Übertragung aller Anteile an einer GbR, deren Gesellschaftszweck im Wesentlichen in der Grundstücksverwaltung besteht; dazu *Ulmer/Löbbe* DNotZ 1998, 722 ff. m. weit. Nachw.

[79] So treffend *K. Schmidt* AcP 182 (1982), 481, 511.

Besteht das Gesellschaftsvermögen ganz oder im Wesentlichen aus Grundstücken, so ist darin ein *Indiz* für einen grundstückspezifischen, die Analogievoraussetzungen erfüllenden Gesellschaftszweck zu sehen.[80] Auch wenn der „wirtschaftlichen Betrachtungsweise" bei der Frage, ob der Weg der Anteilsveräußerung im Ergebnis die formfreie Verpflichtung zur Veräußerung von Gegenständen des Gesellschaftsvermögens ermöglicht, im Grundsatz zu Recht der Einwand mangelnder Schärfe entgegengehalten wurde,[81] so überwiegt in derartigen Fällen, zumal wenn die Pflicht zur *Veräußerung aller Anteile* in Frage steht, doch die Gefahr der Schutzweckverfehlung;[82] das Abstellen auf den im Gesellschaftsvertrag vereinbarten, im allseitigen Einvernehmen abweichender Gestaltung zugänglichen Gesellschaftszweck bietet insoweit keinen hinreichenden Schutz.[83] Das gilt namentlich bei der beabsichtigten Anteilsveräußerung an einen *einzigen Erwerber,* da dieser infolge der Anwachsung Alleineigentum erwirbt und damit an die Stelle der GbR als bisherige Inhaberin des Grundstücks oder GmbH-Anteils tritt. Das Formerfordernis greift aber auch bei der Verpflichtung zu *sukzessiver* Anteilsübertragung ein, wenn die einzelnen Übertragungsakte in unmittelbarem sachlichem und zeitlichem Zusammenhang stehen und deshalb wirtschaftlich auf die Veräußerung der genannten Gegenstände gerichtet sind.

37 Die **Nichtbeachtung der Formvorschriften** für das auf Anteilsübertragung gerichtete Verpflichtungsgeschäft führt zu dessen Nichtigkeit, lässt die Wirksamkeit der dinglichen Rechtsänderung am Gesellschaftsanteil aber unberührt. Dem aus dem Gesellschaftsverband ausscheidenden Gesellschafter steht daher ein auf Rückübertragung seines Anteils gerichteter *Bereicherungsanspruch* gegen den Anteilserwerber zu; auf ihn können seine Privatgläubiger im Wege der Pfändung und in der Insolvenz der Insolvenzverwalter zugreifen. Ist die Gesellschaft infolge der Übertragung aller Anteile auf einen Gesellschafter beendet worden, so steht den bisherigen Mitgesellschaftern ein Anspruch auf Neugründung zu. Die analoge Anwendung des § 311 b Abs. 1 nF erstreckt sich freilich auch auf die Vorschrift des § 311 b Abs. 1 S. 2; die *Heilung* des Formmangels tritt durch die – zwar nur deklaratorisch wirkende, jedoch den Publizitätsmangel ausräumende – Grundbuchberichtigung nach § 47 GBO ein.[84]

38 **4. Vollzug und Wirkungen.** Der **Vollzug** des Anteilsübergangs richtet sich nach dem *Wirksamwerden der Verfügung;* eine nachträglich erteilte Zustimmung wirkt im Zweifel auf den Zeitpunkt des Vertragsschlusses zurück (§ 184 Abs. 1).[85] Sonstige Vollzugserfordernisse bestehen nicht. Ist der Anteil im Gesellschaftsvertrag generell übertragbar gestellt, so bedarf es für die Wirksamkeit des Anteilsübergangs namentlich auch nicht der Mitteilung gegenüber Gesellschaft oder Mitgesellschaftern. Sie empfiehlt sich freilich mit Rücksicht auf § 413 iVm. §§ 407, 408.

39 Die **Wirkungen** der Verfügung bestehen darin, dass der Erwerber anstelle des Veräußerers Gesellschafter wird und damit die Gesamthandsberechtigung erlangt sowie in die Mitgliedschaftspflichten eintritt (RdNr. 40, 44 ff.). Einlageverpflichtungen gegenüber der Gesellschaft werden dadurch nicht neu begründet. Vielmehr vollzieht sich der vermögensmäßige Ausgleich unmittelbar zwischen Veräußerer und Erwerber; §§ 738, 739 finden keine An-

[80] Ebenso *Heckschen* (Fn. 64) S. 157; aA BGHZ 86, 367, 370 f. = NJW 1983, 1110; § 311 b RdNr. 14 *(Kanzleiter); Palandt/Sprau* RdNr. 6; im Grundsatz auch *K. Schmidt* AcP 182 (1982), 481, 510 f. und BB 1983, 1698, 1702.

[81] Vgl. BGHZ 86, 367, 371 = NJW 1983, 1110.

[82] Stark zurückhaltend jedoch die hM, vgl. zu § 313 aF BGHZ 86, 367, 370 f. = NJW 1983, 1110; *Petzoldt* BB 1975, 905, 907 f.; *Reinelt* NJW 1992, 2052, 2053 f.; so auch § 311 b RdNr. 14 *(Kanzleiter);* wohl auch *Jauernig/Vollkommer* § 311 b RdNr. 25 und im Grundsatz *K. Schmidt* AcP 182 (1982), 481, 510 f.; ebenso zu § 15 GmbHG *Hachenburg/Zutt* GmbHG, 8. Aufl., § 15 RdNr. 21; im Grundsatz auch *Scholz/Winter* GmbHG § 15 RdNr. 44, § 18 RdNr. 7.

[83] Zu den Fallgruppen eines grundstücksbezogenen, zur Analogie führenden Gesellschaftszwecks und zu dessen Ermittlung vgl. näher *Ulmer/Löbbe* DNotZ 1998, 725 ff.

[84] Vgl. § 705 RdNr. 41; so auch *K. Schmidt* AcP 182 (1982), 481, 512; in den Fällen des § 15 GmbHG scheidet eine Heilung mangels Abtretung des GbR-Anteils in notarieller Form (vgl. § 15 Abs. 4 S. 2 GmbHG) idR freilich aus.

[85] HM, vgl. *Schlegelberger/K. Schmidt* HGB § 105 RdNr. 193; *Staub/Ulmer* HGB § 105 RdNr. 313; aA *Soergel/Hadding* RdNr. 14 aE.

wendung.[86] Zur Haftung von Anteilsveräußerer und -erwerber für Gesellschaftsschulden vgl. § 714 RdNr. 70 ff., zu den prozess- und vollstreckungsrechtlichen Folgen des Gesellschafterwechsels vgl. § 718 RdNr. 44 f., 60 ff. Rechtsmängel der Anteilsübertragung führen – anders als bei Ausscheiden und Eintritt im Wege des Doppelvertrags – nicht zum Eingreifen der Lehre von der fehlerhaften Gesellschaft (str., vgl. § 705 RdNr. 374); sie unterliegen daher den allgemeinen Vorschriften und können auch rückwirkend geltendgemacht werden.

III. Rechtsstellung des Erwerbers

1. Grundsatz; Verwaltungsrechte. Der Gesellschaftsanteil geht im Fall der Anteilsübertragung grundsätzlich mit demjenigen Inhalt über, den er beim Veräußerer hatte; der Erwerber rückt als neuer Gesellschafter voll in die **Rechtsstellung des Veräußerers** ein.[87] Das bedarf hinsichtlich der selbstständig abtretbaren Vermögensrechte (§ 717 S. 2) und der gesellschaftsvertraglichen Verbindlichkeiten des Veräußerers näherer Präzisierung (RdNr. 42 ff.). Für die dem Abspaltungsverbot unterliegenden **Verwaltungsrechte** (§ 717 RdNr. 16) folgt es allein schon aus dem Umstand, dass sie nicht vom Anteil getrennt werden können, dh. dass der Veräußerer sie im Falle der Übertragung der Mitgliedschaft nicht zurückbehalten kann.[88] Anderes gilt dann, wenn die Veräußerung unter Nießbrauchsvorbehalt erfolgt (vgl. § 705 RdNr. 99). 40

Eine *Einschränkung* erfährt der vorgenannte Grundsatz im Hinblick auf **höchstpersönliche Rechte des Veräußerers.** Sie sind, wie die Einräumung eines an die Person des Veräußerers gebundenen Mehrfachstimmrechts oder eines nicht durch entsprechende Beitragsleistungen bedingten erhöhten Gewinnanteils zeigt, unübertragbar und kommen daher infolge der Anteilsveräußerung in Wegfall. Ob dem Mitgliedschaftsrecht höchstpersönlicher Charakter zukommt, ist durch Vertragsauslegung festzustellen.[89] Schwierigkeiten kann dabei namentlich die Regelung der *Geschäftsführungs- und Vertretungsbefugnis* bereiten. Steht sie – sei es als Gesamt- oder Einzelbefugnis – nicht sämtlichen, sondern nur einem Teil der Gesellschafter zu, so kommt es für die Rechtsstellung des Erwerbers darauf an, ob die vertragliche Regelung auf der Zuweisung der Geschäftsführung an bestimmte, hierfür ausgewählte Gesellschafter beruht oder ob umgekehrt der Ausschluss einzelner Gesellschafter von der Geschäftsführung durch besondere persönliche Umstände bei ihnen bedingt ist. Im letztgenannten Fall bildet die Befugnis zu Geschäftsführung und Vertretung die Regel; sie steht dementsprechend grundsätzlich auch dem Erwerber zu. Im Einzelfall kann daher sogar der Nachfolger eines von Geschäftsführung und Vertretung ausgeschlossenen Gesellschafters diese Befugnisse erlangen, wenn der Ausschluss auf persönliche Gründe (Alter u. a.) beim Veräußerer gestützt und erkennbar auf die Zeit seiner Zugehörigkeit zur Gesellschaft beschränkt war.[90] 41

2. Vermögensrechte und -pflichten. a) Überblick. Der Grundsatz des inhaltlich unveränderten Übergangs der Gesellschafterstellung (RdNr. 40 f.) greift auch ein, soweit es um die Beurteilung der auf der Mitgliedschaft beruhenden, der Gesellschaft gegenüber bestehenden Ansprüche und Verbindlichkeiten (Sozialverbindlichkeiten und -ansprüche) 42

[86] BGH LM § 426 Nr. 54 = NJW 1981, 1095, 1096; zust. *Erman/Westermann* RdNr. 11.

[87] EinhM, vgl. BGH WM 1986, 1314, 1315; DB 2003, 497; *Soergel/Hadding* RdNr. 16; *Erman/Westermann* RdNr. 11; *Schlegelberger/K. Schmidt* HGB § 105 RdNr. 195; vgl. auch BGHZ 81, 82, 89 = NJW 1981, 2747: mit der Übertragung eines Kommanditanteils geht das Recht des Veräußerers, sich nach § 171 Abs. 1 HGB auf den Haftungsausschluss zu berufen, auf den Erwerber über.

[88] Daher zu Recht für Übergang der Genehmigungsbefugnis nach § 177 auf den Anteilserwerber bei einem vor Anteilsübertragung durch einen Vertreter ohne Vertretungsmacht namens der GbR geschlossenen Vertrag BGHZ 79, 374, 377 ff. = NJW 1981, 1213; vgl. auch *Soergel/Hadding* RdNr. 17; *Erman/Westermann* RdNr. 11.

[89] Vgl. eingehend *Wiedemann* Übertragung S. 71 ff.; so auch *Soergel/Hadding* RdNr. 17; *Rob. Fischer* in Großkomm. zum HGB, 3. Aufl., § 130 Anm. 16; *Hueck* OHG § 27 II 3, S. 399; *Teichmann* NJW 1966, 2336, 2339; wohl auch *Erman/Westermann* RdNr. 11.

[90] *Rob. Fischer* BB 1956, 840; *Soergel/Hadding* RdNr. 17; *Erman/Westermann* RdNr. 11; *Ulmer* in Großkomm. zum HGB, 3. Aufl., § 139 Anm. 62; einschr. *Hueck* OHG § 28 II 1 b; *Wiedemann* Übertragung S. 74.

geht.[91] Allerdings können hinsichtlich der nach § 717 S. 2 getrennt übertragbaren *Ansprüche* Abweichungen zwischen Veräußerer und Erwerber auch ohne Mitwirkung der Mitgesellschafter vereinbart werden (RdNr. 43). Bei den *Verbindlichkeiten* fragt sich, ob und inwieweit bei Schuldübernahme durch den Erwerber auch der Veräußerer verpflichtet bleibt (RdNr. 44 f.).

43 **b) Ansprüche des Veräußerers.** Hinsichtlich der bereits *entstandenen* selbständig übertragbaren Ansprüche **aus dem Gesellschaftsvertrag** (§ 717 S. 2) sind Veräußerer und Erwerber grundsätzlich frei, über deren Schicksal abweichend von der Anteilsübertragung zu bestimmen.[92] Haben sie hierüber *keine* ausdrückliche oder stillschweigende *Vereinbarung* getroffen, so ist für die Annahme eines Verbleibs dieser Ansprüche beim Veräußerer unter Separierung vom Anteil im Regelfall kein Raum. Das gilt jedenfalls für gesellschaftsvertragliche Ansprüche wie auf Privatkonto verbuchte, entnahmefähige Gewinne,[93] *nicht aber für Drittgläubigerforderungen* des Veräußerers.[94] Entscheidend ist, ob die fraglichen Ansprüche in der Auseinandersetzungsbilanz zugunsten des auf den Anteil entfallenden Guthabens zu berücksichtigen wären (§ 730 RdNr. 49 ff.). Erfolgt die Übertragung auf der Grundlage einer Bilanz, so sind im Zweifel diejenigen Ansprüche gegen die Gesellschaft davon ausgenommen und verbleiben beim Veräußerer, die aus den in der Bilanz enthaltenen Konten des Veräußerers nicht ersichtlich sind.[95] Hat der Veräußerer über bereits *entstandene* Ansprüche vor der Anteilsübertragung anderweitig verfügt, so ist die Verfügung auch dem Erwerber gegenüber wirksam (BGH BB 2003, 545, 546). *Künftige* Ansprüche stehen dem Erwerber unabhängig von ihrer etwaigen Vorausabtretung an einen Dritten zu, wenn der Vertrag über die Anteilsübertragung insoweit keinen Vorbehalt enthält (§ 717 RdNr. 35, 38).

44 **c) Verbindlichkeiten.** Auch für die mit dem Anteil verbundenen, schon bestehenden gesellschaftsvertraglichen Verpflichtungen (Sozialansprüche) hat der BGH festgestellt, Veräußerer und Erwerber stehe es grundsätzlich frei, nach eigenem Ermessen zu *vereinbaren,* in welchem Umfang sie den Veräußerer treffen oder vom Erwerber übernommen werden sollen.[96] Dies ist im Schrifttum zu Recht auf verbreitete Kritik gestoßen.[97] Denn soweit die Beteiligten einen Übergang auf den Erwerber vereinbaren, bedarf dieser als **befreiende Schuldübernahme** nach § 415 der Genehmigung der Gesellschaft. Sie kann zwar je nach Lage des Falles darin liegen, dass die Mitgesellschafter in Kenntnis des Vertragsinhalts der Anteilsveräußerung zustimmen,[98] keinesfalls aber in der generellen Zulassung der Übertragung im Gesellschaftsvertrag.[99] Entsprechendes gilt auch umgekehrt für Vereinbarungen, wonach der Erwerber nicht für rückständige Einlagen, unzulässige Entnahmen oder sonstige auf der Mitgliedschaft beruhende Sozialansprüche haften soll. Auch sie sind wegen des mit dem Anteilsübergang verbundenen Eintritts des Erwerbers in die Rechtsstellung des Veräußerers nur mit Zustimmung der Mitgesellschafter wirksam.[100]

45 Im **Regelfall** führt die Anteilsveräußerung daher zur *gesamtschuldnerischen Haftung von Veräußerer und Erwerber* für bestehende gesellschaftsvertragliche Verbindlichkeiten des Ver-

[91] Vgl. BGH WM 1986, 1314, 1315; näher dazu *Wertenbruch* (Fn. 34) S. 507 ff., 567.

[92] Insoweit zutr. BGHZ 45, 221, 222 = NJW 1966, 1307; vgl. ferner BGH WM 1986, 1314, 1316; *Soergel/Hadding* RdNr. 18.

[93] BGH LM HGB § 105 Nr. 29 = NJW 1973, 328; BGH WM 1986, 1314, 1315; *Soergel/Hadding* RdNr. 18; *Erman/Westermann* RdNr. 11; *Ganssmüller* DB 1967, 891, 892; aA *Flume* I/1 § 17 III S. 353.

[94] Vgl. BGH LM HGB § 120 Nr. 5 = DB 1978, 877 zur selbstständigen Behandlung des Guthabens eines Gesellschafters auf einem im Gesellschaftsvertrag von den Beteiligungskonten deutlich unterschiedenen „Darlehenskonto" im Rahmen der Auseinandersetzung; zust. *Soergel/Hadding* RdNr. 18.

[95] BGHZ 45, 221, 223 = NJW 1966, 1307; so wohl auch BGH WM 1986, 1314, 1315; *Soergel/Hadding* RdNr. 18.

[96] BGHZ 45, 221, 222 = NJW 1966, 1307; so grds. auch BGH WM 1968, 892.

[97] *Teichmann* NJW 1966, 2336 ff.; *Ganssmüller* DB 1967, 891 ff.; *Flume* I/1 § 17 III S. 353; auf Grund der Beurteilung der Übertragung als Vertragsübernahme dem BGH grds. zust. aber *Soergel/Hadding* RdNr. 19.

[98] Weitergehend BGH WM 1968, 892; wie hier für das Erfordernis konkreter Zustimmung zu der vereinbarten Pflichtenverteilung *Teichmann* NJW 1966, 2336, 2339 f.; *Ganssmüller* DB 1967, 891, 893; *Erman/Westermann* RdNr. 12.

[99] So auch *Erman/Westermann* RdNr. 12.

[100] *Teichmann* NJW 1966, 2336, 2339 f.

äußerers (zur akzessorischen Haftung des Erwerbers für Verbindlichkeiten der GbR vgl. § 714 RdNr. 72 f.). Abweichende Vereinbarungen zwischen den Beteiligten haben ohne die erforderliche Zustimmung der Mitgesellschafter nur interne, den Ausgleichsanspruch nach § 426 Abs. 1 betreffende Wirkungen.[101] Eine Ausnahme gilt für Schadensersatzansprüche der Gesellschafter gegen den Anteilsveräußerer wegen Verletzung der Geschäftsführer- oder Treupflicht, wegen Verstoßes gegen das Wettbewerbsverbot u. ä. Trotz ihrer Natur als Sozialansprüche knüpfen sie nicht unmittelbar an die Gesellschafterstellung an, sondern hängen vom Vorliegen weiterer Voraussetzungen in der Person des Veräußerers ab. Den Erwerber binden sie nur kraft besonderen Verpflichtungsgrundes.[102]

Schuldet der Anteilsveräußerer einem Mitgesellschafter, der einen Gesellschaftsgläubiger befriedigt hat, auf Grund § 426 Abs. 1 S. 1 **gesamtschuldnerischen Ausgleich** (§ 714 RdNr. 56), so bedarf die befreiende Schuldübernahme durch den Anteilserwerber der Zustimmung des ausgleichsberechtigten Gesellschafters.[103] Die generelle Zulassung der Anteilsveräußerung im Gesellschaftsvertrag genügt auch insoweit nicht (vgl. schon RdNr. 44). Ohne derartige Schuldübernahme trifft den Anteilserwerber grundsätzlich keine Haftung gegenüber dem ausgleichsberechtigten Gesellschafter. Die Pflicht zur Ausgleichsleistung bildet keinen der Mitgliedschaft folgenden und deshalb auch gegen den Erwerber persönlich gerichteten Sozialanspruch, sondern findet ihre Grundlage in der gesamtschuldnerischen Verpflichtung des Anteilsveräußerers iVm. § 426 Abs. 1 S. 1 (§ 714 RdNr. 56). 46

Haben die an der Anteilsveräußerung Beteiligten **keine** besonderen **Vereinbarungen** über die Behandlung der Verbindlichkeiten getroffen, so ist der Erwerber gegenüber dem Veräußerer jedenfalls bezüglich aller im Abtretungszeitpunkt bekannten Verbindlichkeiten im Zweifel zur Erfüllung verpflichtet und kann von diesem nach § 426 auf Ausgleich in Anspruch genommen werden. 47

IV. Sonstige Verfügungen über den Anteil

1. Teilübertragung. Sie ist entsprechend den Grundsätzen über die Vollübertragung (RdNr. 25 ff.) mit Zustimmung der Mitgesellschafter zulässig.[104] Die Zustimmung muss sich freilich eindeutig auch auf die *Teil*übertragung als solche beziehen, da diese im Unterschied zur Vollübertragung nicht zum Gesellschafterwechsel führt, sondern zur Vermehrung der Zahl der Gesellschafter und entsprechend auch zum Entstehen zusätzlicher Verwaltungsrechte (RdNr. 49). Die generelle Zulassung der Anteilsübertragung im Gesellschaftsvertrag berechtigt daher nicht auch zur Teilübertragung.[105] 48

Schwierigkeiten bereitet im Fall der Teilübertragung die Bestimmung der **Rechtsstellung** von **Veräußerer** und **Erwerber.** Hinsichtlich der auf den bisherigen Anteil entfallenden *Vermögensrechte und -pflichten* ist dabei davon auszugehen, dass diese durch die Teilung keine inhaltliche Änderung erfahren sollen.[106] Die Ansprüche auf Gewinn und Auseinandersetzungsguthaben werden daher im Zweifel entsprechend dem Beteiligungsverhältnis zwischen Veräußerer und Erwerber aufgeteilt, während den Erwerber die auf seinen Beteiligungsanteil entfallenden Verbindlichkeiten als Gesamtschuldner neben dem Veräußerer treffen. Dagegen stehen die *Verwaltungsrechte* im Zweifel jedem der beiden Gesellschafter voll zu;[107] die Teilübertragung bewirkt insoweit also eine der Vermehrung der Mitgliederzahl 49

[101] *Wiedemann* Übertragung S. 76; *Ganssmüller* DB 1967, 891 ff.; im Ergebnis auch *Soergel/Hadding* RdNr. 19: Erstreckung des Einverständnisses der Mitgesellschafter mit der Übertragung der Mitgliedschaft auch hierauf.

[102] Vgl. *Staub/Ulmer* HGB § 105 RdNr. 321 Fn. 655 a; so auch OLG Frankfurt DB 1996, 1177.

[103] Vgl. BGH LM § 426 Nr. 54 = NJW 1981, 1095, 1096; *Erman/Westermann* RdNr. 10.

[104] HM, vgl. *Wiedemann* Übertragung S. 64 f.; *Staudinger/Keßler* § 736 RdNr. 25; *Soergel/Hadding* RdNr. 21; *Erman/Westermann* RdNr. 13; *Flume* I/1 § 11 II 2 S. 151, § 17 II S. 352.

[105] So zutr. *Wiedemann* Übertragung S. 65; *Soergel/Hadding* RdNr. 21; *Erman/Westermann* RdNr. 13; nicht eindeutig *Staudenmaier* DNotZ 1966, 724, 726 f.

[106] *Hueck* OHG § 27 II 7, S. 400; so auch *Staudinger/Keßler* § 736 RdNr. 25.

[107] *Wiedemann* Übertragung S. 65; *Hueck* (Fn. 106); *Staudinger/Keßler* § 736 RdNr. 25; *Soergel/Hadding* RdNr. 21; *Erman/Westermann* RdNr. 13; aA *Staudenmaier* DNotZ 1966, 724, 727, der von ge-

entsprechende, durch die Zustimmung der Mitgesellschafter gedeckte Ausweitung. Das gilt jedenfalls für das Informations- und Kontrollrecht, das Kündigungsrecht sowie im Zweifel für das Stimmrecht, wenn dieses im Gesellschaftsvertrag nicht nach Maßgabe der Kapitalanteile gestaffelt, sondern nach Köpfen verteilt ist (§ 709 RdNr. 97). Dagegen kommt es für das Recht zu Geschäftsführung und Vertretung in erster Linie auf die hierüber im Gesellschaftsvertrag getroffenen Vereinbarungen an.[108]

50 **2. Nießbrauch.** Die Zulässigkeit des Nießbrauchs am Gesellschaftsanteil richtet sich nach dessen Übertragbarkeit (§ 1069 Abs. 2). Auf die Ausführungen zur Anteilsübertragung kann daher verwiesen werden (RdNr. 27 ff.). Wegen der Einzelheiten der Nießbrauchsbestellung vgl. § 705 RdNr. 96 ff.

51 **3. Verpfändung. a) Gegenstände.** Die Anerkennung der **Mitgliedschaft** als eines selbstständiger Verfügung zugänglichen Rechts ermöglicht nach zutr., wenn auch umstr. Ansicht grundsätzlich auch ihre Verpfändung (RdNr. 52).[109] Hiervon zu unterscheiden ist die Bestellung eines Pfandrechts an den **einzelnen Vermögensrechten** des Gesellschafters aus dem Gesellschaftsverhältnis iS von § 717 S. 2. Im Unterschied zur Anteilsverpfändung eröffnet dieses Vorgehen nur den Zugriff auf das jeweilige Vermögensrecht und setzt dessen Bestand im Zeitpunkt der Verpfändung voraus.[110]

52 **b) Voraussetzungen.** Die wirksame Verpfändung des **Gesellschaftsanteils** (der Mitgliedschaft) ist grundsätzlich von dessen **Übertragbarkeit** abhängig (§ 1274 Abs. 2).[111] Die Verpfändung kann auch als solche im Gesellschaftsvertrag generell zugelassen sein;[112] fehlt es hieran, so bedarf sie der Zustimmung der Mitgesellschafter im Einzelfall. Eine Anzeige der Verpfändung nach § 1280 an die Gesellschaft ist nicht erforderlich.[113] Mit Rücksicht auf das regelmäßig nur geringe Interesse, GbR-Anteile auf dem freien Markt zu erwerben, geht es dem Gläubiger im Zweifel in erster Linie darum, mit dem Pfandrecht am Anteil auch die Kündigungsmöglichkeit nach § 725 Abs. 1 zu erlangen, um auf diese Weise den Vermögenswert des Anteils zu realisieren. Dementsprechend kann der Gläubiger bei der Verwertung des Pfandrechts im Regelfall zwischen der Anteilsveräußerung und der Kündigung nach § 725 Abs. 1 wählen (RdNr. 57 f.). Die Mitgesellschafter haben es freilich in der Hand, auf die Vereinbarungen zwischen Besteller und Pfandgläubiger über die Art der Verwertung Einfluss zu nehmen, sofern die Verpfändung ihrer Zustimmung bedarf. Sie können die Zustimmung etwa davon abhängig machen, dass der Gläubiger auf das Recht zur Kündigung der Gesellschaft bei Pfandreife verzichtet.

53 **c) Rechtsstellung des Pfandgläubigers.** Sie richtet sich nach dem Gegenstand des Pfandrechts. Die auf den **Gesellschaftsanteil** bezogene Verpfändung (RdNr. 52) berechtigt den Gläubiger nach § 1277 zur Verwertung des Anteils im Wege der Zwangsvollstreckung (RdNr. 57) und zur Mitsprache nach § 1276 bei Aufhebung oder Änderung der mit dem Anteil verbundenen Vermögensrechte.[114] Mangels abweichender Vereinbarung (RdNr. 52) gibt sie ihm auch das *Kündigungsrecht nach § 725* und ermöglicht ihm auf diesem Wege den

meinschaftlicher Zuständigkeit beider Teile bei „nicht aufspaltbaren" Verwaltungsrechten ausgeht.

[108] So auch *Erman/Westermann* RdNr. 13; abw. *Soergel/Hadding* RdNr. 21 (im Rahmen der Vertragsübernahme zu regeln).

[109] Ebenso *Schlegelberger/K. Schmidt* HGB § 105 RdNr. 199 und die Nachw. in Fn. 111; aA noch *Soergel/Hadding* § 717 RdNr. 17; *Hadding* in: Gesellschaftsanteile als Kreditsicherheit, 1979, S. 37, 40, 42 f.; zweifelnd *Erman/Westermann* § 717 RdNr. 10.

[110] EinhM, vgl. nur *Schlegelberger/K. Schmidt* HGB § 105 RdNr. 199; so auch 3. Aufl. § 1274 RdNr. 70 f.; *Soergel/Hadding* § 717 RdNr. 17; *Erman/Westermann* § 717 RdNr. 10.

[111] OLG Hamm Rpfleger 1977, 136, 137; 3. Aufl. § 1274 RdNr. 70 *(Damrau)*; *Schlegelberger/K. Schmidt* HGB § 105 RdNr. 199; *Rümker* WM 1973, 626, 630; *K. Schmidt* JR 1977, 177, 178; *Palandt/Bassenge* § 1274 RdNr. 7.

[112] *Schlegelberger/K. Schmidt* HGB § 105 RdNr. 199; enger *Flume* I/1 § 17 VII S. 367, *Wiedemann* Übertragung S. 423, und *Soergel/Habersack* § 1274 RdNr. 40, die eine ausdrückliche Zustimmung zur Verpfändung verlangen.

[113] RGZ 57, 414, 415; so auch 3. Aufl. § 1274 RdNr. 70; *Staudinger/Keßler* § 717 RdNr. 25; *H. Roth* ZGR 2001, 187, 204; aA *Hadding* (Fn. 109) S. 47 und *Erman/Westermann* § 717 RdNr. 10, auf der Grundlage der Verpfändung nur der einzelnen Vermögensrechte.

[114] Vgl. zu § 1276 näher *Flume* I/1 § 17 VII und *Wiedemann* Übertragung S. 429 ff.

Zugriff auf das Auseinandersetzungsguthaben. Hierzu muss der Pfandgläubiger allerdings zunächst einen rechtskräftigen Titel auf Duldung der Zwangsvollstreckung erworben haben, um damit den Gesellschaftsanteil zu pfänden und sich gem. § 835 ZPO überweisen zu lassen (RdNr. 58).[115]

Beschränkt sich die Verpfändung auf die nach § 717 S. 2 getrennt übertragbaren und daher ohne Zustimmung der Mitgesellschafter verpfändbaren **Vermögensrechte,** so gibt sie dem Pfandgläubiger zwar das Recht zur Forderungseinziehung nach Maßgabe der §§ 1281, 1282. Dagegen steht ihm eine eigenes Kündigungsrecht zur Liquidierung des gepfändeten Anspruchs auf das Auseinandersetzungsguthaben nach § 725 nicht zu. Auch das in § 1283 Abs. 3 vorgesehene Recht des Pfandgläubigers, nach Pfandreife das Kündigungsrecht des Schuldners auszuüben, um den Anspruch durchsetzen zu können, greift mit Rücksicht auf § 717 S. 1 im Regelfall nicht ein. Abweichendes kommt nur dann in Betracht, wenn die Mitgesellschafter der Verpfändung zugestimmt und dem Pfandgläubiger dadurch eine über die reinen Vermögensrechte hinausgehende Stellung gegenüber der Gesellschaft verschafft haben. 54

Mit Ausnahme des Kündigungsrechts (RdNr. 58) stehen dem Gläubiger **Verwaltungsrechte** trotz Verpfändung des Gesellschaftsanteils *nicht* zu.[116] Die Zustimmung der Mitgesellschafter beschränkt sich auf die dingliche Sicherung des Gläubigers durch Belastung des Gesellschaftsanteils; sie soll ihm nicht etwa die damit verbundenen Mitspracherechte verschaffen. Daher kommt es grundsätzlich auch nicht zur Abspaltung von Verwaltungsrechten zugunsten des Gläubigers. Eine **Ausnahme** ist in entsprechender Anwendung der §§ 1258 Abs. 1, 1273 Abs. 2 S. 1 nur hinsichtlich solcher Verwaltungsbefugnisse veranlasst, die, wie *Kontroll- und Informationsrechte,* zum Schutz des Pfandgläubigers erforderlich sind.[117] Diese Rechte kann neben dem Gesellschafter/Schuldner daher auch der Gläubiger geltend machen. Das ist unbedenklich, weil die Verpfändung des Anteils nur mit genereller oder im Einzelfall erteilter Zustimmung der Mitgesellschafter zulässig ist. Der weitergehenden Ansicht, die § 1258 Abs. 1 uneingeschränkt auf die Anteilsverpfändung anwenden will,[118] ist nicht zu folgen.[119] 55

Verfügungen der Gesellschaft über Gegenstände des Gesellschaftsvermögens werden durch das Pfandrecht am Gesellschaftsanteil nicht eingeschränkt. Dementsprechend ist auch für die Grundbucheintragung eines Verpfändungsvermerks kein Raum, wenn zum Gesellschaftsvermögen Grundstücke gehören.[120] 56

d) Verwertung des Gesellschaftsanteils. Sie erfolgt nach § 1277 S. 1 **im Wege der Zwangsvollstreckung.**[121] Erforderlich ist ein zumindest vorläufig vollstreckbarer Duldungstitel gegen den Anteilsinhaber und die Pfändung des Anteils nach § 859 Abs. 1 ZPO (vgl. RdNr. 59); zur stattdessen möglichen Kündigung nach § 725 Abs. 1 vgl. RdNr. 58. 57

[115] *Hadding* (Fn. 109) S. 58; *Hackenbroch,* Die Verpfändung von Mitgliedschaftsrechten, 1970, S. 109 f.; *Wiedemann* Übertragung S. 417 f.; *Schlegelberger/K. Schmidt* HGB § 135 RdNr. 38 (alle zur OHG).

[116] *Flume* I/1 § 17 VII; *Hadding* (Fn. 109) S. 49 ff.; so auch 3. Aufl. § 1274 RdNr. 71 und *Staudinger/Wiegand* (2002) § 1274 RdNr. 52; zur Verpfändung eines GmbH-Anteils auch RGZ 139, 224, 227 f.; OLG Hamm WM 1987, 972, 973.

[117] *Schlegelberger/K. Schmidt* HGB § 135 RdNr. 35; *Soergel/Habersack* § 1274 RdNr. 40; ähnlich *Wiedemann* Übertragung S. 432; *H. Roth* ZGR 2001, 204, 210; aA *Hadding* (Fn. 109) S. 51.

[118] Vgl. *Soergel/Mühl* BGB (12. Aufl.) § 1258 RdNr. 1; *Staudinger/Wiegand* (2002) § 1258 RdNr. 3 (anders aber *Staudinger/Wiegand* (2002) § 1274 RdNr. 52); *Erman/Küchenhoff* § 1258 RdNr. 1; *Palandt/Bassenge* § 1258 RdNr. 2, jeweils unter Berufung auf RGZ 83, 27, 30 und 84, 395, 396 f. (betr. Pfandrecht an Anteilen einer Miterbengemeinschaft); generell gegen die Anwendung von § 1258 Abs. 1 auf Gesellschaftsanteile außer *Hadding* (Fn. 109) S. 49 auch *Flume* I/1 § 17 VII; *Rupp/Fleischmann* Rpfleger 1984, 223, 227; wohl auch 3. Aufl. § 1258 RdNr. 12 *(Damrau).*

[119] So auch *Schlegelberger/K. Schmidt* § 135 RdNr. 35; *Soergel/Habersack* § 1274 RdNr. 40.

[120] So auch OLG Zweibrücken OLGZ 1982, 406; OLG Hamm WM 1987, 972, 973 m. weit. Nachw.; *Rupp/Fleischmann* Rpfleger 1984, 223, 227 (anders *dies.* S. 226 für die Pfändung); aA LG Hamburg Rpfleger 1982, 142.

[121] Vgl. dazu näher *Hadding* (Fn. 109) S. 58 ff.; *Hackenbroch* (Fn. 115) S. 113 ff.; *H. Roth* ZGR 2001, 211. Allg. zu § 1277 S. 1 und zum Erfordernis der Pfändung des verpfändeten Anteils vgl. 3. Aufl. § 1277 RdNr. 4.

Drittschuldner ist nach heute überwiegender Ansicht die Gesellschaft selbst; daher genügt die Zustellung des Pfändungsbeschlusses an einen Geschäftsführer als ihren Vertreter (§ 725 RdNr. 12). Ist die Pfändung erfolgt, so richtet sich die Verwertung des Anteils nach §§ 857 Abs. 5, 844 ZPO; sie geschieht durch *öffentliche Versteigerung* oder *freihändigen Verkauf* des Anteils.

58 Anstelle der Anteilsverwertung durch Versteigerung oder freihändigen Verkauf (RdNr. 57) hat der Pfandgläubiger auch die Möglichkeit der **Kündigung nach § 725,** um auf diesem Wege das Auseinandersetzungsguthaben zu liquidieren und es sich nach § 835 Abs. 1, 857 Abs. 1 ZPO zur Einziehung überweisen zu lassen (§ 725 RdNr. 16). Mit Rücksicht auf die ausdrückliche Regelung des § 725 Abs. 1 setzt diese Art der Verwertung freilich die Anteilspfändung (RdNr. 59) sowie einen rechtskräftigen, dh. nicht nur vorläufig vollstreckbaren Titel voraus.[122]

59 **4. Pfändung.** Zur Pfändung der **Mitgliedschaft** vgl. näher § 725 RdNr. 10; sie ist der in § 859 Abs. 1 ZPO gemeinte „Anteil am Gesellschaftsvermögen".[123] Der Pfändungsgläubiger ist zwar nicht gehindert, im Vollstreckungswege stattdessen auf einzelne Vermögensrechte wie den Gewinnanspruch oder das Auseinandersetzungsguthaben zuzugreifen. Zur Kündigung nach § 725 Abs. 1 bedarf es jedoch der Pfändung der Mitgliedschaft als solcher (§ 725 RdNr. 14). Die Pfändung ist auch ohne Zustimmung der Mitgesellschafter wirksam.[124] Sie hat zur Folge, dass der Pfändungspfandgläubiger in den Gesellschafterverband einbezogen wird. Die Pfändung bewirkt eine Verstrickung der aus der Mitgliedschaft folgenden Vermögensrechte des Gesellschafter/Schuldners, während die Verwaltungsrechte grundsätzlich beim Gesellschafter verbleiben (vgl. näher § 725 RdNr. 11).

60 Die **Befriedigung** des Pfändungspfandgläubigers erfolgt durch Überweisung der laufenden Gewinnansprüche zur Einziehung sowie nach erfolgter Kündigung gem. § 725 durch Einziehung des anteiligen Liquidationserlöses bzw. der Abfindung, falls der Gesellschaftsvertrag bei Ausscheiden des Gesellschafter/Schuldners die Fortsetzung unter den verbleibenden Gesellschaftern vorsieht (vgl. § 725 RdNr. 20 f.). Ist der Gesellschaftsanteil ausnahmsweise bereits im Gesellschaftsvertrag selbst übertragbar gestellt, so kann die Verwertung des Anteils auch im Wege der Zwangsvollstreckung durch öffentliche Versteigerung oder freihändigen Verkauf erfolgen.[125] Zusätzliche Voraussetzung hierfür ist nach §§ 857 Abs. 4, 844 ZPO zwar, dass die Einziehung des Abfindungsanspruchs *mit Schwierigkeiten verbunden* ist.[126] Bei der Pfändung von Gesellschaftsanteilen ist das freilich regelmäßig anzunehmen.[127]

§ 720 Schutz des gutgläubigen Schuldners

Die Zugehörigkeit einer nach § 718 Abs. 1 erworbenen Forderung zum Gesellschaftsvermögen hat der Schuldner erst dann gegen sich gelten zu lassen, wenn er von der Zugehörigkeit Kenntnis erlangt; die Vorschriften der §§ 406 bis 408 finden entsprechende Anwendung.

[122] *Schlegelberger/K. Schmidt* § 135 RdNr. 38; *Hadding* (Fn. 109) S. 47; *Hackenbroch* (Fn. 115) S. 109 f.

[123] HM, vgl. Nachw. in Fn. 124; aA *Wertenbruch* (Fn. 34) S. 487 ff., 502 f. (Wertanteil am Reinvermögen der Gesellschaft).

[124] Heute hM, vgl. *Flume* I/1 § 5 und § 11 IV; *Staub/Habersack* HGB § 124 RdNr. 7, 43; *U. Huber* Vermögensanteil S. 348, 417; *Schlegelberger/K. Schmidt* HGB § 135 RdNr. 9; MünchKomm-ZPO/*Smid* § 859 RdNr. 4; *Wiedemann* Übertragung S. 399 f.; *Wössner,* Die Pfändung des Gesellschaftsanteils bei Personengesellschaften, 2000, S. 36 ff., 41 f.

[125] HM, vgl. schon *Furtner* MDR 1965, 613, 614; *Rupp/Fleischmann* Rpfleger 1984, 223, 224 f.; so auch *Schlegelberger/K. Schmidt* HGB § 135 RdNr. 14; MünchKommZPO/*Smid* § 859 RdNr. 13; *Stein/Jonas/Brehm* (21. Aufl.) § 859 ZPO RdNr. 8; *Thomas/Putzo* § 859 ZPO RdNr. 5; *Wertenbruch* (Fn. 34) S. 560 f., 567.

[126] Das betonen im Ansatz zu Recht *Westermann* Hdb. RdNr. I 663 und *Wössner* (Fn. 124) S. 230 ff.

[127] So zutr. *Wertenbruch* (Fn. 34) S. 560; für Anteile an Publikumsgesellschaften auch *Wössner* (Fn. 124) S. 233 f.

1. Normzweck und Bedeutung. Die Vorschrift des § 720 dient dem **Schutz des Schuldners** einer der Gesellschaft nach § 718 Abs. 1 zustehenden Forderung, der von der Zugehörigkeit der Forderung zum Gesellschaftsvermögen keine Kenntnis hat. Sie erklärt die für die Forderungsabtretung geltenden Vorschriften der §§ 406 bis 408 (Erhaltung der Aufrechnungsbefugnis gegenüber dem bisherigen Gläubiger, Leistung mit befreiender Wirkung an den bisherigen Gläubiger bzw. – bei mehrfacher Abtretung – an den nichtberechtigten Dritten) für entsprechend anwendbar; ihre Bedeutung ist freilich gering (RdNr. 2). 1

Die Verweisung auf die §§ 406 bis 408 findet sich auch bei den anderen Gesamthandsgemeinschaften des BGB (vgl. §§ 1473 Abs. 2, 2019 Abs. 2). Sie knüpft an die **Vermutung des § 420** an.[1] Nach dieser Vorschrift stehen die auf teilbare Leistung gerichteten Forderungen im Falle einer Mehrheit von Gläubigern diesen im Zweifel zu gleichen Teilen zu. Ein Schuldner, der in Unkenntnis der gesamthänderischen Verbundenheit der Gläubiger Teilleistungen an einzelne Gesellschafter erbringt, würde daher Gefahr laufen, erneut an die Gesellschaft leisten zu müssen. Zu seinem Schutz sind daher die Vorschriften der §§ 406 bis 408 für entsprechend anwendbar erklärt. Da allerdings der originäre Erwerb von Gesamthandsforderungen im Wege der Geschäftsführung für die Gesellschaft nach **§ 718 Abs. 1** grundsätzlich ein Handeln namens der Gesamthand voraussetzt (§ 718 RdNr. 18), ist die Begründung neuer Gesamthandsforderungen kaum ohne Kenntnis des Schuldners von der Gesamthandszugehörigkeit vorstellbar.[2] Ist dem Vertragspartner zwar das Vorhandensein einer Personenmehrheit, nicht aber deren gesamthänderische Verbundenheit bekannt, so führt die rechtsgeschäftliche Einigung im Zweifel nur zur Entstehung von Teilforderungen.[3] Eines Schuldnerschutzes bedarf es daher regelmäßig nur beim *derivativen Erwerb* durch die Gesamthand, solange der Schuldner zwar Kenntnis vom Gläubigerwechsel, nicht dagegen auch von der gesamthänderischen Verbundenheit der neuen Gläubiger hat. In diesem Sonderfall kann die Verweisung auf die §§ 406 bis 408 praktische Bedeutung erlangen (vgl. aber auch RdNr. 4). 2

2. Analoge Anwendung auf Surrogationserwerb. Ein Bedürfnis für die Anwendung von § 720 kann sich entsprechend seinem Schutzzweck (vgl. RdNr. 1) vor allem gegenüber Forderungen ergeben, die nach **§ 718 Abs. 2** als **Surrogate** für ein zum Gesamthandsvermögen gehörendes Recht oder als Ersatz für einen zerstörten oder entzogenen Gegenstand gesamthänderischer Bindung unterliegen (§ 718 RdNr. 20 f.).[4] Insoweit kann es zu originärem Rechtserwerb durch die Gesamthand kommen, ohne dass der Schuldner hiervon Kenntnis erlangt. Er ist daher aus der Sicht des § 720 schutzbedürftig. Die fehlende Verweisung auf § 718 Abs. 2 beruht offenbar auf einem Redaktionsversehen;[5] sie steht der entsprechenden Anwendung des § 720 auf diese Fälle nicht entgegen. 3

3. Unmittelbare Anwendung der §§ 406 bis 408. Keiner Anwendung von § 720 bedarf es, wenn die Gesellschaft von einem Gesellschafter oder einem Dritten eine Forderung erwirbt, ohne dass der Schuldner von dem Erwerb Kenntnis erlangt. Zu denken ist namentlich an die Einbringung einer Forderung des Gesellschafters in das Gesamthandsvermögen im Rahmen der Beitragspflicht oder an den (Durchgangs-)Erwerb einer Forderung durch einen im eigenen Namen für Rechnung der Gesamthand handelnden Gesellschafter. Der Forderungserwerb durch die Gesellschaft vollzieht sich hier durch Abtretung; die Vorschriften der §§ 406 bis 408 greifen daher ohne die Verweisung in § 720 unmittelbar 4

[1] Vgl. Prot. II S. 434; so auch *Staudinger/Keßler* RdNr. 1.

[2] Heute einhM, vgl. § 718 RNr. 18 unter Vorbehalt der „Geschäfte, wen es angeht". Zu früheren abw. Ansichten vgl. 3. Aufl. Fn. 2.

[3] Vgl. § 718 RdNr. 18. AA RGRK/*von Gamm* RdNr. 2; *K. Schmidt* BMJ-Gutachten S. 534 f.

[4] HM, vgl. *Soergel/Hadding* RdNr. 3; *Palandt/Sprau* RdNr. 1; *Erman/Westermann* RdNr. 2; *Jauernig/Stürner* RdNr. 6; *K. Schmidt* BMJ-Gutachten S. 535; aA *Staudinger/Keßler* RdNr. 1.

[5] Der Tatbestand des Surrogationserwerbs (§ 718 Abs. 2) wurde erst während der Gesetzesberatungen in den zweiten Entwurf des BGB aufgenommen, ohne dass es in diesem Zusammenhang zu einer Diskussion um die Anpassung auch des § 720 kam (Prot. VI S. 195). Zweifelnd bezüglich eines Redaktionsversehens aber *Soergel/Hadding* RdNr. 3.

zugunsten des Schuldners ein.[6] Der Verweisung des § 720 bedarf es schließlich auch nicht in Fällen des gesetzlichen Forderungsübergangs (§§ 268 Abs. 3, 426 Abs. 2, 774 Abs. 1 u. a.) auf die Gesamthand, da insoweit bereits § 412 das Eingreifen der §§ 406 bis 408 regelt.[7]

§ 721 Gewinn- und Verlustverteilung

(1) Ein Gesellschafter kann den Rechnungsabschluss und die Verteilung des Gewinns und Verlusts erst nach der Auflösung der Gesellschaft verlangen.

(2) Ist die Gesellschaft von längerer Dauer, so hat der Rechnungsabschluss und die Gewinnverteilung im Zweifel am Schluss jedes Geschäftsjahrs zu erfolgen.

Übersicht

	RdNr.
I. Der gesetzliche Regelfall des Abs. 1	1–3
1. Normzweck	1
2. Anwendungsbereich	2, 3
II. Die jährliche Gewinnverteilung (Abs. 2)	4–14
1. Allgemeines	4, 5
2. Rechnungsabschluss	6, 7
3. Gewinnverteilung	8–10
4. Gewinnanspruch	11, 12
5. Entnahmen und Beschränkungen	13, 14

I. Der gesetzliche Regelfall des Abs. 1

1 **1. Normzweck.** Die GbR ist vom Gesetzgeber als typische *Gelegenheitsgesellschaft* von vorübergehender Dauer konzipiert (Vor § 705 RdNr. 86 f.). Dementsprechend ist in § 721 Abs. 1 abweichend von § 120 Abs. 1 HGB als Regelfall die Gewinn- und Verlustverteilung nicht zum Ende jedes Geschäftsjahres vorgesehen, sondern nur *einmalig* nach Auflösung der Gesellschaft. Für diesen Zeitraum gelten aber nicht mehr die allgemeinen Normen des GbR-Rechts, sondern die besonderen Liquidationsvorschriften der §§ 730 ff. Nach ihnen richtet sich daher auch die in Abs. 1 genannte Gewinn- und Verlustverteilung (vgl. Näheres bei §§ 733 bis 735).[1] Funktion und Bedeutung von **§ 721 Abs. 1** beschränken sich in derartigen Fällen somit darauf, einen *Anspruch auf Rechnungsabschluss und Gewinnverteilung vor Auflösung der Gelegenheitsgesellschaft auszuschließen;* Entsprechendes gilt für die Aufteilung eines etwaigen Verlustes. Zu dem von § 721 Abs. 1 zu unterscheidenden, gegen die Geschäftsführer gerichteten Anspruch der Gesamtheit der Mitgesellschafter auf Rechnungslegung nach §§ 713, 666 und zu seiner Abgrenzung gegenüber dem Individualanspruch auf Rechnungsabschluss nach § 721 Abs. 1 vgl. § 713 RdNr. 8 ff.

2 **2. Anwendungsbereich.** Die **Abgrenzung** zwischen einmaliger und jährlicher (Abs. 2) Gewinnverteilung entspricht derjenigen zwischen Gelegenheits- und Dauergesellschaft (Vor § 705 RdNr. 87 f.). Maßgebend hierfür ist in erster Linie der *Gesellschaftszweck.*[2] Dauergesellschaften mit jährlichem Rechnungsabschluss sind namentlich bei Zusammenschlüssen anzunehmen, die *Erwerbszwecken* dienen, darunter solchen zwischen Freiberuflern, Minderkaufleuten oder Landwirten (Vor § 705 RdNr. 88). Geht es dagegen um Durchführung sowie Abwicklung eines oder einer begrenzten Anzahl von Einzelgeschäften auf gemeinsame Rechnung (vgl. Beispiele Vor § 705 RdNr. 87), so handelt es sich im Zweifel um eine nach § 721 Abs. 1 zu beurteilende Gelegenheitsgesellschaft.

3 Die Vorschrift des § 721 Abs. 1 ist **dispositiv.** Daher kann zwischen den Gesellschaftern auch im Fall von Gelegenheitsgesellschaften periodische oder an bestimmte Geschäftsvorfälle

[6] *Soergel/Hadding* RdNr. 1; *Erman/Westermann* RdNr. 1; RGRK/*von Gamm* RdNr. 1; aA *Jauernig/Stürner* RdNr. 6 (zur mittelbaren Stellvertretung).

[7] Für entsprechende Anwendung des § 720 aber *Soergel/Hadding* RdNr. 4.

[1] So auch *Staudinger/Keßler* RdNr. 2; RGRK/*von Gamm* RdNr. 2.

[2] *Soergel/Hadding* Vor § 705 RdNr. 27; auf die tatsächlichen Verhältnisse abstellend aber *Staudinger/Keßler* RdNr. 6; RGRK/*von Gamm* RdNr. 2.

anknüpfende Gewinnverteilung vereinbart werden.[3] Insoweit greifen dann die für die Anwendung von Abs. 2 maßgebenden Grundsätze ein (RdNr. 4 ff.). Handelt es sich um eine *Gelegenheitsgesellschaft von längerer,* ein Geschäftsjahr deutlich überschreitender *Dauer,* mit der die Erzielung laufender Einkünfte angestrebt wird, so wird vielfach die Vertragsauslegung dazu führen, dass die Beteiligten die Gewinnverteilung und -ausschüttung nicht bis zur Auflösung der Gesellschaft zurückstellen wollten.[4] Zu denken ist etwa an eine für ein mehrjähriges Großprojekt gegründete, nach außen im eigenen Namen und auf eigene Rechnung handelnde Arbeitsgemeinschaft.

II. Die jährliche Gewinnverteilung (Abs. 2)

1. Allgemeines. Zur Abgrenzung des Anwendungsbereichs von **§ 721 Abs. 2** betr. Gesellschaften von längerer Dauer von demjenigen des Abs. 1 vgl. schon RdNr. 2. Die in Abs. 2 geregelten Ansprüche auf Rechnungsabschluss und auf Gewinnverteilung sind zwar beide *mitgliedschaftlicher Natur* und stehen daher jedem Gesellschafter zu. Sie unterscheiden sich jedoch nicht nur hinsichtlich ihres Inhalts, sondern auch in Bezug auf die Durchsetzung deutlich voneinander. So richtet sich der Anspruch auf **Rechnungsabschluss** gegen die Geschäftsführer, soweit es um die Bilanz*aufstellung* (RdNr. 6) geht,[5] im Übrigen – hinsichtlich der Zustimmung zur Bilanzfeststellung (RdNr. 8) – gegen alle der Feststellung widersprechenden bzw. die Zustimmung verweigernden Mitgesellschafter.[6] In beiden Fällen besteht keine notwendige Streitgenossenschaft.[7] Als von § 717 S. 1 erfasste Verwaltungsrechte können diese Ansprüche nicht selbstständig abgetreten werden (§ 717 RdNr. 7, 16); sie stehen daher auch keinem Zessionar des Gewinnanspruchs zu (§ 717 RdNr. 40). Demgegenüber ist der Anspruch auf **Auszahlung des Gewinns** (RdNr. 11) während der Gesellschaftsdauer nur gegen die Gesellschaft geltend zu machen;[8] seine Entstehung setzt im Unterschied zum Anspruch auf Gewinnverteilung die Feststellung des Jahresabschlusses (Bilanz sowie Gewinn- und Verlustrechnung) voraus.[9] Die Ansprüche aus § 721 Abs. 2 greifen auch bei Innengesellschaften ohne Gesamthandsvermögen ein; Abweichungen kommen dort nur für den gesetzlichen Gewinnverteilungsschlüssel in Betracht (§ 722 RdNr. 4). 4

Einer *besonderen Vereinbarung* über die jährliche anstelle der einmaligen Ergebnisverteilung bedarf es bei Dauergesellschaften iS von § 721 Abs. 2 *nicht;* das Eingreifen der Vorschrift ergibt sich vielmehr unmittelbar aus der durch den Gesellschaftszweck geprägten Gesellschaftsstruktur (RdNr. 2). In **Abweichung von Abs. 2** können die Gesellschafter aber andere Perioden für Rechnungsabschluss und Gewinnverteilung vereinbaren (vgl. auch RdNr. 3). Es kann auch die Zahlung einer am voraussichtlichen Geschäftserfolg orientierten Vorausdividende oder fester Zinsen auf die Einlagen zu Lasten des Ergebnisses vereinbart werden.[10] Zur Geschäftsführervergütung als besonderer Fall der Gewinnverteilung und ihrer Auszahlung vgl. näher § 709 RdNr. 32 ff. 5

2. Rechnungsabschluss. Insoweit geht es um die **Bilanzaufstellung** sowie die Aufstellung einer den Verhältnissen der GbR angepassten Gewinn- und Verlustrechnung (GuV) 6

[3] RGZ 95, 147, 152 (Gewinnverteilung nach Durchführung jedes auf gemeinsame Rechnung getätigten Geschäfts); *Erman/Westermann* RdNr. 1.

[4] RG JR 1927 Nr. 1388; RGRK/*von Gamm* RdNr. 2, 3.

[5] BGH BB 1980, 121, 122; WM 1983, 1279, 1280; OLG Saarbrücken NZG 2002, 669, 670; *Schlegelberger/Martens* HGB § 120 RdNr. 8; *Staub/Ulmer* HGB § 120 RdNr. 21; *Bormann/Hellberg* DB 1997, 2415.

[6] So zutr. BGH NJW 1999, 571, 572 unter Hinweis auf BGH WM 1990, 309 (die Gesellschaftsgrundlagen betr. Streit zwischen Gesellschaftern); der Sache nach auch BGHZ 132, 263, 274 ff. = NJW 1996, 1678; ebenso *Staub/Ulmer* HGB § 120 RdNr. 21.

[7] BGH NJW 1999, 571, 572; offen lassend noch BGH WM 1983, 1279, 1280; aA *Schlegelberger/Martens* HGB § 120 RdNr. 8.

[8] BGH WM 1960, 187 f.; RGZ 120, 135, 137; bei nicht selbst parteifähiger GbR genügt dazu Klage gegen den alleinigen Mitgesellschafter, da der Kläger sich nicht selbst verklagen muss (RGZ 170, 392, 395; zur Vollstreckung in diesen Fällen vgl. § 718 RdNr. 56).

[9] BGHZ 80, 357, 358 = NJW 1981, 2563. Vgl. dazu RdNr. 8, 11.

[10] Vgl. Fn. 3.

als Grundlage für die Ermittlung und Verteilung des periodengerechten Ertrags. Die Pflicht zur Aufstellung von Bilanz und GuV obliegt den **Geschäftsführern.**[11] Sie sind dabei zwar nicht unmittelbar an die Regelungen der §§ 238 ff. HGB sowie die im Handelsrecht maßgebenden *Grundsätze ordnungsgemäßer Buchführung* (GoB) gebunden.[12] Die GoB bilden jedoch im Zweifel auch für die GbR die am besten geeignete Rechnungsgrundlage, wenn sie nicht sogar ausdrücklich oder stillschweigend im Gesellschaftsvertrag als maßgebend vereinbart wurden. Die Aufstellung hat innerhalb der einem ordnungsgemäßen Geschäftsgang entsprechenden Frist zu erfolgen.[13] Zur Pflicht, Geschäftsbücher zu führen, vgl. § 713 RdNr. 10 f.

7 **Streitigkeiten** über die Bilanzaufstellung sind unmittelbar zwischen den beteiligten Gesellschaftern auszutragen (RdNr. 4); eine Klage gegen die Gesellschaft scheidet aus. Soweit es um Einwände gegen die inhaltliche Richtigkeit der Bilanz geht, betreffen diese allerdings nicht die Bilanzaufstellung. Sie bleiben der Bilanzfeststellung vorbehalten, an der alle Gesellschafter beteiligt sind (RdNr. 8). Bei Streitigkeiten hierüber besteht keine notwendige Streitgenossenschaft zwischen Klägern bzw. Beklagten.[14]

8 **3. Gewinnverteilung.** Sie erfolgt durch **Bilanzfeststellung** unter Anwendung des nach Gesetz oder Gesellschaftsvertrag maßgebenden Gewinnverteilungsschlüssels (§ 722 RdNr. 1, 5). Dabei handelt es sich nicht um ein abstraktes, sondern um ein *kausales* Schuldanerkenntnis bzw. einen **Feststellungsvertrag**[15] **zwischen allen Gesellschaftern.**[16] Er dient dazu, die Bilanzwerte als Grundlage der Gewinnverteilung zwischen den Gesellschaftern verbindlich festzulegen. Damit bildet er zugleich die notwendige Voraussetzung für die Entstehung und Fälligkeit der jeweiligen Gewinnansprüche, soweit der Gesellschaftsvertrag nicht Abweichendes regelt.[17]

9 Der Beschluss über die Bilanzfeststellung bedarf der **Einstimmigkeit,** wenn der Gesellschaftsvertrag keine Mehrheitsklausel für Grundlagengeschäfte enthält.[18] Die Mitwirkungspflicht der Gesellschafter hieran folgt – als Ausprägung der gesellschaftsvertraglichen Treupflicht – aus der Bedeutung der Bilanzfeststellung nicht nur für Gewinnermittlung und Entstehung der Gewinnansprüche, sondern auch als Grundlage künftiger Rechnungsabschlüsse.[19] Sie kann gegenüber widersprechenden oder untätigen Gesellschaftern gerichtlich durchgesetzt werden, wobei die Gerichte in diesem Rahmen gegebenenfalls auch über umstrittene Bilanzansätze zu entscheiden haben (vgl. RdNr. 7). Dem Zessionar des Gewinnanspruchs steht ein Mitwirkungsrecht an der Bilanzfeststellung nicht zu (§ 717 RdNr. 40).[20]

10 Eine **Verlustverteilung** iS einer *Nachschusspflicht* ist in § 721 Abs. 2 im Unterschied zu Abs. 1 **nicht** vorgesehen. Das erklärt sich aus der Vorschrift des § 707; sie schließt Beitrags-

[11] BGH BB 1980, 121, 122 und 695, 696; *Schulze-Osterloh* BB 1980, 1402, 1404 m. weit. Nachw.

[12] Die Vorschrift des § 262 aF HGB, die die Geltung der §§ 238 ff. HGB auf die nach § 2 aF HGB eintragungspflichtigen Unternehmen ausdehnte, ist durch das HRefG 1998 gestrichen worden.

[13] So § 243 Abs. 3 HGB für die handelsrechtliche Bilanzierungspflicht, vgl. dazu *Baumbach/Hopt* HGB § 243 RdNr. 10.

[14] Vgl. Fn. 7.

[15] Dazu *Kübler,* Feststellung und Garantie, 1967, S. 90 f.

[16] Vgl. dazu näher § 781 RdNr. 19 ff. sowie *Ulmer,* FS Hefermehl, 1976, S. 207, 214 f. und *Staub/Ulmer* HGB § 120 RdNr. 19; so auch BGHZ 132, 263, 266 = NJW 1996, 1678; *Zunft* NJW 1959, 1945, 1946; *Schulze-Osterloh* BB 1980, 1402, 1404; *Schlegelberger/Martens* HGB § 120 RdNr. 5; *Erman/Westermann* RdNr. 2. Die von einem abstrakten, zur Begründung neuer Verbindlichkeiten führenden Schuldanerkenntnis ausgehende Gegenansicht (vgl. BGH WM 1960, 187, 188; *Rob. Fischer* in Großkomm. zum HGB, 3. Aufl., § 120 Anm. 11; *Hueck* OHG § 17 I 4 S. 243) ist heute überholt.

[17] BGHZ 80, 357, 358 = NJW 1981, 2563; BGHZ 132, 263, 266 = NJW 1996, 1678; RGZ 112, 19, 23; *Schlegelberger/Martens* HGB § 121 RdNr. 6; *Staub/Ulmer* HGB § 120 RdNr. 17; *Hueck* OHG § 17 III 3 S. 252; *Ulmer* (Fn. 16) S. 207, 215.

[18] BGHZ 132, 263, 266 = NJW 1996, 1678; dort auch Näheres zur Aufteilung der Kompetenzen für Rechnungslegung und Gewinnermittlung in der KG zwischen Geschäftsführern und sonstigen Gesellschaftern.

[19] *Schlegelberger/Martens* HGB § 120 RdNr. 8; *Staub/Ulmer* HGB § 120 RdNr. 16 ff., 20, und schon *Ulmer* (Fn. 16) S. 211; vgl. auch BGHZ 80, 357, 358 = NJW 1981, 2563.

[20] BGH WM 1983, 1279, 1280.

erhöhungen während der Gesellschaftsdauer ohne entsprechende Vertragsänderung aus. Nachschüsse der Gesellschafter können nach Maßgabe von § 735 erst im Zuge der Liquidation verlangt werden. Dagegen schließt § 721 Abs. 2 eine *Ermittlung* des Verlustes und dessen Aufteilung auf die Kapitalkonten der Gesellschafter nach Maßgabe des Verlustverteilungsschlüssels (§ 722 RdNr. 3 f.) im Rahmen der Bilanzfeststellung nicht aus.[21]

4. Gewinnanspruch. Der **Anspruch auf Auszahlung des Gewinns** für das abgelaufene Geschäftsjahr richtet sich gegen die Gesellschaft, nicht aber gegen die Mitgesellschafter persönlich (RdNr. 4). Er *entsteht* nicht bereits zum Ende des Geschäftsjahrs, sondern erst *mit dem Beschluss über die Bilanzfeststellung* (RdNr. 8), da regelmäßig erst zu diesem Zeitpunkt die für die Gewinnermittlung maßgebenden Werte festliegen.[22] Erst von da an kann er auch geltend gemacht werden, soweit die Gewinnentnahme nicht vertraglich beschränkt ist (RdNr. 14). Nach §§ 195, 199 Abs. 1 unterliegt der Anspruch der regelmäßigen, mit dem Schluss des Entstehungsjahrs beginnenden *Verjährungsfrist* von drei Jahren.[23] Zu Entnahmebeschränkungen vgl. RdNr. 14. 11

Die **Abtretung** des Gewinnanspruchs als *künftiger* Anspruch ist zwar schon vor dessen jeweiliger Entstehung möglich; ihre Wirksamkeit steht aber unter dem Vorbehalt, dass der Zedent im Zeitpunkt der Anspruchsentstehung seinen Anteil noch nicht veräußert hat (§ 717 RdNr. 31). Zu Möglichkeit und Voraussetzungen einer Verpfändung der Mitgliedschaft, um dem Pfandgläubiger die Anwartschaft auf den künftigen Gewinnanspruch zu sichern, vgl. § 719 RdNr. 51 ff. 12

5. Entnahmen und Beschränkungen. Einen Anspruch auf **gewinnunabhängige Entnahmen** oder Vorschriften über Entnahmebeschränkungen kennt das Recht der GbR nicht; § 122 Abs. 1 HGB ist nicht etwa analog anwendbar.[24] Wohl aber können Vereinbarungen hierüber im Gesellschaftsvertrag getroffen werden.[25] So finden sich gewinnunabhängige Entnahmerechte namentlich im Zusammenhang mit Bestimmungen über eine Geschäftsführervergütung (§ 709 RdNr. 32 ff.). 13

Der Gesellschaftsvertrag kann auch **Beschränkungen der Gewinnentnahme** vorsehen. Mehrheitsbeschlüsse hierüber haben sich, auch wenn sie im Gesellschaftsvertrag ausdrücklich zugelassen sind, an der Treupflicht und am Gleichbehandlungsgrundsatz zu orientieren (§ 705 RdNr. 229, 250, § 709 RdNr. 100 f.). Auch ohne derartige Klauseln kann sich je nach finanzieller Lage der Gesellschaft im Einzelfall aus der Treupflicht die Verpflichtung der Gesellschafter ergeben, Teile des Gewinns in der Gesellschaftskasse zu belassen;[26] eine versteckte Beitragserhöhung darf sich mit dem Treupflichteinwand aber nicht verbinden (§ 707).[27] Der Treupflichteinwand kann nach § 404 auch dem Zessionar entgegengesetzt werden. Stehengelassene Gewinne erhöhen entgegen § 120 Abs. 2 HGB nicht die Kapitalanteile der Gesellschafter, wenn diese nicht einstimmig oder mit den für Vertragsänderungen erforderlichen Mehrheiten (§ 709 RdNr. 84 ff.) Abweichendes beschließen.[28] Dementsprechend können Ansprüche auf den Gewinn des vergangenen Geschäftsjahrs grundsätzlich auch noch nach Feststellung des Abschlusses für das folgende Geschäftsjahr geltend gemacht werden.[29] 14

[21] So auch *Erman/Westermann* RdNr. 2; anders wohl *Soergel/Hadding* RdNr. 7 und *Staudinger/Keßler* RdNr. 3, 4, die der Auseinandersetzungsbilanz offenbar auch die rechnerische Verlustaufteilung vorbehalten wollen.

[22] Vgl. die Nachw. in Fn. 17.

[23] Vgl. Bd. 1 a § 195 RdNr. 6; *Palandt/Heinrichs* § 195 RdNr. 3; *Palandt/Sprau* § 721 RdNr. 2. Zur früher geltenden dreißigjährigen Regelverjährung vgl. BGHZ 80, 357, 359 = NJW 1981, 2563 und die Nachw. in 3. Aufl. Fn. 22.

[24] So aber *K. Schmidt* GesR § 58 V 2 für die Mitunternehmer-GbR.

[25] Vgl. BGH NJW-RR 1994, 996: Entnahmerecht nur bei entspr. Vereinbarung.

[26] BGHZ 132, 263, 276 = NJW 1996, 1678.

[27] RGRK/*von Gamm* RdNr. 3; *Rob. Fischer,* FS Barz, 1974, S. 33, 45 f.; so, freilich unter Abstellen auf einen von § 169 HGB abweich. hypothetischen Parteiwillen, auch BGH BB 1973, 999 zur Entnahmebeschränkung eines Kommanditisten.

[28] *Soergel/Hadding* RdNr. 5; *Staudinger/Keßler* RdNr. 5, *Palandt/Sprau* RdNr. 4.

[29] Anders das Entnahmerecht nach § 122 HGB, vgl. *Staub/Ulmer* HGB § 122 RdNr. 10.

§ 722 Anteile am Gewinn und Verlust

(1) Sind die Anteile der Gesellschafter am Gewinn und Verlust nicht bestimmt, so hat jeder Gesellschafter ohne Rücksicht auf die Art und die Größe seines Beitrags einen gleichen Anteil am Gewinn und Verlust.

(2) Ist nur der Anteil am Gewinn oder am Verlust bestimmt, so gilt die Bestimmung im Zweifel für Gewinn und Verlust.

I. Inhalt der Vorschrift

1 **1. Grundlagen.** § 722 schreibt in **Abs. 1** als Maßstab für die Verteilung von Gewinn und Verlust die **Aufteilung nach Köpfen** vor (zum Beschluss über die Gewinnverteilung und zum Gewinnanspruch vgl. § 721 RdNr. 8 ff.). Der Gesellschaftsvertrag kann jedoch – und wird häufig – abweichende Vereinbarungen enthalten (dazu RdNr. 5 f.). Ebenso wie § 706, der in Abs. 1 mangels abweichender Vereinbarung gleiche Beitragsleistungen vorsieht, ist auch § 722 Abs. 1 Ausdruck des gesellschaftsrechtlichen Gleichbehandlungsgrundsatzes (§ 705 RdNr. 244 ff.).

2 Sind die **Beitragspflichten unterschiedlich** ausgestaltet, so reicht dieser Umstand für sich genommen zwar nicht schon aus, um zu einer von § 722 Abs. 1 abweichenden Ergebnisverteilung zu kommen;[1] anderes gilt im Zweifel für die Zusammenarbeit zwischen gewerblichen Unternehmern (vgl. RdNr. 6). Die unterschiedliche Beitragshöhe kann aber je nach Fallgestaltung, namentlich bei unvorhersehbaren Änderungen in Bezug auf die Beitragsleistung oder ihre Wertverhältnisse, Anlass zu einer ergänzenden Vertragsauslegung geben oder einen Anspruch auf Vertragsänderung begründen.[2] Unterschiedlichen Zeitpunkten der Erbringung der vereinbarten Beiträge ohne entsprechend unterschiedliche Fälligkeitsregelungen im Gesellschaftsvertrag kann auch ohne generelle Vertragsänderung durch vorübergehende Differenzierung des Gewinnverteilungsschlüssels Rechnung getragen werden (§ 705 RdNr. 250).

3 Nach der **Auslegungsregel des Abs. 2** stimmen *Gewinn- und Verlustanteil* mangels abweichender Vereinbarung überein; die Vorschrift greift ein, wenn der Gesellschaftsvertrag Vereinbarungen nur entweder über die Gewinn- oder die Verlustbeteiligung enthält. Die Teilnahme jedes Gesellschafters nicht nur an den Gewinnen, sondern auch an den Verlusten der Gesellschaft entspricht zwar gesetzlicher Regel; sie ist aber keine notwendige Voraussetzung für das Vorliegen einer Gesellschaft.[3]

4 **2. Sonderfälle.** Die Vorschrift des § 722 bezieht sich grundsätzlich auf alle Arten von GbR, auch die Innengesellschaft.[4] Eine Abweichung ist entsprechend § 231 Abs. 1 HGB allerdings insoweit veranlasst, als es um die Ergebnisbeteiligung in der **stillen Gesellschaft** und bei der **Unterbeteiligung** geht. Wegen der Vergleichbarkeit der Interessenlage kommt dem nach § 231 Abs. 1 HGB geltenden, auf eine *angemessene* Gewinn- und Verlustbeteiligung des Stillen abstellenden flexiblen Maßstab auch in denjenigen Fällen

[1] So auch BGH LM Nr. 1 = NJW 1982, 2816, 2817.

[2] Vgl. dazu § 705 RdNr. 245 sowie – für die Anpassung von Geschäftsführervergütungen an Kaufkraftänderungen u. a. – § 709 RdNr. 36; eine Anpassung in concreto verneinend BGH WM 1998, 1020, 1025 (Künstler-GbR mit unterschiedlichem Gewicht der jeweils eingebrachten Nutzungsrechte). Zur Frage des zivilrechtlichen Ausgleichs der Steuerbelastungen zwischen Gesellschaftern bei steuerrechtlicher Nichtanerkennung gesellschaftsvertraglicher Gewinnverteilungsabreden vgl. *Felix/Streck* DB 1975, 2213.

[3] Ganz hM, vgl. BGH WM 1967, 346, 347; BAG NJW 1993, 2458, 2460; *Soergel/Hadding* Vor § 705 RdNr. 11; *Staudinger/Keßler* RdNr. 1; RGRK/*von Gamm* RdNr. 3; so auch *Jud,* FS Wilburg, 1975, S. 119, 133 und *Müller-Gugenberger,* Gedächtnisschrift für Rödig, 1978, S. 274, 280, jeweils m. weit. Nachw. auch zu Gegenmeinungen; aA *Schulze-Osterloh,* Der gemeinsame Zweck der Personengesellschaften, 1973, S. 25 f.

[4] HM, vgl. BGH WM 1967, 346, 347; NJW-RR 1990, 736 (Ehegatten-Innengesellschaft); RGZ 147, 112, 113; *Soergel/Hadding* RdNr. 2; *Staudinger/Keßler* RdNr. 6; *Erman/Westermann* RdNr. 2. Für analoge Anwendung von § 121 HGB auf Mitunternehmer-GbR dagegen *K. Schmidt* GesR § 59 III 4, § 58 V 2.

einer Innengesellschaft der Vorrang vor der Aufteilung nach Köpfen zu, in denen eine unmittelbare Anwendung dieser Vorschrift wegen Fehlens einer der in § 230 HGB genannten Voraussetzungen ausscheidet (vgl. Vor § 705 RdNr. 98 und § 705 RdNr. 287).[5]

II. Abweichende Vereinbarungen

Sie sind im Rahmen der allgemeinen Schranken der Vertragsfreiheit (§ 705 RdNr. 132 ff.) grundsätzlich beliebig möglich. Verbreitet ist namentlich die **Ergebnisverteilung entsprechend** der jeweiligen **Einlagenhöhe** (dem Kapitalanteil) sowie die Gewährung eines festen oder variablen Gewinnvoraus als **Geschäftsführervergütung** (§ 709 RdNr. 32 ff.). Zulässig ist auch die Zusage eines garantierten Mindestgewinns an bestimmte Gesellschafter[6] oder die Anwendung unterschiedlicher Schlüssel für Gewinn- und Verlustverteilung. Ist im Gesellschaftsvertrag die Bestimmung des jeweiligen Gewinn- und/oder Verlustanteils einem der Gesellschafter überlassen worden, finden §§ 315 ff. Anwendung. Im Einzelfall kann nicht nur die Verlust- (RdNr. 3), sondern auch die *Gewinnbeteiligung* einzelner Gesellschafter ganz *ausgeschlossen* werden.[7] Entgegen einer zumal für Personenhandelsgesellschaften auch heute noch wiederholt anzutreffenden Ansicht bildet sie kein notwendiges oder unverzichtbares Mitgliedschaftsrecht (vgl. Näheres in § 705 RdNr. 149 ff.). 5

Für die Anforderungen an das **Zustandekommen** abweichender Gewinn- und Verlustverteilungsabreden und für ihre **Auslegung** gelten die allgemeinen Grundsätze (§ 705 RdNr. 20 ff., 171 ff.).[8] Die Vereinbarungen hierüber können ausdrücklich oder konkludent getroffen werden; sie können sich aber auch auf Grund ergänzender Vertragsauslegung ergeben.[9] *Konkludente Abreden* sind namentlich anzunehmen im Falle von kapitalistisch strukturierten Beteiligungen oder bei aus sonstigen Gründen erkennbar an der jeweiligen Beteiligungshöhe ausgerichteten Gesellschaftsanteilen. Das gilt insbesondere für Gesellschaften zwischen Unternehmern mit erwerbswirtschaftlichem Zweck, wenn der Umfang der Beitragsleistungen sich an der tatsächlichen Geschäftsentwicklung orientiert; mangels abweichender Umstände ist insoweit davon auszugehen, dass sich auch Gewinn- und Verlustanteil entsprechend kaufmännischen Grundsätzen nach dem jeweiligen Tätigkeitsbeitrag und den eingesetzten Vermögenswerten richten sollen.[10] Erfolgt die Gewinnverteilung im Einverständnis aller Gesellschafter lange Jahre hindurch abweichend vom vertraglichen Verteilungsschlüssel, so begründet das die tatsächliche Vermutung für eine entsprechende *Vertragsänderung.* Wer sich demgegenüber auf die ursprüngliche Abrede beruft, ist für deren Fortgeltung beweispflichtig.[11] Zu den Schranken von Mehrheitsklauseln über Änderungen der Gewinn- und Verlustverteilung vgl. § 709 RdNr. 91 f. 6

[5] Ebenso *Soergel/Hadding* RdNr. 2. Vgl. auch *Erman/Westermann* RdNr. 2: für entsprechende Anwendung von § 232 Abs. 2 HGB (beschränkte Verlustbeteiligung) auf eine der stillen Gesellschaft nachgebildete GbR, in der der stille Gesellschafter keinen Einfluss auf die Geschäftstätigkeit nimmt.

[6] BGH WM 1989, 1850, 1851.

[7] Vgl. näher § 705 RdNr. 149 f.; ebenso *Soergel/Hadding* RdNr. 3; *Schlegelberger/Martens* HGB § 121 RdNr. 11; *Jauernig/Stürner* RdNr. 6.

[8] Vgl. dazu *Jud,* FS Wilburg, 1975, S. 119, 122 ff.

[9] So zu Recht BGH LM Nr. 1 = NJW 1982, 2816, 2817; BGH NJW-RR 1990, 736.

[10] BGH LM Nr. 1 = NJW 1982, 2816, 2817 zur Arge; *Soergel/Hadding* RdNr. 3.

[11] BGH LM HGB § 105 Nr. 22 = NJW 1966, 826 (trotz Nichteinhaltung der für Vertragsänderungen vorgesehenen Form); allg. zu konkludenten Vertragsänderungen und entgegenstehenden Formvorschriften vgl. § 705 RdNr. 50 f., 56.

Vorbemerkung

Übersicht

	RdNr.
I. Die Regelungen der §§ 723 bis 740	1–4
II. Auflösung und Beendigung	5–11
1. Umwandlung in Abwicklungsgesellschaft	5–7
2. Ausnahmefälle sofortiger Vollbeendigung	8–10
3. Rückumwandlung in werbende Gesellschaft	11
III. Auflösungsgründe	12–21
1. Gesetzliche	12
2. Sonstige	13–21
a) Zeitablauf	14–16
b) Vereinigung aller Anteile	17
c) Gesellschafterbeschluss	18–20
d) Auflösende Bedingung	21
IV. Auflösungsfolgen	22–24
1. Im Innenverhältnis	22
2. Gegenüber Dritten	23, 24
V. Streitigkeiten	25

I. Die Regelungen der §§ 723 bis 740

1 Mit § 723 beginnt sachlich ein **neuer Abschnitt** im Recht der GbR, auch wenn die Einteilung äußerlich nicht hervortritt. Während die Vorschriften der §§ 705 bis 722 sich mit den Grundbegriffen des Personengesellschaftsrechts sowie mit den Rechtsverhältnissen zwischen den Gesellschaftern und gegenüber Dritten für die Dauer der *werbenden* GbR beschäftigen, sind die Rechtsfragen der *Auflösung* der GbR und ihrer Folgen sowie des Ausscheidens einzelner Gesellschafter in den §§ 723 bis 740 geregelt. Im Einzelnen lassen sich dabei drei Normengruppen unterscheiden (RdNr. 2 bis 4).

2 Die **gesetzlichen Auflösungsgründe** finden sich in **§§ 723 bis 728**; sie sind nicht erschöpfend (RdNr. 13). Unter ihnen ist der wichtigste derjenige der *Kündigung.* Dabei unterscheidet das Gesetz zwischen der ordentlichen Kündigung unbefristeter oder ihnen gleichzustellender Gesellschaften (§§ 723 Abs. 1 S. 1, 724), der Kündigung aus wichtigem Grund (§ 723 Abs. 1 S. 2 und 3) und der Kündigung durch den Pfändungspfandgläubiger (§ 725). *Weitere* gesetzliche Auflösungsgründe bilden das Erreichen oder Unmöglichwerden des Gesellschaftszwecks (§ 726), der Tod eines Gesellschafters (§ 727) sowie die Eröffnung des Insolvenzverfahrens über das Vermögen der Gesellschaft oder eines Gesellschafters (§ 728). Zu den sonstigen Auflösungsgründen vgl. RdNr. 14 ff.

3 Eine zweite Normengruppe bilden die **Vorschriften über die Abwicklungsgesellschaft.** Zu ihnen zählen in erster Linie die **§§ 730 bis 735.** Sie betreffen die Auseinandersetzung der aufgelösten Gesellschaft einschließlich der Ergebnisverteilung unter den Gesellschaftern und gehen insoweit den allgemeinen Vorschriften der §§ 705 ff. vor. Hierher gehört aber auch die Bestimmung des **§ 729.** Ihre systematisch ungewöhnliche Einordnung vor der Grundnorm des § 730 erklärt sich aus ihrem auf vorübergehenden Fortbestand der Geschäftsführungsregelungen der werbenden Gesellschaft gerichteten Inhalt; er verleiht der Vorschrift eine Art Übergangscharakter.

4 Den Abschluss bilden als dritte Normengruppe die Vorschriften über das **Ausscheiden eines Gesellschafters** unter Fortsetzung der Gesellschaft zwischen den übrigen, **§§ 736 bis 740.** Sie regeln die Voraussetzungen des einseitigen Ausscheidens (§§ 736 Abs. 1, 737) und die damit verbundenen Fragen der Haftungsfortdauer (§ 736 Abs. 2) sowie der Abfindungsfolgen (§§ 738 bis 740). Systematisch enthalten sie Abweichungen sowohl gegenüber den Regelungen über die Auflösung als auch gegenüber denjenigen über die sich anschließende Auseinandersetzung. Die Rechtsverhältnisse innerhalb der von den Mitgesellschaftern als werbende fortgesetzten Gesellschaft richten sich nach den allgemeinen Vorschriften der §§ 705 bis 722.

II. Auflösung und Beendigung

1. Umwandlung in Abwicklungsgesellschaft. Als Dauerschuldverhältnis mit Gesamt- 5
handsvermögen und sonstigen organisationsrechtlichen Elementen (§ 705 RdNr. 155 ff.) wird die Gesellschaft im Regelfall nicht etwa durch Erfüllung (Zweckerreichung) oder Zeitablauf beendet. Auch wenn sie für eine befristete Zeit eingegangen ist, führt der Zeitablauf doch nur zur Auflösung (RdNr. 15); anschließend muss sie nach Maßgabe der §§ 730 ff. oder der hiervon abweichenden Vertragsvereinbarungen **abgewickelt** werden. Entsprechendes gilt in den Fällen, in denen die Auflösung nicht durch Zeitablauf, sondern aus anderen Gründen eintritt (zu den Ausnahmen sofortiger Vollbeendigung vgl. RdNr. 8 ff.). Bis zur vollständigen Durchführung der Abwicklung, dh. der Verteilung des gesamten Gesellschaftsvermögens, nicht notwendig aber der Erfüllung der Gesellschaftsverbindlichkeiten und der Ausgleichung der gegenseitigen Vermögensansprüche der Mitglieder (§ 730 RdNr. 38), besteht die Gesellschaft somit fort. Eine Änderung ihrer Identität, ihrer Rechtsfähigkeit oder ihres Mitgliederbestands wird durch die Auflösung als solche nicht bewirkt; der Fortbestand ist auch nicht etwa ein nur fiktiver.[1] Die *Vollbeendigung der Gesellschaft* unter Wegfall der gesellschaftsvertraglichen Bindung tritt erst mit dem Abschluss der Liquidation ein.

Das **Wesen der Auflösung** lässt sich somit bestimmen als eine *zur Zweckänderung führende* 6
Vertragsumgestaltung. Je nach Art des Auflösungsgrundes kann die Auflösung im Wege einvernehmlicher Vertragsänderung (RdNr. 18), durch einseitige Gestaltungserklärung (§§ 723 bis 725) oder durch objektive Umstände (§§ 726 bis 728) bewirkt werden. Anstelle des werbenden, auf die Verwirklichung der mit der Gesellschaft verfolgten Ziele gerichteten gemeinsamen Zwecks tritt der **Abwicklungszweck.** Zugleich ändern sich damit die Rechte und Pflichten der Beteiligten. Rückständige Beiträge können nur noch insoweit eingefordert werden, als es für die Zwecke der Abwicklung erforderlich ist (vgl. Näheres in § 730 RdNr. 26 ff.). Die Geschäftsführung geht nach dispositivem Recht (§ 730 Abs. 2 S. 2) auf alle Gesellschafter als Liquidatoren über.

Die Regelungen über Auflösung und Beendigung gelten grundsätzlich für jede in Vollzug 7
gesetzte Gesellschaft (zum Begriff des Vollzugs vgl. § 705 RdNr. 331). Eine rückwirkende Vernichtung scheidet in diesen Fällen aus. Das gilt namentlich auch für die **fehlerhafte Gesellschaft;** sie kann trotz bestehender Anfechtungs- oder Nichtigkeitsgründe regelmäßig nur durch Kündigung und anschließende Liquidation beendet werden (§ 705 RdNr. 323 ff.). Aus den gleichen Gründen wandelt sich ein gesetzliches oder vertragliches **Rücktrittsrecht** nach Invollzugsetzung der Gesellschaft in ein Kündigungsrecht aus wichtigem Grund um.[2] Und schließlich ist auch für eine **rückwirkende Auflösung** nach § 158 Abs. 2 kein Raum. Der Eintritt einer auflösenden Bedingung führt vielmehr zur Auflösung ex nunc.[3]

2. Ausnahmefälle sofortiger Vollbeendigung. Auflösung und Vollbeendigung der 8
Gesellschaft fallen in *zeitlicher* Hinsicht abweichend vom gesetzlichen Regelfall (RdNr. 5) dann zusammen, wenn der zur Auflösung führende Umstand ausnahmsweise zugleich die gesellschaftsvertraglichen Beziehungen beendet, ohne dass es hierzu der in §§ 730 ff. vorgesehenen Liquidation bedarf. Dabei sind zwei Fälle zu unterscheiden.

Den wichtigsten Fall sofortiger Vollbeendigung bildet der **Rückgang der Mitglieder-** 9
zahl auf einen Gesellschafter und in Verbindung damit der Übergang des Gesellschaftsvermögens in dessen Alleineigentum (§ 718 RdNr. 13). Hierzu kann es namentlich bei Zweipersonengesellschaften aus einer Reihe von Gründen kommen, so beim Tod eines

[1] So entgegen dem auf eine Fiktion hindeutenden Wortlaut von § 730 Abs. 2 S. 1 (vgl. dazu § 730 RdNr. 24) die heute einhM, vgl. *Soergel/Hadding* RdNr. 10; *Erman/Westermann* § 723 RdNr. 1; *Staudinger/Keßler* § 723 RdNr. 3; RGRK/*von Gamm* § 723 RdNr. 1.

[2] BGH WM 1967, 419. Zu diesem allg. für Dauerschuldverhältnisse geltenden Grundsatz vgl. § 314 RdNr. 3 m. weit. Nachw.

[3] Vgl RdNr. 21; so auch *Staudinger/Keßler* § 723 RdNr. 18; *Erman/Westermann* RdNr. 4.

Gesellschafters, sei es unter Beerbung durch den alleinigen Mitgesellschafter[4] oder auf Grund einer gesellschaftvertraglichen Eintrittsklausel (§ 727 RdNr. 53), beim Ausscheiden des vorletzten Gesellschafters auf Grund einer gesellschaftsvertraglichen Fortsetzungsklausel (§ 736 RdNr. 8) oder bei der Ausübung eines vertraglichen oder gesetzlichen Übernahmerechts (§ 730 RdNr. 81 f.). Weitere Beispiele bilden die Vereinigung aller Anteile in einer Hand auf Grund rechtsgeschäftlicher Anteilsübertragung (§ 719 RdNr. 26) sowie die Fusion zweier als einzige Gesellschafter an einer GbR beteiligter Kapitalgesellschaften (RGZ 163, 142, 149). In allen genannten Fällen kommt infolge des Rückgangs der Mitgliederzahl auf *einen* Gesellschafter die für den Bestand einer Personengesellschaft unerlässliche Vertragsgrundlage in Wegfall (vgl. näher § 705 RdNr. 60 ff.); die Gesellschaft ist zugleich mit der Auflösung vollbeendet. – Auflösung und sofortige Vollbeendigung treten demgegenüber *nicht* ein, wenn die Ehegatten bei einer zwischen ihnen bestehenden GbR die Gütergemeinschaft vereinbaren. Die Gesellschaftsanteile der Ehegatten fallen nicht etwa in das Gesamtgut, sondern gehören mit Rücksicht auf ihre Rechtsnatur auch dann zum Sondergut des jeweiligen Ehegatten, wenn sie im Gesellschaftsvertrag übertragbar ausgestaltet sind.[5]

10 Einen zweiten Fall sofortiger Vollbeendigung bildet die **Auflösung einer Innengesellschaft** ieS, namentlich einer stillen Gesellschaft (§ 705 RdNr. 285 ff.). Das beruht nicht auf dem Wegfall des Vertragspartners, sondern auf dem Fehlen eines abzuwickelnden Gesamthandsvermögens. An die Stelle des Gesellschaftsverhältnisses tritt mit dem Zeitpunkt der Auflösung ein *einseitiger Abfindungsanspruch* des oder der bisherigen Innengesellschafter gegenüber dem nach außen im eigenen Namen auftretenden Geschäftsführer als Inhaber des Gesellschaftsvermögens.[6] Für die Annahme einer fortbestehenden Abwicklungsgesellschaft mit gegenseitigen Pflichten der Beteiligten besteht daher kein Bedürfnis.[7] Von den gesetzlichen Auseinandersetzungsvorschriften der §§ 730 ff. ist allenfalls ein Teil kraft Analogie oder ergänzender Vertragsauslegung auf das Verhältnis der Beteiligten anwendbar (§ 730 RdNr. 12 ff.).

11 **3. Rückumwandlung in werbende Gesellschaft.** Sie bleibt grundsätzlich möglich, solange die Abwicklung andauert, dh. die Gesellschaft nicht vollbeendet ist. Sachlich handelt es sich bei der Rückumwandlung entsprechend der Lage bei der Auflösung um eine Änderung des Gesellschaftsvertrages durch Änderung des auf Abwicklung gerichteten Zwecks in einen werbenden. Die Rückumwandlung bedarf eines Gesellschafterbeschlusses, der auch konkludent, durch einvernehmliche Geschäftsfortführung, gefasst werden kann.[8] Sie setzt grundsätzlich *Einstimmigkeit* voraus.[9] Anderes gilt dann, wenn der Gesellschaftsvertrag für diesen Fall mit hinreichender Deutlichkeit eine Mehrheitsentscheidung zulässt;[10] zu denken ist namentlich an die Vereinbarung eines durch Gesellschafterbeschluss auszuübenden Fortsetzungsrechts für die übrigen Gesellschafter im Falle der auf der Person eines Gesellschafters beruhenden Auflösung, verbunden mit dessen Abfindung (§ 736 RdNr. 17). Fehlt es an derartigen Mehrheitsklauseln, so kann bei einer nach §§ 725, 728 Abs. 2 herbeigeführten Auflösung die Rückumwandlung oder Fortsetzung nur mit Zustimmung von *Pfändungspfandgläubiger oder Insolvenzverwalter* beschlossen werden, solange die Pfändung oder das Insolvenzverfahren andauert.[11] Eine Rückumwandlung scheidet schließlich auch

[4] BGHZ 65, 79, 82 = NJW 1975, 1774; BGHZ 113, 132, 133 = NJW 1991, 844.

[5] Vgl. Näheres bei § 705 RdNr. 74; aA *Staudinger/Keßler* § 723 RdNr. 27.

[6] BGH NJW 1982, 99, 100; *Erman/Westermann* § 723 RdNr. 5; zur entsprechenden Anwendung des für die typische stille Gesellschaft geltenden § 235 Abs. 1 HGB auf vergleichbare Fälle von BGB-Innengesellschaften vgl. § 705 RdNr. 288.

[7] *Koenigs,* Die stille Gesellschaft, 1961, S. 260 f.; *Staub/Zutt* HGB § 239 RdNr. 27.

[8] BGH NJW 1995, 2843, 2844 (im konkreten Fall verneint).

[9] EinhM, vgl. BGH NJW 1995, 2843, 2844; *Soergel/Hadding* RdNr. 3; *Staudinger/Keßler* § 723 RdNr. 8 f.; *Erman/Westermann* § 723 RdNr. 6; *Ulmer* in Großkomm. zum HGB, 3. Aufl., § 131 RdNr. 146 ff., 153; zur Frage mehrheitlicher Beschlussfassung in den Sonderfällen der Publikums-GbR vgl. § 709 RdNr. 94.

[10] Vgl. § 709 RdNr. 91 f.

[11] Zur erforderlichen Zustimmung der Pfandgläubiger vgl. *Soergel/Hadding* RdNr. 3 und § 725 RdNr. 8; *Erman/Westermann* § 723 RdNr. 6 und § 725 RdNr. 5.

nicht deshalb aus, weil die Auflösung wegen Erreichung oder Unmöglichwerden des Gesellschaftszwecks eingetreten ist; allerdings bedarf es hier gleichzeitig der Vereinbarung eines neuen, nicht von § 726 erfassten Zwecks.

III. Auflösungsgründe

1. Gesetzliche. Das Gesetz regelt in den §§ 723 bis 728 insgesamt sechs Auflösungsgründe (vgl. RdNr. 2). Davon setzen die Ersten drei die Ausübung eines entsprechenden Gestaltungsrechts, dh. die Kündigung, voraus (vgl. §§ 723 Abs. 1 S. 1 bis 3, 725 Abs. 1); die Auflösung wird hier erst bewirkt, wenn die Kündigungserklärung allen Mitgesellschaftern zugegangen ist (§ 723 RdNr. 19). Demgegenüber bildet die Auflösung in den Fällen der §§ 726 bis 728 die unmittelbare Folge des Eintritts eines der dort genannten Auflösungsgründe (Zweckerreichung, Tod oder Insolvenzverfahren). Die Mitteilung hierüber an die Mitgesellschafter hat daher nur deklaratorische Wirkung. Dem trägt die Vorschrift des § 729 Rechnung, indem sie den begrenzten Fortbestand der bisherigen Geschäftsführungsbefugnis bis zur Kenntnis oder zum Kennenmüssen des Auflösungsgrundes anordnet. 12

2. Sonstige. Die gesetzlichen Auflösungsgründe sind nach einhM nicht abschließender Natur.[12] Das zeigt allein schon der Vergleich mit § 131 Abs. 1 HGB, dessen erste zwei Ziffern (Zeitablauf, Gesellschafterbeschluss) ebenso für die GbR von Bedeutung sind. Der Verzicht des BGB-Gesetzgebers auf ihre ausdrückliche Regelung dürfte sich daraus erklären, dass die fraglichen Gründe sich nach der damals vorherrschenden Beurteilung der GbR als Schuldverhältnis der Gesellschafter bereits aus dem allgemeinen Vertragsrecht ergaben. Im Einzelnen vgl. RdNr. 14 ff., 18 ff. 13

a) Zeitablauf. § 723 Abs. 1 unterscheidet für das Kündigungsrecht zwischen befristeten und unbefristeten Gesellschaften. Als *Befristungen* kommen die Vereinbarung von Mindest- und/oder Höchstdauern in Betracht. Die **Mindestdauer** hat die Funktion, für den fraglichen Zeitraum die ordentliche Kündigung auszuschließen; ihr Ablauf führt daher nicht zur Auflösung der Gesellschaft, sondern zu deren *Fortbestand als unbefristete.*[13] Entsprechendes gilt bei Vereinbarungen, nach denen die Gesellschaft jeweils für eine weitere Periode fortbesteht, wenn sie nicht auf einen bestimmten Zeitpunkt gekündigt wird; auch hier liegt funktionell gesehen eine unbefristete Gesellschaft vor, freilich mit der in § 723 Abs. 1 S. 6 berücksichtigten Besonderheit vertraglicher Vereinbarung einer Kündigungsfrist sowie periodischer Kündigungstermine (§ 723 RdNr. 71). In derartigen Fällen bedarf es zur Auflösung somit stets eines besonderen Auflösungstatbestandes, darunter im Regelfall desjenigen der *ordentlichen Kündigung* nach § 723 Abs. 1 S. 1. 14

Anderes gilt bei Vereinbarung einer **Fest- oder Höchstdauer.** Ihr Ablauf hat unmittelbar die *Auflösung* zur Folge, wenn die Gesellschafter nicht rechtzeitig vor dem Endtermin eine Verlängerung beschließen. Als Vertragsänderung bedarf der Fortsetzungsbeschluss grundsätzlich der Einstimmigkeit (vgl. auch RdNr. 11). Mehrheitsklauseln sind mit Rücksicht auf § 723 Abs. 3 nur wirksam, wenn sie nicht nur mit hinreichender Deutlichkeit die Einbeziehung der Vertragsverlängerung in ihren Anwendungsbereich erkennen lassen, sondern darüber hinaus auch bestimmte Grenzen für den Verlängerungsbeschluss festlegen (§ 709 RdNr. 91 f.).[14] 15

Zu den **Anforderungen** an vertragliche Zeitbestimmungen vgl. näher § 723 RdNr. 65 f. Nicht erforderlich ist die Vereinbarung eines kalendermäßig bestimmten Zeitraumes oder Endzeitpunkts. Es genügt, dass die *Zeitdauer objektiv bestimmbar* ist, so wenn die Gesellschaft auf die Dauer eines anderen befristeten Rechtsverhältnisses eingegangen ist[15] oder der Endtermin sich nach dem Eintritt eines künftigen, bestimmten Ereignisses richten soll.[16] 16

[12] *Soergel/Hadding* RdNr. 2, 5; *Staudinger/Keßler* § 723 RdNr. 14; RGRK/*von Gamm* § 723 RdNr. 3.

[13] *Staudinger/Keßler* § 723 RdNr. 32; *Erman/Westermann* § 723 RdNr. 3; *Ulmer* in Großkomm. zum HGB, 3. Aufl., § 132 RdNr. 3.

[14] BGH LM Nr. 11 = NJW 1973, 1602; dazu auch § 723 RdNr. 67.

[15] BGH LM § 39 Nr. 11 = NJW 1979, 2304, 2305.

[16] HM, vgl. BGH LM § 662 Nr. 45 = NJW 1994, 2886, 2888; BGH NJW 1992, 2696, 2698;

Der Unterschied zur auflösenden Bedingung (RdNr. 21) liegt darin, dass der Eintritt des Ereignisses zwar gewiss ist, nicht aber dessen Zeitpunkt. *Beispiele* bilden die Durchführung eines bestimmten Projekts,[17] die Nutzungsdauer eines gemeinsam auszuwertenden gewerblichen Schutzrechts[18] oder der Fortbestand einer für den Gesellschaftszweck wesentlichen Rechtslage;[19] insoweit kann sich der Auflösungsgrund des Zeitablaufs auch mit demjenigen des § 726 decken. Immer muss der Eintritt des fraglichen Ereignisses *absehbar* sein, da nur so die den Gesellschaftern durch § 723 Abs. 3 gewährleistete Überschaubarkeit ihrer Bindung erhalten bleibt.[20]

17 **b) Vereinigung aller Anteile.** Sie führt nach den oben (RdNr. 9) getroffenen Feststellungen nicht nur zur Auflösung, sondern gleichzeitig zur *Beendigung* der Gesellschaft, da infolge des Rückgangs der Mitgliederzahl auf eine Person das Schuldverhältnis als Grundlage der Gesellschaft erlischt und das Gesamthandsvermögen sich in Alleineigentum umwandelt.[21] Zu den Gründen für die Anteilsvereinigung vgl. RdNr. 9.

18 **c) Gesellschafterbeschluss.** Die Auflösung der Gesellschaft ist dadurch gekennzeichnet, dass an die Stelle des werbenden der auf Abwicklung gerichtete Gesellschaftszweck tritt (RdNr. 6). Es handelt sich somit um eine *Vertragsänderung;* sie kann nicht nur durch einseitige Gestaltungserklärung oder durch objektive Umstände, sondern auch einvernehmlich durch Gesellschafterbeschluss herbeigeführt werden. Als „Herren der Gesellschaft" sind die Gesellschafter grundsätzlich in der Lage, jederzeit einvernehmlich die Gesellschaftsgrundlagen zu ändern; sie können daher auch eine auf bestimmte Zeit eingegangene Gesellschaft vorzeitig auflösen. Mehrheitsklauseln müssen wegen des mit dem Beschluss verbundenen Eingriffs in die Rechtsstellung der Gesellschafter den hierfür geltenden verschärften Voraussetzungen genügen (§ 709 RdNr. 91 f.).

19 Der Auflösungsbeschluss kann **konkludent** zustande kommen, etwa durch die einstimmige oder mit der nötigen Mehrheit gefasste Entscheidung, den Geschäftsbetrieb oder das wesentliche Gesellschaftsvermögen zu veräußern und den Erlös unter den Gesellschaftern zu verteilen.[22] Die **Genehmigung des Vormundschaftsgerichts** im Falle nicht voll geschäftsfähiger Gesellschafter ist nach § 1822 Nr. 3 nur dann erforderlich, wenn der Auflösungsbeschluss auf die Veräußerung eines von der GbR betriebenen Erwerbsgeschäfts gerichtet ist.[23] Gehört zu den Gesellschaftern ein im gesetzlichen Güterstand lebender Ehegatte, so bedarf es nach § 1365 der **Zustimmung des anderen Ehegatten** zum Auflösungsbeschluss, wenn der Gesellschaftsanteil das wesentliche Vermögen des beteiligten Ehegatten bildet.[24]

BGHZ 50, 316, 321 f. = NJW 1968, 2003; BGHZ 10, 91, 98 = NJW 1953, 1217; RG JW 1911, 323; *Wiedemann* WM 1992, Beil. 7 S. 23, 50; *Soergel/Hadding* RdNr. 6; *Staudinger/Keßler* § 723 RdNr. 16; *Schlegelberger/K. Schmidt* HGB § 131 RdNr. 8; *Ulmer* in Großkomm. zum HGB, 3. Aufl., § 131 RdNr. 17 m. weit. Nachw.; aA *Merle,* FS Bärmann, 1975, S. 631 (632 ff., 637 in eingehender Auseinandersetzung mit der st. Rspr.).

[17] BGH WM 1962, 880, 881 (gemeinsamer Erwerb eines Grundstücks); OLG Köln NZG 2001, 1082, 1083 (Abwicklung eines Bauprojekts); RG Recht 1911 Nr. 3807, 1916 Nr. 592; vgl. auch RG SeuffA 85 (1931) Nr. 190 und 94/95 (1940/1941) Nr. 3 (Mindestdauer).

[18] RG LZ 1911, 298.

[19] So etwa die Dauer der für die Tätigkeit der GbR erforderlichen Kartellerlaubnis. – Auf den Gesellschaftszweck abstellend auch BGH LM HGB § 339 Nr. 2 bei einer zur Versorgung des Unterbeteiligten eingegangenen Unterbeteiligungsgesellschaft. Vgl. iÜ § 723 RdNr. 22.

[20] BGHZ 50, 316, 322 = NJW 1968, 2003; *Wiedemann* WM 1992, Beil. 7 S. 23, 50; *Ulmer* in Großkomm. zum HGB, 3. Aufl., § 131 RdNr. 17.

[21] Zum Erfordernis von mindestens zwei Gesellschaftern und zum Grundsatz der Einheitlichkeit der Mitgliedschaft vgl. § 705 RdNr. 60 ff., 181 ff.

[22] BGHZ 26, 126, 130 = NJW 1958, 299; BGH LM HGB § 161 Nr. 13 = NJW 1960, 434; BGH WM 1958, 1105, 1106; vgl. auch *Ulmer* in Großkomm. zum HGB , 3. Aufl., § 131 RdNr. 23 f.

[23] So unter zutr. Hinweis auf die strikte Auslegung der §§ 1821, 1822 durch die Rspr. (BGHZ 38, 26, 28 = NJW 1962, 2344; BGHZ 52, 316, 319 = NJW 1970, 33) *Hueck* OHG 23 II 2; *Soergel/Hadding* RdNr. 8; *Ulmer* in Großkomm. zum HGB, 3. Aufl., § 131 RdNr. 32; aA *Schlegelberger/K. Schmidt* HGB § 131 RdNr. 14; wohl auch *Wiedemann* Übertragung S. 246, die die Genehmigung generell für erforderlich halten. Zum Begriff des Erwerbsgeschäfts vgl. § 1822 RdNr. 11.

[24] So *Wiedemann* Übertragung S. 263 f.; *Soergel/Hadding* § 723 RdNr. 6; *Ulmer* in Großkomm. zum HGB, 3. Aufl., § 131 RdNr. 33; aA § 1365 Rd-

Die Einräumung eines vertraglichen **Rücktrittsrechts** im Rahmen des Auflösungsbeschlusses, etwa um den Gesellschaftern hinsichtlich der Auflösung eine Bedenkzeit einzuräumen, ist zulässig.[25] Ein **fehlerhafter Auflösungsbeschluss** kann nicht rückwirkend beseitigt werden, sobald mit der Abwicklung begonnen ist. Wohl aber kann ein Gesellschafter, der sich auf den Auflösungsmangel beruft, von den Mitgesellschaftern Fortsetzung der Gesellschaft verlangen, sofern die Abwicklung nicht schon weit fortgeschritten und dadurch die Geschäftsgrundlage für die Fortsetzung entfallen ist (§ 705 RdNr. 364). 20

d) Auflösende Bedingung. Eng verwandt mit dem Auflösungsgrund des Zeitablaufs, dh. der vertraglichen Befristung der Gesellschaft (RdNr. 15), ist derjenige der Vereinbarung einer auflösenden Bedingung (§ 158 Abs. 2). Sie führt beim Eintritt des als Bedingung vereinbarten künftigen ungewissen Ereignisses die Auflösung der Gesellschaft ex nunc herbei (RdNr. 7). Sachlich dient sie häufig dazu, die Unmöglichkeit der Zweckerreichung (§ 726) zu konkretisieren. Im Einzelfall mag die Unterscheidung zwischen Befristung und auflösender Bedingung Schwierigkeiten bereiten.[26] Rechtlich ist sie gleichwohl von Bedeutung, da die ordentliche Kündigung des § 723 Abs. 1 S. 1 zwar im Falle einer wirksamen Befristung, nicht aber bei Vereinbarung einer auflösenden Bedingung ausgeschlossen ist.[27] 21

IV. Auflösungsfolgen

1. Im Innenverhältnis. Die Auflösung führt zu einer Zweckänderung der Gesellschaft (RdNr. 6) und in Verbindung damit zur Umgestaltung der innergesellschaftlichen Rechte und Pflichten. An die Stelle der Geschäftsführungsregelung in der werbenden Gesellschaft (§ 709 RdNr. 13 ff.) tritt die Liquidationsgeschäftsführung aller Gesellschafter nach Maßgabe von § 730 Abs. 2, soweit der Vertrag für den Abwicklungszeitraum keine Abweichungen vorsieht. Sozialansprüche sind nur noch insoweit durchsetzbar, als es ihrer Erfüllung für den Abwicklungszweck bedarf. Ansprüche der Gesellschafter aus dem Gesellschaftsverhältnis werden unselbstständige Rechnungsposten, die ebenso wie die Forderungen auf Rückzahlung der Einlagen und auf den Liquidationserlös den Gesellschaftern in der Auseinandersetzungsbilanz gutzuschreiben sind; Nachschusspflichten werden nach Maßgabe von § 735 fällig. Wegen der Einzelheiten vgl. § 730 RdNr. 49 ff. 22

2. Gegenüber Dritten. Im Verhältnis zu den Geschäftspartnern der Gesellschaft tritt abgesehen von dem nach gesetzlicher Regel eintretenden Wechsel in der Geschäftsführung (§ 730 Abs. 2) durch die Auflösung zunächst *keine Änderung* ein; anderes gilt nur im Fall sofortiger Vollbeendigung durch Rückgang der Mitgliederzahl auf einen Gesellschafter (RdNr. 9). Die **Identität der Gesellschaft** bleibt erhalten, auch der Bestand des Gesellschaftsvermögens wird durch die Auflösung nicht unmittelbar tangiert. Ob und inwieweit die Gesellschaft sich Dritten gegenüber zur Kündigung von Dauerschuldverhältnissen aus wichtigem Grund auf die Auflösung berufen kann, beurteilt sich nach dem auf das jeweilige Schuldverhältnis anwendbaren Recht.[28] 23

Die fälligen **Gesellschaftsschulden**[29] sind von den Liquidatoren nach § 733 Abs. 1 zu erfüllen; für noch nicht fällige oder streitige Verbindlichkeiten sind die erforderlichen Mittel zurückzustellen. Auf die Einhaltung der in § 733 festgelegten Reihenfolge, wonach vor der Erstattung der Einlagen die gemeinsamen Schulden zu berichtigen sind, haben die Gläubiger zwar keinen Anspruch (§ 733 RdNr. 10). Kommt es zur Einlagenerstattung ohne vorherige 24

Nr. 75 *(Koch)*. – Zur Anwendbarkeit von § 1365 auf die Kündigung durch einen im gesetzlichen Güterstand lebenden Gesellschafter vgl. § 723 RdNr. 8.

[25] RG JW 1936, 1953; *Schlegelberger/Geßler* HGB, 4. Aufl., § 131 RdNr. 18; *Ulmer* in Großkomm. zum HGB, 3. Aufl., § 131 RdNr. 35; aA noch RG JW 1929, 2147; *Düringer/Hachenburg/Flechtheim* HGB § 133 Anm. 1.

[26] Auf die Unterscheidung verzichtend daher *Hueck* OHG § 23 II 1 Fn. 8.

[27] So auch *Soergel/Hadding* RdNr. 7 m. Nachw. zur Gegenansicht; *Erman/Westermann* § 723 RdNr. 4.

[28] Vgl. dazu Näheres bei *Ulmer* in Großkomm. zum HGB, 3. Aufl., § 131 RdNr. 135 ff.

[29] Zur Auflösung als möglicher Fälligkeitsgrund vgl. *Ulmer* in Großkomm. zum HGB, 3. Aufl., § 131 RdNr. 138.

Berichtigung der Gesellschaftsschulden, so bleibt den Gesellschaftsgläubigern immer noch der Rückgriff auf die fortbestehende akzessorische Gesellschafterhaftung (§ 714 RdNr. 33 f.). – Zur analogen Anwendung des § 159 HGB vgl. § 736 RdNr. 29.

V. Streitigkeiten

25 Streitigkeiten über den Eintritt der Auflösung sind **zwischen den Gesellschaftern,** regelmäßig im Wege der *Feststellungsklage,* auszutragen (vgl. auch § 709 RdNr. 113). Sie beziehen sich auf den Gesellschaftsvertrag als Grundlage des Gesellschaftsverhältnisses und dessen Änderung (RdNr. 6) und betreffen damit die Rechtsstellung der Gesellschafter als Vertragspartner. Die Gesellschaft selbst bildet den Gegenstand der Auflösung; ihr stehen Dispositionsbefugnisse hierüber daher nicht zu.[30] Eine Klage gegen die GbR scheidet daher im Regelfall aus, es sei denn, dass der Gesellschaftsvertrag eine solche ausnahmsweise zulässt.[31]

§ 723 Kündigung durch Gesellschafter

(1) [1] Ist die Gesellschaft nicht für eine bestimmte Zeit eingegangen, so kann jeder Gesellschafter sie jederzeit kündigen. [2] Ist eine Zeitdauer bestimmt, so ist die Kündigung vor dem Ablauf der Zeit zulässig, wenn ein wichtiger Grund vorliegt. [3] Ein wichtiger Grund liegt insbesondere vor,

1. wenn ein anderer Gesellschafter eine ihm nach dem Gesellschaftsvertrag obliegende wesentliche Verpflichtung vorsätzlich oder aus grober Fahrlässigkeit verletzt hat oder wenn die Erfüllung einer solchen Verpflichtung unmöglich wird,

2. wenn der Gesellschafter das 18. Lebensjahr vollendet hat.

[4] Der volljährig Gewordene kann die Kündigung nach Nummer 2 nur binnen drei Monaten von dem Zeitpunkt an erklären, in welchem er von seiner Gesellschafterstellung Kenntnis hatte oder haben musste. [5] Das Kündigungsrecht besteht nicht, wenn der Gesellschafter bezüglich des Gegenstands der Gesellschaft zum selbständigen Betrieb eines Erwerbsgeschäfts gemäß § 112 ermächtigt war oder der Zweck der Gesellschaft allein der Befriedigung seiner persönlichen Bedürfnisse diente. [6] Unter den gleichen Voraussetzungen ist, wenn eine Kündigungsfrist bestimmt ist, die Kündigung ohne Einhaltung der Frist zulässig.

(2) [1] Die Kündigung darf nicht zur Unzeit geschehen, es sei denn, dass ein wichtiger Grund für die unzeitige Kündigung vorliegt. [2] Kündigt ein Gesellschafter ohne solchen Grund zur Unzeit, so hat er den übrigen Gesellschaftern den daraus entstehenden Schaden zu ersetzen.

(3) Eine Vereinbarung, durch welche das Kündigungsrecht ausgeschlossen oder diesen Vorschriften zuwider beschränkt wird, ist nichtig.

Übersicht

	RdNr.
I. Grundlagen	1–19
1. Regelungsinhalt	1
2. Anwendungsbereich im Gesellschaftsrecht	2, 3
3. Systematik	4, 5
4. Das gesellschaftsrechtliche Kündigungsrecht	6–10
a) Funktion	6
b) Rechtsinhaber	7, 8
c) Zustimmung Dritter?	9, 10
5. Die Kündigungserklärung	11–18
a) Rechtsnatur, Form und Frist	11–13
b) Inhalt	14–16
c) Umdeutung	17
d) Rücknahme, Anfechtung	18
6. Kündigungsfolgen	19

[30] BGHZ 85, 350, 353 = NJW 1983, 1056; BGHZ 81, 263, 264 f. = NJW 1981, 2565; BGHZ 48, 175, 176 f. = NJW 1967, 2159.

[31] BGH WM 1966, 1036 f.; vgl. dazu § 709 RdNr. 114.

	RdNr.
II. Die ordentliche Kündigung (Abs. 1 S. 1)	20–25
1. Unbefristete Gesellschaft	20, 21
2. Konkludente Befristung	22–25
a) Rechtlicher Ansatz	22, 23
b) Folgerungen	24, 25
III. Die Kündigung aus wichtigem Grund (Abs. 1 S. 2 und 3)	26–49
1. Wesen und Voraussetzungen	26, 27
2. Der wichtige Grund nach Satz 3 Nr. 1	28–37
a) Begriff	28, 29
b) Gründe in der Person eines Gesellschafters	30–34
c) Objektive, nicht personenbezogene Umstände	35
d) Nachprüfung in der Revisionsinstanz	36, 37
3. Volljährigkeit als neuer wichtiger Grund (S. 3 Nr. 2)	38–45
a) Regelungsanlass	38, 39
b) Anwendungsbereich	40, 41
c) Kündigungsvoraussetzungen	42–44
d) Kündigungswirkungen	45
4. Kündigung der fehlerhaften Gesellschaft	46
5. Verzicht, Verwirkung	47, 48
6. Kündigung und Schadensersatz	49
IV. Kündigungsschranken	50–60
1. Allgemeines, Missbrauchseinwand	50–52
2. Kündigung zur Unzeit (Abs. 2)	53–56
a) Begriff der Unzeit	53
b) Wichtiger Grund	54
c) Rechtsfolgen	55, 56
3. Sonstige Kündigungsschranken	57–60
V. Schranken abweichender Vereinbarungen (Abs. 3)	61–76
1. Allgemeines	61–63
2. Befristung der Gesellschaft	64–69
a) Zulässigkeit und Grenzen	64–67
b) Mindest- und Höchstfristen	68
c) Verlängerungsklauseln	69
3. Vereinbarungen über die ordentliche Kündigung	70–73
a) Kündigungsausschluss	70
b) Kündigungsbeschränkungen	71–73
4. Einschränkungen der Kündigung aus wichtigem Grund	74, 75
5. Abfindungsausschluss; übermäßige Abfindungsbeschränkungen	76

I. Grundlagen

1. Regelungsinhalt. Die Vorschrift des § 723 **Abs. 1** unterscheidet zwischen ordentlicher und außerordentlicher Kündigung. Letztere ist nur bei Vorliegen eines wichtigen Grundes möglich, berechtigt dann aber zur sofortigen Auflösung auch befristet eingegangener Gesellschaften und macht die Beachtung vertraglicher Kündigungsfristen entbehrlich. Ergeht eine den Anforderungen des Abs. 1 genügende Kündigung zur Unzeit, so ist sie nach **Abs. 2** zwar wirksam, jedoch begründet das unzeitige Vorgehen im Regelfall einen Schadensersatzanspruch der Mitgesellschafter. Nach **Abs. 3** sind die Kündigungsvorschriften nur *beschränkt dispositiv.* Das Kündigungsrecht ist in beiden Varianten unentziehbar. Sein vertraglicher Ausschluss oder seine wesentliche Erschwerung sind unzulässig (RdNr. 61 ff.). 1

2. Anwendungsbereich im Gesellschaftsrecht. Für den *Anwendungsbereich* von § 723 ist zu differenzieren. Die Vorschrift des Abs. 1 S. 1 über die **ordentliche** Kündigung einschließlich des Verbots, das Kündigungsrecht zur Unzeit auszuüben (Abs. 2), gelten nur für die GbR, da nicht nur für unbefristete Personenhandelsgesellschaften (§ 132 HGB), sondern auch für die stille Gesellschaft des Handelsrechts (§ 234 Abs. 1 S. 1 iVm. § 132 HGB) Sonderregelungen mit gesetzlichen Kündigungsfristen und -terminen bestehen. Wegen ihrer größeren Sachnähe sind diese handelsrechtlichen Vorschriften entsprechend auch auf BGB-Innengesellschaften ieS nach Art der stillen Gesellschaft (§ 705 RdNr. 288) und der Unterbeteiligung (Vor § 705 RdNr. 102) anzuwenden. Demgegenüber gilt der in § 723 Abs. 3 verankerte Grundsatz der *Unverzichtbarkeit* des ordentlichen Kündigungsrechts auch für die Personengesellschaften des Handelsrechts (RdNr. 62). 2

Der Anwendungsbereich des **außerordentlichen** Kündigungsrechts (Abs. 1 S. 2, 3) einschließlich des in Abs. 3 geregelten Verbots seiner Beeinträchtigung erstreckt sich über die GbR hinaus infolge der Verweisung in § 234 Abs. 1 S. 2 HGB auch auf die stille Gesellschaft des Handelsrechts. Für OHG und KG ist im Interesse der Rechtssicherheit statt dessen in § 133 HGB die Auflösung aus wichtigem Grund durch Gestaltungsurteil und die Unverzichtbarkeit des Klagerechts bestimmt. – Zur Frage der analogen Anwendung der Kündigungsvorschriften auf sog. gesellschaftsähnliche Rechtsverhältnisse, dh. gemischte Verträge, 3 vgl. Vor § 705 RdNr. 106; zur Nichtgeltung der allgemeinen Kündigungsvorschrift des § 314 für Gesellschaften vgl. RdNr. 5.

4 **3. Systematik.** Das Kündigungsrecht als Recht zur einseitigen Vertragsänderung aus wichtigem Grund (Auflösung oder Beendigung, vgl. Vor § 723 RdNr. 5 ff.) ersetzt bei der Gesellschaft als Dauerschuldverhältnis den *Rücktritt* als das generell auf gegenseitige Verträge anwendbare einseitige Lösungsrecht im Fall von **Leistungsstörungen** u. a. (§§ 323 ff.). Es greift schon vom Zeitpunkt des Vertragsschlusses an ein, auch wenn mit dem Vollzug der Gesellschaft noch nicht begonnen wurde.[1] Anderes gilt in den Fällen einer auf **nichtigem oder anfechtbarem Vertragsschluss** beruhenden Gesellschaft; nach der insoweit einschlägigen Lehre von der fehlerhaften Gesellschaft (§ 705 RdNr. 326 ff.) wird die *Berufung auf den* jeweils einschlägigen *Willensmangel* erst durch den Vollzugsbeginn versperrt und durch das Recht zur Kündigung aus wichtigem Grund ersetzt (§ 705 RdNr. 345). Demgegenüber ist **Störungen der Geschäftsgrundlage** auch bei Gesellschaftsverträgen in erster Linie durch Vertragsanpassung nach der allgemeinen Vorschrift des § 313 Abs. 1 Rechnung zu tragen. Nur wenn sich diese Anpassung als unmöglich oder unzumutbar erweist, tritt an ihre Stelle nach § 313 Abs. 3 S. 2 das Kündigungsrecht aus wichtigem Grund.

5 Das im Zuge der Schuldrechtsreform in **§ 314** allgemein für Dauerschuldverhältnisse eingeführte Kündigungsrecht aus wichtigem Grund findet auf Gesellschaften keine unmittelbare Anwendung, da § 723 insoweit als *lex specialis* vorgeht.[2] Praktische Bedeutung hat der Vorrang vor allem im Hinblick auf die **Nichtgeltung des § 314 Abs. 2** betreffend die vergebliche Abhilfefrist oder Abmahnung als Kündigungsvoraussetzung für das Recht der GbR; stattdessen ist hier das grundsätzliche Verbot der Kündigung zur Unzeit zu beachten (§ 723 Abs. 2). Demgegenüber können die *in § 314 kodifizierten allgemeinen Grundsätze* für die außerordentliche Kündigung, darunter der Begriff des wichtigen Grundes (§ 314 Abs. 1 S. 2) sowie die Kündigung binnen angemessener Frist (§ 314 Abs. 3), auch im Rahmen des § 723 Abs. 1 S. 2 bis 6 Bedeutung erlangen.

6 **4. Das gesellschaftsrechtliche Kündigungsrecht. a) Funktion.** Die Kündigung dient zur **einseitigen Beendigung von Dauerschuldverhältnissen.**[3] Es handelt sich um ein für Dauerschuldverhältnisse in § 314 allgemein sowie in einer Reihe von Spezialvorschriften (vgl. §§ 489 f., 542 f., 594 a ff., 605, 620 ff., 649, 651 e, 651 j, 671, 676 a) geregeltes Rechtsinstitut mit der Rechtsnatur eines **Gestaltungsrechts.** Seine wirksame Ausübung führt bei Gesellschaften zur Auflösung unter Umwandlung in eine Abwicklungsgesellschaft (Vor § 723 RdNr. 5 ff.). – Zur – grundsätzlich unwirksamen – Vereinbarung eines Rechts für bestimmte Gesellschafter zur *Hinauskündigung* (Ausschließung) der übrigen *ohne wichtigen Grund* vgl. § 737 RdNr. 17 ff.

7 **b) Rechtsinhaber.** Zur Kündigung berechtigt ist nach Maßgabe des § 723 Abs. 1 und etwaiger hiervon wirksam abweichender Vereinbarungen **jeder Gesellschafter.** Der Gesellschaft steht das Kündigungsrecht nicht zu; sie ist Objekt der Kündigung. Als Verwaltungsrecht kann es nicht von der Mitgliedschaft getrennt und auf Dritte übertragen werden (§ 717 RdNr. 16). Auch der *Nießbraucher* hat kein eigenes Kündigungsrecht; die Kündigung durch den Nießbrauchsbesteller als Inhaber des belasteten Anteils hängt trotz § 1071 jedenfalls dann nicht von seiner Zustimmung ab, wenn es um die außerordentliche Kündigung geht.[4] Eine Ausübung durch Bevollmächtigte ist zulässig.[5] Das Kündigungsrecht der

[1] BGH WM 1995, 1277 unter Hinweis auf BGHZ 73, 350, 351 = NJW 1979, 1288 (Mietvertrag).

[2] So unter Hinweis auf die Begr. zu § 314 RegE (BT-Drucks. 14/6040 S. 177) auch Bd. 2 a § 314 RdNr. 9 *(Gaier)* und *Palandt/Sprau* RdNr. 3.

[3] Vgl. schon Vor § 705 RdNr. 116; allg. zur Kündigung von Dauerschuldverhältnissen vgl. 3. Aufl. Vor § 620 RdNr. 26 ff., 39 ff. und *Oetker,* Das Dauerschuldverhältnis und seine Beendigung, 1994, insbes. S. 258 ff.

[4] Str., wie hier *Flume* I/1 § 17 IV S. 363 f.; *Teichmann* ZGR 1972, 1, 15 f.; *Staub/Ulmer* HGB § 105 RdNr. 125; *Ulmer,* FS Fleck, 1988, S. 383, 393 f.; weitergehend *Wiedemann* Übertragung S. 417, der dem Besteller trotz § 1071 auch das ordentliche Kündigungsrecht allein vorbehalten will.

[5] RG JW 1929, 368, 369; *Wiedemann* WM 1992, Beil. 7 S. 23, 49; *Staudinger/Keßler* RdNr. 28.

einzelnen Gesellschafter kann *unterschiedlich ausgestaltet* werden, etwa dadurch, dass eine nur einen Teil der Gesellschafter bindende Mindestdauer der Gesellschaft vereinbart wird.[6] Auch ist die Einräumung eines Übernahme- anstelle des Kündigungsrechts für bestimmte Gesellschafter möglich (§ 730 RdNr. 68); der Gleichbehandlungsgrundsatz steht bei Zustimmung der benachteiligten Gesellschafter nicht entgegen (§ 705 RdNr. 247). Zur Rechtslage bei der auf Lebenszeit eines Gesellschafters eingegangenen Gesellschaft vgl. § 724, zum eigenständigen Kündigungsrecht des Pfandgläubigers vgl. § 719 RdNr. 58 und Erl. zu § 725.

Eine aufschiebend bedingte **Verfügung über die Mitgliedschaft auf den Todesfall** des 8 Verfügenden (rechtsgeschäftliche Nachfolgeklausel, vgl. § 727 RdNr. 30) schränkt das Kündigungsrecht des Verfügenden nicht ein. Die Kündigung erlangt ohne Zustimmung des Erwerbers Wirksamkeit; die Vorschrift des § 161 Abs. 1 S. 1 greift wegen § 723 Abs. 3 nicht ein.[7] Mit Bedingungseintritt erlangt der Erwerber jedoch ein vertragliches *Eintrittsrecht* gegenüber den übrigen Gesellschaftern, das er ggf. im Klagewege durchsetzen kann.[8] Ist das Abfindungsguthaben schon ausbezahlt, muss der neue Gesellschafter eine entsprechende Einlage erbringen; bei wirksamem Verpflichtungsgeschäft zwischen ihm und dem Verstorbenen kann er jedoch von den Erben Schadensersatz nach §§ 160 Abs. 1, 1967 Abs. 1 verlangen.[9]

c) Zustimmung Dritter? Die Kündigung durch den *gesetzlichen Vertreter oder Vormund* 9 eines nicht voll geschäftsfähigen Gesellschafters ist auch **ohne** Zustimmung des **Vormundschaftsgerichts** wirksam; § 1822 Nr. 3 greift nicht ein.[10] Zwar hat der *Vormund* im Falle der Kündigung einer auf Erwerb gerichteten GbR § 1823 zu beachten; als Ordnungsvorschrift[11] steht ihre Nichteinhaltung der Wirksamkeit einer ohne Genehmigung des Vormundschaftsgerichts ausgesprochenen Kündigung aber nicht entgegen. Ebenso bedarf es nicht der Zustimmung eines **Pfandgläubigers** des Gesellschaftsanteils.[12] Bei verheirateten Gesellschaftern, die im gesetzlichen Güterstand leben, bedarf die ordentliche Kündigung zur Wirksamkeit der Einwilligung des **Ehegatten** nach § 1365 Abs. 1, sofern der Gesellschaftsanteil das wesentliche Vermögen des Gesellschafters bildet und dieses den Mitgesellschaftern bekannt ist;[13] eine Ausnahme ist – in teleologischer Reduktion von § 1365 Abs. 1 – für die Kündigung aus wichtigem Grund zuzulassen. Wegen ihrer zur Auflösung der Gesellschaft führenden Wirkungen ist die Kündigung ein einseitiges Verfügungsgeschäft iS von § 1365 Abs. 1.[14]

Im Fall der **Vor- und Nacherbschaft** kann der Vorerbe ohne Zustimmung des Nacher- 10 ben kündigen. Das gilt nicht nur bei Geltung der auf Ersatz des vollen Anteilswerts gerichteten Abfindungsregelung des § 738 Abs. 1 S. 2,[15] sondern auch im Fall dahinter zurückbleibender gesellschaftsvertraglicher, für den Gesellschaftsanteil maßgeblicher und deshalb auch vom Nacherben hinzunehmender Abfindungsbeschränkung;[16] die Vorschrift des § 2113 Abs. 2 über die Unwirksamkeit unentgeltlicher Verfügungen des Vorerben über Erbschaftsgegenstände greift nicht ein.[17]

[6] RGZ 156, 129, 135 (für eine stille Gesellschaft).
[7] So zutr. *Becker* AcP 201 (2001), 629 (644 ff., 651).
[8] *Becker* (Fn. 7) S. 651, 653.
[9] *Becker* (Fn. 7) S. 652, 655 ff.
[10] Str., wie hier § 1822 RdNr. 20 *(Wagenitz)*; *Schlegelberger/K. Schmidt* HGB § 132 RdNr. 10; aA *Wiedemann* Übertragung S. 246. Vgl. auch Vor § 723 RdNr. 19 und Nachw. daselbst in Fn. 23 für den Fall des Auflösungsbeschlusses.
[11] Vgl. § 1823 RdNr. 1.
[12] Vgl. § 719 RdNr. 58, § 725 RdNr. 28.
[13] Vgl. Vor § 723 RdNr. 19 m. Nachw. daselbst in Fn. 24 sowie *Ulmer* in Großkomm. zum HGB, 3. Aufl., § 132 RdNr. 7; so wohl auch *Schlegelberger/K. Schmidt* HGB § 132 RdNr. 10; aA § 1365 RdNr. 75 *(Koch)*. Diff. *Rob. Fischer* NJW 1960, 937, 942 f., der die Einwilligung des Ehegatten nur im Falle des Ausscheidens des Kündigenden, nicht aber bei der Auflösung der Gesellschaft für erforderlich hält.
[14] Vgl. § 1365 RdNr. 36, 39.
[15] BGHZ 78, 177, 183 = NJW 1981, 115.
[16] So zutr. *Lutter* ZGR 1982, 108, 116; *Paschke* ZIP 1985, 129, 135 f.; aA 3. Aufl. § 2113 RdNr. 22 *(Grunsky)*.
[17] Einschr. für den Fall, dass „der Nachlass ohne Kündigung offensichtlich besser gefahren wäre", *Lutter* ZGR 1982, 108, 116.

11 **5. Die Kündigungserklärung. a) Rechtsnatur, Form und Frist.** Die Kündigung ist **empfangsbedürftige Willenserklärung.** Es gelten die Vorschriften der §§ 116 ff. (vgl. aber RdNr. 18). Die Wirksamkeit der Kündigung setzt grundsätzlich voraus, dass sie allen Mitgesellschaftern **zugeht.** Ein Zugang gegenüber den vertretungsberechtigten Gesellschaftern reicht nicht aus; deren Befugnis erstreckt sich nicht auf die Vertretung der Mitgesellschafter in Bezug auf die Gesellschaftsgrundlagen.[18] Anderes gilt dann, wenn entweder der Gesellschaftsvertrag die Organe zur Entgegennahme derartiger Erklärungen ermächtigt oder sie eine an die Gesellschaft gerichtete Kündigungserklärung von sich aus an die übrigen Gesellschafter zur Kenntnisnahme weiterleiten.[19]

12 Die Kündigung ist grundsätzlich **formlos** möglich, sofern der Gesellschaftsvertrag nicht die Einhaltung einer bestimmten Form vorschreibt.[20] Das Schweigen auf eine nicht formgerechte Kündigung bedeutet nicht Verzicht auf die Beachtung der Form. Wohl aber kann das Verhalten der Gesellschafter im Anschluss an die Kündigung, etwa der einvernehmliche Beginn von Abwicklungsmaßnahmen, den Rückschluss auf einen solchen Verzicht oder auf einen konkludent gefassten Auflösungsbeschluss gestatten.

13 **Fristen oder Termine** für die Kündigung sind in § 723 Abs. 1 **nicht** vorgesehen; das gilt selbst für den Fall ordentlicher Kündigung. Das Gesetz begnügt sich in Abs. 2 mit dem flexibleren Instrument eines schadensersatzbewehrten Verbots der Kündigung zur Unzeit. Dem im Kontext der bürgerlichrechtlichen Kündigungsregelungen (RdNr. 6) ganz ungewöhnlichen Verzicht auf eine Frist für die ordentliche Kündigung[21] trägt die Praxis dadurch Rechnung, dass sie im Auslegungswege großzügig zur Bejahung einer Mindestdauer der Gesellschaft kommt (RdNr. 23).[22] Die vertragliche Vereinbarung von Kündigungsfristen und -terminen fällt grundsätzlich nicht unter die nach Abs. 3 verbotenen Kündigungserschwerungen (vgl. Abs. 1 S. 6 und RdNr. 64 ff.).

14 **b) Inhalt.** Die Erklärung muss den Willen des Kündigenden, die Auflösung der Gesellschaft herbeizuführen oder aus ihr auszuscheiden, **eindeutig** erkennen lassen. Eine Verwendung des Begriffs „Kündigung“ ist nicht erforderlich. Es genügen auch sonstige Erklärungen wie Rücktritt, Anfechtung, Auflösung, Austritt o. Ä., die den Mitgesellschaftern den Kündigungswillen deutlich erkennbar machen.[23] Eine Kündigung unter dem „Vorbehalt“ einer vom Kündigenden gewünschten Vertragsänderung ist im Zweifel als Änderungskündigung zu verstehen.[24] – Zum Erfordernis der Angabe der Kündigungsgründe im Fall der außerordentlichen Kündigung vgl. RdNr. 27. Die bloße Androhung einer Kündigung reicht freilich nicht aus.

15 Ein Recht zur **Teilkündigung** wird von der ganz hM in Rechtsprechung[25] und Schrifttum[26] abgelehnt, sofern die Teilkündigung nicht ausnahmsweise für bestimmte Dauerschuld-

[18] EinhM, vgl. *Soergel/Hadding* RdNr. 1; *Staudinger/Keßler* RdNr. 28; *Erman/Westermann* RdNr. 9. Zur fehlenden Vertretungsmacht der Geschäftsführer in Fragen der Vertragsgrundlagen vgl. schon § 714 RdNr. 25.

[19] BGH LM § 725 Nr. 3 = NJW 1993, 1002; RGZ 21, 93, 95 (für eine KG); OLG Celle NZG 2000, 586; *Soergel/Hadding* RdNr. 1; *Staudinger/Keßler* RdNr. 28.

[20] Zur Heilung des Mangels der „eingeschriebenen“ Form durch tatsächlichen Zugang des Kündigungsbriefs beim Empfänger vgl. RGZ 77, 70.

[21] So zu Recht *Raisch* BB 1968, 526, 530; *Strohtmann/Vieregge,* FS Oppenhoff, 1985, S. 451 ff.; krit. auch RGRK/*von Gamm* RdNr. 12.

[22] Weitergehend (für analoge Anwendung von § 132 HGB auf die Mitunternehmer-GbR) *Strothmann/Vieregge* (Fn. 21) S. 467 ff. im Anschluss an *K. Schmidt* GesR § 59 V 1 g aa, § 58 V 2 a.

[23] BGH LM § 725 Nr. 3 = NJW 1993, 1002; RGZ 89, 398, 400; RG LZ 1917, 457; *Staudinger/Keßler* RdNr. 28. Zur Auslegung einer Klage auf Durchsetzung von Ausscheidensfolgen als Kündigungserklärung vgl. BGH WM 1979, 1062, 1063.

[24] RGRK/*von Gamm* RdNr. 10. Zur Änderungskündigung vgl. *Erman/Westermann* RdNr. 9.

[25] BGH NJW 1993, 1320, 1322 (Vertriebsvertrag); BGH LM § 242 (Bc) Nr. 21; OLG Karlsruhe NJW 1983, 1499; BAG BB 1983, 1791 und NJW 1989, 1562, 1563; zu Sonderfällen ausnahmsweise zulässiger Teilkündigung vgl. BGHZ 96, 275, 280 ff. = NJW 1986, 925 (Bauträgervertrag); BGH NJW 1999, 2269, 2270 (Darlehensvertrag).

[26] Vgl. Bd. 2 a § 314 RdNr. 16 *(Gaier)*; 3. Aufl. § 564 RdNr. 21 *(Voelskow)*; *Palandt/Heinrichs* Vor § 346 RdNr. 12; *Staudinger/Emmerich* (1995) § 543 RdNr. 5; *Ferner,* Die Teilkündigung von Dauerschuldverhältnissen, 1988, S. 49 ff.

verhältnisse kraft Gesetzes gestattet[27] oder vertraglich den Beteiligten vorbehalten ist. Daran ist entgegen nachdrücklicher Kritik an dieser Ansicht[28] auch für das *Gesellschaftsrecht* festzuhalten. Vorbehaltlich der Möglichkeit einer Änderungskündigung[29] und der auf eine subjektive Teilkündigung hinauslaufenden Ausschließung eines Gesellschafters aus wichtigem Grund (§ 737) bzw. der Entziehung von Geschäftsführungsbefugnis und Vertretungsmacht (§§ 712, 715), jeweils durch Beschluss der übrigen Gesellschafter, ist der kündigungswillige Gesellschafter durch § 723 darauf beschränkt, den Gesellschaftsvertrag *insgesamt* zu kündigen. *Partielle* Vertragsänderungen kann er nicht durch Kündigung, sondern nur ausnahmsweise dadurch erreichen, dass er unter Berufung entweder auf eine Störung der Geschäftsgrundlage (§ 313) oder auf die Treupflicht von den Mitgesellschaftern die Zustimmung zur Vertragsanpassung verlangt.

Die Kündigung **unter einer Bedingung** ist unwirksam, sofern sie zu *Ungewissheit* über den Eintritt der Kündigungswirkungen führt. Die Kündigung ist zwar nicht schon wegen ihrer Rechtsnatur als Gestaltungsrecht schlechthin bedingungsfeindlich.[30] Unschädlich sind aber nur solche Bedingungen, deren Eintritt entweder vom Willen des Vertragspartners abhängt[31] oder die sich auf ein mit Wahrscheinlichkeit bevorstehendes und leicht feststellbares Ereignis beziehen.[32] Von Bedeutung ist die Abgabe einer derart aufschiebend bedingten Kündigungserklärung namentlich im Fall vereinbarter Kündigungsfristen, da die Frist dann erst mit dem Eintritt des in der Bedingung genannten Ereignisses zu laufen beginnt. 16

c) Umdeutung. Es gilt § 140. Danach kann je nach Lage des Falles eine fristlose außerordentliche Kündigung bei Fehlen des wichtigen Grundes in eine solche unter Einhaltung der vertraglichen Kündigungsfrist umgedeutet werden, wenn die ordentliche Kündigung vom Willen des Kündigenden mit erfasst ist und dieser Wille für die Kündigungsempfänger erkennbar zum Ausdruck kommt.[33] Auch kann eine verspätete Kündigung im Einzelfall als rechtzeitig zum nächsten Termin erklärt aufrechterhalten werden.[34] 17

d) Rücknahme, Anfechtung. Wegen ihrer Gestaltungswirkung ist die einseitige **Rücknahme** der Kündigung nur so lange möglich, als die Erklärung noch nicht allen Mitgesellschaftern zugegangen (§ 130 Abs. 1 S. 2) und die Kündigung deshalb noch nicht wirksam geworden ist (RdNr. 11).[35] Nach diesem Zeitpunkt bedarf die Rücknahme ebenso wie der Fortsetzungsbeschluss (Vor § 723 RdNr. 11) der Zustimmung aller Gesellschafter, auch wenn die Auflösung wegen einer vertraglichen Kündigungsfrist noch nicht eingetreten ist. Die **Anfechtung** der Kündigung oder die Berufung auf deren Nichtigkeit setzen voraus, dass mit der Abwicklung noch nicht begonnen wurde. Andernfalls gelten die Grundsätze über die fehlerhaft aufgelöste Gesellschaft (§ 705 RdNr. 323 ff., 364 und Vor § 723 RdNr. 20).[36] 18

6. Kündigungsfolgen. Die Gestaltungswirkungen der Kündigung treten nach § 723 Abs. 1 grundsätzlich ein, sobald die Erklärung allen Gesellschaftern zugegangen ist; anderes gilt im Falle einer vereinbarten Kündigungsfrist.[37] Die Gesellschaft wird dadurch aufgelöst 19

[27] So für bestimmte Fälle von Darlehensverträgen (§§ 489 Abs. 1, 608 Abs. 2) sowie bei Mietverträgen in Bezug auf nicht zum Wohnen bestimmte Nebenräume oder Teile eines Grundstücks (§ 573 b).

[28] *Kießling/Becker* WM 2002, 578, 580 ff.

[29] Vgl. Fn. 24.

[30] RGZ 91, 307, 309; *Enneccerus/Nipperdey* § 195 II 2; *Erman/Hefermehl* Vor § 158 RdNr. 15; *Flume* II § 38, 5 S. 697 f.; *Staudinger/Bork* (1996) Vor §§ 158 ff. RdNr. 40 ff.

[31] Sog. Potestativbedingung; ihre Zulässigkeit bei Kündigungserklärungen wird allg. bejaht, vgl. *Soergel/Hadding* RdNr. 4; *Hueck* OHG § 24 I 2, S. 362 sowie die Nachw. in Fn. 30.

[32] So *Hueck* OHG § 24 I 2, S. 362 f.; *Erman/Westermann* RdNr. 9; *Schlegelberger/K. Schmidt* HGB § 132 RdNr. 5; *Ulmer* in Großkomm. zum HGB, 3. Aufl., § 132 RdNr. 12 m. weit. Nachw.

[33] St. Rspr., vgl. BGHZ 20, 239, 249 f. = NJW 1956, 906; BGH NJW 1981, 976; 1982, 2603; 1998, 76 und 1551; so auch *Soergel/Hadding* RdNr. 3.

[34] RG LZ 1908, 699; *Soergel/Hadding* RdNr. 3; *Erman/Westermann* RdNr. 9; auf die Art des Kündigungsgrunds abstellend RG WarnR 1908 Nr. 616.

[35] So auch LG Frankenthal NZG 1998, 939; *Erman/Westermann* RdNr. 9.

[36] Ebenso *Soergel/Hadding* RdNr. 7.

[37] Vgl. BGH WM 1983, 170, 171: nach Kündigung einer stillen Gesellschaft kann der Stille noch bis zum Ende der Kündigungsfrist von dem ihm gesellschaftsvertraglich eingeräumten Recht zur

und muss nach Maßgabe der §§ 730 ff. abgewickelt werden. Enthält der Gesellschaftsvertrag allerdings eine Fortsetzungsklausel iS von § 736 Abs. 1, so führt die Kündigung nicht zur Auflösung, sondern zum Ausscheiden des Kündigenden unter Fortbestand der Gesellschaft zwischen den übrigen Gesellschaftern (zur Möglichkeit sonstiger Fortsetzungsgestaltungen vgl. § 736 RdNr. 17 ff.). Zur Abwicklungsgesellschaft vgl. im Übrigen Vor § 723 RdNr. 5 ff. und § 730 RdNr. 24 ff.

II. Die ordentliche Kündigung (Abs. 1 S. 1)

20 **1. Unbefristete Gesellschaft.** Das Recht zur ordentlichen Kündigung setzt nach § 723 Abs. 1 S. 1 voraus, dass der Gesellschaftsvertrag **nicht für eine bestimmte Zeit eingegangen** ist (RdNr. 22 f.), dass es sich also um eine unbefristete Gesellschaft handelt. Der unbefristeten Gesellschaft steht nach § 724 eine auf Lebenszeit eingegangene oder nach Ablauf der bestimmten Zeit fortgesetzte Gesellschaft gleich. Bei Gesellschaften, die für eine bestimmte Zeit geschlossen sind, tritt als Auflösungsgrund an die Stelle der ordentlichen Kündigung der Zeitablauf (Vor § 723 RdNr. 15). Auflösung durch Zeitablauf tritt auch bei Vereinbarung einer **Höchstdauer** ein. Im Unterschied zur Vereinbarung einer festen Dauer schließt eine solche Klausel aber nicht notwendig das ordentliche Kündigungsrecht aus. Sie kann sich vielmehr auch darauf beschränken, die maximale Dauer der Gesellschaft festzulegen; das Gewollte ist durch Auslegung zu ermitteln (RdNr. 68). – Zu den Anforderungen an die Kündigungserklärung vgl. RdNr. 11 ff.

21 Der Einhaltung einer **Kündigungsfrist** bedarf es nach gesetzlicher Regel **nicht;** ebenso verzichtet das Gesetz auf die Festlegung von Kündigungsterminen. Zu gesellschaftsvertraglichen Abweichungen hiervon vgl. RdNr. 71. Die in Abs. 2 enthaltene Einschränkung für Kündigungen zur Unzeit beeinträchtigt nicht die Wirksamkeit der Kündigung, sondern begründet nur Schadensersatzpflichten für den Kündigenden (RdNr. 55).

22 **2. Konkludente Befristung. a) Rechtlicher Ansatz.** Der in Abs. 1 S. 1 enthaltene Verzicht auf Fristen für die ordentliche Kündigung ist im Vergleich zu sonstigen Dauerschuldverhältnissen durchaus ungewöhnlich.[38] Er lässt sich zwar als Ausdruck des vom Gesetzgeber dem Recht der GbR zu Grunde gelegten Regeltyps der *Gelegenheitsgesellschaft* mit entsprechend lockeren Bindungen der Beteiligten erklären (Vor § 705 RdNr. 86 f.). Schon in den *Motiven* (Mot. II S. 618) findet sich jedoch auch der Hinweis, die Vereinbarung einer bestimmten Vertragsdauer, dh. aber der Ausschluss der ordentlichen Kündigung während dieser Zeitspanne, könne nicht nur ausdrücklich getroffen werden, sondern auch auf andere Weise, etwa durch einen Vertragsschluss zur gemeinsamen Durchführung bestimmter Geschäfte.

23 Im Einklang mit den Motiven hat sich die Praxis recht *großzügig* gezeigt bei der **Bejahung konkludenter,** aus dem Gesellschaftszweck oder aus sonstigen zentralen Vertragsbestandteilen wie etwa den Beitragsvereinbarungen ableitbarer **Befristungen** (vgl. RdNr. 24), sofern die Dauer nur *objektiv,* wenn auch nicht notwendig kalendermäßig, *bestimmbar* ist (vgl. dazu Beispiele Vor § 723 RdNr. 16). Im Ergebnis zu Recht wird dadurch der Anwendungsbereich der ordentlichen Kündigung zumal bei Gelegenheitsgesellschaften eingeschränkt. Bei Dauergesellschaften sehen die Parteien vielfach ohnehin Regelungen über Vertragszeit und Kündigungsmöglichkeiten vor. Zu den Grenzen zulässiger Befristungen vgl. RdNr. 65 f., zur Bindung der Dauer einer Gesellschaft an diejenige einer an ihr als Gesellschafter beteiligten juristischen Person oder Gesamthand vgl. § 724 RdNr. 8.

24 **b) Folgerungen.** In den Fällen einer aus dem **Gesellschaftszweck** ableitbaren Befristung (vgl. dazu schon Vor § 723 RdNr. 14 ff.) geht es überwiegend um *Gelegenheitsgesellschaften,* die zur Durchführung eines oder einer bestimmten Zahl von Geschäften, zur Auswertung eines befristeten Schutzrechts oder zum Abbau einer begrenzten Menge von

Umwandlung seiner stillen in eine Kommanditbeteiligung Gebrauch machen.

[38] Vgl. näher *Oetker* (Fn. 3) S. 272 ff.

Bodenschätzen gegründet sind.[39] Sie sollen nach dem übereinstimmenden, wenn auch häufig nicht ausdrücklich hervorgehobenen Willen der Parteien während der Verfolgung dieses zeitlich befristeten Zwecks nur aus wichtigem Grund gekündigt werden können.[40]

Eine zweite Gruppe von Gesellschaften, für die die Annahme einer konkludenten Befristung naheliegt, bilden diejenigen Zusammenschlüsse, bei denen aus dem **Inhalt der Beitragsvereinbarungen** auf den Willen der Beteiligten geschlossen werden kann, zumindest für eine Anlaufperiode das Recht zur jederzeitigen Kündigung auszuschließen. So hat die Rechtsprechung für den Fall des von einem der Beteiligten eingebrachten Know How (vorteilhafte Bezugsquelle) festgestellt, die Gesellschafter hätten stillschweigend das Kündigungsrecht jedenfalls solange ausgeschlossen, bis der Einbringende aus seiner Gewinnbeteiligung eine angemessene Entschädigung für das dem Partner mitgeteilte Know How erhalten hätte.[41] Der Bundesgerichtshof hat eine Kündigung, die einer der Partner im Interesse der alleinigen Fortsetzung des Unternehmens kurze Zeit nach der Gründung einer Gesellschaft zum Betrieb eines Adressbuchverlags ausgesprochen hatte, für unwirksam erklärt, da die Parteien die Dauer ihrer Zusammenarbeit jedenfalls bis zur Publikation bestimmter, zunächst geplanter Werke konkludent fest vereinbart hätten.[42] Insoweit steht also jeweils die Annahme einer stillschweigend vereinbarten *Mindestdauer* in Frage.[43] Die Grenze zur missbräuchlichen Ausübung des Kündigungsrechts (RdNr. 50 ff.) ist freilich fließend. Auch reicht die Tatsache der noch nicht lange zurückliegenden Gründung nicht aus, um allein deshalb zur Annahme einer stillschweigend vereinbarten Mindestdauer zu kommen.[44] 25

III. Die Kündigung aus wichtigem Grund (Abs. 1 S. 2 und 3)

1. Wesen und Voraussetzungen. Das in § 723 Abs. 1 S. 2 und 3 Nr. 1 enthaltene Recht zur *außerordentlichen* Kündigung der Gesellschaft bei Vorliegen eines wichtigen, die Fortsetzung unzumutbar machenden Grundes ist Ausdruck eines seit der Schuldrechtsreform in § 314 kodifizierten **allgemeinen Rechtsgrundsatzes.** Er gilt für alle Arten von Dauerschuldverhältnissen, die eine persönliche Bindung der Beteiligten begründen, und gibt diesen das Recht, unabhängig von der befristeten oder unbefristeten Vertragsdauer das Schuldverhältnis bei Vorliegen eines wichtigen Grundes einseitig mit sofortiger Wirkung zur Auflösung zu bringen.[45] Funktionell übernimmt das außerordentliche Kündigungsrecht damit eine Reihe von Aufgaben, für die bei gewöhnlichen Austauschverträgen die Rechtsinstitute des Rücktritts, der Anfechtung[46] und der Störung der Geschäftsgrundlage zur Verfügung stehen.[47] Entsprechend *vielseitig* sind auch die Umstände, die bei der Prüfung der Frage, ob ein wichtiger Grund vorliegt, berücksichtigungsfähig sind. Dem Recht zur Kündigung aus wichtigem Grund kommt umso größere Bedeutung zu, je länger die Beteiligten bei Eintritt des Grundes noch an den Vertrag gebunden sind, sei es auf Grund einer Befristung der Gesellschaft oder auf Grund langer Kündigungsfristen und -termine. Zum Sonderkündigungsrecht bei Vollendung des 18. Lebensjahrs (S. 3 Nr. 2) vgl. RdNr. 38 ff., zur Unentziehbarkeit des außerordentlichen Kündigungsrechts vgl. RdNr. 74 f., 26

[39] Vgl. Vor § 723 Fn. 17, 18; *Soergel/Hadding* RdNr. 10; *Strothmann/Vieregge* (Fn. 21) S. 459 f. m. weit. Nachw.; abl. *Merle,* FS Bärmann, 1975, S. 631, 633 f.

[40] So auch BGH LM HGB § 339 Nr. 2 = WM 1967, 315, 316 für eine zur lebenslangen Versorgung des Unterbeteiligten vereinbarte Unterbeteiligung.

[41] RGZ 95, 147, 151; vgl. auch OLG Hamm NJW-RR 1993, 1383, 1384 (stillschweigend vereinbarte Befristung bei Einbringung von Geschäftsidee und Kundenkontakt).

[42] BGHZ 10, 91, 98 = NJW 1953, 1217.

[43] Vgl. auch Vor § 723 RdNr. 14 und RGRK/*von Gamm* RdNr. 13.

[44] Vgl. BGH WM 1977, 736, 738.

[45] Vgl. BGH LM § 242 (Ba) Nr. 2 = NJW 1951, 836; RGZ 53, 19, 22; 65, 37, 38; 78, 385, 389; 79, 156, 161; 128, 1, 16; dazu auch *Beitzke,* Nichtigkeit, Auflösung und Umgestaltung von Dauerrechtsverhältnissen, 1948, S. 21; *Ulmer* Vertragshändler, 1969, S. 258 f.; *Oetker* (Fn. 3) S. 264 ff.

[46] Vgl. dazu RdNr. 46 betr. die Lehre von der fehlerhaften Gesellschaft.

[47] Vgl. RdNr. 4 f.; so auch *Staudinger/Keßler* RdNr. 59. Zur Frage, ob auch im Anwendungsbereich der außerordentlichen Kündigung Raum für eine Vertragsanpassung wegen Störung der Geschäftsgrundlage verbleibt, vgl. Bd. 2 a § 313 RdNr. 141 ff. und *Haarmann,* Wegfall der Geschäftsgrundlage bei Dauerrechtsverhältnissen, 1979, S. 127 ff.

zu den Anforderungen an die Kündigungserklärung und deren Wirkungen vgl. RdNr. 11 ff.

27 Der wichtige Grund als Voraussetzung der außerordentlichen Kündigung muss bereits *im Zeitpunkt der Kündigung* vorliegen; spätere Vorgänge haben allenfalls indizielle Bedeutung.[48] Schon mit Rücksicht auf die Treupflicht ist die **Angabe des Kündigungsgrundes** in der Kündigungserklärung im Regelfall geboten, wenn der Grund den Mitgesellschaftern nicht ohnehin bekannt ist.[49] Ein **Nachschieben** von Gründen ist nur begrenzt möglich. Es steht unter der doppelten Voraussetzung, dass die Gründe nicht erst später eingetreten sind und dass die Mitgesellschafter mit ihrer nachträglichen Geltendmachung rechnen mussten.[50] Letzteres ist namentlich dann der Fall, wenn zwischen geltend gemachten und nachgeschobenen Gründen ein innerer Zusammenhang besteht und die Mitgesellschafter daher nicht darauf vertrauen durften, der Kündigende werde hierauf nicht zurückgreifen.[51] War ein früher gegebener Grund zwischenzeitlich entfallen, etwa durch Verzicht oder Verwirkung (RdNr. 47), so ist auch für dessen Nachschieben kein Raum.[52] Sind andererseits Gründe erst nachträglich entstanden oder mussten die Mitgesellschafter nicht mit ihrem Nachschieben rechnen, so kann in ihrer späteren Geltendmachung eine erneute, entsprechend später wirksam werdende fristlose Kündigung zu sehen sein.[53] Zur Umdeutung einer mangels hinreichender Gründe unwirksamen außerordentlichen in eine ordentliche Kündigung vgl. RdNr. 17.

28 **2. Der wichtige Grund nach Satz 3 Nr. 1. a) Begriff.** Der Begriff des in Satz 3 Nr. 1 geregelten, für *alle Gesellschafter* geltenden wichtigen Grundes wird gewöhnlich dahin umschrieben, dass dem Kündigenden nach Lage des Falles eine Fortsetzung der Gesellschaft bis zum Vertragsende oder zum nächsten ordentlichen Kündigungstermin *nicht zugemutet* werden kann, weil das Vertrauensverhältnis grundlegend gestört oder ein gedeihliches Zusammenwirken aus sonstigen, namentlich auch wirtschaftlichen Gründen nicht mehr möglich ist.[54] Dem kommt im Ergebnis die ebenfalls wiederholt anzutreffende, die Notwendigkeit der *Interessenabwägung* betonende Formel nahe, wonach das auf dem wichtigen Grund beruhende Individualinteresse an der sofortigen Auflösung höher zu bewerten sein müsse als das Interesse der Mitgesellschafter an der unveränderten Fortsetzung der Gesellschaft.[55] Beide Formeln *zusammengenommen* umschreiben das Merkmal des wichtigen Grundes im Grundsatz zutreffend; sie haben inzwischen in der **Legaldefinition des § 314 Abs. 1 S. 2** ihren gesetzlichen Niederschlag gefunden.[56]

29 Die Definition des wichtigen Grundes in § 314 Abs. 1 S. 2 bestätigt den schon bisher anerkannten Grundsatz, dass die Feststellung des wichtigen Grundes zur Kündigung der GbR nicht ohne eingehende **Würdigung der Gesamtumstände des Einzelfalls,** darunter der Art und des Zwecks sowie der bisherigen Dauer[57] der Gesellschaft, des Zeitraums bis zum nächsten ordentlichen Auflösungstermin,[58] der Intensität der persönlichen Zusammenarbeit und der Stellung des Kündigenden in und zu der Gesellschaft möglich ist;[59] das gilt

[48] BGH NJW 2000, 3491, 3492.

[49] Die hM im Dienstvertragsrecht ist hinsichtlich der Forderung nach Angabe des Kündigungsgrunds zurückhaltend (vgl. 3. Aufl. Vor § 620 RdNr. 92 und *Soergel/Kraft* Vor § 620 RdNr. 27). Die Kommentare zu § 723 beschäftigen sich nur mit dem Nachschieben von Gründen. Im Mietrecht begründen die §§ 573 Abs. 3, 573 a Abs. 3 die Pflicht des Vermieters zur Angabe der Kündigungsgründe.

[50] BGHZ 27, 220, 225 f. = NJW 1958, 1136; RGZ 122, 38, 40; *Wiedemann* WM 1992, Beil. 7 S. 23, 52; *Soergel/Hadding* RdNr. 12.

[51] BGHZ 27, 220, 225 f. = NJW 1958, 1136; RG JW 1938, 1392, 1393; *Soergel/Hadding* RdNr. 12.

[52] BGH LM HGB § 383 Nr. 4 = WM 1967, 251.

[53] Bejahend BGH LM HGB § 89 a Nr. 1 = BB 1954, 647; RGRK/*von Gamm* RdNr. 10.

[54] Vgl. etwa BGHZ 4, 108, 113 = NJW 1952, 461; BGHZ 31, 295, 304 = NJW 1960, 625; BGHZ 84, 379, 382 f. = NJW 1982, 2821; BGH WM 1975, 329 330 f.; 1963, 282, 283; OGHZ 2, 253; 3, 350; RGZ 65, 37, 38; 142, 212, 215; RG JW 1938, 1392, 1393; *Soergel/Hadding* RdNr. 11, 14; *Staudinger/Keßler* RdNr. 65.

[55] BGHZ 84, 379, 383 = NJW 1982, 2821; *Soergel/Hadding* RdNr. 11, 14; *Staudinger/Keßler* RdNr. 65 f.

[56] Vgl. dazu Bd. 2 a § 314 RdNr. 10 ff. *(Gaier).*

[57] BGH DB 1977, 87, 88.

[58] BGH WM 1975, 329, 331.

[59] EinhM, vgl. BGHZ 84, 379, 382 = NJW 1982, 2821; BGH NJW 1996, 2573; *Soergel/Hadding* Rd-

auch für die in Abs. 1 S. 3 Nr. 1 als Regelbeispiele genannten Fälle der groben Pflichtverletzung und der Unmöglichkeit der Pflichterfüllung. Mit Rücksicht auf diese Gesamtwürdigung kann ein bestimmter Umstand somit bei der einen Gesellschaft die außerordentliche Kündigung rechtfertigen, bei einer anderen die an einen wichtigen Grund zu stellenden Anforderungen dagegen nicht erfüllen.[60] Bei Gründen in der Person eines Gesellschafters ist jeweils auch zu prüfen, ob nicht bereits der Entzug der Geschäftsführungs- und Vertretungsbefugnis nach §§ 712, 715 als das *mildere Mittel* ausreicht, um die gemeinsame Fortführung der Gesellschaft zumutbar erscheinen zu lassen.[61] Zur Nachprüfbarkeit des wichtigen Grundes in der Revisionsinstanz vgl. RdNr. 36 f.

b) Gründe in der Person eines Gesellschafters. Die beiden in **Abs. 1 S. 3 Nr. 1** beispielhaft genannten Gründe (grob schuldhafte Verletzung wesentlicher Pflichten oder Unmöglichkeit ihrer Erfüllung) entsprechen wörtlich denjenigen, die § 133 Abs. 2 HGB als Voraussetzung für eine Auflösungsklage bei Personenhandelsgesellschaften nennt. Angesichts von deren größerer praktischer Bedeutung kann auf die Auslegung der HGB-Vorschrift auch für die außerordentliche Kündigung der GbR zurückgegriffen werden.[62] Zum Verhältnis zwischen der Kündigung aus wichtigem Grund in der Person eines Gesellschafters und der Ausschließung dieses Gesellschafters nach Maßgabe von § 737 vgl. § 737 RdNr. 9. 30

Eine grob schuldhafte **Verletzung wesentlicher Verpflichtungen** aus dem Gesellschaftsvertrag (Nr. 1, 1. Fall) liegt insbes. in der hartnäckigen Weigerung eines Gesellschafters, seinen vertraglich übernommenen Beitrags- oder sonstigen Förderpflichten nachzukommen. Dazu gehört die nachhaltige Nichtleistung fälliger Einlagen, aber auch schwerwiegende Sorgfaltspflichtverstöße im Rahmen der Geschäftsführertätigkeit. Auch schwerwiegende Treupflichtverstöße kommen als Kündigungsgrund in Betracht.[63] Dabei stehen im Vordergrund **Störungen des Vertrauensverhältnisses** im *geschäftlichen* Bereich wie die ungehörige Behandlung, Beschimpfung oder Verleumdung von Mitgesellschaftern[64] oder die treuwidrige nachhaltige Verweigerung der Zusammenarbeit in der Gesellschaft. Aber auch das *außergeschäftliche* Verhalten kann, soweit es Rückwirkungen auf die Gesellschaftssphäre hat, nicht unberücksichtigt bleiben. Das gilt etwa für die nachhaltige üble Nachrede gegenüber Familienmitgliedern eines Mitgesellschafters.[65] Ebenso kann das Unterhalten ehewidriger Beziehungen zur Ehefrau eines Mitgesellschafters zu einer unerträglichen Belastung des Gesellschaftsverhältnisses führen und die Auflösung gebieten.[66] 31

Einen Kündigungsgrund bilden typischerweise auch nachhaltige **Verstöße gegen Geschäftsführungspflichten,** insbes. wenn sie schuldhaft herbeigeführt wurden. Hierunter fallen namentlich die bewusste und gesellschaftsschädigende Überschreitung der Geschäftsführungsbefugnisse, die fortlaufende Verletzung eines Wettbewerbsverbots oder sonstige grobe Unredlichkeiten in der Geschäftsführung.[67] Sie können allein schon mit Rücksicht auf die Wiederholungsgefahr die gemeinsame Fortsetzung der Gesellschaft unzumutbar machen, wenn nicht bereits der Entzug von Geschäftsführungsbefugnis und Vertretungs- 32

Nr. 15; *Staudinger/Keßler* RdNr. 65; *Erman/Westermann* RdNr. 11; vgl. auch die entspr. Regelung in § 626 Abs. 1 zum Dienstvertragsrecht.

[60] *Staudinger/Keßler* RdNr. 65.

[61] Ebenso *Soergel/Hadding* RdNr. 16.

[62] Näheres dazu bei *Ulmer* in Großkomm. zum HGB, 3. Aufl., § 133 Anm. 16 ff., 27 ff.

[63] BGHZ 4, 108, 113 = NJW 1952, 461; BGH NJW 2000, 3491, 3492; vgl. auch BGH WM 1963, 282 (objektiver Tatbestand tiefgreifender Zerrüttung als wichtiger Grund); BGH DB 1977, 87, 88 (Zerstörung des Vertrauensverhältnisses durch Nichteinhaltung wesentlicher Zusagen); BGH WM 1975, 329, 330 f. (trotz Zerstörung des Vertrauensverhältnisses Abwarten des nächsten Kündigungstermins zumutbar); OLG München NZG 2002, 85, 86 (Herabwürdigung eines Gesellschafters im Rundbrief an Mandanten unter Beifügung einer Strafanzeige gegen ihn).

[64] BGHZ 46, 392, 394, 396 = NJW 1967, 1081; BGHZ 4, 108, 120 f. = NJW 1952, 461.

[65] BGH DB 1977, 87, 88.

[66] BGHZ 46, 392, 394 = NJW 1967, 1081; BGHZ 4, 108, 114 = NJW 1952, 461; *Lindacher* NJW 1973, 1169. Zum Wegfall der Geschäftsgrundlage für die Beteiligung eines „eingeheirateten“ Gesellschafters infolge Ehescheidung vgl. BGH LM HGB § 140 Nr. 12 = NJW 1973, 92.

[67] Vgl. BGH WM 1985, 997 (Vollmachtsmissbrauch durch geschäftsführenden Gesellschafter); weitere Beisp. bei *Ulmer* in Großkomm. zum HGB, 3. Aufl., § 133 RdNr. 27 bis 29.

macht als das mildere Mittel (RdNr. 29) Abhilfe schafft. Bei weniger schwerwiegenden oder erstmals auftretenden Pflichtverstößen bedarf es vor der Kündigung im Regelfall einer auf die Einstellung des pflichtwidrigen Verhaltens gerichteten Abmahnung.

33 **Verschulden** des Gesellschafters, auf dessen Person sich der für den wichtigen Grund in Betracht kommende Umstand bezieht, ist ebenso wie in § 133 HGB für den wichtigen Grund **nicht erforderlich.**[68] Ein Kündigungsgrund kann deshalb auch in schwerer körperlicher oder geistiger Krankheit oder in hohem Alter eines Gesellschafters liegen, wenn diese Umstände für die Mitgesellschafter die Fortsetzung der Zusammenarbeit in der Gesellschaft unzumutbar machen, oder in der nachträglichen unverschuldeten **Unmöglichkeit** der für den Geschäftserfolg wesentlichen **Beitragsleistung** eines Gesellschafters. Weitere denkbare unverschuldete Gründe bilden der finanzielle Zusammenbruch eines Gesellschafters oder Minderungen seines Ansehens, die sich schwerwiegend auf den Geschäftserfolg auswirken.[69]

34 Die Vorwerfbarkeit des **eigenen Verhaltens des Kündigenden,** insbesondere dessen Mitursächlichkeit für den eingetretenen Vertrauensschwund, schließt die Berufung auf den Auflösungsgrund nicht ohne weiteres aus. Sogar die schuldhafte Verursachung des Auflösungsgrundes in erster Linie durch den Kündigenden selbst steht seiner Anerkennung als wichtiger Grund nicht notwendig entgegen, wenn in ihrer Folge das für die Erreichung des Gesellschaftszwecks erforderliche Zusammenwirken der Gesellschafter unmöglich geworden ist;[70] Schadensersatzansprüche der Mitgesellschafter bleiben hiervon unberührt (RdNr. 49). Wer allerdings selbst wesentlich zur Verschärfung der Spannungen in der Gesellschaft beigetragen hat, kann auf unfreundliche Reaktionen der Mitgesellschafter die fristlose Kündigung nicht ohne weiteres stützen.[71] Schafft ein Gesellschafter vorsätzlich die Voraussetzungen für die Unzumutbarkeit der Fortsetzung der Gesellschaft, um einen Auflösungsgrund zu haben, so handelt er missbräuchlich. Seiner Kündigung steht der Arglisteinwand entgegen (RdNr. 59).

35 **c) Objektive, nicht personenbezogene Umstände.** Unter ihnen ist der *wichtigste,* die Erreichung oder Unmöglichkeit des Gesellschaftszwecks, abweichend von § 133 HGB[72] im Recht der GbR durch § 726 zu einem *eigenständigen Auflösungsgrund* gemacht. Einer Kündigung bedarf es insoweit zur Herbeiführung der Auflösung nicht. Die **Abgrenzung zu § 726** ist allerdings je nach Lage des Falles nicht einfach;[73] im Zweifel empfiehlt sich eine Kündigungserklärung. Unter § 726 fällt etwa die voraussichtlich dauernde Unrentabilität des Unternehmens (§ 726 RdNr. 5). Für die fristlose Kündigung nach **§ 723 Abs. 1 S. 2** genügen demgegenüber weniger eindeutige Umstände, die aber doch so *schwerwiegende Bedenken gegenüber dem Erfolg der weiteren Zusammenarbeit* oder dem Erreichen des Gesellschaftszwecks begründen, dass sie das Festhalten an der Gesellschaft für den Kündigenden unzumutbar machen. So liegt es beim Eintritt nachhaltiger, auf der allgemeinen Geschäftslage oder der mangelnden Konkurrenzfähigkeit des Unternehmens beruhender *Verluste,* wenn eine Wende zum Besseren zwar möglich, aber nicht konkret absehbar ist.[74] Entspre-

[68] So auch *Soergel/Hadding* RdNr. 16; *Wiedemann* WM 1992, Beil. 7 S. 23, 53 (li. Sp.); zurückhaltend *Erman/Westermann* RdNr. 12 für den Fall unverschuldeter schwerer Pflichtverstöße, da sie nicht zu einer Zerstörung des Vertrauensverhältnisses führen.

[69] *Staudinger/Keßler* RdNr. 71 (vgl. eingehend 10./11. Aufl. RdNr. 57); *Ulmer* in Großkomm. zum HGB, 3. Aufl., § 133 RdNr. 33 m. Nachw.; vgl. dazu auch BGHZ 84, 379, 382 = NJW 1982, 2821: Auflösung der KG als Geschäftsinhaberin als wichtiger Kündigungsgrund für den Stillen.

[70] RGZ 122, 312, 313; OGHZ 2, 253, 259; *Soergel/Hadding* RdNr. 16; *Ulmer* in Großkomm. zum HGB, 3. Aufl., § 133 RdNr. 26; aA *Erman/Westermann* RdNr. 12 aE, der in diesen Fällen Rechtsmissbrauch annimmt; für stärkere Berücksichtigung der Schuldfrage wohl auch BGH WM 1960, 49, 50; 1966, 1051; RGRK/*von Gamm* RdNr. 18.

[71] BGH NJW 1996, 2573, 2574 (Auseinandersetzungen in einer RA-GbR).

[72] *Ulmer* in Großkomm. zum HGB, 3. Aufl., § 133 RdNr. 37.

[73] Vgl. BGH WM 1980, 868, 869: wesentliche Umgestaltung des tatsächlichen Gesellschaftszwecks durch Austausch des zu finanzierenden Filmprojekts als wichtiger Kündigungsgrund; LG München NJW-RR 1993, 334 f.: Scheitern einer nichtehelichen Lebensgemeinschaft als wichtiger Grund für die Kündigung einer als GbR zu qualifizierenden Wohnungsgemeinschaft.

[74] RG JW 1913, 265; *Soergel/Hadding* RdNr. 19; RGRK/*von Gamm* RdNr. 18; vgl. auch RG WarnR 1917 Nr. 289.

chendes gilt, wenn die Kapitalbasis der Gesellschaft zwar im Wesentlichen noch vorhanden, aber durch deren Fortsetzung ernsthaft und in einem über das allgemeine oder das bei der Gesellschaftsgründung konkret in Kauf genommene Risiko deutlich hinausgehenden Maß gefährdet ist. Auch der Wegfall der Gewinnerwartung lässt in aller Regel die Geschäftsgrundlage der Gesellschaft entfallen. Unter den genannten Voraussetzungen kann ein Festhalten am Vertrag mit weiterem Einsatz von Kapital und Arbeit nach ständiger Rechtsprechung keinem Gesellschafter zugemutet werden.[75]

d) Nachprüfung in der Revisionsinstanz. Nach §§ 549, 550 ZPO sind die Revisionsrügen auf Gesetzesverletzungen beschränkt. Die dem angegriffenen Urteil zu Grunde liegenden tatsächlichen Feststellungen, die „Tatfrage" im Unterschied zur „Rechtsfrage", sind mit der Revision nicht angreifbar. Die Abgrenzung bereitet besonders für den Bereich des wichtigen Grundes Schwierigkeiten.[76] Das beruht darauf, dass hier über die Sachverhaltsermittlung und die Herausarbeitung des Rechtsbegriffs wichtiger Grund hinaus zusätzlich die – nur in wertender Betrachtung mögliche – *Subsumtion der festgestellten Tatsachen unter den Obersatz des wichtigen Grundes* erforderlich ist. Dabei handelt es sich zwar im Ansatz um eine Rechtsfrage; ihr mischen sich aber unvermeidlich auch tatsächliche Wertungen bei.[77] 36

Im Unterschied zur zurückhaltenden Revisionspraxis des Reichsgerichts, die die Nachprüfung jeweils darauf beschränkte, ob das tatrichterlich festgestellte Verhalten in abstracto einen wichtigen Grund bilden könne,[78] nimmt der **Bundesgerichtshof** grundsätzlich das Recht zur **konkreten Nachprüfung** des wichtigen Grundes für sich in Anspruch, freilich unter Anerkennung eines „tatrichterlichen Beurteilungsspielraumes".[79] Zu den voll nachprüfbaren Umständen rechnet er neben dem Begriff des wichtigen Grundes als „Obersatz" auch die Frage, ob sämtliches für den wichtigen Grund erhebliche Parteivorbringen vom Berufungsgericht im Rahmen der erforderlichen Abwägung (RdNr. 29) berücksichtigt worden ist.[80] Dagegen legt er sich bei der Würdigung dieser Umstände Zurückhaltung auf und prüft nur nach, ob das Berufungsgericht die Grenzen seines tatrichterlichen Beurteilungsspielraumes überschritten hat.[81] Neben Fehlern in der Subsumtionsmethode werden dadurch auch die Fälle offenbar unrichtiger tatrichterlicher Würdigung erfasst.[82] Diesem Vorgehen ist zumindest im Ergebnis **zuzustimmen,** da es unabhängig von der Qualifikation des Subsumtionsvorgangs als Rechtsanwendung sowohl der Wahrung der Rechtseinheit als vorrangigem Revisionszweck als auch der meist größeren Sachferne des Revisionsgerichts im Vergleich zu der mit den Einzelheiten des Falles besser vertrauten Tatsacheninstanz angemessen Rechnung trägt.[83] 37

3. Volljährigkeit als neuer wichtiger Grund (S. 3 Nr. 2). a) Regelungsanlass. Der in Abs. 1 S. 3 Nr. 2 geregelte wichtige Grund zur fristlosen Kündigung, die *Vollendung des 18. Lebensjahrs* des kündigenden Gesellschafters, steht nur *rechtstechnisch* auf der gleichen Stufe wie der durch die Regelbeispiele des S. 3 Nr. 1 gekennzeichnete, auf der Unzumutbarkeit der Fortsetzung der Gesellschaft (RdNr. 28) beruhende „klassische" Kündigungs- 38

[75] BGH LM HGB § 161 Nr. 13 = NJW 1960, 434; RG JW 1913, 265; 1927, 1684; 1928, 1568; *Staudinger/Keßler* RdNr. 70; *Ulmer* in Großkomm. zum HGB, 3. Aufl., § 133 RdNr. 39.

[76] Vgl. namentlich *Gottwald,* Die Revisionsinstanz als Tatsacheninstanz, 1975; *Henke,* Die Tatfrage, 1965; *Kuchinke,* Grenzen der Nachprüfbarkeit tatrichterlicher Würdigung und Feststellungen in der Revisionsinstanz, 1964; ferner *Henke* ZZP 81 (1968), 196, 321.

[77] Weitergehend – für grundsätzliche Untrennbarkeit von Tat- und Rechtsfragen bei der Rechtsanwendung – *Kuchinke* (Fn. 76), insbes. S. 67 ff.; mit Recht abl. aber *Henke* ZZP 81 (1968), 209 ff. und *Rosenberg/Schwab/Gottwald* Zivilprozessrecht § 143 IV 2, V 2 a.

[78] RGZ 78, 22; 110, 297, 300; RG JW 1919, 309 und 504; 1925, 945; 1938, 2833; dazu *Henke* (Fn. 76) S. 19, 228 ff., 269 f.

[79] Vgl. etwa BGHZ 4, 108, 111 ff. = NJW 1952, 461; BGHZ 46, 392, 396 = NJW 1967, 1081; dazu *Henke* ZZP 81 (1968), 236 ff.; RGRK/*von Gamm* RdNr. 21.

[80] BGHZ 4, 108, 111, 116 f. = NJW 1952, 461; BGHZ 46, 392, 396 = NJW 1967, 1081; BGH LM HGB § 117 Nr. 1 = JZ 1952, 276; BGH LM HGB § 140 Nr. 2 = BB 1952, 649; BGH WM 1966, 1051; DB 1977, 87, 88.

[81] BGHZ 46, 392, 396 = NJW 1967, 1081.

[82] *Henke* (Fn. 76) S. 260, 269 ff.

[83] Kritisch zur Zubilligung eines „tatrichterlichen Beurteilungsspielraums" aber *Erman/Westermann* RdNr. 16 aE.

grund. Wie dieser gewährt er dem betroffenen Gesellschafter das Recht, seine Beteiligung an der werbenden Gesellschaft einseitig durch deren Auflösung oder durch Herbeiführung seines Ausscheidens (§ 736 Abs. 1) zu beenden. Der **Kündigungsanlass** ist jedoch von *qualitativ anderer Art* (vgl. RdNr. 42). Die Kündigung soll es dem volljährig Gewordenen erleichtern, das Risiko einer Haftung seines (Neu-)Vermögens für (Alt-)Verbindlichkeiten aus der Zeit vor Eintritt der Volljährigkeit auszuschließen und bei Berufung auf die Haftungsbeschränkungseinrede des § 1629 a Abs. 1 der ihn benachteiligenden doppelten Vermutung des § 1629 a Abs. 4 zu entgehen (vgl. dazu RdNr. 45).

39 Der **Normzweck** der im Jahr 1998 im Zuge des Minderjährigenhaftungsbeschränkungsgesetzes[84] eingeführten Regelung des S. 3 Nr. 1 iVm. S. 4 und 5 erschließt sich aus dessen *Entstehungsgeschichte.* Bekanntlich hatte das **BVerfG** durch Beschluss vom 13. Mai 1986[85] es für unvereinbar mit dem allgemeinen Persönlichkeitsrecht Minderjähriger (Art. 2 Abs. 1 iVm. Art. 1 Abs. 1 GG) erklärt, „dass Eltern ihre Kinder kraft elterlicher Vertretungsmacht (§ 1629) bei Fortführung eines ererbten Handelsgeschäfts in ungeteilter Erbengemeinschaft finanziell unbegrenzt verpflichten können". Um dieser Vorgabe zu entsprechen, hatte sich der Gesetzgeber nach langer Bedenkzeit gegen das Modell einer Begrenzung der elterlichen Vertretungsmacht und für die Einführung des Rechts des volljährig gewordenen Minderjährigen entschieden, seine Haftung für Verbindlichkeiten aus der früheren Zeit auf den Bestand seines (ererbten oder aus anderen Quellen stammenden) Altvermögens zu beschränken.[86] Dadurch sollte der Begünstigte die Chance haben, im ungünstigsten Fall zwar vermögenslos, aber ohne Vorbelastungen aus der Zeit vor Vollendung des 18. Lebensjahrs ins Leben zu treten. Die materiellrechtlichen Voraussetzungen für die Berufung auf die Haftungsbeschränkung finden sich in § 1629 a; hierauf wird verwiesen. Demgegenüber hat die Ergänzung des § 723 Abs. 1 um den neuen Kündigungsgrund des S. 3 Nr. 2 nur flankierende, der Beweiserleichterung des Kündigenden dienende Funktion (RdNr. 45).

40 **b) Anwendungsbereich.** Die Neuregelung gilt unmittelbar für Gesellschafter einer **GbR,** die ihre Mitgliedschaft, sei es auf erbrechtlichem oder rechtsgeschäftlichem Wege, vor Vollendung des 18. Lebensjahrs erlangt haben. Sie bezieht sich mit Blick auf die Haftungsrisiken in erster Linie auf *Außengesellschaften,* kann aber auch für Innengesellschaften Bedeutung erlangen, wenn die Zugehörigkeit zu ihnen absehbare Haftungsfolgen im Innenverhältnis, insbes. mit Bezug auf die Auseinandersetzung nach einem das Gesellschaftsvermögen übersteigenden Verlust, zur Folge hat.

41 Auf die *persönlich haftenden Gesellschafter* einer **OHG oder KG** sollte der Kündigungsgrund des S. 3 Nr. 2 nach der Regierungsbegründung[87] auch ohne Änderung des § 133 Abs. 1 und 2 HGB „ausstrahlen". Das ist angesichts des Normzwecks der Vorschrift (RdNr. 39) folgerichtig, bereitet jedoch in seiner rechtlichen Umsetzung Schwierigkeiten.[88] Denn einer entsprechenden Ausdehnung des wichtigen Grundes in § 133 Abs. 1 HGB auf dem Weg über die Verweisung des § 105 Abs. 3 HGB steht das Vorhandensein dieser von § 723 Abs. 1 grundsätzlich abweichenden Sonderregelung des HGB entgegen, da sie einen Rückgriff auf das subsidiär geltende BGB-Gesellschaftsrecht versperrt. Auch greifen die Gründe der Rechtssicherheit und des Verkehrsschutzes, die anstelle des Kündigungsrechts des § 723 Abs. 1 S. 2 zur Einführung einer *Auflösungsklage* für OHG und KG Anlass gegeben haben,[89] angesichts des regelmäßig unschwer nachprüfbaren Kündigungsgrunds der Erlangung der

[84] Gesetz zur Beschränkung der Haftung Minderjähriger v. 25. 8. 1998, BGBl. I S. 2487; vgl. dazu *Behnke* NJW 1998, 3078 ff.; *Grunewald* ZIP 1999, 597 ff.; *Habersack* FamRZ 1999, 1 ff.; *Muscheler* WM 1998, 2271 ff.; *Coester,* FS Werner Lorenz, 2003, S. 113 ff.

[85] BVerfGE 72, 155 = NJW 1986, 1859; dazu *K. Schmidt* BB 1986, 1238 ff.; *Fehnemann* JZ 1986, 1055 ff.; *Hertwig* FamRZ 1987, 124 ff.

[86] Zum Für und Wider der beiden im Anschluss an den BVerfG-Beschluss diskutierten Regelungsalternativen vgl. näher RegBegr. BT-Drucks. 13/5624 S. 6 f. und *Muscheler* WM 1998, 2272, 2274 ff.; umfass. Lit.-Nachw. zu dieser Diskussion bei *Coester* (Fn. 84) S. 113 Fn. 4.

[87] BT-Drucks. 13/5624 S. 10.

[88] So zu Recht schon *Behnke* NJW 1998, 3078, 3082.

[89] Vgl. dazu näher *Ulmer* in Großkomm. zum HGB, 3. Aufl., § 133 RdNr. 2.

Volljährigkeit nicht ein. Aus diesen Gründen ist für OHG und KG von einer – vom Gesetzgeber ungewollten – Regelungslücke auszugehen, die durch *Anerkennung eines Kündigungsrechts des volljährig Gewordenen* in **Analogie zu § 723 Abs. 1 S. 2, 3 Nr. 2** zu schließen ist. Der Analogieschluss ermöglicht es den Mitgesellschaftern zugleich, die Gesellschaft nach § 131 Abs. 3 Nr. 3 HGB ohne den Kündigenden fortzusetzen und diesen abzufinden.[90] Für *Kommanditisten* kommt das Kündigungsrecht nur ausnahmsweise dann in Betracht, wenn ihnen wegen nicht voll erbrachter Haft- oder Pflichteinlage ein persönliches Haftungsrisiko droht.[91]

c) Kündigungsvoraussetzungen. Zentrale, wenn auch ungeschriebene Kündigungsvoraussetzung ist neben der Vollendung des 18. Lebensjahrs das **Risiko von Altverbindlichkeiten,** das dem Gesellschafter aus seiner Mitgliedstellung in der GbR (oder OHG/KG) droht. Darauf, ob es um die Haftung gegenüber Gesellschaftsgläubigern nach oder analog § 128 HGB oder um diejenige für interne Sozialansprüche (§ 705 RdNr. 201) geht, kommt es nach dem Normzweck des Kündigungsgrundes (RdNr. 39) nicht an. Allerdings ist der Wortlaut des § 1629 a Abs. 1 S. 1 mit seiner Definition der relevanten Verbindlichkeiten zu eng gefasst. Denn jedenfalls die Haftung für Gesellschaftsverbindlichkeiten nach oder analog § 128 HGB lässt sich nicht auf ein Handeln der Eltern oder sonstiger vertretungsberechtigter Personen „für das Kind" zurückführen, sondern auf dessen Mitgliedstellung in der Personengesellschaft. Nach Normzweck und Entstehungsgeschichte der Vorschrift besteht aber kein Zweifel, dass auch diese Haftungsrisiken den volljährig Gewordenen zur Kündigung berechtigen.[92] 42

Eine **Einschränkung** gegenüber dem Kündigungsrecht gilt nach **Abs. 1 S. 5** für solche Haftungsrisiken, die auf einer vom Minderjährigen kraft Ermächtigung nach § 112 eingegangenen Gesellschaftsbeteiligung[93] oder auf einer Mitgliedschaft beruhen, deren Zweck allein der Befriedigung der persönlichen Bedürfnisse des Gesellschafters dient.[94] Die Einschränkung trägt der entsprechenden Vorschrift des § 1629 a Abs. 2 Rechnung, die für derartige Verbindlichkeiten eine Ausnahme von der Haftungsbeschränkung des § 1629 a Abs. 1 dekretiert. Sie bestätigt zugleich das Erfordernis des Haftungsrisikos des volljährig Gewordenen als ungeschriebene Kündigungsvoraussetzung (RdNr. 42). 43

Für die Ausübung des Kündigungsrechts sieht **Abs. 1 S. 4** eine **Kündigungsfrist** von drei Monaten vor. Im Unterschied zur entsprechenden Vorschrift des § 1629 a Abs. 4 S. 1 beginnt die Frist nicht schon mit dem Eintritt der Volljährigkeit, sondern erst mit dem Zeitpunkt, in dem der Berechtigte von seiner Gesellschafterstellung Kenntnis hat oder haben muss;[95] auf die Kenntnis vom Haftungsrisiko kommt es für den Fristbeginn nicht an. Da die Kündigungserklärung des volljährig Gewordenen ihm nicht als solche, sondern nur in Verbindung mit der Vermutungsregelung des § 1629 a Abs. 4 einen gewissen Schutz vor den Haftungsrisiken aus Altverbindlichkeiten verschafft (RdNr. 45), bedarf es *verfassungskonformer Auslegung* der zu rigiden Frist in dieser Vorschrift, um zum einheitlichen Fristablauf für beide Vorschriften in Fällen der Gesellschaftskündigung zu kommen und dadurch dem Normzweck der Neuregelung gerecht zu werden.[96] 44

[90] So – wenn auch ohne Stellungnahme zur Analogiefrage – auch *Grunewald* ZIP 1999, 597, 599.

[91] Ebenso *Grunewald* ZIP 1999, 599 f.

[92] Ebenso *Grunewald* ZIP 1999, 598; *Muscheler* WM 1998, 2280; zur Einbeziehung der Gesellschafterhaftung vgl. auch schon RegBegr., BT-Drucks. 13/5624 S. 8, 10.

[93] Zur Behandlung der Gesellschafterstellung in einer Personenhandelsgesellschaft als „Erwerbsgeschäft" iS von § 112 vgl. § 112 RdNr. 6 *(Schmidt)*; *Soergel/Hefermehl* § 112 RdNr. 2; *Schlegelberger/K. Schmidt* HGB § 125 RdNr. 18 (ganz hM).

[94] Vgl. dazu *Muscheler* WM 1998, 2282 f. Die RegBegr. (BT-Drucks. 13/5624 S. 13) verweist insoweit – wenig lebensnah – auf eine Gesellschaft zur Befriedigung persönlicher Bedürfnisse Minderjähriger (Kleingeschäfte oder für die Altersgruppe typische, keine unzumutbar hohen Verbindlichkeiten auslösende Geschäfte).

[95] Nach der RegBegr. (BT-Drucks. 13/5624 S. 12) sind damit Fälle gemeint, in denen die Eltern den Minderjährigen nicht über seine Gesellschafterstellung informiert hatten.

[96] Für eine modifizierende Lesart des § 1629 a Abs. 4 und einheitlichen Fristbeginn *Staudinger/Coester* (2002) § 1629 a RdNr. 82. In den Kommentaren zu § 1629 a Abs. 4 wird diese Frage sonst bisher nicht behandelt.

45 **d) Kündigungswirkungen.** Die Kündigung nach Abs. 1 S. 3 Nr. 2 lässt die *gesellschaftsrechtliche* (Fort-)Haftung des volljährig Gewordenen für Altverbindlichkeiten unberührt; das gilt unabhängig davon, ob sie zur Auflösung der Gesellschaft oder zum Ausscheiden des Kündigenden führt (vgl. § 730 RdNr. 10, § 737 RdNr. 7). Auch die Berufung auf die *Einrede der Haftungsbeschränkung* nach § 1629 a Abs. 1 S. 1 hängt nicht von der Ausübung des Kündigungsrechts ab. Deren Rechtswirkung ergibt sich vielmehr aus der **Vermutungsregel des § 1629 a Abs. 4.** Danach führt die *Nichtausübung* des Kündigungsrechts innerhalb der Dreimonatsfrist zu der *doppelten Vermutung* zu Lasten des volljährig Gewordenen, dass (1) die auf seiner Mitgliedschaft beruhenden Verbindlichkeiten nach Eintritt der Volljährigkeit entstanden sind und (2) sein gegenwärtiges Vermögen bereits bei Eintritt der Volljährigkeit vorhanden war, dh. dem Haftungszugriff auch der Altgläubiger unterliegt. Zur Verlagerung der Beweislast in beiden Punkten auf die Gläubiger bedarf es daher der fristgemäßen Ausübung des neugeschaffenen Kündigungsrechts.[97]

46 **4. Kündigung der fehlerhaften Gesellschaft.** Für die fristlose Kündigung einer trotz der Fehlerhaftigkeit ihres Zustandekommens in Vollzug gesetzten Gesellschaft bedarf es keines besonderen wichtigen Grundes. Es genügt der Nachweis des – noch fortbestehenden – **Vertragsmangels,** es sei denn, dass sich die Berufung hierauf ausnahmsweise als treuwidrig erweist. Wegen der Einzelheiten vgl. § 705 RdNr. 345, 360.

47 **5. Verzicht, Verwirkung.** Das Recht zur außerordentlichen Kündigung ist als solches zwar zwingender Natur und daher unverzichtbar (Abs. 3). Wohl aber kann im Einzelfall nachträglich auf die Geltendmachung bestimmter Umstände als Kündigungsgrund **verzichtet** werden. Der Verzicht kann ausdrücklich oder stillschweigend, etwa durch längeres widerspruchsloses Festhalten am Vertrag und Fortführen der Geschäfte trotz Kenntnis des Kündigungsgrundes, erfolgen.[98] Da das Kündigungsrecht ein Individualrecht ist (RdNr. 7), liegt auch die Entscheidung über den Verzicht bei den einzelnen Gesellschaftern je persönlich. Vom Verzicht als einseitiges, einen entsprechenden Verzichtswillen voraussetzendes Rechtsgeschäft zu unterscheiden ist die **Verwirkung** der Geltendmachung des betreffenden Kündigungsgrundes. Sie tritt auch ohne Verzichtswillen des Kündigungsberechtigten dann ein, wenn dieser sich über einen längeren Zeitraum hinweg so verhalten hat, dass sich der andere Teil darauf eingerichtet hat und darauf vertrauen durfte, mit der Ausübung des Rechts werde nicht mehr zu rechnen sein.[99] Hieran fehlt es, wenn der Berechtigte wiederholt durch Erklärungen zu erkennen gegeben hat, dass er sich die Geltendmachung seines Rechts vorbehalte.

48 Auch wenn die vorgenannten Voraussetzungen von Verzicht oder Verwirkung nicht vorliegen, kann die **verzögerte Ausübung des Kündigungsrechts** dennoch, wie § 314 Abs. 3 nF bestätigt, für die Wirksamkeit der Kündigung Bedeutung erlangen. Zu Recht hat der BGH am Beispiel einer erst 15 Monate nach Kenntnis von den Verfehlungen eines Mitgesellschafters ausgesprochenen Kündigung festgestellt, in derartigen Fällen spreche eine tatsächliche Vermutung dafür, dass der Kündigungsgrund nicht so schwer wiegt, die Fortsetzung für den Kündigenden unzumutbar zu machen, oder dass er dieses Gewicht jedenfalls in der Zwischenzeit, infolge der seitherigen Entwicklung der persönlichen und gesellschaftlichen Verhältnisse, verloren hat.[100] Sache des Kündigenden ist es sodann, durch Darlegung

[97] Die Kommentare zu § 1629 a Abs. 4 beschränken sich zwar – entsprechend dem Wortlaut der Vorschrift – auf die Aussage, dass die dort geregelte Vermutung bei rechtzeitiger Kündigung nicht eingreift, vgl. § 1629 a RdNr. 75 *(Peter Huber)* und *Palandt/Diederichsen* § 1629 a RdNr. 17. Dann bliebe aber die Beweislast für das Vorliegen der Voraussetzungen des § 1629 a Abs. 1 S. 1 gleichwohl beim Kündigenden, der sich auf die Haftungsbeschränkung beruft (vgl. nur *Muscheler* WM 1998, 2284); das wäre mit dem Normzweck schwer vereinbar. Aus teleologischen Gründen ist vielmehr eine Beweislastumkehr geboten.

[98] BGH LM HGB § 133 Nr. 4 = WM 1959, 134; RGZ 51, 89, 91; 153, 274, 280; RG JW 1935, 2490.

[99] BGHZ 25, 47, 52 = NJW 1957, 1358; BGH LM HGB § 140 Nr. 11 = NJW 1966, 2160, 2161; allg. zur Verwirkung vgl. auch § 242 RdNr. 296 ff.

[100] BGH LM HGB § 140 Nr. 11 = NJW 1966, 2160, 2161; so im Ergebnis auch OLG Hamm NJW-RR 1993, 1383, 1384; OLG München DB 2000, 2588, 2589; *Soergel/Hadding* RdNr. 13.

und Beweis der für die Verzögerung maßgebenden, auf anerkennenswerten Gründen beruhenden Umstände die Vermutung zu widerlegen. Eine die Vermutung begründende *Verzögerung* ist zwar nicht schon dann anzunehmen, wenn der Kündigungsberechtigte von seinem Recht nicht unverzüglich Gebrauch macht. Vielmehr ist ihm, zumal bei erheblicher wirtschaftlicher Tragweite der Kündigung, entsprechend § 314 Abs. 3 eine *angemessene Bedenkzeit* zuzubilligen, die je nach Lage des Falles einige Monate erreichen kann.[101] Der vom BGH hervorgehobene Erfahrungssatz greift aber dann ein, wenn diese Frist deutlich überschritten ist und die Fortsetzung der Gesellschaft sich trotz des Kündigungsgrundes als möglich erwiesen hat. Kommt es später zu erneuten Vertragsstörungen, so hindert der zwischenzeitliche Fristablauf allerdings nicht den Rückgriff auf einen früheren wichtigen Grund im Rahmen der gebotenen Gesamtbetrachtung.[102]

6. Kündigung und Schadensersatz. Beruht die Kündigung auf einer schuldhaften, dem verursachenden Gesellschafter nach § 708 vorwerfbaren Vertragsverletzung, insbesondere auf zu vertretender Nichtleistung der Einlagen, mangelhafter Geschäftsführung oder schwerwiegenden Treupflichtverstößen, so können die Mitgesellschafter von ihm Schadensersatz verlangen.[103] Der Anspruch umfasst den durch die **vorzeitige Auflösung** entstandenen Schaden der Mitgesellschafter;[104] er ist nicht mit dem Schadensersatzanspruch wegen unzeitiger Kündigung (RdNr. 55) zu verwechseln. Die Kündigungserklärung durch einen Mitgesellschafter führt nicht etwa zur Verminderung der Ersatzpflicht nach § 254 oder schließt solche Ansprüche gar völlig aus (so auch § 314 Abs. 4).[105] Auch macht sich derjenige, der bei Unzumutbarkeit der Fortsetzung die Gesellschaft aus wichtigem Grund kündigt, nicht seinerseits gegenüber den am Fortbestand interessierten Mitgesellschaftern schadensersatzpflichtig. Wohl aber bestimmt sich die Ersatzpflicht nach § 254, wenn mehrere Gesellschafter je für sich durch Verletzung ihrer Gesellschafterpflichten zu der für den wichtigen Grund ausschlaggebenden Zerstörung des Vertrauensverhältnisses beigetragen haben.[106] Im Ergebnis wird das nicht selten dazu führen, dass es bei der Auseinandersetzung nach §§ 730 ff. bleibt und etwaige Schadensersatzansprüche gegeneinander aufgewogen werden. – Zu der vom Schadensersatzanspruch zu unterscheidenden Möglichkeit eines Ausgleichsanspruchs wegen tatsächlicher Vorteile eines Teils der Gesellschafter aus der Auflösung vgl. § 734 RdNr. 9. 49

IV. Kündigungsschranken

1. Allgemeines, Missbrauchseinwand. Das Kündigungsrecht steht wie jedes andere Mitgliedschaftsrecht der Gesellschafter unter dem Vorbehalt missbräuchlicher Ausübung (vgl. RdNr. 57 ff.). Die in § 723 Abs. 2 vorgesehene Schadensersatzpflicht im Fall einer *Kündigung zur Unzeit* (RdNr. 53 ff.) ist zwar eine besonders typische, aber keineswegs die einzige Ausprägung dieses Vorbehalts; neben ihr sind im Rahmen der allgemeinen Missbrauchslehre einige weitere Fallgruppen entwickelt worden.[107] Der Vorbehalt beschränkt sich auch nicht auf die *ordentliche* Kündigung, wenn ihm hier auch vorrangige Bedeutung zukommt; vielmehr kann trotz grundsätzlicher Anerkennung eines *außerordentlichen* Auflösungsrechts durch Kündigung aus wichtigem Grund die Art und Weise des Vorgehens des 50

[101] BGH LM HGB § 140 Nr. 11= NJW 1966, 2160.
[102] OLG Köln WM 1993, 325, 328.
[103] BGH WM 1960, 50; RGZ 89, 398, 399 f.; 162, 388, 396; RG Recht 1929 Nr. 232.
[104] BGH WM 1963, 282, 283 und Nachw. in Fn. 76; so auch *Soergel/Hadding* RdNr. 19; RGRK/*von Gamm* RdNr. 19; *Erman/Westermann* RdNr. 15.
[105] Vgl. dazu § 314 RdNr. 21.
[106] Zust. *Erman/Westermann* RdNr. 15.
[107] Vgl. die Ansätze bei *Soergel/Siebert/Knopp* (10. Aufl.) § 242 RdNr. 262, 263 und *Staudinger/Weber* (11. Aufl.) § 242 RdNr. A 682, 683; für die Fälle missbräuchlicher Ausübung der ordentlichen Kündigung *Ulmer,* FS Möhring, 1975, S. 295, 308 ff.; *ders.* in Großkomm. zum HGB, 3. Aufl., § 132 RdNr. 20 f.; *Strothmann/Vieregge* (Fn. 21) S. 461 ff. (für Gesellschaftsverträge). Allg. zu den aus § 242 folgenden Kündigungsschranken auch *Molitor,* Die Kündigung, 2. Aufl. 1951, S. 194 ff.; *Oetker* (Fn. 3) S. 284 ff.

Kündigenden auch insoweit den Missbrauchsvorwurf begründen. Zur Frage der Verwirkung des Kündigungsrechts vgl. RdNr. 47.

51 Die **Besonderheiten der Kündigung** als einer einseitigen, auf Vertragsauflösung gerichteten Gestaltungserklärung machen es freilich erforderlich, ihnen bei den Voraussetzungen und Rechtsfolgen des gegen die Kündigung gerichteten Missbrauchseinwands Rechnung zu tragen. So ist das Kündigungsrecht zum einen ein **eigennütziges Recht,** bei dessen Ausübung der Kündigende in erster Linie eigene Interessen verfolgen darf. Begrenzt wird sein Vorgehen freilich durch das aus der Treupflicht entspringende Gebot, die Interessen der Mitgesellschafter mitzubedenken und sich über deren Belange nicht rücksichtslos oder willkürlich hinwegzusetzen (vgl. § 705 RdNr. 229). Und zum anderen dürfen die aus dem Missbrauchseinwand folgenden Kündigungsschranken nicht so weit gehen, die der Vertragsfreiheit immanente, durch § 723 Abs. 3 besonders hervorgehobene **Vertragsbeendigungsfreiheit** zu beseitigen oder ernsthaft in Frage zu stellen.[108] Dies umso mehr deshalb, weil die Einschränkung oder der Ausschluss der Kündigung angesichts der besonderen Rechtswirkungen von Dauerschuldverhältnissen, während ihres Bestehens zur ständigen Neubegründung von Pflichten bzw. zu einer dauernden Pflichtenanspannung der Beteiligten zu führen, sich entgegen dem äußeren Anschein letztlich nicht rechtsbegrenzend auswirkt, sondern im Gegenteil die Entstehung weiterer Pflichten als Folge des Missbrauchseinwands bewirkt.[109]

52 Aus den in RdNr. 51 genannten Gründen ist namentlich auch dann Zurückhaltung gegenüber dem Missbrauchseinwand geboten, wenn er darauf abzielt, die Wirksamkeit einer Kündigung trotz Vorliegens der hierfür geltenden Voraussetzungen für einen nicht nur vorübergehenden Zeitraum auszuschließen (vgl. dazu auch RdNr. 58 f.). Ein langfristiger Fortbestand der Gesellschaft, der das nach Abs. 3 zwingende Vertragsbeendigungsrecht im Ergebnis beseitigt, lässt sich hierauf nicht gründen.[110] Gleiches gilt für Schadensersatzansprüche, die die Mitgesellschafter im Ergebnis so stellen sollen, als wäre das Vertragsverhältnis langfristig fortgeführt worden. Der Schwerpunkt der Rechtsfolgen missbrauchsbedingter Kündigungsschranken liegt im Gesellschaftsrecht vielmehr bei **Schadensersatzansprüchen,** mit denen der durch die *missbräuchliche Art und Weise der Kündigung* den Mitgesellschaftern entstandene Schaden ausgeglichen werden soll.[111] Die Regelung des Abs. 2 S. 2 über die Rechtsfolgen der Kündigung zur Unzeit trägt diesen Zusammenhängen zutreffend Rechnung.

53 **2. Kündigung zur Unzeit (Abs. 2). a) Begriff der Unzeit.** Das in § 723 Abs. 2 enthaltene schadensersatzbewehrte Verbot der unzeitigen Kündigung enthält die gesetzliche Sanktionierung eines typischen, durch grundsätzliche Zulassung jederzeitiger fristloser Kündigung in Abs. 1 S. 1 besonders nahe liegenden Treupflichtverstoßes. Kündigung zur Unzeit liegt vor, wenn der Kündigende zwar nach Abs. 1 S. 1 oder den hiervon abweichenden Vertragsvereinbarungen zur Kündigung berechtigt ist, hierzu aber einen Zeitpunkt wählt, der auf die gesellschaftsvertraglich relevanten Interessen der Mitgesellschafter keine Rücksicht nimmt.[112] Zulässig ist die Kündigung zur Unzeit nach Abs. 2 S. 1, wenn hierfür ein wichtiger Grund vorliegt (RdNr. 54). Das Eingreifen des Tatbestands des Abs. 2 kommt in erster Linie bei der ordentlichen Kündigung in Betracht; es ist aber auch bei außerordentlicher Kündigung möglich.

[108] BGHZ 23, 10, 16 = NJW 1957, 461; BGH LM HGB § 132 Nr. 2 = NJW 1954, 106; BGH WM 1977, 736, 738; *Erman/Westermann* RdNr. 17; *Schlegelberger/K. Schmidt* HGB § 132 RdNr. 19; vgl. zu den Grenzen des Missbrauchseinwands bei der Kreditkündigung auch *Canaris* ZHR 143 (1979), 113, 122 f.; *Oetker* (Fn. 3) S. 289 ff.

[109] Vgl. *Ulmer,* FS Möhring, S. 301 ff.; ähnlich *Oetker* (Fn. 3) S. 289 ff.; aA *Canaris* ZHR 143 (1979), 113, 123; allg. zur Unterscheidung zwischen der Begrenzung und der Begründung von Ansprüchen aus § 242 vgl. *dens.,* Die Vertrauenshaftung im deutschen Privatrecht, 1971, S. 270, 511 f., 531.

[110] Vgl. Nachw. in Fn. 108.

[111] Sog. Lehre von den „schuldrechtlichen" Kündigungsbeschränkungen, dazu *Molitor* (Fn. 107) S. 194 ff.; *Oetker* (Fn. 3) S. 312 ff.; *Ulmer* in Großkomm. zum HGB, 3. Aufl., § 132 RdNr. 19; *ders.,* FS Möhring, S. 307 f.; *Strothmann/Vieregge* (Fn. 21) S. 462 ff.

[112] BGH GRUR 1959, 384, 388; RG SeuffA 85 Nr. 3 S. 5, 7; *Staudinger/Keßler* RdNr. 36; *Erman/Westermann* RdNr. 17.

b) Wichtiger Grund. Der wichtige Grund iS von Abs. 2 S. 1 darf nicht mit dem wichtigen Kündigungsgrund iS von Abs. 1 S. 2 und 3 verwechselt werden. Anders als dieser entscheidet er nicht über das Bestehen des Kündigungsrechts, sondern nur über die Zulässigkeit des für die Kündigung gewählten *Zeitpunkts.*[113] Zu seiner Ausfüllung bedarf es einer **Abwägung der Interessen** des Kündigenden an schneller Auflösung der Gesellschaft oder Beendigung seiner Mitgliedschaft und derjenigen der Mitgesellschafter an der Wahl eines schonenderen Zeitpunkts,[114] regelmäßig also des Interesses an einer zeitlichen Hinausschiebung der Kündigung. Dabei kommt es auf die Gesamtumstände des Falles an.[115] Der Unzeitvorwurf liegt vor allem im Falle *fristloser ordentlicher Kündigung* nahe, wenn den Mitgesellschaftern dadurch die Möglichkeit genommen ist, sich auf die drohende Auflösung einzurichten. Auf die Nachteile, die sich aus der kündigungsbedingten Auflösung als solcher für die Mitgesellschafter ergeben, kann der Einwand unzeitiger Kündigung nicht gestützt werden, da Abs. 2 hiergegen keinen Schutz gewähren will. Bei *außerordentlicher* Kündigung überwiegt typischerweise das Interesse des Kündigenden am unverzüglichen Gebrauchmachen von seinem Recht. Das gilt wegen der Dreimonatsfrist des Abs. 1 S. 4 namentlich bei Kündigung wegen Vollendung des 18. Lebensjahrs, aber auch bei Auflösung einer fehlerhaften Gesellschaft (RdNr. 46). Wird die außerordentliche Kündigung mit Rücksicht auf das in Abs. 2 enthaltene Verbot hinausgeschoben, so können die Mitgesellschafter hierauf weder den Verwirkungseinwand noch eine tatsächliche Vermutung für die Zumutbarkeit der gemeinsamen Fortführung der Gesellschaft (RdNr. 48) stützen. 54

c) Rechtsfolgen. Sie bestehen nach Abs. 2 S. 2 nicht in der Unwirksamkeit der Kündigung,[116] sondern in einem den Mitgesellschaftern je persönlich zustehenden **Schadensersatzanspruch.** Im Unterschied zu dem auf den Auflösungsschaden bezogenen Anspruch gegen diejenigen Gesellschafter, die schuldhaft einen wichtigen Kündigungsgrund gesetzt haben (RdNr. 49), richtet sich der Anspruch wegen unzeitiger Kündigung stets gegen den Kündigenden selbst. Voraussetzung ist, dass das Vorgehen zur Unzeit dem Kündigenden vorwerfbar ist.[117] 55

Die **Höhe des Schadens** bemisst sich nach den Nachteilen, die den Mitgesellschaftern durch die treuwidrige Wahl des Kündigungszeitpunkts entstanden sind; ein Ersatz des Auflösungsschadens als solchen (des positiven Interesses) kann nicht verlangt werden.[118] Eine einseitige Rücknahme der Kündigung im Sinne einer Naturalrestitution kommt wegen deren Gestaltungswirkung auch im Fall von Abs. 2 nicht in Betracht (RdNr. 18); sie wäre auch nicht mit dem Schaden auf Grund unzeitiger Kündigung deckungsgleich, da dieser nicht in der Auflösung als solcher besteht, sondern in den Nachteilen aus der treuwidrigen Art und Weise ihrer Herbeiführung.[119] Wohl aber können die Gesellschafter einverständlich die Kündigungswirkung solange hinausschieben, bis der Einwand unzeitiger Kündigung entfallen ist. Hierfür kann im Einzelfall, unter dem Gesichtspunkt von § 254 Abs. 2, auch eine Obliegenheit der Mitgesellschafter bestehen. 56

3. Sonstige Kündigungsschranken. Über Abs. 2 hinausgehend kommen auch sonstige den Vorwurf eines Treupflichtverstoßes begründende Kündigungsschranken in Betracht; ein Umkehrschluss scheidet aus. Zwar ist eine umfassende Zusammenstellung wegen der jeweils erforderlichen Berücksichtigung der Besonderheiten des Einzelfalls nicht möglich. Immer- 57

[113] *Staudinger/Keßler* RdNr. 38.

[114] BGH DB 1977, 87, 89; RG WarnR 1933 Nr. 116; *Soergel/Hadding* RdNr. 24; RGRK/*von Gamm* RdNr. 24.

[115] Nach BGH DB 1977, 87, 89 soll allerdings derjenige Gesellschafter die Kündigung nicht als unzeitig beanstanden können, der den Anlass für sie in dem fraglichen Zeitpunkt gegeben hat.

[116] So aber *van Venrooy* JZ 1981, 53, 57 f., der zu Unrecht nicht nur den Umfang des Schadensersatzanspruchs, sondern auch die in RdNr. 51 angeführten Aspekte außer Betracht lässt.

[117] So auch *Soergel/Hadding* RdNr. 25; *Erman/Westermann* RdNr. 18.

[118] *Strothmann/Vieregge* (Fn. 21) S. 464; *Erman/Westermann* RdNr. 18. Generell gegen die Möglichkeit eines Schadenseintritts bei wirksamer Kündigung zu Unrecht *van Venrooy* JZ 1981, 53, 58.

[119] *Ulmer,* FS Möhring, S. 295, 307.

hin lassen sich anhand der in RdNr. 51 aufgestellten allgemeinen Wertungsgesichtspunkte die folgenden Fallgruppen unterscheiden.

58 Die Treuwidrigkeit der Kündigung kann einmal darin liegen, dass der Kündigende in **Schädigungsabsicht** oder doch in **rücksichtsloser Verfolgung eigener Interessen** handelt.[120] Wegen des insoweit bestehenden engen Zusammenhangs mit den Verboten der §§ 138, 226, 826 liegt es hier auch nahe, für eine begrenzte Zeit zur *Unwirksamkeit* der Kündigung als solcher zu kommen.[121]

59 Eine zweite Gruppe treuwidrigen Vorgehens bilden diejenigen Kündigungen, die sich wegen ihrer **Begleitumstände** dem Missbrauchsvorwurf aussetzen. Geht es dabei um gesetzwidriges oder grob missbräuchliches Verhalten wie etwa die Ausnutzung einer arglistig herbeigeführten Kündigungslage[122] oder einer besonderen Notlage des anderen Teils,[123] so kommt auch hier die *Unwirksamkeit* der Kündigung in Betracht. Entsprechendes gilt dann, wenn der kündigende Gesellschafter vor der Kündigung Maßnahmen getroffen hat, um auf die kündigungsbedingte Abwicklung in Verfolgung eigener Interessen Einfluss zu nehmen und sich die Geschäftschancen des von der Gesellschaft betriebenen Unternehmens unter Übergehung der Mitgesellschafter zu sichern.[124] Die Unwirksamkeitsfolge kann je nach Lage des Falles schließlich auch bei ungewöhnlich **widersprüchlichem Verhalten** eingreifen, wenn etwa ein Gesellschafter von seinem Kündigungsrecht Gebrauch macht, nachdem er kurz zuvor Mitgesellschafter zur Erhöhung ihrer Einlage oder zum Verzicht auf eine günstige Gelegenheit, aus der Gesellschaft auszuscheiden, bewogen hatte.[125] Im Übrigen bewendet es aber, wie die in § 723 Abs. 2 für die Kündigung zur Unzeit angeordnete Sanktion zeigt, bei bloßen *Schadensersatzansprüchen.* Zum Kündigungsausschluss wegen Verwirkung vgl. RdNr. 47.

60 Das bloße **Fehlen eines Kündigungsgrundes** reicht demgegenüber gewöhnlich nicht aus, um hierauf den Missbrauchseinwand gegen eine *ordentliche* Kündigung zu stützen.[126] Andernfalls würde die gesetzlich vorgesehene Unterscheidung zwischen dem regelmäßigen und dem außerordentlichen, einen wichtigen Grund erfordernden Auflösungsrecht unzulässig verwischt und die in § 723 Abs. 3 bestimmte Unverzichtbarkeit des ordentlichen Kündigungsrechts in Frage gestellt. Nicht ausgeschlossen ist allerdings, dass im Einzelfall eine willkürliche, die gemeinsam geschaffenen Werte grundlos beeinträchtigende und die übrigen Gesellschafter schädigende Kündigung auch außerhalb von Abs. 2 zu Schadensersatzansprüchen wegen Treupflichtverstoßes führen kann.[127]

V. Schranken abweichender Vereinbarungen (Abs. 3)

61 **1. Allgemeines.** Das in § 723 Abs. 3 geregelte Verbot, das Kündigungsrecht des Abs. 1 auszuschließen oder entgegen dieser Vorschrift zu beschränken, beruht auf dem auch in anderen Kündigungsbestimmungen des BGB (§§ 624, 671 Abs. 3) zum Ausdruck kommenden **allgemeinen Rechtsgrundsatz,** dass das Eingehen persönlicher oder wirtschaftlicher Bindungen ohne zeitliche Begrenzung und ohne Kündigungsmöglichkeit mit der

[120] RGZ 164, 257, 258; RG DR 1943, 1220; vgl. auch BGHZ 30, 195, 202 = NJW 1959, 1683 und RdNr. 34 zum Arglisteinwand bei vorsätzlicher Herbeiführung des zur außerordentlichen Kündigung berechtigenden wichtigen Grundes.

[121] Ebenso *Strothmann/Vieregge* (Fn. 21) S. 463.

[122] BGHZ 30, 195, 202 = NJW 1959, 1683 (zu § 135 HGB).

[123] OGH NJW 1950, 503, 504 (Kündigung gegenüber einer Kriegerwitwe, die noch im Ungewissen über das Schicksal ihres Mannes war).

[124] So auch *Schlegelberger/K. Schmidt* HGB § 132 RdNr. 19; vgl. zur Anfechtbarkeit eines Auflösungsbeschlusses in der GmbH aus diesem Grunde BGHZ 76, 352, 355 ff. = NJW 1980, 1278.

[125] So auch *Strohtmann/Vieregge* (Fn. 21) S. 463 f.; je nach Lage des Falles kann darin sogar die konkludente Vereinbarung einer Mindestdauer zu sehen sein (RdNr. 25).

[126] So aber *Merkel* NJW 1961, 2004, 2005; *Siebel* DNotZ 1954, 71, 73; dagegen zu Recht schon RGRK/*Weipert* HGB, 2. Aufl., § 132 Anm. 13; *Schlegelberger/K. Schmidt* HGB § 132 RdNr. 19; im Grundsatz auch *Oetker* (Fn. 3) S. 272 ff.

[127] Vgl. dazu *Ulmer* Vertragshändler S. 466 f. und *dens.* in Großkomm. zum HGB, 3. Aufl., § 132 RdNr. 21; *Oetker* (Fn. 3) S. 289 ff., 293 f.

persönlichen Freiheit der Vertragschließenden unvereinbar ist und von ihnen daher auch nicht wirksam vereinbart werden kann.[128] Für das Gesellschaftsrecht hat der Grundsatz in § 724 dadurch eine weitere Verstärkung erfahren, dass nach dieser Vorschrift Vereinbarungen über eine Gesellschaftsdauer auf Lebenszeit eines Gesellschafters wegen der daraus resultierenden Bindung auf unüberschaubar lange Zeit unwirksam sind und die betroffenen Gesellschaften grundsätzlich wie unbefristete behandelt werden (vgl. näher § 724 RdNr. 9f.).

Der grundlegenden Bedeutung der Norm entsprechend ist ihre Geltung auch für den Bereich der **Personenhandelsgesellschaften**[129] und der **stillen Gesellschaft**[130] anerkannt. Für die Kündigung aus wichtigem Grund bzw. die ihr gleichstehende Auflösungsklage folgt die Unentziehbarkeit zwar bereits aus den Vorschriften der §§ 133 Abs. 3, 234 Abs. 1 S. 2 HGB. Darüber hinaus geht die hM inzwischen zu Recht davon aus, dass § 723 Abs. 3 trotz des aus dem Gesetzesaufbau nahe liegenden Umkehrschlusses auch auf die *ordentliche* Kündigung unbefristeter Gesellschaften des Handelsrechts anwendbar ist.[131] 62

Die **Rechtsfolgen** von § 723 Abs. 3 bestehen in der *Nichtigkeit entgegenstehender Kündigungsbeschränkungen.* Eine Erstreckung der Nichtigkeit auf den Gesellschaftsvertrag im Ganzen scheidet abweichend von § 139 regelmäßig aus (§ 705 RdNr. 53). An die Stelle der nichtigen Vereinbarungen tritt *dispositives* Recht, soweit nicht der Gesellschaftszweck oder die sonstigen zwischen den Beteiligten getroffenen Vereinbarungen erkennen lassen, dass sie übereinstimmend eine zeitlich unbegrenzte oder langanhaltende Bindung gewollt und mit der Nichtigkeit aus § 723 Abs. 3 bzw. der Behandlung der Gesellschaft als unbefristete nach Maßgabe von § 724 nicht gerechnet haben. In derartigen Fällen sind die Gerichte befugt, dem Parteiwillen durch *ergänzende Vertragsauslegung,* dh. Festsetzung einer den Vorstellungen der Beteiligten möglichst nahekommenden, noch zulässigen Befristung Rechnung zu tragen.[132] 63

2. Befristung der Gesellschaft. a) Zulässigkeit und Grenzen. Vereinbarungen über eine Befristung der Gesellschaft unter Ausschluss der ordentlichen Kündigung (vgl. dazu auch RdNr. 22ff.) werden von Abs. 3 grundsätzlich **nicht berührt** (arg. §§ 723 Abs. 1 S. 2, 724). Das Recht zur ordentlichen Kündigung ist nur für unbefristete Gesellschaften gewährleistet (RdNr. 20). Allerdings ist die früher verbreitete Ansicht, Befristungen könnten zwar nicht auf die Lebenszeit eines Gesellschafters, im Übrigen aber *zeitlich unbeschränkt* und wesentlich über die Lebenserwartungen der jeweiligen Beteiligten hinaus vereinbart werden,[133] neuer- 64

[128] BGHZ 50, 316, 322 = NJW 1968, 2003; BGHZ 126, 226, 230f. = NJW 1994, 2536, 2537; BGH LM Nr. 11 = NJW 1973, 1602; BGH LM HGB § 132 Nr. 2 = NJW 1954, 106; BGHZ 23, 10, 15 = NJW 1957, 461 (für die stille Gesellschaft); so mit zT unterschiedlicher Akzentsetzung auch *Soergel/Hadding* RdNr. 27; RGRK/*von Gamm* RdNr. 14; *Wiedemann* GesR I S. 396f.; *ders.* in WM 1992, Beil 7 S. 23, 50f.; *Oetker* (Fn. 3) S. 470ff. Weitergehend *Reuter* AcP 181 (1981), 1, 7ff., der in wirtschaftlichen Vereinigungen unabhängig von ihrem mehr vereins- oder gesellschaftsrechtlichen Charakter den Beteiligten stets ein kurzfristiges Austrittsrecht nach § 39 gewähren will.

[129] Vgl. für OHG und KG BGH LM HGB § 132 Nr. 2 = NJW 1954, 106; *Schlegelberger/K. Schmidt* HGB § 132 RdNr. 28; *Ulmer* in Großkomm. zum HGB § 132 RdNr. 26; *Wiedemann* WM 1992 Beil. 7 S. 23, 50.

[130] BGHZ 23, 10, 14 = NJW 1957, 461; BGH NJW 1992, 2696, 2698; WM 1983, 170, 171; vgl. auch BGHZ 50, 316, 321 = NJW 1968, 2003 (Unterbeteiligung); ebenso *Staub/Zutt* HGB § 234 RdNr. 23; *Schlegelberger/K. Schmidt* HGB § 339 RdNr. 37; *Wiedemann* WM 1992 Beil. 7 S. 23, 50; aA noch RGZ 156, 129, 134f.

[131] Vgl. die Nachw. in Fn. 129; ferner *Staudinger/Keßler* RdNr. 84; allg. auch *Andörfer,* Ausschluss und Beschränkung des Kündigungsrechts bei Personengesellschaften, 1967, S. 23ff.

[132] BGH LM § 662 Nr. 45 = NJW 1994, 2886, 2888; BGH LM HGB § 339 Nr. 2 = BB 1967, 309; zust. *Flume* I/1 § 13 II S. 194; *Erman/Westermann* RdNr. 20; *Schlegelberger/K. Schmidt* HGB § 132 RdNr. 33; *Oetker* (Fn. 3) S. 557ff. Für richterliche Ersetzung der übermäßigen oder auf Lebenszeit eingegangenen Bindung durch eine noch zulässige auch *G. Hueck,* FS Larenz, 1973, S. 741, 748. Allg. zur ergänzenden Auslegung von Gesellschaftsverträgen vgl. § 705 RdNr. 174.

[133] BGHZ 10, 91, 98 = NJW 1953, 1217; *Flume* I/1 § 13 II S. 194ff.; *ders.* ZHR 148 (1984), 503, 520; *Hueck* OHG § 24 I 5 S. 365; *Ulmer* in Großkomm. zum HGB, 3. Aufl., § 132 RdNr. 31; *Andörfer* (Fn. 131) S. 39; *Merle* (Fn. 39) S. 631, 640ff.; so vorbehaltlich § 138 auch noch *Staudinger/Keßler* RdNr. 16, 40 und *K. Schmidt* BMJ-Gutachten S. 540.

dings zunehmend auf **Kritik** gestoßen.[134] Soweit dabei entweder für eine entsprechende Anwendung des für Dienstverträge von mehr als fünf Jahren in § 624 zwingend eingeräumten Kündigungsrechts plädiert[135] oder die wirksame Befristung der Gesellschaft auf einen Zeitraum beschränkt wird, der die Lebenserwartung des ältesten Mitglieds nicht übersteigt,[136] oder schließlich die Zulässigkeit der Befristung davon abhängig gemacht wird, dass sie durch den Gesellschaftszweck geboten ist,[137] kann dem zwar nicht gefolgt werden; diese Ansichten sind unvereinbar mit der den Gesellschaftern zustehenden Vertragsgestaltungsfreiheit und lassen sich auch nicht auf § 724 S. 1 stützen. Im Übrigen ist den Kritikern jedoch darin Recht zu geben, dass § 723 Abs. 3 iVm. § 724 S. 1 die Gesellschafter vor der Eingehung unüberschaubarer Bindungen schützen will.[138]

65 Zu den danach wegen übermäßiger Bindung als **unbefristet** zu behandelnden, nach § 723 Abs. 1 S. 1, Abs. 3 grundsätzlich jederzeit kündbaren Gesellschaften gehören nicht nur solche, die durch Bindung der Gesellschaftsdauer an die **Lebenszeit** eines Gesellschafters zu unübersehbaren Bindungen führen, sondern auch auf **überlange** und deshalb für den einzelnen Gesellschafter nicht mehr überschaubare Zeit eingegangene Zusammenschlüsse.[139] Entgegen einer in früheren Jahrzehnten verbreiteten Ansicht sind daher Zeitvereinbarungen „auf 99 Jahre", „bis zum Jahre 2100" o. Ä. nicht nur dann nichtig, wenn sie im Einzelfall wegen sittenwidriger Knebelung gegen § 138 verstoßen. Vielmehr ist in derartigen Fristen angesichts des auf die persönliche Freiheit der Gesellschafter gerichteten Schutzzwecks der §§ 723, 724 eine unzulässige *Umgehung des in § 723 Abs. 3 verbotenen Kündigungsausschlusses* zu sehen.[140] Zu den Rechtsfolgen übermäßig langer und daher nichtiger Bindungen vgl. RdNr. 63.

66 Die Frage, wo die zeitliche **Grenze zulässiger Zeitbestimmungen** verläuft, lässt sich nicht unabhängig vom Einzelfall beantworten. Hierbei sind außer dem schutzwürdigen Interesse der einzelnen Gesellschafter an absehbaren einseitigen, ohne wichtigen Grund gewährten Lösungsmöglichkeiten auch die Struktur der Gesellschaft sei es als Familiengesellschaft, als Arbeits- und Haftungsgemeinschaft oder als sonstige Interessengemeinschaft, die Art und das Ausmaß der für die Beteiligten aus dem Gesellschaftsvertrag folgenden Pflichten sowie das durch den Gesellschaftszweck begründete Interesse an möglichst langfristigem Bestand der Gesellschaft zu berücksichtigen.[141] Die verschiedentlich genannte Maximaldauer von 30 Jahren[142] erscheint daher als generelle Richtschnur zu schematisch; als Obergrenze

[134] Vgl. mit unterschiedlicher Begründung etwa *Heckelmann,* Abfindungsklauseln in Gesellschaftsverträgen, 1973, S. 132 f.; *U. Huber* Vermögensanteil S. 54; *Nitschke,* Körperschaftlich strukturierte Personengesellschaft, S. 367 ff.; *Reuter,* Privatrechtliche Schranken der Perpetuierung von Unternehmen, S. 281 ff.; *Wiedemann* GesR I S. 398 f.; *Gersch* BB 1977, 871, 873 f.; für engere zeitliche Schranken auch RGRK/*von Gamm* RdNr. 13 aE.

[135] *Nitschke* (Fn. 134) S. 369 f.; so auch *Wiedemann* WM 1992, Beil. 7 S. 23, 51 (für geschäftsführende Gesellschafter); dagegen *G. Hueck* (Fn. 132) S. 744 Fn. 4; *Merle* (Fn. 39) S. 640 f.; *Erman/Westermann* RdNr. 20; *Ulmer* in Großkomm. zum HGB, 3. Aufl., § 134 RdNr. 7; *Gersch* BB 1977, 871, 873.

[136] So *Heckelmann* (Fn. 134) S. 133; aA die ganz hM, vgl. *Soergel/Hadding* § 724 RdNr. 1; RGRK/*von Gamm* § 724 RdNr. 1; *Baumbach/Hopt* HGB § 134 RdNr. 3; *Hueck* OHG § 24 I 1 Fn. 6; vgl. dazu § 724 RdNr. 6.

[137] So *Reuter* (Fn. 134) S. 281, 283; ähnlich *Wiedemann* GesR I S. 399, der sachliche, auf der Situation von Gesellschaft oder Gesellschaftern beruhende Gründe verlangt; dagegen zu Recht *Gersch* BB 1977, 871, 873.

[138] Zutr. weist *Flume* ZHR 148 (1984), 503, 520 Fn. 97 (vgl. schon Mot. in Mugdan II S. 347) zwar darauf hin, dass sich § 723 Abs. 3 nur gegen den Ausschluss der ordentlichen Kündigung bei *unbefristeten* Gesellschaften (und daneben gegen die Beschränkung des Rechts zur Kündigung aus wichtigem Grund) richtet; das schließt es aber nicht aus, unter Umgehungsgesichtspunkten befristete, auf überlange Zeit eingegangene Gesellschaften wie unbefristete zu behandeln.

[139] So im Anschluss an BGHZ 50, 316, 321 = NJW 1968, 2003: *Gersch* BB 1977, 874; *K. Schmidt* GesR § 50 II 4 c; *Soergel/Hadding* RdNr. 28; *Erman/Westermann* RdNr. 20; vgl. auch *Huber* und *von Gamm* (Fn. 134); aA auch neuerdings wieder *Flume* I/1 § 13 II und *ders.* ZHR 148 (1984), 503, 520.

[140] Die abw. Ansicht in Großkomm. zum HGB, 3. Aufl., § 134 RdNr. 7 habe ich aufgegeben.

[141] Vgl. dazu auch die Erwägungen bei *G. Hueck* (Fn. 132) S. 746 f.

[142] Vgl. etwa *Gersch* BB 1977, 871, 874; *U. Huber* Vermögensanteil S. 54 Fn. 81; RGRK/*von Gamm* RdNr. 13; näher dazu *Oetker* (Fn. 3) S. 499 f., 501 ff.

mag ihr immerhin eine gewisse Berechtigung zukommen.[143] Vielmehr können je nach Lage des Falles auch bereits kürzere Fristen gegen § 723 Abs. 3 verstoßen; das gilt nicht zuletzt mit Rücksicht auf das grundsätzlich unbegrenzte Haftungsrisiko der Gesellschafter einer Außen-GbR. Die mit übermäßigen Befristungen verbundenen Risiken für die Wirksamkeit der vereinbarten Zeitdauer lassen sich unter Wahrung des Bestandsinteresses der Gesellschafter am besten dadurch vermeiden, dass in Verbindung mit zeitlich überschaubaren Dauerregelungen eine Fortsetzungsklausel für den Kündigungsfall vereinbart (RdNr. 72) und zugleich abweichend von § 723 Abs. 1 S. 1 eine angemessene Frist für die ordentliche Kündigung zum jeweiligen Stichtag vorgesehen wird.

Keinen Fall einer (ggf. übermäßigen) Befristung bildet die Bindung der Gesellschafts- 67
dauer an ein künftiges *ungewisses* Ereignis wie die Auflösung oder Insolvenz einer mit der GbR eng verbundenen Kapitalgesellschaft[144] oder das Aussterben eines Gesellschafterstamms.[145] Derartige Fälle einer **auflösend bedingten Gesellschaft** sind mangels Befristung als *unbefristete* jederzeit kündbar, soweit keine Anhaltspunkte für eine konkludente Befristung oder eine ergänzende Vertragsauslegung bestehen (vgl. Vor § 723 RdNr. 21). Das folgt aus Abs. 1 S. 1, ohne dass es eines Rückgriffs auf Abs. 3 bedarf.

b) Mindest- und Höchstfristen. Zur Frage der konkludenten Vereinbarung von Ver- 68
tragsfristen vgl. Vor § 723 RdNr. 14 ff. und oben RdNr. 22 ff. Als *Mindest*fristen schließen sie die ordentliche Kündigung für die entsprechende Zeit aus; die Grenzen ihrer Zulässigkeit bestimmen sich nach den vorstehend (RdNr. 65 f.) genannten Grundsätzen. Demgegenüber haben *Höchst*fristen (RdNr. 20) in erster Linie die Funktion, die Auflösung allein durch Zeitablauf, ohne besondere Kündigungserklärung, herbeizuführen. Ob sie darüber hinaus nach Art einer **festen** Befristung zugleich die ordentliche Kündigung während ihrer Dauer generell ausschließen sollen, ist Frage der Auslegung; eine Vermutung hierfür lässt sich aus der Vereinbarung einer Höchstdauer nicht ableiten.[146]

c) Verlängerungsklauseln. Nach den vorstehend (RdNr. 65 ff.) genannten Maßstäben 69
sind auch Verlängerungsklauseln zu beurteilen, die der **Gesellschaftermehrheit** das Recht einräumen, die befristete Gesellschaft durch Beschluss zu verlängern. Entsprechend den strengen Anforderungen für Mehrheitsbeschlüsse über Vertragsänderungen, die in den Kernbereich der Mitgliedschaft eingreifen (§ 709 RdNr. 91 f.), muss sich die Vereinbarung eindeutig auf die Vertragsverlängerung beziehen und die zeitlichen Grenzen der Verlängerung angeben.[147] Mit § 723 Abs. 3 unvereinbar sind danach nicht nur Verlängerungsklauseln, die keine Bestimmung über die Dauer der Verlängerung enthalten, sondern auch Regelungen, die eine mehrheitliche Verlängerung auf eine zwar bestimmte, aber insgesamt überlange Dauer (RdNr. 65 f.) gestatten; anderes gilt, wenn sie sich mit einem Recht überstimmter Gesellschafter zum vorzeitigen Ausscheiden verbinden.

3. Vereinbarungen über die ordentliche Kündigung. a) Kündigungsausschluss. 70
Er ist bei unbefristeten, überlangen (RdNr. 65) oder auf Lebenszeit eingegangenen Gesell-

[143] Ähnlich *K. Schmidt* GesR § 50 II 4 c bb; *ders.* in *Schlegelberger* HGB § 132 RdNr. 31 f. Weitergehend noch BGH WM 1967, 315, 316: Bindung der Gesellschafter bis zu 30 Jahren kann im Allgemeinen als unbedenklich angesehen werden; dem folgend *Erman/Westermann* RdNr. 20.

[144] Zur entsprechenden Beurteilung der Bindung eines Konsortialvertrags an die Bestandsdauer der unbefristeten Kapitalgesellschaft der Konsorten vgl. *Noack,* Gesellschaftervereinbarungen bei Kapitalgesellschaften, 1994, S. 231 f.; für Behandlung einer auf die Dauer der Hauptgesellschaft eingegangenen Unterbeteiligung als unbefristete auch BGHZ 50, 316, 321 f. = NJW 1968, 2003.

[145] Zum Kündigungsausschluss auf unbestimmte Zeit vgl. auch OLG Düsseldorf NZG 2000, 588, 589 (Bindung der Gesellschaftsdauer an die Nutzungszeit eines Bauwerks); OLG Karlsruhe NZG 2000, 304, 305 (Bindung an die Einstellung des Vertriebs sämtlicher in einer Liste aufgeführten Verlagswerke).

[146] BGH WM 1967, 315, 316. Für jederzeitiges Kündigungsrecht bei Vereinbarung einer Höchstdauer *Staudinger/Keßler* RdNr. 32; *Hueck* OHG § 24 I 1; *Schlegelberger/K. Schmidt* HGB § 132 RdNr. 9; *Merle* (Fn. 39) S. 638.

[147] BGH LM Nr. 11 = NJW 1973, 1602 (unter Einschluss auch von Vertreterklauseln); RGRK/*Weipert* HGB, 2. Aufl., § 132 RdNr. 15; so wohl auch *Staudinger/Keßler* RdNr. 45.

schaften grundsätzlich **unzulässig.** Das gilt auch für Vereinbarungen, die die Wirksamkeit der Kündigung vom Vorliegen bestimmter Gründe abhängig machen,[148] sie an die Mitwirkung von Mitgesellschaftern oder eines gemeinsamen Vertreters oder gar an einen Mehrheitsbeschluss binden.[149] Einem Kündigungsausschluss steht es regelmäßig gleich, wenn der Gesellschaftsvertrag für den Fall der Kündigung das Ausscheiden des Kündigenden ohne Abfindung vorsieht (vgl. RdNr. 76). Eröffnet der Gesellschaftsvertrag an Stelle der ordentlichen Kündigung ein jederzeitiges oder an bestimmte Fristen gebundenes **Austrittsrecht,** indem er nicht nur die Übertragung der Anteile zulässt, sondern den austrittswilligen Gesellschaftern auch einen Anspruch gegen die Mitgesellschafter auf Anteilsübernahme bei Unveräußerlichkeit einräumt, so ist dem Schutzzweck von § 723 Abs. 3 ausnahmsweise auch dadurch genüge getan;[150] die Vereinbarung steht funktionell einer Fortsetzungsklausel gleich. Entsprechendes gilt für eine gesellschaftsvertraglich vorgesehene Übertragung des Anteils des Kündigenden auf die verbleibenden Gesellschafter gegen angemessene Entschädigung.[151]

71 **b) Kündigungsbeschränkungen.** Sie sind nicht generell, sondern nur insoweit unwirksam, als nicht entweder § 723 Abs. 1 oder die sonstigen GbR-Regelungen (vgl. namentlich § 736 Abs. 1) den Rückschluss auf die Zulässigkeit solcher Vereinbarungen gestatten. Keine Bedenken bestehen demnach gegen *Kündigungsfristen* für die ordentliche Kündigung (vgl. § 723 Abs. 1 S. 6), solange sie nicht ihrerseits auf eine überlange Bindung hinauslaufen; die gleiche Wertung gilt für die ihnen funktionell entsprechenden *Kündigungstermine.* Derartige Vereinbarungen werden von der einhM zu Recht nicht als von Abs. 3 erfasste Beschränkungen gewertet.[152]

72 *Zulässig* sind weiter **Fortsetzungsklauseln,** die entweder unmittelbar zum Ausscheiden des Kündigenden führen oder den Mitgesellschaftern das Recht geben, die Fortsetzung ohne ihn zu beschließen (§ 736 RdNr. 17). Nichtig wäre freilich eine Vereinbarung, die die Mehrheit berechtigt, die Gesellschaft unter Einschluss des Kündigenden fortzusetzen.[153] *Problematisch* im Zusammenhang mit Fortsetzungsklauseln sind aus der Sicht von § 723 Abs. 3 die verbreitet anzutreffenden **Abfindungsklauseln,** soweit sie für den kündigungsbedingt Ausscheidenden zu einer wesentlichen Schlechterstellung im Vergleich zur Lage bei Auflösung der Gesellschaft führen (vgl. RdNr. 76).

73 Als *unzulässige* Beschränkung des ordentlichen Kündigungsrechts ist auch die Vereinbarung einer **Vertragsstrafe** für den Fall der Kündigung anzusehen.[154] Auf die Höhe der Vertragsstrafe kommt es nicht an. Eine unzulässige, der Vertragsstrafe vergleichbare Beschränkung kann auch in einer Abfindungsklausel liegen, wonach das Auseinandersetzungsguthaben oder der Abfindungsanspruch des Kündigenden, ohne sachlichen Grund für die Differenzierung, nach ungünstigeren Maßstäben berechnet wird, als sie in den sonstigen Fällen der Auflösung oder des Ausscheidens gelten.[155] Entsprechendes gilt für Klauseln, nach denen der aus einer als Innen-GbR konstituierten Schutzgemeinschaft

[148] Vgl. dazu RdNr. 60 und Fn. 126, 127.

[149] BGH LM Nr. 11 = NJW 1973, 1602; BGH LM HGB § 132 Nr. 2 = NJW 1954, 106; RGZ 21, 93, 94; RG LZ 1911, 455; *Soergel/Hadding* RdNr. 29; *Staudinger/Keßler* RdNr. 43 und 45; RGRK/*von Gamm* RdNr. 15; *Wiedemann* GesR I S. 398; einschränkend *Schlegelberger/K. Schmidt* HGB § 132 RdNr. 30. Zur Frage gesetzlicher Mitwirkungsrechte Dritter vgl. RdNr. 10.

[150] So auch *Wiedemann* GesR I S. 397 f.; *ders.* WM 1992, Beil. 7 S. 23, 51; *Simon* DB 1961, 1679, 1682; *Andörfer* (Fn. 131) S. 34 f., *H. P. Westermann* Vertragsfreiheit S. 239 f.; weitergehend (für bloße Übertragbarkeit als ausreichendes Kündigungsäquivalent) *Barz* JW 1938, 490, 491; *Siebel* DNotZ 1954, 71, 73; *Schlegelberger/K. Schmidt* HGB § 132 RdNr. 29 (wenn zusätzlich die persönliche Haftung über die Höhe der Einlage hinaus ausgeschlossen ist); im Grundsatz auch *Nitschke* (Fn. 134) S. 371.

[151] BGHZ 126, 226, 238 = NJW 1994, 2536.

[152] Vgl. etwa RGRK/*von Gamm* RdNr. 12.

[153] *Staudinger/Keßler* RdNr. 80; vgl. auch BGHZ 48, 251, 256 = NJW 1967, 2157 zur Unzulässigkeit einer Mehrheitsklausel, die sich auf die Änderung der Folgen einer bereits ausgesproche- nen Kündigung erstreckt. Zu Mehrheitsklauseln über die Verlängerung befristeter Gesellschaften vgl. RdNr 69.

[154] RGZ 61, 328; *Strothmann/Vieregge* (Fn. 21) S. 457; *Soergel/Hadding* RdNr. 29; *Staudinger/Keßler* RdNr. 44; *Schlegelberger/K. Schmidt* HGB § 132 RdNr. 28; vgl. auch § 344.

[155] Vgl. OLG Bamberg NZG 1998, 897 (übermäßiger Abfindungsanspruch des *anderen* Teils bei kündigungsbedingter Auflösung der Gesellschaft).

kündigungsbedingt ausscheidende Gesellschafter verpflichtet ist, seine der Vertragsbindung unterliegenden Gesellschaftsanteile an die verbleibenden Gesellschafter zu übertragen.[156]

4. Einschränkungen der Kündigung aus wichtigem Grund. Beschränkungen des in Abs. 1 Satz 2 und 3 Nr. 1 und 2 vorgesehenen außerordentlichen Kündigungsrechts sind ebenso wie dessen Ausschluss **generell unzulässig** und daher nichtig, soweit sie dazu führen, dass der kündigungswillige Gesellschafter bei Vorliegen eines wichtigen Grundes an der sofortigen Auflösung der Gesellschaft bzw. – im Fall einer Fortsetzungsklausel – am sofortigen Ausscheiden gehindert wird.[157] Nichtig sind danach Klauseln, die die Kündigung von anderen als rein verfahrensmäßigen Voraussetzungen wie der Einhaltung einer bestimmten Form abhängig machen, sie etwa an bestimmte Fristen binden[158] oder die Kündigungswirkung erst zu bestimmten Terminen wie dem Geschäftsjahresende eintreten lassen.[159] Gleiches gilt für Abfindungsbeschränkungen in einem die Entschließungsfreiheit des Kündigungswilligen beeinträchtigenden Umfang (RdNr. 76), während gegen eine Fortsetzungsklausel ebenso wie im Fall der ordentlichen Kündigung (RdNr. 72) keine Bedenken bestehen.[160] Die Feststellungen über die Unzulässigkeit von Beschränkungen des ordentlichen Kündigungsrechts (RdNr. 70 ff.) gelten umso mehr für die Kündigung aus wichtigem Grund. 74

Umstritten ist, inwieweit der Vertrag **Vereinbarungen über den** zur Kündigung berechtigenden **wichtigen Grund** enthalten kann.[161] Keine Bedenken aus der Sicht von § 723 Abs. 3 bestehen zwar gegen Klauseln, die zu einer *Erleichterung* der außerordentlichen Kündigung führen, indem sie bestimmte Tatsachen stets als wichtigen Grund qualifizieren. Dagegen ist eine ins Gewicht fallende Kündigungs*erschwerung* auch dann ausgeschlossen, wenn sie auf dem Umweg über die vertragliche Konkretisierung des wichtigen Grundes erfolgt. Insbesondere kann nicht generell auf die Berücksichtigung bestimmter Umstände bei Feststellung des wichtigen Grundes verzichtet werden. Wohl aber ist es zulässig, dass die Gesellschafter bei Vertragsschluss ihre übereinstimmende Ansicht bekunden, bestimmte Umstände regelmäßig nicht als ausreichend für die vorzeitige Auflösung anzusehen.[162] Da der Rechtsbegriff des wichtigen Grundes der wertenden Ausfüllung unter Berücksichtigung der Gesamtumstände des jeweiligen Falles bedarf, sind solche Klauseln nicht zu beanstanden, mit denen die Beteiligten zum Ausdruck bringen, welche künftigen Störungen sie in Kauf zu nehmen bereit sind, ohne daran die Auflösungsfolge zu knüpfen. Derartige Vereinbarungen können freilich nicht wirksam ausschließen, dass besondere, namentlich unvorhergesehene Umstände des Einzelfalls gleichwohl Anlass zu einer abweichenden Wertung der im Gesellschaftsvertrag als noch zumutbar bezeichneten Tatsachen geben. Sie sind generell unzulässig, soweit sie auf Einschränkung des Kündigungsrechts des Abs. 1 S. 3 Nr. 2 bei Vollendung des 18. Lebensjahrs gerichtet sind. 75

[156] AA BGHZ 126, 226, 234 ff. = NJW 1994, 2536 unter der Voraussetzung, dass der Ausscheidende Anspruch auf einen angemessenen finanziellen Ausgleich hat; dem zust. *Westermann* ZGR 1996, 272, 278.

[157] EinhM, vgl. RGZ 162, 388, 393; 136, 236, 243; *Soergel/Hadding* RdNr. 31, *Staudinger/Keßler* RdNr. 72; RGRK/*von Gamm* RdNr. 22.

[158] AA insoweit offenbar *Gersch* BB 1977, 871, 875, der längerfristigen, für die ordentliche Kündigung geltenden vertraglichen Schranken sogar durch ein *befristetes* außerordentliches Kündigungsrecht bei minder (?) wichtigem Grund im Wege der Rechtsfortbildung Rechnung tragen will.

[159] Vgl. Nachw. in Fn. 157.

[160] RGZ 162, 388, 393; *Staudinger/Keßler* RdNr. 82; *Andörfer* (Fn. 131) S. 154; vgl. auch § 736 RdNr. 10.

[161] Der Streit beschränkt sich auf die Zulässigkeit von Klauseln, die auf eine *Erschwerung* der Kündigung durch vertragliche Einschränkung der wichtigen Gründe gerichtet sind. Nur klarstellende, der Konkretisierung des „wichtigen Grundes" dienende Vereinbarungen lässt die hM zu Recht zu, vgl. RG JW 1938 521, 522 f.; *Staudinger/Keßler* RdNr. 74; *Erman/Westermann* RdNr. 22; *Hueck* OHG § 25 V 1 a S. 379; *Schlegelberger/K. Schmidt* HGB, 3. Aufl., § 133 RdNr. 70; *Ulmer* in Großkomm. zum HGB, 3. Aufl., § 133 RdNr. 70; *Andörfer* (Fn. 131) S. 140 ff.; wohl auch RGRK/ *von Gamm* RdNr. 22 und *Soergel/Hadding* RdNr. 31; weitergehend wohl *Baumbach/Hopt* HGB § 133 RdNr. 19.

[162] Vgl. Nachw. in Fn. 161.

76 **5. Abfindungsausschluss; übermäßige Abfindungsbeschränkungen.** Mit § 723 Abs. 3 unvereinbar sind nicht nur direkte unangemessene Erschwerungen des Kündigungsrechts der in RdNr. 68 bis 73 genannten Art, sondern auch *indirekt* wirkende, den Kündigungswilligen von der Ausübung seines Rechts abhaltende Beschränkungen. Das gilt in erster Linie für den vertraglichen *Ausschluss* einer Abfindung beim Ausscheiden des Kündigenden aus der von den übrigen Gesellschaftern fortgesetzten Gesellschaft. Er ist in aller Regel unvereinbar mit § 723 Abs. 3; ein Vorbehalt ist nur insoweit veranlasst, als es um eine Beteiligung ohne Vermögenseinlage oder um eine solche an einer Gesellschaft mit ideellem Zweck geht.[163] Vom Verbot des § 723 Abs. 3 erfasst werden aber auch *übermäßige Beschränkungen* des gesetzlichen Abfindungsanspruchs oder der Auszahlungsmodalitäten, wenn sie die Entschließungsfreiheit der Gesellschafter im Kündigungszeitpunkt ernsthaft beeinträchtigen.[164] Sie sind nichtig, wenn sie diese Wirkung schon im Zeitpunkt des Gesellschaftsvertragsschlusses entfalten.[165] Im Fall erst später, infolge zwischenzeitlicher Wertänderungen eintretender unverhältnismäßiger Diskrepanz zwischen gesetzlicher und vertraglicher Abfindung tritt zwar keine nachträgliche Nichtigkeit wegen Verstoßes gegen § 723 Abs. 3 ein. Die verbleibenden Gesellschafter sind jedoch nach § 242 gehindert, sich dem Ausscheidenden gegenüber auf die übermäßige Beschränkung zu berufen.[166] Vgl. zum Ganzen näher § 738 RdNr. 49 ff.

§ 724 Kündigung bei Gesellschaft auf Lebenszeit oder fortgesetzter Gesellschaft

[1] Ist eine Gesellschaft für die Lebenszeit eines Gesellschafters eingegangen, so kann sie in gleicher Weise gekündigt werden wie eine für unbestimmte Zeit eingegangene Gesellschaft. [2] Dasselbe gilt, wenn eine Gesellschaft nach dem Ablauf der bestimmten Zeit stillschweigend fortgesetzt wird.

Übersicht

	RdNr.
I. Grundlagen	1–5
1. Regelungsinhalt	1
2. Normzweck	2–4
3. Anwendungsbereich	5
II. Gesellschaft auf Lebenszeit (Satz 1)	6–10
1. Voraussetzungen	6, 7
2. Bindung an die Dauer einer juristischen Person oder Gesamthand als Gesellschafter	8
3. Rechtsfolgen	9, 10
III. Stillschweigende Fortsetzung (Satz 2)	11–13

I. Grundlagen

1 **1. Regelungsinhalt.** Die Vorschrift des § 724 befasst sich aus der Sicht des Kündigungsrechts des § 723 Abs. 1 S. 1 mit zwei besonderen, die Zeitdauer der Gesellschaft betreffenden Vertragsgestaltungen. **Satz 1** bezieht sich auf Gesellschaften, die auf Lebenszeit eines Gesellschafters eingegangen sind, und schreibt ihre Gleichstellung mit einer für *unbestimmte Zeit* eingegangenen Gesellschaft vor. Nach der Regel des § 723 Abs. 1 S. 1 sind sie daher – vorbehaltlich der Berücksichtigung eines abweichenden Parteiwillens (RdNr. 9) – auch ohne wichtigen Grund jederzeit kündbar. Die Vorschrift ist jedenfalls insoweit **zwingend,**

[163] So zutr. *Flume* I/1 § 12 III S. 178. Vgl. auch § 738 RdNr. 60 f.

[164] HM, vgl. BGH WM 1979, 1064, 1065; 1984, 1506; NJW 1989, 3272; ebenso *Ulmer* NJW 1979, 82; *Soergel/Hadding* § 738 RdNr. 13; *Erman/Westermann* RdNr. 22; *Staudinger/Keßler* § 738 RdNr. 21; *Baumbach/Hopt* HGB § 131 RdNr. 64; *Heymann/Emmerich* HGB § 138 RdNr. 38; vgl. auch OLG Bamberg NZG 1998, 897 (Fn. 155); aA *Schlegelberger/K. Schmidt* HGB § 138 RdNr. 63 (Kontrolle nach § 138 BGB).

[165] So zutr. BGHZ 123, 281, 284 = NJW 1993, 3193 und BGHZ 126, 226, 233 = NJW 1994, 2536 entgegen den früher überwiegenden, auch die Möglichkeit späterer Unwirksamkeit bejahenden Ansichten.

[166] Näher dazu *Ulmer/Schäfer* ZGR 1995, 134 ff.

als sie auf Lebenszeit eingegangenen Bindungen die Wirksamkeit versagt.[1] – Demgegenüber beschränkt sich **Satz 2** auf eine *Auslegungsregel* für den Fall, dass eine auf bestimmte Zeit eingegangene Gesellschaft stillschweigend fortgesetzt wird.[2] Insoweit sind die Parteien nicht gehindert, ausdrücklich oder stillschweigend im Rahmen des Fortsetzungsbeschlusses Abweichendes festzulegen.

2. Normzweck. Über den Normzweck von Satz 1 ist viel gerätselt worden. Nach den Motiven soll er darin liegen, Gesellschafter vor **Übereilung,** Selbsttäuschungen und Illusionen zu bewahren, wie sie erfahrungsgemäß gerade bei auf Lebenszeit eingegangenen Gesellschaftsverträgen vorkämen.[3] Wäre das richtig, so müssten unter die Vorschrift auch solche Verträge fallen, die auf eine zwar feste, aber die Lebenserwartung zumindest *eines* Gesellschafters übersteigende Zeit eingegangen sind. Diese Auslegung wird indes von der hM seit langem zu Recht abgelehnt (vgl. RdNr. 6). Gerade langfristige Bindungen sprechen vielmehr häufig nicht für Leichtfertigkeit oder Übereilung der Beteiligten, sondern im Gegenteil für einen besonders ausgeprägten Bindungswillen mit Blick auf das gemeinsame Unternehmen. Der in den Motiven aufgestellte Erfahrungssatz lässt sich jedenfalls nicht belegen. 2

Eine zweite These geht dahin, die lebenslange Bindung einer Person an die Gesellschaft sei mit den Anschauungen über die **persönliche Freiheit** unvereinbar.[4] Auch insoweit überwiegen indessen schon deshalb die Zweifel, weil das BGB an anderen Stellen lebenslange Bindungen ausdrücklich honoriert (so für Miete und Pacht in §§ 544 S. 2, 581 Abs. 2). Im Übrigen beschneidet eine – nach bisher überwM zulässige (§ 723 RdNr. 66) – dreißigjährige Frist je nach dem Alter der Gesellschafter deren persönliche Freiheit in nicht geringerem Maße als eine lebenslange Bindung. 3

Den *Vorzug* verdient die Ansicht, dass § 724 S. 1 die **Gesellschafter vor unüberschaubaren Bindungen schützen** will.[5] Dabei liegt die Unüberschaubarkeit im Falle der lebenslangen Bindung weniger in deren absoluter Länge als in dem nicht vorhersehbaren Zeitpunkt der Auflösung. 4

3. Anwendungsbereich. § 724 gilt unmittelbar nur für die **GbR** unter Einschluss der stillen Gesellschaft des bürgerlichen Rechts;[6] bei dieser tritt jedoch an die Stelle jederzeitiger Kündigungsmöglichkeit die befristete Kündigung nach § 234 Abs. 1 S. 1 HGB (vgl. § 705 RdNr. 288). Für die Personenhandelsgesellschaften einschließlich der stillen Gesellschaft des Handelsrechts findet sich eine inhaltsgleiche Regelung in §§ 134, 234 Abs. 1 S. 1 HGB. Eine unterschiedliche Auslegung der jeweiligen Normen ist nicht veranlasst. 5

II. Gesellschaft auf Lebenszeit (Satz 1)

1. Voraussetzungen. Das Eingreifen von Satz 1 hängt nach hM davon ab, dass die Gesellschaft **ausdrücklich** auf die Lebenszeit eines oder mehrerer Gesellschafter eingegangen ist.[7] Nicht zu folgen ist den lange überwunden geglaubten[8] abweichenden Stimmen, die auch diejenigen Fälle in die Regelung einbeziehen wollen, in denen zwar eine feste, kalendermäßig bestimmte Dauer vereinbart ist, diese jedoch die voraussichtliche Lebens- 6

[1] EinhM, vgl. *Soergel/Hadding* RdNr. 1; *Staudinger/Keßler* RdNr. 3; *Palandt/Sprau* RdNr. 1.

[2] RGRK/*von Gamm* RdNr. 3; *Hueck* OHG § 24 I 1 S. 361; aA *Staudinger/Keßler* RdNr. 3 (Umdeutung).

[3] Mot. II S. 621.

[4] So etwa RGZ 156, 129, 136; ähnlich *Soergel/Hadding* RdNr. 1 und *Staudinger/Keßler* RdNr. 1, die auf das Recht zur freien Entfaltung der Persönlichkeit verweisen; aA *Erman/Westermann* RdNr. 1.

[5] So die heute hM, vgl. BGH LM HGB § 339 Nr. 2 = WM 1967, 315; *G. Hueck,* FS Larenz, 1973, S. 741, 742; *Erman/Westermann* RdNr. 1; *Ulmer* in Großkomm. zum HGB, 3. Aufl., § 134 Anm. 2; *Gersch* BB 1977, 871, 873 f.; *Merle,* FS Bärmann, 1975, S. 631, 646. Vgl. dazu auch § 723 RdNr. 61.

[6] So auch *Soergel/Hadding* RdNr. 4 und *Staudinger/Keßler* RdNr. 4.

[7] *Soergel/Hadding* RdNr. 1; *Staudinger/Keßler* RdNr. 2; RGRK/*von Gamm* RdNr. 1; *Hueck* OHG § 24 I 1 Fn. 6; *Schlegelberger/K. Schmidt* HGB § 134 RdNr. 4; *Gersch* BB 1977, 871, 872 f.

[8] Vgl. nur *Barz* JW 1938, 490, 491 f.; RGRK/*Weipert* HGB, 2. Aufl., § 134 Anm. 4; *Würdinger* Gesellschaften S. 137.

erwartung mindestens eines Gesellschafters übersteigt.[9] Sie können sich weder auf den richtig verstandenen Schutzzweck der Norm (RdNr. 4) berufen noch bieten sie praktikable Lösungen für die Vertragsgestaltung an.[10] Mit der hM ist vielmehr am Erfordernis einer ausdrücklich auf die Lebenszeit bestimmter Gesellschafter abstellenden Dauervereinbarung festzuhalten. Zur Problematik überlanger kalendermäßig fixierter Bindungen vgl. § 723 RdNr. 65 f.

7 § 724 S. 1 greift nur ein, wenn die Lebenszeit eines Gesellschafters als **Fest- oder Mindestdauer** der Gesellschaft vereinbart ist. Es genügt bereits, dass eine derartige Bindung für *einen* Gesellschafter begründet ist, während die übrigen schon vor dem Ablauf dieser Zeit zur Kündigung berechtigt sind.[11] Dagegen ist die Vorschrift unanwendbar, wenn die Lebenszeit als Höchstdauer gewählt ist und daneben eine feste Mindestzeit oder ein periodisches Kündigungsrecht besteht.[12] In derartigen Fällen fehlt es an der in Satz 1 vorausgesetzten unüberschaubaren, nicht ohne wichtigen Grund lösbaren Bindung.

8 **2. Bindung an die Dauer einer juristischen Person oder Gesamthand als Gesellschafter.** Sie fällt nach zutreffender Ansicht *nicht* unter Satz 1.[13] Das folgt bereits aus Wortlaut und Entstehungsgeschichte der Vorschrift. Es besteht aber auch kein Bedürfnis zu ihrer erweiternden Auslegung oder analogen Anwendung auf Fälle dieser Art. Denn wenn für die Gesellschafter-Gesellschaft wirksam eine Frist vereinbart ist, so gilt die gleiche Befristung auch für die auf deren Dauer eingegangene Gesellschaft; eine unüberschaubare Bindung ist nicht gegeben. Enthält der Vertrag (die Satzung) der Gesellschafter-Gesellschaft dagegen keine Frist, so gilt Entsprechendes auch für die Gesellschaft, an der die Beteiligung besteht;[14] die Bezugnahme auf die unbestimmte Dauer jener Gesellschaft führt bei ihr nicht zu einer Befristung, sondern zu einer auflösenden Bedingung (§ 723 RdNr. 67). Die Gesellschaft ist daher auch ohne Anwendung von § 724 S. 1 grundsätzlich jederzeit kündbar.

9 **3. Rechtsfolgen.** In Rechtsprechung und Literatur besteht weitgehend Einigkeit darüber, dass die in § 724 S. 1 angeordnete Gleichstellung der auf Lebenszeit eines Gesellschafters eingegangenen mit einer unbefristeten, *jederzeit kündbaren* Gesellschaft nicht zwingend ist; sie soll vielmehr nur dann eintreten, wenn sich nicht aus den Umständen, insbesondere aus dem Gesellschaftszweck, ein **abweichender Parteiwille** ergibt.[15] Dem ist aus den in § 723 RdNr. 63 genannten Gründen zuzustimmen. Zur Begründung bedarf es nicht des Rückgriffs auf die Störung der Geschäftsgrundlage.[16] Vielmehr sind die Gerichte befugt, dem erkennbaren Parteiwillen trotz Unzulässigkeit der auf Lebenszeit eingegangenen Bindung durch ergänzende Vertragsauslegung (§ 705 RdNr. 174) Rechnung zu tragen. Der Schutzzweck der Norm steht nicht entgegen, weil er nur eine zeitlich unbegrenzte und deshalb unüberschaubare Bindung verhindern will.[17]

10 Bewendet es vorbehaltlich der Erwägungen in RdNr. 9 im Grundsatz bei der Rechtsfolge des § 724 S. 1, so steht das **Kündigungsrecht** aus § 723 Abs. 1 S. 1 grundsätzlich **allen**

[9] So *Heckelmann,* Abfindungsklauseln in Gesellschaftsverträgen, 1973, S. 132 f.; *U. Huber* Vermögensanteil S. 54; wohl auch *Teichmann* Gestaltungsfreiheit S. 240 f.

[10] Vgl. dazu eingehend *Schlegelberger/Geßler* HGB, 4. Aufl., § 134 RdNr. 3; *G. Hueck* (Fn. 5) S. 741 ff.; *Merle* (Fn. 5) S. 639 ff., 647.

[11] RGZ 156, 129, 136; *Soergel/Hadding* RdNr. 1; *Staudinger/Keßler* RdNr. 2; RGRK/*von Gamm* RdNr. 1; *Erman/Westermann* RdNr. 1; aA *Schlegelberger/K. Schmidt* HGB § 134 RdNr. 5.

[12] Ganz hM, vgl. *Soergel/Hadding* RdNr. 1; RGRK/*von Gamm* RdNr. 1; *Hueck* OHG § 24 I 1 Fn. 6; *Ulmer* in Großkomm. zum HGB, 3. Aufl., § 134 RdNr. 4; aA nur *Merle* (Fn. 5) S. 648 f.

[13] *Soergel/Hadding* RdNr. 2; RGRK/*von Gamm* RdNr. 2; *Erman/Westermann* RdNr. 2; *Baumbach/Hopt* § 134 RdNr. 3; *Hueck* OHG § 24 I 1 Fn. 6; *Simon* DB 1961, 1679, 1681; aA für die unbefristete Gesellschafter-Gesellschaft, sofern die Bindung als Mindestdauer zu verstehen ist, *Schlegelberger/K. Schmidt* HGB § 134 RdNr. 7.

[14] BGHZ 50, 316, 321 f. = NJW 1968, 2003; so auch *von Gamm* und *Simon* (Fn. 13).

[15] BGH LM HGB § 339 Nr. 2 = WM 1967, 315; *Soergel/Hadding* RdNr. 1; *Staudinger/Keßler* RdNr. 2; *Schlegelberger/K. Schmidt* HGB § 134 RdNr. 10; *Düringer/Hachenburg/Flechtheim* HGB § 134 Anm. 2; *Erman/Westermann* RdNr. 2; *Simon* DB 1961, 1679, 1682; *Flume* I/1 § 13 II S. 194 ff.

[16] So aber BGH LM HGB § 339 Nr. 2 = WM 1967, 315; *Soergel/Hadding* RdNr. 1; dagegen treffend *Flume* I/1 § 13 II S. 194.

[17] BGH LM HGB § 339 Nr. 2 = WM 1967, 315; *Rob. Fischer* in Anm. zu LM HGB § 132 Nr. 1; *Koenigs* (Fn. 5) S. 263 ff.; vgl. auch RdNr. 2.

Gesellschaftern zu, dh. nicht nur denjenigen, auf deren Lebenszeit die Gesellschaftsdauer abgestellt war.[18] Die Vertragsauslegung kann freilich auch insoweit zu einem abweichenden Ergebnis führen. Ist den Mitgesellschaftern etwa im Unterschied zu dem auf Lebenszeit Gebundenen ein von bestimmten Fristen und Terminen abhängiges ordentliches Kündigungsrecht schon während dessen Mitgliedstellung eingeräumt, so steht nichts entgegen, an dieser Regelung ihnen gegenüber trotz Eingreifens von § 724 S. 1 festzuhalten und ihr den Vorzug vor der jederzeitigen Kündigung zu geben.

III. Stillschweigende Fortsetzung (Satz 2)

Die Vorschrift des Satz 2 greift als **Auslegungsregel** (RdNr. 1) ein, wenn es **nach Auflösung infolge Zeitablaufs** (Vor § 723 RdNr. 14 ff.) zu einem stillschweigenden Fortsetzungsbeschluss (Vor § 723 RdNr. 11) kommt, sich aber keine Feststellungen über die Dauer der von den Parteien beschlossenen Fortsetzung treffen lassen. Entsprechendes gilt im Fall eines ausdrücklichen Fortsetzungsbeschlusses ohne Zeitdauervereinbarung.[19] Ein abweichender, auf befristete Fortsetzung gerichteter Parteiwille geht jeweils vor. Er kann sich auch aus dem Gesellschaftszweck ergeben (§ 723 RdNr. 24), aber auch aus den im Zusammenhang mit der Fortsetzung im Einverständnis aller Gesellschafter getroffenen Geschäftsführungsmaßnahmen.[20] 11

Die gleichen Wertungsgrundsätze gelten auch dann, wenn bereits **vor** der durch Zeitablauf verursachten **Auflösung** stillschweigend die Fortsetzung über das Vertragsende hinaus beschlossen wird. Allerdings genügt die nach außen unveränderte Fortführung des Unternehmens der Gesellschaft nicht für das Eingreifen von § 724 S. 2, wenn zwischen den Gesellschaftern keine Einigung über die Fortsetzung erzielt werden kann.[21] 12

Für **sonstige** Fälle eines Fortsetzungsbeschlusses, namentlich nach vorzeitiger Auflösung durch Tod oder Insolvenz eines Gesellschafters u. a., ist die Auslegungsregel des Satz 2 nicht geeignet. Insoweit bewendet es vielmehr im Zweifel bei der ursprünglich vereinbarten Zeitbestimmung.[22] 13

§ 725 Kündigung durch Pfändungspfandgläubiger

(1) Hat ein Gläubiger eines Gesellschafters die Pfändung des Anteils des Gesellschafters an dem Gesellschaftsvermögen erwirkt, so kann er die Gesellschaft ohne Einhaltung einer Kündigungsfrist kündigen, sofern der Schuldtitel nicht bloß vorläufig vollstreckbar ist.

(2) Solange die Gesellschaft besteht, kann der Gläubiger die sich aus dem Gesellschaftsverhältnis ergebenden Rechte des Gesellschafters, mit Ausnahme des Anspruchs auf einen Gewinnanteil, nicht geltend machen.

Übersicht

	RdNr.
I. Grundlagen	1–7
1. Normzweck	1
2. Anwendungsbereich	2–5
a) Außen- und Innengesellschaften	2
b) Kündigungsberechtigte	3–5
aa) Pfandgläubiger	3
bb) Testamentsvollstrecker, Nachlass(insolvenz)verwalter	4, 5

[18] RGRK/*von Gamm* RdNr. 1; *Schlegelberger/K. Schmidt* HGB § 134 RdNr. 9; *Simon* DB 1961, 1679, 1682; *Ulmer* in Großkomm. zum HGB, 3. Aufl., § 134 RdNr. 9; aA noch RGRK/*Weipert* HGB, 2. Aufl., § 134 Anm. 6.

[19] So zutr. *Soergel/Hadding* RdNr. 3; *Erman/Westermann* RdNr. 3.

[20] Befristete Verlängerung von Schuldverträgen als Grundlage für die Fortführung der GbR u. a., vgl. dazu *Ulmer* in Großkomm. zum HGB, 3. Aufl., § 134 RdNr. 10.

[21] BGH NJW 1995, 2843, 2844.

[22] *Schlegelberger/K. Schmidt* HGB § 134 RdNr. 12; *Ulmer* in Großkomm. zum HGB, 3. Aufl., § 134 RdNr. 15; aA RGRK/*von Gamm* RdNr. 4.

	RdNr.
3. Verhältnis zu § 717 S. 2	6
4. Zwingendes Recht	7
II. Die Pfändung	8–13
1. Gegenstand	8–11
2. Durchführung	12, 13
III. Die Kündigung (Abs. 1)	14–23
1. Voraussetzungen	14–16
2. Kündigungserklärung und -frist	17, 18
3. Kündigungsfolgen	19–21
4. Wegfall des Kündigungsgrundes	22, 23
IV. Rechtsstellung des Pfandgläubigers (Abs. 2)	24–26
V. Rechtsstellung des Gesellschafter/Schuldners	27, 28

I. Grundlagen

1 **1. Normzweck.** Die Vorschrift eröffnet **Privatgläubigern** einzelner Gesellschafter, die keine entsprechende Forderung auch gegen die Gesellschaft selbst erlangt haben und daher keinen Titel zur Vollstreckung in das Gesamthandsvermögen erlangen können (§ 718 RdNr. 44, 55), die indirekte Zugriffsmöglichkeit auf das in der Mitgliedschaft gebundene Vermögen ihres Schuldners. Sie greift auch dann ein, wenn der Gläubiger zwar einen Titel gegen alle Mitgesellschafter hat, als deren Privatgläubiger jedoch ggf. der Drittwiderspruchsklage ausgesetzt ist (RdNr. 16, § 718 RdNr. 58). Die Pfändbarkeit des Anteils am Gesellschaftsvermögen ist zwar bereits in § 859 Abs. 1 S. 1 ZPO geregelt. Zur *Realisierung des Anteilswerts* bedarf es im Regelfall aber zusätzlich der Auflösung der Gesellschaft oder des Ausscheidens des Gesellschafter/Schuldners. Daher begründet § 725 Abs. 1 ein **eigenständiges gesetzliches Kündigungsrecht** für den Pfändungspfandgläubiger, wenn er Inhaber eines rechtskräftigen Schuldtitels gegen den betroffenen Gesellschafter ist.[1]

2 **2. Anwendungsbereich. a) Außen- und Innengesellschaften.** § 725 gilt nicht nur für Außen-, sondern auch für **Innengesellschaften.** Auf das Vorhandensein von Gesamthandsvermögen kommt es entgegen dem insoweit missverständlichen Wortlaut von § 725 Abs. 1 nicht an. Auch die Pfändung iS von § 725 Abs. 1 BGB, § 859 Abs. 1 S. 1 ZPO bezieht sich nach zutr. Ansicht auf die Mitgliedschaft als solche (RdNr. 10); sie setzt das Bestehen von Gesellschaftsvermögen nicht voraus (vgl. auch § 728 RdNr. 33). Anteilspfändung und Kündigung nach § 725 Abs. 1 sind daher auch im Falle von Innengesellschaften ohne Gesamthandsvermögen zulässig.[2] Gegenüber der stillen Gesellschaft bürgerlichen Rechts und der Unterbeteiligung finden §§ 135, 234 HGB analoge Anwendung (vgl. auch Vor § 705 RdNr. 102, § 705 RdNr. 288).

3 **b) Kündigungsberechtigte. aa) Pfandgläubiger.** Das gesetzliche Kündigungsrecht des § 725 Abs. 1 steht in erster Linie dem *Pfändungspfandgläubiger* zu, soweit auch die übrigen Voraussetzungen dieser Vorschrift erfüllt sind (RdNr. 14 ff.). Es greift aber auch für den *Inhaber eines vertraglichen Pfandrechts* am Gesellschaftsanteil oder am Vermögenswert ein, wenn die Pfandreife eingetreten ist und der Pfandgläubiger nach § 1277 zur Befriedigung seiner Ansprüche die Zwangsvollstreckung in den Anteil betreibt (vgl. näher § 719 RdNr. 52 ff., 58).

4 **bb) Testamentsvollstrecker, Nachlass(insolvenz)verwalter.** Zur Verfügungsbefugnis des *Testamentsvollstreckers* über einen nach dem Gesellschaftsvertrag übertragbaren Anteil vgl. schon § 705 RdNr. 116. Zusätzlich ist dem Testamentsvollstrecker auch das **Kündigungsrecht analog § 725** zuzubilligen, damit er zur Erfüllung von Nachlassverbindlichkeiten bzw. zum Wertausgleich unter den Nachlassbeteiligten auch bei fehlender Verfügungsmög-

[1] Zur Anteilspfändung vgl. die neuen Monografien von *Wertenbruch,* Die Haftung von Gesellschaften und Gesellschaftsanteilen in der Zwangsvollstreckung, 2001 (insbes. S. 483 ff.) und von *Wössner,* Die Pfändung des Gesellschaftsanteils bei den Personengesellschaften, 2001; ferner *H. Roth,* Pfändung und Verpfändung von Gesellschaftsanteilen, ZGR 2001, 187 ff.

[2] So im Ergebnis auch *K. Schmidt* GesR § 45 IV 4; *ders.* JR 1977, 177, 181; aA *Wernicke* WM 1981, 862, 863; für Pfändung des Anspruchs auf das Auseinandersetzungsguthaben in derartigen Fällen *Larenz* II, 12. Aufl., § 60 Vb mit Fn. 2 und *Staudinger/Keßler* § 725 RdNr. 19.

lichkeit den Anteilswert realisieren kann[3] Gleiches gilt für den *Nachlassverwalter.*[4] Auch wenn ihm die Verwaltungsrechte nicht in gleichem Umfang wie einem Testamentsvollstrecker zustehen (§ 705 RdNr. 126), muss er doch entsprechend seiner Aufgabe in der Lage sein, den Wert der Mitgliedschaft notfalls im Kündigungswege zu liquidieren. Aus denselben Gründen ist auch für den *Nachlassinsolvenzverwalter* das Kündigungsrecht anzuerkennen, wenn man nach zutr., wenn auch umstrittener Ansicht in der Nachlassinsolvenz keinen Auflösungsgrund nach § 728 Abs. 2 sieht (vgl. dazu § 728 RdNr. 35). Wollte man insoweit das Eingreifen von § 725 ablehnen, bliebe insbesondere bei Nachlassverwaltung nur der Weg über die Gläubigerkündigung, was zur Folge hätte, dass der Verwalter sich auch dann verurteilen lassen müsste, wenn er die Forderung als berechtigt ansähe; das wäre ein auch aus Kostengründen unnötig umständlicher Weg.[5] Freilich kommt die Ausübung des Kündigungsrechts nur in Betracht, wenn sonstiges verwertbares Nachlassvermögen nicht vorhanden ist.[6]

Bei der entsprechenden Anwendung des § 725 kann auf die Erfordernisse des (rechtskräftigen) **Titels** und der **Pfändung verzichtet** werden. Sie passen zwar für die Gläubigerkündigung, weil Gläubiger nur im Wege der Pfändung auf das Schuldnervermögen zugreifen können. Die Fremdverwalter bedürfen eines solchen Titels jedoch angesichts ihrer *Verwaltungsbefugnis* nicht, da diese erforderlichenfalls das Recht zur Verwertung des Nachlasses umfasst. Sie ergibt sich für den Testamentsvollstrecker aus § 2205 (vgl. 3. Aufl. § 2205 RdNr. 10 f.), für den Nachlassverwalter aus § 1985 (vgl. 3. Aufl. § 1985 RdNr. 8) und für den Nachlassinsolvenzverwalter aus § 80 Abs. 1 InsO. 5

3. Verhältnis zu § 717 S. 2. Die nach § 717 S. 2 für übertragbar erklärten Vermögensrechte, darunter namentlich der Gewinnanspruch und der Anspruch auf das Auseinandersetzungsguthaben, unterliegen der Pfändung bereits nach §§ 829, 851 ZPO; das gilt auch dann, wenn ihre Abtretung im Gesellschaftsvertrag ausgeschlossen worden ist (§ 717 RdNr. 42). Soweit es sich um *künftige* Ansprüche handelt, setzt ihre Verstrickung jedoch voraus, dass sie dem Vollstreckungsschuldner auch noch im Zeitpunkt ihrer Entstehung zustehen (§ 717 RdNr. 43). Bei zwischenzeitlicher Anteilsveräußerung geht die Pfändung daher letztlich ins Leere. Hinzu kommt, dass die Pfändung des Anspruchs auf das Auseinandersetzungsguthaben abweichend von derjenigen der Mitgliedschaft dem Gläubiger nicht das in § 725 Abs. 1 vorgesehene, für die Realisierung des Anspruchs wesentliche Kündigungsrecht verschafft.[7] Angesichts dieser unterschiedlichen Rechtsfolgen sind die verschiedenen Arten von Vollstreckungsgegenständen klar auseinanderzuhalten (vgl. auch RdNr. 9 f.). 6

4. Zwingendes Recht. Die Kündigungsbefugnis in § 725 Abs. 1 enthält als Gläubigerschutzvorschrift zwingendes Recht.[8] Der Gesellschaftsvertrag kann den dadurch gesicherten Zugriff von Privatgläubigern auf den Anteilswert weder ausschließen noch von zusätzlichen sachlichen oder zeitlichen Anforderungen abhängig machen. Eine **Beschränkung des Auseinandersetzungsguthabens** oder des Abfindungsanspruchs ist im Gesellschaftsvertrag 7

[3] So schon früher, freilich noch beschränkt auf die Abwicklungsvollstreckung, *Wiedemann* Übertragung S. 340; *Ulmer,* FS Schilling, 1973, S. 79, 97 f.; 3. Aufl. § 2205 RdNr. 35 *(Brandner).* Wie hier seither *Stodolkowitz,* FS Kellermann, 1991, S. 439, 455 f.

[4] BGHZ 91, 132, 137 = NJW 1984, 2104 (Nachlassinsolvenzverwalter); *Stodolkowitz,* FS Kellermann, 1991, S. 439, 455; *Wiedemann* Übertragung S. 347; *Westermann* AcP 173 (1973), 24, 42; *Staudinger/Keßler* § 728 RdNr. 5; *Schlegelberger/K. Schmidt* HGB § 131 RdNr. 57; 3. Aufl. § 1985 RdNr. 5 a *(Siegmann);* so jetzt auch *Staudinger/Marotzke* (2002) § 1985 RdNr. 21; im Ergebnis auch *Flume* NJW 1988, 161, 162 f., allerdings unter Berufung auf § 723.

[5] Zutr. *Stodolkowitz,* FS Kellermann, 1991, S. 439, 455.

[6] S. schon *Ulmer,* FS Schilling, 1973, S. 79. 97; so auch *Stodolkowitz,* FS Kellermann, 1991, S. 439, 455 unter Hinweis auf die anderfalls eintretende Haftung nach §§ 1975, 1915, 1833 (dazu 3. Aufl. § 1985 RdNr. 10 f.).

[7] HM, vgl. *Staudinger/Keßler* RdNr. 6; RGRK/*von Gamm* RdNr. 2; *Soergel/Hadding* § 717 RdNr. 15 f.; *Erman/Westermann* § 717 RdNr. 7; MünchKommZPO/*Smid* § 859 RdNr. 4; *Rupp/Fleischmann* Rpfleger 1984, 223 f.; aA *Stein/Jonas/Brehm* (21. Aufl.) § 859 ZPO RdNr. 9; *K. Schmidt* GesR § 45 IV 3 c; *ders.* JR 1977, 177, 179 f.

[8] EinhM, vgl. *Soergel/Hadding* RdNr. 2; *Staudinger/Keßler* RdNr. 3; *Palandt/Sprau* RdNr. 3.

zwar grundsätzlich möglich (§ 738 RdNr. 39 ff.). Ihre Vereinbarung nur für den Fall der Anteilspfändung würde jedoch von den Anfechtungstatbeständen der InsO und des AnfG erfasst oder verstieße als sittenwidrige Gläubigerschädigung gegen § 138.[9] Wohl aber kann gemäß § 736 Abs. 1 eine **Fortsetzungsklausel** für den Fall der Kündigung oder Anteilspfändung in den Gesellschaftsvertrag aufgenommen[10] oder den Mitgesellschaftern das Recht vorbehalten werden, bei Anteilspfändung oder bei Kündigung durch den Pfandgläubiger die Fortsetzung ohne den Gesellschafter/Schuldner zu beschließen (§ 736 RdNr. 17). Eine allgemein auf den Kündigungsfall bezogene Fortsetzungsklausel erstreckt sich im Zweifel auch auf die Kündigung durch einen Privatgläubiger (§ 736 RdNr. 12). Schließlich kann einem der Mitgesellschafter auch ein Übernahmerecht eingeräumt werden (§ 730 RdNr. 68). In allen diesen Fällen erfasst die Anteilspfändung den Abfindungsanspruch des auf Grund der Fortsetzungsklausel oder des Fortsetzungsbeschlusses ausscheidenden Gesellschafter/Schuldners.[11]

II. Die Pfändung

8 **1. Gegenstand.** § 725 Abs. 1 setzt für das Kündigungsrecht des Pfandgläubigers voraus, dass dieser den „Anteil des Gesellschafters an dem Gesellschaftsvermögen" gepfändet hat (vgl. dazu auch § 719 RdNr. 59). Er knüpft damit an die gleich lautende Formulierung in § 859 Abs. 1 ZPO an, nach der zwar dieser Anteil (richtiger: die Mitgliedschaft, vgl. RdNr. 10) der Pfändung unterworfen ist (Satz 1), nicht aber der Anteil an den einzelnen zum Gesellschaftsvermögen gehörenden Gegenständen (Satz 2).[12]

9 Nach ganz hM umfasst der „Anteil am Gesellschaftsvermögen" alle zur Mitgliedschaft gehörenden **Vermögensrechte,** darunter namentlich das Recht auf den Gewinnanteil und das Auseinandersetzungsguthaben.[13] Im Anschluss an *Ulrich Huber,*[14] der den Vermögensanteil vom Gesellschaftsanteil als Inbegriff aller Mitgliedschaftsrechte (einschließlich der Verwaltungsrechte) unterschied und dazu nur die aus der Mitgliedschaft resultierenden Vermögensrechte rechnete, wurde als Pfändungsgegenstand iS von § 859 Abs. 1 ZPO *früher* ein besonderes, diese Vermögensrechte repräsentierendes *Wertrecht* angesehen.[15] Noch enger wollte *Karsten Schmidt*[16] darunter nur die nach § 717 S. 2 ohnehin übertragbaren und daher auch selbstständig pfändbaren Ansprüche auf Gewinn und Auseinandersetzungsguthaben verstehen. Diese Ansichten haben sich nicht durchgesetzt.[17]

10 *Aus heutiger Sicht* ist die lange Zeit vorherrschende Differenzierung zwischen Mitgliedschaft (Gesellschaftsanteil) und Wertrecht (Vermögenswert der Beteiligung) überholt. Angesichts der dinglichen Wirkung der Anteilspfändung und der Anerkennung gemeinsamer Berechtigung mehrerer am Gesellschaftsanteil wie im Fall des Nießbrauchs oder der qualifizierten (offenen) Treuhand[18] bedarf es derartiger Ersatzkonstruktionen nicht.[19] Gegenstand

[9] So auch *Erman/Westermann* RdNr. 5. Zum Verhältnis zwischen diesen Rechtsschranken vgl. § 738 RdNr. 47 f.

[10] EinhM, vgl. *Soergel/Hadding* RdNr. 8; *Staudinger/Keßler* RdNr. 4, 11; RGRK/*von Gamm* RdNr. 6.

[11] BGH LM ZPO § 859 Nr. 5 = BB 1972, 10; *Soergel/Hadding* RdNr. 6.

[12] Zur bloß klarstellenden, auf das Nichtvorhandensein solcher Anteile hinweisenden Bedeutung des § 859 Abs. 1 S. 2 ZPO vgl. § 719 RdNr. 8; aA anscheinend *H. Roth* ZGR 2001, 193 f.

[13] BGHZ 116, 222, 229 = NJW 1992, 830; BGHZ 97, 392, 394 = NJW 1986, 1992; RGZ 95, 231, 233; *Soergel/Hadding* RdNr. 1; *Staudinger/Keßler* RdNr. 2; *Stein/Jonas/Brehm* (21. Aufl.) § 859 ZPO RdNr. 3; *H. Roth* 2001, 18, 193; *U. Huber* Vermögensanteil S. 148 ff.; *Rupp/Fleischmann* Rpfleger 1984, 223.

[14] Vermögensanteil S. 143, 147, 164 ff.

[15] So BGHZ 97, 392, 394 = NJW 1986, 1992; *Staudinger/Keßler* RdNr. 2; *Erman/Westermann* RdNr. 1; *Rupp/Fleischmann* Rpfleger 1984, 223 u. a.; ebenso noch 2. Aufl. RdNr. 7.

[16] Der unveräußerliche Gesamthandsanteil – ein Vollstreckungsgegenstand?, JR 1977, 177 ff.; vgl. auch *dens.* BMJ-Gutachten S. 541 f. und AcP 182 (1982), 481, 495; anders jetzt aber *Schlegelberger/K. Schmidt* HGB § 135 RdNr. 9; *K. Schmidt* GesR § 45 IV 2 b S. 1093.

[17] Vgl. BGHZ 97, 392, 394 = NJW 1986, 1992; MünchKommZPO/*Smid* § 859 RdNr. 4; *Smid* JuS 1988, 613, 615; *Stodolkowitz,* FS Kellermann, 1991, S. 446.

[18] Vgl. dazu näher § 705 RdNr. 92, 99 f. und *Ulmer,* FS Fleck, 1988, S. 383, 393 ff.; *Flume* I/1 § 17 IV S. 362 f.

[19] So zu Recht insbes. auch MünchKommZPO/*Smid* § 859 RdNr. 4.

der Pfändung ist vielmehr die **Mitgliedschaft** (der Gesellschaftsanteil) als solche;[20] durch die Pfändung wird der Pfandgläubiger in den Gesellschafterverband einbezogen.

11 Die **Rechtsfolge** der Pfändung besteht in der Verstrickung der aus der Mitgliedschaft folgenden *Vermögensrechte.*[21] Dazu gehören neben dem Anspruch auf den anteiligen Liquidationserlös (die Abfindung) und neben den periodisch neu entstehenden Gewinnansprüchen auch etwaige Ansprüche auf Aufwendungsersatz sowie Ausgleichsansprüche auf Grund von Leistungen des Gesellschafter/Schuldners im Gesellschaftsinteresse,[22] nicht aber sonstige Forderungen des Gesellschafter/Schuldners gegen die Gesamthand wie Darlehens- oder andere Drittgläubigeransprüche (§ 730 RdNr. 49 ff.). Hat der Gesellschafter/Schuldner über derartige gesellschaftsvertragliche Ansprüche nach deren Entstehung bereits anderweitig verfügt, so geht die Pfändung insoweit ins Leere;[23] anderes gilt im Falle der Vorausabtretung der in § 717 S. 2 genannten künftigen Ansprüche (§ 717 RdNr. 31, 38). Demgegenüber bleiben die aus der Mitgliedschaft folgenden *Verwaltungsrechte,* darunter das Stimmrecht, das Recht auf Rechnungslegung und das Kontrollrecht, trotz der Anteilspfändung ausschließlich dem Gesellschafter vorbehalten; die Rechtslage ändert sich erst nach kündigungsbedingter Auflösung (RdNr. 20). Das entspricht der unübertragbaren Natur dieser Rechte (§ 717 RdNr. 7, 16) und ist in § 725 Abs. 2 ausdrücklich bestimmt (RdNr. 25); die Erstreckung der Pfändung auf die Mitgliedschaft als solche (RdNr. 10) ändert daran nichts.

12 **2. Durchführung.** Die Mitgliedschaft als Pfändungsgegenstand (RdNr. 10) ist ein sonstiges Vermögensrecht. Die Durchführung der Pfändung richtet sich daher nach § 857 ZPO und nicht unmittelbar nach der auf Geldforderungen bezogenen Vorschrift des § 829 ZPO.[24] Als *Drittschuldner* iS von §§ 829 Abs. 2 S. 1, 857 ZPO, dh. **Adressat der Zustellung,** qualifiziert die heute überwiegende Ansicht[25] die *Gesellschaft als solche,* also die Gesamthand und nicht die Mitgesellschafter als die von der Pfändung Mitbetroffenen. Zwar kann ein Gesellschafter ohne Zustimmung der Mitgesellschafter nicht wirksam über seinen Anteil verfügen, weshalb die früher überwiegende Ansicht die Mitgesellschafter als Drittschuldner ansah und eine Zustellung des Pfändungsbeschlusses an alle Gesellschafter forderte.[26] Dagegen spricht jedoch, dass der Pfändungspfandgläubiger mangels Veräußerungsmöglichkeit regelmäßig darauf angewiesen ist, das Gesellschaftsverhältnis zu *kündigen* (zu den Adressaten dieser Erklärung vgl. RdNr. 17). Dadurch erhält er einen durchsetzbaren Anspruch auf Auszahlung des Auseinandersetzungsguthabens oder der Abfindung. Dieser Anspruch richtet sich *gegen die Gesellschaft,* vertreten durch ihre Geschäftsführer, und nicht gegen die Mitgesellschafter. Auch für den Fall, dass der Pfändungspfandgläubiger nicht kündigt, sondern seine Befriedigung durch Einziehung der laufenden Gewinnansprüche sucht und es somit bei seiner Einbeziehung in den Gesellschafterverband (vgl. RdNr. 10 f.)

[20] Heute ganz hM, vgl. *Wertenbruch* (Fn. 1) S. 487 ff., 562; *Wössner* (Fn. 1) S. 22 ff., 41 f.; *H. Roth* ZGR 2001, 187, 193, jew. m. weit. Nachw.

[21] Vgl. eingehend *Wertenbruch* (Fn 1) S. 507 ff.; *Wössner* (Fn. 1) S. 180 ff.

[22] Dazu § 713 RdNr. 15, § 714 RdNr. 56.

[23] Vgl. BGHZ 104, 351, 355 = NJW 1989, 458 (GmbH-Anteil); *Wertenbruch* (Fn. 1) S. 515 ff.; *Wössner* (Fn. 1) S. 194 f.

[24] BGHZ 97, 392, 395 = NJW 1986, 1991, 1992; *Soergel/Hadding* RdNr. 3; MünchKommZPO/*Smid* § 859 RdNr. 3; *Zimmer,* Zwangsvollstreckung gegen den Gesellschafter einer Personengesellschaft, 1978, S. 48 ff.; allg. zur Vollstreckung in Anteile an Personengesellschaften vgl. auch *Becker* GmbHR 1950, 133; *Furtner* MDR 1965, 613.

[25] BGHZ 97, 392, 393 ff. = NJW 1986, 1991; *Heller,* Der Zivilprozess der GbR, 1989, S. 234; *Erman/Westermann* RdNr. 2; MünchKommZPO/*Smid* § 859 RdNr. 6; *Stein/Jonas/Brehm* (21. Aufl.) § 859 ZPO RdNr. 12; *Thomas/Putzo* § 859 ZPO RdNr. 3; *K. Schmidt* GesR § 45 IV 3 a; *Wertenbruch* (Fn. 1) S. 506 f.; *Wössner* (Fn. 1) S. 151 ff., 169; *Behr* NJW 2000, 1137, 1139; *H. Roth* ZGR 2001, 194 f. Zur entsprechenden Beurteilung im OHG-Recht vgl. *Ulmer* in Großkomm. zum HGB, 3. Aufl., § 135 RdNr. 11. Zu früheren Gegenansichten s. Fn. 26.

[26] *Soergel/Hadding* RdNr. 3; *Staudinger/Keßler* RdNr. 6; RGRK/*von Gamm* RdNr. 2; *Hintzen* Rpfleger 1992, 262. Nicht eindeutig *Rosenberg/Gaul/Schilken* Zwangsvollstreckungsrecht, 10. Aufl., § 58 III 3 a S. 684; *Baumbach/Lauterbach/Albers/Hartmann* § 859 ZPO RdNr. 1; *Zöller/Stöber* § 859 ZPO RdNr. 3, 7: sie qualifizieren die Mitgesellschafter in ihrer gesamthänderischen Verbundenheit als Drittschuldner, wollen gleichwohl aber eine Zustellung an die Geschäftsführer genügen lassen. Unzutreffend und überholt RGZ 57, 414, 415, wonach es bei der Anteilspfändung keine Drittschuldner geben soll.

verbleibt, richtet sich sein Anspruch gegen die Gesellschaft. Deshalb genügt die *Zustellung des Pfändungsbeschlusses an einen der Geschäftsführer* als Vertreter des Drittschuldners (der Gesellschaft) für eine wirksame Pfändung. Hierfür spricht bei Gesellschaften mit einer Vielzahl von Gesellschaftern auch der Aspekt der Praktikabilität. Daneben bedarf es einer Zustellung des Pfändungsbeschlusses auch an den Gesellschafter/Schuldner; dies folgt aus § 829 Abs. 2 S. 2 iVm. § 857 ZPO.[27]

13 Eine **Verwertung** des Pfandrechts durch Einziehung der mit der Mitgliedschaft verbundenen vermögensrechtlichen Ansprüche (RdNr. 11) setzt deren Überweisung nach §§ 835 Abs. 1, 857 Abs. 1 ZPO voraus; die *Kündigung* ist beim Vorliegen der Voraussetzungen des § 725 Abs. 1 aber bereits vor der Überweisung möglich.[28] – Zur Rechtsstellung des Pfandgläubigers und des Gesellschafter/Schuldners vgl. im Übrigen RdNr. 20, 27.

III. Die Kündigung (Abs. 1)

14 **1. Voraussetzungen.** Erste Voraussetzung für das in § 725 Abs. 1 geregelte, eigenständige gesetzliche Kündigungsrecht des Pfandgläubigers ist die wirksame **Pfändung des Gesellschaftsanteils** unter Beachtung der in RdNr. 12 genannten Zustellungserfordernisse. Das Pfandrecht muss dem Gläubiger im Zeitpunkt der Kündigungserklärung noch zustehen; es darf nicht durch Ablösung seitens der Mitgesellschafter nach § 268[29] auf diese übergegangen sein. – Die nach §§ 717 S. 2 BGB, 851 ZPO zulässige Pfändung des künftigen Anspruchs auf das Auseinandersetzungsguthaben (§ 717 RdNr. 42 f.) steht der Anteilspfändung nicht gleich. Sie gibt dem Gläubiger daher auch nicht das gesetzliche Kündigungsrecht des § 725 Abs. 1.[30]

15 Die Kündigung setzt zweitens einen nicht bloß vorläufig vollstreckbaren, dh. mit ordentlichen Rechtsmitteln nicht mehr angreifbaren, **rechtskräftigen Schuldtitel** voraus.[31] Welcher Art der Vollstreckungstitel ist, ist nicht entscheidend (vgl. im Einzelnen § 794 ZPO). Die Rechtskraft muss nicht schon im Pfändungszeitpunkt eingetreten sein.[32] Die sonstigen in § 135 HGB für die Kündigung einer OHG oder KG genannten Voraussetzungen finden im Recht der GbR keine Anwendung.

16 Dritte Kündigungsvoraussetzung ist die Stellung des Pfandgläubigers ausschließlich als **Privatgläubiger** des Gesellschafter/Schuldners. Das folgt aus der teleologischrestriktiven Auslegung von § 725 Abs. 1, wie sie im Interesse des Gesellschaftsbestands geboten ist.[33] Privatgläubiger kann auch ein Mitgesellschafter sein, wenn ihm gegen den Gesellschafter/Schuldner ein nicht auch gegen die Gesellschaft durchsetzbarer Anspruch zusteht.[34] Haben Gläubiger zugleich einen *Anspruch gegen die Gesellschaft,* so können sie ihn durch Vollstreckung in das Gesamthandsvermögen auf Grund eines gegen die Gesellschaft oder gegen alle Gesellschafter (§ 736 ZPO) erzielten Schuldtitels durchsetzen (dazu vgl. § 718 RdNr. 44, 55). Sie bedürfen nicht der durch § 725 Abs. 1 eröffneten Realisierungsmöglichkeit; aller-

[27] Vgl. zur abweichenden Regelung im Steuerrecht (§ 321 Abs. 1 iVm. § 309 Abs. 2 S. 3 AO, wonach die bloße Mitteilung an den Gesellschafter-Schuldner genügt) BFH NJW 1987, 2703 f.

[28] HM, vgl. *Staudinger/Keßler* RdNr. 6; RGRK/*von Gamm* RdNr. 3; MünchKommZPO/*Smid* § 859 RdNr. 10; *Stein/Jonas/Brehm* (21. Aufl.) § 859 ZPO RdNr. 5; aA *Stöber* Forderungspfändung RdNr. 1566 f.; *Behr* NJW 2000, 1137, 1140.

[29] Dazu *Soergel/Hadding* RdNr. 6; *Staudinger/Keßler* RdNr. 14; *Erman/Westermann* RdNr. 4; nach *Schlegelberger/K. Schmidt* HGB § 135 RdNr. 31 steht das Ablösungsrecht gem. § 268 zunächst der Gesellschaft zu, den Mitgesellschaftern nur hilfsweise.

[30] Str., vgl. Nachw. Fn. 7.

[31] Dazu *Ulmer* in Großkomm. zum HGB, 3. Aufl., § 135 RdNr. 6; MünchKommZPO/*Smid* § 859 RdNr. 10; *Furtner* MDR 1965, 613 f., 617.

[32] So auch BGH LM HGB § 135 Nr. 3 = NJW 1982, 2773 (zu § 135 HGB).

[33] *Soergel/Hadding* RdNr. 2; *Staudinger/Keßler* RdNr. 2, 5; RGRK/*von Gamm* RdNr. 4; *Schönle* NJW 1966, 1797; *H. Roth* ZGR 2001, 194; aA *Clasen* NJW 1965, 2141, 2142.

[34] Vgl. hierzu und zu den von Mitgesellschaftern als Privatgläubigern zu beachtenden Treupflichtschranken bei Ausübung des Kündigungsrechts BGHZ 51, 84, 87 ff. = NJW 1969, 505; BGH WM 1978, 675; *Soergel/Hadding* RdNr. 2; RGRK/*von Gamm* RdNr. 4; *Schlegelberger/K. Schmidt* HGB § 135 RdNr. 2; *Ulmer* in Großkomm. zum HGB, 3. Aufl., § 135 RdNr. 3.

dings steht es ihnen frei, die nach § 717 S. 2 übertragbaren Vermögensrechte zu pfänden und sich zur Einziehung überweisen zu lassen. *Anderes* gilt für Privatgläubiger, die auf Grund persönlicher, nicht aus der Gesellschaftssphäre resultierender Forderungen gegen alle Gesellschafter einen Titel gegen diese erlangt haben. Sie können damit zwar nach § 736 ZPO die Vollstreckung in das Gesellschaftsvermögen betreiben. Die Gesellschaft kann dem jedoch mit der Drittwiderspruchsklage (§ 771 ZPO) entgegentreten und die Vollstreckung abwenden (§ 718 RdNr. 58). Für diese Privatgläubiger bleibt der Weg über § 725 Abs. 1 daher offen.[35]

2. Kündigungserklärung und -frist. Die Kündigung durch den Privatgläubiger ist ebenso wie diejenige nach § 723 Abs. 1 **allen Mitgesellschaftern** gegenüber zu erklären.[36] Sie wird erst wirksam, wenn sie jedem von ihnen zugegangen ist (§ 723 RdNr. 11). Eine Erklärung gegenüber den Geschäftsführern reicht vorbehaltlich abweichender Regelung im Gesellschaftsvertrag nicht aus. Darüber hinaus bedarf es aber auch der Erklärung gegenüber dem **Gesellschafter/Schuldner,** da auch mit Wirkung für ihn die Gesellschaft aufgelöst werden soll;[37] der kündigende Gläubiger handelt nicht etwa an seiner Stelle, sondern kraft eigenen Rechts. Auf den Wortlaut der Erklärung kommt es nicht an, sofern sie für die Adressaten den Kündigungswillen des Gläubigers klar erkennen lässt. Daher reicht im Allgemeinen auch bereits die allen Gesellschaftern zugegangene Forderung des Gläubigers nach Auszahlung des Auseinandersetzungsguthabens unter Berufung auf die Pfändung und Überweisung als Kündigung aus.[38] Dagegen kann die Zustellung des Pfändungs- und Überweisungsbeschlusses als Vollstreckungsmaßnahme die Kündigungserklärung durch den Gläubiger nicht ersetzen. 17

Eine **Kündigungsfrist** ist in § 725 Abs. 1 **nicht** vorgesehen. Die Gesellschaft ist daher aufgelöst, sobald die Kündigungserklärung dem letzten Gesellschafter zugegangen und damit wirksam geworden ist (RdNr. 17). Die vertragliche Vereinbarung einer Kündigungsfrist hat für das zwingende Kündigungsrecht des § 725 Abs. 1 keine Wirkung.[39] Auch die Schranken, die einer Kündigung zur Unzeit in § 723 Abs. 2 gezogen sind, sind vom kündigenden Pfandgläubiger nicht zu beachten. – Enthält der Vertrag eine Fortsetzungs- oder Übernahmeklausel (RdNr. 7), so scheidet der Gesellschafter/Schuldner im Zeitpunkt der Kündigung bzw. – wenn die Klausel nur ein Recht der Mitgesellschafter auf entsprechende Beschlussfassung bzw. Übernahmeerklärung begründet – mit der Mitteilung dieser Gestaltungserklärung gegenüber dem Betroffenen aus. Im letztgenannten Fall ist die Gesellschaft in der Zeit zwischen Kündigung und Gestaltungserklärung aufgelöst. 18

3. Kündigungsfolgen. Die Kündigung führt je nach Vertragsgestaltung zur Auflösung der Gesellschaft bzw. zum Ausscheiden des Gesellschafter/Schuldners unter Fortsetzung der Gesellschaft zwischen den Mitgesellschaftern (RdNr. 7). Die Auflösungs- oder Ausscheidensfolgen richten sich nach Gesetz (§§ 730 ff., 738 ff.) und Gesellschaftsvertrag. 19

Kommt es zur **Auflösung,** so verneinte die bisher hM unter Hinweis auf § 725 Abs. 2 die Teilnahme des Pfandgläubigers an der Liquidation einschließlich der damit verbundenen Verwaltungsrechte und beließ ihm nur den Zugriff auf die Vermögensrechte.[40] Dem ist angesichts der Erstreckung der Pfändung auf die Mitgliedschaft als solche und der Einbezie- 20

[35] AA *Noack* MDR 1974, 811, 813 (Pfändung unzulässig); im Ergebnis wie hier *Heller,* Der Zivilprozess der GbR, 1989, S. 234.

[36] AA *Wertenbruch* (Fn. 1) S. 536: Kündigung gegenüber den Geschäftsführern; zust. *K. Schmidt* GesR § 45 IV 3 c.

[37] Ebenso BGH LM HGB § 142 Nr. 7 = WM 1957, 163 (für § 135 HGB); *Staudinger/Keßler* RdNr. 10; RGRK/*von Gamm* RdNr. 5; *Schlegelberger/K. Schmidt* HGB § 135 RdNr. 23; *Ulmer* in Großkomm. zum HGB, 3. Aufl., § 135 RdNr. 16; offen lassend BGH LM § 725 Nr. 3 = NJW 1993, 1002 (Kenntniserlangung genügt).

[38] BGH LM § 725 Nr. 3 = NJW 1993, 1002; RG SeuffA 98 Nr. 7.

[39] *Staudinger/Keßler* RdNr. 3; *Erman/Westermann* RdNr. 4; vgl. auch o. RdNr. 12.

[40] RGZ 60, 126, 130 f.; 95, 231, 232; LG Hamburg MDR 1982, 1028; *Flume* I/1 § 17 III S. 356; *Soergel/Hadding* RdNr. 3; *Staudinger/Keßler* RdNr. 9; RGRK/*von Gamm* RdNr. 8; *Erman/Westermann* RdNr. 3; *Hintzen* Rpfleger 1992, 262, 263; *Heller,* Der Zivilprozess der GbR, 1989, S. 234; wohl auch MünchKommZPO/*Smid* § 859 RdNr. 10.

hung des Pfandgläubigers in den Gesellschaftsverband (RdNr. 10) nicht zu folgen. Nachdem inzwischen der BGH[41] zutreffend dem Gläubiger das Recht zugebilligt hat, nach kündigungsbedingter Auflösung den Anspruch des Gesellschafter/Schuldners auf Durchführung der Auseinandersetzung selbst geltend zu machen, bestehen keine Bedenken dagegen, ihm auch die *Geltendmachung der* sonstigen für die Realisierung seines Anspruchs erforderlichen *Verwaltungsrechte,* darunter insbes. das Informations- und Kontrollrecht und das Recht auf Rechnungslegung, zu gestatten.[42] Er kann auch – ggf. im Wege der Stufenklage – die Auseinandersetzung im Klagewege durchsetzen,[43] nicht aber diese selbst betreiben. Der Vorbehalt des § 725 Abs. 2 steht nicht entgegen, wenn man ihn teleologisch auf die Verwaltungsrechte in der werbenden Gesellschaft reduziert, weil das Element der persönlichen Verbundenheit der Gesellschafter als Schranke für den Außeneinfluss sich infolge der Auflösung der Gesellschaft verflüchtigt.

21 Abweichendes gilt im Fall des kündigungsbedingten **Ausscheidens** des Gesellschafter-Schuldners. Mit dem Ausscheiden entfällt die Mitgliedschaft und wandelt sich in einen Abfindungsanspruch um (§ 738 RdNr. 14 ff.). Dementsprechend stehen dem Ausgeschiedenen auch keine Verwaltungsrechte mehr zu, auf die der Pfandgläubiger zugreifen könnte. Wohl aber ist diesem auf Grund seines am Abfindungsanspruch fortbestehenden Pfandrechts das Recht einzuräumen, nicht nur vom Gesellschafter/Schuldner, sondern auch von den Mitgesellschaftern Berechnung und vertragsgemäße Auszahlung des Abfindungsguthabens zu verlangen.[44] Deren schuldhafte Verzögerung macht die Gesellschafter schadensersatzpflichtig.

22 **4. Wegfall des Kündigungsgrundes.** Wird der Gläubiger *nach Kündigung,* aber vor Durchführung der Auseinandersetzung oder Zahlung des Abfindungsbetrags entweder vom Gesellschafter/Schuldner selbst oder nach § 268 Abs. 1 von den Mitgesellschaftern befriedigt, so stehen ihm am Gesellschaftsanteil und den dazu gehörenden Ansprüchen keine Rechte mehr zu. Gleiches gilt bei Befriedigung auf Grund der Einziehung der mitgepfändeten Gewinnansprüche. Die Gesellschafter sind in diesen Fällen auch ohne Zustimmung des Gläubigers nicht gehindert, die **Fortsetzung der Gesellschaft** mit dem Schuldner oder dessen Wiederaufnahme in die Gesellschaft zu beschließen. Zur Frage eines Anspruchs des Gesellschafter/Schuldners auf gemeinsame Fortsetzung vgl. RdNr. 23.

23 Ist der Gesellschafter/Schuldner infolge der Pfändung oder Kündigung auf Grund einer vertraglichen Fortsetzungsklausel bereits aus der Gesellschaft ausgeschieden, so kann ihm bei voraussichtlich dauernder Beseitigung seiner Zahlungsschwierigkeiten je nach Lage des Falles aus Gründen der Treupflicht ein **Anspruch auf Wiederaufnahme** zustehen.[45] Ein solcher Anspruch kommt namentlich dann in Betracht, wenn Mitgesellschafter von ihrem Fortsetzungs- oder Übernahmerecht Gebrauch gemacht haben, nachdem sie zuvor den Gläubiger zum Vorgehen nach § 725 Abs. 1 veranlasst oder sich selbst zu diesem Zweck einen entsprechenden Schuldtitel verschafft hatten.[46]

[41] BGHZ 116, 222, 230 = NJW 1992, 832; ebenso LG Konstanz NJW-RR 1987, 1023; *Behr* Rpfleger 1983, 36; *Baumbach/Lauterbach/Albers/Hartmann* § 859 ZPO RdNr. 5; *Zöller/Stöber* § 859 ZPO RdNr. 4; *Stöber* Forderungspfändung RdNr. 1571.

[42] So auch *H. Roth* ZGR 2001, 190, 197 f.; eingehend *Wössner* (Fn. 1) S. 50 ff., 69; für eigenständigen, aus §§ 836 Abs. 3, 840 ZPO abgeleiteten Informationsanspruch *Wertenbruch* (Fn. 1) S. 533 f., 557 f., 567; so wohl auch schon *Schlegelberger/K. Schmidt* HGB § 135 RdNr. 29.

[43] Zur Tenorierung und Vollstreckung eines Auseinandersetzungsurteils vgl. näher *H. Roth* ZGR 2001, 197 ff.; weitergehend *Behr* NJW 2000, 1137, 1140 (für eigenes Verwertungsrecht des Gläubigers).

[44] So zu Recht *Staudinger/Keßler* RdNr. 9; RGRK/*von Gamm* RdNr. 8; *Stein/Jonas/Brehm* (21. Aufl.) § 859 ZPO RdNr. 7. Zur weitergehenden Rechtsstellung des nach § 135 HGB kündigenden Gläubigers vgl. *Ulmer* in Großkomm. zum HGB, 3. Aufl., § 135 RdNr. 23, 25.

[45] RGZ 169, 153, 156; BGHZ 30, 195, 201 f. = NJW 1959, 1683; BGH LM HGB § 135 Nr. 3 = NJW 1982, 2773; LM HGB § 142 Nr. 7 = WM 1957, 163; WM 1964, 420; *Soergel/Hadding* RdNr. 7; *Schlegelberger/K. Schmidt* HGB § 135 RdNr. 27; *Ulmer* in Großkomm. zum HGB § 135 RdNr. 30.

[46] BGHZ 30, 195, 202 = NJW 1959, 1683; BGH WM 1964, 1127, 1128; *Ulmer* in Großkomm. zum HGB, 3. Aufl., § 135 RdNr. 31.

IV. Rechtsstellung des Pfandgläubigers (Abs. 2)

Nach § 725 Abs. 2 hat der pfändende Gläubiger **vor** dem Ausspruch der **Kündigung** und der dadurch bedingten Auflösung der Gesellschaft oder dem Ausscheiden des Schuldners nur das Recht, dessen **Gewinnanspruch** geltend zu machen. Über den Wortlaut der Vorschrift hinaus ist er auch berechtigt, die sonstigen mit dem Anteil verbundenen, auch ohne Kündigung fälligen Geldforderungen (RdNr. 11) einzuziehen; das gilt jedoch nicht für den Anspruch auf das Auseinandersetzungsguthaben. 24

Auch der Zugriff auf die mit der Mitgliedschaft verbundenen **Verwaltungsrechte** ist dem pfändenden Gläubiger bis zur Kündigung verwehrt (RdNr. 11). Anderes gilt nach erfolgter Kündigung, wenn diese zur Auflösung der Gesellschaft führt; sie berechtigt den Gläubiger dazu, die zu seiner Rechtsverfolgung erforderlichen Verwaltungsrechte des Gesellschafter/Schuldners im Liquidationsstadium wahrzunehmen, ohne dass § 725 Abs. 2 entgegensteht (RdNr. 20). Führt die Kündigung zum Ausscheiden des Schuldners aus der Gesellschaft, so entfallen damit auch dessen Mitgliedschaftsrechte (RdNr. 21). Zu den dem Gesellschafter/Schuldner verbleibenden Mitsprache- und Verfügungsrechten vgl. RdNr. 27. 25

Verfügungen der Gesellschaft über Gegenstände des Gesamthandsvermögens bleiben von der Pfändung des Anteils am Gesellschaftsvermögen unberührt; sie unterliegen der Verstrickung nicht.[47] Daher ist auch für die Grundbucheintragung eines Pfändungsvermerks kein Raum, wenn Grundstücke zum Gesellschaftsvermögen gehören.[48] 26

V. Rechtsstellung des Gesellschafter/Schuldners

Der Gesellschafter/Schuldner ist infolge der *Anteilspfändung* gehindert, Verfügungen über den Anteil zu treffen, soweit hierdurch das Pfändungspfandrecht des Gläubigers beeinträchtigt würde.[49] Bei der **Verfügung über den Gesellschaftsanteil** als solchen mit Zustimmung der Mitgesellschafter oder auf Grund gesellschaftsvertraglicher Ermächtigung (§ 719 RdNr. 27) ist das nicht der Fall; sie lässt die Verstrickung des Anteils und die Rechte des Pfandgläubigers unberührt.[50] Auch an **Gesellschafterbeschlüssen** kann der Gesellschafter/Schuldner vor seinem kündigungsbedingten Ausscheiden weiterhin mitwirken, wenn sie nicht zu einer Verschlechterung seiner Vermögensstellung in der Gesellschaft und damit zu einem Eingriff in die Gläubigerrechte führen. Zulässig bleiben danach Beschlüsse, die sich, wie etwa die Entscheidung über Geschäftsführungsfragen oder die Einführung oder Erweiterung mehrheitlicher Beschlusskompetenz, nur mittelbar auf den Anteilswert auswirken.[51] 27

Auch die Ausübung eines dem Gesellschafter/Schuldner nach Gesetz oder Vertrag zustehenden **Kündigungsrechts** bleibt in aller Regel zulässig.[52] Sie verschlechtert nicht die Vermögensstellung des Pfandgläubigers, sondern trägt im Gegenteil dazu bei, den Anteilswert zugunsten des Gläubigers zu liquidieren. 28

[47] Ganz hM, vgl. *Soergel/Hadding* RdNr. 5; *Staudinger/Keßler* RdNr. 9; *Palandt/Sprau* RdNr. 2; *Baumbach/Hopt* HGB § 124 RdNr. 21; vgl. auch die Nachw. in Fn. 48; aA unter unzutr. Hinweis auf § 829 Abs. 1 S. 2 ZPO aber *H. Roth* ZGR 2001, 191, 202.

[48] Ganz hM, vgl. OLG Hamm OLGZ 1987, 175, 178; OLG Zweibrücken Rpfleger 1982, 413; LG Hamburg Rpfleger 1982, 142; *Staudinger/Keßler* RdNr. 6; *Stöber* Forderungspfändung RdNr. 1558 m. weit. Nachw.; aA *Hintzen* Rpfleger 1992, 262, 263 und, soweit die Übertragbarkeit des Gesellschaftsanteils im Gesellschaftsvertrag zugelassen ist, auch *Rupp/Fleischmann* Rpfleger 1984, 226.

[49] *Wiedemann* Übertragung S. 429; *Smid* JuS 1988, 613, 616; *Erman/Westermann* RdNr. 6; *Thomas/Putzo* § 829 ZPO RdNr. 4; vgl. allg. zu § 829 ZPO BGH LM ZPO § 829 Nr. 4 = NJW 1968, 2059; *Stein/Jonas/Brehm* (21. Aufl.) § 829 ZPO RdNr. 90; MünchKommZPO/*Smid* § 829 RdNr. 40 ff.

[50] So zur Wirksamkeit der Abtretung einer gepfändeten Forderung auch RGZ 73, 276, 278; *Stein/Jonas/Brehm* (21. Aufl.) § 829 ZPO RdNr. 90; *Tempel* JuS 1967, 75, 79.

[51] Zutr. *Wiedemann* Übertragung S. 431 f.

[52] So auch *Wiedemann* Übertragung S. 430; *Erman/Westermann* RdNr. 6; MünchKommZPO/*Smid* § 829 RdNr. 44; aA RG LZ 1916, 592; RGRK/*von Gamm* RdNr. 5.

§ 726 Auflösung wegen Erreichens oder Unmöglichwerdens des Zweckes

Die Gesellschaft endigt, wenn der vereinbarte Zweck erreicht oder dessen Erreichung unmöglich geworden ist.

I. Normzweck und Anwendungsbereich

1 Die Vorschrift des § 726 erhebt für das Recht der GbR[1] einschließlich der stillen Gesellschaft des HGB[2] zwei im Hinblick auf den gemeinsamen Zweck besonders wesentliche Umstände, die *Erreichung und* das *Unmöglichwerden des Gesellschaftszwecks,* zu **unmittelbar wirkenden Auflösungsgründen.** Im Unterschied zu sonstigen wichtigen Gründen, auch solchen objektiver, nicht personenbezogener Art (§ 723 RdNr. 35), bedarf es hier also keiner Kündigung, um die Auflösung herbeizuführen. Der Unterschied hat einerseits Bedeutung für den Zeitpunkt, in dem sich die Umwandlung in eine Liquidationsgesellschaft mit entsprechend geänderten Rechten und Pflichten im Innenverhältnis vollzieht (Vor § 723 RdNr. 12). Andererseits führt die unmittelbare Wirkung der Auflösung dazu, dass jeder der Beteiligten – auch ein für den Eintritt der Unmöglichkeit allein verantwortlicher Gesellschafter – sich auf die eingetretene Auflösung berufen kann, ohne den Arglisteinwand befürchten zu müssen. Und schließlich kommen im Anwendungsbereich des § 726 Fortsetzungsklauseln nicht zum Zuge, die für den Fall der Kündigung durch einen Gesellschafter dessen Ausscheiden an Stelle der Auflösung vorsehen.

2 Mit dem Auflösungsgrund der Zweckerreichung steht derjenige des **Zeitablaufs** (Vor § 723 RdNr. 15 f.) in einem engen sachlichen Zusammenhang. Das gilt zumal bei Gelegenheitsgesellschaften, da hier vom Gesellschaftszweck verbreitet auf die stillschweigende Vereinbarung einer Höchst- oder Festdauer der Gesellschaft geschlossen wird (§ 723 RdNr. 24). Zweckerreichung und Zeitablauf werden sich in diesen Fällen nicht selten als Auflösungsgründe überlagern.

II. Voraussetzungen

3 **1. Zweckerreichung.** Sie kommt vor allem bei *Gelegenheitsgesellschaften* (Vor § 705 RdNr. 87) in Betracht; das folgt aus dem bei ihnen meist eng begrenzten Gesellschaftszweck.[3] **Beispiele** hierfür bilden die Ausnutzung eines befristeten gewerblichen Schutzrechts oder einer Konzession durch die Gesellschaft, die Ausbeutung begrenzter Rohstoffvorkommen oder die Durchführung eines bestimmten Projekts, zB die Bebauung eines Grundstücks durch die hierzu gegründete Gesellschaft.[4] Bei ihnen ist die zeitliche Begrenzung der Gesellschaftsdauer meist auch dann absehbar, wenn es an einem kalendermäßig bestimmten Termin für den Eintritt der Zweckerreichung fehlt. Bei einer *Bauherrengemeinschaft* tritt Zweckerreichung, selbst wenn Entsprechendes im Gesellschaftsvertrag vorgesehen ist, nicht schon mit der Bezugsfertigkeit der Wohnungen ein, solange noch nicht alle Gesellschafter das geschuldete Kapital erbracht haben.[5] Zur Möglichkeit vorzeitiger ordentlicher Kündigung angesichts einer als Höchstfrist gedachten Zeitbegrenzung vgl. § 723 RdNr. 68.

4 **2. Unmöglichwerden des Gesellschaftszwecks.** Hierbei handelt es sich um die für die Beteiligten einschneidendere, weil im Gesellschaftsvertrag nicht vorgesehene Alternative des § 726. Wegen des mit der Auflösungsfolge verbundenen gravierenden Eingriffs in die Gesellschaftsstruktur werden an den Begriff der Unmöglichkeit von der ganz hM zu Recht

[1] Anders für das Recht der Personenhandelsgesellschaften, da § 726 nach ganz hM durch § 133 HGB verdrängt wird, vgl. *Schlegelberger/K. Schmidt* HGB § 133 RdNr. 3; *Ulmer* in Großkomm. zum HGB, 3. Aufl., § 131 RdNr. 111 f. m. weit. Nachw.

[2] BGHZ 84, 379, 381 = NJW 1982, 2821.

[3] Ebenso *Soergel/Hadding* RdNr. 1; RGRK/*von Gamm* RdNr. 2.

[4] BGH LM § 730 Nr. 8 = NJW 1981, 749; vgl. auch die Beispiele bei *Staudinger/Keßler* (10./11. Aufl.) RdNr. 3 und die Fälle Vor § 723 RdNr. 16 Fn. 17 bis 19.

[5] BGH WM 1988, 661 f.; *Palandt/Sprau* RdNr. 2.

hohe Anforderungen gestellt.[6] Eine bloß zeitweilige, vorübergehende oder durch organisatorische Änderungen einschließlich der Zufuhr weiteren Kapitals zu behebende Unmöglichkeit reicht nicht ohne weiteres aus.[7] Die Zweckverfolgung muss vielmehr **dauernd und offenbar unmöglich** werden.[8] Bei weniger eindeutigen Umständen bleibt den Gesellschaftern die Möglichkeit einer Kündigung aus wichtigem Grund (§ 723 RdNr. 35).

Die **Unrentabilität** des Unternehmens führt meist schon deshalb nicht zur Unmöglichkeit des Gesellschaftszwecks, weil dieser sich in der Regel nicht auf den abstrakten Zweck der Gewinnerzielung richtet, sondern auf das erwerbswirtschaftliche Betreiben der konkreten Unternehmenstätigkeit (§ 705 RdNr. 147). Nur wenn infolge grundlegender Änderung der wirtschaftlichen Verhältnisse mit Gewinnerzielung auch langfristig nicht gerechnet werden kann und dadurch die Möglichkeit einer erwerbswirtschaftlichen Betätigung entfällt, liegt die für das Eingreifen von § 726 erforderliche Eindeutigkeit vor (vgl. auch § 723 RdNr. 35).[9] Auch **Kapitalmangel** begründet dauernde und offenbare Unmöglichkeit erst dann, wenn die Gesellschafter definitiv die für die Unternehmensfortführung unerlässlichen Sanierungsmaßnahmen wie Beitragserhöhungen, Nachschüsse o. Ä. abgelehnt haben.[10] 5

Dauernde Unmöglichkeit kann weiter auf dem **Verlust** oder Untergang bestimmter für den Gesellschaftszweck **unentbehrlicher Gegenstände** des Gesellschaftsvermögens beruhen, so bei Nichtigerklärung des zur gemeinsamen Auswertung bestimmten Patents,[11] Zerstörung oder Veräußerung von in absehbarer Zeit nicht wieder zu beschaffenden Produktionsmitteln[12] u. a. Vorübergehende kriegs- oder mangelbedingte Produktionsunterbrechungen reichen für die Bejahung der Unmöglichkeit regelmäßig nicht aus.[13] Gleiches gilt für Störungen in der Zusammenarbeit der Gesellschafter oder für Änderungen der Interessenlage der Beteiligten;[14] sie bilden aber je nach Lage des Falles einen wichtigen Grund zur außerordentlichen Kündigung. Die Veräußerung des Gesellschaftsanteils, an dem eine Unterbeteiligung besteht, durch den Hauptgesellschafter hat deren Beendigung wegen dauernder Unmöglichkeit zur Folge.[15] Dementgegen führt die Auflösung der Hauptgesellschaft als Inhaberin einer stillen Gesellschaft nicht dazu, dass die Erreichung des Zwecks der stillen Gesellschaft unmöglich wird, wenn mit der Fortsetzung der Hauptgesellschaft zu rechnen ist.[16] Streitigkeiten über das Vorliegen der die Auflösung begründenden Umstände sind regelmäßig zwischen den Gesellschaftern im Wege der Feststellungsklage auszutragen (Vor § 723 RdNr. 25). 6

III. Rechtsfolgen

Hinsichtlich der Rechtsfolgen des § 726 gelten die allgemeinen Grundsätze über die Wirkungen von Auflösungsgründen (Vor § 723 RdNr. 5 ff.). Entgegen dem missverständlichen Wortlaut („endigt") ist regelmäßige Folge nicht die Vollbeendigung, sondern die **Auflösung** der Gesellschaft; anderes gilt für Innengesellschaften ieS ohne Gesamthandsvermögen. Der Zeitpunkt der Auflösung richtet sich nach dem Eintritt der Zweckerrei- 7

[6] Vgl. nur *Soergel/Hadding* RdNr. 2; RGRK/*von Gamm* RdNr. 3; so auch OLG Köln BB 2002, 1167.

[7] Anders bei Ablehnung der für die Fortführung unerlässlichen Kapitalzufuhr durch alle Gesellschafter (OLG Köln BB 2002, 1167).

[8] BGHZ 84, 379, 381 = NJW 1982, 2821; BGHZ 24, 279, 293 = NJW 1957, 1279; RGZ 164, 129, 142 f.

[9] So im Ergebnis auch RGRK/*von Gamm* RdNr. 3; *Palandt/Sprau* RdNr. 2; für weitergehendes Eingreifen von § 726 offenbar *Soergel/Hadding* RdNr. 3; nicht eindeutig *Staudinger/Keßler* RdNr. 2, 6.

[10] RG JW 1938, 1522; OLG Köln BB 2002, 1167; *Palandt/Sprau* RdNr. 2.

[11] Vgl. auch RG JW 1930, 1730 (Verkauf des Patents).

[12] Dazu RGZ 123, 23, 25.

[13] RGZ 164, 129, 142 f.; vgl. auch BGHZ 24, 279, 293 = NJW 1957, 1279 (Ostenteignung der Betriebsstätten einer AG, zwischen deren Aktionären eine Interessengemeinschaft bestand, kein Auflösungsgrund).

[14] BGH WM 1970, 962 (Wegfall des Interesses eines von zwei Großaktionären an dem zwischen ihnen bestehenden Poolvertrag kein Fall von § 726); für Eingreifen von § 726 beim Massenaustritt (93% aller Gesellschafter) aus einer Publikums-GbR, die der einheitlichen Verwaltung der Unternehmen der Gesellschafter dienen soll, aber OLG Stuttgart BB 1983, 13.

[15] Vgl. OLG Hamm NJW-RR 1994, 999.

[16] Vgl. BGHZ 84, 379, 381 f. = NJW 1982, 2821.

chung oder deren Unmöglichkeit; auf die Kenntnis der Gesellschafter hiervon kommt es nicht an (Vor § 723 RdNr. 12).[17]

8 Der Auflösung hat sich mangels abweichender Vereinbarungen die **Liquidation nach §§ 730 ff.** anzuschließen. Eine sofortige Vollbeendigung kommt im Fall der Zweckerreichung selbst bei Außengesellschaften nur dann in Betracht, wenn zugleich mit dem Eintritt dieses Zeitpunkts auch das Gesellschaftsvermögen verbraucht ist, Gesellschaftsschulden nicht mehr zu berichtigen und gegenseitige Beziehungen zwischen den Parteien nicht mehr abzuwickeln sind. Zum Sonderfall der Vereinigung aller Anteile vgl. Vor § 723 RdNr. 17.

IV. Abweichende Vereinbarungen

9 § 726 ist insofern **zwingend,** als er den Fortbestand der Gesellschaft als werbende trotz erreichten oder unmöglich gewordenen Gesellschaftszwecks ausschließt. Gesellschaftsvertragliche Vereinbarungen, die die Auflösung nach § 726 erschweren sollen, sind daher unwirksam.[18] Wohl aber kann entweder bereits im Gesellschaftsvertrag ein Eventualzweck vorgesehen[19] oder durch späteren Fortsetzungsbeschluss (Vor § 723 RdNr. 11) der Gesellschaftszweck geändert werden mit der Folge, dass der Auflösungsgrund des § 726 entfällt.[20] Zulässig sind auch Erleichterungen der Auflösung durch gesellschaftsvertragliche Vereinbarungen über Umstände, die regelmäßig oder stets als Auflösungsgründe iS von § 726 gelten sollen.[21]

§ 727 Auflösung durch Tod eines Gesellschafters

(1) Die Gesellschaft wird durch den Tod eines der Gesellschafter aufgelöst, sofern nicht aus dem Gesellschaftsvertrag sich ein anderes ergibt.

(2) [1] Im Falle der Auflösung hat der Erbe des verstorbenen Gesellschafters den übrigen Gesellschaftern den Tod unverzüglich anzuzeigen und, wenn mit dem Aufschub Gefahr verbunden ist, die seinem Erblasser durch den Gesellschaftsvertrag übertragenen Geschäfte fortzuführen, bis die übrigen Gesellschafter in Gemeinschaft mit ihm anderweit Fürsorge treffen können. [2] Die übrigen Gesellschafter sind in gleicher Weise zur einstweiligen Fortführung der ihnen übertragenen Geschäfte verpflichtet. [3] Die Gesellschaft gilt insoweit als fortbestehend.

Übersicht

	RdNr.
A. Überblick	1–5
I. Einführung	1–3
1. Normzweck	1
2. Anwendungsbereich	2, 3
II. Häufigkeit abweichender Vereinbarungen	4, 5
B. Die Regelungen des § 727	6–25
I. Die Auflösung und ihre Folgen	6–12
1. Der Tod als Auflösungsgrund (Abs. 1)	6–8
2. Fortbestehende Geschäftsführungspflichten der Mitgesellschafter	9–12
a) Beschränkung auf die übertragene Geschäftsführung (Abs. 2 S. 2)	9
b) Fiktion des Fortbestands der Gesellschaft (Abs. 2 S. 3)	10
c) Verhältnis zu § 729	11, 12
II. Die Stellung der Erben in der Abwicklungsgesellschaft	13–23
1. Allgemeines	13, 14
2. Die Pflichten aus Abs. 2 S. 1	15–19
a) Anzeigepflicht	15

[17] AA *Staudinger/Keßler* RdNr. 2; zum Schutz des geschäftsführenden Gesellschafters vgl. Erl. zu § 729.

[18] EinhM, vgl. BGH WM 1963, 728, 730; *Staudinger/Keßler* RdNr. 8.

[19] Vgl. *Soergel/Hadding* RdNr. 5; *Erman/Westermann* RdNr. 2.

[20] Zu den Grenzen zulässiger Mehrheitsbeschlüsse über die Fortsetzung der Gesellschaft vgl. Vor § 723 RdNr. 11.

[21] Ebenso *Staudinger/Keßler* RdNr. 9; vgl. auch Vor § 723 RdNr. 21.

	RdNr.
b) Notgeschäftsführung	16
c) Kreis der Verpflichteten und Haftungsmaßstab	17–19
3. Die Willensbildung bei einer Erbenmehrheit	20
4. Haftung der Erben(gemeinschaft) für Gesellschaftsschulden	21
5. Testamentsvollstreckung und Nachlassverwaltung	22, 23
III. Entsprechende Anwendung von Abs. 2 S. 1 bei Fortsetzung der Gesellschaft nach § 736 Abs. 1?	24, 25
C. Abweichende Vereinbarungen	26–73
I. Überblick	26, 27
II. Nachfolgeklauseln	28–52
1. Wesen und Arten	28, 29
2. Die einfache Gesellschafter-Nachfolge	30–40
a) Voraussetzungen	30
b) Rechtsfolgen	31–40
aa) Unmittelbarer Anteilsübergang	31
bb) Gesellschafterstellung der Erben	32, 33
cc) Sicherung der Nachlassgläubiger	34–40
3. Die qualifizierte Nachfolge	41–45
a) Voraussetzungen	41, 42
b) Rechtsfolgen	43–45
aa) Vererbung des ganzen Anteils	43, 44
bb) Auseinandersetzung unter den Miterben	45
4. Das Wahlrecht der Gesellschafter-Erben analog § 139 HGB	46–48
5. Rechtsgeschäftliche Nachfolgeklauseln	49–52
III. Eintrittsklauseln	53–59
1. Unterschiede zur Nachfolgeklausel	53–56
a) Inhalt und Rechtsnatur	53
b) Folgerungen	54–56
2. Das Eintrittsrecht	57
3. Das Schicksal des Abfindungsanspruchs	58, 59
IV. Auslegungsfragen	60–62
1. Allgemeines	60, 61
2. Umdeutung	62
V. Sonderfälle	63–73
1. Der vermeintliche Erbe	63–67
a) Nachfolgeklausel	63–65
b) Eintrittsklausel	66, 67
2. Vor- und Nacherbschaft	68–72
a) Gesellschafterstellung des Vorerben	68–70
b) Eintritt des Nacherbfalls	71, 72
3. Nießbrauch und Testamentsvollstreckung	73

A. Überblick

I. Einführung

1 **1. Normzweck.** Die Vorschrift des § 727 trägt der höchstpersönlichen Natur der Gesellschafterstellung in der werbenden Gesellschaft und ihrer grundsätzlichen Unübertragbarkeit (§ 719 RdNr. 21) Rechnung. Sie bestimmt daher in **Abs. 1** den Tod eines Gesellschafters als Auflösungsgrund. Die Gesellschaft wandelt sich dadurch in eine Abwicklungsgesellschaft (Vor § 723 RdNr. 5 ff.) um. An die Stelle des verstorbenen Gesellschafters treten der oder die *Erben als Mitglieder der Abwicklungsgesellschaft.* Für diese begründet **Abs. 2 S. 1** kraft ihrer Mitgliedschaft die doppelte Pflicht, den Tod des Gesellschafter/Erblassers den Mitgesellschaftern anzuzeigen und die jenem übertragenen Geschäfte für eine Übergangszeit insoweit fortzuführen, als es zur Abwehr von Gefahren für das Gesellschaftsvermögen erforderlich ist. Eine entsprechend begrenzte Notgeschäftsführungspflicht trifft nach **Abs. 2 S. 2** auch diejenigen Mitgesellschafter, denen die Geschäftsführung in der werbenden Gesellschaft übertragen war. Während dieser Übergangszeit gehen die Bestimmungen des § 727 Abs. 2 den Vorschriften der §§ 730 Abs. 2 BGB, 146 Abs. 1 HGB über die Geschäftsführung in der Abwicklungsgesellschaft vor.

2 **2. Anwendungsbereich.** Die Regelung des **Abs. 1** gilt für **alle Arten der GbR** ohne Unterschied danach, ob es sich um eine Außen- oder eine Innen-GbR handelt. Im Fall der *stillen Gesellschaft* greift sie nur beim Tod des Inhabers ein; der Tod des Stillen lässt den Bestand der Gesellschaft nach § 234 Abs. 2 HGB unberührt. Für Handelsgesellschaften gelten die Sondervorschriften der §§ 131 Abs. 3 Nr. 1, 177 HGB: danach werden OHG und KG beim Tod eines persönlich haftenden Gesellschafters von den übrigen Gesellschaftern, beim Tod eines Kommanditisten unter Einschluss von dessen Erben fortgesetzt.

3 Auch die Regelungen des **Abs. 2** waren ursprünglich auf die **GbR** beschränkt, während § 137 Abs. 1 HGB eine besondere, wenn auch inhaltsgleiche Vorschrift für OHG und KG enthielt. Nachdem diese Vorschrift im Rahmen des HRefG 1998 praktisch funktionslos und daher als entbehrlich gestrichen wurde, kann Abs. 2 über die Verweisung des § 105 Abs. 3 HGB auch auf **Personenhandelsgesellschaften** Anwendung finden. Die Bedeutung der Verweisung ist allerdings schon deshalb gering, weil der Tod eines Gesellschafters bei diesen Gesellschaften seit dem HRefG keinen gesetzlichen Auflösungsgrund mehr darstellt (zur Nichtanwendung des Abs. 2 S. 1 auf die nicht in die fortgesetzte Gesellschaft nachfolgenden Erben vgl. RdNr. 24 f.).

II. Häufigkeit abweichender Vereinbarungen

4 Die Regelungen des § 727 sind in ihrer Gesamtheit nicht zwingend. Unter den in Gesellschaftsverträgen anzutreffenden Abweichungen stehen im Vordergrund Sonderregelungen gegenüber der Auflösungsfolge des Abs. 1. Dabei ist zwischen Nachfolgeklauseln und Fortsetzungsklauseln zu unterscheiden. **Nachfolgeklauseln** machen den Anteil an der werbenden Gesellschaft für bestimmte oder alle Erben des verstorbenen Gesellschafters vererblich (RdNr. 28 f.). Im Unterschied zu § 727 Abs. 1 führen sie zum Fortbestand der Gesellschaft als werbende unter Übergang des Gesellschaftsanteils des Verstorbenen auf den oder die begünstigten Erben als Gesellschafter; zu Abfindungsansprüchen kommt es nicht. Demgegenüber lassen **Fortsetzungsklauseln** (§ 736) die Gesellschaft unter den übrigen Gesellschaftern fortbestehen, während die Erben mangels Anteilsvererbung auf den Abfindungsanspruch als Nachlassgegenstand verwiesen sind. Verbindet sich die Fortsetzungsklausel mit einer **Eintrittsklausel** (RdNr. 53), so steht den dadurch begünstigten Personen (nicht notwendig den Erben) das Recht zu, ihre Aufnahme in die Gesellschaft zu verlangen.

5 Vereinbarungen der in RdNr. 4 genannten Art sind vor allem bei Personenhandelsgesellschaften verbreitet, wie nicht zuletzt die Vorschrift des § 139 HGB erkennen lässt. Die Behandlung der damit zusammenhängenden Fragen hat daher im Handelsrecht einen deutlichen Schwerpunkt.[1] Soweit entsprechende Gestaltungen – wie namentlich bei **BGB-Dauergesellschaften** – auch im Gesellschaftsvertrag einer GbR anzutreffen sind (RdNr. 26), kann angesichts der grundsätzlichen Übereinstimmung der Rechtsfolgen weitgehend auf die Diskussion zum OHG-Recht verwiesen werden.

B. Die Regelungen des § 727

I. Die Auflösung und ihre Folgen

6 **1. Der Tod als Auflösungsgrund (Abs. 1).** Mit dem Tod eines Gesellschafters wandelt sich die GbR mangels abweichender gesellschaftsvertraglicher Vereinbarungen (RdNr. 4, 26 ff.) in eine Abwicklungsgesellschaft um. Sie ist nach §§ 730 ff. auseinanderzusetzen, wenn nicht die übrigen Gesellschafter mit Zustimmung der Erben (dazu RdNr. 20) die Fortsetzung der Gesellschaft (Vor § 723 RdNr. 11) oder eine andere Art der Abwicklung beschließen. Dem Tod stehen Todeserklärung oder Feststellung des Todes und dessen Zeitpunkt durch gerichtliche Entscheidung gleich (§§ 9, 39 VerschG). Zu dem im Beschluss über die

[1] Aus früherer Zeit s. die Literaturübersicht bei *Ulmer* ZGR 1972, 195 ff. und 324 ff.; dazu insbes. *Liebisch,* Über die Rechtsstellung der Erben eines offenen Handelsgesellschafters, ZHR 116 (1954), 128 ff.; *Siebert,* Gesellschaftsvertrag und Erbrecht bei der OHG, 3. Aufl. 1958; *Wiedemann* Übertragung S. 151 ff. Zur weiteren Entwicklung der Diskussion vgl. *Hueck* OHG § 28, S. 401 ff.; *H. P. Westermann* AcP 173 (1973), 24 ff.; *Flume* I/1 § 18, S. 375 ff.; *Schlegelberger/K. Schmidt* HGB, 3. Aufl., § 139 RdNr. 16 ff. sowie eingehend *Ulmer* in Großkomm. zum HGB, 3. Aufl., § 139 RdNr. 3 ff., 23 ff., 173 ff. und *Windel,* Über die Modi der Nachfolge in das Vermögen einer natürlichen Person beim Todesfall, 1998, insbes. S. 126 ff., 270 ff.; für das Recht der GbR auch *Soergel/Hadding* RdNr. 12 ff.

Todeserklärung oder die Feststellung des Todes genannten Zeitpunkt (§§ 23, 44 VerschG) ist die Gesellschaft aufgelöst.[2]

7 Die bloße **Verschollenheit** führt die Auflösungsfolgen dagegen nicht herbei. Für den Verschollenen ist nach § 1911 erforderlichenfalls von Amts wegen ein Abwesenheitspfleger zu bestellen, der zur Wahrnehmung von dessen Gesellschafterrechten (auch der Verwaltungsrechte) befugt ist. Im Einzelfall kann die Verschollenheit eines Gesellschafters einen wichtigen Grund zur außerordentlichen Kündigung oder zum Ausschluss des Verschollenen bilden; die insoweit gegenüber dem verschollenen Gesellschafter erforderlichen Erklärungen sind an den Pfleger zu richten.[3]

8 Dem Tod einer natürlichen Person steht bei **juristischen Personen** und **Personengesellschaften** als Gesellschaftern nicht schon deren Auflösung, sondern erst die **Vollbeendigung** gleich.[4] Diese setzt die vollständige Liquidation des Vermögens der juristischen Person oder Gesellschaft voraus; sie tritt somit erst ein, nachdem auch der Gesellschaftsanteil liquidiert ist. Daher greift der Auflösungsgrund des § 727 Abs. 1 bei juristischen Personen oder Personengesellschaften als Gesellschaftern einer GbR *regelmäßig nicht* ein.[5] Entsprechendes gilt grundsätzlich für den Fall einer Umwandlung der Gesellschafter-Gesellschaft, weil sie auch dadurch nicht ersatzlos in Wegfall kommt, sondern entweder in anderer Rechtsform fortbesteht oder kraft Universalsukzession durch einen anderen Rechtsträger ersetzt wird.[6] Einem Erbfall vergleichbar ist allenfalls der selten eintretende Fall der Vermögensübertragung gem. § 174 UmwG; insoweit ist an eine entsprechende Anwendung von § 727 Abs. 1 zu denken.[7]

9 **2. Fortbestehende Geschäftsführungspflichten der Mitgesellschafter. a) Beschränkung auf die übertragene Geschäftsführung (Abs. 2 S. 2).** Abweichend von der in § 730 Abs. 2 angeordneten Gesamtgeschäftsführung aller Gesellschafter in der Abwicklungsphase bestimmt Abs. 2 S. 2, dass die übertragene Geschäftsführung (§ 729 RdNr. 3) überlebender Gesellschafter für eine Übergangszeit in einem durch den Zweck der Gefahrenabwehr begrenzten Umfang fortbesteht. Dadurch sorgt die Vorschrift nicht nur für den begrenzten Fortbestand der *Geschäftsführungsbefugnis,* sondern lässt auch eine *Tätigkeitspflicht* dieser Gesellschafter fortbestehen. Entsprechendes gilt für die Vertretungsmacht. Deren Umfang richtet sich im Zweifel (§ 714) nach der fortbestehenden Geschäftsführungsbefugnis (vgl. näher § 729 RdNr. 13 f.); der Vertrag kann Abweichendes regeln.

10 **b) Fiktion des Fortbestands der Gesellschaft (Abs. 2 S. 3).** Der nach Abs. 2 S. 3 fingierte Fortbestand der Gesellschaft als werbende beschränkt sich auf den Bereich der *Geschäftsführung und Vertretung* nach Maßgabe von Abs. 2 S. 1 und 2. Weitergehende Geltung kommt der Fiktion nicht zu. Namentlich lässt sich hierauf nicht etwa die Geltendmachung sonstiger, infolge der Umwandlung in eine Abwicklungsgesellschaft undurchsetzbar gewordener Sozialansprüche, darunter noch offene Beitragsforderungen, Wettbewerbsverbote u. a. stützen (allgemein zu den geänderten Pflichten in der Abwicklungsgesellschaft vgl. § 730 RdNr. 26 ff.). § 727 Abs. 2 dient nicht etwa dazu, für eine Übergangszeit die Fortführung der Gesellschaft als werbende unabhängig von einer Beschlussfassung hierüber zu ermöglichen. Er soll es den Beteiligten vielmehr nur erleichtern, rechtzeitig die zur Abwehr von Gefahren für das Gesellschaftsvermögen erforderlichen Maßnahmen zu treffen, und stellt zugleich die Verantwortlichkeit hierfür während der Übergangszeit klar.

[2] Näheres dazu bei *Ulmer* in Großkomm. zum HGB, 3. Aufl., § 131 RdNr. 83.

[3] *Ulmer* in Großkomm. zum HGB, 3. Aufl., § 131 RdNr. 84. Dazu, dass entgegen der überwM § 1911 grds. auch dann anzuwenden ist, wenn die Pflegerbestellung rechtserhebliche Maßnahmen gegenüber dem Verschollenen ermöglichen soll, vgl. § 1911 RdNr. 15 m. weit. Nachw.

[4] BGHZ 84, 379 = NJW 1982, 2821 (für eine KG als Gesellschafter); OLG Frankfurt WM 1982, 1266.

[5] So zutr. *Soergel/Hadding* RdNr. 3; *Hueck* OHG § 23 II 4; ähnlich *Erman/Westermann* RdNr. 2 (bei Vollbeendigung der beteiligten Gesellschaft kein Bedürfnis für eine Auflösung der GbR).

[6] *Soergel/Hadding* RdNr. 3; *Hueck* OHG § 23 II 4; vgl. dazu näher *Ulmer* in Großkomm. zum HGB, 3. Aufl., § 131 RdNr. 86 f.

[7] *Ulmer* in Großkomm. zum HGB, 3. Aufl., § 131 RdNr. 87; vgl. auch *Felix* BB 1987, 1265, 1267.

11 **c) Verhältnis zu § 729.** Die Regelung des § 727 Abs. 2 hat nicht etwa Vorrang gegenüber der allgemein für die nicht kündigungsbedingte Auflösung geltenden Fiktion des Fortbestands der Geschäftsführung (§ 729), sondern ist neben dieser anwendbar. Unterschiede zu § 729 zeigen sich darin, dass Abs. 2 S. 2 nicht nur zu Gunsten, sondern auch **zu Lasten** der Geschäftsführer wirkt und entsprechende, sanktionsbewehrte Tätigkeitspflichten für diese begründet. Auch hängt die Dauer der in § 727 Abs. 2 S. 3 aufgestellten Fiktion anders als nach § 729 nicht von der Gutgläubigkeit der Geschäftsführer ab, sondern davon, wann die durch den Wegfall des verstorbenen Gesellschafters bedingte *Übergangszeit beendet* ist. Hierfür kommt es nach Abs. 2 S. 2 darauf an, wann übrige Gesellschafter und Erben gemeinsam anderweitig Fürsorge für die Geschäftsführung treffen können, dh. in welcher Zeit sie in der Lage sind, sich auf die Umwandlung in eine Abwicklungsgesellschaft und auf den damit verbundenen, in § 730 Abs. 2 geregelten Übergang zur Gesamtgeschäftsführung einzustellen.

12 Galt in der betroffenen GbR schon bisher **Gesamtgeschäftsführung** nach § 709 Abs. 1, so bedarf es deren Anpassung an die durch den Tod eingetretene Änderung regelmäßig nicht; § 727 Abs. 2 S. 2 ist nicht anwendbar. Ein Unterschied gegenüber § 729 ergibt sich auch daraus, dass § 727 Abs. 2 die fortbestehende Geschäftsführung auf Maßnahmen der **Gefahrenabwehr**[8] im Interesse des Gesamthandsvermögens beschränkt, während der Umfang der nach § 729 als fortbestehend geltenden Befugnisse sich nicht von demjenigen in der werbenden Gesellschaft unterscheidet.

II. Die Stellung der Erben in der Abwicklungsgesellschaft

13 **1. Allgemeines.** Die aus dem Anteil des verstorbenen Gesellschafters folgenden, durch die *Auflösung* der GbR modifizierten Rechte gehen mit dem Erbfall auf den oder die Erben über. Entgegen der Rechtsprechung des RG[9] gilt das nicht nur für die **Vermögens-,** sondern auch für die **Verwaltungsrechte.**[10] Unvererblich ist nach gesetzlicher Regel nur der Anteil an der werbenden Gesellschaft. Dagegen entspricht der erbrechtliche Übergang des Anteils an der durch den Tod **aufgelösten Gesellschaft** auf den oder die Erben dem gesetzlichen Leitbild des § 727 Abs. 1. Das zeigt sich nicht nur in der Zuweisung vorübergehender Geschäftsführungsaufgaben in der als fortbestehend geltenden Gesellschaft an die Erben durch Abs. 2 S. 1, sondern auch in deren Beteiligung an der Geschäftsführung der Abwicklungsgesellschaft (§ 730 RdNr. 41).

14 Wird der Gesellschafter von **mehreren Erben** beerbt, so stehen die Rechte an der Abwicklungsgesellschaft nach ganz hM sämtlichen Erben gemeinsam zu, dh. also der **Erbengemeinschaft;** der Gesellschaftsanteil bildet einen Teil des gesamthänderisch gebundenen Nachlasses.[11] Der Grundsatz, dass eine Erbengemeinschaft wegen der mit dem Anteil verbundenen Tätigkeitspflichten und Haftungsfolgen nicht Mitglied einer werbenden GbR sein kann (§ 705 RdNr. 81), findet auf die anders strukturierte Abwicklungsgesellschaft keine Anwendung. Wird freilich von Mitgesellschaftern und Erben die Fortsetzung der Abwicklungsgesellschaft als werbende beschlossen, so verbindet sich damit notwendig eine Nachlassteilung in Bezug auf den Gesellschaftsanteil; die Gesellschafterstellung geht auf die

[8] Vgl. zu diesem Begriff 3. Aufl. § 672 RdNr. 7.

[9] RGZ 106, 63, 65; RG DNotZ 1936, 209; so auch *Düringer/Hachenburg/Flechtheim* HGB § 131 Anm. 7; RGRK/*Weipert* HGB, 2. Aufl., § 131 Anm. 26.

[10] Heute ganz hM, vgl. BGH LM § 1353 Nr. 21 = NJW 1982, 170; BGH NJW 1995, 3314, 3315; *Liebisch* ZHR 116 (1954), 128, 178; *Siebert* (Fn. 1) S. 29; *Soergel/Hadding* RdNr. 4; *Schilling* in Großkomm. zum HGB, 3. Aufl., § 146 RdNr. 11; *Ulmer* in Großkomm. zum HGB, 3. Aufl., § 131 RdNr. 92; wohl auch schon BGHZ 1, 324, 327 = NJW 1951, 650 m. zust. Anm. *Hueck*; nicht eindeutig *Staudinger/Keßler* RdNr. 4, 9.

[11] BGHZ 98, 48, 58 = NJW 1986, 2431, 2434; BGH NJW 1995, 3314, 3315; *Soergel/Hadding* RdNr. 4; *Staudinger/Keßler* RdNr. 9; *Erman/Westermann* RdNr. 3; *Hueck* OHG § 23 II 4; *Wiedemann* Übertragung S. 171; *Ulmer* in Großkomm. zum HGB, 3. Aufl., § 131 RdNr. 93 m. weit. Nachw.; aA noch *Liebisch* ZHR 116 (1954), 179 und RGRK/*von Gamm* RdNr. 5.

Erben je persönlich über.[12] Zur Willensbildung in der Erbengemeinschaft bei Beschlussfassung in Gesellschaftsangelegenheiten sowie zur Ausübung der Abwicklerfunktionen durch einen gemeinsamen Vertreter vgl. RdNr. 20.

2. Die Pflichten aus Abs. 2 S. 1. a) Anzeigepflicht. Der Tod des Gesellschafters ist den Mitgesellschaftern von den Erben unverzüglich (§ 121 Abs. 1 S. 1) anzuzeigen. Die Anzeige ist an sämtliche übrige Gesellschafter zu richten, nicht nur an die Geschäftsführer. Die Pflicht hierzu entfällt jedoch, wenn die Mitgesellschafter bereits auf sonstige Weise zuverlässige Kenntnis vom Tod des Gesellschafters erlangt haben. Mit der Absendung der Anzeige in der üblichen Form haben die Erben in der Regel ihre Pflicht erfüllt. Da es um die Vornahme einer tatsächlichen Handlung geht und nicht um die Abgabe einer Willenserklärung, findet § 130 keine Anwendung. Zur Frage einer Anzeigepflicht bei einer auf den Todesfall bezogenen gesellschaftsvertraglichen Fortsetzungsklausel vgl. RdNr. 25. 15

b) Notgeschäftsführung. Sie ist nach Abs. 2 S. 1 an drei Voraussetzungen geknüpft.[13] Erstens muss dem Erblasser die in Frage stehende Art der Geschäftsführung in der GbR allein oder mit anderen Gesellschaftern **übertragen** gewesen sein; hieran fehlt es nicht nur beim Ausschluss des Erblassers von der Geschäftsführung, sondern auch bei Gesamtgeschäftsführung aller Gesellschafter (§ 709). Zweitens setzt die Pflicht zum Tätigwerden voraus, dass mit dem Aufschub **Gefahr** für das Gesellschaftsvermögen verbunden ist; nur im Rahmen dieses Fürsorgebedürfnisses sind die Erben auch befugt und zugleich verpflichtet, die dem Erblasser übertragene Geschäftsführung – und über § 714 die Vertretung der GbR – auszuüben. Die dritte Voraussetzung bezieht sich auf die **Dauer** der Pflicht zur Notgeschäftsführung: sie ist auf denjenigen Zeitraum beschränkt, der für die Umstellung der Gesellschaft auf die Abwicklung unter Berücksichtigung der in § 730 Abs. 2 angeordneten Gesamtgeschäftsführung erforderlich ist. Darauf, ob die Beteiligten die Umstellung tatsächlich in dieser Zeit bewirken, kommt es nicht an; die Pflicht der Erben zur Notgeschäftsführung verlängert sich nicht etwa bei Untätigkeit der Mitgesellschafter. Für die Ansprüche aus der Notgeschäftsführung gelten §§ 713, 670 (§ 713 RdNr. 15). 16

c) Kreis der Verpflichteten und Haftungsmaßstab. Die Verpflichtungen aus Abs. 2 S. 1 treffen die **Erben** unabhängig von dem Rechtsgrund ihrer Berufung. Sie beginnen mit dem Anfall der Erbschaft (§ 1942), nicht erst mit deren Annahme oder dem Ablauf der Ausschlagungsfrist.[14] Die Ausschlagung der Erbschaft lässt die Verpflichtung des betreffenden Erben rückwirkend entfallen (§ 1953). Die von dem Erben in der Zwischenzeit für die Gesellschaft getätigten Geschäfte bleiben Dritten gegenüber aber wirksam. Entsprechendes gilt für das Verhältnis zu den Mitgesellschaftern. Der Ausschlagende wird ihnen gegenüber nicht etwa rückwirkend zum Geschäftsführer ohne Auftrag (anders nur gegenüber dem durch die Ausschlagung berechtigten Erben, vgl. § 1959). 17

Mehrere Erben haben die erforderlichen Handlungen im Grundsatz gemeinschaftlich vorzunehmen (§ 2038 Abs. 1; zur Willensbildung vgl. RdNr. 20). Für die Anzeigepflicht genügt freilich das Handeln *eines* Erben; es bringt die Pflicht auch der Miterben zum Erlöschen. Im Übrigen kann jeder Miterbe Handlungen, die zur Erhaltung des Nachlasses (einschließlich der hierzu gehörenden Gesellschaftsbeteiligung) notwendig sind, nach § 2038 Abs. 1 S. 2 auch ohne Mitwirkung der anderen vornehmen. Alleinvertretungsmacht in der Gesellschaft steht ihm freilich auch dann nicht zu, wenn der Erblasser alleinvertretungsbefugt war. 18

Der **Haftungsmaßstab** richtet sich auch für die Erben nach § 708;[15] maßgebend ist die Person des jeweiligen Erben, nicht diejenige des Erblassers.[16] Dabei ist namentlich auch auf 19

[12] So auch BGH LM § 1353 Nr. 21 = NJW 1982, 170; *Erman/Westermann* RdNr. 3.

[13] Näheres bei *Ulmer* in Großkomm. zum HGB, 3. Aufl., § 137 RdNr. 13 ff.; vgl. auch o. RdNr. 9 zur Notgeschäftsführung der Mitgesellschafter.

[14] *Soergel/Hadding* RdNr. 8; RGRK/*von Gamm* RdNr. 3; *Staudinger/Keßler* RdNr. 4.

[15] EinhM, vgl. *Soergel/Hadding* RdNr. 9; *Erman/Westermann* RdNr. 5; *Staudinger/Keßler* RdNr. 6.

[16] *Staudinger/Keßler* RdNr. 6.

mangelnde Erfahrung geschäftsunkundiger Erben Rücksicht zu nehmen.[17] Die Pflichten aus Abs. 2 S. 1 sind gesellschaftsrechtlicher Art; sie treffen die Erben kraft ihrer Mitgliedschaft in der Abwicklungsgesellschaft (RdNr. 1). Da der Anteil zum Nachlass gehört, sind auch etwaige Schadensersatzpflichten gegenüber den Mitgesellschaftern wegen Verletzung der Anzeige- oder Notgeschäftsführungspflicht Nachlassverbindlichkeiten. Den Erben steht insoweit das Recht zu, ihre Haftung auf den Nachlass zu beschränken (§§ 1975 ff., 2059). Zur Außenhaftung gegenüber Gesellschaftsgläubigern vgl. RdNr. 21.

20 **3. Die Willensbildung bei einer Erbenmehrheit.** Die Rechte aus dem Anteil stehen den Erben gemeinschaftlich zu (RdNr. 14). Sie können den Mitgesellschaftern gegenüber nur einheitlich durch Zusammenwirken der Erben oder durch einen gemeinsamen Vertreter wahrgenommen werden. Gleiches gilt für die Ausübung der Abwicklerfunktion für die Erbengemeinschaft (§ 730 RdNr. 41). Das für die interne Willensbildung in der Erbengemeinschaft nach §§ 2038 Abs. 2, 745 Abs. 1 maßgebende **Mehrheitsprinzip** findet grundsätzlich auch hinsichtlich der Ausübung der Gesellschafterrechte Anwendung, soweit es sich um Maßnahmen der ordnungsgemäßen Verwaltung des Gesellschaftsanteils handelt;[18] ansonsten verbleibt es bei dem Grundsatz der Einstimmigkeit (§ 2038 Abs. 1 S. 1).[19] Ein Fortsetzungsbeschluss (Vor § 723 RdNr. 11) bedarf schon deshalb der Zustimmung sämtlicher Miterben, weil er dazu führt, dass an Stelle der Erbengemeinschaft die Erben persönlich Mitglieder der als werbende fortgesetzten Gesellschaft werden.[20]

21 **4. Haftung der Erben(gemeinschaft) für Gesellschaftsschulden.** Zur Unterscheidung zwischen Gesellschafts- und Gesellschafterverbindlichkeiten und zu den Voraussetzungen einer Haftung der Gesellschafter für Gesellschaftsverbindlichkeiten vgl. allgemein schon § 714 RdNr. 31 ff. Im Fall der Vererbung sind die **vor** dem Erbfall entstandenen Gesellschaftsschulden für die Erbengemeinschaft als Gesellschafter der *Abwicklungsgesellschaft* gewöhnliche **Nachlassverbindlichkeiten.**[21] Aber auch für die **nach** dem Erbfall aus dem rechtsverbindlichen Handeln für die Abwicklungsgesellschaft begründeten Verbindlichkeiten können die Erben die Haftung auf den Nachlass beschränken. Es handelt sich um sog. „Nachlasserbenschulden", die aus Rechtsgeschäften für den Nachlass im Rahmen einer ordnungsmäßigen Verwaltung herrühren und deren Bezug nicht zu den Erben persönlich, sondern zum Nachlass für die Gesellschaftsgläubiger im Regelfall unverkennbar ist.[22] Werden die Erben selbst als Notgeschäftsführer tätig, so bleibt freilich § 164 Abs. 2 unberührt.

22 **5. Testamentsvollstreckung und Nachlassverwaltung.** Ist Testamentsvollstreckung angeordnet, so erstrecken sich die Verwaltungsbefugnisse des **Testamentsvollstreckers** (§§ 2205, 2209) auch auf den vererbten Anteil an der *Abwicklungsgesellschaft.*[23] Das steht schon deshalb außer Zweifel, weil die Erbengemeinschaft selbst Mitglied der Abwicklungsgesellschaft wird (RdNr. 14).

[17] So zu Recht RGRK/*von Gamm* RdNr. 3; *Staudinger/Keßler* RdNr. 7.

[18] Vgl. *Soergel/Hadding* RdNr. 5; wohl auch *Schilling* in Großkomm. zum HGB, 3. Aufl., § 146 RdNr. 33; aA *Hueck* OHG § 32 III 1, der das gesellschaftsrechtliche Einstimmigkeitsprinzip abweichend von §§ 2038, 745 offenbar auch auf das Innenverhältnis der Erben übertragen will.

[19] Vgl. *Erman/Westermann* RdNr. 4, insbes. zur Abgrenzung zwischen Maßnahmen der ordnungsgemäßen Verwaltung und Entscheidungen iS des § 2038 Abs. 1 S. 1.

[20] BGHZ 1, 324, 328 = NJW 1951, 650; *Soergel/Hadding* RdNr. 6; *Erman/Westermann* RdNr. 4; zur Mitgliedschaft der Erben persönlich (und nicht der Miterbengemeinschaft) in einer werbenden Gesellschaft vgl. RdNr. 33.

[21] BGH NJW 1995, 3314, 3315; *Erman/Westermann* RdNr. 5.

[22] Vgl. näher 3. Aufl. § 1967 RdNr. 26 ff. *(Siegmann); Staudinger/Marotzke* (2002) § 1967 RdNr. 5, 39 ff. Im Einzelnen ist hier vieles strittig; das gilt auch für die Frage, ob und unter welchen Voraussetzungen der Erbe die Haftung für die durch sein Handeln für den Nachlass begründeten Verbindlichkeiten auf diesen beschränken kann. Ausführlich zum Ganzen und kritisch gegenüber der Lehre von der Nachlasserben-(Nachlasseigen-)schuld *Dauner-Lieb,* Unternehmen in Sondervermögen, 1998, S. 120 ff., 142 f.

[23] BGHZ 98, 48, 58 = NJW 1986, 912; BGH NJW 1981, 749, 750; 3. Aufl. § 2205 RdNr. 26 *(Brandner); Erman/Westermann* RdNr. 8 a.

Entsprechendes wie in RdNr. 22 gilt auch für den **Nachlassverwalter.**[24] Gesellschaftsrechtliche Hindernisse, die Mitverwaltungsrechte geltend zu machen, bestehen auch für ihn nicht. Anders als bei der Fremdverwaltung des Anteils an einer werbenden Gesellschaft bedarf es hierfür ebenso wenig der Zustimmung der Mitgesellschafter wie für die Vererbung des Anteils als solchen (RdNr. 13). Demgemäß greifen die Beschränkungen, welche in der *werbenden* Gesellschaft für den Nachlass(insolvenz)verwalter (§ 705 RdNr. 126 f.) hinsichtlich der Verwaltungsbefugnisse bestehen, im Falle der auf die Verteilung des Gesellschaftsvermögens gerichteten *Abwicklungsgesellschaft* nicht ein. Im Rahmen seiner Verwaltungsaufgaben treffen den Fremdverwalter auch die Pflichten aus § 727 Abs. 2 S. 1. 23

III. Entsprechende Anwendung von Abs. 2 S. 1 bei Fortsetzung der Gesellschaft nach § 736 Abs. 1?

Im Schrifttum zu der inhaltlich mit § 727 Abs. 2 übereinstimmenden Vorschrift des § 137 Abs. 1 aF HGB wurde teilweise die Ansicht vertreten, die Pflicht zur Anzeige des Todes[25] und sogar diejenige zur Notgeschäftsführung[26] treffe die Erben auch dann, wenn der Gesellschaftsvertrag eine Fortsetzungsklausel enthalte, wonach die Gesellschaft beim Tod eines Gesellschafters abweichend von § 131 Nr. 4 aF HGB nicht aufgelöst, sondern ohne dessen Erben von den übrigen fortgesetzt wird. Dieser Ansicht kann für die **Notgeschäftsführung** der Erben nach Abs. 2 S. 1 nicht gefolgt werden, da die Rechtslage sich im Fall des § 736 Abs. 1 in doppelter Hinsicht von derjenigen in § 727 unterscheidet.[27] So wird die Gesellschaft bei Vereinbarung einer Fortsetzungsklausel zum einen nicht aufgelöst. Die den Mitgesellschaftern übertragene Geschäftsführungsbefugnis besteht daher trotz des Todes eines Gesellschafters im Grundsatz unverändert fort; bei Wegfall des einzigen Geschäftsführers gilt Gesamtgeschäftsführung der verbleibenden Gesellschafter (§ 710 RdNr. 5). Zum anderen haben die Erben im Fall der Fortsetzungsklausel keinerlei mitgliedschaftliche Beziehungen zur Gesellschaft und kommen schon deshalb nicht als Geschäftsführer in Betracht. 24

Auch für eine **Anzeigepflicht** der Erben entsprechend § 727 Abs. 2 S. 1 ist im Fall der fortgesetzten Gesellschaft kein Raum. Zwar mag insoweit ein Interesse der übrigen Gesellschafter daran zu bejahen sein, von den Erben über den Todesfall informiert zu werden. Da jedoch auch die Anzeigepflicht mitgliedschaftlicher Art ist,[28] reicht dieses Interesse nicht aus, um die nicht der Gesellschaft angehörenden Erben zu einem Tätigwerden zu verpflichten. 25

C. Abweichende Vereinbarungen

I. Überblick

Zu den typischen Arten von Vereinbarungen, die in Abweichung von der Auflösungsfolge des § 727 Abs. 1 in Gesellschaftsverträgen anzutreffen sind, vgl. schon RdNr. 4. Unter ihnen kommen bei solchen **BGB-Dauergesellschaften,** die wie die Zusammenschlüsse von Freiberuflern auf beruflicher Qualifikation und persönlicher Verbindung beruhen, in erster Linie sog. *Fortsetzungsklauseln* nach § 736 Abs. 1 in Betracht; sie machen den Bestand der Gesellschaft vom Tod einzelner Mitglieder unabhängig und beschränken die Erben des Verstorbenen auf einen Abfindungsanspruch. *Nachfolgeklauseln* zur Ermöglichung auch der 26

[24] Str., wie hier 3. Aufl. § 1985 RdNr. 5 a *(Siegmann); Marotzke* EWiR 1991, 155 f.; aA BayObLG BB 1988, 791, 793 und WM 1991, 131, 133; *Soergel/Stein* § 1985 RdNr. 6.

[25] So *Hueck* OHG § 23 II 4; *Schlegelberger/K. Schmidt* HGB § 137 RdNr. 3 f.; aA *Ulmer* in Großkomm. zum HGB, 3. Aufl., § 137 RdNr. 4 ff.; *Baumbach/Hopt* HGB § 137 RdNr. 1.

[26] So noch *Schlegelberger/Geßler* HGB, 4. Aufl., § 137 RdNr. 2; nicht eindeutig *Schlegelberger/K. Schmidt* HGB, 5. Aufl., § 137 RdNr. 3 ff.; *Hueck* OHG § 23 II 4.

[27] Ebenso *Soergel/Hadding* RdNr. 11.

[28] Vgl. RdNr. 1; so auch *Soergel/Hadding* RdNr. 8; aA RGRK/*von Gamm* RdNr. 3 (Pflichten aus der Gesellschafterstellung des Erblassers); unklar *Staudinger/Keßler* RdNr. 4.

Anteilsvererbung in der fortbestehenden Gesellschaft oder die ihnen funktionell vergleichbaren Eintrittsklauseln (vgl. RdNr. 28 ff., 53 ff.) finden sich demgegenüber bei solchen Gesellschaften, bei denen der Zusammenschluss weder höchstpersönlicher Natur ist noch eine bestimmte berufliche Qualifikation der Mitglieder voraussetzt.

27 Bei **Gelegenheitsgesellschaften** mag sich eine von § 727 Abs. 1 abweichende Gestaltung dann empfehlen, wenn die – meist am Gesellschaftszweck orientierte – Gesellschaftsdauer nicht zusätzlich durch den Tod eines Mitgliedes begrenzt werden soll und der Gesellschaftszweck auch von den übrigen Gesellschaftern, sei es mit oder ohne einen Nachfolger für das verstorbene Mitglied, erreicht werden kann.

II. Nachfolgeklauseln

28 **1. Wesen und Arten.** Im Gesellschaftsvertrag vereinbarte sog. **erbrechtliche Nachfolgeklauseln** haben die Funktion, abweichend von § 727 Abs. 1 die Auflösung der Gesellschaft beim Tod eines Gesellschafters auszuschließen und den **Anteil** an der werbenden Gesellschaft für den oder die als Nachfolger in Betracht kommenden Personen **vererblich** zu stellen.[29] Sie bilden eine notwendige Voraussetzung für die Gesellschafter-Nachfolge im Todesfall.[30] Deren Vollzug richtet sich dann aber, vorbehaltlich der Sonderzuordnung der Mitgliedschaft zu den Erben persönlich an Stelle der Erbengemeinschaft (RdNr. 33), nicht nach Gesellschaftsrecht, sondern nach allgemeinem Erbrecht. Daher reicht namentlich auch die im Gesellschaftsvertrag erfolgte Benennung einer Person als Nachfolger für den Fall des Todes eines Mitglieds nicht aus, um im Todeszeitpunkt den Anteilsübergang zu bewirken (zur Möglichkeit der Umdeutung in eine rechtsgeschäftliche Nachfolge- oder Eintrittsklausel vgl. RdNr. 62). Hinzukommen muss vielmehr die *Erbenstellung* der als Nachfolger bezeichneten Person, da sie den Rechtsgrund für den durch die Nachfolgeklausel ermöglichten Anteilsübergang bildet (vgl. auch RdNr. 42).

29 Unter den verschiedenen gesellschaftsvertraglich möglichen Nachfolgeklauseln unterscheidet man einfache und qualifizierte. Im Fall der **einfachen** Nachfolgeklausel ist der Anteil generell vererblich gestellt, unabhängig von der Person der jeweiligen Erben. Der Erblasser entscheidet mit der testamentarischen Erbeinsetzung auch über die Gesellschafter-Nachfolge; belässt er es bei der gesetzlichen Erbfolge, so ist diese auch für die Nachfolge in die Mitgliedschaft maßgebend. Demgegenüber beschränkt die **qualifizierte** Nachfolgeklausel die Möglichkeit der Anteilsvererbung auf einen bestimmten, im Gesellschaftsvertrag namentlich genannten oder durch abstrakte Merkmale umschriebenen Personenkreis wie etwa die Kinder, den ältesten Sohn oder die Erben erster Ordnung (§ 1924). Ihr Vollzug setzt voraus, dass eine (oder mehrere) der als Nachfolger in Betracht kommenden Personen vom Erblasser auch zum Erben berufen sind. Der Gesellschaftsvertrag kann den Gesellschaftern auch das Recht zuerkennen, letztwillig zu bestimmen, für welchen ihrer Erben der Anteil vererblich sein soll.

30 **2. Die einfache Gesellschafter-Nachfolge. a) Voraussetzungen.** Voraussetzung dafür, dass der Anteil an der fortbestehenden Gesellschaft beim Tod eines Gesellschafters an dessen Erben fällt, ist die Vererblichkeit des Anteils durch eine generell gehaltene Nachfolgeklausel im Gesellschaftsvertrag, etwa des Inhalts „Beim Tod eines Gesellschafters geht der Anteil auf dessen Erben über“, sowie der Tod des Gesellschafters. Ist der Anteil in dieser Weise generell vererblich gestellt, so hängt der Übergang nicht davon ab, welche Personen als Erben berufen sind. Auch hat es der Erblasser dann nicht in der Hand, den Anteil kraft

[29] BGHZ 68, 225, 229 = NJW 1977, 1339; aus dem Schrifttum (Fn. 1) vgl. namentlich *Wiedemann* Übertragung S. 162 ff.; *Soergel/Hadding* RdNr. 16 ff.; *Ulmer* in Großkomm. zum HGB, 3. Aufl., § 139 RdNr. 8 ff., 23 ff.; *Windel* (Fn. 1) S. 132 ff. (zum Sonderfall rechtsgeschäftlicher Nachfolgeklauseln vgl. RdNr. 49 ff.). Dagegen soll nach *Flume* I/1 § 18, S. 375 ff., 385 f. die Nachfolgeklausel wegen Unvereinbarkeit der Sondererbfolge (RdNr. 33) mit dem erbrechtlichen Grundsatz der Universalsukzession stets als rechtsgeschäftliche gewollt sein.

[30] Ganz hM; aA aber *Marotzke* AcP 184 (1984), 541, 545 f. für den OHG-Anteil entgegen der insoweit klaren Regelung des § 139 Abs. 1 HGB.

letztwilliger Verfügung nur einem Teil der von ihm als Erben eingesetzten Personen zuzuweisen. In einer solchen Verfügung wäre eine bloße Teilungsanordnung ohne dingliche Wirkung zu sehen (§ 2048); sie ist im Zuge der Nachlassteilung nur durchsetzbar, wenn entweder die übrigen Gesellschafter der Anteilsübertragung zwischen den Erben von sich aus zustimmen oder an der Gesellschaft nach dem Tod des Erblassers nur Gesellschafter beteiligt sind, die zu den Erben gehören und daher sämtlich der Teilungsanordnung unterliegen.[31] Will der Erblasser trotz einfacher Nachfolgeklausel die Nachfolge mit unmittelbarer gesellschaftsrechtlicher Wirkung auf eine bestimmte Person beschränken, so muss er diese als Alleinerben einsetzen.

b) Rechtsfolgen. aa) Unmittelbarer Anteilsübergang. Mit dem Tode des Erblassers 31
treten der oder die Erben unmittelbar kraft erbrechtlicher Nachfolge an die Stelle des verstorbenen Gesellschafters. Rechtsgeschäftlicher Erklärungen ihrerseits bedarf es hierfür im Unterschied zum Eintrittsrecht (RdNr. 57) nicht. Wenn die Gesellschafter/Erben diese Rechtsfolge vermeiden wollen, haben sie die Möglichkeit, die Erbschaft auszuschlagen (§§ 1942 ff.); im Übrigen ist für sie mit Rücksicht auf die mit der Anteilsvererbung grundsätzlich verbundene unbeschränkte Gesellschafterhaftung das Wahlrecht hinsichtlich ihrer Gesellschafterstellung analog § 139 Abs. 1 und 2 HGB anzuerkennen (RdNr. 46 ff.). Ein Nachfolger/Erbe kann die Gesellschaft auch aus wichtigem Grund kündigen, wenn sich die Gesellschafterstellung für ihn als unzumutbar erweist.[32] Die Mitgesellschafter können in diesem Fall auch ohne Fortsetzungsklausel (§ 736 Abs. 1) die Fortsetzung der Gesellschaft ohne den Kündigenden beschließen.[33]

bb) Gesellschafterstellung der Erben. Ist der Nachfolger **Alleinerbe,** so tritt er nach 32
§ 1922 in vollem Umfang in die Rechte und Pflichten des Verstorbenen ein, soweit diese nicht höchstpersönlicher Natur sind oder soweit der Gesellschaftsvertrag eine Änderung der Rechtsstellung des Erblassers im Zusammenhang mit der Nachfolge vorsieht. Es gilt Entsprechendes wie für den Fall des rechtsgeschäftlichen Anteilsübergangs (vgl. dazu näher § 719 RdNr. 40 ff.).

Auch im Fall einer **Erbenmehrheit** geht die Gesellschafterstellung nicht auf die Erben- 33
gemeinschaft über, sondern auf die Nachfolger/Erben je persönlich. Nach heute ganz hM wird der erbrechtliche Grundsatz der Gesamtrechtsnachfolge durch die Erbengemeinschaft (§ 2032 Abs. 1) insoweit durchbrochen.[34] Da die Erbengemeinschaft nicht Mitglied einer werbenden Personengesellschaft sein kann (§ 705 RdNr. 81), kommt es zur **Sondererbfolge** der Miterben je persönlich in den ihrer Erbquote entsprechenden Teil der vererbten Gesellschaftsbeteiligung. Entsprechend vermehrt sich auch die Zahl der Gesellschafter. Für die Rechtsstellung der Nachfolger/Erben in der Gesellschaft gelten die gleichen Grundsätze wie für die Teilübertragung eines Anteils durch Rechtsgeschäft unter Lebenden (§ 719 RdNr. 49). Die Verwaltungsrechte vervielfältigen sich entsprechend der Anzahl der Mitglieder der Erbengemeinschaft, da diese Rechte unteilbar sind.[35] Das gilt auch für das Stimmrecht, wenn es nach Köpfen gestaltet ist und der Gesellschaftsvertrag keine an der Beteiligungsquote oÄ orientierte Abweichung vorsieht.

[31] Vgl. BGH WM 1990, 1066.

[32] So zu Recht *Flume* I/1 § 7 III 5, S. 104.

[33] *Flume* (Fn. 32).

[34] St. Rspr. seit RGZ 16, 40, 56; vgl. BGHZ 22, 186, 192 f. = NJW 1957, 180; BGHZ 55, 267, 269 = NJW 1971, 1278; BGHZ 58, 316, 317 = NJW 1972, 1755; BGHZ 68, 225, 237 = NJW 1977, 1339; BGH LM § 1922 Nr. 13 = NJW 1983, 2376; BGH WM 1991, 131, 133; *Soergel/Hadding* RdNr. 20; *Erman/Westermann* RdNr. 8; *Hueck* OHG § 28 II 2 a; *Ulmer* in Großkomm. zum HGB, 3. Aufl., § 139 RdNr. 47; *Windel* (Fn. 1) S. 133 f.; *Kipp/Coing,* 14. Aufl., § 91 IV 8 d, S. 510. AA noch *Börner* AcP 166 (1966), 447 f.; *Stötter* DB 1970, 525, 528 f.; *Kruse,* FS Laufke, 1972, S. 179, 184 ff.; *Knieper/Fromm* NJW 1980, 2677, 2681; *Weipert,* FS Bezzenberger, 2000, S. 439 ff.; für die GbR (im Unterschied zu OHG und KG) generell auch *Flume* I/1 § 18 III, S. 395 f.; zweifelnd 3. Aufl. § 2032 RdNr. 57 *(Dütz)*; beschränkt auf BGB-Innengesellschaften *Jan Schröder* ZGR 1978, 600 f., 605; für die stille Gesellschaft beim Tod des Stillen auch RGZ 126, 386, 392 und *Schlegelberger/Geßler* HGB, 4. Aufl., § 339 RdNr. 24.

[35] Vgl. *Soergel/Hadding* RdNr. 21, 28; *Erman/Westermann* RdNr. 8.

34 **cc) Sicherung der Nachlassgläubiger.** Sie bereitet keine Probleme im Fall des – grundsätzlich unbeschränkt für die Nachlassschulden haftenden – **Alleinerben.** Betreibt er die Haftungsbeschränkung nach Maßgabe der §§ 1975 ff., so erfasst die beschränkte Erbenhaftung auch den Gesellschaftsanteil und behält ihn unter Ausschluss der Privatgläubiger dem Zugriff der Nachlassgläubiger vor (zu Nachlassverwaltung und Nachlassinsolvenz am Gesellschaftsanteil vgl. § 705 RdNr. 126 f.). Mit besonderen, gesellschaftsrechtlich begründeten Problemen ist insoweit nicht zu rechnen. Zur Frage der gesellschaftsrechtlichen Haftungsbeschränkung analog § 139 HGB vgl. RdNr. 46 ff.

35 Erhebliche **Schwierigkeiten** ergeben sich demgegenüber, angesichts der Nachlasszugehörigkeit des Gesellschaftsanteils, für den Fall einer **Erbengemeinschaft** bei einfacher Gesellschafter-Nachfolge. Insoweit fragt sich zunächst, ob und inwieweit die im Zuge der Anteilsvererbung eintretende partielle Aufteilung des Nachlasses in Bezug auf die den Erben je persönlich zustehende Mitgliedschaft in der Gesellschaft dazu führt, dass die Erben trotz des gesamthänderisch gebundenen übrigen Nachlassvermögens die Einrede der beschränkten Erbenhaftung (§ 2059 Abs. 1) verlieren. Bleibt den Erben diese Einrede im Grundsatz erhalten (ggf. vorbehaltlich der Fälle, in denen der Anteil das wesentliche Nachlassvermögen ausmacht), so stellt sich die weitere Frage, ob und auf welche Weise die *Nachlassgläubiger* gleichwohl auf den jedem Gesellschafter/Erben persönlich zustehenden (Teil-)Gesellschaftsanteil zugreifen und wie sie sich, ggf. über §§ 1975, 1981 Abs. 2, den Vorrang vor dem Zugriff der Privatgläubiger eines (oder aller?) Gesellschafter-Erben sichern können.

36 **(α) Meinungsstand.** Zur **Lösung** dieses Interessenwiderstreits werden in der **Literatur** unterschiedliche Wege eingeschlagen;[36] neuere höchstrichterliche Urteile liegen nicht vor. Eine **erste** Gruppe von Ansichten sieht in der Sondervererbung eine ipso iure eintretende Nachlassteilung jedenfalls dann, wenn der Anteil den *wesentlichen Nachlasswert* ausmacht. In diesem Falle sollen die Nachfolger/Erben die Einrede nach § 2059 Abs. 1 insgesamt verlieren;[37] Nachlass- und Privatgläubiger können danach grundsätzlich gleichrangig auf das gesamte Vermögen des jeweiligen Nachfolger/Erben zugreifen. Unter teleologischer Reduktion des § 2062 Halbs. 2 wird den Nachfolger/Erben von einigen Autoren immerhin die Möglichkeit offengehalten, ohne Mitwirkung der Miterben, also entgegen § 2062 Halbs. 1, Nachlassverwaltung zu beantragen, um nachträglich ihre Haftungsbeschränkung auf den Nachlass herbeizuführen.[38] Macht der Anteil demgegenüber *nicht den wesentlichen Teil* des Nachlasses aus, so soll die Einrede des § 2059 Abs. 1 im Hinblick auf das sonstige Nachlassvermögen erhalten bleiben. Ergänzend soll entweder als Ersatz für den ins Privatvermögen gefallenen Anteil ein aus § 1978 abgeleiteter Wertersatzanspruch in den Nachlass fallen,[39] oder den Nachlassgläubigern soll der unmittelbare Zugriff auf den Anteil unter Beschränkung der Einrede nach § 2059 Abs. 1 auf das sonstige Vermögen der Erben eröffnet bleiben.[40] Die Vertreter dieser Ansicht übertragen also grundsätzlich den objektiven Teilungsbegriff des § 2059 Abs. 1 (vgl. § 2059 RdNr. 4) auf die kraft Gesetzes durch die Sondervererbung eintretende Nachlassteilung.

[36] Vgl. die ausführliche Darstellung des Streitstands bei *Raddatz,* Die Nachlasszugehörigkeit vererbter Personengesellschaftsanteile, 1991, S. 60 ff.; *Siegmann,* Personengesellschaftsanteil und Erbrecht, 1992, S. 216 f.; *Stodolkowitz,* FS Kellermann, 1991, 439, 450 ff. Eingehend dazu sodann *Ulmer/Schäfer* ZHR 160 (1996), 413 ff.; *Windel* (Fn. 1) S. 278 ff.

[37] So insbes. *Kieserling,* Die erbrechtliche Haftung des Miterben-Gesellschafters, Diss. Münster 1972, S. 53 ff.; *H. P. Westermann* AcP 173 (1973), 24, 28 f. und *Erman/Westermann* RdNr. 9 (kritisch hierzu schon *Ulmer* ZGR 1972, 195, 203).

[38] So *H. P. Westermann* AcP 173 (1973), 24, 36 ff.; im Ergebnis auch 3. Aufl. § 2062 RdNr. 9 f. *(Dütz); Siegmann* (Fn. 36) S. 35; aA *Staudinger/Marotzke* (2002) § 2059 RdNr. 60.

[39] *H. P. Westermann* AcP 173 (1973), 24, 31 f., 40. Ein Rückgewährungsanspruch aus §§ 1978 Abs. 2, 1991 Abs. 1 entspricht der hM in Bezug auf vorab verteilte Nachlassgegenstände, vgl. RGZ 89, 403, 408 f.; *Soergel/Wolf* § 2059 RdNr. 3; *Palandt/Edenhofer* § 2059 RdNr. 3. Gegenansichten in Fn. 40.

[40] So *Kieserling* (Fn. 37) S. 119 ff., 140; *Raddatz* (Fn. 36) S. 70 ff., 73; *Stodolkowitz,* FS Kellermann, 1991, S. 439, 451. Diese Lösung favorisieren allgemein für vorab verteilte Nachlassgegenstände 3. Aufl. § 2059 RdNr. 10 *(Dütz); Jauernig/Stürner* § 2059 RdNr. 3.

Eine **zweite,** im Grundsatz abweichende Ansicht sieht in der Sondervererbung generell *keine* Nachlassteilung, gleichviel ob außer dem Anteil noch weitere wesentliche Nachlassgegenstände vorhanden sind oder nicht.[41] Die §§ 2059 Abs. 1 S. 1, 2062 Halbs. 2 sind danach trotz Sondervererbung anwendbar, wobei der jeweilige Anteil als zum gesamthänderisch gebundenen Nachlass gehörend behandelt wird und dem Zugriff der Nachlassgläubiger unterliegt. Den Nachfolger/Erben bleibt demzufolge die Einrede des § 2059 Abs. 1 S. 1 in Bezug auf ihr sonstiges Privatvermögen erhalten; zur Anordnung von Nachlassverwaltung bedarf es des Antrags sämtlicher Miterben. Im klaren Gegensatz dazu bejaht eine **dritte** Ansicht generell den *Eintritt unbeschränkter Erbenhaftung* als Folge der Sondervererbung des Anteils.[42] Von der erstgenannten Ansicht (RdNr. 36) unterscheidet sie sich einerseits dadurch, dass sie nicht auf die Wertrelation zwischen Gesellschaftsanteil und restlichem Erbteil abstellt. Andererseits will sie jedem Gesellschafter/Erben nur nach Maßgabe der §§ 1975 ff. das Recht einräumen, eine Beschränkung seiner Erbenhaftung herbeizuführen; für eine Berufung auf § 2059 Abs. 1 in Bezug auf das übrige Privatvermögen des Erben soll also kein Raum sein.[43] Kommt es auf diesem Wege (§§ 1975, 1981 Abs. 1) zur Bestellung eines Nachlassverwalters, so soll seinem Zugriff nicht nur der Gesellschaftsanteil, sondern auch der restliche Erbteil des Gesellschafter/Erben unterliegen.[44] 37

Schließlich findet sich ungeachtet der Anerkennung der Nachlasszugehörigkeit der Anteile durch BGHZ 108, 187 noch eine **vierte** Ansicht, wonach entsprechend der *Abspaltungsthese* die Vermögensrechte aus dem Anteil trotz dessen Sondervererbung in den gesamthänderisch gebundenen Nachlass fallen. Folgt man ihr, so erledigt sich die Problematik der Nachlassteilung durch Sondererbfolge, da in diesem Fall die gleiche Rechtslage besteht wie bei Universalsukzession.[45] Auch können Privatgläubiger und Dritte vom Zugriff auf die Vermögensrechte relativ einfach ferngehalten werden, sofern abweichend von allgemeinen Grundsätzen anzunehmen ist, dass Anteilsverfügungen des Erben die Nachlasszugehörigkeit der Vermögensrechte unberührt lassen (vgl. dazu näher 2. Aufl. RdNr. 27 a). 38

(β) Stellungnahme. Eine unmittelbar aus dem Gesetz zu gewinnende Problemlösung scheidet aus, da der Gesetzgeber des 5. Buches des BGB den Fall der Sondervererbung des Gesellschaftsanteils nicht bedacht hat. Bedenken bestehen auch gegen die Beibehaltung der auf die Vermögensrechte bezogenen, zu angemessenen Ergebnissen führenden Abspaltungsthese (RdNr. 38), da ihre Grundlage durch Behandlung des Gesellschaftsanteils trotz Sondervererbung als Teil des Nachlasses entfallen ist.[46] Die Lösung hat sich vielmehr an dem Grundsatz zu orientieren, dass das Erbrecht dem Gesellschaftsrecht bei der Anteilsvererbung *nur insoweit* zu weichen hat, als es mit Rücksicht auf die Besonderheiten der Personengesellschaft, darunter insbes. ihre Natur als Arbeits- und Haftungsgemeinschaft, unverzichtbar ist.[47] 39

Geht man von diesen Prämissen aus, so bereitet die **vorrangige Reservierung des Gesellschaftsanteils für die Nachlassgläubiger** unter Zurückdrängung der Privatgläubiger entsprechend der oben (RdNr. 37) angeführten zweiten Ansicht keine unüberwindlichen konstruktiven Schwierigkeiten.[48] Das gilt auch dann, wenn es nicht zu Nachlass- 40

[41] *Staudinger/Marotzke* (2002) § 2059 RdNr. 57 f., 62 ff.; 3. Aufl. § 2059 RdNr. 11 *(Dütz)*; grds. auch *Stodolkowitz,* FS Kellermann, 1991, S. 439, 450 ff., 453 (solange der Anteil nicht durch Verfügungen des Erben beeinträchtigt ist).

[42] So jetzt eingehend *Windel* (Fn. 1) S. 283 ff.; ähnlich zuvor schon *Heckelmann,* FS v. Lübtow, 1980, S. 619, 632 f. Für den Fall, dass außer dem Anteil keine weiteren Nachlassgegenstände vorhanden sind, auch *Raddatz* (Fn. 36) S. 76 ff.; ansonsten will er die Einrede des § 2059 Abs. 1 in Bezug auf das sonstige Privatvermögen gewähren; aA *Staudinger/Marotzke* (2002) Vor § 2058 RdNr. 8.

[43] *Windel* (Fn. 1) S. 287 ff.

[44] *Windel* (Fn. 43).

[45] *Siegmann* (Fn. 36) S. 222 f. Gegen die Abspaltungsthese aber *Flume* ZHR 155 (1991), 501, 505, 506 f.; *ders.,* FS Müller-Freienfels, 1986, S. 113, 126 und NJW 1988, 161, 162; ferner *Marotzke* JR 1988, 184, 186; *Stodolkowitz,* FS Kellermann, 1991, S. 439, 444.

[46] Gegen diese These auch *Windel* (Fn. 1) S. 280 f.; aA *Siegmann* (Fn. 45).

[47] So im Grundsatz zutr. schon *Wiedemann* Übertragung S. 207 ff. Vgl. auch BGHZ 91, 132, 136 f. = NJW 1984, 2104; BGH NJW 1983, 2376.

[48] Dazu und zum Folgenden näher *Ulmer/Schäfer* ZHR 160 (1996), 413, 424 ff.

verwaltung oder Nachlassinsolvenz (dazu vgl. § 705 RdNr. 126) kommt. Aus *Gläubigersicht* bleibt es vielmehr zunächst bei dem erbrechtlichen Grundsatz, dass der Gesellschaftsanteil mit dem Erbfall Bestandteil des Nachlassvermögens wird und *daher* dem vorrangigen Zugriff der Nachlassgläubiger unterliegen muss. Seine Abgrenzung gegenüber dem sonstigen Privatvermögen der Gesellschafter/Erben ist aus erbrechtlicher Sicht trotz Sondervererbung unschwer möglich,[49] und gesellschaftsrechtlich bestehen gegen diese Rechtsfolge keine Bedenken. Aus der fortbestehenden Nachlasszugehörigkeit folgt einerseits, dass *Nachlassgläubiger* in den jeweiligen (Teil-)Anteil der einzelnen Erben nach Maßgabe von § 725 vollstrecken können, ohne dass diesen dagegen die Einrede der beschränkten Erbenhaftung zusteht;[50] mit Rücksicht auf die Sondervererbung ist für die Vollstreckung freilich ein Titel gegen den jeweiligen Erben erforderlich.[51] Den *Privatgläubigern* andererseits ist der Vollstreckungszugriff verwehrt, auch ohne dass die Erben (gemeinschaftlich oder je für sich handelnd) bzw. die Nachlassgläubiger Nachlassverwaltung beantragen müssen.[52] Gegen eine gleichwohl erfolgende Vollstreckung können die Erben Drittwiderspruchsklage erheben; die Nachlassgläubiger sind stattdessen berechtigt, Nachlassverwaltung zu beantragen.[53] Die Einrede der beschränkten Erbenhaftung entfällt erst dann und insoweit, als einzelne Erben dazu übergehen, den ererbten Anteil zu veräußern oder darüber auf sonstige Weise, durch Verpfändung, Nießbrauchbestellung, Kündigung oÄ, zu verfügen.[54] In einer solchen Verfügung ist, bezogen auf den jeweiligen Erben, ein der Nachlassteilung iS des §§ 2059 ff. entsprechender Vorgang zu sehen, der den Verlust der Haftungsbeschränkung für ihn zur Folge hat.

41 **3. Die qualifizierte Nachfolge. a) Voraussetzungen.** Von der „einfachen" erbrechtlichen Nachfolgeklausel unterscheidet sich die „qualifizierte" dadurch, dass der Anteil nur **für bestimmte Personen vererblich** gestellt ist (RdNr. 29). Die Zulässigkeit einer solchen Vereinbarung ist nicht nur aus gesellschaftsrechtlicher, sondern auch aus erbrechtlicher Sicht heute außer Streit (RdNr. 44). Derartige Klauseln führen nicht etwa zu einer Einschränkung der Testierfreiheit, sondern begründen im Gegenteil erst die Möglichkeit, den Anteil an der werbenden Gesellschaft, wenn auch beschränkt auf die in der Nachfolgeklausel bezeichneten Personen, in die Rechtsnachfolge von Todes wegen einzubeziehen.

42 Voraussetzung für den Anteilsübergang ist auch bei der qualifizierten erbrechtlichen Nachfolgeklausel, dass der Gesellschafter als Erblasser für die **Erbenstellung** der als Nachfolger nach dem Gesellschaftsvertrag in Betracht kommenden Person sorgt.[55] Einer letztwilligen Verfügung bedarf es hierfür jedenfalls dann, wenn die in der Nachfolgeklausel bezeichnete Person nicht schon zu den gesetzlichen Erben gehört. Die Anordnung eines bloßen *Vermächtnisses* für die als Nachfolger vorgesehene Person reicht wegen seiner nur obligatorischen Natur nicht aus; die letztwillige Begründung eines Vermächtnisanspruchs vermag den Anteilsübergang nicht zu bewirken.[56] Ist der potenzielle Nachfolger nicht als

[49] Zutr. *Stodolkowitz* (Fn. 36) S. 451 f.

[50] Die Zubilligung der Einrede aus § 2059 Abs. 1 S. 1 auch bezüglich des Anteils führt nämlich dazu, dass er wie gesamthänderisch gebundenes Nachlassvermögen behandelt wird, vgl. *Stodolkowitz* (Fn. 36) S. 450 ff. So im Ergebnis auch *Staudinger/Marotzke* (2002) § 2059 RdNr. 62.

[51] Vgl. näher *Ulmer/Schäfer* ZHR 160 (1996), 413, 427 ff. – Für die Vollstreckung der Nachlassgläubiger in (gesamthänderisch gebundene) Nachlassgegenstände bedarf es normalerweise eines Titels gegen sämtliche Miterben gem. § 747 ZPO, vgl. dazu auch 3. Aufl. § 2058 RdNr. 24.

[52] Weniger weitgehend *Stodolkowitz* (Fn. 36) S. 451 und *Staudinger/Marotzke* (2002) § 2059 RdNr. 64, die es beim Antragsrecht der Nachlassgläubiger aus § 1981 Abs. 2 belassen wollen.

[53] Dies entspricht der Situation bei Abwehr des Vollstreckungszugriffs von Privatgläubigern eines Miterben in den noch ungeteilten Nachlass. Vgl. *Ulmer/Schäfer* ZHR 160 (1996), 413, 430 ff.; zur Anwendbarkeit des § 771 ZPO in diesem Falle s. auch MünchKommZPO/*K. Schmidt* § 771 RdNr. 19.

[54] Überzeugend *Stodolkowitz* (Fn. 36) S. 453; näher *Ulmer/Schäfer* ZHR 160 (1996), 413, 427.

[55] EinhM seit BGHZ 68, 225, 229, 238 = NJW 1977, 1339; vgl. *Ulmer* in Großkomm. zum HGB, 3. Aufl., § 139 RdNr. 49 ff.; *Schlegelberger/K. Schmidt* HGB § 139 RdNr. 20 ff.

[56] *Ulmer* in Großkomm. zum HGB, 3. Aufl., § 139 RdNr. 32; ebenso *Schlegelberger/K. Schmidt* HGB § 139 RdNr. 19; wohl auch *Erman/Westermann* RdNr. 7 („jedenfalls ein erbrechtlicher Erwerbsvorgang"). Zur davon zu unterscheidenden Möglichkeit der Zuwendung eines *Eintrittsrechts* durch Vermächtnis vgl. RdNr. 54.

Erbe eingesetzt, so geht die Nachfolgeklausel ins Leere. Die Gesellschaft wird zunächst unter den überlebenden Gesellschaftern fortgeführt. Im Übrigen ist es eine Frage des Einzelfalls, ob die Nachfolge- in eine Eintrittsklausel zu Gunsten der als Nachfolger vorgesehenen Person(en) umgedeutet werden kann (RdNr. 62) und welche Folgen das zunächst ersatzlose Ausscheiden des verstorbenen Gesellschafters für den Abfindungsanspruch hat (dazu RdNr. 58 f.).

b) Rechtsfolgen. aa) Vererbung des ganzen Anteils. Stimmen – wie im Regelfall – Benennung als Nachfolger und Berufung zum Erben überein, so ist hinsichtlich der Rechtsfolgen danach zu unterscheiden, ob sämtliche oder nur ein Teil der als Erben berufenen Personen zu dem in der qualifizierten Nachfolgeklausel des Gesellschaftsvertrags bezeichneten Personenkreis gehören. Erstreckt sich die qualifizierte Nachfolgeklausel auf **sämtliche Erben** des verstorbenen Gesellschafters, so wirkt sie sich wie eine einfache Nachfolgeklausel aus; es gelten die Feststellungen in RdNr. 31 ff. 43

Im Regelfall hat die qualifizierte Nachfolgeklausel freilich zur Folge, dass der Anteil **nur für einen** (bzw. einen Teil der) **Erben** vererblich gestellt ist. Auch eine solche Gestaltung ist, wie in Übereinstimmung mit der in der Literatur ganz hM[57] seit langem höchstrichterlich[58] anerkannt ist, mit unmittelbarer erbrechtlicher Wirkung möglich. Die qualifizierte Nachfolgeklausel führt hier dazu, dass der Anteil nicht nur in Höhe der auf den Nachfolger entfallenden Erbquote,[59] sondern **insgesamt** auf den Nachfolger/Erben übergeht. Wegen der Rechtsstellung des Nachfolger/Erben im Verhältnis zu den Nachlassgläubigern vgl. im Einzelnen RdNr. 39 f. Solange weder Nachlassverwaltung angeordnet noch das Nachlassinsolvenzverfahren eröffnet ist, stehen ihm die vollen Rechte am Anteil zu. Hat der Nachfolger/Erbe über den Anteil noch nicht verfügt, so steht der Vollstreckungszugriff darauf nur den Nachlassgläubigern offen. Vom Zugriff auf sein sonstiges Privatvermögen kann sie der Nachfolger/Erbe demgegenüber mit der Einrede des § 2059 Abs. 1 fernhalten (näher RdNr. 40). 44

bb) Auseinandersetzung unter den Miterben. Bei der Erbauseinandersetzung muss sich der Nachfolger/Erbe grundsätzlich den vollen Anteilswert anrechnen lassen.[60] Übersteigt der Anteilswert den Wert der ihm zustehenden Erbquote, so ist er zur **Zahlung der Differenz** an die Erbengemeinschaft verpflichtet.[61] Die Pflicht ergibt sich weder aus dem – für das Verhältnis zwischen Erben als rechtliche Sonderverbindung ungeeigneten – Bereicherungsrecht,[62] noch lediglich aus Treu und Glauben gemäß § 242,[63] sondern aus einer entsprechenden Anwendung des § 1978, wenn man in dem Anteilsübergang eine vorweggenommene Erbteilung sieht,[64] andernfalls aus einer Analogie zu den für die Ausgleichung lebzeitiger Zuwendungen geltenden Vorschriften der §§ 2050 ff.[65] Die Einschränkung des § 2056 greift nicht ein, weil sie Ausgleichszahlungen nur hinsichtlich eines bereits zu *Lebzeiten* des Erblassers erhaltenen Mehrempfangs verhindern soll.[66] Dem Erblasser steht es 45

[57] Vgl. die Übersicht über Meinungsstand und Begründungen bei *Ulmer* ZGR 1972, 195, 206 ff. (*Hueck, Siebert, Liebisch, H. Westermann, Rüthers, Säcker, Coing, Lange* u. a.); aA noch *U. Huber* Vermögensanteil S. 451 ff.

[58] BGHZ 68, 225, 237 f. = NJW 1977, 1339; BGHZ 108, 187, 192 = NJW 1989, 3152; BGH WM 1983, 672.

[59] So noch BGHZ 22, 186, 195 = NJW 1957, 180; ausdrücklich aufgegeben durch BGH (Fn. 55).

[60] Zur Problematik der Anteilsbewertung unter Berücksichtigung künftiger Abfindungsrisiken des Nachfolger/Erben, namentlich im Falle der auf den objektiven Wert abstellenden Pflichtteilsberechnung (§ 2311), vgl. § 2311 RdNr. 26 und *Ulmer* in Großkomm. zum HGB, 3. Aufl., § 139 RdNr. 194 ff., jew. m. weit. Nachw.

[61] So auch BGHZ 22, 186, 196 f. = NJW 1957, 180; offen gelassen in BGHZ 68, 225, 238 = NJW 1977, 1339; krit. zum Ansatz des BGH bei § 242 *Marotzke* AcP 184 (1984), 541, 576 f.

[62] So aber *Heckelmann* (Fn. 42) S. 627 f.

[63] So aber anscheinend BGHZ 22, 186, 197 = NJW 1957, 180.

[64] In diesem Sinne etwa *Rüthers* AcP 168 (1968), 263, 281; dazu *Ulmer* ZGR 1972, 326 f.; *ders.*, FS Schilling, 1973, S. 79, 86 ff.; aA *Heckelmann* (Fn. 42) S. 626 mit dem unzutr. Hinweis, § 1978 enthalte keine Anspruchsgrundlage.

[65] So *Brox*, Erbrecht, 19. Aufl. 2001, RdNr. 794; *Flume* I/1 § 18 VI 2, S. 405 ff.; aA *Heckelmann* (Fn. 42) S. 625 f.; *Marotzke* AcP 184 (1984), 541, 562 ff.; vgl. zum Ganzen auch *Ulmer* in Großkomm. zum HGB, 3. Aufl., § 139 RdNr. 188 f. und unten 3. Aufl. § 2032 RdNr. 54.

[66] So zu Recht *Brox* (Fn. 65); eingehend auch *Säcker*, Gesellschaftsvertragliche und erbrechtliche Nachfolge in Gesamthandsmitgliedschaften, 1970,

zwar in den durch das Pflichtteilsrecht gesetzten Grenzen frei, letztwillig eine Ausgleichspflicht des Nachfolger/Erben ganz oder teilweise auszuschließen, etwa durch Behandlung des Anteils als Vorausvermächtnis (§ 2150).[67] Jedoch ist in der Berufung zum Nachfolger als solcher im Zweifel kein Ausschluss der Ausgleichspflicht zu sehen; über die wertmäßige Verteilung der Nachlassgegenstände sagt sie nichts aus.[68]

46 **4. Das Wahlrecht der Gesellschafter-Erben analog § 139 HGB.** Die Vorschriften des § 139 Abs. 1 bis 3 HGB gewähren jedem Gesellschafter/Erben im Fall der Nachfolge in die Stellung eines **persönlich haftenden Gesellschafters einer OHG oder KG** das unentziehbare sog. „Wahlrecht", innerhalb von drei Monaten nach Kenntnis von der Erbschaft sein Verbleiben in der Gesellschaft von der Einräumung der Kommanditistenstellung abhängig zu machen und im Fall der Ablehnung seitens der Mitgesellschafter fristlos auszuscheiden. Das – genau genommen den *Mitgesellschaftern* zustehende – Wahlrecht soll ihn davor schützen, die Erbschaft ausschlagen zu müssen, wenn er die ihn als Gesellschafter treffende unbeschränkte persönliche Haftung vermeiden will.[69] Dementsprechend gestattet ihm § 139 Abs. 4 HGB die *Berufung auf die beschränkte Erbenhaftung* gegenüber den ihn nach §§ 128, 130 HGB treffenden Gesellschaftsverbindlichkeiten, wenn er entweder innerhalb der Dreimonatsfrist mit Einverständnis der Mitgesellschafter in die Kommanditistenstellung überwechselt oder – bei deren fehlendem Einverständnis – seinen Austritt aus der Gesellschaft erklärt.[70]

47 Der Übergang von der Doppelverpflichtungs- zur Akzessorietätstheorie im **GbR-Recht** (vgl. § 714 RdNr. 3 ff.) hat zur Folge, dass sich der Konflikt zwischen unbeschränkter Gesellschafter- und beschränkter Erbenhaftung seither auch für Gesellschafter/Erben eines GbR-Anteils stellt. Der Normzweck des § 139 HGB trifft daher auch in diesen Fällen zu. Da der Gesetzgeber diese Entwicklung nicht vorhergesehen hat, liegt eine *Regelungslücke* vor, die – mutatis mutandis – durch **analoge Anwendung des § 139 HGB** zu schließen ist; die bisher überwiegende Ablehnung dieser Analogie[71] ist überholt. Das Fehlen von Gestaltungsmöglichkeiten nach Art einer KG im GbR-Recht steht der Analogie angesichts des in §§ 105 Abs. 2, 161 HGB für die meisten GbR-Dauergesellschaften zugelassenen **Formwechsels in die Rechtsform der KG** nicht entgegen. Sind die Mitgesellschafter hierzu innerhalb der Dreimonatsfrist des § 139 Abs. 3 HGB nicht bereit, so kann jeder Gesellschafter analog § 139 Abs. 2 sein fristloses Ausscheiden aus der – im Übrigen fortbestehenden[72] – Gesellschaft erklären.

48 Die entsprechende Anwendung von § 139 Abs. 1 HGB scheitert allerdings bei Gesellschaften, deren Zweck nicht auf einen nach § 105 Abs. 2 HGB erforderlichen Gewerbebetrieb oder die Vermögensverwaltung gerichtet ist, so dass die Gesellschafter daher **keinen Formwechsel in die KG** beschließen können. Gleichwohl besteht auch in diesen Fällen, falls es zu einer erbrechtlichen Gesellschafter-Nachfolge kommen sollte, ein **vergleichbares**

S. 94 ff., 100 f. AA *Flume* I/1 § 18 VI 2, S. 406; *Heckelmann* (Fn. 42) S. 626; *Marotzke* AcP 184 (1984), 541, 565 f.

[67] Vgl. *Ulmer* ZGR 1972, 324, 327 f.; *ders.* BB 1977, 805, 807; so auch *Soergel/Hadding* RdNr. 31. AA *Staudinger/Keßler* RdNr. 25, der auf einen erbrechtlichen Formzwang verzichten will.

[68] Ebenso *Heckelmann* (Fn. 42) S. 629; wohl auch *Flume* I/1 § 18 VI 2, S. 403 ff., der zwar das Bestehen einer Anrechnungspflicht insgesamt als Problem der Testamentsauslegung behandelt, im Falle eines nicht feststellbaren Erblasserwillens dann aber doch auf eine Analogie zu §§ 2050 ff. zurückgreift und sich damit im Zweifel für die Anrechnung ausspricht. Vgl. zum Ganzen auch *Windel* (Fn. 1) S. 307 ff.

[69] Vgl. *Baumbach/Hopt* HGB § 139 RdNr. 6; *Ulmer* in Großkomm. zum HGB, 3. Aufl., § 139 RdNr. 1; *Schlegelberger/K. Schmidt* HGB § 139 RdNr. 10.

[70] *Baumbach/Hopt* HGB § 139 RdNr. 43 ff.; *Ulmer* in Großkomm. zum HGB, 3. Aufl., § 139 RdNr. 147, 153; *Schlegelberger/K. Schmidt* HGB § 139 RdNr. 117 f.

[71] So *H. Westermann* Hdb. (Ausgabe 1979) RdNr. I 743; *Jan Schröder* ZGR 1978, 578, 599; zweifelnd auch *Schlegelberger/K. Schmidt* HGB § 139 Rdr. 60 (betr. die unternehmenstragende GbR); für Analogie aber schon *Hüfner,* Testamentsvollstreckung an Personengesellschaftsanteilen, 1990, 156 f.; so auch *Erman/Schlüter* § 1922 RdNr. 31 (ohne Begr.); tendenziell zust. auch *Staudinger/Marotzke* (2000) § 1922 RdNr. 168.

[72] Vgl. nur *Baumbach/Hopt* HGB § 139 RdNr. 43; *Ulmer* in Großkomm. zum HGB, 3. Aufl., § 139 RdNr. 141.

Schutzbedürfnis der Gesellschafter/Erben. Ihm ist entsprechend § 9 Abs. 3 S. 3 PartGG dadurch Rechnung zu tragen, dass sich die Befugnis des Gesellschafter/Erben analog § 139 HGB darauf beschränkt, innerhalb der Dreimonatsfrist des § 139 Abs. 3 HGB seinen **Austritt** aus der Gesellschaft zu erklären. Zu erwägen ist immerhin ein Recht der Mitgesellschafter, durch das Angebot eines Rechtsformwechsels in eine Partnerschaftsgesellschaft mit dem Haftungsprivileg des § 8 Abs. 2 PartGG (vgl. § 8 PartGG RdNr. 14 ff.) den Austritt des Erben abzuwenden.

5. Rechtsgeschäftliche Nachfolgeklauseln. Im Unterschied zu den im Gesellschaftsvertrag enthaltenen „erbrechtlichen" Nachfolgeklauseln, die sich darauf beschränken, den Anteil vererblich zu stellen, den Vollzug des Übergangs aber dem Erbrecht überlassen (RdNr. 31), sollen „rechtsgeschäftliche" Nachfolgeklauseln auf rechtsgeschäftlichem Wege, durch **Verfügungsvertrag** und ohne Rückgriff auf die erbrechtliche Rechtsnachfolge, den Anteilsübergang im Todeszeitpunkt auf die begünstigten Personen bewirken. Ein Interesse der Beteiligten an solchen Klauseln kann namentlich dann bestehen, wenn die Berufung der als Nachfolger in Betracht gezogenen Personen zu Erben aus der Sicht des Verfügenden oder der Mitgesellschafter zweifelhaft oder unwahrscheinlich ist und der Anteilsübergang auf sie gleichwohl sichergestellt werden soll. 49

Die **Problematik** solcher rechtsgeschäftlicher Nachfolgeklauseln ist, wenn diese ohne Beteiligung der dadurch begünstigten Personen vereinbart sind, doppelter Natur.[73] Einerseits setzen sie sich wegen der damit bezweckten, dem unmittelbaren Anteilsübergang dienenden Verfügungswirkung in Widerspruch zu dem von Rechtsprechung[74] und Teilen der Literatur[75] vertretenen Verbot von Verfügungen zu Gunsten Dritter. Und zum anderen enthalten sie wegen der mit jeder Gesellschafterstellung verbundenen Verpflichtungen auch Elemente eines Vertrages zu Lasten Dritter.[76] Zu Recht hat daher der BGH in seiner Grundsatzentscheidung von 1977 zur Gesellschafter-Nachfolge auf den Todesfall[77] den in der Literatur wiederholt vertretenen Bestrebungen eine Absage erteilt, rechtsgeschäftliche Nachfolgeklauseln gleichrangig neben erbrechtlichen zuzulassen[78] oder gar sämtliche Nachfolgeklauseln im Hinblick auf die mit der Sondererbfolge verbundenen Probleme als rechtsgeschäftliche zu behandeln.[79] *Rechtsgeschäftliche Nachfolgeklauseln sind vielmehr grundsätzlich unwirksam.* Zur Frage der Auslegung von Nachfolgeklauseln und ihrer etwaigen Umdeutung in Eintrittsklauseln vgl. RdNr. 60 ff. 50

Eine **Ausnahme** von der grundsätzlichen Unzulässigkeit rechtsgeschäftlicher Nachfolgeklauseln greift dann ein, wenn die hierdurch begünstigten Personen selbst an der Vereinbarung beteiligt sind, insbesondere also bei Klauseln, durch die für den Todesfall eines Gesellschafters ein **Mitgesellschafter** als Nachfolger in den Anteil namentlich bestimmt ist.[80] In diesem Fall stehen weder die Bedenken gegen Verfügungen zu Gunsten Dritter noch das Verbot von Verträgen zu Lasten Dritter der Wirksamkeit des Verfügungsgeschäfts entgegen. Der Sache nach geht es um eine Anteilsübertragung unter Lebenden an den Begünstigten, aufschiebend bedingt durch den Tod des Verfügenden.[81] Die insoweit erforderliche 51

[73] Vgl. dazu BGHZ 68, 225, 231 ff. = NJW 1977, 1339 und *Ulmer* ZGR 1972, 212 ff. m. Nachw.

[74] BGHZ 41, 95 f. = NJW 1964, 1124 (m. Nachw. zur Rspr. des RG); BGHZ 68, 225, 231 = NJW 1977, 1339.

[75] Vgl. *Palandt/Heinrichs* Einf. § 328 RdNr. 8 sowie diejenigen Autoren, die die Anwendbarkeit von § 328 auf Verfügungsverträge zur Begründung von Ansprüchen auf Leistung aus dem Grundstück beschränken (*Enneccerus/Lehmann* § 34 VI; *Wolff/Raiser* § 38 II 3 u. a.); zurückhaltend auch § 328 RdNr. 190 ff. *(Gottwald).* Für generelle Zulassung von Verfügungen zu Gunsten Dritter *Esser/Schmidt* I/2 § 36 IV; *Larenz* I § 17 IV; *Staudinger/Jagmann* (2001) Vor § 328 RdNr. 60 ff.; *Erman/Westermann* § 328 RdNr. 3.

[76] BGHZ 68, 225, 232 = NJW 1977, 1339; *Soergel/Hadding* RdNr. 32; so auch schon *Rüthers* AcP 168 (1968), 263, 274; *Siebert* (Fn. 1) S. 17; aA namentlich *Säcker* (Fn. 66) S. 49 ff., 54, 63 f.

[77] BGHZ 68, 225, 231 ff. = NJW 1977, 1339.

[78] So aber das erbrechtliche Schrifttum, vgl. *Brox* (Fn. 65) RdNr. 787, 791; *Lange/Kuchinke* ErbR § 5 VI 3; sodann namentlich *Säcker* (Fn. 66) S. 54, 63 f. Für die Möglichkeit rechtsgeschäftlicher Nachfolgeklauseln auch *H. P. Westermann* JuS 1979, 764 f.

[79] So eingehend *Flume* I/1 § 18, S. 375 ff.

[80] BGHZ 68, 225, 234 = NJW 1977, 1339; BayObLG ZIP 2000, 1614, 1615 f. Vgl. auch *Becker* AcP 201 (2001), 629 ff. (dazu § 723 RdNr. 9).

[81] Vgl. *Marotzke* AcP 184 (1984), 541, 557 ff.; *Soergel/Hadding* RdNr. 33 m. weit. Nachw.

Zustimmung der übrigen Gesellschafter (vgl. § 719 RdNr. 27) liegt in der Nachfolgeklausel als Bestandteil des Gesellschaftsvertrages. Das Fehlen der in § 2301 Abs. 1 vorgeschriebenen Form kann einer solchen Klausel nicht entgegengesetzt werden.[82]

52 Der **Unterschied** derartiger **rechtsgeschäftlicher Nachfolgeklauseln** unter Begünstigung eines Mitgesellschafters gegenüber einer bloßen Fortsetzungsklausel liegt darin, dass in diesem Fall wegen des Anteilsübergangs ein Abfindungsanspruch für die Erben des verstorbenen Gesellschafters nicht zur Entstehung kommt und dass die mit dem Anteil verbundenen Mitgliedschaftsrechte nicht untergehen bzw. sämtlichen Mitgesellschaftern anwachsen, sondern dem durch die Nachfolgeklausel begünstigten Gesellschafter zustehen. Dieser haftet auch gesamtschuldnerisch neben dem Nachlass für die auf dem Gesellschaftsvertrag beruhenden Verbindlichkeiten des verstorbenen Gesellschafters.[83] Ausgleichsansprüche der weichenden Erben und Pflichtteilsberechtigten bestehen mit Rücksicht auf den ihnen durch die Verfügung auf den Todesfall entgehenden Abfindungsanspruch nach Maßgabe der §§ 2050 ff., 2301, 2316, 2325.[84]

III. Eintrittsklauseln

53 **1. Unterschiede zur Nachfolgeklausel. a) Inhalt und Rechtsnatur.** Gesellschaftsvertragliche Eintrittsklauseln sind ebenso wie Nachfolgeklauseln dazu bestimmt, im Gesellschaftsvertrag das künftige Schicksal des Anteils eines durch Tod ausscheidenden Gesellschafters zu regeln. Im Unterschied zur Nachfolgeklausel kommt es bei der Eintrittsklausel jedoch nicht zum Anteilsübergang im Zeitpunkt des Todes des bisherigen Gesellschafters. Vielmehr hat der Tod zunächst die Fortsetzung der Gesellschaft unter den übrigen Gesellschaftern zur Folge. Die in der Eintrittsklausel benannten Personen haben jedoch ein **Recht auf Beitritt** zur fortbestehenden Gesellschaft unter den in der Klausel genannten Voraussetzungen.[85] Die Eintrittsklausel verbindet sich daher, auch wenn das nicht ausdrücklich im Gesellschaftsvertrag gesagt ist, in aller Regel mit einer Fortsetzungsklausel iS von § 736 (vgl. auch RdNr. 4).

54 **b) Folgerungen.** Aus der unterschiedlichen Rechtsnatur und Funktion von Nachfolge- und Eintrittsklausel ergeben sich für diese eine Reihe von Abweichungen gegenüber der Vereinbarung einer Nachfolgeklausel.[86] So müssen, was die **Voraussetzungen** einer Nachfolge in den Anteil angeht, im Fall der erbrechtlichen Nachfolgeklausel gesellschaftsvertragliche und erbrechtliche Lage übereinstimmen (RdNr. 42), während das durch die Eintrittsklausel gewährte Eintrittsrecht allein aus dem Gesellschaftsvertrag erwächst und daher auch einer nicht zum Erben berufenen Person als begünstigtem Dritten zustehen kann. Auch muss bei der Nachfolgeklausel die Auswahl des Nachfolgers grundsätzlich vom Erblasser selbst durch Erbeinsetzung vorgenommen werden.[87] Demgegenüber ist die Bestimmung des

[82] Eingehend *Ulmer* ZGR 1972, 195, 212 ff., 216; so im Ergebnis auch *Soergel/Hadding* RdNr. 33. Vgl. auch RdNr. 59 f.

[83] Vgl. aber auch BGH WM 1974, 834, wonach im Falle eines ersatzlosen Ausscheidens des verstorbenen Gesellschafters unter Ausschluss des Abfindungsanspruchs nur der Nachlass, nicht aber die durch den Abfindungsausschluss begünstigten Mitgesellschafter zur Rückzahlung unzulässiger Entnahmen verpflichtet sind.

[84] Dazu näher *Ulmer* in Großkomm. zum HGB, 3. Aufl., § 139 RdNr. 186 ff. m. weit. Nachw.; vgl. auch *Flume* I/1 § 18 V und VI, S. 398 ff., 401 ff., 409 ff., der die Vorschrift des § 2301 freilich (S. 400) als reine Formvorschrift versteht und ihr daher Bedeutung für die Ausgleichsfrage generell abspricht. Einen Ausgleichsanspruch der Erben des Gesellschafter-Erblassers ablehnend jedoch *Soergel/Hadding* RdNr. 33 mit der Begründung, in Ermangelung einer Erbenstellung des Begünstigten entgehe den Erben des Verstorbenen auch kein Abfindungsanspruch. Vgl. auch die Nachw. in Fn. 97.

[85] Zur Eintrittsklausel vgl. etwa *Soergel/Hadding* RdNr. 14 f.; *Flume* I/1 § 18 II 3, S. 391 f.; *Siebert* (Fn. 1) S. 12 ff.; *Wiedemann* Übertragung S. 162 ff.; *Säcker* (Fn. 66) S. 39 ff.; *Ulmer* in Großkomm. zum HGB, 3. Aufl., § 139 RdNr. 15 ff., 173 ff. Für Eingreifen von Sondererbfolge auch im Fall der Eintrittsklausel zu Unrecht *Kipp/Coing,* 13. Aufl., § 91 IV 8 f., S. 506 f.

[86] Dazu *Wiedemann* Übertragung S. 163 f.; *Ulmer* in Großkomm. zum HGB, 3. Aufl., § 139 RdNr. 17 bis 19.

[87] Das folgt aus § 2065 Abs. 2; vgl. *Ulmer* in Großkomm. zum HGB, 3. Aufl., § 139 RdNr. 27 m. weit. Nachw.; *Windel* (Fn. 1) S. 310 f.

durch die Eintrittsklausel begünstigten Dritten, soweit sie nicht entweder im Gesellschaftsvertrag oder letztwillig, ggf. im Vermächtniswege,[88] erfolgt, auch noch nach dem Tod des Gesellschafters durch eine vertraglich hierzu ermächtigte Person möglich.[89] Andererseits setzt die Eintrittsklausel Regelungen über das Schicksal des Abfindungsanspruchs beim Tod des Gesellschafters voraus (RdNr. 58 f.), während es bei der Nachfolgeklausel wegen des unmittelbaren Anteilsübergangs auf den Nachfolger/Erben von vornherein nicht zur Entstehung eines Abfindungsanspruchs kommt (§ 738 RdNr. 14).

Den unterschiedlichen Voraussetzungen entsprechen auch unterschiedliche **Rechtsfolgen** der beiden Klauselarten. So ist die Entscheidung über die Ausübung des Eintrittsrechts im Fall der Eintrittsklausel dem Begünstigten überlassen, während der Nachfolger/Erbe, wenn er nicht die Erbschaft ausschlägt, ohne sein Zutun Gesellschafter wird und vorbehaltlich der analogen Anwendung des § 139 HGB (RdNr. 47 f.) nur die Möglichkeit hat, durch Kündigung auszuscheiden (RdNr. 31). Ist der Eintrittsberechtigte zugleich Erbe, so kann der Erblasser freilich letztwillig eine *Eintrittspflicht* begründen, sei es durch ein Vermächtnis zu Gunsten der Mitgesellschafter[90] oder durch Erbeinsetzung unter Auflage oder Bedingung. Steht das Eintrittsrecht einem nicht voll Geschäftsfähigen zu, so bedarf dessen Ausübung im Unterschied zur erbrechtlichen Nachfolge der Mitwirkung des gesetzlichen Vertreters sowie nach Maßgabe von § 1822 Nr. 3 auch derjenigen des Vormundschaftsgerichts. Besteht die Gesellschaft nur noch aus *zwei Personen,* so wird sie im Fall der Eintrittsklausel durch den Tod des vorletzten Gesellschafters beendet (Vor § 723 RdNr. 9, 17). Die Ausübung des Eintrittsrechts macht hier also eine Neugründung erforderlich, während im Falle der Nachfolgeklausel der Fortbestand der Gesellschaft durch den Tod nicht berührt wird. 55

Unterschiede bestehen auch hinsichtlich der Rechtsstellung der **übrigen Nachlassbeteiligten** (weichende Erben, Pflichtteilsberechtigte und sonstige Nachlassgläubiger). Beim Übergang des Anteils im Wege einer erbrechtlichen Nachfolgeklausel steht der vorrangige Vollstreckungszugriff den Nachlassgläubigern zu (RdNr. 40); der Anteilswert ist grundsätzlich bei der Auseinandersetzung zu berücksichtigen (RdNr. 45). Dagegen bildet der aus dem Anteil folgende Abfindungsanspruch bei der Eintrittsklausel nur dann ein Aktivum zu Gunsten der Nachlassgläubiger und der weichenden Erben, wenn er nicht gesellschaftsvertraglich zu Gunsten des Eintrittsberechtigten ausgeschlossen ist, sondern mit dem Erbfall entsteht und dem Eintrittsberechtigten auf erbrechtlichem Wege zugewendet wird. Andernfalls richtet sich eine etwaige Ausgleichspflicht nach den Grundsätzen über unentgeltliche Verfügungen unter Lebenden (RdNr. 52). 56

2. Das Eintrittsrecht. Die Eintrittsklausel begründet als **berechtigender Vertrag zu Gunsten Dritter** (§ 328 Abs. 1) mit dem Todesfall ein eigenes Recht der dadurch begünstigten Personen auf Beitritt zur Gesellschaft.[91] Ob es zu seiner Ausübung der Mitwirkung der übrigen Gesellschafter bedarf oder ob der Eintritt sich durch einseitige Erklärung des Eintrittsberechtigten gegenüber den Mitgesellschaftern vollzieht, ist durch Auslegung zu klären; beide Gestaltungen sind möglich. Die Annahme eines *einseitigen* Eintrittsrechts – sei es als Options-(Gestaltungs-)Recht oder als Recht auf Annahme eines in der Eintrittsklausel enthaltenen, bindenden Vertragsangebots der übrigen Gesellschafter[92] – liegt dann nahe, wenn die Bedingungen des Eintritts und die Ausgestaltung der Gesellschafterstellung des Eintrittsberechtigten bereits feststehen, er namentlich in vollem Umfang an die Stelle des verstorbenen Gesellschafters treten und dessen Rechte und Pflichten unverändert überneh- 57

[88] Zur Zuwendung eines Eintrittsrechts durch Vermächtnis vgl. BGH NJW-RR 1987, 989.

[89] Vgl. § 328 RdNr. 24; so im Ergebnis auch RGRK/*Ballhaus* § 328 RdNr. 23; *Staudinger/Jagmann* (2001) § 328 RdNr. 14 ff., die lediglich auf die Bestimmbarkeit der Person des Dritten abstellen.

[90] So für das OHG-Recht auch *Hueck* OHG § 28 II 1 a; *Siebert* (Fn. 1) S. 13; aA *v. Godin* JR 1948, 61, 65.

[91] *Ulmer* in Großkomm. zum HGB, 3. Aufl., § 139 RdNr. 176. Vgl. auch § 1922 RdNr. 40 und § 2301 RdNr. 45.

[92] Zum Meinungsstand vgl. *Ulmer* in Großkomm. zum HGB, 3. Aufl., § 139 RdNr. 178. Die Unterscheidung hat nur bei Formbedürftigkeit des Gesellschaftsvertrags praktische Bedeutung (*Ulmer* ZGR 1972, 218 Fn. 111).

men soll.[93] Das Eintrittsrecht ist in angemessener Frist auszuüben.[94] Zur Frage einer *Eintrittspflicht* vgl. RdNr. 55.

58 **3. Das Schicksal des Abfindungsanspruchs.** Enthält der Gesellschaftsvertrag keine Nachfolge-, sondern eine Fortsetzungs- und Eintrittsklausel, so empfiehlt es sich, daneben noch Vereinbarungen darüber zu treffen, was mit dem Abfindungsanspruch geschehen und wem er ggf. zustehen soll. *Ohne* eine derartige *Regelung* entsteht der Abfindungsanspruch nach §§ 736 Abs. 1, 738 Abs. 1 S. 2 mit dem Tod des bisherigen Gesellschafters als **Nachlassgegenstand.** Daran ändert sich auch dann nichts, wenn der durch die Eintrittsklausel Begünstigte sein Eintrittsrecht ausübt. Dadurch wird er zwar Mitglied der Gesellschaft und erwirbt unter Abwachsung bei den anderen Gesellschaftern einen entsprechenden Gesellschaftsanteil, doch ist das für seine vermögensrechtliche Stellung in der Gesellschaft ohne Einfluss (§ 718 RdNr. 6 f.). Insoweit bleibt der Eintrittsberechtigte vielmehr zu einer dem Abfindungsbetrag mindestens entsprechenden Einlage verpflichtet, wenn er die Vermögensposition des verstorbenen Gesellschafters erlangen will.[95] Die Einbringung des Abfindungsanspruchs anstelle einer Geldeinlage ist ihm aber nur dann möglich, wenn ihm dieser – gegebenenfalls im Rahmen der Erbauseinandersetzung – von dem oder den Erben zuvor abgetreten wird. Der Erblasser kann die Voraussetzungen dafür schaffen, indem er letztwillig ein entsprechendes Vermächtnis oder eine Teilungsanordnung zu Gunsten des Eintrittsberechtigten verfügt.[96]

59 Für Gesellschaft und Mitgesellschafter günstiger ist es demgegenüber, wenn dem Eintrittsberechtigten auf *rechtsgeschäftlichem Wege,* durch entsprechende Ausgestaltung des Gesellschaftsvertrags, neben dem Eintrittsrecht auch die **Vermögensstellung des bisherigen Gesellschafters verschafft** wird. Das kann entweder durch Vorausabtretung des Abfindungsanspruchs zwischen bisherigem Gesellschafter und Eintrittsberechtigtem auf den Todesfall entsprechend § 2301 Abs. 2[97] geschehen[98] oder dadurch, dass im Gesellschaftsvertrag der Abfindungsanspruch beim Tod eines Gesellschafters ausgeschlossen wird (§ 738 RdNr. 61) und die übrigen Gesellschafter sich nach § 328 verpflichten, die mit dem Anteil verbundenen Vermögensrechte treuhänderisch für den Eintrittsberechtigten zu halten und bei dessen Eintritt auf ihn zu übertragen.[99] Der letztgenannte Weg ist der aus der Sicht der Mitgesellschafter sicherste und schützt sie am besten gegen die Gefahren eines planwidrigen Kapitalabflusses trotz Ausübung des Eintrittsrechts. Mit der Eintrittsklausel ist daher, wenn der Eintrittsberechtigte voll an die Stelle des verstorbenen Gesellschafters treten und insbesondere dessen Vermögensposition übernehmen soll, im Zweifel eine derartige **Treuhandlösung** gewollt.[100] Angesichts der Ungewissheit über die Ausübung des Eintrittsrechts ist der Abfindungsausschluss freilich im Regelfall als durch den Nicht-

[93] BGH LM HGB § 139 Nr. 9 = NJW 1978, 264, 266; *Ulmer* in Großkomm. zum HGB, 3. Aufl., 139 RdNr. 178 m. weit. Nachw.; tendenziell für Aufnahmeanspruch aber *Erman/Westermann* RdNr. 11.

[94] RGZ 170, 98, 108; vgl. dazu auch *Soergel/Hadding* RdNr. 14.

[95] AA anscheinend *Flume* I/1 § 18 II 3, S. 393, der einen Unterschied zwischen Nachfolge- und Eintrittsklausel nur hinsichtlich des Zeitpunkts des Beteiligungserwerbs durch den Eintrittsberechtigten sieht. Auch wenn das den Vorstellungen der Beteiligten entsprechen mag, ändert es jedoch nichts daran, dass dieses Ergebnis bei der Eintritts- im Unterschied zur Nachfolgeklausel nur durch einen – sei es auch stillschweigenden – Ausschluss des Abfindungsanspruchs der Erben und die treuhänderische Wahrnehmung der mit dem Anteil verbundenen Vermögensrechte durch die Mitgesellschafter erreichbar ist.

[96] Sog. erbrechtliche Lösung, vgl. *Ulmer* ZGR 1972, 220.

[97] Zur Frage der Anwendbarkeit von § 2301 Abs. 1 S. 1 oder Abs. 2 in derartigen Fällen vgl. *Michalski,* Gesellschaftsrechtliche Gestaltungsmöglichkeiten zur Perpetuierung von Unternehmen, 1980, S. 190 ff. und *Marotzke* AcP 184 (1984), 541, 573 ff., jew. m. weit. Nachw.

[98] Für Zulässigkeit auch einer Vorausabtretung zwischen den Gesellschaftern zugunsten des Eintrittsberechtigten *Erman/Westermann* RdNr. 12.

[99] Vgl. dazu *Ulmer* ZGR 1972, 219 f.; *Erman/Westermann* RdNr. 12; so auch BGH LM HGB § 139 Nr. 9 = NJW 1978, 264, 265 und zuvor schon BGHZ 22, 186, 194 ff. = NJW 1957, 180, freilich für den anders gelagerten und daher ohne Treuhandgestaltung lösbaren Fall der qualifizierten Nachfolgeklausel (RdNr. 43 f.).

[100] So im Ergebnis auch RGZ 145, 289, 293; OLG Hamburg MDR 1955, 43.

eintritt des Berechtigten auflösend bedingt anzusehen. – Für die Stellung der durch den Abfindungsausschluss betroffenen Erben und Pflichtteilsberechtigten gelten die Feststellungen in RdNr. 52.

IV. Auslegungsfragen

1. Allgemeines. Bei der Auslegung von im Gesellschaftsvertrag für den Todesfall getroffenen Vereinbarungen kommt es entsprechend den allgemeinen Auslegungsmaßstäben (§ 705 RdNr. 171) nicht allein oder in erster Linie auf den Vertragswortlaut an, sondern auf den wirklichen Willen der Beteiligten. Vorbehaltlich des Sonderfalls von Freiberufler-Sozietäten[101] geht dieser wegen der für die Gesellschaft günstigeren Rechtsfolgen *im Zweifel* dahin, nicht eine Eintritts-, sondern eine **erbrechtliche Nachfolgeklausel** vorzusehen, da auf diesem Wege ein sofortiger Anteilsübergang ermöglicht, die bis zur Ausübung des Eintrittsrechts bestehende Rechtsunsicherheit vermieden und der Gefahr eines planwidrigen Kapitalabflusses vorgebeugt wird.[102] Darauf, ob in der Klausel von „Nachfolge“, von „Übergang“ oder von „Eintritt“ die Rede ist und ob der Gesellschaftsvertrag die nachfolgeberechtigten Personen namentlich oder generell bezeichnet, kommt es nicht an.[103] 60

Eine abweichende, für die Annahme einer **Eintrittsklausel** sprechende Wertung ist demgegenüber dann veranlasst, wenn im Gesellschaftsvertrag die Fortsetzung der Gesellschaft mit Personen vorgesehen ist, die voraussichtlich nicht zum Kreis der Erben des verstorbenen Gesellschafters gehören werden. Die Annahme einer – den verfügenden Gesellschafter schon zu Lebzeiten bindenden – **rechtsgeschäftlichen Nachfolgeklausel** (RdNr. 49, 51) liegt schließlich dann nahe, wenn als Nachfolger ein Mitgesellschafter namentlich bestimmt ist und der Anteilsinhaber sich nicht ausdrücklich die Freiheit anderweitiger Verfügung über den Anteil vorbehalten hat.[104] 61

2. Umdeutung. Sie setzt nach § 140 voraus, dass die Auslegung der Klausel zu einer vertraglichen Nachfolgeregelung führt, die sich entweder als generell unzulässig und daher nichtig oder als im Einzelfall unwirksam erweist. Ein Beispiel für den erstgenannten Fall bildet die nichtige Vereinbarung einer rechtsgeschäftlichen Nachfolgeklausel zu Gunsten eines Nichtgesellschafters (RdNr. 50). Bei ihr kommt je nachdem, ob der Begünstigte Erbe geworden ist oder nicht, die Umdeutung entweder in eine erbrechtliche Nachfolgeklausel oder in eine Eintrittsklausel mit treuhänderischer Wahrnehmung der Vermögensrechte aus dem Anteil durch die Mitgesellschafter (RdNr. 59) in Betracht.[105] Scheitert dagegen eine – an sich zulässige – erbrechtliche Nachfolgeklausel an der mangelnden Erbenstellung der als Nachfolger vorgesehenen Person (RdNr. 28), so bietet sich je nach Lage des Falles die Umdeutung in eine Eintrittsklausel an.[106] 62

[101] Zu den insoweit zu beachtenden, gegen eine Nachfolgeklausel sprechenden Besonderheiten vgl. RdNr. 26 und *Erman/Westermann* RdNr. 13.

[102] HM, vgl. BGHZ 68, 225, 231 = NJW 1977, 1339; BGH NJW 1974, 498 (insoweit in BGHZ 62, 20 nicht abgedruckt); BB 1974, 902, 903; WM 1973, 37, 38; *Wiedemann* Übertragung S. 164; *Ulmer* in Großkomm. zum HGB, 3. Aufl., § 139 RdNr. 22; *ders.* BB 1977, 805, 807; *Soergel/Hadding* RdNr. 34; *Erman/Westermann* RdNr. 13.

[103] BGHZ 68, 225, 231 = NJW 1977, 1339; *Ulmer* in Großkomm. zum HGB, 3. Aufl., § 139 RdNr. 20.

[104] BGHZ 68, 225, 234 = NJW 1977, 1339.

[105] BGHZ 68, 225, 233 = NJW 1977, 1339; BGH LM HGB § 139 Nr. 9 = NJW 1978, 264, 265.

[106] BGH LM HGB § 139 Nr. 9 = NJW 1978, 264; *Ulmer* in Großkomm. zum HGB, 3. Aufl., § 139 RdNr. 31; problematisch aber die von BGH ZIP 1987, 1042, 1043 = JZ 1987, 880 f. m. Anm. *Ulmer* in einem Sonderfall vorgenommene ergänzende Auslegung einer fehlgeschlagenen gesellschaftsvertraglichen Nachfolgeklausel als Eintrittsrecht für die nachfolgeberechtigten Abkömmlinge, verbunden mit der Vererbung des Abfindungsanspruchs an die als Alleinerbin eingesetzte Witwe des verstorbenen Gesellschafters; mit der früher für die Sondervererbung vertretenen Abspaltungsthese hatte die vom BGH entschiedene, auf Trennung der Gesellschaftsbeteiligung von den damit verbundenen Vermögensrechten zielende Konstellation in Wahrheit nichts zu tun (näher *Ulmer* JZ 1987, 881 ff., 883).

V. Sonderfälle

63 **1. Der vermeintliche Erbe.**[107] **a) Nachfolgeklausel.** Wie vorstehend ausgeführt (RdNr. 31), tritt der Anteilsübergang auf den oder die Erben im Falle der erbrechtlichen Nachfolgeklausel mit dem Zeitpunkt des Erbfalls ein, ohne dass es hierzu rechtsgeschäftlicher Erklärungen der Nachfolger/Erben oder der Mitgesellschafter bedarf. Der **wahre Erbe wird** daher auch dann **Gesellschafter,** wenn zunächst ein Dritter als vermeintlicher Erbe auftritt und die Gesellschafterrechte in Anspruch nimmt. Die Lehre von der fehlerhaften Gesellschaft greift nicht ein, da die Nachfolge sich ohne (fehlerhaften) Vertragsschluss vollzieht (§ 705 RdNr. 327, 366); anderes gilt nur dann, wenn es in der Folgezeit zu gesellschaftsvertraglichen Vereinbarungen zwischen dem vermeintlichen Erben und den Mitgesellschaftern über den Anteil kommt, etwa zur Änderung seiner gesellschaftsrechtlichen Stellung oder zur Vereinbarung seines Ausscheidens. Die bloße Tatsache seiner Mitwirkung in der Gesellschaft reicht nicht aus, um den Scheinerben unter Verdrängung des wahren Erben zum Gesellschafter zu machen.[108]

64 Hinsichtlich der Wirkungen von **Rechtshandlungen des vermeintlichen Erben** in der Gesellschaft ist danach zu unterscheiden, ob für ihn ein Erbschein ausgestellt war oder nicht. Lag ein **Erbschein** vor, so können sich die Mitgesellschafter dem wahren Erben gegenüber wegen der mit dem vermeintlichen Erben getätigten Verfügungsgeschäfte und der an ihn erbrachten Leistungen auf den öffentlichen Glauben des Erbscheins berufen (§ 2367). Der wahre Erbe muss den Anteil – bzw. den Abfindungsanspruch als Surrogat (§ 2019) bei zwischenzeitlichem Ausscheiden des vermeintlichen Erben – grundsätzlich in dem Zustand übernehmen, in dem er sich bei Aufdeckung des Irrtums befindet.[109] Im Übrigen ist er auf die Ansprüche nach §§ 2018 ff. gegen den vermeintlichen Erben verwiesen. Dieser kann seinerseits von den Mitgesellschaftern entsprechend § 738 Abs. 1 Befreiung von den Verbindlichkeiten verlangen, die für ihn kraft Rechtsscheins während seiner Stellung als Scheingesellschafter entstanden sind.[110] Gegen die Gesellschaft und den wahren Erben hat er wegen seiner in deren Interesse gemachten Aufwendungen gegebenenfalls Ansprüche aus Geschäftsführung ohne Auftrag.

65 **Ohne Erbschein oder gesellschaftsvertragliche,** zum Eingreifen der Lehre von der fehlerhaften Vertragsänderung (§ 705 RdNr. 326 ff., 366) führende **Abreden** der übrigen Gesellschafter mit dem Scheinerben stehen dem wahren Erben nach gesetzlicher Regel die mit dem Erbfall erlangten Anteilsrechte unter Berücksichtigung zwischenzeitlicher Gewinne oder Verluste in vollem Umfang zu.[111] Entnahmen des vermeintlichen Erben oder sonstige von diesem herbeigeführte Verschlechterungen der mit dem Anteil verbundenen Rechtsstellung haben ihm gegenüber keine Wirkung; die Gesellschaft muss sich insoweit an den vermeintlichen Erben halten (Umkehrschluss aus § 2367). Diese für die Gesellschaft unerfreulichen Rechtsfolgen lassen sich allerdings vermeiden, wenn man entsprechend den allgemein für die Abtretung geltenden Schutzvorschriften der §§ 413, 407, 409 zu einer *Annäherung an § 16 GmbHG* kommt.[112] Ist der vermeintliche Erbe zwischenzeitlich durch –

[107] Vgl. dazu *Rob. Fischer,* FS Heymanns Verlag, 1965, S. 271 ff.; *Konzen* ZHR 145 (1981), 29 ff.; *Bode,* Der Irrtum über die Person des fortsetzungsberechtigten Gesellschafter-Erben bei der OHG, Diss. Hamburg 1969; *Roloff,* Der Scheinerbe eines Personenhandelsgesellschafters, Diss. Münster 1969; *Carsten Schäfer,* Die Lehre vom fehlerhaften Verband, 2002, S. 317 ff.; *Soergel/Hadding* RdNr. 37 ff.; *Ulmer* in Großkomm. zum HGB, 3. Aufl., § 139 RdNr. 42 bis 44.

[108] *Soergel/Hadding* RdNr. 40; *Wiesner,* Die Lehre von der fehlerhaften Gesellschaft, 1980, S. 150; *Schäfer* (Fn. 107) S. 317 f.; im Ergebnis auch *Rob. Fischer* (Fn. 107) S. 281 f.; aA – für uneingeschränkte Anwendung der Lehre von der fehlerhaften Gesellschaft auch im Fall des Vollzugs einer Nachfolgeklausel gegenüber dem vermeintlichen Erben – *Konzen* (Fn. 107) S. 63 ff.

[109] *Rob. Fischer* (Fn. 107) S. 277. Zur Einschränkung für den Fall von Vertragsänderungen mit bindender Wirkung für den wahren Erben vgl. *Konzen* (Fn. 107) S. 66.

[110] *Rob. Fischer* (Fn. 107) S. 283; *Soergel/Hadding* RdNr. 40.

[111] So im Ergebnis auch *Konzen* (Fn. 107) S. 65 f.

[112] So vor allem *Karsten Schmidt* BB 1988, 1051, 1060; ihm folgend *Schäfer* (Fn. 107) S. 318 f.; ähnlich auch schon *Huber* Vermögensanteil S. 411; *Wiedemann* Übertragung S. 69 ff.; *ders.* WM 1990, Beilage 8 S. 30.

fehlerhafte – Vereinbarung mit den Gesellschaftern ausgeschieden, so ist damit zwar auch die Gesellschafterstellung des wahren Erben entfallen; er kann jedoch nach Aufdeckung des Irrtums seine Wiederaufnahme verlangen.[113] Für die Rechtsstellung des vermeintlichen Erben gelten die Ausführungen in RdNr. 64 aE entsprechend.

b) Eintrittsklausel. Unterschiede gegenüber der Lage bei der Nachfolgeklausel ergeben sich für den Fall, dass der vermeintliche Erbe von dem ihm scheinbar zustehenden gesellschaftsvertraglichen Eintrittsrecht Gebrauch macht. Kommt es dadurch zum Abschluss eines Aufnahmevertrags bzw. übt der vermeintliche Erbe ein entsprechendes Gestaltungsrecht (RdNr. 57) des Erben aus, so greifen die Grundsätze über die **fehlerhafte Gesellschaft** ein: der vermeintliche Erbe wird auf Grund des Vollzugs des fehlerhaften Aufnahmevertrags Gesellschafter (§ 705 RdNr. 366) und kann nur ex nunc wieder ausgeschlossen werden.[114] Das gilt nach einhM jedenfalls beim **Fehlen eines Erbscheins** (zur Lage bei Erteilung eines Erbscheins vgl. RdNr. 67). Da in diesem Fall die Rechtshandlungen des vermeintlichen Erben vorbehaltlich einer Annäherung an § 16 GmbHG (RdNr. 65) die Stellung des wahren Erben nicht schmälern können, bleibt diesem unabhängig vom Verhalten des vermeintlichen Erben das gesellschaftsvertragliche Eintrittsrecht oder ersatzweise der Abfindungsanspruch im Grundsatz erhalten.[115] Auf Leistungen an den vermeintlichen Erben kann die Gesellschaft sich nur berufen, wenn man dem Grundgedanken des § 16 GmbHG folgt (RdNr. 65). 66

War dem vermeintlichen Erben ein **Erbschein erteilt,** so herrschte früher die Ansicht vor, dass auf Grund der Ausübung des Eintrittsrechts abweichend vom Regelfall (RdNr. 66) ein wirksamer Aufnahmevertrag zu Stande kommt, wobei die Rechte hieraus allerdings nicht dem vermeintlichen, sondern kraft Surrogation (§ 2019) dem wahren Erben zustehen sollten.[116] Gegen diese Ansicht sind seither begründete Bedenken erhoben worden.[117] Sie stützen sich einerseits darauf, dass das Eintrittsrecht als solches kein Nachlassgegenstand ist, über den durch den Eintritt verfügt wurde, und dass selbst eine Verfügung über den Abfindungsanspruch als Nachlassgegenstand sich mit dem Eintritt nur dann verbindet, wenn dieser nicht bereits im Gesellschaftsvertrag für den Eintrittsfall ausgeschlossen wurde (vgl. RdNr. 56). Vor allem aber spricht gegen die Annahme einer Mitgliedschaft des wahren Erben kraft Surrogation (§ 2019) als Folge des Beitritts des vermeintlichen Erben, dass auch der Erbschein diesem keine Verpflichtungsbefugnis zu Lasten des wahren Erben verschafft.[118] Daher erfolgt der Eintritt des vermeintlichen Erben auch beim Vorliegen eines Erbscheins **fehlerhaft** und lässt das Ausschlussrecht der Mitgesellschafter bei Aufdeckung der wahren Rechtslage unberührt;[119] das *Eintrittsrecht des wahren Erben besteht grundsätzlich fort.* Der mit §§ 2366, 2367 bezweckte Verkehrsschutz Dritter bei Rechtsgeschäften mit dem Erbscheinserben beschränkt sich darauf, die Mitgesellschafter insoweit zu schützen, als es um die Wirksamkeit von *Verfügungen* des oder gegenüber dem Erbscheinserben geht, sei es über den Abfindungsanspruch als Nachlassgegenstand oder über Gewinnansprüche und Entnahmen. Dagegen werden vom öffentlichen Glauben des Erbscheins solche Vertragsänderungen *nicht* erfasst, die *künftige Pflichten* für den wahren Erben begründen.[120] – Zur Rechtsstellung des vermeintlichen Erben vgl. im Übrigen RdNr. 64 aE. 67

[113] *Konzen* (Fn. 107) S. 67; vgl. auch § 705 RdNr. 372, 376.

[114] *Rob. Fischer* (Fn. 107) S. 279; *Konzen* (Fn. 107) S. 49 ff.; *Soergel/Hadding* RdNr. 38.

[115] *Soergel/Hadding* RdNr. 38.

[116] *Soergel/Schultze-v. Lasaulx,* 10. Aufl., RdNr. 32; so auch noch 1. Aufl. RdNr. 49; im Grundsatz auch *Rob. Fischer* (Fn. 107) S. 281, der lediglich die Anwendbarkeit von § 2019 verneint; aA BGH BB 1977, 160, 161 für den Fall, dass sich der vermeintliche Erbe zwar mit Mitteln des Nachlasses, aber ohne ein auf dem Erbfall beruhendes Eintrittsrecht an einer Personengesellschaft beteiligt.

[117] *Konzen* (Fn. 107) S. 54 ff.; ihm folgend *Soergel/Hadding* RdNr. 39.

[118] So zutr. *Konzen* (Fn. 107) S. 56 m. Nachw. in Fn. 165.

[119] Zur Frage einer Pflicht der Mitgesellschafter gegenüber dem wahren Erben, den vermeintlichen Erben auszuschließen, vgl. *Konzen* (Fn. 107) S. 60.

[120] Vgl. näher *Konzen* (Fn. 107) S. 57 ff. So im Grundsatz auch die hM, vgl. 3. Aufl. § 2366 RdNr. 20, 30 *(Promberger)* m. Nachw.

68 **2. Vor- und Nacherbschaft.**[121] **a) Gesellschafterstellung des Vorerben.** Die Anordnung einer Nacherbschaft steht der Nachfolge des Vorerben in die Gesellschaft oder der Ausübung eines gesellschaftsvertraglichen Eintrittsrechts durch ihn grundsätzlich nicht entgegen, sofern in seiner Person die im Gesellschaftsvertrag bestimmten Nachfolge- oder Eintrittsvoraussetzungen gegeben sind. Die für den Vollerben getroffenen Feststellungen (RdNr. 30 ff., 57) gelten unverändert auch für den Vorerben. Während der Dauer der Vorerbschaft übt er grundsätzlich uneingeschränkt die mit dem Anteil verbundenen Rechte aus. Die Kontrollrechte des Nacherben nach §§ 2121, 2122, 2127 richten sich nach gesetzlicher Regel nicht gegen die Gesellschaft, sondern nur gegen den Vorerben.[122] Einer Verfügungsbeschränkung zu Gunsten des Nacherben unterliegt der Vorerbe nur hinsichtlich unentgeltlicher Verfügungen über den Gesellschaftsanteil (§ 2113 Abs. 2).[123]

69 **Änderungen des Gesellschaftsvertrags,** die mit Zustimmung des Vorerben beschlossen werden, muss der Nacherbe grundsätzlich hinnehmen. Anderes gilt nur hinsichtlich solcher Änderungen, die sich einseitig zum Nachteil des Vor- (oder des Nach-)Erben auswirken, ohne im Gesellschaftsinteresse geboten zu sein; sie sind als quasi unentgeltliche Verfügungen dem Nacherben gegenüber nach § 2113 Abs. 2 unwirksam.[124] Auch das vom Vorerben durch Ausübung eines Kündigungsrechts, Vereinbarung mit den übrigen Gesellschaftern oder Anteilsveräußerung herbeigeführte Ausscheiden ist für den Nacherben verbindlich, wenn es dazu führt, dass dem Nachlass ein angemessenes Entgelt zufließt.[125] Daran fehlt es bei einem unverhältnismäßig hinter dem Anteilswert zurückbleibenden gesellschaftsvertraglichen Abfindungsanspruch[126] oder bei Vereinbarung einer bis zum Eintritt des Nacherbfalls an den Vorerben zu zahlenden Leibrente als Veräußerungserlös.[127] Die mit Zustimmung eines nicht befreiten Vorerben erfolgte Liquidation einer Grundstücks-GbR muss der Nacherbe hinnehmen.[128]

70 Die **Nutzungen** aus dem Anteil stehen dem Vorerben im Verhältnis zum Nacherben insoweit zu, als es sich um die auf den Zeitraum der Vorerbschaft entfallenden entnahmefähigen Gewinne handelt, während vertraglich gebundene, die Kapitalbeteiligung erhöhende Gewinne zusammen mit dem Anteil auf den Nacherben übergehen.[129] Tätigt der Vorerbe über das gesellschaftsvertraglich zugelassene Maß hinaus Entnahmen zu Lasten des Kapitalanteils, so haftet für den Rückzahlungsanspruch auch der Nacherbe, wenn er Rechtsnachfolger in die Mitgliedschaft geworden ist (RdNr. 71). Er hat jedoch gegen den Vorerben einen gesamtschuldnerischen Ausgleichsanspruch nach §§ 426, 2133.

71 **b) Eintritt des Nacherbfalls.** Mit dem Eintritt des Nacherbfalls geht die Erbschaft auf den Nacherben über. Dieser wird Rechtsnachfolger nicht des Vorerben, sondern des Erblassers.[130] Freilich übernimmt er die Erbschaft grundsätzlich in dem Zustand, in dem sie sich auf Grund der Verwaltung durch den Vorerben befindet (§§ 2111, 2139). Enthält der Gesellschaftsvertrag eine **Nachfolgeklausel,** so stellt sich der Nacherbfall aus der Sicht der

[121] Dazu vgl. *Baur/Grunsky* ZHR 133 (1970), 209 ff.; *Hefermehl,* FS Westermann, 1974, S. 223 ff.; *Lutter* ZGR 1982, 108 ff.; *Paschke* ZIP 1985, 129 ff.; *Stimpel,* FS Rowedder, 1994, S. 477 ff.; *Ulmer* in Großkomm. zum HGB, 3. Aufl., § 139 RdNr. 40, 104 ff.; *Jan Timmann,* Vor- und Nacherbschaft innerhalb der zweigliedrigen OHG oder KG, 2000, S. 34 ff., 86 ff.

[122] Vgl. *Ulmer* JuS 1986, 856, 857; weitergehend – für Geltendmachung auch gegenüber der Gesellschaft – *Paschke* ZIP 1985, 129, 137.

[123] St. Rspr. (vgl. Nachw. in Fn. 124, 125). Gegen eine entspr. Anwendung der Verfügungsbeschränkung des § 2113 Abs. 1 auf entgeltliche Verfügungen über den Gesellschaftsanteil zu Recht auch schon *Hefermehl* (Fn. 121) S. 227.

[124] BGHZ 78, 177, 183 f. = NJW 1981, 115; BGH LM § 2113 Nr. 19 = NJW 1981, 1560; zust. *Lutter* ZGR 1982, 108 ff.; für weitergehende Schranken zugunsten des Nacherben aber *Paschke* ZIP 1985, 129, 134 ff.

[125] BGHZ 69, 47, 50 f. = NJW 1977, 1540; BGH LM HGB § 161 Nr. 82 = NJW 1984, 362; dazu auch *Lutter* ZGR 1982, 108, 113 ff.

[126] BGH LM HGB § 161 Nr. 82 = NJW 1984, 362.

[127] BGHZ 69, 47, 51 f. = NJW 1977, 1540.

[128] OLG Hamburg NJW-RR 1994, 1231.

[129] Vgl. dazu Näheres bei *Baur/Grunsky* ZHR 133 (1970), 209, 211 ff. und *Hefermehl* (Fn. 121) S. 223, 228 ff. m. Nachw. zum Meinungsstand.

[130] EinhM, vgl. BGHZ 57, 186, 188 = NJW 1972, 436; BGHZ 3, 254, 255 = NJW 1952, 102; § 2100 RdNr. 1 m. weit. Nachw.

Gesellschaft als neuer Erbfall dar, da er wie dieser den Mitgliederbestand verändert. Der Nacherbe tritt, sofern er zu den von der Nachfolgeklausel erfassten Personen gehört, ipso iure mit dem Eintritt des Nacherbfalls als Gesellschafter an Stelle des Vorerben; einer „Herausgabe" des Anteils iS von § 2130 bedarf es hierfür nicht.[131] Hatte der Vorerbe im Fall einer Zweipersonengesellschaft den Anteil seines verstorbenen Mitgesellschafters allein geerbt und war die Gesellschaft deshalb unter Anwachsung beim Vorerben beendet worden, so lebt sie entsprechend §§ 2139, 2143 mit dem Anfall der Nacherbschaft wieder auf.[132] Ist der Anteil für den Nacherben dagegen nicht vererblich gestellt, so scheidet der Vorerbe ersatzlos aus der im Übrigen fortbestehenden Gesellschaft aus; der Abfindungsanspruch steht dem Nacherben zu.[133]

Ist der Vorerbe auf Grund einer **Eintrittsklausel** durch Ausübung der ihm darin ver- 72
liehenen Befugnis Gesellschafter geworden, so kommt ein unmittelbarer Anteilsübergang auf den Nacherben ebenso wenig in Betracht, wie wenn er die Erbfolge nach dem Vorerben antreten würde. Die Frage, ob der Vorerbe mit dem Nacherbfall entweder ipso iure ausscheidet oder von den übrigen Gesellschaftern ausgeschlossen werden kann, ist durch Auslegung der Eintrittsklausel zu klären; als Indiz für die Begrenzung der Mitgliedschaft auf die Dauer der Vorerbschaft ist der Umstand zu werten, dass das Eintrittsrecht dem Begünstigten nicht ad personam, sondern nur als (Vor-)Erbe eingeräumt war. Dem Nacherben gewährt die Eintrittsklausel beim Nacherbfall nur dann ein eigenes Eintrittsrecht, wenn auch er zum Kreis der dadurch begünstigten Personen gehört. In diesem Fall ist auch das Wahlrecht des Nacherben, ob er Mitglied werden oder die Abfindung beanspruchen will, durch den Gesellschaftsbeitritt des Vorerben nicht verbraucht. Hat freilich bereits der Vorerbe sich unter Verzicht auf den Beitritt die Abfindung auszahlen lassen, so bindet das nach § 2112 grundsätzlich auch den Nacherben,[134] soweit nicht § 2113 Abs. 2 eingreift (RdNr. 68).

3. Nießbrauch und Testamentsvollstreckung. Ihre Voraussetzungen und Besonder- 73
heiten im Fall eines Gesellschaftsanteils als Gegenstand des Nießbrauchs oder der Erbschaft sind in § 705 RdNr. 94ff., 109ff. behandelt. Hierauf wird verwiesen.

§ 728 Auflösung durch Insolvenz der Gesellschaft oder eines Gesellschafters

(1) [1] Die Gesellschaft wird durch die Eröffnung des Insolvenzverfahrens über das Vermögen der Gesellschaft aufgelöst. [2] Wird das Verfahren auf Antrag des Schuldners eingestellt oder nach der Bestätigung eines Insolvenzplans, der den Fortbestand der Gesellschaft vorsieht, aufgehoben, so können die Gesellschafter die Fortsetzung der Gesellschaft beschließen.

(2) [1] Die Gesellschaft wird durch die Eröffnung des Insolvenzverfahrens über das Vermögen eines Gesellschafters aufgelöst. [2] Die Vorschrift des § 727 Abs. 2 Satz 2, 3 findet Anwendung.

Übersicht

	RdNr.
I. Einführung	1–3
1. Normzweck	1
2. InsO-Hintergrund des Abs. 1	2
3. Zwingende Geltung	3
II. Gesellschaftsinsolvenz (Abs. 1)	4–30
1. Insolvenzfähigkeit der GbR	4–7
2. Auflösung	8–14
a) Verfahrenseröffnung	8, 9
b) Insolvenzgrund	10

[131] *Hefermehl* (Fn. 121) S. 228.

[132] Vgl. näher *Stimpel,* FS Rowedder, 1994, S. 477, 481 f.; *Jan Timmann* (Fn. 121) S. 92 ff.

[133] Vgl. zum Ganzen auch BGH NJW-RR 1987, 989.

[134] So für das Wahlrecht des Nacherben im Fall eines OHG-Anteils auch *Picot,* Vor- und Nacherbschaft an der Gesellschafterstellung in einer Personenhandelsgesellschaft, Diss. Münster 1966, S. 94 f. und *Ulmer* in Großkomm. zum HGB, 3. Aufl., § 139 RdNr. 106 m. Nachw. zu älteren Gegenansichten.

	RdNr.
c) Antragsrecht	11, 12
d) Gesellschaft als InsO-Schuldnerin	13, 14
3. Rechtsfolgen	15–22
a) Übergang der Verwaltungsbefugnisse auf den Insolvenzverwalter	15, 16
b) Insolvenzmasse	17–19
c) Gesellschafter als Insolvenzgläubiger	20
d) Gesellschafterhaftung (§ 93 InsO)	21, 22
4. Fortsetzung der Gesellschaft	23–30
a) Grundlagen	23, 24
b) Nach Verfahrenseinstellung	25–27
c) Nach Bestätigung eines die Fortsetzung der Gesellschaft vorsehenden Insolvenzplans	28–30
III. Gesellschafterinsolvenz (Abs. 2)	31–44
1. Grundlagen	31–33
2. Voraussetzungen	34–36
3. Rechtsfolgen	37–42
a) Insolvenzmasse	37
b) Auseinandersetzung	38
c) Fortgeltung übertragener Geschäftsführung	39
d) Verbindlichkeiten des Schuldners aus der Gesellschafterstellung	40–42
4. Die Fortsetzung der Gesellschaft	43, 44
a) Ohne den Gesellschafter/Schuldner	43
b) Mit dem Gesellschafter/Schuldner	44

I. Einführung

1 **1. Normzweck.** Die Vorschriften des § 728 sehen in Ergänzung des Katalogs der in §§ 723 ff. geregelten Tatbestände im *Gläubigerinteresse* zwei weitere, jeweils **insolvenzbedingte Auflösungsgründe** für die GbR vor. Nach dem neuen **Abs. 1** S. 1 wird die *(Außen-)GbR* durch die Eröffnung des Insolvenzverfahrens über ihr Vermögen aufgelöst; die Regelung trägt der zum 1. 1. 1999 eingeführten Insolvenzfähigkeit der GbR (RdNr. 2) Rechnung. Ergänzend regelt S. 2 die Voraussetzungen für eine Fortsetzung der Gesellschaft nach Einstellung oder Aufhebung des Insolvenzverfahrens. Demgegenüber bestimmt der zu **Abs. 2** gewordene bisherige § 728 als weiteren Auflösungsgrund die Eröffnung des Insolvenzverfahrens über das Vermögen eines *Gesellschafters;* er steht unter dem Vorbehalt einer abweichenden, zum Ausscheiden des Gesellschafter/Schuldners aus der Gesellschaft führenden Fortsetzungsklausel nach § 736 Abs. 1 (vgl. RdNr. 3). Angesichts der höchstrichterlich seit 1999 anerkannten grundsätzlich unbeschränkten Gesellschafterhaftung für Gesellschaftsverbindlichkeiten (§ 714 RdNr. 33 ff.) werden beide Auflösungsgründe trotz getrennter Insolvenzverfahren nicht selten zeitlich zusammenfallen.

2 **2. InsO-Hintergrund des Abs. 1.** Die Neuregelung des Abs. 1 beruht auf der zum 1. 1. 1999 in Kraft getretenen InsO als Ergebnis der seit Ende der 1970er Jahre betriebenen *Insolvenzrechtsreform.*[1] Sie hat in **§ 11 Abs. 2 Nr. 1 InsO** die (Außen-)GbR den Personenhandelsgesellschaften insolvenzrechtlich gleichgestellt und sie als eine „Gesellschaft ohne Rechtspersönlichkeit" für insolvenzfähig erklärt. Damit ist einer seit längerem erhobenen rechtspolitischen Forderung entsprochen worden.[2] Zugleich hat sich der jahrzehntelange Streit darüber erledigt, ob und auf welche Weise jedenfalls bei Insolvenz sämtlicher Gesellschafter ein Insolvenzverfahren auch mit Wirkung für das Gesellschaftsvermögen durchgeführt werden kann.[3] Vorbehaltlich der durch die InsO bewirkten generellen Änderungen entspricht das neue Insolvenzverfahren der GbR im Wesentlichen den für das Konkursverfahren der OHG schon bisher anerkannten Grundsätzen (vgl. § 209 KO).[4] Hieran kann daher auch für die Auslegung des § 728 Abs. 1 iVm. § 11 Abs. 2 Nr. 1 InsO angeknüpft werden.

[1] Vgl. dazu statt aller *Häsemeyer* Insolvenzrecht, 3. Aufl. 2003, Tz. 4.03 ff.

[2] Für Anerkennung der Außen-GbR als insolvenzfähig schon unter der Geltung der KO insbes. *K. Schmidt,* FS 100 Jahre KO, 1977, S. 247, 255 ff.; *ders.* GesR (3. Aufl.) § 60 IV 3; *Kilger/K. Schmidt* (16. Aufl.) KO § 209 Anm. 4 a; so auch *Hüffer,* FS Stimpel, 1985, S. 165, 185 f.; *Heller,* Der Zivilprozess der GbR, 1989, S. 237 ff.; *Timm* NJW 1995, 3215; aA die ganz hM, vgl. Nachw. in 3. Aufl. § 705 RdNr. 134 a Fn. 394 und bei *Prütting* ZIP 1997, 1725, 1728 f. Fn. 27.

[3] Dazu (im Anschluss an BGHZ 23, 307, 314 f. = NJW 1957, 759, und BFH ZIP 1996, 1617, 1618) näher 3. Aufl. RdNr. 13 f.

[4] Vgl. dazu insbes. die grdlg. Erl. von *Jaeger/Weber* (8. Aufl.) KO zu §§ 209, 210.

3. Zwingende Geltung. Als Vorschriften zum Gläubigerschutz (RdNr. 1) sind die Regelungen des § 728 in ihrem Kern zwingender Natur. Das gilt vor allem für **Abs. 1;** er schließt eine Fortführung der GbR als werbende durch ihre Geschäftsführer als Organe während des Insolvenzverfahrens aus und lässt einen Fortsetzungsbeschluss erst nach Einstellung des Verfahrens oder dessen Aufhebung nach Maßgabe von Abs. 1 S. 2 zu (vgl. näher RdNr. 23 ff.). Demgegenüber steht der Auflösungsgrund des **Abs. 2** unter dem Vorbehalt einer gesellschaftsvertraglichen Fortsetzungsklausel (§ 736 Abs. 1) oder eines im Gesellschaftsvertrag zugelassenen Fortsetzungsbeschlusses (vgl. § 737 RdNr. 7). Das ist für die Eigen-(Privat-)Gläubiger des Gesellschafter/Schuldners schon deshalb hinnehmbar, weil dem Insolvenzverwalter dadurch der erleichterte Zugriff auf den mit dessen Ausscheiden entstehenden Abfindungsanspruch (§ 738 Abs. 1 S. 2) eröffnet wird. Zum Gläubigerschutz gegen Abfindungsklauseln, die speziell für den Pfändungs- oder Insolvenzfall eine (ggf. zusätzliche) Beschränkung des Abfindungsanspruchs vorsehen, vgl. § 738 RdNr. 47 f. 3

II. Gesellschaftsinsolvenz (Abs. 1)

1. Insolvenzfähigkeit der GbR. Die Insolvenzfähigkeit der GbR ist – dem Vorbild der Personenhandelsgesellschaften (OHG und KG) und der Partnerschaftsgesellschaft folgend – in **§ 11 Abs. 2 Nr. 1 InsO** gesetzlich anerkannt; die Regelung ist, ebenso wie die Neufassung des § 728 Abs. 1, seit 1. 1. 1999 in Kraft (RdNr. 2). Sie bezeichnet die GbR als „Gesellschaft ohne Rechtspersönlichkeit" und stellt sie damit auf die gleiche Stufe wie die OHG, KG und PartG. Diese insolvenzrechtliche Wertung hat zwar keine unmittelbaren Auswirkungen auf die lange umstrittene materiellrechtliche Qualifikation der GbR als Sondervermögen oder Rechtssubjekt; sie korrespondiert jedoch im Ergebnis mit der im Jahr 2001 erreichten höchstrichterlichen Anerkennung der (Außen-)GbR als rechtsfähiger Verband (vgl. näher § 705 RdNr. 303 ff.). Es ist daher nur folgerichtig, auch für die insolvenzrechtliche Behandlung der GbR zu weitgehenden Parallelen mit derjenigen einer insolventen OHG zu gelangen. 4

Die Insolvenzfähigkeit der GbR setzt das Vorhandensein eines als *Insolvenzmasse* (§ 35 InsO) in Betracht kommenden *Gesellschaftsvermögens* voraus. Sie bezieht sich daher in erster Linie auf die **Außen-GbR.** Darauf, ob diese – im Sinne einer höherstufigen, über eigene Identitätsausstattung (Name und Sitz) und über Organe verfügenden Gesamthand – alle Erfordernisse zur Anerkennung als rechts- und parteifähig erfüllt (vgl. dazu § 705 RdNr. 305 f.), kommt es angesichts des auf Abwicklung der Insolvenzmasse im Gläubigerinteresse gerichteten Insolvenzzwecks nicht an. Erforderlich ist allerdings neben dem Gesellschaftsvermögen auch das – für Außengesellschaften typische – Vorhandensein von Gesellschaftsgläubigern; dies schon deshalb, weil es anderenfalls an einem Insolvenzgrund (RdNr. 10) fehlt. Mit diesem Vorbehalt gilt die Insolvenzfähigkeit für alle Außengesellschaften.[5] Auch die Insolvenzfähigkeit einer *fehlerhaften* Gesellschaft ist nach Vollzugsbeginn anzuerkennen.[6] 5

Die Insolvenzfähigkeit der Außen-GbR erstreckt sich auch auf das **Liquidationsstadium.**[7] Dass die Auflösung in derartigen Fällen schon aus anderen Gründen eingetreten ist, steht wegen des besonderen Zwecks des Insolvenzverfahrens und wegen des Übergangs der Kompetenzen von den GbR-Liquidatoren (§ 730 Abs. 2 aE) auf den Insolvenzverwalter nicht entgegen. Erst mit der Vollbeendigung der GbR durch Verteilung des gesamten Vermögens entfällt auch die Insolvenzfähigkeit (§ 11 Abs. 3 InsO). Schon zuvor wird eine 6

[5] EinhM, vgl. statt aller MünchKommInsO/*Ott* § 11 RdNr. 50; *Lüke* in *Kübler/Prütting* InsO § 93 RdNr. 46; *Häsemeyer* InsR Tz. 31.70; *K. Schmidt* ZGR 1998, 633, 640.

[6] Vgl. nur MünchKommInsO/*Ott* § 11 RdNr. 47; HK-InsO/*Kirchhof* (2. Aufl.) § 11 RdNr. 14; *Häsemeyer* InsR Tz. 31.05; ebenso schon *Jaeger/Weber* (8. Aufl.) KO §§ 209, 210 RdNr. 4, 7.

[7] HM, vgl. HK-InsO/*Kirchhof* (2. Aufl.) § 11 RdNr. 24; *Prütting* in *Kübler/Prütting* InsO § 11 RdNr. 32; *Häsemeyer* InsR Tz. 31.05; *K. Schmidt* ZGR 1998, 636.

Verfahrenseröffnung freilich nicht selten an der infolge fortschreitender Liquidation unzureichend gewordenen Masse scheitern (§ 26 InsO).

7 Für **Innengesellschaften** ist die Insolvenzfähigkeit nach dem Vorstehenden (RdNr. 5) jedenfalls dann abzulehnen, wenn sie – als Innen-GbR ieS (§ 705 RdNr. 282) – kein Gesellschaftsvermögen besitzen; für ein Insolvenzverfahren ist hier von vornherein kein Raum.[8] Entsprechendes ist typischerweise aber auch für die Innen-GbR iwS (§ 705 RdNr. 279) anzunehmen, die – wie die Ehegatten-Grundstücksgesellschaft (§ 705 RdNr. 283) – zwar mit Gesellschaftsvermögen ausgestattet, von den Beteiligten aber nicht zur Teilnahme am Rechtsverkehr bestimmt ist. Insoweit fehlt es mangels Außenhandelns als GbR regelmäßig an Gesellschaftsverbindlichkeiten. Schon deshalb besteht kein Bedarf für ein GbR-Insolvenzverfahren.[9] Kommt es zu ihrer Auflösung durch Gesellschafterinsolvenz (§ 728 Abs. 2), so kann die Abwicklung des Gesellschaftsvermögens unter Mitwirkung des oder der für jene Verfahren bestellten Insolvenzverwalter als GbR-Liquidatoren im Rahmen der §§ 730 ff. erfolgen, ohne dass es eines besonderen, auf das GbR-Vermögen bezogenen Insolvenzverfahrens bedarf (vgl. RdNr. 38).

8 **2. Auflösung. a) Verfahrenseröffnung.** Nach dem eindeutigen Wortlaut des Abs. 1 S. 1 tritt die Auflösung durch die „Eröffnung des Insolvenzverfahrens" ein, dh. mit dem **Wirksamwerden des Eröffnungsbeschlusses** des Insolvenzgerichts nach § 27 Abs. 1 InsO. Maßgebend hierfür ist die richterliche Unterzeichnung des Beschlusses und dessen Herausgabe durch die Geschäftsstelle zum Zwecke der Bekanntgabe;[10] auf die Rechtskraft des Beschlusses oder auf dessen Zugang bei der GbR bzw. ihren Geschäftsführern kommt es nicht an. Wird der Eröffnungsbeschluss im Beschwerdeverfahren aufgehoben, so entfällt rückwirkend auch der Auflösungsgrund. Die Gesellschaft wird wieder zur werbenden.[11] Zwischenzeitliche Geschäftsführungsmaßnahmen durch die Abwickler bleiben zwar wirksam;[12] sie sind jedoch – soweit möglich und durch die Zweckänderung geboten – rückgängig zu machen. – Die in §§ 270 bis 285 InsO geregelte Anordnung der **Eigenverwaltung** der Insolvenzmasse durch den Schuldner unter der Aufsicht eines Sachwalters ist eine Sonderform des Insolvenzverfahrens[13] mit zumindest partieller Einschränkung der Verfügungsbefugnis der Gesellschaftsorgane.[14] Sie führt daher ebenfalls zur Auflösung der Gesellschaft nach Abs. 1 S. 1.

9 Die **Anordnung vorläufiger Sicherungsmaßnahmen** (§ 21 InsO) oder die Einsetzung eines vorläufigen Insolvenzverwalters (§ 22 InsO) ist von den Gesellschaftsorganen zwar zu respektieren; sie lässt das Fortbestehen der GbR als werbende jedoch zunächst noch unberührt.[15] Entsprechendes gilt a fortiori für die Stellung des Insolvenzantrags.[16] Kein Auflösungsgrund ist auch der Beschluss über die **Abweisung des Insolvenzantrags mangels Masse** (§ 26 InsO);[17] für seinen Erlass kommt es nur auf den Stand des Gesellschaftsvermögens an, ohne Berücksichtigung der Leistungen, mit denen auf Grund der akzessorischen Gesellschafterhaftung zu rechnen ist (RdNr. 22).[18] Demgegenüber lässt die *spätere Einstellung*

[8] EinhM, vgl. HK-InsO/*Kirchhof* (2. Aufl.) § 11 RdNr. 16; *Prütting* in *Kübler/Prütting* InsO § 11 RdNr. 23; MünchKommInsO/*Ott* § 11 RdNr. 53; *K. Schmidt* ZGR 1998, 640.

[9] So zutr. *Prütting* ZIP 1997, 1731 f. entgegen teilw. abw. Abgrenzungsversuchen.

[10] Vgl. nur *Jaeger/Weber* (2. Aufl.) KO § 108 RdNr. 1.

[11] Vgl. allg. MünchKommInsO/*Schmahl* § 80 RdNr. 86 ff.; wie hier auch *Baumbach/Hopt* HGB § 131 RdNr. 13; *Ulmer* in Großkomm. zum HGB, 3. Aufl., § 131 RdNr. 49, 127; so zur Auflösungswirkung des Gesellschafterkonkurses nach § 728 aF auch schon *Soergel/Hadding* RdNr. 4; *Erman/Westermann* RdNr. 3; aA *Steines,* Die faktisch aufgelöste OHG, 1964, S. 23, 62 für den Fall, dass mit der Abwicklung schon begonnen war.

[12] § 34 Abs. 3 S. 3 InsO; dazu MünchKomm-InsO/*Schmahl* § 34 RdNr. 92 ff.

[13] Vgl. näher *Häsemeyer* InsR Tz. 8.01 ff., 8.05.

[14] *Häsemeyer* InsR Tz. 8.17 f.

[15] So auch *Baumbach/Hopt* HGB § 131 RdNr. 13; zweifelnd wohl *K. Schmidt* ZGR 1998, 646.

[16] *Baumbach/Hopt* HGB § 131 RdNr. 13.

[17] Ganz hM, vgl. (jew. zur KG) BGHZ 75, 178, 181 = NJW 1980, 233; BGHZ 96, 151, 154 = NJW 1986, 850; BGH NJW 1995, 196; *Baumbach/Hopt* HGB § 131 RdNr. 13; *Heymann/Emmerich* HGB § 131 RdNr. 10; *Ulmer* in Großkomm. zum HGB, 3. Aufl., § 131 RdNr. 50; aA *Schlegelberger/K. Schmidt* HGB § 131 RdNr. 50 (zweifelnd auch schon aaO RdNr. 21).

[18] Die für Kapitalgesellschaften geltenden abweichenden Vorschriften (vgl. § 262 Abs. 1 Nr. 4

des Verfahrens mangels Masse (§ 207 InsO) die Auflösungswirkung nicht entfallen. Sie eröffnet den Gesellschaftern jedoch die Möglichkeit, die Fortsetzung zu beschließen und die GbR dadurch wieder in eine werbende umzuwandeln.[19]

b) Insolvenzgrund. Der allgemeine Eröffnungsgrund der **Zahlungsunfähigkeit** (§ 17 InsO) ist auch für die GbR maßgebend; er entfällt nicht dadurch, dass die akzessorisch haftenden Gesellschafter selbst zahlungsfähig sind.[20] Eine Eröffnung wegen *drohender* Zahlungsunfähigkeit (vgl. § 18 Abs. 1 und 2 InsO) setzt nach § 18 Abs. 3 InsO voraus, dass alle Gesellschafter den entsprechenden Antrag stellen. *Überschuldung* kommt bei der GbR als Eröffnungsgrund nur nach § 19 Abs. 3 InsO und zwar dann in Betracht, wenn es sich ausnahmsweise – nach Art der typischen GmbH & Co. KG – um eine Gesellschaft ohne natürliche Personen als voll haftende Gesellschafter handelt. 10

c) Antragsrecht. Das Recht, Insolvenzantrag zu stellen, steht – neben den Gläubigern, vgl. § 14 Abs. 1 InsO – nach § 15 Abs. 1 InsO auch jedem persönlich haftenden Gesellschafter einer Personengesellschaft zu; das ist im Fall einer (Außen-)GbR **jeder Gesellschafter** (vgl. § 714 RdNr. 40). Einer *Glaubhaftmachung* des Eröffnungsgrundes bedarf es nach § 15 Abs. 2 InsO nur, wenn nicht alle Gesellschafter den Antrag stellen. Ist Zahlungsunfähigkeit eingetreten, so liegt in der Antragstellung durch einen Gesellschafter regelmäßig auch dann kein Treupflichtverstoß, wenn sein Vorgehen sich für die Gesellschaft als kreditschädlich erweist. Anderes kommt dann in Betracht, wenn aussichtsreiche Sanierungsbemühungen im Gang sind, die durch das einseitige Vorgehen des Antragstellers gefährdet oder vereitelt werden. 11

Eine **Antragspflicht** für die Gesellschafter oder Organe einer GbR ist *insolvenzrechtlich nicht* vorgesehen; eine Ausnahme gilt analog § 130 a HGB nur für Gesellschaften ohne natürliche Personen als voll haftende Gesellschafter. Allerdings kann sich eine derartige Pflicht für die vertretungsbefugten Gesellschafter auf Grund ihrer *zivilrechtlichen Sorgfaltspflichten als Geschäftsführer* ergeben;[21] zu diesen gehört auch das rechtzeitige Einleiten von Sanierungsmaßnahmen sowie die Vermeidung weiterer, die persönlich haftenden Gesellschafter auch mit ihrem Privatvermögen treffender Verluste. 12

d) Gesellschaft als InsO-Schuldnerin. Die Schuldnerrolle kommt im Insolvenzverfahren nach zutr. neuerer Ansicht nicht den Gesellschaftern zu, sondern der Gesellschaft als solcher.[22] Diese Beurteilung deckt sich mit der Anerkennung der Gesellschaft als insolvenzfähig durch § 11 Abs. 2 Nr. 1 InsO. Dementsprechend ist *Zustellungsadressat* für den Eröffnungsbeschluss (§ 30 Abs. 2 InsO) die GbR als solche; ihr und nicht den Gesellschaftern persönlich steht auch die Beschwerdebefugnis nach § 34 InsO zu.[23] Der Insolvenzvermerk nach § 32 Abs. 1 InsO ist bei den für die GbR im *Grundbuch* eingetragenen Grundstücken oder sonstigen dinglichen Rechten einzutragen.[24] 13

Die Erfüllung der **Auskunftspflicht** gegenüber dem Insolvenzgericht und den sonstigen Beteiligten nach §§ 20 Abs. 1, 97 InsO sowie die Abgabe der sonstigen Erklärungen für die 14

AktG, § 60 Abs. 1 Nr. 5 GmbHG) finden auf Personengesellschaften vorbehaltlich § 131 Abs. 2 Nr. 1 HGB keine Anwendung.

[19] Ebenso *Jaeger/Weber* (8. Aufl.) KO §§ 209, 210 RdNr. 39; *Häsemeyer* InsR Tz. 31.08; *K. Schmidt* ZGR 1998, 635. Zum Fortsetzungsbeschluss in derartigen Fällen vgl. RdNr. 27.

[20] So zutr. schon *Jaeger/Weber* (8. Aufl.) KO §§ 209, 210 RdNr. 13.

[21] Vgl. BGH NJW 1960, 434 betr. die aus der Treupflicht folgende Pflicht der Gesellschafter, der Auflösung einer auf Dauer unrentablen Gesellschaft zuzustimmen.

[22] Vgl. dazu eingehend *Hans-Fr. Müller,* Der Verband in der Insolvenz, 2002, S. 46 ff., 53 f.; so auch MünchKommInsO/*Ott* § 80 RdNr. 113; *Schlegelberger/K. Schmidt* HGB § 124 RdNr. 39; *K. Schmidt* ZGR 1998, 642; *Staub/Habersack* HGB § 124 RdNr. 44; *Baumbach/Hopt* HGB § 124 RdNr. 46; aA die früher hM, vgl. BGHZ 34, 293, 297 = NJW 1961, 1022; *Ulmer* in Großkomm. zum HGB, 3. Aufl., § 131 RdNr. 52; *Hueck* OHG § 26 III; *Jaeger/Weber* (8. Aufl.) KO §§ 209, 210 RdNr. 18 m. weit. Nachw.; so auch noch *Armbruster,* Die Stellung des haftenden Gesellschafters in der Insolvenz, 1996, S. 22; *Häsemeyer* InsR Tz. 31.10.

[23] Anders wohl MünchKommInsO/*Schmahl* § 34 RdNr. 45.

[24] So zutr. LG Leipzig Rpfleger 2000, 111; MünchKommInsO/*Ott* § 11 RdNr. 50; zur Grundbucheintragung von GbR-Grundstücken vgl. § 705 RdNr. 312 ff.

GbR als Schuldnerin bzw. das Gebrauchmachen von Rechtsmitteln ist nach § 101 Abs. 1 S. 1 InsO Sache der *vertretungsberechtigten* Gesellschafter (RdNr. 16). **Anderes** gilt für solche Handlungen wie die interne Beschlussfassung über einen Insolvenzplan (RdNr. 29) oder die Zustimmung zur Fortsetzung der Gesellschaft nach Einstellung oder Aufhebung des Insolvenzverfahrens (RdNr. 23 ff.); als Grundlagengeschäfte fallen sie in die Kompetenz *aller* Gesellschafter (RdNr. 16).

15 **3. Rechtsfolgen. a) Übergang der Verwaltungsbefugnisse auf den Insolvenzverwalter.** Die Eröffnung des Insolvenzverfahrens führt nach § 80 Abs. 1 InsO zum Übergang der Rechte und Pflichten der Geschäftsführer, das Gesellschaftsvermögen zu verwalten und darüber zu verfügen, auf den Insolvenzverwalter.[25] Er wird an Stelle der Gesellschafter als **Liquidator** der aufgelösten GbR tätig; seine Aufgaben bestimmen sich nicht nach §§ 730 ff., sondern nach den an deren Stelle tretenden Vorschriften der InsO (vgl. § 730 Abs. 1 aE). Zur Änderung des Gesellschaftsvertrags oder zu sonstigen, den Liquidationszweck überschreitenden Einwirkungen auf die Gesellschaftsgrundlagen ist der Insolvenzverwalter nicht berechtigt.

16 Die Funktionen und Kompetenzen der **Gesellschafter** beschränken sich infolge der Insolvenzeröffnung auf die ihnen nach Maßgabe des Insolvenzrechts verbleibenden Bereiche. So sind die *geschäftsführenden* Gesellschafter berufen, für die GbR als Schuldnerin (RdNr. 13) die gebotenen Auskünfte zu erteilen und die sonstigen erforderlichen Erklärungen abzugeben.[26] Zu ihren Aufgaben gehört auch ein etwaiger Widerspruch namens der GbR gegen die Anmeldung von Insolvenzforderungen zur Tabelle[27] und die Prozessführung gegen eine hiergegen vom Gläubiger angestrengte Klage. Demgegenüber sind Reorganisationsmaßnahmen, die im darstellenden Teil eines Insolvenzplans vorgesehen sind und zur Änderung der Gesellschaftsgrundlagen führen (vgl. RdNr. 28), und sonstige Grundlagenbeschlüsse Sache *aller* Gesellschafter im Rahmen der ihnen im Grundsatz verbleibenden, wenn auch durch den vorrangigen Liquidationszweck eingeschränkten Organisationskompetenz.[28] Sie haben nach § 230 Abs. 1 S. 2 InsO auch gemeinsam zu erklären, ob sie zu der im Insolvenzplan vorgesehenen Fortführung der GbR bereit sind (vgl. näher RdNr. 29).

17 **b) Insolvenzmasse.** Der Verwaltungs- und Verfügungsbefugnis des Insolvenzverwalters unterliegt – als Insolvenzmasse (§ 35 InsO) – das *gesamte Gesellschaftsvermögen* der GbR. Für die Anerkennung sog. massefreien Vermögens einer insolventen Gesellschaft, das den Gesellschaftern zur Disposition verbleibt, ist unter der Geltung der InsO kein Raum;[29] § 36 InsO greift nicht ein.

18 Zur Masse gehören auch die sog. **Sozialansprüche,** dh. auf dem Gesellschaftsvertrag beruhende Ansprüche der Gesellschaft gegen ihre Mitglieder, sei es auf Leistung ausstehender Einlagen, auf Schadensersatz wegen Sorgfalts- oder Treupflichtverletzung oder auf Herausgabe des Erlangten aus der Geschäftsbesorgung.[30] Ebenso wie die GbR bzw. ihre Geschäftsführer sind auch die Mitgesellschafter persönlich wegen des Insolvenzbeschlags gehindert, derartige Ansprüche im Wege der actio pro socio (§ 705 RdNr. 204) geltendzumachen.[31] Auf *Einreden* können sich die Gesellschafter gegenüber dem Insolvenzverwalter nur berufen, soweit dem nicht der Insolvenzzweck entgegensteht; Letzteres ist etwa mit Blick auf die Stundung der Einlagen oder auf das im Gesellschaftsvertrag enthaltene Erfordernis eines Beschlusses der Gesellschafter als Voraussetzung ihrer Einforderung der Fall.[32]

[25] MünchKommInsO/*Ott* § 80 RdNr. 7, 43 f.; eingehend *Müller* (Fn. 22) S. 105 ff.

[26] *K. Schmidt* ZGR 1998, 645; MünchKomm-InsO/*Ott* § 80 RdNr. 112; eingehend *Müller* (Fn. 22) S. 92 ff.

[27] Vgl. *Smid* (2. Aufl.) InsO § 184 RdNr. 1; *Müller* (Fn. 22) S. 89; grdlg. *Jaeger/Weber* (8. Aufl.) KO §§ 209, 210 RdNr. 22.

[28] *Häsemeyer* InsR Tz. 31.11; *K. Schmidt* ZGR 1998, 645.

[29] So zutr. *K. Schmidt* GesR § 11 VI 4 b bb und ZGR 1998, 637 f.; eingehend *Müller* (Fn. 22) S. 25 ff., 45; aA unter Hinweis auf § 32 Abs. 3 InsO *Staub/Habersack* HGB § 145 RdNr. 56.

[30] Vgl. nur *Jaeger/Weber* (8. Aufl.) KO §§ 209, 210 RdNr. 97; *Noack* in *Kübler/Prütting,* InsO, Sonderband 1 (Gesellschaftsrecht), 1999, RdNr. 471.

[31] *Baumbach/Hopt* HGB § 124 RdNr. 46.

[32] EinhM, vgl. *Jaeger/Weber* (8. Aufl.) KO §§ 209, 210 RdNr. 30; *Hueck* OHG § 26 IV.

Nachschusspflichten oder Einlagenerhöhungen, die nach dem Gesellschaftsvertrag mehrheitlich beschlossen werden können (vgl. § 709 RdNr. 92 f.), bedürfen zu ihrer Begründung allerdings eines derartigen Beschlusses. Ohne einen solchen fehlt es an Sozialansprüchen, die der Insolvenzverwalter geltend machen könnte.[33]

Verlangt der Insolvenzverwalter Erfüllung einer im Gesellschaftsvertrag vorgesehenen **entgeltlichen Beitragspflicht,** etwa die weitere Gebrauchsüberlassung eines Gesellschaftergrundstücks, so übt er damit sein Wahlrecht nach § 103 Abs. 1 InsO aus und begründet eine Masseverbindlichkeit nach § 55 Abs. 1 Nr. 2 InsO in Höhe des Entgelts; der Gesellschafter wird insoweit Massegläubiger. Dass Entsprechendes auch mit Bezug auf die gesellschaftsvertraglich vorgesehene Geschäftsführervergütung gilt, wenn der Verwalter sich für Fortsetzung der Geschäftsführertätigkeit des Gesellschafters entscheidet,[34] ist schon wegen der Rechtsnatur dieser Vergütung als Gewinnvoraus (§ 709 RdNr. 32 f.) abzulehnen. Im Übrigen trifft § 101 Abs. 1 S. 3 iVm. § 100 InsO hierfür anderweitige Vorsorge. 19

c) Gesellschafter als Insolvenzgläubiger. Rückständige Forderungen auf Aufwendungsersatz, etwa wegen Tilgung von Gesellschaftsschulden, oder Drittgläubigerforderungen können die Gesellschafter als Insolvenzforderungen anmelden, soweit sie aus der Zeit vor Insolvenzeröffnung stammen.[35] Auch der Abfindungsanspruch eines vor Insolvenzeröffnung ausgeschiedenen Gesellschafters bildet eine Insolvenzforderung.[36] Demgegenüber sind etwaige Sozialverbindlichkeiten aus der Zeit nach Insolvenzeröffnung undurchsetzbar, soweit ein Insolvenzplan keine Abweichungen vorsieht. 20

d) Gesellschafterhaftung (§ 93 InsO). Die Gesellschafterhaftung analog § 128 HGB für *bis zur Insolvenzeröffnung entstandene Verbindlichkeiten* der Gesellschaft (vgl. § 38 InsO) besteht trotz Eröffnung des Insolvenzverfahrens unverändert fort, soweit sie nicht durch einen Insolvenzplan eingeschränkt oder erlassen wird (RdNr. 28); anderes gilt für Neuverbindlichkeiten aus dem Handeln des Insolvenzverwalters.[37] Allerdings geht das Recht zu ihrer Geltendmachung nach § 93 InsO auf den *Insolvenzverwalter* über, um für gleichmäßige Befriedigung der Insolvenzgläubiger zu sorgen und einen Gläubigerwettlauf zu vermeiden.[38] Schwebende Prozesse von Gesellschaftsgläubigern gegen Gesellschafter, die analog § 240 ZPO bzw. § 17 Abs. 1 S. 1 AnfG durch Insolvenzeröffnung bei der GbR unterbrochen werden,[39] kann der Insolvenzverwalter nach § 85 InsO aufnehmen.[40] Die Gesellschafter können die Erfüllung dieser Ansprüche insoweit verweigern, als offensichtlich ist, dass die entsprechenden Leistungen nicht für die Zwecke des Insolvenzverfahrens benötigt werden.[41] Außerdem verbleibt ihnen das Recht, sich gegenüber dem Insolvenzverwalter analog § 129 Abs. 1 bis 3 HGB auf Einwendungen und Einreden der Gesellschaft und daneben auf eigene Einreden zu berufen. Aus diesem Grunde sind sie auch persönlich berechtigt, der Anmeldung von Gläubigerforderungen zur Insolvenztabelle (§ 174 InsO) zu widersprechen.[42] Auf 21

[33] Vgl. nur *Jaeger/Weber* und *Hueck* (Fn. 32). Zur Haftung der Gesellschafter wegen eines nach § 735 auszugleichenden Fehlbetrags vgl. RdNr. 40.

[34] So *Häsemeyer* InsR Tz. 31.22, freilich unter unzutr. Berufung auf *Jaeger/Weber* (8. Aufl.) KO §§ 209, 210 RdNr. 26.

[35] *Lüke* in *Kübler/Prütting* InsO § 93 RdNr. 19; *Häsemeyer* InsR Tz. 31.22, 31.24; *Noack* (Fn. 30) RdNr. 460.

[36] BGHZ 27, 51, 59 = NJW 1958, 787; *Jaeger/Weber* (8. Aufl.) KO §§ 209, 210 RdNr. 27; *Noack* (Fn. 30) RdNr. 461.

[37] Vgl. nur MünchKommInsO/*Brandes* § 93 RdNr. 7 ff.; *Häsemeyer* InsR Tz. 31.16; *Müller* (Fn. 22) S. 233 ff.

[38] So zutr. OLG Jena NZG 2002, 172, 173 (zur GbR). – Zum auf Gläubigergleichbehandlung gerichteten Normzweck des § 93 vgl. MünchKommInsO/*Brandes* § 93 RdNr. 1; HK-InsO/*Eickmann* (2. Aufl.) § 93 RdNr. 1; *Lüke* in *Kübler/Prütting* InsO § 93 RdNr. 3; *Gerhardt* ZIP 2000, 218 f. (ganz hM); aA aber *Brinkmann* ZGR 2003, 264 (267 ff., 272 ff.): Verbesserung der Sanierungs- und Reorganisationsaussichten im Gesellschaftsinteresse.

[39] Die Analogiegrundlage ist umstr.; für § 17 Abs. 1 S. 1 AnfG BGH NJW 2003, 590, 591 m. Nachw. zum Meinungsstand.

[40] BGH NJW 2003, 590, 591; MünchKommInsO/*Ott* § 80 RdNr. 84.

[41] *Lüke* in *Kübler/Prütting* InsO § 93 RdNr. 22 f.; weitergehend (Inanspruchnahme nur, soweit erforderlich) MünchKommInsO/*Brandes* § 93 RdNr. 25; *Baumbach/Hopt* HGB § 128 RdNr. 46; *Noack* (Fn. 30) RdNr. 512.

[42] *Lüke* in *Kübler/Prütting* InsO § 93 RdNr. 32; *Baumbach/Hopt* HGB § 128 RdNr. 48; *Häsemeyer* InsR Tz. 31.10, 31.18 (unter Hinweis auf §§ 178 Abs. 2, 201 Abs. 2 InsO); *Müller* (Fn. 22) S. 254 f.

Ansprüche von Gesellschaftsgläubigern gegen Gesellschafter aus der Einräumung persönlicher oder dinglicher Sicherheiten ist § 93 InsO nicht anwendbar.[43]

22 Leistungen, die der Insolvenzverwalter bei den Gesellschaftern nach § 93 InsO beitreibt, sind in eine **Sondermasse** zu Gunsten der Insolvenzgläubiger einzustellen und im Zuge des Verfahrens anteilig unter ihnen zu verteilen. Die Massegläubiger und die Inhaber von Aussonderungs- oder Absonderungsrechten nehmen an dieser Verteilung nicht teil. Die Grundlage für die Verteilung bilden die zur Insolvenztabelle der Gesellschaft angemeldeten, unbestrittenen oder rechtskräftig festgestellten Forderungen. Für *Massekosten* hat die Sondermasse *nicht* einzustehen;[44] anderes gilt für die Kosten der Rechtsverfolgung nach § 93 InsO. Dementsprechend bleibt die Chance ihrer Beitreibung auch insoweit außer Betracht, als es um die Prüfung der Frage geht, ob das Gesellschaftsvermögen voraussichtlich ausreicht, um die Verfahrenskosten zu decken, oder ob der Insolvenzantrag nach § 26 Abs. 1 InsO mangels Masse abzuweisen ist.[45] Für *Leistungen ausgeschiedener Gesellschafter* im Rahmen ihrer Nachhaftung (§ 736 RdNr. 21 f.), die ebenfalls von § 93 InsO erfasst wird,[46] sind weitere Sondermassen zu Gunsten der jeweils begünstigten Altgläubiger zu bilden.[47]

23 **4. Fortsetzung der Gesellschaft. a) Grundlagen.** Sie setzt nach der dem § 144 aF HGB nachgebildeten Vorschrift des Abs. 1 S. 2 die vorzeitige *Beendigung des Insolvenzverfahrens vor (Schluss-)Verteilung der Insolvenzmasse* voraus, sei es durch Einstellung des Verfahrens auf Antrag der Gesellschaft (RdNr. 25) oder durch dessen Aufhebung nach rechtskräftiger Bestätigung eines den Fortbestand der Gesellschaft vorsehenden Insolvenzplans (RdNr. 28). Hinzukommen muss ein **Fortsetzungsbeschluss** der Gesellschafter (vgl. § 736 RdNr. 17).

24 Die **Ablehnung der Eröffnung** des Insolvenzverfahrens, entweder *mangels Glaubhaftmachung* des Eröffnungsgrunds (§§ 14 Abs. 1, 15 Abs. 2 InsO) oder *auf Beschwerde* der Gesellschaft (§ 34 Abs. 2), lässt die in Abs. 1 S. 1 angeordnete Auflösung nicht eintreten (RdNr. 8 f.). Entsprechendes gilt abweichend von der Rechtslage bei Kapitalgesellschaften[48] bei Abweisung des Eröffnungsantrags *mangels Masse* (§ 26 Abs. 1 InsO). Daher bedarf es in derartigen Fällen für die Fortsetzung der Gesellschaft auch keines Beschlusses der Gesellschafter. Nicht ausgeschlossen ist in derartigen Fällen freilich, dass ex lege eine Auflösung nach § 726 wegen Zweckverfehlung eintritt.

25 **b) Nach Verfahrenseinstellung.** Abs. 1 S. 2 lässt einen Fortsetzungsbeschluss der Gesellschafter zu, wenn die Einstellung des Verfahrens auf **Antrag der Gesellschaft** als Schuldner erfolgt. In Betracht kommen *zwei Fälle:* (1) die Einstellung nach § 212 InsO unter der Voraussetzung, dass die Gesellschaft das Fehlen der Eröffnungsgründe glaubhaft macht, und (2) diejenige nach § 213 InsO mit Zustimmung aller Insolvenzgläubiger. Der Einstellungsbeschluss ist nach § 215 Abs. 1 InsO öffentlich bekannt zu machen, wobei die Beteiligten vorab zu unterrichten sind; er unterliegt nach § 216 InsO der Anfechtung durch jeden Insolvenzgläubiger. Als Folge der Einstellung erlangt der Schuldner nach § 215 Abs. 2 InsO wieder das Recht, über die verbliebene Insolvenzmasse frei zu verfügen. Daher steht sodann auch einem Fortsetzungsbeschluss der Gesellschafter nichts entgegen.

[43] BGH WM 2002, 1361, 1363; LG Bayreuth ZIP 2001, 1782, 1783; *Lüke* in *Kübler/Prütting* InsO § 93 RdNr. 18; MünchKommInsO/*Brandes* § 93 RdNr. 21; aA für Personalsicherheiten *Bork* NZI 2002, 362 ff.; HK-InsO/*Eickmann* § 93 RdNr. 3; *Oepen,* Massefremde Masse, 1999, RdNr. 272; unter Beschränkung auf die Sperrwirkung des § 93 InsO auch *Brinkmann* ZGR 2003, 264, 277 f.

[44] HM, vgl. MünchKommInsO/*Brandes* § 93 RdNr. 10; *Lüke* in *Kübler/Prütting* InsO § 93 RdNr. 26; *Häsemeyer* InsR Tz. 31.16; *Armbruster* (Fn. 22) S. 192.

[45] So entgegen der RegBegr. (BT-Drucks. 12/2443 S. 140) zu Recht *Häsemeyer* InsR Tz. 31.13, 31.16; *Lüke* in *Kübler/Prütting* InsO § 93 RdNr. 26; *Brinkmann,* Die Bedeutung der §§ 92, 93 InsO für den Umfang der Insolvenz- und Sanierungsmasse, 2001, S. 132 f.; aA MünchKommInsO/*Brandes* § 93 RdNr. 10; *Müller* (Fn. 22) S. 245 ff., 247.

[46] So zutr. *Lüke* in *Kübler/Prütting* InsO § 93 RdNr. 25; MünchKommInsO/*Brandes* § 93 RdNr. 6; *Gerhardt* ZIP 2000, 2181, 2182 f.

[47] Vgl. *Lüke* (Fn. 46); *Armbruster* (Fn. 22) S. 190 ff.; *Müller* (Fn. 22) S. 256 f.

[48] Vgl. Nachw. in Fn. 18.

Zwei weitere, in Abs. 1 S. 2 *nicht* erwähnte Einstellungsgründe finden sich in §§ 207, 211 InsO für den Fall der **Massearmut.** Sie greifen ein, wenn sich entweder nach Verfahrenseröffnung herausstellt, dass die Insolvenzmasse nicht zur Deckung der Verfahrenskosten ausreicht (§ 207 InsO), oder wenn der Insolvenzverwalter nach § 208 InsO dem Gericht die Masseunzulänglichkeit anzeigt; in diesem Fall hat er aus den noch vorhandenen Mitteln die Massegläubiger nach Maßgabe von § 209 InsO vor Einstellung des Verfahrens (§ 211 InsO) zu befriedigen. 26

Kommt es aus einem der in RdNr. 26 genannten Gründe zur Verfahrenseinstellung, so ist in aller Regel nicht damit zu rechnen, dass nach Verfahrenseinstellung noch nennenswertes Gesellschaftsvermögen verbleibt. Darauf dürfte auch die – mit § 144 aF HGB übereinstimmende – **Nichteinbeziehung** der Fälle der Massearmut **in die Fortsetzungsregelung des Abs. 1 S. 2** beruhen. Berücksichtigt man indessen die grundsätzlich umfassende Dispositionsfreiheit, die den Gesellschaftern in Bezug auf die Gestaltung der Rechtsverhältnisse ihrer Gesellschaft zukommt, so erscheint die in Abs. 1 S. 2 geregelte Eingrenzung der Fortsetzungsgründe *nicht als zwingend.*[49] So wenig die Gesellschafter gehindert sind, an Stelle der aufgelösten Gesellschaft eine neue zu gründen und auf diese das restliche Vermögen zu übertragen, so wenig sollte ihnen in diesen Fällen die (einstimmige) Fortsetzung der aufgelösten Gesellschaft verwehrt sein, wenn sie bereit und in der Lage sind, sich auf die hierfür erforderlichen zusätzlichen Einlagen zu einigen und diese zu leisten. Die Gläubiger werden dadurch in ihren Interessen nicht betroffen, da sie nicht gehindert sind, ihre Forderungen gegen die Gesellschaft weiterzuverfolgen. 27

c) Nach Bestätigung eines die Fortsetzung der Gesellschaft vorsehenden Insolvenzplans. Die Regelungen über den **Insolvenzplan** mit seinem von den Bestimmungen der InsO über die Befriedigung der Insolvenzgläubiger, die Verwertung der Insolvenzmasse und die Haftung des Schuldners nach Verfahrensbeendigung abweichenden Inhalt (vgl. § 217 InsO) finden sich in §§ 218 ff. InsO. Der Plan gliedert sich nach § 219 InsO in einen darstellenden und einen gestaltenden Teil. Dabei enthält der *darstellende Teil* (§ 220 InsO) die Reorganisationsmaßnahmen und sonstigen Leistungen, die von den Gesellschaftern als Voraussetzung für die Annahme des Plans durch die anderen Beteiligten und für dessen Vollzug zu erbringen sind, während der *gestaltende Teil* (§ 221 InsO) sich auf die Änderungen der Rechtsstellung der Insolvenzgläubiger, darunter insbes. die Stundung oder den (Teil-)Erlass ihrer Forderungen, als Folge der rechtskräftigen Bestätigung des Plans durch das Insolvenzgericht bezieht (§§ 224, 227, 254 f. InsO).[50] Der Plan kann – und wird nicht selten – die Fortführung der Gesellschaft als Schuldnerin anstelle ihrer Liquidation vorsehen.[51] Er bedarf, wenn er vom Insolvenzverwalter vorgelegt wird, einer von den vertretungsbefugten Gesellschaftern abzugebenden Stellungnahme der Gesellschaft (§ 232 Abs. 1 Nr. 2 InsO) sowie ihrer – kraft Nichtwiderspruch fingierten – Zustimmung (§ 247 Abs. 1 InsO). 28

Weitere **Voraussetzung** für die Fortsetzung der Gesellschaft in diesem Fall ist die entsprechende, auf einem **Fortsetzungsbeschluss** aller Gesellschafter beruhende Erklärung. Sie ist dem Plan nach § 230 Abs. 1 S. 2 InsO als Anlage beizufügen; daher muss sie schon *vor* Annahme des Plans durch die Gläubiger (§§ 244 ff. InsO) und dessen Bestätigung durch das Gericht (§ 248 InsO) vorliegen. **Wirksam** wird der Beschluss allerdings erst nach Rechtskraft der Bestätigung des Plans (§ 254 Abs. 1 S. 1 InsO) und anschließender Aufhebung des Insolvenzverfahrens durch das Gericht (§ 258 Abs. 1 InsO). Denn erst mit diesem Zeitpunkt entfällt die Fortsetzungssperre des § 728 Abs. 1. 29

Stundung oder Erlass der Gläubigerforderungen (§ 227 Abs. 1 InsO) beschränken sich in ihrer Wirkung nicht auf die Gesellschaft als Schuldnerin, sondern kommen auch den 30

[49] So auch *Jaeger/Weber, Häsemeyer* und *K. Schmidt* (Fn. 19).

[50] Vgl. näher *Müller* (Fn. 22) S. 376 ff.; *Häsemeyer* InsR Tz. 28.11 ff., 28.18; *K. Schmidt* ZGR 1998, 648 f.

[51] *Müller* (Fn. 22) S. 392 ff.; *Brinkmann* ZGR 2003, 273.

persönlich haftenden *Gesellschaftern* einschließlich der forthaftenden ehemaligen Gesellschafter[52] zugute. Das folgt im Grundsatz bereits aus dem für ihre Haftung geltenden Akzessorietätsprinzip; in §§ 227 Abs. 2, 254 Abs. 1 InsO ist es zudem ausdrücklich geregelt. Nach der Wiederauflebensklausel des § 255 Abs. 1 InsO stehen die Beschränkungswirkungen unter der auflösenden Bedingung, dass die Gesellschaft als Schuldnerin mit der Erfüllung des Plans erheblich in Rückstand gerät. Von dem Erlass ausgenommen sind nach § 254 Abs. 2 InsO Forderungen gegenüber solchen Gesellschaftern, die zusätzlich eine Bürgschaft gegenüber Gesellschaftsgläubigern übernommen oder eine dingliche Sicherheit gestellt haben.

III. Gesellschafterinsolvenz (Abs. 2)

31 **1. Grundlagen.** Die Regelung des Abs. 2 entspricht der bis 1998 geltenden Fassung des § 728 (RdNr. 2). Sie stellt mit *zwingender* Geltung sicher, dass die Insolvenzeröffnung über das Vermögen eines Gesellschafters zur Beendigung seiner Mitgliedschaft in der werbenden Gesellschaft und zur Liquidation seiner Beteiligung führt. Die in Abs. 2 angeordnete Auflösungsfolge für die Gesellschaft ist jedoch *dispositiv* und steht unter dem Vorbehalt einer im Gesellschaftsvertrag enthaltenen Fortsetzungsklausel (§ 736 Abs. 1) oder eines den Mitgesellschaftern vorbehaltenen Fortsetzungsbeschlusses, jeweils verbunden mit dem Ausscheiden des betroffenen Gesellschafters und seiner Abfindung nach Maßgabe der §§ 738 bis 740 oder der hierüber im Gesellschaftsvertrag getroffenen Vereinbarungen (vgl. RdNr. 2).

32 Die **GbR-Insolvenz** führt wegen der akzessorischen Gesellschafterhaftung nicht selten zur gleichzeitigen oder alsbald nachfolgenden *Insolvenz der Gesellschafter.* Allerdings sind – vorbehaltlich § 26 InsO – jeweils getrennte Insolvenzverfahren zu eröffnen.[53] An der – schon nach Abs. 1 S. 1 eingetretenen – Auflösung der GbR ändert sich durch die Gesellschafterinsolvenz nichts; eine gesellschaftsvertragliche Fortsetzungsklausel unter Ausscheiden des insolventen Gesellschafter/Schuldners ist jedoch im Zweifel gegenstandslos. Die auf dem Gesellschaftsverhältnis beruhenden, fälligen wechselseitigen Ansprüche (Sozialansprüche und -verbindlichkeiten, vgl. § 705 RdNr. 197 f., 201) sind ggf. jeweils als Insolvenzforderungen geltend zu machen (RdNr. 18, 20, 40). Im Blick auf die akzessorische Gesellschafterhaftung analog § 128 HGB bestimmt § 93 InsO deren gebündelte Geltendmachung durch den Insolvenzverwalter der GbR (RdNr. 21).

33 Der **Anwendungsbereich** des Abs. 2 erstreckt sich, anders als derjenige des Abs. 1 S. 1 (RdNr. 5, 7), auf alle Arten von BGB-Gesellschaften, darunter auch *Innengesellschaften ieS.* Da es um die Realisierung des Wertes der Mitgliedschaft zu Gunsten der Insolvenzmasse des Gesellschafters als Schuldner geht, kommt es auf das Bestehen von Gesellschaftsvermögen bei der GbR nicht an.[54] Das zu realisierende Auseinandersetzungsguthaben bzw. der Abfindungsanspruch umfasst auch die Rückgabe von Gegenständen, die der Gesellschaft zur Nutzung überlassen wurden (§ 732 S. 1). Je nach Lage des Falles kann die Liquidation auch zu Nachschusspflichten der Gesellschafter führen (§ 735); sie sind einfache Insolvenzforderungen (RdNr. 40). Abs. 2 gilt auch für die *stille Gesellschaft* des Handelsrechts, wenn beim Geschäftsinhaber Insolvenz eintritt.[55]

[52] *Lüke* in *Kübler/Prütting* InsO § 93 RdNr. 55; so zu § 109 Abs. 1 Nr. 1 VerglO auch schon *Schlegelberger/K. Schmidt* HGB § 128 RdNr. 71 entgegen der früher hM.

[53] Gegen Bestellung desselben Insolvenzverwalters sowohl für Gesellschafts- als auch für Gesellschafterinsolvenz wegen des typischen Interessengegensatzes der verschiedenen Gläubigergruppen zu Recht *Häsemeyer* InsR Tz. 31.27; *Lüke* in *Kübler/Prütting* InsO § 93 RdNr. 52; MünchKommInsO/*Brandes* § 93 RdNr. 23.

[54] So zutr. *K. Schmidt* KTS 1977, 1, 8; *Soergel/Hadding* RdNr. 3; *Palandt/Sprau* RdNr. 2; wohl auch BAG ZIP 1987, 1588, 1592; aA unter unzutreffender Gleichsetzung von Gesellschaftsvermögen und Vermögenswert der Beteiligung *Wernicke* WM 1981, 862 f.

[55] HM, vgl. RGZ 122, 70, 72; BGHZ 51, 350, 352 = NJW 1969, 1211; BGH NJW 1983, 1855, 1856; *Koenigs,* Stille Gesellschaft, S. 322; *Staudinger/Keßler* RdNr. 16; *K. Schmidt* KTS 1977, 1, 5 ff.; *Schlegelberger/K. Schmidt* HGB § 339 RdNr. 30; *Staub/Zutt* HGB § 234 RdNr. 8; *Häsemeyer* InsR Tz. 31.53.

2. Voraussetzungen. Voraussetzung für die Auflösung der Gesellschaft nach Abs. 2 S. 1 bzw. für das ihr gleichstehende insolvenzbedingte Ausscheiden des Gesellschafter/Schuldners (RdNr. 31) ist die Eröffnung des **Insolvenzverfahrens über sein Eigenvermögen,** sei es auch in der Form der Eigenverwaltung (RdNr. 8). Wegen des *maßgeblichen Zeitpunkts* für Auflösung oder Ausscheiden kann auf die entsprechenden Feststellungen zur Auflösungsfolge nach Abs. 1 S. 1 (RdNr. 8) verwiesen werden. Wird der Eröffnungsbeschluss im Beschwerdeverfahren (§ 34 InsO) *aufgehoben,* so entfällt damit auch der Auflösungs- oder Ausscheidensgrund. Vorbehaltlich schon begonnener Vollzugsmaßnahmen, die zum Eingreifen der Grundsätze über die fehlerhafte Auflösung bzw. das Ausscheiden führen (§ 705 RdNr. 364, 370), wird die Gesellschaft als werbende zusammen mit dem betroffenen Gesellschafter/Schuldner fortgesetzt. 34

Keinen Auflösungs- oder Ausscheidensgrund bilden, ebenso wie im Fall des Abs. 1 S. 1 (RdNr. 9), die Anordnung vorläufiger Sicherungsmaßnahmen (§§ 21, 22 InsO), aber auch die Abweisung des Insolvenzantrags mangels Masse (§ 26 InsO). Nicht von Abs. 2 S. 1 erfasst wird auch die Eröffnung des *Nachlassinsolvenzverfahrens* (§§ 315 ff. InsO) über den Nachlass des Gesellschafter/Erben. Das folgt nach zutr., wenn auch umstrittener Ansicht aus der gebotenen teleologischen Restriktion des Abs. 2 S. 1, da die Nachlassinsolvenz den Gesellschafter/Erben nicht hindert, an der Mitgliedschaft unter Einsatz seines nicht vom Insolvenzbeschlag erfassten Eigenvermögens festzuhalten.[56] Dem Nachlassinsolvenzverwalter steht allerdings zur Liquidation des Anteilswerts ein Kündigungsrecht analog § 725 zu, wenn der Gesellschafter/Erbe nicht zur Übernahme des Anteils gegen Erstattung von dessen Wert in die Insolvenzmasse bereit ist (§ 725 RdNr. 4 f.). 35

Die **Einstellung des Insolvenzverfahrens** auf Antrag des Schuldners oder dessen Aufhebung nach Bestätigung eines Insolvenzplans lässt den Eintritt der Auflösung oder das Ausscheiden des insolventen Gesellschafters unberührt (vgl. die Feststellungen zu Abs. 1 in RdNr. 22). Sie eröffnet den Gesellschaftern jedoch die Möglichkeit, die Rückumwandlung in eine werbende Gesellschaft oder die Wiederaufnahme des kraft Insolvenz ausgeschiedenen Gesellschafters zu beschließen (vgl. RdNr. 25). 36

3. Rechtsfolgen. a) Insolvenzmasse. Zur Insolvenzmasse gehört nach § 80 InsO das gesamte pfändbare Vermögen des Schuldners. Bezogen auf die Gesellschaft ist das die Mitgliedschaft (der Gesellschaftsanteil) des Gesellschafter/Schuldners.[57] Dementsprechend steht dem Insolvenzverwalter das Recht zu, an Stelle des Schuldners an der Auseinandersetzung mitzuwirken (RdNr. 38). Nicht vom Insolvenzbeschlag erfasst werden demgegenüber die Gegenstände des Gesamthandsvermögens.[58] Ihre Liquidation erfolgt außerhalb des Insolvenzverfahrens (RdNr. 38). 37

b) Auseinandersetzung. Sie vollzieht sich außerhalb des Insolvenzverfahrens (§ 84 Abs. 1 InsO) nach allgemeinem Gesellschaftsrecht. Maßgebend sind die §§ 730 bis 735, soweit der Gesellschaftsvertrag keine abweichenden Vereinbarungen enthält. Im Rahmen der **Gesamtgeschäftsführungsbefugnis** aller Gesellschafter (§ 730 Abs. 2) nimmt der *Insolvenzverwalter* die Funktionen des Schuldners als Geschäftsführer wahr.[59] Dabei ist er nach § 733 Abs. 1 zwar nicht den Gesellschaftsgläubigern (§ 733 RdNr. 11 f.), wohl aber den Gesellschaftern gegenüber gehalten, vor einer Verteilung des Liquidationserlöses für die 38

[56] So zutr. BGHZ 91, 132, 137 = NJW 1984, 2104 (zur OHG); ebenso schon *Ulmer,* FS Schilling, 1973, S. 79, 98 f.; sodann auch *Flume* NJW 1988, 161, 162; *Stodolkowitz,* FS Kellermann, 1991, S. 439, 454; *Ulmer/Schäfer* ZHR 160 (1996), 413, 438; *Soergel/Hadding* RdNr. 1, 4; *Erman/Westermann* RdNr. 3; *Heymann/Emmerich* HGB § 131 RdNr. 23 a. AA *Staudinger/Keßler* RdNr. 4; *Schlegelberger/K. Schmidt* HGB § 131 RdNr. 40; *K. Schmidt,* FS Uhlenbruck, 2000, S. 655, 658; *Baumbach/Hopt* HGB § 131 RdNr. 22; *Raddatz,* Die Nachlasszugehörigkeit vererbter Personengesellschaftsanteile, 1991, S. 144 ff., 154.

[57] Vgl. § 725 RdNr. 10.

[58] BGHZ 23, 307, 314 = NJW 1957, 750; *Soergel/Hadding* RdNr. 1; *Staudinger/Keßler* RdNr. 12. Zur früher abw. Beurteilung bei Konkurs sämtlicher Gesellschafter vgl. 3. Aufl. RdNr. 13 f.

[59] So im Anschluss an § 146 Abs. 3 HGB die einhM auch für das Recht der GbR, vgl. RG SeuffA 89 Nr. 82; OLG Zweibrücken ZIP 2001, 1207, 1209; *Soergel/Hadding* RdNr. 5; *Staudinger/Keßler* RdNr. 11; RGRK/*von Gamm* RdNr. 2.

Berichtigung der Gesellschaftsschulden Sorge zu tragen, um sie vor der persönlichen Inanspruchnahme durch die Gesellschaftsgläubiger (§ 714 RdNr. 37 ff.) zu bewahren.[60] Auch ist er an zuvor zwischen den Gesellschaftern getroffene Abfindungsvereinbarungen gebunden, sofern er sie nicht anfechten kann.[61] Das auf den Schuldner entfallende Auseinandersetzungsguthaben steht der Insolvenzmasse zu. Ein etwa sich ergebender, vom Schuldner nach § 735 auszugleichender Fehlbetrag kann nur als einfache Insolvenzforderung geltend gemacht werden (vgl. RdNr. 40).

39 **c) Fortgeltung übertragener Geschäftsführung.** Sie ist im Falle der durch *Gesellschafterinsolvenz* bedingten Auflösung sowohl nach Abs. 2 S. 2 iVm. § 727 Abs. 2 S. 2 und 3 als auch nach § 729 möglich (zum Verhältnis der beiden Geschäftsführungsregelungen und zu ihren unterschiedlichen Voraussetzungen vgl. § 727 RdNr. 11 f.). Im Rahmen der **Notgeschäftsführung des Abs. 2 S. 2** sind die Mitgesellschafter, soweit ihnen die Geschäftsführungsbefugnis übertragen war, für eine Übergangszeit bei Gefahr für das Gesellschaftsvermögen zur Fortführung der Geschäfte berechtigt und verpflichtet (§ 727 RdNr. 11). Dem Insolvenzverwalter steht diese Befugnis auch dann nicht zu, wenn dem Gesellschafter/Schuldner nach dem Gesellschaftsvertrag die Geschäftsführung übertragen war (Umkehrschluss aus Abs. 2 S. 2 iVm. § 727 Abs. 2 S. 2).[62] Die in § 729 zu Gunsten *gutgläubiger* Gesellschafter begründete Fiktion des Fortbestands der Geschäftsführungsbefugnis greift auch im Fall einer durch Gesellschafterinsolvenz bedingten Auflösung ein (§ 729 RdNr. 5 f.). Zur Geltendmachung von Ansprüchen Dritter aus der Notgeschäftsführung im Insolvenzverfahren des Schuldners vgl. RdNr. 41.

40 **d) Verbindlichkeiten des Schuldners aus der Gesellschafterstellung.** Forderungen der **Mitgesellschafter,** soweit sie *gesellschaftsrechtlicher Natur* sind, können grundsätzlich nicht getrennt geltend gemacht werden, sondern sind in die Berechnung des Abfindungsguthabens (des Fehlbetrags) einzubeziehen (§ 730 RdNr. 49 ff.). Wenn § 84 Abs. 1 S. 2 InsO den *Gläubigern* insoweit ein Recht auf abgesonderte Befriedigung gewährt, so stellt er nur klar, dass die Saldierung in der Auseinandersetzungsbilanz nicht etwa an der zwischenzeitlichen Insolvenzeröffnung scheitert (§ 733 RdNr. 8). Entsprechendes gilt für die bei Insolvenzeröffnung bestehenden **Sozialansprüche** der Gesamthand gegen den Gesellschafter/Schuldner. Nicht saldierungsfähig sind Verbindlichkeiten des Schuldners aus Geschäften mit der Gesellschaft, die nicht auf dem Gesellschaftsvertrag beruhen.[63] Ein vom Schuldner nach § 735 auszugleichender **Fehlbetrag** ist als einfache Insolvenzforderung zur Tabelle anzumelden.[64] Anderes gilt nach § 118 S. 1 InsO nur insoweit, als der Fehlbetrag auf Ansprüchen von Mitgesellschaftern aus der Notgeschäftsführung nach Abs. 2 S. 2 beruht; sie bilden Masseschulden iS von § 55 Abs. 1 Nr. 2 InsO.

41 **Gesellschaftsgläubiger** sind mit ihren Ansprüchen analog § 128 HGB grundsätzlich einfache Insolvenzgläubiger in der Gesellschafterinsolvenz.[65] Trotz der Mithaftung von Gesellschaft und Mitgesellschaftern können sie ihre Forderung in der bei Insolvenzeröffnung bestehenden Höhe bis zur vollen Befriedigung in der jeweiligen Gesellschafterinsolvenz anmelden (§ 43 InsO);[66] an der Verteilung der Insolvenzmasse nehmen sie freilich nur insoweit teil, als nicht bereits die Zahlungen der Gesellschaft oder der übrigen Gesamt-

[60] RGRK/*von Gamm* RdNr. 3.

[61] Vgl. *Erman/Westermann* RdNr. 5; *Soergel/Hadding* RdNr. 5.

[62] So im Ergebnis auch *Erman/Westermann* RdNr. 5 (Folge der Sonderstellung des Insolvenzverwalters).

[63] RGZ 26, 110, 114; *Soergel/Hadding* RdNr. 6; *Staudinger/Keßler* RdNr. 12; *Jaeger/Lent* (8. Aufl.) KO, § 51 RdNr. 1, 6; *Kilger/K. Schmidt* (16. Aufl.) KO, § 51 Anm. 3.

[64] Vgl. *Noack* (Fn. 30) Tz. 469.

[65] Heute ganz hM, vgl. MünchKommInsO/*Brandes* § 93 RdNr. 29; *Lüke* in *Kübler/Prütting* InsO § 93 RdNr. 27, 54; *Häsemeyer* InsR Tz. 31.16; *Staub/Habersack* HGB § 128 RdNr. 78; so auch schon *Jaeger/Weber* (8. Aufl.) KO § 212 RdNr. 8; aA – für Erstreckung eines Konkursvorrechts im Konkurs der OHG oder KG auch auf den Gesellschafterkonkurs – aber BGHZ 34, 293, 298 = NJW 1961, 1022; *Soergel/Hadding* RdNr. 5; *Schlegelberger/K. Schmidt* HGB § 128 RdNr. 77.

[66] So zutr. MünchKommInsO/*Lwowski/Bitter* § 43 RdNr. 1, 34; *Häsemeyer* InsR Tz. 31.26; aA MünchKommInsO/*Brandes* § 93 RdNr. 27 f.; *K. Schmidt* ZIP 2000, 1077, 1085 f.

schuldner Erfüllung der Forderung bewirkt haben.[67] Eine Vollstreckung in das Gesellschaftsvermögen bleibt trotz Eröffnung des Gesellschafterinsolvenzverfahrens möglich. Auch steht die Sperrwirkung des § 87 InsO der Verschaffung eines Titels zur Vollstreckung in das nicht selbst insolvenzbefangene Gesellschaftsvermögen nicht entgegen.[68]

Neue Insolvenzforderungen können von den GbR-Geschäftsführern nach Eröffnung des Insolvenzverfahrens über das Vermögen eines Gesellschafters im Rahmen der akzessorischen Gesellschafterhaftung **nicht** begründet werden. Das beruht auch dann, wenn man das Eingreifen des § 729 in Fällen der durch Gesellschafterinsolvenz bedingten Auflösung im Grundsatz bejaht (vgl. § 729 RdNr. 6), auf der Sperrwirkung des § 38 InsO. Aus ihr folgt, dass Rechtshandlungen von Mitgesellschaftern nach insolvenzbedingter Auflösung nicht zu Verbindlichkeiten des Schuldners führen, die im Insolvenzverfahren zu berücksichtigen wären. Abweichendes gilt für solche Gesellschaftsverbindlichkeiten, die aus Rechtshandlungen des Insolvenzverwalters als Liquidator der GbR erwachsen. Sie sind nach § 55 Abs. 1 Nr. 2 InsO Masseschulden in der Gesellschafterinsolvenz.[69] 42

4. Die Fortsetzung der Gesellschaft. a) Ohne den Gesellschafter/Schuldner. Enthält der Gesellschaftsvertrag eine Fortsetzungsklausel für den Fall der Gesellschafterinsolvenz, so scheidet nach § 736 Abs. 1 mit dem Zeitpunkt der Eröffnung des Insolvenzverfahrens (RdNr. 8) der Gesellschafter/Schuldner aus der im Übrigen fortbestehenden Gesellschaft aus. Der Abfindungsanspruch nach § 738 fällt in die Insolvenzmasse. Zu den Möglichkeiten seiner vertraglichen Beschränkung mit Wirkung auch für den Insolvenzfall vgl. § 738 RdNr. 39 ff., 47 f., zur Ausgestaltung von Fortsetzungsklauseln abweichend von § 736 Abs. 1 daselbst RdNr. 10 ff. Fehlt es an entsprechenden gesellschaftsvertraglichen Vorkehrungen für den Insolvenzfall, so ist die Fortsetzung durch die übrigen Gesellschafter als Abweichung von den Auflösungsfolgen der §§ 730 ff. nur mit Zustimmung des Insolvenzverwalters möglich.[70] Eine entsprechende Anwendung des § 131 Abs. 3 Nr. 2 HGB, der die Gesellschafterinsolvenz als einen der gesetzlichen Ausscheidensfälle bestimmt, scheidet angesichts der in § 728 Abs. 2 getroffenen abweichenden Regelung aus.[71] 43

b) Mit dem Gesellschafter/Schuldner. Eine Fortsetzung unter Einschluss des Gesellschafter/Schuldners ist mit Rücksicht auf den Zweck von § 728 (RdNr. 1) **während** des **Insolvenzverfahrens** nur möglich, wenn der Insolvenzverwalter die Gesellschaftsbeteiligung des Schuldners (die Mitgliedschaft, RdNr. 37) – gegebenenfalls gegen eine Vergütung seitens der Mitgesellschafter – aus der Masse freigibt.[72] Ist freilich der Schuldner infolge der Eröffnung des Insolvenzverfahrens kraft gesellschaftsvertraglicher Fortsetzungsklausel (RdNr. 3) aus der fortbestehenden Gesellschaft ausgeschieden, so sind die Mitgesellschafter nicht gehindert, ihn unbeschadet des der Masse zustehenden Abfindungsanspruchs als neues Mitglied aufzunehmen.[73] Insoweit steht seiner Beteiligung auch die nach § 80 InsO aus der Insolvenzeröffnung folgende Verfügungsbeschränkung nicht entgegen, da sie sich nur auf die Massegegenstände bezieht, nicht dagegen auf nach Insolvenzeröffnung vom Schuldner neu erworbene Gegenstände. Ist **nach Einstellung** oder Aufhebung des Gesellschafterinsolvenzverfahrens die Gesellschaft noch nicht völlig abgewickelt, so sind die Gesellschafter nicht gehindert, die Fortsetzung mit dem ehemaligen Schuldner zu beschließen. 44

[67] Vgl. schon *Jaeger/Weber* (8. Aufl.) KO, § 212 RdNr. 2; *Oehlerking* KTS 1980, 16; so auch BGH WM 1958, 1105 für Gesellschafter einer OHG oder KG.

[68] So zutr. *Oehlerking* KTS 1980, 17 f.

[69] Die Tätigkeit des Insolvenzverwalters als Liquidator entspricht, soweit es um die Haftung der Insolvenzmasse geht, derjenigen eines Gesellschafter-Geschäftsführers.

[70] OLG Hamm BauR 1986, 462; vgl. auch *Erman/Westermann* RdNr. 6; *Staudinger/Keßler* Vor § 728 RdNr. 3; RGRK/*von Gamm* RdNr. 2; aA anscheinend *Soergel/Hadding* RdNr. 8 (Zustimmung des Schuldners).

[71] Ebenso *Staudinger/Keßler* RdNr. 8.

[72] *Hueck* OHG § 23 V 1; *Schlegelberger/K. Schmidt* HGB § 131 RdNr. 36.

[73] *Jaeger/Weber* (8. Aufl.) KO § 212 RdNr. 6.

§ 729 Fortdauer der Geschäftsführungsbefugnis

[1] Wird die Gesellschaft aufgelöst, so gilt die Befugnis eines Gesellschafters zur Geschäftsführung zu seinen Gunsten gleichwohl als fortbestehend, bis er von der Auflösung Kenntnis erlangt oder die Auflösung kennen muss. [2] Das Gleiche gilt bei Fortbestand der Gesellschaft für die Befugnis zur Geschäftsführung eines aus der Gesellschaft ausscheidenden Gesellschafters oder für ihren Verlust in sonstiger Weise.

Übersicht

	RdNr.
I. Grundlagen	1, 2
1. Normzweck	1
2. Entwicklung und Anwendungsbereich	2
II. Voraussetzungen	3–10
1. Auflösungsbedingter Wegfall (S. 1)	3–6
a) Betroffene Geschäftsführungsbefugnis	3, 4
b) Auflösungsgründe	5, 6
2. Sonstiger Verlust der Geschäftsführungsbefugnis (S. 2)	7, 8
3. Gutgläubigkeit des Geschäftsführers	9, 10
III. Rechtsfolgen	11–14
1. Geschäftsführungsbefugnis	11, 12
2. Vertretungsmacht	13, 14

I. Grundlagen

1 **1. Normzweck.** Die Vorschrift des § 729 soll – ähnlich wie § 674 im Auftragsrecht – diejenigen **Gesellschafter,** die in der werbenden Gesellschaft zur Geschäftsführung berufen sind, vor den Risiken des durch Auflösung der Gesellschaft oder durch ihr einseitiges Ausscheiden eintretenden Erlöschens dieser Befugnis **schützen.** Solange die Gesellschafter die Auflösung weder kennen noch kennen müssen, wird zu ihren Gunsten der Fortbestand der Geschäftsführungsbefugnis – und damit über § 714 im Zweifel auch derjenige der Vertretungsmacht gegenüber der Gesamthand (RdNr. 13) – fingiert. Sie können auf Grund ihres Organhandelns also weder im Innenverhältnis als Geschäftsführer ohne Auftrag in Anspruch genommen noch nach außen als falsus procurator (§ 179) haftbar gemacht werden. Mittelbar wirkt sich der Fortbestand von Geschäftsführungsbefugnis und Vertretungsmacht auch zu Gunsten der Gesellschaftsgläubiger aus. Soweit die Geschäftsführer trotz Auflösung der Gesellschaft auch nach §§ 727 Abs. 2 S. 3, 728 Abs. 2 S. 2 zur einstweiligen Fortführung der ihnen übertragenen Geschäfte berechtigt und verpflichtet sind (vgl. § 727 RdNr. 9ff., § 728 RdNr. 39), bedarf es des Schutzes des § 729 nicht. Als Ergänzung der vertraglichen Geschäftsführungsregelungen ist auch § 729 *dispositiv.*[1]

2 **2. Entwicklung und Anwendungsbereich.** § 729 galt ursprünglich nur für die **GbR,** während für OHG und KG Sondervorschriften betr. die bei Auflösung fortbestehende Geschäftsführungsbefugnis in § 136 HGB getroffen waren.[2] Diese Vorschrift wurde im Zuge des **HRefG 1998** wegen ihrer schon bisher geringen, durch Reduzierung der Auflösungsgründe in § 131 Abs. 1 HGB noch weiter zurückgehenden Bedeutung gestrichen; zugleich wurde § 729 in S. 1 inhaltlich umgestaltet und durch einen auf den Ausscheidensfall bezogenen S. 2 erweitert.[3] Seither gilt die Vorschrift auf Grund der Verweisungsnorm des § 105 Abs. 3 HGB auch für **Personenhandelsgesellschaften.** Für ihre Auslegung kann in geeigneten Fällen weiterhin auf die Erl. zu § 136 aF HGB zurückgegriffen werden.

II. Voraussetzungen

3 **1. Auflösungsbedingter Wegfall (S. 1). a) Betroffene Geschäftsführungsbefugnis.** Gegenüber der **GbR** findet S. 1 nur Anwendung, wenn im Gesellschaftsvertrag die Ge-

[1] HM, vgl. *Soergel/Hadding* RdNr. 1; *Staudinger/Keßler* RdNr. 3.

[2] Vgl. *Ulmer* in Großkomm. zum HGB, 3. Aufl., § 736 RdNr. 3ff., 12.

[3] Dazu RegBegr. BT-Drucks. 13/10332 S. 30 = ZIP 1996, 1487, 1489 (RefE).

schäftsführungsbefugnis bestimmten Gesellschaftern *übertragen* ist;[4] hierunter fallen nicht nur die ausdrückliche Übertragung an bestimmte Gesellschafter, sondern auch der Ausschluss anderer von der Geschäftsführung sowie die Begründung von Einzelgeschäftsführungsbefugnis nach § 711 (vgl. § 712 RdNr. 1). **Nicht** erfasst wird dagegen die *Gesamtgeschäftsführung nach § 709,* sei es als einstimmige oder mehrheitliche. Da hier alle Gesellschafter an der Geschäftsführung beteiligt sind, tritt mit dem Übergang zur Liquidation durch alle Gesellschafter (§ 730 Abs. 2 S. 2) vorbehaltlich der internen Abweichung (§ 730 RdNr. 47) keine Änderung ein; es bedarf im Zweifel auch keines Schutzes nach § 729. – Ist einem von der organschaftlichen Geschäftsführung ausgeschlossenen Gesellschafter nur die *Vornahme einzelner Geschäfte* übertragen, so kann er sich im Fall unverschuldeter Unkenntnis vom Erlöschen des Auftrags zwar nicht auf § 729 S. 1, wohl aber auf § 674 berufen.[5]

Die Auflösung der **OHG und KG** führt beim Fehlen gesellschaftsvertraglicher Regelungen über die Geschäftsführungsbefugnis dazu, dass an die Stelle der in §§ 114 Abs. 1, 115 Abs. 1 HGB vorgesehenen *Einzel*geschäftsführungsbefugnis jedes persönlich haftenden Gesellschafters die *gemeinsame* Handlungsbefugnis aller Gesellschafter als Liquidatoren nach §§ 146 Abs. 1, 150 Abs. 1 HGB tritt. In derartigen Fällen greift § 729 S. 1 nach seinem Normzweck (RdNr. 1) ebenso ein wie dann, wenn der Gesellschaftsvertrag die Geschäftsführungsbefugnis in der werbenden Gesellschaft in anderer Weise regelt als diejenige in der Liquidationsgesellschaft. Zum begrenzten Fortbestand der *Vertretungsmacht* vgl. RdNr. 14. 4

b) Auflösungsgründe. Angesichts des Gutgläubigkeitserfordernisses des S. 1 aE (RdNr. 9) ist die Vorschrift nur für diejenigen Auflösungsgründe relevant, die ohne Kenntnis der davon betroffenen Geschäftsführer eintreten können. Das gilt bei der GbR in erster Linie für die in §§ 726, 727, 728 Abs. 2 genannten Gründe der Zweckerreichung bzw. -verfehlung, des Todes und der Insolvenz eines Gesellschafters.[6] Demgegenüber ist bei OHG und KG der Eintritt eines der gesetzlichen Auflösungsgründe des § 131 Abs. 1 Nr. 1, 2 oder 4 ohne Kenntnis der geschäftsführenden Gesellschafter schwerlich denkbar; anders mag es bei im Gesellschaftsvertrag geregelten, dem GbR-Recht nachgebildeten Auflösungsgründen stehen. Was die *Kündigung* als Auflösungsgrund angeht, hängt ihre Wirksamkeit regelmäßig vom Zugang der Kündigungserklärung bei allen (Mit-)Gesellschaftern ab (vgl. § 723 RdNr. 11), so dass es des Schutzes durch § 729 S. 1 nicht bedarf. Anderes kommt nur dann in Betracht, wenn der Gesellschaftsvertrag hiervon abweichende Regelungen enthält (§ 723 RdNr. 11 aE). 5

Besonderheiten gelten für den Auflösungsgrund der **Gesellschaftsinsolvenz** (§§ 728 Abs. 1 BGB, 131 Abs. 1 Nr. 3 HGB). Er wird bereits mit Unterzeichnung des gerichtlichen Eröffnungsbeschlusses und dessen Herausgabe zum Zwecke der Bekanntgabe wirksam (§ 728 RdNr. 8), dh. zu einem Zeitpunkt, von dem die Gesellschafter meist erst nachträglich Kenntnis erlangen. Gleichwohl greift § 729 S. 1 insoweit nicht ein, da mit der Verfahrenseröffnung das Recht der Geschäftsführer, das Gesellschaftsvermögen zu verwalten und darüber zu verfügen, nach §§ 80, 148 Abs. 1 InsO zwingend auf den Insolvenzverwalter übergeht.[7] Für die Fiktion ihres Fortbestands nach § 729 S. 1 ist daneben kein Raum. Anderes gilt für die Fiktion des § 729 S. 2; insoweit steht § 80 InsO mit Bezug auf das Gesellschaftsvermögen nicht entgegen. 6

2. Sonstiger Verlust der Geschäftsführungsbefugnis (S. 2). Die im Zuge des HRefG 1998 (RdNr. 2) neu aufgenommene Vorschrift des S. 2 dehnt die Fiktionswirkung des S. 1 auf Fälle aus, in denen ein Gesellschafter trotz Fortbestands der Gesellschaft seine Geschäftsführungsbefugnis aus einem in seiner Person eintretenden Grund verliert; sie waren 7

[4] So wörtlich § 729 aF.

[5] Vgl. *Erman/Westermann* RdNr. 2; zu § 136 HGB auch *Schlegelberger/K. Schmidt* HGB § 136 RdNr. 9; *Ulmer* in Großkomm. zum HGB, 3. Aufl., § 136 RdNr. 3.

[6] Ganz hM, vgl. *Soergel/Hadding* RdNr. 1; *Staudinger/Keßler* RdNr. 1; *Erman/Westermann* RdNr. 2. Näheres zu diesen Auflösungsgründen vgl. Vor § 723 RdNr. 13 ff.

[7] Vgl. nur MünchKommInsO/*Ott* § 80 RdNr. 11, 112 f.; *Häsemeyer* InsR, 3. Aufl., Tz. 9.03 ff.

schon bisher kraft Analogie in § 729 aF einbezogen worden.[8] Als ersten Grund nennt S. 2 das **Ausscheiden** eines geschäftsführenden Gesellschafters; infolge des Verlusts der Mitgliedschaft führt es notwendig auch zum Wegfall der mit ihr verbundenen Verwaltungsrechte. *Gesetzliche* Ausscheidensgründe unter Fortsetzung der Gesellschaft finden sich nur für die OHG und KG (§ 131 Abs. 3 HGB); sie können in den Fällen der Nr. 2 und 4 ggf. auch ohne zeitgleiche Kenntnis des Betroffenen eintreten. Bei der GbR setzt das einseitige Ausscheiden eine *gesellschaftsvertragliche* Regleung nach Art der §§ 736 Abs. 1, 737 voraus. Tritt es ausnahmsweise ohne gleichzeitige oder vorherige Kenntnis des Betroffenen ein, so findet § 729 S. 2 auch hier Anwendung.

8 Ein Verlust der Geschäftsführungsbefugnis **in sonstiger Weise** tritt – abgesehen von sonstigen im Gesellschaftsvertrag vorgesehenen Gründen – vor allem bei *Entziehung der Geschäftsführungsbefugnis* ein, sei es durch Beschluss der übrigen Gesellschafter (§ 712) oder durch rechtskräftige gerichtliche Entscheidung (§ 117 HGB). In beiden Fällen erlangt der Betroffene von der Entziehung in aller Regel rechtzeitige Kenntnis (zu § 712 vgl. dort RdNr. 19). Daher ist die Ausdehnung des § 729 insoweit typischerweise ohne Bedeutung.

9 **3. Gutgläubigkeit des Geschäftsführers.** Der Schutz des § 729 greift nicht ein, wenn der Geschäftsführer die Gründe für das Erlöschen seiner Geschäftsführungsbefugnis kannte oder kennen musste. Fällt die Gutgläubigkeit des Geschäftsführers zu einem späteren Zeitpunkt weg, so gilt die Fiktion des § 729 bis dahin. Der Kenntnis des Erlöschens steht die Kenntnis der Tatsachen gleich, die nach Gesetz oder Gesellschaftsvertrag das Erlöschen herbeiführen; Entsprechendes gilt für das „Kennenmüssen". Der Sorgfaltsmaßstab für das „Kennenmüssen", dh. die fahrlässige Unkenntnis vom Erlöschen (§ 122 Abs. 2), richtet sich nach der für die Beziehungen zwischen Gesellschaftern geltenden Haftungsvorschrift des § 708: entscheidend ist die Sorgfalt in eigenen Angelegenheiten (dazu § 708 RdNr. 16 ff.). Der Geschäftsführer wird somit ebenso behandelt wie bei Überschreitung des sachlichen Umfangs der ihm zustehenden Befugnis (§ 708 RdNr. 8 ff.).

10 Die **Beweislast** für das Fehlen oder den Wegfall der Gutgläubigkeit obliegt demjenigen, der sich darauf beruft,[9] im Falle von Schadensersatzansprüchen wegen unbefugter Geschäftsführung also den Mitgesellschaftern.

III. Rechtsfolgen

11 **1. Geschäftsführungsbefugnis.** Zu Gunsten des gutgläubigen bisherigen Geschäftsführers **gilt** die Geschäftsführungsbefugnis **als fortbestehend.** Damit kann er sich den Mitgesellschaftern gegenüber für die Schwebezeit weiterhin auf den Umfang der ihm eingeräumten Befugnis berufen und haftet für Sorgfaltsverletzungen nur nach Maßgabe des § 708. Der Fiktion fortbestehender Befugnis entspricht es, dass ihm für diese Zeit auch die Geschäftsführervergütung noch zusteht und er die Aufwendungen aus der Geschäftsführung nach §§ 713, 670 von der Gesellschaft ersetzt verlangen kann. Ein unmittelbarer Anspruch gegen die Mitgesellschafter steht ihm insoweit vor Durchführung der Auseinandersetzung im Regelfall nicht zu.[10] Das gilt nach § 118 InsO auch im Verhältnis zu einem durch Eröffnung des Insolvenzverfahrens ausgeschiedenen Gesellschafter.

12 Die Geschäftsführungsbefugnis gilt **nur zu Gunsten des Geschäftsführers** als fortbestehend, nicht zu seinen Lasten. Eine Verpflichtung zur Geschäftsführung lässt sich daraus nicht ableiten.[11] Wegen Unterlassung der ihm übertragenen Geschäftsführung kann der ehemalige Geschäftsführer nicht haftbar gemacht werden. Davon zu unterscheiden ist die Möglichkeit einer Haftung wegen Nichterfüllung der Pflicht zur Fortführung der Geschäfte nach §§ 727 Abs. 2, 728 S. 2 (§ 727 RdNr. 11).

[8] Vgl. 3. Aufl. RdNr. 4.

[9] *Staudinger/Keßler* RdNr. 1; RGRK/*von Gamm* RdNr. 3.

[10] Vgl. § 713 RdNr. 15, § 714 RdNr. 56.

[11] *Erman/Westermann* RdNr. 3.

13 **2. Vertretungsmacht.** Die organschaftliche Vertretungsmacht in der **GbR** gilt, vorbehaltlich vertraglicher Sonderregelungen, nach Maßgabe des **§ 714** im Umfang der Geschäftsführungsbefugnis als fortbestehend. Begrenzt wird sie durch § 169, wonach die Fiktion nicht zu Gunsten derjenigen Geschäftsgegner wirkt, die das Erlöschen der Vertretungsmacht kennen oder kennen müssen.[12] In welcher Art die Vertretungsmacht des Geschäftsführers kundgemacht wurde, ist für das Eingreifen der §§ 729, 169 unerheblich, da es insoweit nicht um Rechtsscheintatbestände geht, sondern um Rechtsfolgen kraft Fiktion. Ist umgekehrt der handelnde Geschäftsführer seinerseits nicht gutgläubig, so greifen §§ 729, 714 nicht ein; wohl aber kommt eine Haftung der Gesellschaft gegenüber gutgläubigen Dritten nach Rechtsscheingrundsätzen in Betracht.

14 In **OHG und KG** entfällt die Vertretungsmacht der vom Verlust der Geschäftsführungsbefugnis betroffenen Gesellschafter alsbald mit Auflösung, Ausscheiden oder Wegfall in sonstiger Weise (§ 127 HGB); für eine Erstreckung der Fiktionen des § 729 hierauf ist mangels einer dem § 714 entsprechenden Vorschrift kein Raum. Allerdings kann sich der betroffene Gesellschafter im *Innenverhältnis* auf den fiktiven Fortbestand der Geschäftsführungsbefugnis berufen, da die Ausübung der Vertretungsmacht insoweit Teil der Geschäftsführung ist.[13] Gegenüber gutgläubigen *Dritten* greift § 143 iVm. § 15 Abs. 1 HGB ein; ihnen gegenüber gilt die Vertretungsmacht solange als fortbestehend, bis ihr Wegfall im Handelsregister eingetragen und bekanntgemacht ist.

§ 730 Auseinandersetzung; Geschäftsführung

(1) Nach der Auflösung der Gesellschaft findet in Ansehung des Gesellschaftsvermögens die Auseinandersetzung unter den Gesellschaftern statt, sofern nicht über das Vermögen der Gesellschaft das Insolvenzverfahren eröffnet ist.

(2) [1] Für die Beendigung der schwebenden Geschäfte, für die dazu erforderliche Eingehung neuer Geschäfte sowie für die Erhaltung und Verwaltung des Gesellschaftsvermögens gilt die Gesellschaft als fortbestehend, soweit der Zweck der Auseinandersetzung es erfordert. [2] Die einem Gesellschafter nach dem Gesellschaftsvertrag zustehende Befugnis zur Geschäftsführung erlischt jedoch, wenn nicht aus dem Vertrag sich ein anderes ergibt, mit der Auflösung der Gesellschaft; die Geschäftsführung steht von der Auflösung an allen Gesellschaftern gemeinschaftlich zu.

Übersicht

RdNr.

A. Die Auseinandersetzung unter Abwicklung der Gesellschaft nach §§ 730 bis 735 ... 1–62

I. Grundlagen ... 1–23

1. Gegenstand und Funktion der Auseinandersetzung ... 1–6
   a) Abwicklung des Gesellschaftsvermögens ... 1, 2
   b) Ausgleich unter den Gesellschaftern ... 3–5
   c) Der Sonderfall der Innengesellschaft ieS ... 6
2. Der Gang der Auseinandersetzung ... 7–9
3. Der Anwendungsbereich der §§ 730 bis 735 ... 10–22
   a) Regelfall ... 10
   b) Sofortige Vollbeendigung ... 11
   c) Innengesellschaft ohne Gesamthandsvermögen ... 12–17
   d) Stille Gesellschaft bürgerlichen Rechts ... 18, 19
   e) Gesellschaftsähnliche Rechtsverhältnisse ... 20
   f) Nichteheliche Lebensgemeinschaft ... 21, 22
4. Der Sonderfall der Gesellschaftsinsolvenz ... 23

II. Die Abwicklungsgesellschaft ... 24–39

1. Unterschiede gegenüber der werbenden Gesellschaft ... 24, 25
2. Stellung der Gesellschafter ... 26–35
   a) Allgemeines ... 26–29
   b) Beitragspflicht ... 30, 31

[12] Vgl. dazu näher § 169 RdNr. 2.

[13] Statt aller *Staub/Habersack* HGB § 125 RdNr. 3.

	RdNr.
c) Schadensersatzhaftung	32
d) Actio pro socio	33–35
3. Stellung der Gläubiger	36, 37
4. Beendigung der Gesellschaft	38, 39
III. Geschäftsführung und Vertretung	40–48
1. Allgemeines	40–43
2. Die Aufgaben der Abwickler	44, 45
3. Abweichende Vereinbarungen	46–48
IV. Das Schicksal der Gesellschafteransprüche	49–56
1. Grundsatz	49–51
2. Sachliche Tragweite	52, 53
3. Ausnahmen	54–56
V. Schlussabrechnung und Auseinandersetzungsguthaben	57–62
1. Die Schlussabrechnung	57–60
2. Der Anspruch auf das Auseinandersetzungsguthaben	61, 62
B. Andere Arten der Auseinandersetzung	63–92
I. Allgemeines	63, 64
II. Übernahme durch einen Gesellschafter	65–85
1. Fragestellung	65–67
2. Rechtsgrundlagen	68–76
a) Vereinbarung der Gesellschafter	68–72
aa) Art der Vereinbarung	68–70
bb) Regelungsinhalt	71, 72
b) Objektives Recht?	73–76
aa) Grundlagen	73, 74
bb) Folgerungen	75, 76
3. Ausübung des Übernahmerechts	77–80
4. Vollzug der Übernahme	81, 82
5. Rechte und Pflichten des Ausgeschiedenen	83, 84
6. Haftungsfolgen	85
III. Sonstige Fälle	86–92
1. Veräußerung des Gesellschaftsvermögens im Ganzen	86–88
2. Einbringung in eine GmbH oder AG	89–91
3. Spaltung, Realteilung	92

A. Die Auseinandersetzung unter Abwicklung der Gesellschaft nach §§ 730 bis 735

I. Grundlagen

1 **1. Gegenstand und Funktion der Auseinandersetzung. a) Abwicklung des Gesellschaftsvermögens.** Die Kündigung oder der Eintritt eines der sonstigen Auflösungsgründe führen im Regelfall nicht zur sofortigen Beendigung der Gesellschaft, sondern zu deren Umwandlung in eine Abwicklungsgesellschaft (Vor § 723 RdNr. 5 ff.). Die darin liegende Abweichung von sonstigen Dauerschuldverhältnissen erklärt sich aus den organisationsrechtlichen Elementen der typischen Personengesellschaft, darunter namentlich dem Vorhandensein von Gesellschaftsvermögen (§ 705 RdNr. 158, 161). Dieses würde herrenlos oder müsste sich infolge der Auflösung in Miteigentum der Gesellschafter umwandeln, wenn die Gesellschaft als Zuordnungssubjekt mit dem Eintritt der Auflösung in Wegfall käme. Für die Gesellschaftsgläubiger entfiele mangels Schuldner das ihnen bis dahin zustehende Recht, vorrangig auf das Gesellschaftsvermögen zuzugreifen. Um diese unerwünschten Folgen zu vermeiden, enthält das BGB in den §§ 730 bis 735 eine Reihe von Vorschriften über die Abwicklung des Gesellschaftsvermögens, die Berichtigung der Gesellschaftsverbindlichkeiten und die Verteilung des Überschusses zwischen den Gesellschaftern. Erst wenn das Gesellschaftsvermögen vollständig abgewickelt ist, ist die Gesellschaft beendet (RdNr. 38; vgl. auch RdNr. 10 f.).

2 Ist **kein Gesellschaftsvermögen** (mehr) vorhanden, so entfällt die Berechtigung für die Annahme eines Fortbestands der Abwicklungsgesellschaft. Die Gesellschaft ist vollbeendet mit der Folge, dass für (weitere) Auseinandersetzungsmaßnahmen kein Raum ist (vgl. auch RdNr. 38).[1] Es bedarf auch nicht der Vorlage einer Auseinandersetzungsbilanz (vgl. zu dieser RdNr. 57 ff.).[2] Eine Auseinandersetzung ist auch dann entbehrlich, wenn sich das Gesellschaftsvermögen in einer Hand vereinigt und zu Alleineigentum des letzten Gesell-

[1] Ebenso BGH NJW 1983, 1188; ZIP 1993, 1307; RG JW 1937, 2971; *Soergel/Hadding* Vor § 730 RdNr. 3; aA *Erman/Westermann* RdNr. 1; nicht eindeutig *Palandt/Sprau* RdNr. 1, 9.

[2] BGH ZIP 1993, 1307.

schafters wird (RdNr. 11). Die *Herbeiführung eines noch ausstehenden Ausgleichs* zwischen den Gesellschaftern wird durch das Ende der Auseinandersetzung nicht gehindert. Des Fortbestehens der Gesellschaft zwischen ihnen bedarf es hierfür ebenso wenig wie bei sonstigen Dauerschuldverhältnissen, bei denen nach Vertragsende ebenfalls die Notwendigkeit einer internen Auseinandersetzung in Betracht kommt.[3] Hierzu sind die Beteiligten im Rahmen der *nachvertraglichen Pflichten* untereinander verpflichtet.[4]

b) Ausgleich unter den Gesellschaftern. Aus der in § 730 Abs. 1 geregelten Funktion der Auseinandersetzung, das Gesellschaftsvermögen zu liquidieren, erklärt sich, dass die hM einen erst nach der Abwicklung (einschließlich der Überschussverteilung) zu veranlassenden **Kontenausgleich** zwischen den Gesellschaftern *nicht* mehr als Gegenstand der Abwicklungsgesellschaft und damit als Aufgabe der Abwickler begreift,[5] wenn er ihnen nicht ausdrücklich oder stillschweigend im Gesellschaftsvertrag übertragen ist.[6] Dem ist im Ansatz zuzustimmen (zum engen sachlichen Zusammenhang zwischen Abwicklung des Gesellschaftsvermögens und internem Ausgleich vgl. aber RdNr. 4). 3

Unverkennbar ist freilich, dass die theoretisch klare **Unterscheidung zwischen Abwicklung** und **internem Ausgleich** im Einzelfall **Schwierigkeiten** bereitet. Auseinandersetzung „in Ansehung des Gesellschaftsvermögens" (so § 730 Abs. 1) und solche hinsichtlich der auf dem Gesellschaftsverhältnis beruhenden internen Ansprüche zwischen den (ehemaligen) Gesellschaftern lassen sich nur schwer trennen.[7] Daher ist auch allgemein anerkannt, dass es zu den Aufgaben der Abwickler gehört, die verschiedenen, durch die Auflösung zu unselbstständigen Rechnungsposten gewordenen gesellschaftsvertraglichen Ansprüche zwischen ihnen und gegen die Gesellschaft in die Schlussabrechnung (RdNr. 57) einzubeziehen und auf dieser Grundlage das auf jeden Gesellschafter entfallende Guthaben (den Fehlbetrag) zu berechnen (RdNr. 45). Da Liquidation des Gesellschaftsvermögens und interne Auseinandersetzung zwischen den Gesellschaftern in einem notwendigen Zusammenhang stehen (vgl. §§ 733 bis 735), ist dieser aus der Natur der Sache folgenden *Erweiterung der Abwicklerfunktionen zuzustimmen.* 4

In die gleiche Richtung weist die Rechtsnatur der Ansprüche aus § 735 auf **Nachschuss** in Höhe des anteiligen Verlusts. Da es sich bei ihnen um Sozialansprüche der Gesellschaft handelt, tritt die Vollbeendigung in Fällen dieser Art auch nach hM regelmäßig erst dann ein, wenn die nach § 735 zu leistenden Zahlungen verteilt oder die Ansprüche selbst durch Erlass, Abtretung an die ausgleichsberechtigten Gesellschafter oÄ aus dem Gesellschaftsvermögen ausgeschieden sind. 5

c) Der Sonderfall der Innengesellschaft ieS. Die praktische Bedeutung der Frage, ob die Beziehungen der Gesellschafter einer aufgelösten Gesellschaft sich auch dann nach §§ 730 ff. richten, wenn kein abzuwickelndes Gesellschaftsvermögen (mehr) vorhanden ist, beschränkt sich aus den in RdNr. 3 f. genannten Gründen auf die Fälle der Auflösung einer Innengesellschaft ieS (§ 705 RdNr. 282). Bei dieser ist, streng genommen, mangels Gesellschaftsvermögens für die Annahme einer Abwicklungsgesellschaft ebenso wenig Raum wie bei der Beendigung einer stillen Gesellschaft (§ 235 HGB). Das hindert jedoch nicht, neben 6

[3] So für die Beendigung von Vertragshändlerverträgen BGHZ 54, 338, 345 = NJW 1971, 49; BGH DB 1974, 233; dazu näher *Ulmer* Vertragshändler, 1969, S. 468 ff., 484 ff. Allg. zu den Haftungsfolgen kündigungsbedingter Beendigung von Dauerschuldverhältnissen vgl. auch *Oetker,* Das Dauerschuldverhältnis, 1964, S. 628 ff., 696 ff.

[4] Vgl. dazu außer den Nachw. in Fn. 1 und 3 auch BGH DB 1960, 352; 1966, 1966; RGZ 101, 47, 49; 161, 330, 338 f.; *Soergel/Teichmann* § 242 RdNr. 59, 167 ff. Einschr. *Erman/Westermann* RdNr. 1, der das Vertragsverhältnis zwischen den Gesellschaftern vor vollständiger Durchführung der internen Auseinandersetzung als noch nicht beendet ansieht. Zur nachvertraglichen Treupflicht eines ausgeschiedenen Gesellschafters vgl. BGH LM § 823 (Ai) Nr. 56 = NJW 1980, 881, 882.

[5] BGHZ 24, 91, 93 f. = NJW 1957, 989; BGH WM 1966, 706; *Soergel/Hadding* Vor § 730 RdNr. 1. Vgl. auch Nachw. in Fn. 1.

[6] BGH LM HGB § 149 Nr. 5 = NJW 1978, 424.

[7] So auch *Grziwotz* DStR 1992, 1365; ähnlich *Erman/Westermann* RdNr. 1. Für Streichung von „in Ansehung des Gesellschaftsvermögens" und für Bezug der Auseinandersetzung (im Unterschied zur Liquidation des Gesellschaftsvermögens) auf das Rechtsverhältnis zwischen den Gesellschaftern *K. Schmidt* BMJ-Gutachten S. 542.

§§ 738 bis 740 je nach Lage des Falles auch einzelne der Regelungen der §§ 730 ff. entsprechend auf den auch hier notwendigen internen Ausgleich anzuwenden (RdNr. 12 ff.).

7 **2. Der Gang der Auseinandersetzung.** Die Vorschriften der **§§ 730 bis 735** über die Abwicklung der aufgelösten Gesellschaft und die Auseinandersetzung unter den Gesellschaftern bilden sachlich eine **Einheit.** Die Aufteilung in verschiedene Paragraphen gibt einen Anhalt für die sachliche und zeitliche Abfolge der Auseinandersetzungsmaßnahmen; sie darf aber nicht dazu führen, den Gesamtzusammenhang der Auseinandersetzung zu vernachlässigen. Das zeigt sich besonders deutlich am Beispiel der **Schlussabrechnung** als dem Angelpunkt von Abwicklung und internem Ausgleich (RdNr. 57 ff.). Ihre Erstellung ist im Unterschied zu § 154 HGB gesetzlich zwar nicht vorgeschrieben, gleichwohl aber regelmäßiger Bestandteil der in den Vorschriften der §§ 733 bis 735 angeordneten Maßnahmen. Da nach ständiger Rechtsprechung die gesellschaftsvertraglichen Ansprüche der Beteiligten als unselbstständige, in der Schlussabrechnung zu berücksichtigende Rechnungsposten zu behandeln sind (RdNr. 49 ff.), ist sie sogar zu einem Schwerpunkt der Auseinandersetzung geworden. Das hat auch Modifikationen gegenüber den Abwicklungsvorschriften des § 733 zur Folge (RdNr. 50).

8 Unter Berücksichtigung dieser Besonderheiten lassen sich die nach Auflösung der Gesellschaft gebotenen, in §§ 730 bis 735 festgelegten **Abwicklungs- und Auseinandersetzungsmaßnahmen** vorbehaltlich abweichender Vereinbarungen wie folgt **zusammenfassen:** Die Geschäftsführung geht auf alle Gesellschafter als Abwickler über (§ 730 Abs. 2 S. 2). Ihre Aufgaben richten sich entsprechend dem geänderten Gesellschaftszweck zunächst darauf, die schwebenden Geschäfte zu beenden und die zur Erhaltung und Verwaltung des Gesellschaftsvermögens bis zu dessen Abwicklung erforderlichen Maßnahmen zu treffen (§ 730 Abs. 2 S. 1). Der erste Abwicklungsschritt besteht sodann in der Rückgabe derjenigen der Gesellschaft zur Benutzung überlassenen Gegenstände (§ 706 RdNr. 13), die nicht für den Abwicklungszweck benötigt werden, an die Gesellschafter (§ 732). Ihm schließt sich die Berichtigung der Gesellschaftsschulden sowie die Bildung von Rückstellungen für noch nicht fällige oder streitige Verbindlichkeiten an (§ 733 Abs. 1). Dazu und zu der regelmäßig erst bei der Schlussabrechnung fälligen Rückerstattung der Einlagen oder ihres Wertes in Geld (§ 733 Abs. 2) ist das Gesellschaftsvermögen, soweit erforderlich, zu liquidieren (§ 733 Abs. 3).

9 Im Unterschied zum OHG- und KG-Recht (§ 149 HGB) verzichtet das Recht der GbR auf eine vollständige Liquidation des Gesellschaftsvermögens und ordnet für die Verteilung des Überschusses (§ 734) grundsätzlich die **Teilung in Natur** an (§ 731 S. 2 iVm. § 752). Gegenüber dieser wenig praktikablen Lösung werden die Beteiligten freilich der finanziellen Auseinandersetzung auch in der GbR häufig den Vorzug geben; dann ist den Abwicklern die vollständige Liquidation der Vermögenswerte übertragen. Nach ihrem Abschluss bedarf es für die Schlussabrechnung unter Festsetzung des jedem Gesellschafter gebührenden Überschusses bzw. des von ihm nachzuschießenden Fehlbetrags der Auf- und Feststellung der **Auseinandersetzungsbilanz.** Mit der Auskehrung der Guthaben unter Einziehung etwaiger Nachschüsse ist die Gesellschaft beendet.

10 **3. Der Anwendungsbereich der §§ 730 bis 735. a) Regelfall.** Wie oben (Vor § 723 RdNr. 5 ff.) im Einzelnen dargelegt, führt die Auflösung der GbR regelmäßig zu deren Umwandlung in eine Abwicklungsgesellschaft. Das gilt jedenfalls dann, wenn die Gesellschaft über **Gesamthandsvermögen** verfügt und wenn keiner der Sonderfälle vorliegt, die ihre sofortige Vollbeendigung zur Folge haben (RdNr. 11). Die Auseinandersetzung richtet sich sodann grundsätzlich nach den Vorschriften der §§ 730 bis 735. Den Gesellschaftern steht es jedoch frei, im Gesellschaftsvertrag oder später abweichende Vereinbarungen über Art und Durchführung der Auseinandersetzung zu treffen (RdNr. 63 ff.). Die gesetzlichen Auseinandersetzungsvorschriften sind insgesamt **dispositiver** Natur (§ 731 RdNr. 3). – Zur

Anwendbarkeit der §§ 730 ff. auf die Abwicklung der *fehlerhaften Gesellschaft* vgl. § 705 RdNr. 346.

11 **b) Sofortige Vollbeendigung.** Sie tritt bei Gesellschaften ohne Gesamthandsvermögen im Grundsatz sofort mit der Auflösung ein (vgl. näher RdNr. 6, 12 ff.). Bei Gesellschaften mit Gesamthandsvermögen beruht sie darauf, dass die Mitgliederzahl auf **einen** Gesellschafter zurückgeht (zu den Gründen hierfür vgl. Vor § 723 RdNr. 9). Damit entfällt die Vertragsgrundlage, das Gesamthandsvermögen wird zu Alleineigentum des als einziger verbleibenden bisherigen Gesellschafters. Für eine Abwicklung oder für sonstige Auseinandersetzungsmaßnahmen ist hier kein Raum. Statt dessen stehen dem oder den ausgeschiedenen Gesellschaftern oder ihren Erben nach Maßgabe des § 738 Abs. 1 Abfindungsansprüche gegen den Übernehmer des Gesellschaftsvermögens zu.

12 **c) Innengesellschaft ohne Gesamthandsvermögen.** Bei den Innengesellschaften ieS (§ 705 RdNr. 282) ist mangels gesamthänderisch gebundenen Gesellschaftsvermögens für eine Abwicklung nach §§ 730 ff. kein Raum (RdNr. 6).[8] Die Auflösung der Gesellschaft fällt mit ihrer Vollbeendigung zusammen (Vor § 723 RdNr. 10). Für den internen Ausgleich der Gesellschafter bedarf es auch hier keines Fortbestands der Gesellschaft (vgl. schon RdNr. 2). Vielmehr stehen sich Außen- und Innengesellschafter nach der Auflösung als Schuldner und Gläubiger der schuldrechtlichen Auseinandersetzungsansprüche gegenüber. Bis zur vollständigen Durchführung des internen Ausgleichs sind die Gesellschafter wie die Parteien anderer beendeter Dauerschuldverhältnisse auf Grund nachvertraglicher Pflichten gehalten, einen ordnungsgemäßen Ausgleich untereinander durchzuführen. Insoweit kann *im Einzelfall,* je nach Ausgestaltung der Innengesellschaft, auch eine **entsprechende Anwendung einzelner Vorschriften der §§ 730 ff.** in Betracht kommen;[9] sie kann sich mangels ausdrücklicher oder stillschweigender Vereinbarungen auch auf Grund ergänzender Vertragsauslegung ergeben. Zwar findet die Vorschrift des § 730 Abs. 2 S. 2, nach der während der Abwicklung alle Gesellschafter gemeinsam zur Geschäftsführung berechtigt sind, wegen der besonderen Struktur der Innengesellschaften keine Anwendung.[10] Unberührt bleibt jedoch das Recht der Innengesellschafter, an der Schlussabrechnung mitzuwirken (RdNr. 16).

13 Die **Verwertung** des im Eigentum des Vermögensinhabers als „Außengesellschafter" stehenden Gesellschaftsvermögens können die Innengesellschafter im Regelfall nicht verlangen. Abgesehen von der Rückgabe der zum Gebrauch überlassenen Gegenstände (RdNr. 14) steht ihnen lediglich ein schuldrechtlicher **Auseinandersetzungsanspruch analog § 738 Abs. 1 S. 2** auf Abrechnung und Auszahlung zu.[11] Das gilt auch dann, wenn die Innengesellschafter während der Gesellschaftsdauer wirtschaftlich an dem rechtlich ausschließlich dem Außengesellschafter zugeordneten „gemeinschaftlichen" Vermögen beteiligt waren.[12] Der Außengesellschafter ist im Regelfall nicht verpflichtet, das

[8] HM, vgl. BGH NJW 1990, 573; WM 1986, 1143; NJW 1982, 99, 100; RGZ 166, 160, 164; RG LZ 1924, 817; BAG ZIP 1987, 1588, 1592; OLG Düsseldorf WM 1982, 969, 970; *Soergel/Hadding* Vor § 730 RdNr. 4; *Erman/Westermann* RdNr. 2; für § 733 Abs. 3 offen gelassen in RG JW 1934, 3268, 3269. AA ohne nähere Auseinandersetzung mit der Gegenansicht und der Funktion der Abwicklung noch BGH WM 1974, 1162, 1164; 1960, 1121, 1122; RGZ 171, 129, 133; RGRK/*von Gamm* RdNr. 3; *Staudinger/Keßler* Vor § 705 RdNr. 97; so im Ergebnis auch *K. Schmidt* BMJ-Gutachten S. 542 (vgl. Fn. 7). Generell zur Liquidation von Innengesellschaften vgl. *Hillers,* Personengesellschaft und Liquidation, 1987, S. 417 ff.

[9] RGZ 166, 160, 164; dazu allg. BGH NJW-RR 1991, 1049; vgl. auch RdNr. 13 ff. Im Ergebnis ebenso, wenn auch von der grundsätzlichen Anwendbarkeit der §§ 730 ff. ausgehend BGH WM 1974, 1162, 1164; DB 1961, 704; *Erman/Westermann* RdNr. 2 f. Einen Sonderfall behandelt BGH WM 1975, 268 (Auseinandersetzung einer zu einer Innengesellschaft umgestalteten ehemaligen Außengesellschaft). Vgl. auch die Nachw. in RdNr. 22 Fn. 26 zum Ausgleichsanspruch bei Beendigung einer nichtehelichen Lebensgemeinschaft.

[10] EinhM, vgl. nur RG JW 1934, 3268; *Staudinger/Keßler* Vor § 705 RdNr. 97; RGRK/*von Gamm* RdNr. 8; *Erman/Westermann* RdNr. 2.

[11] So auch BGH NJW 1983, 2375; 1982, 99, 100; WM 1974, 1162, 1164 (unter ausdrücklichem Hinweis auf die §§ 738 bis 740); OLG Düsseldorf WM 1982, 969, 970; *Erman/Westermann* RdNr. 2.

[12] BGH NJW 1983, 2375; WM 1974, 1162; 1973, 1242; 1966, 639, 640; OLG Karlsruhe FamRZ 1973, 649.

Gesellschaftsvermögen analog § 733 Abs. 3 zu liquidieren oder den den Innengesellschaftern zustehenden wirtschaftlichen Anteil analog §§ 731 S. 2, 752 durch Teilung in Natur auszukehren, wenn er die Abfindung der Innengesellschafter aus sonstigen Mitteln finanzieren kann. Eine Veräußerungspflicht bei Vertragsende würde zudem den Abschluss des Gesellschaftsvertrages unter Beachtung der Form des § 311 b Abs. 1 voraussetzen, sofern sich Grundstücke im „Gesellschafts"-vermögen befinden.[13] Im Einzelfall kann sich freilich aus der Auslegung des Gesellschaftsvertrags ergeben, dass der Außengesellschafter den Innengesellschaftern in Höhe des diesen wirtschaftlich zustehenden Anteils Miteigentum an den der Innengesellschaft gewidmeten Vermögensgegenständen einzuräumen hat.[14]

14 Ansprüche der Gesellschafter untereinander können nach der Auflösung grundsätzlich nicht mehr isoliert geltend gemacht werden, sondern werden wie bei der Außengesellschaft unselbstständige Rechnungsposten im Rahmen der Abrechnung (RdNr. 49 ff.). Haben Innengesellschafter eine **Sacheinlage** in das Vermögen des Außengesellschafters geleistet, so ist diese im Zweifel nicht in Natur, sondern dem Werte nach zurückzuerstatten (§ 733 Abs. 2); entsprechend sind die Innengesellschafter auch ihrerseits nicht verpflichtet, die Sacheinlage unter Anrechnung auf ihren Abfindungsanspruch zurückzunehmen.[15] Bestand die Einlage demgegenüber in einer **Gebrauchsüberlassung** (§ 706 RdNr. 13), insbesondere der Überlassung eines gewerblichen Schutzrechts zur Benutzung, so sind die betreffenden Gegenstände entsprechend §§ 738 Abs. 1 S. 2, 732 zurückzugeben; das Recht zur Benutzung des Schutzrechts entfällt mit der Auflösung.

15 Für von Innengesellschaftern nach gesellschaftsvertraglicher Vereinbarung geleistete **Dienste** kommt ein Ausgleich regelmäßig nicht in Betracht;[16] das gilt auch dann, wenn die Dienste in Handelsvertreterfunktionen bestanden.[17] Die geleisteten Dienste sind vielmehr im Zweifel durch die Gewinnbeteiligung und die Teilnahme an der Wertsteigerung des Gesellschaftsvermögens abgegolten. Einer **Schuldenbefreiung** der Innengesellschafter als Auflösungsfolge (§ 738 Abs. 1 S. 2) bedarf es in aller Regel schon deshalb nicht, weil gemeinschaftliche Schulden mangels Teilnahme der Innengesellschaft am Rechtsverkehr nicht begründet worden sind.

16 Der **Außengesellschafter** ist auf Grund seiner gesellschaftsrechtlichen Stellung gegenüber den Innengesellschaftern verpflichtet, eine **Schlussabrechnung** (vgl. dazu RdNr. 57 ff.) zu erstellen.[18] Eine solche Abrechnung erübrigt sich nicht deswegen, weil kein Gesamthandsvermögen vorhanden ist; jedoch kommen für die Schlussabrechnung vorbehaltlich einer etwaigen Nachschusspflicht nur Ausgleichsansprüche gegen denjenigen (Außen-)Gesellschafter in Betracht, dem das der Gesellschaft dienende Vermögen zusteht.[19] Dass die Erstellung der Schlussabrechnung in erster Linie Aufgabe des (Außen-)Gesellschafters ist, folgt aus der Funktionsverteilung zwischen Außen- und Innengesellschaftern, nach der in der Innengesellschaft der Außengesellschafter mit den Vermögensangelegenheiten der Gesellschaft betraut ist und sich die Erstellung der Schlussabrechnung auch nach Vollbeendigung der Gesellschaft als derartige Vermögensangelegenheit darstellt. § 730 Abs. 2 S. 2 betreffend die gemeinsame Geschäftsführung in der Abwicklungsgesellschaft findet keine Anwendung. Verzögert der Außengesellschafter jedoch die Schlussabrechnung, so steht es den Innengesellschaftern frei, an Stelle einer Klage auf Rechnungslegung ihrerseits die Schlussabrechnung zu erstellen, wenn sie auf Grund der verfügbaren Unterlagen hierzu in der Lage sind.[20] Ein Streit über unterschiedliche Wertansätze ist ggf. mittels Feststellungsklage zu klären (RdNr. 51).

[13] BGH NJW 1983, 2375, 2376; WM 1974, 1162, 1164; RGZ 166, 160, 165.

[14] BGH NJW 1983, 2375, 2376.

[15] So auch *Erman/Westermann* RdNr. 3.

[16] Vgl. dazu näher § 733 RdNr. 17 f.

[17] BGH WM 1978, 461, 465 unter Verneinung eines Ausgleichsanspruchs nach § 89 b HGB.

[18] Zum Erfordernis einer Schlussabrechnung bei Innengesellschaften vgl. BGH NJW-RR 1988, 997; 1991, 422, 423; 1991, 1049.

[19] Dazu BGH NJW-RR 1986, 422; 1991, 422, 423; 1991, 1049.

[20] BGH NJW-RR 1986, 1419 = WM 1986, 1143, 1144; *Erman/Westermann* RdNr. 2.

Die **Abwicklung schwebender Geschäfte** hat entsprechend § 740 zu erfolgen. Insofern treffen den Außengesellschafter *nachvertragliche Rechenschafts- und Auskunftspflichten.*[21] Ein Einsichtsrecht in Bücher und sonstige Unterlagen steht den Innengesellschaftern nach §§ 740 Abs. 2, 810 zu. Wegen weiterer Einzelheiten vgl. die Ausführungen in § 716 RdNr. 13 und § 740 RdNr. 7. 17

d) Stille Gesellschaft bürgerlichen Rechts. Auf die **typische** stille Gesellschaft finden die Vorschriften der §§ 730 ff. weder unmittelbare noch entsprechende Anwendung. Die Auseinandersetzung erfolgt vielmehr **analog § 235 HGB** (vgl. § 705 RdNr. 288). Der Auseinandersetzungsanspruch des Stillen richtet sich auf Rückerstattung des Wertes der Einlage unter Berücksichtigung nicht ausgeschütteter Gewinne und etwaiger auf den Stillen entfallender Verluste.[22] 18

Ist der Stille nach Art der **atypischen** stillen Gesellschaft[23] auch an den Wertänderungen des Gesellschaftsvermögens beteiligt, so gelten für die Auseinandersetzung die oben (RdNr. 12 ff.) zur Innengesellschaft ieS getroffenen Feststellungen entsprechend. 19

e) Gesellschaftsähnliche Rechtsverhältnisse. Keine Anwendung finden die Vorschriften der §§ 730 ff. auf sog. gesellschaftsähnliche Rechtsverhältnisse. Bei ihnen handelt es sich um gemischte Verträge mit einzelnen gesellschaftsrechtlichen Elementen (vgl. Vor § 705 RdNr. 106, 113 ff.), bei denen ein Gesellschaftsvermögen selbst im wirtschaftlichen Sinn nicht besteht. Eine Auseinandersetzung nach gesellschaftsrechtlichen Grundsätzen kommt bei deren Beendigung daher nicht in Betracht.[24] 20

f) Nichteheliche Lebensgemeinschaft. Kommt es im Rahmen einer nichtehelichen Lebensgemeinschaft (vgl. dazu Vor § 705 RdNr. 81 ff.) ausnahmsweise zum ausdrücklichen oder konkludenten **Abschluss eines Gesellschaftsvertrags** zwischen den Partnern, so richtet sich auch die Beendigung dieses Rechtsverhältnisses und die Auseinandersetzung zwischen den Parteien nach Gesellschaftsrecht.[25] Da es sich dabei in aller Regel um eine Innengesellschaft handelt, steht nur eine entsprechende Anwendung der §§ 730 ff. in Frage (RdNr. 12 ff.). 21

Einen vermögensrechtlichen **Ausgleichsanspruch** in entsprechender Anwendung der §§ 730 ff. bejaht der BGH aber auch in bestimmten sonstigen Fällen einer nichtehelichen Lebensgemeinschaft, in denen es an den Voraussetzungen für die Annahme einer **GbR** zwischen den Partnern **fehlt** (vgl. näher Vor § 705 RdNr. 82).[26] *Voraussetzung* hierfür ist der Erwerb von Vermögensgegenständen durch einen der Partner während des Bestehens der Lebensgemeinschaft auf Grund gemeinschaftlicher Leistung beider Partner und mit der Zweckbestimmung, dass die Gegenstände von den Partnern nicht nur gemeinsam genutzt werden, sondern ihnen im Innenverhältnis auch gemeinsam gehören sollen.[27] Hieran fehlt es, wenn ein Partner seine Beiträge zum Vermögenserwerb durch den anderen als Zuwendungen für diesen erbringt, so wenn beide Partner zum Bau oder Erwerb eines im Alleineigentum eines von ihnen stehenden Hauses in der Absicht beitragen, dem Eigentümer den 22

[21] BGH WM 1986, 1143, 1144; vgl. auch BGH DB 2002, 2708 betr. den im arglistigen Verschweigen eines Aktivum liegenden Treupflichtverstoß.

[22] BGH WM 1968, 278, 279; Einzelheiten vgl. bei *Staub/Zutt* HGB § 235 RdNr. 4 ff.; *Sudhoff* NJW 1960, 2121 ff.; *Koenigs,* Die stille Gesellschaft, 1961, S. 283 ff.

[23] Dazu BGHZ 7, 174, 178 = NJW 1952, 1412; BGHZ 8, 157, 160 = NJW 1953, 818; *Staub/Zutt* HGB § 230 RdNr. 30 ff. und § 235 RdNr. 24 ff.; MünchKommHGB/*K. Schmidt* § 230 RdNr. 74 ff.; *Baumbach/Hopt* HGB § 230 RdNr. 3.

[24] So auch BGH LM § 276 (Hb) Nr. 33 = NJW 1983, 1188, 1189; RG JW 1937, 2970, 2971; *Soergel/Hadding* RdNr. 3; RGRK/*von Gamm* RdNr. 4; relativierend *Erman/Westermann* RdNr. 4.

[25] Vgl. den Fall BGH WM 1965, 793, 794.

[26] So insbes. BGHZ 77, 55, 56 f. = NJW 1980, 1520; BGHZ 84, 388, 389 f. = NJW 1982, 2863; BGHZ 115, 261, 264 f. = NJW 1992, 427; BGH NJW 1992, 906, 907; NJW-RR 1993, 1475, 1476; NJW 1986, 51; BGH LM § 705 Nr. 32 = NJW 1981, 1502; aus der umfangreichen Rspr. der Instanzgerichte vgl. idS etwa OLG Hamm NJW-RR 1990, 1223; OLG Stuttgart NJW-RR 1993, 1475; LG Bonn NJW-RR 1989, 1498; LG Gießen NJW-RR 1994, 1410. Zur Lit. vgl. die Nachw. Vor § 705 RdNr. 83 Fn. 257.

[27] BGH (Fn. 26).

wirtschaftlichen Wert des Hauses zu verschaffen.[28] In derartigen Fällen scheidet ein Ausgleichsanspruch nach gesellschaftsrechtlichen Grundsätzen aus. Zur Möglichkeit der Anwendung sonstiger schuldrechtlicher Vorschriften (Gemeinschafts-, Auftrags-, Bereicherungsrecht u. a.) bei Beendigung einer nichtehelichen Lebensgemeinschaft vgl. Vor § 705 RdNr. 81 aE.

23 **4. Der Sonderfall der Gesellschaftsinsolvenz.** Tritt nach der seit 1. 1. 1999 geltenden Vorschrift des **§ 728 Abs. 1** die Auflösung der GbR infolge der Eröffnung des Insolvenzverfahrens über ihr Vermögen ein (vgl. dazu § 728 RdNr. 8 ff.), so führt das nach §§ 80, 148 Abs. 1 InsO zum Insolvenzbeschlag des Gesellschaftsvermögens, verbunden mit dem Übergang der Verwaltungs- und Verfügungsbefugnis hierüber auf den Insolvenzverwalter. Dessen Aufgabe besteht in der Liquidation des Gesellschaftsvermögens zur Befriedigung der Gesellschaftsgläubiger und in der gebündelten Geltendmachung von deren Ansprüchen gegen die Gesellschafter nach § 93 InsO. Dementsprechend stellt der neu angefügte letzte Halbsatz des § 730 Abs. 1 klar, dass in diesem Sonderfall eine **Auseinandersetzung durch die Gesellschafter** nach Maßgabe der §§ 730 ff. **ausscheidet.** Das ändert sich nur dann, wenn das Insolvenzverfahren vor Schlussverteilung des Gesellschaftsvermögens aufgehoben oder eingestellt wird, ohne dass die Gesellschafter die Fortsetzung der Gesellschaft beschließen (zu den Gründen für eine vorzeitige Beendigung des Insolvenzverfahrens vgl. § 728 RdNr. 25 ff.).

II. Die Abwicklungsgesellschaft

24 **1. Unterschiede gegenüber der werbenden Gesellschaft.** Die Auflösung der Gesamthandsgesellschaft führt zur Umgestaltung des Gesellschaftszwecks (Vor § 723 RdNr. 6) und, damit verbunden, der Rechte und Pflichten der Gesellschafter (RdNr. 26 ff.). Dagegen bleibt die Zuordnung des Gesellschaftsvermögens durch die Auflösung zunächst unberührt, sofern nicht die Ausnahme des § 730 Abs. 1 aE eingreift. Die Gesellschaft bewahrt trotz Umwandlung in eine Abwicklungsgesellschaft ihre **Identität** in **personen-** und **vermögensrechtlicher** Hinsicht. Auch ihre *Rechtsfähigkeit* als Außengesellschaft (§ 705 RdNr. 303 f.) wird nicht berührt; daher treten im Verhältnis zu Dritten, abgesehen von den Auswirkungen auf Geschäftsführung und Vertretung (RdNr. 40 ff.), grundsätzlich keine Änderungen durch die Auflösung ein (RdNr. 36 f.). Die in § 730 Abs. 2 S. 1 aufgestellte *Fiktion* („gilt die Gesellschaft als fortbestehend") bezieht sich nicht auf die Existenz der Gesellschaft,[29] sondern auf ihre Behandlung als werbende bei der Eingehung neuer Verbindlichkeiten.

25 Die Gesellschafter bleiben, vorbehaltlich der Mitspracherechte des kündigenden Privatgläubigers oder des Insolvenzverwalters in den Fällen der §§ 725, 728 Abs. 2, weiterhin Herren der Gesellschaft. Sie können **Vertragsänderungen** vornehmen, insbesondere über die Fortsetzung der Gesellschaft beschließen mit der Folge, dass sich die Abwicklungsgesellschaft in eine werbende Gesellschaft zurückverwandelt; ein solcher Fortsetzungsbeschluss bedarf grundsätzlich der Einstimmigkeit.[30] Auch ein Gesellschafterwechsel bleibt möglich, sei es durch Aufnahme neuer Gesellschafter,[31] durch Ausscheiden bisheriger oder durch Anteilsübertragung (§ 719 RdNr. 17 ff.). Eine *Ausschließung* nach § 737 oder die Ausübung eines vertraglichen Übernahmerechts unter Berufung auf Gründe, die von der Auflösung unabhängig, insbesondere erst nach dieser eingetreten sind, ist allerdings nur wirksam, wenn die Gründe die ordnungsmäßige Abwicklung der aufgelösten Gesellschaft mit dem auszuschließenden Gesellschafter schwerwiegend gefährden oder sie für die Mitgesellschafter unzumutbar machen.[32] Entsprechendes gilt für eine *Fortsetzungsklausel;* sie greift nur ein,

[28] So BGHZ 77, 57 = NJW 1980, 1520; BGH NJW-RR 1993, 774, 775 und 1475, 1476; BGH NJW-RR 1990, 1223; NJW 1981, 1503; 1983, 2375.

[29] Heute hM (vgl. Nachw. Vor § 723 Fn. 1).

[30] Vor § 723 RdNr. 11.

[31] RGZ 106, 63, 67 (für KG).

[32] BGHZ 1, 324, 330 ff. = NJW 1951, 650; BGH BB 1968, 230; vgl. auch § 737 RdNr. 10.

wenn ihre Auslegung ergibt, dass sie auch für den Abwicklungszeitraum gelten soll (§ 736 RdNr. 8).

2. Stellung der Gesellschafter. a) Allgemeines. Die Auflösung hat **grundlegende Auswirkungen** auf die Rechte und Pflichten der Gesellschafter. Diese bestehen nur insoweit fort, als es mit dem geänderten, nunmehr auf Abwicklung gerichteten Gesellschaftszweck vereinbar ist.[33] Laufende Gewinnverteilung kann nicht mehr verlangt werden. Bereits entstandene Gewinnansprüche sowie sonstige auf dem Gesellschaftsverhältnis beruhende Forderungen der Gesellschafter werden unselbstständige, im Rahmen der Auseinandersetzungsbilanz zu berücksichtigende Rechnungsposten (RdNr. 49 ff.). 26

An die Stelle vertraglich übertragener Einzelgeschäftsführung tritt **Gesamtgeschäftsführung aller Gesellschafter als Abwickler** mit entsprechend beschränkten Funktionen, wenn der Gesellschaftsvertrag keine Abweichungen für den Liquidationsfall enthält (§ 730 Abs. 2 S. 2; vgl. RdNr. 40). Geschäftsführervergütungen kommen im Zweifel in Wegfall. Zum Sonderfall vorübergehenden Fortbestands übertragener Geschäftsführung nach §§ 727 bis 729 vgl. § 727 RdNr. 9 ff., 16, § 728 RdNr. 39, § 729 RdNr. 11. 27

Unter den gesellschaftsvertraglichen **Pflichten im Abwicklungsstadium** steht im Vordergrund die regelmäßig schon aus der Stellung als Abwickler folgende Verpflichtung, die Abwicklung nach besten Kräften zu fördern und zur raschen Beendigung der Auseinandersetzung beizutragen.[34] Die Gesellschafter sind namentlich auch zur Mitwirkung an der Schlussabrechnung und zur Erteilung der notwendigen Auskünfte verpflichtet;[35] ein Zurückbehaltungsrecht steht ihnen insoweit nicht zu.[36] Schuldhafte Verstöße gegen diese Pflichten führen zu Schadensersatzansprüchen von Mitgesellschaftern.[37] 28

Die **Treupflicht** besteht im Grundsatz fort. Sie reduziert sich in Inhalt und Umfang aber nach Maßgabe des geänderten Gesellschaftszwecks und der fortschreitenden Abwicklung.[38] Für die Abwicklung selbst gilt zwar ebenso wie für die Geschäftsführung in der werbenden Gesellschaft (§ 705 RdNr. 226) der Grundsatz uneigennütziger Tätigkeit. Wird ein Gesellschafter auf dem Geschäftsgebiet der Gesellschaft selbst werbend tätig, so ist darin aber nicht ohne weiteres ein Treupflichtverstoß zu sehen.[39] Insgesamt entsprechen die Pflichten der Beteiligten aus dem trotz Auflösung fortbestehenden Gesellschaftsvertrag somit funktionell im Wesentlichen den nachvertraglichen, der internen Auseinandersetzung zwischen den Beteiligten dienenden Pflichten in sonstigen aufgelösten Dauerschuldverhältnissen (RdNr. 2 aE). 29

b) Beitragspflicht. Sozialansprüche auf noch nicht erfüllte Beitragsleistungen werden durch die eingetretene Auflösung zwar nicht undurchsetzbar (arg. § 735). Auch für sie gilt aber der oben (RdNr. 26) betonte allgemeine Grundsatz, dass ihre **Einforderung** nur noch möglich ist, wenn und **soweit** die Beiträge **für den Abwicklungszweck benötigt** werden.[40] Ansonsten ist die Nichterbringung ausstehender Beiträge in der Schlussabrechnung zu berücksichtigen; sie führt zu einer entsprechenden Verminderung des Auseinandersetzungsguthabens des Beitragsschuldners. Eine Einforderung von Leistungen, die im Zuge der Auseinandersetzung alsbald zurückzuerstatten sind, ist im Abwicklungsstadium grundsätzlich ausgeschlossen. 30

Schwer vereinbar mit diesen allgemein anerkannten Grundsätzen über die durch den Abwicklungszweck begrenzte Geltendmachung von Beitragsforderungen hat der BGH in 31

[33] BGH LM HGB § 149 Nr. 5 = NJW 1978, 424; BGH WM 1966, 639, 640; 1978, 898; RGZ 100, 165, 166; 111, 77, 83; OLG Köln ZIP 1983, 310 (st. Rspr.). So auch *Soergel/Hadding* RdNr. 1; *Staudinger/Keßler* RdNr. 10; *Messer,* FS Stimpel, 1985, S. 205, 211 f.

[34] BGH WM 1969, 591, 592; *Soergel/Hadding* RdNr. 3; *Erman/Westermann* RdNr. 6.

[35] BGH DB 2002, 2708.

[36] BGH WM 1969, 591, 592; vgl. auch OLG Hamburg BB 1972, 417 zur Herausgabe von Geschäftsunterlagen einer aufgelösten GbR, an denen nur ein Mitglied Interesse hat.

[37] BGH LM HGB § 145 Nr. 5 = NJW 1968, 2005, 2006; DB 2002, 2708.

[38] BGH LM HGB § 156 Nr. 2 = NJW 1971, 802; RGRK/*von Gamm* RdNr. 5.

[39] BGH LM HGB § 156 Nr. 2 = NJW 1971, 802; WM 1971, 723, 725.

[40] Vgl. Nachw. in Fn. 33.

zwei Urteilen,[41] abweichend von der früheren Rechtsprechung, jedoch im Einklang mit der hM im handelsrechtlichen Schrifttum,[42] dem *Beitragsschuldner* zwar nicht die Darlegungslast, wohl aber die **Beweislast** dafür auferlegt, dass die Beiträge für die Zwecke der Auseinandersetzung nicht benötigt werden. Diesem Rechtsprechungswandel steht nicht nur der Ausnahmecharakter der Einforderung von Beiträgen im Liquidationsstadium, sondern auch der Gesichtspunkt entgegen, dass die Abwickler im Hinblick auf ihre Kenntnis der Gesellschaftsinterna wesentlich besser zur Beweisführung in der Lage sind als ein möglicherweise nicht selbst an der Abwicklung beteiligter Gesellschafter.[43] Mit Rücksicht auf die durch die Auflösung nicht eingeschränkte persönliche Gesellschafterhaftung fehlt es regelmäßig auch an überragenden Gläubigerinteressen daran, die Durchsetzung von Beitragsansprüchen im Abwicklungsstadium zu erleichtern. Daher sollte es in der GbR weiterhin Sache der Abwickler sein, die Notwendigkeit der Einforderung der Beiträge zu beweisen.[44]

32 **c) Schadensersatzhaftung.** Auch Schadensersatzansprüche der Gesellschaft gegen einzelne Gesellschafter wegen Vertragsverletzung sollen durch den Zweck der auf Auseinandersetzung ausgerichteten Abwicklungsgesellschaft begrenzt sein.[45] Das soll sogar dann gelten, wenn es um Schadensersatz wegen schwerwiegender Sorgfaltspflichtverletzung geht.[46] Dem ist zwar zuzustimmen, soweit es um die *Zahlung* von Schadensersatz in die Gesellschaftskasse während der Liquidation geht. Davon unberührt bleibt jedoch die Notwendigkeit, die Schadensersatzpflicht in der Schlussabrechnung zu Lasten des betroffenen Gesellschafters zu berücksichtigen.

33 **d) Actio pro socio.** Hinsichtlich der Geltendmachung von Sozialansprüchen gegen Mitgesellschafter im eigenen Namen eines Gesellschafters (actio pro socio, vgl. § 705 RdNr. 204 ff.) unterscheidet die Rechtsprechung im Liquidationsstadium danach, ob es sich um Ansprüche gegen einen Mitgesellschafter auf Schadensersatz oder solche auf Beitragsleistung handelt. Die Durchsetzung von **Schadensersatzansprüchen** soll zwar *grundsätzlich möglich* sein, außer wenn deren Einziehung für die Zwecke der Liquidation nicht mehr erforderlich ist und dem ersatzpflichtigen Gesellschafter per Saldo ein Auseinandersetzungsguthaben verbleibt.[47] Demgegenüber hat die Rechtsprechung für **Beitragsansprüche** den Grundsatz aufgestellt, dass ihre Geltendmachung nach der Auflösung ausschließlich *den Liquidatoren vorbehalten* sei, da die Entscheidung über die Einforderung derartiger Ansprüche außerhalb der Schlussabrechnung Sache der Liquidatoren sein müsse.[48]

34 **Stellungnahme.** Diese Rechtsprechung führt zu einer sachlich nicht veranlassten Einschränkung des Rechts einzelner Gesellschafter, Beitragsansprüche gegen Mitgesellschafter im Liquidationsstadium unmittelbar geltend zu machen. Sie ist in der Literatur zu Recht auf Kritik gestoßen.[49] Der Gesichtspunkt, dass derartige Ansprüche im Abwicklungszeitraum nur noch insoweit eingefordert werden können, als die Zahlung für die Abwicklungszwecke

[41] So BGH NJW 1980, 1522, 1523 und WM 1978, 898 entgegen BGH WM 1977, 617 und wohl auch BGH LM HGB § 149 Nr. 5 = NJW 1978, 424. Die Bezugnahme auf RGZ 45, 153, 155 zur Begründung der Abweichung von der bisherigen Linie geht fehl, da es dort um den anders gelagerten Fall rückständiger Einlagen in einer AG ging. Wie BGH NJW 1980, 1522 auch KG GmbHR 1993, 818, 819; OLG Düsseldorf NZG 1999, 989, 990.

[42] *Staub/Habersack* HGB § 149 RdNr. 22; *Schlegelberger/K. Schmidt* HGB § 149 RdNr. 20; *Düringer/Hachenburg/Flechtheim* HGB § 149 Anm. 9; *Baumbach/Hopt* HGB § 149 RdNr. 3. So grds. auch *Palandt/Sprau* RdNr. 8; wie hier dagegen *Erman/Westermann* RdNr. 6.

[43] Dem will BGH WM 1978, 898, 899 dadurch Rechnung tragen, dass dem Abwickler die Darlegungslast obliegen soll.

[44] So grds. auch *Erman/Westermann* RdNr. 6; aA *Soergel/Hadding* RdNr. 1 und die in Fn. 42 zitierten Stimmen.

[45] Vgl. *Soergel/Hadding* RdNr. 1; *Erman/Westermann* RdNr. 6; ferner die Nachw. in Fn. 38.

[46] So *Soergel/Hadding* RdNr. 1 und *Erman/Westermann* RdNr. 6 gegen LG Bielefeld MDR 1981, 845.

[47] BGHZ 10, 91, 101 = NJW 1953, 1217; BGH BB 1958, 603; BGH LM HGB § 149 Nr. 3 = NJW 1960, 433, 434; WM 1971, 723, 725; 1977, 617; RGZ 158, 302, 314; OLG Köln NZG 2000, 1171, 1173.

[48] BGH LM HGB § 149 Nr. 3 = NJW 1960, 433, 434 (obiter dictum unter Hinweis auf RGZ 100, 165, 166); so auch *Staudinger/Keßler* RdNr. 10; RGRK/*von Gamm* RdNr. 10; *Palandt/Sprau* RdNr. 8; zu Recht aA OLG Düsseldorf NZG 1999, 989, 990; KG GmbHR 1993, 818, 819.

[49] So namentlich *U. Huber* Vermögensanteil S. 23; vgl. auch *Erman/Westermann* RdNr. 9.

erforderlich ist, trifft zwar zu (RdNr. 30 f.); er betrifft jedoch nicht die Zulässigkeit, sondern die Begründetheit der Klage.[50] Verlangt ein Mitgesellschafter im eigenen Namen Zahlung an die Gesellschaft, so muss er ebenso wie ein Liquidator (RdNr. 31) die Notwendigkeit der Leistung vor der Schlussabrechnung beweisen.

Eine **Ausweitung** erfährt die Lehre von der actio pro socio in denjenigen Fällen, in denen es sich bei dem Sozialanspruch um das **letzte Aktivum** der Gesellschaft handelt und die ausstehende Leistung mangels sonstiger Gesamthandsverbindlichkeiten nur noch zur Zahlung des Auseinandersetzungsguthabens an einen Mitgesellschafter benötigt wird; hier soll dieser unmittelbar Klage auf Leistung an sich selbst erheben können.[51] Dem ist im Interesse der Beschleunigung und Vereinfachung der Abwicklung zu folgen.[52] Zur Frage der Durchsetzbarkeit von gegen die Gesamthand gerichteten Ansprüchen eines Gesellschafters gegenüber Mitgesellschaftern im Liquidationsstadium vgl. RdNr. 49 ff. 35

3. Stellung der Gläubiger. Sie erfährt durch die Auflösung der Gesellschaft grundsätzlich **keine Änderung** (vgl. Vor § 723 RdNr. 23 f.; zur analogen Anwendung von § 159 HGB vgl. § 736 RdNr. 28 ff.). Die Schuldnerstellung der Gesamthand wird hierdurch nicht berührt; betagte Forderungen werden im Zweifel nicht vorzeitig fällig (§ 733 Abs. 1 S. 2). Ob die Auflösung einen wichtigen Grund bildet, um befristete Dauerschuldverhältnisse vorzeitig zu beenden, beurteilt sich nach dem für das jeweilige Schuldverhältnis geltenden Recht.[53] 36

Auf die Einhaltung der in § 733 festgelegten **Reihenfolge der Abwicklungsmaßnahmen** (Schuldentilgung vor Rückerstattung der Einlagen) haben die Gläubiger keinen Anspruch. § 733 Abs. 1 ist ebenso wie das übrige Liquidationsrecht dispositiv (§ 733 RdNr. 5); die Gläubiger sind durch die persönliche Gesellschafterhaftung hinreichend gesichert. Kommt es jedoch vor der Schuldentilgung zur Verteilung von Gesellschaftsvermögen, so wird dadurch im Umfang des Empfangenen die persönliche Haftung auch derjenigen Gesellschafter begründet, die nach bisherigem Recht nicht als Gesamtschuldner mit ihrem Privatvermögen für die Gesamthandsverbindlichkeiten einzustehen hatten (vgl. 3. Aufl. § 714 RdNr. 59 f.). 37

4. Beendigung der Gesellschaft. Für den Zeitpunkt der Beendigung ist nach ganz hM nicht die Schuldentilgung gegenüber Gesellschaftsgläubigern oder der Kontenausgleich zwischen den Gesellschaftern maßgeblich, sondern allein die **vollständige Abwicklung des Gesamthandsvermögens.**[54] Dem ist im Grundsatz zuzustimmen. Da jedoch der Kontenausgleich im Regelfall mit der Verteilung des Überschusses (§ 734) bzw. der Einforderung und Verteilung von Nachschüssen (§ 735) zusammenfällt und sowohl der Überschuss als auch die Ansprüche auf Nachschuss zum Gesamthandsvermögen gehören, wird das Ende der Abwicklungsgesellschaft meist mit dem Kontenausgleich zusammenfallen (vgl. RdNr. 4 f.). Zur Beendigung durch Hinterlegung des Restvermögens bei Streit über dessen Verteilung vgl. § 734 RdNr. 11. 38

Finden sich nach scheinbar vollständiger Abwicklung **nachträglich** noch Gegenstände des **Gesamthandsvermögens,** so war die Gesellschaft in Wahrheit noch nicht voll beendet mit der Folge, dass die Auseinandersetzung wieder aufzunehmen ist. Auch die erst später festgestellten Aktiva bzw. deren Wert sind nach Maßgabe des § 734 unter die Gesellschafter zu verteilen.[55] Insoweit bestehen grundsätzlich auch die Kompetenzen der Abwickler fort.[56] Die scheinbar beendete Gesellschaft kann auch noch Adressat eines vom Finanzamt erlassenen Steuerbescheids sein.[57] 39

[50] So zu Recht *U. Huber* (Fn. 49); *Erman/Westermann* RdNr. 9.

[51] BGHZ 10, 91, 102 = NJW 1953, 1217; BGH WM 1971, 723, 725; BB 1958, 603; RGZ 123, 23, 26; 158, 302, 314; *Bork/Oepen* ZGR 2001, 515, 539.

[52] Für diese Ausweitung namentlich auch *Hadding,* Actio pro socio, 1966, S. 87 ff.

[53] Vgl. näher *Ulmer* in Großkomm. zum HGB, 3. Aufl., § 131 RdNr. 135 ff.

[54] BGHZ 24, 91, 93 f. = NJW 1957, 989; *Soergel/Hadding* RdNr. 14. Vgl. auch RdNr. 1 f.

[55] RGZ 114, 131, 135.

[56] BGH LM HGB § 157 Nr. 1 = NJW 1979, 1987.

[57] Weitergehend BFH DB 1987, 2503 (Vollbeendigung der GbR erst nach Abwicklung des Rechtsverhältnisses zwischen ihr und dem Finanzamt).

III. Geschäftsführung und Vertretung

40 **1. Allgemeines.** Die **Geschäftsführung** steht in der Abwicklungsgesellschaft nach gesetzlicher Regel allen Gesellschaftern **gemeinschaftlich** zu (§ 730 Abs. 2 S. 2 aE). Das gilt auch dann, wenn für die werbende Gesellschaft Einzelgeschäftsführung vereinbart war; derartige Vereinbarungen erstrecken sich nicht auf die Abwicklungsgesellschaft.[58] Wegen der durch die Auflösung entfallenen Gemeinsamkeit der Interessen geht der Wille der Beteiligten für das Abwicklungsstadium im Zweifel dahin, die Auseinandersetzung gemeinsam vorzunehmen und sich dabei gegenseitig zu kontrollieren.[59]

41 Für den verstorbenen Gesellschafter nehmen dessen **Erben** gemeinschaftlich oder durch einen gemeinsamen Vertreter,[60] für einen insolvenzbetroffenen Gesellschafter nimmt der **Insolvenzverwalter** an der Abwicklung teil (§ 728 RdNr. 37 f.). Zum Fall der Kündigung durch einen Privatgläubiger vgl. § 725 RdNr. 20. Zur **Notgeschäftsführung** einzelner Gesellschafter für eine Übergangszeit nach Eintritt der Auflösung vgl. § 727 RdNr. 9 ff., 16, zur Fiktion fortbestehender Geschäftsführung bei unverschuldeter Unkenntnis von der Auflösung vgl. § 729 RdNr. 3 ff., 11.

42 Eine **Geschäftsführervergütung** kann für die Tätigkeit als Abwickler nicht beansprucht werden, wenn sie nicht vertraglich vereinbart ist.[61] Für die Zeit der werbenden Gesellschaft vereinbarte Vergütungen gelten nicht ohne weiteres auch für das Abwicklungsstadium. Wohl aber können die nicht oder nicht in gleichem Maße an der Abwicklung beteiligten Mitgesellschafter im Einzelfall, ebenso wie bei der werbenden Gesellschaft (§ 705 RdNr. 234), aus Gründen der Treupflicht gehalten sein, der Gewährung einer Vergütung an den oder die Abwickler zuzustimmen.

43 Für die organschaftliche **Vertretung** der Gesellschaft durch die Geschäftsführer gilt der Auslegungsgrundsatz des § 714 auch im Liquidationsstadium.[62] Entsprechend der Gesamtgeschäftsführung sind die Abwickler nach gesetzlicher Regel *nur gemeinsam* zur Vertretung der Gesellschaft berechtigt. Bei Verhinderung eines Abwicklers können die übrigen allein handeln.[63] Der **Umfang** der Vertretungsmacht richtet sich im Zweifel nach den Aufgaben der Abwickler (RdNr. 44 f.). Für Geschäfte, die durch den Abwicklungszweck nicht gedeckt sind und deren Vornahme auch nicht im Einvernehmen aller Gesellschafter erfolgt, haftet die Gesellschaft nur nach Rechtsscheingrundsätzen.[64]

44 **2. Die Aufgaben der Abwickler.** Vgl. dazu schon RdNr. 8 f. Die Abwickler haben zunächst die **schwebenden Geschäfte** zu beenden und können hierzu im Rahmen des Erforderlichen auch **neue Geschäfte** tätigen (§ 730 Abs. 2 S. 1).[65] Schwebende Geschäfte sind solche, die im Zeitpunkt der Auflösung entweder bereits zu Stande gekommen oder von der Gesellschaft doch schon so weit vorbereitet waren, dass eine Bindung gegenüber

[58] Ebenso OLG Köln WM 1995, 1881, 1882.

[59] So zutr. RGZ 100, 165, 166.

[60] Vgl. § 727 RdNr. 20; aA (die Erben je persönlich) *Soergel/Hadding* RdNr. 7 (unter Berufung auf den methodisch schwer vertretbaren Umkehrschluss zu § 146 Abs. 1 S. 2 HGB); *Erman/Westermann* RdNr. 7; so auch RGRK/*von Gamm* RdNr. 6 und § 727 RdNr. 5, der zu Unrecht von der Mitgliedschaft der Erben persönlich auch in der Abwicklungsgesellschaft ausgeht.

[61] HM, vgl. BGH WM 1967, 682, 683 (für KG); *Soergel/Hadding* RdNr. 9; *Staudinger/Keßler* RdNr. 17; RGRK/*von Gamm* RdNr. 6.

[62] So auch *Staudinger/Keßler* RdNr. 15; RGRK/*von Gamm* RdNr. 7.

[63] BGH WM 1964, 740, 741 (für KG); *Erman/Westermann* RdNr. 7. Allg. zu den Vertretungsfolgen der Verhinderung eines gesamtvertretungsberechtigten Geschäftsführers vgl. § 714 RdNr. 30.

[64] Vgl. *Erman/Westermann* RdNr. 8; aA wohl *Soergel/Hadding* RdNr. 7; für das Vereinsrecht auch § 49 RdNr. 13 *(Reuter)* und *Soergel/Hadding* § 49 RdNr. 13. Wie hier aber die bisher hM zu § 149 HGB, vgl. BGH NJW 1984, 982; *Hueck* OHG § 32 IV 5 b, S. 497; *Schilling* in Großkomm. zum HGB, 3. Aufl., § 149 Anm. 36; *Baumbach/Hopt* HGB § 149 RdNr. 7; *v. Gerkan* in *Röhricht/v. Westphalen* HGB § 149 RdNr. 20; aA (für grundsätzlich unbegrenzte Vertretungsmacht der Geschäftsführer der OHG auch im Liquidationsstadium) *K. Schmidt* AcP 174 (1974), 55, 68 ff., 76; *ders.* AcP 184 (1984), 529, 583 f.; ihm folgend *Staub/Habersack* HGB § 149 RdNr. 46.

[65] BGH LM GVG § 13 Nr. 157 = NJW 1984, 982; BGH WM 1964, 152, 153 (jeweils für KG); *Soergel/Hadding* RdNr. 9; RGRK/*von Gamm* RdNr. 7.

dem Verhandlungspartner eingetreten ist, bei denen die Erfüllung oder anderweitige Beendigung aber noch aussteht.[66] Zur Frage vorzeitiger Kündigung von Dauerschuldverhältnissen aus Anlass der Auflösung vgl. RdNr. 36, zur einvernehmlichen Erweiterung des Aufgabenkreises der Abwickler auf sonstige neue Geschäfte RdNr. 48.

Zu den **sonstigen Aufgaben** der Abwickler gehört die Rückgabe von Gegenständen, 45
die der Gesellschaft zum Gebrauch überlassen waren (§ 732), die Tilgung der Gesellschaftsschulden (§ 733 Abs. 1) und die Liquidation des Gesellschaftsvermögens in dem durch den Abwicklungszweck gebotenen Umfang (§ 733 RdNr. 22). Die aus dem Gesellschaftsvertrag resultierenden, infolge der Auflösung zu unselbstständigen Rechnungsposten gewordenen Ansprüche der Gesellschafter (RdNr. 49) sind in die Schlussabrechnung aufzunehmen, die die Abwickler zum Abschluss ihrer Tätigkeit aufzustellen haben (RdNr. 59). Die Abwicklung findet ihr Ende mit der Auszahlung der jeweiligen Auseinandersetzungsguthaben (§§ 733 Abs. 2, 734) nach vorheriger Einforderung etwaiger sich aus der Schlussabrechnung ergebender Nachschüsse (§ 735).

3. Abweichende Vereinbarungen. Über Stellung und Aufgaben der *Abwickler* können 46
abweichende Vereinbarungen im Gesellschaftsvertrag oder durch späteren, grundsätzlich einstimmigen[67] Gesellschafterbeschluss getroffen werden, soweit dadurch weder Rechte Dritter beeinträchtigt werden (§§ 725, 728) noch auch die Auseinandersetzung trotz eingetretener Auflösung auf Dauer ausgeschlossen wird.[68] Hiervon zu unterscheiden ist ein – ebenfalls möglicher – *Fortsetzungsbeschluss* (Vor § 723 RdNr. 11). Er wandelt die Gesellschaft wieder in eine werbende um und entzieht der Abwicklung damit die Grundlage. Allgemein zu gesellschaftsvertraglichen Abweichungen von §§ 730 ff. vgl. RdNr. 63 ff.

Unter den Abweichungen von § 730 Abs. 2 kommt einerseits die **Übertragung der Ab-** 47
wicklung an einen oder *bestimmte Gesellschafter* in Betracht. Entsprechend § 146 Abs. 2 S. 2 HGB ist als Ausnahme von dem Grundsatz der Selbstorganschaft (§ 709 RdNr. 5) auch die *Einsetzung eines Dritten* als Liquidator durch einstimmigen Gesellschafterbeschluss zuzulassen.

Auch hinsichtlich des **Tätigkeitsumfangs** sind die Gesellschafter frei, den Abwicklern 48
über die Beendigung schwebender und die Eingehung sonstiger notwendiger Geschäfte hinaus weitere Geschäftsführungsfunktionen zu übertragen; damit verbindet sich im Zweifel (§ 714) eine entsprechende Ausweitung der Vertretungsmacht. Beschließen die Gesellschafter, die Auseinandersetzung auf begrenzte Zeit auszusetzen und die Geschäfte solange fortzuführen, so kann darin je nach Lage des Falles auch ein befristeter Fortsetzungsbeschluss gesehen werden. In diesem Fall gelten im Zweifel die für die werbende Gesellschaft vorgesehenen Geschäftsführungsregeln weiter. Zur Möglichkeit von Abweichungen gegenüber § 733 Abs. 1 vgl. § 733 RdNr. 10 ff.

IV. Das Schicksal der Gesellschafteransprüche

1. Grundsatz. Nach ständiger, wenn auch durch zahlreiche Ausnahmen (RdNr. 54) 49
durchbrochener Rechtsprechung führt die Auflösung dazu, dass die Gesellschafter die ihnen gegen Gesamthand und Mitgesellschafter zustehenden Ansprüche nicht mehr selbstständig im Wege der **Leistungsklage** durchsetzen können (sog. **Durchsetzungssperre;** zum Schicksal von Sozialansprüchen vgl. RdNr. 30 f.). Diese sind vielmehr als *unselbstständige Rechnungsposten* in die Schlussabrechnung (Auseinandersetzungsbilanz) aufzunehmen. Der Grund für diesen nicht nur im Recht der Personenhandelsgesellschaften,[69] sondern auch im

[66] RGZ 171, 129, 133; *Soergel/Hadding* RdNr. 9. Zu dem durch den Abfindungszweck bestimmten engeren Begriff schwebender Geschäfte in § 740 vgl. daselbst RdNr. 4.

[67] Zu den Voraussetzungen mehrheitlicher Vertragsänderungen vgl. § 709 RdNr. 81 ff.

[68] Zu dieser zwingenden zeitlichen Schranke vgl. BGHZ 1, 324, 329 = NJW 1951, 650; RGRK/*von Gamm* RdNr. 1.

[69] BGHZ 37, 299, 305 = NJW 1962, 1863; BGH LM HGB § 145 Nr. 5 = NJW 1968, 2005, 2006; BGH NJW 1992, 2757, 2758; WM 1964, 740, 741; 1968, 697, 698; 1976, 789; 1977, 973, 974; 1979, 937, 938; 1981, 487; 1995, 109; ZIP 1995, 1085; so auch schon RGZ 158, 302, 314.

GbR-Recht[70] geltenden Rechtssatz liegt darin, dass wechselseitige Zahlungen im Abwicklungsstadium vermieden und die Geltendmachung von Ansprüchen grundsätzlich der Schlussabrechnung vorbehalten werden soll. Vor endgültiger Auseinandersetzung sollen Mitglieder einer Abwicklungsgesellschaft Zahlung nur dann verlangen können, wenn und soweit feststeht, dass ihnen Ansprüche in diesem Umfang mindestens zustehen bzw. dass sie den auf diese Weise erlangten Betrag keinesfalls zurückzahlen müssen.[71] Dies gilt auch beim Ausscheiden eines Gesellschafters aus einer zweigliedrigen GbR.[72]

50 Der gegen die isolierte Geltendmachung von Gesellschafteransprüchen gerichteten Rechtsprechung ist trotz der darin liegenden **Abweichung von § 733 Abs. 1 und 2** auch für das Recht der GbR zu folgen. Die gesetzliche Regelung trägt dem Gedanken der Einheitlichkeit der Schlussabrechnung nicht hinreichend Rechnung; sie ist durch die zwischenzeitliche Entwicklung überholt. Auch die Rechte der einzelnen Gesellschafter werden durch die Durchsetzungssperre nicht unzumutbar eingeschränkt, solange der Grundgedanke (RdNr. 49) nicht außer Acht gelassen und bei der Zulassung von Ausnahmen dementsprechend großzügig verfahren wird.

51 Die Zulässigkeit von **Feststellungsklagen** zwischen Gesellschaftern über das Bestehen von Ansprüchen oder Verbindlichkeiten aus dem Gesellschaftsverhältnis wird von der Durchsetzungssperre nicht berührt; sie sind im Gegenteil geeignet, die Auseinandersetzung zu fördern.[73] Ist die Leistungsklage eines Gesellschafters im Auseinandersetzungsstadium im Hinblick auf die noch ausstehende Auseinandersetzungsrechnung unbegründet, so kann sie in eine Feststellungsklage abgeändert werden, den Betrag als unselbstständigen Posten in die Auseinandersetzungsrechnung einzustellen.[74] Das gilt auch für eine Stufenklage.[75] Zur Klage auf Mitwirkung an der Schlussabrechnung vgl. RdNr. 60.

52 **2. Sachliche Tragweite.** Im Einzelnen unterfallen der Durchsetzungssperre nicht nur solche Ansprüche, die wie die Rückzahlung der Einlagen (§ 733 Abs. 2) oder die Ausschüttung des Überschusses die vorherige Liquidation des Gesellschaftsvermögens voraussetzen.[76] Vielmehr wird der Grundsatz auch auf sonstige **gesellschaftsvertragliche Ansprüche** gegen Gesellschaft oder Mitgesellschafter wie Gewinn- oder Aufwendungsersatzansprüche angewandt, selbst wenn sie bis zum Eintritt der Auflösung selbstständig durchsetzbar waren.[77] Auch wenn Gesellschafter Verbindlichkeiten der Gesellschaft erst im Liquidationsstadium tilgen, können sie ihren Ausgleichsanspruch nur als unselbstständigen Rechnungsposten im Rahmen der Schlussabrechnung geltend machen; die Durchsetzungssperre erfasst auch den gem. § 426 Abs. 2 zu Regresszwecken auf den Gesellschafter übergegangenen Anspruch des Gesellschaftsgläubigers.[78] Entsprechendes hat – trotz der insoweit uneinheitlichen Rechtsprechung[79] – für gesellschaftsvertragliche *Schadensersatzansprüche* zu gelten.[80]

[70] BGH LM Nr. 5 = WM 1955, 302; BGH NJW 1984, 1455; 1985, 1898; WM 1986, 68; NJW-RR 1988, 1379; 1991, 1049; RGZ 123, 23, 26; OLG Koblenz BB 1988, 91.

[71] St. Rspr. (vgl. Nachw. in Fn. 69, 70). So auch *Staudinger/Keßler* RdNr. 10; *Soergel/Hadding* RdNr. 4; RGRK/*von Gamm* RdNr. 9; *Messer,* FS Stimpel, S. 205 ff. (ganz hM).

[72] BGH NJW 1992, 2757; 1999, 3557.

[73] BGH NJW 1984, 1455; 1985, 1898; WM 1987, 1073; 1995, 109; 1998, 1020, 1025; OLG München NJW-RR 1995, 485. AA OLG Hamm MDR 1985, 585; einschränkend auch *Erman/Westermann* RdNr. 13 (Gefahr einer Häufung von Einzelprozessen).

[74] BGH NJW 1984, 1455; 1984, 2295; 1992, 2757, 2758; BB 1993, 1238; WM 1998, 1020, 1025.

[75] BGH WM 1995, 109.

[76] BGH WM 1964, 740, 741; 1969, 591, 592; 1970, 90, 91.

[77] BGHZ 37, 299, 304 = NJW 1962, 1863; BGH WM 1968, 697, 698; NJW-RR 1986, 456; vgl. auch BGH WM 1997, 2220, 2221 (Ausnahme dann, wenn selbstständige Durchsetzbarkeit vertraglich vereinbart).

[78] BGHZ 103, 72, 77 f. = NJW 1988, 1375; krit. dazu *Hadding/Häuser* WM 1988, 1585; *Erman/Westermann* RdNr. 11.

[79] Für grds. Einbeziehung in die Auseinandersetzung BGH LM HGB § 145 Nr. 5 = NJW 1968, 2005, 2006; BGH WM 1984, 1605, 1606; RGZ 158, 302, 314; aA offenbar BGHZ 10, 91, 101 = NJW 1953, 1217; BGH LM § 705 Nr. 12 = NJW 1962, 859; BGH WM 1971, 723, 725; 1997, 2220, 2221; unklar BGH WM 1967, 275, 276.

[80] So auch *Staudinger/Keßler* RdNr. 10; *Erman/Westermann* RdNr. 11. Vgl. dazu auch RdNr. 32.

Unberührt von der Durchsetzungssperre bleiben **Drittgläubigeransprüche** eines Gesellschafters gegen Gesellschaft oder Mitgesellschafter, darunter auch Schadensersatzansprüche aus unerlaubter Handlung oder aus Geschäftsführung ohne Auftrag, da die Parteien sich hier wie Dritte gegenüberstehen.[81] Der Gesellschaft ist es freilich unbenommen, insoweit mit Gegenansprüchen gegen den Gesellschafter aufzurechnen, auch wenn sie von der Durchsetzungssperre erfasst sind, oder unter Berufung auf absehbare, aber mangels Schlussabrechnung noch nicht fällige Ansprüche auf Nachschuss den Missbrauchseinwand zu erheben. Selbstständig durchsetzbar sind auch sonstige Ansprüche eines Gesellschafters gegen einen Mitgesellschafter etwa auf Rückzahlung eines Darlehens, sofern sie ihre Grundlage nicht im Gesellschaftsverhältnis haben.[82] 53

3. Ausnahmen. Entsprechend dem für die Undurchsetzbarkeit von Einzelansprüchen der Gesellschafter maßgebenden Grundgedanken, wechselseitige Zahlungen während der Auseinandersetzung nach Möglichkeit zu vermeiden (RdNr. 49), hat die Rechtsprechung zahlreiche Ausnahmen in anders gelagerten Fällen zugelassen. So kann bei entsprechender Liquidität der Gesellschaft die **Rückzahlung von Einlagen** schon vor der Schlussabrechnung verlangt werden, soweit die betreffenden Gesellschafter von der Verlustteilnahme freigestellt sind.[83] Entsprechendes gilt, wenn die Mindesthöhe eines Auseinandersetzungsguthabens schon vor der Schlussabrechnung feststeht.[84] 54

Der BGH hat die Durchsetzungssperre weiter für den Fall durchbrochen, dass ein Gesellschafter auf Grund einer vorläufigen Auseinandersetzungsrechnung auf **Zahlung eines Fehlbetrags** in Anspruch genommen wird.[85] Eine Ausnahme von dem o. g. Grundsatz kommt auch dann in Betracht, wenn ein Gesellschafter sich den wesentlichen Teil des Gesellschaftsvermögens eigenmächtig und ohne Gegenleistung zunutze macht.[86] 55

Ein Vorgehen **gegen Mitgesellschafter** wegen der anteiligen Erstattung eines bei der Gesellschaft nicht einzutreibenden *Aufwendungsersatzanspruchs* ist aus dem gleichen Grunde dann zugelassen worden, wenn der Gesellschafter per Saldo zumindest Ausgleich in dieser Höhe verlangen kann.[87] Weiterhin hat die Rechtsprechung wiederholt die Geltendmachung von *Schadensersatzansprüchen* gegen Mitgesellschafter wegen des einem Gesellschafter persönlich entstandenen Schadens gebilligt;[88] dem ist allerdings nur in den Fällen zu folgen, in denen der Schaden speziell auf der schuldhaft verzögerten Auseinandersetzung beruht.[89] Darüber hinaus können Ansprüche gegen Mitgesellschafter auch dann unmittelbar durchgesetzt werden, wenn das Gesellschaftsvermögen im Wesentlichen erschöpft ist und es angesichts der überschaubaren Verhältnisse einer gesonderten Schlussabrechnung nicht bedarf.[90] 56

V. Schlussabrechnung und Auseinandersetzungsguthaben

1. Die Schlussabrechnung. Sie bildet als **Schlusspunkt der Auseinandersetzung** zwischen den Gesellschaftern das Ende der Abwicklung (RdNr. 7); man spricht daher auch 57

[81] Str., wie hier *Soergel/Hadding* RdNr. 5; *Staudinger/Keßler* RdNr. 10 und § 718 RdNr. 16; aA BGH WM 1978, 89, 90 sowie BGH WM 1971, 931, 932 für die gegen Mitgesellschafter gerichteten, den eigenen Verlustanteil übersteigenden Forderungen des Drittgläubigers, der von der Gesamthand keine Befriedigung erlangen kann; dem folgend OLG Karlsruhe NZG 2001, 748, 749; *Messer,* FS Stimpel, S. 205 (vgl. dazu auch § 705 RdNr. 203).

[82] Zu einem derartigen Fall s. BGH WM 1986, 68.

[83] BGH WM 1964, 740, 741; 1967, 346, 347; KG NZG 2001, 556; *Soergel/Hadding* RdNr. 4.

[84] Vgl. nur BGHZ 37, 299, 305 = NJW 1962, 1863; BGH LM HGB § 145 Nr. 6 = NJW 1980, 1628; BGH WM 1961, 323, 324; 1968, 1086; 1969, 591, 592; 1981, 487; 1997, 2220, 2221; DB 1977, 87, 89. Dazu auch *Ensthaler,* Die Liquidation von Personengesellschaften, 1985, S. 49 ff.

[85] BGH NJW-RR 1991, 549; vgl. auch OLG Koblenz NJW-RR 1988, 1250.

[86] BGH NJW 1980, 1628; ZIP 1995, 1085.

[87] BGHZ 37, 299, 305 = NJW 1962, 1863; BGH WM 1974, 749, 751; *Erman/Westermann* RdNr. 12.

[88] BGH LM § 705 Nr. 12 = NJW 1962, 859; dazu krit. *Erman/Westermann* RdNr. 12; wohl auch WM 1967, 275, 276. Vgl. auch Nachw. in Fn. 79.

[89] BGH LM HGB § 145 Nr. 5 = NJW 1968, 2005, 2006.

[90] BGH WM 1965, 793; 1966, 706 und 1052; 1967, 275; 1975, 268; 1978, 1205, 1208; ZIP 1993, 1307; RGZ 123, 23, 26; 158, 302, 314; OLG Hamm DB 2003, 937. So auch *Erman/Westermann* RdNr. 12; RGRK/*von Gamm* RdNr. 11 und § 735 RdNr. 2. Vgl. auch RdNr. 35.

von *Auseinandersetzungsbilanz.* Bei Gelegenheitsgesellschaften ohne periodische Gewinnverteilung (§ 721 Abs. 1) dient sie gleichzeitig der Berechnung und Verteilung des während der Gesellschaftsdauer erzielten Gewinns oder Verlusts.

58 Im Unterschied zu § 154 HGB ist im Recht der GbR eine **formelle,** nach den Grundsätzen ordnungsgemäßer Buchführung zu erstellende **Schlussbilanz nicht vorgeschrieben.** Ihrer bedarf es nur dann, wenn die finanziellen Verhältnisse der Gesellschaft nicht ohne weiteres überschaubar sind und eine Auseinandersetzung unter Berechnung der auf die einzelnen Gesellschafter entfallenden Guthaben oder Nachschüsse ohne Auseinandersetzungsbilanz zu Unsicherheit führen würde.[91] Zur Einbeziehung der auf dem Gesellschaftsverhältnis beruhenden Ansprüche der Gesellschafter in die Schlussabrechnung vgl. RdNr. 49 ff.

59 Zur **Aufstellung** der Schlussabrechnung verpflichtet sind die Abwickler, im Regelfall also alle Gesellschafter (zur Schlussabrechnung bei Innengesellschaften vgl. RdNr. 16). Der Anspruch hierauf steht nach Eintritt der Auflösung als Teil des Anspruchs auf Auseinandersetzung[92] jedem Gesellschafter zu. Sind abweichend von der gesetzlichen Regel nicht alle Gesellschafter zugleich Abwickler, so umfasst die Schlussabrechnung auch die von den Abwicklern als Geschäftsführer geschuldete Rechenschaftslegung (§ 713 RdNr. 10). Zur *Feststellung* der Schlussabrechnung vgl. § 734 RdNr. 1.

60 Die **klageweise Durchsetzung** ist auf Mitwirkung an den zur Aufstellung der Schlussabrechnung erforderlichen Handlungen zu richten;[93] die Vollstreckung erfolgt im Regelfall nach § 887 ZPO.[94] Eine Schlussabrechnung durch das Gericht kann nicht verlangt, wohl aber Feststellungsklage über die Berechtigung streitiger Rechnungsposten erhoben werden.[95] Entsprechendes gilt bei Streit über den maßgeblichen Auflösungszeitpunkt, etwa wegen zeitlich auseinanderfallender Kündigungserklärungen, soweit er sich auf die Schlussabrechnung auswirkt.[96]

61 **2. Der Anspruch auf das Auseinandersetzungsguthaben.** Zu Begriff und Zusammensetzung des Auseinandersetzungsguthabens vgl. § 734 RdNr. 8. Der Anspruch hierauf wird ebenso wie eine etwaige Nachschusspflicht (§ 735) grundsätzlich erst **fällig, wenn** die **Schlussabrechnung** von den Gesellschaftern **festgestellt** und dadurch über ihren Inhalt Einigkeit erzielt worden ist.[97] Anderes gilt hinsichtlich solcher aus der Gesellschaftskasse schon vorab erfüllbarer Teilbeträge, deren Mindesthöhe feststeht (RdNr. 54).

62 Der Anspruch richtet sich **gegen die Gesellschaft;** er ist nach Maßgabe von §§ 733 Abs. 2, 734 aus dem verbleibenden Vermögen zu befriedigen. Ist sonstiges Gesellschaftsvermögen nicht vorhanden, so kann er auch unmittelbar gegen ausgleichspflichtige **Gesellschafter** durchgesetzt werden.[98] Entsprechendes gilt für Ausgleichsansprüche eines Gesellschafters wegen Aufwendungen im Gesellschaftsinteresse[99] oder dann, wenn es um die Verteilung des letzten Vermögensgegenstands der Gesellschaft geht.[100] Das Vorhandensein oder die Möglichkeit noch offener Gesellschaftsverbindlichkeiten schließt die Ausgleichung zwischen den Gesellschaftern beim Fehlen weiteren Gesellschaftsvermögens nicht aus.[101]

[91] So wohl auch BGH WM 1969, 591, 592.

[92] Dazu BGH LM Nr. 5 = WM 1955, 302; *Soergel/Hadding* RdNr. 2; *Palandt/Sprau* RdNr. 2.

[93] Vgl. OLG Hamm BB 1983, 1304, und OLG Koblenz NZG 2002, 371, zu den Bestimmtheitsanforderungen an den Vollstreckungstitel.

[94] BGH NJW 1993, 1394, 1395; *Stein/Jonas/Brehm* (21. Aufl.) ZPO § 887 RdNr. 5, § 888 RdNr. 2; dazu auch § 738 RdNr. 30 und *Ulmer* in Großkomm. zum HGB, 3. Aufl., § 138 RdNr. 50.

[95] BGHZ 26, 25, 28 = NJW 1958, 57; BGH WM 1964, 1052; *Soergel/Hadding* RdNr. 2; RGRK/*von Gamm* RdNr. 12. Allg. zur Problematik gerichtlicher Durchsetzung des Anspruches auf Auseinandersetzung und Bilanzfeststellung vgl. *Staudinger/Keßler* RdNr. 7 f. und *Ulmer* in Großkomm. zum HGB, 3. Aufl., § 138 RdNr. 55 f.

[96] Vgl. dazu OLG München NJW-RR 1995, 485.

[97] Vgl. § 734 RdNr. 1 und zur entsprechenden Lage bei der Gewinnverteilung § 721 RdNr. 8. Abweichendes gilt demgegenüber für den Abfindungsanspruch (§ 738 RdNr. 28).

[98] Vgl. Nachw. in Fn. 90.

[99] BGH NJW-RR 1990, 736.

[100] BGH NJW 1995, 188; 1999, 3557; *Palandt/Sprau* RdNr. 5.

[101] BGHZ 26, 126, 133 = NJW 1958, 299; *Hueck* OHG § 32 IX 1 b, S. 520 f.; aA für die OHG *Schlegelberger/K. Schmidt* HGB § 155 RdNr. 41 f.

B. Andere Arten der Auseinandersetzung

I. Allgemeines

Die Abwicklungsvorschriften der §§ 730 ff. sind in vollem Umfang **dispositiv** (§ 731 RdNr. 3). Ebenso wie die Gesellschafter bestimmte Abwicklungsschritte abweichend von der gesetzlichen Regel gestalten können, steht es ihnen auch frei, anstelle der Abwicklung eine grundsätzlich andere Art der Auseinandersetzung zu wählen.[102] Die wichtigste dieser Abweichungen ist die durch eine **Übernahme-** oder **Fortsetzungsklausel** (RdNr. 69) bewirkte Reduzierung des Mitgliederbestands auf einen Gesellschafter. Sie führt dazu, dass zugleich mit der Auflösung auch die Vollbeendigung der Gesellschaft eintritt (RdNr. 11). Eine Abwicklung kommt hier schon deshalb nicht in Betracht, weil es an dem dazu erforderlichen Fortbestand eines – wenn auch aufgelösten – Gesellschaftsverhältnisses fehlt. Statt dessen stehen dem Ausgeschiedenen oder seinen Erben in Fällen dieser Art meist Abfindungsansprüche gegen den Übernehmer zu. 63

Weitere Beispiele einer liquidationslosen Auseinandersetzung der Gesellschafter bilden die Veräußerung des Gesellschaftsvermögens mit Aktiven und Passiven an einen Dritten (RdNr. 85 ff.), sonstige nicht auf einer Übernahme beruhende Fälle der Vereinigung aller Anteile in einer Hand, namentlich zur Weiterverfolgung des Gesellschaftszwecks in der Rechtsform einer GmbH oder AG (RdNr. 89 f.), sowie die Spaltung der GbR unter Realteilung von Aktiven und Passiven (RdNr. 92). 64

II. Übernahme durch einen Gesellschafter

1. Fragestellung. Dem Gesellschafter einer aus zwei Personen bestehenden **OHG oder KG** steht das Recht zu, das Handelsgeschäft ohne Liquidation mit Aktiven und Passiven zu übernehmen, wenn in der Person des Mitgesellschafters ein Ausschließungsgrund gegeben ist (vgl. § 140 Abs. 1 S. 2 in sachlicher Übereinstimmung mit § 142 Abs. 1 aF HGB). Die Übernahme selbst vollzieht sich auf Grund eines von dem Berechtigten erwirkten Gestaltungsurteils uno actu im Wege der Gesamtrechtsnachfolge. Das Gesamthandseigentum wandelt sich in Alleineigentum des Übernehmers um; es wird zum Bestandteil seines persönlichen Vermögens. Kommt es beim einzigen Mitgesellschafter zur Anteilspfändung mit anschließender Kündigung oder zur Insolvenzeröffnung, so können auch diese Umstände entsprechend § 131 Abs. 3 Nr. 2, 4 HGB zur Übernahme durch den letztverbliebenen Gesellschafter führen (vgl. § 142 Abs. 2 aF HGB). 65

Für die **Gesellschaft bürgerlichen Rechts** hat der Gesetzgeber von einer den in RdNr. 65 genannten HGB-Vorschriften entsprechenden Regelung abgesehen; ein Bedürfnis hierfür wurde bei den Gesetzesberatungen nicht gesehen.[103] Das schließt angesichts der dispositiven Natur des Gesellschafts- und namentlich auch des Abwicklungsrechts die *Vereinbarung eines Übernahmerechts* oder die ihr funktional gleichstehende (RdNr. 69) Aufnahme einer Fortsetzungsklausel (§§ 736 Abs. 1, 737) in den Vertrag einer zunächst mehrgliedrigen Gesellschaft nicht aus. Auch außerhalb solcher Vertragsgestaltungen ist im Analogiewege ein *gesetzliches* Übernahmerecht unter bestimmten, freilich eng begrenzten Voraussetzungen anzuerkennen (RdNr. 73 f.). 66

Von den Voraussetzungen und der Ausübung des Übernahmerechts zu unterscheiden ist der früher für Handelsgesellschaften in § 142 Abs. 3 aF HGB geregelte **Vollzug der Übernahme.** Insoweit fragt sich, ob auch für die GbR eine Gesamtrechtsnachfolge des Übernehmers in das Gesamthandsvermögen unter gleichzeitiger Umwandlung in Alleineigentum 67

[102] Zur Auslegung derartiger Vereinbarungen vgl. BGH NJW-RR 1994, 1187.

[103] *Rimmelspacher* AcP 173 (1973), 1, 10 f. m. Nachw.; vgl. auch u. RdNr. 73.

anzuerkennen ist.[104] Dass diese Art der Durchführung für den *Übernehmer* am einfachsten ist, steht außer Zweifel. Zu Recht wurde jedoch geltend gemacht,[105] dass die Einräumung eines Übernahmerechts nicht notwendig zugleich die Anerkennung der Gesamtrechtsnachfolge des Übernehmers in das Gesellschaftsvermögen bedingt, sondern dass statt dessen auch die Einzelübertragung der Gegenstände des Gesamthandsvermögens an den Übernahmeberechtigten in Betracht kommt. Die Entscheidung der Frage hängt daher davon ab, ob sich die Gesamtrechtsnachfolge in Fällen dieser Art auf einen allgemein für Gesamthandsverhältnisse geltenden Rechtsgrundsatz stützen lässt und ob dadurch keine schutzwürdigen Belange Dritter gefährdet werden (vgl. dazu RdNr. 81 f.).

68 **2. Rechtsgrundlagen. a) Vereinbarung der Gesellschafter. aa) Art der Vereinbarung.** Darüber, dass die Gesellschafter kraft Privatautonomie (§ 731) anstelle der Abwicklung die Übernahme des Gesellschaftsvermögens durch einen von ihnen vereinbaren können, besteht heute in Rechtsprechung und Literatur Einigkeit.[106] Die Vereinbarung kann **im Gesellschaftsvertrag** selbst getroffen werden **oder** aus gegebenem Anlass **ad hoc** zu Stande kommen; sie ist bei Zustimmung aller Gesellschafter auch noch nach Auflösung möglich. Ein im Gesellschaftsvertrag enthaltenes Übernahmerecht bindet auch den pfändenden Privatgläubiger oder den Insolvenzverwalter in der Gesellschafterinsolvenz.[107]

69 Der ausdrücklichen Begründung eines Übernahmerechts steht es grundsätzlich gleich, wenn der Gesellschaftsvertrag einer zunächst mehrgliedrigen Gesellschaft eine **Fortsetzungsklausel** enthält und die Gesellschafterzahl später auf zwei Personen schrumpft.[108] Für die Annahme, dass es zum Ausscheiden eines Gesellschafters beim Vorliegen eines der in der Fortsetzungsklausel genannten Gründe nur dann kommen soll, wenn mindestens *zwei* Gesellschafter verbleiben, während im Übrigen die Abwicklung nach gesetzlicher Regel gewollt ist, bedarf es besonderer Anhaltspunkte aus dem Verhältnis der Gesellschafter oder dem von ihnen verfolgten Zweck.

70 Von einem Übernahmerecht kraft Vereinbarung ist im Zweifel auch dann auszugehen, wenn sich eine **Personenhandelsgesellschaft** durch Schrumpfung des Geschäftsbetriebs oder Änderung des Gesellschaftszwecks **in eine GbR umgewandelt** hat. Insoweit sprechen gute Gründe dafür, dass der Gesellschafterwille sich auf Fortgeltung der handelsrechtlichen Grundsätze einschließlich des Übernahmerechts im Innenverhältnis richtet.[109] Abweichendes gilt freilich dann, wenn aus der Art und Weise des Rechtsformwechsels auf den Willen der Gesellschafter zu schließen ist, ihre Beziehungen künftig voll dem Recht der GbR zu unterstellen.

71 **bb) Regelungsinhalt.** Was den Inhalt der Vereinbarung angeht, so ist zunächst festzulegen, unter welchen Voraussetzungen ein Übernahmerecht zur Entstehung kommen soll. In Betracht kommen namentlich die in § 736 Abs. 1 genannten Umstände einschließlich desjenigen der Anteilspfändung oder der von dem pfändenden Gläubiger ausgesprochenen

[104] Vgl. RdNr. 81 f.

[105] *Canter* NJW 1965, 1553 ff., 1554 in krit. Auseinandersetzung mit dem pauschal auf den „Rechtsgedanken von § 142 HGB" abstellenden Urteil BGHZ 32, 307, 314 ff. = NJW 1960, 1664. Für diese Unterscheidung namentlich auch *Riegger,* Die Rechtsfolgen des Ausscheidens eines Gesellschafters aus einer zweigliedrigen Personalgesellschaft, 1969, S. 8 f.; *Rimmelspacher* AcP 173 (1973), 1 (4, 18).

[106] BGHZ 32, 307, 314 ff. = NJW 1960, 1664; BGH LM HGB § 142 Nr. 15 = NJW 1966, 827; BGH NJW-RR 1993, 1443; OLG Köln DB 1981, 1184; OLG Hamm NZG 2000, 250, 251; *Soergel/Hadding* RdNr. 15, 19; *Staudinger/Keßler* RdNr. 28; RGRK/*von Gamm* § 736 RdNr. 6; *Palandt/Sprau* § 736 RdNr. 4; *Erman/Westermann* RdNr. 17; *Wiedemann* GesR I § 5 II 1, S. 258 f.

[107] Ebenso *Soergel/Hadding* RdNr. 19.

[108] *Rimmelspacher* AcP 173 (1973), 1, 21; *Erman/Westermann* RdNr. 17; *Soergel/Hadding* RdNr. 19; *Palandt/Sprau* § 736 RdNr. 4; so auch die hM zu § 138 aF HGB, vgl. BGH LM HGB § 138 Nr. 2 = WM 1957, 512; *Rötelmann* NJW 1956, 1618; *Baumbach/Hopt* (29. Aufl.) HGB § 138 RdNr. 6; *Ulmer* in Großkomm. zum HGB, 3. Aufl., § 138 RdNr. 10. Zur Frage eines Übernahmerechts gegenüber einer Gesellschaftermehrheit vgl. § 737 RdNr. 6.

[109] BGH NJW 1960, 1666 f. (insoweit in BGHZ 32, 307 ff. nicht abgedruckt); zust. *Canter* NJW 1965, 1553, 1558; wohl auch *Soergel/Hadding* RdNr. 19 und *Erman/Westermann* RdNr. 17; für analoge Anwendung von § 142 Abs. 1 und 2 aF HGB in diesem Fall *Rimmelspacher* AcP 173 (1973), 1, 9 f. Allg. zur Rechtslage bei der als OHG oder KG gegründeten, später zur GbR gewordenen Gesellschaft vgl. § 705 RdNr. 14, § 709 RdNr. 19.

Kündigung. Stets muss sich aus Wortlaut oder Sinn und Zweck der Vereinbarung ergeben, dass das Übernahmerecht auch für den jeweils in Frage stehenden Umstand gewährt sein sollte. Ein zur „Hinauskündigung" von Mitgesellschaftern ohne besonderen Anlass berechtigendes, in das Belieben des Rechtsinhabers gestelltes Übernahmerecht bedarf zu seiner Wirksamkeit besonderer, die Vertragsgestaltung rechtfertigender Gründe (§ 737 RdNr. 17 ff.).

Vertraglich festzulegen sind weiter Regelungen über den **Eintritt der Übernahme.** Die 72
Vereinbarung eines Gestaltungsklagerechts entsprechend § 140 Abs. 1 S. 2 HGB ist nicht möglich.[110] Wohl aber haben die Gesellschafter die Wahl, ob sie den Eintritt des Übernahmefalls ausschließlich von objektiven, im Gesellschaftsvertrag festgesetzten Gründen abhängig machen oder zusätzlich auf eine Gestaltungserklärung des Übernahmeberechtigten abstellen und die Gesellschaft bis dahin unverändert fortbestehen lassen wollen (zur Frage des Vollzugs der Übernahme vgl. RdNr. 81 f.). Begründet der Gesellschaftsvertrag lediglich ein Recht auf Übernahme, so bedarf es im Zweifel einer entsprechenden Gestaltungserklärung des Berechtigten zu dessen Ausübung (RdNr. 77).

b) Objektives Recht? aa) Grundlagen. Die Frage, ob und unter welchen Vorausset- 73
zungen beim Fehlen von Übernahme- oder ihnen nach RdNr. 69 gleichzustellenden Fortsetzungsvereinbarungen ein *Übernahmerecht kraft objektiven Rechts* in Betracht kommt, ist umstritten. Da die Vorschriften der §§ 730 bis 737 keine Übernahmeregelungen enthalten, handelt es sich um ein **Analogieproblem.** Als analogiefähige Normen kommen § 737 BGB und §§ 131 Abs. 3 Nr. 2 und 4, 140 Abs. 1 S. 2 HGB in Betracht.[111] Der Umstand, dass das BGB des Jahres 1900 im Unterschied zu dem gleichzeitig in Kraft getretenen HGB von der gesetzlichen Verankerung eines Übernahmerechts abgesehen hat, lässt nicht etwa auf eine „bewusste Lücke" schließen;[112] er steht der Analogiemöglichkeit daher nicht entgegen. Die Aufnahme von § 142 aF in das HGB von 1900 wurde vielmehr erst in Betracht gezogen, als die Sachverhandlungen zum Entwurf des BGB bereits abgeschlossen waren.[113]

Vergleicht man die Ausschlussmöglichkeiten im Gesellschaftsrecht des BGB und des 74
HGB, so zeigt sich, dass der **Schutz des Gesellschaftsbestandes** für den Fall von Störungen in der Person oder Sphäre eines Gesellschafters im **HGB** (§§ 140, 141 aF) eine deutlich stärkere Ausprägung erfahren hat als bei der **GbR,** bei der die regelmäßige Rechtsfolge auch in derartigen Fällen die Auflösung ist (§§ 723 Abs. 1, 725, 728 Abs. 2). Eine abweichende Wertung hat der Gesetzgeber (abgesehen von den Fortsetzungsvereinbarungen nach § 736 Abs. 1) nur für den Fall des wichtigen Grundes in der Person eines Gesellschafters getroffen: er berechtigt nach § 737 dann zu dessen Ausschluss aus der im Übrigen fortbestehenden Gesellschaft, wenn die Gesellschafter für den Fall der Kündigung seitens eines Gesellschafters die Fortsetzung ohne ihn vereinbart – und dadurch ihr Interesse an einem zumindest partiellen Bestandsschutz zum Ausdruck gebracht – haben (vgl. dazu § 737 RdNr. 4).

bb) Folgerungen. Geht man von den in RdNr. 74 aufgezeigten Wertungen aus, so ist 75
ein gesetzliches Übernahmerecht unter Ausschluss des Mitgesellschafters beim Vorliegen eines wichtigen Grundes in dessen Person (§ 737 RdNr. 8) in **Analogie zu § 737** jedenfalls

[110] Vgl. dazu *Ulmer* in Großkomm. zum HGB, 3. Aufl., § 133 RdNr. 5 m. Nachw.

[111] Die Frage war während der Geltung der § 142 Abs. 1 und 2 aF HGB umstritten. Eine Analogie zu diesen Vorschriften befürwortend bei einer GbR, deren Zweck auf den *Betrieb eines Unternehmens* gerichtet ist, *Raisch* JuS 1967, 533, 540; *Wagner* JuS 1961, 123, 125; *K. Schmidt* GesR § 58 V 2 b; *Schlegelberger/K. Schmidt* HGB § 142 RdNr. 9; *Baumbach/Hopt* (29. Aufl.) HGB § 142 RdNr. 2; wohl auch *Wiedemann* GesR I § 5 II 1, S. 258 f.; für Anwendung des auf dem Anwachsungsprinzip beruhenden Rechtsgedankens des § 142 aF HGB auf die GbR mit der Folge, dass beim Vorliegen der Voraussetzungen des § 737 der ausschließungsberechtigte Gesellschafter das Recht zur Übernahme des Gesellschaftsvermögens ohne Liquidation mit Aktiven und Passiven hat, BGHZ 32, 307, 317 f. = NJW 1960, 1664; BGH LM § 737 Nr. 2 = WM 1962, 880; *Rimmelspacher* AcP 173 (1973), 1, 10 ff., 23; *Soergel/Hadding* RdNr. 20; *RGRK/von Gamm* § 737 RdNr. 2; *Erman/Westermann* § 737 RdNr. 8 ff.; aA (gegen jede Anerkennung eines Übernahmerechts im Analogiewege) aber *Canter* NJW 1965, 1553 ff.; *Staudinger/Keßler* § 737 RdNr. 6.

[112] So zu Recht *Rimmelspacher* AcP 173 (1973), 1, 10 f. gegen *Canter* NJW 1965, 1553, 1557.

[113] *Rimmelspacher* (Fn. 112) m. Nachw.

dann zu bejahen, wenn der Gesellschaftsvertrag ein *Übernahmerecht bei Kündigung* durch einen Mitgesellschafter vorsieht.[114] Entsprechendes gilt aber auch dann, wenn entweder in einer ursprünglich mehrgliedrigen Gesellschaft für diesen Fall die *Fortsetzung ohne den Kündigenden* bestimmt war[115] oder wenn ein zur Ausschließung berechtigender wichtiger Grund gegenüber allen übrigen Gesellschaftern vorliegt.[116] Zwar geht es bei der Übernahme im Unterschied zur Fortsetzung nicht um den Bestand der Gesellschaft, sondern nur um denjenigen der Organisation. Indessen dient auch die Fortsetzungsklausel bei einer mehrgliedrigen Gesellschaft im Zweifel dazu, neben der Personenverbindung auch das Gesellschaftsvermögen im Hinblick auf den damit verfolgten Zweck in seinem Bestand zu erhalten, und insoweit lässt sich eine Parallele zum Übernahmerecht durchaus bejahen.[117] Darauf, ob der Zweck auf den Betrieb eines Erwerbsgeschäfts gerichtet ist, kommt es beim Vorliegen einer Fortsetzungsklausel nicht an.[118]

76 **Ohne** vertragliche, in einer **Fortsetzungsklausel** nach Art des § 737 zum Ausdruck gekommene Anhaltspunkte dafür, dass die Gesellschafter einer GbR am Fortbestand des der Zweckverfolgung gewidmeten Vermögens interessiert sind, ist für die Bejahung eines Übernahmerechts im Analogiewege dagegen kein Raum.[119] Das gilt auch dann, wenn es sich um eine Erwerbsgesellschaft (Vor § 705 RdNr. 89) handelt; zum Sonderfall einer ehemaligen OHG oder KG vgl. RdNr. 70. Eine Analogie zu §§ 131 Abs. 3, 140 Abs. 1 S. 2 HGB scheitert in derartigen Fällen schon daran, dass die BGB-Verfasser abweichend von §§ 140, 141 aF HGB bewusst darauf verzichtet haben, für die GbR ein allgemeines, von einer vertraglichen Fortsetzungsklausel unabhängiges Ausschlussrecht vorzusehen. Diese Wertung ist auch für die Entscheidung der Frage zu beachten, unter welchen Voraussetzungen die Bejahung eines Übernahmerechts im Analogiewege in Betracht kommt.

77 **3. Ausübung des Übernahmerechts.** Zur Ausschließung des oder der Mitgesellschafter unter Berufung auf das Übernahmerecht bedarf es im Regelfall dessen **Ausübung durch Gestaltungserklärung,** wenn der Gesellschaftsvertrag nicht eindeutig Abweichendes bestimmt. Das gilt namentlich für das Übernahmerecht beim *Vorliegen wichtiger Gründe* in der Person eines Mitgesellschafters, aber auch in sonstigen Fällen, in denen der Eintritt der Übernahmevoraussetzungen nicht außer Zweifel steht. Eine Gestaltungserklärung ist auch zur Geltendmachung eines Übernahmerechts analog § 737 erforderlich (RdNr. 75).

78 Demgegenüber liegt bei einem auf den *Tod* des Mitgesellschafters abstellenden Übernahmerecht das **unmittelbare Wirksamwerden** der Übernahme jedenfalls dann nahe, wenn der Gesellschaftsvertrag nicht alternativ eine Nachfolgeklausel zu Gunsten der Erben des Verstorbenen enthält. Bei *sonstigen eindeutig feststellbaren Ereignissen* als Übernahmegrund wie die Anteilspfändung, die Gesellschafterinsolvenz oder die Kündigung durch den Mitgesellschafter ist durch Vertragsauslegung zu klären, ob ausnahmsweise eine automatisch wirkende Übernahme (RdNr. 72) gewollt ist.[120] Die Ansicht des BGH, in derartigen Fällen solle es zur Übernahme nicht schon bei Eintritt ihrer Voraussetzungen, sondern nur dann kommen, wenn der berechtigte Gesellschafter sie während der Kündigungsfrist oder einer sonstigen angemessenen Frist erkläre,[121] mag als flexible Lösung im Interesse des Übernahmeberechtigten erwünscht sein. Gegen ein derartiges Gestaltungsrecht spricht jedoch die

[114] Ebenso, wenn auch unter analoger Heranziehung des § 140 Abs. 1 S. 2 HGB, OLG München NZG 1998, 937; *Palandt/Sprau* § 737 RdNr. 1.

[115] S. Fn. 108.

[116] Zum Übernahmerecht gegenüber einer Gesellschafter*mehrheit* vgl. § 737 RdNr. 6.

[117] So auch *Rimmelspacher* AcP 173 (1973), 1, 20, allerdings bezogen auf § 142 Abs. 3 aF HGB.

[118] Gegen die Erheblichkeit dieses Kriteriums auch BGH LM HGB § 142 Nr. 15 = NJW 1966, 827; OLG Celle MDR 1978, 846; *Rimmelspacher* AcP 173 (1973), 1, 9, 17 und 20; RGRK/*von Gamm* § 737 RdNr. 2; Gegenansichten vgl. Fn. 111.

[119] BGH WM 1961, 880, 881; *Rimmelspacher* AcP 173 (1973), 1, 9; aA die Befürworter einer analogen Anwendung von § 142 Abs. 1 und 2 aF HGB auf eine GbR, deren Zweck auf den Betrieb eines Unternehmens gerichtet ist (vgl. Nachw. in Fn. 111).

[120] AA *Soergel/Hadding* RdNr. 22 und *Erman/Westermann* § 737 RdNr. 10, die zur Vermeidung einer unerwünschten automatischen Gesamtrechtsnachfolge beim Übernehmer stets dessen Übernahmeerklärung für erforderlich halten.

[121] BGH WM 1980, 496, 497 (insoweit nicht abgedruckt in NJW 1980, 1628).

mit der „Bedenkzeit" verbundene Rechtsunsicherheit; sie ist daher nur in solchen Fällen in Betracht zu ziehen, in denen der Gesellschaftsvertrag – wie bei der kündigungsbedingten Übernahme – klare Anhaltspunkte zur Bestimmung von Dauer und Ende der Frist für die Übernahmeerklärung enthält.

Die Berufung auf das Übernahmerecht kann im Einzelfall dann **missbräuchlich** sein, 79 wenn sie dazu dient, dem Mitgesellschafter dessen ungeschmälerten Anteil am Erlös einer ohnehin unvermeidlichen Abwicklung vorzuenthalten.[122]

Eine **Übernahmeklage** entsprechend § 140 Abs. 1 S. 2 HGB kommt angesichts der 80 grundsätzlichen Beschränkung der Gestaltungsklagebefugnis auf Personenhandelsgesellschaften und der hiervon abweichenden BGB-Regelung (§§ 712 Abs. 1, 715, 723 Abs. 1 S. 2, 737) nicht in Betracht. Ein derartiges Klagerecht kann auch nicht etwa im Gesellschaftsvertrag vereinbart werden.[123] – Zum Vollzug der Übernahme und zu den Haftungsfolgen vgl. RdNr. 80 ff.; zur Frage der Ausübung eines Übernahmerechts nach Auflösung der Gesellschaft vgl. RdNr. 25.

4. Vollzug der Übernahme. Die vermögensrechtliche Übernahme in einer Zweiper- 81 sonengesellschaft vollzieht sich nicht durch Einzelübertragung der Vermögensgegenstände von der Gesamthand an den Übernehmer, sondern durch dessen **Gesamtrechtsnachfolge** unter Umwandlung des Gesamthands- in Alleineigentum des Übernehmers. Über diese Art des Vollzugs besteht heute im Wesentlichen Einigkeit.[124] Die *Begründung* bereitet freilich nach wie vor *Schwierigkeiten.* Dem Abstellen auf das Anwachsungsprinzip (§ 738 Abs. 1 S. 1) wird entgegengehalten, es setze den Fortbestand der Gesamthand voraus, weshalb auch § 142 Abs. 3 aF HGB nur von der „entsprechenden" Anwendung dieser Vorschrift gesprochen habe.[125] Die Berufung auf das Wesen der Gesamthand als Grund für die Gesamtrechtsnachfolge[126] stößt teilweise auf den Einwand, bei den diese Rechtsfolge anordnenden §§ 1490 S. 3, 1491 Abs. 4 BGB und § 142 Abs. 3 aF HGB handele es sich um Sondervorschriften, die den Rückschluss auf ein allgemeines Prinzip gerade nicht zuließen,[127] teilweise auf den Hinweis, dass die Anwachsung nach § 738 Abs. 1 S. 1 die Rechtszuständigkeit der GbR unberührt lasse.[128] *Flume*[129] will der Frage dadurch ausweichen, dass er die rechtsgeschäftliche Übernahme als Übertragung des Anteils des ausscheidenden auf den übernehmenden Gesellschafter versteht. Dieser Weg dürfte indessen nur selten den Vorstellungen und dem Willen der ein Übernahmerecht vereinbarenden Parteien entsprechen; bei einer Übernahme entsprechend § 737 liefe er ohnehin auf eine gesetzlich nicht gedeckte Fiktion hinaus.

Für die **Stellungnahme** ist davon auszugehen, dass entsprechend der funktionell ver- 82 gleichbaren Fortsetzungsklausel (§§ 736 Abs. 1, 737) der **Zweck** sowohl eines vertraglichen Übernahmerechts als auch der analogen Anwendung des § 737 auf das **Ausscheiden des Mitgesellschafters** aus der Zweipersonengesellschaft gerichtet ist. Grundsätzliche Bedenken gegen die Zulässigkeit einer solchen Vereinbarung bestehen nicht; das gilt auch hinsichtlich der Herbeiführung des Ausscheidens auf Grund der Ausübung eines an Sachgründe gebundenen vertraglichen oder gesetzlichen Übernahmerechts. Als Rechtsfolge tritt Voll-

[122] BGH LM HGB § 142 Nr. 10 = NJW 1958, 1633; *Soergel/Hadding* RdNr. 21; vgl. auch § 737 RdNr. 10.

[123] S. Fn. 110.

[124] So der BGH in st. Rspr., vgl. BGHZ 32, 307, 314 ff. = NJW 1960, 1664; BGH LM HGB § 142 Nr. 15 = NJW 1966, 827 sowie die Nachw. bei *Rimmelspacher* AcP 173 (1973), 1, 2 Fn. 5; OLG Celle MDR 1978, 846. Aus der Literatur vgl. statt aller *Soergel/Hadding* RdNr. 23 f.; *Erman/Westermann* RdNr. 18; *Rimmelspacher* aaO S. 18 ff.; *Schünemann* Grundprobleme S. 196 f.; unter Beschränkung auf Ausnahmefälle auch *Staudinger/Keßler* § 736 RdNr. 10.

[125] So *Canter* NJW 1965, 1553, 1561; *Soergel/Hadding* RdNr. 23; wohl auch *Schünemann* (Fn. 124) S. 197.

[126] So etwa RGRK/*von Gamm* RdNr. 14. Ebenso *Flume* I/1 § 17 VIII, S. 373 und *Riegger* (Fn. 105) S. 10 f., 162, die allerdings den Begriff der Gesamtrechtsnachfolge ablehnen und im Anschluss an BGH LM HGB § 142 Nr. 15 = NJW 1966, 827 und RGZ 65, 227, 240 von einer „dem Wesen einer Gesamthandsgemeinschaft gemäßen Form der Änderung der Rechtszuständigkeit" sprechen.

[127] *Canter* NJW 1965, 1553, 1560 f.; *Rimmelspacher* AcP 173 (1973), 1, 18 f.

[128] Vgl. *Soergel/Hadding* RdNr. 23.

[129] I/1 § 17 VIII, S. 373 f.

beendigung der Gesellschaft durch Rückgang der Gesellschafterzahl auf eine Person ein (RdNr. 11); damit entfällt zugleich die Grundlage für den Fortbestand der vermögensrechtlichen Gesamthand. An ihre Stelle tritt kraft Anwachsung Alleineigentum des als einziger verbleibenden ehemaligen Gesellschafters, während die Gesamthänderstellung des ehemaligen Mitgesellschafters mit dessen Ausscheiden erlischt (§ 719 RdNr. 4).[130] Die Vorschriften der §§ 1490, 1491, 2033[131] BGB, § 142 Abs. 3 aF HGB enthalten daher in der Tat einen allgemeinen, beim Ausscheiden eines von zwei Gesamthändern eingreifenden Rechtsgrundsatz, der dem Anwachsungsprinzip des § 738 Abs. 1 S. 1 bei der mehrgliedrigen Gesellschaft entspricht. Die als Gegenargument angeführte Vorschrift des § 1502 Abs. 1[132] steht nicht entgegen; sie geht ebenso wie § 1477 Abs. 2 nicht vom Ausscheiden des an der fortgesetzten Gütergemeinschaft mitbeteiligten anderen Teils aus, sondern von der Begründung eines Übertragungsanspruchs hinsichtlich bestimmter (oder aller) Vermögensgegenstände durch den überlebenden Ehegatten gegen einen in das Gesamtgut zu zahlenden Wertersatz.[133] Auch wesentliche Interessen Dritter werden durch diese Art der Beendigung der Gesellschaft nicht tangiert (zu den Rechten von Gesellschaftsgläubigern vgl. RdNr. 85).

83 **5. Rechte und Pflichten des Ausgeschiedenen.** Sie bestimmen sich mangels abweichender Vereinbarungen analog **§§ 738 bis 740.** Der Ausgeschiedene kann vom Übernehmer nicht nur die Zahlung der nach § 738 Abs. 1 S. 2 zu berechnenden Abfindung verlangen, sondern auch die Befreiung von den Gesellschaftsschulden und die Teilnahme am Ergebnis der im Zeitpunkt der Übernahme schwebenden Geschäfte. Dass abweichend vom Grundfall des § 738 die Gesellschaft nicht fortgesetzt wird und die Ansprüche des Ausgeschiedenen sich daher nicht gegen jene, sondern gegen den Übernehmer persönlich richten, ändert nichts am Inhalt der Ansprüche und an den für ihre Durchsetzbarkeit geltenden Grundsätzen (§ 738 RdNr. 11). Zum Einsichtsrecht des Ausgeschiedenen in die Abfindungsbilanz vgl. § 738 RdNr. 27.

84 Im Rahmen der **nachvertraglichen Treupflicht** ist der Ausgeschiedene auch seinerseits verpflichtet, Beeinträchtigungen des vom Übernehmer fortgesetzten Unternehmens zu unterlassen. Schwerwiegende Verstöße hiergegen berechtigen den Übernehmer nicht nur zu Schadensersatz, sondern können auch den Einwand unzulässiger Rechtsausübung gegen den Anspruch auf Abfindungszahlung begründen.[134]

85 **6. Haftungsfolgen.** Die persönliche Haftung der Gesellschafter für die bis zu ihrem Ausscheiden entstandenen Verbindlichkeiten der Gesellschaft gegenüber Dritten wird durch die Übernahme und ihren Vollzug nicht berührt. Der **Übernehmer** haftet auf Grund der bei ihm eintretenden *Gesamtrechtsnachfolge* auch dann unbeschränkt persönlich, wenn seine akzessorische Gesellschafterhaftung analog § 128 HGB während des Bestehens der Gesellschaft ausnahmsweise abbedungen oder aus sonstigen Gründen ausgeschlossen war. Der **Ausgeschiedene** haftet für die bis zu seinem Ausscheiden entstandenen Verbindlichkeiten im Grundsatz unverändert fort. Er kann sich aber nach § 736 Abs. 2 auf die nach fünf Jahren eintretende *Enthaftung* berufen (vgl. § 736 RdNr. 26). Zur akzessorischen Gesellschafterhaftung in der Außen-GbR vgl. näher § 714 RdNr. 33 ff.

III. Sonstige Fälle

86 **1. Veräußerung des Gesellschaftsvermögens im Ganzen.** Wird das Gesellschaftsvermögen im Ganzen an einen Dritten veräußert, so liegt darin zunächst eine **Abweichung**

[130] Aus diesen Gründen scheidet auch die Möglichkeit aus, eine Übernahmevereinbarung rückwirkend aufzuheben oder hiervon zurückzutreten (BGH ZIP 1982, 1322); es bedarf ggf. der Neugründung der Gesellschaft durch Übernehmer und Ausgeschiedenen.

[131] § 2033 spricht zwar nur von der Verfügung über einen Miterbenanteil. Über die Anwachsungsfolge bei Vereinigung aller Anteile besteht aber Einigkeit (OLG Düsseldorf NJW 1977, 1828; *Palandt/Edenhofer* § 2033 RdNr. 3).

[132] So *Rimmelspacher* AcP 173 (1973), 1, 19.

[133] §§ 1477 RdNr. 8 und 11, 1502 RdNr. 2.

[134] BGH LM § 242 Bf Nr. 7 = NJW 1960, 718, 719.

von §§ 733 Abs. 3, 734. Je nach den getroffenen Vereinbarungen über die Übernahme auch der Verbindlichkeiten und über die Auszahlung des Kaufpreises können sich damit weitere Abweichungen, namentlich solche von § 733 Abs. 1 und 2, verbinden. Auch bedarf es in diesen Fällen meist keiner nennenswerten Geschäftsführungstätigkeit der Liquidatoren. Der Beschluss über die Veräußerung erfordert wegen der darin liegenden Abweichung vom dispositiven Recht die **Zustimmung sämtlicher Gesellschafter,** nicht nur der Geschäftsführer.

Eine **notarielle Beurkundung** des Veräußerungsvertrags ist abweichend von § 311 b Abs. 3 *nicht notwendig.* Dies freilich entgegen der bisher hM nicht deshalb, weil hier nur ein Sondervermögen der Mitglieder veräußert würde und diese daneben ihr Privatvermögen behielten;[135] eine solche Begründung ist mit dem modernen Verständnis der Gesellschaft als rechtsfähiges Zuordnungssubjekt des Gesellschaftsvermögens (§ 705 RdNr. 303) nicht vereinbar. Entscheidend ist vielmehr, dass die Gesellschaft als Zweckschöpfung ihrer Mitglieder des Schutzes des § 311 b Abs. 3 nicht bedarf, wenn die Mitglieder sich – sei es auch nur konkludent im Rahmen des Veräußerungsbeschlusses – über deren Auflösung geeinigt haben. Formbedürftig ist der Veräußerungsvertrag jedoch dann, wenn zum Gesellschaftsvermögen Grundstücke (§ 311 b Abs. 1) oder GmbH-Anteile (§ 15 Abs. 4 GmbHG) gehören.[136] 87

Die **Vermögensübertragung** vollzieht sich im Wege der Einzelverfügung nach allgemeinen sachenrechtlichen Grundsätzen. Die *Haftung des Erwerbers* für die Gesellschaftsverbindlichkeiten setzt einen besonderen Verpflichtungsgrund auf seiner Seite voraus; er kann bei Übernahme nicht nur der Aktiven, sondern auch der *Passiven* der Gesellschaft in einem Schuldbeitritt oder einer – nur mit Genehmigung der Gläubiger wirksam werdenden – Schuldübernahme (§ 415 Abs. 1) liegen. Andernfalls bewendet es bei einer Erfüllungsübernahme (§ 415 Abs. 3). Für die Haftung aus Vermögensübernahme nach § 419 aF ist seit der Aufhebung dieser Vorschrift zum 1. 1. 1999 kein Raum mehr. 88

2. Einbringung in eine GmbH oder AG. Die Umwandlung einer GbR in eine GmbH oder AG im Wege des **Formwechsels** ist *ausgeschlossen.* Das folgt aus der abschließenden Aufzählung der Fälle eines Formwechsels in § 191 UmwG; danach kann die GbR nicht als formwechselnder Rechtsträger, sondern nur als neuer Rechtsträger an dieser Art der Umwandlung beteiligt sein (§ 191 Abs. 2 Nr. 1 UmwG). 89

Entsprechendes wie nach RdNr. 89 gilt grundsätzlich auch für die **übertragende Umwandlung,** sei es als Verschmelzung (§§ 2, 3 Abs. 1 UmwG) oder als Vermögensübertragung ohne Abwicklung (§§ 174, 175 UmwG). Ein diesem Vorgehen vergleichbares Ergebnis lässt sich jedoch in der Weise erreichen, dass die Gesellschafter der GbR *sämtliche* Anteile auf eine schon bestehende GmbH oder AG übertragen. Ob der Übertragung Veräußerungsgeschäfte der Gesellschafter der GbR mit der Kapitalgesellschaft zugrundeliegen oder ob es um die Leistung von Sacheinlagen im Rahmen einer Kapitalerhöhung geht, ist für den Eintritt der Umwandlung irrelevant. Diese beruht auf dem für die gesellschaftsrechtliche Gesamthand zwingend geltenden *Anwachsungsprinzip,* dh. auf der Ablösung des Gesamthandseigentums der zwei oder mehr GbR-Gesellschafter durch das Alleineigentum des einzigen Erwerbers bei Vereinigung aller Anteile in einer Hand, verbunden mit dem Zusammenfallen des (bisherigen) Gesellschaftseigentums mit dem Eigentum des Erwerbers (vgl. § 719 RdNr. 26). 90

Die vorstehende, sich notwendig aus der *Gesamthandsstruktur* der GbR ergebende Rechtsfolge enthält **keinen Widerspruch zum numerus clausus der gesetzlich geregelten Umwandlungsfälle** nach Maßgabe des § 1 Abs. 2 UmwG.[137] Zwar beansprucht das 91

[135] So aber *Staudinger/Keßler* RdNr. 22; im Ergebnis auch *Palandt/Heinrichs* § 311 b RdNr. 66; *Erman/Battes* § 311 RdNr. 5.

[136] Zum Schutzzweck von § 311 aF (= § 311 b Abs. 3) vgl. BGHZ 25, 1, 5 = NJW 1957, 1514. Aus teleologischer Sicht wenig überzeugend ist daher auch die Anwendung von § 311 b Abs. 3 auf Rechtsgeschäfte über das Vermögen juristischer Personen (so aber RGZ 137, 348; *Palandt/Heinrichs* § 311 b RdNr. 65; *Erman/Battes* § 311 RdNr. 2).

[137] Vgl. dazu *Lutter* UmwG, 2. Aufl. 2000, § 1 RdNr. 19; *Semler/Stengel* UmwG, 2003, Einl. A RdNr. 109.

UmwG 1994 angesichts seiner in § 191 Abs. 2 Nr. 1 getroffenen Regelung auch Geltung für die GbR. Das ist jedoch nicht dahin zu verstehen, dass das neue Recht strukturimmanenten Rechtsfolgen der gesellschaftsrechtlichen Gesamthand nach Art des Anwachsungsprinzips (§ 738 RdNr. 8) entgegentreten will. Im Ergebnis führt die Vereinigung sämtlicher GbR-Anteile somit zur *Gesamtrechtsnachfolge* des Anteilserwerbers in Aktiva und Passiva der Gesellschaft unter Umwandlung des Gesamthandsvermögens in Alleineigentum des Erwerbers. Ein Ausschluss der Haftung für die Gesamthandsverbindlichkeiten ist Dritten gegenüber unwirksam.

92 **3. Spaltung, Realteilung.** Einer von den Vorschriften der §§ 730 bis 735 abweichenden Auseinandersetzung in der Weise, dass die Beteiligten sich nach § 123 UmwG auf eine (Auf-)Spaltung der GbR im Wege partieller Universalsukzession verständigen (zum davon zu unterscheidenden Fall der Betriebsaufspaltung vgl. § 705 RdNr. 12 m. Nachw.), steht § 124 UmwG entgegen; danach gehört die GbR nicht zum Kreis der in § 3 Abs. 1 UmwG genannten spaltungsfähigen Rechtsträger. Daraus und aus dem in § 1 Abs. 2 UmwG verankerten numerus clausus der gesetzlich geregelten Umwandlungsfälle unter Einschluss der Spaltung ergibt sich, dass eine rechtsgeschäftliche, zu partieller Universalsukzession führende Spaltung ohne entsprechende gesetzliche Grundlage ausgeschlossen ist. Die Gesellschafter sind freilich nicht gehindert, sich auf eine Art der Auseinandersetzung zu verständigen, die – wenn auch durch Einzelübertragung (Realteilung) von Aktiven und Passiven – einer Spaltung iS von § 123 Abs. 1 oder 2 UmwG nahekommt. Wegen der Einzelheiten wird auf das einschlägige Schrifttum verwiesen.[138]

§ 731 Verfahren bei Auseinandersetzung

[1] Die Auseinandersetzung erfolgt in Ermangelung einer anderen Vereinbarung in Gemäßheit der §§ 732 bis 735. [2] Im Übrigen gelten für die Teilung die Vorschriften über die Gemeinschaft.

1 **1. Normzweck.** Entgegen der zu weit greifenden Überschrift hat § 731 lediglich den Charakter einer **Verweisungsnorm.** Das gilt in erster Linie für S. 2, der die subsidiäre Anwendung der Teilungsvorschriften des Gemeinschaftsrechts (§§ 752 bis 758, dazu RdNr. 4 f.) vorschreibt. Auch der Regelung des S. 1 kommt im Wesentlichen nur klarstellende Bedeutung zu (vgl. auch RdNr. 3). Insgesamt legt § 731 in Übereinstimmung mit den allgemeinen Grundsätzen des Gesellschaftsrechts folgende **Rangfolge** bei der **Rechtsanwendung im Abwicklungsstadium** fest: (1) Vorrang gesellschaftsvertraglicher Abwicklungs- und Auseinandersetzungsvereinbarungen, bei deren Fehlen (2) Rückgriff auf das dispositive Recht der §§ 732 bis 735, aber auch des § 730, sowie schließlich (3) subsidiäre Geltung der §§ 752 bis 758, soweit für ihre Anwendung neben den vorrangigen Rechtsquellen Raum bleibt.

2 **2. Abwicklungsverfahren und Anwendungsbereich.** Zum Gang der Auseinandersetzung und zu den hierfür nach gesetzlicher Regel maßgebenden Grundsätzen vgl. den Überblick in § 730 RdNr. 7 ff. sowie die Erläuterungen zu §§ 730, 732 bis 735. Die Vorschriften beziehen sich auf aufgelöste (Außen-)Gesellschaften mit Gesamthandsvermögen. Sie finden keine Anwendung, wenn die Gesellschaft gleichzeitig mit der Auflösung vollbeendet wird (§ 730 RdNr. 11). Für Innengesellschaften ohne Gesamthandsvermögen kommt trotz des regelmäßigen Zusammenfallens von Auflösung und Vollbeendigung die entsprechende Anwendung einzelner Abwicklungsvorschriften für den Ausgleich zwischen den Beteiligten in Betracht (§ 730 RdNr. 12 ff.).

3 **3. Dispositives Recht.** Ebenso wie der größte Teil der sonstigen Vorschriften zum Recht der GbR (§ 705 RdNr. 130) sind auch die Bestimmungen der §§ 730 bis 735 dispositiver

[138] Vgl. *Teichmann* in *Lutter* (Fn. 137) § 123 RdNr. 25; *Schulze-Osterloh* ZHR 149 (1985), 614 ff.

Natur. Soweit sie nur das Innenverhältnis der Gesellschafter betreffen, folgt das nach dem Regelungsprinzip der §§ 705 ff. allein schon daraus, dass der Gesetzgeber im Grundsatz darauf verzichtet hat, ihre zwingende Geltung anzuordnen (arg. §§ 716 Abs. 2, 723 Abs. 3). Eigenständige Bedeutung kommt dem in § 731 S. 1 ausgesprochenen Vorrang der Vertragsgestaltung daher allenfalls für den dispositiven Charakter der auch das Außenverhältnis berührenden, die vorrangige Gläubigerbefriedigung anordnenden Vorschrift des § 733 Abs. 1 zu. Sie ist nach ganz hM ebenfalls abdingbar (§ 733 RdNr. 5, 10 ff.). – Wegen der Einzelheiten derartiger Abweichungen vgl. insbesondere § 730 RdNr. 65 ff., § 733 RdNr. 4.

4. Subsidiäre Anwendung von Gemeinschaftsrecht. Die in § 731 S. 2 enthaltene Verweisung auf die Teilungsvorschriften der §§ 752 bis 758 setzt wegen ihres subsidiären Charakters voraus, dass überhaupt teilungsfähiges Gesellschaftsvermögen vorhanden ist;[1] auf Innengesellschaften ieS ist sie unanwendbar. Aber auch bei Gesamthandsgesellschaften ist ihre Bedeutung angesichts der bei deren Abwicklung zu berücksichtigenden Besonderheiten nur eine begrenzte. **Unanwendbar** ist namentlich einerseits § 755, da die vorrangige Tilgung der gemeinschaftlichen Schulden bereits aus § 733 Abs. 1 und 3 folgt, sowie andererseits das in § 756 enthaltene Befriedigungsvorrecht der Gemeinschafter wegen gegenseitiger Forderungen; ihm wird in der GbR stattdessen durch die am Ende der Auseinandersetzung stehende Schlussabrechnung unter Saldierung der verschiedenen auf der Gesellschaftsbeziehung beruhenden Ansprüche und Pflichten (§ 730 RdNr. 49 ff., 57 ff.) Rechnung getragen.[2] Auch für den Verjährungsausschluss des § 758 besteht regelmäßig kein Bedürfnis. 4

Der **Anwendungsbereich der Verweisung** beschränkt sich daher auf die §§ 752 bis 754 und 757. Unter ihnen kommt die Vorschrift des **§ 752** nur dann zum Zuge, wenn der Gesellschaftsvertrag keine vollständige Liquidation des Gesamthandsvermögens entsprechend § 149 HGB vorsieht, sondern es bei der Regelung des § 733 Abs. 3 belässt (§ 733 RdNr. 22), da andernfalls für eine Teilung nach Gemeinschaftsrecht kein Raum ist. Für die nach Schuldentilgung und Rückerstattung der Einlagen verbleibenden, nicht veräußerten Vermögensgegenstände schreibt § 752 im Grundsatz Teilung in Natur vor. Soweit die Gegenstände sich nicht oder nur unter Wertminderung teilen lassen oder soweit der Verkauf für die Zwecke des § 733 Abs. 1 und 2 erforderlich ist, soll er nach **§ 753** grundsätzlich im Wege des Pfandverkaufs (§§ 1235 bis 1240, 1246), bei Grundstücken durch Zwangsversteigerung erfolgen (vgl. dazu § 733 RdNr. 23). Das in **§ 754 S. 2** eingeräumte Recht jedes Beteiligten, gemeinschaftliche Einziehung fälliger Forderungen zu verlangen, ergibt sich bei der GbR schon aus der Abwicklerstellung aller Gesellschafter und ihrer Pflicht zur Förderung der Abwicklung (§ 730 RdNr. 27). Nach **§ 757** schließlich finden die kaufrechtlichen Gewährleistungsvorschriften Anwendung, soweit einzelne Gesellschafter Gegenstände des Gesamthandsvermögens im Rahmen der Auseinandersetzung übernehmen; sie können sodann Gewährleistungsansprüche gegen die übrigen Gesellschafter geltend machen. 5

§ 732 Rückgabe von Gegenständen

[1] Gegenstände, die ein Gesellschafter der Gesellschaft zur Benutzung überlassen hat, sind ihm zurückzugeben. [2] Für einen durch Zufall in Abgang gekommenen oder verschlechterten Gegenstand kann er nicht Ersatz verlangen.

I. Der Rückgabeanspruch

1. Voraussetzungen (S. 1). Der Rückgabeanspruch eines Gesellschafters nach S. 1 setzt voraus, dass die betreffenden Gegenstände der Gesellschaft im Rahmen der Beitragspflicht **zum Gebrauch überlassen** wurden (§ 706 RdNr. 13), ohne in der Zwischenzeit durch 1

[1] EinhM, vgl. RGZ 91, 428, 431; *Soergel/Hadding* RdNr. 2; *Staudinger/Keßler* RdNr. 2.

[2] Ebenso *Erman/Westermann* RdNr. 2 aE; aA *Palandt/Sprau* § 733 RdNr. 6; *Soergel/Hadding* § 734 RdNr. 2.

bestimmungsgemäße Verwendung oder Zufall untergegangen zu sein (RdNr. 5). Bei *zu Eigentum* eingebrachten Sachen (§ 706 RdNr. 11) erfolgt demgegenüber grundsätzlich Rückerstattung in Geld (§ 733 Abs. 2), soweit die Gesellschafter nichts Abweichendes vereinbart haben; die Behandlung von *dem Werte nach* eingebrachten Sachen (§ 706 RdNr. 12) ist umstritten (vgl. RdNr. 8 f.).

2 Hat ein Gesellschafter der Gesellschaft eine Sache nicht kraft gesellschaftsvertraglicher Verpflichtung, sondern auf Grund eines **als Drittgeschäft** abgeschlossenen *Miet- oder Pachtvertrags* überlassen, so kommt das Benutzungsrecht der Gesellschaft und ihre Pflicht zur Zahlung des Miet- oder Pachtzinses durch die Auflösung **nicht** in Wegfall; § 732 S. 1 findet keine Anwendung.[1] Die Auflösung kann aber je nach Lage des Falles einen wichtigen Kündigungsgrund für das Drittgeschäft bilden (§ 730 RdNr. 36).

3 **2. Durchsetzbarkeit des Rückgabeanspruchs.** Nach verbreiteter Ansicht soll der einbringende Gesellschafter die Sache grundsätzlich *sofort* mit Eintritt der Auflösung zurückverlangen können.[2] *Dagegen* spricht, dass die Vertragspflichten einschließlich derjenigen auf Leistung von Beiträgen durch die Auflösung nicht ohne weiteres in Wegfall kommen, sondern solange fortbestehen, als die Beiträge im Rahmen des geänderten, auf Abwicklung gerichteten Zwecks noch benötigt werden.[3] Ein allgemeiner Grundsatz über den **Rückgabezeitpunkt** lässt sich daher nicht aufstellen; das zum Gebrauch überlassene Geschäftslokal ist der Gesellschaft im Zweifel länger zu belassen als bestimmte Produktionsmittel oder gewerbliche Schutzrechte. Die Beweislast dafür, dass die Sache noch für die Zwecke der Abwicklung benötigt wird, liegt bei der Gesellschaft (str., vgl. § 730 RdNr. 31).

4 Ist zu erwarten, dass der nach § 732 S. 1 anspruchsberechtigte Gesellschafter im Rahmen der Schlussabrechnung zur Zahlung eines Nachschusses verpflichtet ist, so steht der Gesellschaft ein **Zurückbehaltungsrecht** an den zum Gebrauch überlassenen, nicht für die Abwicklungszwecke benötigten Gegenständen zu.[4] Mangels Fälligkeit des Anspruchs auf den Nachschuss (§ 735 RdNr. 5) folgt es nicht aus § 273,[5] wohl aber aus dem allgemein zu § 730 entwickelten Grundsatz, dass die Gesellschafter im Abwicklungsstadium vor der Schlussabrechnung Leistungen der Gesellschaft oder der Mitgesellschafter nur dann verlangen können, wenn und soweit feststeht, dass ihnen Ansprüche in diesem Umfang mindestens zustehen (§ 730 RdNr. 49).

5 **3. Gefahrtragung (S. 2).** Die Gefahr für den **zufälligen** Untergang oder die Verschlechterung der zum Gebrauch eingebrachten Sache (Sachgefahr) liegt nach S. 2 bei dem Gesellschafter; anderes gilt für die Nachteile aus der entfallenen Benutzungsmöglichkeit (Benutzungsgefahr) während des Bestehens der Gesellschaft.[6] Als zufällige Verschlechterung ist auch die durch den bestimmungsgemäßen Gebrauch der Sache eingetretene Abnutzung anzusehen;[7] eine Entschädigung hierfür kann der Gesellschafter nicht verlangen.

6 Ist die Verschlechterung oder der Untergang der Sache von einem Angestellten der Gesellschaft **verschuldet** worden, so haftet diese nach § 278 auf Schadensersatz (§ 718 RdNr. 30). Gleiches gilt nach Maßgabe der §§ 708, 278 bei Verschulden durch einen als Geschäftsführer tätigen Mitgesellschafter. Insoweit haften Gesellschaft und schuldhaft handelnder Geschäftsführer dem betroffenen Gesellschafter als Gesamtschuldner.

[1] Zum Sonderfall eines kraft gesellschaftsvertraglicher Verpflichtung geschlossenen Miet- oder Pachtvertrags vgl. § 706 RdNr. 5. Insoweit bildet die Auflösung regelmäßig einen wichtigen Kündigungsgrund.

[2] BGH LM § 738 Nr. 9 = NJW 1981, 2802; RG JW 1938, 457; *Soergel/Hadding* RdNr. 1; *Staudinger/Keßler* RdNr. 3; RGRK/*von Gamm* RdNr. 1.

[3] Vgl. § 730 RdNr. 26, 30. Eine entspr. Einschränkung wird – freilich als Ausnahme – auch von der hM anerkannt, vgl. RG JW 1938, 457 und 1937, 3155, 3156; *Soergel/Hadding* RdNr. 1; *Staudinger/Keßler* RdNr. 4, RGRK/*von Gamm* RdNr. 1.

[4] So auch BGH NJW 1998, 1551, 1552; *Soergel/Hadding* RdNr. 2; zum Zurückbehaltungsrecht der Gesellschaft gegenüber dem Rückgabeanspruch eines ausgeschiedenen Gesellschafters vgl. BGH LM § 738 Nr. 9 = NJW 1981, 2802.

[5] So aber *Palandt/Sprau* RdNr. 1; *Staudinger/Keßler* RdNr. 5.

[6] *Soergel/Hadding* RdNr. 3; *Erman/Westermann* RdNr. 4; wohl auch *Staudinger/Keßler* RdNr. 8; vgl. auch § 706 RdNr. 13.

[7] *Staudinger/Keßler* RdNr. 8.

II. Anwendung auf sonstige Einlagen

1. Vereinbarte Rückgabe von zu Eigentum eingebrachten Sachen. Für nicht in Geld bestehende Einlagen sieht § 733 Abs. 2 S. 2 nicht die Rückgabe in Natur vor, sondern den Ersatz des Wertes im Zeitpunkt der Einbringung (§ 733 RdNr. 14). Die Gesellschafter sind freilich nicht gehindert, abweichend hiervon die Rückgabe zu vereinbaren. In diesem Fall gelten im Zweifel die vorstehend (RdNr. 3 bis 6) dargestellten Grundsätze für die Rückgabe zum Gebrauch überlassener Gegenstände entsprechend.[8] Neben der Herausgabe an den Gesellschafter bedarf es auch der Rückübereignung an ihn. Wegen der Wertansätze vgl. § 734 RdNr. 5. 7

2. Dem Werte nach eingebrachte Sachen. Von einer vor allem früher verbreiteten Ansicht wurden dem Werte nach (quoad sortem) eingebrachte Sachen im Zuge der Liquidation den zu Eigentum eingebrachten gleichgestellt.[9] Auch für sie sollte grundsätzlich **§ 733 Abs. 2 S. 2** gelten; danach wird der einbringende Gesellschafter mit dem Wert im Zeitpunkt der Einbringung abgefunden und muss seinerseits das Eigentum an die Gesellschaft oder auf ihr Verlangen an einen Dritten übertragen, wenn die Beteiligten nicht die Rückgabe an den Einleger vereinbart haben. 8

Diese Ansicht ist neuerdings zunehmend auf Ablehnung gestoßen. Stattdessen wird eine **Analogie zu § 732 S. 1** befürwortet mit der Maßgabe, dass der Gesellschafter zwar die Sache zurückerhält, der Wert im Rückgabezeitpunkt jedoch der Gesellschaft dadurch verbleibt, dass er als Negativposten vom Kapitalkonto des Gesellschafters abgezogen wird.[10] Übersteigt der Wert das übrige Auseinandersetzungsguthaben des Gesellschafters, so führt dies in Höhe der Differenz zu einem Anspruch der Gesellschaft auf Wertausgleich;[11] in diesem Fall soll der Gesellschafter kraft Treupflicht verlangen können, statt der Anrechnung des Wertes den eingebrachten Gegenstand der Gesellschaft belassen und das Eigentum auf sie übertragen zu können.[12] 9

Stellungnahme. Aus der Regelung der §§ 732 S. 1, 733 Abs. 2 S. 2 ist eine Lösung der Streitfrage nicht zu gewinnen, da diese Vorschriften sich nicht mit dem Sonderfall der Einbringung quoad sortem befassen.[13] Macht man Ernst mit dem Unterschied der Einbringung quoad sortem gegenüber derjenigen quoad dominium, so sprechen in der Tat die besseren Gründe für die von der bisher hM abweichende neue Ansicht. Denn wenn die Gesellschafter sich in der Beitragsvereinbarung dafür entschieden haben, der Gesellschaft nur schuldrechtlich den Wert der Sache einschließlich seiner etwaigen Veränderungen zukommen zu lassen, die Sache selbst aber im *Eigentum des Einbringenden* zu belassen, leuchtet es wenig ein, warum diese Entscheidung ausgerechnet in der Liquidation der Gesellschaft eine Korrektur erfahren soll. Dies spricht für die Analogie zu § 732 S. 1, freilich im Unterschied zur Einbringung quoad usum in der Weise, dass Wertveränderungen nicht den Gesellschafter treffen, sondern zu Gunsten bzw. zu Lasten der Gesellschaft gehen. Abweichende Vereinbarungen sind auch insoweit möglich; im Hinblick auf die damit verbundene Übereignungspflicht in der Liquidation sind freilich die ggf. eingreifenden Formvorschriften der §§ 311 b Abs. 1 BGB, 15 Abs. 4 GmbHG u. a. zu beachten. Vgl. zu den unterschiedlichen Arten der Einbringung auch § 706 RdNr. 11 ff. 10

[8] RGRK/*von Gamm* RdNr. 5; *Erman/Westermann* RdNr. 3.

[9] BGH WM 1965, 744, 745 f.; *Soergel/Hadding* § 706 RdNr. 23; *Erman/Westermann* § 732 RdNr. 1; *Staudinger/Keßler* § 706 RdNr. 29, § 732 RdNr. 1, § 733 RdNr. 10; *Jauernig/Stürner* §§ 731–735 RdNr. 2; *Palandt/Sprau* § 732 RdNr. 1, § 733 RdNr. 9, 11; RGRK/*von Gamm* § 732 RdNr. 5; *Piltz* DStR 1991, 251, 252; *Grziwotz* DStR 1992, 1365, 1366.

[10] FG Schleswig-Holstein BB 1988, 1217, 1221; *Berninger,* Die Societas quoad sortem: Einbringung im Personengesellschaftsrecht, 1994, S. 136 ff.; *Blaurock/Berninger* JZ 1992, 614, 621; *Reinhardt* DStR 1991, 588, 589; *Sudhoff* NJW 1978, 1401, 1404; *Gädke,* Dem Werte nach eingebrachte Grundstücke im Gesellschaftsvermögen, 1987, S. 136; diff. *Wiedemann* WM 1992, Beil. Nr. 7, S. 14.

[11] *Berninger* (Fn. 10) S. 147 f.

[12] *Berninger* (Fn. 10) S. 142.

[13] So zutr. *Berninger* (Fn. 10) S. 136.

§ 733 Berichtigung der Gesellschaftsschulden; Erstattung der Einlagen

(1) [1] Aus dem Gesellschaftsvermögen sind zunächst die gemeinschaftlichen Schulden mit Einschluss derjenigen zu berichtigen, welche den Gläubigern gegenüber unter den Gesellschaftern geteilt sind oder für welche einem Gesellschafter die übrigen Gesellschafter als Schuldner haften. [2] Ist eine Schuld noch nicht fällig oder ist sie streitig, so ist das zur Berichtigung Erforderliche zurückzubehalten.

(2) [1] Aus dem nach der Berichtigung der Schulden übrig bleibenden Gesellschaftsvermögen sind die Einlagen zurückzuerstatten. [2] Für Einlagen, die nicht in Geld bestanden haben, ist der Wert zu ersetzen, den sie zur Zeit der Einbringung gehabt haben. [3] Für Einlagen, die in der Leistung von Diensten oder in der Überlassung der Benutzung eines Gegenstands bestanden haben, kann nicht Ersatz verlangt werden.

(3) Zur Berichtigung der Schulden und zur Rückerstattung der Einlagen ist das Gesellschaftsvermögen, soweit erforderlich, in Geld umzusetzen.

Übersicht

	RdNr.
I. Allgemeines	1–5
1. Normzweck	1, 2
2. Anwendungsbereich	3, 4
3. Abdingbarkeit	5
II. Schuldentilgung (Abs. 1)	6–12
1. Gemeinschaftliche Schulden	6–8
2. Nicht fällige oder streitige Verbindlichkeiten	9
3. Abweichende Vereinbarungen	10–12
III. Rückerstattung der Einlagen (Abs. 2)	13–21
1. Erstattungsfähige Einlagen	13
2. Wertersatz	14–16
3. Geleistete Dienste	17, 18
4. Zum Gebrauch überlassene Gegenstände	19
5. Abweichende Vereinbarungen	20, 21
IV. Begrenzte Umsetzung des Gesellschaftsvermögens (Abs. 3)	22, 23
1. Grundsatz	22
2. Art der Umsetzung	23

I. Allgemeines

1 **1. Normzweck.** Die Vorschrift des § 733 enthält die für die Abwicklung des Gesellschaftsvermögens zentralen Bestimmungen über die Tilgung der Gesellschaftsschulden (Abs. 1), über die Rückerstattung der Einlagen oder ihres Wertes (Abs. 2) sowie über die Umsetzung des Gesellschaftsvermögens in Geld, soweit sie zur Beschaffung der für Schuldentilgung und Einlagenerstattung benötigten Mittel erforderlich ist (Abs. 3). Die Durchführung dieser Maßnahmen ist Sache der Abwickler, im Regelfall also aller Gesellschafter (§ 730 RdNr. 40). Jeder Gesellschafter kann im Rahmen seines Anspruchs auf Auseinandersetzung (§ 730 RdNr. 27, 59) von den Mitgesellschaftern Mitwirkung an den zur Abwicklung erforderlichen Maßnahmen verlangen.

2 Eine besonders auch für § 733 Abs. 1 und 2 zu beachtende **Modifikation** der gesetzlichen Auseinandersetzungsvorschriften ergibt sich daraus, dass nach ständiger Rechtsprechung die den *Gesellschaftern aus dem Gesellschaftsvertrag gegen die Gesellschaft und untereinander zustehenden Ansprüche* infolge der Auflösung grundsätzlich nicht mehr getrennt durchsetzbar sind, sondern zu unselbstständigen Rechnungsposten im Rahmen der **Schlussabrechnung** werden (§ 730 RdNr. 49 f.). Dementsprechend kann ein Gesellschafter vor Erstellung der Schlussabrechnung Zahlung von Gesamthand oder Mitgesellschaftern nur dann und insoweit verlangen, als schon vorher feststeht, dass ihm die fraglichen Beträge endgültig verbleiben (§ 730 RdNr. 54 f.). Abweichend vom Wortlaut des § 733 Abs. 1 und 2 sind die Sozialverbindlichkeiten unter Einschluss des Anspruchs auf Einlagenrückgewähr daher grundsätzlich erst im Rahmen der Schlussabrechnung zur Ausgleichung zu bringen (vgl. RdNr. 7, 13).

2. Anwendungsbereich. Die Vorschriften in Abs. 1 und Abs. 3 setzen das Vorhandensein von Gesellschaftsschulden und Gesellschaftsvermögen voraus. Sie sind daher, ebenso wie die Auseinandersetzungsregelungen allgemein, in erster Linie auf aufgelöste, aber noch nicht vollbeendete **Außengesellschaften** anwendbar (§ 730 RdNr. 10). 3

Für **Innengesellschaften ieS** (§ 705 RdNr. 282), bei denen mangels Gesamthandsvermögens Auflösung und Beendigung im Zweifel zusammenfallen, gelten die §§ 730 ff. nicht unmittelbar (§ 730 RdNr. 12). Wohl aber kommt die Anwendung eines Teils dieser Regelungen, darunter auch derjenigen des § 733 Abs. 2 über die Rückerstattung der Einlagen, im Wege der Auslegung oder der Analogie in Betracht (vgl. näher § 730 RdNr. 12 ff.). Die Liquidation des ganz oder überwiegend im Alleineigentum eines Mitglieds stehenden, dem gemeinsamen Zweck dienenden Vermögens können die bisherigen Mitgesellschafter allerdings regelmäßig auch dann nicht verlangen, wenn sie schuldrechtlich am Wertzuwachs beteiligt waren, sofern nur der Vermögensinhaber in der Lage ist, das ihnen zustehende, nach §§ 733, 734 zu berechnende Auseinandersetzungsguthaben auszuzahlen (§ 730 RdNr. 13). 4

3. Abdingbarkeit. § 733 ist insgesamt **dispositiv** (§ 731 RdNr. 3). Die Gesellschafter können schon im Gesellschaftsvertrag oder durch späteren, grundsätzlich einstimmig zu fassenden Beschluss Abweichendes regeln. Neben der Vereinbarung eines Übernahmerechts eines Gesellschafters (§ 730 RdNr. 68 ff.) oder der einheitlichen Veräußerung des gesamten Gesellschaftsvermögens mit Aktiven und Passiven unter Verteilung des Erlöses (§ 730 RdNr. 85 ff.) können sich die Abweichungen auch unmittelbar auf die Vorschriften des § 733 beziehen, etwa durch Verteilung des Gesellschaftsvermögens ohne vorherige Schuldentilgung (RdNr. 10), durch Vereinbarung anderer Grundsätze über Art und Umfang der Einlagenrückgewähr (RdNr. 20 f.) oder durch eine von Abs. 3 abweichende Regelung über die Liquidation des Gesellschaftsvermögens (RdNr. 22). Solche Abweichungen können entsprechend den allgemein für Gesellschaftsverträge geltenden Auslegungsgrundsätzen (§ 705 RdNr. 171) auch konkludent vereinbart werden. 5

II. Schuldentilgung (Abs. 1)

1. Gemeinschaftliche Schulden. Unter die nach Abs. 1 aus dem Gesellschaftsvermögen zu berichtigenden Verbindlichkeiten fallen alle diejenigen Schulden, deren Erfüllung nach den internen Vereinbarungen der Gesellschafter Sache der Gesellschaft ist. Die Schuldnerstellung der Gesellschaft, dh. das Vorliegen von **Gesamthandsverbindlichkeiten** (§ 718 RdNr. 25 ff.), bildet in diesen Fällen zwar die Regel, ist aber nicht notwendig.[1] Auch wenn Gesellschafter *für Rechnung der Gesamthand,* aber im eigenen Namen Verbindlichkeiten eingegangen sind, können sie nach Abs. 1 deren Berichtigung aus dem ungeteilten Vermögen verlangen.[2] Das zeigt der Hinweis auf die „unter den Gesellschaftern geteilten", also nicht namens der Gesellschaft eingegangenen Verbindlichkeiten (Teilschulden, § 420) in Abs. 1 S. 1. 6

Zu den gemeinschaftlichen Schulden nach Abs. 1 gehören auch die sog. **Sozialverbindlichkeiten** der Gesamthand gegenüber einzelnen Gesellschaftern, dh. diejenigen Verbindlichkeiten, die ihren Rechtsgrund im Gesellschaftsvertrag haben (§ 705 RdNr. 197). Auch sie sind nach gesetzlicher Regel vorab aus dem Gesellschaftsvermögen zu befriedigen.[3] Zu beachten ist allerdings die in st.Rspr. betonte Einschränkung, wonach der Ausgleich derartiger Ansprüche grundsätzlich **erst in der Schlussabrechnung** verlangt werden kann, um unerwünschte gegenseitige Zahlungen im Abwicklungsstadium zu vermeiden (RdNr. 2 und § 730 RdNr. 49 ff.); eine Ausnahme hiervon gilt für solche Ansprüche, bei denen schon vor der Schlussabrechnung feststeht, dass der Gesellschafter jedenfalls in dieser Höhe per Saldo Zahlung beanspruchen kann (§ 730 RdNr. 54). Dieser Rechtsfortbildung ist zwar aus Praktikabilitätsgründen, im Interesse einer zügigen Abwicklung, zu folgen.[4] Die in § 733 7

[1] AA *Soergel/Hadding* RdNr. 1.

[2] BGH NJW 1999, 2438, 2439; *Palandt/Sprau* RdNr. 2.

[3] EinhM, vgl. *Soergel/Hadding* RdNr. 3; *Staudinger/Keßler* RdNr. 3; RGRK/*von Gamm* RdNr. 5.

[4] Ebenso *Erman/Westermann* RdNr. 2; wohl auch *Staudinger/Keßler* RdNr. 3; *Soergel/Hadding* RdNr 3.

betonte Rangfolge bleibt jedoch zumindest insofern von Bedeutung, als bei der Schlussabrechnung die *sonstigen* Sozialverbindlichkeiten mit Vorrang vor der Einlagenrückerstattung zu bedienen sind, wenn das Gesellschaftsvermögen nicht zur Befriedigung aller Ansprüche ausreicht und Nachschusspflichten (§ 735) nicht bestehen oder undurchsetzbar sind. – *Drittgläubigerforderungen* von Gesellschaftern unterfallen der Beschränkung nicht, sondern können grundsätzlich wie sonstige Gesamthandsverbindlichkeiten schon vor der Schlussabrechnung durchgesetzt werden.[5]

8 **Nicht** zu den gemeinschaftlichen Schulden gehören **Ansprüche zwischen einzelnen Gesellschaftern,** auch wenn sie ihren Rechtsgrund im Gesellschaftsvertrag haben.[6] Das gilt namentlich für Ansprüche auf Ersatz eines einem Gesellschafter persönlich verursachten Schadens[7] oder auf Rückzahlung eines von einem Mitgesellschafter gewährten Einlagevorschusses.[8] Eine Erfüllung aus dem Gesellschaftsvermögen kann insoweit nicht verlangt werden. Wohl aber sind auch derartige Ansprüche im Rahmen der Schlussabrechnung mitzuberücksichtigen und unterfallen zuvor regelmäßig der im Abwicklungsstadium zu beachtenden Durchsetzungssperre (§ 730 RdNr. 49 ff.).[9]

9 **2. Nicht fällige oder streitige Verbindlichkeiten.** Für sie ist nach Abs. 1 S. 2 eine Rückstellung zu bilden, ehe das restliche Vermögen durch Einlagenerstattung und Verteilung des Überschusses an die Gesellschafter abgewickelt wird. Betagte Verbindlichkeiten werden nicht etwa durch Auflösung vorzeitig fällig (§ 730 RdNr. 36). Die zurückbehaltenen Gelder sind mangels abweichender Vereinbarung zwischen den Gesellschaftern nach § 372 zu hinterlegen. Während der Dauer der Hinterlegung besteht die Gesellschaft fort, solange die Rücknahme noch möglich ist (§ 376 Abs. 2). Einer Hinterlegung bedarf es nicht, wenn mit der Inanspruchnahme aus einer streitigen Verbindlichkeit nicht ernsthaft zu rechnen ist und eine Rückstellung auch bei vorsichtiger Prognose nicht veranlasst erscheint.

10 **3. Abweichende Vereinbarungen.** Die Einhaltung der in § 733 Abs. 1 genannten Rangfolge liegt zwar auch, wenn nicht sogar in erster Linie, im **Interesse der Gläubiger.** Sie müssen sich andernfalls mangels verbliebenen Gesellschaftsvermögens an die Gesellschafter persönlich halten und diese im Rahmen der akzessorischen Gesellschafterhaftung auf Leistung aus ihrem Privatvermögen verklagen.

11 Das Gläubigerinteresse an der Einhaltung von Abs. 1 reicht jedoch angesichts der entscheidenden systematischen Gegengründe nicht aus, um mit einer Mindermeinung[10] zur zwingenden Geltung der Vorschrift zu kommen. Vielmehr ist der hM[11] darin zu folgen, dass die Vorschrift des Abs. 1 ebenso wie die sonstigen Auseinandersetzungsregelungen **dispositiv** ist (§ 731 RdNr. 3). Andernfalls wären die Gesellschaftsgläubiger nach der Auflösung stärker gegen die Gefahren einer Einlagenrückgewähr geschützt als vorher; denn Entnahmebeschränkungen zum Gläubigerschutz sind dem Recht der GbR unbekannt. Die Gesellschaftsgläubiger sind allerdings auch durch die Auflösung nicht gehindert, die parteifähige GbR zu verklagen und wegen ihrer Ansprüche die Zwangsvollstreckung in das noch vorhandene Gesellschaftsvermögen zu betreiben.

12 Im Unterschied zu den Gläubigern kann **jeder Gesellschafter** beim Fehlen abweichender Vereinbarungen **auf** der Einhaltung der Rangfolge des **§ 733 Abs. 1 bestehen.**[12] An einer vorrangigen Gläubigerbefriedigung aus dem Gesellschaftsvermögen hat er mit

[5] Str.; wie hier *Erman/Westermann* RdNr. 2; *Soergel/Hadding* RdNr. 3; *Staudinger/Keßler* RdNr. 3; RGRK/*von Gamm* RdNr. 5; *Ensthaler,* Die Liquidation von Personengesellschaften, 1985, S. 7 ff. Nachw. zur abw. BGH-Rspr. vgl. in § 730 Fn. 81.

[6] *Soergel/Hadding* RdNr. 5; *Staudinger/Keßler* RdNr. 5; RGRK/ *von Gamm* RdNr. 5.

[7] Vgl. Nachw. in § 730 Fn. 88.

[8] RG JW 1928, 2368; *Staudinger/Keßler* RdNr. 5.

[9] AA für die Rückforderung von Einlagevorschüssen von Mitgesellschaftern die in Fn. 8 genannten Stimmen.

[10] *Leuthe,* Die gewerblich geprägte Gesellschaft bürgerlichen Rechts, 1993, S. 170 ff.; *Nicknig,* Die Haftung der Mitglieder einer BGB-Gesellschaft für Gesellschaftsschulden, 1972, S. 105 ff.; wohl auch *H. J. Hoffmann* NJW 1969, 724, 727.

[11] BGHZ 23, 307, 315 = NJW 1957, 750; *Erman/Westermann* RdNr. 8; *Soergel/Hadding* RdNr. 1; *Staudinger/Keßler* RdNr. 8 f.; RGRK/*von Gamm* RdNr. 3.

[12] EinhM, vgl. *Erman/Westermann* RdNr. 4; *Soergel/Hadding* RdNr. 1; *Staudinger/Keßler* RdNr. 7 f.; RGRK/*von Gamm* RdNr. 3.

Rücksicht auf seine gesamtschuldnerische Haftung (§ 714 RdNr. 33 ff.) ein berechtigtes Interesse.

III. Rückerstattung der Einlagen (Abs. 2)

1. Erstattungsfähige Einlagen. Nach Abs. 2 S. 1 und 2 haben die Gesellschafter grundsätzlich Anspruch auf Rückerstattung des **Wertes** der Einlagen, dh. der von ihnen geleisteten vermögenswerten Beiträge (§ 706 RdNr. 3); ausgenommen sind die Beiträge iS von S. 3 (RdNr. 17 f.). Die Regelung gilt nach zutr. neuerer Ansicht nur für in das *Eigentum der Gesellschaft* übergegangene Einlagen, während dem Werte nach (quoad sortem) geleistete Beiträge ebenso wie die zum Gebrauch überlassenen Gegenstände den jeweiligen Gesellschaftern entsprechend § 732 S. 1 zurückzugeben sind.[13] Der Gesellschaftsvertrag kann Abweichendes vorsehen (§ 732 RdNr. 7). Bestand die Einlage in der Bestellung eines beschränkten dinglichen Rechts an einem Grundstück des Einlegers auf die Dauer der Gesellschaft, so ist das Recht im Zweifel zurückzugewähren bzw. zu löschen.[14] – Zur Fälligkeit der Erstattungsansprüche und zu dem grundsätzlich bis zur Schlussabrechnung aufgeschobenen Zeitpunkt ihrer Geltendmachung vgl. § 730 RdNr. 52, 54. Durchsetzbar sind die Erstattungsansprüche bei unzureichendem Aktivvermögen nur insoweit, als sie den auf den erstattungsberechtigten Gesellschafter entfallenden Verlust übersteigen (vgl. § 735 RdNr. 3). 13

2. Wertersatz. Für *ins Eigentum der Gesellschaft* geleistete Sacheinlagen ist ihr Wert zum Zwecke des in S. 2 vorgeschriebenen Wertersatzes zu ermitteln; dabei ist grundsätzlich der **Wert im Einbringungszeitpunkt** maßgebend. Haben die Gesellschafter sich seinerzeit auf bestimmte Einbringungswerte geeinigt und haben sie danach die Kapitalkonten der Gesellschafter festgesetzt, so sind diese Werte im Zweifel auch für die Einlagenerstattung maßgebend.[15] Hatte die Sache im Zeitpunkt der Einbringung einen Mangel, so mindert sich der Wert entsprechend.[16] 14

Die – meist steuerrechtlich bedingte – **Einbringung** einer Sache **zum Buchwert** reicht für sich allein nicht aus, um daraus auf einen entsprechenden Bewertungswillen der Gesellschafter, dh. also auf eine Umverteilung der bei Einbringung bereits vorhandenen stillen Reserven auf die Mitgesellschafter, zu schließen.[17] 15

Spätere **Wertänderungen** (Erhöhungen oder Verluste) treffen nicht den Einbringenden, sondern die Gesellschaft. Das gilt entsprechend bei *dem Werte nach* geleisteten Beiträgen; insoweit ist deren Wert im Zeitpunkt ihrer Rückgabe zu ermitteln und dem Gesellschafter in der Auseinandersetzungsbilanz zu belasten (§ 732 RdNr. 8 f.). 16

3. Geleistete Dienste. Die Leistung von Diensten eines Gesellschafters führt in der Regel nicht zu einem konkreten, erstattungsfähigen Vermögenswert im Gesellschaftsvermögen. Schon deshalb würde ihre Einbeziehung in die Rückerstattung zu erheblichen Bewertungsschwierigkeiten im Rahmen der Auseinandersetzung führen.[18] Daher nimmt **Abs. 2 S. 3** Dienstleistungen eines Gesellschafters von der Erstattung aus. Ihr Wert findet jedoch in der Regel durch die – häufig um eine Geschäftsführervergütung erhöhte – Gewinnverteilung schon während der Gesellschaftsdauer Berücksichtigung bzw. kommt bei der Verteilung des Überschusses (§§ 721 Abs. 1, 734) mit in Ansatz. **Ausnahmen** kommen einerseits bei abweichenden Vereinbarungen in Betracht; sie können etwa in der Gutschrift 17

[13] Vgl. näher § 732 RdNr. 8 ff.

[14] *Soergel/Hadding* RdNr. 7; RGRK/ *von Gamm* RdNr. 9.

[15] Weitergehend (für *feste* Bindung an die bei Vertragsschluss „fixierten“ Werte) *Staudinger/Keßler* RdNr. 14.

[16] BGH NJW 1986, 51, 52.

[17] BGH WM 1967, 682, 683; *Erman/Westermann* RdNr. 5; *Palandt/Sprau* RdNr. 9; anders offenbar BGH WM 1972, 213, 214. AA auch *Ensthaler* (Fn. 5) S. 21.

[18] Zum Normzweck des S. 3 vgl. BGH LM Nr. 3 = NJW 1980, 1744. Kritisch hierzu *Ensthaler* (Fn. 5) S. 29 ff., der nur „mittelbar“ den Gesellschaftszweck fördernde Dienstleistungen, dh. Geschäftsführungs- und Verwaltungstätigkeiten, von der Erstattung ausnehmen will.

eines Kapitalwertes der versprochenen Dienste bei Gründung der Gesellschaft ihren Niederschlag finden. Aber auch wenn beim Ausscheiden eines Gesellschafters die von ihm geleisteten Dienste sich in einem fest umrissenen und messbaren, dem Gesellschaftsvermögen verbleibenden Vermögenswert niedergeschlagen haben, ohne durch die Gewinnbeteiligung während der Gesellschaftsdauer abgegolten zu sein, können die Umstände für ihre stillschweigend vereinbarte oder durch ergänzende Vertragsauslegung zu erzielende Berücksichtigung in der Schlussabrechnung sprechen.[19]

18 Auf **Werkleistungen** als Einlage findet S. 3 grundsätzlich keine Anwendung. Ihr Wert ist als Sacheinlage erstattungsfähig.[20]

19 **4. Zum Gebrauch überlassene Gegenstände.** Sie sind nach § 732 S. 1 in Natur zurückzugeben. Ein Wertersatz für sie ist nach § 733 Abs. 2 S. 3 ausgeschlossen. Das gilt auch für den Fall zufälligen Untergangs; die Sachgefahr verbleibt insoweit beim Einleger (§ 732 RdNr. 5).

20 **5. Abweichende Vereinbarungen.** Entsprechend dem dispositiven Charakter sämtlicher die Art und Weise der Abwicklung betreffender Vorschriften der §§ 731 bis 735 (vgl. RdNr. 5 und § 731 RdNr. 3) sind die Gesellschafter auch im Blick auf § 733 Abs. 2 nicht gehindert, abweichende Vereinbarungen für den Auflösungsfall zu treffen; das kann auch konkludent geschehen. Neben Vereinbarungen über die Berechnung der Höhe des Erstattungsanspruchs nach Abs. 2 S. 2 (RdNr. 14 f.) und über die Vergütung geleisteter Dienste abweichend von Abs. 2 S. 3 (RdNr. 17) sind derartige Abweichungen auch in Bezug auf den in Abs. 2 S. 1 geregelten Rückerstattungsanspruch als solchen zulässig.

21 Im Einzelnen kann der Gesellschaftsvertrag etwa für einen der Gesellschafter ein **Übernahmerecht** im Auflösungsfall vorsehen, während die Mitgesellschafter auf einen Abfindungsanspruch verwiesen werden (vgl. schon § 730 RdNr. 63 ff.). Zulässig ist auch die Vereinbarung einer **Teilung in Natur** an Stelle der Liquidation des Gesellschaftsvermögens. Sie bietet sich namentlich bei Auflösung einer *Freiberufler-Sozietät* in der Weise an, dass abgesehen von der Aufteilung der Sachwerte unter den Beteiligten die Auseinandersetzung in Bezug auf den Mandantenstamm als zentrales Aktivum der Sozietät von einer *Mandantenbefragung* abhängig gemacht wird.[21] Das daraus resultierende Ergebnis ist von den Beteiligten im Regelfall auch dann hinzunehmen, wenn es deutlich abweichend von den in der Sozietät geltenden Beteiligungsverhältnissen ausfällt. Haben die Gesellschafter zwar für den Übernahmefall, nicht aber für die Auflösungsfolgen der Sozietätsbeendigung eine entsprechende Vereinbarung getroffen, so bietet sich je nach Lage des Falles deren Ausdehnung auf den Auflösungsfall im Weg ergänzender Vertragsauslegung an.[22]

IV. Begrenzte Umsetzung des Gesellschaftsvermögens (Abs. 3)

22 **1. Grundsatz.** Nach Abs. 3 ist das Gesellschaftsvermögen nicht vollständig in Geld umzusetzen, sondern **nur** insoweit, als es **für Schuldentilgung und Einlagenrückerstattung** geboten ist. Für die Verteilung des Überschusses (§ 734) geht das Gesetz demgegenüber grundsätzlich von einer Teilung in Natur aus (§§ 731 S. 2, 752). Anderes gilt dann, wenn nach der Art der Gegenstände eine Teilung in Natur ausgeschlossen ist (§§ 752 S. 1, 753 Abs. 1) oder wenn die Beteiligten sich einvernehmlich auf eine vollständige Liquidation verständigt haben. Welches Vorgehen danach im Rahmen der Abwicklung jeweils geboten ist, lässt sich nur auf Grund der Umstände des Einzelfalls entscheiden. Das gilt auch für die

[19] BGH NJW 1986, 51; LM HGB § 340 Nr. 4 = NJW 1966, 501 und BGH NJW-RR 1991, 422, 423 (stille Gesellschaft); *Erman/Westermann* RdNr. 6; *Soergel/Hadding* RdNr. 8; vgl. auch BGH WM 1962, 1086 (zugesagte Entschädigung für Arbeitsleistung eines Mitgesellschafters als Abweichung von Abs. 2 S. 3).

[20] BGH LM Nr. 3 = NJW 1980, 1744, 1745 zu Architektenleistungen; aA *Erman/Westermann* RdNr. 5.

[21] So OLG München NZG 2002, 235, 236 unter Hinweis auf die dahingehende Abfindungsrechtsprechung des BGH (BGH NJW 1995, 1551; NZG 2000, 831); zust. *Palandt/Sprau* RdNr. 9.

[22] OLG München (Fn. 21).

Auswahl der zum Verkauf bzw. zur Teilung in Natur in Betracht kommenden Gegenstände. Dabei haben die Abwickler sich am Grundsatz der Wirtschaftlichkeit zu orientieren.

2. Art der Umsetzung. Sie sollte nach früher verbreiteter Ansicht nicht nach den Grundsätzen des Pfandverkaufs (§ 753 iVm. §§ 1235 ff.) bzw. bei Grundstücken durch Zwangsversteigerung erfolgen, sondern nach der Verkehrssitte; § 753 sei nicht anwendbar.[23] Das ist angesichts der in § 731 S. 2 enthaltenen Verweisung auf die Teilungsvorschriften des Gemeinschaftsrechts (beachte auch § 755 Abs. 3!) nur insoweit zutreffend, als aus der Verkehrssitte (§ 157) auf eine von § 753 abweichende Vertragsvereinbarung geschlossen werden kann.[24] Im Übrigen bewendet es grundsätzlich bei der Maßgeblichkeit der §§ 1235 ff. für die Veräußerung beweglicher Sachen und sonstiger Vermögensgegenstände (vgl. § 731 RdNr. 5). Durch das in § 1246 jedem Beteiligten eingeräumte Recht, eine nach billigem Ermessen besser geeignete Art der Umsetzung verlangen zu können, wird die erforderliche Flexibilität auch unter der Geltung von § 753 gewahrt. 23

§ 734 Verteilung des Überschusses

Verbleibt nach der Berichtigung der gemeinschaftlichen Schulden und der Rückerstattung der Einlagen ein Überschuss, so gebührt er den Gesellschaftern nach dem Verhältnis ihrer Anteile am Gewinn.

1. Allgemeines. Die Verteilung des Überschusses ist der Schlussstein in der Auseinandersetzung nach Auflösung der Gesellschaft. Sie setzt in der Regel die Aufstellung einer **Schlussabrechnung** (Auseinandersetzungsbilanz) durch die Abwickler voraus (§ 730 RdNr. 57 ff.). Sind nach gesetzlicher Regel (§ 730 Abs. 2 S. 2) alle Gesellschafter auch Abwickler und stellen sie als solche einvernehmlich die Schlussabrechnung auf, so liegt darin regelmäßig zugleich die **Feststellung** der in der Abrechnung enthaltenen, für die Verteilung des Überschusses und/oder die Einforderung von Nachschüssen (§ 735) verbindlichen Zahlen. 1

Schlussabrechnung und Überschussverteilung nach § 734 betreffen in erster Linie den **Abwicklungsgewinn.** Soweit die Gesellschafter freilich, wie namentlich bei Gelegenheitsgesellschaften vorübergehender Dauer (§ 721 RdNr. 1), auf eine Verteilung und Ausschüttung des Gewinns während der Gesellschaftsdauer verzichtet haben, hat die Überschussverteilung auch die Funktion der Gewinnverteilung nach § 721 Abs. 1. 2

2. Überschuss. Er liegt vor, wenn und soweit das **Aktivvermögen,** das der Gesellschaft nach Berichtigung der Gesellschaftsverbindlichkeiten gegenüber Dritten (§ 733 RdNr. 6) und Hinterlegung der auf betagte oder streitige Forderungen entfallenden Beträge (§ 733 RdNr. 9) verbleibt, die noch offenen, in der Schlussabrechnung als Passivposten zu berücksichtigenden Gesellschafterforderungen einschließlich der Ansprüche auf Rückerstattung des Wertes der Einlagen (§ 730 RdNr. 49 ff., § 733 RdNr. 7) **übersteigt.** 3

Zum Aktivvermögen rechnen auch Sozialansprüche gegen Gesellschafter, etwa auf Schadensersatz. Bei Auflösung noch ausstehende, nicht für die Abwicklung benötigte Beitragsleistungen oder übermäßige Entnahmen sind demgegenüber bei Festsetzung der Rückerstattungsansprüche nach § 733 Abs. 2 zu berücksichtigen. 4

Nicht in Geld umgesetzte Gegenstände des Gesellschaftsvermögens sind mit ihrem **Veräußerungswert,** unter *Auflösung stiller Reserven,* in Ansatz zu bringen.[1] Das gilt insbes. für den Fall, dass die Gegenstände bei der Schlussverteilung ganz oder teilweise einzelnen 5

[23] RG JW 1934, 3268 f.; *Staudinger/Keßler* RdNr. 19; RGRK/*von Gamm* RdNr. 12; aA RG LZ 1924, 698, 699; *Erman/Westermann* RdNr. 7; *Soergel/Hadding* RdNr. 9; *Palandt/Sprau* RdNr. 11; diff. BGH NJW 1992, 830, 832.

[24] So auch *Soergel/Hadding* RdNr. 9.

[1] BGH WM 1972, 213; *Soergel/Hadding* RdNr. 1; RGRK/*von Gamm* RdNr. 2.

Gesellschaftern zugewiesen werden (RdNr. 7). Die Erwerber sind gegebenenfalls den Mitgesellschaftern zum Ausgleich verpflichtet.

6 **3. Verteilungsmaßstab.** Die Verteilung des Überschusses richtet sich grundsätzlich nach dem auch für den laufenden Gewinn geltenden vertraglichen **Gewinnverteilungsschlüssel,** soweit keine Sonderregelung für den Liquidationsgewinn vereinbart ist.[2] Im Zweifel gilt Gewinnverteilung nach Köpfen (§ 722 Abs. 1). Auf das Verhältnis der Kapitalanteile kommt es abweichend von § 155 Abs. 1 HGB nicht an. Der Verteilungsschlüssel greift auch dann ein, wenn es nach Feststellung der Schlussabrechnung noch zum Anfall von Gesellschaftsvermögen kommt (§ 730 RdNr. 39).

7 **4. Durchführung der Verteilung.** Da § 733 Abs. 3 eine Umsetzung des Gesellschaftsvermögens nur insoweit vorsieht, als es zur Schuldentilgung und zur Einlagenrückgewähr erforderlich ist, gelten für die Überschussverteilung nach gesetzlicher Regel (§ 731 S. 2) die Vorschriften der §§ 752 ff. über die Teilung des Gemeinschaftsvermögens (vgl. dazu § 731 RdNr. 4 f.). Danach findet grundsätzlich Teilung in Natur statt (§ 752). Sie kann jedoch nur dann verlangt werden, wenn die jeweiligen Gegenstände ihrer Art nach zur Teilung ohne Wertminderung geeignet sind, während es im Übrigen bei der Verwertung im Wege des Pfandverkaufs bleibt (§ 753, vgl. dazu § 733 RdNr. 23). Die Gesellschafter können sich auf einen abweichenden Verteilungsmodus einigen, insbesondere einzelnen von ihnen bestimmte Gegenstände mit oder ohne Anrechnung auf ihr Auseinandersetzungsguthaben zuweisen.

8 **5. Das Auseinandersetzungsguthaben. a) Begriff und Zusammensetzung.** Der Begriff des Auseinandersetzungsguthabens findet sich in § 717 S. 2, im Rahmen der Regelung über die selbstständig abtretbaren Vermögensrechte. Sein **Inhalt und Umfang** bestimmen sich danach, welche Ansprüche dem einzelnen Gesellschafter im Zuge der Auseinandersetzung zustehen und in der Schlussabrechnung gutzubringen sind. Im Einzelnen geht es dabei um die zurückzuerstattenden Einlagen und den anteiligen Überschuss, sowie ferner um die sonstigen im Zeitpunkt der Auflösung bestehenden und zu unselbstständigen Rechnungsposten (§ 730 RdNr. 49 ff.) gewordenen, auf dem Gesellschaftsvertrag beruhenden Forderungen gegen die Gesellschaft.[3]

9 **b) Ausgleichsanspruch für die einseitige Weiternutzung wesentlicher Vermögenswerte.** Bei der Berechnung des Auseinandersetzungsguthabens kann im Einzelfall neben den in RdNr. 8 genannten Posten ein auf dem Gleichbehandlungsgrundsatz und der Treupflicht beruhender interner Ausgleichsanspruch zwischen den Gesellschaftern in Ansatz zu bringen sein. Voraussetzung hierfür ist, dass sich ein *Teil der Gesellschafter* auf Grund tatsächlicher Umstände *wesentliche Vermögenswerte* aus dem abgewickelten Gesellschaftsvermögen allein *nutzbar macht,* während andere Gesellschafter hieran nicht teilhaben. Insofern kann den benachteiligten Gesellschaftern ein anteiliger Zahlungsanspruch zustehen, der im Rahmen der Auseinandersetzung zu berücksichtigen ist.[4]

10 **c) Durchsetzung.** Der Anspruch auf das Auseinandersetzungsguthaben wird grundsätzlich erst mit Feststellung der Schlussabrechnung **fällig,** soweit nicht Einzelbeträge schon feststehen und vorab durchgesetzt werden können (§ 730 RdNr. 54). Bei der Geltendmachung ist allerdings das in §§ 733, 734 aufgestellte **Rangverhältnis** zu beachten, falls das liquide Gesellschaftsvermögen nicht zur Befriedigung aller Ansprüche ausreicht; insoweit bedarf es also einer Differenzierung nach den einzelnen in das Auseinandersetzungsguthaben

[2] RGZ 114, 131, 135; *Soergel/Hadding* RdNr. 3; RGRK/*von Gamm* RdNr. 2.

[3] Zur Berechnung des Auseinandersetzungsguthabens vgl. näher *Sudhoff* ZGR 1972, 157 ff.; *Ulmer* in Großkomm. zum HGB, 3. Aufl., § 138 RdNr. 31 ff., 74 ff.

[4] BGH LM HGB § 145 Nr. 6 = NJW 1980, 1628; LM HGB § 156 Nr. 2 = NJW 1971, 802; LM ZPO § 282 Nr. 5 = NJW 1958, 1188; WM 1963, 282, 283; JZ 1954, 194, 195; aA aber OLG Oldenburg NZG 1999, 1157 (kein Ausgleich des immateriellen Werts einer Tierarztpraxis bei Fortführung durch nur einen Gesellschafter nach kündigungsbedingter GbR-Auflösung); so, freilich für den Fall einer entsprechenden Auseinandersetzungsvereinbarung zwischen Gesellschaftern einer Facharzt-Sozietät, auch BGH DB 1994, 469, 470.

eingegangenen Posten. Als erste zu befriedigen sind die Sozialverbindlichkeiten nach § 733 Abs. 1 (§ 733 RdNr. 7). Es folgen die Ansprüche auf Rückerstattung des Wertes der Einlagen (§ 733 Abs. 2). An letzter Stelle steht der Anspruch auf den Überschuss. Innerhalb der jeweiligen Kategorien gilt bei unzureichenden Gesellschaftsmitteln anteilige Befriedigung nach dem Gleichbehandlungsgrundsatz (§ 705 RdNr. 244 ff.).

6. Hinterlegung. Ist die Verteilung des Restvermögens unter den Gesellschaftern umstritten, so ist der Liquidator nach Maßgabe von § 372 befugt, den Betrag zu hinterlegen. Die Gesellschaft ist beendet, sobald die Hinterlegung unter Verzicht auf die Rücknahme erfolgt ist.[5] 11

7. Abweichende Vereinbarungen. Sie sind innerhalb der allgemeinen Schranken beliebig zulässig. § 734 ist ebenso wie die sonstigen Auseinandersetzungsvorschriften dispositiv (§ 731 RdNr. 3). 12

§ 735 Nachschusspflicht bei Verlust

[1] Reicht das Gesellschaftsvermögen zur Berichtigung der gemeinschaftlichen Schulden und zur Rückerstattung der Einlagen nicht aus, so haben die Gesellschafter für den Fehlbetrag nach dem Verhältnis aufzukommen, nach welchem sie den Verlust zu tragen haben. [2] Kann von einem Gesellschafter der auf ihn entfallende Beitrag nicht erlangt werden, so haben die übrigen Gesellschafter den Ausfall nach dem gleichen Verhältnis zu tragen.

1. Allgemeines. Die Vorschrift des § 735 enthält eine der Überschussverteilung nach § 734 im Wesentlichen entsprechende Regelung, setzt im Unterschied zu dieser aber einen **Fehlbetrag im Zuge der Schlussabrechnung** voraus. Auf die Erläut. zu § 734 (insbes. RdNr. 1 bis 5) ist daher vorab zu verweisen. Unanwendbar auf die Nachschusspflicht als Teil der Auflösung der Gesellschaft ist die Vorschrift des § 707, die eine Verlustausgleichspflicht während der Dauer der (werbenden) Gesellschaft ausschließt.[1] 1

Die Regelungen des § 735 sind, ebenso wie die sonstigen Auseinandersetzungsvorschriften, **dispositiv.**[2] Sie gelten nur im **Innenverhältnis** und begründen nicht etwa unmittelbare Ansprüche der Gläubiger gegen die zur Ausgleichung des Fehlbetrags verpflichteten Gesellschafter. Wohl aber können die Gläubiger im Vollstreckungswege auf einen der Gesamthand zustehenden Nachschussanspruch zugreifen und sich ihn nach §§ 829, 835 ZPO zur Einziehung überweisen lassen. Daneben haben sie im Regelfall das Recht, von den Gesellschaftern analog § 128 HGB Zahlung zu verlangen. Zur Möglichkeit eines unmittelbaren Vorgehens von *Mitgesellschaftern* aus § 735 vgl. RdNr. 6. 2

2. Fehlbetrag. Für seine Berechnung gelten die Ausführungen in § 734 RdNr. 3 ff. entsprechend. Maßgebend ist, ob die im Zuge der Schlussabrechnung noch offenen **Gesellschaftsverbindlichkeiten** einschließlich derjenigen gegenüber den Gesellschaftern wegen Ansprüchen aus dem Gesellschaftsverhältnis und Einlagenrückerstattung (§ 733 Abs. 1 und 2) das verbliebene **Aktivvermögen übersteigen.** Überschuss und Fehlbetrag schließen sich gegenseitig aus. Eine Einforderung von Nachschüssen zu dem Zweck, an bestimmte Gesellschafter außer den ihnen aus dem Gesellschaftsverhältnis zustehenden Ansprüchen einen Überschuss auszuschütten, ist nach gesetzlicher Regel ausgeschlossen. Entsprechendes gilt insoweit, als der Anspruch einzelner Gesellschafter auf Einlagenrückgewähr (§ 733 Abs. 2 S. 1 und 2) im Hinblick auf ihre Verlustbeteiligung entfällt.[3] 3

[5] BayObLG WM 1979, 655.

[1] RGZ 166, 65, 68 f.

[2] HM, vgl. § 731 RdNr. 3. AA *Aderhold,* Das Schuldmodell der BGB-Gesellschaft, 1981, S. 284 ff.; anscheinend auch *Staudinger/Keßler* RdNr. 1.

[3] So zutr. *Ensthaler,* Die Liquidation von Personengesellschaften, 1985, S. 35 ff.

4 **3. Verlustbeteiligung und Nachschusspflicht.** Die Nachschusspflicht nach § 735 S. 1 setzt voraus, dass die Gesellschafter am Verlust beteiligt sind. Ihre Höhe richtet sich nach dem allgemeinen **Verlustverteilungsschlüssel** (§ 722 RdNr. 2), soweit der Gesellschaftsvertrag keine Sonderregelung für den nach Auflösung sich ergebenden Fehlbetrag enthält.[4] Die Verlustbeteiligung einzelner oder aller Gesellschafter kann ausgeschlossen werden;[5] die akzessorische Außenhaftung analog § 128 HGB steht einer solchen Regelung nicht entgegen. Ist die Verlustbeteiligung für sämtliche Gesellschafter ausgeschlossen, so ist im Zweifel auch für eine Ausgleichung zwischen ihnen wegen der von der Gesellschaft nicht erstatteten Aufwendungen oder wegen unterschiedlich hoher Beitragsleistungen kein Raum. Wohl aber können Gesellschafter, die als Gesamtschuldner für eine Gesellschaftsschuld in Anspruch genommen worden sind, nach § 426 Abs. 2 Ausgleich von den mithaftenden Mitgesellschaftern verlangen (§ 714 RdNr. 56).

5 **4. Durchsetzung der Nachschusspflicht und Ausgleich zwischen den Gesellschaftern.** Der Anspruch auf Nachschuss steht als Sozialanspruch der **Gesellschaft** zu. Seine Fälligkeit hängt grundsätzlich von der Feststellung der Schlussabrechnung ab (§ 730 RdNr. 61). Er kann auch im Wege der actio pro socio geltend gemacht werden; die eingetretene Auflösung steht dieser Klagebefugnis nicht entgegen (§ 730 RdNr. 33 ff.).

6 Eine Besonderheit gilt, sofern das übrige Gesamthandsvermögen bereits abgewickelt ist und die **Nachschüsse** lediglich **zum Ausgleich unter den Gesellschaftern** benötigt werden. In diesem Fall lässt die hM zu Recht einen unmittelbaren, im Klageweg durchsetzbaren Ausgleich zwischen den Gesellschaftern zu und verzichtet bei Überschaubarkeit der Verhältnisse auch auf die Erstellung einer besonderen Schlussabrechnung (§ 730 RdNr. 35).

7 **5. Subsidiäre Ausfallhaftung (S. 2).** Sie beschränkt sich nicht auf den von einem Gesellschafter nicht zu erlangenden anteiligen Fehlbetrag ieS, sondern umfasst auch die sonstigen gegen ihn gerichteten und uneinbringlichen Sozialansprüche.[6]

§ 736 Ausscheiden eines Gesellschafters, Nachhaftung

(1) Ist im Gesellschaftsvertrag bestimmt, dass, wenn ein Gesellschafter kündigt oder stirbt oder wenn das Insolvenzverfahren über sein Vermögen eröffnet wird, die Gesellschaft unter den übrigen Gesellschaftern fortbestehen soll, so scheidet bei dem Eintritt eines solchen Ereignisses der Gesellschafter, in dessen Person es eintritt, aus der Gesellschaft aus.

(2) Die für Personenhandelsgesellschaften geltenden Regelungen über die Begrenzung der Nachhaftung gelten sinngemäß.

Übersicht

	RdNr.
I. Allgemeines	1–7
1. System der §§ 736 bis 740	1–4
a) Fortbestand der Gesellschaft ohne den Ausgeschiedenen	1, 2
b) Sonstige Fortsetzungsvereinbarungen	3, 4
2. Inhalt und Funktion der Regelungen des § 736	5–7
a) Abs. 1	5, 6
b) Abs. 2	7
II. Die Fortsetzung nach § 736 Abs. 1	8–16
1. Vertragliche Fortsetzungsklausel	8, 9
2. Gründe des Ausscheidens	10–15
a) Kündigung	10–12
b) Tod eines Gesellschafters	13
c) Gesellschafterinsolvenz	14
d) Sonstige	15
3. Fortsetzung im Liquidationsstadium?	16

[4] BGH WM 1967, 346, 347; *Soergel/Hadding* RdNr. 2; *Staudinger/Keßler* RdNr. 2; RGRK/*von Gamm* RdNr. 1.

[5] Vgl. Nachw. § 722 Fn. 3.

[6] BGH WM 1975, 268.

	RdNr.
III. Sonstige Fortsetzungsvereinbarungen	17–19
1. Fortsetzung durch Beschluss	17
2. Übernahmeklausel	18
3. Eintrittsrecht	19
IV. Wirkungen der Fortsetzungsklausel	20
V. Begrenzte Nachhaftung des ausgeschiedenen Gesellschafters (Abs. 2)	21–27
1. Die Neuregelung des § 160 HGB	21–25
2. Die sinngemäße Geltung für die GbR	26, 27
VI. Sonderverjährung der Gesellschafterhaftung im Auflösungsfall	28–30

I. Allgemeines

1. System der §§ 736 bis 740. a) Fortbestand der Gesellschaft ohne den Ausgeschiedenen. Im Unterschied zu den Auflösungs- und Liquidationsvorschriften der §§ 723 bis 735 beschäftigen sich die letzten fünf Paragraphen des Rechts der GbR mit dem **einseitigen Ausscheiden** eines Gesellschafters unter Fortsetzung der Gesellschaft zwischen den übrigen. Die *Voraussetzungen* für eine derartige Veränderung im Gesellschafterbestand sind in §§ 736 Abs. 1, 737 beispielhaft aufgezählt; die Parteien können auch sonstige Gestaltungen vereinbaren. Allerdings hängt auch das Eingreifen der gesetzlichen Regelungen davon ab, dass die Parteien eine dahingehende *Vertragsgestaltung* getroffen haben. Andernfalls bleibt es bei der dem Prinzip des höchstpersönlichen Zusammenschlusses entsprechenden Auflösungsfolge. Die Neuregelung der gesetzlichen Ausscheidensgründe unter grundsätzlichem Fortbestand der betroffenen OHG oder KG im Zuge des HRefG (§ 131 Abs. 3 nF HGB) ist für das Recht der GbR nicht übernommen worden; einem Analogieschluss steht das Fehlen einer Regelungslücke entgegen. 1

Die **Rechtsfolgen** des Ausscheidens bestimmen sich, von der durch § 736 Abs. 2 begrenzten Nachhaftung ausgeschiedener Gesellschafter abgesehen, mangels abweichender Vereinbarung nach §§ 738 bis 740. Mit dem Wirksamwerden des Ausscheidens verliert der Ausscheidende seine Gesellschafterstellung einschließlich der mit ihr verbundenen gesamthänderischen Berechtigung; diese wächst den Mitgesellschaftern an. Statt dessen hat er nach gesetzlicher Regel einen Anspruch auf Abfindung in Höhe des ihm im Falle der Auflösung zustehenden Auseinandersetzungsguthabens, kann Befreiung von den „gemeinschaftlichen Schulden" und Beteiligung an den schwebenden Geschäften verlangen und hat, wenn die Gesellschaft im Zeitpunkt seines Ausscheidens überschuldet ist, entsprechend § 735 den anteiligen Fehlbetrag zu zahlen. 2

b) Sonstige Fortsetzungsvereinbarungen. Mit dem Ausscheiden auf Grund einer Fortsetzungsklausel hängen funktional die **Übernahme** des Gesellschaftsvermögens durch den letztverbleibenden Gesellschafter als Gesamtrechtsnachfolger (§ 730 RdNr. 65 ff.) sowie das Recht eines Dritten zum **Eintritt** anstelle des Ausgeschiedenen eng zusammen. Beide Gestaltungen haben im Gesetz selbst keinen Ausdruck gefunden; ihre Vereinbarung ist gleichwohl zulässig (RdNr. 18 f.). Ist eine ursprünglich mehrgliedrige Gesellschaft im Lauf ihres Bestehens zu einer Zweipersonengesellschaft geschrumpft, so ist die im Gesellschaftsvertrag enthaltene Fortsetzungsklausel im Zweifel als Übernahmeklausel auszulegen (RdNr. 9). 3

Die Vereinbarung eines **Eintrittsrechts in Verbindung mit einer Fortsetzungsklausel** ist namentlich in Gesellschaftsverträgen anzutreffen, die die Rechtsfolgen des Todes eines Gesellschafters abweichend von § 727 regeln, ohne eine Anteilsvererbung zuzulassen (§ 727 RdNr. 53 ff.). Derartige Regelungen können aber auch für sonstige Fälle vorgesehen werden, wobei jeweils auch Vorsorge für das Schicksal des Abfindungsanspruchs und für die Einlageleistung des Eintrittsberechtigten getroffen werden sollte (§ 727 RdNr. 58 f.). Ausscheiden und Eintritt lassen sich schließlich dadurch verbinden, dass der Gesellschaftsvertrag die Anteilsübertragung (§ 719 RdNr. 25 ff.) entweder generell oder auf Grund ad hoc erteilter Zustimmung der Mitgesellschafter zulässt. 4

5 **2. Inhalt und Funktion der Regelungen des § 736. a) Abs. 1.** Durch § 736 Abs. 1 trägt das Gesetz der Möglichkeit Rechnung, dass Gesellschafter den **Bestand der Gesellschaft** von Veränderungen in der personellen Zusammensetzung unabhängig machen wollen. Hierfür bedarf es freilich jeweils einer entsprechenden *gesellschaftsvertraglichen Fortsetzungsklausel.* Das gilt auch für die Fälle der Gläubigerkündigung (§ 725) oder der Gesellschafterinsolvenz (§ 728 Abs. 2). Darin unterscheidet sich die Regelung von § 131 Abs. 3 HGB, der die OHG oder KG in diesen Fällen auch ohne gesellschaftsvertragliche Regelung fortbestehen lässt und stattdessen das Ausscheiden des betroffenen Gesellschafters bestimmt.

6 Die Funktion des § 736 Abs. 1 besteht nicht etwa darin, den Gesellschaftern eine Vertragsgestaltung entsprechend dieser Vorschrift zu ermöglichen. Diese Möglichkeit haben sie schon auf Grund der allgemein für Gesellschaftsverträge geltenden Gestaltungsfreiheit (§ 705 RdNr. 132 ff.); dementsprechend beschränkt sich der Gestaltungsspielraum auch nicht auf die in § 736 genannten Vereinbarungen (RdNr. 15, 17 ff.). Der Vorschrift kommt somit nur **Hinweisfunktion** zu. Sie soll Gründern einer GbR, die am Bestand der Gesellschaft trotz etwaigen späteren Gesellschafterwechsels interessiert sind, die Notwendigkeit entsprechender gesellschaftsvertraglicher Vorsorge vor Augen führen und ihnen – ähnlich wie etwa §§ 710, 711 – ein entsprechendes *Regelungsmodell* zur Verfügung stellen.

7 **b) Abs. 2.** Gegenstand der im Zuge des Nachhaftungsbegrenzungsgesetzes vom 18. 3. 1994[1] neu aufgenommenen Vorschrift des Abs. 2 ist nicht das Ausscheiden als solches, sondern die Regelung einer damit verbundenen *Rechtsfolge* für den Ausgeschiedenen: die **zeitliche Begrenzung seiner Haftung** für die ihn als Gesellschafter analog § 128 HGB treffenden Verbindlichkeiten auf fünf Jahre *nach dem Ausscheiden* (vgl. näher RdNr. 21 ff.). Das Gesetz verweist hierzu – systematisch ungewöhnlich[2] – auf die für das Ausscheiden aus OHG und KG geltenden Vorschriften des § 160 HGB. Demgegenüber wird die ebenfalls die Nachhaftung eines Gesellschafters regelnde Vorschrift des § 159 HGB, wonach Verbindlichkeiten der Gesellschaft ihm gegenüber fünf Jahre nach der *Auflösung der Gesellschaft* verjähren, von der Verweisung des Abs. 2 nicht unmittelbar erfasst; sie findet allerdings auf Grund einer insoweit bestehenden Regelungslücke analoge Anwendung (vgl. hierzu näher RdNr. 28 ff.).

II. Die Fortsetzung nach § 736 Abs. 1

8 **1. Vertragliche Fortsetzungsklausel.** Das in § 736 Abs. 1 vorgesehene Ausscheiden eines Gesellschafters aus der im Übrigen fortbestehenden Gesellschaft setzt voraus, dass der Gesellschaftsvertrag eine entsprechende, den jeweils in Frage stehenden Ausscheidensgrund (RdNr. 10 ff.) umfassende Fortsetzungsklausel enthält.[3] Ist das der Fall, so **scheidet** mangels abweichender Vertragsgestaltung der **betroffene Gesellschafter** beim Eintritt des fraglichen Grundes *automatisch* und mit sofortiger Wirkung aus der fortbestehenden Gesellschaft **aus;** einer Herbeiführung des Ausscheidens durch Gesellschafterbeschluss, Gestaltungserklärung u. a. bedarf es nicht. Zu den Wirkungen des Ausscheidens im Verhältnis zwischen den Gesellschaftern vgl. §§ 738 bis 740 und unten RdNr. 20.

9 Enthält der Gesellschaftsvertrag eine Fortsetzungsklausel, hat sich die Zahl der Gesellschafter seit der Gründung jedoch auf **zwei Personen** verringert, so ist das Ausscheiden eines der beiden Gesellschafter unter Fortsetzung der Gesellschaft begrifflich nicht möglich (Vor § 723 RdNr. 9). Die Fortsetzungsklausel ist in diesem Fall typischerweise als **Übernahmeklausel** auszulegen, wenn dem keine besonderen Umstände aus dem konkreten Gesellschaftsverhältnis oder der Art des Ausscheidensgrundes entgegenstehen (§ 730 Rd-

[1] BGBl. I S. 560; vgl. dazu auch Begr. RegE, BT-Drucks. 12/6569 S. 13 sowie die Kommentierungen zu § 160 nF HGB.

[2] *Seibert* (DB 1994, 461, 463) spricht von einer „verblüffend lapidaren" Formulierung des BT-Rechtsausschusses.

[3] Zur Unanwendbarkeit des Formerfordernisses des § 311 b Abs. 1 trotz Zugehörigkeit von Grundstücken zum Gesellschaftsvermögen vgl. § 705 Rd-Nr. 36.

Nr. 69). Angesichts der andersartigen Rechtsfolgen der Übernahme (Gesamtrechtsnachfolge des Übernehmers unter Umwandlung des Gesellschaftsvermögens in dessen Alleineigentum) sprechen freilich gute Gründe dafür, in derartigen Fällen das Ausscheiden im Zweifel nicht automatisch eintreten zu lassen, sondern zusätzlich von einer entsprechenden *Gestaltungserklärung* des anderen Teils abhängig zu machen.[4] Beabsichtigt der Erklärende allerdings keine Fortführung des Unternehmens der GbR, sondern geht es ihm nur darum, den anderen Teil in beschränkter Höhe abzufinden und die Vorteile der Abwicklung für sich zu behalten, liegt der Missbrauchseinwand nicht fern.[5]

10 **2. Gründe des Ausscheidens. a) Kündigung.** Eine auf den Fall der Kündigung bezogene Fortsetzungsklausel betrifft in erster Linie die – nach § 723 Abs. 1 S. 1 grundsätzlich jederzeit mit sofortiger Wirkung mögliche – **ordentliche** Kündigung eines Gesellschafters. Sie ist typischerweise auf die Kündigung nur eines oder einzelner Gesellschafter zugeschnitten. Schließen sich die Mitgesellschafter der Kündigungserklärung eines Gesellschafters innerhalb der Kündigungsfrist an, so greift die Fortsetzungsklausel nicht ein; die Gesellschaft wird aufgelöst.[6] Entsprechendes gilt im Fall einer Massenkündigung durch Gesellschafter einer Publikums-GbR, wenn die Fortsetzung der Gesellschaft infolge der Kündigung unmöglich wird.[7] Enthält der Gesellschaftsvertrag *Kündigungsfristen,* so bestimmen diese auch über den Zeitpunkt des Ausscheidens. Eine Kündigung zur Unzeit hindert das sofortige Ausscheiden nicht, begründet aber Schadensersatzansprüche der betroffenen Mitgesellschafter (§ 723 RdNr. 55). Eine unzulässige Einschränkung des Kündigungsrechts (723 Abs. 3) ist in der Fortsetzungsklausel nicht zu sehen; anderes kann für die davon zu unterscheidende, getrennt auf ihre rechtliche Wirksamkeit zu prüfende Vereinbarung über eine weitgehende Beschränkung des Abfindungsanspruchs gelten (§ 738 RdNr. 44 ff.).

11 Ob die Fortsetzungsklausel auch eine **Kündigung aus wichtigem Grund** erfasst, ist Auslegungsfrage.[8] Die Interessen des Kündigenden stehen einer derartigen Erstreckung vorbehaltlich der Abfindungsregelung nicht entgegen, da sein Ausscheiden sogar noch schneller als die Auflösung dazu führt, dass er von der für ihn unzumutbar gewordenen Bindung an die Gesellschaft befreit wird. Im Zweifel ist daher anzunehmen, dass das in der Fortsetzungsklausel zum Ausdruck gekommene Bestandsinteresse der Gesellschafter auch auf diesen Fall bezogen ist;[9] eine Fortsetzung zwischen den Mitgesellschaftern setzt freilich voraus, dass ihr der wichtige Grund nicht entgegensteht. Haben die Mitgesellschafter den wichtigen Grund verursacht, so kann der Kündigende der Fortsetzung doch meist nicht den Einwand unzulässiger Rechtsausübung entgegensetzen:[10] sein Ausscheiden ist Folge der durch Kündigungserklärung eingreifenden Fortsetzungsklausel, und die Berufung der Mitgesellschafter hierauf ist nicht ohne weiteres unzulässig. Wohl aber können dem zur Kündigung gedrängten Gesellschafter in diesem Fall Schadensersatzansprüche gegen die Mitgesellschafter zustehen (§ 723 RdNr. 49).[11] Auch sind etwaige vertragliche Beschränkungen des Abfindungsanspruchs im Falle eines durch Kündigung aus wichtigem Grund veranlassten Ausscheidens besonders kritisch auf ihre Vereinbarkeit mit § 723 Abs. 3 zu überprüfen (§ 738 RdNr. 49 ff.).

12 Vom Wortlaut des § 736 Abs. 1 nicht erfasst ist die **Kündigung durch** einen **Privatgläubiger** (§ 725). Die Gesellschafter sind jedoch nicht gehindert, im Rahmen der Pri-

[4] So zu Recht BGH LM HGB § 138 Nr. 2 = WM 1957, 512; zust. *Erman/Westermann* RdNr. 2; *Soergel/Hadding* RdNr. 5; *Ulmer* in Großkomm. zum HGB, 3. Aufl., § 138 RdNr. 10; für den Regelfall auch *Palandt/Sprau* RdNr. 4; aA *Schlegelberger/K. Schmidt* HGB § 138 RdNr. 4. Vgl. auch § 730 RdNr. 77 f.

[5] RGZ 162, 388, 394; *Palandt/Sprau* RdNr. 2.

[6] BGH DStR 1999, 171.

[7] Vgl. OLG Stuttgart JZ 1982, 766 (Berufung auf einschr. Auslegung und § 726). Im Ergebnis zust. unter Hinweis auf den Gleichbehandlungsgrundsatz *U. H. Schneider* JZ 1982, 768 f.

[8] Ebenso RGZ 162, 388, 392; *Soergel/Hadding* RdNr. 6; *Palandt/Sprau* RdNr. 2.

[9] Ebenso *Grunewald* ZIP 1999, 597, 598 (betr. Kündigung nach § 723 Abs. 1 S. 3 Nr. 2).

[10] So aber RGZ 162, 388, 394; *Palandt/Sprau* RdNr. 2; *Soergel/Hadding* RdNr. 6; RGRK/*von Gamm* RdNr. 2.

[11] Ebenso *Erman/Westermann* RdNr. 2, der diesen Anspruch freilich neben dem Einwand nach § 242 bejaht.

vatautonomie die Fortsetzungsklausel auch hierauf zu erstrecken;[12] die Pfändung erfasst in diesem Fall den Abfindungsanspruch des Ausgeschiedenen (§ 725 RdNr. 11). Eine allgemein auf den Kündigungsfall bezogene Fortsetzungsklausel greift im Zweifel auch bei Kündigung nach § 725 ein.[13] Ist die Anteilspfändung (§ 859 ZPO) bereits erfolgt, so ist eine nachträglich von den Gesellschaftern beschlossene Einbeziehung dieser Art der Kündigung in die Fortsetzungsklausel freilich, ebenso wie der Fortsetzungsbeschluss selbst (Vor § 723 RdNr. 11), nur noch mit Zustimmung des kündigenden Privatgläubigers möglich.

13 **b) Tod eines Gesellschafters.** Wollen die Gesellschafter abweichend von § 727 den Bestand der Gesellschaft trotz des Todes einzelner Mitglieder sicherstellen, so bietet sich hierfür in erster Linie die – zum Anteilsübergang auf den oder die Nachfolger/Erben führende – *Nachfolgeklausel* an (§ 727 RdNr. 28 ff.). Sie vermeidet die Rechtsfolgen ersatzlosen Ausscheidens eines Gesellschafters, insbesondere den meist unerwünschten Kapitalabfluss durch Auszahlung des Abfindungsguthabens. Der Gesellschaftsvertrag kann freilich auch für diesen Fall eine *Fortsetzungsklausel* – gegebenenfalls verbunden mit einer Eintrittsklausel zugunsten bestimmter oder noch zu bestimmender Erben oder Dritter (§ 328) – vorsehen. Einzelheiten hierzu vgl. bei § 727 RdNr. 53 ff. Dort (RdNr. 24 f.) auch zur Nichtanwendung des § 727 Abs. 2 S. 1 in der fortgesetzten Gesellschaft.

14 **c) Gesellschafterinsolvenz.** Eine Fortsetzungsklausel ist auch als Abweichung von der in § 728 Abs. 2 angeordneten Auflösungsfolge zulässig. Der Insolvenzverwalter tritt mit Verfahrenseröffnung in die sich aus dem Gesellschaftsvertrag ergebende Rechtsstellung des insolventen Gesellschafters ein (§ 728 RdNr. 37 f.). Führt die Insolvenzeröffnung zum Ausscheiden des Gesellschafters, so gehört der Abfindungsanspruch zur Insolvenzmasse. Ein Anspruch der Gesellschaft auf den Fehlbetrag (§ 739) kann nur als einfache Insolvenzforderung geltend gemacht werden, soweit kein Ausgleich mit bei Verfahrenseröffnung bestehenden gesellschaftsvertraglichen Gegenansprüchen des betroffenen Gesellschafters in Betracht kommt (§§ 38, 84, 94 InsO). Im Fall der *Gesellschaftsinsolvenz* ist nach § 728 Abs. 1 eine Fortsetzung vor Verfahrensbeendigung ausgeschlossen.

15 **d) Sonstige.** Die Vorschrift des § 736 Abs. 1 enthält keine abschließende Aufzählung möglicher Ausscheidensgründe. Die Gesellschafter sind innerhalb der Grenzen des § 138 frei, weitere Gründe im Rahmen der Fortsetzungsklausel zu vereinbaren. In Betracht kommen etwa das Erreichen einer bestimmten Altersgrenze, der Verlust der für die Gesellschaftszugehörigkeit maßgeblichen persönlichen Eigenschaften oder Fähigkeiten u. a.[14] Handelt es sich allerdings um Umstände wie etwa das Vorliegen eines wichtigen Kündigungsgrundes, deren Eintritt **nicht** auf **eindeutigen objektiven Kriterien** beruht, so empfiehlt es sich allein schon aus Gründen der Rechtsklarheit, insoweit anstelle eines in der Fortsetzungsklausel bestimmten automatischen Ausscheidens des betroffenen Gesellschafters ein vertragliches, einen Gesellschafterbeschluss erforderndes *Ausschließungsrecht* entsprechend § 737 zu vereinbaren. Dieser Gestaltungsmöglichkeit ist auch bei Auslegung entsprechender, nicht eindeutig als Fortsetzungsklauseln gefasster Regelungen Rechnung zu tragen.

16 **3. Fortsetzung im Liquidationsstadium?** Nach hM soll eine vertragliche Fortsetzungsklausel grundsätzlich auch dann eingreifen, wenn der zum Ausscheiden eines Gesellschafters führende Grund erst nach Auflösung der Gesellschaft eintritt.[15] Daran ist richtig, dass die Gesellschafter Entsprechendes vereinbaren können. Allerdings setzt die Fortsetzungsklausel im Zweifel den Fortbestand der Gesellschaft als werbende voraus, da nur in

[12] EinhM, vgl. *Soergel/Hadding* RdNr. 3; *Staudinger/Keßler* RdNr. 13; RGRK/*von Gamm* RdNr. 2.

[13] *Erman/Westermann* RdNr. 2; für entspr. Anwendung von § 736 Abs. 1 *Palandt/Sprau* RdNr. 1; ähnlich *Soergel/Hadding* RdNr. 3; RGRK/*von Gamm* RdNr. 2.

[14] BGH WM 1965, 1035 (Wiederverheiratungsklausel); vgl. auch RGRK/*von Gamm* RdNr. 2.

[15] BGH WM 1963, 728, 730; 1964, 1086; 1965, 1035; *Soergel/Hadding* RdNr. 3 f.; *Erman/Westermann* RdNr. 3; aA (Auslegungsfrage) BGH WM 1964, 1086; *Palandt/Sprau* RdNr. 2.

diesem Fall dem damit verfolgten Bestandsinteresse sinnvoll Rechnung getragen werden kann. Für eine Kündigung des Gesellschaftsvertrags als wichtigsten Fortsetzungsfall ist nach Auflösung der Gesellschaft in der Regel ohnehin kein Raum. Zum Ausscheiden kraft Fortsetzungsklausel aus einer aufgelösten Gesellschaft wird es daher nur in Ausnahmefällen kommen.

III. Sonstige Fortsetzungsvereinbarungen

1. Fortsetzung durch Beschluss. Anstelle der automatisch wirkenden Fortsetzungsklausel (RdNr. 8) können die Gesellschafter im Gesellschaftsvertrag auch *vereinbaren,* dass bei Eintritt eines der in § 736 Abs. 1 genannten Gründe oder eines sonstigen Ereignisses (RdNr. 15) die übrigen Gesellschafter **berechtigt** sein sollen, die Gesellschaft unter Ausschluss des betroffenen Gesellschafters fortzusetzen.[16] Das Recht zur Fortsetzung ist in diesem Fall grundsätzlich durch **einstimmigen** Beschluss der übrigen Gesellschafter auszuüben, sofern der Gesellschaftsvertrag nicht mit der für eine vorweg erteilte Zustimmung erforderlichen Deutlichkeit (§ 709 RdNr. 90 ff.) eine Mehrheitsentscheidung zulässt. Aus Gründen der Treupflicht kann sich im Einzelfall eine Zustimmungspflicht der Mitgesellschafter ergeben (§ 737 RdNr. 13). Von dem auch ohne vertragliche Grundlage zulässigen Fortsetzungsbeschluss nach Auflösung der Gesellschaft (Vor § 723 RdNr. 11) unterscheidet der Beschluss sich dadurch, dass die Fortsetzung nicht mit allen Gesellschaftern erfolgt und es auf die Zustimmung des auszuschließenden Mitglieds nicht ankommt. Zum Wirksamwerden des Fortsetzungsbeschlusses vgl. § 737 RdNr. 14. 17

2. Übernahmeklausel. Sie kommt in erster Linie in einer Zweipersonengesellschaft in Betracht, ist hierauf aber nicht beschränkt (zur Problematik einer „Hinauskündigungs"-Klausel ohne wichtigen Grund als Sonderrecht eines Gesellschafters vgl. allerdings § 737 RdNr. 17 ff.). Ihre Ausgestaltung kann sich nach § 736 Abs. 1 richten mit der Folge automatischen Ausscheidens des Mitgesellschafters beim Eintritt des fraglichen Ereignisses; im Zweifel begründet sie statt dessen aber ein durch Gestaltungserklärung auszuübendes Übernahmerecht (§ 730 RdNr. 77). Die Rechtsfolge der Übernahmeklausel oder der Ausübung eines wirksam vereinbarten Übernahmerechts besteht im Ausscheiden der davon betroffenen Gesellschafter unter Vollbeendigung der Gesellschaft und Gesamtrechtsnachfolge des Übernehmers in das zu dessen Alleineigentum werdende Gesellschaftsvermögen. Näheres vgl. in § 730 RdNr. 80 ff. 18

3. Eintrittsrecht. In Verbindung mit einer Fortsetzungsklausel, aber auch unabhängig von ihr, kann der Gesellschaftsvertrag als **Vertrag zugunsten Dritter (§ 328)** ein Eintrittsrecht für bestimmte oder noch zu bestimmende Personen zu vertraglich näher festgelegten Bedingungen begründen. Ein solches Eintrittsrecht findet sich namentlich im Zusammenhang mit einer Fortsetzungsklausel auf den Tod eines Gesellschafters. Auf die Ausführungen hierzu (§ 727 RdNr. 53 ff.) wird verwiesen. 19

IV. Wirkungen der Fortsetzungsklausel

Mit dem Eintritt des Fortsetzungsgrundes scheidet der betroffene Gesellschafter aus der Gesellschaft aus, ohne dass es eines Gesellschafterbeschlusses oder einer Erklärung ihm gegenüber bedarf (RdNr. 8). Die Gesellschaft wird von den übrigen Gesellschaftern ohne ihn fortgesetzt. Die Rechtsfolgen des Ausscheidens bestimmen sich nach §§ 738 bis 740 (vgl. dazu RdNr. 2; zur Haftung des Ausgeschiedenen für bestehende Gesellschaftsschulden vgl. nachfolgend RdNr. 21 ff.). 20

[16] BGH WM 1968, 697, 698.

V. Begrenzte Nachhaftung des ausgeschiedenen Gesellschafters (Abs. 2)

§ 160 HGB [Haftung des ausscheidenden Gesellschafters; Fristen; Haftung als Kommanditist]

(1) [1] Scheidet ein Gesellschafter aus der Gesellschaft aus, so haftet er für ihre bis dahin begründeten Verbindlichkeiten, wenn sie vor Ablauf von fünf Jahren nach dem Ausscheiden fällig und daraus Ansprüche gegen ihn in einer in § 197 Abs. 1 Nr. 3 bis 5 des Bürgerlichen Gesetzbuchs bezeichneten Art festgestellt sind oder eine gerichtliche oder behördliche Vollstreckungshandlung vorgenommen oder beantragt wird; bei öffentlich-rechtlichen Verbindlichkeiten genügt der Erlass eines Verwaltungsakts. [2] Die Frist beginnt mit dem Ende des Tages, an dem das Ausscheiden in das Handelsregister des für den Sitz der Gesellschaft zuständigen Gerichts eingetragen wird. [3] Die für die Verjährung geltenden §§ 204, 206, 210, 211 und 212 Abs. 2 und 3 des Bürgerlichen Gesetzbuches sind entsprechend anzuwenden.

(2) Einer Feststellung in einer in § 197 Abs. 1 Nr. 3 bis 5 des Bürgerlichen Gesetzbuchs bezeichneten Art bedarf es nicht, soweit der Gesellschafter den Anspruch schriftlich anerkannt hat.

(3) ***Betr. Nachhaftung als Kommanditist (hier nicht abgedruckt).***

21 **1. Die Neuregelung des § 160 HGB.** Nach Abs. 2 finden die für die Personenhandelsgesellschaften geltenden Regelungen über die Begrenzung der Nachhaftung sinngemäße Anwendung auf die GbR. Damit verweist Abs. 2 auf die beim Ausscheiden aus OHG und KG eingreifende Vorschrift des § 160 nF HGB über die Begrenzung der Nachhaftung ausgeschiedener Gesellschafter auf fünf Jahre. Eine Verweisung auch auf die in § 159 HGB geregelte Sonderverjährung der Gesellschafterhaftung im Auflösungsfall ist im Recht der GbR nicht enthalten; diese Vorschrift findet auf Grund der insoweit bestehenden Regelungslücke jedoch analoge Anwendung (vgl. RdNr. 29).

22 Der **Normzweck des § 160 HGB** richtet sich darauf, den ausgeschiedenen (oder in die Kommanditistenstellung übergewechselten, § 160 Abs. 3 HGB) Gesellschafter einer OHG oder KG nach Ablauf von fünf Jahren von der Inanspruchnahme für Gesellschaftsverbindlichkeiten freizustellen.[17] Durch die in § 159 Abs. 1 aF HGB geregelte fünfjährige Sonderverjährung wurde dieses Ziel vor allem in denjenigen Fällen verfehlt, in denen vor dem Ausscheiden begründete sog. Altverbindlichkeiten erst zu einem späteren, ggf. lange Zeit nach Eintragung des Ausscheidens im Handelsregister liegenden Zeitpunkt fällig wurden; denn die Sonderverjährung begann insoweit entsprechend später zu laufen (vgl. § 159 Abs. 3 aF HGB). Das hatte vorbehaltlich höchstrichterlicher Korrekturversuche[18] vor allem für Verbindlichkeiten aus *Dauerschuldverhältnissen* der OHG oder KG mit fortlaufend neu entstehenden Einzelansprüchen die Gefahr einer „Endloshaftung" des Ausgeschiedenen zur Folge.[19] Durch die Neuregelung des Verjährungsrechts im Zuge der Schuldrechtsreform unter Verkürzung der regelmäßigen Verjährungsfrist des § 195 auf drei Jahre ist dieser spezifische Normzweck weder entfallen noch auch nur stark relativiert worden.[20]

23 Kern der Neuregelung des § 160 Abs. 1 HGB ist der Übergang von der Sonderverjährung zum **Haftungsausschluss** nach Ablauf der Fünfjahresfrist. Er erfasst sämtliche Ansprüche der Gesellschaftsgläubiger gegen den Ausgeschiedenen nach §§ 128, 130 HGB aus den

[17] Vgl. nur *Staub/Habersack* HGB § 160 RdNr. 1, 3.

[18] Vgl. BGHZ 70, 132, 136 = NJW 1978, 636 (zur Kündigungstheorie); BGHZ 87, 286, 291 ff. = NJW 1983, 2254; BGHZ 117, 168, 177 ff. = NJW 1992, 1615; BGH NJW 1983, 2940, 2943; 1985, 1899; BAG NJW 1983, 2283; WM 1990, 1466 (zur Enthaftungstheorie); zur Entwicklung der Rspr. näher *Ulmer/Wiesner* ZHR 144 (1980), 393, 402 ff.; *Lieb* ZGR 1985, 124 ff.; *Ulmer/Timmann* ZIP 1992, 1, 2 ff.

[19] Vgl. *Ulmer/Wiesner* ZHR 144 (1980), 393; *Ulmer* BB 1983, 1865; *K. Schmidt* DB 1990, 2357; *Lieb* GmbHR 1992, 561; *Kollbach* GmbHR 1994, 164; *Seibert* DB 1994, 461.

[20] So aber *Hofmeister* NZG 2002, 851, 853 f. unter Außerachtlassen der Haftungsfolgen aus Dauerschuldverhältnissen (vgl. dazu nur *Staub/Habersack* HGB § 160 RdNr. 1).

vor seinem Ausscheiden begründeten Verbindlichkeiten der OHG oder KG, sofern sie vor Ablauf der Fünfjahresfrist nach Handelsregistereintragung des Ausscheidens aus der Gesellschaft fällig geworden und nicht iS von Abs. 1 S. 1 geltendgemacht worden sind. Für später fällig werdende Ansprüche scheidet eine Nachhaftung angesichts der Neuregelung von vornherein aus.[21] Die Regelung ist im Verhältnis zu den Gesellschaftsgläubigern *dispositiv;* sie steht weder einer Verlängerung noch einer Verkürzung der Enthaftungsfrist durch Vertrag zwischen Gläubiger und ausgeschiedenem Gesellschafter entgegen.[22]

Ausnahmen von der zeitlichen Begrenzung der Nachhaftung sieht § 160 **Abs. 1** nF HGB in **Satz 1** für diejenigen Ansprüche vor, die vor Fristablauf nicht nur fällig, sondern vom Gläubiger auch gegen den Ausgeschiedenen entweder nach Maßgabe des § 197 Abs. 1 Nr. 3 bis 5 festgestellt oder gerichtlich oder behördlich geltendgemacht worden sind.[23] Eine Feststellung oder Geltendmachung nur gegenüber der Gesellschaft reicht nicht aus; sie lässt den Eintritt der Enthaftung beim Ausgeschiedenen unberührt.[24] Der Ablauf der Enthaftungsfrist ist nach § 160 Abs. 1 **Satz 3** HGB *gehemmt,* solange die in §§ 204, 206, 210 und 211 genannten Voraussetzungen einer (Ablauf-)Hemmung der Verjährungsfrist vorliegen. Ebenfalls nach Satz 3 haben Vollstreckungshandlungen des Gläubigers keinen Einfluss auf den Lauf der Enthaftungsfrist, wenn sie nach Maßgabe von § 212 Abs. 2 später aufgehoben werden oder der Vollstreckungsantrag nach § 212 Abs. 3 erfolglos ist.[25] – Eine Feststellung iS von § 197 Abs. 1 Nr. 3 bis 5 ist nach § 160 **Abs. 2** HGB entbehrlich, soweit der Ausgeschiedene den Anspruch *schriftlich anerkannt* hat; dadurch soll Rechtsstreitigkeiten in solchen Fällen entgegengewirkt werden, in denen die Gesellschaftsverbindlichkeit und die Haftung des Ausgeschiedenen außer Streit stehen. 24

Eine **vorzeitige Enthaftung** des Ausgeschiedenen durch Vertrag mit dem jeweiligen Gläubiger ist zulässig (vgl. RdNr. 23). Ohne eine solche Abrede bleibt es dagegen bei der Fünfjahresfrist. Die von der Rechtsprechung zur Abkürzung der Nachhaftung zunächst entwickelte sog. *Kündigungstheorie*[26] ist durch die Neuregelung überholt.[27] 25

2. Die sinngemäße Geltung für die GbR. Von der Frage des Fristbeginns abgesehen (dazu vgl. RdNr. 27), bereitet die sinngemäße Anwendung des § 160 HGB im Recht der (Außen-)GbR zur Begrenzung der Forthaftung des ausgeschiedenen GbR-Gesellschafters keine besonderen Schwierigkeiten; sie war vom BGH schon vor Inkrafttreten der Neuregelung bejaht worden.[28] Die Notwendigkeit der Gleichbehandlung ausgeschiedener GbR-Gesellschafter mit solchen einer OHG steht umso mehr außer Zweifel, nachdem die Rechtsprechung sich für die akzessorische Haftung der GbR-Gesellschafter analog § 128 HGB entschieden hat (§ 714 RdNr. 5 f.). Das Problem der Forthaftung nach dem Ausscheiden stellt sich daher in grundsätzlich ähnlicher Weise wie im Recht der Personenhandelsgesellschaften. Dem hat der Gesetzgeber durch Verweisung auf § 160 nF HGB in § 736 Abs. 2 Rechnung getragen. Für den Inhalt der Verweisung kann weitgehend auf die Ausführungen zu § 160 nF HGB (RdNr. 21 ff.) verwiesen werden. Die Regelung gilt auch für den aus einer zweigliedrigen GbR Ausscheidenden unter Übergang des Gesellschaftsvermögens (Aktiva und Passiva) im Wege der Gesamtrechtsnachfolge auf den Letztverbleibenden.[29] 26

[21] Näher dazu *Staub/Habersack* HGB § 160 RdNr. 9 ff., 16 ff., 35; *Baumbach/Hopt* HGB § 160 RdNr. 2 ff.

[22] HM unter Hinweis auf die Entstehungsgeschichte des § 160 nF HGB, vgl. *Baumbach/Hopt* HGB § 160 RdNr. 8; *K. Schmidt* GesR § 51 II 2 e; *v. Gerkan* in *Röhricht/v. Westphalen* HGB § 160 RdNr. 16; *Seibert* DB 1994, 461, 462; *Kollbach* GmbHR 1994, 164, 165; aA *Staub/Habersack* HGB § 160 RdNr. 7; *Leverenz* ZHR 160 (1996), 75 ff.

[23] Zur Erstfassung von § 160 Abs. 1 S. 1 HGB (seither angepasst an die Schuldrechtsreform) näher *Staub/Habersack* HGB § 160 RdNr. 26 ff.; *Baumbach/Hopt* HGB § 160 RdNr. 3.

[24] Vgl. nur *Staub/Habersack* HGB § 129 RdNr. 15, § 160 RdNr. 36.

[25] Zu diesen dem neuen Verjährungsrecht angepassten Gründen für die Hemmung oder den Neubeginn der Enthaftungsfrist vgl. *Maier-Reimer* DB 2002, 1818 ff.

[26] BGHZ 70, 132, 136 = NJW 1978, 636 im Anschluss an *Hueck* OHG § 29 II 4 Fn. 44.

[27] BGHZ 142, 324, 331 = NJW 2000, 208; so auch schon OLG Dresden ZIP 1996, 1868; *Staub/Habersack* HGB § 160 RdNr. 34 (ganz hM).

[28] BGHZ 117, 168, 175 ff. = NJW 1992, 1615.

[29] BGHZ 142, 324, 331 f. = NJW 2000, 208; *Siems/Maaß* WM 2000, 2328, 2330 f.

27 Probleme bereitet die Verweisung auf § 160 Abs. 1 HGB allerdings insoweit, als es um den **Beginn der Fünfjahresfrist** für die Nachhaftungsbegrenzung geht, da die in § 160 Abs. 1 S. 2 HGB in Bezug genommene Registereintragung des Ausscheidens im Recht der GbR keine Entsprechung findet. Geht man von der Informationsfunktion der Handelsregistereintragung gegenüber Gläubigern und Rechtsverkehr aus, so macht die sinngemäße Anwendung dieser Vorschrift die Anknüpfung an einen entsprechenden Publizitätsschritt bei der GbR erforderlich. Das Datum des Ausscheidens ist hierfür nicht geeignet.[30] Abzustellen ist vielmehr auf den Zeitpunkt, zu dem die jeweiligen *Gläubiger* vom Ausscheiden des Gesellschafters *Kenntnis erhalten.*[31] Um insoweit zu einem möglichst einheitlichen und überschaubaren Fristenlauf zu kommen und dem Interesse des Ausgeschiedenen an rechtzeitiger Ingangsetzung der Fünfjahresfrist angemessen Rechnung zu tragen, sollte die GbR das Ausscheiden eines Gesellschafters den ihr bekannten Gläubigern alsbald durch *Rundschreiben* mitteilen.

VI. Sonderverjährung der Gesellschafterhaftung im Auflösungsfall

§ 159 HGB [Ansprüche gegen einen Gesellschafter]

(1) Die Ansprüche gegen einen Gesellschafter aus Verbindlichkeiten der Gesellschaft verjähren in fünf Jahren nach der Auflösung der Gesellschaft, sofern nicht der Anspruch gegen die Gesellschaft einer kürzeren Verjährung unterliegt.

(2) Die Verjährung beginnt mit dem Ende des Tages, an welchem die Auflösung der Gesellschaft in das Handelsregister des für den Sitz der Gesellschaft zuständigen Gerichts eingetragen wird.

(3) Wird der Anspruch des Gläubigers gegen die Gesellschaft erst nach der Eintragung fällig, so beginnt die Verjährung mit dem Zeitpunkte der Fälligkeit.

(4) Der Neubeginn der Verjährung und ihre Hemmung nach § 204 des Bürgerlichen Gesetzbuchs gegenüber der aufgelösten Gesellschaft wirken auch gegenüber den Gesellschaftern, die der Gesellschaft zur Zeit der Auflösung angehört haben.

28 Eine **Verweisung auf § 159 nF HGB** über die fünfjährige Sonderverjährung bei Auflösung von OHG und KG ist mit der Neuregelung des § 736 Abs. 2 **nicht** verbunden.[32] Das folgt nicht nur aus dem Wortlaut des Abs. 2 („zeitliche Begrenzung der Nachhaftung"), sondern auch und vor allem aus der systematischen Stellung des Abs. 2 im Kontext der das Ausscheiden eines Gesellschafters betreffenden Vorschriften der §§ 736 bis 740. Letztlich kommt der Frage jedoch keine entscheidende Bedeutung zu, da in Einklang mit der zum Recht der GbR entwickelten Rechtsprechung[33] und hL[34] betr. die Analogie zu § 159 aF HGB auch die neugefasste Vorschrift des § 159 HGB analoge Anwendung findet.[35]

[30] So aber *Jauernig/Stürner* §§ 738–740 RdNr. 2 ; *Groth,* Die analoge Anwendung von OHG-Recht auf BGB-Gesellschaften, 1994, S. 178 f.

[31] Ganz hM, vgl. *Palandt/Sprau* RdNr. 14; *Erman/Westermann* RdNr. 7; *Eckert* RdA 1994, 215, 222; *Hornung* Rpfleger 1994, 488, 491; *Nitsche* ZIP 1994, 1919, 1922 f.; *Reichhold* NJW 1994, 1617, 1621; *Seibert* DB 1994, 461, 464; *K. Schmidt* ZIP 1994, 243, 244; *Hasenkamp* DB 2002, 2632, 2634; *Siems/Maaß* WM 2000, 2328, 2330; so für die Rechtslage vor Inkrafttreten des § 736 Abs. 2 auch schon BGHZ 117, 168, 179 = NJW 1992, 1615.

[32] So auch *Seibert* DB 1994, 461, 463 f.; *Hornung* Rpfleger 1994, 488, 491; aA *Heymann/Sonnenschein/Weitemeyer* HGB § 159 nF RdNr. 1; wohl auch *K. Schmidt* ZIP 1994, 243, 244.

[33] Vgl. BGHZ 117, 168, 179 = NJW 1992, 1615 m. Anm. *Beuthien* JZ 1992, 1128 und die zweite Revision in derselben Sache BGH DStR 1994, 32 m. Anm. *Goette* (jeweils zur analogen Anwendung des § 159 aF HGB für den Fall des *Ausscheidens* eines GbR-Gesellschafters).

[34] *Wiedemann/Frey* DB 1989, 1809, 1811 ff.; *Heymann/Sonnenschein/Weitemeyer* HGB § 159 aF RdNr. 1; *Frey* ZIP 1992, 700; *Lieb* GmbHR 1992, 561, 568; *Ulmer,* FS Fischer, 1979, S. 785, 807.

[35] Ebenso *Erman/Westermann* RdNr. 8; *Staub/Habersack* HGB § 159 RdNr. 5; *Kapp* DB 1993, 869; *Seibert* DB 1994, 461, 464.

Die Diskussion um die entsprechende Anwendung des § 159 aF HGB auf die GbR bezog sich zwar in erster Linie auf das *Ausscheiden* eines Gesellschafters und nicht auf die Auflösung einer Gesellschaft. Gegen eine unterschiedliche Behandlung beider Fälle spricht jedoch, dass die Haftungssituation der Gesellschafter bei ihrem Ausscheiden derjenigen bei Liquidation der Gesellschaft weitgehend vergleichbar ist. Gründe dafür, die Gesellschafter einer GbR bei Auflösung der Gesellschaft gegenüber Gesellschaftern einer OHG oder KG verjährungsrechtlich ungünstiger zu stellen, sind nicht ersichtlich. Weder die spezifischen Interessen der Gesellschaftsgläubiger noch die Tatsache, dass für die GbR nicht die Registereintragung der Gesellschaftsauflösung – wie in § 159 Abs. 2 HGB für OHG und KG vorgesehen – als maßgeblicher Zeitpunkt für den Beginn der Verjährung in Betracht kommt, rechtfertigt eine haftungsrechtliche Ungleichbehandlung zwischen Gesellschaftern einer aufgelösten OHG oder KG einerseits und einer GbR andererseits.[36] Durch höchstrichterliche Anerkennung der akzessorischen Gesellschafterhaftung analog § 128 HGB im Recht der GbR haben sich die Gründe für eine Gleichbehandlung der verschiedenen Gesellschaftsformen weiter verstärkt. Die bestehende Regelungslücke ist daher durch **Analogie zu § 159 HGB** zu schließen. Damit verjähren Ansprüche gegen einen Gesellschafter aus Verbindlichkeiten der GbR in fünf Jahren nach der Auflösung der Gesellschaft, sofern nicht der Anspruch gegen die Gesellschaft einer kürzeren Verjährung unterliegt. 29

Was den **Beginn der Fünfjahresfrist** für die Nachhaftungsbegrenzung anbelangt, ist mangels Registerfähigkeit der GbR ebenso wie im Fall des Ausscheidens eines Gesellschafters (§ 160 Abs. 1 S. 2 HGB; vgl. RdNr. 27) nicht auf den in § 159 Abs. 2 HGB bestimmten Tag abzustellen, an dem die Auflösung der Gesellschaft in das Handelsregister eingetragen wird, sondern auf den Zeitpunkt, zu dem die jeweiligen Gläubiger von der Auflösung der Gesellschaft *Kenntnis erhalten*. 30

§ 737 Ausschluss eines Gesellschafters

[1] Ist im Gesellschaftsvertrag bestimmt, dass, wenn ein Gesellschafter kündigt, die Gesellschaft unter den übrigen Gesellschaftern fortbestehen soll, so kann ein Gesellschafter, in dessen Person ein die übrigen Gesellschafter nach § 723 Abs. 1 Satz 2 zur Kündigung berechtigender Umstand eintritt, aus der Gesellschaft ausgeschlossen werden. [2] Das Ausschließungsrecht steht den übrigen Gesellschaftern gemeinschaftlich zu. [3] Die Ausschließung erfolgt durch Erklärung gegenüber dem auszuschließenden Gesellschafter.

Übersicht

	RdNr.
I. Allgemeines	1–6
1. Regelungsinhalt und Normzweck	1–3
2. Anwendungsbereich	4, 5
3. Übernahme statt Ausschluss	6
II. Voraussetzungen des Ausschlusses	7–13
1. Fortsetzungsklausel	7
2. Wichtiger Grund	8–12
a) Begriff	8
b) Verhältnis zu § 723 Abs. 1 S. 2	9
c) Im Abwicklungsstadium	10, 11
d) Gerichtliche Nachprüfung	12
3. Beschluss der Gesellschafter	13
III. Ausschlussverfahren	14, 15
1. Mitteilung an den Betroffenen (S. 3)	14
2. Rechtliches Gehör?	15
IV. Abweichende Vereinbarungen	16–22
1. Grundsatz	16
2. Ausschluss ohne sachlichen Grund (Hinauskündigungsrecht)?	17–22
a) Meinungsstand	17, 18
b) Stellungnahme	19
c) Sachlich gerechtfertigte Gründe	20
d) Anteilsschenkung unter Widerrufsvorbehalt	21, 22

[36] Ebenso *Wiedemann/Frey* DB 1989, 1809, 1811 ff.; *Kapp* DB 1993, 869.

I. Allgemeines

1 **1. Regelungsinhalt und Normzweck.** § 737 befasst sich mit dem gesellschaftsvertraglichen Recht der Mitgesellschafter, beim Vorliegen eines wichtigen Grundes in der Person eines Gesellschafters anstelle der außerordentlichen Kündigung (§ 723 Abs. 1 S. 2) den **Störer aus der Gesellschaft auszuschließen.** Im Unterschied zu § 140 HGB bedarf es dazu keiner Gestaltungsklage; der Ausschluss erfolgt vielmehr auf Grund eines dem betroffenen Gesellschafter mitzuteilenden, grundsätzlich einstimmigen Beschlusses der übrigen Gesellschafter (RdNr. 13).

2 Weitere Voraussetzung ist abweichend von § 140 HGB das *Vorhandensein einer Fortsetzungsklausel* (§ 736 Abs. 1) im Gesellschaftsvertrag. Diese wird vom Gesetzgeber zu Recht als Ausdruck des Gesellschafterwillens gewertet, den Bestand der Gesellschaft auch bei Veränderungen in der Zusammensetzung der Mitglieder aufrechtzuerhalten (§ 736 RdNr. 5). § 737 ist daher als eine Art gesetzlicher **Auslegungsregel** zu verstehen, wonach die vertragliche Fortsetzungsklausel mangels gegenteiliger Vereinbarung den Mitgesellschaftern auch das Recht zum Ausschluss des Störers geben soll, anstatt sie selbst der Gefahr des einseitigen Ausscheidens auszusetzen, wenn sie wegen wichtigen Grundes in der Person des Störers von ihrem Kündigungsrecht Gebrauch machen.[1]

3 Lässt man das Erfordernis einer Fortsetzungsklausel sowie die Durchsetzung des Ausschlusses durch einen dem Auszuschließenden mitzuteilenden Gesellschafterbeschluss anstelle einer Gestaltungsklage außer Betracht, so zeigen sich zahlreiche **Parallelen zwischen § 737 BGB und § 140 HGB.** Das gilt etwa für den Begriff des wichtigen Grundes, für das Verhältnis von Ausschluss und Auflösung sowie für die Notwendigkeit eines einheitlichen Vorgehens der Mitgesellschafter einschließlich der aus der Treupflicht folgenden Verpflichtung widersprechender Mitgesellschafter, je nach Lage des Falles dem Ausschließungsbeschluss zuzustimmen. Insoweit und wegen zahlreicher damit zusammenhängender Einzelfragen kann auf Rechtsprechung und Literatur zu § 140 HGB verwiesen werden; sie haben sich entsprechend der größeren Bedeutung des Ausschlussrechts in OHG und KG wesentlich eingehender als die Diskussion im Recht der GbR mit den auch für § 737 relevanten Problemen beschäftigt.[2]

4 **2. Anwendungsbereich.** Die Vorschrift gilt – als Auslegungsregel (RdNr. 2) – nicht schon kraft dispositiven Rechts, sondern setzt für ihr Eingreifen eine entsprechende **vertragliche Grundlage,** die Fortsetzungsklausel für den Kündigungsfall (RdNr. 7), voraus. Damit beschränkt sie sich auf diejenigen Gesellschaften, bei denen der Gesellschaftsvertrag ein *Bestandsinteresse der Gesellschafter* erkennen lässt. Ihnen sind im Zweifel solche Gesellschaften bürgerlichen Rechts gleichzustellen, die als Handelsgesellschaften gegründet waren und durch Rückgang des Geschäftsbetriebs oder Änderung des Gesellschaftszwecks zur GbR geworden sind (zur entsprechenden Lage beim Übernahmerecht vgl. § 730 RdNr. 70).

5 Auf **Innengesellschaften** ohne Gesamthandsvermögen soll, auch wenn eine Fortsetzungsklausel im Gesellschaftsvertrag vorgesehen ist, die Vorschrift des § 737 nach mehrfach vertretener Ansicht unanwendbar sein.[3] Dem kann in dieser Allgemeinheit nicht gefolgt werden. Zwar ist es richtig, dass insoweit mangels Gesamthandsvermögens eine Anwachsung nach § 738 Abs. 1 S. 1 als Rechtsfolge des Ausschlusses nicht in Betracht kommt und dass der Außengesellschafter das Recht zur alleinigen Fortführung des Unternehmens auch dadurch erlangt, dass er die Gesellschaft aus wichtigem Grund kündigt und die störenden Mitgesellschafter abfindet.[4] Das schließt bei einer *mehrgliedrigen* Innengesellschaft mit Fort-

[1] Zu der in diese Richtung weisenden Entstehungsgeschichte von § 737 vgl. *Rimmelspacher* AcP 173 (1973), 1, 7.

[2] Vgl. namentlich *Hueck* OHG § 29 I 2, S. 434 ff. sowie die Kommentierung zu § 140 HGB von *Schlegelberger/K. Schmidt* und von *Ulmer* in Großkomm. zum HGB, 3. Aufl.

[3] *Palandt/Sprau* RdNr. 1; RGRK/*von Gamm* RdNr. 3; so auch OLG Bamberg NZG 1998, 897.

[4] So *von Gamm* (Fn. 3); vgl. auch § 730 RdNr. 13.

setzungsklausel ein berechtigtes Interesse der Mitgesellschafter aber nicht aus, die Gesellschaft ohne den Störer fortzusetzen.[5] Nur wenn der wichtige Grund in der Person des Außengesellschafters eintritt, wird im Regelfall eine Fortsetzung ohne ihn nicht in Betracht kommen.

6 **3. Übernahme statt Ausschluss.** Besteht die Gesellschaft nur aus **zwei** Personen, so ist der Ausschluss eines Gesellschafters unter Fortbestand der Gesellschaft nicht möglich; § 737 ist nicht unmittelbar anwendbar. Dem Mitgesellschafter steht jedoch in analoger Anwendung von § 737 ein durch einseitige Erklärung auszuübendes Übernahmerecht gegenüber dem Störer zu, wenn der Gesellschaftsvertrag für den Fall der Kündigung eine Übernahme- oder Fortsetzungsklausel enthält.[6] Entsprechendes gilt für den Gesellschafter einer **mehrgliedrigen** Gesellschaft, wenn ausnahmsweise in der Person *sämtlicher* Mitgesellschafter ein wichtiger, zum Ausschluss berechtigender Grund gegeben ist.[7] Auch in diesem Fall genügt die einseitige Erklärung des Übernehmers gegenüber allen Mitgesellschaftern; einer Beschlussfassung über den jeweiligen Ausschluss durch die nicht unmittelbar betroffenen Mitgesellschafter bedarf es wegen des auch ihnen gegenüber erklärten Ausschlusses nicht, wenn sich dieser als begründet erweist.[8] Darauf, in welchem Umfang der Übernehmer bisher an der Gesellschaft beteiligt war, kommt es für die Anerkennung des Übernahmerechts nicht an;[9] allerdings kann dieser Umstand bei der Beurteilung des wichtigen Grundes Bedeutung erlangen.

II. Voraussetzungen des Ausschlusses

7 **1. Fortsetzungsklausel.** § 737 greift nur ein, wenn der Gesellschaftsvertrag eine Fortsetzungsklausel enthält (RdNr. 4). Nach Satz 1 der Vorschrift muss die Klausel sich auf den Kündigungsfall beziehen. Damit soll auf das in der Klausel zum Ausdruck kommende Bestandsinteresse der Gesellschafter abgestellt werden; ihr ist daher eine generell gehaltene oder auf sonstige wesentliche personelle Veränderungen bezogene Fortsetzungsvereinbarung als Grundlage für das gesetzliche Ausschlussrecht gleichzustellen.[10] Auch bei einer zweigliedrigen Gesellschaft bedarf es einer Fortsetzungs- oder Übernahmeklausel (RdNr. 6).[11]

8 **2. Wichtiger Grund. a) Begriff.** Zum Begriff des wichtigen Grundes in der Person eines Gesellschafters und zu den hierfür maßgeblichen Umständen vgl. § 723 RdNr. 28 ff. sowie die Erl. zu § 140 HGB. Es muss sich um solche Umstände in der Person eines Gesellschafters handeln, die die Fortsetzung der Gesellschaft mit ihm für die Mitgesellschafter **unzumutbar** machen. Verschulden des Störers wird zwar häufig vorliegen, ist aber nicht erforderlich; auch objektive Gründe reichen bei entsprechender Schwere für die Annahme eines wichtigen Grundes aus (§ 723 RdNr. 33). Maßgebend ist eine *Würdigung der Gesamtumstände* des Einzelfalls, bei der auch das Verhalten der Mitgesellschafter zu berücksichtigen ist. Hat sich auch einer von ihnen oder haben sich gar sämtliche Mitgesellschafter ihrerseits pflichtwidrig verhalten, so ist ein Ausschluss in aller Regel nur möglich,

[5] So auch *Soergel/Hadding* RdNr 1; *Erman/Westermann* RdNr. 2.

[6] OLG Hamm ZIP 1999, 1484; vgl. § 730 RdNr. 68 f.

[7] So auch *Erman/Westermann* RdNr. 8; *Rimmelspacher* AcP 173 (1973), 1, 6, 17 f.; *Kulka,* Die gleichzeitige Ausschließung mehrerer Gesellschafter aus Personengesellschaften und GmbH, 1983, S. 210 ff.; ebenso die ganz hM zu § 142 aF HGB, vgl. OLG Stuttgart DB 1961, 1644; *Hueck* OHG § 30 I 3, S. 466 f.; *Schlegelberger/K. Schmidt* HGB § 142 RdNr. 16; *Ulmer* in Großkomm. zum HGB, 3. Aufl., § 142 RdNr. 9; aA noch *Cahn* ZBlHR 1927, 271 ff.

[8] HM zur Ausschlussklage nach § 140 HGB, vgl. BGHZ 64, 253, 255 = NJW 1975, 410; BGHZ 68, 81, 84 = NJW 1977, 1013; *Hueck* OHG § 29 I 2 c, S. 444; *Baumbach/Hopt* HGB § 140 RdNr. 19; *Ulmer* in Großkomm. zum HGB, 3. Aufl., § 142 RdNr. 10; aA für den Ausschließungsbeschluss *v. Stetten* GmbHR 1982, 105, 107. Vgl. auch RdNr. 13.

[9] So aber *v. Stetten* (Fn. 8), der das Übernahmerecht bei einer Minderheitsbeteiligung von weniger als 25% verneint.

[10] Ebenso *Grunewald,* Der Ausschluss aus Gesellschaft und Verein, 1987, S. 32 f.; wohl auch *Palandt/Sprau* RdNr. 2; aA *Soergel/Hadding* RdNr. 3.

[11] So zutr. auch LG München I NZG 1998, 837.

wenn das Verschulden des Auszuschließenden überwiegt.[12] Andernfalls bleibt nur die Kündigung aus wichtigem Grund.

9 **b) Verhältnis zu § 723 Abs. 1 S. 2.** Der Ausschluss ist ebenso wie die Kündigung aus wichtigem Grund das **äußerste Mittel** (§ 723 RdNr. 29). Es kommt nur dann in Betracht, wenn nicht durch mildere Mittel wie etwa die Entziehung von Geschäftsführungsbefugnis und Vertretungsmacht (§§ 712, 715) Abhilfe geschaffen werden kann.[13] Nicht zu folgen ist allerdings (vorbehaltlich der Konstellation in RdNr. 8 aE) der verbreiteten Ansicht, dass an den Ausschluss schärfere Anforderungen zu stellen seien als an die Kündigung aus wichtigem Grund, da sie auf eine Schlechterstellung des Auszuschließenden hinauslaufe.[14] Diese These beruht auf einer sachwidrigen Vermischung von Ausschlussgrund und Ausschlussfolgen. Durch den Ausschluss soll die ungestörte Fortsetzung der Gesellschaft zwischen den übrigen Gesellschaftern ermöglicht, nicht aber der Störer finanziell benachteiligt werden.[15] Ihm steht nach gesetzlicher Regel der volle Wert seines Anteils auf der Basis nicht der Liquidations-, sondern der Fortsetzungswerte zu (§ 738 RdNr. 32); durch die Auflösung der Gesellschaft anstelle des Ausschlusses würde er daher im Grundsatz nicht besser, sondern möglicherweise sogar schlechter gestellt. Anderes gilt zwar dann, wenn – wie häufig – der Abfindungsanspruch vertraglich auf den Buchwert oder auf einen sonstigen unter dem Anteilswert liegenden Betrag beschränkt ist. Zu Recht hat die Rechtsprechung hierzu jedoch den Grundsatz aufgestellt, dass die fehlende Angemessenheit derartiger Abfindungsregelungen nicht die Wirksamkeit des Ausschlusses berührt, sondern nur dazu führen kann, dem Ausgeschiedenen einen Anspruch auf eine angemessene Abfindung zu gewähren (§ 738 RdNr. 74 f.).

10 **c) Im Abwicklungsstadium.** Die ganz hM lässt einen Ausschluss aus wichtigem Grund bei Vorliegen der Voraussetzungen des § 737 auch noch im Abwicklungsstadium zu.[16] Dem ist mit der Einschränkung zu folgen, dass für die Beurteilung des wichtigen Grundes dem Eintritt der Auflösung und dem dadurch geänderten Gesellschaftszweck Rechnung getragen werden muss.[17] Grundsätzlich kommt ein Ausschluss im Abwicklungsstadium daher nur *ausnahmsweise* und zwar dann in Betracht, wenn die Umstände in der Person des Störers von solchem Gewicht sind, dass sie die nach §§ 730 bis 735 bzw. nach dem Gesellschaftsvertrag vorgesehene Auseinandersetzung unter seiner Beteiligung für die Mitgesellschafter unzumutbar machen oder ihre sachgemäße Durchführung schwerwiegend gefährden. Das wird nur in seltenen Ausnahmefällen zu bejahen sein.[18]

11 **Anderes** gilt dann, wenn die übrigen Gesellschafter bereit und in der Lage sind, die Gesellschaft *fortzusetzen,* hieran aber aus Gründen in der Person des Störers gehindert werden; insoweit ist ein Ausschluss nach den gleichen Maßstäben wie in einer werbenden Gesellschaft möglich. Die bloße Weigerung, einem von den übrigen Gesellschaftern gewünschten Fortsetzungsbeschluss zuzustimmen, stellt als legitimes Gebrauchmachen von Gesellschafterrechten freilich keinen Ausschlussgrund dar.

[12] So auch BGH DB 2003, 1214. Für erhebliches Überwiegen aber *Hueck* OHG § 29 I 2 c ß; *Schlegelberger/K. Schmidt* HGB § 140 RdNr. 6, 8; näher dazu *Ulmer* in Großkomm. zum HGB, 3. Aufl., § 140 RdNr. 11; wie hier auch *Lindacher* BB 1974, 1610, 1612; aus der Rspr. zu § 723 Abs. 1 S. 2 vgl. BGH WM 1996, 1452, 1453.

[13] Nachw. zu § 140 HGB bei *Ulmer* in Großkomm. zum HGB, 3. Aufl., § 140 RdNr. 18.

[14] So BGHZ 4, 108, 110 = NJW 1952, 461; BGH WM 1961, 32, 33; RGZ 146, 169, 179; *Palandt/Sprau* RdNr. 2; *Soergel/Hadding* RdNr. 5; RGRK/*von Gamm* RdNr. 6; *Hueck* OHG § 29 I 2 c ß; wie hier *Schlegelberger/K. Schmidt* HGB § 140 RdNr. 6; auf die Umstände des Einzelfalls abstellend *Erman/Westermann* RdNr. 3.

[15] *Ulmer* in Großkomm. zum HGB, 3. Aufl., § 140 RdNr. 16.

[16] BGHZ 1, 324, 331 = NJW 1951, 650; BGH WM 1961, 32; *Soergel/Hadding* RdNr. 8; *Palandt/Sprau* RdNr. 1; *Staudinger/Keßler* RdNr. 8; RGRK/*von Gamm* RdNr. 1; weit. Nachw., auch zur abw. früheren RG-Rspr., bei *Ulmer* in Großkomm. zum HGB, 3. Aufl., § 140 RdNr. 25.

[17] *Hueck* OHG § 29 I 2 c; *Ulmer* in Großkomm. zum HGB, 3. Aufl., § 140 RdNr. 26; *Erman/Westermann* § 736 RdNr. 2.

[18] BGHZ 1, 324, 332 = NJW 1951, 650; OGHZ 3, 203, 217.

d) Gerichtliche Nachprüfung. Das Vorliegen eines wichtigen Ausschlussgrundes unterliegt in vollem Umfang der gerichtlichen Nachprüfung.[19] Der vom Ausschluss Betroffene kann, vorbehaltlich des Eingreifens der Grundsätze über die fehlerhafte Gesellschaft bei vollzogenem Ausschluss (§ 705 RdNr. 360, 370), **Feststellungsklage** gegen die übrigen Gesellschafter auf Fortbestand seiner Gesellschafterstellung erheben.[20] Führt sie zu dem Ergebnis, dass die Ausschlussvoraussetzungen nicht vorlagen und der Kläger noch immer Gesellschafter ist, so können ihm wegen zwischenzeitlicher Verweigerung der Gesellschafterrechte je nach Lage des Falles Schadensersatzansprüche gegen die Mitgesellschafter zustehen.[21] Zur Nachprüfung des wichtigen Grundes in der Revisionsinstanz vgl. § 723 RdNr. 36 f. 12

3. Beschluss der Gesellschafter. Nach § 737 S. 2 steht das Ausschlussrecht den übrigen Gesellschaftern gemeinschaftlich zu. Es ist durch einstimmigen Beschluss auszuüben;[22] der Auszuschließende hat kein Stimmrecht.[23] Im Gesellschaftsvertrag können Abweichungen vereinbart, insbesondere eine Mehrheitsentscheidung für diesen Fall zugelassen[24] oder einem Mitgesellschafter ein einseitiges Gestaltungsrecht zur „Hinauskündigung" des Störers eingeräumt werden. Die von der Rechtsprechung zu § 140 HGB anerkannten Grundsätze, wonach in besonders gelagerten Fällen aus Gründen der Treupflicht eine Mitwirkungs- bzw. **Zustimmungspflicht** der Mitgesellschafter anzuerkennen sein kann,[25] wenn der Ausschluss im gemeinsamen Interesse geboten und dem Ablehnenden zumutbar ist, gelten auch für den Beschluss nach § 737.[26] Zur Frage des „rechtlichen Gehörs" des Auszuschließenden vgl. RdNr. 15, zur Zulässigkeit eines automatischen Ausschlusses bei Eintritt bestimmter Gründe RdNr. 16. 13

III. Ausschlussverfahren

1. Mitteilung an den Betroffenen (S. 3). Nach § 737 S. 3 wird der Ausschließungsbeschluss erst **wirksam,** wenn er dem auszuschließenden Gesellschafter zugeht. Eine Erklärung durch sämtliche Gesellschafter ist nicht erforderlich. Es genügt die Mitteilung durch einen Gesellschafter, nicht notwendig einen Geschäftsführer. Der Mitteilende bedarf auch keiner Bevollmächtigung durch die übrigen Gesellschafter, sofern nur der Ausschließungsbeschluss als solcher ohne Einschränkung gefasst ist. War der Betroffene bei der Beschlussfassung selbst anwesend und hat er dabei das Ergebnis der Abstimmung erfahren, so entfällt die Notwendigkeit einer besonderen Erklärung. Der vom Ausschluss betroffene Gesellschafter kann auch die Mitteilung des Ausschließungsgrundes verlangen;[27] die Wirksamkeit des Ausschlusses hängt hiervon jedoch nicht ab. 14

2. Rechtliches Gehör? Nach Ansicht eines Teils der Literatur ist es für den rechtlichen Bestand des Ausschließungsbeschlusses erforderlich, dass dem Betroffenen zuvor „rechtliches Gehör" gewährt, dh. er zu den gegen ihn erhobenen Vorwürfen angehört worden ist.[28] Dabei handelt es sich um ein im Vereinsrecht entwickeltes, der Vereinsautonomie und den Besonderheiten der richterlichen Nachprüfung von Vereinsmaßnahmen Rechnung tragen- 15

[19] EinhM, vgl. BGHZ 13, 5, 10 = NJW 1954, 833; BGHZ 31, 295, 299 = NJW 1960, 625; *Soergel/Hadding* RdNr. 11; RGRK/*von Gamm* RdNr. 7.

[20] BGH NJW-RR 1992, 227.

[21] BGHZ 31, 295, 302 = NJW 1960, 625; vgl. auch OLG Düsseldorf WM 1983, 1320, 1321 (keine Schadensersatzpflicht derjenigen Mitgesellschafter, die nicht für den Ausschluss gestimmt haben).

[22] Bei ursprünglich mehrgliedriger GbR genügt stattdessen die Gestaltungserklärung des einzigen Mitgesellschafters (OLG Hamm ZIP 1999, 1484).

[23] Das gilt auch bei einer Mehrheit von Auszuschließenden, vgl. BGHZ 97, 28, 34 = NJW 1986, 2694 (betr. Geltendmachung von Ersatzansprüchen in der GmbH).

[24] Zur Möglichkeit einer im Gesellschaftsvertrag vorweg erteilten Zustimmung zum Ausschluss vgl. *Mayer* BB 1992, 1497, 1499.

[25] BGHZ 64, 253, 257 f. = NJW 1975, 1410; BGHZ 68, 81, 82 = NJW 1977, 1013; vgl. auch § 705 RdNr. 232 f.

[26] Ebenso *Erman/Westermann* RdNr. 4; *Mayer* BB 1992, 1497, 1498; einschr. wohl *Soergel/Hadding* RdNr. 10; *Palandt/Sprau* RdNr. 3.

[27] BayObLGZ 9 (1909), 179, 185 (Ausschluss aus nichtrechtsfähigem Verein); *Soergel/Hadding* RdNr. 9.

[28] *Palandt/Sprau* RdNr. 3; tendenziell auch *Erman/Westermann* RdNr. 5; *Westermann* Hdb. RdNr. I 1124; aA RGRK/*von Gamm* RdNr. 7; *Hueck* OHG § 29 Fn. 10; im Ergebnis auch *Soergel/Hadding* RdNr. 9.

des Erfordernis.[29] Für das Gesellschaftsrecht ist diesen Ansichten **nicht** zu folgen. Die Übernahme derartiger, das Zusammenwirken einer Vielzahl untereinander nicht näher verbundener Personen und ihre Rechtsstellung regelnder allgemeiner Grundsätze eignet sich nicht für die besonderen Verhältnisse in der typischen Personengesellschaft, ganz abgesehen davon, dass hierfür schon angesichts der unbeschränkten richterlichen Nachprüfung des Ausschließungsbeschlusses (RdNr. 12) ein Bedürfnis nicht besteht.[30] Die Nichtanhörung kann jedoch je nach Lage des Falls zu einem Schadensersatzanspruch des Betroffenen wegen Treupflichtverletzung führen.[31]

IV. Abweichende Vereinbarungen

16 **1. Grundsatz.** Die Vorschrift des § 737 ist jedenfalls in Bezug auf S. 1 und 2 **dispositiv.** Das folgt schon daraus, dass sie nur bei entsprechender Vertragsgestaltung anwendbar ist (RdNr. 4). Die Gesellschafter sind daher einerseits trotz vertraglicher Aufnahme einer Fortsetzungsklausel nicht gehindert, durch deren Fassung oder auf sonstige Weise klarzustellen, dass ein Recht zum Ausschluss aus wichtigem Grund im Verhältnis zwischen ihnen nicht bestehen soll. Sie können andererseits – vorbehaltlich des Ausschlusses ohne Grund (RdNr. 17 ff.) – den Ausschluss auch auf sonstige Gründe stützen[32] oder vorsehen, dass der Eintritt bestimmter Gründe zum automatischen Ausscheiden des Betroffenen führen soll.[33] Weitere Abweichungen können sich auf den Begriff des wichtigen Grundes (dazu vgl. § 723 RdNr. 75) oder auf den Ausschließungsbeschluss und die hierfür erforderlichen Mehrheiten beziehen (RdNr. 13).

17 **2. Ausschluss ohne sachlichen Grund (Hinauskündigungsrecht)? a) Meinungsstand.** Vereinbarungen hierüber wurden lange Zeit als zulässig angesehen.[34] Grenzen zum Schutz betroffener Gesellschafter sollten nur bei der jeweiligen *Ausübung* des Ausschlussrechts unter dem Gesichtspunkt unzulässiger Rechtsausübung in Betracht kommen.[35] Dem ist der **BGH seit der 2. Hälfte der 1970er Jahre** mehrfach entgegengetreten.[36] Neben einer unzweideutigen Regelung über den Verzicht auf einen wichtigen Grund im Gesellschaftsvertrag fordert er für die Wirksamkeit einer solchen Vereinbarung, dass für sie wegen der damit verbundenen Einschränkung der wirtschaftlichen und persönlichen Freiheit der von dem Ausschlussrecht bedrohten Mitgesellschafter **sachlich gerechtfertigte Gründe** bestehen (dazu RdNr. 20). Fehlt es hieran, so soll die Ausschlussklausel wegen der mit ihr verbundenen erheblichen Beeinträchtigung der Entschließungsfreiheit der betroffenen Gesellschafter nach § 138 grundsätzlich nichtig sein;[37] jedoch komme bei teilbarem Inhalt ihre Aufrechterhaltung entsprechend § 139 in ihrem angemessenen Teil in Betracht.[38]

[29] Vgl. § 25 RdNr. 47 m. Nachw. in Fn. 147 *(Reuter)*.

[30] So auch *von Gamm* und *Hueck* (Fn. 28).

[31] Vgl. *Soergel/Hadding* und *Westermann* aaO (Fn 28).

[32] Vgl. dazu RdNr. 20 betr. sachlich gerechtfertigte Ausschlussgründe. *Gegen* die Zulässigkeit eines Rechts zum Ausschluss bei verweigerter Zustimmung zur Umwandlung einer KG in eine Kapitalgesellschaft (wegen Unvereinbarkeit mit §§ 202, 207 UmwG) aber OLG Karlsruhe ZIP 2003, 78, 79 (dazu mit Recht kritisch *Kowalski/Dörrbecker* EWiR § 207 UmwG 1/03, 181).

[33] So BGH ZIP 2003, 843, 844 f. betr. das automatische Ausscheiden aus einer von Wohnungseigentümern gebildeten GbR bei Veräußerung der Eigentumswohnung.

[34] BGHZ 34, 80, 83 = NJW 1961, 504; BGH LM HGB § 161 Nr. 30 = NJW 1973, 1606; WM 1962, 462, 463; *Soergel/Schultze-v. Lasaulx,* 10. Aufl., RdNr. 5; RGRK/*von Gamm* RdNr. 9; *Schlegelberger/Geßler,* 4. Aufl., HGB § 140 Anm. 19.

[35] Vgl. BGH LM HGB § 161 Nr. 30 = NJW 1973, 1606 und die Lit.- Nachw. in Fn. 34.

[36] BGHZ 68, 212, 215 = NJW 1977, 1292; BGHZ 81, 263, 266 ff. = NJW 1981, 2565; BGHZ 105, 213, 216 f. = NJW 1989, 834; BGHZ 107, 351, 353 = NJW 1989, 2681; BGH NJW 1985, 2421, 2422; so auch für ein Recht zum Ausschluss ohne Grund aus einer Publikums-KG BGHZ 84, 11, 14 = NJW 1982, 2303; BGHZ 104, 50, 57 f. = NJW 1988, 1903; für atypische stille Gesellschaft BGHZ 125, 74, 79 f. = NJW 1994, 1156; für GmbH BGHZ 112, 103, 108 = NJW 1990, 2622. Anders noch BGH LM HGB § 161 Nr. 30 = NJW 1973, 1606; RG ZAkDR 1938, 318.

[37] So die st. BGH-Rspr. seit NJW 1985, 2421, 2422 (vgl. Fn. 36).

[38] BGHZ 105, 213, 220 f. = NJW 1989, 834; BGHZ 107, 351, 355 ff. = NJW 1989, 2681; zust. *Behr* ZGR 1990, 370, 386 ff.

In der **Literatur** ist diese Rechtsprechung überwiegend auf Widerspruch gestoßen.[39] Gerügt wurde die damit in Anspruch genommene richterliche Inhaltskontrolle von Personengesellschaftsverträgen auch in solchen Fällen, in denen es sich um personalistische Gesellschaften handelt und in denen daher die besonderen Schutzbedürfnisse der Mitglieder einer Publikums-Gesellschaft nicht vorliegen.[40] Die Rechtsprechung führe zu erheblicher Unsicherheit für die Vertragsgestaltung und verlagere die beweglichen Schranken der Beschlusskontrolle zum Schutze der Minderheit ohne Not auf die Kontrolle der Vertragsgrundlage.[41] Zumindest in denjenigen Fällen, in denen die Abfindung nicht unangemessen beschränkt sei, sei der Ausschluss ohne wichtigen Grund nicht zu beanstanden.[42] 18

b) Stellungnahme. Der Rechtsprechung des BGH zur **Nichtigkeit** eines nicht durch sachliche Gründe gerechtfertigten Ausschlussrechts ist entgegen der verbreiteten Literaturkritik **zuzustimmen.** Die Zulassung eines willkürlichen Ausschlusses im Gesellschaftsvertrag stellt ähnlich wie die Aberkennung von Mitspracherechten in zentralen Fragen (§ 705 RdNr. 132 ff.) die betroffenen Gesellschafter weitgehend rechtlos und macht sie vom Wohlwollen der bevorrechtigten Gesellschafter abhängig. Derartige Vertragsgestaltungen höhlen den Kernbereich der Mitgliedschaft der betroffenen Gesellschafter aus; das ist, soweit nicht sachlich gerechtfertigte Gründe für die Vereinbarung des Ausschlussrechts vorliegen, trotz der im Personengesellschaftsrecht grundsätzlich bestehenden Gestaltungsfreiheit und der Möglichkeit wirksamen Verzichts auf die Gleichbehandlung (§ 705 RdNr. 247) mit den Anforderungen an ein privatautonom gestaltetes Verbandsrecht unvereinbar.[43] Auch wenn eine Inhaltskontrolle von Gesellschaftsverträgen im Regelfall, außerhalb der Publikums-Gesellschaft, grundsätzlich abzulehnen ist (vgl. näher § 705 RdNr. 139 ff.), gibt es doch immanente Schranken der Privatautonomie im Verbandsrecht, deren Überschreitung zur Rechtlosstellung der betroffenen Gesellschafter führt und daher von der Rechtsordnung nicht hingenommen werden kann. Zutreffend ist auch die *ersatzweise Anerkennung eines Ausschlussrechts aus sachlich gerechtfertigtem Grund* in derartigen Fällen, wenn es vom Willen der Vertragsschließenden umfasst war;[44] sie folgt in Abweichung von § 139 aus ergänzender Vertragsauslegung. 19

c) Sachlich gerechtfertigte Gründe. Von welchem Gewicht und welcher Art die sachlich gerechtfertigten Gründe sein müssen, damit das Ausschlussrecht Bestand hat, lässt sich positiv nicht abschließend sagen.[45] In Betracht kommen namentlich Gründe aus der Entstehungsgeschichte der Gesellschaft, die Art des – entgeltlichen oder unentgeltlichen – Anteilserwerbs des vom Ausschluss bedrohten Gesellschafters und besondere Verdienste des ausschließungsberechtigten Gesellschafters um die Gesellschaft, aber auch der Tod eines Gesellschafters, wenn das Ausschlussrecht gegenüber den Gesellschafter-Erben zeitlich begrenzt ist.[46] Der bloße Umstand, dass das Recht an ein fest umschriebenes Tatbestandsmerkmal anknüpft, reicht freilich nicht aus, wenn dieses keine Begründung für die sachliche Rechtfertigung enthält.[47] Selbst wenn das Ausschlussrecht nach diesen Grundsätzen wirksam 20

[39] Vgl. namentlich *H. Westermann,* FS Larenz II, 1983, S. 723 ff.; *Bunte* ZIP 1983, 8 ff.; *ders.* ZIP 1985, 915, 917; *Koller* DB 1984, 545 ff.; *Krämer* NJW 1981, 2553 ff.; *Kreutz* ZGR 1983, 109 ff.; *Kübler,* FS Sigle, 2000, S. 183, 190 ff.; *Weber/Hickel* NJW 1986, 2752, 2753 f.; im Grundsatz auch *Flume* I/1 § 10 III; *ders.* NJW 1979, 902; *ders.* DB 1986, 629, 632 f.; *Eiselt,* FS v. Lübtow, 1980, S. 643 ff., 656 (jeweils für Zulassung der Ausschlussklausel gegenüber Gesellschaftern „minderen Rechts"); *Schilling* ZGR 1979, 419, 422 f.; *Erman/Westermann* RdNr. 6 (abl. jedenfalls für die GbR); weit. Nachw. vgl. in Fn. 42. Dem BGH grds. zust. aber *Wiedemann* GesR I § 7 III 2 a cc; *Palandt/Sprau* RdNr. 5; *Soergel/Hadding* RdNr. 7; *Schlegelberger/K. Schmidt* HGB § 140 RdNr. 79; *Behr* ZGR 1990, 370, 377 f.; wohl auch *Hennerkes/Binz* NJW 1983, 73 ff.

[40] *H. Westermann, Bunte, Koller, Kreutz* (Fn. 39).

[41] So namentlich *Koller, Krämer* und *H. Westermann* (Fn. 39).

[42] So *Esch* NJW 1979, 1390; *U. Huber* ZGR 1980, 177, 210 f.; *Hirtz* BB 1981, 761 ff.

[43] So im Grundsatz auch *Palandt/Sprau* RdNr. 5; *Soergel/Hadding* RdNr. 7; *Schlegelberger/K. Schmidt* HGB § 140 RdNr. 79; *Wiedemann* GesR I § 7 III 2 a cc.

[44] So BGH (Fn. 38).

[45] Ebenso BGHZ 105, 213, 217 = NJW 1989, 834; Fallgruppenbildung bei *Schlegelberger/K. Schmidt* HGB § 140 RdNr. 80 ff.; vgl. auch *Behr* ZGR 1990, 370, 380 ff.; *Westermann* Hdb. RdNr. I 1129 ff.

[46] BGHZ 105, 213, 220 f. = NJW 1989, 834.

[47] So zutr. *Behr* ZGR 1990, 370, 383 f. in krit. Auseinandersetzung mit der zu weit geratenen Be-

vereinbart und seine Ausübung nicht zu beanstanden ist, kann doch die Abfindungsregelung in solchen Fällen wegen Unangemessenheit gegen § 138 verstoßen (§ 738 RdNr. 45 f., 73).

21 **d) Anteilsschenkung unter Widerrufsvorbehalt.** Mit der Problematik des Ausschlusses ohne wichtigen Grund nahe verwandt ist die – nach Schenkungsrecht grundsätzlich zulässige[48] – Schenkung eines Gesellschaftsanteils unter freiem Widerrufsvorbehalt. Sie berechtigt den Schenker, den beschenkten Gesellschafter unter Berufung auf den Widerrufsvorbehalt nach freiem Belieben zur Rückübertragung des Anteils zu verpflichten, und verschafft ihm damit im Fall des Fortbestands der eigenen Mitgliedschaft in der Gesellschaft eine Stellung, die funktional weitgehend mit derjenigen eines über ein freies Hinauskündigungsrecht verfügenden Gesellschafters vergleichbar ist. Für die Wirksamkeit einer solchen Gestaltung spricht das Dogma der Trennung von Gesellschafts- und Schenkungsrecht auch nach Vollzug der Schenkung,[49] dagegen die sachlich übereinstimmenden Folgen der beiden Gestaltungsarten und deren Ausstrahlung auf die Gesellschafterstellung des Beschenkten.[50]

22 Den Vorzug verdient daher das **Bemühen um einheitliche Beurteilungskriterien** für beide Fälle.[51] Sie lassen sich dann finden, wenn man einerseits die Schenkung einer Gesellschaftsbeteiligung im Grundsatz als sachlich gerechtfertigten Grund (RdNr. 20) für das gesellschaftsvertragliche Ausschlussrecht akzeptiert[52] und andererseits den Schenkungswiderruf nicht schrankenlos zulässt, sondern einer Ausübungskontrolle unterwirft.[53] Hiervon abgesehen bleibt es freilich dabei, dass zwischen Schenkungswiderruf und Ausschlussrecht nicht nur nach den rechtlichen Voraussetzungen, sondern auch nach den Rechtswirkungen zu differenzieren ist. Denn der Beschenkte verliert im Fall des Widerrufs, anders als der vom Ausschluss betroffene Gesellschafter, die Mitgliedschaft nicht automatisch, sondern ist zur (regelmäßig von der Zustimmung der Mitgesellschafter abhängigen) Rückübertragung des Anteils verpflichtet; außerdem hat er anders als der vom Ausschluss Betroffene keinen Anspruch auf eine Abfindung.

§ 738 Auseinandersetzung beim Ausscheiden

(1) [1] Scheidet ein Gesellschafter aus der Gesellschaft aus, so wächst sein Anteil am Gesellschaftsvermögen den übrigen Gesellschaftern zu. [2] Diese sind verpflichtet, dem Ausscheidenden die Gegenstände, die er der Gesellschaft zur Benutzung überlassen hat, nach Maßgabe des § 732 zurückzugeben, ihn von den gemeinschaftlichen Schulden zu befreien und ihm dasjenige zu zahlen, was er bei der Auseinandersetzung erhalten würde, wenn die Gesellschaft zur Zeit seines Ausscheidens aufgelöst worden wäre. [3] Sind gemeinschaftliche Schulden noch nicht fällig, so können die übrigen Gesellschafter dem Ausscheidenden, statt ihn zu befreien, Sicherheit leisten.

gründung in BGHZ 105, 213, 218 ff. = NJW 1989, 834; aA wohl *Hennerkes/Binz* NJW 1983, 79 f.

[48] HM, vgl. nur 3. Aufl. § 517 RdNr. 6 *(Kollhosser)*, *Kollhoser* AcP 194 (1994), 231, 237 f. und *Jülicher* ZGR 1996, 82, 84, jew. m. weit. Nachw.

[49] So insbes. *K. Schmidt* BB 1990, 1992, 1995 f. unter Berufung auf BGHZ 112, 40, 47 = NJW 1990, 2616 (damit schwer vereinbar dann aber BGHZ 112, 103, 107 = NJW 1990, 2622); ihm folgend *Jülicher* ZGR 1996, 82, 89 ff.; *Brandner/Bergmann,* FS Sigle, 2000, S. 327, 335 f.; eingehend *Blanke,* Das Recht zur Ausschließung aus der Personengesellschaft, 1994, S. 218 ff., 227; im Ergebnis ebenso schon *Sudhoff,* Handbuch der Unternehmensnachfolge, 3. Aufl. 1984, S. 99; *Wiedemann/Heinemann* DB 1990, 1649, 1655.

[50] Darauf hinweisend insbes. *Heinemann* ZHR 155 (1991), 447, 460 ff., 469; ebenso *Schöne,* Gesellschafterausschluss bei Personengesellschaften, 1993, S. 90 f.; *Mayer* ZGR 1995, 93, 105.

[51] So namentlich *Kollhosser* AcP 194 (1994), 238 ff.; vgl. auch 3. Aufl. § 517 RdNr. 6.

[52] *Kollhosser* (Fn. 51) unter zutr. Hinweis darauf, dass der BGH die Frage bisher offen gelassen hat (vgl. zuletzt BGHZ 112, 103, 109 = NJW 1990, 2622).

[53] Dazu unter Hinweis auf zeitliche und sachliche Schranken näher *K. Schmidt* BB 1990, 1996 f. und *Jülicher* ZGR 1996, 82, 100 ff.

(2) Der Wert des Gesellschaftsvermögens ist, soweit erforderlich, im Wege der Schätzung zu ermitteln.

Übersicht

	RdNr.
I. Der Regelungsinhalt der §§ 738 bis 740	1–13
1. Ausscheiden als partielle Auseinandersetzung	1–5
a) Abfindungsanspruch und Schuldbefreiung	2, 3
b) Forthaftung gegenüber Dritten	4
c) Prozessrechtsfolgen	5
2. Ausscheiden und Anwachsung (§ 738 Abs. 1 S. 1)	6–9
a) Wegfall der Gesellschafterstellung	6, 7
b) Verlust der Gesamthandsberechtigung	8, 9
3. Anwendungsbereich	10, 11
4. Abweichende Vereinbarungen	12, 13
II. Der Abfindungsanspruch	14–38
1. Grundlagen	14–18
a) Anspruchsvoraussetzungen	14, 15
b) Anspruchsgegner	16, 17
c) Einbeziehung sonstiger gesellschaftsvertraglicher Ansprüche	18
2. Entstehung, Fälligkeit und Verzinsung	19–22
3. Die Abfindungsbilanz	23–31
a) Bedeutung	23–25
b) Aufstellung und Feststellung	26–29
c) Gerichtliche Durchsetzung	30, 31
4. Die Wertermittlung	32–36
a) Grundlagen	32–34
b) Bewertungsverfahren	35, 36
5. Berechnung des Anspruchs auf die Abfindung (den Fehlbetrag)	37, 38
III. Vertragliche Abfindungsvereinbarungen	39–75
1. Allgemeines	39–43
a) Gründe abweichender Vertragsgestaltung	39, 40
b) Wirksamkeitsgrenzen (Meinungsstand)	41–43
2. Schranken für vertragliche Abfindungsvereinbarungen	44–59
a) Überblick	44
b) Sittenwidrigkeit (§ 138)	45, 46
c) Gläubigerschutz	47, 48
d) Verbotene Kündigungsbeschränkung (§ 723 Abs. 3)	49–52
e) Ergänzende Vertragsauslegung (§§ 157, 242)	53, 54
f) Rechtsmissbrauch, Störung der Geschäftsgrundlage (§§ 242, 313)	55–57
g) Ausnahmen für Beteiligungen minderen Rechts?	58, 59
3. Typische Vertragsklauseln	60–65
a) Abfindungsausschluss	60–62
b) Buchwertklauseln	63, 64
c) Auszahlungsvereinbarungen	65
4. Besondere Fallgruppen	66–71
a) Freiberufler-Sozietäten	66–69
b) Innengesellschaften	70, 71
5. Rechtsfolgen unwirksamer oder unangemessener Abfindungsklauseln	72–75
a) Allgemeines	72, 73
b) Vertragsergänzung und dispositives Recht	74, 75
IV. Sonstige Ansprüche des Ausgeschiedenen	76–80
1. Rückgabe von Gegenständen	76
2. Schuldbefreiung	77–79
3. Sicherheitsleistung	80

I. Der Regelungsinhalt der §§ 738 bis 740

1 **1. Ausscheiden als partielle Auseinandersetzung.** Die Rechtsfolgen des Ausscheidens aus einer im Übrigen fortbestehenden Gesellschaft sind für das Verhältnis zwischen Ausgeschiedenen und fortführenden Gesellschaftern in §§ 738 bis 740 geregelt. Die Regelungen beruhen auf dem **Grundgedanken,** trotz Verzichts auf eine Auseinandersetzung der Gesellschaft die *Stellung des Ausgeschiedenen derjenigen bei Liquidation so weit wie möglich anzunähern.* Vermögensmäßige Nachteile aus dem Fortbestand der Gesellschaft anstelle der Auflösung sollen ihm grundsätzlich nicht erwachsen.

2 **a) Abfindungsanspruch und Schuldbefreiung.** Der **Abfindungsanspruch** des Ausgeschiedenen bemisst sich nach gesetzlicher Regel (§ 738 Abs. 1 S. 2) nach der Höhe des ihm im Fall der Liquidation zustehenden Auseinandersetzungsguthabens (Rückerstattung der Einlagen und Verteilung des Überschusses, §§ 733 Abs. 2 S. 1, 734). Umgekehrt trifft ihn nach dem Vorbild von § 735 eine Zahlungspflicht in Höhe des anteiligen, bei seinem Ausscheiden etwa vorhandenen Verlusts (§ 739). Wie bei der Abwicklung (§ 732) hat der Ausgeschiedene Anspruch auf Rückgabe der der Gesellschaft zur Benutzung überlassenen Gegenstände (§ 738 Abs. 1 S. 2).

3 Anstelle der in § 733 Abs. 1 vorgesehenen Berichtigung der Gesellschaftsverbindlichkeiten kann der Ausgeschiedene nach § 738 Abs. 1 S. 2 und 3 von den übrigen Gesellschaftern **Schuldbefreiung** bzw. Sicherheitsleistung hinsichtlich derjenigen Verbindlichkeiten verlangen, für die er die persönliche Haftung übernommen hat. Mit Rücksicht darauf, dass die Gesellschaft beim Ausscheiden als werbende fortbesteht und dass ihre Rechtsbeziehungen zu Dritten durch die personellen Veränderungen grundsätzlich nicht berührt werden, sieht § 740 schließlich die Beteiligung des Ausgeschiedenen am **Ergebnis der schwebenden Geschäfte** vor. Das läuft auf eine partielle Fortsetzung der Gesellschaft mit ihm in vermögensrechtlicher Hinsicht hinaus.

4 **b) Forthaftung gegenüber Dritten.** Zu den das Verhältnis zu Dritten betreffenden Haftungsfolgen des Ausscheidens aus der fortbestehenden Gesellschaft vgl. § 714 RdNr. 70 f. und § 736 RdNr. 21 ff. An der Haftung der Gesellschaft ändert sich durch das Ausscheiden nichts. Soweit der Ausgeschiedene – wie regelmäßig – während seiner Zugehörigkeit zur Gesellschaft in die persönliche Haftung für Gesamthandsverbindlichkeiten gekommen war, besteht sie trotz des Ausscheidens fort; der Schuldbefreiungsanspruch nach § 738 Abs. 1 S. 2 richtet sich nicht gegen die Gläubiger, sondern gegen die Gesellschaft (RdNr. 77). Der Ausgeschiedene kann sich aber nach § 736 Abs. 2 auf die fünfjährige Begrenzung der Nachhaftung berufen. Vorbehaltlich des Eingreifens eines Rechtsscheintatbestandes ist eine Neubegründung seiner persönlichen Haftung im Verhältnis zu Gesellschaftsgläubigern nach dem Ausscheiden ausgeschlossen; anderes gilt für Verbindlichkeiten aus schon bestehenden Dauerschuldverhältnissen (§ 736 RdNr. 22).

5 **c) Prozessrechtsfolgen.** Auf Prozesse der **parteifähigen GbR** als Klägerin oder Beklagte ist das Ausscheiden ohne Einfluss. Soweit die Prozesse (noch) von den Gesellschaftern in ihrer gesamthänderischen Verbundenheit als notwendige Streitgenossen, dh. als Gesamthandsprozess geführt werden, verliert der Ausgeschiedene seine Parteistellung. Die Vorschrift des § 265 ZPO findet keine Anwendung (str., vgl. § 718 RdNr. 60). Auf eine (Gesamtschuld-)Klage gegen den ausgeschiedenen **Gesellschafter persönlich** hat das Ausscheiden keinen Einfluss.

6 **2. Ausscheiden und Anwachsung (§ 738 Abs. 1 S. 1). a) Wegfall der Gesellschafterstellung.** Das Ausscheiden führt dazu, dass die Gesellschafterstellung des Ausgeschiedenen endet. Damit kommen grundsätzlich auch die Gesellschafterrechte und -pflichten in Wegfall, soweit sie nicht bereits zu selbstständigen, vom Anteil gelösten vermögensrechtlichen Ansprüchen und Verbindlichkeiten geworden sind (zu deren Einbeziehung in die Berechnung des Abfindungsanspruchs vgl. RdNr. 17). Die Mitsprache- und Geschäftsführungsrechte erlöschen mit dem Tag des Ausscheidens. Gleiches gilt für die Kontrollrechte; an ihre Stelle tritt der Auskunftsanspruch nach § 810 (§ 716 RdNr. 13).[1]

7 Pflichten zur gegenseitigen Rücksichtnahme treffen den Ausgeschiedenen ebenso wie die übrigen Gesellschafter im Rahmen der **nachvertraglichen Treupflicht.**[2] Sie beziehen sich einerseits auf die *Erstellung der Abfindungsbilanz* und die insoweit gebotene Kooperation der Beteiligten.[3] Andererseits kann der Ausgeschiedene je nach Lage des Falles noch für begrenzte Zeit nach seinem Ausscheiden einem fortbestehenden **Wettbewerbsverbot** unterliegen. Ein solches kann sich, sei es auch konkludent, in den durch §§ 138 BGB, 1 GWB gesetzten Grenzen aus entsprechenden, auf den Ausscheidensfall bezogenen Abreden im Gesellschaftsvertrag ergeben (vgl. RdNr. 68 und § 705 RdNr. 237). Das gilt etwa im Fall einer Abfindungsvereinbarung, die dem Ausgeschiedenen vollen Anteil an dem Ertragswert

[1] Zum Informationsrecht ausgeschiedener Gesellschafter vgl. BGH NJW 2000, 2276, 2277; OLG Frankfurt BB 1982, 143.

[2] Zurückhaltend (nur nach § 242) *Westermann* Hdb. RdNr. I 1135.

[3] Vgl. § 730 RdNr. 59 f. m. Nachw. zur Kooperationspflicht der Gesellschafter in der Abwicklungsphase; BGH ZIP 2003, 73, 74 (Informationspflicht). Speziell zur Treupflicht des aus einer Personengesellschaft Ausgeschiedenen vgl. BGH WM 1980, 462, 464 (Verbot der Einmischung in Geschäftsführungsangelegenheiten) und *Ulmer* in Großkomm. z. HGB, 3. Aufl., § 138 RdNr. 18 f. m. weit. Nachw.

der fortbestehenden Gesellschaft gewährt.[4] Das Verbot kann auch aus der Pflicht zur Schadensbeseitigung (§ 249) im Falle eines schuldhaft herbeigeführten Ausscheidensgrunds resultieren.[5]

b) Verlust der Gesamthandsberechtigung. Dem mit dem Ausscheiden verbundenen Ende der Mitgliedschaft trägt namentlich auch die in § 738 Abs. 1 S. 1 angeordnete **Anwachsung** der Gesamthandsberechtigung des Ausgeschiedenen bei den übrigen Gesellschaftern Rechnung. Es handelt sich um eine **zwingende Folge** des Ausscheidens, da die Gesamthandsberechtigung, dh. die Mitinhaberschaft an den der Gesellschaft zugeordneten Gegenständen, eine Folge der Zugehörigkeit zur Gesellschaft ist und nicht ohne diese fortbestehen kann. Der Verlust der Gesellschafterstellung hat daher notwendig auch den Wegfall der – nunmehr auf die verbleibenden Gesellschafter beschränkten – Gesamthandsberechtigung zur Folge (vgl. näher § 718 RdNr. 6 ff., zum Sonderfall der Übernahme vgl. § 730 RdNr. 81 f.). 8

Im Einzelnen ist wegen der **Anwachsungsfolgen** für eine rechtsgeschäftliche Übertragung der Gegenstände des Gesellschaftsvermögens auf die verbleibenden Gesellschafter kein Raum. Der *Grundbucheintrag über Liegenschaftsrechte der Gesamthand* ist zu berichtigen, sofern er nicht auf den Namen der Gesellschaft, sondern auf denjenigen der Gesellschafter lautet.[6] Der Ausgeschiedene ist verpflichtet, der Berichtigung zuzustimmen.[7] Er hat zwar im Regelfall ein Zurückbehaltungsrecht gem. § 273 Abs. 1 bis zur Auszahlung der ihm zustehenden Abfindung; dieses ist jedoch dann ausgeschlossen, wenn ohne Grundbuchberichtigung den verbleibenden Gesellschaftern die Fortführung der Geschäfte unmöglich wird.[8] Auf die vermögensrechtliche – im Unterschied zur dinglichen – Stellung des Ausgeschiedenen ist die Anwachsung ohne Einfluss; der Abfindungsanspruch gewährt ihm ein grundsätzlich vollwertiges Äquivalent für den Verlust der gesamthänderischen Mitberechtigung. 9

3. Anwendungsbereich. Die Vorschriften der §§ 738 bis 740 gelten für **alle** Arten von Personengesellschaften, darunter auf Grund der Verweisung der §§ 105 Abs. 3, 161 Abs. 2 HGB auch für die **OHG und KG** und gem. § 1 Abs. 4 PartGG für die **PartG,** da weder das HGB noch das PartGG für die Auseinandersetzung zwischen Ausscheidendem und verbleibenden Gesellschaftern Sonderregelungen enthalten.[9] Vom Sonderfall der stillen GbR abgesehen (RdNr. 71), sind sie grundsätzlich auch auf **Innengesellschaften** anwendbar, soweit es bei diesen zum Gesellschafterwechsel iS von §§ 736 Abs. 1, 737 kommt. Von Bedeutung ist das namentlich für die Entstehung und Berechnung des Anspruchs auf die Abfindung (den Fehlbetrag) sowie für die Teilnahme an schwebenden Geschäften, während die Vorschriften über Anwachsung und Schuldbefreiung beim Fehlen von Gesellschaftsvermögen und gesellschaftlichem Außenhandeln leerlaufen. Eine entsprechende Anwendung des § 738 Abs. 1 S. 1 auf die Miteigentümergemeinschaft nach WEG ist abzulehnen.[10] 10

Entsprechende Anwendung finden die §§ 738 bis 740 auf die **Übernahme** der Gesellschaft durch den Letztverbleibenden beim Ausscheiden des vorletzten Gesellschafters.[11] Für den Ausgeschiedenen bedeutet es, abgesehen von der Person des Abfindungsschuldners (RdNr. 16 f.), nach gesetzlicher Regel keinen Unterschied, ob die Gesellschaft als solche fortbesteht oder das Gesellschaftsvermögen durch Gesamtrechtsnachfolge auf den Übernehmer als Alleininhaber übergeht. Die ihm in §§ 738, 740 eingeräumten Rechte auf 11

[4] So insbes. beim Ausscheiden aus einer Freiberufler-Sozietät mit Mandantenschutzvereinbarung für diese, vgl. dazu RdNr. 67 f. m. Rspr.-Nachw. sowie auch *Römermann* NJW 2002, 1399 ff.

[5] Vgl. Nachw. in § 705 Fn. 624.

[6] Vgl. dazu näher § 705 RdNr. 312 ff.

[7] Die Eintragungsbewilligung als Berichtigungsvoraussetzung bedarf der Form des § 29 GBO, vgl. OLG Stuttgart NJW 1990, 2757.

[8] BGH NJW 1990, 1171 f.

[9] Vgl. dazu und zu den für Handelsgesellschaften zu berücksichtigenden Besonderheiten bei der Auseinandersetzung mit einem ausgeschiedenen Gesellschafter *Ulmer* in Großkomm. zum HGB, 3. Aufl., § 138 RdNr. 31 ff.

[10] BGHZ 109, 179, 185 = NJW 1990, 447, 448.

[11] HM, vgl. BGH LM HGB § 142 Nr. 15 = NJW 1966, 827, 828; BGH NJW 1993, 1194; WM 2002, 293, 295; *Soergel/Hadding* RdNr. 2; *Erman/Westermann* § 737 RdNr. 10; *Palandt/Sprau* RdNr. 1; RGRK/*von Gamm* RdNr. 1; vgl. auch § 730 RdNr. 83. Davon zu unterscheiden ist die Vorfrage nach den Voraussetzungen für eine zum Ausscheiden führende Übernahme (§ 730 RdNr. 68 ff.).

Abfindung, Schuldbefreiung, Teilnahme am Ergebnis schwebender Geschäfte u. a. hängen nicht davon ab, welches rechtliche Schicksal die Gesellschaft infolge seines Ausscheidens erleidet. Will der übernahmeberechtigte Mitgesellschafter die Haftung für die Ansprüche des Ausgeschiedenen aus §§ 738, 740 vermeiden, so muss er auf die Ausübung des Übernahmerechts verzichten und statt dessen die Auflösung der Gesellschaft mit den Abwicklungsfolgen der §§ 730 ff. eintreten lassen (vgl. § 736 RdNr. 18).

12 **4. Abweichende Vereinbarungen.** Ebenso wie das sonstige Recht der GbR sind auch die Vorschriften der §§ 738 bis 740 **grundsätzlich dispositiv.** Abweichende Vereinbarungen finden sich mit Rücksicht auf die Kapitalsicherung der Gesellschaft und die Bewertungsprobleme für die Anspruchsberechnung namentlich in Bezug auf die Fälligkeit und Höhe des *Abfindungsanspruchs* (RdNr. 20, 39 ff.), aber auch zum Anspruch auf *Schuldbefreiung* und auf Teilnahme an den schwebenden Geschäften.[12] In Ergänzung zu § 738 Abs. 1 kommt insbes. die Vereinbarung eines dem Bestandsschutz der Gesellschaft dienenden *nachvertraglichen Wettbewerbsverbots* zu Lasten des Ausgeschiedenen in den Grenzen der §§ 134, 138 in Betracht.[13]

13 **Nicht** der Parteidisposition zugänglich ist allerdings das **Anwachsungsprinzip** in § 738 Abs. 1 S. 1. Es ist Ausdruck der Struktur der gesellschaftsrechtlichen Gesamthand und beansprucht als solches zwingende Geltung (RdNr. 8). Daher kann auch ein auf Vereinbarung beruhendes, zwischenzeitlich wirksam gewordenes Ausscheiden nicht durch Rücktritt oder Aufhebungsvertrag rückwirkend beseitigt werden. In Betracht kommt vielmehr nur die Neuaufnahme des wirksam ausgeschiedenen Gesellschafters unter Einräumung einer Rechtsstellung, als wenn er nicht ausgeschieden wäre.[14]

II. Der Abfindungsanspruch

14 **1. Grundlagen. a) Anspruchsvoraussetzungen.** Voraussetzung des in § 738 Abs. 1 S. 2 geregelten Abfindungsanspruchs ist das *ersatzlose Ausscheiden* eines Gesellschafters nach Maßgabe der §§ 736 Abs. 1, 737 aus der im Übrigen fortbestehenden Gesellschaft bzw. die Vollbeendigung der Gesellschaft, sei es durch Ausübung eines Übernahmerechts (§ 730 RdNr. 77 ff.) oder Ausscheiden des vorletzten Gesellschafters (vgl. § 730 RdNr. 11). Beim **Anteilsübergang** auf einen Nachfolger, sei es rechtsgeschäftlich (§ 719 RdNr. 25) oder von Todes wegen (§ 727 RdNr. 28 ff.), kommt es weder zur Anwachsung bei den Mitgesellschaftern noch zur Entstehung eines Anspruchs des Ausgeschiedenen oder seiner Erben auf Abfindung oder Schuldbefreiung.[15] – Zum Abfindungsausschluss und zu abweichenden Abfindungsvereinbarungen vgl. RdNr. 60 ff.

15 Schwierigkeiten kann die Beurteilung des Inhalts von Vereinbarungen mit den Mitgesellschaftern über das **Ausscheiden eines Gesellschafters, verbunden mit der Aufnahme eines neuen Mitglieds,** bereiten. Hier ist jeweils im Wege der Vertragsauslegung zu klären, ob von den Beteiligten eine Anteilsübertragung gewollt ist oder ein Ausscheiden mit den Rechtsfolgen der §§ 738 bis 740 und daneben ein Neueintritt (§ 719 RdNr. 17 ff., 21 ff.). Von der Ausgestaltung dieser Rechtsbeziehungen hängen auch die Ansprüche des Ausgeschiedenen ab.[16] Gehen die Vereinbarungen der Beteiligten im allseitigen Einvernehmen dahin, dem Neueintretenden ohne Einlagepflichten gegenüber der Gesellschaft die Rechtsstellung des Vorgängers zu verschaffen, so spricht das für die Annahme einer Anteilsübertragung; der Ausgeschiedene kann sich dann wegen seiner Zahlungsansprüche nur an den Anteilserwerber halten, nicht aber an die Gesellschaft. Fallen – wie namentlich bei der auf

[12] Vgl. dazu auch *Westermann* Hdb. RdNr. I 1136 f. sowie § 740 RdNr. 3 betr. die Unanwendbarkeit des § 740 bei Abfindung zum anteiligen Ertragswert.

[13] Vgl. RdNr. 7, 68 m. Nachw.

[14] BGH WM 1982, 1146, 1147.

[15] Zur grds. Forthaftung des durch Anteilsübertragung ausgeschiedenen Gesellschafters auch für die gesamtschuldnerischen Ausgleichsansprüche von Mitgesellschaftern nach § 426 vgl. jedoch BGH LM § 426 Nr. 54 = NJW 1981, 1095, 1096; § 719 RdNr. 46.

[16] BGH NJW 1975, 1661; 1995, 3313.

den Todesfall eines Gesellschafters bezogenen Eintrittsklausel (§ 727 RdNr. 53 ff.) – Ausscheiden und Neueintritt zeitlich auseinander, so greifen grundsätzlich die Rechtsfolgen der §§ 738 bis 740 ein, soweit nicht die Beteiligten die Rechte des Ausgeschiedenen aus §§ 738, 740 – gegebenenfalls auflösend bedingt für den Fall der Nichtausübung des Eintrittsrechts – im Interesse des Eintrittsberechtigten ausgeschlossen haben.[17]

b) Anspruchsgegner. Der Abfindungsanspruch richtet sich als gesetzlicher, aus dem *Gesellschaftsverhältnis* entspringender Anspruch (Sozialverbindlichkeit, § 705 RdNr. 197) in erster Linie **gegen die Gesellschaft,** im Falle der sofortigen Vollbeendigung als Ausscheidensfolge gegen den Übernehmer. Dass er erst im Zeitpunkt des Ausscheidens entsteht (RdNr. 19), steht dieser Beurteilung nicht entgegen. Es handelt sich um den durch einseitiges Ausscheiden zum Abfindungsanspruch umgestalteten (künftigen) Anspruch auf das Auseinandersetzungsguthaben (§ 717 S. 2, dazu § 717 RdNr. 37). *Wirksame Verfügungen* über diesen Anspruch einschließlich solcher im Wege der Zwangsvollstreckung (vgl. § 717 RdNr. 38 f., 43) erstrecken sich daher auch auf den an seine Stelle tretenden Abfindungsanspruch. 16

Die **Haftung der übrigen Gesellschafter** für den Abfindungsanspruch war früher umstritten;[18] wegen dessen Rechtsnatur als Sozialverbindlichkeit und wegen des Fehlens eines besonderen Verpflichtungsgrundes auf Seiten der Mitgesellschafter wurde sie noch in der 3. Aufl.[19] abgelehnt. Durch den Übergang der höchstrichterlichen Rechtsprechung zur akzessorischen Gesellschafterhaftung ist dieser Einwand nach Ansicht des BGH entfallen; er bejaht daher die gesamtschuldnerische Gesellschafterhaftung für den Anspruch.[20] Auch die auf die Rechtsnatur des Anspruchs als Sozialverbindlichkeit und auf die fehlende Haftung der Mitgesellschafter hierfür gegründete, aus § 707 abgeleitete Schranke (§ 705 RdNr. 217) greift nicht durch, weil sie dem Ausgeschiedenen – anders als den Mitgesellschaftern – nicht entgegengesetzt werden kann (§ 705 RdNr. 218). Allerdings muss sich der Ausgeschiedene als ehemaliger Partner des Gesellschaftsvertrags interne Haftungsbeschränkungsabreden zugunsten der Mitgesellschafter entgegenhalten lassen, wie sie sich namentlich im Fall von Bauherrengemeinschaften, geschlossenen Immobilienfonds u. a. finden. Je nach Ausgestaltung führen sie zum Ausschluss oder zur anteiligen Beschränkung der Gesellschafterhaftung.[21] Anderes gilt im Fall der Übernahme des Gesellschaftsvermögens durch den letztverbleibenden Gesellschafter, da der Übernehmer hier als Gesamtrechtsnachfolger voll in die Verbindlichkeiten der Gesellschaft eintritt (§ 730 RdNr. 81). 17

c) Einbeziehung sonstiger gesellschaftsvertraglicher Ansprüche. Der Abfindungsanspruch bestimmt sich in seiner Höhe grundsätzlich nach dem auf den Ausscheidenszeitpunkt zu berechnenden, fiktiven Auseinandersetzungsguthaben; das Ausscheiden wird als partielle Auseinandersetzung behandelt (RdNr. 1). Dementsprechend sind auch die in stRspr. entwickelten Grundsätze über die Durchsetzungssperre für auf dem Gesellschaftsverhältnis beruhende, den Gesellschaftern zustehende Ansprüche nach Auflösung der Gesellschaft und für ihre Berücksichtigung als **unselbstständige Rechnungsposten** in der Schlussabrechnung (§ 730 RdNr. 49 ff.) im Fall des einseitigen Ausscheidens zu beachten.[22] Der Grund für diese Rechtsprechung, wechselseitige Zahlungen zwischen Gesamthand und 18

[17] Zur Problematik der Behandlung von Abfindungsanspruch und Einlageverpflichtung bei Vereinbarung einer Eintrittsklausel vgl. näher § 727 RdNr. 58 f.

[18] Dafür RGRK/*v. Gamm* RdNr. 3; *Staudinger/Keßler* RdNr. 4; *Heckelmann,* Abfindungsklauseln in Gesellschaftsverträgen, 1973, S. 22 ff.; im Grundsatz auch *Palandt/Sprau* RdNr. 2; aA 3. Aufl. RdNr. 12; *Flume* I/1 § 12 I; so auch noch *Erman/Westermann* RdNr. 4; *Westermann* Hdb. RdNr. I 1143; *Timm/Schöne* in *Bamberger/Roth* RdNr. 18; wohl auch OLG Köln NZG 2001, 467, 469; offen lassend *Soergel/Hadding* RdNr. 9.

[19] RdNr. 12; ebenso *Flume* I/1 § 12 I.

[20] BGHZ 148, 201, 207 = NJW 2001, 2718 im Anschluss an die hM zur Rechtslage im Recht der Personenhandelsgesellschaften (vgl. § 705 Fn. 572).

[21] Vgl. *Ulmer* ZIP 2003, 1113, 1120 f.; so auch OLG Köln NZG 2001, 467, 469; OLG Oldenburg NZG 2000, 542, 543.

[22] BGH WM 1978, 89, 90; 1979, 937, 938; 1992, 306, 308; *Soergel/Hadding* RdNr. 8; *Palandt/Sprau* RdNr. 2.

Gesellschaftern im Abwicklungsstadium möglichst zu vermeiden, hat auch im Verhältnis von Ausgeschiedenem und Gesamthand Bedeutung. Angesichts der anerkannten Ausnahmen von diesem Grundsatz (§ 730 RdNr. 54 f.) sowie angesichts der im Regelfall schon bald nach dem Ausscheiden eintretenden Fälligkeit des Abfindungsanspruchs (RdNr. 20) werden die Interessen des Ausgeschiedenen an der ungehinderten Geltendmachung solcher Ansprüche dadurch nicht unzumutbar beeinträchtigt. Der Grundsatz gilt nicht für unstreitige Einzelansprüche, die der Ausgeschiedene unabhängig von der Berechnung der Abfindung in jedem Fall zu beanspruchen hat,[23] sowie für Drittgläubigerforderungen des Ausgeschiedenen.[24]

19 **2. Entstehung, Fälligkeit und Verzinsung.** Der Abfindungsanspruch **entsteht** – an Stelle des bis dahin als künftiges Recht bestehenden Anspruchs auf das Auseinandersetzungsguthaben (RdNr. 16) – *im Zeitpunkt des Ausscheidens.*[25] Das folgt aus § 738 Abs. 1 S. 1 und 2, dh. aus dem Zusammenhang zwischen Verlust der Mitgliedschaft und Abfindung durch die Gesellschaft. Auf diesen Zeitpunkt ist auch die Berechnung seiner Höhe vorzunehmen. Die Vereinbarung eines bestimmten, vom Zeitpunkt des Ausscheidens abweichenden Abfindungsstichtags ist für die Entstehung des Anspruchs ohne Bedeutung, beeinflusst aber dessen Höhe sowie im Zweifel auch die Fälligkeit und Verzinsung.

20 Die **Fälligkeit** des Anspruchs und damit auch dessen Aufrechenbarkeit (§ 387) soll nach hM entgegen § 271 Abs. 1 nicht schon mit der Entstehung, sondern regelmäßig erst mit der Feststellung der Abfindungsbilanz (RdNr. 28) eintreten.[26] Dem ist schon deshalb nicht zu folgen, weil der Akt der Bilanzfeststellung keine konstitutive Bedeutung für den Abfindungsanspruch hat, sondern nur dazu dient, Einvernehmen zwischen den Beteiligten über die Anspruchshöhe zu erzielen.[27] Auch der Umstand, dass die genaue ziffernmäßige Höhe des Anspruchs vor Erstellung der Schlussabrechnung meist noch nicht feststeht, schließt seine alsbaldige Fälligkeit nicht aus, solange der Anspruch wenigstens bestimmbar ist.[28] Allerdings entspricht jedenfalls in denjenigen Fällen, in denen als Abfindung nicht der Buchwert einer schon vor dem Ausscheiden festgestellten Bilanz vorgesehen ist, die sofortige Fälligkeit des Anspruchs regelmäßig nicht den Vorstellungen der Beteiligten. Vielmehr wird aus den Umständen (§ 271 Abs. 1) meist eine *Verschiebung des Fälligkeitszeitpunkts um die für die Erstellung der Abfindungsbilanz voraussichtlich benötigte Zeitdauer* anzunehmen sein.[29] Der tatsächliche Zeitpunkt der Schlussabrechnung ist im Zweifel nur dann maßgebend, wenn es bis dahin nicht zu unerwarteten oder von den übrigen Gesellschaftern zu vertretenden Verzögerungen gekommen ist. Bei Verstößen des Ausgeschiedenen gegen die nachvertragliche Treupflicht kann sich das Auszahlungsverlangen im Einzelfall als unzulässige Rechtsausübung erweisen.[30]

[23] BGH NJW 1992, 2757, 2758; NJW-RR 1988, 1249; WM 1981, 487; 1993, 1340, 1341.

[24] Str., vgl. § 730 RdNr. 53 Fn. 81.

[25] So die hM für den mit der Auflösung entstehenden Anspruch auf das Auseinandersetzungsguthaben, vgl. näher § 717 RdNr. 32; aA für den Abfindungsanspruch *Heckelmann* (Fn. 18) S. 25 f. (Entstehung schon bei Abschluss des Gesellschaftsvertrags).

[26] RG JW 1917, 539; HRR 1939 Nr. 937; *Erman/Westermann* RdNr. 4; *Soergel/Hadding* RdNr. 8; *Staudinger/Keßler* RdNr. 15; *Hueck* OHG § 29 II 5 a d; *Hörstel* NJW 1994, 2268, 2271; *Sudhoff* DB 1964, 1326. Mit anderer Begründung, unter Berufung auf den typischen Parteiwillen („aus den Umständen", § 271 Abs. 1), auch *Heckelmann* (Fn. 18) S. 26 ff.

[27] Vgl. zu dieser vor allem für die Feststellung des jeweiligen Jahresabschlusses umstrittenen Frage § 721 RdNr. 8.

[28] So zutr. *Riegger,* Die Rechtsfolgen des Ausscheidens eines Gesellschafters aus einer zweigliedrigen Personalgesellschaft, 1969, S. 96; *Palandt/Sprau* RdNr. 6; *Timm/Schöne* in *Bamberger/Roth* RdNr. 19; *Westermann* Hdb. RdNr. I 1141; *Ulmer* in Großkomm. zum HGB, 3. Aufl., § 138 RdNr. 37 f.; *Stötter* BB 1977, 1219, 1220; ebenso BGH WM 1980, 212, 213 für Ansprüche aus § 740.

[29] Dazu näher *Ulmer* in Großkomm. zum HGB, 3. Aufl., § 138 RdNr. 38. So auch *Neuhaus,* Unternehmensbewertung und Abfindung, 1990, S. 149 ff.; ähnlich (Fälligkeit ab dem Zeitpunkt, zu dem der Anspruch berechenbar ist) *Schlegelberger/K. Schmidt* HGB § 138 RdNr. 44; aA (für grds. sofortige Fälligkeit) *Riegger* und *Stötter* (Fn. 28).

[30] BGH LM § 242 (Bf) Nr. 7 = NJW 1960, 718, 719.

21 Für **unstreitige Mindestbeträge** der Abfindung kommt es auch nach der hM nicht auf die endgültige Klärung der Abfindungshöhe an; sie sollen schon vorweg durchgesetzt werden können.[31] Dem ist mit der Maßgabe zuzustimmen, dass die Fälligkeit auch insoweit im Zweifel nicht schon im Zeitpunkt der Anspruchsentstehung, also beim Ausscheiden, sondern erst nach Ablauf einer für die Beschaffung der erforderlichen Mittel nötigen Mindestzeit eintritt.

22 **Zinsen** sind im Grundsatz nicht schon ab Entstehung oder Fälligkeit des Anspruchs, sondern erst dann zu zahlen, wenn die Gesellschaft nach Eintritt der Fälligkeit auf eine Mahnung des Ausgeschiedenen nicht leistet (§ 286 Abs. 1).[32] Allerdings liegt namentlich dann, wenn die Gesellschafter sich auf eine Abfindung zu einem Stichtag *vor* dem Ausscheiden geeinigt und den Ausscheidenden dadurch von einer Ergebnisbeteiligung schon während der restlichen Zeit seiner Gesellschaftszugehörigkeit ausgeschlossen haben oder wenn der Gesellschaftsvertrag vergleichbare Regelungen enthält, die Annahme einer zumindest konkludenten Verzinsungsabrede nahe.[33] Zu abweichenden Vereinbarungen über Fälligkeit, Stundung und Verzinsung vgl. im Übrigen RdNr. 65.

23 **3. Die Abfindungsbilanz. a) Bedeutung.** Nach *herkömmlicher,* durch die in früheren Jahrzehnten als maßgeblich angesehene Abfindung zu **Substanzwerten** geprägter Ansicht[34] sollte es zur Ermittlung des Abfindungsanspruchs des § 738 Abs. 1 S. 2 der Erstellung einer sog. Abschichtungs- oder Abfindungsbilanz bedürfen, die der Schlussabrechnung im Zuge der Auflösung der Gesellschaft (§ 730 RdNr. 57 ff.) entspricht. In ihr seien die Gegenstände des Gesellschaftsvermögens mit ihren Substanzwerten auf der Basis der Fortsetzung der Gesellschaft anzusetzen, im Falle einer unternehmerisch oder freiberuflich tätigen Gesellschaft vermehrt um einen sog. Firmen- oder Geschäftswert (good will).

24 Diese Ansicht ist aus heutiger Sicht *überholt,* nachdem die höchstrichterliche Rechtsprechung unter dem Einfluss der betriebswirtschaftlichen Bewertungslehre die grundsätzliche Maßgeblichkeit des **Ertragswertverfahrens** für die Ermittlung des Abfindungsguthabens anerkannt hat (vgl. RdNr. 35).[35] Auch wenn sich die Differenz zwischen Substanz- und Ertragswert mit Hilfe des Firmen- oder Geschäftswerts ausgleichen ließe, bedarf es des Umwegs über die vorgeschaltete Ermittlung des Substanzwerts aus zutreffender neuerer Sicht doch nicht, es sei denn, dass die Abfindungsregelungen im Gesellschaftsvertrag ausdrücklich hierauf abstellen. Für die Unternehmensbewertung maßgebend ist nach st. Rspr. seit den 1970er Jahren vielmehr die *Schätzung der voraussichtlichen künftigen Jahreserträge* auf der Basis der ordentlichen Erträge und Aufwendungen der letzten Geschäftsjahre und ihre Abzinsung auf den Bewertungszeitpunkt unter Zugrundelegung des hierfür geeigneten Kapitalisierungszinsfußes.[36] Auf den Substanzwert in Gestalt der Liquidations-(Zerschlagungs-)werte kommt es, abgesehen von der gesonderten Bewertung der Gegenstände des nicht betriebsnotwendigen Vermögens,[37] abweichend vom Wortlaut des Abs. 1 S. 2 aE mit

[31] BGH BB 1959, 719; 1961, 348; DB 1977, 87, 89; WM 1981, 487; 1987, 1280, 1281; *Soergel/Hadding* RdNr. 8; RGRK/*von Gamm* RdNr. 3; für den Fall der Auseinandersetzung nach §§ 730, 733 vgl. auch § 730 RdNr. 54. Einschränkend (wegen der zu erwartenden Prozessflut) *Stötter* BB 1977, 1220.

[32] So auch *Erman/Westermann* RdNr. 6. Für Verzinsungspflicht schon vom Zeitpunkt des Ausscheidens an entspr. §§ 354 Abs. 2, 353 HGB aber *Stötter* BB 1977, 1220. Zur Rechtslage bei OHG und KG vgl. *Ulmer* in Großkomm. zum HGB, 3. Aufl., § 138 RdNr. 72.

[33] *Düringer/Hachenburg/Flechtheim* HGB § 138 Anm. 14; *Ulmer* in Großkomm. zum HGB, 3. Aufl., § 138 RdNr. 72.

[34] Vgl. etwa BGH LM § 738 Nr. 5 = NJW 1974, 312; BGH WM 1971, 1450; *Soergel/Hadding* RdNr. 10; RGRK/*von Gamm* RdNr. 4; *Düringer/Hachenburg/Flechtheim* HGB § 138 Anm. 10 f.; *Schlegelberger/Geßler* HGB, 4. Aufl., § 138 RdNr. 17 ff.

[35] BGHZ 116, 359, 370 f. = NJW 1992, 892, 895; BGH NJW 1982, 2441; 1985, 192, 193; 1993, 2101, 2103; vgl. dazu *W. Müller,* FS Bezzenberger, 2000, S. 705, 706 ff.; *Ulmer,* FS Quack, 1991, S. 477, 479; *Westermann* Hdb. RdNr. I 1145; *Hülsmann* ZIP 2001, 450 ff.

[36] Vgl. nur *Ulmer,* FS Quack, 1991, S. 490 ff.; *Großfeld,* Unternehmens- und Anteilsbewertung im Gesellschaftsrecht, 4. Aufl. 2002, S. 114 ff., 152 ff.

[37] Vgl. *Großfeld* (Fn. 36) S. 168 ff.; *Piltz,* Die Unternehmensbewertung in der Rechtsprechung, 3. Aufl. 1994, S. 30 ff.; *Ulmer,* FS Quack, 1991, S. 479, 497 f.; *Schlegelberger/K. Schmidt* HGB § 138 RdNr. 56; aus der Rspr. vgl. BGH NJW 1993, 2101, 2103; AG 1984, 216 f.; BayObLG BB 1996, 259; OLG Köln ZIP 1999, 965.

seinem Abstellen auf eine fiktive Liquidation, nicht an (RdNr. 33). Abweichendes gilt nur dann, wenn der Ertragswert unter diesem Wert liegt; er bildet die Untergrenze des nach gesetzlicher Regel zu ermittelnden Abfindungswertes.[38] Zu neuen, von der Rechtsprechung bisher nicht rezipierten Bewertungsverfahren vgl. RdNr. 36.

25 Der Übergang von der Substanz- zur Ertragswertermittlung für die Zwecke der Abfindung hat freilich **nicht** schon zur Folge, dass die Erstellung einer **Abfindungsbilanz** dadurch **gegenstandslos** geworden ist.[39] Auch wenn ein solches Rechenwerk seine herkömmliche Bedeutung weitgehend verloren hat, bleibt es doch erforderlich, um aus dem (Ertrags-)Wert des Unternehmens die Höhe des Abfindungsanspruchs abzuleiten. Dabei geht es nicht nur um die Aufteilung des (fiktiven) Auseinandersetzungsgewinns (RdNr. 37) auf die jeweiligen Gesellschafterkonten als Grundlage für die Abfindung des Ausgeschiedenen, sondern auch um den Ansatz derjenigen Posten, die im Rahmen der Ertragswertermittlung außer Ansatz bleiben, aber den Wert der Gesellschaftsanteile modifizieren; dazu zählen neben den nicht betriebsnotwendigen (neutralen) Aktiva[40] vor allem Ansprüche der Gesellschafter auf Rückgewähr der der Gesellschaft zur Benutzung überlassenen oder dem Werte nach eingebrachten Gegenstände (RdNr. 76) sowie sonstige im Rahmen der Abfindung zu berücksichtigende Sozialverbindlichkeiten und -ansprüche (RdNr. 37). Mit diesem begrenzten Inhalt bedarf es also weiterhin der Erstellung einer Schlussabrechnung, während der Ansatz der Einzelnen zum betriebsnotwendigen Gesellschaftsvermögen gehörenden Aktiva und der unternehmensbezogenen Passiva durch die Globalziffer des Ertragswerts als des das Unternehmen (die Gesamtheit seiner Aktiva und Passiva) repräsentierenden Aktivums ersetzt wird.

26 **b) Aufstellung und Feststellung.** Zur Berechnung des Abfindungsanspruchs kann der Ausgeschiedene von den übrigen Gesellschaftern die **Aufstellung** einer „Abfindungsbilanz" (Abrechnung) auf den Stichtag des Ausscheidens verlangen, soweit sich eine solche nicht wegen der jeweiligen vertraglichen Abfindungsvereinbarungen (Buchwertklausel u. a.) erübrigt.[41] Die Abfindungsbilanz (auch „Abschichtungsbilanz" genannt) dient der Ermittlung des Auseinandersetzungsguthabens auf der Basis des anteiligen Wertes des Unternehmens oder Geschäftsbetriebs der fortgesetzten Gesellschaft (RdNr. 32 ff.). In sie sind auch die zu unselbstständigen Rechnungsposten gewordenen gesellschaftsvertraglichen Ansprüche und Verbindlichkeiten des Ausgeschiedenen (RdNr. 18) einzubeziehen. Hatte der Ausgeschiedene im Wege privater Schuldübernahme Verbindlichkeiten der GbR übernommen, ist auch das für die Berechnung des Abfindungsanspruchs zu berücksichtigen.[42] Zu den für die Bilanzerstellung maßgeblichen Bewertungsgrundsätzen vgl. RdNr. 34 f., zur Berechnung des Abfindungsanspruchs RdNr. 37, zur Nichtberücksichtigung schwebender Geschäfte bei Abfindung auf der Basis des Ertragswerts vgl. § 740 RdNr. 3.

27 Die **Pflicht zur Bilanzaufstellung** trifft gegenüber dem Ausgeschiedenen die *Gesellschaft* (RdNr. 16); im Innenverhältnis ist die Aufstellung Sache der *Geschäftsführer.*[43] Auch der Ausgeschiedene selbst ist im Rahmen der nachvertraglichen Abwicklungspflichten grundsätzlich zur Mitwirkung bei der Aufstellung verpflichtet.[44] Seine Pflicht reicht aber nicht weiter als die ihm hierzu nach dem Ausscheiden verbleibenden Möglichkeiten;[45] dabei ist zu

[38] Siehe nur *Großfeld* (Fn. 36) S. 222, der diesem Aspekt des Substanzwertes jedoch nur geringe Bedeutung beimisst.

[39] Ebenso *Timm/Schöne* in Bamberger/Roth RdNr. 24; *Westermann* Hdb. RdNr. I 1144; aA *Schulze-Osterloh* ZGR 1986, 545, 546; wohl auch *Großfeld* (Fn. 36), der die Abfindungsbilanz gänzlich ausklammert; zweifelnd *Schlegelberger/K. Schmidt* HGB § 138 RdNr. 48.

[40] Vgl. dazu und zur Abgrenzung vom betriebsnotwendigen Vermögen nur *Großfeld* (Fn. 36) S. 168 ff.; *Piltz* (Fn. 37) S. 30 f.; WP-Handbuch 2002, 12. Aufl., Bd. II RdNr. A 149 ff.

[41] BGH WM 1980, 1362, 1363.

[42] So zutr. OLG Karlsruhe NZG 2000, 1123, 1124.

[43] BGH WM 1979, 1330.

[44] *Ulmer* in Großkomm. zum HGB, 3. Aufl., § 138 RdNr. 48; *Erman/Westermann* RdNr. 7; *Westermann* Hdb. RdNr. I 1149; *Soergel/Hadding* RdNr. 11.

[45] Für Beschränkung der Aufstellungspflicht auf die weiter in der Gesellschaft tätigen Gesellschafter daher BGH LM HGB § 138 Nr. 6 = NJW 1959, 1491; OLG Hamburg MDR 1964, 511; *Hueck* OHG § 29 II 5 a Fn. 70.

berücksichtigen, dass der Ausgeschiedene im Regelfall keine gesellschaftsrechtlichen Einsichts- und Kontrollrechte nach § 716 Abs. 1 mehr hat, sondern auf das in § 810 geregelte Recht auf Urkundeneinsicht beschränkt ist.[46] Schuldhafte Verzögerungen der Rechnungserstellung seitens der Gesellschaft oder unrichtige Ansätze geben dem Ausgeschiedenen einen Anspruch auf Ersatz des ihm daraus entstehenden Schadens.

Von der Bilanzaufstellung zu unterscheiden ist die **Feststellung,** dh. die verbindliche Festlegung der zur Bemessung des Abfindungsanspruchs dienenden Rechnungsposten zwischen den Beteiligten (vgl. dazu und zum Streit um die Rechtsnatur des Feststellungsbeschlusses § 721 RdNr. 8). Im Unterschied zum Gewinnanspruch nach § 721 Abs. 2 ist die Feststellung der Abfindungsbilanz allerdings nicht Voraussetzung für Entstehung und Fälligkeit des Abfindungsanspruchs (RdNr. 19 f.). Deshalb und wegen der auf die Abfindungsberechnung beschränkten Bedeutung des Rechenwerks ist eine gesonderte Feststellung im Unterschied zur Jahresbilanz entbehrlich. Den Beteiligten steht daher insoweit auch kein Anspruch auf einen entsprechenden Feststellungsbeschluss zu. Streitigkeiten über einzelne Ansätze können auch ohne besondere Bilanzfeststellung im Wege der Leistungs- oder Feststellungsklage geklärt werden (RdNr. 30 f.). 28

Ist die Abfindungsbilanz zwischen den Beteiligten festgestellt, so richtet sich die **Bindungswirkung** entsprechend der vergleichsähnlichen, bestätigenden Natur des Feststellungsakts **nach § 779.**[47] Die Feststellung ist unwirksam, wenn sich nachträglich herausstellt, dass beide Seiten von einem unzutreffenden Sachverhalt ausgegangen sind, und wenn die durch die Feststellungsvereinbarung behobene Ungewissheit bei Kenntnis der wahren Sachlage nicht bestanden hätte (§ 779 Abs. 1). Die Unwirksamkeit tritt grundsätzlich ein bei übereinstimmender Berücksichtigung bestimmter in Wahrheit nicht berücksichtigungsfähiger Aktiva oder bei irrtümlicher Nichtansetzung bestehender Sozialverbindlichkeiten. Handelt es sich dabei allerdings nur um einzelne, das Ergebnis der Bilanzfeststellung nicht entscheidend prägende Posten, so kann an die Stelle der Unwirksamkeit die nachträgliche Anpassung der Bilanz unter Vornahme der nach Sachlage gebotenen Änderungen treten.[48] Anderes gilt bei allseitiger ursprünglicher Ungewissheit über die Wertansätze, zu deren Behebung der Feststellungsakt bestimmt war; ihre spätere Klärung lässt die Verbindlichkeit des Vergleichs grundsätzlich unberührt.[49] Eine Irrtumsanfechtung nach § 119 Abs. 2 kommt nur bei einseitigem Irrtum und nur dann in Betracht, wenn die vergleichsweise Regelung nicht dazu bestimmt war, die bestehende Ungewissheit auch für den vom Irrtum betroffenen Punkt zu beseitigen.[50] 29

c) Gerichtliche Durchsetzung. Der Anspruch des Ausgeschiedenen auf **Aufstellung** der Abfindungsbilanz kann im Wege der **Leistungsklage** durchgesetzt werden, wenn die übrigen Gesellschafter ihre Rechnungslegungspflicht entweder bestreiten oder ihr nicht rechtzeitig nachkommen. Die Klage richtet sich grundsätzlich auf Vornahme einer vertretbaren Handlung durch den Schuldner; das Urteil ist nach § 887 ZPO zu vollstrecken.[51] Demgegenüber greift § 888 ZPO ein, wenn die Bilanz nicht zuverlässig anhand der Geschäftsbücher durch einen Sachverständigen erstellt werden kann.[52] Auf die Fälligkeit des Abfindungsanspruchs kommt es für die Klage auf Bilanzaufstellung oder auf gerichtliche Feststellung streitiger Posten (RdNr. 31) nicht an. Ist die Fälligkeit eingetreten (RdNr. 20), 30

[46] Vgl. dazu BGH WM 1989, 878, 879; 1994, 1925, 1928; weit. Nachw. bei § 716 Fn. 24.

[47] Ebenso *v. Westphalen* BB 1982, 1894 ff.; *Schwung* BB 1985, 1374, 1375; vgl. zum Ganzen näher *Ulmer* in Großkomm. zum HGB, 3. Aufl., § 138 RdNr. 57 ff. und *Staub/Ulmer* HGB § 120 RdNr. 18 f., jew. m. weit. Nachw.

[48] BGH LM § 319 Nr. 7 = NJW 1957, 1834; BGH WM 1960, 187; 1972, 1443, 1444.

[49] *Riegger* (Fn. 28) S. 133 f.; so im Ergebnis auch RG DJZ 1929, 311; *Hueck* § 29 II 5 a g; *Zunft* NJW 1959, 1947.

[50] RGZ 162, 198, 201; *Riegger* (Fn. 28) S. 133 Fn. 270 m. weit. Nachw.

[51] *Schlegelberger/K. Schmidt* § 138 RdNr. 50; *Heymann/Emmerich* HGB § 138 RdNr. 19; zweifelnd *Westermann* Hdb. RdNr. I 1150.

[52] Vgl. dazu MünchKommZPO/*Schilken* § 887 RdNr. 22, § 888 RdNr. 4; *Hartmann* in *Baumbach/Lauterbach/Albers/Hartmann* ZPO § 887 RdNr. 22; *Thomas/Putzo* ZPO § 887 RdNr. 2 a; näher *Ulmer* in Großkomm. zum HGB, 3. Aufl., § 138 RdNr. 50.

die Anspruchshöhe aber noch nicht bekannt, so können Klage auf Bilanzaufstellung oder auf gerichtliche Feststellung streitiger Posten und auf Zahlung im Wege der **Stufenklage** (§ 254 ZPO) miteinander verbunden werden.[53] Die Umdeutung des Leistungsbegehrens in einen Feststellungsantrag ist auch im Fall der Stufenklage zulässig.[54] Eine Bilanzaufstellung durch das Gericht ist ausgeschlossen.[55] Geht es nur um die *Berücksichtigung bestimmter Rechnungsposten* (RdNr. 31) im Rahmen der schon vorliegenden Abfindungsbilanz, so kann alsbald nach Eintritt der Fälligkeit auf Zahlung geklagt und im Rahmen dieser Klage der Streit hierüber ausgetragen werden.[56]

31 Eine Klage auf Zustimmung zur Bilanzfeststellung scheidet mangels Feststellungsanspruchs (RdNr. 28) im Regelfall aus. Wohl aber kann über die **Richtigkeit einzelner Bilanzposten** oder Berechnungsgrundsätze durch **Feststellungsklage** gestritten werden, wenn das grundsätzliche Bestehen des Abfindungsanspruchs und die Zahlungsbereitschaft der Gesellschaft außer Zweifel stehen. Nicht nur die verbleibenden Gesellschafter, sondern auch der Ausgeschiedene können danach auf Feststellung der Richtigkeit der streitigen Bilanzansätze oder Bewertungsmethoden klagen, ohne sich auf eine Leistungsklage auf Zahlung des Abfindungsanspruchs verweisen lassen zu müssen.[57] Richtet sich die Klage – zur Konkretisierung des Anspruchs aus § 739 – gegen den Ausgeschiedenen, so kann dieser sich nicht allgemein auf ein Bestreiten der Bilanzansätze beschränken, sondern muss im Einzelnen darlegen, welche Bilanzansätze unrichtig sind.[58] Zum Einsichtsrecht des Ausgeschiedenen nach § 810 vgl. § 716 RdNr. 13.

32 **4. Die Wertermittlung. a) Grundlagen.** Auf die Ermittlung des gesetzlichen Anteilswerts kommt es nicht nur dann an, wenn der Gesellschaftsvertrag keine abweichenden Vereinbarungen enthält. Vielmehr hat sie Bedeutung auch für die Prüfung der Frage, ob die vertragliche Abweichung (regelmäßig: Reduktion) der Abfindung der Inhaltskontrolle standhält. Dabei eröffnet § 738 Abs. 2 für die Wertansätze in der Abfindungsbilanz den Weg der **Schätzung.** Sie kommt namentlich dann in Betracht, wenn die zu berücksichtigenden Gegenstände keinen fixierten Wert haben und es auch an objektivierbaren Maßstäben wie einem Börsen- oder Marktpreis fehlt. Schätzungsgrundlage ist dabei nach ganz hM nicht der Zerschlagungs- (Liquidations-)wert, sondern der **(Ertrags-)Wert** auf der Grundlage der als werbend **fortgesetzten Gesellschaft;**[59] dem Unterschied kommt vor allem beim Ausscheiden aus einer Erwerbsgesellschaft (Vor § 705 RdNr. 89 f.) Bedeutung zu. Die Befugnis zur Wertermittlung durch Schätzung liegt nach § 287 Abs. 2 ZPO bei den Gerichten, die sich hierzu in der Regel der Einholung von Sachverständigengutachten bedienen. Die Ermittlung kann vertraglich auch einem Schiedsgutachter übertragen werden; in diesem Fall sind die Gerichte auf eine Billigkeitskontrolle nach § 319 Abs. 1 beschränkt.[60]

33 Eine **Bewertung auf der Grundlage des Anteilswerts** des Ausgeschiedenen, dh. losgelöst von der Ermittlung des Wertes der Gesellschaft bzw. des von ihr betriebenen Unternehmens, scheidet in aller Regel aus. Dies schon deshalb, weil mangels Handel-

[53] OLG Karlsruhe BB 1977, 1475; *Stötter* BB 1977, 1219; *Westermann* Hdb. RdNr. I 1150; vgl. auch BGH FamRZ 1975, 35, 38 für den Abfindungsanspruch entsprechend §§ 738 bis 740 bei Beendigung einer Ehegatten-Innengesellschaft.

[54] BGH WM 1995, 109, 110 f.

[55] BGHZ 26, 25, 28 f. = NJW 1958, 57.

[56] BGH NJW-RR 1987, 1386, 1387; WM 1999, 1213 f.; *Westermann* Hdb. RdNr. I 1150.

[57] BGHZ 1, 65, 74 = NJW 1951, 311; BGH LM ZPO § 91 a Nr. 1 = NJW 1951, 360; BGH WM 1964, 1052; 1971, 1450; 1972, 1399, 1400; *Erman/Westermann* RdNr. 7; *Hueck* OHG § 29 II 5 a Fn. 71; *Riegger* (Fn. 28) S. 137; *Stötter* DB 1972, 272; *Zunft* NJW 1959, 1945, 1949.

[58] BGH WM 1965, 974, 975.

[59] BGHZ 17, 130, 136 = NJW 1955, 1025; BGHZ 116, 359, 370 f. = NJW 1992, 892; BGH NJW 1985, 192, 193; WM 1961, 323; 1971, 1450; *Großfeld* (Fn. 36) S. 4 f.; *Erman/Westermann* RdNr. 5; *Palandt/Sprau* RdNr. 5; *Soergel/Hadding* RdNr. 10; *Hueck* OHG § 29 II 5 a a; *Heckelmann* (Fn. 18) S. 28 f.; *Sudhoff* ZGR 1972, 157 f.; aA wohl nur *Flume* I/1 § 12 I.

[60] HM, vgl. *Baumbach/Hopt* HGB § 138 RdNr. 53; *Schlegelberger/K. Schmidt* HGB § 138 RdNr. 58; *Ulmer* in Großkomm. zum HGB § 138 RdNr. 108.

barkeit der Anteile von Personengesellschaften die Feststellung eines solchen isolierten Wertes *meist kaum möglich* ist. Aus diesem Grund lässt sich auch die Rechtsprechung des BVerfG zur grundsätzlichen Maßgeblichkeit des zeitnahen *Börsenwerts* der Aktien für die Festsetzung der Abfindung ausscheidender Aktionäre[61] nicht auf die Abfindung von Gesellschaftern einer GbR, OHG oder KG übertragen, selbst wenn man von der nicht selten anzutreffenden, einem solchen Vorgehen entgegenstehenden Stellung dieser Gesellschaften nicht als Kapitalanleger, sondern als Mitunternehmer absieht. Eine Ausnahme kommt allenfalls bei solchen Publikumsgesellschaften in Betracht, bei denen es einen funktionierenden Markt für den Handel mit Anteilen gibt. Gegen das Abstellen auf den Anteilswert sprechen aber auch und vor allem *Wortlaut und Sinn des § 738 Abs. 1 S. 2.* Wenn der Ausscheidende danach so gestellt werden soll, als wäre die Gesellschaft zurzeit seines Ausscheidens aufgelöst worden, folgt daraus, dass für seine Abfindung nicht der Verkehrswert seines Anteils maßgebend ist, sondern sein *Anteil an dem (Verkehrs-)Wert des fortgeführten Unternehmens der Gesellschaft,* den die Beteiligten bei dessen Veräußerung zum Stichtag des Ausscheidens erzielen könnten.[62] Zur Bestimmung dieses Wertes im Wege der Schätzung vgl. RdNr. 32.

Für die Erstellung der **Abfindungsbilanz einer GbR** sind die auf die *Unternehmensbewertung* bezogenen Fragen angesichts der Vielfalt der insoweit in Betracht kommenden Gesellschaftszwecke und angesichts des Rechtsformzwangs für den gemeinsamen Betrieb eines Handelsgewerbes (§§ 105 Abs. 1, 161 Abs. 1 HGB) nur von begrenztem Interesse. Daher genügt der folgende Kurzüberblick über die einschlägigen Bewertungsverfahren (RdNr. 35 f.). Wegen der Einzelheiten kann für die unternehmenstragende GbR auf die Kommentierungen zum Recht der Personenhandelsgesellschaften verwiesen werden.[63] 34

b) Bewertungsverfahren. Was die für die Wertermittlung geeigneten Verfahren betrifft, so gingen das juristische Schrifttum, aber auch die Rechtsprechung im Rahmen von § 738 früher auch für die Unternehmensbewertung grundsätzlich von der sog. *Substanzwertmethode* aus;[64] bei Erwerbsgesellschaften waren sie bemüht, deren Ertragskraft durch Ansatz eines „Firmenwerts" oder „good will" als einer Art fiktiven Substanzpostens Rechnung zu tragen.[65] Demgegenüber haben sich in der betriebswirtschaftlichen Bewertungspraxis seit Jahrzehnten abweichende, lange Zeit in erster Linie auf den **Ertragswert** bezogene Bewertungsgrundsätze entwickelt.[66] Danach wird für die Unternehmensbewertung grundsätzlich auf den Ertragswert abgestellt und dem Substanzwert, vom Sonderfall dauernd unrentabler Unternehmen und der Bewertung der nicht betriebsnotwendigen Vermögensgegenstände abgesehen, bloße Hilfsfunktion zugemessen.[67] Dementsprechend herrscht heute auch in der Rechtsprechung[68] und dem juristischen Schrifttum zur Unternehmensbewertung[69] die 35

[61] So seit BVerfGE 100, 289, 305 ff. = NJW 1999, 3769 st. Rspr.; vgl. dazu nur *Hüffer* (5. Aufl.) AktG § 305 RdNr. 20 a ff.; *Emmerich/Habersack,* Aktien- und GmbH-Konzernrecht, 2. Aufl. 2001, § 305 RdNr. 44 ff., jew. m. weit. Nachw.

[62] St. Rspr., vgl. schon BGHZ 17, 130, 136 = NJW 1955, 1025; ebenso BGHZ 116, 359, 370 f. = NJW 1992, 892; BGH NJW 1985, 192; WM 1971, 1450; OLG Naumburg NZG 2001, 658 u. a. Dazu auch *Hüttemann* ZHR 162 (1998), 563, 576 f.; *Hülsmann* ZIP 2001, 450 f. Für Bewertungsabschlag gegenüber dem anteiligen Unternehmenswert wegen der geringen Fungibilität der Anteile aber *Sigle* ZGR 1999, 669.

[63] Vgl. nur *Schlegelberger/K. Schmidt* HGB § 138 RdNr. 47 ff.; *Ulmer* in Großkomm. zum HGB, 3. Aufl., § 138 RdNr. 74 ff.

[64] Vgl. Nachw. in Fn. 34 und *Großfeld* (Fn. 36) S. 20 ff.; dazu auch RdNr. 23.

[65] RGZ 94, 106, 108; 106, 128, 132; RG DR 1942, 140; *Soergel/Hadding* RdNr. 10; RGRK/*von Gamm* RdNr. 4; zur Problematik dieser Betrachtung aus der Sicht neuerer Bewertungsmethoden vgl. schon *Ulmer* in Großkomm. zum HGB, 3. Aufl., § 138 RdNr. 89 f.

[66] Vgl. *Großfeld* (Fn. 36) S. 152 ff.; *Aurnhammer,* Die Abfindung von BGB-Gesellschaften im Spannungsfeld zwischen Wissenschaft, Rechtsprechung und Betriebswirtschaftslehre, 1996, S. 96 ff.; *Piltz* (Fn. 37) S. 3 ff., 16 ff.; *Westermann* Hdb. RdNr. I 1146 f. sowie die Übersicht bei *Ulmer,* FS Quack, 1991, S. 477, 479 f.

[67] Vgl. nur WP-Handbuch (Fn. 40) Bd. II RdNr. A 246 ff.

[68] Vgl. etwa BGHZ 116, 359, 370 f. = NJW 1992, 892; BGH WM 1993, 1412, 1413; NJW 1985, 192, 193; WM 1974, 129; 1981, 452.

[69] Vgl. näher *Ulmer,* FS Quack, 1991, S. 477 ff.; *W. Müller,* FS Bezzenberger, 2000, S. 705, 706 ff.; *Hülsmann* ZIP 2001, 450, 451 ff.; *Großfeld* (Fn. 36) S. 152 ff.; *Piltz* (Fn. 37) S. 16 ff., jew. m. weit. Nachw.

Ertragswertmethode vor. Soweit es daneben noch des Rückgriffs auf die Substanzwertmethode bedarf,[70] kommt es nicht auf die Buchwerte, sondern die *Verkehrswerte* der Gegenstände des Gesellschaftsvermögens an; stille Reserven sind aufzulösen.

36 Seit etwa den 1990er Jahren ist in der *betriebswirtschaftlichen* Literatur eine Entwicklung zu beobachten, die das Ertragswertverfahren gegenüber *neuen Verfahrensarten* zunehmend in den Hintergrund treten lässt.[71] Auch die Bewertungspraxis hat sich entsprechend umgestellt; sie wendet neben dem Ertragswertverfahren oder an dessen Stelle zunehmend das sog. **Discounted cash flow-(DCF-)Verfahren** an.[72] Es gleicht dem Ertragswertverfahren zwar darin, dass es der Wertermittlung ebenfalls den geschätzten Barwert der künftig von der Gesellschaft zu erzielenden finanziellen Überschüsse des betriebsnotwendigen Vermögens zu Grunde legt. Jedoch bildet die Grundlage dieser Bewertung nicht die – im Wesentlichen aus der Plan-Gewinn- und Verlustrechnung ableitbare – Differenz zwischen den Erträgen und den Aufwendungen (einschließlich Fremdkapitalkosten und Unternehmenssteuern) aus der persönlichen Geschäftstätigkeit. Maßgeblich ist vielmehr der sog. **Cash flow,** dh. der jährlich zu erzielende *finanzielle Überschuss* nach Abzug von Investitionskosten und Unternehmenssteuern, jedoch *ohne Berücksichtigung von Abschreibungen und Fremdkapitalkosten.*[73] In der Rechtsprechung hat diese Umorientierung bisher, soweit ersichtlich, keinen Niederschlag gefunden.[74] Auf sie ist daher auch im Folgenden nicht näher einzugehen.

37 **5. Berechnung des Anspruchs auf die Abfindung (den Fehlbetrag).** Die Höhe dieses Anspruchs ergibt sich aus der auf den Abfindungsstichtag erstellten Abfindungsbilanz. Für seine Zusammensetzung gelten die gleichen Grundsätze wie für die Ermittlung des Auseinandersetzungsguthabens (§ 734 RdNr. 8 f.). Einzubeziehen sind der Anspruch auf **Rückzahlung der Einlage oder ihres Wertes** unter Berücksichtigung der der Gesellschaft nicht zu Eigentum überlassenen, dem Ausgeschiedenen zurückzugewährenden Gegenstände (RdNr. 76), der anteilige Anspruch auf den in der Abfindungsbilanz ausgewiesenen, nach dem beim Ausscheiden geltenden Gewinnverteilungsschlüssel (§ 722 RdNr. 1, 5 f.) zwischen dem Ausgeschiedenen und den übrigen Gesellschaftern aufzuteilenden **fiktiven Liquidationsüberschuss** sowie die sonstigen in die Abfindungsbilanz als Rechnungsposten einzustellenden **gegenseitigen Ansprüche aus dem Gesellschaftsverhältnis** (RdNr. 18). Auf die Frage, ob der Gewinnverteilungsschlüssel während der Gesellschaftsdauer Änderungen erfahren hat, kommt es grundsätzlich nicht an.[75] Ebenso ist es im Grundsatz unerheblich, ob der Ausgeschiedene der Gesellschaft seit der

[70] So etwa BGH NJW 1991, 1547, 1548 (Bewertung einer freiberuflichen Praxis im Rahmen des Zugewinnausgleichs); BGH NJW 1993, 2101, 2102 (Bewertung bei überdurchschnittlich hohem Anteil nicht betriebsnotwendigen Vermögens); vgl. auch *Sommer* GmbHR 1995, 249, 254.

[71] Vgl. etwa die Zusammenstellung bei *Welf Müller* in *Semler/Volhard,* Hdb. Unternehmensübernahmen, Bd. 1, 2001, § 10 RdNr. 85 ff.; *ders.,* FS Bezzenberger, 2000, S. 705 f. Dazu auch *Großfeld* (Fn. 36) S. 46 ff., 159 ff.; WP-Handbuch (Fn. 40) Band II RdNr. A 76 ff., 304 ff., 350 ff.

[72] Vgl. dazu WP-Handbuch (Fn. 40) Band II RdNr. A 304 ff.; *Großfeld* (Fn. 36) S. 159 ff.; *Ballwieser* WPg 1995, 119 ff.; *Kohl/Schulte* WPg 2000, 1147 ff.; *W. Müller* Hdb. (Fn. 71) § 10 RdNr. 126 ff., 179 ff. Nach *Drukarczyk,* Unternehmensbewertung, 3. Aufl. 2001, S. 126, wird das DCF-Verfahren schon seit ca. 1985 praktiziert; nach einer von *W. Müller,* FS Bezzenberger, 2000, S. 708 zitierten Untersuchung von 1999 hat es – bei Mehrfachnennungen – mit 95% nicht nur das Multipplikatoren-Verfahren (73%), sondern auch und vor allem das Ertragswertverfahren des IDW (46%) deutlich überrundet. Aus Sicht des *IDW-Hauptfachausschusses* (Grundsätze zur Durchführung von Unternehmensbewertungen v. 28. 6. 2000, WpG 2000, 825 ff.) steht das DCF-Verfahren (Tz. 7.3) gleichrangig neben dem Ertragswertverfahren (Tz. 7.2).

[73] Vgl. zu den beiden Brutto-Varianten des DCF-Verfahrens IDW-HFA (Fn. 72) Tz. 7.3.2 und 7.3.3; *W. Müller* Hdb. (Fn. 71) § 10 RdNr. 127, 179 ff.

[74] Ebenso *Hülsmann* ZIP 2001, 450, 451; *Westermann* Hdb. RdNr. I 1145; unter Hinweis auf das in der Rechtsprechung dominierende Ertragswertverfahren ähnlich *W. Müller,* FS Bezzenberger, 2000, S. 706, 708.

[75] So zu Recht auch die hM zur Liquidation von Personenhandelsgesellschaften, vgl. Nachw. bei *Ulmer* in Großkomm. zum HGB, 3. Aufl., § 138 RdNr. 62, 64; *Neuhaus,* Unternehmensbewertung und Abfindung, 1990, S. 145; *Flume* I/1 § 12 I, S. 169. AA *Schönle* DB 1959, 1427, 1430; ihm folgend *Heckelmann* (Fn. 18) S. 35 f.

Gründung angehört hat oder ob und zu welchen Bedingungen er ihr später beigetreten ist.[76]

38 Soweit die Abfindungsbilanz nicht zu einem Überschuss führt, sondern zum Ausweis eines **Liquidationsverlusts,** kann sich je nach den gesellschaftsvertraglichen Vereinbarungen über die Verlustverteilung eine aus § 739 folgende Zahlungspflicht des Ausgeschiedenen gegenüber der Gesellschaft für den Fehlbetrag ergeben. Für die gesonderte Berücksichtigung **schwebender Geschäfte** und des daraus erzielten Ergebnisses nach Maßgabe von § 740 ist nur Raum, wenn der Abfindungsanspruch weder auf der Basis der Ertragswerte berechnet wird noch sich nach dem Buchwert richtet (§ 740 RdNr. 3, 8).

III. Vertragliche Abfindungsvereinbarungen

39 **1. Allgemeines. a) Gründe abweichender Vertragsgestaltung.** Verträge von Gesellschaften, bei denen es nach gesetzlicher Regel (§§ 131 Abs. 3, 140 HGB) oder kraft Fortsetzungsklausel (§§ 736 Abs. 1, 737) zum Ausscheiden eines Gesellschafters unter Fortsetzung der Gesellschaft durch die übrigen kommen kann, enthalten meist auch Vereinbarungen über die Abfindung im Fall des Ausscheidens.[77] Mit derartigen Abfindungsklauseln werden unterschiedliche Motive verfolgt.[78] Es kann lediglich darum gehen, anstelle der mit zahlreichen Schwierigkeiten und Bewertungsproblemen verbundenen Aufstellung einer besonderen Abfindungsbilanz einen **praktikablen Maßstab** für die Berechnung des Abfindungsanspruchs zu vereinbaren.[79] Dieser rechtlich unproblematische Zweck verbindet sich freilich häufig mit dem Bestreben, im Interesse der **Kapitalsicherung** der Gesellschaft und zur Vermeidung eines für den Gesellschaftszweck nachteiligen Kapitalabflusses eine Beschränkung des Abfindungsanspruchs, etwa nach Art der Buchwertklausel (RdNr. 63), zu erreichen;[80] zusätzlich wird nicht selten eine Streckung der Auszahlungsdauer auf eine Reihe von Jahren vereinbart (RdNr. 65).

40 Sind spezielle Abfindungsklauseln, darunter insbes. der Ausschluss jeder Abfindung vereinbart, die beim Tod bestimmter oder aller Gesellschafter gelten sollen, so dienen derartige Klauseln im Zweifel dazu, eine **Verfügung** über den Anteilswert **auf den Todesfall** zu ermöglichen (RdNr. 61). Schließlich ist auch denkbar, dass mit Abfindungsklauseln, namentlich wenn sie gezielt auf den Fall der Anteilspfändung oder der Gesellschafterinsolvenz bezogen sind, eine **Gläubigerbenachteiligung** verbunden ist (RdNr. 47 f.).

41 **b) Wirksamkeitsgrenzen (Meinungsstand).** In der **älteren,** vor allem zu Abfindungsklauseln in Personen*handels*gesellschaften geführten Diskussion herrschte lange Zeit die Ansicht vor, dass Buchwertklauseln, soweit sie sich nicht auf die Fälle der Anteilspfändung oder der Gesellschafterinsolvenz beschränken, sondern alle Ausscheidensfälle gleichermaßen erfassen sollen, rechtlich grundsätzlich nicht zu beanstanden seien.[81] *Abweichendes* galt vor allem für den *Ausschluss* jeder Abfindung sowie für ihre Beschränkung auf einen deutlich *unter dem Buchwert* der Beteiligung (Einlage und einbehaltene Gewinne) liegenden Betrag.

[76] Für volle Teilnahme am Liquidationsüberschuss auch bei späterem, nach der Bildung von stillen Reserven erfolgtem Beitritt des Ausgeschiedenen daher BGH WM 1981, 627; *Neuhaus* (Fn. 75) S. 145 ff.

[77] *Timm/Schöne* in *Bamberger/Roth* RdNr. 26 gehen – allerdings bezogen auf rechtstatsächliche Untersuchungen zur GmbH-Satzung – von einer Verbreitung in knapp 75% aller Gesellschaftsverträge aus.

[78] Dazu näher *Heckelmann* (Fn. 18) S. 37 ff.; *Kost* DStR 1995, 1961 f.; *Knöchlein* DNotZ 1960, 452 ff.; *Ulmer,* FS Quack, 1991, S. 477, 478; *Westermann* RdNr. I 1151 f.

[79] Zu den damit verbundenen Problemen vgl. *Hueck* OHG § 29 II 5 a e, S. 459; *Flume* I/1 § 12 II, S. 175, § 12 IV S. 184; *Ulmer,* in Großkomm. zum HGB, 3. Aufl., § 138 RdNr. 115; *Eiselt,* FS v. Lübtow, 1980, S. 643, 649 ff. Gestaltungsvorschläge für praktikable Abfindungsklauseln auf Ertragswertbasis bei *Ulmer,* FS Quack, 1991, S. 477, 490 ff.

[80] *Heckelmann* (Fn. 18) S. 37 f.; *Westermann* RdNr. I 1152; *Ulmer,* FS Quack, 1991, S. 478 f.

[81] Vgl. etwa *Erman,* FS Westermann, 1974, S. 75 ff.; *Heyn,* FS Schiedermair, 1976, S. 271 ff.; *Knöchlein* DNotZ 1960, 452 ff.; *Möhring,* FS Barz, 1974, S. 49 ff. sowie die Kommentierungen zu § 138 HGB von *Schlegelberger/Geßler* 4. Aufl. (RdNr. 26 ff.) und *Ulmer* in Großkomm. zum HGB, 3. Aufl., (RdNr. 103 ff., 119 ff.).

Solche Vereinbarungen wurden wegen der damit verbundenen Beschränkung der persönlichen und wirtschaftlichen Freiheit des betroffenen Gesellschafters als im Zweifel nach §§ 138, 723 Abs. 3 unzulässig angesehen, wenn es sich nicht um auf den Todesfall der Gesellschafter bezogene, der Verfügung über den Anteilswert dienende Abfindungsklauseln handelte.

42 Demgegenüber haben verschiedene Entwicklungen in den beiden **letzten Jahrzehnten** dazu geführt, den lange Zeit vorherrschenden Konsens in Frage zu stellen. Insbesondere ist die *Haltung gegenüber Buchwertklauseln* (RdNr. 63) *zunehmend kritischer* geworden.[82] Das beruht nicht nur auf der generell stärkeren Bereitschaft der Rechtsprechung, gegen unangemessene Gestaltungen in Gesellschaftsverträgen anzugehen und ihnen die Wirksamkeit zu versagen.[83] Vielmehr haben auch die wirtschaftliche Entwicklung und die Veränderungen des Geldwerts in den letzten Jahrzehnten dazu beigetragen, dass zumal bei Gesellschaften mit langjährig gehaltenem Grundbesitz Buchwert und realer Wert in einem bei Vereinbarung der Buchwertklausel nicht zu erwartenden Maße auseinanderfallen. Unter Berücksichtigung auch der Erbschaftsteuerreform 1974, die die Differenz zwischen dem Schenkungsteuerwert des Anteils und dem geringeren Abfindungsbetrag beim Ausscheiden eines Gesellschafters als unentgeltliche Zuwendung an die Mitgesellschafter einer bis zu 50% reichenden Schenkungsteuer unterwirft,[84] ist im Hinblick auf Abfindungsvereinbarungen in älteren Gesellschaftsverträgen auch der Einwand einer Störung der Geschäftsgrundlage nicht ausgeschlossen (RdNr. 56).

43 Zum Teil gegenläufig gegenüber den in RdNr. 42 genannten Entwicklungen wirkt sich die erkennbare Tendenz der Rechtsprechung aus, stärker als bisher nach dem **Grund der jeweiligen Abfindungsvereinbarung** und den **Voraussetzungen ihres Eingreifens** zu differenzieren. So bezogen sich neuere Urteile, in denen eine Buchwertklausel als problematisch[85] oder gar als unwirksam[86] angesehen wurde, mehrfach auf Fälle vertraglich zugelassener einseitiger Verkürzung der Gesellschafterrechte des Betroffenen bzw. dessen Ausschließung ohne wichtigen Grund. Im Schrifttum wurde zumal von *Heckelmann*[87] und *Flume*[88] auf die Besonderheiten von Gesellschaftern „minderen Rechts" hingewiesen, die ohne eigene Kapitalbeteiligung in die Gesellschaft aufgenommen worden seien und daher auch in stärkerem Maße, bis hin zum vollständigen Abfindungsausschluss, den späteren Verlust der Mitgliedschaft ohne angemessenes Entgelt hinnehmen müssten (vgl. dazu RdNr. 58 f.). Da namentlich bei Handelsgesellschaften die Anteile der gegenwärtigen Gesellschafter nicht selten im Erbwege erlangt wurden, könnte dieser Relativierung des grundsätzlichen Verbots eines Abfindungsausschlusses weittragende Bedeutung zukommen.

44 **2. Schranken für vertragliche Abfindungsvereinbarungen. a) Überblick.** Soweit der Ausschluss oder die wesentliche Beschränkung des aus § 738 Abs. 1 S. 2 folgenden Abfindungsanspruchs in Frage steht, sind **vier** nach Voraussetzungen und Rechtsfolgen zu trennende **Wirksamkeitsschranken** zu beachten (zu Auszahlungsvereinbarungen vgl. RdNr. 65).[89] Derartige Klauseln können einerseits wegen sittenwidriger Knebelung nach § 138

[82] Vgl. namentlich BGHZ 116, 359, 368 = NJW 1992, 892; BGHZ 123, 281, 286 = NJW 1993, 3193, 3194; BGH LM Nr. 8 = NJW 1979, 104; BGH NJW 1985, 192, 193; 1989, 2685, 2686.

[83] Ein Beispiel bildet etwa die Verschärfung der Anforderungen an die Vereinbarung eines Rechts zur Ausschließung ohne wichtigen Grund (vgl. § 737 RdNr. 17 ff.) und die Behandlung der für einen derartigen Ausscheidensfall vorgesehenen Buchwertklausel als nach § 138 nichtig (BGH NJW 1979, 104).

[84] §§ 3 Abs. 1 Nr. 2 S. 2, 7 Abs. 7 Erbschaftsteuer- und Schenkungsteuergesetz idF der Bekanntmachung v. 27. 2. 1997; vgl. dazu *Meincke,* ErbStG, 13. Aufl. 2002, § 3 RdNr. 62 ff., 66, § 7 RdNr. 142 ff.

[85] BGH LM HGB § 119 Nr. 9 = NJW 1973, 651; LM HGB § 161 Nr. 30 = NJW 1973, 1606; BGH NJW 1985, 192; 1994, 2536; GmbHR 1977, 81, 83.

[86] BGH LM Nr. 8 = NJW 1979, 104; BGH NJW 1989, 2685; WM 1962, 462, 463; 1978, 1044.

[87] (Fn. 18) S. 113 f.

[88] I/1 § 12 III; *ders.* NJW 1979, 902 ff.; ihm folgend *Soergel/Hadding* RdNr. 12 aE.

[89] Vgl. die Rspr.-Übersichten von *Ulmer,* FS Quack, 1991, S. 485 ff., *Kort* DStR 1995, 1961 ff., *Hülsmann* NJW 2002, 1673 ff. und *Westermann* Hdb. RdNr. I 1155 ff.; zur Rechtslage bei Buchwertklauseln auch *Gerd Müller* ZIP 1995, 1561 ff.

Abs. 1 (RdNr. 45) oder wegen Gläubigerbenachteiligung (RdNr. 47) nichtig sein. Die Undurchsetzbarkeit kann sich weiter daraus ergeben, dass die Abfindungsvereinbarung wegen der mit der Ausübung des Kündigungsrechts verbundenen nachteiligen Vermögensfolgen zu einer nach § 723 Abs. 3 unzulässigen Einengung der Kündigungsfreiheit des betroffenen Gesellschafters führt (RdNr. 49 ff.). Schließlich kann je nach Lage des Falles die Berufung auf eine an sich wirksam vereinbarte Abfindungsklausel auch am Einwand gestörter Geschäftsgrundlage oder des Rechtsmissbrauchs scheitern (RdNr. 55 ff.). – Zu den Rechtsfolgen unwirksamer oder undurchsetzbarer Abfindungsvereinbarungen vgl. RdNr. 74 f.

b) Sittenwidrigkeit (§ 138). Eine erste, allgemein für Gesellschaftsverträge geltende Schranke (§ 705 RdNr. 134) bilden § 138 Abs. 1 und 2. Unter ihnen ist das Eingreifen des Wuchertatbestands (Abs. 2), namentlich unter dem Gesichtspunkt der Ausnutzung der Unerfahrenheit betroffener Gesellschafter, zwar nicht schlechthin ausgeschlossen,[90] dürfte aber nur selten vorkommen. Näher liegt der Tatbestand sittenwidriger **Knebelung** (Abs. 1), bei dem nach zutreffender Ansicht subjektive Umstände wie der vom anderen Teil verfolgte Beweggrund für die Prüfung der Sittenwidrigkeit zwar bedeutsam, nicht aber notwendige Voraussetzung des Eingreifens von § 138 sind (§ 138 RdNr. 129 ff.). Berücksichtigt man die erheblichen Beschränkungswirkungen, die namentlich von einem **Ausschluss** der Abfindung auf die persönliche und wirtschaftliche Freiheit des Ausgeschiedenen in objektiver Hinsicht ausgehen können, so greift in derartigen Fällen beim Fehlen besonderer Umstände im Zweifel die Nichtigkeitsfolge des § 138 ein (RdNr. 60 f.).[91] 45

Buchwertklauseln oder sonstige zur Nichtberücksichtigung stiller Reserven führende Beschränkungen werden schon deshalb nur in Sonderfällen[92] einen Sittenverstoß iS von § 138 Abs. 1 enthalten, weil es für das Eingreifen dieser Vorschrift auf den Zeitpunkt des *Zustandekommens* der Vereinbarung ankommt (§ 138 RdNr. 133). Zu diesem Zeitpunkt besteht aber die mit dem späteren Anstieg der stillen Reserven und/oder des Firmenwerts verbundene Diskrepanz zwischen gesetzlicher und vertraglicher Abfindung meist noch nicht und ist auch nicht vorhersehbar. Auf den Zeitpunkt späterer Vertragsänderungen kommt es nur an, wenn diese sich zumindest mittelbar mit einer Änderung auch der Abfindungsregelung verbinden.[93] Je nach Lage des Falles können Buchwertklauseln sogar zu einer gegenüber dem dispositiven Recht überhöhten Abfindung führen.[94] 46

c) Gläubigerschutz. Vereinbarungen, die den Abfindungsanspruch eines Gesellschafters für den Fall seines durch Gläubigerkündigung oder Insolvenzeröffnung bedingten Ausschei- 47

[90] Vgl. das in § 705 RdNr. 134 Fn. 349 angeführte Beispiel.

[91] So die hM, vgl. *Soergel/Hadding* RdNr. 12; *Staudinger/Keßler* RdNr. 22; *Schlegelberger/K. Schmidt* HGB § 138 RdNr. 68; *Ulmer* in Großkomm. zum HGB, 3. Aufl., § 138 RdNr. 119; *Westermann* RdNr. I 1153, 1156; *Knöchlein* DNotZ 1960, 455; diff. *Flume* I/1 § 12 III. Grds. abl. auf Grund sehr restriktiver Auslegung von § 138 Abs. 1 aber *Heckelmann* (Fn. 18) S. 112 f., 123; so wohl auch *Erman* (Fn. 81) S. 77; *Heyn* (Fn. 81) S. 280.

[92] Vgl. BGH LM Nr. 8 = NJW 1979, 104: Sittenwidrigkeit einer Buchwertabfindung im Fall der Ausschließung ohne wichtigen Grund (ähnlich, wenn auch auf zusätzliche Umstände gestützt, schon BGH WM 1962, 462, 463); zust. *Schilling* ZGR 1979, 419 ff.; *Ulmer* NJW 1979, 82, 84; *U. Huber* ZGR 1980, 177, 203 f.; *Hirtz* BB 1981, 761, 764 f.; vgl. auch *Gerd Müller* ZIP 1995, 1561, 1565; krit. *Flume* NJW 1979, 902 ff.; *Kreutz* ZGR 1983, 109 ff.; im Grundsatz auch *Eiselt* (Fn. 79) S. 656 ff., 662; *Esch* NJW 1979, 1390; *Sigle* ZGR 1999, 659, 661 ff.; vgl. auch BGH LM § 738 Nr. 14 = NJW 1989, 2685, 2686 (Sittenwidrigkeit einer Abfindung zum halben Buchwert trotz vorhergegangener Anteilsschenkung bejaht); BGHZ 126, 226, 240 = NJW 1994, 2536 (Sittenwidrigkeit wegen erst später eingetretenem grobem Missverhältnis verneint); BGHZ 116, 359, 368 = NJW 1992, 892 (Sittenwidrigkeit der Abfindung eines GmbH-Gesellschafters nur, wenn die Beschränkung vollkommen außer Verhältnis zu dem grundsätzlich unbedenklichen Kapitalsicherungszweck steht); OLG Hamm NZG 2003, 440, 441 (Sittenwidrigkeit der Beschränkung des Abfindungsanspruchs auf ein Drittel des Zeitwerts). Für generelle Unwirksamkeit von Buchwertklauseln in „Satzungsgesellschaften" beim Fehlen eines Verbots, stille Reserven zu bilden, jedoch *Reuter* (Schranken, S. 299 f.) unter Berufung auf den – freilich nur bei kündigungsbedingtem Ausscheiden relevanten – Zweck der §§ 723, 724.

[93] *Sigle* ZGR 1999, 659, 666.

[94] So zutr. *Sigle* ZGR 1999, 662; vgl. auch *Sörgel/Engelmann* DStR 2003, 1260 ff. zur Anpassung der Buchwertabfindung an den niedrigeren Verkehrswert.

dens ausschließen oder in einem über vergleichbare Fälle des Ausscheidens hinausgehenden Maß beschränken, werden von der ganz hM als *wegen Gläubigerbenachteiligung nichtig* angesehen.[95] Soweit die Begründung für dieses Ergebnis sich auf § 138 stützt,[96] ist dem allerdings in neuerer Zeit entgegengehalten worden,[97] dass die im Fall der Gläubigerbenachteiligung eingreifenden *Anfechtungsvorschriften* der *§§ 133 Abs. 1 InsO, 3 Abs. 1 AnfG* dem Sittenwidrigkeitstatbestand des § 138 als Spezialvorschriften vorgehen, falls keine weiteren die Sittenwidrigkeit begründenden Umstände vorliegen.[98]

48 **Stellungnahme.** Mit der hM ist an der Nichtigkeit wegen Gläubigerbenachteiligung festzuhalten; für einen Vorrang der Anfechtungstatbestände besteht auch seit Inkrafttreten der InsO kein Anlass.[99] Bei beiden Anfechtungstatbeständen ist die Anfechtungsfrist auf zehn Jahre seit Vornahme des Rechtsgeschäfts beschränkt. Das kann speziell für Gesellschaftsverträge angesichts ihres nicht selten mehrere Jahrzehnte zurückliegenden Zustandekommens zu einer Schutzlücke führen. Daher verdient trotz der Anfechtungsmöglichkeiten von InsO und AnfG der Rückgriff auf das in §§ 725, 728 Abs. 2 iVm. §§ 736 Abs. 1, 738 Abs. 1 S. 2 verankerte **gesellschaftsrechtliche Gläubigerschutzprinzip** den Vorrang.[100] Die Gläubiger haben zwar keinen Anspruch darauf, dass die Gesellschafter es für den Fall der §§ 725, 728 Abs. 2 bei der gesetzlichen Auflösungs- oder Abfindungsregelung belassen, sondern sind grundsätzlich auf die dem Gesellschafter/Schuldner nach der jeweiligen Vertragsgestaltung zustehenden Vermögensrechte verwiesen. Anderes gilt jedoch, soweit die gesellschaftsvertraglichen Vereinbarungen sich speziell auf eine Verschlechterung der Gläubigerposition richten. So wenig die den Gläubigern aus §§ 725, 728 Abs. 2 zustehenden Rechte generell abdingbar sind (§ 725 RdNr. 7, § 728 RdNr. 3), so wenig ist es gesellschaftsrechtlich auch zulässig, zu einer einseitig die Privatgläubiger eines Gesellschafters treffenden Abfindungsbeschränkung zu kommen.

49 **d) Verbotene Kündigungsbeschränkung (§ 723 Abs. 3).** Das in § 723 Abs. 3 enthaltene Verbot, die Kündigung entgegen § 723 Abs. 1 und 2 zu beschränken, greift nach Umgehungsgrundsätzen[101] auch dann ein, wenn eine Abfindungsklausel geeignet ist, den kündigungswilligen Gesellschafter wegen der wirtschaftlich nachteiligen Folgen einer Kündigung zum Verzicht auf die Kündigungserklärung zu veranlassen.[102] Dabei kommt es nicht auf eine Umgehungsabsicht der Mitgesellschafter an.[103] Die Wirksamkeitsschranke des § 723 Abs. 3 besaß solange erhebliche Bedeutung, als die hM für ihr Eingreifen nicht auf die Lage bei Vertragsschluss abstellte, sondern auf die Wertverhältnisse im jeweiligen Zeitpunkt der Kündigung, und mit dieser Begründung die *Möglichkeit nachträglicher, ex nunc eintretender Unwirksamkeit* einer ursprünglich mit § 723 Abs. 3 vereinbaren Abfindungsklausel bejahte.[104] Unter dem Eindruck der hieran in Teilen der Literatur geübten

[95] So BGHZ 65, 22, 28 = NJW 1975, 1835 und BGHZ 144, 365, 366 f. = NJW 2000, 2819 (für die GmbH); *Flume* I/1 § 12 III; *Hueck* OHG § 24 II 4; *Schlegelberger/K. Schmidt* HGB § 138 RdNr. 64; *Ulmer* in Großkomm. zum HGB, 3. Aufl., § 138 RdNr. 123; *Westermann* Hdb. RdNr. I 1153. Anders bei Einbeziehung auch der kündigungsbedingten Abfindung: BGH NJW 1993, 2101, 2102.

[96] Nachw. bei *Heckelmann* (Fn. 18) S. 106 Fn. 31.

[97] So namentlich *Heckelmann* (Fn. 18) S. 116 ff., 123; ihm folgend *Möhring* (Fn. 81) S. 63 ff.; ebenso *Rittstieg* DB 1985, 2285, 2288.

[98] So die st. Rspr. zum Verhältnis der Anfechtungstatbestände der früheren KO und des AnfG gegenüber § 138, vgl. BGHZ 53, 174, 180 = NJW 1970, 752; BGH LM AnfG § 3 Nr. 16 = NJW 1973, 513; *Erman/Palm* § 138 RdNr. 7 sowie die Nachw. bei *Heckelmann* (Fn. 18) S. 117.

[99] Vgl. näher *Ulmer,* FS Quack, 1991, S. 477, 487.

[100] In diesem Sinne, wenn auch ohne nähere Auseinandersetzung mit den Anfechtungstatbeständen, vgl. die Nachw. in Fn. 95; aA *Heckelmann* (Fn. 18) S. 166 ff.

[101] Dh. im Analogiewege, vgl. *Teichmann,* Die Gesetzesumgehung, 1970, S. 78 ff.; *Sieker,* Umgehungsgeschäfte, 2001, S. 87 ff.; speziell im Hinblick auf § 723 Abs. 3 *Heckelmann* (Fn. 18) S. 141 ff.

[102] Ganz hM, vgl. BGHZ 123, 281, 283 f. = NJW 1993, 3193; BGH LM HGB § 132 Nr. 2 = NJW 1954, 106; LM HGB § 119 Nr. 9 = NJW 1973, 651, 652; BGH NJW 1985, 192, 193; WM 1979, 1064, 1965; RGZ 162, 388, 393; *Soergel/Hadding* § 723 RdNr. 29; *Erman/Westermann* § 723 RdNr. 21; *Staudinger/Keßler* § 723 RdNr. 49 ff.; für Nichtigkeit nach § 138 aber *Schlegelberger/K. Schmidt* HGB § 138 RdNr. 63; weit. Nachw. bei *Heckelmann* (Fn. 18) S. 126 Fn. 11.

[103] So zu Recht *Heckelmann* (Fn. 18) S. 128.

[104] BGH WM 1989, 783, 785; NJW 1985, 192, 193; WM 1979, 1064; vgl. auch BGHZ 116, 359, 368 = NJW 1992, 892, 894 und noch 2. Aufl. RdNr. 33 m. weit. Nachw. in Fn. 70 bis 72.

Kritik[105] ist der BGH von dieser Konstruktion inzwischen abgerückt und *verneint* seither zu Recht die Möglichkeit nachträglich eintretender Unwirksamkeit.[106] Da ein ursprüngliches Missverhältnis aus ähnlichen Gründen wie bei § 138 nur selten vorliegen dürfte, ist dadurch für die Unwirksamkeitsfolge des § 723 Abs. 3 nur noch in seltenen Fällen Raum (vgl. RdNr. 46 aE).

Im *Ergebnis* ist mit diesem **Methodenwandel** freilich *keine wesentliche Änderung* verbun- 50
den. Denn der BGH will dem nachträglichen Eintritt eines erheblichen Missverhältnisses zwischen wirklichem Anteilswert und vereinbartem Abfindungsbetrag dadurch Rechnung tragen, dass er für derartige Fälle nach Treu und Glauben vom Vorliegen einer von den Parteien nicht bedachten Vertragslücke ausgeht, die im Wege ergänzender Vertragsauslegung zu schließen sei (RdNr. 53 f.). Diesem Ansatz ist angesichts des von den Beteiligten meist umfassend gewollten Anwendungsbereichs der Abfindungsklausel zwar nicht ohne weiteres zu folgen. Zum gleichen Ergebnis kommt man jedoch mit der methodisch vorzugswürdigen Begründung, dass eine ursprünglich wirksam vereinbarte, durch zwischenzeitliche Entwicklungen unangemessen gewordene Abfindungsklausel wegen Rechtsmissbrauchs undurchsetzbar ist (RdNr. 55).

Die Frage, wann ein zum Eingreifen von § 723 Abs. 3 führendes bzw. den Missbrauchs- 51
einwand des § 242 auslösendes **erhebliches Missverhältnis** zwischen wirklichem Anteilswert und vereinbartem Abfindungswert zu bejahen ist, bleibt somit trotz des zwischenzeitlichen Rechtsprechungswandels unverändert relevant. Entscheidend ist, ob mit Rücksicht auf den Ausschluss oder die weitgehende Beschränkung des Abfindungsanspruchs die *Entschließungsfreiheit des Gesellschafters im Zeitpunkt der beabsichtigten Kündigung unvertretbar eingeengt* wird. Dieser Maßstab gilt auch bei kapitalistisch strukturierten Personengesellschaften. Er greift insbesondere dann ein, wenn die Abfindungsbeschränkung sogar für den Fall eines durch *außerordentliche* Kündigung verursachten Ausscheidens Geltung beansprucht. Zum Sonderfall der Gesellschafterstellung ohne Kapitalbeteiligung vgl. RdNr. 58.

Im Einzelnen sind die aus § 723 Abs. 3 folgenden Schranken der vertraglichen Gestal- 52
tungsfreiheit noch nicht abschließend geklärt. Der **BGH** hat in einer früheren Entscheidung festgestellt, die kritische Grenze sei jedenfalls bei einem Abfindungsanspruch überschritten, der nur 20% der nach § 738 Abs. 1 S. 2 zu zahlenden Abfindung erreiche.[107] In einem anderen Fall[108] hat er für die Abfindung beim Ausscheiden aus einer Personenhandelsgesellschaft zu Recht betont, Vergleichsmaßstab für die Beurteilung der Wirksamkeit der *Buchwertklausel* sei nicht die Höhe der vorhandenen stillen Reserven, sondern der „wirkliche Wert" der Beteiligung, berechnet auf der Grundlage des Ertragswerts des von der Gesellschaft betriebenen Unternehmens. Allerdings hat er eine prozentuale Mindesthöhe des Abfindungsanspruchs, gemessen am wirklichen Wert, bisher nicht beziffert, bei deren Einhaltung der Einwand eines erheblichen Missverhältnisses auszuschließen sei. Solche Hinweise wären schon aus Gründen der Rechtssicherheit in diesem umstrittenen Bereich erwünscht, auch wenn sie nur eine allgemeine Richtschnur enthalten könnten und die Zulässigkeit stärkerer Einschränkungen in solchen Fällen unberührt lassen würden, in denen die Beteiligung des betroffenen Gesellschafters auf besonderen Umständen beruht (vgl. RdNr. 58 f.). Als Faustregel könnte sich etwa die *Grenzziehung bei zwei Drittel des wirklichen Anteilswerts* anbieten, wenn sich nicht mit den Auszahlungsmodalitäten weitere spürbare Einschränkungen verbinden.[109] – Für die Kündigung einer *Anwaltssozietät* hat der BGH

[105] So erstmals *Rasner* NJW 1983, 2905, 2907; ihm folgend *Büttner*, FS Nirk, 1992, S. 119, 124 f.; *Schlegelberger/K. Schmidt* HGB § 138 RdNr. 70.

[106] BGHZ 123, 281, 284 = NJW 1993, 3193; zust. *Dauner-Lieb* ZHR 158 (1994), 271, 280; *Ulmer/Schäfer* ZGR 1995, 134, 139 f.; vgl. auch schon BGH NJW 1993, 2101, 2102 (Unzumutbarkeit wegen wesentlicher Änderung der Verhältnisse).

[107] BGH LM HGB § 119 Nr. 9 = NJW 1973, 651, 652. Vgl. auch BGH NJW 1989, 2685, 2686 (Sittenwidrigkeit der Abfindung zum halben Buchwert); OLG Hamm DStR 2003, 1178 f. (sittenwidrige Beschränkung auf ein Drittel des Zeitwerts).

[108] BGH NJW 1985, 192, 193.

[109] Vgl. näher *Ulmer/Schäfer* ZGR 1995, 153; restriktiver (Grenze erst bei 50%) *Erman* (Fn. 81) S. 78 f.; *Heyn* (Fn. 81) S. 285 f.; *Kellermann* StGJB 1986/87 S. 409, 414; *Mecklenbrauck* BB 2000, 2001, 2006; kritisch gegenüber solchen Grenzwerten *Flume* I/1 § 12 IV Fn. 51 („Kadi-Erwägungen"); *Er-*

dagegen trotz Abfindungsausschluss ein erhebliches Missverhältnis verneint, wenn der durch die Kündigung ausscheidende Rechtsanwalt das Recht hat, anteilig Mandate mitzunehmen und sich damit die Grundlage für seine weitere Existenz als Anwalt zu erhalten (vgl. RdNr. 67).

53 **e) Ergänzende Vertragsauslegung (§§ 157, 242).** Die Problematik des *nachträglich eintretenden* erheblichen Missverhältnisses zwischen Anteilswert und Abfindungsbetrag (RdNr. 49) will der BGH im Wege ergänzender Vertragsauslegung lösen. Dabei unterstellt er, dass für diesen Fall im Gesellschaftsvertrag keine Regelung getroffen und diese Lücke daher nach §§ 157, 242 zu schließen sei.[110] Sowohl hinsichtlich der *Eingreifkriterien* als auch hinsichtlich der *Lückenfüllung* will der BGH dabei eine umfassende Interessenabwägung vornehmen, in die u. a. folgende Umstände einfließen sollen: Wertdifferenz zwischen Klauselwert und Anteilswert; Dauer der Mitgliedschaft des Ausgeschiedenen sowie dessen Beitrag zum Aufbau und Erfolg des Unternehmens; Anlass des Ausscheidens; tatsächliche Entwertung des Kündigungsrechts durch die Abfindungsbeschränkung; Angewiesensein des Ausgeschiedenen auf die Verwertung seines Anteils; finanzielle Situation der Gesellschaft; Auszahlungsmodalitäten.

54 **Stellungnahme.** Der neuen Rechtsprechung ist zwar im Grundsatz darin zuzustimmen, dass der lückenfüllenden ergänzenden Vertragsauslegung Vorrang gegenüber den Wirksamkeitsschranken zukommt.[111] Die Methode muss jedoch dort versagen, wo ein eindeutiger Wille der Parteien feststellbar ist, der dahin geht, an der Abfindungsregelung auch bei nachträglich eintretenden Wertänderungen festzuhalten; von einem solchen Willen ist angesichts der Vereinbarung einer umfassenden Abfindungsklausel regelmäßig auszugehen.[112] In solchen Fällen führt kein Weg daran vorbei, Abfindungsregelungen, die auf Grund nachträglicher Entwicklungen zu einem erheblichen Missverhältnis zwischen Klauselwert und wahrem Anteilswert führen, unter Anwendung der allgemeinen Wirksamkeitsschranken zu korrigieren; hierfür bietet sich der Rückgriff auf den *Missbrauchseinwand* an (RdNr. 55). Aber auch gegenüber der vom BGH vertretenen umfassenden Interessenabwägung bei der Lückenfüllung bestehen erhebliche Bedenken, jedenfalls soweit dabei Umstände aus der Privatsphäre des Gesellschafters Berücksichtigung finden sollen.[113] Vielmehr ist die Abfindungshöhe grundsätzlich im Wege einer am Inhalt des Gesellschaftsvertrags orientierten ergänzenden Vertragsauslegung (RdNr. 74) zu bestimmen. Dem methodischen Vorgehen des BGH ist daher nicht zu folgen.

55 **f) Rechtsmissbrauch; Störung der Geschäftsgrundlage (§§ 242, 313).** Durch die Änderung der Rechtsprechung zu § 723 Abs. 3 hat die Ausübungskontrolle gegenüber der Wirksamkeitskontrolle des Vertragsinhalts erheblich an Bedeutung gewonnen. Auszugehen ist dabei von der Fallgruppe der **unzulässigen Rechtsausübung.** Für sie ist anerkannt, dass einem Anspruch, dessen vertragliche Vereinbarung im Zeitpunkt seiner Geltendmachung als nichtig oder unwirksam beurteilt werden müsste, nach § 242 der Missbrauchseinwand entgegengesetzt werden kann.[114] Anknüpfend an die frühere Rechtsprechung ist daher in einem ersten Schritt zu prüfen, ob die Abfindungsklausel gegen § 138 Abs. 1 oder § 723 Abs. 3 verstoßen würde, wenn sie *im Zeitpunkt des Ausscheidens* bzw. *im Zeitpunkt der beabsichtigten Kündigung* vereinbart worden wäre. Ist dies nach den in RdNr. 45 f., 49

man/Westermann RdNr. 11; *Büttner* (Fn. 105) S. 129; so auch OLG Oldenburg GmbHR 1997, 503, 505.

[110] BGHZ 123, 281, 285 f. = NJW 1993, 3193 im Anschluss an BGH NJW 1993, 2101, 2102 und BGH NJW 1994, 2536, 2540; zust. *Schulze-Osterloh* JZ 1993, 45 f.; ähnlich *Dauner-Lieb* ZHR 158 (1994), 271, 283 ff.; vgl. auch *Westermann* ZGR 1996, 272, 279 ff.

[111] So auch *Schulze-Osterloh* JZ 1993, 45 f.; *Dauner-Lieb* ZHR 158 (1994), 271, 277.

[112] *Ulmer/Schäfer* ZGR 1995, 134, 141 ff.; aA *Dauner-Lieb* ZHR 158 (1994), 271, 284, die für eine Beweislastumkehr eintritt; zur gemeinsamen Vorstellung der Parteien bei Vertragschluss vgl. auch *Gerd Müller* ZIP 1995, 1561, 1568.

[113] Vgl. näher *Ulmer/Schäfer* ZGR 1995, 134, 150; kritisch auch *Dauner-Lieb* ZHR 158 (1994), 271, 286; *Westermann* Hdb. RdNr. I 1166.

[114] BGH NJW 1983, 2692 f.; § 138 RdNr. 138; *Soergel/Hefermehl* § 138 RdNr. 43, 70; *Erman/Palm* § 138 RdNr. 59; *Larenz/Wolf*, Allgemeiner Teil des Bürgerlichen Rechts, 8. Aufl. 1997, § 41 RdNr. 30.

aufgezeigten Grundsätzen der Fall, so steht der Berufung auf die Abfindungsklausel der Einwand unzulässiger Rechtsausübung entgegen.[115] An ihre Stelle tritt auf Grund ergänzender Vertragsauslegung dasjenige, was die Parteien bei Kenntnis der fehlenden Durchsetzbarkeit vereinbart hätten. Entgegen der Ansicht des BGH bedarf es hierfür keiner umfassenden Interessenabwägung (RdNr. 53 f.).

Neben oder an Stelle des Missbrauchseinwands kommt auch die Berufung auf eine **Störung der Geschäftsgrundlage** (§ 313) in Betracht, wenn *erhebliche, zumal unvorhersehbare Wertänderungen* seit dem Abschluss des Gesellschaftsvertrages eingetreten sind (RdNr. 42). Bleibt in derartigen Fällen der Abfindungsbetrag auf Grund unvorhersehbarer Entwicklungen wesentlich hinter dem anteiligen Verkehrswert des Unternehmens zurück und ist die Abfindung zum Klauselwert dem Ausgeschiedenen deshalb unzumutbar, so ist an die Stelle der vereinbarten Abfindung im Wege ergänzender Vertragsauslegung eine angemessene Abfindung zu setzen.[116] 56

Eine schematische Grenze, deren Überschreiten zum Eingreifen des Einwands aus § 242 führen würde, lässt sich auch in derartigen Fällen nach ganz hM nicht aufstellen.[117] Vielmehr bedarf es insoweit einer **Würdigung der Umstände des Einzelfalls.** Dabei sind einerseits die Art und Herkunft der Gesellschafterstellung des Ausgeschiedenen sowie die ihn durch die Abfindungsklausel treffenden Vermögensnachteile zu berücksichtigen. Andererseits ist zu prüfen, ob den Mitgesellschaftern eine Anpassung der Abfindungsklausel an die geänderten Umstände im Hinblick auf die Änderung der Wertrelationen zugemutet werden kann.[118] Zu beachten ist auch die seit 1974 geltende Schenkungsteuerbelastung (RdNr. 42), zu der die Buchwertabfindung bei den Mitgesellschaftern führen kann und die bei deren Vereinbarung in Gesellschaftsverträgen aus früherer Zeit nicht bedacht worden war. 57

g) Ausnahmen für Beteiligungen minderen Rechts? In der Diskussion zu den Wirksamkeitsgrenzen von Abfindungsklauseln wird im Ansatz zutreffend darauf hingewiesen, dass für die rechtliche Beurteilung auch die jeweilige Art und Herkunft der Gesellschafterstellung zu berücksichtigen sei.[119] Die Unbedenklichkeit weitgehender Beschränkungen oder gar eines Ausschlusses des Abfindungsanspruchs für einen oder bestimmte Gesellschafter lässt sich daraus entgegen den Vertretern dieser Ansicht freilich nicht ohne weiteres ableiten. Zwar steht der Gleichbehandlungsgrundsatz einer Ungleichbehandlung im Falle allseitiger Zustimmung nicht entgegen (§ 705 RdNr. 247). Jedoch haben auch solche **Gesellschafter,** die **ohne Kapitaleinlage** beigetreten sind, nach gesetzlicher Regel einen Abfindungsanspruch immerhin in anteiliger Höhe der einbehaltenen Gewinne sowie des sich bei Auflösung stiller Reserven in der Abfindungsbilanz ergebenden Überschusses.[120] Ein Ausschluss dieses Anspruchs kann, wenn er sich auf den Fall kündigungsbedingten Ausscheidens bezieht oder sogar bei Hinauskündigung (Ausschluss) ohne wichtigen Grund eingreifen soll, ebenfalls zur Unwirksamkeit nach § 723 Abs. 3 oder § 138 führen oder sich im Einzelfall als rechtsmissbräuchlich erweisen. 58

[115] Näher *Ulmer/Schäfer* ZGR 1995, 145 f., 147 ff.; dem folgend *Timm/Schöne* in *Bamberger/Roth* RdNr. 39; *Kort* DStR 1995, 1961, 1966; *Mecklenbrauck* BB 2000, 2001, 2004; *Sigle* ZGR 1999, 671; so auch OLG Nauenburg NZG 2000, 698.

[116] So BGHZ 126, 226, 242 = NJW 1994, 2536. Vgl. auch BGH WM 1980, 1362, 1363; 1977, 192, 193 (jew. obiter); im Ergebnis auch BGH NJW 1993, 2101, 2102 f. Ebenso *Ulmer,* FS Quack, 1991, S. 477, 469; *Büttner* (Fn. 105) S. 128 f.; *K. Schmidt* GesR § 50 IV 2 c ee; *Hueck* OHG § 24 I 5, S. 366; *Heyn* (Fn. 81) S. 273, 280 f.; *Möhring* (Fn. 81) S. 58 f., 63; aA *Rasner* ZHR 158 (1994), 292, 299 f.; *Sudhoff* ZGR 1972, 168; offen lassend BGHZ 123, 281, 287 = NJW 1993, 3193; allg. zur Störung der Geschäftsgrundlage in derartigen Fällen Bd. 2 a § 313 RdNr. 58 ff.

[117] Vgl. schon RdNr. 52 zur Schranke aus § 723 Abs. 3.

[118] Zu diesen auch für die Frage einer Vertragsanpassung kraft Treupflicht maßgebenden Kriterien vgl. § 705 RdNr. 232 ff.; für Gleichbehandlung beider Fälle *Rob. Fischer,* FS Barz, 1974, S. 33, 46 f. (vgl. dazu aber *Flume* I/1 § 12 IV Fn. 41).

[119] Vgl. Nachw. in Fn. 87, 88; ferner *Eiselt* (Fn. 79) S. 644 f.; *U. Huber* ZGR 1980, 177, 193 ff. Zur Relevanz einer durch Anteilsschenkung erlangten Beteiligung vgl. BGH NJW 1989, 2685, 2686 (tendenziell verneinend); *Nitschke* Personengesellschaft S. 341 ff.

[120] Vgl. auch *Nitschke* (Fn. 119) S. 358.

59 Nichts anderes gilt auch für Gesellschafter, denen der Anteil **unentgeltlich oder auf erbrechtlichem Wege** zugewandt worden ist. Auch wenn man die Stellung dieser Gesellschafter mit Rücksicht auf die vertraglichen Abfindungsregelungen als eine solche ohne – oder mit einer Art auflösend bedingter – Kapitaleinlage behandeln und als Gegenstand der Schenkung oder Erbschaft daher nur oder in erster Linie das mit dem Anteil verbundene Gewinnrecht ansehen wollte, könnten ihnen die auch insoweit bestehenden Abfindungsrechte (RdNr. 58) doch nicht entgegen §§ 138, 723 Abs. 3 entzogen werden.[121] Auch besteht gegenüber Gesellschaftern, denen die Beteiligung unentgeltlich zugewendet wurde, nicht etwa eine geminderte gesellschaftsrechtliche Treupflicht.[122] Die Lehre von den Gesellschaftern „minderen Rechts“ vermag weitgehende Abfindungsbeschränkungen daher nicht ohne weiteres zu legitimieren. Zum Sonderfall der Anteilsschenkung unter Vorbehalt freien Widerrufs vgl. § 737 RdNr. 21 f.

60 **3. Typische Vertragsklauseln. a) Abfindungsausschluss.** Regelungen über den Ausschluss des Abfindungsanspruchs sind grundsätzlich *unwirksam.*[123] An diesem zutr. Standpunkt der hM ist trotz der hieran geübten Kritik[124] festzuhalten. Sie ergibt sich für den Kündigungsfall aus § 723 Abs. 3, im Übrigen regelmäßig aus dem Knebelungsverbot des § 138 Abs. 1. Auch ein einseitiger Abfindungsausschluss zu Lasten von Gesellschaftern ohne Kapitalbeteiligung oder solchen „minderen Rechts“ kann nicht ohne weiteres wirksam vereinbart werden (RdNr. 58 f.). Beschränkt sich der Abfindungsausschluss auf die Fälle des durch Kündigung nach § 725 oder durch Gesellschafterinsolvenz bedingten Ausscheidens, so ist er wegen Verstoßes gegen das gesellschaftsrechtliche Gläubigerschutzprinzip nichtig (RdNr. 47 f.).

61 Abgesehen vom Sonderfall des Abfindungsausschlusses bei *Freiberufler-Sozietäten,* verbunden mit dem Recht zur „Mitnahme“ des jeweiligen Mandantenstamms (RdNr. 67 f.), sowie der Verwendung dieser Klausel als *Vertragsstrafe* bei besonders schwerwiegenden Pflichtverletzungen eines Gesellschafters[125] sind **Ausnahmen** von der grundsätzlichen Unwirksamkeit des Abfindungsausschlusses einerseits für diejenigen Klauseln anzuerkennen, in denen es um Regelungen auf den **Todesfall** eines Gesellschafters geht (RdNr. 40). Unabhängig davon, ob der Abfindungsausschluss für bestimmte oder alle Gesellschafter gilt, handelt es sich insoweit um vorweggenommene, auf den Todesfall bezogene unentgeltliche gesellschaftsvertragliche Verfügungen über den Anteilswert.[126] Die Formvorschrift des § 2301 Abs. 1 greift nicht ein.[127] Die Rechtsfigur eines „aleatorischen“, entgeltlichen Rechtsgeschäfts zwischen sämtlichen Gesellschaftern bei allseitigem Ausschluss des Abfindungsanspruchs[128] ist abzulehnen.[129] Zu den Rechtsfolgen derartiger Vereinbarungen für

[121] So zutr. BGH NJW 1989, 2685, 2686.

[122] Nicht frei von Missverständnissen daher BGHZ 34, 80, 83 = NJW 1961, 504 (keine Pflicht der Mitgesellschafter zur Rücksichtnahme bei Ausübung eines „Ablösungsrechts“ gegenüber einem unentgeltlich in die Gesellschaft aufgenommenen Gesellschafter). Wie hier gegen die Figur der „Gesellschafter minderen Rechts“ auch *Schilling* ZGR 1979, 419, 423; *Erman/Westermann* RdNr. 12.

[123] Vgl. RdNr. 45 und Nachw. in Fn. 91.

[124] Durch *Heckelmann* (Fn. 18) S. 104 ff. und *Flume* I/1 § 12 III.

[125] Vgl. dazu *Timm/Schöne* in *Bamberger/Roth* RdNr. 31; *Kort* DStR 1995, 1961, 1962.

[126] So die hM jedenfalls für den einseitigen Abfindungsausschluss zu Lasten bestimmter Gesellschafter, vgl. KG JR 1959, 101; 3. Aufl. § 2325 RdNr. 16 *(Frank); Soergel/Dieckmann* § 2325 RdNr. 27; *Siebert,* Gesellschaftsvertrag und Erbrecht bei der OHG, 3. Aufl. 1958, S. 10 f.; *Huber* Vermögensanteil S. 462 ff.; *Soergel/Hadding* RdNr. 12; *Staudinger/Keßler* RdNr. 22; *Schlegelberger/K. Schmidt* HGB § 138 RdNr. 66; *Ulmer* in Großkomm. zum HGB, 3. Aufl., § 138 RdNr. 120. Zum allseitigen Abfindungsausschluss auf den Todesfall vgl. Nachw. in Fn. 128, 129.

[127] KG JR 1959, 101; *Siebert* (Fn. 126) S. 10 f.; *Huber* Vermögensanteil S. 463 f.; *G.* und *D. Reinicke* NJW 1957, 561, 562; *Ulmer* ZGR 1972, 195, 214 ff.; *Schlegelberger/K. Schmidt* HGB § 138 RdNr. 67; aA *Rittner* FamRZ 1961, 505, 509 ff.; *Wiedemann* Übertragung S. 176 ff., 188.

[128] So die früher hM, vgl. *Schlegelberger/Geßler,* 4. Aufl., HGB § 138 RdNr. 27; *G. und D. Reinicke* NJW 1957, 561, 562; wohl auch *Wiedemann* Übertragung S. 189 (vgl. aber auch S. 186) sowie die umfassenden Nachw. bei *Heckelmann* (Fn. 18) S. 71 Fn. 177; auch in neuerer Zeit noch *Erman/Schlüter* § 2311 RdNr. 7; *Erman/M. Schmidt* § 2301 RdNr. 3; *Baumbach/Hopt* HGB § 131 RdNr. 62; im Ergebnis auch BGHZ 22, 186, 194 = NJW 1957, 180.

[129] So auch 3. Aufl. § 2325 RdNr. 16 *(Frank); Heckelmann* (Fn. 18) S. 77 ff., 84; *Huber* Vermögensanteil S. 465; *Soergel/Dieckmann* § 2325 RdNr. 27; *Flume* I/1 § 18 VI 1; *Schlegelberger/K. Schmidt* HGB § 138 RdNr. 67.

die Auseinandersetzung unter den Erben vgl. § 727 RdNr. 45 und 3. Aufl. § 2325 RdNr. 16, 25.

62 Eine zweite Ausnahme von der grundsätzlichen Unwirksamkeit des Abfindungsausschlusses wird zu Recht für Gesellschaften mit **ideellem Zweck** vertreten.[130] Da die Beteiligung an einem derartigen Zusammenschluss gewöhnlich auf altruistischen Motiven beruht, bedeutet es für die Gesellschafter ebenso wie für die Mitglieder eines Idealvereins regelmäßig keine nach §§ 138, 723 Abs. 3 relevante Beschränkung, dass ihnen beim Ausscheiden kein Abfindungsanspruch zusteht. – Nicht vergleichbar hiermit sind Abfindungsklauseln in **Familiengesellschaften.**[131] Sieht der Gesellschaftsvertrag etwa das Ausscheiden eines angeheirateten Gesellschafters im Falle seiner Scheidung oder Wiederverheiratung vor, so ist das keine Rechtfertigung für einen hiermit verbundenen Abfindungsausschluss.

63 **b) Buchwertklauseln.** Sie sind – im Unterschied zu sog. *Nennwertklauseln*[132] – regelmäßig dahin *auszulegen,* dass sie den Abfindungsanspruch auf die Rückzahlung noch nicht verbrauchter Einlagen, einbehaltener Gewinne sowie sonstiger anteiliger Rücklagen und Rückstellungen mit Eigenkapitalcharakter nach Maßgabe der Letzten, auf den Stichtag der Abfindung fortzuschreibenden Handelsbilanz beschränken.[133] Ein nicht aufgelöster Verlustvortrag ist anteilig zu berücksichtigen.[134] Steuerrechtlich bedingte Sonderabschreibungen sind grundsätzlich nicht aufzulösen.[135] Buchwertklauseln führen typischerweise zu einer Beschränkung der Abfindung gegenüber dem anteiligen Ertragswert; sie können je nach Lage des Falles aber auch den gegenteiligen Effekt haben (RdNr. 46).

64 In *rechtlicher* Hinsicht sind Buchwertklauseln, sieht man vom Sonderfall eines wirksam vereinbarten Ausschließungsrechts gegenüber bestimmten Gesellschaftern ohne wichtigen Grund ab,[136] aus der Sicht von § 138 grundsätzlich unbedenklich, da zumindest im **Zeitpunkt ihrer Vereinbarung** eine sittenwidrige Knebelung oder eine Übervorteilung unter Ausnutzung der Unerfahrenheit des betroffenen Gesellschafters angesichts des zunächst meist geringen Unterschieds zwischen Verkehrswert und Buchwert der Beteiligung nur selten gegeben sein wird (RdNr. 46). Entsprechendes gilt nach der neueren Rechtsprechung für die Beurteilung nach § 723 Abs. 3 (RdNr. 49). Dagegen kann die **spätere Entwicklung** den Einwand des Rechtsmissbrauchs oder der gestörten Geschäftsgrundlage begründen (RdNr. 42, 55 f.). Buchwertklauseln, die sich nur auf bestimmte Gesellschafter beziehen, können mit Rücksicht auf Art und Herkunft der betroffenen Beteiligungen in weitergehendem Umfang durchsetzbar sein (RdNr. 58 f.). Privatgläubiger eines Gesellschafters haben eine allgemein für alle Ausscheidensfälle vereinbarte, nicht aus anderen Gründen unwirksame Buchwertklausel grundsätzlich hinzunehmen.[137]

65 **c) Auszahlungsvereinbarungen.** Sie können sich je nach Lage des Falles beziehen auf die Fälligkeit des Abfindungsanspruchs, seine Verzinsung (vgl. auch RdNr. 22), auf die

[130] BGHZ 135, 387, 390 f. = NJW 1997, 2592; *Erman/Westermann* RdNr. 11; *Sigle* ZGR 1999, 675 ff.; *Timm/Schöne* in *Bamberger/Roth* RdNr. 31; vgl. auch OLG Hamm (Fn. 132); OLG Oldenburg GmbHR 1997, 503, 505; *Nitschke* (Fn. 119) S. 338 f.; *Flume* I/1 § 12 III; aA noch *Ulmer* in Großkomm. zum HGB, 3. Aufl., § 138 RdNr. 119.

[131] Vgl. dazu näher *Sigle* ZGR 1999, 659 ff. mit Kritik an der aus seiner Sicht zu rigorosen Rechtsprechung und mit zahlreichen Gestaltungshinweisen; ähnlich auch *Kübler,* FS Sigle, 2000, S. 183, 186 ff.

[132] Diese beschränken die Abfindung auf den Nominalbetrag der Kapitaleinlage zuzüglich der nicht entnommenen Gewinne, vgl. OLG Hamm DB 1997, 1612, 1613 und *Jaeger* DB 1997, 1607 (betr. die Abfindungsklausel einer gemeinnützigen Baugesellschaft).

[133] Vgl. BGH LM Nr. 8 = NJW 1979, 104; *Ulmer* in Großkomm. zum HGB, 3. Aufl., § 138 RdNr. 109 f.; *Schilling* ZGR 1979, 428; *Sigle* ZGR 1999, 659, 662. Für Einbeziehung auch der Rücklage nach § 6 b EStG OLG München ZIP 1997, 240, 241; aA – für grundsätzliche Ausklammerung der Rücklagen – aber *Sudhoff* ZGR 1972, 157, 169.

[134] BGH WM 1978, 1152.

[135] Anderes gilt bei ausdrücklich oder konkludent abweichender Vereinbarung, vgl. dazu BGH WM 1965, 627. Eine konkludente Auflösungsabrede im Rahmen der Buchwertklausel regelmäßig bejahend *Huber* Vermögensanteil S. 339.

[136] Dazu BGH LM Nr. 8 = NJW 1979, 104 und Nachw. o. Fn. 81; zu den Grenzen vertraglicher Ausschließungsvereinbarungen (Hinauskündigungsklauseln) vgl. § 737 RdNr. 17 ff.

[137] OLG Frankfurt NJW 1978, 328; OLG Hamburg GmbHR 1983, 126.

Auszahlung in Raten statt in einem einmaligen Betrag sowie auf die dem Ausgeschiedenen einzuräumenden Sicherheiten für die weitere Belassung von Teilen seiner Einlage und der übrigen Abfindungsbeträge in der Gesellschaft.[138] Für die rechtliche Beurteilung gelten die in RdNr. 44 ff. entwickelten Maßstäbe entsprechend. Längerfristige, den nötigen Zeitraum für die Berechnung des Anspruchs und die Beschaffung der zur Abfindung erforderlichen Mittel deutlich übersteigende Auszahlungsfristen sind im Allgemeinen nur dann unbedenklich, wenn sie zeitlich überschaubar sind, sich mit einer angemessenen Verzinsung für den Ausgeschiedenen verbinden und ihm keine unzumutbaren Risiken hinsichtlich der späteren Durchsetzung seiner Ansprüche auferlegen. Unbedenklich sind danach regelmäßig Auszahlungsfristen bis zu fünf Jahren, verbunden mit einer angemessenen Verzinsung des gestundeten Betrags, während Auszahlungsfristen von mehr als zehn Jahren das Maß des noch Zulässigen grundsätzlich überschreiten.[139]

66 **4. Besondere Fallgruppen. a) Freiberufler-Sozietäten.** Sozietäten von Rechtsanwälten oder Ärzten sowie – wenn auch in zT weniger ausgeprägtem Maße – solche von Wirtschaftsprüfern oder Steuerberatern weisen eine Reihe von **Besonderheiten** gegenüber Gesellschaften mit gewerblichem oder sonstigem unternehmerischem Zweck auf.[140] Die Besonderheiten beruhen darauf, dass bei diesen Sozietäten die jeweilige Persönlichkeit der Gesellschafter und die von ihnen zu erbringenden Dienstleistungen für die Mandanten (Klienten, Patienten) im Mittelpunkt stehen und den Erfolg der Sozietät prägen; demgegenüber fallen die für den Unternehmenserfolg gewerblich tätiger Gesellschaften maßgeblichen Umstände wie Kapitalkraft, schlagkräftige Organisation, marktgängige Produkte, bekannte Marke u. a. nicht oder nur beschränkt ins Gewicht. Auch ist der Wert der Büro- oder Praxisausstattung von Freiberufler-Sozietäten im Vergleich zu demjenigen ihres Mandantenstamms meist relativ gering, sieht man von Laborgemeinschaften u. a. mit einem kapitalintensiven Gerätepark ab. Für die Aufnahme neuer Sozien wird nicht selten eine vergleichsweise geringe, unter dem anteiligen Ertragswert liegende Einlage verlangt, dafür aber die Erbringung der vollen Arbeitskraft erwartet. Die genannten Umstände haben zur Folge, dass der Ertragswert einer Freiberufler-Sozietät wegen seiner Personengebundenheit in der Regel weniger nachhaltig ist als derjenige einer sonstigen unternehmerisch tätigen GbR.[141]

67 Den in RdNr. 66 aufgezeigten Besonderheiten kommt Bedeutung nicht zuletzt für den Abfindungsanspruch ausgeschiedener Sozien zu. Dementsprechend hat die höchstrichterliche Rechtsprechung[142] unter Zustimmung der Literatur[143] schon seit längerem **Sonderregeln für** die Beurteilung vertraglicher **Abfindungsklauseln bei Freiberufler-Sozietäten** entwickelt. So wird ein *Ausschluss des Abfindungsanspruchs* oder dessen Beschränkung auf den anteiligen Wert der Büroausstattung bzw. des Praxisinventars unter Ausklammerung des

[138] *Knöchlein* DNotZ 1960, 466 ff.; *Ulmer* in Großkomm. zum HGB, 3. Aufl., § 138 RdNr. 117.

[139] So für eine 15-jährige Ratenzahlungsvereinbarung mit Verzinsungspflicht BGH NJW 1989, 2685, 2686; für Streckung der Auszahlung auf drei gleiche Abfindungsraten nach 5, 8 und 10 Jahren trotz Verzinsung mit max. 8% auch schon OLG Dresden NZG 2000, 1042, 1043 m. krit. Anm. *Lange* NZG 2001, 635, 638 f. und von *Heß* NZG 2001, 648, 650; für grundsätzliche Zulässigkeit der Vereinbarung von Zahlungsfristen bis zu 10 Jahren, jedenfalls wenn sie mit einer angemessenen Verzinsung verbunden sind, *Staudinger/Keßler* RdNr. 15; *Heckelmann* (Fn. 18) S. 147; *Huber* Vermögensanteil S. 330; stärker einschränkend (an der Wirksamkeit einer 10-Jahresfrist zweifelnd) schon RGZ 162, 383, 393; für Grenze bei 5 Jahren *Timm/Schöne* in *Bamberger/Roth* RdNr. 33. Demgegenüber stellt *Hueck* OHG § 24 I 5, S. 366 darauf ab, ob der „Rahmen des Üblichen" nicht überschritten wird und das Gesellschaftsinteresse die Vereinbarung von Ratenzahlungen rechtfertigt. Gegen das Abstellen auf feste Daten und für Interessenabwägung auch OLG Frankfurt BB 1978, 170, 171; *Westermann* Hdb. RdNr. I 1168.

[140] So zutr. *Ahrens,* FS Geiß, 2001, S. 219, 221 ff.; *Sigle* ZGR 1999, 659, 674 f.; vgl. auch *Westermann* Hdb. RdNr. I 1161 und die Rspr.-Berichte von *Goette* DStR 2000, 1023 f. und von *Hülsmann* NZG 2001, 625 ff. Für die Abfindung beim Ausscheiden aus einer PartG auch *Michalski/Römermann* PartGG, 2. Aufl., § 9 RdNr. 35; *K. Schmidt* NJW 1995, 1, 4.

[141] Treffend *Ahrens* (Fn. 140) S. 223: Die Klientel von Freiberuflern ist ein leicht flüchtiges Gut.

[142] St. Rspr. seit BGH WM 1979, 1064, 1065; vgl. BGH NJW 1994, 796, 797; 1995, 1551 ff.; 2000, 2584; ZIP 1990, 1200, 1201; so auch OLG Celle NZG 2002, 862, 863; OLG Schleswig NZG 2001, 658, 659 f.

[143] Vgl. Nachw. in Fn. 140.

Ertragswerts oder „Good will" dann als grundsätzlich unbedenklich angesehen, wenn der Vertrag auf eine Mandantenschutzklausel oder ein ihr entsprechendes Wettbewerbsverbot zu Lasten des Ausgeschiedenen verzichtet und es ihm dadurch ermöglicht, sich unter **Mitnahme** der schon bisher von ihm betreuten **Mandanten** (Patienten) eine eigene Existenz aufzubauen. Die Teilung der Sachwerte und die – rechtlich nicht beschränkte – Möglichkeit der Mitnahme von Patienten oder Mandanten gilt nach dieser Rechtsprechung im Regelfall als die angemessene Art der Auseinandersetzung einer als BGB-Gesellschaft betriebenen Gemeinschaftspraxis von Ärzten oder einer Sozietät von Rechtsanwälten.[144]

Aus diesem Grundsatz ergeben sich eine Reihe von **Folgerungen.** So lässt die Vereinbarung eines am Ertragswert der Freiberuflerpraxis orientierten Abfindungsanspruchs, etwa eines solchen in Höhe des auf den Ausgeschiedenen entfallenden anteiligen durchschnittlichen Umsatzes der letzten drei Geschäftsjahre,[145] auf die Vereinbarung eines nachvertraglichen Wettbewerbsverbots schließen, auch wenn ein solches nicht ausdrücklich im Gesellschaftsvertrag verankert ist.[146] Der Ausgeschiedene muss sich daher den Wert der von ihm verbotswidrig mitgenommenen Mandanten auf seinen Abfindungsanspruch anrechnen lassen.[147] Umgekehrt kann die Unwirksamkeit eines nicht nur zeitlich,[148] sondern auch räumlich übermäßigen und daher nicht durch geltungserhaltende Reduktion heilbaren Wettbewerbsverbots[149] dazu führen, einem am Ertragswert (Good will) orientierten vertraglichen Abfindungsanspruch die Grundlage zu entziehen.[150] Insgesamt erkennt die Rechtsprechung für Freiberufler-Sozietäten damit eine deutlich größere Gestaltungsfreiheit in Bezug auf Abfindungsvereinbarungen an, als das – in den Grenzen der §§ 138 Abs. 1, 723 Abs. 3 – bei Gesellschaften mit gewerblichem oder sonstigem unternehmerischem Zweck der Fall ist. Auch können die *persönlichen Umstände des Einzelfalls,* darunter die besonderen Verdienste des Seniors um den Aufbau und Erfolg der Sozietät oder die Aufnahme junger Sozien ohne oder mit nur geringer Bareinlage, für die Beurteilung der Angemessenheit der Abfindungsklausel stärkeres Gewicht erlangen.[151] 68

Die Gestaltungsfreiheit betrifft nicht nur Einschränkungen der Abfindung ausgeschiedener Gesellschafter im Vergleich zum dispositiven Recht, sondern auch die **Besserstellung Ausgeschiedener** gegenüber der gesetzlichen Regel oder den Rechtsprechungsgrundsätzen. So werden gegen die Kombination eines ertragswertorientierten Abfindungsanspruchs mit dem Recht zur Mitnahme von Patienten keine Bedenken erhoben.[152] Auch hat die Rechtsprechung ein Rentenversprechen zugunsten eines ausscheidenden Sozius für wirksam gehalten, obwohl dessen kapitalisierter Wert das fiktive Auseinandersetzungsguthaben der Mitgesellschafter um ein Mehrfaches überstieg.[153] Soweit derartige Vereinbarungen zu einem entsprechend hohen „Austrittsgeld" kündigender jüngerer Sozien nach § 739 führen, sind sie freilich auf ihre Vereinbarkeit mit § 723 Abs. 3 aus der Sicht dieser Sozien zu überprüfen. 69

b) Innengesellschaften. Auf das Ausscheiden eines Gesellschafters aus einer im Übrigen fortbestehenden Innengesellschaft finden grundsätzlich die Regelungen über die Abfindung ausscheidender Gesellschafter (Abs. 1 S. 2) Anwendung (RdNr. 10). Das gilt unabhängig 70

[144] So wörtlich BGH NJW 1994, 796, 797 im Anschluss an BGH WM 1979, 1064, 1065.

[145] So *Piltz* (Fn. 37) S. 56 für die Abfindung bei RA-Sozietäten; vgl. auch die Zahlen bei *Hülsmann* NZG 2001, 625, 627.

[146] Vgl. BGH NJW 2000, 2584 betr. die Auslegung einer unklaren Mandantenschutzklausel; für Alternativität zwischen Abfindung für den Good will und Verzicht auf ein Wettbewerbsverbot auch schon BGH WM 1979, 1064, 1064; DStR 1996, 1254; *Goette* DStR 2000, 1023. Allg. zur Zulässigkeit von Mandantenschutzklauseln vgl. auch *Hülsmann* NZG 2001, 630 ff.

[147] BGH NJW 2000, 2584.

[148] Zur geltungserhaltenden Reduktion zeitlich überlanger Verbote auf zwei Jahre vgl. nur BGH NJW 1997, 3089; 2000, 2584, 2585; OLG Schleswig NZG 2001, 658, 660.

[149] OLG Celle NZG 2002, 862, 863.

[150] So im Ergebnis OLG Celle unter Beschränkung des Abfindungsanspruchs auf den anteiligen Wert der Praxisausstattung und Bemessung des Good will-Wertes mit Null.

[151] So zutr. *Ahrens* (Fn. 140) S. 226 unter Hinweis auf BGH WM 1979, 104; NJW 1993, 2101, 2102; 1993, 3193, 3194. Vgl. auch OLG Düsseldorf WuW/E DE-R 187.

[152] BGH NJW 1995, 1551; 2000, 2584; OLG Karlsruhe NZG 2001, 654, 655.

[153] OLG München NZG 1999, 821 f.

davon, ob es sich um eine Innengesellschaft ieS (§ 705 RdNr. 282) oder um eine solche mit Gesamthandsvermögen (§ 705 RdNr. 279) handelt. Dagegen ist für einen Anspruch des Ausgeschiedenen auf Befreiung von den „gemeinschaftlichen Schulden" regelmäßig schon deshalb kein Raum, weil es solche mangels Außenhandelns der Innengesellschaft nicht gibt; anderes kommt dann in Betracht, wenn der Ausgeschiedene persönliche oder dingliche Sicherheiten für die zum Betrieb der (Innen-)Gesellschaft eingegangenen Verbindlichkeiten gestellt hat.

71 **Besonderheiten** gelten auch mit Blick auf Abs. 1 S. 2 für die am Regelungsmodell des § 230 HGB orientierten *stillen Gesellschaften des bürgerlichen Rechts* (vgl. näher § 705 RdNr. 286 f.). Auf sie ist, wenn sie der **typischen** stillen Gesellschaft entsprechen, abweichend von § 738 Abs. 1 S. 2 die Auseinandersetzungsvorschrift des § 235 HGB analog anzuwenden. Danach ist der ausscheidende Innengesellschafter grundsätzlich zum *Buchwert* seiner Beteiligung abzufinden.[154] Eine Beteiligung an den stillen Reserven bzw. am Ertragswert des Unternehmens ist ebenso ausgeschlossen wie die in § 739 vorgesehene Haftung für einen etwaigen Fehlbetrag (arg. § 232 Abs. 2 HGB). Entspricht die Innengesellschaft dagegen einer wegen schuldrechtlicher Vermögensbeteiligung des Innengesellschafters **atypischen** stillen Gesellschaft,[155] so bewendet es grundsätzlich beim Eingreifen des § 738 Abs. 1 S. 2.[156] Insoweit sind dann auch die für Abfindungsbeschränkungen geltenden Grenzen der Dispositionsfreiheit zu beachten.

72 **5. Rechtsfolgen unwirksamer oder unangemessener Abfindungsklauseln. a) Allgemeines.** Zur grundsätzlichen Unanwendbarkeit der Gesamtnichtigkeitsvermutung des § 139 auf Gesellschaftsverträge vgl. schon § 705 RdNr. 53. Ist die nichtige oder unwirksame Abfindungsklausel ausnahmsweise von so zentraler Bedeutung, dass von ihrer Wirksamkeit nach übereinstimmender Vorstellung der Parteien der Bestand der Gesellschaft abhängen soll, so greifen die Grundsätze über die fehlerhafte Gesellschaft ein (§ 705 RdNr. 245 ff.). Im Übrigen bewendet es aber bei der **Vollgültigkeit des Restgeschäfts.** Die durch die unwirksame Abfindungsklausel entstandene Lücke ist durch ergänzende Vertragsauslegung oder dispositives Recht zu schließen (RdNr. 74 f.).

73 Die Nichtanwendung von § 139 gilt nach zutreffender neuerer Rechtsprechung des BGH auch für das **Verhältnis zwischen Abfindungs- und Ausschließungs-** oder **Fortsetzungsklausel.** Erweist sich der Ausschluss oder die Beschränkung der Abfindung im Hinblick auf den in Frage stehenden Ausscheidensgrund als unwirksam oder unangemessen, so wird die Wirksamkeit des Ausscheidens hiervon doch grundsätzlich nicht berührt; über die Höhe der Abfindung ist vielmehr unabhängig hiervon zu befinden.[157] Daher scheitert das der Mehrheit vertraglich eingeräumte Ausschließungsrecht ohne wichtigen Grund, sofern es inhaltlich den hierfür geltenden Anforderungen entspricht (§ 737 RdNr. 17 ff.), nicht daran, dass der Vertrag für diesen Fall eine unangemessene Abfindungsregelung enthält.[158]

74 **b) Vertragsergänzung und dispositives Recht.** Angesichts der weitgehenden gesetzlichen Abfindungsansprüche eines ausscheidenden Gesellschafters kommt der Frage besondere Bedeutung zu, auf welche Weise die durch Unwirksamkeit oder Unanwendbarkeit der Abfindungsklausel entstandene Lücke zu schließen ist. Soweit nicht der Vertrag durch eine „salvatorische Klausel" entweder eine dem Inhalt der unwirksamen Vereinbarung möglichst entsprechende Vertragsergänzung anordnet oder eine geltungserhaltende Reduktion der übermäßigen Abfindungsbeschränkung zulässt, kommt es darauf an, ob in diesen Fällen dispositives Recht eingreift oder ob zunächst eine richterliche Vertragsergänzung anzustre-

[154] Vgl. nur MünchKommHGB/*K. Schmidt* § 235 RdNr. 12 ff., 20 f.

[155] Dazu näher *K. Schmidt* (Fn. 154) § 230 RdNr. 79 f., § 235 RdNr. 57 ff.

[156] BGH NJW 2001, 3777, 3778; NJW-RR 1994, 1185; 1995, 1061.

[157] BGHZ 105, 213, 220 = NJW 1989, 834, 835 f.; BGH LM HGB § 119 Nr. 9 = NJW 1973, 651, 652; BGH NJW 1606, 1607; so auch RGZ 162, 388, 393; *Erman/Westermann* RdNr. 17; aA *Heckelmann* (Fn. 18) S. 156 f.

[158] BGH LM Nr. 8 = NJW 1979, 104.

ben ist. Entsprechend dem im Personengesellschaftsrecht grundsätzlich anerkannten **Vorrang der ergänzenden Vertragsauslegung** vor der Anwendung dispositiven Rechts (vgl. näher § 705 RdNr. 174) ist eine derartige Ergänzung jedenfalls in denjenigen Fällen geboten, in denen eine Abfindungsklausel sich nach **§ 242** als undurchsetzbar erweist (RdNr. 55).[159] Zum gleichen Ergebnis kommt man auch im Falle einer auf **§ 723 Abs. 3** gestützten Unwirksamkeit (RdNr. 49 f.). Das Eingreifen dieser Verbotsvorschrift richtet sich nicht etwa gegen die Art der vereinbarten Klausel, sondern beruht auf den ihr zukommenden kündigungsbeschränkenden Wirkungen. Es bestehen daher keine grundsätzlichen Bedenken dagegen, dem Parteiwillen durch Rückführung der Abfindungsbeschränkung auf ein mit § 723 Abs. 3 zu vereinbarendes Maß Rechnung zu tragen.[160] Zu der vom BGH vertretenen umfassenden Interessenabwägung für die Ermittlung des hypothetischen Parteiwillens und zu den dagegen bestehenden Bedenken vgl. RdNr. 53 f.

Anderes gilt im Fall der Nichtigkeit der Abfindungsklausel nach **§ 138** (RdNr. 45). Wie 75
für den Anwendungsbereich von § 138 ganz überwiegend anerkannt ist, würde es dem Zweck dieser Vorschrift widersprechen, „dem gegen die guten Sitten Handelnden einen Teilerfolg zu belassen“.[161] Die Rechtsprechung ist zwar in Sonderfällen trotz Eingreifens von § 138 zu einer quantitativen Zerlegung unter Aufrechterhaltung des Restgeschäfts nach Eliminierung des sittenwidrigen Übermaßes bereit.[162] Parallelen hierzu drängen sich im Fall sittenwidriger Abfindungsbeschränkungen jedoch nicht ohne weiteres auf, ganz abgesehen von der methodischen Problematik eines solchen Vorgehens. Vorbehaltlich des Eingreifens einer salvatorischen Klausel (RdNr. 74) ist die Vertragslücke wegen des zu Grunde liegenden Sittenverstoßes daher nicht durch ergänzende Vertragsauslegung, sondern durch dispositives Recht zu schließen.[163]

IV. Sonstige Ansprüche des Ausgeschiedenen

1. Rückgabe von Gegenständen. Nach § 738 Abs. 1 S. 2, 1. Halbsatz, steht der Rück- 76
gabeanspruch des § 732 in Bezug auf die der Gesellschaft zum Gebrauch oder dem Werte nach überlassenen Gegenstände (§ 706 RdNr. 13) auch dem ausgeschiedenen Gesellschafter zu. Auf die Erläuterung zu § 732 wird verwiesen. Im Unterschied zum Abfindungsanspruch (RdNr. 19 ff.) wird der Rückgabeanspruch grundsätzlich bereits **im Zeitpunkt des Ausscheidens fällig;** seine Durchsetzbarkeit kann aber daran scheitern, dass der Gesellschaft wegen eines absehbaren Fehlbetragsanspruchs nach § 739 ein Zurückbehaltungsrecht zusteht.[164] Darauf, ob die Gesellschaft die Gegenstände auch nach dem Ausscheiden noch benötigt, kommt es für die Fälligkeit abweichend vom Fall der Auflösung (§ 732 RdNr. 3) in aller Regel nicht an. Nur in besonders gelagerten Fällen kann der Ausgeschiedene aus

[159] *Ulmer/Schäfer* ZGR 1995, 134, 151; so (zur GmbH) auch BGH ZIP 2002, 258, 259; ähnlich *Erman/Westermann* RdNr. 17; *Timm/Schöne* in *Bamberger/Roth* RdNr. 44; für den Fall der Inhaltskontrolle von Gesellschaftsverträgen auch *Stimpel,* FS Rob. Fischer, 1979, S. 775. Vgl. auch *Rob. Fischer,* FS Barz, 1974, S. 46 f., zur Vertragsanpassung nach Treupflichtgrundsätzen.

[160] HM, vgl. BGHZ 123, 281, 285 f. = NJW 1993, 3193; BGH LM HGB § 119 Nr. 9 = NJW 1973, 651, 652; BGH NJW 1985, 192, 193; *Erman/Westermann* RdNr. 17; *Palandt/Sprau* RdNr. 8; *Timm/Schöne* in *Bamberger/Roth* RdNr. 44; *Schlegelberger/K. Schmidt* HGB § 138 RdNr. 77; *Baumbach/Hopt* HGB § 131 RdNr. 73; *Heckelmann* (Fn. 18) S. 154; *Erman* (Fn. 81) S. 78; einschr. *Büttner* (Fn. 105) S. 127 (nur im Fall der Ausübungskontrolle nach § 242).

[161] OLG Celle NJW 1959, 1971, 1972; ebenso BGHZ 68, 204, 207 = NJW 1977, 1233 für den Fall einer sittenwidrigen Vereinbarung über das Ausscheiden eines GmbH-Geschäftsführers; vgl. auch § 138 RdNr. 158 m. weit. Nachw., und *Flume* II § 18 9.

[162] So bei überlangen Bierlieferungsverträgen und bei „Mätressentestamenten“ mit übermäßiger Verkürzung der Rechte der gesetzlichen Erben (Nachw. in § 138 RdNr. 160).

[163] Zust. *Baumbach/Hopt* HGB § 131 RdNr. 73; *Büttner* (Fn. 105) S. 126 f.; ebenso, freilich ohne Begründung, auch BGH LM Nr. 8 = NJW 1979, 104, und WM 1962, 462, 463. Eine Vertragsanpassung ohne Rücksicht auf den Grund der Unwirksamkeit befürworten demgegenüber *Erman/Westermann* RdNr. 17; *Schlegelberger/K. Schmidt* HGB § 138 RdNr. 77; *Erman* (Fn. 81) S. 77 ff.; *Heyn* (Fn. 81) S. 285. Krit. gegenüber der grundsätzlichen Anwendung dispositiven Rechts bei sittenwidrigen Abfindungsklauseln auch *Sigle* ZGR 1999, 659, 668 f.

[164] BGH WM 1981, 1126.

Gründen nachvertraglicher Treupflicht gehalten sein, der Gesellschaft dringend benötigte Gegenstände noch vorübergehend zu belassen;[165] insoweit ist ihm nach § 242 grundsätzlich ein Benutzungsentgelt als Ausgleich zu gewähren.

77 **2. Schuldbefreiung.** Der in § 738 Abs. 1 S. 2 2. Halbs. vorgesehene, allerdings nicht selten gesellschaftsvertraglich abbedungene Anspruch auf Schuldbefreiung richtet sich wie der Abfindungsanspruch gegen die Gesellschaft (RdNr. 16); den Gesellschaftsgläubigern kann er nicht entgegengesetzt werden. Voraussetzung für den Anspruch ist die **persönliche Haftung** des Ausgeschiedenen für fällige Gesellschaftsverbindlichkeiten (§ 714 RdNr. 70 f.). Der Anspruch besteht auch dann, wenn der Ausgeschiedene keine Abfindung verlangen kann, sondern seinerseits nach § 739 den Fehlbetrag schuldet; allerdings kann die Gesellschaft nach § 273 die Schuldbefreiung bis zu dessen Zahlung verweigern.[166] Ist **streitig,** ob eine bestimmte Verbindlichkeit der Gesellschaft besteht oder ob der Ausgeschiedene hierfür auch persönlich haftet, so trägt er als Gläubiger des Schuldbefreiungsanspruchs die Beweislast hierfür;[167] anderes gilt, wenn die Gesellschaft sich auf den Wegfall des Befreiungsanspruchs beruft.[168] Das Recht auf Beteiligung am Ergebnis schwebender Geschäfte (§ 740) lässt den Befreiungsanspruch unberührt. Auf Verbindlichkeiten des Ausgeschiedenen aus dem Gesellschaftsvertrag erstreckt sich der Befreiungsanspruch nicht; sie sind bei der Berechnung des Abfindungsanspruchs zu berücksichtigen.

78 Die Schuldbefreiung kann entweder durch **Tilgung** der Gesamthandsverbindlichkeit seitens der Gesellschaft oder durch Vereinbarung zwischen Gesellschaft und Gläubiger über die **Entlassung** des Ausgeschiedenen **aus der Mithaftung** erfolgen.[169] Wird der Ausgeschiedene vor erreichter Schuldbefreiung von einem Gesellschaftsgläubiger in Anspruch genommen, kann er von der Gesellschaft und grundsätzlich auch von den übrigen Gesellschaftern (RdNr. 17 f.) vollen Ausgleich verlangen.[170] Hatte der Ausgeschiedene als Gesellschafter zusätzlich die Bürgschaft für Gesellschaftsschulden übernommen, so erstreckt sich der Befreiungsanspruch auch hierauf.[171] Zum Anspruch des Ausgeschiedenen auf Freigabe von ihm gestellter dinglicher Sicherheiten vgl. RdNr. 80 aE.

79 Einem ehemaligen Gesellschafter, der nicht nach §§ 736, 737 oder durch Vereinbarung mit den Mitgesellschaftern, sondern im Wege der **Anteilsübertragung** aus der Gesellschaft ausgeschieden ist, steht der Befreiungsanspruch ebenso wenig zu wie die sonstigen in §§ 738, 740 geregelten Ansprüche gegen die Gesellschaft (RdNr. 14).[172] Er kann sich wegen etwaiger Befreiungsansprüche nur an den Anteilserwerber kraft besonderer Vereinbarung halten.[173] Maßgebend für das Bestehen solcher Ansprüche ist der Inhalt des Veräußerungsvertrags. Eine entsprechende Anwendung von § 738 scheidet aus.

80 **3. Sicherheitsleistung.** Sie kann dem Ausgeschiedenen von der Gesellschaft unter den vorstehend (RdNr. 77 f.) genannten Voraussetzungen anstelle der Schuldbefreiung für **noch nicht fällige,** ihn im Rahmen seiner akzessorischen Haftung treffende **Altverbindlichkeiten** angeboten werden (§ 738 Abs. 1 S. 3).[174] Diese Ersetzungsbefugnis der Gesellschaft[175] erstreckt sich auch auf Verbindlichkeiten aus schwebenden Geschäften; die Sonder-

[165] Ebenso *Erman/Westermann* RdNr. 8; weitergehend *Staudinger/Keßler* RdNr. 2.

[166] BGH LM § 739 Nr. 1 = NJW 1974, 899; *Soergel/Hadding* RdNr. 6; *Timm/Schöne* in *Bamberger/Roth* RdNr. 8.

[167] RGZ 60, 155, 159; RGRK/*von Gamm* RdNr. 8; *Staudinger/Keßler* RdNr. 6.

[168] BGH NJW 2000, 1641, 1642.

[169] RGZ 132, 29, 31; RGRK/*von Gamm* RdNr. 7.

[170] So, freilich unter Hinweis auf § 670, auch BGH WM 1978, 114, 115; für Eingreifen von §§ 713, 670 und (damit konkurrierend) Ableitung aus dem Schuldbefreiungsanspruch des § 738 Abs. 1 S. 2 *Hadding/Häuser* WM 1988, 1585, 1588 f.

[171] BGH NJW 1974, 899; *Timm/Schöne* in *Bamberger/Roth* RdNr. 9.

[172] BGH LM § 426 Nr. 54 = NJW 1981, 1095, 1096; *Erman/Westermann* RdNr. 8; *Soergel/Hadding* RdNr. 6.

[173] BGH NJW 1975, 166, 167; allg. zum Rechtsverhältnis zwischen Veräußerer und Erwerber vgl. § 719 RdNr. 42 ff.

[174] Dazu und zur Zweckmäßigkeit vertraglicher Abweichungen von der Pflicht zur Sicherheitsleistung vgl. *Knöchlein* DNotZ 1960, 473.

[175] So zutr. *Staudinger/Keßler* RdNr. 5; *Timm/Schöne* in *Bamberger/Roth* RdNr. 12.

regelung in § 740 betrifft nur die Abrechnung im Innenverhältnis.[176] Zur Behandlung streitiger Verbindlichkeiten vgl. RdNr. 77; sie stehen nicht etwa den betagten Verbindlichkeiten iS von § 738 Abs. 1 S. 3 gleich.[177] Hat der Ausgeschiedene seinerseits für eine noch nicht fällige Gesellschaftsschuld dem Gläubiger Sicherheiten aus seinem Privatvermögen bestellt, so kann er von der Gesellschaft deren Freisetzung schon vom Zeitpunkt des Ausscheidens an verlangen und muss nicht bis zur Fälligkeit der Gesellschaftsschuld zuwarten.[178]

§ 739 Haftung für Fehlbetrag

Reicht der Wert des Gesellschaftsvermögens zur Deckung der gemeinschaftlichen Schulden und der Einlagen nicht aus, so hat der Ausscheidende den übrigen Gesellschaftern für den Fehlbetrag nach dem Verhältnis seines Anteils am Verlust aufzukommen.

1 **1. Normzweck und Voraussetzungen.** Die Haftung nach § 739 beim Ausscheiden aus der fortbestehenden Gesellschaft entspricht der in § 735 bei Auseinandersetzung der aufgelösten Gesellschaft vorgesehenen Nachschusspflicht der Gesellschafter für einen Fehlbetrag im Zuge der Schlussabrechnung. Sie kommt nur beim ersatzlosen Ausscheiden eines Gesellschafters zum Zuge, nicht dagegen bei der Anteilsübertragung auf einen Mitgesellschafter oder Dritten (§ 738 RdNr. 14 f.). Zur Schlussabrechnung beim Ausscheiden als Grundlage für die *Berechnung des Fehlbetrags* vgl. § 738 RdNr. 27 ff., 37 f.; zu den sonstigen Voraussetzungen der Fehlbetragshaftung vgl. die Erläut. zu § 735. Maßgebend für den auf den Ausgeschiedenen entfallenden Anteil des gesamten Fehlbetrags ist der **Verlustverteilungsschlüssel** (§ 735 RdNr. 4); ein negatives Kapitalkonto des Ausgeschiedenen begründet als solches keinen Anspruch der Gesellschaft gegen ihn, sondern bildet nur einen Posten für die Fehlbetragsrechnung.[1] Eine Zahlungspflicht des Ausgeschiedenen besteht nur dann, wenn der auf ihn entfallende Fehlbetrag einschließlich sonstiger, der Gesellschaft noch geschuldeter Beträge (RdNr. 5) höher ist als die ihm im Rahmen der Abfindung zurückzugewährende Einlage sowie etwaige weitere ihm noch zustehende Ansprüche aus dem Gesellschaftsverhältnis (§ 738 RdNr. 18).

2 § 739 gilt entsprechend bei **Übernahme** des Gesellschaftsvermögens (§ 730 RdNr. 83). Der Zahlungsanspruch steht in diesem Fall dem Übernehmer als Gesamtrechtsnachfolger der Gesellschaft zu.

3 **2. Durchsetzbarkeit.** Hinsichtlich der Entstehung und Fälligkeit des Zahlungsanspruchs gelten die Feststellungen zum Abfindungsanspruch (§ 738 RdNr. 19 f.) entsprechend. Der Ausgeschiedene kann die Zahlung nach § 273 so lange verweigern, als die Gesellschaft ihrerseits die Pflicht zur Rückgabe der ihr zum Gebrauch überlassenen oder dem Werte nach eingebrachten Gegenstände, zur Schuldbefreiung und zur Sicherheitsleistung nach § 738 Abs. 1 S. 2 und 3 nicht erfüllt.[2] Die Aussicht auf Gewinnansprüche aus § 740 nach Beendigung der beim Ausscheiden schwebenden Geschäfte kann dem Zahlungsverlangen der Gesellschaft nicht entgegengesetzt werden.[3]

4 Ist der Fehlbetrag vom Ausgeschiedenen nicht zu erlangen, so haften gegenüber der Gesellschaft nicht etwa die Mitgesellschafter entsprechend § 735 S. 2 für den Ausfall.[4] Eine solche **Ausfallhaftung** ist **unvereinbar mit** dem in **§ 707** während der Dauer der Gesellschaft vorgesehenen Ausschluss einer Verlustausgleichsverpflichtung.[5] Wohl aber führt der Ausfall zur Erhöhung des auf die Mitgesellschafter entfallenden Verlusts und vermindert dementsprechend ihre Kapitalkonten als Grundlage der ihnen beim Ausscheiden zurückzuerstattenden Einlagen.

[176] So zutr. *Riegger* (Fn. 28) gegen *Düringer/Hachenburg/Flechtheim* HGB § 138 Anm. 9.

[177] RGZ 60, 155, 158.

[178] BGH LM § 739 Nr. 1 = NJW 1974, 899; RGZ 132, 29, 32.

[1] BGH NJW 1999, 2438 f.

[2] BGH LM Nr. 1 = NJW 1974, 899; RGRK/*von Gamm* RdNr. 1.

[3] BGH WM 1969, 494.

[4] So aber *Soergel/Hadding* RdNr. 2; *Staudinger/Keßler* RdNr. 2.

[5] So auch *Erman/Westermann* RdNr. 2.

5 **3. Sonstige Ansprüche der Gesamthand.** Neben einer Haftung für den anteiligen Fehlbetrag haben der ehemalige Gesellschafter oder seine Erben auch für sonstige bei seinem Ausscheiden noch offene Ansprüche aus dem Gesellschaftsverhältnis (Sozialansprüche, § 705 RdNr. 201) aufzukommen, soweit sie nicht im Rahmen der Abfindungsbilanz mit Gegenansprüchen des Ausgeschiedenen saldiert worden sind. Das gilt namentlich für Sozialansprüche auf Schadensersatz oder wegen unberechtigter Entnahmen,[6] aber auch für rückständige, zur Verlustdeckung benötigte Einlageforderungen. Soweit derartige Ansprüche der Gesellschaft im Zeitpunkt des Ausscheidens bestanden, kommen sie infolge des Ausscheidens nicht etwa ohne weiteres in Wegfall.

§ 740 Beteiligung am Ergebnis schwebender Geschäfte

(1) [1] Der Ausgeschiedene nimmt an dem Gewinn und dem Verlust teil, welcher sich aus den zur Zeit seines Ausscheidens schwebenden Geschäften ergibt. [2] Die übrigen Gesellschafter sind berechtigt, diese Geschäfte so zu beendigen, wie es ihnen am vorteilhaftesten erscheint.

(2) Der Ausgeschiedene kann am Schluss jedes Geschäftsjahrs Rechenschaft über die inzwischen beendigten Geschäfte, Auszahlung des ihm gebührenden Betrags und Auskunft über den Stand der noch schwebenden Geschäfte verlangen.

I. Allgemeines

1 **1. Normzweck.** Die Funktion der Vorschrift ging auf der Grundlage der *früher* für die Ermittlung des Abfindungsguthabens maßgeblichen **Substanzwertmethode** dahin, die Auseinandersetzung mit dem ausgeschiedenen Gesellschafter und die Erstellung der Abfindungsbilanz von der Berücksichtigung der beim Ausscheiden noch in Vollzug befindlichen Geschäfte zu entlasten und an Stelle der Vorwegnahme des voraussichtlichen Ergebnisses im Wege der Schätzung (§ 738 Abs. 2) hierüber erst nach jeweiliger Beendigung gesondert zum Jahresende Rechnung zu legen.[1] Mit Rücksicht hierauf ließ die Rechtsprechung es auch zu, dass der Ausgeschiedene bzw. die Gesellschaft unabhängig vom Stand der Auseinandersetzung nach § 738 Abs. 1 den Anspruch auf das Ergebnis schwebender Geschäfte (Ertrag oder Verlust) schon jeweils mit seiner Entstehung zum Jahresende geltend machen kann.[2] Die dem jeweiligen Schuldner nach allgemeinem bürgerlichem Recht zustehenden Einwendungen und Einreden (vgl. insbesondere §§ 273, 387) wurden dadurch freilich nicht berührt.[3] Bei Ermittlung des Abfindungsguthabens auf Grund der heute vorherrschenden **Ertragswertmethode** (§ 738 RdNr. 35) ist für die Anwendung des § 740 kein Raum (RdNr. 3). Vgl. im Übrigen zum Anwendungsbereich des § 740 auch § 738 RdNr. 10f.

2 **2. Kein partieller Fortbestand der Mitgliedschaft.** Eine – sei es auch partielle – Fortsetzung der Gesellschaft mit dem Ausgeschiedenen über den Stichtag des Ausscheidens hinaus ist mit der Regelung des § 740 nicht verbunden. Der Ausgeschiedene hat keine Mitspracherechte mehr hinsichtlich der Durchführung der schwebenden Geschäfte (RdNr. 6). An Stelle der laufenden Kontrollrechte nach § 716 Abs. 1 ist ihm in § 740 Abs. 2 ein besonderer gesetzlicher Rechenschafts- und Auskunftsanspruch eingeräumt. Auch der Anspruch auf Schuldbefreiung oder Sicherheitsleistung für Verbindlichkeiten aus schwebenden Geschäften ist durch § 740 nicht etwa eingeschränkt (§ 738 RdNr. 77, 80). Dritten gegenüber werden durch § 740 ohnehin keine Rechte oder Pflichten des Ausgeschiedenen

[6] So BGH WM 1974, 834 auch für den Fall, dass ein Abfindungsanspruch der Erben beim Tod eines Gesellschafters ausgeschlossen ist und diese auch nicht zur Nachfolge berechtigt sind.

[1] BGH NJW 1993, 1194; BGH LM Nr. 1 = NJW 1959, 1963; *Ulmer* in Großkomm. zum HGB, 3. Aufl., § 138 RdNr. 93.

[2] BGH NJW 1993, 1194, 1195; WM 1965, 765, 766; 1969, 494, 495; 1971, 130, 131.

[3] BGH NJW 1990, 1171 f.

begründet. Daher lässt sich aus der Ergebnisteilnahme nach § 740 auch keine Haftung des Ausgeschiedenen für Gesellschaftsschulden ableiten, wenn sie nicht bereits während seiner Gesellschaftszugehörigkeit begründet worden war.

3. Nichtanwendung bei Ertragswertberechnung. Die in § 740 vorgesehene Ergebnisbeteiligung erwies sich schon unter der Herrschaft der Substanzwertmethode als problematisch; sie wurde daher verbreitet abbedungen (RdNr. 8). Gegen sie sprach, dass je nach Art der von der Gesellschaft getätigten Geschäfte noch für eine längere Zeit Rechtsbeziehungen zwischen ihr und dem Ausgeschiedenen aufrechterhalten und Rechenschaftspflichten begründet wurden. Auch war bei Anwendung von § 740 Abs. 1 mit einer Fülle von Schwierigkeiten zu rechnen, da die Vorschrift eine Bestimmung und Aufgliederung der auf die einzelnen Geschäfte entfallenden Kosten der Gesellschaft, einschließlich der anteiligen Gemeinkosten, erforderlich macht.[4] Aus heutiger Sicht, infolge grundsätzlichen Übergangs bei Ermittlung des Abfindungsguthabens zur *Ertragswertmethode* (§ 738 RdNr. 35), ist die Vorschrift im Regelfall **gegenstandslos.** Sie findet kraft teleologischer Reduktion auch dann keine Anwendung, wenn sie nicht ausdrücklich oder konkludent abbedungen ist.[5] Denn die „schwebenden Geschäfte" gehen in die Ermittlung des künftigen Ertrags als Grundlage der Abfindung ein, so dass für ihre erneute Berücksichtigung nach jeweiliger Beendigung kein Raum ist. Mit der heutigen Praxis der Unternehmensbewertung wäre es auch schwer vereinbar, den anhand des Ertragswerts berechneten Abfindungsbetrag nachträglich in der Weise zu modifizieren, dass die Wertermittlung nach jeweiliger Beendigung der schwebenden Geschäfte auf Grund der tatsächlich erzielten Ergebnisse korrigiert wird.[6] Auch wenn der Gesetzgeber es unterlässt, inhaltlich überholte Vorschriften aufzuheben oder zu ändern, zwingt das nicht zu ihrer funktionswidrigen Anwendung.[7] 3

II. Schwebende Geschäfte

1. Begriff. Schwebende Geschäfte sind solche **unmittelbar auf Erwerb gerichtete Rechtsgeschäfte** der Gesellschaft, für die **im Zeitpunkt des Ausscheidens** bzw. dem hiervon abweichenden Abfindungsstichtag (RdNr. 9) bereits eine rechtliche Bindung begründet und mit der Ausführung begonnen war, die aber beiderseits noch nicht voll erfüllt sind.[8] Bloße Hilfsgeschäfte (Geschäftsraummiete, Erwerb von Anlagegegenständen u. a.) fallen nicht unter den Begriff; den hieraus drohenden Risiken ist bei Anwendung der Substanzwertmethode durch Rückstellungen in der Abfindungsbilanz Rechnung zu tragen. Nicht zu folgen ist mit Rücksicht auf die Funktion von § 740 (RdNr. 1) auch denjenigen Ansichten, die die Vorschrift auf sämtliche beim Ausscheiden noch nicht abgewickelten vermögenswerten Rechtsbeziehungen der Gesellschaft gegenüber Dritten[9] oder auf offene Forderungen und Verbindlichkeiten aus sonstigen Rechtshandlungen der Gesellschaft erstrecken und insoweit auch gesetzliche Schuldverhältnisse einbeziehen wollen;[10] eine Ergebnisbeteiligung iS von § 740 steht hier nicht in Frage. Auch solche Erwerbsgeschäfte, die 4

[4] *Hueck* OHG § 29 II 5 d; *Roolf/Vahl* DB 1983, 1964, 1967; *Ulmer* in Großkomm. zum HGB, 3. Aufl., § 138 RdNr. 94; für die „Eigenkosten" der Gesellschaft offen lassend BGH WM 1969, 494, 495.

[5] So zu Recht *Baumbach/Hopt* HGB § 131 RdNr. 45; *Großfeld,* Unternehmens- und Anteilsbewertung im Gesellschaftsrecht, 4. Aufl. 2002, S. 87 f.; *Schulze-Osterloh* ZGR 1986, 545, 559 f.; im Ergebnis auch *Erman/Westermann* RdNr. 1 („schlüssig abbedungen"); aA noch *Palandt/Sprau* RdNr. 1; *Soergel/Hadding* RdNr. 1; *Staudinger/Keßler* RdNr. 1; *Schlegelberger/K. Schmidt* HGB § 138 RdNr. 33.

[6] Dafür aber *Neuhaus,* Unternehmensbewertung und Abfindung, 1990, S. 136 ff.

[7] AA *K. Schmidt* DB 1983, 2401, 2403 f. und vorstehend (Fn. 6); *Neuhaus* (Fn. 6) S. 135 f. Einen Sonderfall der Abfindung auf der Basis der Substanzwertmethode, bei der § 740 seinen Sinn behält, behandelt BGH NJW 1993, 1194.

[8] HM, vgl. BGH NJW 1993, 1194; NJW-RR 1986, 454, 455; 1986, 1160; *Soergel/Hadding* RdNr. 4; *Staudinger/Keßler* RdNr. 7; *Hueck* OHG § 29 II 5 d; enger *Westermann* Hdb. RdNr. I 1137: nur voll abgewickelte, aber noch nicht abgerechnete Geschäfte.

[9] So *Riegger,* Die Rechtsfolgen des Ausscheidens eines Gesellschafters aus einer zweigliedrigen Personalgesellschaft, 1969, S. 140 ff., 147.

[10] So auch RGZ 171, 129, 133; RGRK/*Weipert* HGB, 2. Aufl., § 138 Anm. 43.

beim Ausscheiden jedenfalls von einer Seite bereits vollständig erfüllt waren und daher unschwer in der Abfindungsbilanz berücksichtigt werden können, bedürfen nicht der Sonderregelung in § 740.[11]

5 Ob **Dauerschuldverhältnisse** unter den Begriff des schwebenden Geschäfts fallen, ist umstritten.[12] Auf Grund der Funktion des § 740 Abs. 1 (RdNr. 1) ist das nur für die gegenseitigen Leistungen und ihr Ergebnis in demjenigen abgrenzbaren Zeitabschnitt zu bejahen, der am Stichtag des Ausscheidens bereits begonnen hat; für einen späteren Zeitraum entstehende gegenseitige Ansprüche werden von der Regelung des § 740 nicht erfasst. Für diese Einschränkung spricht auch, dass der Ausgeschiedene auf den Fortbestand und späteren Vollzug des Dauerschuldverhältnisses keinen Einfluss mehr hat und daher insoweit auch nicht wie ein Gesellschafter am Erfolg/Misserfolg der Gesellschaft beteiligt werden sollte.

6 **2. Beendigung.** Sie ist nach Abs. 1 S. 2 ausschließlich Sache der übrigen, die Gesellschaft fortsetzenden Gesellschafter; ein Mitspracherecht des Ausgeschiedenen besteht nicht. Das Kriterium des „Vorteilhaften" in Abs. 1 S. 2 gibt ihnen dabei weitgehende kaufmännische Entscheidungsfreiheit. Zwar haben sie nicht nur die Belange der Gesellschaft, sondern im Rahmen der nachvertraglichen Treupflicht (§ 738 RdNr. 7) auch diejenigen des Ausgeschiedenen zu beachten. Schadensersatzansprüche des Ausgeschiedenen wegen fehlerhafter Beendigungsmaßnahmen kommen allerdings nur dann in Betracht, wenn die Geschäftsführer die Sorgfalt in eigenen Angelegenheiten verletzt haben; der Maßstab des § 708 gilt mangels vertraglicher Abweichung auch im Verhältnis zum Ausgeschiedenen fort.[13]

III. Auskunft und Rechnungslegung (Abs. 2)

7 Zur Durchsetzung und Kontrolle des jeweils zum Jahresende fällig werdenden Anspruchs auf Beteiligung am Ergebnis der im laufenden Geschäftsjahr beendigten Geschäfte kann der Ausgeschiedene nach Abs. 2 **zum Geschäftsjahresende Rechenschaft** von der Gesellschaft verlangen; maßgebend ist der jeweilige Zahlungseingang.[14] Ebenso steht ihm ein **Auskunftsanspruch** hinsichtlich des Stands der noch schwebenden Geschäfte zu. Die *Art und Weise* von Rechnungslegung und Auskunft bestimmt sich nach §§ 259, 260.[15] Über das allgemeine Informationsrecht des § 810 hinaus kommt dem Eingreifen dieser Vorschriften Bedeutung namentlich für das Verlangen auf Abgabe einer eidesstattlichen Versicherung nach § 259 Abs. 2 zu. Der Anspruch auf Rechnungslegung und Auskunft ist mit Rücksicht auf seine gesellschaftsvertragliche Grundlage höchstpersönlicher Natur und nicht übertragbar (§ 717 S. 1); dem Zessionar des Anspruchs auf Ergebnisbeteiligung nach Abs. 1 steht er nicht zu.[16] Die *Auszahlung* des auf die einzelnen Geschäfte entfallenden anteiligen Gewinns kann schon dann verlangt werden, wenn deren Ergebnis objektiv feststeht; auf die gemeinsame Berechnung und Feststellung kommt es nicht an.[17]

IV. Abweichende Vereinbarungen

8 § 740 ist in vollem Umfang **dispositiv.** Abweichende Vereinbarungen sind verbreitet;[18] die Beweislast hierfür trifft denjenigen, zu dessen Gunsten sich die Abweichung auswirkt, im

[11] Näheres dazu vgl. bei *Ulmer* in Großkomm. zum HGB, 3. Aufl., § 138 RdNr. 96 f.

[12] Dagegen im Anschluss an *K. Schmidt* DB 1983, 2401, 2405 f. die hM, vgl. BGH NJW-RR 1986, 454, 455; 1986, 1160 f.; *Erman/Westermann* RdNr. 2; *Palandt/Sprau* RdNr. 1; *Baumbach/Hopt* HGB § 131 RdNr. 46; *Neuhaus* (Fn. 7) S. 140; aA noch *Staudinger/Keßler* RdNr. 7.

[13] EinhM, vgl. *Soergel/Hadding* RdNr. 3; *Staudinger/Keßler* RdNr. 2; *Erman/Westermann* RdNr. 2.

[14] BGH WM 1969, 494, 496; RGRK/*von Gamm* RdNr. 2.

[15] HM, vgl. BGH LM Nr. 1 = NJW 1959, 1963, 1964; WM 1961, 173; *Erman/Westermann* RdNr. 4; *Soergel/Hadding* RdNr. 2; *Staudinger/Keßler* RdNr. 3 f.; *Hueck* OHG § 29 II 5 d; aA noch RG JW 1926, 1812.

[16] *Staudinger/Keßler* RdNr. 3; *Hueck* OHG § 29 II 5 d; *Schlegelberger/K. Schmidt* HGB § 138 RdNr. 39; aA *Riegger* (Fn. 9) S. 154 ff.

[17] BGH WM 1980, 212, 213.

[18] Beispiele bei *Knöchlein* DNotZ 1960, 472.

Regelfall also die verbleibenden Gesellschafter.[19] Eine konkludente Abbedingung liegt im Zweifel auch dann vor, wenn der Ausscheidende nach dem Gesellschaftsvertrag Anspruch auf einen festen Abfindungsbetrag oder auf den nach der letzten Jahresbilanz zu berechnenden **Buchwert** seines Anteils hat. Derartige Vereinbarungen sind meist als abschließende gewollt; sie sollen alle Ansprüche aus der früheren Beteiligung erledigen.[20] Zur Unanwendbarkeit von § 740 bei Berechnung der Abfindung nach der Ertragswertmethode vgl. RdNr. 3.

Soweit die abweichende **Festsetzung des Abfindungsstichtags** in Frage steht, lässt sich ihr ein Ausschluss der Ansprüche aus § 740 nicht ohne weiteres entnehmen.[21] Wohl aber ist für die Bestimmung des Kreises der in die Ergebnisbeteiligung einzubeziehenden Geschäfte in zeitlicher Hinsicht nicht auf das tatsächliche Ausscheiden, sondern auf den vereinbarten Stichtag abzustellen. 9

[19] BGH WM 1979, 1064, 1065 (Beteiligung an den Gebühren der von der Sozietät weitergeführten Mandate beim Ausscheiden eines Rechtsanwalts).

[20] So richtig *Hueck* OHG § 29 II 5 d; *Baumbach/Hopt* HGB § 131 RdNr. 45; *Westermann* Hdb. RdNr. I 1137; einschränkend *Knöchlein* DNotZ 1960, 472.

[21] BGH LM Nr. 1 = NJW 1959, 1963; *Hueck* OHG § 29 II 5 d; *Ulmer* in Großkomm. zum HGB, 3. Aufl., § 138 RdNr. 99.

Gesetz über Partnerschaftsgesellschaften Angehöriger Freier Berufe (Partnerschaftsgesellschaftsgesetz – PartGG)

Vom 25. Juli 1994 (BGBl. I S. 1744),
zuletzt geändert durch Gesetz vom 10. Dezember 2001 (BGBl. I S. 3422)

Schrifttum (Auswahl – vgl. auch die Angaben zu Vor § 705 BGB): Kommentare, Handbücher: *Bösert/Braun/Jochem,* Leitfaden zur Partnerschaftsgesellschaft, 1996; *Feddersen/Meyer-Landrut,* Partnerschaftsgesellschaftsgesetz, 1995; *Feuerich/Weyland,* Bundesrechtsanwaltsordnung, 6. Aufl. 2003; *Gail/Overlack,* Anwaltsgesellschaften, 2. Aufl. 1996; *Henssler,* PartGG, 1997; *Kaiser/Bellstedt,* Die Anwaltssozietät, 2. Aufl. 1995; *Meilicke/Graf v. Westphalen/Hoffmann/Lenz,* Partnerschaftsgesellschaftsgesetz, 1995, (zit.: Bearbeiter in *M/W/H/L*); *Michalski/Römermann,* Kommentar zum Partnerschaftsgesellschaftsgesetz, 2. Aufl. 2000; *Riegger/Weipert* (Hrsg.), Münchener Handbuch zum Gesellschaftsrecht, Band I, 1995; *Römermann* in *Michalski,* GmbHG, 2002 Syst. Darst. 7; *Seibert,* Die Partnerschaft, 1994; *ders.,* Kommentar zum PartGG, in *Ebenroth/Boujong/Joost,* HGB, 2002 (zit.: *Seibert* in *E/B/J*).

Monographien, Aufsätze: *Ahlers,* Die GmbH als Zusammenschluß Angehöriger freier Berufe zur gemeinsamen Berufsausübung, FS Rowedder, 1994, S. 1 ff.; *Bayer/Imberger,* Die Rechtsformen freiberuflicher Tätigkeit, DZWir 1993, 309 ff.; *dies.,* Nochmals: Die Rechtsform freiberuflicher Tätigkeit, DZWir 1995, 177 ff.; *Beckmann,* Für eine Partnerschaft freier Berufe, FS Kleinert, 1992, S. 210 ff.; *Boin,* Die Partnerschaftsgesellschaft für Rechtsanwälte, 1996; *Bösert,* Das Gesetz über Partnerschaftsgesellschaften Angehöriger Freier Berufe, ZAP 1994, 765 ff.; *Burret,* Das Partnerschaftsgesellschaftsgesetz. Die Partnerschaft – eine Rechtsform für die prüfenden Berufe?, WPK-Mitt. 1994, 201 ff.; *Casper,* Interprofessionelle Sozietäten von Anwaltsnotaren – eine Analyse des geltenden und künftigen Rechts, ZIP 1996, 1501 ff.; *Eggesiecker/Keuenhof,* Normale Partnerschaften auch für Wirtschaftsprüfer und Steuerberater zulässig, BB 1995, 2049 ff.; *Henssler,* Anwaltsgesellschaften, NJW 1993, 2137 ff.; *ders.,* Die Freiberufler-GmbH, ZIP 1994, 84 ff.; *ders.,* Neue Formen anwaltlicher Zusammenarbeit – Anwalts-GmbH und Partnerschaft im Wettbewerb der Gesellschaftsformen, DB 1995, 1549 ff.; *ders.,* Die Haftung der Partnerschaft und ihrer Gesellschafter, FS Vieregge, 1995, S. 361 ff.; *ders.,* Die „Limited Liability Partnership" des US-amerikanischen Rechts, FS Wiedemann, 2002, S. 907 ff.; *Heydn,* Die erbrechtliche Nachfolge in Anteile an Partnerschaftsgesellschaften, 1999; *Hornung,* Partnerschaftsgesellschaft für Freiberufler, Rpfleger 1995, 481 ff.; 1996, 1 ff.; *Jawansky,* Haftung und Vertrauensschutz bei Berufsausübung in der Partnerschaftsgesellschaft, DB 2001, 2281 ff.; *Knoll/Schüppen,* Die Partnerschaftsgesellschaft – Handlungszwang, Handlungsalternative oder Schubladenmodell?, DStR 1995, 608 ff., 646 ff.; *Kögel,* Der Namensbestandteil „und Partner" – Monopol der Partnerschaftsgesellschaften?, Rpfleger 1996, 314 ff.; *Krieger,* Partnerschaftsgesellschaftsgesetz – Eine neue Möglichkeit, in freier Praxis partnerschaftlich zusammenzuarbeiten, MedR 1995, 95 ff.; *Kupfer,* Freiberufler-Gesellschaften: Partnerschaft, Anwalts- und Ärzte-GmbH, KÖSDI 1995, 10 130 ff.; *Lenz,* Die Partnerschaft – alternative Gesellschaftsform für Freiberufler?, MDR 1994, 741 ff.; *Leutheusser-Schnarrenberger,* Die Partnerschaftsgesellschaft – nationale und EG-rechtliche Bestrebungen zu einem Sondergesellschaftsrecht für die freien Berufe, FS Helmrich, 1994, S. 677 ff.; *Mahnke,* Das Partnerschaftsgesellschaftsgesetz, WM 1996, 1029 ff.; *Michalski,* Das Gesellschafts- und Kartellrecht der berufsrechtlich gebundenen freien Berufe, 1989; *ders.,* Zum RegE eines Partnerschaftsgesellschaftsgesetzes, ZIP 1993, 1210 ff.; *Neye,* Partnerschaft und Umwandlung, ZIP 1997, 722 ff.; *Oppenhoff,* Anwaltsgemeinschaften, ihr Sinn und Zweck, AnwBl. 1967, 267 ff.; *Raisch,* Freie Berufe und Handelsrecht, FS Rittner, 1991, S. 471 ff.; *Römermann,* Entwicklungen und Tendenzen bei Anwaltsgesellschaften, 1995; *Scharlach/Hoffmann,* Die Partnerschaftsgesellschaft – Auf Umwegen zum Erfolg, WM 2000, 2082 ff.; *Schaub,* Das neue Partnerschaftsregister, NJW 1996, 625 ff.; *Schirmer,* Berufsrechtliche und kassenarztrechtliche Fragen der ärztlichen Berufsausübung in Partnerschaftsgesellschaften, MedR 1995, 341 ff., 383 ff.; *Karsten Schmidt,* Partnerschaftsgesetzgebung zwischen Berufsrecht, Schuldrecht und Gesellschaftsrecht, ZIP 1993, 633 ff.; *ders.,* Die Freiberufliche Partnerschaft, NJW 1995, 1 ff.; *Seibert,* Zum neuen Entwurf eines Partnerschaftsgesellschaftsgesetzes, AnwBl. 1993, 155 ff.; *ders.,* Regierungsentwurf eines Partnerschaftsgesellschaftsgesetzes, ZIP 1993, 1197 ff.; *ders.,* Die Partnerschaft für die Freien Berufe, DB 1994, 2381 ff.; *Sommer,* Die neue Partnerschaftsgesellschaft – Eine zweckmäßige Rechtsform für Steuerberater?, DSWR 1995, 181 ff.; *ders.,* Anwalts-GmbH oder Anwaltspartnerschaft?, GmbHR 1995, 249 ff.; *Stuber,* Das Partnerschaftsgesellschaftsgesetz unter besonderer Berücksichtigung der Belange der Anwaltschaft, WiB 1994, 705 ff.; *Taupitz,* Die Standesordnungen der freien Berufe, 1991; *ders.,* Die Partnerschaft als neue Kooperationsform für Ärzte, Arztrecht 1995, 123 ff.; *ders.,* Das Berufsrisiko des Arztes: Entwicklung, Steuerung und Risikonormierung, MedR 1995, 475 ff.; *Ulmer/Habersack,* Die Haftungsverfassung der Partnerschaftsgesellschaft, FS Brandner, 1996, S. 151 ff.; *Wellensiek,* Anwaltshaftung und Risikomanagement, FS Brandner, 1996, S. 727 ff.; *Wertenbruch,* Partnerschaftsgesellschaft und neues Umwandlungsrecht, ZIP 1995, 712 ff.;

ders., Die Bezeichnung „und Partner" außerhalb der Partnerschaft, ZIP 1996, 1776ff.; *ders.*, Veräußerungen und Vererbung des Anteils an einer vertragsärztlichen Berufsausübungsgesellschaft, MedR 1996, 485ff.; *Graf von Westphalen*, Anwaltliche Haftungsbeschränkung im Widerstreit mit der Verbraucherschutzrichtlinie, ZIP 1995, 546ff.

Vorbemerkung

Übersicht

	RdNr.
I. Entstehungsgeschichte	1–10
1. Die Entwürfe von 1971 und 1975/1976	1–3
a) Die vorparlamentarische Diskussion	1
b) Der Entwurf von 1971	2
c) Der Entwurf von 1975/1976 und sein Scheitern	3
2. Das Partnerschaftsgesellschaftsgesetz von 1994	4–8
a) Die Entwicklung bis zum Referentenentwurf	4
b) Der Referentenentwurf	5
c) Der Regierungsentwurf	6
d) Die Verabschiedung des PartGG	7
e) Die Partnerschaftsregisterverordnung	8
3. Seitherige Änderungen	9, 10
II. Die Partnerschaft im Vergleich zur GbR, OHG und GmbH	11–25
1. Vorteile gegenüber der Gesellschaft bürgerlichen Rechts	11, 12
2. Unterschiede zur OHG	13, 14
3. Die Freiberufler-GmbH – Überblick	15–25
a) Rechtsentwicklung	15–17
b) Jetziger Stand der Diskussion	18–21
c) Vergleich der Rechtsformen	22–25
III. Rechtstatsachen	26–28

I. Entstehungsgeschichte

1 **1. Die Entwürfe von 1971 und 1975/1976. a) Die vorparlamentarische Diskussion.** Die Schaffung einer eigenen Rechtsform für Zusammenschlüsse von Freiberuflern hat eine lange Geschichte. Sie begann im Jahr 1957, als das Institut der Wirtschaftsprüfer in Deutschland e. V. beim Bundesjustizministerium anregte, eine neue Gesellschaftsform für die Freien Berufe zu schaffen.[1] Da sich die Mehrzahl der Verbände der Freien Berufe auf eine Anfrage des Bundesjustizministeriums hin ablehnend äußerte, wurde diese erste Anregung nicht weiter verfolgt.[2] Erst Ende der sechziger Jahre lebte die Diskussion wieder auf, nachdem der Anwaltstag 1967 diese Frage zu einem seiner Hauptthemen gemacht hatte.[3] In der Folgezeit erarbeitete *Volmer* einen ersten Gesetzesvorschlag.[4]

2 **b) Der Entwurf von 1971.** Ein auf die Vorarbeiten von *Volmer* (RdNr. 1) zurückgehender, leicht geänderter Vorschlag wurde 1971 von der CDU/CSU-Fraktion im Bundestag als Entwurf für ein Partnerschaftsgesetz[5] eingebracht.[6] Die Partnerschaft war nach § 1 Abs. 1 E als *juristische Person* konzipiert, sollte aber nach § 26 E steuerrechtlich wie eine Personengesellschaft behandelt werden. Die Regeln über den Namen der Partnerschaft, den Partnerschaftsvertrag und ein Partnerschaftsregister sind als Vorläufer für das heutige PartGG zu betrachten.[7] Ferner war in § 9 E eine *generelle Haftungsbegrenzung* für jeden Schadensfall in Höhe von DM 500 000 vorgesehen, verbunden mit einer Verpflichtung zur Deckung

[1] *Thümmel* WPg. 1971, 399.

[2] *Michalski/Römermann* Einf. RdNr. 2.

[3] *Thümmel* WPg. 1971, 399; *Oppenhoff* AnwBl. 1967, 267, 274.

[4] *Volmer* StB 1967, 25ff.; vgl. auch *Rittner* StB 1967, 2, 8; kritisch dazu *Oppenhoff* AnwBl. 1967, 267, 274; *Lach,* Die Formen freiberuflicher Zusammenarbeit, 1970, S. 150ff.

[5] Bis zum Referentenentwurf 1993 wurde durchgängig von Partnerschaftsgesetz statt von Partnerschaftsgesellschaftsgesetz gesprochen. Durch die Bezeichnung Partnerschaftsgesellschaftsgesetz sollte jede Verwechselung mit sonstigen als Partnerschaft bezeichneten Verbindungen wie der nichtehelichen Lebensgemeinschaft ausgeschlossen werden, vgl. näher § 1 RdNr. 6.

[6] BT-Drucks. VI/2047; vgl. hierzu *Thümmel* WPg. 1971, 399, 400; *Sandberger/Müller-Graff* ZRP 1975, 1, 6; und aus jüngerer Zeit *Wüst* JZ 1989, 270, 276; *Beckmann,* FS Kleinert, S. 210f.

[7] So auch *Michalski/Römermann* Einf. RdNr. 6.

durch eine Haftpflichtversicherung. Infolge der vorzeitigen Auflösung des 6. Deutschen Bundestages verfiel der Entwurf der Diskontinuität.[8]

3 **c) Der Entwurf von 1975/1976 und sein Scheitern.** Eine stark modifizierte Form des Gesetzesentwurfes von 1971 wurde 1975, nach einer Anhörung der Kammern und Verbände der Freien Berufe,[9] von verschiedenen Abgeordneten in den Bundestag eingebracht.[10] In diesem Entwurf war die Partnerschaft *nicht mehr als juristische Person* konzipiert. Ferner fehlte die summenmäßige Haftungsbegrenzung des § 9 E 1971. Der BT-Rechtsausschuss erarbeitete eine stark modifizierte Fassung des Entwurfs, die jegliche Haftungsbeschränkung aufgab, im Wesentlichen nur noch Regelungen über das Innenverhältnis enthielt und mit 35 Paragraphen erheblich umfangreicher war.[11] Dieser modifizierte Entwurf wurde 1976 in dritter Lesung vom Bundestag verabschiedet.[12] Man hielt ihn wegen Art. 84 Abs. 1 GG für zustimmungsbedürftig.[13] Der Bundesrat verweigerte die Zustimmung, da sich zahlreiche Verbände der Freien Berufe ablehnend geäußert hatten und einige Länder dem Entwurf aus Kostengründen kritisch gegenüberstanden.[14] Vor allem wurde wegen der Nähe des Entwurfs zur Gesellschaft bürgerlichen Rechts ein Bedürfnis für eine eigenständige Rechtsform im Bundesrat verneint.[15] Da weder Bundestag noch Bundesrat den Vermittlungsausschuss anriefen, war das Gesetz gescheitert.

4 **2. Das Partnerschaftsgesellschaftsgesetz von 1994. a) Die Entwicklung bis zum Referentenentwurf.** Erst Ende der achtziger Jahre lebte die nach dem Scheitern des Gesetzentwurfes von 1975/1976 zum Erliegen gekommene Diskussion um die Partnerschaft wieder auf.[16] Angesichts der bevorstehenden Öffnung des Binnenmarktes und der überregionalen Verbreitung vieler Freier Berufe und angesichts des immer stärker werdenden Bedürfnisses nach einer interprofessionellen Zusammenarbeit lag diese Entwicklung nahe.[17] Der Bundesverband der Freien Berufe regte beim Bundeswirtschaftsminister die Wiederaufnahme des Gesetzgebungsverfahrens an, was zu einer Anhörung der verschiedenen freiberuflichen Verbände führte. Parallel dazu wurde das Vorhaben der Schaffung einer Partnerschaftsgesellschaft 1991 in die Koalitionsvereinbarung von CDU/CSU und FDP aufgenommen.[18] Es folgte eine Sondierung des Bundeswirtschaftsministeriums bei den bundesweit tätigen freiberuflichen Organisationen, die mit einem *Neun-Punkte-Katalog des Bundeswirtschaftsministeriums* ihren Abschluss fand.[19] Da die Verbände nunmehr auf breiter Front Zustimmung zu einer eigenen Gesellschaftsform für die Freien Berufe signalisierten, ersuchte der Bundestag mit Beschluss vom 3. 6. 1992 die Bundesregierung, einen Gesetzentwurf vorzulegen.[20]

5 **b) Der Referentenentwurf.** Die Aufforderung des Bundestags führte dazu, dass das Bundesjustizministerium Anfang 1993 einen Referentenentwurf vorlegte.[21] Er war mit 27 Paragraphen wesentlich umfangreicher als das spätere PartGG und enthielt in den §§ 16 bis 26 detaillierte Regelungen zu dem Ausscheiden eines Partners, der Auflösung der Partnerschaft und ihrer Liquidation. Das Fehlen von Verweisungen auf das OHG-Recht zur

[8] Der Entwurf war nach Behandlung in erster Lesung vom Bundestag an den Rechtsausschuss überwiesen worden, wo er ein positives Echo gefunden hatte, vgl. dazu näher *Beckmann,* FS Kleinert, S. 210, 211.

[9] *Michalski/Römermann* Einf. RdNr. 8 m. weit. Nachw. in Fn. 18.

[10] BT-Drucks. 7/4089; Überblick hierzu bei *Wüst* JZ 1989, 270, 276; *Beckmann,* FS Kleinert, S. 210, 211.

[11] BT-Drucks. 7/5402 und BT-Drucks. 7/5413; vgl. hierzu auch *Henssler* JZ 1992, 697, 701.

[12] Sten. Prot. 7/256, S. 18 431 (C).

[13] Demgegenüber wurde das PartGG v. 1994 überwiegend für nicht zustimmungsbedürftig gehalten, was wohl auch schon für den Entwurf von 1975/76 zutraf, vgl. *Seibert* AnwBl. 1993, 155; *Leutheusser-Schnarrenberger,* FS Helmrich, 1994, S. 677; *Bösert* ZAP 1994, 765, 770.

[14] BR-Drucks. 444/1/76.

[15] Vgl. BR-Drucks. 444/1/76 S. 1 f. und 444/2/76.

[16] Vgl. *Wüst* JZ 1989, 270, 277; *Beckmann,* FS Kleinert, S. 210, 212 f.

[17] So auch *Beckmann,* FS Kleinert, S. 210, 215 f.

[18] Vgl. den Wortlaut der Vereinbarung bei *Beckmann,* FS Kleinert, S. 210, 213.

[19] Zu dessen Inhalt vgl. *Beckmann,* FS Kleinert, S. 210, 213 ff.

[20] Sten. Prot. 12/94, S. 7769 (D).

[21] BMJ-Drucks. 7050/2 = ZIP 1993, 153 ff.; auch abgedruckt bei *Seibert,* Partnerschaft, 1994, S. 85 ff.

Entlastung des Entwurfs und die Vermischung von berufs- und gesellschaftsrechtlichen Vorschriften wurden in der Diskussion lebhaft kritisiert.[22]

6 **c) Der Regierungsentwurf.** In dem vom Bundeskabinett am 20. 7. 1993 verabschiedeten Regierungsentwurf[23] wurde dieser Kritik Rechnung getragen. Der RegE enthielt ebenso wie das spätere Gesetz nur noch elf Paragraphen. Der **Bundesrat** erhob in seiner Stellungnahme zum RegE[24] generelle Bedenken gegen das Gesetz. Insbesondere wurde die weitere Rechtszersplitterung des Gesellschaftsrechts, die Regelung der Haftungskonzentration und die Einrichtung eines eigenen, kostenträchtigen Partnerschaftsregisters kritisiert. Gleichwohl hielt die Bundesregierung an dem Entwurf fest.[25] Auch die nach seiner Beratung im **BT-Rechtsausschuss** vorgenommenen Änderungen waren gering.[26] Der RegE wurde in § 1 Abs. 2 um die Berufsgruppe der *hauptberuflichen Sachverständigen* und in § 1 Abs. 4 um die *Subsidiaritätsklausel* ergänzt. Im Übrigen waren die Änderungen durch den Rechtsausschuss ganz überwiegend redaktioneller Natur.

7 **d) Die Verabschiedung des PartGG.** Der in dieser Weise geringfügig modifizierte Regierungsentwurf wurde am 26. 5. 1994 im **Bundestag** einstimmig als PartGG verabschiedet. In der Zwischenzeit war es zwischen Bundesrat und Bundesregierung zu Auseinandersetzungen darüber gekommen, ob das PartGG der *Zustimmung des Bundesrates* bedürfe. Der Bundesrat folgerte dies aus der Abänderung des FGG und der Schaffung eines Partnerschaftsregisters (Art. 84 Abs. 1 GG).[27] Demgegenüber vertrat die Bundesregierung den Standpunkt, dass es sich bei den Registern zwar um Landeseinrichtungen, nicht aber um Verwaltungsbehörden iSd. Art. 84 Abs. 1 GG, sondern um Gerichte handelte, weshalb eine Zustimmungsbedürftigkeit des Bundesrates entfalle.[28] Dies entsprach auch der einhelligen Ansicht im Schrifttum.[29] Die Frage konnte letztlich offen bleiben, da der **Bundesrat** dem Gesetz am 10. 6. 1994 mehrheitlich zustimmte, nachdem ein Antrag des Landes Rheinland-Pfalz[30] auf Anrufung des Vermittlungsausschusses keine Mehrheit gefunden hatte. Das Gesetz wurde am 30. 7. 1994 im Bundesgesetzblatt verkündet.[31] Es sollte nach seinem Art. 9 am 1. 7. 1995 in Kraft treten (vgl. aber RdNr. 8).

8 **e) Die Partnerschaftsregisterverordnung.** Nach Verabschiedung des Gesetzes erkannte man, dass die Ermächtigungsnorm zum Erlass einer Partnerschaftsregisterverordnung in § 160b Abs. 1 S. 2 nF iVm. § 125 Abs. 3 FGG ebenfalls erst am 1. 7. 1995 in Kraft treten sollte, die Länder zur Vorbereitung der Errichtung von Partnerschaftsregistern aber an dem vorzeitigen Erlass einer Verordnung interessiert waren.[32] Deshalb wurde Art. 9 PartGG bereits vor seinen Inkrafttreten durch das Ausführungsgesetz zum Seerechtsübereinkommen 1982/1994[33] dahin abgeändert, dass das *Inkrafttreten der Ermächtigungsgrundlage* zum Erlass einer Partnerschaftsregisterverordnung auf den 1. 5. 1995 vorverlegt wurde. Dementsprechend wurde die Partnerschaftsregisterverordnung von der Bundesregierung bereits am 18. 4. 1995 in den Bundesrat eingebracht, der ihr am 2. 6. 1995 zustimmte.[34]

9 **3. Seitherige Änderungen.** Seit seinem Inkrafttreten ist das PartGG im Zusammenhang mit dem Erlass von nicht weniger als *vier Gesetzen* in den Jahren 1998 bis 2001 geändert worden. Drei dieser Änderungen sind allerdings nur von marginaler Bedeutung; sie be-

[22] So insbes. *K. Schmidt* ZIP 1993, 633, 634ff. mit einem Alternativentwurf; *Michalski* ZIP 1993, 1210, 1211; zu positiven Reaktionen seitens der Verbände vgl. *Seibert* ZIP 1993, 1197, 1198 und *Bösert* ZAP 1994, 765, 770.

[23] BT-Drucks. 12/6152 = ZIP 1993, 1199ff.; auch abgedruckt bei *Seibert* (Fn. 21) S. 93ff. Zum RegE vgl. *Seibert* ZIP 1993, 1197, 1198; *Michalski* ZIP 1993, 1210, 1211ff.; *Bösert* DStR 1993, 1332ff.

[24] BT-Drucks. 12/6152 S. 25ff.

[25] Vgl. die Gegenäußerung der Bundesregierung, BT-Drucks. 12/6152 S. 28ff.

[26] Vgl. die Gegenüberstellung in BT-Drucks. 12/7642 S. 1, 11.

[27] BT-Drucks. 12/6152 S. 25.

[28] BT-Drucks. 12/6152 S. 28 unter Verweis auf BVerfGE 11, 192, 199; 14, 197, 219; so schon *Seibert* AnwBl. 1993, 155 Fn. 4.

[29] Vgl. den Nachw. in Fn. 13.

[30] BR-Drucks. 505/1/94.

[31] BGBl. I S. 1744ff.

[32] Vgl. *Michalski/Römermann* Einf. RdNr. 24.

[33] BGBl. 1995 I S. 778, 780.

[34] BR-Drucks. 213/95; BGBl. 1995 I S. 808. Der Text der Verordnung findet sich bei §§ 4, 5 RdNr. 33.

schränken sich überwiegend auf die Anpassung an bzw. die Übernahme von entsprechenden Änderungen des OHG-Rechts (zum Sonderfall der PartGG-Novelle 1998 vgl. RdNr. 10). So hat das **HRefG 1998**[35] eine redaktionelle Anpassung der §§ 2, 9 Abs. 2 an die entsprechenden Änderungen des HGB gebracht. Das **ERJuKoG**[36] hat – durch Änderung der §§ 4 Abs. 1 S. 2, 5 Abs. 1 und 7 Abs. 3 – für Anpassung der Vorschriften betr. die Anmeldung und Eintragung von Partnerschaften in das Partnerschaftsregister an die Neuregelungen zur Handelsregistereintragung der OHG gesorgt (vgl. §§ 4, 5 RdNr. 3, § 7 RdNr. 2) und in § 11 Abs. 2 Übergangsregelungen hierzu getroffen. Schließlich ist im **2. FGOÄndG**[37] durch die Neuregelung des § 7 Abs. 4 die Postulationsfähigkeit einer rechtsberatend tätigen PartG als solcher, dh. nicht nur diejenige der Partner als Rechtsberater, zur Vertretung vor Gerichten und Behörden klarstellend angeordnet worden (§ 7 RdNr. 21 f.).

10 Für spürbare *materiellrechtliche* Änderungen hat demgegenüber die **UmwG- und PartGG-Novelle von 1998**[38] gesorgt. Die wichtigste Änderung des PartGG findet sich in der *Neufassung des Haftungsprivilegs* des § 8 Abs. 2 durch Übergang von der fakultativen vertraglichen zur kraft Gesetzes eingreifenden Haftungskonzentration für Beratungsfehler bei den persönlich beteiligten Partnern (§ 8 RdNr. 14 ff.). Daneben hat die Novelle auch eine – zunächst nicht geregelte – „Definition" (richtiger: Typusbeschreibung, vgl. § 1 RdNr. 36 f.) der Freien Berufe in § 1 Abs. 2 S. 1 gebracht sowie durch § 7 Abs. 5 iVm. § 125 a HGB die Partnerschaft zu bestimmten Angaben auf Geschäftsbriefen verpflichtet und dadurch der Einführung einer entsprechenden Pflicht für OHG und KG im HRefG Rechnung getragen (vgl. § 7 RdNr. 23). Für nennenswerte Änderungen hat auch die Aufnahme der PartG in die Kataloge der verschmelzungs- und formwechselfähigen Rechtsträger des UmwG gesorgt (vgl. § 1 RdNr. 25 ff.). Schließlich wurde durch Ergänzung des § 11 Abs. 2 Nr. 1 InsO auch die Insolvenzfähigkeit der PartG ausdrücklich gesetzlich geregelt.

II. Die Partnerschaft im Vergleich zur GbR, OHG und GmbH

11 **1. Vorteile gegenüber der Gesellschaft bürgerlichen Rechts. Gesetzliche Vorteile** der Partnerschaft im Vergleich zur GbR liegen in der auf Freie Berufe zugeschnittenen Ausgestaltung der neuen Rechtsform und – in Verbindung damit – in der größeren **Rechtssicherheit,** die diese Rechtsform dank ihrer gesetzlichen Ausgestaltung und ihrer Eintragung im Partnerschaftsregister sowohl im Verhältnis zwischen den Partnern als auch und vor allem in den Rechtsbeziehungen zu Dritten vermittelt. Im *Innenverhältnis* beruht dies auf der Verweisung des § 6 Abs. 3 auf §§ 110 bis 119 HGB mit ihren speziell auf die Bedürfnisse einer Erwerbsgesellschaft zwischen aktiven Partnern zugeschnittenen Regelungen, darunter namentlich der Alleingeschäftsführung jedes Partners mit Widerspruchsrecht der anderen Partner als gesetzlicher Regel. Für das *Außenverhältnis* sind einerseits die Regelungen des § 2 über den Namen der Partnerschaft in Anlehnung an das Firmenrecht des HGB, darunter auch die Monopolisierung des Partner-Zusatzes für die neue Rechtsform, sowie die Vorschriften der §§ 4, 5 über die Registereintragung, andererseits das Haftungsprivileg des § 8 Abs. 2 zugunsten der nicht selbst an der fehlerhaften Auftragsbearbeitung beteiligten Partner zu nennen. Demgegenüber hat die Verweisung des § 7 Abs. 2 auf § 124 HGB mit dessen Behandlung der OHG und KG in Rechtsverkehr und Zivilprozess als rechtsfähige Einheit ihre rechtliche Relevanz verloren, seit die höchstrichterliche Rechtsprechung diese Qualität auch der Außen-GbR zuerkennt (vgl. näher § 705 BGB RdNr. 303 ff.). Schließlich waren auch die auf *Fortbestand der Partnerschaft* als gesetzliche Regel beim Ausscheiden einzelner

[35] HandelsrechtsreformG v. 22. 6. 1998, BGBl. I S. 1474.

[36] Gesetz über elektronische Register und Justizkosten für Telekommunikation v. 10. 12. 2001, BGBl. I S. 3422.

[37] Zweites Gesetz zur Änderung der Finanzgerichtsordnung und anderer Gesetze v. 19. 12. 2000, BGBl. I S. 1757.

[38] Gesetz zur Änderung des UmwG, des PartGG und anderer Gesetze v. 22. 7. 1998, BGBl. I S. 1878.

Partner gerichteten Regelungen des § 9 Abs. 2 geeignet, zur Bestandskraft der Partnerschaft beizutragen; sie sind inzwischen in der Verweisung des § 9 Abs. 1 auf § 131 Abs. 3 nF HGB aufgegangen.

In der **Rechtspraxis** sind die in RdNr. 11 erwähnten gesetzlichen Vorteile der Partnerschaft trotz des im Jahr 1998 verbesserten Haftungsprivilegs des § 8 Abs. 2 bisher *nur beschränkt honoriert* worden, wie die nach wie vor zurückhaltende Reaktion der Freiberufler auf die neue Rechtsform seit Inkrafttreten des PartGG belegt (vgl. RdNr. 26 ff.). Das dürfte einerseits darin begründet sein, dass die *Kautelarpraxis* es gut versteht, die Rechtsform der GbR auf Freiberufler-Sozietäten zuzuschneiden und dadurch in Verbindung mit der höchstrichterlichen Rechtsfortbildung des GbR-Rechts für Rechtsklarheit und -sicherheit zu sorgen, während das neue Partnerschaftsrecht sich trotz inzwischen rd. achtjähriger Geltung noch nicht in vergleichbarer Weise durchgesetzt hat.[39] Andererseits wurden von der Praxis auch bestimmte Aspekte der *neuen Rechtsform kritisch* beurteilt, darunter neben der mit dem Partnerschaftsregister verbundenen Publizität auch und vor allem die ursprünglich in § 8 angeordnete grundsätzlich umfassende gesamtschuldnerische Haftung der Partner. Das zwischenzeitlich verbesserte Haftungsprivileg des § 8 Abs. 2 und die höchstrichterliche Anerkennung der Akzessorietätstheorie im Recht der GbR haben offenbar noch nicht zu einem generellen Umdenken geführt. Nachdem sich mit der neuen Rechtsform auch *keine Steuervorteile* gegenüber der GbR verbinden, die steuerrechtliche Behandlung der Partnerschaft vielmehr uneingeschränkt derjenigen der GbR entspricht, sind die verbleibenden Vorteile der Partnerschaft, darunter neben dem Haftungsprivileg des § 8 Abs. 2 nicht zuletzt das Recht auf den „Partner"-Zusatz im Namen der Partnerschaft, offenbar nicht gewichtig genug, um die erwartete Sogwirkung der neuen Rechtsform für Freiberufler-Zusammenschlüsse auf breiter Front auszulösen. Zu dieser Zurückhaltung mag auch die seit einigen Jahren eingetretene, für die Beteiligten jedenfalls aus Haftungsgründen interessante Öffnung der Rechtsform der GmbH für Freiberufler (vgl. näher RdNr. 15 ff.) beitragen. 12

2. Unterschiede zur OHG. Wie die zahlreichen Verweisungen in §§ 2, 4 bis 10 auf das HGB und insbes. das OHG-Recht erkennen lassen, orientiert sich die Ausgestaltung der Partnerschaft als neue Rechtsform weitgehend an derjenigen der OHG. Sie weist ihr gegenüber in vielfacher Hinsicht Ähnlichkeiten auf.[40] Zu den verbleibenden Unterschieden zählen neben dem auf Freiberufler beschränkten Zugang zur Partnerschaft und neben dem in § 8 Abs. 2 enthaltenen Haftungsprivileg vor allem das **Fehlen eines Handelsgewerbes** bei der Partnerschaft. Es hat zur Folge, dass das Recht der Handelsgeschäfte auf die neue Rechtsform unanwendbar ist und dass die PartG auch nicht der Pflicht zu kaufmännischer Rechnungslegung unterliegt. Aus dem gleichen Grunde scheidet im Unterschied zur OHG auch eine Gewerbesteuerpflicht der Partnerschaft aus, während im Übrigen die steuerrechtliche Behandlung beider Rechtsformen keine Unterschiede aufweist. 13

Trotz der am jeweiligen kaufmännischen bzw. freiberuflichen Zweck der Gesellschaft orientierten, den Gesellschaftern im Grundsatz keine Wahlfreiheit eröffnenden gesetzgeberischen Einteilung der beiden Rechtsformen ist der Vergleich zwischen ihnen für die **Rechtspraxis** deshalb nicht ohne Interesse, weil es infolge des weitgefassten Katalogs Freier Berufe in § 1 Abs. 2 S. 2 einen nicht ganz unerheblichen Überschneidungsbereich zwischen den beiden Rechtsformen gibt (vgl. näher § 1 RdNr. 16 ff.). In diesem nach früherer Rechtslage unter die sollkaufmännischen Unternehmenstätigkeiten des § 2 aF HGB fallenden Tätigkeitsbereich haben die Beteiligten die Möglichkeit, durch Herbeiführung der Eintragung im Partnerschafts- oder aber im Handelsregister entweder für die Partnerschaft oder für die OHG bzw. KG zu optieren. Entscheiden sie sich nicht von sich aus zugunsten der Part- 14

[39] Darauf lässt auch das – mit Ausnahme von Urteilen zum Namen der Partnerschaft und zum „Partner"-Zusatz (§§ 2, 11 PartGG) – nahezu gänzliche Fehlen veröff. Urteile zu Rechtsfragen des PartGG schließen.

[40] So auch *K. Schmidt* ZIP 1993, 633, 635, der von einer Schwestergesellschaft der OHG spricht; *Damm,* FS Brandner, 1996, S. 31, 46.

nerschaft, so unterliegen sie der Pflicht zur Registrierung im *Handelsregister* nach § 106 HGB und sind vom Registergericht nach § 14 HGB durch Festsetzung von Zwangsgeld zur Eintragung anzuhalten.

15 **3. Die Freiberufler-GmbH – Überblick. a) Rechtsentwicklung.** Lässt man die seit Jahrzehnten geltenden Sonderregelungen der WPO und des StBerG über die Zulassung von Wirtschaftsprüfer- und Steuerberatungsgesellschaften in der Rechtsform der Kapitalgesellschaft (AG und GmbH)[41] außer Betracht, so ging die hM bis zum Beginn der 90er Jahre von der grundsätzlichen **Unzulässigkeit** des Betreibens eines Freien Berufs in der Rechtsform der GmbH aus.[42] Diese Beurteilung beruhte zwar *nicht auf GmbH-Recht,* da die Rechtsform der GmbH zweckneutral und dementsprechend vielseitig verwendbar ist.[43] Wohl aber wurde aus dem Wesen des Freien Berufs, darunter insbes. der persönlichen Erbringung von Dienstleistungen höherer Art in eigenverantwortlicher, fachlich unabhängiger Art und Weise, dh. aus *berufsrechtlichen* Gründen, auf die Unvereinbarkeit jedenfalls der klassisch freiberuflichen Tätigkeiten wie Rechtsberatung oder Heilbehandlung mit der hierarchisch geprägten, haftungsresistenten Rechtsform der GmbH geschlossen.[44]

16 Für eine **grundsätzliche Revision** dieses Standpunkts sorgte sodann der **BGH** unter Hinweis auf die Grundrechtsproblematik der Nichtzulassung Freier Berufe für GmbH-Gründungen. Nachdem er es bereits in einer wenig beachteten Entscheidung des Jahres 1991 zugelassen hatte, dass ein *Heilpraktiker* als abhängig Beschäftigter in einer GmbH tätig sein kann,[45] erkannte er erstmals 1994 die Zulässigkeit freiberuflicher Tätigkeit in GmbH-Rechtsform für den Fall einer **Zahnärzte-GmbH** an.[46] Die Kooperation von Zahnärzten in einer GmbH könne wegen der in Art. 12 GG verankerten Freiheit der Berufswahl nur durch ein förmliches Gesetz verboten werden; berufliches Standesrecht genüge als Verbotstatbestand nicht.[47] Auch müsse ein solches, grundsätzlich mögliches gesetzliches Verbot sich hinsichtlich Erforderlichkeit und Verhältnismäßigkeit an Art. 12 GG messen lassen. Das geltende Recht der Zahnärzte enthalte ein solches Verbot nicht. Insbesondere lasse es sich nicht aus § 1 des Gesetzes über die Zahnheilkunde (ZHG) herleiten, der die Ausübung des Zahnarztberufes den approbierten Zahnärzten vorbehält. Denn § 1 ZHG wolle sicherstellen, dass der behandelnde Arzt eine Approbation hat, er betreffe aber nicht die GmbH als solche, mit der der Behandlungsvertrag zustandekommt.[48]

17 Auf der gleichen Linie lag sodann die Ende 1994 ergangene Entscheidung des **BayObLG** betreffend die grundsätzliche Zulässigkeit der Gründung und des Betreibens einer **Rechtsanwalts-GmbH.**[49] Allerdings stellte das Gericht eine Reihe von berufsrechtlich orientierten *Mindestvoraussetzungen* auf, die die Satzung der GmbH enthalten müsse, um die Unabhängigkeit der Rechtsanwälte zu wahren. Hierzu zählte es die Beschränkung der Geschäfts-

[41] §§ 27 Abs. 1 WPO, 49 Abs. 1 StBerG.

[42] So noch *Hachenburg/Ulmer,* GmbHG, 8. Aufl. 1989, § 1 RdNr. 20; *Kremer* GmbHR 1983, 259, 265 m. weit. Nachw.: „schlechterdings nicht diskutabel"; weit. Nachw. bei *Henssler* ZIP 1994, 844, 845 in Fn. 7, 37 und in BayObLG NJW 1995, 199, 200.

[43] Vgl. nur *Hachenburg/Ulmer* (Fn. 42) § 1 RdNr. 12 ff., 22 ff.; *Scholz/Emmerich,* GmbHG, 9. Aufl. 2000, § 1 RdNr. 4 ff., 16; *Baumbach/Hueck/Fastrich,* GmbHG, 17. Aufl. 2000, § 1 RdNr. 6; *Piper,* FS Odersky, 1996, S. 1063, 1067 f.

[44] Vgl. eingehend *Kremer* GmbHR 1983, 259, 263 ff.; so auch noch *Hachenburg/Ulmer* (Fn. 42) § 1 RdNr. 20; *Scholz/Emmerich* GmbHG, 8. Aufl. 1993, § 1 RdNr. 13; *Baumbach/Hueck* GmbHG, 15. Aufl. 1988, § 1 RdNr. 9; *Lutter/Hommelhoff* GmbHG, 14. Aufl. 1995, § 1 RdNr. 7.

[45] NJW-RR 1992, 430 f.

[46] BGHZ 124, 224 = NJW 1994, 786; so auch bereits die Vorinstanz: OLG Düsseldorf NJW-RR 1992, 808, 809 f.; vgl. dazu *Henssler* ZIP 1994, 844 ff.

[47] BGHZ 124, 224, 225 ff., 229 f. = NJW 1994, 786.

[48] BGHZ 124, 224, 225 f. = NJW 1994, 786.

[49] BayObLG NJW 1995, 199 ff.; bestätigt durch BayObLG NJW 1996, 3217; zust.: OLG Bamberg MDR 1996, 423; LG Baden-Baden AnwBl. 1996, 537; *Dauner-Lieb* GmbHR 1995, 259 ff.; *Henssler* DB 1995, 1549 ff.; *ders.* ZHR 161 (1997) 305 ff.; *Hommelhoff/Schwab* WiB 1995, 115 ff.; *Ahlers,* FS Rowedder, 1994, S. 1, 8 f.; grds. auch *Boin* NJW 1995, 371 ff.; eingehend *Piper* (Fn. 43) S. 1068 ff.; aA noch LG München I NJW 1994, 1882 (Vorinstanz); *Kleine-Cosack* NJW 1994, 2249, 2257; *Taupitz* JZ 1994, 1100, 1102 ff.; *ders.* NJW 1995, 369 ff.; *Feuerich/Braun,* BRAO, 3. Aufl. 1995, § 59 a RdNr. 16; *Braun* MDR 1995, 477; *Kempter* BRAK-Mitteilungen 1995, 4.

führungsbefugnis auf Rechtsanwälte, ein Verbot von Einzelweisungen der Gesellschafterversammlung (§ 37 Abs. 1 GmbHG) in Bezug auf die Berufsausübung als Rechtsanwalt im Rahmen der GmbH, die Pflicht zum Abschluss einer Haftpflichtversicherung, die die Mindestversicherungssumme von Einzelanwälten deutlich übersteigen muss, sowie eine Satzungsregelung, wonach die Mehrheit der stimmberechtigten Gesellschafter ihren Beruf in der Kanzlei aktiv ausüben muss, unter gleichzeitiger Beschränkung des Anteilserwerbs durch Dritte, die nicht Rechtsanwälte sind.[50]

b) Jetziger Stand der Diskussion. Für den Bereich der *Beratung und Vertretung in Rechtsangelegenheiten* (§ 59 c Abs. 1 BRAO) hat der Gesetzgeber seither in den §§ 59 c bis 59 m BRAO Sondervorschriften betreffend die Zulassung von **Rechtsanwaltsgesellschaften** in der Rechtsform der GmbH erlassen.[51] Die rechtstechnisch am Vorbild der einschlägigen Vorschriften der WPO und des StBerG[52] orientierten Vorschriften sorgen inhaltlich unter Anknüpfung an die Vorgaben des BayObLG für eine in sich konsistente, den Besonderheiten freiberuflicher Rechtsberatung in GmbH-Rechtsform Rechnung tragende Regelung.[53] 18

Unter den **gesetzlichen Zulassungsvoraussetzungen** für die RA-GmbH verdienen einerseits diejenigen Vorschriften Hervorhebung, die die *Unabhängigkeit und Eigenverantwortlichkeit* der Ausübung des Rechtsanwaltsberufs trotz Zwischenschaltung der GmbH als beauftragter Vertragspartner gewährleisten sollen. Vorbehaltlich der Fälle interprofessioneller Gesellschaften unter Beteiligung auch von Patentanwälten, Steuerberatern, Wirtschaftsprüfern ua. (vgl. § 59 e Abs. 1 S. 1 iVm. § 59 a Abs. 1 S. 1 BRAO) können sich danach als *Gesellschafter* nur aktiv tätige Rechtsanwälte beteiligen (§ 59 e Abs. 1 S. 1 und 2 BRAO). Auch muss die *Geschäftsführung* verantwortlich in den Händen von Rechtsanwälten liegen; diese müssen auch bei interprofessionellen Gesellschaften die Geschäftsführermehrheit bilden (§ 59 f Abs. 1 BRAO). Die Unabhängigkeit der in der RA-GmbH tätigen Rechtsanwälte, auch solcher im Anstellungsverhältnis, bei Ausübung ihres RA-Berufs ist zu gewährleisten; Gesellschafterweisungen oder vertragliche Bindungen sind insoweit unzulässig (§ 59 f Abs. 4 BRAO). Von zentraler Bedeutung sind andererseits die Bestimmungen über die obligatorische *Berufshaftpflichtversicherung* der RA-GmbH in § 59 j BRAO. Sie gehen über die allgemeinen Anforderungen an die Haftpflichtversicherung von Rechtsanwälten in § 51 BRAO nicht unerheblich hinaus, da die Mindestversicherungssumme je Schadensfall sich danach auf 2,5 Mio. € beläuft (§ 59 j Abs. 2 S. 1 BRAO). Wegen der Einzelheiten wird auf das Spezialschrifttum verwiesen.[54] 19

Nach wie vor nicht abschließend geklärt ist – trotz der Zulassung einer Zahnärzte-GmbH durch den BGH schon im Jahr 1994 – die Zulässigkeit des Betreibens eines der **Heilberufe** als **Arzt, Zahnarzt oder Tierarzt** in der Rechtsform der GmbH.[55] Das beruht auf den 20

[50] BayObLG NJW 1995, 199, 201.

[51] Gesetz zur Änderung der BRAO, der PatAO und anderer Gesetze v. 31. 8. 1998, BGBl. I S. 2600; dazu eingehend *Henssler* NJW 1999, 241 ff.

[52] §§ 27, 28 WPO; §§ 49 bis 50 a StBerG.

[53] Ein Umkehrschluss zu Lasten der *Rechtsanwalts-AG* ist auf Grund dieser Regelung nicht veranlasst (so zutr. BayObLG NJW 2000, 1647; *Henssler* NJW 1999, 241, 246 f.). Deren Zulassung entspricht vielmehr ganz hM, vgl. die Nachw. in BayObLG aaO und bei *Feuerich/Weyland,* BRAO, 6. Aufl. 2003, § 59 a RdNr. 34. Hinsichtlich der satzungsrechtlichen Anforderungen liegt es nahe, sich unter Beachtung der Besonderheiten des Aktienrechts an den Vorgaben der §§ 59 c ff. BRAO zu orientieren (vgl. *Kempter/Kopp* NJW 2000, 3449 ff. und *dies.* NJW 2001, 777 ff.; eingehend jetzt *Passarge,* Die Aktiengesellschaft als neue Rechtsform für anwaltliche Zusammenschlüsse, 2003, insbes. S. 75 ff., 85 ff., 169 f.).

[54] Vgl. insbes. die Kommentierung der einschlägigen BRAO-Vorschriften durch *Feuerich/Weyland,* BRAO, 6. Aufl. 2003, sowie die umfassende Darstellung von *Michalski/Römermann,* GmbHG, 2003, Syst. Darst. 7 RdNr. 16 ff.

[55] Dabei bleibt die Musterberufsordnung für die deutschen Ärzte (MBO-Ä), Fassung 1997, außer Betracht, die in Kap. D Nr. 8 Abs. 1 den Zusammenschluss praktizierender Ärzte nur in der Rechtsform der GbR und der PartG zulässt, nicht aber in derjenigen der GmbH (Abdruck in NJW 1997, 3076, 3080; dazu auch *Michalski/Römermann* Fn. 54 RdNr. 137). Denn auch wenn sie infolge der Umsetzung durch die Landesärztekammer zu einer autonomen satzungsrechtlichen Berufsregelung geworden ist, genügt sie doch angesichts der vom BVerfG in st. Rspr. vertretenen Wesentlichkeitstheorie nicht dem Erfordernis eines formellen Parlamentsgesetzes für wesentliche Eingriffe in die Berufsfreiheit (vgl. 3. Aufl. RdNr. 14 m. Nachw.).

Kammer- bzw. Heilberufsgesetzen einer Reihe von Ländern. Sie schreiben entweder ausdrücklich vor, dass eine ärztliche Praxis nicht in der Rechtsform einer juristischen Person des Privatrechts betrieben werden darf,[56] oder enthalten jedenfalls das – als faktisches GmbH-Verbot verstandene[57] – Gebot, die ärztliche Tätigkeit in eigener Praxis auszuüben.[58] Als indirektes Verbot wirken sich auch die berufs- und sozialversicherungsrechtlichen Vorschriften der §§ 32 Ärzte-ZVO, 95 Abs. 1 SGB V aus, die die Kassenzulassung sowohl für eine Heilkunde-GmbH als auch für die von ihr angestellten Ärzte faktisch ausschließen.[59] In der *Literatur* werden die berufsrechtlichen Beschränkungen zu Recht verbreitet als unvereinbar mit dem – auch juristischen Personen des Privatrechts zustehenden[60] – Grundrecht auf Freiheit der Berufswahl (Art. 12 Abs. 1 GG) angesehen; im Hinblick auf die Zulässigkeit der ambulanten Versorgung in einer Krankenhaus-GmbH werden sie auch als Verstoß gegen den Gleichheitssatz gewertet.[61] Insoweit bleibt die weitere Entwicklung abzuwarten.

21 Für **andere** Freie Berufe, darunter sonstige Heilberufe (Krankengymnasten, Heilpraktiker, Diplom-Psychologen u. a.), Ingenieure und Unternehmensberater, Dolmetscher und Übersetzer, gibt es keine berufs-(standes-)rechtlichen Verbote in Bezug auf das Tätigwerden in GmbH-Rechtsform; für *Wirtschaftsprüfer* und *Steuerberater* ist das Betreiben einer als solche anerkannten GmbH *gesetzlich* sogar seit langem ausdrücklich geregelt.[62] Eine Besonderheit gilt nur für **Architekten,** da einige Länder in ihren Architektengesetzen stark restriktive Voraussetzungen für die Eintragung einer Architekten-GmbH in die Architektenliste vorsehen und von dieser Eintragung die Verwendung des Wortes „Architekt" in der GmbH-Firma abhängig machen.[63] Auch wenn die GmbH-Gründung durch Handelsregistereintragung nicht von der Eintragung in der jeweiligen Architektenliste abhängt,[64] wirken sich doch auch derartige Regelungen und insbes. ihre firmenrechtlichen Folgen[65] nachteilig auf die Verwendung der GmbH-Rechtsform für den Architektenberuf aus; die Frage ihrer Vereinbarkeit mit Art. 12 GG bleibt gestellt.[66]

22 **c) Vergleich der Rechtsformen.** Der Vergleich zwischen PartG und GmbH fällt – trotz des mit § 13 Abs. 2 GmbHG verbundenen grundsätzlichen Haftungsprivilegs für GmbH-Gesellschafter – tendenziell **zugunsten der PartG** und zum Nachteil der GmbH aus. Das beruht teilweise auf *Publizitätsgründen,* da für die GmbH die umfassende Publizität des Handelsregisters bezüglich aller in §§ 8 Abs. 1, 10 GmbHG genannten Daten und Unterlagen gilt, während bei der PartG nur die in § 4 Abs. 1 genannten wenigen Daten offenzulegen sind. Auch ist nach § 325 HGB zwar der Jahresabschluss von Kapitalgesellschaften, nicht jedoch derjenige einer (Normal-)Personengesellschaft publizitätspflichtig.

23 Einen weiteren mit der GmbH-Rechtsform verbundenen *Nachteil* bilden die besonderen gesetzlichen **Voraussetzungen der §§ 59 c bis 59 g BRAO, 27, 28 WPO, 49, 50 StBerG**

[56] So Art. 18 Abs. 1 S. 2 BayHKaG und § 16 Abs. 4 SächsHKaG; dazu *Meyer/Kreft* GmbHR 1997, 193, 194; *Katzenmeier* MedR 1998, 113, 114.

[57] Vgl. *Meyer/Kreft* GmbHR 1997, 194; *Michalski/Römermann* (Fn. 54) RdNr. 137.

[58] So die Landeskammergesetze von Berlin (§ 4 a Abs. 4), Brandenburg (§ 31 Abs. 2), Niedersachsen (§ 32), Nordrhein-Westfalen (§ 29 Abs. 3); kritisch dazu *Taupitz* NJW 1992, 2317, 2321 f.; *ders.* NJW 1996, 3033, 3041 f.; *Laufs* MedR 1995, 11, 12 ff.; *Rieger* MedR 1995, 87, 88 f.; *Meyer/Kreft* GmbHR 1997, 93, 194; *Katzenmeier* MedR 1998, 113, 114 ff.

[59] Dazu *Michalski/Römermann* (Fn. 54) RdNr. 145; *Henssler* ZIP 1994, 844, 847; *Laufs* MedR 1995, 11, 16; *Taupitz* NJW 1992, 2317, 2324.

[60] Vgl. nur *Dürig* in *Maunz/Dürig* GG Art. 19 Abs. 3 RdNr. 29 ff.; *Scholz* in *Maunz/Dürig* Art. 12 RdNr. 98.

[61] Vgl. die Nachw. in Fn. 17 sowie *Michalski/Römermann* (Fn. 54) RdNr. 136 ff., 139 ff.; aA BayVerfGH NJW 2000, 3418, 3419, der – mit wenig überzeugender Begründung (vgl. *Bachmann* NJW 2001, 3885) – einen Verstoß gegen die entspr. Grundrechte der Bayr. Verfassung verneint.

[62] Vgl. die Nachw. in Fn. 1.

[63] So Bayern, Brandenburg, Nordrhein-Westfalen, Rheinland-Pfalz, Sachsen-Anhalt, vgl. Nachw. bei *Michalski/Römermann* (Fn. 54) RdNr. 129.

[64] Ein staatliches Genehmigungserfordernis iS von § 8 Abs. 1 Nr. 6 GmbHG ist darin im Unterschied zu den spezialgesetzlich in §§ 59 g Abs. 1 BRAO, 29 Abs. 1 WPO, 32 Abs. 3, 49 StBerG geregelten Fällen einer Zulassung bzw. Anerkennung der fraglichen Gesellschaften durch die zuständige Stelle nicht zu sehen; so für die Architekten-GmbH auch *Michalski/Römermann* (Fn. 54) RdNr. 133.

[65] Vgl. dazu OLG Frankfurt GmbHR 2000, 623.

[66] So zu Recht *Michalski/Römermann* (Fn. 54) RdNr. 130, 133 f.

für die Handelsregistereintragung anerkannter Rechtsanwalts-, Wirtschaftsprüfer- oder Steuerberatungsgesellschaften, die bei der PartG keine Entsprechung finden; sie sind wegen der Besonderheiten des Freien Berufs mutatis mutandis auch beim Betreiben anderer freiberuflicher Zwecke in GmbH-Rechtsform nachzuweisen. Die gegenüber Partnerschaften höheren gesetzlichen Anforderungen an die *Mindesthaftpflichtversicherung* einer freiberuflich tätigen GmbH[67] fallen für diese ebenfalls nachteilig ins Gewicht. Schließlich stehen auch der Gründung *interprofessioneller* Zusammenschlüsse unter Beteiligung von Rechtsanwälten, Wirtschaftsprüfern und Steuerberatern im Falle der Verwendung der GmbH-Rechtsform größere Hindernisse entgegen als bei derjenigen der PartG.[68] Nach allem überrascht es nicht, dass bezogen auf Rechtsanwalts-Gesellschaften die Rechtsform der PartG mit bundesweit 953 Eintragungen zum 1. 1. 2002 diejenige der GmbH mit nur 159 Eintragungen um Längen schlug,[69] ganz zu schweigen von der nach wie vor eindeutig im Vordergrund stehenden Rechtsform der GbR.

In **steuerrechtlicher Hinsicht** scheidet eine eindeutige Aussage zugunsten der einen oder anderen Rechtsform schon wegen der für die jeweilige Steuerbelastung der Beteiligten relevanten, bei ihnen anzutreffenden Besonderheiten, aber auch mit Rücksicht auf den häufigen Wechsel der gesetzlichen Besteuerungsgrundlagen aus. Ein genereller Vorzug für die PartG als nichtgewerbliche Personengesellschaft lässt sich nicht feststellen. Die – schon durch das neue Halbeinkünfteverfahren[70] gemilderte – Doppelbesteuerung der Gewinne bei GmbH und Gesellschaftern wird zusätzlich durch den gegenüber der ESt-Progression meist günstigeren Einheitssteuersatz von 25%[71] für die bei der GmbH anfallenden Gewinne relativiert. Auch bietet die GmbH den Gesellschaftern den Vorteil, nach § 6 a EStG steuermindernd Pensionsrückstellungen für Geschäftsführer und Angestellte bilden zu können, eine Möglichkeit, die für Personengesellschaften nicht besteht. Andererseits unterliegt die Freiberufler-GmbH – anders als die PartG – der Gewerbesteuerpflicht; eine Anrechnung der Gewerbesteuerbelastung auf die Steuerschuld, wie sie für natürliche Personen und Personengesellschaften als Gewerbetreibende kürzlich in das EStG eingeführt wurde,[72] ist im Körperschaftsteuerrecht nicht vorgesehen. 24

Einen **buchführungsrechtlichen,** regelmäßig mit höherem Aufwand verbundenen **Nachteil der GmbH** gegenüber der PartG bildet schließlich die nur für jene Rechtsform geltende Pflicht zur jährlichen Erstellung einer dem Betriebsvermögensvergleich unter Neutralisierung von Einlagen und Entnahmen dienenden Steuerbilanz nach § 4 Abs. 1 iVm. § 5 Abs. 1 EStG. Demgegenüber hat die PartG mangels gesetzlicher Buchführungspflicht nach § 4 Abs. 3 EStG die Möglichkeit, den steuerpflichtigen Gewinn der Gesellschafter anhand der einfacheren Einnahmen-Überschuss-Rechnung zu ermitteln. 25

III. Rechtstatsachen

Die **Akzeptanz** der neuen Rechtsform in Kreisen der Freiberufler verlief *zunächst schleppend;* sie blieb deutlich hinter den Erwartungen der Gesetzesverfasser zurück. So waren ein Jahr nach Inkrafttreten des PartGG zum 1. 7. 1995 insges. nur rd. 300 Eintragungen in den 26

[67] Die Mindestversicherungssumme einer RA-GmbH beträgt für jeden Schadensfall 2,5 Mio. €, pro Jahr mind. 10 Mio. €, verglichen mit 250 000 bzw. 1 Mio. € für den Einzelanwalt (vgl. § 59j Abs. 2, § 51 Abs. 4 BRAO). Zusätzlich ist die Mindestversicherungssumme von 2,5 Mio. € bei der GmbH mit der Zahl der als RA tätigen Gesellschafter und Fremdgeschäftsführer zu vervielfältigen. Vgl. näher *Feuerich/Weyland* (Fn. 54) § 59j RdNr. 3 f.

[68] Das beruht auf den – nicht hinreichend aufeinander abgestimmten – Erfordernissen betr. die Anteils- und Stimmrechtsmehrheit bei interprofessionellen RA-, WP- und StBer-Gesellschaften in GmbH-Rechtsform, vgl. § 59c Abs. 3 BRAO, § 28 Abs. 4 Nr. 3 und 5 WPO, § 50a Abs. 1 Nr. 5 StBerG, dazu auch *Michalski/Römermann* (Fn. 54) RdNr. 43.

[69] Vgl. die Angaben in BRAK-Mitteilungen 2003, 124.

[70] Geregelt in § 3 Nr. 40 EStG.

[71] So § 23 Abs. 3 KStG, für 2003 erhöht auf 26,5% durch § 34 Abs. 11 a KStG.

[72] Durch § 35 Abs. 1 EStG, der die Anrechnung mit dem 1,8-fachen Gewerbesteuer-Messbetrag zulässt; das entspricht je nach ESt-Progression einer GewSt-Belastung mit einem Hebesatz zwischen rd. 340 und 390% (vgl. näher *Gosch* in *Kirchhof,* EStG, 3. Aufl., § 35 RdNr. 22).

neu eingerichteten Partnerschaftsregistern zu verzeichnen – eine angesichts von rd. 600 000 Freiberuflern überraschend geringe Zahl. Von den einzelnen Berufsgruppen nahmen die Rechtsanwälte und die Steuerberater (mit je rd. 25%) die neue Rechtsform am stärksten an. Die Wirtschaftsprüfer kamen auf eine Beteiligung von rd. 10%; entsprechende Zahlen galten für Ärzte und Zahnärzte. Relativ stark vertreten waren auch die Ingenieure (über 15%), die Architekten (10%) und die Unternehmensberater (7%); im Übrigen fand sich – ohne signifikante Häufigkeit – eine Reihe sonstiger Freier Berufe als Gegenstand einer Partnerschaft. Etwa ein Drittel der Partnerschaften war *interprofessionell* zusammengesetzt; dabei überwogen klassische Kooperationen wie diejenige zwischen Rechtsanwälten, Steuerberatern und Wirtschaftsprüfern oder zwischen Kiefer- und Gesichtschirurgen mit Zahnärzten.[73]

27 Als **Grund** für die zurückhaltende Aufnahme der neuen Rechtsform in der Praxis sah man vor allem die aus Sicht der Freiberufler *ungünstige Haftungsregelung* des § 8 PartGG an.[74] Sie schrieb in Abs. 1 – sachlich übereinstimmend mit §§ 128 bis 130 HGB – die unbegrenzte gesamtschuldnerische Außenhaftung der Partner für die Verbindlichkeiten der PartG vor und machte in Abs. 2 die Konzentration der Haftung für fehlerhafte Berufsausübung auf die handelnden Partner von einer entsprechenden Abrede mit den jeweiligen Mandanten abhängig. Darin sah man sogar eine Haftungsverschärfung gegenüber der nach der Lehre der Doppelverpflichtung eintretenden Gesellschafterhaftung in der Außen-GbR. Jedoch haben sich in beiden Punkten seither **Änderungen** ergeben, die geeignet sind, das *Interesse an der neuen Rechtsform zu steigern.* So ist die höchstrichterliche Rechtsprechung einerseits für die Außen-GbR seit BGHZ 146, 341 (2001) zur akzessorischen Gesellschafterhaftung übergegangen und hat inzwischen auch die Haftung neu eintretender Gesellschafter für die Altverbindlichkeiten der GbR anerkannt;[75] damit hat sie für eine Gleichstellung mit § 8 Abs. 1 PartGG gesorgt. Andererseits hat der Gesetzgeber in der PartGG-Novelle 1998 (RdNr. 10) das Haftungsprivileg des § 8 Abs. 2 PartGG betreffend fehlerhafte Berufsausübung durch Umstellung auf eine gesetzliche Handelndenhaftung deutlich nachgebessert. Unter Berücksichtigung auch der Reservierung des attraktiven „Partner-"Zusatzes im Namen der Gesellschaft für die PartGG in § 2 Abs. 1 PartGG lassen diese Änderungen erwarten, dass die Rechtsform der PartG dadurch nicht unerheblich an Zugkraft gewonnen hat.

28 Die **FGG-Statistik 2000** unterstreicht diesen Trend. Danach belief sich die Zahl eingetragener Partnerschaften per Ende 1999 bereits auf 2903 Gesellschaften; per Ende 2000 stieg sie um über 20% weiter auf 3587 Gesellschaften. Ein Vergleich mit den – nach wie vor wesentlich zahlreicheren – Freiberufler-GbR ist zwar mangels Publizität dieser Zahlen nicht möglich; auch ist die Aufteilung der rd. 3600 PartG auf die verschiedenen Freien Berufe nicht bekannt.[76] Vergleicht man jedoch die Zahlen per Ende 2000 mit derjenigen von 300 PartG am Ende des ersten Jahres (RdNr. 26), so lässt die Steigerung um rd. 1100% vermuten, dass der neuen Rechtsform der Durchbruch inzwischen gelungen ist.

§ 1 Voraussetzungen der Partnerschaft

(1) [1] Die Partnerschaft ist eine Gesellschaft, in der sich Angehörige Freier Berufe zur Ausübung ihrer Berufe zusammenschließen. [2] Sie übt kein Handelsgewerbe aus. [3] Angehörige einer Partnerschaft können nur natürliche Personen sein.

(2) [1] Die Freien Berufe haben im allgemeinen auf der Grundlage besonderer beruflicher Qualifikation oder schöpferischer Begabung die persönliche, eigenverantwortliche und fachlich unabhängige Erbringung von Dienstleistungen höherer Art im Interesse der Auftraggeber und der Allgemeinheit zum Inhalt. [2] Ausübung

[73] So die Angaben von *Seibert* GmbHR 1996 R 153.

[74] Vgl. nur *Römermann* NZG 1998, 675 und § 8 RdNr. 3.

[75] Dazu näher § 714 RdNr. 33 ff., 72 ff.

[76] Zur Zahl der RA-Sozietäten in PartG-Form per Ende 2002 mit 953 Gesellschaften (rd. 25% Steigerung bezogen auf die Gesamtzahl Ende 2001) vgl. RdNr. 23.

eines Freien Berufs im Sinne dieses Gesetzes ist die selbständige Berufstätigkeit der Ärzte, Zahnärzte, Tierärzte, Heilpraktiker, Krankengymnasten, Hebammen, Heilmasseure, Diplom-Psychologen, Mitglieder der Rechtsanwaltskammern, Patentanwälte, Wirtschaftsprüfer, Steuerberater, beratenden Volks- und Betriebswirte, vereidigten Buchprüfer (vereidigte Buchrevisoren), Steuerbevollmächtigten, Ingenieure, Architekten, Handelschemiker, Lotsen, hauptberuflichen Sachverständigen, Journalisten, Bildberichterstatter, Dolmetscher, Übersetzer und ähnlicher Berufe sowie der Wissenschaftler, Künstler, Schriftsteller, Lehrer und Erzieher.

(3) Die Berufsausübung in der Partnerschaft kann in Vorschriften über einzelne Berufe ausgeschlossen oder von weiteren Voraussetzungen abhängig gemacht werden.

(4) Auf die Partnerschaft finden, soweit in diesem Gesetz nichts anderes bestimmt ist, die Vorschriften des Bürgerlichen Gesetzbuchs über die Gesellschaft Anwendung.

Übersicht

	RdNr.
I. Normzweck	1–4
II. Die Partnerschaft (Abs. 1)	5–32
1. Kennzeichen der Rechtsform	5–8
a) Überblick	5, 6
b) Personengesellschaft	7, 8
2. Der Partnerschaftsvertrag	9–14
a) Überblick	9
b) Freiberufliche Tätigkeit als gemeinsamer Zweck	10
c) Ausübung des Freien Berufs als Beitragsleistung der Partner	11–14
3. Kein Handelsgewerbe	15–22
a) Klassische Freie Berufe	15
b) Freie Berufe im Grenzbereich zu § 1 HGB	16–18
c) Ausübung gewerblicher neben freiberuflicher Tätigkeit	19–22
4. Anforderungen an die Partner	23, 24
a) Nur natürliche Personen	23
b) Freiberufliche Tätigkeit	24
5. Umwandlung der Partnerschaft	25–32
a) Überblick	25–27
b) Formwechsel in oder aus Kapitalgesellschaft	28–30
c) Formwechsel in oder aus anderer Personengesellschaft	31, 32
III. Der Kreis der Freien Berufe (Abs. 2)	33–76
1. Einführung	33–35
a) Die ursprüngliche Regelungsstruktur des Abs. 2	33, 34
b) Die nachträgliche Umschreibung des Freien Berufs in Abs. 2 S. 1	35
2. Die „Legaldefinition" in Satz 1	36–40
a) Rechtliche Relevanz	36–38
b) Die Typuskriterien des Satzes 1	39, 40
3. Der Regelungsinhalt des Satzes 2: Grundlagen und Einteilungskriterien	41–48
a) Drei Kategorien Freier Berufe	41
b) Einteilung der Katalogberufe	42
c) Verkammerte und sonstige berufsrechtlich geregelte Freie Berufe	43, 44
d) Abgrenzungen	45, 46
e) In Satz 2 nicht erwähnte Freie Berufe	47, 48
4. Die freiberuflichen Tätigkeiten im Einzelnen	49–76
a) Die Katalogberufe	49–63
aa) Heilberufe	49–52
bb) Rechts- und wirtschaftsberatende Berufe	53–56
cc) Naturwissenschaftlich orientierte Berufe	57–59
dd) Berufliche Vermittlung von geistigen Gütern und Informationen	60–62
ee) Lotsen	63
b) Den Katalogberufen ähnliche Berufe	64–70
c) Die Tätigkeitsfelder der Wissenschaftler, Künstler, Schriftsteller, Lehrer und Erzieher	71–76
aa) Wissenschaftler	72
bb) Künstler	73, 74
cc) Schriftsteller	75
dd) Lehrer und Erzieher	76
IV. Der Vorrang des Berufsrechts (Abs. 3)	77–86
1. Grundsatz	77, 78
2. Berufsrechtlicher Ausschluss der Partnerschaft?	79–81
a) Apotheker, Notare	79, 80
b) Sonstige?	81
3. Zusätzliche Voraussetzungen des Berufsrechts	82–86
a) Begrenzung interprofessioneller Partnerschaften	82–84
b) Sonstige	85, 86
V. Die subsidiäre Anwendung des BGB-Gesellschaftsrechts (Abs. 4)	87, 88

I. Normzweck

1 Die Vorschrift des § 1 definiert in **Abs. 1** die **wesentlichen Tatbestandsmerkmale der Partnerschaft** als einer neuen Personengesellschaft für Freiberufler und grenzt sie dadurch zugleich von anderen Personengesellschaften ab. Das gilt insbes. für das Verhältnis der Partnerschaft *zur OHG und KG,* das durch das Fehlen eines Handelsgewerbes bei der auf freiberuflichem Gebiet tätigen Partnerschaft bestimmt ist (vgl. Abs. 1 S. 2; zu Grenzfällen vgl. RdNr. 16). Demgegenüber richtet sich die *Abgrenzung zur GbR* bei einer Gesellschaft mit freiberuflichem Zweck primär nach dem Willen der Beteiligten: entscheiden sie sich für die Rechtsform der Partnerschaft und führen sie die Eintragung der Gesellschaft in das Partnerschaftsregister nach §§ 4, 5 herbei, so wird die zunächst als GbR bestehende Gesellschaft dadurch zur Partnerschaft (vgl. § 7 RdNr. 3). Im Falle der Rechtsformverfehlung der Gesellschaft, dh. bei ihrer Eintragung in das Partnerschaftsregister trotz Fehlens eines freiberuflichen Gesellschaftszwecks, behält die Gesellschaft die Rechtsform der GbR (bzw. bei einem Handelsgewerbe als Gesellschaftszweck: diejenige der OHG). Die unrichtige Eintragung im Partnerschaftsregister ist nach §§ 160 b Abs. 1, 142 FGG von Amts wegen zu löschen (§ 7 RdNr. 9).

2 **Abs. 2** dient – in Anlehnung an § 18 Abs. 1 Nr. 1 EStG – der **Umschreibung und Aufzählung der Freien Berufe** im Sinne des PartGG. Abweichend vom ursprünglichen Regelungsplan des Gesetzgebers[1] enthält die Vorschrift in **Satz 1** zwar seit 1998[2] eine – schwerlich als Legaldefinition einzustufende (RdNr. 36) – Kennzeichnung des Freien Berufs als Regelungstyp. Angesichts der fehlenden begrifflichen Schärfe des Satzes 1 kommt das entscheidende Gewicht jedoch der Aufzählung der Freien Berufe in **Satz 2** zu, beginnend mit den sog. Katalogberufen von den Ärzten bis hin zu den Übersetzern, erweitert durch die Generalklausel der ähnlichen Berufe und die Bezeichnung bestimmter freiberuflicher Tätigkeitsfelder wie der selbstständigen Berufstätigkeit als Wissenschaftler, Künstler, Schriftsteller, Lehrer und Erzieher. Eine genauere Einteilungsmöglichkeit für die Freien Berufe bietet deren berufsrechtliche Ausgestaltung: danach lassen sich die Freien Berufe einteilen in die sog. „verkammerten" Berufe, die sonstigen gesetzlich geregelten Berufe sowie in die übrigen, gesetzlich nicht besonders erfassten Freien Berufe (RdNr. 43 f.). Abgrenzungsprobleme zu gewerblichen Tätigkeiten bestehen vor allem im Hinblick auf die Kategorie der gesetzlich nicht besonders erfassten Berufe sowie beim gleichzeitigen Betreiben einer freiberuflichen und einer gewerblichen Tätigkeit in einer Partnerschaft (vgl. RdNr. 19 ff.).

3 Nach **Abs. 3** hat das **Berufsrecht grundsätzlich Vorrang** vor den Vorschriften des PartGG. Das gilt unabhängig davon, ob es sich um Bundes- oder Landesrecht handelt.[3] Der Vorrang kann je nach Lage des Falles dazu führen, dass der Zugang zu der neuen Rechtsform durch das Berufsrecht ausgeschlossen ist (so für Apotheker, vgl. RdNr. 79), dass das Berufsrecht der Gründung einer interprofessionellen, bestimmte untereinander nicht kompatible Berufe umfassenden Partnerschaft entgegensteht oder dass bei der Ausgestaltung des Partnerschaftsvertrags bestimmte berufsrechtliche Anforderungen (Name u. a.) zu beachten sind (vgl. RdNr. 82 ff.). Im PartGG findet sich freilich auch eine partnerschaftsspezifische Sonderregelung in Gestalt des Haftungsprivilegs des § 8 Abs. 2 betreffend die Haftung für Berufsfehler (§ 8 RdNr. 14 ff.); insoweit erfährt die Vorrangregelung des Abs. 3 eine Einschränkung.

4 Schließlich verweist **Abs. 4** subsidiär auf das Eingreifen der **Vorschriften der §§ 705 bis 740 BGB** für die GbR. Angesichts der Rechtsnatur der Partnerschaft als Sonderform der GbR (RdNr. 7) hat diese Regelung lediglich klarstellende Bedeutung (vgl. RdNr. 87 f.).[4]

[1] Er verzichtete bewusst auf eine Begriffsbestimmung, vgl. Begr. RegE BT-Drucks. 12/6152 S. 9 f.; *Seibert,* Die Partnerschaft, 1994, S. 53; *Lenz* in *M/W/H/L* RdNr. 23.

[2] Eingefügt durch das Gesetz zur Änderung des UmwG, des PartGG und anderer Gesetze v. 22. 7. 1998, BGBl. I S. 1878.

[3] Begr. RegE BT-Drucks. 12/6152 S. 11; *Michalski/Römermann* RdNr. 100 f.; *Lenz* in *M/W/H/L* RdNr. 108 f.

[4] So auch *Seibert* (Fn. 1) S. 45 in Fn. 55; *Feddersen/Meyer-Landrut* RdNr. 42; wohl auch *Lenz* in *M/W/H/L* RdNr. 127.

II. Die Partnerschaft (Abs. 1)

1. Kennzeichen der Rechtsform. a) Überblick. Mit dem PartGG hat der Gesetzgeber erstmals seit 1900 eine neue, ausschließlich zur gemeinschaftlichen Ausübung freiberuflicher Tätigkeiten bestimmte Rechtsform der Personengesellschaften geschaffen; zugleich hat er den numerus clausus der Gesellschaftsrechtsformen entsprechend erweitert.[5] Er hat damit dem seit langen Jahren vorgebrachten Wunsch von Freiberuflern[6] entsprochen, eine rechtsfähige, flexible, nicht dem Handelsrecht unterstehende Rechtsform für die gemeinsame Berufsausübung zu schaffen, verbunden mit einer Haftungsbeschränkung zugunsten der nicht selbst an der Auftragsausführung beteiligten Partner für Berufsfehler.[7] Für die Akzeptanz der neuen Rechtsform wesentlich ist nicht zuletzt die Einschätzung der interessierten Kreise, welche Vorteile dieses Haftungsprivileg im Vergleich zur GbR bietet und inwieweit sich auch die GmbH mit ihrem für die Gesellschafter insgesamt günstigeren, deren gesamtschuldnerische Außenhaftung vermeidenden Haftungsregime für freiberufliche Tätigkeiten eignet (Vor § 1 RdNr. 22 ff.). 5

Gewisse *Unklarheiten* enthält das PartGG im Hinblick auf die **Bezeichnung der neuen Rechtsform.** Denn obwohl es die Überschrift „Gesetz über *Partnerschaftsgesellschaften* Angehöriger Freier Berufe (Partnerschaftsgesellschaftsgesetz – PartGG)" trägt, sprechen die Einzelregelungen des Gesetzes im Hinblick auf die neue Rechtsform jeweils von der *Partnerschaft* ohne Gesellschafts-Zusatz. Auch soll als Rechtsformzusatz nach § 2 Abs. 1 entweder diese Bezeichnung oder der Zusatz „und Partner" ausreichen. Hintergrund der uneinheitlichen Terminologie war das Bestreben des Gesetzgebers, einerseits Verwechslungen mit anderen Arten von „Partnerschaften", insbes. der *Lebenspartnerschaft* zwischen Personen gleichen Geschlechts,[8] zwar möglichst zu vermeiden,[9] andererseits aber die Beteiligten nicht zur Verwendung der wenig verkehrsfreundlichen Bezeichnung „Partnerschaftsgesellschaft" zu zwingen. Entsprechend der für die Einzelregelungen des PartGG gewählten Terminologie wird auch dieser Kommentierung die Kurzbezeichnung „Partnerschaft" zugrundegelegt. 6

b) Personengesellschaft. Als Personengesellschaft ohne Mindesthaftungsfonds, ohne Haftungskanalisierung bei der Gesellschaft und ohne rechtliche Verselbstständigung zur juristischen Person ist die Partnerschaft eine **Sonderform der GbR.** Wie diese beruht sie auf einem Gesellschaftsvertrag der Beteiligten, der ebenso wie bei anderen Personengesellschaften Dritten gegenüber nicht offenzulegen ist (§§ 4, 5 RdNr. 4), verfügt nach Maßgabe der §§ 718, 719 BGB über ein gesamthänderisch gebundenes Vermögen (§ 718 RdNr. 2 ff.), unterliegt dem Grundsatz der Selbstorganschaft (§ 709 BGB RdNr. 5 f.) und setzt die Beteiligung von mindestens zwei Gesellschaftern voraus. Über die Abgrenzung zur GbR entscheidet die vom Willen der Beteiligten getragene, konstitutiv wirkende Eintragung in das Partnerschaftsregister (§ 7 RdNr. 3); diese steht nur Gesellschaften mit freiberuflichem Unternehmensgegenstand offen. 7

Die systematische Nähe zur GbR ändert freilich nichts daran, dass die Partnerschaft **rechtlich** weitgehend **der OHG angenähert** ist. Das kommt in den zahlreichen Verweisungen des PartGG auf das Recht der OHG einschließlich der auf diese Rechtsform anwendbaren Vorschriften über die Firma und das Handelsregister zum Ausdruck. Dass die Verweisung der §§ 7, 8 auf die Vorschriften der §§ 124 bis 130 HGB über die Rechts- und 8

[5] Vgl. Begr. RegE BT-Drucks. 12/6152, S. 8; *K. Schmidt* NJW 1995, 1; *Seibert* S. 42; *Lenz* in *M/W/H/L* RdNr. 19; *Michalski/Römermann* Einf. RdNr. 37, 44.

[6] *Rittner* StB 1967, 2, 8; *Thümmel* WPg. 1971, 399 f.; *Vollmer* StB 1967, 25 ff. So – jeweils m. weit. Nachw. – auch *Michalski/Römermann* Einf. RdNr. 14 f. und *Beckmann,* FS Kleinert, 1992, S. 210, 213 ff.

[7] Ebenso *Michalski/Römermann* RdNr. 56, 58; *Henssler* NJW 1994, 2137, 2142; *Lenz* MDR 1994, 741, 746; *Stuber* WiB 1994, 705, 710; *Gerken* Rpfleger 1995, 217, 218; *v. Falkenhausen* AnwBl. 1993, 479, 480 f.

[8] Vgl. das Gesetz über die Eingetragene Lebenspartnerschaft (LPartG) v. 16. 2. 2001, BGBl. I S. 266.

[9] Vgl. *Bösert* ZAP 1994, 765, 770; *Seibert* AnwBl. 1993, 155; *Michalski/Römermann* RdNr. 2 m. weit. Nachw. in Fn. 4 bis 6.

Parteifähigkeit der OHG, über ihre organschaftliche Vertretung durch Gesellschafter und über deren gesamtschuldnerische Haftung für die Gesellschaftsverbindlichkeiten infolge der zwischenzeitlichen höchstrichterlichen Annäherung der Außen-GbR an Teile dieser Vorschriften[10] seither an Bedeutung verloren hat, steht nicht entgegen. Wenn der Gesetzgeber gleichwohl nicht so weit gegangen ist, die Partnerschaft der OHG voll gleichzustellen, so wegen der Wesensverschiedenheit zwischen freiberuflicher Tätigkeit und Handelsgewerbe.[11] Dementsprechend stellt § 1 Abs. 1 S. 2 auch klar, dass die Partnerschaft kein Handelsgewerbe ausübt. In der Konsequenz dieser Betrachtung liegt es, dass das PartGG in §§ 4, 5 die Einrichtung eines eigenständigen, neben das Handelsregister tretenden, wenn auch von den gleichen Gerichten geführten Partnerschaftsregisters vorsieht (§§ 4, 5 RdNr. 19 ff.).

9 **2. Der Partnerschaftsvertrag. a) Überblick.** Als Personengesellschaft (RdNr. 7) benötigt die Partnerschaft eine rechtsgeschäftliche Grundlage in Gestalt des Partnerschaftsvertrags. Die hierzu im PartGG getroffenen Regelungen betreffend die Schriftform nach § 3 Abs. 1 und die notwendigen Bestandteile nach § 3 Abs. 2 sind unvollständig und bedürfen der Ergänzung durch § 705 BGB. Danach setzt der Partnerschaftsvertrag eine Einigung der Beteiligten über den gemeinsamen Zweck und über dessen Förderung durch die von den Partnern zu leistenden Beiträge voraus. Für deren inhaltliche Festlegung sind die Anforderungen des § 1 Abs. 1 S. 1, § 3 Abs. 2 zu beachten (vgl. RdNr. 11 f.).

10 **b) Freiberufliche Tätigkeit als gemeinsamer Zweck.** Nach § 1 Abs. 1 S. 1 ist die Partnerschaft ein Zusammenschluss zur gemeinschaftlichen Ausübung Freier Berufe. Diese Berufsausübung bildet nach § 3 Abs. 2 Nr. 3 den – mit dem gemeinsamen Zweck regelmäßig zusammenfallenden – Gegenstand der Partnerschaft. Daraus folgt einerseits, dass die Partnerschaft notwendig eine **Berufsausübungsgemeinschaft** ist. Anderen Arten des Zusammenwirkens von Angehörigen Freier Berufe, sei es als bloße Bürogemeinschaft von Rechtsanwälten[12] oder Praxisgemeinschaft von Ärzten[13] mit je eigenständiger Berufsausübung der Beteiligten, sei es als Arbeitsgemeinschaft von Architekten oder Ingenieuren zur Verwirklichung eines bestimmten gemeinsamen Projekts (Vor § 705 BGB RdNr. 43 ff.) oder als Interessengemeinschaft nach Art der EWIV (Vor § 705 BGB RdNr. 21 f.), steht die Rechtsform der Partnerschaft nicht offen.[14] Andererseits ist die Partnerschaft auf die Ausübung **Freier Berufe** beschränkt; mit Rücksicht auf § 1 Abs. 1 S. 2 darf sie insbesondere kein Handelsgewerbe betreiben. Darüber, welche Arten Freier Berufe innerhalb einer und derselben Partnerschaft ausgeübt werden können, entscheidet das nach § 1 Abs. 3 vorrangige Berufsrecht (sog. interprofessionelle Partnerschaften, vgl. dazu RdNr. 82 ff.).

11 **c) Ausübung des Freien Berufs als Beitragsleistung der Partner.** Wie den Vorschriften der §§ 1 Abs. 1 S. 1, 3 Abs. 2 Nr. 2, 6 Abs. 2, 9 Abs. 3 und 4 zu entnehmen ist, geht das PartGG von der **aktiven Berufstätigkeit** aller Mitglieder einer freiberuflichen Partnerschaft aus. In deren Mitwirkung an der gemeinschaftlichen Berufsausübung in der Partnerschaft sieht es einen, wenn nicht *den* wesentlichen Beitrag der Partner iS von § 706 BGB zur Förderung des gemeinsamen Zwecks. Daraus folgt zugleich, dass Personen, die sich ohne eigene freiberufliche Tätigkeit darauf beschränken wollen, Kapital oder sonstige Gegenstände als Beiträge einzubringen, einer Partnerschaft weder als Partner noch auch als stille Gesellschafter beitreten können.[15] Diese Regel erleidet zwar Ausnahmen, soweit es um den Fortbestand der Mitgliedschaft bei späterer Verhinderung der Mitwirkung an der

[10] So insbes. durch BGHZ 146, 341 = NJW 2001, 1056; vgl. dazu § 705 BGB RdNr. 303 ff., § 714 BGB RdNr. 33 f.

[11] Vgl. Begr. RegE BT-Drucks. 12/6152 S. 9; *Seibert* S. 43; *Feddersen/Meyer-Landrut* RdNr. 43.

[12] Vgl. dazu Vor § 705 BGB RdNr. 39; *K. Schmidt* GesR § 58 III 5 b; *Steindorff,* FS Rob. Fischer, 1979, S. 747, 750.

[13] Vgl. dazu *K. Schmidt* ebenda; *Henke* NJW 1974, 2035 f.; *Michalski,* Das Gesellschafts- und Kartellrecht der berufsrechtlich gebundenen freien Berufe, 1989, S. 136, 181 ff.

[14] So auch *Michalski/Römermann* RdNr. 4; *K. Schmidt* NJW 1995, 1, 2 f.

[15] Ganz hM im Anschluss an Begr. RegE BT-Drucks. 12/6152 S. 7, 9; vgl. *Henssler* RdNr. 13; *Seibert* in *E/B/J* RdNr. 6; *Bösert* ZAP 1994, 765, 771; *ders.* DStR 1993, 1332, 1333; *Leutheusser-Schnarrenberger,* FS Helmrich, 1994, S. 677, 682; grds. auch *Stuber* WiB 1994, 705, 706 f.; weit. Nachw. bei

gemeinsamen Berufsausübung geht (RdNr. 13f.). Für die Mitwirkung an der **Gründung** der Partnerschaft (RdNr. 22) oder für den späteren **Beitritt** als Partner ist an ihr jedoch strikt festzuhalten.[16] Dem von der Gegenansicht bemühten Rückschluss von den Ausnahmen auf die Regel[17] ist sowohl aus systematischen als auch aus methodischen Gründen zu widersprechen. Zum zeitlichen Umfang der Tätigkeitspflicht und zu den aus dem Wettbewerbsverbot der Partner folgenden Schranken für Nebentätigkeiten vgl. § 6 RdNr. 28ff.

Die Beitragsleistung der Partner beschränkt sich typischerweise nicht auf ihre Mitwirkung an der freiberuflichen Tätigkeit. Vielmehr ist die Partnerschaft gerade in der Gründungsphase meist darauf angewiesen, dass die Partner auch **sonstige Arten von Beiträgen** erbringen, sei es in Gestalt von Geld- oder Sachleistungen wie Geschäftsausstattung, Grundstücke oder Räume, sei es als ideelle Gegenstände wie Geschäftsbeziehungen, Namen oder Know How. Art und Umfang solcher Beitragsleistungen der Partner sind im Partnerschaftsvertrag oder beim späteren Beitritt wegen des Formerfordernisses des § 3 Abs. 1 im Einzelnen festzulegen (§ 3 RdNr. 5). Sie vermögen jedoch nicht die Tätigkeitspflicht im freiberuflichen Bereich als einen jedenfalls zu Beginn unverzichtbaren Beitragsgegenstand zu ersetzen. 12

Umstritten ist, ob und inwieweit der Grundsatz aktiver Berufsausübung der Partner auch für ihre weitere Mitgliedschaft in der Partnerschaft gilt oder ob bei **späterer Verhinderung** Ausnahmen hiervon in Betracht kommen. Das PartGG beantwortet diese Frage in § 9 Abs. 3 nur für den Fall des – endgültigen (§ 9 RdNr. 21) – Verlusts der Berufszulassung; er führt als zwingende Rechtsfolge zum automatischen Ausscheiden des betroffenen Partners. Für sonstige Hinderungsgründe fehlt es demgegenüber an einer partnerschaftsspezifischen Regelung. Die Gesetzesbegründung[18] führt dazu aus, den Beteiligten solle „eine flexible Handhabung in Fällen, in denen ein Partner sich aus gesundheitlichen oder Altersgründen aus der aktiven Mitarbeit zurückzieht“, möglich sein. Auch soll der bloß vorübergehende Verlust oder das Ruhen der Berufszulassung, etwa wegen der Übernahme eines Abgeordnetenmandats, das die gleichzeitige Berufsausübung ausschließt, abweichend von § 9 Abs. 3 unschädlich sein.[19] Entsprechendes wird in der Literatur für sonstige Arten vorübergehender Verhinderung vertreten.[20] 13

Für die **Stellungnahme** ist zwischen gesellschafts- und berufsrechtlichen Ausscheidensgründen zu differenzieren. Aus **gesellschaftsrechtlicher** Sicht ist die nur *vorübergehende* Nichterfüllung vertraglich übernommener Tätigkeitspflichten als Leistungsstörung zu qualifizieren. Bei nicht zu vertretenden Ursachen wie Krankheit oder sonstigen Fällen höherer Gewalt, denen in Hinblick auf Art. 48 Abs. 2 S. 1 GG die Übernahme eines Abgeordnetenmandats gleichsteht, begründet sie weder eine Schadensersatzpflicht des Betroffenen noch einen wichtigen Ausschlussgrund, sondern kann lediglich zur Anpassung der Tätigkeitsvergütung führen (vgl. § 709 BGB RdNr. 34, 36). Demgegenüber ist in der *dauernden* Berufsunfähigkeit im Zweifel ein wichtiger Ausschlussgrund zu sehen, wenn der Partnerschaftsvertrag nicht abweichend hiervon als Ausnahme die Fortdauer der Mitgliedschaft zulässt. Eine derartige Ausnahmeregelung kommt namentlich bei dauernder Berufsunfähigkeit aus Krankheits- oder Altersgründen in Betracht.[21] Für den Betroffenen hat sie den Vorteil, ihm entsprechend dem ihm verbleibenden Gewinnanteil eine finanzielle Absicherung zu gewähren, während die Partnerschaft dadurch vor der Notwendigkeit bewahrt wird, den betroffe- 14

Michalski/Römermann RdNr. 6 in Fn. 20; nicht eindeutig *Michalski/Römermann* RdNr. 6, 9.

[16] HM, vgl. *Seibert* DB 1994, 2381, 2382; *Bayer/Imberger* DZWir 1995, 177, 179; *Krieger* MedR 1995, 95, 96; *Bösert* ZAP 1994, 765, 771. Gegenansicht vgl. in Fn. 17.

[17] *Michalski/Römermann* RdNr. 7ff., 13; *Feddersen/Meyer-Landrut* RdNr. 5; im Ergebnis auch *Lenz* in *M/W/H/L* RdNr. 93ff.

[18] Begr. RegE BT-Drucks. 12/6152 S. 20.

[19] Begr. RegE BT-Drucks. 12/6152 S. 20; *Michalski/Römermann* RdNr. 13.

[20] Vgl. *Michalski/Römermann* RdNr. 13, die darüber hinaus die bloße Berufszugehörigkeit einzelner Partner ohne aktive Berufsausübung in der Partnerschaft genügen lassen wollen; dem zust. *Mahnke* WM 1996, 1029, 1032.

[21] Vgl. zur entsprechenden Rechtslage bei der Gesellschaft bürgerlichen Rechts: § 723 BGB RdNr. 34; *Soergel/Hadding* § 723 BGB RdNr. 16; bei der OHG *Baumbach/Hopt* HGB § 133 RdNr. 9.

nen Partner abzufinden. Partnerschaftsspezifische Gründe stehen dem nicht entgegen. **Berufsrechtliche** Vorschriften, die in Verbindung mit § 1 Abs. 3 das Ausscheiden eines nicht mehr aktiven Partners unverzichtbar machen, sind soweit ersichtlich nicht anzutreffen.

15 **3. Kein Handelsgewerbe. a) Klassische Freie Berufe.** Nach § 1 Abs. 1 S. 2 übt die Partnerschaft kein Handelsgewerbe aus. Soweit es um die in Abs. 2 genannten *klassischen Freien Berufe* geht wie diejenigen des Arztes, des Rechtsanwalts, des Architekten oder des Heilpraktikers, die entweder verkammert oder doch einer berufsrechtlichen Regelung unterstellt sind (vgl. RdNr. 43 f.), hat Abs. 1 S. 2 nur **klarstellende Bedeutung.** Für sie gehört die Unterscheidung zwischen Gewerbe und Freiem Beruf zu den seit alters geltenden Grundlagen des Rechts der Freien Berufe.[22] Schon deshalb findet das Handelsrecht auf die Tätigkeit von Freiberuflern keine Anwendung, und dies unabhängig davon, ob die Tätigkeit vom Freiberufler allein oder gemeinsam mit anderen Berufsangehörigen, sei es als GbR oder als Partnerschaft ausgeübt wird. *Anderes* gilt im Fall der (zulässigen) Wahl der *Rechtsform der GmbH oder AG* für freiberufliche Tätigkeiten, etwa diejenigen der Rechts- oder der Steuerberatung oder der Wirtschaftsprüfung, da diese Gesellschaften trotz freiberuflichen Unternehmensgegenstands kraft Rechtsform Handelsgesellschaften sind (§§ 3 AktG, 13 Abs. 3 GmbHG). Eine zu Unrecht in das Partnerschaftsregister eingetragene, nicht zur Ausübung freiberuflicher Tätigkeit bestimmte Personengesellschaft wird trotz Eintragung nicht zur Partnerschaft. Sie ist nach §§ 160 b Abs. 1, 142 FGG von Amts wegen zu löschen. Auf Abs. 1 S. 2 kann sie sich nicht berufen.

16 **b) Freie Berufe im Grenzbereich zu § 1 HGB.** Schwierigkeiten im Hinblick auf Abs. 1 S. 2 kann die Beurteilung von *Grenzfällen Freier Berufe* bereiten, insbesondere bei solchen Gesellschaften, deren Geschäftsbetrieb nach Art und Umfang kaufmännische Einrichtung erfordert und die daher im Falle gewerblicher Tätigkeit nach § 1 Abs. 2 HGB als Handelsgewerbe anzusehen wären. Beispiele bilden eine gemeinsam betriebene, umsatzstarke Tanz- oder Fahrschule, die vorbehaltlich der Regelung in Abs. 1 S. 2 als kaufmännisches Unternehmen anzusehen ist[23] oder die Entwicklung und der Vertrieb von EDV-Software durch eine von Entwicklungsingenieuren gegründete Personengesellschaft.[24] In derartigen Fällen erscheint es *zweifelhaft,* ob die Rechtswirkungen der relativ offenen Umschreibung der Freien Berufe in § 1 Abs. 2 soweit reichen, dem Anwendungsbereich des § 1 HGB schlechthin alle diejenigen noch als freiberuflich zu wertenden Tätigkeiten zu entziehen, die auch als gewerblich eingestuft werden können, oder ob die Lösung nicht richtiger in der Anerkennung eines *Überschneidungsbereichs* von freiberuflicher und gewerblicher Tätigkeit liegen sollte. Erkennt man einen derartigen Überschneidungsbereich an, so steht es den Beteiligten frei, zwischen den Rechtsformen der Partnerschaft und der OHG oder KG durch Anmeldung ihres Zusammenschlusses entweder zum Partnerschafts- oder zum Handelsregister zu wählen. Von dieser Fragestellung zu unterscheiden sind diejenigen

[22] Vgl. nur *K. Schmidt* NJW 1995, 1, 3; zum fehlenden Gewerbebetrieb der klassischen Freien Berufe vgl. auch *Heymann/Emmerich* HGB § 1 RdNr. 18 ff. m. weit. Nachw. in Fn. 50 ff.; *Canaris* Handelsrecht, 23. Aufl. 2000, § 2 RdNr. 8; *Staub/Brüggemann* HGB § 1 RdNr. 18; kritisch zum Ganzen unter Hinweis auf die aus heutiger Sicht überholte Differenzierung zwischen Gewerbe und Freiem Beruf *Raisch,* FS Rittner, 1991, S. 471 ff.; *Neuner* ZHR 157 (1993), 243, 263 f., 288; *Treber* AcP 199 (1999), 525, 569 ff. u. a.; anders aber *Henssler* ZHR 161 (1997), 13, 25 ff.

[23] Vgl. zur Qualifikation von Tanz- und Fahrschulen als sollkaufmännische Unternehmen (§ 2 aF HGB) vor dem Erlass des PartGG *Staub/Brüggemann* HGB § 2 RdNr. 3; *Heymann/Emmerich* HGB § 2 RdNr. 4; *K. Schmidt* NJW 1995, 1, 3; vgl. auch OLG Stuttgart BB 1987, 147 und BVerwGE 21, 203 (Fahrschulen als Gewerbebetriebe).

[24] Dazu BayObLG ZIP 2002, 1032, 1033, das einem Antrag der Beteiligten zur Eintragung als OHG unter Hinweis auf die Verkehrsanschauung und den von den Beteiligten angestrebten Geschäftsumfang stattgab und in der Einordnung des Ingenieurberufs unter die Katalogberufe des § 1 Abs. 2 kein Hindernis sah, da sie offensichtlich auf steuerrechtlichen Argumenten beruhe bzw. von dort übernommen und für den handelsrechtlichen Gewerbebegriff nicht maßgebend sei. Eine Verneinung der PartG-Fähigkeit der Software-Entwicklung wird man daraus allerdings schwerlich entnehmen können; die Entscheidung dürfte vor dem Hintergrund des § 1 Abs. 2 S. 2 vielmehr im Sinne der Anerkennung eines Überschneidungsbereichs mit Wahlrecht der Beteiligten zu verstehen sein.

Fälle, in denen neben einem anerkannten Freien Beruf zugleich eine gewerbliche (Neben-) Tätigkeit betrieben wird (vgl. dazu RdNr. 19 ff.).

17 Für die **Stellungnahme** ist zunächst davon auszugehen, dass der in Anlehnung an das Einkommensteuerrecht erstellte Katalog der Freien Berufe in Abs. 2 S. 2 und der Begriff des Freien Berufes, wie er im Handelsrecht zur Abgrenzung gegenüber § 1 HGB verwendet wird, deutliche Unterschiede aufweisen. Bei dem Katalog des Abs. 2 S. 2 handelt es sich um eine erweiterte Fassung des § 18 Abs. 1 Nr. 1 S. 2 EStG und der dazu ergangenen finanzgerichtlichen Rechtsprechung.[25] Er hat wegen der Zielsetzung des Gesetzgebers, möglichst vielen Freien Berufen den Zugang zur Partnerschaft zu eröffnen, entsprechend dem Regelungsvorbild des § 18 Abs. 1 Nr. 1 EStG *extensiven* Charakter. Im Unterschied dazu hat das Schrifttum zum Handelsrecht bisher einen engeren Begriff des Freien Berufs herausgearbeitet, der Überschneidungen mit dem Anwendungsbereich des § 1 (§ 2 aF) HGB vermeiden sollte. So wird häufig bei der Abgrenzung des § 1 HGB von den Freien Berufen betont, dass von diesen nur der Kernbereich der Freien Berufe erfasst werden soll.[26] Das hängt nicht zuletzt damit zusammen, dass die historisch bedingte Herausnahme der Freien Berufe aus dem Gewerbebegriff, obwohl diese regelmäßig sämtliche Merkmale eines Gewerbes erfüllen,[27] heute im Handelsrecht als nicht ohne weiteres verständlich und rechtspolitisch fragwürdig angesehen wird, was zur *restriktiven* Auslegung des Kreises der Freien Berufe führt.[28] Diese beiden gegenläufigen Tendenzen machen deutlich, dass es einen **Überschneidungsbereich** gibt, in dem die Freien Berufe sowohl unter § 1 HGB als auch unter Abs. 2 fallen können. Des Weiteren war es Ziel des Gesetzgebers, möglichst vielen Berufsgruppen im Grenzbereich die Partnerschaft wahlweise neben den bereits bestehenden Gesellschaftsformen zugänglich zu machen.[29] Auch dieser Umstand spricht dafür, Berufsangehörigen in dem Überschneidungsbereich von gewerblicher und freiberuflicher Tätigkeit ein *Wahlrecht zwischen Partnerschaft und OHG/KG* zuzugestehen.

18 Aus dem Wahlrecht der Beteiligten für die in den Überschneidungsbereich fallenden Berufsarten ergeben sich eine Reihe von **Rechtsfolgen.** Entscheiden sich die Beteiligten für die Partnerschaft und führen sie die Eintragung in das Partnerschaftsregister herbei, so ist die Nicht-Gewerblichkeit ihres Unternehmens die *Folge dieser Rechtsformwahl* und nicht deren Voraussetzung.[30] Damit entfällt auch die Möglichkeit des Registergerichts, nach §§ 1 Abs. 2, 106 Abs. 1, 14 HGB durch Zwangsgeld die Eintragung des Unternehmens herbeizuführen. Nur in diesem Bereich kommt Abs. 1 S. 2 somit rechtsbegründende Funktion auf der Rechtsfolgenseite zu. Das Wahlrecht steht aus teleologischer Sicht aber auch den Gesellschaftern einer bereits ins Handelsregister eingetragenen OHG zu, in der sich Angehörige eines Freien Berufes im Überschneidungsbereich zusammengeschlossen haben. Voraussetzung für eine formwechselnde Umwandlung der OHG in eine Partnerschaft ist die Löschung der OHG im Handelsregister, der Abschluss eines dem § 3 genügenden Gesellschaftsvertrages und die Eintragung der Gesellschaft ins Partnerschaftsregister (vgl. RdNr. 32).

[25] Vgl. Begr. RegE BT-Drucks. 12/6152 S. 10; *Seibert* (Fn. 1) S. 54; *ders.* AnwBl. 1993, 155, 157; kritisch zu dieser gesetzlichen Anlehnung *K. Schmidt* ZIP 1993, 633, 637.

[26] *Baumbach/Hopt* HGB § 1 RdNr. 19; MünchKommHGB/*K. Schmidt* § 1 RdNr. 25 f.; noch weitergehend *Michalski* (Fn. 13) S. 118, der freiberufliche Unternehmen sogar grundsätzlich zu den gewerblichen zählen will, sofern nicht ausdrücklich im jeweiligen Berufsrecht wie zB in § 2 Abs. 2 BRAO festgelegt wird, dass sie kein Gewerbe ausüben.

[27] So *K. Schmidt* Handelsrecht § 9 IV 2 a, S. 282; *Staub/Brüggemann* HGB § 1 RdNr. 18; *Roth* in *Koller/Roth/Morck* HGB, 3. Aufl. 2002, § 1 RdNr. 12 ff.; *Raisch,* FS Rittner, 1991, S. 471, 475; *Michalski* (Fn. 13) S. 117 f.

[28] *K. Schmidt* Handelsrecht § 9 IV 2 a, S. 282; *Staub/Brüggemann* HGB § 1 RdNr. 18; *Roth* in *Koller/Roth/Morck* HGB, 1996, § 1 RdNr. 13; *Michalski* (Fn. 13) S. 117 f.; vgl. auch *Raisch,* FS Rittner, 1991, S. 471, 475.

[29] Vgl. Begr. RegE BT-Drucks. 12/6152 S. 10; *Seibert* (Fn. 1) S. 39, 41 f.; *Leutheusser-Schnarrenberger,* FS Helmrich, 1994, S. 677, 681.

[30] So schon *K. Schmidt* NJW 1995, 1, 3; ihm folgend *Feddersen/Meyer-Landrut* RdNr. 7; im Ergebnis wohl auch *Seibert* (Fn. 1) S. 41 f.; nicht eindeutig *Michalski/Römermann* RdNr. 21.

19 **c) Ausübung gewerblicher neben freiberuflicher Tätigkeit.** Auslegungsprobleme bereitet auch der Fall, dass in einer Sozietät zusätzlich zu der originär freiberuflichen Tätigkeit eine weitere eindeutig gewerbliche (Neben-)Tätigkeit betrieben wird. Als Beispiel diene ein Zusammenschluss von Rechtsanwälten, die zugleich Produkte ihrer juristischen Arbeit verlagsmäßig verwerten, oder eine Ärztesozietät, die auch ein Diagnostik- und Analysezentrum betreibt. Dabei ist ohne weiteres denkbar, dass die gewerbliche (Neben-)Tätigkeit kaufmännischen Umfang erreicht und daher als solche dem Anwendungsbereich des § 1 HGB unterfiele.

20 Als **Lösungsmöglichkeit** ist zunächst an einen Rückgriff auf die nach § 15 Abs. 3 Nr. 1 EStG entwickelte „Abfärbetheorie" zu denken, wonach Einkünfte aus sowohl freiberuflicher wie gewerblicher Mitunternehmerschaft vollumfänglich wie gewerbliche Einkünfte zu versteuern sind.[31] Demzufolge würden die Voraussetzungen für eine Partnerschaft wegen der gewerblichen (Neben-)Tätigkeit entfallen; der Zusammenschluss wäre zwingend als OHG oder KG einzustufen. Gegen eine Übernahme dieser steuerrechtlichen Theorie ins Gesellschaftsrecht spricht indessen schon der funktionale Unterschied zwischen den beiden Rechtsgebieten. Bei ihr handelt es sich um eine unter fiskalischen Gesichtspunkten entwickelte steuerrechtliche Fiktion, die für das PartGG insbesondere bei gewerblichen Nebentätigkeiten nichtkaufmännischen Umfangs zu nicht akzeptablen Ergebnissen führen würde.[32] Ebenfalls nicht zu überzeugen vermag eine im Schrifttum zu § 1 anzutreffende Auffassung, wonach eine Eintragung im Handelsregister erfolgen muss, sobald die gewerbliche Nebentätigkeit kaufmännischen Umfang erreicht, während bei Unterschreitung dieser Grenze die gewerbliche Tätigkeit in der Partnerschaft betrieben werden darf.[33] Gegen sie spricht die Regelung in Abs. 1 S. 2, die einer automatischen Umwandlung der Partnerschaft in eine OHG entgegensteht.[34] Auch eine generelle Rechtspflicht zur Ausgliederung der gewerblichen Nebentätigkeit in eine der Rechtsformen des Handelsrechts lässt sich nicht begründen.

21 Für die rechtliche Beurteilung gemischter freiberuflicher und gewerblicher Tätigkeit ist vielmehr an die **vergleichbare Problematik im Vereinsrecht** anzuknüpfen. Verfolgt ein Idealverein neben ideellen Zwecken zugleich eine wirtschaftliche Tätigkeit, so stellt sich ebenfalls die Frage, in welchem Umfang dies zulässig ist. Zu ihrer Lösung ist das sog. *Nebenzweckprivileg* entwickelt worden.[35] Es gestattet einem Idealverein, neben dem ideellen Hauptzweck auch wirtschaftliche Aktivitäten zu entfalten, sofern die wirtschaftliche Betätigung funktional der Verfolgung des nicht wirtschaftlichen Hauptzwecks dient und sofern sie dem Hauptzweck untergeordnet und Hilfsmittel zu dessen Erreichung ist.[36] Auf absolute Größenkriterien kommt es bei dieser Abgrenzung nicht an.[37] Die *Parallele beider Abgrenzungen* ist offensichtlich: im einen Fall geht es um die Vereinbarkeit von ideeller mit wirtschaftlicher Tätigkeit, im anderen um diejenige von freiberuflicher mit gewerblicher Tätigkeit. Auch der hinter dem vereinsrechtlichen Nebenzweckprivileg stehende Gedanke, eine wirtschaftliche Tätigkeit des Idealvereins dann als rechtsformneutral zu behandeln, wenn sie seinem eigentlichen Zweck zu dienen bestimmt ist, lässt sich auf die Partnerschaft mit gewerblicher Nebentätigkeit übertragen.

[31] Vgl. *Reiß* in *Kirchhof* EStG, 3. Aufl., § 15 RdNr. 140; *Lambrecht* daselbst § 18 RdNr. 31, 35.

[32] So auch *Lenz* in *M/W/H/L* RdNr. 81.

[33] So aber *Lenz* in *M/W/H/L* RdNr. 82 ff.; auf das „gesamte Erscheinungsbild" abstellend *Henssler* RdNr. 35.

[34] Gegen die automatische Umwandlung einer Partnerschaft in eine Personenhandelsgesellschaft wegen Abs. 1 S. 2 auch *K. Schmidt* NJW 1995, 1, 3, 7 in Fn. 80; *Michalski/Römermann* RdNr. 21; aA *Henssler* RdNr. 49.

[35] Vgl. mit Unterschieden im Detail und im methodischen Vorgehen: RGZ 83, 232, 237; 154, 343, 354; BGHZ 15, 315, 319 = NJW 1955, 422; §§ 21, 22 BGB RdNr. 19 ff. *(Reuter)*; *Staudinger/Coing* § 21 BGB RdNr. 12 ff.; *Soergel/Hadding* §§ 21, 22 BGB RdNr. 33 ff.; *Erman/Westermann* § 21 BGB RdNr. 3; *K. Schmidt* AcP 182 (1982), 1, 26 ff.

[36] BGHZ 85, 84, 93 = NJW 1983, 569; *Soergel/Hadding* §§ 21, 22 BGB RdNr. 36; *Flume* AT I/2 S. 112; *K. Schmidt* NJW 1983, 543, 546; *Hemmerich,* Möglichkeit und Grenzen wirtschaftlicher Betätigung von Idealvereinen, 1982, S. 97 ff.

[37] AA *Heckelmann* AcP 179 (1979), 1, 22 ff.; *Knauth* JZ 1978, 339, 342 f.

Aus diesen Überlegungen folgt, dass die gleichzeitige gewerbliche Tätigkeit die Errichtung oder das Fortbestehen einer **Partnerschaft** nicht hindert, solange die gewerbliche der freiberuflichen Tätigkeit dient und ihr untergeordnet ist, wie es zB bei einer ärztlichen Gemeinschaftspraxis mit Diagnostikabteilung regelmäßig der Fall sein dürfte. Auf den Umfang der gewerblichen Tätigkeit und deren Einstufung nach § 1 Abs. 2 HGB kommt es entsprechend dem vereinsrechtlichen Nebenzweckprivileg nicht an. Sind die Voraussetzungen des Nebenzweckprivilegs hingegen nicht erfüllt, so ist die Eintragung einer Partnerschaft unzulässig. Eine bereits erfolgte Eintragung ist nach §§ 160b Abs. 1, 142 FGG von Amts wegen zu löschen (vgl. RdNr. 15), sofern die Gesellschafter nicht bereit sind, die gewerbliche Nebentätigkeit freiwillig ausgliedern, wozu ihnen im Amtslöschungsverfahren zunächst durch Zwischenverfügung Gelegenheit zu geben ist. 22

4. Anforderungen an die Partner. a) Nur natürliche Personen. Die Vorschrift des § 1 Abs. 1 S. 3 begrenzt den Kreis tauglicher Partner auf natürliche Personen. Darin liegt eine deutliche Abweichung vom Recht der GbR, das auch juristische Personen und Personenhandelsgesellschaften als Mitglieder zulässt (§ 705 BGB RdNr. 64ff.). Nach der Gesetzesbegründung[38] beruht diese partnerschaftsspezifische Regelung darauf, dass eine solche Begrenzung „am ehesten dem Leitbild der auf ein persönliches Vertrauensverhältnis zum Auftraggeber ausgerichteten freiberuflichen Berufsausübung entspricht". Ungeachtet der an dieser Regelung geübten, nicht voll überzeugenden rechtspolitischen Kritik[39] ist ihr jedenfalls nach geltendem Recht Rechnung zu tragen; sie geht abweichenden berufsrechtlichen Regelungen nach Art des § 28 Abs. 4 S. 1 Nr. 1 WPO[40] vor. Da die Vorschrift des S. 3 jede Mitgliedschaft anderer als natürlicher Personen in einer Partnerschaft verhindert, steht sie auch der kautelarjuristischen Entwicklung von Gestaltungen nach Art der GmbH & Co. KG entgegen. Sollte im Einzelfall ein spezifisches Interesse am Zusammenschluss zwischen Rechtsträgern Freier Berufe mit unterschiedlicher Rechtsform bestehen, einschließlich solcher in der Rechtsform der GmbH, lässt sich dem entweder durch formwechselnde Umwandlung der Partnerschaft in eine GbR mit anschließendem Beitritt der Freiberufler-GmbH oder durch unmittelbaren Beitritt der GmbH-Gesellschafter zur Partnerschaft unter Liquidation der GmbH Rechnung tragen. Zur formwechselnden Umwandlung von Partnerschaften vgl. RdNr. 28ff. 23

b) Freiberufliche Tätigkeit. Zum Erfordernis der den Gegenstand der Partnerschaft (§ 3 Abs. 2 Nr. 3) bildenden freiberuflichen Tätigkeit als Teil der Beitragspflichten der Partner und zu den Folgen der vorübergehenden oder dauernden Verhinderung von Mitgliedern einer *bestehenden* Partnerschaft in der Ausübung des fraglichen Freien Berufs vgl. näher RdNr. 11, 13f. Soweit es um die Mitwirkung an der **Gründung** oder den späteren Beitritt eines Partners geht, reicht die *Fähigkeit* des Gründers oder Beitretenden zur Ausübung des gemeinsamen Berufs nicht aus;[41] hinzukommen muss jedenfalls in diesem Zeitpunkt seine wirksame Verpflichtung, die entsprechende Tätigkeit als Beitrag zur gemeinschaftlichen Berufsausübung in der Partnerschaft zu erbringen (RdNr. 11). 24

5. Umwandlung der Partnerschaft. a) Überblick. Im **Umwandlungsgesetz** v. 28. 10. 1994[42] war unter den an einer Umwandlung beteiligten Rechtsträgern die Partnerschaft bei seinem Erlass nicht vorgesehen. Das beruhte auf der parallelen Erarbeitung beider Gesetze und ihrer nahezu zeitgleichen Verabschiedung kurz vor Ablauf der 12. 25

[38] Begr. RegE BT-Drucks. 12/6152 S. 9.

[39] *Michalski/Römermann* RdNr. 25ff.; *K. Schmidt* ZIP 1993, 633, 639f.; *Lenz* in *M/W/H/L* RdNr. 102; *Feddersen/Meyer-Landrut* RdNr. 6.

[40] Nach dieser Vorschrift werden WP-Gesellschaften als Gesellschafter einer WP-Gesellschaft zugelassen; Entsprechendes regelt § 50a Abs. 1 S. 1 StBerG. Vgl. auch die in §§ 24 Abs. 4 S. 3 WPO, 50a Abs. 2 S. 2 StBerG anzutreffende Fiktion, wonach (aus Gründen der Versorgung Hinterbliebener) Stiftung und e. V. unter den dort genannten Voraussetzungen „als Berufsangehörige gelten".

[41] HM, vgl. Begr. RegE BT-Drucks. 12/6152 S. 7, 9; *Seibert* in *E/B/J* RdNr. 5; *Bösert* ZAP 1994, 765, 771; *ders.* DStR 1993, 1332, 1333; *Leutheusser-Schnarrenberger,* FS Helmrich, 1994, S. 677, 682; aA *Michalski/Römermann* RdNr. 5ff., 9; *Feddersen/Meyer-Landrut* RdNr. 4.

[42] BGBl. I S. 3210; ber. BGBl. 1995 I S. 428.

Legislaturperiode. Diese Lücke wurde sodann durch die **UmwG-Novelle 1998** geschlossen.[43] Sie hat einerseits – in §§ 3 Abs. 1 Nr. 1, 191 Abs. 1 Nr. 1 und Abs. 2 Nr. 2 – die PartG in die Kataloge verschmelzungsfähiger und für einen Formwechsel in Betracht kommender Rechtsträger aufgenommen. Andererseits hat sie mit den §§ 45 a bis 45 e und §§ 225 a bis 225 c zwei neue Unterabschnitte betr. die Verschmelzung bzw. den Formwechsel unter Beteiligung von Partnergesellschaften in das UmwG eingefügt.[44] Die Zulässigkeit der *Spaltung* einer PartG folgt aus der Verweisung des § 124 Abs. 1 auf § 3 Abs. 1 UmwG.

26 Die **Verschmelzung** von Rechtsträgern unter Beteiligung einer PartG richtet sich seither nach den auf diese Rechtsform bezogenen Sondervorschriften der §§ 45 a bis 45 e UmwG in Verbindung mit den allgemeinen Verschmelzungsvorschriften der §§ 4 bis 38 UmwG und den besonderen Vorschriften der §§ 39 bis 45 UmwG betr. die Beteiligung von Personengesellschaften an Verschmelzungsvorgängen.[45] Möglich ist danach einerseits die *Verschmelzung auf eine PartG* durch Aufnahme der Anteilsinhaber übertragender Rechtsträger, sofern diese die Voraussetzungen des § 1 Abs. 1 und 2 PartGG erfüllen (vgl. § 45 a UmwG). Andererseits kann auch eine „Mischverschmelzung" (§ 3 Abs. 4 UmwG) unter Beteiligung einer PartG auf Rechtsträger anderer Rechtsform, darunter auch auf Kapitalgesellschaften, erfolgen, sofern das jeweils für die PartG geltende Berufsrecht nicht entgegensteht (vgl. die Verweisung in § 45 a S. 2 UmwG auf § 1 Abs. 3 PartGG). Es gelten sodann die Vorschriften des UmwG für den aufnehmenden bzw. neuzugründenden Rechtsträger.

27 Mit Blick auf den **Formwechsel** von Partnerschaften ist zu unterscheiden. Soweit es um den Formwechsel in eine *Kapitalgesellschaft* geht, finden die Vorschriften des UmwG Anwendung (RdNr. 28, 30). Demgegenüber richtet sich der Formwechsel der PartG in eine oder aus einer anderen *Personengesellschaft* nach allgemeinem Personengesellschaftsrecht (RdNr. 31 f.).

28 **b) Formwechsel in oder aus Kapitalgesellschaft.** Den Formwechsel einer PartG in einen Rechtsträger neuer Rechtsform beschränkt **§ 225 a UmwG** auf eine Kapitalgesellschaft (AG, GmbH, KGaA) oder eine eGen; die Regelung entspricht derjenigen für Personenhandelsgesellschaften in § 214 Abs. 1 UmwG. Aus praktischen Gründen dürfte für Partnerschaften im Wesentlichen nur der **Formwechsel in eine GmbH** in Betracht kommen und auch das nur dann, wenn das jeweilige Berufsrecht der Wahl der GmbH-Rechtsform nicht entgegensteht.[46] Im Übrigen beschränken sich die Sondervorschriften der §§ 225 a ff. UmwG auf die Regelungen des § 225 b betr. das (eingeschränkte) Erfordernis eines Umwandlungsberichts und die Pflicht zur Information der von der Geschäftsführung ausgeschlossenen Partner entsprechend § 216 UmwG. Hiervon abgesehen richtet sich der Formwechsel einer PartG nach den allgemeinen Vorschriften der §§ 192 ff. UmwG iVm. den in § 225 c UmwG genannten besonderen Vorschriften für den Formwechsel von Personengesellschaften.

29 Unabhängig von den Vorschriften des UmwG kann der Formwechsel in eine Kapitalgesellschaft auch durch **Simultanübertragung sämtlicher Gesellschaftsanteile** auf eine bestehende Kapitalgesellschaft erfolgen; infolge der Vereinigung aller Anteile bei der Kapitalgesellschaft erlischt die Personengesellschaft und das Gesamthandsvermögen wird zum Vermögen der Kapitalgesellschaft als einzig verbleibender Gesellschafterin (vgl. § 719 BGB RdNr. 26). Aus der Sicht des PartGG scheint einem solchen Vorgehen zwar die Beschränkung des Partnerkreises auf natürliche Personen nach § 1 Abs. 1 S. 3 entgegenzustehen. Berücksichtigt man jedoch, dass sich diese Regelung auf die Beteiligung an einer *bestehenden* Partnerschaft bezieht, während die gleichzeitige Übertragung sämtlicher Anteile auf die

[43] Gesetz zur Änderung des UmwG, des PartGG und anderer Gesetze v. 22. 7. 1998, BGBl. I S. 1878.

[44] Vgl. zu Hintergrund und Inhalt der auf die PartG bezogenen Ergänzungen des UmwG *Neye* ZIP 1997, 722 ff.

[45] Näher *Neye* ZIP 1997, 723 f.

[46] Zu den insoweit zu beachtenden Schranken vgl. Vor § 1 RdNr. 18 ff.

Kapitalgesellschaft die Partnerschaft in derselben logischen Sekunde zum *Erlöschen* bringt, sollte eine solche Transaktion trotz § 1 Abs. 1 S. 3 und ohne Zwischenschaltung einer GbR zugelassen werden.[47]

Der Formwechsel **aus einer Kapitalgesellschaft** (GmbH, AG, KGaA) in eine Partnerschaft richtet sich nach den allgemeinen und besonderen Vorschriften der §§ 192 ff., 228 ff. UmwG. Er wird durch Eintragung in das Partnerschaftsregister wirksam (§ 202 UmwG). Voraussetzung ist nach § 228 Abs. 3 UmwG, dass in diesem Zeitpunkt alle Gesellschafter der Kapitalgesellschaft natürliche Personen sind, die einen Freien Beruf ausüben (vgl. § 1 Abs. 1). 30

c) Formwechsel in oder aus anderer Personengesellschaft. Im Verhältnis zwischen **GbR und Partnerschaft** richtet sich der Formwechsel einer freiberuflich tätigen Gesellschaft danach, welche Rechtsform die Beteiligten für ihren Zusammenschluss wählen, verbunden mit der *Eintragung oder Löschung im Partnerschaftsregister.* Soll eine GbR in eine Partnerschaft umgewandelt werden, so bedarf es neben der Änderung des Gesellschaftsvertrags unter Beachtung der Anforderungen des § 3 auch der nach § 7 Abs. 1 konstitutiv wirkenden Eintragung im Partnerschaftsregister (vgl. § 7 RdNr. 3). Entsprechendes gilt umgekehrt für den Fall des Formwechsels aus der Partnerschaft in die GbR: auch hier wirkt die Löschung als Partnerschaft ausnahmsweise konstitutiv; die Gesellschaft besteht als GbR fort. 31

Ein Formwechsel zwischen **OHG/KG und Partnerschaft** setzt, abgesehen von der Löschung der Gesellschaft im einen und ihrer Eintragung in das andere Register, wegen des sich gegenseitig ausschließenden gewerblichen oder freiberuflichen Gesellschaftszwecks auch und vor allem eine *Änderung des Gesellschaftszwecks* voraus. Der dauerhafte Verzicht auf die Ausübung eines Gewerbes macht die nicht im Handelsregister eingetragene bisherige OHG/KG automatisch zur GbR und nach Eintragung im Partnerschaftsregister zur Partnerschaft. § 5 HGB greift trotz fortbestehender Handelsregistereintragung nicht ein, wenn die Gesellschaft kein Gewerbe mehr ausübt.[48] Im umgekehrten Fall führt der Übergang vom freiberuflichen zum gewerblichen Gesellschaftszweck zum Wegfall der Rechtsform der Partnerschaft, auch wenn die Eintragung im Partnerschaftsregister noch fortbesteht. Die Gesellschaft wird automatisch zur OHG, wenn ihr Zweck sich künftig auf ein *Handelsgewerbe* richtet; sie ist auf Grund entsprechender Anmeldungen der Beteiligten unter Löschung im Partnerschaftsregister in das Handelsregister einzutragen. Das Registergericht kann die Löschung im Partnerschaftsregister auch nach §§ 160 b Abs. 1, 141 Abs. 1 FGG von Amts wegen bewirken. 32

III. Der Kreis der Freien Berufe (Abs. 2)

1. Einführung. a) Die ursprüngliche Regelungsstruktur des Abs. 2. Der „Freie Beruf" bildet im PartGG *den* zentralen Rechtsbegriff; nach § 1 Abs. 1 S. 1 bestimmt er über den Anwendungsbereich der neuen Rechtsform. Gleichwohl enthielt das Gesetz zunächst bewusst **keine Legaldefinition** dieses Begriffs. Nach der Begründung beruhte das darauf, dass es sich beim Freien Beruf „um eine soziologische Wortschöpfung handelt, bezüglich derer eine juristische Begriffsfassung auf unüberwindliche Schwierigkeiten stößt".[49] Diese Zurückhaltung stieß in der Literatur auf verbreitete Zustimmung. Für sie sprachen nicht 33

[47] So zutr. *K. Schmidt* NJW 1995, 1, 7; aA – für die Zwischenschaltung einer GbR – *Overlack* in *Gail/Overlack* RdNr. 309 ff.; *Feddersen/Meyer-Landrut* § 4 RdNr. 5; weit. Nachw. bei *Wertenbruch* ZIP 1995, 712, 716 in Fn. 36.

[48] Ganz hM, vgl. BGHZ 32, 307, 313 f. = NJW 1960, 1664; *Staub/Brüggemann* HGB § 5 RdNr. 21; *Heymann/Emmerich* HGB § 5 RdNr. 3; aA *K. Schmidt* JZ 2003, 585, 589; zweifelnd Münch-KommHGB/*Lieb* § 5 RdNr. 4 f.

[49] Begr. RegE BT-Drucks. 12/6152 S. 9 im Anschluss an *Taupitz,* Die Standesordnungen der freien Berufe, 1991, S. 17 ff. Gleiches gilt für § 18 EStG vgl. BVerfGE 10, 354, 364 = NJW 1960, 619; *Schmidt/Wacker* EStG, 15. Aufl. 1996, § 18 RdNr. 61; *Littmann/Steinhauff,* Das Einkommensteuerrecht, 14. Aufl. 1985, § 18 Rd-Nr. 81.

zuletzt die seinerzeit vorliegenden, wenig überzeugenden Definitionsversuche im rechtswissenschaftlichen Schrifttum wie derjenige von *Michalski,* wonach die Freien Berufe eine Berufsgruppe sind, deren Angehörige eine zentralwertbezogene, gemeinschaftswichtige Tätigkeit auf Grund eines zum Vertragspartner bestehenden, durch persönliche oder sachliche Motive begründeten Vertrauensverhältnisses verrichten, sofern ein nicht unerheblicher Teil der Berufsangehörigen bei gleichzeitig fehlender gesetzlicher Verpflichtung zu weisungsabhängigem Tätigwerden wirtschaftlich selbstständig ist.[50] Nicht zu überzeugen vermochten auch die aus berufsrechtlicher Sicht erarbeiteten Definitionsversuche; mit Unterschieden im Einzelnen stellten sie ab auf die geistig-ethische und sachliche Unabhängigkeit des Freiberuflers von Weisungen und seine Eigenverantwortlichkeit in der Berufsausübung, auf sein Erbringen einer persönlichen geistigen Leistung sowie auf seine gemeinschaftswichtige, in Verantwortung für das Gemeinwohl geleistete Tätigkeit unter Hintanstellen des Gewinnstrebens.[51] Alle diese Versuche bemühten sich zwar um eine – mehr oder weniger gelungene – Umschreibung der Typen freier Berufe, eigneten sich angesichts der Unschärfe der verwendeten Kriterien jedoch nicht dazu, als Rechtsbegriff zur Subsumtion der vielfältigen in der Praxis anzutreffenden Berufsbilder verwendet zu werden.

34 Die Schwierigkeiten einer Abgrenzung freiberuflicher insbes. von gewerblichen Tätigkeiten waren aus dem **Einkommensteuerrecht** bekannt. Sie hatten dort dazu geführt, dass das EStG sich in § 18 Abs. 1 Nr. 1 S. 2 EStG auf eine katalogartige Aufzählung freiberuflicher Tätigkeiten beschränkte, verbunden mit einer Generalklausel in Bezug auf „ähnliche Berufe". In den mehr als vier Jahrzehnten der Geltung dieser Vorschrift[52] hatte sich dazu eine reichhaltige Judikatur der Finanzgerichte entwickelt.[53] Es lag daher nicht fern, dass der Gesetzgeber des PartGG an dieses Regelungsvorbild anknüpfte und es im Wesentlichen unverändert in § 1 Abs. 2 übernahm. Dieses Vorgehen sollte es zugleich ermöglichen, die vorliegende finanzgerichtliche Rechtsprechung auch für die Anwendung des § 1 Abs. 2 zu berücksichtigen, soweit sie nicht durch spezifisch steuerrechtliche Belange geprägt war.[54]

35 **b) Die nachträgliche Umschreibung des Freien Berufs in Abs. 2 S. 1.** Im Zuge der Beratungen der PartGG-Novelle 1998 empfahl der BT-Rechtsausschuss zur Überraschung nicht nur der Fachkreise, sondern offenbar auch des federführenden BMJ,[55] die Vorschrift des § 1 Abs. 2 um eine gesetzliche Definition des Freien Berufs zu ergänzen. Zur Begründung heißt es im Bericht des Rechtsausschusses:[56]

„Damit wird der Freie Beruf in seiner Bedeutung betont. Die Grenzen zur gewerblichen Tätigkeit sollen sich auch künftig nicht verwischen. Die Definition ist damit zugleich Maßstab und Appell an den Freien Beruf in seiner Besonderheit und seiner gemeinschaftswichtigen Verpflichtung. Rechtstechnisch wurde mit Rücksicht auf die außerordentliche Vielfalt des Freien Berufs eine offene Definition gewählt, eine *Typusbeschreibung.* Es wird dabei allgemein der Freie Beruf als solcher umschrieben und nicht auf den einzelnen Berufsangehörigen abgestellt, um den ständischen Charakter der Umschreibung stärker herauszustellen. Das entscheidende Charakteristikum der Freiberuflichkeit ist die Zugehörigkeit zu bestimmten Tätigkeitsgruppen, die nach der Verkehrsanschauung als freiberuflich verstanden werden. Das Berufsverfassungsgericht hat insoweit von „Diensten höherer Art" gespro-

[50] *Michalski* (Fn. 13) S. 15.

[51] Vgl. zu den verschiedenen Definitionsversuchen aus berufsrechtlicher Sicht *Meier-Greve,* Öffentlich-rechtliche Bindungen und freiberufliche Stellung der Kassenärzte, 1968, S. 141; *Fleischmann,* Die freien Berufe im Rechtsstaat, 1970, S. 92f.; *Vieten,* Der Beruf des Apothekers, 1973, S. 41; *Höppner* BB 1961, 1209f.; aus handelsrechtlicher Sicht vgl. auch *W. Müller,* Einbeziehung der Freien Berufe in das Handelsrecht, 1968, S. 67.

[52] Die heutige Fassung des § 18 Abs. 1 Nr. 1 S. 2 EStG, in die erstmals eine Generalklausel „ähnlicher Berufe" aufgenommen wurde, gilt seit dem 30. 7. 1960 (BGBl. I S. 610). Im Übrigen hat die Vorschrift bereits ähnlich lautende Vorläufer in § 35 EStG (1925) und § 9 EStG (1920), die wiederum auf das Preußische EStG v. 1891 zurückgehen; vgl. ausführlich zur Entwicklung *Stuhrmann* in *Kirchhof/Söhn/Mellinghoff* EStG § 18 RdNr. A 44ff.

[53] Vgl. die Nachw. bei RdNr. 69f., bei *Stuhrmann* in *Kirchhof/Söhn/Mellinghoff* EStG § 18 RdNr. B 150ff., sowie bei *Lambrecht* in *Kirchhof* EStG, 3. Aufl., § 18 RdNr. 60ff.

[54] So auch *Michalski/Römermann* RdNr. 41; *Lenz* in *M/W/H/L* RdNr. 27; vgl. näher dazu RdNr. 48ff.

[55] In diesem Sinne wohl *Seibert* in *E/B/J* RdNr. 10; von einer „revolutionären" Vorschrift spricht *Römermann* NZG 1998, 675, 676.

[56] BT-Drucks. 13/10 955 S. 12f.

chen (BVerfGE 17, 232, 239). Der Begriff der Dienstleistung ist hier weit zu verstehen und soll nicht auf den Dienstvertrag im Sinne der §§ 611 ff. BGB beschränkt sein. Durch die Worte „im Allgemeinen" soll zum Ausdruck gebracht werden, dass nur ein Typus umschrieben werden soll. Für den konkreten persönlichen Anwendungsbereich des Partnerschaftsgesellschaftsgesetzes bleibt es bei dem bisherigen Katalog in Satz 2, der eng an die steuerliche Regelung angelehnt ist.

Allerdings relativiert der Bericht die Bedeutung der Regelung des neuen Satzes 1 angesichts der darin gewählten, um den Zusatz „im Allgemeinen" ergänzten Formulierung zu Recht dahin, dass es sich um eine „offene" Definition bzw. eine „Typusbeschreibung" handele und dass die Bestimmung des konkreten persönlichen Anwendungsbereichs sich weiterhin nach dem Katalog des jetzigen Satz 2 richte.[57] Der Sache nach geht es also weniger um einen Definitionsversuch als vielmehr um einen *Programmsatz*.[58] Er dürfte aus Kreisen der Freien Berufe in die parlamentarische Diskussion eingeflossen sein[59] und soll wohl durch seine gesetzliche Verankerung die herausragende Bedeutung dieser Berufsgruppe unterstreichen. Diese Herkunft ändert freilich nichts daran, dass die Regelung als zentraler Bestandteil des § 1 Abs. 2 im Rahmen des Möglichen auch rechtliche Beachtung verdient (vgl. RdNr. 38).

2. Die „Legaldefinition" in Satz 1. a) Rechtliche Relevanz. Der Sache nach besteht Einigkeit darüber, dass die in Abs. 2 Satz 1 gewählte Formulierung sich nicht zu einer trennscharfen, Freie Berufe von sonstigen, insbes. gewerblichen Tätigkeiten abgrenzenden Begriffsbestimmung eignet und dass sie hierfür vom Gesetzgeber auch nicht gedacht war.[60] Das folgt unabhängig davon, ob und inwieweit die vier zentralen, in Satz 1 aufgenommenen Kriterien (RdNr. 39) je für sich die erforderliche Trennschärfe aufweisen, jedenfalls aus dem Zusatz „im Allgemeinen". Er lässt zweifelsfrei erkennen, dass der Gesetzgeber selbst **keine Legaldefinition** schaffen wollte. Vielmehr sollte der nunmehr zu Satz 2 gewordene Katalog Freier Berufe weiterhin seine Bedeutung für die Bestimmung des Anwendungsbereichs des Gesetzes behalten;[61] die Zugehörigkeit der dort ausdrücklich aufgeführten Berufsbilder zu den Freien Berufen wird durch Satz 1 nicht in Frage gestellt. 36

Die fehlende Trennschärfe von Satz 1 schließt dessen rechtliche Relevanz als **Typusbeschreibung** indessen nicht aus,[62] sondern ist für diese sogar kennzeichnend. Denn die methodische Bedeutung des (offenen) Typus im Vergleich zur Begriffsbestimmung liegt gerade darin, dass er (1) den fraglichen Gegenstand nicht in einzelnen, abstrahierenden Kriterien, sondern als „Merkmal-Ganzes" umfasst und (2) durch Vermeidung der klassifikatorischen Strenge des Begriffs die sinngemäße Erfassung und Zuordnung von Zwischenformen ermöglicht.[63] Wie weit die Abweichungen gehen dürfen, ohne die Zuordnung des jeweiligen Gegenstands zum Typus auszuschließen und ihn als „atypisch" erscheinen zu lassen, richtet sich mit anderen Worten nicht nach feststehenden Merkmalen, sondern nach dem „Gesamtbild" des jeweiligen Gegenstands. 37

Für die **Relevanz von Satz 1** folgt aus dieser Typusfunktion, dass er vor allem in *Grenzfällen* möglicher Freier Berufe Bedeutung erlangen kann. Er eignet sich zwar nicht dazu, den in Satz 2 ausdrücklich aufgeführten „Katalogberufen" die Qualität des Freien Berufs abzusprechen. Deren Einstufung als Freier Beruf hat der Gesetzgeber in Anlehnung an § 18 Abs. 1 Nr. 1 EStG ausdrücklich geregelt; die Aufnahme des neuen Satzes 1 sollte hieran auch dann nichts ändern, wenn einige der dort aufgeführten Berufe – wie etwa (Heil-)Mas- 38

[57] BT-Rechtsausschuss (Fn. 56).

[58] So auch *Michalski/Römermann* RdNr. 31 a.

[59] Vgl. die inhaltlich deutliche Ähnlichkeit mit Satz 1 aufweisende, vom Berufsverband der Freien Berufe im Jahr 1995 verabschiedete Definition, nach der Freiberufler „auf Grund besonderer beruflicher Qualifikation persönlich, eigenverantwortlich und fachlich unabhängig geistig-ideelle Leistungen im Interesse ihrer Auftraggeber und der Allgemeinheit" erbringen (BRAK-Mitt. 1995, S. 157).

[60] Vgl. nur *Michalski/Römermann* RdNr. 31 a und *Seibert* in *E/B/J* RdNr. 11, jew. unter Bezugnahme auf den Bericht des BT-Rechtsausschusses (Fn. 56).

[61] So ausdrücklich BT-Rechtsausschuss (Fn. 56).

[62] AA aber *Seibert* in *E/B/J* RdNr. 11 („irrelevante Formel"); *Michalski/Römermann* RdNr. 31 a („politischer Programmsatz ohne normativen Gehalt").

[63] Vgl. näher *Larenz,* Methodenlehre der Rechtswissenschaft, 4. Aufl. 1991, S. 460 ff. m. weit. Nachw.; dazu auch *Ulmer* Vertragshändler, 1969, S. 15 f.

seure, Journalisten, Dolmetscher oder Übersetzer – nicht ohne weiteres den Kriterien des Idealtypus „Freier Beruf" entsprechen. Anderes gilt demgegenüber für die beiden anderen in Satz 2 aufgeführten Kategorien, die „ähnlichen Berufe" und die Tätigkeitsfelder als Wissenschaftler, Künstler, Schriftsteller und Erzieher. Insoweit kann sich je nach Lage des Falles die Orientierung an der Typusbeschreibung des Satzes 1 für die Zwecke der Abgrenzung als hilfreich erweisen.

39 **b) Die Typuskriterien des Satzes 1.** Die in Satz 1 geregelte Umschreibung des Freien Berufs besteht aus *vier* im Ansatz unterscheidbaren, sachlich allerdings jeweils mit einander zusammenhängenden Kriterien. Zentrales Kennzeichen ist die (selbstständige, vgl. Satz 2) Erbringung von **Dienstleistungen höherer Art,** worunter neben „Diensten" iS von § 611 Abs. 1 BGB auch erfolgsbezogene Dienstleistungen (Werkleistungen iS von § 631 BGB) sowie Geschäftsbesorgungen iS von § 675 Abs. 1 BGB zu verstehen sind.[64] Die Dienstleistungen müssen ihrer Art nach **persönlich, eigenverantwortlich und fachlich unabhängig** erbracht werden, um den Anforderungen freiberuflicher Qualifikation zu entsprechen; die interne Mitwirkung von Angestellten oder in sonstiger Weise abhängig Tätigen steht nicht entgegen.[65] Die Tätigkeit des Dienstleisters muss ferner **auf besonderer beruflicher Qualifikation oder schöpferischer Begabung** beruhen und sich auch dadurch vom Kreis gewerblicher Tätigkeiten abheben. Schließlich muss die Dienstleistung außer dem **Interesse des Auftraggebers** auch demjenigen **der Allgemeinheit** dienen; auch hierin zeigt sich ein Aspekt der Dienste „höherer Art". Gegenüber den in der Begründung zum PartGG[66] enthaltenen „Wesensmerkmalen" des Freien Berufs[67] weisen die Kriterien des Satz 1 zwar eine gewisse Fortschreibung bzw. Akzentverlagerung auf; auch ist auf die dort noch anzutreffenden, möglicherweise als für die umfassende Definition in Satz 1 zu anspruchsvoll empfundenen Merkmale der personalvertrauensvollen Beziehung zum Auftraggeber und des über die rein gewerbliche Motivation hinausgehenden Berufsethos verzichtet worden. Spürbare inhaltliche Änderungen dürften sich mit diesen Modifikationen jedoch nicht verbinden.

40 Unverkennbar ist, dass die Kriterien des Satzes 1 sich primär an den **klassischen Freien Berufen** der Ärzte, der Rechts- und Patentanwälte, der Wirtschaftsprüfer und Steuerberater sowie der Freien Architekten und Ingenieure orientieren. Die übrigen „Katalogberufe" sind diesem Idealtyp zwar nur mehr oder weniger angenähert; kraft gesetzlicher Vorgabe sind sie aber gleichwohl in den Kreis der Freien Berufe einbezogen. Demgegenüber liegt bei den **ähnlichen Berufen** in Zweifelsfällen die Orientierung an der Typusbeschreibung des Satzes 1 jedenfalls dann nahe, wenn die finanzgerichtliche Rechtsprechung zu § 18 Abs. 1 Nr. 1 EStG insoweit nicht bereits zu eindeutigen Vorgaben zugunsten der Einstufung als freiberufliche Tätigkeit geführt hat. Zumindest insoweit kann die Regelung des Satzes also zu einer gewissen *Eingrenzung des unscharfen Randbereichs von Satz 2* führen. – Zur Abgrenzung freiberuflicher von unselbstständigen bzw. gewerblichen Tätigkeiten vgl. im Übrigen RdNr. 45 f.

41 **3. Der Regelungsinhalt des Satzes 2: Grundlagen und Einteilungskriterien. a) Drei Kategorien Freier Berufe.** Die Vorschrift des Satzes 2 beruht auf einer Einteilung in drei nach Art und Inhalt deutliche Unterschiede aufweisende Kategorien: die ausdrücklich aufgeführten Berufsbilder der sog. *Katalogberufe,* die nach Art einer Generalklausel erfassten *ähnlichen Berufe* sowie insgesamt fünf inhaltlich durch den Hauptgegenstand der Berufstätigkeit gekennzeichnete *Tätigkeitsfelder.* Schwierigkeiten bei der Subsumtion sind in erster Linie bei der zweiten und dritten Kategorie zu erwarten, zumal darunter durchweg

[64] So auch BT-Rechtsausschuss (Fn. 56) unter Hinweis auf BVerfGE 17, 232, 239.

[65] Ebenso *Henssler* RdNr. 44 f.

[66] Begr. RegE BT-Drucks. 12/6152 S. 7.

[67] Die Begr. nennt die Eigenverantwortung, die Weisungsfreiheit in der Berufsausübung, die personalvertrauensvolle Beziehung zum Auftraggeber, die in der Regel qualifizierte Ausbildung, das über die rein gewerbliche Motivation hinausgehende Berufsethos und die berufsrechtliche Bindung; vgl. dazu näher 3. Aufl. RdNr. 32 ff.

solche Berufe fallen, die weder „verkammert“ sind noch sonst über ein besonderes Berufsrecht verfügen. Insoweit geht es vor allem um die Abgrenzung freiberuflicher von den gewerblichen Tätigkeiten (vgl. schon RdNr. 16 ff.).

b) Einteilung der Katalogberufe. Für diese hat sich die Einteilung in *fünf Berufsgruppen* bewährt: die Heilberufe, die rechts- und wirtschaftsberatenden Berufe, die naturwissenschaftlich orientierten Berufe, die Berufe zur Vermittlung von geistigen Gütern und Informationen sowie die eigenständige Berufsart der Lotsen (vgl. RdNr. 49 ff.). Die Einteilung erweist sich nicht zuletzt als hilfreich in Bezug auf die Generalklausel der „ähnlichen Berufe“, auch wenn es insoweit nach hM primär um die Ähnlichkeit zu einem bestimmten Freien Beruf geht (RdNr. 64 ff.). 42

c) Verkammerte und sonstige berufrechtlich geregelte Freie Berufe. Die gesetzliche Einrichtung von **Berufskammern** für bestimmte Tätigkeiten mit Pflichtmitgliedschaft der auf diesen Gebieten selbstständig Tätigen ist ein besonders sicheres, wenn auch nicht notwendiges Kennzeichen für das Vorliegen freiberuflicher Tätigkeiten. Solche Kammern gibt es für Ärzte,[68] Zahnärzte,[69] Tierärzte,[70] Rechtsanwälte,[71] Patentanwälte,[72] Wirtschaftsprüfer und vereidigte Buchprüfer,[73] Steuerberater und Steuerbevollmächtigte,[74] für Lotsen,[75] Architekten[76] und beratende Ingenieure.[77] Die ebenfalls zu den „verkammerten“ Berufen gehörenden Tätigkeiten als Apotheker[78] und Notar[79] sind nur deshalb nicht in Satz 2 aufgeführt, weil aus Sicht des Gesetzgebers das jeweilige Berufsrecht der gemeinschaftlichen Ausübung dieser Berufe in der Rechtsform der Partnerschaft entgegensteht (RdNr. 79 f.). 43

Über die verkammerten Berufe hinaus findet sich **gesetzliches Berufsrecht** auch bei den „Katalogberufen“ der Hebammen,[80] der Heilpraktiker,[81] der Heilmasseure und Krankengymnasten,[82] der Psychotherapeuten,[83] ferner bei den Vermessungsingenieuren[84] und bei einem Teilbereich der hauptberuflichen Sachverständigen.[85] Gleichwohl gibt es nicht wenige Berufe wie zB diejenigen der Handelschemiker, der Unternehmensberater, der beratenden Volks- und Betriebswirte, der Journalisten und Bildberichterstatter, der Dolmetscher und Übersetzer, die bisher kein geregeltes Berufsrecht kennen, auch wenn ihre Zuordnung zu den Freien Berufen auf Grund ihrer Aufnahme in den Katalog des Satzes 2 im Grundsatz außer Zweifel steht. 44

d) Abgrenzungen. Die Abgrenzung freiberuflicher von den **unselbstständig** erbrachten Tätigkeiten richtet sich im Regelfall nach dem *Status* der an der Dienstleistung Beteiligten. Wer seine Tätigkeit als *Arbeitnehmer* (Beamter, Angestellter u. a.) erbringt, wird insoweit nicht selbstständig oder eigenverantwortlich tätig, auch wenn der Gegenstand seiner Tätigkeit wie im Fall des angestellten Arztes oder Rechtsanwalts zu den klassischen Freien Berufen gehört und das Berufsrecht seine inhaltliche Weisungsbindung gegenüber dem Arbeitgeber einschränkt. Die Abgrenzung des Freiberuflers gegenüber unselbstständig tätigen Personen deckt sich im Wesentlichen mit derjenigen zwischen Selbstständigen und Arbeitnehmern. Für sie gibt es zwar keine feststehende Definition, wohl aber eine Reihe in 45

[68] BÄO v. 16. 4. 1987, BGBl. I S. 1218.
[69] ZHG v. 16. 4. 1987, BGBl. I S. 1225.
[70] BTÄO v. 20. 11. 1981, BGBl. I S. 1193.
[71] BRAO v. 1. 8. 1959, BGBl. I S. 565.
[72] PatAnwO v. 7. 9. 1966, BGBl. I S. 557.
[73] WPO v. 5. 11. 1975, BGBl. I S. 2803.
[74] StBerG v. 4. 11. 1975, BGBl. I S. 2735.
[75] Gesetz über das Seelotswesen v. 13. 9. 1984, BGBl. I S. 1213.
[76] Landesgesetzlich geregelt, zB in Baden-Württemberg durch Gesetz v. 1. 8. 1990, GBl. BW S. 269; in Nordrhein-Westfalen durch Gesetz v. 15. 12. 1992, GVNW S. 534.
[77] Landesgesetzlich geregelt; eine Verkammerung ist jedoch nicht in allen Bundesländern erfolgt, vgl. die Nachw. bei *Feddersen/Meyer-Landrut* in RdNr. 28.
[78] ApothG v. 15. 10. 1980, BGBl. I S. 1993.
[79] BNotO v. 24. 2. 1961, BGBl. I S. 98.
[80] HebammenG v. 4. 6. 1985, BGBl. I S. 902.
[81] HeilpraktikerG v. 17. 2. 1939, RGBl. I S. 251.
[82] Masseur- und PhysiotherapeutenG (MPhG) v. 26. 5. 1994, BGBl. I S. 1084.
[83] PsychotherapeutenG v. 16. 6. 1998, BGBl. I S. 1311.
[84] Landesrechtlich geregelt, vgl. zB in Baden-Württemberg durch VO v. 1. 12. 1977, GBl. BW 1978 S. 78.
[85] Keine allgemeine gesetzliche Regelung (Ausnahme: Sachverständige für den Kfz-Verkehr, Gesetz v. 2. 3. 1974, BGBl. I S. 469).

ständiger Rechtsprechung des Bundesarbeitsgerichtes entwickelter Indizien, die freilich im Einzelfall nicht kumulativ erfüllt sein müssen.[86] Danach kennzeichnet den Arbeitnehmer die *Fremdbestimmtheit* von Ort und Zeit der Arbeitsleistung, die persönliche Abhängigkeit in Gestalt der *Weisungsgebundenheit,* die *organisatorische Eingliederung* des Dienstverpflichteten in den Betrieb oder die sonstige vom Dienstberechtigten geschaffene Organisationseinheit und letztlich die *Fremdnützigkeit der Arbeitsleistung.*[87] Auf Besonderheiten aus dem Recht der Freien Berufe kommt es insoweit nicht an.

46 Schwieriger gestaltet sich die Abgrenzung der Freien Berufe zur **gewerblichen Tätigkeit,** da es hier an trennscharfen Abgrenzungskriterien fehlt. Es ist deshalb auch ganz überwiegend anerkannt, dass Freiberufler regelmäßig alle notwendigen Merkmale des Gewerbebegriffs erfüllen oder zumindest erfüllen können.[88] Für die Abgrenzung maßgebend sind vielmehr in erster Linie historische Gründe, die in einer entsprechenden *Verkehrsauffassung* ihren Niederschlag gefunden haben.[89] Dabei kann auf die in Satz 1 enthaltenen typischen Merkmale freiberuflicher Tätigkeit (RdNr. 39) zurückgegriffen werden, darunter vor allem die *persönliche Leistungserbringung* des Freiberuflers im Gegensatz zu dem beim Gewerbebetrieb im Vordergrund stehenden Kapitaleinsatz. Zwar verfügt heute auch der Freiberufler häufig über ein nicht unerhebliches *Betriebsvermögen;* man denke etwa an die fachwissenschaftliche Bibliothek des Rechtsanwalts oder Wirtschaftsprüfers bzw. die Praxiseinrichtung des Arztes. Jedoch ist dieses Betriebsvermögen bei der freiberuflichen Tätigkeit nur ein notwendiges Hilfsmittel für die persönliche Berufsausübung, während es beim Gewerbetreibenden zumeist unmittelbar der Gewinnerzielung dient.[90] In Fällen, in denen auch die Erbringung gewerblicher Leistungen, wie beim Handwerker oder Handelsvertreter, in erster Linie auf dem Einsatz persönlicher Arbeitskraft beruht, kann zusätzlich auf die Merkmale der Dienstleistungen höherer Art im Interesse auch der Allgemeinheit zurückgegriffen werden. Demgegenüber erweist sich aus heutiger Sicht die Gegenüberstellung von altruistischer Leistungserbringung und Gewinnerzielungsabsicht als für die Abgrenzung wenig hilfreich. Zum Überschneidungsbereich von gewerblicher und freiberuflicher Tätigkeit und deren Behandlung vgl. RdNr. 16 ff.

47 **e) In Satz 2 nicht erwähnte Freie Berufe.** Abweichend von § 18 Abs. 1 Nr. 1 EStG sind unter den Katalogberufen des Satzes 2 diejenigen der Dentisten, Vermessungsingenieure und Notare nicht aufgeführt. Das hat in Bezug auf die Ersten beiden Berufe keine sachliche, sie aus dem Anwendungsbereich des PartGG ausschließende Bedeutung, sondern erklärt sich aus den Besonderheiten dieser Berufe. So handelt es sich bei den **Dentisten** seit Jahrzenten um einen auslaufenden Beruf, da durch das ZahnheilkundeG von 1952 die Berufe der Zahnärzte und Dentisten unter Einräumung von Bestandsschutz an diese zu einem einheitlichen akademischen Beruf des Zahnarztes zusammengefasst wurden.[91] Die **Vermessungsingenieure** wurden nicht nur wegen ihrer Zugehörigkeit zum Katalogberuf der Ingenieure, sondern auch deshalb nicht besonders aufgeführt, weil sie im Falle öffentlicher Bestellung ein öffentliches Amt ausüben und in dieser Funktion nach Ansicht des Gesetzgebers von der Teilnahme an einer Partnerschaft ausgeschlossen sind.[92] In beiden Fällen steht die grundsätzliche Zugehörigkeit zu den Freien Berufen iS von Abs. 2 somit außer Zweifel.

48 Anderes galt bei Erlass des PartGG für die **Notare:** ihre Nichtaufnahme in den Katalog des Abs. 2 wurde in der Gesetzesbegründung damit erklärt, sie seien wegen der Ausübung

[86] Vgl. *Zöllner/Loritz* Arbeitsrecht, 3. Aufl. 1998, § 4 III 5 S. 45 ff.

[87] Vgl. aus der umfangreichen Rechtsprechung des BAG nur BAG AP BGB § 611 Nr. 3, 10, 20, 26, 37; weit. Nachw. in 3. Aufl. § 611 BGB RdNr. 131 bis 137.

[88] Vgl. die Nachw. in Fn. 27.

[89] *K. Schmidt* Handelsrecht § 9 IV 2 a, S. 282; *Staub/Brüggemann* HGB § 1 RdNr. 18; *Heymann/Emmerich* HGB § 1 RdNr. 18; *Raisch,* FS Rittner, 1991, S. 471, *ders.,* Geschichtliche Voraussetzungen, 1965, S. 209 ff.

[90] So auch *Michalski/Römermann* RdNr. 30.

[91] Vgl. *Michalski/Römermann* RdNr. 35.

[92] So Begr. RegE BT-Drucks. 12/6152 S. 10; zur neuerdings abw. Beurteilung der Kooperation von Nur-Notaren, die ebenfalls ein öffentliches Amt ausüben, vgl. aber RdNr. 80.

eines öffentlichen Amtes nicht fähig, an einer PartG teilzunehmen.[93] Dieser Vorbehalt dürfte sich jedoch durch die Neufassung des § 9 BNotO im Jahr 1998 erledigt haben, da sie in Abs. 1 S. 1 die gemeinsame Berufsausübung auch durch Nur-Notare – freilich in den Grenzen des § 9 Abs. 3 BNotO[94] – grundsätzlich zugelassen hat. Ein Sachgrund dafür, dass Nur-Notaren zwar die Rechtsform der GbR offensteht, nicht aber diejenige der PartG, ist nicht ersichtlich.[95] Die Nichtaufnahme der Notare in die Katalogberufe des Satzes 2 steht dieser Beurteilung angesichts der Generalklausel der „ähnlichen Berufe“ und angesichts des Wegfalls des berufsrechtlichen Hindernisses nicht entgegen (RdNr. 80). Was schließlich die – üblicherweise ebenfalls als Freiberufler qualifizierten[96] – **Apotheker** angeht, so sind sie deshalb nicht in den Katalog des Abs. 2 aufgenommen worden, weil ihnen § 8 ApothG je nach Größenverhältnissen neben der GbR die Wahl der OHG als zulässige Kooperationsform vorgeschrieben hat.[97] Mit dieser gesetzlichen Qualifikation als Handelsgewerbe würde sich der alternative Zugang zur PartG nicht vertragen.

4. Die freiberuflichen Tätigkeiten im Einzelnen. a) Die Katalogberufe. aa) Heilberufe. Zu den Heilberufen zählen neben den Ärzten, Zahnärzten und Tierärzten auch die Heilpraktiker, Krankengymnasten, Hebammen und Heilmasseure sowie mit Einschränkungen die Diplompsychologen. Angesichts des Verbots, die Heilkunde ohne Erlaubnis auszuüben (vgl. § 1 Abs. 2 HeilpraktikerG), ist es ein Kennzeichen der Heilberufe, dass sie einer durch besondere Ausbildung erworbenen Berufszulassung bedürfen. 49

Bei den **Ärzten, Zahnärzten und Tierärzten** berechtigt die sog. Approbation zur Ausübung des Berufes sowie zur Führung des entsprechenden Titels.[98] Die Tätigkeit des Arztes besteht in der Ausübung der Heilkunde. Darunter versteht man in Anlehnung an § 1 Abs. 2 S. 1 MBO-Ä 1997 und § 1 Abs. 2 HeilpraktikerG jede berufs- oder erwerbsmäßig vorgenommene Tätigkeit zur Feststellung, Heilung oder Linderung von Krankheiten, Leiden oder Körperschäden bei Menschen[99] unter Einschluss von gutachtlichen Stellungnahmen über den Gesundheitszustand untersuchter Personen.[100] Ähnlich bezeichnet das Zahnheilkundegesetz als Tätigkeit des Zahnarztes die berufsmäßige, auf zahnärztlich-wissenschaftliche Erkenntnisse gegründete Feststellung und Behandlung von Zahn-, Mund- und Kieferkrankheiten (§ 1 Abs. 2 ZHG). Die Aufgaben eines Tierarztes sind allgemein in § 1 BTÄO umschrieben.[101] 50

Auch soweit es um die **medizinischen Hilfsberufe** geht, werden die als Heilpraktiker, Krankengymnasten, Heilmasseure und Hebammen tätigen Freiberufler nur auf Grund einer staatlichen Prüfung zugelassen.[102] Sie werden jeweils auf bestimmten, in den jeweiligen berufsrechtlichen Regelungen festgelegten Gebieten der Heilkunde tätig.[103] Für Heilprakti- 51

[93] Begr. RegE BT-Drucks. 12/6152 S. 10; so auch neuerdings noch *Seibert* in *E/B/J* RdNr. 28.

[94] Er statuiert den Vorbehalt, dass durch die gemeinsame Berufsausübung die persönliche und eigenverantwortliche Amtsführung, Unabhängigkeit und Unparteilichkeit des Notars nicht beeinträchtigt werden darf, und lässt sich dahin interpretieren, dass das Mandat im Grundsatz nicht der Notar-Sozietät, sondern einem bestimmten Notar zu erteilen ist.

[95] Die seit der Reform des § 9 BNotO erschienenen Kommentare haben von der Änderung dieser Vorschrift freilich noch keine Kenntnis genommen, sondern halten ohne sachliche Begründung an der überkommenen Auffassung fest, dass die PartG keine für Nur-Notare zugängliche Rechtsform sei (vgl. *Schippel,* BNotO, 7. Aufl. 2000, § 9 RdNr. 5; *Baumann* in *Eylmann/Vaasen,* BNotO, BeurkG, 2000, § 9 RdNr. 17; unklar *Lerch* in *Arndt,* BNotO, 5. Aufl. 2003, § 9 RdNr. 3, 9 ff.).

[96] Vgl. *Henssler* RdNr. 40; *Seibert* in *E/B/J* RdNr. 15; aA aber MünchKommHGB/*K. Schmidt* § 1 RdNr. 26; *Koller/Roth/Morck* HGB § 1 RdNr. 15.

[97] Begr. RegE BT-Drucks. 12/6152 S. 10; *Seibert* in *E/B/J* RdNr. 15.

[98] Vgl. §§ 2, 3 BÄO, § 1 ZHG, § 1 BTÄO; dazu auch *Littmann/Steinhauff* EStR § 18 RdNr. 148; *Schick,* Die freien Berufe im Steuerrecht, 1973, S. 33 f.

[99] *Littmann/Steinhauff* EStR § 18 RdNr. 150; *Schmidt/Wacker* EStG § 18 RdNr. 87; *Schick* (Fn. 98) S. 34; *Stuhrmann* in *Kirchhof/Söhn/Mellinghoff* EStG § 18 RdNr. B 86.

[100] BFH BStBl. 1977 II S. 31, 32; BFH BStBl. 1982 II S. 253, 254; *Littmann/Steinhauff* EStR § 18 RdNr. 150 a; *Schmidt/Wacker* EStG § 18 RdNr. 88; *Stuhrmann* in *Kirchhof/Söhn/Mellinghoff* EStG § 18 RdNr. B 88.

[101] Vgl. dazu *Schick* (Fn. 98) S. 34.

[102] Vgl. § 1 Abs. 1 HeilpraktikerG; § 1 Masseur- und PhysiotherapeutenG; § 1 Abs. 1 HebammenG; *Littmann/Steinhauff* EStR § 18 RdNr. 148; *Schmidt/Wacker* EStG § 18 RdNr. 95; *Schick* (Fn. 98) S. 53.

[103] Vgl. § 1 Abs. 2 HeilpraktikerG; § 4 HebammenG; vgl. ferner die Ausbildungsziele in §§ 4, 8

ker fehlt allerdings ein fest umrissenes Berufsbild; daher fällt darunter jede erlaubte Ausübung der Heilkunde außerhalb der gesetzlich geregelten Heilberufe.[104]

52 Auch die **Diplom-Psychologen** lassen sich, soweit sie psychotherapeutisch tätig sind, den Heilberufen zuordnen, weil sie auf Verhaltensstörungen und Leidenszustände mit psychologischen Mitteln einwirken.[105] Wie bei den ärztlichen Heilberufen setzt auch die Berufsbezeichnung „Diplom-Psychologe" ein abgeschlossenes Hochschulstudium voraus.[106] Diplom-Psychologen sind allerdings nicht auf die heilkundliche Tätigkeit als Psychotherapeuten beschränkt. Vielmehr können sie auch beratende Funktionen ausüben und Personen oder Organisationen aus Wirtschaft und Verwaltung bei der Suche, Auswahl, Förderung und Weiterbildung von Mitarbeitern beraten oder sie mit Methoden der angewandten wissenschaftlichen Psychologie unterstützen.[107] Insoweit sind sie zum Kreis der rechts- und wirtschaftsberatenden Berufe in § 1 Abs. 2 zu rechnen.

53 **bb) Rechts- und wirtschaftsberatende Berufe.** Die Gruppe der rechts- und wirtschaftsberatenden Berufe umfasst die Mitglieder der Rechtsanwaltskammern, die Patentanwälte, Wirtschaftsprüfer, Steuerberater, beratende Volks- und Betriebswirte, vereidigte Buchprüfer (vereidigte Buchrevisoren) und Steuerbevollmächtigten.[108] Den Heilberufen vergleichbar zeichnen sich auch die meisten Berufe dieser Gruppe dadurch aus, dass sie nur auf Grund einer speziellen Berufszulassung ausgeübt werden dürfen, die eine besondere Ausbildung erfordert.[109] – Zu den freiberuflichen *Notaren* als von den Rechtsberatern zu unterscheidenden Inhabern eines öffentlichen Amtes und Organen vorsorgender Rechtspflege (§ 1 BNotO) vgl. RdNr. 80.

54 **Mitglieder der Rechtsanwaltskammern** sind die in dem Bezirk eines Oberlandesgerichts zugelassenen Rechtsanwälte (vgl. § 60 Abs. 1 BRAO). Nach § 4 BRAO kann die Zulassung als Rechtsanwalt nur erlangen, wer durch ein Universitätsstudium mit anschließendem Vorbereitungsdienst die Befähigung zum Richteramt erworben hat. Der Rechtsanwalt berät seinen Mandanten in allen Rechtsangelegenheiten und vertritt ihn vor Gericht (vgl. § 3 Abs. 1 BRAO). Demgegenüber beschränkt sich das Tätigkeitsfeld eines **Patentanwaltes** auf das Gebiet des gewerblichen Rechtsschutzes einschließlich der Rechtsberatung und Prozessvertretung seiner Mandanten vor dem Bundespatentamt und dem Bundespatentgericht sowie vor den ordentlichen Gerichten.[110] Auch die Zulassung als Patentanwalt setzt eine besondere Ausbildung und Prüfung voraus (vgl. §§ 5 ff. PatAnwO).[111]

55 Ebenso wie bei Rechtsanwälten und Patentanwälten, für die die jeweilige Berufszulassung eine konstitutive Voraussetzung zum Vorliegen des Katalogberufs darstellt, ist auch **Wirtschaftsprüfer** und **Steuerberater** nur, wer nach bestandener Prüfung von der obersten Landesbehörde als solcher öffentlich bestellt worden ist (§ 1 Abs. 1 S. 1 WPO, §§ 40 Abs. 1, 35 Abs. 1 StBerG). Die Aufgabe eines Wirtschaftsprüfers besteht in erster Linie in der Rechnungsprüfung von Jahresabschlüssen wirtschaftlicher Unternehmen, über deren Vornahme und Ergebnis er Bestätigungsvermerke erteilt; darüber hinaus kann er seinen Auftraggeber in Steuerangelegenheiten beraten und vertreten.[112] Die geschäftsmäßige Hilfe in Steuersachen ist allerdings in erster Linie die Aufgabe der Steuerberater. Deren Tätigkeit

MPhG, auch wenn das MPhG selbst keine Tätigkeitsbeschreibung enthält.

[104] Vgl. *Schick* (Fn. 98) S. 34.

[105] Vgl. Begr. RegE BT-Drucks. 12/6152 S. 10; *Littmann/Steinhauff* EStR § 18 RdNr. 153 m. weit. Nachw. zur schwankenden Rspr. des BFH.

[106] *Littmann/Steinhauff* EStR § 18 RdNr. 153.

[107] Begr. RegE BT-Drucks. 12/6152 S. 10; *Michalski/Römermann* RdNr. 51; *Hornung* Rpfleger 1995, 481, 483.

[108] Vgl. *Michalski/Römermann* RdNr. 53 ff.; *Lenz* in *M/W/H/L* RdNr. 46 ff.; aus Sicht des § 18 EStG auch *Littmann/Steinhauff* EStR § 18 RdNr. 168.

[109] Vgl. zB § 4 BRAO; §§ 35 ff. StBerG, §§ 12 ff. WPO; ferner *Schick* (Fn. 98) S. 29.

[110] Vgl. die Tätigkeitsbeschreibung des Patentanwaltes in § 3 Abs. 2 und 3 PatAnwO und die Regelung über die Vertretung seiner Mandanten in § 4 PatAnwO v. 7. 9. 1966, BGBl. I S. 557.

[111] Vgl. die Nachw. in Fn. 110, und die Ausbildungs- und Prüfungsordnung für Patentanwälte v. 8. 12. 1977, BGBl. I S. 2491; dazu auch *Schick* (Fn. 98) S. 36.

[112] § 2 WPO; dazu *Schick* (Fn. 98) S. 36.

reicht nach dem Steuerberatungsgesetz von der Beratung und Vertretung in Steuersachen über die Hilfeleistung in Steuerstrafsachen bis hin zur Unterstützung der Mandanten bei der Erfüllung von Buchführungspflichten.[113] Für die Berufe des vereidigten Buchprüfers (vereidigten Buchrevisors) und des Steuerbevollmächtigten, die ebenfalls in der Wirtschaftsprüferordnung (Buchprüfer) bzw. dem Steuerberatungsgesetz (Steuerbevollmächtigte) geregelt sind, gilt das zu Wirtschaftsprüfern und Steuerberatern Gesagte im Wesentlichen entsprechend.[114]

Ein den übrigen rechts- und wirtschaftsberatenden Berufen entsprechendes, gesetzlich 56
fixiertes Berufsbild fehlt der Gruppe der **beratenden Volks- und Betriebswirte.** Selbst die Berufsbezeichnungen sind gesetzlich nicht geschützt, sondern können frei geführt werden.[115] Daher wird auch nicht vorausgesetzt, dass der Berufsträger ein Studium der Volks- oder Betriebswirtschaftslehre oder eine sonstige besondere Ausbildung auf diesem Gebiet erfolgreich abgeschlossen hat. Zwar muss der beratende Volks- oder Betriebswirt über fachliche Kenntnisse in den wesentlichen Bereichen der Volks- oder Betriebswirtschaftslehre verfügen, jedoch können diese auch durch Selbststudium erworben sein.[116] Entscheidend für diesen Beruf ist, dass für die Beratung volks- oder betriebswirtschaftliche Kenntnisse in ihrer ganzen fachlichen Breite benötigt werden. Das ist nur dann der Fall, wenn sich die Beratung auf Grundsatzfragen der BWL oder wenigstens auf einen betrieblichen Hauptbereich (zB das Absatzwesen) erstreckt.[117] Eine Spezialisierung in der Beratungstätigkeit auf bestimmte Aktionsfelder – wie etwa beim Werbe- oder Public-Relations-Berater – fällt dagegen nicht mehr unter den Begriff des beratenden Volks- oder Betriebswirts; insoweit handelt es sich daher regelmäßig um gewerbliche Tätigkeiten.[118]

cc) Naturwissenschaftlich orientierte Berufe. Auch diese Berufe sind nur teilweise 57
gesetzlich geregelt. So ist bei den Ingenieuren und Architekten die Berufsbezeichnung durch Landesgesetze geschützt.[119] **Ingenieur** iS des Satzes 2 ist deshalb grundsätzlich nur, wer berechtigt ist, diese Berufsbezeichnung auf Grund der in den landesrechtlichen Ingenieurgesetzen vorgeschriebenen Berufsausbildung zu führen;[120] dafür bedarf es regelmäßig des Studiums an einer Hochschule. Allerdings kann ausnahmsweise der Titel eines Ingenieurs auch ohne die vorgeschriebene Hochschulausbildung kraft behördlicher Verleihung oder auf Grund einer Übergangsregelung erlangt worden sein. In einem solchen Fall ist die betreffende Person nur dann als Ingenieur iS des Satzes 2 einzustufen, wenn sie über theoretische und praktische Kenntnisse verfügt, die denen eines Hochschulabsolventen entsprechen, auch wenn diese im Selbststudium oder durch praktische Berufstätigkeit erlangt worden sind.[121] Wesentlich ist, dass der Ingenieur auf Grund seines Fachwissens fähig ist, in der notwendigen fachlichen Breite und Tiefe technische Werke zu planen und zu konstruieren, deren Ausführung er auch leiten und überwachen kann.[122] Die Ausübung eines Handelsgewerbes als Ingenieur ist durch die Aufnahme unter die Katalogberufe nicht ausgeschlossen.[123]

Auch die **Architekten** sind durch die landesrechtlichen Architektengesetze in ihrer 58
Berufsbezeichnung weitgehend geschützt. Für sie gilt im Wesentlichen das zu den Ingenieu-

[113] Vgl. §§ 32 Abs. 1, 33 StBerG; ferner *Schick* (Fn. 98) S. 37.

[114] Vgl. §§ 3 Abs. 1, § 42 StBerG, §§ 128 ff. WPO.

[115] *Schmidt/Wacker* EStG § 18 RdNr. 107.

[116] *Michalski/Römermann* RdNr. 60; *Stuhrmann* in *Kirchhof/Söhn/Mellinghoff* EStG § 18 RdNr. B 125; *Schmidt/Wacker* EStG § 18 RdNr. 107; vgl. eingehend *List* BB 1993, 1488, 1489 m. weit. Nachw. in Fn. 11 zur entsprechenden BFH-Rspr.

[117] *Michalski/Römermann* RdNr. 61; *Stuhrmann* in *Kirchhof/Söhn/Mellinghoff* EStG § 18 RdNr. B 125 m. weit. Nachw. in Fn. 175 zur BFH-Rspr.; *Schmidt/Wacker* EStG § 18 RdNr. 107.

[118] *Stuhrmann* in *Kirchhof/Söhn/Mellinghoff* EStG § 18 RdNr. B 125 m. weit. Nachw. in Fn. 176; *Schmidt/Wacker* EStG § 18 RdNr. 107.

[119] Vgl. *Michalski/Römermann* RdNr. 64, 67 und die Zusammenstellung der landesrechtlichen Regelungen für die Ingenieure und Architekten bei *Feddersen/Meyer-Landrut* RdNr. 28 f.

[120] *Lenz* in *M/W/H/L* RdNr. 55; *Michalski/Römermann* RdNr. 65; *Schmidt/Wacker* EStG § 18 RdNr. 108.

[121] Vgl. *Michalski/Römermann* RdNr. 65; *Lenz* in *M/W/H/L* RdNr. 55; *Schmidt/Wacker* EStG § 18 RdNr. 109; *Stuhrmann* in *Kirchhof/Söhn/Mellinghoff* EStG § 18 RdNr. B 126.

[122] *Schmidt/Wacker* EStG § 18 RdNr. 109.

[123] So BayObLG ZIP 2002, 1032, 1033 betr. die Gründung einer OHG durch EDV-Ingenieure zur Entwicklung und zum Vertrieb von EDV-Software.

ren Gesagte entsprechend. Architekt ist grundsätzlich nur, wer eine Architekten-Ausbildung an einer Hochschule oder einer vergleichbaren Einrichtung abgeschlossen hat oder zumindest in sonstiger Weise die Berufsbefähigung als Architekt nachweist.[124] Seine Tätigkeit umfasst neben der gestaltenden, technischen und wirtschaftlichen Planung von Bauwerken auch die Beratung und Vertretung des Bauherrn in den mit der Planung und Durchführung des Vorhabens zusammenhängenden Fragen einschließlich der Überwachung der Ausführung.[125] Auch Aufgaben der Bauleitplanung sowie der Landes- und Regionalplanung werden von Architekten im Rahmen ihrer Berufstätigkeit ausgeführt.[126] Die Errichtung der geplanten Bauwerke gehört jedoch ebenso wenig zur Architektentätigkeit wie die Herstellung der konstruierten technischen Werke eine Ingenieurstätigkeit darstellt.[127] Unter den Architektenbegriff des § 1 Abs. 2 fallen auch Innen- und Landschaftsarchitekten.[128]

59 Im Unterschied zu Ingenieuren und Architekten ist bei den beiden anderen Berufen dieser Berufsgruppe, den **Handelschemikern** und **hauptberuflichen Sachverständigen,** nicht einmal die Berufsbezeichnung gesetzlich geschützt. Trotzdem ist auch für sie zumindest regelmäßig eine wissenschaftliche Vorbildung erforderlich. Die Tätigkeit des Handelschemikers zielt ihrem Wesen nach auf die Erforschung von Stoffen aller Art im Hinblick auf deren chemische Zusammensetzung sowie ihr Verhalten.[129] Als hauptberuflicher Sachverständiger ist einzustufen, wer auf Grund einer besonderen fachlichen Qualifikation für Dritte, insbesondere für Gerichte und Versicherungsunternehmen, Gutachten erstellt. Dabei darf die Tätigkeit als Gutachter nicht bloße Nebentätigkeit einer anderen beruflichen Tätigkeit (etwa als Hochschullehrer) sein.[130] Die hauptberuflichen Sachverständigen sind nur zT naturwissenschaftlich ausgerichtet, da die Sachverständigentätigkeit auch auf anderen Gebieten als den Naturwissenschaften ausgeübt werden kann wie zB bei den Kfz-Sachverständigen.

60 **dd) Berufliche Vermittlung von geistigen Gütern und Informationen.** Den Journalisten, Bildberichterstattern, Dolmetschern und Übersetzern fehlen gesetzlich fixierte Berufsbilder vollständig.[131] **Journalismus** ist eine vornehmlich auf Information über gegenwartsbezogene Ereignisse gerichtete Tätigkeit, deren Berufsbild durch das Sammeln und Verarbeiten von Informationen des Tagesgeschehens, die kritische Auseinandersetzung mit diesen Informationen und die Stellungnahme zu den Geschehnissen auf politischem, gesellschaftlichem, wirtschaftlichem oder kulturellem Gebiet bestimmt wird.[132] Ob der Journalist sich mündlich oder schriftlich äußert und welcher Medien (Printmedien, Rundfunk oder Fernsehen) er sich dabei bedient, ist gleichgültig. Wesentlich ist nur, dass er sich mit den Ergebnissen seiner Arbeit unmittelbar oder über ein Medium an die Öffentlichkeit wendet.[133] Daher sind der Werbeberater und der Public-Relations-Berater keine Journalisten, da sie sich nicht selbst öffentlich tätig werden.[134]

61 Für die freiberufliche Tätigkeit des **Bildberichterstatters** kommt es entscheidend auf den journalistischen Charakter an. Die Bilder müssen als aktuelle Nachrichten über politi-

[124] *Littmann/Steinhauff* EStR § 18 RdNr. 198.

[125] *Schmidt/Wacker* EStG § 18 RdNr. 110 f.; *Schick* (Fn. 98) S. 38; *Stuhrmann* in *Kirchhof/Söhn/Mellinghoff* EStG § 18 RdNr. B 129; ähnlich *Lenz* in *M/W/H/L* RdNr. 56.

[126] *Schmidt/Wacker* EStG § 18 RdNr. 110.

[127] *Schmidt/Wacker* EStG § 18 RdNr. 111.

[128] *Lenz* in *M/W/H/L* RdNr. 56; *Stuhrmann* in *Kirchhof/Söhn/Mellinghoff* EStG § 18 RdNr. B 132 f.

[129] *Michalski/Römermann* RdNr. 69; *Schmidt/Wacker* EStG § 18 RdNr. 113; *Stuhrmann* in *Kirchhof/Söhn/Mellinghoff* EStG § 18 RdNr. B 134 m. weit. Nachw. in Fn. 189 zur BFH-Rspr.

[130] Vgl. dazu *Lenz* in *M/W/H/L* RdNr. 58 und *Michalski/Römermann* RdNr. 70, die eine hauptberufliche Tätigkeit verneinen, wenn nicht mindestens 70% der Berufseinkünfte aus der Gutachtertätigkeit stammen.

[131] *Littmann/Steinhauff* EStR § 18 RdNr. 215, 223, 227; *Schick* (Fn. 98) S. 39; *Michalski/Römermann* RdNr. 73, 74.

[132] *Schmidt/Wacker* EStG § 18 RdNr. 120; *Stuhrmann* in *Kirchhof/Söhn/Mellinghoff* EStG § 18 RdNr. B 135; *Lenz* in *M/W/H/L* RdNr. 62.

[133] *Schmidt/Wacker* EStG § 18 RdNr. 120; so auch *Stuhrmann* in *Kirchhof/Söhn/Mellinghoff* EStG § 18 RdNr. B 135, der darauf hinweist, dass der frühere Streit zwischen BFH und dem steuerrechtliche Schrifttum um die Abgrenzung zwischen journalistischer Tätigkeit iS von Darstellung gegenwartsbezogener Geschehnisse und schriftstellerischer Tätigkeit überholt ist.

[134] *Michalski/Römermann* RdNr. 73 m. weit. Nachw. in Fn. 267; *Littmann/Steinhauff* EStR § 18 RdNr. 218.

sche, wirtschaftliche, gesellschaftliche oder kulturelle Geschehnisse oder Zustände für sich selbst sprechen und damit einen Nachrichtenwert besitzen. Nicht notwendig ist, dass sie mit erklärenden Texten versehen sind. Sinn und Zweck der Bilder muss ebenso wie bei der journalistischen Tätigkeit in der Information der Allgemeinheit bestehen;[135] deshalb fällt die Herstellung und Überlassung von Lichtbildern, die nur individuellen Interessen des Abnehmers – wie etwa Werbezwecken – dienen, nicht unter den Begriff der Bildberichterstattung.[136] Eine besondere Vorbildung ist mangels gesetzlich geschützter Berufsbezeichnungen weder für Journalisten noch für Bildberichterstatter erforderlich.[137]

Auch für **Dolmetscher** und **Übersetzer** besteht weder ein einheitliches Berufsrecht noch eine gesetzlich geschützte Berufsbezeichnung, wenn es auch Studiengänge an Hochschulen gibt, bei denen die Ausbildung mit der Bezeichnung „staatlich geprüfter Dolmetscher bzw. Übersetzer" oder „Diplom-Dolmetscher/Übersetzer" abgeschlossen werden kann.[138] Da jedoch nur ein kleiner Teil der Dolmetscher- und Übersetzertätigkeit staatlich geprüften Dolmetschern und Übersetzern vorbehalten ist,[139] lässt sich der Anwendungsbereich des Katalogberufs nicht auf diese beschränken. Die Tätigkeit von Dolmetschern und Übersetzern unterscheidet sich dadurch, dass der Dolmetscher die sprachliche Verständigung zwischen Menschen verschiedener Sprachen vermittelt, während der Übersetzer schriftliche Gedankenäußerungen von einer Sprache in die andere überträgt.[140] 62

ee) Lotsen. Unter Lotsen versteht man amtlich zugelassene Berater der Schiffsführung auf bestimmten, schwierig zu befahrenden Wasserstraßen, auf denen sie aus Sicherheitsgründen an Bord genommen werden müssen. Voraussetzung der Zulassung als Lotse sind neben dem Kapitänspatent, dem höchsten Befähigungsnachweis für das jeweils zu führende Schiff, genaue Kenntnisse in ihrem Einsatzbereich, die auf Grund einer Sonderausbildung erworben wurden.[141] 63

b) Den Katalogberufen ähnliche Berufe. Zur Gruppe der Freien Berufe nach Abs. 2 Satz 2 gehören auch die den Katalogberufen ähnlichen Berufe. Diese Generalklausel ist erforderlich, weil eine erschöpfende Aufzählung sämtlicher Freier Berufe weder möglich noch angesichts der Fülle möglicher Tätigkeiten wünschenswert wäre. Außerdem müsste der Gesetzgeber den Katalog ohne ein solches Offenhalten ständig durch Ergänzungen vervollständigen, da im Rahmen der gesellschaftlichen und wirtschaftlichen Entwicklung laufend neue Freie Berufe entstehen können.[142] Der Begriff der **Ähnlichkeit** bezieht sich ausschließlich auf die zuvor aufgeführten **Katalogberufe** und nicht etwa auf Berufstätigkeiten, die sich unter die anschließenden, nach allgemeinen Kriterien umrissenen Tätigkeitsfelder subsumieren lassen. Dies folgt aus Wortlaut und Systematik der Vorschrift, in der der Begriff der „ähnlichen Berufe" unmittelbar am Ende der ausdrücklich aufgeführten Berufstätigkeiten steht, während Wissenschaftler, Künstler, Schriftsteller, Lehrer und Erzieher erst danach aufgeführt werden.[143] 64

Was den **Vergleichsmaßstab** für den Ähnlichkeitsvergleich angeht, ist er im *Steuerrecht* umstritten. Der BFH nimmt in ständiger Rechtsprechung an, dass hierfür stets ein *bestimmter* 65

[135] *Littmann/Steinhauff* EStR § 18 RdNr. 223; *Stuhrmann* in *Kirchhof/Söhn/Mellinghoff* EStG § 18 RdNr. B 136.

[136] *Littmann/Steinhauff* EStR § 18 RdNr. 22; *Michalski/Römermann* RdNr. 74.

[137] *Littmann/Steinhauff* EStR § 18 RdNr. 223 iVm. RdNr. 214.

[138] *Schick* (Fn. 98) S. 39; wohl auch *Lenz* in *M/W/H/L* RdNr. 64: „noch nicht"; grundsätzlich auch *Michalski/Römermann* RdNr. 75, die aber die verschiedenen Studien- und Lehrinhalte zur Konkretisierung des Berufsbildes heranziehen wollen. Dies erscheint angesichts der Vielzahl von Ausbildungstätten und -inhalten wenig praktisch.

[139] *Schick* (Fn. 98) S. 31.

[140] *Stuhrmann* in *Kirchhof/Söhn/Mellinghoff* EStG § 18 RdNr. B 137; *Schmidt/Wacker* EStG § 18 RdNr. 123; *Michalski/Römermann* RdNr. 76.

[141] *Littmann/Steinhauff* EStR § 18 RdNr. 232; *Michalski/Römermann* RdNr. 77; *Lenz* in *M/W/H/L* RdNr. 59.

[142] So zu § 18 Abs. 1 Nr. 1 EStG auch *Schick* (Fn. 98) S. 40.

[143] Ebenso *Michalski/Römermann* RdNr. 79; *Lenz* in *M/W/H/L* RdNr. 72; zu § 18 Abs. 1 Nr. 1 EStG auch *Stuhrmann* in *Kirchhof/Söhn/Mellinghoff* EStG § 18 RdNr. B 150.

Katalogberuf gewählt werden muss.[144] Er begründet dies einerseits damit, dass angesichts der Heterogenität der in § 18 EStG aufgezählten Berufe nicht auf die Ähnlichkeit zu einzelnen Kriterien einer beliebigen Auswahl von Katalogberufen, sei es auch aus einer bestimmten Untergruppe, abgestellt werden könne, andererseits mit dem Widerspruch eines solchen Vorgehens zum enumerativen Prinzip des § 18 EStG. Diese Rechtsprechung ist im steuerrechtlichen Schrifttum überwiegend auf Zustimmung gestoßen.[145] Demgegenüber lässt ein Teil der steuerrechtlichen Literatur eine *Gruppen*ähnlichkeit ausreichen, sofern der ähnliche Beruf in wesentlichen Punkten jeweils einem der Katalogberufe gleicht, dh. der fragliche Beruf als Zusammenfassung mehrerer Freier Berufe einer der fünf Untergruppen erscheint.[146] Bei der entsprechenden Fragestellung im PartGG wird eine Gruppenähnlichkeit bisher nicht als ausreichend angesehen.[147]

66 Für die **Stellungnahme** ist – vor dem Hintergrund der Typusbeschreibung in Abs. 2 S. 1 – zunächst festzuhalten, dass die Qualifizierung selbst eines ganz *neuen* Berufes als Freier Beruf keinen Widerspruch zum angeblich enumerativen Prinzip des Abs. 2 S. 2 darstellt, da der Gesetzgeber durch die Generalklausel den persönlichen Anwendungsbereich des PartGG bewusst auch neuen Freien Berufen offenhalten wollte. Hinsichtlich des *Vergleichsmaßstabs* empfiehlt es sich, bei der Prüfung in erster Linie auf einen **bestimmten** im Katalog des Abs. 2 S. 2 enthaltenen **Beruf** abzustellen. Ähnlichkeit im Sinne dieser Vorschrift ist dann zu bejahen, wenn der gesetzlich nicht erfasste Beruf mit einem der Katalogberufe in wesentlichen Punkten vergleichbar ist.[148] Hierbei ist auf die für die Freiberuflichkeit typischen, in Abs. 2 S. 1 genannten Merkmale abzustellen; dh. es ist ein *wertender Vergleich der Einzelnen typischen Berufsmerkmale* des Katalogberufes und des als ähnlich behaupteten Berufes vorzunehmen.[149] Ein ähnlicher Beruf liegt dann vor, wenn das Gesamtbild des fraglichen Berufs dem typischen Bild einer der Satz 2 ausdrücklich genannten Berufstätigkeiten entspricht.[150]

67 Keine Bedenken bestehen aber auch dagegen, eine **Berufsgruppe** als solche als Vergleichsmaßstab heranzuziehen, sofern die jeweils darunter fallenden Berufe untereinander so *weitgehende Parallelen* aufweisen, dass die Abgrenzungskriterien trotz des Gruppenvergleichs ein ausreichendes Maß an Bestimmtheit gewinnen. Das ist etwa der Fall bei der Gruppe der rechts- und wirtschaftsberatenden Berufe (RdNr. 53 ff.), für die das Erfordernis einer qualifizierten, zur Beratung der Mandanten in Rechts- oder Wirtschaftsfragen befähigenden Ausbildung kennzeichnend ist. Demgegenüber verfügt die Gruppe der geistige Güter und Informationen vermittelnden Berufe (RdNr. 60 ff.) über kein vergleichsweise homogenes Berufsbild, wie etwa die darunter fallenden, heterogenen Berufe des Journalisten und des Übersetzers zeigen. Insoweit scheidet ein Gruppenvergleich aus, um die willkürliche Heranziehung solcher Merkmale zu vermeiden, die zwar bei einzelnen, nicht aber bei allen der zu dieser Gruppe gehörenden Berufe anzutreffen sind.

68 Im Einzelnen ist bei **Prüfung der Ähnlichkeit** wie folgt zu verfahren. Setzt der Vergleichsberuf eine *qualifizierte Ausbildung* voraus, so ist auch für die Ausbildung zum ähnlichen Beruf zu fordern.[151] Die Ausbildung muss allerdings nicht notwendig in gleicher

[144] Vgl. nur BFH BStBl. 1973 II S. 730, 731; BFH BStBl. 1984 II S. 823, 824; BFH BStBl. 1993 II S. 235.

[145] *Stuhrmann* in *Kirchhof/Söhn/Mellinghoff* EStG § 18 RdNr. B 159; *Brandt* in *Herrmann/Heuer/Raupach* EStG, 20. Aufl. 1995, § 18 Anm. 215; *Schmidt/Wacker* EStG § 18 RdNr. 126; *Wolff-Diepenbrock* DStZ 1981, 333, 338.

[146] *Littmann/Steinhauff* EStR § 18 RdNr. 132; *Erdweg* FR 1978, 417, 421; noch weitergehend *Schick* (Fn. 98) S. 41 ff., der den Gruppenvergleich nicht einmal auf eine der fünf Untergruppen beschränken will. Weit. Nachw. bei *Brandt* in *Herrmann/Heuer/Raupach* EStG § 18 Anm. 215.

[147] *Lenz* in *M/W/H/L* RdNr. 72; *Michalski/Römermann* RdNr. 80; wohl auch *Henssler* RdNr. 42 f.

[148] *Lenz* in *M/W/H/L* RdNr. 72; zu § 18 EStG *Schmidt/Wacker* EStG § 18 RdNr. 126.

[149] *Schmidt/Wacker* EStG § 18 RdNr. 126; *Wolff-Diepenbrock* DStZ 1981, 333, 338; *Henssler* RdNr. 42; *Michalski/Römermann* RdNr. 80; *Lenz* in *M/W/H/L* RdNr. 72.

[150] BFH BStBl. 1976 II S. 621; BFH BStBl. 1981 II S. 118; BFH BStBl. 1985 II S. 584; *Schmidt/Wacker* EStG § 18 RdNr. 126; *Stuhrmann* in *Kirchhof/Söhn/Mellinghoff* EStG § 18 RdNr. B 159.

[151] BFH BStBl. 1992 II S. 494; BFH BStBl. 1990 II S. 64, 66 f.; *Brandt* in *Herrmann/Heuer/Raupach* EStG § 18 Anm. 217; *Schmidt/Wacker* EStG § 18 RdNr. 127; *Stuhrmann* in *Kirchhof/Söhn/Mellinghoff* EStG § 18 RdNr. B 153.

Weise erlangt worden sein; vielmehr können die erforderlichen fachlichen Kenntnisse, wenn sie qualitativ denen eines Hochschulabsolventen des Vergleichsberufs entsprechen, auch im Selbststudium oder durch praktische Berufstätigkeit erworben worden sein.[152] Bedarf es zur Ausübung des Katalogberufs einer besonderen Erlaubnis in Form einer *Berufszulassung,* so scheidet die Annahme eines erlaubnisfrei zugänglichen ähnlichen Berufs aus, soweit eine vergleichbare Tätigkeit in Frage steht, die wie die Ausübung der Heilkunde oder die rechts- und steuerberatende Tätigkeit nicht ohne eine entsprechende Erlaubnis ausgeübt werden darf. Denn in der unerlaubten Ausübung dieser Tätigkeit könnte schon deshalb kein ähnlicher Beruf gesehen werden, weil eine berufsrechtlich unzulässige oder sogar mit Strafe bedrohte Tätigkeit nicht in einer Partnerschaft betrieben werden kann.[153] Ist dagegen nicht die Tätigkeit als solche von einer Berufszulassung abhängig, sondern geht es nur um die Erlaubnis zum Führen einer bestimmten *Berufsbezeichnung* wie bei Ingenieuren oder Architekten,[154] so steht der Annahme eines ähnlichen Berufs das Fehlen einer entsprechenden Erlaubnis nicht entgegen.[155] Es kommt in einem solchen Fall vielmehr nur auf das Vorhandensein vergleichbarer fachlicher Kenntnisse bei demjenigen an, der den ähnlichen Beruf ausübt.

Als **ähnliche Berufe** iS von Satz 2 sind danach im Anschluss an die finanzgerichtliche Rechtsprechung u. a. einzustufen:[156] 69

(1) den einzelnen *Heilberufen* ähnliche Tätigkeiten
- eines medizinisch diagnostischen Assistenten (BFH BStBl. 1953 III S. 269: ähnlich dem Arzt),
- einer selbstständigen Krankenschwester (*Schmidt/Seeger* EStG § 18 RdNr. 155: ähnlich dem Arzt, nicht aber bei ambulanter Alten- und Krankenpflege),
- eines Logopäden (Begr. RegE, BT-Drucks. 12/6152 S. 10: ähnlich dem Krankengymnasten),
- eines Zahnpraktikers, der Zahnersatzteile nach eigener Vorbehandlung der Zähne anfertigt und einpasst (BFH BStBl. 1965 III S. 692: ähnlich dem Dentisten),
- eines Beschäftigungs- und Arbeitstherapeuten (BFM – Schreiben v. 6. 1. 1978, BStBl. I S. 35; Begr. RegE BT-Drucks. 12/6152 S. 29: ähnlich dem Krankengymnasten).

(2) den *rechts- und wirtschaftsberatenden Berufen* ähnliche Tätigkeiten
- eines (Nur-)Notars (str., vgl. RdNr. 80),
- eines rechtsberatend tätigen Rechtsbeistands (RFH RStBl. 1939 S. 215; BFH BStBl. 1979 II S. 64: ähnlich dem Rechtsanwalt), nicht aber eines Rechtsbeistands, der außergerichtlich Forderungen einzieht (Inkassotätigkeit, vgl. FG Kassel EFG 1964, 597),
- eines Insolvenzverwalters (ähnlich den Rechtsanwälten, Wirtschaftsprüfern und beratenden Betriebswirten (Gruppenähnlichkeit, vgl. RdNr. 66), da bei ihm kaufmännische und rechtliche Aufgaben eng verwoben sind und die rechtliche und kaufmännische Beratung dominiert; aA aber BFH BStBl. 1973 II S. 730, der eine Gruppenähnlichkeit verneint).

(3) den *naturwissenschaftlich orientierten Berufen* ähnliche Tätigkeiten
- eines Baustatikers (BFH BStBl. 1976 II S. 380: ähnlich dem Architekten),
- eines Hochbautechnikers, wenn er über die erforderlichen theoretischen Kenntnisse verfügt (BFH BStBl. 1990 II S. 64: ähnlich dem Architekten),
- eines Diplom-Informatikers, wenn er Systemanalysen erarbeitet und seine Ausbildung der eines Ingenieurs vergleichbar ist (BFH BStBl. 1983 II S. 677: ähnlich dem Ingenieur),

[152] *Stuhrmann* in *Kirchhof/Söhn/Mellinghoff* EStG § 18 RdNr. B 154; *Schmidt/Wacker* EStG § 18 RdNr. 128; *Brandt* in *Herrmann/Heuer/Raupach* EStG § 18 Anm. 218.

[153] *Michalski/Römermann* RdNr. 82; *Lenz* in *M/W/H/L* RdNr. 73; zu § 18 EStG *Stuhrmann* in *Kirchhof/Söhn/Mellinghoff* EStG § 18 RdNr. B 164; *Schmidt/Wacker* EStG § 18 RdNr. 130; aA *Littmann/Steinhauff* EStR § 18 RdNr. 140 d.

[154] Vgl. RdNr. 57 f.

[155] *Schick* (Fn. 98) S. 30 f.

[156] Zusammenstellung nach *Schmidt/Wacker* EStG § 18 RdNr. 155; weit. Nachw. auch bei *Brandt* in *Herrmann/Heuer/Raupach* EStG § 18 Anm. 600.

– eines EDV-Beraters, der eine wissenschaftliche Ausbildung zB als Diplom-Informatiker oder Diplom-Mathematiker aufweisen kann und eine ingenieurähnliche Tätigkeit betreibt (BFH BStBl. 1986 II S. 484 und *Brandt* in *Herrmann/Heuer/Raupach* EStG § 18 Anm. 600 m. weit. Nachw. zur verzweigten Kasuistik: ähnlich dem Ingenieur).

70 **Keine ähnlichen Berufe** liegen nach der BFH-Rechtsprechung zu § 18 EStG vor bei den Tätigkeiten:

– eines medizinischen Bademeisters, wenn die Nutzung der Einrichtungen des Badebetriebs nicht bloßes Hilfsmittel einer freiberuflichen Heiltätigkeit ist (BFH BStBl. 1971 II S. 249),
– eines medizinischen Fußpflegers (BFH BStBl. 1976 II S. 621),
– eines reinen Zahntechnikers (*Brandt* in *Herrmann/Heuer/Raupach* EStG § 18 RdNr. 199),
– einer Fachkosmetikerin (FG Düsseldorf EFG 1965, 567),
– eines Hellsehers (BFH BStBl. 1976 II S. 464),
– eines Viehkastrierers (BFH BStBl. 1956 II S. 90),
– eines selbstständigen Buchhalters (BFH HFR 1963, 368),
– eines Betreibers eines selbstständigen Inventurbüros (BFH BStBl. 1974 II S. 515),
– eines Anlageberaters (BFH BStBl. 1989 II S. 24),
– eines Finanz- und Kreditberaters (BFH BStBl. 1988 II S. 666),
– eines Marktforschungsberaters (BFH BStBl. 1989 II S. 212; BFH BStBl. 1992 II S. 826),
– eines Werbe- und Public-Relations-Beraters (BFH BStBl. 1978 II S. 565),
– eines Auktionators (BFH BStBl. 1957 III S. 106),
– eines Elektroanlagenplaners, der über keine ausreichenden mathematisch-technischen Kenntnisse und keine ausreichende Berufsbreite verfügt (BFH BStBl. 1981 II S. 121),
– eines Baubetreuers (BFH BStBl. 1974 II S. 447),
– eines Bauleiters ohne wissenschaftliche Ausbildung (BFH BStBl. 1982 II S. 492),
– eines Fremdenführers (BFH BStBl. 1986 II S. 851).

71 **c) Die Tätigkeitsfelder der Wissenschaftler, Künstler, Schriftsteller, Lehrer und Erzieher.** Zu den Freien Berufen iS des Abs. 2 zählt schließlich die **selbstständig** ausgeübte Berufstätigkeit als Wissenschaftler, Künstler, Schriftsteller, Lehrer und Erzieher. Soweit sich unter diese generalklauselartigen Tätigkeitsfelder auch eine Reihe der ausdrücklich genannten Katalogberufe subsumieren lassen, gehen diese als Sonderregelung der Generalklausel vor. Daher ist stets zunächst zu prüfen, ob einer der ausdrücklich aufgeführten Katalogberufe vorliegt. Ist dies der Fall, braucht auf die allgemeinen Merkmale (wissenschaftlich, künstlerisch, schriftstellerisch, unterrichtend oder erzieherisch) nicht zurückgegriffen zu werden.[157]

72 **aa) Wissenschaftler.** Zur Gruppe der freiberuflich tätigen Wissenschaftler zählt, wer selbstständig nach wissenschaftlichen Grundsätzen, dh. nach streng sachlichen und objektiven Gesichtspunkten und unter Anwendung rationaler und nachprüfbarer Methoden, bestimmte Erkenntnisse erarbeitet.[158] Die wissenschaftliche Tätigkeit ist nicht auf die Grundlagenforschung als solche beschränkt; zu ihr gehört vielmehr auch die Anwendung von deren Ergebnissen auf konkrete Vorgänge im Sinn angewandter Forschung.[159] Die bloße Übertragung bekannter Erkenntnisse auf einen anderen Sachverhalt, die nicht mehr als Ausfluss der eigentlichen wissenschaftlichen Tätigkeit anzusehen ist, reicht jedoch nicht aus.[160] Einer wissenschaftlichen Vorbildung im Sinne eines Hochschulstudiums bedarf ein Wissenschaftler nicht notwendig, wohl aber wissenschaftlicher Kenntnisse. Umgekehrt ist jemand, dessen Beruf eine wissenschaftliche Vorbildung erfordert, nur dann Wissenschaftler,

[157] So zu der gleich lautenden Formulierung in § 18 Abs. 1 Nr. 1 S. 2 EStG auch *Schick* (Fn. 98) S. 19.

[158] Vgl. zu § 18 Abs. 1 Nr. 1 EStG BFH BStBl. 1952 III S. 165, 166; BFH BStBl. 1965 III S. 263, 264; BFH BStBl. 1976 II S. 464, 465; *Schmidt/Wacker* EStG § 18 RdNr. 62; zum PartGG auch *Michalski/Römermann* RdNr. 85; *Lenz* in *M/W/H/L* RdNr. 66.

[159] BFH BStBl. 1952 III S. 165, 166; *Schmidt/Wacker* EStG § 18 RdNr. 62; *Schick* (Fn. 98) S. 21.

[160] *Schmidt/Wacker* EStG § 18 RdNr. 63; *Schick* (Fn. 98) S. 22; *Brandt* in *Herrmann/Heuer/Raupach* EStG § 18 Anm. 92.

wenn auch die Berufsausübung als solche auf wissenschaftlichen Grundsätzen beruht.[161] Deshalb ist für die Einstufung als Wissenschaftler eine entsprechende Ausbildung nicht mehr als ein Indiz. Entscheidend kommt es auf die vom Berufstätigen angewandten Methoden sowie auf die Zielsetzung seiner Tätigkeit an.[162] Bei wissenschaftlicher Tätigkeit muss es stets darum gehen, grundsätzliche Fragen bzw. konkrete Vorgänge nach streng objektiven und sachlichen Gesichtspunkten in ihren Ursachen zu erforschen, zu begründen und in einen Verständniszusammenhang zu bringen. Dazu gehört insbesondere, dass die Tätigkeit von ihrer Methodik her nachprüfbar und nachvollziehbar ist.[163] Daher sind *Erfinder* nur dann als Wissenschaftler einzustufen, wenn sie mit wissenschaftlichen Methoden arbeiten, die ihre Erfindung als Ergebnis einer systematischen Forschungstätigkeit erscheinen lassen.[164]

bb) Künstler. Schwierigkeiten bereitet die Einordnung als Künstler, da es einen allgemein anerkannten Kunstbegriff nicht gibt. Regelmäßig ist für die freiberufliche Tätigkeit als Künstler eine eigenschöpferische Tätigkeit mit einer gewissen Gestaltungshöhe zu fordern.[165] Das Kennzeichen der künstlerischen Betätigung bildet die **schöpferische Gestaltung,** in der Eindrücke, Erfahrungen und Erlebnisse des Künstlers durch das Medium einer bestimmten Formensprache zu unmittelbarer Anschauung gebracht werden.[166] Dafür ist erforderlich, dass der Künstler bei Herstellung des Werkes an allen künstlerisch relevanten Tätigkeiten selbst mitwirkt und entscheidenden Einfluss auf die Gestaltung nimmt.[167] 73

Bei der Frage, ob und inwieweit die eigenschöpferische Leistung über die hinreichende Beherrschung der Technik hinaus eine gewisse **Gestaltungshöhe** erreichen muss, ist zwischen zweckfreier Kunst und Gebrauchskunst zu unterscheiden. Bei der *freien Kunst,* deren Werke wie im Fall von Bildern oder Kompositionen nicht primär Gebrauchszwecken dienen, sondern vor allem eine ästhetische Wirkung hervorbringen sollen, bedarf es der Feststellung einer ausreichenden künstlerischen Gestaltungshöhe nicht. Hier genügt bereits das Abstellen auf die Verkehrsauffassung, um der Tätigkeit das Attribut künstlerisch zukommen zu lassen.[168] Insoweit kann auch die reproduzierende Tätigkeit, etwa diejenige eines Musikers oder Sängers, als künstlerisch einzustufen sein.[169] Demgegenüber müssen die Arbeitsergebnisse der *Gebrauchskunst,* die einen praktischen Nützlichkeitswert aufweisen, nicht nur eine individuelle Anschauungsweise und besondere Gestaltungskraft des Künstlers zum Ausdruck bringen, sondern auch eine gewisse künstlerische Gestaltungshöhe erreichen.[170] Ein gewerblicher Verwendungszweck – wie etwa bei Werbefotos oder im Rahmen 74

[161] *Schick* (Fn. 98) S. 22; *Brandt* in *Herrmann/Heuer/Raupach* EStG § 18 Anm. 92; *Stuhrmann* in *Kirchhof/Söhn/Mellinghoff* EStG § 18 RdNr. B 52; *Schmidt/Wacker* EStG § 18 RdNr. 63; *Michalski/Römermann* RdNr. 85; *Lenz* in *M/W/H/L* RdNr. 66.

[162] *Schick* (Fn. 98) S. 22.

[163] BFH BStBl. 1952 III S. 165, 166; BFH BStBl. 1965 III S. 263; BFH BStBl. 1976 II S. 464, 465; *Schmidt/Wacker* EStG § 18 RdNr. 62; *Lenz* in *M/W/H/L* RdNr. 66; *Michalski/Römermann* RdNr. 86.

[164] BFH BStBl. 1976 II S. 464, 465; *Schmidt/Wacker* EStG § 18 RdNr. 64; *Littmann/Steinhauff* EStR § 18 RdNr. 89f.; *Stuhrmann* in *Kirchhof/Söhn/Mellinghoff* EStG § 18 RdNr. B 58; *Michalski/Römermann* RdNr. 86.

[165] BFH BStBl. 1983 II S. 7, 8; BFH BStBl. 1981 II S. 21, 22; *Schmidt/Wacker* EStG § 18 RdNr. 66; *Littmann/Steinhauff* EStR § 18 RdNr. 91; wohl auch *Michalski/Römermann* RdNr. 88.

[166] BVerfGE 30, 173, 189 = NJW 1971, 1645. Zwar erkennt das BVerfG inzwischen über diesen materiellen Kunstbegriff hinaus weitere Ausdrucksformen als ebenfalls verfassungsrechtlich geschützte Kunst an (sog. offener Kunstbegriff), vgl. BVerfGE 67, 213, 225ff. = NJW 1985, 261. Für das PartGG hindert das aber nicht das Anknüpfen an den materiellen Kunstbegriff als freiberuflich relevante Kunstform.

[167] BFH BStBl. 1981 II S. 170, 172; *Schmidt/Wacker* EStG § 18 RdNr. 71.

[168] BFH BStBl. 1981 II S. 21; *Schmidt/Wacker* EStG § 18 RdNr. 66; *Stuhrmann* in *Kirchhof/Söhn/Mellinghoff* EStG § 18 RdNr. B 61; *Michalski/Römermann* RdNr. 88.

[169] BFH BStBl. 1983 II S. 7, 8; *Littmann/Steinhauff* EStR § 18 RdNr. 101; *Schmidt/Wacker* EStG § 18 RdNr. 66; *Stuhrmann* in *Kirchhof/Söhn/Mellinghoff* EStG § 18 RdNr. B 59; *Michalski/Römermann* RdNr. 88; *Lenz* in *M/W/H/L* RdNr. 68.

[170] BFH BStBl. 1981 II S. 21, 22; hieran ist für das PartGG trotz der Kritik festzuhalten, die an dem Erfordernis der Gestaltungshöhe aus steuerrechtlicher Sicht geübt wird (vgl. *Schmidt/Wacker* EStG § 18 RdNr. 67; *Stuhrmann* in *Kirchhof/Söhn/Mellinghoff* EStG § 18 RdNr. B 62; *Heuer* DStR 1983, 638, 639). Gebrauchskünstler, deren Tätigkeit keine Gestaltungshöhe aufweist, üben eher eine handwerkliche Tätigkeit aus. Ihnen stehen über § 105 Abs. 2 HGB geeignete Gesellschaftsformen des Handelsrechts zur Verfügung; so auch *Lenz* in *M/W/H/L* RdNr. 68; *Michalski/Römermann* RdNr. 89.

der Gebrauchsgraphik – schließt das Vorliegen einer künstlerischen Tätigkeit solange nicht aus, als der Kunstwert den Gebrauchswert übersteigt.[171] Unter den **Begriff des Künstlers** können daher neben Bildhauern, Malern, Komponisten, Sängern, Musikern, Dirigenten oder Schauspielern je nach Lage des Falles auch Designer, Gebrauchsgraphiker, Modeschöpfer und im Einzelfall sogar Fotografen fallen.[172]

75 **cc) Schriftsteller.** Wissenschaftler oder Künstler kann auch der Schriftsteller sein. Überschneidungen zwischen diesen Tätigkeiten sind möglich, ohne dass es letztlich darauf ankommt, unter welchen dieser Begriffe man im Einzelfall die Tätigkeit subsumiert. Im Vergleich zu den Begriffen des Wissenschaftlers und des Künstlers weist derjenige des Schriftstellers allerdings die klareren Konturen auf, so dass er sich leichter als die beiden anderen nach formalen Kriterien abgrenzen lässt.[173] Als **freiberuflicher Schriftsteller gilt,** wer in selbstständiger Gestaltung eigene Gedanken schriftlich *für die Öffentlichkeit* niederlegt.[174] Es kommt also darauf an, dass derjenige, der diese Tätigkeit ausübt, auch tatsächlich schreibt, weshalb etwa der Hersteller von Fernsehdokumentarfilmen kein Schriftsteller ist.[175] Demgegenüber spielt die Art und Weise, wie das Geschriebene an die Öffentlichkeit kommt, keine Rolle. Es schadet daher nicht, wenn die Produkte eines Schriftstellers über Rundfunk oder Fernsehen verbreitet werden.[176] Wesentlich ist vielmehr, dass die Schriftwerke überhaupt am „allgemeinen Öffentlichkeitsverkehr" teilnehmen. Wer ohne Veröffentlichungsabsicht nur für sich selbst oder für einen bestimmten Auftraggeber schreibt, fällt nicht unter den Begriff des Schriftstellers.[177] Auf den jeweiligen Inhalt des Geschriebenen kommt es nicht an; neben der selbstständigen Niederlegung eigener Gedanken genügt die Tatsache der Veröffentlichung.[178] Insbesondere ist nicht erforderlich, dass die schriftstellerische Arbeit wissenschaftlicher oder künstlerischer Natur ist.[179]

76 **dd) Lehrer und Erzieher.** Schließlich gehört auch die *selbstständige Berufstätigkeit* der Lehrer und Erzieher zu den freien Berufen iS des Satzes 2. Beide Tätigkeiten sind meist eng miteinander verwandt, gehen zT ineinander über und fallen daher häufig auch zusammen.[180] Während der *Lehrer* vornehmlich Kenntnisse und Fertigkeiten an Dritte vermittelt, steht beim *Erzieher* die Bildung des Charakters und der Persönlichkeit insbesondere von Heranwachsenden im Vordergrund.[181] Auf den **Gegenstand des Unterrichts** kommt es nicht an. Unter den Begriff des Lehrers fallen daher auch Reit-, Tanz-, Sport-, Fahrlehrer usw.[182] Für die Tätigkeit des Erziehers ist eine pädagogische Vorbildung oder die Ablegung einer fachlichen Prüfung nicht erforderlich. Sie kann vielmehr auch allein auf Grund eigener praktischer Erfahrungen ausgeübt werden.[183]

[171] BFH BStBl. 1977 II S. 474; *Schmidt/Wacker* EStG § 18 RdNr. 67; *Michalski/Römermann* RdNr. 89.

[172] Begr. RegE BT-Drucks. 12/6152 S. 10; zust. *Michalski/Römermann* RdNr. 89; aA – zumindest hinsichtlich der Designer – *Lenz* in *M/W/H/L* RdNr. 68.

[173] *Schick* (Fn. 98) S. 25.

[174] BFH BStBl. 1976 II S. 192, 193; *Schmidt/Wacker* EStG § 18 RdNr. 77; *Stuhrmann* in *Kirchhof/Söhn/Mellinghoff* EStG § 18 RdNr. B 67; *Michalski/Römermann* RdNr. 91; *Lenz* in *M/W/H/L* RdNr. 69.

[175] *Brandt* in *Herrmann/Heuer/Raupach* EStG § 18 Anm. 112; in diesen Fällen wird freilich in der Regel der Katalogberuf des Journalisten vorliegen.

[176] *Brandt* in *Herrmann/Heuer/Raupach* EStG § 18 Anm. 112; *Schick* (Fn. 98) S. 25; aA noch RFHE 53, 74, 75.

[177] *Brandt* in *Herrmann/Heuer/Raupach* EStG § 18 Anm. 113. Es kann dann aber eine wissenschaftliche oder künstlerische Tätigkeit vorliegen.

[178] Es ist also im Gegensatz zum Kunstbegriff kein inhaltlicher Mindeststandart erforderlich, vgl. *Michalski/Römermann* RdNr. 91; *Schick* (Fn. 98) S. 25 f.

[179] BFH BStBl. 1958 III S. 316, 317; *Schmidt/Wacker* EStG § 18 RdNr. 77; *Michalski/Römermann* RdNr. 91; aA *Stuhrmann* in *Kirchhof/Söhn/Mellinghoff* EStG § 18 RdNr. B 68.

[180] *Schick* (Fn. 98) S. 26. In § 18 Abs. 1 Nr. 1 S. 2 ist der Begriff des Lehrers nicht enthalten; eine unterschiedliche Handhabung der Tätigkeiten von Lehrern und Erziehern war mit der Aufnahme des Begriffes Lehrer ins PartGG nicht beabsichtigt, vgl. Begr. RegE BT-Drucks. 12/6152 S. 10.

[181] *Michalski/Römermann* RdNr. 92, 94; *Lenz* in *M/W/H/L* RdNr. 70, 71; zum Begriff des Erziehers vgl. auch BFH BStBl. 1975 II S. 389.

[182] BFH BStBl. 1982 II S. 589; *Schmidt/Wacker* EStG § 18 RdNr. 83; *Schick* (Fn. 98) S. 26; teilweise abw. aber *Lenz* in *M/W/H/L* RdNr. 70 (nur Fahr- und Diplom-Sportlehrer).

[183] BFH BStBl. 1974 II S. 642, 643; *Schmidt/Wacker* EStG § 18 RdNr. 83; *Littmann/Steinhauff* EStR

IV. Der Vorrang des Berufsrechts (Abs. 3)

1. Grundsatz. Die Vorschrift des § 1 Abs. 3 stellt das im PartGG geregelte, grundsätzlich einheitliche Organisationsrecht für Zusammenschlüsse Freier Berufe unter den – rechtlich selbstverständlichen – Vorbehalt, dass das für einzelne Freie Berufe geltende Berufsrecht die Verwendung der Rechtsform der Partnerschaft entweder ausschließt oder von weiteren Voraussetzungen abhängig macht. Der Vorbehalt ist angesichts der Spezialität des Berufsrechts **klarstellender Natur.** Entsprechendes gilt für die in die gleiche Richtung zielenden Vorrangregelungen des § 6 Abs. 1 betreffend die Leistungserbringung gegenüber Dritten im Rahmen der Partnerschaft und des § 8 Abs. 3 betreffend die Möglichkeit, für „einzelne Berufe" kraft Gesetzes eine höhenmäßige Haftungsbeschränkung der Partnerschaft für Schäden aus fehlerhafter Berufsausübung zuzulassen. Eine dem Berufsrecht vorgehende, partnerschaftsspezifische **Sonderregelung** findet sich demgegenüber allerdings in dem *Haftungsprivileg des § 8 Abs. 2*; als rechtsformspezifisches Sonderrecht setzt sie sich auch gegen weitergehende berufsrechtliche Haftungsanforderungen durch (§ 8 RdNr. 2). 77

Der Vorrang des Berufsrechts ist nicht etwa dahin zu verstehen, dass dessen Regelungen ihrerseits in der Lage sind, das Organisationsrecht des PartGG zu ändern, soweit derartige Abweichungen nicht, wie beim Namen einer Steuerberatungs- oder Wirtschaftsprüfungs-Partnerschaft (§ 2 RdNr. 13), kraft Gesetzes ausdrücklich zugelassen sind. Es gilt das **Prinzip des kleinsten gemeinsamen Nenners:**[184] Zusammenschlüsse in der Rechtsform der Partnerschaft müssen zu ihrer Wirksamkeit grundsätzlich sowohl die Vorgaben des PartGG als auch die jeweiligen berufsrechtlichen Regelungen beachten. Zur Berücksichtigung des Berufsrechts durch das Registergericht bei Prüfung der Anmeldung einer Gesellschaft und zur Einschaltung der Organe des jeweiligen Berufsstands in zweifelhaften Fällen vor Eintragung in das Partnerschaftsregister vgl. §§ 4, 5 RdNr. 11 ff., 40 ff. 78

2. Berufsrechtlicher Ausschluss der Partnerschaft? a) Apotheker, Notare. Den **Apothekern** stehen nach § 8 ApothG als zulässige Kooperationsformen ausschließlich die GbR und die OHG offen; dabei besteht allerdings nur ein eingeschränktes Wahlrecht zwischen diesen beiden Gesellschaftsformen nach Maßgabe von § 105 Abs. 2 HGB, da im Fall der Dimensionen eines Handelsgewerbes (§ 1 Abs. 2 HGB) an der Rechtsform der OHG kein Weg vorbeiführt.[185] Daran sollte sich auch durch das PartGG nichts ändern. Schon deshalb wurde im PartGG darauf verzichtet, die Apotheker in den Katalog der freien Berufe in § 1 Abs. 2 aufzunehmen;[186] ein Vorrang des Berufsrechts vor dem PartGG steht daher genau genommen nicht in Frage. Ob die Apotheker außerhalb dieses Gesetzes noch als Freier Beruf anzusehen sind oder ob sie, wegen des seit langem deutlichen Überwiegens der Anschaffung und Weiterveräußerung von Arzneimitteln gegenüber deren persönlicher Herstellung, ein Handelsgewerbe betreiben, kann für den Anwendungsbereich des PartGG offen bleiben.[187] 79

Was den bisher allgemein bejahten Ausschluss der **Notare** vom Zugang zur Rechtsform der Partnerschaft angeht, wurde er nicht nur auf Schranken des Berufsrechts, sondern auch darauf gestützt, dass der Gesetzgeber die Notare abweichend von § 18 Abs. 1 Nr. 1 EStG bewusst nicht in die Katalogberufe des Abs. 2 S. 2 aufgenommen habe.[188] Den Grund hierfür sah man in der Ausübung eines öffentlichen Amtes durch den Notar; sie schließe 80

§ 18 RdNr. 123; *Michalski/Römermann* RdNr. 93, 95.

[184] Vgl. Begr. RegE BT-Drucks. 12/6152 S. 11; *Michalski/Römermann* RdNr. 100 m. weit. Nachw. in Fn. 413.

[185] Eine GbR können mehrere Apotheker daher nur gründen, wenn ihre Apotheke nichtkaufmännischen Umfang hat, was praktisch kaum noch vorkommt, vgl. *Schiedermair/Pieck,* ApothG, 3. Aufl. 1981, § 8 RdNr. 25 f.; *Hoffmann,* ApothG, 1961, § 8 RdNr. 3; *Breyer,* Gesetz über das Apothekenwesen, 1961, § 8 Anm. 1.

[186] Vgl. Begr. RegE BT-Drucks. 12/6152 S. 10.

[187] Vgl. dazu BGH NJW 1983, 2085, 2086; *Michalski/Römermann* RdNr. 36; *Lenz* in *M/W/H/L* RdNr. 45; für (Handels-)Gewerbe MünchKommHGB/*K. Schmidt* § 1 RdNr. 26; *Baumbach/Hopt* HGB § 1 RdNr. 19.

[188] *Henssler* RdNr. 39; *Michalski/Römermann* RdNr. 35 a; *Seibert* in *E/B/J* RdNr. 14.

eine Teilnahme an der Partnerschaft aus.[189] Vor dem Hintergrund des Art. 12 GG und seiner Bedeutung für die Zulassung der Kooperation von Freiberuflern[190] vermag diese pauschale Begründung nicht zu überzeugen. Nachdem der Gesetzgeber durch Neufassung des § 9 Abs. 1 BNotO im Jahr 1998[191] die gemeinschaftliche Berufsausübung von zur hauptberuflichen Amtsausübung bestellten Notaren grundsätzlich zugelassen und zugleich die Ermächtigung der Landesregierungen in Abs. 1 S. 3 aufgrund der Neuaufnahme der Ziff. 2 dahin präzisiert hat, durch Rechtsverordnung nicht nur die Zulassung von einer Genehmigung abhängig zu machen, sondern zugleich auch die Voraussetzungen dieser Zulassung zu regeln,[192] dürfte für einen generellen landesrechtlichen Ausschluss der gemeinsamen Berufsausübung durch (Nur-)Notare kein Raum mehr sein.[193] Damit entfallen aber auch die Gründe des Gesetzgebers, den Notaren die PartG als organisatorischen Rahmen ihrer Zusammenarbeit vorzuenthalten.[194] Dem lässt sich durch Subsumtion der Notare unter die (den rechtsberatenden Berufen) *ähnlichen Berufe* iS von Abs. 2 S. 2 Rechnung tragen, ohne dass es hierfür einer ausdrücklichen Ergänzung der Katalogberufe in Abs. 2 S. 2 bedarf. Der Umstand, dass in der Naturpraxis die Mandate auch bei Notar-Sozietäten mit Rücksicht auf die Anforderungen des § 9 Abs. 3 BNotO typischer Weise einem bestimmten Notar als *Einzelmandat* erteilt werden, steht dem Zugang der Nur-Notare zur PartG nicht entgegen. Soweit es um die Kooperation von *Anwaltsnotaren* geht, sind diese durch die Qualifikation als Notar ohnehin nicht gehindert, zur Ausübung ihrer Anwaltstätigkeit gemeinsam mit anderen Rechtsanwälten eine Partnerschaft zu gründen[195] (zur interprofessionellen Kooperation vgl. RdNr. 83).

81 **b) Sonstige?** Ausführlicher diskutiert wurde alsbald nach Erlass des PartGG die Frage eines auf Berufsrecht beruhenden Ausschlusses von der Partnerschaft für *Steuerberater* und *Wirtschaftsprüfer* als Mitglieder einer Partnerschaft.[196] Der Gesetzgeber des PartGG hatte insoweit zwar durch Änderung der §§ 49 Abs. 1 StBerG, 27 Abs. 1 WPO klargestellt, dass eine *Anerkennung* als Steuerberatungs- oder Wirtschaftsprüfungs*gesellschaft* auch für Zusammenschlüsse in der Rechtsform der Partnerschaft möglich ist. Aufgrund eines Redaktionsfehlers hatte er es jedoch zunächst versäumt, eine entsprechende Einbeziehung der Partnerschaft auch in diejenigen Vorschriften vorzusehen, die wie §§ 56 Abs. 1 StBerG, 44 b Abs. 1 WPO den Zusammenschluss von Steuerberatern bzw. Wirtschaftsprüfern zur gemeinschaftlichen Berufsausübung in Sozietäten ohne besondere Erwähnung der PartG gestatten.[197] Nachdem dieses Regelungsdefizit zwischenzeitlich vor allem in Bezug auf die Beteiligung von Wirtschaftsprüfern an „einfachen" Partnerschaften zu Schwierigkeiten geführt hatte,[198] hat der Gesetzgeber jetzt durch Neufassung von § 56 StBerG und § 43 a Abs. 2 S. 1 WPO[199] in der Weise Klarheit geschaffen, dass er die PartG als Rechtsform für

[189] So Begr. RegE BT-Drucks. 12/6152 S. 10.

[190] Vgl. dazu nur *Scholz* in *Maunz/Dürig* GG Art. 12 RdNr. 225 m. Nachw. zur Rspr. des BVerfG; zur Zulassung interprofessioneller Sozietäten von Anwaltsnotaren auch *Casper* ZIP 1996, 1501, 1502 ff.

[191] Durch Gesetz v. 31. 8. 1998 BGBl. I S. 2585.

[192] So § 9 Abs. 1 S. 2 Nr. 1 und 2 BNotO. Zur Rechtslage vor 1998 vgl. 3. Aufl. RdNr. 80 Fn. 173.

[193] Vgl. RdNr. 48; anders freilich (ohne Begründung) die Kommentare zu § 9 Abs. 1 nF BNotO, vgl. die Nachw. in Fn. 95.

[194] So – für die Anwaltsnotare – auch *Casper* JZ 1996, 1506 f.

[195] Vgl. § 59 a Abs. 1 S. 3 BRAO und § 9 Abs. 2 BNotO; Begr. RegE PartGG BT-Drucks. 12/6152 S. 10; *Casper* ZIP 1996, 1501 f.; *Michalski/Römermann* RdNr. 35; *Hornung* Rpfleger 1995, 481, 483; *Schippel* BNotO (Fn. 95) § 9 RdNr. 9 ff.

[196] Vgl. *Eggesiecker/Keuenhof* BB 1995, 2049 ff.; *Michalski/Römermann* RdNr. 107 ff.; *Seibert* DB 1994, 2381, 2383 f.; *Knoll/Schüppen* DStR 1995, 608, 610; *Bösert* ZAP 1994, 765, 772 f.; *Mittelsteiner* DStR 1994, Beil. zu Heft 37, S. 37; *Gilgan* StB 1995, 28 ff.

[197] Vgl. *Henssler* RdNr. 156 ff.; *Michalski/Römermann* RdNr. 107 f.; *Seibert* in *E/B/J* RdNr. 42 ff. und *ders.* DB 1994, 2381, 2383 f.

[198] Die Zulässigkeit der Beteiligung von Wirtschaftsprüfern deshalb verneinend AG Mannheim BRAK-Mitt. 1997, 93, 94 (m. abl. Anm. *Seibert*) und zuvor schon *Burret* WPK-Mitt. 1994, 201, 26 f.; so für Steuerberater auch *Mittelsteiner* DStR 1994, Beil. zu Heft 37; aA die hM, vgl. die Nachw. in Fn. 198, 199 und LG München I NJW 1998, 1158.

[199] Die Klarstellung in Bezug auf die Wirtschaftsprüfer war zunächst – leichter nachvollziehbar – in § 44 b Abs. 1 WPO erfolgt (Gesetz v. 31. 8. 1998, BGBl. I S. 2600), hatte dort aber andere Zweifelsfragen ausgelöst. Deshalb entschloss sich der Gesetz-

die gemeinsame Berufsausübung auch außerhalb anerkannter Steuerberatungs- und Wirtschaftsprüfergesellschaften ausdrücklich erwähnt.[200]

3. Zusätzliche Voraussetzungen des Berufsrechts. a) Begrenzung interprofessioneller Partnerschaften. Den wichtigsten Regelungsbereich für den Vorrang des Berufsrechts bilden die berufsrechtlichen Schranken interprofessioneller Zusammenarbeit der Angehörigen Freier Berufe. Ausdrückliche Regelungen dieser Art finden sich in § 59a Abs. 1 BRAO, § 52a PatAO; danach dürfen **Rechtsanwälte** und **Patentanwälte** sich zur gemeinschaftlichen Berufsausübung mit Steuerberatern, Steuerbevollmächtigten, Wirtschaftsprüfern und vereidigten Buchprüfern verbinden. Eine inhaltsgleiche, auf **Steuerberater** bezogene Regelung enthält § 56 Abs. 1 StBerG. Demgegenüber wird für **Wirtschaftsprüfer** der Kreis der kompatiblen Berufe in § 44b Abs. 1 WPO durch Verweisung auf diejenigen Freien Berufe definiert, denen nach § 53 Abs. 1 Nr. 3 StPO ein Zeugnisverweigerungsrecht zusteht. Das sind neben Rechtsanwälten, Patentanwälten, vereidigten Buchprüfern, Steuerberatern und Steuerbevollmächtigten auch Ärzte, Zahnärzte und Hebammen, wobei aus der Sicht der zuletzt genannten Freien Berufe die Kompatibilität mit Wirtschaftsprüfern allerdings zu verneinen ist (RdNr. 84). 82

Einer gesonderten Beurteilung bedürfen die **Anwaltsnotare.** Sie durften sich nach der bisherigen höchstrichterlichen Rechtsprechung auch in ihrer Eigenschaft als Rechtsanwälte nur mit anderen Rechtsanwälten, Steuerberatern und Kammerrechtsbeiständen (vgl. § 209 BRAO), nicht aber mit Wirtschaftsprüfern und vereidigten Buchprüfern zusammenschließen.[201] Dieses Verbot der Assoziierung ließ sich seit Erlass des § 59a Abs. 1 S. 3 BRAO[202] angesichts von dessen eindeutigem Wortlaut entgegen mehreren neueren BGH-Urteilen[203] nicht mehr aufrechterhalten, soweit es den Anwaltsnotar in seiner Funktion als Rechtsanwalt betrifft.[204] Der Gesetzgeber hat den Bedenken gegen die bisherige Praxis inzwischen durch Neuregelung der interprofessionellen Partnerschaften unter Beteiligung von Anwaltsnotaren in § 9 Abs. 2 BNotO[205] Rechnung getragen und ausdrücklich die Wirtschaftsprüfer und vereidigten Buchprüfer als kompatible Freie Berufe aufgenommen. 83

Vorschriften über die Zulässigkeit gemeinschaftlicher Berufsausübung finden sich auch im Standesrecht der **Ärzte.** Dort bestimmt Kap. B § 22 iVm. Kap. D Nr. 9 Abs. 2 der Muster-Berufsordnung der Ärzte (MBO-Ä) von 1997,[206] die zu ihrer Verbindlichkeit der Umsetzung in die jeweiligen Berufsordnungen der Landesärztekammern bedarf, dass Ärzte sich mit Zahnärzten, Psychotherapeuten, Diplom-Psychologen, Sozial- und Heilpädagogen, Klinischen Chemikern sowie mit Angehörigen einer Reihe staatlich anerkannter, nicht akademischer Heilberufe wie Hebammen, Logopäden, Ergo- und Physiotherapeuten zu einer medizinischen Kooperationsgemeinschaft zusammenschließen dürfen. Demgegenüber scheidet ein Zusammenschluss mit rechts- oder steuerberatenden Berufen u. a. aus. 84

b) Sonstige. Von § 2 Abs. 1 abweichende Vorschriften über den **Namen** einer anerkannten Steuerberatungs- oder Wirtschaftsprüfungsgesellschaft finden sich in §§ 53 S. 2 StBerG, 31 S. 2 WPO (§ 2 RdNr. 13). Das Recht zur Errichtung weiterer **Niederlassun-** 85

geber zu erneuter Korrektur durch entsprechende Änderung des § 43a Abs. 2 S. 1 unter gleichzeitiger Rückkehr zu § 44b Abs. 1 aF WPO (Gesetz v. 19. 12. 2000 BGBl. S. 1769). Eine sachliche Änderung sollte sich damit aber nicht verbinden (Reg. Begr. BT-Drucks. 14/3649 S. 24).

[200] Dazu *Michalski/Römermann* RdNr. 110 und *Seibert* in *E/B/J* RdNr. 44 (jew. betr. § 44b Abs. 1 WPO).

[201] Vgl. nur BVerfGE 80, 269, 279 ff. = DNotZ 1989, 627 (Zulässigkeit der Verbindung auch mit Nur-Steuerberatern); BGHZ 64, 214, 217 ff. = NJW 1975, 1414; BGHZ 75, 296 ff. = NJW 1980, 596; (jew. Unzulässigkeit der Verbindung mit Wirtschaftsprüfern); aA *Casper* ZIP 1996, 1501, 1503 f.; *Kornblum* NJW 1976, 8, 9 ff.; *Spielberg* WPg. 1976, 8, 10 f.

[202] Durch Gesetz v. 2. 9. 1994, BGBl. I S. 2278.

[203] BGH NJW 1996, 392 f.; BGH ZIP 1996, 1789 m. abl. Anm. *Casper* EWiR 1996, 931 – vorläufig außer Vollzug gesetzt durch BVerfG BB 1996, 2372; BGH DNotZ 1996, 916 und 917 (vereidigte Buchprüfer).

[204] BVerfG NJW 1998, 2269, 2270 ff.; so zutr. auch schon KG AnwBl. 1995, 101, 102 f. (Vorinstanz zu BGH NJW 1996, 392) und *Casper* ZIP 1996, 1501, 1502 ff.

[205] Durch Gesetz v. 31. 8. 1998, BGBl. I S. 2585.

[206] Abgedruckt in NJW 1997, 3076 (3078, 3081).

gen wird teilweise von zusätzlichen Voraussetzungen wie der verantwortlichen Tätigkeit eines als Rechts- oder Patentanwalt bzw. als Steuerberater zugelassenen Mitglieds der Sozietät am Ort der jeweiligen Niederlassung (§§ 59 a Abs. 2 BRAO, 52 a Abs. 2 PatAO, § 56 Abs. 1 S. 4 StBerG) abhängig gemacht. Ausgeschlossen sein soll es nach Kap. D Nr. 8 Abs. 2 MBO-Ä 1997[207] für unmittelbar patientenbezogen tätige Ärzte, da sie nur *einen* gemeinsamen Praxissitz haben dürfen.

86 An den **Inhalt des Partnerschaftsvertrags** und das Innenverhältnis der Partner können berufsrechtlich zusätzliche, über das PartGG hinausgehende Anforderungen gestellt werden.[208] Schließlich finden sich auch für die **Liquidation** einer Partnerschaft vereinzelt berufsrechtliche Sondervorschriften (vgl. § 10 RdNr. 16).

V. Die subsidiäre Anwendung des BGB-Gesellschaftsrechts (Abs. 4)

87 Die subsidiäre Verweisung auf das BGB-Gesellschaftsrecht in § 1 Abs. 4 hat rein **klarstellende** Funktion. Dessen Anwendung folgt schon daraus, dass die Partnerschaft eine Sonderform der GbR darstellt (RdNr. 7). Dem entspricht das ergänzende Eingreifen des Rechts der GbR, soweit das PartGG weder unmittelbar noch durch Verweisung auf das OHG-Recht Sondervorschriften enthält. Aus diesen Gründen hatte der RegE PartGG noch auf die Aufnahme einer Vorschrift nach Art des § 1 Abs. 4 verzichtet; auf Intervention des Bundesrats[209] wurde sie dann doch in die Endfassung des PartGG aufgenommen.

88 Die **Bedeutung** der ergänzenden Anwendung von BGB-Gesellschaftsrecht beschränkt sich auf wenige, freilich zentrale Bereiche. So sind die Vorschriften der §§ 705 bis 708 BGB über den Gesellschaftsvertrag, die Beiträge und die Sorgfaltspflichten der Gesellschafter auch auf die Partnerschaft anwendbar (RdNr. 11 f.; § 6 RdNr. 40 f.). Entsprechendes gilt für die Vorschriften der §§ 717 bis 719 BGB über die begrenzte Übertragbarkeit der Mitgliedschaftsrechte und die gesamthänderische Bindung des Gesellschaftsvermögens (RdNr. 7). An Stelle des Gewinnverteilungsrechts in der OHG greifen die Vorschriften der §§ 721 Abs. 2, 722 BGB ein (§ 6 RdNr. 44 ff.). Die Rechtsfolgen des Ausscheidens einzelner Partner aus der fortbestehenden Partnerschaft richten sich nach §§ 738 bis 740 BGB, da das OHG-Recht hierfür keine Sonderregelung bereithält. Rückverweisungen auf das BGB-Gesellschaftsrecht können sich schließlich auch auf dem Weg über § 105 Abs. 3 HGB ergeben, so für das ergänzende Eingreifen von § 723 Abs. 3 BGB im Rahmen der Verweisung des § 9 Abs. 1 auf § 132 HGB (§ 9 RdNr. 7).

§ 2 Name der Partnerschaft

(1) [1] Der Name der Partnerschaft muß den Namen mindestens eines Partners, den Zusatz „und Partner" oder „Partnerschaft" sowie die Berufsbezeichnungen aller in der Partnerschaft vertretenen Berufe enthalten. [2] Die Beifügung von Vornamen ist nicht erforderlich. [3] Die Namen anderer Personen als der Partner dürfen nicht in den Namen der Partnerschaft aufgenommen werden.

(2) § 18 Abs. 2, §§ 21, 22 Abs. 1, §§ 23, 24, 30, 31 Abs. 2, §§ 32 und 37 des Handelsgesetzbuchs sind entsprechend anzuwenden; § 24 Abs. 2 des Handelsgesetzbuchs gilt auch bei Umwandlung einer Gesellschaft bürgerlichen Rechts in eine Partnerschaft.

[207] AaO (Fn. 206) S. 3080.

[208] Etwa die berufsrechtliche Pflicht zum Ausscheiden aus der Partnerschaft, wenn der Partner seinen Beruf in der Gesellschaft nicht mehr aktiv ausübt; ebenso wohl *Feddersen/Meyer-Landrut* RdNr. 41; im Grundsatz auch *Michalski/Römermann* § 3 RdNr. 21.

[209] Vgl. die Stellungnahme des BRates (BT-Drucks. 12/6152 S. 25 f.), der befürchtete, dass das Fehlen einer Pauschalverweisung auf das HGB insoweit zu Missverständnissen führen könnte.

Übersicht

	RdNr.
I. Einführung	1–4
1. Normzweck	1–3
2. Reform	4
II. Notwendige Namensbestandteile (Abs. 1 S. 1)	5–14
1. Grundsatz	5–7
2. Name mindestens eines Partners	8–10
3. Rechtsformzusatz	11
4. Berufsbezeichnungen	12, 13
a) Vollständigkeit	12
b) Sondervorschriften für Steuerberatungs- und Wirtschaftsprüfungsgesellschaften	13
5. Anforderungen des Berufsrechts	14
III. Sonstige Namenszusätze	15
IV. Verweis auf das HGB-Firmenrecht (Abs. 2)	16–25
1. Funktion der Verweisung	16
2. Namenswahrheit	17–19
3. Namensbeständigkeit	20–22
a) Grundsatz	20
b) Einschränkungen	21, 22
4. Namensausschließlichkeit	23
5. Sonstige Verweisungen	24, 25
a) Eintragungen von Amts wegen	24
b) Unzulässiger Namensgebrauch	25

I. Einführung

1. Normzweck. Die Vorschrift des § 2 enthält in **Abs. 1** nähere Regelungen über die **Mindestanforderungen an den Namen der Partnerschaft.** Entsprechend deren Rechtsnatur als Personengesellschaft muss der Name mindestens eines Partners aufgenommen werden. Der in sachlicher Übereinstimmung mit § 19 Abs. 1 HGB obligatorische Rechtsformzusatz „und Partner" oder „Partnerschaft" soll auf die Art der Rechtsform hinweisen und sie im Rechtsverkehr insbesondere von der gemeinsamen Ausübung freiberuflicher Tätigkeiten in der Rechtsform der GbR abgrenzen; zu diesem Zweck wird er durch § 11 Abs. 1 für diese Rechtsform reserviert (RdNr. 6). Die Pflicht zur Angabe aller in der Partnerschaft vertretenen, dh. den Gegenstand ihres Geschäftsbetriebs bildenden (RdNr. 12f.) Freien Berufe dient der Information des Publikums über das Angebot freiberuflicher Tätigkeiten im Rahmen der Partnerschaft (Begr. RegE BT-Drucks. 12/6152 S. 11). 1

Abs. 2 1. Halbs., führt diejenigen Regelungen des **HGB-Firmenrechts** auf, die kraft Verweisung auch für den Namen der Partnerschaft gelten. Der Verweisung bedarf es, weil die Partnerschaft keine Handelsgesellschaft ist und das HGB-Firmenrecht daher keine unmittelbare Anwendung findet. Auch die zusätzliche, auf die Umwandlung (Rechtsformwechsel, vgl. § 7 RdNr. 11) einer GbR in eine Partnerschaft bezogene Verweisung auf § 24 Abs. 2, die sich in Abs. 2 2. Halbs. findet, erklärt sich aus Notwendigkeiten der Regelungstechnik: da die umzuwandelnde Gesellschaft bis zum Wirksamwerden der Umwandlung in der Rechtsform einer GbR besteht, bedarf es ihr gegenüber zur Geltung des § 24 Abs. 2 HGB einer besonderen, über den 1. Halbs. hinausgehenden Verweisung. Die Verweisungen in Abs. 2 sind als *abschließende* gedacht; sie lassen daher keinen Raum für die analoge Anwendung derjenigen firmenrechtlichen HGB-Vorschriften ieS, die in Abs. 2 nicht erwähnt sind, darunter zB § 22 Abs. 2 HGB. Anderes gilt für die zwar im Kontext des Firmenrechts enthaltenen, jedoch nicht im engeren Sinn firmenrechtlichen Vorschriften der §§ 25 bis 28 HGB betreffend die Haftung des Erwerbers oder des Erben eines Handelsgeschäfts oder desjenigen, der als Gesellschafter einem Handelsgeschäft beitritt. Insoweit geht es um ein allgemeines *Analogieproblem,* das sich auch in Fällen einer unternehmenstragenden GbR stellt.[1] Die Nichtaufnahme dieser Vorschriften in Abs. 2 gestattet daher nicht den Umkehrschluss, der Gesetzgeber habe ihrer Anwendung auf Partnerschaften damit einen Riegel vorschieben wollen (§ 8 RdNr. 10). 2

[1] Für analoge Anwendung: *Staub/Hüffer* HGB § 25 RdNr. 83ff.; *K. Schmidt* HandelsR § 8 II 1 a und ZHR 145 (1981) 2, 21ff.; aA RGZ 55, 83, 85; BGHZ 22, 234, 240 = NJW 1957, 179; BGH NJW 1992, 112; *Baumbach/Hopt* HGB § 25 RdNr. 2; diff. *Heymann/Emmerich* HGB § 25 RdNr. 10 (für Minderkaufleute); *Schricker* ZGR 1972, 121, 155 und MünchKommHGB/*Lieb* § 25 RdNr. 29f. (bei Erwerb durch Vollkaufmann).

3 Die Regelungen des § 2 Abs. 2 werden ergänzt durch die Verweisung in § 4 Abs. 1 auf die für die OHG geltenden **Anmeldevorschriften** der §§ 106 Abs. 1, 108 HGB und durch diejenige in § 5 Abs. 2 auf das **Handelsregisterrecht** in §§ 8 ff. HGB (mit Ausnahme der nur für Kapitalgesellschaften geltenden Vorschriften der §§ 13 a, 13 b, 13 e bis 13 g HGB). Unter ihnen kommt der Verweisung auf die *Zwangsbefugnisse* des Registerrichters nach § 14 HGB sowie auf die in § 15 HGB geregelte *Registerpublizität* besondere Bedeutung zu.

4 **2. Reform.** Im Zuge des HRefG 1998 sind auch die Vorschriften des § 2 in beiden Absätzen geändert worden. Die Änderungen sind allerdings rein *redaktioneller* Natur; sie wurden durch die Streichung der Abs. 3 und 4 in § 19 aF HGB veranlasst. Deswegen mussten die im HGB gestrichenen Vorschriften aus der Verweisungskette des Abs. 2 entfernt und als eigenständige Regelungen in die neuen Sätze 2 und 3 des Abs. 1 aufgenommen werden. Sachliche Änderungen sind mit diesen Umstellungen nicht verbunden.

II. Notwendige Namensbestandteile (Abs. 1 S. 1)

5 **1. Grundsatz.** Der Name der Partnerschaft dient zu ihrer **Identifikation** beim Auftreten als solche im Rechtsverkehr; dieses wird nach dem Vorbild von OHG und KG durch die Verweisung des § 7 Abs. 2 auf § 124 HGB ausdrücklich zugelassen. Damit nähert sich der Name der Partnerschaft funktional weitgehend der Firma einer Personenhandelsgesellschaft an. Angesichts der ausdrücklichen Klarstellung in § 1 Abs. 1 S. 2, dass die Partnerschaft kein Handelsgewerbe ausübt, bedurfte es jedoch zur rechtlichen Gleichbehandlung ihres Namens mit der Firma der verschiedenen, in § 2 Abs. 2, § 4 Abs. 1 und § 5 Abs. 2 enthaltenen Regelungen über die entsprechende Anwendung des Firmen- und Handelsregisterrechts auf den Namen und das Eintragungsverfahren der Partnerschaft.

6 In sachlicher Übereinstimmung mit § 19 Abs. 1 nF HGB schreibt Abs. 1 S. 1 außer der Aufnahme mindestens eines Partnernamens (RdNr. 8) zwingend diejenige eines **Rechtsformzusatzes** in den Namen der Partnerschaft vor. Als solcher ist alternativ der Zusatz „und Partner" oder „Partnerschaft" zu wählen (vgl. näher RdNr. 11). Der Zusatz dient in Verbindung mit seiner Reservierung für die PartG durch § 11 Abs. 1 dazu, diese Rechtsform im Rechtsverkehr von anderen Gesellschaftsformen abzugrenzen, darunter vor allem von der GbR als der regelmäßigen Rechtsform des Zusammenwirkens in einer Personengesellschaft zur Verfolgung anderer als handelsgewerblicher Zwecke.[2]

7 Neben dem Rechtsformzusatz verlangt Abs. 1 S. 1 weiter die Aufnahme der **Berufsbezeichnungen** der in der Partnerschaft vertretenen Berufe. Dadurch soll das Vorliegen eines Zusammenschlusses von *Freiberuflern* dokumentiert und zugleich der Verkehr über das Dienstleistungsangebot der Partnerschaft informiert werden. Der Sache nach ähnelt der Name der Partnerschaft dadurch einer gemischten Personen- und Sachfirma. Die Aufnahme und Fortführung dieser Berufsbezeichnungen unterliegt ausschließlich dem Grundsatz der *Namenswahrheit* (RdNr. 17); auf die Namensbeständigkeit (RdNr. 20) kann eine etwaige Fortführung nicht gestützt werden. Neben den Vorgaben des Abs. 1 S. 1 zur Berufsbezeichnung sind nach § 1 Abs. 3 namentlich auch die jeweils einschlägigen *berufsrechtlichen Vorgaben* zu beachten.[3]

8 **2. Name mindestens eines Partners.** Zwingendes Erfordernis bei der erstmaligen Bildung des Partnerschaftsnamens ist die Aufnahme des **Familiennamens** mindestens eines der selbst als Freiberufler in der Partnerschaft tätigen Partner.[4] Die Beifügung des oder der Vornamen ist nach Abs. 1 S. 2 nicht erforderlich, aber auch nicht ausgeschlossen. Welche der Namen die Partner in den Namen der Partnerschaft aufnehmen wollen und ob sie sich mit *einem* Namen begnügen oder die Namen mehrerer bzw. aller Partner verwenden wollen,

[2] So zutr. BGHZ 135, 257, 259 = NJW 1997, 1854.

[3] Vgl. dazu RdNr. 14; eingehend *Michalski/Römermann* RdNr. 20 ff.; *Henssler* RdNr. 35 ff.

[4] De lege ferenda kritisch zum Festhalten an dem Namenserfordernis trotz des Verzichts hierauf in § 19 Abs. 1 nF HGB *Seibert* EWiR 2001, 287, 288.

unterliegt vorbehaltlich der durch Abs. 2 iVm. § 30 HGB gezogenen, der Namensunterscheidbarkeit dienenden Grenzen (RdNr. 23) allein ihrer Entscheidung. Vorbehaltlich eines Pseudonyms (RdNr. 9) muss es sich jedoch um den aus dem Personenstandsregister zu entnehmenden bürgerlichen Namen des oder der Partner handeln.[5] Die Aufnahme der Namen *anderer* Personen als der Partner in den Namen der Partnerschaft ist entsprechend § 19 Abs. 4 aF HGB durch Abs. 1 S. 3 ausgeschlossen.

Die Wahl eines **Berufs- oder Künstlernamens (Pseudonym)** an Stelle des Familien- 9
namens ist mit der inzwischen wohl schon hM zum kaufmännischen Firmenrecht zuzulassen.[6] Mangels Eintragung im Personenstandsregister ist freilich zur Identifikation erforderlich, dass das Pseudonym in den beteiligten Verkehrskreisen die betreffende Person kennzeichnet.[7] Auf dessen Eintragung im Personalausweis des Künstlers kommt es nicht an.[8]

Zur Frage **missbräuchlicher Namensverwendung** ist auf die zu § 19 Abs. 1 aF HGB 10
anerkannten Grundsätze zu verweisen. Eine solche liegt jedenfalls dann vor, wenn der Namensgeber sich nur *zum Schein,* um der Partnerschaft auch ohne eigene Mitarbeit die Verwendung seines Namens zu ermöglichen, als Partner ausgibt.[9] Dagegen ist die vorübergehende Beteiligung eines Freiberuflers mit bekanntem Namen an der Partnerschaft nicht allein deshalb unwirksam, weil sein Ausscheiden einige Zeit nach Eintragung der Partnerschaft von Anfang an geplant ist und sein Beitrag sich außer der vorübergehenden Mitwirkung an den von der Partnerschaft erbrachten freiberuflichen Aktivitäten im Wesentlichen in der Einbringung seines Namens erschöpft.[10] Im Einzelnen können sich hier freilich Schranken aus §§ 1, 3 UWG iVm. § 37 HGB ergeben.[11]

3. Rechtsformzusatz. Aus den in RdNr. 6 genannten Gründen ist der Rechtsform- 11
zusatz in Abs. 1 S. 1 **zwingend** angeordnet, wobei den Beteiligten regelmäßig die Wahl zwischen den Zusätzen „und Partner" (auch „& Partner"[12]) und „Partnerschaft" verbleibt. Sind freilich die Namen sämtlicher Partner in den gemeinsamen Namen aufgenommen, so würde der Zusatz „und Partner" den irreführenden Eindruck einer über die Namensgeber hinausgehenden Zahl von Partnern hervorrufen; in diesem Fall reduziert sich die Wahl daher ausnahmsweise auf den Zusatz „Partnerschaft".[13] Sonstige Zusätze wie „Co." oder „Cie.", wie sie im Handelsverkehr üblich waren, sind durch die eindeutige Regelung des Abs. 1 S. 1 im Interesse der Namensklarheit ausgeschlossen.[14] Entsprechendes ist aber auch für gegenüber Satz 1 abgewandelte Zusätze wie „PartG" geboten, jedenfalls solange sie noch keine Verkehrsgeltung erreicht haben.[15] – Zu den Übergangsvorschriften des § 11 Abs. 1 S. 2 und 3 für Gesellschaften anderer Rechtsform, die vor dem 1. 7. 1995 den Zusatz

[5] Die Namensbildung nur mit dem Geburtsnamen der einen Doppelnamen führenden Partnerin deshalb abl. OLG Karlsruhe NJW 1999, 2284 f.

[6] *Staub/Hüffer* HGB § 19 RdNr. 13 u. 26; MünchKommHGB/*Bokelmann* § 19 RdNr. 11; *Heymann/Emmerich* HGB § 19 RdNr. 5; *Heinrich,* Firmenwahrheit und Firmenbeständigkeit, 1981, S. 116 f.; sowie zur Parallelvorschrift des § 4 GmbHG *Hachenburg/Heinrich* RdNr. 38 und *Scholz/Emmerich* RdNr. 31, 36; so auch *Michalski/Römermann* RdNr. 7. AA KG OLG 40 (1920), 178; KG JW 1939, 423; BayObLG NJW 1954, 1933; *Wellmann* GmbHR 1972, 193, dort Fn. 2; zum PartGG *Meilicke* in *M/W/H/L* RdNr. 2.

[7] Ebenso *Henssler* RdNr. 4 und schon *Hachenburg/Heinrich* GmbHG § 4 RdNr. 38; jetzt auch OLG Frankfurt NJW 2003, 364, 365.

[8] Str., wie hier OLG Frankfurt NJW 2003, 364, 365; aA *Meilicke* in *M/W/H/L* RdNr. 2.

[9] RegBegr. (Fn. 1) S. 11; *Meilicke* in *M/W/H/L* RdNr. 3; aA wohl *Michalski/Römermann* RdNr. 29 u. § 1 RdNr. 9.

[10] *Meilicke* in *M/W/H/L* RdNr. 41; *Michalski/Römermann* RdNr. 50; aA *Stuber* WiB 1994, 705, 706; *Kupfer* KÖSDI 1995, 10 130, 10 132.

[11] *Knoll/Schüppen* DStR 1995, 608, 611; *Michalski/Römermann* RdNr. 50 f.; *Meilicke* in *M/W/H/L* RdNr. 41 u. 54.

[12] Näher *Henssler* RdNr. 7; für Zulässigkeit auch BayObLG DB 2003, 1504, 1505; *Michalski/Römermann* RdNr. 11; *Seibert* in *E/B/J* RdNr. 3 (hM).

[13] Ganz hM, vgl. *Meilicke* in *M/W/H/L* RdNr. 4; *Michalski/Römermann* RdNr. 10. Zur Parallellvorschrift des § 19 Abs. 1 aF HGB vgl. *Staub/Hüffer* RdNr. 21; *Heymann/Emmerich* RdNr. 9.

[14] Ebenso *Meilicke* in *M/W/H/L* RdNr. 4 und 10.

[15] Ebenso *Seibert* in *E/B/J* RdNr. 3; MünchHdb. GesR I/*Salger* § 32 RdNr. 18; weitergehend *Meilicke* in *M/W/H/L* RdNr. 4; *Michalski/Römermann* RdNr. 9.

„Partnerschaft“ oder „und Partner“ in ihrem Namen (ihrer Firma) führten, vgl. § 11 RdNr. 6 ff.

12 **4. Berufsbezeichnungen. a) Vollständigkeit.** Der Name der Partnerschaft muss nach Abs. 1 S. 1 die Bezeichnung sämtlicher in ihr „vertretenen“ Freien Berufe enthalten (zu Ausnahmen vgl. RdNr. 13). Gibt es berufsrechtlich vorgegebene Bezeichnungen, so sind diese zu verwenden. Zu Recht wird das Vollständigkeitsgebot dahin eingeschränkt, dass es um die Angabe der im Rahmen der Partnerschaft **ausgeübten,** nach § 3 Abs. 2 Nr. 3 den Gegenstand der Partnerschaft bildenden **Freien Berufe** geht.[16] Die Beteiligung eines Rechtsanwalts oder Arztes an einer Partnerschaft, der im Nebenberuf, außerhalb der Partnerschaft, als Journalist, Übersetzer o. Ä. tätig ist, führt nicht zur Erweiterung der Berufsangaben im Namen der Partnerschaft.[17] Zur Rechtsfolge eines im späteren Verlauf eingeschränkten Berufsangebots für den Namen der Partnerschaft vgl. RdNr. 18.

13 **b) Sondervorschriften für Steuerberatungs- und Wirtschaftsprüfungsgesellschaften.** Sie finden sich in den durch Art. 7, 8 PartGG geänderten § 53 S. 2 StBerG, § 31 S. 2 WPO. Danach entfällt für als solche *anerkannte* Steuerberatungs- und Wirtschaftsprüfungsgesellschaften, die in der Rechtsform einer Partnerschaft betrieben werden, die Pflicht zur Angabe der Berufsbezeichnungen der andere Berufe ausübenden Partner. Es genügt die Bezeichnung Steuerberatungs- oder Wirtschaftsprüfungsgesellschaft bzw. eine Kombination aus diesen beiden Angaben, auch wenn die Partnerschaft darüber hinaus in zulässiger Weise andere Arten freiberuflicher Tätigkeit wie Rechtsberatung o. Ä. zum Gegenstand hat. Die Ausnahmevorschrift ist sachlich wenig überzeugend und aus Gründen der Gleichbehandlung (Art. 3 GG) nicht unproblematisch. Sie ist jedenfalls eng auszulegen und findet im Fall von „einfachen“ Steuerberatungs- und Wirtschaftsprüfungsgesellschaften keine Anwendung. Daher reicht auch die Beteiligung einzelner Wirtschaftsprüfer oder Steuerberater an einer im Übrigen aus Angehörigen anderer Freier Berufe bestehenden Partnerschaft nicht aus, um für diese auf das Gebot vollständiger Angabe der Berufsbezeichnungen im Partnerschaftsnamen zu verzichten.[18]

14 **5. Anforderungen des Berufsrechts.** Soweit das Berufsrecht zusätzliche oder von § 2 Abs. 1 abweichende Anforderungen an das Namensrecht der Partnerschaft stellt, sind diese entsprechend der Vorrangregel des § 1 Abs. 3 zu beachten. So sind Anwaltsnotare nur in ihrer Funktion als Rechtsanwalt partnerschaftsfähig. Dementsprechend scheidet eine Aufnahme der Berufsbezeichnung „Notar“ in den Namen von interprofessionellen oder Anwaltspartnerschaften aus;[19] sie darf aber auf Briefkopf und Praxisschild geführt werden.[20] Für Ärzte schreibt Kap. B § 27 Abs. 1 iVm. Kap. D Nr. 2 Abs. 9 MBO-Ä 1997[21] vor, dass auf dem Praxisschild die Namen aller behandelnden Ärzte aufzuführen sind. Dieses Erfordernis bezieht sich auch auf die zu einer Partnerschaft zusammengeschlossenen Ärzte; es berührt jedoch nicht die Namensbildung der Partnerschaft, für die es unverändert bei § 2 Abs. 1 bleibt. Entsprechendes gilt für ein etwaiges standesrechtliches Gebot, die Namen aller Gesellschafter einer RA-Sozietät im Briefkopf anzuführen.

III. Sonstige Namenszusätze

15 Sonstige, nicht zu den Mindestanforderungen des Abs. 1 S. 1 gehörende Namenszusätze sind **grundsätzlich zulässig,** soweit sich damit nicht eine Irreführung des Verkehrs oder

[16] Ganz hM, vgl. *Henssler* RdNr. 11; *Michalski/Römermann* RdNr. 18 f.; *Meilicke* in *M/W/H/L* RdNr. 5; *Mahnke* WM 1996, 1029, 1033; aA noch *Jürgenmeyer* BRAK-Mitt. 1995, 143, 144.

[17] Ähnlich *Meilicke* in *M/W/H/L* RdNr. 5; aA MünchHdb. GesR I/*Salger* § 32 RdNr. 19.

[18] RegBegr. (Fn. 1) S. 10; zweifelnd MünchHdb. GesR I/*Seibert* § 33 RdNr. 15 unter Hinweis auf BGHZ 127, 83, 87 ff. = BGH NJW 1995, 529.

[19] Zur umstr. Zulässigkeit einer Partnerschaft zwischen Nur-Notaren vgl. demgegenüber § 1 RdNr. 80.

[20] RegBegr. (Fn. 1) S. 10; ebenso *Henssler* RdNr. 11; *Seibert* in *E/B/J* RdNr. 6; krit. zu dieser Differenzierung *Michalski/Römermann* RdNr. 17.

[21] Musterberufsordnung für die deutschen Ärzte, Fassung 1997 (abgedruckt in NJW 1997, 3076, 3978 f.).

eine sonstige Verkehrsverwirrung verbindet.[22] Es gelten die allgemeinen, insbes. zu § 18 HGB entwickelten Grundsätze.[23] Unschädlich ist danach etwa die zusätzliche Aufnahme von Vornamen oder des Geburtsnamens eines kraft Heirat einen anderen Namen tragenden Partners, ferner Künstlernamen und Akademische Grade, aber auch die Aufnahme geographischer oder auf die Herkunft der Partnerschaft oder ihren früheren Namen hinweisender Zusätze o. Ä. Mit Rücksicht auf die Unterscheidbarkeit des Namens (§ 2 Abs. 2 iVm. § 30 HGB) oder zur Vermeidung einer ansonsten bestehenden, mit §§ 5, 15 MarkenG unvereinbaren Verwechslungsgefahr kann sich die Aufnahme eines Zusatzes sogar als notwendig erweisen. Wegen der Kasuistik wird auf die HGB-Kommentare zum Firmenrecht verwiesen.[24]

IV. Verweis auf das HGB-Firmenrecht (Abs. 2)

16 **1. Funktion der Verweisung.** Die Verweisung auf die in Abs. 2 angeführten Vorschriften des HGB soll sicherstellen, dass die für das Firmenrecht geltenden Vorschriften und Grundsätze der Firmenwahrheit, der Firmenbeständigkeit und der Firmenausschließlichkeit auch für den Namen der Partnerschaft beachtet werden. Mit dieser Regelungstechnik soll ein weitgehender **Gleichklang des Namensrechts der Partnerschaft mit dem HGB-Firmenrecht** erreicht werden; dementsprechend ist auch für die Auslegung der in Bezug genommenen Vorschriften grundsätzlich auf die einschlägigen Erläuterungen in den HGB-Kommentaren zu verweisen. Allerdings dürfen dabei die Besonderheiten des Partnerschafts-Namensrechts nicht außer Betracht bleiben: so reicht der Grundsatz der Beständigkeit der Firma bzw. des Namens nicht so weit, der Partnerschaft die unveränderte Fortführung der Berufsbezeichnungen unabhängig von tatsächlich eingetretenen Änderungen zu gestatten (RdNr. 18). Zur Beschränkung der Verweisung auf die in Abs. 2 angeführten Vorschriften und zur Frage analoger Anwendung des nicht in die Verweisung einbezogenen sonstigen HGB-Firmenrechts vgl. RdNr. 2.

17 **2. Namenswahrheit.** Der Grundsatz der Firmenwahrheit gehört – vorbehaltlich seiner Modifikation durch den Grundsatz der Firmenbeständigkeit bei späteren Änderungen – zu den tragenden Pfeilern des HGB-Firmenrechts.[25] Durch die Verweisung des Abs. 2 auf §§ 18 Abs. 2, 23 HGB wird er in vollem Umfang auf das Namensrecht der Partnerschaft ausgedehnt. Von Bedeutung ist dabei besonders die Verweisung auf das **Verbot täuschender Zusätze in § 18 Abs. 2 HGB.** Es steht sowohl der Aufnahme solcher Zusätze bei erstmaliger Namensbildung als auch ihrer Beibehaltung bei späteren namensrechtlich relevanten Änderungen entgegen. – Zur Einschränkung des Grundsatzes der Namenswahrheit durch denjenigen der Namensbeständigkeit in Bezug auf den oder die im Partnerschaftsnamen enthaltenen *Familiennamen von ausscheidenden oder inaktiven Partnern* vgl. RdNr. 20.

18 Im Hinblick auf die Anforderungen des § 2 Abs. 1 an die Bildung des Partnerschaftsnamens gewinnt das Verbot täuschender Zusätze Bedeutung vor allem für die im Namen enthaltenen **Berufsbezeichnungen** im Fall *späterer Änderungen bei den in der Partnerschaft vertretenen freien Berufen.* Schrumpft die Angebotspalette der Partnerschaft, so hat das notwendig auch eine Streichung der betroffenen Berufsbezeichnungen in ihrem Namen zur

[22] Unzulässig danach der Zusatz „Institut" für Ärzte-Partnerschaft, weil den Eindruck einer Einrichtung der öffentlichen Hand hervorrufend (so OLG Frankfurt DB 2001, 1664 – zweifelhaft), nicht aber der Zusatz „Gemeinschaftspraxis" (OLG Schleswig DB 2003, 552: in Verbindung mit Partnerschafts-Zusatz keine Verwechslungsgefahr mit GbR). Für Zulässigkeit der Fantasiebezeichnung „artax" im Partnerschaftsnamen zu Recht OLG Karlsruhe EWiR § 2 PartGG 1/01, 287.

[23] *Staub/Hüffer* HGB § 18 RdNr. 24 ff., § 19 RdNr. 7; *Heymann/Emmerich* HGB § 18 RdNr. 14 ff., § 19 RdNr. 3; *Baumbach/Hopt* HGB § 18 RdNr. 9 ff.; MünchKommHGB/*Bokelmann* § 18 RdNr. 49 ff.

[24] Insbes. *Staub/Hüffer* HGB § 18 RdNr. 23; *Heymann/Emmerich* HGB § 18 RdNr. 16; *Baumbach/Hopt* HGB § 18 RdNr. 4 ff.

[25] S. nur *K. Schmidt* HandelsR § 12 III 1 a; *Heymann/Emmerich* HGB § 18 RdNr. 1 a. Ausführlich dazu *Lindacher* DB 1977, 1676.

Folge;[26] auch der Grundsatz der Namensbeständigkeit (RdNr. 20) gestattet hiervon keine Ausnahme. Demgegenüber folgt bei Ausweitung der Angebotspalette die Pflicht zur Aufnahme der zusätzlichen Berufsbezeichnungen unmittelbar aus Abs. 1 S. 1: das Vollständigkeitsgebot gilt nicht nur bei Errichtung der Partnerschaft, sondern auch im Fall späterer Änderungen.[27]

19 Die weitere in Abs. 2 enthaltene Verweisung auf **§ 23 HGB,** dh. das **Verbot der sog. Leerübertragung der Firma** ohne das dazugehörige Handelsgeschäft, betrifft zwar ebenfalls einen Aspekt des in § 18 Abs. 2 HGB enthaltenen Täuschungsverbots. Jedoch lässt sich dieses Verbot gerade im Fall von Partnerschaften, angesichts der bei ihnen im Mittelpunkt stehenden *persönlichen* Berufstätigkeit der Partner, verhältnismäßig leicht umgehen. Denn wird entweder das Geschäft der Partnerschaft von dieser veräußert oder scheiden sämtliche bisherigen Partner aus der Partnerschaft aus, dh. verbindet sich mit der Veräußerung ein *Wechsel aller Partner,* so darf nach Abs. 2 iVm. §§ 22 Abs. 1, 24 Abs. 1 HGB gleichwohl der bisherige Name der Partnerschaft fortgeführt werden. Da indessen in der Tätigkeit der Partner, nicht aber in den von ihr benutzten Geschäftsräumen oder der Büroausstattung, das entscheidende, sie von gleichartigen freiberuflichen Unternehmen unterscheidende Kennzeichen des Geschäftsbetriebs zu sehen ist, eröffnet ein solches Vorgehen letztlich die zwar legale, jedoch problematische Möglichkeit einer Leerübertragung des Namens der Partnerschaft.[28]

20 **3. Namensbeständigkeit. a) Grundsatz.** Der Namensbeständigkeit unter Einschränkung des Grundsatzes der Namenswahrheit dient die Verweisung in Abs. 2 auf die Vorschriften der **§§ 21, 22 Abs. 1, 24 HGB.** Es geht um die Fälle der Änderung des Familiennamens des (oder eines) namensgebenden Partners (§ 21 HGB), der dauernden Veräußerung des Geschäfts der Partnerschaft an einen Dritten (§ 22 Abs. 1 HGB) sowie des Eintritts von sonstigen Änderungen in der Beteiligung eines namensgebenden Partners, insbes. seinem Ausscheiden oder Tod bei Fortbestand der Partnerschaft (§ 24 HGB). In allen diesen Fällen gestattet es die Verweisung, dass im Namen der Partnerschaft nach dem Vorbild des Firmenrechts der oder die Namen bisheriger Partner beibehalten werden.[29] Im Fall der Veräußerung oder des Ausscheidens steht das unter dem Vorbehalt, dass der Namensgeber oder seine Erben mit der Weiterverwendung des Namens einverstanden sind (§§ 22 Abs. 1, 24 Abs. 2 HGB). Die auf die *Umwandlung* einer GbR in eine Partnerschaft bezogene zusätzliche Verweisung in Abs. 2 2. Halbs., dehnt die Geltung des § 24 HGB über die Partnerschaft hinaus auf die bis zur Umwandlung bestehende GbR aus (RdNr. 2). Ein im GbR-Gesellschaftsvertrag erteiltes Einverständnis mit der Namensfortführung erstreckt sich im Zweifel auch auf die durch Rechtsformwechsel entstandene Partnerschaft.[30]

21 **b) Einschränkungen.** Eine *gesetzliche* Einschränkung gegenüber dem Grundsatz der Firmenbeständigkeit folgt für den Namen der Partnerschaft daraus, dass Abs. 2 die Regelung des § 22 Abs. 2 HGB über die Firmenfortführung im Falle **vorübergehender Überlassung** des Geschäfts im Wege des Nießbrauchs, eines Pachtvertrags o. Ä. bewusst aus der Verweisung ausnimmt. Die Regierungsbegründung[31] stützt sich hierfür auf das Fehlen eines Bedürfnisses, die bloße Nutzungsüberlassung von Partnerschaften namensrechtlich zu fördern. Sachlich leuchtet diese Einschränkung gegenüber dem Fall dauernder Veräußerung schon deshalb wenig ein, weil gerade die nur vorübergehende Überlassung zum späteren Rückfall des Geschäftsbetriebs an die Partnerschaft führt; in derartigen Fällen läge die Beibehaltung des bisherigen Namens daher umso näher als bei dauernder Veräußerung. Sollte mit der Einschränkung jedoch bestimmten berufsrechtlichen Vorbehalten gegenüber

[26] RegBegr. (Fn. 1) S. 12; *Michalski/Römermann* RdNr. 30; *Hornung* Rpfleger 1995, 481, 485; *Krieger* MedR 1995, 95, 96 (für Fachgebietsbezeichnungen bei Ärzten).

[27] RegBegr. (Fn. 1) S. 12; *Michalski/Römermann* RdNr. 30.

[28] Ebenso *Meilicke* in *M/W/H/L* RdNr. 25 f.

[29] Ebenso *Henssler* RdNr. 18 f., 27 f.; *Michalski/Römermann* RdNr. 39 ff., 44 ff.

[30] Ebenso BGH NJW 2002, 2093; BayObLG NJW 1998, 1157; OLG München NZG 2000, 367.

[31] (Fn. 1) S. 12.

der Verpachtung o. Ä. eines freiberuflichen Geschäfts Rechnung getragen werden,[32] so ist es nach der in § 1 Abs. 3 zum Ausdruck kommenden Regelungssystematik Sache nicht des PartGG, sondern des einschlägigen Berufsrechts, entsprechende Schranken aufzurichten.[33]

Auf eine weitere Einschränkung lässt die Regierungsbegründung zu Abs. 2 schließen, wenn es dort heißt, die entsprechend §§ 22 Abs. 1, 24 HGB zugelassene Fortführung des Namens des Partners, „der bisher für den ausgeübten Beruf stand“, stehe unter dem Vorbehalt, dass der von der genannten Person ausgeübte Beruf auch zukünftig in der Partnerschaft vertreten ist.[34] In der Tat mag es Fälle geben, in denen ein *Partnername ausnahmsweise so eng mit einer bestimmten Berufsausübung verknüpft* ist, dass aus seiner Beibehaltung nach dem Ausscheiden des Namensträgers und der damit verbundenen Aufgabe dieses Berufszweigs durch die Partnerschaft eine **Täuschung des Publikums** über die tatsächliche Berufsausübung zu befürchten ist. Man denke etwa an einen überregional bekannten Rechtsanwalt, der unter seinem Namen eine Partnerschaft mit zwei oder mehr Steuerberatern betrieben hat und nach dessen Tod die Partnerschaft sich auf die Steuerberatung konzentriert. Indessen wird der Gefahr einer Täuschung in derartigen Fällen regelmäßig schon dadurch vorgebeugt, dass die Berufsbezeichnungen im Namen der Partnerschaft entsprechend zu berichtigen sind, so dass es einer Einschränkung des § 24 Abs. 1 HGB durch das Täuschungsverbot des § 18 Abs. 2 HGB in der Regel nicht bedarf.[35] Die Regierungsbegründung verdient daher allenfalls in besonders gelagerten Extremfällen Beachtung. 22

4. Namensausschließlichkeit. Die Notwendigkeit hinreichender Unterscheidungskraft des Partnerschaftsnamens ergibt sich aus der Verweisung in Abs. 2 auf **§ 30 HGB.** Sie beschränkt sich nicht auf das Verhältnis zu anderen Partnerschaften gleichen Namens am selben Ort, sondern bezieht auch verwechslungsfähige Personenfirmen von *Unternehmen anderer Rechtsform* mit ein; der unterschiedliche Rechtsformzusatz reicht als Unterscheidungsmerkmal regelmäßig nicht aus.[36] Als derartiger Zusatz kommt vorrangig die Beifügung der Vornamen der namengebenden Partner, ggf. auch die Beifügung unterscheidungskräftiger Sachzusätze in Betracht.[37] Auch die jeweiligen Berufsbezeichnungen wird man als ausreichenden Zusatz iS von § 30 Abs. 2 HGB werten können, jedenfalls wenn sie klar abgrenzbare, eindeutig unterscheidbare Berufsfelder betreffen.[38] 23

5. Sonstige Verweisungen. a) Eintragungen von Amts wegen. In die Verweisung des Abs. 2 einbezogen sind auch die beiden Regelungen der §§ 31 Abs. 2, 32 HGB, in denen das Gesetz ausnahmsweise ein Tätigwerden des Registergerichts von Amts wegen anordnet. Unter ihnen ist die auf die **Insolvenz** des Firmeninhabers bezogene Vorschrift des **§ 32 HGB** die wichtigere. Sie ordnet ein Tätigwerden des Registergerichts in allen wesentlichen, zu eintragungspflichtigen Tatsachen führenden Etappen des Insolvenzverfahrens an, dh. bei Verfahrenseröffnung, bei Aufhebung des Eröffnungsbeschlusses sowie bei Einstellung oder Aufhebung des Verfahrens. Entsprechendes gilt nach Abs. 2 iVm. **§ 31 Abs. 2 HGB** auch für den Fall des **Erlöschens** des eingetragenen Namens der Partnerschaft, wenn dessen Anmeldung durch die hierzu Verpflichteten nicht auf dem Wege über § 5 Abs. 2 iVm. § 14 HGB, dh. durch Festsetzung von Zwangsgeld herbeigeführt werden kann. Der Partnerschaftsname erlischt, wenn der Geschäftsbetrieb der Partnerschaft nicht nur vorübergehend 24

[32] So *Wollny,* Unternehmens- und Praxisübertragungen, 3. Aufl. 1994, RdNr. 2072.

[33] So im Ergebnis auch *Michalski/Römermann* RdNr. 42.

[34] (Fn. 1) S. 12.

[35] Ebenso *Michalski/Römermann* RdNr. 32; aA *Henssler* RdNr. 30.

[36] Ganz hM, vgl. grdlg. RGZ 104, 341, 342; so auch KG JW 1933, 117, 118; BGH NJW 1959, 1081; BGHZ 46, 7, 12 = NJW 1966, 1813 m. Anm. *Jansen;* BayObLGZ 1954, 203, 209; 1966, 337, 343; BayObLG DNotZ 1969, 384, 385; OLG Frankfurt BB 1973, 676; *Staub/Hüffer* HGB § 30 RdNr. 17; *Heymann/Emmerich* HGB § 30 RdNr. 17; MünchKommHGB/*Lieb* § 30 RdNr. 26; ausführlich *Aschenbrenner,* Die Firma der GmbH & Co. KG, 1976, S. 43 ff. m. weit. Nachw.

[37] RegBegr. (Fn. 1) S. 12; enger wohl *Michalski/Römermann* RdNr. 34.

[38] Als nicht ausreichend angesehen wurde der Zusatz „Anwaltssozietät“ (OLG Braunschweig AnwBl. 1998, 161).

eingestellt oder ohne das Recht zur Namensfortführung veräußert wird; damit entfällt das Recht zu seiner Fortführung.[39]

25 **b) Unzulässiger Namensgebrauch.** Den Zugang zu den Rechtsbehelfen gegen unbefugten Gebrauch eines Partnerschaftsnamens eröffnet die Verweisung des Abs. 2 auf **§ 37 HGB.** Nach dessen Abs. 1 ist das **Registergericht** von Amts wegen befugt, unter Festsetzung von Ordnungsgeld gegen den unberechtigten Gebrauch einzuschreiten. Darauf, ob der Name von Anfang an unberechtigt war oder es auf Grund späterer Änderungen wurde, kommt es für das gerichtliche Vorgehen nicht an. Das Verfahren richtet sich nach § 160 b Abs. 1 S. 2 FGG iVm. §§ 132 bis 140 FGG. **Privaten Klägern,** die durch den unbefugten Gebrauch in ihren Rechten verletzt werden, eröffnet § 37 Abs. 2 HGB den Weg der Unterlassungsklage gegen die namenstragende Partnerschaft.

§ 3 Partnerschaftsvertrag

(1) Der Partnerschaftsvertrag bedarf der Schriftform.

(2) Der Partnerschaftsvertrag muß enthalten

1. den Namen und den Sitz der Partnerschaft;

2. den Namen und den Vornamen sowie den in der Partnerschaft ausgeübten Beruf und den Wohnort jedes Partners;

3. den Gegenstand der Partnerschaft.

Übersicht

	RdNr.
I. Einführung	1–4
1. Normzweck	1, 2
2. Kritik	3, 4
II. Die Schriftform (Abs. 1)	5–13
1. Grundsatz	5, 6
2. Rechtsfolgen eines Formmangels	7–13
a) Bei Gründung der Partnerschaft	7–10
b) Bei späteren Vertragsänderungen	11–13
III. Die notwendigen Vertragsbestandteile (Abs. 2)	14–23
1. Überblick	14, 15
2. Name und Sitz der Partnerschaft (Nr. 1)	16–19
a) Name	16
b) Sitz	17–19
3. Name, Vorname, ausgeübter Beruf und Wohnort jedes Partners (Nr. 2)	20, 21
4. Gegenstand der Partnerschaft (Nr. 3)	22, 23
IV. Sonstige Vertragsbestandteile	24, 25
V. Der Vorbehalt des Berufsrechts	26

I. Einführung

1 **1. Normzweck.** Die Vorschrift begründet in **Abs. 1** das Erfordernis gesetzlicher **Schriftform** (§ 126 BGB) für den Partnerschaftsvertrag. Nach der Regierungsbegründung[1] soll dieses Erfordernis nicht der – mit der Schriftform häufig verfolgten[2] – Warnfunktion oder der Möglichkeit der Kontrolle des fraglichen Rechtsgeschäfts durch eine Aufsichtsinstanz dienen, sondern ausschließlich **Beweisfunktion** haben. Seine Bedeutung wird weiter dadurch eingeschränkt, dass die Beweisfunktion sich nur auf das *Innenverhältnis* der Beteiligten bezieht. Denn der Partnerschaftsvertrag bildet ungeachtet des § 3 Abs. 2 ein *Internum* der Partner; er ist weder der Anmeldung der Partnerschaft zum Register beizufügen noch im Regelfall dem Registergericht gegenüber offenzulegen (vgl. §§ 4, 5 RdNr. 2, 15). Ungeachtet der eingeschränkten Funktion der Vorschrift führt die Nichteinhaltung der Schriftform nach § 125 BGB zur Nichtigkeit des Partnerschaftsvertrags, soweit nicht entweder die Umdeutung in den formfrei wirksamen Gesellschaftsvertrag einer GbR in Betracht kommt oder die Grundsätze über fehlerhafte Gesellschaftsverträge eingreifen (RdNr. 7 ff.).

[39] Vgl. zum Parallelfall des Erlöschens der Firma *Staub/Hüffer* HGB § 31 RdNr. 15 f. m. weit. Nachw.; *Schlegelberger/Hildebrandt* HGB § 31 RdNr. 10.

[1] Begr. RegE BT-Drucks. 12/6152 S. 13.

[2] § 125 BGB RdNr. 6; *Larenz/Wolf* AT § 27 RdNr. 7.

Abs. 2 legt mit den in Nr. 1 bis 3 genannten Angaben den gesetzlichen **Mindestinhalt des Partnerschaftsvertrags** fest. Die Vorschrift darf freilich nicht darüber hinwegtäuschen, dass auf Grund der Verweisung in § 1 Abs. 4 jedenfalls auch der für Gesellschaftsverträge der GbR erforderliche, die essentialia negotii umfassende Mindestinhalt nach § 705 BGB zu beachten ist (§ 1 RdNr. 7). Daraus folgt die Notwendigkeit von Vereinbarungen über den gemeinsamen Zweck, jedenfalls soweit er über den gemeinsamen Betrieb des Gegenstands der Partnerschaft (§ 3 Abs. 2 Nr. 3) hinausgeht, und über die von den Partnern geschuldeten, sich nicht ohne weiteres in der Ausübung eines Freien Berufs erschöpfenden Beiträge (§ 1 RdNr. 12). Derartige Abreden lassen sich nicht durch Rückgriff auf dispositives Recht ersetzen. 2

2. Kritik. Als **Fremdkörper** in dem ansonsten auf Formvorschriften für Gesellschaftsverträge verzichtenden Personengesellschaftsrecht setzt sich die Vorschrift des **§ 3 Abs. 1** berechtigter Kritik aus.[3] Hinsichtlich der in § 3 Abs. 2 vorgeschriebenen Angaben bedarf es einer derartigen Beweiserleichterung für den Inhalt des Partnerschaftsvertrags schon deshalb nicht, weil sie nach §§ 4, 5 Abs. 1 zugleich den Inhalt der von *sämtlichen* Gesellschaftern zu bewirkenden Anmeldung und der nachfolgenden Eintragung der Partnerschaft bilden. Daher ist regelmäßig bereits auf diesem Wege die Übereinstimmung der Angaben mit den vom Willen der Partner umfassten rechtlichen Verhältnissen der Partnerschaft gesichert. Was die Beweisführung hinsichtlich des sonstigen Inhalts des Partnerschaftsvertrags und die Entscheidung für oder gegen die Schriftform angeht, könnte sie getrost den Partnern selbst überlassen werden. Für das Recht der GbR oder der OHG/KG hat sich insoweit bisher jedenfalls kein Regelungsdefizit gezeigt, das im Interesse der Rechtssicherheit ein Eingreifen des Gesetzgebers erforderlich machen könnte. Im Gegenteil ist zu befürchten, dass das Schriftformerfordernis des § 3 Abs. 1 mit Rücksicht auf die aus § 125 BGB folgende grundsätzliche Nichtigkeit bei Verstößen seinerseits unerwünschte Rechtsunsicherheit für die Partnerschaft bewirkt, womit der Regelungszweck der Vorschrift letztlich ad absurdum geführt wird. 3

Nicht zu überzeugen vermag aber auch die Regelung des **§ 3 Abs. 2** über den notwendigen Mindestinhalt des Partnerschaftsvertrags. Sie ist nicht nur tendenziell **unvollständig** (vgl. RdNr. 2) und dadurch geeignet, rechtlich unbewanderte Freiberufler irrezuführen, die eine Partnerschaft eingehen wollen. Vielmehr enthält sie mit der Aufzählung derjenigen Angaben, die zugleich den Gegenstand der Anmeldung und Eintragung der Partnerschaft bilden, auch eine im Zusammenhang mit dem Vertragsschluss inhaltlich **überflüssige** Festlegung. Nach allem könnte § 3 ersatzlos gestrichen werden, ohne dass dadurch ein Regelungsdefizit entstünde. 4

II. Die Schriftform (Abs. 1)

1. Grundsatz. Mit der in § 3 Abs. 1 vorgeschriebenen Schriftform ist die in § 126 BGB näher geregelte **gesetzliche Schriftform** gemeint. Sie setzt die vollständige Wiedergabe der getroffenen Vereinbarungen einschließlich der Nebenabreden in der Vertragsurkunde sowie die Unterzeichnung durch die Vertragsparteien voraus, sei es eigenhändig durch Namensunterschrift oder mittels notariell beglaubigten Handzeichens (vgl. näher § 126 BGB RdNr. 14 ff., 18). Der Schriftform bedürfen grundsätzlich auch spätere Änderungen oder Ergänzungen des Partnerschaftsvertrags, wenn sie Wirksamkeit erlangen sollen (§ 125 BGB RdNr. 16); anderes gilt für solche Änderungen, die – wie etwa die Verlegung des Wohnorts eines Partners (§ 3 Abs. 2 Nr. 2) – auf Grund tatsächlicher Entwicklungen eintreten oder – wie die Ausübung eines vertraglich eingeräumten Kündigungsrechts – auf einseitiger Gestaltung beruhen. – Der *Vorvertrag* auf Eingehung eines Partnerschaftsvertrags 5

[3] *Michalski/Römermann* RdNr. 5 ff.; *Meilicke* in *M/W/H/L* RdNr. 3 ff. So auch *Stuber* WiB 1994, 705, 707; *K. Schmidt* ZIP 1993, 633, 640; vgl. aber auch *dens.* NJW 1995, 1, 3; s. auch *Gail/Overlack* RdNr. 109.

bedarf angesichts der bloßen Beweisfunktion des § 3 Abs. 1 nicht auch der für diesen Vertrag vorgesehenen Form.[4]

6 Eine gegenüber § 126 BGB **strengere Form,** etwa diejenige der notariellen Beurkundung, ist vorbehaltlich der Sonderfälle formgebundener Einlageverpflichtungen iS des § 311 b Abs. 1 BGB, § 15 Abs. 4 GmbHG u. a. gesellschaftsrechtlich nicht vorgeschrieben. Insbes. ergibt sie sich auch nicht aus dem für Partnerschaften geltenden Eintragungsverfahren; dies schon deshalb, weil es zur Anmeldung der Partnerschaft beim Register der Vorlegung der Vertragsurkunde nicht bedarf (§§ 4, 5 RdNr. 2). Besondere aus dem *Berufsrecht* folgende Formvorschriften sind nicht ersichtlich.

7 **2. Rechtsfolgen eines Formmangels. a) Bei Gründung der Partnerschaft.** Tritt der Formmangel bereits bei Abschluss des Partnerschaftsvertrages auf, so ist zwischen der Phase vor und nach Eintragung in das Partnerschaftsregister zu unterscheiden. **Bis zur Eintragung** hat die Vereinigung die Rechtsform einer GbR, freilich mit den Besonderheiten für das Innenverhältnis, die auf Grund der geplanten Errichtung einer Partnerschaft zu beachten sind (vgl. § 7 RdNr. 4 f.). Zu diesen Besonderheiten gehört nach § 3 Abs. 1 auch die Formbedürftigkeit des Gesellschaftsvertrags. Die fehlende oder unvollständige Form macht den Vertrag nach § 125 S. 1 BGB *nichtig.* Anderes gilt, soweit nach § 140 BGB seine *Umdeutung* in einen formfrei wirksamen GbR-Vertrag in Betracht kommt. Sie bietet sich dann an, wenn es den Beteiligten mit der Entscheidung für die Rechtsform der Partnerschaft nicht speziell darum ging, in den Genuss des Haftungsprivilegs nach § 8 Abs. 2 zu kommen.[5]

8 Wird die formnichtig gegründete, nicht durch Umdeutung geheilte Gesellschaft in **Vollzug** gesetzt, dh. beginnen die Partner durch Aufnahme ihrer Tätigkeit nach außen oder durch Leistung der Einlagen mit der Durchführung der Gesellschaft (§ 705 BGB RdNr. 331), so greifen die Grundsätze über die *fehlerhafte Gesellschaft* ein (vgl. dazu näher § 705 BGB RdNr. 323 ff.). Die Gesellschaft erlangt als GbR Wirksamkeit, wird aber aufgelöst und ist abzuwickeln, sobald sich einer der Partner gegenüber den anderen entsprechend § 723 Abs. 1 S. 2 BGB auf den Formmangel beruft. Die Eintragung der Vereinigung zur Erlangung der Rechtsform der Partnerschaft scheidet aus, wenn das Registergericht Kenntnis vom Formmangel hat (§§ 4, 5 RdNr. 15).

9 Ist trotz des Formmangels die **Eintragung erfolgt,** weil das Registergericht davon keine Kenntnis erlangt hatte, so bewendet es *bis zum Vollzug* der Gesellschaft gleichwohl bei ihrer Nichtigkeit, soweit nicht die – trotz Eintragung mögliche – Umdeutung in eine GbR in Betracht kommt (RdNr. 7). Wegen der Formnichtigkeit des Gesellschaftsvertrags wirkt die Eintragung in derartigen Fällen abweichend von § 7 Abs. 1 nicht konstitutiv; auch führt sie nicht etwa zur Heilung des Formmangels. Wird die Vereinigung nach der Eintragung in *Vollzug* gesetzt, so greifen wiederum die Grundsätze über die fehlerhafte Gesellschaft ein. Die nichtige Vereinigung wird zur wirksamen, aber fehlerhaften Partnerschaft. Sie besteht als solche solange fort, bis sich einer der Partner durch Auflösungsklage nach § 9 Abs. 1 iVm. § 133 HGB erfolgreich auf den Formmangel beruft. Die Umdeutung nach § 140 BGB in eine wirksame GbR scheidet in diesem Stadium, nachdem die eingetragene Partnerschaft infolge des Vollzugs wirksam geworden ist, aus. Erfolgt demgegenüber die Eintragung erst nach dem Vollzug der Gesellschaft, so wandelt sich die zunächst entstandene fehlerhafte GbR (RdNr. 8) mit der Eintragung in eine Partnerschaft um. Der Formmangel wird dadurch freilich nicht geheilt: es bewendet vielmehr bei einer fehlerhaften Gesellschaft, wenn auch in der Rechtsform der Partnerschaft.

10 Kommt es trotz Eintragung der Partnerschaft nicht zu deren Vollzug und scheitert daran das Eingreifen der Grundsätze über die fehlerhafte Gesellschaft, so müssen sich die Beteiligten auf Grund der **Rechtsscheinhaftung** des § 5 Abs. 2 iVm. § 15 Abs. 3 HGB gleich-

[4] Unklar *Michalski/Römermann* RdNr. 9. Allg. zur Bedeutung des Formzwecks für die Formbedürftigkeit des Vorvertrags vgl. BGHZ 61, 48 = NJW 1973, 1839; Vor § 145 RdNr. 47; *Henrich,* Vorvertrag, Organisationsvertrag, Vorrechtsvertrag, 1965, S. 147 ff., 152 f.

[5] AA anscheinend *K. Schmidt* NJW 1995, 1, 3; im Ergebnis wie hier *Michalski/Römermann* RdNr. 9.

wohl gutgläubigen Dritten gegenüber wie Partner einer wirksamen Partnerschaft behandeln lassen; sie haften ggf. nach § 8 Abs. 1. Freilich setzt diese Haftung voraus, dass die Partnerschaft nach außen, gegenüber den sich auf den Rechtsschein berufenden Dritten, in Erscheinung tritt. Dann aber ist sie in aller Regel auch schon in Vollzug gesetzt mit der Folge, dass sie dadurch, wenn auch als fehlerhafte, zur Entstehung kommt (RdNr. 7 ff.). Daher kommt der Rechtsscheinhaftung entsprechend § 15 Abs. 3 HGB in derartigen Fällen meist keine praktische Bedeutung zu.

b) Bei späteren Vertragsänderungen. Das **Schriftformerfordernis** des § 3 Abs. 1 gilt auch für spätere, auf Vereinbarung beruhende Änderungen des Partnerschaftsvertrags (RdNr. 5). Seine Nichtbeachtung hat für rein *schuldrechtliche,* lediglich das Innenverhältnis der Parteien berührende Änderungen wie diejenige des Gewinnverteilungsschlüssels ungeachtet ihres Vollzugs Formnichtigkeit (§ 125 BGB) zur Folge; es bewendet bei der ursprünglichen Regelung. Im Fall *organisationsrechtlicher,* die Gesamthand und ihre Außenbeziehungen berührender Änderungen wie der Aufnahme oder dem auf Vereinbarung beruhenden Ausscheiden eines Partners, der Änderung des Namens der Partnerschaft, des Unternehmensgegenstands oder der Vertretungsbefugnis, greifen auch insoweit die Grundsätze der fehlerhaften Gesellschaft ein.[6] Das hat zur Folge, dass ab Invollzugsetzung die formnichtige Vertragsänderung zwar wirksam ist, jeder Gesellschafter jedoch für die Zukunft die Wiederherstellung des früheren Zustands betreiben und von Gesellschaft oder Mitgesellschaftern den Ausgleich etwaiger auf Grund der Änderung erlittener Vermögensnachteile verlangen kann.[7] 11

Für eine **Umdeutung** formnichtiger schuldrechtlicher Änderungen eines formwirksamen Partnerschaftsvertrags ist regelmäßig *kein Raum.* Zu erwägen bleibt, solchen von allen Partnern gewollten Abweichungen von den im Grundsatz fortgeltenden Regelungen des Partnerschaftsvertrags, die *einmaliger* Natur sind, nach den Grundsätzen über die einvernehmliche Satzungsdurchbrechung im GmbH-Recht[8] Wirksamkeit trotz des Formverstoßes zu verleihen bzw. die Berufung auf die Formnichtigkeit insoweit an § 242 BGB scheitern zu lassen. Demgegenüber scheidet eine Übernahme der aus dem GbR-Recht bekannten Grundsätze über den konkludenten Verzicht auf das Formerfordernis (§ 705 BGB RdNr. 51, 56) schon deshalb aus, weil die gesetzliche Schriftform nicht zur Disposition der Parteien steht. 12

Nicht vom **Formzwang** erfasst und daher ohne Einhaltung der Schriftform wirksam werden Änderungen des Partnerschaftsvertrags, die auf *außervertaglichen* Umständen, insbes. der Änderung der tatsächlichen Verhältnisse oder der Ausübung eines einseitigen Gestaltungsrechts beruhen. So kann eine Änderung des Partnerkreises einseitig durch den Tod oder die vertraglich zugelassene Kündigung eines Partners unter Fortbestand der Partnerschaft im Übrigen eintreten. Bei bestimmten der in § 3 Abs. 2 genannten Mindesterfordernisse (Name, ausgeübter Beruf und Wohnort der Partner) können Änderungen auch allein auf Grund der tatsächlichen Entwicklung eintreten. In allen diesen Fällen wird die Änderung ohne Zutun der übrigen Partner wirksam; ihr Eintritt kann schon deshalb nicht an die Einhaltung der Schriftform geknüpft werden. Der Partnerschaftsvertrag ist vielmehr in diesen Punkten zu berichtigen.[9] 13

III. Die notwendigen Vertragsbestandteile (Abs. 2)

1. Überblick. Mit der gesetzlichen Festlegung eines **Mindestinhalts** des Partnerschaftsvertrags als Regelungszweck des Abs. 2 (RdNr. 2) wollte der Gesetzgeber ausweislich der Begründung[10] erreichen, dass sich die Partner zu Beginn ihrer Zusammenarbeit auf deren 14

[6] Vgl. näher *Staub/Ulmer* HGB § 105 RdNr. 365 f.; *Schlegelberger/K. Schmidt* HGB § 105 RdNr. 224.

[7] Vgl. § 705 BGB RdNr. 362; dort auch zur Unterscheidung zwischen schuldrechtlichen und organisationsrechtlichen Bestandteilen des Gesellschaftsvertrags; einschränkend BGHZ 62, 20, 29 = NJW 1974, 498 (Wirksamkeit nur für statusrelevante Vertragsänderungen).

[8] Vgl. dazu *Hachenburg/Ulmer* GmbHG § 53 RdNr. 33; *Rowedder/Schmidt-Leithoff/Zimmermann* GmbHG § 53 RdNr. 34.

[9] So auch *Meilicke* in *M/W/H/L* RdNr. 26.

[10] Begr. RegE BT-Drucks. 12/6152 S. 13.

wichtigste Grundlagen einigen. Der Inhalt von Abs. 2 deckt sich mit diesem Ziel freilich nur sehr bedingt. Zwei der drei Nummern (Nr. 1 und 3) betreffen mit Namen, Sitz und Unternehmensgegenstand der Partnerschaft deren Identitätsausstattung, dh. die vertragliche Konkretisierung des organisatorischen Rahmens der Zusammenarbeit, nicht aber die Rechte und Pflichten der Beteiligten als die zentralen Gegenstände eines Gesellschaftsvertrags. Und bei der verbleibenden Nr. 2 geht es in erster Linie um die Identifikation der Gesellschafter einschließlich ihrer für die Partnerschaft relevanten Berufsausübung.

15 Die beiden **Hauptgegenstände jedes Gesellschaftsvertrags,** der gemeinsame Zweck und die Beitragspflichten der Gesellschafter (§ 705 BGB), lassen sich in den Gegenständen des Abs. 2 allenfalls ansatzweise finden, wenn man einerseits den Gegenstand der Partnerschaft (Nr. 3) mit dem gemeinsamen Zweck gleichsetzt und andererseits die Angabe des in der Partnerschaft ausgeübten Berufs (Nr. 2) zugleich als Umschreibung der wesentlichen Beitragspflicht der einzelnen Partner versteht. In ihrem eigenen Interesse und um angesichts des Vollständigkeitsgebots formbedürftiger Rechtsgeschäfte (§ 125 RdNr. 30) Formmängel zu vermeiden, sollten die Partner sich bei Errichtung der Partnerschaft um eine vollständige, über die Mindesterfordernisse des Abs. 2 deutlich hinausgehende Vertragsurkunde bemühen und darin in Ergänzung des dispositiven Rechts oder abweichend von ihm die für die Partnerschaft wesentlichen Rechtsverhältnisse möglichst lückenlos niederlegen (zu derartigen, für typische Partnerschaftsverträge bedeutsamen Regelungsgegenständen vgl. RdNr. 25).

16 **2. Name und Sitz der Partnerschaft (Nr. 1). a) Name.** Zur Wahl des Namens der Partnerschaft vgl. § 2 RdNr. 8 ff. Seine Festlegung bildet den Gegenstand notwendiger Vereinbarung zwischen den Partnern. Entsprechendes gilt grundsätzlich für spätere (formbedürftige) Änderungen, soweit sie nicht – wie die Streichung des Namens eines ausgeschiedenen, nicht mit der Fortführung einverstandenen Partners oder diejenige einer infolge Partnerwechsel nicht weiter in der Partnerschaft vertretenen Berufsbezeichnung – von Rechts wegen auf Grund der einschlägigen namensrechtlichen Vorschriften geboten ist.

17 **b) Sitz.** Der Sitz der Partnerschaft als Teil ihrer Identitätsausstattung entscheidet nach § 4 Abs. 1 iVm. § 106 Abs. 1 HGB über die **örtliche Zuständigkeit des Registergerichts** sowie nach § 17 Abs. 1 ZPO über ihren **allgemeinen Gerichtsstand.** Im Hinblick auf die Namensausschließlichkeit des § 2 Abs. 2 iVm. § 30 HGB (§ 2 RdNr. 23) kann die Sitzwahl mittelbar auch Auswirkungen auf die Auswahl des Partnerschaftsnamens haben.

18 Zweifelhaft ist, ob die Partner zur **Wahl des Sitzes** berechtigt sind oder ob der Sitz sich nach objektiven, an den Schwerpunkt der geschäftlichen Tätigkeit anknüpfenden Kriterien bestimmt. Für die Anknüpfung an objektive Kriterien votiert die hM im Recht der Personengesellschaften,[11] während für das GmbH-Recht bis zur Neuregelung des § 4 a GmbHG im Jahr 1999[12] das grundsätzliche Recht der Gesellschaft zu freier Sitzwahl anerkannt war.[13] Soweit es um den Sitz der **PartG** geht, spricht allein schon die Regelung des Abs. 2 Nr. 1 für ein Wahlrecht der Partner, da sich nur so die Bestimmung des Sitzes als notwendiger Vertragsbestandteil erklären lässt;[14] auch fehlt es, wie der Fall überörtlicher Sozietäten zeigt, nicht selten an eindeutigen objektiven Anknüpfungskriterien. Allerdings ginge es zu weit, den Partnern das Recht zur beliebigen (willkürlichen), von den Schwer-

[11] BGHZ WM 1957, 999, 1000; BB 1969, 329; KG WM 1955, 892, 893; *Schlegelberger/Martens* HGB § 106 RdNr. 12; *Heymann/Emmerich* HGB § 106 RdNr. 7; aA *Staub/Ulmer* HGB § 106 RdNr. 20; *John,* Die organisierte Rechtsperson, 1977, S. 146; so auch schon LG Köln NJW 1950, 871 f.; *Wieland* HandelsR S. 171 f.

[12] Er reduziert in Übereinstimmung mit § 5 Abs. 2 AktG die Sitzbestimmung im Regelfall auf die Auswahl zwischen mehreren vorhandenen Anknüpfungspunkten (Geschäftsbetrieb, Geschäftsleitung, Verwaltungssitz); vgl. nur *Scholz/Emmerich* GmbHG § 4 a RdNr. 11 ff.; *Hüffer* AktG § 5 RdNr. 5 f.

[13] Vgl. nur *Hachenburg/Ulmer* GmbHG § 3 RdNr. 9; *Baumbach/Hueck* GmbHG, 16. Aufl., § 3 RdNr. 6.

[14] So im Ergebnis auch *Michalski/Römermann* RdNr. 15; MünchHdb. GesR I/*Salger* § 32 RdNr. 3; *Meilicke* in *M/W/H/L* RdNr. 20; *Feddersen/Meyer-Landrut* RdNr. 4.

punkten ihrer Tätigkeit losgelösten Sitzwahl einzuräumen. Entsprechend §§ 4a Abs. 2 GmbHG, 5 Abs. 2 AktG ist das Recht vielmehr dahin einzuschränken, dass es nicht ohne Rücksicht auf die Tätigkeitsschwerpunkte der PartG ausgeübt werden kann. Die Wahl eines willkürlichen Sitzes führt daher zur Ablehnung der Eintragung durch das auf Grund der unrichtigen Sitzwahl zuständige Registergericht.

Ein **Doppelsitz** der Partnerschaft ist im PartGG nicht vorgesehen. Auch nach allgemeinem Registerrecht stößt er mit Rücksicht auf die damit verbundenen registerrechtlichen Zuständigkeitsprobleme auf grundsätzliche Bedenken.[15] Soweit eine Partnerschaft Niederlassungen an mehreren Orten unterhält, hat sie dem nach § 5 Abs. 2 iVm. § 13 HGB durch Anmeldung entsprechender Zweigniederlassungen zur Eintragung in das dortige Register Rechnung zu tragen (§§ 4, 5 RdNr. 29). Ob angesichts dieser Regelungen gleichwohl ein rechtlich relevanter Bedarf dafür besteht, nach dem Vorbild des Aktienrechts[16] aus politischen, wirtschaftlichen oder berufsrechtlichen Gründen ausnahmsweise einen Doppelsitz anzuerkennen, ist angesichts der im Vergleich zur AG als Unternehmensträger typisch geringeren Dimensionen von Unternehmen in der Rechtsform der Partnerschaft nicht ohne weiteres anzunehmen.[17] Die Frage kann freilich dann akut werden, wenn sich große überörtliche Sozietäten mit gleichgewichtigen Schwerpunkten an zwei Orten in eine Partnerschaft umwandeln oder Sozietäten von Freiberuflern mit unterschiedlichem Sitz zu einer Partnerschaft fusionieren wollen.[18] 19

3. Name, Vorname, ausgeübter Beruf und Wohnort jedes Partners (Nr. 2). Für die Bezeichnung von Name, Vorname und Wohnort der Partner bietet sich wegen des mit § 106 Abs. 2 Nr. 1 HGB übereinstimmenden Regelungszwecks und wegen der Verweisung hierauf in § 4 Abs. 1 die Übernahme der für jene Vorschrift anerkannten Auslegungsgrundsätze an.[19] Danach ist mit dem **Namen** der Familienname des Partners gemeint (vgl. auch § 2 RdNr. 8). Hinsichtlich des **Vornamens** genügt die Angabe des Rufnamens, wenn dadurch Unterscheidbarkeit gegenüber anderen Personen mit gleichem Familiennamen und Wohnort gewährleistet ist. Für die Angabe des **Wohnorts** kommt es auf den Ort des *tatsächlichen* dauernden Aufenthalts des Partners an, nicht auf den davon uU abweichenden Wohnsitz nach § 7 BGB.[20] Zur Behandlung von Änderungen der Personalien vgl. §§ 4, 5 RdNr. 5; zur notwendigen Angabe auch des Geburtsdatums jedes Partners bei Anmeldung zum Partnerschaftsregister vgl. §§ 4, 5 RdNr. 4. 20

Die Angabe des **in der Partnerschaft ausgeübten Berufs** dient – in Verbindung mit § 4 Abs. 1 S. 2 – der Information des Registergerichts und der Öffentlichkeit, welche Freien Berufe von welchen Partnern in der Partnerschaft ausgeübt werden sollen. Sie steht nicht nur in engem Zusammenhang mit § 3 Abs. 2 Nr. 3, sondern dokumentiert zugleich die Beteiligungsfähigkeit des Partners iS von § 1 Abs. 1 (§ 1 RdNr. 11) und konkretisiert damit diejenigen Tätigkeitspflichten, die den Partner als Teil seiner Beitragsleistung in der Partnerschaft treffen. Ist ein Partner in der Lage, **mehrere Freie Berufe** auszuüben, so ist es Sache der Beteiligten, sich darauf zu einigen, welche dieser Berufe er in die Partnerschaft einbringen soll. Hinsichtlich der übrigen, von ihm nicht in der Partnerschaft auszuübenden Berufe behält er vorbehaltlich des Umfangs der von ihm geschuldeten Dienstleistung und des möglichen Eingreifens des Wettbewerbsverbots nach § 6 Abs. 3 iVm. § 112 HGB die Freiheit, insoweit im eigenen Namen tätig zu werden oder sich an einem anderen Zusammenschluss zu beteiligen. 21

[15] Hierzu eingehend *Staub/Hüffer* HGB Vor § 13 RdNr. 28; *Keidel/Krafka/Willer,* Registerrecht, 6. Aufl. 2003, RdNr. 356 ff.

[16] S. statt aller *Hüffer* AktG § 5 RdNr. 10; MünchKommAktG/*Heider* § 5 RdNr. 41 ff.

[17] Für Personenhandelsgesellschaften wird ein Doppelsitz von der hM generell abgelehnt, vgl. *Schlegelberger/Martens* HGB § 106 RdNr. 14; *Baumbach/Hopt* HGB § 106 RdNr. 8; *Heymann/Emmerich* HGB § 106 RdNr. 7; *Boujong* in *E/B/J* § 106 RdNr. 13; aA *Staub/Ulmer* HGB § 106 RdNr. 22.

[18] So tendenziell auch *Henssler* § 3 RdNr. 24; aA *Michalski/Römermann* RdNr. 15; *Kaiser/Bellstedt* RdNr. 205; *Seibert* RdNr. 3.

[19] Vgl. dazu näher *Staub/Ulmer* HGB § 106 RdNr. 15.

[20] Ebenso *Michalski/Römermann* RdNr. 17 a.

22 **4. Gegenstand der Partnerschaft (Nr. 3).** Auch die Festlegung des Gegenstands der Partnerschaft ist in erster Linie im Zusammenhang mit den Angaben gegenüber dem Registergericht nach § 4 Abs. 1 S. 2 bei der Anmeldung zu sehen. Darüber hinaus kommt dem Gegenstand regelmäßig auch Bedeutung zu für den **gemeinsamen Zweck** der Partnerschaft: er definiert diejenigen Freien Berufe, die der gemeinsamen Ausübung in der Partnerschaft vorbehalten sein sollen und zu deren Erbringung sich die Partner im Rahmen ihrer Beitragsleistung verpflichtet haben. Insoweit decken sich typischerweise Unternehmensgegenstand und gemeinsamer Zweck.[21]

23 Die das Innenverhältnis der Partner betreffende, auch für das Wettbewerbsverbot nach § 6 Abs. 3 iVm. § 112 HGB relevante Festlegung des gemeinsamen Zwecks gilt grundsätzlich auch dann fort, wenn bestimmte Freie Berufe **vorübergehend von keinem der Partner abgedeckt** werden, weil die bisher hierfür zuständigen Partner entweder ausgeschieden oder berufsunfähig geworden sind. Im Unterschied zum Namen der Partnerschaft und zur Eintragung im Partnerschaftsregister, die in solchen Fällen nach § 2 Abs. 1 S. 1, § 4 Abs. 1 S. 3, § 5 Abs. 1 zu berichtigen sind, wirken sich derartige Veränderungen nicht automatisch auf den Unternehmensgegenstand der Partnerschaft aus, solange die Partner nicht in der gebotenen Form eine Anpassung des Partnerschaftsvertrags an die eingetretene Änderung beschließen. Das kann dazu führen, dass vertraglicher Unternehmensgegenstand und Eintragung der in der Partnerschaft ausgeübten Berufe im Lauf der Zeit auseinanderfallen; für die Wirksamkeit der Vereinbarungen über den Unternehmensgegenstand ist diese Diskrepanz grundsätzlich ohne Einfluss.

IV. Sonstige Vertragsbestandteile

24 Die Festlegungen in Abs. 2 enthalten, wie schon erwähnt (RdNr. 2), nur einen Mindestbestand notwendiger Vereinbarungen der Partner; hinsichtlich der unverzichtbaren Hauptbestandteile jedes Gesellschaftsvertrags, dem gemeinsamen Zweck und den Beiträgen der Gesellschafter, fordert die Vorschrift sogar nur rudimentäre Ansätze. Da mit Rücksicht auf das Schriftformerfordernis des § 3 Abs. 1 für den Partnerschaftsvertrag die urkundenrechtliche **Vollständigkeitsvermutung** (§ 125 RdNr. 36) eingreift und die unvollständige Beurkundung zur Formnichtigkeit des ganzen Vertrags führen kann,[22] bedarf es besonders sorgfältiger Abfassung des Urkundentextes unter Berücksichtigung auch aller sonstigen Regelungskomplexe, über die die Parteien sich entweder geeinigt haben oder eine Vereinbarung treffen wollten.

25 Wie die verschiedenen Verweisungen in §§ 6 Abs. 3, 7 Abs. 3, 9 Abs. 1, 10 auf das OHG-Recht zeigen, kann sich der Inhalt eines Partnerschaftsvertrags weitgehend an den im **OHG-Recht** anerkannten Grundsätzen orientieren. Wie dort herrscht für das *Innenverhältnis* der Partnerschaft, darunter insbes. die Regelung der Verwaltungs- und Vermögensrechte und -pflichten der Partner, die Parteiautonomie vor (§ 6 Abs. 3), während das *Außenverhältnis,* dh. die Regelung über die Vertretung der Partnerschaft und über die Haftung für deren Verbindlichkeiten, sich vorbehaltlich des § 7 Abs. 3 iVm. § 125 Abs. 1, 2 HGB der Parteidisposition entzieht. Über *Gesellschafterwechsel,* Vererbung, Dauer und Kündigungsmöglichkeiten der Partnerschaft können die Gesellschafter Vereinbarungen treffen, soweit dem nicht die auf dem Erfordernis freiberuflicher Tätigkeit der Partner beruhenden, insbes. berufsrechtlichen Grenzen gesetzt sind. Entsprechendes gilt für die Auflösung und Abwicklung der Partnerschaft. Auf Einzelheiten des OHG-Rechts ist hier nicht einzugehen.[23] Soweit nicht bestimmte Fragen im Rahmen der Erläuterung zu §§ 6 bis 10 anzusprechen sind, kann auf die Kommentare zum OHG-Recht verwiesen werden.

[21] Vgl. § 705 BGB RdNr. 128, 144. Ferner *Staub/Ulmer* HGB § 105 RdNr. 21; *Schlegelberger/K. Schmidt* HGB § 105 RdNr. 29.

[22] Vgl. RdNr. 7 sowie § 125 BGB RdNr. 30, 38.

[23] Vgl. dazu *Schlegelberger/K. Schmidt* HGB § 131 RdNr. 1 ff.; *Heymann/Emmerich* HGB § 131 RdNr. 3 ff.

V. Der Vorbehalt des Berufsrechts

Dem in §§ 1 Abs. 3, 6 Abs. 1 ausgesprochenen Vorrang des Berufsrechts ist auch für den Inhalt des Partnerschaftsvertrages Rechnung zu tragen. Er kann insbesondere im Rahmen von § 3 Abs. 2 Nr. 3 Bedeutung erlangen, soweit es um die Frage der **Inkompatibilität** bestimmter Freier Berufe und ihrer Ausübung innerhalb einer interprofessionellen Partnerschaft geht. Das Berufsrecht kann aber auch **inhaltliche Vorgaben** für Gesellschaftsverträge von Freiberuflern aufstellen, die bei der Abfassung des Partnerschaftsvertrags zu beachten sind. Die Regierungsbegründung[24] erwähnt als Beispiel die Vorschrift des § 85 Abs. 4 lit. b SGB V, die für Berufsgemeinschaften von *Zahnärzten* den vertraglichen Nachweis der gleichberechtigten Teilhaberschaft der beteiligten Zahnärzte im Hinblick auf ihren Vergütungsanspruch fordert.[25] **26**

§ 4 Anmeldung der Partnerschaft

(1) [1] Auf die Anmeldung der Partnerschaft in das Partnerschaftsregister sind § 106 Abs. 1 und § 108 des Handelsgesetzbuchs entsprechend anzuwenden. [2] Die Anmeldung hat die in § 3 Abs. 2 vorgeschriebenen Angaben, das Geburtsdatum jedes Partners und die Vertretungsmacht der Partner zu enthalten. [3] Änderungen dieser Angaben sind gleichfalls zur Eintragung in das Partnerschaftsregister anzumelden.

(2) [1] In der Anmeldung ist die Zugehörigkeit jedes Partners zu dem Freien Beruf, den er in der Partnerschaft ausübt, anzugeben. [2] Das Registergericht legt bei der Eintragung die Angaben der Partner zugrunde, es sei denn, ihm ist deren Unrichtigkeit bekannt.

§ 5 Inhalt der Eintragung; anzuwendende Vorschriften

(1) Die Eintragung hat die in § 3 Abs. 2 genannten Angaben, das Geburtsdatum jedes Partners und die Vertretungsmacht der Partner zu enthalten.

(2) Auf das Partnerschaftsregister und die registerrechtliche Behandlung von Zweigniederlassungen sind die §§ 8 bis 12, 13, 13 c, 13 d, 13 h, 14 bis 16 des Handelsgesetzbuchs über das Handelsregister entsprechend anzuwenden.

Übersicht

	RdNr.
I. Einführung	1–3
1. Normzweck	1, 2
2. Reform	3
II. Die Anmeldung (§ 4)	4–9
1. Gegenstände der Anmeldung	4–6
a) Bei Errichtung der Partnerschaft	4
b) Spätere Änderungen	5
c) Zeichnung der Unterschrift	6
2. Anmeldepflichtige Personen	7
3. Form der Anmeldung; Nachweise	8, 9
III. Prüfung durch das Registergericht	10–16
1. Zuständiges Gericht	10
2. Das Prüfungsrecht des Registergerichts	11–16
a) Grundlagen; Reichweite der Einschränkung durch § 4 Abs. 2 S. 2	11–13
b) Folgerungen	14–16
IV. Die Eintragung (§ 5 Abs. 1)	17, 18
1. Inhalt	17
2. Wirkung	18
V. Das Partnerschaftsregister (§ 5 Abs. 2)	19–43
1. Notwendigkeit seiner Einrichtung	19–21
2. Die Verweisung in § 5 Abs. 2 auf das Handelsregisterrecht des HGB	22–32
a) Übersicht	22–24

[24] Begr. RegE BT-Drucks. 12/6152 S. 13.

[25] Weit. Beispiele und Nachweise bei *Michalski/Römermann* RdNr. 26 ff.

	RdNr.
b) Registerführung, Einsicht und Bekanntmachungen	25–27
c) Zweigniederlassungen	28, 29
d) Sonstige Regelungsbereiche	30–32
3. Die Partnerschaftsregisterverordnung	33–43
a) Erlass und Inkrafttreten; Text der PRV	33, 34
b) Anmeldeerfordernisse nach § 3 PRV	35–39
c) Einbeziehung der Organe des Berufsstands	40–42
d) Nicht verkammerte Berufe	43
VI. Zum Vorbehalt des Berufsrechts	44, 45

I. Einführung

1 **1. Normzweck.** Die Vorschriften der §§ 4, 5 dienen in Verbindung mit der Partnerschaftsregisterverordnung (PRV, vgl. RdNr. 33) dazu, die Anmeldung und Eintragung der Partnerschaft im Partnerschaftsregister umfassend zu regeln. Da das PartGG die Partnerschaft im Verhältnis zu Dritten zwar erst mit deren Registereintragung wirksam werden lässt (§ 7 Abs. 1), aus Gründen der Systemtreue (kein Handelsgewerbe, vgl. § 1 Abs. 1 S. 2) hierfür aber nicht das Handelsregister vorsieht, sondern die Einrichtung eines besonderen Partnerschaftsregisters bei den Amtsgerichten vorschreibt, bedarf es auch besonderer Vorschriften über den **Gegenstand von Anmeldung und Eintragung** und das dabei einzuhaltende Verfahren. Entsprechend der Regelungstechnik in den materiellrechtlichen Teilen verweist das PartGG hierzu in § 4 Abs. 1 S. 1, § 5 Abs. 2 – vorbehaltlich der Einzelregelungen zur Registerführung in der PRV – weitgehend auf das für die OHG geltende Handelsregisterrecht und normiert die Anmeldepflichten im Übrigen in enger Anlehnung an das OHG-Recht. Für das Registerverfahren in Partnerschaftssachen entspricht diesem Vorgehen die Anordnung in § 160 b FGG betreffend die entsprechende Anwendung der meisten der für die Führung der Handelsregister geltenden Vorschriften der §§ 125 bis 143 FGG auf das neue Partnerschaftsregister.

2 Eine *Besonderheit* des Registerrechts für die Partnerschaften besteht neben dem Bemühen um Reduktion der anmelde- und eintragungspflichtigen Tatsachen auf ein Mindestmaß vor allem auch darin, dass die **Prüfungspflicht des Registergerichts durch § 4 Abs. 2 S. 2 eingeschränkt** wurde. Den Grund für dieses Vorgehen bildete das bei den Gesetzesberatungen im Bundesrat deutlich gewordene Bestreben der Länder, den mit der Einrichtung und Führung des Partnerschaftsregisters verbundenen Aufwand gering zu halten und die Gerichte nicht mit unlösbaren Prüfungsaufgaben zu belasten.[1] Dementsprechend wurde entgegen früheren Entwürfen[2] zum einen darauf verzichtet, die Beifügung des Partnerschaftsvertrags bei Anmeldung der Partnerschaft vorzuschreiben. Auch wurde mit Rücksicht auf die Regelung in § 7 Abs. 1 auf die Eintragung des Datums des Beginns der Partnerschaft verzichtet. Vor allem aber wurde in Abänderung von § 4 Abs. 2 RegE während des Gesetzgebungsverfahrens auf den Nachweis der Zugehörigkeit der Partner zu den von ihnen auszuübenden Berufen verzichtet und zudem in einem neuen Satz 2 ausdrücklich angeordnet, dass das Registergericht bei der Eintragung die Angaben der Partner zugrundezulegen hat, wenn ihm deren Unrichtigkeit nicht positiv bekannt ist. Nicht voll im Einklang mit dieser Zielsetzung befinden sich allerdings §§ 3, 4 PRV, die bestimmte Nachweis- und Ermittlungsanforderungen betr. die Zulassung zum Freien Beruf u. a. im Zusammenhang mit der Anmeldung und Eintragung von Partnerschaften begründen (vgl. RdNr. 35, 39).

3 **2. Reform.** Die Vorschriften der §§ 4 Abs. 1 S. 2, 5 Abs. 1 wurden durch Art. 4 des ERJuKoG im Jahr 2001 dahin erweitert, dass künftig auch das *Geburtsdatum* der Partner sowie ihre jeweilige *Vertretungsmacht* anmelde- und eintragungspflichtig sind. Damit wurde den entsprechenden Änderungen des § 106 Abs. 2 HGB Rechnung getragen und für Gleichklang zwischen OHG- und PartG-Recht gesorgt. Eine diese Änderungen berück-

[1] Vgl. Stellungnahme BRat, BT-Drucks. 12/6152 S. 26 f.; *Seibert,* Die Partnerschaft, 1994, S. 45; *Bösert* ZAP 1994, 765, 772; *Leutheusser-Schnarrenberger* der freie beruf 7–8/1994, 20, 21.

[2] Vgl. RegE, BT-Drucks. VI/2047 S. 1; RegE, BT-Drucks. 7/4089 S. 7; Entwurf des BT-Rechtsausschusses, BT-Drucks. 7/5402 S. 4; 1. RefE in *Seibert* (Fn. 1) S. 85; dazu auch Vor § 1 RdNr. 2 f.

sichtigende Übergangsvorschrift findet sich in § 11 Abs. 2. Auch die PRV unterlag bis Ende 2001 mehreren, die entsprechenden Änderungen des PartGG (vgl. Vor § 1 RdNr. 9 f.) berücksichtigenden Anpassungen.

II. Die Anmeldung (§ 4)

1. Gegenstände der Anmeldung. a) Bei Errichtung der Partnerschaft. Nach § 4 Abs. 1 S. 2 bildet insbes. der in § 3 Abs. 2 Nr. 1 bis 3 festgelegte **Mindestinhalt des Partnerschaftsvertrags** den Gegenstand der Anmeldung bei Errichtung der Partnerschaft. Anzumelden sind also Name und Sitz der Partnerschaft (Nr. 1), ihr Gegenstand (Nr. 3) und die in Nr. 2 genannten Angaben zur Identifizierung der Partner und des von ihnen in der Partnerschaft ausgeübten Freien Berufs. Diese Angaben sind in die Anmeldeerklärungen der Partner (RdNr. 7) aufzunehmen; ihre Ersetzung durch die Vorlage des Partnerschaftsvertrags mit seinem entsprechenden Inhalt ist weder hinreichend noch erforderlich. **Weitere Gegenstände** der Anmeldung bilden seit der Reform 2001 (RdNr. 3) die *Vertretungsbefugnis* der Partner unabhängig davon, ob sie der gesetzlichen Regelung des § 7 Abs. 1 iVm. § 125 Abs. 1 HGB entspricht, unter Einschluss der Befreiung vom Verbot des Selbstkontrahierens,[3] wie das *Geburtsdatum* der Partner. Sämtliche Gegenstände der Anmeldung werden nach § 5 Abs. 1 auch in das Partnerschaftsregister eingetragen. 4

b) Spätere Änderungen. Anmeldepflichtig sind nach § 4 Abs. 1 S. 3 auch Änderungen, die nach Eintragung der Partnerschaft in Bezug auf die Gegenstände der Anmeldung eintreten. Hierunter fallen einerseits Änderungen beim Namen, Sitz oder Unternehmensgegenstand der Partnerschaft ebenso wie das Ausscheiden oder der Beitritt von Partnern, auch soweit sie auf einer Anteilsübertragung beruhen, sowie Änderungen bei den der Identifizierung der Partner dienenden Angaben des § 3 Abs. 2 Nr. 2, andererseits Änderungen in Bezug auf die Vertretungsmacht der Partner. Der Grund der Änderung, dh. das Zustandekommen eines formwirksamen Änderungsbeschlusses, die Ausübung eines einseitigen Gestaltungsrechts oder die Änderung tatsächlicher Verhältnisse wie bei der Verlegung des Wohnsitzes oder dem Eintritt der Berufsunfähigkeit eines Partners, ist für die Anmeldepflicht ohne Belang. Schließlich besteht nach § 9 Abs. 1 iVm. § 143 HGB eine Anmeldepflicht beim Ausscheiden eines Partners oder der Auflösung der Partnerschaft. Abweichendes gilt mit Rücksicht auf § 2 Abs. 2 iVm. § 32 HGB nur bei insolvenzbedingter Auflösung der PartG; deren Eintragung ist von Amts wegen zu bewirken. *Sonstige* Vertragsänderungen werden – vorbehaltlich der Beachtung des Schriftformerfordernisses (§ 3 Abs. 1) – alsbald mit ihrer Vereinbarung wirksam; einer Anmeldung zum Handelsregister bedarf es nicht. 5

c) Zeichnung der Unterschrift. Die Verweisung in § 4 Abs. 1 S. 1 erstreckt sich auch auf die entsprechende Anwendung von **§ 108 Abs. 2 HGB.** Danach haben die vertretungsbefugten Gesellschafter im Zuge der Anmeldung den Namen der Partnerschaft mit ihrer Namensunterschrift zur Aufbewahrung bei dem Gericht zu zeichnen. Entsprechend ist bei späteren Änderungen der Vertretungsbefugnis zu verfahren. Für die Form der Unterschriftszeichnung gilt § 5 Abs. 2 iVm. § 12 HGB. 6

2. Anmeldepflichtige Personen. Die Anmeldung ist nach § 4 Abs. 1 S. 1 iVm. § 108 Abs. 1 HGB von **sämtlichen Partnern** zu bewirken. Ihrer höchstpersönlichen Mitwirkung bedarf es nicht. Die Partner können sich vertreten lassen, jedoch muss die Vollmacht zur Anmeldung in öffentlich beglaubigter Form ausgestellt sein (§ 5 Abs. 2 iVm. § 12 HGB). Der Anmeldepflicht *jedes* Partners kommt nicht zuletzt dann Bedeutung zu, wenn es um anzumeldende Änderungen aus seiner eigenen Sphäre (Name, Wohnort, ausgeübter Freier Beruf) geht. Sie verpflichtet ihn, von sich aus tätig zu werden und auch die anderen Partner von der Änderung in Kenntnis zu setzen, um sie zur Mitwirkung bei der Anmeldung zu 7

[3] So zutr. *Sevatius* NZG 2002, 456, 457, unter Hinweis auf die im Kapitalgesellschaftsrecht schon bisher hM, vgl. nur BGHZ 87, 59, 61 = NJW 1983, 1676; dazu *Hachenburg/Ulmer* GmbHG § 10 RdNr. 11; *Baumbach/Hueck/Fastrich* GmbHG § 8 RdNr. 15, jew. m. weit. Nachw.

veranlassen. Zur Durchsetzung der Anmeldepflicht steht dem Registergericht nach § 5 Abs. 2 iVm. § 14 HGB die Befugnis zu, Zwangsgelder gegen die anmeldepflichtigen Personen festzusetzen.

8 **3. Form der Anmeldung; Nachweise.** Die **Form** der Anmeldung richtet sich nach § 5 Abs. 2 iVm. § 12 HGB. Die Angaben sind in öffentlich beglaubigter Form (§ 129 Abs. 1 BGB) einzureichen. Entsprechendes gilt für Vollmachten, die nicht selbst mitwirkende Partner ihren Vertretern erteilen. Die Form öffentlicher Beglaubigung gilt auch für die in § 4 Abs. 1 S. 1 iVm. § 108 Abs. 2 HGB vorgeschriebene Zeichnung des Namens durch handschriftliche Unterschrift der vertretungsbefugten Partner.

9 Besondere **Nachweise** gegenüber dem Registergericht bei Anmeldung der Partnerschaft sind im PartGG nicht vorgesehen. Vorbehaltlich der Einschränkung in § 4 Abs. 2 S. 2 kann das Gericht sich solche Nachweise auf Grund des Amtsermittlungsgrundsatzes des § 12 FGG vorlegen lassen, wenn es begründete Zweifel an der Richtigkeit von Gegenständen der Anmeldung hat (RdNr. 11, 13). Zu den Nachweisanforderungen, die **§ 3 Abs. 1 S. 2, Abs. 3 PRV** als Sollvorschrift bei staatlicher Zulassung oder staatlicher Prüfung als Voraussetzung für die Berufsausübung der Partner bzw. bei Erforderlichkeit staatlicher Zulassung der Partnerschaft begründet, vgl. RdNr. 35, 37.

III. Prüfung durch das Registergericht

10 **1. Zuständiges Gericht.** Die **örtliche** Zuständigkeit des Registergerichts folgt aus § 4 Abs. 1 S. 1 iVm. § 106 Abs. 1 HGB. Sie richtet sich nach dem Sitz der Partnerschaft (§ 3 Abs. 2 Nr. 1). Für Zweigniederlassungen gelten die in die Verweisung des § 5 Abs. 2 aufgenommenen Vorschriften der §§ 13 ff. HGB. **Sachlich** zuständig zur Führung des Partnerschaftsregisters sind nach § 160 b Abs. 1 S. 1 FGG die Amtsgerichte als Registergerichte. Nach § 160 h Abs. 1 S. 2 iVm. § 125 Abs. 2 Nr. 1 FGG sind die Landesregierungen ermächtigt, die Zuständigkeit zur Führung des Partnerschaftsregisters bei einzelnen Amtsgerichten zu konzentrieren; hiervon haben die meisten Länder in unterschiedlicher Art Gebrauch gemacht.[4]

11 **2. Das Prüfungsrecht des Registergerichts. a) Grundlagen; Reichweite der Einschränkung durch § 4 Abs. 2 S. 2.** Das Registerverfahren unterliegt nach § 160 b Abs. 1 iVm. §§ 125 ff. FGG auch für das Partnerschaftsregister grundsätzlich dem **Recht der freiwilligen Gerichtsbarkeit.** Aufgrund ihrer Aufgabe, für die Ordnungsmäßigkeit und Richtigkeit des Registers zu sorgen, haben die Registergerichte nach *allgemeinem Registerrecht* das Recht und die Pflicht, die in der Anmeldung enthaltenen Angaben zu prüfen; sie bedienen sich dazu des in **§ 12 FGG** geregelten *Grundsatzes der Amtsermittlung.*[5] Er besagt, dass die Registergerichte grundsätzlich von den Erklärungen der anmeldepflichtigen Personen ausgehen und sich auf die Prüfung von deren Plausibilität beschränken können, sofern die für Anmeldung und Eintragung geltenden materiellen und verfahrensrechtlichen Vorschriften nicht für einzelne Angaben besondere Nachweise oder Prüfungsschritte erfordern. Im Fall *begründeter Zweifel* sind sie jedoch gehalten, von Amts wegen auf deren Behebung hinzuwirken.[6] Sie können sich zu diesem Zweck einerseits geeignete Nachweise von den Anmeldern vorlegen lassen. Andererseits können sie aber auch die in § 126 FGG genannten Organe des Handelsstands sowie anderer Berufsstände um Mitwirkung ersuchen.

12 Für das **Verfahren des Partnerschaftsregisters** ist *umstritten,* ob und inwieweit der Amtsermittlungsgrundsatz des § 12 FGG auch für die Eintragung der PartG gilt. Unter Hinweis auf **§ 4 Abs. 2 S. 2**, wonach das Registergericht bei der Eintragung die „Angaben

[4] Vgl. die Zusammenstellung der entspr. Verordnungen bei *Keidel/Krafka/Willer,* Registerrecht, 6. Aufl. 2003, RdNr. 2020, und die Übersicht bei *Michalski/Römermann* § 4 RdNr. 12 a.

[5] Vgl. dazu *Staub/Hüffer* HGB § 8 RdNr. 54; *Keidel/Krafka/Willer* (Fn. 4) RdNr. 153 ff.; *Hachenburg/Ulmer* GmbHG § 9 c RdNr. 6 ff.

[6] *Staub/Hüffer* HGB § 8 RdNr. 56; Nr. 16; *Keidel/Krafka/Willer* (Fn. 4) RdNr. 159; *Hachenburg/Ulmer* GmbHG § 9 c RdNr. 16.

der Partner" zugrundelegt, sofern es nicht deren Unrichtigkeit kennt, wird verbreitet die Meinung vertreten, der Amtsermittlungsgrundsatz sei dadurch **generell eingeschränkt** und das Registergericht habe sich darauf zu beschränken, die Anmeldung bei Kenntnis der Unrichtigkeit zu beanstanden.[7] Zur Begründung verweisen die Anhänger dieser Ansicht auf die – vom Streben der Länder nach Erleichterung der Prüfungslast der Registergerichte geprägte – *Entstehungsgeschichte* des § 4 Abs. 2;[8] die systematische Stellung des Satzes 2 nicht als eigenständiger Absatz, sondern als Teil des Abs. 2 stehe nicht entgegen.[9] Nicht im Einklang mit dieser verbreiteten Meinung befindet sich allerdings der Inhalt der – vom BMJ mit Zustimmung des Bundesrates erlassenen[10] – **PRV.** Denn sie ordnet in § 3 Abs. 1 S. 2 und Abs. 3 (wenn auch als Sollvorschrift) die Vorlage bestimmter Urkunden an und gibt den Gerichten in § 4 S. 1 auf, in zweifelhaften Fällen den zuständigen Berufskammern Gelegenheit zur Stellungnahme zu geben (vgl. RdNr. 35 ff., 41).

Stellungnahme. Den Befürwortern einer weitgehenden Einschränkung des Amtsermittlungsgrundsatzes für das Partnerschaftsregister ist zwar darin zuzustimmen, dass § 4 Abs. 2 S. 2 eine Spezialvorschrift gegenüber § 12 FGG enthält mit der Folge, in seinem Anwendungsbereich die Eintragungskontrolle des Registergerichts auf Fälle zu reduzieren, in denen ihm die Unrichtigkeit der Angaben der Anmelder bekannt ist. *Nicht gefolgt* werden kann der verbreiteten Meinung jedoch darin, den Anwendungsbereich auf *sämtliche* für die Eintragung einer PartG relevanten Daten und Fakten auszudehnen. Dagegen spricht einerseits die systematische Stellung des Satzes 2 im Kontext der Angaben nach § 4 Abs. 2 S. 1 betr. die Berufsausübung der Partner. Andererseits lässt auch die Entstehungsgeschichte der Vorschrift erkennen, dass sie sich nur auf die Angaben über die von den Partnern im Rahmen der PartG auszuübenden Freien Berufe beziehen, die Kontrolle sonstiger Angaben wie diejenigen nach § 4 Abs. 1 S. 2 iVm. § 3 Abs. 2 Nr. 1 und 2 (vorbehaltlich des in der PartG ausgeübten Berufs) dagegen unberührt lassen sollte.[11] Schließlich zeigen auch die vorstehend erwähnten Sollvorschriften der §§ 3, 4 PRV, dass der VO-Geber nicht etwa von einer grundsätzlich unkontrollierten Eintragungspraxis des Partnerschaftsregisters ausging, sondern sich darum bemühte, vor dem Hintergrund der vielfältigen, stark unterschiedlichen Freien Berufe einen Mittelweg zwischen Eintragungskontrolle und Vereinfachung des Registerverfahrens einzuschlagen. Auch der zeitliche Zusammenhang zwischen dem Erlass des PartGG und der PRV sowie die jeweilige Federführung durch das BMJ unter Beteiligung des Bundesrates sprechen dafür, die Regelungen der PRV als Interpretationshilfe für § 4 Abs. 2 heranzuziehen. Diese Gründe führen dazu, die Kontrollerleichterung des § 4 Abs. 2 S. 2 auf die Angaben über die freiberufliche Tätigkeit der Partner und den damit unmittelbar zusammenhängenden Gegenstand der Partnerschaft zu beschränken (vgl. RdNr. 14 ff.). 13

b) Folgerungen. Von der Einschränkung des § 4 Abs. 2 S. 2 erfasst werden die auf den **Freien Beruf und dessen Ausübung** in der Partnerschaft bezogenen Angaben; das folgt aus der gebotenen teleologischen Auslegung der Vorschrift, die nicht allein auf die „Zugehörigkeit jedes Partners zu dem (in der Partnerschaft auszuübenden) Freien Beruf" zu beziehen ist. Denn wie ihr Entstehungshintergrund zeigt, soll sie die Registergerichte davon entlasten, Zweifeln an der Zugehörigkeit der in der PartG beabsichtigten Tätigkeiten zu den Freien Berufen sowie an der hierfür erforderlichen Vorbildung der Partner nachzugehen. Entsprechendes hat für Zweifel an der berufsrechtlichen Zulässigkeit einer von den Beteiligten angemeldeten interprofessionellen PartG zu gelten. Denn auch sie betreffen den 14

[7] So insbes. *Michalski/Römermann* § 4 RdNr. 4, 25; *Lenz* in *M/W/H/L* § 4 RdNr. 27, 33; *Feddersen/Meyer-Landrut* § 4 RdNr. 16; tendenziell auch *Henssler* § 4 RdNr. 25 ff., 33; *Seibert* § 4 RdNr. 4; *Keidel/Krafka/Willer* (Fn. 4) RdNr. 2042 ff.; aA 3. Aufl. RdNr. 10 ff.; *Hornung* Rpfleger 1995, 481.

[8] Vgl. Stellungnahme des Bundesrats, BT-Drucks. 12/6152 S. 26 f.; Begründung des BT-Rechtsausschusses BT-Drucks. 12/7642 S. 12; dazu auch die Nachw. in Fn. 1.

[9] So *Michalski/Römermann* § 4 RdNr. 4; *Feddersen/Meyer-Landrut* § 4 RdNr. 16.

[10] Ermächtigungsgrundlage ist § 160 b Abs. 1 iVm. § 125 Abs. 3 S. 1 FGG.

[11] Nur auf diese Gegenstände beziehen sich die im Gesetzgebungsverfahren zu § 4 Abs. 2 RegE geäußerten Bedenken (vgl. die Nachw. in Fn. 8).

Bereich der Berufsausübung; ihre registergerichtliche Klärung würde zu einer erheblichen Erschwerung des Eintragungsverfahrens führen. Von diesen Einschränkungen unberührt bleiben zwar die Sollvorschriften der §§ 3, 4 PRV über die Vorlage bestimmter Unterlagen seitens der Anmelder und über die Einschaltung der zuständigen Berufskammern in zweifelhaften Fällen. Für Staatshaftungsansprüche nach § 839 BGB iVm. Art. 34 GG gegen das zuständige Land wegen Schäden, die jemand im Vertrauen auf die Richtigkeit des Registers betr. die Berufstätigkeit der Partner erlitten hat, ist jedoch kein Raum.

15 Soweit es demgegenüber um den **Partnerschaftsvertrag** als Eintragungsvoraussetzung geht, scheidet der Rückgriff auf § 4 Abs. 2 S. 2 aus den in RdNr. 13 genannten Gründen aus. Zwar hat der Gesetzgeber entgegen den ursprünglichen Plänen darauf verzichtet, dessen Vorlage zur Eintragungsvoraussetzung zu machen (RdNr. 2). Daher ist für eine über die Mindestangaben nach § 3 Abs. 2 hinausgehende gerichtliche Inhaltskontrolle kein Raum. Ebenso ist es nach dem Vorstehenden nicht Sache des Registergerichts, die Wirksamkeit des Partnerschaftsvertrags (§ 134 BGB) auf mögliche Verstöße gegen berufsrechtliche Schranken zu kontrollieren. Anderes gilt dagegen insoweit, als es um Verstöße gegen das Schriftformgebot des § 3 Abs. 1, um denkbare Mängel aus der Beteiligung nicht voll geschäftsfähiger Gesellschafter ohne Genehmigung des Familien- oder Vormundschaftsgerichts sowie um Auseinandersetzungen zwischen den Beteiligten über die Wirksamkeit des Vertragsschlusses bzw. die Ausübung eines fristlosen Kündigungsrechts geht. Soweit dem Registergericht substantiierte Hinweise auf derartige Vertragsmängel vorliegen, hat es ihnen im Rahmen seiner Amtsermittlungsfunktion nachzugehen. Sie können ihm auch Anlass geben, sich die Urkunde über den Partnerschaftsvertrag vorlegen zu lassen und die Einhaltung der Schriftform sowie der Mindestbestandteile nach § 3 Abs. 2 zu prüfen. Der Umstand, dass auf die generelle Vorlegung der Vertragsurkunde bei Anmeldung im Zuge der Entstehungsgeschichte des PartGG verzichtet wurde, steht diesem Vorgehen nicht entgegen.[12]

16 Auch in Bezug auf **sonstige** Gegenstände der Anmeldung ist der Amtsermittlungsgrundsatz durch § 4 Abs. 2 S. 2 nicht eingeschränkt. Für den **Sitz** der PartG folgt das schon aus dessen Bedeutung als Voraussetzung für die örtliche Zuständigkeit des Registergerichts (§ 4 Abs. 1 S. 1 iVm. § 106 Abs. 1 HGB). Die Kontrollbefugnis für den **Namen** der Partnerschaft ergibt sich – in den Grenzen des § 118 Abs. 2 S. 2 HGB – aus den namensrechtlichen Vorgaben des § 2 Abs. 1 iVm. der Verweisung in § 2 Abs. 2 auf das allgemeine Firmenrecht, darunter insbes. § 30 HGB. Soweit es um die **Personalien** der nach § 4 Abs. 1 S. 1 iVm. § 108 Abs. 1 HGB anmeldepflichtigen Partner geht, ist für eine Reduktion des § 12 FGG schon wegen ihrer Rolle als Verfahrensbeteiligte kein Raum; im Übrigen sorgen auch die Formerfordernisse des § 5 Abs. 2 iVm. § 12 HGB dafür, dass deren Richtigkeit im Regelfall außer Zweifel steht. Die Kontrolle der Angaben über die **Vertretungsmacht** der Partner schließlich liegt – unbeschadet der Verweisung des § 5 Abs. 2 auf § 15 HGB – im wohlverstandenen Interesse des Rechtsverkehrs und gehört zu den zentralen Aufgaben des Registergerichts; für eine Einschränkung durch § 4 Abs. 2 S. 2 besteht auch insoweit kein Anlass.[13]

IV. Die Eintragung (§ 5 Abs. 1)

17 **1. Inhalt.** Der Inhalt der Eintragung der Partnerschaft deckt sich mit den anmeldepflichtigen Gegenständen (vgl. RdNr. 4 f.). **Einzutragen sind** nach § 5 Abs. 1 in erster Linie die in § 3 Abs. 2 geregelten, nach § 4 Abs. 1 S. 2 anmeldepflichtigen Mindestbestandteile des Partnerschaftsvertrags. Weitere Eintragungsgegenstände bilden das Geburtsdatum und die Vertretungsbefugnis der Partner (§ 5 Abs. 1), die Auflösung der Partnerschaft und das Ausscheiden von Partnern (§ 9 Abs. 1 iVm. § 143 HGB) sowie der Eintritt von Änderungen bei den eingetragenen Angaben (§ 4 Abs. 1 S. 3).

[12] So zutr. *K. Schmidt* ZIP 1993, 633, 640; *Henssler* § 3 RdNr. 15; aA *Michalski/Römermann* § 3 RdNr. 6.

[13] Zu den insoweit vom Registergericht zu beachtenden Anforderungen vgl. *Keidel/Krafka/Willer* (Fn. 4) RdNr. 2036.

2. Wirkung. Entsprechend der Rechtslage beim Handelsregister sind auch die Eintragungen in das Partnerschaftsregister grundsätzlich **deklaratorischer** Natur;[14] sie beschränken sich auf die Verlautbarung von außerhalb des Registers eingetretenen, für die Rechtsverhältnisse der Partnerschaft und die Information der Öffentlichkeit bedeutsamen Änderungen. Eine **Ausnahme** gilt nach § 7 Abs. 1 für die erstmalige Eintragung der Partnerschaft: sie bringt die Partnerschaft im Außenverhältnis als solche zur Entstehung und hat damit *konstitutive* Wirkung. Ist die Gesellschaft schon vor der Eintragung Dritten gegenüber aufgetreten, hat sie insbesondere schon mit der Geschäftstätigkeit begonnen, so hat die Eintragung die Wirkung eines *Rechtsformwechsels* von der GbR zur Partnerschaft. Zur Behandlung des Innenverhältnisses einer von den Beteiligten als PartG gewollten, noch nicht eingetragenen Gesellschaft nach Partnerschaftsrecht, wenn dem nicht der Wille der Beteiligten entgegensteht, vgl. § 7 RdNr. 5 f. 18

V. Das Partnerschaftsregister (§ 5 Abs. 2)

1. Notwendigkeit seiner Einrichtung. Die Einrichtung eines besonderen Registers für eine neue Gesellschaftsform bedeutet einen relativ hohen Gestaltungsaufwand. Dessen Angemessenheit beurteilt sich nach der Dringlichkeit des Regelungsbedürfnisses. Die Amtliche Begründung sieht die Notwendigkeit gerichtlicher *Registrierung* der Partnerschaft darin, dass sie den Informationsbedürfnissen der Personen Rechnung trägt, die die Leistungen einer Partnerschaft in Anspruch nehmen oder sonst mit ihr in geschäftlichen Kontakt treten.[15] Die Einrichtung eines *zusätzlichen,* neben das Handelsregister tretenden *Registers* hält sie deshalb für erforderlich, weil die Partnerschaft kein Handelsgewerbe ausübt. Beide Argumente sahen sich schon während des Gesetzgebungsverfahrens,[16] aber auch danach[17] lebhafter **Kritik** ausgesetzt. 19

Stellungnahme. Von diesen Gründen ist jedenfalls dem zweiten, auf die Einrichtung eines **besonderen Registers** gerichteten entgegen der daran geübten Kritik zuzustimmen. Auch wenn man berücksichtigt, dass das Handelsregister sich mit der Zuständigkeit für Einzelkaufleute, OHG, KG, AG, KGaA, GmbH und EWIV als sehr vielseitig erwiesen hat und daher rechtstechnisch ohne weiteres in der Lage wäre, seine Spalten einer weiteren Gesellschaftsform zu öffnen, liegt der rechtsgrundsätzliche Unterschied der Partnerschaft gegenüber den im Handelsregister einzutragenden Gesellschaften doch gerade in ihrem *fehlenden Handelsgewerbe.* Nimmt man diesen Unterschied ernst, wie es der Regelungstechnik nicht nur des HGB, sondern auch des PartGG bei Ausgestaltung der materiellrechtlichen Vorschriften unter Verzicht auf die generelle Unterstellung der Partnerschaft unter OHG-Recht entspricht, so ist es nur folgerichtig, ihm auch bei der Registerführung Bedeutung beizumessen.[18] 20

Weniger überzeugend wirkt zumindest auf den ersten Blick das in der Amtlichen Begründung unterstellte **Bedürfnis des Rechtsverkehrs nach Offenlegung** der eintragungspflichtigen Daten der Partnerschaft. Ihm lässt sich entgegenhalten, dass trotz der verbreiteten Existenz von Freiberufler-Sozietäten in der Rechtsform der GbR ein solches Bedürfnis bisher nicht erkennbar war, und dies ungeachtet des Umstands, dass die Praxis die (in § 7 Abs. 2 für die Partnerschaft vorgesehene) entsprechende Anwendung von § 124 HGB auf die GbR jedenfalls materiellrechtlich schon seit langem vorweggenommen hat und darin inzwischen auch höchstrichterlich bestätigt worden ist.[19] Wenn gleichwohl im Ergebnis dem Vorgehen des Gesetzgebers auch in diesem Punkt zuzustimmen ist, so deshalb, weil nur auf 21

[14] Vgl. allg. *Staub/Ulmer* HGB § 106 RdNr. 36; *Schlegelberger/Martens* HGB § 106 RdNr. 27.

[15] Vgl. insbes. Gegenäußerung BReg, BT-Drucks. 12/6152 S. 29 f.; so auch schon Begr. RegE, BT-Drucks. 12/6152 S. 14; *Seibert* (Fn. 1) S. 60 f.

[16] Durch *Michalski* ZIP 1991, 1551, 1557; *v. Falkenhausen* AnwBl. 1993, 479, 480 f.

[17] Durch *K. Schmidt* NJW 1995, 1, 3; *Michalski/Römermann* (1. Aufl.) § 4 RdNr. 4 ff.; *Knoll/Schüppen* DStR 1995, 608, 611; aA *Lenz* in *M/W/H/L* § 4 RdNr. 9; *Taupitz* ArztR 1995, 123, 126.

[18] AA *Michalski/Römermann* § 4 RdNr. 8, 11.

[19] Vgl. § 705 BGB RdNr. 296 ff., 303.

diese Weise eine verlässliche *Abgrenzung der Partnerschaft von der Freiberufler-GbR* zu erreichen ist und dieser Abgrenzung jedenfalls für das besondere, nach § 8 Abs. 2 für die Partnerschaft geltende Haftungsregime nicht unerhebliche Bedeutung zukommt. Wer mit dem Gesetzgeber das Bedürfnis nach einer eigenständigen Gesellschaftsrechtsform für Freiberufler bejaht, für den ist es nur folgerichtig, dem auch durch ein eigenständiges Partnerschaftsregister Rechnung zu tragen.

22 **2. Die Verweisung in § 5 Abs. 2 auf das Handelsregisterrecht des HGB. a) Übersicht.** Die Verweisung des **§ 5 Abs. 2** auf das Handelsregisterrecht des HGB (ausgenommen die auf Kapitalgesellschaften bezogenen Vorschriften der §§ 13 a, 13 b, 13 e, 13 f, 13 g betr. das Zweigniederlassungsrecht) umfasst eine Reihe heterogener Vorschriften. Sie betreffen die Anlage des Registers, das Recht zur Einsichtnahme, die Bekanntmachung der Eintragungen, die Form der Anmeldungen, das registergerichtliche Verfahren bei Errichtung und Verlegung von Zweigniederlassungen, die Festsetzung von Zwangsgeld, die Publizität des Registers und die Bindung des Registergerichts an rechtskräftige oder vollstreckbare Entscheidungen des Prozessgerichts. Infolge der Verweisung finden diese Vorschriften entsprechend auch auf das Partnerschaftsregister Anwendung; dieses wird registerrechtlich weitgehend dem Handelsregister gleichgestellt. Die Gleichstellung verstärkt sich durch die Vorschrift des **§ 160 b Abs. 1 FGG,** die eine entsprechende Regelung in Bezug auf die Vorschriften der §§ 125 bis 143 FGG betr. das Registerverfahren in Handelssachen enthält. Schließlich hat das Bundesministerium der Justiz mit Zustimmung des Bundesrats am 16. 6. 1995 auf Grund der Ermächtigung in § 160 b Abs. 1 S. 2 iVm. § 125 Abs. 3 und 4 FGG die **Partnerschaftsregisterverordnung** erlassen. Sie verweist ihrerseits in § 1 Abs. 1 PRV für die Einrichtung und Führung des Registers im Grundsatz auf die Handelsregisterverfügung (HRV) und beschränkt sich daneben auf relativ wenige, von der HRV abweichende Sonderregelungen (vgl. Text in RdNr. 33).

23 Insgesamt hat die gewählte Regelungstechnik den Vorzug, für **weitgehende Einheitlichkeit** des Rechts der beiden Arten von Registern zu sorgen. Dies freilich um den Preis, dass sich die schon im Handelsregisterrecht zu beobachtende, auf der Verschiedenheit der einschlägigen Rechtsquellen beruhende *Intransparenz* für das Recht des Partnerschaftsregisters infolge der komplizierten Verweisungstechnik noch weiter verstärkt.

24 Die folgenden Hinweise beschränken sich darauf, die wesentlichen in die Verweisung des § 5 Abs. 2 einbezogenen HGB-Vorschriften kurz anzuführen. Zu ihrer Interpretation und zu den dabei aufgetretenen Streitfragen kann auf die **HGB-Kommentare** verwiesen werden. Sonderprobleme im Hinblick auf die Anwendung dieser Vorschriften mit Bezug auf das Partnerschaftsregister sind nicht erkennbar.

25 **b) Registerführung, Einsicht und Bekanntmachungen.** Die **Registerführung** obliegt auch beim Partnerschaftsregister entsprechend **§ 8 HGB** den Gerichten, wobei funktional die Rechtspfleger zuständig sind (§ 3 Nr. 2 d RPflG). Zur Möglichkeit, die Registerführung bei bestimmten Amtsgerichten zu konzentrieren, vgl. RdNr. 10. Die in **§ 8 a HGB** enthaltene Ermächtigung der Landesregierungen, durch Rechtsverordnung die Einrichtung automatisierter Dateien anstelle oder in Ergänzung des Handelsregisters zu bestimmen, erstreckt sich auch auf das Partnerschaftsregister. Ergänzende Vorschriften über die vom Handelsregister abweichende Einteilung und Gestaltung des Partnerschaftsregisters enthält § 2 PRV (vgl. RdNr. 33).

26 Die **Einsicht** des Partnerschaftsregisters und das Anfordern von Abschriften ist entsprechend **§ 9 HGB** jedermann gestattet. Nach **§ 9 a HGB** kann das bezüglich der Registereintragungen auch im automatisierten Verfahren mittels Online-Abruf geschehen.

27 Für die **Bekanntmachung der Eintragungen** und die Auswahl der Bekanntmachungsblätter gelten die Vorschriften der **§§ 10, 11 HGB** entsprechend, wobei die Registereintragungen in vollem Umfang bekanntzumachen sind. Bezüglich der Art der Bekanntmachungen und der Auswahl der neben dem Bundesanzeiger einzubeziehenden Bekannt-

machungsblätter findet sich eine Sonderregelung für das Partnerschaftsregister in § 7 PRV (vgl. RdNr. 33).

c) Zweigniederlassungen. Soweit das Berufsrecht nicht entgegensteht (RdNr. 44), können Partnerschaften ebenso wie Einzelkaufleute und Gesellschaften Niederlassungen an verschiedenen Orten haben. Unter ihnen ist diejenige die *Hauptniederlassung,* die die Beteiligten als Sitz der Partnerschaft bestimmt haben; sie entspricht regelmäßig dem Ort, von dem aus dauerhaft die Geschäftsleitung ausgeübt wird und der dadurch den räumlichen Mittelpunkt des Unternehmens bildet (vgl. § 3 RdNr. 18). Die an anderen Orten unterhaltenen Einrichtungen sind als *Zweigniederlassungen* anzusehen, wenn sie als räumlich getrennter Teil des Unternehmens der Partnerschaft unter deren Leitung dauerhaft zum Abschluss selbstständiger Geschäfte dienen und die dafür erforderliche Organisation in sachlicher und persönlicher Hinsicht aufweisen.[20] Das ist bei örtlich vom Hauptsitz getrennten RA-Kanzleien, Steuerberaterbüros u. a., in denen freiberufliche Tätigkeiten gegenüber Klienten selbstständig erbracht werden, regelmäßig der Fall. 28

Für die **registergerichtliche Behandlung** der Zweigniederlassungen von Partnerschaften gelten nach der Verweisung in § 5 Abs. 2 die Vorschriften der §§ 13 ff. HGB über die Eintragung der jeweiligen Zweigniederlassung in dem für diese örtlich zuständigen Register entsprechend. Dabei unterscheidet das Gesetz seit Umsetzung der 11. EG-Richtlinie im Jahr 1993 zwischen inländischen Zweigniederlassungen bei *inländischem* Hauptsitz (§§ 13, 13 c HGB) und solchen bei *ausländischem* Hauptsitz (§ 13 d HGB). Zur Auslegung dieser Vorschriften wird auf die einschlägigen HGB-Kommentare verwiesen; Besonderheiten im Hinblick auf die entsprechende Anwendbarkeit gegenüber Partnerschaften sind bisher nicht aufgetreten. Die Zulassung eines satzungsmäßigen *Doppelsitzes* der Partnerschaft kommt nur in besonderen Ausnahmefällen in Betracht (str., vgl. § 3 RdNr. 19). 29

d) Sonstige Regelungsbereiche. Über die in RdNr. 25 bis 29 genannten Rechtsmaterien hinaus umfasst die Verweisung in § 5 Abs. 2 eine Reihe weiterer, für die Registereintragung der Partnerschaft und ihre Rechtsfolgen bedeutsamer Materien. So regelt **§ 12 HGB** die **Form der Anmeldungen** einschließlich der Form etwaiger Vollmachten und des Nachweises der Rechtsnachfolge in eine Beteiligung (vgl. RdNr. 8). Die Vorschrift des **§ 13 h HGB** befasst sich mit der **Verlegung des Sitzes der Partnerschaft** im Inland und deren registergerichtlichen Folgen. Angesichts der erforderlichen Bestimmung des Partnerschaftssitzes im Partnerschaftsvertrag (§ 3 Abs. 2 Nr. 1) bedarf es dazu einer wirksamen Vertragsänderung, die dem Registergericht im Zuge der Anmeldung der Sitzverlegung mitzuteilen ist. 30

Die entsprechende Anwendung des **§ 14 HGB** über die **Festsetzung von Zwangsgeld** zur Durchsetzung der gesetzlichen Anmeldepflichten und der Einreichung der vorgeschriebenen Unterlagen gibt dem Registergericht die erforderlichen Rechtsbehelfe, um die anmeldepflichtigen Partner (RdNr. 7) zur Erfüllung dieser im öffentlichen Interesse bestehenden Pflichten zu veranlassen. Mittels der Vorschrift des **§ 16 HGB** über die **bindende Wirkung von Entscheidungen des Prozessgerichts** wird erreicht, dass die Vorlage einer rechtskräftigen oder vollstreckbaren Entscheidung des Prozessgerichts, in der die Verpflichtung des Beklagten zur Mitwirkung bei einer Registeranmeldung festgestellt ist, dessen Mitwirkung bei der Anmeldung ersetzt; das Registergericht ist hieran gebunden und hat insoweit kein eigenes Prüfungsrecht. 31

Hervorhebung verdient schließlich die in § 5 Abs. 2 ebenfalls enthaltene Verweisung auf **§ 15 HGB** als der zentralen Vorschrift über die **Registerpublizität.** Sie gewährleistet in **Abs. 2**, dass eingetragene und bekanntgemachte Tatsachen einem Dritten auch dann entgegengehalten werden können, wenn dieser sie nicht kannte (positive Publizitätsfunktion), während der Rechtsverkehr beim Unterbleiben der erforderlichen Eintragung und Bekanntmachung durch **Abs. 1** davor geschützt wird, sich die Tatsachen entgegenhalten lassen zu 32

[20] *Staub/Hüffer* HGB Vor § 13 RdNr. 10; *Heymann/Sonnenschein/Weitemeyer* HGB § 13 RdNr. 4 f.

müssen (negative Publizitätsfunktion). **Abs. 3** betrifft den Schutz Dritter im Fall unrichtiger Eintragungen und/oder Bekanntmachungen als Grundlage für eine etwaige Rechtsscheinhaftung derjenigen, in deren Angelegenheit die unrichtige Eintragung oder Bekanntmachung erfolgt ist, dh. denen die Unrichtigkeit zuzurechnen ist. Angesichts der konstitutiven Wirkung der Eintragung der Partnerschaft nach § 7 Abs. 1 und angesichts der auch auf die Partnerschaft anwendbaren Lehre von der fehlerhaften Gesellschaft ist der Anwendungsbereich des § 15 Abs. 3 HGB gegenüber Eintragungen im Partnerschaftsregister jedenfalls insoweit gering, als es um die fehlerhafte Eintragung der Partnerschaft als solcher und der sie betreffenden Tatsachen geht (§ 3 RdNr. 10).

33 **3. Die Partnerschaftsregisterverordnung. a) Erlass und Inkrafttreten; Text der PRV.** Zur Einrichtung der Partnerschaftsregister hat das Bundesministerium der Justiz von der ihm in § 125 Abs. 3 und 4 FGG erteilten, an die Zustimmung des Bundesrats gebundenen und durch § 160 b Abs. 1 FGG auf das Partnerschaftsregister erstreckten Verordnungskompetenz Gebrauch gemacht. Es hat am 6. Juni 1995 mit Zustimmung des Bundesrats die Verordnung über die Einrichtung und Führung des Partnerschaftsregisters (Partnerschaftsregisterverordnung – PRV)[21] erlassen. Ihr Text lautet wie folgt:

Verordnung über die Errichtung und Fortführung des Partnerschaftsregisters (Partnerschaftsregisterverordnung – PRV)

§ 1 Anwendbares Recht

(1) Die Einrichtung und Führung des Partnerschaftsregisters bestimmen sich nach den Vorschriften der Handelsregisterverordnung, soweit nicht nachfolgend etwas anderes vorgeschrieben ist.

(2) Dabei steht die Partnerschaft einer offenen Handelsgesellschaft gleich; an die Stelle der persönlich haftenden Gesellschafter treten die Partner, an die Stelle der Firma der offenen Handelsgesellschaft tritt der Name der Partnerschaft.

§ 2 Einteilung und Gestaltung des Registers

(1) [1]Jede Partnerschaft ist unter einer fortlaufenden Nummer (Registerblatt) in das Register einzutragen. [2]Das Register wird nach dem beigegebenen Muster in Anlage 1 geführt.

(2) Bei einem maschinell geführten Register und Namensverzeichnis sind die beigegebenen Muster (Anlagen 1 bis 3) zu verwenden.

§ 3 Anmeldung

(1) [1]In der Anmeldung der Partnerschaft zur Eintragung in das Register ist die Zugehörigkeit jedes Partners zu dem Freien Beruf, den er in der Partnerschaft ausübt, anzugeben. [2]Bedarf die Berufsausübung der staatlichen Zulassung oder einer staatlichen Prüfung, so sollen die Urkunde über die Zulassung oder das Zeugnis über die Befähigung zu diesem Beruf in Urschrift, Ausfertigung oder öffentlich beglaubigter Abschrift vorgelegt werden. [3]Besteht für die angestrebte Tätigkeit keine anerkannte Ausbildung oder ist zweifelhaft, ob die angestrebte Tätigkeit als freiberuflich im Sinne des § 1 Abs. 2 des Partnerschaftsgesellschaftsgesetzes einzustufen ist, können die anmeldenden Partner die Ausübung freiberuflicher Tätigkeit auf sonstige Weise, notfalls auch durch schlichte Erklärung, darlegen. [4]Das Gericht legt in diesem Fall bei der Eintragung die Angaben der Partner zugrunde, es sei

[21] Vom 16. 6. 1995, BGBl. I S. 808, zuletzt geändert durch Art. 2 der VO vom 11. 12. 2001, BGBl. I S. 3688.

denn, ihm ist deren Unrichtigkeit bekannt (§ 4 Abs. 2 Satz 2 des Partnerschaftsgesellschaftsgesetzes).

(2) [1] Die anmeldenden Partner sollen eine Erklärung darüber abgegeben, daß Vorschriften über einzelne Berufe (§ 1 Abs. 3 des Partnerschaftsgesellschaftsgesetzes), insbesondere solche über die Zusammenarbeit von Angehörigen verschiedener Freier Berufe, einer Eintragung nicht entgegenstehen. [2] Absatz 1 Satz 4 gilt entsprechend.

(3) Bedarf die Partnerschaft auf Grund von Vorschriften über einzelne Berufe (§ 1 Abs. 3 des Partnerschaftsgesellschaftsgesetzes) der staatlichen Zulassung, so tritt an die Stelle der in den Absätzen 1 und 2 genannten Nachweise die Bestätigung der zuständigen Behörde, daß eine solche Zulassung erfolgen kann.

(4) Die Absätze 1 bis 3 gelten bei Anmeldung des Eintrittes eines Partners in eine bestehende Partnerschaft oder der Umwandlung in oder auf eine Partnerschaft entsprechend.

§ 4 Stellungnahme der Berufskammer

[1] Bestehen für in der Partnerschaft ausgeübte Berufe Berufskammern, so soll das Gericht diesen in zweifelhaften Fällen vor Eintragung Gelegenheit zur Stellungnahme geben. [2] Die anmeldenden Partner sollen dem Gericht mit der Anmeldung mitteilen, ob und welche Berufskammern für die in der Partnerschaft ausgeübten Berufe bestehen. [3] Dabei sollen auch die Anschriften der Berufskammern mitgeteilt werden. [4] Weicht das Gericht von einer Stellungnahme ab, so hat es seine Entscheidung der Berufskammer, die die Stellungnahme abgegeben hat, unter Angabe der Gründe mitzuteilen.

§ 5 Inhalt der Eintragungen

(1) In Spalte 1 ist die laufende Nummer der die Partnerschaft betreffenden Eintragungen anzugeben.

(2) [1] In Spalte 2 sind unter Buchstabe a der Name, unter Buchstabe b der Sitz und die Errichtung oder Aufhebung von Zweigniederlassungen, und zwar unter Angabe des Ortes und, falls dem Namen der Partnerschaft für eine Zweigniederlassung ein Zusatz beigefügt ist, unter Angabe dieses Zusatzes und unter Buchstabe c der Gegenstand der Partnerschaft und die sich jeweils darauf beziehenden Änderungen anzugeben. [2] Zum Namen der Partnerschaft gehören auch die Berufsbezeichnungen aller in der Partnerschaft vertretenen Berufe (§ 2 Abs. 1 des Partnerschaftsgesellschaftsgesetzes). [3] Dies gilt auch für Partnerschaften, an denen Steuerberater, Steuerbevollmächtigte, Wirtschaftsprüfer oder vereidigte Buchprüfer beteiligt sind, es sei denn, die Partnerschaft soll als Steuerberatungs-, Wirtschaftsprüfungs- oder Buchprüfungsgesellschaft anerkannt werden (§ 53 des Steuerberatungsgesetzes, §§ 31, 130 Abs. 2 der Wirtschaftsprüferordnung).

(3) [1] In Spalte 3 ist unter Buchstabe a die allgemeine Regelung zur Vertretung der Partnerschaft durch die Partner und die Liquidatoren einzutragen. [2] In Spalte 3 unter Buchstabe b sind die Partner und die als solche bezeichneten Liquidatoren mit Familiennamen, Vornamen, Geburtsdatum, dem in der Partnerschaft ausgeübten Beruf und Wohnort einzutragen. [3] Ferner ist in Spalte 3 unter Buchstabe b jede Änderung in den Personen der Partner oder Liquidatoren einzutragen. [4] Weicht die Vertretungsbefugnis der in Spalte 3 unter Buchstabe b einzutragenden Personen im Einzelfall von den Angaben in Spalte 3 unter Buchstabe a ab, so ist diese besondere Vertretungsbefugnis bei den jeweiligen Personen zu vermerken.

(4) [1] In Spalte 4 ist unter Buchstabe a die Rechtsform einzutragen. [2] In Spalte 4 unter Buchstabe b sind einzutragen:

1. die Auflösung, Fortsetzung und die Nichtigkeit der Partnerschaft; das Erlöschen des Namens der Partnerschaft sowie Löschungen von Amts wegen;
2. Eintragungen nach dem Umwandlungsgesetz;

3. die Eröffnung, Einstellung und Aufhebung des Insolvenzverfahrens sowie die Aufhebung des Eröffnungsbeschlusses; die Bestellung eines vorläufigen Insolvenzverwalters unter den Voraussetzungen des § 32 Abs. 1 Satz 2 Nr. 2 des Handelsgesetzbuchs sowie die Aufhebung einer derartigen Sicherungsmaßnahme; die Anordnung der Eigenverwaltung durch den Schuldner und deren Aufhebung sowie die Anordnung der Zustimmungsbedürftigkeit bestimmter Rechtsgeschäfte des Schuldners nach § 277 der Insolvenzordnung; die Überwachung der Erfüllung eines Insolvenzplans und die Aufhebung der Überwachung

und die sich jeweils darauf beziehenden Änderungen.

(5) In Spalte 5 erfolgt unter a die Angabe des Tages der Eintragung und die Unterschrift des Urkundsbeamten der Geschäftsstelle bei dem in Papierform geführten Register, unter b die Eintragung von Verweisungen auf spätere Eintragungen und von sonstigen Bemerkungen, bei dem maschinellen Register die Verweisungen auf Fundstellen im Sonderband der Registerakten und sonstige Bemerkungen.

(6) Enthält eine Eintragung die Nennung eines in ein öffentliches Unternehmensregister eingetragenen Rechtsträgers, so sind Art und Ort des Registers und die Registernummer dieses Rechtsträgers mit zu vermerken.

§ 6 Mitteilungen an Berufskammern

Besteht für einen in der Partnerschaft ausgeübten Beruf eine Berufskammer, so sind dieser sämtliche Eintragungen mitzuteilen.

§ 7 Bekanntmachungsblätter

(1) [1] Die Bekanntmachungen im Bundesanzeiger sollen in einem besonderen Teil des Blattes zusammengestellt werden. [2] Sie sollen entsprechend dem Muster in Anlage 4 erfolgen.

(2) [1] Vor Auswahl weiterer Blätter sind die Berufskammern zu hören. [2] Die Bezeichnung der Blätter erfolgt durch einwöchigen Aushang an der Gerichtstafel des Registergerichts und durch Anzeige an die Berufskammern.

§ 8 Namenslöschung wegen Nichtausübung freiberuflicher Tätigkeit

Wird der Name einer Partnerschaft gelöscht, weil unter diesem keine freiberufliche Tätigkeit ausgeübt wird, so kann auf Antrag der Gesellschafter in der Bekanntmachung der Grund der Löschung erwähnt werden.

§ 9 Übergangsregelung

(1) Das in Papierform geführte Register kann abweichend von § 5 und den Anlagen 1 und 2 nach § 5 Abs. 2 Satz 1, § 5 Abs. 3 und 4 und den Anlagen 1 und 2 in der bis zum 20. Dezember 2001 geltenden Fassung geführt werden mit der Einschränkung, dass für die nach diesem Zeitpunkt neu einzutragenden Partnerschaften in Spalte 4 zusätzlich die Rechtsform einzutragen ist.

(2) Das maschinell geführte Register kann für die Dauer von zwei Jahren nach seiner Einführung abweichend von § 5 und den Anlagen 1 und 2 nach § 5 Abs. 3 und Abs. 4 Nr. 1, 2, 4 und 5 und den Anlagen 1 und 2 in der bis zum 20. Dezember 2001 geltenden Fassung geführt werden mit der Einschränkung, dass für die nach diesem Zeitpunkt neu einzutragenden Partnerschaften in Spalte 4 zusätzlich die Rechtsform einzutragen ist.

§ 10 Inkrafttreten

Diese Verordnung tritt am 1. Juli 1995 in Kraft.

34 Die PRV ist – ebenso wie das PartGG – am **1. Juli 1995** in Kraft getreten. Auf einige ihrer Vorschriften wurde bereits im jeweiligen Sachzusammenhang hingewiesen. Für die

Zwecke dieser Kommentierung genügt es, auf die in § 3 PRV aufgestellten zusätzlichen Anmeldeerfordernisse und auf die Einbeziehung der Organe des Berufsstands nach §§ 4, 6 PRV einzugehen.

35 **b) Anmeldeerfordernisse nach § 3 PRV.** Die Vorschrift des § 3 PRV ist dazu bestimmt, die Regelung des § 4 Abs. 2 S. 1 PartGG über die Angabe der Zugehörigkeit jedes Partners zu dem Freien Beruf, den er in der Partnerschaft ausübt, zu konkretisieren. Sie schreibt dafür in § 3 Abs. 1 S. 2 als *Sollvorschrift* die Vorlage bestimmter Urkunden in Urschrift, Ausfertigung oder öffentlich beglaubigter Abschrift vor, soweit es um verkammerte Berufe mit entsprechender **staatlicher Zulassung** zur Berufsausübung oder um sonstige Freie Berufe geht, deren Ausübung an eine **staatliche Prüfung** als Befähigungsnachweis gebunden ist. Damit gibt sie der „Angabe" der Berufszugehörigkeit iS von § 4 Abs. 2 S. 1 PartGG einen recht weitreichenden, entgegen der Entstehungsgeschichte des § 4 Abs. 2 PartGG[22] letztlich doch auf Nachweisanforderungen hinauslaufenden Sinn (vgl. dazu schon RdNr. 13).[23] Als *Beispiel* für eine die Berufsbefähigung nachweisende „staatliche Prüfung" erwähnt die PRV-Begründung[24] das Zeugnis eines Diplom-Psychologen oder Logopäden. Da es sich dabei nicht um Staatsprüfungen ieS handelt, sollen offenbar auch *staatlich anerkannte* Prüfungen einbezogen und nachweispflichtig gemacht werden, soweit sie für die Befähigung zum Freien Beruf erforderlich sind. Die Vorlage derartiger Nachweise soll nach der Begründung allerdings dann unterbleiben können, wenn an der Ausübung des Freien Berufs durch den betreffenden Partner keine vernünftigen Zweifel bestehen, etwa weil sie dem Gericht ohnehin bekannt ist.[25] Das dürfte regelmäßig für die im Gerichtsbezirk zugelassenen Rechtsanwälte zutreffen.

36 Schwierigkeiten bereitet die registerrechtliche Behandlung der Ausübung eines Freien Berufs bei nicht verkammerten oder berufsrechtlich geprägten **sonstigen Berufen.** Insoweit begnügt sich die PRV in § 3 Abs. 1 S. 3 damit, die *Darlegung* der Ausübung der freiberuflichen Tätigkeit durch den jeweiligen Partner im Zuge der Anmeldung zu verlangen, und verweist im Übrigen auf die für diese Fälle eingefügte Richtigkeitsunterstellung des § 4 Abs. 2 S. 2 PartGG.[26] Im Einzelnen unterscheidet § 3 Abs. 1 S. 3 PRV dabei *zwei Fälle:* das Fehlen einer anerkannten Ausbildung als Voraussetzung für die Berufsbefähigung und den Zweifel darüber, ob der fragliche Beruf zu den Freien Berufen iS von § 1 Abs. 2 PartGG gehört. Unter ihnen führt streng genommen nur der *erste Fall* zu den Beurteilungsschwierigkeiten, denen durch die Richtigkeitsunterstellung des § 4 Abs. 2 S. 2 PartGG Rechnung getragen werden soll, da das Registergericht aus eigener Kraft meist nicht in der Lage sein dürfte, die Richtigkeit der Angaben über die ausgeübte Tätigkeit zu überprüfen. Demgegenüber geht es bei der Zugehörigkeit des fraglichen Berufs zu den Freien Berufen iS von § 1 Abs. 2 PartGG um eine *Rechtsfrage,* zu deren Klärung das Gericht unter Einschaltung auch der Organe des Berufsstands eines nahe stehenden Berufs in der Lage sein sollte.

37 Soweit es einer **staatlichen Zulassung für die Partnerschaft** bedarf, also nicht nur einer solchen für die innerhalb der Partnerschaft ausgeübten Berufe, verlangt § 3 Abs. 3 PRV an Stelle des Zulassungsnachweises nach § 3 Abs. 1 S. 2 PRV die Bestätigung der zuständigen Behörde, dass die Zulassung im Fall der Eintragung der Partnerschaft erfolgen kann. Ein derartiges Zulassungserfordernis besteht nach §§ 49 Abs. 1 StBerG, 27 Abs. 1, 130 Abs. 2 WPO lediglich für Steuerberatungs-, Wirtschaftsprüfungs- und Buchprüfungsgesellschaften. Die Anerkennungsbehörde hat in derartigen Fällen, soweit es nicht um einen bloßen Rechtsformwechsel geht, zunächst eine Unbedenklichkeitsbescheinigung auszustellen. Nach Eintragung der Partnerschaft erfolgt sodann deren Anerkennung durch die hierfür zuständige Behörde nach Maßgabe des Berufsrechts.

[22] Vgl. Stellungnahme BRat (Fn. 1) S. 27; Gegenäußerung BReg. (Fn. 15) S. 30; Beschlussempfehlung BT-Rechtsausschuss 12/7642 S. 12; *Seibert* (Fn. 1) S. 45.

[23] Kritisch daher *Michalski/Römermann* § 4 RdNr. 14; *Feddersen/Meyer-Landrut* § 4 RdNr. 10, 13.

[24] Begr. RegE PRV, BR-Drucks. 213/95 S. 14.

[25] Begr. RegE PRV (Fn. 24) S. 14f.

[26] Vgl. dazu RdNr. 12ff. (14).

38 Zur Absicherung des Registergerichts gegen etwaige **Schranken des Berufsrechts** schreibt § 3 Abs. 2 PRV als Soll-Vorschrift weiter eine Erklärung der anmeldenden Partner darüber vor, dass berufsrechtliche Vorschriften einer Eintragung nicht entgegenstehen. Dabei ist vor allem an *Schranken für interprofessionelle Zusammenschlüsse* gedacht. Das Gericht kann, wenn nicht die Einschaltung der Berufskammer nach § 4 PRV zu einem abweichenden Ergebnis führt, entsprechend § 4 Abs. 2 S. 2 PartGG von der Richtigkeit der Erklärung der Anmelder ausgehen. – Zu der in § 4 S. 2 und 3 PRV als Sollvorschrift geregelten Pflicht der Anmelder, das Bestehen einer Berufskammer und deren Anschrift für die in der Partnerschaft ausgeübten Freien Berufe mitzuteilen, vgl. RdNr. 41.

39 *Ergänzend* hinzuweisen ist einerseits auf § 3 Abs. 4 PRV, wonach die Anmeldeerfordernisse bei der Anmeldung des späteren **Eintritts eines Partners** in die bestehende Partnerschaft entsprechend gelten. Zum anderen folgt aus der subsidiären Verweisung in § 1 Abs. 1 PRV auf die *Handelsregisterverfügung,* dass die Regelung des § 24 Abs. 2 HRV über die Angabe der Lage der **Geschäftsräume** bei Anmeldung der Firma auch für die Anmeldung der Partnerschaft zu beachten ist.

40 **c) Einbeziehung der Organe des Berufsstands.** Durch § 160 b Abs. 1 S. 3 FGG ist klargestellt, dass in Partnerschaftssachen an die Stelle der Mitwirkung der Organe des Handelsstands nach Maßgabe von **§ 126 FGG** diejenige der Organe des Berufsstands tritt. Demzufolge sind diese Stellen verpflichtet, die Registergerichte bei der Verhütung unrichtiger Eintragungen zu unterstützen. Auch können sie zu diesem Zweck Anträge bei den Registergerichten stellen und gegen deren Verfügungen Beschwerde einlegen. Organe des Berufsstands iS von §§ 126, 160 b FGG sind die für weite Teile der Freien Berufe bestehenden **Berufskammern,** insbes. diejenigen der Ärzte, Zahnärzte, Tierärzte, Rechtsanwälte, Patentanwälte, Steuerberater, Steuerbevollmächtigten, Wirtschaftsprüfer, vereidigten Buchprüfer, Architekten, beratenden Ingenieure und Seelotsen.[27]

41 Im Kontext der Mitwirkungspflichten der Berufskammern nach § 126 FGG steht zunächst die in **§ 4 S. 1** geregelte Einschaltung der für die ausgeübten Berufe zuständigen Berufskammern in das Eintragungsverfahren. Ihnen soll das Registergericht in zweifelhaften Fällen **Gelegenheit zur Stellungnahme** geben, wobei die Anmelder nach § 4 S. 2 und 3 PRV zu Auskünften über das Bestehen solcher Berufskammern und zur Mitteilung von deren Anschrift im Rahmen der Anmeldung verpflichtet sind. Von einer Stellungnahme der Berufskammer abweichende Entscheidungen hat das Gericht ihr unter Angabe der Gründe mitzuteilen (§ 4 S. 4 PRV).

42 Die zweite insoweit einschlägige Vorschrift findet sich in **§ 6 PRV.** In sachlicher Übereinstimmung mit der entsprechenden Vorschrift des § 37 HRV sieht sie die **Mitteilung sämtlicher Eintragungen** in das Partnerschaftsregister gegenüber der für den ausgeübten Beruf zuständigen Berufskammer vor. Die Mitteilungen sollen es den Kammern erleichtern, die Eintragungen auf etwaige Verstöße gegen ihr Berufsrecht zu überprüfen und ggf. von ihrem Recht zur Beschwerde nach § 126 aE FGG Gebrauch zu machen.

43 **d) Nicht verkammerte Berufe.** Auch die **nicht verkammerten** partnerschaftsfähigen **Freien Berufe** verfügen zu einem nicht unwesentlichen Teil jeweils über einen, meist als e. V. organisierten Interessenverband. Das gilt für die Heilpraktiker, Hebammen, Heilmasseure, Diplom-Psychologen, Wirtschaftsberater, hauptberuflichen Sachverständigen, Journalisten, Dolmetscher, Übersetzer sowie die verschiedenen Disziplinen der Wissenschaftler, Künstler, Schriftsteller, Lehrer und Erzieher. Die PRV hat zwar aus in der Begründung näher dargelegten Gründen[28] davon abgesehen, diese privaten Verbände als Organe des Berufsstands iS von §§ 126, 160 b FGG zu behandeln und in die Mitwirkungspflicht bei Eintragungen in das Partnerschaftsregister einzubeziehen. Das hindert die Registergerichte jedoch nicht, im Rahmen von § 12 FGG im Einzelfall auch die gutachterliche Stellungnahme eines dieser Verbände einzuholen, soweit es um die Ausübung freiberuflicher Tätig-

[27] Vgl. § 1 RdNr. 43; dazu auch *Taupitz* Standesordnung S. 80, 195 ff.

[28] Begr. RegE PRV (Fn. 24) S. 17.

keiten nach Art des in ihnen organisierten Freien Berufs oder seines Umfelds geht. Eine Mitwirkungspflicht dieser Verbände besteht freilich nicht.[29]

VI. Zum Vorbehalt des Berufsrechts

Der Vorbehalt des Berufsrechts (§ 1 Abs. 3) ist auch im Eintragungsverfahren zu beachten; er kann die mit der Anmeldung beantragte **Eintragung der Partnerschaft unzulässig** machen. Bedeutung kommt ihm insbesondere für die Grenzen interprofessioneller Zusammenschlüsse zu, daneben aber auch für die Wahl und Ausgestaltung des Partnerschaftsnamens, für die Errichtung von Zweigniederlassungen[30] sowie für die Notwendigkeit, bestimmte berufsrechtlich bedingte Vereinbarungen in den Partnerschaftsvertrag aufzunehmen. Auch wenn die Einhaltung berufsrechtlicher Reglementierungen nicht in erster Linie Aufgabe der zur Anwendung des PartGG berufenen Registergerichte ist[31] und wenn diese Gerichte mit der Überprüfung nicht selten überfordert sein dürften, ist doch unverkennbar, dass Verstöße gegen das Berufsrecht zur Unrichtigkeit des Registers führen können. Schon deshalb sind die Registergerichte vorbehaltlich § 4 Abs. 2 S. 2 gehalten, begründeten Zweifeln an der Vereinbarkeit der Anmeldung mit dem einschlägigen Berufsrecht nachzugehen und insbes. die Auswirkungen etwaiger Verstöße auf die Wirksamkeit des Partnerschaftsvertrags zu überprüfen (vgl. RdNr. 14 f.). 44

Der Erleichterung dieser Aufgabe dient das in §§ 126, 160 b FGG angelegte **Zusammenwirken des Registergerichts mit den Berufskammern** und deren Beteiligung an dem Eintragungsverfahren nach Maßgabe der §§ 4, 6 PRV (RdNr. 41 f.). Auch die in § 3 Abs. 2 PRV begründete Pflicht der Anmelder, eine Erklärung über die Vereinbarkeit der beantragten Eintragung mit dem einschlägigen Berufsrecht abzugeben, gehört in diesen Zusammenhang. Insgesamt ist von der durch das PartGG formalisierten Gründung von Freiberufler-Sozietäten in der Rechtsform der Partnerschaft sowie von der Einschaltung der Registergerichte in deren Errichtung zu erwarten, dass dem Standesrecht der Freien Berufe künftig größere Bedeutung zukommen wird, als es in der Vergangenheit der Fall war. 45

§ 6 Rechtsverhältnis der Partner untereinander

(1) Die Partner erbringen ihre beruflichen Leistungen unter Beachtung des für sie geltenden Berufsrechts.

(2) Einzelne Partner können im Partnerschaftsvertrag nur von der Führung der sonstigen Geschäfte ausgeschlossen werden.

(3) [1] Im übrigen richtet sich das Rechtsverhältnis der Partner untereinander nach dem Partnerschaftsvertrag. [2] Soweit der Partnerschaftsvertrag keine Bestimmungen enthält, sind die §§ 110 bis 116 Abs. 2, §§ 117 bis 119 des Handelsgesetzbuchs entsprechend anzuwenden.

Übersicht

	RdNr.
I. Normzweck	1–3
II. Bindung der Partner an das Berufsrecht (Abs. 1)	4–8
1. Grundsatz	4, 5
2. Berufsrechtliche Anforderungen	6
3. Folgerungen für das Binnenrecht der Partnerschaft	7, 8
III. Grenzen des Ausschlusses von der Geschäftsführung (Abs. 2)	9–22
1. Der Regelungsgehalt des Abs. 2	9

[29] So auch *Michalski/Römermann* § 4 RdNr. 23.

[30] Dazu näher *Henssler* § 5 RdNr. 23 ff.; *Michalski/Römermann* § 5 RdNr. 14 ff.

[31] So zutr. Begr. RegE (Fn. 15) S. 8; *Seibert* (Fn. 1) S. 45; *Taupitz* ArztR 1995, 123, 126; *Krieger* MedR 1995, 95, 96; *Burret* WPK-Mitt. 1994, 201, 205; aA *Michalski/Römermann* § 4 RdNr. 27 (anders aber RdNr. 25); *Henssler* § 4 RdNr. 25; *Schaub* NJW 1996, 625, 627.

RdNr.
2. Die Abgrenzung zwischen freiberuflichen und sonstigen (neutralen) Geschäften ... 10–12
3. Die Geschäftsführung im freiberuflichen Bereich ... 13–22
a) Rechtlicher Ansatz ... 13
b) Die Unabdingbarkeit der freiberuflichen Geschäftsführungsbefugnis ... 14
c) Gestaltungsmöglichkeiten ... 15–18
d) Folgerungen ... 19, 20
e) Die Entziehung der Geschäftsführungsbefugnis (§ 117 HGB) ... 21, 22
IV. Das Innenverhältnis der Partner im Übrigen (Abs. 3) ... 23–47
1. Grundsatz der Vertragsfreiheit ... 23
2. Die entsprechende Anwendung von OHG-Innenrecht ... 24–39
a) Aufwendungsersatz, Verzinsungspflicht (§§ 110, 111 HGB) ... 25–27
b) Wettbewerbsverbot (§§ 112, 113 HGB) ... 28–31
c) Geschäftsführung (§§ 114 bis 117 HGB) ... 32
d) Kontrollrechte (§ 118 HGB) ... 33–36
e) Gesellschafterbeschlüsse (§ 119 HGB) ... 37–39
3. Sonstige Fragen des Partnerschaft-Innenrechts ... 40–47
a) Überblick ... 40
b) Beiträge der Partner ... 41–43
c) Gewinnverteilung ... 44–47

I. Normzweck

1 Die Vorschrift des § 6 dient mit Ausnahme ihres Abs. 1 der *Regelung des Innenverhältnisses der Partnerschaft,* dh. der Rechtsstellung der einzelnen Partner als Mitglieder des Zusammenschlusses und ihrer damit verbundenen Mitgliedschaftsrechte und -pflichten. Sie verweist hierzu in **Abs. 3** in weitem Umfang auf das **Innenverhältnis der OHG,** soweit der Partnerschaftsvertrag keine eigenständigen, dem dispositiven Gesetzesrecht vorgehenden Regelungen enthält, und führt als Verweisungsnormen ausdrücklich die Vorschriften der §§ 110 bis 116 Abs. 2, 117 bis 119 HGB an. Von der Verweisung ausgenommen sind außer dem auf die Prokuraerteilung abstellenden, ein Handelsgewerbe erfordernden § 116 Abs. 3 HGB auch die Vorschriften über die Gewinnermittlung und -verteilung in der OHG (§§ 120 bis 122 HGB); insoweit bewendet es, ebenso wie hinsichtlich sonstiger, nicht speziell im OHG-Recht geregelter Bereiche wie desjenigen der Gesellschafterbeiträge, auf Grund der Verweisung in § 1 Abs. 4 PartGG bei der Anwendung des Rechts der GbR.

2 Eine für die entsprechende Anwendung der §§ 114 bis 117 HGB bedeutsame **Sonderregelung für die Geschäftsführung** der Partnerschaft findet sich in **Abs. 2**. Danach können einzelne Partner von der Führung nur der „sonstigen“ Geschäfte ausgeschlossen werden. Anders gewendet heißt das, dass hinsichtlich der Ausübung der *freiberuflichen* Tätigkeit in der Partnerschaft ein vertraglicher Ausschluss einzelner Partner von der Geschäftsführung nicht zulässig ist. Das trägt der besonderen Zielsetzung der Rechtsform Rechnung, den rechtlichen Rahmen für die gemeinschaftliche Ausübung eines oder mehrerer Freier Berufe zu bilden und als Partner nur Personen zuzulassen, die selbst zur freiberuflichen Tätigkeit bereit und in der Lage sind (vgl. § 1 RdNr. 24). So überzeugend diese Regelung im Ansatz ist, führt ihre Auslegung doch zu zahlreichen Abgrenzungsproblemen (vgl. RdNr. 10 ff.).

3 Weniger mit dem Innenverhältnis der Partnerschaft als mit den in ihrem Rahmen von den Partnern zu erbringenden *Leistungen gegenüber Dritten* (den Mandanten) beschäftigt sich schließlich **Abs. 1**. Er ordnet die – ohnehin selbstverständliche – **Beachtlichkeit des Berufsrechts** bei der Ausübung der freiberuflichen Tätigkeit durch die Partner an und ist daher der Sache nach nur klarstellender Natur. Von dem in § 1 Abs. 3 ausgesprochenen Vorrang des Berufsrechts gegenüber dem PartGG unterscheidet sich die Regelung des Abs. 1 in der Akzentsetzung dadurch, dass es ihr nicht um Fragen der Organisation der Partnerschaft geht, sondern um die Ausübung der Berufstätigkeit in ihrem Rahmen. Gleichwohl überschneiden sich die beiden Regelungsbereiche insoweit, als die Geschäftsführung der Partner im Bereich der freiberuflichen Tätigkeit und die Rückwirkungen des für die Partner bindenden Berufsrechts auf Art und Umfang der ihnen einzuräumenden Geschäftsführungsbefugnis in Frage stehen (vgl. RdNr. 14 ff.).

II. Bindung der Partner an das Berufsrecht (Abs. 1)

1. Grundsatz. Die freiberuflichen Tätigkeiten werden von den Gesellschaftern einer Partnerschaft regelmäßig nicht im eigenen Namen, sondern als Organe der Partnerschaft und in Erfüllung der von dieser Dritten gegenüber übernommenen Verpflichtungen erbracht. Ungeachtet dieser Rechtsbeziehung zwischen PartG und Mandant sind es allerdings grundsätzlich die **Partner in eigener Person** und nicht etwa die Partnerschaft, die die Zulassung oder die sonstige nachgewiesene Befähigung zur Ausübung des Freien Berufs benötigen und den berufsrechtlichen Anforderungen nachkommen müssen (vgl. auch § 9 Abs. 3).[1] Die Approbation als Arzt oder Zahnarzt, die Zulassung als Rechtsanwalt oder Patentanwalt u. a. bezieht sich also nicht auf die Partnerschaft als solche, sondern auf die in ihr als Partner organisierten Berufsangehörigen. Die Regel trägt der grundsätzlichen Selbstständigkeit und Eigenverantwortlichkeit des Freiberuflers und dem höchstpersönlichen Charakter der freiberuflichen Tätigkeit Rechnung. Diese Merkmale unterscheiden sie von sonstigen, insbes. von gewerblichen Dienstleistungen; sie bilden zugleich den Hintergrund für ihre Ausgrenzung aus dem Kreis der Handelsgewerbe durch § 1 Abs. 1 S. 2. 4

Ausnahmen von dieser Regel gibt es nur für Steuerberatungs-, Wirtschaftsprüfungs- und Buchprüfungsgesellschaften. Sie können bei Erfüllung bestimmter in StBerG und WPO geregelter Voraussetzungen *als solche* durch die zuständige Behörde anerkannt werden (vgl. § 2 RdNr. 13), freilich ohne dass dadurch die Anforderungen an die persönliche Qualifikation der in ihnen tätigen Freiberufler und an die Einhaltung der berufsrechtlichen Vorgaben bei deren Tätigkeit entfallen. 5

2. Berufsrechtliche Anforderungen. Auf die Frage, welche einzelnen Anforderungen das jeweilige Berufsrecht an die freiberufliche Tätigkeit der Berufsangehörigen stellt, ist hier nicht einzugehen; insoweit sei auf die einschlägigen Erläuterungswerke verwiesen.[2] Als **Beispiele** mögen der Hinweis auf die Pflicht der Anwälte, Ärzte u. a. zur selbstständigen, eigenverantwortlichen Berufsausübung (§ 3 Abs. 1 BRAO, § 1 Abs. 2 BÄO) sowie zur Verschwiegenheit hinsichtlich der ihnen in Ausübung ihres Berufs bekanntgewordenen Tatsachen genügen (§ 43 a Abs. 2 BRAO, § 9 MBO-Ä),[3] ferner das Verbot für Anwälte, widerstreitende Interessen zu vertreten (§ 43 a Abs. 4 BRAO) u. a.[4] Aus der Sicht des Partnerschaftsgesellschaftsrechts handelt es sich um gesellschaftsrechtlich neutrale, bei der Ausgestaltung der Organisation der Partnerschaft zu respektierende Vorgaben (vgl. RdNr. 7 f.). 6

3. Folgerungen für das Binnenrecht der Partnerschaft. Für das Innenverhältnis der Partnerschaft interessieren die jeweiligen berufsrechtlichen Vorgaben betreffend die Aus- 7

[1] EinhM, vgl. BGHZ 70, 158, 167 = NJW 1978, 589; BGH WiB 1994, 270; OLG München MedR 1993, 24; OLG Hamburg MedR 1994, 451 (alle zur ärztlichen Tätigkeit in Kapitalgesellschaften); *Michalski/Römermann* RdNr. 5; *Meilicke* in *M/W/H/L* RdNr. 3; *Schirmer* MedR 1995, 341, 342; Münch-Hdb. GesR I/*Seibert* § 33 RdNr. 4; *ders.,* Die Partnerschaft, S. 52 f.

[2] *Laufs* Arztrecht, 5. Aufl. 1993; *Narr,* Ärztliches Berufsrecht: Ausbildung – Weiterbildung – Berufsausübung, 2. Aufl. 1994; *Ratzel/Lippert,* Kommentar zur Musterberufsordnung der deutschen Ärzte, 3. Aufl. 2002; *Nentwig/Bonive/Hennings,* Das PartGG – Die berufliche Zusammenarbeit von Medizinern, 1995; *Dünisch,* Das Recht des Heilpraktikerberufs und der nichtärztlichen Heilkundeausübung. Bundes- und Landesrecht mit Kommentar zum Heilpraktikergesetz einschließlich Durchführungsverordnung, 1995; *Henssler/Prütting,* Kommentar zur Bundesrechtsanwaltsordnung, mit Rechtsberatungsgesetz und Partnerschaftsgesellschaftsgesetz, 1997; *Jessnitzer/Blumberg,* Kommentar zur Bundesrechtsanwaltsordnung, 9. Aufl. 2000; *Feuerich/Weyland,* Kommentar zur Bundesrechtsanwaltsordnung, 6. Aufl. 2003; *Feuerich,* Patentanwaltsordnung, 1997; *Gehre,* Kommentar zum Steuerberatungsgesetz (mit Durchführungsverordnungen), 4. Aufl. 1999; *Peter/Charlier,* Steuerberatungsgesetz. Kommentar mit Berufsrecht und Praxis der Steuerberatung, 1994; Wirtschaftsprüferkammer, Handbuch des Berufsrechts für Wirtschaftsprüfer und vereidigte Buchprüfer einschließlich des Berufsrechts der Steuerberater und Rechtsanwälte, 1992.

[3] *Musterberufsordnung für die deutschen Ärzte,* Fassung 1997, veröffentlicht in NJW 1997, 3076 ff.

[4] Vgl. näher *Henssler* RdNr. 4 ff. (Unabhängigkeit, Interessenkollisionen, Verschwiegenheitspflicht); *Michalski/Römermann* RdNr. 7 a ff. (interprofess. Zusammenschlüsse), 24 a ff. (Wettbewerbsverbote), 43 ff. (Geschäftsführung).

übung des Freien Berufs insoweit, als die Organisation der Partnerschaft sich mit ihnen nicht in Widerspruch setzen darf. Bedeutsam ist das in erster Linie hinsichtlich der Ausgestaltung der **Geschäftsführungsbefugnis** der Partner. Zwar folgt bereits aus der Sondervorschrift des § 6 Abs. 2, dass die einzelnen Partner nicht von der Geschäftsführung der Partnerschaft in Bezug auf die freiberufliche Tätigkeit ausgeschlossen werden können (vgl. RdNr. 9, 13 ff.). Insoweit bedarf es keines Rückgriffs auf das jeweilige Berufsrecht und seine unterschiedlichen Standards. *Fraglich* ist jedoch, ob das Berufsrecht, soweit es die Notwendigkeit unabhängiger, eigenverantwortlicher Tätigkeit der Berufsangehörigen regelt, einer *Ausgestaltung der Geschäftsführungsbefugnis* in der Partnerschaft entgegensteht, die entweder entsprechend § 115 Abs. 2 HGB Gesamtgeschäftsführung von zwei oder mehr Partnern vorschreibt oder im Fall von Alleingeschäftsführungsbefugnis den Mitgeschäftsführern ein Widerspruchsrecht nach Maßgabe von § 115 Abs. 1 HGB einräumt. Die Meinungen hierzu sind geteilt (vgl. näher RdNr. 14).

8 Was zum anderen die **Verschwiegenheitspflicht** von Freiberuflern angeht, so macht ihr Vorrang gegenüber dem Partnerschaftsrecht es trotz der in § 6 Abs. 3 vorgesehenen entsprechenden Anwendung des Kontrollrechts der OHG-Gesellschafter nach § 118 HGB notwendig, zu verhindern, dass auf diesem Wege Personen, die nicht in die Verschwiegenheitspflicht eingebunden sind, Zugang zu den der Verschwiegenheit unterliegenden Tatsachen erlangen. Dem ist durch geeignete Ausgestaltung des Informationsverfahrens in der Partnerschaft Rechnung zu tragen (RdNr. 34).

III. Grenzen des Ausschlusses von der Geschäftsführung (Abs. 2)

9 **1. Der Regelungsgehalt des Abs. 2.** Die Vorschrift des Abs. 2 gestattet den **Ausschluss einzelner Partner** von der Geschäftsführung *nur* insoweit, als es um die Führung der „sonstigen", dh. der nicht zur Ausübung des Freien Berufs gehörenden Geschäfte der Partnerschaft geht.[5] Sie beruht auf der Vorstellung, dass innerhalb der Partnerschaft *zwischen freiberuflichen und sonstigen, neutralen Geschäften zu unterscheiden ist* (zur Abgrenzung vgl. RdNr. 10 ff.). Auch bei den sonstigen Geschäften ist zwar eine Gestaltung unzulässig, die sämtliche Partner von der Geschäftsführung ausschließt; das folgt unabhängig vom Wortlaut des Abs. 2 („einzelne Partner") bereits aus dem für alle Personengesellschaften einschließlich der Partnerschaft verbindlichen Grundsatz der *Selbstorganschaft* (vgl. näher § 709 BGB RdNr. 5 f.). Im Unterschied zur freiberuflichen Tätigkeit besteht bei den neutralen Geschäften jedoch kein Recht (und keine Pflicht) jedes Partners, an ihrer Führung beteiligt zu werden. Deren Übertragung auf einen oder mehrere Partner bedeutet nach der entsprechend anwendbaren Auslegungsregel des § 114 Abs. 2 HGB den Ausschluss der übrigen. Zur Frage entsprechender Anwendung des Abs. 2 auf die Vertretungsmacht der Partner vgl. § 7 RdNr. 18.

10 **2. Die Abgrenzung zwischen freiberuflichen und sonstigen (neutralen) Geschäften.** Die Abgrenzung der von Abs. 2 erfassten sonstigen (neutralen) Geschäfte gegenüber der freiberuflichen Tätigkeit im Rahmen der Partnerschaft bereitet im *jeweiligen Kern* keine Schwierigkeiten. **Freiberuflich,** dh. im Grundsatz, vorbehaltlich eines abweichenden Geschäftsverteilungsplans, sämtlichen hierfür qualifizierten Partnern als Geschäftsführern der Partnerschaft zugänglich, sind die *Dienst- oder Werkleistungen,* die die Partnerschaft im Rahmen ihres freiberuflichen Unternehmensgegenstands *Dritten* gegenüber auf Grund eines entsprechenden Schuldvertrags oder eines vertragsähnlichen Beratungsverhältnisses erbringt und zu deren Wahrnehmung es der für die jeweilige Tätigkeit erforderlichen Qualifikation bedarf. Demgegenüber rechnen zu den **sonstigen (neutralen) Geschäften** diejenigen Handlungen, die der Schaffung und Aufrechterhaltung des erforderlichen organisatorischen Rahmens zur Erbringung der freiberuflichen Tätigkeit dienen.[6] Hierzu zählen

[5] Zur Qualifizierung der *freiberuflichen* Tätigkeit als Geschäftsführung vgl. RdNr. 13.

[6] *Michalski/Römermann* RdNr. 12; *Henssler* RdNr. 44; *Hornung* Rpfleger 1996, 1; vgl. auch *Römer-*

der Erwerb oder das Anmieten von Geschäftsräumen, die Einstellung und Überwachung des Büropersonals, die Anschaffung und Verwaltung der Büroausstattung einschließlich der Fachliteratur u. a., die Erledigung der erforderlichen finanziellen Transaktionen wie Einziehung der Entgelte für die freiberufliche Tätigkeit, Zahlung der Löhne und Gehälter, Erfüllung der sonstigen finanziellen Verbindlichkeiten und Steuern der Partnerschaft sowie die Organisation der Buchhaltung und die Erledigung der insoweit anfallenden Aufgaben.

Die im Grundsatz klare Trennung zwischen den beiden Sektoren der Geschäftsführungstätigkeit darf freilich nicht darüber hinwegtäuschen, dass beide Geschäftsfelder sich nicht nur berühren, sondern im **Grenzbereich** auch überschneiden können. Das gilt zwar nicht *mit Blick auf die sonstigen (neutralen) Geschäfte;* sie finden per definitionem dort ihre Grenze, wo es für das Tätigwerden der Befähigung als Freiberufler bedarf. Ein anwaltlicher Rat ist stets Teil der freiberuflichen Geschäftsführung, auch wenn er einem Geschäftspartner im Zusammenhang mit dem Abschluss eines neutralen Geschäfts (der Miete von Geschäftsräumen u. a.) erteilt wird. 11

Eine andere Beurteilung ist demgegenüber *mit Blick auf die freiberufliche Tätigkeit* geboten. Zu deren Entfaltung kann sich die Wahrnehmung von **Hilfsgeschäften** als unverzichtbar erweisen, auch wenn diese nicht selbst freiberuflichen Charakter haben.[7] Das gilt nicht nur für die erforderliche Korrespondenz und die Durchführung von Dienstreisen einschließlich der Benutzung der jeweiligen Beförderungsmittel, sondern auch für die Akquisition von Aufträgen[8] und die Mitwirkung an der Rechnungserstellung durch Bestimmung der für die freiberufliche Leistung zu fordernden Vergütung,[9] ferner für die Teilnahme an Fortbildungsveranstaltungen u. a. Berücksichtigt man den (indirekten) Zweck der Regelung des Abs. 2, den Freiberuflern als Partnern die Ausübung ihres Berufs innerhalb der Partnerschaft auf Geschäftsführungsebene zu gewährleisten, und interpretiert man ihn vor dem Hintergrund der Geschäftsführungsbefugnis als demjenigen Handlungsbereich, der das „rechtliche Dürfen" der Gesellschafter in der Gesellschaft, ihre *Befugnis* zum Tätigwerden innerhalb der Gemeinschaft kennzeichnet (vgl. näher § 709 BGB RdNr. 8), so kann nicht zweifelhaft sein, dass die freiberufliche Tätigkeit auch die hierfür jeweils notwendigen Hilfsgeschäfte umfasst. Auch Partner, die nach dem Partnerschaftsvertrag von der Führung der sonstigen Geschäfte ausgeschlossen sind, sind daher nicht gehindert, die in ihren konkreten Tätigkeitsbereich fallenden, der Erfüllung ihrer freiberuflichen Aufgaben dienenden Hilfsgeschäfte wahrzunehmen. Sie handeln insoweit nicht außerhalb ihrer Geschäftsführungsbefugnis und können den Ersatz der Aufwendungen, die sie für diese Zwecke eingehen, nach § 6 Abs. 3 iVm. § 110 HGB von der Partnerschaft beanspruchen. 12

3. Die Geschäftsführung im freiberuflichen Bereich. a) Rechtlicher Ansatz. Das Gesetz bringt durch die Regelung des § 6 Abs. 2 unverkennbar zum Ausdruck, dass es die freiberufliche Tätigkeit in einer Partnerschaft trotz ihrer Beitragsqualität (§ 1 RdNr. 11) zugleich als Geschäftsführung behandelt.[10] Damit erledigt sich jedenfalls für die Partnerschaft die im Recht der GbR diskutierte Frage,[11] ob die Erbringung freiberuflicher Dienstleistungen als Beitrag oder Geschäftsführung zu qualifizieren ist.[12] Im Folgenden ist daher davon auszugehen, dass die von den Partnern erbrachten, der Erfüllung der von der Partnerschaft abgeschlossenen Geschäftsbesorgungsverträge dienenden Dienst- oder Werkleistungen dem Bereich der Geschäftsführung zuzuordnen sind. 13

mann, Entwicklungen und Tendenzen bei Anwaltsgesellschaften, 1995, S. 39 ff.

[7] So zutr. *Michalski/Römermann* RdNr. 12, 15; vgl. auch *Römermann* (Fn. 6) S. 127.

[8] *Henssler* RdNr. 41; *Meilicke* in *M/W/H/L* RdNr. 44; MünchHdb. GesR I/*Salger* § 35 RdNr. 18.

[9] *Michalski/Römermann* RdNr. 12; *Henssler* RdNr. 41; MünchHdb. GesR I/*Salger* § 35 RdNr. 18; gegen eine Erstreckung auf die Durchsetzung von Honorarforderungen *Meilicke* in *M/W/H/L* RdNr. 44.

[10] Vgl. nur das selbstverständliche Zugrundelegen dieser Annahme in Begr. RegE, BT-Drucks. 12/6151 S. 15.

[11] Vgl. § 709 BGB RdNr. 7 aE.

[12] Wie hier *Michalski/Römermann* RdNr. 14; *Römermann* (Fn. 6) S. 38; aA *Overlack* in *Gail/Overlack* RdNr. 135 ff., 141.

14 **b) Die Unabdingbarkeit der freiberuflichen Geschäftsführungsbefugnis.** Aus der Regelung des Abs. 2 betreffend die disponible Befugnis zur Führung der sonstigen Geschäfte ergibt sich im *Umkehrschluss*, dass die Partner von der Führung der *freiberuflichen* Geschäfte innerhalb der Partnerschaft nicht ausgeschlossen werden können. Ihrer Befähigung zur Ausübung des jeweiligen Freien Berufs als Erfordernis für den Beitritt zur Partnerschaft (§ 1 RdNr. 24) entspricht die **Unabdingbarkeit** ihrer diesbezüglichen Geschäftsführungsbefugnis; die Verweisung auf § 114 Abs. 2 HGB in § 6 Abs. 3 tritt insoweit zurück. Diese Unabdingbarkeit steht zwar der Einräumung von Mitspracherechten anderer Partner bei der Geschäftsführung oder der Erstellung eines Geschäftsverteilungsplans innerhalb der Partnerschaft nicht entgegen (vgl. RdNr. 15 ff.). Auch hindert sie im Fall interprofessioneller Partnerschaften nicht die *Beschränkung* der Geschäftsführungsbefugnis der einzelnen Partner auf den von ihnen jeweils ausgeübten Freien Beruf; soweit der Freie Beruf eine besondere Qualifikation der Partner voraussetzt, ist diese aus berufsrechtlichen Gründen (§ 6 Abs. 1) sogar unverzichtbar. Die vertragliche Beschränkung darf jedoch nicht so weit gehen, dem Partner die Teilhabe an der Geschäftsführung im freiberuflichen Bereich faktisch unmöglich zu machen. Zur Frage der Entziehung der Geschäftsführungsbefugnis aus wichtigem Grund nach § 6 Abs. 3 iVm. § 117 HGB vgl. RdNr. 21 f.

15 **c) Gestaltungsmöglichkeiten.** Die Verweisung des § 6 Abs. 3 S. 2 auf das OHG-Innenrecht erstreckt sich auf die der Geschäftsführung in der OHG geltenden Vorschriften der §§ 114 bis 116 Abs. 2 HGB. Das führt zu der **Frage,** ob mit Ausnahme des § 114 Abs. 2 HGB (RdNr. 14) diese Vorschriften entsprechend auch für die Ausgestaltung der freiberuflichen Geschäftsführung in der Partnerschaft herangezogen werden können *oder* ob die (mittelbare) Gewährleistung des Geschäftsführungsrechts der einzelnen Partner im freiberuflichen Bereich durch § 6 Abs. 2 insoweit nur Einzelgeschäftsführung zulässt, während andere Gestaltungsmöglichkeiten auf den Bereich der sonstigen (neutralen) Geschäfte beschränkt sind. Die Ansichten in der Literatur zu dieser Frage sind uneinheitlich.[13]

16 **Stellungnahme.** Das Verhältnis von § 6 Abs. 2 und 3 gestattet keine eindeutige Antwort auf die Frage nach den Gestaltungsmöglichkeiten bei Regelung der Geschäftsführungsbefugnis im freiberuflichen Bereich, auch wenn es naheliegt, die Verweisungen des Abs. 3 S. 2 ihrem Wortlaut entsprechend in einem *umfassenden,* mit Ausnahme des § 114 Abs. 2 HGB auch auf die freiberufliche Geschäftsführung bezogenen Sinn zu verstehen. Entscheidend *für* diese Auslegung und damit gegen die zwingende Geltung der Einzelgeschäftsführung im freiberuflichen Bereich der Partnerschaft spricht vor allem die **Systematik des PartGG** und seines Verhältnisses einerseits zum allgemeinen Gesellschaftsrecht, andererseits zum Recht der Freien Berufe. Als der OHG weitgehend nachgebildeter Unterfall der GbR (§ 1 RdNr. 8) orientiert sich das Organisationsrecht der Partnerschaft grundsätzlich am allgemeinen Personengesellschaftsrecht, soweit das PartGG keine Abweichungen erfordert. Für das **Personengesellschaftsrecht** ist die Flexibilität des Innenverhältnisses der Gesellschaft einschließlich der Möglichkeit, die Geschäftsführungsbefugnis in den Grenzen der Selbstorganschaft unterschiedlich auszugestalten, aber ein den gesellschaftsrechtlichen Zusammenschluss prägendes Kennzeichen. Eine Abweichung hiervon zugunsten zwingender Geltung der Einzelgeschäftsführung lässt sich einem Umkehrschluss aus § 6 Abs. 2 nicht entnehmen.

17 Die vorstehende Auslegung wird bestätigt durch den **Vorrang des Berufsrechts** nach §§ 1 Abs. 3, 6 Abs. 1. Sollte wirklich das Recht bestimmter Freier Berufe die Einzelgeschäftsführung der Partner unverzichtbar machen, so lässt sich dem durch entsprechende

[13] Für notwendige Alleingeschäftsführung *Michalski/Römermann* RdNr. 16; *Michalski,* Gesellschafts- und Kartellrecht, S. 309 f.; *Römermann* (Fn. 6) S. 127; *Burret* WPK-Mitt. 1994, 201, 204 f.; tendenziell auch *Grunewald,* FS P. Ulmer, 2003, S. 141, 145 f. (für RA-Scheinsozietäten); uneinheitlich *Peres* in: Sozietätshandbuch, 2000, § 6 (dafür RdNr. 12; stark diff. RdNr. 13 ff.); dagegen *Henssler* RdNr. 42; *Meilicke* in *M/W/H/L* RdNr. 46; *Mahnke* WM 1996, 1029, 1035. Vgl. auch die Nachw. in Fn. 14.

Ausgestaltung des jeweiligen Partnerschaftsvertrags Rechnung tragen. Einer generellen Reduktion der verfügbaren Gestaltungsmöglichkeiten für die freiberufliche Geschäftsführung schon nach Partnerschaftsrecht bedarf es hierfür nicht.

Selbst für das **Berufsrecht der Rechtsanwälte,** das in § 3 Abs. 1 BRAO den Grundsatz der *unabhängigen* Beratung und Vertretung in allen Rechtsangelegenheiten besonders hervorhebt, wird die Notwendigkeit der uneingeschränkten Einzelgeschäftsführung in RA-Sozietäten nicht durchweg gefordert.[14] Das Erfordernis der **Unabhängigkeit** steht zwar solchen Gestaltungen entgegen, die einzelne Gesellschafter auf anwaltlichem Gebiet der *Weisung* von Mitgesellschaftern unterwerfen und sie dadurch zu fremdbestimmter Tätigkeit veranlassen.[15] *Anderes* gilt jedoch für das Recht von Mitgesellschaftern, entsprechend § 115 Abs. 1 HGB dem Handeln eines Gesellschafters mit der Folge zu *widersprechen,* dass dieses zu unterbleiben hat;[16] ein Bedürfnis hierfür ergibt sich allein schon aus dem Haftungsrisiko der Partnerschaft für das Fehlverhalten eines Partners. Und selbst gegen das Modell der *Mitgeschäftsführung* entsprechend § 115 Abs. 2 HGB bestehen aus der Sicht des § 3 Abs. 1 BRAO keine grundsätzlichen Einwände, da auch bei dieser Gestaltung keiner der Sozien gezwungen werden kann, eine freiberufliche (anwaltliche) Tätigkeit gegen seine Überzeugung zu entfalten. Bei interprofessionellen Partnerschaften muss sich die Mitgeschäftsführung freilich jeweils auf Angehörige derselben Profession beschränken.[17] 18

d) Folgerungen. Für die vertragliche Ausgestaltung der Geschäftsführung im freiberuflichen Bereich der Partnerschaft folgt aus den vorstehenden Feststellungen, dass mit Ausnahme des § 114 Abs. 2 HGB und vorbehaltlich etwaiger berufsrechtlicher Schranken grundsätzlich alle in §§ 114 bis 116 Abs. 2 HGB vorgesehenen Modifikationen der Geschäftsführung für die freiberufliche Tätigkeit zur Auswahl stehen. Die Geschäftsführung kann als **Einzelgeschäftsführung** *mit oder ohne Widerspruchsrecht* entsprechend **§ 115 Abs. 1 HGB** ausgestaltet sein; mangels besonderer Abrede findet in diesem Fall das Widerspruchsrecht Anwendung.[18] Sie kann abweichend hiervon aber auch als **Mitgeschäftsführung** von zwei oder mehr Partnern entsprechend **§ 115 Abs. 2 HGB** konzipiert werden, wobei freilich jeder der Partner über die Qualifikation für den jeweiligen Freien Beruf verfügen muss. Schließlich bestehen aus dieser Sicht auch keine Bedenken gegen Regelungen im Partnerschaftsvertrag oder durch Gesellschafterbeschluss, die bindende allgemeine **Richtlinien** über die Art und Weise der Wahrnehmung der freiberuflichen Aufgaben in der Partnerschaft enthalten, indem sie etwa eine interne Geschäftsverteilung festlegen oder Schranken für die Annahme von Mandaten u. a. aufstellen.[19] 19

Aus der Sicht des PartGG bestehen schließlich auch keine grundsätzlichen Bedenken gegen das **Eingreifen von § 116 Abs. 2 HGB,** wonach zur Vornahme von über den gewöhnlichen Geschäftsbetrieb der Partnerschaft hinausgehenden Handlungen ein Beschluss sämtlicher Partner erforderlich ist. Zwar kommen derartige Fälle außergewöhnlicher Maßnahmen in erster Linie bei den *sonstigen (neutralen)* Geschäften in Betracht, wenn es um für die Ausgestaltung der Ressourcen der Partnerschaft grundlegende, ihre künftige Tätigkeit maßgebend prägende Entscheidungen geht, während die *freiberuflichen* Geschäfte in aller Regel in den Bereich der gewöhnlichen Geschäftstätigkeit fallen werden. Immerhin ist nicht ausgeschlossen, dass entweder das besondere Risiko einzelner Mandate oder ihr gänzlich außerhalb der üblichen Geschäftstätigkeit liegender Gegenstand die Schwelle des § 116 Abs. 2 HGB überschreitet oder dass der außergewöhnliche Charakter auf der mit dem 20

[14] Dafür außer *Michalski/Römermann* und tendenziell *Grunewald* (Fn. 13) auch MünchHdb. GesR I/*Schmid* § 19 RdNr. 31; dagegen *Henssler* DB 1995, 1549, 1553; *Oppenhoff* AnwBl. 1967, 267, 274; *Feuerich/Weyland* (Fn. 2) § 59 f RdNr. 4 (bezogen auf die RA-GmbH).

[15] BGHZ 70, 158, 167 = NJW 1978, 589; *Michalski/Römermann* RdNr. 6, 16; *Henssler* RdNr. 4; *Kaiser* in *Kaiser/Bellstedt* RdNr. 196; *Lenz* MDR 1994, 741, 743; aA anscheinend *Meilicke* in *M/W/H/L* RdNr. 46.

[16] So auch *Henssler* und *Feuerich/Weyland* (Fn. 14); uneinheitlich *Peres* (Fn. 13) § 6 RdNr. 15, 29.

[17] So zutr. *Feuerich/Weyland* (Fn. 14).

[18] Ebenso *Meilicke* in *M/W/H/L* RdNr. 46; aA *Michalski/Römermann* RdNr. 16.

[19] MünchHdb. GesR I/*Salger* § 35 RdNr. 19; *Feuerich/Weyland* (Fn. 14).

Geschäft verbundenen Gefahr der Interessenkollision beruht.[20] Auch sind die Partner durch den aus § 6 Abs. 2 ableitbaren Umkehrschluss nicht etwa gehindert, bei grundsätzlicher Alleingeschäftsführungsbefugnis sich einem für alle Partner verbindlichen Katalog zustimmungsbedürftiger Geschäfte zu unterwerfen.

21 **e) Die Entziehung der Geschäftsführungsbefugnis (§ 117 HGB).** Auch für die Verweisung des § 6 Abs. 3 S. 2 auf die Regelung des § 117 HGB über die Entziehung der Geschäftsführungsbefugnis aus wichtigem Grund stellt sich die Frage, ob sie sich auf die Befugnis zur Führung der sonstigen (neutralen) Geschäfte beschränkt oder auch diejenige im freiberuflichen Bereich umfasst. Die *Gesetzesbegründung*[21] will die Verweisung zwar grundsätzlich im umfassenden Sinn verstehen, hält die Entziehung der freiberuflichen Geschäftsführungsbefugnis jedoch nur während einer *vorübergehenden* Zeit für möglich, da die dauernde Entziehung wegen § 6 Abs. 2 auf eine unmögliche Rechtsfolge gerichtet sei; an ihre Stelle habe bei entsprechend wichtigem Grund der Ausschluss aus der Partnerschaft nach § 9 Abs. 1 iVm. § 140 HGB zu treten. In der Literatur ist diese Frage umstritten.[22]

22 **Stellungnahme.** Für einen umfassenden, auch die freiberufliche Geschäftsführungsbefugnis einbeziehenden Anwendungsbereich des § 117 HGB sprechen die vorstehenden Gründe der Gesetzessystematik (RdNr. 16), wobei für die Anforderungen an den *wichtigen Grund* im Rahmen der allgemein zu § 117 HGB entwickelten Maßstäbe vor allem auf berechtigte Zweifel an der fortbestehenden Befähigung des Partners zur sachgemäßen Erfüllung der freiberuflichen Aufgaben der Partnerschaft abzustellen ist. Zutreffend ist auch, dass im Rahmen des zu § 117 HGB anerkannten Verhältnismäßigkeitsgrundsatzes[23] von den übrigen Gesellschaftern *mildere Mittel* als die definitive Entziehung der Geschäftsführungsbefugnis beantragt werden können, wenn diese geeignet sind, den aufgetretenen Konflikt zwischen den Gesellschaftern zu beseitigen.[24] Neben etwaigen Möglichkeiten eingeschränkter Geschäftsführungsbefugnis mag hierfür je nach Lage des Falles auch die befristete Entziehung in Betracht kommen. Zu weit ginge es jedoch, wollte man mit der Regierungsbegründung[25] die *dauerhafte Entziehung* der freiberuflichen Geschäftsführungsbefugnis entsprechend § 117 HGB schlechthin ausschließen. Das zeigt allein schon der Vergleich mit der Möglichkeit des Verbleibens eines Partners in der Partnerschaft, auch wenn er aus Alters- oder Krankheitsgründen dauerhaft gehindert ist, weiter freiberufliche Leistungen zu erbringen (vgl. dazu § 1 RdNr. 13 f.). Trifft diese Ansicht zu, so kann auch für den Bereich des § 117 HGB nichts Abweichendes gelten. Zwar mag je nach Lage des Falles bei einem voraussichtlich dauerhaft wirkenden wichtigen Grund die Ausschließung aus der Partnerschaft das angemessenere Mittel sein. Jedoch ist es aus Rechtsgründen nicht geboten, die Entziehung entsprechend § 117 HGB schlechthin auf vorübergehende Maßnahmen zu beschränken, ohne den Grund der Entziehung und das Alter oder den Gesundheitszustand des betroffenen Partners in die Betrachtung einzubeziehen.

IV. Das Innenverhältnis der Partner im Übrigen (Abs. 3)

23 **1. Grundsatz der Vertragsfreiheit.** Entsprechend dem das Recht der GbR prägenden allgemeinen Grundsatz der Vertragsfreiheit (§ 311 Abs. 1 BGB) und seiner speziellen Ausprägung in § 109 HGB für das Innenrecht der OHG gilt auch für den Partnerschaftsvertrag nach § 6 Abs. 3 S. 1 der **Vorrang der Parteidisposition,** soweit es um das Rechtsver-

[20] Ebenso wohl *Meilicke* in *M/W/H/L* RdNr. 39; aA *Michalski/Römermann* RdNr. 22.

[21] BT-Drucks. 12/6152 S. 15.

[22] Nur *vorübergehende* Entziehung möglich: *Henssler* RdNr. 45; *Sommer* GmbHR 1995, 249, 252; *Stucken* WiB 1994, 744, 748; *Hornung* Rpfleger 1996, 1, 2; *Bösert/Braun/Jochem* Leitfaden S. 148 f. Auch *dauerhafter* Entzug zulässig: *Michalski/Römermann* RdNr. 18 ff.; wohl auch *Lenz* in *M/W/H/L* § 1 RdNr. 86 ff., da er wie *Michalski/Römermann* § 1 RdNr. 5 ff. die aktive Mitarbeit für verzichtbar hält.

[23] BGHZ 51, 198, 203 = NJW 1969, 507; BGH NJW 1984, 173 f.; *Staub/Ulmer* HGB § 117 RdNr. 40; *Schlegelberger/Martens* HGB § 117 RdNr. 9; *Baumbach/Hopt* HGB § 117 RdNr. 5.

[24] *Staub/Ulmer* HGB § 117 RdNr. 40 f.; *Schlegelberger/Martens* HGB § 117 RdNr. 11; *Heymann/Emmerich* HGB § 117 RdNr. 15.

[25] BT-Drucks. 12/6152 S. 15.

hältnis der Partner untereinander geht und berufsrechtliche Vorschriften nicht im Wege stehen (§ 6 Abs. 1). Bindende Vorgaben des PartGG bestehen nur einerseits hinsichtlich der Beteiligungsfähigkeit der Partner (§ 1 RdNr. 22) einschließlich der sich daraus ergebenden Konsequenzen für den Verlust der Mitgliedschaft (§ 9 Abs. 3) und die Anteilsvererbung (§ 9 Abs. 4), andererseits hinsichtlich des mittelbaren Verbots, einzelne Partner von der Geschäftsführung im freiberuflichen Bereich auszuschließen (§ 6 Abs. 2). Im Übrigen sind neben der zwingenden Vorschrift des § 118 Abs. 2 HGB und den ungeschriebenen allgemeinen Grundsätzen des Gesellschaftsrechts wie Selbstorganschaft und Minderheitenschutz gegen Mehrheitsentscheidungen die allgemeinen Schranken der §§ 134, 138 BGB zu beachten. Zum *Mindestinhalt* des Partnerschaftsvertrags und zu den sonstigen, darin üblicherweise anzutreffenden Vereinbarungen vgl. § 3 RdNr. 14 ff., 24 f.

2. Die entsprechende Anwendung von OHG-Innenrecht. Die Vorschrift des § 6 Abs. 3 S. 2 verweist mit ihrer Bezugnahme auf §§ 110 bis 116 Abs. 2, 117 bis 119 HGB auf eine Reihe zentraler Vorschriften des OHG-Innenrechts. Sie unterstreicht damit die bereits in anderen Teilen des PartGG begegnende weitgehende **Annäherung** der Partnerschaft **an die OHG,** eine Regelungstechnik, die auch für die Kommentierung des PartGG zu beachten ist. Sie beschränkt den Erläuterungsbedarf in Bezug auf die Verweisungsnormen vor dem Hintergrund der HGB-Kommentare auf diejenigen Fragen, die sich speziell aus der Sicht des Partnerschaftsgesellschaftsrechts stellen. 24

a) Aufwendungsersatz, Verzinsungspflicht (§§ 110, 111 HGB). Insoweit kann voll auf das OHG-Recht verwiesen werden; Besonderheiten aus der Sicht des PartGG oder des Rechts der Freien Berufe sind nicht erkennbar. Die **Ersatzfähigkeit der Aufwendungen** der Partner, dh. der im Interesse der Partnerschaft erbrachten freiwilligen vermögenswerten Opfer jeder Art,[26] in *Abgrenzung* von den seitens der Partner im Rahmen ihres Geschäftsführungsentgelts ggf. persönlich zu tragenden Aufwendungen wie die Kosten für ihr auch im dienstlichen Interesse benutztes Kraftfahrzeug, für das häusliche Arbeitszimmer, für auf den eigenen Namen gehaltene Fachliteratur oder für den Besuch von Fortbildungsveranstaltungen, richtet sich nach den jeweils hierüber zwischen den Partnern getroffenen Vereinbarungen. Fehlt es an derartigen Vereinbarungen und gibt es auch keine der Ersatzfähigkeit der Aufwendungen entgegenstehende Branchenübung, so steht der Geltendmachung eines Anspruchs entsprechend § 110 HGB nichts im Wege. 25

Außer dem Ersatz der Aufwendungen gewährt § 110 HGB den Gesellschaftern auch einen Anspruch auf **Ersatz von Verlusten** aus der Geschäftsführung oder aus untrennbar damit verbundenen Gefahren. Von den Aufwendungen unterscheiden sich die Verluste durch die *Unfreiwilligkeit* ihres Eintritts.[27] Um derartige grundsätzlich ersatzfähige Verluste handelt es sich auch, wenn Partner als Gesamtschuldner nach § 8 Abs. 1 von Dritten für Verbindlichkeiten der PartG in Anspruch genommen werden, ohne sich auf das Haftungsprivileg des § 8 Abs. 2 berufen zu können. Der Regressanspruch entsprechend § 110 HGB gegen die Partnerschaft genießt in derartigen Fällen Vorrang gegenüber dem Gesamtschuldnerausgleich nach § 426 Abs. 1 BGB.[28] 26

Für die **Verzinsungspflicht** gelten die §§ 110 Abs. 2, 111 HGB entsprechend. Besonderheiten aus dem Recht der Partnerschaft sind nicht erkennbar. 27

b) Wettbewerbsverbot (§§ 112, 113 HGB). Dem Wettbewerbsverbot des § 112 Abs. 1 HGB und seiner Sanktion nach Maßgabe von § 113 HGB kommt in einer Partnerschaft, angesichts von deren Ausrichtung auf das *persönliche Zusammenwirken* der Partner, besondere 28

[26] *Staub/Ulmer* HGB § 110 RdNr. 12; *Schlegelberger/Martens* HGB § 110 RdNr. 15; *Heymann/Emmerich* HGB § 110 RdNr. 4; *Baumbach/Hopt* HGB § 110 RdNr. 7.

[27] *Staub/Ulmer* HGB § 110 RdNr. 21; *Schlegelberger/Martens* HGB § 110 RdNr. 20; *Heymann/Emmerich* HGB § 110 RdNr. 4; *Baumbach/Hopt* HGB § 110 RdNr. 11.

[28] BGHZ 37, 299, 302 f. = NJW 1962, 1863; *Staub/Ulmer* HGB § 110 RdNr. 32; *Schlegelberger/K. Schmidt* HGB § 128 RdNr. 31; *Baumbach/Hopt* HGB § 128 RdNr. 25; so auch für die Partnerschaft: Begr. RegE BT-Drucks. 12/6152 S. 18; wohl auch *Michalski/Römermann* RdNr. 40.

Bedeutung zu. Es bildet eine wesentliche Grundlage für das notwendige Vertrauensverhältnis in der Partnerschaft. Unter das Verbot fällt sowohl die **Vornahme eigener Geschäfte** der Partner im Bereich der vom Unternehmensgegenstand der Partnerschaft (§ 3 Abs. 2 Nr. 3) erfassten freiberuflichen Tätigkeiten unter Einschluss der daran unmittelbar angrenzenden Gebiete (dem sachlich relevanten Markt der Partnerschaft),[29] als auch deren **Beteiligung an einer konkurrierend tätigen Gesellschaft,** es sei denn, dass sie sich auf eine reine Kapitalbeteiligung ohne nennenswerte interne Mitsprache- oder Informationsrechte beschränkt.[30] Zurückhaltung ist aus diesem Grunde sowie angesichts des Schriftformerfordernisses auch geboten, soweit es um die Annahme konkludenter *Einwilligung* der Mitgesellschafter in die Konkurrenztätigkeit eines Partners geht. Wurde eine solche Einwilligung generell oder im Einzelfall tatsächlich erteilt, so kann sie sich gleichwohl aus *berufsrechtlichen* Gründen als unbeachtlich erweisen; entgegenstehendes Standesrecht geht wegen der Vorrangregelung des § 6 Abs. 1 der Erteilung der Einwilligung vor.

29 Das Wettbewerbsverbot des § 112 Abs. 1 HGB als Ausprägung der gesellschaftsrechtlichen *Treupflicht* steht auch der sonstigen **Wahrnehmung von Geschäftschancen** der Partnerschaft im Eigeninteresse eines Partners oder unter Zwischenschaltung einer ihm nahe stehenden Person entgegen.[31] Das gilt für die Ausnutzung von Informationen aus der Sphäre der Partnerschaft durch einen Partner im eigenen Interesse, aber auch für den (Zwischen-)Erwerb von Vermögensgegenständen, auf die die Partnerschaft angewiesen ist, sowie für das sonstige Voranstellen des Eigeninteresses vor dasjenige der Partnerschaft innerhalb der Gemeinschaftssphäre. Dagegen wird die **Arbeitszeit** der Partner durch § 112 HGB nicht zugunsten der Partnerschaft geschützt.[32] Eine zeitlich aufwändige Nebentätigkeit eines Partners auf einem anderen, von demjenigen der Partnerschaft klar abgegrenzten sachlich relevanten Markt, die keine Interessenkollision erwarten lässt, unterliegt daher nicht den Schranken des § 112 HGB. Sie kann sich jedoch als unvereinbar mit der von den Partnern übernommenen, auf Einbringung ihrer Arbeitskraft in die Partnerschaft abzielenden Beitragspflicht erweisen (vgl. RdNr. 41 f.).

30 Das gesetzliche Wettbewerbsverbot **endet** mit dem Ausscheiden aus der Partnerschaft, nach zutr. Ansicht aber auch mit ihrer Auflösung, wenn und soweit sie im Liquidationsstadium nicht mehr selbst freiberuflich tätig wird.[33] Die Vereinbarung eines *nachvertraglichen Wettbewerbsverbots* ist in den Grenzen der §§ 138 BGB, 1 GWB möglich[34] und unterliegt nicht den Schranken der §§ 74 ff. HGB.[35] Die Vornahme bloßer Vorbereitungshandlungen für die eigenständige Berufsausübung nach zeitlichem Ablauf des Wettbewerbsverbots wird von dem Verbot nicht erfasst.[36]

31 Die **Rechtsfolgen** von Verstößen gegen das Wettbewerbsverbot bestimmen sich grundsätzlich nach § 113 HGB. Eine *Modifikation* kann sich freilich aus berufsrechtlichen Gründen in denjenigen Fällen ergeben, in denen die Ausübung des Eintrittsrechts der PartG entsprechend § 113 Abs. 1 HGB mit der berufsrechtlichen Schweigepflicht des verstoßenden Partners in Konflikt zu geraten droht.[37] In diesem Fall verbleibt als Alternative nur die Geltendmachung von Schadensersatzansprüchen.

[29] Vgl. hierzu *Staub/Ulmer* HGB § 112 RdNr. 14 ff.; *Baumbach/Hopt* HGB § 112 RdNr. 5; für die Partnerschaft auch *Meilicke* in *M/W/H/L* RdNr. 55.

[30] *Staub/Ulmer* HGB § 112 RdNr. 24; *Schlegelberger/Martens* HGB § 112 RdNr. 11.

[31] *Staub/Ulmer* HGB § 112 RdNr. 17 aE; *Heymann/Emmerich* HGB § 112 RdNr. 6 a; für die Partnerschaft *Meilicke* in *M/W/H/L* RdNr. 57.

[32] Vgl. *Staub/Ulmer* HGB § 112 RdNr. 2 m. weit. Nachw.

[33] EinhM, vgl. *Staub/Ulmer* HGB § 112 RdNr. 12; *Heymann/Emmerich* HGB § 112 RdNr. 8; *Baumbach/Hopt* HGB § 112 RdNr. 3; *Meilicke* in *M/W/H/L* RdNr. 58.

[34] Vgl. dazu *Staub/Ulmer* HGB § 112 RdNr. 13; *Schlegelberger/Martens* HGB § 112 RdNr. 7; *Henssler* RdNr. 55 f.; *Meilicke* in *M/W/H/L* RdNr. 62; *Michalski/Römermann* ZIP 1994, 433, 439 ff.; *Römermann* BB 1998, 1489. Gegen eine Beschränkung durch § 1 GWB *Michalski/Römermann* RdNr. 25.

[35] *Michalski/Römermann* RdNr. 25; *Meilicke* in *M/W/H/L* RdNr. 62; *Henssler* RdNr. 56.

[36] *Staub/Ulmer* HGB § 112 RdNr. 11; *Schlegelberger/Martens* HGB § 112 RdNr. 7; *Heymann/Emmerich* HGB § 112 RdNr. 9; *Meilicke* in *M/W/H/L* RdNr. 54.

[37] *Henssler* RdNr. 58; *Michalski/Römermann* RdNr. 24; vgl. zur berufsrechtlichen Schweigepflicht auch RdNr. 34 f.

c) Geschäftsführung (§§ 114 bis 117 HGB). Die Konsequenzen der entsprechenden Anwendung der Vorschriften über die Geschäftsführung in der OHG auf die Partnerschaft sind bereits vorstehend (RdNr. 15 ff., 19 ff.) im Zusammenhang mit § 6 Abs. 2 behandelt worden. Hierauf wird verwiesen. 32

d) Kontrollrechte (§ 118 HGB). Die Kontrollrechte der OHG-Gesellschafter nach § 118 Abs. 1 HGB gehören vor allem für die nicht selbst an der Geschäftsführung beteiligten, aus diesem Grund vom unmittelbaren Zugang zu den Gesellschafts-Interna ausgeschlossenen Gesellschafter zu den zentralen Verwaltungsrechten. Neben dem (grundsätzlich höchstpersönlich auszuübenden) uneingeschränkten **Einsichtsrecht** umfasst § 118 Abs. 1 HGB auch das Recht auf Anfertigung von Abschriften oder *Kopien* auf Kosten des Gesellschafters mit Ausnahme solcher Unterlagen über Geschäftsgeheimnisse, an deren Nichtverbreitung die Gesellschaft ein vorrangig schutzwürdiges Interesse hat.[38] Über den Wortlaut des § 118 Abs. 1 HGB hinausgehend erkennt die hM zu Recht auch ein **subsidiäres Auskunftsrecht** der Gesellschafter gegen die Geschäftsführer in denjenigen Fällen an, in denen der individuelle Informationsbedarf durch die Einsichtnahme in die Geschäftsunterlagen nicht ausreichend befriedigt werden kann.[39] – Einen zwingend ausgestalteten **Mindestbestand** der Kontrollrechte gewährt § 118 Abs. 2 HGB unter der Voraussetzung, dass Grund zur Annahme unredlicher Geschäftsführung besteht. Zu seiner Geltendmachung genügt eine diesbezügliche substantiierte Tatsachenbehauptung; der Nachweis unredlichen Verhaltens oder dessen Glaubhaftmachen nach den Regeln der ZPO ist nicht erforderlich.[40] 33

Aus der **Sicht des PartGG** kann die entsprechende Anwendung des **§ 118 Abs. 1 HGB** insoweit Probleme bereiten, als es um eine mögliche Kollision mit der berufsrechtlichen *Schweigepflicht* geht. Nach Ansicht der Regierungsbegründung[41] soll sich das Kontrollrecht deshalb auf die *wirtschaftlichen* Verhältnisse der Partnerschaft beschränken. Mit diesem scheinbar nahe liegenden, um Ausgleich zwischen den unterschiedlichen Interessen einerseits der Partner, andererseits der Mandanten bemühten Lösungsvorschlag wird die Kollision zwischen Informationsrecht und Schweigepflicht indessen nicht ohne weiteres behoben.[42] Das folgt schon daraus, dass für die wirtschaftliche Situation einer Partnerschaft nicht selten die vertraglichen Haftungsrisiken gegenüber den Mandanten von wesentlicher Bedeutung sind und diese meist nicht zureichend ohne Einblick in die Mandatsakten beurteilt werden können.[43] Gegen ein generelles Zurücktreten der Schweigepflicht des mit der Bearbeitung des Mandats betrauten Partners im Innenverhältnis der Partnerschaft spricht andererseits der Umstand, dass die Schweigepflicht ihren Rechtsgrund nicht im Mandatsvertrag, sondern im Berufsrecht hat und dieses idR keine auf Sozietäten bezogene Ausnahmen kennt;[44] daher rechtfertigt weder die Stellung der Partnerschaft als Vertragspartner des Kunden noch die Bindung aller Partner durch eine gleichartige berufsrechtliche Schweigepflicht, für sich genommen, deren Durchbrechung im Innenverhältnis der Partnerschaft. 34

Die **Lösung** des Kollisionsproblems ist nach allem nicht aus dem Innenverhältnis der Sozietät als Vertragspartner, sondern aus dem Gesichtspunkt der – ausdrücklichen oder konkludenten – *Einwilligung* des Mandanten in die Aufhebung oder Lockerung der Schweigepflicht zwischen den Partnern abzuleiten. Das Informationsinteresse der anderen Partner reicht dabei, für sich genommen, nicht aus, um daraus auf einen Verzicht des Mandanten auf die partnerschaftsinterne Schweigepflicht zu schließen. Das gilt jedenfalls dann, wenn es wie 35

[38] *Staub/Ulmer* HGB § 118 RdNr. 22; *Schlegelberger/Martens* HGB § 118 RdNr. 18; *Heymann/Emmerich* HGB § 118 RdNr. 11; für die Partnerschaft auch *Meilicke* in *M/W/H/L* RdNr. 76.

[39] *Staub/Ulmer* HGB § 118 RdNr. 24 f.; *Baumbach/Hopt* HGB § 118 RdNr. 7; *Michalski/Römermann* RdNr. 33; *Meilicke* in *M/W/H/L* RdNr. 72.

[40] Vgl. näher *Staub/Ulmer* HGB § 118 RdNr. 45 m. Nachw.

[41] BT-Drucks. 12/6152 S. 15.

[42] Die RegBegr. abl. auch *Michalski/Römermann* RdNr. 34; *Meilicke* in *M/W/H/L* RdNr. 76; *Feddersen/Meyer-Landrut* § 6 RdNr. 5; *Mahnke* WM 1996, 1029, 1035 f. Wie die RegBegr. jedoch *Bösert/Braun/Jochem* Leitfaden S. 150.

[43] Ähnlich *Michalski/Römermann* RdNr. 37.

[44] Vgl. hierzu insbes. die Regelungen zur Schweigepflicht in § 43 a BRAO, § 57 StBerG, § 43 WPO, § 9 MBO-Ä.

beim Arzt- oder Anwaltsgeheimnis um höchstpersönliche Informationen geht, an deren Geheimhaltung der Mandant ein vorrangiges Interesse hat. Eine andere Beurteilung ist dann geboten, wenn der Mandant damit einverstanden ist, dass je nach Bedarf auch andere Partner mit der Bearbeitung seines Falles befasst werden; für ein solches Einverständnis spricht die Beauftragung der Partnerschaft als solcher ohne gleichzeitige verbindliche Festlegung des mit der Sache zu betrauenden Partners. Da die Mitwirkung anderer Partner regelmäßig deren umfassende Information über die der beruflichen Schweigepflicht unterfallenden Umstände erfordert, steht in derartigen Fällen die berufliche Schweigepflicht der Durchsetzung des Informationsrechts nach § 118 Abs. 1 HGB im Zweifel nicht entgegen.[45]

36 Über die vorstehend aufgezeigten Grenzen hinausgehend ist im Rahmen von **§ 118 Abs. 2 HGB** dem zwingenden Informationsrecht der Partner grundsätzlich der Vorrang einzuräumen; insoweit versagt die Berufung auf die Schweigepflicht.

37 **e) Gesellschafterbeschlüsse (§ 119 HGB).** Für die Beschlussfassung der Partner ist entsprechend § 119 Abs. 1 HGB grundsätzlich vom **Einstimmigkeitsprinzip** auszugehen. Das gilt sowohl für Änderungen des Partnerschaftsvertrags, die überdies nach § 3 Abs. 1 zu ihrer Wirksamkeit der Schriftform bedürfen (vgl. § 3 RdNr. 11), als auch für Beschlüsse in sonstigen, den Gesellschaftern vorbehaltenen Grundlagenangelegenheiten sowie schließlich in Fällen wie der Ergebnisfeststellung, der Gewinnverwendung oder der Entscheidung über außergewöhnliche Geschäfte, in denen es nach Gesetz oder Gesellschaftsvertrag eines Gesellschafterbeschlusses bedarf (vgl. näher § 709 BGB RdNr. 50 ff.). Soweit nicht im Einzelfall das Stimmrecht eines Partners aus Gründen der Interessenkollision ausgeschlossen ist, ist zur Wirksamkeit des Beschlusses die *Zustimmung sämtlicher Partner* erforderlich; Stimmenthaltung oder Nichtteilnahme an der Abstimmung verhindern das Erreichen der Einstimmigkeit. Widersprechende Partner können je nach Lage des Falles mit Rücksicht auf ihre Treupflicht gehalten sein, sich an der Abstimmung zu beteiligen und dem Beschluss im Interesse der Partnerschaft zuzustimmen (vgl. näher § 705 BGB RdNr. 231 ff.).

38 Der Partnerschaftsvertrag kann das Einstimmigkeitsprinzip durch das **Mehrheitsprinzip** ersetzen und nähere Regelungen über die Berechnung der Mehrheiten aufstellen; dabei liegt im Fall von Partnerschaften, anders als bei einer OHG mit zT deutlich unterschiedlichen Gesellschaftsanteilen, wegen der grundsätzlichen Gleichberechtigung der Partner die in § 119 Abs. 2 HGB vorgesehene Berechnung der Mehrheit *nach Köpfen* nahe. Allerdings gelten Mehrheitsklauseln nicht ohne weiteres für sämtliche, zumal für besonders weittragende Beschlüsse. Soweit es um mehrheitliche *Eingriffe in den Kernbereich der Mitgliedschaft* geht, setzt deren Wirksamkeit regelmäßig die vorweggenommene, durch Auslegung der Mehrheitsklausel zu gewinnende Zustimmung der später überstimmten Minderheit voraus. Dazu und zur Bedeutung des Bestimmtheitsgrundsatzes vgl. näher § 709 BGB RdNr. 84 ff.

39 Für **Partnerschaften** oder sonstige Gesellschaften zur gemeinsamen Verfolgung freiberuflicher Zwecke besteht vermehrter Anlass, die Grenzen des Mehrheitsprinzips zu betonen, da die Mehrheitsherrschaft bei ihnen in besonderem Maße die Gefahr begründet, mit der gebotenen Wahrung der Unabhängigkeit und Eigenverantwortlichkeit der freiberuflich tätigen Gesellschafter zu kollidieren. Ein grundsätzlich *mehrheitsfester Bereich* ist daher nicht nur insoweit anzuerkennen, als es um Änderungen des Unternehmensgegenstands sowie der persönlichen Verwaltungs- und Vermögensrechte der einzelnen Gesellschafter, dh. um unmittelbare Eingriffe in den Kernbereich ihrer Mitgliedschaft geht. Vielmehr stoßen aus dieser Sicht auch solche Mehrheitsbeschlüsse auf Bedenken, die auf eine Änderung der einvernehmlich festgelegten Grundsätze über die Geschäftsverteilung oder über die Ausübung der freiberuflichen Tätigkeit gerichtet sind.

40 **3. Sonstige Fragen des Partnerschaft-Innenrechts. a) Überblick.** Soweit § 6 Abs. 3 oder die sonstigen Vorschriften des PartGG keine Verweisung auf das OHG-Innenrecht enthalten, bewendet es nach der Auffangvorschrift des **§ 1 Abs. 4** bei der subsidiären

[45] So zutr. *Henssler* RdNr. 15 f. mit Nachw. auch zu berufsrechtlichen Regelungen betr. die Schweigepflicht (aaO RdNr. 17 ff.).

Anwendung des **GbR-Innenrechts.** Von dem für das Innenverhältnis der Partner geltenden Sorgfaltsmaßstab des **§ 708 BGB** und von den Gesamthandsvorschriften der **§§ 717 bis 719 BGB** abgesehen, deren Übertragung auf die Verhältnisse in der Partnerschaft keine Schwierigkeiten bereitet, gilt das insbes. für die Regelungen über die Beiträge (RdNr. 41 ff.) und über die Gewinnverteilung (RdNr. 44 ff.). Zu den Fragen des Beitritts zur und des Ausscheidens aus der Partnerschaft sowie zur Anteilsübertragung und -vererbung vgl. die Erläuterungen zu § 9.

b) Beiträge der Partner. Vereinbarungen über die von den Partnern zu leistenden Beiträge bilden einen notwendigen Bestandteil des Partnerschaftsvertrags (§ 3 RdNr. 15). Zwar finden die insoweit einschlägigen Vorschriften der **§§ 706, 707 BGB** über § 1 Abs. 4 auf die Partnerschaft Anwendung mit der Folge, dass die Partner mangels abweichender Vereinbarung *gleiche* Beiträge zu leisten haben (§ 706 Abs. 1 BGB) und dass sie zur Erhöhung der vereinbarten Beiträge oder zu Nachschüssen nicht verpflichtet sind (§ 707 BGB). Speziell für die Partnerschaft bedeutsam ist auch die Regelung in § 706 Abs. 3 BGB, wonach die Beiträge auch in der *Leistung von Diensten* bestehen können. Bei diesen Vorschriften handelt es sich jedoch jeweils um bloße Rahmenregelungen, die der inhaltlichen Ausfüllung durch Festlegung des Gegenstands der Beiträge im Gesellschaftsvertrag bedürfen. 41

Aus der **Sicht des PartGG** gewinnt insoweit die Vorschrift des § 3 Abs. 2 Nr. 2 Bedeutung, wonach der Partnerschaftsvertrag den „in der Partnerschaft ausgeübten Beruf" jedes Partners enthalten muss. Da der Beitritt zur Partnerschaft nur solchen Gesellschaftern offensteht, die bereit und in der Lage sind, sich innerhalb der Partnerschaft freiberuflich zu betätigen (§ 1 RdNr. 24), ist die auf die Berufsausübung bezogene Angabe im Partnerschaftsvertrag mangels zusätzlicher Abreden zugleich dahin zu verstehen, dass die Beiträge der Partner sich auf diese **freiberuflichen Leistungen** erstrecken sollen und dass die Partner gleichermaßen verpflichtet sind, ihre volle Arbeitskraft in die Partnerschaft einzubringen. Insbesondere bei interprofessionellen Partnerschaften und in Fällen, in denen Partner über eine mehrfache Berufsqualifikation verfügen, empfiehlt es sich freilich, eine detaillierte Regelung über die Art und den Umfang der geschuldeten freiberuflichen Leistung im Partnerschaftsvertrag zu treffen. 42

Sollen die Partner darüber hinaus **Vermögensleistungen** für die Partnerschaft erbringen, ihr insbes. Geldeinlagen oder sonstige Vermögensgegenstände (Grundstücke oder finanzielle Mittel, Geschäftsausstattung u. a.) zur Verfügung stellen, so bedarf es hierfür besonderer Vereinbarungen in dem der Schriftform unterliegenden Partnerschaftsvertrag. Je nach Art der Gegenstände sollte dabei auch die Art und Weise der Einbringung geregelt werden, sei es zu Eigentum der Partnerschaft, zum Gebrauch oder dem Werte nach (quoad usum). Fehlt es an einer solchen ausdrücklichen Regelung, so greift die Auslegungsregel des § 706 Abs. 2 BGB ein: die Einbringung erfolgt im Zweifel zu *Eigentum* der Partnerschaft (vgl. § 706 BGB RdNr. 11 ff.). 43

c) Gewinnverteilung. Auf den ersten Blick ungewöhnlich ist die Nichteinbeziehung der §§ 120 bis 122 HGB in die Verweisung des § 6 Abs. 3. Ausweislich der Regierungsbegründung[46] beruht sie darauf, dass in der Partnerschaft „kein dringendes Bedürfnis für eine Gewinnverteilungsvorschrift" besteht, da die Partner aktiv mitarbeiten und die Einnahmen der Gesellschaft „im Wesentlichen als Geschäftsführungsgehälter auszahlen werden". Das ist schon deshalb missverständlich, weil eine derartige Praxis weder die Gewinnermittlung gegenstandslos macht noch darüber hinwegtäuschen kann, dass es bei der Auszahlung der „Geschäftsführungsgehälter", unabhängig von der Art ihrer – festen oder variablen – Festsetzung, der Sache nach um Gewinnverteilung geht (vgl. § 709 BGB RdNr. 32 ff.). Zutreffend ist demgegenüber der weitere in der Regierungsbegründung[47] gegen die Verweisung angeführte Grund, dass § 120 Abs. 1 HGB die Erstellung einer Bilanz voraussetzt, während in der Partnerschaft angesichts des fehlenden Handelsgewerbes die Gewinnermitt- 44

[46] BT-Drucks. 12/6152 S. 15.

[47] BT-Drucks. 12/6152 S. 15.

lung auch ohne handelsrechtliche Buchführung und Bilanzierung im Wege der Einnahme-Überschussrechnung nach § 4 Abs. 3 EStG erfolgen kann.[48] Die Nichtverweisung auf §§ 120 bis 122 HGB führt nach § 1 Abs. 4 zum *Eingreifen der §§ 721, 722 BGB* über die Gewinnverteilung in der GbR (vgl. RdNr. 45 f.).

45 Im Einzelnen bedeutet das Eingreifen der GbR-Vorschriften, dass **Rechnungsabschluss und Gewinnfeststellung** mangels abweichender Regelung im Partnerschaftsvertrag nach **§ 721 Abs. 2 BGB** am Schluss jedes Geschäftsjahrs zu erfolgen haben, wobei das Geschäftsjahr im Zweifel mit dem Kalenderjahr übereinstimmt. Zuständig für die Beschlussfassung über den Rechnungsabschluss sind die Gesellschafter; beim Fehlen einer hierauf bezogenen Mehrheitsklausel entscheiden sie einstimmig (§ 721 BGB RdNr. 9).

46 Die **Verteilung** des so festgestellten Gewinns (und ebenso diejenige eines etwaigen Verlusts) richtet sich mangels Festsetzung eines besonderen Gewinnverteilungsschlüssels im Partnerschaftsvertrag nach **§ 722 Abs. 1 BGB.** Danach steht jedem Partner unabhängig von Art und Größe seines Beitrags ein *gleicher Gewinnanteil* zu; konkludente Abweichungen hiervon im Partnerschaftsvertrag scheiden schon wegen des Schriftformerfordernisses des § 3 Abs. 1 regelmäßig aus.

47 Die **Auszahlung** des auf ihn entfallenden, nicht schon durch die periodische „Geschäftsführervergütung" entnommenen Gewinnanteils kann jeder Partner alsbald nach dessen Feststellung verlangen, wenn der Partnerschaftsvertrag keine Einschränkungen vorsieht und auch die gebotene Rücksichtnahme auf die Lage der Partnerschaft keine Thesaurierung erforderlich macht. Eine allgemein gehaltene Mehrheitsklausel berechtigt die Mehrheit nicht dazu, Entnahmebeschränkungen gegen den Willen der Minderheit zu beschließen (vgl. § 721 BGB RdNr. 14).

§ 7 Wirksamkeit im Verhältnis zu Dritten; rechtliche Selbständigkeit; Vertretung

(1) Die Partnerschaft wird im Verhältnis zu Dritten mit ihrer Eintragung in das Partnerschaftsregister wirksam.

(2) § 124 des Handelsgesetzbuchs ist entsprechend anzuwenden.

(3) Auf die Vertretung der Partnerschaft sind die Vorschriften des § 125 Abs. 1 und 2 sowie der §§ 126 und 127 des Handelsgesetzbuchs entsprechend anzuwenden.

(4) [1] Die Partnerschaft kann als Prozess- oder Verfahrensbevollmächtigte beauftragt werden. [2] Sie handelt durch ihre Partner und Vertreter, in deren Person die für die Erbringung rechtsbesorgender Leistungen gesetzlich vorgeschriebenen Voraussetzungen im Einzelfalle vorliegen müssen, und ist in gleichem Umfang wie diese postulationsfähig. [3] Verteidiger im Sinne der §§ 137 ff. der Strafprozessordnung ist nur die für die Partnerschaft handelnde Person.

(5) Für die Angaben auf Geschäftsbriefen der Partnerschaft ist § 125 a Abs. 1 Satz 1, Abs. 2 des Handelsgesetzbuchs entsprechend anzuwenden.

Übersicht

	RdNr.
I. Einführung	1, 2
1. Normzweck	1
2. Reform	2
II. Die konstitutive Wirkung der Eintragung im Partnerschaftsregister (Abs. 1)	3–9
1. Entstehung als Partnerschaft	3–6
a) Grundsatz	3, 4

[48] Vgl. Vor § 1 RdNr. 25. So auch *Meilicke* in *M/W/H/L* RdNr. 17, 20; *Seibert* DB 1994, 2381, 2382; zur Einnahme-Überschuss-Rechnung vgl. *Crezelius* in *Kirchhof* EStG, 3. Aufl., § 4 RdNr. 107 ff.

	RdNr.
b) Rechtsverhältnisse der Gesellschaft bis zur Eintragung	5, 6
2. Die fehlerhafte Eintragung	7–9
III. Die Rechtsnatur der Partnerschaft (Abs. 2)	10–12
1. Grundlagen	10, 11
2. Die Relevanz der Verweisung auf § 124 HGB	12
IV. Die Vertretung der Partnerschaft (Abs. 3)	13–19
1. Der Verweisungsbereich	13–17
a) Arten der organschaftlichen Vertretung	13, 14
b) Umfang der Vertretungsmacht	15
c) Eintragung im Partnerschaftsregister	16
d) Entziehung der Vertretungsmacht	17
2. Notwendiger Mindestgehalt der Vertretungsbefugnis der Partner?	18, 19
V. Die Partnerschaft als Prozess- oder Verfahrensbevollmächtigte (Abs. 4)	20–22
1. Regelungsgrund	20, 21
2. Voraussetzungen	22
VI. Die notwendigen Angaben auf Geschäftsbriefen (Abs. 5)	23

I. Einführung

1. Normzweck. Die Vorschrift des § 7 dient der Regelung des **Außenverhältnisses** der Partnerschaft, ihrer Rechtsfähigkeit und ihrer organschaftlichen Vertretung gegenüber Dritten. Dazu legt **Abs. 1** der Eintragung im Partnerschaftsregister *konstitutive* Wirkung bei, soweit es um die Entstehung als Partnerschaft geht; die Regelung entspricht inhaltlich voll derjenigen in § 123 HGB bei Eintragung einer auf den Betrieb eines kannkaufmännischen Handelsgewerbes (§ 2 HGB) gerichteten OHG. Nach **Abs. 2** iVm. § 124 HGB ist die eingetragene Partnerschaft in Rechtsverkehr, Zivilprozess und Zwangsvollstreckung als Gesamthandsgesellschaft *voll rechtsfähig.* **Abs. 3** erklärt die Vorschriften über die organschaftliche Vertretung der OHG für entsprechend anwendbar auf die Partnerschaft; davon ausgenommen bleibt nur die Regelung über die unechte Gesamtvertretung (§ 125 Abs. 3 HGB), weil mangels Handelsgewerbes der Partnerschaft eine Prokurabestellung bei ihr ausscheidet. Zu den in den Jahren 1998 und 2000 neu aufgenommenen Vorschriften der *Abs. 4 und 5* vgl. RdNr. 2. Insgesamt bestätigt § 7 somit auch für das Außenverhältnis die Regelungstendenz des PartGG, die Partnerschaft möglichst weitgehend der OHG gleichzustellen, soweit nicht Abweichungen mit Rücksicht auf das bei ihr fehlende Handelsgewerbe (§ 1 Abs. 1 S. 2) oder wegen des Haftungsbeschränkungsprivilegs des § 8 Abs. 2 geboten sind. 1

2. Reform. Nach Erlass des PartG wurde § 7 um zwei neue Absätze erweitert. Die erste Erweiterung führte zur Aufnahme eines neuen Abs. 4 – heute **Abs. 5** – im Zuge des HRefG 1998. Die darin enthaltene Verweisung auf § 125 a Abs. 1 S. 1, Abs. 2 HGB erstreckte die für die typischen Personenhandelsgesellschaften neugeregelte Pflicht zu bestimmten Angaben auf Geschäftsbriefen auf die PartG (RdNr. 23) und sorgte dadurch auch in diesem Punkt für weitgehende Gleichbehandlung der PartG mit der OHG. Demgegenüber wurde die im Jahr 2000 eingeführte Regelung des **Abs. 4** betreffend Vertretungsbefugnis und Postulationsfähigkeit der PartG durch eine diese Befugnisse für die PartG verneinende BFH-Rechtsprechung ausgelöst; die Vorschrift hat im Wesentlichen klarstellende Bedeutung (RdNr. 21 f.). 2

II. Die konstitutive Wirkung der Eintragung im Partnerschaftsregister (Abs. 1)

1. Entstehung als Partnerschaft. a) Grundsatz. In Anlehnung an § 123 Abs. 1 HGB macht § 7 Abs. 1 die Wirksamkeit der Partnerschaft im Verhältnis zu Dritten von ihrer **Eintragung** im Partnerschaftsregister abhängig; dieser kommt somit **konstitutive Wirkung** zu. Das gilt auch dann, wenn die Partner die gemeinschaftliche Tätigkeit im Namen der Partnerschaft schon vor Eintragung aufgenommen haben. Die Sonderregelung des § 123 Abs. 2 HGB betreffend den vorzeitigen Geschäftsbeginn der zum Betrieb eines Handelsgewerbes gegründeten OHG wurde bewusst nicht übernommen, weil die Eintragung im Partnerschaftsregister als Kriterium zur Abgrenzung der Partnerschaft gegenüber der Freibe- 3 rufler-GbR unverzichtbar ist.[1] Einer Erstreckung der konstitutiven Wirkung auf die Eintragung der nach § 4 Abs. 1 S. 2 und 3 anmeldepflichtigen *Vertragsänderungen* bedarf es nicht; der Rechtsverkehr ist insoweit hinreichend durch § 5 Abs. 2 iVm. § 15 HGB geschützt.

4 Eine Gesellschaft, die von den Beteiligten als Partnerschaft gewollt ist, kommt nach außen bei **vorzeitiger** Geschäftsaufnahme allerdings nicht erst mit der Eintragung im Partnerschaftsregister zur Entstehung. Vielmehr wird der Gesellschaftsvertrag beim Fehlen einer Befristung oder Bedingung schon vom Zeitpunkt des Vertragsschlusses an wirksam und führt alsbald zur Entstehung einer Gesamthandsgesellschaft auch im Verhältnis zu Dritten. Die Gesellschaft hat jedoch unabhängig von der Rechtsformwahl der Beteiligten zunächst die **Rechtsform der GbR.**[2] Zur Partnerschaft wird sie erst mit Eintragung im Partnerschaftsregister; die Eintragung hat in derartigen Fällen somit die Wirkung einer *formwechselnden Umwandlung.*

5 **b) Rechtsverhältnisse der Gesellschaft bis zur Eintragung.** Die konstitutive Wirkung der Eintragung schließt es nicht aus, dem auf die Gründung einer Partnerschaft gerichteten, im schriftlichen Gesellschaftsvertrag zum Ausdruck gekommenen *Parteiwillen* schon vor der Eintragung Rechtswirkungen für das **Innenverhältnis** zuzumessen.[3] Die Rechtsbeziehungen zwischen den Beteiligten unterstehen im Zweifel von Anfang an abweichend vom GbR-Recht dem dispositiven Recht des PartGG, soweit der Gesellschaftsvertrag keine besonderen Regelungen enthält. Das hat Bedeutung namentlich für die regelmäßige *Allein*geschäftsführungsbefugnis in der Partnerschaft (§ 6 Abs. 3 iVm. § 115 Abs. 1 HGB) in Abweichung von § 709 Abs. 1 BGB. Die Rechtslage ist derjenigen einer als OHG geplanten, auf den Betrieb eines kannkaufmännischen Handelsgewerbes gerichteten Gesellschaft vergleichbar, die bis zur konstitutiv wirkenden Handelsregistereintragung (vgl. §§ 2, 123 Abs. 2 HGB) ebenfalls als GbR besteht, im Innenverhältnis aber im Zweifel schon OHG-Recht unterliegt.[4] Das für den Partnerschaftsvertrag geltende Schriftformerfordernis des § 3 Abs. 1 steht nicht entgegen, da die Vereinbarung der Beteiligten über die Gründung einer Partnerschaft regelmäßig als konkludente Verweisung auf das dispositive Recht des PartGG in Abweichung von demjenigen der GbR zu verstehen ist.

6 Von der Rechtslage im Innenverhältnis zu unterscheiden ist das **Auftreten der Gesellschaft gegenüber Dritten.** Insoweit steht § 7 Abs. 1 der alsbaldigen Anwendung des PartG-Rechts zwingend entgegen. Die Vorschriften der §§ 2, 7 und 8 gelten für die Gesellschaft daher erst mit Eintragung. Auch das Haftungsprivileg des § 8 Abs. 2 greift erst von diesem Zeitpunkt an ein. Bis dahin unterliegt die Gesellschaft im Außenverhältnis den dafür geltenden GbR-Grundsätzen.[5] Als rechtsfähige Gesamthand ist sie nach neuer höchstrichterlicher Rechtsprechung allerdings weitgehend der OHG angenähert (vgl. näher § 705 BGB RdNr. 303 ff.). Auch die Haftungsverhältnisse bestimmen sich aus heutiger Sicht nach den analog anwendbaren Vorschriften der §§ 128 bis 130 HGB (§ 714 BGB RdNr. 33 ff.). Angesichts der damit begründeten Haftung nicht nur der Gesellschaft, sondern auch der Gesellschafter persönlich ist für eine weitergehende Haftung der Mitglieder einer noch nicht eingetragenen PartG aus Rechtsscheingründen regelmäßig kein Raum. Auch für die analoge

[1] Begr. RegE BT-Drucks. 12/6152 S. 15 f.; so auch *Michalski/Römermann* RdNr. 2; *Henssler* RdNr. 2; *Bösert* DStR 1993, 1332, 1334; *Lenz* MDR 1994, 741, 743.

[2] HM, vgl. *Henssler* RdNr. 6; *Meilicke* in *M/W/H/L* RdNr. 4, 5 ff.; *Bayer/Imberger* DZWir 1995, 177, 179 f.; *Lenz* DStR 1994, 743; *Stuber* WiB 1994, 705, 708; aA *Michalski/Römermann* RdNr. 5, die von der Existenz einer *Vorpartnerschaft* ausgehen, auf die weitgehend schon die Regeln über die Partnerschaft Anwendung finden sollen.

[3] Ebenso *Henssler* RdNr. 9; weitergehend aber *Michalski/Römermann* RdNr. 5, die in Anwendung der Lehre von der Vorgesellschaft zumindest die §§ 1 Abs. 4, 6 und 9 unabhängig vom Gesellschafterwillen für anwendbar halten.

[4] Vgl. *Staub/Habersack* HGB § 123 RdNr. 3; *Schlegelberger/K. Schmidt* HGB § 123 RdNr. 15; *Heymann/Emmerich* HGB § 123 RdNr. 5; *Baumbach/Hopt* HGB § 123 RdNr. 18.

[5] Siehe die Nachw. in Fn. 2 sowie *Knoll/Schüppen* DStR 1995, 608, 611; *K. Schmidt* NJW 1995, 1, 4; *Mahnke* WM 1996, 1029, 1033; im Ergebnis auch *Michalski/Römermann* (freilich auf Grund der Verweisungsvorschrift des § 1 Abs. 4).

Anwendung der sog. Handelndenhaftung in der Vor-GmbH nach § 11 Abs. 2 GmbHG besteht kein Bedürfnis.

2. Die fehlerhafte Eintragung. Hinsichtlich der Wirkungen fehlerhafter Eintragungen im Partnerschaftsregister ist nach der *Art des Fehlers* zu unterscheiden. Handelt es sich um Fehler bei den **formellen Anmeldungsvoraussetzungen** wie die Nichtbeachtung der für die Anmeldungsunterlagen vorgeschriebenen Form des § 12 HGB oder die Unvollständigkeit der Anmeldungserklärungen wegen Nichtmitwirkens eines Teils der nach § 4 Abs. 1 anmeldepflichtigen Personen, so wird dadurch die Wirksamkeit einer gleichwohl vollzogenen Eintragung nicht berührt.[6] Die Partnerschaft kommt als solche durch die Eintragung vollwirksam zur Entstehung. Der Inhalt des Registers ist trotz des Verfahrensverstoßes richtig; eine Berichtigung scheidet aus. Ähnliches gilt im Ergebnis, wenn zwar der **Partnerschaftsvertrag** formnichtig oder aus materiellrechtlichen Gründen fehlerhaft ist, die Gesellschaft jedoch in Vollzug gesetzt wurde: mit dem Vollzug entsteht sie als fehlerhafte Partnerschaft bzw. bis zur Eintragung als fehlerhafte GbR; sie kann daher nur für die Zukunft aufgelöst werden (vgl. näher § 3 RdNr. 8 f.). 7

Anders zu beurteilen ist die Eintragung einer Gesellschaft als Partnerschaft bei **fehlendem Freiem Beruf** als Gegenstand der Gesellschaft. Insoweit gleicht die Rechtslage derjenigen bei Eintragung einer Gesellschaft als OHG oder KG im Handelsregister trotz Fehlens der hierfür in § 105 Abs. 1 und 2 HGB genannten Voraussetzungen. Wie dort die Vorschrift des § 5 HGB mangels Gewerbes nicht eingreift[7] mit der Folge, dass die zu Unrecht ins Handelsregister eingetragene Gesellschaft die Rechtsform der GbR behält und nach § 142 FGG von Amts wegen zu löschen ist, verbleibt auch eine Gesellschaft ohne freiberufliche Tätigkeit wegen Fehlens des für die Partnerschaft konstitutiven Unternehmensgegenstands entweder in der **Rechtsform der GbR oder** (im Falle eines Handelsgewerbes als Gesellschaftszweck) derjenigen **der OHG.**[8] 8

Ist die Eintragung der Gesellschaft im *Partnerschaftsregister* wegen fehlender freiberuflicher Tätigkeit unzulässig, so hat das wegen des Fehlens einer wesentlichen Eintragungsvoraussetzung die **Amtslöschung nach §§ 160 b Abs. 1, 142 FGG** zur Folge. Ggf. sind die Beteiligten nach §§ 106 Abs. 1, 14 HGB zugleich zur Anmeldung der Gesellschaft beim *Handelsregister* anzuhalten. Wer auf die unrichtige Eintragung und Bekanntmachung vertraut, kann die Gesellschafter als Veranlasser nach § 5 Abs. 2 PartGG iVm. § 15 Abs. 3 HGB in Anspruch nehmen. Davon zu unterscheiden ist der Fall, dass zwar eine freiberufliche Tätigkeit, daneben aber auch eine gewerbliche (Neben-)Tätigkeit ausgeübt wird; sie steht der Eintragung der Gesellschaft im Partnerschaftsregister nicht entgegen (vgl. näher § 1 RdNr. 19 ff.). 9

III. Die Rechtsnatur der Partnerschaft (Abs. 2)

1. Grundlagen. Als Unterfall der Gesellschaft bürgerlichen Rechts (§ 1 RdNr. 7 f.) ist die Partnerschaft nach dem System des deutschen Gesellschaftsrechts keine juristische Person, sondern eine auf Gesellschaftsvertrag beruhende **gesamthänderische Personengesellschaft.** Um ihr ungeachtet der bei Erlass des PartGG im Jahr 1995 noch bestehenden Zweifelsfragen betr. die Rechtsfähigkeit der (Außen-)GbR die gesicherte Möglichkeit einzuräumen, sich ungehindert als solche, unter ihrem Partnerschaftsnamen, am Rechtsverkehr zu beteiligen, Rechte zu erwerben, Verbindlichkeiten einzugehen, vor Gericht zu klagen und verklagt zu werden, hat der Gesetzgeber in § 7 Abs. 2 auf die für Personenhandelsgesellschaften (OHG und KG) geltende Vorschrift des § 124 Abs. 1 HGB verwiesen. Sie stellt diese Gesellschaften uneingeschränkt juristischen Personen des Handelsrechts gleich 10

[6] *K. Schmidt* ZIP 1993, 633, 642 f.

[7] Vgl. *Staub/Brüggemann* HGB § 5 RdNr. 21; *Roth* in *Koller/Roth/Morck* HGB § 5 RdNr. 3; so auch BGHZ 32, 307, 313 f. = NJW 1960, 1664.

[8] AA *Michalski/Römermann* RdNr. 3 a, die die gewerbliche Tätigkeit einer zu Unrecht in das Partnerschaftsregister eingetragenen Gesellschaft gesellschaftsrechtlich für folgenlos erachten und bis zur Löschung das Vorliegen einer PartG bejahen.

und verleiht ihnen dadurch volle Rechts- und Handlungsfähigkeit. Die vollstreckungsrechtlichen Konsequenzen aus dieser Entscheidung zieht der ebenfalls in die Verweisung einbezogene § 124 Abs. 2 HGB, der für die Zwangsvollstreckung in das Gesellschaftsvermögen abweichend von § 736 ZPO einen gegen die Gesellschaft als solche gerichteten Schuldtitel voraussetzt.

11 Die **Umwandlung** einer Gesellschaft in der Rechtsform der GbR **in eine Partnerschaft** führt dank der neuen höchstrichterlichen Entwicklungen zum Recht der GbR zu keinen Problemen aus der Sicht des § 7 Abs. 2. Das gilt nicht nur für die Rechtsfähigkeit der Gesellschaft, die schon vor der Umwandlung besteht (§ 705 BGB RdNr. 303f.), sondern auch – insoweit abweichend von der 3. Aufl. (RdNr. 8) – für ihre Parteifähigkeit im Zivilprozess und für die Zwangsvollstreckung nach § 7 Abs. 2 iVm. § 124 Abs. 2 HGB aus einem gegen sie gerichteten Urteil (§ 705 BGB RdNr. 318, § 718 RdNr. 40f.). Die Umschreibung eines vor der Umwandlung gegen alle Gesellschafter ergangenen Vollstreckungstitels auf die Partnerschaft als Vollstreckungsschuldner ist ggf. analog § 727 ZPO zu beantragen, um den Vollstreckungsanforderungen des § 124 Abs. 2 HGB zu genügen (§ 718 BGB RdNr. 64).

12 **2. Die Relevanz der Verweisung auf § 124 HGB.** Die praktische Bedeutung der Verweisung auf § 124 HGB ist aus den in RdNr. 10 genannten Gründen aus heutiger Sicht **gering.** Die grundsätzliche höchstrichterliche Gleichstellung der (Außen-)GbR mit der OHG hat den Regelungsgrund des § 7 Abs. 2 weitgehend entfallen lassen. Hinzu trat die ausdrückliche Aufnahme der PartG unter die insolvenzfähigen Vereinigungen durch Erweiterung des § 11 Abs. 2 Nr. 1 InsO im Jahr 1998; damit hat sich auch die Frage einer entsprechenden Anwendung dieser Vorschrift auf die PartG (vgl. noch 3. Aufl. RdNr. 9) erledigt. Bedeutsam bleibt die Verweisung auf § 124 HGB nach gegenwärtigem Diskussionsstand allerdings insoweit, als es um die **Grundbuchfähigkeit** der Partnerschaft geht, dh. um die Eintragung der zum Gesamthandsvermögen gehörenden Grundstücke auf ihren Namen an Stelle derjenigen ihrer Gesellschafter. Zwar ist die Grundbuchfähigkeit nach zutr. neuer Ansicht auch für die (Außen-)GbR zu bejahen (vgl. § 705 BGB RdNr. 314). Solange die Grundbuchämter jedoch an der bisherigen Praxis festhalten, kann die PartG ihre Grundbucheintragung als Eigentümerin jedenfalls unter Berufung auf § 7 Abs. 2 erreichen.[9]

IV. Die Vertretung der Partnerschaft (Abs. 3)

13 **1. Der Verweisungsbereich. a) Arten der organschaftlichen Vertretung.** Entsprechend dem Grundsatz der Selbstorganschaft (§ 709 BGB RdNr. 5) ist die in §§ 125, 126 HGB geregelte organschaftliche **Vertretung der OHG** notwendig den Gesellschaftern vorbehalten und kann nicht auf Dritte übertragen werden. Zumindest *ein* Gesellschafter muss nach dem Gesellschaftsvertrag zur Vertretung der OHG berufen sein, wenn die Beteiligten es nicht entweder bei der *Alleinvertretungsbefugnis jedes Gesellschafters* nach § 125 Abs. 1 HGB als der gesetzlichen Regel belassen oder *Gesamtvertretung* durch zwei oder mehr Gesellschafter nach Maßgabe von § 125 Abs. 2 HGB vereinbaren. Die Gesamtvertretung kann sich nach § 125 Abs. 2 S. 2 HGB mit der Ermächtigung für einzelne Gesamtvertreter zur Vornahme bestimmter Arten von Geschäften verbinden; auch sind die Gesamtvertreter nach § 125 Abs. 2 S. 3 HGB je einzeln zur Passivvertretung der OHG bei Entgegennahme von Willenserklärungen befugt. Alle diese Vertretungsregeln gelten nach der **Verweisung in § 7 Abs. 3** entsprechend für die Vertretung der Partnerschaft; zur Frage besonderer Anforderungen aus Gründen des Freien Berufs vgl. RdNr. 18f.

14 **Nicht** in die Verweisung des § 7 Abs. 3 einbezogen sind nur diejenigen Vorschriften aus dem Vertretungsrecht, deren Anwendung auf die Partnerschaft schon tatbestandlich ausscheidet. So scheitert die unechte Gesamtvertretung nach **§ 125 Abs. 3 HGB** im Fall der

[9] EinhM, vgl. schon Begr. RegE BT-Drucks. 12/6152 S. 16; ebenso *Henssler* RdNr. 22; *Michalski/Römermann* RdNr. 14.

Partnerschaft daran, dass diese mangels Handelsgewerbes keine Prokura erteilen kann. Und für die Pflicht der GmbH & Co. OHG/KG nach **§ 125 a Abs. 1 S. 2 HGB** zur Aufnahme bestimmter Angaben in die Geschäftsbriefe besteht deshalb kein Anlass, weil mit Rücksicht auf § 1 Abs. 1 S. 3 Partnerschaften ohne natürliche Personen als Gesellschafter nicht gebildet werden können.

b) Umfang der Vertretungsmacht. Der Umfang der Vertretungsmacht ist auch in der Partnerschaft entsprechend § 126 Abs. 1 und 2 HGB unbeschränkt und grundsätzlich unbeschränkbar; hierin liegt eine nicht unerhebliche, dem Verkehrsschutz dienende Abweichung vom Recht der GbR (§ 714 BGB RdNr. 24). Die einzige gesetzlich zulässige Beschränkungsmöglichkeit findet sich in Anknüpfung an die Filialprokura des § 50 Abs. 3 HGB für solche Gesellschaften, die über zwei oder mehr selbstständige, mit unterschiedlichem Namen betriebene Niederlassungen (§§ 4, 5 RdNr. 28 f.) verfügen: sie können die Vertretungsbefugnis der Gesellschafter auf den Bereich der jeweiligen Niederlassung beschränken. All das gilt nach § 7 Abs. 3 auch für die Vertretung der Partnerschaft. 15

c) Eintragung im Partnerschaftsregister. Aufgrund der Neufassung des § 5 Abs. 1 im Jahr 2001 ist die Vertretungsmacht der Partner in jedem Fall, dh. nicht nur bei Abweichung von der in § 125 Abs. 1 HGB geregelten Alleinvertretung des dispositiven Rechts, von allen Partnern zur Eintragung in das Partnerschaftsregister anzumelden (vgl. §§ 4, 5 RdNr. 3, 7). Die Eintragung ist zwar kein Wirksamkeitserfordernis für vom gesetzlichen Regelfall abweichende Gestaltungen; jedoch können diese mangels Eintragung gutgläubigen Dritten nach § 5 Abs. 2 iVm. § 15 Abs. 1 HGB nicht entgegengesetzt werden. 16

d) Entziehung der Vertretungsmacht. Sie richtet sich nach § 7 Abs. 3 iVm. § 127 HGB. Ebenso wie die Entziehung der Geschäftsführungsbefugnis nach § 6 Abs. 3 iVm. § 117 HGB setzt sie das Vorliegen eines wichtigen Grundes voraus und fällt nicht selten mit jener zusammen. Im Unterschied zur Entziehung der Geschäftsführungsbefugnis stellt sich für die Entziehung der Vertretungsmacht in der Partnerschaft jedoch nicht die Frage, ob sie mit der den Partnern nach § 6 Abs. 2 gewährleisteten Teilhabe an der freiberuflichen Tätigkeit der Partnerschaft vereinbar ist (vgl. RdNr. 18); sie kann daher – vorbehaltlich berufsrechtlicher Schranken (RdNr. 19) – nicht nur vorübergehend, sondern auch dauerhaft erfolgen. § 127 HGB ist freilich im Grundsatz dispositiv und damit einer Regelung im Gesellschaftsvertrag zugänglich, die die Entziehung der Vertretungsmacht[10] zwar nicht ausschließen, wohl aber entweder erleichtern oder von weiteren Voraussetzungen abhängig machen kann. 17

2. Notwendiger Mindestgehalt der Vertretungsbefugnis der Partner? Im Anschluss an die durch § 6 Abs. 2 gewährleistete Geschäftsführungsbefugnis jedes Partners im Bereich der freiberuflichen Geschäftstätigkeit der Partnerschaft (§ 6 RdNr. 13 ff.) wird in der Literatur die Frage diskutiert, ob auch für die *Vertretungsmacht* der Partner ein entsprechender, durch das PartGG gewährleisteter Mindestbestand anzuerkennen ist.[11] Die Frage ist aus systematischen und sachlichen Gründen eindeutig **zu verneinen.** In *systematischer* Sicht folgt das aus dem Fehlen einer dem § 6 Abs. 2 entsprechenden Regelung in § 7 sowie aus der durchgehenden Unterscheidung von Geschäftsführungsbefugnis und Vertretungsmacht im Recht der Personengesellschaften, aber auch aus der Unzulässigkeit einer Beschränkung des Umfangs der Vertretungsmacht auf den freiberuflichen Bereich (§ 126 Abs. 1 HGB). *Sachlich* spricht gegen eine derartige Parallele, dass die Geschäftsführung der Partner im freiberuflichen Bereich, dh. die Erfüllung der von der Partnerschaft gegenüber Dritten geschuldeten Tätigkeitspflichten, nicht notwendig auch organschaftliche Vertretungsmacht für die Part- 18

[10] So die heute hM, vgl. BGH NJW 1998, 1225, 1226; *Staub/Habersack* HGB § 127 RdNr. 15; *Schlegelberger/K. Schmidt* HGB § 127 RdNr. 9; *Baumbach/Hopt* HGB § 127 RdNr. 11.

[11] Für einen solchen Mindestbestand wohl *Michalski/Römermann* RdNr. 17; *Henssler* RdNr. 36; *Knoll/Schüppen* DStR 1995, 608, 646; aA Begr. RegE BT-Drucks. 12/6152 S. 16; *Meilicke* in *M/W/H/L* RdNr. 27; *Seibert* RdNr. 5; *K. Schmidt* ZIP 1993, 633, 644.

nerschaft erfordert; es genügt Vollmachterteilung für die insoweit anfallenden Tätigkeiten. Auch wenn die Mandanten nicht einzelnen Partnern, sondern der Partnerschaft als solcher Vollmacht für die Ausführung der mit dem Mandat verbundenen Aufgaben eingeräumt haben, sind die vertretungsbefugten Partner im Regelfall nicht gehindert, den in das Mandat eingeschalteten, nicht selbst vertretungsbefugten Sozien namens der Partnerschaft *Untervollmacht* zu erteilen, um ihnen die für die Wahrnehmung des Mandats erforderlichen Handlungsmöglichkeiten zu verschaffen.[12] Auf die Vollmachterteilung haben die nicht selbst vertretungsbefugten Partner einen aus § 6 Abs. 2 ableitbaren Rechtsanspruch gegen die vertretungsbefugten Partner. Schließlich bedarf es auch für die zum freiberuflichen Bereich zu rechnende Akquisitionstätigkeit der Partner (§ 6 RdNr. 12) nicht notwendig deren organschaftlicher Vertretungsmacht. Die Akquisition kann vielmehr auch in der Einwerbung entsprechender Vertragsangebote Dritter bestehen, die sodann von den vertretungsbefugten Partnern angenommen werden.

19 Der **Vorrang des Berufsrechts** (§§ 1 Abs. 3, 6 Abs. 1) mag bei einzelnen Freien Berufen Abweichungen von den vorstehenden Grundsätzen erforderlich machen. Die Regierungsbegründung[13] lässt diese Möglichkeit offen; sie ist jedoch wenig nahe liegend. Ein Abweichungsbedarf hat sich bisher selbst in so sensiblen Bereichen wie der Rechtsanwaltssozietät nicht gezeigt, und dies trotz der berufsrechtlichen Absicherung der anwaltlichen Unabhängigkeit (§ 3 Abs. 1 BRAO) und der je nach Mandatsinhalt umfassenden Interessenwahrnehmungspflicht der Rechtsanwaltssozietät und des einzelnen Rechtsanwalts gegenüber dem Mandanten.

V. Die Partnerschaft als Prozess- oder Verfahrensbevollmächtigte (Abs. 4)

20 **1. Regelungsgrund.** Das PartGG verzichtete ursprünglich – ebenso wie die verschiedenen insoweit relevanten Berufsordnungen (insbes. BRAO und StBerG) – auf Vorschriften betreffend die Beauftragung einer Sozietät (GbR oder PartG) als *Prozess- oder Verfahrensbevollmächtigte* und über ihre *Postulationsfähigkeit,* dh. die für die ordentlichen Gerichte in § 78 Abs. 1 ZPO geregelte Fähigkeit, vor bestimmten Gerichten auftreten und Prozesshandlungen wirksam vornehmen zu können.[14] Entsprechend der Rechtslage bei der freiberuflich tätigen GbR ging man davon aus, dass es insoweit jeweils auf die Berufszulassung und die Postulationsfähigkeit der für die Sozietät tätigen *Partner* ankomme. Anders als bei der RA-GmbH als juristische Person, für die in §§ 59c ff. BRAO ein besonderes Zulassungsverfahren und in § 59l BRAO eine Vorschrift über ihre Beauftragung als Prozess- oder Verfahrensbevollmächtigte vorgesehen ist, wurde eine derartige Regelung wohl wegen der Gesamthandsnatur von GbR und PartG als nicht erforderlich angesehen.

21 Dieser Ansicht ist der **BFH** im Hinblick auf die PartG entgegengetreten und hat deren Postulationsfähigkeit in Verfahren vor dem BFH verneint.[15] Begründet wurde diese Ansicht mit dem – durchaus angreifbaren[16] – Argument, dass die PartG, weil sie anders als die GbR auf Grund der Verweisung in § 7 Abs. 2 auf § 124 HGB über eigene Rechtsfähigkeit verfüge, sich beim Handeln im eigenen Namen nicht auf die Vertretungsbefugnis der für sie handelnden Partner berufen könne. Der **Gesetzgeber** hat diesem Einwand zunächst durch ausdrückliche Erstreckung der die Vertretungsbefugnis vor dem BFH betreffenden Regelung auf die PartG Rechnung getragen.[17] Darüber hinaus hat er durch Erlass des § 7 Abs. 4 nF im Zuge des 2. FGO-ÄndG für eine allgemeine, alle Arten der Vertretung vor Gerichten und Behörden mit Ausnahme der Strafverteidigung (Abs. 4 S. 3) umfassende Regelung gesorgt.

[12] Vgl. *Meilicke* in *M/W/H/L* RdNr. 27.

[13] BT-Drucks. 12/6152 S. 16.

[14] Zum Begriff der Postulationsfähigkeit vgl. nur *Jauernig,* Zivilprozessrecht, 27. Aufl. 2002, § 21 III 3.

[15] BFH NJW 1999, 2062, 2063 und 3655, 3656; vgl. dazu *Hülsmann* NZG 2001, 625 f.

[16] So zutr. *Seibert* in *E/B/J* RdNr. 6; anders offenbar *Hülsmann* NZG 2001, 625.

[17] Zunächst durch Einfügung von § 62a Abs. 2 FGO mit Gesetz v. 19. 12. 2000 (BGBl. I S. 1757), sodann durch Verweisung des neugefassten § 62a Abs. 2 FGO auf § 3 Nr. 2 StBerG im Zuge der FGO-Fassung vom 28. 3. 2001 (BGBl. I S. 442).

Inhaltlich kommt ihr gegenüber der bisherigen Rechtslage freilich nur klarstellende Bedeutung zu.[18]

2. Voraussetzungen. Die wirksame Beauftragung der PartG als Prozess- oder Verfahrensbevollmächtigte setzt nach Abs. 4 S. 2 das Vorhandensein von Partnern oder angestellten Vertretern der PartG voraus, die selbst zur Erbringung der fraglichen rechtsbesorgenden Leistungen berechtigt sind. Insoweit können sie dann auch für die PartG auftreten und begründen für diese die jeweils erforderliche Postulationsfähigkeit. Sind mit anderen Worten einzelne Partner oder angestellte Vertreter der PartG vor dem LG oder einem OLG postulationsfähig, so ist es auch die PartG selbst. Der ursprünglich bestehende, durch den BFH (RdNr. 21) in Frage gestellte Gleichklang zwischen der Vertretungsbefugnis der Partner und derjenigen der PartG ist somit durch Abs. 4 S. 2 wiederhergestellt. Von § 591 BRAO unterscheidet sich der Wortlaut des Abs. 4 S. 2 dadurch, dass die PartG danach selbst vertretungsbefugt und postulationsfähig ist, während die RA-GmbH nach § 591 S. 1 BRAO nur die „Rechte und Pflichten eines Rechtsanwalts" hat.[19] Inhaltlich dürfte diesem Unterschied freilich keine nennenswerte Bedeutung zukommen. 22

VI. Die notwendigen Angaben auf Geschäftsbriefen (Abs. 5)

Die Pflicht der PartG, die in **§ 125 a Abs. 1 S. 1 HGB** für OHG und KG vorgeschriebenen Informationen auf ihren Geschäftsbriefen anzugeben, wurde im Zuge des HRefG 1998 zunächst als Abs. 4 in § 7 geregelt und bei Aufnahme des neuen Abs. 4 im Jahr 2000 (RdNr. 21) als Abs. 5 eingeordnet. Inhaltlich geht es um die Erstreckung der durch das HRefG für die Personenhandelsgesellschaften eingeführten Informationspflichten auf die PartG und in Verbindung damit um die Abhebung der PartG von freiberuflichen Sozietäten in GbR-Rechtsform, für die diese Pflichtangaben nicht gelten.[20] Die Erstreckung der Verweisung des Abs. 5 auch auf **§ 125 a Abs. 2 HGB** und – als Weiterverweisung – auf § 37 a Abs. 2 bis 4 HGB dient einerseits der Klarstellung, wie Vordrucke und Bestellscheine der PartG im Hinblick auf die Pflichtangaben des § 125 a Abs. 1 S. 1 HGB zu behandeln sind,[21] andererseits – über § 37 a Abs. 4 HGB – der Sanktionierung der Pflichtangaben durch die Androhung von Zwangsgeldern gegen die vertretungsbefugten Partner. Für die *Konkretisierung des Kreises der Pflichtangaben,* dh. die Rechtsform und den Sitz der Gesellschaft, das zuständige Registergericht und die Registernummer, ist mit Problemen nicht zu rechnen; für Zweifelsfragen sei auf die einschlägigen HGB-Kommentare verwiesen. 23

§ 8 Haftung für Verbindlichkeiten der Partnerschaft

(1) [1] Für Verbindlichkeiten der Partnerschaft haften den Gläubigern neben dem Vermögen der Partnerschaft die Partner als Gesamtschuldner. [2] Die §§ 129 und 130 des Handelsgesetzbuchs sind entsprechend anzuwenden.

(2) Waren nur einzelne Partner mit der Bearbeitung eines Auftrags befaßt, so haften nur sie gemäß Absatz 1 für berufliche Fehler neben der Partnerschaft; ausgenommen sind Bearbeitungsbeiträge von untergeordneter Bedeutung.

(3) Durch Gesetz kann für einzelne Berufe eine Beschränkung der Haftung für Ansprüche aus Schäden wegen fehlerhafter Berufsausübung auf einen bestimmten Höchstbetrag zugelassen werden, wenn zugleich eine Pflicht zum Abschluß einer Berufshaftpflichtversicherung der Partner oder der Partnerschaft begründet wird.

[18] So wohl auch *Seibert* in *E/B/J* RdNr. 6.

[19] Vgl. RegBegr. zum 2. FGO-ÄndG, BT-Drucks. 14/4061 S. 12.

[20] So ausdrücklich RegBegr. zum HRefG, BR-Drucks. 340/97 S. 81.

[21] Vgl. dazu näher § 37 a Abs. 2 und 3 HGB.

Übersicht

	RdNr.
I. Einführung	1–4
1. Normzweck	1
2. Verhältnis zum Berufsrecht	2
3. Reform	3, 4
II. Die gesamtschuldnerische Haftung der Partner (Abs. 1)	5–13
1. Akzessorische Partnerhaftung für die Verbindlichkeiten der Partnerschaft	5–8
2. Die Haftung später beitretender Partner	9, 10
3. Haftung als Scheinpartner	11
4. Der interne Ausgleich der Partner	12, 13
III. Die Handelndenhaftung nach Abs. 2	14–32
1. Grundlagen	14–16
a) Regelungsziel	14
b) Von Abs. 2 erfasste Ansprüche	15
c) Übergangsrecht	16
2. Der Auftrag	17–20
3. Der Kreis der Bearbeiter als Haftungsschuldner	21–26
a) Grundlagen	21, 22
b) Nicht betroffene Partner	23
c) Benennung der Bearbeiter	24–26
4. Die Ausnahme für Bearbeitungsbeiträge von untergeordneter Bedeutung	27, 28
5. Abweichende Vereinbarungen	29, 30
6. Haftung beim Ausscheiden oder Eintritt von Partnern	31, 32
IV. Die Höchstbetragshaftung nach Abs. 3	33–40
1. Einführung	33–35
a) Regelungsinhalt und Funktion	33, 34
b) Verhältnis zu Abs. 1 und 2	35
2. Voraussetzungen wirksamer Beschränkung der Haftungshöhe	36–38
a) Die Tatbestandsmerkmale des Abs. 3	36
b) Regelungsbeispiele	37
c) Interprofessionelle Partnerschaften	38
3. Höhenmäßige Haftungsbeschränkung beim Fehlen berufsrechtlicher Normen	39, 40

I. Einführung

1 **1. Normzweck.** Die Vorschrift des § 8 befasst sich mit der für Freiberufler-Sozietäten zentralen Frage der **Haftung der Partner** für Verbindlichkeiten der Partnerschaft, insbes. soweit es um Ansprüche von Gläubigern wegen fehlerhafter Berufsausübung geht. Mit ihrer Grundentscheidung in **Abs. 1** zugunsten der *akzessorischen Haftung der Partner* für die Verbindlichkeiten der Partnerschaft orientiert sie sich grundsätzlich an dem für Personengesellschaften typischen, kraft höchstrichterlicher Rechtsfortbildung (§ 714 BGB RdNr. 33 f.) auch auf die (Außen-)GbR anwendbaren Haftungsmodell der OHG (§§ 128 bis 130 HGB). Demgegenüber bringt **Abs. 2** eine neuartige, nur auf Partnerschaften anwendbare *Haftungsbeschränkung* zugunsten der nicht oder nur am Rande mit der Bearbeitung eines der PartG erteilten Auftrags (Mandats) befassten Partner, soweit es um die Schadensersatzhaftung *für fehlerhafte Bearbeitung* gegenüber dem Auftraggeber (Mandanten) geht. Sie wirkt sich im Ergebnis als Haftungskonzentration auf die Bearbeiter (sog. „Handelndenhaftung") neben der ohnehin eingreifenden Haftung der PartG als Auftragnehmerin aus (RdNr. 4). Mit der Möglichkeit *summenmäßiger* Haftungsbeschränkung, die im Unterschied zur Haftungskonzentration nach Abs. 2 auch der Partnerschaft selbst zugute kommt, befasst sich die Vorschrift des **Abs. 3.** Anders als die beiden vorangehenden Absätze hat sie freilich keinen erkennbaren eigenen Regelungsgehalt, sondern beschränkt sich darauf, auf entsprechende berufsrechtliche Vorschriften zu verweisen und deren Geltung auch gegenüber einer Partnerschaft als Vertragspartner der geschuldeten freiberuflichen Leistung klarzustellen.

2 **2. Verhältnis zum Berufsrecht.** Mit den Vorschriften über die personelle Haftungsbeschränkung (Abs. 2) einerseits, über die summenmäßige Haftungsbeschränkung (Abs. 3) andererseits geht § 8 nicht nur inhaltlich, sondern auch rechtstechnisch unterschiedliche Wege, soweit das Verhältnis zum jeweiligen Berufsrecht in Frage steht. § 8 **Abs. 3** beschränkt sich, wie schon erwähnt (RdNr. 1), darauf, auf die jeweiligen *berufsrechtlichen* Vorschriften über derartige Beschränkungsmöglichkeiten zu verweisen und ihnen im Rahmen des PartGG vorrangige Geltung zu verschaffen (vgl. auch RdNr. 33 f.). Demgegenüber regelt die Vorschrift des § 8 **Abs. 2** eine *neuartige,* partnerschaftsspezifische gesetzliche

Haftungsbeschränkung.[1] Als Ausnahme von § 1 Abs. 3 setzt sie sich auch gegenüber abweichenden berufsrechtlichen Vorschriften nach Art der §§ 51 a Abs. 2 BRAO, 67 a Abs. 2 StBerG, 54 a Abs. 2 WPO durch. Das hat Bedeutung nicht zuletzt im Hinblick auf *interprofessionelle,* unterschiedlichen berufsrechtlichen Vorschriften unterworfene Partnerschaften, für die Abs. 2 ein einheitliches Haftungsregime unabhängig vom jeweiligen Berufsrecht sicherstellt.

3. Reform. Die *ursprüngliche Regelung* des § 8 Abs. 2, die die Haftungskonzentration auf die an der fehlerhaften Bearbeitung des Mandats beteiligten Partner von einer entsprechenden Vereinbarung mit dem Mandanten abhängig machte, stieß zu Recht auf verbreitete **Kritik.**[2] Gerügt wurde neben der vertragsrechtlichen Konstruktion vor allem die Praxisferne angesichts der Zumutung für den Mandanten, bei Mandatserteilung in eine Haftungsbeschränkung für Bearbeitungsfehler einzuwilligen, ferner die Rechtsunsicherheit für die übrigen, am jeweiligen Vertragsschluss und den begleitenden Vereinbarungen nicht selbst beteiligten Partner, das unklare Verhältnis zwischen § 8 Abs. 2 aF und konkurrierendem, ebenfalls auf vorformulierte Haftungsbeschränkungen bezogenem Berufsrecht sowie die zu zahlreichen Auslegungsschwierigkeiten führende Ausgestaltung der Vorschrift.[3] Es bestand die Befürchtung, dass die Haftungsregelungen des § 8 wenig zur Attraktivität der PartG beitragen würden.[4] 3

Der Gesetzgeber hat dieser Kritik zu Recht alsbald Rechnung getragen; durch **Neufassung des § 8 Abs. 2** zum 1. 8. 1998 (vgl. Vor § 1 RdNr. 10) hat er für deutliche Verbesserungen gesorgt. Insbes. hat er das vertragsrechtliche Beschränkungsmodell durch eine kraft Gesetzes eingreifende, an die PartG-Rechtsform anknüpfende Haftungsbeschränkung ersetzt und sich zugleich durch Überarbeitung der Beschränkungsvoraussetzungen um eine klarere Fassung des Beschränkungstatbestands bemüht. Die Reform zielte darauf ab, den betroffenen Angehörigen Freier Berufe Rechts- und Planungssicherheit zu geben, die Haftungsrisiken der Partner kalkulierbarer zu machen und die PartG als attraktive Alternative zur kapitalgesellschaftlichen Organisationsform auszugestalten.[5] Die seither einsetzende Vermehrung von Freiberufler-Sozietäten in PartG-Rechtsform (Vor § 1 RdNr. 28) und das Fehlen bekannt gewordener gerichtlicher Auseinandersetzungen über die persönliche Tragweite der Schadensersatzhaftung für Berufsfehler sprechen dafür, dass die Reform insgesamt gelungen ist.[6] Wenn gleichwohl auch nach neuem Recht nicht wenige Auslegungsprobleme zu § 8 Abs. 2 verblieben sind (vgl. RdNr. 19 ff.), so liegt das auch an der Komplexität nicht weniger Mandatsverhältnisse im freiberuflichen Bereich. 4

II. Die gesamtschuldnerische Haftung der Partner (Abs. 1)

1. Akzessorische Partnerhaftung für die Verbindlichkeiten der Partnerschaft. Die Vorschrift des § 8 Abs. 1 S. 1 begründet – vorbehaltlich der Haftung für Bearbeitungsfehler (Abs. 2) – die gesamtschuldnerische Haftung aller Partner für die Verbindlichkeiten der Partnerschaft; sie entspricht damit im Grundsatz der heutigen Haftungsverfassung in der GbR (§ 714 BGB RdNr. 31 ff.). Dem **Regelungsvorbild des § 128 S. 1 HGB** entsprechend handelt es sich um eine kraft Gesetzes eintretende, am jeweiligen Stand der Verbind- 5

[1] Vgl. dazu *Henssler,* FS Wiedemann, 2002, S. 907 ff., der (S. 913 ff., 929) auf die bestehende Parallele zur *Limited Liability Partnership* (LLP) des US-Rechts verweist.

[2] Vgl. etwa *Henssler,* FS Vieregge, 1995, S. 361 ff.; *ders.* ZIP 1997, 1481, 1489; *Sotiropoulos* ZIP 1995, 1879 ff.; *Ulmer/Habersack,* FS Brandner, 1996, S. 151, 153 ff.; *Arnold* BB 1996, 597 ff.; *Mazza* BB 1997, 746 ff.; *Reiff* AnwBl. 1997, 3 ff.

[3] Zusammenstellung der Kritikpunkte bei *Michalski/Römermann* RdNr. 8; vgl. auch 3. Aufl. RdNr. 5 f.

[4] *Seibert* BRAK-Mitt. 1998, 210; zur ursprünglich geringen Akzeptanz der neuen Rechtsform vgl. 3. Aufl. Vor § 1 PartGG RdNr. 29.

[5] So die Begr. RegE zu § 8 Abs. 2 nF, BT-Drucks. 13/9820 S. 21.

[6] Kritisch zu der mit § 8 Abs. 2 verbundenen Durchbrechung des Akzessorietätsprinzips aber *Habersack/Schürnbrand* JuS 2003, 739, 742; ebenso schon *Mülbert* AcP 199 (1999), 38, 95 f.; im Grundsatz auch *K. Schmidt* GesR § 64 IV 4.

lichkeiten der Partnerschaft orientierte, ihnen gegenüber akzessorische Haftung der Partner mit ihrem gesamten persönlichen Vermögen. Wegen der insoweit in Betracht kommenden Rechtsfragen kann auf die Erläuterungen zu § 128 HGB verwiesen werden. Das gilt auch für den Streit zwischen der Erfüllungs- und der Haftungstheorie, dh. für die Frage, ob die Gläubiger die Partner auch auf Erfüllung der nicht in Geld bestehenden Primärverbindlichkeiten der Partnerschaft oder nur auf Geldleistung wegen Nichterfüllung in Anspruch nehmen können.[7] Stellt man zu ihrer Beantwortung mit der höchstrichterlichen Rechtsprechung[8] auf eine Interessenabwägung ab, so sprechen bei freiberuflichen Leistungspflichten die besseren Gründe für unmittelbare Erfüllungsansprüche der Gläubiger gegen die Partner, sofern die Leistung sich auf den von ihnen jeweils ausgeübten Freien Beruf bezieht.[9]

6 Die Haftung der Partner nach Abs. 1 erstreckt sich im Grundsatz auf **Verbindlichkeiten aller Art** der Partnerschaft, unabhängig von ihrem Entstehungsgrund; ausgenommen sind nur die von Abs. 2 erfassten Mandantenansprüche wegen Bearbeitungsfehlern (RdNr. 15). Neben vertraglichen Verbindlichkeiten umfasst sie auch solche aus culpa in contrahendo oder aus deliktischem Organhandeln, für das die Partnerschaft analog § 31 BGB einzustehen hat,[10] ferner Verbindlichkeiten aus Gefährdungshaftung, aus ungerechtfertigter Bereicherung oder aus sonstigen gesetzlichen Haftungstatbeständen insbes. des Steuer- und Sozialversicherungsrechts.[11] Auf Verbindlichkeiten der Partnerschaft gegenüber *Partnern* erstreckt sich die Haftung allerdings nur dann, wenn sie auf sog. Drittgläubigerforderungen beruhen (vgl. § 705 BGB RdNr. 220); demgegenüber können Sozialverbindlichkeiten der Partnerschaft gegenüber einzelnen Partnern gegen die Mitpartner bei fehlender Zahlungsfähigkeit der Partnerschaft erst im Rahmen von deren Liquidation geltend gemacht werden (§ 705 BGB RdNr. 217).

7 Entsprechend § 128 S. 2 HGB ist ein **Ausschluss oder eine Beschränkung der Haftung** der Partner im *Partnerschaftsvertrag* Gläubigern gegenüber unwirksam. Zulässig ist jedoch der mit bestimmten Vertragspartnern individualvertraglich vereinbarte Ausschluss oder die Beschränkung der Partnerhaftung; ihnen steht weder § 128 S. 2 HGB[12] noch die auf vorformulierte Abreden bezogene, auf das jeweilige Berufsrecht verweisende Vorschrift des § 8 Abs. 3 entgegen.

8 Der *akzessorischen* Natur der Partnerhaftung trägt zutreffend auch die **Verweisung** in § 8 Abs. 1 S. 2 **auf § 129 HGB** Rechnung. Diese Vorschrift stellt in Abs. 1 klar, dass der in Anspruch genommene Partner sich außer auf etwaige persönliche Verteidigungsrechte nur auf solche Einwendungen und Einreden jeglicher Art berufen kann, die auch von der Partnerschaft erhoben werden können. Einen Verzicht der Partnerschaft hierauf oder etwaige ihr gegenüber vorgenommene Handlungen des Gläubigers, die wie die Hemmung oder der Neubeginn der Verjährung die Einrede entfallen lassen, muss der Partner auch gegen sich gelten lassen.[13] Das Recht der Partnerschaft zur Anfechtung oder zur Aufrechnung begründet entsprechend § 129 Abs. 2 und 3 HGB ein Leistungsverweigerungsrecht des Partners, solange es besteht.[14] Schließlich findet zugunsten des jeweiligen Partners auch § 129 Abs. 4 HGB entsprechende Anwendung: um ihm die Geltendmachung etwaiger

[7] Vgl. dazu für § 128 HGB *Staub/Habersack* HGB § 128 RdNr. 27 ff.; *Schlegelberger/K. Schmidt* HGB § 128 RdNr. 24 ff.; *Heymann/Emmerich* HGB § 128 RdNr. 18 ff.; *Baumbach/Hopt* HGB § 128 RdNr. 8 ff.; *Koller* in *Koller/Roth/Morck* HGB §§ 128, 129 RdNr. 5.

[8] BGHZ 23, 302, 305 f. = NJW 1957, 871 f.; BGHZ 73, 217, 221 = NJW 1979, 1361 f.; BGH NJW 1987, 2367, 2369.

[9] Ebenso *Michalski/Römermann* RdNr. 15.

[10] Das entspricht der heute ganz hM zur GbR, vgl. näher § 705 BGB RdNr. 263 f.; so jetzt auch BGH NJW 2003, 1445, 1446 unter Aufgabe von BGHZ 45, 311, 312 = NJW 1966, 1807.

[11] Vgl. *Graf v. Westphalen* in *M/W/H/L* RdNr. 9; *Michalski/Römermann* RdNr. 14; *Ulmer/Habersack* (Fn. 2) S. 151, 152 f.

[12] So auch *Feddersen/Meyer-Landrut* RdNr. 5; *Henssler* (Fn. 2) S. 361, 370; allg. zum OHG-Recht *Staub/Habersack* HGB § 128 RdNr. 16; *Heymann/Emmerich* HGB § 128 RdNr. 73; *Baumbach/Hopt* HGB § 128 RdNr. 38.

[13] Vgl. *Staub/Habersack* HGB § 128 RdNr. 14; *Schlegelberger/K. Schmidt* HGB § 129 RdNr. 8; *Heymann/Emmerich* HGB § 129 RdNr. 8.

[14] *Staub/Habersack* HGB § 129 RdNr. 20 ff., 25; *Schlegelberger/K. Schmidt* HGB § 129 RdNr. 16 ff.; *Baumbach/Hopt* HGB § 129 RdNr. 9, 12.

persönlicher Einwendungen und Einreden offenzuhalten, bedarf es zur Zwangsvollstreckung ihm gegenüber eines auf ihn als Vollstreckungsschuldner lautenden Titels. Die Umschreibung eines gegen die Partnerschaft gerichteten Vollstreckungstitels auf die einzelnen Partner scheidet trotz der akzessorischen Partnerhaftung aus.[15]

2. Die Haftung später beitretender Partner. Die gesamtschuldnerische Haftung von Partnern, die der Partnerschaft erst nach ihrer Errichtung beitreten, für vor ihrem Beitritt begründete, sog. **Altverbindlichkeiten** folgt aus § 8 Abs. 1 S. 2 iVm. **§ 130 HGB.** Darauf, ob der Beitritt auf einem Aufnahmevertrag, auf Anteilsübertragung oder auf erbrechtlicher Gesamtrechtsnachfolge beruht, kommt es nicht an (zur Beschränkungsmöglichkeit im Fall der Anteilsvererbung vgl. § 9 RdNr. 30f.). Ebenso ist unerheblich, ob der Name der Partnerschaft durch den Beitritt eine Änderung erfährt (§ 130 Abs. 1 aE HGB). Zur Möglichkeit der Haftung später beigetretener Partner nach Abs. 2 für Bearbeitungsfehler vgl. RdNr. 32, zur Fortdauer der Haftung für Altverbindlichkeiten beim Ausscheiden aus der Partnerschaft vgl. § 10 RdNr. 19f. 9

Eine Haftung entsprechend **§ 28 HGB** beim „Eintritt" als Partner in das Geschäft eines Freiberuflers ist im PartGG nicht ausdrücklich geregelt, aber auch nicht ausgeschlossen. Da die auf das Firmenrecht des HGB verweisende namensrechtliche Regelung des § 2 Abs. 2 nur firmenrechtliche Vorschriften im engeren Sinn erfasst, ist daraus kein Umkehrschluss gegen die entsprechende Anwendung von § 28 HGB zu entnehmen (§ 2 RdNr. 2). Für die **Analogie** sprechen die weitgehende Annäherung des Haftungsrechts der Partnerschaft an dasjenige der OHG und die Vergleichbarkeit des Eintritts in das Geschäft eines Freiberuflers mit dem in § 28 HGB geregelten Fall des Eintritts in das Geschäft eines Einzelkaufmanns.[16] Die Rechtsfolge der Analogie besteht in der Haftung der *Partnerschaft* für die im Betrieb des Geschäfts des Freiberuflers entstandenen Verbindlichkeiten, sofern nicht eine der in § 28 Abs. 2 HGB geregelten Ausnahmen eingreift. Die Haftung des neu eintretenden Partners für diese Verbindlichkeiten der Partnerschaft folgt sodann aus § 8 Abs. 1. 10

3. Haftung als Scheinpartner. Ist jemand einer Partnerschaft nicht wirksam beigetreten, aber im **Partnerschaftsregister** als Partner eingetragen und bekanntgemacht worden, so haftet er auch dann, wenn der fehlerhafte Beitritt nicht durch Vollzug wirksam geworden ist, Dritten gegenüber nach § 5 Abs. 2 iVm. § 15 Abs. 3 HGB, es sei denn, dass ihnen die Unwirksamkeit des Beitritts bekannt ist. Darüber hinaus kommt auch ohne Eintragung und Bekanntmachung des angeblichen Beitritts eine **Rechtsscheinhaftung** von „Scheinpartnern" gegenüber gutgläubigen, auf den Rechtsschein vertrauenden Dritten in Betracht, so wenn jemand, ohne Partner zu sein, auf dem Briefkopf oder dem Namensschild der Partnerschaft mit seinem Wissen als Partner geführt wird oder wenn er sich auf sonstige Weise im Rechtsverkehr als Partner ausgibt.[17] Auf den abweichenden Inhalt des Partnerschaftsregisters kann er sich gutgläubigen Dritten gegenüber nicht berufen; § 15 Abs. 2 HGB greift in diesem Fall nicht ein. 11

4. Der interne Ausgleich der Partner. Der Partnerschaftsvertrag kann besondere Regelungen betreffend den Ausgleich der Partner bei Inanspruchnahme wegen einer Partnerschaftsverbindlichkeit enthalten. Ohne solche Regelungen steht dem von einem Partnerschaftsgläubiger in Anspruch genommenen Partner grundsätzlich ein **Regressanspruch gegen die Partnerschaft** zu; das folgt aus § 6 Abs. 3 iVm. § 110 HGB (§ 6 RdNr. 25f.). Abweichendes gilt insoweit, als es um Schadensersatzansprüche wegen beruflichen Fehlverhaltens des vom Gläubiger nach Abs. 2 auf Zahlung in Anspruch genommenen Partners 12

[15] *Graf v. Westphalen* in *M/W/H/L* RdNr. 25; *Heymann/Emmerich* HGB § 129 RdNr. 18; *Baumbach/Hopt* HGB § 129 RdNr. 15; einschr. *Staub/Habersack* HGB § 129 RdNr. 27.

[16] Str., vgl. nur *Ulmer/Habersack* (Fn. 6) S. 151, 165f. und *Ulmer* ZIP 2003, 1113, 1116 (für die GbR); aA *Mahnke* WM 1996, 1029, 1033 (keine analoge Anwendung der §§ 25ff. HGB).

[17] Vgl. *Henssler* (Fn. 2) S. 361, 367f.; *Grunewald*, FS P. Ulmer, 2003, S. 141. 144f.; *C. Schäfer* DStR 2003, 1078, 1079ff.; aus der Rspr. BGHZ 70, 247, 249 = NJW 1978, 996; BGH NJW 1990, 827, 829; 1991, 1225; 1999, 3040, 3041; 2001, 1056, 1061; OLG München DB 2001, 809, 811; allg. auch *Staub/Ulmer* HGB § 105 RdNr. 381f., 387, sowie die Nachw. in Vor § 705 BGB Fn. 82.

geht und er den Schaden wegen Verletzung der von ihm als Geschäftsführer nach § 708 BGB geschuldeten Sorgfaltspflicht (§ 6 RdNr. 40) intern selbst zu tragen hat; insoweit handelt es sich nicht um ersatzfähige Aufwendungen iS von § 110 HGB.

13 Die **Ausgleichspflicht zwischen den Partnern** als Gesamtschuldnern richtet sich nach § 426 Abs. 1 BGB. Sie setzt angesichts des Vorrangs des Regressanspruchs entsprechend § 110 HGB voraus, dass der in Anspruch genommene Partner von der Partnerschaft mangels verfügbarer Mittel keinen Ersatz erlangen kann. In diesem Fall sind ihm die übrigen Partner anteilig zum Ausgleich verpflichtet, wobei im Zweifel jeder von ihnen nach § 426 Abs. 1 S. 1 BGB einen gleichen Anteil zu übernehmen hat (vgl. näher § 714 BGB RdNr. 56). Soweit es um den Ausgleich für Schadensersatzleistungen wegen beruflichen Fehlverhaltens einzelner Partner geht, reduziert sich die Ausgleichspflicht auf den oder die hierfür verantwortlichen Partner.

III. Die Handelndenhaftung nach Abs. 2

14 **1. Grundlagen. a) Regelungsziel.** Zum Normzweck des im Jahr 1998 neugefassten Abs. 2 vgl. schon RdNr. 4. Die Beschränkung der Schadensersatzhaftung für Bearbeitungsfehler auf die Partnerschaft und die an der Bearbeitung beteiligten Partner wirkt sich als gesetzliches **Haftungsprivileg** zugunsten der nicht selbst mitwirkenden Partner aus. Es soll den Mitgliedern einer PartG Rechts- und Planungssicherheit vermitteln und ihre jeweiligen Haftungsrisiken kalkulierbar machen.[18] Das Haftungsprivileg hat vor allem bei Partnerschaften mit einer großen Mitgliederzahl, überörtlichen und interprofessionellen Partnerschaften Bedeutung (RdNr. 21 ff., 23); es ist geeignet, die Rechtsform der PartG gerade auch im Vergleich zu derjenigen der GbR attraktiv zu machen. Entsprechendes gilt mit Blick auf den einer Partnerschaft Beitretenden, da er nach Abs. 2 trotz grundsätzlicher Geltung des § 130 HGB nicht damit rechnen muss, für Altverbindlichkeiten aus Beratungsfehlern in Anspruch genommen zu werden (RdNr. 32).

15 **b) Von Abs. 2 erfasste Ansprüche.** Der Anwendungsbereich der Haftungskonzentration nach Abs. 2 ist entsprechend dem mit der Vorschrift verfolgten Zweck, die Risiken unbeteiligter Partner aus fehlerhafter Berufsausübung zu minimieren, *weit* zu fassen. Erfasst werden sämtliche Schadensersatzansprüche wegen Pflichtverletzung im Rahmen von Geschäftsbesorgungs-, Dienst- oder Werkverträgen, für die die Partnerschaft nach Maßgabe der §§ 31, 278 BGB einzustehen hat. Neben *vertraglichen* Schadensersatz- und Gewährleistungsansprüchen einschließlich solcher aus Verträgen mit Schutzwirkung für Dritte[19] fallen hierunter auch *deliktische* Ansprüche im Zusammenhang mit der Leistungsbewirkung, für die die Partnerschaft analog § 31 BGB haftet.[20] Schließlich werden von Abs. 2 auch *quasivertragliche* Ansprüche aus culpa in contrahendo erfasst, wenn sie auf Bearbeitungsfehlern bei Eingehung des Mandats beruhen. Nicht unter § 8 Abs. 2 fallen hingegen die Fälle deliktischer Eigenhaftung des tätigen Partners, sofern sie sich nicht mit einer Haftung der PartG analog § 31 BGB verbinden.[21]

16 **c) Übergangsrecht.** Auf eine besondere Übergangsregelung für solche Geschäftsbesorgungsverträge, die eine PartG schon *vor dem Inkrafttreten des Abs. 2 nF am 1. 8. 1998* abgeschlossen hatte (Altverträge), hat der Gesetzgeber verzichtet. Das spricht dafür, Ansprüche aus *nach* diesem Zeitpunkt eingetretenen Bearbeitungsfehlern der Neuregelung zu unterstellen, während es für vor diesem Zeitpunkt entstandene Schadensersatzansprüche bei

[18] Begr. RegE BT-Drucks. 13/9820; *Seibert* BRAK Mitt. 1998, 210.

[19] Siehe dazu schon Begr. RegE BT-Drucks. 12/6152 S. 18; *Henssler* (Fn. 2) S. 361, 374; *Knoll/Schüppen* DStR 1995, 608, 646, 648; *Sotiropoulos* ZIP 1995, 1879, 1880; so zu Abs. 2 nF auch *Michalski/Römermann* RdNr. 24; *Jawansky* DB 2001, 2281 f.

[20] Begr. RegE BT-Drucks. 12/6152 S. 18; *Michalski/Römermann* RdNr. 25; *Seibert* in *E/B/J* RdNr. 3; MünchHdb. GesR I/*Seibert* § 37 RdNr. 15; *Graf v. Westphalen* in *M/W/H/L* RdNr. 44; *Feddersen/Meyer-Landrut* RdNr. 6; *Henssler* (Fn. 2) S. 361, 362 ff.; *Jawansky* DB 2001, 2282.

[21] So auch *Graf v. Westphalen* in *M/W/H/L* RdNr. 44.

der früheren Rechtslage bleibt; eine nachträgliche Haftungsbefreiung unbeteiligter Partner unter Berufung auf Abs. 2 nF ist abzulehnen. Hatten die Vertragspartner allerdings vor dem Stichtag der Neuregelung eine Vereinbarung über die Bearbeitungs- und Haftungskonzentration auf bestimmte Partner getroffen,[22] so hat diese ihre Wirksamkeit nicht etwa durch die Neuregelung verloren. Vielmehr findet sie neben und in Ergänzung von Abs. 2 nF Anwendung; sie kann ggf. zu einer über diese Vorschrift hinausgehenden Haftungsprivilegierung der nicht einbezogenen Partner führen (vgl. auch RdNr. 30). – Auf Geschäftsbesorgungsverträge, die eine als PartG auftretende Freiberufler-Sozietät schon *vor ihrer Eintragung* im Partnerschaftsregister geschlossen hat, findet Abs. 2 vom Zeitpunkt der Eintragung an Anwendung (§ 7 RdNr. 6); für zuvor entstandene Schadensersatzansprüche des Mandanten haften alle Gesellschafter als Gesamtschuldner.

2. Der Auftrag. Der Definition und Abgrenzung des „Auftrags" kommt für das Eingreifen der gesetzlichen Handelndenhaftung nach Abs. 2 zentrale Bedeutung zu. Zwar entspricht dieser Begriff im **Regelfall** eines auf eine bestimmte Dienst- oder Werkleistung bezogenen Anwalts- oder Steuerberatermandats oder eines ärztlichen Behandlungsvertrags dem jeweiligen *Geschäftsbesorgungsvertrag* und seiner inhaltlichen Reichweite.[23] Haftungsschuldner für Bearbeitungsfehler sind in derartigen Fällen alle an der Bearbeitung beteiligten Partner, soweit sie mit nicht nur untergeordneten Beiträgen (RdNr. 27) in die Bearbeitung eingeschaltet sind oder waren. Auf eine besondere Absprache mit dem Auftraggeber (Mandanten) über die Personen der Bearbeiter kommt es nicht an; sie ist freilich durch Abs. 2 nicht ausgeschlossen (vgl. auch RdNr. 30). 17

Besteht zwischen der PartG und dem Auftraggeber ein **Rahmenvertrag** über die Inanspruchnahme der Dienste der PartG und die dafür geltenden Konditionen, so knüpft die Handelndenhaftung des Abs. 2 doch nicht an diesen Vertrag an, sondern an die auf seiner Grundlage jeweils erteilten **Einzelaufträge.** Erweist sich die Bearbeitung einzelner dieser Aufträge als fehlerhaft, so haften hierfür neben der PartG nur diejenigen Partner, die mit dem konkreten Auftrag befasst waren. Die Mitwirkung von Partnern an anderen, fehlerfrei ausgeführten Einzelaufträgen reicht zur Haftungsbegründung für sie nicht aus. Das folgt nicht nur aus dem Begriff des (Einzel-)Auftrags, sondern auch aus dem Telos des Abs. 2, die Haftung auf die jeweils konkret beteiligten Partner zu kanalisieren und damit das Haftungsrisiko der Mitglieder einer PartG überschaubar zu machen (RdNr. 4). 18

Sonderprobleme ergeben sich bei **komplexen Aufträgen,** die sich auf unterschiedliche Dienst- oder Werkleistungen der PartG beziehen. Man denke an die Mandatierung einer Anwaltskanzlei mit der sich in mehreren Schritten vollziehenden Vorbereitung und Durchführung eines Unternehmenskaufs, an die Beauftragung einer WP- und StBer-PartG mit der Buchführung, dem Rechnungsabschluss und der Steuerberatung des Mandanten für ein bestimmtes Geschäftsjahr oder an den Abschluss eines Arztvertrags zur Behandlung verschiedener Gesundheitsschäden durch die jeweiligen in einer Arzt-PartG als Vertragspartner zusammengeschlossenen Fachärzte. Soweit die Haftungsfrage sich in derartigen Fällen nicht bereits nach der Berufszugehörigkeit bzw. Fachkompetenz der jeweils beteiligten Partner beantwortet (vgl. RdNr. 23), ist sie in Anlehnung an die Lehre von den *gemischten oder verbundenen Verträgen*[24] zu entscheiden. Haben die Parteien einen *einheitlichen* Vertrag zur Erbringung unterschiedlicher (gemischter) Leistungen geschlossen, so erstreckt sich auch die Haftung für Bearbeitungsfehler grundsätzlich auf alle an der Bearbeitung beteiligten, hierfür fachkompetenten Partner unabhängig von ihrer internen Arbeitsteilung. Handelt es sich dagegen um einen *zusammengesetzten* (kombinierten) Vertrag, so ist im Zweifel von zwei oder mehr Aufträgen mit entsprechend unterschiedlichen Haftungsbereichen nach Abs. 2 auszugehen. Zur Möglichkeit, den Auftragsbegriff und damit auch die Haftungsfolgen nach Abs. 2 vertraglich enger oder weiter zu fassen, vgl. RdNr. 30. 19

[22] Vgl. hierzu näher 3. Aufl. RdNr. 16 ff., 21 ff. m. weit. Nachw.

[23] Begr. RegE BT-Drucks. 13/9820 S. 21.

[24] Vgl. dazu näher § 311 RdNr. 42 ff. *(Emmerich)*; *Palandt/Heinrichs* Überbl. v. § 311 RdNr. 16 ff.

20 Schwierigkeiten mit Blick auf die Haftungsfolgen können sich auch bei **nachträglicher Ausdehnung** der vertraglichen Leistungen ergeben. Auch insoweit ist grundsätzlich nach der jeweils hierüber getroffenen Vereinbarung zu differenzieren. Beschränkt sie sich auf die Einbeziehung bestimmter sachlich eng mit der Hauptleistung verbundener Zusatzleistungen ohne Modifikation der vereinbarten Konditionen, so spricht das für die bloße *Erweiterung* des nach wie vor einheitlichen Auftrags. Demgegenüber ist von einem *Zusatzauftrag* mit besonderem personellem Haftungskreis auszugehen, wenn die Parteien sich nachträglich über die Erbringung weiterer Dienst- oder Werkleistungen der PartG einigen, die auch Gegenstand eines separaten Vertrags sein könnten; insoweit liegt die Parallele zu verbundenen Verträgen (RdNr. 19) nahe.

21 **3. Der Kreis der Bearbeiter als Haftungsschuldner. a) Grundlagen.** Die gesetzliche Handelndenhaftung nach Abs. 2 für Bearbeitungsfehler beschränkt sich auf diejenigen mit der Sache befassten Bearbeiter, die der PartG als **Partner** angehören oder diesen als Scheinpartner gleichgestellt sind.[25] Darauf, ob sie selbst fehlerhaft gehandelt bzw. ihre Überwachungspflicht verletzt haben, kommt es für die *verschuldensunabhängig ausgestaltete Reichweite* der Handelndenhaftung nicht an; die Frage hat allerdings Bedeutung, soweit es um den internen Gesamtschuldnerausgleich geht (RdNr. 13). Keiner Außenhaftung nach Abs. 2 unterliegen – vorbehaltlich deliktischer Haftungstatbestände – an der Bearbeitung beteiligte Angestellte der PartG. Handeln diese selbst fehlerhaft, so ist das nach § 278 BGB der PartG als Auftragnehmer zuzurechnen. Die Fehler können zu internen Regressansprüchen der PartG gegen die Handelnden führen, begründen jedoch nicht ihre Haftung gegenüber dem Auftraggeber.

22 Zur Bearbeitung nach Abs. 2 gehört auch die **Überwachung** der mit der Auftragsausführung befassten Angestellten durch den oder die hierfür nach internem Geschäftsverteilungsplan zuständigen Partner. Sie haften für Bearbeitungsfehler unabhängig davon, ob sie gegen ihre Überwachungspflichten verstoßen und dadurch den Schaden nicht verhindert haben (vgl. RdNr. 21).[26] **Fehlt** es freilich an einem derartigen Geschäftsverteilungsplan oder hat die PartG aus sonstigen Gründen die Überwachung der Auftragsausführung durch zumindest einen Partner unterlassen, so liegt die für die Haftungskonzentration nach Abs. 2 erforderliche Voraussetzung, dass (nur) einzelne Partner mit der Bearbeitung des Auftrags befasst waren, nicht vor. In diesem Fall verbleibt es bei der in Abs. 1 S. 1 angeordneten akzessorischen *Haftung aller Partner,* die für die Bearbeitung qualifiziert sind, für den Anspruch des Auftraggebers gegen die PartG wegen Pflichtverletzung; keiner von ihnen kann sich auf das aus Abs. 2 folgende Haftungsprivileg für die Nichtbearbeiter berufen.[27]

23 **b) Nicht betroffene Partner.** Typischerweise von der Handelndenhaftung nicht betroffen sind diejenigen Partner einer *interprofessionellen* Partnerschaft, die nicht über die für die Bearbeitung des jeweiligen Auftrags erforderliche Qualifikation verfügen und schon deshalb gehindert sind, an dessen Bearbeitung mitzuwirken.[28] Von ihnen kann weder die Beteiligung an der Ausführung noch diejenige an der Überwachung anderer Bearbeiter erwartet werden. Sie unterliegen deshalb der Haftung nach Abs. 1 auch dann nicht, wenn sich keiner der habilen Partner an der Bearbeitung beteiligt und die Haftungskonzentration nach Abs. 2 ihnen gegenüber leerläuft (RdNr. 22). Auch in *überregionalen* Partnerschaften

[25] Für Haftung von Scheinpartnern nach § 8 Abs. 2 zutr. OLG München DB 2001, 809, 811; einschr. *Jawansky* DB 2001, 2283 f.

[26] HM, vgl. *Henssler* (Fn. 1) S. 929 f.; *Seibert* in *E/B/J* RdNr. 8; *Jawansky* DB 2001, 2282; so auch schon Begr. RegE BT-Drucks. 13/9820 S. 21; aA nur *Michalski/Römermann* RdNr. 29 und *Römermann* NZG 1998, 675, 676 (Haftung aller Partner bei Nichtüberwachung entgegen dem Geschäftsverteilungsplan).

[27] So auch Begr. RegE BT-Drucks. 13/9820 S. 21; *Mülbert* AcP 199 (1999), 38, 95 f.

[28] In derartigen Fällen kommt zwar der „Auftrag" typischerweise (zu Ausnahmen vgl. Nachw. in Vor § 705 BGB Fn. 80) mit der PartG als solcher und nicht nur mit den habilen Mitgliedern zustande (vgl. BGHZ 56, 355, 359 = NJW 1971, 1801; BGHZ 70, 247, 249 = NJW 1978, 996; BGHZ 124, 47, 49 = NJW 1994, 257; zu Unrecht abw. BGH NJW 2000, 1333, 1334; DStR 2000, 599; dagegen zu Recht *C. Schäfer* DStR 2003, 1078, 1081 f.); eine Tätigkeitspflicht hieraus mit dem Haftungsrisiko aus § 8 Abs. 2 trifft jedoch nur die habilen Partner.

scheidet typischerweise die Haftung von Partnern anderer Zweigniederlassungen aus. Denn auch insoweit ist – vorbehaltlich besonderer Verhältnisse oder Absprachen – regelmäßig nicht damit zu rechnen, dass Partner anderer Standorte an der für einen Standort vorgesehenen Bearbeitung des Auftrags mitwirken. Schließlich sind auch Partner, die der PartG erst nach der fehlerhaften Bearbeitung beigetreten sind, von der Haftung nicht betroffen (RdNr. 32).

c) Benennung der Bearbeiter. Um seinen Schadensersatzanspruch wegen Bearbei- 24
tungsfehlern gegen die als Bearbeiter beteiligten Partner geltendmachen zu können, hat der Auftraggeber ein berechtigtes Interesse daran, von der PartG über den Kreis dieser Personen informiert zu werden. Das spricht dafür, ihm insoweit einen vertraglichen **Auskunftsanspruch** gegen die PartG zuzugestehen.[29]

Bei **Nichtmitteilung der Bearbeiter** ist der Auftraggeber allerdings nicht genötigt, 25
zunächst diesen Auskunftsanspruch gegen die PartG, ggf. in Verbindung mit der Schadensersatzklage gegen sie, geltend zu machen und erst danach auch die jeweiligen als Bearbeiter beteiligten Partner zu verklagen. Angesichts der *Funktion des Abs. 2*, die grundsätzlich für alle Partner bestehende akzessorische Haftung nach Abs. 1 unter Privilegierung der übrigen auf die jeweiligen Bearbeiter zu konzentrieren, kann er sich vielmehr in derartigen Fällen nach vergeblicher Aufforderung zur Information auf die gesamtschuldnerische Haftung aller habilen (RdNr. 23) Partner berufen und sie alsbald auf Schadensersatz verklagen.[30] Wird die Information von den Beklagten später erteilt, so führt das zur Erledigung der Hauptsache gegenüber den nicht an der Bearbeitung beteiligten Partnern, verbunden mit der Kostentragung seitens der PartG und der hierfür nach Abs. 1 haftenden Partner.[31]

Die **Darlegungs- und Beweislast** für die Personen der an der Bearbeitung beteiligten 26
Partner liegt bei den Partnern, die sich unter Berufung auf ihre Nichtmitwirkung an der Bearbeitung auf die Privilegierungsfunktion des Abs. 2 berufen.[32] Verzichten sie darauf, die Voraussetzungen des Abs. 2 darzulegen und zu beweisen, oder misslingt ihnen dieser Beweis, so bewendet es bei der gesamtschuldnerischen Haftung aller habilen Partner neben der PartG nach Abs. 1. Entsprechendes gilt, wenn die Benennung daran scheitert, dass kein Partner an der Bearbeitung des Auftrags oder der Überwachung der damit betrauten Angestellten beteiligt war; auch in diesem Fall besteht die Rechtsfolge in der unbeschränkten Haftung aller habilen Partner (RdNr. 22).

4. Die Ausnahme für Bearbeitungsbeiträge von untergeordneter Bedeutung. 27
Diese in Abs. 2 aE. enthaltene Ausnahme trägt dem kollegialen Zusammenwirken der Mitglieder einer PartG Rechnung und dient dazu, die Haftungskonzentration nicht durch gelegentliche Aushilfen oder Randaktivitäten der nicht selbst mit der Bearbeitung befassten Partner auszuhöhlen. Als *Beispiele* derart untergeordneter Beiträge nennt die Regierungsbegründung die Urlaubsvertretung seitens eines anderen Partners oder dessen konsularische Beiziehung mit Blick auf sonstige, am Rand betroffene Berufsfelder.[33] Dem ist mit Rücksicht auf den Zweck der Haftungskonzentration im Grundsatz zuzustimmen. Für die haftungsneutrale Hinzuziehung eines intern als Berater beteiligten Partners ist freilich nicht entscheidend, dass er nach außen nicht in Erscheinung tritt,[34] sondern dass er sich auf gelegentliche Ratschläge gegenüber dem anfragenden Sachbearbeiter beschränkt, ohne sich selbst intensiver mit der Sache zu befassen oder die interne Mitverantwortung zu übernehmen.[35]

[29] So *Michalski/Römermann* RdNr. 34; *Seibert* in *E/B/J* RdNr. 12; *Jawansky* DB 2001, 2282.

[30] Ähnlich *Seibert* in *E/B/J* RdNr. 12.

[31] Vgl. Begr. RegE BT-Drucks. 13/9820 S. 22; so auch *Michalski/Römermann* RdNr. 35.

[32] So zutr. Begr. RegE BT-Drucks. 13/9820 S. 22, *Seibert* in *E/B/J* RdNr. 14; *Jawansky* DB 2001, 2282; wohl auch *Michalski/Römermann* RdNr. 30.

[33] BT-Drucks. 13/9830 S. 21.

[34] So aber *Michalski/Römermann* RdNr. 32; *Jawansky* DB 2001, 2283.

[35] Die Reg. Begr. (aaO S. 21) spricht von „geringfügigen Beiträgen aus nur am Rande betroffenen Gebieten (zB konsularische Beiziehung)“. Weitergehend außer *Michalski/Römermann* und *Jawansky* (Fn. 34) auch *Henssler* ZIP 1997, 1481, 1490 mit der Begründung, dass eine Haftung des ratgebenden Partners wegen des dann drohenden Verzichts auf

28 Für das Eingreifen der Ausnahme ist kein Raum, wenn die Mitwirkung eines anderen Partners zur **Fehlerhaftigkeit** der Auftragsbearbeitung beigetragen hat und für den Schaden des Auftraggebers mit ursächlich geworden ist.[36] Zwar ist die Handelndenhaftung als solche, anders als die zugrundeliegende Vertragshaftung der PartG wegen Pflichtverletzung, nicht verschuldensabhängig, sondern trifft auch solche an der Bearbeitung beteiligte Partner, die selbst nicht fehlerhaft gehandelt haben (RdNr. 21). Soweit es jedoch um die Eingrenzung der Haftung mit Blick auf untergeordnete Beiträge geht, setzt sie voraus, dass der fragliche Beitrag sich nicht seinerseits auf die Fehlerhaftigkeit ausgewirkt hat, da es andernfalls aus qualitativen Gründen an der Ausnahmevoraussetzung eines untergeordneten Beitrags fehlt.[37] Stellt der Urlaubsvertreter einen unrichtigen, zur Schädigung des Mandanten führenden Prozessantrag oder erteilt der intern hinzugezogene Partner einen fehlerhaften, vom Sachbearbeiter befolgten Rat, so hat er damit die Schwelle untergeordneter Beiträge überschritten und unterliegt auch selbst der Handelndenhaftung nach Abs. 2.

29 **5. Abweichende Vereinbarungen.** Die Handelndenhaftung der Partner nach Abs. 2 enthält zwar kein zwingendes Recht. Sie gehört jedoch – als Teil der Haftungsverfassung der PartG – zu den wesentlichen Grundgedanken des PartGG iS von § 307 Abs. 2 Nr. 1 BGB. Daher ist zwar ihre Abbedingung oder Einschränkung durch **Individualabrede** der PartG mit dem Auftraggeber, ebenso wie diejenige der Gesellschafterhaftung nach oder analog § 128 HGB (§ 714 BGB RdNr. 63 f.), grundsätzlich wirksam. Jedoch sind vorformulierte Abweichungen im Zweifel unangemessen und halten der Inhaltskontrolle nicht stand (vgl. auch insoweit § 714 BGB RdNr. 65 f.); anderes gilt im Rahmen berufsrechtlicher Beschränkungsmöglichkeiten nach Maßgabe von Abs. 3 (RdNr. 34, 36).

30 Keine grundsätzlichen Bedenken bestehen gegen Vereinbarungen der Parteien, die der näheren Ausgestaltung und **Konkretisierung der Handelndenhaftung** in Bezug auf das jeweilige Auftragsverhältnis dienen. So sind die Parteien nicht gehindert, die Reichweite des jeweiligen „Auftrags" mit Blick auf die Handelndenhaftung vertraglich festzulegen und komplexe oder verbundene Aufträge mit Rücksicht auf unterschiedliche Bearbeiterkreise als jeweils eigenständige Haftungstatbestände zu definieren (vgl. RdNr. 19). Ebenso können sie ausdrücklich oder konkludent Vereinbarungen über die an der Bearbeitung zu beteiligenden Partner treffen mit der Folge, dass jedenfalls diese der Haftung nach Abs. 2 unterliegen, wenn nicht zuvor mit Zustimmung des Auftraggebers ein Bearbeiterwechsel vorgenommen wurde.

31 **6. Haftung beim Ausscheiden oder Eintritt von Partnern.** Das **Ausscheiden** eines Partners hat keinen Einfluss auf seine Haftung für die bis zu seinem Ausscheiden begründeten Verbindlichkeiten der Partnerschaft.[38] Für die *Nachhaftung* gilt § 10 Abs. 2 iVm. § 160 HGB (vgl. § 10 RdNr. 19 f.). Gehörte der Ausgeschiedene zu den nach Abs. 2 verantwortlichen Bearbeitern, so bleibt seine gesamtschuldnerische Außenhaftung für die bis dahin eingetretenen Bearbeitungsfehler unberührt. Auf den Grund des Ausscheidens (Verlust der Berufszulassung, Kündigung, Anteilsübertragung, Tod u. a.) kommt es nicht an. Allerdings kann der Ausgeschiedene im Fall nachträglicher Inanspruchnahme aus dieser Haftung Ersatz nicht nur von der Partnerschaft, sondern nach § 8 Abs. 2 iVm. § 426 Abs. 2 BGB auch von den mithaftenden Partnern verlangen, wenn er den haftungsbegründenden Fehler nicht selbst zu vertreten hat (RdNr. 12).

32 Der **Eintritt** eines Partners nach Abschluss des jeweiligen Geschäftsbesorgungsvertrags führt trotz der grundsätzlichen Haftungserstreckung nach § 8 Abs. 1 S. 2 iVm. § 130 HGB nicht automatisch zu seiner Einbeziehung in den Kreis der für Schäden aus fehlerhafter Berufsausübung haftenden Partner. Das gilt auch dann, wenn der Eintritt auf Anteilsübertragung oder Vererbung beruht, da die Schadensersatzhaftung nicht an der Mitgliedschaft in

interne Sicherungsmaßnahmen kontraproduktiv wirken würde.

[36] So zu Recht Begr. RegE BT-Drucks. 13/2980 S. 21; zust. *Henssler* ZIP 1997, 1490.

[37] Begr. RegE (Fn. 36).

[38] Vgl. *Staub/Habersack* HGB § 128 RdNr. 62 ff.; *Schlegelberger/K. Schmidt* HGB § 128 RdNr. 41 f.; *Heymann/Emmerich* HGB § 128 RdNr. 31 ff.

der Partnerschaft hängt, sondern an der Mitwirkung bei der Bearbeitung, also persönlicher Natur ist.[39] Eine Haftung kommt jedoch dann in Betracht, wenn der Neueintretende nach dem Beitritt in die Erbringung oder Überwachung der Leistung eingeschaltet wird und der zur Schadensersatzhaftung führende Fehler erst während seiner Mitwirkung begangen wird. Dass das Auftragsverhältnis schon vor seinem Beitritt begründet worden war, steht mit Rücksicht auf § 130 HGB nicht entgegen.

IV. Die Höchstbetragshaftung nach Abs. 3

1. Einführung. a) Regelungsinhalt und Funktion. Die Vorschrift des Abs. 3 eröffnet nicht etwa als solche die Möglichkeit höhenmäßiger Beschränkung der Partnerschaftshaftung, sondern begnügt sich mit einer **Verweisung** auf das einschlägige Berufsrecht. Den beiden von der Regierungsbegründung[40] hierfür angeführten Gründen, nämlich das Bedürfnis für eine je nach Art des Freien Berufs unterschiedliche Festsetzung des Höchstbetrags sowie das Fehlen eines spezifisch partnerschaftsgesellschaftsrechtlichen Regelungsproblems,[41] ist zuzustimmen. Kommt der Regelung jedoch, wie es in der Regierungsbegründung heißt, „in erster Linie klarstellender Charakter" zu,[42] so fragt sich, wozu sie angesichts des aus §§ 1 Abs. 3, 6 Abs. 1 ohnehin folgenden Vorrangs des Berufsrechts überhaupt in das PartGG aufgenommen wurde. 33

In der Tat fällt es schwer, eine eigenständige *Funktion* des Abs. 3 festzustellen.[43] Die Vorschrift ist jedenfalls nicht als Ermächtigung an den (Landes-)Gesetzgeber zum Erlass entsprechender berufsrechtlicher Regelungen aufzufassen. Denn dieser bedarf einer solchen Ermächtigung nicht und könnte vom Bundesgesetzgeber auch gar nicht ermächtigt werden.[44] Damit reduziert sich der Gehalt des Abs. 3 auf die **Aufstellung eines Regelungsmodells** für künftig zu erlassende berufsrechtliche Haftungsbeschränkungsvorschriften, verbunden mit der Einschränkung, dass derartige berufsrechtliche Beschränkungsnormen im Rang unterhalb des formellen Gesetzes und ohne Abschluss einer Berufshaftpflichtversicherung nicht als Rechtsgrund für die Wirksamkeit vertraglicher Beschränkung der höhenmäßigen Haftung einer Partnerschaft anerkannt werden. Berücksichtigt man allerdings, dass derartige Beschränkungsabreden typischerweise in *vorformulierter* Form getroffen werden, so kommt der Vorschrift des Abs. 3 immerhin deshalb Bedeutung für das Eingreifen der §§ 307 bis 309 BGB zu, weil sie sie in Verbindung mit den entsprechenden berufsrechtlichen Vorschriften von der Inhaltskontrolle freistellt (RdNr. 36). 34

b) Verhältnis zu Abs. 1 und 2. Im Verhältnis zu den beiden ersten Absätzen des § 8 wirkt sich die in Abs. 3 vorgesehene Beschränkungsmöglichkeit jeweils als **Einschränkung der Haftung** aus. Mit Blick auf **Abs. 1** gilt das insoweit, als dort – in Verbindung mit § 7 Abs. 2 und seiner Verweisung auf § 124 HGB – die *Haftung der PartG* in Frage steht; sie kann durch Beschränkungsabreden nach Maßgabe des einschlägigen Berufsrechts auf bestimmte Höchstbeträge beschränkt werden. Die Beschränkung kommt mittelbar auch der Handelndenhaftung der an der Auftragsbearbeitung beteiligten Partner nach **Abs. 2** zugute, da deren Höhe sich entsprechend Abs. 1 nach derjenigen der PartG bestimmt. Im Ergebnis betrifft die Beschränkungsmöglichkeit des Abs. 3 somit den summenmäßigen Haftungsumfang, während sich Abs. 2 auf die personelle Reichweite der Haftung bezieht. Damit dienen beide Vorschriften dem mit § 8 verfolgten Ziel, das Haftungsrisiko der Partner aus Bearbeitungsfehlern in überschaubaren Grenzen zu halten. 35

[39] Vgl. zu § 8 Abs. 2 aF *Ulmer/Habersack* (Fn. 2) S. 151, 164 f.; so im Ergebnis auch *Seibert* in *E/B/J* RdNr. 16.

[40] BT-Drucks. 12/6152 S. 18.

[41] So Begr. RegE BT-Drucks. 12/6152 S. 18.

[42] BT-Drucks. 12/6152 S. 18; so auch *Henssler* ZIP 1997, 1490.

[43] Ebenso *Michalski/Römermann* RdNr. 45 f.; *Ulmer/Habersack* (Fn. 2) S. 151, 156 f.; vgl. auch *K. Schmidt* NJW 1995, 1, 6; *Mahnke* WM 1996, 1029, 1035.

[44] Ebenso *Seibert* in *E/B/J* RdNr. 18, der darin unter Hinweis auf die Reg. Begr. auch eine „verfassungsrechtliche(?) Öffnungsklausel für die Gesetzgebungszuständigkeit des Landesberufsgesetzgebers" sieht.

36 **2. Voraussetzungen wirksamer Beschränkung der Haftungshöhe. a) Die Tatbestandsmerkmale des Abs. 3.** Die Vorschrift erwähnt *drei Merkmale,* die für eine wirksame Abrede über die Beschränkung der höhenmäßigen Haftung der Partnerschaft vorliegen müssen. Die Beschränkung auf einen bestimmten Höchstbetrag muss (1) in einem formellen, auf bestimmte Freie Berufe bezogenen **Gesetz** zugelassen sein, sie muss sich (2) auf die Haftung für **Ansprüche aus fehlerhafter Berufsausübung** beziehen (zur Abgrenzung vgl. RdNr. 15) und die Haftung der Partnerschaft im Übrigen unberührt lassen und es muss (3) eine gesetzliche Pflicht der den jeweiligen Freien Beruf ausübenden Partner oder der Partnerschaft zum Abschluss einer **Berufshaftpflichtversicherung** bestehen. Dass die Abrede in vorformulierter Form getroffen wird, steht ihrer Wirksamkeit bei Vorliegen der genannten Voraussetzungen nicht entgegen.

37 **b) Regelungsbeispiele.** Die in Abs. 3 genannten Anforderungen werden gegenwärtig durch Gesetzesbestimmungen für **vier Arten von Freien Berufen** erfüllt. Es geht um die Regelungen in § 51 a Abs. 1 BRAO, § 45 a Abs. 1 PatAnwO, § 67 a Abs. 1 StBerG und § 54 a Abs. 1 WPO. Sie sehen für Rechtsanwälte, Patentanwälte, Steuerberater und Wirtschaftsprüfer im rechtlichen Ansatz übereinstimmend die Möglichkeit vertraglicher Beschränkung der Haftungshöhe für fahrlässig verursachte Schäden aus fehlerhafter Berufsausübung vor und begründen jeweils die Pflicht jedes zugelassenen Berufsangehörigen, eine Haftpflichtversicherung in der gesetzlich festgelegten Mindesthöhe je Schadensfall abzuschließen.[45] *Höhenmäßig* kann die Haftung entweder durch *schriftliche Individualvereinbarung* auf die Mindestversicherungssumme oder in *vorformulierter* Form auf deren vierfachen Betrag beschränkt werden, letzteres unter der zusätzlichen Voraussetzung, dass Versicherungsschutz in dieser Höhe besteht. Wegen der näheren Einzelheiten wird auf die genannten Regelungen und deren Erläuterung verwiesen.

38 **c) Interprofessionelle Partnerschaften.** Der Sondersituation interprofessioneller Partnerschaften tragen die jeweils auf bestimmte Freie Berufe ausgerichteten Normen des Berufsrechts keine Rechnung. Aus § 8 Abs. 3 lässt sich jedoch folgern, dass auch interprofessionelle Partnerschaften nicht gehindert sein sollen, für Verträge über bestimmte freiberufliche Leistungen nach den Vorschriften des jeweils einschlägigen Berufsrechts zu verfahren. Sofern sich diese inhaltlich unterscheiden und sofern zwischen ihnen ein gemeinsamer Nenner nicht feststellbar ist, sind interprofessionelle Partnerschaften danach gezwungen, je nach Tätigkeitsbereich mit Haftungsbeschränkungsklauseln unterschiedlicher Höhe zu arbeiten.[46]

39 **3. Höhenmäßige Haftungsbeschränkung beim Fehlen berufsrechtlicher Normen.** Für die große Mehrzahl freiberuflicher Tätigkeiten gibt es bisher keine Gesetzesregelungen über die Zulässigkeit höhenmäßiger Haftungsbeschränkung nach Art der in RdNr. 37 genannten Vorschriften.[47] Soweit eine Haftungsbeschränkung nicht ausnahmsweise dem für bestimmte Berufe geltenden Berufsrecht widerspricht, greift daher für **individuelle** Beschränkungsabreden der Grundsatz der *Vertragsfreiheit* ein. Die Beteiligten sind nicht gehindert, solche Abreden vorbehaltlich § 276 Abs. 3 BGB mit beliebigem Inhalt zu treffen. Das gilt auch für Verträge, die von einer freiberuflich tätigen Partnerschaft geschlossen werden.

40 Typischerweise werden Beschränkungsabreden von Partnerschaften oder einzelnen Freiberuflern allerdings nicht je individuell, sondern in **vorformulierter** Form getroffen. Insoweit müssen sie sich hinsichtlich ihrer Wirksamkeit an §§ 307 bis 309 BGB messen lassen. Danach gelten für die Haftungsfreizeichnung einschließlich der höhenmäßigen Haftungsbegrenzung zT strengere Anforderungen als nach den genannten berufsrechtlichen

[45] Sie beträgt bei Rechtsanwälten, Patentanwälten und Steuerberatern 250 000 Euro (§§ 51 Abs. 4 S. 1 BRAO, § 45 PAO, § 52 Abs. 1 DVStB), bei Wirtschaftsprüfern 1 Mio. Euro (§ 54 Abs. 1 S. 2 WPO iVm. § 323 Abs. 2 S. 1 HGB).

[46] Ebenso *Henssler* RdNr. 77; im Ergebnis wohl auch *Graf v. Westphalen* in *M/W/H/L* RdNr. 107 ff.

[47] Ebenso *Michalski/Römermann* RdNr. 47 f., 60 ff. unter gleichzeitigem Hinweis auf berufsrechtliche Regelungen für Ärzte, Tierärzte und hauptberufliche Sachverständige betr. eine Berufshaftpflichtversicherung. Allg. zur Berufshaftung vgl. *Hirte,* Berufshaftung, 1996; *Poll,* Die Haftung der Freien Berufe zwischen standesrechtlicher Privilegierung und europäischer Orientierung, 1994.

Regelungen.[48] So ist nach § 309 Nr. 7 lit. b BGB im Verhältnis zu Privatpersonen als Kunden die Begrenzung der Haftung für Vermögensschäden aus *grobfahrlässiger* Vertragsverletzung des Verwenders, seiner Organwalter und Erfüllungsgehilfen unwirksam; entsprechendes gilt nach § 307 Abs. 1 BGB im Verhältnis zu Unternehmern, wenn die Haftungsbegrenzung höhenmäßig hinter dem bei solchen Verträgen typischerweise zu erwartenden Schaden zurückbleibt.[49] Soweit es um *wesentliche* Vertragspflichten geht, wie das bei den von einer Partnerschaft geschuldeten freiberuflichen Leistungen regelmäßig der Fall sein dürfte, beanstandet die Rechtsprechung nach § 307 Abs. 2 Nr. 1 BGB sogar Freizeichnungsklauseln, die sich auf Schäden auf Grund *einfacher Fahrlässigkeit* beziehen.[50] Nach allem sind mit Rücksicht auf die AGB-Inhaltskontrolle die Möglichkeiten, in vorformulierter Form wirksam eine höhenmäßige Haftungsbeschränkung für Schäden aus fehlerhafter Berufsausübung zu treffen, beim Fehlen entsprechender berufsrechtlicher Regelungen gering einzuschätzen.

§ 9 Ausscheiden eines Partners; Auflösung der Partnerschaft

(1) Auf das Ausscheiden eines Partners und die Auflösung der Partnerschaft sind, soweit im folgenden nichts anderes bestimmt ist, die §§ 131 bis 144 des Handelsgesetzbuchs entsprechend anzuwenden.

(2) ***(aufgehoben)***

(3) Verliert ein Partner eine erforderliche Zulassung zu dem Freien Beruf, den er in der Partnerschaft ausübt, so scheidet er mit deren Verlust aus der Partnerschaft aus.

(4) [1] Die Beteiligung an einer Partnerschaft ist nicht vererblich. [2] Der Partnerschaftsvertrag kann jedoch bestimmen, daß sie an Dritte vererblich ist, die Partner im Sinne des § 1 Abs. 1 und 2 sein können. [3] § 139 des Handelsgesetzbuchs ist nur insoweit anzuwenden, als der Erbe der Beteiligung befugt ist, seinen Austritt aus der Partnerschaft zu erklären.

Übersicht

	RdNr.
I. Einführung	1–3
1. Normzweck	1, 2
2. Reform	3
II. Die Verweisung auf die §§ 131 bis 144 HGB (Abs. 1)	4–17
1. Tragweite der Verweisung	4, 5
2. Die einzelnen Verweisungsbereiche	6–15
a) Auflösung der Partnerschaft	6
b) Kündigung	7, 8
c) Sonstiges Ausscheiden eines Partners	9–12
d) Vererbung	13
e) Anmeldung von Auflösung und Ausscheiden	14
f) Fortsetzung einer aufgelösten Partnerschaft	15
3. Vertragliche Abweichungen	16, 17
III. Das Ausscheiden wegen Verlusts der Zulassung (Abs. 3)	18–23
1. Regelungsgrund	18
2. Sachlich begrenzter Anwendungsbereich	19, 20
3. Verlust der Zulassung	21, 22
4. Rechtsfolgen	23
IV. Die Anteilsvererbung (Abs. 4)	24–31
1. Voraussetzungen	24–26
2. Erbrechtliche Gestaltungsmöglichkeiten	27–29
a) Überblick	27
b) Einfache Nachfolgeklausel	28
c) Qualifizierte Nachfolgeklausel	29
3. Wahlrecht entsprechend § 139 HGB	30, 31
V. Die rechtsgeschäftliche Anteilsübertragung	32, 33

[48] So auch *Henssler* RdNr. 76.

[49] Vgl. *Brandner* in *Ulmer/Brandner/Hensen* AGBG § 9 RdNr. 156; so auch *Graf v. Westphalen* in *M/W/H/L* RdNr. 112 m. weit. Nachw.; allg. zur Wirksamkeit formularmäßiger Haftungsfreizeichnungsklauseln *Koller* ZIP 1986, 1089.

[50] BGH NJW-RR 1988, 559; NJW 1993, 335; 1994, 1060, 1063; weit. Nachw. bei *Brandner* in *Ulmer/Brandner/Hensen* AGBG § 9 RdNr. 153.

I. Einführung

1 **1. Normzweck.** Die Vorschrift des § 9 regelt unter weitgehender Verweisung in **Abs. 1** auf das Recht der OHG die Gründe für die **Auflösung** der Partnerschaft sowie für das **Ausscheiden** einzelner Partner und dessen Folgen. Soweit die Abs. 3 und 4 Abweichungen von den durch Abs. 1 in Bezug genommenen §§ 131 bis 144 HGB enthalten, ziehen sie – mit dem Ausscheidensgrund des Zulassungsverlusts in **Abs. 3** und der Beschränkung der Vererbungsmöglichkeit sowie dem Wahlrecht der Erben in **Abs. 4** – die Folgerungen daraus, dass die Beteiligung an einer Partnerschaft nach § 1 Abs. 1 S. 1 nur Freiberuflern offensteht und ein Formwechsel in die KG ausscheidet.

2 Ebenso wie das entsprechende OHG-Recht ist die auf die Auflösung der Partnerschaft und das Ausscheiden einzelner Partner bezogene Vorschrift des § 9 Abs. 1 **dispositiv.** Von der Gestaltungsfreiheit der Beteiligten **ausgenommen** sind jedoch die durch den freiberuflichen Gegenstand der Partnerschaft bedingten, partnerschaftsspezifischen Regelungen der Ausscheidensgründe und -folgen nach § 9 Abs. 3 sowie der Grenzen der Anteilsvererbung nach § 9 Abs. 4.

3 **2. Reform.** Im Zuge des HRefG 1998[1] wurde Abs. 2 der Vorschrift gestrichen. Eine sachliche Änderung ist damit nicht verbunden. Vielmehr wurde nur die Folgerung daraus gezogen, dass die bisher abweichend von § 131 aF HGB in Abs. 2 geregelten Fortsetzungsgründe durch das HRefG 1998 in § 131 Abs. 3 Nr. 1 bis 4 nF HGB übernommen wurden und deshalb bereits von der Verweisung in Abs. 1 gedeckt sind. Abs. 2 wurde deshalb – als gegenstandslos – zu Recht gestrichen.

II. Die Verweisung auf die §§ 131 bis 144 HGB (Abs. 1)

4 **1. Tragweite der Verweisung.** Im Unterschied zu den anderen Verweisungsnormen des PartGG differenziert die Verweisung in Abs. 1 nicht näher zwischen den entsprechend anwendbaren und den von der Verweisung ausgenommenen Vorschriften des HGB. Dass die Verweisung auf die §§ 131 bis 144 HGB nicht umfassend gemeint ist, hat der Gesetzgeber vielmehr indirekt durch den Zusatz „soweit im Folgenden nichts anderes bestimmt ist" zum Ausdruck gebracht. Ihre rechtliche Tragweite erschließt sich daher erst durch Blick auf die **Sonderregelungen in Abs. 3 und 4**. Aus diesen folgt einerseits, dass die Vorschriften des § 139 HGB über die Fortsetzung der Gesellschaft mit den Erben nach Maßgabe von Abs. 4 nur eingeschränkt auf die PartG anwendbar sind. Andererseits bringt Abs. 3 einen partnerschaftsspezifischen, in § 131 Abs. 3 HGB nicht enthaltenen Ausscheidensgrund.

5 Die Verweisung in Abs. 1 wird ergänzt durch die subsidiäre Geltung des Rechts der GbR nach § 1 Abs. 4. Sie hat Bedeutung für die in **§§ 738 bis 740 BGB** geregelten, nach § 105 Abs. 3 HGB auch auf die OHG anwendbaren Rechtsfolgen des Ausscheidens eines Gesellschafters aus der von den übrigen Gesellschaftern fortgeführten OHG. Diese gelten nach § 1 Abs. 4 auch für das Ausscheiden aus einer Partnerschaft.

6 **2. Die einzelnen Verweisungsbereiche. a) Auflösung der Partnerschaft.** Die *Gründe* für die Auflösung einer Partnerschaft finden sich entsprechend der Verweisung des Abs. 1 in § 131 Abs. 1 HGB. Neben dem Zeitablauf (§ 131 Abs. 1 Nr. 1 HGB) und dem Auflösungsbeschluss der Partner (§ 131 Abs. 1 Nr. 2 HGB) als eher atypischen Gründen sind gesetzliche Auflösungsgründe vor allem die Eröffnung des Insolvenzverfahrens über das Vermögen der Partnerschaft (§ 131 Abs. 1 Nr. 3 HGB) sowie der Erlass eines Auflösungsurteils aus wichtigem Grund (§ 131 Abs. 1 Nr. 4 iVm. § 133 HGB). Kommt es aus einem dieser Gründe zur Auflösung, so regeln sich die *Liquidation* der Partnerschaft (vorbehaltlich der Folgen insolvenzbedingter Auflösung) und die Forthaftung der Partner nach den Vorschriften des § 10 iVm. §§ 145 ff., 159 HGB. Zur Auflösung einer *zweigliedrigen* Partnerschaft, freilich verbunden mit ihrer gleichzeitigen Beendigung, kommt es auch dann, wenn

[1] Gesetz v. 22. 6. 1998, BGBl. I S. 1474.

einer der beiden Partner nach § 9 Abs. 3 ausscheidet. An die Stelle der durch das HRefG gestrichenen Vorschrift des § 136 HGB über das fiktive Fortbestehen der Geschäftsführungsbefugnis bei Unkenntnis vom Auflösungseintritt ist diejenige des *§ 729 S. 1 BGB* getreten; sie ist nach § 1 Abs. 4 auch auf die PartG anwendbar.

b) Kündigung. Das Recht der **Partner** zur ordentlichen Kündigung einer auf *unbestimmte* Zeit eingegangenen Partnerschaft folgt aus der entsprechenden Anwendung des **§ 132 HGB.** Vorbehaltlich der Kündigungsfristen und -termine ist es nach der ergänzend eingreifenden Vorschrift des § 723 Abs. 3 BGB[2] zwingender Natur. Entsprechend anwendbar ist auch § 134 HGB betr. die Kündigung einer für die Lebenszeit eines Partners eingegangenen oder nach Ablauf der vereinbarten Zeitdauer stillschweigend fortgesetzten Partnerschaft. Insoweit kann die Kündigung nach Maßgabe von §§ 132, 134 HGB mit Sechsmonatsfrist für das Ende eines Geschäftsjahrs erfolgen. Schließlich tritt entsprechend **§ 133 HGB** an die Stelle des Rechts zur außerordentlichen Kündigung die Klage auf Auflösung der Partnerschaft aus wichtigem Grund, sofern der Partnerschaftsvertrag keine abweichende Regelung enthält, insbes. die außerordentliche Kündigung statt der Auflösungsklage zulässt.[3] Zu den Rechtsfolgen der Kündigung, dh. dem Ausscheiden des kündigenden Partners, vgl. RdNr. 9 f. 7

Außer der Kündigung durch einen Partner lässt Abs. 1 iVm. **§ 135 HGB** auch die Kündigung durch **Privatgläubiger** eines Partners zu, wenn sie bei ihm nach Maßgabe dieser Vorschrift trotz eines nicht bloß vorläufig vollstreckbaren Titels keine Befriedigung erlangen können. Dieses Kündigungsrecht leitet sich nicht von demjenigen der Partner ab, sondern ist eigenständiger Natur. Es greift daher auch dann ein, wenn für die Partner wegen der wirksamen Befristung des Partnerschaftsvertrags kein Kündigungsrecht besteht.[4] Ebenso wie die Kündigung durch einen Partner führt auch diejenige seitens eines Privatgläubigers nicht zur Auflösung der Partnerschaft, sondern zum Ausscheiden des betroffenen Partners mit der Folge, dass der Privatgläubiger sich aus dem von ihm gepfändeten, ihm zur Einziehung überwiesenen Abfindungsanspruch Befriedigung verschaffen kann (vgl. § 725 BGB RdNr. 21). 8

c) Sonstiges Ausscheiden eines Partners. Das Ausscheiden eines Partners regelt die durch das HRefG 1998 neugefasste Vorschrift des **§ 131 Abs. 3 HGB** in inhaltlicher Übereinstimmung mit dem gleichzeitig aufgehobenen Abs. 2 (RdNr. 3). Gesetzliche *Ausscheidensgründe* sind außer der Kündigung (RdNr. 7 f.) auch der Tod eines Gesellschafters sowie die Eröffnung des Insolvenzverfahrens über sein Vermögen, wenn der Partnerschaftsvertrag nichts Abweichendes vorsieht. Einen weiteren Grund bildet das gegen einen Gesellschafter ergehende Ausschlussurteil nach **§ 140 HGB.** Für den *Zeitpunkt* des Ausscheidens maßgebend ist der jeweilige Zeitpunkt des Eintritts des betreffenden Ereignisses, dh. der Tod des Partners, der Zeitpunkt der Insolvenzeröffnung, der Termin für die Wirksamkeit der Kündigung des Partners bzw. seines Privatgläubigers sowie die Rechtskraft des Ausschlussurteils. 9

Kommt es aus einem der in RdNr. 7 bis 9 genannten Gründe zum Ausscheiden eines Partners unter Fortbestand der Partnerschaft, so bestimmen sich die **Rechtsfolgen** nach § 1 Abs. 4 iVm. **§§ 738 bis 740 BGB.** Der Anteil des Ausgeschiedenen wächst den übrigen Partnern an. Sie setzen die Partnerschaft ohne ihn fort und sind ebenso wie die primär haftende PartG verpflichtet, ihn nach Maßgabe des § 738 Abs. 1 S. 2 BGB zum vollen Anteilswert abzufinden, soweit der Partnerschaftsvertrag keine abweichende Regelung enthält. Eine etwaige Nachschusspflicht des Ausscheidenden richtet sich nach § 739 BGB. Für beim Ausscheiden schwebende, dh. beiderseits noch nicht voll erfüllte Geschäfte (§ 740 BGB RdNr. 4) gilt die Sonderregelung des § 740 BGB, wenn sie in der Abfindungsver- 10

[2] Vgl. dazu § 723 BGB RdNr. 74; *Hoffmann* in *M/W/H/L* RdNr. 15; *Baumbach/Hopt* HGB § 132 RdNr. 1, 12; *Schlegelberger/K. Schmidt* HGB § 132 RdNr. 23 f.

[3] *Seibert* Partnerschaft S. 46 f.; MünchHdb. GesR I/*Salger* § 38 RdNr. 7; *K. Schmidt* NJW 1995, 1, 4.

[4] Vgl. nur *Ulmer* in Großkomm. zum HGB § 135 Anm. 17; *Schlegelberger/K. Schmidt* HGB § 135 RdNr. 25.

einbarung nicht – wie meist – zugunsten einer am Ertrags- oder Buchwert orientierten Abfindung abbedungen ist (vgl. § 740 BGB RdNr. 3, 8). Zur begrenzten Nachhaftung des ausgeschiedenen Partners für die bei seinem Ausscheiden begründeten, ihn nach § 8 Abs. 1 und 2 treffenden Verbindlichkeiten der Partnerschaft vgl. § 10 Abs. 2 iVm. § 160 HGB.

11 War der **Name** des Ausgeschiedenen in den Namen der Partnerschaft aufgenommen worden, so setzt dessen unveränderte Beibehaltung die ausdrückliche Einwilligung des Namensgebers oder seiner Erben nach § 2 Abs. 2 iVm. § 24 Abs. 2 HGB voraus; sie kann schon im Partnerschaftsvertrag oder im GbR-Vertrag als seinem Vorläufer erteilt werden.[5]

12 Im Fall einer **zweigliedrigen** Partnerschaft tritt entsprechend dem Rechtsgedanken des § 142 aF HGB beim Ausscheiden eines Partners an die Stelle ihres Fortbestands die Übernahme des Geschäfts durch den einzig verbleibenden Partner.[6] Er hat den Ausgeschiedenen abzufinden.

13 **d) Vererbung.** Die Voraussetzungen für eine Vererbung des Anteils beim Tod eines Partners richten sich nach der Sonderreglung des Abs. 4. Sie modifiziert aus partnerschaftsspezifischen Gründen auch die Vorschrift des **§ 139 HGB** einschließlich der allgemeinen, zur Vererbung des OHG-Anteils entwickelten Grundsätze. Vgl. dazu näher RdNr. 24 ff.

14 **e) Anmeldung von Auflösung und Ausscheiden.** Beide Arten einer Änderung der Rechtsverhältnisse der Partnerschaft sind entsprechend **§ 143 HGB** von sämtlichen Partnern, auch dem Ausgeschiedenen,[7] zur Eintragung in das Partnerschaftsregister anzumelden. Für das Ausscheiden eines Partners durch Tod gilt die Sonderreglung des § 143 Abs. 3 HGB entsprechend. Wegen des Anmeldeverfahrens ist auf die Erläuterungen zu §§ 4, 5 (RdNr. 7 ff.) zu verweisen.

15 **f) Fortsetzung einer aufgelösten Partnerschaft.** Die Möglichkeit der Fortsetzung einer durch Eröffnung des *Insolvenzverfahrens* über ihr Vermögen aufgelösten Partnerschaft regelt die nach Abs. 1 entsprechend anwendbare Vorschrift des **§ 144 HGB.** Hiervon abgesehen sind die Partner darin frei, jederzeit *einstimmig* die Fortsetzung einer aufgelösten, noch nicht vollbeendeten Partnerschaft zu beschließen, soweit dem nicht berufsrechtliche Gründe entgegenstehen. Der Partnerschaftsvertrag kann durch dahingehende ausdrückliche Regelung die Fortsetzung auch durch Mehrheitsbeschluss ermöglichen; eine allgemein gefasste Mehrheitsklausel reicht hierfür nicht aus.[8]

16 **3. Vertragliche Abweichungen.** Zum grundsätzlich dispositiven Charakter der in Abs. 1 genannten Verweisungsnormen vgl. schon RdNr. 2. Vorbehaltlich bestimmter zwingender Regelungen wie die Auflösung bei Insolvenz der GbR oder das Recht zur ordentlichen Kündigung unbefristeter Gesellschaften oder zur Erhebung einer Auflösungsklage aus wichtigem Grund (bzw. zur Geltendmachung eines vertraglich an ihrer Stelle vorgesehenen, vergleichbaren Rechtsbehelfs) gilt auch für die Auflösung der Gesellschaft und das Ausscheiden von Gesellschaftern der **Grundsatz der Vertragsfreiheit.** Partnerschaftsspezifische Besonderheiten sind insoweit nicht erkennbar.

17 Zu beachten sind freilich auch für die Partnerschaft diejenigen ungeschriebenen **Schranken,** die die höchstrichterliche Rechtsprechung nach allgemeinem Gesellschaftsrecht zum Schutze einzelner Gesellschafter entwickelt hat. Im Zusammenhang mit dem Ausscheiden und seinen Rechtsfolgen gilt das vor allem für die grundsätzliche Unwirksamkeit von sog. Hinauskündigungs-(Ausschluss-)klauseln ohne wichtigen Grund[9] sowie für übermäßige, nach § 138 BGB oder entsprechend § 723 Abs. 3 BGB unwirksame Abfindungsbeschrän-

[5] Begr. RegE BT-Drucks. 12/6152 S. 12; *Kaiser* in *Kaiser/Bellstedt,* Die Anwaltssozietät, RdNr. 162; *K. Schmidt* NJW 1995, 1, 5; vgl. auch § 2 RdNr. 20 und BGH NJW 2002, 2093.

[6] Vgl. *Schlegelberger/K. Schmidt* HGB § 142 RdNr. 25 ff.; so für die PartG auch Begr. RegE BT-Drucks. 12/6152 S. 19; *Seibert* in *E/B/J* RdNr. 4; zum Ganzen auch *K. Schmidt,* FS Frotz, 1993, S. 401 ff.

[7] BayObLG DB 1978, 1832; *Schlegelberger/K. Schmidt* HGB § 143 RdNr. 10; *Baumbach/Hopt* HGB § 143 RdNr. 3.

[8] *Schlegelberger/K. Schmidt* HGB § 144 RdNr. 8.

[9] St. Rspr. seit BGHZ 68, 212, 214 = NJW 1977, 1292; vgl. näher § 737 BGB RdNr. 17 ff.; *K. Schmidt* GesR § 50 III 3.

kungen.[10] Wegen der Einzelheiten ist auf die einschlägigen Kommentierungen zu verweisen (vgl. § 737 BGB RdNr. 17 ff., § 738 BGB RdNr. 41 ff.). Im Fall der **Abfindung** eines Partners ist dabei zu berücksichtigen, dass der für die Abfindung grundsätzlich maßgebende Ertragswert bei den *freiberuflich tätigen* Partnerschaften häufig in besonderem Maße vom persönlichen Einsatz der jeweiligen Partner abhängt. Das kann je nach Lage des Falles dazu führen, im Partnerschaftsvertrag Abfindungsbeschränkungen in weitergehendem Umfang als bei typischen Handelsgesellschaften mit ihrem stärker objektivierten Ertragswert zuzulassen (vgl. näher § 738 BGB RdNr. 66 ff.).

III. Das Ausscheiden wegen Verlusts der Zulassung (Abs. 3)

1. Regelungsgrund. Der Regelungsgrund des Abs. 3 ist **partnerschaftsspezifischer** Natur. Er knüpft an das in § 1 Abs. 1 S. 1 enthaltene Erfordernis an, wonach Gründungspartner nur Angehörige des oder der in der Partnerschaft vertretenen Freien Berufe sein können (vgl. § 1 RdNr. 24). Für den Fall des Verlusts der erforderlichen Zulassung des Partners zum Freien Beruf, dh. des endgültigen, formalisierten Wegfalls der Befähigung zur Berufsausübung, stellt Abs. 3 sicher, dass damit auch die Mitgliedschaft in der Partnerschaft erlischt. Die Regelung des Abs. 3 ist *zwingender* Natur; dispositiv sind nur die mit dem Ausscheiden verbundenen Rechtsfolgen (RdNr. 23). Für ihre entsprechende Anwendung im Fall eines *strafrechtlichen Berufsverbots* sprechen gute Gründe, wenn dieses nach § 70 Abs. 1 S. 2 StGB nicht befristet, sondern für immer angeordnet wird. 18

2. Sachlich begrenzter Anwendungsbereich. Abs. 3 gilt nur für Partnerschaften, deren – verkammerte – Freie Berufe eine formelle **Zulassung** zur Berufsausübung voraussetzen. Das ist der Fall bei Ärzten, Zahnärzten, Tierärzten, Rechtsanwälten, Patentanwälten, Wirtschaftsprüfern, vereidigten Buchprüfern, Steuerberatern, Architekten, beratenden Ingenieuren und Lotsen (§ 1 RdNr. 43 f.). 19

Für **sonstige** Freie Berufe, die das Erfordernis einer besonderen Zulassung nicht kennen, bleibt es im Fall dauernder Unfähigkeit zur Berufsausübung bei den allgemeinen Ausschließungsgründen, insbes. dem *Ausschluss aus wichtigem Grund* entsprechend § 140 HGB oder kraft eines im Partnerschaftsvertrag zugelassenen Ausschließungsbeschlusses.[11] Über das Betreiben des Ausschlussverfahrens entscheiden die übrigen Partner. Kraft Berufsrechts kann sich deren **Verpflichtung zur Mitwirkung beim Ausschluss** des dauernd berufsunfähigen Partners ergeben. Auch laufen die übrigen Partner Gefahr, in den Grenzen von § 8 Abs. 2 in die Haftung für Schäden wegen fehlerhafter Berufsausübung zu geraten, wenn sie nicht verhindern, dass der berufsunfähige Partner sich trotz des Verlusts seiner Qualifikation an der Erbringung der Leistung beteiligt und dabei einen Fehler begeht. Schließlich kann die aktive Fortsetzung der Partnerschaft mit einem berufsunfähigen Partner auch Mitbewerbern die Möglichkeit eröffnen, gegen die Partnerschaft *Wettbewerbsklage* nach §§ 1, 13 Abs. 2 Nr. 1 UWG wegen unlauteren Vorsprungs durch Rechtsbruch zu erheben. 20

3. Verlust der Zulassung. Der Verlust der Zulassung richtet sich nach dem jeweils einschlägigen Berufsrecht. Zum Ausscheiden führt er nur im Falle seiner **Endgültigkeit.**[12] Hieran fehlt es nicht nur beim Verlust der (die Approbation unberührt lassenden) Kassenarztzulassung,[13] sondern auch im Falle der Rücknahme oder des Widerrufs der Zulassung durch die zuständige Berufskammer, solange der ordentliche Rechtsweg gegen deren Entscheidung noch nicht ausgeschöpft und der Verlust nicht unanfechtbar geworden ist. Das bloße *Ruhen* der Zulassung, etwa während der Übernahme eines öffentlichen Amtes, steht ihrem Verlust nicht gleich; es führt daher nicht zum automatischen Ausscheiden.[14] Auch der 21

[10] Vgl. näher § 738 BGB RdNr. 41 ff.; *Schlegelberger/K. Schmidt* HGB § 138 RdNr. 60 ff.

[11] *Henssler* RdNr. 24; *Krieger* MedR 1995, 96; MünchHdb. GesR I/*Salger* § 38 RdNr. 35.

[12] EinhM, vgl. Begr. RegE BT-Drucks. 12/6152 S. 20; *Michalski/Römermann* RdNr. 23; *Hoffmann* in *M/W/H/L* RdNr. 23; *Lenz* MDR 1994, 741, 744.

[13] *Seibert* in *E/B/J* RdNr. 5.

[14] Ganz hM, vgl. Begr. RegE BT-Drucks. 12/6152 S. 20; *Henssler* RdNr. 22; *Michalski/Römermann* RdNr. 23; *Hoffmann* in *M/W/H/L* RdNr. 24;

Eintritt der *Berufsunfähigkeit* bildet keinen gesetzlichen Ausscheidensgrund.[15] Je nach Lage des Falles können derartige Umstände jedoch für die übrigen Partner einen wichtigen Grund zur Erhebung der Ausschlussklage darstellen, wenn sie den Partner nicht nur vorübergehend hindern, den von ihm übernommenen Tätigkeitspflichten nachzukommen.

22 Übt ein Partner in einer *interprofessionellen* Partnerschaft nach dem Inhalt des Partnerschaftsvertrags (§ 3 Abs. 2 Nr. 2) **zwei oder mehr Berufe** aus, so tritt die Rechtsfolge des Abs. 3 nur ein, wenn er für sämtliche dieser Berufe einer Zulassung bedarf und sie in allen ausgeübten Berufen endgültig verloren hat. Im Falle der gleichzeitigen Tätigkeit als Rechtsanwalt und Steuerberater lässt daher der Verlust einer der beiden Zulassungen die Zugehörigkeit zur Partnerschaft unberührt, solange die andere Zulassung fortbesteht. Zur Eintragung in das Partnerschaftsregister ist freilich jede Reduktion der in der Partnerschaft ausgeübten Berufe des betroffenen Partners nach Maßgabe von § 4 Abs. 1 S. 3 iVm. § 3 Abs. 2 Nr. 2 anzumelden.

23 **4. Rechtsfolgen.** Die Rechtsfolgen des automatischen Ausscheidens nach Abs. 3 entsprechen denjenigen im Fall des Ausscheidens aus einem der in Abs. 1 iVm. § 131 Abs. 3 HGB genannten Gründe (vgl. RdNr. 10 f.). Der **Partnerschaftsvertrag** kann die Rechtsfolgen des Ausscheidens unterschiedlich regeln, insbes. für die Höhe der Abfindung je nach dem Grund des Ausscheidens differenzieren. Die Ausscheidensfolge als solche oder den Zeitpunkt ihres Eintritts kann er jedoch wegen der zwingenden Natur des Abs. 3 (RdNr. 18) nicht verändern.

IV. Die Anteilsvererbung (Abs. 4)

24 **1. Voraussetzungen.** Die auf den *Tod* eines Partners bezogenen Regelungen des § 9 Abs. 4 **unterscheiden sich vom OHG-Recht** in zweifacher Hinsicht. Zum einen kann die Vererblichkeit des Anteils eines Partners an der als werbende fortbestehenden Partnerschaft im Partnerschaftsvertrag nicht generell, sondern nur für taugliche Partner iS von § 1 Abs. 1 S. 1 angeordnet werden. Andererseits ist das Wahlrecht des Gesellschafter-Erben nach § 139 HGB eingeschränkt, da es dem Erben nach Abs. 4 S. 3 nur die Wahl zwischen dem Verbleiben in der Partnerschaft und dem Ausscheiden eröffnet; der Übertritt in die Kommanditistenstellung ist aus Gründen der freiberuflichen Rechtsform ausgeschlossen.[16]

25 Die **Vererblichkeit** des Anteils setzt nach Abs. 4 S. 2 eine entsprechende **Nachfolgeklausel** (RdNr. 27 ff.) im Partnerschaftsvertrag voraus. Sie kann sich nur auf solche Personen als Erben beziehen, die ihrerseits die berufliche Qualifikation für den Beitritt zur fraglichen Partnerschaft erfüllen. Das Abstellen in Abs. 4 S. 2 auf Personen, „die Partner im Sinne des § 1 Abs. 1 und 2 sein können", ist missverständlich, weil es scheinbar jede Art freiberuflicher Qualifikation der als Partner-Erben in Betracht kommenden Personen genügen lässt. Berücksichtigt man allerdings die in § 3 Abs. 2 Nr. 3 verankerte Notwendigkeit, dass sich der *Gegenstand der Partnerschaft* im Partnerschaftsvertrag auf einen oder bestimmte Freie Berufe bezieht, so zeigt sich, dass als Erben nur solche Personen im Partnerschaftsvertrag zugelassen werden können, die ihrerseits die berufliche Qualifikation für zumindest *einen* der vom Gegenstand der Partnerschaft umfassten Freien Berufe besitzen.

26 Neben der Zulassung der Anteilsvererbung sind auch im Partnerschaftsvertrag **sonstige,** im allgemeinen Personengesellschaftsrecht anerkannte **Gestaltungen eines Gesellschafterwechsels im Todesfall** (vgl. § 727 BGB RdNr. 49 ff., 53 ff.) denkbar. In Betracht kommt einerseits die Begründung eines *rechtsgeschäftlichen Eintrittsrechts* für bestimmte oder bestimmbare, als Partner taugliche Erben oder Dritte im Sinne eines Vertrags zugunsten Dritter (§ 328 Abs. 1 BGB), wobei der Abfindungsanspruch der übergangenen Erben im Zweifel

Seibert in *E/B/J* RdNr. 5; *Knoll/Schüppen* DStR 1995, 608, 646, 649; MünchHdb. GesR I/*Salger* § 38 RdNr. 30.

[15] So zutr. *Seibert* in *E/B/J* RdNr. 5.

[16] Vgl. zum Ganzen auch *T. Heydn,* Die erbrechtliche Nachfolge in Anteile an Partnerschaftsgesellschaften, 1999; zur Vererbung des Anteils an einer Kassenarzt-PartG *Wertenbruch* MedR 1996, 485, 489 ff.

auflösend bedingt durch die Nichtausübung des Eintrittsrechts seitens des oder der Berechtigten ausgeschlossen ist, um den Anteil des verstorbenen Partners im wirtschaftlichen Ergebnis dem vom Eintrittsrecht Gebrauch machenden Partner zugute kommen zu lassen.[17] Denkbar ist andererseits auch eine rechtsgeschäftliche Abrede zwischen dem Partner und einem Dritten über die *Anteilsübertragung mit Wirkung auf den Tod des Partners,* wenn der Partnerschaftsvertrag die Übertragung zulässt oder die übrigen Partner ihr zustimmen und wenn die Form des § 2301 Abs. 1 BGB gewahrt ist.

2. Erbrechtliche Gestaltungsmöglichkeiten. a) Überblick. Soll im Partnerschaftsvertrag die Anteilsvererbung durch eine **Nachfolgeklausel** zugelassen werden, so kann dies auf unterschiedliche Weise geschehen. Denkbar ist zum einen die Vereinbarung einer sog. *einfachen* Nachfolgeklausel zugunsten aller derjenigen Erben des verstorbenen Partners, die die Qualifikation für zumindest einen der in der Partnerschaft ausgeübten Freien Berufe besitzen (RdNr. 28). Der Partnerschaftsvertrag kann die Vererbung aber auch durch eine *qualifizierte* Nachfolgeklausel auf bestimmte dieser tauglichen Erben beschränken (RdNr. 29). Fallen Nachfolgeregelung im Partnerschaftsvertrag und Erbeinsetzung seitens des verstorbenen Partners auseinander, indem etwa in einer Anwalts-Partnerschaft die Vererbung an Rechtsanwälte als Erben zugelassen ist, der verstorbene Partner jedoch unter Übergehung seiner als Rechtsanwältin tätigen Tochter testamentarisch seinen nicht über diese Qualifikation verfügenden Sohn zum Alleinerben eingesetzt hat, so kommt die **Umdeutung** der erbrechtlichen Nachfolgeklausel in ein rechtsgeschäftliches Eintrittsrecht (RdNr. 26) in Betracht (vgl. näher § 727 BGB RdNr. 49). Zur Auseinandersetzung unter mehreren Miterben eines Partners beim Übergang des Anteils auf nur einen von ihnen vgl. § 727 BGB RdNr. 45. 27

b) Einfache Nachfolgeklausel. Die einfache Nachfolgeklausel hat im *allgemeinen Personengesellschaftsrecht* die Funktion, den Anteil für sämtliche Erben des verstorbenen Gesellschafters vererblich zu stellen; sie überlässt diesem also mittels der Erbeinsetzung die Entscheidung über die an seine Stelle tretenden Gesellschafter-Erben (vgl. § 727 BGB RdNr. 29). Dementsprechend wird jeder Erbe in Höhe seiner Erbquote Nachfolger in den Anteil des verstorbenen Gesellschafters, ggf. verbunden mit den Rechten aus § 139 HGB. Im Fall der *Partnerschaft* reduziert sich allerdings die Vererbungsmöglichkeit nach Abs. 4 S. 2 auf diejenigen Personen, die nach ihrer *beruflichen Qualifikation* taugliche Partner sein können. Das können je nach Lage des Falles *mehrere oder sämtliche* der vom verstorbenen Partner letztwillig als Erben berufenen Personen sein. In diesem Sinn kann man also auch für den Partnerschaftsvertrag von einer „einfachen" Nachfolgeklausel sprechen. Besitzt nur ein Teil der Erben die berufliche Qualifikation, so geht der Anteil nicht nur entsprechend ihrer Erbquote, sondern in voller Höhe auf diese tauglichen Erben über.[18] Sie haben die beruflich nicht qualifizierten Erben im Rahmen der Erbauseinandersetzung entsprechend deren Erbquote abzufinden; ein Abfindungsanspruch dieser Erben gegen die Partnerschaft kommt auf Grund des vollen Anteilsübergangs auf die tauglichen Erben nicht zur Entstehung. 28

c) Qualifizierte Nachfolgeklausel. Bei dieser Art der Nachfolgeregelung im Gesellschaftsvertrag wird der erbrechtliche Anteilsübergang auf diejenigen Erben des verstorbenen Gesellschafters beschränkt, die bestimmte vertraglich festgelegte zusätzliche Anforderungen erfüllen (ältester Sohn; eheliche Abkömmlinge u. a.); nur für sie ist der Anteil vererblich gestellt (vgl. näher § 727 BGB RdNr. 29, 41 ff.). Auch eine derartige Regelung kann wirksam im Partnerschaftsvertrag getroffen werden, wenn die Anteilsvererbung nicht allen nach ihrer beruflichen Qualifikation tauglichen Erben offen stehen, sondern auf bestimmte von ihnen beschränkt sein soll. Vom Erfordernis beruflicher Qualifikation abgesehen, sind partnerschaftsspezifische Besonderheiten insoweit nicht zu beachten. Auf die für qualifizierte 29

[17] § 727 BGB RdNr. 58 f.; Begr. RegE BT-Drucks. 12/6152 S. 21; *Michalski/Römermann* RdNr. 31; MünchHdb. GesR I/*Salger* § 38 RdNr. 44.

[18] Begr. RegE BT-Drucks. 12/6152 S. 21; *Hoffmann* in *M/W/H/L* RdNr. 42; *Baumbach/Hopt* HGB § 139 RdNr. 17; vgl. allg. die st. Rspr. seit BGHZ 68, 225, 237 f. = NJW 1977, 1339; dazu § 727 BGB RdNr. 43 f.

Nachfolgeklauseln allgemein geltenden Grundsätze (vgl. § 727 BGB RdNr. 41 ff.) kann verwiesen werden.

30 **3. Wahlrecht entsprechend § 139 HGB.** Nach Abs. 4 S. 3 findet auf den Nachfolger-Erben eines Partners das im OHG-Recht geltende Wahlrecht nach § 139 HGB mit der Maßgabe Anwendung, dass dem oder den Nachfolger-Erben zwar das Wahlrecht nach § 139 Abs. 2 HGB zwischen dem Verbleiben in der Partnerschaft und dem **Austritt** zusteht, dass sie von den übrigen Gesellschaftern jedoch abweichend von § 139 Abs. 1 HGB nicht den Rücktritt in die Kommanditistenstellung unter gleichzeitiger – nach § 1 Abs. 1 S. 2 ausgeschlossener – Umwandlung der Partnerschaft in eine KG verlangen können. Von dieser partnerschaftsspezifischen Besonderheit abgesehen, bewendet es bei den allgemein zu § 139 HGB anerkannten Grundsätzen. Das Wahlrecht steht *jedem* der Partner-Erben zur selbstständigen Ausübung zu und kann von ihnen daher auch in unterschiedlichem Sinn ausgeübt werden.[19] Seine Ausübung durch Austrittserklärung gegenüber den übrigen Partnern muss entsprechend § 139 Abs. 3 HGB innerhalb von drei Monaten nach Kenntniserlangung vom Anfall der Erbschaft erfolgen; Unkenntnis von der Vererbung der Mitgliedschaft hindert den Fristbeginn nicht.[20]

31 Die **Austrittserklärung** führt entsprechend § 139 Abs. 2 HGB zum Ausscheiden des Partner-Erben aus der Partnerschaft zu dem Zeitpunkt, in dem die Erklärung innerhalb der Dreimonatsfrist allen übrigen Partnern zugegangen ist. Sie hat die in § 139 Abs. 4 HGB bestimmte Folge, dass der ausscheidende Erbe trotz der vorübergehenden Mitgliedschaft in der Partnerschaft für deren Verbindlichkeiten abweichend von § 8 Abs. 1 iVm. § 130 HGB nur als *Erbe* haftet, dh. das Recht zur Berufung auf die beschränkte Erbenhaftung hat. Dagegen haftet er in vollem Umfang nach Maßgabe von § 8 und ist auch zur Beitragsleistung im Rahmen des den Gegenstand der Partnerschaft bildenden, von ihm ausgeübten Freien Berufs verpflichtet, wenn er sich entweder für das Verbleiben in der Partnerschaft entscheidet oder es versäumt, innerhalb der Dreimonatsfrist des § 139 Abs. 2 HGB wirksam seinen Austritt zu erklären.

V. Die rechtsgeschäftliche Anteilsübertragung

32 Die Möglichkeit rechtsgeschäftlicher Übertragung des Anteils an einer Partnerschaft ist ebenso wenig wie diejenige des Beitritts oder des rechtsgeschäftlichen Ausscheidens eines Partners im PartGG geregelt. Im Unterschied zum rechtsgeschäftlichen Ausscheiden oder Beitritt stellt sie als solche **keine Vertragsänderung** dar und unterliegt daher auch nicht der Schriftform des § 3 Abs. 1.[21] Wohl aber wird sie nach allgemeinen gesellschaftsrechtlichen Grundsätzen nur wirksam, wenn sie entweder im Partnerschaftsvertrag zugelassen ist oder wenn ihr sämtliche Partner – und zwar wegen § 3 Abs. 1 in schriftlicher Form – ad hoc zustimmen (vgl. § 719 BGB RdNr. 27). Die Verpflichtung der Partner, die mit der Anteilsübertragung verbundene Änderung des Mitgliederbestands und der Vertretungsbefugnis zur Eintragung in das Partnerschaftsregister anzumelden, folgt aus § 4 Abs. 1 S. 3 iVm. § 3 Abs. 2 Nr. 2.

33 **Partnerschaftsspezifische Besonderheiten** sind im Hinblick auf die Anteilsübertragung nur insoweit zu beachten, als auch der Anteilserwerber tauglicher Partner der jeweiligen Partnerschaft iS von § 1 Abs. 1 sein, dh. für mindestens einen der in der Partnerschaft vertretenen Freien Berufe die berufliche Qualifikation besitzen muss. Fehlt sie, so ist die Anteilsübertragung wegen Verstoßes gegen § 1 Abs. 1 S. 1 nach § 134 BGB nichtig,[22] es sei

[19] EinhM, vgl. BGH NJW 1971, 1268 f.; *Schlegelberger/K. Schmidt* HGB § 139 RdNr. 67; *Baumbach/Hopt* HGB § 139 RdNr. 37; *Heymann/Emmerich* HGB § 139 RdNr. 36.

[20] *Ulmer* in Großkomm. zum HGB § 139 RdNr. 111; *Schlegelberger/K. Schmidt* HGB § 139 RdNr. 86.

[21] *Henssler* RdNr. 86; *Hoffmann* in *M/W/H/L* RdNr. 56; aA *Feddersen/Meyer-Landrut* RdNr. 12.

[22] So auch Begr. RegE BT-Drucks. 12/6152 S. 21; dem folgend *Henssler* RdNr. 85; *Knoll/Schüppen* DStR 1995, 649.

denn, dass die Zustimmung der übrigen Partner zu ihr ausnahmsweise als deren Einverständnis mit dem gleichzeitigen Rechtsformwechsel von der Partnerschaft in eine GbR zu qualifizieren ist. Mit besonderen **berufsrechtlichen** Schranken gegenüber der Anteilsübertragung ist jedenfalls dann nicht zu rechnen, wenn der Anteilserwerber zum Kreis der in der Partnerschaft vertretenen Freiberufler gehört und sich schon deshalb mit seinem Beitritt keine Änderung des Gegenstands der Partnerschaft verbindet.

§ 10 Liquidation der Partnerschaft; Nachhaftung

(1) Für die Liquidation der Partnerschaft sind die Vorschriften über die Liquidation der offenen Handelsgesellschaft entsprechend anwendbar.

(2) Nach der Auflösung der Partnerschaft oder nach dem Ausscheiden des Partners bestimmt sich die Haftung der Partner aus Verbindlichkeiten der Partnerschaft nach den §§ 159, 160 des Handelsgesetzbuchs.

Übersicht

	RdNr.
I. Normzweck	1, 2
II. Die Liquidation der Partnerschaft (Abs. 1)	3–16
1. Notwendigkeit der Abwicklung	3, 4
2. Die einzelnen Regelungsbereiche	5–14
a) Liquidatoren	5–9
b) Berechnung und Verteilung des Liquidationsergebnisses	10, 11
c) Rechtsverhältnisse zwischen den Partnern	12
d) Anmeldung des Erlöschens; Geschäftsbücher	13, 14
3. Berufsrecht	15, 16
III. Haftung der Partner nach Auflösung oder Ausscheiden (Abs. 2)	17–19
1. Die Sonderverjährung nach Auflösung	17
2. Die begrenzte Nachhaftung ausgeschiedener Partner	18, 19

I. Normzweck

Die Norm regelt in **Abs. 1** die **Rechtsverhältnisse der aufgelösten Partnerschaft.** 1
Durch Verweisung auf die Vorschriften der §§ 145 bis 158 HGB betreffend die Liquidation der OHG sieht sie vor, dass beim Fehlen von Vereinbarungen über eine andere Art der Auseinandersetzung anstelle der Liquidation (§ 158 HGB) das Partnerschaftsvermögen zu liquidieren und der verbleibende Rest, nachdem die Gläubiger befriedigt und die schwebenden Geschäfte beendet sind, unter die Partner zu verteilen ist. Berufsrechtlichen Regelungen für die Abwicklung einer Freiberufler-Praxis (vgl. RdNr. 15 f.), kommt nach § 1 Abs. 3 Vorrang gegenüber dem OHG-Recht auch in der Liquidationsphase der Partnerschaft zu.

Abs. 2 übernimmt mit der Verweisung auf §§ 159, 160 HGB für die Partnerschaft das 2
durch das Nachhaftungsbegrenzungsgesetz vom 18. 3. 1994[1] novellierte Sonderrecht über die **Verjährung** der Gesellschaftsverbindlichkeiten nach § 159 HGB bei Auflösung der Gesellschaft und über die **begrenzte Nachhaftung** des aus einer fortbestehenden Gesellschaft ausscheidenden Gesellschafters nach § 160 HGB. Bedeutung kommt vor allem der Neuregelung des § 160 HGB zu; mit der Begrenzung der Nachhaftung auf fünf Jahre sorgt sie dafür, dass der Ausgeschiedene nicht länger Gefahr läuft, für Verbindlichkeiten aus Dauerschuldverhältnissen einer praktisch unbefristeten Forthaftung zu unterliegen.

II. Die Liquidation der Partnerschaft (Abs. 1)

1. Notwendigkeit der Abwicklung. Als rechtsfähige Gesellschaft mit eigenem Gesamt- 3
handsvermögen (Rechten und Verbindlichkeiten) erlischt die Partnerschaft im Regelfall nicht bereits durch ihre Auflösung nach Maßgabe von § 9 Abs. 1 iVm. § 131 Abs. 1 HGB.

[1] BGBl. 1994 I S. 560; dazu näher § 736 BGB RdNr. 21 ff.

Vielmehr besteht sie als aufgelöster Verband fort, solange sie noch über **liquidationsfähiges Vermögen** verfügt. Nach gesetzlicher Regel (§ 149 HGB) ist es Aufgabe der hierzu bestellten Liquidatoren, zum Zwecke der Liquidation für die Beendigung der laufenden Geschäfte, den Einzug der Forderungen, die Umsetzung des übrigen Vermögens in Geld und die Befriedigung der Gläubiger zu sorgen. Das danach verbleibende, regelmäßig in Geld bestehende Vermögen ist entsprechend § 155 HGB unter die Partner zu verteilen.

4 **Ausnahmen** vom Regelfall der Liquidation einer aufgelösten Partnerschaft entsprechend den Regeln der §§ 145 ff. HGB kommen aus unterschiedlichen Gründen in Betracht. So tritt im Fall der Auflösung durch Eröffnung des Insolvenzverfahrens über das Partnerschaftsvermögen (§ 131 Abs. 1 Nr. 3 HGB) an die Stelle der Abwicklung durch von den Gesellschaftern bestellte Liquidatoren das besonders geregelte **Insolvenzverfahren;** für eine Liquidation entsprechend §§ 145 ff. HGB oder für die Fortsetzung der Partnerschaft entsprechend § 144 HGB ist nur Raum, wenn nach dessen Beendigung noch verteilungsfähiges Vermögen der Partnerschaft verbleibt. Bei Auflösung der Partnerschaft durch **Ausscheiden des vorletzten Partners** (§ 9 RdNr. 6) geht das Partnerschaftsvermögen im Wege der Gesamtrechtsnachfolge auf den zuletzt verbleibenden Partner über (§ 730 BGB RdNr. 81); eine Liquidation ist entbehrlich. Schließlich können die Partner entsprechend § 158 HGB im Partnerschaftsvertrag oder durch einstimmigen Beschluss anstelle der Liquidation eine **andere Art der Auseinandersetzung** vorsehen. Neben dem bloßen Aufschieben der Liquidation kann sie in der Einräumung eines Übernahmerechts an einen der Partner, in der Einbringung des Partnerschaftsvermögens in eine juristische Person im Wege der Umwandlung (vgl. dazu § 1 RdNr. 27) oder in der Naturalteilung bestehen.[2] In allen diesen Fällen kommt es nicht zur entsprechenden Anwendung der §§ 145 ff. HGB.

5 **2. Die einzelnen Regelungsbereiche. a) Liquidatoren.** Der Kreis potentieller Liquidatoren ist in § 146 Abs. 1 S. 1 HGB umschrieben. Danach erfolgt die Liquidation **grundsätzlich durch sämtliche Partner** als Liquidatoren, denen entsprechend § 150 Abs. 1 HGB Gesamtvertretungsmacht zusteht. Die Partner können die Liquidation jedoch abweichend hiervon durch – in der Regel einstimmigen – Beschluss oder durch den Partnerschaftsvertrag *einzelnen Partnern* oder stattdessen *anderen Personen* übertragen. Der Grundsatz der Selbstorganschaft (§ 709 BGB RdNr. 5) findet auf aufgelöste Personengesellschaften einschließlich der Partnerschaft keine Anwendung.[3] Zur Nichtgeltung von § 6 Abs. 2 vgl. RdNr. 12, zur Frage *berufsrechtlicher* Anforderungen an die Auswahl der Liquidatoren im Fall der Liquidation einer Partnerschaft vgl. RdNr. 15 f.

6 **Bestellung und Abberufung** der Liquidatoren richten sich nach §§ 146, 147 HGB. Die *Bestellung* ist grundsätzlich Sache der Partner (§ 146 Abs. 1 S. 1 HGB). Auf Antrag eines Beteiligten erfolgt sie jedoch entsprechend § 146 Abs. 2 HGB bei Vorliegen eines wichtigen Grundes durch das für FG-Sachen zuständige Amtsgericht (§§ 125 Abs. 1, 145 FGG) am Sitz der Partnerschaft. Den wichtigen Grund bildet die Handlungsunfähigkeit der aufgelösten Partnerschaft, sei es wegen Unfähigkeit oder Abberufung vorhandener Liquidatoren ohne einvernehmliche Bestellung von Nachfolgern, sei es wegen gegenseitiger Blockierung bestellter Liquidatoren oder ihrer auf sonstigen Gründen beruhenden Behinderung.[4] Entsprechendes wie für die Bestellung gilt nach § 147 HGB für die *Abberufung.* Auch sie kann auf Antrag eines Beteiligten beim Vorliegen eines wichtigen

[2] Vgl. dazu auch *Henssler* RdNr. 31 ff.; *Hoffmann* in *M/W/H/L* RdNr. 10.

[3] So für die PartG Begr. RegE BT-Drucks. 12/6152 S. 21; *Michalski/Römermann* RdNr. 4; für das OHG-Recht auch *Staub/Habersack* HGB § 146 RdNr. 6; *Heymann/Sonnenschein/Weitemeyer* HGB § 146 RdNr. 9; *Flume,* Die Personengesellschaft, AT I/1, § 14 VIII, S. 241; für modifizierte Selbstorganschaft aber *Schlegelberger/K. Schmidt* HGB § 146 RdNr. 2, 3; *ders.* ZHR 153 (1989), 270, 287.

[4] OLG Köln BB 1989, 1432 (fehlende Unparteilichkeit); OLG Hamm BB 1960, 918 (Unredlichkeit, Unfähigkeit) und 1355 (Gefährdung des Abwicklungszwecks); OLG Hamm BB 1958, 497 (erhebliche Benachteiligung von Belangen der Gesellschaft); zur Kasuistik im Einzelnen vgl. *Staub/Habersack* HGB § 146 RdNr. 33 f.; *Schlegelberger/K. Schmidt* HGB § 146 RdNr. 31.

Grundes durch das Gericht erfolgen, wenn die Partner die erforderliche Abberufung nicht einvernehmlich beschließen.

7 Die **Anmeldung** der Liquidatoren zur Eintragung ins Partnerschaftsregister und diejenige späterer Änderungen in der Person der Liquidatoren oder in ihrer Vertretungsmacht ist entsprechend § 148 Abs. 1 S. 1 und 2 HGB *von sämtlichen Partnern* zu bewirken; es gelten die allgemeinen Grundsätze (§§ 4, 5 RdNr. 7). Abweichend hiervon wird die Eintragung *gerichtlich* bestellter Liquidatoren sowie diejenige der gerichtlichen Abberufung entsprechend § 148 Abs. 2 HGB *von Amts wegen* bewirkt. Die Liquidatoren haben, auch wenn sie nicht zu den anmeldepflichtigen Partnern gehören, entsprechend § 148 Abs. 3 HGB ihre Unterschrift unter Angabe des Namens der Partnerschaft zur Aufbewahrung beim Registergericht zu zeichnen.

8 Die **Rechte und Pflichten** der Liquidatoren sind in den §§ 149 bis 153 HGB geregelt. Von diesen Vorschriften umschreibt § 149 HGB die typischen mit der Liquidation verbundenen *Aufgaben* (vgl. RdNr. 3). Er stellt zugleich klar, dass die Liquidatoren zur Beendigung schwebender Geschäfte im Rahmen ihrer Geschäftsführungsbefugnis auch *neue Geschäfte* eingehen dürfen.[5] Das gilt auch für freiberufliche Aktivitäten einer aufgelösten Partnerschaft, sofern mit der Auflösung weder der Verlust der Zulassung der Partner oder der Anerkennung der Partnerschaft verbunden ist noch sonstige berufsrechtliche Schranken der Fortsetzung der Geschäftstätigkeit durch die aufgelöste Partnerschaft entgegenstehen. Nach außen ist die Vertretungsmacht der Liquidatoren ohnehin unbegrenzt (str., vgl. RdNr. 9). Entsprechend § 152 HGB sind die Liquidatoren einschließlich der vom Gericht bestellten an die *Weisungen* gebunden, die die Partner in Bezug auf Geschäftsführungsangelegenheiten einstimmig beschließen. Die Bindung hat in erster Linie Bedeutung für als Liquidatoren tätige, nicht stimmberechtigte *andere* Personen. Demgegenüber können Partner als Liquidatoren durch ihre Gegenstimme eine Fremdbestimmung durch Weisung verhindern, wenn nicht im Einzelfall ein Stimmrechtsausschluss wegen Interessenkollision eingreift.

9 Für die **Vertretungsmacht** der Liquidatoren gilt entsprechend § 150 Abs. 1 HGB *Gesamt*vertretungsbefugnis, wenn nicht im Partnerschaftsvertrag, durch Beschluss der Partner oder gerichtliche Anordnung (§ 146 Abs. 2 HGB) *Einzel*vertretungsbefugnis vorgesehen ist. Die Vorschrift des § 150 Abs. 2 HGB über die Ermächtigung einzelner Partner zur Vornahme bestimmter Geschäfte und über die Passivvertretung der Partnerschaft entspricht § 125 Abs. 2 HGB. Der **Umfang** der Vertretungsmacht ist entsprechend § 151 HGB wie bei der werbenden Partnerschaft (§ 7 Abs. 3 iVm. § 126 Abs. 2 HGB) unbeschränkt und unbeschränkbar.[6] Der gegenteiligen Ansicht, die eine derartige Beschränkung aus § 149 S. 2 HGB ableiten will,[7] ist nicht zu folgen; gegen eindeutige Überschreitungen der Liquidatorenbefugnisse hilft der Vorbehalt des Missbrauchs der Vertretungsmacht.[8] Für die *Zeichnung der Unterschrift* gilt § 153 HGB; danach ist dem Namen der Partnerschaft außer dem Rechtsformzusatz auch ein Liquidationszusatz („i. L.“, „i. A.“ o. Ä.) beizufügen.

10 **b) Berechnung und Verteilung des Liquidationsergebnisses.** Entsprechend § 154 HGB haben die Liquidatoren zu *Beginn* der Liquidation und bei deren *Beendigung* je eine **Liquidationsbilanz** zu erstellen. Das gilt trotz Nichtverweisung auf § 120 HGB in § 6 Abs. 3 auch für die Partnerschaft,[9] da beide Bilanzen für die Berechnung des zur Verteilung

[5] *Staub/Habersack* HGB § 149 RdNr. 15 f.; *Schlegelberger/K. Schmidt* HGB § 149 RdNr. 12 f.; *Baumbach/Hopt* HGB § 149 RdNr. 6; so auch *Michalski/Römermann* RdNr. 5.

[6] Ebenso *Staub/Habersack* HGB § 149 RdNr. 45 f.; *Schlegelberger/K. Schmidt* HGB § 149 RdNr. 53 und § 151 RdNr. 5; *K. Schmidt* AcP 174 (1974), 55 ff.; MünchHdb. GesR I/*Salger* § 38 RdNr. 13; für die PartG auch Begr. RegE BT-Drucks. 12/6152 S. 22; *Hoffmann* in *M/W/H/L* RdNr. 29; *Lenz* MDR 1994, 741, 744 (Fn. 55). Gegenansichten vgl. in Fn. 7.

[7] Für grundsätzliche Beschränkung der Vertretungsmacht der Liquidatoren auf den (teilweise weit verstandenen) Liquidationszweck RGZ 44, 80, 82; 146, 376, 378 (für den Verein); BGH NJW 1984, 982, 983; *A. Hueck* OHG § 32 IV 5 b; *Baumbach/Hopt* HGB § 149 RdNr. 7; *Heymann/Sonnenschein/Weitemeyer* HGB § 149 RdNr. 12.

[8] So auch *Staub/Habersack* HGB § 149 RdNr. 47; *Schlegelberger/K. Schmidt* HGB § 149 RdNr. 53 ff. und § 151 RdNr. 5; *K. Schmidt* ZHR 153 (1989), 270, 291 f.

[9] Str., wie hier *Henssler* RdNr. 17; *Seibert* in *E/B/J* RdNr. 1; aA die hM zur PartG, vgl. *Michalski/*

nach § 155 Abs. 1 HGB anstehenden Liquidationsergebnisses und des Ausgleichs etwaiger Fehlbeträge durch die Partner unverzichtbar sind.[10] Die Gegenansicht, die sich mit einer Schlussbilanz begnügen, auf die Eröffnungsbilanz aber verzichten will,[11] verkennt, dass eine isolierte Schlussbilanz die von ihr erwartete Funktion, das Liquidationsergebnis auszuweisen, mangels Bezugsmöglichkeit auf die Eröffnungsbilanz nicht leisten kann.

11 Die **Verteilung** des Liquidationsergebnisses richtet sich nach § 155 HGB sowie beim Auftreten etwaiger Fehlbeträge in der Schlussbilanz nach § 1 Abs. 4 iVm. § 735 BGB. Der Überschuss ist entsprechend § 155 Abs. 1 HGB nach dem Verhältnis der aus der Schlussbilanz ersichtlichen *Kapitalanteile* zu verteilen; für die Aufteilung von Fehlbeträgen gilt nach § 735 BGB der Verlustverteilungsschlüssel. Für die Zwecke der Liquidation entbehrliches, weder für nicht fällige noch für streitige Verbindlichkeiten erforderliches Geld ist entsprechend § 155 Abs. 2 HGB vorläufig zu verteilen. Bei Meinungsverschiedenheiten über die geplante Verteilung des restlichen Gesellschaftsvermögens haben die Liquidatoren die Verteilung entsprechend § 155 Abs. 3 HGB auszusetzen, um den Partnern Gelegenheit zu geben, den Streit unter sich im Klagewege vor dem Prozessgericht auszufechten.

12 **c) Rechtsverhältnisse zwischen den Partnern.** Für die Rechtsverhältnisse der Liquidationsgesellschaft nach innen und außen verweist § 156 HGB auf die Regelungen der §§ 109 bis 130 HGB, soweit sich nicht aus den Liquidationsvorschriften oder dem Zweck der Liquidation Abweichendes ergibt. Für die Partnerschaft treten an die Stelle der OHG-Vorschriften in erster Linie diejenigen der §§ 6 bis 8. Allerdings werden die Vorschriften über die Geschäftsführung und Vertretung der werbenden Partnerschaft durch die Liquidationsvorschriften der §§ 149 bis 152 HGB *verdrängt.* Das hat Bedeutung nicht zuletzt für die partnerschaftsspezifische Gewährleistung des Geschäftsführungsrechts sämtlicher Partner im freiberuflichen Bereich nach Maßgabe von § 6 Abs. 2 (§ 6 RdNr. 13 ff.); sie greift im Liquidationsstadium der Partnerschaft nicht ein.[12] Anwendbar aus dem Recht der werbenden Partnerschaft bleiben daher in erster Linie die Vorschriften über Aufwendungsersatz und Verzinsung (§§ 110, 111 HGB), über die Kontrollrechte (§ 118 HGB) sowie über die Beschlussfassung der Partner (§ 119 HGB), während für die Anwendung des Wettbewerbsverbots (§§ 112, 113 HGB) angesichts des auf Auflösung gerichteten Zwecks der Partnerschaft i. L. allenfalls noch vorübergehend Raum ist.[13]

13 **d) Anmeldung des Erlöschens; Geschäftsbücher.** Die Einziehung und Verteilung des restlichen Aktivvermögens der Partnerschaft führt zu deren *Vollbeendigung,* auch wenn noch ungedeckte Verbindlichkeiten offen stehen;[14] für diese dauert die Haftung der Partner vorbehaltlich der Sonderverjährung des § 159 HGB fort. Mit der Vollbeendigung hört die Partnerschaft auf zu bestehen, ihr Name erlischt. Dementsprechend ordnet § 10 Abs. 1 iVm. § 157 Abs. 1 HGB an, dass das **Erlöschen des Namens** der Partnerschaft zur Eintragung in das Partnerschaftsregister anzumelden ist. Zur Anmeldung verpflichtet sind abweichend von § 4 Abs. 1 S. 1 iVm. § 108 Abs. 1 HGB nicht die Partner, sondern entsprechend § 157 Abs. 1 HGB die – von jenen uU personenverschiedenen – Liquidatoren, wobei sämtliche Liquidatoren mitzuwirken haben.[15] Ggf. sind sie hierzu nach § 5 Abs. 2 iVm. § 14 HGB

Römermann RdNr. 10; *Hoffmann* in *M/W/H/L* RdNr. 2; *Feddersen/Meyer-Landrut* RdNr. 3; MünchHdb. GesR I/*Salger* § 38 RdNr. 9.

[10] So unter zutr. Unterscheidung zwischen interner (den Gesellschaftern geschuldeter) und externer, allg. Bilanzrecht folgender Rechnungslegung auch *Schlegelberger/K. Schmidt* HGB § 154 RdNr. 13, 16; *Staub/Habersack* HGB § 154 RdNr. 8 f., 11 f.

[11] So die früher hM zu § 154 HGB, vgl. *A. Hueck* OHG § 32 VI 2; *Sudhoff* NJW 1957, 731 ff.; ebenso *Hoffmann* in *M/W/H/L* RdNr. 2, 33.

[12] So auch MünchHdb. GesR I/*Salger* § 38 RdNr. 11; aA Begr. RegE BT-Drucks. 12/6152 S. 22; *Michalski/Römermann* RdNr. 8.

[13] Dazu auch MünchHdb. GesR I/*Salger* § 35 RdNr. 8; *Meilicke* in *M/W/H/L* § 6 RdNr. 58 (mit Verweis auf den Streitstand zur OHG).

[14] *Staub/Habersack* HGB § 157 RdNr. 6; *Baumbach/Hopt* HGB § 157 RdNr. 1; *Heymann/Sonnenschein/Weitemeyer* HGB § 157 RdNr. 2; MünchHdb. GesR I/*Salger* § 38 RdNr. 16; diff. *Schlegelberger/K. Schmidt* HGB § 157 RdNr. 9.

[15] EinhM, vgl. *Michalski/Römermann* RdNr. 11; *Henssler* RdNr. 28; *Hoffmann* in *M/W/H/L* RdNr. 35; so auch *Staub/Habersack* HGB § 157 RdNr. 8; *Schlegelberger/K. Schmidt* HGB § 157 RdNr. 10.

durch Zwangsgeld anzuhalten. Die Eintragung hat deklaratorischen Charakter; erfolgt sie nicht rechtzeitig, so können sich Haftungsfolgen für die Beteiligten aus § 15 Abs. 1 HGB ergeben.

Die **Geschäftsbücher** (Bücher und Papiere) der beendeten Partnerschaft sind entsprechend § 157 Abs. 2 HGB einem Gesellschafter oder einem Dritten in Verwahrung zu geben und von ihm während der gesetzlichen Fristen des § 257 Abs. 4 HGB aufzubewahren. Können sich die Beteiligten nicht auf die Person des Verwahrers verständigen, so wird dieser durch das FG-Gericht am Sitz der Partnerschaft bestimmt. Das Recht der Partner und deren Erben auf Einsicht und Benutzung der Bücher und Papiere folgt aus § 157 Abs. 3 HGB. Es unterliegt den *berufsrechtlichen,* auf der Schweigepflicht bestimmter Freiberufler beruhenden Einschränkungen, soweit nicht von einer Einwilligung der Mandanten in die innerpartnerschaftliche Aufhebung der Schweigepflicht ausgegangen werden kann (vgl. § 6 RdNr. 34 f.). 14

3. Berufsrecht. Zu den Aufgaben der Liquidatoren gehört entsprechend § 149 HGB die Beendigung schwebender Geschäfte; in Verbindung damit dürfen die Liquidatoren auch neue Geschäfte eingehen (RdNr. 8). Daraus folgt aus berufsrechtlichen Gründen die Notwendigkeit, dass die **Liquidatoren** die **Fähigkeit zur Ausübung der** in der Partnerschaft vertretenen **Freien Berufe** besitzen und über die ggf. erforderliche Zulassung verfügen müssen. Das ist regelmäßig gewährleistet, wenn entweder sämtliche oder doch einzelne *Partner* zu Liquidatoren bestellt sind.[16] Aber auch in den Fällen *gekorener* Liquidatoren aus dem Kreis anderer Personen als der Partner müssen diese oder ersatzweise das Gericht bei ihrem Vorgehen entsprechend § 146 Abs. 1 oder 2 HGB sicherstellen, dass die von ihnen bestellten Liquidatoren über die nach Berufsrecht erforderliche Qualifikation verfügen. Ein Verstoß hiergegen kann zur Unwirksamkeit der Bestellung führen.[17] Zur Nichtgeltung von § 6 Abs. 2 im Liquidationsstadium vgl. RdNr. 12. 15

Über diese allgemeinen Grundsätze hinausgehend finden sich in einigen Berufsordnungen **spezielle Regelungen** für den Fall der Abwicklung einer freiberuflichen Praxis. So sieht § 55 Abs. 1 BRAO vor, dass die Landesjustizverwaltung nach Anhörung des Vorstands der Rechtsanwaltskammer einen *Rechtsanwalt* oder eine andere Person mit Befähigung zum Richteramt als Abwickler der Kanzlei eines verstorbenen Einzelanwalts bestellen kann; die Vorschrift ist auf den Fall der Abwicklung einer RA-Sozietät ohne Beteiligung von Rechtsanwälten als geborene oder gekorene Liquidatoren entsprechend anzuwenden. Nach §§ 54 Abs. 3 und 4 iVm. § 70 Abs. 1 S. 1 StBerG kann die Steuerberaterkammer einen *Steuerberater* oder Steuerbevollmächtigten zum „Abwickler" für die Beendigung der schwebenden Geschäfte einer aufgelösten Steuerberatungs-Gesellschaft bestellen, wenn die Liquidatoren als die gesetzlichen Vertreter der aufgelösten Partnerschaft insoweit keine hinreichende Gewähr zur ordnungsmäßigen Abwicklung bieten. 16

III. Haftung der Partner nach Auflösung oder Ausscheiden (Abs. 2)

1. Die Sonderverjährung nach Auflösung. Die gesamtschuldnerische Haftung der Partner nach § 8 Abs. 1 einschließlich ihrer personellen Beschränkung nach § 8 Abs. 2 für Ansprüche von Auftraggebern aus Bearbeitungsfehlern erfährt durch die Auflösung der Partnerschaft keine Veränderung. Die Partner können im Regelfall davon ausgehen, dass im Zuge der Liquidation der Partnerschaft deren Gläubiger durch die Liquidatoren befriedigt werden. Um gleichwohl die Haftungsrisiken der Partner nach Auflösung der Partnerschaft in Grenzen zu halten, verweist § 10 Abs. 2 auf die Vorschrift des § 159 HGB betreffend die **fünfjährige Sonderverjährung** der – nicht nach anderen Vorschriften einer kürzeren Verjährung unterliegenden – Ansprüche gegen die Gesellschafter einer aufgelösten OHG aus Verbindlichkeiten dieser Gesellschaft. Die Frist beginnt entsprechend § 159 Abs. 2, 3 HGB mit der Eintragung der Auflösung im Partnerschaftsregister oder mit dem etwaigen späteren 17

[16] Zum Sonderfall der Liquidation einer interprofessionellen Partnerschaft und der insoweit benötigten Mehrfachkompetenz vgl. *Henssler* RdNr. 10.

[17] Begr. RegE BT-Drucks. 12/6152 S. 22; wohl auch *Michalski/Römermann* RdNr. 5.

Fälligkeitsdatum solcher Ansprüche. Unterbrechungshandlungen der Gläubiger gegenüber der Partnerschaft wirken entsprechend § 159 Abs. 4 HGB auch gegenüber den Partnern, die ihr bei Auflösung angehört haben.

18 **2. Die begrenzte Nachhaftung ausgeschiedener Partner.** Das Ausscheiden eines Partners aus der von den übrigen als werbende fortgeführten Partnerschaft lässt dessen gesamtschuldnerische **Haftung** für die beim Ausscheiden begründeten Verbindlichkeiten der Partnerschaft fortbestehen. Zwar folgt aus § 1 Abs. 4 iVm. § 738 Abs. 1 BGB eine Pflicht der übrigen Partner, den Ausgeschiedenen von den gemeinschaftlichen Verbindlichkeiten zu befreien oder ihm Sicherheit zu leisten. Sie ist jedoch wenig praktikabel und wird in aller Regel abbedungen (§ 738 BGB RdNr. 12). *Problematisch* ist die Forthaftung für den Ausgeschiedenen vor allem insoweit, als es um nachträglich fällig werdende Ansprüche aus bei seinem Ausscheiden bestehenden Dauerschuldverhältnissen geht, für die ihn ohne eine Sonderregelung nach Art des § 160 HGB stets erneut die Haftung treffen würde (vgl. näher § 736 BGB RdNr. 7, 21 ff.).

19 Dieser Situation trägt die **Neufassung des § 160 Abs. 1 HGB** aus dem Jahr 1994 Rechnung. Sie begrenzt die Haftung des Ausgeschiedenen aus § 8 Abs. 1 für bei seinem Ausscheiden begründete Verbindlichkeiten der Partnerschaft grundsätzlich auf den Zeitraum von fünf Jahren nach Eintragung seines Ausscheidens mit der Folge, dass hinsichtlich später fällig werdender Ansprüche Enthaftung eintritt. Gleiches gilt für Ansprüche, die innerhalb der Fünfjahresfrist fällig werden, sofern sie nicht vor Fristablauf vom Gläubiger gegen den ausgeschiedenen Partner gerichtlich geltend gemacht oder entsprechend § 160 Abs. 2 HGB von ihm schriftlich anerkannt worden sind. Wegen der Einzelheiten der Nachhaftungsregelung vgl. die Erläuterungen zu § 736 Abs. 2 BGB. Partnerschaftsspezifische Besonderheiten bestehen nicht.

§ 11 Übergangsvorschriften

(1) [1] Den Zusatz „Partnerschaft" oder „und Partner" dürfen nur Partnerschaften nach diesem Gesetz führen. [2] Gesellschaften, die eine solche Bezeichnung bei Inkrafttreten dieses Gesetzes in ihrem Namen führen, ohne Partnerschaft im Sinne dieses Gesetzes zu sein, dürfen diese Bezeichnung noch bis zum Ablauf von zwei Jahren nach Inkrafttreten dieses Gesetzes weiterverwenden. [3] Nach Ablauf dieser Frist dürfen sie eine solche Bezeichnung nur noch weiterführen, wenn sie in ihrem Namen der Bezeichnung „Partnerschaft" oder „und Partner" einen Hinweis auf die andere Rechtsform hinzufügen.

(2) [1] Die Anmeldung und Eintragung einer dem gesetzlichen Regelfall entsprechenden Vertretungsmacht der Partner und der Abwickler muss erst erfolgen, wenn eine vom gesetzlichen Regelfall abweichende Bestimmung des Partnerschaftsvertrages über die Vertretungsmacht angemeldet und eingetragen wird oder wenn erstmals die Abwickler zur Eintragung angemeldet und eingetragen werden. [2] Das Registergericht kann die Eintragung einer dem gesetzlichen Regelfall entsprechenden Vertretungsmacht auch von Amts wegen vornehmen. [3] Die Anmeldung und Eintragung des Geburtsdatums bereits eingetragener Partner muss erst bei einer Anmeldung und Eintragung bezüglich eines der Partner erfolgen.

Übersicht

	RdNr.
I. Einführung	1–3
1. Normzweck des Abs. 1	1, 2
2. Reform (Abs. 2)	3
II. Reservierung des Partner-Zusatzes für die PartG (Abs. 1 S. 1)	4, 5
III. Bestandsschutz für Alt-Namen und -Firma (S. 2 und 3)	6–11
1. Regelungsinhalt	6–8
a) Satz 2 (bis 30. 6. 1997)	6
b) Satz 3 (ab 1. 7. 1997)	7, 8

	RdNr.
2. Bestandsschutz und Namens-(Firmen-)änderung	9
3. Bestandsschutz bei Fortführung des Namens einer GbR oder PartG als Firma?	10
4. Beweisfragen	11
IV. Rechtsfolgen unbefugter Verwendung des Partner-Zusatzes	12, 13
V. Übergangsregelungen für die erweiterte Eintragung im Partnerschaftsregister (Abs. 2)	14–17
1. Vertretungsmacht	14–16
2. Geburtsdatum	17

I. Einführung

1. Normzweck des Abs. 1. Die Vorschrift des Abs. 1 dient in **Satz 1** dazu, den in § 2 Abs. 1 für den Namen der Partnerschaft vorgesehenen **Partner-Zusatz** („Partnerschaft" oder „und Partner") für diese Rechtsform zu schützen. Darin liegt eine wesentliche Abweichung vom früheren Namens- und Firmenrecht, da bisher der Zusatz „und Partner" vor allem für den Namen der GbR offenstand, aber auch für die (Personen-)Firma von Handelsgesellschaften benutzt wurde. Entgegen der Überschrift zu § 11 hat die Vorschrift nicht nur Übergangscharakter, sondern iVm. § 2 Abs. 1 S. 1 eigenständigen, den Rechtsform-Bezug des Zusatzes betonenden Regelungsgehalt.[1] 1

Die Reservierung des Partner-Zusatzes in Satz 1 für die PartG macht aus Gründen des **Bestandsschutzes** eine Sonderregelung für die von der Neuregelung betroffenen, bisher den Partner-Zusatz namens- oder firmenmäßig verwendenden *Gesellschaften anderer Rechtsform* erforderlich. Ihnen gewährte **Satz 2** eine am 30. 6. 1997 abgelaufene Übergangsfrist von zwei Jahren zur unveränderten Weiterverwendung des Partner-Zusatzes. Auch nach Ablauf dieser Frist dürfen sie den Zusatz im Rahmen ihres bisherigen Namens (ihrer Firma) fortführen; allerdings müssen sie ihm nach **Satz 3** zur Unterscheidung von der Partnerschaft einen Hinweis auf ihre davon abweichende Rechtsform beifügen. 2

2. Reform (Abs. 2). Mit den im Zuge des ERJuKoG[2] aufgenommenen weiteren Übergangsvorschriften des Abs. 2 hat der Gesetzgeber den Änderungen der §§ 4 Abs. 1 S. 2, 5 Abs. 1 betreffend die neu eingeführte Pflicht zur Anmeldung und Eintragung des *Geburtsdatums* jedes Partners sowie der in der jeweiligen PartG geltenden *Vertretungsmacht* Rechnung getragen. Die Regelungen zielen darauf ab, für die zuvor erfolgten, aus neuer Sicht unvollständigen Eintragungen zu einer flexiblen, grundsätzlich an die anmeldepflichtige Änderung bestehender Eintragungen anknüpfenden Nachholung der zusätzliche Erfordernisse zu kommen. 3

II. Reservierung des Partner-Zusatzes für die PartG (Abs. 1 S. 1)

Die Reservierung des Zusatzes „Partnerschaft" oder „und Partner" für die neue Rechtsform der Partnerschaft hat weittragende Bedeutung vor allem für **Freiberufler-Sozietäten** in der Rechtsform der **GbR.** Entgegen bisheriger Übung ist ihnen seit dem 1. 7. 1995 die *Aufnahme* eines dieser Zusätze verwehrt; dessen weitere Benutzung ist nur in den Grenzen des Abs. 1 S. 3 zulässig. Wollen sie künftig einen dieser Zusätze neu verwenden, so können sie das nur tun, wenn sie sich als Partnerschaft (um-)organisieren und ihre Eintragung im Partnerschaftsregister herbeiführen.[3] 4

Nach heute einhM betrifft die Sperrwirkung des Abs. 1 S. 1 allerdings nicht nur sonstige Personengesellschaften außer der PartG, darunter auch **OHG und KG,** sondern ebenso auch **Kapitalgesellschaften** (AG und GmbH).[4] Der Umstand, dass diese nach § 4 AktG, § 4 GmbHG ohnehin schon bei Erlass des PartGG gezwungen waren, einen entsprechenden 5

[1] Zutr. *Wertenbruch* ZIP 1996, 1776, 1777.

[2] Gesetz v. 10. 12. 2001 BGBl. I S. 3422.

[3] Ganz hM; Begr. RegE BT-Drucks. 12/6152 S. 23; *Michalski/Römermann* RdNr. 4; *Hoffmann* in *M/W/H/L* RdNr. 1; aA *Kögel* Rpfleger 1996, 314, 316 f.

[4] So zutr. BGHZ 135, 257, 259 = NJW 1997, 1854 und zuvor schon BayObLG NJW 1996, 3016;

Rechtsformzusatz in ihre Firma aufzunehmen, steht nicht entgegen. Auch wenn wegen dieses zwingenden, durch § 19 Abs. 1 HGB auf OHG und KG ausgedehnten Rechtsformzusatzes eine Verwechslungsgefahr durch den „Partner"-Zusatz nicht ohne weiteres zu befürchten ist, soll durch die strikte Regelung des Abs. 1 S. 1 doch der *Rechtsform-Charakter des Partner-Zusatzes unterstrichen* und für seine Durchsetzung im Verkehr zur Kennzeichnung der PartG gesorgt werden.[5]

III. Bestandsschutz für Alt-Namen und -Firma (S. 2 und 3)

6 **1. Regelungsinhalt. a) Satz 2 (bis 30. 6. 1997).** Die eigentliche „Übergangsvorschrift" des Abs. 1 für Gesellschaften, die den Partner-Zusatz schon vor dem 1. 7. 1995 in Namen oder Firma verwendet haben, findet sich in Satz 2 und 3. Darin werden zwei Zeiträume unterschieden. Den ersten bildete die in Satz 2 genannte Zweijahresfrist vom 1. 7. 1995 bis 30. 6. 1997. In dieser Zeit durfte der bisherige „Name" der Gesellschaft, worunter auch die Firma von Handelsgesellschaften zu verstehen ist,[6] trotz des Partner-Zusatzes **unverändert** fortgeführt werden. Im Interesse flexibler Anpassung nahm der Gesetzgeber die Gefahr vorübergehender Verkehrsverwirrung durch das undifferenzierte Nebeneinanderbestehen insbes. der Namen von GbR und Partnerschaft bewusst in Kauf und verzichtete auf einen klarstellenden Rechtsformzusatz. Aus heutiger Sicht kommt der Regelung keine Bedeutung mehr zu.

7 **b) Satz 3 (ab 1. 7. 1997).** Für die Zeit ab 1. 7. 1997 ist der Bestandsschutz durch Satz 3 in der Weise *eingeschränkt,* dass die darunter fallenden (Alt-)Gesellschaften ihrem Namen oder ihrer Firma einen – deutlich lesbaren – **Rechtsform-Hinweis** beifügen müssen. Die Bedeutung dieser Regelung beschränkt sich, soweit es um den obligatorischen Rechtsformzusatz geht, aus heutiger Sicht auf diejenigen Fälle, in denen der Partner-Zusatz im **Namen einer BGB-Gesellschaft** verwendet wird. Die GbR muss ihrem Namen beim Festhalten an dem „Partner"-Bestandteil einen der Zusätze „BGB-Gesellschaft", „Gesellschaft bürgerlichen Rechts" oder auch „GbR" beifügen;[7] der Zusatz „Sozietät" reicht mangels Rechtsformbezug nicht aus.[8] Demgegenüber galt die Pflicht zum obligatorischen Rechtsformzusatz in der *Firma* für Kapitalgesellschaften schon vor Erlass des PartG (RdNr. 5); für Personengesellschaften wurde sie durch § 19 Abs. 1 nF HGB im Zuge des HRefG generell eingeführt. – Auf den restlichen Regelungsgehalt des Abs. 1 S. 3 hat diese Normenkonkurrenz keinen Einfluss (zur Bedeutung von Änderungen der Firma für den Bestandsschutz nach Abs. 1 S. 3 vgl. RdNr. 9).

8 Der eingeschränkte Bestandsschutz nach Abs. 1 S. 3 gilt nicht nur zugunsten des bisherigen Inhabers des Namens oder der Firma, sondern auch im Fall einer nach §§ 22, 24 HGB zulässigen **Firmenfortführung** (zur Fortführung eines GbR-Namens als Firma vgl. RdNr. 10). Der Erwerber der Firma tritt nach § 22 Abs. 1 HGB in vollem Umfang in die Rechte des Veräußerers ein. Entsprechendes gilt bei Fortsetzung des Namens oder der Firma trotz Änderungen im Gesellschafterbestand. Den (neuen) Inhabern kommt daher auch das Privileg des Abs. 1 S. 3 zugute, wenn sie die Firma entweder unverändert fortführen oder nur solche Änderungen vornehmen, die aus der Sicht der §§ 22, 24 HGB unschädlich sind (vgl. RdNr. 9). Die Vorschrift findet auch im Fall eines **Formwechsels** (§ 191 UmwG) Anwendung, wenn dabei nach § 200 Abs. 1 UmwG die bisher geführte Firma beibehalten wird.[9]

anders noch OLG Frankfurt NJW 1996, 2237 (keine Anwendung auf Kapitalgesellschaften).

[5] Vgl. BGHZ 135, 257, 259 = NJW 1997, 1854 und zuvor schon BayObLG NJW 1996, 3016; zust. *Hülsmann* NJW 1998, 35 ff., unter Stellungnahme zu den zuvor in der Literatur geäußerten, vom BGH jedoch nicht aufgegriffenen, auf verfassungs- und europarechtliche Bedenken gestützten Gegenargumenten.

[6] *Seibert* Partnerschaft S. 50; *ders.* DB 1994, 2381, 2383; *Burret* WPK-Mitt. 1994, 201, 204.

[7] Für Zulässigkeit der Kurzform auch RegE BT-Drucks. 12/6152 S. 23; *Seibert* in *E/B/J* RdNr. 3; *ders.* DB 1994, 2381, 2383; *Michalski/Römermann* RdNr. 5 (hM).

[8] So auch *Michalski/Römermann* RdNr. 5.

[9] So zutr. OLG Frankfurt NJW 1999, 2285, 2286.

2. Bestandsschutz und Namens-(Firmen-)änderung. Die Regelung des Abs. 1 S. 3 hat die Gerichte wiederholt im Hinblick auf die Frage beschäftigt, welche *nachträglichen Änderungen* des Namens oder der Firma sich für den Bestandsschutz als *unschädlich* erweisen. Dabei hat sich im Anschluss an die **Rechtsprechung zur Firmenfortführung nach §§ 22, 24 HGB**[10] die Ansicht durchgesetzt, dass zwischen der – schädlichen – „Umbenennung" der Firma, insbes. durch Änderung des Firmenkerns, und der – grundsätzlich unschädlichen – Änderung von sach- oder ortsbezogenen Firmenzusätzen zu unterscheiden ist.[11] Zum *Firmenkern* zählen bei den hier regelmäßig in Frage stehenden Personenfirmen der Austausch bzw. die Streichung oder Neuaufnahme von Personennamen als den für die Identifizierung der Gesellschaft zentralen Bestandteilen.[12] Demgegenüber wird die Änderung von *Firmenzusätzen* insbes. dann als unschädlich für den Bestandsschutz angesehen, wenn sie entweder im Interesse der Allgemeinheit, zur Vermeidung einer Irreführung des Publikums, geboten ist[13] oder bei objektiver Beurteilung einem sachlich berechtigten Anliegen des Firmeninhabers dient und keine Zweifel an der Identität mit der bisherigen Firma aufkommen lässt.[14] An dieser zu §§ 22, 24 HGB entwickelten Linie ist angesichts des vergleichbaren, auf die Firmenkontinuität bezogenen Normzwecks auch für den Bestandsschutz nach Abs. 1 S. 3 festzuhalten. Diese Grundsätze sind auch auf *Änderungen des Namens einer GbR* anwendbar; dafür spricht nicht zuletzt die Verweisung des § 2 Abs. 1 auf §§ 22 Abs. 1, 24 HGB. 9

3. Bestandsschutz bei Fortführung des Namens einer GbR oder PartG als Firma? Nach Ansicht des *OLG Karlsruhe*[15] kann sich der kaufmännische Erwerber des Unternehmens einer GbR in Bezug auf den von ihm als *Firma* fortgeführten GbR-Namen nicht auf den Bestandsschutz berufen, da insoweit § 22 HGB nicht eingreife. Dem ist auch dann nicht zu folgen, wenn man in derartigen Fällen mit der hM[16] eine Analogie zu § 22 HGB ablehnt. Denn entscheidend für die Anwendung des Abs. 1 S. 3 ist der mit dieser Vorschrift verfolgte Zweck, die Namens-(Firmen-)Kontinuität im Falle eines schon vor dem 1. 7. 1995 verwendeten Partner-Zusatzes zu ermöglichen. Die Durchsetzung dieses Zwecks ist von der zwar logisch vorgelagerten, aber sachlich anderen Frage zu unterscheiden, unter welchen Voraussetzungen eine Handelsgesellschaft in der Lage ist, den GbR-Namen als Firma fortzuführen. Dementsprechend bestehen auch keine Bedenken dagegen, der durch Umwandlung einer PartG nach § 191 Abs. 1 UmwG entstandenen Kapitalgesellschaft die Berufung auf den Bestandsschutz des Abs. 1 S. 3 zu gestatten; dafür spricht auch die Regelung der §§ 225 a, 200 Abs. 1 UmwG. 10

4. Beweisfragen. Auf die Übergangsvorschrift des Abs. 1 S. 3 können sich nur diejenigen berufen, die den Partner-Zusatz nachweislich schon **vor dem 1. 7. 1995** in ihrem Namen oder ihrer Firma geführt oder seither eine entsprechende Alt-Firma nach Maßgabe von § 22 HGB übernommen haben. Der **Nachweis** kann angesichts des Fehlens einer Registrierung vor allem bei den Freiberufler-Sozietäten in der Rechtsform der GbR, aber 11

[10] Vgl. die Leitentscheidung BGHZ 44, 116, 119 f. = NJW 1965, 1915 – Frankona; so auch *Staub/Hüffer* HGB § 22 RdNr. 48 ff.; MünchKommHGB/*Bokelmann* § 22 RdNr. 69 ff.; *Hachenburg/Heinrichs* GmbHG, 8. Aufl., § 4 RdNr. 76.

[11] So insbes. OLG Stuttgart ZIP 2000, 1108, 1109; BayObLG ZIP 2003, 1295, 1296; vgl. auch OLG Karlsruhe NJW 1998, 1160, 1161; LG Köln GmbHR 1999, 411, 412.

[12] OLG Stuttgart und BayObLG (Fn. 11); so auch *Staub/Hüffer* HGB § 22 RdNr. 50; MünchKommHGB/*Bokelmann* § 22 RdNr. 65.

[13] So bei Erweiterung oder Einschränkung des Geschäftsumfangs, bei Wegfall eines bisherigen oder Aufnahme eines neuen Geschäftszweigs sowie bei Sitzverlegung, vgl. BGHZ 44, 116, 119 f. = NJW 1965, 1915; *Staub/Hüffer* HGB § 22 RdNr. 54 ff.; MünchKommHGB/*Bokelmann* § 22 RdNr. 69 ff.

[14] So bei sonstigen Änderungen der geschäftlichen Verhältnisse wie Durchsetzung einer Marke als Geschäftsbezeichnung oder gewandelter Bedeutung des Firmenzusatzes, vgl. BGHZ 44, 116, 120 = NJW 1965, 1915; BayObLG ZIP 2003, 1295, 1296; LG Köln GmbHR 1999, 411, 412; *Staub/Hüffer* HGB § 22 RdNr. 49 f., 57; MünchKommHGB/*Bokelmann* § 22 RdNr. 72.

[15] NJW 1998, 1160, 1161.

[16] So BayObLG DB 1988, 2259; OLG Zweibrücken NJW-RR 1988, 998; *Staub/Hüffer* HGB § 22 RdNr. 4; MünchKommHGB/*Bokelmann* § 22 RdNr. 4; *Baumbach/Hopt* HGB § 22 RdNr. 7; *Roth* in *Koller/Roth/Morck* HGB § 22 RdNr. 2; aA *K. Schmidt* HaR § 12 I 2 b bb und III 2 b.

auch bei noch nicht eingetragenen Personenhandelsgesellschaften Schwierigkeiten bereiten. Er ist ggf. durch den Briefkopf der vor diesem Stichtag versandten Geschäftsbriefe oder durch Eintragungen in Telefonbüchern oder anderen öffentlichen Verzeichnissen zu führen. Der Abschluss eines Gesellschaftsvertrags unter Vereinbarung eines Namens (einer Firma) mit Partnerzusatz vor dem Stichtag des 1. 7. 1995 reicht nicht aus, wenn die Gesellschaft in dieser Zeit weder im Handelsregister eingetragen worden noch in sonstiger Weise gegenüber Dritten unter dieser Bezeichnung in Erscheinung getreten ist.

IV. Rechtsfolgen unbefugter Verwendung des Partner-Zusatzes

12 Die Durchsetzung des durch Abs. 1 S. 1 geänderten Namensrechts und das Vorgehen gegen eine unbefugte Verwendung des Partner-Zusatzes ist nach § 2 Abs. 2 iVm. § 37 Abs. 1 HGB in erster Linie Sache des **Partnerschaftsregisters.** Es hat Gesellschaften, deren Name oder Firma gegen Abs. 1 S. 1 verstößt, abzumahnen und sie ggf. im Wege des Missbrauchsverfahrens nach § 160 b Abs. 1 iVm. §§ 140, 132 bis 139 FGG durch Festsetzung von Ordnungsgeld zur Unterlassung anzuhalten. Daneben kann auch das *Handelsregister* nach § 37 Abs. 1 HGB iVm. §§ 140, 132 bis 139 FGG einschreiten, soweit es um Verstöße durch Handelsgesellschaften geht.[17] Die Amtslöschung des unzulässigen Firmen-Zusatzes richtet sich nach § 142 FGG; nach zutr. neuerer Ansicht ist sie auch dann möglich, wenn die Unzulässigkeit der Firma erst nachträglich eintritt.[18]

13 Tritt eine Gesellschaft unter Verstoß gegen Abs. 1 S. 1 mit dem Partner-Zusatz in Namen oder Firma auf, so kann das auch einen **Wettbewerbsverstoß** darstellen. Es löst ggf. Unterlassungsansprüche von Mitbewerbern nach §§ 1, 3 iVm. § 13 Abs. 2 Nr. 1 UWG wegen Irreführung des Verkehrs über die Rechtsform der Gesellschaft aus.

V. Übergangsregelungen für die erweiterte Eintragung im Partnerschaftsregister (Abs. 2)

14 **1. Vertretungsmacht.** Im Zuge des ERJuKoG[19] wurde – über das bisherige Recht hinausgehend – die *generelle* Pflicht der Beteiligten zur Anmeldung und Eintragung der in einer PartG geltenden Vertretungsmacht der Partner begründet, also auch dann, wenn sie nicht von der Einzelvertretung nach § 7 Abs. 3 iVm. § 125 Abs. 1 HGB abweicht. Dieser Änderung tragen die Übergangsvorschriften des Abs. 2 S. 1 und 2 Rechnung.

15 In Übereinstimmung mit der entsprechenden, auf die generelle Eintragung der Vertretungsmacht in OHG und KG bezogenen Übergangsvorschrift des Art. 52 EGHGB verzichtet auch **Satz 1** darauf, die Partner oder Abwickler einer bereits eingetragenen PartG mit gesetzlicher Vertretungsmacht zu deren nachträglicher Anmeldung zu verpflichten. Eine solche Verpflichtung greift vielmehr erst zu demjenigen **späteren Zeitpunkt** ein, in dem die Partner für einzelne Vertreter eine vom gesetzlichen Regelfall abweichende Vertretungsmacht anmelden. Solange es an einer derartigen Eintragung und Bekanntmachung fehlt, kann der Verkehr nach § 5 Abs. 2 iVm. § 15 Abs. 1 HGB auf die Einzelvertretungsmacht aller Partner vertrauen.[20]

16 **Satz 2** lässt, ebenfalls in Übereinstimmung mit Art. 52 EGHGB, die Eintragung der in der PartG geltenden gesetzlichen Vertretungsmacht auch **von Amts wegen** zu. Hiervon wird das Registergericht nur dann Gebrauch machen, wenn entweder die nachträgliche Umstellung aller bisherigen, auf die Angabe der (Regel-)Vertretungsmacht verzichtenden

[17] So auch *Henssler* RdNr. 4; *Michalski/Römermann* RdNr. 6.

[18] Ebenso RGZ 169, 147, 151 f.; KG NJW 1955, 1926 f.; BayObLGZ 1975, 332, 335; OLG Hamm OLGZ 1977, 53, 54; OLG Frankfurt OLGZ 1979, 318, 321; BayObLGZ 1994, 102, 104 f.; *Michalski/Römermann* RdNr. 6; *Staub/Hüffer* HGB § 37 RdNr. 25; *Heymann/Emmerich* HGB § 37 RdNr. 21; MünchKommHGB/*Lieb/Krebs* § 37 RdNr. 38; *Bassenge/Herbst* FGG § 142 Anm. 2 d; *Keidel/Kuntze/Winkler* FGG § 142 RdNr. 10; abw. früher KG JW 1935, 436.

[19] Vgl. Nachw. in Fn. 2.

[20] AA *Servatius* NZG 2002, 456, 457, da die unveränderte Vertretungsmacht keine „einzutragende Tatsache" iS von § 15 Abs. 1 HGB sei.

Eintragungen auf elektronischem Wege keine Schwierigkeiten bereitet[21] oder für die jeweiligen Partner einer PartG unterschiedliche Vertretungsregelungen gelten und von deren partieller, bisherigem Recht entsprechender Eintragung daher Verwirrung für den Verkehr zu befürchten ist.

2. Geburtsdatum. Mit der nachträglichen Anmeldung und Eintragung des Geburtsdatums bereits eingetragener Partner befasst sich **Satz 3** des Abs. 2. Er lässt es genügen, dass diese „erst bei einer Anmeldung und Eintragung bezüglich eines der Partner" erfolgt. Der Wortlaut ist nicht eindeutig, da er offenlässt, ob bei einer nachträglichen, auf *einen* Partner bezogenen Anmeldung die Geburtsdaten auch der *übrigen* Partner anzumelden sind. Geht man von dem Interesse des Gesetzgebers an Vervollständigung des Registerinhalts in überschaubarer Zeit aus, so sprechen die besseren Gründe dafür, die Frage im Sinne einer die **Geburtsdaten aller Partner** umfassenden Anmeldepflicht zu beantworten. 17

[21] So zutr. *Servatius* NZG 2002, 456 f.

Anhang

Handelsgesetzbuch

Vom 10. Mai 1897 (RGBl. S. 219),
zuletzt geändert durch Gesetz vom 28. August 2002 (BGBl. I S. 3412)
(Auszug)

Zweites Buch. Handelsgesellschaften und stille Gesellschaft

Erster Abschnitt. Offene Handelsgesellschaft

Erster Titel. Errichtung der Gesellschaft

§ 105. [Begriff der OHG; Anwendbarkeit des BGB] (1) Eine Gesellschaft, deren Zweck auf den Betrieb eines Handelsgewerbes unter gemeinschaftlicher Firma gerichtet ist, ist eine offene Handelsgesellschaft, wenn bei keinem der Gesellschafter die Haftung gegenüber den Gesellschaftsgläubigern beschränkt ist.

(2) Eine Gesellschaft, deren Gewerbebetrieb nicht schon nach § 1 Abs. 2 Handelsgewerbe ist oder die nur eigenes Vermögen verwaltet, ist offene Handelsgesellschaft, wenn die Firma des Unternehmens in das Handelsregister eingetragen ist. § 2 Satz 2 und 3 gilt entsprechend.

(3) Auf die offene Handelsgesellschaft finden, soweit nicht in diesem Abschnitt ein anderes vorgeschrieben ist, die Vorschriften des Bürgerlichen Gesetzbuchs über die Gesellschaft Anwendung.

§ 106. [Anmeldung zum Handelsregister] (1) Die Gesellschaft ist bei dem Gericht, in dessen Bezirke sie ihren Sitz hat, zur Eintragung in das Handelsregister anzumelden.

(2) Die Anmeldung hat zu enthalten:

1. den Namen, Vornamen, Geburtsdatum und Wohnort jedes Gesellschafters;
2. die Firma der Gesellschaft und den Ort, wo sie ihren Sitz hat;
3. den Zeitpunkt, mit welchem die Gesellschaft begonnen hat;
4. die Vertretungsmacht der Gesellschafter.

§ 107. [Anzumeldende Änderungen] Wird die Firma einer Gesellschaft geändert oder der Sitz der Gesellschaft an einen anderen Ort verlegt, tritt ein neuer Gesellschafter in die Gesellschaft ein oder ändert sich die Vertretungsmacht eines Gesellschafters, so ist dies ebenfalls zur Eintragung in das Handelsregister anzumelden.

§ 108. [Anmeldung durch alle Gesellschafter; Aufbewahrung der Unterschriften] (1) Die Anmeldungen sind von sämtlichen Gesellschaftern zu bewirken.

(2) Die Gesellschafter, welche die Gesellschaft vertreten sollen, haben ihre Namensunterschrift unter Angabe der Firma zur Aufbewahrung bei dem Gericht zu zeichnen.

Zweiter Titel. Rechtsverhältnis der Gesellschafter untereinander

§ 109. [Gesellschaftsvertrag] Das Rechtsverhältnis der Gesellschafter untereinander richtet sich zunächst nach dem Gesellschaftsvertrage; die Vorschriften der §§ 110 bis 122 finden nur insoweit Anwendung, als nicht durch den Gesellschaftsvertrag ein anderes bestimmt ist.

§ 110. [Ersatz für Aufwendungen und Verluste] (1) Macht der Gesellschafter in den Gesellschaftsangelegenheiten Aufwendungen, die er den Umständen nach für erforderlich halten darf, oder erleidet er unmittelbar durch seine Geschäftsführung oder aus Gefahren, die mit ihr untrennbar verbunden sind, Verluste, so ist ihm die Gesellschaft zum Ersatze verpflichtet.

(2) Aufgewendetes Geld hat die Gesellschaft von der Zeit der Aufwendung an zu verzinsen.

§ 111. [Verzinsungspflicht] (1) Ein Gesellschafter, der seine Geldeinlage nicht zur rechten Zeit einzahlt oder eingenommenes Gesellschaftsgeld nicht zur rechten Zeit an die Gesellschaftskasse abliefert oder unbefugt Geld aus der Gesellschaftskasse für sich entnimmt, hat Zinsen von dem Tage an zu entrichten, an welchem die Zahlung oder die Ablieferung hätte geschehen sollen oder die Herausnahme des Geldes erfolgt ist.

(2) Die Geltendmachung eines weiteren Schadens ist nicht ausgeschlossen.

§ 112. [Wettbewerbsverbot] (1) Ein Gesellschafter darf ohne Einwilligung der anderen Gesellschafter weder in dem Handelszweig der Gesellschaft Geschäfte machen noch an einer anderen gleichartigen Handelsgesellschaft als persönlich haftender Gesellschafter teilnehmen.

(2) Die Einwilligung zur Teilnahme an einer anderen Gesellschaft gilt als erteilt, wenn den übrigen Gesellschaftern bei Eingehung der Gesellschaft bekannt ist, daß der Gesellschafter an einer anderen Gesellschaft als persönlich haftender Gesellschafter teilnimmt, und gleichwohl die Aufgabe dieser Beteiligung nicht ausdrücklich bedungen wird.

§ 113. [Verletzung des Wettbewerbsverbots] (1) Verletzt ein Gesellschafter die ihm nach § 112 obliegende Verpflichtung, so kann die Gesellschaft Schadensersatz fordern; sie kann statt dessen von dem Gesellschafter verlangen, daß er die für eigene Rechnung gemachten Geschäfte als für Rechnung der Gesellschaft eingegangen gelten lasse und die aus Geschäften für fremde Rechnung bezogene Vergütung herausgebe oder seinen Anspruch auf die Vergütung abtrete.

(2) Über die Geltendmachung dieser Ansprüche beschließen die übrigen Gesellschafter.

(3) Die Ansprüche verjähren in drei Monaten von dem Zeitpunkt an, in welchem die übrigen Gesellschafter von dem Abschlusse des Geschäfts oder von der Teilnahme des Gesellschafters an der anderen Gesellschaft Kenntnis erlangen; sie verjähren ohne Rücksicht auf diese Kenntnis in fünf Jahren von ihrer Entstehung an.

(4) Das Recht der Gesellschafter, die Auflösung der Gesellschaft zu verlangen, wird durch diese Vorschriften nicht berührt.

§ 114. [Geschäftsführung] (1) Zur Führung der Geschäfte der Gesellschaft sind alle Gesellschafter berechtigt und verpflichtet.

(2) Ist im Gesellschaftsvertrage die Geschäftsführung einem Gesellschafter oder mehreren Gesellschaftern übertragen, so sind die übrigen Gesellschafter von der Geschäftsführung ausgeschlossen.

§ 115. [Geschäftsführung durch mehrere Gesellschafter] (1) Steht die Geschäftsführung allen oder mehreren Gesellschaftern zu, so ist jeder von ihnen allein zu handeln berechtigt; widerspricht jedoch ein anderer geschäftsführender Gesellschafter der Vornahme einer Handlung, so muß diese unterbleiben.

(2) Ist im Gesellschaftsvertrage bestimmt, daß die Gesellschafter, denen die Geschäftsführung zusteht, nur zusammen handeln können, so bedarf es für jedes Geschäft der Zustimmung aller geschäftsführenden Gesellschafter, es sei denn, daß Gefahr im Verzug ist.

§ 116. [Umfang der Geschäftsführungsbefugnis] (1) Die Befugnis zur Geschäftsführung erstreckt sich auf alle Handlungen, die der gewöhnliche Betrieb des Handelsgewerbes der Gesellschaft mit sich bringt.

(2) Zur Vornahme von Handlungen, die darüber hinausgehen, ist ein Beschluß sämtlicher Gesellschafter erforderlich.

(3) Zur Bestellung eines Prokuristen bedarf es der Zustimmung aller geschäftsführenden Gesellschafter, es sei denn, daß Gefahr im Verzug ist. Der Widerruf der Prokura kann von jedem der zur Erteilung oder zur Mitwirkung bei der Erteilung befugten Gesellschafter erfolgen.

§ 117. [Entziehung der Geschäftsführungsbefugnis] Die Befugnis zur Geschäftsführung kann einem Gesellschafter auf Antrag der übrigen Gesellschafter durch gerichtliche Entscheidung entzogen werden, wenn ein wichtiger Grund vorliegt; ein solcher Grund ist insbesondere grobe Pflichtverletzung oder Unfähigkeit zur ordnungsmäßigen Geschäftsführung.

§ 118. [Kontrollrecht der Gesellschafter] (1) Ein Gesellschafter kann, auch wenn er von der Geschäftsführung ausgeschlossen ist, sich von den Angelegenheiten der Gesellschaft persönlich unterrichten, die Handelsbücher und die Papiere der Gesellschaft einsehen und sich aus ihnen eine Bilanz und einen Jahresabschluß anfertigen.

(2) Eine dieses Recht ausschließende oder beschränkende Vereinbarung steht der Geltendmachung des Rechtes nicht entgegen, wenn Grund zu der Annahme unredlicher Geschäftsführung besteht.

§ 119. [Beschlußfassung] (1) Für die von den Gesellschaftern zu fassenden Beschlüsse bedarf es der Zustimmung aller zur Mitwirkung bei der Beschlußfassung berufenen Gesellschafter.

(2) Hat nach dem Gesellschaftsvertrage die Mehrheit der Stimmen zu entscheiden, so ist die Mehrheit im Zweifel nach der Zahl der Gesellschafter zu berechnen.

§ 120. [Gewinn und Verlust] (1) Am Schlusse jedes Geschäftsjahrs wird auf Grund der Bilanz der Gewinn oder der Verlust des Jahres ermittelt und für jeden Gesellschafter sein Anteil daran berechnet.

(2) Der einem Gesellschafter zukommende Gewinn wird dem Kapitalanteile des Gesellschafters zugeschrieben; der auf einen Gesellschafter entfallende Verlust sowie das während des Geschäftsjahrs auf den Kapitalanteil entnommene Geld wird davon abgeschrieben.

§ 121. [Verteilung von Gewinn und Verlust] (1) Von dem Jahresgewinne gebührt jedem Gesellschafter zunächst ein Anteil in Höhe von vier vom Hundert seines Kapitalanteils. Reicht der Jahresgewinn hierzu nicht aus, so bestimmen sich die Anteile nach einem entsprechend niedrigeren Satze.

(2) Bei der Berechnung des nach Absatz 1 einem Gesellschafter zukommenden Gewinnanteils werden Leistungen, die der Gesellschafter im Laufe des Geschäftsjahrs als Einlage gemacht hat, nach dem Verhältnisse der seit der Leistung abgelaufenen Zeit berücksichtigt. Hat der Gesellschafter im Laufe des Geschäftsjahrs Geld aus seinen Kapitalanteil entnommen, so werden die entnommenen Beträge nach dem Verhältnisse der bis zur Entnahme abgelaufenen Zeit berücksichtigt.

(3) Derjenige Teil des Jahresgewinns, welcher die nach den Absätzen 1 und 2 zu berechnenden Gewinnanteile übersteigt, sowie der Verlust eines Geschäftsjahrs wird unter die Gesellschafter nach Köpfen verteilt.

§ 122. [Entnahmen] (1) Jeder Gesellschafter ist berechtigt, aus der Gesellschaftskasse Geld bis zum Betrage von vier vom Hundert seines für das letzte Geschäftsjahr festgestellten Kapitalanteils zu seinen Lasten zu erheben und, soweit es nicht zum offenbaren Schaden der Gesellschaft gereicht, auch die Auszahlung seines den bezeichneten Betrag übersteigenden Anteils am Gewinne des letzten Jahres zu verlangen.

(2) Im übrigen ist ein Gesellschafter nicht befugt, ohne Einwilligung der anderen Gesellschafter seinen Kapitalanteil zu vermindern.

Dritter Titel. Rechtsverhältnis der Gesellschafter zu Dritten

§ 123. [Wirksamkeit im Verhältnis zu Dritten] (1) Die Wirksamkeit der offenen Handelsgesellschaft tritt im Verhältnisse zu Dritten mit dem Zeitpunkt ein, in welchem die Gesellschaft in das Handelsregister eingetragen wird.

(2) Beginnt die Gesellschaft ihre Geschäfte schon vor der Eintragung, so tritt die Wirksamkeit mit dem Zeitpunkte des Geschäftsbeginns ein, soweit nicht aus § 2 oder § 105 Abs. 2 sich ein anderes ergibt.

(3) Eine Vereinbarung, daß die Gesellschaft erst mit einem späteren Zeitpunkt ihren Anfang nehmen soll, ist Dritten gegenüber unwirksam.

§ 124. [Rechtliche Selbständigkeit; Zwangsvollstreckung in Gesellschaftsvermögen] (1) Die offene Handelsgesellschaft kann unter ihrer Firma Rechte erwerben und Verbindlichkeiten eingehen, Eigentum und andere dingliche Rechte an Grundstücken erwerben, vor Gericht klagen und verklagt werden.

(2) Zur Zwangsvollstreckung in das Gesellschaftsvermögen ist ein gegen die Gesellschaft gerichteter vollstreckbarer Schuldtitel erforderlich.

§ 125. [Vertretung der Gesellschaft] (1) Zur Vertretung der Gesellschaft ist jeder Gesellschafter ermächtigt, wenn er nicht durch den Gesellschaftsvertrag von der Vertretung ausgeschlossen ist.

(2) Im Gesellschaftsvertrage kann bestimmt werden, daß alle oder mehrere Gesellschafter nur in Gemeinschaft zur Vertretung der Gesellschaft ermächtigt sein sollen (Gesamtvertretung). Die zur Gesamtvertretung berechtigten Gesellschafter können einzelne von ihnen zur Vornahme bestimmter Geschäfte oder bestimmter Arten von Geschäften ermächtigen. Ist der Gesellschaft gegenüber eine Willenserklärung abzugeben, so genügt die Abgabe gegenüber einem der zur Mitwirkung bei der Vertretung befugten Gesellschafter.

(3) Im Gesellschaftsvertrage kann bestimmt werden, daß die Gesellschafter, wenn nicht mehrere zusammen handeln, nur in Gemeinschaft mit einem Prokuristen zur Vertretung der Gesellschaft ermächtigt sein sollen. Die Vorschriften des Absatzes 2 Satz 2 und 3 finden in diesem Falle entsprechende Anwendung.

§ 125 a. [Angaben auf Geschäftsbriefen] (1) Auf allen Geschäftsbriefen der Gesellschaft, die an einen bestimmten Empfänger gerichtet werden, müssen die Rechtsform und der Sitz der Gesellschaft, das Registergericht und die Nummer, unter der die Gesellschaft in das Handelsregister eingetragen ist, angegeben werden. Bei einer Gesellschaft, bei der kein Gesellschafter eine natürliche Person ist, sind auf den Geschäftsbriefen der Gesellschaft ferner die Firmen der Gesellschafter anzugeben sowie für die Gesellschafter die nach § 35 a des Gesetzes betreffend die Gesellschaften mit beschränkter Haftung oder § 80 des Aktiengesetzes für Geschäftsbriefe vorgeschriebenen Angaben zu machen. Die Angaben nach Satz 2 sind nicht erforderlich, wenn zu den Gesellschaftern der Gesellschaft eine offene Handelsgesellschaft oder Kommanditgesellschaft gehört, bei der ein persönlich haftender Gesellschafter eine natürliche Person ist.

(2) Für Vordrucke und Bestellscheine ist § 37a Abs. 2 und 3, für Zwangsgelder gegen die zur Vertretung der Gesellschaft ermächtigten Gesellschafter oder deren organschaftliche Vertreter und die Liquidatoren ist § 37a Abs. 4 entsprechend anzuwenden.

§ 126. [Umfang der Vertretungsmacht] (1) Die Vertretungsmacht der Gesellschafter erstreckt sich auf alle gerichtlichen und außergerichtlichen Geschäfte und Rechtshandlungen einschließlich der Veräußerung und Belastung von Grundstücken sowie der Erteilung und des Widerrufs einer Prokura.

(2) Eine Beschränkung des Umfanges der Vertretungsmacht ist Dritten gegenüber unwirksam; dies gilt insbesondere von der Beschränkung, daß sich die Vertretung nur auf gewisse Geschäfte oder Arten von Geschäften erstrecken oder daß sie nur unter gewissen Umständen oder für eine gewisse Zeit oder an einzelnen Orten stattfinden soll.

(3) In betreff der Beschränkung auf den Betrieb einer von mehreren Niederlassungen der Gesellschaft finden die Vorschriften des § 50 Abs. 3 entsprechende Anwendung.

§ 127. [Entziehung der Vertretungsmacht] Die Vertretungsmacht kann einem Gesellschafter auf Antrag der übrigen Gesellschafter durch gerichtliche Entscheidung entzogen werden, wenn ein wichtiger Grund vorliegt; ein solcher Grund ist insbesondere grobe Pflichtverletzung oder Unfähigkeit zur ordnungsgemäßen Vertretung der Gesellschaft.

§ 128. [Persönliche Haftung der Gesellschafter] Die Gesellschafter haften für die Verbindlichkeiten der Gesellschaft den Gläubigern als Gesamtschuldner persönlich. Eine entgegenstehende Vereinbarung ist Dritten gegenüber unwirksam.

§ 129. [Einwendungen des Gesellschafters] (1) Wird ein Gesellschafter wegen einer Verbindlichkeit der Gesellschaft in Anspruch genommen, so kann er Einwendungen, die nicht in seiner Person begründet sind, nur insoweit geltend machen, als sie von der Gesellschaft erhoben werden können.

(2) Der Gesellschafter kann die Befriedigung des Gläubigers verweigern, solange der Gesellschaft das Recht zusteht, das ihrer Verbindlichkeit zugrunde liegende Rechtsgeschäft anzufechten.

(3) Die gleiche Befugnis hat der Gesellschafter, solange sich der Gläubiger durch Aufrechnung gegen eine fällige Forderung der Gesellschaft befriedigen kann.

(4) Aus einem gegen die Gesellschaft gerichteten vollstreckbaren Schuldtitel findet die Zwangsvollstreckung gegen die Gesellschafter nicht statt.

§ 129a. [Rückgewähr von Darlehen] Bei einer offenen Handelsgesellschaft, bei der kein Gesellschafter eine natürliche Person ist, gelten die §§ 32a und 32b des Gesetzes betreffend die Gesellschaften mit beschränkter Haftung sinngemäß mit der Maßgabe, daß an die Stelle der Gesellschafter der Gesellschaft mit beschränkter Haftung die Gesellschafter oder Mitglieder der Gesellschafter der offenen Handelsgesellschaft treten. Dies gilt nicht, wenn zu den Gesellschaftern der offenen Handelsgesellschaft eine andere offene Handelsgesellschaft oder Kommanditgesellschaft gehört, bei der ein persönlich haftender Gesellschafter eine natürliche Person ist.

§ 130. [Haftung des eintretenden Gesellschafters] (1) Wer in eine bestehende Gesellschaft eintritt, haftet gleich den anderen Gesellschaftern nach Maßgabe der §§ 128 und 129 für die vor seinem Eintritte begründeten Verbindlichkeiten der Gesellschaft, ohne Unterschied, ob die Firma eine Änderung erleidet oder nicht.

(2) Eine entgegenstehende Vereinbarung ist Dritten gegenüber unwirksam.

§ 130a. [Antragspflicht bei Zahlungsunfähigkeit oder Überschuldung] (1) Wird eine Gesellschaft, bei der kein Gesellschafter eine natürliche Person ist, zahlungsunfähig oder ergibt sich die Überschuldung der Gesellschaft, so ist die Eröffnung des Insolvenzverfahrens zu beantragen; dies gilt nicht, wenn zu den Gesellschaftern der offenen Handelsgesellschaft eine andere offene Handelsgesellschaft oder Kommanditgesellschaft gehört, bei der ein persönlich haftender Gesellschafter eine natürliche Person ist. Antragspflichtig sind die organschaftlichen Vertreter der zur Vertretung der Gesellschaft ermächtigten Gesellschafter und die Liquidatoren. Der Antrag ist ohne schuldhaftes Zögern, spätestens aber drei Wochen nach Eintritt der Zahlungsunfähigkeit oder der Überschuldung der Gesellschaft zu stellen.

(2) Nachdem die Zahlungsunfähigkeit der Gesellschaft eingetreten ist oder sich ihre Überschuldung ergeben hat, dürfen die organschaftlichen Vertreter der zur Vertretung der Gesellschaft ermächtigten Gesellschafter und die Liquidatoren für die Gesellschaft keine Zahlungen leisten. Dies gilt nicht von Zahlungen, die auch nach diesem Zeitpunkt mit der Sorgfalt eines ordentlichen und gewissenhaften Geschäftsleiters vereinbar sind.

(3) Wird entgegen Absatz 1 die Eröffnung des Insolvenzverfahrens nicht oder nicht rechtzeitig beantragt oder werden entgegen Absatz 2 Zahlungen geleistet, nachdem die Zahlungsunfähigkeit der Gesellschaft eingetreten ist oder sich ihre Überschuldung ergeben hat, so sind die organschaftlichen Vertreter der zur Vertretung der Gesellschaft ermächtigten Gesellschafter und die Liquidatoren der Gesellschaft gegenüber zum Ersatz des daraus entstehenden Schadens als Gesamtschuldner verpflichtet. Ist dabei streitig, ob sie die Sorgfalt eines ordentlichen und gewissenhaften Geschäftsleiters angewandt haben, so trifft sie die Beweislast. Die Ersatzpflicht kann durch Vereinbarung mit den Gesellschaftern weder eingeschränkt noch ausgeschlossen werden. Soweit der Ersatz zur Befriedigung der Gläubiger der Gesellschaft erforderlich ist, wird die Ersatzpflicht weder durch einen Verzicht oder Vergleich der Gesellschaft noch dadurch aufgehoben, daß die Handlung auf einem Beschluß der Gesellschafter beruht. Satz 4 gilt nicht, wenn der Ersatzpflichtige zahlungsunfähig ist und sich zur Abwendung des Insolvenzverfahrens mit seinen Gläubigern vergleicht oder wenn die Ersatzpflicht in einem Insolvenzplan geregelt wird. Die Ansprüche aus diesen Vorschriften verjähren in fünf Jahren.

(4) Diese Vorschriften gelten sinngemäß, wenn die in den Absätzen 1 bis 3 genannten organschaftlichen Vertreter ihrerseits Gesellschaften sind, bei denen kein Gesellschafter eine natürliche Person ist, oder sich die Verbindung von Gesellschaften in dieser Art fortsetzt.

§ 130b. [Strafvorschriften] (1) Mit Freiheitsstrafe bis zu drei Jahren oder mit Geldstrafe wird bestraft, wer es entgegen § 130a Abs. 1 oder 4 unterläßt, als organschaftlicher Vertreter oder Liquidator bei Zahlungsunfähigkeit oder Überschuldung der Gesellschaft die Eröffnung des Insolvenzverfahrens zu beantragen.

(2) Handelt der Täter fahrlässig, so ist die Strafe Freiheitsstrafe bis zu einem Jahr oder Geldstrafe.

Vierter Titel. Auflösung der Gesellschaft und Ausscheiden von Gesellschaftern

§ 131. [Auflösungsgründe] (1) Die offene Handelsgesellschaft wird aufgelöst:

1. durch den Ablauf der Zeit, für welche sie eingegangen ist;
2. durch Beschluß der Gesellschafter;
3. durch die Eröffnung des Insolvenzverfahrens über das Vermögen der Gesellschaft;
4. durch gerichtliche Entscheidung.

(2) Eine offene Handelsgesellschaft, bei der kein persönlich haftender Gesellschafter eine natürliche Person ist, wird ferner aufgelöst:

1. mit der Rechtskraft des Beschlusses, durch den die Eröffnung des Insolvenzverfahrens mangels Masse abgelehnt worden ist;

2. durch die Löschung wegen Vermögenslosigkeit nach § 141a des Gesetzes über die Angelegenheiten der freiwilligen Gerichtsbarkeit.

Dies gilt nicht, wenn zu den persönlich haftenden Gesellschaftern eine andere offene Handelsgesellschaft oder Kommanditgesellschaft gehört, bei der ein persönlich haftender Gesellschafter eine natürliche Person ist.

(3) Folgende Gründe führen mangels abweichender vertraglicher Bestimmung zum Ausscheiden eines Gesellschafters:

1. Tod des Gesellschafters,
2. Eröffnung des Insolvenzverfahrens über das Vermögen des Gesellschafters,
3. Kündigung des Gesellschafters,
4. Kündigung durch den Privatgläubiger des Gesellschafters,
5. Eintritt von weiteren im Gesellschaftsvertrag vorgesehenen Fällen,
6. Beschluß der Gesellschafter.

Der Gesellschafter scheidet mit dem Eintritt des ihn betreffenden Ereignisses aus, im Falle der Kündigung aber nicht vor Ablauf der Kündigungsfrist.

§ 132. [Kündigung eines Gesellschafters] Die Kündigung eines Gesellschafters kann, wenn die Gesellschaft für unbestimmte Zeit eingegangen ist, nur für den Schluß eines Geschäftsjahrs erfolgen; sie muß mindestens sechs Monate vor diesem Zeitpunkte stattfinden.

§ 133. [Auflösung durch gerichtliche Entscheidung] (1) Auf Antrag eines Gesellschafters kann die Auflösung der Gesellschaft vor dem Ablaufe der für ihre Dauer bestimmten Zeit oder bei einer für unbestimmte Zeit eingegangenen Gesellschaft ohne Kündigung durch gerichtliche Entscheidung ausgesprochen werden, wenn ein wichtiger Grund vorliegt.

(2) Ein solcher Grund ist insbesondere vorhanden, wenn ein anderer Gesellschafter eine ihm nach dem Gesellschaftsvertrag obliegende wesentliche Verpflichtung vorsätzlich oder aus grober Fahrlässigkeit verletzt oder wenn die Erfüllung einer solchen Verpflichtung unmöglich wird.

(3) Eine Vereinbarung, durch welche das Recht des Gesellschafters, die Auflösung der Gesellschaft zu verlangen, ausgeschlossen oder diesen Vorschriften zuwider beschränkt wird, ist nichtig.

§ 134. [Gesellschaft auf Lebenszeit; fortgesetzte Gesellschaft] Eine Gesellschaft, die für die Lebenszeit eines Gesellschafters eingegangen ist oder nach dem Ablaufe der für ihre Dauer bestimmten Zeit stillschweigend fortgesetzt wird, steht im Sinne der Vorschriften der §§ 132 und 133 einer für unbestimmte Zeit eingegangenen Gesellschaft gleich.

§ 135. [Kündigung durch den Privatgläubiger] Hat ein Privatgläubiger eines Gesellschafters, nachdem innerhalb der letzten sechs Monate eine Zwangsvollstreckung in das bewegliche Vermögen des Gesellschafters ohne Erfolg versucht ist, auf Grund eines nicht bloß vorläufig vollstreckbaren Schuldtitels die Pfändung und Überweisung des Anspruchs auf dasjenige erwirkt, was dem Gesellschafter bei der Auseinandersetzung zukommt, so kann er die Gesellschaft ohne Rücksicht darauf, ob sie für bestimmte oder unbestimmte Zeit eingegangen ist, sechs Monate vor dem Ende des Geschäftsjahrs für diesen Zeitpunkt kündigen.

§§ 136–138 *(aufgehoben)*

§ 139. [Fortsetzung mit den Erben] (1) Ist im Gesellschaftsvertrage bestimmt, daß im Falle des Todes eines Gesellschafters die Gesellschaft mit dessen Erben fortgesetzt werden soll, so kann jeder Erbe sein Verbleiben in der Gesellschaft davon abhängig machen, daß ihm unter Belassung des bisherigen Gewinnanteils die Stellung eines Kommanditisten eingeräumt und der auf ihn fallende Teil der Einlage des Erblassers als seine Kommanditeinlage anerkannt wird.

(2) Nehmen die übrigen Gesellschafter einen dahingehenden Antrag des Erben nicht an, so ist dieser befugt, ohne Einhaltung einer Kündigungsfrist sein Ausscheiden aus der Gesellschaft zu erklären.

(3) Die bezeichneten Rechte können von dem Erben nur innerhalb einer Frist von drei Monaten nach dem Zeitpunkt, in welchem er von dem Anfalle der Erbschaft Kenntnis erlangt hat, geltend gemacht werden. Auf den Lauf der Frist finden die für die Verjährung geltenden Vorschriften des § 210 des Bürgerlichen Gesetzbuchs entsprechende Anwendung. Ist bei dem Ablaufe der drei Monate das Recht zur Ausschlagung der Erbschaft noch nicht verloren, so endigt die Frist nicht vor dem Ablaufe der Ausschlagungsfrist.

(4) Scheidet innerhalb der Frist des Absatzes 3 der Erbe aus der Gesellschaft aus oder wird innerhalb der Frist die Gesellschaft aufgelöst oder dem Erben die Stellung eines Kommanditisten eingeräumt, so haftet er für die bis dahin entstandenen Gesellschaftsschulden nur nach Maßgabe der die Haftung des Erben für die Nachlaßverbindlichkeiten betreffenden Vorschriften des bürgerlichen Rechtes.

(5) Der Gesellschaftsvertrag kann die Anwendung der Vorschriften der Absätze 1 bis 4 nicht ausschließen; es kann jedoch für den Fall, daß der Erbe sein Verbleiben in der Gesellschaft von der Einräumung der Stellung eines Kommanditisten abhängig macht, sein Gewinnanteil anders als der des Erblassers bestimmt werden.

§ 140. [Ausschließung eines Gesellschafters] (1) Tritt in der Person eines Gesellschafters ein Umstand ein, der nach § 133 für die übrigen Gesellschafter das Recht begründet, die Auflösung der Gesellschaft zu verlangen, so kann vom Gericht anstatt der Auflösung die Ausschließung dieses Gesellschafters aus der Gesellschaft ausgesprochen werden, sofern die übrigen Gesellschafter dies beantragen. Der Ausschließungsklage steht nicht entgegen, daß nach der Ausschließung nur ein Gesellschafter verbleibt.

(2) Für die Auseinandersetzung zwischen der Gesellschaft und dem ausgeschlossenen Gesellschafter ist die Vermögenslage der Gesellschaft in dem Zeitpunkte maßgebend, in welchem die Klage auf Ausschließung erhoben ist.

§§ 141, 142 *(aufgehoben)*

§ 143. [Anmeldung von Auflösung und Ausscheiden] (1) Die Auflösung der Gesellschaft ist von sämtlichen Gesellschaftern zur Eintragung in das Handelsregister anzumelden. Dies gilt nicht in den Fällen der Eröffnung oder der Ablehnung der Eröffnung des Insolvenzverfahrens über das Vermögen der Gesellschaft (§ 131 Abs. 1 Nr. 3 und Abs. 2 Nr. 1). In diesen Fällen hat das Gericht die Auflösung und ihren Grund von Amts wegen einzutragen. Im Falle der Löschung der Gesellschaft (§ 131 Abs. 2 Nr. 2) entfällt die Eintragung der Auflösung.

(2) Absatz 1 Satz 1 gilt entsprechend für das Ausscheiden eines Gesellschafters aus der Gesellschaft.

(3) Ist anzunehmen, daß der Tod eines Gesellschafters die Auflösung oder das Ausscheiden zur Folge gehabt hat, so kann, auch ohne daß die Erben bei der Anmeldung mitwirken, die Eintragung erfolgen, soweit einer solchen Mitwirkung besondere Hindernisse entgegenstehen.

§ 144. [Fortsetzung nach Insolvenz der Gesellschaft] (1) Ist die Gesellschaft durch die Eröffnung des Insolvenzverfahrens über ihr Vermögen aufgelöst, das Verfahren aber auf Antrag des Schuldners eingestellt oder nach der Bestätigung eines Insolvenzplans, der den Fortbestand der Gesellschaft vorsieht, aufgehoben, so können die Gesellschafter die Fortsetzung der Gesellschaft beschließen.

(2) Die Fortsetzung ist von sämtlichen Gesellschaftern zur Eintragung in das Handelsregister anzumelden.

Fünfter Titel. Liquidation der Gesellschaft

§ 145. [Notwendigkeit der Liquidation] (1) Nach der Auflösung der Gesellschaft findet die Liquidation statt, sofern nicht eine andere Art der Auseinandersetzung von den Gesellschaftern vereinbart oder über das Vermögen der Gesellschaft das Insolvenzverfahren eröffnet ist.

(2) Ist die Gesellschaft durch Kündigung des Gläubigers eines Gesellschafters oder durch die Eröffnung des Insolvenzverfahrens über das Vermögen eines Gesellschafters aufgelöst, so kann die Liquidation nur mit Zustimmung des Gläubigers oder des Insolvenzverwalters unterbleiben; ist im Insolvenzverfahren Eigenverwaltung angeordnet, so tritt an die Stelle der Zustimmung des Insolvenzverwalters die Zustimmung des Schuldners.

(3) Ist die Gesellschaft durch Löschung wegen Vermögenslosigkeit aufgelöst, so findet eine Liquidation nur statt, wenn sich nach der Löschung herausstellt, daß Vermögen vorhanden ist, das der Verteilung unterliegt.

§ 146. [Bestellung der Liquidatoren] (1) Die Liquidation erfolgt, sofern sie nicht durch Beschluß der Gesellschafter oder durch den Gesellschaftsvertrag einzelnen Gesellschaftern oder anderen Personen übertragen ist, durch sämtliche Gesellschafter als Liquidatoren. Mehrere Erben eines Gesellschafters haben einen gemeinsamen Vertreter zu bestellen.

(2) Auf Antrag eines Beteiligten kann aus wichtigen Gründen die Ernennung von Liquidatoren durch das Gericht erfolgen, in dessen Bezirke die Gesellschaft ihren Sitz hat; das Gericht kann in einem solchen Falle Personen zu Liquidatoren ernennen, die nicht zu den Gesellschaftern gehören. Als Beteiligter gilt außer den Gesellschaftern im Falle des § 135 auch der Gläubiger, durch den die Kündigung erfolgt ist. Im Falle des § 145 Abs. 3 sind die Liquidatoren auf Antrag eines Beteiligten durch das Gericht zu ernennen.

(3) Ist über das Vermögen eines Gesellschafters das Insolvenzverfahren eröffnet und ist ein Insolvenzverwalter bestellt, so tritt dieser an die Stelle des Gesellschafters.

§ 147. [Abberufung von Liquidatoren] Die Abberufung von Liquidatoren geschieht durch einstimmigen Beschluß der nach § 146 Abs. 2 und 3 Beteiligten; sie kann auf Antrag eines Beteiligten aus wichtigen Gründen auch durch das Gericht erfolgen.

§ 148. [Anmeldung der Liquidatoren] (1) Die Liquidatoren und ihre Vertretungsmacht sind von sämtlichen Gesellschaftern zur Eintragung in das Handelsregister anzumelden. Das gleiche gilt von jeder Änderung in den Personen der Liquidatoren oder in ihrer Vertretungsmacht. Im Falle des Todes eines Gesellschafters kann, wenn anzunehmen ist, daß die Anmeldung den Tatsachen entspricht, die Eintragung erfolgen, auch ohne daß die Erben bei der Anmeldung mitwirken, soweit einer solchen Mitwirkung besondere Hindernisse entgegenstehen.

(2) Die Eintragung gerichtlich bestellter Liquidatoren sowie die Eintragung der gerichtlichen Abberufung von Liquidatoren geschieht von Amts wegen.

(3) Die Liquidatoren haben ihre Namensunterschriften unter Angabe der Firma zur Aufbewahrung bei dem Gericht zu zeichnen.

§ 149. [Rechte und Pflichten der Liquidatoren] Die Liquidatoren haben die laufenden Geschäfte zu beendigen, die Forderungen einzuziehen, das übrige Vermögen in Geld umzusetzen und die Gläubiger zu befriedigen; zur Beendigung schwebender Geschäfte können sie auch neue Geschäfte eingehen. Die Liquidatoren vertreten innerhalb ihres Geschäftskreises die Gesellschaft gerichtlich und außergerichtlich.

§ 150. [Mehrere Liquidatoren] (1) Sind mehrere Liquidatoren vorhanden, so können sie die zur Liquidation gehörenden Handlungen nur in Gemeinschaft vornehmen, sofern nicht bestimmt ist, daß sie einzeln handeln können.

(2) Durch die Vorschrift des Absatzes 1 wird nicht ausgeschlossen, daß die Liquidatoren einzelne von ihnen zur Vornahme bestimmter Geschäfte oder bestimmter Arten von Geschäften ermächtigen. Ist der Gesellschaft gegenüber eine Willenserklärung abzugeben, so findet die Vorschrift des § 125 Abs. 2 Satz 3 entsprechende Anwendung.

§ 151. [Unbeschränkbarkeit der Befugnisse] Eine Beschränkung des Umfanges der Befugnisse der Liquidatoren ist Dritten gegenüber unwirksam.

§ 152. [Bindung an Weisungen] Gegenüber den nach § 146 Abs. 2 und 3 Beteiligten haben die Liquidatoren, auch wenn sie vom Gerichte bestellt sind, den Anordnungen Folge zu leisten, welche die Beteiligten in betreff der Geschäftsführung einstimmig beschließen.

§ 153. [Unterschrift] Die Liquidatoren haben ihre Unterschrift in der Weise abzugeben, daß sie der bisherigen, als Liquidationsfirma zu bezeichnenden Firma ihren Namen beifügen.

§ 154. [Bilanzen] Die Liquidatoren haben bei dem Beginne sowie bei der Beendigung der Liquidation eine Bilanz aufzustellen.

§ 155. [Verteilung des Gesellschaftsvermögens] (1) Das nach Berichtigung der Schulden verbleibende Vermögen der Gesellschaft ist von den Liquidatoren nach dem Verhältnisse der Kapitalanteile, wie sie sich auf Grund der Schlußbilanz ergeben, unter die Gesellschafter zu verteilen.

(2) Das während der Liquidation entbehrliche Geld wird vorläufig verteilt. Zur Deckung noch nicht fälliger oder streitiger Verbindlichkeiten sowie zur Sicherung der den Gesellschaftern bei der Schlußverteilung zukommenden Beträge ist das Erforderliche zurückzubehalten. Die Vorschriften des § 122 Abs. 1 finden während der Liquidation keine Anwendung.

(3) Entsteht über die Verteilung des Gesellschaftsvermögens Streit unter den Gesellschaftern, so haben die Liquidatoren die Verteilung bis zur Entscheidung des Streites auszusetzen.

§ 156. [Rechtsverhältnisse der Gesellschafter] Bis zur Beendigung der Liquidation kommen in bezug auf das Rechtsverhältnis der bisherigen Gesellschafter untereinander sowie der Gesellschaft zu Dritten die Vorschriften des zweiten und dritten Titels zur Anwendung, soweit sich nicht aus dem gegenwärtigen Titel oder aus dem Zwecke der Liquidation ein anderes ergibt.

§ 157. [Anmeldung des Erlöschens; Geschäftsbücher] (1) Nach der Beendigung der Liquidation ist das Erlöschen der Firma von den Liquidatoren zur Eintragung in das Handelsregister anzumelden.

(2) Die Bücher und Papiere der aufgelösten Gesellschaft werden einem der Gesellschafter oder einem Dritten in Verwahrung gegeben. Der Gesellschafter oder der Dritte wird in Ermangelung einer Verständigung durch das Gericht bestimmt, in dessen Bezirke die Gesellschaft ihren Sitz hat.

(3) Die Gesellschafter und deren Erben behalten das Recht auf Einsicht und Benutzung der Bücher und Papiere.

§ 158. [Andere Art der Auseinandersetzung] Vereinbaren die Gesellschafter statt der Liquidation eine andere Art der Auseinandersetzung, so finden, solange noch ungeteiltes Gesellschaftsvermögen vorhanden ist, im Verhältnisse zu Dritten die für die Liquidation geltenden Vorschriften entsprechende Anwendung.

Sechster Titel. Verjährung. Zeitliche Begrenzung der Haftung

§ 159. [Ansprüche gegen einen Gesellschafter] (1) Die Ansprüche gegen einen Gesellschafter aus Verbindlichkeiten der Gesellschaft verjähren in fünf Jahren nach der Auflösung der Gesellschaft, sofern nicht der Anspruch gegen die Gesellschaft einer kürzeren Verjährung unterliegt.

(2) Die Verjährung beginnt mit dem Ende des Tages, an welchem die Auflösung der Gesellschaft in das Handelsregister des für den Sitz der Gesellschaft zuständigen Gerichts eingetragen wird.

(3) Wird der Anspruch des Gläubigers gegen die Gesellschaft erst nach der Eintragung fällig, so beginnt die Verjährung mit dem Zeitpunkte der Fälligkeit.

(4) Der Neubeginn der Verjährung und ihre Hemmung nach § 204 des Bürgerlichen Gesetzbuchs gegenüber der aufgelösten Gesellschaft wirken auch gegenüber den Gesellschaftern, die der Gesellschaft zur Zeit der Auflösung angehört haben.

§ 160. [Haftung des ausscheidenden Gesellschafters; Fristen; Haftung als Kommanditist] (1) Scheidet ein Gesellschafter aus der Gesellschaft aus, so haftet er für ihre bis dahin begründeten Verbindlichkeiten, wenn sie vor Ablauf von fünf Jahren nach dem Ausscheiden fällig und daraus Ansprüche gegen ihn in einer in § 197 Abs. 1 Nr. 3 bis 5 des Bürgerlichen Gesetzbuchs bezeichneten Art festgestellt sind oder eine gerichtliche oder behördliche Vollstreckungshandlung vorgenommen oder beantragt wird; bei öffentlich-rechtlichen Verbindlichkeiten genügt der Erlass eines Verwaltungsakts. Die Frist beginnt mit dem Ende des Tages, an dem das Ausscheiden in das Handelsregister des für den Sitz der Gesellschaft zuständigen Gerichts eingetragen wird. Die für die Verjährung geltenden §§ 204, 206, 210, 211 und 212 Abs. 2 und 3 des Bürgerlichen Gesetzbuches sind entsprechend anzuwenden.

(2) Einer Feststellung in einer in § 197 Abs. 1 Nr. 3 bis 5 des Bürgerlichen Gesetzbuchs bezeichneten Art bedarf es nicht, soweit der Gesellschafter den Anspruch schriftlich anerkannt hat.

(3) Wird ein Gesellschafter Kommanditist, so sind für die Begrenzung seiner Haftung für die im Zeitpunkt der Eintragung der Änderung in das Handelsregister begründeten Verbindlichkeiten die Absätze 1 und 2 entsprechend anzuwenden. Dies gilt auch, wenn er in der Gesellschaft oder einem ihr als Gesellschafter angehörenden Unternehmen geschäftsführend tätig wird. Seine Haftung als Kommanditist bleibt unberührt.

Sachverzeichnis

Bearbeiter: Michael K. Littger, LL. M.
Wissenschaftlicher Mitarbeiter an der Universität zu Köln

Fette Zahlen bezeichnen die Paragraphen, magere Zahlen die Randnummern.
Hauptfundstellen sind kursiv gedruckt.
Fundstellen beginnend mit **P** verweisen auf die Paragraphen des Partnerschaftsgesellschaftsgesetzes.

Abfindungsanspruch in der GbR
– Abtretung **717** 31, 37, 40
– Anspruchsgegner **705** 197; **719** 18; **738** 16f.
– Anteilsübertragung **738** 14
– Anteilsvererbung **738** 14
– Ausschluss **723** 76; **738** 60
– Auszahlungsvereinbarung **738** 65
– Berechnung **738** 18f., 37
– Beschränkung **723** 74; **725** 7; **738** *39ff.*
– Entstehungszeitpunkt **738** 19
– Fälligkeit **738** 20f., 65
– fehlerhafte Abfindungsvereinbarung **705** 370
– Gesellschafter ohne Kapitaleinlage **738** 58f.
– Haftung der Gesellschafter **738** 17
– Insolvenz des Gesellschafters **728** 31ff.
– schwebende Geschäfte **738** 38; **740** 4f.
– Stichtag **738** 19, 22
– Stundung **738** 65
– beim Tod eines Gesellschafters **727** 58; **738** 14
– unstreitige Mindestbeträge **738** 21, 23f.
– Vereinbarungen **738** 39
– Verzinsung **738** 22, 65
– Vorausabtretung **717** 38, 45f., 48
– Voraussetzungen **738** 14f.
– Zahlungsfristen **738** 65
– Zusammensetzung **738** 18, 37
– Zwangsvollstreckung **705** 197
– Zweimanngesellschaft **730** 11; **738** 14
Abfindungsanspruch in der Partnerschaft P 9 17
Abfindungsbilanz
– Aufstellung **705** 217f.; **738** *26f.*
– Bedeutung **738** 23f.
– Bewertungsfragen **738** 32ff.
– Bindungswirkung **738** 29
– Buchwertklausel **738** 26
– Ertragswertmethode **738** 23ff., 35; **740** 1, 3
– Feststellung **738** 29
– Fortführungswerte **738** 22f.
– gerichtliche Nachprüfung **738** 31
– Inhalt **738** 26
– nachträgliche Anpassung **738** 29
– schwebende Geschäfte **738** 26
– Streitigkeiten **738** 30f.
– Substanzwertmethode **738** 23f.; **740** 1, 3
Abfindungsklauseln
– Arten **738** 60ff.
– Buchwertklauseln **738** 41ff., 45f., 57, *63*
– ergänzende Vertragsauslegung **738** 53f.
– bei Freiberuflern **738** 66ff.
– Funktion **738** 39f.
– Geschäftsgrundlagenänderung **738** 56
– Gesellschafter minderen Rechts **738** 58
– Gläubigerbenachteiligung **738** 47f.
– Kündigungsbeschränkung **723** 76; **738** 49ff., 74
– Rechtsmissbrauch **738** 54f.
– Schranken **723** 76; **738** 41ff., *45ff.*
– Sittenwidrigkeit **738** 45, 75
– Unwirksamkeitsfolgen **723** 76; **738** 72ff.
Abgeordnetenmandat 709 31
Abhandenkommen von Gesamthandsgegenständen 718 38
Abspaltungsverbot 717 7ff.
Abtretung von Mitgliedschaftsrechten
– Vermögensrechte **717** 8, 14f., 30ff.
– Verwaltungsrechte **717** 7, *16ff.*
Abwicklungsgesellschaft (GbR)
– Abwicklungszweck **Vor 723** 6
– Aufgaben der Abwickler **730** 3ff., 7ff., *44ff.*
– Ausschließungsrecht **730** 25; **737** 10f.
– Beendigung **730** 9, 38f.
– Beitragspflicht **730** 30f.
– Dritter als Liquidator **730** 47f.
– Erbengemeinschaft als Gesellschafter **727** 14ff.
– Fortsetzung der Gesellschaft **Vor 723** *11*; **730** 25; **736** 16
– Fortsetzung ohne Gesellschafter-Erben **727** 24f.
– Geschäftsführung **710** 8; **728** 39; **729** 3ff.; **730** 8, *40f.*, 47ff.
– Gesellschafterwechsel **730** 25
– Gläubiger der Gesellschaft **730** 36f.
– Haftung der Erben **727** 19, 21
– Identität der Gesellschaft **730** 24
– Innengesellschaft **730** 6, 12ff.
– Kontenausgleich zwischen Gesellschaftern **730** 3f., 38
– nachträgliche Feststellung von Gesellschaftsvermögen **730** 39
– Notgeschäftsführung **727** 16, 18f., 21f.
– Person der Abwickler **730** 47f.
– Pflichten der Gesellschafter **730** 28ff.
– Rückumwandlung in werbende Gesellschaft **Vor 723** 11
– Schadensersatzpflicht **730** 32

– Veräußerung des Gesellschaftsvermögens im Ganzen **730** 86ff.
– Vertretung **727** 9, 18; **730** 43
Actio pro socio
– Abwicklungsgesellschaft **730** 33f.
– Anwendungsbereich **705** 204
– Aufwendungsersatz **705** 213f.
– Begriff **705** 204
– Begründetheit der Klage **705** 212
– Drittgeschäfte **705** 204
– Klageabweisung **705** 213f.
– Kostenschuldner **705** 213
– im Liquidationsstadium **705** 204; **730** *29f.*
– Nebenintervention **705** 216
– Prozessstandschaft **705** 208
– prozessuale Wirkung **705** 208, 213f.
– Rechtshängigkeit **705** 213f.
– Rechtskraftwirkung des Urteils **705** 213f.
– Schranken **705** 210
– Sozialansprüche **705** 204, 212
– stille Gesellschaft **730** 6, 18f.
– Übernahmerecht **730** 25
– Unterlassungsansprüche gegen Geschäftsführer **705** 204
– Vergleich **705** 213f.
– vertragliche Regelungen **705** 208
– Wesen **705** 213f.
– Zulässigkeit **705** 210, 213f.
Adhäsionsvertrag 705 141
Aktienemission Vor 705 99
Akzessorietätstheorie, Entwicklung **714** 2
Alleinvertriebsvertrag Vor 705 99
Allgemeines Schuldrecht, Anwendbarkeit auf Gesellschaftsverträge **705** 156
An- und Abwachsung bei der Gesellschaft **718** *5ff.*; **719** 25; **730** 89; **738** 8f., 12
Angestellte der Gesellschaft 709 5, 20; **713** 5; **718** 36
Anmeldung (Partnerschaft)
– anmeldepflichtige Person **P 4/5** 7
– des Erlöschens **P 4/5** 13f.
– bei Errichtung der Partnerschaft **P 4/5** 4
– Form der Anmeldung **P 4/5** 8f.
– Gegenstand **P 4/5** 1ff.
– Grundsatz der Amtsermittlung **P 4/5** 11
– Inhalt der Eintragung **P 4/5** 17
– der Liquidation **P 4/5** 7
– der Partnerschaft **P 4/5** 1ff.
– Prüfung durch das Registergericht **P 4/5** 10ff.
– Richtigkeitsunterstellung **P 4/5** 14f.
– spätere Eintragungen **P 4/5** 5
– Vertretungsmacht **P 11** 14
– Zeichnung der Unterschrift **P 4/5** 5
Anscheinsvollmacht 714 28
Anteil am Gesellschaftsvermögen
– Anteil an einzelnen Vermögensgegenständen **719** 7f.
– Begriff **719** 4f.
– im Sinne von § 725 **725** 8ff.
– Unterscheidung vom Gesellschaftsanteil **719** 21
Anteilspfändung
– Drittschuldner **719** 57
– Durchführung **725** 12f.
– Gläubigerrechte **725** 24f.
– Pfändungsgegenstand **725** 59
– Rechtsstellung des Gesellschafter-Schuldners **725** 27f.
– und Verfügung über den Gesellschaftsanteil **725** 27
– Verwertung **725** 57
– Zulässigkeit **725** 59
Anteilsübertragung bei der GbR
– Abfindungsanspruch **719** 25; **738** 14
– Abwicklungsgesellschaft **730** 25
– An- und Abwachsung **719** 25
– Ansprüche des Veräußerers **719** 43
– Auswechslung sämtlicher Gesellschafter **719** 26
– Bilanz **719** 43
– fehlerhafte – **705** *307*; **719** 38
– Form **705** 36; **719** *33ff.*
– Geschäftsführungs- und Vertretungsregelungen **719** 41
– gesellschaftsrechtliche Schranken **719** 30
– Gläubigerschutz **719** 27f.
– GmbH-Anteile als Gesellschaftsvermögen **719** 33ff.
– Grundstück als Gesellschaftsvermögen **719** 33ff.
– Haftung für Gesellschaftsschulden **719** 39, *44*
– höchstpersönliche Rechte des Veräußerers **719** 41
– Innengesellschaft **719** 32
– nicht voll Geschäftsfähige **719** 32
– Rechtsfolgen **719** 25, *38ff.*
– Rechtsstellung des Erwerbers **719** 40ff.
– sämtliche Anteile auf einen Erwerber **719** *26*; **Vor 723** 14; **730** 89
– Schuldbefreiung **738** 10, 80
– Schuldübernahme **719** 44f.
– schwebende Geschäfte **738** 79f.
– Sicherungsübertragung **719** 29
– stille Gesellschaft **719** 32
– Stimmbindung **717** 27
– Teilübertragung **719** 48f.
– treupflichtwidrige – **719** 30
– Verbindlichkeiten des Veräußerers **719** 44.f
– verheirateter Erwerber/Veräußerer **719** 32
– Vollzug **719** 27f., 38
– Voraussetzungen **719** 27ff.
– vormundschaftsgerichtliche Genehmigung **719** 32
– Widerruf der Zustimmung **719** 29f.
– Zulässigkeit **719** 2f.
– Zustimmung **719** 27f.
– Zweipersonengesellschaft **719** 26
Anteilsübertragung bei der Partnerschaft P 9 32f.

Anteilsvereinigung 719 26; **Vor 723** 9, 17; **730** 89
Anteilsverpfändung
– Anzeige **719** 52
– Gegenstand **719** 51 f.
– Gläubigerrechte **719** 53 f.
– Kündigungsrecht **719** 52 f.
– Verfügungen über Gesamthandsgegenstände **719** 56
– Verpfändungsvermerk im Grundbuch **719** 56
– Verwertung **719** 51
– Voraussetzung **719** 52
Anwachsung 738 8 f.
Anwaltsnotarsozietät mit anderen Freiberuflern Vor 705 40; **P 1** 13
Anwaltssozietät Vor 705 *36ff.*; **705** 7; **718** 23; **738** 52; **740** 8
Anzeigepflicht des Gesellschafter-Erben 727 15, 18 f., 24 f.
Apotheke
– kein Freier Beruf **P 1** 79
– stille Beteiligung an – **705** 334
Arbeitsgemeinschaft (ARGE) Vor 705 *43f.*, 87, 90; **705** 283
Arbeitsteilung 709 18, 42 f.
Architektengemeinschaft Vor 705 30
Architektenleistungen 733 17
Ärztliche Gemeinschaft Vor 705 30
Atypische Gestaltungen bei der Gesellschaft **Vor 705** 2 f., 106; **705** 129
Auflösende Bedingung 705 41; **Vor 723** 7, 21
Auflösung der GbR
– Ausscheiden statt Auflösung **723** 19
– fehlerhafte – **705** 364; **Vor 723** 20
– Gründe **Vor 723** 2, 12 ff.
– Innengesellschaft **Vor 723** 10, 12 ff.
– Nachhaftungsbegrenzung **736** 7, 28
– Rechtsfolgen **Vor 723** 22 f.
– Rückumwandlung in werbende Gesellschaft **Vor 723** 11; **736** 17
– stille Gesellschaft **705** 289
– Streitigkeiten **Vor 723** 25
– Vertragsbeziehungen der Gesellschaft **730** 36
– vorzeitige – **Vor 723** 18
– Wesen **Vor 723** 6
– Widerspruch **705** 230, 232
– Zweipersonengesellschaft **Vor 723** 9
Auflösung der Partnerschaft
– Ersetzung der Auflösung durch das Ausscheiden **P 9** 14 ff.
– Fortsetzung der aufgelösten Partnerschaft **P 9** 15
– Verjährung der Gesellschaftsverbindlichkeit **P 10** 2, 17
Auflösungsbeschluss
– fehlerhafter – **705** 364; **Vor 723** 20
– konkludenter – **Vor 723** 19
– Mehrheitsklauseln **709** 93; **Vor 723** 18
– Rücktrittsrecht **Vor 723** 20
– verheirateter Gesellschafter **Vor 723** 19
– vormundschaftliche Genehmigung **Vor 723** 19
Aufrechenbarkeitseinrede des Gesellschafters **719** 14
Aufrechnung gegen Gesellschaftsforderung **719** 13 ff.; **720** 1 ff.
Aufschiebende Bedingung 705 31
Auftragstätigkeit von Gesellschaftern **709** 37; **713** 5; **729** 3
Aufwendungsersatzanspruch des Geschäftsführers der GbR
– Abtretung **717** 34
– Anspruchsgegner **705** 191, 197
– aufgelöste Gesellschaft **730** 52
– fortbestehende Gesellschaftsführungsbefugnis nach § 729 **729** 11
– Inhalt **705** 191; **713** 16 f.
– Treupflicht **705** 227
– Verluste des Geschäftsführers **713** 16
– Zwangsvollstreckung **705** 197
Aufwendungsersatzansprüche der Partner P 6 25
Auseinandersetzung der GbR
– Abwicklungsgewinn **734** 2
– Anspruch auf – **730** 59 f.
– Anwendung von Gemeinschaftsrecht **731** 4 f.
– Arten **730** 1 ff., 63
– Aufgaben der Abwickler **730** 3 f., 8 f., *44ff.*
– Auflösung stiller Reserven **734** 3 ff.
– Beendigung schwebender Geschäfte **730** 44
– dispositives Recht **730** 63 ff.; **731** 3; **733** 10 f.
– Drittgläubigerforderungen **730** 52; **733** 7
– Durchsetzungssperre **730** 49 ff.
– Einlagenrückerstattung **706** 11 ff.; **732** 1 ff.; **733** 7, *13ff.*
– fehlerhafte Gesellschaft **705** 346
– Feststellungsklage **730** 49
– Gesellschafteransprüche **730** *49ff.*; **733** 2, 7 f.
– Haftungsfolgen **730** 29 f.
– Hinterlegung des Überschusses **739** 11
– Innengesellschaft **730** 6, *12ff.*; **733** 3 f.
– Insolvenz des Gesellschafters **728** 38
– interner Ausgleich zwischen den Gesellschaftern **730** 3 ff.; **734** 9
– Kontenausgleich zwischen den Gesellschaftern **730** 3 f.
– Leistungsklage **730** 49
– Personenhandelsgesellschaften **705** 12
– Realteilung **730** 92
– Rückzahlung von Einlagen **730** 54
– Schadensersatzansprüche gegenüber Mitgesellschaftern **730** 52, 56
– Schlussbilanz **733** 6 ff.
– Schuldenberichtigung **733** 6 ff.
– Spaltung der GbR **730** 92
– stille Gesellschaft **705** 288; **730** 6 f.
– subsidiäre Anwendung des Gemeinschaftsrechts **731** 9 f.

– Teilung in Natur **730** 9; **731** 5
– Überschussverteilung **730** 9
– Umsetzung des Gesellschaftsvermögens **733** 20f.
– Verlustverteilung **735** 1ff.
– vertragliche Regelungen **730** 10, *65ff.*; **733** 5
Auseinandersetzung unter Miterben 727 45
Auseinandersetzungsguthaben, Anspruch auf das –
– Abtretung **717** 32, 37ff.
– Anspruchsgegner **705** 190; **730** 61f.
– Ausgleichsanspruch **734** 9
– Auszahlung **730** 54f.; **734** 9
– Berechnung **730** 6
– Beschränkung **725** 7
– Durchsetzbarkeit **734** 10
– Eintrittsklausel **727** 55f., 60
– Entstehung **705** 190; **717** 32
– Fälligkeit **705** 190; **730** 54f., 61f.; **734** 10
– feststehende Mindesthöhe **730** 54f., 61f.
– Inhalt **705** 190; **734** 8
– Innengesellschaft **730** 13
– Nießbrauch **705** 96
– Pfändung **717** 43
– Treupflicht **705** 227
– Vorausabtretung **717** 32, 38, 40
– Wesen **705** 190
– Zusammensetzung **717** 37; **734** 8
Ausgleichsanspruch gesamtschuldnerischer
– Abtretung **717** 34
– Anteilsübertragung **719** 46
– gegen den Ausgeschiedenen **714** 56
– ausgeschiedener Gesellschafter **714** 71
– gegen die Gesellschaft **714** 54f.
– gegen Mitgesellschafter **705** 217f.; **707** 4; **714** 56
Auskunftsanspruch
– actio pro socio **713** 8
– des Ausgeschiedenen **740** 4
– der Gesellschaft **713** 8f.
– des Gesellschafters **716** 12
– schwebende Geschäfte **740** 7
– Vertragsvereinbarungen **716** 17
Auskunftspflicht des Geschäftsführers 713 8ff.
Auslegung des Gesellschaftsvertrages
– Auslegungsmaßstäbe **705** *171ff.*, 248
– Bestimmtheitsgrundsatz **709** 84ff., 89
– ergänzende Vertragsauslegung **705** 174
– Familiengesellschaft **705** 173
– mehrdeutiger Vertragsinhalt **705** 173
– objektive – **705** 171
– Publikumsgesellschaft **705** 175
– Revisibilität **705** 176
Ausscheiden eines Gesellschafters der GbR
– Abfindungsanspruch **738** 14ff.
– Anteilsübertragung **719** 25, 39; **738** 14
– Anwachsung **738** 8f.
– nach Auflösung **738** 16
– Auseinandersetzung **738** 1
– fehlerhaftes – **738** 370ff.
– Fortsetzung der Gesellschaft **738** 5ff.
– Gesamthandsberechtigung **736** 1; **738** *8*
– und Gesamthandsprozess **718** 60, 63; **738** 5
– Gesellschafterinsolvenz **738** 16
– Gesellschafterrechte und -pflichten **738** 6
– Grundbuchberichtigung **738** 8
– Haftung des Ausgeschiedenen gegenüber Gesellschaftsgläubigern **736** 7, 21; **738** 4, *70f.*
– Kündigung **738** 11ff.
– Nachhaftungsbegrenzung **736** 21ff.
– notarielle Form **705** 36
– Rückgabe überlassener Gegenstände **738** 49f.
– Schuldbefreiung **738** 77ff.
– schwebende Geschäfte **740** 1ff.
– Sicherheitsleistung **738** 80
– Sozialansprüche **739f.**
– aufgrund Todes **736** 13
– Treupflichten des Ausgeschiedenen **738** 6
– Übernahmeklausel **738** 18
– Verlustausgleich **739** 1ff.
– vertragliche Gründe **736** 1
– Wettbewerbsverbot **738** 7
– Zweimanngesellschaft **Vor 723** 9; **738** 14; **739** 11
Ausscheiden eines Partners
– Abfindungsanspruch **P 9** 16
– Austrittserklärung des Partner-Erben **P 9** 31
– begrenzte Nachhaftung **P 10** 18f.
– Ersetzung der Auflösung durch das Ausscheiden **P 9** 13ff.
– Namensfortführung **P 9** 11
– Verlust der Zulassung **P 9** 18, 21ff.
– vorletzter Partner **P 10** 4
Ausschlagung der Erbschaft 727 17
Ausschließung von Gesellschaftern
– Abfindungsanspruch **737** 9
– im Abwicklungsstadium **737** 10f.
– Anhörung des Betroffenen **737** 15
– Anteilsschenkung unter Widerrufsvorbehalt **737** 21f.
– durch Beschluss **737** 1, 11
– ehemalige KG/OHG **737** 4
– Erklärung **737** 14
– fehlerhaft Beteiligter **705** 345, 368
– Fortsetzungsklausel **737** 1, 4, 7
– gerichtliche Nachprüfung **737** 12
– Innengesellschaft **737** 5
– Mehrheitsbeschluss **737** 13
– mildere Mittel **737** 9
– Mitteilung des Ausschließungsgrundes **737** 14
– ohne sachlichen Grund **737** 17f.
– sämtlicher Gesellschafter **737** 5
– des Treuhänders **705** 93
– Treupflicht **705** 229
– Übernahmerecht **730** 75; **737** 6
– Verfahren **737** 14f.
– Vertragsvereinbarung **736** 15

– Vorrang milderer Mittel **737** 9
– wichtiger Grund **737** 8ff.
– Zustimmungspflicht **705** 232, 239; **737** 3, 13
– Zweimanngesellschaft **737** 6
Außen-Gesellschaft (GbR)
– Abgrenzung zur Innen-GbR **Vor 705** 91; **705** 305
– Abgrenzung zur juristischen Person **705** 307ff.
– Gesellschaftsvermögen **705** 265
– Grundbuchfähigkeit **705** 312
– Grundlagen **705** 253f.
– Haftung **705** 260
– Insolvenzfähigkeit **705** 322
– als Mitglied in Kapitalgesellschaften/Personengesellschaften **705** 316f.
– Organe der – **705** 255
– Parteifähigkeit im Zivilprozess **705** 318ff.
– Rechtsfähigkeit **705** 289ff., *303ff.*
– Vermögensfähigkeit **705** 310
Außenverhältnis der Partnerschaft
– konstitutive Wirkung der Registereintragung **P 7** 3ff.
– Rechtsnatur der Partnerschaft **P 7** 10ff.
– Vertretung der Partnerschaft **P 7** 14ff.
Ausstattung 705 42f.
Austauschvertrag 705 161
Austrittsrecht 723 70
Ausübungsschranken 705 136, 140
Automatenaufstellvertrag Vor 705 119

Bankenkonsortium Vor 705 51, 54
Bauherrengemeinschaft Vor 705 47ff.; **726** 3
Bedingter Gesellschaftsvertrag 705 31; **Vor 723** 7, 21
Beendigung der Gesellschaft Vor 723 5ff.
Begebungskonsortium Vor 705 52
Beherrschungsvertrag 708 7
Beirat 705 199, *259*; **709** 55, 59
Beitrag
– Abwicklungsgesellschaft **730** 30ff.
– actio pro socio **705** 212
– Änderung **706** 7f.; **707** 1; **714** 25
– Anwendbarkeit des allgemeinen Schuldrechts **705** 156
– Arten **706** 10
– Aufwendungen im Gesellschaftsinteresse **706** 6
– Auslegung **706** 12
– Begriff **706** 2ff.
– beitragsfreie Beteiligung **706** 17
– Bestimmung nach §§ 315ff. **705** 156
– Bewertung **705** 134; **706** 8
– Dienstleistung **706** 14, 21
– Drittgeschäfte **706** 5
– Einbringung
– – zu Eigentum (quoad dominium) **705** 37; **706** 9, *11*, 18
– – zum Gebrauch (quoad usum) **705** 37; **706** *13*, 17
– – dem Werte nach (quoad sortem) **705** 37; **706** 12, 18
– Erfüllung der Beitragspflicht **705** 156, 192, 195; **706** 18; **709** 7
– Fälligkeit **705** 156; **706** 7, 19
– fehlerhafte Beitragsverpflichtung **705** 333, 341, 344, 362
– Festsetzung im Gesellschaftsvertrag **706** 7f.
– Form der Beitragsvereinbarung **705** 33ff., 156; **706** 8, 13
– Gefahrtragung **706** *11ff.*; **732** 5; **733** 13
– gerichtliche Durchsetzung **705** 201, 204
– Geschäftsführung als Beitrag **706** 14
– als Gesellschaftsvermögen **705** 201, 268f.; **718** 16f.
– Gleichbehandlungsgrundsatz **705** 249, 252; **706** 15f.
– Leistung durch Dritte **706** 15f.
– Leistungsbestimmungsrecht **705** 156
– Leistungsstörungen **705** 163; **706** *21ff.*
– Leistungsverweigerungsrecht **705** 163, 166, 369
– Mängel der Beitragsleistung **706** 21, 27f.
– Nachschüsse **706** 6
– Pfändung der Beitragsforderung **718** 16
– Selbstkontrahierungsverbot **706** 18
Beiträge der Partner P 6 42ff.
Beitragserhöhung
– Begriff **707** 2
– freiwillige **707** 8
– Gleichbehandlungsgrundsatz **705** 249, 251; **707** 7
– Mehrheitsklauseln **707** 6; **709** 91
– sanierungsbedürftige Gesellschaft **707** 1
– Schranken **707** 7
– vertragliche Regelungen **707** 2f.
– als Vertragsänderung **707** 1
– Zustimmungspflicht **705** 233; **707** 1, 8
Beitragsforderung
– Gesellschaftsvermögen **705** 269
– Pfändung **718** 16
Beitritt, fehlerhafter – **705** 335ff., 366
Belegarztvertrag Vor 705 132
Bergsportgemeinschaft Vor 705 34f.
Berufsausübungsgemeinschaft P 1 10
Berufsrecht
– durch Berufsrecht geregelte Freie Berufe **P 1** 41f.
– berufsrechtliche Anforderungen
– – an die Liquidatoren **P 10** 15
– – an die Partner **P 6** 6
– Haftungsbeschränkung **P 8** 2
– Höchstbetragshaftung **P 8** 35
– Prinzip des kleinsten gemeinsamen Nenners **P 1** 78
– Verschwiegenheitspflicht **P 6** 7f.
– Vorrang des Berufsrechts **P 1** 3, 77ff.; **P 6** 16
Beschluss
– Gegenstände **709** 53ff.
– Rechtsnatur **709** 51f.

– Sozialakt **709** 51
– Wirkungen **709** 102f.
– Zustandekommen **709** 71f.
Beschlussfassung
– Förmlichkeiten **709** 71f.
– Geschäftsführungsangelegenheiten **709** 54, 57
– Hinzuziehung eines Gesellschafterbeistands **709** 60f.
– konkludente – **709** 71
– Ladungsfrist **709** 73
– Mehrheitserfordernisse **709** 81ff.
– nicht voll geschäftsfähige Gesellschafter **709** 55, 60, 65
– Selbstkontrahierungsverbot **709** 55, 57ff., 65, 68f.
– Stimmpflicht **709** 57f.
– Tagesordnung **709** 73
– vertragliche Regelungen **709** 68
– Vertragsänderungen **709** 55, 231ff.
– Zustimmungspflicht kraft Treupflicht **709** 42ff.
– – zu Geschäftsführungsmaßnahmen **709** 42ff.
– – zu Vertragsänderungen **705** 231ff.
Beschlussmängel
– Arten **709** 105
– gerichtliche Geltendmachung **709** 124, 128
– Heilung **709** 124
– Kausalität **709** 122, 125
– mangelhafte Stimmabgabe **709** 104, 111
– Rechtsfolgen **709** 104ff.
– Verfahrensfehler **709** 106f.
– Verstoß gegen Ordnungsvorschriften **709** 106f.
– Vertragsänderungen **705** 36; **709** 109
Besitz
– Besitzansprüche der GbR **718** 38
– Gesamthand als Besitzer **718** 35ff.
Besitzgesellschaft Vor 705 18
Besitz-Personengesellschaft 705 12
Bestandsschutzgedanke 705 173; **730** 74
Bestimmtheitsgrundsatz 705 137; **709** 84ff.
Beteiligungskonsortium Vor 705 *68f., 88*
Betriebsaufspaltung 705 15
Betriebsbezogenes Geschäft 718 25
Bewegliche Ausübungsschranken 705 136f.
Beweisfunktion des Schriftformerfordernisses 705 50; **P 3** 1
Bilanz
– Abfindungsbilanz **738** 26ff.
– Aufstellung **721** 6f.
– Auseinandersetzungsbilanz **730** 9, 49ff.
– Feststellung **709** 55; **721** 8f.; **738** 28f.
– Gewinnverteilung **721** 6f.
Bruchteilsgemeinschaft
– Beteiligung an einer GbR **705** 83
– und GbR **Vor 705** 15, 124ff.
– GbR als Gemeinschafter **719** 9
– Gesellschaftsvermögen als Bruchteilsvermögen **705** 266ff.; **718** 11
– Gründung einer GbR durch Gemeinschafter **705** 18, 36
Buchführung 713 11; **716** 9; **721** 6f.
Buchwertklausel 738 41ff., 45f., 63f.; **740** 8
Bürgschaft für Gesellschaftsschulden **738** 78
Bürogemeinschaft Vor 705 27

Coproduktion Vor 705 123
Culpa in contrahendo, Haftung der Gesellschafter **714** 37

Darlehen, partiarisches – **Vor 705** 108ff.
Dauer der Gesellschaft
– Befristung
– – konkludente **723** 22ff.
– – Schranken **723** 64ff.
– – Voraussetzung **Vor 723** 16; **723** 22f., 68
– Festdauer **Vor 723** 22f.; **723** 68
– Höchstdauer **Vor 723** 22f.; **723** 68
– Mindestdauer **Vor 723** 14; **723** 68
– unbefristete Gesellschaft **723** 65f.
– Verlängerung **705** 233; **709** 99; **Vor 723** 15; **723** 69
– Zeitablauf als Auflösungsgrund **726** 2
Dauergesellschaft Vor 705 98
Dauerschuldverhältnis, Gesellschaft als – **Vor 705** 4, 11; **Vor 723** 23; **723** 26; **740** 5
Deliktische Haftung der Gesamthand 705 260ff.; **714** 20; **718** 31
Dienstvertrag, partiarischer **Vor 705** 111
Dispositives Gesellschaftsrecht 705 130, 174
Dissens 705 29, 328
Doppelgesellschaft Vor 705 49; **705** 283
Doppelnatur der Gesellschaft 705 158, 354f.
Doppelvertrag beim Gesellschafterwechsel 719 17
Drittgeschäfte der Gesellschaft mit Gesellschaftern
– Abgrenzung zu Beitragsvereinbarungen **706** 5
– Arten **705** 185f.; **709** 37
– bei Auflösung der Gesellschaft **732** 1
– Begriff **705** 185, 202
– Haftung der Mitgesellschafter **705** 201, 220
– Treupflicht **705** 203
Drittwiderspruchsklage 718 33, 54, 55, 58
Duldungsvollmacht 714 28f.

Ehegatten, Beteiligung an GbR **705** 81ff., 351; **719** 32; **Vor 723** 19; **723** 9f.
Ehegattengesellschaft Vor 705 *73ff.*, 88; **705** 27, *75*, 283
Eheliche Gütergemeinschaft
– Beteiligung an GbR **705** 82
– Gründung einer GbR durch Ehegatten **Vor 705** 74f.; **705** 74
– Umwandlungen in GbR **705** 15
– Vereinbarungen zwischen Gesellschaftern **Vor 723** 14
Ehemalige KG 705 14; **709** 18f.; **714** 19; **718** 65

Eigennützige Gesellschafterrechte 705 196, 224, 227 f.
Eigentümer-Besitzer-Verhältnis bei der Gesellschaft **718** 38
Eigentumsvermutung nach § 1006 **718** 38
Einberufung der Gesellschafterversammlung 709 73
Eingetragene Lebenspartnerschaft Vor 705 84
Eingliederung 705 230
Einlage 706 4
Einlagenrückerstattung
– bei Auflösung **730** 52 ff.; **733** *13 f.*
– Dienstleistung **733** 17 f.
– Innengesellschaft **730** 14
– in Natur **732** 7; **733** 13
– Sacheinlage
– – Rückgabe dem Werte nach eingebrachter Sachen **723** 1, 11 f.; **733** 13 f.
– – Rückgabe zu Eigentum eingebrachter Sachen **732** 7; **733** 5, 13 f.
– – Rückgabe zur Benutzung überlassener Gegenstände **732** 1 ff.; **733** 13, 19; **738** 76
– Wertermittlung **733** 14 ff.
– Wertersatz **733** 13
Einmann-GbR 705 61 ff.
Einstimmigkeitsprinzip 709 39, 81
Eintragung der Partnerschaft
– Erlöschen der Partnerschaft **P 10** 13 f.
– fehlerhafte Eintragung **P 7** 7 f.
– und Formmangel **P 3** 7 f.
– konstitutive Wirkung **P 7** 3 f.
– Rechtsverhältnis bis zur Eintragung **P 7** 5
Eintrittsklausel 705 376; **727** *53 ff.*, 60 f., 66 ff.
Eintrittsrecht 736 3 f., 19
Einwendungen bei der Gesellschafterhaftung 714 49 ff.
Einzelgeschäftsführung
– Ressortprinzip **709** 17
– für Teilbereiche **710** 2; **711** 6
– Vereinbarung **709** 14
– Widerspruchsrecht **709** 54; **711** 1, 3, 6
Emissionskonsortium Vor 705 52 ff., 77
Enthaftungstheorie 714 63
Entlastung der Geschäftsführer **709** 59; **714** 10
Entnahmerecht 705 189, 250; **717** 15, 33, 36; **721** 13 f.
Entstehung der GbR 705 1 ff.
– rückwirkende – **705** 7
– Umwandlung **705** 8 ff.
– Zeitpunkt **705** 6
Erbenbesitz 718 38
Erbengemeinschaft
– Auseinandersetzung **727** 45
– Fortsetzung als GbR **705** 15, 27 f.
– Gesellschafter einer GbR
– – Abwicklungsgesellschaft **727** 14
– – werbende Gesellschaft **705** *81*; **727** 33
– Haftung für Privatschulden der Gesellschafter **718** 32 ff.
Erbfähigkeit der GbR 718 22
Erbschein 727 64 ff.
Erfindergemeinschaft Vor 705 126 f.
Erfindungen eines Gesellschafters **706** 14; **718** 23
Erfolgsbeteiligung 705 149
Erfüllungsgehilfe
– der Gesellschaft **708** 30; **718** *30*
– des Gesellschafters **708** *17*; **713** 6
Ergänzende Vertragsauslegung
– Anwendungsbereich **705** 29 f., 53, 128, 174
– und dispositives Recht **705** 174
Ersatzkräfte für verhinderten Gesellschafter **706** 25; **709** 30
Ersitzung 718 38
Ertragsnießbrauch 705 99
Erwerbsgeschäft eines Minderjährigen 705 70
Erwerbsgesellschaft Vor 705 36 ff., 89 f.; **714** 35
Essentialia negotii des Gesellschaftsvertrags **705** 1, 29, 128
Europäische Wirtschaftliche Interessenvereinigung (EWIV) Vor 705 21 f.

Fahrgemeinschaft Vor 705 34, 87
Falsa demonstratio 705 23
Familiengesellschaft 705 173
Fehlerhafte Gesellschaft (GbR)
– Abwicklung **705** 346
– Anfechtung **705** 342
– Anteilsübertragung, fehlerhafte **705** 374
– Arglisteinwand **705** 344
– arglistige Täuschung **705** 328, 340
– Ausnahmen von der Lehre **705** 332
– Ausscheiden, fehlerhaftes **705** 370
– Ausschlussrecht **705** 345, 568
– Bestätigung der – **705** 357
– Dissens **705** 328
– dogmatische Begründung der Lehre **705** 347 ff.
– Drohung **705** 328, 340
– Entwicklung **705** 323 ff.
– faktische Gesellschaft **705** 1, 324, 327
– fehlerhafte Auflösung **705** 364
– fehlerhafte Kapitalgesellschaft **705** 323
– fehlerhafte Vertragsänderung **705** 360 ff.
– fehlerhafter Beitritt **705** 366
– Formmangel **705** 51, 328
– Geltendmachung des Fehlers **705** 330, 342, 345; **723** 46
– Gesellschafternachfolge im Todesfall **705** 376
– gesetzeswidriger Gesellschaftszweck **705** 333
– Gründungsmängel **705** 326 ff.
– Heilung des Mangels **705** 357
– Innengesellschaft **705** 358 f.
– Irrtum **705** 328

- Kündigung **723** 46
- Lehre von der – **705** 330
- lückenhafter Gesellschaftsvertrag **705** 330
- nicht voll geschäftsfähiger Gesellschafter **705** 335 ff.
- Rechtsfolgen **705** 342
- Scheinerbe **705** 366; **727** 63, 66
- Scheingesellschaft **705** 377 f.
- Übernahmerecht **705** 328 f.
- unmöglicher Gesellschaftszweck **705** 328
- Unwirksamkeit einzelner Vertragsbestimmungen **705** 330, 344
- verheirateter Gesellschafter **705** 341
- Vollzug **705** 331
- Voraussetzungen **705** 326 ff.

Fehlerhafte Gesellschaft (Partnerschaft) P 3 7 f.
Filmherstellungs- und -verwertungs- (-lizenz-)vertrag Vor 705 122
Finanzkonsortium Vor 705 58 ff
Firma 705 270
Förderungspflicht 705 *122 f.*; **706** 2 f.
Form des Gesellschaftsvertrags der GbR
- Ehegatten **705** 75
- bei Gebrauchsüberlassung **706** 13
- Grundsatz **705** 32, 131
- mündliche Zusatzabreden **705** 131
- schenkweise zugewendete Beteiligung **705** 42 f.
- Schriftformklausel **705** 42 f.
- Vereinbarungen über gegenwärtiges Vermögen **705** 33
- Vereinbarungen über GmbH-Geschäftsanteile **705** 33 f.
- Vereinbarungen über Grundstücke **705** 36 ff.
- Vertragsänderung **705** 57
- Vorvertrag **705** 178

Form des Gesellschaftsvertrags der Partnerschaft P 3 1, 3, 5 f.
Formmangel des Gesellschaftsvertrags der GbR 705 51, 328
Formmangel des Partnerschaftsvertrags
- Rechtsfolgen bei Gründung **P 3** 7 ff.
- Rechtsfolgen bei späteren Vertragsänderungen **P 3** 11

Forstwirtschafts-GbR Vor 705 41, 89
Fortsetzung der Gesellschaft
- Auslegung **705** 173
- durch Beschluss **736** 17
- Fortsetzungsklausel **736** 5 ff., 20

Franchising
- System **705** 21
- Vertrag **Vor 705** 132

Freiberufliche Tätigkeiten
- aktive Berufsausübung **P 1** 13 f.
- als Beitragsleistung **P 1** 11 ff., 24
- Eigenständigkeit **P 1** 39 f.
- als gemeinsamer Zweck **P 1** 10
- Geschäftsführung **P 6** 7, 13
- Grenzbereich zu sonstigen Geschäften **P 6** 10
- Hilfsgeschäfte **P 6** 12
- der Liquidatoren **P 10** 15
- neben gewerblicher Tätigkeit **P 1** 19 ff.
- qualifizierte Ausbildung **P 1** 39 f.
- Selbstständigkeit **P 1** 39 f.
- typische Merkmale **P 1** 39 ff.
- Weisungsfreiheit **P 1** 39 f.

Freie Berufe in der GbR Vor 705 *36 ff.*, 89
Freie Berufe in der Partnerschaft
- Abgrenzung **P 1** 45 ff.
- Anwaltsnotar **P 1** 82
- Apotheker **P 1** 79
- Architekt **P 1** 58
- Begriff **P 1** 2, 33 ff.
- Berufskammern **P 1** 43
- Berufsrecht **P 1** 43 f., 77 ff.
- Bildberichterstatter **P 1** 61
- Dolmetscher **P 1** 62
- Erzieher **P 1** 76
- Fehlen des Freien Berufs **P 1** 8 f.
- Grenzbereich zu § 2 HGB **P 1** 16 ff.
- Handelschemiker **P 1** 59
- Heilberufe **P 1** 49
- Ingenieur **P 1** 57
- Journalist **P 1** 60
- Katalogberufe und ähnliche **P 1** 49 ff., 64 ff.
- Kategorien **P 1** 41
- Künstler **P 1** 73 f.
- Lehrer **P 1** 76
- Lotse **P 1** 63
- medizinische Hilfsberufe **P 1** 51 f.
- Notar **P 1** 48, 80
- Patentanwalt **P 1** 53 f., 82 f.
- rechts- und wirtschaftsberatende Berufe **P 1** 53 f.
- Rechtsanwalt **P 1** 82 f.
- Sachverständiger **P 1** 59
- Schriftsteller **P 1** 75
- Steuerberater **P 1** 2 10, 55, 81
- Übersetzer **P 1** 62
- Verschwiegenheitspflicht **P 6** 7 f.
- Volks- und Betriebswirt **P 1** 56
- Wirtschaftsberater **P 1** 55
- Wirtschaftsprüfer **P 1** 55, 81 f.; **P 2** 13
- Wissenschaftler **P 1** 60

Fruchterwerb 718 38

Gefälligkeitsverhältnis bei der Gesellschaft **705** 20 ff.
Gelegenheitsgesellschaft Vor 705 34, 87; **705** 26; **723** 14, 24
Gemeinsamer Vertreter 727 20; **730** 40 f.
Gemeinsamer Zweck der Gesellschaft
- Arten **705** 144 f.
- Betreiben eines Handelsgewerbes **Vor 705** 11; **705** 3, 9, 22, 146
- Erfolgsbeteiligung **705** 149 ff.
- Förderungspflicht **705** 128, 142 f.

– gesetzeswidriger – **705** 146, 333
– Halten und Verwalten von Sachen **705** 145
– Kartellvertrag **Vor 705** 65; **705** *143*
– Motiv der Gesellschaftsbeteiligung **705** 147
– sittenwidriger – **705** 134, 146, 334
– societas leonina **705** 151
– Unmöglichkeit **705** 328; **726** *4ff.*
– Vergemeinschaftung des Zwecks **705** 132
– Vertragsfreiheit **705** 132ff.
– Zweckerreichung **726** 1ff.
Gemeinschaftsproduktion Vor 705 122
Gemeinschaftsunternehmen Vor 705 67; **705** 76, 238
Gemeinschaftsvertrag 705 161f.
Gemischte Verträge Vor 705 106, 113
Generalvollmacht 709 5; **714** 12; **717** 9
Gesamtgut 705 74f., 82
Gesamthand
– Arten **705** 289ff.
– Entwicklung **705** 299f.
– Gruppenlehre **705** 298
– höchstrichterliche Rechtsfortbildung **705** 301
– Rechtsfähigkeit **705** 160ff., 303; **718** 2ff.
Gesamthandsberechtigung
– Anteil an einzelnen Vermögensgegenständen **718** 5, 7ff.; **719** 8; **738** 8, 12
– Anwachsung **738** 8
– ausgeschiedener Gesellschafter **718** 7; **738** 8f.
– Begriff **718** 6; **738** 5
– eintretender Gesellschafter **718** 8
– Gesellschafterwechsel **718** 5, 7ff.; **738** 8f., 12f.
– Umfang **718** 6; **719** 4f.
– Verfügungsverbot **719** 4f.
– Voraussetzung **718** 6
– Zwangsvollstreckung **719** 7
Gesamthandsforderungen
– Aufrechnung **719** 13ff.; **720** 1ff.
– Begründung **720** 2
– Einziehung **709** 40f.; **719** 11
– Schuldnerschutz **720** 1ff.
Gesamthandsgemeinschaft
– Außen-GbR **705** 293ff.; **718** 2ff.
– Partnerschaft **P 7** 10
Gesamthandsschulden
– Begriff **714** 31; **718** *24*
– Entstehungsgründe **718** 24ff.
– Gesamthand als Schuldner **714** 14f., 31
– aufgrund objektiver Zurechnung **718** 29
Gesamthandsschuldklage
– Anwendungsbereich **718** 49
– Begriff **718** 53
– Beklagter **718** 53
– Grundsatz **718** 53f.
– Klageziel **718** 51
– notwendige Streitgenossenschaft der Gesellschafter **718** 50f.
– Urteilstenor **718** 53
– Veränderungen im Gesellschafterkreis **718** 60ff.
– Vollstreckungstitel **718** 55
– Zwangsvollstreckung **718** 52, 55ff.
Gesamthandsvermögen
– abweichende Zuordnung des Gesellschaftsvermögens **705** 2, 254, 266ff.
– Anteil am – **719** 4
– Anteile an einzelnen Gegenständen **719** 8
– Auflösung der Gesellschaft **718** 26f.
– Begriff **718** 2
– Beitragsforderungen **705** 269
– Bestandteile **705** 201, 265, 269; **718** *19ff.*
– und Bruchteilseigentum **705** 221ff.; **718** 11; **719** 8f.
– Entstehung **718** 12ff.
– Erwerbstatbestände **705** 265; **718** *18ff.*; **719** 9
– Inhaber **705** 718 2
– Innengesellschaft **705** 229ff.
– Sozialansprüche **705** 201, 269; **718** 12
– Surrogationserwerb **718** *20f.*; **720** 3
– Teilungsanspruch **719** 12
– Umwandlung der GbR **718** 14f.
– Verfügungsberechtigung **719** *9f.*
– Verzicht auf – **705** 254, *266ff.*; **718** 6f.
– Wegfall **718** 12ff.
– Wesen **705** 265; **718** 2
Gesamtnichtigkeit des Gesellschaftsvertrags 705 53
Gesamtschuldklage
– Unterscheidung von der Gesamthandsschuldklage **718** 40
– Vollstreckung ins Gesamthandsvermögen **718** 57
Geschäftsbücher
– der GbR **713** 11; **716** 9
– der Partnerschaft **P 10** 13
Geschäftsführer
– Erfüllungsgehilfe **718** 30
– Minderjähriger **709** 27
– Nichtgesellschafter **709** *9f.*, 20, 29; **712** 3; **713** 4
– Organqualität **705** 257; **714** *17*
– Rechtsgrundlage der Geschäftsführerstellung **709** *2*, 23
– Schädigung durch Dritte **709** 42
– Selbstorganschaft **709** 5f.
– Verhinderung **709** 28, 30
– Verletzung durch Dritte **709** 35
– Verrichtungsgehilfe **718** 31
Geschäftsführervergütung
– Abtretung **717** 34
– Abwicklungsgesellschaft **730** 42
– Anpassung **705** 234; **709** *36*; **712** 21
– Anspruch auf – **709** 32; **713** 17
– Arten **709** 40
– Aufwendungsersatz **713** 17
– Entziehung der Geschäftsführerbefugnis **712** 21
– fortdauernde Geschäftsführungsbefugnis bei Auflösung **729** 11

– Gewinnvoraus **709** 32
– Pfändbarkeit **709** 32
– Rechtsgrundlage **709** *32*; **713** 17
– Rechtsnatur **709** 32
– Schuldner **705** 197
– Verhinderung des Geschäftsführers **709** 34f.
– Zwangsvollstreckung **705** 197
Geschäftsführung der GbR
– Anstellung Dritter **709** 5, 20; **713** 6
– Anteilsübertragung **719** 41
– Anwendung des Auftragsrechts **713** 1, 6ff.
– Arbeitsteilung **709** 16f., 46
– Auftragstätigkeit von Gesellschaftern **709** 44f.; **713** 4
– Aufwendungsersatz **713** *15ff.*; **717** 34
– ausgeschiedene Gesellschafter **738** 6
– Auskunftspflicht **713** 8f.; **716** 12
– Ausschließung sämtlicher Gesellschafter von der – **709** 14
– Begriff **709** 7ff.
– als Beitrag **706** 14; **709** 7
– Beschlussfassung in Geschäftsführungsangelegenheiten **709** 54, 57
– Beschränkung **710** 3
– Buchführung **713** 11
– ehemalige KG/OHG **709** 18f.
– Einstimmigkeitsprinzip **709** 13, 38ff.
– Einzelgeschäftsführung **709** 14, 17, 54
– Entlastung **709** 55, 59; **713** 10
– Erfüllungsgehilfe **708** 17; **713** 6
– Ermessen bei der – **709** 30
– fehlerhafte Änderung **705** 362f.
– Freistellungsanspruch **713** 15
– funktionell beschränkte Einzelgeschäftsführung **709** 17
– Gegenstände **709** 12
– gerichtliche Durchsetzung **705** 201
– gerichtliche Zweckmäßigkeitskontrolle **709** 30, 42; **711** 11
– Gesamtgeschäftsführung **709** 13
– für die Gesamthand **709** 4
– und Geschäftsführungsbefugnis **709** 8
– Gleichbehandlungsgrundsatz **705** 249
– Grundlagengeschäfte **709** 10f.
– Herausgabepflicht **713** 12f.
– Innengesellschaft **705** 284ff.
– Insolvenzverwalter **728** 15
– Krankheit des Geschäftsführers **709** 31
– Kündigung **712** 24ff.
– Mehrheitsprinzip **709** 13, 45ff., 83
– Nichtgesellschafter **709** 5, 20; **713** 4
– Notgeschäftsführung **709** 21; **711** 8; **714** 18; **727** 16ff.; **728** 39
– Organhaftung **705** 262ff.
– Pflicht zur – **705** 232; **709** 3, 29ff.
– Prozessführung **709** 12; **718** 44f.
– Publikumsgesellschaft **709** 6
– Rechenschaftspflicht **709** 7, 9f.
– Recht auf – **709** 28
– Ressortprinzip **709** 17, 46; **711** 6
– Schäden des Geschäftsführers **713** 16
– Selbstorganschaft **709** *5f.*; **730** 47
– Sonderaufträge für Gesellschafter **709** 37
– stille Gesellschaft **705** 286f.
– Stimmbindung **717** 24f.
– Substitution **709** 29; **713** 6
– Treupflicht **705** 196, 223, 226
– Überlassung zur Ausübung **717** 9
– Übertragung auf bestimmte Gesellschafter **709** 15; **710** 1ff.
– Unterlassungsklage **705** 204
– Verhinderung des Geschäftsführers **709** 31, 34f.; **710** 4f.
– Verluste des Geschäftsführers **713** 16
– vertragliche Regelungen **709** 14ff.
– Vertragsänderungen **709** 11
– und Vertretung **709** 9; **714** 24f.
– Verweigerung der Geschäftsführertätigkeit **709** 43f.
– Vorschuss **713** 15; **717** 34
– Wegfall eines Geschäftsführers **710** 4f.
– Weisungsbindungen der Geschäftsführer **709** 28, 49, 54; **713** 7
– Weisungsrecht von Gesellschaftern **709** 26, 54; **713** 7
– Wettbewerbsverbot **705** 235
– Zustimmungspflicht zu Geschäftsführungsmaßnahmen **705** 238; **709** 42ff.
Geschäftsführung in der Partnerschaft
– Ausschluss einzelner Partner **P 6** 7f.
– freiberuflicher Bereich **P 6** 13ff.
– – Gestaltungsmöglichkeiten **P 6** 15ff.
– – Hilfsgeschäfte **P 6** 12
– – rechtliche Qualifizierung **P 6** 13
– Selbstorganschaft **P 6** 9
Geschäftsführung ohne Auftrag 708 10f.; **709** 21
Geschäftsführungsbefugnis in der GbR
– Ausscheiden eines Geschäftsführers **729** 7f.
– außergewöhnliche Geschäfte **709** 24
– Begriff **709** 8
– Beschränkung **712** 17
– Entziehung
– – Ausschluss des Entziehungsrechts **712** 23
– – Beschlussfassung **705** 234; **712** *12ff.*
– – Gegenstand **712** 4f.
– – gerichtliche Nachprüfung **712** 18
– – Gesamtgeschäftsführung **709** 43; **712** 4f.
– – Innengesellschaft **712** 7f.
– – Mehrheitsbeschluss **712** 13ff.
– – Nichtgesellschafter **712** 3
– – Rechtsfolgen **712** 19ff.
– – stille Gesellschaft **705** 287; **712** 7f.
– – Treupflicht **705** 226, 234
– – übertragene Geschäftsführung **710** 8; **712** 1
– – Verschulden **712** 9
– – vertragliche Regelungen **712** 22
– – Vertretungsmacht **712** 16

– – wichtiger Grund **712** 9 ff., 22
– – Zustimmungspflicht **705** 234, 239; **712** 15
– – Zweimanngesellschaft **712** 13
– Fortdauer bei Auflösung **729** 1 ff.
– gerichtliche Durchsetzung **705** 199, 219
– Kündigung
– – Gesamtgeschäftsführung **712** 26 f.
– – Rechtsfolgen **712** 29
– – übertragene Geschäftsführung **712** 26
– – vertragliche Regelungen **712** 30
– – wichtiger Grund **712** 30
– Überschreitung **708** *8 ff.*; **709** 8, 25, 42; **714** 25
– Umfang **709** 23 f.
– Wesen **709** 3, 26; **713** 1 f.
Geschäftsführungsbefugnis in der Partnerschaft
– Entziehung **P 6** 21 f.
– Unabdingbarkeit der freiberuflichen **P 6** 14
Geschäftsgrundlagenänderung 705 234; **706** 25
Gesellschaft bürgerlichen Rechts (GbR)
– Begriff **Vor 705** 1 f.
– als Besitzer **718** 35 ff.
– als Organisation **705** 158 ff.
– Rechtspersönlichkeit **705** 303 ff.
– Reform des GbR-Rechts **Vor 705** 26 f.
– als Schuldverhältnis **Vor 705** 14; **705** 155 ff.
– Wesensmerkmale **Vor 705** 5 ff.
Gesellschaft zum Erwerb von Vermögensgegenständen Vor 705 34 f.
Gesellschafter der GbR
– Bruchteilsgemeinschaft **705** 83
– Ehegatten **705** 73
– eheliche Gütergemeinschaft **705** 75, 82
– Erbengemeinschaft **705** 81
– GbR **705** 79
– juristische Person **705** 76
– natürliche Person **705** 68
– nicht voll Geschäftsfähige **705** 69
– nicht-rechtsfähiger Verein **705** 78
– Streitigkeiten über die personelle Zusammensetzung **705** 200
– Vorgesellschaft **705** 77
– Zahl **705** 60
Gesellschafter minderen Rechts 738 58
Gesellschafterausschuss 705 259
Gesellschafterbeschlüsse der Partnerschaft
– Einstimmigkeitsprinzip **P 6** 37
– Mehrheitsprinzip **P 6** 38 f.
Gesellschafterrechte
– Abspaltungsverbot **717** 5
– Arten **705** 185 ff.
– Begriff **705** 179 ff.
– Grundlage **705** 179
– im Insolvenzverfahren **728** 16
– Kernbereich **705** 134 f.; **709** 91 f., 98; **717** 17
– Schranken **705** 136 f., 221 ff., 244; **709** 91 f., 100 f.
– Übertragbarkeit **717** 5 ff., 14 f.
Gesellschafterschulden 714 24 f.
Gesellschafterversammlung 705 258; **709** 71 f.
Gesellschafterwechsel
– Arten **719** 17 ff.
– fehlerhafter – **705** 365 ff.
Gesellschaftsähnliche Rechtsverhältnisse Vor 705 96, 118 f., 136; **730** 20
Gesellschaftsanteil
– Anteilsmehrheit in einer Hand **705** 181 f.
– Aufstockung zu Lasten von Mitgesellschaftern **705** 42 ff.
– Begriff **705** 159; **719** 22
– Einbringung in Kapitalgesellschaft **730** 89
– Pfändung **719** 59
– Übertragung **719** 25ff.
– Vereinigung aller Anteile **Vor 723** 9, 17
– Vererbung **727** 28 ff.
– Verpfändung **717** 15, 39, *45*; **719** 51 ff.
Gesellschaftsvermögen
– Begriff und Grundlagen **718** 2 ff.
– Bruchteilseigentum der Gesellschafter **705** *266 ff.*; **718** 11
– Veräußerung im Ganzen **730** 86 ff.
Gesellschaftsvertrag
– Abgrenzung zu sonstigen vertraglichen Schuldverhältnissen **Vor 705** 104
– Abschluss **705** 17 ff., 54
– allgemeine Geschäftsbedingungen **705** 139
– Änderung **705** 55 ff.
– Anwendung des allgemeinen Schuldrechts **705** 156
– bedingter – **705** 31; **Vor 723** 26
– befristeter – **705** 31; **723** 19, 22 ff., *64 ff.*
– Form **705** 32 ff.
– Inhaltskontrolle **705** 139 ff.
– konkludente Vereinbarungen **705** 131
– konkludenter Vertragsschluss **705** 25
– Leistungsstörungen **705** 163 ff.
– mangelhafter – **705** 52
– Mindestinhalt **705** 128
– mündliche Vereinbarungen **705** 131
– Rechtsnatur **705** 155, 161 ff.
– Rückdatierung **705** 7
– Schuldverhältnis **705** 155 ff.
– Selbstkontrahierungsverbot **705** 58
– Teilnichtigkeit **705** 52 ff.
– unvollständiger Vertragsschluss **705** 29, 128
– Verlängerung **709** 91 f.; **723** 56
– Vertragsfreiheit **705** 132 f.
– Vertragsverletzung **705** 198; **708** 6 f., 16 ff.
Gesetzliche Schriftform 705 33 ff.; **P 3** 5
Gesetzliches Verbot, Gesetzes- oder Sittenverstoß **705** 333 f.; **709** 105 f.
Gewahrsamsfähigkeit der GbR **718** 59
Gewinn- und Verlustrechnung 721 6 f.
Gewinnanspruch
– Abtretung **717** 31, 36, 40; **721** 6, 9
– aufgelöste Gesellschaft **730** 26 f., 52 f.

– Ausschluss, Beschränkung **705** 149 ff.; **722** 5 f.
– Entnahmebeschränkungen **721** 13 f.
– Entstehung **721** 8 f., 11 f.
– Fälligkeit **721** 8 f., 11 f.
– Geschäftsführervergütung **709** 32 ff.
– Höhe **705** 189; **722** 1 ff.
– Mindestgewinngarantie **722** 5
– Nießbrauch **705** 96
– Pfändung **725** 6
– Schranken der Geltendmachung **705** 227 f.; **721** 13 f.
– Schuldner **705** 197; **721** 11 f.
– stehen gelassene Gewinne **721** 13 f.
– Verjährung **721** 11 f.
– Vorausabtretung **717** 31, 35 f., 40; **721** 11 f.
– Wesen **705** 189
– Zwangsvollstreckung **705** 197; **725** 6
Gewinnstammrecht
– Abtretung **717** 15
– Begriff **705** 189; **717** 15
– Nießbrauch **705** 108
Gewinnverteilung in der GbR
– Abwicklungsgesellschaft **730** 26 f.
– Anspruch auf – **721** 4
– – nach Auflösung **721** 1
– Bilanzaufstellung **721** 6 f.
– fehlerhafte Änderung **705** 362 f.
– Gleichbehandlungsgrundsatz **705** 250
– Innengesellschaft **721** 4
– jährliche – **705** 189; **721** 4 ff.
– Stehenlassen von Gewinnen **721** 13 f.
– stille Gesellschaft **705** 287
– vertragliche Regelungen **721** 3, 5
– Zeitpunkt **721** 1
Gewinnverteilung in der Partnerschaft P 6 44 f.
Gewinnverteilungsschlüssel
– Änderung **709** 93; **722** 5
– gesetzlicher – **705** 189; **722** 1 f.
– sittenwidriger – **705** 134, 333
– Ungleichbehandlung **705** 250; **722** 5
Gewinnverwendung 709 55, 59
Gewinnvoraus 709 32; **721** 5
Gleichbehandlungsgrundsatz
– Anwendungsbereich **705** 244, 248 ff.
– Grundlage **705** 244
– Inhalt **705** 234
– Rechtsfolgen eines Verstoßes **705** 252
– sittenwidrige Ungleichbehandlung **705** 134
– vertragliche Abweichungen **705** 245 ff.
GmbH, Geschäftsanteil **705** 33 f.; **719** 33 ff.
„Good will“ 706 10; **718** 23
Grundbuchfähigkeit
– der (Außen-)GbR **705** 312 ff.
– der Partnerschaft **P 7** 12
Grundlagengeschäfte 709 10 f.
Grundsätze ordnungsgemäßer Buchführung 721 6 f.
Grundstück
– als Beitrag **705** 15, 36; **706** 18
– Gesellschaftsgründung zum Erwerb **Vor 705** 36; **705** *38 f.*
– als Gesellschaftsvermögen
– – Anteilsübertragung **705** 36; **719** *33 ff.*
– – formwechselnde Umwandlung **705** 13
– – Gesellschafterwechsel **705** 36; **718** 9; **738** 8 f.
Grundstücks-Fond Vor 705 4
Gruppe (Gesamthand) 705 298 ff.
Gütertrennung Vor 705 74; **705** 74
Gutgläubiger Erwerb von Gesamthandsgegenständen **718** 38; **719** 11
Haftung der Gesellschaft (GbR)
– deliktische – **714** 7
– Gesamthandsschulden **718** 24 ff.
– gesetzliche – **705** 262 ff.
– Innengesellschaft **705** 284
– aufgrund objektiver Zurechnung **718** 34
– Organverschulden **705** 262 ff.; **718** 27, 30 f.
– Privatschulden von Gesellschaftern **718** 32
– rechtsgeschäftliche – **718** 25 f.
– Unterscheidung von der Gesellschafterhaftung **714** 22 f.
Haftung der Gesellschafter
– Akzessorietät **714** 33 f.
– Ausgleichsanspruch **714** 56
– ausscheidender Gesellschafter **714** 70
– deliktische Verbindlichkeiten **714** 38
– Doppelverpflichtungstheorie **714** 3, 58
– Einreden und Einwendungen **714** 49 ff.
– Einschränkung **714** 41
– eintretender Gesellschafter **714** 72
– Freistellungsanspruch gegen Gesellschaft **714** 54
– Gesamtschuld **714** 47
– Gesellschafterwechsel **714** 70 ff.
– Grundlagen **714** 31 ff., 35 ff.
– Haftungsbeschränkung **714** 58 ff.
– Haftungsumfang **714** 46 ff.
– in der Insolvenz **714** 45
– persönliche Reichweite **714** 40
– Rechtsgrund **714** 35 ff.
– Regressanspruch gegen GbR **714** 54
– sachliche Reichweite **714** 37 ff.
– Sozialverbindlichkeit **714** 39
– Unterscheidung zur Haftung der Gesellschaft **714** 31 ff.
– vertraglicher Haftungsausschluss **714** 63 ff.
– Zwangsvollstreckung **714** 52 f.
Haftung der Partner
– Akzessorietät **P 8** 5
– Altverbindlichkeiten **P 8** 9
– bei Auflösung oder Ausscheiden **P 10** 17 ff.
– Haftungsausschluss, -beschränkung **P 8** 7
– Haftungskonzentration in der Partnerschaft nach § 8 Abs. 2

– – Anwendungsbereich **P 8** 15
– – Auseinanderfallen von benannten und verantwortlichen Partnern **P 8** 24f.
– – Ausscheiden von Partnern **P 8** 31
– – Bedeutung **P 8** 14
– – Bestimmbarkeitserfordernis **P 8** 24ff.
– – Eintritt von Partnern **P 8** 31f.
– – Konkretisierung **P 8** 24ff.
– – verantwortliche Partner **P 8** 21f.
– Höchstbetragshaftung nach § 8 Abs. 3
– – bei Fehlen berufsrechtlicher Normen **P 8** 39f.
– – Regelungsgehalt **P 8** 38
– – Voraussetzungen wirksamer Beschränkung **P 8** 36ff.
– Inhalt der Haftung **P 8** 6
– interner Ausgleich
– – Ausgleichspflicht zwischen den Partnern **P 8** 13
– – Regressanspruch gegen die Partnerschaft **P 8** 12
– Nachhaftung **P 10** 1, 18
– Verhältnis zum Berufsrecht **P 8** 2
Haftung des Geschäftsführers der GbR
– Beweislast **708** 19f.
– deliktische – **705** 261ff.
– für Erfüllungsgehilfen **708** 17; **713** 6
– Handeln aufgrund Gesellschafterbeschlusses **708** 22
– bei Substitution **713** 6
– Überschreitung der Geschäftsführungsbefugnis **708** 8ff.
– für Verrichtungsgehilfen **718** 31
Haftung im Innenverhältnis
– für Angestellte der Gesellschaft **708** 17
– Anwendungsbereich **708** 4ff., 12ff.
– Beherrschungsvertrag **708** 7
– Beweislast **708** 19
– deliktische – **708** 4
– Drittgeschäfte **708** 7
– für Erfüllungsgehilfen **708** 17
– Handeln aufgrund Gesellschafterbeschlusses **708** 23
– Sorgfaltsmaßstab **708** 16ff.
– Straßenverkehr **708** 12ff.
– vertragliche Regelungen **708** 3
Halten und Verwalten von Sachen 705 145; **719** 36
Heizölgemeinschaft Vor 705 34f.
Herausgabeanspruch nach § 985 718 38
Hinterlegung 733 9; **734** 11
Höchstdauer Vor 723 15; **723** 20, 68
Holdinggesellschaft 705 12

Idealgesellschaft 705 114; **738** 62
Informationspflicht des Geschäftsführers 711 3; **713** 9
Inhaltskontrolle von Gesellschaftsverträgen **705** 139
Innengesellschaft
– Auflösung **705** 285; **Vor 723** 10; **730** 12
– Auseinandersetzung **730** 12ff.; **733** 3
– Begriff **705** 275ff.
– – Abgrenzung zur Außengesellschaft **Vor 705** 91; **705** 275ff.
– – Innengesellschaft im engeren Sinn **705** 282, 285
– – Innengesellschaft im weiteren Sinn **705** 279ff.
– Erscheinungsformen **705** 283
– fehlerhafte – **705** 276, 280
– Gesamthandsvermögen **705** 275f., 277ff.
– ohne Gesamthandsvermögen **705** 282
– Gesellschaftsorgane **Vor 705** 8
– Parteifähigkeit **718** 48ff.
– Schenkung von Gesellschaftsbeteiligungen **705** 42f.
Innenverhältnis der Partnerschaft
– Aufwendungsersatz **P 6** 25f.
– Beiträge der Partner **P 6** 41ff.
– vor Eintragung **P 7** 5
– entsprechende Anwendung von OHG-Innenrecht **P 6** 24
– Geschäftsführung **P 6** 13ff.
– Gesellschafterbeschlüsse **P 6** 37ff.
– Gewinnverteilung **P 6** 44f.
– Kontrollrechte **P 6** 33ff.
– Wettbewerbsverbot **P 6** 28ff.
Insolvenz der (Außen-) GbR
– Antragsrecht und -pflicht **728** 11f.
– Auflösung **728** 8
– Fortsetzung **728** 23ff.
– Gesellschafterhaftung **728** 21
– Gesellschafterrechte **728** 16
– Gläubigerschutz **728** 3
– Insolvenzfähigkeit **705** 322; **728** 2, 4ff.
– Insolvenzgrund **728** 10
– Insolvenzmasse **728** 17ff.
– Verfahrenseröffnung **728** 8
– Verwaltungsbefugnisse **728** 15
– vorläufige Sicherheitsmaßnahmen **728** 9
Insolvenz des Gesellschafters
– Abfindungsklauseln **738** 47f.
– Ablehnung mangels Masse **728** 36
– Aufhebung **728** 36
– Auflösung der Gesellschaft **705** 125; **728** 31ff.
– Auseinandersetzung **728** 38
– ausgeschiedener Gesellschafter **738** 6
– Einstellung des Verfahrens **728** 36
– Fortsetzung der Gesellschaft **705** 125; **728** *43ff.*; **736** 5, 14
– Gegenstände der Insolvenzmasse **705** 125; **728** 7
– Geschäftsführung **728** 38f.; **729** 3; **730** 32
– Gläubigerbenachteiligung **738** 48
– Übernahmerecht **730** 68
– Verbindlichkeiten **728** 40f.

Insolvenzfähigkeit der GbR 705 322; **728** 2, 4 ff.
Interessengemeinschaft, Anwendbarkeit der Vorschriften über die Gesellschaft **705** 283

Jagdgemeinschaft Vor 705 34 f.
Juristische Person
– und Gesamthand **Vor 705** 23; **705** 307 ff.
– Gesellschafter einer GbR **705** 76
– des öffentlichen Rechts **705** 76
– Veränderungen im Gesellschafterkreis **719** 31

Kapitalerhöhung 705 251; **707** 6, 8
Kapitalgesellschaft
– Einbringung des GbR-Vermögens **730** 89 ff.
– Gesellschafter einer GbR **705** 76
– Mitgliedschaft einer GbR **705** 316
– und Personengesellschaft **Vor 705** 23
– Umwandlung in GbR **705** 8 f.
– Vorgesellschaft **Vor 705** 24; **705** 77
– Vorgründungsgesellschaft **Vor 705** 25
Kapitalmangel 707 1, 8; **726** 8
Kartell, gesellschaftsrechtliche Relevanz **Vor 705** 65 f.; **705** 21, 138, 143, 250, 283, 334; **709** 108
Kegelclub 705 19
Kernbereich der Gesellschafterrechte **705** 134 f.; **709** 91 ff., 99; **717** 17
KGaA 705 76
Kleingewerbe-GbR Vor 705 42, 89
Kleingewerbetreibende Vor 705 42, 89
Knebelung, sittenwidrige **705** 134
Know-how
– als Beitrag **706** 10
– -Vertrag **Vor 705** 120
Konkludenter Vertragsschluss 705 25, 131
Konsortialkredit Vor 705 59
Konsortialvertrag Vor 705 59
Konsortium Vor 705 *51 ff.*, 87; **705** 271, 283
Kontrollrecht
– des Gesellschafters der Partnerschaft, Einsichtsrecht **P 6** 33
– Kollision mit berufsrechtlicher Schweigepflicht **P 6** 34
Kontrollrecht des Gesellschafters der GbR
– Anfertigung von Auszügen **716** 11
– aufgelöste Gesellschaft **716** 1
– ausgeschiedener Gesellschafter **716** *13*; **738** 6
– Auskunftsanspruch **716** 6 f., 9, 12, 17
– Ausschluss oder Beschränkung **716** 16 ff.
– Berechtigte **716** 13 ff.
– Bevollmächtigung **716** 14 f.
– Einsichtsrecht **716** 6 ff.
– Entziehung **716** 6
– Geltendmachung **716** 6 f., 16
– gerichtlicher Vertreter **716** 14
– Hinzuziehung von Sachverständigen **716** 16
– höchstpersönliche Natur **716** 1, 10
– Innengesellschaft **716** 3
– laufende Berichterstattung **716** 12, 17
– Missbrauch **716** 3, 6 f., 18
– Nichtgesellschafter **717** 13
– Pflegschaft **716** 14
– Schranken **716** 6 f., 227 f.
– stille Gesellschaft **705** 287; **716** 3
– Testamentsvollstrecker **716** 13
– Treupflicht **705** 196, 227 f.
– Überlassung zur Ausübung **717** 9
– Übertragbarkeit **716** 10; **717** 16
– übertragene Geschäftsführung **710** 8
– Unterbeteiligung **716** 4 f., 17
– Verhinderung des Gesellschafters **716** 15
– Verzicht **716** 18
– Voraussetzungen **716** 6 f.
Konzern Vor 705 *65 ff.*; **705** 76
Konzession 705 334
Kreditkonsortium Vor 705 50 ff., 77
Kundenstamm 706 10; **738** 23 ff., 67
Kündigung aus wichtigem Grund
– Abfindungsbeschränkungen **723** 74, *76*; **738** 57 ff.
– Abmahnung **723** 33
– Angabe des Kündigungsgrundes **723** 27
– Ausschluss oder Beschränkung **723** 74 ff.
– außergeschäftliches Verhalten **723** 34
– fehlerhafte Gesellschaft **723** 46
– Formvorschriften **723** 74
– Fortsetzungsklausel **723** 74; **736** *11*
– Fristen **723** 74
– Geschäftsführung **723** 28 ff.
– Interessenabwägung **723** 28 f.
– mildere Mittel **723** 28
– missbräuchliche – **723** 34, 50
– Mitursächlichkeit des Kündigenden **723** 34
– Nachschieben von Kündigungsgründen **723** 27
– personenbezogene Gründe **723** 30 f.
– Revisibilität **723** 36 f.
– sachbezogene Umstände **723** 35
– Schadensersatz **723** 49
– Schranken **723** 34, *50 ff.*
– Umdeutung **723** 17
– Umzumutbarkeit **723** 28 f.
– zur Unzeit **723** 53
– Vertragliche Kündigungsschranken **723** 74 f.
– Verschulden **723** 33
– Vertrauensverlust **723** 33
– Verwirkung **723** 47
– Verzicht **723** 47
– verzögerte Geltendmachung **723** 48
– bei Volljährigkeit **723** 38 ff.
– Wesen **723** 26
– wichtiger Grund **723** 28 f.
Kündigung der GbR
– Änderungskündigung **723** 14 ff.
– Anfechtung **723** 19
– Ausschluss **723** 70
– Austrittsrecht **723** 70

– bedingte – **723** 14ff.
– befristete Gesellschaft **723** 22ff., 64ff.
– Berechtigte **723** 7
– Beschränkung des Kündigungsrechts **723** 61ff., 70ff.
– Bevollmächtigung **723** 7
– Fehlen eines Kündigungsgrundes **723** 60
– fehlerhafte Gesellschaft **705** 345; **723** 46
– Form **723** 12
– Fortsetzung der Gesellschaft **723** 18f., 72; **736** 13
– Frist **723** *13*, 21, 71
– durch nicht voll Geschäftsfähige **723** 9f.
– Gestaltungsrecht **723** 6
– Kündigungserklärung **723** 11ff., 14
– auf Lebenszeit eingegangene Gesellschaft **723** 64f.; **724** 7ff.
– missbräuchliche – **723** *50ff.*
– durch Privatgläubiger **725** 14ff.
– schuldrechtliche Kündigungsbeschränkung **723** 52
– stille Gesellschaft **705** 288
– Termin **723** *13*, 22f., 71
– Testamentsvollstrecker **705** 166; **725** 4
– Treupflicht **705** 364
– zur Unzeit **723** 53ff.
– verheirateter Gesellschafter **723** 9f.
– Verlängerungsklausel **723** 69
– verspätete – **723** 17
– Vertragspfandgläubiger **719** 52ff., 58; **723** 2f.
– Vertragsstrafe **723** 73
– Vertragsvereinbarungen **723** 7, 61ff., 70ff.
– Vor- und Nacherbschaft **724** 11
– vormundschaftsgerichtliche Genehmigung **723** 9f.
– Zugang **723** 11, 19
– Zustimmung Dritter **723** 9
Kündigung der Partnerschaft
– durch Partner **P 9** 7
– durch einen Privatgläubiger **P 9** 8
Kündigung durch Privatgläubiger
– Abfindungsbeschränkungen **725** 7; **738** *47f.*
– Auseinandersetzung **725** 19f.
– Ausschluss oder Beschränkung **725** 7
– Befriedigung des Gläubigers **725** 22f.
– Berechtigte **725** 3f.
– Fortsetzung der Gesellschaft **Vor 723** 11; **725** 7, 18ff.; **736** *5*, 12
– Frist **725** 18
– Gläubigerbenachteiligung **725** 48
– Gläubigerrechte **725** 19f., 24f.
– Innengesellschaft **725** 2
– Kündigungserklärung **725** 17
– Kündigungsrecht **725** 1
– Pfändung des Anspruchs auf Auseinandersetzungsguthaben **725** 6, 14
– Pfändung des Gesellschaftsanteils **719** 52, 58f.
– Privatgläubiger des Gesellschafters **725** 16
– Rechtsfolgen
– – Auflösung der Gesellschaft **725** 19f.
– – Ausscheiden des Gesellschafter-Schuldners **725** 21
– rechtskräftiger Schuldtitel **725** 15
– stille Gesellschaft **705** 288; **725** 2
– Übernahmerecht **725** 7, 18; **730** 59f.
– Unterbeteiligung **725** 2
– vertragliches Pfandrecht **723** 7; **725** 3
– Verwaltungsrechte des Gesellschafters **725** 25
– Voraussetzungen **725** 6, 14ff.
– Wegfall des Kündigungsgrundes **705** 230; **725** 14, 22f.
– Wiederaufnahmeanspruch **725** 22f.
– Zeitpunkt **725** 12f.
Kündigung zur Unzeit 723 53ff.
Kündigungsbeschränkungen, vertragliche
– Abfindungsklauseln **723** 70, 72ff., *76*; **738** 57ff.
– Ausschluss der Kündigung **723** 70, 74, 76
– außerordentliche Kündigung **723** 74f.
– Befristung der Gesellschaft **723** 64ff.
– Fortsetzungsklauseln **723** 72, 74
– Nichtigkeit **723** 63
– ordentliche Kündigung **723** 70ff.
– Personenhandelsgesellschaften **723** 62
– stille Gesellschaften **723** 62
– überlange Gesellschaftsdauer **723** 65f.
– Verbot **723** 62
– Vereinbarungen über Kündigungsgründe **723** 70, 75
– Verlängerungsklauseln **723** 69

Landwirtschafts-GbR Vor 705 41, 89
Lebenszeit, Gesellschaft auf – **724** 1ff.
Leistungsklage gegen Gesamthänder 718 47
Leistungskondiktion, Haftung von Gesellschaftern **714** 34
Leistungsstörung beim Gesellschaftsvertrag **705** *163ff.*; **706** 21ff.
Liquidation der Partnerschaft
– Haftung der Partner nach – **P 10** 17ff.
– Liquidationsbilanz **P 10** 10
– Liquidationsergebnis **P 10** 10f.
– liquidationsfähiges Vermögen **P 10** 3
– Rechtsverhältnisse zwischen den Partnern **P 10** 12
Liquidatoren der Partnerschaft
– Abberufung **P 10** 6
– Anmeldung der Liquidatoren **P 10** 7
– Bestellung **P 10** 6
– Personen **P 10** 5, 15ff.
– Pflichten **P 10** 8
– Rechte **P 10** 8
– Vertretungsmacht **P 10** 9
Lizenzvertrag Vor 705 129ff.
Lückenhafter Gesellschaftsvertrag 705 *29f.*, 234, 330
Luftverkehr, Sorgfaltsmaßstab **708** 12

Massengesellschaft Vor 705 4, 67; **705** 367
Mehrfachstimmrecht 709 97
Mehrheitsbeschlüsse
– Auflösung **709** 93
– außerordentliche Kündigung **709** 94
– Beeinträchtigung von Sonderrechten **709** 99
– Beitragserhöhungen **709** 91 f.
– Berechnung der Mehrheit **709** 96 f.
– Bestimmtheitsgrundsatz **709** 84 ff.
– Geschäftsführungsbefugnis **709** 83, 93
– Gewinnverteilung **709** 93
– Gleichbehandlungsgrundsatz **709** 251
– Kernbereichslehre **709** 91 f.
– Mitgliederbestand **709** 93
– Publikumsgesellschaft **709** 94
– Schranken **705** 135 ff.; **709** 98
– Sonderrechte **709** 99
– Stimmenthaltung **709** 96
– Stimmrechtsänderungen **709** 93
– Stimmrechtsausschluss **709** 63, 65 ff.
– Vertragsverlängerung **709** 93
Mehrheitsklauseln
– Abänderung besonderer Mehrheitserfordernisse **709** 82
– Anwendungsbereich **709** 95
– Auslegung **709** 84, 89
– Bestimmtheitsgrundsatz **705** 137; **709** *84ff.*
– Geschäftsführungsbeschlüsse **709** 83
– Vertragsänderungen **709** 84 ff.
Metaverbindungen Vor 705 *72ff.*, *87*; **705** 26, 283
Mietvertrag, partiarischer – **Vor 705** 112
Minderheitenschutz 705 251
Minderheitsrecht 705 208
Mindestdauer Vor 723 19; **723** 4, 17 ff., 55
Mindestinhalt des Partnerschaftsvertrags P 3 2
Mitarbeitervertrag 706 5
Mitbesitz bei der Gesellschaft 718 35
Mitgliedschaft
– Einheitlichkeit **705** 181 f.
– in der GbR **705** 159, 179 ff.
– Stammrecht und Einzelrechte **705** 188
– Wesen und Rechtsnatur **705** 179
Mitgliedschaftsrechte und -pflichten **705** 185 f., 246; **717** 17
Mitunternehmergesellschaft 714 35
Miturhebergemeinschaft als Gesamthand **Vor 705** 128
Miturhebergesellschaft Vor 705 119, 129
Mündliche Vereinbarungen 705 131

Nachfolgeklauseln
– Alleinerbe **727** 32, 34
– Auslegung **727** 60 f.
– einfache – **727** 29 ff.
– Erbenmehrheit **727** 33, 35 ff.
– erbrechtliche – **727** 28
– fehlerhafte Änderung **705** 361
– Funktion **727** 4, *28*
– Nachlassgläubigersicherung **727** 34 ff.
– qualifizierte – **727** 29, 41 ff.
– rechtsgeschäftliche – **727** *49ff.*, 61 f.
– Vor- und Nacherbschaft **727** 71
Nachhaftungsbegrenzung
– des ausscheidenden Gesellschafters **714** 70; **736** 7, *21ff.*
– des Gesellschafters bei Auflösung der Gesellschaft **736** 7, 28
Nachlassinsolvenz, -verwaltung 705 *126*; **725** 4; **727** 22 f., 34 ff.; **728** 35
Nachtragsliquidation 730 39
Name
– der Außen-GbR **705** 270 ff.
– Bestandsschutz in der Partnerschaft **P 11** 6 ff.
Name der Partnerschaft
– Anmeldevorschriften **P 2** 3
– Art der Festlegung **P 3** 16
– Berufs- oder Künstlername **P 2** 8 f.
– Berufsbezeichnung **P 2** 12, 17 f.
– Bestandsschutz für Alt-Namen und Firmen **P 11** 1, 6
– Eintragung von Amts wegen **P 2** 24
– Erlöschen **P 10** 13
– Gleichklang mit HGB-Firmenrecht **P 2** 16
– Handelsregisterrecht **P 2** 3
– Mindestanforderungen **P 2** 1, 6 f.
– missbräuchliche Namensverwendung **P 2** 6 f.
– Monopolisierung des Partner-Zusatzes **P 11** 4 f.
– Namensausschließlichkeit **P 2** 23
– Namensbeständigkeit **P 2** 20 ff.
– Namenswahrheit **P 2** 17 f.
– Partner-Zusatz **P 11** 2
– Pseudonym **P 2** 8
– Rechtsformzusatz **P 2** 11; **P 11** 1 ff.
– Täuschung **P 2** 22
– unzulässiger Namensgebrauch **P 2** 25
– Verbot täuschender Zusätze **P 2** 17 f.
Nebentätigkeit des Gesellschafters **705** 226
Nicht voll geschäftsfähige Gesellschafter
– Anteilsübertragung **719** 32
– Auflösungsbeschluss **705** 72
– Ausscheiden **705** 71
– Beschlussfassung **705** 58, 72; **709** 60 f.
– Beteiligung an GbR **705** 69 ff.
– Erwerbsgeschäft **705** 70
– fehlerhafter Beitritt **705** 375
– fehlerhaftes Ausscheiden **705** 370, 375
– Geschäftsführer **709** 27
– Innengesellschaft **705** 71
– Kündigung **723** 9 f.
– stille Gesellschaft **705** 71
– Vertragsänderungen **705** 71
– vormundschaftsgerichtliche Genehmigung **705** 70 f.
– Widerrufsrecht (§ 109) **705** 57, 254, 256

Nichteheliche Lebensgemeinschaft, Anwendbarkeit der Vorschriften über die Gesellschaft **Vor 705** 66, *73f.*; **730** 18
Nichtrechtsfähiger Verein
– Abgrenzung zur Gesellschaft **Vor 705** 4, 34f., *133f.*; **705** 66
– Gesellschafter einer GbR **705** 80
Nießbrauch
– Außenhaftung des Nießbrauchers **705** 106
– Beendigung des – **705** 98
– Bestellung eines Anteilsnießbrauchs **705** 97
– Ersatzkonstruktion **705** 107
– am Gesellschaftsanteil **705** *94ff.*; **717** 7f., 26
– am Gewinnstammrecht **705** 108
– Schutz des Nießbrauchers **705** 102
– Vermögensrecht des Nießbrauchers **705** 118f.
Notarsozietäten Vor 705 40; **P 1** 80
Notgeschäftsführung 709 121; **711** 8; **714** 18; **727** 16, 18f.; **728** 39; **729** 1

OHG
– Anwendung von OHG-Innenrecht auf die Partnerschaft **P 6** 1, 24ff.
– Rechtformzwang **Vor 705** 17; **705** 3, 22
Organ
– Begriff **705** 256
– der GbR **705** *255ff.*; **709** 62, 68f.; **714** 16f.
Organisation, gemeinsame – **705** 152
Organisationsvertrag 705 158
Organverschulden 705 *260ff.*; **718** 31

Pachtvertrag, partiarischer – **Vor 705** 112
Partei im Gesellschaftsprozess **718** 44ff., 50
Parteidisposition P 6 23
Parteifähigkeit
– Abgrenzung zur Rechtsfähigkeit **705** 320; **718** 39ff., *44ff.*
– der (Außen-)GbR **705** 318ff.
– der Partnerschaft **P 7** 12
Partiarische Rechtsverhältnisse Vor 705 107ff., 139
Partner
– Anforderungen **P 1** 23ff.
– Arbeitszeit **P 6** 27
– ausgeübter Beruf **P 3** 20
– Beiträge **P 6** 41ff.
– Geschäftsführung **P 6** 13ff.
– Kontrollrecht **P 6** 33ff.
– Name, Vorname **P 3** 20
– natürliche Person **P 1** 23
– Verlust der Zulassung **P 9** 21ff.
– Vermögensleistungen **P 6** 43
– Wettbewerbsverbot **P 6** 28ff.
– Wohnort **P 3** 20
Partnerschaft
– Anmeldung **P 4** 1, 3ff.
– Anteilsübertragung **P 9** 35f.
– Arbeitszeit **P 6** 29
– aufgelöste Partnerschaft **P 9** 15
– Auflösung **P 9** 1, 6; **P 10** 17f.
– Aufwendungsersatz **P 6** 25
– Ausscheiden **P 9** 1, 9f., 18ff.; **P 10** 18
– Beiträge der Partner **P 6** 41ff.
– Berufsausübungsgemeinschaft **P 1** 10
– Bezeichnung **P 1** 6
– Doppelsitz **P 3** 19
– Eintragung **P 4** 1, 17f.; **P 10** 13
– Erlöschen **P 10** 13
– Ersatz von Verlusten **P 6** 26f.
– formwechselnde Umwandlung **P 1** 25ff.; **P 7** 3, 11
– Fortsetzung einer aufgelösten Partnerschaft **P 9** 15
– Gegenstand **P 3** 22f.
– Gesamthandsgemeinschaft **P 7** 10
– Geschäftsführungsbefugnis **P 6** 7f.
– Gesellschafterbeschlüsse **P 6** 37ff.
– Gewinnverteilung **P 6** 44f.
– Grundbuchfähigkeit **P 7** 12
– Haftung **P 8** 1ff.; **P 10** 2, 18
– Innenverhältnis **P 6** 23ff.
– Insolvenzfähigkeit **P 7** 12
– interprofessionelle – **P 1** 82f.; **P 9** 22
– Kontrollrecht **P 6** 33ff.
– Kündigung **P 9** 7f.
– Liquidation **P 10** 3ff.
– Name **P 2** 1ff.
– Parteifähigkeit **P 7** 12
– Partnerschaftsvertrag **P 1** 12ff.; **P 3** 1ff.; **P 7** 7
– Partnerwechsel **P 7** 12
– „Partner"-Zusatz **P 11** 1ff.
– Rechnungsabschluss **P 6** 45f.
– Rechtsnatur **P 7** 10ff.
– Sitz **P 3** 17ff.
– Sonderform der GbR **P 1** 4, *7f.*; **P 7** 10
– Vererbung **P 9** 13, 24ff.
– Vergleichsfähigkeit **P 7** 12
– Wahl des Sitzes **P 3** 18
– Wechselfähigkeit **P 7** 12
– Wettbewerbsverbot **P 6** 28ff.
– Zweigniederlassungen **P 4** 28f.
Partnerschaft als Sonderform der GbR Vor 705 16f.
Partnerschaftsregister
– Bekanntmachung **P 4** 25, 27
– Durchsetzung des Namensrechts **P 11** 12
– Festsetzung von Zwangsgeld **P 4/5** 28
– Haftung als „Scheinpartner" **P 8** 11
– Notwendigkeit seiner Einrichtung **P 4/5** 19ff.
– Registerpublizität **P 4/5** 32
– sonstige Regelungsbereiche **P 4/5** 30ff.
– Verweisung auf das Handelsregisterrecht **P 4/5** 22ff.
– Zweigniederlassungen **P 4/5** 28

Partnerschaftsregisterverfahren
- Einbeziehung der Organe des Berufsstands **P 4/5** 40ff.
- Zulassungserfordernisse **P 4/5** 37ff.
- Zusammenwirken des Registergerichts mit den Berufskammern **P 4/5** 45

Partnerschaftsvertrag
- Beiträge **P 1** 16ff.
- Eintragung **P 4/5** 1, 13f.; **P 7** 7
- fehlerhafte Gesellschaft **P 3** 7f.
- Formmangel bei Gründung **P 3** 7ff.
- Formmangel bei Vertragsänderung **P 3** 11ff.
- gemeinsamer Zweck **P 1** 10
- Hauptgegenstände **P 3** 14f.
- Mindestinhalt **P 1** 9ff.; **P 3** 2, 14f.
- Name **P 3** 16ff.
- Nichtoffenlegung **P 4/5** 1, 4ff.
- Rechtsfolgen eines Formmangels **P 3** 7ff.
- Rechtsscheinhaftung **P 3** 10; **P 8** 11
- Schriftformerfordernis **P 3** 6ff.
- Sitz **P 3** 17f.
- sonstige Bestandteile **P 3** 24ff.
- Umdeutung **P 3** 7f.
- Vollständigkeitsvermutung **P 3** 24
- Vorbehalt des Berufsrechts **P 3** 26

Personenhandelsgesellschaft
- Beteiligung einer GbR **705** *79*, 309
- Betriebsaufspaltung **Vor 705** 18; **705** 12
- Fortsetzung als GbR **705** 14; **709** 18f.; **714** 19f.
- und GbR **Vor 705** 16ff.
- Gesellschafter einer GbR **705** 78
- Rechtsformzwang **Vor 705** 17, 98; **705** 3, 11, 22, 146
- „Soll-" **705** 3f.; **714** 19
- Umwandlung in GbR **705** 11ff.

Personenverband 705 158

Pfändung des Gesellschaftsanteils
- Anspruch auf das Auseinandersetzungsguthaben **717** 43; **719** 59; **725** 9, 11f.
- Anteilsübertragung **725** 27f.
- Beschlussfassung **725** 27f.
- „der Mitgliedschaft" **719** 59; **725** 3f., 8, 10
- Drittschuldner **725** 12f.
- Gesellschafterrechte **717** 42ff.
- Gesellschaftsanteil **717** 43; **719** 59; **725** 9f.
- Gewinnanspruch **719** 59; **725** 9, 11, 24
- Kündigung durch Gesellschafter **725** 27f.
- Rechtsfolge **725** 11
- Überweisung **725** 12f.
- Vermögensrechte **717** *42ff.*; **719** 7, 59; **725** 9, 11
- Verstrickung **725** 25f.
- Verwaltungsrechte **717** 44; **725** 11, 25f.
- Verwertung **725** 12f.
- Zustellung des Pfändungsbeschlusses **725** 12f.

Pfändungsvermerk im Grundbuch 725 25f.

Pflichtteil bei Anteilsvererbung **727** 51f., 59

Poolvereinbarungen Vor 705 59, 68ff., 117; **705** 283; **726** 6

Primäre Interzessionspflicht 714 1

Prozess der Gesamthand (GbR)
- Ausscheiden von Gesellschaftern **718** 60
- Eintritt von Gesellschaftern **718** 61ff.
- Feststellungsklage **718** 51
- formwechselnde Umwandlung **718** 15, 65f.
- Gesellschafterwechsel **718** 63ff.
- Parteiänderung im Vollstreckungsverfahren **718** 64
- Parteiänderung während Rechtshängigkeit **718** 60ff.
- Parteifähigkeit der Außen-GbR **718** 44f.
- Passivlegitimation **705** 321; **718** 44
- Prozessführung **718** 12, 44
- Vollstreckungsverfahren **718** 64

Publikumsgesellschaft
- Anlegerschutz **709** 94
- atypische Gestaltung **Vor 705** 4
- Auslegung **705** 175
- Bestimmtheitsgrundsatz **Vor 705** 85f., 94
- fehlerhafte Anteilsübertragung **Vor 705** 374
- fehlerhafter Beitritt **Vor 705** 366
- Fortsetzungsklausel **Vor 705** 10
- Geschäftsführung **Vor 705** 10
- Gesellschafterdarlehen **Vor 705** 50
- Haftung im Innenverhältnis **Vor 705** 5
- Inhaltskontrolle **Vor 705** 140
- Kapitalerhöhung **Vor 707** 5
- Kernbereich der Mitgliedschaftsrechte **Vor 705** 94
- Massenkündigung **Vor 736** 10
- Mehrheitsklausel **Vor 705** 85, 94
- Selbstorganschaft **Vor 705** 6
- Treuhandgesellschafter **705** 85, 93
- Treupflicht **Vor 705** 225
- Vertragsänderung **Vor 705** 85f., 94

Rechnungsabschluss
- bei der GbR **721** 6f.
- bei der Partnerschaft **P 6** 45ff.

Rechnungslegung
- actio pro socio **713** 8
- gegenüber dem Ausgeschiedenen **713** 7
- gegenüber dem einzelnen Gesellschafter **713** 8; **721** 1ff.
- gerichtliche Durchsetzung **705** 199
- gegenüber der Gesamthand **713** 8ff.
- übertragene Geschäftsführung **713** 8

Rechtsfähigkeit
- der (Außen-)GbR **Vor 705** 9ff.; **705** 296, *303ff.*
- der Gemeinschaft **714** 3, 6

Rechtsform
- falsa demonstratio **705** 22f.
- Irrtum über die – **705** 3, 23
- Vereinbarung **705** 3, 11, 22

Rechtsformzusatz P 2 11

Rechtsformzwang Vor 705 17; **705** 3, 22, 146
Reisegemeinschaft Vor 705 34f.; **705** 22; **708** 12
Ressortprinzip 709 17, 38; **711** 6
Revisibilität der Auslegung **705** 176
Rückdatierung der Gesellschaftsgründung **705** 7
Rücktritt 705 157; **Vor 723** 7, 20

Salvatorische Klausel 705 53, 74, 330
Sanierungskonsortium Vor 705 60
Schadensersatzansprüche bei der GbR **705** 198, 201, 204, 210f., 216; **708** 242ff.; **719** 21, 44f.
Schätzung des Gesellschaftsvermögenswerts **738** 32ff.
Scheingründung 705 327, 377f.
Scheinsozius, Haftung 714 40
Schenkung von Gesellschaftsbeteiligungen **705** *42ff.*, 150
Schiedsklausel 705 199
Schlichtung bei gesellschaftsinternen Streitigkeiten **705** 165
Schlussabrechnung 730 7, 16, 32, 52f., 57ff.; **733** 7
Schriftformklausel bei der Gesellschaft 705 49ff.
Schuldbefreiungsanspruch des Ausgeschiedenen **738** 77ff.
Schuldentilgung bei Auseinandersetzung **730** 37; **733** *6ff.*
Schutzgemeinschaftsvertrag Vor 705 69f.
Schwebende Geschäfte 730 44; **740** 1ff.
Selbstkontrahierungsverbot
– Beitragsleistung **706** 18
– Gesellschafterbeschlüsse **705** 58, 72; **709** 57ff., 68f.
– Vertretung der Gesellschaft **706** 18; **714** 29ff.
Selbstorganschaft
– in der GbR **705** 255, 259; **709** *5*; **730** 47f.
– in der Partnerschaft **P 6** 9
Sicherheitsleistung 738 80
Sicherheitspools, Begriff **Vor 705** 71, 117
Sicherungsabtretung 717 30; **719** 29
Sicherungstreuhand 705 85
Sittenwidrigkeit im Gesellschaftsrecht **705** 134f., 141, 353; **709** 105f., 108
Sitz der Partnerschaft
– allgemein **P 3** 18
– Doppelsitz **P 3** 19
– Wahl des Sitzes **P 3** 18
Societas leonina 705 151
Soll-KG 705 3f.; **714** 18
Sondergut 705 74f., 82
Sonderrechte 705 227, 248; **709** 46f., 63, 99
Sondervermögen der GbR-Gesamthand **705** 296ff.; **718** 265
Sorgfaltsanforderung in eigenen Angelegenheiten **708** 16ff.
Sozialakt 709 51
Sozialansprüche 705 166, 269; **717** 7; **730** 30
Sozialverbindlichkeiten 705 *197ff.*, 215, 217; **714** 39; **730** 49ff.; **733** 7
Sozietäten zwischen Freiberuflern **Vor 705** *36ff.*, 88
Spaltung der Gesellschaft **730** 92
Spielgemeinschaft, Rechtsnatur **Vor 705** 34f., 87, 117; **705** 19
Sternvertrag Vor 705 40
Steuerhinterziehung 705 334
Steuerschulden, Haftung der Gesellschafter **714** 37
Stiftung 705 76
Stille Gesellschaft des bürgerlichen Rechts
– Analoge Anwendung des HGB **705** 287f.
– Auflösung **705** 288; **Vor 723** 15
– Auseinandersetzung **705** 288; **Vor 723** 15; **730** 18f.
– Außenhaftung des Stillen **705** 286
– fehlerhafte Gesellschaft **705** 358f.
– Form **705** 37
– GbR als Stiller **705** 79
– Geschäftsführung **705** 286f.
– Gesellschaftsvermögen **Vor 705** 8; **705** 282, 286
– Gewinnbeteiligung des Stillen **705** 287; **722** 4
– Innengesellschaft **705** 282f.
– Insolvenz des Hauptgesellschafters **705** 288
– Kontrollrechte des Stillen **705** 287
– Kündigung **705** 288
– Tod des Stillen **705** 288
– Verlustbeteiligung des Stillen **705** 287; **722** 4
– Wesen **705** 282
Stillhaltekonsortium Vor 705 60
Stimmabgabe in der GbR **709** 74ff., 102, 104
Stimmbindungsvertrag
– Abspaltungsverbot **717** 25
– Anteilsübertragung **717** 27
– Arten **717** 19
– Durchsetzung **717** 28
– einstweilige Verfügung **717** 29
– Geschäftsführungsfragen **717** 24
– Kernbereich von Mitgliedschaftsrechten **717** 24
– mit Dritten **717** 25ff.
– mit Mitgesellschaftern **717** 23f.
– Nebenpflicht aus Austauschvertrag **717** 27
– mit Nichtgesellschaftern **717** 25ff.
– Offenlegung von Stimmbindungen **717** 23
– Sicherung der Stimmbindungen **717** 28
– Stimmrechtsausschluss bei Interessenkollision **717** 22
– Treuhandverhältnis **717** 20f., 26
– Treupflicht **717** 20f.
– Unterbeteiligung **717** 26
– Vollstreckbarkeit **717** 18, 25, 28
– Weisungsbindung **717** 21f.

– Wesen **717** 18
– Zulässigkeit **717** 20
Stimmenthaltung bei der GbR **709** 96
Stimmrecht bei der GbR
– Bevollmächtigung **709** 60f., 63
– Funktion **709** 62
– gerichtliche Durchsetzung **717** 28f.
– Hinzuziehung eines Beistands **709** 60f.
– nicht voll Geschäftsfähiger **705** 72; **709** 60f.
– Treupflicht **705** 196, 227
– Überlassung zur Ausübung **717** 9
– Übertragung **709** 60f.; **717** 1, *6f.*
– Umfang **709** 45, 60f., 97; **717** 17
Stimmrechtsausschluss
– Beschlusskontrolle **705** 71
– Entlastung **709** 65
– Interessenkollision **709** 65ff.; **717** 22
– Kontrollrechte **709** 64
– Rechtsgeschäfte mit Gesellschaftern **709** 67ff.
– Schranken **709** 63
– Sonderrechte **709** 63
– Stimmbindungsvertrag **717** 22
– Teilnahme an Gesellschafterversammlung **709** 64
– vertraglicher – **709** 63
– Vertragsänderung **709** 63, 66
– Wahlen **709** 66
Stimmrechtspool Vor 705 *68f.*, *88*; **705** 283
Strohmanngründung 705 378
Substitution 709 29; **713** 6
Surrogationserwerb 718 *20*; **720** 20
Synallagma 705 162
Syndikat Vor 705 54; **705** 21

Tankstellenagenturvertrag Vor 705 123
Teilnichtigkeit des Gesellschaftsvertrages **705** *52ff.*, 251, 330, 344
(Teil-)Rechtsfähigkeit Vor 705 9ff.; **705** *296ff.*; **714** 8
Teilungsanspruch bei der Gesellschaft, Ausschluss **719** 12
Testamentsvollstreckung
– Abspaltungsverbot **705** 110, 111, 121; **717** 13
– Abwicklungsgesellschaft **727** 22ff.
– Gesellschaftsanteil **705** 109ff.
– Kontrollrecht **716** 13
– Kündigung der Gesellschaft **725** 4
– Treuhandlösung **705** 124
– Vermögensrechte **705** 116
– Verwaltungsrechte **705** 117
– Vollmachtslösung **705** 123
Theaterbesuchvereinigung 705 144
Tod
– Abfindungsanspruch **727** 62
– Anzeigepflicht der Erben **727** 15, 18f., 24f.
– Auseinandersetzung unter Miterben **727** 45
– Fortsetzungsklausel **727** 4, 24f., 53; **736** 13
– Nachfolge der Erben in die Abwicklungsgesellschaft
– – Abwicklung **727** 20; **730** 42
– – Ausschlagung der Erbschaft **727** 17
– – Erbenmehrheit **727** *14*, 18, 20
– – Fortsetzungsbeschluss **727** 20
– – Haftung der Erben **727** 19
– – Nachlasszugehörigkeit des Anteils **727** 14
– – Pflichten der Erben **727** 15ff.
– – Testamentsvollstreckung **727** 22f.
– – Umfang **727** 13
– – Verwaltungsrechte **727** 13
– Notgeschäftsführung **727** 16
– Rechtsfolgen **727** 6f.
– stille Gesellschaft **705** 288
– Umwandlung der Gesellschafter-Gesellschaft **727** 8
– Vermächtnis über Gesellschafternachfolge **727** 42
– vermeintlicher Gesellschafter-Erbe **727** 63ff.
– Verschmelzung der Gesellschafter-Gesellschaft **727** 8
– vertragliche Regelungen **727** 4, 26ff., 58ff.
– Vor- und Nacherbschaft **727** 68f.
– Voraussetzungen **727** 6f.
– Wahlrecht des Gesellschafter-Erben **727** 46ff.; **P 9** 30
Todeserklärung, -feststellung **727** 6f.
Trennungsprinzip Vor 705 1
Treuhand am Gesellschaftsanteil
– Abspaltungsverbot **705** 89, 91f.; **717** 11
– Anteilsverfügung **705** 90
– Arten **705** 84
– Ausschlussgrund **705** 93
– Ausübung der Mitgliedschaftsrechte **705** 89; **717** 13
– Begründung **705** 86f.
– einfache (verdeckte) – **705** 87, 91f.; **717** 11
– Kontrollrechte des Treugebers **705** 91ff.
– Kündigung der Gesellschaft **705** 93
– qualifizierte (offene) – **705** 91f.; **717** 13
– Rückübertragung des Anteils **705** 87f.
– Stimmbindung **705** 91f.; **727** 26f.
– Treupflicht **705** 87f., 93
– Unwirksamkeit **705** 87f.
– Vertragsänderungen **705** 90
– Verwaltungstreuhand **705** 85
– vormundschaftsgerichtliche Genehmigung **705** 93
– Wesen **705** 84
– Zustimmungsbedürftigkeit **705** 87f.
Treuhandgründung 705 377f.
Treupflicht
– ausgeschiedener Gesellschafter **738** 6
– eigennützige Mitgliedschaftsrechte **705** 223f., 226f.
– gegenüber der Gesellschaft **705** 226
– Grundlage **705** 221
– Mehrheitsbeschlüsse **705** 100f.
– gegenüber Mitgesellschaftern **705** 223, 229
– Nießbrauch **705** 107

– Publikumsgesellschaft **705** 225
– Rechtsfolgen von Treupflichtverstößen **705** 239f.
– Schadensersatz **705** 198, 242
– uneigennützige Mitgliedschaftsrechte **705** 196, 224, 226
– Vertragsänderung **705** 231 ff., 239
– Zustimmungspflicht **705** 239 ff.
Typusdehnung, -verbindung, -vermischung Vor 705 3f.
Typuslehre 705 138

Übernahme des Gesellschaftsvermögens
– Abfindungsanspruch **730** 83f.
– nach Auflösung **730** 25
– fehlerhafte Gesellschaft **705** 345
– Gesamtrechtsnachfolge **730** 81, 85
– Haftungsfolgen **730** *85*; **739** 2
– Rechtsstellung des Ausgeschiedenen **730** 83f.
– Vollzug **730** 68, 81f.
Übernahmeklage 730 80
Übernahmeklausel 736 18
Übernahmekonsortium Vor 705 52f.
Übernahmerecht
– Ausübung **730** 77 ff.
– ehemalige KG/OHG **730** 69f.
– Fortsetzungsklausel in Zweimanngesellschaft **730** 69f.
– Geltendmachung **730** 71 f.
– gesetzliches – **730** 73
– bei Kündigung **730** 75
– Rechtsmissbrauch **730** 77
– Schranken **705** 224, 229f.; **730** 77f.
– vertragliches – **730** 66, 68 ff.
Übernahmevertrag Vor 705 56f.
Überschussverteilung 733 20; **734** 1 ff.
Umsetzung des Gesellschaftsvermögens 733 20f.
Umwandlung der GbR
– altes Umwandlungsrecht **705** 8
– eheliche Gütergemeinschaft **705** 15, 27
– Erbengemeinschaft **705** 15, 27
– formwechselnde – (Rechtsformzwang) **705** *11ff.*, *36ff.*; **718** 65f.; **730** 69
– sonstige Fälle **705** 11 ff.
– nach UmwG **705** 8 ff.; **718** 14; **727** 8; **730** 89 ff.
Umwandlung der Partnerschaft
– formwechselnde – **P 7** 1 2f., 11
– in/aus eine(r) Kapitalgesellschaft **P 1** 28f.
– in/aus eine(r) Personengesellschaft **P 1** 26
– nach UmwG **P 1** 25
Unbefristete Gesellschaft 723 65
Uneigennützige Gesellschafterbeteiligung 705 149
Uneigennützige Gesellschafterrechte 705 196, 224, 226
Ungerechtfertigte Bereicherung, Haftung von Gesellschaften wegen – **714** 53f.
Ungleichbehandlung 705 245 ff.
Unmöglichkeit
– der Beitragsleistung **706** 21 ff.
– des Gesellschaftszwecks **705** 328; **726** 4 ff.
Unrentabilität des Unternehmens **705** 230, 232; **726** 5
Unterbeteiligung
– Arten **Vor 705** 93; **705** 67
– Auflösung **Vor 705** 102
– Auseinandersetzung **Vor 705** 103
– Begriff **Vor 705** 92
– Dauer **Vor 705** 102; **723** 24
– Form **Vor 705** 96f.; **705** 37
– Geschäftsführung **Vor 705** 98
– Gesellschaftsorgane **Vor 705** 8
– Gewinnbeteiligung **Vor 705** *98*, 100; **722** 4
– Gründung **Vor 705** 96f.
– und Hauptgesellschaft **Vor 705** 94f.; **705** 67
– Informationsrechte **Vor 705** 99; **716** 4f.
– Innengesellschaft **Vor 705** 92; **705** 283
– Kontrollrechte **Vor 705** 99; **716** 4f.
– Kündigung **Vor 705** 102
– offene – **Vor 705** 101
– Rechnungslegung **Vor 705** 87f.; **716** 4f.
– Rechte des Unterbeteiligten **Vor 705** 98 ff.
– Rechtsnatur **Vor 705** 82; **705** 67, 283
– Stimmbindungsvertrag **717** 26
– Stimmrechtsausübung in der Hauptgesellschaft **Vor 705** 100
– testamentarische Anordnung **Vor 705** 96f.
– Tod eines Gesellschafters **Vor 705** 102
– Treupflicht **Vor 705** 99
– Verbot im Gesellschaftsvertrag **Vor 705** 96f.; **705** 67
– Verlustbeteiligung **Vor 705** 98
– Wettbewerbsverbot **Vor 705** 99
Unterlassungsklage gegen Geschäftsführungsmaßnahmen **705** 204
Urteilstenor, Passivprozess der GbR **718** 55

Verarbeitung 718 23
Verbindung gemäß §§ 946, 947 **718** 23
Verbotene Eigenmacht 718 37
Verdrängende Vollmacht 717 16
Verein 705 76
Vererbung der Mitgliedschaft in der GbR
– Alleinerbe **727** 32, 34
– Anteilsübergang **727** 31
– Ausschlagung **727** 31
– einfache Nachfolge
– – Begriff **727** 30
– – Erbenmehrheit **727** 33, 35 ff.
– – Rechtsstellung der Erben **727** 31 ff.
– – Voraussetzungen **727** 30
– Nachlassgegenstände **727** 34
– Nießbrauch **727** 94 ff.
– qualifizierte Nachfolge
– – Begriff **727** 29, 43 ff.

– – Rechtsfolgen **727** 43 ff.
– – Voraussetzungen **727** 41
– Vererblichkeit des Gesellschaftsanteils **727** 28 ff., 41
– vermeintlicher Erbe **727** 63 ff.
– Vor- und Nacherbschaft **727** 68 f.
– Voraussetzungen **727** 28, 30, 41 f.
Vererbung der Mitgliedschaft in der Partnerschaft
– Anteilsübertragung mit Wirkung auf den Tod des Partners **P 9** 26
– Austrittserklärung **P 9** 31
– einfache Nachfolgeklausel **P 9** 28
– Eintrittsrecht **P 9** 26
– erbrechtliche Gestaltungsmöglichkeiten **P 9** 27 ff.
– qualifizierte Nachfolgeklausel **P 9** 29
– Vererblichkeit des Anteils **P 9** 25
– Voraussetzungen **P 9** 24
– Wahlrecht entsprechend § 139 HGB **P 9** 30
Vergleichsgläubiger als GbR Vor 705 117
Verjährung
– Gesellschafterhaftung bei Auflösung **736** 28 f.
– Gewinnanspruch **721** 11 f.
– Inhaberschuldverschreibung
– – partnerschaftlicher Gesellschaftsverbindlichkeiten **P 10** 2, 17
Verlagswerk, gemeinsamer Vertrieb 705 13
Verlängerung des Gesellschaftsvertrags 705 233; **709** 93; **Vor 723** 15; **723** 69
Verlust der Zulassung P 9 18 f., 21 ff.
Verlustbeteiligung
– Auseinandersetzung **707** 4; **721** 10; **734** *4*
– Ausfallhaftung **739** 4
– Ausscheidender **707** 5; **739** 1 ff.
– Ausschluss **705** 148; **722** 3; **735** 4
– Kapitalkonten **721** 10
– Privatkonto **707** 2 f.
– stille Gesellschaft **705** 287
– Verteilungsschlüssel **722** 1 ff.
– werbende Gesellschaft **707** 4 f.; **721** 10
– Zeitpunkt **721** 1
Verlustverteilungsschlüssel 722 1 ff.
Vermächtnis 718 22; **727** 43, 54
Vermischung 718 23
Vermögensanlagegesellschaft Vor 705 4
Vermögensfähigkeit der (Außen-)GbR **705** 310 f.
Vermögenspflichten 705 201, 213 f.
Vermögensrechte
– Abtretung **717** 14 f., *30 ff.*, 40 f.; **719** 7
– Geltendmachung **705** 198, 227 f.
– gewinnunabhängige Entnahmen **717** 15
– Pfändung **717** 42 ff.
– Sicherungsabtretung **717** 30
– Treupflicht **705** 227 f.
– Vererblichkeit **727** 13
– Verpfändung **717** 45
Vermögensstammrecht 705 180, 188; **717** 30; **719** 5
Vermögensverschlechterung 705 169
Vermögenswert der Beteiligung 705 188; **717** 15; **719** 5; **725** 7 ff.
Verpfändung
– Mitgliedschaft **717** 18
– Vermögensrechte **717** 45
Verschmelzung 727 8
Verschollenheit 727 6 f.
Vertrag zugunsten Dritter 705 157; **718** 22, 25
Vertragsänderung
– Abwicklungsgesellschaft **730** 25
– Arten **709** 53, 93
– faktische Abweichungen vom Gesellschaftsvertrag **705** 56
– fehlerhafte – **705** 360 ff.
– Form **705** 49 f., 57
– Gleichbehandlungsgrundsatz **705** 247, 251
– konkludente – **705** 56
– Mehrheitsbeschlüsse **709** 84 ff.
– minderjähriger Gesellschafter **705** 58, 71
– Schranken **705** 231 ff.
– Schriftformklausel **705** 50 f.
– Selbstkontrahierungsverbot **705** 58
– Stimmbindung **717** 25
– Treupflicht **705** 231 ff.
– Zuständigkeit **705** 55; **709** 53
– Zustimmungspflicht **705** 239, 244 ff., 246
Vertragsfreiheit
– in der GbR **705** 132 ff.
– in der Partnerschaft **P 6** 23
Vertragshändlervertrag Vor 705 132
Vertragsstrafe 723 76
Vertragsverletzung 705 198; **708** 7, 16 ff.
Vertretung der Gesellschaft (GbR)
– Anteilsübertragung **719** 41
– Anwendung der §§ 164 ff. **714** 26
– Arten **714** 18 ff.
– aufgelöste Gesellschaft **729** 13
– betriebsbezogenes Geschäft **714** 25
– Empfangsvertreter **714** 26 f.
– Gesamtvertretung **714** 19, 27 f.
– Innengesellschaft **714** 23
– Mehrheitsprinzip **714** 19
– durch Nichtgesellschafter **714** 23; **715** 2
– Offenlegung **714** 26 f.; **718** 22
– organschaftliche – **705** 257; **714** 16 f.
– Rechtsfähigkeit der GbR **714** 14
– Selbstkontrahierungsverbot **714** 29 f.
– Sondervollmacht **714** 16, 22; **715** 2
– Treupflicht **705** 196
– Überlassung zur Ausübung **717** 9 f.
– Wegfall eines von zwei Gesamtvertretern **714** 19, 30 f.
Vertretung der Partnerschaft P 7 13 ff.
– der Liquidatoren **P 10** 9

Vertretungsmacht gegenüber der Gesellschaft
– Abwicklungsgesellschaft **727** 9, 16; **729** 13; **730** 43
– Änderung des Gesellschaftszwecks **714** 25
– Anscheins- und Duldungsvollmacht **714** 28
– Arbeitsteilung **714** 19
– Aufnahme neuer Gesellschafter **714** 25
– Auslegungsregel **714** 10
– Außengesellschaft **714** 14, 18
– ehemalige KG **714** 19
– Entziehung **705** 226, 234; **712** 16; **715** 1 ff.
– Generalvollmacht **714** 12; **717** 9
– Geschäfte außerhalb des Gesellschaftszwecks **714** 25
– und Geschäftsführungsbefugnis **714** 18f.
– gesetzliche Regelung **714** 18
– gewillkürte – **714** 12, 21; **715** 2
– Grundlagengeschäfte **714** 25
– Kündigung **715** 6
– Notgeschäftsführung **714** 18
– passive – **714** 26f.
– pflichtwidriges Geschäftsführerhandeln **714** 20
– Umfang **714** 24f.
– Umfangsreduzierung **715** 3
– Unübertragbarkeit **714** 12
– Veräußerung des gesamten Vermögens **714** 25
– Verkauf des Unternehmens **714** 25
– vertragliche Regelungen **714** 19, *21*
– Vertragsänderungen **714** 25
– Vollmachtsmissbrauch **712** 14; **714** 20
– Wesen **714** 16
– Widerspruch gegen Geschäftsführungsmaßnahmen **711** 22; **714** 20
Vertriebssysteme Vor 705 123; **705** 21
Verwaltungspflichten 705 194f., 201
Verwaltungsrat 705 259
Verwaltungsrechte
– Abspaltungsverbot **705** 195; **717** 7, 16f.
– Abtretung **705** 195; **717** *16f.*
– Arten **705** 193
– Geltendmachung gegen Mitgesellschafter **705** 199, 219
– Nießbrauch **705** 196
– Überlassung zur Ausübung **705** 195; **717** 9
– verdrängende Vollmacht **717** 16
– Vererblichkeit **727** 13
Verwaltungstreuhand 705 85
Verwertungsgemeinschaften Vor 705 118, 138
Vollbeendigung der Gesellschaft Vor 723 5, *8ff.*; **730** 11f., 38f.
Vollmacht, verdrängende **717** 16
Vollzug 705 331
Vor- und Nacherbschaft 723 9f.; **727** 68f.
Vorbehaltsgut 705 73, 75
Vorgesellschaft Vor 705 21; **705** 77
Vorgründungsgesellschaft Vor 705 22
Vorkaufsrecht 705 37
Vormundschaftsgerichtliche Genehmigung 705 69f., 72, 93
Vorrechte von Gesellschaftern 709 99
Vorschuss nach § 669 713 15; **717** 34
Vorvertrag Vor 705 35; **705** *177f.*
Vorzugsrecht 709 99

Wechselfähigkeit der (Außen-)GbR **705** 311
Weisungsrecht in Geschäftsführungsangelegenheiten 709 28, 54; **713** 7
Werkleistung als Beitrag **706** 10; **733** 17f.
Werkverbindung nach § 9 UrhG Vor 705 126f.
Wertpapieremission Vor 705 52ff.
Wettbewerbsverbot 705 223, 226, *235ff.*; **709** 100f.; **711** 11; **738** 7
Widerspruch in Geschäftsführungsfragen
– Aufhebung durch Gesellschafterbeschluss **709** 54
– Begründungspflicht **709** 44; **711** 12
– Berechtigte **711** 1, 7
– Form **711** 9
– Gegenstand **711** 9
– gerichtliche Zweckmäßigkeitsprüfung **711** 11
– konkludenter – **711** 9
– Pflicht zum – **711** 10
– Rechtsfolgen **711** 13f.; **714** 12
– übertragene Geschäftsführung **710** 6
– Unterrichtungspflicht **711** 3, 16
– verspäteter – **711** 15
Widerspruchsrecht
– Anwendungsbereich **711** 2, 6f.
– Ausschluss **711** 4
– Einzelgeschäftsführungsbefugnis **711** 3, 6
– Entziehung **711** 5; **712** 2
– Gesamtgeschäftsführung **711** 7
– Geschäftsführungsrecht **711** 1
– Interessenkollision **711** 2
– Notgeschäftsführung **711** 8
– Ressortprinzip **709** *17*; **711** 6
– Schranken **711** 2, 9, *11f.*
– Treupflicht **705** 196, 226
– Übertragung **711** *5*; **717** 16
– vertragliche Regelungen **711** 4
Wiederverheiratungsklausel 736 15
Wirtschaftsprüfer
– freiberufliche Tätigkeit **P 1** 55
– interprofessionelle Partnerschaften **P 1** 82f.
– Name der Partnerschaft **P 2** 13
Wirtschaftsprüfersozietät Vor 705 40
Wohnungseigentümergemeinschaft
– Rechtsnatur **Vor 705** 130ff.
– werdende – **Vor 705** 50

Zeitablauf als Auflösungsgrund **Vor 723** 14ff.
Zugewinngemeinschaft 705 73, 341; **719** 32; **Vor 723** 24; **723** 9f.
Zwangsvollstreckung in das Gesellschaftsvermögen **706** 12; **718** 15, 32f.

Sachverzeichnis

fette Zahlen = Paragraphen

Zweckerreichung als Auflösungsgrund der Gesellschaft **726** 1 ff., 6
Zweipersonengesellschaft
– Abfindungsanspruch **730** 10; **738** 11, 14
– Anteilsübertragung **719** 26
– Auflösungsfolgen **Vor 723** 9; **730** 16
– Eintrittsklausel **727** 55 f.
– Fortsetzungsklausel **705** 60 ff.; **736** 9
– Übernahme des Gesellschaftsvermögens **730** 65 ff.
– Wegfall des vorletzten Gesellschafters **705** 60 ff.; **718** 14; **Vor 723** 14, 22

Buchanzeigen